谨以此书献给

所有为中国民法事业倾注心力、智慧和信念的人们！

中国社会科学院法学研究所
民法典研究丛书
MINFADIAN PINGZHU

民法典评注

合同编

典型合同与准合同

1

谢鸿飞　朱广新　主编

中国法制出版社
CHINA LEGAL PUBLISHING HOUSE

合同编撰稿人

（以撰写法律条文的序号排序）

于　飞　中国政法大学民商经济法学院教授，撰写第463—468条

王文胜　湖南大学法学院副教授，撰写第469—487条

梅　伟　西南政法大学民商法学院副教授，撰写第488、489条及第495—501条

范雪飞　西南政法大学民商法学院教授，撰写第490—494条

耿　林　清华大学法学院副教授，撰写第502—508条

张定军　华中科技大学法学院副教授，撰写第509—521条

侯国跃　西南政法大学民商法学院教授，撰写第522—534条

丁宇翔　北京市第一中级人民法院民四庭负责人，撰写第535—542条

肖　俊　上海交通大学凯原法学院副教授，撰写第543—556条

刘承韪　中国政法大学比较法学研究院教授，撰写第557—567条

申海恩　中国政法大学民商经济法学院副教授，撰写第568—576条

朱广新　中国社会科学院法学研究所研究员，撰写第577—582条

郝丽燕　山东建筑大学法学院副教授，撰写583—594条

易　军　中国政法大学民商经济法学院教授，撰写第595—614条

武　腾　中央财经大学法学院副教授，撰写第615—624条

张长绵　华东政法大学法律学院讲师，撰写第625—647条

谢鸿飞　中国社会科学院法学研究所研究员，撰写第648—656条

宁红丽　对外经济贸易大学法学院教授，撰写第657—666条

胡旭东　四川省高级人民法院三级高级法官，撰写第667—680条

夏昊晗　中南财经政法大学法学院副教授，撰写第681—702条
张初霞　中国社会科学院大学法学院副教授，撰写第703—718条
雷秋玉　昆明理工大学法学院教授，撰写第719—734条
高圣平　中国人民大学法学院教授，撰写第735—760条
赵　磊　中国社会科学院法学研究所研究员，撰写第761—769条

张保红　广东外语外贸大学土地法制研究院教授，撰写第770—787条
冉克平　武汉大学法学院教授，撰写第788—808条
李　敏　中南林业科技大学副教授，撰写第809—824条
马金星　中国社会科学院国际法研究所助理研究员，撰写第825—842条
朱　涛　重庆大学法学院教授，撰写第843—861条
孙　莹　西南政法大学人工智能法学院副教授，撰写第862—877条
李欣倩　天津大学法学院讲师，撰写第878—887条

刘道远　海南大学法学院教授，撰写第888—903条
李建伟　中国政法大学民商经济法学院教授，撰写第904—918条
胡东海　中南财经政法大学法学院教授，撰写第919—936条
陈晓敏　中南财经政法大学法学院副教授，撰写第937—950条
夏小雄　中国社会科学院法学研究所副研究员，撰写第951—960条
姚　佳　中国社会科学院法学研究所编审，撰写第961—966条
徐强胜　中南财经政法大学法学院教授，撰写第967—978条
金可可　华东政法大学法律学院教授，撰写第979—988条

本编由朱广新负责统稿。

总　序

起始古远、绵续益盛的人类法制史延展至2020年时,《中华人民共和国民法典》喷薄而出，成为法史叙事的煌煌时空标识。从此，在世界民法典之林，中国民法典以其鲜明的中国特色、充沛的时代精神、科学的规范设计、严谨的结构体系、精准的话语表达，独树一帜、弘扬四域。民法典是中国特色社会主义法治体系的重点建构，其规范效能沛然厚重，实施效果卓然可期，已然功在当代，定然惠泽千秋。

民法典乃时代发展的产物，非在中国进入新时代而无以有中国民法典。在中外法制史上，任何一个可以标识历史进程的民法典都与其所在时代紧密关联，适应时代需要、反映时代精神、吸收时代精华、积聚时代经验，方得以成就集该时代特质之大观的民法典。法国民法典是如此，德国民法典也是如此，中国民法典更是如此。新中国成立以来，民法典立法屡启屡止，于1954年、1962年、1979年、2001年曾四次启动，但均未成案；民法典立法又屡止屡启，2014年党中央再次提出编纂民法典，其后历经六载，终至功成。中国民法典之路艰苦卓绝，反映出中国人民法治信仰蓄根长久、于今蓬勃，民法典追求坚韧不拔、非竟莫停。但说到底，中国民法典的出台是中国法治发展的必然结果，是人民追求法治之心与国家治理现代化之路相融契合的必然结果。

民法典乃集体智慧结晶，非有法治实践者及阐述者长期奉献无以有中国民法典。尤其是，民法典是几代民法学人心血所注、梦想所系。

中国社科院法学所老所长王家福先生被誉为“推动依法治国的理论创新者”而获党中央、国务院授予改革先锋称号，他生前多次表示，其最大心愿就是在有生之年看到中国民法典颁布。于今民法典终获颁布，足以尽纳几代民法典立法参与者的全力之功，足以告慰几代民法学人建构最好民法典的竞心之梦。当然，说到民法典是集体智慧结晶，这个“集体”庞然无限而超然民法学界内外，甚至含括所有于今日中国民法知识有效形成的中外古今人物，在一定意义上可以说，所有中国法治实践的参与者，所有中国法学知识的阐释者，都是民法知识积累与民法典规则形成的贡献者。当探究蕴含在中国民法典之中的观念、知识、经验的传承与借鉴时，这个“集体”更是只能以民族甚至人类命名之。所以，民法学界只是对民法典有更多的阐释机会与弘扬条件，这只是民法学界的责任而非权利。也正是这份身为民法学者的学术责任，使我们汇聚一起，殚精竭虑撰写《民法典评注》系列专著，以期向世人贡献更为系统、细致、周延而得体的民法知识，使中国民法典的确切含义与深刻底蕴更为精准地呈现于世人面前，更为有效地融入中国的民法实践。

民法典的实在意义并不限于彰显改革开放以来民事立法之蔚然大观，当然，以1260个条文、10万余言有机组成的文本也确属伟大的法律作品；民法典的实在意义根本上在于以此塑化社会成员的民法生活体验，以及在此生活体验中通过将民法典规范外现于行、内化于心来形塑国民精神。民法典以多重形式存在于世，有文本中的民法典、实践中的民法典、记忆中的民法典和信念中的民法典。民法典欲有效行于世，必须使民法典长存于心；而欲使民法典长存于心，必使人先明民法典其理。因为只有透彻明晰民法典之理，才能经明理致信之机制而有效遵行适用民法典。因此，所有参与《民法典评注》的撰写者无不惕惕自厉、孜孜以求：旁征博引，释条文法理力求通达本意；披卷择言，叙学术观点唯恐遗漏精华；谈史论今，析制度沿革之因果必然；述理示例，明规范适用之准绳尺度。《民法典评注》得以高端厚重的学术品格面世，不仅能助使读者对民法典理解得更为深刻、适用得更为精当，还能助使读者及其相关者在明晰法条、透彻法理的基础上信任民法典以至信仰民法典，更为重要以至久远的，是《民法典评注》在中国特色民法知识体系形成中必将起到的建构价值与示范作用。

在中国社会科学院法学所的同仁看来，组织撰写《民法典评注》不仅是一项学术实践，更是一个学术使命，是将法学所追求法治进步、法学繁荣的理念操守再行发扬光大的当然之为与必要之举。法学所建所以来尤其是改革开放以来，为我国民法事业做出诸多突出贡献。早在1979年8月，法学研究所邀请在京法律院系的学者召开了著名的“民法与经济法问题学术座谈会”，由此揭开长达7年之久的民法学与经济法学大论战的序幕，最终确立了民法在经济改革中的重要功能与法律体系中的当然地位。在1992年社会主义市场经济体制确立之时，王家福先生组织课题组率先提出《建立社会主义市场经济法律体系的理论思考和对策建议》，力主将民法作为建构社会主义市场经济法律体系的基本法律。为实现制定民法典的法治梦想，法学所的民法学人几十年来持续倾注心力、不断贡献智慧，其间代表作品、典型事例频现。例如，梁慧星先生长期投入并组织民法典立法研究，其作为课题组负责人组织撰写《中国民法典草案建议稿附理由》，煌煌系列大作将民法典知识基础予以体系化展现，对编纂民法典的论域及思路进行了理论铺垫与学术拓展。再如，在民法典编纂期间，孙宪忠研究员正值履职全国人大代表，其以学术素养与社会影响贡献于民法典的形成过程。中国社会科学院是中央指定的民法典编纂工作五个参加单位之一，为此成立了以时任副院长李培林学部委员为组长、我为副组长的项目工作组，具体参与立法工作职责由法学所承担。在整个民法典编纂过程中，法学所的民法学者有百余人次参加了全国人大常委会法工委组织的立法工作会议或相关活动，得以全程观察、深刻体悟、精准理解中国民法典的形成过程及制度精髓，因而有信心以其掌握的中国民法典的法治精神、价值取向、立法政策、规范内涵、适用要点乃至应用技巧对民法典予以系统阐释与清晰解说，使法学所在民法典形成过程中锤炼萃取的学术积累与知识结晶，得以在民法典实施机制中以学术方式再行弘扬。

《民法典评注》是民法领域迄今鲜见的宏大学术工程，是法学所的民法学者相携学界同道共同完成的厚重学术作品。其作者队伍由来自45家单位的80位学者、法官组成，法学所民法室主任谢鸿飞研究员力行组织协调、宣传鼓动职责，晓以意义、激以责任、诱以“红包”，促使作者依约完成撰写任务。为达致《民法典评注》之预定目标，撰写者们可谓呕心沥血、夙夜不懈，其间执笔之艰巨、究问之困苦、催稿之烦惧、书成之庆慰，非我以此短序所能言之。

《民法典评注》分15册图书出版。其中物权编4册，合同编6册，人格权编1册，婚姻家庭编1册，继承编1册，侵权责任编2册。各编主编为：物权编——孙宪忠和朱广新；合同编——谢鸿飞和朱广新；人格权编——陈甦和谢鸿飞；婚姻家庭编——薛宁兰和谢鸿飞；继承编——陈甦和谢鸿飞；侵权责任编——邹海林和朱广新。《民法典评注》总字数逾600万，平均每条撰写近6000字。此外《民法总则评注》已经先行出版，可与此15册图书构成完整的评注体系。为寻求阐释精准、论证得当、内容协调、体例统一，法学所民法室副主任朱广新研究员作为唯一的全书通读者，或将书稿字斟句酌、屡做删改，或与作者频繁沟通、协同观点，其尽心尽责尽力无以复加，可谓实现《民法典评注》品质优化的质检员。

《民法典评注》以融通学术性与实践性为创作取向，对民法典1260个法条逐一进行深入系统的规范解释，使读者既能从整体图景视域掌握民法典的法治精神，又能从细致入微视点理解民法典的规范含义；既能基于本书继续深化对民法典的创新研究，又能借助本书广泛普及对民法典的有效应用。《民法典评注》的撰写者立足于中国法治场景，建构体现中国法治意识的法律阐释时空坐标，切实契合中国法治发展实际情况，充分彰显中国法学话语表达特点，并吸收熔炼国际上一些有重要影响的法律评注模式。可以断言，《民法典评注》系列充分彰显了我国民法研究水平的突破性提升，以及撰写团队的深厚学术积累与卓越创新能力，是中国民法典编纂成功之后衍生的优质学术成果。

谨以此书献给所有为中国民法事业倾注心力、智慧和信念的人们！

2020年9月28日

凡　例

文献名称	本书指称
一、民法典草案	
《民法典各分编（草案）》（征求意见稿）（合同编）	《民法典合同编（草案）》（征求意见稿）
《民法典各分编（草案）》（合同编）	《民法典合同编（草案）》（一审稿）
《民法典合同编（草案）》（二次审议稿）	《民法典合同编（草案）》（二审稿）
《中华人民共和国民法典（草案）》	《民法典（草案）》
二、法律与行政法规	
《中华人民共和国民法典》	《民法典》[①]
三、司法解释	
《最高人民法院关于贯彻执行〈中华人民共和国民法通则〉若干问题的意见（试行）》	《民法通则意见》
《最高人民法院关于适用〈中华人民共和国合同法〉若干问题的解释（一）》	《合同法解释（一）》
《最高人民法院关于适用〈中华人民共和国合同法〉若干问题的解释（二）》	《合同法解释（二）》
《最高人民法院关于审理买卖合同纠纷案件适用法律问题的解释》	《买卖合同解释》
《最高人民法院关于适用〈中华人民共和国婚姻法〉若干问题的解释（二）》	《婚姻法解释（二）》
《最高人民法院关于适用〈中华人民共和国民事诉讼法〉的解释》	《民事诉讼法解释》
《最高人民法院关于审理民间借贷案件适用法律若干问题的规定》	《民间借贷规定》
《最高人民法院关于执行程序中计算迟延履行期间的债务利息适用法律若干问题的解释》	《计算迟延利息解释》

① 本书引用的冠以“中华人民共和国”的法律与行政法规，简称时省略“中华人民共和国”字样，法律与行政法规简称均循此规律，不再重复标注。

目 录

CONTENTS

第一册

第二分编 典型合同

第 九 章 买卖合同 / 001

第五百九十五条【买卖合同的定义】/ 003

第五百九十六条【买卖合同的通常条款】/ 007

第五百九十七条【买卖合同的标的物】/ 011

第五百九十八条【出卖人的主给付义务】/ 018

第五百九十九条【出卖人交付提取标的物单证以外的有关单证和资料的义务】/ 024

第 六 百 条【标的物知识产权的归属】/ 026

第六百零一条【交付时间】/ 028

第六百零二条【交付期限不明或无约定】/ 029

第六百零三条【交付地点】/ 031

第六百零四条【风险负担一般规则】/ 033

第六百零五条【因买受人原因致使标的物不能如期交付的风险负担】/ 041

第六百零六条【路货买卖的风险负担】/ 044

第六百零七条【涉及买卖物运输时的风险负担与交付地点不明时的风险负担】/ 047
第六百零八条【买受人不履行收取标的物义务时的风险负担】/ 053
第六百零九条【未交付单证、资料与风险承担】/ 055
第六百一十条【不完全给付时的风险负担】/ 057
第六百一十一条【风险负担不影响违约责任】/ 061
第六百一十二条【权利瑕疵担保义务】/ 064
第六百一十三条【权利瑕疵担保义务的免除】/ 071
第六百一十四条【中止支付价款权】/ 074
第六百一十五条【提供符合质量要求的标的物的义务】/ 077
第六百一十六条【质量要求的认定】/ 091
第六百一十七条【不符合质量要求的违约责任】/ 095
第六百一十八条【违反瑕疵告知义务的抗辩权】/ 108
第六百一十九条【标的物的包装符合合同要求】/ 113
第六百二十条【标的物的检验】/ 117
第六百二十一条【买受人的通知义务】/ 121
第六百二十二条【约定的检验期限过短、法定质量保证期】/ 141
第六百二十三条【对标的物数量和外观进行检验的推定】/ 147
第六百二十四条【对买卖合同当事人有拘束力的检验标准】/ 150
第六百二十五条【出卖人回收义务】/ 152
第六百二十六条【价款的数额和支付方式】/ 154
第六百二十七条【价款支付地】/ 158
第六百二十八条【价款支付时间】/ 165
第六百二十九条【多交标的物的处理】/ 168
第六百三十条【标的物孳息的归属】/ 173
第六百三十一条【解除的特别规定之一】/ 179
第六百三十二条【解除的特别规定之二】/ 185
第六百三十三条【解除的特别规定之三】/ 191

第六百三十四条【分期付款买卖】/ 198
第六百三十五条【凭样品买卖合同】/ 204
第六百三十六条【凭样品买卖合同的隐蔽瑕疵处理】/ 208
第六百三十七条【试用买卖的试用期间】/ 210
第六百三十八条【试用买卖合同的订立】/ 217
第六百三十九条【试用买卖使用费】/ 224
第 六 百 四 十 条【试用期间标的物毁损、灭失风险的承担】/ 227
第六百四十一条【所有权保留及其登记】/ 231
第六百四十二条【取回权及其行使】/ 238
第六百四十三条【赎回权和转卖权】/ 244
第六百四十四条【招标投标买卖】/ 248
第六百四十五条【拍卖】/ 249
第六百四十六条【其他有偿合同的法律适用】/ 250
第六百四十七条【互易合同的法律适用】/ 253

第 十 章　供用电、水、气、热力合同 / 257

第六百四十八条【供用电合同的定义及供电人强制缔约义务】/ 259
第六百四十九条【供用电合同的内容】/ 270
第 六 百 五 十 条【供用电合同的履行地】/ 276
第六百五十一条【供电人的安全供电义务】/ 280
第六百五十二条【供电人中断供电时的通知义务】/ 288
第六百五十三条【供电人的抢修义务】/ 295
第六百五十四条【用电人的交付电费义务】/ 299
第六百五十五条【用电人的安全、节约和计划用电义务】/ 304
第六百五十六条【供用水、供用气、供用热力合同的参照适用】/ 310

第十一章 赠与合同 / *315*

第六百五十七条【赠与合同的概念】/ *317*
第六百五十八条【赠与人的任意撤销权及其例外】/ *324*
第六百五十九条【赠与物需要办理登记或其他手续】/ *330*
第 六 百 六 十 条【受赠人的履行请求权与赠与人债务不履行责任】/ *334*
第六百六十一条【附义务赠与】/ *338*
第六百六十二条【赠与人的不完全给付责任】/ *354*
第六百六十三条【赠与人的法定撤销权】/ *366*
第六百六十四条【赠与人继承人或者法定代理人的撤销权】/ *376*
第六百六十五条【赠与合同撤销后的返还】/ *379*
第六百六十六条【赠与人的穷困抗辩权】/ *383*

第十二章 借款合同 / *389*

第六百六十七条【借款合同的定义】/ *391*
第六百六十八条【借款合同的形式及主要条款】/ *400*
第六百六十九条【借款人披露真实情况的义务】/ *406*
第 六 百 七 十 条【禁止预扣利息】/ *412*
第六百七十一条【未按约提供和收取借款的法律责任】/ *418*
第六百七十二条【贷款人的检查、监督权】/ *423*
第六百七十三条【贷款人的中止履行权、加速到期权、解除合同权】/ *428*
第六百七十四条【利息支付期限的确定规则】/ *431*
第六百七十五条【还款期限的确定规则】/ *435*
第六百七十六条【逾期利息】/ *440*
第六百七十七条【提前还款的利息计算】/ *446*
第六百七十八条【借款展期】/ *452*
第六百七十九条【自然人之间借款合同的成立】/ *459*
第 六 百 八 十 条【利率的确定规则】/ *464*

第二册

第二分编 典型合同

第十三章 保证合同 / *001*

第一节 一般规定 / *003*

第六百八十一条【保证合同的定义】/ *003*

第六百八十二条【保证的从属性以及保证合同无效的法律后果】/ *011*

第六百八十三条【保证人资格】/ *028*

第六百八十四条【保证合同的内容】/ *036*

第六百八十五条【保证合同的书面形式与订立方式】/ *037*

第六百八十六条【保证的方式】/ *043*

第六百八十七条【一般保证】/ *048*

第六百八十八条【连带责任保证】/ *054*

第六百八十九条【反担保】/ *061*

第 六 百 九 十 条【最高额保证合同】/ *064*

第二节 保证责任 / *072*

第六百九十一条【保证的范围】/ *072*

第六百九十二条【保证期间】/ *082*

第六百九十三条【保证期间经过的法律效果】/ *087*

第六百九十四条【保证债务的诉讼时效】/ *090*

第六百九十五条【主债权债务合同变更对保证责任的影响】/ *096*

第六百九十六条【债权让与对保证责任的影响】/ *105*

第六百九十七条【债务承担对保证责任的影响】/ *108*

第六百九十八条【一般保证人的免责事由】/ *112*

第六百九十九条【共同保证】/ *116*

第 七 百 条【保证人的追偿权与代位权】/ *121*

第 七 百 零 一 条【保证人的抗辩权】/ *127*

第七百零二条【保证人的可抵销与可撤销抗辩权】/ 130

第十四章 租赁合同 / 135

第七百零三条【租赁合同的定义】/ 137
第七百零四条【租赁合同主要条款】/ 144
第七百零五条【租赁合同的期间限制】/ 150
第七百零六条【登记备案对租赁合同效力的影响】/ 156
第七百零七条【租赁合同的形式】/ 162
第七百零八条【出租人交付租赁物的义务及保持义务】/ 169
第七百零九条【承租人按约定方法使用租赁物的义务】/ 178
第七百一十条【承租人正当使用租赁物免责】/ 185
第七百一十一条【承租人未依约使用租赁物】/ 191
第七百一十二条【租赁物的维修】/ 196
第七百一十三条【出租人履行维修义务】/ 206
第七百一十四条【租赁物的保管】/ 214
第七百一十五条【承租人对租赁物的改善、增设】/ 221
第七百一十六条【转租】/ 228
第七百一十七条【合法转租期限与效力】/ 235
第七百一十八条【出租人异议除斥期间】/ 239
第七百一十九条【次承租人的代位清偿】/ 245
第七百二十条【租赁物的收益】/ 254
第七百二十一条【支付租金的期限】/ 261
第七百二十二条【租金的未支付、迟延支付和逾期支付】/ 268
第七百二十三条【出租人的权利瑕疵担保责任】/ 276
第七百二十四条【承租人解除租赁合同】/ 283
第七百二十五条【买卖不破租赁】/ 292
第七百二十六条【承租人的优先购买权】/ 300
第七百二十七条【拍卖时承租人的优先购买权】/ 310

第七百二十八条【侵害优先购买权的赔偿责任】/ 317
第七百二十九条【租赁物毁损、灭失的效果】/ 324
第 七 百 三 十 条【租期不明的处理】/ 332
第七百三十一条【承租人的特别解除权】/ 341
第七百三十二条【承租人的死亡】/ 351
第七百三十三条【租赁物的返还】/ 358
第七百三十四条【租赁合同的默示更新、房屋承租人的优先承租权】/ 366

第十五章　融资租赁合同 / 377

第七百三十五条【融资租赁合同的定义】/ 379
第七百三十六条【融资租赁合同的内容和形式】/ 408
第七百三十七条【虚构租赁物的融资租赁合同的效力】/ 414
第七百三十八条【行政许可对融资租赁合同效力的影响】/ 420
第七百三十九条【标的物的交付与受领】/ 427
第 七 百 四 十 条【承租人的拒绝受领权】/ 430
第七百四十一条【承租人的索赔权】/ 436
第七百四十二条【承租人行使索赔权对租金给付义务的影响】/ 442
第七百四十三条【出租人的赔偿责任】/ 445
第七百四十四条【出租人变更买卖合同的限制】/ 449
第七百四十五条【租赁物所有权的登记对抗】/ 451
第七百四十六条【租金构成】/ 471
第七百四十七条【出租人质量瑕疵担保责任的免除及例外】/ 475
第七百四十八条【租赁物的平静占有】/ 480
第七百四十九条【租赁物致人损害的责任承担】/ 485
第 七 百 五 十 条【租赁物的保管、使用和维修】/ 489
第七百五十一条【租赁物毁损、灭失的风险负担】/ 493
第七百五十二条【承租人违反支付租金义务的救济】/ 498
第七百五十三条【承租人未经同意处分租赁物的法律后果】/ 503

第七百五十四条【融资租赁合同的解除】/ 506
第七百五十五条【融资租赁合同因买卖合同而解除的法律后果】/ 509
第七百五十六条【融资租赁合同因租赁物毁损、灭失而解除的法律后果】/ 512
第七百五十七条【租赁期限届满时租赁物的归属】/ 514
第七百五十八条【租赁物价值返还和租赁物不能返还的补偿】/ 518
第七百五十九条【约定象征性留购价款时租赁物的归属】/ 521
第 七 百 六 十 条【融资租赁合同无效时租赁物的归属】/ 523

第十六章　保理合同 / 527

第七百六十一条【保理合同的定义】/ 529
第七百六十二条【保理合同的内容与形式】/ 535
第七百六十三条【虚构应收账款的法律效果】/ 541
第七百六十四条【保理人对应收账款债务人的通知义务】/ 545
第七百六十五条【保理合同的效力不受基础交易合同变动影响】/ 550
第七百六十六条【有追索权保理】/ 554
第七百六十七条【无追索权保理】/ 559
第七百六十八条【同一应收账款多重保理的受偿原则】/ 563
第七百六十九条【保理合同的其他法律适用】/ 567

第三册

第二分编　典型合同

第十七章　承揽合同 / 001

第 七 百 七 十 条【承揽合同的定义和承揽的范围】/ 003

第七百七十一条【承揽合同的内容】/ 019
第七百七十二条【主要工作完成】/ 023
第七百七十三条【辅助工作完成】/ 027
第七百七十四条【承揽人提供材料的选用与检验】/ 030
第七百七十五条【定作人提供材料】/ 032
第七百七十六条【定作人要求不合理】/ 036
第七百七十七条【中途变更承揽工作要求】/ 040
第七百七十八条【定作人协助义务】/ 043
第七百七十九条【定作人的监督检验】/ 047
第 七 百 八 十 条【工作成果的交付和验收】/ 049
第七百八十一条【工作成果不符合质量要求的违约责任】/ 060
第七百八十二条【报酬支付的期限和部分支付】/ 070
第七百八十三条【留置权与拒绝交付】/ 074
第七百八十四条【材料与工作成果的保管】/ 080
第七百八十五条【保密规定】/ 085
第七百八十六条【共同承揽人的连带责任】/ 087
第七百八十七条【承揽合同的随时解除】/ 090

第十八章 建设工程合同 / 097

第七百八十八条【建设工程合同的定义与类型】/ 099
第七百八十九条【建设工程合同的形式】/ 102
第 七 百 九 十 条【建设工程招标投标的要求】/ 105
第七百九十一条【建设工程合同发包、承包和分包】/ 112
第七百九十二条【国家重大建设工程合同订立程序的规定】/ 117
第七百九十三条【建设工程施工合同无效的法律后果】/ 120
第七百九十四条【勘察、设计合同的主要内容】/ 126
第七百九十五条【施工合同的主要内容】/ 129
第七百九十六条【建设工程监理的规定】/ 132

第七百九十七条【发包人的检查权】/ 136
第七百九十八条【隐蔽工程发包人检查权的规定】/ 139
第七百九十九条【建设工程的竣工、验收与交付使用】/ 141
第 八 百 条【勘察、设计人履行义务不符合要求的违约责任】/ 147
第八百零一条【施工人履行不符合约定的违约责任】/ 149
第八百零二条【承包人在建设工程合理使用期限内的损害赔偿责任】/ 153
第八百零三条【发包人的违约责任】/ 158
第八百零四条【因发包人原因造成工程停建、缓建所应承担的责任】/ 162
第八百零五条【发包人原因致勘察、设计返工、停工或修改设计的责任】/ 165
第八百零六条【发包人与承包人的解除权及其法律效果】/ 170
第八百零七条【工程价款的支付及法定优先权】/ 176
第八百零八条【适用承揽合同的规定】/ 182

第十九章　运输合同 / 187

第一节　一般规定 / 189

第八百零九条【运输合同的定义】/ 189
第八百一十条【不得拒绝正当的运输要求】/ 198
第八百一十一条【按约定期限安全运输义务】/ 209
第八百一十二条【按约定路线运输义务】/ 216
第八百一十三条【支付票款或者运输费用】/ 220

第二节　客运合同 / 223

第八百一十四条【客运合同的成立】/ 223
第八百一十五条【持有效客票乘运义务】/ 228
第八百一十六条【退票或者变更】/ 234
第八百一十七条【按照约定的限量携带行李】/ 238
第八百一十八条【危险物品或者违禁物品的携带禁止】/ 242

第八百一十九条【承运人告知重要事项义务】/ 247
第八百二十条【正常运输义务】/ 251
第八百二十一条【降低服务标准】/ 257
第八百二十二条【救助义务】/ 260
第八百二十三条【旅客伤亡的损害赔偿责任】/ 264
第八百二十四条【行李毁损、灭失的损害赔偿责任】/ 274

第三节 货运合同 / 278

第八百二十五条【托运人如实申报义务】/ 278
第八百二十六条【托运人提交有关文件义务】/ 285
第八百二十七条【托运人的包装义务】/ 288
第八百二十八条【运送危险物品】/ 295
第八百二十九条【托运人变更或者解除运输合同的权利】/ 301
第八百三十条【承运人的通知义务及收货人的及时提货义务】/ 307
第八百三十一条【收货人检验货物】/ 310
第八百三十二条【运输过程中货物毁损、灭失的赔偿责任】/ 316
第八百三十三条【货物赔偿额的确定方法】/ 323
第八百三十四条【同一运输方式联运的责任承担】/ 328
第八百三十五条【货物因不可抗力灭失的风险承担】/ 333
第八百三十六条【承运人的货物留置权】/ 337
第八百三十七条【承运人提存货物】/ 344

第四节 多式联运合同 / 349

第八百三十八条【多式联运经营人的权利义务】/ 349
第八百三十九条【多式联运经营的责任分配】/ 355
第八百四十条【多式联运单据】/ 360
第八百四十一条【托运人对多式联运经营人的过错赔偿责任】/ 366
第八百四十二条【赔偿责任适用法律的规定】/ 370

第二十章 技术合同 / 379

第一节 一般规定 / 381

第八百四十三条【技术合同的定义】/ 381

第八百四十四条【订立技术合同的原则】/ 389

第八百四十五条【技术合同的内容】/ 393

第八百四十六条【价款、报酬、使用费的支付】/ 400

第八百四十七条【职务技术成果的财产权属】/ 405

第八百四十八条【非职务技术成果的财产性权属】/ 413

第八百四十九条【技术成果的人身权】/ 415

第八百五十条【技术合同的无效】/ 417

第二节 技术开发合同 / 423

第八百五十一条【技术开发合同定义及合同形式】/ 423

第八百五十二条【委托人的义务】/ 431

第八百五十三条【研究开发人的义务】/ 435

第八百五十四条【委托开发各方的违约责任】/ 439

第八百五十五条【合作开发各方的主要义务】/ 446

第八百五十六条【合作开发各方的违约责任】/ 449

第八百五十七条【因技术公开的合同解除】/ 451

第八百五十八条【风险负担及通知义务】/ 455

第八百五十九条【委托开发技术成果的专利权属】/ 461

第八百六十条【合作开发技术成果的专利权属】/ 467

第八百六十一条【技术秘密成果的归属与分享】/ 471

第三节 技术转让合同和技术许可合同 / 475

第八百六十二条【技术转让合同和技术许可合同的定义】/ 475

第八百六十三条【技术转让合同和技术许可合同的类型及形式】/ 479

第八百六十四条【技术转让合同和技术许可合同的限制性条款】/ 485

第八百六十五条【专利实施许可合同的有效期限】/ 489

第八百六十六条【专利实施许可合同许可人的主要义务】/ 492
第八百六十七条【专利实施许可合同被许可人的主要义务】/ 496
第八百六十八条【技术秘密转让合同让与人的义务与技术秘密使用许可合同许可人的义务】/ 499
第八百六十九条【技术秘密转让合同的受让人与技术秘密使用许可合同被许可人的主要义务】/ 504
第八百七十条【技术转让合同让与人、技术许可合同许可人的瑕疵担保义务】/ 507
第八百七十一条【技术转让合同受让人和技术许可合同被许可人的保密义务】/ 511
第八百七十二条【许可人和让与人的违约责任】/ 515
第八百七十三条【被许可人和受让人的违约责任】/ 521
第八百七十四条【受让人或被许可人侵害他人权益的法律后果】/ 525
第八百七十五条【后续技术成果的归属与分享】/ 531
第八百七十六条【其他知识产权的转让和许可】/ 535
第八百七十七条【技术进出口合同或者专利、专利申请合同的法律适用】/ 538

第四节　技术咨询合同和技术服务合同 / 540

第八百七十八条【技术咨询合同和技术服务合同的含义】/ 540
第八百七十九条【技术咨询合同委托人的义务】/ 547
第八百八十条【技术咨询合同受托人的义务】/ 553
第八百八十一条【技术咨询合同当事人的违约责任及决策风险责任】/ 559
第八百八十二条【技术服务合同委托人的义务】/ 566
第八百八十三条【技术服务合同受托人的义务】/ 571
第八百八十四条【技术服务合同当事人的违约责任】/ 574
第八百八十五条【创新技术成果归属】/ 580
第八百八十六条【费用的负担】/ 584
第八百八十七条【技术中介合同和技术培训合同的法律适用】/ 588

第四册

第二分编 典型合同

第二十一章 保管合同 / 001

第八百八十八条【保管合同的定义】/ 003
第八百八十九条【保管费的支付】/ 012
第八百九十条【保管合同的成立】/ 016
第八百九十一条【保管凭证】/ 019
第八百九十二条【保管行为的要求】/ 023
第八百九十三条【保管物有瑕疵或需要特殊保管时寄存人的义务】/ 031
第八百九十四条【第三人代为保管】/ 038
第八百九十五条【保管人不得使用保管物的义务】/ 045
第八百九十六条【第三人主张权利的返还】/ 050
第八百九十七条【保管物的毁损、灭失与保管人责任】/ 055
第八百九十八条【寄存人的声明义务】/ 060
第八百九十九条【保管物领取】/ 065
第九百条【保管物的返还】/ 070
第九百零一条【货币等的返还】/ 076
第九百零二条【保管费支付期限】/ 082
第九百零三条【保管人的留置权】/ 087

第二十二章 仓储合同 / 093

第九百零四条【仓储合同的定义】/ 095
第九百零五条【仓储合同的成立】/ 101
第九百零六条【危险物品、易变质物品的储存】/ 108
第九百零七条【保管人验收义务】/ 120

第九百零八条【出具仓单等凭证】/ 128
第九百零九条【仓单签章和记载事项】/ 135
第九百一十条【仓单性质和转让】/ 141
第九百一十一条【检查仓储物或者提取样品的权利】/ 150
第九百一十二条【仓储物损坏的通知义务】/ 156
第九百一十三条【保管人的催告义务与紧急处置权】/ 163
第九百一十四条【未约定储存期限时仓储物的提取】/ 170
第九百一十五条【储存期限届至仓储物的提取】/ 177
第九百一十六条【保管人的提存权】/ 183
第九百一十七条【保管人的违约责任】/ 191
第九百一十八条【仓储合同适用保管合同的规定】/ 202

第二十三章 委托合同 / 211

第九百一十九条【委托合同的定义】/ 213
第九百二十条【委托范围】/ 217
第九百二十一条【费用支付义务】/ 219
第九百二十二条【遵守指示与变更指示】/ 223
第九百二十三条【亲自处理与转委托】/ 226
第九百二十四条【报告义务】/ 231
第九百二十五条【隐名代理】/ 234
第九百二十六条【间接代理】/ 238
第九百二十七条【财产转交义务】/ 242
第九百二十八条【报酬支付义务】/ 244
第九百二十九条【受托人的损害赔偿责任】/ 248
第九百三十条【委托人的损害赔偿责任】/ 251
第九百三十一条【另行委托】/ 255
第九百三十二条【共同委托】/ 259
第九百三十三条【任意解除的损害赔偿】/ 262

第九百三十四条【委托合同终止】/ 266
第九百三十五条【继续处理事务】/ 271
第九百三十六条【通知和采取措施】/ 273

第二十四章　物业服务合同 / 277

第九百三十七条【物业服务合同的定义】/ 279
第九百三十八条【物业服务合同的内容与形式】/ 286
第九百三十九条【物业服务合同的效力】/ 290
第 九 百 四 十 条【前期物业服务合同的法定终止】/ 297
第九百四十一条【物业服务转委托的条件与限制】/ 301
第九百四十二条【物业服务人的一般义务】/ 306
第九百四十三条【物业服务人信息公开与报告义务】/ 312
第九百四十四条【业主支付物业费的义务及违反义务的后果】/ 315
第九百四十五条【业主的告知、协助义务】/ 324
第九百四十六条【业主合同任意解除权】/ 327
第九百四十七条【物业服务合同的续订】/ 332
第九百四十八条【不定期物业服务合同】/ 334
第九百四十九条【物业服务人的移交义务及法律责任】/ 340
第 九 百 五 十 条【合同终止后物业服务人的继续服务义务】/ 344

第二十五章　行纪合同 / 349

第九百五十一条【行纪合同的定义】/ 351
第九百五十二条【行纪人的费用负担义务】/ 357
第九百五十三条【行纪人的妥善保管义务】/ 362
第九百五十四条【行纪人的合理处分义务】/ 368
第九百五十五条【行纪人按照指定价格买卖的义务】/ 373
第九百五十六条【行纪人的介入权】/ 378

第九百五十七条【委托人受领义务和行纪人提存权】/ 383
第九百五十八条【行纪人直接履行义务】/ 387
第九百五十九条【委托人的报酬支付义务和行纪人的留置权】/ 393
第 九 百 六 十 条【行纪合同适用委托合同有关规定】/ 397

第二十六章 中介合同 / 403

第九百六十一条【中介合同的定义】/ 405
第九百六十二条【中介人如实报告义务】/ 413
第九百六十三条【中介人报酬请求权】/ 424
第九百六十四条【中介费用支付请求权】/ 434
第九百六十五条【委托人“跳单”的法律后果】/ 442
第九百六十六条【准用性规定】/ 455

第二十七章 合伙合同 / 459

第九百六十七条【合伙合同的定义】/ 461
第九百六十八条【合伙人的出资义务】/ 475
第九百六十九条【合伙财产】/ 484
第 九 百 七 十 条【合伙事务的决定与执行】/ 494
第九百七十一条【执行合伙事务报酬】/ 504
第九百七十二条【合伙的利润分配与亏损分担】/ 509
第九百七十三条【合伙人的连带责任及追偿权】/ 518
第九百七十四条【合伙人转让其财产份额】/ 526
第九百七十五条【合伙人债权人的代位权行使限制】/ 535
第九百七十六条【合伙期限】/ 540
第九百七十七条【合伙合同终止】/ 549
第九百七十八条【合伙剩余财产分配顺序】/ 556

第三分编　准合同

第二十八章　无因管理 / *565*

第九百七十九条【适法无因管理的要件与法效果】/ *567*
第 九 百 八 十 条【不适法管理与不法管理之特别法效果】/ *588*
第九百八十一条【真正无因管理人之妥善管理义务与继续管理义务】/ *597*
第九百八十二条【真正无因管理人之通知义务、听候指示义务】/ *603*
第九百八十三条【真正无因管理人之报告义务；适法管理人之管理利益移交义务】/ *606*
第九百八十四条【追认及其效力】/ *609*

第二十九章　不当得利 / *619*

第九百八十五条【不当得利返还的一般规定】/ *621*
第九百八十六条【善意得利人的得利丧失抗辩】/ *642*
第九百八十七条【恶意得利人的加重责任】/ *655*
第九百八十八条【第三人之返还义务】/ *661*

第九章

买卖合同

第五百九十五条【买卖合同的定义】

买卖合同是出卖人转移标的物的所有权于买受人，买受人支付价款的合同。

历史由来

本条为有关买卖合同定义的规定，沿袭了《合同法》第130条的规定。在《民法典》制定过程中，本条在《民法典合同编（草案）》（一审稿）、《民法典合同编（草案）》（二审稿）中均无变化。

规范目的或功能

本条的规范目的在于在法律上界定买卖合同，以凸显作为典型合同的买卖合同与赠与、借款、租赁等其他典型合同以及借用、雇佣等非典型合同的实质性差异。

我国《民法典》第三编第二分编“典型合同”规定了20种典型合同（包括第九章“买卖合同”中规定的互易合同）。“当法律将一个契约类型明文当成一个规范模式加以规范时，法律为了指称上的方便，势必给予该契约类型以一个特定的名称。所以，这些契约类型也便因而有法定的名称，而被称为有名契约。”[①]《民法典》第三编第二分编下的19章均为典型合同或有名合同的规定。在立法技术上，这些章的第1条均对各该典型合同的定义作出规定。本条亦复如此。值得注意的是，“关于各种有名契约之规定，固然因为常以定义的句式描写所规范之生活事实的特征，而具有定义的外观，但其实这些定义只是虚有其表。其具有者乃仅是描述类型特征的功能，而未达于描述概念的程度”。[②]指出此点的意义在于揭示：因类型具有可塑性或弹性，包括买卖合同在内的各个典型合同之间的界限其实具有流动性，而并非全然是泾渭分明的。

---

① 黄茂荣：《法学方法与现代民法》，中国政法大学出版社2001年版，第279页。

② 黄茂荣：《法学方法与现代民法》，中国政法大学出版社2001年版，第285页。

规范内容

一、买卖合同的内涵

买卖合同是市场经济条件下实现商品权利让渡的典型手段。它对促进商品流通、发展市场经济、提高经济效益、满足民事主体的生活与生产需要发挥着重要作用。我国《合同法》《民法典》将其置于诸典型合同之首，充分表明了买卖合同的重要性与基础性。

买卖合同为最典型的合同、法律行为，是双方当事人，即出卖人与买受人之间达成的合意。此为一致见解。不过，对如何界定买卖合同，在立法上以及理论上一直存在着狭义与广义两种不同的观点。狭义观点认为，买卖合同是财产所有权有偿转让的合同，即出卖人移转财产所有权于买受人，买受人支付价款的合同。广义观点则认为，买卖合同是财产权有偿转让的合同，即出卖人将财产所有权或其他财产权移转于买受人，买受人支付价款的合同。这两种观点的区别在于买卖的标的物的范围不同。狭义的观点认为买卖合同的标的物为财产所有权，而广义的观点则认为买卖合同的标的物包括财产所有权以及其他财产权。世界上有不少国家或地区的立法采纳广义观点，如《法国民法典》第1598条、《日本民法典》第555条、《俄罗斯联邦民法典》第454条等。

本条采纳了狭义的买卖合同的界定。据此，买卖合同的标的物限于有体物，包括动产与不动产，而不包括债权、用益物权、知识产权以及其他财产利益的转让。当然，在现代社会中，交易的对象极为广泛，不限于有体物，也包括无形财产。因此，无形财产的交易也存在着民法调整的需求。我国是通过买卖合同以外的其他制度来加以调整的，如债权的有偿转让由《民法典》第三编第六章调整；技术的有偿转让由《民法典》第三编第二十章调整；建设用地使用权等用益物权的有偿转让由《民法典》第二编第十二章调整；著作权、商标权、专利权等知识产权的有偿转让由《著作权法》《商标法》《专利法》等法律来调整。此外，《民法典》第646条规定：“法律对其他有偿合同有规定的，依照其规定；没有规定的，参照适用买卖合同的有关规定。”该条在一定程度上可为调整买卖以外无形财产交易提供法律基础，也能在一定程度上补救买卖合同范围被限定得较狭窄的弊病。不过，首先，其他财产权的有偿转让并非“买卖”，而是买卖以外的“其他有偿合同”；其次，“参照”即“准用”，关涉“类推适用”的裁判技术，何种情形下应予准用，何种情形下又不应准用，无疑增加了裁判者的工作负担。因此，我国有学者主张，在一般法中规定权利买卖，诚属必要。[①]值得注意的是，《买卖合同解释》第5条规定：“标的物为无需以有形载体交付的电子信息产品，当事人对交付方式约定不明确，且依照合同法第六十一条的规定仍不能确定的，买受人收到约定的电子信息产品或者权利凭证即为交付。”该条明确承认“电子信息产品”为买卖标的物，实际上突破了《合同法》第130条将买卖标的物限于“有体物所有权”的窠臼，拓展了买卖标的物的范围。不过，《民法典》仍维持了《合同法》施行以来将买卖标的物限制在财产所有权上的立法模式。

由于主给付义务是每一合同类型所固有的、用以决定合同基本类型的义务，本条也通过规定买卖合同中双方当事人的主给付义务的方式来界定买卖合同。各类典型化契约系以主给付义务为其类型化之特征，即此类契约必备之权利义务关系。[②]在买卖合同中，出卖人负有交付并移转标的物所有权的义务，而买受人则负有支付价款的义务。因出卖人的主给付义务为移转标的物所有权，这就使买卖合同与租赁、借用等单纯移转使用权的合同不同，由此也凸显了买卖合同为典型的“移转财产所有权”类型的属性。本条没有规定出卖人负有交付标的物的义务，这并不意味着出卖人无须承担该义务，只是表明出卖人仅仅交付标的物是不够的，买卖合同的核心在于出卖人移转标的物所有权。“转让使用权的义务对于买卖合同的概念而言是不可或缺的；如果当事人的合同排除了该义务，则他们的合同一般并不被认为是货物买卖合同。”[③]就买受人的义务而言，虽然买受人承担的义务不限于支付价款，如买受人还负有受领标的物的义务，但该义务在性质上应属于从给付义务，并非买卖合同的要素，也不能决定买卖合同的性质。[④]

---

① 韩世远：《买卖法的再法典化：区别对待消费者买卖与商事买卖》，载《交大法学》2017年第1期。

② 王怡蘋：《委任》，台北三民书局2018年版，第12页。

③ 欧洲民法典研究组、欧盟现行私法研究组编著：《欧洲私法的原则、定义与示范规则：欧洲示范民法典草案》（全译本）（第四卷），于庆生等译，法律出版社2014年版，第40页。

④ 参见黄立主编：《民法债编各论》（上），中国政法大学出版社2003年版，第96页。

二、买卖合同的属性

本条在界定买卖合同时所列举的出卖人与买受人的主给付义务凸显了买卖合同的以下重要属性。这些属性一方面彰显了买卖合同与其他合同的差异，另一方面也关涉《民法典》中很多规则的解释适用。

1.买受人须向出卖人支付价款。买受人承担的这一义务使买卖合同与其他移转标的物所有权的合同区分开来。如赠与合同虽为移转标的物所有权的合同，但当事人（受赠人）无须支付价款；互易合同虽为移转标的物所有权的合同，但当事人无须向对方支付价款，而是交付另外的物。

2.买卖合同为双务合同。因出卖人负有移转财产所有权的义务，而买受人负有支付价款的义务，出卖人的义务与买受人的义务具有对价关系，构成对待给付，因此买卖合同是双务合同。

3.买卖合同为有偿合同。因出卖人向买受人移转所有权，会获得买受人支付的价款，而买受人向出卖人支付价款，将会得到出卖人移转的所有权，因此，买卖合同是有偿合同。有学者指出，“将一个契约论为有偿契约之实益主要为：与同时履行抗辩有关规定之适用；论为无偿契约之实益主要为：债务人之毁约权及其债务不履行、积极侵害债权转让之减轻”。①实则，与同时履行抗辩有关规定密切联系的是合同的双务合同属性。买卖合同作为典型有偿合同的重大实益之一是，其规则可供其他有偿合同准用。对此，《民法典》第646条规定：“法律对其他有偿合同有规定的，依照其规定；没有规定的，参照适用买卖合同的有关规定。”

4.买卖合同为诺成合同，且一般为不要式合同。仅从文义上而言，本条并未处理买卖合同的诺成性或实践性、要式性或不要式性的问题。但根据《民法典》总则编有关民事法律行为的规定，以及合同编“通则”的规定，民事合同以诺成、不要式为原则。在本条以及买卖合同章无特别规定的情况下，对买卖合同应作出诺成性、不要式性的解释。之所以说买卖合同原则上为不要式合同，是因为我国现行法对一些特殊的买卖合同作出了形式方面的要求。如《海商法》第9条第2款规定：“船舶所有权的转让，应当签订书面合同。”

---

① 黄茂荣：《买卖法》（增订版），中国政法大学出版社2002年版，第29页。

《城市房地产管理法》第41条规定："房地产转让，应当签订书面转让合同，合同中应当载明土地使用权取得的方式。"据此，船舶买卖合同、房屋买卖合同为要式合同。

5. 买卖合同为要因合同。买卖合同系以价款换取财产所有权，以财产所有权换取价款为合同目的，并以此目的之有效存在为必要，因此，买卖合同是要因合同。

6. 买卖合同是否为债权合同？债权合同为负担行为的典型形态，物权合同则为处分行为的典型形态。买卖合同是否为债权合同问题，其实与是否采纳负担行为与处分行为二分密切相关。我国理论与实务对是否将法律行为二分为负担行为与处分行为，以及物权变动模式上是否采纳物权形式主义存在较大争议。如果采纳负担行为与处分行为二分，则买卖合同为债权合同；若不采纳负担行为与处分行为二分，则买卖合同无所谓是否为债权合同问题，仅能被定性为法律行为。买卖合同是否为债权合同问题，对理解与处理买卖合同章的有关制度（如《民法典》第597条等）至关重要。如若认为买卖合同为债权合同，则"财产权不以在买卖契约成立时属于出卖人所有为必要，故出卖别人之财产权，买卖契约亦属有效，盖买卖为债权契约，仅生负担行为之效果，只要出卖人于约定时间内能将买卖标的物移转财产权予买受人即可"。[①]

第五百九十六条【买卖合同的通常条款】

买卖合同的内容一般包括标的物的名称、数量、质量、价款、履行期限、履行地点和方式、包装方式、检验标准和方法、结算方式、合同使用的文字及其效力等条款。

历史由来

本条是对《合同法》第131条略作调整而来。《合同法》第131条规定："买卖合同的内容除依照本法第十二条的规定以外，还可以包括包装方式、

① 林诚二：《民法债编各论》（上），中国人民大学出版社2007年版，第63页。

检验标准和方法、结算方式、合同使用的文字及其效力等条款。”而《合同法》第12条规定：“合同的内容由当事人约定，一般包括以下条款：（一）当事人的名称或者姓名和住所；（二）标的；（三）数量；（四）质量；（五）价款或者报酬；（六）履行期限、地点和方式；（七）违约责任；（八）解决争议的方法。当事人可以参照各类合同的示范文本订立合同。”在《民法典》制定过程中，《民法典合同编（草案）》（一审稿）第386条沿袭了《合同法》第131条，《民法典合同编（草案）》（二审稿）仅对“一审稿”条文有文字上的微调。《民法典》第596条实际上是放弃了《合同法》第131条以及《民法典合同编（草案）》（一审稿）、《民法典合同编（草案）》（二审稿）所采用的援引《合同法》中其他条文的立法技术，而将这两个条文合并加以规定。

规范目的或功能

本条为有关买卖合同通常条款的规定，为任意性规定，供买卖合同当事人参考，主要发挥提示或引导买卖双方当事人在买卖缔约过程中正确订约的作用。

规范内容

根据合同自由原则，当事人有权自主决定合同的内容，而合同的内容则表现为合同条款。《民法典》第596条对买卖合同条款作出规定。对此，应注意的是：一方面，民法并非旨在替当事人自主决定、越俎代庖地决定合同的内容；另一方面，买卖合同的成立在合同条款方面也应达到最基本的要求。

本条采用了“一般包括……条款”的表述，它所指的是买卖合同通常包含的条款。这一规定是建议性、引导性或提示性的，[①]而非强制性的，主要发

① 全国人民代表大会常务委员会法制工作委员会编：《中华人民共和国合同法释义》，法律出版社1999年版，第26页；王利明：《合同法研究》（第三卷）（第二版），中国人民大学出版社2015年版，第57页。

挥引导当事人正确订约的作用。根据该条，买卖合同的通常条款一般包括标的物名称、数量、质量、价款、履行期限、履行地点和方式、包装方式、检验标准和方法、结算方式、合同使用的文字及其效力等。对每一个具体的买卖合同而言，它可以包括这些条款，也可以不包括这些条款。

在通常条款中，应区分必备条款与非必备条款。[①]必备条款是某类合同的成立必须具备的条款，缺少该条款，则该类合同不能成立。非必备条款则是根据合同性质在合同中不是必须具备的条款，缺少这些条款并不影响合同的成立。《合同法解释（二）》第1条第1款规定："当事人对合同是否成立存在争议，人民法院能够确定当事人名称或者姓名、标的和数量的，一般应当认定合同成立。但法律另有规定或者当事人另有约定的除外。"该条虽非专门针对买卖合同，但对买卖合同必备条款的确定亦具有参考价值。据此，买卖合同的必备条款应包括当事人名称或者姓名、标的物的名称与数量。这些条款是一般合同成立必须具备的条款。[②]

就数量而言，有观点认为，标的物条款仅指标的物名称，缺少标的物名称会使合同不具有实质性内容，而数量条款并非合同标的物条款的实质性内容。如现实中的持续供货合同，虽当事人就某一合同未约定标的物数量，但并不影响合同成立，因为标的物的数量仍可以通过合同补充的方法予以确定。[③]也有观点认为，成立一个买卖合同只需当事人及标的物即可，数量（如购独一无二的物）、质量（当事人未约定的，合同法予以推定）、价金（合同法予以推定）并非买卖合同必须具备的条款。[④]王洪亮教授认为，如果对于数量没有达成合意，虽然法院无法知道出卖人与买受人的义务，也无法计算损害赔偿的数额，但是对于法官选择合同类型进行法律适用，并不产生影响，

---

① 也有学者采纳"主要条款"与"非主要条款"的表述。韩世远：《合同法总论》（第四版），法律出版社2018年版，第115页。

② 韩世远：《合同法总论》（第四版），法律出版社2018年版，第115页；最高人民法院研究室编著：《最高人民法院关于合同法司法解释（二）理解与适用》，人民法院出版社2015年版，第16页。

③ 参见最高人民法院研究室编著：《最高人民法院关于合同法司法解释（二）理解与适用》，人民法院出版社2015年版，第16页。

④ 参见最高人民法院经济审判庭编著：《合同法解释与适用》（上册），新华出版社1999年版，第625页。

而且可以通过补充解释予以确认。[①]

买卖合同的必备条款除这些条款外，是否还应包括其他条款？我国有学者指出，对其理解不能机械，不应认为在我国法上任何合同的成立，只要具备上述三项内容，即为已足；而应理解为，它们只是成立合同必要但并不一定充分的条件。除此之外，如果法律另有规定或者当事人另有约定，额外要求必备条款，也是有可能的；依事物的性质，本身也可能有额外的要求，比如，对于买卖合同而言，价款便属于不可缺少的要素。[②]也有学者主张，对待给付义务的范围并非合同的本质要素，缺少之，并不必然构成逻辑上的不合意。[③]笔者认为，买卖为商品交换的典型形式，而“价款”是商品交换的要素，因此，“价款”对买卖合同十分重要。不过，考虑到《民法典》第510条以及第511条第2项对合同未约定价款或约定不明的情形已设明文，可借助这些规定予以填补，因此也可不将“价款”作为买卖合同的必备条款。[④]当然，此种处理也存在着这样的问题，即“在买卖合同情况下，有些产品也是没有市场价格、政府定价或指导价的。另外，对于一个地区之外的当事人而言，适用市场价格、政府定价或指导价，对其也有不公平之处”。[⑤]

就质量而言，有学者认为，“标的必须由质量和数量加以确定，除去质量和数量因素的标的是虚无缥缈的，不符合标的须确定和可能的基本要求，故标的及其质量和数量实为一个要件，而非几个要件”。[⑥]不过，买卖合同未约定标的物质量时可以适用《民法典》第510条以及第511条第1项有关质量标准的规定予以填补，因此可不将“质量”作为必备条款。“质量并非必要之点，对质量未达成合意的，并不影响合同的成立。”[⑦]

---

① 参见王洪亮：《论合同的必要之点》，载《清华法学》2019年第6期。

② 韩世远：《合同法总论》(第四版)，法律出版社2018年版，第115页；王利明：《合同法研究》(第三卷)(第二版)，中国人民大学出版社2015年版，第56页。

③ 王洪亮：《论合同的必要之点》，载《清华法学》2019年第6期。

④ 类似的立法，如《联合国国际货物销售合同公约》第55条规定：“如果合同已有效的订立，但没有明示或默示地规定价格或规定如何确定价格，在没有任何相反表示的情况下，双方当事人应视为已默示地引用订立合同时此种货物在有关贸易的类似情况下销售的通常价格。”

⑤ 王洪亮：《论合同的必要之点》，载《清华法学》2019年第6期。

⑥ 崔建远：《买卖合同的成立及其认定》，载《法学杂志》2018年第3期。

⑦ 王洪亮：《论合同的必要之点》，载《清华法学》2019年第6期。

总之，买卖合同的必备条款应包括当事人名称或者姓名、标的物的名称与数量。因此，一般而言，本条规定的诸条款中，这些必备条款的欠缺将影响买卖合同的成立，而标的物的质量、履行期限、履行地点和方式、包装方式、检验标准和方法、结算方式、合同使用的文字及其效力等条款则原则上对买卖合同成立不生影响。①

第五百九十七条【买卖合同的标的物】

因出卖人未取得处分权致使标的物所有权不能转移的，买受人可以解除合同并请求出卖人承担违约责任。

法律、行政法规禁止或者限制转让的标的物，依照其规定。

历史由来

本条系对《合同法》第132条作出较大幅度修改而来。《合同法》第132条规定："出卖的标的物，应当属于出卖人所有或者出卖人有权处分。法律、行政法规禁止或者限制转让的标的物，依照其规定。"后《买卖合同解释》第3条规定："当事人一方以出卖人在缔约时对标的物没有所有权或者处分权为由主张合同无效的，人民法院不予支持。出卖人因未取得所有权或者处分权致使标的物所有权不能转移，买受人要求出卖人承担违约责任或者要求解除合同并主张损害赔偿的，人民法院应予支持。"在《民法典》制定过程中，《民法典合同编（草案）》（一审稿）吸纳了该条且于第387条规定："出卖人应当对出卖的标的物享有处分权。因出卖人未取得处分权致使标的物所有权不能转移的，买受人可以解除合同并要求出卖人承担违约责任。法律、行政法规禁止或者限制转让的标的物，依照其规定。"《民法典合同编（草案）》

① 我国台湾地区规定，当事人就标的物及其价金互相同意时，买卖契约即为成立。当事人对于必要之点，意思一致，而对于非必要之点，未经表示意思者，推定其契约为成立，关于该非必要之点，当事人意思不一致时，法院应依事件之性质定之。学者认为，"必要之点"，于买卖契约系指标的物财产权于价金；非必要之点，系指赠品、保险等。非必要之点未经表示，方有推定规定发生是否适用问题，如非必要之点已表示而不一致，则该买卖契约仍未成立。参见林诚二：《民法债编各论》（上），中国人民大学出版社2007年版，第75页。

（二审稿）第387条删除了前条第1款第1句，即“出卖人应当对出卖的标的物享有处分权”。《民法典》第597条采纳了《民法典合同编（草案）》（二审稿）第387条的表述。

规范目的或功能

本条为有关买卖合同标的物的规定，包括两款。其中第1款旨在明确出卖人对买卖标的物无处分权致使标的物所有权不能移转给买受人时，买受人可以寻求的民事救济手段。第2款则为对买卖标的物的限制。

规范内容

本条第1款为完全法条，满足“出卖人未取得处分权致使标的物所有权不能转移”的要件，即可发生“买受人可以解除合同并请求出卖人承担违约责任”的法律效果。本条第2款为引用性法条。该款并未明定哪些具体的标的物是被禁止或限制转让的，须适用各该法律、行政法规的规定。

要理解本条，须先了解《合同法》第132条第1款、《买卖合同解释》第3条的规定。

一、《合同法》第132条第1款、《买卖合同解释》第3条的解释

《合同法》第132条第1款规定：“出卖的标的物，应当属于出卖人所有或者出卖人有权处分。”强调出卖人对出卖的标的物应享有处分权。处分权人主要表现为财产所有权人（《物权法》第39条、第68条第1款）、抵押权人（《物权法》第195条）、质权人（《物权法》第219条）、留置权人（《物权法》第236条）、行纪人（《合同法》第414条前段）、隐名代理场合的代理人（《合同法》第402条、第403条）、人民法院（《民事诉讼法》第223条）。[1]当然该条并未明确规定这一条件不符的法律效果。在实践中，较普遍的做法是，以出卖人无处分权为由认定买卖合同存在效力瑕疵。而这种处理又与对《合同

① 崔建远主编：《合同法》（第六版），法律出版社2016年版，第299页。

法》第51条有关“无权处分”制度的一种理解相关。《合同法》第51条规定：“无处分权的人处分他人财产，经权利人追认或者无处分权的人订立合同后取得处分权的，该合同有效。”我国学术界对该条的理解存在较大分歧，但一种较具普遍性的观点认为，该条所言“处分”是指法律上的处分，包括财产的出让、赠与、在财产上设定抵押等行为，或者说是在法律上决定财产的命运。在出卖他人之物的情况下，无处分权人未经权利人同意即将其标的物出卖给相对人，则处分人与相对人之间的买卖合同效力未定。如果权利人追认或处分人事后取得处分权，则买卖合同自始有效。反之，买卖合同自始无效。①

《买卖合同解释》第3条应属对《合同法》第132条第1款的重大调整。该条规定：“当事人一方以出卖人在缔约时对标的物没有所有权或者处分权为由主张合同无效的，人民法院不予支持。出卖人因未取得所有权或者处分权致使标的物所有权不能转移，买受人要求出卖人承担违约责任或者要求解除合同并主张损害赔偿的，人民法院应予支持。”这实际上是否认出卖人对标的物享有处分权为买卖合同的有效要件。质言之，出卖人在缔约时对标的物没有所有权或者处分权的，买卖合同效力不受影响，但若因出卖人未取得所有权或者处分权致使标的物所有权不能转移的，出卖人应承担违约责任。该条并未限制其适用范围。不过，有学者主张，该条的适用范围包括两类案型：第一类案型是将来财产买卖；第二类案型是权利（处分权）受到限制的受益人出卖自己的财产，如抵押人没有经过抵押权人同意出卖抵押物、融资租赁的承租人没有还清租赁公司的垫款就转卖租赁物。该学者还认为该条的适用范围与《合同法》第51条无权处分规则的适用范围是截然不同的，后者的适用范围是误认或故意出卖他人之物的情形。②

---

① 王利明、崔建远：《合同法新论·总则》，中国政法大学出版社1997年版，第301页；另参见乔平：《善意取得与无权处分的法律竞合及适用》，载《河北法学》2000年第3期；梁慧星：《如何理解合同法第五十一条》，载《人民法院报》2000年1月8日，第3版。如梁慧星教授认为，上述理解是合乎《合同法》立法思想的，并指出，作出此种理解的原因在于，我国大陆学者通说不采德国民法上的物权行为理论，对负担行为与处分行为一体把握，视标的物所有权变动为买卖合同直接发生的效果，或者说买卖合同的效力包括了标的物所有权的移转，并不要求在买卖合同之外，再有关于所有权移转的合意，因此，必然要求出卖人对出卖之物有处分权。

② 参见梁慧星：《关于民法典分则草案的若干问题》，载《法治研究》2019年第4期。

二、《民法典》第597条第1款的解释

《民法典》第597条第1款规定："因出卖人未取得处分权致使标的物所有权不能转移的，买受人可以解除合同并请求出卖人承担违约责任。"将该条款与《买卖合同解释》第3条对比可见，它基本上延续了后者的立法精神，只是在表述上更精练而已。也就是说，出卖人与买受人订约时无处分权的，不影响该买卖合同的效力，若出卖人未取得处分权致使标的物所有权不能转移的，出卖人应承担违约责任。理解该条需注意的一个背景是：《合同法》第51条有关无权处分的规定没有再出现在《民法典》中。因此该条系我国《民法典》上直接关涉民事主体（出卖人）处分权的唯一一个条文。

要全面深刻地理解该条，应将其放在负担行为与处分行为二分（或者物权变动模式）的背景下来理解。

（一）承认负担行为与处分行为二分

在德国民法以及深受德国民法影响的民法中，其法律行为理论以负担行为及处分行为之区别为其基本架构。[①]负担行为，又称义务行为、债权行为或债务行为，是指发生债权债务关系或给付义务之法律行为；而处分行为，则是指直接使权利发生得丧变更之法律行为，包括物权行为与准物权行为。依据这些国家或地区的立法（如《德国民法典》第185条）或通说，欲借法律行为实现物权变动，当事人除应订立买卖、赠与、互易、消费借贷等合同外，还应达成移转标的物所有权的合意并践行交付或登记的公示方法。其中，买卖、赠与等属于负担行为，其仅使债务人承担给付义务，并不直接发生使权利移转于他方的效力；而移转标的物所有权的合意属于处分行为，其直接使权利发生变动，因此以行为人有处分权为有效要件。在出卖人出卖他人之物并依让与合意交付标的物于买受人的情形下，作为负担行为的出卖他人之物的买卖合同有效，而依让与合意交付标的物于买受人的处分行为因欠缺处分

---

① 参见王泽鉴：《民法学说与判例研究》（第五册），中国政法大学出版社1998年版，第106页。

权，则为效力未定。

在此背景之下，可以认为，《民法典》第597条第1款系有关买卖合同这一负担行为效力的规定。由于负担行为的有效不以行为人有处分权为要件，因此当出卖人无处分权而订立买卖合同时，该买卖合同有效，但嗣后的处分行为因出卖人无处分权致使标的物所有权不能转移，此际，出卖人应向买受人承担违约责任。买受人可以寻求解除合同、赔偿损失等违约救济措施。

（二）不承认负担行为与处分行为二分

在不承认负担行为与处分行为二分的法制下，无论一国的物权变动模式是采债权意思主义，还是采债权形式主义，无权处分都不是指处分行为，而是指出卖他人之物的买卖合同、私卖共有物的买卖合同等买卖合同本身。立法上对出卖人应享有处分权的要求也只能针对买卖合同本身。

从世界范围来看，不同的国家或地区有不同的做法。（1）“无效”模式。《法国民法典》第1599条规定：“出卖他人之物，无效；在买受人并不知道其属于他人之物时，出卖他人之物得引起损害赔偿。”据此，无论买受人是善意还是恶意，出卖他人之物的买卖合同均无效。当然，买受人的善意或恶意对合同无效效果的承担有着不同的影响。在英美法系，出卖他人之物也被视为无效。[①]（2）“一般无效，例外有效”模式。我国《澳门民法典》第882条前段规定：“如出卖人不具出卖他人财产之正当性，则买卖属无效，但出卖人不得以无效对抗善意买受人，而存有欺诈之买受人亦不得以无效对抗善意出卖人。”即买受人为善意时，买受人可主张买卖合同有效。（3）“效力未定”模式。如《加拿大魁北克民法典》第1713条规定：“非所有人、非负责财产买卖的人或未经授权出卖财产的人出售财产的，可被宣告无效。但如此等出卖人而后成为出卖物的所有人，则不得宣告出售无效。”即出卖人取得标的物所有权的，买卖合同有效。（4）“有效”模式。在罗马法上，他人之物是可以出卖的，罗马五大法学家之一的乌尔比安即认为：“出卖他人的物毫无

① 参见徐炳：《买卖法》，经济日报出版社1991年版，第242页。

疑问是可以的。”[①]《国际商事合同通则》第3.3条第2款与《欧洲合同法原则》第4：102条均承认无权处分合同的效力。《日本民法典》第560条规定：“以他人权利为买卖标的时，出卖人负有取得该权利并移转于买受人的义务。”第561条规定：“于前条情形，出卖人不能取得其卖掉的权利并移转于买受人时，买受人可以解除契约。但是，如果买受人于契约当时，已知该权利不属于出卖人，则不得请求损害赔偿。”据此，以他人权利为标的的买卖合同是完全有效的。

如果不承认负担行为与处分行为二分，则我国《民法典》第597条第1款可以理解为：出卖人在订立买卖合同时无处分权的，不影响买卖合同的效力。在合同履行时，如果因出卖人未取得处分权致使标的物所有权不能转移的，则出卖人应承担违约责任。由此可见，这一理解与上述第四种立法模式较为接近。此种理解的优点是比较简单，也得到我国较多学者赞同。如我国有学者主张，“立法者设计调整无权处分合同的法律规则，若不考虑满足善意取得构成要件的例外情形，其核心目的应在于避免受让人从无权处分人处获得相应权利。此时立法者有两种可能的选择：一是让处分权的欠缺直接影响合同行为效力的发生，从而实现欲追求的目的；二是不让处分权的欠缺影响合同行为的效力，而是让处分权的欠缺影响无权处分人履行义务的能力，从而也可实现欲追求的目的。二者相较，后者价值判断结论妥当性更高，且手段与目的更为相称，更合比例原则的要求”。[②]

不过，这一理解也存在着一定问题。从法理念上看，“所有权保障一个人对某物享有一种排他地使用、改造和任意处理这个物的可能”，[③]这其中，处分权能尤其重要。对所有人而言，他可以自主地对所有物进行处置，决定物在事实上与法律上的命运。没有所有人意思的介入，他人对所有人所有物的处分就是对所有人所有权的干扰与侵犯。因此，不对行为人任意处分他人之物进行限制，所有权势必名存实亡，而人类社会秩序也会发生紊

① ［意］彼德罗·彭梵得：《罗马法教科书》，黄风译，中国政法大学出版社1992年版，第372页。

② 王轶：《民法总则法律行为效力制度立法建议》，载《比较法研究》2016年第2期。

③ ［德］莱因荷德·齐佩利乌斯：《法哲学》（第六版），金振豹译，北京大学出版社2013年版，第270页。

乱。由此看来，民法不能使无权处分行为在效力上畅行无阻。“作为基于合同行为发生物权变动法律效果的充分条件，当事人享有处分权都是不可或缺的一环。”[①]在不承认负担行为与处分行为二分（买卖合同本身而非嗣后的履行行为为所有权移转的直接原因），且将出卖人无处分权的买卖合同规定为有效的情况下，出卖人借履行行为来实现所有权移转就不存在法律上的障碍，这难以为保护标的物真正所有权人的利益提供有效的法律技术手段。

无论采取上述何种解释，法律效果上则是一致的。即依据该款，买卖合同是有效的，但由于出卖人不能移转标的物所有权从而构成违约，买受人可以解除合同并请求出卖人承担违约责任。这里的“违约责任”应适用《民法典》第三编第八章违约责任的有关规定。

三、《民法典》第597条第2款的解释

《民法典》第597条第2款规定：“法律、行政法规禁止或者限制转让的标的物，依照其规定。”该款在性质上为参引性规范。在我国现行法体系中，一些法律、行政法规对某些标的物的转让加以禁止或者限制，买卖双方当事人应遵守这些规定。如《民法典》第242条规定：“法律规定专属于国家所有的不动产和动产，任何组织或者个人不能取得所有权。”《农村土地承包法》第4条规定，承包地不得买卖。《土地管理法》第2条第3款规定，任何单位和个人不得侵占、买卖或者以其他形式非法转让土地。在我国，土地、草原、森林、矿藏、河流、海洋等属于国家所有或者集体所有，不能成为买卖的标的物。再如《拍卖法》第7条规定：“法律、行政法规禁止买卖的物品或者财产权利，不得作为拍卖标的。”

法律、行政法规禁止转让的标的物为禁止流通物，不得作为买卖标的物，如伪造的货币、毒品、淫秽物品等。以禁止流通物作为买卖标的物的，该买卖合同因违反法律、行政法规的强制性规定而无效。法律、行政法规限制转让的标的物为限制流通物，只能在限定的领域内流通，如枪支、弹药等。我国对枪支的买卖实行特别许可制度，未经许可，任何单位和个人不得买卖。

---

① 王轶：《民法总则法律行为效力制度立法建议》，载《比较法研究》2016年第2期。

以限制流通物作为买卖标的物的，该买卖合同的效力原则上也因违反法律、行政法规的强制性规定而受影响。

举证责任

就本条第1款而言，买受人要解除买卖合同并请求出卖人承担违约责任，应举证证明出卖人有违约行为，即出卖人对标的物无处分权致不能转移该标的物所有权。就本条第2款而言，当买受人要求出卖人交付标的物并移转标的物所有权，出卖人主张标的物系法律、行政法规禁止或者限制转让之物致不能履行合同义务时，应就该法律、行政法规的存在承担举证责任。

第五百九十八条【出卖人的主给付义务】

出卖人应当履行向买受人交付标的物或者交付提取标的物的单证，并转移标的物所有权的义务。

历史由来

本条为出卖人主给付义务的规定，沿袭了《合同法》第135条的规定。《民法典合同编（草案）》（一审稿）、《民法典合同编（草案）》（二审稿）中该条均无变化。

规范目的或功能

本条规定出卖人的主给付义务，具体包括两个方面：一是交付标的物或者交付提取标的物的单证；二是转移标的物所有权，揭示了出卖人在买卖合同中应承担的最基本、最核心的义务，也凸显了买卖合同的典型特征。

规范内容

本条规定了出卖人交付标的物或交付提取标的物的单证，并转移标的物所有权的义务。本条为请求权基础规范。[①]此在各国或各地区法上基本都是一致的，如《德国民法典》第433条、《联合国国际货物销售合同公约》第30条等。

本条为不完全法条，只是规定了出卖人的义务，而未规定出卖人违反该义务的法律效果。对此，应适用本章以及《民法典》第三编第七章“合同的权利义务终止”、第八章“违约责任”的规定。

一、交付标的物

交付是指占有的移转，是出卖人所承担的主给付义务。交付可以是将标的物直接交给买受人，也可以是依约定交给买受人的代理人或指定的第三人。

（一）交付的类型

交付可分为现实交付与拟制交付两种类型。

1.现实交付是指出卖人将对标的物的现实的、直接的支配力或管领力移转于买受人，使标的物由买受人直接占有并处于其控制之下。完成现实交付必须具备以下要件：一是标的物的实际控制发生转移。实际控制是否发生转移，应依交易观念加以判断。例如，买卖汽车，出卖人向买受人交付车钥匙。二是标的物的实际控制发生转移须基于出卖人的意思，买受人自行占有，不构成交付。例如，甲将狗出卖给乙，乙在马路上发现该狗，径直牵回，不能取得标的物的所有权。三是买受人接受、占有。交付一方将标的物置放于买受人控制的范围，但未作通知，买受人未接受交付，主观上也无占有的意思，不能构成交付。[②]交付一般由出卖人亲自实施，不过此仅为常态，法律也承认由第三人代出卖人交付。例如，出卖人与他人订立委托合同，使受托人向买

---

① 我国台湾地区学者姚志明指出，物之买卖契约成立后，物之出卖人，负交付其物于买受人，并使其取得该物所有权之义务。从另一个角度观之，物之买受人即有请求出卖人，交付其物于买受人，并使买受人取得该物所有权之权利。参见姚志明：《契约之效力（一）——契约之履行》，载《月旦法学教室》第72期。

② 王利明：《合同法研究》（第三卷）（第二版），中国人民大学出版社2015年版，第69页。

受人交付。再如，出卖人的占有辅助人代为交付或者第三人依出卖人的指令向买受人交付等。主要情形有三：一是经由占有辅助人而为交付。如甲将汽车出卖给乙，由甲的司机丙向乙交付汽车。二是经由占有媒介关系而为交付。如甲将其寄存于乙处的马匹出卖给丙，约定由乙将该马交给经营马场的丁。乙依甲的指示将该马交付给丁，在丁与丙之间成立占有媒介关系，丁为直接占有人，丙为间接占有人。三是经由被指令人而为交付。如甲将某画出卖给乙，乙转卖给丙，乙请甲直接将该画交付给丙，甲同意并向丙交付该画。[①]出卖人交付标的物时，如果所出卖的标的物有从物的，应同时将从物交付给买受人。《民法典》第320条规定："主物转让的，从物随主物转让，但是当事人另有约定的除外。"《民法通则意见》第87条也规定，在法律或者合同没有特别约定时，主物所有权转移的效力及于从物，从物的所有权随主物所有权的转移而转移。

针对无需以有形载体交付的电子信息产品买卖，《买卖合同解释》第5条规定："标的物为无需以有形载体交付的电子信息产品，当事人对交付方式约定不明确，且依照合同法第六十一条的规定仍不能确定的，买受人收到约定的电子信息产品或者权利凭证即为交付。""买受人收到约定的电子信息产品即为交付"，如出卖人与买受人订立电子信息产品买卖合同，采用以在线网络传播方式下载或接收该信息产品的方式交付，由于技术、网络、计算机系统等原因，致使出卖人发出电子信息产品与买受人接收电子信息产品不同步，甚至买受人有可能未收到该电子信息产品，此时以买受人收到约定的电子信息产品为完成交付的时间。"买受人收到权利凭证即为交付"，如买受人收到出卖人发送或告知的访问或使用电子信息产品的密码，出卖人即完成交付，而不以买受人取得或使用该电子信息产品为标准来判断交付是否完成。

2.拟制交付是指出卖人将对标的物的权利转移给买受人，以代替对实物的交付。拟制交付又分为简易交付、占有改定与指示交付三种类型：第一，简易交付是指在买卖合同订立以前，买受人因其他原因已实际占有标的物，则买卖合同生效之时即为交付之时，标的物所有权转移给买受人。对此，我

---

① 参见王泽鉴：《民法物权》，北京大学出版社2009年版，第95页。

国《民法典》第226条规定:“动产物权设立和转让前,权利人已经占有该动产的,物权自民事法律行为生效时发生效力。”“民事法律行为生效”在该条情形即指买卖合同生效。民法之所以允许此种无形的交付,是出于交易便捷的考虑。在此种交付中,买受人占有动产的原因,究竟为租赁、保管、借用、拾得遗失物、有权占有还是无权占有,均在所不问。第二,占有改定是指当事人约定在转移标的物的所有权后,出卖人仍然继续占有标的物,使买受人取得标的物的间接占有,以代替标的物的交付。对此,《民法典》第228条规定:“动产物权转让时,当事人又约定由出让人继续占有该动产的,物权自该约定生效时发生效力。”民法承认占有改定,亦为出于简化动产物权移转的考虑。该条中的“约定”不限其种类,借用、租赁、保管等均无不可,但必须限于出让人与受让人之间。受让人必须取得间接占有,出让人则可为直接占有人或为间接占有人。第三,指示交付是指标的物由第三人占有时,出卖人将对第三人所享有的标的物返还请求权让与买受人,以替代标的物的实际交付。对此,《民法典》第227条规定:“动产物权设立和转让前,第三人占有该动产的,负有交付义务的人可以通过转让请求第三人返还原物的权利代替交付。”指示交付亦称为返还请求权让与,其立法目的也在于简化交易。

(二)交付的法律意义

交付具有以下重要的法律意义:

1.交付决定标的物所有权的移转。《合同法》第133条规定:“标的物的所有权自标的物交付时起转移,但法律另有规定或者当事人另有约定的除外。”为避免与《民法典》中物权制度的重复,《民法典》“买卖合同”章不再规定这一条文。《民法典》第224条规定:“动产物权的设立和转让,自交付时发生效力,但是法律另有规定的除外。”由此可见,除法律另有规定以外,原则上交付是所有权移转的一般规则。以交付作为标的物所有权移转的标准是交付最重要的效果,现实生活中大量的日常买卖交易都是以交付为标志即时完成的。

2.交付决定债务人合同债务的履行。交付所导致的标的物所有权移转的效力与合同债务履行的效力往往是同时发生的,但也要注意到,交付在《物权法》与《合同法》中的意义不同。《物权法》中，交付是动产物权变动的公示方法；《合同法》中，交付则是合同的履行行为。公示的侧重点在于可识别的权利外观，履行行为关注的则是合同双方的内部关系。[①]

3.交付决定标的物风险的移转。《民法典》第604条规定："标的物毁损、灭失的风险，在标的物交付之前由出卖人承担，交付之后由买受人承担，但是法律另有规定或者当事人另有约定的除外。"因此，除另有约定或者另有规定的外，我国民法以交付主义作为买卖合同风险负担的一般规则，也就是说，在原则上，交付的时点即为买卖合同标的物风险移转的时点。

4.交付决定标的物孳息的归属。标的物在买卖合同订立后所发生的孳息的归属在学理上被称为利益承受。孳息是指由原物产生的收益，可分为自然孳息与法定孳息。自然孳息是指基于自然原因而产生的孳息，如动物所生幼仔、树木所结果实等。法定孳息是指基于法律关系而产生的孳息，如存款所得利息、房屋出租所得租金等。一般而言，利益承受与标的物风险的移转相连，与之实行相同的分配原则。《民法典》第630条规定："标的物在交付之前产生的孳息，归出卖人所有；交付之后产生的孳息，归买受人所有。但是，当事人另有约定的除外。"因此，交付也是决定标的物孳息归属的基本标准。

二、交付提取标的物的单证

在很多情况下，出卖人无需向买受人交付标的物，仅需交付提取标的物的单证。提取标的物的单证就是所有权凭证，典型者如仓单、提单等。单证的交付意味着标的物所有权的移转。此际，买受人虽然还没有实际占有标的物，但可以凭单证提取标的物。出卖人向买受人交付提取标的物的单证，亦为履行其所承担的主给付义务。

三、转移标的物所有权

转移标的物所有权是指出卖人使买受人取得标的物的所有权。转移标的物所有权不仅是买卖合同的典型特征，而且也是买受人的订约目的。一

---

① 吴香香：《〈合同法〉第142条（交付移转风险）评注》，载《法学家》2019年第3期。

般而言，出卖人交付标的物即在同时履行移转标的物所有权的义务，但是也存在着不同情形。此际，出卖人交付标的物与移转标的物所有权发生了分离。在此意义上，不妨可认为“交付是出卖人主给付义务之一，独立于所有权让与义务”。[①]这主要发生在以下三种情形：第一，就不动产买卖而言，由于不动产所有权的移转以登记为公示方法，因此，出卖人交付不动产并不导致不动产所有权发生移转。对此，《民法典》第209条第1款规定：“不动产物权的设立、变更、转让和消灭，经依法登记，发生效力；未经登记，不发生效力，但是法律另有规定的除外。”第二，就特殊动产买卖而言，出卖人交付标的物之后，仍负有为买受人办理所有权移转登记的义务。如《民法典》第225条规定：“船舶、航空器和机动车等的物权的设立、变更、转让和消灭，未经登记，不得对抗善意第三人。”因此，即使出卖人已交付船舶、航空器等特殊动产，但若未登记，买受人固然可以对抗恶意第三人以及普通债权人，但不得对抗善意第三人。第三，就保留所有权买卖而言，出卖人虽已交付标的物，但由于双方当事人约定买受人付清价款，标的物所有权才移转给买受人，在价款付清前，出卖人仍保留标的物所有权。对此，《民法典》第641条第1款规定：“当事人可以在买卖合同中约定买受人未履行支付价款或者其他义务的，标的物的所有权属于出卖人。”因此，买卖标的物，纵使为动产，亦未必于交付之同时，移转所有权。[②]

举证责任

就出卖人履行交付义务的举证责任问题，《买卖合同解释》第8条第1款规定：“出卖人仅以增值税专用发票及税款抵扣资料证明其已履行交付标的物义务，买受人不认可的，出卖人应当提供其他证据证明交付标的物的事实。”由于在实践中，出卖人未交付也可以开增值税专用发票，税款抵扣也可在标的物交付之前进行，即增值税专用发票及税款抵扣资料并不完全反映真实的

---

① 吴香香：《〈合同法〉第142条（交付移转风险）评注》，载《法学家》2019年第3期。

② 陈添辉：《买卖》，台北三民书局2006年版，第57页。

交付事实，因此，交付与否不以增值税专用发票及税款抵扣资料为准，出卖人应当提供其他证据来证明标的物已交付。

第五百九十九条【出卖人交付提取标的物单证以外的有关单证和资料的义务】

出卖人应当按照约定或者交易习惯向买受人交付提取标的物单证以外的有关单证和资料。

历史由来

本条为出卖人交付提取标的物单证以外的有关单证和资料义务的规定，沿袭了《合同法》第136条的规定。《民法典合同编（草案）》（一审稿）、《民法典合同编（草案）》（二审稿）中该条均无变化。

规范目的或功能

本条规定了出卖人交付提取标的物单证以外的有关单证和资料的义务，相较于本法第598条所规定的主给付义务，本条所规定的义务为出卖人的从给付义务，以使买受人的利益能得到圆满实现。

规范内容

本条为不完全法条，只是规定了出卖人交付提取标的物单证以外的有关单证和资料的义务，而未规定出卖人违反该义务的法律效果。对此，亦应适用本章以及《民法典》第三编第七章“合同的权利义务终止”、第八章“违约责任”的规定。

出卖人在向买受人交付标的物的同时，还应当按照约定或者交易习惯向买受人交付提取标的物的单证以外的有关单证和资料。本条所言的“单证”不同于本法第598条中的“单证”，是指提取标的物单证以外的其他单证。对此，《买卖合同解释》第7条规定：“合同法第一百三十六条规定的‘提取标的物单证以外的有关单证和资料’，主要应当包括保险单、保修单、普通发票、增值税专用发票、产品合格证、质量保证书、质量鉴定书、品质检验证书、产品进出口检疫书、原产地证明书、使用说明书、装箱单等。”

交付与标的物有关的单证和资料义务的目的在于，使买方更有效地享有在标的物上的利益，实现其债权的最大满足。①详言之，交付单证或资料与买受人办理所有权登记、海关报关等手续、向承运人和保险公司索赔以及确保标的物的质量、保修、检验、包装、正确使用等直接相关，直接影响买受人缔约目的的实现，因此亦十分重要，在国际贸易中尤其如此。对此，《联合国国际货物销售合同公约》第34条规定，如果卖方有义务移交与货物有关的单据，他必须按照合同所规定的时间、地点和方式移交这些单据。值得注意的是，对本法第599条中的“交付”宜采广义的理解，“单证转让不仅仅包括相关单证的移交，卖方还可以通过电子手段或传真来发送它们”。②

出卖人交付提取标的物单证以外的有关单证和资料的义务在性质上不是主给付义务，因此，一般而言，出卖人违反该义务不构成根本违约；不仅如此，同时履行抗辩权往往发生在彼此具有牵连关系的双方当事人的主给付义务之间，出卖人违反该义务，买受人也难以行使同时履行抗辩权。不过，出卖人的该项义务究竟是从给付义务，还是附随义务？理论上有不同观点。笔者认为，宜将该义务定性为从给付义务。因为附随义务系依诚信原则而产生，而出卖人的该项义务依当事人之间的约定或者交易习惯而产生。附随义务主要是为了保护合同当事人的固有利益不受损害；交付单证或资料的义务，主要是为了履行利益的实现，不应当归入附随义务的范畴。③出卖人的这一从给付义务可以独立诉请履行，买方在卖方不履行这一义务时，可提起独立之诉，

---

① 最高人民法院经济审判庭编著：《合同法解释与适用》（上册），新华出版社1999年版，第688页。

② 欧洲民法典研究组、欧盟现行私法研究组编著：《欧洲私法的原则、定义与示范规则：欧洲示范民法典草案》（第四卷），于庆生等译，法律出版社2014年版，第42页。

③ 王利明：《合同法研究》（第三卷）（第二版），中国人民大学出版社2015年版，第78页。

请求卖方交付与标的物有关的单证和资料。[①]

第六百条【标的物知识产权的归属】

出卖具有知识产权的标的物的，除法律另有规定或者当事人另有约定外，该标的物的知识产权不属于买受人。

历史由来

本条为有关具有知识产权的标的物买卖中知识产权归属的规定，系对《合同法》第137条修正而来。《合同法》第137条规定："出卖具有知识产权的计算机软件等标的物的，除法律另有规定或者当事人另有约定的以外，该标的物的知识产权不属于买受人。"《民法典合同编（草案）》（一审稿）第390条沿袭该条。《民法典合同编（草案）》（二审稿）第390条删除前条中"除法律另有规定或者当事人另有约定的以外"中"的以"二字。《民法典》第600条则删除了前条中"计算机软件等"的表述。

规范目的或功能

在买卖合同中，有些标的物本身是某一或某些知识产权的载体，本条旨在揭示作为知识产权载体的标的物买卖与知识产权的买卖（有偿转让）不同，即出卖人转让标的物所有权，往往并不转让该标的物上承载的知识产权。

规范内容

本条在性质上宜归类于说明性法条。它并没有特别明确的构成要件与法律效果，主要在于宣示作为知识产权载体的标的物买卖与知识产权的买卖（有

① 最高人民法院经济审判庭编著：《合同法解释与适用》（上册），新华出版社1999年版，第689页。

偿转让）不同，不能将两者混为一谈。

两个交易主体之间要有偿转让知识产权，须订立知识产权有偿转让合同。由于《民法典》第595条对买卖合同的标的物范围采取狭义的界定，因此，虽然知识产权的有偿转让与有体物所有权的有偿转让均属于“财产有偿转让”，实质上均为“买卖”，但前者并不能被称为“买卖”，也不属于《民法典》买卖合同章的调整对象。有关知识产权的有偿转让合同由其他法律调整。如《专利法》第10条规定：“专利申请权和专利权可以转让。……”《商标法》第42条规定：“转让注册商标的，转让人和受让人应当签订转让协议，并共同向商标局提出申请。……”根据《著作权法》的规定，转让著作权应当订立书面合同。

不过，在买卖交易中，有些标的物本身可能是一定知识产权的载体。如出卖人向买受人出售一件由其完成的艺术品，该艺术品上即承载着出卖人的著作权；再如出卖人向买受人交付的计算机软件上承载着出卖人的专利权等。在双方当事人之间的买卖交易中，作为交易指向对象的标的物为该载体，而非该载体所承载的知识产权。因此，仅仅买卖知识产权载体的，不能认为知识产权本身也移转，只是该载体的所有权发生移转。当然，如果当事人明确约定出卖人的标的物与其上所承载的知识产权一并转让给买受人，或者法律明确规定某种知识产权随同标的物转移而转移的，则从该约定或依该规定。如《著作权法》第20条规定，作品原件所有权的转移，不视为作品著作权的归属，但美术、摄影作品原件的展览权由原件所有人享有。据此，当事人之间买卖美术作品的，买受人不仅取得该美术作品的所有权，而且取得该美术作品的展览权。除这两种情形外，出卖具有知识产权的标的物的，该标的物的知识产权并不一并移转。因此，该条被称为知识产权条款，其规范目的在于保护知识产权人的利益。[①]

《合同法》第137条原本规定“出卖具有知识产权的计算机软件等标的物”，虽然该条中“计算机软件”只是例示规定，并不会不当限缩其适用范围，但为防止人们误认买卖标的物上承载知识产权的情形仅限于计算机软件，本条将“计算机软件等”的表述予以删除。

---

① 崔建远主编：《合同法》（第六版），法律出版社2016年版，第304页。

第六百零一条【交付时间】

出卖人应当按照约定的时间交付标的物。约定交付期限的，出卖人可以在该交付期限内的任何时间交付。

历史由来

本条为出卖人交付标的物期限的规定，沿袭了《合同法》第138条的规定。《民法典合同编（草案）》（一审稿）、《民法典合同编（草案）》（二审稿）中该条均无变化。

规范目的或功能

交付标的物是出卖人的基本义务，本条旨在明确交付期限，即双方当事人对交付期限有约定时，出卖人应按照约定的期限交付标的物。本条与下一条（《民法典》第602条）规范意旨相同。

规范内容

本条为不完全法条，只是规定了出卖人应当按照约定的期限交付标的物的义务，而未规定出卖人违反该义务的法律效果（交付迟延责任）。对此，亦应适用本章以及《民法典》第三编第七章“合同的权利义务终止”、第八章“违约责任”的规定。

出卖人应按照买卖合同约定的时间交付标的物。当事人可以在买卖合同中约定交付的具体时间点或者交付的期限。若合同约定了交付时间点的，出卖人应严格按照约定的时间点交付标的物，买受人也必须在约定的时间点受领给付。如买卖合同约定3月1日当天交货或者约定3月1日之前交货均属此类。若合同约定了交付期限的，出卖人可以在该期限内的任何时间履行交付义务，买受人不得拒绝受领。如买卖合同约定出卖人在1月交货，则出卖人可在该月的任何一天交货。

出卖人未在约定的期限内履行交付义务的，将构成履行迟延，应当承担违约责任。但是，若出卖人在约定的交付期限之前交付，应如何处理？该条未就此作出明确规定。域外立法例上有关规定可作为参考。如《欧洲示范民法典草案》第Ⅳ.A–3：105条第1款规定："如果卖方在确定的期限前交付全部或部分货物的话，买方可以受领交付，或者在受领该提前交付会不合理地损害买方利益的情况下，拒绝受领交付。"该条赋予买受人选择权——可以受领，也可以拒绝受领。当然，拒绝受领是有条件限制的，即只有在受领提前交付会不合理地损害其利益时才能拒绝受领。例如，建筑商甲订购了一批钢管，要求在中午将其送到建筑场地。如果卖方在上午10点交付了钢管，则甲不得拒绝受领。但是，如果卖方提前一天交付，或者建筑场地当时正在举办一场热闹活动，而妨碍了买方受领交付的话，则情况会有所不同。①《德国民法典》第271条第2款则规定："定有给付期者，有疑义时，应认为债权人不得期前请求给付，但债务人得期前清偿。"

第六百零二条【交付期限不明或无约定】

当事人没有约定标的物的交付期限或者约定不明确的，适用本法第五百一十条、第五百一十一条第四项的规定。

历史由来

本条为有关交付期限无约定或约定不明确时的交付规则，沿袭了《合同法》第139条的规定。《民法典合同编（草案）》（一审稿）、《民法典合同编（草案）》（二审稿）中该条除法条序号表述上有调整外，内容均无变化。

规范目的或功能

交付期限关涉出卖人义务的履行与违约责任的承担，在当事人没有约定标的物的交付期限或者约定不明确时，确定出卖人的交付期限十分必要，本条旨在对该情形下的交付期限加以确定。

---

① 欧洲民法典研究组、欧盟现行私法研究组编著：《欧洲私法的原则、定义与示范规则：欧洲示范民法典草案》（第四卷），于庆生等译，法律出版社2014年版，第110页。

规范内容

本条为不完全法条，处理的还是出卖人在什么期限交付标的物义务的问题，未规定出卖人违反该义务的法律效果（交付迟延责任）。此外，本条为引用性法条，未对如何确定出卖人的交付期限设立明确而具体的规则，仅指示适用《民法典》第510条、第511条第4项的规定。《民法典》第510条规定："合同生效后，当事人就质量、价款或者报酬、履行地点等内容没有约定或者约定不明确的，可以协议补充；不能达成补充协议的，按照合同相关条款或者交易习惯确定。"第511条规定："当事人就有关合同内容约定不明确，依据前条规定仍不能确定的，适用下列规定：……（四）履行期限不明确的，债务人可以随时履行，债权人也可以随时请求履行，但是应当给对方必要的准备时间。……"因此，在当事人未约定交付期限或约定不明确的情况下，应按以下规则处理：

1. 双方当事人可以就标的物交付期限达成补充协议；如果不能达成补充协议，则应当按照合同相关条款或者交易习惯确定。具体而言，可以按照以下原则确定：其一，根据标的物的状况或者性质确定交付期限。如标的物为农产品、水果等季节性产品，则最迟应在季节末交付。其二，根据标的物的用途确定交付期限。如果标的物为应时性货物，为了供应节日市场之需，则应当于节日之前交付。如出卖人与买受人订立月饼买卖合同，虽然合同未就交付期限作出约定，但根据交易习惯，出卖人应在中秋节之前交付月饼。如果标的物供应于某一建设工程，则可依工程进度计划确定交付期限。其三，依以前的交易惯例或者类似的交易习惯确定交付期限。买受人对标的物的需求情况、以前各次合同履行期限的情况以及当地同类合同的交易习惯均可用以参照确定交付期限。

2. 如果仍不能确定交付期限，则出卖人可以随时履行，买受人也可以随时请求履行，但是应当给对方必要的准备时间。[①]

---

① 《德国民法典》第271条第1款规定："给付期未制定，亦不能按其情形决定者，债权人得立即请求给付，债务人亦得立即清偿。"

第六百零三条【交付地点】

出卖人应当按照约定的地点交付标的物。

当事人没有约定交付地点或者约定不明确，依据本法第五百一十条的规定仍不能确定的，适用下列规定：

（一）标的物需要运输的，出卖人应当将标的物交付给第一承运人以运交给买受人；

（二）标的物不需要运输，出卖人和买受人订立合同时知道标的物在某一地点的，出卖人应当在该地点交付标的物；不知道标的物在某一地点的，应当在出卖人订立合同时的营业地交付标的物。

历史由来

本条为有关交付地点的规定，沿袭了《合同法》第141条的规定。《民法典合同编（草案）》（一审稿）、《民法典合同编（草案）》（二审稿）中该条除法条序号表述上有调整外，内容均无变化。

规范目的或功能

交付标的物是出卖人的基本义务，本条旨在明确交付地点，即双方当事人对交付地点有约定时应按照约定的地点交付标的物，没有约定交付地点或者约定不明确时，依据本法第510条规定确定，仍无法确定的，适用本条第2款规定确定。

规范内容

本条为不完全法条，仅规定了出卖人在交付标的物地点方面的义务，未规定出卖人违反该义务的法律效果。此外，本条第2款为引用性法条，指示适用《民法典》第510条的规定。

标的物交付地点的确定十分重要，它不仅关涉当事人合同债务的履行，而且还涉及诉讼管辖。对此，《民事诉讼法》第23条规定："因合同纠纷提起的诉讼，由被告住所地或者合同履行地人民法院管辖。”第34条规定：“合同或者其他财产权益纠纷的当事人可以书面协议选择被告住所地、合同履行地、合同签订地、原告住所地、标的物所在地等与争议有实际联系的地点的人民法院管辖，但不得违反本法对级别管辖和专属管辖的规定。”

就标的物的交付地点，本条规定了具有层次性的三方面的规则：首先，按当事人约定处理；其次，若无约定或约定不明，则依《民法典》第510条处理；最后，若仍不能确定，则依本条第2款后段处理。

1.当事人对标的物交付地点有约定的，如双方约定在出卖人所在地交付、在买受人所在地交付、在货物存放地交付等，则出卖人应按照约定的地点交付标的物。

2.若当事人对标的物交付地点没有约定或者约定不明确，则依据《民法典》第510条处理。《民法典》第510条规定：“合同生效后，当事人就质量、价款或者报酬、履行地点等内容没有约定或者约定不明确的，可以协议补充；不能达成补充协议的，按照合同相关条款或者交易习惯确定。”质言之，如果合同未约定交付地点或者约定不明确的，当事人可以协议补充交付地点，补充协议具有法律效力。如果当事人不能达成补充协议，则按照合同相关条款或者交易习惯确定。具体而言，可按照以下原则确定：第一，根据标的物的状况或性质确定交付地点。如不动产买卖的交付地点为不动产所在地。第二，根据双方以前的交付习惯或者同类合同的惯例确定交付地点。如依双方以前同类交易的交付地点确定本合同的交付地点，或者以当地同类合同通常采用的交付地点为交付地点。第三，根据合同的结算条款确定交付地点。如果采用信用证结算，出卖人交付信用证所要求的单证即为履行交付义务，则交付地点为议付行营业地；如果采取托收结算方式，出卖人将有关单证交其开户行托收即完成交付，则交付地点为出卖人的开户行营业地。

3.如果双方当事人没有约定交付地点或约定不明确，也无法按照《民法典》第510条确定交付地点，则应按照本条第2款后段的规定确定交付地点：第一，标的物需要运输的，以出卖人将标的物交付第一承运人的地点为交付地点。无论标的物的运输是采用铁路、公路、海上、航空运输还是多式运输，也不论运输经过几个承运人，只要出卖人将标的物交付给第一承运人，即可认为出卖人已按合同的约定完成了交付。值得注意的是，这里的“第一承运人”应是指独立的承运人，而非出卖人的履行辅助人。从立法技术上而言，本款的表述为“出卖人应当将标的物交付给第一承运人以运交给买受人”，虽然可解释为“将标的物交付第一承运人的地点为交付地点”，但毕竟并未明确提及“交付地点”，有所不足。第二，标的物不需要运输时，出卖人和买受人在订立合同时知道标的物在某一地点的，则交付地点为双方所知道的标的物所在地，如存放标的物的车间、仓库等。第三，标的物不需要运输时，出卖人和买受人在订立合同时不知道标的物所在地点的，则交付地点为出卖人订立合同时的营业地；若出卖人没有营业地的，则宜以出卖人的居住地作为交付地点。

第六百零四条【风险负担一般规则】

标的物毁损、灭失的风险，在标的物交付之前由出卖人承担，交付之后由买受人承担，但是法律另有规定或者当事人另有约定的除外。

历史由来

本条沿袭了《合同法》第142条的规定。在《民法典》制定过程中，《民法典合同编（草案）》（一审稿）第394条将《合同法》第142条中的“但”改为“但是”，《民法典合同编（草案）》（二审稿）第394条沿袭该条。不过，《民法典（草案）》第604条在前条的基础上增设一款：“出卖人按照约定将标的物运送至买受人指定地点并交付给承运人后，标的物毁损、灭失的风险由买受人承担，但是当事人另有约定的除外。”该款来自《买卖合同解释》第12条。最终，《民法典》将该款移至第607条作为第1款，因此这也使得《民法典》基本上延续了《合同法》第142条的规定。

规范目的或功能

标的物因不可归责于双方当事人的事由而毁损、灭失，会引发诸多法律问题。其中最重要的问题之一就是，如出卖人并无再为给付义务，则买受人应否向出卖人支付该标的物的价款（价金风险）。本条旨在解决此种价金风险问题，并确立价金风险移转的一般性判断标准。

规范内容

《民法典》第604—611条为买卖合同风险负担的规定。风险负担制度，始终是买卖法之核心问题。[①]

一、风险负担概念的界定

本条及以下诸条中的“风险”有特定含义，是指因不可归责于当事人的事由致使标的物毁损、灭失的不利状态，相应地，风险负担是指风险发生后，此种不利状态或损失由谁承担。在债法中，此种意义上的风险，一般包含两种情形：一是给付风险（die Leistungsgefahr），二是价金风险（die Gegenleistungsgefahr）。给付风险又称为履行风险，是指因不可归责于债务人之事由，致其基于契约所负之给付陷于不能者，债权人能否请求债务人重新另为给付。[②]其法律上的意义为负担此危险之人，有义务使约定的给付无论如何成为可能，且当该给付变为不可能时，不管是否可归责于该负有危险之当事人，他皆应负债务不履行责任。价金风险又称为对待给付风险，即因不可归责于双方当事人的事由，致标的物毁损、灭失时，其价金之危险，由谁负担而言。[③]给付风险的规定，在于解决债务人就债之标的灭失，有无再为给付义务；而对待给付的危险，在于决定一方给付标的物灭失时，如无再为给付义务，他方有无对待给付义务。如甲向乙购买汽车一辆，交货期限经过后，乙电话告知甲汽车已交货，现在置于仓库中，随时可以取货。甲前往乙处领车，等到达目的地，只见火海一片，仓库及汽车均已焚毁。乙是否以相同车型的汽车再行交付是给付危险问题，甲只见到了汽车烧剩的残余，是否仍须

① 宋晓明、张勇健、王闯：《〈关于审理买卖合同纠纷案件适用法律问题的解释〉的理解与适用》，载《人民司法》2012年第15期。

② 詹森林：《危险负担移转前，出卖人物之瑕疵担保责任及买受人拒绝受领标的物之权利》，载《台大法学论丛》第22卷第1期。

③ 参见黄茂荣：《买卖法》（增订版），中国政法大学出版社2002年版，第438—439页。

就其所订购的汽车付款是对待给付危险问题。[①]《民法典》第604—611条中的“风险”，文义上包括给付风险与对待给付风险。不过，根据规范体系，均应限缩解释为对待给付风险。

二、交付主义的一般规则

本条确立了买卖合同中风险负担的一般规则，即以“交付”作为分配买卖合同中标的物毁损、灭失风险的一般规则，而未采纳合同订立、所有权移转（所有人主义）等标准，[②]此与当今世界上大多数国家或地区的立法一致。如《德国民法典》第446条、《奥地利普通民法典》第1064条与第1051条、[③]《美国统一商法典》第2—509条、《联合国国际货物销售合同公约》第69条、《日本民法典》第567条等均采交付标准。[④]不过虽然交付主义为买卖合同风险负担的一般规则，但也要注意它在整个债法的对待给付风险负担规则体系中的地位。

合同中的均衡与公平思想“回答如何公平地分配与合同相关的负担和风险的问题”。[⑤]在双务合同中，债务人的给付与债权人的对待给付之间具有对

---

① 黄立：《民法债编总论》，中国政法大学出版社2002年版，第550页。

② 我国也有主张采纳所有人主义的观点。可参见王轶：《论买卖合同标的物毁损、灭失的风险负担》，载《北京科技大学学报》（社会科学版）1999年第4期；王雪琴：《风险负担规则中的“交付主义”模式之质疑——以我国物权法与合同法的对接为切入点》，载《法商研究》2009年第4期。

③ 黄立认为，关于特定物之买卖契约，采所有人主义（第373条）。参见黄立：《民法债编总论》，中国政法大学出版社2002年版，第551页。

④ 《日本民法典》第534条原本采所有权移转的标准，2017年6月2日公布并于2020年4月1日实施的新民法典第567条则改采交付标准。原民法典第534条规定：“（一）以特定物物权的设定或移转为双务契约标的，其物因不可归责于债务人的事由而灭失或毁损时，其灭失或毁损，归债权人负担。（二）关于不特定物的契约，自其物依第四百零一条第（二）款的规定确定时起，适用前款的规定。”该规定被删除。新民法典第567条规定：“（一）出卖人已将标的物（作为买卖的标的物限于已特定的物，下同）交付买受人的情形，交付后该标的物因不可归责于双方当事人的事由灭失或者损坏时，买受人不得以该灭失或损坏为由请求补全履行、减少价金、损坏赔偿及解除契约。在此情形，买受人不得拒绝支付价金。（二）出卖人以符合契约内容的标的物，提供其交付债务的履行，买受人拒绝或者不能受领其履行的情形，履行提供后因不可归责于双方当事人的事由该标的物灭失或者损坏时，与前款相同。”

⑤ ［德］卡尔·拉伦茨：《德国民法通论》（上册），王晓晔等译，法律出版社2003年版，第62页。

价关系，债务人与债权人均可期待从对方处获得与自己所作给付主观等价的对待给付。若因不可归责于双方当事人的事由致使标的物毁损、灭失，即发生“风险”的，依各国或地区民法的通例，一般实行“债务人主义”的风险负担规则——标的物因风险而毁损、灭失致使债务人履行不能的，债务人免给付义务，而对债权人而言，由于其并未从债务人处获得给付，基于交换正义的要求，债权人即应免予对待给付；若债权人已向债务人有所给付，则债务人应向债权人返还已受领的给付。① “债务人主义较能说明双务契约本质上存续之牵连性，为交换的公平理念所要求。”②如《奥地利普通民法典》第1064条、《德国民法典》第326条、《泰国民法典》第372条均是如此。③而买卖价金风险，突破了双务合同“无给付即无对待给付”的一般原则，系对待给付风险负担的例外。买卖价金风险因交付而移转于买受人，此后标的物意外毁损、灭失，出卖人因给付风险已移转而不必再为给付，买受人的价金义务却并不消失，拒绝对待给付的抗辩被排除。据此，给付风险与对待给付风险均由买受人承担。其实质在于，因标的物交付，而例外地移转了原则上应终局停留于债务人（出卖人）处的对待给付风险。④

三、交付主义的优点

在买卖合同中，以交付作为价金风险移转的时点，主要具有以下几个方面的优点：

1.符合交易公平的观念。“交易公平的内涵，本具有互惠的本质，最简单的理解是：买方可以获得符合商品品质的商品，卖方应该得到其出卖商品价格的价金，对价关系建立在互惠的利益均衡，有其相对的客观性。以此交易公平的理念，可以导出：商品交付前之危险负担，归于出卖人，价金给付前之危险负担，归于买受人。盖未交付前，交易之他方未因商品交易获得利益

---

① 易军：《民法公平原则新诠》，载《法学家》2012年第4期。

② 苏俊雄：《契约原理及其适用》，中华书局1978年版，第150页。

③ 亦有采债权人主义立法模式者，典型者如法国。因不可归责于债务人之事由，致给付不能，如债务人仍可向债权人请求对待给付，则因给付不能所生损害，终结的由债权人承担，是为债权人主义。黄立：《民法债编总论》，中国政法大学出版社2002年版，第550页。

④ 吴香香：《〈合同法〉第142条（交付移转风险）评注》，载《法学家》2019年第3期。

之故。”[①]

2.保持风险的负担与利益享有之间的一致性。享受利益者应负担风险，此即“利益之所在，危险之所在”的原则。而买卖标的物必须先入于一个人的事实管领之下，他才有可能对之为使用收益、享受标的物的利益，因此，使对标的物具有事实上的管领力的当事人承担风险才堪称妥当。以占有的移转为特征的交付决定着买卖标的物事实管领力的归属，进而决定标的物利益的归属，因此，在买卖标的物风险的负担上采交付主义有助于实践“利益之所在，危险之所在”的原则。“交付移转价金风险的正当性在于，交付后在买卖双方内部关系中，即以买受人为标的物经济利益之归属主体。”[②]

3.形成控制风险的有效激励。只有当标的物已入于某人的事实管领下，他才有可能对在该物上所发生的一切不测事件进行必要的防范，以免发生损害。也就是说，管领者更有利于防范风险。因此，以决定标的物管领的变动的交付作为确定买卖标的物风险移转的时点，有助于风险的防范。

4.使风险负担的确定清楚明了，有助于减少纠纷或便利纠纷的解决。在标的物毁损、灭失以后，如果确定风险负担的标准是清楚、明确的，那么当事人之间就很难发生纠纷，即便发生纠纷，解决争议也相当便捷与迅速。与所有人主义相比，交付主义确实具有简单明了的优点，在一般情况下，通过考察标的物占有的移转这一客观的行为即可获悉标的物风险负担的状况。交付主义的此种优势在立法史上有个案为证。在采所有人主义的风险负担规则的《统一买卖法》适用时期，美国因买卖中的风险负担问题而提起的诉讼很多。在起草《美国统一商法典》时，起草人坚持主张放弃风险随所有权移转的原则，认为其太难掌握，不太明确，易导致纠纷，不利于货物风险的解决。在《美国统一商法典》采交付主义后，极少有因风险移转问题而提起的诉讼案。这个问题由于风险随交付移转原则的确立而简化、明确了。

---

① 王宝辉：《从最高法院二则强制执行法裁判窥探我国法律主义》，载《华冈法粹》第43卷。

② 吴香香：《〈合同法〉第142条（交付移转风险）评注》，载《法学家》2019年第3期。

四、交付主义之交付的形态

交付主义以“交付”作为风险负担移转的时点。但交付包括现实交付、简易交付、占有改定与指示交付等形态，虽然对这些交付形态而言，通过交付的行为都可使买受人取得直接或间接占有，但是否可认为，只要是出卖人与买受人之间就买卖标的物作了交付，不管该交付属于何种形态，就该买卖标的物而言即已完成本条所言“交付”，从而该买卖标的物的风险负担，自交付之时起移转于买受人？即交付是否包括各种交付形态？现实交付是交付的典型形态，意味着将物从一个人的控制之下转移到另一个人的控制之下，从而发生占有的实际移转，其作为交付主义的风险移转规则中的标准不存在疑问。

对简易交付，如出租人在租期内将租赁物出卖给承租人，此际，作为出卖人的出租人即可以简易交付方式将标的物所有权移转给作为买受人的承租人。在此种案型中，若随后在原租期内发生了标的物毁损、灭失的情形，则风险由谁承担？此时出租人可能主张买卖的标的物已交付从而风险已移转，而承租人则可能主张租期尚未届满因此仍由出租人承担风险。一般认为，买卖合同订立时即为完成交付，因此，风险亦于此时随之移转给买受人。“简易交付可替代现实交付，并据此移转价金风险，因为买受人已经取得直接占有。”[①]笔者认为，在一般情况下，确实可以买卖合同订立的时间作为交付时间，并以此作为风险负担移转的时点，然而，在特殊情况下，如果双方明确约定在残余的租期内仍由出租人承担风险，则此时仍应由出租人承担风险；此外，如果双方约定承租人继续支付残余租金或在出租人已预收租金时约定预收租金不退还且不以之抵充价款，则双方有默示的继续租赁关系至租期届满才完成交付、移转所有权的意思，此时由于承租人仍负担支付租金义务，尚未享受一般买受人应得的权利，因此风险尚未移转，在残余租期内发生标的物毁损、灭失的事实后，仍由出租人承担风险。

占有改定与指示交付是否可引起价金风险转移，我国学界有不同观点。有学者主张，交付主义之下的“交付”不应包含指示交付和占有改定。因为

---

① 吴香香：《〈合同法〉第142条（交付移转风险）评注》，载《法学家》2019年第3期。

在此情况下，买受人并没有实际控制标的物，也无法直接享有利用物所产生的利益，由其承担风险对其是不公平的。[①]也有学者主张，占有改定与现实交付时立即租回的情形并无本质区别，既然后者的风险自现实交付时移转，就没有理由否认前者的风险自占有改定时移转。[②]还有学者主张，衡诸《合同法》关于危险负担之移转所采交付主义的基本论点，必须斟酌双方是否有以指示交付或占有改定替代现实交付的合意，以及买受人是否因该合意而依指示交付或占有改定开始享有买卖标的物的利益而定。前者在指明出卖人不得擅自片面地以指示交付或占有改定替代现实交付，履行其所负有的交付买卖标的物的义务，后者则在贯彻"利益之所在，危险之所在"与管领说的危险归属观。[③]

五、交付与所有权移转

本条中的"交付"是否包括所有权的移转？交付应仅指移转占有，而不管所有权是否也随之移转，[④]并不当然含有办理登记手续等因素。因此不仅动产买卖，不动产买卖也均适用交付移转风险的规则。在实践中，权利登记与物之交付多非同时发生，当双方当事人进行不动产买卖时，若卖主先移转不动产占有，后办理所有权移转登记手续，或者先办理登记后交付的，风险均自移转不动产占有时起移转于买方，而不是自办理完所有权登记时移转。当标的物已交付但未移转所有权时，如出卖的房屋已交付买受人使用，但尚未办理登记，此时，一旦交付标的物，该标的物的风险就移转给买受人。因为标的物既然实际上已入于买受人的管领范围，即所有权之未移转仅属该物之归属问题而已，买受人既已承受该物之利益，自不能让出卖人负担危险。[⑤]我国司法实践亦采此种见解。如《最高人民法院关于审理商品房买卖合同纠纷案件适用法律若干问题的解释》第11条第2款规定："房屋毁损、灭失的风险，

---

① 王利明：《合同法研究》（第三卷）（第二版），中国人民大学出版社2015年版，第95页。

② 吴香香：《〈合同法〉第142条（交付移转风险）评注》，载《法学家》2019年第3期。

③ 参见黄茂荣：《买卖法》（增订版），中国政法大学出版社2002年版，第443页。

④ ［德］罗伯特·霍恩、［德］海因·科茨、［德］汉斯·G.莱塞：《德国民商法导论》，楚建译，中国大百科全书出版社1996年版，第132页。

⑤ 参见黄茂荣：《买卖法》，东开美术印刷有限公司1980年版，第443页。

在交付使用前由出卖人承担，交付使用后由买受人承担；买受人接到出卖人的书面交房通知，无正当理由拒绝接收的，房屋毁损、灭失的风险自书面交房通知确定的交付使用之日起由买受人承担，但法律另有规定或者当事人另有约定的除外。”[①]

当标的物的所有权已移转但未交付时，如出卖人已办理完房屋的登记手续，但尚未交付该房屋，此时标的物的风险应否移转？理论上对此存在着不同观点。有学者主张，所有权既已移转，标的物纵未交付，危险亦应由买受人承担，盖买受人既已取得所有权，则依“天灾归所有人负担”之法谚，理应如此。[②]笔者认为，交付与所有的内涵不同。所有强调的是对系争之物本权的拥有之有无，交付是对该买卖标的物事实管领力之有无，因此，在根据交付主义来判断标的物是否已“交付”并从而确定该标的物的风险是否已移转时，不得将两者混淆。而且，既然我国现行法律未对不动产买卖的风险负担作出特别规定，则不动产买卖亦应实行交付主义。

六、交付主义规则的性质

本条所确立的交付主义规则为任意性规定，允许当事人另为约定。在风险负担问题上，应充分尊重当事人的意思自治；《民法典》合同编有关风险负担的规定为任意性规定，只起到弥补当事人意思表示不备的作用。如果当事人在合同中对风险负担的移转作出与交付主义的风险负担规则相悖的约定，如动产的出卖人与买受人约定“在买受人支付完价款前，一直由出卖人承担风险”，或者约定“买卖合同一订立，买受人就承担风险”，这些约定与法律规定的交付时点相比，推后或提前了风险从出卖人移转到买受人的时间，应从其约定。

---

① 买受人已取得房屋占有，但出卖人未及时履行过户登记手续，其间发生汶川地震，迟延履行过户登记不影响价金风险的移转。参见最高人民法院（2017）最高法民申339号民事裁定书；四川省高级人民法院（2016）川民终887号民事判决书。

② 参见郑玉波：《民法债编各论》，台北三民书局1992年版，第73页。类似观点，参见梅仲协：《民法要义》，中国政法大学出版社1998年版，第341页；邱聪智：《新订债法各论》（上），中国人民大学出版社2006年版，第121页、第125页。

举证责任

买受人请求出卖人交付标的物，证明合同有效成立即可。出卖人拒绝交付的，则需要证明标的物已交付（义务已经履行）或给付风险已移转（如标的物已特定化，且灭失不可归责于己方）。出卖人请求买受人支付价金，需证明合同有效成立，且标的物已交付，从而说明交付时标的物尚存在，灭失发生在价金风险移转之后。若为观念交付，出卖人还需证明双方存在以观念交付替代现实交付的合意以及买受人因观念交付而取得用益权。[①]

第六百零五条【因买受人原因致使标的物不能如期交付的风险负担】

因买受人的原因致使标的物未按照约定的期限交付的，买受人应当自违反约定时起承担标的物毁损、灭失的风险。

历史由来

本条是有关因买受人原因造成标的物不能及时交付的风险负担规则，基本上沿袭了《合同法》第143条的规定。《合同法》第143条规定："因买受人的原因致使标的物不能按照约定的期限交付的，买受人应当自违反约定之日起承担标的物毁损、灭失的风险。"在《民法典》制定过程中，《民法典合同编（草案）》（一审稿）第395条将《合同法》第143条中的"不能"改为"未"，并增设一款作为第2款，即"出卖人按照约定将标的物运送至买受人指定地点并交付给承运人后，标的物毁损、灭失的风险由买受人承担，但是当事人另有约定的除外。"《民法典合同编（草案）》（二审稿）第395条沿袭"一审稿"中的规定。《民法典》第605条则仅保留"一审稿""二审稿"中第395条第1款。

① 吴香香：《〈合同法〉第142条（交付移转风险）评注》，载《法学家》2019年第3期。

规范目的或功能

本条旨在明确因买受人的原因致使标的物未按照约定的期限交付，且标的物因不可归责于双方当事人的事由而毁损、灭失时，应由谁来承担风险。

规范内容

本条为完全法条。其适用要件为“因买受人的原因致使标的物未按照约定的期限交付”，若满足该要件，则发生“买受人应当自违反约定时起承担标的物毁损、灭失的风险”的法律效果。

本条为有关因买受人原因致使标的物不能如期交付的风险负担规则。根据《民法典》第604条的规定，买卖合同风险负担的一般规则为交付主义，即只有当出卖人将标的物“交付”给买受人时，标的物毁损、灭失的风险才移转给买受人。当出卖人不交付时，应由出卖人承担风险无疑；当出卖人交付迟延时，在迟延期间标的物毁损、灭失的，因标的物尚未交付，亦应由出卖人承担风险。[①]但在标的物不能如期交付是由于买受人的原因造成的情况下，若仍坚持交付的标准，仍使出卖人承担风险，则对出卖人殊为不公。因此，本条规定，因买受人的原因致使标的物未按照约定的期限交付的，买受人应当自违反约定时起承担标的物毁损、灭失的风险。此时，虽然给付尚未完成，但已使风险移转到买受人身上，其原因在于出卖人已完成

① 此为各国或各地区立法通例。如《法国民法典》第1138条第2款后段规定：“但如交付人迟延交付，物件受损的风险由交付人承担。”《德国民法典》第287条规定：“债务人应对迟延期间的任何过失负责。即使在迟延期间发生意外，债务人亦应对给付负责，但即使债务人及时给付仍不免发生意外的除外。”《瑞士债务法典》第103条规定：“（1）债务人陷入迟延的，应为迟延的履行负损害赔偿责任，并且应为意外负责。（2）其责任得以下列证明免除：证明其迟延并非该方的过错造成的，或证明纵使及时履行意外事件仍会给债权人的给付标的造成不利益的。”我国台湾地区规定，债务人在迟延中，对于因不可抗力而生之损害，亦应负责，但债务人证明纵不迟延给付，而仍不免发生损害者，不在此限。

了所有需要他做的事情。[①]换言之，法律制裁买受人，加重了买受人的风险责任，使其在标的物没有交付时，即承担标的物上的风险责任。[②]在与《民法典》第604条有关交付主义一般规则的关系上，本条属于第604条规定的例外情形。[③]

本条所言“因买受人的原因致使标的物未按照约定的期限交付”强调的是标的物未按照约定的期限交付是由于买受人的原因所导致的，其中因买受人的过错导致标的物交付迟延较为普遍。如果标的物未按照约定的期限交付是由于不可抗力所致，则不属于买受人的“原因”，不能发生风险移转给买受人的效果。它一般包括以下情形：第一，合同约定应由买受人自提货物，买受人未在约定期限内提取标的物，使出卖人不能及时向买受人交付标的物。第二，合同约定由出卖人送货，出卖人通知买受人收货，因买受人未做好收货准备，致该标的物不能及时交付。第三，出卖人代办托运，承运人通知买受人收货，因买受人未做好收货准备，致该标的物不能及时交付。如甲在乙商店购买花瓶一对，请乙隔日中午12点送到甲的住所。乙的职员丙依约定将花瓶送到甲住所时，适逢甲有急事出门，丙无法交付花瓶，只得返回乙处，在途中被闯红灯的丁撞倒，花瓶摔碎。此际，该花瓶因不可归责于双方当事人甲、乙的事由而毁损、灭失，应由风险负担制度来解决。由于买受人甲受领迟延，因此应由甲承担标的物毁损、灭失的风险，换言之，买受人甲应支付花瓶的价款。[④]第四，买受人负有先给付价款的义务，但实施时发生履行不能、拒绝履行、迟延履行、不完全履行等违约行为。如应先付款的买受人因暂时经济困难而不能向出卖人支付价款，出卖人交付期限也已届

---

① ［德］罗伯特·霍恩、［德］海因·科茨、［德］汉斯·G.莱塞：《德国民商法导论》，楚建译，中国大百科全书出版社1996年版，第132页。

② 最高人民法院经济审判庭编著：《合同法解释与适用》（上册），新华出版社1999年版，第677页。

③ 最高人民法院经济审判庭编著：《合同法解释与适用》（上册），新华出版社1999年版，第676页。

④ 我国台湾地区有学者认为，债权人受领迟延，债务人给付责任减轻，但给付的危险负担并未移转，必须等到债务人依法提存或抛弃占有，给付的危险才移转给债权人负担。因此，认为该案中乙向甲请求价金并无理由。参见谢哲胜：《债权人受领迟延与危险负担》，载《月旦法学教室》第34期。

满，或者应先付款的买受人拒绝向出卖人支付价款，出卖人可依《民法典》第526条拒绝买受人的履行要求，如果在此期间标的物因不可归责于双方当事人的事由毁损、灭失，则应由买受人承担风险。[①]第五，买受人在出卖人交付期限届满前对标的物实施侵权行为致标的物毁损、灭失，使出卖人无法按约定期限交付标的物，买受人应承担自约定交付期限至实际交付期限这段时间内标的物毁损、灭失的风险。此际，出卖人还可以要求买受人承担侵权责任。

本条在性质上为任意性规定，因此，虽然因买受人的原因致出卖人未能在合同规定的期限内交付货物，但如果买卖双方又通过协商另行约定交付期限的，应认为买卖双方已变更原买卖合同约定的交付期限，标的物上的风险负担应适用交付主义原则，而不能适用本条之规定。[②]

举证责任

出卖人主张应由买受人承担标的物毁损、灭失风险的，应举证证明其未按照约定的期限交付标的物是由于买受人的原因所致。

第六百零六条【路货买卖的风险负担】

出卖人出卖交由承运人运输的在途标的物，除当事人另有约定外，毁损、灭失的风险自合同成立时起由买受人承担。

历史由来

本条为有关路货买卖风险负担的规定，基本上沿袭了《合同法》第144条的规定。《合同法》第144条规定："出卖人出卖交由承运人运输的在途标

① 买受人拒不支付剩余货款，致使提货不成，因长期存放导致羽绒服霉烂、蓬松度下降的风险，自该日起由买受人承担。参见浙江省台州市中级人民法院（2013）浙台商终字第512号民事判决书。

② 参见最高人民法院经济审判庭编著：《合同法解释与适用》（上册），新华出版社1999年版，第678页。

的物，除当事人另有约定的以外，毁损、灭失的风险自合同成立时起由买受人承担。”《民法典合同编（草案）》（一审稿）第396条沿袭《合同法》第144条规定。《民法典合同编（草案）》（二审稿）第396条则删除前条中“的以”二字。《民法典》第606条沿袭了“二审稿”的规定。

规范目的或功能

基于路货买卖这一交易形式的特殊性，本条旨在为路货买卖中标的物毁损、灭失的风险负担提供明确的规则。

规范内容

本条为完全法条。其适用要件为“出卖人出卖交由承运人运输的在途标的物”，若满足该条件，且当事人并未另有约定，则发生“标的物毁损、灭失的风险自合同成立时起由买受人承担”的法律效果。

路货买卖，又称为在途货物的买卖或途中物的买卖，是指货物已在运输途中，出卖人寻找买受人，出卖在途货物的买卖。此种形式的买卖在海上运输贸易中较为普遍，常常是出卖人将合同标的物装上开往某一地点的轮船，然后再来寻找买主，签订买卖合同。

对此种形态的买卖而言，在合同订立时，由于货物已在船上或其他运输工具上，双方都难以知道货物是否已毁损、灭失，也难以判断货物的毁损、灭失发生在运输过程中的哪一个阶段，因此就难以确定到底是由出卖人还是由买受人来承担风险。鉴于此种买卖的特殊性，《联合国国际货物销售合同公约》第68条特别规定：“对于在运输途中销售的货物，从订立合同时起，风险就移转到买方承担。但是，如果情况表明有此需要，从货物交付给签发载有运输合同单据的承运人时起，风险就由买方承担。尽管如此，如果卖方在订立合同时已知道或理应知道货物已经遗失或损坏，而他又不将这一事实告知买方，则这种遗失或损坏应由卖方负责。”即原则上以合同成立之时作为风险移转的时间。此规定，为后来立法的国家或地区所继受，如我国《澳门民法典》第932条规定：“一、如合同以在运送途中之物为标的，而该情况已于合同中指出，且在已交付之文件中包括保障有关运送风险之保险单，则在无相反订定之情况下，须遵守下列规则：a）即使因出卖物于交付运送人后偶然失去而在订立合同时已不存在，仍须支付价金；b）不得以在交付运送人后标的物偶然产生之瑕疵为由撤销合同；c）风险自购买之日起由买受人承担。二、订立合同时，如出卖人明知标的物已失去或已毁损而故意不向善意买受人表明，则不适用上款首二项之规则。三、如只就部分风险作出投保，则本条之规定仅适用于有投保之部分。"

本条规定亦借鉴了《联合国国际货物销售合同公约》的规定，将合同成立的时间作为风险从出卖人移转到买受人的时间。本条所建立的由买受人承担风险的路货买卖风险负担规则，总体上是合理的。我国学者认为，本条规定实际上是交付移转风险规则的具体化，因为在买卖在途货物的情形下，标的物已经交由承运人运输，出卖人已经丧失了对标的物的控制，而买受人则可以在收到标的物后及时调查货物毁损、灭失情况。[①]也有学者认为路货买卖为代送买卖的特例。[②]无论如何，本条应为《民法典》第604条所规定的交付原则的例外。[③]由于本条规定风险"自合同成立时起"移转，而并未作出其他限制，因此，即使出卖人未交付提取标的物的单证或者其他有关单证和资料，也不影响风险的移转。

较遗憾的是，本条未将订约时出卖人已知标的物毁损、灭失且不将此情形告知买受人的情况考虑进来，并设置例外规定。因为在此种情况下，即在买卖合同成立时，标的物已经毁损、灭失的，其风险显然应由出卖人承担。本条实质上是参考了《联合国国际货物销售合同公约》第68条的规定，但可惜的是只对《联合国国际货物销售合同公约》进行"剪辑式移植"。《联合国国际货物销售合同公约》第68条的规定区分为"本文"与"但书"。"本文"规定："对于在运输途中销售的货物，从订立合同时起，风险就移转到买方承担。""但书"则规定："如果情况表明有此需要，从货物交付给签发载有运输

---

① 朱晓喆：《我国买卖合同风险负担规则的比较法困境——以〈买卖合同司法解释〉第11条、第14条为例》，载《苏州大学学报》（哲学社会科学版）2013年第4期。

② 吴香香：《〈合同法〉第142条（交付移转风险）评注》，载《法学家》2019年第3期。

③ 最高人民法院经济审判庭编著：《合同法解释与适用》（上册），新华出版社1999年版，第679页。

合同单据的承运人时起，风险就由买方承担。尽管如此，如果卖方在订立合同时已知道或理应知道货物已经遗失或损坏，而他又不将这一事实告知买方，则这种遗失或损坏应由卖方负责。”“但书”即为“本文”的例外。本条的解释适用应注意到此种例外情形。

举证责任

在路货买卖中，出卖人主张由买受人承担标的物毁损、灭失风险的，应举证证明双方当事人之间买卖合同有效成立。

第六百零七条【涉及买卖物运输时的风险负担与交付地点不明时的风险负担】

出卖人按照约定将标的物运送至买受人指定地点并交付给承运人后，标的物毁损、灭失的风险由买受人承担。

当事人没有约定交付地点或者约定不明确，依据本法第六百零三条第二款第一项的规定标的物需要运输的，出卖人将标的物交付给第一承运人后，标的物毁损、灭失的风险由买受人承担。

历史由来

本条包括两款。其中第1款为新设，来源于《买卖合同解释》第12条：“出卖人根据合同约定将标的物运送至买受人指定地点并交付给承运人后，标的物毁损、灭失的风险由买受人负担，但当事人另有约定的除外。”在《民法典（草案）》中，曾将该款放在第604条作为第2款。《民法典》中则置于本条第1款，并去掉“但是当事人另有约定的除外”。

本条第2款基本上沿袭了《合同法》第145条。在立法过程中，《民法典合同编（草案）》（一审稿）第397条与《民法典合同编（草案）》（二审稿）第397条仅调整了《合同法》第145条中法条序号的表述。《民法典》第607条亦同。

规范目的或功能

在非路货买卖的交易中，买卖标的物往往也需要运输，而标的物在运输过程中可能毁损、灭失，本条旨在为一部分涉及标的物运输的买卖合同确立风险负担规则。[①]本条分为两款，其中第1款旨在为出卖人有义务在特定地点交付标的物的买卖合同确立风险负担规则，第2款则旨在为出卖人没有义务在特定地点交付标的物（没有约定交付地点或者交付地点约定不明确）的买卖合同确立风险负担规则。

规范内容

本条两款均为完全法条。就第1款而言，若满足“出卖人按照约定将标的物运送至买受人指定地点并交付给承运人”的条件，则发生“标的物毁损、灭失的风险由买受人承担”的法律效果；就第2款而言，若满足“当事人没有约定交付地点或者约定不明确，依据本法第六百零三条第二款第一项的规定标的物需要运输的，出卖人将标的物交付给第一承运人”的条件，则发生“标的物毁损、灭失的风险由买受人承担”的法律效果。第2款中虽规定“依据本法第六百零三条第二款第一项的规定”，形式上为引用性法条，但并未导入实质性内容，仅依第2款本身即可满足其所规定的条件。

---

① 本条并非要解决所有涉及运输的买卖合同的风险负担问题，只处理其中一部分情形。下述三种情形即与本条无涉：第一，如买卖合同中约定，在买方指定地点交付货物，货物又需要办理运输的，标的物的风险应自卖方将货物送抵目的地并交付于买受人时起转移于买方。第二，如买卖合同中约定由买方自提货物，货物又需要运输的，标的物的风险自买方提取货物（即交付）时起转移于买方。第三，如买卖合同的标的物放于出卖人的受托人处，标的物需要运输的，出卖人已将提取货物的单证交与买受人的，此单证的交付即视为标的物的交付，故标的物上的风险自买受人取得该单证时起转移于买方。参见最高人民法院经济审判庭编著：《合同法解释与适用》（上册），新华出版社1999年版，第684页。

一、涉及买卖物运输时的风险负担

第1款为有关买卖物运输时的风险负担规则。在买卖过程中，常常涉及标的物的运输问题。立法上需要就此设立风险负担规则。国际性条约或示范法一般区分出卖人有无义务在特定地点交付标的物而分别设置规则。如《联合国国际货物销售合同公约》第67条第1款规定，如果销售合同涉及货物的运输，但卖方没有义务在某一特定地点交付货物，自货物按照销售合同交付给第一承运人以转交给买方时起，风险就转移到买方承担。如果卖方有义务在某一特定地点把货物交付给承运人，在货物于该地点交付给承运人以前，风险不移转到买方承担。……该条款区分了两种情况，即卖方无义务在某一特定地点交付货物与卖方有义务在某一特定地点交付货物。《欧洲示范民法典草案》第Ⅳ.A-5：202条（货物的运输）亦为如此："（1）本条适用于任何涉及货物运输的合同。（2）如果卖方没有义务在特定地点交付货物，则风险自卖方将货物交给第一承运人时移转给买方。（3）如果卖方有义务在特定地点交付货物，则风险自货物在该地点交付时转移。（4）卖方依授权保留控制货物处置权的单据，并不影响风险的移转。"该条第2款、第3款区分了卖方有无义务在特定地点交付货物而确立了不同的风险负担规则。

在我国《合同法》中，第145条（即《民法典》第607条）实质上是规定了第一种情况，第二种情况则尚付阙如。事实上，实践中买卖双方约定在某一地点装运货物以运交买方的情况是大量存在的，而在国际贸易中往往存在这种情形——内陆国家的出口商或内地出口商需在临近的港口交货（特定地点），以便承运人将货物运交给买方，而在该港口交货之前，需要将货物运抵该港口（卖方通过自己的运输工具运输或者雇用独立的运输公司运输），而在此阶段，货物有可能因不可归责于双方当事人的事由而毁损、灭失，因此有必要就此种情形加以规制。上述《联合国国际货物销售合同公约》第67条第1款第2句、《欧洲示范民法典草案》第Ⅳ.A-5：202条第3款即为满足此种情形所设置的规定。有鉴于此，《买卖合同解释》第12条借鉴《联合国国际货物销售合同公约》第67条第1款第2句、《欧洲示范民法典草案》第Ⅳ.A-5：202条作出了类似规定。

《民法典》第607条第1款吸纳了《买卖合同解释》第12条的规定。据此，出卖人按照约定将标的物运送至买受人指定地点并交付给承运人后，标的物毁损、灭失的风险由买受人承担。如中国某出口商与美国某进口商订立买卖合同，因中国出口商的货物在新疆，双方当事人在买卖合同中约定出卖人须在上海港交付标的物。由于上海港是双方当事人指定的交付地点，因此，出卖人必须自己承担将货物从新疆运至上海的风险，即使其委托独立的运输公司完成这一段距离的运输，货物在此期间发生遗失或者损坏，卖方也必须自己承担相应的风险。只有在卖方在上海港将货物交付给承运人以后，风险才由卖方转移给买方。[①]第1款的表述是“出卖人按照约定将标的物运送至买受人指定地点并交付给承运人”。这里实际上涉及两个不同的承运人：一是“将标的物运送至买受人指定地点”的承运人，二是在指定地点受领货物的承运人。就出卖人而言，前一个承运人居于其履行辅助人的地位。“出卖人也可能委托承运人将标的物运送至特定地点，在此距离区间，承运人是出卖人的履行辅助人，价金风险并非自货交‘第一’承运人，而是货交‘第一独立’承运人时移转。”[②]

根据本条的规定，如果卖方在错误地点将货物交付给承运人，则风险并不转移。如甲、乙双方当事人在买卖合同中约定，卖方甲必须将货物在某机场交付给承运人某国际物流公司。由于认知错误，甲在一个国内机场而不是约定的国际机场将货物交给了承运人。此时风险并不移转，仍应由出卖人甲承担。[③]

从立法技术上来说，本条第1款曾被放在《民法典（草案）》第604条，作为该条第2款。该条第1款为买卖合同风险负担的一般规则，而买卖物运输时的风险负担并非买卖合同风险负担一般规则应处理的问题，因此，这两个问题不宜被置放在同一法条中处理。目前本条所处理的问题相同，即都涉及买卖运输时的风险负担，如此处理是妥当的。事实上，《联合国国际货物销售合同公约》第67条、《欧洲示范民法典草案》第IV.A–5：202条等均为如此处理。

---

① 参见高旭军：《〈联合国国际货物销售合同公约〉适用评释》，中国人民大学出版社2017年版，第375页。

② 吴香香：《〈合同法〉第142条（交付移转风险）评注》，载《法学家》2019年第3期。

③ 参见欧洲民法典研究组、欧盟现行私法研究组编著：《欧洲私法的原则、定义与示范规则：欧洲示范民法典草案》，于庆生等译，法律出版社2014年版，第156页。

二、交付地点不明时的风险负担

本条第2款为有关交付地点无约定或约定不明时的风险负担规定。我国民法以“交付”作为买卖合同中标的物毁损、灭失风险移转的一般判断标准。但如果交付地点不明确，则出卖人不知道应将标的物交到何处，从而难以确定其应履行的义务，由此也引发如何确定标的物风险负担的问题。

就标的物的交付地点，《民法典》第603条规定：“出卖人应当按照约定的地点交付标的物。当事人没有约定交付地点或者约定不明确，依据本法第五百一十条的规定仍不能确定的，适用下列规定：（一）标的物需要运输的，出卖人应当将标的物交付给第一承运人以运交给买受人；（二）标的物不需要运输，出卖人和买受人订立合同时知道标的物在某一地点的，出卖人应当在该地点交付标的物；不知道标的物在某一地点的，应当在出卖人订立合同时的营业地交付标的物。”此条涉及标的物交付地点的各种具体情形的详设规范，有助于确定各该情形下标的物的交付地点。就标的物需要运输的情形而言，该条规定“出卖人应当将标的物交付给第一承运人以运交给买受人”，实际上是将第一承运人所在地确立为交付地点。不过，该条并没有解决这种情形下标的物毁损、灭失的风险负担问题。针对此种当事人没有约定交付地点或者约定不明确而标的物需要运输的情形，《民法典》第607条第2款规定：“当事人没有约定交付地点或者约定不明确，依据本法第六百零三条第二款第一项的规定标的物需要运输的，出卖人将标的物交付给第一承运人后，标的物毁损、灭失的风险由买受人承担。”本款规定也是交付主义原则的例外。①

就本款的适用，需注意的是：第一，本款中的“交付”是指占有的移转。在一般情况下，当货物已经被置于承运人的控制范围内时，货物就将被视为已经交付运输。如甲向乙出售10台电脑，双方约定，甲安排将货物运输到乙的营业地点。甲雇了一位独立承运人来运输货物。风险在货物被

---

① 最高人民法院经济审判庭编著：《合同法解释与适用》（上册），新华出版社1999年版，第682页。

交付给承运人时移转。[1]法律之所以如此设计风险负担规则，主要是考虑到在标的物需要运输的情形，第一承运人实际上处于买受人的受领辅助人的地位，其接受标的物就等同于买受人接受标的物，因此，标的物交给第一承运人后的风险应由买受人承担。[2]第二，本款中“标的物需要运输的”，依《买卖合同解释》第11条的规定，是指标的物由出卖人负责办理托运，承运人系独立于买卖合同当事人之外的运输业者的情形。若承运人非独立于买卖合同当事人，则或为出卖人的履行辅助人，或为买受人的履行辅助人，不能以“交付”作为风险负担移转的时点。此有别于卖方送货上门的赴偿之债和买方自提的往取之债。[3]第三，本款使用了“第一承运人”的表述，意味着涉及多个承运人的情形。第一承运人，是在运输过程中，从出卖人处取得标的物，第一个开始运输标的物的人。就标的物的运输，可能仅有一个承运人，也可能还有其他承运人。在涉及多个承运人的情况下，出卖人将标的物交付给第一承运人就认为已完成交付，标的物风险自出卖人将标的物交付给该第一承运人时起移转给买受人。至于第一承运人是否将该标的物交付给第二承运人、交付给第二承运人时是否交付迟延等，均不影响风险的移转。

三 举证责任

出卖人主张由买受人承担标的物毁损、灭失风险的，应举证证明双方当事人之间买卖合同有效成立、出卖人已按照约定将标的物运送至买受人指定地点并交付给承运人或者出卖人已将标的物交付给第一承运人等事实。

---

① 参见欧洲民法典研究组、欧盟现行私法研究组编著：《欧洲私法的原则、定义与示范规则：欧洲示范民法典草案》，于庆生等译，法律出版社2014年版，第156页。

② 王利明：《合同法研究》（第三卷）（第二版），中国人民大学出版社2015年版，第98页。也有观点指出，本条规定的理由在于，买方能在目的地检验货物，在发现货物受损时能及时采取措施减轻损失，同时也能及时向承运人或保险人索赔，较之卖方更为方便，因而由买方承担风险。参见最高人民法院经济审判庭编著：《合同法解释与适用》（上册），新华出版社1999年版，第682页。

③ 最高人民法院民事审判第二庭编著：《最高人民法院关于买卖合同司法解释理解与适用》，人民法院出版社2012年版，第18页。

第六百零八条【买受人不履行收取标的物义务时的风险负担】

出卖人按照约定或者依据本法第六百零三条第二款第二项的规定将标的物置于交付地点，买受人违反约定没有收取的，标的物毁损、灭失的风险自违反约定时起由买受人承担。

历史由来

本条是有关买受人不履行收取标的物义务时的风险负担规则。《民法典合同编（草案）》（一审稿）第398条沿袭了《合同法》第146条的规定，仅调整了该条中法条序号的表述。《民法典合同编（草案）》（二审稿）第398条则将前条中“之日”二字修改为“之时”。《民法典（草案）》第608条沿袭了“二审稿”的规定，但删除了“之”字，并最终形成本条。

规范目的或功能

本条旨在为买受人受领迟延，即买受人不履行收取标的物义务且该标的物毁损、灭失的情形确立风险负担规则。

规范内容

本条为不完全法条。在构成要件上须适用《民法典》第603条第2款第2项的规定，因此为引用性法条。若满足该条所定条件，则发生“标的物毁损、灭失的风险自违反约定时起由买受人承担”的法律效果。

在买卖合同中，出卖人负有交付标的物的义务，买受人则负有及时受领标的物的义务。若买受人违反该义务，则应承担受领迟延的违约责任。若在受领迟延期间标的物毁损、灭失，该风险应由谁承担？本条规定的正是买受人受领迟延时标的物毁损、灭失的风险负担问题。

当出卖人根据买卖合同约定将标的物置于交付地点，出卖人即已完成交付；或者虽然买卖合同中没有约定交付地点或者约定不明确，而标的物不需要运输，出卖人已将标的物置于交付地点，出卖人即已完成交付。具体言之，双方当事人订立合同时知道标的物在某一地点的，以该地点为交付地点；不知道标的物在某一地点的，以出卖人订立合同时的营业地为交付地点，将标的物置于该地点，则出卖人即已完成交付。既然出卖人已为交付，则买受人无正当理由未及时受领即构成受领迟延。在受领迟延期间，标的物毁损、灭失的，自应由买受人承担风险。“标的物的风险移转一般应遵循交付主义原则，自交付时起移转于买受人，但债务人却因债权人不予受领，无法完成标的物的交付，这使债务人的债务无法消灭，使其承担了过重的风险。因此，基于公平原则，法律认为，此时标的物上的风险应自买方迟延受领时起，移转于买方。”[①]在大陆法系国家或地区，其立法一般明定或间接规定此项规则。如《德国商法典》第373条第1款规定：“买受人受领商品有迟延的，出卖人可以买受人的危险及费用向公共仓库或以其他确实的方法寄托商品。”我国台湾地区规定，在债权人迟延中，债务人仅就故意或重大过失，负其责任。

值得注意的是，本条规定“出卖人按照约定或者依据本法第六百零三条第二款第二项的规定将标的物置于交付地点”，这里的“约定”不应仅解释为“出卖人按照约定的地点将标的物置于交付地点”，而应解释为“出卖人交付标的物的时间以及交付的标的物的数量、品种、规格等符合约定”。否则，买受人有权不予受领，自不应使买受人承担风险。本条规定“买受人违反约定没有收取”，不以其有过错为限，即只要买受人客观上应受领而未受领即构成受领迟延。当然，依《民法典》第590条，由于不可抗力导致买受人受领迟延的除外。

就本条与《民法典》第589条的关系而言：《民法典》第589条规定：“债务人按照约定履行债务，债权人无正当理由拒绝受领的，债务人可以请求债权人赔偿增加的费用。在债权人受领迟延期间，债务人无须支付利息。”该条为有关受领迟延的规则，主要解决违约责任承担的问题，不调整受领迟延期间标的物毁损、灭失的风险负担问题。因此，这两个条文均规制受领迟延，但解决的是与受领迟延有关的不同问题，一为风险负担，一为违

---

① 最高人民法院经济审判庭编著：《合同法解释与适用》（上册），新华出版社1999年版，第685页。

约责任。

就本条与《民法典》第605条的关系而言:《民法典》第605条规定:“因买受人的原因致使标的物未按照约定的期限交付的,买受人应当自违反约定时起承担标的物毁损、灭失的风险。”从广义上说,本条所规定情形也属于“因买受人的原因致使标的物未按照约定的期限交付”。不过,因本条专设明文,因此本条与第605条之间构成特别法与一般法的关系。[①]

举证责任

出卖人主张由买受人承担标的物毁损、灭失风险的,应举证证明其已按照约定或者依据《民法典》第603条第2款第2项的规定将标的物置于交付地点,且买受人违反约定没有收取的事实。

第六百零九条【未交付单证、资料与风险承担】

出卖人按照约定未交付有关标的物的单证和资料的,不影响标的物毁损、灭失风险的转移。

历史由来

本条沿袭了《合同法》第147条的规定。在《民法典》制定过程中,《民法典合同编(草案)》(一审稿)第399条将《合同法》第147条中“出卖人按照约定未交付”的表述调整为“出卖人未按照约定交付”。《民法典合同编(草案)》(二审稿)第399条则又恢复了《合同法》第147条的表述。《民法典》第609条采用了《民法典合同编(草案)》(二审稿)第399条的表述,亦即《合同法》第147条的表述方式。

---

① 参见王利明:《合同法研究》(第三卷)(第二版),中国人民大学出版社2015年版,第101页。

规范目的或功能

本条规定旨在解决出卖人未交付有关标的物的单证和资料是否对标的物毁损、灭失风险负担产生影响的问题。

规范内容

本条在性质上宜定性为说明性规范，因为它并未确立明确的构成要件与法律效果，主要在宣示出卖人未交付有关标的物的单证和资料是否影响标的物毁损、灭失风险的负担。

《民法典》第598条与第599条规定了出卖人向买受人交付提取标的物的单证，以及交付提取标的物单证以外的有关单证和资料的义务。本条解决的是出卖人交付单证和资料义务与标的物毁损、灭失风险负担的关系问题。

本条中"有关标的物的单证和资料"，从文义上看，应是指所有关于标的物的单证和资料，即《民法典》第598条与第599条两个条文中所指的单证和资料，质言之，表彰所有权的凭证以及表彰所有权凭证以外的单证，前者如货物的仓单、提单等，后者如商业发票、说明书、产品合格证、质量检验报告、保修单、产品检疫书、产地证明等。不过，应对本条中"有关标的物的单证和资料"作目的性限缩，即仅限于标的物所有权凭证以外的其他单证和资料。如果是表彰标的物所有权的凭证，则此类单证的交付即视同标的物交付，不仅标的物所有权移转给买受人，标的物毁损、灭失的风险亦应移转给买受人。反之，因出卖人交付标的物所有权凭证以外的其他单证和资料并非出卖人的主给付义务——交付标的物，才有可能发生以"交付标的物"作为风险移转的标准，而非以"交付有关标的物的单证和资料"作为风险移转的标准的现象。只有在这种情况下，才能发生：出卖人按照约定未交付有关标的物的单证和资料，不影响标的物毁损、灭失风险的转移。"本条规定仅适用于出卖人没有交付与标的物有关的单证和资料，而不适用于提取标的物的单证。如没交付提取标的物的单证的，标的物风险不转移；已交付的，标的物风险则由买方承担，因为交付提取标的物的单证即视为交付标的物。”[①]在我国司法实践中，有判决指出，未交付合格证、使用说明书等产品技术资料及设计文件、监督检验证明等文件，不影响风险移转。[②]也有判决指出，未交付车辆相关单证，不影响风险移转。[③]

第六百一十条【不完全给付时的风险负担】

因标的物不符合质量要求，致使不能实现合同目的的，买受人可以拒绝接受标的物或者解除合同。买受人拒绝接受标的物或者解除合同的，标的物毁损、灭失的风险由出卖人承担。

历史由来

本条为不完全给付时的风险负担规则，沿袭了《合同法》第148条的规定。《民法典合同编（草案）》（一审稿）、《民法典合同编（草案）》（二审稿）中该条均无变化。

规范目的或功能

本条旨在规定，当出卖人不完全给付时买受人应如何寻求救济，以及在此种情形下标的物毁损、灭失的，如何在买卖合同双方当事人之间确定风险的负担。

规范内容

本条为完全法条，确立了两条完整的规范：其一为符合“因标的物不符合质量要求，致使不能实现合同目的”的条件，则发生“买受人可以拒

① 最高人民法院经济审判庭编著：《合同法解释与适用》（上册），新华出版社1999年版，第689页。

② 参见广东省云浮市中级人民法院（2014）云中法民二终字第123号民事判决书。

③ 参见重庆市第五中级人民法院（2016）渝05民终7976号民事判决书。

绝接受标的物或者解除合同”的法律效果。其二为符合“因标的物不符合质量要求，致使不能实现合同目的，从而买受人拒绝接受标的物或者解除合同”的条件，则发生“标的物毁损、灭失的风险由出卖人承担”的法律效果。

一、本条第1句

本条第1句规定，因标的物不符合质量要求，致使不能实现合同目的的，买受人可以拒绝接受标的物或者解除合同。

买受人要主张救济，必须满足“标的物不符合质量要求，致使不能实现合同目的”的条件。“标的物不符合质量要求”，应根据具体情形判断：在合同约定了质量要求时，应是指不符合该约定的质量要求；在出卖人提供了有关标的物质量说明时，应是指不符合该说明的质量要求；若无约定质量要求与质量说明，则是指不符合按照合同相关条款或者交易习惯确定的质量要求；若仍无法确定，则可根据《民法典》第511条来确定是否符合质量要求。“致使不能实现合同目的”是一个弹性标准，需由法院依据个案情况加以判断。我国在制定《合同法》时，在合同解除、风险负担规则等方面曾借鉴过《联合国国际货物销售合同公约》的有益经验。《联合国国际货物销售合同公约》第25条有关根本违约的规定可以作为我国法院判断“致使不能实现合同目的”时之参考。《联合国国际货物销售合同公约》第25条规定：“一方当事人违反合同的结果，如使另一方当事人蒙受损害，以致于实际上剥夺了他根据合同规定有权期待得到的东西，即为根本违反合同，除非违反合同一方并不预知而且一个同等资格、通情达理的人处于相同情况中也没有理由预知会发生这种结果。”因此，从一个普通人的视角出发，当一方违约，致使另一方蒙受损害以至于实际上剥夺了其依合同能期待得到的利益时，可认定构成“致使不能实现合同目的”。

如果符合该条件，则买受人可以寻求救济，具体的救济措施表现为拒绝接受标的物或者解除合同。值得注意的是，《民法典》第563条规定：“有下列情形之一的，当事人可以解除合同：……（四）当事人一方迟延履行债务或者有其他违约行为致使不能实现合同目的；……”本条所规定的“因标的物不符合质量要求，致使不能实现合同目的的”应属于第563

条所规定的"有其他违约行为致使不能实现合同目的"的具体情形之一。在此意义上，两者之间存在着抽象规定与具体规定的关系。当然，相较于第563条，本条规定的救济措施，不仅包括解除合同，还包括拒绝接受标的物。拒绝接受标的物与解除合同不同，它并不消灭当事人之间的买卖合同关系。

二、本条第2句

本条第2句在第1句的基础上，规定了出卖人不完全给付，标的物毁损、灭失时的风险负担问题。该句规定，买受人拒绝接受标的物或者解除合同的，标的物毁损、灭失的风险由出卖人承担。

当出卖人交货不符合质量要求，导致买受人拒收该标的物，[①]或者买受人解除合同并已向出卖人返还该标的物后，该标的物毁损、灭失的，无论是根据本条规定，还是根据《民法典》第604条交付主义的一般规则，其风险应由出卖人承担。对此应无疑义。此外，出卖人交付的标的物虽不符合质量要求，但并未使合同目的不能实现的，买受人无权拒绝接受标的物以及解除合同，此时在出卖人交付后，标的物的风险应由买受人承担。[②]不过，尚待明确的是，出卖人交付标的物不符合质量要求而买受人未拒收或不解除合同，或者买受人接受标的物后行使解除权期间，标的物毁损、灭失的，应由谁承担风险？

对出卖人交付标的物不符合质量要求而买受人未拒收或不解除合同的情形，宜认为，风险移转于买受人，即应由买受人承担风险。因为买受人在可拒收的情况下予以接受或在可解除合同的情况下选择不解除合同，视为买受人同意出卖人按标的物的现状作出履行，因此买受人应当承担风

---

① 在实践中，有可能发生买受人拒绝出卖人的交付而此种拒绝接受不能成立的现象，对此应作出与买受人受领迟延一样的处理。海牙《国际货物销售统一法公约》起草委员会认为，"假如买方拒收货物，但法院后来查明买方无权拒收时，风险应由买方承担，这时，或者溯及卖方交货之时，或者无论如何也要追溯到法院看来买方应该作出接受货物的决定，并接受此项货物之时"，即采斯旨。

② 最高人民法院经济审判庭编著：《合同法解释与适用》（上册），新华出版社1999年版，第693页。

险，[①]不过其可行使的减价请求权等救济权利不受影响。

买受人接受标的物后行使解除权期间，标的物毁损、灭失的，应如何处理？即买受人向出卖人作出解除合同的意思表示后，在将标的物返还给出卖人前，标的物毁损、灭失的，应由谁承担风险？如在标的物具有隐蔽瑕疵的场合，出卖人交付标的物时买受人往往难以知悉标的物的瑕疵状况，因此买受人有可能在受领标的物后才行使解约权。对此，理论上存在不同观点。一种观点认为，《合同法》第97条并未规定标的物毁损、灭失时解除权人不承担责任，而是一般性的规定“已经履行的，根据履行情况和合同性质，当事人可以要求恢复原状、采取其他补救措施”，因此，在标的物毁损、灭失使得解除权人无法返还原物时，解除权人仍应承担返还价款的责任。并且，此处也没有对标的物因意外而毁损、灭失时解除权人的责任作出特别规定，因此，在标的物因不可归责于买受人的事由而毁损、灭失时，买受人应承担返还价款的义务，也就是说，此际由买受人承担标的物毁损、灭失的风险。[②]另一种观点则认为，该条并未指明风险发生时间，依文义，风险发生在拒绝接受或解除合同之前还是之后，在所不问。[③]《合同法》第148条中，买受人解除合同而导致标的物毁损、灭失，风险回转的法律效果，应当及于解约之前，一如《美国统一商法典》第2—510（1）（2）条中，风险从一开始就由出卖人承担。[④]

三 举证责任

买受人主张应由出卖人承担标的物毁损、灭失风险的，应对因标的物不符合质量要求，致使不能实现合同目的承担举证责任。出卖人否认买受人主

---

① 最高人民法院经济审判庭编著：《合同法解释与适用》（上册），新华出版社1999年版，第693页；李巍：《联合国国际货物销售合同公约评释》，法律出版社2002年版，第282页。

② 参见宁红丽：《我国典型合同理论与立法完善研究》，对外经济贸易大学出版社2016年版，第120页。

③ 参见周江洪：《风险负担规则与合同解除》，载《法学研究》2010年第1期。

④ 刘洋：《根本违约对风险负担的影响——以〈合同法〉第148条的解释论为中心》，载《华东政法大学学报》2016年第6期。

张的，则应就标的物符合质量要求，或者标的物虽不符合质量要求，但仍能实现合同目的承担举证责任。在买受人举证证明标的物不符合质量要求，致使不能实现合同目的时，出卖人亦可举证证明买受人已放弃行使拒绝权或解除权从而主张由买受人承担标的物毁损、灭失的风险。

第六百一十一条【风险负担不影响违约责任】

标的物毁损、灭失的风险由买受人承担的，不影响因出卖人履行义务不符合约定，买受人请求其承担违约责任的权利。

历史由来

本条为对《合同法》第149条稍作修改而来。《民法典合同编(草案)》(一审稿)、《民法典合同编(草案)》(二审稿)均沿袭了《合同法》第149条的规定。《民法典(草案)》第611条将前条中的“要求”改为“请求”,《民法典》第611条将前条中的“债务”修改为“义务”。

规范目的或功能

本条的规范目的在于确保买受人对出卖人的违约行为所享有的各种救济措施，不被风险移转的法律效果所减损。

规范内容

本条宜定性为说明性法条，其并未确立明确的构成要件与法律效果，而在于宣示：当出卖人履行义务不符合约定，且标的物毁损、灭失的风险由买受人承担时，不影响买受人请求出卖人承担违约责任的权利。

当出卖人履行义务不符合约定时，买受人享有请求其承担违约责任的权利，此为理所当然。《民法典》合同编通则的“违约责任”章基本上都是在解决这一问题。本条并不是要重复“违约责任”章的规定，而是在处理出卖人不履行约定场合，违约责任与风险负担之间的关系问题。

一、内在机理：风险负担与违约责任的分离

风险负担制度与违约责任制度是两项不同的法律制度，它们彼此的适用要件、所拟解决的问题各不相同。因此，违约责任与风险负担一般被分开处理。在社会生活中，某一民事合同的标的物毁损、灭失，既可能是由可归责于当事人的事由所致，也可能是由非可归责于当事人的事由所致，违约责任与风险负担就是分别用以解决这两类不同现象的法律制度。若说违约责任的承担与当事人的可归责性有关，则风险负担制度纯为对不幸损害进行合理分配。在买卖合同纠纷中，各方当事人是否应承担违约责任以及是否应负担风险，应依这两项制度各自的规则加以处理，分别加以判断。不能机械地认为：由于一方违约，故其不仅应承担违约责任，而且也应负担风险；或者由于一方应负担风险，故其也应承担违约责任。如《联合国国际货物销售合同公约》第70条规定："如果卖方已根本违反合同，第六十七条、第六十八条和第六十九条的规定，不损害买方因此种违反合同而可以采取的各种补救办法。"这就说明，如果卖方根本违约，即使买卖合同标的物的风险依《联合国国际货物销售合同公约》第67—69条关于风险负担移转的规定移转，买方仍然享有各种救济权利。《经互会成员国之间交货共同条件》第71条亦规定，如果货物变质、损坏、缺陷或短缺是由于卖方的责任造成的，则即使所有权和风险转移到买方之后卖方仍要对货物的变质、损坏、缺陷或短缺负责。

《民法典》第611条规定："标的物毁损、灭失的风险由买受人承担的，不影响因出卖人履行义务不符合约定，买受人请求其承担违约责任的权利。"该规定表明：第一，出卖人履行义务不符合约定，并不意味着出卖人一概要承担标的物毁损、灭失的风险。风险由出卖人还是由买受人承担，不以出卖人是否违约为判断依据，而应依风险负担的规则来确定。完全有可能发生出卖人因履行义务不符合约定而需承担违约责任，但标的物毁损、灭失的风险应由买受人承担的现象。第二，即使依照风险负担规则，买受人承担了标的物毁损、灭失的风险，但若出卖人履行义务不符合约定的，买受人仍可要求出卖人承担违约责任。如出卖人履行迟延或不完全履行，买受人受领标的物后，该标的物因不可归责于买受人的事由而毁损、灭失，此际，应由买受人承担

风险，但买受人有权要求出卖人承担履行迟延或不完全履行的违约责任。第三，出卖人履行义务不符合约定，买受人仍受领标的物，并因此承担标的物毁损、灭失的风险的，出卖人不能以买受人已接受标的物或风险已移转为由主张不承担违约责任。在合同当事人违约的情形，买受人接受标的物，只是表明占有发生了移转，但并非表明买受人认可标的物，更不表明买受人放弃了追究出卖人的责任。[①]

二、法条结构分析

与典型的法条结构——“构成要件具备，则法律效果产生”不同，本条的逻辑结构，颇为特殊。就本条而言，并非意味着只有具备本条前段规定的要件，才可发生买受人请求出卖人承担违约责任的效果；本条也没有规定某种具体的风险在出卖人与买受人之间转移时点的标准，而是在于宣示：出卖人履行义务不符合约定时，即使此际买受人承担了标的物毁损、灭失的风险，出卖人仍应向买受人承担违约责任。

本条前后句之间的关系应如此理解：首先，出卖人履行义务不符合约定。此际买受人即享有请求其承担违约责任的权利。其次，买受人应承担标的物毁损、灭失的风险。在出卖人履行义务不符合约定的情况下，买受人又应承担标的物毁损、灭失风险的情形，主要包括：一是出卖人迟延履行，但已向买受人交付标的物；二是出卖人向买受人交付的标的物不符合质量要求，但未达到影响合同目的实现的程度，此际买受人不能解除合同；三是出卖人向买受人交付的标的物不符合质量要求，且已影响合同目的的实现，但买受人放弃拒收权或解除权，仍受领标的物；四是当事人约定标的物毁损、灭失的风险交付前由买受人承担；五是依《民法典》第607条，出卖人将标的物交付给第一承运人后，标的物毁损、灭失；六是依《民法典》第608条，出卖人将标的物置于交付地点，买受人违反约定没有收取标的物。在这两方面的前提下（出卖人履行义务不符合约定，以及买受人承担了标的物毁损、灭失的风险），买受人仍享有请求出卖人承担违约责任的权利。

① 魏耀荣等：《中华人民共和国合同法释论》（分则），中国法制出版社2000年版，第32页。

第六百一十二条【权利瑕疵担保义务】

出卖人就交付的标的物，负有保证第三人对该标的物不享有任何权利的义务，但是法律另有规定的除外。

历史由来

本条基本上沿袭了《合同法》第150条的规定，仅作了轻微调整。在《民法典》制定过程中，《民法典合同编（草案）》（一审稿）第402条将《合同法》第150条中的“但”调整为“但是”，《民法典合同编（草案）》（二审稿）第402条沿袭该规定。《民法典（草案）》第612条将《合同法》第150条中的“不得向买受人主张”调整为“对该标的物不享有”，最终通过的《民法典》沿袭该规定。

规范目的或功能

本条为有关出卖人权利瑕疵担保义务的规定，旨在一般性地确立出卖人对标的物的权利瑕疵担保义务。

规范内容

本条为不完全法条，只规定了出卖人的权利瑕疵担保义务，未规定违反该义务的法律效果。

权利瑕疵担保，是指出卖人应担保买受人取得权利，保证第三人对该标的物不享有任何权利。如果出卖人违反此种担保义务，则应承担权利瑕疵担保责任（违约责任）。在买卖合同中，出卖人不仅应向买受人交付符合质量要求的标的物，而且应使标的物的所有权能全部转让给买受人，而无任何权利负担。一般认为，权利瑕疵担保责任起源于罗马法中的追夺担保以及与此相适应的追夺诉权。由于该制度体现了民法的公平价值、能满足市场经济发展的要求，[①]因

---

① 参见吴志忠：《论出卖人的权利瑕疵担保责任》，载《中南财经政法大学学报》2006年第3期。

此，当今世界范围内的多数国家与地区皆确立权利瑕疵担保制度。比较典型的如《德国民法典》第435条、《日本民法典》第560条。

一、法律性质

在大陆法系国家或地区，对于权利瑕疵担保责任，虽有学者认为出卖人移转有瑕疵的权利于买受人，为不依债务本旨的不完全给付，因此权利瑕疵担保责任实为债务不履行责任，但日本及我国台湾地区通说认为，权利瑕疵担保责任是法律为维持交易信用，对于有偿契约之债务人特别规定之责任。①

在我国大陆，理论上与实务上对《合同法》第150条所确立的制度的性质存在一定争议。有观点认为该条为有关权利瑕疵担保责任的规定："出卖人的权利瑕疵担保责任乃是一种法定责任，与违约责任应相区别。"②也有观点认为《合同法》第150条为有关权利瑕疵担保义务的规定："尽管我国《合同法》规定了出卖人对标的物负有权利瑕疵担保义务，但并没有规定瑕疵担保责任制度。传统大陆法系国家在买卖合同中专门设置瑕疵担保责任制度，主要是由于在这些国家，违约责任归责原则上采过错推定原则，而瑕疵担保责任制度则采严格责任原则，故而瑕疵担保责任制度不同于违约责任。另外，对瑕疵担保责任采特殊的救济方式，从而形成了独立的瑕疵担保责任制度。而我国《合同法》在违约责任的归责原则上普遍采用了严格责任，且违反瑕疵担保义务统一适用违约责任形式，因而就没有必要专门设置瑕疵担保责任制度，而只是将违反权利瑕疵担保义务的行为作为违约的一种形态。如果出卖人违反了瑕疵担保义务，则应当对买受人承担违约责任。"③我们赞同后一种观点。其必要性除了上述理由外，还包括：第一，将权利瑕疵担保责任纳入违约责任的范畴，或者说出卖

---

① 参见刁荣华主编：《法律之演进与适用》，汉林出版社1977年版，第333页。因此，虽然一如后述，权利瑕疵担保责任在法律效果上与债务不履行责任相同，但这些国家或地区的主流见解认为，"权利瑕疵担保责任，虽效力上适用债务不履行责任，但性质仍有不同，法律评价上亦非同一。因之，如出卖人同时成立瑕疵担保责任及债务不履行责任者，仍以解释为请求权竞合为宜。"参见邱聪智：《新订债法各论》（上），中国人民大学出版社2006年版，第80页。

② 最高人民法院经济审判庭编著：《合同法解释与适用》（上册），新华出版社1999年版，第699页、第700页。

③ 王利明：《合同法研究》（第三卷）（第二版），中国人民大学出版社2015年版，第71页。

人违反权利瑕疵担保义务要承担违约责任，是以一套制度而非两套制度来规制权利瑕疵现象，有助于制度简化。第二，《民法典》“买卖合同”章未专门规定出卖人违反权利瑕疵担保义务的民事责任。若采纳上述见解，则可认为由于《民法典》合同编通则第八章“违约责任”规定了各种违约责任形式，出卖人违反权利瑕疵担保义务作为具体的违约行为形态，可直接适用该章的规定。否则，若认为权利瑕疵担保责任为独立的责任，就会面临着因“买卖合同”章未规定违反权利瑕疵担保义务的责任而存在法律漏洞及如何填补该漏洞的问题。

二、适用要件

出卖人承担违反权利瑕疵担保义务的责任，须具备以下要件：

1.买卖标的物上存在权利瑕疵。权利瑕疵包括第三人享有所有权、[①]他物权及其他可对抗买受人的权利，如准物权、租赁权、知识产权等。如出卖人将他人之物出卖给买受人、出卖人将仿造他人专利制造的产品出卖给买受人、出卖人将存在第三人抵押权的标的物出卖给买受人等。就出卖人将存在第三人抵押权的标的物出卖给买受人的情形而言，虽然买受人可以取得标的物所有权，但因该标的物上存在第三人抵押权，且根据物权优先效力，买受人的所有权不能对抗第三人的抵押权，该标的物存在被强制执行的可能性。就标的物上存在租赁权的情形而言，虽然租赁权在性质上为债权，且根据物权优先于债权的原理，债权一般不构成权利瑕疵，但由于包括我国《民法典》第725条在内的现代民法普遍提升租赁权的效力，因此，租赁权亦可成为标的物上的权利瑕疵。就该要件，《合同法》第150条表述为：出卖人就交付的标的物，负有保证第三人不得向买受人“主张任何权利”的义务，而《民法典》第612条则规定为：

① 有学者认为：“买卖标的物为第三人所有者，无论其系发生于买卖成立时（或其以前），抑或成立于买卖成立之后，于债之原理上，均系嗣后不能之范畴，应依给付不能定出卖人之法律责任。因此，第三人主张权利者，如认包括所有权，则权利瑕疵担保责任与给付不能之间，其关系如何，实值玩味。出售第三人之物，于给付关系上，一般归于自始主观不能之概念，再依自始主观并非标的不能之思考模式，将其纳入给付不能处理。如是，则权利瑕疵担保与给付不能，于此似有重叠之处。不过，给付不能而应负债务不履行责任者，以债务人可归责为要件，第348条之规定，于出卖人责任乃有加重，对保护买受人利益言，仍有补充意义。”参见邱聪智：《新订债法各论》（上），中国人民大学出版社2006年版，第99页。

出卖人就交付的标的物，负有保证第三人对该标的物“不享有任何权利的义务”。由此可见，《民法典》严格了出卖人承担责任的条件，即仅第三人就标的物向买受人主张权利并不使出卖人承担责任，只有第三人对标的物享有权利，换言之，仅在给买受人造成实质妨害的情况下，出卖人才应承担责任。

对权利瑕疵的存在时点，我国较多学者主张，权利瑕疵必须在买卖合同成立时已经存在。[①]笔者认为，权利瑕疵固以买卖合同成立时存在最为典型，但不应以此为限。此种观点应是受权利瑕疵担保责任为独立责任模式的影响，采该模式的立法之所以强调权利瑕疵须于买卖合同成立时存在，是因为权利瑕疵于买卖合同成立时不存在但嗣后存在，则发生债务不履行或危险负担问题，不发生权利瑕疵担保责任。以此来凸显权利瑕疵担保责任独立于债务不履行责任的实益。[②]在立法例上，《瑞士债务法》第192条第1款即如此。我国台湾地区通说亦采此项见解。[③]但若认为出卖人违反权利瑕疵担保义务的责任

---

① 参见最高人民法院经济审判庭编著：《合同法解释与适用》(上册)，新华出版社1999年版，第700页；魏振瀛主编：《民法学》，北京大学出版社、高等教育出版社2000年版，第445—446页；李永军：《合同法》(第二版)，法律出版社2005年版，第829页；崔建远：《合同法》，北京大学出版社2012年版，第412页；崔建远主编：《合同法》(第六版)，法律出版社2016年版，第307页。

② “买卖契约成立时，第三人得对买卖标的物主张权利，出卖人系负无过失之担保责任。至于买卖契约成立后，迄至所有权或权利移转之前，第三人取得就买卖标的物得对买受人主张之权利，出卖人须有可归责事由始须负责；亦即二者之差别，乃在于责任之标准。”参见Soergel/Huber, §434, Rn.82 nach Fn.18. 转引自黄立主编：《民法债编各论》(上)，中国政法大学出版社2003年版，第27页。李淑明认为，将权利瑕疵发生的时点限定于契约成立“之前”，始有权利瑕疵担保责任的适用；若发生在契约成立“之后”，则属于债务不履行的问题，体系分明，而且不会干扰或影响“债务不履行”原有的架构。参见李淑明：《债法各论》，台北元照出版有限公司2018年版，第12页；邱聪智：《新订债法各论》(上)，中国人民大学出版社2006年版，第75页；等等。

③ 史尚宽：《债法各论》，中国政法大学出版社2000年版，第19页；郑玉波：《民法债编各论》，台北三民书局1992年版，第35页；邱聪智：《新订债法各论》(上)，中国人民大学出版社2006年版，第75页；林诚二：《民法债编各论》(上)，中国人民大学出版社2007年版，第90页；刘春堂：《民法债编各论》(上)，台北三民书局2014年版，第39页。不过，亦有不同见解，如陈添辉认为，不论买卖契约成立前后，产生之权利瑕疵，均适用权利瑕疵之规定。参见陈添辉：《买卖》，台北三民书局2006年版，第79页。游进发认为：“首先，从‘民法’第349、350条之文义，实在看不出立法者有意将权利瑕疵限定于契约成立之时即已存在者；其次，参照德国(旧)民法之规范与解释，亦未就权利瑕疵发生的时点加以限定；再加上不论是发生在契约成立之前或之后的权利瑕疵，均会影响契约目的之实现，因而实无必要作此解释。”参见游进发：《物之出卖人权利无缺及权利存在给付义务》，载《世新法学》第4期。

为违约责任，则权利瑕疵的存在时点亦可为买卖合同成立后、所有权移转之前发生。[①]与这一问题有关，我国学者一般还主张权利瑕疵担保责任的构成要件包括“权利瑕疵在买卖合同成立后未能消除”。[②]不过，若认为权利瑕疵担保责任的构成不以权利瑕疵必须在买卖合同成立时已经存在为要件，则这一要件并无必要。

本条规定，出卖人“负有保证第三人对该标的物不享有任何权利的义务”。本条中“不享有”应如何解释？对《合同法》第150条有观点认为，第三人“主张”权利应包括两种情形：其一，第三人对买方起诉，主张其对标的物享有某种权利，结果第三人胜诉。其二，第三人提起诉讼，但败诉，即无论第三人是否真正地对标的物享有权利，只要他提出主张，出卖人即需承担权利瑕疵担保责任。[③]笔者认为，第三人“主张”权利应限于第一种情形。此外，第三人主张权利，并不包括基于相邻关系产生的相邻权，因为相邻权为法定权利，是所有权的法定负担。

2.买受人在买卖合同成立时不知且不应知有权利瑕疵。买受人于契约成立时知有权利瑕疵的，可认为有抛弃担保的意思，出卖人不负权利瑕疵担保责任。买受人于买卖契约成立时虽知有权利瑕疵，但当事人另有约定的，出卖人仍应承担权利瑕疵担保责任。如订约时买受人虽知出卖人尚未取得财产权或财产权尚未发生，而约定出卖人应取得财产权或使之发生以移转于买受人的，出卖人仍负担保责任。买受人于买卖合同成立时不知但嗣后知有权利瑕疵的并不违反此要件，不影响出卖人权利瑕疵担保责任的承担。对这一要件，本条并未明确提及。不过，本条后段但书规定“但是法律另有规定的除

---

① “没有必要限定权利瑕疵须于买卖合同成立前已经存在。可见，我国现有法律中有关权利瑕疵应当核实存在的规定，并无不妥。”参见金可可、贺馨宇：《我国买卖合同权利瑕疵担保制度研究》，载《江苏行政学院学报》2016年第6期。

② 我国学者一般还主张权利瑕疵担保责任的构成要件包括“权利瑕疵在买卖合同成立后未能消除”。参见崔建远：《合同法》，北京大学出版社2012年版，第412页。若认为权利瑕疵担保责任的构成不以权利瑕疵必须在买卖合同成立时已经存在为要件，则这一要件并无必要。参见崔建远主编：《合同法》（第六版），法律出版社2016年版，第307页。

③ 最高人民法院经济审判庭编著：《合同法解释与适用》（上册），新华出版社1999年版，第700页。

外”，[①]是指若《合同法》和其他法律对出卖人权利瑕疵担保义务有特别规定的，则应当适用该特别规定，出卖人不负有保证第三人对该标的物不享有任何权利的义务。《民法典》第613条即为法律另有规定的情形并明确规定了这一要件。对该要件所涉的其他问题，于下条再阐述。

3.当事人未另有特约。法律关于权利瑕疵担保义务的规定为任意性规定，此种义务及其责任可由当事人以约定限制或免除，因此，当事人以特约限制或免除出卖人担保责任的，出卖人不负有权利瑕疵担保责任。在立法例上，《法国民法典》第1627条、《德国民法典》第476条、《瑞士债务法》第199条、《日本民法典》第572条第1款、《意大利民法典》第1487条第1款等均如此。[②]不过，在此情形，若出卖人故意不告知权利瑕疵或者保证标的物无权利瑕疵，则即使双方当事人有免责特约，宜认为出卖人仍应承担违反权利瑕疵担保义务的责任。《民法典》有关权利瑕疵担保的规定未就此作出明确规定，但《民法典》第618条规定：“当事人约定减轻或者免除出卖人对标的物瑕疵承担的责任，因出卖人故意或者重大过失不告知买受人标的物瑕疵的，出卖人无权主张减轻或者免除责任。”权利瑕疵担保的情形可以类推适用该规定。

值得注意的是，出卖人就标的物上的权利瑕疵向买受人承担违约责任，不以出卖人主观上有过错为要件。不仅传统民法如此，在我国《民法典》第577条将严格责任确立为违约损害赔偿责任的一般归责原则的情况下更是如此。更何况《民法典》第612条并没有提出出卖人有过错的限制。

三、法律效果

在传统民法上，权利瑕疵担保责任的效果与违约责任是相同的。如我国台湾地区关于当出卖人不履行债务时，买受人得依关于债务不履行之规

---

① 有观点认为，法条中“法律另有规定的除外”，主要指标的物侵犯他人知识产权时，是否属于权利瑕疵，应参照知识产权法上有关规定认定之。参见金可可、贺馨宇：《我国买卖合同权利瑕疵担保制度研究》，载《江苏行政学院学报》2016年第6期。

② 《法国民法典》第1627条规定：“当事人得以特别协议约定，增加或减少此项当然义务的效力；当事人甚至可以约定，出卖人不负责任何担保义务。”《意大利民法典》第1487条第1款规定：“缔约者可以提高或者降低担保的效力，也可以特别约定出卖人不承担任何担保责任。”

定行使其权利的规定。[①]德国法对此虽未设明文，但无论新旧民法均采取此项见解。[②]

除《民法典》第614条规定了买受人的价款中止支付权外，我国《民法典》未完整规定出卖人违反权利瑕疵担保义务的法律效果。"《合同法》第150条只表明了出卖人有保证权利无瑕疵的义务，并没有涉及任何责任承担的内容，也就不能成为法院判决出卖人承担责任的法律依据。"[③]笔者认为，与违反物的瑕疵担保义务的后果一样，出卖人应根据《民法典》合同编通则中违约责任的一般规定（尤其是《民法典》第582—584条的规定）承担民事责任。[④]此外，《民法典》第597条第1款规定："因出卖人未取得处分权致使标的物所有权不能转移的，买受人可以解除合同并请求出卖人承担违约责任。"该规定在一定程度上弥补了我国法律体系中权利瑕疵担保法律后果规定之缺失。[⑤]

---

① 该条所言"依债务不履行之规定"是法律效果的准用而非法律要件的准用。具体言之：（1）在权利之欠缺可以补正时：第一，买受人可诉请法院判令出卖人为补正行为，并可请求赔偿因迟延补正所生之损害。第二，权利之欠缺虽可补正，但对买受人无利益的，买受人可拒绝出卖人补正而请求不履行之损害赔偿。第三，买受人可定相当限期催告出卖人补正，并可请求赔偿因迟延补正所生之损害，出卖人于期限内不为补正的，买受人可解除契约并可请求不履行之损害赔偿。第四，当事人约定违约金的，买受人可请求支付违约金。第五，买受人行使上述权利时，可拒绝支付价金。（2）在权利之欠缺不能补正时：第一，权利全部欠缺不能补正或一部欠缺不能补正而其他部分之履行于买受人无利益的，买受人均可请求全部不履行之损害赔偿。第二，权利一部欠缺不能补正而买受人愿受领其他部分履行的，可向出卖人请求一部不履行之损害赔偿，或解除一部之契约而请求一部不履行之损害赔偿。第三，买受人得拒绝支付价金。参见郭丽珍：《自始给付不能之履行请求权》，载《政大法学评论》第54期。

② 债法现代化之前的《德国民法典》第440条第1款规定："出卖人不履行第433条至第437条、第439条规定的义务时，买受人的权利根据第320条至第327条的规定加以确定。"修改后的《德国民法典》则以前述第437条统一规定了物的瑕疵与权利瑕疵的后果。因此，权利瑕疵担保责任与违约责任一直是统一的。

③ 金可可、贺馨宇：《我国买卖合同权利瑕疵担保制度研究》，载《江苏行政学院学报》2016年第6期。

④ 崔建远教授认为，权利瑕疵担保责任的方式包括中止支付相应的价款，此外，还可以适用违约责任的方式。参见崔建远：《合同法》，北京大学出版社2012年版，第412页。

⑤ 金可可、贺馨宇：《我国买卖合同权利瑕疵担保制度研究》，载《江苏行政学院学报》2016年第6期。

第六百一十三条【权利瑕疵担保义务的免除】

买受人订立合同时知道或者应当知道第三人对买卖的标的物享有权利的，出卖人不承担前条规定的义务。

历史由来

本条基本上沿袭了《合同法》第151条的规定。《民法典合同编（草案）》（一审稿）第403条将《合同法》第151条中的“第一百五十条”的表述调整为“前条”，《民法典合同编（草案）》（二审稿）第403条、《民法典》第613条均加以沿袭。

规范目的或功能

本条旨在规定当买受人订立合同时知道或者应当知道第三人对买卖的标的物享有权利的，出卖人是否仍应承担权利瑕疵担保义务。

规范内容

本条为引用性法条。其规定，买受人订立合同时知道或者应当知道第三人对买卖的标的物享有权利的，出卖人不承担“前条规定”的义务，需要援引《民法典》第612条有关权利瑕疵担保义务的规定。

本条为有关权利瑕疵担保义务免除的规定。在逻辑上，本条属于第612条但书中“法律另有规定的除外”的情形，为第612条但书的具体规定。在整个权利瑕疵担保制度体系中，则为例外。在立法例上，《德国民法典》第439条第1款、《瑞士债务法》第192条第2款等均有类似规定。

本条之所以如此规定，其原因在于，买受人在订立合同时就知道或者应当知道标的物上存在权利瑕疵，仍然订立买卖合同的，意味着其自愿承受第三人对标的物享有权利的风险，法律无特别保护的必要。“明知故买，心甘情愿，非属不测损害，法律并无保护之必要。”[①]本条的适用，需要注意以下要求：

① 参见陈添辉：《买卖》，台北三民书局2006年版，第79页。

1.买受人知道或应当知道第三人对标的物享有权利。“知道”是指买受人明知；“应当知道”是指买受人若尽合理注意义务，就能知道标的物上存在其他权利，仅因买受人自身的过失而致客观上不知标的物的权利瑕疵。[①]有观点认为，应当知道是指买受人对不知道标的物上的权利瑕疵有重大过失。买受人因轻微过失不知标的物上的权利负担时，不得视为已知，仍应由出卖人承担标的物上的权利瑕疵担保责任。[②]笔者认为，应依通常人的标准来判断，即如果一个普通人在订立合同时从相关情形应了解到标的物上存在权利瑕疵，则为“应当知道”。

此外，还有学者主张，这一要件与物的瑕疵担保中的“善意”相同，所不同的是权利瑕疵担保责任的构成中，不要求买受人对此不知无重大过失。这是因为权利的瑕疵的隐蔽性较“物的瑕疵”要强，买受人“知”的难度相对大于后者，如果同物的瑕疵担保责任的构成一样要求买受人无重大过失，对买受人而言过于苛刻，从而有悖于保护消费者利益的宗旨。[③]此种观点有一定道理，但也存在不合理之处。首先，我国民法对物的瑕疵担保并没有提出买受人的善意应无重大过失的要求。其次，该规定的适用范围并未限于消费者合同，因此难谓其宗旨在于保护消费者。

2.买受人知道或应当知道第三人对标的物享有权利的时间，限于合同订立时。也就是说，在订立买卖合同之前或者订立买卖合同时，买受人就知道标的物存在权利瑕疵。若买受人在买卖合同订立后才知道权利瑕疵的，出卖人应承担责任。

需要厘清的是，如果买受人订立合同时不知标的物上有权利瑕疵，受让标的物时亦不知该瑕疵，嗣后才知悉标的物上有权利瑕疵，此时出卖人应

---

① 金可可、贺馨宇：《我国买卖合同权利瑕疵担保制度研究》，载《江苏行政学院学报》2016年第6期。

② 最高人民法院经济审判庭编著：《合同法解释与适用》（上册），新华出版社1999年版，第702页。

③ 该观点还认为，这一原则，应视具体情况灵活运用，以调和双方当事人的利益关系。在动产买卖中，占有的状态有时不能真实地反映所有权的归属及状态，对买受人辨认、识别存在一定障碍，法律应规定只要买受人不知权利瑕疵，出卖人就应当承担担保责任；而不动产所有权根据其公示的特点，其瑕疵容易被买受人查知，因此对买受人主观上的要求应更严格一些，以平衡双方当事人的利益。参见崔建远主编：《合同法》（第六版），法律出版社2016年版，第307页。

否对买受人承担责任？之所以提出该问题，主要原因在于，此际存在善意取得制度适用的空间。《民法典》第311条规定：“无处分权人将不动产或者动产转让给受让人的，所有权人有权追回；除法律另有规定外，符合下列情形的，受让人取得该不动产或者动产的所有权：（一）受让人受让该不动产或者动产时是善意；……”因此，当买受人在与出卖人为交易时，若买受人“受让该不动产或者动产时是善意”，且符合善意取得制度的其他条件，则买受人可以善意取得标的物的所有权。若如此，因买受人业已取得无权利瑕疵的所有权，其利益未受损害，出卖人亦无须向买受人承担违反权利瑕疵担保义务的责任。

值得进一步思考的是，上述要件应否存在例外？即虽然买受人因重大过失不知标的物上的权利瑕疵，但出卖人故意不告知标的物上的权利瑕疵的，出卖人是否还应承担责任？我国有学者主张，应“限制出卖人不承担权利瑕疵担保责任的范围，尤其强调在例外情况下，如卖方故意隐瞒标的物的权利瑕疵和自为设定或让与的第三人的权利，卖方仍应承担权利瑕疵担保责任”。[①]笔者赞同这一观点，即使买受人因重大过失不知买卖物上的权利瑕疵，但若出卖人故意不告知权利瑕疵的，由于出卖人的行为违反诚信原则，故出卖人仍应承担违反权利瑕疵义务的民事责任。

本条在性质上为任意性规定，当事人可以约定排除其适用。即买受人即使在买卖合同订立时明知标的物上存在第三人权利，但若双方当事人约定仍由出卖人承担违反权利瑕疵担保义务的责任的，则依其约定。如出卖人甲将附有抵押权的房屋出卖给买受人乙，乙明知该房屋上存在着抵押权，但双方明示或默示由甲除去房屋上的抵押权，则即使买受人知道该权利瑕疵，出卖人仍应承担责任。此外，如果双方当事人已因标的物上存在第三人权利而在买卖合同中扣除了部分价款，则出卖人无须就权利瑕疵承担民事责任。这体现了权利瑕疵概念的相对性。[②]

---

① 参见吴志忠：《论出卖人的权利瑕疵担保责任》，载《中南财经政法大学学报》2006年第3期。

② 李淑明：《债法各论》，台北元照出版有限公司2018年版，第12页。

举证责任

出卖人主张自己不承担权利瑕疵担保义务的，须举证证明买受人订立合同时知道或者应当知道第三人对买卖的标的物享有权利。

第六百一十四条【中止支付价款权】

买受人有确切证据证明第三人对标的物享有权利的，可以中止支付相应的价款，但是出卖人提供适当担保的除外。

历史由来

本条基本上沿袭了《合同法》第152条的规定。《合同法》第152条规定："买受人有确切证据证明第三人可能就标的物主张权利的，可以中止支付相应的价款，但出卖人提供适当担保的除外。"《民法典合同编（草案）》（一审稿）第404条将前条中的"但"调整为"但是"，《民法典合同编（草案）》（二审稿）第404条则在前条的基础上，删除了"确切"的表述。《民法典（草案）》第614条将前条中"证明第三人可能就标的物主张权利"调整为"证明第三人对标的物享有权利"。《民法典》第614条则在前条的"有证据证明"中恢复了"有确切证据证明"的表述。

规范目的或功能

本条为有关中止支付价款权的规定，其规范意旨在于：当第三人对标的物享有权利有可能使买受人丧失对标的物的全部或部分权利时，如果买受人不享有一定的救济手段，则可能会受到损失，因而民法赋予其中止支付相应价款的权利。

规范内容

本条为完全法条，符合"买受人有确切证据证明第三人对标的物享有权利”的条件，即可发生买受人“可以中止支付相应的价款”的法律效果。对其性质，有学者主张，本条实际上是不安抗辩权规则在买卖法中的具体运用。[①]

依据本条，买受人中止支付相应的价款必须符合如下条件：

1.买受人必须有确切证据证明第三人对标的物享有权利。只有当买受人有确切证据证明第三人对标的物享有权利时，买受人才能寻求救济。此种要求在于严格限制买受人行使中止支付价款权，以免损害出卖人利益。买受人不能仅因怀疑第三人可能享有权利就中止支付价款。对这一要件，《合同法》第152条的规定是“买受人有确切证据证明第三人可能就标的物主张权利”。第三人对标的物主张权利如第三人已向法院起诉、第三人虽未向法院起诉但已通知买受人等。本条中“可能主张权利”的表述较为模糊。往往会引起是只要第三人主张权利，买受人即可行使中止支付价款权，还是必须第三人主张权利导致买受人丧失对标的物的全部或部分权利，买受人才能行使中止支付价款权的争论。较为合理的解释应是后者，即只有第三人主张权利导致买受人权利受损，才有必要赋予买受人救济权。因此，《民法典》第614条将“证明第三人可能就标的物主张权利”调整为“证明第三人对标的物享有权利”是合理的。第三人对标的物享有权利，可能是享有标的物的部分权利，如按份共有人未经其他共有人同意而出卖共有物，其他共有人对出卖人或买受人主张权利；也可能是享有标的物的全部权利，如出卖人出卖他人之物，标的物的所有人主张权利。此外，买受人有证据证明第三人对标的物享有权利即可，不以出卖人是否已交付标的物为要件。

2.中止支付价款与受影响的标的物之间具有牵连性。也就是说，中止支付的应当是可能被主张权利的标的物的价款。如果该合同项下的数个标的物均有可能被第三人主张权利，则买受人可以中止支付全部价款；但如果只是其中某一或某些可能被第三人主张权利，则买受人仅能中止支付该标的物的价款。

---

① 王利明：《合同法研究》（第三卷）（第二版），中国人民大学出版社2015年版，第73页。黄茂荣教授指出，第368条所规定者为类似于第265条所定之不安抗辩权。其适用要件之不同在于：第368条所定者之不安来自于可能得而复失；而第265条所定者之不安来自于负先为给付之义务，而他方之财产，于订约后显形减少，有难为对待给付之虞。参见黄茂荣：《买卖法》（增订版），中国政法大学出版社2002年版，第428页。

3.出卖人未提供适当担保。为衡平双方当事人的利益，法律赋予了出卖人阻止买受人行使中止支付价款权的权利，即出卖人享有提供适当担保的权利。若出卖人提供了适当担保，则足以保障买受人的权利，也能消除买受人的疑虑，买受人就不能中止支付价款，而应依合同约定支付价款。此际，买受人支付价款的时间，如出卖人提供适当担保的时间在约定的买受人支付价款的期限之前，则买受人应按合同约定的期限支付价款；如出卖人提供适当担保的时间在约定的买受人支付价款的期限之后，则买受人在接受出卖人提供的担保时，即应支付价款。[①]若买受人要求出卖人提供适当担保，而出卖人拒绝提供或者所提供的担保不适当，则买受人可以中止支付价款。"适当担保"是指出卖人必须依第三人对标的物享有权利的范围，按合同约定的价款的比例提供担保。担保的方式可为人的担保，亦可为物的担保。

当买受人有确切证据证明第三人对标的物享有权利，而出卖人又未提供适当担保，则买受人可以中止支付相应的价款。[②]所谓"相应的价款"是指与第三人对标的物享有权利的范围相一致，亦即与买受人所有权受影响程度相一致的价款。如因第三人享有权利导致买受人部分丧失标的物权利的，买受人可以中止支付该部分的价款；如因第三人享有权利导致买受人丧失标的物所有权的，买受人可以中止支付全部价款。"拒绝支付之价金应与权利瑕疵危险之程度相当，始符公平之原则。"[③]"中止支付相应的价款"在性质上为"暂时抗辩权"，[④]如果出卖人已提供适当担保，则买受人即不得再拒绝支付价款。

---

① 最高人民法院经济审判庭编著：《合同法解释与适用》（上册），新华出版社1999年版，第706页。

② 该权利的性质。在我国台湾地区，通说认为，价金支付拒绝权，在性质上为一时或延期的抗辩权。即买受人有正当理由，恐第三人主张权利致失其因买卖契约所得权利之全部或一部者，得一时地拒绝支付价金之全部或一部。此项抗辩权，须经行使，始对原法律关系发生影响。易言之，价金支付拒绝权仍需买受人积极地行使，始能阻却迟延责任之发生，并非买受人于具备上述规定之要件时，当然发生免责之效果。参见黄茂荣：《买卖法》（增订版），中国政法大学出版社2002年版，第426页；吴志正：《债编各论逐条释义》（修订第6版），台北元照出版有限公司2019年版，第51页。

③ 黄茂荣：《买卖法》（增订版），中国政法大学出版社2002年版，第431页。

④ 林诚二：《民法债编各论》（上），中国人民大学出版社2007年版，第107页。

举证责任

在举证责任上，买受人应举证证明第三人对标的物享有权利，如证明买卖合同标的物为第三人所有，或者证明该标的物为共有物且其他共有人未同意出卖人出卖该标的物，或者标的物侵害了第三人的知识产权等。出卖人则应对其已提供适当担保承担举证责任。

第六百一十五条【提供符合质量要求的标的物的义务】

出卖人应当按照约定的质量要求交付标的物。出卖人提供有关标的物质量说明的，交付的标的物应当符合该说明的质量要求。

历史由来

本条继承了《合同法》第153条。[①]在《民法典》制定过程中，本条内容均无变化。

规范目的或功能

本条规定了出卖人提供符合质量要求的标的物的义务。标的物不符合质量要求的，属于《民法典》第582条中“履行不符合约定”的一种具体情形。本条主要继受自《联合国国际货物销售合同公约》第35条第1款。该公约第35条第1款规定了有约定时货物符合合同的认定标准，第2款规定无约定时货物符合合同的认定标准。《民法典》分别用两个条文作出相应规定，以本条规定标的物符合质量要求的义务和当事人之间有明确约定时质量要求的认定标准，以第616条规定当事人之间约定不明确或者无约定时质量要求的认定标准，且包含澄清该义务内容的方法。本条和第616条联系十分紧密。在司法实践中，

① 《合同法》第153条规定：“出卖人应当按照约定的质量要求交付标的物。出卖人提供有关标的物质量说明的，交付的标的物应当符合该说明的质量要求。”

如果买卖合同当事人对于合同中约定的质量要求并无分歧，那么可以单独援引本条就标的物符合质量要求的义务作出裁判；如果当事人就质量要求的内容有理解分歧，需要予以澄清，那便应同时援引本条和第616条作出裁判。

《民法典》第612条和第613条是关于标的物权利状况必须符合合同要求（无权利瑕疵）的规定，本条至第624条是关于标的物在质量、数量、包装方式上必须符合合同要求（无物的瑕疵）的规定。在我国法上，不存在所谓法定的瑕疵担保责任。出卖人不仅有义务按照约定的时间、地点、方式交付标的物，并转移所有权，还有义务使买受人取得无权利瑕疵和无物的瑕疵的标的物。[①]这三项义务都是出卖人的主给付义务。出卖人违反任何一项主给付义务都应承担违约责任。

规范内容

一、不符合质量要求的含义和体系位置

标的物符合质量要求是指标的物在品质、种类、规格上符合合同要求。对本条中的“质量”不应按通常的含义进行解释，而应作扩张解释，将数量、包装方式以外的标的物自身品质方面的不足都包括在内。[②]比如，地板砖破裂、布料材质低劣固然属于不符合质量要求；房屋面积短少、布匹长度不足也属于不符合质量要求。又如，交付不同型号、材质[③]的标的物，固然属于不符合质量要求；交付完全不同的物（aliud; totally different goods）[④]也属于不符合质量要求。此外，安装说明书存在瑕疵或者出卖人及其履行辅助人不恰当地进行安装时，也可能使标的物不符合质量要求。[⑤]不过，本条不包含数量、包装方式符合要求，也不包含履行方式符合要求。对于数量短缺、履行方式不适

---

① 类似立法例，参见《德国民法典》第433条第1款。

② 物的瑕疵必须根植于物的本身，而不是第三人的权利。

③ 比如，约定的变压器线圈材质为铜材，交付的变压器线圈材质为铝材。参见山东省淄博市中级人民法院（2020）鲁03民终103号民事判决书。

④ 比如，合同中出卖人的义务是交付一本书，实际上出卖人交付一支笔。

⑤ Vgl. Roland Michael Beckmann, juris PraxiKommentar BGB Schuldrecht, Band 2.2, 4. Aufl., Saarbrucken: 2008, S.18.

当，应直接适用《民法典》第582条。对于包装方式不符合要求，应适用《民法典》第619条。

以下情形也应当纳入不符合质量要求的范畴：

1.标的物的用途或性质存在公法上的限制。比如，根据有关土地管理、城市规划的法律规定，某块作为建设用地交易的土地实际上只能作为绿地使用。又如，根据有关生态保护的法律规定，某矿区不可能进行地面开采而只可能进行地下开采。再如，根据有关机动车尾气排放的规范性文件规定，某二手机动车不得在市区内行驶。有学者认为，公法上的使用限制应认定为权利瑕疵，原因是公法上的限制系国家作为“第三人”对物的使用施加限制，须通常借助行政行为来施加限制。①不过，司法实践中通常将此类瑕疵认定为物的瑕疵。笔者倾向于赞同司法实践中的观点，理由是：区分物的瑕疵与权利瑕疵的关键在于是否存在第三人权利主张，第三人的权利应是民事权利，而不是行政权力。按照《民法典》第612条：“出卖人就交付的标的物，负有保证第三人对该标的物不享有任何权利的义务，但是法律另有规定的除外。”在存在公法限制的场合，并无第三人享有民事权利，国家机关在作为民事主体时可以是买卖合同之外的第三人，但是其采取行政处罚、行政强制措施都不属于行使民事权利，应将实施行政行为的国家机关排除在“第三人”范围之外。因此，公法上的限制应界定为“物的瑕疵”，即导致标的物不符合质量要求。

2.标的物上存在引起普通人心理上显著不安的特征，如住宅内发生多次原因不明的自杀事件、机动车发生交通事故造成核心部位严重损坏。②所谓“凶宅”是否属于有瑕疵之物，在学界和实务界都有讨论，多数意见认为构成物之瑕疵。③机动车因核心部位受损而发生的贬值，也被认为是物之瑕疵。这

---

① 参见金晶：《〈合同法〉第111条（质量不符合约定之违约责任）评注》，载《法学家》2018年第3期。

② 类似情形，参见［日］潮见佳男：《债权各论Ⅰ 契约法·无因管理·不当得利》，新世社2017年版，第91—92页。

③ 参见金晶：《〈合同法〉第111条（质量不符合约定之违约责任）评注》，载《法学家》2018年第3期；尚连杰：《凶宅买卖的效果构造》，载《南京大学学报》（哲学·人文科学·社会科学）2017年第5期。

些瑕疵被称为“价值瑕疵”，即影响标的物交换价值的瑕疵。[①]在司法实践中，对于事故车的贬值损失，最高人民法院持谨慎立场。[②]这其实也是对其是否构成价值瑕疵持慎重态度。与之形成对比的是，人民法院在认定“凶宅”属于有瑕疵之物时采取较为宽松的立场。

在买卖“凶宅”引起的纠纷中，经常出现的是买受人以欺诈为由主张撤销合同，而非主张违约责任。比如，在“洪某诉王某等房屋买卖合同纠纷案”中，[③]生效判决书认为：“王某、金某是否披露涉案房屋曾发生凶杀案件的信息对其与洪某之间的合同能否订立，或者订立的条件产生了实质性的影响，按照诚实信用原则，王某、金某应向洪某披露该信息。现王某、洪某未予披露，并因此取得以几乎相当于市场价格的转让价格出售该房屋的利益，其行为已非单纯沉默，应认定构成欺诈。洪某据此提出撤销涉案房屋买卖合同的请求应获支持。”人民法院在认定欺诈时着重考虑到出卖人在购入房屋时房价畸低，而按照市价出售的情形。在“杜某与王某房屋买卖合同纠纷案”中，[④]房屋出卖人杜某的妻子自缢去世，二审法院认为，买受人王某“询问杜某其妻死亡过程，杜某应知晓真实情况会影响房屋交易价值甚至是王某的缔约意愿，但其并未如实陈述，主观上具有误导王某的故意。”杜某称其妻子去世的地点并不是在房屋内，而是在楼房的公共楼梯间里。北京市高级人民法院在再审中认为，杜某在“王某询问杜某其妻死亡过程并未如实陈述”，支持买受人撤销合同。在“李某等与刘某合同纠纷案”中，[⑤]北京市高级人民法院作出类似裁判。在该案中，当事人争议的焦点之一是死者究竟是否在救护车到来之前已经死亡。北京市高级人民法院指出：“涉案房屋确发生非正常死亡事故，而刘某在购房之初即对所购房屋不能为‘凶宅’有言在先”，故支持买受人撤销买卖合同。

---

① 发生严重交通事故的机动车即使已经修复、没有可以证明的品质不足，其相较于同类二手车也往往存在贬值现象。这种贬值源自买受人在心理上对事故风险的排斥。相关讨论可参见徐建刚：《论汽车贬值损失的损害赔偿》，载《清华法学》2017年第4期。

② 参见2016年3月4日发布的最高人民法院《关于“关于交通事故车辆贬值损失赔偿问题的建议”的答复》，载最高人民法院网http: //www.court.gov.cn/zixun-xiangqing-17192.html，最后访问时间2020年5月7日。

③ 参见浙江省杭州市中级人民法院（2012）浙杭民终字第360号民事判决书。

④ 参见北京市高级人民法院（2019）京民申6131号民事裁定书。

⑤ 参见北京市高级人民法院（2019）京民申5813号民事裁定书。

在上述案件中，人民法院都考虑到买受人对所谓“凶宅”的排斥心理和“凶宅”对房屋市场价格的影响。北京市高级人民法院在审理这些案件时，所面对的一个现实情况是，大多买受人支付数百万元甚至上千万元的价款购买房屋；如果出卖人隐瞒若干信息，致使买受人购买其并不中意的房屋，难免有失公平。这种立场有其合情合理之处。然而，人民法院以所谓“非正常死亡”来界定“凶宅”，并不能使问题得到圆满解决，因为这只不过是以一个不确定概念来代替另一个不确定概念。试问：什么是非正常死亡？什么又是正常死亡？尝试性的回答是：自杀、他杀均为非正常死亡，因病死亡或者在无疾病或意外的情况下死亡则为正常死亡。若作此回答，则须进一步追问：因为病痛折磨、生活困窘而放弃治疗的，究竟是不是非正常死亡？因精神疾病而自杀的，究竟是不是非正常死亡？与代际关系变迁有关的老年人自杀，究竟是不是非正常死亡？[①]有一则案例情形如下：“李某与邻居因琐事徒手打架，致使肝破裂，大出血，失血性休克，死亡。尸检发现，死者患晚期结节性肝癌，弥漫性肝肿大。死因分析结果是：晚期肝癌、弥漫性肝肿大应为根本死因，肝破裂、腹腔大出血、失血性休克应属直接死因，打架事件及胸腹部遭受的外力应属死亡诱因。”[②]在该案中，究竟是因病所致的正常死亡，还是打架导致的非正常死亡？如果将上述死亡都认定为非正常死亡，那么“凶宅”范围便过于宽泛。其实，对于所谓非正常死亡，难以在法律上界定其内涵和外延。从上述北京市高级人民法院审理的案例可见，死亡地点已成为当事人争辩焦点；然而，简单以死亡发生地作为认定“凶宅”的关键，也偏离了问题的核心。“凶宅”的本质是，死亡事件会给居住者造成心理上的显著不安或者恐惧，从而在一定程度上影响该住宅功能的发挥。在司法裁判中，较为妥当的方法是个别地界定“使人普遍产生显著不安”的情形。尽管畏惧死亡和严重疾病是普通人的正常心理，但如果简单地将疾病、打架、意外或者上述因素混合导致的死亡都视为凶兆，难谓文明社会中理性人应有的生死观。通常

---

① 据学者调研，我国的自杀者中有63%的人有精神疾病，在有的地方老年人的自杀与代际关系的变迁有密切的关系。参见陈柏峰：《代际关系变动与老年人自杀——对湖北京山农村的实证研究》，载《社会学研究》2009年第4期。

② 刘迎春主编：《法医学》，法律出版社2018年版，第42页。

来说，只有出现原因不明的自杀或者情节恶劣的他杀等情形，才可能使身处其中的理性人都普遍产生显著不安，甚至一直感到恐惧。这种心理上的显著不安，使买受人不太愿意接受居住于其中。在满足这样的标准时，便应认定属于“凶宅”。

3.标的物所处的外部环境不符合合同要求，如房屋周围存在噪声污染、光污染、空气污染。伴随着城市居住空间越来越紧张，这种情况在住宅买卖市场日益常见。无论是高架桥、高速公路、飞机场、铁路的设置，还是垃圾回收点、垃圾处理点的设置，都与住宅是否满足适居性具有密切联系。外部环境不符合合同要求的，也属于标的物质量不符合要求。不过，在很多情况下这些外部环境是容易被买受人觉察的。此时可能出现的问题是，买受人在订立合同时知道或者应当知道标的物存在环境上的瑕疵的，能否以标的物所处外部环境不符合合同要求为由主张违约责任。回答应当是否定的，因为买受人在缔约时知道标的物存在瑕疵，再主张出卖人应对该瑕疵负责的，有违诚信原则。对此问题的详细解释，请参见本法第617条评注相关内容。

判断上述情形是否属于不符合质量要求的实际意义在于，按照《民法典》第621条的规定，买受人应当在发现或者应当发现标的物的数量或者质量不符合约定的合理期限内通知出卖人；逾期未通知的，不得以存在数量或者质量不符为由主张违约责任。如果不属于标的物数量或者质量问题，而是在其他方面履行不符合合同要求，那么虽然也适用《民法典》第582条有关不完全履行的一般规定，但不适用有关通知义务的规定。对于前述三种情形，从规范目的出发解释，有必要适用通知义务规定。[①]因此，适宜通过扩张解释“质量”这个概念，将上述情形纳入本条的调整范围。

1988年生效的《联合国国际货物销售合同公约》用第35条一条规定了出卖人负有交付质量、数量、种类等符合合同要求的标的物的义务。2001年完成债法现代化的《德国民法典》用第434条一条规定了出卖人负有使标

---

① 尽管通知义务自其产生之时起就主要适用于商事货物买卖，但在我国法上，并未明确限定其适用范围。《民法典》第621条既未将消费者买卖明确排除在外，又未将不动产买卖的情形排除在外。从解释论来说，原则上应该承认通知义务适用于各类买卖合同，只不过需要区分具体类型，对通知期限的长度作出不同认定。

的物不存在物之瑕疵的义务。[①]2017年完成债法改革的《日本民法典》用第562条一条规定了出卖人负有交付种类、品质、数量适合合同内容的标的物的义务。与这些立法例相比，我国《民法典》将质量瑕疵、数量瑕疵、包装瑕疵分别在数个条文中加以规定，较为分散。这样一来，本条就不能被概括为“物的瑕疵担保义务”或者“适约物供与义务”的规定，而只能概括为有关“提供符合质量要求的标的物的义务”或者“提供无质量瑕疵的标的物的义务”的规定。在司法裁判中，针对质量、数量、包装方式不符的情形，需要注意援引准确的条文。尽管《民法典》采取分散规定模式，对于质量瑕疵、数量瑕疵、包装瑕疵都可统称为“物的瑕疵”或者“物的不适约”，买受人都可依据《民法典》合同编通则分编中的规定主张出卖人承担违约责任（参见本法第617条评注之内容）。

二、不符合质量要求的认定标准

对于不符合质量要求，应首先采取主观标准加以认定；在没有主观标准时才适用客观标准进行认定。主观标准，是指判断标的物质量是否符合合同要求时，先按照合同的约定；在没有约定或者约定不明的情况下，当事人达成补充协议的，按照补充协议的内容确定质量要求；出卖人提供的质量说明也构成当事人约定的内容。客观标准，是指国家标准、行业标准及其他通常标准，具体适用方法由《民法典》第510条加以规定。

在“魏某、闵某买卖合同纠纷案”中，[②]再审法院认为，“就煤灰的质量，两再审申请人称煤灰质量应达到热值1100卡，而被申请人称为1400卡，即可看出双方对煤灰的质量约定不明，依《合同法》第154条的规定，出卖人应有法定质量担保义务，即其出卖的物品应符合国家标准或行业标准或通常标准或特定标准”。一旦进入法院审理阶段，当事人达成补充协议的可能性往往较小，如果不存在主观标准，那么人民法院通常会直接适用客观标准。

合同约定的标准既可以在合同书中加以约定，也可以通过质量说明加以约

---

① 在德国法上，物的瑕疵，是指标的物符合合同约定的品质或者通常的品质，包括组装瑕疵、说明书瑕疵。数量短缺被视为物的瑕疵。

② 参见江西省高级人民法院（2019）赣民申1461号民事裁定书。

定；质量说明既可以是文字说明，也可以是图片说明。在“某食品公司、李某买卖合同纠纷再审案”中，[①]焦点问题是出卖人某食品公司向买受人李某交付的产品是否符合双方合同约定。双方之间的买卖合同第2条约定：“产品标准以招标时现场公布的标准为准”，而双方均未举证证明涉案耳片招标时有详细、具体的文字说明，但对于招标时公示的耳片图片均予认可。买受人李某主张，出卖人交付的耳片与招标现场提供的图片明显不符；出卖人某食品公司辩称，图片仅为参考和示例。再审法院认为，从买受人提交的相关视频及照片显示，出卖人提供的耳片产品与招标图片显示的耳片相比，差异明显；即便出卖人提交的产品……为合格产品，因该产品与招标时相应图片显示的产品存在较大差别，也应认定不符合双方合同约定。从此案中可见，质量要求的判断标准以主观标准为主，质量说明不仅可以是文字说明，也可以是图片说明。

三、不符合质量要求与物的瑕疵

本条主要继受自《联合国国际货物销售合同公约》第35条第1款。该公约没有使用瑕疵（defect）这样的术语，而是采用货物的相符和第三方主张（conformity of the goods and third party claims）这样的法律术语。《联合国国际货物销售合同公约》第35条规定了物的相符性（conformity of goods）。这是指出卖人提供符合合同要求的物的义务，也称为提供适约物的义务。出卖人违反该义务的，买受人可以依据《联合国国际货物销售合同公约》第45条获得包括实际履行、解除合同、减价和损害赔偿在内的救济。在理解《联合国国际货物销售合同公约》中物的相符性或者物的适约性时，需要注意以下几个要点：第一，物的不适约与是否完成交付义务（delivery obligation）无关；第二，物的不适约也包含所谓“无关紧要的不相符”（immaterial discrepancies）；第三，物的不适约不仅包含质量上的不一致，还包括数量不符以及交付完全不同的物（aliud）；第四，物的不适约还包括包装瑕疵。[②]

---

① 参见河南省高级人民法院（2018）豫民申9268号民事裁定书。

② See Peter Schlechtriem & Ingeborg Schwenzer eds., Commentary on the UN Convention on the International Sale of Goods, New York: Oxford University Press, 2005, p.411; See also Stefan Kröll et al.eds., UN Convention on Contracts for the International Sale of Goods (CISG) , München: 2011, pp.491–498.

在标的物质量不符规则上，美国买卖法与《联合国国际货物销售合同公约》有明显相似性。《美国统一商法典》第2—106条规定，物或者行为与合同上的义务相一致（in accordance with）的，便是符合合同（conform to the contract）的。[①]《美国统一商法典》第2—508条官方评论指出，所谓适约物（conforming goods）是指符合合同要求的质量、数量、种类以及其他类似合同义务的物；适合物给付未必与合同要求的履行期间相一致。[②]这意味着，在质量、数量和其他类似义务方面与合同一致，而仅在履行期间上迟延的情况下，仍然可以构成适约之物。反之，不适约的物也仅指物的质量、数量等属性方面不符合合同要求，而与履行迟延与否无关。

1999年，欧盟颁布了《有关消费品买卖及相关保证的若干问题的指令》（1999/44/EC），也被称为《消费者买卖指令》（Consumer Sales Derective）。[③]该指令以《联合国国际货物销售合同公约》为主要参考对象，采用“与合同相符合”（conformity with the contract）的术语，并借鉴相关确认规则。[④]由于这项指令要求在2002年1月1日之前被成员国转化为国内法，因此在接下来几年对成员国国内立法产生了重大影响。2001年通过的《德国债法现代化法》受到《联合国国际货物销售合同公约》和《消费者买卖指令》的影响很深。根据《德国民法典》第434条，物在风险转移时不具有约定的性质，或者当事人未约定物的性质时，物不适合依照合同所预定的使用的，则构成物的瑕疵，这是主观的瑕疵概念（subjektive Fehlerbegriff）；[⑤]当事人未约定物的性质，依照合同所预期的使用也不明确时，物不适合通常的使用，或

① Uniform Commercial Code: Official Text and Comments, Eagan, Minn.: Thomson/West, 2010, §2–106.

② Uniform Commercial Code: Official Text and Comments, Eagan, Minn.: Thomson/West, 2010, pp.134–135.

③ The European Parliament and the Council of the European Union, Directive 1999/44/EC of the European Parliament and of the Council of 25 May 1999 on certain aspects of the sale of consumer goods and associated guarantees, Official Journal of the European Communities L 171, 07/07/1999: 12–16.

④ See Michael Joachim Bonell, The CISG, European Contract Law and the Development of a World Contract Law, 56 Am. J. Comp. L. 6–8 (2008).

⑤ Vgl. Medicus/Lorenz, Schuldrecht Ⅱ Besonderer Teil, 15.Aufl., München: 2010, §77 Rn.77 ff.

者不具有同类物一贯的、买受人依照该物的种类能够期待的性质，也构成瑕疵，这是客观的瑕疵概念（objektive Fehlerbegriff）[①]或者客观的交易期待（objektive Verkehrserwartung）。[②]从中可以发现主观瑕疵优先于客观瑕疵的思路，也反映出德国买卖法向《联合国国际货物销售合同公约》和《消费者买卖指令》靠近。[③]可以说，《德国民法典》第433条中的无瑕疵供与义务借鉴了《联合国国际货物销售合同公约》第35条中的提供适约物义务，无瑕疵性（Mangelfreiheit）就是适约性（Vertragsmäβigkeit）的同义语。[④]

2017年完成债法改革的《日本民法典》对瑕疵担保制度进行革新。由于"瑕疵"容易被从客观角度理解，从而与契约的内容相分离，[⑤]所以日本立法者最终放弃了"瑕疵"这一术语，改采"跟契约内容不相适合"这样的表述。虽然有点冗长，但避免了因采用瑕疵而使品质、种类的确定标准客观化。新《日本民法典》实现了债务不履行责任对物之瑕疵担保责任的统合或曰吸收。比如，依据新《日本民法典》第564条，买卖合同中存在物的不适约的，解除合同和损害赔偿均依据债务不履行的一般规定予以处理。

我国学界受到传统大陆法的影响，沿用"瑕疵"这一概念。代表性学者使用"瑕疵担保义务"的概念。[⑥]持统合说的学者也认为瑕疵担保责任中包含一些有用的元素，如瑕疵的概念；只不过，核心概念是"违约"，瑕疵应成为判断违约与否的工具性概念。[⑦]大多数学者以"物的瑕疵"来描述标的物的质量、数量、包装方式等不符合要求的情形。部分学者建议采用"适约""一

---

① Vgl. Brox/Walker, Allgemeines Schuldrecht, 31. Aufl., München: 2006, §4 Rn.13.

② Vgl. Medicus/Lorenz, Schuldrecht Ⅱ Besonderer Teil, 15. Aufl., München: 2010, §77 Rn.85.

③ See Peter Schlechtriem & Ingeborg Schwenzer eds., Commentary on the UN Convention on the International Sale of Goods, New York: Oxford University Press, 2005, p.412.

④ Vgl. Honsell, Kommentar zum UN-Kaufrecht, Berlin: Springer 2010, S. 385. 参见吴越：《德国债法改革对中国未来民法典的启示》，载朱岩编译：《德国新债法条文及官方解释》，法律出版社2003年版，第4—5页。

⑤ 参见［日］潮见佳男：《债权各论Ⅰ　契约法·无因管理·不当得利》，新世社2017年版，第89—90页。

⑥ 参见王利明：《合同法研究》（第三卷）（第二版），中国人民大学出版社2015年版，第74页。

⑦ 参见韩世远：《合同法学》，高等教育出版社2010年版，第390页。

致”“合约”等为法律概念，以取代“瑕疵”。[①]鉴于学界尚未普遍接受以新的概念代替“瑕疵”，本评注继续采用“瑕疵”的概念，并将“提供无瑕疵标的物的义务”作为出卖人的主给付义务之一。不过应予指出的是，与《德国民法典》不同，我国《民法典》只在十分有限的场合使用“瑕疵”这一概念。学理上使用“瑕疵”的场合要比《民法典》中使用“瑕疵”的场合多得多，且基本上采主观瑕疵概念；《民法典》中实际使用的“瑕疵”基本上是采客观瑕疵概念。[②]之所以出现这种情况，是因为学说上使用的“瑕疵”大多受到德国新债法的影响，而我国立法机关在编纂《民法典》时，基本上是从瑕疵的朴素含义出发，用其来描述出卖人、赠与人、寄存人、委托人的瑕疵告知义务。[③]比如，在为买卖房屋进行磋商的过程中，出卖人应主动将是否存在违章建筑、卫生间是否未做防水、墙体是否有隐蔽裂缝、是否有人在该地址落户等事项如实告知。只有如实告知这些事项才可谓履行瑕疵告知义务，瑕疵的内涵是以房屋买卖交易中普通人的合理期待为标准，而非以当事人在合同中约定的内容为标准。在缔约过程中，出卖人知道或者应当知道买受人需要标的物有特殊性质的，应当按照诚信原则告知标的物是否满足这些特殊性质；这些事项是与缔约有关的重要事项，但即使不具有这些特殊性质也不属于瑕疵。由于瑕疵告知义务发生在先合同阶段，瑕疵只可能以客观标准来加以判断。一方面，本评注尊重当前学界主流意见，采用主观的“瑕疵”概念和“提供无质量瑕疵标的物的义务”的表述；另一方面，在阐释与瑕疵告知义务有

---

① 有的学者认为应“引入‘一致’（conformity）的概念，用‘一致’的概念取代原来的‘物之瑕疵’的概念”。参见王茂祺：《给付障碍体系比较研究》，法律出版社2007年版，第237页。有的学者认为《合同法》并非以瑕疵，而是以“合约性”作为法律技术的连结点。参见杜景林、卢谌：《现代买卖法瑕疵担保责任制度》，法律出版社2012年版，第17—18页。有的学者尝试采用“不适约”代替“瑕疵”。参见武腾：《买卖标的物不适约研究》，中国政法大学出版社2017年版，第75页。

② 尽管《民法典》吸收了《买卖合同解释》中有关标的物检验的部分规则，并采用了外观瑕疵的概念，“瑕疵”在《民法典》《拍卖法》中主要作为客观概念使用的局面仍未因此改变。

③ 《民法典》第636条有关样品瑕疵的规定较为特殊。凭样品买卖合同中样品本身的隐蔽瑕疵，不能理解为不符合合同约定的品质不足，也无法从合同所要求的品质标准来判断。这是一种既可能达到同类物通常标准，也可能低于该通常标准；既可能符合合同要求，也可能不符合合同要求的品质不足。因此，只适宜理解为从一般人角度出发，物的实际性质与外观不一致的效用、美观性等方面的不足。

关的规定（如《民法典》第618条）时，为避免混淆，以“提供符合质量要求的标的物的义务”代替“提供无质量瑕疵标的物的义务”。

四、《消费者权益保护法》中的“瑕疵”

《消费者权益保护法》中存在有关瑕疵的特别规定，主要包括该法第23条和第24条。《消费者权益保护法》第23条共3款，分别规定：“经营者应当保证在正常使用商品或者接受服务的情况下其提供的商品或者服务应当具有的质量、性能、用途和有效期限；但消费者在购买该商品或者接受该服务前已经知道其存在瑕疵，且存在该瑕疵不违反法律强制性规定的除外。”“经营者以广告、产品说明、实物样品或者其他方式表明商品或者服务的质量状况的，应当保证其提供的商品或者服务的实际质量与表明的质量状况相符。”“经营者提供的机动车、计算机、电视机、电冰箱、空调器、洗衣机等耐用商品或者装饰装修等服务，消费者自接受商品或者服务之日起六个月内发现瑕疵，发生争议的，由经营者承担有关瑕疵的举证责任。”该法第24条共2款，分别规定：“经营者提供的商品或者服务不符合质量要求的，消费者可以依照国家规定、当事人约定退货，或者要求经营者履行更换、修理等义务。没有国家规定和当事人约定的，消费者可以自收到商品之日起七日内退货；七日后符合法定解除合同条件的，消费者可以及时退货，不符合法定解除合同条件的，可以要求经营者履行更换、修理等义务。”“依照前款规定进行退货、更换、修理的，经营者应当承担运输等必要费用。”

不难发现，《消费者权益保护法》第23条第1款中的瑕疵应界定为不符合物的通常使用用途或者表面上应当具有的特征，是客观意义上的瑕疵，其主要效果为瑕疵告知义务。经营者不告知瑕疵，而消费者知悉该瑕疵的，经营者不承担违约责任，但瑕疵的存在违反法律强制性规定的除外。需要注意的是，《消费者权益保护法》第23条第3款是2013年该法修订时新增的一款规定，规范目的是推定瑕疵在标的受领之时便存在。该推定可由经营者提供反证予以推翻。从目的解释的角度出发，应将此处的瑕疵解释为主观意义上的瑕疵，使其包括与经营者表明或保证的质量状况不符的情形，即包括以下两种情形：（1）不符合商品或者服务应当具有的质量、性能、用途和有效期限；（2）经营者以广告、产品说明、实物样品或者其他方式表明商品或者服务的质量状况。

五、《拍卖法》中的"瑕疵"

在《拍卖法》中，有关瑕疵的规定集中在第18条、第27条、第35条和第61条，前三条规定的是委托人、拍卖人的瑕疵说明义务，最后一条规定的是未说明瑕疵的委托人、拍卖人的损害赔偿责任。

委托人、拍卖人必须在缔约之前对瑕疵加以说明。由于竞买人众多，其具体缔约目的难以被知悉，瑕疵主要应从客观角度来确定。拍卖物瑕疵的主要法律效果是瑕疵说明义务，瑕疵的存在未必导致违约责任。因此，《拍卖法》上的瑕疵也难以理解为不符合合同约定的品质，而适宜理解为不符合同类物通常标准或者理性人可以合理期待的品质。

六、权利买卖中物的"瑕疵"

《民法典》第646条规定："法律对其他有偿合同有规定的，依照其规定；没有规定的，参照适用买卖合同的有关规定。"用益物权、债权、股权、知识产权等财产权的有偿转让合同，均可准用买卖合同的规定。[①]这些财产权是否存在物的瑕疵呢？这取决于"物的瑕疵"是仅限于"有体物"品质不良，还是指"标的物自身"品质不良。严格地说，区分"物的瑕疵"和"权利瑕疵"，关键在于究竟是标的物自身存在品质不良，还是第三人对标的物享有权利。如果不是第三人对标的物享有权利，而是仅仅影响标的物自身属性的事项，那就归为"物的瑕疵"。上面所提到的公法上的限制、环境污染、凶宅，都是从标的物自身属性出发所作的判断，不涉及第三人对标的物享有权利的问题。类似地，债权的数额短少、股权中表决权能受限制、专利权实施受公法限制都属于标的物自身属性问题，与第三人对标的物享有权利有本质不同，一般都属于"物的瑕疵"，而非"权利瑕疵"。作出上述辨别的实际意义是，如果归入"物的瑕疵"，那么原则上应当参照适用《民法典》第621条有关质量或数量不符时通知出卖人的规定。对于权利瑕疵，买受人并不负有通知义务。如果买受人未在合理期限内将无形财产上的"物之瑕疵"通知出卖人，那么其便不得以此为由主张出卖人承担违

---

① 我国台湾地区规定，权利之出卖人，负使买受人取得其权利之义务。该规定可资参考。

约责任。可见，区分“物的瑕疵”和“权利瑕疵”在无形财产权买卖中具有实际意义。

举证责任

本条是一个不完全法条，仅规定了出卖人提供无质量瑕疵标的物的义务。出卖人违反该义务的，应依据《民法典》第617条，再参引《民法典》第582条至第584条，才能确定法律效果。本条的主要适用场合是，买受人主张出卖人违反提供无瑕疵标的物的义务，应承担违约责任。此时，买受人对于出卖人提供的标的物存在质量瑕疵负有主张和证明责任。买受人不仅要证明标的物存在质量瑕疵，还要证明该瑕疵在标的物风险转移之时便已存在。通常来说，买受人在收到标的物之后越及时通知出卖人，越容易使法官形成质量瑕疵在风险转移时既已存在的心证。买受人不能对上述事实进行证明的，承担对其不利的后果。

在经营者向消费者提供耐用商品或服务时，《消费者权益保护法》减轻了消费者对于瑕疵存在时间点的证明责任。《消费者权益保护法》第23条第3款规定：“经营者提供的机动车、计算机、电视机、电冰箱、空调器、洗衣机等耐用商品或者装饰装修等服务，消费者自接受商品或者服务之日起六个月内发现瑕疵，发生争议的，由经营者承担有关瑕疵的举证责任。”按照该款规定，在经营者向消费者提供耐用商品或者装饰装修等服务时，消费者只需在6个月内主张并证明存在瑕疵，法律便推定该瑕疵在风险转移之时既已存在。消费者不需要证明该瑕疵是在风险转移之时既已存在。经营者应当提供反证，证明该瑕疵在风险转移时并不存在。对于耐用商品或者装饰装修等服务来说，其在短时间内一般不会因为正常使用中的损耗而出现质量问题，如果在6个月内就出现质量问题，那么按照生活经验，一般是在提供商品或服务时便隐藏着质量瑕疵。这条规定虽然是以保护消费者的社会政策为价值导向，但不乏生活经验上的基础，是适用于经营者与消费者之间交易的特别规定。

第六百一十六条【质量要求的认定】

当事人对标的物的质量要求没有约定或者约定不明确，依据本法第五百一十条的规定仍不能确定的，适用本法第五百一十一条第一项的规定。

历史由来

本条继承了《合同法》第154条。[①]在《民法典》制定过程中，该条内容均无变化。

在《民法典》编纂过程中，有学者建议将《合同法》第153条和第154条整合、修改为一个条文。[②]该建议值得赞同，因为本条也包括确定质量相符的主观标准，特别是本条所参引的《民法典》第510条是有关合同解释的规定，即使是合同中有约定，也往往需要通过援引《民法典》第510条解释具体条款的含义。司法机关在确定出卖人对标的物质量所负的义务时，一般应同时援引本条和《民法典》第615条。

规范目的或功能

本条规定了在当事人没有约定或者约定不明确的情况下，标的物质量要求的确定标准，既包括主观标准，也包括客观标准。本条属于不完全法条，是参引性法条，必须援引《民法典》第510条、第511条第1项才能加以适用。本条不包含有关出卖人义务的规定，只有同时援引《民法典》第615条，才能判决出卖人承担提供无质量瑕疵物的义务。《民法典》第510条是关于补充协议和合同解释的专门规定，第511条第1项是关于标的物质量状况的漏洞填补规定。

---

① 《合同法》第154条规定："当事人对标的物的质量要求没有约定或者约定不明确，依照本法第六十一条的规定仍不能确定的，适用本法第六十二条第一项的规定。"

② 参见梁慧星主编：《中国民法典草案建议稿附理由：合同编》（上册），法律出版社2013年版，第283—285页。

规范内容

关于适约物（无瑕疵物）的判断标准，根据《联合国国际货物销售合同公约》第35条第1款，以合同上的要求（contractual requirements）优先；[①]在合同不包含或者不充分包含货物品质的要求时则采用辅助性（subsidiary）方法来确定。这些辅助性确定标准被规定在第35条第2款，具体包括：（1）适合于同类物通常应用的目的；（2）适于缔约时以明示或者默示方式使出卖人得知的特殊目的，除非情境显示买受人未依赖出卖人的技能和判断，或者买受人的这种依赖是不合理的；（3）具有出卖人提供的样品或者模型的质量；（4）以通常的方式或者足以保存和保护货物的方式盛装或者包装。[②]伴随着《联合国国际货物销售合同公约》的成功，这一规则也逐渐影响到许多国家和地区的立法。[③]值得指出的是，《联合国国际货物销售合同公约》没有像美国法那样区分明示担保和默示担保，实际上连担保这样的概念都没有使用。[④]《联合国国际货物销售合同公约》第35条作出十分简单明确的规定：从当事人的合同约定出发，在没有约定或者约定不明确时根据客观性标准进行确定。

《民法典》第510条规定："合同生效后，当事人就质量、价款或者报酬、履行地点等内容没有约定或者约定不明确的，可以协议补充；不能达成补充协议的，按照合同相关条款或者交易习惯确定。"依据《民法典》第511条第1项，当事人就质量要求约定不明确，依据第510条规定仍不能确定的，按照强制性国家标准履行；没有强制性国家标准的，按照推荐性国家标准履行；没有推荐性国家标准的，按照行业标准履行；没有国家标准、行业标准的，按

---

① See Peter Schlechtriem & Ingeborg Schwenzer eds., Commentary on the UN Convention on the international sale of goods, New York: Oxford University Press, 2005, p.413.

② See Peter Schlechtriem & Ingeborg Schwenzer eds., Commentary on the UN Convention on the international sale of goods, New York: Oxford University Press, 2005, pp.416–426.

③ See Jürgen Basedow, Towards a Universal Doctrine of Breach of Contract: the Impact of the CISG, 25 Int'l Rev. L. & Econ. 498 (2005).

④ See Peter Schlechtriem & Ingeborg Schwenzer eds., Commentary on the UN Convention on the international sale of goods, New York: Oxford University Press, 2005, pp.411–412.

照通常标准或者符合合同目的的特定标准履行。与《合同法》第62条第1项[①]相比，该项规定区分了强制性国家标准、推荐性国家标准，具有进步意义。

本条与第615条构成了完整而有层次的质量要求认定规则。首先，标的物的质量应符合买卖合同的约定，出卖人提供质量说明的，也应当符合质量说明的内容（《民法典》第615条）。其次，在买卖双方没有质量约定或者约定不明确的情况下，由买卖双方协议补充（《民法典》第510条前段）。再次，在买卖双方不能达成补充协议时，按照合同相关条款或者交易习惯确定（《民法典》第510条后段）。最后，在无法按照合同相关条款或者交易习惯确定质量标准的情况下，按照强制性国家标准履行；没有强制性国家标准的，按照推荐性国家标准履行；没有推荐性国家标准的，按照行业标准履行；没有国家标准、行业标准的，按照通常标准或者符合合同目的的特定标准履行（《民法典》第511条第1项）。这一套质量确认规则虽然在内部衔接上仍有值得梳理之处，但整体上体现了当事人意思自治优先，以客观性标准为辅助的思想，与《联合国国际货物销售合同公约》中物的不适约的确认思路一致。

一、合同内容的确定与合同解释

合同约定内容不明确时，有关合同内容的确定活动属于合同解释活动。合同解释本质上是对有相对人的意思表示进行解释。需要澄清的是，《民法典》第510条有关确定合同内容的规定和《民法典》第142条第1款有关有相对人的意思表示解释规定之间是什么关系？根据《民法典》第142条第1款，有相对人的意思表示的解释，应当按照所使用的词句，结合相关条款、行为的性质和目的、习惯以及诚信原则，确定意思表示的含义。按照《民法典》第510条，如果围绕一项合同内容不存在约定或者约定不明确，那么除非当事人达成补充协议，有关内容应当按照合同相关条款或者交易习惯确定。可见，《民法典》第142条第1款为确定意思表示的内容提供了解释上的各种具体标准，包括文义、体系、行为性质和目的、习惯、诚信原则。《民法典》第510条后

---

① 根据该项，当事人就质量要求约定不明确，依据《合同法》第61条规定仍不能确定的，按照国家标准、行业标准履行；没有国家标准、行业标准的，按照通常标准或者符合合同目的的特定标准履行。

段基本与其保持一致，属于有关合同解释方法的具体规定。尽管《民法典》第510条未规定诚信原则为解释的标准之一，合同解释仍应遵循诚信原则，对此应无疑义。

在“三诺公司与兴达公司一般买卖合同纠纷案”中，[①]《采购合同》《采购订单》均没有明确载明涉案变压器是否必须符合欧盟安全标准（ce标准），最高人民法院认为：“《物料评审报告》附页图纸中注明‘en60950ce’，涉案变压器上亦贴有……‘ce’标识，标明其产品符合欧盟安全标准，应视为是兴达公司对其产品质量标准的声明和保证”，因此，兴达公司向三诺公司提供的变压器应符合欧盟安全标准（ce标准）。本案中，最高人民法院便是通过对附页图纸、变压器上标识来综合判断质量标准，采用了体系的解释方法来确定合同的内容。

二、客观标准之间的关系

还需要澄清的是《民法典》第511条第1项中各个标准之间的层次。第一，强制性国家标准并非只有合同存在漏洞的时候才能适用，即使当事人有明确约定，也不得违反强制性国家标准。这是强制性标准的题中应有之义。因此，存在关于质量的强制性国家标准的，无论当事人就质量要求是否有约定，该质量要求都不得低于该标准。第二，该项规定将符合合同目的的特定标准置于推荐性国家标准、行业标准之后，过于限制合同目的发挥作用。在确定质量要求时，应贯彻主观标准优先于客观标准的原则。在能够确定符合合同目的的特定标准时，应该按照该特定标准进行履行；难以确定符合合同目的的特定标准的，再按照通常标准履行。第三，判断通常标准时，可以参照推荐性国家标准；没有推荐性国家标准的，可以参照行业标准。一般情况下，推荐性国家标准、行业标准就是交易中的通常标准。伴随社会的发展、技术的进步，以及更充分的市场竞争，政府相关部门、行业协会等发布的推荐性国家标准、行业标准可能在一段时期内落后于市场交易中的通常标准，此时应该按照后者履行。

---

① 参见最高人民法院（2013）民抗字第15号民事判决书。

举证责任

如果当事人对于合同中是否约定了质量要求存在分歧，主张存在相关约定的一方当事人对此负有证明责任，则相对方可以提出反证。如果当事人对于合同中约定了质量要求并无分歧，而只是对质量要求的具体内容有理解分歧，那么任何一方当事人主张其所理解的内容正是合同中约定的内容的，对此负有证明责任。如果当事人都认为合同中没有约定质量要求，而只是对如何补充质量标准存在分歧，那么任何一方当事人对于其主张的标准符合交易习惯、属于通常标准负有证明责任。

第六百一十七条【不符合质量要求的违约责任】

出卖人交付的标的物不符合质量要求的，买受人可以依据本法第五百八十二条至第五百八十四条的规定请求承担违约责任。

历史由来

本条继承了《合同法》第155条，内容有明显变化，将援引违约责任章中的一条规定改为援引三条规定。根据《合同法》第155条，出卖人交付的标的物不符合质量要求的，买受人可以依据《合同法》第111条的规定要求承担违约责任。

《民法典合同编（草案）》（一审稿）及《民法典合同编（草案）》（二审稿）的第407条均作如下规定："出卖人交付的标的物不符合质量要求的，买受人可以依照本法第三百七十二条、第三百七十四条的规定要求承担违约责任。"《民法典合同编（草案）》（二审稿）第372条（相当于《民法典》第582条）是关于履行不符合合同要求的违约责任的一般规定，《民法典合同编（草案）》（二审稿）第374条（相当于《民法典》第584条）是关于违约损害赔偿范围的一般规定。立法者在起草本条的过程中有一条十分明确的思路，即出卖人所提供的标的物不符合质量要求的，应当承担包括补正履行、损害赔偿在内的各项违约责任，买受人也享有减价、解除的权利。在立法过程中，有意见认为，应当将参引范围进一步扩大，使其包括《民法典合同编（草案）》（二审稿）第373条关于与实际履行并存的损害赔偿的规定。立法者采纳了上述意见，将买卖标的物不符合质量要求时出卖人的违约责任基础规范确定为第582条至第584条。

规范目的或功能

本条属于不完全法条，是参引性法条，旨在确定标的物不符合质量要求时的违约责任。只有通过引用《民法典》合同编通则分编第582条至第584条有关违约责任的规定，才能确定标的物不符合质量要求的法律效果。其中，《民法典》第582条是关于不完全履行场合的补正履行、退货、减价、代替给付的损害赔偿的规定，第583条是关于与实际履行并存的损害赔偿的规定，第584条是关于违约损害赔偿范围的规定。可见，买卖标的物不符合质量要求的后果就是普通违约责任。值得指出的是，《民法典》与《合同法》一样采取宽泛的违约责任概念，其不仅包括实际履行、损害赔偿、违约金，还包括减价、退货。减价本质上是部分解除，减价权是形成权；退货本质上是解除合同，退货权也是形成权。由此可见，宽泛意义上的违约责任就是指违反合同义务的法律后果。

在《民法典》第615条至第624条有关物之瑕疵的规定中，只对质量瑕疵提供了参引性规定，对包装瑕疵、数量瑕疵则未提供参引性规定。本条具有示范效果。对于包装瑕疵、数量瑕疵，应当直接适用《民法典》第582条至第584条的规定。

规范内容

从源头上说，本条规定主要继受自《联合国国际货物销售合同公约》第45条。该条第1款规定："如果出卖人不履行他在合同和本公约中的任何义务，买方可以：（1）行使第四十六条至第五十二条所规定的权利；（2）按照第七十四条至第七十七条的规定要求赔偿损害。"依据该条第2款，买方可能享有的要求损害赔偿的任何权利，不因他行使其他补救办法的权利而丧失。本条并非传统大陆法系上的瑕疵担保责任规定，而是关于买卖标的物不符合合同要求时买受人的权利规定。

一、大陆法系国家对瑕疵担保责任的革新

瑕疵担保责任源自罗马法上的市政官救济（aedilitian remedies）。这种救济起初只适用于一些特殊的物，这些物的特点是："（1）通常在公开市场上出售；（2）容易存在一些瑕疵，且即使警惕性高的买受人也不能一望便可察知；（3）出卖人往往声誉不佳。"[①]在要式口约买卖时期，买受人通常必须在交易时当面看清标的物，对瑕疵自负其责。不过，有些瑕疵可能难以当面查清，"只能在使用中发现，如出卖人的奴隶有内伤或曾致人损害而未赔偿等，罗马的奴隶贩子经常干这些勾当，要是出卖人不负瑕疵担保责任，买受人的利益就会受损"。后来，罗马的市政官（aediles curules）认可这种民间习惯，在谕令中规定："在公共市场出卖奴隶和大型牲畜的人，应将奴隶等的隐蔽瑕疵告知买受人。一般是奴隶的颈上挂上牌子，写明其原籍、年龄、技能、疾病，是俘虏或流浪的，有无私犯和赔偿情况，是否首次出卖等，并在成交时再口头重复一次。这样，即使当事人之间没有另订特约，出卖人也要负瑕疵担保责任。"出卖人未尽瑕疵担保责任的，买受人可提起撤销诉（actio redhibitoria）或减价诉（actio quanti minoris）。[②]在诺成买卖时期，买受人在上述救济之外，还能以不履行债务为由提出购买诉（actio emptio），进而请求损害赔偿。如此一来，买受人便可在撤销诉、减价诉和购买诉三者之中择一起诉。[③]市政官救济起初只适用于奴隶和牲畜的交易，对一般买受人不能予以充分保护，但在诺成买卖时期，这种救济适用范围扩大，于是出现以下局面：一方面，市政官救济的适用范围扩大到一切买卖领域；另一方面，基于不履行债务的购买诉（买卖诉）救济兴起，这种诉的时效为30年，当事人可请求赔偿一切损失，相对于撤销诉和减价诉有明显的优越性。[④]伴随着买卖诉的发展，市政官救济

---

① See Reinhard Zimmermann, The new German law of obligations: historical and comparative perspectives, New York: Oxford University Press, 2005, p.82.

② 参见周枏：《罗马法原论》（下册），商务印书馆1994年版，第761—762页。

③ 参见周枏：《罗马法原论》（下册），商务印书馆1994年版，第764页。

④ 参见周枏：《罗马法原论》（下册），商务印书馆1994年版，第764页。

“作为一套自给自足（self-contained）、独立的救济变得多余（redundant）”。[①]两套处理买卖物隐蔽瑕疵的救济并存，“一代又一代法律人苦思冥想其背后的合理性并试图找出两者的区别”。逐渐清晰的是，只要存在重叠，一套救济就必然要被另一套所吸收。[②]

1900年《德国民法典》继承了这种特殊的瑕疵担保，并扩张其适用范围。当时的代表性意见是：“交付行为将出卖人的义务限定在其所选的特定物之上；原来的非特定物买卖随后将转化为可适用市政官救济的特定物买卖。”[③]《德国民法典》基本遵循上述意见，“原则上将特定物和非特定物买卖同等对待”，都适用撤销诉和减价诉，而对于欺诈和特别承诺（specific promise），可适用损害赔偿。在种类物场合，买受人还可以请求交付另外的物或者在适当场合请求损害赔偿，不过出卖人是没有受保护的二次履行机会的。总之，在1900年《德国民法典》中，特定物买卖被置于首要的位置，而种类物买卖则仍被视为一种对标准的偏离，可以通过修正一般规则来处理。[④]瑕疵担保这一在罗马法中已经显露颓势的制度，在《德国民法典》制定过程中未能被有效革新，而是被继续沿用长达百年，由此产生两项后果：第一，交付物视为履行，物的瑕疵本身不构成不履行。物的瑕疵担保责任与一般债务不履行在救济原理上分道扬镳。第二，物的瑕疵救济内容特殊。特定物买卖场合不承认后续履行（Nacherfüllung）请求权；损害赔偿的范围较为狭窄；短期时效明显区别于一般时效制度。[⑤]物的瑕疵担保责任及其特殊的原理、观念给法院带来了很大困扰。[⑥]

---

① Reinhard Zimmermann, The new German law of obligations: historical and comparative perspectives, New York: Oxford University Press, 2005, p.83.

② See Reinhard Zimmermann, The new German law of obligations: historical and comparative perspectives, New York: Oxford University Press, 2005, p.83.

③ Reinhard Zimmermann, The new German law of obligations: historical and comparative perspectives, New York: Oxford University Press, 2005, p.88.

④ Reinhard Zimmermann, The new German law of obligations: historical and comparative perspectives, New York: Oxford University Press, 2005, pp.88–89.

⑤ See Reinhard Zimmermann, The new German law of obligations: historical and comparative perspectives, New York: Oxford University Press, 2005, pp.89–95.

⑥ See Reinhard Zimmermann, The new German law of obligations: historical and comparative perspectives, New York: Oxford University Press, 2005, p.92.

20世纪主要的国际货物买卖公约（如《国际货物买卖统一公约》《联合国国际货物销售合同公约》）和国际模范法（如《欧洲合同法原则》《国际商事合同通则》）都没有采用特殊的物之瑕疵救济，而是采用统一的违约救济。欧盟于1999年颁布的《消费者买卖指令》采取了与《联合国国际货物销售合同公约》相接近的救济模式。在这一指令的推动下，德国债法终于完成现代化改革。在德国新债法中，法定担保责任被无瑕疵供与义务所取代，特殊的瑕疵救济被义务违反的救济所吸收。虽然仍存在一些旧制度的残余，如诉讼时效仍然较短，[①]但总体上来说，传统瑕疵担保责任不复存在。

日本民法也曾继受瑕疵担保责任。作为法定担保责任，隐蔽瑕疵救济的正当性在于买卖的有偿性，是法律出于保护交易信用而特别认可的，与债务不履行责任不同。[②]20世纪60年代，日本学者围绕瑕疵担保责任基础理论展开广泛争论，形成了法定责任说和契约责任说的对立。[③]经过持续的批判，法定责任说的基石——特定物教义终于崩塌。[④]契约责任说在法律解释论上发展为新通说。[⑤]2017年日本完成债法改革，确认了契约责任说的基本主张。新《日本民法典》第562条规定，出卖人交付的标的物在种类、品质、数量上跟契约内容不相适合时，买受人可以请求出卖人修补标的物、交付代替物或者补足不足的部分。第563条规定，买受人有权减少价款；其行使条件与解除合同基本一致。第564条规定，买受人有权依据债务不履行责任的一般规定请求损害赔偿。在日本，债务不履行救济已完成了对传统瑕疵担保救济的吸收和整合。

---

① 梅迪库斯教授指出，适用普通时效的构想“遇到了来自经济界的巨大阻力。最后得到实现的只是远比旧法第477条更长的期间，但这还显著低于第195条、第199条的期间”。参见［德］迪特尔·梅迪库斯：《德国债法分论》，杜景林、卢谌译，法律出版社2007年版，第51页。

② 参见［日］柚木馨、高木多喜男主编：《新版注释民法（14） 债权（5） 赠与·买卖·互易》，有斐阁1993年版，第197页。

③ 参见［日］柚木馨、高木多喜男主编：《新版注释民法（14） 债权（5） 赠与·买卖·互易》，有斐阁1993年版，第268页。

④ 参见［日］野泽正充：《总括的和将来的课题——基于“债权法改正的基本方针”》，载野泽正充主编：《瑕疵担保责任和债务不履行责任》，日本评论社2009年版，第190—191页。

⑤ 参见［日］内田贵：《民法Ⅱ 债权各论》（第3版），东京大学出版会2011年版，第131页。

二、我国法上不存在瑕疵担保责任

在我国，通说不承认独立的瑕疵担保责任。在《合同法》通过之前，主流学者便将“对标的物的品质瑕疵负担保义务”作为出卖人的义务之一，[①]认为出卖人必须“按照买卖合同规定的种类、规格、数量、质量、期限、地点交付”标的物，违反其中一项即为违约。[②]有学者进一步指出，我国历来对于商品不合格的问题实施较广泛的救济，“将瑕疵担保责任作为不适当履行责任对待”，更接近英美法；传统大陆法上的瑕疵担保责任存在缺陷，应当“摒弃瑕疵担保责任的概念，而完全以违约责任替代之”。[③]

在《合同法》通过之后，解释论上的通说是出卖人负有交付无瑕疵物的义务，违反该义务所应承担的违约损害赔偿责任是严格责任，其诉讼时效并不是短期诉讼时效，与其他场合下出卖人所承担的违约损害赔偿责任无本质区别，故瑕疵担保责任已被纳入或者统合入违约责任。[④]不过，由于《合同法》第155条所参引的条文只有《合同法》第111条，难免使人认为其仍是一种特殊的违约责任。在《合同法》通过之后，一种有影响力的解释论意见是瑕疵担保责任仍相对独立，可与违约责任发生竞合。[⑤]为避免解释和适用上的分歧，《民法典》在此处作出修改，将本条所参引的规定改为三条，囊括了违约损害赔偿。这一修改十分明确地显示出，《民法典》不承认所谓与违约责任相独立的瑕疵担保责任，也不存在违约损害赔偿责任与所谓瑕疵担保责任的竞合。

---

① 参见王家福主编：《中国民法学·民法债权》，法律出版社1991年版，第630页。

② 参见王家福主编：《中国民法学·民法债权》，法律出版社1991年版，第628页。

③ 王利明、姚辉：《完善我国违约责任制度十论》，载《中国社会科学》1995年第4期。

④ 参见王利明：《合同法研究》(第二卷)(第三版)，中国人民大学出版社2015年版，第420—422页；马俊驹、余延满：《民法原论》(第四版)，法律出版社2010年版，第642页；郭明瑞、房绍坤主编：《合同法学》(第三版)，复旦大学出版社2016年版，第207页；李开国主编：《合同法》，法律出版社2007年版，第203页；韩世远：《出卖人的物的瑕疵担保责任与我国合同法》，载《中国法学》2007年第3期；杨立新：《债与合同法》，法律出版社2012年版，第529页；李永军：《合同法》(第四版)，中国人民大学出版社2016年版，第272页。

⑤ 参见崔建远：《物的瑕疵担保责任的定性与定位》，载《中国法学》2006年第6期。

三、标的物不符合质量要求的法律后果是违约责任

标的物不符合质量要求的法律后果是出卖人承担违约责任。违约责任既包括《民法典》第582条规定的补正履行、退货、减价、代替给付的损害赔偿，也包括《民法典》第583条规定的与实际履行并存的损害赔偿，还包括违约金。这种违约责任是宽泛意义上的违约责任，本质上是违反合同义务的法律后果。

（一）补正履行

《民法典》第582条规定："履行不符合约定的，应当按照当事人的约定承担违约责任。对违约责任没有约定或者约定不明确，依据本法第五百一十条的规定仍不能确定的，受损害方根据标的的性质以及损失的大小，可以合理选择请求对方承担修理、重作、更换、退货、减少价款或者报酬等违约责任。"在不符合质量要求时，买受人通常会请求修理、更换，在特殊情况下也可能请求重作，如购买现场制作的物。重作在承揽合同中是一种十分重要的补正履行方式。修理、重作、更换等虽然经常被称为补救措施，但这只不过是在不完全履行场合对继续履行的一种称谓。[①]在司法实践中，人民法院有时将更换或者修理作为补救措施，有时作为继续履行方式，不加严格区分。[②]学

---

① 参见朱广新：《合同法总则研究》（下册），中国人民大学出版社2018年版，第675页。有学者指出："在学理上，常常将修理、重作、更换作为实际履行的具体形式，因为采取这些补救措施也是使违约方继续履行。"王利明等：《民法学》（第四版），法律出版社2015年版，第524页。有学者认为，修理、更换和重作"属于《合同法》第107条规定的'采取补救措施'的一个组成部分，并属于强制履行范畴。"参见魏振瀛主编：《民法》（第四版），高等教育出版社2010年版，第464页。

② 比如，在湖南省长沙县（2010）长县民初字第02438号民事判决书中，法院认为，围绕静力压桩机买卖，原告要求被告按照合同约定将"瑞克"油缸更换为"韶关伟光"油缸，被告已经及时采取补救措施，向原告发货8个"韶关伟光"油缸，并安排售后服务维修员前往更换"瑞克"油缸。在该案中，出卖人没有按照约定将具有特定品牌部件的设备进行交付，买受人要求予以更换，法院认定出卖人对部件的更换构成补救措施。在（2012）漯民四终字第58号民事判决书中，原审法院认为甲公司故意不将印刷设备组装、调试好，明显违约。"根据《合同法》第111条，乙公司要求继续履行合同，予以支持，甲公司应当继续派人对其设备进行调试，直到正常生产为止。"在该案中，对设备的调试等安装行为被界定为继续履行。可见，修理和更换有时被理解为补救措施，有时被理解为继续履行，补救措施显然属于广义的继续履行。

说上常以补正履行加以指称，[①]其相当于德国法上的后续履行（Nacherfüllung）和日本法上的追完履行。

（二）退货和减价

通说认为，退货是解除权行使的表现。[②]司法实践中通常也认为主张退货是行使解除权的表现。[③]买受人要求退货就是要求解除买卖合同，既可能是全部解除（全部退货），也可能是部分解除（部分退货）。按照少数说，退货不等于解除合同。少数说中又有不同学说，第一种观点认为，退货"是在全部标的物都不符合质量要求时，将全部货物退回，要求出卖人提供同样数量的符合质量要求的标的物，但它并不等于解除合同"；[④]这恐怕有将退货与更换相混淆之嫌。第二种观点认为，对于退货的性质需要具体问题具体分析，可能有合同解除、代物清偿、合同更改等形式。[⑤]这种学说可称为多种性质说。根据该说，退货在发展过程中首先分为两种情况：一是合同解除，二是中间、过渡状态。后者又可以发展为更换、代物清偿、合同更改或者合同解除，演化和发展的情形颇为复杂。还有观点认为，退货是行使拒绝受领权的效果之一，而非合同解除效力的表现。[⑥]这种学说可称为拒绝受领效果说。笔者认为，退货是一个用语通俗但不严密的概念，确实可能引起不同理解。在实践中，买受人要求退货通常是主张解除合同并请求出卖人返还价款。为避免解释和适用上的分歧，适宜采纳通说，将其解释为解除权行使的表现。因此，只有在满足解除权的要件时买受人才能主张退货。

---

① 参见史尚宽：《债法总论》，中国政法大学出版社2000年版，第419页；张广兴、韩世远：《合同法总则》（下），法律出版社1999年版，第109页；马俊驹、余延满：《民法原论》（第四版），法律出版社2010年版，第632页。

② 参见王利明：《合同法研究》（第三卷）（第二版），中国人民大学出版社2015年版，第110页；郭明瑞、房绍坤主编：《合同法学》（第三版），复旦大学出版社2016年版，第208页；杨立新：《债与合同法》，法律出版社2012年版，第529页；苏号朋：《合同法教程》（第三版），中国人民大学出版社2015年版，第312页。

③ 参见四川省高级人民法院（2016）川民再533号民事判决书。

④ 江平主编：《中华人民共和国合同法精解》，中国政法大学出版社1999年版，第127页。

⑤ 参见崔建远：《退货、减少价款的定性与定位》，载《法律科学》2012年第4期。

⑥ 参见韩世远：《合同法总论》（第三版），法律出版社2011年版，第319页。

买受人要求减价，实际上是要求部分解除买卖合同。按照通说，减价权是简单形成权，其本质上是部分解除。[①]减价权的行使不需要相对人的同意，自减价通知达到相对人时发生减价的效果。需要强调的是，减价权作为简单形成权的前提是，其成立条件必须类推适用解除权的行使条件。也就是说，只有在质量不符、数量不足等不完全履行情形导致合同目的部分不能实现时，减价权才能成立。由于我国法未明确规定减价权的行使条件，司法机关经常在不完全履行场合基于公平原则主动调整合同中的价款。这实际上将传统民法上的减价权改造为司法变更制度。[②]人民法院往往在综合考虑补正履行的费用、当事人之间继续合作的可能性等多种因素之后判决减少价款或者报酬。这种做法可以及时化解纠纷。然而，司法裁量权的扩张也会带来法律适用结果不确定的风险。在实践中，还有的人民法院以履行不能、履行费用过高为由判决解除合同，在《民法典》生效之前，这属于超越法律的续造，背后体现出以及时、全面化解纠纷为目标的实用主义思维。[③]在合同履行出现障碍时，通过司法机关来变更、解除合同，在我国法上成为颇具吸引力，却也颇具争议的问题解决方案。司法机关在变更、解除合同方面是应当更为谦抑还是更为积极，司法机关的积极作为是否会消解当事人的实体权利，有待进行全面的思考和深入的探讨。

（三）代替给付的损害赔偿

本条所参引的条文包括《民法典》第582条、第583条和第584条。其中，《民法典》第583条是与实际履行并存的损害赔偿，第584条是关于违约损害赔偿的赔偿范围的规定，两者都不是代替给付的损害赔偿的请求权基础规范。为避免法律漏洞，应当认为《民法典》第582条中的“等违约责任”包含代替给付的损害赔偿。依据《民法典》第584条的规定，违约损害赔偿的数额是因

① 参见王洪亮：《债法总论》，北京大学出版社2016年版，第297—300页；杜景林：《我国合同法上减价制度的不足与完善》，载《法学》2008年第4期。

② 参见武腾：《减价实现方式的重思与重构》，载《北方法学》2014年第3期。

③ 在《民法典》立法过程中，所谓违约方解除权、违约方申请解除、基于重大理由终止继续性合同等学说之间的争论便聚焦于人民法院以履行不能、履行费用过高为由判决终止合同关系的案件。

违约造成的全部损失，其范围是可得利益的损失，也称期待利益或履行利益的损失。该条确立了完全赔偿原则，也规定了违约损害赔偿的基本限定规则，即可预见性规则。援引《民法典》第584条，意味着买卖标的物不符合质量要求的，买受人可以请求出卖人赔偿其履行利益的损失。在计算代替给付的损害赔偿时，一般是按照以下两者之差来计算：（1）如果货物符合合同中的质量要求，在交付地、交付时该物所应当具有的市场价值；（2）在交付地、交付时实际交付之物的市场价值。这种计算方式只考虑市场价格，而不考虑合同中约定的价格，与减价权行使时的计算公式有所区别。如果没有市场价格，那么可以借助以下事实来计算：（1）买受人原本打算将该物转售给第三人的，第三人在质量相符的场合所同意支付的价款；（2）买受人将质量不符之物转售的情况下，第三人在知道其质量不符的情况后所同意支付的价款。①

出卖人拒绝补正履行或者补正不能的，买受人当然有权要求代替给付的损害赔偿。问题是，在出卖人未明示或默示地拒绝补正，也未陷入补正不能的，买受人是否有权直接请求代替补正履行的损害赔偿？回答应当是肯定的。在我国法上，并未规定实际履行相对于损害赔偿的优先地位。关于出卖人是否愿意补正、补正是否陷入不能，买受人不需要主动地要求确认。反之，其只需要考虑是否希望出卖人作出补正。如果买受人的利益和需求正在于此，那就可以请求出卖人为补正履行；如果买受人对于出卖人的补正并无特别需求，那就可以直接主张代替补正的损害赔偿。在后一种情况下，出卖人自担费用及时补正，且不给买受人造成不合理的不便的，其依据《民法典》第582条享有一项抗辩权，可以中止买受人的代替补正的损害赔偿请求权。

（四）与实际履行并存的损害赔偿

《民法典》第583条规定："当事人一方不履行合同义务或者履行合同义务不符合约定的，在履行义务或者采取补救措施后，对方还有其他损失的，应当赔偿损失。"本条是有关与实际履行责任并存的损害赔偿责任的规定。在买卖合同标的物不符合质量要求时，违约方即使进行修理、重作、更换，也往

---

① 参见［英］H. G.比尔主编：《奇蒂论合同法》（第30版）（下卷），商务印书馆2012年版，第43—443页。

往陷入履行迟延，使相对人遭受迟延损失。标的物不符合质量要求，且给买受人的其他财产造成损失或者造成人身伤亡的，无法通过补正履行予以弥补；在学理上，这些损失叫作瑕疵结果损害。比如，甲向乙购买家具，乙提供的家具材料不符合质量要求，且属于劣质材料，损害了甲的健康。甲可以依据本条、第582条和第583条，在合理选择更换或者退货的同时，请求甲赔偿其健康方面遭受的损害。

四、买受人知道或者应当知道瑕疵

《民法典合同编（草案）》（征求意见稿）第160条规定："出卖人交付的标的物不符合质量要求的，买受人可以依照本编第一百二十四条、第一百二十六条的规定要求承担违约责任。但是买受人在订立合同时知道或者应当知道该标的物存在不符合质量要求的瑕疵，且存在该瑕疵不违反法律、行政法规强制性规定的除外。"在征求意见过程中，有人对但书的部分内容提出反对意见。该但书规定在《民法典合同编（草案）》历次公开的审议稿中均未出现。不过，这并不意味着该条但书完全不具有合理性。相反，该条但书的缺失意味着本条存在一个法律漏洞，在解释论上应予以填补。

《民法典合同编（草案）》（征求意见稿）第160条规定中的但书借鉴了《买卖合同解释》第33条和《消费者权益保护法》第23条第1款。《买卖合同解释》第33条规定："买受人在缔约时知道或者应当知道标的物质量存在瑕疵，主张出卖人承担瑕疵担保责任的，人民法院不予支持，但买受人在缔约时不知道该瑕疵会导致标的物的基本效用显著降低的除外。"《消费者权益保护法》第23条第1款规定："经营者应当保证在正常使用商品或者接受服务的情况下其提供的商品或者服务应当具有的质量、性能、用途和有效期限；但消费者在购买该商品或者接受该服务前已经知道其存在瑕疵，且存在该瑕疵不违反法律强制性规定的除外。"有必要阐明《民法典》第618条与这两条如何衔接。

1.《买卖合同解释》第33条前段规定［即《民法典合同编（草案）》（征求意见稿）第160条但书前段］具有一定合理性。如果买受人在缔约时知道或者应当知道标的物质量存在瑕疵，便不能事后主张出卖人应对该瑕疵负责。原因是，买受人对于合同缔结时知道的瑕疵事后才提出异议属于反言

（widersprüchlich），有违诚信原则，[①]系滥用民事权利的行为。如果买受人没有尽到交易上必要的注意标准，因重大过失未能认识到瑕疵，也可同等处理。尽管《民法典》未采纳这一规定，通过类推适用《民法典》第613条规定也可获得同样的结果。[②]该条规定："买受人订立合同时知道或者应当知道第三人对买卖的标的物享有权利的，出卖人不承担前条规定的义务。"无论是第三人的主张，还是标的物自身品质不足，在买受人不得自相矛盾这一点上并无本质不同。应对同类事物予以同等处理。在最高人民法院制定民法典相关司法解释时，应当保留《买卖合同解释》第33条前段规定的内容。

2.《买卖合同解释》第33条前段［即《民法典合同编（草案）》（征求意见稿）第160条但书前段］应补充一项但书。即使买受人在缔约时知道或者应当知道标的物达不到缔约要求的品质标准，只要围绕标的物品质存在相反的合同约定或者明示担保，那么买受人也可能基于对合同约定或者明示担保的信赖而订立合同（如相信出卖人会事后除去瑕疵），此时就不应排除买受人的救济。[③]《联合国国际货物销售合同公约》第35条第3款就确立了这样的规则。根据该款，买受人在缔约时知道或者应当知道物的不适约（lack of conformity）的，出卖人只是不再对该条第2款，即约定之外的适合性标准负责，但是对该条第1款中"合同中约定的（contractually-agreed）"的质量标准仍应负责。[④]在最高人民法院制定民法典相关司法解释时，如果仅仅保留《买卖合同解释》第33条前段那还难谓圆满，更完整的规则应该是："买受人在缔约时知道或者应当知道标的物质量存在瑕疵的，不得以标的物存在该瑕疵为由主张出卖人承担责任，但是，如果当事人就该瑕疵另作约定或者出卖人明确表示将消除该瑕疵，那么出卖人应当在合同约定或者承诺的范围内就该瑕疵承担违约责任。"

3.《买卖合同解释》第33条的但书是不妥当的，不应继续沿用。该条但书规定："但买受人在缔约时不知道该瑕疵会导致标的物的基本效用显著降低

---

① Vgl. Looschelders, Schuldrecht Besonderer Teil. München: 2014, Rn.147.

② 参见谭启平主编：《中国民法学》，法律出版社2018年版，第599页。

③ 参见武腾：《拍卖人的信息提供义务与担保责任——从居间商的法律地位出发》，载《法律科学》（西北政法大学学报）2017年第6期。

④ See Schlechtriem & Schwenzer eds., Commentary on the UN Convention on the International Sale of Goods, New York: Oxford University Press 2005, pp.427–428.

的除外。”即使是在《民法典合同编（草案）》（征求意见稿）中，也未采纳该条但书，在未来司法实践中也不应当继续沿用。《买卖合同解释》中的“物的瑕疵担保责任”其实是“物的质量、数量不符合合同要求时的违约责任”，买受人的认识错误在逻辑上并不能引起出卖人承担违约责任，也不意味着出卖人要对瑕疵负责担保。[①]买受人如果在对标的物基本效用[②]产生严重认识偏差的情况下缔约，后发现实际上该标的物不具有按照合同目的应有的性能或者通常性能，其应基于重大误解规定向人民法院或者仲裁机构请求撤销合同。此时，买受人须达到交易中必要的注意标准，仍然不能认识到瑕疵会导致标的物基本效用显著降低。如果买受人因重大过失未能认识到上述情况，那么应自担风险。[③]总之，《买卖合同解释》第33条但书存在逻辑上的漏洞，混淆了重大误解和违约责任的适用条件，未来民法典相关司法解释不应予以吸收。

4. 不应将《消费者权益保护法》第23条第1款规定扩张适用于消费者买卖之外的领域。《民法典合同编（草案）》（征求意见稿）第160条但书中还包含“且存在该瑕疵不违反法律、行政法规强制性规定的除外”。这一规定实际上照搬了《消费者权益保护法》第23条第1款的规定，只不过将其适用范围扩张到普通买卖领域。《消费者权益保护法》第23条第1款欲处理经营者免责范围问题，其规范意旨是防止经营者免予承担违约责任的范围过宽。质言之，只要一项瑕疵违反法律、行政法规的强制性规定，即使消费者在购买该商品或者接受该服务前已经知道该瑕疵，经营者也要承担违约责任。如果消费者合同标的物中的瑕疵构成违反法律、行政法规的强制性规定，那么其通常属于产品缺陷。对于构成产品缺陷的瑕疵，消费者即使知道或者应当知道，也通常会期待经营者在交付标的物之前除去该瑕疵，所以《消费者权益保护法》

---

① 如果将瑕疵担保责任界定为基于公平原则而生的保障质价均衡的法定责任，那么首先需要承认的是，基于性质错误而产生的撤销或者变更合同的救济，确与传统瑕疵担保责任中解除或者减价的救济在实际效果上有近似之处。但是，这一解释方案弊大于利，因其意味着，在我国法上存在着不以合同不履行为基础的法定瑕疵担保责任，实际上复活了古罗马法上的市政官救济，使得合同救济体系呈现双轨制，难免导致特定物买卖与种类物买卖场合的救济手段出现人为割裂，不利于买受人的利益保护和法律体系的协调。

② 对基本效用的解释应参照物的重要性质的解释方法。参见［德］迪特尔·施瓦布：《民法导论》，郑冲译，法律出版社2006年版，第434页。

③ 相关案例，可参见浙江省高级人民法院（2014）浙商提字第88号民事判决书。

第23条第1款规定能够对消费者发挥保护作用，有一定合理性。在普通买卖领域则不应借鉴这一规定。原因是，在普通买卖特别是商事领域，将违法性瑕疵规定为必须担保的内容可能不合逻辑。比如，买受人甲是一家“黑心棉”小作坊，其明知乙出售的是劣质絮用纤维制品，却仍然向乙采购，并进行加工和销售。如果认为甲可以向乙主张违约责任，显然不合逻辑。在这种场合，应认为该合同本身就违反法律、行政法规的强制性规定或者违背公序良俗，进而无效，不需要对任何一方当事人给予违约救济。

举证责任

买受人对于出卖人交付的标的物不符合质量要求负有主张和证明责任。通过本条参引到《民法典》第582条至第584条，包含不完全履行场合的补正履行、退货、减价、代替给付的损害赔偿等各种违约责任。买受人应当按照其所选取的违约责任方式，证明该救济的成立要件。比如，买受人主张修理的，只需证明买卖标的物不符合质量要求即可，不需要证明出卖人对此存在过错；出卖人可以以履行费用过高等为由行使抗辩权，而履行费用过高的证明责任由出卖人承担。又如，买受人主张固有利益遭受损失的，应当就固有利益的损失、出卖人的过错、损失和过错之间的因果关系加以证明。再如，买受人以标的物不符合质量要求导致合同目的不能实现为由主张退货的，对于自身在合同上的根本利益因此被剥夺（合同目的不能实现）负有证明责任。

第六百一十八条【违反瑕疵告知义务的抗辩权】

当事人约定减轻或者免除出卖人对标的物瑕疵承担的责任，因出卖人故意或者重大过失不告知买受人标的物瑕疵的，出卖人无权主张减轻或者免除责任。

历史由来

本条借鉴了《买卖合同解释》第32条规定。该条规定：“合同约定减轻或者免除出卖人对标的物的瑕疵担保责任，但出卖人故意或者因重大过失不告知买受人标的物的瑕疵，出卖人主张依约减轻或者免除瑕疵担保责任的，人民法院不予支持。”立法者不采用《买卖合同解释》中的“瑕疵担保责任”这一术语，而仅采用“对标的物瑕疵承担的责任”这一术语，从侧面反映出《民法典》拒绝接纳“瑕疵担保责任”这个概念。需要强调的是，《民法典》中采用“瑕疵”的规定大多数与当事人缔约过程中的瑕疵告知义务有关。

规范目的或功能

本条是关于出卖人因故意或重大过失违反瑕疵告知义务，不得援用相关免责条款的规定。这是从禁止权利滥用原则中产生的一项具体规定。本条的法律效果不甚明确，所谓“出卖人无权主张”可能意味着买受人享有一项针对出卖人主张的抗辩权，也可能意味着存在一项无需主张的抗辩。从《买卖合同解释》的起草过程来看，该规则主要是为了解决拍卖中的免责条款纠纷问题。在拍卖活动中，拍卖人声明不担保标的物无瑕疵的情形十分常见。

规范内容

一、瑕疵告知义务中瑕疵的判断标准

只要是瑕疵告知义务中的瑕疵，就无法以合同约定的内容为判断标准，而一般只能以普通理性人的合理期待为标准。本条主要适用于当事人在合同中对标的物品质未作约定或者约定不明确，而合同中又约定出卖人不对标的物品质负责担保的情形。这种免责声明可能表述为“不承担瑕疵担保责任”，其真实含义是不承担保证质量或者性质的义务。比如，拍卖中经常出现以下情况：所售名画实为仿制品，所拍卖的矿产品含矿量与文件中的记载不符。为了控制经营风险，拍卖人通常作出对拍卖标的物品质不负责担保的声明。

在缔约过程中，买受人可能要求标的物具有超出普通人合理期待的某种特殊性质，此时，即使出卖人未告知也不能称之为违反瑕疵告知义务，而只能称之为未告知与缔约有关的重要事项。在实践中，应当基于诚信原则，从具体交易情境出发判断，出卖人是否有义务就该特殊性质进行说明。比如，一家玉石

商店甲期待玉石收藏者乙出售的玉石是珍稀玛瑙，乙即使认为其并非珍稀玛瑙也可以保持沉默，由甲自担风险。如果出卖人声明其不担保标的物有这种特殊性质，且在合同中也未约定标的物应当具有这种性质，那么对该合同进行解释得出的结论是，标的物即使不具备这种特殊性质也满足合同要求。在上例中，甲不能以乙出售的玉石不是珍稀玛瑙为由要求乙承担违约责任。

二、违反瑕疵告知义务的后果

根据《德国民法典》第444条，只要出卖人恶意隐瞒瑕疵或已对物的性质承担担保，就不得援用使买受人瑕疵救济权利被排除或限制的约定。德国学界的主导性意见是，与德国旧债法中明确规定合同无效有所不同的是，按照德国新债法第444条，出卖人排除或者限制买受人瑕疵救济的约定并不完全无效，只是在出卖人恶意隐瞒或承担担保义务时产生一项买受人的抗辩权。[①]我国《民法典》第618条与之类似。只不过，因重大过失不告知瑕疵的，也可类比故意隐瞒来处理。即使存在免责声明，因故意或者重大过失未告知瑕疵的，不得援引该免责条款。出卖人提供的标的物存在该瑕疵的，构成物的不适约，应承担违约责任。[②]

本条中的免责条款是已经生效的免责条款。如果依据《民法典》第506条，免责条款自始无效，那么出卖人当然不可能援用该免责条款使自己免责，不需要再考虑出卖人是否违反瑕疵告知义务。

在过去，我国司法实践中的倾向性立场是直接否定免责声明的有效性。比如，《拍卖管理办法》第50条第2款规定："拍卖企业、委托人在拍卖前声明不能保证拍卖标的真伪或者品质的，不承担瑕疵担保责任（以下简称免责声明）。但是拍卖企业、委托人明确知道或应当知道拍卖标的有瑕疵时，免责声明无效。"有的司法裁判也持类似立场。例如，云南省高级人民法院

---

① Vgl. Westermann, MünchKommBGB, München: 2008, §444 Rn.11 f. Vgl auch Looschelders, Schuldrecht BT, München: 2014, Rn.150 f.

② 如果我们不满足于"未告知的瑕疵构成瑕疵"这样易生困惑的表述，那就有必要在此处将"瑕疵"和"不适约"区分开。瑕疵告知义务中的瑕疵应从客观角度加以界定，标的物因存在瑕疵而在质量、数量等方面与合同要求不相符的，出卖人违反"提供适约标的物的义务"，应承担违约责任。

在“富赛公司与曲靖公司拍卖合同纠纷案”[①]中认为：“虽富赛公司（即拍卖人——笔者注）主张其已作了瑕疵免责声明，不应再对瑕疵承担担保责任，但该声明须在拍卖人已明确将标的物存在的权利瑕疵告知竞买人，而竞买人在此情况下仍然愿意竞买时，才对竞买人产生约束力。是否告知与免责声明属两个不同概念，在拍卖标的物存在权利瑕疵的情况下，免责须以已尽告知义务为前提。”这类立场似乎意味着免责条款的生效以缔约过程中拍卖人已尽如实告知义务为前提。然而，根据出卖人缔约过程中的信息提供义务履行情况来判断免责条款是否生效，缺乏法律依据。除非法律有特别规定或者当事人约定了生效条件，免责条款的效力不取决于当事人信息提供义务是否实际履行。

对于免责条款是否有效，应从我国实在法的规定出发来进行解释。《民法典》第506条继承了《合同法》第53条，规定：“合同中的下列免责条款无效：（一）造成对方人身损害的；（二）因故意或者重大过失造成对方财产损失的。”依据该条第2项，一方当事人因故意或重大过失的义务违反行为造成另一方财产损失的，对其进行免责的条款无效。瑕疵本身即意味着买受人要遭受一定不利益，然而在缔约过程中未披露瑕疵，未必会造成瑕疵损害，因为在合同订立之后、标的物交付之前瑕疵很可能被消除。因此，不能根据《民法典》第506条第2项，认为只要出卖人故意隐瞒或者因重大过失而不告知瑕疵，预先免除瑕疵责任的约定就自始无效。德国法上的解释路径是，出卖人事后援引免责条款与其之前的故意隐瞒相结合，构成权利滥用，故出卖人享有抗辩权。该方案有一定合理性。只不过，权利滥用之禁止是民法的基本原则，并非都需要经当事人主张法院才可作出判定。在瑕疵因重大过失而未告知，或者瑕疵虽因故意而未被告知，但瑕疵不涉及违法性、安全性的场合，适宜认为买受人需要加以主张，人民法院才予以审查和认定。在涉及违法性、安全性的瑕疵（如消防设施不合格）时，司法机关只要发现出卖人故意或者因重大过失违反瑕疵信息提供义务，事后又援引免责条款来避免对该瑕疵所引起的损失负责，就可依职权对出卖人的主张不予支持。

不过，上述分析还未考虑格式条款效力的相关规定。《德国民法典》有

---

① 参见云南省高级人民法院（2008）云高民二终字第73号民事判决书。

关一般交易条款的规则被用来保护拍卖场合的买受人利益。比如，拍卖人有关买受人不得向其就物的瑕疵提出异议或者主张权利的一般条款，可因违反《德国民法典》第309条第7项而全部无效。[①]在英国法上，拍卖人如果试图通过格式条款免除其对买受人承担的注意义务，那么必须满足1977年《不公平条款法案》中合理性标准（Test of reasonableness）的要求，并且视具体情形，接受1999年《消费者合同不公平条款条例》中公平性标准（Test of fairness）的检验。[②]在我国，拍卖人往往是通过格式条款免除瑕疵担保责任的。在没有特别规则时，依《拍卖法》订立的买卖合同仍应适用《民法典》中有关格式条款效力的相关规定。《民法典》第497条规定："有下列情形之一的，该格式条款无效：（一）具有本法第一编第六章第三节和本法第五百零六条规定的无效情形；（二）提供格式条款一方不合理地免除或者减轻其责任、加重对方责任、限制对方主要权利；（三）提供格式条款一方排除对方主要权利。"在拍卖场合，拍卖人通过格式条款完全排除自己的违约责任，其实也就完全排除买受人基于违约的救济权利，可能构成排除对方主要权利，构成无效格式条款；不过，如果是仅仅减免因物的瑕疵而产生的责任，那么与拍卖交易习惯相符，通常为有效格式条款。

三 举证责任

在买受人主张标的物不符合质量要求时，出卖人可能不是通过反证来证明不存在质量瑕疵，而可能是直接援引当事人之间有关减轻或者免除出卖人责任的约定进行抗辩。在这种情况下，买受人可以依据本条进行再抗辩，其必须证明出卖人因故意或者重大过失未告知标的物瑕疵。买受人成功加以证明的，司法机关应基于买受人的再抗辩认定出卖人无权援引免责条款，进而支持买受人要求出卖人承担违约责任的诉讼请求。

---

① BGH, Versteigerung eines mangelhaften Kunstwerks, ZUM 2014, 32.

② See Jordan Holland, The remedies of buyers against auction houses–caveat emptor? P.N. 2013, 29 (2), p.124.

第六百一十九条【标的物的包装符合合同要求】

出卖人应当按照约定的包装方式交付标的物。对包装方式没有约定或者约定不明确，依据本法第五百一十条的规定仍不能确定的，应当按照通用的方式包装；没有通用方式的，应当采取足以保护标的物且有利于节约资源、保护生态环境的包装方式。

历史由来

本条继承了《合同法》第156条的规定，[①]唯一变化是在确定包装方式的兜底性规定中新增“且有利于节约资源、保护生态环境”的要求。

规范目的或功能

本条是关于标的物包装方式必须符合合同要求的规定。本条完整地规定了如何确定标的物的包装方式是否符合合同要求，但是未规定违反该义务的法律后果。应当将包装方式不符合要求解释为履行不符合约定的一种具体情形，直接适用《民法典》第582条规定，确定相应法律后果。

规范内容

从源头上说，本条主要继受自《联合国国际货物销售合同公约》第35条有关包装或盛装（contain）方式的规定。依据该条第1款，出卖人交付的货物必须按照合同所要求的方式盛装或包装。依据该条第2款，除当事人另有约定外，货物必须按照同种货物通用的方式装箱或包装；如果没有此种通用方式，那便按照足以保全和保护货物的方式盛装或包装。可见，本条正是借鉴了上述规定。有所不同的是：第一，本条未明确区分包装和盛装。第二，本条中，增加了“依

① 《合同法》第156条规定：“出卖人应当按照约定的包装方式交付标的物。对包装方式没有约定或者约定不明确，依照本法第六十一条的规定仍不能确定的，应当按照通用的方式包装，没有通用方式的，应当采取足以保护标的物的包装方式。”

据本法第五百一十条的规定仍不能确定的”，从而以当事人未达成补充协议为前提。第三，在本条中，增加了“且有利于节约资源、保护生态环境”的要求。

一、包装的含义

本条未区分包装方式和盛装方式，应当对包装进行扩张解释，使其包括包裹、覆盖、盛装等各种控制、保存标的物的具体方式。比如，对于易碎品，所采取的包装方式不仅包括选择合适的盛装物，还应填充合适的减震物，并作出“易碎”标示。

根据商品包装的作用，可以区分为运输包装和销售包装。运输包装主要是为了保护商品，销售包装除具有保护商品的作用外，更主要的作用是为了增加美感和吸引力，起到促销作用。[①]在买卖中，商品一般要经过长途辗转运输，有的要经过多次装卸，适当而充分的包装对保护商品，方便运输、存储、分配和销售都有重要意义。[②]有的标的物不需要包装，如煤炭、砂矿，这类货物被称为散装货；有的标的物只需要简单的捆扎，无须特别包装即可运输、销售，如普通钢材、木材、橡胶，这是裸装货；大部分标的物往往要按照一定的技术方法，采用一定的包装容器、材料和辅料进行仔细包装，如食品、化妆品、电子产品。[③]伴随人们审美标准的提高，商品包装对于销售有时具有重要作用，如鲜花等礼品的包装，对于实现合同目的可能是不可或缺的。

二、包装方式的确定标准

本条为标的物包装方式符合合同要求提供了一整套认定标准。首先，关于包装方式存在约定的，按照约定包装。其次，没有约定或者约定不明确的，依据《民法典》第510条，合同生效后，可以协议补充；不能达成补充协议的，按

---

① 参见江平主编：《中华人民共和国合同法精解》，中国政法大学出版社1999年版，第127页。

② 参见江平主编：《中华人民共和国合同法精解》，中国政法大学出版社1999年版，第127页。

③ 参见江平主编：《中华人民共和国合同法精解》，中国政法大学出版社1999年版，第127页。

照合同相关条款或者交易习惯确定包装方式。再次，不能按照《民法典》第510条中有关合同内容的确定方法确定的，依据本条，应采用通用的包装方式。最后，没有通用方式的，依据本条，应采取足以保护标的物且有利于节约资源、保护生态环境的包装方式。

上述一套确定标准，体现了主观标准优先的原则。当事人已有明确约定的，自然应按照约定确定包装方式；在没有约定或者约定不明确时，也鼓励当事人先作出补充约定。需要澄清之处是：第一，《民法典》第510条中所谓合同内容的确定活动本质上属于合同解释活动，在判断"当事人是否约定、是否明确约定包装方式"时离不开合同解释。理论上，只有在合同作出十分明确的约定时，才有可能仅根据某一条款的文义得出无争议的解释结论。第二，在人民法院依据漏洞填补规则确定包装方式时，必须根据标的物的性质予以区别对待。比如，对于大理石、陶瓷、玻璃等易碎标的物，必须采用高度防震的包装方式。又如，对于食品应采用保证新鲜、安全的包装方式。第三，包装方式的最低要求是足以保护标的物，通用包装方式不得低于这一最低要求，在采用"有利于节约资源、保护生态环境"的包装方式时也必须以足以保护标的物为前提，否则买受人的合同目的便难以实现。

所谓足以保护标的物的包装方式，是指必须足以抵御运输过程中通常外力可能对标的物产生的冲击。在空运中，货物不可避免会在飞机起降时受到冲击，并因气流干扰而移动；在海运中，船舱中的货物也必然随波浪而移动；在公路运输中，基于路况原因而出现紧急制动，进而导致货物碰撞也是常见现象。人民法院确定的包装方式，必须能够抵御相应运输过程中通常外力的冲击，以避免标的物受到损坏甚至灭失。

三、"绿色"包装的要求

在2020年5月召开的第十三届全国人大第三次会议上，本条有关包装方式的兜底性规定中新增"且有利于节约资源、保护生态环境"的要求。该部分规定反映了《民法典》第9条中的"绿色"原则以及《民法典》第509条中关于合同履行的"绿色"原则。

《民法典》第9条规定："民事主体从事民事活动，应当有利于节约资源、保护生态环境。"该条确立了"绿色"原则。在《民法典》各分编中，有多处体现“绿色”原则的规定。[①]《民法典》合同编第509条第3款专门规定了合同履行的“绿色”原则。[②]该规定体现了立法者所宣示的政策导向，既是具有倡导性的行为规范，也是拘束法官行为的裁判规范。所谓具有倡导性的行为规范，是指该条鼓励当事人在合同中约定“有利于节约资源、保护生态环境”的履行方式；所谓拘束法官行为的裁判规范，是指如果当事人之间的合同存在漏洞，需要法院依据合同漏洞填补规定和法律原则填补漏洞，那么在其他各项因素相同或相当的两种方案之间，法院必须选择“有利于节约资源、保护生态环境”的漏洞填补方案。具体地说，假设出卖人和买受人对于包装方式没有约定且存在分歧，既无法通过《民法典》第510条规定确定具体包装方式，也无法查明通用的包装方式，那么在足以保护标的物的两种包装方式之间，人民法院必须确定出卖人应当采用哪种包装方式。如果两种包装方式都不违背有关生态环境保护的强制性规定，而包装成本有明显差异，那么人民法院必须选择成本较小的包装方式，否则会给出卖人带来过重的负担；如果两种包装方式成本相当，那么人民法院必须选择更有利于节约资源、保护生态环境的包装方式。由于兜底性规定是在缺乏通用标准的前提下适用，而缺乏通用标准一般发生在尚未形成稳定交易习惯的新兴交易领域，所以该部分规定主要旨在促使新兴交易领域的包装方式朝着“绿色”方向发展。

需要指出的是，“绿色”包装规定不包含一方当事人对另一方当事人所负的附随义务。原因是，附随义务是基于诚信原则的要求，一方当事人为照顾另一方的利益所负的义务；在“绿色”原则下出卖人采取节约资源、保护生态环境的包装方式的，本质上是为了保护社会不特定多数人的长远利益而牺牲合同当事人目前的个人利益，很可能会给买受人造成额外的支出或者降低标的物的美观性，从而在一定程度上牺牲买受人目前的个人利益，这与附随义务的作用方向恰恰相反。因此，除非当事人将其约定为合同中的义务，违反“绿色”原则之要求，既不违反给付义务，也不违反附随义务，不会产生违约责任。

在消费者买卖中，如果经营者仅提供高标准的“绿色”包装（如可完全降解的塑料袋），且消费者须为此类包装额外支付较高的价款，那么经营者必须在

---

① 参见《民法典》第286条、第326条、第346条。

② 依据该款，当事人在履行合同过程中，应当避免浪费资源、污染环境和破坏生态。

订立合同之前，向消费者告知其选择权所受到的限制，以保护消费者的知情权。

举证责任

本条的适用场合是，买受人主张出卖人违反了提供无包装瑕疵标的物的义务，应当承担违约责任。此时，买受人对于标的物存在包装瑕疵负有主张和证明责任。买受人不仅要证明标的物存在包装瑕疵，还要证明该瑕疵在标的物风险转移之时就已存在。通常来说，包装瑕疵属于外观瑕疵，买受人在收到标的物之后应立即通知出卖人。如果买受人怠于通知，法官可能形成对其不利的心证。买受人不能对包装瑕疵及其存在时点进行证明的，需承担对自己不利的后果。

如果当事人对于合同中是否约定了包装方式存在分歧，主张存在有关包装方式的约定的一方当事人对此负有证明责任，相对方可以提出反证。如果当事人对于合同中约定了包装方式并无分歧，而只是对具体包装方式有分歧，那么任何一方当事人主张其所理解的内容正是合同中约定的内容的，对此负有证明责任。如果当事人都认为合同中没有约定包装方式，而只是对如何补充包装方式存在分歧，那么任何一方当事人对于其主张的标准符合交易习惯、属于通常标准负有证明责任。

第六百二十条【标的物的检验】

买受人收到标的物时应当在约定的检验期限内检验。没有约定检验期限的，应当及时检验。

历史由来

本条继承了《合同法》第157条，[1]除将“检验期间”改为“检验期限”外，别无变化。

---

① 《合同法》第157条规定：“买受人收到标的物时应当在约定的检验期间内检验。没有约定检验期间的，应当及时检验。”

规范目的或功能

本条是提示注意规定，其规范功能在于提示买受人在约定的检验期限内检验，在没有约定检验期限的情况下及时检验。买受人没有在约定的检验期限内检验或者未进行及时检验的，不会产生任何法律后果，除非导致买受人对质量瑕疵或者数量瑕疵的通知迟延。不过，买受人在未检验的情况下便在送货单、确认单等文件上签字确认的，依据《民法典》第623条，会产生对买受人不利的法律推定，即推定买受人已经对数量和外观予以认可。

《民法典》将标的物检验和瑕疵通知分别规定在两个条文中，即本条和第621条。在司法实践中，如果当事人未约定检验期限，买受人在合理期限内未通知的，人民法院在作出买受人无权以质量瑕疵或者数量瑕疵为由主张违约责任的判决时，必须援引第621条，而不必援引本条。

规范内容

一、检验的时间要求

本条主要继受了《联合国国际货物销售合同公约》第38条的规定。该公约第38条对检验的要求是在具体交易环境中"实际可行的最短时间"（as short a period as is practicable）。本条仅规定了"在收到标的物时应当在约定的检验期限内检验"，而未顾及买受人在收到标的物时是否有合理的检验机会，在理解和适用时应弥补这一漏洞。一般来说，如果涉及货物的运输，那么只有在货物到达目的地后才有检验可行性。如果货物在运输途中改道，而出卖人在缔约时知道或者应当知道这种改道，那么检验可以推迟到货物到达新目的地后进行。在"天顺公司与泰和公司买卖合同纠纷案"中，[①]最高人民法院指出："鉴于本案中天顺公司是到泰和公司厂区自提货物且需经运输才能到达施工工地现场的客观事实，故双方在《沥青材料供应合同》中作出的买方提

① 参见最高人民法院（2016）最高法民终37号民事判决书。

出异议期为收货之日起3个工作日内的约定不尽合理，该院认为将买受人提出质量异议的期限顺延至货物到达施工现场后的3日内于本案的实际履行情况是公平的。”这一裁判理由的思路值得赞同。无论当事人如何约定检验期限，都必须考虑到买受人是否有合理的检验机会。如果在约定的检验期限内买受人没有合理的检验机会对内在品质进行检验，那便应当将约定的检验期限解释为对标的物外观和数量的检验期限（参见本法第622条评注内容）；如果在约定的检验期限内买受人连对标的物外观和数量的检验机会都没有，那就应当将约定的检验期限推迟到买受人有合理的检验机会时起算。

二、检验义务的适用范围

在普通民事买卖中，依据《德国民法典》第434条、第435条、第438条第1款第3项以及该条第2款，对于物的瑕疵或者权利瑕疵，虽有特殊时效限制，但买受人并没有对标的物进行及时检验的义务（Untersuchungsobliegenheit）。[①]在德国法上，检验义务只发生在商事买卖中。《德国商法典》第377条第1款规定，买卖对于双方均为商事行为的，买受人应当在出卖人交付物之后以“在惯常经营状态下”可能为限，不迟延地检验物，并且当瑕疵显现时，不迟延地向出卖人作出通知。

在我国，尽管本条对于检验义务的适用范围并未作出限定，但在解释上不难得出类似结论。原因是，检验的目的是履行通知义务，而通知义务其实主要发生在商事买卖中，对于民事买卖和消费者买卖原则上不应适用检验义务。

三、违反检验义务的后果

有学者认为，检验“对买方来说，既是一项权利，也是一项义务”，检验是分清责任，进行索赔、理赔的重要依据。[②]有学者认为，及时检验是一项不真正义务，通知义务则是买受人的“一项主义务”。[③]在《联合国国际货物销售

① Vgl. Lettl, Handelsrecht, 2 Aufl. München: 2011, S. 266.

② 参见江平主编：《中华人民共和国合同法精解》，中国政法大学出版社1999年版，第127页。

③ 参见王利明：《合同法研究》（第三卷）（第二版），中国人民大学出版社2015年版，第81—82页。

合同公约》中，只要不引起通知的不合理迟延，未及时检验本身不产生任何法律后果。[①]只有违反通知义务，买受人才承担不利后果。比如，当事人约定买受人在收到苹果后应当当场检验，并最晚在3日内提出异议。买受人在收到苹果后未检验，直到第三天下午才检验，并将发现的数量、质量瑕疵告知出卖人。尽管买受人未按照当事人之间的约定当场检验，但并未超出通知期限，其怠于检验行为不产生任何不利后果。

笔者认为，通知义务是典型的不真正义务，检验标的物只不过是为完成通知义务而在原则上必须开展的活动；即使将检验义务理解为不真正义务，其也是一种效果更弱的不真正义务，必须经由"通知迟延"才能间接地对买受人产生不利后果。如果当事人约定的所谓检验期、验收期、异议期在本质上是"通知期限"，那么买受人在超出该期限之后才检验的，通常都会导致通知迟延。在这种情况下，之所以产生对买受人不利的法律后果，归根到底是因为买受人通知迟延，而不是因为检验迟延。反之，买受人在未检验的情况下就通知出卖人其对标的物质量不予认可的，不会产生通知迟延的后果，尽管其实际检验行为可能发生在"通知期限"经过之后。比如，买受人未进行及时检验，却得知同批次产品正在被生产商召回，立即向出卖人提出不认可该批产品的质量，随后才着手检验。买受人的检验行为虽已迟延，通知却未迟延，不产生对自己不利的后果。

三 举证责任

本条是提示注意规定，不涉及举证责任的问题。买受人未在约定的检验期限内检验或者未及时检验的，不会产生任何法律后果，除非导致通知迟延。因此，在买受人主张出卖人交付的标的物在质量、数量、包装方式等方面不符合要求时，出卖人在提出抗辩时不需要证明买受人未及时检验，而只需要证明买受人怠于通知即可。

---

① See H. M.Flechtner, Funky mussels, a stolen car, and decrepit used shoes: non-conforming goods and notice thereof under the United Nations Sales Convention ("CISG"), 26 B.U. Int'l L.J. 23 (2008).

第六百二十一条【买受人的通知义务】

当事人约定检验期限的，买受人应当在检验期限内将标的物的数量或者质量不符合约定的情形通知出卖人。买受人怠于通知的，视为标的物的数量或者质量符合约定。

当事人没有约定检验期限的，买受人应当在发现或者应当发现标的物的数量或者质量不符合约定的合理期限内通知出卖人。买受人在合理期限内未通知或者自收到标的物之日起二年内未通知出卖人的，视为标的物的数量或者质量符合约定；但是，对标的物有质量保证期的，适用质量保证期，不适用该二年的规定。

出卖人知道或者应当知道提供的标的物不符合约定的，买受人不受前两款规定的通知时间的限制。

历史由来

本条继承了《合同法》第158条，[①]除将"检验期间"改为"检验期限"、"两年"改为"二年"、"但"改为"但是"、"自标的物收到"改为"自收到标的物"外，别无变化。

规范目的或功能

本条规定的是标的物不符合质量、数量要求时，买受人的通知义务和违反该义务的法律后果。通知义务旨在保护出卖人的利益。该通知义务是不真正义务，买受人违反该义务产生对自己不利的后果。围绕该后果的内容，学

---

① 《合同法》第158条共3款，分别规定："当事人约定检验期间的，买受人应当在检验期间内将标的物的数量或者质量不符合约定的情形通知出卖人。买受人怠于通知的，视为标的物的数量或者质量符合约定。""当事人没有约定检验期间的，买受人应当在发现或者应当发现标的物的数量或者质量不符合约定的合理期间内通知出卖人。买受人在合理期间内未通知或者自标的物收到之日起两年内未通知出卖人的，视为标的物的数量或者质量符合约定，但对标的物有质量保证期的，适用质量保证期，不适用该两年的规定。""出卖人知道或者应当知道提供的标的物不符合约定的，买受人不受前两款规定的通知时间的限制。"

界存在分歧。《买卖合同解释》实际上将其作为一项抗辩权。

本条在适用范围上未区分民事合同、商事合同和消费者合同。不过，本条中有关“质量保证期”的规定基本上可以保护消费者的利益，将消费者买卖排除在约定检验期限的适用范围之外。

规范内容

一、通知的内容

通知应当是认真的、严肃的，通知的内容应当足以让出卖人认识到质量、数量瑕疵的基本性质和大致范围，不必将具体细节描述得十分准确。根据交易形态、交易习惯，对于通知内容会有不同的要求。在《工矿产品购销合同条例》第15条中，对买受人书面异议的内容作出规定。该条第4项规定：“在书面异议中，应说明合同号、运单号、车（船）号，发货和到货日期；说明不符合同规定的产品名称、型号、规格、花色、标志、牌号、批号、合格证（或质量保证书）号、数量、包装、检验方法、检验情况和检验证明；提出不符合同规定的产品的处理意见，以及当事人双方商定的必须说明的事项。”该条例在《合同法》生效之时便废止，对于司法实践的影响也逐渐减弱。在《合同法》和《民法典》中都没有对通知内容作出规定，在理解和适用本条规定时，不宜认为买受人必须作出十分具体的说明，只要足以引起出卖人对存在质量、数量问题的关注即可。不过，当事人对于通知内容另有约定或者另有交易习惯的，按照该约定或者交易习惯。

二、通知义务的功能

通知义务主要是为了保护出卖人的以下利益：第一，使出卖人能够及时修理、更换或者采取其他补救措施，减轻买受人的损失和出卖人自身的责任。我国法虽然没有明文规定出卖人的补救权，但是出卖人通过及时补救来减轻自身责任的利益是值得保护的。要保护出卖人的这种利益，就必须对买受人科以通知义务，否则出卖人连存在质量、数量问题都不知道，及时采取补救措施更无从谈起。第二，给出卖人提供机会来搜集证据，并进行调查、协商，从而为应对可能的法律纠纷做准备。第三，促使商事法律关系尽快稳定。由于诉讼时效也具有促进法律关系稳定的功能，如果认为通知义务的功能也是一般性地促进法律关系稳定，难免导致其与诉讼时效的制度功能重复。《德国商法典》第377条确立的买受人检验义务和通知义务主要是为促进商事交易快速清算，并防范买受人在价格下降时投机，因此是对商事活动有特殊价值的制度。①我国法上的检验通知制度也与之类似，主要是为了保障商事交易的迅捷，而非一般性地促进社会关系的稳定。②

在“盐海公司、远方公司买卖合同纠纷案”中，③最高人民法院指出：“法律规定质量异议期的目的在于敦促买受人及时提出质量异议，以便出卖人尽早采取救济措施解决质量问题，防止时日久远证据灭失，纠纷持续，社会关系长期处于不稳定状态。”从中可见，最高人民法院确认了通知义务的上述三项功能。这些功能主要是为了保护出卖人的利益，在确定期限的长度时需要考虑买卖双方当事人之间的利益平衡。

三、区分检验所需时间和通知所需时间

依据《民法典》第620条，买受人收到标的物时应当在约定的检验期限内进行检验。本条第1款第1句又规定，当事人约定检验期限的，买受人应当在检验期限内将标的物的数量或者质量不符合约定的情况通知出卖人。这意味着，“检验期限”内买受人应当开展的行动不是只有检验，而是检验和通知。这样一来，“检验期限”便有“名实不符”之嫌。当事人在合同中约定所谓“检验期”“验收期”的时候，可能只考虑到检验所需要的时间，而未考虑提出异议所需要的时间。当事人为检验行为约定的时间可能被人民法院认定为买受人实施检验和通知两项活动的总时长。这意味着，买受人可能需要在检验标的物、发现瑕疵之后立即提出异议，其可能没有时间思考和权衡，也没有时间就瑕疵的法律后果进行咨询。

在德国法上，对检验的时间要求是不迟延，但瑕疵未必在检验的过程中显现；事后出现的瑕疵即使超出检验期限才被发现，也不影响买受人采取通

① Vgl. Boujong/Ebenroth/Joost (Hrgs.), Handelsgesetzbuch, Band 2., München: 2001, S. 478.

② 参见武腾：《买卖标的物不适约研究》，中国政法大学出版社2017年版，第280页。

③ 参见最高人民法院（2019）最高法民终38号民事判决书。

知的行动。通知是在瑕疵显现之后才能采取的，其时间要求也是不迟延。很清楚的是，在德国法上检验和通知不能被理解为一个阶段，而是两个可以分离的阶段；德国法上也没有提供一个检验、通知总的时间要求，而是分别对检验和通知提出不迟延的时间要求。[①]《联合国国际货物销售合同公约》第38条和第39条也明确区分了检验期限和通知期限，两者起算点不同，时间要求也不同。《联合国国际货物销售合同公约》咨询委员会[②]第2号意见认为："除非不适约无需货物检验便清楚明白，在物的交付后可供通知作出的总时间由两个独立的期限组成：第38条中物的检验期限和第39条中的通知期限。按照公约要求，即使案件的事实允许它们被合并成一个通知作出期限，这两个期限也应被区分并且保持独立（keep separate）。"[③]在适用《联合国国际货物销售合同公约》时，检验期限和通知期限相区分的立场得到法院的支持。以德国最高法院1999年有关造纸机上压榨设备的一件著名判决为例。在该案中，德国最高法院推导出3周的检验期限。在3周后，通知期限才开始起算。法院认定通知期限应当为4周，再加上3周的检验期限，买受人的检验、通知总期限是7周。在该案中，法院将4周的通知期限描述为"循常的"（regelmässig）。[④]一些学者主张合理通知期限应该以"慷慨的一个月"（Grosszügiger Monat; noble month）为大致基准。[⑤]

我国的制度安排却与前述立法例不同。《民法典》第620条规定："买受人收到标的物时应当在约定的检验期限内检验。没有约定检验期限的，应当及时检验。"该条确立了约定检验期限内的检验义务，以及检验原则上应当及时

---

① 尽管德国最高法院并不总是（nicht immer）区分检验和通知期限，不过这样的意见往往与极短的期限要求相结合。Vgl. Boujong/Ebenroth/Joost (Hrgs.), Handelsgesetzbuch, Band 2., München: 2001, §377 Rn.73.

② CISG咨询委员会（CISG Advisory Council）是一个2001年由学者自发建立的非官方组织，该组织发表的意见已被越来越多学者乃至法院所引用。See Joshua D.H. Karton, Lorraine de Germiny, Has the CISG Advisory Council come of Age? 27 Berkeley J. Int'l L. 448 (2009).

③ Ingeborg Schwenzer, National Preconceptions that Endanger Uniformity, 19 Pace Int'l L. Rev. 120 (2007).

④ Vgl. Boujong/Ebenroth/Joost (Hrgs.), Handelsgesetzbuch, Band 2., München: 2001, S. 494.

⑤ 参见武腾：《通往"合理期间"之路——基于"慷慨的一个月"大致基准和有关"不利益"的政策根据》，载《现代法学》2014年第1期。

的要求。而本条第1款第1句规定，当事人约定检验期限的，买受人应当在检验期限内将标的物的数量或者质量瑕疵通知出卖人。这一款将检验期限内买受人应当开展的行动从检验一项扩展到检验和通知两项，从而使通知期限被合并、吸收到约定的检验期限之中。接下来，本条第2款第1句还规定，如果没有约定检验期限，买受人应当在发现或者应当发现瑕疵的合理期限内通知出卖人。这又意味着确定通知期限原则上应当是"合理性"要求，而非"及时性"要求。于是问题出现了：如果依据《民法典》第620条规定，那么检验期限应当是一个尽可能及时、迅速的阶段；如果依据本条第1款第1句，在约定的检验期限内，买受人除了检验，还应当将质量瑕疵、数量瑕疵通知出卖人，那就意味着，买受人必须在检验之后"立即"作出通知，否则便可能无法在一个及时、迅速的阶段内完成检验和通知两项行动，进而可能根据本条第1款第2句，丧失全部合同救济。然而，这种"及时检验之后立即、马上"的通知时间可能无法满足本条第2款的"合理性"要求。换句话说，在约定的检验期限吸收通知期限之后，检验期限原则上"及时、尽快"的标准与通知期限原则上"合理性"的要求便存在内在紧张关系。

笔者认为，应当区分检验所需要的时间和通知所需要的时间。检验所需要的时间是指通过观察、技术检测、使用等途径发现瑕疵所需要的时间。通知所需要的时间是指在发现瑕疵之后，进行报告、咨询、评估、草拟文件等活动所需要的时间。瑕疵越隐蔽，越需要较长的检验时间；合同中的权利义务和企业组织结构越复杂，越需要较长的通知时间。当事人在起草买卖合同等文件时应当慎用"检验期限"这一术语，且应直接约定买受人最晚作出通知的时间，在约定这样的时间时，买受人应考虑到自身检验标的物所需花费的时间和在发现瑕疵后进行评估、咨询所需要的时间。

四、合理期限的确定方法

本条有关"合理期限"的规定主要继受自《联合国国际货物销售合同公约》第39条。该公约第39条第1款规定，买方对货物不符合同，必须在发现或者理应发现不符情形后的一段合理时间内通知卖方，说明不符合同情形的性质，否则就丧失声称货物不符合同的权利。在起草该公约的过程中，通知条款暴露出工业化国家和发展中国家的利益冲突，成为极具争议的条款之一。[①]经过反复讨论，《联合国国际货物销售合同公约》对买受人通知时间的要求，从“迅速地”（promptly）改为“合理期限内”（within a reasonable time）。另外，《联合国国际货物销售合同公约》第44条规定：“尽管有第三十九条第（1）款和第四十三条第（1）款的规定，买方如果对他未发出所需的通知具备合理的理由，仍可按照第五十条规定减低价格，或要求利润损失以外的损害赔偿。”将《联合国国际货物销售合同公约》第38条、第39条与第44条结合来看，公约“更加接近那些国内法规定了合理期限内的通知义务的法律体系，而不是那些完全没有规定通知要求或者规定了非常严格的通知期限的法律体系”。[②]在德国法上，法院延展了本国司法实践中一度盛行的两周乃至短暂几日的通知期限，将其延展为“慷慨的一个月”。[③]国际立法经验告诉我们，在界定“合理期限”时不能采取严苛的方案；将一个月到数个月的通知时间压缩到几天甚至几个小时之内，从而要求买受人在检验之后“立即、马上”作出通知，会破坏买受人和出卖人之间的利益平衡。

“合理期限”是一个不确定概念，司法机关有较大的自由裁量权。在《民法典》通过之前，《买卖合同解释》以尽可能详尽的方式罗列出法院应当考量的因素。《买卖合同解释》第17条第1款规定，人民法院具体认定《合同法》第158条第2款规定的“合理期间”时，应当“综合当事人之间的交易性质、交易目的、交易方式、交易习惯、标的物的种类、数量、性质、安装和使用情况、瑕疵的性质、买受人应尽的合理注意义务、检验方法和难易程度、买受人或者检验人员所处的具体环境、自身技能以及其他合理因素，依据诚实信用原则进行判断”。尽管《民法典》未吸收该规定，但该规定与本条的规范目的相契合，最高人民法院在制定民法典相关司法解释时仍可予以借鉴。

结合国内外司法实践，基于买卖双方利益平衡的立场，笔者认为，“合理期限”应当是一个较为宽裕的时间段，如1个月到4个月。这是一个参考范围，法院可以结合具体案情进行缩短和延长，但是如果法院决定的“合理期限”

---

① See Ingeborg Schwenzer, National Preconceptions that Endanger Uniformity, 19 Pace Int'l L. Rev. 107-109 (2007).

② Ingeborg Schwenzer, National Preconceptions that Endanger Uniformity, 19 Pace Int'l L. Rev. 109 (2007).

③ 参见武腾：《买卖标的物不适约研究》，中国政法大学出版社2017年版，第284页。

短于1个月，尤其是缩短到一周甚至三五天以内，那么必须结合具体案情详陈其合理性所在；最常见的理由可能是标的物容易腐败或者变质。如果法院认为合理期限应达半年甚至1年以上，那么也应当结合具体案情详细地说明合理性基础。如果1个月到4个月的标准起到软约束的作用，那就可以在一定程度上避免各地裁判结果差异过大。在确定“合理期限”时需注重以下几个要点：

1. 需要考虑的因素主要包括标的物性质、瑕疵的性质、合同目的以及交易习惯。食品、鲜花等容易腐败、凋零的标的物与耐消耗的机器设备不应当同等对待。一般来说，容易腐败、变质的标的物，不仅应在较短的时间内检验，也应当在较短的时间内通知。一般情况下，合理期限确定的宽严度与标的物腐败、变质的难易程度有正相关关系。

2. 应准确界定合理期限的起算点。只有在可行的检验期限经过后，才可以计算“合理期限”。在“金沃公司等与设计公司等买卖合同纠纷案”中，[①] 人民法院认为：“鉴于本案货物为大型精密设备，必须由专门检验机构检验才能确定是否存在质量问题。……设计公司在收到货物后一个半月委托检验，并未超出合理期间的范围。”其实在该案中，检验期限是一个半月左右；在此期限经过之后，通知的合理期限才开始起算。本条第2款第1句规定得十分清楚：“买受人应当在发现或者应当发现标的物的数量或者质量不符合约定的合理期限内通知出卖人。”只有先经过一个半月，买受人才能“发现或者应当发现”瑕疵；从此时起，才能计算“1个月到4个月”的合理期限。外观瑕疵的检验所需时间较短，所以“合理期限”的起算点较早；隐蔽瑕疵的检验所需时间较长，所以“合理期限”的起算点较晚。总之，瑕疵越难被发现，“合理期限”的起算点越晚。

3. 应防止陷入“截止到标的物使用之前”的误区。有意见认为：“消费者在使用该产品时发现瑕疵然后提出异议，在绝大多数情况下是合理的，而如果经营者在对生产资料进行使用后才发现并提出异议，在多数情况下会被认定为超过了合理期间。”[②] 这种认识恐怕存在误区。《民法典》并没有规定检验

---

① 参见广东省高级人民法院（2016）粤民终300号民事判决书。

② 参见最高人民法院民事审判第二庭编著：《最高人民法院关于买卖合同司法解释理解与适用》，人民法院出版社2012年版，第320—321页。

必须在使用标的物之前进行；有些场合恰恰只有在使用过程中才能发现标的物的隐蔽瑕疵（如复杂机械设备需要试用一段时间）。只要买受人对标的物的检验是及时的，通知时间也是合理的，那么即使标的物已经实际使用也不应影响其救济主张。如果使用该标的物导致损失不合理扩大，那么最多影响买受人就损失扩大部分的救济主张，而不应导致买受人丧失全部合同救济。

五、质量保证期的功能和效果

（一）质量保证期的继受和本土化

本条第2款中的“二年”最长期限、“质量保证期”都继受自《联合国国际货物销售合同公约》第39条第2款，后者中的“保证期”并非旨在保护消费者利益的质量保证期。我国法在继受时进行了本土化改造，“质量保证期”主要适用于消费者买卖。

《联合国国际货物销售合同公约》第39条第1款规定，买受人如果没有在发现或者应当发现不适约的合理期限内向出卖人通知并说明（specify）不适约的性质，那么其将失去依赖（rely on）物的不适约的权利。第2款规定，在任何情况下，如果买受人没有在实际交付货物起2年内向出卖人作出通知，其将失去依赖不适约的权利，除非该期限（time-limit）与合同上的保证期不符。依据该条第1款，不适约的通知期限是一个合理期限，但是该合理期限的长度应当有所限制，于是第2款规定了一个最长2年的时间限制。该期限是一个绝对的期限，不能中止或者中断。[①]但是，如果该2年期限与合同上的保证期（contractual period of guarantee）不符，将不再适用2年期限。也就是说，2年的最长期限可以通过保证期予以延长或者缩短。[②]实际上，只要是改变最长期限的约定期限，从性质和功能上看就属于《联合国国际货物销售合同公约》上的合同保证期，而不一定涉及标的物品质的有效期。比如，当事人约定，出卖人只在买受人于交付后90日内通知时才对瑕疵负责，那么这就是对最长

① See Peter Schlechtriem & Ingeborg Schwenzer eds., Commentary on the UN Convention on the international sale of goods, New York: Oxford University Press, 2005, p.471.

② See Peter Schlechtriem & Ingeborg Schwenzer eds., Commentary on the UN Convention on the international sale of goods, New York: Oxford University Press, 2005, p.471.

期限的缩短。[①]该约定中没有“标的物质量有效期是90天”这层意思：实际上该标的物的有效期很可能超过90日，也可能不足90日。超出合同保证期，买受人将不能主张瑕疵救济。

在我国，相当于《联合国国际货物销售合同公约》中的“合同保证期”的是商事合同中“约定的检验期限”，因为约定的检验期限实际上是检验和通知两项活动的总时间，其也是不可变期限。该约定的检验期限实际上起到缩短2年最长期限的作用。

本条第2款第2句的但书规定：“对标的物有质量保证期的，适用质量保证期，不适用该二年的规定。”表面上看，该规定与《联合国国际货物销售合同公约》第39条没有差异，而实际上两者在保证期规定上有一个明显区别，即《民法典》未采用《联合国国际货物销售合同公约》的合同保证期（contractual period of guarantee），而采用了“标的物的质量保证期”，重心从“合同”上转移到“标的物”上，又加入了“质量”的要素。这样一来，在适用本条时便不可避免地与社会上广泛存在的保质期、保修期、三包期等产生联系。司法实践中，在同时存在质量保证期和约定的检验期限时，对于最长时限就可能存在“双重干涉”的问题，[②]需要辨析两者之间的适用关系。

（二）质量保证期的类型

要辨明“约定的检验期限”“合理通知期限”和“质量保证期”之间的关系，就必须阐明“质量保证期”的本质。质量保证期既包括法定的质量保证期，也包括当事人约定的质量保证期。法定质量保证期类型很多，包括食品的保质期、药品的有效期、建筑工程的保修期以及以家用汽车等消费品为主要对象[③]的三包有效期等。

---

① See Peter Schlechtriem & Ingeborg Schwenzer eds., Commentary on the UN Convention on the international sale of goods, New York: Oxford University Press, 2005, pp.471–472.

② 相关案例分析，参见武腾：《合同法上难以承受之混乱：围绕检验期间》，载《法律科学》（西北政法大学学报）2013年第5期。

③ 一些机械产品也存在修理、更换和退货的规定。如《农业机械产品修理、更换、退货责任规定》旨在保护农业机械产品用户的合法权益。考虑到我国农业机械产品的大多数用户是从事家庭承包经营的农民，其地位与消费者而非商事主体类似。

依据《食品安全法》第150条规定，食品保质期，指食品在标明的贮存条件下保持品质的期限。根据该法第34条，禁止生产经营超过保质期的食品，否则依照该法第124条承担法律责任。药品的有效期，是指药品在规定的储藏条件下能保持其质量的期限。根据《药品管理法》第98条第2款，超过有效期的药品，为劣药。禁止生产（包括配制）、销售、使用劣药，否则按照该法第117条及以下规定承担相应的行政法律责任乃至刑事法律责任。

关于建筑工程的保修期，《建筑法》第62条第2款规定，保修的期限应当按照保证建筑物合理寿命年限内正常使用，维护使用者合法权益的原则确定。《建设工程质量管理条例》第40条规定："在正常使用条件下，建设工程的最低保修期限为：（一）基础设施工程、房屋建筑的地基基础工程和主体结构工程，为设计文件规定的该工程的合理使用年限；（二）屋面防水工程、有防水要求的卫生间、房间和外墙面的防渗漏，为5年；（三）供热与供冷系统，为2个采暖期、供冷期；（四）电气管线、给排水管道、设备安装和装修工程，为2年。其他项目的保修期限由发包方与承包方约定。建设工程的保修期，自竣工验收合格之日起计算。"

至于以家用消费品为主的"三包"期限，曾有部门规章进行具体规定。举例而言，在《部分商品修理、更换、退货责任规定》中附有《实施三包的部分商品目录》，在目录中规定的指标是履行三包规定的最基本要求，如电视机、家用电冰箱、洗衣机等整机1年，主要部件3年；自行车整车1年，主要部件2年；等等。根据该规定第5条，销售者不能保证实施三包规定的，不得销售目录所列产品。该规定尽管只具有部门规章的法律效力，但鉴于由国家质检部门、财政部等共同发布并负责实施，在实践中具有很强的拘束力。三包制度作为我国有特色的行政执法部门主导的消费者保护制度，多年来一直被继承，并发挥重要作用。较近的三包规定是2013年施行的《家用汽车产品修理、更换、退货责任规定》。

总之，无论是从语义上，还是从日常生活中的经验来看，食品的保质期、药品的有效期、建设工程的保修期、家用消费品的"三包"期等很难说不属于质量保证期，因为一旦超过了该期限，商品的品质便往往不再有所保障，这正是物的质量保证期的核心内涵。因此，这些期限是质量保证期的主要类型。

在国家未对质量保证期作强制性规定的领域，如果合同当事人围绕机械、设备等标的物约定了在一定期限内保证一定品质的期限，那么也属于质量保证期。此为约定的质量保证期。

（三）质量保证期和合理期限可同时适用

如后文所述，质量保证期限和约定的检验期限都能限制最长通知时间。只不过，约定的检验期限一般时间较短，如3个月，此时合理通知期限没有用武之地（但约定的检验期限过短的除外）。质量保证期往往较长，如3年，甚至5年，此时合理通知期限仍应一并适用。在“诺奇公司诉高龙公司买卖合同纠纷案”中，[①]最高人民法院认为：“因合理期间与质保期具有不同的法律性质，所以诺奇公司主张应将约定的两年质保期作为其提出异议的合理期间，缺乏法律依据。自2011年10月7日诺奇公司收到第一批产品后，诺奇公司并未在合理期间内就涉诉产品压缩强度等质量参数提出异议，所以现诺奇公司对涉诉产品压缩强度等提出异议，不能成立。”在该案中，尽管当事人约定了2年的质保期，但是最高人民法院认为有关“压缩强度等质量参数”应在合理期限内通知，并且明确指出质保期与通知的合理期限性质不同，该立场值得赞同。不过，在“海平面公司与天立公司买卖合同纠纷案”中，[②]最高人民法院又认为：“本案双方当事人签订的合同未约定货物检验期间，但约定了一年的质量保证期。……故本案中买受人海平面公司通知出卖人天立公司货物检验不合格的‘合理期间’应为一年质量保证期。”本案中，法院认为在当事人未约定检验期限时，应当在该质量保证期内提出质量异议，与前一案件中的立场似乎有所不同。鉴于本案中的质量保证期仅为1年，如果货物较为复杂、瑕疵较为隐蔽，那么合理期限与检验期限相加也可能达到1年的长度（参见前文“合理期限的确定方法”），尚不能说本案中的1年期限就是不合理的。不过仍需强调的是，较长的质量保证期原则上不能等同于合理期限，如果买受人在收到标的物之后7日内便发现瑕疵，不能等到1年之后再通知。

按照对《联合国国际货物销售合同公约》的评论，存在合同保证期时，瑕疵通知仍须在买受人知道或者应当知道瑕疵的合理期限内作出，而不能

---

① 参见最高人民法院（2015）民申字第3457号民事判决书。

② 参见最高人民法院（2014）民二终字第27号民事判决书。

认为买受人可以一直等到保证期结束再通知。质言之，在没有当事人相反约定的情况下，《联合国国际货物销售合同公约》第39条第1款仍适用。[①]比如，出卖人作出如下保证：只有买受人自收货起1年内作出通知，出卖人才对质量、数量不符合要求的情形负责。这并不意味着，当买受人于收货后7日内发现质量问题，可以一直等到该1年保证期的最后一天才作出通知。在商事买卖中，合理期限内的违约通知义务一直约束着买受人，除非存在相反约定。

（四）质量保证期与约定的检验期限原则上择一适用

如果同时约定了6个月检验期限和3年质量保证期，那么应当如何处理呢？为解决这个问题，必须区分交易类型。

1.在消费者买卖中，应当适用质量保证期，而不适用约定的检验期限（实践中也少见约定的检验期限）。在我国，质量保证期主要是以家用消费品为主的三包有效期、建筑工程的保修期、食品的保质期以及药品的有效期等，大多不是买卖合同中意思自治的产物，而是法律、行政法规以及部门规章等规范性文件基于保护消费者、农业机械使用者、建筑工程使用者，保障公众身体健康和生命安全以及用药安全等作出的强制性规定或者半强制性规定，这部分质量保证期的适用对象大多是消费者或者接近消费者的使用主体。[②]尽管《民法典》第620条和第621条并没有将消费者买卖的情形排除在检验义务和通知义务之外，但从立法目的的角度来解释，检验义务和通知义务主要适用于商事买卖。[③]从比较法的角度来解释，德国法上对于商行为的买卖，适用《德国商法典》第377条的不迟延检验义务和不迟延通知义务，对于消费者买卖则并无此条款的适用余地。在《联合国国际货物销售合同公约》中，该公约第2条在适用范围中明确将“供个人、家人或者家庭使用的物”的买卖排除在外，除非

---

① See Peter Schlechtriem & Ingeborg Schwenzer eds., Commentary on the UN Convention on the international sale of goods, New York: Oxford University Press, 2005, p.472.

② 比如，农业机械产品的使用者大多数为家庭承包经营户。

③ 在《合同法》制定时主要参照的是国际商事贸易规则以及《工矿产品购销合同条例》（已失效）中的相关规则。参见全国人民代表大会常务委员会法制工作委员会编：《中华人民共和国合同法释义》，法律出版社1999年版，第238—241页。

出卖人在合同缔结前的任何时候或者缔结时，都不知道或者不应当知道货物被供于上述用途。在学者看来，将消费者买卖排除于公约之外对于其规则适用来说，是最明确和安全的解决方法。[①]《民法典》第620条和第621条主要借鉴了国际商事法中的相关规则，并没有为保护消费者作出任何特殊安排。因此，即使《民法典》未将消费者买卖明确排除在这两条适用范围之外，通过优先适用质量保证期，也能达到类似的效果。换言之，只要是消费者买卖，就应当适用质量保证期，从而排除约定的检验期限适用。

在适用质量保证期时，究竟是将该期限的最后一天认定为通知的最后一天，还是允许作适当延长？法律、行政法规规定的强制性、半强制性（如三包期限，只可以朝着有利于消费者的方向延长）质量保证期往往只是与物的特性或者在一定时期的效用维持有关，而不包含这样的合意："买受人只能在该期限内作出通知"。在这种情况下，假设在质量保证期的最后一刻瑕疵才出现，通知必须在哪个日期作出呢？是仍旧必须在质量保证期结束之前被出卖人收到，还是买受人可以被给予一段额外时间，即使适当超出质量保证期的最后时刻，仍可以作出通知呢？恐怕应该是后者。关于标的物特殊品质得以维持的保证，只是保证该标的物在质量保证期的最后一刻仍然具有被保证的性质，而不包含"最长通知期限"的意思表示。一个仅仅保证机器的使用期（consumption）为1年的约定，并不意味着1年之后买受人不可以提出异议。[②]这很容易被理解：最长通知时间肯定要适当超过单纯的质量保证期，否则在质量保证期最后一刻出现的质量问题便无法得到救济。

2.如果购买商品的买受人只是进行转售的中间商，而商品包装上带有适用于消费者的质量保证期，那么对于转售的中间商来说，只适用约定的检验期限；质量保证期与其无关。在商事买卖合同中，当事人之间并不存在"转售商应在该质量保证期内作出通知"的合意，换言之，这种质量保证期对于转售商没有效力。在这种场合只能适用当事人之间约定的检验期。例如，甲

① See John O. Honnold & Harry M. Flechtner, Uniform Law for International Sales under the 1980 United Nations Convention, 4th ed., The Netherlands: Kluwer Law International, 2009, p.49.

② See Peter Schlechtriem & Ingeborg Schwenzer eds., Commentary on the UN Convention on the international sale of goods, New York: Oxford University Press, 2005, p.472.

是某奶制品的制造商和销售商，乙是超市经营者，丙是消费者，该奶制品的保质期为6个月。甲和乙之间约定，乙在收到标的物后3个月内将瑕疵通知，否则视为标的物符合质量要求。在正常的市场条件下，乙不仅有机会自行检验标的物的外观，而且在3个月内至少会将部分奶制品销售，有足够的机会发现瑕疵；如果乙在超过3个月之后通知，那便超出通知期限。3个月期限经过后，即使消费者仍可以向乙主张违约责任，乙也不可向甲主张违约责任；为避免这种情况出现，乙只能要求甲向自己作出保证，即甲保证对保质期内的产品质量问题向乙负责。在乙与丙之间，实践中不可能作出类似检验期限的约定；即使作出这种约定，也应优先适用质量保证期，即只要丙在保质期内或者保质期经过后立即通知乙，乙就必须对商品质量瑕疵负责。

3. 在商事买卖主体间，既约定了质量保证期又约定了检验期限的，必须在约定的检验期限和质量保证期之间择一适用。司法实践中逐渐出现的一种立场是：如果商事买受人自身就是商品的最终使用者，那么即使其并非“为生活消费需要”而购买，也类比于消费者，优先适用质量保证期，将其作为最长期限的参照。比如，在“大丰建安公司、东方汽轮机公司买卖合同纠纷案”中，当事人约定了5年的质保期以及相应的质保金，最高人民法院基本认可该5年质保期是最长通知期限。[①]又如，在“江苏某造纸机械有限公司与某重机有限公司、原审第三人印度某浆纸公司承揽合同纠纷案”中，[②]江苏省高级人民法院认为，综合考虑涉案合同的约定、合同履行情况，某重机有限公司提出质量异议的合理期间应确定为收到真空托辊后12个月。主要理由是：一是当事人之间约定质量保证期为12个月。二是从合同履行情况来看，某重机有能力在收到真空托辊后的12个月内提出质量异议。三是合同约定某造纸机械有限公司应向某重机提供1年期银行保函，作为质量保证金。可见，即使

---

① 最高人民法院指出：“根据《买卖合同》第9.6条，风电机组在取得预验收证书后进入质量保证期，质量保证期5年。本案质保期自2012年11月6日开始，截至2017年11月6日。在此期间，大丰建安公司并未提出质量异议并通知东方汽轮机公司，根据《中华人民共和国合同法》第一百五十八条的规定，应视为标的物质量符合约定。在质保期届满后，大丰建安公司应按双方约定在2017年底将该1822.2万元支付给东方汽轮机公司。”参见最高人民法院（2019）最高法民终185号民事判决书。

② 参见江苏省高级人民法院（2014）苏商外终字第0039号民事判决书。

是商事买受人，其作为产品的终端使用者，也受到类似于消费者的对待。[①]唯须指出的是，虽然质量保证期优先于约定的检验期限，但是商事买受人仍然必须在发现或者应当发现瑕疵的合理期限内通知。

在另一些案例中，法院区分了外观瑕疵和隐蔽瑕疵，将质量保证期作为隐蔽瑕疵的最长通知期限；将约定的（往往较短）的检验期限作为外观瑕疵的最长通知期限。比如，在“友华公司与金光桥公司等买卖合同纠纷上诉案”中，[②]北京市一中院认为，由于双方约定的检验期间较短，故友华公司应当在收货后3日内向金光桥公司提出产品外观瑕疵的异议，对于产品的隐蔽瑕疵，最迟应于检验期满后1年内提出。在该案中，当事人约定了1年质保期。值得赞同的是，如果是外观瑕疵，那便与质量保证期无关，对外观瑕疵仍应适用约定的检验期条款。

综上所述，在大多数交易中，质量保证期和约定的检验期只能择一适用。只有在商事买受人是标的物的最终使用者时，约定的检验期限可能与质量保证期限同时适用，即前者是外观瑕疵的最长通知期限，后者是隐蔽瑕疵的最长通知期限；较长的质量保证期应与合理通知期限一并适用，后者并不能简单等同于前者。

六、违反通知义务的效果

在德国法上，依据《德国商法典》第377条第2款，买受人怠于通知的，视为物被认可（genehmigt），但在检验时不能识别的瑕疵不在此限。该条第3款规定，一项前述的瑕疵事后显现的，通知必须在发现瑕疵之后不迟延地作出；否则，也视为物被认可。如果买受人不作出或者怠于作出通知，按照第377条第2款和第3款第2句，法律后果是“认可的拟制”（Genehmigungsfiktion），即拟制为物被买受人认可，则买受人将失去所有的救济权利，包括后续履行请求权、解除权、减价权以及依据《德国民法典》第478条第2款享有的费用偿还请求权。[③]

在我国法上，违反通知义务的法律效果有不同解释方案，可谓众说纷纭。主要学说包括除斥期间说、诉讼时效说、或有期间说、权利失效期间说、独

---

① 《消费者权益保护法》第2条规定：“消费者为生活消费需要购买、使用商品或者接受服务，其权益受本法保护；本法未作规定的，受其他有关法律、法规保护。”该条规定对于消费者的范围限定较窄。

② 参见北京市第一中级人民法院（2018）京01民终391号民事判决书。

③ Vgl. Canaris, Handelsrecht, 24 Aufl. München: 2006, S. 448.

立期间说、抗辩权说。

（一）诉讼时效说

诉讼时效说在《合同法》通过之后便产生。最高人民法院经济审判庭编著的《合同法解释与适用》中阐述道："《民法通则》第136条第2项的规定与《合同法》第158条不相一致，根据特别法优于普通法，后法优于前法的法律适用原则，不再适用于买卖合同。"[①]《民法通则》第136条第2项规定，出售质量不合格的商品未声明的，诉讼时效期间为1年。[②]由此可发现，最高人民法院的一些同志认为通知期间属于特殊的诉讼时效。为防止将质量异议期认定为除斥期间对当事人利益影响过重，有学者早期也认为其基本上是特殊的诉讼时效。[③]

（二）除斥期间说

有学者在20世纪90年代初介绍瑕疵担保责任时指出，质量异议期在性质上为除斥期间。[④]有学者借鉴有关《联合国国际货物销售合同公约》第39条第2款的评论意见，认其为除斥期间（Ausschlussfrist）。[⑤]据学者考察，德国绝大多数资料在描述除斥期间客体时，都完整描述一个广泛的除斥期间适用对象，即不仅包括形成权，还包括请求权、物权等各类权利。[⑥]将异议期间界定为除斥期间主要是以适用范围较广的除斥期间制度为基础。反对除斥期间说的学者认为，应区分除斥期间和物权、债权、知识产权等权利消灭期间，"没有必要硬将它们捆绑在一起分析"，故除斥期间与异议期间的适用对象和性质应予以区分。[⑦]

---

① 最高人民法院经济审判庭编著：《合同法解释与适用》（上册），新华出版社1999年版，第734页。

② 《民法通则》第136条规定："下列的诉讼时效期间为一年：（一）身体受到伤害要求赔偿的；（二）出售质量不合格的商品未声明的；（三）延付或者拒付租金的；（四）寄存财物被丢失或者损毁的。"

③ 参见王轶：《买卖合同中买受人的及时检验义务》，载王利明主编：《判解研究》（2001年第1辑），人民法院出版社2001年版，第109—117页。

④ 参见梁慧星：《论出卖人的瑕疵担保责任》，载《比较法研究》1991年第3期。

⑤ 参见韩世远：《租赁标的瑕疵与合同救济》，载《中国法学》2011年第5期。

⑥ 参见耿林：《论除斥期间》，载《中外法学》2016年第3期。

⑦ 参见崔建远：《论检验期间》，载《现代法学》2018年第4期。

（三）权利失效期间说

有学者认为异议期间既不同于诉讼时效，也不属于除斥期间，而是“权利失效期间”。[①]不过，权利失效期间说的支持者在后期修正观点，认为“检验期间的对象为不真正义务，而权利失效的对象为真正的民事权利”。[②]

（四）或有期间说

或有期间是决定当事人能否获得特定类型请求权、形成权等权利的期间。一旦当事人在或有期间内依据法律的规定或者当事人之间的约定为意定的行为，其即可获得相应类型的请求权、形成权等权利。提出或有期间说的学者希望以或有期间这一工具来解释保证期间、买受人的异议期间。[③]质疑该说的学者认为，该概念可能存在特称命题列举不穷尽，定义存在内涵不清、外延不当等问题。[④]

（五）抗辩权说

抗辩权说可以在《买卖合同解释》第20条第2款中找到相应支持。《买卖合同解释》第20条规定：“合同法第一百五十八条规定的检验期间、合理期间、两年期间经过后，买受人主张标的物的数量或者质量不符合约定的，人民法院不予支持。出卖人自愿承担违约责任后，又以上述期间经过为由翻悔的，人民法院不予支持。”只有将其解释为抗辩权成立事由，才能在逻辑上无障碍。因为既然在法律上标的物质量和数量是符合约定的，那么出卖人所谓的自愿承担违约责任便是非债清偿，自然享有不当得利返还请求权。只能认为出卖人享有的是一项抗辩权，出卖人自认标的存在质量或者数量不符合合同要求并自愿承担违约责任的，系放弃抗辩权，不得事后反悔并主张抗辩权，否则其行为构成自相矛盾。笔者倾向于赞同《买卖合同解释》第20条第2款的立场。

1.“视为”在我国《民法典》中并非总是法律拟制的表现形式，在合同编中“视为”尤其不能一概理解为法律拟制，而应具体情况具体分析。比如，

---

① 参见崔建远等编著：《民法总论》（第三版），清华大学出版社2010年版，第217—219页。

② 崔建远：《论检验期间》，载《现代法学》2018年第4期。

③ 参见王轶：《民法总则之期间立法研究》，载《法学家》2016年第5期。

④ 参见冯珏：《或有期间概念之质疑》，载《法商研究》2017年第3期。

《民法典》第503条规定："无权代理人以被代理人的名义订立合同，被代理人已经开始履行合同义务或者接受相对人履行的，视为对合同的追认。"此处的"视为"并非拟制，该条规定实际上从被代理人的行为中推断出其对合同已"默示"追认。又如，《民法典》第517条第2款规定："按份债权人或者按份债务人的份额难以确定的，视为份额相同。"该款规定实际上是在用尽各种确定方法后，仍不能确定份额时采用的公平解决方案。《民法典》第519条第1款、第521条第1款有关连带债务和连带债权的规定也存在类似情况。在这些规定中，法律尊重了当事人的意思。比如，如果被代理人开始履行合同义务是因为受到代理人的欺诈，进而错误地认为该义务是法定义务，那便不能认为是对合同的追认；又如，如果按份债权人或者按份债务人就份额达成协议，那便不适用《民法典》第517条第2款。对于本条中通知义务违反的后果，也不能简单地从文义出发解释。笔者认为，买受人怠于通知的，出卖人享有一项抗辩权。合理期限的经过是该抗辩权成立的要件。在诉讼过程中，只要该抗辩权成立，法院便应驳回买受人基于瑕疵的救济主张。不过，出卖人不主张该抗辩权的，法院不得依职权审查买受人是否怠于通知。

2.结合域外法来看，应注重平衡买卖双方当事人的利益，不宜采用十分严苛的法律效果。我国买卖法深受《联合国国际货物销售合同公约》的影响。该公约第44条规定，未能及时通知的买受人，如果对未能符合《联合国国际货物销售合同公约》第39条的要求有合理的理由，仍可以降低价格或者主张利润损失之外的损害。可见，根据该公约违反通知义务不会导致买受人的所有救济丧失；反之，只要买受人有合理理由，其仍可获得减价、损害赔偿的救济。《美国统一商法典》第二编在2003年通过一项修正案，该修正案第2—607第3款a项规定："如果给付被接受，买受人必须在其发现或者应当发现违约后的合理期限内通知出卖人，但是及时通知的失败仅在出卖人因此遭受不利（prejudiced）的范围内，排除买受人的救济。"[①]这显示出，美国法学界和实务界中有意见认为应当对通知规则严苛法律后果进行缓和，[②]从而对买卖双方在违约通知方面的

---

① American Law Institute & National Conference of Commissioners on Uniform State Laws eds., Uniform Commercial Code: official text and comments. Eagan, Minn.: Thomson/West, 2010, p.151.

② See John C. Reitz, Against Notice: A Proposal to Restrict the Notice of Claims Rule in U.C.C. §2-607 (3) (a), 73 Cornell L. Rev. 534 (1988).

利益进行重新平衡。[①]由于该修正案倾向于增加对消费者的保护，削减对出卖人的利益照顾，所以引发经济界的不满。[②]最终，该修正方案因未获得各州通过而被撤回。不过，该修正案经过长期讨论，曾为美国全国统一州法全国委员会和美国法律协会通过，仍是美国法中颇具代表性的意见。结合域外法来看，应注重平衡买卖双方的利益，不宜采用拟制这种严苛的法律效果。

在抗辩权说下，对于该期限的性质既不能定性为除斥期间，也不能定性为诉讼时效。因为该期限经过并不导致实体权利消灭，所以不构成除斥期间。该期限是一个绝对的时限，不能中止或者中断，[③]且并非只有在诉讼过程中才能行使，故与诉讼时效也不同。至于是否可以构造出新的典型期间，尚有待进一步研究。《民法典》中包含大量与合理期限有关的规定，未必都可以从典型期间的角度进行定性。比如，《民法典》第551条规定："债务人将债务的全部或者部分转移给第三人的，应当经债权人同意。债务人或者第三人可以催告债权人在合理期限内予以同意，债权人未作表示的，视为不同意。"该条规定的是债务承担须经债权人同意。在债务承担的合意由债务人和第三人达成之后，债权人在合理期限内未作表示的，对于债权人来说，债务承担不发生效力。第552条有关债务加入的规定也存在类似情况。又如，《民法典》第563条有关迟延履行后合理期限内仍未履行的规定，只与解除权的成立有关。总之，《民法典》中有关合理期限的规定中，合理期限经过之后会产生各种不同法律效果，虽然一般与法律关系的确定有关，但未必都需要、都适宜从典型期间的角度进行定性。

七、通知义务的免除

本条第3款规定："出卖人知道或者应当知道提供的标的物不符合约定的，买受人不受前两款规定的通知时间的限制。"这款规定是关于通知义务免除的规定。在出卖人知道或者应当知道标的物不符合约定时，出卖人不需要经由

---

① See Fred H. Miller, Uniform Commercial Code Article 2 on Sales of Goods and the Uniform Law Process: a True Story of Good v.? 11 Duq. Bus. L.J.143 (2009).

② See Linda J. Rusch, A History and Perspective of Revised Article 2: the Never-Ending Saga of a Search for Balance, 52 SMU L. Rev. 1683 (1999).

③ See Peter Schlechtriem & Ingeborg Schwenzer eds., Commentary on the UN Convention on the international sale of goods, New York: Oxford University Press, 2005, p.471.

买受人的通知来保护其利益（参见本条评注中“二、通知义务的功能”）。因而，买受人的通知是不必要的。

在司法实践中，对于本款规定的适用难点主要集中在“应当知道”的认定上。在“恒辉公司诉上骐公司定作合同纠纷案”中，[①]人民法院认为：“根据江苏科技中心的《技术鉴定报告》，恒辉公司向上骐公司交付的三台动力头存在多处明显质量问题，其中动力头的实测尺寸都偏大且无法修复。恒辉公司系专业从事旋挖钻机动力头及配件设计、制造、销售的公司，对其生产的产品存在明显瑕疵是明知或应当知道，故上骐公司对恒辉公司提供的三台动力头提出质量异议应不受通知时间的限制。”可见，在认定出卖人是否“应当知道”时，买受人是否是专门从事相关交易的主体、是否具有较丰富的经验是应当考虑的因素，不过，这也只有在“明显瑕疵”的场合才能适用。对于隐蔽瑕疵，即使是经验丰富的买受人也往往需要经过适当的检验或者实际使用才能发现瑕疵。

举证责任

在买受人主张出卖人交付的标的物在质量、数量、包装方式等方面不符合要求时，出卖人经常依据本条主张买受人未在约定的检验期限内通知，或者未在发现或者应当发现上述情况的合理期限内通知。出卖人主张的是一个消极事实，其仅需要向法院说明通知行为并未发生。法官形成临时心证后，买受人需要提供反证。此时，买受人对其在约定的检验期限内通知，或者在发现或者应当发现瑕疵后的合理期限内通知负有证明责任。买受人应提供其通过书面、口头等方式将瑕疵通知出卖人的证据。

如果买受人通知的时间超出了其自收到标的物之日起2年，那么买受人应当证明当事人在合同中约定了出卖人的保证期限超过2年，从而排除2年期限的适用。这种保证期限既可以是消费者合同中的标的物质量保证期，也可以是商事合同中当事人达成的如下合意：“只要商事买受人在保质期内通知，出卖人就对标的物瑕疵负责。”

如果买受人能够证明出卖人知道或者应当知道提供的标的物不符合约定，

---

① 参见江苏省高级人民法院（2017）苏民再371号民事判决书。

那么买受人不受本条有关通知义务的拘束。买受人在证明出卖人知道或者应当知道时，需要提供第三方向出卖人曾经发出投诉书等证据。

其他问题

本条规定不是我国法上存在独立的瑕疵担保责任的依据，[①]因为在合理期限内通知不是补正履行请求权、损害赔偿请求权的成立要件。这些救济的成立要件与迟延履行场合的救济没有差异。出卖人提供的标的物在质量、数量方面不符合要求的，买受人在主张出卖人应当承担违约责任时，不需要证明自己已经在合理期限内通知出卖人。只不过，在买受人成功证明请求权成立的要件事实时，出卖人享有一项买受人怠于通知的抗辩权，其对于买受人怠于通知的事实负有主张和证明责任。

第六百二十二条【约定的检验期限过短、法定质量保证期】

当事人约定的检验期限过短，根据标的物的性质和交易习惯，买受人在检验期限内难以完成全面检验的，该期限仅视为买受人对标的物的外观瑕疵提出异议的期限。

约定的检验期限或者质量保证期短于法律、行政法规规定期限的，应当以法律、行政法规规定的期限为准。

历史由来

本条规定在《合同法》中没有相对应的规定，是在借鉴《买卖合同解释》第18条[②]的基础上新增的规定。

---

① 在瑕疵担保责任是否与违约责任相独立这一问题上，通知义务是论辩双方的一个争论焦点。参见谢鸿飞：《合同法学的新发展》，中国社会科学出版社2014年版，第456—457页。

② 《买卖合同解释》第18条规定："约定的检验期间过短，依照标的物的性质和交易习惯，买受人在检验期间内难以完成全面检验的，人民法院应当认定该期间为买受人对外观瑕疵提出异议的期间，并根据本解释第十七条第一款的规定确定买受人对隐蔽瑕疵提出异议的合理期间。约定的检验期间或者质量保证期间短于法律、行政法规规定的检验期间或者质量保证期间的，人民法院应当以法律、行政法规规定的检验期间或者质量保证期间为准。"

规范目的或功能

本条第1款是为了缓解检验期限在吸收了通知期限之后时间总时长过短的问题，具有司法实践经验方面的基础。立法者对这种司法经验予以确认，形成本条第1款规定。本条第2款的规范意旨是，在面向消费者或类似于消费者的商品使用者的买卖合同中，最长通知期限不得短于法定质量保证期。法定质量保证期只存在于涉及食品、药品、建筑工程等特殊标的物的管理性法律、行政法规中，这些质量保证期是为了保护消费者、商品的使用者的利益以及保障相关经济秩序。

规范内容

一、区分外观瑕疵和隐蔽瑕疵

在解释和适用关于标的物检验的规定时，应当首先按照合同中约定的标准进行检验，判断标的物在质量、数量等方面是否符合合同要求；只有在没有约定的标准时才能按照通常标准进行检验。对于外观瑕疵和隐蔽瑕疵，原则上应区分检验的时间要求。外观瑕疵是指存在于标的物表面的品质属性，通过肉眼或者简单的检查即可发现；隐蔽瑕疵是存在于标的物内部的品质不足，需要经过特殊检测手段检测或者使用才能发现。[①]对于外观瑕疵，一般情况下当场或者在较短的时间内即可完成检验。[②]从源头上说，《工矿产品购销合同条例》（已失效）对于标的物的外观检验便作出专门规定，对于司法实践具有长期影响。该条例第15条规定的是“外观和品种、型号、规格、花色不符合同规定”。对标的物的外观进行检验，也可称之为“外观适约性检验”或“外观相符性检验”。

---

① 参见韩松等编著：《合同法学》（第二版），武汉大学出版社2014年版，第185页。

② 最高人民法院在“谦益公司、法利莱公司买卖合同纠纷案”中认为，由于标的物数量、型号、规格存在的瑕疵属于外观瑕疵，谦益公司在验收时对交付的产品型号已予确认，故不得再以型号不符要求退货。参见最高人民法院（2018）最高法民申5658号民事裁定书。

在《买卖合同解释》出台之前，我国司法实践中发现当事人普遍存在检验期限约定时间过短的现象。有的人民法院认为这些短暂的检验期限不仅适用于对外观的检验，还适用于对内在品质的检验。例如，在“万向公司与柳钢公司买卖合同纠纷案”中，[①]法院查明的事实是：买卖双方在《钢管供应合同书》中约定收货后7天提出书面异议，出卖人在10天内予以答复。2008年8月16日至19日，出卖人交付多种型号的钢管。2008年10月8日，买受人就其中一种型号钢管发函，声称钢管内部有裂纹。2008年12月30日，买卖双方达成处理协议，出卖人确认钢管材质问题，并同意将未使用的钢管退货。2009年2月20日，买受人就另一型号钢管发函，声称该型号钢管内部有裂纹。2009年2月23日，出卖人员工到现场确认有裂痕。在该案中，如果按照合同约定的7天提出书面异议，那么买受人两次发函显然均已经超出了异议期限。不过，出卖人自身并未坚持钢管的质量异议只在交付后7日内有效，而是一直配合买受人进行钢管质量的调查，甚至与买受人围绕部分钢管达成处理协议。双方产生纠纷后诉至法院。一审法院认为，当事人既然已经约定收货后就“产品外观、品种、型号、规格、材质、重量等方面”在7日内提出异议，便应当认定双方约定的检验期间为“收货后7日内”，根据《合同法》第157条和第158条，买受人直到2008年10月8日才提出质量异议要求，已经超出质量异议期，因此，应视为出卖人所交付的无缝钢管符合合同的质量约定。“而双方达成的处理协议，由于出卖人所交付的无缝钢管视为符合合同的质量约定，不属于出卖人违约，退货产生的运费应当由买受人承担。”买受人不服，提出上诉称：“双方当事人只是对钢材的外在质量作出约定，对钢材的内部裂纹异议期间没有约定，所以上诉人没有违反《合同法》上的‘合理期间内’规定。”合同中约定的7日只能是针对从钢管外部就能看出的质量状况，无法对内部有裂纹进行检验。二审法院对2008年10月8日作出的质量异议是否在合理期间内的问题未予回应，认为裂纹属于材质问题，2009年2月的质量异议已经是距“收货逾6个月”，超出双方约定的质量异议期，支持了一审的判决。

就上述案例来说，在短短几天内交付不同类型的数十吨钢管，在7天时间内可以将各种钢管的型号、吨数以及外观等查清，但对于内部的裂纹并不容

---

① 参见广西壮族自治区柳州市中级人民法院（2010）柳市民二终字第106号民事判决书。

易查清。也就是说，7天的检验期限即使从商事实践的可行性角度考虑也未必妥当。退一步讲，纵然认定该期限提供了检验的合理机会，通知时间也被压缩到极为短暂的地步，该7天期限显然未考虑通知所需要的评估、咨询等时间。在买受人2008年10月8日作出质量异议之后，双方已于2008年12月达成协议，确认了一批钢管存在材质问题。也就是说，异议期经过后出卖人仍然确认了质量问题的存在，并初步达成了处理协议。在这种情况下，基于诚信原则，也不应当支持出卖人有关买受人2008年10月8日质量异议超出合理期限的主张。然而，该案中的判决对7天检验期在实践中的可行性未予深究，对出卖人自相矛盾的行为未予处理，一个并无明显不当行为的买受人因为有争议的“迟延”（从2008年8月16日到10月8日不足2个月）丧失合同上的全部救济，而出卖人则获得了也许自己都未曾料到（从其积极配合处理质量问题可见其并非试图逃避质量违约的责任）的缺乏正当性的利益。

在《买卖合同解释》实施之后，上述情况有所改观。实践中，当事人在约定中已经注意区分外观瑕疵和隐蔽瑕疵的异议期限，如约定：“需方对供方交付产品的外观、标识、规格、数量的异议期限为产品交付当日，内在质量异议期为三个月。”[①]司法机关也倾向于将较短的检验期限认定为外观瑕疵的通知期限。在“华泰公司与动力公司买卖合同纠纷案”中，[②]最高人民法院便认为：“5—10个工作日内确实难以发现电池的隐蔽瑕疵，应当认定为外观瑕疵异议期。”在“诺奇公司诉高龙公司买卖合同纠纷案”中，[③]最高人民法院认为，当事人约定了“诺奇公司在初步验收及安装调试过程中应对型号、规格、质量等不符合规定的情况在7天内提出书面异议”；“涉诉产品的厚度亦应属于诺奇公司应立即验收并在7天内提出书面异议的事项”“就涉诉产品的压缩强度等质量参数……诺奇公司应在合理期间内对涉诉产品进行抽验并提出质量异议”。可见，最高人民法院区分了“厚度”等容易检测的外观品质和“压缩强度等质量参数”等需要特别检测的内在品质，进而认为厚度的异议期限为合同中约定的7日，压缩强度等质量问题的异议期限为合理期限内。在“宝

① 参见最高人民法院（2015）民申字第2807号民事裁定书。
② 参见最高人民法院（2019）最高法民终1641号民事判决书。
③ 参见最高人民法院（2015）民申字第3457号民事判决书。

丰公司与化工公司买卖合同纠纷案”中，[①]案涉钢管存在壁厚不合格、堵管、漏水等情况，不符合合同中约定的质量标准，江苏省高级人民法院认为：“合同中约定的25天异议期应为表面质量异议期限，因宝丰公司提供的产品需通过液压灌水使用才能发现其内在质量问题，故不应受25天质量异议期的限制。”

从司法实践来看，人民法院并不会仅仅根据时间的长短来认定是否属于外观瑕疵的检验期，而是结合交易习惯和具体案情来判断。在“赵某与耿某、金宝公司买卖合同纠纷案”中，[②]双方在合同中明确约定了钢材质量检验期间为3天，3天内未提出质量问题的视为钢材合格。耿某主张双方约定的检验期间过短，人民法院却认为：“从沭阳县建设工程质量检测中心出具的钢材检测报告来看，该检验中心在送检当天即可检测出普通热轧钢筋的质量，故双方约定检验期间为三天是合理的，耿某未在三天内提出质量异议应视为钢材质量合格。”在“兴华公司与日跃公司买卖合同纠纷案”中，[③]兴华公司认为所购产品数量大，无法在15天内全部使用完毕，从而不能发现产品隐性瑕疵，认为不应适用合同约定的15天质量异议期，最高人民法院认为，“双方交易的标的物系化工类产品，产品所含有效成分是否符合合同约定，通过检验检测即能得出结论”，买受人的主张“不符合该产品性质及交易惯例”，买受人“在使用大部分产品后，以单方委托的检验检测报告主张产品有效成分不符合合同约定并请求解除合同，其理由不能成立”。在“赛诺公司诉润木公司买卖合同纠纷案”中，[④]最高人民法院认为，煤炭购销合同中约定的检验期间为“现场采样化验为准”，赛诺公司在合同履行数月后起诉主张质量异议，不予支持。可见，在商事交易中，如果检验可以当天或者在较短的时间内完成，且被交易习惯所支持，那么即使是短暂的几天也可能被认为是合理的。在认定约定期限内是否足以完成内在品质的检验时，必须结合标的物性质、交易习惯和通常的检验方法予以确定，如果通过市场上通常的技术手段难以发现隐蔽瑕疵，那便应当将这种瑕疵的通知期限进行单独认定。

---

① 参见江苏省高级人民法院（2014）苏商终字第00444号民事判决书。

② 参见江苏省高级人民法院（2014）苏民终字第00377号民事判决书。

③ 参见最高人民法院（2020）最高法民申527号民事裁定书。

④ 参见最高人民法院（2016）最高法民申460号民事裁定书。

二、检验能力的判断

《民法典》采纳了《买卖合同解释》第18条的意见，将瑕疵区分为外观瑕疵和隐蔽瑕疵。在司法实践中，有的人民法院从具体检验人员的认识能力出发，判断究竟构成外观瑕疵还是隐蔽瑕疵。在“中农公司与鸿越公司买卖合同纠纷案”中，[①]一审法院认为：“外观瑕疵即表面瑕疵，通常是指标的物的表面，凭一般买受人的经验而无需专门检验即能发现的瑕疵。……许某并非原告公司的员工，也非专业的检验人员，木薯干霉变率的大小仅凭一般人的经验是无法判断的，需要使用或者专门的检验才能判定，因此霉变率不属于货物的外观，而属隐蔽瑕疵。”该案例具有一定启发性。对于瑕疵究竟是外观瑕疵还是隐蔽瑕疵，究竟是考虑抽象的普通人的注意标准，还是具体的合同当事人的注意标准？笔者认为，鉴于当事人处在具体合同关系之中，对于检验能力，应当从具体的当事人的注意标准出发判断。只不过，不能从买受人委托或者雇用的检验人员所实际具有的能力出发，而应从出卖人在具体交易中可以合理期待的买受人注意标准出发。在上述案例中，如果通常情况下买受人会派出具有专门经验的检验人员，那么便应当以这类人员的专业能力和注意标准为基础，判断是构成外观瑕疵还是隐蔽瑕疵。

对外观瑕疵的检验所需时间较短，对隐蔽瑕疵的检验所需时间较长。不过，上述规定只考虑到检验所需要的时间，而未考虑到通知前所需要的咨询和评估时间。这意味着商事买受人必须在发现外观瑕疵之后立即提出异议。过短的检验期限对于外观的检验也许是可行的，但对于通知时间所需要的合理长度未予以考虑。如此一来，对于外观瑕疵描述的全面性和准确性要求不应过高。比如，对于色差不必作精确的描述，而只需指出存在色差即可。

三、法定检验期限和质量保证期

本条第2款规定：“约定的检验期限或者质量保证期短于法律、行政法规规定期限的，应当以法律、行政法规规定的期限为准。”在我国现行法律体系中，《食品安全法》《药品管理法》《建筑法》以及《建设工程质量管理条例》都有关

① 参见湖北省荆州市中级人民法院（2017）鄂10民终770号民事判决书。

于保质期、有效期、保修期等的相关规定，尤其是《建设工程质量管理条例》对建设工程保修期作出详细规定（参见《民法典》第621条评注内容）。该规定属于半强制性规定，即只能朝着有利于消费者、使用者的方向延长。当事人约定的质量保证期短于法定质量保证期的，人民法院应当适用法定的质量保证期。

举证责任

当事人之间有约定的检验期限的，如果出卖人没有主张买受人是在超出约定期限之后通知，那么司法机关不得主动适用约定的检验期限。如果出卖人主张买受人是在超出约定的期限之后作出通知，那么买受人可以选择多项事由进行抗辩，如出卖人在订立合同时知道或者应当知道瑕疵存在（买受人免除通知义务）。依据本条，买受人享有的一项抗辩是约定的期限过短。买受人需要对“根据标的物的性质和交易习惯，买受人只有在更长的期限内才能完成全面检验”进行说明和证明，尤其需要就标的物的性质（如复杂的机械设备）和交易习惯进行证明。

第六百二十三条【对标的物数量和外观进行检验的推定】

当事人对检验期限未作约定，买受人签收的送货单、确认单等载明标的物数量、型号、规格的，推定买受人已经对数量和外观瑕疵进行检验，但是有相关证据足以推翻的除外。

历史由来

本条规定在《合同法》中没有相对应的规定，是在采纳《买卖合同解释》第15条规定的基础上新增的规定。[1]

---

① 《买卖合同解释》第15条规定：“当事人对标的物的检验期间未作约定，买受人签收的送货单、确认单等载明标的物数量、型号、规格的，人民法院应当根据合同法第一百五十七条的规定，认定买受人已对数量和外观瑕疵进行了检验，但有相反证据足以推翻的除外。”

规范目的或功能

本条是关于买受人签收的法律推定的规定。本条的适用必须以不存在另外的交易习惯为前提条件。存在“先签后验”的交易习惯时，不得适用该条作出“推定”。

规范内容

依据本条规定，只要出卖人证明买受人在送货单、确认单等上签字确认，就初步完成了对买受人认可标的物的数量和外观品质的证明。接下来，买受人负有主张和证明存在相反事实的责任。

本条规定主要继承了《买卖合同解释》第15条。最高人民法院起草该条的背景是，在司法实践中，绝大多数质量争议是在出卖人要求支付价款时买受人以反诉形式提出的。为避免浪费诉讼资源，《买卖合同解释》第15条规定了“签收即视为检验的一般规则，以过滤掉审判实践中一些无实际意义的反诉案件”。[①]不过，该司法解释的起草者也认识到，在消费者网购活动中，通常要求消费者“先签后验”。在快递服务提供者要求消费者必须“先签后验”时，即使签收的送货单上载明了标的物数量、型号、规格，也不能认为已经完成了检验。[②]就《买卖合同解释》第15条的适用而言，法院大多在认定买受人未在合理期限内提出异议或者买受人已认可标的物时援引该条规定。比如，在“刘某与中升公司买卖合同纠纷案”中，[③]二审法院认为，双方当事人未约定检验期限，刘某已经签署车辆交接确认单，且涉案车辆与2016年最新款的差别也只是外观，应当认定其对购买车辆进行了检验并予以认可。又如，在

---

① 参见全国人民代表大会常务委员会法制工作委员会编：《中华人民共和国合同法释义》（第3版），法律出版社2013年版，第291—292页。

② 参见全国人民代表大会常务委员会法制工作委员会编：《中华人民共和国合同法释义》（第3版），法律出版社2013年版，第292—293页。

③ 参见辽宁省本溪市中级人民法院（2017）辽05民终1776号民事判决书。

“卢江经营部与河海公司买卖合同纠纷案”中，[①]人民法院认为：“卢江经营部向河海公司供货的《送货单》中载明了黄锈石的数量、型号、规格，并明确‘以上规格及货品数量无误’，河海公司员工在送货单上签字确认的行为可以认定河海公司已经对黄锈石的数量和外观瑕疵进行了检验。”

在适用本条时，需注意以下两点：

1. 当事人另有约定或者另有交易习惯的，应排除本条规定的适用。在“某标准板材有限公司与美佳有限公司买卖合同纠纷案”中，[②]出卖人主张买受人既已签收货物并进行了生产组装，便应认定买受人已认可了货物外观符合合同约定。法院查明，当事人在《质量保证协议》第3.4条中约定：“需方对供方不合格品的考核范围包括检验、生产过程、用户使用中的发现等。”又于第6条中约定：“不管需方是否进行了入厂检验，都不能免除供方提供合格产品的质量责任。”江苏省高级人民法院据此认为，尽管质量问题主要表现为木箱产品外观不符合要求，基于当事人之间的约定，出卖人仍应对这些外观不符负责，而不能依据《买卖合同解释》第15条不承担责任。可见，当事人另有约定或者另有交易习惯的，不适用本条规定。

2. 买受人在送货单、确认单等上签字确认的，不能据此认为其认可了标的物的内在品质。在“顾某等诉中兴公司买卖合同纠纷案”中，[③]再审法院认为虽然买受人中兴公司开具了收料单，但不能认为其对内在品质予以认可，理由是：“争议煤焦油不合格项目不仅有水分指标，还有密度、灰分、黏度等其他项目，因双方对产品验收事宜没有约定，这些项目又不属于数量和外观瑕疵，无法当场测试，故中兴公司开具收料单的行为不代表已对产品完成了质量检测。”该裁判理由的内容值得赞同，因为在判断检验所需时间时，必须区分标的物内在质量（密度、灰分、黏度等）与数量、外观瑕疵，对于工业产品尤应如此。

三 举证责任

本条是关于法律推定的专门规定。出卖人对于买受人在送货单、确认单

① 参见江苏省高级人民法院（2016）苏民申1425号民事裁定书。
② 参见江苏省高级人民法院（2017）苏民终285号民事判决书。
③ 参见湖南省高级人民法院（2017）湘民再184号民事判决书。

等上签字确认负有主张和证明责任。出卖人提供证据加以证明的，即使法官对于买受人已经认可标的物的数量和外观并未形成心证，本条法律也命令法官必须将该事实认定为已经被证明。[①]不过，本条规定中的法律推定是可反驳的，买受人可以提供反证推翻这一推定。

第六百二十四条【对买卖合同当事人有拘束力的检验标准】

出卖人依照买受人的指示向第三人交付标的物，出卖人和买受人约定的检验标准与买受人和第三人约定的检验标准不一致的，以出卖人和买受人约定的检验标准为准。

历史由来

本条规定在《合同法》中没有相对应的规定，是在采纳《买卖合同解释》第16条[②]规定的基础上新增的规定。

规范目的或功能

本条规定了出卖人仅受到买卖合同中约定的检验标准的拘束，是有关买卖合同相对性的具体规定。出卖人与第三人之间没有合同关系，而只与买受人之间存在合同关系，故对出卖人产生拘束力的只能是其与买受人之间的合同中的检验标准。

规范内容

本条是关于买卖合同相对性的具体规定。无论是否存在真正的利益第三人

---

① 参见［德］普维庭：《现代证明责任问题》，吴越译，法律出版社2006年版，第72—74页。

② 《买卖合同解释》第16条规定："出卖人依照买受人的指示向第三人交付标的物，出卖人和买受人之间约定的检验标准与买受人和第三人之间约定的检验标准不一致的，人民法院应当根据合同法第六十四条的规定，以出卖人和买受人之间约定的检验标准为标的物的检验标准。"

合同，第三人的请求权内容都应当按照出卖人和买受人之间的买卖合同确定。检验标准亦是如此。出卖人不受买受人与第三人之间的合同中检验标准的约束。

本条中的检验标准是质量标准的组成部分。从人民法院适用《买卖合同解释》第16条规定的案例来看，虽然涉及向第三人交付货物，纠纷的焦点通常不是第三人以达不到检验标准为由拒绝受领，而是买受人以达不到检验标准为由主张出卖人承担违约责任。

在“舒尼公司与美安公司买卖合同纠纷案”中，[①]就同一标的物，舒尼公司先后与甲公司、美安公司签订了买卖合同，且两份合同对标的物的约定是不同的：前者约定标的物整机原装进口；后者约定标的物中仅有FFU在英国生产，其他部件在中国生产和组装。按照约定，美安公司应将标的物直接交付给甲公司。一审法院根据《合同法》第64条和《买卖合同解释》第16条认定，标的物检验标准应以前者为准；出卖人履行债务不符合约定的，应向买受人承担责任，而非向第三人承担责任。

在“某电器城与某科技公司买卖合同纠纷案”中，[②]买受人电器城公司与出卖人科技公司在《燃煤矿气化炉销售安装合同》中约定买卖42台燃煤矿气化炉，对产品具体由谁验收，以及何时验收未明确约定。一审法院认为，按照合同相对性原则，合同只对双方当事人具有约束力。电器城并未将其与某教育局签订的《某县中小学食堂设备采购合同》作为《燃煤矿气化炉销售安装合同》的附件或注明该产品必须通过某教育局验收，故该采购协议不能约束科技公司。电器城不能以科技公司提供的产品达不到某教育局的验收标准未通过验收为由，认定科技公司提供的产品质量不合格。二审法院支持一审法院援引《买卖合同解释》第16条所作的判决。

可见，本条规定中的检验标准是质量标准的组成部分。这一标准不是在债权人拒绝受领标的物的场合发挥作用，而是在判断出卖人是否违反提供无质量瑕疵标的物义务时发挥作用，决定了出卖人是否承担违约责任。从这一点来说，本条是《民法典》第615条和第616条的具体规定。后两条规定是确定买卖标的物质量要求的一般规定。

---

① 参见上海市第一中级人民法院（2017）沪01民终445号民事判决书。

② 参见云南省文山壮族苗族自治州中级人民法院（2016）云26民终1269号民事判决书。

举证责任

出卖人依买受人的指示向第三人交付标的物的，在买卖合同双方当事人对于适用哪种检验标准有分歧时，任何一方对其所援用的检验标准属于约定的标准都负有主张和证明责任。

第六百二十五条【出卖人回收义务】

依照法律、行政法规的规定或者按照当事人的约定，标的物在有效使用年限届满后应予回收的，出卖人负有自行或者委托第三人对标的物予以回收的义务。

历史由来

本条为新增规范。在立法过程中，《民法典合同编（草案）》（征求意见稿）第168条、《民法典合同编（草案）》（一审稿）第415条、《民法典合同编（草案）》（二审稿）第415条均作如下规定：依照法律、行政法规的规定或者当事人约定，标的物在有效使用年限届满后应予回收的，出卖人负有自行或者委托他人对标的物予以回收的义务。《民法典（草案）》第625条承袭该规定，只是文字稍作调整，即在“当事人”前增加“按照”、“当事人约定”改为“当事人约定”；《民法典》在《民法典（草案）》基础上将“他人”改为“第三人”。各部学者建议稿均未见此规定。

规范目的或功能

本条首段确定了出卖人回收义务的来源，分为两种情形：第一种情形为法定义务。此处的“法”为“法律、行政法规”；裁判时，需要参引《民法典》以外的规范。第二种情形为约定义务，强调约定之效力。本条中段确定首段中“法律、行政法规”和“约定”的内容。本条后段为法律效果，即出卖人负有回收义务。

有害标的物有效期届满后有危害生态环境之虞时，出卖人应依据法律、行政法规之规定或当事人之约定，回收标的物。此为本条规范功能。

规范内容

本条规范旨在通过规定出卖人回收义务，实现本法第一编中的绿色原则。[①]体系安排上，本条远离出卖人义务群，而位于买受人检验、通知义务规范群之后、买受人价款支付义务规范群之前，颇具特色。其具体规范内容，可简要说明如下：

1.义务来源和性质。出卖人之回收义务得由当事人约定，为合同义务。但具体性质上则难以判定。解释上有两种路径：（1）从给付义务。义务不履行时，得独立诉请履行，实现绿色原则之立法旨归。但该解释的困境是：从给付之功能在于补助主给付义务[②]，出卖人之主给付义务为交付和移转所有权。回收义务，如何补助？此其一。其二，从给付义务构成对待给付，适用同时履行抗辩；从给付义务之不履行，债权人得解除合同。出卖人不履行回收义务，若允许买受人解除或同时履行抗辩，是否衡平，殊值怀疑。其三，以一般交易观念，标的物在有效使用年限届满后，合同已经终止，故回收义务为后合同义务[③]，而后合同义务一般解释为附随义务[④]。（2）附随义务。本法第509条第3款明确合同履行过程中，当事人之避免浪费资源、污染环境和破坏生态之义务。据此，将本条界定为附随义务，应有所据。但问题是，依据通说，附随义务不得独立诉请履行，只能请求损害赔偿[⑤]，准此，却与绿色原则之立法意旨相悖。

---

① 刘长兴：《论“绿色原则”在民法典合同编的实现》，载《法律科学》（西北政法大学学报）2018年第6期；吕忠梅课题组：《“绿色原则”在民法典中的贯彻论纲》，载《中国法学》2018年第1期。

② 王泽鉴：《债法原理》（第二版），北京大学出版社2009年版，第81页。

③ 本法第558条即明确旧物回收为后合同义务。

④ 韩世远：《合同法总论》（第四版），法律出版社2018年版，第343页。

⑤ 王泽鉴：《债法原理》（第二版），北京大学出版社2009年版，第83页；崔建远主编：《合同法》（第六版），法律出版社2016年版，第54页；韩世远：《合同法总论》（第四版），法律出版社2018年版，第343—344页。

出卖人回收义务尚得由法律、行政法规课加。质言之，今后出台的环境法等法律、行政法规中，得规定出卖人回收义务。经本条之参引，出卖人须履行此等义务。但问题是，此等义务究竟为公法义务抑或私法义务？若为私法义务，请求权主体自得为买受人；若是公法义务，则买受人法律地位如何，须待进一步明确。判定法定回收义务之性质，方向上应依规范目的而定。

2.义务构成和履行。以规范意旨，得将出卖人回收义务做如下构成：（1）标的物有效使用年限届满。若标的物尚未满使用年限，买受人尚有利益，若以赋予出卖人（公法）义务之形式，剥夺买受人之利益，则违背所有权神圣原则。有疑问的是，买受人放弃利益，得否要求出卖人提前回收标的物？解释上，应采肯定回答，但买受人应负担出卖人因此增加的履行费用。（2）标的物应为有害之物，有污染生态环境之虞而须回收处理。

本条还规定了义务履行方式，即由出卖人自行履行或委托第三人履行。

举证责任

若出卖人回收义务为私法义务，则买受人享有请求权。其主张请求权时，须举证各项请求权构成要件。

第六百二十六条【价款的数额和支付方式】

买受人应当按照约定的数额和支付方式支付价款。对价款的数额和支付方式没有约定或者约定不明确的，适用本法第五百一十条、第五百一十一条第二项和第五项的规定。

历史由来

本条源于《合同法》第159条。《民法典合同编（草案）》（征求意见稿）第169条、《民法典合同编（草案）》（一审稿）第416条均承袭《合同法》的规定，仅作了相应的文字修改。《民法典合同编（草案）》（二审稿）第416条增加了支付方式的规定。立法者应是基于我国电子支付的快速发展之事实而增加该规定。《民法典》从之。

学者意见稿体例与之不同。王利明教授主持编撰的《中国民法典学者建议稿》将本法第626—628条归集为一条加以规定，颇能体现该三条内容为支付价款义务不同面向之事实，其中第1款沿袭《合同法》第159条。①梁慧星教授主持编撰的《中国民法典草案建议稿》则分三条规定买受人之支付义务。有区别的是在第983条中，其首先确定了买受人的两项义务（第1款）；第2款则沿袭《合同法》第159条之规定。②

由是观之，立法过程中，对于本条规范，鲜有争议。与《合同法》比较，其最大的修改是：顺应时代要求，增加支付方式这一内容。

规范目的或功能

本条分为两句：前句为填补性规范，旨在进一步阐明价金请求权的具体构成；后句为解释规则，旨在为确定价款数额和支付方式提供解释指引。

规范内容

一、本条规范内容之厘定

学界常以本条前句作为出卖人价金请求权的规范基础③，根据似有不足。出卖人价金请求权之规范基础应是本法第595条后段④。本条与第627条、第

---

① 王利明主编：《中国民法典学者建议稿及立法理由：债法总则编·合同编》，法律出版社2005年版，第357页。在该条文中，也无支付方式之规定。

② “第九百八十三条【买受人之义务】：买受人对于出卖人，有支付价款及受领标的的义务。对价款的数额和支付方式没有约定或者约定不明确的，适用本法第九百零八条第一款及第二款第二项的规定。”参见梁慧星主编：《中国民法典草案建议稿附理由：合同编》（上册），法律出版社2013年版，第300—301页。而陈甦教授主持编撰的《中国社会科学院民法典分则草案建议稿》，体例上延续《合同法》之规定，参见陈甦主编：《中国社会科学院民法典分则草案建议稿》，法律出版社2019年版，第176页。

③ 朱晓喆：《请求权基础实例研习教学方法论》，载《法治研究》2018年第1期；胡东海：《“谁主张谁举证”规则的法律适用》，载《法学》2019年第3期。

④ 韩世远：《合同法学》，高等教育出版社2010年版，第393页。

628条前句构成整体，旨在进一步阐明价金请求权之内容。本条前句旨在申明：买受人价金支付数额和支付方式，须严格按照约定履行，否则可能构成部分履行或瑕疵履行；后句之目的，是通过参引本法第510条、第511条第2项和第5项[①]之规定，为确定价金数额和支付方式提供解释指引。

二、价金数额之确定

价金数额直接关乎出卖人的履行利益。在买卖合同签订之时，双方通常约定价金数额。具体的计算方式，或按总价金或以件数或数量乘以单价计算，不一而足。具体约定形式，须遵循当事人之意思自治。实务中，对于建筑材料等市场价格波动较大的标的物，当事人常约定“随行就市”[②]，此时应属于有约定，即以市场价确定价金。约定价格交由一方或第三人确定，亦无不可，譬如对一台正在研发的新能源汽车，合同签订时无法确定价格，约定由出卖人确定；又如约定艺术品价格由专业人员确定。至于如何确定具体数额，我国立法尚无明文，可借鉴比较法，并以本法第6条为据，由出卖人或第三人以公平衡量而定[③]。

当事人未能约定价金者，一般不影响买卖合同之成立[④]。但这并非意味着价金不是买卖合同之要素。极端情形下，经解释不能终局确定价款者，买卖合同应不成立。

价金未约定或约定不明，亦属有之。比如双方基于商业安排，在合同里

---

① 有学者认为这一参引，实无必要。参见耿林：《民法典的规范表达研究》，载《清华法学》2014年第6期。

② 参见（2014）鄂黄石中民再终字第00006号民事判决书；（2015）本民申字第00061号再审裁定书。

③ 具体展开可参见王洪亮：《债法总论》，北京大学出版社2016年版，第88—92页；［德］迪尔克·罗歇尔德斯：《德国债法总论》（第7版），沈小军、张金海译，中国人民大学出版社2014年版，第92—94页。

④ 《合同法解释（二）》第1条。在“连云港某房地产开发有限公司、冯某等商品房销售合同纠纷案”中，买卖双方关于涉案车库之价格“待定”，原审法院以违背《商品房销售管理办法》第16条规定（该条规定商品房买卖合同应明确价款的确定方式），而判决买卖合同不成立。笔者认为，此判决值得商榷，盖《商品房销售管理办法》非《合同法解释（二）》第1条所规定的例外情形（“法律另有规定”）。参见江苏省连云港市中级人民法院（2015）连民终字第0778号民事判决书。

仅规定“价格待定”。[①]此时，履行给付义务时，须确定价格。确定之方法，系本条后句第1种情形的规范内容，具体言之：

1.须以补充协议确定之。补充协议指当事人之意思表示合意，非以书面、明示为必要，时间上应在发生纠纷之后达成。实践中，当事人在履约的过程中，常有往来对账单、核对单[②]、调价函[③]，若经双方确认，应为合同之部分，而不是补充协议。在“江苏某科技有限公司与内蒙古某股份有限公司等买卖合同纠纷申请案”中，[④]出卖人向买受人开具增值税发票（发票上记载着每批次货物的规格、数量、单价和金额），买受人接受并予以入账进行税前抵扣。理论上，应认为双方也约定了价款金额。

2.无法达成补充协议的，通过合同相关条款或者交易习惯等加以确定。若上述解释仍无法确定价金的，则须以合同订立时履行地的市场价格，但以不执行政府定价或者政府指导价为限。

三、支付方式之确定

价金支付方式，关乎出卖人利益之实现。传统上，以现金支付为主。现金所有权之移转，须遵循动产所有权移转的一般要件。现代支付方式极其丰富。转账支付方式，为对金融机构债权的转让；票据支付方式，一般须以意思表示解释探求其性质[⑤]；信用卡或电子支付的，一般应认为是代物清偿[⑥]。

支付方式未约定或约定不明的，需要参引本法第510条、第511条第5项而加以确定。需要指出的是，第511条第5项以“有利于实现合同目的的方式”为解释指引。此处“合同目的”应解释为“价款支付之目的”，

---

① 参见最高人民法院（2017）最高法民申4612号再审裁定书；最高人民法院（2011）民二终字第76号民事判决书。

② 参见安徽省高级人民法院（2014）皖民二终字第00720号民事判决书；广西壮族自治区梧州市中级人民法院（2018）桂04民终993号民事判决书。

③ 参见江苏省连云港市中级人民法院（2014）连商终字第115号民事判决书。

④ 参见最高人民法院（2013）民提字第216号民事判决书。

⑤ 我国台湾地区实务一般认为是新债清偿（间接给付），但存有争议。参见林诚二：《民法债编各论》（上），中国人民大学出版社2007年版，第120—121页。

⑥ 王洪亮：《债法总论》，北京大学出版社2016年版，第98页。

即实现出卖人履行利益之目的，故而当穷尽解释方法无法确认支付方式时，宜以最有利于出卖人之支付方式履行价金支付义务，即现金支付或银行转账。

举证责任

根据本条第1句，买受人须证明依照约定之支付方式和数额履行了价款支付义务。出卖人主张买受人之支付方式、价款数额不符合合同本旨的，则须就此承担举证责任。

第六百二十七条【价款支付地】

买受人应当按照约定的地点支付价款。对支付地点没有约定或者约定不明确，依据本法第五百一十条的规定仍不能确定的，买受人应当在出卖人的营业地支付；但是，约定支付价款以交付标的物或者交付提取标的物单证为条件的，在交付标的物或者交付提取标的物单证的所在地支付。

历史由来

本条源于《合同法》第160条，该条规定："买受人应当按照约定的地点支付价款。对支付地点没有约定或者约定不明确，依照本法第六十一条的规定仍不能确定的，买受人应当在出卖人的营业地支付，但约定支付价款以交付标的物或者交付提取标的物单证为条件的，在交付标的物或者交付提取标的物单证的所在地支付。"

《民法典合同编（草案）》（征求意见稿）第170条、《民法典合同编（草案）》（一审稿）第417条、《民法典合同编（草案）》（二审稿）第417条均承袭《合同法》之规定，文字表述略有修改。《民法典》沿袭该规定，在标点符号和文字表述上略做变动。

学者意见稿体例与之不同。王利明教授主持编撰的《中国民法典学者建议稿》将本法第626—628条归集为一条加以规定，颇能体现该三条内容为支付价款义务不同面向之事实。[①]梁慧星教授主持编撰的《中国民法典草案建议稿》，分三条规定买受人之支付义务。于第984条中，沿袭《合同法》第160条之规定。[②]

由此可见，无论是立法者还是权威学者，对本条规范内容并无显见分歧。

规范目的或功能

本条共两句：前句为填补性规范，旨在进一步从支付地点上阐明价款请求权之具体构成。后句前段为解释规则，旨在为当事人没有约定或者约定不明确时确定价款支付地点提供解释指引；后句后段是前段之例外，须重新构造而赋予其规范意义。

规范内容

价款支付之债为典型的金钱之债。传统上，金钱之债以现金支付为预设规范对象。现金支付语境下，支付地点于实体法上至少具有如下意义：一为支付费用。支付地点不同，支付费用自然不同，固不待言。二为给付风险。若支付地点为债权人处，则债务人须承担诸如寄送风险等给付风险。三为支付迟延之构成。若支付价款地点为买受人处（往取债务），须债权人之配合方得完成义务。是故，若债权人未予配合，即使到期未支付，也难谓构成支付迟延。

现代支付手段丰富、便捷，银行转账、电子支付为其典型。新型支付手段语境下，物理上的支付地点不复存在。支付地点毋宁转化为债权人得实际支配的账户。以银行转账为例，当事人约定之债权人账户实际上承担传统支付地点的法律功能。质言之，计入账户，债务方得清偿。新型支付手段几乎消弭了支付费用之差异和给付风险。然迟延风险依旧存在。仅指示开户行转账，但因不可归责于债

---

① 王利明主编：《中国民法典学者建议稿及立法理由：债法总则编·合同编》，法律出版社2005年版，第357页。

② 梁慧星主编：《中国民法典草案建议稿附理由：合同编》（上册），法律出版社2013年版，第301—303页。而陈甦先生主编的建议稿，体例延续《合同法》之规定，参见陈甦主编：《中国社会科学院民法典分则草案建议稿》，法律出版社2019年版，第176页。

务人之事由，金钱未在支付期限内到达债权人账户，仍构成给付迟延。

程序法上，《民事诉讼法》第23条规定，合同履行地法院得管辖合同纠纷诉讼。买卖合同价款支付地亦为合同履行地。

一、价款支付地点的任意法规范及其理由

合同须全面履行。价款支付地点为价款支付义务之要素，也须遵循。

实践中，买卖双方约定价款支付地点，常属有之。[①]不予约定，也不乏其例。未约定或约定不明者，若双方在履约过程中有补充协议的或纠纷发生后达成补充协议的，自无问题。否则，须通过合同相关条款或者交易习惯加以确定当事人关于价款支付地点的规范意思。若上述单纯解释仍无法确定价款支付地点的，则须以出卖人营业地为支付地。据此，我国价款支付地点的任意法规范采取的是赴偿之债的原则。[②]

问题是：我国法上以往取之债为原则（第511条第2项末段），遵循利于债务人原则（favor debitoris）的罗马法传统。金钱之债采赴偿之债，为原则的例外，须有正当化理由。比较法[③]上，1942年《意大利民法典》，放弃了旧民法典第1249条之规定，而以赴偿之债为金钱之债的任意法规范（第1182条第3款），构成往取之债原则（第1182条第4款）的例外。《意大利债法立法理由书》给出的理由是：（1）实践中，当事人一般作如此约定，该规定是交易习惯的成文化；（2）当时支付手段（寄送货币、银行转账、电汇、邮汇等），人人得而享有。如此，使得在债权人处支付比起在债务人处支付更为便利和经济[④]。第二点理由，尤资参考。申言之，在现金交付为主要支付手段的传统

---

① 个案中，有认为，约定电汇或银行承兑汇票者等支付方式，并不意味着约定了价款支付地点。参见四川省攀枝花市中级人民法院（2015）攀民终字第1141号民事裁定书。

② 王洪亮：《债法总论》，北京大学出版社2016年版，第98页。在德国法上，一般认为金钱之债为特殊的寄送之债。但若肯认债务人尚需承担迟延风险，不妨认为是修正的赴偿之债。参见［德］迪尔克·罗歇尔德斯：《德国债法总论》（第7版），沈小军、张金海译，中国人民大学出版社2014年版，第101页。

③ 我国台湾地区金钱之债为赴偿之债（史尚宽：《债法总论》，中国政法大学出版社2000年版，第252页）。不过，其关于债务履行地点采取的是赴偿之债原则，故而无说明价值。

④ Pandolfelli-Sarpello, *Codice civile, Libro delle obbligazioni*, Milano, 1942 , sub. 1182, 62; M.Giorgianni, *pagamento* (*diritto civile*), in Nss.D.I, XII, 1965, 326.

社会里，若规定金钱之债为赴偿之债，意味着债务人须奔赴债权人处支付金钱，耗时费力且风险相随，故而悖反体系价值（利于债务人原则）而由债务人承担之代价甚巨。相反，现代支付手段（电子支付、远程支付）普及之当今社会，即使规定金钱之债为赴偿之债，债务人得借助现代支付手段消弭给付风险，降低支付费用，影响甚微；倘若规定为往取之债而需债权人于债务人处受领金钱，则非但徒增社会成本，且对现代便利的支付手段，置若惘然，难谓妥当。现代支付手段语境下，若规定金钱之债为寄送之债，债务人的寄送风险，可忽略不计；并且债务人一旦寄送（如其开户行已经转账）即无需承担迟延风险，这似乎能贯彻利于债务人原则。然而，倘若规定金钱之债为寄送之债，寄送风险由债权人承担，则徒增债务人舍弃现代支付方式而采取传统寄送货币以增加寄送风险的道德风险，并且实不利现代支付方式之普及。由是观之，现代支付手段普及之当今社会，权衡三者，金钱之债以赴偿之债为任意性规范，应是较为衡平的选择。

二、后句前段的理解

后句前段中的“营业地”的表述，系以商人为规范典型；出卖人为民事主体，亦无不可，故“营业地”宜类推适用于民事主体之住所。出卖人之营业地（住所地）得发生变动，故而问题还在于：以何时的营业地（住所地）为准？比较法上有两种模式：合同订立①或债务届期②时的营业地。从我国法上之利于债务人原则出发，宜作合同订立时的营业地理解。不过，现代支付手段之发展，使得物理上的营业地之意义甚微。

另须注意的是，该任意性规范与本法第511条第3项之关系。后者规定，给付货币义务履行地为接受货币一方所在地。一般情形，买卖合同中接受货币一方即为出卖人，此时本条与第511条第3项虽存在竞合，但得以“特别法优于一般法”规则，排斥第511条第3项的适用。但在利益第三人合同、出卖人破产等情形，出卖人不是受领价款人，应直接适用第511条第3项。

---

① 《德国民法典》第269条第1款。

② 《意大利民法典》第1182条第3款。

三、后句后段的规范内容

在文义上（“但是”），后句后段得理解为对任意性规范之例外，即“约定支付价款以交付标的物或者交付提取标的物单证为条件的”，则任意性规范内容是“在交付标的物或者交付提取标的物单证的所在地为价款支付地点”。司法实践中，有法院将“支付价款以交付标的物或者交付提取标的物单证为条件”解释为出卖人有先履行交付标的物的义务，从而判定须在标的物交付地支付价款。[①]然而，这样解读的正当性值得怀疑。如上所述，依据本条后句前段的规定，无约定或约定不明且无法通过单纯解释确定规范意思的，法律之推定于出卖人处清偿，目的在于优待出卖人。相反，若买卖合同作出优待买受人之约定（出卖人之先履行义务），而未就价款清偿地点作出约定时，法律之推定却未必优待出卖人（在标的交付债务为赴偿之债情形，价款支付义务须在买受人处履行），体系价值难以融贯。

问题的关键在于如何判断后句后段的规范内容。须先明确的是，结合本法第599条，“交付提取标的物单证”是指与实物交付具有同等效力之拟制交付，

---

① 在“叶某与刘某买卖合同纠纷案”中，法院认为：“本案未约定支付价款的地点，但根据双方以货款欠条为支付价款凭证的交易习惯，应认定支付价款的地点是交付标的货物所在地兴宁市，故被告负有在兴宁市向原告支付价款118556元的义务。”参见广东省兴宁市人民法院（2018）粤1481民初817号民事判决书。

又如，在涉及诉讼管辖地的争议中，有法院主张：“涉案货物的付款方式为‘到货后次月开好承兑汇票’，故涉案货款的履行方式属于‘支付价款以交付标的物为条件’的履行方式，在此种情况下，《中华人民共和国合同法》第一百六十条规定的支付价款的地点为‘交付标的物的所在地’。”参见浙江省嘉善县人民法院（2018）浙0421民初4704号一审民事裁定书。该法院的类似裁定，均将本条后句后段理解为“出卖人有先履行义务”，参见浙江省嘉善县人民法院（2015）嘉善商外初字第18号、（2018）浙0421民初940号之一、（2018）浙0421民初4120号民事裁定书。

但是，在“某印染公司与某化工厂买卖纠纷案”中，印染公司称：“本案未约定支付价款的地点，支付价款应以交付标的物为前提，根据交易习惯，交付标的物所在地为我公司住所地江阴市，故合同履行地为江阴市，根据《中华人民共和国民事诉讼法》第二十三条及《中华人民共和国合同法》第一百六十条之规定，本案应由我公司住所地江阴市人民法院管辖。”南通市中级人民法院径以《民事诉讼法解释》第18条（接收货币一方为合同履行地）为据，维持一审法院关于出卖人处为价款履行地、出卖人所在地法院具有管辖权的裁定，但未驳斥上诉人之理由。参见江苏省南通市中级人民法院（2018）苏06民辖终450号民事裁定书。

包括提单、仓单之交付[①]，是出卖人履行标的物交付义务。

探求后段的规范意义，可先考察《合同法》第160条所参考之比较法资料。《合同法》第160条参考的比较法资料是《意大利民法典》第1498条、《日本民法典》第574条和《联合国国际货物销售合同公约》第57条[②]。[③]但是，须补充的是：《意大利民法典》除第1498条第2款[④]外，于第1528条第1款[⑤]规定了本条后句第二种情形。上述规范的核心内容是确认价款支付义务和标的物（单证）交付的同时、同地履行。其中，同时履行已由《合同法》第161条所规定。由此可推断，《合同法》立法者借助本段所欲解决之问题无非是为标的物（单证）交付和（部分）价金支付的“同地履行”推定配置规范。

但是吊诡的是，《合同法》第160条后句后段之表述却是“约定……”换言之，价款支付和标的物（单证）之交付构成牵连，交由当事人意定，而非法律推定。对于该句之解释路径，视为对于“支付价款以交付标的物或者交付提取标的物单证为条件”的理解。（1）若将之理解为出卖人具有交付标的物（单证）之先履行义务，则推定在标的物（单证）交付处履行金钱义务，其正当化基础不足，已如前述。（2）若将之理解为价款支付义务和标的物（单证）交付义务构成牵连关系，则本句的规范意义甚微：约定两者构成牵连关系的，支付地为交付地。

笔者认为，两者相权，以后者为是。前者可能会导致不正当之后果，后者规范意义虽有限，但结果毕竟尚可接受。但这并非意味着，若未加约定，

---

① 王利明：《物权法研究》（第四版）（上卷），中国人民大学出版社2016年版，第354页；崔建远：《物权法》（第四版），中国人民大学出版社2017年版，第100页；杨震：《俄罗斯交付制度及其对我国的镜鉴》，载《求是学刊》2018年第5期。

② 《联合国国际货物销售合同公约》第57条规定：“（1）如果买方没有义务在任何其它特定地点支付价款，他必须在以下地点向卖方支付价款：（a）卖方的营业地；或者（b）如凭移交货物或单据支付价款，则为移交货物或单据的地点。（2）卖方必须承担因其营业地在订立合同后发生变动而增加的支付方面的有关费用。”

③ 参见全国人大常委会法制工作委员会民法室编：《〈中华人民共和国合同法〉与国内外有关合同规定条文对照》，法律出版社1999年版，第123页。

④ 《意大利民法典》第1498条第2款：“在没有约定且不同习惯时，支付应当在交付时并在交付地进行。”

⑤ 《意大利民法典》第1528条第1款规定：“若无约定且无相反习惯时，价金及附属费用之支付应当在前条规定之文件交付时并在其交付地进行。”

支付地会适用前句，即出卖人营业地。原因在于：构成牵连关系者，亦须同地履行。但我国法无明文，须从解释论上加以阐释。标的物（单证）交付时，买受人须受领。自事理而言，买受人同时履行，意味着也须在标的物（单证）交付地履行价金支付义务。意大利法、日本法的学说也认为：同地履行乃同时履行之要求。[①]因此，可以认为，我国法上构成牵连关系义务的同地履行，其法律依据为第628条后句。

综上所述，本条前句为填补性规范，旨在阐明价款请求权的支付地点要素。后句为解释规则。其具体内容为：当事人就支付地点有约定者，从约定；无约定或约定不明者，得以协议补充；若无协议补充，则须诉诸合同解释，探求合同规范意思；经诉诸合同解释仍不得合同规范意思者，原则上推定价款支付地为债权人处。但这一推定，存有例外。即若符合本法第628条后句，价款支付和标的物（单证）交付须同时履行，则价款支付须在标的物（单证）交付地履行。当然，若买卖双方以约定方式确认标的物（单证）交付和价款支付构成牵连关系者，则推定两者同时、同地履行（本条后句后段）。

举证责任

根据本条第1句，买受人须证明在约定地点履行了价款支付义务。根据本条第2句，买受人已经在出卖人营业地支付，出卖人主张其构成地点瑕疵履行的，则须证明有约定或补充协议约定须在其他履行地，或者通过合同解释得出其他履行地，或者证明须同地履行。

其他问题

关于费用请求权、报酬请求权、损害赔偿请求权（金钱赔偿）[②]等金钱之

---

① D.Rubino, La compravendita in Tratt. Dir.civ.e comm. Diretto da Cicu e Messineo, Giuffrè, Milano, 576；［日］我妻荣：《债法各论》（中卷一），徐进、李又又译，中国法制出版社2008年版，第89—90页。

② 对于损害赔偿之债，意大利判决倾向于在债务人处履行。参见F. Gazzoni, Manuale di diritto privato, XIV, Edizioni Scientifiche Italiane, Napoli, 2010, 584.

债的支付地的任意性规范，应类推适用本法第511条第3项，而非本条。

第六百二十八条【价款支付时间】

买受人应当按照约定的时间支付价款。对支付时间没有约定或者约定不明确，依据本法第五百一十条的规定仍不能确定的，买受人应当在收到标的物或者提取标的物单证的同时支付。

历史由来

本条源于《合同法》第161条，该条规定："买受人应当按照约定的时间支付价款。对支付时间没有约定或者约定不明确，依照本法第六十一条的规定仍不能确定的，买受人应当在收到标的物或者提取标的物单证的同时支付。"

《民法典合同编（草案）》（征求意见稿）第171条、《民法典合同编（草案）》（一审稿）第418条、《民法典合同编（草案）》（二审稿）第418条、《民法典（草案）》第628条均承袭《合同法》之规定，只是文字稍作调整。

学者意见稿体例与之不同。王利明教授主持编撰的《中国民法典学者建议稿》将本法的第626—628条归集为一条加以规定，其中第3款为价款支付时间，内容承袭《合同法》第161条之规定。①梁慧星教授主持编撰的《中国民法典草案建议稿》，分三条规定买受人之支付义务。于第985条中，沿袭《合同法》第161条之规定。②

由此可见，对于本条规范，虽体例有所不同，但就其内容，立法过程应无争议。

---

① 王利明主编：《中国民法典学者建议稿及立法理由：债法总则编·合同编》，法律出版社2005年版，第357页。

② 参见梁慧星主编：《中国民法典草案建议稿附理由：合同编》（上册），法律出版社2013年版，第303—304页。而陈甦先生主编的建议稿，体例延续《合同法》之规定，参见陈甦主编：《中国社会科学院民法典分则草案建议稿》，法律出版社2019年版，第176页。

规范目的或功能

本条分为两句：前句为填补性规范，旨在进一步从支付时间上阐明价款请求权的构成。后句为解释规则，旨在为当事人没有约定或者约定不明确时确定价款支付时间提供解释指引。

规范内容

一、前句的规范内容：价款时间的约定

买受人须全面履行合同义务。买受人主给付义务为价金给付义务。价款支付时间为价款支付义务之内容之一，也须遵循。一般而言，价款支付期限利益归属债务人（买受人）。

买卖双方常约定价款支付时间，为合同自治应有之义。买卖双方“约定的时间”有两种情形：（1）到期日（Fälligkeit，也称清偿期）的约定，即出卖人可向买受人请求履行价款支付义务之时间点。比如，价款于2020年5月10日支付。若买受人无正当理由到期而不履行的，则构成履行迟延。期限利益归于买受人，故提前履行，应无不可。（2）可履行（Erfüllbarkeit）性的约定，即买受人可向出卖人履行价款支付义务的期限。比如，价款于货到一周内付款。货到后，买受人即可付款。若出卖人拒绝受领，则可能构成受领迟延。该期限的末尾为到期日。该日届至前，买受人得不履行。

二、后句的规范内容：价款支付时间的解释规则

买卖双方若未约定价款支付期限，则须参引本法第510条予以确定，即首先可由当事人达成补充协议予以补救；若达不成补充协议，则按照合同相关条款或者交易习惯确定支付期限。

若经过上述途径，仍不能确定支付期限的，则须以任意性规范补充解释。该任意性规范内容为：买受人应当在收到标的物或者提取标的物单证的同时支付。该规范优先于履行期限无法确定时的一般任意规范——债务人可以随

时履行，债权人也可以随时请求履行（本法第511条第4项），其原因在于维持买卖合同的牵连性，是同时履行抗辩制度的体现（本法第525条）。

然而有疑问的是，我国法上，与价金支付义务发生牵连的是出卖人标的物（单证）交付和移转所有权义务（本法第598条）。而自文义和体系（与第525条之关联）解释，本条后句所规定的是：价款支付与标的物（单证）交付同时履行。从历史解释角度看，上述解释结果也符合立法者之初衷。《合同法》第161条所参考的比较法资料为《日本民法典》第573条和《联合国国际货物销售合同公约》第58条[①]。该两条规定的均是：价款支付与标的物（单证）交付同时履行，可见《合同法》立法者之本意如此。不过，立法者或对此有所误解。日本民法，物权变动采债权意思主义[②]，故买卖合同成立后，所有权已经移转，出卖人之主给付义务仅为标的物之交付，与价款支付义务构成牵连，仅此而已。《联合国国际货物销售合同公约》虽规定出卖人之主给付义务为标的物（单证）交付和所有权之移转（第30条）；但其同时声明：公约不调整货物所有权移转（第4条第b项）。故此，《联合国国际货物销售合同公约》第58条第1款的规定有其固有背景和逻辑。

本条后句之"收到标的物或者提取标的物单证"应解释为标的物（单证）交付义务为宜。准以此言，标的物为动产的，一般而言，[③]动产自交付而发生所有权移转，与价款支付义务构成同时履行的为出卖人的两项主义务，是买卖合同同时履行抗辩之体现，自无问题；标的物为不动产的，交付和所有权

---

① 《日本民法典》第573条规定："买卖标的物的交付定有期限时，推定价金的支付定有相同期限。"

《联合国国际货物销售合同公约》第58条第1款规定："如果买方没有义务在任何其它特定时间内支付价款，他必须于卖方按照合同和本公约规定将货物或控制货物处置权的单据交给买方处置时支付价款。卖方可以支付价款作为移交货物或单据的条件。"

参见全国人大常委会法制工作委员会民法室编：《〈中华人民共和国合同法〉与国内外有关合同规定条文对照》，法律出版社1999年版，第123页；另见全国人民代表大会常务委员会法制工作委员会编：《中华人民共和国合同法释义》，法律出版社1999年版，第244页。

② ［日］我妻荣、［日］有泉亨补丁：《我妻荣民法讲义Ⅱ－新订物权法》，罗丽译，中国法制出版社2008年版，第64页及以下；梁慧星、陈华彬：《物权法》（第六版），法律出版社2016年版，第71—72页。

③ 所有权保留情形，常与分期付款相伴，故价款支付期限适用本条前句。

移转发生分离，与价款支付义务构成同时履行的仅是交付标的物一项义务，与《民法典》合同编通则分编之同时履行抗辩（第525条）存在间隙。弥补的方法应是：不动产交付应与部分价金支付构成同时履行。至于“部分数额”，以约定或经解释而定，不是本条所解决的问题。

举证责任

根据本条第1句，买受人须证明在约定时间履行了价款支付义务。根据本条第2句，买受人已经在标的物（单证）交付时支付，出卖人主张其构成时间瑕疵履行的，则须证明有约定或补充协议约定须在其他履行时间，或者通过合同解释得出须在其他时间履行。

第六百二十九条【多交标的物的处理】

出卖人多交标的物的，买受人可以接收或者拒绝接收多交的部分。买受人接收多交部分的，按照约定的价格支付价款；买受人拒绝接收多交部分的，应当及时通知出卖人。

历史由来

本条源于《合同法》第162条，该条规定：“出卖人多交标的物的，买受人可以接收或者拒绝接收多交的部分。买受人接收多交部分的，按照合同的价格支付价款；买受人拒绝接收多交部分的，应当及时通知出卖人。”

《民法典合同编（草案）》（征求意见稿）第172条、《民法典合同编（草案）》（一审稿）第419条、《民法典合同编（草案）》（二审稿）第419条、《民法典（草案）》第629条均承袭《合同法》之规定，只是文字稍作调整。《民法典》沿袭该规定。

多部学者建议稿（梁慧星教授主持编撰的《中国民法典草案建议稿》第986条[①]、王利明教授主持编撰的《中国民法典学者建议稿》第1381

① 参见梁慧星主编：《中国民法典草案建议稿附理由：合同编》（上册），法律出版社2013年版，第304页。

条[①]、陈甦教授主持编撰的《中国社会科学院民法典分则草案建议稿》第20条[②]）对此并无实质争议。

由此可见，对于本条规范，立法过程应无争议。

规范目的或功能

本条处理的是出卖人多交标的物之情形，分为两句：第1句规定多交标的物情形，买受人得接收或拒绝。“接收”情形，是双方对标的物数量条款之变更，出卖人享有多交标的物之价金请求权。第2句规定买受人拒绝接收多交部分的，负担及时通知的附随义务。

本条规范对象之典型为商法规范。在适用于消费者合同时，在构成要件上，应作有利于消费者之解释。

规范内容

出卖人须依据债的本旨履行交付和移转所有权之义务。标的物之数量构成出卖人主给付义务之要素，须严格遵循。少交标的物，为不完全履行，自无问题。多交标的物，有的认为是不完全履行[③]。笔者认为，多交标的物的情形，买受人之合同目的已经合乎合同数量，标的物的交付得以实现，原则上不宜认定为不完全履行。譬如，书店向出版社订购图书《民法典》1000册，而出版社交付1100册。书店之合同目的经受领1000册而实现，难有履行利益损害；认定出版社不完全履行，并无实益。但是，多交之货物，须待处理，此为本条规范的对象。

---

① 王利明主编：《中国民法典学者建议稿及立法理由：债法总则编·合同编》，法律出版社2005年版，第359页。

② 陈甦先生主编的建议稿，将《合同法》第162条之内容分为3款加以规定。此外，还将《买卖合同解释》第6条纳入第3款。参见陈甦主编：《中国社会科学院民法典分则草案建议稿》，法律出版社2019年版，第176页。另，该稿主张将“接收”修改为“接受”，以避免误解，诚值赞同，但未为《民法典》所吸收。

③ 魏振瀛主编：《民法》（第四版），高等教育出版社2000年版，第429—430页。

一、多交标的物

顾名思义，“多交”系指出卖人实际交付之标的物数量超过了合同约定之数量。出卖人交付的标的物数量在合理的尾差内，应认定为符合约定数量之交付。

多交的是“标的物”，若多交的是他物，非本条之“多交”，固不待言。房屋买卖合同的标的物为房屋整体，“房屋面积”的多交，非“标的物”的多交，应适用瑕疵履行的规则①。

“多交标的物”以履行合同交货义务为前提。这区别于非定而寄的现物要约（Lieferung unbestellter Sachen）。非定而寄的现物要约情形，受领人并无保管之义务。在长期供货合同到期后，出卖人交付标的物的，非“多交标的物”；买受人接收的，为达成新的合同并已履行完毕。②

二、拒绝接收

多交标的物，买受人自得拒绝。拒绝表示，性质上一般为事实通知，为准法律行为，但须到达出卖人方能生效。“通知”之形式非以明示为必要，可推断之行为——如寄回多交标的物——亦无不可③，原因在于：多交标的物肇因于出卖人，自无须对买受人过于严苛。通知应当及时作出。“及时”之确认，须依据个案判断。比如对于“易腐、易变质”之标的物，“及时”之要求更高。

① 在“波兰公司与某银行房屋买卖合同纠纷案”中，人民法院以买受人实际占有、使用“多交”面积长达2年之事实，以《合同法》第162条判决买受人支付价款。参见湖北省十堰市郧阳区人民法院（2015）鄂郧阳民一初字第00639号民事判决书。

在“睿丰公司与高某商品房销售合同纠纷案”中，人民法院以《关于审理商品房买卖合同纠纷案件适用法律若干问题的解释》第14条第2项判决买受人承担3%的价款，裁判路径为瑕疵履行。参见咸阳市中级人民法院（2015）咸中民终字第00428号民事判决书。

在“唐某与王某买卖合同纠纷”中，涉及双方就房屋面积存在共同错误，一审法院以《合同法》第162条判决买受人支付价款。二审则以公平原则为据，维持原判。参见四川省攀枝花市中级人民法院（2014）攀民终字第112号民事判决书。

② 参见江苏省南通市中级人民法院（2019）苏06民终3226号民事判决书。

③ 权威解释认为：通知为意思表示，系以明示为必要。参见最高人民法院民事审判第二庭编著：《最高人民法院关于买卖合同司法解释理解与适用》，人民法院出版社2016年版，第121—122页。

对于“及时”的断定，有地方高院以“检验期间”为标准[①]。

三、接 收

“多交标的物”行为之性质，关乎接收行为性质之认定。“多交标的物”行为须诉诸意思表示解释，不能一概而论。就本条规范结构看，其前提是“多交标的物”行为经解释后为要约，否则无法解释买受人接收后，以约定的价格支付价款。该结论可由立法部门之解释加以佐证。《中华人民共和国合同法释义》一书认为：“出卖人往往是出于让买受人多买的目的。”[②]可见，《合同法》立法者预设的规范典型是：“多交标的物”的行为为要约。实践中，“多交”或出于“误交”。比如，合同约定交付1000册《民法典》，因清点错误而交付1100册。此时，若经意思表示解释该多交行为的规范意思为要约，则应适用重大误解等法律制度解决。

明确“多交标的物”之性质为要约后，接收的性质为承诺[③]。要约、承诺的内容为对合同数量条款的变更[④]，而不是新合同的成立。故买卖合同的效力瑕疵一体影响该条款的效力。比如，多交的100册《民法典》被接收后，买卖合同被撤销，则效力及于多交的100册。

“接收”即是承诺，则其核心要义为对要约之同意；故实际占有多交之物，未必是接收[⑤]。未实际占有——比如标的物尚被承运人占有，但买受人通

---

① 《北京市高级人民法院审理买卖合同纠纷案件若干问题的指导意见（试行）》第18条（及时通知的合理期间）第1款规定：“合同法第一百六十二条规定的‘及时通知’，应在约定的检验期间内通知。没有约定检验期间的，应在合理期间内通知。一般情况下，合理期间为六十日。”

② 全国人民代表大会常务委员会法制工作委员会编：《中华人民共和国合同法释义》，法律出版社1999年版，第245页。

③ 王利明主编：《中国民法典学者建议稿及立法理由：债法总则编·合同编》，法律出版社2005年版，第359页。

④ 参见浙江省杭州市中级人民法院（2009）浙杭商终字第108号民事判决书。《欧洲民法典草案》第IV.A.-3:105条第3款规定：“买受人受领该超出部分的，视作已经依照合同履行，买受人就该超出部分必须按照合同支付价款。”其遵循的法理似是没落的“事实契约理论”。在这一理论框架下，出卖人错误多交标的物时，则会陷入被强卖之境地。

⑤ 实践中，当事人直接排除实际占有行为为接收。参见辽宁省高级人民法院（2015）辽民二终字第00335号民事判决书。

知出卖人接收该项货物[①]，合同条款即为变更。

若买受人从事将多交标的物使用、处分等行为的，应认为是“接收”。此等行为在性质上为意思实现（Willensbestätigung），法律依据为本法第480条。个案中，法院认为买受人将多交货物上架销售[②]是“接收”行为。

最高人民法院以《英国货物买卖法》第35条作为比较法参考，认为：“……（3）如果买方收到货物后把货物留下来，经过合理期限，没有通知卖方拒收此项货物，则买方亦被认为是接受了货物，从而丧失了拒收货物的权利。”[③]司法裁判中，此类判决，颇为常见[④]。这意味着合理期间的沉默，构成承诺。然而，根据本法第140条第2款，沉默只有在有法律规定、当事人约定或者符合当事人之间的交易习惯时，才可以视为意思表示。据此，在这些情形下，须求诸交易习惯，从而出卖人需要证明此项交易习惯[⑤]。

笔者以为尚有另一解释途径，为此，不妨先简要说明买受人之保管义务。《买卖合同解释》第6条规定：“根据合同法第一百六十二条的规定，买受人拒绝接收多交部分标的物的，可以代为保管多交部分标的物……”文义上，该条表述为“可以”，但最高人民法院将之解释为一项义务，其法律基础为《合同法》第60条第2款（本法第509条第2款）所规定的附随义务。[⑥]以效力解释之立场，应将保管行为、合理期间之沉默等行为整体上解释为承诺。此处之沉默，非单纯之沉默，而是与保管行为一道构成了可推断之意思表示，从而构成承诺。这一解释路径，出卖人只需证明买受人长期保管多交标的物；买受人则须反证：曾发出拒绝接收之通知。还须指出的是，《英国

---

① 《英国货物买卖法》第35条（1）(a)。

② 参见广东省东莞市中级人民法院（2015）东中法民二终字第211号民事判决书。

③ 参见最高人民法院民事审判第二庭编著：《最高人民法院关于买卖合同司法解释理解与适用》，人民法院出版社2016年版，第121页。该款为《英国货物买卖法》第35条（4）: The buyer is also deemed to have accepted the goods when after the lapse of a reasonable time he retains the goods without intimating to the seller that he has rejected them.

④ 参见浙江省宁波市中级人民法院（2013）浙甬商终字第1133号、（2011）浙甬商终字第1056号民事判决书。

⑤ 《合同法解释（二）》第7条。

⑥ 最高人民法院民事审判第二庭编著：《最高人民法院关于买卖合同司法解释理解与适用》，人民法院出版社2016年版，第120页。

货物买卖合同法》的上述规定，不适用于消费者合同[1]。因此，我国法上，对于消费者合同，此种情形下承诺之构成，应在合理期间、保管行为等方面作更严格的解释。

一言以蔽之，“接收”性质上为承诺，须经意思表示方能确定。

举证责任

该条主要是作为价金请求权之辅助规范，其举证责任由出卖人承担：（1）多交货物；（2）买受人已经接收。

其他问题

多交标的物之保管义务、保管费用之承担、保管期间损失之承担，《买卖合同解释》第6条已作规定，可资参考。

第六百三十条【标的物孳息的归属】

标的物在交付之前产生的孳息，归出卖人所有；交付之后产生的孳息，归买受人所有。但是，当事人另有约定的除外。

历史由来

本条前句源于《合同法》第163条，后句为本法所增加。《民法典合同编（草案）》（征求意见稿）第173条、《民法典合同编（草案）》（一审稿）第420条和《民法典合同编（草案）》（二审稿）第420条均仅规定前句。几部学者建议稿[2]均增加后句。《民法典（草案）》第630条吸收了学者建议稿之规定，

① 《英国货物买卖法》第35条（9）。

② 参见梁慧星主编：《中国民法典草案建议稿附理由：合同编》（上册），法律出版社2013年版，第314页；陈甦主编：《中国社会科学院民法典分则草案建议稿》，法律出版社2019年版，第178页。

增加后句，明确该条为任意性规定，值得肯定。《民法典》从之。

规范目的或功能

本条为规定在“合同编”中的关于物权归属的规范，旨在确定买卖合同中标的物孳息的归属。本条分为两句：前句确定了标的物孳息归属的交付原则，与本法第604条价金风险移转的交付原则，相互呼应。后句表明本条为任意性规范。当事人约定可排除上述前句的适用。

规范内容

一、第1句的规范内容

（一）规范理由

本条第1句为买卖合同孳息归属的任意性规范，分为两段。前段规定：交付前，孳息归属于出卖人。交付前，所有权尚未移转的，即使无本句规定，也可依据本法第321条首段，由出卖人（所有权人）取得；交付前，所有权已经移转的，须特别规范。前段规范内容在于后种情形。典型类型为：不动产已变更登记，但尚未交付。后段规定：交付后，孳息归属于买受人。交付后，所有权已经移转的，即使无本句规定，也可依据本法第321条首段，由买受人（所有权人）取得；交付后，所有权未移转的，须特别规范。后段规范内容在于后种情形。典型类型为所有权保留、不动产已交付未登记。可见，本句规范的典型情形是出卖人的一项主给付义务未履行。详言之，前段规范典型情形是出卖人已履行所有权移转义务，但未履行交付义务；后段规范情形是已履行交付义务，但未履行所有权移转义务。

本句的规范理由，须作说明。为论述方便，先阐明后句的规范理由。学界一般将该句与本法第604条一体考察。有观点认为，两者构成整体[①]，相互支撑

① 实际上，比较法上多将两条合并规定。参见《德国民法典》第446条、《瑞士债务法》第185条。

论证：价金风险移转系于利益移转[1]；而利益移转的正当基础又存在于价金风险移转[2]，即风险利益一致之原则。这一闭环论证本身并无问题。但须进一步说明的是，风险利益一体移转为何以交付为时间点，而不是以其他行为（比如合同订立）为时间点？一言以蔽之，即为何采取交付主义？

对此，学界[3]和实务界[4]不乏从风险角度论证交付主义的合理性，其认为：直接占有人更有能力采取必要措施，避免风险之发生（风险支配理论）。然而，“风险要求‘不可归责’，首先即包括不可抗力，既然非人力可控，就不得以便于管领为理由，令占有人承受根本不可控的风险”。[5]

笔者认为，交付主义的理由，可从利益角度探寻。上文已提及，本段的规范重心为交付后，所有权并未移转，以所有权保留买卖、不动产者已交付未登记为典型。笔者认为，利益不同，本段的规范理由亦有所不同。利益（Nutzung）范畴包括天然孳息、法定孳息和使用利益（Gebrauchsvorteile），后者是指按照正常使用方法对物之使用所带来的利益，但以不导致物之灭失为限，[6]如有权使用人对物之使用。任意法规定天然孳息归属于直接占有人（买受人），其正当化基础可从如下方面加以阐释：其一，直接占有人更利于天然孳息之收取。其二，天然孳息的产生常赖于直接占有人对原物之照顾[7]，故而

---

① 朱晓喆：《我国买卖合同风险负担规则的比较法困境——以〈买卖合同司法解释〉第11条、第14条为例》，载《苏州大学学报》（哲学社会科学版）2013年第4期。更详尽的分析可参见吴香香：《〈合同法〉第142条（交付移转风险）评注》，载《法学家》2019年第3期。

② 参见梁慧星主编：《中国民法典草案建议稿附理由：合同编》（上册），法律出版社2013年版，第314页；崔建远主编：《合同法》（第六版），法律出版社2016年版，第313页。

③ 韩世远：《合同法学》，高等教育出版社2010年版，第397页；另参见刘洋：《对待给付风险负担的基本原则及其突破》，载《法学研究》2018年第5期。

④ 参见最高人民法院民事审判第二庭编著：《最高人民法院关于审理买卖合同司法解释理解与适用》，人民法院出版社2016年版，第195页。

⑤ 吴香香：《〈合同法〉第142条（交付移转风险）评注》，载《法学家》2019年第3期。

⑥ ［德］迪特尔·梅迪库斯：《德国民法总论》，邵建东译，法律出版社2001年版，第254页。

⑦ 对于《合同法》第163条之立法理由，法工委即认为：“孳息之产生与原物占有人的照料大有关系。”参见全国人民代表大会常务委员会法制工作委员会编：《中华人民共和国合同法释义》（第2版），法律出版社2009年版，第246页；另可参见周江洪：《前民法典时代的孳息归属问题研究——体系化解读之努力》，载《浙江社会科学》2011年第5期。

按照“播种者收获（wer sät, wer mäht）”的生产原则（Produktionsprinzip）[①]，由直接占有人取得。倘若任意性规范内容为交付后，仍有出卖人取得孳息，则出卖人须偿付难以量化之照顾费用，徒增交易成本。任意法规定使用利益归属于直接占有人，合乎事理，原因在于非直接占有人无法使用。法定孳息是使用利益之对价，故而任意法应规定其归属于买受人。

简言之，后段交付主义原则理由在于：基于收取天然孳息的便利和天然孳息的“生产原则”，应由直接占有人（买受人）享有天然孳息之属；使用利益依事理归直接占有人（买受人）所有；法定孳息为使用利益的对价而应与使用利益同其归属。

本句前段规范的典型类型为：不动产已变更登记，但尚未交付。出卖人作为直接占有人享有天然孳息和使用利益；作为间接占有人，享有法定孳息。

（二）规范内容

本条前句涉及两种情形，但其规范要点可做统一论述。

1.交付

本句的“交付”应指现实交付和简易交付。简易交付，为现实交付之“简易版”。双方达成移转占有合意后，简易交付发生，孳息应由买受人取得（本句后段）。简易交付发生前，买受人已经直接占有标的物，其孳息归属的任意规范不是本句前段，而应根据买受人直接占有取得的原因而定。

交付的替代行使，还包括占有改定和返还请求权让与。占有改定情形，以买受人取得所有权为前提，占有改定本身为交付之替代，因此出卖人已经全面履行买卖合同项下的两项主给付义务（所有权移转和标的物交付），孳息归属的规范基础不是本条，而是本法第321条。返还请求权让与情形的孳息归属，需具体分析。返还请求权让与发生前，所有权已经移转的，比如出租给第三人的不动产买卖合同中，变更登记后、返还请求权让与买受人前产生的孳息（租金）应归属于出卖人（本条前句前段），理由在于：假设未出租，出卖人享有利益；出租行为不应影响其利益享有。返还请求权让与发生后，但

---

① 对于天然孳息之收取，罗马法早期和日耳曼法即采该原则。M.Kaser, Das Römische Privatrecht, Erster Abschnitt, München: C.H.Beck, 1955, S.360.

未移转所有权的，比如出租给第三人的不动产买卖合同中，返还请求权让与买受人后、变更登记发生之前产生的孳息的归属，应首先诉诸意思表示解释，探求当事人对标的物利益享有的安排，若出卖人转让租赁合同于买受人，则利益已经移转；若否，则利益未移转[①]；任意性规范应以出卖人享有利益为宜。

此外，应注意的是，依据本法第607条规定，代送买卖的价金风险自货交第一承运人后移转，依据利益风险一致原则，利益也随之移转。路货买卖，价金风险于合同成立时移转（本法第606条），利益也应随之移转。

2.孳息

孳息，包括天然孳息和法定孳息。依据国内通说[②]，所谓天然孳息是指物之有机的自然出产物以及按物之使用方法收获之出产物。该概念外延涵盖了德国法上的出产物（Erzeugniss）和分离成分（Bestandteil），不仅包括果实、鸡蛋、牛奶等，还包括矿产品、砾石等。法定孳息是指因法律关系所生之收益，如租金、利息等。

使用利益是指按通常用途对物之使用，比如，买受人居住于已交付未登记的房屋之中。使用利益也须规定归属。本条未加规定，存有漏洞，可通过类推适用本条，加以填补。详言之，交付前，使用利益归属于出卖人；交付后，使用利益归属于买受人。

仍须注意的是，由于我国民法上并无代偿请求权制度，依据风险利益一致原则，标的物灭失或被征收之损害赔偿或替代利益，也得类推适用本条。实务中也有此做法。[③]

3.买卖合同生效

我国台湾地区有学说认为，孳息取得以买卖合同生效为要件[④]，可资赞成。

---

① Karl Larenz, Lehrbuch des Schuldrechts, Bd. 2. Besonderer Teil, Halb. 1, 13. Aufl., München: C.H.Beck, 1986, S.98；吴香香：《〈合同法〉第142条（交付移转风险）评注》，载《法学家》2019年第3期。

② 史尚宽：《民法总论》，中国政法大学出版社2000年版，第272—273页；崔建远：《物权法》（第四版），中国人民大学出版社2017年版，第33页。

③ 朱晓喆：《买卖之房屋因地震灭失的政府补偿金归属——刘某某诉杨某某房屋买卖合同纠纷案评释》，载《交大法学》2013年第2期。

④ 参见邱聪智：《新订债法各论》（上），姚志明校订，中国人民大学出版社2006年版，第121页。

其理由在于：买卖合同无效、被撤销或确定不发生效力后，以任意规范填补合同漏洞成无源之水、无本之木，故而无本句之适用。

二、第2句的规范内容

第2句为本法所新增，旨在通过当事人约定排除第1句的适用。本句中“当事人另有约定”非仅限于明确的约定，而是指适用本法第510条进行合同单纯解释后，仍无法确定规范意思。

举证责任

本条前句为所有权归属规范。出卖人根据本条第1句前段主张孳息归属的，无须举证交付已完成，而由买受人反证交付已经完成。买受人根据第1句后段主张孳息归属的，负担交付完成的举证责任。简易交付情形，买受人主张孳息归属的，须举证双方达成占有移转合意。

后句举证责任分配：由主张“另有约定”事实之人承担举证责任。特别是不动产所有权移转前、以返还请求权让与替代交付的，任意性规范为出卖人取得孳息；买受人主张孳息归属的，须举证双方另有约定。

其他问题

本条前句为关于买卖合同中标的物孳息归属的任意性规范。本法第321条也是孳息归属的任意性规范，两者适用关系须待澄清。笔者认为，本条为买卖合同中的规范，有其特别之规范理由，故涉及买卖合同时应优先于本法第321条得到适用。[①]

---

① 《合同法》第163条和《物权法》第116条之适用，素有争议。有学者认为，《合同法》第163条和《物权法》第116条两条之间的关系类似于同一法律文件中总则规定与分则规定的关系，与通常的法律规范冲突或规范不一致并不相同，两者发生冲突时，无需考虑其新法、旧法的关系，应优先适用《合同法》第163条的规定，而不应适用《物权法》第116条的规定。参见周江洪：《前民法典时代的孳息归属问题研究——体系化解读之努力》，载《浙江社会科学》2011年第5期。

第六百三十一条【解除的特别规定之一】

因标的物的主物不符合约定而解除合同的，解除合同的效力及于从物。因标的物的从物不符合约定被解除的，解除的效力不及于主物。

历史由来

本条源于《合同法》第164条。《民法典合同编（草案）》（征求意见稿）第174条、《民法典合同编（草案）》（一审稿）第421条和《民法典合同编（草案）》（二审稿）第421条均作此规定。《民法典》从之。各部学者建议稿[①]的实质内容也同于《合同法》。由此可见，本条之规定在立法过程中并无争议。

规范目的或功能

本条的规范功能是对涉及主、从物买卖合同解除时效力范围的限定，即部分解除。本条分为两句。基于主、从物之间的关系，合同解除也遵循从物随主物之原则，主物解除及于从物（首句），从物解除不及于主物（后句）。

从法条逻辑结构上观察，本条规范的性质较为复杂，容后再详加论述。以规范之管制程度观察，本条得为当事人约定排除，属任意性规范。

规范内容

一、“不符合约定”之意涵

权威学者认为：本条所称之“不符合约定”，指主物、从物有瑕疵的情形。[②]

---

① 参见梁慧星主编：《中国民法典草案建议稿附理由：合同编》（上册），法律出版社2013年版，第297页；陈甦主编：《中国社会科学院民法典分则草案建议稿》，法律出版社2019年版，第178页；王利明主编：《中国民法典学者建议稿及立法理由：债法总则编·合同编》，法律出版社2005年版，第360页。

② 参见梁慧星主编：《中国民法典草案建议稿附理由：合同编》（上册），法律出版社2013年版，第297页；谢怀栻主编：《合同法原理》，法律出版社2000年版，第327页。

该观点的核心理由在于：立法所参考的比较法资料，均指主物或从物具有瑕疵。[①]然而，仅以立法参考之比较法加以论证，并不具有决定性。从立法史上和文义上考察，不能得出上述结论。1995年1月的《合同法》（试拟稿）第178条的规定是主物或从物具有瑕疵[②]，不过，1997年5月14日的《合同法》（征求意见稿）第102条第1款和《合同法》（草案）第162条的表述已经完全与《合同法》第164条相同[③]。因此，从历史解释之角度，至少得不出本条仅涉及瑕疵履行。从文义解释上看，就“主物不符合约定”“从物不符合约定”等语义而言，其“肯定的候选”固然为瑕疵履行，不过其也未排除“主物、从物履行不符合约定”这一“中性的候选”[④]，因而完全可作扩张解释。问题还在于，即使不作扩张解释，该语义亦可被解释为立法者之典型而非封闭列举。另外，从体系上看，本条也已经远离本法第617—624条构成的瑕疵担保责任规范群。故，笔者认为，比较妥适的解释论结论是：语义上将之解释为瑕疵履行，但仅为典型性列举。

二、规范构造和规范性质

学界有观点[⑤]和司法判决[⑥]一般认为：本条规范重心在于，限制解除效果

---

① 《中华人民共和国合同法释义》一书即认为：“本条借鉴的是德国民法典和我国台湾地区的有关规定，即‘因主物有瑕疵而解除契约者，其效力基于从物。从物有瑕疵者，买受人仅得就从物之部分为解除’。”参见全国人民代表大会常务委员会法制工作委员会编：《中华人民共和国合同法释义》（第2版），法律出版社2009年版，第246页；全国人大常委会法制工作委员会民法室编：《〈中华人民共和国合同法〉与国内外有关合同规定条文对照》，法律出版社1999年版，第125页。

② “买卖合同标的物主物有瑕疵而解除合同时，解除合同的效力及于从物。从物有瑕疵时，买受人仅能就从物部分解除。”参见全国人大常委会法制工作委员会民法室编著：《〈中华人民共和国合同法〉及其重要草稿介绍》，法律出版社1999年版，第45页。

③ 参见全国人大常委会法制工作委员会民法室编著：《〈中华人民共和国合同法〉及其重要草稿介绍》，法律出版社1999年版，第126页、第189页。

④ 关于语义学上的“三领域模式”在法律解释上之适用，参见［奥］恩斯特·A.克莱默：《法学方法论》，周万里译，法律出版社2019年版，第29—35页。

⑤ 陆青：《论法定解除事由的规范体系——以一般规范与特别规范的关系为中心》，载《华东政法大学学报》2015年第1期。

⑥ 就北大法宝所指引《合同法》第164条的22个裁判来看，法官或当事人均将之作为限制性规范加以解释。

之范围。故该规范为限制性规范（einschränkende Rechtssätze）[①]，其本身不涉及解除事由。解除事由尚须求诸其他规范，主要是本法第563条[②]。然而本法第563条第1款第2—4项[③]之共同构成要素均为“合同目的不能实现”，其判断标准为违约结果的客观严重性，即是否剥夺了债权人的履行利益；[④]而从性质上看，从物之给付障碍不能导致“合同目的不能实现”[⑤]。于是，结论便是本法第563条第1款第2—4项并非从物解除事由之规范基础，此为其一。其二，本法第563条第1款第5项也并非本条解除事由的规范基础，原因在于：第5项规范意义或在于指引其他独立的解除权规范基础；或在于对上述四项的具体化。[⑥]因此，限制性规范路径下，关于从物解除事由的规范基础，法律付之阙如，存在漏洞，须加以填补。本法第563条第1款第2项、第3项中的“主要债务”应指主给付义务，从物给付不是从给付义务，而是主给付义务。从物之瑕疵给付、加害给付也可为第4项之“其他违约行为”所涵盖。需填补的构成要件是“合同目的不能实现”，填补途径乃是目的性扩张解释。申言之，当从物给付障碍时，“合同目的不能实现”是指从物辅助主物之功能无法实现，故可以依据本法第563条加以解除。解除效力之对象为整个合同。但由于本条后句，故而可对本法第563条的全部解除构成限制——部分解除。是以，称本条后句为限制性法条，名副其实，其也获得规范意义。法律适用的逻辑是：从物给付障碍→从物辅助主物之功能无法实现→合同目的不能实现（扩张解释）→依据本法第563条解除合同→依据本条后句限制解除效力范围。

---

① 关于限制性法条的意涵，参见［德］卡尔·拉伦茨：《法学方法论》，陈爱娥译，商务印书馆2015年版，第139—141页。

② 参见赵文杰：《〈合同法〉第94条（法定解除）评注》，载《法学家》2019年第4期。

③ 第563条第1款第1项并非独立的解除事由；第5项之意义容后说明。

④ 赵文杰：《〈合同法〉第94条（法定解除）评注》，载《法学家》2019年第4期。

⑤ 有学者持相反观点，其认为：从物的丧失会影响主物的功能和价值，譬如锁和钥匙。其提出的解决之道为将之拟制一物。王利明主编：《中国民法典学者建议稿及立法理由：债法总则编·合同编》，法律出版社2005年版，第360页。不过，笔者认为，锁和钥匙非主从关系，而是共同组成合成物。

⑥ 赵文杰：《〈合同法〉第94条（法定解除）评注》，载《法学家》2019年第4期。

逻辑上，还可以将本条解释为独立的部分解除规范，即由构成要件[①]和法律效果组成的完全规范。解除之核心功能在于“合同义务的解放”，部分合同义务的解放，应是题中之义。构造独立的部分解除制度，未为不可。法源中，也已有此等规范。[②]具体的规范构造如下：首先，应对“不符合约定”作扩张解释，包括一切给付障碍。其次，以本法第563条第1款第5项为依据而导入“给付目的不能实现”这一要件，该要件的内容是：从物的辅助功能不得实现。最后，法律效果是部分解除。法律适用的逻辑是：从物给付障碍→从物辅助主物之功能无法实现→合同目的不能实现→依据本条后句部分解除合同。

上述两种解释路径的差异在于法律适用的逻辑。就目前司法实践的理解来看，前一路径更具可接受性。

最后须说明的是，本条前句，并未限制解除之范围；其功能仅在释明已由其他规范得出的结论（释明性规范）。易言之，即使无本条之规定，依据本法第563条，主物给付障碍解除合同的，其效果当然及于整个合同。

三、主、从物要件的变通

学界通说[③]一般将构成主、从物关系之要件归纳如下：从物非物之成分；常辅助主物发生作用；从物与主物需有一定空间结合关系；与主物同属一人；交易上无特别习惯。主、从物之构成要件非本条评注之内容。但须探讨的是，本条之适用是否需“与主物同属一人”之要件[④]。两物非属一人，但功能上有

---

① 韩世远将《合同法》第164—167条与第94条一起置于解除条件之下，称之为特别的法定解除条件。韩世远：《合同法总论》（第四版），法律出版社2018年版，第656页。

② 学者将《最高人民法院关于审理外商投资企业纠纷案件若干问题的规定（一）》第5条、第8条解释为解除“未完全生效的合同”，究其实质，或者可认为是部分解除的独立规范。参见韩世远：《合同法总论》（第四版），法律出版社2018年版，第654—655页。

③ 梁慧星、陈华彬：《物权法》（第六版），法律出版社2016年版，第42—43页；王利明：《物权法研究》（第四版）（上卷），中国人民大学出版社2016年版，第72页；崔建远：《物权法》（第四版），中国人民大学出版社2017年版，第32页；全国人大常委会法制工作委员会民法室编著：《中华人民共和国物权法解读》，中国法制出版社2007年版，第241—242页。

④ 刘家安以《最高人民法院关于适用〈中华人民共和国担保法〉若干问题的解释》第63条为据，对于我国现行法是否采取“与主物同属一人”这一要件表示怀疑。刘家安：《物权法论》（第二版），中国政法大学出版社2015年版，第18页。实践中，亦有当事人主张：以该要件之不成立，加强反驳对方之主、从物成立之观点。参见福建省高级人民法院（2018）闽民申4183号民事裁定书。

主辅之分时，若“主物”存在给付障碍而致合同目的不能实现时，买受人自得以本法第563条解除整个合同，而不适用本条前句，从法律效果上看，自无差异。原因在于：如前所述，本条前句为释明性规范。

问题在于本条后句。比如，在二手车买卖合同中，备用轮胎有严重瑕疵；后发现备用轮胎非属出卖人，但出卖人享有处分权。若买受人以本条后句解除从物合同时，遇到构成要件的障碍，即不满足“主物、从物同属一人”的要件。这一结果，显非合理，故须放弃“与主物同属一人”这一要件。[①]

实际上，该要件有特别的目的。我国台湾地区已明定该要件[②]。我国台湾地区通说认为，其目的在于保护物的所有权[③]。具体言之，由于“主物之处分，及于从物”[④]之规定，主物之处分应及于从物，若非属一人，则从物之所有权难以保护，有失公允。[⑤]换言之，“主物之处分，及于从物”构成该要件的规范基础。[⑥]同理，本法第320条规定，奠定了这一要件的规范基础，[⑦]同时也决定了上述要件之适用范围，即处分行为。解除权效力之限制无涉处分，故应予以放弃。

---

① 实际上，史尚宽先生即认为，只要出卖人将主物、从物连同出卖，主物、从物同属一人之要件，即已满足。史尚宽：《债法各论》，中国政法大学出版社2000年版，第37页。另参见史尚宽：《民法总论》，中国政法大学出版社2000年版，第264页；黄立：《民法总则》，中国政法大学出版社2002年版，第178页。

② 我国台湾地区规定，非物之成分，常助主物之效用，而同属一人者，为从物。但交易上有特别习惯者，以其习惯。

③ 王泽鉴：《民法总则》，北京大学出版社2009年版，第211页；黄立：《民法总则》，中国政法大学出版社2002年版，第177—178页。

④ 我国台湾地区规定，主物之处分，及于从物。

⑤ 郑玉波：《民法总则》，中国政法大学出版社2003年版，第281页；施启扬：《民法总则》（修订第八版），中国法制出版社2010年版，第29页。

⑥ 而《德国民法典》第97条并无此要件，乃在于德国法的主物处分及于从物之一般规定，仅于土地之处分得适用之。参见［德］鲍尔、施蒂尔纳：《德国物权法》（上册），张双根译，法律出版社2004年版，第497—507页；史尚宽：《民法总论》，中国政法大学出版社2000年版，第264页。

⑦ 梁慧星、陈华彬：《物权法》（第四版），法律出版社2007年版，第41页；王利明：《物权法研究》（第四版）（上卷），中国人民大学出版社2017年版，第72页。

四、主、从物合同解除的效力

主物解除及于从物，为主、从物关系使然，固不待言。譬如房屋买卖合同之解除及于储藏室。[①]

从物解除不及于主物，其客观基础在于给付可分[②]，其原因在于从物的给付障碍不会导致整个合同目的无法实现。[③]譬如备用电池之瑕疵履行不影响电动自行车买卖之效力。[④]这不同于组成部分与物的关系。物的组成部分瑕疵，若致买卖合同目的不能实现，则买受人得解除整个买卖合同（本法第563条第1款第4项后段）[⑤]；相反，若不致买卖合同目的不能实现，则买受人须承担瑕疵担保责任（本法第581条以下）。

实务中，有法院正确地认为：机械设备是一条整体生产线设备，补料系统为其组成部分，因补料系统之重大瑕疵得解除整个合同。[⑥]但也有法院未能正确区分组成部分和从物。[⑦]

举证责任

出卖人主张主物不符合约定而全部解除合同的，须依据本法第563条承担举证责任。出卖人主张从物不符合约定而部分解除合同的，除解除事由外，还须就主从物关系承担举证责任，但不包括“主物、从物同属一人”这一要件。

---

① 参见山东省枣庄市中级人民法院（2019）鲁04民终524号民事判决书。

② 韩世远：《履行障碍法的体系》，法律出版社2006年版，第353页。

③ 实践中，有法院误认为中央空调和管道（其保温材料存在瑕疵）为主从物关系，并认为管道之瑕疵造成漏水，从而导致整个合同目的不能实现。参见湖北省武汉市中级人民法院（2016）鄂01民申29号民事裁定书。

④ 参见浙江省杭州市中级人民法院（2019）浙01民终6353号民事判决书。

⑤ 参见河南省新乡市中级人民法院（2019）豫07民终675号民事判决书。

⑥ 参见广东省江门市中级人民法院（2018）粤07民终3817号民事判决书；河南省新乡市凤泉区人民法院（2018）豫0704民初1061号民事判决书。

⑦ 参见浙江省上虞市人民法院（2012）绍虞商初字第270号民事判决书，将灶具作为厨房设备的主物。甚至有法院将《房屋认购意向书》和《认购协议书的补充协议》认为是主、从物关系。参见呼和浩特市玉泉区人民法院（2016）内0104民初1466号民事判决书。

三 其他问题

本条规范以法定解除为原型。不过，若当事人无相反意思表示，本条规范得类推适用于约定解除和意定解除情形。详言之，约定解除、意定解除涉及主物的，及于从物；涉及从物的，不及于主物。

第六百三十二条【解除的特别规定之二】

标的物为数物，其中一物不符合约定的，买受人可以就该物解除。但是，该物与他物分离使标的物的价值显受损害的，买受人可以就数物解除合同。

一 历史由来

本条源于《合同法》第165条："标的物为数物，其中一物不符合约定的，买受人可以就该物解除，但该物与他物分离使标的物的价值显受损害的，当事人可以就数物解除合同。"

《民法典合同编（草案）》（征求意见稿）第175条、《民法典合同编（草案）》（一审稿）第422条和《民法典合同编（草案）》（二审稿）第422条均遵循《合同法》之规定，其中《民法典合同编（草案）》（二审稿）第422条将"但"改为"但是"。各学者建议稿[①]，亦复如此。《民法典（草案）》第632条则有两处修改："但"一词修改为"但是"，后面加了逗号；"但是"前的逗号改为句号。两处修改意在强调后句之于前句的例外性。提交人大审议时，就上述草案作了进一步修改，将后句"当事人"修改为"买受人"。《民法典》从之。

---

① 参见梁慧星主编：《中国民法典草案建议稿附理由：合同编》（上册），法律出版社2013年版，第298页；陈甦主编：《中国社会科学院民法典分则草案建议稿》，法律出版社2019年版，第178—179页；王利明主编：《中国民法典学者建议稿及立法理由：债法总则编·合同编》，法律出版社2005年版，第361页。

规范目的或功能

从法条逻辑结构观察，本条前句的规范性质得为限制性规范。本条涉及数物买卖的部分给付障碍时，对解除效果的限制。当交易数物无主从关系，其中一物不符合约定的，买受人仅就不符合约定的物解除合同（前句）。本条后句规定的内容是：若该不符合约定之物与他物分离，将使合同标的物的价值显受损害，则买受人有权就全部的数物解除合同；该句须在解释论上进一步阐明（见后述）。

以规范之管制程度观察，本条得为当事人约定排除，属任意性规范。

规范内容

一、本条前句的规范构成

（一）标的物为数物

"标的物为数物"是指数物买卖，具体言之：为一个买卖合同。如数个买卖合同，各为独立，自得独立解除，而不生影响，无需本条特别规范。"标的物为数物""该物与他物分离使标的物的价值显受损害"的文义表明：本条规范的重心毋宁是一个买卖合同项下涉及多个物。一个合同或多个合同之判断，则须诉诸合同解释。因此，买卖大米50袋，价格500元；面粉50袋，价格500元；即使同时完成，亦得为两个买卖合同。本条参考的比较法资料[①]，给出了一个判别标准，即是否"对数物定其总价金"。实践中，定其总价，往往涉及优惠价。[②]不过，即使单独定价，也可能是一个合同，关键仍在于合同解释。

---

① 《德国民法典》原第469条："1.为买卖标的的数物中仅一物有瑕疵者，虽对此数物定其总价金，以仅得就有瑕疵之物为解约……"

我国台湾地区规定，其以总价金将物同时出卖者，买受人并得请求与瑕疵物相当之价额。

参见全国人大常委会法制工作委员会民法室编：《〈中华人民共和国合同法〉与国内外有关合同规定条文对照》，法律出版社1999年版，第125页。

② 在"东城机械厂、华璨公司买卖合同纠纷案"中，一审法院即以未单独标价，认定为多物买卖。参见广东省东莞市第一人民法院（2018）粤1971民初18189号民事判决书。

自事理而言，数物给付自为可分给付。因此，合成物的多个组成部分，不构成数物买卖。一对耳坠之买卖[①]，即适例。一对古对联之买卖[②]，则为数物之买卖。原因在于，交易观念上，一对耳坠，为一物；一对古对联，则为两个物。个案中，土地和建筑物之买卖，被认为是数物之买卖；[③]组成生产线之多个设备，为数物买卖。[④]

数物之间须无主从关系。若有主从关系，则适用本法第631条的规定。

（二）一物不符合约定

前句规范性质，可接受的解释结果是限制性规范[⑤]，旨在限制解除效力之范围。解除事由仍需求诸本法第563条。[⑥]故，即使将“不符合约定”解释为瑕疵履行[⑦]，也仅为典型性而非封闭性列举。本条适用于一切部分给付障碍，给付障碍程度须致该部分的给付目的不能实现[⑧]。个案裁判中，绝大多数涉及

① 有相反意见，参见谢怀栻主编：《合同法原理》，法律出版社2000年版，第327页。

② 参见全国人民代表大会常务委员会法制工作委员会编：《中华人民共和国合同法释义》（第2版），法律出版社2009年版，第247页；邱聪智：《新订债法各论》（上），姚志明校订，中国人民大学出版社2006年版，第92页。

③ 参见温州市龙湾区人民法院（2015）温龙状民初字第95号民事判决书。该案中，出卖人认为土地使用权和房屋属于主、从物关系。此为国内通说，参见梁慧星：《民法总论》（第五版），法律出版社2014年版，第156页；崔建远：《物权：规范与学说——以中国物权法的解释论为中心》（上册），清华大学出版社2011年版，第48页。

④ 参见江苏省高级人民法院（2013）苏商终字第0258号民事判决书；广东省东莞市中级人民法院（2019）粤19民终3449号民事判决书。

⑤ 个中理由，笔者已于第631条的评注中略作说明，此处不赘。需要指出的是，个案中有法院直接将《合同法》第165条作为独立的部分解除权规范。

⑥ 王利明：《合同法研究》（第三卷）（第二版），中国人民大学出版社2015年版，第111—112页。

⑦ 参见梁慧星主编：《中国民法典草案建议稿附理由：合同编》（上册），法律出版社2013年版，第298页；谢怀栻主编：《合同法原理》，法律出版社2000年版，第327页；王利明：《合同法研究》（第三卷）（第二版），中国人民大学出版社2015年版，第111—112页；全国人民代表大会常务委员会法制工作委员会编：《中华人民共和国合同法释义》（第2版），法律出版社2009年版，第247页。

⑧ 如在上海市闵行区人民法院（2015）闵民一（民）初字第1880号民事判决书中，法院明确表示：“违约行为致使该笔交易的合同目的无法实现。”另见山东省滨州市中级人民法院（2016）鲁16民终1624号民事判决书。

瑕疵履行[①]，但也有期前拒绝部分之给付的判决。[②]

此处，“一物”并不是指标的物数量只能是一个[③]。涉及多个物时，也无需是多个同样的物。正确的理解毋宁是部分之给付。

（三）法律效果：买受人就该物解除

解除权主体为买受人，其须向出卖人作出解除之意思表示，固不待言。解除效力范围仅限于“不符合约定”之给付。解除后，依据本法第565条之规定，就该部分履行，尚未履行的（如拒绝部分履行情形），终止履行；已经履行的，根据履行情况和合同性质，买受人可以请求返回相应价金，并有权请求赔偿损失。唯应注意，若买卖合同以总价定价，并因此存在“优惠价”时，须按比例终止履行或返回价金。

二、本条后句的规范构成

就本条后句，立法者改变了先前《合同法》第165条的规定，明确只有买受人才可以解除全部合同。修改理由，未见说明，但应认为《合同法》规定欠妥。故，不妨探寻《合同法》第165条规范意旨。

《合同法》之“当事人可以就数物解除合同”之表述区别于本条前句的“买受人可以就该物解除”，似乎旨在强调其规范重心在于，出卖人亦得解除合同。考诸《合同法》第165条所参考的比较法资料，可得出该结论。我国台湾地区规定，当事人任何一方如因有瑕疵之物与他物分离而显受损害者，得解除全部契约。根据我国台湾地区通说，在有瑕疵之物与他物分离而显受损害时，买卖双方均得全部解除合同。只是出卖人之解约权以买受

---

① 部分之给付瑕疵客观上无法补正，参见河南省新乡市中级人民法院（2019）豫07民终675号民事判决书；债务人拒绝补正瑕疵履行的，参见浙江省杭州市中级人民法院（2019）浙01民终7495号民事判决书；部分之给付瑕疵补正失败的，参见山东省德州市中级人民法院（2020）鲁14民终599号民事判决书。

② 参见重庆市第五中级人民法院（2019）渝05民终5258号民事判决书。该案中，法院虽以《合同法》第69条后句（不安抗辩权的行使）为依据，判决部分解除合同。然此种解除事由应为先期拒绝履行。见韩世远：《合同法总论》（第四版），法律出版社2018年版，第423页。

③ 王利明主编：《中国民法典学者建议稿及立法理由：债法总则编·合同编》，法律出版社2005年版，第361页。

人提出部分解除为条件，即只有买受人提出部分解除后，出卖人方得提出全部解除。[①]

观察我国台湾地区相关规定及学说可发现：我国台湾地区的上述规定是以物之瑕疵为前提，此为其一；其二，赋予出卖人全部契约解除之目的在于维护数物紧密联合构成的一个整体（非法律上的单一物）之价值（非仅限于经济价值），规范上，体现于“显受损害”的构成要件，即指数物分离后价值之总和，显然低于作为整体之价值。

不过，我国台湾地区的规范配置，有过度保护出卖人（其毕竟是违约方！）之嫌，也未必符合买受人之利益。笔者认为，从立法论上讲，此等情形下，更合适的解决方案应是：限制买受人之部分解除权，而非赋予出卖人之解除权。申言之，若买受人部分解除，并不当然发生效力；若出卖人不同意，则不能部分解除（出卖人之异议权），此时出卖人不享有全部解除权；但若买受人全部解除，则出卖人无异议权，合同全部解除。一言以蔽之，为维护数个物的整体价值，应限制买受人之部分解除权，而赋予出卖人以解除权。

《民法典》立法者应是看到了《合同法》条文之赋予出卖人解除权[②]的弊

---

① 参见郑玉波：《民法债编各论》（上册），台北三民书局1981年版，第52页；邱聪智：《新订债法各论》（上），姚志明校订，中国人民大学出版社2006年版，第92页；林诚二：《民法债编各论》（上），中国人民大学出版社2007年版，第110页；吴志正：《债编各论逐条释义》（修订第6版），台北元照出版有限公司2019年版，第43页。为说明之，兹录吴志正书两例：（1）限量出版之西藏镀金佛经24册中仅1册有瑕疵者，因收藏有欠缺而整体价值大减，买受人通常会解除全部合同。唯买受人仅就有瑕疵之该册主张解除时，出卖人若认为解除后收回单册，纵经修补较诸回收全集更难再脱手，则可解除全部合同。（2）沙发一套5件，仅1件有瑕疵，倘买受人仅解除有瑕疵之沙发，出卖人回收该单件后纵经修补亦难再单卖，故通常出卖人愿解除全部契约，收回全套沙发修补后，更容易脱手，倘出卖人为此主张，买受人不得拒绝；而买受人亦得主张若仅解除该瑕疵沙发部分之契约，其余沙发即失其整体造型之美，因此与其他沙发将使其显受有损害而解除全部之契约。

② 实务中，个案的裁判思路对此有所体现。在“建阳公司与天居公司房屋买卖合同案”中，部分商铺用途不合约定且无法变更，出卖人主张解除全部合同，买受人主张部分解除合同。二审法院虽以合同目的无法实现为据而维持全部解除合同之判决，其间的裁判思路应是：若将涉案商铺与其他商铺分离后，其价值总和将使得“标的物的价值显受损害”，故而在买受人提起部分解除时，出卖人得要求全部解除。参见广东省广州市中级人民法院（2012）穗中法民五终字第1170号民事判决书。

端，而将解除权人限定在买受人。但现行《民法典》的规定，须在解释论上作进一步澄清。澄清路径可循两个方向：

1.将核心要件“标的物的价值显受损害”解释为“合同目的不能实现”。①这一解释路径的代价是：本条后句仅是释明性规范。易言之，即使无此规定，也得依据本法第563条解除。并且这一解释，也有偏离文义之嫌。

2.严格按照文义，将该要件解释为瑕疵之物②与其他物若经分离，则数物价值总和远远低于数物作为整体之价值。以此为前提，结合本条后句的文字修改，可以得出另一解释结论。具体而言，如上所述，对比《合同法》之规定，《民法典》将“但”一词修改为“但是”并以逗号隔开；“但是”前的逗号则改为句号。如此修改，立法者所欲强调的乃是后句之于前句的例外性。例外性表现为：（1）构成要件不同。后句的构成要件为“标的物的价值显受损害”。（2）法律效果异于前句，即排除了前句的部分解除权。该句中“可以”一词，仅表明买受人“有”全部解除权，而不是“可以”选择全部解除或部分解除。如此解释，本条后句的规范内容是：瑕疵之物与其他物若经分离，则数物价值总和远远低于数物作为整体之价值，则买受人享有全部解除权，但不享有部分解除权。

两者比较，以后者为优。

---

① 之前《合同法》的司法实践中，大多体现这一思路。

江苏省高级人民法院（2013）苏商终字第0258号民事判决书指出：“方圆公司所购4条生产线，由贴片机、回流焊、接驳台等设备组成，在物理上具有可分性，但其所购买的设备组成了4条完整的生产线，方圆公司提供的证据证明16台贴片机中有12台生产年份不符合合同约定，该12台贴片机分散在不同的生产线中，每一条生产线缺少任何一台设备便不能组成完整的生产线，即无法进行正常的生产。”生产线上设备瑕疵致生产线无法运行，买受人得解除整个合同，其理由无非是将该要件理解为整个合同目的无法实现。

在“东城机械厂、华璨公司买卖合同纠纷案”中，二审法院采纳一审法院的认定，即“全自动过胶定位线机、全自动四角贴角机、天地盖成型机这三种设备，从功能、用途等方面来看，联系都是非常紧密的”，因而“倘若分拆机器，仅凭全自动过胶定位线机、全自动四角贴角机，则并不能实现自动化生产、提高工作效率的合同目的”。其间思路，亦复如此。参见广东省高级人民法院（2019）粤民申12476号民事裁定书；广东省东莞市中级人民法院（2019）粤19民终3449号民事判决书；山西省运城市中级人民法院（2019）晋08民终3442号民事判决书。

② 这里是否如我国台湾地区的规定一样，仅限瑕疵履行，则须进一步探讨，此处存而不论。

举证责任

本条为解除权发生规范，解除权人（买受人）须就解除权的事实构成承担举证责任。具体而言，就本条前句，买受人主张部分解除权，须就“数物买卖”“一物不符合约定”等要件负担举证责任。本条后句，买受人主张全部解除合同，则尚需举证“标的物的价值显受损害”这一要件。

第六百三十三条【解除的特别规定之三】

出卖人分批交付标的物的，出卖人对其中一批标的物不交付或者交付不符合约定，致使该批标的物不能实现合同目的的，买受人可以就该批标的物解除。

出卖人不交付其中一批标的物或者交付不符合约定，致使之后其他各批标的物的交付不能实现合同目的的，买受人可以就该批以及之后其他各批标的物解除。

买受人如果就其中一批标的物解除，该批标的物与其他各批标的物相互依存的，可以就已经交付和未交付的各批标的物解除。

历史由来

本条源于《合同法》第166条，文字上有微许改动。《民法典合同编（草案）》（征求意见稿）第176条、《民法典合同编（草案）》（一审稿）第423条和《民法典合同编（草案）》（二审稿）第423条均遵循《合同法》之规定。《民法典》之学者建议稿[①]亦复如此。由此可见，本条规定在立法过程中，并无争议。

---

① 参见梁慧星主编：《中国民法典草案建议稿附理由：合同编》（上册），法律出版社2013年版，第299页；陈甦主编：《中国社会科学院民法典分则草案建议稿》，法律出版社2019年版，第179页；王利明主编：《中国民法典学者建议稿及立法理由：债法总则编·合同编》，法律出版社2005年版，第363页。

规范目的或功能

本条调整对象是出卖人分批交货合同，分为3款。

第1款构成完整的部分解除权规范，其内容为：在分批交货合同中，一批标的物给付障碍致使该批标的物的给付目的不能实现的，买受人可以就该批标的物解除。

第2款也构成完整的部分解除权规范，其内容为：在分批交货合同中，一批标的物给付障碍使得之后其他各批标的物之全面履行不具备合理期待性时，得就该批以及之后其他各批标的物加以解除。

第3款为全部解除权之独立规范，其内容为：就一批标的物解除权成立，若该批标的物与其他各批标的物相互依存的，则可解除整个合同。

规范内容

一、规范对象

本条规范对象为出卖人分批交货合同，属于分期给付契约（Teillierungsverträge）。这一结论基于如下事实：第一，《合同法》第166条的比较法材料是《联合国国际货物销售合同公约》第73条[①]。该条内容即以分批交货之合同（a contract for delivery of goods by instalments）为对象。[②]第二，

---

① 参见全国人大常委会法制工作委员会民法室编：《〈中华人民共和国合同法〉与国内外有关合同规定条文对照》，法律出版社1999年版，第126页；全国人民代表大会常务委员会法制工作委员会编：《中华人民共和国合同法释义》（第2版），法律出版社2009年版，第247—248页。

② 《联合国国际货物销售合同公约》第73条规定："（1）对于分批交付货物的合同，如果一方当事人不履行对任何一批货物的义务，便对该批货物构成根本违反合同，则另一方当事人可以宣告合同对该批货物无效。（2）如果一方当事人不履行对任何一批货物的义务，使另一方当事人有充分理由断定对今后各批货物将会发生根本违反合同，该另一方当事人可以在一段合理时间内宣告合同今后无效。（3）买方宣告合同对任何一批货物的交付为无效时，可以同时宣告合同对已交付的或今后交付的各批货物均为无效，如果各批货物是互相依存的，不能单独用于双方当事人在订立合同时所设想的目的。"

在体系上，本条与买受人之分期付款相续而定，构成买卖合同对待义务分期给付之对应两端。

本条调整对象具有如下特点：

1.为一个买卖合同。若为数个买卖合同，各为独立，自得独立解除，而不生影响，无需本条特别规范。本条规范重心是一个买卖合同项下涉及多批交付。一个合同或多个独立合同之判断，则须诉诸合同解释。

2.标的物给付总数自始确定，时间因素并无影响。买卖双方得以在合同中直接约定给付总额，但非以此为限。实践中，有以对待给付（即价金）确定给付总额的，表现为合同签订后支付“预付款”。对于“预付款”之法律意义，仍需诉诸意思表示解释。若经解释认为是先履行之价金[①]，则标的物给付总数自始确定；若买受人有权随时终止合同以结算货款，则应认为是继续性供给合同，给付数额非自始确定，预付款为履约保证金。[②]

3.分批交付。标的物分批交付是指合同标的物交付并非一次交付完成，而是出卖人根据约定的时间、数量、方式、地点等，分若干次向买受人交付。但分批交付之约定非以合同成立时确立为必要。司法实践，得由在履行过程中，双方协商确定[③]；或买受人单方确定[④]。其法律意义在于：排除债权人对于部分履行的拒绝权（本法第531条）。另须指出，“每批货物”内容为一物、多物或物之成分，均无不可。

在概念上，最易与分批交货合同混淆者为继续性供给合同（Sukzessivilieferungsvertrag），须略加说明。依据通说，继续性供给合同为继续性合同之特殊类型，是指当事人约定一方于一定或不定的期限内，向他方继续供给定量或不定量的一定种类品质之物，而由他方按一定标准支付价金的契

---

① 参见黑龙江省穆棱市人民法院（2014）穆商小字第4号民事判决书；河南省舞阳县人民法院（2019）豫1121民初2329号民事判决书。

② 在“源鑫经营部与杨某买卖合同纠纷案”中，买卖双方签订的是“啤酒订货协议”，按照交易习惯，应认为是继续性供给合同。预付款在性质上为履约保证金。参见云南省曲靖市中级人民法院（2016）云03民终96号民事判决书。

③ 譬如根据双方确定的分期执行供货计划单执行，参见河南省南阳市中级人民法院（2018）豫13民终6053号民事判决书。

④ 上海市第二中级人民法院（2010）沪二中民四（商）终字第614号民事判决书。

约，如啤酒、牛奶供应合同。[①]具有如下特点：（1）单一的契约；（2）定期或不定期；（3）给付范围与各个供给之时间，得自始确定或以买受人的需要而决定；（4）当事人自始认识到非在分期履行一个数量上自始业已确定之给付。[②]

笔者认为，两者之根本区别在于：给付总额是否自始确定，其他区别派生于此。分期给付之买卖合同中，给付总额自始确定，则买受人的整体履行利益已定，因此整个买卖合同之目的已有边界；在继续性供给合同之中，买受人的整体履行利益未定，整个买卖合同目的尚未清晰。于此派生如下重要区别：

一是部分履行之独立性。分期给付合同之部分履行具有双重意义：一方面，部分履行乃双方之意思自治之产物，为实现整体合同目的之手段和过程，因而具有一定之独立性，能消灭部分债之法律关系[③]。另一方面，由于整体合同目的之存在，因而受其制约。于解除权效力方面，若部分履行障碍致使整体合同目的无法实现，则得溯及已经履行之部分给付（本条第3款）。而在继续性供给合同中，由于整体合同目的未明，部分履行难受其约束，故而其法律独立性越加明显。体现在法律效果[④]上，各部分履行效果各自独立，[⑤]解除权之效力不具有溯及力。[⑥]

---

① 学说上习惯将供电、水、气供应合同，归入其中。但梅迪库斯认为，上述合同非典型之继续性给付合同，具有自身特性，供给企业“随时处于准备交付的状态之下”，即消费者无任何消费，企业“也在‘给付’”。笔者从之。原因在于：此类合同中，时间直接影响了给付之数量。而如后文所见，在笔者看来，典型的继续性给付合同，影响给付数量的毋宁是当事人之意志。参见［德］梅迪库斯：《德国债法总论》，杜景林、卢谌译，法律出版社2004年版，第13页；黄立：《民法债编总论》，台北元照出版有限公司2006年版，第5—6页。

② 参见王泽鉴：《债法原理》，北京大学出版社2009年版，第156页；韩世远：《合同法总论》（第四版），法律出版社2018年版，第87—88页；［德］梅迪库斯：《德国债法总论》，杜景林、卢谌译，法律出版社2004年版，第12—13页。

③ 参见薛军：《部分履行的法律问题研究——〈合同法〉第72条的法解释论》，载《中国法学》2007年第2期。

④ 体现在认识上，即所谓继续性供给合同“自始认识非在分期履行一个数量上自始业已确定之给付”。

⑤ 王泽鉴：《债法原理》，北京大学出版社2009年版，第156页。

⑥ 继续性合同解除无溯及效力，为我国通说。参见韩世远：《合同法总论》（第四版），法律出版社2018年版，第90页；崔建远：《合同法总论》（中卷），中国人民大学出版社2012年版，第685—689页。对该通说之质疑，参见王文军：《论继续性合同的解除》，载《法商研究》2019年第2期。

二是合同不成立、无效和被撤销。分期给付合同，具有整体目的，故其不成立、无效和被撤销，应涉及整个合同，已经履行之部分应相互返还或折价补偿（本法第157条）。在继续性供给合同中，整体目的未定，部分履行具有较强独立性，故而合同不成立、无效和被撤销时，原则上应无溯及力，已经履行部分，发生确定效力。

总之，区分继续性供给合同和分批交货合同之核心标准，在于给付总额是否自始确定。不过，审判实践中，也有将本条第1款适用于继续性供给合同的裁判。[①]

二、第1款的规范构成

第1款为独立的[②]完全法条，构成要件为：（1）一批标的物不交付或者交付不符合约定。不交付包括：期前拒绝交付、经催告后不交付和给付不能；不符合约定之交付，应为不完全履行，包括瑕疵给付和加害给付。（2）不能实现该批货物的合同目的。换言之，买受人该批货物之履行利益不能实现，而不涉及整个合同的履行利益。[③]审判实践中，本款涉及的案件多为剩余批次的给付障碍[④]。不过，有法院却以第2款为依据解除合同，[⑤]应是适用法律错误。

法律效果为部分解除，解除权主体为买受人，自不待言。解除后依据第565条之规定，就该批货物给付，尚未履行的（如拒绝履行情形），终止履行；已经履行的，根据履行情况和给付性质，买受人可以请求返还相应价金，并有权请求赔偿损失。

---

① 参见武夷山市人民法院（2018）闽0782民初42号民事判决书。一审法院认定事实："忠富商行自2017年3月开始，陆续向恒通公司采购果汁饮料，交易习惯为忠富商行向恒通公司发出订货单，恒通公司确认后由忠富商行支付货款，恒通公司收款后再发货。"另参见云南省曲靖市中级人民法院（2016）云03民终96号民事判决书。

② 但审判实践中，有判决向法定解除权一般条款（《合同法》第94条）逃逸，参见上海市宝山区人民法院（2009）宝民二（商）初字第1381号民事判决书。

③ 参见河南省郑州市中级人民法院（2016）豫01民终4766号民事判决书。

④ 参见河南省郑州市中级人民法院（2016）豫01民终4766号民事判决书；张掖市中级人民法院（2014）张中民终字第109号民事判决书。

⑤ 参见浙江省义乌市人民法院（2011）金义商外初字第99号民事判决书。

三、第2款的规范构成

依法条的结构，本款也为完全法条。其构成要件有三：（1）一批标的物不交付或者交付不符合约定；（2）之后其他各批标的物的交付不能实现合同目的；（3）两者具有因果关系（“致使”）。

第1项谓给付存在障碍，无需赘述。第2项、第3项要件须待澄清。

司法实践中，该款多适用于剩余各批次迟延履行①、给付不能②、拒绝履行③而不能实现整个合同目的。不过，如此适用不符合法条文义：其一，不存在一批标的物给付障碍引发之后其他各批标的物的交付不能实现合同目的之情形；毋宁是各批标的物同时存在给付障碍而引发合同目的不能实现。其二，倘若整个合同目的不能实现，解除之效果应及于合同的全部，包括已交付之标的物。而依据本条文义，解除效果不包括已交付的标的物。

若欲为本款寻求更丰富旨意，须求诸《联合国国际货物销售合同公约》第73条第2款：“如果一方当事人不履行对任何一批货物的义务，使另一方当事人有充分理由断定对今后各批货物将会发生根本违反合同，该另一方当事人可以在一段合理时间内宣告合同今后无效。”据此，须将第2项、第3项要件解释为：出卖人一批货物之给付障碍，使得买受人不可合理期待出卖人会全面履行剩余批次之交付，从而不能实现之后各批交付的合同目的。其法律效果是一体解除未交付的各批标的物。司法实践中，确有裁判体现了这一思路，在批量交付手机的买卖合同中，出卖人交付的一批手机，存在严重质量问题，破坏了双方的“信任基础”，出卖人的“违约行为足以导致其今后其他各批手机的交付不能实现合同目的”，从而允许解除该批及其后的各批

---

① 参见广东省中山市第二人民法院（2017）粤2072民初11020号民事判决书。

② 参见宁夏回族自治区中卫市沙坡头区人民法院（2016）宁0502民初1138号民事判决书。该法院认定：“2009年11月底，被告因政府政策性调整关停煤矿而全矿停产，扣除先前陆续向原告供应的部分原煤款外，被告对剩下51675元原煤未能依约再向原告供应，致使原告合同目的无法实现。”另参见河南省舞阳县人民法院（2019）豫1121民初2329号民事判决书。

③ 参见河南省宝丰县人民法院（2019）豫0421民初1490号民事判决书。

手机。①

综上，本条第2款的构成要件为：一批标的物不交付或者交付不符合约定，使得买受人不可合理期待出卖人会全面履行剩余批次之交付，从而不能实现之后各批交付的合同目的。法律效果为买受人得就该批以及之后其他各批标的物加以解除。该解除权之行使，除以明示向相对人作出意思表示外，在质量严重瑕疵之情形，更常见的做法是：一方面要求退还已交付的瑕疵标的，另一方面拒收剩余批次之标的。

此外，符合第2款之情形，买受人得以第1款为据，仅解除该批货物给付，乃处分自身利益而无涉他人，自当允许。

四、第3款的规范构成

第3款的规范构成如下：

1. 买受人可就其中一批标的物解除。此解除为法定解除，解除事由为该批标的物之给付障碍而致该批交付目的不能实现。

2. 该批标的物与其他各批标的物相互依存。判断各物是否相互依存之指引是该批标的物的给付障碍是否导致整个合同目的无法实现，即严重剥夺买受人的履行利益。实践中，表现为大型成套设备的买卖，分成几批交付。因此在法律上，各批均为构成一个物的组成部分而形成相互依存的关系。②

3. 法律效果是解除整个合同。

举证责任

本条为解除权发生规范，解除权人（买受人）须就解除权构成事实承担

---

① 在“海马公司、新野公司买卖合同纠纷案”中，分批交货合同规定批次履行期限根据双方确定的分期执行供货计划单执行。在一批货物存在严重瑕疵并经维修失败后，买受人未提供供货计划单，可认为买受人有理由相信出卖人之后续给付无法实现合同目的。参见河南省南阳市中级人民法院（2018）豫13民终6053号民事判决书。

② 参见辽宁省营口市中级人民法院（2013）营民二初字第00026号民事判决书；四川省绵阳高新技术产业开发区人民法院（2015）绵高新民初字932号民事判决书；辽宁省高级人民法院（2014）辽民二终字第00191号民事判决书。

举证责任。具体而言：本条第1款中“一批标的物不交付或者交付不符合约定”“致使该批标的物不能实现合同目的”，自由买受人负担举证责任。本条第2款中，买受人须负担如下事实之举证责任：（1）一批标的物不交付或者交付不符合约定；（2）买受人不可合理期待出卖人会全面履行剩余批次之交付；（3）两者具有因果关系。本条第3款中，买受人须举证的内容为：（1）就一批标的物之法定解除权成立；（2）该批标的物与其他各批标的物相互依存；（3）整个合同目的无法实现。

第六百三十四条【分期付款买卖】

分期付款的买受人未支付到期价款的数额达到全部价款的五分之一，经催告后在合理期限内仍未支付到期价款的，出卖人可以请求买受人支付全部价款或者解除合同。

出卖人解除合同的，可以向买受人请求支付该标的物的使用费。

历史由来

本条源于《合同法》第167条。该条未规定出卖人请求支付全款或解除合同的催告程序，引发本条和《合同法》第94条关系及其立法意旨的争论。《民法典合同编（草案）》（征求意见稿）第177条、《民法典合同编（草案）》（一审稿）第424条和《民法典合同编（草案）》（二审稿）第424条吸收学界研究成果，就第1款作出如下规定：“分期付款的买受人未支付到期价款的金额达到全部价款的五分之一，经催告后在合理期限内仍未支付到期价款的，出卖人可以要求买受人支付全部价款或者解除合同。”《民法典（草案）》第634条从之。

多部学者意见稿（梁慧星教授主持编撰的《中国民法典草案建议稿》第996条[①]、王利明教授主持编撰的《中国民法典学者建议稿》第1385条[②]）

① 梁慧星主编：《中国民法典草案建议稿附理由：合同编》（上册），法律出版社2013年版，第317—318页。

② 王利明主编：《中国民法典学者建议稿及立法理由：债法总则编·合同编》，法律出版社2005年版，第364页。

沿袭《合同法》的规定，而陈甦教授主持编撰的《中国社会科学院民法典分则草案建议稿》第37—38条[①]有所不同：一是增加了请求支付全部价款或解除合同的催告程序；二是吸收了《买卖合同解释》第38条、第39条之规定。

由上可见，相较于《合同法》第167条,《民法典》主要增加了催告程序，而并未吸收《买卖合同解释》第38条、第39条的相关内容。

规范目的或功能

分期付款买卖是信用经济之产物，实践中颇为多见，法律须加以调整。立法例上，许多国家颁布单行法规制。本法设一个条文加以规范。《买卖合同解释》尚有两个条文涉及分期付款。

本条分为两款，第1款规定分期付款的买受人迟延履行的价款数额达到全部价款的1/5，经催告后，合理期限经过，出卖人可以请求买受人支付全部价款或者解除合同。第2款规定出卖人行使解除权的同时，享有使用费请求权。

本条规范的管制色彩较为复杂。权利行使要件上，双方得约定更严格之要件；但不能以更宽缓之要件排除本条之适用。

规范内容

法律意义上，分期付款买卖是特种买卖合同，其特殊性体现为出卖人须先履行标的物交付义务[②]，而买受人得分期支付价款而享有期限利益，双方履行上的牵连关系因之失衡，出卖人价款请求权的保障因之而被削弱。不过此等失衡和削弱，并非无对价。买受人往往为此支付了比一次性支付价款的情形更高的价金。故此，双方利益衡平。

---

① 陈甦主编:《中国社会科学院民法典分则草案建议稿》，法律出版社2019年版，第180—181页。

② 郝丽燕:《〈合同法〉第167条（分期付款买卖）评注》，载《法学家》2019年第5期。

然而，交易实践中，出卖人往往采取多种措施保证价款请求权的实现，譬如所有权保留、支付按期付款保证金、设定其他担保等。期限利益丧失条款、单方解约条款亦属其类。上述条款的内容，常失诸公平，须法律介入以承担“安全阀”的功能，故而有本条第1款的规定。本条第2款的内容是出卖人以第1款解除合同，则发生使用费请求权的法律效果。

需要指出的是，学界对于《合同法》第167条的适用主体，存有争议①。最高人民法院认为，“一般发生于经营者和消费者之间”②，但并未排除非消费者合同之适用。本法采取民商合一的立法体例，本条应得适用于非消费者合同，即经营者之间的买卖合同。

一、规范意旨

《合同法》第167条的规范意旨，素有争议。虽立法机关③和权威学者④一直强调该条旨在以限制出卖人解除权的方式，保护处于弱势地位之买受人。但该条因催告程序阙如而放宽了出卖人解除权行使要件，故而有保护出卖人之嫌。⑤《民法典》增加出卖人之催告程序，规范旨在保护买受人。然须究明的是：在何种意义上保护买受人？或者，在何种意义上限制了出卖人的权利？本条规定出卖人享有两项权利：（1）支付期限单方变更权（为“请求全部支付价款”之前提）；（2）单方解除权。分期付款买卖，出卖人授信于买受人，买受人享有期限利益，但以多支付价款为对价，前已言明。因此，出卖人享有的支付期限单方变更权，为对出卖人之优待，须加以限制。本条第1款

---

① 有的学者认为，一体适用消费者合同和非消费者合同。参见谢鸿飞：《民法典和特别民法关系构建》，载《中国社会科学》2013年第2期。有的学者认为，典型适用情况为消费者买卖合同。参见姚欢庆：《〈合同法〉第167条规范宗旨之错位及补救》，载《浙江社会科学》2007年第2期；宁红丽：《分期付款买卖法律条款的消费者保护建构》，载《华东政法大学学报》2013年第2期。

② 最高人民法院民事审判第二庭编著：《最高人民法院关于买卖合同司法解释理解与适用》，人民法院出版社2016年版，第576页。

③ 全国人民代表大会常务委员会法制工作委员会编：《中华人民共和国合同法释义》，法律出版社1999年版，第250—252页。

④ 王利明：《合同法研究》（第三卷）（第二版），中国人民大学出版社2015年版，第146页。

⑤ 宁红丽：《分期付款买卖法律条款的消费者保护建构》，载《华东政法大学学报》2013年第2期。

所规定的限制是迟延履行价款达到总价款的1/5。买受人迟延履行主要义务，经催告后，合理期限经过，出卖人享有解除权，为给付障碍法的一般原理（本法第563条第1款第4项），本无须限制。解释上，若认为此时出卖人解除权也受到限制，则应理解为1/5价款未履行，已超越“主要义务”的标准[①]，因而是对买受人之优待，对出卖人之限制。真正需要限制的是支付期限的单方变更权，本条从行使要件上加以限制。

二、规范内容

本款第1款为出卖人支付期限单方变更权（故而也是剩余全部价款请求权的前提）和单方解除权规范基础，第2款为解除权法律效果之特别规定。支付期限单方变更权和单方解除权具有共同的行使要件，分析如下：

1.标的物先交付。分期付款之本质特征，在于出卖人对于买受人之授信，而授信体现于“标的物先交付”。标的物范围包括动产和不动产。是否得类推于股权等权利，学界多有争论。最高人民法院第67号指导案例[②]否认股权的分期付款买卖。但司法实践，做法并不统一。[③]

2.价款分期支付。价款分期支付是买受人期限利益之所在。期数、付款期限和每期额度，均限定期限利益之大小。对于付款期限、每期额度，我国法律规定付之阙如，而交由当事人意思自治。期数意义在于厘定期限利益。故而计算期数时应不包括在交付前或交付同时所支付的款项，原因在于，对于这些款项，买受人并无期限利益。但依《买卖合同解释》第38条第1款规定，“分期付款”系指买受人将应付总价款在一定期限内至少分3次向出卖人支付，可见我国的分期付款买卖的期数下限为2期（不包括在交付前或交付同时支付的期数）。[④]

3.未支付到期价款达到总价款的1/5。“未支付到期价款”，应解释为迟延履

---

① 王利明：《合同法研究》（第三卷）（第二版），中国人民大学出版社2015年版，第146页。

② 参见最高人民法院（2015）民申字第2532号民事裁定书。

③ 郝丽燕：《〈合同法〉第167条（分期付款买卖）评注》，载《法学家》2019年第5期。

④ 最高人民法院民事审判第二庭编著：《最高人民法院关于买卖合同司法解释理解与适用》，人民法院出版社2016年版，第567页。

行，须符合迟延履行之要件。[①]迟延履行的价款达到总价款的1/5，迟延期数，在所不问。另须指出，1/5为最低要求；当事人约定低于该比例要求，约定无效，原因在于，该比例要求旨在保护买受人；无效之后果，得有任意性规范补充，即适用于1/5的标准。当事人约定高于该比例要求，法律自应尊重，无须干涉。

4. 催告程序。此处催告程序应与本法第563条第1款第3项作同一解释。催告的功能之一在于警告买受人：若不履行支付义务，将承担不利后果。因此，催告内容须包含此等意思。催告为单方的、须受领之准法律行为。作为催告人之出卖人可以是限制行为能力人。

5. 合理期限经过。催告的另一功能在于给予债务人二次履行之机会。履行应有期限，双方无约定者，适用合理期限，即买受人准备履行的时间。合理期限长度应以个案而定。合理期限经过，是指在合理期限内买受人仍未履行到期价款支付义务。

满足上述要件，发生如下法律效果：

1. 价款支付期限单方变更权。出卖人得请求支付剩余价款（条文表述为“支付全部价款”）之前提是享有价款支付期限单方变更权。亦即，出卖人得以单方意思表示变更分期付款合同的价款支付期限条款，内容是将剩余价款加速到期，目的在于剥夺买受人享有的期限利益。该权利为形成权，须作出意思表示。出卖人请求买受人支付全部价款时，在解释上，应包括变更价金支付期限之意思表示。

2. 解除权。发生解除权，解除权之行使、法律效果，则依据《民法典》合同编通则的规定。

3. 变更权和解除权的行使。变更权和解除权均为形成权，须作出意思表示。该意思表示须相对人受领。到达相对人后，即发生形成效力。

以文义解释（“或者”），两者构成择一竞合关系，出卖人得择一行使。不过，这一解释在结论上或失诸公平。原因在于：买受人迟延履行，出卖人享有解除权，理所当然；但是，如上所见，变更权实为对出卖人之优待，于此应有所限制。尤其是标的物市场价格大跌，若出卖人仍得主张支付剩

① 郝丽燕：《〈合同法〉第167条（分期付款买卖）评注》，载《法学家》2019年第5期。

余价款，于买受人实有不公。解释上，于此等情形，或可以权利滥用原则加以限制。

变更权和解除权均为形成权，选择行使任一权利，意味着发生形成效力，故而选择后无变更之可能。[①]

选择行使变更权并要求买受人支付剩余价款，仍需催告买受人并给予合理期限[②]，原因在于：虽此前的出卖人已作催告而合理期限经过，然两次请求权的内容不尽相同。变更之前，请求支付的价款是迟延履行的部分；变更之后，则是剩余价款。统计学上，买受人固有很大不予支付的可能性，但剥夺买受人之法定待遇，须有强有力之理由。

选择行使解除权，则适用解除效果之规定（本法第566条）。解除效果之一为使用利益的返还。[③]本条第2款试图明确这一使用费请求权。

4. 使用费请求权。出卖人（而非买受人）行使解除权时，得以本条第2款向买受人请求支付标的物之使用费。使用费是标的物使用利益（Gebrauchsvorteile）的对价。使用利益即依据物的通常功能使用而获得的利益。使用费之额度，有约定者从约定；未约定者，以租金为标准[④]。不可出租或无租赁市场的，应按其通常估定折旧价格。[⑤]

三 举证责任

出卖人主张支付全部价款或解除合同的，须举证证明分期付款买卖合同成立、买受迟延支付价款达到总额的1/5、已经催告买受人履行迟延债务等。行使解除权而请求使用费的，出卖人须举证证明使用费的具体数额。

---

① 郝丽燕：《〈合同法〉第167条（分期付款买卖）评注》，载《法学家》2019年第5期。

② 相反意见，参见郝丽燕：《〈合同法〉第167条（分期付款买卖）评注》，载《法学家》2019年第5期。

③ 韩世远：《合同法总论》（第四版），法律出版社2018年版，第684页。

④ 《买卖合同解释》第39条第2款。

⑤ 史尚宽：《债法各论》，中国政法大学出版社2000年版，第96页。

第六百三十五条【凭样品买卖合同】

凭样品买卖的当事人应当封存样品，并可以对样品质量予以说明。出卖人交付的标的物应当与样品及其说明的质量相同。

历史由来

本条内容源于《合同法》第168条。立法过程中，《民法典合同编（草案）》（征求意见稿）第178条、《民法典合同编（草案）》（一审稿）第425条、《民法典合同编（草案）》（二审稿）第425条均承袭《合同法》规定。《民法典（草案）》第635条从之。几部学者建议稿均作了相同的规定（梁慧星教授主持编撰的《中国民法典草案建议稿》第997条[①]、王利明教授主持编撰的《中国民法典学者建议稿》第1387条第1款[②]、陈甦教授主持编撰的《中国社会科学院民法典分则草案建议稿》第39条[③]）。综上可见，立法者、学界对本条内容并无争议。

规范目的或功能

本条分为两句：前句为描述性规范，旨在确定凭样品买卖的一项构成要件；后句为辅助性规范，旨在科以出卖人以质量保证义务。

规范内容

一、凭样品买卖概述

凭样品买卖，又称货样买卖，为特种买卖之一种。特殊之处为关于标的

① 参见梁慧星主编：《中国民法典草案建议稿附理由：合同编》（上册），法律出版社2013年版，第319页。

② 王利明教授主持编撰的《中国民法典学者建议稿》将凭样品买卖集中于一条规定，第1款为本条之规定。参见王利明主编：《中国民法典学者建议稿及立法理由：债法总则编·合同编》，法律出版社2005年版，第364页。

③ 参见陈甦主编：《中国社会科学院民法典分则草案建议稿》，法律出版社2019年版，第181页。

质量之约定，即约定以提供样品的质量为标准。其他方面仍具有一般买卖的属性，适用一般买卖的规定。

凭样品买卖的特殊性，均围绕当事人依样定质的约定展开。

（一）样　品

以核心语义，样品应为实物，不动产或动产、消费物或非消费物，均非所问。以规范目的解释，样品之目的在于确定质量，故能显示物之种类及质量者，均无不可。比如模型、图样、式样书。①

样品通常从现存货物中选（抽），但不妨特意制造（在将来物买卖中，实属常见）。②

（二）凭样品条款订入合同

凭样品条款，是指双方约定以样品为合同标的物的质量标准，也须经要约—承诺之过程，方得订入买卖合同。判断是否订入合同，须求诸意思表示解释。提供样品情形，有疑义时，应解释为出卖人保证标的物质量以样品为断。③

通常情形，样品在合同订立时提供。在买卖合同成立前提供样品的，可解释为要约邀请。合同订立后，紧接履行前提供样品的，以交易习惯，得解释为凭样品条款未订入合同。

（三）凭样品条款为合同之内容

凭样品条款，为合同之内容，非合同生效之条件。凭样品买卖不附条件。

---

① 崔建远主编：《合同法》（第六版），法律出版社2016年版，第315页；韩世远：《合同法学》，高等教育出版社2010年版，第405页；林诚二：《民法债编各论》（上），中国人民大学出版社2007年版，第147页；黄立主编：《民法债编各论》（上），中国政法大学出版社2003年版，第126页；最高人民法院民事审判第二庭编著：《最高人民法院关于买卖合同司法解释理解与适用》，人民法院出版社2016年版，第589页。

② 郭明瑞、王轶：《合同法新论·分则》，中国政法大学出版社1997年版，第50页；最高人民法院民事审判第二庭编著：《最高人民法院关于买卖合同司法解释理解与适用》，人民法院出版社2016年版，第590页。

③ Karl Larenz, Lehrbuch des Schuldrechts, Bd. 2. Besonderer Teil, Halb. 1, 13. Aufl., München: C.H.Beck, 1986, S. S.142.

二、本条规范内容

本条分两句：前句规定买卖双方应当封存样品，并可以对样品质量予以说明；后句为凭样品买卖的效力规定。

（一）封存样品行为及其性质

买卖标的物质量以样品为断，故须对样品封存，以避免人为干扰或自身性质变化而引起样品品质的变化。封存形式以个案由当事人而定，法律不宜介入。贴封条、交第三人保管、公证，均无不可。

唯须探明的是封存样品行为的性质。以文义（“应当”）之解释，似乎为双方之义务，实则不然。规范性质上，本条前句应为描述性规范，旨在说明凭样品买卖的构成要件。质言之，封存样品行为为凭样品条款订入合同的要件。若未完成此等行为，凭样品买卖尚未成立。个案裁判也是如此判断。[①]凭样品买卖尚未成立，是指质量条款尚未约定，须以合同解释（本法第510—511条）加以确定。另外，双方已达成样品买卖的合意，一方拒不配合封存样品的，则可能须承担缔约过失责任（本法第500条），自不待言。

（二）样品质量说明

样品封存后仍发生品质变化，亦属可能。故双方当事人可以对样品质量加以说明。质量说明形式，在所不问，文字、图形、视频，均无不可。

本条规范旨在提示双方当事人得从事该行为，并无强制效力；也不是样品买卖之构成要件，故未做说明，不影响凭样品条款的订入。根据《买卖合同解释》第40条，在样品品质发生变化或无法查明是否发生变化时，则将质量说明拟制为样品，质量保证效力，不受影响。

---

① 参见山东省东营市中级人民法院（2015）东商终字第207号民事判决书；盐城市中级人民法院（2016）苏09民终1302号民事判决书；山东省威海市中级人民法院（2019）鲁10民终1000号民事判决书。

（三）法律效力

凭样品买卖效力的特殊之处，在于质量保证。本条后句规定了质量保证，即出卖人交付的标的物应当与样品及其说明的质量相同，所谓担保同一品质的义务。交付标的质量劣于样品，出卖人须承担瑕疵担保责任；质量是否劣于样品，应以交易观念为断，微小差异不构成质量瑕疵。唯质量优于样品，出卖人是否属于瑕疵履行？最高人民法院认为，对于质量是否优于样品，应审慎衡量①，诚值赞同。唯以一般交易观念，质量优于样品的，而有利于买受人，应限制买受人的请求权②。限制方法，得求诸目的限缩或诚信原则。

举证责任

买受人请求出卖人按照样品交付标的物时，须举证样品买卖成立。买受人主张标的物质量不符合样品时，须举证证明凭样品买卖成立、交付之标的物不符合样品之质量。

其他问题

实践中，合同约定的样品质量与文字说明不一致，常属有之。如何处理，本法未予规定。《买卖合同解释》第40条作出了规定。根据该规定：（1）封存的样品品质未发生变化时，以样品为准。（2）封存的样品品质未发生变化时或是否发生变化无法查明时，以文字说明为准。本条为任意性规范，得约定排除。

---

① 最高人民法院民事审判第二庭编著：《最高人民法院关于买卖合同司法解释理解与适用》，人民法院出版社2016年版，第592—593页。

② 邱聪智：《新订债法各论》（上），姚志明校订，中国人民大学出版社2006年版，第142页。

第六百三十六条【凭样品买卖合同的隐蔽瑕疵处理】

凭样品买卖的买受人不知道样品有隐蔽瑕疵的，即使交付的标的物与样品相同，出卖人交付的标的物的质量仍然应当符合同种物的通常标准。

历史由来

本条内容源于《合同法》第169条。立法过程中，《民法典合同编（草案）》（征求意见稿）第179条、《民法典合同编（草案）》（一审稿）第426条、《民法典合同编（草案）》（二审稿）第426条均承袭《合同法》规定。《民法典（草案）》第636条承袭该规定。几部学者建议稿均作了相同的规定（梁慧星教授主持编撰的《中国民法典草案建议稿》第998条[①]、王利明教授主持编撰的《中国民法典学者建议稿》第1387条第2款[②]、陈甦教授主持编撰的《中国社会科学院民法典分则草案建议稿》第40条[③]）。综上可见，立法者、学界对本条内容，并无争议。

规范目的或功能

本条是辅助性规范，从积极层面而言，在样品有隐蔽瑕疵时，本条明确出卖人的无瑕疵交付义务；从消极层面观察，在买受人要求出卖人承担“质量不符合约定的违约责任”（本法第582条）时，本条辅助判断“质量不符合约定”这一要件是否构成。至于质量不符合约定的法律效果[④]，非本条规范之内容。

本条是否可类推适用于“表面瑕疵”，须对本条作以解释。

---

① 参见梁慧星主编：《中国民法典草案建议稿附理由：合同编》（上册），法律出版社2013年版，第319页。

② 王利明教授主持编撰的《中国民法典学者建议稿》将凭样品买卖集中于一条规定，第2款为本条之规定。参见王利明主编：《中国民法典学者建议稿及立法理由：债法总则编·合同编》，法律出版社2005年版，第364页。

③ 参见陈甦主编：《中国社会科学院民法典分则草案建议稿》，法律出版社2019年版，第181页。

④ 我国学界中，对于瑕疵担保责任之地位，存有多种学说。

规范内容

本条规范，比较法上较为鲜见。其具体内容，可作如下分析：

1.本条规范典型情形是：样品为实物，否则难以解释“样品隐蔽瑕疵”这一文义；买卖合同的标的物是种类物（“同种物”）。

2.“不知道”和“隐蔽瑕疵”。

依照瑕疵之可发现程度，瑕疵分为表面瑕疵和隐蔽瑕疵。在瑕疵履行的语境下，区分表面瑕疵和隐蔽瑕疵的意义在于：须为隐蔽瑕疵的检验期限作特别规范。[①]样品瑕疵本身不涉及检验期限问题，区分表面瑕疵和隐蔽瑕疵，上述的规范意义不存。样品买卖特殊之处在于双方当事人就标的物质量作特别合意（样品质量合意）。买受人“不知道”隐蔽瑕疵，该隐蔽瑕疵固然不得进入样品质量合意，出卖人须提供合乎通常品质的同种物；买受人“不知道”的表面瑕疵，也非必定进入样品质量合意。譬如，作为样品之汽车有明显刮痕，但买受人怠于检查而不知的，也并非意味着样品质量合意为有明显刮痕的汽车。相反，若买受人经特别检验程序，发现隐蔽瑕疵，该瑕疵未必不进入样品质量合意。比如，买受人发现隐蔽瑕疵后，与出卖人协商。若该协商过程得通过意思表示解释为：买卖双方就该隐蔽瑕疵成为样品质量要素达成合意，则出卖人交付有此等隐蔽瑕疵之标的物，也非瑕疵履行。

故而，本条规范重心并非“隐蔽瑕疵”，而是“不知道”。解释论上，“买受人不知道样品有隐蔽瑕疵”之含义应为：推定未就样品的隐蔽瑕疵达成合意，即推定样品无隐蔽瑕疵。“表面瑕疵”得类推适用之，即推定样品无表面瑕疵。

3.法律效果：质量标准之确定。

本条非请求权规范，而是辅助性规范，旨在明确出卖人之交付标的物义务的质量维度。双方未就样品瑕疵作出约定而样品确有瑕疵时，出卖人须依同种物的通常标准交付标的物。唯须指出：“通常标准”所补充者仅为涉及的瑕疵。譬如，汽车剐痕例子中，“通常标准”所填补者仅指“刮痕”一项；其

---

① 金晶：《〈合同法〉第111条（质量不符合约定的违约责任）评注》，载《法学家》2018年第3期。

他质量标准仍照样而定，譬如样品汽车为红色，双方就此已作特别的样品说明，则仍需交付红色汽车。

举证责任

按照上述解释论构成，本条亦为推定规范，具有分配举证责任之功能。买受人关于标的物不符合同种物通常标准之主张成立时，出卖人须反证：双方就样品不符合通常标准作出了不同的约定。

第六百三十七条【试用买卖的试用期间】

试用买卖的当事人可以约定标的物的试用期限。对试用期限没有约定或者约定不明确，依据本法第五百一十条的规定仍不能确定的，由出卖人确定。

历史由来

本法源于《合同法》第170条："试用买卖的当事人可以约定标的物的试用期间。对试用期间没有约定或者约定不明确，依照本法第六十一条的规定仍不能确定的，由出卖人确定。"

《民法典合同编（草案）》（征求意见稿）第180条、《民法典合同编（草案）》（一审稿）第427条和《民法典合同编（草案）》（二审稿）第427条均遵循《合同法》之规定，仅就文字作了必要的修改。《民法典（草案）》从之。2020年5月提交全国人大审议时将两处"试用期间"改为"试用期限"。《民法典》从之。多部学者意见稿（梁慧星教授主持编撰的《中国民法典草案建议稿》第1000条[①]、王利明教授主持编撰的《中国民法典学者建议稿》第1387条1款[②]、陈甦

① 参见梁慧星主编：《中国民法典草案建议稿附理由：合同编》（上册），法律出版社2013年版，第323页。该稿在体例上，就特种买卖单列一节，而位于买卖合同通则一节之后；并且在第999条规定本法第638条之内容。

② 王利明主编：《中国民法典学者建议稿及立法理由：债法总则编·合同编》，法律出版社2005年版，第365页。该稿将本法第637条、第638条以及第640条合为一条。

教授主持编撰的《中国社会科学院民法典分则草案建议稿》第41条[①]），虽体例各有不同，但就实质内容并无实质争议。综上可见，对于本条规范之内容，立法过程中应无重大争议。

规范目的或功能

本条共两句：第1句旨在明确当事人可约定试用期间[②]。第2句属于解释规范，旨在确定约定不明时如何确定试用期间。具体内容是：有约定者，从约定。无约定或约定不明者，得由买卖双方补充达成；补充不成者，则须求诸合同单纯解释；合同单纯解释亦无法寻得合同规范意思，则适用本条任意性规范，即由出卖人确定。

规范内容

本法以四个条文（第637—640条）规范试用买卖合同，就试用买卖合同作出一般界定的是第638条第1款第1句。但为论述方便，不妨先将试用买卖合同之一般问题，作一说明。

一、试用买卖合同性质之辩

我国立法并未界定试用买卖合同。但学界通说[③]及《合同法》的立法解释[④]均将试用买卖合同定性为附生效条件的特种买卖合同。其特殊之处在于：买卖合同已成立但未生效，生效条件为买受人于标的物试用后对标的的承认。

---

① 陈甦主编：《中国社会科学院民法典分则草案建议稿》，法律出版社2019年版，第181页。该稿将本法第637条和第639条（略有修改）合为一条。

② 立法用语为试用期限，似可商榷。详见下文。

③ 崔建远主编：《合同法》（第六版），法律出版社2016年版，第316页；韩世远：《合同法学》，高等教育出版社2010年版，第406页；王利明：《合同法研究》（第三卷）（第二版），中国人民大学出版社2015年版，第157页、第159页；梁慧星主编：《中国民法典草案建议稿附理由：合同编》（上册），法律出版社2013年版，第322页。

④ 全国人民代表大会常务委员会法制工作委员会编：《中华人民共和国合同法释义》（第2版），法律出版社2009年版，第254页。

该学说应是受我国台湾地区和德国民法立法[①]、学说的影响。我国台湾地区明确规定试用买卖为附停止条件之买卖[②]；《德国民法典》则确定一项解释规则：即在有疑义时，推定为附停止条件之买卖（《德国民法典》第454条第2句）。德国权威学者对此建构，素有批评。核心理由略谓：签订的试用买卖合同对买受人并不具任何约束力，对出卖人之约束力仅体现于：买受人承认后，须履行买卖合同项下的义务。因而试用买卖合同不是附条件之法律行为。[③]对该理论之进一步逻辑推演则是：试用买卖的签订，并不生出卖人之容许试用义务。因而该义务须由法律直接规定[④]，便于买受人作出承认之决定[⑤]。

就此，我国有学者认为，试用买卖交易过程经由两步组成：第一步是一项具有约束力的合意，其效力不是买卖合同的给付效力，而是关于标的试用的权利和义务关系。第二步为买卖的订立。买受人的承认为承诺。[⑥]以此观点，出卖人容许试用义务，有所依归，诚值赞同。唯将试用买卖交易一分为

---

① 从立法资料来看，《合同法》立法者所参考的比较法资料分别为我国台湾地区的相关规定、债法改革前《德国民法典》第496条（债法改革后《德国民法典》第454条）、《意大利民法典》第1521条。参见全国人大常委会法制工作委员会民法室编：《〈中华人民共和国合同法〉与国内外有关合同规定条文对照》，法律出版社1999年版，第127页。

须顺便提及的是：《意大利民法典》之相当于试用买卖之规范，应为第1520条（而非第1521条），该条第1款规定："以买受人满意为保留而出卖标的物，满意表示未通知出卖人者，买卖不成立。"

② "试验买卖，为以买受人之承认标的物为停止条件而订立之契约。"

③ K. Larenz, Lehrbuch des Schuldrechts, Band II, Besonderer Teil, 13. Aufl. C.H.Beck München 1986, §44, I, p.144；[德]卡尔·拉伦茨：《德国民法通论》，王晓晔等译，法律出版社2003年版，第686—687页；[德]维尔纳·弗卢梅：《法律行为论》，迟颖译，法律出版社2013年版，第819页。

④ 德国法规定出卖人容许试验义务（§454II），学说上认为是从给付义务（Staudinger/Peter Mader/Martin Josef Schermaier, §454, 2014, Rn.17），不过不无疑问的是：若买卖合同尚未发生效力，何来从给付义务？我国台湾地区明定试验买卖为附停止条件之买卖，也特设第385条明确出卖人之容许试验义务。

⑤ Brox/Walker, Besonderes Schuldrecht, 32 aufl. C.H.Beck München, 2007, §7 Rn.43.我国台湾地区相关立法观点认为，既以买受人之承认目标物为条件，则买受人之是否承认，当就其目标物实行试验而决定之。故使出卖人对于买受人，负有许其试验目标物之义务。

⑥ 杨代雄：《意思表示理论中的沉默与拟制》，载《比较法研究》2016年第6期。比较法上，意大利法学说认为：《意大利民法典》第1520条的满意表示为对不可撤销要约之承诺（第1331条）之承诺，但无溯及力（ex nunc）。F.Gazzoni, Manuale di diritto privato, Edizioni Scientifiche Italiane, 2014, p.1113.

二，不免发生疑问。比如，买受人试用之用益的归属[①]。依据通说[②]，标的物即使交由买受人试用，风险负担并不移转，依据危险负担和利益承受一体原则（本法第630条），利益也不移转。买受人承认之后，利益方得移转。若将试用买卖交易过程分为有约束力之合意和买卖，则利益归属的依据在于有约束力的合意。准以此言，若以“买受人之承认”为承诺，买卖自承诺生效后成立，其效力应不及于该合意。据此，难以解释利益因承认而变更之学理观点。

笔者认为，试用买卖者为一体行为。承认为停止条件，条件乃当事人意思自治之所在。以此控制法律行为的整体效力，固无问题；以此控制法律行为之部分效力，更无不可。故而，试用买卖的承认，作为停止条件，其控制者，非试用买卖合同的全部效力，而仅限于主给付义务。据此，出卖人容许试用的义务，其基础在于试用买卖合同本身，为出卖人的从给付义务，无需法律加以明文（我国立法也未对此加以明文规定）。不过，对于利益的移转，则须进一步论证。具体言之，需将条件成就的效力（本法第158条中句）类推适用补助行为（本法第145条、第168条），而具备溯及力[③]。准此，“承认”后，买卖契约效力具有溯及力，试用的交付因而成为买卖合同项下的主给付义务——标的物交付义务，利益因交付而移转；于出卖人处试用而未交付者，所得利益，应归属于出卖人（本法第630条）。

二、试用买卖的特征

试用买卖具有如下特征，而区别于周边行为：

---

① 出卖人有一名马，交给买受人参加比赛以代试验。赛后获得奖金若干。奖金归属为何？该案例改编于罗马法上之案例（D.19, 5, 20pr）。

② 史尚宽：《债法各论》，中国政法大学出版社2000年版，第87页；邱聪智：《新订债法各论》（上），姚志明校订，中国人民大学出版社2006年版，第138页；吴志正：《债编各论逐条释义》（修订第6版），台北元照出版有限公司2019年版，第69页；林诚二：《民法债编各论》（上），中国人民大学出版社2007年版，第146页；李永军主编：《合同法学》，高等教育出版社2011年版，第232页。

③ 我国台湾地区通说，承认得类推适用“紧急避难”的规定而具有溯及力。参见邱聪智：《新订债法各论》（上），姚志明校订，中国人民大学出版社2006年版，第136—137页；吴志正：《债编各论逐条释义》（修订第6版），台北元照出版有限公司2019年版，第68页。

但亦有我国台湾地区学者认为得径直适用“承认的溯及效力”的规定。参见林诚二：《民法债编各论》（上），中国人民大学出版社2007年版，第144页；黄立主编：《民法债编各论》（上），中国政法大学出版社2003年版，第120页。

1.买卖已经成立，就买卖合同的要素已达成合意。这一点，不同于送货选购买卖。后者是出卖人未经买受人同意而将货物发送给买受人，由买受人决定是否购买的行为。发货行为在性质上为非定而寄的现物要约（Lieferung unbestellter Sachen）。受领货物之人得自主决定是否承诺，承诺者，则发生买卖契约，自无问题。拒绝者，要约失效。长时间而沉默者，并非承诺。[①]

2.为附停止条件的买卖合同。停止条件为“对标的物之满意”。后者系指，得由买受人任意决定，而无需说明理由；即使标的物完全合适，仍得拒绝，故而为纯粹任意条件，为“纯粹随意条件非条件”之例外。[②]条件之纯粹任意性，使得试用买卖合同区别于试用标准买卖。后者是指买卖双方约定标的物经过试用或检验符合一定要求时，买受人必须购买标的物的买卖合同。比较法上，《意大利民法典》第1521条[③]定有明文而区别于试用买卖（《意大利民法典》第1520条）。德国学说上，认为标准买卖合同为附有约束力之纯粹任意条件（gebundene Wollensbedigung）之买卖，而由条件制度调整[④]。《买卖合同解释》第42条第1项对两者加以区分。

另须指出，当事人约定以对标的物的满意为解除条件，属于当事人意思自治的范围，自无不可。在目前通说框架下，以满意为解除条件的买卖非试用买卖合同。

3.停止条件所控制者为主给付义务，即买卖合同主给付义务尚未生效，此区别于保留换货买卖（Kauf auf Umtausch）[⑤]。保留换货买卖是成立生效之买卖，

---

① 相关论述，可参见朱庆育：《民法总论》（第二版），北京大学出版社2016年版，第195—196页。

② 郑玉波：《民法债编各论》（上册），台北三民书局1981年版，第94页；邱聪智：《新订债法各论》（上），中国人民大学出版社2006年版，第139页；林诚二：《民法债编各论》（上），中国人民大学出版社2007年版，第143页；黄茂荣：《买卖法》（增订版），中国政法大学出版社2002年版，第526页；［德］卡尔·拉伦茨：《德国民法通论》，王晓晔等译，法律出版社2003年版，第686—687页。

③ 《意大利民法典》第1521条第1款规定：“标准试验买卖（la vendita a prova）被推定为以标的物具有约定之品质或通常之效用为停止条件。”

④ Larenz/Wolf, Allgemeiner Teil des Bürgerlichen Rechts, 9 aufl. C.H.Beck, München, 2004, 50 Rn.17.

⑤ 《买卖合同解释》第42条第3项。

不附条件。其特殊之处在于：出卖人允许买受人在一定期限内、于价金范围内换取他物。他物之范围约定或以交易习惯定之。原则上，归还之标的物应未损坏。[①]另外，试用买卖也不同于保留退货买卖[②]。后者是指买卖双方在订立合同时约定，于一定期限内买受人可以退还标的物，并要求出卖人返回价款之买卖合同。保留退货买卖已成立生效，其特殊之处在于：买受人具有约定解除权。

4.试用买卖出卖人的商业目的在于：经试用而使买受人满意，从而达成交易，故而，试用由买受人以外的人完成，不符合出卖人商业目的。此区别于第三人试用之买卖合同。[③]国外有判例认为，非基于特殊原因（比如保护商业秘密），出卖人不得拒绝买受人委托之人之试用。[④]原因在于：受托人以委托人利益计算而行事。

三、本条的规范内容

（一）试用期间还是试用期限

《民法典（草案）》2020年5月提交全国人大审议时，将两处“试用期间”改为“试用期限”，修改理由，不得而知。传统民法上的时间制度，由期日（Termin）和期间（Frist）组成。期日是不可分或视为不可分的特定时间[⑤]，表现为时间点。期间为从始点到终点的时间区段。民法时间制度上并无期限之界定。立法者压轴修改，“期限”应非“期间”的简单的文义上的同义替代。同样压轴修改的还有本法第638条：“试用期间届满”为“试用期限届满”所替代。由“届满”一词，可推断立法者所指“期限”应为期间之终点[⑥]。由此可见，立法者以为无须为试用期间的始点提供任意性规范配置，其所规范

---

① D. Looschelders, Schuldrecht, BT, 10 aufl., Verlag Franz Vahlen München, 2015, Rn.245.

② 《买卖合同解释》第42条第4项。

③ 《买卖合同解释》第42条第2项。最高人民法院之证成角度为第三人满意为偶成条件，似偏离重心。

④ Staudinger/Peter Mader/Martin Josef Schermaier, §454, 2014, Rn.18.

⑤ 张俊浩主编：《民法学原理》（修订第三版）（上册），中国政法大学出版社2000年版，第335页。

⑥ 该结论可由本法第189条得以印证：“当事人约定同一债务分期履行的，诉讼时效期间自最后一期履行期限届满之日起计算。”

的典型是：交付性试用买卖，无约定者，根据交易习惯，交付为试用期间始点。然而，在大型设备移动费用过高的情形，于出卖人处试用[①]，亦属有之。极端情形下，若无法通过合同解释获得试用期间始点时，则任意性规范为本法第511条第4项，出卖人可以随时履行、买受人可以随时请求履行。如此适用本法第511条第4项，则违背试用买卖的试用期间制度的立法意旨。

试用期间内，出卖人负有容忍买受人试用之义务[②]，买受人不负对待义务，乃是对买受人的优待。由是，试用期间制度，在穷尽协议补充和合同单纯解释无法得知合同规范意思后，各法域立法[③]的任意法规范，均将试用期间交由出卖人来确定。试用期间终点固然重要，始点并非无足轻重。以本条规范格局，若始点存有疑义，依据本法第511条第4项之规定，买受人得随时请求出卖人履行容许试用义务。此等结果，难谓公平。彻底解决之道在于：将本条"试用期限"解释为"试用期间"。退而求其次的方法，在始点存有疑义时，目的限缩本法第511条第4项之适用，而类推适用本条之规定，即始点由出卖人决定之任意规范。

（二）试用期间的确定

依据意思自治，买卖试用期间得由当事人约定。约定为意思表示之合致，明示、可推知之意思表示，均无不可。约定具体时间点为始点，自无问题；终点约定得有多种方式：或约定从始点起算的时间段；或约定某一时间点。

若无约定，自得以补充协议达成；协议不成，则须求诸合同解释。合同解释无法探知规范意思，则由出卖人确定。对于始点的出卖人确定，前文已述。终点的出卖人确定，仍需说明。司法实践中，终点存疑时，出卖人请求

---

① 就合同立法者和最高人民法院之立场看，我国法上承认在出卖人处试用的试用买卖。最高人民法院民事审判第二庭编著：《最高人民法院关于买卖合同司法解释理解与适用》，人民法院出版社2016年版，第607页；全国人民代表大会常务委员会法制工作委员会编：《中华人民共和国合同法释义》，法律出版社1999年版，第256—257页。

尚需指出，在就试用地点有疑义时，应适用本法第511条第3项后段，须在出卖人处试用。理由在于：容忍买受人试用为出卖人的一项从给付义务。

② 邱聪智：《新订债法各论》（上），姚志明校订，中国人民大学出版社2006年版，第137页；崔建远主编：《合同法》（第六版），法律出版社2016年版，第316页。

③ 《德国民法典》第455条第1款后句；《意大利民法典》第1520条第2款。

买受人履行价金支付义务，必要的准备时间经过后，买受人未作出拒绝表示的，视为已购买。[①]据此，终点为请求履行日之后必要准备时间的最后一日。尚须指出：出卖人须合理确定，否则构成权利滥用。比如，9月20日，出卖人确认试用期终点为9月18日；而在9月18日之前，买受人未作拒绝表示。显然，此时不能视为买受人已经购买，而应认定出卖人构成权利滥用（本法第132条）。

期间（始点、终点）确定，为事实通知，须受领之表示，到达买受人方生效力；至于生效要件，宜适用法律行为之规则。期间（始点、终点）确定权限旨在确定法律关系，本应受期间的限制。不过，买受人得通过拒绝或认可，终局确定法律关系，故而无需加以期间限制。

举证责任

若出卖人主张有权确定试用期限，买受人异议的，买受人须举证双方存在约定或达成补充协议或经合同解释确定试用期限。

第六百三十八条【试用买卖合同的订立】

试用买卖的买受人在试用期内可以购买标的物，也可以拒绝购买。试用期限届满，买受人对是否购买标的物未作表示的，视为购买。

试用买卖的买受人在试用期内已经支付部分价款或者对标的物实施出卖、出租、设立担保物权等行为的，视为同意购买。

历史由来

本条历史由来有二：第1款源于《合同法》第171条；第2款则是吸收《买卖合同解释》第41条之结果。《买卖合同解释》第41条规定：“试用买卖的买受人在试用期内已经支付一部分价款的，人民法院应当认定买受人

---

① 参见江苏省无锡市梁溪区人民法院（2017）苏0213民初1506号民事判决书；成都市金牛区人民法院（2018）川0106民初7522号民事判决书。

同意购买，但合同另有约定的除外。在试用期内，买受人对标的物实施了出卖、出租、设定担保物权等非试用行为的，人民法院应当认定买受人同意购买。”

《民法典合同编（草案）》（征求意见稿）第181条、《民法典合同编（草案）》（一审稿）第428条均作出了如下一致规定：“试用买卖的买受人在试用期内可以购买标的物，也可以拒绝购买。试用期间届满，买受人对是否购买标的物未作表示的，视为购买。试用买卖的买受人在试用期内已经支付一部分价款或者对标的物实施了出卖、出租、设定担保物权等行为的，视为买受人同意购买，但当事人另有约定的除外。”《民法典合同编（草案）》（二审稿）第428条删除了“实施”后面的“了”。第2款与《买卖合同解释》第41条相比较，存在两处实质变化：（1）“但书”适用于部分价金支付行为和对标的物的出卖、出租、设定担保物权等行为；（2）对于标的物的出卖、出租、设定担保物权之行为，不再以“非试用行为”作为上位范畴。

在此基础上，《民法典（草案）》第638条删除了上述草案的“但书”。2020年5月提交全国人大审议时，进一步将“试用期间”修改为“试用期限”。不同于本法第637条的修正，本条“试用期限”之修正，值得赞同，其所表达的是试用期间之终点。

各草案变化之焦点集中于“但书”，存在解释空间（见后）。

就本条第1款之内容，在《民法典》的起草过程中，几部学者建议稿均作了相同的规定（梁慧星教授主持编撰的《中国民法典草案建议稿》第999条[①]、王利明教授主持编撰的《中国民法典学者建议稿》第1387条第2款[②]）。陈甦教授主持编撰的《中国社会科学院民法典分则草案建议稿》[③]“合同编”第42条则增加了第2款：“买受人在试用期内已经支付一部分价款，或者对标的物实施

① 参见梁慧星主编：《中国民法典草案建议稿附理由：合同编》（上册），法律出版社2013年版，第321页。

② 参见王利明主编：《中国民法典学者建议稿及立法理由：债法总则编·合同编》，法律出版社2005年版，第365页。

③ 参见陈甦主编：《中国社会科学院民法典分则草案建议稿》，法律出版社2019年版，第181页。

出卖、出租、设立担保物权等非试用行为的，视为同意购买。”该增加条款基本上为本法所吸收。

规范目的或功能

本条共2款，其性质为辅助规范，均指向试用买卖合同的订立。第1款第1句为描述性规范，旨在释明试用买卖合同的性质；第1款第2句为拟制规范，旨在赋予特定情形下买受人的单纯沉默以承认的表示价值。第2款旨在确认得从买受人特定行为中推知承认的表示。

规范内容

试用买卖为附停止条件之买卖，条件之成就交由买受人决定，是为纯粹任意条件。本条第1款第1句意在明确：我国法语境中的试用买卖为附纯粹任意停止条件之买卖。

买受人承认者，试用买卖合同生效；拒绝者，合同不发生效力。本条规范买受人之承认、拒绝行为。

一、试用买卖的承认

（一）承认概述

关于承认之性质，素有争议。一种观点认为：承认仅为对标的物满意之表示，性质上为观念通知，但准用于法律行为之规定。[①]另一种观点认为：承认不仅是对物满意之表示，还包括对买卖行为效力的承认，含有效果意思，

---

① 崔建远主编：《合同法》（第六版），法律出版社2016年版，第317页；韩世远：《合同法学》，高等教育出版社2010年版，第407页；邱聪智：《新订债法各论》（上），姚志明校订，中国人民大学出版社2006年版，第137页；林诚二：《民法债编各论》（上），中国人民大学出版社2007年版，第143页。郑玉波一方面认为承认为观念通知，但同时肯定：在解释上，承认“包括对该买卖之承认”。参见郑玉波：《民法债编各论》（上册），台北三民书局1981年版，第94—95页。

为意思表示。[①]笔者赞同后一种观点。首先，从文义上看，“可以购买”“拒绝购买”的含义显然不仅是对标的物的承认，而且包括对买卖效力之承认。其次，最高人民法院的立场一向认为包含对买卖行为效力的承认。最高人民法院编写的相关图书中，明确表示此处同意购买为法律行为[②]。再次，比较法上，目前通说已转变为意思表示说。[③]最后，笔者认为，承认的对象为买卖合同的主给付效力，买卖合同的其他效力（比如出卖人之容许试用义务）在承认之前，已经发生效力。学说之争的实益在于：买受人的表示是否需要包含对买卖合同之主给付效力的认可。因观念通知说也认为此时准用法律行为之规则，故在其他方面的差异甚微。

承认为自主意思表示，非以试用为前提；不经试用，作出承认（或拒绝），亦无不可，原因在于试用并非买受人之义务。

承认为需受领之意思表示，一般到达出卖人方能生效。意思表示（法律行为）瑕疵制度，原则上均适用于承认行为。承认行为附款，属于意思自治之范围，又未加深法律关系之不稳定性，应当允许。

本条规定，承认表示，得以明示、可推知之行为或单纯沉默。明示者，奉行形式自由原则，故书面、口头均无不可。本条两款分别规定了单纯沉默和可推知之行为。以下分述之。

（二）第1款后句的单纯沉默：承认之拟制

承认须在“试用期限届满”[④]前作出。若对是否购买标的物未作表示的，

---

① 王利明认为，应以买受人同意购买为合同生效要件，同意购买之表示应包含承认买卖合同之意思。参见王利明：《合同法研究》（第三卷）（第二版），中国人民大学出版社2015年版，第160—161页；黄立主编：《民法债编各论》（上），中国政法大学出版社2003年版，第120页（陈洸岳执笔）；史尚宽：《债法各论》，中国政法大学出版社2000年版，第83页。

② 最高人民法院经济审判庭编著：《合同法解解与适用》（上册），新华出版社1999年版，第771页。

③ ［德］迪特尔·梅迪库斯：《德国债法分论》，杜景林、卢谌译，法律出版社2007年版，第135页；Brox/Walker, Besonderes Schuldrecht, 32 aufl. C.H.Beck München, 2007, §7 Rn.43; Staudinger/Peter Mader/Martin Josef Schermaier, §454, 2014, Rn.23.

④ 《民法典（草案）》提交审议时，将“试用期间”修改为“试用期限”。须将此处“试用期限”理解为试用期间的终点。

视为购买。学理上[①]和最高人民法院立场[②]均将此处“未作表示”解释为可推知之意思表示。不过，就文义而言，本条是指既未作出承认也未作出拒绝之单纯沉默（wirkliches Schweigen），而不同于可推知的意思表示（konkludente Willenserklärung）。质言之，就文义而言，本条无需买受人有表示行为。就体系观察，本条分两款加以区分，第2款方为可推知之意思表示。立法语言表达上，第2款“视为同意购买”不同于第1款的“视为购买”，旨在强调第2款可推知当事人“同意”之意思表示。

单纯沉默不具表示价值，只有在有法律规定、当事人约定或者符合当事人之间的交易习惯时，才可被拟制为意思表示（本法第140条第2款）。本条第1款后句，即为法律规定之情形。申言之，法律将单纯沉默拟制为意思表示[③]，是为规范化沉默（normiertes Schweigen）。此处之拟制，非仅限于成立之限度，即构成意思表示，而是将一切关于意思表示的规则适用于此。故而行为能力制度、意思表示瑕疵规则，皆得而适用。[④]买受人试用期间无行为能力或受欺诈，固得主张买卖合同之效力瑕疵。[⑤]

不过，法律拟制单纯沉默为意思表示，须有正当化之理由。交易实践中，试用买卖得交付于买受人而试用或在出卖人处试用。比较法[⑥]上，均将此处之拟制限制在交付试用买卖行为，其理由在于：标的物交付买受人的，通常情形，买受人不承认的，须在试用期限届满前交还标的物或作出拒绝表示。否则，足以使出卖人信赖其为承认，此乃信赖原则对意思自治之限制。[⑦]本条并未明文规定适用范围。但在解释上，须作如上的目的限缩。[⑧]

---

① 杨代雄：《意思表示理论中的沉默与拟制》，载《比较法研究》2016年第6期。

② 最高人民法院民事审判第二庭编著：《最高人民法院关于买卖合同司法解释理解与适用》，人民法院出版社2016年版，第602页。

③ ［德］迪特尔·梅迪库斯：《德国民法总论》，邵建东译，法律出版社2004年版，第262页。

④ ［德］迪特尔·梅迪库斯：《德国民法总论》，邵建东译，法律出版社2004年版，第263页。

⑤ 杨代雄：《意思表示理论中的沉默与拟制》，载《比较法研究》2016年第6期。

⑥ 《德国民法典》第455条第2句、《意大利民法典》第1520条第3款。

⑦ 邱聪智：《新订债法各论》（上），姚志明校订，中国人民大学出版社2006年版，第138页。

⑧ 全国人民代表大会常务委员会法制工作委员会编：《中华人民共和国合同法释义》，法律出版社1999年版，第257页；最高人民法院民事审判第二庭编著：《最高人民法院关于买卖合同司法解释理解与适用》，人民法院出版社2016年版，第607页。

本款“视为”一词，表明本款为法律拟制，不可推翻。

（三）第2款为可推知的承认

承认，性质上为意思表示，得经明示表示于外，也可经可推知的行为表示于外。本条第2款的意义在于：若经意思表示解释，买受人实施之行为为部分价款支付行为、标的物出卖、出租或设定担保物权之行为，则其行为便是承认行为。换言之，本款所列举之行为认定，乃意思表示解释的结果，一旦认定买受人实施了上述行为，则可推知其含有同意购买之意思表示[①]。本款“视为”之含义并非“法律拟制”，而应理解为法律推定。这一结论，得由法条演变历史由来加以印证。《民法典（草案）》最终删除“但当事人另有约定的除外”之“但书”，其原因在于：上述行为之认定，乃意思表示解释之结果。意思表示解释操作自当考量当事人约定这一关键因素，因此“但书”规定实为赘语，应予删除。

本款的法律意义在于分配举证责任。即在意思表示解释过程中，出卖人只要初步证明买受人从事上述行为，法律即推定买受人承认的意思表示。买受人则须负担反证责任（譬如虽表面上实施了出租行为，但是双方另有约定等）。

厘清本款的举证责任分配功能，有助于理解草案的如下修改：《民法典》及其各草案均未采《买卖合同解释》第41条的“非试用行为”之概念，而以“行为”指称“对标的物出卖、出租或设定担保物权”。“非试用行为”相对于“试用行为”，应是超出“必要试用”之行为，两者共同点应是行为对象均为标的物。“非试用行为”包括事实行为，比如以试用车参加赛车比赛、改造试用房屋格局[②]。对于这些行为，举证责任之分配应是：出卖人须举证从此等行为中可推知同意购买之意思。《民法典》及其各草案以“行为”取代“非试用行为”之目的在于排除某些非试用行为，从而将意思表示解释过程中的举证责任分配给出卖人。进一步而言，本款“等”字表明示例虽为典型列举，但应作严格解释，其

---

① 最高人民法院认为，同意购买是被推定的。参见最高人民法院民事审判第二庭编著：《最高人民法院关于买卖合同司法解释理解与适用》，人民法院出版社2016年版，第603页及以下。另见史尚宽：《债法各论》，中国政法大学出版社2000年版，第87页。

② 上述例子参见最高人民法院民事审判第二庭编著：《最高人民法院关于买卖合同司法解释理解与适用》，人民法院出版社2016年版，第611—612页。最高人民法院认为，此时可以推定同意购买。笔者对此有所保留。

核心要义是：买受人行为，以一般交易观念观察，为典型的自主占有人之行为。

仍需指出的是，上文所举的非试用行为，虽不能当然推知同意购买之意思，但并非无救济路径。若此等非试用行为造成标的物损害，而试用买卖合同终局无效的，至少得享有基于缔约过失的请求权（本法第500条第3项）。

（四）承认之法律效力

本条未规定承认之效力，须略加说明。依据学理，承认乃停止条件之成就，故买卖合同发生完全效力（主给付义务发生）。条件成就不具溯及力（本法第158条）。但基于妥当处理试用期间标的物收益和正常减损的归属，学理上赋予承认以溯及力，所采用的方法为类推适用补助行为的溯及力[①]。

二、拒绝及其效力

同承认一样，拒绝亦为需受领的意思表示，得明示，比如通知出卖人取回标的物[②]；得以推知行为表示，典型的如交还标的物。比较法上，基于保护出卖人信赖的考量，亦有将买受人沉默拟制为拒绝之情形，即于出卖人处试用情形，买受人于试用期限届满前未作表示的，视为拒绝。[③]可资参考。

拒绝者，为停止条件之不成就，试用买卖因之确定无效，且应是溯及无效。

举证责任

本条第1款第1句内容为试用买卖的本质特征。主张"试用买卖"成立者，须举证双方有"买受人可以购买也可以拒绝"的约定。第2句为拟制承认之规

---

① 邱聪智：《新订债法各论》（上），姚志明校订，中国人民大学出版社2006年版，第136—137页；吴志正：《债编各论逐条释义》（修订第6版），台北元照出版有限公司2019年版，第68页。

但亦有我国台湾地区学者认为得径直适用"经承认之法律行为，如无特别订定，溯及为法律行为时发生效力"的规定。参见林诚二：《民法债编各论》（上），中国人民大学出版社2007年版，第144页；黄立主编：《民法债编各论》（上），中国政法大学出版社2003年版，第120页。

② 参见广西壮族自治区河池市中级人民法院（2015）河市民二终字第335号民事判决书。

③ 邱聪智：《新订债法各论》（上），姚志明校订，中国人民大学出版社2006年版，第139—140页。

定。出卖人主张试用买卖合同因“拟制承认”而成立的，买受人须举证在试用期限届满前作出拒绝表示并到达出卖人。第2款为可推知的承认。出卖人只需举证买受人在表面上从事了部分价款支付、标的物出租、出卖、设立担保物权等行为即可；而买受人须负担反证责任。

第六百三十九条【试用买卖使用费】

试用买卖的当事人对标的物使用费没有约定或者约定不明确的，出卖人无权请求买受人支付。

历史由来

本条内容于《合同法》中未见规定，其源于《买卖合同解释》第43条，文字上略有修改。

在立法过程中，《民法典合同编（草案）》（征求意见稿）第182条、《民法典合同编（草案）》（一审稿）第429条均作了如下一致规定：“试用买卖的当事人对使用费没有约定或者约定不明确的，出卖人无权要求买受人支付。”《民法典合同编（草案）》（二审稿）第429条在“使用费”前增加“标的物”；《民法典（草案）》第639条将“要求”改为“请求”，并最终形成本条规定。

在《民法典》的起草过程中，陈甦教授主持编撰的《中国社会科学院民法典分则草案建议稿》[①]“合同编”第41条第2款规定：“试用买卖的当事人没有约定使用费或者约定不明确的，买受人不承担使用费。”

综上，可以认为本条规范之立法过程，并无分歧。

规范目的或功能

本条规范功能在于排除出卖人之使用费请求权，为抗辩规范。本条为任意性规范，得由当事人约定排除。

---

① 参见陈甦主编：《中国社会科学院民法典分则草案建议稿》，法律出版社2019年版，第181页。

规范内容

一、规范情形和法理基础

从逻辑上区分，本条规范的情形可分为两种：

1. 试用买卖合同效力待定期间，出卖人可否请求买受人支付使用费的问题。一般情形下，物之收益（Nutzung）归属于所有权人；若所有权人通过租赁等有偿合同允许相对人获得收益时，相对人须支付报酬（租金）作为获得使用利益之代价，亦即所有权人享有收益报酬请求权（Anspruch auf Nutzungsentgelt）。试用买卖买受人使用出卖人之标的物，获得使用利益（Gebrauchsvorteile），出卖人本应有使用利益报酬请求权，即使用费请求权。但根据本条，无约定或约定不明时，试用买卖出卖人不享有此等请求权。实践中，此等情形，难得一见。

2. 常见的情形是：试用买卖合同因买受人拒绝购买标的物等原因终局地、自始不生效力，根据本法第157条，法律行为确定不发生效力的，不能返还或者没有必要返还的，应当折价补偿。此处折价补偿，应包括利益之返还，性质为不当得利。[①]换言之，根据本法第157条，出卖人本应享有使用费请求权。但本条排除之。从这个意义上讲，本条至少构成了对本法第157条之例外，性质上为限制性规范。

不过，依据笔者对试用买卖合同性质的理解，停止条件所延缓效力仅为买卖合同的主给付义务。双方其他义务在合同订立时业已生效，也并不因条件不成就（如拒绝购买）而受影响。[②]因此，容许买受人试用的义务，为出卖人的从给付义务，且非因条件之不成就而消灭，故而买受人取得使用利益，乃基于出卖人的此项义务。因此，在第一种情形下，出卖人基于商业之安排，无偿允许买受人享有标的物使用利益，买受人取得使用利益基础在于约定（类推本法第321条第1款

---

① 李宇：《民法总则要义：规范释论与判解集注》，法律出版社2017年版，第740页；韩世远：《合同法总论》（第四版），法律出版社2018年版，第322页。就“折价补偿”的解释论构造，参见赵文杰：《论不当得利与法定解除中的价值偿还　以〈合同法〉第58条和第97条后段为中心》，载《中外法学》2015年第5期。

② 详参《民法典》第637条评注内容。

第2句）；在第二种情形下，买受人根据约定得保有使用利益，不构成不当得利。

二、没有约定、约定不明确

本条为任意性规范，限于当事人无约定或约定不明情形。有争议的是，适用本条之前，是否先需要适用本法第510条进行合同单纯解释。以意思自治立场出发，自应先通过单纯解释探求当事人的规范意思；只有在规范意思无法得知时，方能适用任意性规范加以补充。[①]为达此目的，须将本条之“约定不明确”解释为：即使通过本法第510条，仍不能确定当事人之意思。

举证责任

本条为抗辩规范。当出卖人主张使用费请求权时，买受人得以本条加以抗辩。为排除买受人的本条抗辩，出卖人须举证双方有约定或经简单合同解释能确定合同规范意思。

其他问题

正确理解本条，尚需注意如下问题：

1.区分使用费请求权和试用费用承担。试用费用是指买受人试用标的物所支出的费用（交通费、材料费），自应由买受人承担。[②]

2.试用范围内之使用利益方由买受人保有。何为试用范围内之使用，应交由个案判断。在试用范围内使用标的物，造成之自然损耗，买受人无需承担责任。在试用范围外之使用造成标的物贬损，买受人又拒绝购买的，出卖人得以缔约过失或侵权责任获得救济。

---

① 最高人民法院民事审判第二庭编著：《最高人民法院关于买卖合同司法解释理解与适用》，人民法院出版社2016年版，第630页。

② 王利明：《合同法研究》（第三卷）（第二版），中国人民大学出版社2015年版，第165页；郑玉波：《民法债编各论》（上册），台北三民书局1981年版，第94页。最高人民法院对郑玉波的见解似有误读，参见最高人民法院民事审判第二庭编著：《最高人民法院关于买卖合同司法解释理解与适用》，人民法院出版社2016年版，第630页。

第六百四十条【试用期间标的物毁损、灭失风险的承担】

标的物在试用期内毁损、灭失的风险由出卖人承担。

历史由来

本条为新增规定。立法过程中，《民法典合同编（草案）》（征求意见稿）第183条规定："标的物在试用期内毁损、灭失的风险由出卖人负担，但毁损、灭失的风险由买受人导致或者当事人另有约定的除外。"《民法典合同编（草案）》（一审稿）第430条、《民法典合同编（草案）》（二审稿）第430条均删除"征求意见稿"的"但书"而最终形成《民法典（草案）》第640条的规定。

在《民法典》的起草过程中，王利明教授主持编撰的《中国民法典学者建议稿》第1387条第3款有类似规定[①]，梁慧星教授主持编撰的《中国民法典草案建议稿》并未见此规定。

规范目的或功能

本条规范目的在于确定试用期内标的物毁损、灭失风险由出卖人负担。在性质上，宜将本条界定为限制性规范，作为本法第157条中段之例外。

此外，本条为任意性规范，可为当事人约定排除。

规范内容

本条规范，比较法上极为鲜见[②]。规范内容，不妨与风险蕴意一并讨论。解释论上，本条"风险"得有两种构成：价金风险或返还不能风险。

---

① 王利明教授主持编撰的《中国民法典学者建议稿》第1387条第3款规定："标的物在试用期间内毁损、灭失的风险由标的物的所有权人负担，当事人另有约定的除外。"参见王利明主编：《中国民法典学者建议稿及立法理由：债法总则编·合同编》，法律出版社2005年版，第365页。

② 附停止条件的法律行为，标的物交付后的风险负担问题，德国法立法时认为须交由交易实践规定，立法上不宜规定任意性规范或解释规则。Vgl., Mugdan Motiv II, S.180.

一、价金风险

本条所称之标的物毁损、灭失风险，所指为何，得有多种解释。以体系解释，此处风险，应与本法第604条[①]，作一体解释，即应限缩为价金风险，所欲处理的问题是：因不可归责于双方之原因，出卖人之给付因不能而消灭时，买受人是否仍需支付价金？

这一脉络下，本条规范目的似是为“交付移转价金风险”创设一项法定例外（本法第604条末段后种情形），其逻辑推理是：买卖合同中价金风险的一般规则是随交付而移转于买受人；试用买卖合同中，标的物若已交付，本应根据一般规则，价金风险由买受人承担，但此处特设例外。

不过，上述推理，存在诸多商榷之处。“交付移转价金风险”中之“交付”，为买卖合同项下之出卖人一项主给付（本法第598条前段），试用买卖合同中“试用交付”非该主给付义务[②]，甚至试用买卖是否产生试用交付义务，尚须视具体约定内容而断[③]。此外[④]，价金风险之前提在于，价金支付义务已经产生。然而，试用买卖合同（主给付义务）未生效，故不生价金风险负担问题。[⑤]

故而，本条真正需要处理的问题应是试用买卖合同（主给付义务）因承认发生效力后的价金风险问题。详言之，试用期限内标的物因意外毁损、灭失，但买受人仍同意购买，条件成就，买卖合同终局生效，但此时出卖人给付义务因不能而消灭，买受人是否仍需支付价金？

---

① 吴香香：《〈合同法〉第142条（交付移转风险）评注》，载《法学家》2019年第3期。

② 王利明：《合同法研究》（第三卷）（第二版），中国人民大学出版社2015年版，第166页；Staudinger/Peter Mader/Martin Josef Schermaier, §454, 2014, Rn.22；邱聪智：《新订债法各论》（上），姚志明校订，中国人民大学出版社2006年版，第121页；吴志正：《债编各论逐条释义》（修订第6版），台北元照出版有限公司2019年版，第138页。

③ 于出卖人处试用者，便无交付义务。Vgl. Staudinger/Peter Mader/Martin Josef Schermaier, §454, 2014, Rn.16.

④ 有观点似认为，交付构成主给付义务，只是附有条件，须待条件成就后，风险方得移转。参见史尚宽：《债法各论》，中国政法大学出版社2000年版，第84页；黄立主编：《民法债编各论》（上），中国政法大学出版社2003年版，第144页。但是将此处“交付”界定为买受人附条件之主给付义务，不无疑问。比如该项义务可否诉请履行。

⑤ 韩世远：《合同法学》，高等教育出版社2010年版，第406页。

于此，须预先处理两个前提问题：其一，买受人在知晓标的物毁损、灭失时，是否可能仍旧同意购买？学界和最高人民法院倾向于否定的回答①。但是，笔者认为尚不能一概否认。原因在于：标的物毁损、灭失时，买受人并非无任何利益。比如同意购买后，因交付而溯及取得标的物所有权，故得主张标的物毁损、灭失的保险金、补偿金、对第三人之赔偿请求权等代偿利益（stellvertretendes commodum）②；同理，买受人经同意购买取得试用标的物之用益③。其二，同意购买的溯及力问题。若不承认其溯及力，则标的物即使毁损、灭失，出卖人仍需另行给付标的物，买受人支付价格，不生价金风险负担问题④。然而，学理上一般通过类推适用补助行为之规则赋予同意购买以溯及力。⑤在同意购买具有溯及力的背景下，买卖合同自签订时发生效力，若标的物在试用期限内已经交付的，该交付转化为出卖人主给付项下的交付（简易交付⑥），试用期限内的价金风险由买受人负担（本法第604条中段），其仍须支付价金。若是在出卖人处试用标的物而未交付时，依据本法第604条前段，价金风险由出卖人负担。此时本条的规范意义只是对本法第604条前段在此等情形下之释明。

综上，本条风险解释为价金风险的语境下，试用期内标的物因不可归责于双方之原因毁损、灭失时，通常情形下，买受人事后不同意购买，买受合同（主给付义务）不生效力，不生价金风险；特殊情形下，买受人同意购买，

---

① 郭明瑞主编：《合同法学》，复旦大学出版社2007年版，第275页；最高人民法院民事审判第二庭编著：《最高人民法院关于买卖合同司法解释理解与适用》，人民法院出版社2016年版，第616—617页。

② 我国法上代偿请求权的解释论构成，参见朱晓喆：《买卖之房屋因地震灭失的政府补偿金归属——刘某某诉杨某某房屋买卖合同纠纷案评释》，载《交大法学》2013年第2期。

③ 比如按约定，试用之名马参与比赛而获得巨额奖金。

④ 韩世远：《合同法学》，高等教育出版社2010年版，第406页。.

⑤ 邱聪智：《新订债法各论》（上），姚志明校订，中国人民大学出版社2006年版，第136—137页；吴志正：《债编各论逐条释义》（修订第6版），台北元照出版有限公司2019年版，第68页。

但亦有我国台湾地区学者认为得径直适用“经承认之法律行为，如无特别订定，溯及为法律行为时发生效力”的规定。参见林诚二：《民法债法各论》（上），中国人民大学出版社2007年版，第144页；黄立主编：《民法债编各论》（上），中国政法大学出版社2003年版，第120页。

⑥ 王利明：《合同法研究》（第三卷）（第二版），中国人民大学出版社2015年版，第166页。

在同意购买具有溯及力[①]的前提下，若标的物在试用期内已经交付，则依据本法第604条中段，买受人承担价金风险；若未交付，尚得依本条，由出卖人承担价金风险。[②]因而，本条规范内容须作目的限缩，即标的物在试用期内毁损、灭失的，若买受人仍同意购买且标的物未交付的，则价金风险未移转，由出卖人承担，其规范意义是对本法第604条前段的释明。

二、返还不能风险和规范内容

返还不能之风险所处理的问题是：在因不当得利、解除、占有、所有等引发的返还关系中，因标的物毁损、灭失返还不能时，返还义务人是否须价值返还？

买受人拒绝购买标的物，试用买卖合同终局无效，若已经交付标的物，买受人须返还标的物；标的物在试用期内毁损、灭失而返还不能的，至少根据本法第157条之文义，买受人需折价补偿[③]，即价值偿还。但是，将返还不能之风险归属于买受人，不符合试用买卖之典型交易形态，并且与交付移转风险（本法第604条后段）[④]滋生评价矛盾。故此有本条规定，旨在明确返还不能风险由出卖人承担。从这一意义上讲，本条构成第157条中段之例外，为限制性规范。

解释论上，本条风险指称“价金风险”或“返还不能风险”，均得以构成。但应以后者为佳，理由有二：其一，在价金风险脉络下，所规范者，乃是标的物在试用期内毁损、灭失而买受人仍同意购买这一情形，实属特殊；并且要件上仍须标的物未为交付，于此，仍得适用本法第604条前段加以解

---

① 最高人民法院实际上已关注到这一问题，参见最高人民法院民事审判第二庭编著：《最高人民法院关于买卖合同司法解释理解与适用》，人民法院出版社2016年版，第617页。

② 我国台湾地区虽无本条之类似规定，但其学说构造以价金风险为原点，可参见郑玉波：《民法债编各论》（上册），台北三民书局1981年版，第94—95页；林诚二：《民法债编各论》（上），中国人民大学出版社2007年版，第146页。

③ 有学者以解释论重构“折价补偿”，以解决不当得利返还关系中的返还不能风险，并得推论于解除返还关系中的返还不能风险。参见赵文杰：《论不当得利与法定解除中的价值偿还》，载《中外法学》2015年第5期。

④ 该条本身，不得直接限制本法第157条之适用。原因在于，如前所述，“交付移转价金风险”中之“交付”，为买卖合同项下之出卖人一项主给付。然而，试用买卖合同的条件未成就，交付非其项下之主给付义务。

决，规范供给充足。其二，从体系上看，本法第639条所解决的典型问题是：试用买卖合同因买受人拒绝购买标的物等原因终局不生效力时，标的物已交试用，买受人是否需要支付使用费之问题；在返还不能风险脉络下，本条所解决的是，上述情形下，若标的物意外毁损、灭失，买受人是否需要承担返还不能风险。两者构成要件相近，而上下相接，更契合体系要求。

举证责任

本条可体现为抗辩规范。当出卖人请求买受人归还标的物时，须举证：试用买卖合同已终局不生效力；标的物已经交付试用。买受人为阻却请求权的产生，须举证：标的物已于买卖合同终局不生效力前毁损、灭失，毁损、灭失的原因不可归责于自身。

第六百四十一条【所有权保留及其登记】

当事人可以在买卖合同中约定买受人未履行支付价款或者其他义务的，标的物的所有权属于出卖人。

出卖人对标的物保留的所有权，未经登记，不得对抗善意第三人。

历史由来

本条第1款源于《合同法》第134条；第2款为新增条款。《民法典合同编（草案）》（征求意见稿）第184条[①]基本沿袭《合同法》之规定，但明确排除不动产的所有权保留；第185条第1款[②]规定了所有权保留登记的效力，即未经登记，不得对抗善意第三人，即使登记，也不得对抗正常经营活动中已支

① 《民法典合同编（草案）》（征求意见稿）第184条规定："当事人可以在买卖合同中约定买受人未履行支付价款或者其他义务的，标的物的所有权属于出卖人，但该约定不适用于不动产。"

② 《民法典合同编（草案）》（征求意见稿）第185条规定："出卖人对买卖合同的标的物保留的所有权，不得对抗正常经营活动中已支付合理价款并取得标的物的买受人；未经所有权保留登记，不得对抗善意第三人。出卖人将标的物交付给买受人后二十日内完成所有权保留登记的，可以对抗买受人的担保物权人，但留置权人除外。"

付合理价款并取得标的物的买受人；第2款特别规定，标的物交付给买受人后20日内完成登记的，所有权保留得对抗买受人的担保物权。《民法典合同编（草案）》（一审稿）和《民法典合同编（草案）》（二审稿）第431条均作出了如下规定："当事人可以在买卖合同中约定买受人未履行支付价款或者其他义务的，标的物的所有权属于出卖人。出卖人对标的物保留的所有权，未经登记，不得对抗善意第三人。"《民法典（草案）》从之。

就学者建议稿看，多部学者建议稿（梁慧星教授主持编撰的《中国民法典草案建议稿》第964条[①]、王利明教授主持编撰的《中国民法典学者建议稿》第1358条[②]）遵循《合同法》之规定。而陈甦教授主持编撰的《中国社会科学院民法典分则草案建议稿》"合同编"以三个法条，分别规定了所有权保留之定义（基本同《合同法》第134条，但排除不动产之适用）、所有权保留登记之对抗效力以及对抗效力之例外[③]。

综上可见，对于本条规范之内容，立法过程和学者间的争议主要在于：适用范围是否包括不动产；所有权保留登记之效力。

规范目的或功能

本条共两款：第1款为定义性规范，旨在界定所有权保留的构成要件。第2款的规范旨意包括：一是明确登记不是所有权保留成立之构成要件；二是明确登记的对抗效力。

规范内容

本法以三个条文（第641—643条）规范所有权保留买卖制度。出卖人所有

① 参见梁慧星主编：《中国民法典草案建议稿附理由：合同编》（上册），法律出版社2013年版，第269页。

② 王利明主编：《中国民法典学者建议稿及立法理由：债法总则编·合同编》，法律出版社2005年版，第326页。

③ 陈甦主编：《中国社会科学院民法典分则草案建议稿》，法律出版社2019年版，第179—180页。

权保留买卖的典型特征是，出卖人虽交付标的物，但标的物所有权的移转有赖于特定条件之成就。通常情形下，此处条件为价金的完全支付。一般认为，所有权保留制度的目的在于保障价金请求权[①]，但在具体路径选择上，我国法颇具特色。德国法上，价金请求权之保障体现为：买受人嗣后陷入支付不能时，出卖人得行使取回权[②]；买受人强制执行标的物时，得提起异议之诉；买受人处分标的物与第三人时，得不予追认而使之无效[③]；在买受人给付迟延时，出卖人得通过解除而要求返回标的物。可见此种模式下，并不能直接实现价金债权，而是通过保留所有权，促使买受人支付价金。而我国法语境下，出卖人通过变卖标的物直接实现的乃是价金请求权（本法第643条）。可认为，我国法上所有权保留制度之重心，在于保障价金请求权之直接实现；职是之故，对于买受人权益，尤其是期待权之保障，虽学界恒有讨论[④]，但本法并未作出特别规定。

本法第1款为描述性规范，旨在通过描述构成要件而确定所有权保留之边界；第2款排除登记作为所有权保留的成立要件，并且试图确认登记之效力。

一、法律构成

所有权保留为当事人意思自治之范围。在物权形式主义和债权形式主义下，其法律构成殊异。物权形式主义模式下，所有权保留合意为物权合意，内容为所有权移转以当事人约定内容（通常是价金之完全支付）为停止条件，该物权合意独立于买卖合同之外[⑤]。但这并不意味着，买受人得请求立即移转所有权，

---

① 王泽鉴：《附条件买卖买受人之期待权》，载王泽鉴：《民法学说与判例研究》（第一册），中国政法大学出版社1998年版，第155页。

② 此为德国主流观点，Baur et al., Insolvenzrecht, C.H. Beck, 12 Auf., 1990, Rn.14.我国学者有不同见解，参见许德凤：《论破产中尚未履行完毕的合同》，载《法学家》2009年第6期。

③ Dirk Looschelders, Schuldrecht BT 10 aufl., Franz Vahlen, München, 2015, Rn.202-203; Staudinger, Roland Michael Beckmann, §449, 2014, Rn.2.

④ 申卫星：《所有权保留买卖买受人期待权之本质》，载《法学研究》2003年第2期；王轶：《所有权保留制度》，载梁慧星主编：《民商法论丛》（第6卷），法律出版社1999年版，第593—670页。

⑤ 王泽鉴：《附条件买卖买受人之期待权》，载王泽鉴：《民法学说与判例研究》（第一册），中国政法大学出版社1998年版，第161页；孙宪忠：《德国当代物权法》，法律出版社1997年版，第345页。

原因在于，所有权保留为买卖合同之内容[①]，据此产生出卖人附条件移转所有权之债务。物权意思主义语境下，在履行所有权保留买卖合同时，买卖双方须达成物权合意——一个附条件的物权合意，该物权合意抽象于买卖合同之外。

在债权形式主义下，买卖合同中，除与动产标的物所有权转移相关的合同条款附有生效条件外，其他条款自依法成立时生效。在与动产标的物所有权转移相关的合同条款所附生效条件成就前，出卖人向买受人进行的标的物交付行为，系服务于买受人提前享用的需要，而非履行其转移标的物所有权于买受人的合同义务；一旦该生效条件成就，买受人即可基于简易交付取得标的物的所有权。[②]

本条表述为“在买卖合同中约定”似倾向于后一观点。不过，这一表述也得解释为，买卖合同约定了出卖人附条件移转所有权之债务。

二、第1款：所有权保留的适用范围

所有权保留得适用于动产，动产之范围立法无须进行限制，以扩张当事人之自治范围[③]。唯须指出，物的非重要成分（如汽车发动机）亦得成立所有权保留；消费物也不妨成立所有权保留，但消费物被消费而灭失其本体时，所有权保留自得消灭。

有争论的是，所有权保留得否适用于不动产。比较法上，物权变动模式采取债权形式主义的法域，一般均允许不动产的所有权保留，如法国[④]、日本[⑤]、意大利[⑥]。物权形式主义的法域，一般均采否定的态度，如德国、瑞士。原因在于，债权形式主义模式下，买卖合同成立，即发生不动产所有权变动，当事人得以所有权保留特约排除该效果；物权形式主义模式下，不动产所有

---

① Staudinger, Roland Michael Beckmann, §449, 2014, Rn 17.

② 王轶：《论所有权保留的法律构成》，载《当代法学》2010年第2期。

③ 最高人民法院民事审判第二庭编著：《最高人民法院关于买卖合同司法解释理解与适用》，人民法院出版社2016年版，第527页。

④ 沈达明：《法国/德国担保法》，中国法制出版社2000年版，第148页。

⑤ ［日］近江幸治：《担保物权法》，祝娅等译，法律出版社2000年版，第271页。

⑥ 意大利法上的所有权保留制度（《意大利民法典》第1523—1526条）虽置于动产买卖一节下，但学说均认为仍得适用于不动产买卖。Cfr., Commentario del Codice Civile v.IV (a cura di) A. Scialoja e G.Branca, Roma, 1981, 431.

权变动以登记为要件，登记则发生所有权变动，未登记则不发生变动，并无所有权保留特约之空间。变更登记之前，为避免出卖人出让不动产于第三人，可进行预告登记。债权形式主义也以登记为不动产所有权变动之要件，且我国已初步建立预告登记制度，据此[①]，《买卖合同解释》第34条排除了不动产的所有权保留。对此，权威学者从扩大当事人意思自治范围的立场出发，肯定不动产的适格性[②]。另有学者认为农村集体所有土地（宅基地）上的住房转让无须以登记为要件，自可适用所有权保留[③]。我国法语境下，不动产所有权保留制度的最大制度意义是类推适用于诸如土地承包经营权、土地经营权等不动产用益物权转让时的物权保留。

本条文义上，并未涉及不动产之适用问题，立法者的目的应是留有空白而交司法实践和学说解决。

三、第2款：所有权保留之成立和登记的对抗效力

所有权保留特约为一项合意。合意之典型内容为：价金支付为所有权移转的停止条件。不过，需要指出的是：其一，价金支付并非总是表现为分期付款，一次性付款作为所有权保留的停止条件，亦无不可。其二，买卖双方约定其他事项作为停止条件，为其自治范围，法律无需禁止，故而本条还规定了“其他义务”之履行作为停止条件。

合意之形式，得否以口头、默示之方法表示，学界存有争论[④]。笔者认为，所有权保留意思表示方法，其所关涉利益仅限于买卖双方，自得由当事人自主决定，法律无须置喙；当事人为避免举证困难风险，自会选择明示书面形

---

① 其他理由还包括：在我国，作为不动产的主要内容的房屋，也大多采用按揭的方式以保障作为抵押权人的银行的利益，不必采取所有权保留方式。参见最高人民法院民事审判第二庭编著：《最高人民法院关于买卖合同司法解释理解与适用》，人民法院出版社2016年版，第526页。

② 王利明：《所有权保留制度若干问题探讨——兼评〈买卖合同解释〉相关规定》，载《法学评论》2014年第1期。

③ 李永军：《所有权保留制度的比较法研究——我国立法、司法解释和学理上的所有权保留评述》，载《法学论坛》2013年第6期。

④ 翟云岭、孙得胜：《论所有权保留》，载《法学家》2010年第1期；最高人民法院民事审判第二庭编著：《最高人民法院关于买卖合同司法解释理解与适用》，人民法院出版社2016年版，第543页。

式，立法亦无须介入。论者所担心的“扰乱社会秩序”问题，非意思表示方法所能关切，而是本条第2款所有权保留登记制度所欲解决的问题。

所有权保留是否需以登记为要件，比较法上存在不同模式。德国法上，所有权保留无需登记。瑞士法采弱登记生效主义，即不经登记，所有权保留于当事人之间不生效力；但即使登记亦不能排除第三人善意取得标的物。[①]意大利法就特定财产采取登记对抗主义，即有限的登记对抗主义。我国台湾地区采登记对抗主义。本条第2款也采登记对抗主义。具体言之，所有权保留无需以登记为成立要件，故当事人得以其自身判断，决定是否进行登记。未经登记，若买受人将标的物转让于善意第三人时，后者得主张善意取得（本法第311条），出卖人不得对抗。不过进一步的问题是：纵经登记，是否可排除第三人之善意呢？如果答案是肯定的，则意味着在频繁的动产交易过程中，买受人均有查阅登记簿之必要，糜时耗力，增加交易成本，有碍交易。如果答案是否定的，则须承认登记簿并无公信力，而对于所有权保留卖主而言，该登记并无意义。

实际上，如上所见，有学者建议稿曾采取了折中主义的立场，即有限登记对抗主义。本条应作进一步解释。详言之，船舶、航空器、机动车之所有权保留登记，具有公信力，可排除第三人之善意；其他动产采取正常经营买受人规则。[②]我国法上关于船舶、航空器、机动车权利变动中，采取登记对抗主义（本法第225条），将所有权保留登记对抗效力限缩于上述动产，符合体系要求。而对于其他动产，可类推适用本法第404条之规定，即只要买受人在正常经营活动中已向买受人支付合理价款并占有该动产，则能善意取得标的物所有权。

四、类　型

所有权保留，以简单所有权保留为原型。商业交易尚有如下类型，须做

---

① 王泽鉴：《附条件买卖买受人之期待权》，载王泽鉴：《民法学说与判例研究》（第一册），中国政法大学出版社1998年版，第165页。

② 陈甦主编：《中国社会科学院民法典分则草案建议稿》，法律出版社2019年版，第179—180页。该稿合同编第33条规定：“出卖人保留所有权的，未经登记，不得对抗善意第三人。”第34条规定：“出卖人的保留船舶、航空器、机动车以外动产的所有权的，不得对抗买受人正常经营活动中已向买受人支付合理价款并占有该动产的第三人。”

一观察。(1)延长型所有权保留(verlängerter Eigentumsvorbehalt)[①],又称纵向所有权保留,主要涉及两种情形:其一,所有权保留卖主允许买主移转标的物所有权给第三人,从而卖主之所有权消灭。为此,双方约定:买主将对第三人之价金债权预先转让给卖主。这一情形关涉之法律问题,毋宁是债权转让之标的——债权的确定性问题[②]。若承认未来债权具有确定性,自无否认该交易模式之道理。其二,所谓加工条款,即标的物因加工而成为新物的成分,所有权消灭。为此,双方约定:出卖人对于新物享有所有权。我国法上,这一交易模式有其依据(本法第323条前段),自不得否认。(2)扩展型所有权保留(erweiterter Eigentumsvorbehalt),又称横向所有权保留,其要义是双方约定将所有权保留所保障之债权范围扩展至其他债权,换言之,在买受人清偿所约定的债权前,出卖人保留所有权。德国法一般承认此类型的所有权保留[③]。本条还规定了"其他义务"作为所有权保留之停止条件,故解释上应认可该类型的所有权保留。[④](3)转交的所有权保留(weitergeleiteter Eigentumsvorbehalt)。经所有权保留卖主允许,买主转让标的物于第三人,并公开所有权保留之事实。第三人清偿买主对卖主的债务时,取得所有权。[⑤]该交易模式之实质是:第三人对价金债务之承担,无否认之必要。(4)事后设定的所有权保留(nachgeschalteten Eigentumsvorbehalt)。该模式的交易安排是,所有权保留卖主允许买主以所有权保留之形式向第三人转让标的物,但不向其公开先前所有权保留之情形。这一交易模式的特点是:存在两个买卖合同和两个所有权保留,故而不仅买主向卖主支付价金,卖主所有权消灭,而且

---

① 《买卖合同解释》起草者以法律关系过于复杂和可能与既有物权制度发生冲突为由,否认延长型所有权保留。参见最高人民法院民事审判第二庭编著:《最高人民法院关于买卖合同司法解释理解与适用》,人民法院出版社2016年版,第528页。

② [德]迪尔克·罗歇尔德斯:《德国债法总论》(第7版),沈小军、张金海译,中国人民大学出版社2014年版,第393页。

③ Vgl. Staudinger, Roland Michael Beckmann, §449, 2014, Rn.149.

④ 李永军:《所有权保留制度的比较法研究——我国立法、司法解释和学理上的所有权保留评述》,载《法学论坛》2013年第6期。

⑤ [德]鲍尔·施蒂尔纳:《德国物权法》(下册),申卫星、王洪亮译,法律出版社2006年版,第668页。

第三人向买主清偿价金，卖主所有权亦消灭[①]。这一交易安排，所有权保留停止条件增加一项，即第三人向买主支付价款，为出卖人意思自治之范围而不损害他人，法律应予以承认。

举证责任

出卖人主张所有权保留者，须举证证明买卖双方之间存在所有权保留之特约。第三人主张善意取得所有权保留之标的物所有权时，出卖人须举证该第三人为恶意。若标的物是船舶、航空器、机动车时，若经登记，则排除第三人之善意；若为其他标的物（动产），则出卖人须举证证明第三人明知该标的物上存在所有权保留。

第六百四十二条【取回权及其行使】

当事人约定出卖人保留合同标的物的所有权，在标的物所有权转移前，买受人有下列情形之一，造成出卖人损害的，除当事人另有约定外，出卖人有权取回标的物：

（一）未按照约定支付价款，经催告后在合理期限内仍未支付；

（二）未按照约定完成特定条件；

（三）将标的物出卖、出质或者作出其他不当处分。

出卖人可以与买受人协商取回标的物；协商不成的，可以参照适用担保物权的实现程序。

历史由来

本条源于《买卖合同解释》第35条。有三处实质修改：（1）在《买卖合同解释》第35条第1款第1项中增加“经催告后在合理期限内仍未支付”；（2）删

① 在后一情形，为避免买主陷入支付不能等风险，卖主和买主往往事先约定后者对第三人价金债权的预先转让，故而买主受领第三人价金支付时的身份，非债权人而是款项收取权（Einziehungsermächtigung）人。

除了《买卖合同解释》第35条第2款[①]关于侵权责任之规定；（3）增加“除当事人另有约定外”，彰显本条之任意性规范品格。另外，《买卖合同解释》第36条第1款[②]是对取回权之限制，《民法典》并未吸收。

在立法过程中，《民法典合同编（草案）》（征求意见稿）第186—187条基本上全面吸收了《买卖合同解释》第35条和第36条第1款的内容。《民法典合同编（草案）》（一审稿）第432条、《民法典合同编（草案）》（二审稿）第432条和《民法典（草案）》第642条均未吸收《买卖合同解释》第36条第1款的内容，但保留《买卖合同解释》第35条第2款关于侵权责任之规定。在此基础上，《民法典》第624条删除了《买卖合同解释》第35条第2款关于侵权责任的内容。由此可见：（1）立法者对《买卖合同解释》第35条第1款第1项的修正，并无异议，旨在严格取回权的构成要件。（2）立法者最终基于体系安排删除侵权责任的内容，值得肯定。（3）关于买受人已经支付标的物总价款的75%以上时，是否得限制出卖人之取回权，立法者采取了回避的态度。

就学者建议稿观察，梁慧星教授主持编撰的《中国民法典草案建议稿》、王利明教授主持编撰的《中国民法典学者建议稿》均未规定取回权制度。陈甦教授主持编撰的《中国社会科学院民法典分则草案建议稿》“合同编”[③]第35条主要吸收《买卖合同解释》第35条的内容，但删除了“对出卖人造成损害”这一要件。

三 规范目的或功能

本条共两款。第1款是关于取回权的规范。构成要件为一项概括要件“造成出卖人损害的”和三项具体类型要件。法律效果为得直接取回标的物。取回权之行使，不解除合同，故而对于出卖人之取回请求，得基于有权占有加

---

① 《买卖合同解释》第35条第2款规定：“取回的标的物价值显著减少，出卖人要求买受人赔偿损失的，人民法院应予支持。”

② 《买卖合同解释》第36条第1款规定：“买受人已经支付标的物总价款的百分之七十五以上，出卖人主张取回标的物的，人民法院不予支持。”

③ 陈甦主编：《中国社会科学院民法典分则草案建议稿》，法律出版社2019年版，第180页。

以抗辩，但本款直接排除了这一抗辩。因此，本款的规范构造是“请求—抗辩—抗辩排除”。本款为任意性规范，得由当事人约定排除适用。

本条第2款是关于取回权行使程序之规定。买卖双方可以协商取回程序，协商不成的，参照适用担保物权实现程序。

规范内容

本条第1款为出卖人取回权的规定。权威学者认为，取回权为比较法之普遍做法。[①]关于该权利之性质，有几种学说：（1）解除效力说。该说略谓：取回标的物乃解除合同效力使然。（2）附法定期限解除合同说。该说略谓：出卖人取回标的物时，买卖合同尚未解除。待回赎期经过后，合同方才解除。（3）就物求偿说。该说略谓：取回权制度乃出卖人就标的物实现价款的特别程序。就整个取回制度而言，其内容与强制执行基本无差异。[②]就我国制度设计看，应以后者为学界有力说[③]。该说核心要义在于：未经解除合同，得直接剥夺买受人之占有，然其正当性基础有待进一步证成。

---

① 王利明：《所有权保留制度若干问题探讨——兼评〈买卖合同解释〉相关规定》，载《法学评论》2014年第1期；王泽鉴：《附条件买卖买受人之期待权》，载王泽鉴：《民法学说与判例研究》（第一册），中国政法大学出版社1998年版，第211—212页。

德国债法改革之前，对于买受人迟延履行时出卖人得否不经解除合同而直接取回标的物，判例和通说历经变化。根据拉伦茨的介绍，至1968年，学界通说和判例均肯认出卖人的取回权。此后，德国联邦法院和当时主流观点发生转向，其认为，赋予出卖人取回权，与所有权保留买卖之经济意义有悖，倾向否认取回权，除非双方当事人有明确约定。Vgl. Karl Larenz, Lehrbuch des Schuldrechts, Bd. 2. Besonderer Teil, Halb. 1, 13. Aufl., München: C.H.Beck, 1986, S.112 und Fn.24.

德国债法改革后，立法明确规定，非经解除不得取回标的物（《德国民法典》第449条第2款）。

② 上述学说，综合参考王泽鉴：《附条件买卖买受人之期待权》，载王泽鉴：《民法学说与判例研究》（第一册），中国政法大学出版社1998年版，第215—220页。

③ 王泽鉴：《附条件买卖买受人之期待权》，载王泽鉴：《民法学说与判例研究》（第一册），中国政法大学出版社1998年版，第220页；关涛：《保留所有权的动产买卖中出卖人的取回权问题》，载《山东社会科学》2015年第5期；最高人民法院民事审判第二庭编著：《最高人民法院关于买卖合同司法解释理解与适用》，人民法院出版社2016年版，第539页。

一、构成要件

(一)概括要件

本条以“造成出卖人损害”为概括要件，统辖其后三种情形。其规范意义须结合具体情形，方能明确。

(二)具体情形之一：未按照约定支付价款，经催告后在合理期限内仍未支付

就物清偿说语境下，取回权旨在实现价款支付请求权。价款支付履行迟延达到何等程度，方得行使取回权。《买卖合同解释》仅规定“未按约定支付价款的”。权威学者认为该要件过于宽缓，应借鉴《合同法》第94条之规定，须达到根本违约之标准，[①]故而有本项的规定，其与本法第563条第1款第3项内容相同。然而，法律效果上，买卖合同解除后发生相互返还义务，返还义务构成同时履行关系。取回权的行使，买受人直接丧失标的物的占有，而出卖人无须返还已支付的价金。两者相较，取回权行使之于买受人，更为苛责。故其构成要件应较解除更为严格。于此，本项要件尚须结合概括要件“造成出卖人损害”加以综合考量。

进一步的问题是，根据本法第634条之规定，出卖人剩余价款请求权或解除权发生的要件之一是未支付到期价款的数额达到全部价款的1/5，那么，可否以此作为参考标准呢？为此，仍需考察两者的法律效果的差别。在剩余价款请求权情形下，出卖人仍有不获清偿之风险；未获清偿时，出卖人仍须解除合同，以重获标的物；就买受人而言，合同解除前，买受人仍得保有标的物；合同解除后，得请求返回已支付价金。而在取回权情形下，若赎回期[②]经过，出卖人得转卖标的物而获得清偿(清偿不足，买受人仍须继续清偿)，出卖人利益状态优于行使剩余价款请求权之情形，而买受人自取回权行使之日

① 王利明：《所有权保留制度若干问题探讨——兼评〈买卖合同解释〉相关规定》，载《法学评论》2014年第1期。

② 相较于剩余价款请求权之情形，回赎期的规定也并不是对买受人的特别优待。原因在于：行使剩余价款请求权时，也须给予买受人合理期限。

起，便丧失占有。两者相较，取回权行使之于买受人，更为苛责。故其构成要件应较分期付款情形更为严格。《买卖合同解释》第36条排除了在买受人已经支付标的物总价款的75%以上情形下出卖人的取回权。据此，买受人未支付的价款占全部价款的25%以下时，出卖人不得取回标的物，其标准高于分期付款的规定，值得赞同。

综上，本项的构成要件除须满足本法第563条第1款第3项的标准外，尚需满足概括要件“造成出卖人损害”。依据利益衡量，对后者的构成，应高于本法第634条的要件。

（三）具体情形之二：未按照约定完成特定条件

文义上，此处“特定条件”是双方约定的内容，其具体指向须经解释方能澄清。按照体系解释和目的解释，对于出卖人而言，本项约定的“特定条件”应与第1项的“价款支付”具有相似的重要性，均是所有权保留所保障的对象。而依据本法第641条之规定，所有权保留的停止条件，包括未履行“支付价款”和“其他义务”。这表明所有权保留的目的在于保障该“其他义务”之履行，对于出卖人而言，该“其他义务”与“价金请求权”具有相似的重要性。故此，宜将本条之“特定条件”解释为“其他义务”。在扩展性所有权保留（erweiterter Eigentumsvorbehalt）中，双方约定将所有权保留所保障之债权范围扩展至其他债权，则买受人清偿所约定的债权的义务，可构成此处的“其他义务”。

尚需指出的是，概括要件“造成出卖人损害”仍得涵摄本项，依据利益衡量，对该要件之构成，应高于本法解除权之要件。

（四）具体情形之三：将标的物出卖、出质或者作出其他不当处分

文义上，“出卖”可指买卖磋商、订立买卖合同、履行买卖合同等事实。仅在履行买卖合同且标的物被第三人善意取得时，出卖人利益现实遭受损害，但此时出卖人也无法行使取回权。其他情形，出卖人得行使取回权，其处境乃是有失去标的物所有权之虞。

文义上，“出质”可指出质磋商、订立质押合同、质权设立等事实。仅在质权设立且质权被第三人善意取得时，出卖人利益现实遭受损害，但此时出

卖人也无法行使取回权。其他情形，出卖人得行使取回权，其处境乃是标的物有被设定质押之虞。

不过，若将“出卖”“出质”解释为有失去所有权或被设定质押之虞，未免过于优待出卖人；并且“造成出卖人损害”要件有被架空之嫌。笔者认为，“出卖”“出质”以及其他不当处分行为，是指买受人违反对物的照管义务（Obhutspflicht）[①]，而严重破坏出卖人信赖之行为。本项构成上，“不当处分”是上位概念，而“出卖”“出质”为典型列举。“不当”是指“违背照管义务”；“处分”为管理行为，不仅包括出质等处分行为，也包括订立买卖合同等负担行为，还包括事实处分[②]，导致标的物的价值显著减少的行为[③]；概括要件“造成出卖人损害”，严重破坏出卖人之信赖。依据利益衡量，此处破坏信赖之严重性，应高于违背附随义务破坏信赖（从而得解除合同，本法第563条第1款第4项后段）之严重性。

二、法律效果

依据通说，取回权的行使并不导致合同解除的发生。[④]取回权行使的直接法律效果是，出卖人得剥夺买受人之占有，后者不得以买卖合同项下之占有加以抗辩。

三、取回权规范为任意性规范（“除当事人另有约定外”）

依据文义解释（“买受人有下列情形之一，造成出卖人损害的，除当事人另有约定外，出卖人有权取回标的物”），当事人可约定排除的是取回权，即约定：买受人即使符合本条三种情形，出卖人也不享有取回权。

---

① Staudinger, Roland Michael Beckmann, §449, 2014, Rn.72.

② 王泽鉴：《附条件买卖买受人之期待权》，载王泽鉴：《民法学说与判例研究》（第一册），中国政法大学出版社1998年版，第220页。

③ 《买卖合同解释》第35条第2款前段情形。

④ 柴振国、史新章：《所有权保留若干问题研究》，载《中国法学》2003年第4期；王利明：《所有权保留制度若干问题探讨——兼评〈买卖合同解释〉相关规定》，载《法学评论》2014年第1期；关涛：《保留所有权的动产买卖中出卖人的取回权问题》，载《山东社会科学》2015年第5期；最高人民法院民事审判第二庭编著：《最高人民法院关于买卖合同司法解释理解与适用》，人民法院出版社2016年版，第539页。

四、取回权之行使程序

本条第2款是关于取回权行使程序的规定。首先，出卖人可以与买受人协商取回标的物。以文义解释，协商不是出卖人之义务。其次，协商不成的，可以参照适用担保物权的实现程序的规定，主要是《民事诉讼法》的相关规范。

举证责任

本条为出卖人取回权发生规范。出卖人须举证取回权构成事实：（1）所有权保留特约；（2）买受人从事了本条第1款的行为。

第六百四十三条【赎回权和转卖权】

出卖人依据前条第一款的规定取回标的物后，买受人在双方约定或者出卖人指定的合理回赎期限内，消除出卖人取回标的物的事由的，可以请求回赎标的物。

买受人在回赎期限内没有回赎标的物，出卖人可以以合理价格将标的物出卖给第三人，出卖所得价款扣除买受人未支付的价款以及必要费用后仍有剩余的，应当返还买受人；不足部分由买受人清偿。

历史由来

本条源于《买卖合同解释》第37条，有多处文字修改，但并不涉及实质内容。立法过程中，《民法典合同编（草案）》（一审稿）第433条在《民法典合同编（草案）》（征求意见稿）第188条基础上，增加了出卖价款不足以支付未履行价款和必要费用时，原买受人仍继续承担支付义务之规定，而后的《民法典合同编（草案）》（二审稿）第433条、《民法典》（草案）第643条均实质沿袭了“一审稿”的规定。《民法典》从之。

就学者建议稿而言，梁慧星教授主持编撰的《中国民法典草案建议稿》、王利明教授主持编撰的《中国民法典学者建议稿》均未规定买受人赎回权和出卖人转卖权制度。陈甦教授主持编撰的《中国社会科学院民法典分则草案建议稿》“合同编”[①]第36条主要吸收《买卖合同解释》第37条的内容，与《民法典》规定并无重大实质差异。

由上可见，立法过程中，关于本条内容未见分歧。

规范目的或功能

本条共两款：第1款是关于买受人回赎权的规范，主要确定了该项权利行使的条件和期限。第2款是关于出卖人转卖权利及转卖价款所得的分配规范。

本条属于任意性规范，得由当事人约定排除适用。

规范内容

一、买受人回赎权

本条第1款规定了买受人回赎权。出卖人行使取回权后，买受人并非终局失去占有。买受人于特定期限内，消除出卖人取回权事由的，得请求返回占有，是为回赎权。其具体构成要件为：

（一）消除取回权事由，即消除《民法典》第642条第1款所列之事由

具体言之：（1）迟延履行价金情形取回权的消除，以清偿该迟延价金及其迟延利息为要件。至于买受人清偿或第三人清偿，在所不问。关键要义在于：出卖人的迟延价金和迟延利息请求权得以满足。（2）未完成特定条件情形取回权的消除。以笔者之见，该“特定条件”即为本法第541条之“其他义务”，因此取回权消除取决于买受人是否履行此等义务，并赔偿迟延履行义务造成的出卖人之损失。（3）从事出卖、出质等不当处分行为情形取回权的消除。通说认为，此时消除取回权须“改正违反契约行为”[②]。

---

① 陈甦主编：《中国社会科学院民法典分则草案建议稿》，法律出版社2019年版，第180页。

② 王泽鉴：《附条件买卖买受人之期待权》，载王泽鉴：《民法学说与判例研究》（第一册），中国政法大学出版社1998年版，第224页。

笔者认为，“不当处分行为”是指买受人违背对物的照管义务，致出卖人的信赖遭受严重破坏的管理行为。因此，取回权得否消除、买受人得否回赎，视此等信赖关系得否因买受人的后续行为而被修复为断。其判断标准应求诸交易观念。

（二）须在回赎期内作出

回赎期得有当事人协商约定；当事人协商不成的，则由出卖人指定。唯须指出的是，出卖人指定的日期，应不短于合理期限。合理期限的确定，则须依据个案而定。

（三）必要费用的清偿

出卖人应享有费用请求权，即包括取回标的物、保管标的物所产生的费用。其请求权基础可类推本法第561条前段。[①]该项费用请求权与买受人回赎权构成同时履行关系。因此，买受人行使回赎权，要求返还占有时，须先清偿必要费用。

二、出卖人转卖权

若买受人未能在回赎期内行使回赎权或者明确表示放弃回赎权的，则出卖人享有转卖权。转卖权是指移转标的物所有权的权限。根据本条第2款中段的规定，剩余价款归属于买受人。据此，买受人对于出卖人行使转卖权具有利益。倘若出卖人怠于行使转卖权，买受人如何救济？我国台湾地区的制度配置是：买受人得于出卖人取回占有标的物后10日内以书面请求出卖人将标的物再行出卖，若出卖人未在取回标的物30日内再行出卖的，则买卖合同失效，买受人无需支付剩余价金，但已支付之价金亦不得要求返回。[②]这一制度设计，未尽衡平，尤其是行使取回权的构成要件——迟延履行价金比例较低时，对于买受人，殊不公平。另一途径在于类推适用选择之债之规定（本法第515条第2款），当出卖人经催告后在合理期限内未行使转卖权时，转卖权移转

---

① “债务人在履行主债务外还应当支付利息和实现债权的有关费用，……”

② 我国台湾地区“动产担保交易法”第29条。

于买受人。

出卖人行使转卖权的，须以合理价格出售。合理价格之确定，须以个案断定。出卖人转卖所得之价款，须首先扣除买受人未支付的价款及必要费用（取回和保管费用、再交易费用、利息等），若有剩余的，须返还于买受人，是为买受人转卖价款分配请求权；不足的，买受人仍须继续清偿。买受人清偿义务的规范基础为买卖合同。

举证责任

买受人主张回赎权，请求返还标的物的，须举证：已经消除取回权事由；于回赎期内请求。出卖人若以买受人未清偿必要费用加以抗辩的，则须举证必要费用未清偿的事实。

在出卖人转卖情形下，买受人若主张其无转卖权的，则须举证自己曾在回赎期内主张回赎权。买受人若主张转卖价格不合理的，须负担举证责任。

买受人主张转卖价款分配请求权的，须举证出卖人已经转卖。具体金额应由出卖人举证。

出卖人主张剩余价款请求权的，须主张买卖合同之成立、剩余价款之数额等事项。

其他问题

买受人回赎权、出卖人转卖权、转卖所得价款之分配等问题，均以买受人的期待权理论为基础。但期待权理论历来众说纷纭，远未形成通说[①]，《民法典》于此不加规定，而待判例、学说发展。故此，诸如回赎期未届满且买受人未放弃回赎权利的，出卖人处分标的物之效力；出卖人未以合理价格转让标的物，买受人的利益保护问题，《民法典》均未作出规定。

① 可参见申卫星：《所有权保留买卖买受人期待权之本质》，载《法学研究》2003年第2期；王轶：《所有权保留制度》，载梁慧星主编：《民商法论丛》（第6卷），法律出版社1999年版，第593—670页。

第六百四十四条【招标投标买卖】

招标投标买卖的当事人的权利和义务以及招标投标程序等，依照有关法律、行政法规的规定。

历史由来

本条内容源于《合同法》第172条规定。《民法典合同编（草案）》（征求意见稿）第189条、《民法典合同编（草案）》（一审稿）第434条、《民法典合同编（草案）》（二审稿）第434条均作如是规定。《民法典（草案）》第644条从之。

在《民法典》起草过程中，多部学者建议稿（梁慧星教授主持编撰的《中国民法典草案建议稿》第1001条、王利明教授主持编撰的《中国民法典学者建议稿》第1388条第1款、陈甦教授主持编撰的《中国社会科学院民法典分则草案建议稿》第42条）[①]的规定虽略有差异，但总体意见一致。

由此可见，本条立法过程，未见争议。

规范目的或功能

本条性质上为参引性规范。其参引的主要规范是《招标投标法》。

规范内容

招投标买卖为竞争性买卖。标的物具有特殊性，常涉及社会公共利益。

---

① 参见梁慧星主编：《中国民法典草案建议稿附理由：合同编》（上册），法律出版社2013年版，第324页；王利明主编：《中国民法典学者建议稿及立法理由：债法总则编·合同编》，法律出版社2005年版，第366页；陈甦主编：《中国社会科学院民法典分则草案建议稿》，法律出版社2019年版，第181页。梁慧星教授主持编撰的《中国民法典草案建议稿》和陈甦教授主持编撰的《中国社会科学院民法典分则草案建议稿》均规定：《民法典》得作为一般法，以补充特别法。但《民法典》未能吸收。

相较于一般的民商事合同，招投标买卖合同所承载的目标功能更为复杂[①]。在规则设计上，其订约过程也须体现为要约、承诺，但具有特殊性。通常由招标人采取招标通知或招标广告的形式，向公众或特定的多数人发出，并在数个投标人中选择条件最优者作为中标人，而与之订立合同。招标投标活动更加强调公开、公平、公正和诚信原则。

鉴于招投标活动的复杂性和功能多元性，并具有特定的立法目的，因而须按照特别法的规定加以调整。《民法典》作为一般法，在特别法没有规定时，得以适用。

第六百四十五条【拍卖】

拍卖的当事人的权利和义务以及拍卖程序等，依照有关法律、行政法规的规定。

历史由来

本条内容源于《合同法》第173条规定。《民法典合同编（草案）》（征求意见稿）第190条、《民法典合同编（草案）》（一审稿）第435条、《民法典合同编（草案）》（二审稿）第435条均作如是规定。《民法典（草案）》第645条从之。

在《民法典》起草过程中，多部学者建议稿（梁慧星教授主持编撰的《中国民法典草案建议稿》第1002条、王利明教授主持编撰的《中国民法典学者建议稿》第1388条第1款、陈甦教授主持编撰的《中国社会科学院民法典分则草案建议稿》第42条）[②]，虽略有差异，但实质立场一致。

---

① 《招标投标法》第1条规定："为了规范招标投标活动，保护国家利益、社会公共利益和招标投标活动当事人的合法权益，提高经济效益，保证项目质量，制定本法。"

② 参见梁慧星主编：《中国民法典草案建议稿附理由：合同编》（上册），法律出版社2013年版，第325页；王利明主编：《中国民法典学者建议稿及立法理由：债法总则编·合同编》，法律出版社2005年版，第366页；陈甦主编：《中国社会科学院民法典分则草案建议稿》，法律出版社2019年版，第182页。梁慧星教授主持编撰的《中国民法典草案建议稿》和陈甦教授主持编撰的《中国社会科学院民法典分则草案建议稿》均规定：《民法典》得作为一般法，以补充特别法。但《民法典》未能吸收。

本条立法过程，学界未见明显争议。

规范目的或功能

本条性质为参引性规范。其参引的主要规范是《拍卖法》。

规范内容

拍卖为竞争性买卖，指以公开竞价的形式，将特定物品或者财产权利转让给最高应价者的买卖方式。依据我国《拍卖法》的规定，拍卖合同当事人应是拍卖人和买受人。[①]拍卖合同的订立程序、拍卖人的瑕疵说明义务、瑕疵担保责任之免除、买受人的违约责任的承担等方面，与一般买卖合同存在差异；但更重大的差异是，拍卖合同为拍卖法律关系中的一环；而拍卖法律关系涉及拍卖人、委托人、竞买人和买受人等多方主体，内容驳杂，故我国另设《拍卖法》加以调整。在涉及拍卖关系时，该法为特别法应优先适用；在解释拍卖合同时，也应综合考量整个拍卖法律关系。只有不违背拍卖合同的规范意思，《拍卖法》亦未规定的，方得适用本法之规定。

第六百四十六条【其他有偿合同的法律适用】

法律对其他有偿合同有规定的，依照其规定；没有规定的，参照适用买卖合同的有关规定。

历史由来

本条内容源于《合同法》第174条规定。《民法典合同编（草案）》（征求意见稿）第191条、《民法典合同编（草案）》（一审稿）第436条、《民法典合同编（草案）》（二审稿）第436条均作如是规定。《民法典（草案）》

① 韩世远：《合同法学》，高等教育出版社2010年版，第411页。

第646条从之。

在《民法典》起草过程中，多部学者建议稿（王利明教授主持编撰的《中国民法典学者建议稿》第1390条[①]、梁慧星教授主持编撰的《中国民法典草案建议稿》第994条[②]、陈甦教授主持编撰的《中国社会科学院民法典分则草案建议稿》第45条[③]）基本沿袭《合同法》规定，并无实质差异。

由上可见，立法过程中，本条内容未见争议。

规范目的或功能

本条共两句：第1句旨在重申有偿合同自身法律规范适用的优先性；第2句为参引性规范，其规范意旨是：其他有偿合同未有规定时，得参照适用买卖合同的有关规定。

规范内容

在有偿合同中，买卖合同具有范式地位。在其他有偿合同法律规范存有漏洞时，买卖合同规定得准用之。

一、有偿合同的界定

有偿合同的本质特征在于，双方主给付义务具有对价性。典型的有偿合同包括租赁、有息借款、承揽、保理、仓储、有偿委托等合同。互易合同为有名合同，得参照买卖合同规定，其依据为本法第647条。

有偿合同，并不以有名合同为限。无名合同，若其主给付构成对价，也得参照买卖合同之规定。

---

① 王利明主编：《中国民法典学者建议稿及立法理由：债法总则编·合同编》，法律出版社2005年版，第368页。

② 梁慧星主编：《中国民法典草案建议稿附理由：合同编》（上册），法律出版社2013年版，第315页。

③ 该稿吸收了《买卖合同解释》第45条第1款之规定。参见陈甦主编：《中国社会科学院民法典分则草案建议稿》，法律出版社2019年版，第182页。

此外，本法“买卖合同”章，以有体物买卖为规范典型。权利转让合同为有偿合同，得依据本条，准用“买卖合同”章的规定。得转让之权利，范围宽泛，至少包括：（1）债权；（2）知识产权；（3）股权；（4）物权，如土地承包经营权、建设用地使用权、宅基地使用权等用益物权；地役权、抵押权、质权等物权随其他权利一起转让的，也可参照适用买卖合同之规定。

二、参照适用

本条规定“参照适用”的原因，至少包括：（1）为避免重复，实现立法简洁之要求。比如，租金、保管费、报酬等支付义务，在各有偿合同中均不作特别规定，而得经本款适用于价款支付义务的规范，以实现立法经济目的。此时，不能认为存在法律漏洞。（2）预设其他有偿合同的法律漏洞，因而类推适用买卖合同之规定[①]。类推适用是实现类似案件类似处理的平等原则的路径，其关键问题在于寻找不同案件之“类似性”，比较法上，常有诸如“但为其契约性质所不许者，不在此限”[②]的“但书”规定，意在提醒适用时的“类似性标准”。本法“有关”一词的意涵与之相同。但问题是何者之间存在类似性？笔者认为，应指待决案件的某个争议和待适用的买卖法规范所欲解决的争议之间存有“类似性”。待决的有偿契约和买卖合同宏观上的“类似性”，只是证成上述“类似性”的工具。有学者认为，本条参照适用买卖合同相关规定的主体为法官[③]，故而法官参照适用买卖合同具体规范时，须承担“类似性”的说理义务。

三、参照对象

文义上，本法所称的参照对象为“买卖合同”而不是“买卖合同”章的有关规定，故包括有效司法解释在内的实质买卖合同规范，均得作为参照适用之对象。实践中，最为重要的应是瑕疵担保和危险负担之规范。

---

① 易军：《买卖合同之规定准用于其他有偿合同》，载《法学研究》2016年第1期。

② 《澳门民法典》第933条。

③ 易军：《买卖合同之规定准用于其他有偿合同》，载《法学研究》2016年第1期。

举证责任

本条参照适用买卖合同相关规定的主体为法官，故不存在举证责任之问题。

其他问题

根据《民法典》第467条第1款规定，无名合同参照适用的对象为《民法典》合同编通则和最相类似的合同。故，有偿无名合同可参照适用其他有名合同之规定。

第六百四十七条【互易合同的法律适用】

当事人约定易货交易，转移标的物的所有权的，参照适用买卖合同的有关规定。

历史由来

本条内容源于《合同法》第175条规定。《民法典合同编（草案）》（征求意见稿）第192条、《民法典合同编（草案）》（一审稿）第437条、《民法典合同编（草案）》（二审稿）第437条均作如是规定。《民法典（草案）》第647条从之。

在《民法典》起草过程中，王利明教授主持编撰的《中国民法典学者建议稿》第1391条[①]、陈甦教授主持编撰的《中国社会科学院民法典分则草案建议稿》第46条[②]沿袭《合同法》规定。梁慧星教授主持编撰的《中国民法

---

① 王利明主编：《中国民法典学者建议稿及立法理由：债法总则编·合同编》，法律出版社2005年版，第369页。

② 陈甦主编：《中国社会科学院民法典分则草案建议稿》，法律出版社2019年版，第182页。

典草案建议稿》第995条[①]将互易合同界定为“相互移转金钱之外的财产的合同”。这一界定将互易之标的扩展至所有非金钱客体，符合大陆法系[②]之传统。遗憾的是，并未被《民法典》所吸收。

三 规范目的或功能

本条为准用性规范，旨在指引裁判者在审理互易合同时，如何适用法律。

三 规范内容

互易合同为最古老之交易形式。现代交易形式，以货币支付为常态，互易合同意义式微。不过，我国存在大量的拆迁安置合同，性质上为互易合同。司法实践中，《合同法》第175条也主要适用于此类合同。互易合同具有如下特征：

1.互易的标的。本条将互易合同的标的限定于所有权的互易，而排除了其他财产权的互易。但个案中，有人民法院将本条适用于股权互易[③]、债权与所有权互易[④]，并直接将互易合同界定为“当事人双方以货币以外的财物互相交换并转移标的物所有权的合同”。互易标的应具有财产属性。非财产权，如劳务互换不构成互易[⑤]。双方义务一方是金钱支付者，不构成互易；但是一方价金支付目的在于补足两给付的差价，仍为互易，学理上称为附补足金互易。[⑥]代物清偿不是互易。比如，甲向乙购车，后甲无力偿还价款，遂以机器

---

① 梁慧星主编：《中国民法典草案建议稿附理由：合同编》（上册），法律出版社2013年版，第316页。

② 《日本民法典》第586条、《意大利民法典》第1552条、《德国民法典》第480条虽未作如此规定，但学说上认为标的为金钱以外的财产。Dirk Looschelders, Schuldrecht BT 10 aufl., Franz Vahlen, München, 2015, Rn.292.

③ 参见福建省龙岩市新罗区人民法院（2014）龙新民初字第3474号民事判决书。

④ 参见吉林省延边朝鲜族自治州中级人民法院（2017）吉24民终631号民事判决书。

⑤ 邱聪智：《新订债法各论》（上），姚志明校订，中国人民大学出版社2006年版，第167页。

⑥ 林诚二：《民法债编各论》（上），中国人民大学出版社2007年版，第183页。

偿还，构成代物清偿，不是互易，原因在于合同义务内容为支付金钱。

2. 互易的成立。互易为诺成合同、不要式合同，故仅须当事人的意思表示一致即可成立，意思表示的内容应是两个对待给付之交换，与赠与判然有别。司法实践中，常有如下约定：甲赠与乙房屋，条件是乙日后须赠与其房屋于甲[①]，此时应构成互易，而不是赠与。其法律意义在于：若解释为两个独立的赠与契约，则无法主张瑕疵担保责任（本法第612条）。互易为债权合同，无处分权不影响互易合同之效力；但满足解除条件的，相对人得解除合同（准用本法第597条）。

本条规定，互易准用买卖合同之相关规定。互易性质上与买卖相关性最强，除价金支付义务部分外，一般均可准用买卖之规定，包括：互易双方均有交付标的物并移转所有权（本法第598—603条）、权利瑕疵担保（本法第612—614条）、物的瑕疵担保（本法第615—624条）、利益承受（本法第630条）和危险负担（本法第604—611条）等。唯须注意的是：瑕疵担保责任中，买受人减价请求权（本法第582条）准用于互易合同的问题。以通说[②]，须依照各物之市场价按比例减价。例如，甲车（市场价8万元）与乙车（市场价10万元）互易，后发现乙车为事故车，价值为6万元，则甲得请求减价之数额为：$8-8/10\times6=3.2$（万元）。

最后需要指出，补足金之支付，得准用买卖合同价款支付之规范；互易合同为双务合同，故同时履行抗辩等双务合同之特别规范自得适用。

---

① 参见四川省南充市高坪区人民法院（2015）高坪民初字第2259号民事判决书；四川省南充市中级人民法院（2017）川13民终829号民事判决书。

② 史尚宽：《债法各论》，中国政法大学出版社2000年版，第106页；Dirk Looschelders, Schuldrecht BT 10 aufl., Franz Vahlen, München, 2015, Rn.294.

第十章

供用电、水、气、热力合同

第六百四十八条【供用电合同的定义及供电人强制缔约义务】

供用电合同是供电人向用电人供电，用电人支付电费的合同。

向社会公众供电的供电人，不得拒绝用电人合理的订立合同要求。

历史由来

本条系对《合同法》的承袭与补充。本条第1款来源于《合同法》第176条，在《民法典》起草过程中，《民法典合同编（草案）》（征求意见稿）第193条、《民法典合同编（草案）》（一审稿）第438条、《民法典合同编（草案）》（二审稿）第438条、《民法典（草案）》第648条均延续了《合同法》的规定，未作任何修改。

本条第2款为新增内容，《合同法》对此未作规定。该款规定了供电人的强制缔约义务，类似内容可追溯至《电力法》第26条，即供电营业机构不得违反国家规定对其营业区内申请用电的单位和个人拒绝供电。在《民法典》起草过程中，该款内容最早出现于《民法典合同编（草案）》（征求意见稿）第193条第2款，“向社会公众提供电、水、气、热力的法人或者非法人组织，不得拒绝他人合理的订立合同要求”。《民法典合同编（草案）》（一审稿）第438条第2款对此作出修改，将主体范围限缩为“向社会公众供电的法人或者非法人组织”，其他供水、气及热力的主体借助准用规则参照适用该款规定。《民法典合同编（草案）》（二审稿）第438条第2款在此基础上将“不得拒绝他人合理的订立合同要求”修改为“不得拒绝用电人合理的订立合同要求”。《民法典（草案）》第648条进一步将“法人或者非法人组织”统一修改为“供电人”，并最终形成本条第2款。

从前述《民法典》起草过程可见，本条第2款内容的形成经过了充分讨论与论证。鉴于供用电合同公用性、公益性的特点，供电人强制承诺义务已得到立法及学理的普遍认可，司法实践中也不乏涉及供电人强制缔约义务的案例。[①]

---

① 立法规定参见《电力法》第26条。学说理论参见崔建远主编：《新合同法原理与案例评释》（下册），吉林大学出版社1999年版，第991—992页；孙森焱：《民法债编总论》（上册），法律出版社2006年版，第36页。相关司法裁判参见“潘某某与国网某省电力有限公司某供电公司、大连某房地产开发有限公司供用电合同纠纷案”，大连市中级人民法院（2018）辽02民终7981号民事判决书。本案涉及供电人的强制缔约问题，但由于《合同法》未作规定，法院便采用《电力法》第26条展开说理。

本条第2款规定系该义务在合同法律制度上的确认，值得认可。

规范目的或功能

本条第1款是对供用电合同概念的规定。供用电合同是供电人与用电人订立，由供电人供应电力、用电人使用该电力并支付电费的协议。从功能上而言，本款明确了供用电合同的内涵与外延，是本章所有条文的基础，具有统协本章的作用。从体系上而言，本章本着合同自由原则，把供用电双方作为平等的民事主体，着重从当事人合同关系的角度，对供用电合同的有关内容、供用电双方的权利义务等作出规定，有助于满足社会主义市场经济发展的需要。本条第2款规定了供电人强制缔约义务，旨在使在供用电关系中处于弱势地位的用户能平等地享有并使用电力的权利。在现代社会，电力已然成为社会公众生产生活的必需品，而电力供应又具有垄断性，因此在供用电合同中用户天然便处于弱势地位，供电人处于强势地位。为防止供电人滥用其优势地位，侵害社会大众使用电力的权利，法律对电力供应人科以强制缔约义务，以保障每个社会公众都能使用电力进行生产生活。

规范内容

本条第1款规定了供用电合同的定义，为定义性法条。第2款规定了供电人的强制缔约义务，为完全法条。

一、供用电合同的概念、特征与类型

（一）供用电合同的概念

供用电合同本质上是一种特殊的买卖合同，买卖标的物为“电力”。以供电人持续供应用电人使用电力的方式转移电力所有权，用电人通过定期支付电费的方式支付电力对价。供用电合同在合同主体、标的、对价等方面均与普通买卖合同有差异，因此《民法典》合同编将其作为一种有名合同单独予以规定。

1.供用电合同的主体

供用电合同一般涉及供电人和用电人两方主体。

供电人指提供电力的主体，在我国通常为国家电网公司、南方电网公司等电网企业成立的售电公司。电力工业由发电、输电、配电和售电四个必不可少的环节构成，相应地所涉市场主体包括发电企业、电网企业、售电主体及电力用户等。供用电合同处于“售电”环节，即属于售电主体与电力用户之间的法律关系。在电力体制改革之前，电力市场普遍采用纵向一体的垂直垄断结构，一个地区只有一个电力公司负责发电、输电、配电和售电。在这种情况下，供电人即为在当地具有垄断性的电力公司。然而，随着电力体制改革的不断深入，从“厂网分开，竞价上网”到“输配分离，自负盈亏”，再到“管住中间，放开两端”，电力行业原来垂直一体化的格局被分割为多个相对独立又相互协作的环节。[①]相应地售电（供电）环节也从原有的单一供电主体变为多元独立的供电主体，主要包括国家电网公司、南方电网公司以及各地方电网公司等电网企业成立的售电公司、独立的纯售电公司及拥有配网经营权的配售电一体售电公司等。其中电网企业成立的售电公司由于拥有输电网络因而具有天然的优势，目前仍为电力市场上的主要供电主体。须注意的是，虽然从电力供应侧而言，供电主体越来越多元化，但是从电力需求侧而言，居民、小商户等电力需求量少的用户仍然没有选择供电人的权利，只能选择自己所在供电营业区的供电企业。根据《电力法》第25条的规定，供电企业在批准的供电营业区内向用户供电；一个供电营业区内只设立一个供电营业机构；供电营业区的设立、变更，由供电企业提出申请，电力管理部门依据职责和管理权限，会同同级有关部门审查批准后，发给《电力业务许可证》。不过随着电力改革的不断推进，用电需求量大的用户将逐步拥有更多的选择权。同时，在司法实践中存在部分物业公司及开发商是否属于“供电人”的疑惑。这是因为在居民用电中，供电企业通常与开发商或者物业统一签订供用电合同，向所涉小区所有房屋统一供电，而不再与业主单独签订供用电合同。从表面上看，业主的电力似乎来源于开发商或物业的供应，不少物业

---

① 彭文静：《新电改下电力供应链主体利益关系研究》，华北电力大学2019年硕士学位论文。

甚至将“断电”作为催缴业主物业费的手段。事实上，供电人只能是特定的电力营业机构，物业或开发商并非业主的供电人。物业或开发商与供电人签订的供用电合同本质上系代所涉小区的所有房屋“业主”签订，在业主购买并入住房屋后，合同真正的权利义务便归属于业主。开发商或物业仅具有代为收取并缴纳电费的职责，不具有断电的权利，因而《民法典》明确物业不得通过断电等方式催缴物业费。

用电人指接受并使用电力的自然人、法人或非法人组织。从用电需求量上而言，可以分为用电需求量较小的一般用户（通常为将电力用于生活性消费的居民或小型企业）和用电需求量较大的重要用户（通常为将电力用于生产经营的中大型企业）。虽然《民法典》未对供用电合同中的用电人作出此类区分，但在电力实践及电力法规中，一般用户与重要用户在供用电合同的签订程序、合同权利义务及合同履行管理中均有不同，具体将在下文用电人的权利义务中提及，此处不再赘述。在供用电合同纠纷的司法实践中，法院对用电人（即供用电合同的相对方）的认定标准存在不同认识。有的法院以实际使用电力并缴纳电费的人为供用电合同相对方，如“广州某电子有限公司等诉广东电网公司某供电局等供用电合同纠纷案”[①]。在本案中，某电子公司一直租用某发展公司的厂房使用电力，法院认为，“该厂房的实际用电人是某电子公司，而非某发展公司。某电子公司提交的电费发票和银行流水记录作为缴费凭证，可以证实其实际享有了使用电力的权利，履行了支付电费的义务。因此可以确认，供电公司事实上与某电子公司成立了合法的供用电合同关系，双方应履行各自的权利和义务”。有的法院则以实际办理过供用电手续并签订供用电合同的人为供用电合同相对方，如“罗某某、国网湖北省电力有限公司某供电公司供用电合同纠纷案”[②]。在该案中，法院认为，提出用电申请并办理用电手续的才是用电人。仅缴纳电费未办理用户名变更的不属于用电人。房屋出租后，由承租人承担电费是双方在房屋租赁合同关系中的约定。承租人直接向供电人缴纳电费，系交费方式的简化，并不影响出租人与供电

---

① 参见广东省广州市中级人民法院（2016）粤01民终13881号民事判决书。

② 参见荆门市中级人民法院（2018）鄂08民终1049号民事判决书。

人之间的供用电合同关系。根据《电力供应与使用条例》第32条的规定，[①]一般而言，用电人是与供电人办理供用电手续并签订供用电合同的人。当办理用电手续的人与实际使用电力的人不一致时，通常在与“电费”有关的案例中，以实际使用电力并缴纳电费的人为用电人，但在涉及缔约能力等的其他案例中，则以“户名”即办理过用电手续的人为用电人。

2.供用电合同的标的与对价

供用电合同的标的为“电力”。电力作为一种能源，与普通标的物相比具有一定特点。首先，电力是一种无体物。我们无法通过视觉、味觉等觉察其存在，只能通过电线传输给用户，其消费量也只能通过使用时间来计算。其次，电力具有消耗性。电力的使用本身就是消费电的过程，电力只有持续使用才能表现出作用。故而供用电合同为继续性合同。再次，电力是一种危险物。它的供应与使用都必须符合一定的安全要求，因而供电人与用电人均须承担较高的安全保障义务。最后，电力是生活必需品。在当下社会，无论是居民生活还是生产经营均离不开电力，因而电力的供应具有公用性的特点。

供用电合同的对价为“电费”。为保障人民生活生产的电力需求，我国对电价实行统一定价制，保障广大用户能平等地享有并使用电力，提升生活质量。鉴于电力的消耗性特点，电费的收取一般采用“先使用后付费”的模式。电力人员定期抄录用户的电力表以记录该周期内使用的电力数，进而计算该周期内的电费。但在实践中，拖欠电费的情形非常常见，因而因拖欠电费而产生的纠纷也最多。

（二）供用电合同的特征

供用电合同具有公用性、公益性、继续性及合同消灭的非溯及性等特点。所谓公用性，是指供用电合同中电力的使用对象是一般的社会公众，包括自然人、法人及非法人组织等。几乎所有人均是用电人，因而供用电合同具有公用性的特点。所谓公益性，是指供用电合同的目的不仅仅是为了供电方获取利益，更重要的是为了满足人们生活需要，提高人们生活质量。因此国家

---

① 《电力供应与使用条例》第32条规定：“供电企业和用户应当在供电前根据用户需要和供电企业的供电能力签订供用电合同。”

对供用电合同的价格有所限制，以保护广大人民群众的利益。所谓继续性，是指电力的供应不是一时性、一次性地提供标的物，而是在较长的一定期间内持续不断地供应，因而供用电合同为继续性合同。但是供用电合同的继续性与房屋租赁的继续性仍然存在不同，前者体现为持续不断地转移电力的所有权，而后者体现为对房屋使用权的占有。所谓合同消灭的非溯及性，是指供用电合同即使因某种原因终止消灭也不发生标的物返还的责任，这是由电力的消耗性特点决定的。①

（三）供用电合同的类型

供用电合同为双务、有偿、诺成、非要式、有名合同。在供用电合同中，供电人与用电人双方都享有一定权利并负担一定义务，双方的权利义务具有对应性，所以供用电合同为双务合同。用电人使用电力须支付电费，供电人取得电费须供应电力，因此供用电合同为有偿合同。供用电合同自双方当事人达成合意时起成立生效，并不以电力的实际供应为合同的生效要件，因而供用电合同属于诺成合同。供用电合同虽然一般采用书面形式，但法律并不要求供用电合同必须采用某种形式，因而供用电合同属于非要式合同。供用电合同位于《民法典》合同编第二分编“典型合同”中，属于有名合同。

二、供电人的强制缔约义务

（一）强制缔约义务的内涵

在合同自由理论中，当事人享有任意选择交易对象订立合同的自由。但随着社会的发展，出于保护公共利益的目的或基于其他原因，国家法律限制某些民事主体选择交易对象的自由，强制其与相对人订立合同，便产生了强制缔约义务。对于强制缔约的内涵，学界仍然存在争议。概括而言，争议主要集中于两方面：一是强制缔约的方式。通常而言，合同成立采用要约与承诺的方式订立。承担强制缔约义务的主体负有强制承诺义务基本无争议，但

---

① 参见崔建远主编：《新合同法原理与案例评释》（下册），吉林大学出版社1995年版，第991页以下。

是否负有强制要约的义务则存在争议。有观点认为，在强制缔约中，一个权利主体有义务向相对人发出要约以订立合同；[①]有观点则认为，强制缔约系一方当事人负有应相对人的请求，与其订立合同的义务，非有正当理由不得拒绝承诺。[②]二是强制缔约的内容，即缔约过程中对合同内容的限制是否为强制缔约的应有之义。有观点认为，应对合同内容进行限制，否则会影响缔约目的的实现，因为缔约义务人可以提出令要约人难以承受的条件从而变相逃避强制缔约的义务；[③]有观点则认为，强制缔约不包括对合同内容的限制。[④]

对电网企业而言，由于供用电合同具有公用性的特点，因此在合同订立过程中，供电人不能自由选择交易对方，不能自行决定与谁订立合同或不与谁订立合同，其合同自由受到一定限制。[⑤]就强制缔约的方式而言，从本条第2款规定可以知晓，供电人承担的强制缔约义务为对用户用电申请的强制承诺义务，不包括强制要约义务。[⑥]但是，根据《民法典》第494条有关强制缔约义务的规定，[⑦]在特定情形下，某些主体负有发出强制要约的义务。例如，国家根据抢险救灾、疫情防控或者其他需要下达国家订货任务、指令性任务等。因此，一般而言，供电人仅负有强制承诺义务，但如果依照法律、行政法规的规定，需要发出强制要约时，供电人同样负有强制要约的义务。我们认为，供电人的强制要约义务应予以限制，以法律、行政法规规定或国家指令有要求为限。就强制缔约的内容而言，本条第2款并未作出规定，需要从供用电合同的订立过程予以解释，下文具体阐述。

---

① 参见崔建远：《强制缔约及其中国化》，载《社会科学战线》2006年第5期。

② 参见王泽鉴：《债法原理》，中国政法大学出版社2001年版，第77页。

③ 参见王泽鉴：《债法原理》，北京大学出版社2009年版，第62页。

④ 参见冉克平：《论强制缔约制度》，载《政治与法律》2009年第11期；于文轩：《论电力法上的强制缔约制度》，载《法治社会》2018年第1期。

⑤ 参见崔建远主编：《新合同法原理与案例评释》（下册），吉林大学出版社1995年版，第991页。

⑥ 该点也为学理所承认，具体内容参见于文轩文。于文轩：《论电力法上的强制缔约制度》，载《法治社会》2018年第1期。

⑦ 《民法典》第494条规定："国家根据抢险救灾、疫情防控或者其他需要下达国家订货任务、指令性任务的，有关民事主体之间应当依照有关法律、行政法规规定的权利和义务订立合同。依照法律、行政法规的规定负有发出要约义务的当事人，应当及时发出合理的要约。依照法律、行政法规的规定负有作出承诺义务的当事人，不得拒绝对方合理的订立合同要求。"

（二）供电人强制缔约义务的构成

1.强制缔约义务的对象为“社会公众”

根据本条第2款的规定，对于“社会公众”合理的订约请求，供电人不得拒绝承诺。一方面，根据《电力法》第25条的规定，向社会公众供电的供电人具有专营性，用户无法选择交易对象。为保障社会公众对电力必需品的基本需求，有必要限制供电人的选择自由。另一方面，供电人负有强制缔约义务的对象为所有的社会公众，未作任何区分。但是也有学者认为供电人承担强制缔约义务的对象应限于居民生活用电及国家机关、医院、学校等单位的办公用电。由于居民个人的用电选择能力较弱，用电量也较小，应令供电企业承担强制缔约义务，以保障居民生活用电；对于偏远且人口较少的地区，供电企业可通过委托第三方供电、帮助建设分布式发电装置等措施，履行强制缔约义务。但对于工商业用电，因用电主体用电量较大、议价能力较强、选择性较广，不应规定供电企业的强制缔约义务。强制缔约制度的目的主要是保护市场中的弱势群体获得基本的电力供应服务。若供电企业未与相对人缔约，但用户仍可通过其他方式便利地获取电力服务，则供电企业缔约与否对用户不会产生较大影响，此时不适用强制缔约。[①]在售电市场越来越开放，尤其是售电环节主体越来越多元化及大用户直购电模式不断推进的背景下，该观点具有一定的合理性。但是如何确定区分标准将成为新的难题，笔者认为，目前供电人统一对所有社会公众负有强制缔约义务仍然是更为妥当的做法。

2.用电人提出“合理的”订约请求

本条第2款要求供电人不得拒绝用电人“合理的”订立合同要求，如何界定用电人请求的“合理性”呢？对此法律法规未作出规定，而是交由司法机关自由裁量。有学者认为，此种合理性可根据缔约义务人的服务区域、能力以及服务时间等方面综合确定。例如，由于供电企业具有明确的供电营业区，用户无特殊情况不应向不在其供电服务范围内的供电企业申请供电，否则供电企业有权拒绝。再如，某些对于供电种类或者电量有特殊要求的用户，也

---

① 于文轩：《论电力法上的强制缔约制度》，载《法治社会》2018年第1期。

不应要求仅拥有一般供电能力的企业与其强制缔约。[①]除前述情形外，在司法实践中，“重复要求供电”也将被视为不合理的订约请求，供电公司有权拒绝用电人的供电请求。例如，在供电人与开发商或物业签订供用电合同并对小区所有房屋整体进行供电后，业主再单独向供电人申请供电。目前司法实践大都不认可居民在这种情形下的单独缔约请求。在“吴某与国网某市电力公司供用电合同纠纷案”中，法院就认为在供电人与开发商签订供用电合同后向所有房屋整体进行供电，已经尽到了其履行向用电主体提供适格电力供应的义务。居民再单独向供电人申请对其进行独立供电，系重复要求供电，不符合“供电方式应当按照安全、可靠、经济、合理和便于管理”的原则，因而有权拒绝其供电请求。[②]

3.供电人“不得拒绝”用电人订约请求

本条第2款要求供电人对用电人的合理订约请求“不得拒绝”，但是如何认定供电人是否拒绝供电呢？如果供电人愿意为用电人供应电力，但是双方无法就供用电合同的内容达成合意，因而未履行订约义务，是否也构成对强制缔约义务的违反？这就涉及强制缔约的内容限制问题了。换言之，法律是否强制要求供电人就供用电合同内容与用电人达成一致，还是只要求供电人尽到协商义务即可，协商后如果双方仍无法达成一致，则不构成拒绝承诺？对此本条并未作明确规定。根据《供电营业规则》第19条的规定，[③]供用电合同的签订程序通常为“用户提出供应申请—供电企业确定供电方案—在一定期限内通知用户—双方协商确定最终供电方案—签订供用电合同”。由此可见，签订供用电合同的前提是供用电双方就供用电方案等内容协商一致。在司法实践中，通常认为如果双方无法就供用电方案达成一致，供电人因而未履行供电义务的，不构成对强制缔约义务的违反。如在“陈某某与国网山东省电

---

① 参见于文轩：《论电力法上的强制缔约制度》，载《法治社会》2018年第1期。

② 参见重庆市第五中级人民法院（2019）渝05民终5449号民事判决书。

③ 《供电营业规则》第19条规定：“供电企业对已受理的用电申请，应尽速确定供电方案，在下列期限内正式书面通知用户：居民用户最长不超过五天；低压电力用户最长不超过十天；高压单电源用户最长不超过一个月；高压双电源用户最长不超过二个月。若不能如期确定供电方案时，供电企业应向用户说明原因。用户对供电企业答复的供电方案有不同意见时，应在一个月内提出意见，双方可再行协商确定。用户应根据确定的供电方案进行受电工程设计。”

力公司济南市某区供电公司供用电合同纠纷案”中，用电人因与物业产生纠纷，物业中断其供电。其后，用电人向供电人单独申请供电，供电人要求用电人就安装线路、变压器等用电设施负担20万元。用电人认为该要求不合理，向法院起诉要求供电人承担强制缔约义务。法院认为，供电人履行强制缔约义务的前提是与用电人就供用电合同内容协商一致。现双方未能就合同内容协商一致，用电人要求供电人履行强制缔约义务，无法律依据。①

通过前述分析可知，在目前的电力实践中，判断供电人拒绝承诺的标准为供电人“不提供供电方案或不与用电申请人协商”。如果供电人已经受理用电人的申请并就此提供供电方案与用电申请人协商，则不构成“拒绝”用电人的请求。我们认为这一标准具有一定合理性，强制缔约义务限制的是缔约义务人选择合同相对人的自由，而非限制决定合同内容的自由，签订合同的前提仍然是双方协商一致。如果双方未能达成一致，可视为用电人提出的订约请求不合理。不过对于供电人提出的供电方案，法院同样应审查其合理性，避免供电人利用不合理的条件变相逃避其强制缔约义务。

（三）供电人违反强制缔约义务的法律后果

供电人违反强制缔约义务不仅将产生私法上的责任，还将承担公法上的责任，②下面将主要分析供电人的私法责任。

1.继续履行强制缔约义务

如果供电人违反其强制缔约义务，拒绝用电人的合理订约请求，用电人可以向法院请求供电人继续履行其强制缔约义务，法院经审查后可以判决供电人强制履行，即判决供电人在一定期限之内与用电人建立供用电合同关系并供应电力。如在“庄某某与东莞市某供电公司供用电合同纠纷案”中，法院认为被告供电公司作为供电企业具有强制缔约的义务，无正当理由的情况下不得拒绝缔约。现原告要求被告确认与其的供用电合同关系并对其所有的

---

① 参见济南市中级人民法院（2017）鲁01民终1739号民事判决书。

② 《电力法》第64条规定：“违反本法第二十六条、第二十九条规定，拒绝供电或者中断供电的，由电力管理部门责令改正，给予警告；情节严重的，对有关主管人员和直接责任人员给予行政处分。”

厂房、宿舍供电符合法律规定。法院最终判决：限被告于判决生效之日起3日内与原告建立供用电合同关系，并对原告所有的厂房、宿舍提供供电。[①]

2.承担损害赔偿责任

如果供电人违反其强制缔约义务，给用电申请人造成损失的，供电人应承担损害赔偿责任。但是对于该民事责任的性质，目前存在不同观点。有观点认为，违反强制缔约确定的义务，造成他人损害，应该向相对人承担侵权损害赔偿责任。[②]有观点则认为，如果供电企业违反强制缔约义务，会造成相对方信赖利益的损失，供电企业应承担缔约过失责任。[③]如在“陈某某与国网山东省电力公司济南市某区供电公司供用电合同纠纷案”中，当事人便主张在供电人履行缔约义务前，要求供电人承担缔约过失责任，赔偿其损失。[④]在司法实践中，甚至有法院将供电人违反强制缔约义务产生的损害赔偿责任作为“违约责任”。如在“庄某与东莞市某供电公司供用电合同纠纷案”中，法院便认为，用电人已于2014年8月1日向供电人申请用电，但供电人无正当理由拒绝为用电人办理供电手续，其依法应承担违约责任。故判决供电人向用电人赔偿经济损失100000元。[⑤]对此，我们认为供电人违反强制缔约义务产生的损害赔偿责任应为缔约过失责任，原因在于强制缔约义务产生于合同订立之前，在本质上为先合同义务。违反先合同义务不会导致相对人合同利益的损失，只会造成相对人信赖利益的损失。在供用电合同中，相对人基于对供电人强制缔约义务的信赖向供电人申请供电并作相应的受电或其他准备，供电人违反其强制缔约义务将直接导致相对人信赖利益的损失，系属缔约过失之责任。

就供电人损害赔偿的范围而言，主要是赔偿缔约相对人信赖利益的损失，包括直接损失与间接损失。直接损失一般包括：缔约费用（如交通费、材料

---

① 参见东莞市第二人民法院（2014）东二法沙民二初字第100号民事判决书。

② 杨崇森：《私法自治之流弊及其修正》，载郑玉波主编：《民法总则论文选辑》（上），台北五南图书出版公司1984年版，第138—139页；孙森焱：《民法债编总论》（上册），法律出版社2006年版，第37页。孙森焱认为强制承诺义务为公法上义务，因此，倘有违反情势，仅受公法上之处罚，并非当然成立之契约，但应负侵权行为责任。

③ 参见王利明：《合同法研究》（第一卷），中国人民大学出版社2002年版，第333页。

④ 参见济南市中级人民法院（2017）鲁01民终1739号民事判决书。

⑤ 参见东莞市第二人民法院（2014）东二法沙民二初字第100号民事判决书。

费等)、为准备履约所支付的费用和实际履约所支付的费用(如为建造受电装置而进行设计、施工产生的费用)以及前述费用的利息。间接损失如丧失与他人另行签订合同机会而造成的损失。[①]

举证责任

就供电人未履行其强制缔约义务而承担相应法律后果的举证责任，法律并未作特别的规定，因此应按《民事诉讼法》中“谁主张、谁举证”的原则进行举证责任的分配。具体而言，用电人应就其“已提出订约请求申请”“申请的具体内容”“供电人拒绝其订约请求”“造成损害”等事实及“供电人拒绝供电与损害之间的因果关系”承担举证责任。供电人应就“用电人的订约请求不合理”“已经履行协商义务”“用电人对损失的扩大具有责任”及“拒绝供电与损害之间不具有因果关系”等承担举证责任。

第六百四十九条【供用电合同的内容】

供用电合同的内容一般包括供电的方式、质量、时间，用电容量、地址、性质，计量方式，电价、电费的结算方式，供用电设施的维护责任等条款。

历史由来

本条系对《合同法》第177条的承袭，仅作部分文字修改，增加“一般”二字。在《民法典》起草过程中，《民法典合同编(草案)》(征求意见稿)第194条、《民法典合同编(草案)》(一审稿)第439条、《民法典合同编(草案)》(二审稿)第439条均延续了《合同法》的规定，未作任何修改。《民法典(草案)》第649条增加了“一般”二字，最终形成本条。

有学者曾建议在本条增加第2款“供用电合同应当采用书面形式”。[②]供

① 于文轩：《论电力法上的强制缔约制度》，载《法治社会》2018年第1期。

② 参见梁慧星主编：《中国民法典草案建议稿》(第二版)，法律出版社2011年版，第194页。

用电合同具有专业性及公用性的特点，基于提高效率并降低交易成本的考虑，强调供用电合同采用书面形式有一定合理性。《供电营业规则》第93条亦规定“供用电合同应采用书面形式”。但在实践中，由于“电”的公共物品属性，供用电合同几乎涉及所有人，未订立合同仅形成事实上之供电关系的情形仍然很多。[①]统一要求采用书面形式签订供用电合同不具有可行性，反而不对供用电合同形式作要求更为可取。[②]

规范目的或功能

本条规定了供用电合同的常见内容，但本条对合同内容的要求仅具有提示性与倡导性的作用，旨在提示供用电双方应注意在供用电合同中明确这些内容，但并非强制性要求。如果供用电合同不具备本条规定的所有内容，并不影响合同的效力，尤其是《民法典》在本条中加入“一般”二字后更能体现其非强制性的要求。同时，供用电合同是双方法律行为，除本条规定的“供电的方式、质量、时间”“用电容量、地址、性质”“计量方式”及“电价、电费的结算方式”“供用电设施的维护责任”等合同条款外，供用电双方当事人还可以在达成合意的情况下约定双方共同认为应当约定的其他条款，如合同的有效期限、违约责任等条款。[③]供用电合同生效后，当事人就合同的某些内容没有约定或者约定不明确的，可以协议补充；不能达成补充协议的，按照合同相关条款或者交易习惯确定。如果仍不能确定，应当对没有约定或约

---

① 在司法实践中，也承认事实上的供用电关系。例如，在“胜利油田某装置有限公司与国网山东某区供电公司供用电合同纠纷案”中，法院将交纳预交电费的行为认定为要约，收取电费的行为认定为承诺，进而认定供用电合同成立并生效。参见山东省东营市中级人民法院（2015）东商终字第6号民事判决书。同时参见韶山市人民法院（2009）韶民一初字第112号民事判决书、南漳县人民法院（2016）鄂0624民初1451号民事判决书。

② 后来该学者再次修订后的建议稿也删除了该项建议。参见梁慧星主编：《中国民法典草案建议稿附理由：合同编》（上册），法律出版社2013年版，第328页。

③ 《电力供应与使用条例》第33条规定：“供用电合同应当具备以下条款：（一）供电方式、供电质量和供电时间；（二）用电容量和用电地址、用电性质；（三）计量方式和电价、电费结算方式；（四）供用电设施维护责任的划分；（五）合同的有效期限；（六）违约责任；（七）双方共同认为应当约定的其他条款。”

定不明确的按有关规定办理。

规范内容

本条为说明性法条，规定了几类在供用电合同中常见的条款，这些条款通常构成了供用电合同的主要内容。同时鉴于供用电合同的公用性特点，在实践中一般采用格式合同，本条规定的内容在格式化的供用电合同中具有更为重要的指示意义。

一、供用电合同的主要内容

根据本条规定，供用电合同一般包括以下内容：

（一）供电的方式、质量和时间

供电方式，是指供电人以何种方式向用电人供电，一般包括主供电源、备用电源、保安电源的电容、电压及频率以及用户委托转供电等内容。供电企业对申请用电的用户提供的供电方式，应从供用电的安全、经济、合理和便于管理出发，依据国家的有关规定、电网的规划、用电需求以及当地供电条件等因素，进行技术经济比较，与用户协商确定。[①]例如，在《四川省居民生活供用电合同（示范文本）》中，供电方式条款为“供电人以交流低压□220□380伏电源向用电人单电源连续供电”；在《安徽省居民供用电合同（合同示范文本）》中，供电方式条款为“供电人以交流50赫兹、电压□220伏□380伏电源向用电人连续供电”。

供电质量，是指供电频率、电压和供电稳定性三项指标。频率质量，以频率允许偏差来衡量；电压质量，是以电压的闪变、偏离额定值的幅度和电压正弦波畸变程度衡量；供电稳定性，是以供电企业对用户停电的时间及次数来衡量。供电企业应当保证供给用户的供电质量符合国家标准。[②]供电企业和用户都应加强供电和用电的运行管理，执行国家和电力行业制定的有关安

---

① 具体内容参见《供电营业规则》第二章“供电方式”的规定。

② 《电力法》第28条。

全供用电的规程制度。用户执行其上级主管机关颁发的电气规程制度，除特殊专用的设备外，如与电力行业标准或规定有矛盾时，应以国家和电力行业标准或规定为准。①

用电时间，是指用电人有权使用电力的起止时间。双方应在合同中具体规定用电时间。规定用电时间的目的在于保证合理用电和安全用电，避免同一时间用电人集中用电，造成高峰时间供电设施因负荷过大而发生断电、停电事故，同时也可以防止低谷负荷过低而造成电力浪费。近几年，随着我国电力事业的迅速发展，电力供应的紧张状况已趋于缓和，对用电时间的限制将逐步放宽。②

（二）用电容量、地址和性质

用电容量，是指供电人认定的用电人受电设备的总容量，以千瓦为计量单位。用电地址，是指用电人使用电力的地址。用电性质包括用电人行业分类和用电分类。根据国家发展和改革委员会《销售电价管理暂行办法》及《关于调整销售电价分类结构有关问题的通知》，用户用电性质可分为居民生活用电、农业生产用电、工商业及其他用电三大类。居民生活用电，是指城乡居民家庭住宅以及机关、部队、学校、企事业单位集体宿舍的生活用电。农业生产用电，是指农业、林木培育和种植、畜牧业、渔业生产用电，农业灌溉用电，以及农业服务业中的农产品初加工用电。工商业及其他用电，是指除居民生活及农业生产用电以外的用电。如在《安徽省居民供用电合同（合同示范文本）》中，“用电地址、容量和性质”条款为“1.用电地址：______。2.用电容量：______千瓦。3.用电性质：居民生活用电。用电人不得擅自改变用电性质用电、向上述用电地址外转供电力，不得超过上述容量用电”。

（三）计量方式和电价、电费的结算方式

计量方式，是指供电人如何计算用电人使用电量的方式。供电企业应在

① 《供电营业规则》第52条。

② 参见北大法宝《合同法》第177条释义，http: //www.pkulaw.cn/CLink_form.aspx? Gid=21651&Tiao=177&km=siy&subkm=0&db=siy，最后访问时间2020年6月1日。

用户每一个受电点内按不同电价类别，分别安装用电计量装置。每个受电点作为用户的一个计费单位。[①]用电计量装置是一种记录用户使用电力电量多少的专用度量衡器，它的记录作为向用电人计算电费的依据。用电计量方式采用高压侧计量或低压侧计量。用电计量装置包括计费电能表和电压、电流互感器及二次连接线导线。[②]

电价，是指供电企业向用电人供应电力的价格。国家对电价实行统一定价制，由电网经营企业提出方案，报国家有关物价部门核准。部分地区采用分时定价的方式计算电价。供电企业应当按国家批准的电价，依据用电计量装置的记录计算电费，按期向用户收取或通知用户按期交纳电费。供电企业可根据具体情况，确定向用户收取电费的方式。用户应当按照国家核准的电价和用电计量装置的记录，按时交纳电费。[③]在电力实践中，双方当事人可以在合同中约定电价、电费的结算方式。双方可采取下列结算方式：（1）收取电费保证金；（2）采取预付电费制；（3）有账务往来的，可商定价款互抵协议；（4）提倡采用商业承兑汇票或银行承兑汇票的结算方式；（5）由供、用、银行三方商签每月电费有期划拨协议；（6）其他有效方式。如在《安徽省居民供用电合同（合同示范文本）》中“结算”条款为“用电人可采取现金、委托银行代扣、自助交费及充值卡付费等方式，应当在抄表和电费结算当（次）月______日前向供电人足额交纳电费”。在《四川省居民生活供用电合同（示范文本）》中，则采用“由费控智能电能表内置计费系统自动实时结算用电人电费”。

（四）供用电设施的维护责任

供电设施的运行维护管理范围，按产权归属确定。[④]在供用电合同中，双方应当协商确认供电设施运行管理责任的分界点，通常分界点电源侧供电设施属于供电人，由供电人负责运行维护管理；分界点负荷侧供电设施属于用

① 《供电营业规则》第70条。
② 《供电营业规则》第72条。
③ 《供电营业规则》第82条。
④ 《供电营业规则》第47条。

电人，由用电人负责运行维护管理。供电人、用电人分管的供电设施，除另有约定外，未经对方同意，不得操作或更动。如在《四川省居民生活供用电合同（示范文本）》中，便约定：安装在用电人受电点的计量装置出线接线点为电力设施产权分界点，为本合同所述的履行供用电义务的地点。以电力设施产权分界点为界，用电人受电点计量装置出线接线点之后，由用电人承担运行维护管理义务及相应的法律后果；用电人受电点计量装置出线接线点之前，由产权设施所有者承担运行维护管理义务及相应的法律后果；用电人受电点计量装置由供电人承担运行维护管理义务及相应的法律后果。在《安徽省居民供用电合同（合同示范文本）》中，同样约定“电力设施运行维护管理责任分界点为______（见附图）。分界点电源侧电力设施由供电人负责运行维护管理，分界点负荷侧电力设施由用电人负责运行维护管理”。

二、供用电合同与格式合同

供用电合同的标的物电力是与国计民生有重大关系的基本能源，消费对象为社会大众，供给人又系具有特定资格和地位的企业组织，要求供电人与每位用电人协商并分别签订合同并不现实。因此在供用电合同中往往采用格式合同的形式签订，尤其是居民生活供用电合同几乎都采用格式合同。《供电营业规则》第93条第2款规定，供用电合同书面形式可分为标准格式和非标准格式两类。标准格式合同适用于供电方式简单、一般性用电需求的用户；非标准格式合同适用于供用电方式特殊的用户。

格式合同虽然有助于提升供电人订立与管理维护供用电合同的效率，并保证每位用电人公平地享有并使用电力。但由于供电人具有专营垄断性，格式合同又仅由供电人一方制定，且电力作为社会大众生产生活的必需品，用电人根本不具有协商修改之权利，只能被迫接受格式合同。[①]由此带来的问题便是格式合同的公平性问题。供电人在制定供用电格式合同时往往会制定对自己有利的条款，甚至约定一些免除或减轻自己责任的不公平条款。例如，在许多供用电合同中便约定供电人的合同损害赔偿最高限额，即“供电人违

① 参见崔建远主编：《新合同法原理与案例评释》（下册），吉林大学出版社1995年版，第994页。

反本合同约定中止供电给用电人造成损失的，应赔偿用电人实际损失，最高赔偿限额为用电人在中止供电时间内可能用电量电度电费的五倍”。

对此，在供用电合同司法实践中，法官经常适用格式条款的有关规定对供用电合同进行规制。对于供电人在供用电合同中约定的免除或减轻其责任的条款，一般被认定为无效条款，不具有法律效力。如在“山东某生物科技股份有限公司与国网山东省电力公司某县供电公司供用电合同纠纷案”中，法院认为，“原告某生物公司与供电公司履行的高压供用电合同，系供电公司提供的格式合同，合同第37条第7项第（5）条的约定系供电公司即格式合同提供者的免责条款。本案中高压供用电合同该免责条款并未给予字体加黑加粗的明确提示，被告供电公司也未提供证据证明就免责条款给予对方提示和说明，故该免责条款无效”。[①]在“陆某某、广东电网有限责任公司某供电局供用电合同纠纷案”中，供电人制定的格式合同约定“由用电人自备电源或采取其他措施，保证供电方间断供电时能立即投入运行，否则相关损失供电方不负责任”，法院认定该条款属格式合同免责条款，无效。[②]

第六百五十条【供用电合同的履行地】

供用电合同的履行地点，按照当事人约定；当事人没有约定或者约定不明确的，供电设施的产权分界处为履行地点。

历史由来

本条系对《合同法》第178条的承袭，未作任何修改。在《民法典》起草过程中，《民法典合同编（草案）》（征求意见稿）第195条、《民法典合同编（草案）》（一审稿）第440条、《民法典合同编（草案）》（二审稿）第440条、《民法典（草案）》第650条均延续了《合同法》的规定，未作任何修改。

---

① 参见郓城县人民法院（2016）鲁1726民初2005号民事判决书。

② 参见佛山市中级人民法院（2017）粤06民终3315号民事判决书。

规范目的或功能

本条是关于供用电合同履行地点的规定。合同的履行地点，是指双方当事人行使其权利、履行其义务的地点，是合同的主要条款之一。合同履行地点在合同的履行中具有重要作用，往往是确定验收地点的依据，是确定运输费用由谁负担、风险由谁承受的依据，是确定标的物所有权是否转移的依据，也是确定法院管辖权的依据之一。[①]本条规定旨在为供用电合同履行地点的确定提供明确的规则。首先，尊重当事人的意思自治，由当事人自由约定供用电合同的履行地点。其次，在当事人没有约定或约定不明时，提供合同漏洞补充规则，直接规定供电设施的产权分界处为供用电合同的履行地点。从而有效地解决在电力实践中因无法确定供用电合同履行地点而带来的管辖地不明确、合同责任承担比例不明等问题。

规范内容

本条为说明性法条，规定了供用电合同履行地点的确定规则。

一、供用电合同的履行地点以当事人约定为主

本条中的“供用电合同的履行地点”，具体指供电人将电力的所有权转移于用电人的转移点。根据合同自由原则，供用电双方可以在供用电合同中约定履行地点，供用电合同约定了履行地点的，供电人应当按照该约定履行供电义务。在实践中，采用格式合同签订的供用电合同通常约定“供电设备的产权分界点”为合同履行地点。如在《四川省居民生活供用电合同（示范文本）》中便约定：“安装在用电人受电点的计量装置出线接线点为电力设施产权分界点，为本合同所述的履行供用电义务的地点。”

通常而言，根据《民法典》第510条的规定，当事人对合同的履行地点没

---

① 参见“国网某省电力公司与某机械有限公司供用电合同纠纷上诉案”，山东省德州市中级人民法院（2016）鲁14民辖终274号民事裁定书。

有约定或者约定不明确的，可以协议补充；不能达成补充协议的，按照合同相关条款或者交易习惯确定。如果仍不能确定的，应当适用《民法典》第511条的规定，即给付货币的，在接受货币一方所在地履行；交付不动产的，在不动产所在地履行；其他标的，在履行义务一方所在地履行。据此，对于供用电合同履行地点约定不明的，履行地点应为供电人所在地。

但是由于电力系统具有网络性，供电人与用电人由网络相联结，电力的生产、供应与使用同时完成且具有连续性，这就使供用电合同的履行地点具有一定的特殊性，很难适用《民法典》第511条的规定。长期以来，供用电双方根据这一特殊性，在实践中形成了以供电设施的产权分界处作为合同履行地点的习惯。据此，本条规定“当事人没有约定或者约定不明确的，供电设施的产权分界处为履行地点”。

二、供用电合同的履行地点以供电设施的产权分界处为补充

虽然格式化的供用电合同通常会约定合同履行地点，但仍存在许多未约定或未明确约定合同履行地点的合同。如《安徽省居民供用电合同（合同示范文本）》中便未约定合同的履行地点。如上所述，在这种情形下，本条根据电力供应实践将供电设施的产权分界处作为供用电合同的履行地点，作为确定供用电合同履行地点的补充规则。

（一）供用电合同产权分界处的含义

一般而言，在用电人为单位时，供电设施的产权分界处通常为该单位变电设备的第一个瓷瓶或开关；在用电人为散用户时，供电设施的产权分界处通常为进户墙的第一个接收点。根据《供电营业规则》第47条的规定，具体分界点的确定遵循下列各项规则：（1）公用低压线路供电的，以供电接户线用户端最后支持物为分界点，支持物属供电企业。（2）10千伏及以下公用高压线路供电的，以用户厂界外或配电室前的第一断路器或第一支持物为分界点，第一断路器或第一支持物属供电企业。（3）35千伏及以上公用高压线路供电的，以用户厂界外或用户变电站外第一基电杆为分界点。第一基电杆属供电企业。（4）采用电缆供电的，本着便于维护管理的原则，分界点由供电企业与用户协商确定。（5）产权属于用户且由用户运行维护的线路，以公用

线路分支杆或专用线路接引的公用变电站外第一基电杆为分界点，专用线路第一基电杆属用户。

（二）供用电合同产权分界处的作用

以供电设施的产权分界处作为供用电合同的履行地点，对划分供电设施所有权归属、确定供电设施的维护管理责任和用电事故的法律责任均具有重要作用。供用电双方应当根据供电设施的产权归属，承担供电设施的安装、维护、检修和管理责任。

供电设施的产权分界处是划分电力及供电设施所有权归属的分界点，分界处电源侧的供电设施归供电人所有，分界点负荷侧的供电设施归用电人所有。根据《供电营业规则》第74条的规定，用电计量装置原则上装在供电设施的产权分界处，供电人供应的电力在通过产权分界处时，电力产权便由供电人转移给用电人。供用电合同中的产权分界处相当于买卖合同中的标的物交付地点。

《供电营业规则》第47条规定，供电设施的运行维护管理范围，按产权归属确定。据此，供用电合同产权分界处系确定供电人与用电人供电设施管理维护责任的判定依据。如在“彭某某与龙某某等供用电合同纠纷上诉案”中，法院便认为，根据相关法律规定，居民家户用电的产权是以供电接户线用户端最后支持物为分界点，支持物所有权属供电企业（供用电合同有特殊注明的例外），支持物以前的产权属国家电网，支持物以后的产权属居民家户个人所有。根据供用电合同，支持物以前的线路维护管理、保持用电畅通，应由供电公司负责；支持物以后的线路维护管理，应由用电人自己承担。[①]

根据《供电营业规则》第51条的规定，供用电合同产权分界处还是确定在供电设施上发生事故时承担法律责任的依据。产权归属于谁，谁就承担其拥有的供电设施上发生事故的法律责任。如在“国网河南某供电公司与梁某某等触电人身损害赔偿责任纠纷上诉案”中，法院认为根据相关法律规定，供电局与用户电气设备的维护管理范围按产权分界点划分，一般按下列原则确定，低压供电的，以供电接户线的最后支持物为分界点，支持物属供电局。

---

① 参见湖南省岳阳市中级人民法院（2017）湘06民终1552号民事判决书。

结合本案中，履行地点应为电力交付地点，即用户电能表为分界点，且发生事故的线路往南仍有支持物，因此该段线路产权应归属被告，应由被告对该触电人身事故承担法律责任。[①]

综上，供用电合同的履行地点以当事人约定为主，以供电设施的产权分界处为补充。供用电合同双方应在合同中明确约定合同履行地点，约定地点最好选择“供电设施的产权分界处”。

第六百五十一条【供电人的安全供电义务】

供电人应当按照国家规定的供电质量标准和约定安全供电。供电人未按照国家规定的供电质量标准和约定安全供电，造成用电人损失的，应当承担赔偿责任。

历史由来

本条系对《合同法》第179条的承袭，仅作部分文字修改，将“应当承担损害赔偿责任”修改为“应当承担赔偿责任”，删除“损害”二字。在《民法典》起草过程中，《民法典合同编（草案）》（征求意见稿）第196条、《民法典合同编（草案）》（一审稿）第441条、《民法典合同编（草案）》（二审稿）第441条均延续了《合同法》的规定，未作任何修改。《民法典（草案）》第651条删除“损害”二字，最终形成本条。本条修改之处并非实质性修改，删除“损害”二字理由有二：一是避免与前述“造成用电人损失”中的“损失”重复；二是与《民法典》各编保持一致。

在立法过程中，有实务部门曾建议增加当事人约定的供电质量标准，即“供电人应当按照国家规定或约定的供电质量标准安全供电”，将供电质量标准设定为国家规定或当事人约定二择一的关系。供电质量不仅关系用电人的生活生产需求，更关涉用电人的人身财产安全，具有十分重要的意义。因此，供电质量至少应符合国家规定标准，在此基础上供用电合同双方可以约定更高的质量标准，但国家规定的供电质量标准应为底线，最终该建议未被采纳。

---

① 参见河南省南阳市中级人民法院（2017）豫13民终904号民事判决书。

规范目的或功能

本条是关于供电人的安全供电义务的规定。电力作为一种高度危险的标的物，在其供应过程中极易产生安全风险，有必要对供电人的安全供电义务予以规定。本条的规范目的或功能主要有二：一是明确供电人供电的质量标准，保障电力的持续有效供应。只有符合标准的供电才能真正满足社会公众的生产生活需求，才算完全履行了供电人的合同义务。根据本条规定，供电人应当按照国家规定的供电质量标准和约定安全供电。如果没有按照标准供电，将承担赔偿责任。二是确立供电人的安全供电义务，以解决电力实践中频发的电力安全事故引发的纠纷。电力通过网络连接，极易受自然天气、人为破坏等原因影响，产生停电等电力事故。电力作为社会公众的生活必需品，一旦产生电力运行事故，将对社会公众的生产生活产生严重影响，甚至造成重大的财产损失。实践中因电力供应不当造成用电人触电身亡的案例比比皆是。因此，本条规范确立的供电人的安全供电义务有助于为用电人提供损害赔偿的权利请求基础。

规范内容

一、供电人安全供电义务的含义

由于电力具有相当危险性，因此由合同的那一方当事人就多大范围承担安全保证义务，是供用电合同的关键问题，同时也是现实中最容易产生纠纷的问题。[①]供电人的安全供电义务指供电人为用电人持续稳定地提供安全的电力，主要包含两层含义：第一，在发电、供电系统正常的情况下，供电人应当连续向用电人供电，不得中断；第二，供电人应该按照国家规定的或当事人约定的供电质量标准及国家有关安全供电的规章制度供应电力。《电力法》第28条规定，供电企业应当保证供给用户的供电质量符合国家标准。用

---

① 参见崔建远主编：《新合同法原理与案例评释》（下册），吉林大学出版社1995年版，第1003页。

户对供电质量有特殊要求的，供电企业应当根据其必要性和电网的可能，提供相应的电力。具体而言，供电人供应电力电压要稳定，频率要达到标准，输电线路要安全畅通等。[①]供电企业供电的额定电压：（1）低压供电：单相为220伏，三相为380伏；（2）高压供电：为10、35（63）、110、220千伏。[②]在电力系统正常状况下，供电频率的允许偏差为：（1）电网装机容量在300万千瓦及以上的，为±0.2赫兹；（2）电网装机容量在300万千瓦以下的，为±0.5赫兹。在电力系统非正常状况下，供电频率允许偏差不应超过±1.0赫兹。在电力系统正常状况下，供电企业供到用户受电端的供电电压允许偏差为：（1）35千伏及以上电压供电的，电压正、负偏差的绝对值之和不超过额定值的10%；（2）10千伏及以下三相供电的，为额定值的±7%；（3）220伏单相供电的，为额定值的+7%，-10%。在电力系统非正常状况下，用户受电端的电压最大允许偏差不应超过额定值的±10%。用户用电功率因数达不到规定的，其受电端的电压偏差不受此限制。[③]

在实践中，为应对频发的因电力运行事故造成的电力中断纠纷及因电力质量不合格或电力系统存在安全隐患导致的用电人人身损害纠纷，法院倾向于对本条规定的供电人安全供电义务作扩张解释，将本条作为具有兜底性质的条款。只要不是因不可抗力或用电人自己的原因引起的停电事故或人身损害事故，均作为违反供电人安全供电义务的责任，并引用本条作为损害赔偿的请求权基础。[④]崔建远教授也主张将供电人对供电设施，包括用电人的用电情况的检修，作为供电人安全供电义务的一部分，即供电人的检修线路和用电设施义务。[⑤]有学者也认为，近年来因停电引起的投诉纠纷和诉讼日趋增多，

---

① 荣成：《供用电合同法律问题探讨》，载《电力需求侧管理》2005年第2期。

② 参见《供电营业规则》第6条规定。

③ 参见《供电营业规则》第53条、第54条规定。

④ 参见“国网河南某供电公司与梁某某等触电人身损害赔偿责任纠纷上诉案”，河南省南阳市中级人民法院（2017）豫13民终904号民事判决书。在本案中，法院认为，“供电局负有向曾某某提供正常运行的电力的义务，除法定不可抗力事由或因曾某某自身过错造成的电力运行事故外，供电局均应依法承担相应的违约责任。引发本案电力运行事故的原因系线路故障，供电局没有尽到维修的义务，应承担违约责任”。

⑤ 参见崔建远主编：《新合同法原理与案例评释》（下册），吉林大学出版社1995年版，第998页。

在实际生活中引发停电的原因主要有检修及电力系统故障、电力运行事故、电力供应紧张、用户拖欠电费、用户违章用电、用户窃电以及不可抗力和紧急避险等。对于由不可抗力、紧急避险或由用户自身过错及第三人责任所引起的停电，供电企业可依法免除责任。其余原因供电人应基于本条承担赔偿责任。[①]我们认为该种观点具有合理性，原因在于在供电纠纷中的损害绝大部分都是由停电或触电事故造成的，而保证持续稳定供电及供电过程的安全本身均属于供电人安全供电义务的范畴。要求供电人承担具有兜底性质的安全保障义务，一则不会额外增加供电人的义务负担，二则为用电人提供了主张其权利的请求权基础依据，有助于应对实践中纷繁复杂的纠纷。

二、供电人违反安全供电义务的责任构成

（一）供电人存在违反安全供电义务的行为

根据本条规定，供电人违反安全供电义务的责任需存在“供电人未按照国家规定的供电质量标准和约定安全供电”的行为。如上所述，在实践中供电人的安全供电义务作为供电人的兜底义务，既表现为供电人积极供应稳定适格电力的义务，也表现为供电人检修、维护供电设备以保障供电系统安全的义务。供电人违反安全供电义务的情形也是多种多样，不可枚举。但因供电人违反供电安全义务导致的电力事故通常可分为两类：一类是停电事故，另一类是因电力质量存在问题导致的人身财产损害事故。前者如“未及时拆除具有安全隐患的临时设施致其被大风吹倒导致的停电事故”，[②]“因线路故障导致的停电事故”[③]。在这两起案件中，法院均依据本条裁判供电公司赔偿用电人的损失。后者如“供电人未尽管理维护职责导致线路挂断引发的人身事故”，[④]法院认为，被告供电公司依法负有对电力设施定期进行检修、管理和维护的工作职责。供电所负有对辖区内用电设施及电网的安装、验收、检修、维护和安全运行等法定管理职责。本案中被告疏于管理，且未使用安全保护

① 参见朱亚：《供用电合同的纠纷类型及解决途径》，载《电力需求侧管理》2005年第4期。

② 参见广东省珠海市中级人民法院（2016）粤04民终2432号民事判决书。

③ 参见清远市中级人民法院（2016）粤18民终2631号民事判决书。

④ 参见河南省南阳市中级人民法院（2017）豫13民终904号民事判决书。

措施致使电线断落，造成该事故发生而致伤原告，被告具有疏于管理的过错，应赔偿原告因此而受到的损失。法院最终将本条作为其裁判依据。再如“因输送电压过高造成用电人的财产损害事故”，[①]被告在供电过程中，因供应电压过高造成原告冷库制冷机烧坏，在修复制冷机过程中，因制冷机无法制冷造成储存在冷库内的猕猴桃腐烂变质，法院亦依据本条裁判被告赔偿用电人的损失。

（二）用电人存在利益损失

根据本条规定，供电人违反安全供电义务须“造成用电人损失”。合同责任目前仍然主要为填补责任，即由违约方承担赔偿守约方的利益损失。如果违约方的行为未造成守约方任何利益损失，则无须承担违约责任。在合同责任中，当事人的损失包括直接损失和间接损失，主要损失通常为合同的对价损失或可得利益损失。但是在供用电合同纠纷中，供电人违反安全供电义务给用电人造成的主要损失一般是固有利益损失，即因停电或触电造成用电人固有财产的损失或人身损害，而非合同的对价损失即电费。如“符某某与国网河南省电力公司某县供电公司供用电合同纠纷案”中被告的猕猴桃损失[②]，“广东电网有限责任公司珠海某供电局与高某某供用电合同纠纷上诉案”中用电人的鱼苗损失[③]。由此可见，供电人违反安全供电义务的电力供应对用电人而言本质上是一种“加害给付”行为。[④]

（三）供电人行为与用电人损失存在因果关系

供电人承担违反安全供电义务责任要求供电人的行为与用电人的损失之间存在因果关系。不考虑其他因素的情况下，如果二者之间不存在任何因果关系，则供电人无需就用电人的损失承担责任。如果供电人的行为直接导致了用电人的所有损失，即存在百分之百的因果关系，则供电人须就用电人的

---

① 参见西峡县人民法院（2018）豫1323民初2441号民事判决书。

② 参见西峡县人民法院（2018）豫1323民初2441号民事判决书。

③ 参见广东省珠海市中级人民法院（2016）粤04民终2432号民事判决书。

④ 一般认为，加害给付是指合同一方当事人侵害对方当事人固有利益的违约行为。参见王荣珍：《对加害给付概念与救济的再思考》，载《政法论坛》2005年第5期。

损失承担全部责任。事实上，在大部分案件中，供电人的行为与用电人损失虽具有因果关系，但原因力大小存在差异，原因力的大小将影响供电人承担责任的比例。原因力大的，供电人承担责任比例更大，原因力小的，供电人承担责任比例则较小。因而在绝大部分的供用电合同纠纷中，供电人承担的违反安全供电义务责任均为比例责任，而非全部责任。

三、供电人违反安全供电义务的责任承担

（一）责任性质：违约责任与侵权责任的竞合

供电人违反安全供电义务给用电人造成损失的，供电人须承担民事责任自无争议。但就该民事责任的性质，在司法实践中仍然存在不同认识。有的法院认为供电人应承担违约责任，如在“国网河南某供电公司与梁某某等触电人身损害赔偿责任纠纷上诉案”中，法院认为被告供电局应承担违约责任。[①]有的法院则认为应适用侵权责任，如在“罗某、张某某等与云南电网有限责任公司某供电局供用电合同纠纷案”中，供电人未尽漏电保护装置的管理维护义务，导致用电人在修理插线板时触电身亡。法院适用侵权责任判决供电人进行赔偿。[②]还有的法院认为此时构成侵权责任与违约责任的竞合，当事人可以自由选择主张违约责任或侵权责任，如在“夏某某与国网湖北省电力公司某供电公司供用电合同纠纷案”中，法院认为原、被告双方争议的焦点为本案是合同之诉，还是侵权之诉。原告在起诉时已明确选择主张合同之诉，要求被告承担违约责任，该主张符合《合同法》第122条“因当事人一方的违约行为，侵害对方人身、财产权益的，受损害方有权选择依照本法要求其承担违约责任或者依照其他法律要求其承担侵权责任”的规定，故原告提起合同之诉依法成立。[③]再如在“广东电网有限责任公司珠海某供电局与高某某供用电合同纠纷上诉案”中，法院认为高某某与供电局自愿签订《低压供用电合同》，供电局向高某某承包的鱼塘供电，故双方之间形成了合法有效的供用电合同关系。高某某主张在用电过程中，因停电事故导致养殖鱼苗死亡

① 参见河南省南阳市中级人民法院（2017）豫13民终904号民事判决书。

② 参见云县人民法院（2018）云0922民初755号民事判决书。

③ 参见南漳县人民法院（2016）鄂0624民初1451号民事判决书。

财产受损，依据《合同法》第122条的规定，高某某有权选择要求供电局承担违约责任或者侵权责任，现高某某要求供电局承担违约责任，故本案案由应为供用电合同纠纷。[①]

我们认为由于供电人违反其安全供电义务供电通常造成用电人固有利益的损失，本质上为“加害给付”，即供电人的供电给付违约行为侵害了用电人固有的人身、财产权益。根据《民法典》第186条的规定，用电人有权选择请求供电人承担违约责任或者侵权责任。在理论上，虽然就加害给付的概念与救济存在不同认识，[②]但基本都承认在加害给付情形下，存在违约责任与侵权责任的竞合，当事人可以自由选择救济方式。[③]

（二）责任承担方式：损害赔偿

根据本条和《电力法》第59条第2款及第60条的规定，供电企业未保证供电质量或因电力运行事故，给用户造成损失的，应当依法承担赔偿责任。可见供电人违反安全供电义务给用户造成损失的主要责任承担方式为赔偿。就损害赔偿范围而言，根据合同法理论，损害赔偿的范围一般为用户的实际损失，包括直接损失与间接损失。但是我国的电力法规及实践对此存在不同的规定，因而在司法实践中常常引发争议。

就停电事故给用户造成的损失而言，《供电营业规则》第95条规定，由于供电企业电力运行事故造成用户停电的，供电企业应按用户在停电时间内可能用电量的电度电费的5倍（单一制电价为4倍）给予赔偿。用户在停电时间内可能用电量，按照停电前用户正常用电月份或正常用电一定天数内的每小时平均用电量乘以停电小时求得。据此规定，很多《供用电示范合同（示范文本）》通常对最高赔偿限额作如下约定：“供电人违反本合同约定中止供电给用电人造成损失的，应赔偿用电人实际损失，最高赔偿限额为用电人在中止供电时间内可能用电量（该用电量的计算参照）电度电费的五倍。”但是，

---

① 参见广东省珠海市中级人民法院（2016）粤04民终2432号民事判决书。

② 参见王荣珍：《对加害给付概念与救济的再思考》，载《政法论坛》2005年第5期。

③ 参见谢鸿飞：《违约责任与侵权责任竞合理论的再构成》，载《环球法律评论》2014年第6期。

在司法实践中，该类约定一般会被认定为无效条款或显失公平，仍然判决供电人赔偿用电人的实际损失。如在“湖南省某铸钢有限责任公司与国网湖南省电力公司某供电分公司供用电合同纠纷案”中，供电人约定最高赔偿限额为用电人在中止供电时间内可能用电量电度电费的5倍（单一制电价为4倍）。对此，法院认为，合同格式由被告提供，对格式合同的理解，应理解为对提供方被告公司不利的解释，因此对合同前述的解释，应理解为赔偿用电人的实际损失；而且原告公司的损失，如果以中止供电时间内可能用电量电度电费的5倍计算赔偿金额，明显有失公平。①

就因供电质量问题给用户造成的损失而言，《供电营业规则》第96条第1项规定：“用户用电功率因数达到规定标准，而供电电压超出本规则规定的变动幅度，给用户造成损失的，供电企业应按用户每月在电压不合格的累计时间内所用的电量，乘以用户当月用电的平均电价的百分之二十给予赔偿。”第97条第1项规定：“供电频率超出允许偏差，给用户造成损失的，供电企业应按用户每月在频率不合格的累计时间内所用的电量，乘以当月用电的平均电价的百分之二十给予赔偿。”据此规定，很多《供用电示范合同（示范文本）》通常对最高赔偿限额作如下约定：“供电人违反本合同电能质量义务给用电人造成损失的，应赔偿用电人实际损失，最高赔偿限额为用电人在电能质量不合格的时间段内实际用电量和对应时段的平均电价乘积的百分之二十。”同样地，在司法实践中，该类约定一般会被认定为无效条款，仍然判决赔偿用电人的实际损失。如在“某市某区某水产冷藏厂、国网山东省电力公司某供电公司供用电合同纠纷案”中，日照供电公司在合同约定供电期间内电能出现缺相，给用电人造成损失，日照供电公司主张应按照合同约定的最高赔偿限额赔偿。对此，法院认为，因双方在案涉合同中约定的最高赔偿限额减轻了供电公司赔偿责任，属无效条款。供电公司仍应按照造成的实际损失赔偿。②再如在“刘某某与国网湖北省电力公司某县供电公司供用电合同纠纷案”中，法院认为，“对于《低压供用电合同》中供电人违反本合同电能质量义务给用电人造成损失约定最高赔偿限额的违约条款，供电方没有对该条款采取足以

① 参见宁乡县人民法院（2014）宁民初字第03733号民事判决书。

② 参见日照市中级人民法院（2016）鲁11民终1915号民事判决书。

引起对方注意的文字、符号、字体等特别标识，明显加重了用电方的责任、排除了用电方要求赔偿的权利，该条款无效”。[①]

综上，对于供电人违反安全供电义务给用户造成损失的损害赔偿范围，即使存在行政法规及当事人对最高赔偿限额的规定或约定，在司法实践中仍然以赔偿用电人的实际损失为主，这一做法值得认可。

举证责任

就供电人违反安全供电义务承担相应损害赔偿责任的举证责任，法律并未作特别规定，因此应按《民事诉讼法》中“谁主张、谁举证”的原则进行举证责任的分配。具体而言，用电人应就“供电人违反安全供电义务的初步事实”“造成的损害事实”及“供电人行为与用电人损害之间的因果关系”承担举证责任。供电人应就“供电人不存在违反安全供电义务行为”“用电人对损失的扩大具有责任”及“供电人行为与损害之间不具有因果关系”等承担举证责任。须注意的是，根据《供电营业规则》第58条的规定，如果是因电能质量某项指标不合格而引起供电企业和用户之间责任纠纷的，不合格的质量责任由电力管理部门认定的电能质量技术检测机构负责技术仲裁。

第六百五十二条【供电人中断供电时的通知义务】

供电人因供电设施计划检修、临时检修、依法限电或者用电人违法用电等原因，需要中断供电时，应当按照国家有关规定事先通知用电人；未事先通知用电人中断供电，造成用电人损失的，应当承担赔偿责任。

历史由来

本条系对《合同法》第180条的承袭，仅作部分文字修改，将“应当承担损害赔偿责任”修改为“应当承担赔偿责任”，删除“损害”二字。在《民法

① 参见沙洋县人民法院（2017）鄂0822民初991号民事判决书。

典》起草过程中，《民法典合同编（草案）》（征求意见稿）第197条、《民法典合同编（草案）》（一审稿）第442条、《民法典合同编（草案）》（二审稿）第442条均延续了《合同法》的规定，未作任何修改。《民法典（草案）》第652条删除“损害”二字，最终形成本条。本条修改之处并非实质性修改，删除“损害”二字理由有二：一是避免与前述“造成用电人损失”中的“损失”重复，二是与《民法典》各编保持一致。

在立法过程中，有实务部门曾建议将“依法限电”修改为“执行有序用电要求”，并增加“合同约定的原因”作为中断供电的原因，同时增加赔偿责任除外条款即“但法律法规另有规定或合同有特别约定的除外”。这些建议最终并未得到采纳，很大原因在于建议修改的规则已包含于本条之中，并没有实质性修改。本条中断供电原因并非完全列举，供用电合同双方仍然可以自己约定其他中断供电原因，除外条款亦如是。

三 规范目的或功能

本条规定了供电人中断供电时事先通知用电人的义务。从规范性质上而言，供电人中断供电的通知义务为附随义务，虽然不具有决定合同内容与性质的作用，但能保障供用电合同的顺利履行。本条通过立法形式规定供电人中断供电的通知义务，一方面承认了供电人在有正当理由时中断供电的权利，有助于维护电力网络的整体安全；另一方面也保证了用电人知晓其电力情况的权利，进而促进合同的顺利履行。同时，鉴于供电人在供用电合同中具有专业优势地位，供电人更容易利用其优势不当地中断供电，侵害用电人的合法权益。电力作为用电人生产生活的必需品，一旦供电人未经通知中断供电，将对用电人产生较大影响。如果供电人能就中断供电事先履行通知义务，将有助于用电人及时采取措施，减少或避免自己的利益损失。同时，在目前的司法实践中，存在大量因供电人未事先通知用电人而擅自断电引发的纠纷，[①]

---

① 参见海北藏族自治州中级人民法院（2015）北民一终字第58号民事判决书；佛山市中级人民法院（2017）粤06民终3315号民事判决书；雅安市中级人民法院（2015）雅民终字第243号民事判决书；最高人民法院（2014）民申字第1606号民事裁定书。

本条规定既能为保证用电人的合法权益不受侵害提供法律依据，也能为已经受到供电人未履行通知义务侵害的用电人提供请求权基础。

规范内容

一、供电人中断供电事先通知义务的适用范围

（一）本条规定适用于供电人有正当理由需要主动中断供电的情形

供用电合同是一种持续供给合同，供电人在发电、供电系统正常的情况下，应当连续向用电人供电，不得中断，否则应当承担违约责任。这是供电人连续供电的义务。但是在某些法定或约定情形下，供电人有正当理由的，可以主动中断供电，用电人对此负有容忍义务。根据本条和《电力法》第29条的规定，这些情形主要包括供电设施检修、依法限电或者用户违法用电等。

"供电设施检修"，包括供电设施计划检修和临时检修，主要指供电人为保证整个电力系统的稳定与安全，定期或不定期对电力网络、电力设施等进行的检查修理行为。由于供电系统有极强的牵连性，需要具有专业知识的人员定期维护管理，因此对于供电企业对供电设施的检修用电人负有容忍的义务。

"依法限电"，指依照有关法律、行政法规对一个地区中的一部分地区、部分用户、用电大户的部分用电设施中断供电，使其用电总量减少的一种措施行为；供电网络具有一定负荷容量，一旦超过该容量，将造成整个电力系统的崩溃，产生巨大影响。因此，在某些地区或某些时段的用电高峰期，对用电总量予以限制具有重要作用。如在春节前夕或晚间七八点对即将超过用电负荷的地区中断供电。当然随着我国电力行业的不断发展，需要进行依法限电的情形也越来越少。

"用户违法用电"，包括用电人违章用电、窃电、超计划用电、不安全用电以及其他违反法律、行政法规用电的行为。用电人的违法违章用电行为不仅会损害供电人的权益，更可能对整个电力系统造成破坏。因此在供电人发现用电人的违法违章行为后，有权中断其供电，以保护供电人自己及其他用户的权益。

在前述理由消除后，供电人应尽快恢复供电。

（二）本条规定与其他中断供电情形的区分

1.与因不可抗力或其他原因被动断电的区分

本条规定的断电系供电人主动采取断电措施，在该种情况下，供电人能自主决定断电的时间、方式、区域，因而有可能实现通知用电人其具体的断电时间与计划。在责任承担上，只要供电人事先履行了通知义务，便不用承担责任。

因不可抗力或电力线路故障等原因导致电力中断的，系被动断电。供电人通常无法事先预见断电时间，也无法知晓具体的断电区域，因而自然也无法进行事先通知。因此，在该种情况下，供电人不负有事先通知的义务，但负有查明断电原因并进行抢修、尽早恢复供电的义务。在责任承担上，如果查出断电原因系不可抗力或用户的原因，供电人不必就中断供电承担责任；如果查出断电原因系其他原因，如电力线路故障、未拆除临时设施等，供电人均须就此承担违反安全供电义务的责任。①

实践中，部分案例对除不可抗力断电外的电力中断均要求履行通知义务，否则将基于本条判决供电人承担违约责任，我们认为这种做法在适用法律上存在不当。此种情况下，法院应依据《民法典》第651条的规定而非依据本条规定判决供电人承担责任。如在“国网湖南省电力公司某县供电分公司与蒲某、蒲某某供用电合同纠纷案”中，供电人认为停电事故是因设备损坏造成，属于自然灾害、不可抗力，供电人没有义务通知被上诉人停电。法院认为，“供电人认定是因供电设备损坏而停电，但设备是因何种原因而损坏，是因产品质量不合格、设备老化，还是其他人为原因或者是因自然灾害造成的损坏，上诉人在事故之后并未作出分析、确定，而前述多种可能的情形并非都属于不可抗力”，最后法院依据本条判决供电人承担损害赔偿责任。②又如在“陆某某、广东电网有限责任公司佛山某供电局供用电合同纠纷案”中，法院同样认为供电人因电力故障中断供电未通知用电人构成违约，造成用电人池塘的鱼死亡，应赔偿用电人损失。最终依据本条判决供电人承担损害赔偿责

---

① 具体可参见《民法典》第651条评注的内容。

② 参见怀化市中级人民法院（2016）湘12民终1019号民事判决书。

任。[①]事实上，前述两起案例均系供电人被动断电，无适用本条之余地，法院应以《民法典》第651条的规定作为裁判依据。

2.与供电人无正当理由主动断电的区分

如前所述，本条规定的断电系供电人在有正当理由的情形下主动进行的断电行为。在责任承担上，只要供电人履行了事先通知义务，即不承担任何责任。

如果供电人无正当理由而主动中断供电，则属于无正当理由擅自中断供电，违反了供电人连续供电的义务，无论是否履行通知义务，均须承担违约责任。

二、供电人未履行中断供电通知义务的责任构成

（一）供电人存在没有或未按规定进行事先通知便擅自断电的行为

我国电力法律法规对供电人中断供电的通知时间、程序及方式等作出了规定，供电人在履行事先通知义务时应符合相关的法律法规要求。《电力法》第29条第1款规定："供电企业在发电、供电系统正常的情况下，应当连续向用户供电，不得中断。因供电设施检修、依法限电或者用户违法用电等原因，需要中断供电时，供电企业应当按照国家有关规定事先通知用户。"

就通知的时间而言，根据《电力供应与使用条例》第28条及《供电营业规则》第68条的规定：在发电、供电系统正常运行的情况下，供电企业应当连续向用户供电；因故需要停止供电时，应当按照下列要求事先通知用户或者进行公告：（1）因供电设施计划检修需要停电时，供电企业应当提前7天通知用户或者进行公告；（2）因供电设施临时检修需要停止供电时，供电企业应当提前24小时通知重要用户；（3）因发电、供电系统发生故障需要停电、限电时，供电企业应当按照事先确定的限电序位进行停电或者限电。但限电序位应事前公告用户。引起停电或者限电的原因消除后，供电企业应当尽快恢复供电。《供电营业规则》第59条第2款规定："遇有紧急检修需停电时，供电企业应按规定提前通知重要用户，用户应予以配合；事故断电，应尽速修复。"

---

① 参见佛山市中级人民法院（2017）粤06民终3315号民事判决书。

就通知的程序而言，根据《供电营业规则》第67条的规定，除因故中止供电外，供电企业需对用户停止供电时，应按下列程序办理停电手续：（1）应将停电的用户、原因、时间报本单位负责人批准。批准权限和程序由省电网经营企业制定。（2）在停电前3天至7天内，将停电通知书送达用户，对重要用户的停电，应将停电通知书报送同级电力管理部门。（3）在停电前30分钟，将停电时间再通知用户一次，方可在通知规定时间实施停电。

就通知的方式而言，供电人可以采取张贴停电通知、公告、书面送达、电话通知、信函、传真、电子邮件等形式。但须注意的是，无论采取何种形式，该通知应能实际送达用电人。当然对不同通知方式能否实际送达用户应根据不同的案件个案裁量。如在"上诉人刘某与被上诉人国网青海省电力公司某县供电公司供用电合同纠纷案"中，供电人主张其已将断电通知张贴于用电人的住宅小区，用电人抗辩称自己住院没有看到通知。对此，法院认为，《电力供应与使用条例》及《供电营业规则》的相关规定均明确指出供电部门作出停电决定后，要将停电通知书送达用户，本案中供电公司提供的、张贴在上诉人住宅小区内的通知是催缴电费通知而不是停电通知，也未用其他方式将停电通知书送达用电人。因此，供电公司违反停电规程擅自停止供电，造成用电人财产损失，应负主要责任。[①]

（二）造成用电人的利益损失

根据本条规定，供电人违反事先通知义务擅自中断供电的行为须"造成用电人损失"。同《民法典》第651条因供电人违反安全供电义务给用户造成损失一样，供电人违反本条事先通知义务擅自中断供电的行为给用电人造成的主要损失一般也并非合同的对价损失即电费，而是固有利益损失，即因擅自中断供电造成用电人固有财产的损失或人身损害。由此可见，违反事先通知义务擅自中断供电的行为对用电人而言本质上也是一种"加害给付"行为。

（三）供电人行为与用电人损失存在因果关系

供电人违反事先通知义务的责任要求供电人的行为与用电人的损失之间

---

① 参见海北藏族自治州中级人民法院（2015）北民一终字第58号民事判决书。

存在因果关系。在无其他因素影响的情况下，如果二者之间不存在任何因果关系，则供电人无需就用电人的损失承担责任。如果供电人的行为直接导致了用电人的所有损失，即存在百分之百的因果关系，则供电人须就用电人的损失承担全部责任。事实上，同《民法典》第651条因供电人违反安全供电义务导致用电人损失的责任一样，在大部分的案件中，供电人的行为虽与用电人损失之间具有因果关系，但原因力大小存在差异，原因力的大小将影响供电人承担责任的比例。原因力大的，供电人承担责任比例较大；原因力小的，供电人承担责任比例则较小。因而在绝大部分的供用电合同纠纷中，供电人承担的违反安全义务责任均为比例责任，而非全部责任。

三、供电人未履行中断供电通知义务的责任承担

（一）公法责任：责令改正、警告及行政处分

根据《电力法》第64条的规定，供电人违反其事先通知义务擅自中断供电的，由电力管理部门责令改正，给予警告；情节严重的，对有关主管人员和直接责任人员给予行政处分。

（二）私法责任：损害赔偿

根据本条规定，供电人未事先通知用电人中断供电，造成用电人损失的，应当承担赔偿责任。就该责任的性质，同供电人违反安全供电义务的责任性质一样，应为违约责任与侵权责任的竞合。供电人违反其事先通知义务擅自中断供电通常会造成用电人固有利益的损失，本质上为“加害给付”，即供电人的违约行为侵害了用电人固有的人身、财产权益。根据《民法典》第186条的规定，用电人有权选择请求供电人承担违约责任或者侵权责任。[①]就赔偿范围而言，根据合同法的相关理论，损害赔偿的范围一般为用户的实际损失，包括直接损失与间接损失。司法实践也认可赔偿用电人的实际损失。如在“芦山县某电厂诉雍某某供用电合同纠纷案”中，法院认为电厂作为供电人，未按照相关规定履行供电人义务，中断供电而未提前通知用电人，又

---

① 具体分析可参见《民法典》第651条评注的内容。

在未提前告知用电人的情况下于凌晨5点左右恢复供电，使雍某某家在火灾发生后的施救受到了限制，电厂应当承担此次火灾事故造成损失的责任。[①]再如在“国网河南省电力公司某供电公司与王某某供用电合同纠纷案”中，法院认为“供电方在停电之前的通知义务，系供电方享有中断供电权利时应履行的义务，此义务系供电方在履行合同过程中的从合同义务。在违反该从合同义务时，供电方应根据《合同法》第180条的规定承担因未及时履行通知义务而给用电方造成的损失”。[②]

举证责任

就供电人违反事先通知义务承担赔偿责任的举证责任，法律并未作特别规定，因此应按《民事诉讼法》中“谁主张、谁举证”的原则进行举证责任的分配。具体而言，用电人应就“供电人违反事先通知义务的初步事实”“造成的损害事实”及“供电人行为与用电人损害之间的因果关系”承担举证责任。供电人应就“供电人不存在违反事先通知义务的行为”“用电人对损失的扩大具有责任”及“供电人行为与损害之间不具有因果关系”等承担举证责任。

第六百五十三条【供电人的抢修义务】

因自然灾害等原因断电，供电人应当按照国家有关规定及时抢修；未及时抢修，造成用电人损失的，应当承担赔偿责任。

历史由来

本条系对《合同法》第181条的承袭，仅作部分文字修改，将“应当承担损害赔偿责任”修改为“应当承担赔偿责任”，删除“损害”二字。在《民法典》起草过程中，《民法典合同编（草案）》（征求意见稿）第198条、《民法

① 参见雅安市中级人民法院（2015）雅民终字第243号民事判决书。
② 参见最高人民法院（2014）民申字第1606号民事裁定书。

典合同编（草案）》（一审稿）第443条、《民法典合同编（草案）》（二审稿）第443条均延续了《合同法》的规定，未作任何修改。《民法典（草案）》第653条删除“损害”二字，最终形成本条。本条修改之处并非实质性修改，删除“损害”二字理由有二：一是避免与前述“造成用电人损失”中的“损失”重复，二是与《民法典》各编保持一致。

规范目的或功能

本条是关于供电人及时抢修义务的规定。电力网络四通八达，穿高山越汪洋，极易受自然灾害、意外事故等原因影响导致断电事故。凭自然人的生活常识也可知，在电力供应中因各种各样的原因导致断电的事故非常之多，根本无法完全避免。因而社会公众对日常断电事故具有一定的容忍义务。但是只要发生电力事故断电，必然会对社会公众的正常生产生活产生不利影响，且断电事故的抢修只能由具有专业知识的电力维修人员进行，因此本条要求供电人在意外断电事故发生后，积极履行电力抢修义务。由此可见，本条规定旨在督促供电人积极履行抢修义务，不得迟延，以保障用电人的基本生产生活需求。如果供电人怠于履行其抢修义务，将承担违约损害赔偿责任。近年来，因意外断电供电人未及时进行抢修而导致用电人损失的案件纠纷越来越多，[①]本条规定有助于为该类纠纷的解决提供裁判依据，为该类纠纷中的用电人提供请求权基础。

规范内容

一、本条规定适用于因不可抗力或电力线路故障等导致的事故断电

所谓事故断电，是指因为不可抗力或意外事故造成供电设施损坏，以致电力无法继续正常供应的情况。事故的主要原因包括：不可抗力、人为破坏

① 如“麦某某与广东电网有限责任公司佛山某供电局供用电合同纠纷案”，佛山市顺德区人民法院（2017）粤0606民初17614号民事判决书。

及其他偶然事件。[①]不可抗力指发生供电人无法预见、无法避免及无法克服之事由导致电力中断，如地震、战争等；人为破坏指因人类的故意破坏行为导致的电力中断，如盗窃电力线路、毁坏电力设备等；其他偶然事件，如刮风吹落电线、电力线路老化起火等。

与《民法典》第652条规定的供电人因供电设施计划检修、临时检修、依法限电或者用电人违法用电等原因主动中断供电不同，本条规定的电力中断系被动断电。供电人无法预见断电时间，也无从知晓具体的断电区域。因此，在事故断电中，供电人不负有事先通知用电人的义务，[②]仅负有查明断电原因并进行抢修、尽早恢复供电的义务。法院只需审查供电人是否尽到及时抢修的义务，如果供电人尽到了及时抢修义务则不用承担责任，如果未尽到及时抢修义务则需要承担本条所规定的违约损害赔偿责任。

在司法实践中，法院亦持该种观点。如在“某建设集团有限公司、麦某某财产损害赔偿纠纷案”中，法院认为《民法典》第652条是关于供电人中断供电时所负通知义务以及在没有通知而造成用电人损失的损害赔偿责任的规定。而本条无论是针对自然灾害，还是其他人为原因，若不是由于供电人过错导致断电的，供电人对此不需要承担赔偿责任；除非断电后，供电人没有及时抢修被损坏的设施，造成用电人损失的，供电人才应当承担损害赔偿责任。本案断电原因已查明是第三人第二标段在高富路浦项制钢厂对面辅道压钢板桩施工时压断该两条地埋电缆造成的，即应适用本条的规定。[③]再如“梁某某与广东电网有限责任公司佛山某供电局供用电合同纠纷案”，法院亦认为本案断电原因不明，即应适用本条的规定，只需审查被告是否已履行及时抢修的义务。[④]

二、供电人未履行及时抢修义务的责任构成

供电人未履行及时抢修义务给用电人造成损失的责任承担须符合以下构

① 崔建远主编：《新合同法原理与案例评释》（下册），吉林大学出版社1995年版，第999页。

② 《供电营业规则》第66条第2款规定：“有下列情形之一的，不经批准即可中止供电，但事后应报告本单位负责人：1.不可抗力和紧急避险；2.确有窃电行为。”

③ 参见佛山市中级人民法院（2018）粤06民终1774号民事判决书。

④ 参见佛山市顺德区人民法院（2017）粤0606民初15588号民事判决书。

成要件：

1.因自然灾害等原因造成事故断电。常见的事故原因如前所述包括不可抗力、人为破坏及其他偶然事件等。只要产生事故断电，供电人均负有及时抢修的义务，而无论该义务是否为不可抗力之原因引发。如在“魏某某与国网湖北省电力公司某市供电公司供用电合同纠纷案”中，法院认为，根据普通生活常识，供电企业不可能做到不间断持续供电，完全杜绝断电。一旦断电的情形发生，供电企业应当及时组织抢修，恢复供电，避免造成用电人的财产损失。至于断电的原因是否因不可抗力引起，对供电企业的该项义务不产生影响。[①]

2.事故断电后，供电人未及时抢修。所谓及时抢修，是指供电人自知道事故发生或接到事故通知之时起，应立即找寻事故发生地点，并投入相关设备进行快速修复，使供电设施以最快速度恢复正常供电状态，将损失降到最低点。在日常生产生活中，所有用电人对非供电部门责任的停电均负有一定的容忍义务，是否履行及时抢修义务的认定应结合停电时间、抢修情形和难度以及相关规定确定。

3.供电人未及时履行抢修义务给用电人造成损失。用电人因为供电人未及时履行抢修义务而产生损失，才有权要求供电人承担赔偿责任。如果用电人没有实际损失，则无法向供电人主张损害赔偿。同时，用电人的损失应与供电人违反及时抢修义务具有直接的因果关系。一般而言，在大部分案件中，用电人的损失由多种原因导致，供电人未及时履行抢修义务虽然与用电人的损失具有因果关系，但并非唯一原因，供电人承担的损害赔偿责任通常为比例责任。

三、供电人未履行及时抢修义务的责任承担

根据本条规定，供电人“未及时抢修，造成用电人损失的，应当承担赔偿责任”。就该责任性质而言，我们认为同供电人违反安全供电义务的责任性质一样，应为违约责任与侵权责任的竞合。供电人未履行及时抢修义务造成用电人固有利益的损失，本质上为“加害给付”，即供电人的供电给付违约行为侵害了用电人固有的人身、财产权益。根据《民法典》第168条的规定，用

---

① 参见宜昌市中级人民法院（2016）鄂05民终433号民事判决书。

电人有权选择请求供电人承担违约责任或者侵权责任。[1]就赔偿范围而言，根据合同法的相关理论，损害赔偿的范围一般为用户的实际损失，包括直接损失与间接损失。

举证责任

供电人未及时履行抢修义务承担损害赔偿责任的举证责任，法律并未作特别规定，因此应按《民事诉讼法》中“谁主张、谁举证”的原则进行举证责任的分配。具体而言，用电人应就“供电人未及时履行抢修义务的初步事实”“造成的损害事实”及“供电人不作为与用电人损害之间的因果关系”承担举证责任。供电人应就“供电人已履行其及时抢修义务”“用电人对损失的扩大具有责任”及“供电人的不作为与损害之间不具有因果关系”等承担举证责任。

第六百五十四条【用电人的交付电费义务】

用电人应当按照国家有关规定和当事人的约定及时支付电费。用电人逾期不支付电费的，应当按照约定支付违约金。经催告用电人在合理期限内仍不支付电费和违约金的，供电人可以按照国家规定的程序中止供电。

供电人依据前款规定中止供电的，应当事先通知用电人。

历史由来

本条系对《合同法》的承袭与补充。

本条第1款来源于《合同法》第182条，仅作了部分文字修改，将“交付”改为“支付”。在《民法典》起草过程中，《民法典合同编（草案）》（征求意见稿）第199条、《民法典合同编（草案）》（一审稿）第444条第1款均延续了《合同法》的规定，未作任何修改；《民法典合同编（草案）》（二审稿）第444条第1款将“交付”改为“支付”，《民法典（草案）》第654条延续了这一

① 具体分析可参见《民法典》第651条评注的内容。

修改，最终形成本条第1款。

本条第2款为新增内容，《合同法》对此未作规定。该款规定了供电人因用电人未支付电费及违约金而中止供电的通知义务。在《民法典》起草过程中，该款内容最早出现于《民法典合同编（草案）》（一审稿）第444条第2款，即“供电人依照前款规定中止供电的，应当事先通知用电人”。《民法典合同编（草案）》（二审稿）第444条第2款及《民法典（草案）》第654条第2款均延续了这一修改。《民法典》将“依照”改为“依据”，并最终形成本条第2款。电力属于生活生产必需品，一旦停止供电将对用电人的生产生活产生重大的影响，应当事先通知用电人。本条第2款的增加具有充分的理由，在立法过程中亦未引起争议，应予认可。

三 规范目的或功能

本条规定了用电人及时足额支付电费的义务。供用电合同为双务、有偿合同，用电人负有支付电费的义务。在电力实践中，过去通常采用“先使用后付费”的模式，只有极少的用电人采用“预付电费”的模式。这就导致了在实践中用电人一直拖欠电费，供电人无法及时回收电费的难题。诸多供电人均高度重视电费回收问题，有的甚至将回收电费风险作为一项重要的经营风险进行管理。[①] 自2009年左右国家开始大量推广费控智能电表作为计量装置，采用“先付费后用电”的模式。根据《配电网建设改造行动计划（2015—2020年）》，截至2014年年底费控智能电表覆盖率已达60%，并提出截至2020年年底智能电表覆盖率达到90%的目标。费控智能电表的推广使拖欠电费的问题有所好转，但鉴于用电主体众多且允许赊欠少量电费，实践中拖欠电费的情况仍然较多。在因供用电合同引发的纠纷中，绝大部分系因用电人拖欠电费产生。

为解决拖欠电费情况频发、回收电费难的现实问题，本条规定了用电人未履行支付电费义务的滞纳金责任与被中止供电的责任。本条规定旨在通过滞纳金违约责任及中止供电等严厉责任督促用电人及时足额地缴纳电费，进

① 参见郑文华：《供电企业实施电费回收的措施及应注意的问题》，载《电力技术经济》2009年第3期；李扬青：《强化电费管理 防范经营风险》，载《广东科技》2010年第1期。

而保障供电人回收电费的合法权益。电费是电力商品价值实现过程的最终体现，是电力企业物化劳动的结晶，也是电力企业生产经营活动保持正常运行、昌盛不衰的不竭动力，更是保证及时足额上缴国家财政税收的源泉。只有切实保障了供电人电费回收的权益，才能保障供电市场的稳定繁荣。

规范内容

一、本条规定适用于用电人不及时交纳电费甚至恶意拖欠电费的情形

用电客户的构成情况复杂多样，有很多守法用电客户，保持良好的信用，依法用电，照章及时足额交纳电费；但也有很多客户因经营不善，不能按时交纳电费；更有少数用户，违法经营、投机经营，以各种不法手段，窃电逃交电费和恶意欠费。本条便适用于用电人不及时交纳电费甚至恶意拖欠电费的情形。

具体而言，在当前电力市场上，存在以下几种拖欠电费的情形：第一，部分高耗能、效益较差、资金流短缺的企业存在较大欠费风险。某供电企业经常出现化肥厂用电客户欠费问题。主要原因是此用户因效益较差，发生资金流短缺，交不上电费。供电企业多次催缴无果，只好按规定程序下达停电通知。按《电力法》的规定，用户欠费满1个月后才能实施停电。在实施停电过程中，政府出面协调，从该企业停电后造成停产停工、职工待岗下岗、造成社会不稳定等原因出发要求供电企业缓1个月再实施停电，化肥厂也签订了还款保证。由于化肥厂没能从根本上找到起死回生的良方，勉强运行1个月仍无钱交纳电费，供电企业才实施停电，这时已造成几百万元的欠费。第二，个别工商业户、外来经商业户经营不善，恶意欠费。到月末或一个收费周期时，突然关门，查无下落，造成欠费。第三，有些外来购房者，不经常住人或购买第二套住宅暂没搬进去者，收费时找不到人，造成临时欠费。第四，还有个别客户因故停电或电网电压突然波动造成产品或设备毁损等原因同供电部门发生经济纠纷，并以此为由拒交电费。[①]

---

① 李扬青：《强化电费管理　防范经营风险》，载《广东科技》2010年第1期。

本条为完全法条，规定了两个具有递进性的规则：一是用电人应当按照国家有关规定和当事人的约定及时支付电费。用电人逾期不支付电费的，应当按照约定支付违约金。二是经催告用电人在合理期限内仍不支付电费和违约金的，供电人可以按照国家规定的程序中止供电。供电人中止供电的，应当事先通知用电人。

二、用电人逾期不支付电费的，应当按照约定支付违约金

用电人逾期不支付电费，已经构成违约，应承担违约责任。本条直接将用电人违约责任的承担方式规定为“支付违约金”。根据《民法典》第585条的规定，当事人可以就迟延履行约定违约金，违约方支付违约金后，还应当履行债务。本条规定的违约金即为迟延履行的违约金，也称滞纳金。

我国电力行政法规及规章规定了逾期支付电费的违约金计算标准。《电力供应与使用条例》第39条规定，用电人逾期未交付电费的，供电企业可以从逾期之日起，每日按照电费总额的1‰至3‰加收违约金，具体比例由供用电双方在供用电合同中约定。《供电营业规则》第98条规定：“用户在供电企业规定的期限内未交清电费时，应承担电费滞纳的违约责任。电费违约金从逾期之日起计算至交纳日止。每日电费违约金按下列规定计算：1.居民用户每日按欠费总额的千分之一计算；2.其他用户：（1）当年欠费部分，每日按欠费总额的千分之二计算；（2）跨年度欠费部分，每日按欠费总额的千分之三计算。电费违约金收取总额按日累加计收，总额不足1元者按1元收取。”

根据前述行政法规及规章的规定，许多格式化的《供用电合同（示范文本）》中均将前述关于逾期支付电费的违约金计算标准的规定细化具体后作为约定的内容。例如，在《四川省居民生活供用电合同（示范文本）》中，便约定：使用普通电能表的用电人逾期未足额交付电费的，供电人除追补欠费外，还可向用电人自逾期之日起每日按欠费总额的1‰收取违约金。违约金不足1元的按1元收取。在《安徽省居民供用电合同（合同示范文本）》中便约定：用电人未按约定期限足额交纳电费，应继续交付，并自逾期之日至交付日，每日按欠费总额的1‰支付电费违约金，但违约金累计金额最高不超过所欠电费的30%。根据本条的规定，当事人需要就前述格式化合同中约定的违约金标准支付电费滞纳金。

在司法实践中，通常也承认按照前述标准计算违约金的金额。如在“怀化电力集团某电力有限责任公司与潘某某供用电合同纠纷案”中，供电人根据《供电营业规则》第98条主张居民用户每日按欠费总额的1‰计算违约金，法院予以支持。[①]又如在“韶山某服务有限公司与毛某某供用电合同纠纷案”中，供电人根据《电力供应与使用条例》第39条及统一适用的格式合同规定，每日按欠费总额的1‰计算违约金，法院亦予以支持。[②]

三、供电人依据规定中止供电的，应当事先通知用电人

本部分规定了供电人中止供电的权利，其构成要件包括如下几项：

1.供电人已催告用电人交纳电费及违约金。我国法律法规对供电人催告用电人交纳电费及违约金的方式、时间及程序等未作明确规定。实践中，供电人可以采取张贴催缴电费通知、公告、书面送达、电话通知、信函、传真、电子邮件等形式将催缴电费的通知送达用电人。

2.在合理期限内，用电人仍未支付电费及违约金。关于合理期限的确定，《电力供应与使用条例》第39条规定，自逾期之日起计算超过30日，经催交仍未交付电费的，供电企业可以按照国家规定的程序停止供电。据此，此处的合理期限应为30日以上。司法实践亦认可合理期限至少需要1个月以上。如在“某电业局与某市某铁业有限责任公司供用电合同纠纷案”中，法院认为，“拖欠电费的民事责任是分层次以递进方式采取的，并要根据拖欠电费违约程度不同而决定责任大小的不同。在有滞纳金、部分停止供电和全部停止供电三种追究违约责任方式并有根据违约程度而应采取递进方式追究违约责任的合同约定前提下，电业局不能利用强势地位随意对某公司拖欠不到1个月电费的违约行为直接采用最后最严厉的停止供电措施”。[③]

3.供电人已事先通知用电人中断供电事宜。《供电营业规则》第67条规定：“除因故中止供电外，供电企业需对用户停止供电时，应按下列程序办理停电手续：1.应将停电的用户、原因、时间报本单位负责人批准。批准权限和程

---

① 参见新晃侗族自治县人民法院（2009）晃法民一初字第155号民事判决书。

② 参见韶山市人民法院（2009）韶民一初字第112号民事判决书。

③ 参见最高人民法院（2009）民二终字第77号民事判决书。

序由省电网经营企业制定；2.在停电前三至七天内，将停电通知书送达用户，对重要用户的停电，应将停电通知书报送同级电力管理部门；3.在停电前30分钟，将停电时间再通知用户一次，方可在通知规定时间实施停电。”供电人只有按照前述程序履行通知义务后，才能中止断电，否则因此给用电人造成损失的，可能承担违约损害赔偿责任。如果供电人只是发送了催缴电费及违约金的通知，而没有严格按照前述程序履行通知义务，虽然通知程序存在瑕疵，但司法实践中并不以此程序瑕疵直接否定供电人通知的法律效力。

举证责任

就用电人拖欠电费的违约金及中止供电的举证责任，法律并未作特别规定，所以应按《民事诉讼法》中“谁主张、谁举证”的原则进行举证责任的分配。具体而言，供电人应就“用电人逾期未支付电费的事实”“欠缴电费数额及违约金计算方法”“已催告用电人交纳电费及违约金的事实”及“已事先通知用电人中断供电事宜事实”等承担举证责任。用电人应就“用电已按约及时支付电费及违约金”“供电人电费及违约金的计算金额错误”“供电人未履行催告及事先通知的程序”等承担举证责任。

第六百五十五条【用电人的安全、节约和计划用电义务】

用电人应当按照国家有关规定和当事人的约定安全、节约和计划用电。用电人未按照国家有关规定和当事人的约定用电，造成供电人损失的，应当承担赔偿责任。

历史由来

本条系对《合同法》第183条的修改，将“安全用电”修改为“安全、节约和计划用电”，增加“节约和计划”用电，删除“用电人未按照国家有关规定和当事人的约定安全用电”中的“安全”二字。同时作了部分文字修改，将“应当承担损害赔偿责任”修改为“应当承担赔偿责任”，删除“损害”二字。“节约和计划用电”可追溯至《电力法》第24条第1款及第34条的规定。[①]在《民法典》起草过程中，“节约和计划用电”最早出现于《民法典合同编（草案）》（征求意见稿）第200条，《民法典合同编（草案）》（一审稿）第445条、《民法典合同编（草案）》（二审稿）第445条、《民法典（草案）》第655条均延续了这一修改。但在《民法典》立法过程中，一直未删除“用电人未按照国家有关规定和当事人的约定安全用电”中的“安全”二字，直到最后的《民法典》才删除“安全”二字，形成本条规定。

节约和计划用电原则一直是我国电力管理的原则，供电企业和用户都有节约用电和计划用电的义务。本条修改既是对旧法规定的重申，也是对《民法典》总则编“绿色”原则的回应。

规范目的或功能

本条是对用电人安全、节约和计划用电义务及其违约责任的规定。由于电力系统具有网络性，电力的生产、供应和使用由网络连接，相互影响，并同时完成。任何一个用户能否安全、合理地使用电力，都将关系到电力的运行安全，关系到千千万万其他用户的用电安全，甚至关系到整个社会的公共安全。任何一种违章、违约用电行为，都可能造成人身和财产的重大损害。因此，不仅双方当事人有必要在供用电合同中对如何安全、合理地使用电力作出约定，用电人也应当按照国家的有关规定安全用电。但在电力实践中，仍然存在许多用户违法用电、不安全用电的情形。与此同时，随着我国工业经济的高速发展，资源利用需求越来越大，生态环境日益恶化。为实现资源的持续利用，保护生态环境，国家相继提出可持续发展战略与绿色发展战略。《民法典》更是将“绿色原则”作为一项基本原则。电力资源作为一项宝贵的资源，其消耗性特点决定了它无法回收并循环使用，因而用电人节约并有计划地用电以保障电力的持续供应将具有重要意义。

本条规范的目的即在于规范电力实践中用电人不按照国家规定或约定安

① 《电力法》第24条第1款规定：“国家对电力供应和使用，实行安全用电、节约用电、计划用电的管理原则。”第34条规定：“供电企业和用户应当遵守国家有关规定，采取有效措施，做好安全用电、节约用电和计划用电工作。”

全、节约和计划用电的情况。通过合同制度规定用电人安全、节约和计划用电的义务，利用私法责任规制用电人有利于“安全、节约和计划用电原则”的落实。同时在供用电合同纠纷中，为用电人违反安全、节约和计划用电义务的案件提供裁判规则，为供电人主张损害赔偿提供请求权基础。

规范内容

一、用电人安全、节约和计划用电义务的含义

用电人的安全用电义务指用电人按照国家有关规定和当事人的约定安全地使用电力的义务。《电力法》第32条第1款规定，用户用电不得危害供电、用电安全和扰乱供电、用电秩序。可见，只要用电人的行为危害了供用电安全，扰乱了供用电秩序均属于本条规定的用电人违反安全用电义务的行为。与供电人的安全供电义务相对应，用电人的安全用电义务同样具有兜底性。只要用电人的行为造成供电人、其他用户或电力秩序的损失，均可以本条作为请求权基础，向该用电人主张赔偿责任。

用电人的节约和计划用电义务指用电人遵守国家有关限电、计划用电的政策规定，在用电过程中合理用电，避免浪费。电力资源是一种宝贵的资源，其一次性消耗品的特点决定了电力无法“回收”，节约用电有利于保障电力的持续供应。从社会整体而言，节约、计划用电能节省宝贵的能源资源，以实现国家与社会的可持续发展。

二、用电人违反安全、节约和计划用电义务的责任构成

用电人违反安全、节约和计划用电义务的责任构成须符合以下构成要件：

1.用电人实施了违反安全、节约和计划用电义务的行为

用电人违反安全、节约和计划用电的行为多种多样，不可穷尽，不胜枚举。根据《电力供应与使用条例》第30条的规定，用户实施的危害供电、用电安全，扰乱正常供电、用电秩序的不安全用电行为包括以下几类：（1）擅自改变用电类别；（2）擅自超过合同约定的容量用电；（3）擅自超过计划分配的用电指标的；（4）擅自使用已经在供电企业办理暂停使用手续的电力设

备，或者擅自启用已经被供电企业查封的电力设备；（5）擅自迁移、更动或者擅自操作供电企业的用电计量装置、电力负荷控制装置、供电设施以及约定由供电企业调度的用户受电设备；（6）未经供电企业许可，擅自引入、供出电源或者将自备电源擅自并网。在司法实践中，擅自改变用电用途[①]、私接用电[②]、窃电[③]及污染电网[④]等均属于不安全用电的情形。违反节约和计划用电义务的行为如不遵守国家有关节电的规定采用高耗电的方式进行生产、违反国家有关某地区开展的计划用电要求等。

2.用电人的行为造成供电人损失

用电人的非安全、节约和计划用电行为导致供电人产生损失的，供电人才有权要求用电人承担赔偿责任，原因在于我国合同法律责任仍然以填补责任为主。如果供电人没有实际损失，则不能向用电人主张损害赔偿。但是用电人违反安全、节约和计划用电义务给供电人造成的损失一般难以举证，因此，我国电力行政法规及规章对用电人违反安全、节约和计划用电义务的行为规定了违约金计算方式。在司法实践中，通常以该等行政法规、规章规定的违约金计算方式计算的违约金数额作为供电人的损失。当然，根据《民法典》第585条的规定，如果计算的违约金低于造成的损失的，人民法院或者仲裁机构可以根据当事人的请求予以增加；计算的违约金过分高于造成的损失的，人民法院或者仲裁机构可以根据当事人的请求予以适当减少。关于用电人违反安全、节约和计划用电义务的不同行为之违约责任下文详述。

3.用电人的行为与供电人的损失存在因果关系

因果关系是损害赔偿责任成立的重要构成要件之一，缺乏因果关系，责任便不成立。如果用电人存在违反安全、节约和计划用电义务的行为，供电

---

① 参见鸡西市中级人民法院（2016）黑03民终54号民事判决书。

② 参见来安县人民法院（2019）皖1122民初1916号民事判决书。

③ 参见平顶山市卫东区人民法院（2013）卫民初字第804号民事判决书，广州市荔湾区人民法院（2017）粤0103民初1676号民事判决书，深圳市罗湖区人民法院（2018）粤0303民初410号民事判决书。

④ 参见丹东市中级人民法院（2014）丹民三终字第00049号民事判决书。上诉人某铸造厂在使用电力过程中，违反了国家有关规定和合同约定，污染电网，造成供电人向案外人赔偿损失，应当承担损害赔偿责任。最终法院依据本条判决用电人承担损害赔偿责任。

人也存在损失，但是二者之间不存在因果关系，用电人则无须承担责任。因果关系的判定十分复杂，需要在个案中由法官根据个案因素及基础理论确定。

三、用电人违反安全、节约和计划用电义务的责任承担

用电人违反安全、节约和计划用电义务不仅需要承担私法上的责任，在特定情况下还可能承担公法上的责任。[①]在私法上，根据本条及《供电营业规则》的相关规定，用电人的责任承担方式有停止侵害、支付违约金及赔偿损失等。不同的行为类型，将承担不同大小的责任。

根据《供电营业规则》第95条的规定，由于用户的责任造成供电企业对外停电，用户应按供电企业对外停电时间少供电量，乘以上月份供电企业平均售电单价给予赔偿。因用户过错造成其他用户损害的，受害用户要求赔偿时，该用户应当依法承担赔偿责任。

根据《供电营业规则》第100条的规定，危害供用电安全、扰乱正常供用电秩序的行为，属于违约用电行为。供电企业对查获的违约用电行为应及时予以制止。有下列违约用电行为者，应承担其相应的违约责任：（1）在电价低的供电线路上，擅自接用电价高的用电设备或私自改变用电类别的，应按实际使用日期补交其差额电费，并承担2倍差额电费的违约使用电费。使用起讫日期难以确定的，实际使用时间按3个月计算。（2）私自超过合同约定的容量用电的，除应拆除私增容设备外，属于两部制电价的用户，应补交私增设备容量使用月数的基本电费，并承担3倍私增容量基本电费的违约使用电费；其他用户应承担私增容量每千瓦（千伏安）50元的违约使用电费。（3）擅自超过计划分配的用电指标的，应承担高峰超用电力每次每千瓦1元和超用电量与现行电价电费5倍的违约使用电费。（4）擅自使用已在供电企业办理暂停手续的电力设备或启用供电企业封存的电力设备的，应停用违约使用的设备。属于两部制电价的用户，应补交擅自使用或启用封存设备容量和使用月数的基本电费，并承担2倍补交基本电费的违约使用

---

① 《电力法》第65条规定："违反本法第三十二条规定，危害供电、用电安全或者扰乱供电、用电秩序的，由电力管理部门责令改正，给予警告；情节严重或者拒绝改正的，可以中止供电，可以并处五万元以下的罚款。"

电费；其他用户应承担擅自使用或启用封存设备容量每次每千瓦（千伏安）30元的违约使用电费。启用属于私增容被封存的设备的，违约使用者还应承担本条第2项规定的违约责任。（5）私自迁移、更动和擅自操作供电企业的用电计量装置、电力负荷管理装置、供电设施以及约定由供电企业调度的用户受电设备者，属于居民用户的，应承担每次500元的违约使用电费；属于其他用户的，应承担每次5000元的违约使用电费。（6）未经供电企业同意，擅自引入（供出）电源或将备用电源和其他电源私自并网的，除当即拆除接线外，应承担其引入（供出）或并网电源容量每千瓦（千伏安）500元的违约使用电费。

根据《供电营业规则》第102条的规定，供电企业对查获的窃电者，应予制止并可当场中止供电。窃电者应按所窃电量补交电费，并承担补交电费3倍的违约使用电费。司法实践中也认可该项违约金规定，如在“深圳市龙岗区某百货商场、深圳供电局有限公司供用电合同纠纷案”中，关于深圳供电局主张的3倍的违约使用电费是否过高的问题。法院认为，窃电行为直接影响供用电秩序，涉及公共安全和利益，其违约程度严重，明显有别于一般的违约行为，不宜按一般合同的违约计算标准调整，以免减少窃电行为的违约成本。否则，不利于惩戒窃电行为，以保障供用电安全。①

三 举证责任

就用电人违反安全、节约和计划用电义务承担相应损害赔偿责任的举证责任，法律并未作特别规定，因此应按《民事诉讼法》中“谁主张、谁举证”的原则进行举证责任的分配。具体而言，供电人应就“用电人存在违反安全、节约和计划用电义务的初步事实”“造成供电人的损害事实”及“用电人行为与供电人损害之间的因果关系”承担举证责任；用电人应就“用电人不存在违反供电安全、节约和计划义务行为”“供电人对损失的扩大具有责任”及“用电人行为与损害之间不具有因果关系”等承担举证责任。

① 参见深圳市中级人民法院（2018）粤03民终18493号民事判决书。

第六百五十六条【供用水、供用气、供用热力合同的参照适用】

供用水、供用气、供用热力合同，参照适用供用电合同的有关规定。

历史由来

本条系对《合同法》第184条的承袭，未作任何修改。在《民法典》起草过程中，《民法典合同编（草案）》（征求意见稿）第201条、《民法典合同编（草案）》（一审稿）第446条、《民法典合同编（草案）》（二审稿）第446条、《民法典（草案）》第656条均延续了《合同法》的规定，未作任何修改。

规范目的或功能

本条规定了供用水、供用气、供用热力合同对供用电合同有关规定的参照适用，系一种立法技术。供用水、供用气、供用热力合同与供用电合同一样，都是供应人向使用人供应水、气或者热力，使用人支付价款的合同，在本质上都属于特殊类型的买卖合同。合同的标的即水、气、热力同电力一样，既是国民经济中的重要能源，也是特殊商品。鉴于供用水、供用气、供用热力合同与供用电合同具有许多相同的特点，即均具有公用性、公益性、继续性及合同消灭的非溯及性等特点，故而立法者将这四类合同合并成同类项规定于一章。一方面详细规定供用电合同的规则，另一方面通过本条引用规则的适用将供用电合同的规则参照适用于供用水、供用气、供用热力合同。这种立法技术的采用不仅节约了立法成本，避免了法条的冗长复杂，而且对于提升立法的科学性具有重要作用。

规范内容

本条属于引用性法条，本章中第648条至第655条有关供用电合同的规定均可作为参照对象，适用于供用水、供用气及供用热力合同中。仅需将供用电合同中的“电”分别替换成“水”“气”及“热力”即可，替换后具体规则的解释与适用可参照对供用电合同规则的解释与适用。当然，供用水、供用气、供用热力合同各有其特性，与供用电合同并不完全相同。因此，本条规定的是“参照供用电合同的有关规定”，而不是完全适用，如何体现供用水、气、热力合同的特殊性，还有待于相关立法及司法实践的不断完善。唯须注意的是，供用水、供用气及供用热力所涉的行业法律法规确定的规则与电力行业法律法规确定的规则可能存在不一致。供用水、供用气及供用热力合同规则的相关解释应分别结合与之相应的行业法律法规展开。

一、供用水合同的参照适用

参照供用电合同的有关规则，供用水合同应适用如下规则：

1.供用水合同是供水人向用水人供水，用水人支付水费的合同。向社会公众供水的供水人，不得拒绝用水人合理的订立合同要求。

2.供用水合同的内容一般包括供水的方式、质量、时间，用水容量、地址、性质，计量方式，水价、水费的结算方式，供用水设施的维护责任等条款。

3.供用水合同的履行地点，按照当事人约定；当事人没有约定或者约定不明确的，供水设施的产权分界处为履行地点。

4.供水人应当按照国家规定的供水质量标准和约定安全供水。供水人未按照国家规定的供水质量标准和约定安全供水，造成用水人损失的，应当承担赔偿责任。

5.供水人因供水设施计划检修、临时检修、依法限水或者用水人违法用水等原因，需要中断供水时，应当按照国家有关规定事先通知用水人；未事先通知用水人中断供水，造成用水人损失的，应当承担赔偿责任。

6.因自然灾害等原因断水，供水人应当按照国家有关规定及时抢修。未及时抢修，造成用水人损失的，应当承担赔偿责任。

7.用水人应当按照国家有关规定和当事人的约定及时支付水费。用水人逾期不支付水费的，应当按照约定支付违约金。经催告用水人在合理期限内仍不支付水费和违约金的，供水人可以按照国家规定的程序中止供水。供水人依照前述规定中止供水的，应当事先通知用水人。

8.用水人应当按照国家有关规定和当事人的约定安全、节约和计划用水。用水人未按照国家有关规定和当事人的约定安全用水，造成供水人损失的，应当承担赔偿责任。

二、供用气合同的参照适用

参照供用电合同的有关规则，供用气合同应适用如下规则：

1.供用气合同是供气人向用气人供气，用气人支付气费的合同。向社会公众供气的供气人，不得拒绝用气人合理的订立合同要求。

2.供用气合同的内容一般包括供气的方式、质量、时间，用气容量、地址、性质，计量方式，气价、气费的结算方式，供用气设施的维护责任等条款。

3.供用气合同的履行地点，按照当事人约定；当事人没有约定或者约定不明确的，供气设施的产权分界处为履行地点。

4.供气人应当按照国家规定的供气质量标准和约定安全供气。供气人未按照国家规定的供气质量标准和约定安全供气，造成用气人损失的，应当承担赔偿责任。

5.供气人因供气设施计划检修、临时检修、依法限气或者用气人违法用气等原因，需要中断供气时，应当按照国家有关规定事先通知用气人。未事先通知用气人中断供气，造成用气人损失的，应当承担赔偿责任。

6.因自然灾害等原因断气，供气人应当按照国家有关规定及时抢修。未及时抢修，造成用气人损失的，应当承担赔偿责任。

7.用气人应当按照国家有关规定和当事人的约定及时支付气费。用气人逾期不支付气费的，应当按照约定支付违约金。经催告用气人在合理期限内仍不支付气费和违约金的，供气人可以按照国家规定的程序中止供气。供气人依照前述规定中止供气的，应当事先通知用气人。

8.用气人应当按照国家有关规定和当事人的约定安全、节约和计划用气。用气人未按照国家有关规定和当事人的约定安全用气，造成供气人损失的，应当承担赔偿责任。

三、供用热力合同的参照适用

参照供用电合同的有关规则，供用热力合同应适用如下规则：

1.供用热力合同是供热人向用热人供应热力，用热人支付热力费的合同。向社会公众供应热力的供热人，不得拒绝用热人合理的订立合同要求。

2.供用热力合同的内容一般包括供应热力的方式、质量、时间，热力容量、地址、性质，计量方式，热力价格、热力费用的结算方式，供用热力设施的维护责任等条款。

3.供用热力合同的履行地点，按照当事人约定；当事人没有约定或者约定不明确的，供应热力设施的产权分界处为履行地点。

4.供热人应当按照国家规定的供应热力质量标准和约定安全供应热力。供热人未按照国家规定的供应热力质量标准和约定安全供应热力，造成用热人损失的，应当承担赔偿责任。

5.供热人因供应热力设施计划检修、临时检修、依法限定热力或者用热人违法使用热力等原因，需要中断热力供应时，应当按照国家有关规定事先通知用热人。未事先通知用热人中断供应热力，造成用热人损失的，应当承担赔偿责任。

6.因自然灾害等原因中断热力，供热人应当按照国家有关规定及时抢修。未及时抢修，造成用热人损失的，应当承担赔偿责任。

7.用热人应当按照国家有关规定和当事人的约定及时支付热力费。用热人逾期不支付热力费的，应当按照约定支付违约金。经催告用热人在合理期限内仍不支付热力费和违约金的，供热人可以按照国家规定的程序中止供应热力。供热人依照前述规定中止供应热力的，应当事先通知用热人。

8.用热人应当按照国家有关规定和当事人的约定安全、节约和计划使用热力。用热人未按照国家有关规定和当事人的约定安全使用热力，造成供热人损失的，应当承担赔偿责任。

第十一章

赠与合同

第六百五十七条【赠与合同的概念】

赠与合同是赠与人将自己的财产无偿给予受赠人，受赠人表示接受赠与的合同。

历史由来

本条全文复制了《合同法》第185条。在《民法典》编纂过程中，《民法典合同编（草案）》各个阶段的文本对本条没有改动。

规范目的或功能

本条是关于赠与合同概念的规定，同时也是关于赠与人主要义务的规定。赠与合同是指赠与人将自己的财产无偿给予受赠人，受赠人表示接受赠与的合同。与买卖、互易等合同一样，赠与合同也属于转移财产所有权的诺成合同。

规范内容

一、赠与合同的当事人

（一）赠与人与受赠人

在赠与合同中，转让财产的一方为赠与人，接受财产的一方为受赠人。对于赠与人而言，其可以是自然人，也可以是法人，国家在一定情形下也能够成为赠与人，不过，自然人作为赠与人时应当具有完全的民事行为能力，无民事行为能力人和限制民事行为能力人一般不能成为赠与人。

我国法律对受赠人无民事行为能力要求，胎儿也可成为受赠人。《民法典》第145条规定，限制民事行为能力人实施的纯获利益的民事法律行为有效。

（二）亲子间赠与

1.问题提出

在司法实践中，父母与未成年子女之间的亲子间赠与效力问题值得分析。

在“王某、贺某某执行异议案”中，二审法院认为，本案中，涉案18套房屋系王某父母王某某、姚某某出资购买并用于经营，虽然该18套房屋登记在王某名下，王某在形式上享有该18套房屋的所有权，但王某取得该18套房屋时尚未成年，该18套房屋并非其个人劳动所得或因继承、奖励、他人赠与、报酬、收益等合法来源取得，故一审法院认定该18套房屋属于家庭共同财产，并无不当。因此，王某对涉案执行标的物不享有排他性权利，其请求停止执行的上诉主张，本院不予支持。[①]最高院亦驳回王某的再审申请。[②]

对此，笔者认为，未附义务的赠与对于未成年子女而言，恰恰属于《民法典》第145条“纯获利益的民事法律行为”。在我国，亲子间赠与历来有立法依据。亲子间赠与亦有其实定法上的根据。《民法通则意见》第6条规定：“无民事行为能力人、限制民事行为能力人接受奖励、赠与、报酬，他人不得以行为人无民事行为能力、限制民事行为能力为由，主张以上行为无效。”《民法通则意见》第129条规定：“赠与人明确表示将赠与物赠给未成年人个人的，应当认定该赠与物为未成年人的个人财产。”

2.实务观点

在认定不动产物权归属时，我国司法实务通常根据是否涉及第三人利益而进行区分处理。在不涉及第三人利益、仅涉及登记权利人与“真实权利人”之间的物权权属争议时，我国司法实务拒绝赋予不动产登记绝对效力，而是采取实质认定标准，通过审查基础事实或探究当事人的真实意思表示来确定真正权利人。例如，在父母出资购买房屋登记在未成年子女名下的情形，如果父或母在离婚时主张该房屋系夫妻共有财产，法院一般认为应审查父母是否具有赠与的内心真意。回答具有赠与意思，应认定为未成年子女的个人财产，否则即认定为夫妻共有财产。[③]因此，“王某、贺某某执行异议案”中对赠与的认识与司法实务的一贯做法相悖。

有学者指出，父母将自己出资购买的房产登记在未成年子女名下的动机

---

① 湖北省宜昌市中级人民法院（2014）鄂宜昌中民一初字第00363号民事判决书，湖北省高级人民法院（2017）鄂民终105号民事判决书。

② 最高人民法院（2017）民申3404号民事裁定书。

③ 参见最高人民法院民事审判第一庭编：《民事审判指导与参考》（总第43辑），法律出版社2011年版，第237页。

不一，单纯依据商品房买卖合同的名义买受人和不动产登记的登记名义人推定父母具有赠与的内心真意，在个案中的确未必均符合父母的内心真意。因此，应在无法通过直接证据确定父母有无赠与意思时，依照《最高人民法院关于人民法院办理执行异议和复议案件若干问题的规定》第25条第1款第1项之规定，对案外人的异议，人民法院按照不动产登记簿判断其是否系权利人，推定其有赠与意思。否则，如否认赠与效力，一则完全任由法官恣意，如父母将房屋登记在子女名下后签订以房抵债协议的行为，作为认定其无赠与意思的依据；[①]二则不利于保护未成年人利益。[②]

3.第三人利益之考量

肯定亲子间赠与的效力会直接影响到未成年人父母之债权人的债权实现。在此情形下，父母之债权应通过行使债权人撤销权保护自己的利益。

二、赠与合同的标的物

根据本条规定，赠与合同的标的物为“财产”。因此，赠与物并不仅限于有体物所有权，土地使用权、股权、债权等无体物以及将来物都可以成为赠与合同的标的物。此条须与《民法典》第595条将买卖合同标的物限定为“标的物的所有权”区分开来，应认识到在我国《民法典》中，赠与合同的标的物适用范围要比买卖合同的标的物更广。

所谓“给予”，是指积极给予人减少其财产而使受给予人财产增加。除财产权利之让与外，债务之承担或清偿、提供担保（人保或物保），均属“给予”。但是否属于赠与，端视其原因（债权）行为如何而定。提供自己财产无偿供他人收益，属赠与；唯无偿供人使用，应适用使用或消费借贷之规定，而非赠与。[③]但放弃尚未取得的权利，或者拒绝继承，不成立赠与。对此，《瑞士债务法》第239条第2款设有明文。

“劳务”不属于本条所定“财产权”的范畴，不能成为赠与的标的，无偿

① 湖北省襄阳市中级人民法院（2016）鄂06民终1096号民事判决书。

② 夏昊晗：《亲子间赠与、债权人保护与未成年人名下房产所有权归属的认定——王某、贺某某执行异议之诉一案评析》，载《华东政法大学学报》2019年第3期。

③ 吴志正：《债编各论逐条释义》，台北元照出版有限公司2019年版，第84页。

劳务之给付应认定为无偿劳务合同。

三、赠与合同的特征

（一）赠与合同是单务合同、无偿合同

赠与合同是最典型的单务合同、无偿合同。其在单务合同、无偿合同中的地位与买卖在双务合同、有偿合同中的地位相当。我国台湾地区通说认为，赠与之规定于其他无偿合同得类推适用。[①]

在司法实践中，无偿性是赠与合同性质认定的主要依据，如在“李某某等诉张某某等房屋买卖合同纠纷案”中，[②]法院认为，赠与合同中涉及的关键要素有三：其一是赠与人对于所赠财产具有处分权；其二是赠与行为具有无偿性；其三是受赠人具有接受的意思表示。虽然该案当事人之间签订了房屋买卖合同，但其从事的并非真正的房屋买卖行为，而是赠与行为，对其效力认定当遵循赠与合同的法律规范。

（二）赠与合同是诺成合同

《民法典》关于赠与合同是诺成合同还是实践合同，未定明文。我国长期的司法实践曾将赠与合同定位为要物合同，如《民法通则意见》第128条规定：“公民之间赠与关系的成立，以赠与物的交付为准。赠与房屋，如根据书面赠与合同办理了过户手续的，应当认定赠与关系成立；未办理过户手续，但赠与人根据书面赠与合同已将产权证书交与受赠人，受赠人根据赠与合同已占有、使用该房屋的，可以认定赠与有效，但应令其补办过户手续。”根据规定，学界与司法实践有观点将赠与合同理解为要物合同。[③]《合同法》出台后，通说认为，就赠与合同的性质，已弃“要物合同”而改采“诺成合同”说，整体上采“诺成+不要式+任意撤销权”模式。[④]

---

① 吴志正：《债编各论逐条释义》，台北元照出版有限公司2019年版，第84页。

② 北京市第三中级人民法院（2016）京03民终7576号民事判决书。

③ 河北省赤城县人民法院（2016）冀0732民初518号民事判决书；南昌市东湖区人民法院（2016）赣0102民初3847号民事判决书等。

④ 李永军：《“契约+非要式+任意撤销权”：赠与的理论模式与规范分析》，载《中国法学》2018年第4期。

对赠与合同的诺成性，在《民法典》立法过程中，仍有不同观点。如张谷教授认为，赠与人的任意撤销权意味着在赠与财产的权利转移之前，也就是在赠与人履行之前，赠与人随时都可以撤销赠与。结合《民法典》第658条第2款的规定来看，只有“经过公证的赠与合同或依法不得撤销的具有救灾、扶贫、助残等公益、道德义务性质的赠与合同”，受赠人才有给付请求权，其他赠与合同的受赠人则没有给付请求权。一方面，赠与合意达成，赠与合同即告成立、生效，但受赠人并没有给付请求权；另一方面，赠与人一旦自愿给付，即不得再以不当得利要求返还，但赠与人是否履行、是否为给付，纯属任意，因此不能认为已有效成立的赠与合同对赠与人并无实质上的拘束力。因此，就赠与合意到底是一个产生法律上权利义务的双方行为，还是仅为一个无任何法律上拘束力的情谊行为，引发了争议。由于《合同法》第186条、第187条和第188条分别采取了“权利移转之前”“办理登记手续之前”以及“交付赠与财产之前”三种表述，实践中无论是涉及任意撤销权的行使，还是涉及不动产赠与的成立或生效，还是涉及赠与合同中的给付请求权之有无，判断标准上也会游移不定，徒增困扰。针对这一质疑，张谷教授建议，应参照《德国民法典》的做法，区别现物赠与和赠与契约，对赠与契约采取诺成主义，同时采取要式主义，可采公证文书形式或书面形式；取消赠与合同任意撤销权，规定欠缺形式要件的赠与约定不生效力，同时补充规定赠与人紧急需要时的抗辩权，可以通过改造《合同法》第186条至第188条的规定予以实现。但这一观点立法未采纳。根据《民法典》的相关规定，特别是其第658条第1款的规定，即“赠与人在赠与财产的权利转移之前可以撤销赠与”。认为《民法典》对赠与合同之性质仍沿袭《合同法》，采诺成合同。其理由如下：

1.在现代社会，民事合同以诺成为原则，以实践为例外。反映在立法上，除非法律对某合同之实践性有特别规定，否则该合同即视为诺成合同。我国《合同法》第25条规定：“承诺生效时合同成立”；第44条第1款规定：“依法成立的合同，自成立时生效。”这是对合同诺成性规则的立法确认。立法并未对赠与合同之实践性作出特别规定，因此关于赠与合同之性质自应适用《合同法》之规定，即赠与合同具有诺成性。

值得注意的一点是，《民法通则意见》第128条将公民之间的房屋赠与规定为要式合同，而且仅限于此一种要式情形。其主要原因在于，只有双方签订了书面赠与合同，不动产登记机关才会受理过户申请。

2.赠与合同的立法建构中，一个基本的价值判断即出于保持双方利益平衡的考虑，需要对赠与人进行特别保护。在德国和法国，赠与允诺要求具备特定形式。《德国民法典》和《法国民法典》在赠与效力模式的构造上，采取了“要式+例外的要物”的模式，即一般情况下要求严格的形式——公证形式。在大陆法系中，典型的形式是当着公证人的面签订允诺，在没有采取公证形式的情况下，如果交付了赠与财产，赠与也发生效力。如《德国民法典》第518条规定：（1）通过合同以赠与的方式允诺给付的，为使此项合同为有效，需要将允诺作成公证书。以赠与的方式给予第780条、第781条所称之债务允诺或者债务承认的，对于允诺或者承认之表示，适用相同规定。（2）方式的欠缺，因履行所允诺的给付而补正，即赠与合同原则上为要式行为，但赠与人履行所约定的给付可以补正形式瑕疵。这种履行表现为转让约定物的所有权或者支付约定的金额。《法国民法典》几乎与《德国民法典》采取了相同的模式，其第931条规定，载明生前赠与的任何文书，均应按照契约的通常形式在公证人面前做成；证书的原本应留在公证人处，否则，赠与协议无效。法国的判例认为，不准许就涉及公共秩序的问题进行和解交易，因此，如果不符合第931条之规定，即使是公开的赠与，也会被看成是违反公共秩序性质的法律而进行的赠与。这种赠与不仅被认为无效，而且当事人不得就此无效进行和解。但是，《法国民法典》也承认例外，即如果赠与人将赠与物实际移交，可以作为现实的赠与而有效。《瑞士民法典》第243条基本上也采取德国法模式，不过，仅要求书面形式，而不要求公证形式。即使没有采取书面形式，但已经履行的，也生效力。

与德国、法国模式不同，《日本民法典》第550条就赠与合同采“诺成+不要式+任意撤销权”模式，这种模式将任意撤销权的行使限制于赠与物权利移转之前，与物权行为及其无因性有关。赠与合同应界定为负担行为，则以此为基础的赠与物的交付就是有根据的，受赠人就可以保有赠与物。如果赠与财产权利转移之后再允许赠与人撤销赠与合同，那么，根据无因性原则，就使得赠与物的交付没有了原因基础，换言之，受赠人的赠与物就成为不当得利，履行也就失去了意义。所以，将撤销权限制在赠与财产权利转移之前的原因在于，赠与人撤销赠与以后，受赠人的获得成为不当得利，赠与人就可以根据第665条的规定请求其返还。[①]

笔者认为，《民法典》将赠与合同或规定为实践合同，或规定为要式合同，均在实践双方利益平衡这一价值判断。将赠与合同确认为实践合同或要式合同，只不过为达成此目的的一种途径。确认赠与合同诺成性的同时，赋予赠与人以任意撤销权亦能保护赠与人的利益。在此立法例下，赠与合同经赠与人与受赠人达成合意即可成立，但在赠与物权利转移前（动产须交付，不动产须办理变更登记），赠与人可以任意撤销，使赠与合同的效力溯及既往地归于消灭，从而不受赠与合同的约束。可见，其结果与实践合同的效力极为相似，有准要物行为之观。[②]因此，无论是将赠与合同确认为实践合同，还是在赋予赠与人任意撤销权的前提下将其确认为诺成合同，受赠人取得赠与物都依赖于赠与人的主动履行，两种立法例均有助于实现赠与人与受赠人的利益平衡。

对不动产赠与合同的性质，我国司法实践中有不少判决认其为要物合同。详见《民法典》第659条的评注内容。

（三）赠与合同是移转标的物所有权的合同

赠与合同也是终局移转赠与物权利的合同，这是赠与与买卖的相同之处，也是赠与合同与其他无偿合同（如借用、自然人之间的借款等）的不同之处。在“刘某诉谭某某返还原物纠纷案”中，[③]双方当事人在恋爱关系存续期间，赠与人出资为受赠人购买车辆，并登记于其名下，且交付给受赠人使用，亦未附加任何条件。法院认为，双方既已形成赠与法律关系，受赠人因此取得车辆的所有权。即使双方恋爱关系终止，该汽车也不能要求返还。

---

① 李永军：《“契约+非要式+任意撤销权”：赠与的理论模式与规范分析》，载《中国法学》2018年第4期。

② 史尚宽：《债法各论》，中国政法大学出版社2000年版，第122页。

③ 北京市第一中级人民法院（2013）一中民终字第06415号民事判决书。

第六百五十八条【赠与人的任意撤销权及其例外】

赠与人在赠与财产的权利转移之前可以撤销赠与。

经过公证的赠与合同或者依法不得撤销的具有救灾、扶贫、助残等公益、道德义务性质的赠与合同，不适用前款规定。

历史由来

本条是对《合同法》第186条进行调整、增补的结果。《合同法》第186条的两款规定为："赠与人在赠与财产的权利转移之前可以撤销赠与。具有救灾、扶贫等社会公益、道德义务性质的赠与合同或者经过公证的赠与合同，不适用前款规定。"本条作出了两处改动：一是将"经过公证的赠与合同"的规定调整到第2款规定之首，以强调其重要性；二是把"助残"列举为一种具有公益、道德义务性质的赠与合同。对《合同法》第186条的这些改动发生于《民法典（草案）》第658条，之前各阶段的《民法典合同编（草案）》文本没有对《合同法》第186条作出任何改动。

规范目的或功能

赠与人的任意撤销权是涉及赠与合同效力的重要内容。本条第1款与本法第657条共同构建了我国《民法典》中赠与合同的效力模式，即"无偿+诺成+任意撤销权"模式。为了防止赠与人可能的机会主义行为，本条第2款规定了任意撤销权的行使例外。

规范内容

一、赠与人任意撤销权的概念

任意撤销权是指在赠与合同成立后赠与财产的权利转移前，赠与人基于其意思而撤销赠与的权利。该撤销权之所以有"任意"之名，其原因在于对于非经公证之赠与以及非具有公益、道德义务性质之赠与而言，在赠与物权利转移前，赠与人无须任何理由，即可撤销。

在一般情况下，合同依法成立以后，债务人即负有给付义务，相应地，债权人享有给付请求权。除非有法定解除事由存在，否则，债务人不得违反其所负有的给付义务，解除业已存续的合同关系。若如此，则债权的请求力、强制实现力必将大打折扣。但是，对于赠与合同而言，由于其具有无偿性，赠与人无对价而支付利益，受赠人不负担任何对待给付义务即可获得利益，双方地位严重违反均衡正义，依我国学者谢哲胜先生所言，“仅一方当事人即利益出让方负给付义务，不符合交易公平，不符合正义，亦不符合人性”。[①]因此，法律应尽可能采取各种措施优遇赠与人维护其利益，从而使赠与人与受赠人之利益趋于平衡，立法赋予赠与人任意撤销权就是这些优遇赠与人的措施中的一种。由于立法赋予赠与人以任意撤销权，这就使得赠与人可以在赠与物的权利转移前撤回业已成立的赠与合同，从而不受业已生效的赠与合同拘束，也就是说，任意撤销权之意旨实际上是通过缓和赠与合同的约束力来实践优遇赠与人的目的，最终获致公平正义。因此，诚如我国台湾地区学者林秀雄所言，已生效力之赠与契约，未交付赠与物前，赠与人得撤销其赠与，此乃因赠与之无偿性或非交易性之本质所生法的拘束力之否定结果。[②]

二、任意撤销权行使的条件

赠与人行使任意撤销权须具备以下三个条件：

1.赠与合同依赠与人与受赠人之间的合意而成立。这一要件是任意撤销权必须以赠与合同被确认为诺成合同为前提的必然要求。

2.赠与物权利尚未转移，即对动产而言，赠与人尚未交付该动产；对不动产而言，赠与人尚未办理转移登记。在不动产业已交付，但未办理转移登记的情形，由于赠与物权利尚未转移，赠与人仍可撤销。如在“程某某与张某赠与合同纠纷案”中，[③]法院认为，在涉诉房屋已登记在张某名下完成权利转移之后，现程某某主张的撤销权当属上述的法定撤销权。

---

① 谢哲胜：《赠与的生效要件》，载《台湾法研究参考资料》1998年第8期。

② 林秀雄：《死因赠与之撤回》，载《月旦法学杂志》第16期。

③ 北京市第三中级人民法院（2018）京03民终706号民事判决书。

3.必须不是经过公证的赠与合同或具有救灾、扶贫、助残等公益、道德义务性质的赠与合同。

具有公益性质的赠与，是指为了救灾、扶贫、助残等目的或为了资助公共设施建设、环境保护等公益事业所为的赠与。履行道德义务的赠与包括以下类型：养子女对于在法律上无抚养义务，但在道德上有扶助义务的生父母，在其生活较为困难时约定赠与一定的财物；其他虽无抚养义务，但对于其亲属以赠与合同的方式约定为抚养给付；对于重要而无偿的劳务或救护工作，以赠与合同的方式给予酬谢等。

在具有公益性质以及履行道德义务的赠与中，即使赠与合同采取的是口头形式，在标的物交付之前，赠与人也不能任意撤销赠与合同，其必须负担交付标的物的义务。这是因为具有公益性质的赠与，其赠与的目的是促进社会公共利益的发展，对于此类性质的赠与，若允许赠与人任意撤销，则不利于倡导扶贫济困的社会道德风尚。

所谓具有道德义务性质的赠与，是指赠与的目的是履行道德上的义务。史尚宽教授认为，"何谓道德上义务，例如虽无扶养义务之人，对于其亲属为扶养给付，生父对于婚外子女，虽未经认领或未经判决确定其为生父……而为扶养费之约束，于灾难之际以慈善或为公益之目的而为施舍。依其情形，为其亲属或长期之被雇人所为之扶助及保险，亦为道德上之义务。对于重要而无偿之劳务或救护工作之酬给亦然。所谓道德上义务，不应狭义的解释，迫于人类连带责任感之给与，亦应解释在内。所谓报酬的（谢礼的）赠与或相互的赠与，于礼俗认为必要之范围内，应解释为道德上义务之履行"。①

此外，法律规定经过公证的赠与，不得撤销，其主要的原因在于赠与人对于赠与已作过深思熟虑，并非贸然应允，故应使其受其意思表示的拘束，并且公证是由国家机关所实施的，具有权威性与较强的证明力，不应由当事人随意否认其效力。对于是否只有未经公证的赠与才能撤销，即只

---

① 史尚宽：《债法各论》，中国政法大学出版社2000年版，第123页以下。另外，也有立法将负道德义务的赠与排除在赠与之外，如《瑞士债务法》第239条第3款规定，道德上义务的履行，不以赠与论。

有经过公证的赠与才不能撤销的问题，各国或各地区立法并不一致，《日本民法典》第550条规定，不依书面所为赠与，各当事人得撤销之，但已履行部分不在此限。我国台湾地区原规定，于书面之赠与，或为履行道德上义务而为赠与者，不适用之。但后来修正为"于经公证之赠与，或为履行道德上义务而为赠与者，不适用之"，即无论是日本还是修正前我国台湾地区均否认书面赠与的可撤销性。而我国台湾地区修正后的规定，将不可撤销的对象由书面赠与改为公证赠与，也就是说，根据其现行规定，即使赠与采用书面形式，赠与人也可以予以撤销，唯有当赠与采用比书面形式要求更高的公证形式时，赠与人才不得行使撤销权。这体现了弱化赠与合同效力的价值判断的立法修正得到了学者的认同，①有学者认为，因无偿契约不符合均衡正义，在义务人未履行前，效力越弱越好，对于书面赠与亦得撤销的结果，自是乐观其成。②我国立法关于只要是未经过公证的赠与，即便是采用了书面形式，赠与人都可撤销的规定显然是继受我国台湾地区规定的结果。

此外需要注意的是，在一般赠与中，只要符合上述条件即可行使任意撤销权，然而，是否只要符合上述条件，任意撤销权即可在特种赠与中行使，则不能一概而论。如在死因赠与中，在赠与人死亡前，赠与人得任意撤回。③而在附负担赠与中，由于负担并非对价，因此一般认为，附负担赠与仍属无偿、单务合同，仅其负担与对价有神似之处，故有时发生类如双务、有偿合同的效力，并且又由于附负担赠与仍为赠与，以赠与人履行赠与为制度的重心，据此，赠与人有先为给付的义务，因此，在赠与人交付赠与物前，赠与人尚不得任意撤销或请求受赠人履行。④

---

① 赠与人就赠与采用书面形式，是否就表明其已对赠与审慎思虑，容有怀疑，若规定赠与人此际不得撤销，恐失之过严。

② 谢哲胜：《赠与的生效要件》，载《台湾法研究参考资料》1998年第8期。

③ 林秀雄：《死因赠与之撤回》，载《月旦法学杂志》第16期。

④ 参见邱聪智：《新订债法各论》（上册），姚志明校订，中国人民大学出版社2006年版，第258页。

三、任意撤销权的行使及效力

（一）任意撤销权的行使

赠与的撤销属于形成权之行使，应由撤销权人向受赠人以意思表示作出。一旦撤销之后，赠与合同即归于消灭。

（二）任意撤销权的消灭

1.赠与人将赠与财产的权利转移给受赠人。动产赠与中，赠与人将动产交付给受赠人；不动产或需其他手续的财产赠与，赠与人办理过户登记。

2.赠与人抛弃任意撤销权。赠与人的任意撤销权可以特约抛弃。赠与合同虽然是无偿合同，但赠与人的任意撤销权规定为任意性规定，当事人可预先或事后抛弃。①

（三）任意撤销权的效力

撤销权的行使产生使赠与行为溯及既往地归于无效即自始无效的后果。对此，在通说采债权形式主义物权变动模式的我国大陆大概不会有什么争议。不过，在此需要探讨的是，当赠与合同成立后，受赠人势必会为受领赠与物进行准备，当赠与人行使撤销权时，受赠人为接受赠与而付出经济上的花费可能因赠与人的不履约行为而落空，从而会遭受损失。此时，受赠人可否请求损害赔偿？如果赠与人应承担责任，则受赠人可寻求何种请求权基础？如甲与乙订立书面合同，向乙赠与半旧之桑塔纳轿车一辆，乙订约后即开始修建车库，不久甲撤销赠与。甲应否赔偿乙因信其赠与能得到履行所支出的费用？

对这一问题，确立赠与任意撤销制度的国家，包括我国《合同法》和《民法典》在内，均未作出规定。我国有学者认为，赠与人应承担缔约过失责任。②不过，笔者认为，如果赠与合同为实践合同，此时甲显然应负缔约过失责任。但在将赠与确认为诺成合同的法制下，因缔约阶段已结束，赠与合

① 林诚二：《民法债编总论》，中国人民大学出版社2007年版，第320页。

② 王德山：《论赠与人的责任》，载《政法论坛》2000年第5期。

同已依法成立，自无发生缔约过失责任的可能性。那么，赠与人究竟要不要承担责任呢？从赠与人的角度而言，由于任意撤销权系法定，赠与人依法律规定的条件行使任意撤销权即为符合法律要求之权利行使，可以排除违法性，并且，由于赠与人任意撤销权的存在，赠与合同的效力极为薄弱，受赠人也不应对获得赠与物报有太大的期望，因此，从这个意义上说，赠与人似乎不应承担责任。然而，从受赠人的角度而言，由于赠与人作出了赠与的意思表示，受赠人确实是基于对该意思表示的信赖才作出接受赠与的准备从而支付了代价，在赠与人撤销赠与合同时，若不使赠与人承担责任，则受赠人势必因赠与人的出尔反尔白白遭受损失，这不仅有违公平正义的基本法律价值判断，而且也会助长赠与人信口开河、言而无信的风气。不仅如此，在赠与合同为实践合同的场合，当受赠人因赠与人的反悔而遭受信赖利益损失时，赠与人应承担损害赔偿责任，赠与人不得以合同未生效受赠人信赖其赠与的意思表示是自己过于轻信为由进行抗辩；而在赠与合同为诺成合同的情形下，受赠人同样是因信赖赠与人的意思表示而支出费用遭受损失，则没有不使赠与人承担责任的道理。虽然人类社会的法律规则是多种多样的，但在其所追求的价值取向上总有某种共同的内容，可以说，维护诚信、保障公平，这是各种法律制度应当亘古不变的追求，它不应因制度设计的不同而受影响。因此，虽然具体的规则可以不同，但价值判断应予一致，也就是说，不同的制度就其获致的终极目标而言应是殊途同归的，这就意味着赠与人应承担责任。因此，在我国关于赠与合同的性质采诺成性的路径下，赠与人虽不承担缔约过失责任，却不得对受赠人所受之信赖利益损失免于承担赔偿责任，因为受赠人之利益不应因赠与合同性质的不同而受影响。因此，赠与人撤销合同将给受赠人造成损失，显然不符合诚信原则，有悖于立法之规范意图。为此，需要对《民法典》第658条第1款作目的性限缩之解释，即应对任意撤销权行使的效力加以限制，此时赠与人原则上虽亦可以行使撤销权，但此权利之行使不能完全排除其责任，对因行使撤销权给受赠人造成的损失，赠与人仍应承担相应的损害赔偿责任。任意撤销权行使的法定性只是意味着赠与人可以不再履行转移赠与物权利的义务，但这并不意味着其不对受赠人因其行为所遭受的损失承担赔偿责任。

第六百五十九条【赠与物需要办理登记或其他手续】

赠与的财产依法需要办理登记或者其他手续的，应当办理有关手续。

历史由来

本条是对《合同法》第187条的原文复制。《合同法》施行之前，《民法通则意见》曾规定了赠与物的登记问题，其第128条规定："公民之间赠与关系的成立，以赠与物的交付为准。赠与房屋，如根据书面赠与合同办理了过户手续的，应当认定赠与关系成立；未办理过户手续，但赠与人根据书面赠与合同已将产权证书交与受赠人，受赠人根据赠与合同已占有、使用该房屋的，可以认定赠与有效，但应令其补办过户手续。"根据该规定，房屋赠与为要物合同。

赠与是发生物权变动的债权行为。关于不动产物权的变动，《民法典》第208条规定："不动产物权的设立、变更、转让和消灭，应当依照法律规定登记。动产物权的设立和转让，应当依照法律规定交付。"《合同法解释（一）》第9条第1款规定，法律、行政法规规定合同应当办理登记手续，但未规定登记后生效的，当事人未办理登记手续不影响合同的效力，合同标的物所有权和其他物权不能转移。

规范目的或功能

本条主要用以规范赠与物需要办理登记或其他手续的赠与合同的性质，尤其是不动产赠与合同效力的规定。根据《民法典》第657条、第659条的规定，赠与合同原则上为诺成合同，赠与人在赠与物权利转移之前享有任意撤销权，因此本条中"应当办理有关手续"并非赋予受赠人履行请求权。

规范内容

一、不动产赠与合同的性质

（一）本条存在的逻辑问题

《民法典》第657条并未对不动产赠与的性质作出特别规定，因此不动产赠与应为诺成合同，其效力仍采“诺成合同+任意撤销权模式”。基于此认识，不动产赠与合同在成立之时即生效。没有办理登记，赠与合同仍然有效，只不过当事人之间在性质上仍然只是一种债之关系，并没有形成物权关系，此时仅发生债权，并不能产生物权变动的效果。本条规定，“赠与的财产依法需要办理登记或者其他手续的，应当办理有关手续”，所指并非合同生效、债权成立的条件。但能否将本条认定为在财产权利转移依法需要办理登记或者其他手续的赠与类型中，受赠人享有办理登记或者其他手续的请求权呢？基于《民法典》第658条第1款的规定，赠与人在赠与财产的权利转移之前都可以撤销赠与，除了第658条第2款所定情形之外，并不能认为受赠人享有办理登记或者其他手续的请求权。故此种认识也不准确。

（二）我国司法实践与学界观点

对不动产赠与合同的性质与效力，我国司法实践中存在着多种观点：

第一种观点为“诺成+任意撤销权”说。如在“胡某某与赵某某赠与合同纠纷案”中，[①]法院认为，赠与合同是赠与人将自己的财产无偿赠与给受赠人，受赠人表示接受赠与的合同。按照《合同法》的规定，赠与人在赠与财产的权利转移之前可以撤销赠与，且赠与的财产依法需要办理登记等手续的，应当办理有关手续。依照《物权法》的规定，不动产的设立、变更、转让，应当依照法律规定进行登记，未经登记不发生法律效力。本案中，赵某某虽有将回迁安置房全部权益赠与胡某某的意思表示，但胡某某尚未取得回迁安置房，未取得房屋产权证，赵某某依法有权撤销赠与。

---

① 山西省太原市中级人民法院（2019）晋01民终6291号民事判决书。

第二种观点为“诺成合同说。”如在“吕某某与吕某等赠与合同纠纷案”中，[①]法院认为，吕某某与吕某就涉案房屋产权份额签订的赠与合同，系双方真实意思表示，内容不违反法律、行政法规的强制性规定，应属合法有效。吕某作为赠与方，其有义务配合吕某某办理涉案房屋产权份额的过户登记手续，现吕某某要求吕某等共有人协助办理涉案房屋中吕某产权份额过户登记手续，理由正当，本院予以支持。

第三种观点为“要式合同兼要物合同说”。我国法院有不少案例亦认为，房屋赠与合同是要物合同。当然，要求不动产赠与具备特定形式，主要是因为如无书面赠与合同，无法去不动产登记机关办理过户手续。如在“袁某某与袁某赠与合同纠纷案”中，[②]法院根据《民法通则意见》第128条及《合同法》第186条之规定，认为“房屋赠与合同是实践性合同，房屋赠与关系的成立，必须以办理过户手续，或受赠人根据赠与合同取得产权证书且实际占有使用房屋为条件”。

第四种观点为“要式合同说”。如在“林某某与兰某某等案外人执行异议案”中，[③]法院认为，“涉案房屋系大额财产，双方就此达成赠与和接受赠与的意思表示而未签订书面合同，亦不符合常理，本院认定兰某某与林某某之间并未就涉案房屋成立赠与关系”。在“冯某某、李某某物权保护纠纷案”中，[④]冯某某主张涉案房屋系李某某赠与给其的房产，冯某某对该主张负有举证的义务。冯某某并未提供证据证明其与李某某就涉案房屋的赠与事宜曾达成书面的协议，亦无证据证明李某某向其交付了涉案房屋的产权证书，其所提供的证人证言也无其他证据予以佐证，并不足以证明李某某与冯某某就涉案房屋赠与事宜达成合意，冯某某主张其与李某某之间就涉案房屋存在赠与关系，依据不足，本院不予采信。涉案房屋登记在李某某等名下，仅凭冯某某对涉案房屋占有、使用的行为并不能推翻不动产登记簿记载的事项，冯某某主张涉案房屋应归其所有依据不足。

因此，如何依据本条解释不动产赠与合同的性质，不仅具有体系上价值，同时也可为司法实践提供科学可靠的解决方案。我国学界一直有观点认

---

① 北京市西城区人民法院（2019）京0102民初36174号民事判决书。
② 青海省西宁市中级人民法院（2020）青01民终227号民事判决书。
③ 北京市大兴区人民法院（2019）京0115民初27809号民事判决书。
④ 广东省广州市中级人民法院（2020）粤01民终644号民事判决书。

为，赠与是赠与人将自己的财产无偿给予受赠人，受赠人表示接受的一种行为，这种行为的实质是财产所有权的转移。赠与行为一般要通过法律程序来完成，即签订赠与合同（也有口头合同和其他形式）。赠与合同是一种诺成性合同，当事人一方的意思表示一旦经对方同意即能产生法律效果，即通常所说的“一诺即成”。合同成立并不意味着合同生效，赠与合同的生效还需要满足法定要件。这种观点持特别生效要件说，但仍然无法与《合同法》第186条的适用协调。还有观点认为，应将不动产赠与合同视为要式合同，具备书面或公证形式的不动产赠与合同排除《合同法》第186条的适用。①

二、不动产赠与合同的立法趋势

立法例中，关于不动产赠与合同的成立与生效，德国民法对所有的赠与契约都采“要式合同说”，即赠与允诺须以公证书作成；存在形式瑕疵得以允诺的给付之履行而得补正。修正前我国台湾地区的规定为：以非经登记不得移转之财产为赠与者，在未为移转登记前，其赠与不生效力。1999年将该条删除，修正理由为：赠与为债权契约，于依第153条规定成立时，即生效力。惟依现行条文规定，以非经登记不得移转之财产为赠与者，须经移转登记始生效力，致不动产动产物权移转之生效要件与债权契约之生效要件相同，而使赠与契约之履行与生效混为一事。为免疑义，爰将本条删除。并增设第166-1条，不动产赠与合同依此条也应认定为要式合同。我国台湾地区学者对此一修正存有争议。持支持观点的学者认为，在债编中规定物权契约之效力，在体系上并不妥当，将其删除应该可以避免法律适用之困扰，②并能杜绝学界关于赠与契约是诺成契约抑或要物契约的争议，使不动产赠与仍得经由公证制度的强制导入而得到特别保障。③而持反对观点的学者则认为，原法第407条将不动产赠与契约规定为要物合同，要比将其如新法那样将不动产赠与认定为授予毁约机会更能有效保护赠与人利益。《合同法》第187条明显受修正前的我国台湾地区规定的影响。

---

① 张谷：《民法典合同编若干问题漫谈》，载《法治研究》2019年第1期。

② 黄立主编：《民法债编各论》（上），中国政法大学出版社2002年版，第175页。

③ 吴志正：《债编各论逐条释义》，台北元照出版有限公司2019年版，第85页。

三、《民法典》中不动产赠与合同的性质解释：要式合同

针对本条在解释上面临的困境，笔者认为，为了贯彻《民法典》第657条立场，应将不动产赠与合同解释为要式合同，将书面形式或者公证形式作为不动产赠与的特别生效要件。

对此，《城市房地产管理法》第41条规定：“房地产转让，应当签订书面转让合同，合同中应当载明土地使用权取得的方式。”如学者所指出的那样，形式要求的目的之一是警示，通过形式要求，打算作出法律上重要表示的人被给予了做审慎考虑的最后一次机会。尤其在两种情况下存在警示要求：涉及的是具有重要意义的交易行为，或者一方当事人提供给付但不获得对待给付，从而应得到保护，以免草率地从事慷慨行为或轻率地承担风险。故此，将不动产赠与合同定性为要式合同足以警示赠与量力而为，以免有所失而无所偿。[①]基于此种解释，不动产赠与契约为诺成合同，可依口头约定形式而订立，但基于要式性之要求，如果不动产赠与允诺未订立书面合同或未经公证，将因欠缺法定形式而无效，对赠与人不生效力；但当事人办理登记过户等手续的，视为形式瑕疵得到弥补。

第六百六十条【受赠人的履行请求权与赠与人债务不履行责任】

经过公证的赠与合同或者依法不得撤销的具有救灾、扶贫、助残等公益、道德义务性质的赠与合同，赠与人不交付赠与财产的，受赠人可以请求交付。

依据前款规定应当交付的赠与财产因赠与人故意或者重大过失致使毁损、灭失的，赠与人应当承担赔偿责任。

历史由来

本规定是《合同法》第188条、第189条修改后之合并。《合同法》第188条规定：“具有救灾、扶贫等社会公益、道德义务性质的赠与合同或

① 张金海：《论要物合同的废止与改造》，载《中外法学》2014年第4期。苏紫衡：《对赠与任意撤销权的质疑——以赠与合同观的历史考察为核心》，载《河南大学学报》（社会科学版）2016年第1期。

者经过公证的赠与合同，赠与人不交付赠与的财产的，受赠人可以要求交付。”《民法典合同编（草案）》（征求意见稿）第205条将《合同法》第188条、第189条修改后合并为一个条文中的两款，使赠与人仅就公益、道德义务性质或经公证的赠与财产，因故意或重大过失致其毁损、灭失时才负赔偿之责任。与其他赠与的任意撤销权相对比以及与《合同法》第189条完全不作限制的做法相比，更为合理。之后的《民法典》各草案均保留这一修改方案。

规范目的或功能

本条旨在规范受赠人的履行请求权，与赠与人承担债务不履行责任的情形。关于违约责任的“一般规则”，《民法典》合同编第八章“违约责任”第577条规定：“当事人一方不履行合同义务或者履行合同义务不符合约定的，应当承担继续履行、采取补救措施或者赔偿损失等违约责任。”本条则是《民法典》中关于违约责任一般规则的特殊规定。赠与合同作为单务合同，法律规定赠与人仅在特定情形才承担债务不履行责任。

规范内容

一、受赠人的履行请求权

1.赠与须为经过公证的赠与合同或者依法不得撤销的具有救灾、扶贫、助残等公益、道德义务性质的赠与合同。

《民法典》第658条第2款规定，经过公证的赠与合同或者依法不得撤销的具有救灾、扶贫、助残等公益、道德义务性质的赠与合同，不适用任意撤销权的规定。基于此，受赠人享有履行请求权。不动产赠与如已经践行公证手续，自属于不得撤销的范围。但如仅践行书面赠与合同，笔者认为，也应包括在本条所调整的范围之中，详细参见《民法典》第659条之评注内容。

2.受赠人履行请求权的内容为交付请求权。在需要办理登记或其他手续的财产赠与合同中，此项请求权还应包括协助办理过户手续。司法实践也多持此种观点。如在“王某水与王某泉、王某永赠与合同纠纷案”中，[①]法院认为，案涉《房屋赠与合同》已经过公证，原告王某水享有赠与给付请求权，可请求赠与人交付案涉赠与房屋并办理过户手续。由于赠与人在过户前死亡，受赠人有权要求赠与人的继承人履行赠与房屋上所附赠与给付义务，协助办理过户手续。在“顾某某与张某某赠与合同纠纷再审案”中，张某某在其7年间一直对顾某某前妻郑某及顾某某给予生活上的照料，该行为是“基于友情等产生的道德上的义务”。顾某某应在其取得诉争房屋所有权证后及时履行赠与物交付义务。

二、赠与人债务不履行责任

债务不履行形态包括给付不能、给付迟延和瑕疵履行。关于“瑕疵履行”，《民法典》第662条专门就赠与人设置了专门规则，同时《民法典》沿袭了《合同法》的做法，没有规定赠与人的“给付迟延”。故本条仅为关于赠与人给付不能的规定。

（一）减轻赠与人的给付不能责任

1.赠与人仅为故意或者重大过失承担责任

在赠与合同发生给付不能时，赠与人仅就其故意或重大过失承担责任；赠与人仅有轻过失的，无须承担赔偿责任。所谓“故意”，是指赠与人明知自己的行为会发生赠与财产毁损、灭失的后果，而希望或放任这种结果发生的一种心理。“重大过失”，是指根据一般人预见能力的要求，赠与人应当预见自己迟延交付赠与财产的行为会发生赠与财产毁损、灭失的后果而没有预见，最后发生了这种后果。“重大过失”是相对于“轻过失”而言，“轻过失”是指行为人已经预见到自己的行为可能发生不良后果而轻信其不会发生。在本条的司法适用中，对赠与人的主观状态作出区分是十分重要的。

2.赔偿范围

赠与人因故意或者重大过失导致给付不能的，受赠人请求赔偿的责任范围

---

① 山东省滨州市滨城区人民法院（2019）鲁1602民初5371号民事判决书。

为何？《民法典》对此未作明确规定。依据我国台湾地区之规定，受赠人仅得请求赔偿赠与物之价额，而不得请求因债务不履行之损害赔偿。

（二）免除赠与人的给付迟延责任

《民法典》沿袭了《合同法》的做法，没有规定赠与人的给付迟延责任。如上文所述，基于赠与合同单务、无偿的特点，法律减轻了赠与人的违约责任。就赠与人的给付迟延责任，有学者认为，从《合同法》第188条的规定来看，在经公证的赠与及具有救灾、扶贫等社会公益、道德义务性质的赠与中，赠与人拒绝履行的法律后果是“受赠人可以要求交付”。故举重以明轻，赠与人发生给付迟延的情况时，其后果绝不应超出“受赠人可以要求交付”的范围，实际上是排除了此种情形下的给付迟延责任。[①]

如赠与人未行使任意撤销权，其仍有产生违约责任的可能。因此，同样可依“举重以明轻”的法理，未经公证的赠与及非为履行道德上义务的赠与，亦应同受责任范围减免的优待，且可主张撤销赠与，从而根本免为给付。因此，赠与人给付迟延时，受赠人最多只能请求交付赠与物，而无从请求迟延利息或其他不履行的损害赔偿。从而在赠与合同中，给付迟延责任悉被排除。[②]立法例中，《德国民法典》第522条仅规定赠与人不负给付迟延利息的责任；我国台湾地区也对此专门设置了规定：（1）赠与人就前条第2项（笔者注：即经公证之赠与及履行道德义务之赠与）所定之赠与给付迟延时，受赠人得请求交付赠与物；其因可归责于自己之事由致给付不能时，受赠人得请求赔偿赠与物之价额。（2）前项情形，受赠人不得请求迟延利息或其他不履行之损害赔偿。我国台湾地区有学者认为，鉴于赠与合同的无偿性，赠与人无论是给付不能还是给付迟延，都仅就其故意或者重大过失承担责任。[③]

---

① 申海恩：《论抗辩权的附随效力》，载《华东政法大学学报》2019年第5期。

② 申海恩：《论抗辩权的附随效力》，载《华东政法大学学报》2019年第5期。

③ 黄立主编：《民法债编各论》（上），中国政法大学出版社2002年版，第177页。

第六百六十一条【附义务赠与】

赠与可以附义务。

赠与附义务的，受赠人应当按照约定履行义务。

历史由来

本条是关于附义务赠与的规定，是《合同法》第190条之全文复制。《民法典》各草案对此条未作修改。

规范目的或功能

本条主要规范附义务赠与。附义务赠与又称为附负担赠与，其与一般赠与的不同之处在于：在一般的赠与中，受赠人仅享有权利，而不负担任何约定的义务，而在附义务的赠与中，赠与人对其赠与附加一定的条件，使受赠人负担一定的义务。对于附义务的赠与，应当注意以下两个方面的问题：第一，在附义务的赠与中，由于所附的义务不是赠与的对价，因此，当受赠人请求赠与人履行其义务时，赠与人不能以受赠人未履行义务为由进行抗辩。第二，赠与人向受赠人给付赠与物以后，受赠人应当履行所附义务。如果受赠人不履行所附义务，则赠与人有权请求其履行或者撤销赠与。

规范内容

一、负担的一般理论

附义务赠与，也称为附负担（Auflage）赠与，[①]是指赠与人在赠与时使受

---

① 在术语选用上，《民法典》使用了“义务”的表述，大陆法系国家或地区的立法较普遍地使用“负担”的表述。之所以选用“负担”的术语，主要是考虑到受赠人所负有的一定给付义务与赠与人所负有的给付义务无对价关系，“负担”的概念有助于显示这两种给付义务之间的差异。参见邱聪智：《新订债法各论》（上），姚志明校订，中国人民大学出版社2006年版，第211页。在我国大陆，学者多认为，这两个术语并无差异并交替使用。参见江平主编：《中华人民共和国合同法精解》，中国政法大学出版社1999年版，第133页；崔建远：《合同法》，北京大学出版社2012年版，第425页。

赠人对赠与人或第三人负担一定义务的赠与。附义务赠与与一般赠与的不同之处在于，在一般赠与中，赠与人是纯粹无偿地向受赠人为给付而不从受赠人处获得给付，而在附负担赠与中，赠与人与受赠人都要向对方为给付，虽然这两个给付在价值上不可同日可语。

（一）负担与赠与合同

负担，乃无偿行为或死因行为的附加条款，依此条款受益人有为一定行为之义务。[①]负担的内容，不以有财产价格为限，也不以作为为限，但必须是受赠人的一定行为。在性质上，负担为附款，属于赠与合同的一部分，而非独立于赠与合同之外的存在。“附负担赠与不是赠与合同与负担合同两者的结合。”[②]质言之，附负担赠与只是赠与合同附有负担约款。

我国台湾地区法学界有观点认为，负担的内容，如果违反公序良俗或者强制性规定，不仅负担无效，整个赠与合同也归于无效。[③]我国大陆也有学者认为，《合同法》第190条所称的附义务赠与就是附负担赠与，负担违反公序良俗的，赠与合同无效。[④]如甲、乙婚外同居，甲赠与乙一栋房屋，约定乙每周至少要与甲同居一次。该“负担”因违反公序良俗而无效，赠与合同也因违反公序良俗而无效。按照这种观点，当赠与合同因所附负担违反公序良俗而无效时，尚未履行的赠与人无须再履行赠与义务，已经履行的赠与人可以请求受赠人返还财产，其结果明显对赠与人有利而对受赠人不利。如当事人在赠与合同中约定，受赠人接受赠与后负有在一定期间与其配偶离婚的义务，该负担即属违反公序良俗。根据此种观点，不但所附负担无效，而且整个赠与合同也为无效。

不过，笔者认为，此种处理过于简单，宜根据具体情况进行判断。负担无效并不一概导致赠与合同无效。“如果只是负担自始不能时，则应该根据负

---

① 黄立：《民法总则》，中国政法大学出版社2002年版，第388页。

② 崔建远：《合同法》，北京大学出版社2012年版，第425页。

③ 郭钦铭：《赠与》，台北三民书局2008年版，第101页；邱聪智：《新订债法各论》（上），姚志明校订，中国人民大学出版社2006年版，第211页。

④ 崔建远：《合同法》（第二版），北京大学出版社2013年版，第468页。

担的重要性而决定赠与本身的效果。”[①] 如甲赠与乙一栋房屋，约定乙永远不许转让，此际，仅负担部分无效，赠与合同应为有效。《民法典》第156条规定：“民事法律行为部分无效，不影响其他部分效力的，其他部分仍然有效。”负担既然是赠与合同的部分条款，若其无效不影响其他部分的效力，自不应使整个赠与合同归于无效。与这种负担影响赠与合同效力的情形不同，从赠与合同对负担效力的影响来看，若是赠与人的债务无效或者自始履行不能，则负担也不发生效力。与上述观点不同，《意大利民法典》（第647条第3款、第794条）、《葡萄牙民法典》（第967条、第2245条和第2230条第2款）、我国《澳门民法典》（第961条、第2060条第2款、第2075条及第2023条）都规定，负担违反公序良俗的，负担原则上视为不存在，故赠与合同中其他部分的效力不受影响。如在“周某、周某某等与王某富赠与合同纠纷案”中，[②] 经公证的赠与合同约定：如果王某某之妻陈某某在10年内（2019年12月31日前）再婚的，应当将拆迁安置的台州新世纪商城的套房产权归女儿周某、周某某所有，那么王某富愿意把老屋中北面一间房屋赠与给两个侄女周某和周某某，否则王某富不赠与。该合同是附负担的赠与合同。由于陈某某再婚受法律保护，因此陈某某是否在10年内再婚不能成为该合同的附加条件，本赠与所附条件应为无效。

（二）负担与对待给付

双务合同的核心在于给付与对待给付之间的牵连性。在附负担赠与中，虽然赠与人与受赠人均须为给付，但赠与和负担并非居于给付与对待给付的地位。负担与对待给付具有以下差异：第一，给付与对待给付在价值上往往是相当的，而负担的价值不得超过赠与物的价值，如果负担的价值与赠与物的价值相当，则该合同已丧失无偿性，不能再被定性为赠与合同。由于这一原因，对附负担赠与而言，当赠与物价值小于负担时，受赠人仅在赠与的价值限度内负有履行负担的义务；当赠与物因瑕疵而使其价值小于负担时，在差额补

---

① ［日］我妻荣：《债法各论》（中卷一），徐进、李又又译，中国法制出版社2008年版，第17页。

② 浙江省台州市椒江区人民法院（2019）浙1002民初5954号民事判决书。

足前，受赠人可拒绝履行负担。第二，对负担而言，只有赠与人先为给付后，受赠人才有履行负担的义务。“在赠与人履行给付前，或受赠人受领给付前，受领人无履行负担之义务。”[1]而在双务合同中，合同生效后，双方可依合同请求相对人为约定的给付。第三，在包括附负担赠与在内的赠与合同中，受赠人可不具有理由地拒绝受领赠与之给付。而双务合同中，合同生效后，债务人不享有类似权利，如无论是在买卖合同中还是在承揽合同中，买受人、定作人皆负有受领标的物或定作物的义务。在附负担赠与中，赠与人仍享有任意撤销权，[2]即可在赠与物权利转移前不具有理由地撤销赠与合同，但在双务合同中，债务人可任意摆脱合同的拘束的现象实不可想象。第四，在双务合同中，当事人之间互负一定的给付义务，而且一方当事人能因对方当事人的对待给付而获得一定利益，但在附负担赠与中，有时受赠人并不向赠与人履行负担，有时受赠人履行负担却并未给赠与人带来直接的利益，如负担以公益为目的的附负担赠与即属此类。

由于附负担赠与与双务合同有同又有异，因此，在理论上对附负担赠与的性质有一定争议。有观点认为，附负担赠与为无偿合同、单务合同。[3]在附负担赠与合同中，双方当事人也互负义务，但各国法秩序普遍将其同双务合同加以区分，如在德国法上受赠人所作之给付不应具有双务合同中对待给付的意义。《德国民法典》第526条第1款规定：“只要因权利瑕疵或赠与物的瑕疵，所给予财产的价额达不到执行负担的必要费用，受赠人就有权拒绝执行负担，直到因瑕疵而发生的不足之额得到补偿为止。受赠人执行负担而不知道瑕疵的，在受赠人执行负担的费用因瑕疵而超过所给予财产的价额的限度内，受赠人可以向赠与人请求补偿因执行负担而发生的费用。”该款明确规定了赠与物的权利瑕疵和物上瑕疵担保责任，但并不影响附负担赠与的性质确定。德国司法实践中，法官在认定附负担赠与时，首先需要判断受赠人是否具有获利意思，即本方收益多于对方的主观意图，此时已必然存在一种主观

---

① 徐律师：《民法债各　实例演习系列》，台北高点文化事业有限公司2011年版，第3—13页。

② 王利明：《合同法研究》（第三卷），中国人民大学出版社2012年版，第236页。

③ 王利明：《合同法研究》（第三卷），中国人民大学出版社2012年版，第233页。

上的不等价性。此外当获利意思无法确证时，客观的给付价值比对可以提供一种补充性的解释标准，即如果赠与人所为之给付与受赠人所负之负担在客观价值上相近，受赠人的获利意思可被排除，该行为也就不再为赠与；但若赠与人所为之给付与受赠人所负之负担不具有等价性，则其仍为赠与，并不应构成双务合同。[①]

将附负担赠与与买卖合同或者其他双务合同识别十分重要，如二者发生混淆，实践中会引发一定的问题。司法实践中，在某些城市房屋限购政策下，特定当事人不具备购房资格，但其仍可作为受赠人获赠房屋，如在"祁某某诉黄某某不当得利纠纷案"中，[②]争议焦点事实上集中在当事人之间的约定究竟是附负担赠与还是买卖合同，若当事人的约定被认定为买卖合同，那么所谓的附负担赠与便瞬间跃迁为买卖合同，此时由于限购条款的限制，合同效力往往受到控制。[③]在"金某与胡某某赠与合同纠纷案"中，[④]法院认为，胡某某向金某转让涉案房产的形式应是赠与性质。赠与可以附义务。赠与附义务的，受赠人应当按照约定履行义务。本案现有证据表明，金某与胡某某虽然签订有案涉房屋买卖契约，并交纳了房屋过户的相关税费，但是金某对其诉称已向胡某某支付买卖对价款75000元的事实未能够充分举证证明，故金某上述主张的案涉房屋系通过买卖受让取得，法院对此不予采信。根据双方当事人的陈述、证人证言，以及胡某某自转让案涉房屋以来，在其3个子女中，对胡某某给予日常生活关心、照料的责任义务，主要依赖于金某家庭承担的情节，可以认定在本案中胡某某处分案涉房屋至金某名下，并非是双方基于真实的买卖关系，而应属于附有约定义务的赠与行为。基于此，笔者认为，有效区分附负担的赠与合同与双务合同，是厘清这些混乱状况的前提。有学者指出，可借助赠与人加利与受赠人负担间的价值比对来对合同性质进行识别。[⑤]

---

① 朱朝晖：《潜伏于双务合同中的等价性》，载《中外法学》2020年第1期。

② 上海市第一中级人民法院（2018）沪01民终2557号民事判决书。

③ 朱朝晖：《潜伏于双务合同中的等价性》，载《中外法学》2020年第1期。

④ 江苏省扬州市中级人民法院（2017）苏01民终2752号民事判决书。

⑤ 朱朝晖：《潜伏于双务合同中的等价性》，载《中外法学》2020年第1期。

（三）负担与解除条件

负担与条件均为法律行为的附款。负担与延缓条件或生效条件的差别很大，因为负担与赠与合同的生效无关，根本就没有限制赠与合同效力发生的作用。“附负担之赠与，其赠与契约业已成立生效，亦即负担之履行并非赠与契约之成立或生效要件。”[①]值得仔细辨识的是负担与解除条件。在赠与合同生效后，若受赠人不履行负担，则赠与人可撤销赠与，此撤销与解除类似，《德国民法典》第527条赋予赠与人的就是解除权而非撤销权。[②]既然负担不履行的后果与解除条件成就的后果十分类似，因此，两者的关系不可不辨。笔者认为，负担与解除条件具有以下差别：

1.负担是人的行为，且具有一定给付内容；而解除条件既可是人的行为，也可是事件，并不一定具有给付内容。

2.负担具有履行的必然性，因而是确定的；解除条件能否成就则是不确定的。如甲对准备考研的儿子乙说：“如果你明年能考取某知名法学院，我将赠你某名牌跑车一台。”甲以乙“明年能考取某知名法学院”为条件，属于将来客观上不确定之事实，于条件成就时，甲有给予赠与物的义务。

3.负担具有履行的强制性，条件不具有履行的强制性。“条件虽有停止法律行为效力的作用，但无强制性。反之，负担虽有强制性，但无停止法律行为效力的作用。”[③]由于这一差异，男女双方为结婚而赠与财物的行为，即不能被定性为附负担赠与。

4.对解除条件而言，条件发生时，赠与合同自动失效，而在附负担赠与，如果纯粹只是受赠人没有履行负担，赠与合同不会自动失效，只有赠与人将撤销赠与合同的意思表示送达到受赠人，赠与契约才失去效力。[④]

虽然条件、期限、负担属不同的范畴，但在司法实践中，混淆条件与负担

---

① 黄立主编：《民法债编各论》（上册），中国政法大学出版社2003年版，第178页。

② 《德国民法典》第527条规定：（1）受赠人不履行负担的，在应将赠与物用于履行负担的范围内，赠与人可以根据关于返还不当得利的规定，要求依双务合同规定的解除权的条件，返还赠与物。（2）第三人有权要求履行负担时，前款请求权消灭。

③ 王泽鉴：《民法总则》（增订版），中国政法大学出版社2001年版，第421页。

④ 参见郭钦铭：《赠与》，台北三民书局2008年版，第100页。

的现象却常有发生。如“倪某某诉倪某金赠与合同案”中，法院认为，“孤寡老人靠领取国家低保补贴维持生活，将其唯一的房产赠与他人，虽然合同书中没有约定他人在接受赠与后应承担扶养老人的内容，但是由于合同签订后，受赠人每年均给付老人一定数额的钱物，可以判断该赠与实际上是附条件的赠与合同。因此，在受赠人拒绝履行扶养义务的情况下，房屋赠与人有权撤销赠与合同。”[①]

身份行为能否成为赠与合同的负担？如以结婚或离婚作为赠与负担的约定是否有效？原则上身份行为不能成为赠与的负担，但在具体案例中应结合具体情形具体认定，如我国台湾地区判决曾认可离婚可成为赠与之负担。

（四）负担与目的

附负担赠与不仅与附条件赠与不同，而且与目的性赠与有异。与附负担赠与属法律概念不同，目的性赠与纯属学理上概念。“依法律行为内容，不科以义务，唯为结果而为赠与者，称为目的赠与（Zweckschenkung）。”[②]目的性赠与并不为受赠人科以义务，仅赠与人基于特定目的而为赠与行为而已。对目的性赠与而言，如果特定目的无法达成，则缔约基础丧失，赠与人可依不当得利的规定取回赠与物。在实践中，根据赠与人的意思，受赠人可能受到一定的“约束”，不过，该“约束”究竟是否属于本条所定“义务”或“负担”的范围，不能一概而论，因为该“约束”有可能仅构成“目的”而非“义务”。如甲赠与乙3000元，让乙参加某学校的暑期英语培训，该合同即不属于附负担赠与，而只能归结为目的性赠与。

附负担赠与与目的性赠与的基本差异在于：负担在性质上属于义务，若受赠人不履行，则赠与人可诉请履行；而对目的性赠与而言，受赠人并无行为义务，只发生受赠人的行为是否符合特定目的的问题，故赠与人不能诉请受赠人履行，而且若受赠人行为不符合该目的，赠与人只能以目的不达为由请求受赠人返还不当得利。在实践中，一项赠与究竟是附负担赠与还是目的性赠与，应根据受赠人所受“约束”是否具有法律上义务的属性而定，而在对义务的具体判断上，“应依赠与人就所定用途之事实上履行所有利益之强

① 福建省将乐县人民法院（2004）将民初字第179号民事判决书。

② 史尚宽：《债法各论》，中国政法大学出版社2000年版，第138页。

度、契约当事人之信任关系、所定用途之内容及其金钱的价值而定”。[①]

二、受赠人履行负担的义务

附负担赠与合同有效成立后，赠与人有为赠与的义务，而受赠人则有履行负担的义务。不过，受赠人该项义务的履行关涉诸多细节问题，如受赠人应在多大限度内履行负担、哪些主体可请求受赠人履行负担、赠与人或受赠人可否行使同时履行抗辩权等。我国《民法典》第661条第2款仅笼统地规定：“赠与附义务的，受赠人应当按照约定履行义务。”对上述问题并未提供有益的指引，由此需要加以厘清。

（一）赠与人可否行使同时履行抗辩权

在附负担赠与合同履行过程中，赠与人可否行使同时履行抗辩权？即赠与人可否以受赠人未履行负担为由行使同时履行抗辩权而拒绝履行赠与义务？相应地，受赠人可否以赠与人未为赠与为由行使同时履行抗辩权而拒绝履行负担？《民法典》第661条仅宣示性地揭示了受赠人的义务，至于受赠人的该义务与赠与人的义务之间具有何种关系并不清楚。

在大陆法系，很多国家或地区的民法明确规定了赠与人要求受赠人履行负担义务的条件。如《德国民法典》第525条第1款规定，附负担赠与的赠与人“如果已履行给付”，可以要求履行其负担。我国台湾地区规定，赠与附有负担者，“如赠与人已为给付而受赠人不履行其负担时”，赠与人得请求受赠人履行其负担。从这些规定来看，赠与人请求受赠人履行负担以“赠与人已将赠与物转移给受赠人”为前提，换言之，赠与人只有先将赠与物转移给受赠人，才能请求受赠人履行负担，这就是说，赠与人的义务与受赠人的义务在履行时间上具有先后顺序。由此看来，赠与人当然不能行使同时履行抗辩权。[②]

在日本法上，民法未设类似条文。不过，《日本民法典》第553条规定，关于附负担赠与，除本节规定外，以不与其性质悖反为限，准用关于双务契

---

① 史尚宽：《债法各论》，中国政法大学出版社2000年版，第139页。

② 此为我国台湾地区通说之见解。参见邱聪智：《新订债法各论》（上），姚志明校订，中国人民大学出版社2006年版，第213页；徐律师：《民法债各　实例演习系列》，台北高点文化事业有限公司2011年版，第3—13页。

约的规定。而双务契约的各项制度中又以同时履行抗辩权、风险负担制度最为典型。由此引发附负担赠与可否准用同时履行抗辩权制度的思考。对此，日本学界有不同观点，如我妻荣教授认为，“对于附负担赠与，除赠与的规定外，也可准用其他双务契约的有关规定。作为双务契约的有关规定，其中主要的是同时履行抗辩权以及风险负担。这些制度是因为双务契约中的两方债务为对价关系而产生的，因此我认为不应当准用于附负担赠与”。[①]明显采否定说。而星野英一教授则认为，“附负担赠与，适用关于双务契约的规定。所适用的规定，主要有三类，即关于‘同时履行抗辩’的规定、关于‘危险负担’的规定、关于‘解除’的规定。也有人认为以上适用不尽合理。然而，关于第一类，虽然赠与人的给付往往先履行，但如果不是这样，似可确认其为同时履行关系”[②]。此即承认附负担赠与适用同时履行抗辩权。我国也有学者支持此种观点，如韩世远教授认为，在受赠人请求赠与人履行赠与义务场合，如赠与人未行使法定撤销权，在解释上宜认为可类推适用《民法典》第525条，赠与人可以基于同时履行抗辩权而拒绝给付赠与财产。[③]

笔者认为，虽然我国《民法典》未如德国及我国台湾地区规定赠与人请求受赠人履行负担的条件，即赠与人未被“法定”先履行，且在实践中，“负担不一定是在赠与履行后履行，也有负担应该先履行的情况”。[④]如在“王某某诉姚某某赠与合同案”中，[⑤]双方订立股权赠与协议。协议约定：（1）姚某某将其持有的某公司总股本的50%赠与王某某。（2）王某某自2001年11月起根据受赠股权比例享有公司债权，并承担相应债务。王某某自生效之日起2周内办理辞职手续，并到某公司工作。姚某某自生效之日起3个月内负责办理相

---

① ［日］我妻荣：《债法各论》（中卷一），徐进、李又又译，中国法制出版社2008年版，第16—17页。

② ［日］星野英一：《日本民法概论·Ⅳ·契约》，姚荣涛译，刘玉中校，台北五南图书出版公司1999年版，第99页。

③ 韩世远：《合同法总论》（第四版），法律出版社2018年版，第410页。

④ ［日］我妻荣：《债法各论》（中卷一），徐进、李又又译，中国法制出版社2008年版，第15页。王利明教授认为，在通常情况下，受赠人的义务不应是先履行义务，但如果当事人约定受赠人应当履行某种义务的，也可以认为此种义务的履行为先履行义务。参见王利明：《合同法研究》（第三卷），中国人民大学出版社2012年版，第234页。

⑤ 参见齐奇主编：《2003年上海法院案例精选》，上海人民出版社2004年版，第106页。

关工商变更手续，如某公司其他股东反对或因其他原因不能完全变更的，视作姚某某违约。(3)任何一方违反本协议，应赔偿守约方人民币8万元。2001年10月31日，王某某办理离职手续并于11月起到某公司工作。次年4月1日，王某某因姚某某不办理工商登记变更手续为由离开某公司。王某某诉请法院判决姚某某承担协议约定的违约金8万元。一审法院认为，双方当事人之间为附义务赠与合同关系。受赠人王某某并未发生《合同法》第192条所定严重侵害赠与人或赠与人的近亲属、不履行扶养义务、不履行赠与合同约定的义务的情况，故姚某某请求撤销赠与合同不符合法定撤销情形，其应当承担违约责任。姚某某以王某某辞去原工作到某公司工作仅3个月，不辞而别系违约行为，以未履行赠与合同所附义务为由要求撤销赠与协议。二审法院认为，双方协议中未约定王某某到某公司的工作期限，因此姚某某要求撤销赠与协议理由不足，判决驳回上诉，维持原判。该案实际上建立了这样的规则：受赠人履行了赠与所附义务的，有权要求赠与人履行赠与义务；赠与人不履行赠与义务的，受赠人有权要求赠与人承担违约责任。在这一案件中，赠与人赠与义务的履行时间即后于受赠人履行负担的时间。

但总体而言，赠与人先履行赠与义务颇为常见，而且考虑到赠与物的价值一般大于负担的价值，一般认为赠与人应先为给付。基于此先后履行顺序，在附负担赠与中，赠与人不得依《民法典》第525条的规定行使同时履行抗辩权。而且，由于受赠人的负担义务与赠与人的赠与义务之间不具有对价关系，赠与人自然也不能行使同时履行抗辩权。不过，由于双方当事人的履行有先后顺序，倒是可能符合《民法典》第526条所规定“当事人互负债务，有先后履行顺序，应当先履行债务一方未履行的，后履行一方有权拒绝其履行请求。先履行一方履行债务不符合约定的，后履行一方有权拒绝其相应的履行请求”的条件，即履行负担在后的受赠人可以行使《民法典》第526条所规定之“先履行抗辩权”。

(二)受赠人履行负担的限度

有学者认为，“负担的价值可以高于赠与财产的价值，也可以低于赠与财产的价值”。[①]此种观点不妥。既言赠与，自须施惠于人，作为一种恩惠契约，

① 郭钦铭：《赠与》，台北三民书局2008年版，第103页。

赠与合同的特色在于一方给付利益于另一方，无论是纯粹一方为给付，还是双方均需为给付，必也使另一方有所获益，否则，赠与就不成其为赠与。附负担赠与既然为赠与，自然也不应例外。因此，从价值上看，负担的价值不应超过赠与的价值。若负担的价值与赠与的价值相当，则该合同实系买卖；若负担的价值超过赠与的价值，则该合同根本不是赠与。我国台湾地区规定，附有负担之赠与，其赠与不足偿其负担者，受赠人仅于赠与之价值限度内，有履行其负担之责任。也即赠与物的价值低于负担时，受赠人并无履行超出赠与物价值部分负担的义务，质言之，就超出部分，受赠人可拒绝履行。赠与物的价值低于负担，可能该赠与物全然无瑕疵，也可能是由于该赠与物有瑕疵所致。在后一种情形，受赠人极有可能因不知瑕疵而履行了负担，对此，《德国民法典》第526条明确规定，在受赠人因履行负担而支出的费用超过有瑕疵的赠与物的价值时，受赠人可以要求赠与人偿还其费用。也即受赠人履行负担时不知有瑕疵的，其嗣后可请求返还超过部分的负担。虽然《民法典》对此未设此类明文，但应作出类似解释。

在附负担赠与中，负担的价值不能超过赠与物的价值。若有超过，即无赠与可言。质言之，只要受赠人从赠与中享有的利益少于其应履行的负担，则该合同非属附负担赠与。因此，若出现此种情形，即"赠与人"向"受赠人"为赠与，而"受赠人"根本不享有利益，全然只负义务，则该"赠与"即根本不属于《民法典》所言的赠与。然而，我国司法实务中却常有人对此发生混淆。其著例即误将"（公益）捐赠合同"定性为附负担赠与。如在"蒋某某诉陈某某、《家庭教育导报》社返还公益捐赠纠纷案"中，[①]一审法院即认为，公益事业捐赠合同属于附义务的赠与，并认为该案所适用法律应为《合同法》第190条，该案确立了"赠与可以附义务，赠与附义务的，受赠人应当

---

① 该案的基本案情：蒋某某为在校学生，因家庭困难，向社会各界求助帮其完成学业。在《家庭教育导报》社与社会各界帮助下，收到捐赠款17430.84元，该款全部存在校长陈某某名下。其中，省女记者协会、国语学校、小学三捐款人捐款13041.84元，《家庭教育导报》社与该三捐款人签订的捐赠协议约定：受赠人为该报社，捐款用于蒋某某，可由受赠人指定专人保管，局中人有权监督捐款的使用。若蒋某某不继续就学，捐款由受赠人转给其他贫困儿童就学或协商转交其他失学儿童。蒋某某诉请将全部捐款交给自己保管。参见《中华人民共和国最高人民法院公报》2003年第4期。

按照约定履行义务”的规则。[①]其实，社会捐赠法律关系与赠与法律关系系属二事。在前者中，存在着捐赠人、受赠人与受益人三方当事人，其受赠人根本不同于赠与合同中的受赠人，该受赠人不能享用捐款，只能为受益人代为接受、管理与使用捐款。捐赠人在捐款时，往往会对捐助对象、款项用途等附加条件或义务，受赠人或受益人有义务遵守捐赠人为捐款设定的条件，但不能因此即认为该捐赠合同为附负担赠与。[②]

（三）得请求受赠人履行负担的主体

在附负担赠与中，受赠人负有履行负担的义务。不过，究竟谁可请求受赠人履行负担？我国《民法典》并未明揭斯旨。负担的受益人，可为赠与人本人，也可为第三人，该第三人既可为特定第三人，也可为不特定第三人。如甲赠与乙花园洋房一栋，约定乙应向公众免费开放1年。从可能性来说，这些主体均可请求受赠人履行负担，不过仍需要结合具体情况进行分析。当赠与人为受益人时，由赠与人享有负担履行请求权，此为理所当然。当受益人为特定第三人时，该第三人可否请求受赠人履行负担，不可一概而论。只有附负担赠与合同为第三人利益合同，即赠与人与受赠人明确约定第三人可直接请求受赠人履行负担时，该第三人才能成为得请求受赠人履行负担的主体；若赠与人与受赠人未约定第三人享有直接请求权，则只有赠与人才可请求受赠人履行负担。当负担的受益人为不特定第三人，即负担以公共利益为目的的，若未明确规定第三人的直接请求权，则仍只有赠与人有权请求受赠人履行负担。[③]为保护

---

① 参见胡凤滨主编：《中国指导案例、参考案例判旨总提炼：合同纠纷（三）——借款合同、委托合同、服务合同》，法律出版社2012年版，第355—356页。罗豪才、孙琬钟顾问：《人民法院案例与评注》[民事九卷·合同（上）]，中国法制出版社2006年版，第3—39页。

② 有关捐赠与赠与差异较详细的分析，可参见孙虹、李新艳：《慈善捐赠与民事赠与合同的区别》，载林嘉主编：《社会法评论》（第三卷），中国人民大学出版社2008年版，第264—275页。

③ 我国有学者认为，“所附的义务是为了特定第三人的利益，在受赠人不履行义务时，该第三人有权请求受赠人履行；所附的义务是为了不特定多数人的利益，在受赠人不履行义务时，有关机构有权请求受赠人履行”。此种观点值得商榷。所附义务是为了特定第三人利益时，若当事人未明确约定第三人享有直接请求权，则不宜认为该第三人有权请求受赠人履行。所附义务是为了不特定第三人时，在赠与人生存期间，也不宜使有关机关过早介入赠与合同。参见王利明、房绍坤、王轶：《合同法》，中国人民大学出版社2002年版，第358页。

公益，一些国家或地区的立法明确规定赠与人死亡后的请求权主体。如《德国民法典》第525条第2款规定，负担的履行是以公益为目的的，赠与人死亡后，主管行政机关也可以要求履行。我国台湾地区规定，负担以公益为目的者，于赠与人死亡后，主管机关或检察官得请求受赠人履行其负担。据此，主管机关（检察官）得直接请求、诉请受赠人履行负担。我国《民法典》未设类似规定，宜借鉴这些国家或地区的立法就得请求受赠人履行负担的主体作出类似解释。

三 其他问题

一、彩　礼

（一）彩礼的法律性质

彩礼是男方为达成结婚的目的在订立婚约时给付女方的金钱或者财物。以婚姻未能缔结等原因要求返还已支付的彩礼，并非我国独有的习俗。从罗马法到德国、日本、美国以及我国台湾地区的规定，均可见类似的规则。

关于彩礼的法律性质，学界多采"附条件赠与说"。该说又分为附生效条件和附解除条件两种。大陆法系各国（地区）对于彩礼多认为是附条件赠与，如我国台湾地区学者史尚宽认为，彩礼是证明婚约的成立并以希望将来与对方成立婚姻关系为目的，以相互的情谊为根据。彩礼就是附解除条件的赠与行为。附解除条件的赠与，当解除条件成就时，受赠人就丧失了对彩礼合法的占有，如果持续占有彩礼就构成了不当得利。[①]王泽鉴教授也持相同观点。[②]我国大陆多数民法学者也持此种观点。如马忆南教授认为，彩礼属于婚约财产，具有习俗性、仪式性、象征性财物的总称。[③]彩礼的收授属于具有身份属性的财产行为，而《民法典》第464条第2款明确将身份关系的协议排除出了"合同"的范畴。因此，将彩礼的给付与返还套用赠与合同的规则是有缺

① 史尚宽：《亲属法论》，中国政法大学出版社2000年版，第158页。

② 王泽鉴：《民法概要》，北京大学出版社2011年版，第37页；黄立主编：《民法债编各论》（上册），中国政法大学出版社2003年版，第180页；周辉斌：《论附负担赠与合同的含义及效力》，载《时代法学》2006年第6期。

③ 马忆南、庄双澧：《彩礼返还的司法实践研究》，载《中华女子学院学报》2019年第4期。

陷的。[①]彩礼在本质上属于“婚约财产说”，彩礼的给予与赠与合同之间存在明显的不同：第一，彩礼是习俗给付且与婚姻相关联，具有明显的身份属性；第二，彩礼的给付具有特定的时间范围，并且一般具有特定的仪式；第三，彩礼涉及的标的物一般价值较大。因此，彩礼给付时的“自愿”仅限于没有欺诈、胁迫或危难被乘，而不包括给付时的“不乐意”或“不舍得”等情绪。因此，彩礼符合“附条件赠与说”的立场，当解除条件（双方没能有效缔结婚姻）成就时，接受赠与的一方就丧失了继续占有彩礼的正当理由，构成了不当得利，应当返还。

司法实践中，法官也多持此种观点。在“林某诉曾某婚约财产纠纷案”中，[②]法院认为，“基于成婚赠与对方财物是一种附条件的赠与，所附条件不能成就时，另一方应予返还”。在“杨清坚诉周宝妹、周文皮返还聘金纠纷案”中，法院认为，双方给付与接受聘金是有前提条件的，那就是必须成就婚姻。聘金视为附条件的赠与物。[③]

（二）彩礼的返还

关于彩礼的返还，《婚姻法解释（二）》第10条规定：“当事人请求返还按照习俗给付的彩礼的，如果查明属于以下情形，人民法院应当予以支持：（一）双方未办理结婚登记手续的；（二）双方办理结婚登记手续但确未共同生活的；（三）婚前给付并导致给付人生活困难的。适用前款第（二）、（三）项的规定，应当以双方离婚为条件。”关于此返还的性质，鉴于我国现行法不支持物权行为无因性理论，给付的彩礼如为物，则适用返还原物请求权；如为金钱，则适用不当得利请求权。[④]该规则过于笼统概括，无法满足司法实践需求的问题已经凸显。具体到彩礼返还制度，具体体现在：

1.返还范围不明。“按照习俗给付的彩礼”过于笼统，应将返还范围明确至为了稳固未来的关系，且价值较大的财物如一定数目的现金、汽车等，一

① 马忆南、庄双澧：《彩礼返还的司法实践研究》，载《中华女子学院学报》2019年第4期。

② 参见福建省泉州市中级人民法院（2004）泉民终字第1222号民事判决书。

③ 参见《中华人民共和国最高人民法院公报》2002年第3期。

④ 傅广宇：《“中国民法典”与不当得利：回顾与前瞻》，载《华东政法大学学报》2019年第1期。

般日常用品不应包括在内。对价值较大的首饰或高档电子产品，应结合给付目的和是否有等值回赠等因素来审慎判断。

2. 将“办理结婚登记手续”作为彩礼返还的标准，与我国现实不符，应将“共同生活”作为彩礼返还的重要标准。

3. “生活困难”的认定标准难以确定，建议删除。

4. 明确彩礼返还的比例方式。确定返还比例应考虑以下因素：双方共同生活时间的长短和有无子女、双方的过错情况以及彩礼的损耗等。①

二、附义务赠与与体育赞助合同的性质认定

司法实践中，有法院把赞助合同当作附条件赠与合同，如在“某市奥体之星俱乐部与某房地产开发有限公司不当得利纠纷案”中，某市中级人民法院认为双方的冠名赞助是附条件赠与的合同关系。②笔者认为，不应将体育赞助合同等同于附义务赠与。体育赞助合同为双务合同。被赞助人在获得资金的同时，也要担负市场宣传、授予赞助商冠名权等对价给付义务，这种义务严格区别于附义务的赠与合同中受赠人需要履行的义务；同时赞助商也具有通过广告获得赞助投资回报的商事目的，如果简单将其界定为赠与合同，那么赞助商将能够任意撤销合同，将使受赞助的体育事业遭受损失。体育赞助合同还存在大量“道德条款”。道德条款是当事人对可预见或不可预见的某些影响合同的经济利益的一种风险分配。赞助合同中，赞助商可以根据“道德条款”约束受赞助的体育组织或运动员，反过来，如果赞助商的产品或服务致使运动员、运动队的形象受损，其同样可以在代言合同中约定反转道德约束条款，约定受赞助方的解约权利。道德及反转道德条款所产生的赔偿责任也可以证明体育赞助合同不是附条件赠与。③因此，体育赞助合同应为双务有偿合同，而不应将其认定为附义务赠与行为。

---

① 马忆南、庄双澧：《彩礼返还的司法实践研究》，载《中华女子学院学报》2019年第4期。

② 湖北省襄阳市中级人民法院（2016）鄂06民终1033号民事判决书。

③ 叶小兰、王方玉：《论体育赞助合同的体育部门法有名化——基于完善体育行业法的前瞻性考量》，载《体育与科学》2018年第5期。

三、赠与所设置之义务与第三人执行

在附义务赠与中，赠与所设置之义务往往与第三人执行请求发生冲突。如在“何某、王某诉张某申请执行人执行异议之诉纠纷案”中，[①]涉案房屋是张某及其丈夫韩某某（已故）于2003年购买。张某、韩某某作为赠与人于2008年12月26日与其子韩某作为受赠人签订赠与合同，合同第3条约定：“赠与人继续享有在该房屋无偿居住的权利，受赠人无条件保证赠与人享有居住权；若受赠人处分上述房产，必须保证不给赠与人造成居住困难。”合同还对其他事项进行了约定。该赠与合同经青岛市市中公证处进行了公证。合同公证后，受赠人于2009年1月4日取得该房产，并办理了房产证。后张某的儿子韩某因杀人被判处死刑。在刑事附带民事案件中，判决韩某赔偿何某、王某（受害人的父母）经济损失423236.8元。韩某已死亡。上述刑事附带民事判决生效后，何某、王某申请执行登记在韩某名下的坐落于青岛市某区某号2单元某户房屋（以下简称涉案房屋）。在青岛市中级人民法院执行何某、王某与韩某附带民事赔偿纠纷一案过程中，张某向该院提出执行异议申请，请求确认其对涉案房屋享有居住权。后经青岛市中级人民法院执行庭开庭审理后，于2012年5月31日作出（2012）青执裁字第30号裁定书，中止对涉案房屋的执行。法院认为，“涉案赠与合同中仅约定了赠与人将赠与房屋转移给受赠人后，受赠人有义务保证赠与人的房屋居住需要，并未约定附生效条件。由合同约定内容来看，应当理解为赠与人在赠与合同中为受赠人设定了一定义务，受赠人办理产权转移登记后，应当履行合同约定的义务。此合同性质上应属于《合同法》第190条规定的附义务赠与合同，受赠人是否履行所附义务均不影响赠与合同成立和生效。虽然赠与合同已生效，并已办理过户手续，但韩某对该房屋的所有权因赠与人享有居住权而受到限制。因此，原审法院以尚未达到可执行的条件，中止执行并无不当，申请执行人可待具备执行条件时，恢复执行”。

---

① 山东省高级人民法院（2013）鲁民一终字第66号民事判决书。

第六百六十二条【赠与人的不完全给付责任】

赠与的财产有瑕疵的，赠与人不承担责任。附义务的赠与，赠与的财产有瑕疵的，赠与人在附义务的限度内承担与出卖人相同的责任。

赠与人故意不告知瑕疵或者保证无瑕疵，造成受赠人损失的，应当承担赔偿责任。

历史由来

本条是对《合同法》第191条之全文复制。《民法典》对此条未作修改。

规范目的或功能

本条旨在对赠与人的不完全给付责任进行规范。作为典型的单务、无偿合同，赠与是为了受赠人的利益而为的行为，赠与人对赠与物的不完全给付责任，与双务、有偿合同并不相同，本条规定了赠与人不完全给付责任的一般原则与例外情况。

规范内容

一、赠与人承担不完全给付责任的两种情形

在赠与合同中，由于赠与人往往依据赠与物的性状为给付，而即便赠与物具有瑕疵，因受赠人是无偿的从赠与人处得到赠与物，受赠人也不会有损害，因此，赠与人一般不承担瑕疵担保义务和责任，但是，根据《民法典》第662条之规定，在下列两种情况下，赠与人应当承担瑕疵担保义务。

1.在附义务的赠与中，赠与的财产有瑕疵的，赠与人在附义务的限度内承担与出卖人相同的责任。虽然附负担的赠与在性质上仍属于单务合同的范畴，不过，与一般的赠与合同不同的是，受赠人并非纯粹无偿地从赠与人处获得赠与物，而是以履行负担为前提的，从赠与人的角度来看，赠与人对受

赠人享有请求履行负担的权利，这就使得附负担的赠与在一定程度上类似于有偿合同，因此，为平衡赠与合同的双方当事人的利益，应使赠与人在附义务的限度内承担瑕疵担保责任。

2.赠与人故意不告知赠与财产的瑕疵或者保证赠与的财产无瑕疵，造成受赠人损失的，应当承担赔偿责任。《民法典》第662条第2款对此设有明文规定。“故意不告知瑕疵”，是指赠与人自合同订立时起到合同履行时止知悉赠与财产的瑕疵，但未告知不知情的受赠人。“保证无瑕疵”，是指保证赠与财产普通的无瑕疵状态，而非保证其有某种品质。在这两种情况下，如果造成受赠人的损失，赠与人就应当承担赔偿责任。

赠与人之所以应就故意不告知瑕疵或保证无瑕疵承担责任，“盖前者其心可诛，后者其言宜信，故加强对于受赠人之保障”。①赠与人在主观上为故意，依据该条，当然应承担责任；赠与人在主观上无过错或者有轻微过失，显然不应承担责任。但赠与人对赠与物瑕疵具有重大过失，是否应承担责任？

在我国台湾地区，学界对此问题颇有争议。有主张赠与人应就故意与重大过失负责者，亦有主张赠与人应仅就故意负责者。如谢铭洋教授认为，“此种情形，基于赠与之无偿性，如要求赠与人须负担起一般之故意过失责任，显属过重，然而如果受赠人无论如何不能请求损害赔偿，对受赠人又显然过于不利。此时应类推适用第410条之规定，减轻赠与人责任，而非完全免除其责任，亦即如果赠与人有故意或重大过失之情形，仍然应就该赠与物所造成之损害负其责任”。②林诚二教授认为，“如赠与人所给付之赠与物有不完全给付之情事者，受赠人得依关于给付迟延或给付不能之规定行使其权利。唯仍应受‘民法’第四百零九条即第四百十条规定之限制，方符合法理”。③也即赠与人对瑕疵给付行为承担故意或重大过失责任。而邱聪智教授认为，“赠与人仅于因故意不告知瑕疵或保障无瑕疵而致之加害给付，始对受赠人负损害赔偿责任，至于赠与人于瑕疵之发生有过失或甚至有重大过失者，仍不因之

① 徐律师：《民法债各　实例演习系列》，台北高点文化事业有限公司2011年版，第3—9页。

② 黄立主编：《民法债编各论》（上），中国政法大学出版社2003年版，第177页。

③ 参见林诚二：《民法债编各论》（上），中国人民大学出版社2003年版，第210—211页。

而负损害赔偿责任”。①

在我国大陆，尚未见有学者研究这一问题。笔者认为，《民法典》第662条第2款仅规定了赠与人应承担赔偿责任的两种情况，重大过失不属于这两种法定情形，赠与人自不必负责。②虽然赠与人保证无瑕疵时，其可能对赠与物瑕疵的形成具有重大过失，或者对不告知瑕疵具有重大过失，但“保证无瑕疵”与“重大过失”毕竟有别，不能等同视之。

不完全给付可类推适用《民法典》第660条有关赠与人给付不能的规定。《民法典》第660条第2款在规定赠与人履行不能责任时将赠与人的责任标准规定为“故意或重大过失”，因此，赠与人不完全给付的，亦应就其故意与重大过失负责。③

二、附义务赠与中赠与人的瑕疵责任

赠与物有瑕疵，就该瑕疵本身，赠与人既不承担不完全给付责任，也不承担瑕疵担保责任。但《民法典》第662条第1款规定：“……附义务的赠与，赠与的财产有瑕疵的，赠与人在附义务的限度内承担与出卖人相同的责任。”此为赠与人须就瑕疵负责的仅有的两处例外之一。“设计这一规定的出发点

① 邱聪智：《新订债法各论》(上)，姚志明校订，中国人民大学出版社2006年版，第201页。当然，他同时也指出，“于加害给付之情形，受赠人之固有利益受有损害，其赔偿之适用标准是否仅限于故意之情形，抑或应扩及于重大过失而不知瑕疵之情形，立法政策上不无讨论余地”。参见邱聪智：《新订债法各论》(上)，姚志明校订，中国人民大学出版社2006年版，第203页。

② 当然，这一结论还可根据赠与物瑕疵造成的损害予以细化。当赠与人不完全给付仅造成瑕疵损害时，赠与人显然无须承担责任；即使赠与人的不完全给付造成瑕疵结果损害，赠与人亦无须负责。

③ 梅迪库斯教授指出，“第521条还有一个一般性的责任减轻规定：即赠与人仅应当对故意和重大过失负责任。这无争议地适用于原本的履行利益，即适用于给付不能或延迟给付的情形。然而有学者认为，在典型的因其他的违反义务行为而发生的附带损害的情形，不应当适用责任减轻的规定。……我认为，第521条的这种限制不具有信服力。这是因为，正是在这种无法预见范围内发生的附带损害的情形，赠与人特别迫切地需要责任减轻的规定”。(参见［德］迪特尔·梅迪库斯：《德国债法分论》，杜景林、卢谌译，法律出版社2007年版，第147页。)这似乎也可表明，他也认为不完全给付可类推适用《德国民法典》第521条，从而应承担故意和重大过失责任。

可能是认为附负担赠与的负担的限度与赠与人的给付成对价关系”[①]具有其合理性。但该条在理论上仍不无疑义。笔者认为，对该条，必须厘清下面两方面的问题。

（一）赠与人承担“与出卖人相同的责任”

1.何为“出卖人的责任”

依本条规定，赠与人要承担“与出卖人相同的责任”，因此，必须弄清楚“出卖人的责任”是什么。换言之，当买卖标的物有瑕疵时，出卖人应承担何种责任？当标的物有瑕疵时，出卖人显然应承担违约责任。由于《民法典》第610—623条专就买卖标的物瑕疵规定了出卖人的责任。所谓“承担与出卖人相同的责任”应专指《民法典》第610—623条所规定的责任。否则，本条大可不必专门规定“承担与出卖人相同的责任”，只要规定“承担与（有偿合同的）债务人相同的责任”即可。因此，关键的问题是厘清《民法典》第610—623条所规定的责任的性质。在我国，对这些规定所确立的责任的性质，主要有两种不同观点：一种观点认为，这是有关买卖瑕疵担保责任的规定；[②]另一种观点则认为，这是有关违约责任的特别规定，[③]即其在性质上仍然属于不完全给付责任的规定，只是相较于《民法典》合同编第一分编“通则”中有关不完全给付责任的规定具有特殊性而已。就此问题，出于制度设计简化的考虑，笔者倾向于采取后一种观点。基于这一前提，所谓“承担与出卖人相同的责任”，是指就像出卖人要依《民法典》第610—623条的规定承担不完全给付责任一样，附负担赠与的赠与人也应像买卖合同的出卖人那样承担不完全给付责任。[④]

---

① ［日］我妻荣：《债法各论》（中卷一），徐进、李又又译，中国法制出版社2008年版，第16页。

② 崔建远：《合同法》，北京大学出版社2012年版，第428页；易军：《债法各论》，北京大学出版社2009年版，第92—93页。

③ 参见王利明：《合同法研究》（第三卷），中国人民大学出版社2012年版，第211—213页。

④ 当然，在很多大陆法系国家或地区，其民法往往就附负担赠与的赠与人的责任性质作出明确规定，在这种情况下，就不会发生疑虑。如我国台湾地区规定，附有负担之赠与，其赠与之物或权利如有瑕疵，赠与人于受赠人负担之限度内，负与出卖人同一之担保责任。据此，赠与人承担的显然就是瑕疵担保责任。

2.如何理解承担“与出卖人相同”的责任

应对附负担赠与的赠与人承担“与出卖人相同”的责任作何种理解？换言之，在请求权基础上，受赠人是直接依《民法典》第610—623条请求赠与人承担责任，还是依《民法典》第646条准用买卖制度中有关出卖人不完全给付责任的规定？笔者认为，“赠与人……承担与出卖人相同的责任”，应是指直接适用买卖制度中出卖人不完全给付责任的规定，即赠与可直接适用买卖制度中有关不完全给付责任的构成要件、法律效力等方面的规定，而不必依《民法典》第646条准用买卖的规定。

还要注意的是，本条第1款第2句明定承担与出卖人相同的“责任”，并未如第2款那样明确要求赠与人承担“赔偿责任”，因此，凡买受人因买卖标的物瑕疵而得主张的救济，受赠人均可主张，而不以损害赔偿请求权为限，即受赠人可请求赠与人修理、更换、重作等。

（二）赠与人责任仅在“附义务的限度内”

1.“附义务的限度内”的界定

本条规定，附义务赠与的赠与人“在附义务的限度内”承担与出卖人相同的责任。如何理解“在附义务的限度内”？赠与人在附义务的限度内承担瑕疵担保责任，是指赠与人承担瑕疵担保责任的范围，以受赠人负担的给付义务的价值为其最高限度。详言之，当受赠人因赠与物瑕疵而要求赠与人修理、更换、重作、减少价款、赔偿损失时，其请求的价额不得超过其义务给付的价值。从受赠人的角度来看，当赠与人承担责任时，受赠人即享有请求权。赠与人在附义务的限度内承担责任，即意味着受赠人在附义务的限度内享有权利。“这些权利‘在负担的限度内’发生是指以受赠人不因履行负担而蒙受损失为限度的意思，并非要求保证赠与标的物的价值至少相当于该负担对应赠与标的物本来价值的比例。”[①]

例如，甲向乙赠与市值100万元的A房屋，而乙向甲承担市值20万元的债务，所谓赠与人“在附义务的限度内”承担责任，是指当赠与物有瑕疵时，

---

① ［日］我妻荣：《债法各论》（中卷一），徐进、李又又译，中国法制出版社2008年版，第16页。

甲向乙承担责任而使乙所获得的财产最多不超过20万元。因此，若A房屋因瑕疵市值仅值15万元时，甲应向乙赔偿5万元损失；若A房屋有瑕疵，但其市值仍超过20万元时，则甲除向乙交付该房屋外，即不必再向乙承担责任。

需注意的是，如赠与合同双方当事人约定之给付义务系互为对价关系，即应适用双务或有偿合同之规定。

2.不受“附义务的限度”限制的例外

赠与人的责任范围是否全然限于“附义务的限度”？对此，应允许存在例外。例如，甲赠与乙的汽车虽有瑕疵，但市值仍10万元，乙负担的义务市值2万元，因该车刹车失灵致发生车祸，乙支出医疗费6万元。此时，乙可否根据《民法典》第662条第1款第2句的规定获得赔偿？或许有学者会指出，由于第662条第1款第2句明定赠与人在“附义务的限度内”承担责任，由于乙的义务仅值2万元，故甲只需向乙赔偿2万元。笔者认为，此际，若乙提起侵权之诉，其可获赔6万元。即使乙没有负担义务，若有甲保证无瑕疵或者故意不告知瑕疵的情势，乙根据本条第2款的规定提起不完全给付的违约之诉，亦可获赔6万元。因此，认为此际甲的赔偿范围要受“附义务的限度”的限制并不妥当。质言之，在赠与物瑕疵致受赠人遭受固有利益损失时，应对本条第1款第2句进行目的性限缩，使赠与人的赔偿范围不受“附义务的限度”的限制。“加害给付而致受赠人固有利益受有损害者，关于其他损害赔偿请求权，解释上似应不受负担限度之约束。”①之所以如此，是因为“在附负担的赠与，受赠人是有偿的，如果他履行负担有加害给付的情形，赔偿当然也没有上限，不以他所受到赠与的价值为限”。②概言之，赠与人仅在“附义务的限度内”承担责任，是就履行利益而言的。若赠与物瑕疵造成固有利益损失，则无上限，不应受“在附义务的限度内”承担责任的限制。此外，因赠与物有瑕疵而使其价值低于负担的价值时，根据《德国民法典》第526条的规定，受赠人在不足部分得到补偿前可以拒绝履行负担，且若在履行负担时不知有瑕疵，则于嗣后可请求赠与人返还超过部分的负担。

① 邱聪智：《新订债法各论》（上），姚志明校订，中国人民大学出版社2006年版，第215页。

② 郭钦铭：《赠与》，台北三民书局2008年版，第112页。

不仅赠与人给付的赠与物可能有瑕疵，受赠人履行的负担（如负担为物或权利之转移）亦可能有瑕疵。当负担有瑕疵时，受赠人应承担何种责任？本条仅明确规定了前一种情形，对后一种情形，虽然《民法典》第663条可堪适用，即受赠人有瑕疵履行的“不履行”行为的，赠与人可撤销赠与合同，但该条并非像本条那样是专就标的物瑕疵所设规则，因此，有关负担瑕疵的问题即使不属于法律漏洞，也属于规则残缺不全的情形。在负担有瑕疵的情形下，由于无类似本条之明文，虽然受赠人的责任与出卖人的责任相似，但也不能像本条那样直接适用买卖合同的规定。此际，应适用《民法典》第646条“法律对其他有偿合同有规定的，依照其规定；没有规定的，参照适用买卖合同的有关规定”的规定，即附负担赠与的负担有瑕疵时，应类推适用买卖合同中有关标的物瑕疵的规定。

《民法典》第610—623条较详细地规定了买卖标的物瑕疵时出卖人承担不完全给付责任的条件与效力，因此，在负担有瑕疵时，赠与人欲寻求法律救济，须类推适用《民法典》第610—623条有关不完全给付责任构成要件与效力的规定。在构成要件方面，不仅受赠人交付的标的物须不符合质量要求，而且赠与人应在质量异议期内为检验通知；在法律效果方面，作为类推适用《民法典》第617条从而适用第582—584条的结果，赠与人可要求受赠人“承担修理、更换、重作、退货、减少价款或者报酬等违约责任”。如甲赠与乙50万元，乙则负有将自己的A房屋无偿提供给甲居住2年的义务（假设该房屋的租金为12万元/年），因A房屋漏水，致使甲实际只居住1年，且甲所有市值100万元的古董、名贵家具等毁损。就该案而言，赠与人甲可要求附负担的受赠人乙修理A房屋、另行提供与A房屋类似的房屋供其居住（即更换或重作），或者要求减少给付相当于负担瑕疵部分的赠与或要求乙返还相当于负担瑕疵部分的赠与共计12万元（即减少价款）。甲还可以A房屋无法入住致合同目的不能实现而撤销赠与合同。至于因房屋漏水致使甲所有的古董、名贵家具等毁损的部分，属于甲的固有利益损失，甲完全可要求乙赔偿，该责任没有上限，不以赠与物的价值为限。

三、赠与人承担不完全给付赔偿责任的范围

依本条第2款的规定，赠与物瑕疵“造成受赠人损失”的，赠与人应当承

担赔偿责任。该“损失”究竟所指为何？换言之，受赠人能获得多大范围的赔偿？以下先介绍域外法，再分析我国大陆对此问题的处理。

在德国，一般认为赠与人仅负责赔偿消极利益。[①]在日本，“其责任范围，最近普遍的观点认为，它并不涵盖在标的物完整情况下可得利益的全额”。[②]“这一责任被认为只对赠与人因误以为不存在瑕疵或欠缺而蒙受的损害（消极的契约利益、信赖利益）进行赔偿而已，不涉及赔偿受赠完整物时应得的利益。”[③]

在我国台湾地区，理论上有不同见解。第一种观点认为应赔偿信赖利益损失。如史尚宽先生认为，因瑕疵所生之损害，谓受赠人因信无瑕疵所生之损害，德国民法规定为“因故意不告知瑕疵所生之损害”，解释上认为消极的契约上之利益，即赔偿受赠人误信其无瑕疵而受之损害（信赖利益），而不及于赠与物完全无瑕疵时所应得之利益之赔偿。消极的利益，如允诺赠与人不告知为他人之物，受赠人对于他人之权利主张，提前确认之诉所需之诉讼费用。有取得同类之物之机会，而坐失之。信为无瑕疵之物，施以工作，因瑕疵归于无用所受之损失。[④]

第二种观点认为应赔偿固有利益损失。如邱聪智教授认为，“所谓受赠人因瑕疵所生损害之赔偿，不包括瑕疵本身所致之损害”；“‘民法’第四一一条但书之损害赔偿，其适用对象，惟限于受赠人固有利益受害之赔偿”。[⑤]林诚二教授主张，此损害实指赠与人仅对受赠人因瑕疵所生之损害始负损害赔偿责任，故不生解约、减价或另行交付等瑕疵担保责任之问题。[⑥]

第三种观点认为应赔偿固有利益损失与信赖利益损失。如有观点认为，即

---

① ［德］迪特尔·梅迪库斯：《德国债法分论》，杜景林、卢谌译，法律出版社2007年版，第146页。

② ［日］星野英一：《日本民法概论·Ⅳ·契约》，姚荣涛译，台北五南图书出版公司1998年版，第97页。

③ ［日］我妻荣：《债法各论》（中卷一），徐进、李又又译，中国法制出版社2008年版，第14页。

④ 史尚宽：《债法各论》，中国政法大学出版社2000年版，第128—129页。

⑤ 邱聪智：《新订债法各论》（上），姚志明校订，中国人民大学出版社2006年版，第202页。

⑥ 参见林诚二：《民法债编各论》（上），中国人民大学出版社2003年版，第212页；魏律师：《民法债编各论》，台北高点文化事业有限公司2002年版，第1—47页。

便是赠与人有故意不告知瑕疵或者保证物瑕疵的情形，民法也仅就受赠人的“固有利益”，以及因信该标的物无瑕疵，而多支出成本、费用，即“信赖利益”部分的损害，加以保障而已。[①]郭钦铭先生认为，依照我国台湾地区“对于受赠人因瑕疵所生之损害”之文字意思，就是不包括给付财产本身有瑕疵的损害（瑕疵损害），而仅包括因为赠与的财产或赠与物不符合这个赠与契约的目的，所导致受赠人自己本身原来就有的财产遭受的损失或因此需要额外的付出。[②]

第四种观点认为应赔偿履行利益损失、固有利益损失与信赖利益损失。如谢铭洋教授认为，赠与人须负担保责任之情形，受赠人仅可就其所受之损害，请求赔偿，如该赠与物之价值，或是如果赠与人系将偷自他人之物为赠与，致受赠人支出运费，至于该赠与物所造成之人身或其他财产上之损害，赠与人于有故意或重大过失时，应负责之。[③]

在大陆法学界，对本条第2款所言“损失”，学者之间有不同看法。第一种观点认为，受赠人的损失应当作广义理解，赠与人应赔偿因赠与财产有瑕疵而造成的赠与财产本身以及由此引发的全部损失。毕竟受赠人的损害是因赠与人故意不告知瑕疵或者保证无瑕疵造成的，因此，所有与其具有因果关系的损害都应当赔偿，否则，无法实现该制度设立的目的。[④]第二种观点

---

① 李淑明：《债法各论》，台北元照出版有限公司2004年版，第61页。王泽鉴教授认为，“赠与人故意不告知其瑕疵或保证其无瑕疵，对受赠人因瑕疵所生之损害负赔偿义务。甲赠某中古车给乙，保证该车无瑕疵，乙因该车瑕疵发生车祸所受身体之侵害，得向甲请求损害赔偿，甲是否因过失不知其瑕疵在所不问。其所为损害不包括该车本身的毁损灭失。甲明知其赠与乙的旧画系赝品，而故意告知其系名画，甲就乙误信其为名画而支出的无益修缮费用，应负赔偿责任”。其所言“不包括该车本身的毁损灭失”“乙因该车瑕疵发生车祸所受身体之侵害，得向甲请求损害赔偿”“甲就乙误信其为名画而支出的无益修缮费用，应负赔偿责任”，实际上就是主张赠与人不赔偿履行利益损失，应赔偿固有利益损失与信赖利益损失。参见王泽鉴：《民法概要》，北京大学出版社2009年版，第277页。

② 郭钦铭：《赠与》，台北三民书局2008年版，第48页。

③ 黄立主编：《民法债编各论》（上），中国政法大学出版社2003年版，第177—178页。

④ 王利明：《合同法研究》（第三卷），中国人民大学出版社2012年版，第213页。我国司法实践中，也有人采取此种观点。如胡建勇与张岚认为，受赠人可请求赠与人赔偿赠与财产的损失、受赠人人身伤害及赠与财产之外的其他财产损失、受赠人因接受赠与而支出的费用。参见胡建勇、张岚：《从商场促销赠送商品的质量问题看赠与物的瑕疵的责任应如何承担》，载《人民法院报》2004年7月15日。

认为，造成赠与人损失，是指受赠人因相信赠与物无瑕疵所产生的损失，解释上认为属于信赖利益的损失，不包括赠与物完全无瑕疵时所应得的利益的损失。对下列损失，赠与人应予以赔偿：因赠与人不告知赠与物为他人之物，受赠人对于他人的权利主张，提起确认之诉所需要的诉讼费用；受赠人丧失取得同类物的机会所遭受的损失；相信赠与物没有瑕疵，对赠与物进行改善或进行利用，因赠与物的瑕疵使该物归于无用所遭受的损失。①第三种观点认为，该"损失"，应不包括赠与物本身的价额，而仅限于受赠人固有利益损失，以及为履行赠与合同而支出的费用，如受赠人运输赠与物的费用。②

笔者认为，赠与人不完全给付，其赔偿范围应限于固有利益与信赖利益损失，而不包括履行利益（即赠与物本身）损失。赠与人之所以不必赔偿履行利益损失，其根源在于受赠人是无偿取得一财产权，原本就是从天上掉下一件礼物给受赠人，最坏的情形，也不过是该礼物没有了，法律并不认为受赠人有何损害可言。③而且，依我国《民法典》的规定也可获得此项见解。本条第1款第1句规定，赠与的财产有瑕疵的，赠与人"不承担责任"。该句排斥了赠与人就赠与物瑕疵承担任何责任的可能。而本条第2款规定，赠与人故意不告知瑕疵或者保证无瑕疵，"造成受赠人损失的"，应当承担赔偿责任。本款并未规定"赠与人故意不告知瑕疵或者保证无瑕疵的，应当承担损害赔偿责任"，而是要求在故意不告知瑕疵或者保证无瑕疵之余，必须"造成受赠人损失"，才承担赔偿责任，即要求在赠与物瑕疵的同时，还必须造成（其他）损失。

四、赠与物瑕疵结果损害与侵权责任的竞合

当赠与物造成受赠人固有利益损失时，赠与人的行为构成侵权行为，此际，受赠人如何行使其权利？例如，甲搬家之前将微波炉赠送给经济较为拮

① 崔建远：《合同法》，北京大学出版社2012年版，第428页；王利明、房绍坤、王轶：《合同法》，中国人民大学出版社2002年版，第355页。

② 易军：《债法各论》，北京大学出版社2009年版，第93页。

③ 李淑明：《债法各论》，台北元照出版有限公司2004年版，第61页。

据的邻居乙。甲赠送的时候表示，该微波炉已经使用10年，还比较好用。乙接受其赠与。半年后，该微波炉突然起火，烧毁乙大部分财产，那么甲应否及如何对乙的损失承担民事责任？

我国学界对这一问题也有不同观点。如崔建远教授认为，《合同法》第191条排斥《侵权责任法》第6条第1款等关于侵权责任的适用。[①]《民法典》坚持了《合同法》中对赠与人的宽容态度，而侵权行为法则没有如此考虑问题，在这样的情况下，允许当事人任意选择，并选择侵权责任作为请求权的基础，《合同法》的上述规定形同虚设。为了贯彻法律宽恕无偿奉献者的精神，于此场合，必须优先适用《合同法》。而王利明教授认为，赠与人不负瑕疵担保义务，并不包括因赠与财产的缺陷所致的损害。如果赠与的财产具有缺陷，导致受赠人和第三人财产、人身损害的，赠与人仍应承担侵权责任。[②]质言之，赠与物瑕疵致受赠人固有利益损失的，根本就是一个侵权法问题，即赠与人只应承担侵权责任。这实际上是认为此际无责任竞合问题。在我国台湾地区，学者多认为此际发生债务不履行责任与侵权责任的竞合，唯有关赠与人不完全给付责任（瑕疵担保责任）的规范应优先适用。

笔者认为，要妥当处理此种案型，须准确认识不完全给付制度的保护范围以及《民法典》第662条所立责任的性质。就前者而言，不完全给付虽属违约行为，而违约责任的保护范围以履行利益或期待利益为常见，但现代社会不完全给付责任的保护范围已扩张至固有利益。最典型者如我国台湾地区之规定，因可归责于债务人之事由，致为不完全给付者，债权人得依关于给付迟延或给付不能之规定行使其权利。因不完全给付而生前项以外之损害者，债权人并得请求赔偿。因此，包括赠与人在内的债务人交付瑕疵物致债权人遭受固有利益损失的，该行为为不完全给付，仍具有债务不履行行为的属性。就后者而言，本条所规定责任不宜理解为侵权行为责任，因为“赠与人故意不告知瑕疵或者保证无瑕疵，造成受赠人损失的，应当承担损害赔偿责任”的规则根本就是由《民法典》合同编而非《民法典》侵权责任编规定的，它

---

① 崔建远：《合同法》，北京大学出版社2012年版，第428页。

② 王利明：《合同法研究》（第三卷），中国人民大学出版社2012年版，第211—212页。

要么是债务不履行责任，要么是瑕疵担保责任，而不可能是侵权行为责任。若以上所言不虚，则赠与物造成受赠人固有利益损失的，该行为一方面属于不完全给付的债务不履行行为，另一方面亦构成侵权行为，由此发生责任竞合的问题，即受赠人一方面可依本条要求赠与人承担不完全给付责任，另一方面又可依《民法典》侵权责任编第1165条要求赠与人承担侵权责任。不过，为防止为优遇赠与人而降低其责任标准的立法意旨被规避，在责任竞合上宜采相互影响说。换言之，受赠人主张不完全给付责任的，固以赠与人故意不告知瑕疵或保证无瑕疵为要件，受赠人主张侵权责任的，亦以赠与人故意不告知瑕疵或保证无瑕疵为要件。因此，于赠与人对他不知晓且未保证无瑕疵的瑕疵标的物给受赠人造成损害的情形，赠与人既不负不完全给付责任，也不负侵权责任。

本条宜定性为赠与人不完全给付责任，而不宜定性为赠与人的瑕疵担保责任。本条第1款第1句与本条第1款第2句、第2款之间存在着一般与例外的关系。除非有特别规定，否则赠与人对赠与物的瑕疵就一切过错、对一切损害均无须负责。[①]本条第1款第2句、第2款创设了赠与人应承担不完全给付责任的两种法定例外情形。除附义务赠与的情形外，赠与人仅在故意不告知瑕疵或保证无瑕疵之际，才承担不完全给付责任，不完全给付的责任形式仅限于损害赔偿，且以固有利益与信赖利益为限，不包括履行利益。质言之，只要赠与人未故意不告知瑕疵或保证无瑕疵，则其就不必对任何损失负责；即使赠与人故意不告知瑕疵或保证无瑕疵，但仅造成履行利益损失，即仅造成赠与物本身有瑕疵的损害，赠与人亦不必负责。当赠与物造成受赠人固有利益损失时，赠与人的行为既为违约行为，亦构成侵权行为，此际发生违约行为与侵权行为之责任竞合。不过，此际，宜采请求权相互影响说，即受赠人要求赠与人承担侵权责任的，该责任在要件上亦应受本条第2款所设条件的限制。换言之，赠与人仅在故意不告知瑕疵或保证无瑕疵情形才承担侵权责任。

① 上海市浦东新区人民法院审理的“张某某、鞠某某等与侯某某、桂某某、陈某某机动车交通事故责任纠纷案”中，法院亦采取此种观点。

第六百六十三条【赠与人的法定撤销权】

受赠人有下列情形之一的，赠与人可以撤销赠与：

（一）严重侵害赠与人或者赠与人近亲属的合法权益；

（二）对赠与人有扶养义务而不履行；

（三）不履行赠与合同约定的义务。

赠与人的撤销权，自知道或者应当知道撤销事由之日起一年内行使。

历史由来

本条来源于《合同法》第192条之规定。从《民法典》编纂过程看，《民法典合同编（草案）》（征求意见稿）第208条在吸收《合同法》第192条的规定时对它作出了如下修改：把第1款第1项规定的“严重侵害赠与人或者赠与人的近亲属”修改为“严重侵害赠与人或者赠与人近亲属的合法权益”。之后的《民法典》合同编各个草案文本均接受了这一修改。

规范目的或功能

法定撤销权是指在具备法定事由时，由赠与人或者其他撤销权人撤销赠与的权利。该条的规范意旨在于，给予单务合同中义务人（赠与人）以优遇，并对受赠人的忘恩负义行为进行法律上的消极评价，允许赠与人或者其他撤销权人撤销赠与。

规范内容

一、赠与人法定撤销权的行使要件

法定撤销权之所以被冠以“法定”之名，其原因在于法定撤销权行使的条件系由法律规定，该权利只有在具备法律规定的条件时才能行使。根据本条规定，当发生下列事由时，赠与人或其继承人、代理人才可以行使撤销权。

（一）受赠人严重侵害赠与人或者赠与人近亲属的合法权益

在大陆法系国家或地区的民法上，受赠人侵害赠与人或其近亲属合法权益的行为以及受赠人不履行对赠与人的扶养义务的行为被称为受赠人的“忘恩负义”行为。对这一要件，具体分析如下：

1. 须受赠人实施了侵害行为。受赠人的侵害行为不以直接侵害赠与人或其近亲属的个人法益为限，受赠人有侵害国家利益或社会法益之罪，如妨碍选举、诬告、伪证、伪造文书等，因其间接或同时侵害个人法益之罪，亦有适用。①

2. 须侵害的对象是赠与人或者赠与人的近亲属。一般而言，亲属包括血亲、姻亲与配偶，而所谓近亲属，不仅应依亲等而定，而且应视其与赠与人感情关系的状况来定，如亲等虽疏，但感情关系甚密，仍可视为近亲属。如有学者指出的，“关键不在于是否具有赠与人近亲属的身份，而在于其与赠与人是否存在特殊密切的感情关系”。②

3. 须侵害行为达到“严重”的程度。只有受赠人的侵害行为达到严重的程度，赠与人才能行使撤销权，如果侵害行为在后果上尚未达到严重的程度，特别是其程度显著轻微，则赠与人不得行使法定撤销权。不过，“严重”是一个不确定的概念，过于抽象，欠缺可操作性，如何判断侵害行为已达到严重程度，颇费思量。综观世界各国或各地区，其立法规定往往对产生赠与人法定撤销权的受赠人的侵害行为进行明确的限定，如《法国民法典》第955条第2款规定，“受赠人对于赠与人犯有虐待罪，轻罪或侮辱罪时”，赠与人才得以受赠人有负义行为而撤销赠与；再如我国台湾地区规定，有故意侵害之行为，依刑法有处罚之明文者，赠与人得撤销赠与，即赠与人的撤销权限定在受赠人之侵害行为为“故意”，且“依刑法有处罚之明文者”。

---

① 邱聪智：《新订债法各论》（上），姚志明校订，中国人民大学出版社2006年版，第245页。

② 尹志强、马俊骥：《赠与合同中受赠人“忘恩负义”之构成——〈民法典（草案）〉第663条第1款第1项的规范构成》，载《广东社会科学》2020年第2期。

我国司法实践在认定“严重侵害赠与人或者赠与人近亲属的合法权益”时，主要考量如下因素：第一，受赠人与赠与人之间的身份关系。为了维持当事人之间身份关系的稳定、维护共同家庭生活，法院倾向于对“严重侵害”进行较严格的解释。如家庭事务矛盾冲突不构成“严重侵害”、[①]因婚生子女抚养费和探视权引发纠纷不宜认定为“严重侵害”等。[②]第二，赠与人遭受“严重损害后果”。无论是人身损害、精神损害抑或财产损害，只要达到一定严重程度，都可以构成“严重侵害”。如在“王某泽诉王某某赠与合同纠纷案”中，[③]法院认为，王某某基于经济利益纠纷方面的原因对本应安享晚年的父亲王某泽进行刑事控告，企图让年迈的父亲王某泽受到刑事制裁，致使本案所涉赠与依据的父子亲情的基础丧失。无论刑事控告结果如何，必然是对王某泽精神层面的严重伤害，王某泽的诉讼请求符合《合同法》第192条规定的可以撤销赠与的情形。第三，受赠人的主观过错。有法院认为，受赠人须具备侵害赠与人的故意、恶意或蓄意。[④]第四，受赠人行为的性质。受赠人是否违反公序良俗，是否违反夫妻忠实义务等。[⑤]

由于本条“严重”的概念过于抽象，《民法典》使用的过程中有必要借鉴上述各国或各地区的规定，并考虑我国司法实践的经验，将其限制在一个明确的标准上。笔者认为，对于受赠人的侵害行为，可以考虑从主观上行为人具有故意与客观上行为已构成犯罪两方面来加以限定，即只有当受赠人故意侵害赠与人或其近亲属的合法权益，并已构成犯罪时，赠与人才能撤销赠与。

（二）受赠人对赠与人有扶养义务而不履行

受赠人对赠与人的扶养义务，由于法律未作区分，因此，依据“法律规

---

① 广东省广州市中级人民法院（2012）穗中法民五终字第3694号民事判决书。

② 湖北省黄冈市中级人民法院（2017）吉05民终172号民事判决书。

③ 福建省厦门市中级人民法院（2014）厦民终字第2905号民事判决书。

④ 湖南省长沙市望城区人民法院（2017）湘0112民初131号民事判决书。

⑤ 尹志强、马俊骥：《赠与合同中受赠人“忘恩负义”之构成——〈民法典（草案）〉第663条第1款第1项的规范构成》，载《广东社会科学》2020年第2期。

定未设区别者，吾人也不加以区别”的法谚，[1]应当包括法定扶养义务与约定扶养义务两种形式，并且此处所言扶养义务应当包括扶养、抚养与赡养三种类型，而不若《意大利民法典》第801条将扶养义务限定在“本法第433条、第435条和第436条规定的支付抚养费、扶养费或赡养费义务”。受赠人不履行扶养义务，是指受赠人有履行扶养义务的资力而未进行扶养。若受赠人无资力而未履行扶养义务，不构成此处所言的“不履行”，从而赠与人不得行使撤销权，如受赠人履行扶养义务将导致自己不能维持生活，则赠与人不能行使撤销权。

（三）受赠人不履行赠与合同约定的义务

在附义务赠与合同中，由于受赠人负有履行负担的义务，因此，当赠与人已为赠与而受赠人不履行负担时，赠与人可请求受赠人履行负担。受赠人仍不履行的，以负担不具有人身债务性质为限，赠与人当可诉请法院强制受赠人履行负担。针对此种情况，为更周全地保护赠与人利益，各国法律还赋予赠与人法定撤销权以资因应。“附负担赠与，与双务契约颇有几分神似，双务契约之债务人有不履行情事者，他方既得解除契约，则于附负担赠与亦不能无相类制度，故有撤销赠与制度以为相对。”[2]根据本条第1款第3项的规定，当受赠人不履行负担时，赠与人可借法定撤销权的行使撤销赠与合同。不过，对该项的适用，需要注意以下三点：

1.是否只要满足受赠人不履行负担的条件，赠与人即可撤销赠与？对此，本条并未提出其他条件，似乎应作出这样的解释。不过，“原则上，赠与人履行给付赠与财产的义务后，始发生受赠人履行其所附义务的义务”，[3]因此，赠与人以受赠人未履行负担为由行使撤销权应以赠与人已为赠与为前提条件。若赠与人尚未给付，其就不能以受赠人未履行负担为由行使撤销权。而且，当负担具有公益性质时，为达到保护公益的目的，即使受赠人不履行负担，

① 郑玉波：《民法债编各论》（上），台北三民书局1970年版，第158页。

② 邱聪智：《新订债法各论》（上），姚志明校订，中国人民大学出版社2006年版，第214页。

③ 参见王利明、房绍坤、王轶：《合同法》，中国人民大学出版社2002年版，第357页。

亦不宜让赠与人行使撤销赠与的权利。

2.“不履行赠与合同约定的义务”包括哪些违约行为？笔者认为，从文义上看，“不履行”应包括拒绝履行、履行不能、履行迟延、不完全履行等各种违约行为形态。当然，由于各违约行为性质有异、造成的危害程度有异，且考虑到法定撤销权类似解除权，具有使赠与合同溯及既往地归于消灭的效力，不宜认为只要受赠人有上述违约行为，赠与人即可撤销赠与。此际，不妨类推适用《民法典》第563条规定的法定解除权的行使条件，即如受赠人迟延履行负担的，应区分该负担为定期债务还是非定期债务而定。若属定期债务，赠与人可直接行使撤销权；若属非定期债务，则赠与人应催告受赠人履行负担，催告期届满，受赠人仍不履行负担的，赠与人才可行使撤销权。之所以要作出此种处理，其原因在于不能使赠与人动辄就撤销赠与合同。当受赠人不履行负担的违约行为轻微时，不宜使赠与人享有撤销权，这不仅不利于鼓励交易，而且有违诚实信用原则。

3.是否只要发生受赠人不履行负担的情形，赠与人即可撤销赠与合同？质言之，受赠人不履行负担，可能是由于其过错所致，也可能是由于不可归责于受赠人的事由所致，而即使受赠人有过错，亦可能是基于故意、重大过失、轻微过失，是否只要受赠人不履行负担，而无论其有无过错、有何种过错，赠与人皆可撤销？本条并未作出任何限定。从文义上看，似应作出肯定回答。

学界对此有不同观点：（1）须受赠人有故意的侵害行为，过失侵害不包括在内；（2）受赠人须为故意或重大过失；（3）受赠人的侵害是由于故意或过失。笔者认为，虽然《民法典》违约责任的一般归责原则确立了严格责任原则，但“赠与合同”章仍奉行过错责任原则。不仅奉行过错责任原则，而且为达优遇赠与人的目的而大幅度降低了赠与人的负责事由或责任标准，此观诸《民法典》第660条有关赠与人仅对故意或者重大过失承担履行不能责任，以及《民法典》第662条有关赠与人仅于故意不告知瑕疵或保证无瑕疵之际才承担损害赔偿责任自明。对赠与人既如此，对受赠人自然也不能过于严苛，因此，并非只要受赠人不履行负担，赠与人即可撤销赠与，只有因可归责于受赠人的事由致不履行负担，赠与人才能行使法定撤销权。换言之，“如果所附的义务非因受赠人的事由不能履行或者不必要履行的，赠与人不得撤销赠与”。[①]总之，只有当赠与人已为赠与，受赠人因可归责于自己的事由而不履行时，赠与人才能撤销赠与合同。

当然，值得注意的是，同样是受赠人不履行负担，若赠与人行使法定撤销权，则以受赠人不履行负担有可归责于自己的事由为条件；若赠与人只是请求受赠人履行负担，则根本不问受赠人不履行负担是否可以被归责。“受赠人不履行负担者，于请求受赠人履行部分，仅以受赠人尚未给付之事实为已足，殊不必问其可否归责。”[②]如在“胡某诉常某某附义务赠与合同纠纷案”中，[③]法院认为，胡某在赠与协议中明确其赠与常某某的40万元系用于开办双方合伙组建的中医诊所，因此，该协议为附义务的赠与协议。本案争议焦点在于胡某行使撤销权的条件是否成就，也即常某某是否已履行赠与协议所附义务，根据法院查明的事实，为筹建中医诊所，常某某为诊所申请过企业名称并取得工商行政管理部门的预先核准，常某某亦投入一部分资金，且中医诊所对外试营业一年半有余，常某某在试营业期间利用其掌握的中医技术接诊病人。因此，常某某为筹建中医诊所已履行赠与合同所附义务，筹建中医诊所失败并不当然推断为常某某的违约行为。另外，从合同的性质角度看，赠与合同系单务、无偿性合同。即便是附义务的赠与合同，其附随义务也并非赠与行为的完全对价。本案中，胡某在与常某某签订的赠与协议中明确约定40万元系用于筹建中医诊所。那么其应当知道筹建中医诊所有可能失败，作为具有完全民事行为能力的市场主体，其应承担就此可能出现的市场风险。如将附随义务完全等同于赠与行为的对价，则可能加重受赠人的义务，将合同风险完全转嫁于受赠人，从而不利于维持合同的稳定，并违背合同的公平与诚实信用原则。又如在“朱某某与宋某某赠与合同纠纷再审案”中，[④]朱某某为宋某某购买位于佛山市南海区桂城海棠村26座502室房屋一套，价值25万元；该房屋的所有权属宋某某所有（已办理过户，房产证由朱某某方保管）；双方约定如宋某某在本合同约定的聘用期限内，未经朱某某方同意终止聘用

---

① 王利明、房绍坤、王轶：《合同法》，中国人民大学出版社2002年版，第357页。

② 参见邱聪智：《新订债法各论》（上），姚志明校订，中国人民大学出版社2006年版，第213页。

③ 北京市第一中级人民法院（2013）一中民终字第05206号民事判决书。

④ 广东省高级人民法院（2010）粤高法审监民提字第11号民事判决书。

合同，宋某某应无条件返还房屋款给朱某某，宋某某为朱某某工作满10年时，朱某某把房产证给宋某某。法院认为，双方当事人就涉讼房产所订立的赠与合同是附义务赠与合同，宋某某为朱某某提供劳动服务满10年系该赠与合同的附加义务，且该义务属于赠与合同的一部分内容。虽然宋某某作为受赠人负担一定义务，但涉讼赠与合同仍为单务、无偿合同，即涉讼赠与合同经朱某某将涉讼房产登记于宋某某名下而成立并已履行完毕。由于无证据能证明系宋某某个人原因而终止与朱某某的劳动合同，对朱某某要求宋某某返还房屋的主张不予支持。

受赠人部分履行受赠所附义务时，赠与人可否行使本条所规定之撤销权？在"柴某某与李某某股权转让纠纷案"中，[①]法院认为，受赠人未完全履行受赠所附义务时，赠与人请求依据本条可以行使撤销权的观点成立，但由于李某某已经履行了赠与所附条件约定的大部分服务时间之义务，其请求撤销全部赠与的主张不予支持，对李某某服务时间未满足部分对应的股权，准许其撤销赠与。

附义务赠与合同并非双务、有偿合同，因此受赠人不得以所附义务与受赠利益之间显示公平为由撤销合同。如在"王某某诉姚某某赠与合同案及姚某某反诉王某某撤销赠与合同案"中，[②]法院认为，姚某某系某公司法定代表人，其要求王某某辞去原公司高薪职务，与其共同发展创业，姚某某才赠与公司股权。对此内容姚某某并非缺乏正当认识能力，王某某要得到赠与利益，必须付出较大代价，权利义务明确，协议内容符合附义务赠与特征，没有明显违反显失公平的原则。姚某某请求撤销显失公平的赠与合同，没有事实依据。

（四）受赠人实施违法行为致使赠与人死亡或者丧失民事行为能力

《民法典》第664条对受赠人所实施的违法行为未作限定，因此只要受赠人所实施的违法行为致使赠与人死亡或者丧失民事行为能力，无论其是出于

---

① 最高人民法院（2009）民二终字第43号民事判决书。

② 上海市第一中级人民法院（2002）沪一中民二（民）终字第559号民事判决书。

故意还是过失，赠与人的继承人或法定代理人就可行使撤销权。[①]不过，需要注意的是，赠与人的死亡或丧失民事行为能力必须与受赠人的违法行为之间具有因果关系，若赠与人的死亡或丧失民事行为能力并非受赠人违法行为的直接结果，则赠与人的继承人或法定代理人不得行使撤销权。因此，不仅当受赠人对赠与人或其近亲属故意实施犯罪行为但未致赠与人死亡时，而且当受赠人不法侵害（即便是基于故意）赠与人（包括赠与人的近亲属）但赠与人只是因忧伤过度致死、悲愤而自杀或因其他原因致死时，赠与人的继承人或法定代理人皆不得行使撤销权。

二、法定撤销权的行使

（一）法定撤销权的主体

根据《民法典》第664条的规定，法定撤销权行使的主体包括赠与人、赠与人的继承人与法定代理人。

（二）法定撤销权行使的对象

撤销权可以向受赠人行使，对此，在理论上不存在疑义，各国或地区立法也大都明确规定赠与人应向受赠人行使撤销权，如《德国民法典》第531条第1款规定："撤回以向受赠人作出意思表示的方式进行。"再如我国台湾地区规定，赠与之撤销，应向受赠人以意思表示为之。至于该权利可否向受赠人的继承人行使，则存在不同的立法例。在立法上，有规定不得向受赠人的继承人行使的，如《法国民法典》第957条第2款前段规定："赠与人不得向受赠人的继承人提出取消赠与的请求。"《德国民法典》第532条规定："赠与人已宽恕受赠人的，或自撤回权人知悉其权利要件具备时起已经过一年的，排除撤回权。在受赠人死亡后，不再准许撤回。"再如我国台湾地区规定，赠与之撤销权，因受赠人之死亡而消灭。这就说明，赠与人的撤销权在受赠人死亡后不得再向其继承人行使。也有规定得向受赠人的继承人行使的，如《意大利民法典》第802条规定："因忘恩负义而提起的撤销赠与的诉讼，只能由

---

① 参见龙著华：《论赠与人的撤销权》，载《河北法学》2000年第3期。

赠与人及其继承人自知晓准许撤销赠与的事实之日起1年内，对受赠人及其继承人提起。如果受赠人因故意杀害赠与人而被判刑或者故意阻止赠与人撤销赠与，则赠与人的继承人可以自知晓允许撤销赠与的事实之日起1年以内提起撤销赠与之诉。”显然，这一立法允许赠与人向受赠人的继承人行使撤销权。我们认为，撤销权原则上只能向受赠人行使，如果赠与人在受赠人生前没有向他行使撤销权的，则赠与人的撤销权将随着受赠人的死亡而归于消灭，即赠与人原则上不得向受赠人的继承人行使撤销权；但是，如果赠与人在受赠人死亡前已对之提出撤销赠与的，则赠与人可以例外地向受赠人的继承人行使撤销权，如我国《澳门民法典》第965条第2款即规定：“赠与人或受赠人死亡后，其在待决诉讼中之地位可移转于其各自之继承人。”

（三）法定撤销权的继承与预先抛弃问题

赠与人未行使撤销权而死亡的，继承人可否继承该撤销权？[①]在我国，虽有观点认为，撤销权本质上是财产权，属于继承财产之范围，但我们认为，由于撤销权具有专属性，不宜作为继承权的标的，因此，继承人不得继承该权利，不过，若赠与人在其死亡前已向受赠人提出撤销赠与，则赠与人的继承人得例外地继承该撤销权；若赠与人死亡前已起诉，则其继承人可以继续参与诉讼，如《法国民法典》第957条第2款后段即规定：“赠与人不得向受赠人的继承人提出取消赠与的请求；赠与人的继承人亦不得对受赠人提出此种请求，但在后一种情况下，如诉讼已由赠与人提起，或者赠与人在受赠人犯罪后一年内已死亡，不在此限。”

为保护赠与人的利益，世界各国或各地区民法大都规定法定撤销权不得预先抛弃，赠与人预先抛弃的意思表示无效。如《意大利民法典》第806条规定：“预先放弃因忘恩负义或者因意外出现的子女撤销赠与的权利的约定无效。”再如我国《澳门民法典》第966条也规定：“赠与人不得预先放弃因受赠人忘恩而废止赠与之权利。”

---

① 当然，必须注意的是，法律所规定的由赠与人的继承人或法定代理人行使撤销权的情形，系基于其继承人或法定代理人的地位而来，在性质上属于继承人或法定代理人固有的权利，根本不是这些主体继受取得赠与人的撤销权，因此不属于此处所说的法定撤销权的继承问题。

（四）法定撤销权的效力

在具备法定事由时，赠与人或其继承人、法定代理人得依其意思表示撤销赠与合同。如赠与尚未履行，赠与人自得拒绝履行；如果赠与已经履行，则撤销权人依《民法典》第665条的规定，可以向受赠人要求返还赠与的财产。

三、法定撤销权的消灭

赠与人的法定撤销权得因下列事由的发生而消灭：

1.除斥期间的经过。对于赠与人的法定撤销权。本条第2款规定："赠与人的撤销权，自知道或者应当知道撤销事由之日起一年内行使"；对于赠与人的继承人或者法定代理人的撤销权，《民法典》第664条第2款规定："赠与人的继承人或者法定代理人的撤销权，自知道或者应当知道撤销事由之日起六个月内行使。"这两条所规定的"一年"或"六个月"期间是法定撤销权的除斥期间，此期间属于不变期间，不可以延长、中止或中断。当除斥期间届满，赠与人的撤销权即归于消灭。

2.赠与人的宽恕。宽恕是指原谅受赠人的行为而不予追究，如果赠与人宽恕受赠人的忘恩负义行为，则其撤销权归于消灭。如我国台湾地区规定，撤销权自赠与人知有撤销原因之时起，一年内不行使而消灭。赠与人对于受赠人已为宥恕之表示者，亦同。宽恕在性质上属于感情表示，关于其成立、生效可准用民事法律行为的有关规定。

3.赠与人抛弃撤销权。虽然赠与人的撤销权不得预先抛弃，如《意大利民法典》第806条规定："预先放弃因忘恩负义或者因意外出现的子女撤销赠与的权利的约定无效。"再如我国《澳门民法典》第966条也规定："赠与人不得预先放弃因受赠人忘恩而废止赠与之权利。"但赠与人并非不可于事后抛弃撤销权，如《德国民法典》第533条规定："撤回权只有在背恩行为已为撤回权人所知时，才可以抛弃。"抛弃是指赠与人明知有撤销权而仍表示不行使撤销权，其与宽恕的区别在于为宽恕的赠与人不必知有撤销权存在，也不必有抛弃撤销权的意思。

4.受赠人死亡。在民法规定赠与人不得向受赠人的继承人行使撤销权的国家或地区，如前述之法国、德国以及我国台湾地区等，当受赠人死亡时，由于赠与人不得向其继承人行使撤销权，因此受赠人死亡为这些国家或地区赠与人撤销权消灭的事由之一。

第六百六十四条【赠与人继承人或者法定代理人的撤销权】

因受赠人的违法行为致使赠与人死亡或者丧失民事行为能力的，赠与人的继承人或者法定代理人可以撤销赠与。

赠与人的继承人或者法定代理人的撤销权，自知道或者应当知道撤销事由之日起六个月内行使。

历史由来

本条是《合同法》第193条的原文复制。《民法典》各草案对此条未作修改。

规范目的或功能

本条旨在授予赠与人的继承人或者法定代理人在“因受赠人的违法行为致使赠与人死亡或者丧失民事行为能力”时取得独立的撤销权。依照《民法典》第658条、第663条的规定，赠与人享有任意撤销权和法定撤销权。赠与人的撤销权一般可由法定代理人代为行使，也可经由继承人继承。但是，在因受赠人的违法行为致使赠与人死亡或者丧失民事行为能力的情形中，基于该事由产生的撤销权具有较强的人身性，一般认为不能继承。因此，立法专门设置本条处理该种情形中的法定撤销权行使问题。

规范内容

一、适用范围

本条文义上仅适用于“因受赠人的违法行为致使赠与人死亡或者丧失民事行为能力”时的法定撤销权的行使问题。法律专门在此种情形规定撤销权的继承和法定代理人行使问题。因此，原则上本条不应适用于其他类型的赠与法定撤销。这是因为，在其他类型的法定撤销权行使中，如受赠人不履行所附义务引发的赠与人撤销中，赠与人死亡的，赠与人的法定继承人可基于继承取得该撤销权，因此可主张撤销赠与合同，无本条适用的空间。如在“李某等与陈某附义务赠与合同纠纷案”中，陈某某将其名下涉案房屋通过买卖的方式赠与给郭某某，但涉案房屋过户到郭某某名下后，郭某某没有尽到赠与合同所负之赡养义务。陈某某之法定继承人陈某主张撤销附义务赠与合同，获法律支持。①

二、撤销权人的范围及其顺序

在受赠人实施违法行为致使赠与人死亡或者丧失民事行为能力时，由赠与人的继承人或法定代理人行使撤销权。赠与人的继承人与法定代理人行使撤销权的区别在于，继承人基于继承权行使撤销权，其利益归属于继承人；法定代理人基于代理权行使撤销权，其利益归属于本人，即赠与人。对赠与人的继承人或法定代理人行使撤销权，需要注意以下问题：

1.在赠与人的继承人与法定代理人不一致的情况下，应由谁行使撤销权？有观点主张，由于撤销权本质上是财产权，属于继承财产之范围，因此，应由全体继承人取得，任何一人均可单独行使，一经行使，其他撤销权即归于消灭。②在赠与人丧失民事行为能力的情况下，由于赠与人尚未死亡，不发生继承法律关系，因此应由赠与人的法定代理人行使。③笔者认为，鉴于继承制度与法定代理制度的功能差异，在赠与人死亡的情形下，应由其继承人行使撤销权，而在赠与人丧失民事行为能力的情形下，则应由其法定代理人行使撤销权。

2.根据我国《民法典》第23条的规定，无民事行为能力人或限制民事行为能力人的法定代理人是其监护人，而监护人包括父母、近亲属、愿意承担监护责任的好友、民政机关以及居委会等，其范围较广，因此，究竟由何者

---

① 北京市第三中级人民法院（2019）京03民终7485号民事判决书。

② 吴志正：《债编各论逐条释义》（第6版），台北元照出版有限公司2019年版，第94页。

③ 参见王洪亮：《合同法难点热点疑点理论研究》，中国人民公安大学出版社1999年版，第355页。

来行使撤销权，应作出明确的解释。

3.受赠人死亡的，赠与人能否行使撤销权？对此，《民法典》未作规定，我国台湾地区规定，赠与之撤销权，因受赠人之死亡而消灭。虽本条对“撤销权”的范围未作限制，但有观点认为，应限缩适用于受赠人侵害赠与人及其近亲属的情形。究其原因，在于只有此种情形中的撤销权才具有高度的属人性。正因如此，此种撤销权不能发生继承，《民法典》才于本条专门授予赠与人的继承人或者法定代理人以撤销权。故此应认为，受赠人死亡后，基于本条发生的法定撤销权归于消灭，赠与人不得向受赠人的继承人为之。但在其他类型的赠与人撤销权中，赠与人仍可行使撤销权。

三、撤销权的行使方式

撤销，应由受赠人以意思表示的方式为之。意思表示既可明示，也可默示。赠与合同任何一方为数人时，应视为由全体向全体为之。

四、撤销权的行使期限

1.除斥期间。根据本条第2款的规定，赠与人的继承人或者法定代理人的撤销权，自知道或者应当知道撤销事由之日起6个月内行使。该“六个月”期间为除斥期间，自撤销权人知道或应当知道撤销事由之日起计算。

2.本条除斥期间与《民法典》第663条第2款规定的“一年”期间的关系。本条所规定的撤销权是赠与人的继承人或者法定代理人专享的撤销权，除斥期间独立起算。如赠与人受受赠人胁迫不敢行使《民法典》第663条所规定的法定撤销权，基于第663条第2款的规定，“赠与人的撤销权，自知道或者应当知道撤销事由之日起一年内行使”，其撤销权莅于时效而消灭。但符合本条规定情形的，撤销权人自知道或应当知道有撤销原因时，6个月内仍可行使法定撤销权。

五、撤销权的行使效力

（一）赠与合同消灭

撤销权是以权利人的单方意思表示消灭民事法律关系效力的权利，是形成权的一种。撤销权人一旦行使撤销权，则被撤销的赠与合同效力溯及既往地消灭，当事人间的权利义务回复到此行为发生前的状态。

（二）赠与物的返还

本条行使后发生赠与物返还的效果。其返还的请求权基础与返还范围参见《民法典》第665条之评注内容。

第六百六十五条【赠与合同撤销后的返还】
撤销权人撤销赠与的，可以向受赠人请求返还赠与的财产。

历史由来

本条系《合同法》第194条之全文复制。《民法典》各草案未对此条作修改。

规范目的或功能

本条旨在确定赠与人行使法定撤销权的法律效力。法定撤销权一经撤销权人行使即发生效力，使赠与关系解除。在赠与的财产未交付时，赠与人可以拒绝赠与；在赠与的财产交付后撤销赠与的，赠与人或其继承人、法定代理人可以要求受赠人返还赠与的财产。

规范内容

一、赠与人返还请求权的适用范围

赠与撤销时，有尚未给付赠与物的，如任意撤销权的行使，自无适用本条之必要。只有在交付赠与物后行使撤销权的，受赠人取得赠与物不再有法律上原因而构成不当得利，赠与人才能依本条主张返还。因此，本条仅适用于法定撤销权行使之情形。

但是否所有的法定撤销权之行使均有本条之适用？此处需注意的是，《民法典》第985条规定："得利人没有法律根据取得不当利益的，受损失的人可以请求得利人返还获得的利益，但是有下列情形之一的除外：（一）为履行道德义务进行的给付；（二）债务到期之前的清偿；（三）明知无给付义务而进行的债务清偿。"基于该规定，赠与人履行道德上之义务已为赠与给付时，虽嗣后赠与经撤销消灭，仍基于该条之规定不得请求返还。我国台湾地区也有类似之规定，给付系履行道德上义务者不得请求返还。

二、赠与人返还的请求权基础

本条没有明文规定撤销权人请求返还赠与财产时的请求权基础。赠与人究竟是基于所有物返还请求权还是基于不当得利返还请求权要求返还赠与的财产？对此，我国有学者认为，其返还依据为不当得利。[①]在其他国家或地区的民法上，如《德国民法典》第531条第2款规定："赠与已经撤回的，可以依返还不当得利的规定，请求返还赠与物。"再如我国台湾地区也规定，赠与撤销后，赠与人得依关于不当得利之规定，请求返还赠与物。据此，该地区的学者认为，赠与撤销，仅生撤销债权行为之效力，至于物权行为尚不在撤销之列。[②]

笔者认为，撤销权行使的效果与物权变动模式的选择有关，由于德国及我国台湾地区采纳物权形式主义的物权变动模式，即在买卖、赠与等债权合同之外，还承认独立的物权行为存在，因此，在赠与人行使撤销权的效力上，立法规定撤销权的行使仅发生针对债权行为的效力而不发生针对物权行为的效力只是立法政策选择的结果，本身并无正误的问题。由于其立法规定撤销权的行使仅生债权效力，因此，赠与合同归于消灭，不过，由于赠与人依其意思将赠与物的权利移转给受赠人的物权行为的效力不受影响，从而能发生物权变动的效果，这样，在赠与合同因撤销权的行使而消灭的情况下，赠与人只能请求受赠人返还不当得利，而不能请求其返还

---

① 王洪亮：《合同法难点热点疑点理论研究》，中国人民公安大学出版社1999年版，第356页。

② 邱聪智：《新订债法各论》（上），姚志明校订，中国人民大学出版社2006年版，第249页。

所有物。由于我国《民法典》一改《合同法》不区分负担行为与处分行为、将两者一体把握的做法，承认了处分行为的存在，因此，赠与人依照本条行使撤销权的效力仅针对债权行为，一旦赠与人行使撤销权，该权利的行使仅使赠与合同的效力归于消灭，并不及于赠与人移转赠与物权利的行为，因此，基于本条赠与人请求返还赠与财产权利的请求权基础应为不当得利返还请求权。

三、受赠人的返还范围

（一）返还原物

1.不动产赠与合同撤销后的返还

不动产赠与的撤销中，赠与人可请求受赠人或受赠人的继承人协助变更房屋登记手续。如在“张某某与陆某根、高某某赠与合同纠纷案”中，[①]受赠人陆某萍先于赠与人陆某根、高某某死亡，陆某萍客观上无法履行协议书中约定的义务，法院判决，赠与人有权撤销赠与合同，要求返还，受赠人的配偶且为陆某萍的合法继承人之一，其应当协助陆某根、高某某办理房屋变更登记手续。

在“王某某、刘某某与娄某赠与合同纠纷案”中，[②]两原告在儿子婚前购置的婚房产权证上增加被告的名字，并为被告缴纳养老、医疗保险费，是基于被告儿媳身份，为维护儿子儿媳良好的夫妻关系目的，对被告进行的赠与。但婚后查明被告所生之子并非其丈夫亲生子，被告的行为有违公序良俗，严重侵害了原告及家人的权益，使原告及家人身心遭受重大打击，也导致两原告赠与被告财产的目的落空。原告据此要求撤销赠与的诉请符合事实和法律规定，法院予以支持。判决娄某于本判决生效后10日内协助原告王某某、刘某某办理丹阳市开发区御珑湾30幢2805室商品房产权变更登记手续，将产权证书中共有人娄某除名。在“张某伟与张某某赠与合同纠纷案”中，[③]原告张某伟基于张某某系其户籍上的子女的事实，将其购买的涉案房屋登记于被告

---

① 江苏省常州市中级人民法院（2019）苏04民终4695号民事判决书。

② 江苏省丹阳市人民法院（2019）苏1181民初11528号民事判决书。

③ 河南省商丘市梁园区人民法院（2019）豫1402民初7329号民事判决书。

张某某名下，该行为系赠与行为，但现在被告张某某随其亲生母亲张某生活，脱离了赠与人家庭成员的范围，侵害了赠与人的利益，故对原告要求撤销房屋赠与行为，并协助将涉案房屋登记至原告名下，法院判决撤销原告张某伟对被告张某某的房屋赠与，受赠人协助原告张某伟办理房屋的产权变更登记手续。

2. 动产赠与合同撤销后的返还

（1）"赠与的财产"是以交付时价值为准还是以撤销权行使时为准？

在附义务赠与中，有法院认为，受赠人返还本金即可。如"张某某与姜某某赠与合同纠纷案"[①]"王某某、刘某某与娄某赠与合同纠纷案"[②]中都持此种观点。我国有法院认为，返还的范围应根据受赠人完成义务的比例确定。如在"湖州某食品贸易有限公司与湖州某酒店管理有限公司买卖合同纠纷上诉案"中，法院认为，食品公司向酒店提供的免费啤酒4000箱及前期开张支持款15万元属附义务赠与，由于合同已无法继续履行，故对食品公司要求酒店返还赠送啤酒及开张支持款的诉请，法院予以准许。返还的数额，依据公平原则，应根据酒店完成预定销售额的比例确定。[③]

（2）赠与人能否主张损害赔偿？

有法院支持赠与人在行使法定撤销权时赔偿损失的请求。如在"彭某与刘某附义务赠与合同纠纷案"中，[④]法院认为，双方之间形成附义务赠与合同关系。彭某未能履行赠与合同约定义务，故刘某主张撤销双方之间的附义务赠与合同关系，法院予以支持。彭某因此取得的财产，应当返还刘某。彭某未按承诺使用资金，存在过错，故应当赔偿刘某因此受到的损失，即捐赠款项及其利息。

（二）赠与物灭失

赠与物灭失的，应返还其替代物，如赔偿金、保险金等。

---

① 辽宁省东港市人民法院（2019）辽0681民初4906号民事判决书。

② 江苏省丹阳市人民法院（2019）苏1181民初11528号民事判决书。

③ 浙江省湖州市中级人民法院（2013）浙湖商终字第50号民事判决书。

④ 北京市第三中级人民法院（2019）京03民终3717号民事判决书。

第六百六十六条【赠与人的穷困抗辩权】

赠与人的经济状况显著恶化，严重影响其生产经营或者家庭生活的，可以不再履行赠与义务。

历史由来

本条是《合同法》第195条之复制。《民法典》各草案对此规范内容未作变动。

规范目的或功能

本条旨在为不享有任意撤销权（如救灾、扶贫、助残等公益、道德义务性质的赠与合同或者经公证的赠与）的赠与人在订立赠与合同后，又出现法定撤销事由时提供的一种救济。穷困抗辩权是指赠与人在穷困之际的不履行权，是情势变更原则在赠与合同中的具体体现。本条所定的“赠与人的经济状况显著恶化”，即指赠与合同订立后客观经济情势的变化。

规范内容

一、赠与人的穷困抗辩权

当赠与人陷于穷困时，大陆法系国家或地区的民法大都赋予赠与人不履行赠与义务的权利。而对此种权利的性质，有抗辩权主义、撤销权主义与解除权主义等三种不同的立法例。《民法典》第666条规定：“赠与人的经济状况显著恶化，严重影响其生产经营或者家庭生活的，可以不再履行赠与义务。”据此，赠与人取得了在一定条件下不履行赠与义务的权利。此种权利就是穷困抗辩权。[①]赠与人穷困抗辩权属于情势变更原则在合同法分则中的具体化。[②]

---

① 参见易军：《撤销权、抗辩权抑或解除权？——探析〈合同法〉第195条所定权利的性质》，载《华东政法学院学报》2003年第5期。

② 胡启忠：《情势变更案件处理的路径与策略》，载《现代法学》2003年第5期。

二、赠与人穷困抗辩权的适用要件

本条所规定权利的适用，必须具备以下要件：

1.必须是在具有救灾、扶贫、助残等公益、道德义务性质的赠与合同或者经公证的赠与合同中。

《民法典》第658条规定："赠与人在赠与财产的权利转移之前可以撤销赠与。经过公证的赠与合同或者依法不得撤销的具有救灾、扶贫、助残等公益、道德义务性质的赠与合同，不适用前款规定。"因此，在非具有救灾、扶贫、助残等公益、道德义务性质的赠与合同或者非经公证的赠与合同中，即便赠与合同已经成立，赠与人已经负有为赠与的义务，但是由于赠与人在赠与物权利移转以前享有任意撤销权，赠与人完全可以通过行使任意撤销权来拒绝履行赠与义务，并无适用本条的实益。当然，赠与人不愿行使任意撤销权，而仍援引本条不履行赠与义务，也无不可。不过，这样做终究实益不大。只有在具有救灾、扶贫、助残等公益、道德义务性质的赠与合同或者经公证的赠与合同中，由于赠与人不得行使任意撤销权，才有通过本条来维护赠与人利益的必要。①

2.必须是在赠与合同依法成立以后履行完毕以前。

赠与合同订立以前以及履行完毕以后赠与人均不负有为赠与的义务，因此也不存在着所谓的不再履行赠与义务的问题。在德国，根据《德国民法典》的规定，即使在赠与合同订立之时，如果已有紧急需要的存在，赠与人也可以提出抗辩，也就是说赠与人抗辩权的行使并不以赠与合同的依法成立为前提。不过，大多数的大陆法系国家或地区民法均要求赠与人权利的取得以赠与合同的生效为要件，如瑞士以及我国台湾地区的规定均以赠与人的经济状况于订约后变更为要件。②在我国大陆，也应作相同的解释。

---

① 我国有学者认为，在我国《合同法》中，赠与人的穷困抗辩权适用于无任意撤销权的具有救灾、扶贫、助残等目的或经过公证的赠与合同。参见王洪亮：《合同法难点热点疑点理论研究》，中国人民公安大学出版社1999年版，第356页。

② 史尚宽：《债法各论》，中国政法大学出版社2000年版，第135页。

3.赠与人经济状况显著恶化。具体包括：

（1）必须是经济状况的恶化。经济状况的恶化，不仅指积极的财产的减少，如收入减少，而且也包括消极的支出的增加。若非经济状况的恶化，而是其他状况的不良变化，如住所的迁移、年龄的增加等，则不得行使本条所确立的权利。

（2）经济状况的恶化必须非常显著。如赠与人的近亲属因车祸住院或赠与人病魔缠身医疗费用负担极重，若仅为经济状况的轻微不良变化，如遗失数百元，则不得行使本条所确立的权利。

（3）经济状况的恶化必须发生在赠与合同订立以后。若赠与人的经济状况在赠与合同订立以前即已恶化，由于赠与合同是在业已变更的赠与人的经济状况的基础上订立的，赠与人不得拒绝履行赠与义务。值得探讨的是，赠与人经济状况显著恶化，是否应限于他人所致，即如果赠与人经济状况的恶化是由于其自身的原因所造成的，赠与人是否还可以不履行赠与义务？我们认为，无论赠与人的经济状况的恶化是由于他人所致，还是由于赠与人自己的过失所致，均不应影响赠与人不履行赠与义务，不过，如果赠与人是故意恶化其经济状况以便达到不向受赠人履行赠与义务的目的，如赠与人将其财产全部移转给第三人，则不得使赠与人享有本条所定的权利。[①]总之，正是由于本条所规定权利的发生，以法律关系发生后，为契约斟酌基础之情势显有变更为要件，故一般认为系情势变更原则之具体表征。[②]

（4）赠与的履行将严重影响赠与人的生产经营或者家庭生活。从《合同法》第195条开始，我国关于穷困抗辩权制度的设计还有一个值得注意之处，即把影响的范围扩及“生产经营”，不像国外立法一般仅限于赠与人的生计，不包括生产经营。严重影响赠与人的生产经营是指使赠与人的生产经营难以为继，严重影响赠与人的家庭生活则是指使赠与人的衣、食、住、行、育、

① 参见邱聪智：《新订债法各论》（上册），姚志明校订，中国人民大学出版社2006年版，第210页。

② 参见邱聪智：《新订债法各论》（上册），姚志明校订，中国人民大学出版社2006年版，第209—210页。

乐等生活不能圆满，是否构成对赠与人生产经营或家庭生活的严重影响应根据赠与人的资产状况、身份地位等予以决定。

三、行使效力

根据本条规定，当赠与人的经济状况显著恶化，严重影响其生产经营或者家庭生活时，赠与人可以“不再履行赠与义务”。“不再履行赠与义务”的规定说明，一方面，赠与合同对赠与人不再具有约束力，赠与人的赠与义务归于消灭，即此后赠与人可以不履行合同义务。另一方面，由于立法仅规定赠与人可以不再履行赠与义务，而并未赋予赠与人请求返还的权利，因此，对于已履行的赠与义务，赠与人不得要求返还。这就说明，在具备上述法定条件之后，赠与人的赠与义务即归于消灭，而赠与人也不能请求受赠人返还其已作的履行，从而当受赠人向赠与人提出请求时，赠与人不但可以拒绝受赠人的履行请求，而且可以使其请求权永久消灭。

当赠与人陷于穷困而受赠人有数人时，该赠与人对数受赠人是否可以一概不履行赠与义务或者仅能对部分受赠人不履行赠与义务，对此，《民法典》未作规定。在德国，《德国民法典》第519条第2项规定：“多数受赠人之请求相竞合者，其次序依请求权发生之先后定之。”这说明，当多数受赠人的请求权竞合时，赠与人应履行先成立的赠与义务，而拒绝后成立的赠与义务。在赠与人请求回复赠与物上，《德国民法典》第528条第2项规定：“受赠人有数人时，先受赠与之受赠人仅于后受赠与之受赠人不负担义务之范围内，始负其责任。”《奥地利普通民法典》第947条后段也规定：“于数受赠人中，最先受赠与之人，仅于其后之受赠人应负担之部分，尚不足维持赠与人时，始有责任。”由此可见，当赠与人在行使赠与物返还请求权时或请求受赠人支付赠与物的报酬时，应当先向次序在后的受赠人行使权利，只有当次序在后的受赠人的返还或报酬支付不足以达到其行使请求权的意旨时才能向次序在先的受赠人行使权利。这些规定显然具有其合理性，因为在赠与人陷于穷困之时固然应当优遇赠与人，不致使其生产经营或家庭生活遭受重大影响，但在赠与人尚能履行的范围内也应尽可能维持赠与合同的效力并兼顾受赠人的利益，因此当受赠人为数人而赠与人陷于穷困不能向全部受赠人但可能向部分受赠人履行债务时，不能全部免除赠与人的义务，即只能使赠与人对部分受赠人享有“不再履行赠与义务”的权利。并且在受赠人为数人时，由于各受赠人与赠与人之间赠与合同订立的时间往往不同，赠与人的意思是依一定的次序向不同的受赠人为赠与，因此应尽先保障赠与合同成立在先的受赠人的权利实现，从而当赠与人只有向部分受赠人履行赠与义务的资力时，赠与人应先拒绝次序在后的受赠人的履行请求，只有此行为还不能实现不重大影响赠与人的生产经营与家庭生活的目标时，赠与人才能拒绝次序在先的受赠人的请求。

第十二章

借款合同

第六百六十七条【借款合同的定义】

借款合同是借款人向贷款人借款，到期返还借款并支付利息的合同。

历史由来

本条承袭自《合同法》第196条。借款合同作为我国法律上的有名合同，正式出现于全国人大1981年12月13日审议通过的《经济合同法》第24条之规定。国务院1985年2月28日发布的《借款合同条例》，着眼于加强信贷资金管理、提高资金使用效益、保护借款合同当事人合法权益、保证国家信贷计划执行，着力细化构造借款合同法律规则体系。全国人大于1986年4月12日审议通过的《民法通则》第90条规定："合法的借贷关系受法律保护。"《民法通则意见》第121条至第125条，进一步就公民之间的借贷关系予以具体规范。自1999年10月1日起施行的《合同法》，因应市场经济发展要求，专章规定借款合同，从法律上对我国经济社会生活中的借贷合同予以了统一。

《合同法》第196条规定存在文义上的不周全性。在《民法典》编纂过程中，有学者建议稿提出，借款人是否应支付利息，视借款合同的种类而定，自然人之间的借款合同以无偿为原则，但另有约定的除外，金融机构作为贷款人的借款合同以有偿为原则，然实践中亦有无息贷款，如为助学发放的无息贷款等，《合同法》第196条不能涵盖无息借款，建议修正为："借款合同是借款人向贷款人借款，到期返还借款的合同。"[①]但出于法律稳定性、社会认同度、修改必要性等综合考量，《民法典合同编（草案）》（一审稿）、《民法典合同编（草案）》（二审稿）、《民法典（草案）》均直接承袭《合同法》第196条而未作修改，将文义涵盖范围、合同主体界定等问题仍然交由行政管理和司法实践中予以具体处理和调整。

---

① 参见梁慧星主编：《中国民法典草案建议稿附理由：合同编》（上册），法律出版社2013年版，第501页。

规范目的或功能

本条规范目的旨在界定借款合同的概念。《合同法》颁布之前，《经济合同法》（已失效）、《借款合同条例》（已失效）以及《民法通则意见》等法律、法规、司法解释，均未就借款合同的概念作出直接规定，致使理论上和实务中争议甚多。本条规范则解决了此问题。这一立法定义界定了借款合同如下法律特性：

1.借款合同系以金钱为标的物，而非其他消耗物或者不可消耗物，以区别于其他可消耗的种类物的借用合同。

2.借款合同系双务合同，借款人和贷款人作为合同双方享有权利互负义务，贷款人的主义务为按约提供借款，借款人的主义务为按约使用和归还借款并支付利息。

3.借款合同原则上为有偿合同，借款人应于借款到期时返还借款并支付利息，至于无息借款合同，仍应通过目的性扩张解释纳入本条规范之下。

4.借款合同原则上为诺成合同，成立时即生效，但本法特别规定，自然人之间的借款合同为实践合同，自贷款人提供借款时成立。

实践中，依据贷款人身份不同，借款合同可区分为金融借款合同、民间借贷合同两大类别。最高人民法院依据借款合同主体等标准，将借款合同纠纷进一步区分为金融借款合同纠纷、同业拆借纠纷、企业借贷纠纷、民间借贷纠纷、小额借款合同纠纷、金融不良债权转让合同纠纷、金融不良债权追偿纠纷等案由类型。借款合同作为合同之一种，在其效力审查、履行判断、解除条件、违约责任等方面，自应适用《民法典》总则编第六章“民事法律行为”及《民法典》合同编相关条文，同时还应注意结合适用行政法规、司法解释有关借款、借贷关系的相关规则。

规范内容

一、借款合同的本质

根据传统民法理论，借贷合同一般区分为使用借贷和消费借贷。借款合同仅指消费借贷中的金钱消费借贷的内容，其标的物是货币。货币为特殊动产，是其他物的价值的度量物，具有高度替代性和强制通用性，其占有和所有权融为一体，其占有的移转即发生所有权的移转。借款合同是移转货币所有权即占有、使用、收益、处分权的合同。贷款人根据借款合同将货币交付给借款人时，贷款人取得请求借款人按照合同约定返还本金并支付利息的债权。货币的所有权移转于借款人，借款人可以在不违反法律规定和合同约定的范围内自主使用和处分货币，于还款期限届至之时按约返还同种类和同数量的货币即可。

二、“借款人”的理解

借款合同关涉国家经济金融秩序，故有必要依据经济社会发展情况对借款合同的主体设定必要的限制。我国法律、行政法规、司法解释、行政规章等对“借款人”主体资格的限制较为宽松，具有完全民事行为能力的主体为生产经营或者生活需要均可作为借款人。如中国人民银行1996年发布的《贷款通则》第17条第1款规定：“借款人应当是经工商行政管理机关（或主管机关）核准登记的企（事）业法人、其他经济组织、个体工商户或具有中华人民共和国国籍的具有完全民事行为能力的自然人。”但须注意的是，经费纳入国家预算保障的国家机关，原则上不允许其作为借款人自行向金融机构或者其他人借贷。

三、“贷款人”的界定

贷款人的范围设定和调整，取决于国家金融管制政策的设定和发展，对借款合同的效力具有重大影响，在理论和实践上甚为复杂。《贷款通则》第21条规定：“贷款人必须经中国人民银行批准经营贷款业务，持有中国人民银行颁发的《金融机构法人许可证》或《金融机构营业许可证》，并经工商行政管理部门核准登记。”但在我国，借贷市场实际上由三部分构成：银行业金融机构借贷；证券公司、基金公司等其他金融机构借贷；非金融机构法人、其他组织和自然人的民间借贷。民间借贷在我国有着久远的发展历史和广泛的社会基础。《合同法》颁布之前，我国法律和最高人民法院司法解释历来把金融机构与出借人的借贷关系称为借款合同，而将自然人之间、自然人与法人、其他组织之间的货币借用关系称为借贷关系，并适用不同的法律和政策。对金融机构借款合同，主要适用《经济合同法》（已失效）、《商业银行法》、《借款合同条例》（已失效）、《贷款通则》等法律、法规、规章。对民间借贷关系，则主要依据《民法通则意见》第121条至第125条、最高人民法院《关于人民法院审理借贷案件的若干意见》（已失效）等司法解释、司法政策予以调整。《合同法》采纳学界多数观点，从民事法律行为主体平等性原则出发，结合我国经济社会实际情况，将金融机构与借款人的借款合同与民间借贷关系统一称为借款合同。本条规范对《合同法》第196条予以承袭。

应注意的是，以金融机构为贷款人的借款合同与民间借贷合同在签订形式、合同履行、利息管制等方面的确存在诸多差异，故在法条理解和司法实践中区别金融借款与民间借贷仍然必要并且重要。《民间借贷规定》第1条将民间借贷定义为“自然人、法人和非法人组织之间进行资金融通的行为”，首次专门以司法解释形式在法规范层面对民间借贷予以了明晰的称谓、明确的界定，还从借贷行为主体的适用范围上与金融机构进行了区分，将借款合同法律关系正式划分为经“一行两会”等金融监管部门批准设立的从事贷款业务金融机构发放贷款与民间借贷两大类，突破了既往法律规范对民间借贷主体范围的限制，消除了法律适用的模糊地带，契合了经济社会生活客观实际。实务中，有几个需特别注意的问题点。

（一）非金融一般企业之间借款合同的效力

基于防控金融风险、稳定金融秩序等考虑，《商业银行法》《贷款通则》等法律、行政法规、行政规章禁止非金融一般企业之间的借贷行为，最高人民法院的司法解释、审判实践也长期沿袭将非金融企业间资金拆借行为认定为无效的做法。但随着市场经济的发展，企业之间拆借资金事实上成为企业融资的重要渠道，不少企业为规避合同无效风险，采用名义联营、虚假交易、企业高管个人名义借贷等方式进行资金拆借，反而造成了金融风险的大幅增加。有鉴于此，立法、司法和学界逐渐认可非金融一般企业之间为生产经营所需开展的临时性资金拆借行为，对企业间借贷关系的合法性判断发生了重大转向。《民间借贷规定》第11条明确规定，法人之间、非法人之间以及它们相互之间为生产、经营需要订立的民间借贷合同，除存在套取金融机构贷款转贷等违反强制性规定的无效情形外，借贷合同有效。在《民法典》起草过程中，曾试图在借款合同的定义中增加一款规定："法人、非法人组织之间为生产、经营需要可以订立借款合同。"后鉴于司法解释已经明确企业间为生产经营所需而拆借资金的借款合同原则上应属有效，是否存在需国家干预的无效情形，由司法机关根据企业出借资金是否为自有资金、借款用途、贷款人是否经常性放贷等案件事实予以判断，故本法未再就此作专门规定。

（二）小额贷款公司放贷的借款合同归类

从借款主体和行为特征来看，司法实践中民间借贷主要分为两类：一类是自然人、法人、非法人组织之间以自有资金进行的偶发性借贷；另一类是以放贷为常业但不吸收存款的小额贷款公司等组织化放贷主体的放贷行为。对后一类非存款类放贷组织如何规范，理论和实践上存有不同意见。小额贷款公司系经金融主管部门设立监管，并持有专项金融贷款业务经营牌照，但从本质上尚不属于正规金融机构。长期以来，人民法院审理涉及小额贷款公司借款纠纷案件时，适用民间借贷司法解释和政策。原中国银行业监督管理委员会、中国人民银行于2008年联合发布的《关于小额贷款公司试点的指导意见》亦明确规定，小额贷款公司的贷款利率上限不得超过司法部门规定的上限。因此，对小额贷款公司放贷的借款合同，在适用本法的基础上，宜继续作民间借贷关系予以规范。

（三）企业内部集资行为的效力

企业内部集资作为民间借贷的方式之一，贷方为企业内部员工及分支机构成员，是企业尤其是中小企业快速、高效的融资方式之一，在很大程度上弥补了正规金融在资金配置方面的不足。受多种因素影响，企业内部集资受到过严格管制，但从未消失。目前已失效的最高人民法院《关于如何确认公民与企业之间借贷行为效力问题的批复》曾规定，企业以借贷名义向职工非法集资应当认定无效，似在严格管制的同时又可推导出"企业向职工合法集资"的结论。《民间借贷规定》第12条进一步明确，法人或者非法人组织在本单位内部通过借款形式向职工筹集资金，用于本单位生产、经营，且不存在集资转贷以及违反法律、行政法规强制性规定等无效情形的，应当作为企业与职工之间正常的民间借贷合法对待。

四、"借款"真意的认定

为保护借款合同主体的合法权益，维护正常的金融秩序，国家必然根据金融经济发展状况对借款法律关系予以适当管制。借款合同之"借款"，应以融通资金支持生产生活为目的，而不得以借款为名，从事高利转贷、规避管制、违法犯罪等行为。因此，实践中往往需要对合同双方当事人是否具有真实、合法的借款意思表示进行认定。

（一）借款特别是民间借贷与非法集资等犯罪的区分处理

借款关系特别是民间借贷经常与非法吸收公众存款、集资诈骗、非法经营等非法集资类犯罪相交织，出现刑民交叉问题。合法的借款合同以真实意思为基础向特定对象借贷，而非法吸收公众存款行为等则系以非法占有为目的向社会不特定对象吸收资金，二者既有明显区别又可能相互牵连。实践中，对非法集资类犯罪的认定，应当依照《刑法》和最高人民法院《关于审理非法集资刑事案件具体应用法律若干问题的解释》，以及最高人民法院、最高人民检察院、公安部分别于2014年、2019年联合发布的《关于办理非法集资刑事案件适用法律若干问题的意见》《关于办理非法集资刑事案件若干问题的意见》，从违反国家金融管理法律规定的非法性、公开性、利诱性、社会性等构成要件作认定。根据《民间借贷规定》第5条的规定，人民法院立案后，发现民间借贷行为本身涉嫌非法集资等犯罪的，应当裁定驳回起诉，并将涉嫌非法集资等犯罪的线索、材料移送公安或者检察机关。公安或者检察机关不予立案，或者立案侦查后撤销案件，或者检察机关作出不起诉决定，或者经生效判决认定不构成非法集资等犯罪，当事人又以同一事实向人民法院提起诉讼的，人民法院应予受理。《民间借贷规定》第6条规定，人民法院立案后，发现与民间借贷纠纷案件虽有关联但不是同一事实的涉嫌非法集资等犯罪的线索、材料的，人民法院应当继续审理民间借贷纠纷案件，并将涉嫌非法集资等犯罪的线索、材料移送公安或检察机关。第7条规定，民间借贷纠纷的基本案件事实必须以刑事案件的审理结果为依据，而该刑事案件尚未审结的，人民法院应当裁定中止诉讼。

（二）虚假借款关系的处理

实际生活中，有的当事人为获取不法利益，通过捏造借款事实、伪造、变造证据等方式虚构借款法律关系，侵害国家、集体或者第三人利益，且往往试图以仲裁、公证、诉讼、调解等途径达成其目的。在诉讼和执行程序中，虚假借贷诉讼有双方通谋型和单方牟利型两类体现，前者系原被告恶意串通伪造借款关系，以实现转移财产进而侵害第三人利益的目的，如债务人串谋亲戚、朋友向其追讨虚假借款，导致真实债权人不能得到清偿；后者指一方当事人通过伪造证据、隐瞒真相等手段，使法院、仲裁机构、公证机构作出错误的法律文书，进而侵害对方当事人的合法权益，如在债务人已完全或者部分履行债务的情况下，利用对方当事人掌握证据不足的弱势，仍然就借款合同的全部债权主张债权。根据《刑法》《民间借贷规定》，为维护经济秩序和社会诚信，对虚假借款关系，无疑应在法律上予以否定性评价，法院、仲裁机构、公证机构等查明虚假借款关系后，应当驳回债权主张，并对恶意制造、参与虚假借款关系的个人和单位予以罚款、拘留等制裁，构成犯罪的，则应当移送有管辖权的司法机关追究刑事责任。

（三）名为借款实为其他法律关系的合同性质认定

准确认定当事人所实施行为的法律关系性质，是正确认定当事人权利义务和裁断纠纷的前提。实际生活中，基于各种目的，当事人可能将因买卖、承揽、合伙、股权转债权、损害赔偿等形成的债权债务关系，以借款合同特别是民间借贷的相关法律规定作为请求权基础进行追索。此时，法院若仅依据诉请主张将无法准确查明认定债权数额、履约情况等基础事实，进而影响责任分配和最终判决的法律效果、社会效果。因此，在被告方依据基础法律关系提出抗辩或者反诉，并提供证据证明债权纠纷并非借款所引起的情况下，法院不应仅根据合同名称来判断合同类型，更应分析当事人约定的主要权利义务和合同目的，进而审查认定当事人之间是否具有借款的真实意思表示，及时向当事人释明变更诉讼请求，按照基础法律关系来审理案件，以实现合同的准确性和纠纷的一次性解决。当事人拒绝变更诉讼请求的，法院应作出程序性处理，即裁定驳回起诉。[①]

（四）名为其他法律关系实为借款的合同性质认定

实际生活中，为规避特定行业行政管制、非公平利用自身缔约优势地位等，当事人亦存在以其他法律关系名义隐藏借款关系真意的现象。例如，联营合同中，提供资金一方既不参加经营也不承担风险，不论盈亏均按期收取本息。又如，融资租赁合同中出租人与承租人未对出卖人及租赁物作出明确约定或者选择，而是由出租人直接将资金交付承租人使用，承租人将租金用作他途而非购买租赁物。再如，有的贷款人为在借款人清偿不能时增加自己债权实现的可能性，往往在签订借款借贷合同的同时与借款人签订房屋买卖等合同，但名义买卖合同中对标的房屋自然状态和权属状况约定极不清晰，甚至直接约定借款人不能清偿借款本息的，则将借款人的房屋出卖给贷款人，以履行房屋买卖合同来了结双方债权债务。对此类法律关系，法院应当依据其合同目的和核心约款，排除当事人的企业联营、融资租赁、让与担保等虚伪意思表示，作为借款合同来审查判定其效力和责任。根据《民间借贷规定》第24条的规定，当事人以订立买卖合同作为民间借贷合同的担保，借款到期后借款人不能还款，贷款人请求履行买卖合同的，法院应当按照民间借贷法律关系审理。当事人根据法庭审理情况变更诉讼请求的，法院应当准许。

三 举证责任

根据《民事诉讼法》第64条及《民事诉讼法解释》第90条、第91条等法律、司法解释规定，当事人对自己提出的诉讼请求所依据的事实或者反驳对方诉讼请求所依据的事实有责任提供证据加以证明。没有证据或者证据不足以证明当事人的事实主张的，由负有举证责任的当事人承担不利后果。借款

① 相关司法处理意见可参见："上诉人北京新中实经济发展有限责任公司和上诉人海南中实（集团）有限公司与被上诉人华润置地（北京）股份有限公司房地产项目权益纠纷"一案，载《中华人民共和国最高人民法院公报》2006年第8期。

合同纠纷案件中，原告若欲主张返还借款本金和利息的债权，首先应就双方存在借款合意、已实际提供借款等主要事实承担举证责任，即提供借款合同、借据、收据、欠条等债权凭证以及当事人陈述、视听资料、证人证言、电子数据等证据，用以证明双方存在真实、合法的借款合同关系。债权人对借款合意、借款交付提供证据后，其举证责任即基本完成。被告若抗辩主张不存在真实、合法的借款合同关系，或者主张借款合同未实际履行，或者主张借款债权虽然实际发生但已因实际归还、债务抵销等原因而消灭，或者对原告债权人资格提出抗辩，则应就其主张或者抗辩承担相应的举证责任。被告提供符合要求的证据后，则发生举证责任的转换，应由原告进一步举证证明借款合同关系的真实有效。实践中借款情形复杂多样，在原告不能提供借款合同、借据等书证，只能提供金融机构转账凭证的情况下，虽可认为其就借款关系的存在完成了初步的举证责任，但法院还需结合被告抗辩、证人证言、借款金额、交付方式以及当事人经济能力、交易习惯、财产变动等情况，对是否存在借款合同关系审慎分析认定。

需特别注意的是，近年来社会上不断出现虚构借款合同关系获取不法利益、侵害他人权益的现象，法院在审理相关案件时应当加大对借款事实和证据的主动审查力度，依法严格识别虚假借贷诉讼、侵财犯罪行为。除根据《民间借贷规定》第15条、第16条规定，对借据、收据、欠条等债权凭证及银行流水等款项交付凭证进行审查外，还应结合款项来源、交易习惯、经济能力、当事人关系等因素综合判断借贷的真实情况。有违法犯罪等合理怀疑，代理人对案件事实无法说明的，应当传唤当事人本人到庭，就有关案件事实接受询问。必要时还应当加大调查取证力度，查明事实真相。发现有虚假诉讼嫌疑的，要及时依职权或者提请有关部门调查取证，查清事实真相。经查证确属虚假诉讼的，驳回其诉讼请求，并对其妨害民事诉讼的行为依法予以制裁。对于以骗取财物、逃避债务等为目的实施虚假借贷诉讼，构成犯罪的，应依法追究刑事责任。要高度警觉以借款合同名义，通过“虚增债务”“伪造证据”“恶意制造违约”“收取高额费用”等方式实施的“套路贷”诈骗等犯罪行为，发现民间借贷行为本身涉及违法犯罪的，应当裁定驳回起诉，并将涉嫌犯罪的线索、材料移送公安机关或检察机关，切实防范犯罪分子将非法行为合法化，利用民事判决堂而皇之地侵占被害人财产。刑事判决认定出借人构成“套路贷”诈骗等犯罪的，法院对已按普通民间借贷纠纷作出的生效判决，应及时通过审判监督程序予以纠正。

第六百六十八条【借款合同的形式及主要条款】

借款合同应当采用书面形式，但是自然人之间借款另有约定的除外。

借款合同的内容一般包括借款种类、币种、用途、数额、利率、期限和还款方式等条款。

历史由来

本条源自《合同法》第197条：“借款合同采用书面形式，但自然人之间借款另有约定的除外。借款合同的内容包括借款种类、币种、用途、数额、利率、期限和还款方式等条款。”但在文字表述上有所补充，在第1款规定中对合同书面形式的要求上增加了“应当”一词；在第2款关于合同内容应包括的条款要求上增加了“一般”二字，以强化对合同形式、主要条款的提示和倡导效果。

在《合同法》施行之前，《借款合同条例》第5条第2款规定：“借款合同必须采用书面形式。借款申请书、有关借款的凭证、协议书和当事人双方同意修改借款合同的有关书面材料，也是借款合同的组成部分”；第6条规定：“借款合同应具备下列条款：一、贷款种类；二、借款用途；三、借款金额；四、借款利率；五、借款期限；六、还款资金来源及还款方式；七、保证条款；八、违约责任；九、当事人双方商定的其它条款。”《贷款通则》第29条第1款规定：“所有贷款应当由贷款人与借款人签订借款合同。借款合同应当约定借款种类，借款用途、金额、利率，借款期限，还款方式，借、贷双方的权利、义务，违约责任和双方认为需要约定的其他事项。”《商业银行法》第37条规定：“商业银行贷款，应当与借款人订立书面合同。合同应当约定贷款种类、借款用途、金额、利率、还款期限、还款方式、违约责任和双方认为需要约定的其他事项。”本条沿用了前述法律、行政法规、规章相关条文对借款合同形式和主要条款的严格要求。

在《民法典》起草过程中，有学者建议稿主张对借款合同的形式和内容要求分作两条规定，并对条文表述予以完善。[①]但出于修改必要性等考量，《民法典合同编（草案）》（一审稿）、《民法典合同编（草案）》（二审稿）、《民法典（草案）》仍然沿用《合同法》第197条的立法方式，仅在文字表述上作了补充完善。

规范目的或功能

本条规范目的在于：一是明确对借款合同的形式要求。依据本条，借款合同原则上为要式合同，应当以书面形式为成立要件。但自然人之间借款的，可以另行约定合同订立形式。究其理由，金钱系最重要的财产类别之一，法律性质上属于种类物，占有的改变即发生所有权的移转，故向他人交付金钱应当特别慎重。同时，当事人以书面形式来表达双方成立借款关系之合意，更易准确判断钱款交付的法律性质，避免混淆于其他法律关系，发生纠纷时便于确定双方的权利义务争议内容和解决方式。此外，在金融机构作为贷款人的情形下，要求借款合同采用书面形式，还具有规范金融交易秩序、保护金融信贷安全的作用。但考虑到自然人之间借款一般具有亲属、朋友等人身、感情关系基础，往往金额不大，交易经验不足，钱款交付和返还等约定随意性较强，故本条未规定自然人之间借款合同为要式合同，允许自行约定选择合同形式。二是明确对借款合同的内容要求。根据当事人之间建立法律关系的目的和性质，借款合同一般应当包括借款种类、币种、用途、数额、利率、期限和还款方式等七个方面的主要条款。其中包括影响合同成立的必要条款，如借款数额；也包括虽不影响合同成立，但对当事人权利义务具有重大影响的重要条款，如借款种类、用途、利率、期限和还款方式等，欠缺此类重要条款，虽可通过补充协商、合同解释等方式来弥补，而不致影响合同成立，但将对合同履行造成困扰，影响交易秩序和交易安全，徒增纠纷解决成本。为此，本条专门提示性规定借款合同通常需具备的条款内容，引导当事人尽

---

① 参见梁慧星主编：《中国民法典草案建议稿附理由：合同编》（上册），法律出版社2013年版，第503—504页。

量追求合同条款的完备，减少后续争议。

本条规范力图在借款合同形式自由与交易规范之间求得平衡。对本条规范目的和功能，还应与《民法典》第469条关于合同形式、第470条关于合同内容、第490条关于书面合同成立时间等条文规定，作体系化的理解，以求完整、准确地把握和适用。

规范内容

一、关于书面形式的理解

合同的形式即合同的表达方式，作为合同当事人一致意思表示的载体，对合同效力产生一定影响。凡订立合同必然采用一定的形式。近代以来，各国民法普遍以合同自由为原则，逐步放宽对合同形式的强制规定，唯于国家管理需要、所涉利益重大等情形对合同形式有特别要求。我国民事立法亦在逐步强化合同自由原则。依照本法第469条规定，当事人订立合同，可以采用书面形式、口头形式或者其他形式。书面形式是合同书、信件、电报、电传、传真等可以有形地表现所载内容的形式。以电子数据交换、电子邮件等方式能够有形地表现所载内容，并可以随时调取查用的数据电文，视为书面形式。

借款作为一项重要的民事法律行为，以何种形式订立合同，对于明确双方当事人的权利和义务，预防和解决纠纷具有重要作用。本条规定借款合同应当采取书面形式，意在促使借贷双方在签订合同时慎重而为，同时，以合同书等书面形式能够清晰记载各方权利义务，亦有利于避免合同履行中发生争议，有利于纠纷快速、公平解决。贷款人为银行等金融机构的，为保障信贷资金安全，《商业银行法》第37条、《贷款通则》第29条等法律、行政法规、行政规章明确要求借款合同必须采用书面形式，借款申请书、有关借款的凭证及协议书和当事人同意修改合同的书面材料，也是借款合同的组成部分。订立借款合同已成为金融机构贷款业务的必经程序。自然人之间借款多属互助互济性质，且多发生在亲戚朋友之间，借款合同的订立形式灵活、手续简约、交接简单，实际生活中往往采用口头形式。本条第1款但书即规定，自然人之间借款的合同形式允许当事人自行约定，只要存在合法有据的借款事实，法律即予认可和保护。当然，着眼法律行为的规范性，本条当然鼓励自然人借款采书面形式。

二、书面形式欠缺与治愈

本条调整对象主要系借款合同当事人之间的利益关系，一般不涉及国家利益、社会公共利益和第三人合法权益保护问题。本条虽规定“应当采用书面形式”，但此处所称“应当”并非“必须”之意，本条并非强制性规定，而属倡导性规范，立法意旨系为满足证据、警示、信息提供等功能而鼓励和引导当事人采用书面形式订立内容完备的合同，以促进交易规范、减少交易纠纷。借款合同既不以书面形式为效力要件，也不以书面形式为生效要件。因此，借款合同即使是规范性要求最高的金融借款合同，也并不仅因未采用书面形式而不成立或无效。司法实践中，法院早已转变立场，不再仅因欠缺书面形式而认定借款合同不成立或无效。最高人民法院在（2013）民二终字第4号民事判决书中明确提出，是否签订书面合同并非判断当事人之间是否形成借款法律关系的绝对标准，如果从当事人已经做出的民事法律行为能够推定双方有形成借款法律关系意愿的，也应当认定借款合同成立。本法第490条规定：“当事人采用合同书形式订立合同的，自当事人均签名、盖章或者按指印时合同成立。在签名、盖章或者按指印之前，当事人一方已经履行主要义务，对方接受时，该合同成立。法律、行政法规规定或者当事人约定合同应当采用书面形式订立，当事人未采用书面形式但是一方已经履行主要义务，对方接受时，该合同成立。”也即，借款合同的书面形式欠缺可因履行的提交和对方接受而治愈。

三、关于主要条款的把握

根据本条第2款，借款合同通常应包括以下主要条款：

1.借款种类。主要是指银行等金融机构作为贷款人的情况下，根据资金来源、借款期限、资信基础、借款用途等以确定借款的种类。因应经济形势发展和金融监管需要，监管部门针对不同种类的借款实行不同政策。依照《贷款通则》等规定，根据资金来源不同，借款种类可分为自营贷款、委托贷款和特定贷款。自营贷款系指贷款人以合法方式筹集的资金自主发放的贷款，其风险由贷款人承担，并由贷款人收回本金和利息。委托贷款系指由政府部门、企事业单位及个人等作为委托人提供资金，由贷款人即受托人根据委托人确定的贷款对象、用途、金额期限、利率等代为发放、监督使用并协助收回的贷款。贷款人（受托人）只收取手续费，不承担贷款风险。特定贷款系指国务院批准并对贷款可能造成的损失采取相应的补救措施后责成国有独资商业银行发放的贷款。根据借款期限长短，可分为1年以内的短期贷款、1年以上5年以下的中期贷款、5年以上的长期贷款。根据资金用途不同，可划分为工业借款、农业借款等。根据金融性质不同，分为政策性贷款和商业性贷款。政策性贷款是指国家对于影响国民经济发展的重点项目，由中国进出口银行和中国农业发展银行等政策性银行提供优惠和支持，办理政策性重点建设贷款和贴息业务。商业性贷款按照贷款的保证程度不同又分为信用贷款、担保（保证、抵押、质押）贷款以及票据贴现（特殊质押）贷款。由于各种贷款当事人的权利义务不同，因此应当明确约定借款种类。

2.币种。指借款系人民币还是某种外币。因外汇管制需要，国家对人民币和外币借款规定了不同的条件，可能对借款合同效力产生影响，当事人应当对此加以约定。

3.用途。指借款使用之目的。根据我国金融政策，向金融机构所借资金应当专款专用，以保证借款在金融机构监督下及时收回。借款用途涉及贷款人利益保护，合同对此应当约定。同时，若当事人串通将借款用途约定为法律所限制或者禁止的方向，合同也可能被认定无效。

4.数额。指借款的具体数量。如果合同约定分期借款，还应当包括借款的总金额以及在分批提供借款的各次金额。当事人约定采用额度借款方式借款的，合同应当包括贷款人核定的借款总额度，每次贷款后的借款本金余额应在最高限额之内。

5.利率。指借款人和贷款人约定的应收利息数额与借款本金的比率，是国家管制的重点。借款合同违反法律、法规对于利率限制的规定，可能导致合同被宣布无效或者利率约定无效。

6.期限。指合同约定的借款人使用借款的时间。根据《贷款通则》的规定，自营贷款期限最长一般不超过10年，超过10年的应当报中国人民银行备案。票据贴现期限最长不得超过6个月，贴现期限为从贴现之日起到票据到期日止。自然人之间借款的期限由当事人约定。

7.还款方式。指合同约定借款人以何种结算方式偿还借款给贷款人。

前述内容中，借款数额等属于影响合同成立的必备条款。借款利息、期限等属于虽不影响合同成立但对当事人利益有重大影响的重要条款，若欠缺此类条款，可通过补充协商、体系解释、引用交易习惯、适用任意性规范等方式来弥补合同漏洞。至于借款币种、用途等，在自然人之间的借款合同中往往不作约定。除上述七项内容之外，当事人还可以约定履行地点、履行方式、保证条款、担保条款、违约责任、争议解决方式等认为需要约定的其他事项。

举证责任

本条作为倡导性规范，仅为行为规范，不属裁判规范，但对处理借款合同纠纷具有重要的证据法价值。当事人就借款合同的成立、生效及具体权利义务发生争议时，若能向法院提交以书面形式订立的内容完备的借款合同，则属最有力的书证，证明当事人之间达成了“借款人向贷款人借款，到期返还借款并支付利息”的合意，且具备“借款种类、币种、用途、数额、利率、期限和还款方式等”要素，有利于纠纷的快速、公正解决。在未签订书面合同的情况下，当事人双方对是否存在借款合同关系或者约定权利义务发生争议的，原告应当以提供借据、收据、欠条等债权凭证，以及转账凭证、结算单、证人证言、视听资料、电子数据、当事人陈述等能够证明借款关系的其他证据，来就其请求权基础进行举证。在被告方提出银行转账、资金交付系偿还双方之前借款或其他债务等抗辩主张，并提供相应证据证明的情况下，原告应当就借款合同的成立和有效承担进一步的举证责任。特别是在民间借贷案件中，当事人主张以口头形式订立合同、经现金方式借款或者还款的情况下，法院需就口头借款合同的订立时间、地点、金额、资金来源、履行过程、在场人员、钱款用途、出借人与借款人的关系、出借人及其家庭成员经济状况等，要求当事人举证，作更谨慎的审查。法院应当综合全案证据，审查判断借款合意、借款金额、支付方式等借款法律关系基本要件能否得到确认。

第六百六十九条【借款人披露真实情况的义务】

订立借款合同，借款人应当按照贷款人的要求提供与借款有关的业务活动和财务状况的真实情况。

历史由来

本条承袭自《合同法》第199条。《合同法》施行之前，中国人民银行于1996年颁布的《贷款通则》第19条“借款人的义务”中明确要求借款人“应当如实提供贷款人要求的资料（法律规定不能提供者除外），应当向贷款人如实提供所有开户行、帐号及存贷款余额情况，配合贷款人的调查、审查和检查”；第20条“对借款人的限制”中要求借款人“不得向贷款人提供虚假的或者隐瞒重要事实的资产负债表、损益表等”。在此基础上，《合同法》第199条上升至法律层面，明确借款人有义务按照贷款人的要求如实提供有关资料。《民法典》起草过程中，有学者建议稿主张就借款合同订立和履行过程中贷款人的知情权统一规定为：“在订立和履行借款合同的过程中，贷款人可以要求借款人提供与贷款有关的业务和财务活动的真实信息。借款人提供虚假信息的，贷款人可以请求人民法院或者仲裁机构撤销该借款合同。”[①]但出于法律稳定性、社会知晓度、修改必要性等综合考量，《民法典合同编（草案）》（一审稿）、《民法典合同编（草案）》（二审稿）、《民法典（草案）》仍直接承袭《合同法》第199条之规定表述。

规范目的或功能

本条规范旨在明确借款合同中借款人如实披露信息的附随义务，即根据贷款人要求提供与贷款有关业务活动和财务状况真实信息的义务，从贷款人角度来讲，则属其订立借款合同时对借款人有关业务活动和财务状况的知情权。借款合同以金钱为标的物，借款交付之后，贷款人对该笔钱款的所有权

---

① 参见梁慧星主编：《中国民法典草案建议稿附理由：合同编》（上册），法律出版社2013年版，第513页。

即转化为届期收回本息的债权，权利权能和维护方式发生重大变化，借款人的还债能力和赖账动机直接影响债权的如期实现，贷款人在合同订立前所居优势地位大大减弱，对其利益影响甚巨。借款人如实披露信息义务的设立，意在使贷款人获得借款人业务活动、借款用途、财务结构等真实信息，理性评估借款人偿还能力，进而决定是否签订借款合同和合同具体条款内容，以避免受到欺诈，保证贷款能及时回收，保障资金安全。

本条所规定的借款人如实披露信息义务，系本法第7条诚信原则在借款合同法律关系中的具体化。本条系借款合同主体主要是借款人应当遵循的行为规范，亦是处理借款合同所生纠纷时可资援引的裁判规范。具体实务应用中，本条规范往往还应与《民法典》总则编第六章“民事法律行为”第三节“民事法律行为的效力”中第148条、第152条、第155条、第157条，《民法典》合同编第二章“合同的订立”中第500条、第501条和第三章“合同的效力”中第507条，以及《商业银行法》第35条等法律、行政法规乃至《贷款通则》等部门规章结合判断合同效力和责任。

规范内容

一、借款人如实告知义务的信息范围

鉴于借贷双方信息不对称的客观存在，为保证贷款人正确评估贷款风险、公平缔结合同约款，保障借款安全，本条要求借款人按照贷款人的要求提供两方面的信息：一是与借款有关的业务活动的真实情况，主要包括经营领域、有关产品、业务前景、经营能力、管理水平等方面的资料，以便贷款人分析确定借款人生产的产品是否具有市场、生产经营是否有效益，能否做到不挪用所借资金等。二是与借款有关的财务状况的真实情况，主要包括借款人资产结构、负债强度、年度财务报告以及开户银行、账号、存贷款余额等情况，使贷款人全面充分地了解借款人的资金运作情况，进而判断借款人偿还借款的能力。在金融借款合同订立过程中，要求借款人提供与借款有关的业务活动和财务状况的真实情况，既是贷款人的权利，也是金融监管机构要求其严格执行的义务。《商业银行法》第35条第1款规定，商业银行贷款，应当对借

款人的借款用途、偿还能力、还款方式等情况进行严格审查。为贯彻《商业银行法》这一规定，《贷款通则》第25条要求，借款人在申请贷款时，必须填写包括借款用途、偿还能力、还款方式等情况的《借款申请书》，并提供经财政部门或会计（审计）事务所核准的上年度财务报告以及申请借款前一期的财务报告、原有不合理占用的贷款的纠正情况等材料，申请中长期贷款还必须提供项目可行性报告、项目开工前期准备工作完成情况的报告、在开户银行存入了规定比例资金的证明、经有权单位批准下达的项目投资计划和开工通知书、按规定项目竣工投产所需自筹流动资金落实情况及证明材料等有关资料。贷款人通过对前述信息的掌握，其信息占有的弱势地位得以补强，以正确评估借款人的信用等级以及借款的合法性、安全性、盈利性，进而测定贷款的风险度。

二、借款人如实告知义务的适当标准

为实现使贷款人在充分信息基础上理性决策的立法目的，借款人告知的业务活动和财务状况信息，应当符合真实性、准确性、完整性、及时性标准，即应按照贷款人要求的信息类别、资料形式、合理时限等，不予隐瞒、不作掩饰、不予遗漏、不作拖延地提供相关情况，客观有效地呈现自身资信情况，方可谓适当履行了如实告知义务。但应指出的是，贷款人只能要求借款人提供与该笔贷款的使用有关的业务活动和财务状况信息，不能滥用其权利过分增加信息审查强度，要求借款人提供额外的文件。与该笔借款交易无关的信息，借款人可以拒绝提供，且不能构成贷款人拒绝贷款的正当理由。

同时需注意，在订立借款合同过程中，贷款人特别是银行等金融机构作为资金供方具有制度上的主动权，借款人作为资金需方只能被动地提供自己的信息及银行内部业务合规管理所需的各类信息。借款人提供的财务会计资料、核心产品研发进度、重点投资项目、资产负债规划等有关业务活动、财务状况的信息，往往属于其商业秘密或者对其市场竞争力有重要影响的信息。贷款人特别是银行业金融机构，在获取、保管、利用这些信息过程中不应该损害借款人的信赖。本法第501条规定：“当事人在订立合同过程中知悉的商业秘密或者其他应当保密的信息，无论合同是否成立，不得泄露或者不正当地使用。泄露、不正当地使用该商业秘密或者信息造成对方损失的，应当承担赔偿责任。”根据该条规定，贷款人负有保护借款人金融隐私的法定义务，与本条借款人如实提供信息的义务形成权利配置上的合理平衡。

三、借款人未作如实告知的法律后果

借款人业务活动和财务状况的真实情况，通常构成贷款人是否同意订立借款合同和确定借款金额、期限、利率、担保等核心条款的主要考量因素。设若订立合同过程中，借款人拒绝按要求提供信息，或者贷款人发现借款人提供的情况不真实，贷款人自然有拒绝订立合同的权利。如果借款合同最终未能订立，但贷款人因此遭受损失的，借款人则构成本法第500条规定的“假借订立合同，恶意进行磋商”“故意隐瞒与订立合同有关的重要事实或者提供虚假情况”等违背诚信原则的行为，贷款人有权要求借款人就恶意磋商、缔约过失造成的损失承担赔偿责任。设若借款人故意隐瞒重要情况或者提供虚假信息导致借款合同成立的，则构成欺诈。就救济方式而言，根据本法第148条“一方以欺诈手段，使对方在违背真实意思的情况下实施的民事法律行为，受欺诈方有权请求人民法院或者仲裁机构予以撤销”的规定，贷款人可以请求法院或者仲裁机构撤销该借款合同。值得注意的是，《合同法》将发生在当事人之间的欺诈作为合同可撤销事由，把因欺诈损害国家利益的合同作为绝对无效的合同。《民法总则》对因欺诈而签订的合同未再按所损害的法益类型区分处理，一律按可撤销对待，本法第148条亦如是规定。就撤销权行使期限而言，根据本法第152条之规定，贷款人自知道或者应当知道撤销事由之日起1年内没有行使撤销权，或者明确表示或者以自己的行为表明放弃撤销权，或者借款合同订立之日起5年内没有行使撤销权的，撤销权消灭。就借款合同被撤销的法律后果而言，根据本法第155条、第157条之规定，被撤销的借款合同自始没有法律约束力，借款人应当返还借款数额，如果是分期贷款的，贷款人免除继续提供剩余借款的义务，借款人因其故意隐瞒真实信息或者提供虚假情况的过错还应当赔偿贷款人所受到的损失。借款合同被撤销后，通常情形下贷款人的损失为利息损失，贷款人有权向有过错的借款人请求以法定利息为标准计算补偿或者赔偿。司法实务中，基于保护合理信赖原则，法院裁判借款人向贷款人赔偿损失的金额，原则上不应超过依法可保护的借款利息款额。当然，若贷款人尚受到其他损失，自可依据其他相关的法律规定请求赔偿。

借款人就自身业务活动和财务状况故意向贷款人提供虚假信息或者隐瞒真实情况，夸大甚至虚构还款履约能力，诱使贷款人在订立借款合同过程中作出错误意思表示的，在构成民事欺诈的同时，还可能构成刑事犯罪行为。借款人以欺骗手段取得银行等金融机构贷款，给贷款人造成重大损失或者有其他严重情节的，可能构成《刑法》第175条之一规定的骗取贷款罪；以非法占有为目的，采取编造引进资金、项目等虚假理由以及使用虚假的经济合同、虚假的证明文件、虚假的产权证明作担保或超出抵押物价值重复担保等方式，诈骗银行等金融机构贷款，数额较大的，可能构成《刑法》第193条规定的贷款诈骗罪。行为人以非法占有为目的，故意编造自身经营活动和财务状况虚假情况或者隐瞒真实信息，假借订立借款合同名义，骗取自然人、法人或者其他组织钱款，社会危害性达到犯罪程度的，则属《刑法》第266条规定的诈骗罪。借款关系中的民事欺诈与诈骗、骗取贷款、贷款诈骗等刑事犯罪相比较，在主观上的欺骗故意、客观上的欺骗行为等方面具有共同之处，也有诸多重要差异，关键区别在于是否具有非法占有等刑法明文禁止和制裁的犯意。实际生活中，无论是在金融借款还是民间借贷法律关系中，贷款人形式上要求借款人提供的资料往往名目繁多，其中一些资料纯为内部统计等所需而对评估和控制借款风险并无实质性作用；借款人为了顺利获得借款以及争取优惠的额度、利率、期限等条件，对自身经营活动和财务状况作某种程度的扩大，亦属司空见惯的现象。因此，在借款人违反本条规定的如实告知义务的情况下，应当根据其欺骗故意和信息失真程度等因素，正确把握民事欺诈与刑事犯罪的界限，能经民事责任机制解决的纠纷，绝不可随意启动刑事追究规制。

在借款人（行为人）的欺诈（欺骗）行为分别涉及民商事法律关系和刑事法律关系，出现民刑交叉案件时，需要充分认识到民事法律关系与刑事法律关系、刑事责任与民事责任是完全异质的两种法律关系和法律责任，两者不能相互替代。根据《民间借贷规定》《关于审理非法集资刑事案件具体应用法律若干问题的解释》等司法解释以及最高人民法院、最高人民检察院、公安部先后颁布的《关于办理非法集资刑事案件适用法律若干问题的意见》《关于办理非法集资刑事案件若干问题的意见》等司法政策，一般应当对民事纠纷、刑事案件分别受理、分别审理，不应以借款合同涉嫌刑事犯罪为由不予受理或者驳回起诉。但鉴于涉众型经济犯罪所涉人数众多、标的额巨大、影响范围广泛，2019年《全国法院民商事审判工作会议纪要》明确，对于受害人就同一事实提起的以犯罪嫌疑人或者刑事被告人为被告的民商事案件，法院应裁定不予受理，犯罪受害人的民事权利保护应当通过刑事追赃、退赔的方式解决，以助于被害人公平受偿，维护社会稳定。但当事人因与涉众型经济犯罪无关的金融借款纠纷提起民事诉讼的，法院仍应受理。

举证责任

根据《民事诉讼法》《民事诉讼法解释》等法律、司法解释规定，当事人对自己提出的诉讼请求所依据的事实或者反驳对方诉讼请求所依据的事实，应当提供证据加以证明，但法律另有规定的除外。实践中，本条属于借贷双方当事人协商合同内容、调整履行行为的行为规范。本条作为裁判规范时，还需要与本法第148条、第152条、第155条、第157条、第500条、第501条、第507条等法条结合，才能构成贷款人主张合同撤销权、损害赔偿权的完整的请求权基础。贷款人依据本条规范主张撤销权，向法院诉请解除借款合同的，应当就己方在订立合同时提出明确的信息提供要求并为借款人所知晓，借款人未按要求真实、准确、完整、及时地提供业务活动和财务状况信息，借款人欺诈与己方在借款决策、重要条款上作出错误意思表示的因果关系等要件事实承担证明责任。贷款人主张损失赔偿的，还应当就损失与借款人未尽如实告知义务之间的因果关系、损失范围或者计算标准等承担举证责任。借款人反驳贷款人诉请，抗辩主张自身已经适当履行业务活动和财务状况真实情况告知义务，应当对所依据的事实提供证据加以证明。法院在审查当事人双方所具证据基础上，综合判断借款人提供的与借款有关的业务活动和财务状况信息是否符合真实性、准确性、完整性、及时性的适当标准，借款人的虚构或者隐瞒行为是否对贷款人决策有实质性重大影响，以及撤销权行使是否超过法定期间。需注意的是，撤销权应当由当事人行使，贷款人未以借款人欺诈为可撤销事由提出抗辩，且借款合同无其他无效情形的，法院不应当依职权撤销合同。但当事人主张合同无效，依据的却是可撤销事由时，法院应当全面审查合同是否具有无效事由以及当事人主张的可撤销事由，合同无效事由成立的，应当认定合同无效，当事人主张合同无效的理由不成立，而可撤销事由成立的，因合同无效和可撤销的法律后果相同，法院也可以结合当事人的诉讼请求，直接判决撤销借款合同。

第六百七十条【禁止预扣利息】

借款的利息不得预先在本金中扣除。利息预先在本金中扣除的，应当按照实际借款数额返还借款并计算利息。

历史由来

本条承袭自《合同法》第200条。在《民法典》编纂过程中，《民法典合同编（草案）》（一审稿）、《民法典合同编（草案）》（二审稿）、《民法典（草案）》对该条规定均未作改动。

规范目的或功能

本条旨在以强制性规范的形式，从法律上对借款合同中预扣利息的行为予以否定性评价。本条确立了贷款人足额提供借款的义务及禁止预先扣除利息的规则。

一、预先扣除利息与借款合同本质相冲突

根据本法第667条之规定，借款合同是借款人向贷款人借款，到期返还借款并支付利息的合同。贷款人的合同主要义务是足额提供借款，借款人的合同根本权利是足额领受和使用借款。借款利息是以借款本金为基数按约定或者法定利率计算的孳息，属于借款人完全支配和使用借款本金所承担的对价，是借款人将借款本金运用于生产经营所创造的经济效益的一部分利润转移给贷款人。货币实际出借之日起方能生息。如果预先在本金中扣除利息，借款人所得可支配款项低于约定数额，却需按照约定数额支付利息，显然违背借款合同的法律本质，侵害了借款人基于借款合同应有的根本利益。

二、预先扣除利息有悖于合同公平原则

根据合同自由原则，当事人自可在借款合同中协商约定借款利率、利息支付期限等事项。实践中，贷款人往往利用其优势地位对借款人科以提前扣除利息等不公平条件。从形式上看，借款人有自愿接受预扣利息的意思表示，预先扣除所借本金的所付利息，其利息金额并未发生实际变化。这种做法虽然使贷款人的利息提前收取，减少了借款的风险。但实质上，对财务窘迫、急需用款的借款人而言，无奈接受此类条款，创造经济效益的借款本金明显减少，并无平等可言。预扣利息的行为造成借款合同双方权利义务的明显失衡，违背了本法第6条规定的公平原则，故本条坚决予以纠治。

三、预先扣除利息违反禁止高利放贷的经济金融政策

禁止高利放贷作为我国重要的经济金融政策，从根本上讲，取决于我国作为社会主义国家对资本与劳动关系的基本定位。预扣利息的行为，属于变相提高借款利率，是贷款人超过约定或者法定利息以牟取非法高额利息，本质上属于高利贷，严重扰乱经济金融秩序。我国法律、司法解释、金融规章对预先扣除利息历来持禁止态度。《民法通则意见》第125条规定，在借款时将利息扣除的，应当按实际出借款数计息。中国人民银行多次发布《关于严肃金融纪律，严禁非法提高利率的公告》等规章、文件，明确规定禁止出借人以预扣利息、收取贷款保证金、利息备付金等形式提高或者变相提高贷款利率，并明确违规擅自或者变相提高贷款利率的行为属于非法行为，不受法律保护。《合同法》第200条进一步明确了禁止预扣利息的要求。本条规定继续坚持这一法律立场。

同时，本条作为完全法条，亦应结合本法第153条、第155条、第156条关于民事法律行为违反法律、行政法规强制性规定的法律效果，第674条关于利息支付期限的规定，第680条禁止高利放贷的规定，《商业银行法》第47条关于“商业银行不得违反规定提高或者降低利率以及采用其他不正当手段，吸收存款，发放贷款”的规定，以及《民间借贷规定》第27条关于民间借贷本金数额认定、不得预扣利息的规定等法律条文，进行体系化的把握和应用，以准确判断借款合同金额条款的法律效力。

规范内容

本条第1句“借款的利息不得预先在本金中扣除”显属当事人的行为规范，第2句“利息预先在本金中扣除的，应当按照实际借款数额返还借款并计算利息”则属人民法院处理预扣利息所生纠纷的裁判规范。

一、规范性质

从条文用语上看，本条所采“不得”这一严厉措辞，表明了立法机关禁止预扣利息行为的鲜明态度，说明本条应属法律规定的强制性规范。从保护法益来看，本条着眼于维护公平缔约的金融秩序，防止高利放贷导致欺压经济弱者、滞碍信贷功能、侵蚀实体经济、危害金融安全，本条以否定预扣利息行为的法律效力为目的，应属足以影响合同效力的强制性规定。借款合同当事人不得以协议方式排除其适用。

二、适用范围

实践中，将借款利息预先在本金中扣除的做法，既表现在金融机构借款合同中，也表现在非金融机构法人、其他组织、自然人之间及他们相互之间的民间借贷合同中。金融借款合同中，贷款人按照借款利率计算的利息事先在提供的贷款本金中加以扣除，这种做法一般称为贴水贷款。[①]在民间借贷中，预先扣除利息称为扣除头息，俗称“抽头”“砍头息”。预先扣除利息主要有两种情况：一种是预先扣除借款期内所有利息；另一种是预先扣除第一个月的利息，即扣除头息。本章作为调整借款合同关系的一般法规范，并未限定适用范围，金融借款合同和民间借贷合同均须受本条约束，不得将利息在本金中预先扣除。

三、法律后果

当事人违反本条规定预先扣除利息，将出现以下四方面的法律后果：其

---

① 参见全国人大法工委研究室编写组：《中华人民共和国合同法释义》，人民法院出版社1999年版，第306页。

一，借款合同中若有预先扣除利息的约定，根据本法第153条的违反强制性法律规定无效规则，该条款应属无效。当然，预扣利息条款的无效并不影响借款合同其他条款的效力。其二，借款人应当返还借款的数额不是原来约定的本金数额，而是实际提供借款的数额。其三，借款人应当支付的利息，不以原来约定的本金数额计算，而以实际借款数额计算。例如，借款合同约定借款100万元，借款人到期向贷款人支付利息5万元，贷款人在提供借款时就直接将利息扣除，仅向借款人支付95万元借款。根据本条规定，则应认定借款本金为95万元，借款期限届满时，借款人向贷款人返还本金95万元并按照95万元本金计算支付利息。其四，若借款合同中未作预先扣除利息的约定，贷款人单方面在提供借款时预先扣除利息，则构成未按照约定数额提供借款的事实，贷款人应按照本法第671条等规定承担赔偿损失等违约责任。

四、扩张解释

因资本在生产要素市场上的稀缺性，无论是金融借款还是民间借贷，合同订立和履行中预先扣除利息的情形时有发生。对本条规范对象，不应机械地理解为一次性扣除借款合同期内全部利息的行为，凡属预先扣除利息，使借款人实际取得的借款数低于借款合同约定之数额的，均应予以禁止。同时，鉴于当事人为规避禁止预扣利息的法律规定，所采取的预扣手段日益多样化、隐蔽化。故在适用中还应根据立法目的，对本条作扩张解释。

1.禁止以贷款动用费等名义作预扣利息之实的行为。贷款人利用其强势地位，在借款合同中不直接约定预先扣除利息，而是改换名目采用扣除贷款动用费、贷款手续费、行政管理费、咨询费、调整还款日手续费、利息备付金、收取保证金、另立有效账户等形式，减少借款人实际领受的本金，借款人在后续履行中却需按照合同约定的本金数额支付利息。该类行为虽不属字面意义上的预先扣除利息，但与预先在本金中扣除利息并无本质上的差异，均属变相提高借款利率、牟取非法高额利息的行为，明显侵犯了借款人按照合同约定提取和使用全部借款的权利，故应适用本条确定实际借款本金数额和利息，以有效保护借款人合法权益。

2.关于贷款人提供借款之后立即或者迅速收取利息行为的效力认定。本法第674条规定，借款人应当按照约定的期限支付利息。实践中，有的当事人约定提供借款后次日或者很短时间内，借款人即须支付全部利息或者首期利息。此类情形，不在本条“预先在本金中扣除”的文义涵盖范围之内。但从合同目的看，借款人目的是使用借款获得利益，期限利益是借款人利益的重要内容。从理论上讲，利息应在借款人对本金使用一定时间后才能产生。根据本法第674条，借款合同对利息支付期限约定不明且无法协商一致时，“借款期间不满一年的，应当在返还借款时一并支付；借款期间一年以上的，应当在每届满一年时支付，剩余期间不满一年的，应当在返还借款时一并支付”，对借款人的期限利益给予合理、充分保障的立法意图非常明显。因此，按照合同本质和交易习惯，利息应是使用期限届满才支付，本法第674条允许借贷双方协商约定利息支付期限，既可按年支付也可按月支付等，但应当以不违反本条等强制性规定为限，以保证借款合同关系之公平。故应对本条作目的性扩张解释，将借款合同约定在借款交付后迅速计收利息等非典型预扣行为，解释认定为变相预先扣除利息，据实认定借款本金数额，并从借款交付之日起以实际使用的期限来计算利息。例如，借款合同约定借款100万元、在每月3日支付本月利息，虽然贷款人于1月1日实际交付100万元借款，但借款人一个月中仅有两天获得100万元的使用权，却支付了使用100万元的整月利息，根据本条规定，应当认定贷款人于1月3日预扣了100万元借款的28天利息，并相应作本金扣减后按照实际用资期限计付利息，以维护借款人的合法权益。

三 举证责任

尽管法律禁止预先扣除利息，但实践中当事人对本金数额的争议一直是借款合同案件特别是民间借贷纠纷的审判难点。究其原因，一是当事人预先扣除利息的方式多样、手段隐蔽。二是借款合同特别是民间借贷合同履行中，时有现金交付特别是大额现金支付的现象，造成纠纷发生后当事人对现金交付款项数额和借款合同、借条等债权凭证载明数额各执一词。三是当事人往往对借款债权债务做过多次结算，形成新的借款合同、借条等债权凭证，将利息甚至法律不予保护的高息计入本金，表面证据记载金额与法律合法保护的数额并不一致。

实践中，贷款人基于借款合同法律关系要求借款人按照借款合同、借条等债权凭证载明金额返还本金并支付利息，借款人援引本条抗辩存在预先扣除利息行为、主张按照实际本金数额返还借款并计算利息的，法院应当根据《民事诉讼法》第65条及《民事诉讼法解释》第90条、第91条等规定，依法合理分配举证责任。

贷款人应当举证证明双方当事人已达成借款合意的事实，以及按照约定金额实际交付借款本金的证据，如汇款凭证、银行转账记录等。就认定借款本金金额而言，借款合同、借条、收据、借据等债权凭证，一般应当认定为当事人双方就借款金额形成一致意思表示，且已以债权凭证载明本金数额提供借款的初步证据效力。若无疑点事实，可以认定贷款人完成了对借款合意、款项交付等要件事实的举证责任。借款人应对其本人签名确认的内容负责，按承诺还本付息。即依此证据初步认定借款事实发生，且借款本金数额与实际收取金额一致。

借款人抗辩存在预先扣除利息的，则应分情况分配举证责任。如果借款合同明确约定或者贷款人自认在本金中扣除利息或者实为利息的其他名目费用，即可根据本条规定认定存在预先扣除利息，并应根据实际出借金额认定本金。如果贷款人主张并举证证明部分借款通过金融机构转款交付、剩余款项以现金方式交付，借款人抗辩剩余款项未实际交付，系预先扣除利息的，若差额与借款期内利息或首期利息数额基本相符，则贷款人应就剩余款项的实际交付进一步提供收据、证人证言、音视频资料等补强证据，以排除合理怀疑。若贷款人就债权凭证载明数额的差额以现金交付的事实不能达到高度盖然性标准，则应承担举证不能的后果。

应注意的是，借款合同特别是民间借贷纠纷中是否预先扣除利息的事实认定甚为复杂。法院需要基于个案情况，根据《民事诉讼法》及相关司法解释规定，合理分配举证责任，全面、客观比对双方当事人提交的借款合同、借条、收据、证人证言等本证和反证，结合借款金额、款项交付方式、银行流水、当事人的经济能力、当地或者当事人之间的交易方式、交易习惯、当事人财产变动等事实和因素，综合判断借据等债权凭证载明金额是否为实际本金。

第六百七十一条【未按约提供和收取借款的法律责任】

贷款人未按照约定的日期、数额提供借款，造成借款人损失的，应当赔偿损失。

借款人未按照约定的日期、数额收取借款的，应当按照约定的日期、数额支付利息。

历史由来

本条承袭自《合同法》第201条。在《民法典》起草过程中，曾有学者建议稿建议对贷款人依约提供借款的义务和借款人依约收取借款的义务分设条文规定："贷款人未按照借款合同约定的时间、金额和币种提供借款，造成借款人损失的，应当承担损害赔偿责任"；"借款人未按照约定的日期、数额收取借款的，应当按照约定的日期、数额支付利息。借款合同没有约定借款人收取借款的日期或者约定不明确的，借款人应当在贷款人催告后的合理期限内收取"。[①]但出于法律稳定性、修改必要性等考量，《民法典合同编（草案）》（一审稿）、《民法典合同编（草案）》（二审稿）、《民法典（草案）》仍然直接承袭《合同法》第201条之表述。

规范目的或功能

本条旨在确立借款合同中贷款人未按约及时足额提供借款和借款人未按约及时足额收取借款的损失赔偿责任。合同依法订立后，当事人应当按照约定的标的及其质量、数量、期限等全面履行义务。当事人不履行合同义务或者履行合同义务不符合约定的，应当承担违约责任。借款合同作为双务合同，贷款人的主要义务是按照约定的日期、数额向借款人提供借款；与此相应，借款人也有义务按照约定的日期和数额收取借款。任何一方违约，都会产生违约责任。贷款人不按约定日期和数额提供借款，并因此而给借款人造成损

① 参见梁慧星主编：《中国民法典草案建议稿附理由：合同编》（上册），法律出版社2013年版，第510—512页。

失的，借款人有权要求贷款人赔偿损失。《合同法》颁布施行前，相关法律、行政法规、部门规章均明确规定有贷款人放款违约的违约责任。《借款合同条例》（已失效）第17条规定："因贷款方责任，未按期提供贷款，应按违约数额和延期天数，付给借款方违约金。违约金数额的计算与本条例第十六条罚息的计算相同。"《经济合同法》（已失效）第40条明确规定，贷款方不按合同规定及时贷款，应偿付违约金。《贷款通则》第30条亦明确规定，贷款人要按借款合同规定按期发放贷款。贷款人不按合同约定按期发放贷款的，应偿还违约金。因实践中借款人不收取借款的情况甚为少见，故《合同法》之前我国的法律法规、司法解释对此均未作规定。《合同法》为平衡借款合同双方当事人的权利义务关系，专门就此作出明确规定，本条予以承袭。按照本条规定，借款人未按约及时足额收取借款的，应当承担按照约定的日期、数额支付利息的违约责任。

本条系专门针对违反按约及时足额提供和收取借款义务规定的违约责任承担方式，既为行为规范亦属裁判规范，解释运用中还需注意与本法第577条、第582条、第585条规定的继续履行、采取补救措施、减少价款、支付违约金等违约责任承担方式的衔接配合关系，同时，在依据本条确定损失赔偿范围和金额时，还应注意本法第584条关于损失赔偿额的"可预见规则"约束，以及第510条、第511条、第680条关于合同约定不明时借款利息的确定规则。

规范内容

本条意在调整借款合同当事人之间的利益冲突，且主要着眼于约束银行业金融机构等强势的贷款人一方。因此，本条在规范类型上应当识别为半强制性规范，即当事人可以协商约定贷款人未按期足额放款的损失赔偿范围、计算方式等，但合同中不得提前免除贷款人未按期足额放款的损失赔偿责任，亦不得约定借款人在未按期足额收款时承担超过合同约定利息的损失赔偿责任，有此类约款者，应认定为无效。

一、本条的适用范围

本条主要是针对银行等金融机构作为贷款人的情况作出的规定，适用于金融借款合同案件自无异议。对本条是否适用于民间借贷合同纠纷，实践中存在分歧，各级各地法院出现过不同裁判观点。例如，最高人民法院即曾在（2017）最高法民终45号民事判决中认为：民间借贷的借款协议中没有明确约定出借人未按合同约定出借款项应承担违约责任的前提下，“应当认为出借人即使没有按照《借款协议书》出借款项，也不承担违约责任，因为在此前提下，要求出借人承担违约责任，不仅不符合合同的文义，也不符合民间借贷是临时帮助解决困难的性质，因为出借人也有可能因自己原因没有多余的资金出借，如果这时让其承担违约责任，不符合民间借贷双方的真实意思表示。更进一步的理由是，如果在没有明确约定出借人未按合同约定出借款项应承担违约责任的前提下，认为出借人应当承担违约责任，则极有可能导致出借人不愿意出借款项，导致民间借贷不能充分发挥其应有的作用”。“1999年《合同法》颁布施行时，该法第十二章‘借款合同’调整的对象是金融借款合同和民间借款合同两类，其中民间借款合同限于自然人之间，‘自贷款人提供借款时生效’，属实践合同，不存在违约的问题。当时企业之间的借贷是非法的，不在《合同法》该章的调整范围之内。金融借款合同的贷款人限于金融机构，该合同是诺成合同，存在违约的问题。因此，只有金融借款合同才有适用《合同法》第201条第1款的可能。”然而，无论是《合同法》第201条还是本条，均未限定仅适用于金融借款合同纠纷。况且，《民间借贷规定》已将“民间借贷”清晰扩展界定为“自然人、法人和非法人组织之间进行资金融通的行为”，明确认可法人之间、非法人组织之间为生产、经营需要所订民间借贷合同的法律效力的情况下，则应当认为，自然人与法人、法人与法人、法人与非法人组织以及非法人组织之间的借款合同作为诺成性合同，均应适用本条规定，贷款人未按期足额提供借款造成借款人损失的，应当赔偿损失。同时，根据本法第679条的规定，自然人之间的借款合同，自贷款人提供借款时成立。也就是说，自然人之间的民间借贷作为实践合同，贷款人没有提供款项时借款合同不成立，贷款人实际出借款项的，借款合同就仅对出借金额生效，借款人无权要求贷款人出借先前承诺剩余款项。但贷款人未按约如期足额提供借款造成借款人损失的，是否一律不负损失赔偿责任，在实践中有必要做进一步探讨，并以对自然人间低利率互助性借贷和商业性借贷关系区分评价为宜。

二、贷款人未按约定日期、数额提供借款的损失赔偿责任

对贷款人而言，按照约定的日期、数额向借款人提供借款，是其主要义务。实际生活中，时常出现贷款人因资金周转等缘故迟延数日甚至数星期后放款，导致实际借款期限与合同约定借款期限不一致，或者减少、改变贷款数额但未与合同相对方对借款数额进行书面变更等情形。贷款人此种违约行为会影响借款人对借款的使用期限、利率档次、额度效应等合同权益，打乱借款人的资金使用计划，直接影响到借款人的生产或者其他经营活动，影响借款人的财务良性循环状态，甚至会引发三角债或者其他纠纷。此处所称损失，包括因贷款人未及时、足额提供借款造成借款用途内的项目延误损失，或者借款人对第三人承担违约责任之损失，以及借款人另订其他借款合同而发生的利息差额损失等。同时，根据本法第584条之规定，贷款人的损失赔偿额度应相当于借款人因违约所受实际损失，包括合同履行后可以获得的利益，但不得超过违反合同一方即贷款人在订立合同时应当预见到因违反合同可能造成的损失。至于“是否可以预见”，一般可以通过借款申请资料以及贷款人对借款人的审查资料进行相关判断。此外，若借款合同约定有违约金的，也应认定该违约金条款有效，贷款人未按期足额发放贷款时，应当向借款人给付约定的违约金。当事人认为违约金过高或者过低的，可以请求适当增减。当然，借款合同本身对提供借款日期约定不明且不能达成补充协议的，借款人根据本法第511条之规定，请求提供借款且给了必要准备时间，贷款人仍逾期的，才能产生损害赔偿责任。

三、借款人未按约定日期、数额收取借款的利息支付责任

借款合同生效后，借款人有义务按约受领借款。借款约定为转账支付的，借款人应使其收款账户处于可用状态；借款约定为现金交付的，借款人应至约定地点收取借款。实际生活中，借款人订立借款合同后，其生活或者经营可能会发生重要变化，或者借款人从其他渠道融得所需资金，在合同约定的收取借款日期，出现不需要或者暂不需要借款或者合同约定的借款数额的情况。若借款人未按约如期足额收取借款，势必打乱贷款人的资金使用整体安排，损害贷款人的合法权益。对贷款人来说，所受到的损失就是利息的

损失。因此，本条明确规定，借款人未按照约定收取借款的，仍需按照合同约定的借款日期和数额向贷款人支付利息。借款合同未约定收取借款日期的，贷款人可确定合理期限催告收取，借款人逾期不收取的，承担贷款人可得利息损失责任。除按约支付利息外，借款人不负其他损失赔偿责任。应注意的是，根据本法第680条之规定，若借款合同对利息没有约定的，以及自然人之间借款合同对支付利息约定不明确的，视为没有利息；除自然人间借款合同外的其他借款合同对支付利息约定不明确，当事人不能达成补充协议的，按照当地或者当事人的交易方式、交易习惯、市场利率等因素确定利息。

三 举证责任

根据《民事诉讼法》第65条及《民事诉讼法解释》第90条、第91条等有关举证责任分配的规定，借款人以本条第1款作为请求权基础要求贷款人承担损失赔偿责任时，应当就贷款人未按照约定日期、数额提供借款的事实，以及自己因贷款人违约所遭受的合同履行利益等损失数额承担证明责任。若借款合同就提供借款的日期约定不明，借款人还应就自己曾对贷款人合理催告但贷款人仍未及时提供借款的事实承担证明责任。贷款人根据本法第584条认为借款人要求的损失赔偿额过高的，应当就自己在订立合同时预见到或者能够遇见到的因违反合同可能造成的损失额度承担证明责任。

贷款人以本条第2款作为请求权基础要求借款人按照约定日期、数额支付利息的，应当就自己已按照约定日期和数额让借款处于可收取状态，但借款人采取不到约定地点收取、不提供收款账户、要求减少借款数额等方式拒绝如期足额收取借款等事实承担举证责任。如果借款合同就收取借款的日期约定不明，贷款人还应就自己曾对借款人进行合理催告的事实承担举证责任。如果借款合同对利息约定不明确且不能达成补充协议的，贷款人还应当就如何按照当地或者当事人的交易方式、交易习惯、市场利率等因素确定利息数额承担举证责任。

第六百七十二条【贷款人的检查、监督权】

贷款人按照约定可以检查、监督借款的使用情况。借款人应当按照约定向贷款人定期提供有关财务会计报表或者其他资料。

历史由来

本条源自《合同法》第202条:"贷款人按照约定可以检查、监督借款的使用情况。借款人应当按照约定向贷款人定期提供有关财务会计报表等资料。"在《合同法》施行之前,《借款合同条例》第10条规定:"贷款方有权检查、监督贷款的使用情况,了解借款方的计划执行、经营管理、财务活动、物资库存等情况。借款方应提供有关的计划、统计、财务会计报表及资料。"《贷款通则》第22条规定,贷款人有权"了解借款人的生产经营活动和财务活动";第31条规定,贷款发放后,贷款人应当对借款人执行借款合同情况及借款人的经营情况进行追踪调查和检查。按照前述规定,对借款使用情况进行检查、监督既是贷款人的权利,也是贷款人的义务。《合同法》第202条彰显合同平等原则,明确对借款使用情况的检查、监督权是贷款人约定的合同权利,而非法定权利;借款人提供有关的计划、统计、财务会计报表及资料的法定义务,亦转换为提供有关财务会计报表或者其他资料的约定义务。

在《民法典》编纂过程中,有学者建议在《合同法》第202条的基础上增设两款:"借款人违反借款义务的,贷款人可以停止提供贷款、提前收回贷款或者终止合同。贷款人在检查中发现借款人经营状况严重恶化、已经或者有可能丧失还本付息的能力时,可以停止发放贷款、提前收回贷款。但借款人提供适当担保的除外",[①]明确借款人违反贷款检查、监督的法律后果。但出于法律稳定性、修改必要性等综合权衡,《民法典合同编(草案)》(一审稿)、《民法典合同编(草案)》(二审稿)中直接承袭《合同法》第202条而未作修改,将违反贷款检查、监督义务的法律后果交由司法实践中作为违约责任处理。在《民法典(草案)》中将《合同法》第202条中"借款人应当按照约定向贷款人定期提供

---

① 参见梁慧星主编:《中国民法典草案建议稿附理由:合同编》(上册),法律出版社2013年版,第515页。

有关财务会计报表等资料”的表述修改为“借款人应当按照约定向贷款人定期提供有关财务会计报表或者其他资料”，以满足实践中借贷双方在借款合同中对检查、监督的内容、期次，特别是提供资料的范围等作更灵活的约定。

三 规范目的或功能

本条规范旨在明确贷款人的检查、监督权，即贷款人有权按照贷款约定检查、监督借款的使用情况，借款人有义务按照约定定期向贷款人提供有关财务会计报表或者其他资料。根据本法第669条之规定，借款人订立合同时应当按照贷款人的要求提供与借款有关的业务活动和财务状况的真实情况。该规定是要求借款人订立合同时履行的义务，其目的系为使贷款人能根据借款人的真实情况决定是否签订合同以及如何确定借款合同的内容。但现实生活中，借款人的财务状况不可能总处于订立合同时的状态，其经营状况会随着市场供求等因素不断变化，而这种变化又会直接影响到其财务状况的好坏。所以，为了保证贷款人按照合同约定收回借款，借款合同成立后，贷款人也需要对借款的使用情况行使一定程度的监督权。金融贷款人还需要对所提供的借款进行跟踪检查，以防止借款人出现违反合同的行为。

贷后检查是防止信贷资金被挪作他用的一种手段，是对贷前调查、贷时审查等工作的继续，贷款人的检查、监督对借款合同双方均有非常重要的积极意义：一是对资金风险的防范。银行通过分析借款企业的财务报告、生产结构以及产品销售情况，尽早发现是否存在还款不能的风险，如果多家银行同时对一家企业进行贷款，那么能够尽早发现借款资金风险的商业银行就会在同业竞争中占据优势，最大限度地避免损失。二是确定借款企业的价值定位。银行的贷后检查一定程度上能够帮助借款企业发现自身在所处行业中的竞争优势，判断企业的发展潜力，从而有助于企业在竞争中争取市场优势。三是通过检查和监督，发现企业客户在经营方面的问题，促进企业改善经营管理，提高经济效益，从而确保信贷资金的安全。四是通过检查监督，银行也能发现自身在风险控制等方面存在的问题，进而提高银行自身管理水平。在具体实务应用中，本规范往往还应与《民法典》合同编第八章“违约责任”结合判断借款人的违约责任。

规范内容

本条规范着力调整借贷双方因借款使用信息不对称带来的利益冲突，主要适用于金融借款合同，重在约束借款人依据合同约定使用贷款。本条在规范类型上应当识别为任意性规范，即贷款人检查、监督权的范围和内容是由借贷双方协商约定的。

一、贷款人检查、监督权的内容

贷款人可以依据合同的约定，重点检查和监督借款资金的使用是否与合同约定保持一致，有无改变借款用途的情节，检查借款人是否履行贷款合同上的各种承诺，是否有套取、挪用信贷资金等现象，检查市场变化是否对借款人所处的行业产生影响，通过对贷款使用的检查，及时把握贷款使用状况，防止不良资产的发生。

二、贷款人开展财务检查、监督的方法

当贷款发放后，贷款人的工作人员需要经常与企业保持联系，密切关注信贷资金使用状况。贷款人有权采取检查、监督的方法了解借款的使用情况。这主要指现场检查和非现场检查两种方法。现场检查指信贷人员对借款企业进行实地走访，定期或不定期去拜访借款企业，通过与其主要负责人、财务主管直接交流，检阅会计报表、存货等，检查贷款资金是否有被挪用的迹象，检查借款企业的经营管理状况、行业前景，检查借款人的财务会计报表，分析财务状况的变动趋势。非现场检查指通过经济管理机构以及借助媒体机构对企业的各方面情况进行掌握，如监测借款人经营状况、行业前景、财务状况外，还可密切注视借款企业的人事动向，了解借款人与其他银行的资金往来以及借款企业与其他非银行业金融机构的合作关系，通过前述检查方式，以对借款企业进行系统全面的了解，防止风险的发生。

三、借款人应提供财务会计报表或者其他资料的义务

为保证贷款人检查、监督权的行使，借款人应当按照约定向贷款人定期

提供有关财务会计报表或者其他资料。财务会计报表主要包括会计主表、资产运营状况、缴纳税金、现金流量分析，以及其他财务统计报表等内容。“其他资料”是指能够真实反映借款人当前阶段生产经营及财务资信状况的相关资料，如企业行业竞争数据、发展能力等财务资料。借款人提供财务会计报表和其他资料，有助于贷款人正确、全面地作出评估，以保护自己的合法权益。借款人提供的财务资料应符合真实性、准确性、完整性、及时性标准，即应按照贷款人要求的信息类别、资料形式、约定时限等，不予隐瞒、不作掩饰、不予遗漏、不作拖延地提供相关情况，客观有效地呈现贷款资金的使用情况，方可谓适当履行了提供财务会计报表或者其他资料的义务。但应指出的是，贷款人的检查、监督权应在合理范围内行使，否则不构成贷款人停止提供贷款、提前回收贷款或者终止合同的理由。贷款人原则上仅能要求借款人提供与该笔贷款使用有关的业务活动和财务状况，不能滥用其权利过分扩展资料范围要求借款人提供额外的文件，与该笔借款交易无关的信息，借款人可以拒绝提供；同时，贷款人无权检查借款人的原始凭证和记账凭证。

四、贷款人行使检查、监督权过程中的保密义务

借款人提供的财务会计报表等财务资料，有可能属于或者涉及其商业秘密或者对其市场竞争力有重要影响。贷款人特别是银行业金融机构，在获取、保管、利用这些信息过程中不应该损害借款人的信赖。本法第501条规定：“当事人在订立合同过程中知悉的商业秘密或者其他应当保密的信息，无论合同是否成立，不得泄露或者不正当地使用；泄露、不正当地使用该商业秘密或者信息造成对方损失的，应当承担赔偿责任。”第509条第1款、第2款规定：“当事人应当按照约定全面履行自己的义务。当事人应当遵循诚信原则，根据合同的性质、目的和交易习惯履行通知、协助、保密等义务。”在司法实践中，如果贷款人在行使检查、监督权时获悉借款人商业秘密却泄露或者不当使用该商业秘密，给借款人造成损害的，借款人有权根据本法第501条、第509条主张损害赔偿。

五、借款人未按约及时或者如实提供财务会计报表或者其他资料的法律后果

一般而言，贷款人系根据贷款用途来确定借款人的偿还能力从而决定是

否同意贷款。借款人是否应向贷款人提供财务会计报表或者其他资料，有赖于当事人是否存在合同约定，若无约定或约定不明，应推定借款人无此义务。若双方当事人在借款合同中有明确约定，则借款人应当按约定期提供财务会计报表等资料。如果借款人未按照约定的时限提供相关的财务会计报表或者其他资料，则会导致贷款人的检查、监督权无法实现，则极有可能导致贷款人到期不能收回贷款本金及利息。贷款人有权停止继续发放借款，或者要求借款人提前归还已提供的借款，贷款人通过中止合同履行，以避免扩大自己的经济损失。同时，贷款人可以通知借款人在合理期间内提供适当的履行担保，若对方当事人在合理期间内不愿或不能提供适当担保，应视为明示违约，贷款人可以行使不安抗辩等权利，有权依法解除合同，并主张赔偿损失。

举证责任

本条属于借贷双方协商合同内容、调整履行行为的行为规范。本条作为裁判规范时，还需要与本法第673条等法条结合，才能构成贷款人主张因借款人拒绝检查、监督而提前收回借款、解除合同、赔偿损失的完整请求权基础。根据《民事诉讼法》第65条及《民事诉讼法解释》第90条、第91条等举证责任分配规定，贷款人依据本条规范提出停止放款、提前收款、解除合同等主张的，应当就借款合同已经明确约定检查、监督借款用途的约款，以及借款人拒不接受检查、监督，或者未按约定期限如实、完整地提供财务会计报表或者其他资料等要件事实承担举证责任。贷款人主张违约责任的，还应当就约定的违约责任承担方式和损失后果进行举证。借款人抗辩主张已经适当履行向贷款人提供财务会计报表或者其他资料义务的，应当就已经按期如实提供相关资料承担举证责任。借款人抗辩认为贷款人检查、监督要求超过正当范围的，应予举证证明。需要特别注意的是，如果借款人主张贷款人在检查、监督过程中没有遵守保密义务，给借款人造成损失而主张损害赔偿时，借款人则应当就贷款人违反保密义务，且损害结果与贷款人违反保密义务之间的因果关系承担举证责任。法院应当结合借款合同中贷款人检查、监督权约款，综合判断借款人是否适当履行了配合检查、监督的义务，贷款人的检查、监督要求是否超出合理限度构成权利滥用，贷款人应否就泄露或不当使用借款人商业秘密承担损失赔偿责任等待决事项。

第六百七十三条【贷款人的中止履行权、加速到期权、解除合同权】

借款人未按照约定的借款用途使用借款的，贷款人可以停止发放借款、提前收回借款或者解除合同。

历史由来

本条承袭自《合同法》第203条。在《合同法》施行之前，国务院于1985年发布的《借款合同条例》第9条规定："借款方必须按照借款合同规定的用途使用借款，不得挪作他用，不得使用借款进行违法活动，必须按期还本付息。"第15条规定："借款方不按合同规定的用途使用借款，贷款方有权收回部分或全部贷款，对违约使用的部分，按银行规定的利率加收罚息。情节严重的，在一定时期内，银行可停止发放新贷款。"中国人民银行于1996年颁布的《贷款通则》第71条规定："借款人有下列情形之一，由贷款人对其部分或全部贷款加收利息；情节特别严重的，由贷款人停止支付借款人尚未使用的贷款，并提前收回部分或全部贷款：一、不按借款合同规定用途使用贷款的。二、用贷款进行股本权益性投资的。三、用贷款在有价证券、期货等方面从事投机经营的。四、未依法取得经营房地产资格的借款人用贷款经营房地产业务的；依法取得经营房地产资格的借款人，用贷款从事房地产投机的。五、不按借款合同规定清偿贷款本息的。六、套取贷款相互借贷牟取非法收入的。"在此基础上，《合同法》第203条上升至法律层面，明确借款人未按照借款约定的借款用途使用借款的，贷款人有权停止发放借款，提前收回借款或者解除合同。《民法典》起草过程中，有学者建议在本条后增加一条规定贷款人的通知义务：贷款人按照本法规定停止提供贷款或者提前收回贷款的，应当及时书面通知借款人。但出于法律稳定性等考量，《民法典合同编（草案）》（一审稿）、《民法典合同编（草案）》（二审稿）、《民法典（草案）》仍直接承袭《合同法》第203条之表述。

规范目的或功能

本条规范旨在明确借款人未按照约定用途使用借款时，贷款人有停止发放借款、提前收回借款或者解除合同的权利。从表面上看，贷款人提供借款的目的是收回本金和收取利息，借款实际用途似与贷款人的利益并无直接关系。但借款用途一直作为借款合同当事人需要约定的重要内容，特别是金融机构作为贷款人的情况下，借款用途更是合同中不可缺少的约款。借款用途之所以属借款合同主要内容之一，系因其与借款人能否按期偿还借款具有直接关系。借款人擅自改变借款用途，将使当事人共同预期的收益变得不确定，增加了贷款人的借款风险，可能导致借款难以收回。金融机构作为贷款人时，某些借款系依据国家的宏观经济政策、特定信贷政策和产业政策发放，其借款用途和国家的经济金融政策效果直接关联。若不按约定用途使用借款，还会造成资金流向不符合国家政策的情况。故我国法律、行政法规、金融规章一直将借款用途作为金融机构借款合同的主要内容进行规定。本条再次强调借款人应当按照约定的用途使用借款，同时规定了贷款人的中止合同权、加速到期权、解除合同权，以确保借款按约使用、防控信贷资金风险、维护金融经济秩序。就民间借贷合同而言，当事人往往并不特别关注借款用途，仅要求不用于法律法规禁止事项即可，但若合同对借款用途有约定，而借款人未按约定用途使用借款的，贷款人可以根据本条采取措施维护自身权利。

规范内容

本条规定所针对的借款人违约行为，应以借款合同对借款用途有明确约定且约定合法有效为前提，借款合同中没有约定借款用途或者约定无效的，借款人则没有按照约定用途使用借款的义务。本条规定既适用于金融借款合同，也适用于民间借贷合同。在金融借款合同中，金融机构会要求借款人在贷款申请书上如实填写贷款用途，并按用途不同将常见贷款分为工商业贷款、农业贷款、消费者贷款等类型。民间借贷合同场合中，常见的约定借款用途有个人消费、教育、医疗、购买住房、生产经营等类型。

一、“未按约定用途使用借款”的认定

按照约定用途使用借款，是借款人的一项重要合同约定义务。常见的未按约定用途使用借款的行为包括：未将借款用于合同约定项目而投入其他项目，从银行套取资金转借第三人赚取利息差，将借款用于炒股等高风险投资等行为，将消费性借款用于购房、经营等。借款人对借款用途的擅自变更，可能导致借款风险的增加。特别是金融借款合同中，如果擅自改变借款用途，即使借款人按合同约定如期返还本金和支付利息，仍可能会产生危害信贷安全和金融秩序的不利后果。值得讨论的是，借款人对借款用途的改变，是否应无差别地认定为“未按约定用途使用借款”？对此问题，宜基于合同目的，判断借款用途改变是否达到显著影响资金安全的程度，认定借款人是否构成违约。

二、违反借款用途限制的法律后果

借款人违反合同约定的借款用途时，贷款人可以停止发放借款、提前收回借款、解除合同。本条将停止发放借款、提前收回借款与解除合同并列，意在指明贷款人的三项权利存在区别。停止发放借款，属于合同履行中止；提前收回借款属于贷款人单方行使形成权加速合同到期，系行使合同权利；解除合同则属于合同关系终止。从本条文义上看，贷款人的三个救济途径之间是选择和并列的关系。但从本条立法目的分析，贷款人宜根据改变借款用途的违约情节轻重，以尽可能维持合同有效为原则，在该三项权利中选择行使。在贷款人分期提供借款的情况下，发生借款人未按约定用途使用借款情形的，贷款人有权根据本条停止发放后续借款，督促借款人纠正违约行为。借款人按要求纠正借款用途或者就借款安全提供适当担保的，贷款人宜继续发放借款，双方继续履行合同。贷款人行使加速到期权提前收回借款的，在采取直接从借款人账户扣款等措施之前，亦应提前通知借款人，给予其提出异议和采取补救措施的机会。贷款人提前收回借款时，合同对提前收贷的利息支付、手续费等损失赔偿等事项有约定的，按约定处理，无约定的则应按实际借款期间计算利息。至于本条规定的合同解除权，则属本法第563条规定的合同解除权在借款合同关系中的具体化，亦应受本法第564条、第565条等条文调整，即解除权应在约定或者法定期限内行使，应当以通知、诉讼、

仲裁等方式行使。同时，根据本法第566条的规定，合同解除后，尚未履行的债务，终止履行；已经履行的，贷款人可以请求返还本金、支付利息，并有权请求借款人赔偿损失，承担违约责任。当然，借款人以借款进行高利转贷、违法犯罪、违背社会公序良俗的，将导致借款合同无效。

举证责任

根据《民事诉讼法》第65条及《民事诉讼法解释》第90条、第91条等举证责任分配规定，贷款人依据本条主张解除合同或者借款人承担违约责任的，应当就借款合同订立时已经明确约定借款用途，以及借款人未按照约定用途使用借款等事实承担举证责任。贷款人提出赔偿损失主张的，还应当就损失项目、具体数额以及遭受损失与借款人违约使用借款之间存在因果关系承担举证责任。借款人抗辩没有违背借款约定用途的，应当就借款实际使用情况符合合同约定承担举证责任。借款人主张因贷款人违反合同约定擅自停发借款、提前收款、解除合同遭受损失主张违约和损失赔偿责任的，应当就贷款人违约事实承担举证责任；贷款人援引本条规定进行抗辩的，应就借款人违约变更借款用途承担举证责任。法院应当综合审查借款合同约定、借款实际用途等情况，就借款实际用途是否违约和贷款人是否有权停止发放借款、提前收回借款或者解除合同予以判断。

第六百七十四条【利息支付期限的确定规则】

借款人应当按照约定的期限支付利息。对支付利息的期限没有约定或者约定不明确，依据本法第五百一十条的规定仍不能确定，借款期间不满一年的，应当在返还借款时一并支付；借款期间一年以上的，应当在每届满一年时支付，剩余期间不满一年的，应当在返还借款时一并支付。

历史由来

本条规范承袭自《合同法》第205条。在《合同法》施行之前，中国人民银行于1996年颁布的《贷款通则》第14条“贷款利息的计收”中明确要求，贷款人和借款人应当按借款合同和中国人民银行有关计息规定按期计收或交付利息。《合同法》第205条上升至法律层面规定，借款人应当按照约定的期限支付利息，并针对当事人关于利息支付期限未作约定或者约定不明的情形，细化构造公平确定利息支付期限的具体规则，以解决和预防当事人在借款期限问题上的争议。《民法典》起草过程中，有学者建议将本条中“返还借款”的表述修正为“返还本金”，以求法条用语更为严谨，但出于法律稳定性、修改必要性等考量，《民法典合同编（草案）》（一审稿）、《民法典合同编（草案）》（二审稿）、《民法典（草案）》仍然直接承袭《合同法》第205条表述。

规范目的或功能

本条规范系借款合同中关于利息支付期限的规则指引。向贷款人支付利息是借款人的主要合同义务，借款人不仅应当按照约定的数额支付利息，而且还应当在约定的期限内向贷款人支付利息。支付利息期限的方式有多种，当事人既可以约定在借款期限届满时和本金一并支付，也可以约定在借款期间内分批向贷款人支付。在金融借款关系中，借贷双方一般会在借款合同中对利息支付的期限作出明确约定，但在民间借贷关系中，当事人往往对支付期限没有约定或者虽有约定却不甚明确，那借款人应当按照什么期限支付利息，即成重要问题。为调整此类利益冲突，专设本条作为任意性规范以补充当事人合同约定之不足。实践中，本条规范还应与本法第510条结合理解和应用，并注意与本法第511条第4项在适用上的区别。

规范内容

一、如何理解按照约定的期限支付利息

按照合同自由原则，借款合同当事人可以基于自愿、公平、等价有偿、诚实信用原则协商约定利息的支付期限。在金融借款合同中，格式化的借款

合同一般都对利息的支付期限有明确约定。中国人民银行于1999年发布的《人民币利率管理规定》第20条规定，银行贷款期限按季度结息的，每季度末月的20日为结息日；按月结息的，每月的20日为结息日。银行等金融机构也往往据此要求借款人按期付息。在民间借贷合同中，部分合同在约定利率时一并对利息支付期限作出约定，如合同约定月利率时，一般也约定每月利息支付的时限日期。但大量的民间借贷合同中，因当事人缔约随意等多种原因，对利息的支付期限未作约定或者约定不明，司法实践则需依据本条来确定利息支付期限。需要注意的是，利息属于借款人完全支配和使用本金所承担的对价，货币实际出借之后方能生息，当事人对利息支付期限的约定自由是有限度的，应当受本法第670条等强制性规定的约束，不得约定利息支付期限早于借款的实际提供日期，否则该约定应属无效。

二、如何理解按照本法第510条的规定确定利息支付的期限

本规则为引用性规范。本法第510条规定："合同生效后，当事人就质量、价款或者报酬、履行地点等内容没有约定或者约定不明确的，可以协议补充；不能达成补充协议的，按照合同相关条款或者交易习惯确定。"具体到借款合同利息支付期限的确定，转引适用本法第510条应注意以下问题：

1.本规则适用的前提是借款合同对利息支付期限没有约定或者约定不明。在具体案件处理中，对合同没有约定容易理解，但对约定不明的理解需结合案件情况具体确定。例如，合同中约定按照《人民币利率管理规定》第20条的规定按月结息，则可以认定合同有明确约定，利息支付时限应确定为每月20日。如果合同约定为按照中国人民银行的有关规定支付利息，则可以认定为合同约定不明。又如，在民间借贷合同中，已经约定利息按月支付，借条落款时间为1月5日，则可以结合借款时间，对利息支付的时限解释为每月1月6日前应当支付利息。

2.签订借款补充协议明确支付期限。借款合同生效后，当事人就利息支付期限未作约定或者约定不明的，可以以协议予以补充，以补充协议明确利息支付期限。

3.如何适用交易习惯。此处所称交易习惯是指当事人之间或者当事人双方所处行业的交易习惯。根据交易习惯确定利息支付期限，首先应审查双方

当事人过往是否多次缔结借款关系，既往交易中已对利息支付期限形成习惯，则可以适用习惯规则确定利息支付期限。一般来讲，不应仅以银行贷款的行业规则或者一方当事人与第三人的交易惯例来确定交易习惯。

三、如何理解本条拟制的利息支付期限

作为履行期限不明的处理规则，本条与本法第511条第4项系特别规则与一般规则之关系。本法第511条第4项规定："履行期限不明确的，债务人可以随时履行，债权人也可以随时请求履行，但是应当给对方必要的准备时间。"但借款关系中，利息支付期限未作约定或者约定不明时，贷款人无权根据本法第511条第4项要求借款人随时支付利息，而应按照本条拟制的期限支付利息：（1）借款期间在1年以内的，在返还借款时一并支付，即利息在借款合同期限届满时和本金一并支付。（2）借款期间在1年以上的，在每届满1年时支付，剩余期间不满1年的，在返还借款时一并支付。

四、未按期限支付利息的法律后果

按期付息是借款人的主要合同义务，按期收取利息是贷款人的主要合同目的。借款人未按约定期限或者依据本条确定的期限支付利息，即构成违约，贷款人有权要求借款人承担违约责任。在金融借款合同中，借款期限内逾期支付利息的违约责任主要体现为复利的收取。所谓复利，是指某一计息周期的利息是由本金加上先前周期所积累未付利息总额来计算的计息方式，其中复利计算的频率，如按日、按月、按季、按年计算复利，对借款人最终实际负担利率有明显不同。根据《人民币利率管理规定》第20条的规定，对贷款期内不能按期支付利息的，可以按照贷款合同的约定利率按季或者按月记收复利。故金融借款合同中，借款期限内逾期支付利息时一般需按月或按季记收复利。借款逾期的，依据《人民币利率管理规定》第25条的规定，从逾期之日起，按罚息利率计收罚息，直至清偿本息为止，遇罚息利率调整分段计息，对贷款逾期期间不能按期支付的利息按罚息利率按季（短期合同可以按月）计收复利。在民间借贷合同中，未按期支付利息的违约责任需按合同确定，合同无约定的，应结合违约情况，根据本法第577条等综合确定。在审理民间借贷案件时，还应结合《民间借贷规

定》第28条等规定，综合判定逾期付息的法律责任和允许贷款人收取复利、罚息的合法限度。

举证责任

本条属于借款合同当事人协商合同内容、调整履行行为的行为规范，亦属法院判断当事人合同义务、违约责任的裁判规范。根据《民事诉讼法》第65条及《民事诉讼法解释》第90条、第91条等举证责任分配规定，贷款人依据本条要求借款人支付利息或者承担逾期支付利息违约责任的，首先应就双方存在借款合意、已实际提供借款等主要事实承担举证责任；其次应就合同约定的利息支付期限或借贷双方关于利息支付期限的交易习惯承担举证责任。借款人抗辩主张利息支付期限尚未届至的，应承担相应的证明责任。法院应当结合双方当事人所举证据，综合认定利息支付期限和借款人是否逾期付息等事实。需特别指出的是，法院还应注意审查借贷双方关于利息支付期限的约定是否违反“禁止在本金中预扣利息”等法律规定，并依职权作出确认有关条款无效等处理。

第六百七十五条【还款期限的确定规则】

借款人应当按照约定的期限返还借款。对借款期限没有约定或者约定不明确，依据本法第五百一十条的规定仍不能确定的，借款人可以随时返还；贷款人可以催告借款人在合理期限内返还。

历史由来

本条承袭自《合同法》第206条。《合同法》施行之前，《民法通则意见》第121条针对自然人借贷还款期限规定：“公民之间的借贷款，双方对返还期限有约定的，一般应按约定处理；没有约定的，出借人随时可以请求返还，借方应当根据出借人的请求及时返还；暂时无力返还的，可以根据实际情况责令其分期返还。”《贷款通则》第32条针对金融借款还款期限规定：“借款人应当按照借款合同规定按时足额归还贷款本息。贷款人在短期贷款到期1

个星期之前、中长期贷款到期1个月之前，应当向借款人发送还本付息通知单；借款人应当及时筹备资金，按时还本付息。贷款人对逾期的贷款要及时发出催收通知单，做好逾期贷款本息的催收工作。贷款人对不能按借款合同约定期限归还的贷款，应当按规定加罚利息；对不能归还或者不能落实还本付息事宜的，应当督促归还或者依法起诉。借款人提前归还贷款，应当与贷款人协商。”《合同法》第206条在前述规则的基础上，针对借款合同对还款期限没有约定或约定不明的情形，就依法公平确定还款期限设立统一的法律规则。《民法典》起草过程中，《民法典合同编（草案）》（一审稿）、《民法典合同编（草案）》（二审稿）、《民法典（草案）》均直接承袭《合同法》第206条的规定。

规范目的或功能

本条规范旨在明确借款返还期限的确定规则。借款期限对借款合同双方当事人均为重大合同利益，直接决定了借款人使用资金时间的长短，直接关系到贷款人的资金安全。按照合同约定的期限返还借款，是借款人的一项主要义务。在金融借款合同中，双方当事人一般都按照中国人民银行有关规章和文件规定对借款返还期限作有明确约定。但从民间借贷现实情况来看，由于借贷关系的双方当事人之间，通常具有亲属关系或者同事、同乡、同学等社会关系，往往没有签订规范的借款合同甚至纯属口头合同，对借款期限未作约定或者约定不明。这些没有明确约定借款期限的合同，在履行过程中可能出现贷款人催收借款时，借款人以没有约定还款期限为由拒绝还款，以及贷款人为多赚取利息收益不接受提前还款等情形。一旦因借款返还期限发生争议，借款双方往往还会在逾期利息、违约责任等其他问题上发生争议。

为解决因借款返还期限没有约定或者约定不明带来的争议，法律有必要提供任意性规范，以补充当事人意思表示之漏洞。德国、意大利、日本的民法典和我国台湾地区对此问题均有相应规定，总的原则是借款人可以随时返还，同时亦赋予贷款人催告借款人在合理期限内返还的权利。依据本条规定，借款人应当按照约定的期限返还借款本金，无约定或者约定不明的，可以签订补充协议；不能达成补充协议的，按照合同相关条款或者交易习惯确定；按照合同相关条款或者交易习惯不能确定的，借款人可以随时返还；贷款人亦可以随时催告借款人返还，但应给借款人合理的准备时间。本条规范系本法第510条、第511条关于合同履行期限确定规则在借款法律关系中的具体化和特定化。本条属借款合同借款人和贷款人均应当遵循的行为规范，亦是处理借款合同所生纠纷时可以援引的裁判规范。实务应用中，本条规范往往还应与本法第577条、第578条、第579条、第583条、第584条、第585条、第676条等法律条文结合，公平认定当事人的履行义务和违约责任。

规范内容

一、如何理解按约定的期限返还借款

借贷双方根据合同目的自愿平等协商约定借款返还期限，是合同自由原则的当然之义。对借款人来说，约定恰当的借款期限具有重大意义。如果借款期限过短，还款期限届至时资金尚未周转回来，将会出现资金缺口；如果借款期限过长，则会增加不必要的利息负担。所以，借款人应根据自身的生产经营周期、还款能力等确定合理可行的借款期限，以避免日后发生逾期不能归还贷款的违约现象，或者减少不必要的利息负担。在金融借款合同中，银行贷款的期限有短期、中长期、长期三类，贷款期限在1年以下的为短期贷款，贷款期限在1年以上5年以下的为中长期贷款，贷款期限在5年以上的为长期贷款。通常讲，银行贷款的最长期限不得超过30年。贷款银行会根据借款人的个人资质、申请贷款的类型等因素进行评估，与借款人协商约定具体的借款期限。实践中，银行个人贷款还款方式包括先息后本法、等额本息还款法、等额本金还款法、等比累进还款法、等额累进还款法、组合还款法等多种类型，其中亦含有对还款期限的约定。例如，常见的还款方式先息后本法，又称期末清偿法，指借款人在贷款到期日还清贷款本息，每月偿还利息，一般适用于期限在1年以内的贷款；等额本息还款法指在贷款期内每月以相等的额度平均偿还贷款本息；等额本金还款法则指在贷款期内每月等额偿还贷款本金，贷款利息随本金逐月递减，特点是定期、定额还本，每月付款及每月贷款余额定额减少。民间借贷合同大都属短期借款，约定还款期限一般都

在3年以内，有些超短期的临时借款甚至按天数计算还款期限。

二、如何按照本法第510条的规定确定还款期限

本法第510条规定："合同生效后，当事人就质量、价款或者报酬、履行地点等内容没有约定或者约定不明确的，可以协议补充；不能达成补充协议的，按照合同相关条款或者交易习惯确定。"转引适用时应注意以下问题：

1.适用前提是合同对借款返还期限没有约定或者约定不明。如果当事人双方对借款的返还期限有明确约定，则不能适用本法第510条。在具体案件处理中，对合同没有约定还款期限的认定较为容易，但对约定不明的理解需要结合案件的情况具体分析。如借款合同对还款期限的约定不是确切的年月日，而是某行为的时间点，若该行为已经实际发生且时间节点明确，则可认定为有明确的约定，若行为尚未发生，则应认定为履行期限约定不明。例如，借条明确约定还款条件为某某的房屋拆迁时，但实际房屋并未拆迁，房屋是否拆迁受政府行为影响，具有较高的不确定性，该房屋是否拆迁都系未知。尽管《合同法》赋予了当事人根据自己意愿自由设立民事权利义务关系的权利，且某些约定看似具备一定的合理性，但在实质上却危害合同目的的实现，当事人约定还款所附条件成就的时间无法确定，应归属于约定不明的情况。

2.签订补充协议明确还款期限。合同生效后发现还款期限约定不明的，当事人自行协商补充。补充协议一般应说明原因和具体内容，补充协议效力原则上优于借款合同原有约定。

3.如何适用交易习惯。此处所称交易习惯是指当事人之间或者当事人双方所处行业的交易习惯。根据交易习惯确定还款期限，应当分析判断当事人双方过往是否多次缔结借款合同关系，若在既往交易中已对还款期限形成惯例，则可以适用习惯规则确定利息支付期限。一般来讲，不应仅以银行贷款的行业规则或一方当事人与第三人的交易惯例来确定交易习惯。

三、如何理解借款人可以随时返还，贷款人可以催告借款人在合理期限内返还

根据本法第511条第4项的规定，当事人就还款期限约定不明，依据本法第510条仍不能确定时，"债务人可以随时履行，债权人也可以随时请求履行，

但是应当给对方必要的准备时间”。本条规范即为本法第511条第4项在借款合同关系中的具体化。实践中，当借款合同特别是民间借贷合同约定利率较高时，借款人通过银行、亲友等其他渠道筹集到资金后，往往希望及早还款并按实际借款期限支付利息，在合同对还款期限无明确约定的情况下，贷款人为多收借款利息等目的拒绝或者拖延受领还款，在此情况下，借款人就可以依据本条规定主张随时返还借款，贷款人拒绝收款的，借款人可以以提存等方式消灭借款债务，避免利息累计。实践中更常见的情况是，在有些有息乃至无息借款中，债务人以合同对还款期限无明确约定为由拖延或者拒不还款，此时贷款人就可以依据本规则催告借款人在合理期限内还款。本条对贷款人催告还款的“合理期间”未作统一规定，应根据借款合同的目的、金额等具体情况，由借贷双方协商确定，当事人协商不成而产生争议的，由人民法院或者仲裁机构根据借款目的、金额、利率高低、当地习惯等情况，综合认定贷款人催告所定期限是否称得上公平合理。

四、未按照约定期限或者根据本条规范所定期限还款的法律后果

借款一旦逾期，即发生借款人违约的法律事实，至少产生三个方面的法律后果：其一，贷款人债权的诉讼时效依法开始起算。为防止因为诉讼时效已满而丧失胜诉权，贷款人可以通过书面催告、提起诉讼等方式主张债权，以达到尽早收回借款、重新做成借款凭据以及中断诉讼时效等法律效果。其二，贷款人有权主张借款人按照合同约定就借款逾期承担支付违约金等违约责任。其三，贷款人有权要求借款人支付逾期利息。金融借款关系中，逾期利息由罚息和复利组成，根据《贷款通则》第32条的规定，“贷款人对不能按借款合同约定期限归还的贷款，应当按规定加罚利息”，罚息利率按照中国人民银行《关于人民币贷款利率有关问题的通知》第3条等规定确定。民间借贷关系中，存在大量的未按期还款现象，则需结合《民间借贷规定》第29条等法律、司法解释规定对逾期利息争议予以处理认定。

举证责任

根据《民事诉讼法》《民事诉讼法解释》等法律、司法解释规定，当事人

对自己提出的诉讼请求所依据的事实或者反驳对方诉讼请求所依据的事实，应当提供证据加以证明，但法律另有规定的除外。根据《民事诉讼法》第65条及《民事诉讼法解释》第90条、第91条等举证责任分配规定，实践中，贷款人依据本条主张借款人应就借款逾期承担支付逾期利息等违约责任的，应当举证证明双方存在合法有效的借款合同关系，并就还款期限承担举证责任。借款合同对还款期限未作约定或者约定不明且未达成补充协议的情况下，贷款人主张按交易习惯确定还款期限的，应当对双方当事人之间或者所在行业的交易习惯承担证明责任。借款合同对还款期限既无约定，亦无交易习惯可资适用的，贷款人应当举证证明已经通过适当方式催告借款人在合理期限内还款的事实。借款人提出抗辩的，应当承担相应的举证责任。

第六百七十六条【逾期利息】

借款人未按照约定的期限返还借款的，应当按照约定或者国家有关规定支付逾期利息。

历史由来

本条承袭自《合同法》第207条。在《合同法》施行之前，《借款合同条例》第16条规定："借款方不按期偿还借款，贷款方有权限期追回贷款，并按银行规定加收罚息。借款方提前偿还贷款的，应按银行规定减收利息。"《贷款通则》于第32条"贷款归还"中明确要求，贷款人对不能按借款合同约定期限归还的贷款，应当按规定加罚利息；对不能归还或者不能落实还本付息事宜的，应当督促归还或者依法起诉。《民法通则意见》第123条规定："公民之间的无息借款，有约定偿还期限而借款人不按期偿还，或者未约定偿还期限但经出借人催告后，借款人仍不偿还的，出借人要求借款人偿付逾期利息，应当予以准许。"在此基础上，《合同法》第207条首次从法律层面支持了逾期利息的支付，借款人未按约定期限返还借款的，应当按照约定或者国家有关规定支付逾期利息。在《民法典》起草过程中，有学者建议，在借款合同中对逾期利息没有约定的，将本条所称"国家有关规定"明确为中国人民银行公布的法定逾期还款利率，并明确逾期还款利息可以计算复利。[1]出于法律稳定性等综合考量，《民法典合同编（草案）》（一审稿）、《民法典合同编（草案）》（二审稿）、《民法典（草案）》仍然直接承袭《合同法》第207条之规定。

规范目的或功能

本条规范旨在明确借款人未按约定期限还款时应当承担支付逾期利息的法定义务。借款人未按期返还借款的，是严重的违约行为，会给贷款人的合法权益造成严重损害。在金融机构作为贷款人的情况下，借款人未按照约定的期限返还借款，就会影响金融机构资金的正常周转和放款能力，影响银行对实体经济的服务支持能力，大量的逾期贷款还可能引发银行资信降级、储户权益受损、国有资产流失等后果。在民间借贷关系中，借款人不按期返还借款，就会打乱贷款人正常的资金使用计划，造成贷款人生活经营困难，甚至引发大量“三角债”纠纷。借款人逾期还款严重违背诚信原则，若不从法律层面上明确借款合同逾期的法律责任，强化对贷款人出借资金的安全保护和权利救济，则可能诱发大量的社会道德风险，滋生社会不稳定因素。从法律层面规定借款逾期的逾期利息责任，也是各国民法典的共同规定。

本条规定的逾期利息支付责任，系在《民法典》合同编第八章“违约责任”有关规定的基础上，针对借款合同关系中逾期履行责任的具体化规定。本条规范既适用于金融借款合同，也适用于民间借贷合同。在金融借款合同关系中，银行等金融机构在订立借款合同时，一般都会与借款人就逾期利息等问题作明确约定；在民间借贷法律关系中，受缔约能力、当事人之间存在亲友关系等多种因素所致，经常出现合同对还款期限、逾期利息约定不明甚至未作约定的情况。借贷双方就逾期利息支付发生纠纷时，有明确、合法约定的，可以直接援引本条作为裁判规范，根据合同约定或者法律、行政法规、司法解释、金融规章有关规定来判定借款人的逾期利息支付责任。合同没有约定逾期利息或者约定不明的，在援引本条的同时，还应结合本法第510条、

---

① 参见梁慧星主编：《中国民法典草案建议稿附理由：合同编》（上册），法律出版社2013年版，第522页。

第577条、第675条以及行政法规、司法解释，特别是《民间借贷规定》的相关规则，判定借款人逾期还款的违约责任。

规范内容

本条规范对金融借款和民间借贷均应适用，理解上需要着重把握以下几个方面的内容：

一、如何认定借款人未按期返还借款

逾期还款是金融借款合同和民间借贷合同中最常见的纠纷之一。所谓逾期还款是指借款期限届满后，借款人没有履行或者没有完全履行还款义务，前者是全部借款均构成逾期，后者是未还部分借款构成逾期。贷款人主张逾期还款的违约责任，前提应当是借款人在借款期限届满之后仍未还款。因此，在援引本条规范时，首先应当适用本法第675条之规定来确定应当返还借款的期限，即首先应当依据双方当事人在借款合同中的约定确定返还本金的期限，如果借款合同无约定或者约定不明的，可以签订补充协议；不能达成补充协议的，按照合同相关条款或者交易习惯确定还款期限；按照合同相关条款或者交易习惯仍不能确定的，贷款人可以随时催告借款人返还，但应给借款人合理的准备时间，经过合理催告期届满日为借款人的还款期限。同时，实践中还应注意，在贷款人采取拒不见面、临时变更收款地点等方式制造履行障碍，故意造成借款人返还借款逾期进而主张逾期利息的情况下，应综合审查借款人是否在期满前使资金处于可收取状态、是否依法提存等履行事实，对借款返还是否构成逾期进行公平认定。

二、逾期利息的法律性质

分析本条“应当按照约定或者国家有关规定支付逾期利息”的表述用语可知，逾期利息的支付并不以借款合同有约定为前提，即使无约定，贷款人仍然有权要求未按期还款的借款人支付逾期利息；也不以合同对期内利息有约定为前提，即使是无息借款，贷款人仍可主张逾期利息。因此，逾期利息具有法定性，亦可称为法定迟延罚息。关于逾期利息的法律性质，理论和实

践中存在争议，有认为属违约损失赔偿的，亦有认为属违约金的观点。我们认为，对逾期利息的性质，应当区分借款合同的不同情形作出具体认定。根据《民法典》合同编第八章有关规定，违约责任的承担有继续履行、采取补救措施、赔偿损失、支付违约金和定金责任等方式，其中继续履行、赔偿损失、支付违约金三种责任形式可适用于借款逾期情形。逾期利息究竟属于违约金还是损失赔偿，取决于当事人的合同约定。

《合同法》施行之后，我国法上的合同违约金在性质上调整为约定违约金，即适用违约金作为违约责任的前提是合同对违约金有约定。在借款合同对逾期利息有约定，特别是既约定了逾期利息的支付还约定了逾期利率的情形下，逾期利息的数额按照借款合同即可明确，逾期利息实际上就具有本法第585条所称违约金的性质。若借款合同对逾期利息没有约定，或者虽约定了支付逾期利息但未约定逾期利率，逾期利息则无法按照当事人合同约款予以确定，而应按照"国家有关规定"计算，其计算方式和具体数额并非合同当事人约定，则不宜牵强解释为违约金，而应定性为对贷款人未能按期收回借款的资金利息等损失赔偿。

三、逾期利率的确定规则

借款合同对逾期利率有约定的，即应按当事人的约定进行处理。金融借款合同一般都会按照中国人民银行《人民币利率管理规定》等有关规章要求，约定逾期利息按照原借款利率上浮30%至50%计算罚息，并约定对逾期支付的利息记收复利。部分民间借贷合同也对逾期利率作有约定，可资计算逾期利息。但为防止借款合同特别是民间借贷合同对逾期利率约定过高而异化为高利放贷，借款合同约定的逾期利率必须受到利息法定限额的限制。就金融借款而言，利息法定限额按中国人民银行规定的金融机构计收逾期贷款利息标准执行。就民间借贷而言，根据《民间借贷规定》第29条规定，借贷双方对逾期利率的约定以不超过中国人民银行授权全国银行间同业拆借中心每月20日发布的一年期贷款市场报价利率（LPR）的4倍为限。

更重要的问题在于，借款合同未作约定时，如何按照"国家有关规定"支付逾期利息？就金融借款合同来讲，按照最高人民法院《关于逾期付款违约金应当按照何种标准计算问题的批复》规定，对于合同当事人没有约定逾期付款违约金标准的，人民法院可以参照中国人民银行规定的金融机构计收逾期贷款利息的标准计算逾期付款违约金。该批复虽经最高人民法院《关于修改〈最高人民法院关于逾期付款违约金应当按照何种标准计算问题的批复〉的批复》修改，但前述利息标准仍获保留。现行“中国人民银行规定的金融机构计收逾期贷款利息的标准”为中国人民银行《关于人民币贷款利率有关问题的通知》第3条之规定，借款人未按期还款者，罚息利率为借款合同载明的贷款利率水平上加收30%至50%，从逾期之日起按罚息利率计收利息直至清偿本息为止。就民间借贷合同来讲，本条所称“国家有关规定”则主要指最高人民法院有关司法解释所作的规定。按照《民间借贷规定》第29条的规定，民间借贷合同既未约定借期内利率，也未约定逾期利率或者约定不明的，贷款人可以主张借款人自逾期还款之日起承担违约责任；民间借贷合同约定了借期内利率，但未约定逾期利率或者约定不明的，贷款人可以主张借款人自逾期还款之日起按照借期内利率支付资金占用期间的利息，但年利率不得超过合同成立时一年期贷款市场报价利率的4倍。

四、逾期利息与违约金、其他费用之关系

逾期利息与违约金均为承担违约责任的方式，虽然当事人明确约定逾期利率的逾期利息实际上具有违约金性质，某些名为违约金的约定实际又系关于逾期利息的约定，但二者终究属两个不同的概念。逾期利息系针对借款合同的特别规定，着眼于“利息”，用利息衡量资金成本和损失，具有法定性，即使当事人没有约定，贷款人仍然可以按照本条规定主张；而违约金则系当事人约定的履行担保，目的在于督促债务人履行合同义务。法律上并未禁止逾期利息和违约金的同时适用。逾期利息和违约金、其他费用并存时，贷款人可以一并主张或者分别主张，但不得超过法定限度。特别是民间借贷关系中，按照《民间借贷规定》第30条规定，逾期利息、违约金、其他费用总额超过合同成立时一年期贷款市场报价利率4倍这一高限标准的部分，法院不予支持。

五、本条所指“逾期利息”与《民事诉讼法》第253条所指“迟延履行利息”之关系

根据产生法律依据不同，利息可分为实体法上的利息和程序法上的利息两大类。本条所指逾期利息系依据《民法典》产生，与借款期内利息同属于实体法上的利息。根据《计算迟延利息解释》的规定，按《民事诉讼法》第253条规定加倍计算之后的迟延履行期间的债务利息，包括迟延履行期间的一般债务利息和加倍部分债务利息，借款合同期内利息和逾期利息属一般债务利息范畴，根据生效法律文书确定的方法计算；加倍部分债务利息则属于程序法上的利息，计算方法为“债务人尚未清偿的生效法律文书确定的除一般债务利息之外的金钱债务×日万分之一点七五×迟延履行期间”。即是说，逾期利息与加倍部分债务利息各自计算、互不影响。但需特别注意，根据本法第561条规定，借款人的给付不足以清偿全部债务时，除当事人另有约定，逾期利息应先于主债务受偿；而根据《计算迟延利息解释》第4条的规定，借款人的财产不足以清偿全部债务的，除当事人另有约定外，应当先清偿生效法律文书确定的金钱债务，再清偿加倍部分债务利息。

举证责任

根据《民事诉讼法》第65条及《民事诉讼法解释》第90条、第91条等举证责任分配规定，贷款人若欲向借款人主张支付逾期利息，应在举证证明双方存在借款合意、已实际提供借款等基本事实的基础上，就借款人逾期未还款或者还款逾期等要件事实承担举证责任。借款人提出借款债权已因实际履行、债务抵销、提存等原因而消灭且还款并未逾期，或者借款合同虚假、不法、未实际履行，或者逾期利息、违约金、其他费用超过国家强制规定的上限等抗辩主张的，应当承担相应的举证责任。法院应当结合本法第510条、第577条、第579条、第583条、第584条、第675条以及《民间借贷规定》第29条、第30条的规定，综合审查当事人所举证据，对逾期利率作出公平认定，并注意严格把握合同成立时一年期贷款市场报价利率4倍的高限标准。

第六百七十七条【提前还款的利息计算】

借款人提前返还借款的，除当事人另有约定外，应当按照实际借款的期间计算利息。

历史由来

本条源自《合同法》第208条，仅在用语上将“偿还”一词修改为“返还”。《合同法》施行之前，中国人民银行于1996年6月28日颁布的《贷款通则》第32条规定，借款人提前归还贷款，应当与贷款人协商。但该规定只适用于“在中国境内依法设立的经营贷款业务的金融机构”发放贷款，而且只规定借款人与出借人协商提前归还贷款，并未明确借款人提前归还借款后的利息计算问题。此后，中国人民银行于1999年颁布的《人民币利率管理规定》第26条规定：“借款人在借款合同到期日之前归还借款时，贷款人有权按原贷款合同向借款人收取利息。”《合同法》第208条则明确规定了“借款人提前偿还借款的，除当事人另有约定外，应当按照实际借款的期间计算利息”。《民法典》起草过程中，有学者提出将《合同法》第208条分为有息借款和无息借款两种情形，对有息借款规定为：借款人应当支付利息的定期借款合同，借款人提前返还借款的，应当按照实际借款的期间计算利息，但当事人另有约定的除外。对无息借款规定为：不支付利息的定期借款合同，借款人可以提前返还借款。[①]出于法律稳定性、社会知晓度、修改必要性等综合考量，《民法典合同编（草案）》（一审稿）、《民法典合同编（草案）》（二审稿）、《民法典（草案）》均沿用《合同法》第208条之规定，仅将“偿还借款”改为“返还借款”，以与本法第667条、第670条、第674条、第675条、第676条中相关表述保持一致。

规范目的或功能

本条规范旨在明确借款人提前返还借款时利息的计算规则。借款合同的

---

① 参见梁慧星主编：《中国民法典草案建议稿附理由：合同编》（上册），法律出版社2013年版，第524—526页。

履行期限是借款合同的重要约款，直接决定着借款人可以使用资金的时间长短，对合同约定利率和其他费用也有重要影响。在借款合同中，一般对借款偿还期限都有明确规定，借款人应当按照约定期限履行。通常情况下，借款人在期限届满时才会偿还借款，但实践中也有部分借款人可能会产生提前返还借款的需求，比如借款人通过其他途径回笼资金，通过其他融资途径以更低利息获得了借款，又如借款人对原生产、生活计划作出重大调整，这些时候借款人就会希望提前偿还借款以节省利息。但以金融机构为代表的贷款人可能认为，提前还款会扰乱其资金安排计划，导致预期利息收益减少，主张借款人应当赔偿因资金闲置而造成的利息等损失。故为平衡借贷双方权益，需从法律上明确借款人提前返还借款时借贷双方的权利义务关系。

金融借款合同中，借款人提前返还借款有助于降低借款人的融资成本，亦有利于防范银行业自身风险，提高资金使用效率，更好地服务实体经济发展，更符合银行业和国家长远利益的需要。民间借贷合同中，借款人提前返还借款的，能够提前保障贷款人的资金安全，减少借款人的经济负担，有利于社会诚信体系建设。故，法律在制度设计上应当鼓励借款人提前返还借款。依据本条的规定，对于借款合同应当按照以下原则确定双方的权利和义务：如果当事人在合同中对提前返还借款有约定的，按照约定计算利息或补偿损失；如果当事人在合同中对提前返还借款没有约定的，借款人可以提前返还借款，并按照实际借款期间计算利息。

规范内容

本条主要解决的问题在于，借款人是否有提前返还借款的权利？如若当事人在借款合同中对提前偿还借款问题作有明确约定，应当如何处理提前还款行为与合同相应约款的关系？特别是对于有息借款合同，借款期限长短会直接决定最终需支付的利息金额，借款人提前返还借款时，应当按照多长期限、何种利率来支付利息？

一、提前还款的事实认定

若欲判断借款人是否构成提前返还借款，首先需确定借款合同的借款期限。借款期限是判断借款人是否构成提前返还或者迟延履行的时点，对于违约责任是否成立等问题处理具有重大意义。按照本法第675条之规定，借款期限的确定，应当依次按照合同明确约定、补充协议约定、合同整体解释结论、交易习惯等途径进行判断。按照前述方式仍不能确定还款期限的，借款人可以随时返还，借款人返还借款之时即意味着期限届至，不属提前返还；贷款人可以催告借款人在合理期限内返还，则此合理期限就相当于借款人的履行期限，借款人若在该期限之前返还借款，亦可能出现提前返还借款的问题。

二、提前还款行为的法律性质

借款合同法律规则对履行时间的表述均为"期限"。本法第674条规定，借款人应当按照约定的期限支付利息；第675条规定，借款人应当按照约定的期限返还借款。所谓期限，是指在限定的最后时限内的一段时间，即为一时段内的任意时间，而非某一固定日期。那么，借款人的还款日期可以是履行期限届满前的任意一天，既可为借款还款合同生效后的第一天，也可为履行期限届满之日。依据民商法一般原理，在债务人提前履行未到期债权的情况下，若期限利益专为债务人设定，则债务人可以放弃期限利益而提前清偿；若期限利益专为债权人设定，则债务人不得提前清偿，否则债权人可以拒绝受领。本法第530条第1款规定："债权人可以拒绝债务人提前履行债务，但是提前履行不损害债权人利益的除外。"该条所规定的"不损害债权人利益"，系指期限利益专为债权人设定的情形。因此，借款人提前返还借款，应属按照合同约定提前履行的合法行为。

有观点认为，借款人有义务按照合同约定分期支付利息，借款人提前返还借款，那么贷款人无法收取后续利息。贷款人特别是银行等金融机构将因提前还款而减少借款的预期利息收益，预期利息收益减少的结果与提前还款存在因果关系，因此，借款人提前还款的性质属于合同违约，贷款人有权主张借款人承担违约责任。但从借款合同本质分析，提前还款并无违法性，贷款人以预期利息收益减少为由主张违约责任的观点并不能成立。主要理由如下：

1.在无息借款合同中，借款人提前还款行为不应认定为违约。金融借款合同中，无息借款又被称为无息贷款，是指银行或其他金融机构按一定利率和必须归还等条件出借货币资金，其中利率在约定条件下或由银行免费或由政府等机构承担。在无息借款合同中，借款人只负有偿还本金的义务，贷款人无权收取利息，所以此时的借款期限完全是为了借款人的利益而设，借款人提前返还借款无损于贷款人的利益，还有利于贷款人回笼资金，避免承担借款人丧失履行能力的风险。因此在无息借款中，应当允许借款人提前返还借款，也不具有违约性。

2. 在有息借款合同中，借款人提前还款行为不宜认定为违约。对于有息借款合同提前返还借款的问题，可以区分金融借款合同和民间借贷合同分别讨论。金融借款合同中，提前还款并不损害银行利益，主要理由包括：第一，随着利率市场改革的不断深入推进，各家银行都有较强的风险管理手段，可以根据贷款市场情况合理预测并提前设计贷款资金的运作模型，遇有借款人提前还款时，银行可以及时将资金投放给新的客户收取利息，并不必然导致银行可期待利息收益的减少。第二，借款人提前还款给银行增加的物力、人力成本，属于银行经营过程中应当承担的商业成本，而不应将银行自身应负的运作成本和商业风险认定为法律意义上的银行的可期待利益。第三，借款人提前返还借款有助于增强银行资金流动性，降低银行的信贷风险，对促进银行业健康发展，更好地服务实体经济发展有重大意义。因此，在金融借款合同中，借款人提前返还借款并不导致银行利益受损，不宜认定为借款人违约。

民间借贷合同中，提前还款亦不损害贷款人的利益，主要理由包括：第一，贷款人与借款人之间主要为亲友、同学或生意合作伙伴关系，借款目的有互帮互助的性质，借款人具备提前还款能力时，原借款目的已经达到，不应将实际借款期间以外的利息认定为可期待收益。第二，贷款人通过及时调整资金使用计划，并不会发生资金长期闲置，可以满足贷款人生产生活需要，故借款人提前返还借款亦不会导致贷款人的利益受损。第三，借款人提前返还借款能够尽早地保障贷款人的资金安全，避免贷款人承担借款人履行不能的风险。综上所述，在民间借贷合同中，借款人提前返还借款并不导致贷款人利益受损，不宜认定借款人违约。

3. 提前还款有积极的社会意义。面对复杂的国际、国内环境，当前我国经济下行压力加大，部分企业经营困难，导致银行不良贷款逐年增多，信贷风险虽整体可控但仍不容忽视。同时，由于金融和法律体系不够健全，民间借贷无序发展，因民间借贷引发的审判、执行案件逐年上升，这当中还有很大一部分案件的借款人丧失履行能力，贷款人的合法权益难以实现，引发社会广泛关注。相对于逾期还款甚至逾期不还，借款人提前还款是诚实守信的表现，应当鼓励和提倡，对社会诚信体系建设有重要的推进作用。如果法律将提前还款定性为合同违约，则与社会主义核心价值观相悖。同时，提前还款还可增加银行资金的流动性，促进银行信贷资金流向更有需要的企业，更好地服务实体经济发展，促进国民经济平稳健康发展。

三、当事人关于提前还款所作合同约定的法律性质

本条规定“除当事人另有约定外”，意在明确当事人对提前返还借款事项若有约定则按约定处理。实践中，金融借款合同一般都会对提前返还借款作出约定。以住房贷款为例，银行在格式合同中会根据借款期限，约定提前返还借款时承担违约金的方式。各家银行对提前返还借款的处理规则不尽相同，有的按照提前返还借款额的1%至3%收取违约金，有的按照提前返还借款额1个月至6个月的利息收取违约金，总体原则是已还借款时间越长、剩余期限越短，收取违约金的数额越低，贷款偿还利息达一定年限以后，就不再收取违约金。同时，提前返还借款往往也反映出借款人信用良好，银行为吸引更多的信用良好的优质客户贷款，一般会根据市场环境出台一些针对提前还款的减收或者免收违约金的优惠政策，如专门约定每年在一定比例下的提前还款可以免收违约金。民间借贷合同中，部分企业与企业之间、企业与自然人之间的借款合同对提前还款的利息规则亦作有约定，但自然人之间借款合同对提前还款作限制性约定的情况比较少见。

借款合同对提前还款时的利息支付等事项所作约定，属于双方当事人合意，基于合同自由原则，原则上应承认这种约定的效力，应当按照约定确定借款合同当事人的权利与义务。但正如上文所述，借款人提前还款，虽然单方变更了借款期限，但属于值得倡导的合法行为，不应认定为合同违约。那么，借款合同关于提前还款的利息支付等约定，其法律性质上不应认定为“违约责任”约款，而应当认定为“合同变更”的约定条款。依据本法第530条第2款规定，债务人提前履行债务给债权人增加的费用，由债务人负担。借款人提前返还借款给贷款人造成的人力成本和管理费用，借款人应予支付，但这种费用是基于公平原则对贷款人的合理补偿。即使合同约定表述的名目

是“违约金”，也并非真正意义的合同法违约责任中的违约金，而是因借款期限变更对贷款人的费用补偿，且这种补偿应当有一个合理的计算标准。实践中，贷款人以其在订立借款合同时的优势地位，为尽可能多地获取利益，往往在合同中约定较苛刻的提前还款利息支付条款。例如，银行通常即以格式合同或者格式条款对提前还款约定高额“违约金”，借款人若不接受则不能取得所申请的贷款。此类合同约定很难称得上公平合理，需要通过进一步深化金融市场改革、强化融资市场竞争来解决。同时，借款人认为合同对提前还款的利息支付约定过分不公的，可向法院主张该约款无效或降低补偿金额。

四、提前还款的法律后果

本条规定既适用于金融借款合同，也适用于民间借贷活动。贷款人的合同主要义务是足额提供借款，借款人的合同根本权利是足额领受和使用借款。借款利息是以借款本金为基数按约定或者法定利率计算的孳息，属于借款人完全支配和使用借款本金所承担的对价，是借款人将借款本金运用于生产经营所创造经济效益一部分利润转移给贷款人。货币实际出借之日起开始生息，货币实际归还之日就应停止计息。借款人提前返还借款时，实际支配款项的时间所能创造的经济收益原则上少于原合同约定，如果按照原合同约定的最后期限计算利息，显然违背借款合同的本质特征，侵害了借款人基于借款合同应有的根本利益。因此，借款人应当按照实际借款的期限计算和支付利息，并应注意以下问题：

1.提前返还借款的利率确定规则。借款合同特别是金融借款，往往针对不同的借款期限实行差别利率，长期借款的利率原则上高于短期借款。例如，2020年4月20日全国银行间同业拆借中心授权公布贷款市场报价利率（LPR）为：1年期LPR为3.85%，5年期以上LPR为4.65%。借款人提前还款虽然可能导致约定的长期借款变为实际的短期借款等情况，但借款利率仍应按照原合同约定的合法利率计算利息，借款人不能仅以还款提前为由主张调整利率标准。其理由在于，借款利率、借款期限均系借贷双方自愿平等协商的一致意思，提前还款只能视作借款人单方对借款期限的变更，而不能解释为对借款利率的单方或者合意变更。如果双方协商同意调整利率标准，应当认为属于双方达成了变更合同利率约款的补充协议。

2.借款人提前偿还部分借款后的利息认定。实践中借款人可能只提前返还了部分借款，并未全部返还，将对借款合同的计息期限和金额产生影响。计算时应结合实际情况分段处理，第一段计息本金为最初实际借款金额，其他时段则在本金中相应扣减已还本金。另需注意，借款人提前还款但不足以清偿全部借款本息，又未指明究竟系还本金还是利息的，除当事人另有约定，应根据本法第561条，按实现债权的有关费用、利息、本金的顺序作抵充清偿。

举证责任

根据《民事诉讼法》第65条及《民事诉讼法解释》第90条、第91条等有关举证责任分配的规定，贷款人依据本条规定和合同相应的约定，要求借款人承担提前还款的“违约金”或者费用补偿的，应当就借款期限、合同关于提前还款的利息支付约款、借款人提前还款的事实承担举证责任。如果借款合同对提前还款的利息计算未作约定或约定不明的，贷款人只能要求借款人支付实际借款期间的利息。借款人如果抗辩借款合同约定的提前还款的利息计算、损失赔偿过高，有违公平原则的，应当对提前借款的金额和日期进行举证，贷款人应当对其所受损失进行举证，法院可以根据案件实际情况调减补偿金额。如果借款人以格式条款未尽提示说明义务为由，主张借款合同关于提前还款计收“违约金”“补偿损失”等条款无效的，贷款人应就已作充分提示和说明承担举证责任。

第六百七十八条【借款展期】

借款人可以在还款期限届满前向贷款人申请展期；贷款人同意的，可以展期。

历史由来

本条源自《合同法》第209条。《合同法》施行之前，《贷款通则》第12条规定：“不能按期归还贷款的，借款人应当在贷款到期日之前，向贷款人申请贷款展期。是否展期由贷款人决定。申请保证贷款、抵押贷款、质押贷款展期的，还应当由保证人、抵押人、出质人出具同意的书面证明。已有约定的，按照约定执行。短期贷款展期期限累计不得超过原贷款期限；中期贷款展期期限累计不得超过原贷款期限的一半；长期贷款展期期限累计不得超过3年。国家另有规定者除外。借款人未申请展期或者申请展期未得到批准，其贷款从到期日次日起，转入逾期贷款帐户。"《合同法》第209条从法律层面规定："借款人可以在还款期限届满之前向贷款人申请展期。贷款人同意的，可以展期。"但《合同法》对借款展期的期限限制不再规定，交由当事人自由协商。《民法典合同编（草案）》（一审稿）、《民法典合同编（草案）》（二审稿）直接承袭《合同法》第209条之规定，《民法典（草案）》则将"借款人可以在还款期限届满之前向贷款人申请展期"与"贷款人同意的，可以展期"两句话之间的连接标点由句号修改为分号。

规范目的或功能

本条系关于借款展期的规定。按照约定期限返还借款本金和支付利息是借款人的主要义务。但在实际生活中，存在大量因诸多因素导致借款人需要继续使用借款资金，或者不能按照借款合同约定的借款期限返还借款。比如，全国在2020年受新冠病毒肺炎疫情影响，从事餐饮、婚庆、健身等行业的客户不同程度地出现阶段性还款困难，这些借款人本身虽有良好的还款意愿，但迫切希望通过延期或者分期还款计划，缓解暂时的生产经营困难。如果严格按照合同既有约定强制催收借款，反而可能导致借款人资金断裂，造成信贷风险和社会风险。贷款人在对借款人的还款能力进行评估后，与借款人达成延期或者分期还款计划，可以促进借款人还贷能力提高，既能降低贷款人自身的资金风险，也能更好地促进借款人生产发展。

依据本条规定，借款人申请展期的，应当在还款期限届满之前向贷款人提出申请。贷款人根据借款人的申请，对借款人不能按期偿还借款的情况进行调查，对于符合展期条件的，贷款人与借款人协商确定延期或者分期还款计划。在借款人有保证人提供担保的情况下，贷款人如果要求保证人继续承担保证责任，还应当征得保证人同意。根据担保法律规定，保证期间，债权人与债务人协议变更主合同的，应当取得保证人书面同意，未经保证人书面同意的，保证人不再承担保证责任。故因借款展期使原合同的履行期间延长，只有经保证人同意，保证人才对展期后的借款承担保证责任，否则，保证人对延期后的债务不再承担保证责任。

本条规定的借款展期与本法第676条规定的借款逾期，均属合同约定履行期限届满时不能返还借款和支付利息。但借款展期和借款逾期有以下三个方面不同：一是行为性质不同。借款展期是借款人在借款到期无法按时返还而主动向贷款人申请延期返还借款的行为，属于合同变更行为；借款逾期则是借款人在借款到期后未按规定及时返还借款的行为，属于合同违约行为。二是行为成本不同。如果申请借款展期成功，那么在借款展期期间，一般不会额外增加借款利息成本；但借款逾期是从逾期次日始计算罚息、复利或者违约金，且借款机构罚息往往系按倍计算。三是行为影响不同。一般来说，借款展期也可能会让借款机构对借款人的还款能力产生质疑，但相对于借款逾期而言，仍然体现出借款人良好的还款意愿；而借款逾期将会被记录在借款人征信报告之中，将会直接形成不良记录，这对借款人以后申请借款产生了重大影响。因此，借款展期与借款逾期在法律上是性质和影响有实质性区别的两个概念。

规范内容

一、借款展期的法律性质

展期是指把预定的日期往后推迟或延长，合同展期即为将合同约定履行义务的期限往后推迟或者延长。具体到借款合同，借款展期是指借款人不能按期归还借款，在借款期限届满之前，经过与贷款人协商并经贷款人同意，推迟或者延长借款合同还款期限，使借款人得以继续使用借款。《合同法》遵循意思自治原则，在当事人协商一致的情况下，当事人可以自由变更合同，根据这一原则，借款人可以在借款期限届满前向贷款人申请展期，贷款人同意的，可以展期。如前所述，借款展期的实质是合同履行期限的变更。

依据本法第543条的规定，当事人协商一致，可以变更合同。根据合同变更的一般原理，借款展期通常可以按下列程序办理：（1）借款人应当在还款期限届满之前向贷款人提出展期的申请；（2）贷款人对借款人提出的借款展期申请进行复核和调查；（3）对于符合借款展期条件的，双方进一步协商展期期限的具体内容，并签订展期协议。展期协议未达成之前或者贷款人作出同意展期意思表示之前，原借款合同仍然有效，借款人应当按照原借款合同的约定履行合同义务，按期归还借款，否则构成逾期还款违约行为，应当依法承担违约责任。

借款展期制度对持续用资需求强烈的借款人有重大经济意义，但也会放大借款资金安全风险。特别是在金融借款合同中，如果对那些具备偿债能力的企业拒绝借款展期，可能导致企业资金链断裂，影响经济发展，并形成信贷风险，有违金融服务实体经济的业务原则；如果对那些资不抵债、缺乏发展能力的企业，不提起诉讼或破产清算，反而以借款展期的形式持续“输血”，企业将成为该退出却未退出市场的僵尸企业。因此，金融机构应当不断完善借款展期的内部管理规定，对于借款人因产品市场行情变化以致暂时性经营困难，因项目建设工期延期以致不能按期交付投产，因不可抗的灾害（如地震、暴发疫情等）或者意外事故以致生产经营困难，因期限过短以致不能适应正常生产经营周期需要等诸种情况，通过借款展期或者调整分期履行计划有助于解决暂时性财务困难的，金融机构应当同意协商展期。对于不按约定用途使用贷款，故意转移资产逃避偿还借款，产品无市场导致严重亏损，卷入重大诉讼纠纷等其他严重违约行为的，为避免借款展期带来更大风险，则应慎重乃至拒绝借款展期。

二、“以贷还贷”的性质认定

“以贷还贷”亦称借新还旧，是指借款人向银行借款，用于清偿先前所欠同一银行借款的行为。贷款人与借款人约定以新贷款偿还旧贷款时，原借款合同履行完毕，还本付息的义务消灭，已不属合同变更范畴。因此，“以贷还贷”不属借款展期，而属双方另订新的合同。其后债务的履行、不履行以及诉讼时效等，均按照新借款合同确定，担保人基于原借款合同承担的担保责任亦归于消灭。“以贷还贷”虽然已经被相关金融规章和信贷实务所认可，但在实际生活中，仍然存在诸多不规范的操作行为，容易引发纠纷和风险。比如，有的银行信贷部门在借款人贷款到期时，采取违背操作规章的“倒贷”方式，即通过与借款人串通，重新制作虚假借款凭证，更改账目的方式虚构还款和借款，这种“倒贷”行为不仅会增加信贷风险，还可能会侵犯第三人合法权益。又如，有部分借款人在借款到期时，通过借用高利息的“过桥资金”偿还银行借款，然后想方设法通过银行借款来偿还“过桥资金”，一旦银行停止对借款人放贷，借款人就会迅速陷入资金链断裂困境，引发更大的经营风险。

三、借款展期的法律效果

为明确当事人权利和义务，预防和解决借款展期可能带来的纠纷，借款展期协议应当适用本法第668条规定，原则上应当采用书面形式，但自然人之间借款另有约定的除外。借款展期一般会引发借款期限、利率、保证责任等方面的法律效果。

（一）借款展期的期限

就民间借贷合同来讲，借款展期期限由合同当事人协商约定。就金融借款合同来讲，根据《贷款通则》第12条规定，短期贷款（1年以内，含1年）展期的期限累计不得超过原借款期限，中期贷款（1年至5年）展期的期限累计不超过原借款期限的一半，长期借款（5年以上，不含5年）展期的期限累计不超过3年。《个人贷款管理暂行办法》第39条第2款规定，1年以内（含）的个人贷款，展期期限累计不得超过原贷款期限；1年以上的个人贷款，展期期限累计与原贷款期限相加，不得超过该贷款品种规定的最长贷款期限。《流动资金贷款管理暂行办法》第35条规定，流动资金贷款需要展期的，贷款人应审查贷款所对应的资产转换周期的变化原因和借款人的实际需要，决定是否展期，并合理确定贷款展期期限，加强对展期贷款的后续管理。因此，在签订展期协议时，银行应结合上述金融规章规定，确定合理的展期期限。借款展期后，借款人可以继续使用借款，其期限利益得以延长，贷款人无权要求借款人在展期期限届满前返还借款，相对应的诉讼时效应当从借款展期期间届满之日起重新计算。

需特别注意的是，前述展期期限的限制规则并非法律、行政法规的强制性规范，并不直接影响借款展期协议的效力。即使借贷双方约定借款展期超过前述最长期限，根据最高人民法院《关于展期贷款超过原贷款期限的效力问题的答复》，对于展期贷款的期限不符合中国人民银行颁布的《贷款通则》的规定，应否以此认定该展期无效问题，根据我国法律规定，确认合同是否有效，应当依据我国的法律和行政法规，只要展期贷款合同是双方当事人在平等、自愿基础上真实的意思表示，并不违背法律和行政法规的禁止性规定，就应当认定有效。

（二）借款展期的利率

金融借款合同中，借款展期后利率要根据展期期限长短决定。借款到期后银行同意展期的，借款期限累计计算，如果累计贷款期限达到新的年化利率期限档次，从贷款展期之日起按新的期限档次对应年化利率计息；如果累计贷款期限未达到新的年化利率期限档次，仍应按照原借款合同约定利率计息。需要调整利率的，当事人应在展期还款协议中明确，避免产生不必要的争议。民间借贷合同中，借款展期利率由合同当事人协商约定。

（三）借款展期的保证责任

借款展期变更了借款人履行债务的期间，使得合同原定借款期限延长，显然属于变更借款合同的行为。贷款人若要求保证人继续承担保证责任，应当取得保证人同意，与保证人重新签订保证合同，或者由保证人同意借款展期的书面证明。未经保证人书面同意的，并不必然导致保证人免除担保责任的法律后果，保证期间为原合同约定的或者法律规定的期间，保证人仍应当在原保证期间内承担责任。

（四）借款“逾期”与“展期”交织

因生产生活中的各种不确定风险随时发生，无论是在金融借款还是民间借贷中，借款人逾期还款都时有发生。在运用本条规范时，不能机械地认为只有在原还款期限届满前达成的展期协议才有效。借款展期的目的是给予借款人宽限期，促进借款人还贷能力提高，防范可能出现的信贷风险。借款逾期后达成的展期协议，依然体现了借款人主动还款意愿，对提高借款人还贷能力，防范信贷风险仍有积极意义。故对本条应作目的性扩张解释，当事人在借款期限届满后签订的展期协议，仍应当认定为有效。原借款期限届满后至借款展期协议订立前的时间段，则仍属逾期，贷款人有权向借款人主张逾期利息、违约金或者其他损失，但双方当事人约定展期协议效力追溯到原借款合同期限届满之日的除外。

（五）重新出具债权凭证的性质认定

在民间借贷关系中，借款人不能按期偿还借款时，当事人往往采取重新出具借条、欠条、结算协议等债权凭证的方式来达到借款展期之目的。新的债权凭证出具之前和之后的借款关系存在相承性，原借款合同的债权债务也一直处于存续状态。重新出具债权凭证的实质，是对原借款合同本息进行结算，对履行期限进行变更。因此，重新出具债权凭证的法律性质属于借款展期。同时，《民间借贷规定》第28条明确规定："借贷双方对前期借款本息结算后将利息计入后期借款本金并重新出具债权凭证，如果前期利率没有超过合同成立时一年期贷款市场报价利率四倍，重新出具的债权凭证载明的金额可认定为后期借款本金。超过部分的利息，不应认定为后期借款本金。按前款计算，借款人在借款期间届满后应当支付的本息之和，超过以最初借款本金与以最初借款本金为基数、以合同成立时一年期贷款市场报价利率四倍计算的整个借款期间的利息之和的，人民法院不予支持。"可见，最高人民法院的态度是将重新出具债权凭证纳入原借款合同一并评判，也说明应将重新出具债权凭证定性为合同展期。依据该条规定，重新出具债权凭证可以将前期利息计入后期本金，实质上对民间借贷的变相复利予以认可，以此督促借款人及时还款。同时，最高人民法院继续执行更严格的本息保护司法政策，明确要求整个借款期间的利息之和不得高于合同成立时一年期贷款市场报价利率4倍（以最初借款本金为基数），也体现了对民间借贷的国家干预。

三 举证责任

根据《民事诉讼法》第65条及《民事诉讼法解释》第90条、第91条等有关举证责任分配的规定，在借款合同关系中，贷款人主张借款人承担逾期利息等责任，需举证证明双方存在真实、合法的借款合同关系，且提供借款人逾期未还款或者还款逾期的证据，但借款人抗辩主张借款已展期而不构成逾期的，借款人应当对双方已就借款展期达成合意的事实承担举证责任。贷款人如果主张借款展期期间按照新的利率档次记收利息，还应就展期协议对借款利率变更的约定承担举证责任。借款人以借款展期期间的利率高于司法机关保护的最高上限提出抗辩的，借款人应当就已经实际返还借款本息的金额和具体时间承担举证责任。人民法院应当根据借款合同的约定、借款人偿还本金和本息的时间，评判贷款人所主张的实际利息是否超过了法定高限，对于超过的部分依法不予支持。另外，贷款人主张保证人对借款展期继续承担保证责任的，应当就借款展期已取得保证人同意的事实承担举证责任，否则保证人仅在原保证期间内承担保证责任。

第六百七十九条【自然人之间借款合同的成立】

自然人之间的借款合同，自贷款人提供借款时成立。

历史由来

本条系对《合同法》第210条规定修改而来，将“自然人之间的借款合同，自贷款人提供借款时生效”调整规定为“自然人之间的借款合同，自贷款人提供借款时成立”。《合同法》施行以前，《民法通则》第90条规定，合法的借贷关系受法律保护，认可了自然人之间借贷的合法性。最高人民法院《关于人民法院审理借贷案件的若干意见》第1条规定，公民之间的借贷纠纷，公民与法人之间的借贷纠纷以及公民与其他组织之间的借贷纠纷，应作为借贷案件受理，进一步明确自然人之间的借贷纠纷应归类为借贷案件处理。《合同法》在继承大陆法系传统民法原理基础上，于第210条规定：“自然人之间的借款合同，自贷款人提供借款时生效”。该法条表述将“贷款人提供借款”认定为合同的生效要件，与民法理论对实践合同的定义明显大有区别，容易产生争议。在关于实践合同的学理通说中，标的物之交付属于成立要件而非生效要件。在立法者看来，法律行为成立与否，属于事实判断问题；而法律行为是否生效，则属法律价值判断问题。本条将“贷款人提供借款”由自然人之间借款合同的生效要件修改为合同的成立要件，使得自然人之间的借款合同成为纯粹意义上的实践合同。

规范目的或功能

本条规范目的旨在明确标的物的实际交付，即贷款人提供借款，为借款合同的特别成立要件。自然人之间借款合同的实践性，体现的是对市场主体意思自治领域的国家干预。自然人之间借款合同要物性的进一步确立，意味着对自然人借贷行为的政府管制也进一步强化。本条将借款的实际提供从生效要件修改为成立要件，从管制合同生效提前到管制合同成立。

对自然人之间借款合同作此法条安排主要有以下理由：首先，自然人之间借款一般都具有无偿性、互助性的特点，对贷款人来说，其可能出于同情怜悯或是好意恩惠等原因，如果一个单纯的允诺即令其受法律约束，有违法律鼓励善意互助的本意，故立法特以“交付”为合同成立之强制要件，实质上是赋予贷款人一个任意反悔权，使其不至因情绪冲动、思虑欠周而遭受财产上的不利。其次，自然人之间的借款合同具有随意性的特点，双方当事人均为自然人，在缔约能力方面无法与专业金融机构相提并论，合同订立过程可能比较草率，合同订立形式也比较简单，在争议发生后很难确定双方当事人当时的真实意图。因此，本条将贷款人提交借款作为合同成立的标准，有利于减少不必要的纠纷，促进市场交易便捷。最后，通过进一步确定自然人借款合同的实践性，强化政府对民间借贷的规制力度，减少高利放贷、职业转贷、集资转贷、预扣利息等现象的发生，维护正常的金融和社会秩序。因此，在综合考虑本条伦理性和实践性的基础上，将借款合同确立为实践合同，给予了贷款人特别保护，有利于明晰当事人的权利和义务，减少不必要的纠纷，实现个人利益和公共秩序的合理平衡。

规范内容

一、自然人之间借款合同的实践性

实践合同与诺成合同的区分源自古罗马，前者指当事人意思表示一致基础上还需交付标的物才能成立的合同，后者指双方当事人意思表示一致即可成立的合同。消费借贷、使用借贷、寄托、质押等典型的实践合同多具有无偿性，当事人缔约的主要目的非为取得经济利益，乃基于相互信赖等特定关系或者为担保债务履行等特定目的。随着商品经济繁荣和社会分工细化，传统的实践合同立基的“特定关系”“特定目的”日益萎缩，继起的是越来越多的以获取经济利益为目的的专业化运作模式，越来越多的实践合同朝诺成化方向演进。作为大陆法系民法的典型代表，《法国民法典》采纳了实践合同与诺成合同的区分，但却基于贯彻合同自由原则的立法指导思想，将交付作为实践合同生效的要件而非成立要件；《德国民法典》则彻底舍去了实践合同与诺成合同的区分，而代之以相关具体规定。在我国合同法律制度中，保管合同、运输合同、质押合同等传统意义上的实践合同亦逐步诺成化。根据本条及本法相关规定，借款合同划分为实践合同与诺成合同两大类，自然人之间借款合同回归为纯粹的实践合同，其他借款合同原则上为诺成合同。质言之，自然人之间借款合同的成立，必须同时具备要约承诺一致、标的物交付两个要件。

将自然人之间借款合同作为要物合同的规则设计，实质上赋予了贷款人更多的合同自由。特别在无偿借款合同中，通过严格合同成立要件，使贷款人在合意达成之后借款交付之前有机会进一步慎重考虑是否成立借款合同，以充分保护贷款人的利益。但此种制度安排未对自然人之间借款合同根据无偿和有偿的情形予以区分，需司法过程中根据具体情况区别评价。如在实践中，有的自然人作为职业放贷人持有大量资金，通过向不特定的自然人提供资金赚取高额利息，出借行为具有反复性、有偿性、营利性等特点，其放贷行为表面上属自然人之间借款，实质却是职业放贷的商事行为。此类自然人应否享有任意反悔的权利，不无疑义。

二、对“提供借款时”的认定

借款合同的成立有着重要意义。合同成立是合同生效的逻辑前提。只有合同生效，一方当事人才能向另一方当事人主张按约履行义务，才会涉及违约责任的承担以及合同解除等问题。关于借款合同的成立时间，虽然本条规定“自贷款人提供借款时成立”，但该规定甚为笼统与原则。《民间借贷规定》

第9条在总结司法实践经验的基础上，将“贷款人提供借款”的履行事实作了类型化、具体化。法院在处理此类案件过程中应当把握实质，将借款控制权的实际转移作为判断贷款人是否实际提供借款、合同成立与否的依据。比如，以现金支付的，自借款人收到借款时合同成立；以银行转账、网上电子汇款等形式支付的，自资金到达借款人账户时合同成立；以票据交付的，自借款人依法取得票据权利时合同成立；出借人将特定资金账户支配权授权给借款人，自借款人取得对该账户实际支配权时合同成立。

三、对当事人另有约定的把握

实践中有观点认为，现行法律虽规定自然人之间的借款合同为要物合同，但当事人可以“另有约定”，将“借款的提供”从合同的成立要件合意变成合同的交付义务，将贷款人的“放款自由”合意变成合同项下的“放款义务”。我们认为，此种观点改变了本条对自然人之间借款合同要物性的规定，改变了贷款人的法律地位，违背了本条立法目的。若有此种约款，应属无效。当然，在合同自由的原则下，当事人可以另行约定借款的提供方式，如约定由指定的第三人向借款人交付借款。如果当事人有此类特殊的借款提供方式，法院可以从其约定，但借款合同的成立时间仍应是借款的实际提供时间。

四、对“合同成立”的理解

合同的成立和生效是两个相互联系而又彼此独立的概念。两者的联系表现在合同成立是合同生效的逻辑前提，合同生效是合同成立的后续结果。二者区别表现在诸多方面：(1)就所属阶段而言，合同成立属于合同订立阶段，不存在合同义务或责任的问题；而合同生效属于合同履行阶段，存在履行义务和违约责任问题。(2)就反映内容而言，合同成立属于合同订立范畴，是对合同存在与否的事实判断；而合同生效属于合同效力范畴，是对合同是否合法的价值判断。(3)就体现原则而言，合同成立体现的是合同自由原则；而合同生效体现的是国家干预原则。(4)就解释适用而言，合同的成立与否，可以适用合同的解释方法使之成立；而合同生效与否，不存在运用合同解释方法使无效合同转化为有效合同的可能性。

根据本法第502条规定，依法成立的合同，自成立时生效，但是法律另有规定或者当事人另有约定的除外。一般来讲，若无影响合同无效的其他情形，自然人之间的借款合同成立即生效。实践中，自然人之间的借款合同虽在贷款人实际提供借款之时成立，其法律效力却可能受到合同主体、合同标的、合同内容等诸方面因素影响，出现合同无效或者部分无效等情形。例如，合同主体存在瑕疵，贷款人被认定为职业放贷人的，借款合同将被认定为整体无效。次如，资金来源存在瑕疵，贷款人套取银行贷款高利转贷，或者集资转贷牟利的，借款合同也将被认定为无效。又如，利率约定存在瑕疵，合同约定利率超过国家法定高限的，那么利率超过国家限定部分的合同内容无效。再如，本金约定存在瑕疵，贷款人在本金中预扣利息的，则该预扣利息行为无效，法院将仅认定实际出借金额为本金。法院需要综合审查借款主体、资金来源、利率约定等内容，才能妥当作出合同有效、无效或者部分无效等判断。

五、违反本条的法律责任

本条规定弱化了自然人之间设立借款关系的一致意思的法律效力，要求此种合意必须与物的交付即提供借款相结合，才能引致合同成立，实质上赋予贷款人以在实际交付之前单方反悔的权利。贷款人实际提供借款之前，合同尚未成立，对当事人尚无法律约束力，借款是否交付应遵循自愿原则，贷款人不提供借款时，不会形成违约责任，借款人不能诉请法院强制交付，贷款人未按约定金额提供借款时，借款人亦无权要求按协商时的一致意思足额提供借款。但随着市场经济发展，自然人之间的有偿借贷越来越多，在有偿借贷中，对贷款人予以特别保护的理由难谓充分，对借款人信赖利益的完全忽略亦难称公平。为此，法院对贷款人未提供借款时应否承担责任宜审慎把握，尽可能平衡借贷双方的合法权益。对于自然人之间订立有偿借款合同，贷款人违背诚实信用原则故意不提供借款，导致借款人损失的，仍有成立缔约过失责任之可能。对于自然人之间订立无偿借款合同的，贷款人因自身财产状况恶化或者质疑借款人信用等原因，以不实际交付借款的方式变相撤回承诺的，既无道德上的可谴责性，亦无法律上的可归责性，故无需承担缔约过失责任。

举证责任

根据《民事诉讼法》《民事诉讼法解释》等法律、司法解释规定，当事人对自己提出的诉讼请求所依据的事实或者反驳对方诉讼请求所依据的事实，应当提供证据加以证明，但法律另有规定的除外。实践中，贷款人根据本条主张借款合同成立的，应当就自然人双方存在借款合意、已实际提供借款等主要事实承担举证责任，即提供借款合同、借据、收据、欠条等债权凭证，以及证人证言、电子数据等证据来证明借款合同已经成立和生效。借款人援引本条抗辩借款合同未实际成立，或者主张借款虽已提供但合同存在无效事由，或者要求贷款人承担缔约过失责任的，应当提供相应的证据予以证明。但法院还需结合原告主张、被告抗辩、借款金额、资金来源、交付方式以及当事人经济能力、交易习惯、财产变动等情况，对借款合同关系的真实性和合法性进行审慎分析认定。

第六百八十条【利率的确定规则】

禁止高利放贷，借款的利率不得违反国家有关规定。

借款合同对支付利息没有约定的，视为没有利息。

借款合同对支付利息约定不明确，当事人不能达成补充协议的，按照当地或者当事人的交易方式、交易习惯、市场利率等因素确定利息；自然人之间借款的，视为没有利息。

历史由来

本条规范系在整合《合同法》第204条、第211条规定的基础上，根据我国经济社会发展的新形势、新情况，吸收《民间借贷规定》第25条等司法解释规定，并合理调整法条表述，就借款合同利率问题制定体系化规则。在《合同法》施行之前，《经济合同法》第24条第2款规定：“贷款利率由国家规定，中国人民银行统一管理。”《民法通则意见》第122条规定：“公民之间的生产经营性借贷的利率，可以适当高于生活性借贷利率。如因利率发生纠纷，应本着保护合法借贷关系，考虑当地实际情况，有利于生产和稳定经济秩序的原则处理”；第124条规定：“借款双方因利率发生争议，如果约定不明，又不能证明的，可以比照银行同类贷款利率计息。”《商业银行法》第38条规定：“商业银行应当按照中国人民银行规定的贷款利率的上下限，确定贷款利率。”《贷款通则》第13条规定：“贷款人应当按照中国人民银行规定的贷款利率上下限，确定每笔贷款利率，并在借款合同中载明。”《人民币利率管理规定》第4条规定：“中国人民银行制定的各种利率是法定利率。法定利率具有法律效力，其他任何单位和个人均无权变动。”《合同法》沿用了分别规范的立法思路，第204条针对金融借款规定：“办理贷款业务的金融机构贷款的利率，应当按照中国人民银行规定的贷款利率的上下限确定”；第211条针对自然人间借款合同规定：“自然人之间的借款合同对支付利息没有约定或者约定不明确的，视为不支付利息。自然人之间的借款合同约定支付利息的，借款的利率不得违反国家有关限制借款利率的规定。”

《合同法》“借款合同”专章系就各类借款法律关系所作统一规定，却在利率问题上又针对金融借款和自然人借款分设条文，立法理念和技术上难谓科学合理。同时，《合同法》第204条、第211条在调整对象范围上还存在不周延性，法条文义不能涵盖实际生活中大量存在的法人、其他组织之间以及法人、其他组织与自然之间的借款合同，且忽略了金融借款合同存在对利率未作约定或者约定不明之可能。司法实践中，《民间借贷规定》发挥着细化法律规则、规制金融活动的重要作用。《民法典》起草过程中注重调整思路，针对金融借款和民间借贷设计统一适用的法律条文。《民法典合同编（草案）》（一审稿）第470条第1款规定：“借款合同约定支付利息的，借款的利率不得违反国家的有关规定；对支付利息没有约定或者约定不明确的，按照当地或者当事人的交易方式、交易习惯、市场利率等因素确定利息。”第2款规定：“自然人之间的借款合同对支付利息没有约定或者约定不明确的，视为不支付利息。”《民法典合同编（草案）》（二审稿）第470条第1款规定：“借款合同约定支付利息的，借款的利率不得违反国家的有关规定。”第2款规定：“借款合同对支付利息没有约定的，视为没有利息。”第3款规定：“借款合同对支付利息约定不明确的，按照当地或者当事人的交易方式、交易习惯、市场利率等因素确定利息；自然人之间借款的，视为没有利息。”本法草案提交第二次审议，有的常委委员、社会公众提出，为解决民间借贷领域存在的突出问题，维护正常的金融秩序，建议明确禁止高利放贷。全国人大常委会宪法和法律委员会研究之后采纳这一建议，《民法典（草案）》第680条第1款明确规定："禁止高利放贷，借款的利率不得违反国家有关规定。"本条在条款安排和法条表述上经逐步优化，终臻合理。

规范目的或功能

本条规范旨在明确借款利率监管和认定的体系化规则，具体包括三个方面：其一，从民事基本法的高度，针对金融借款合同和民间借贷合同确立统一的利率确定规则。其二，宣示"禁止高利放贷"的国家立场。利率作为借贷双方设定的利息与本金的比例，被视作货币作为交易对象的市场价格，是借款合同关系的核心问题。对借款利率的合理规制，则是金融监管特别是民间借贷的核心问题。一国法律对借款合同特别是民间借贷利率的高限设定，能够反映该国对资本与劳动之关系、实体经济与虚拟经济之关系的基本立场和价值取向。本条系我国首次从民事基本法层面明确禁止高利放贷，能够彰显我国的社会主义国体性质，鲜明金融服务实体经济的国家政策导向，推动形成立法、行政、司法协同监管高利放贷现象的治理合力。其三，确立借款合同没有约定利息或者利息约定不明时的处理规范。在承认合同当事人缔约能力存在客观差异的前提下，强化对不同市场主体的差异化合理保护，以保障实质公平。

规范内容

本条规范根据借款合同就利息约定之有无及是否明确的不同情形，区分确立处理规则。本条第1款针对合同对利率有约定的情形，允许当事人依法约定利率系不言之义，但明确禁止高利放贷。根据本条第2款，合同就支付利息无约定的，推定为无利息。本条第3款则系针对合同就支付利息约定不明的情形，明确依据何种方式、哪些因素来确定利息，并将自然人之间借款合同就支付利息不明的情形直接推定为无利息。

一、高利放贷的认定标准

高利放贷亦称取息过律，在古今中外都是一个易发多发的重要经济现象、法律问题和治理难题。就内涵而言，高利放贷是指贷款人将资金借与借款人使用，违反国家法律规定谋取高额利息的行为。新中国成立以后，高利放贷在我国一度销声匿迹。但随着商品经济重新活跃特别是改革开放后市场经济迅速发展，在民间融资需求快速增长和金融贷款门槛较高的矛盾作用下，高利放贷现象再度出现并在部分地区呈蔓延趋势。高利放贷游离于国家金融监管体系之外，极大地扰乱和冲击了正常金融秩序和社会秩序。同时，借贷双方私下约定的超过规定标准的高利率不受法律保护，缺少实现债权的有效途径，由此所引发的民事纠纷甚至违法犯罪活动也量大面广，流弊甚远。故而，本条从民事基本法的高度，表明国家对高利放贷行为的否定态度，以措辞严厉的效力性强制性规范，明确提出禁止高利放贷，必将有利于防范金融经济风险，促进实体经济发展，维护正常社会秩序。

从本条第1款“借款的利率不得违反国家有关规定”的表述可知，认定高利贷需审查借款利率是否违反“国家有关规定”。所谓“国家有关规定”，则是由国务院、最高人民法院、中国人民银行等国家机构，应经济社会形势、金融监管政策，动态调整、不断发展的一系列利率标准规定。在我国，金融借款合同因受较严格监管一般不会出现高利贷，高利贷主要存在于民间借贷合同当中，对高利贷的认定标准则经历了复杂的调适过程。1952年11月27日，最高人民法院在《关于城市借贷超过几分为高利贷的解答》中，根据函询政务院财政经济委员会的意见认为，私人借贷利率一般不应超过3分。但降低利率目前主要应该依靠国家银行广泛开展信贷业务，在群众中大力组织与开展信用合作业务，非法令规定所能解决问题。为此民间自由借贷利率即使超过3分，只要是双方自愿，无其他非法情况，似亦不宜干涉。1964年2月15日，中共中央在向各中央局和各省、市、自治区党委转发邓子恢《关于城乡高利贷活动情况和取缔办法的报告》的通知中指出，“高利贷和正常借贷的界限，主要是按利息的高低来确定，一切借贷活动，月息超过一分五厘的，视为高利贷；月息不超过一分五厘的，视为正常的借贷”。该通知关于高利贷的认定标准对规范当时的经济活动发挥了重大作用，但并未正式转化为国家法律，且“月息超过一分五厘”亦明显需随经济发展而调整。1991年8月13日发布的《最高人民法院关于人民法院审理借贷案件的若干意见》第6条规定：“民间借贷的利率可以适当高于银行的利率，各地人民法院可根据本地区的实际情况具体掌握，但最高不得超过银行同类贷款利率的四倍（包含利率本数）。超出此限度的，超出部分的利息不予保护。”由此形成了影响甚久的“四倍规则”，即超过银行同类利率的4倍则属利息不受保护的高利贷。2002年1月31日中国人民银行发布的《关于取缔地下钱庄及打击高利贷行为的通知》进一步强调，民间个人借贷“双方协商的利率不得超过中国人民银行公布的金融机构同期、同档次贷款利率（不含浮动）的4倍。超过上述标准的，应界定为高利借贷行为”。随着我国金融市场化改革的不断深入，正规金融市场的贷款利率经历了从国家统一设定，到依据国家基准利率设定上下限浮动利率，再到2004年取消贷款利率浮动上限，2013年取消贷款利率浮动下限的变迁过程。与之相对应，以基准贷款利率的4倍作为利率保护上限即高利贷认定标准的司法政策也势必调整。为此，2015年9月1日施行的《民间借贷规定》综合实体经济利润率等因素，确立了“两线三区”的民间借贷利率管制标准：借贷双方约定利率未超过年利率24%的，合法有效；年利率超过24%但未超过36%的，为自然债务；年利率超过36%的，超过部分的利息约定无效，即属高利贷。照此，关于高利贷认定的法定上限标准不与贷款基准利率挂钩。（2020年8月18日修正、8月20日施行的《民间借贷规定》依照本法最新精神，着眼解决民间借贷利率过高等社会反映强烈的问题，以合同成立时一年期贷款市场报价利率4倍作为民间借贷利率的司法保护上限，取代“以24%和36%为基准的两线三区”的规定，促进民间借贷利率适应我国经济社会发展的实际水平。）

应特别注意的是，民事法律与刑事法律对高利放贷行为的调整方式各有侧重，在对“高利”的认定标准上既有关联亦有区别。民事法上对民间借贷采取前述合同成立时一年期贷款市场报价利率4倍标准，超过者为高利贷；金融借款利率一般应低于民间借贷利率，不易触发高利放贷条款。刑事法上，我国《刑法》第175条所规定的“高利转贷罪”重在评价行为人套取信贷资金高利转贷他人的不法性，对“高利”标准并无要求，只要转贷利率高于银行贷款利率，具有牟利性质，其行为就应受到司法的否定性评价。此外，为惩治非法放贷犯罪并防止由此引发的其他违法犯罪活动，维护国家金融市场秩序与社会和谐稳定，2019年7月23日最高人民法院、最高人民检察院、公安部、司法部印发的《关于办理非法放贷刑事案件若干问题的意见》明确规定，违反国家规定，未经监管部门批准，或者超越经营范围，以营利为目的，经常性地向社会不特定对象发放贷款，扰乱金融市场秩序，情节严重的，依照《刑法》第225条第4项的规定，以非法经营罪定罪处罚。实务中，应当注意民事司法和刑事司法中关于“高利”标准把握的依法衔接。

二、变相高利放贷的认定

受资本逐利本性驱动，且随着融资需求分化发展、借贷关系日益复杂、借款用途越发广泛，传统形式的直接约定高利率放贷现象已不常见，越来越多具有隐蔽性的高利放贷模式在社会中出现。实践中，当事人变相提高贷款利率的方式主要包括但不限于如下情形：其一，从本金中预扣利息，以“砍头息”“贴水息”等形式变相提高利率。其二，设定甚高的复利标准和逾期利率，并约定极易触发的逾期条款，导致借款人实际承担的利息远高于约定利率计算额度。其三，通过收取“违约金”“延期费”“服务费”“中介费”“账户动用费”“保证金”等名目变相突破法定利率红线，以金融创新之名行高利放贷之实。

对前述花样繁多且不断翻新的变相提高利率甚至高利放贷现象，应当强化穿透式审查的思维，并坚持利息法定限额标准。就民间借贷而言，应当根据《民间借贷规定》第26条至第31条等规定，坚持合同成立时一年期贷款市场报价利率4倍的合法利率高限标准；禁止在本金中预扣利息；允许对前期借款本息结算后将利息计入后期借款本金，借款人在借款期间届满后应当支付的本息之和，不能超过最初借款本金与以最初借款本金为基数，以合同成立时一年期贷款市场报价利率4倍计算的整个借款期间的利息之和；允许约定逾期利率，但不以超过合同成立时一年期贷款市场报价利率4倍为限；逾期利息、违约金或者其他费用总计以不超过合同成立时一年期贷款市场报价利率4倍为限。概言之，借款期内利息和逾期利息，无论以何名目约定和叠加，都必须符合不超过合同成立时一年期贷款市场报价利率4倍的国家管制标准。就金融借款而言，借款利息、复利、罚息、逾期利息的收取均有法律依据和相应标准，也有很多金融机构在合同约定利息之外另行收取财务顾问费，包括投资顾问费、咨询费、手续费等，此类费用多与借款直接相关，却不直接表现为直观的融资成本。财务顾问费等费用的收取，或为规避监管规定，或为满足金融机构内部收入分配需求等，从实质上增加了企业融资成本，与降低实体企业融资成本的国家政策导向不符。金融监管部门一直在关注金融机构收取财务顾问费等相关费用的合规性，并明确要求财务顾问费等费用的收取必须质价相符，且不得向小微企业收取。国家价格监管部门一直反对金融机构将财务顾问费等费用与贷款业务捆绑进行强制收取。司法审判中，亦应注意支持行政部门的监管工作，对金融机构的变相利息甚至高利放贷行为予以规范，根据借款人的请求甚至依职权审查财务顾问费等费用的合法性及合理性，并可依法适当调整。根据一般规律，金融借款利率应低于民间商事借贷利率。因此，即便法律、行政法规、司法解释没有明确规定，金融借款用资的各种服务、管理费用及利息等成本总和，也应当低于民间借贷的利率上限。

三、高利放贷的法律后果

当事人行为构成高利放贷的，借款合同效力可能存在三种情形：其一，约定利率超过法定高限部分无效。根据《民间借贷规定》第26条规定，借贷双方约定的利率超过合同成立时一年期贷款市场报价利率4倍的约定无效。根据本法第156条之规定，利率违法的相应部分无效，不影响其他部分效力的，借款合同其他部分仍然有效。其二，套取金融机构资金转贷合同、职业放贷人对外借款合同整体无效。根据《民间借贷规定》第14条第1项的规定，贷款人套取金融机构信贷资金高利转贷给借款人的，应当认定借款合同无效。根据《民间借贷规定》第14条第3项以及《全国法院民商事审判工作会议纪要》第53条的规定，未依法取得放贷资格的出借人，以营利为目的向社会不特定对象提供借款的民间借贷合同，应当依法认定为无效。同一出借人在一定期间内多次反复从事有偿民间借贷行为的，一般可以认定为是职业放贷人。借款合同被认定整体无效的，属自始、确定、当然无效，贷款人自然无权要求按约支付利息，而应由当事人根据本法第155条、第157条等规定处理财产返还、损失赔偿等事宜。其三，贷款人的高利放贷行为，还可能涉嫌刑事犯罪。根据《刑法》规定，贷款人套取金融机构信贷资金高利转贷给他人牟利的行为可能违反《刑法》第175条规定的高利转贷罪。最高人民法院、最高人民检察院、公安部、司法部《关于办理非法放贷刑事案件若干问题的意见》则明确了对非法放贷行为，按《刑法》第225条第4项以非法经营罪定罪的具体条件、量刑标准等问题，并规定对黑恶势力从事非法放贷活动应从严惩处。此外，行为人高利放贷的相关行为还可能触犯强迫交易罪、敲诈勒索罪、赌博罪、诈骗罪等罪名。

四、关于“无约定即无利息”的理解

本条第2款规定，借款合同对支付利息没有约定的，视为没有利息。简言之，合同无约定的，推定当事人具有无息借款之合意。从适用范围来看，本款既适用于金融借款也适用于民间借贷，但在实践中多适用于偶发性、灵活性、随意性特点突出的民间借贷。《商业银行法》第38条规定，商业银行应当按照中国人民银行的贷款利率的上下限，确定贷款利率。故除法律有特别规定外，金融借款合同一般都有利息，适用本款的情况极少。从法条目的来看，该规定旨在鼓励市场主体特别是公民之间通过借贷互通有无，方便公民生活，促进邻里和睦，形成互帮互助的良善社会风气。若借款合同对支付利息未作约定，其后贷款人又主张支付借期内利息的，人民法院不予支持。但需要注意的是，即使借款合同没有约定支付利息，借款逾期后，贷款人仍有权要求借款人支付逾期利息。

五、利息约定不明确的处理规则

当事人有支付利息的合意，但对利率等约定不明确的，属于明显而重大的合同漏洞，应依法填补。本条第3款即属本法第510条、第511条在借款合同法律关系中的具体应用。根据本条第3款规定，合同对支付利息约定不明确，且不能通过合同整体解释找出当事人关于利率的真实意思的，应当按照如下次序规则确定利息：

1.首先由当事人协议补充。补充协议旨在补充合同漏洞而不变更合同内容，按照补充条款处理利率利息问题，无须再创设一个新的合同，有利于最大限度保护双方当事人意思自治。

2.不能达成补充协议的，按照当地或者当事人的交易方式、交易习惯补充确定利息。广泛运用交易习惯来解释补足当事人意思表示，是合同法律制度的重要特色。《合同法解释（二）》第7条第1款规定："下列情形，不违反法律、行政法规强制性规定的，人民法院可以认定为合同法所称'交易习惯'：（一）在交易行为当地或者某一领域、某一行业通常采用并为交易对方订立合同时所知道或者应当知道的做法；（二）当事人双方经常使用的习惯做法。"本条亦坚持该思路以确定合同约定不明确的利息，对正确适用法律有重要意义。适用交易方式、交易习惯确定利息标准需注意四方面限制：其一，从客观条件讲，应为交易行为当地或行业惯常采用的做法；其二，从主观状态讲，应为当事人特别是借款人指导或应当知道，以加强对不了解当地交易习惯或缺乏业内经验的当事人的保护；其三，从时间节点看，应为订立合同时所知道或应当知道的交易方式、交易习惯；其四，该交易方式、交易习惯必须不违反法律、行政法规关于利息的强制性规定。

3.按照或者参照贷款市场报价利率确定利息。司法实践中，法院在当事人对利息约定不明，且无法通过补充协议、交易习惯等途径明确时，一般都以借款合同订立时合同履行地的商业银行同期同类贷款利率计息。需注意的是，为深化利率市场化改革，自2019年8月20日起，中国人民银行已授权全国银行间同业拆借中心于每月20日（遇节假日顺延）9时30分公布贷款市场报价利率，中国人民银行贷款基准利率这一标准已经取消。自此之后人民法院裁判贷款利息的基本标准，应为全国银行间同业拆借中心公布的贷款市场报价利率。

4.自然人之间借款对利息约定不明的，视为没有利息。作此推定的理由在于，自然人之间的借贷起着互通有无的作用，属于传统民事借贷，能够方便人民群众的生产生活，有利于促进和睦安宁的社会关系，法律应当鼓励，故本条仍沿袭《合同法》第211条所定处理规则。

三、举证责任

借款合同对利息有无约定及明确与否，属于事实认定问题。根据《民事诉讼法》第65条及《民事诉讼法解释》第90条、第91条等举证责任分配规定，借款人若欲根据本条第1款规定，主张利率违反国家有关规定构成高利放贷的，应当就实际收到的本金数额、承担的各种费用总额以及真实利率，承担举证责任。贷款人主张有明确的利息约定，但借款人抗辩没有利息约定或者约定不明确的，各自有义务提供证据证明自身主张。贷款人或者借款人主张按照交易方式、交易习惯、市场利率等因素确定利息的，根据《合同法解释（二）》第7条第2款规定，由提出主张的一方当事人承担举证责任。法院应当综合审查各方当事人提供的证据，根据本法及相关实体法和程序法规定，运用逻辑推理和日常生活经验法则，对证据有无证明力和证明力大小进行判断，进而作出“明确约定利息”或者“未约定利息”或者“利息约定不明”的认定及相应处理，并对高利放贷的行为效力依职权予以审查否定。

中国社会科学院法学研究所
民法典研究丛书
MINFADIAN PINGZHU

民法典评注

合同编

典型合同与准合同

2

谢鸿飞　朱广新　主编

中国法制出版社
CHINA LEGAL PUBLISHING HOUSE

合同编撰稿人

（以撰写法律条文的序号排序）

于　飞　中国政法大学民商经济法学院教授，撰写第463—468条
王文胜　湖南大学法学院副教授，撰写第469—487条
梅　伟　西南政法大学民商法学院副教授，撰写第488、489条及第495—501条
范雪飞　西南政法大学民商法学院教授，撰写第490—494条
耿　林　清华大学法学院副教授，撰写第502—508条
张定军　华中科技大学法学院副教授，撰写第509—521条
侯国跃　西南政法大学民商法学院教授，撰写第522—534条

丁宇翔　北京市第一中级人民法院民四庭负责人，撰写第535—542条
肖　俊　上海交通大学凯原法学院副教授，撰写第543—556条
刘承韪　中国政法大学比较法学研究院教授，撰写第557—567条
申海恩　中国政法大学民商经济法学院副教授，撰写第568—576条
朱广新　中国社会科学院法学研究所研究员，撰写第577—582条
郝丽燕　山东建筑大学法学院副教授，撰写583—594条

易　军　中国政法大学民商经济法学院教授，撰写第595—614条
武　腾　中央财经大学法学院副教授，撰写第615—624条
张长绵　华东政法大学法律学院讲师，撰写第625—647条
谢鸿飞　中国社会科学院法学研究所研究员，撰写第648—656条
宁红丽　对外经济贸易大学法学院教授，撰写第657—666条
胡旭东　四川省高级人民法院三级高级法官，撰写第667—680条

夏昊晗 中南财经政法大学法学院副教授，撰写第681—702条
张初霞 中国社会科学院大学法学院副教授，撰写第703—718条
雷秋玉 昆明理工大学法学院教授，撰写第719—734条
高圣平 中国人民大学法学院教授，撰写第735—760条
赵　磊 中国社会科学院法学研究所研究员，撰写第761—769条

张保红 广东外语外贸大学土地法制研究院教授，撰写第770—787条
冉克平 武汉大学法学院教授，撰写第788—808条
李　敏 中南林业科技大学副教授，撰写第809—824条
马金星 中国社会科学院国际法研究所助理研究员，撰写第825—842条
朱　涛 重庆大学法学院教授，撰写第843—861条
孙　莹 西南政法大学人工智能法学院副教授，撰写第862—877条
李欣倩 天津大学法学院讲师，撰写第878—887条

刘道远 海南大学法学院教授，撰写第888—903条
李建伟 中国政法大学民商经济法学院教授，撰写第904—918条
胡东海 中南财经政法大学法学院教授，撰写第919—936条
陈晓敏 中南财经政法大学法学院副教授，撰写第937—950条
夏小雄 中国社会科学院法学研究所副研究员，撰写第951—960条
姚　佳 中国社会科学院法学研究所编审，撰写第961—966条
徐强胜 中南财经政法大学法学院教授，撰写第967—978条
金可可 华东政法大学法律学院教授，撰写第979—988条

本编由朱广新负责统稿。

凡　例

文献名称	本书指称
一、民法典草案	
《民法典各分编（草案）》（征求意见稿）（合同编）	《民法典合同编（草案）》（征求意见稿）
《民法典各分编（草案）》（合同编）	《民法典合同编（草案）》（一审稿）
《民法典合同编（草案）》（二次审议稿）	《民法典合同编（草案）》（二审稿）
《中华人民共和国民法典（草案）》	《民法典（草案）》
二、法律与行政法规	
《中华人民共和国民法典》	《民法典》①
三、司法解释	
《最高人民法院关于贯彻执行〈民法通则〉若干问题的意见（试行）》	《民法通则意见》
《最高人民法院关于适用〈中华人民共和国民事诉讼法〉的解释》	《民事诉讼法解释》
《最高人民法院关于适用〈中华人民共和国担保法〉若干问题的解释》	《担保法解释》
《最高人民法院关于适用〈中华人民共和国合同法〉若干问题的解释（一）》	《合同法解释（一）》
《最高人民法院关于审理民间借贷案件适用法律若干问题的规定》	《民间借贷规定》
《最高人民法院关于审理独立保函纠纷案件若干问题的规定》	《独立保函规定》
《最高人民法院关于适用〈中华人民共和国企业破产法〉若干问题的规定（三）》	《企业破产法规定（三）》
《最高人民法院关于审理民事案件适用诉讼时效制度若干问题的规定》	《诉讼时效制度规定》

① 本书引用的冠以"中华人民共和国"的法律与行政法规，简称时省略"中华人民共和国"字样，法律与行政法规简称均循此规律，不再重复标注。

续表

文献名称	本书指称
《最高人民法院关于审理融资租赁合同纠纷案件适用法律问题的解释》	《融资租赁解释》
《最高人民法院关于适用〈中华人民共和国物权法〉若干问题的解释（一）》	《物权法解释（一）》
《最高人民法院关于审理城镇房屋租赁合同纠纷案件具体应用法律若干问题的解释》	《城镇房屋租赁合同解释》
《最高人民法院关于民事诉讼证据的若干规定》	《民事诉讼证据规定》
《最高人民法院关于审理物业服务纠纷案件具体应用法律若干问题的解释》	《物业服务解释》

目　录

CONTENTS

第二分编　典型合同

第十三章　保证合同 / 001

第一节　一般规定 / 003

第六百八十一条【保证合同的定义】/ 003

第六百八十二条【保证的从属性以及保证合同无效的法律后果】/ 011

第六百八十三条【保证人资格】/ 028

第六百八十四条【保证合同的内容】/ 036

第六百八十五条【保证合同的书面形式与订立方式】/ 037

第六百八十六条【保证的方式】/ 043

第六百八十七条【一般保证】/ 048

第六百八十八条【连带责任保证】/ 054

第六百八十九条【反担保】/ 061

第六百九十条【最高额保证合同】/ 064

第二节　保证责任 / 072

第六百九十一条【保证的范围】/ 072

第六百九十二条【保证期间】/ 082

第六百九十三条【保证期间经过的法律效果】/ 087

第六百九十四条【保证债务的诉讼时效】/ 090

第六百九十五条【主债权债务合同变更对保证责任的影响】/ *096*
第六百九十六条【债权让与对保证责任的影响】/ *105*
第六百九十七条【债务承担对保证责任的影响】/ *108*
第六百九十八条【一般保证人的免责事由】/ *112*
第六百九十九条【共同保证】/ *116*
第 七 百 条【保证人的追偿权与代位权】/ *121*
第七百零一条【保证人的抗辩权】/ *127*
第七百零二条【保证人的可抵销与可撤销抗辩权】/ *130*

第十四章 租赁合同 / *135*

第七百零三条【租赁合同的定义】/ *137*
第七百零四条【租赁合同主要条款】/ *144*
第七百零五条【租赁合同的期间限制】/ *150*
第七百零六条【登记备案对租赁合同效力的影响】/ *156*
第七百零七条【租赁合同的形式】/ *162*
第七百零八条【出租人交付租赁物的义务及保持义务】/ *169*
第七百零九条【承租人按约定方法使用租赁物的义务】/ *178*
第七百一十条【承租人正当使用租赁物免责】/ *185*
第七百一十一条【承租人未依约使用租赁物】/ *191*
第七百一十二条【租赁物的维修】/ *196*
第七百一十三条【出租人履行维修义务】/ *206*
第七百一十四条【租赁物的保管】/ *214*
第七百一十五条【承租人对租赁物的改善、增设】/ *221*
第七百一十六条【转租】/ *228*
第七百一十七条【合法转租期限与效力】/ *235*
第七百一十八条【出租人异议除斥期间】/ *239*
第七百一十九条【次承租人的代位清偿】/ *245*
第七百二十条【租赁物的收益】/ *254*

第七百二十一条【支付租金的期限】/ 261
第七百二十二条【租金的未支付、迟延支付和逾期支付】/ 268
第七百二十三条【出租人的权利瑕疵担保责任】/ 276
第七百二十四条【承租人解除租赁合同】/ 283
第七百二十五条【买卖不破租赁】/ 292
第七百二十六条【承租人的优先购买权】/ 300
第七百二十七条【拍卖时承租人的优先购买权】/ 310
第七百二十八条【侵害优先购买权的赔偿责任】/ 317
第七百二十九条【租赁物毁损、灭失的效果】/ 324
第 七 百 三 十 条【租期不明的处理】/ 332
第七百三十一条【承租人的特别解除权】/ 341
第七百三十二条【承租人的死亡】/ 351
第七百三十三条【租赁物的返还】/ 358
第七百三十四条【租赁合同的默示更新、房屋承租人的优先承租权】/ 366

第十五章　融资租赁合同 / 377

第七百三十五条【融资租赁合同的定义】/ 379
第七百三十六条【融资租赁合同的内容和形式】/ 408
第七百三十七条【虚构租赁物的融资租赁合同的效力】/ 414
第七百三十八条【行政许可对融资租赁合同效力的影响】/ 420
第七百三十九条【标的物的交付与受领】/ 427
第 七 百 四 十 条【承租人的拒绝受领权】/ 430
第七百四十一条【承租人的索赔权】/ 436
第七百四十二条【承租人行使索赔权对租金给付义务的影响】/ 442
第七百四十三条【出租人的赔偿责任】/ 445
第七百四十四条【出租人变更买卖合同的限制】/ 449
第七百四十五条【租赁物所有权的登记对抗】/ 451
第七百四十六条【租金构成】/ 471

第七百四十七条【出租人质量瑕疵担保责任的免除及例外】/ 475
第七百四十八条【租赁物的平静占有】/ 480
第七百四十九条【租赁物致人损害的责任承担】/ 485
第 七 百 五 十 条【租赁物的保管、使用和维修】/ 489
第七百五十一条【租赁物毁损、灭失的风险负担】/ 493
第七百五十二条【承租人违反支付租金义务的救济】/ 498
第七百五十三条【承租人未经同意处分租赁物的法律后果】/ 503
第七百五十四条【融资租赁合同的解除】/ 506
第七百五十五条【融资租赁合同因买卖合同而解除的法律后果】/ 509
第七百五十六条【融资租赁合同因租赁物毁损、灭失而解除的法律后果】/ 512
第七百五十七条【租赁期限届满时租赁物的归属】/ 514
第七百五十八条【租赁物价值返还和租赁物不能返还的补偿】/ 518
第七百五十九条【约定象征性留购价款时租赁物的归属】/ 521
第 七 百 六 十 条【融资租赁合同无效时租赁物的归属】/ 523

第十六章　保理合同 / 527

第七百六十一条【保理合同的定义】/ 529
第七百六十二条【保理合同的内容与形式】/ 535
第七百六十三条【虚构应收账款的法律效果】/ 541
第七百六十四条【保理人对应收账款债务人的通知义务】/ 545
第七百六十五条【保理合同的效力不受基础交易合同变动影响】/ 550
第七百六十六条【有追索权保理】/ 554
第七百六十七条【无追索权保理】/ 559
第七百六十八条【同一应收账款多重保理的受偿原则】/ 563
第七百六十九条【保理合同的其他法律适用】/ 567

第十三章

保证合同

第一节　一般规定

第六百八十一条【保证合同的定义】

保证合同是为保障债权的实现，保证人和债权人约定，当债务人不履行到期债务或者发生当事人约定的情形时，保证人履行债务或者承担责任的合同。

历史由来

本条系以《担保法》第1条和第6条为基础修改完善而来。修改完善之处主要体现在以下五个方面：一是将“保证”明确规定为一种新的有名合同，即“保证合同”。二是将《担保法》第1条所规定的“保障债权的实现”纳入本条规范之中。《担保法》的内容被分别规定于本法物权编和合同编后，已经无法规定适用于所有担保的共通规则，遂有必要将《担保法》中这一体现担保根本目的的表述植入保证合同的定义之中。三是将《担保法》中的“债务人不履行债务”修改为“债务人不履行到期债务”。主债务的履行期限尚未届满，不发生主债务人不履行债务的事实，债权人自然不得请求保证人承担保证责任。本条对“债务人不履行债务”增加“到期”这一限制，更显严谨。四是充分尊重当事人的意思自治，将“发生当事人约定的情形”增加规定为保证人履行债务或者承担责任的情形。五是删除了《担保法》中“保证人按照约定履行债务或者承担责任”这一表述中的“按照约定”四个字。本条已经使用“保证人和债权人约定”的表述，再特别申明保证人“按照约定”履行债务或者承担责任已无必要，单从语法上看亦非无疑问。何况，基于私法自治，只要约定有效，保证人“按照约定”履行债务或者承担责任，自属不言自明之理，根本毋庸赘言。

《民法典合同编（草案）》（征求意见稿）第227条规定：“保证合同是为保障合法债权的实现，保证人和债权人约定，当债务人不履行到期债务或者发生当事人约定的情形时，保证人按照约定履行债务或者承担责任的合同。”《民法典合同编（草案）》（一审稿）第471条对“征求意见稿”第227条作出三处修改：一是删除了“保障合法债权的实现”中“合法”这一表述。既曰债权，自受法律保护，断无合法与非法之分。将“合法”二字删除自属妥当。二是删除了“保证人和债权人约定”的表述。三是删除了“按照约定”的表述。《民法典合同编（草案）》（二审稿）第471条及2019年12月公布的《民法典（草案）》未再作修改。

在《民法典合同编（草案）》（二审稿）征求意见过程中，有学者建议在保证合同的定义之外增加一款规定预期违约时的保证责任，[①]但该意见最终未被采纳。关于保证在《民法典》中的体例位置，除了主张担保应当单独成编的观点外，[②]学者多赞成将保证合同规定于合同编分则。[③]然而，对于保证合同应置于合同编分则何处，则存在不同意见。有论者认为，保证合同不应规定于借款合同与租赁合同之间，而应规定于合伙合同和无因管理之间。[④]有论者则认为，合伙合同通常无需担保，主张将保证合同规定于合伙合同之前。[⑤]

三 规范目的或功能

债的担保分为物保和人保。物保以债务人或者第三人的特定财产担保债务的履行，债权人于债务人不履行到期债务时得就该财产优先受偿。本法物权编规定的抵押、质押和留置即属于典型的物保方式。与物保不同的是，人

① 参见周江洪：《关于〈民法典合同编〉（草案）（二次审议稿）的若干修改建议》，载《法治研究》2019年第2期。

② 参见张素华：《论民法典分则中担保制度的独立成编》，载《法学家》2019年第6期。

③ 参见朱广新：《民法典之典型合同类型扩增的体系性思考》，载《交大法学》2017年第1期；李建伟：《我国民法典合同法编分则的重大立法问题研究》，载《政治与法律》2017年第7期。

④ 参见徐同远：《民法典合同编草案中保证制度的完善》，载《北京航空航天大学学报》（社会科学版）2019年第2期。

⑤ 参见谢鸿飞：《民法典担保规则的再体系化——以〈民法典各分编（草案）二审稿〉为分析对象》，载《社会科学研究》2019年第6期。

保以债务人以外的第三人的全部责任财产担保债务的履行，[①]债权人于债务人不履行到期债务时可以要求第三人代为清偿债务或者承担责任，就第三人的财产则并无优先受偿权。本法规定的保证为人保之典型。

本法着眼于保证的成立原因，将其作为一种典型合同规定于合同编第二分编典型合同部分。在立法模式上，应系借鉴《德国民法典》《瑞士债务法》和我国台湾地区相关规定的产物。[②]

本条规定保证合同的定义。一方面，明确保证合同的当事人系保证人和债权人；另一方面，明确保证合同的单务合同性质。保证人于债务人不履行到期债务或者发生当事人约定的情形时，保证人负有履行债务或者承担责任的义务，而债权人却并不负担任何义务。

依本条规定，保证合同旨在保障债权的实现。应当注意的是，保证合同亦有促进资金融通和商品流通的作用。[③]在实践中，交易的达成往往以提供包括保证在内的担保为前提。因此，不宜片面强调优先保护债权人利益，而应平衡保护保证人和债权人双方的利益。

规范内容

一、保证合同的当事人：保证人和债权人

保证合同由“保证人和债权人约定”，说明保证合同的当事人为保证人和

---

① 有论者主张，当事人可以约定以特定财产提供保证。参见石冠彬：《民法典应明确未登记不动产抵押合同的双重债法效力——“特定财产保证论”的证成及展开》，载《当代法学》2020年第1期。在“中国长城资产管理股份有限公司某分公司、河北某运输集团股份有限公司借款合同纠纷案”中，最高人民法院认为：“双方虽约定某公司承担连带保证责任，但同时对其承担责任的财产来源作出限定，即当第13条约定的情形发生或者条件成就时，某公司以每年度财务净利润的25%承担保证责任。该约定系当事人真实的意思表示，内容不违反法律、行政法规效力性强制性规定，应认定为合法有效。”最高人民法院（2019）最高法民申2680号民事裁定书。

② 关于保证在《民法典》之体例位置，比较法有不同安排。有的着眼于保证在法律效果上引起多数人债务，将其规定于多数债权人与债务人部分，《日本民法典》（第446条以下）为其适例；有的着眼于保证的成立原因，将其规定于债法分则有名合同部分，《德国民法典》（第765条以下）、《瑞士债务法》（第492条以下）为其典型。

③ 《担保法》第1条规定：“为促进资金融通和商品流通，保障债权的实现，发展社会主义市场经济，制定本法。”

债权人。因为保证并非以特定财产而是以特定人的责任财产担保债务履行，所以保证人只能由债务人之外的第三人充任，否则无法产生担保债务履行之效。至于保证合同的债权人，则与保证合同所从属之主债权债务合同中的债权人具有一致性。[①]保证合同由“保证人和债权人约定”，也说明保证合同须经双方意思表示一致方可成立。凡由单方意思表示即可成立的“保证”，如《票据法》第45条所规定的票据保证，非本条所称的保证合同。

第三人提供保证，或基于其与债务人之间的商业关系，如第三人系债务人的关联公司、控股股东，或因其与债务人存在特殊的人情关系，如第三人系债务人的亲属或者朋友。当然，第三人亦有可能是依法设立的以担保为主营业务的融资性担保公司。保证人与债务人之间通常构成委托合同关系或者无因管理关系。依合同相对性原理，保证人与债务人之间存在何种关系，对保证合同不产生任何影响，[②]保证合同的效力亦不因债务人是否知道保证合同而受影响。[③]

二、保证合同是担保他人履行债务的合同

债权人与保证人签订保证合同的目的，在于担保债务人履行主债权债务合同项下的债务，保障债权的实现。“保证”一词在日常生活中具有多义性，唯有以担保他人履行债务为目的者方属于本条规定的“保证”。

三、保证的从属性和补充性

保证旨在担保债权实现，因此保证合同是主债权债务合同的从合同，保证债务为主债务的从债务，此即保证的从属性。本法第682条对此明文规定，此处不赘。

相对于债务人的履行责任而言，保证人的保证责任是第二位的，具有补

---

① 在保证保险中，合同当事人为债务人与保险人，因此保证保险合同并非本条所规定的保证合同。参见原中国保险监督管理委员会《关于保证保险合同纠纷案的复函》。

② 参见高圣平：《保证合同重点疑点难点问题判解研究》，人民法院出版社2005年版，第6页。

③ 参见梁慧星主编：《中国民法典草案建议稿附理由：合同编》（下册），法律出版社2013年版，第1175页。

充性。依本条规定，只有在主债务履行期限届满而债务人不履行债务或者发生当事人约定的情形时，保证人才承担保证责任。本法第687条第2款规定的一般保证人享有的先诉抗辩权最充分地体现了保证的补充性。需要注意的是，保证债务并非以债务人不履行到期债务或者发生当事人约定的情形为生效条件的附条件债务。保证合同成立并生效之时，保证债务即已发生，只不过保证人实际履行保证债务，以债务人不履行到期债务或者发生当事人约定的情形为条件而已。[①]

本条所谓“不履行到期债务”既包括不履行到期债务，也包括履行到期债务不符合合同约定。不无疑问的是，若债务人的行为仅构成预期违约，债权人是否可以要求保证人承担保证责任？本法第563条第1款第2项规定，在履行期限届满之前，当事人一方明确表示或者以自己的行为表明不履行主要债务的，另一方可以解除合同。同时，本法第566条第3款规定：“主合同解除后，担保人对债务人应当承担的民事责任仍应当承担担保责任，但是担保合同另有约定的除外。”由此可见，债务人预期违约的，债权人可以解除合同并要求担保人就合同解除之后的民事责任承担担保责任。举重以明轻，如果债权人并不以债务人预期违约为由解除合同，只是要求债务人承担预期违约的损害赔偿责任，则保证人自当对此种损害赔偿责任承担保证责任。

基于私法自治，保证人和债权人自得自由约定保证人承担保证责任的情形，此即本条增加规定“当事人约定的情形”之意义。当然，此种自由的界限何在，尚有进一步研究之余地。

四、保证的单务性和无偿性

依本条规定，保证具有单务性和无偿性，因为只有保证人须于债务人不履行到期债务或者发生当事人约定的情形时履行债务或者承担责任，而债权人并未负担任何义务，不需要支付任何对价。当然，保证的无偿性系着眼于保证人和债权人之间的关系而言。在保证人和债务人之间的关系中，保证人可能并非无偿提供保证。融资性担保公司基于债务人之委托提供保证，即收取担保服务费作为报酬。

---

① 参见高圣平：《担保法论》，法律出版社2009年版，第88页。

五、保证债务的承担形式为履行债务或者承担责任

保证债务的承担形式为履行债务或者承担责任。此之所谓“履行债务”，是指保证人向债权人履行债务人依据主债权债务合同负担的债务，不适于代为履行的专属性债务除外，如提供劳务的债务。此之所谓“承担责任”，是指保证人承担债务人于不履行债务时应负的赔偿责任。

保证人承担何种形式的保证债务，由当事人在合同中约定。因专属性债务不能代为履行，如果当事人约定保证人负履行债务的保证责任，该约定应属无效，保证人仅承担债务人不履行债务的赔偿责任。在没有约定或者约定不明确之时，债权人原则上可得自由选择，要求保证人履行债务或者承担损害赔偿责任。但是，如果保证人愿意履行债务，则债权人不得要求其承担损害赔偿责任。

举证责任

依据“谁主张，谁举证”的原则，债权人要求保证人承担保证责任时应承担如下举证责任：一是证明双方之间的保证合同成立并生效；二是证明债务人不履行到期债务或者发生了当事人约定的情形。

其他问题

一、债务加入与保证的区分

债务加入，亦称并存的债务承担，系指第三人加入到既存的债务关系中，与债务人就其债务对债权人负连带之责。[①]本法第552条新增关于债务加入的规定：“第三人与债务人约定加入债务并通知债权人，或者第三人向债权人表示愿意加入债务，债权人未在合理期限内明确拒绝的，债权人可以请求第三人在其愿意承担的债务范围内和债务人承担连带债务。”第三人

① 关于债务加入的阐释，参见夏昊晗：《债务加入的体系定位与规则建构》，载《澳门法学》2019年第3期。

加入债务之后，原债务人并不退出债的关系，而是由第三人与原债务人对债权人负担连带债务。因相当于在原债务人之外增加了一个新债务人，债务加入和保证一样具有担保债权实现的作用，故而通说将债务加入的制度功能定位为担保。[①]第三人加入债务与保证人提供保证的方式亦极为相似，通常采取单方面向债权人出具承诺函或与债权人签订协议的方式。这就导致在个案中殊难识别第三人承诺履行债务究竟意在提供保证抑或加入债务，尽管二者在学理上泾渭分明，即保证人系为他人债务负责，保证债务系从债务，而债务加入人系为自己的债务负责，其负担的债务与债务人的债务并无主从之分。[②]在“张某良、张某双借款合同纠纷案”中，最高人民法院认为：“债务加入与保证的本质区别在于债务承担人并非从债务人，而是共同债务人，与原债务人无主次之分，债权人为实现其债权，可以直接选择由债务承担人偿还债务，无需待债务人迟延履行，债务承担人即具有完全清偿债务的义务，其履行的法律效果及于债务人，而保证人则是在主债务迟延履行时方承担责任。”[③]

司法实务往往采用利益标准区分债务加入与保证，即第三人自身如果对债务之履行具有直接和实际的经济利益，则成立债务加入，否则仅构成保证。在“中国某建设控股集团有限公司、某信托股份有限公司营业信托纠纷案”中，最高人民法院明确指出：“在当事人意思表示不明时，应斟酌具体情事综合判断，如主要为原债务人的利益而为承担行为的，可以认定为保证，承担人有直接和实际的利益时，可以认定为债务加入。”[④]然而，“利益标准”并不合理。生活经验表明，债务加入人并不必然意在追求自身的经济利益，而保证人也有可能是为了自身的经济利益才提供保证。基于私法自治原则，法律并无任何正当理由阻止第三人在对债务履行没有自身经济利益的情况下加入债务。如果认为此时有必要保护第三人，以免其在未经深思熟虑的情况下即为自己单方面设定如此沉重的义务，自可考虑有无必要如同保证一般对债务

① 参见史尚宽：《债法总论》，中国政法大学出版社2000年版，第751页。

② 参见史尚宽：《债法总论》，中国政法大学出版社2000年版，第751页。

③ 最高人民法院（2019）最高法民再316号民事判决书。

④ 最高人民法院（2018）最高法民终867号民事判决书。

加入进行形式强制，而没有必要因噎废食，在此情况下完全不承认债务加入成立的可能性。

此外，最高人民法院确立了“存疑推定为债务加入规则”，即在无法明确第三人提供担保的意思表示究竟系提供保证抑或债务加入之时，推定成立债务加入。在“中国信达资产管理公司某办事处与某化肥有限公司、河北省冀州某玻璃钢厂借款担保合同纠纷案”中，最高人民法院指出：“判断一个行为究竟是保证，还是并存的债务承担，应根据具体情况确定。如承担人承担债务的意思表示中有较为明显的保证含义，可以认定为保证；如果没有，则应当从保护债权人利益的立法目的出发，认定为并存的债务承担。”[①]此种有利于债权人之推定规则存在偏颇。第三人加入债务系单方面为自己设定义务，在价值取向上理应倾向于保护债务加入人。何况，债务加入的风险较之提供保证的风险更重。《奥地利普通民法典》第915条明文规定：“契约中仅一方当事人负有义务者，在有疑义时，应认为义务人仅同意负较轻的义务，而非较重的义务。”因此，在存疑之际宜推定为保证。[②]

二、未登记不动产抵押合同转换为保证合同

不动产抵押未经登记，抵押权固然无从设立，却并不影响作为债权合同的抵押合同的效力。有疑问的是，此时抵押合同产生何种效力？于此，主要存在四种观点。一是“有限连带保证责任说”：以无效法律行为转换理论为基础，主张抵押人以抵押物的价值为限承担连带保证责任。[③]二是“缔约过失责任说”：以缔约过失责任为基础，主张抵押人承担相应的赔偿责任。[④]三是“违约责任说”：抵押人未履行抵押登记义务，导致抵押权人订立抵押合同的目的不能实现，构成违反抵押合同，自应承担相应的违约责任，包括继续办

① 最高人民法院（2005）民二终字第200号民事判决书。

② 关于债务加入与保证的区分，参见夏昊晗：《债务加入与保证之识别——基于裁判分歧的分析和展开》，载《法学家》2019年第6期。

③ 参见最高人民法院（2015）民申字第2354号民事裁定书。

④ 参见最高人民法院（2018）最高法民申1987号民事裁定书；最高人民法院（2017）最高法民终436号民事判决书。

理抵押登记以及不能办理抵押登记情况下的损害赔偿责任。[①]四是“双重效力说”：主张债权人可以要求抵押人承担违约责任，或者要求抵押人以抵押物为限承担连带保证责任。[②]其中，“违约责任说”为主流观点。《全国法院民商事审判工作会议纪要》第60条规定：“不动产抵押合同依法成立，但未办理抵押登记手续，债权人请求抵押人办理抵押登记手续的，人民法院依法予以支持。因抵押物灭失以及抵押物转让他人等原因不能办理抵押登记，债权人请求抵押人以抵押物的价值为限承担责任的，人民法院依法予以支持，但其范围不得超过抵押权有效设立时抵押人所应当承担的责任。”该条第2句仅泛言债权人有权请求抵押人“以抵押物的价值为限承担责任”，但未明确该责任性质为何。不过，结合本条第1句的抵押登记请求权来看，最高人民法院似持“违约责任说”。

第六百八十二条【保证的从属性以及保证合同无效的法律后果】

保证合同是主债权债务合同的从合同。主债权债务合同无效的，保证合同无效，但是法律另有规定的除外。

保证合同被确认无效后，债务人、保证人、债权人有过错的，应当根据其过错各自承担相应的民事责任。

历史由来

本条以《担保法》第5条为基础修改完善而来。对《担保法》的修改完善

① 参见最高人民法院（2018）最高法民申1189号民事裁定书；高圣平：《未登记不动产抵押权的法律后果——基于裁判分歧的展开与分析》，载《政法论坛》2019年第6期；冉克平：《论未登记不动产抵押合同的效力》，载《法律科学》（西北政法大学学报）2020年第1期；倪龙燕：《不动产抵押合同的效力探析——以实务中法律救济裁判路径为出发点》，载《法治研究》2019年第1期。

② 参见石冠彬：《民法典应明确未登记不动产抵押合同的双重债法效力——“特定财产保证论”的证成及展开》，载《当代法学》2020年第1期。有学者主张包括违约责任和“抵押物变价清偿请求权”在内的所谓“双重效力说”。但究其实质，“抵押物变价清偿请求权”似相当于债权人可以要求抵押人在抵押物价值的范围内承担连带保证责任。参见杨代雄：《抵押合同作为负担行为的双重效果》，载《中外法学》2019年第3期。

主要体现在两个方面：一是将“主合同”替换为“主债权债务合同”。二是将保证合同因主债权债务合同无效而无效的例外情形由约定修改为法定，即将“担保合同另有约定的，按照约定”修改为“但是法律另有规定的除外”。这一修改，一方面可能是出于对保证人利益保护的考虑，另一方面可能是为今后立法规定独立担保预留通道。

《民法典合同编（草案）》（征求意见稿）第268条规定：“保证合同是主债权债务合同的从合同。主债权债务合同无效，保证合同无效，但法律另有规定的除外。保证合同被确认无效后，债务人、保证人、债权人应当根据其过错各自承担相应的民事责任。”其后的历次审议稿均如此规定。在此基础上，2019年12月公布的《民法典（草案）》第682条将《担保法》第5条中的“债务人、担保人、债权人有过错的”的表述进行相应调整后再次纳入其中。这一变动可能是为了更加突出强调保证合同无效责任中的过错责任原则。[①]2020年5月提交全国人民代表大会审议时将“主债权债务合同无效，保证合同无效”调整为“主债权债务合同无效的，保证合同无效”，更加符合语法规范。

在《民法典合同编（草案）》（二审稿）征求意见过程中，有学者建议将本条第1款第1句中的“主债权债务合同”改为“主债权债务”，理由是就法定之债也可以设定保证，且债权债务的产生也可能基于单方行为。[②]该建议最终未被采纳。此外，有学者建议稿规定：“保证人对于因民事行为能力欠缺而无效的主合同，知道该主合同无效的原因仍然提供保证的，该保证合同不因主合同无效而无效，保证人不得拒绝承担保证责任。”其主张的理由有二：一是保证人明知债务无效事由而提供保证的，足以认定保证人自愿向债权人提供主合同无效后果的担保，故不允许其提出因主债务无效而保证债务无效的抗辩；二是法律将民事行为能力欠缺作为法律行为无效事由，旨在保护民事行为能力欠缺者的利益，该种保护利益专属于本人，明知该情事而自愿承担

① 针对《担保法》第5条的相关内容，有论者指出：“它有利于解决审判实践中置保证人过错与否而不顾，穷追不舍无限连带的错误倾向。”参见唐德华主编：《最新担保法条文释义》，人民法院出版社1995年版，第30页。

② 参见周江洪：《关于〈民法典合同编〉（草案）（二次审议稿）的若干修改建议》，载《法治研究》2019年第2期。

其不利后果的保证人不得受惠。①

规范目的或功能

本条第1款第1句明确了主债权债务合同与保证合同之间的主从关系，即保证合同相对于主债权债务合同具有从属性。本条第1款第2句规定保证合同因主债权债务合同无效而无效的原则，体现了保证合同于效力上的从属性。本句规定本无必要，因为此种效力上的从属性属于第1句规定的应有之义。之所以规定第2句，可能在于强调只有在法律另有规定之时，保证合同才不因主债权债务合同无效而无效。相较于《担保法》第5条，本条第1款第2句禁止当事人约定保证合同的效力不受主债权债务合同效力影响，有助于防止债权人尤其是银行等金融机构利用优势地位不当加重保证人的责任。

本条第2款是关于保证合同无效法律后果的规定，明确了债务人、保证人、债权人仅于存有过错之时方承担责任，且责任根据过错比例进行分担。这有助于扭转在任何情形下均判令保证人承担保证合同无效责任的实务倾向。

在内容上，本条规定与《民法典》物权编第四分编担保物权部分的第388条第1款第3句和第4句、第2款的规定几乎完全一致。前者只不过将后者规定中的“担保合同”替换为“保证合同”，“担保人”替换为“保证人”。这是本法于不同部分规定担保物权和保证必然造成的立法重复。由此亦可管窥，将担保独立成编确有一定道理，至少可以避免此种毫无意义的立法重复。②

① 参见梁慧星主编：《中国民法典草案建议稿附理由：合同编》（下册），法律出版社2013年版，第1191—1193页。

② 此种立法重复在本法关于担保的规定中随处可见。例如，关于反担保（本法第387条第2款和第689条）、关于担保的范围（本法第389条和第691条）、关于债务移转对担保责任的影响（本法第391条和第697条）。此种重复是由于本法分别于物权编和合同编规定担保物权和保证造成的。由于担保物权和保证并无本质的区别，存在诸多共性，如果将担保法独立成编，自然可以解决此问题。在本法立法过程中，有学者提出担保法独立成编的建议，但并未引起重视。参见张素华：《论民法典分则中担保制度的独立成编》，载《法学家》2019年第6期。

规范内容

一、保证的从属性

保证旨在担保债务履行、保障债权实现。因此，保证合同是主债权债务合同的从合同，保证债务则为主债务的从债务，原则上与其所担保的主债务同命运，此即保证合同的从属性。从属性具有保护保证人之功能，使得债权人从保证人处得到的不超过从债务人处所能得到的。①

保证的从属性体现于以下几个方面。

（一）发生上的从属性

保证以主债权债务的有效存在为前提。本条第1款第2句规定保证合同因主债权债务合同之无效而无效，即由此而设。此外，如果主债权债务合同不成立或被撤销，保证债务亦无从发生。需要注意的是，主债权债务合同虽然具有可撤销的效力瑕疵，但是在没有被撤销之前依然有效，因而此时保证债务依然成立，只不过保证人得依本法第702条之规定在相应范围内拒绝承担保证责任。此外，保证虽然具有发生上的从属性，但并不影响为将来债务提供保证。②

在民刑交叉案件中，即便债务人构成犯罪，也并不必然影响主债权债务合同的效力以及相应的保证合同的效力。③最高人民法院《民间借贷规定》第13条第1款规定："借款人或者出借人的借贷行为涉嫌犯罪，或者已经生效的判决认定构成犯罪，当事人提起民事诉讼的，民间借贷合同并不当然无效。人民法院应当根据《中华人民共和国合同法》第五十二条以及本规定第十四条之规定，认定民间借贷合同的效力。"第13条第2款规定："担保

---

① 有论者指出，保证的从属性是法律技术上的简化技巧，基于法律所规定的从属性原则，当事人仅需规范基础关系即主债权债务关系，其规范自动对保证合同关系发生效力。参见陈自强：《无因债权契约论》，中国政法大学出版社2002年版，第44页。

② 参见最高人民法院（2015）民申字第2671号民事裁定书。

③ 参见最高人民法院（2017）最高法民申1234号民事裁定书。

人以借款人或者出借人的借贷行为涉嫌犯罪或者已经生效的判决认定构成犯罪为由，主张不承担民事责任的，人民法院应当依据民间借贷合同与担保合同的效力、当事人的过错程度，依法确定担保人的民事责任。”①在“张某兰与刘某富、许某南、喻某施等民间借贷纠纷案”中，最高人民法院指出：“就非法吸收公众存款罪而言，涉及行为人向社会不特定对象吸收存款或者非法集资。行为人向不特定对象吸收存款或者非法集资往往表现为与不特定对象之间的民间借贷法律关系，当这些民间借贷达到一定规模并扰乱金融秩序时，刑法才将行为人所涉及的民间借贷作为一个整体进行罪与非罪的评价，但其中某一具体民间借贷法律关系并不因此当然无效。就案涉民间借贷法律关系而言，张某兰等人具有向刘某富借款、还款的真实意思表示，刘某富具有向张某兰等人出借款项的真实意思表示，没有证据证明刘某富在出借案涉款项时明知张某兰涉嫌非法吸收公众存款的犯罪行为，亦没有证据证明《借款合同》《20121127借款合同补充协议一》的签订存在违反《合同法》第五十二条及《民间借贷规定》②第十四条规定的其他无效情形。根据《民间借贷规定》③第十三条第一款关于‘借款人或者出借人的借贷行为涉嫌犯罪，或者已经生效的判决认定构成犯罪，当事人提起民事诉讼的，民间借贷合同并不当然无效。人民法院应当根据合同法第五十二条、本规定第十四条之规定，认定民间借贷合同的效力’的规定，一、二审法院在依法确认案涉借款合同效力基础上，基于查明的案件事实，作出相应的实体裁判，并无不当。”④

（二）范围上的从属性

保证债务的范围随主债务变动，并以此为限。就债务的范围与强度而言，保证债务不得超过主债务。如有超过，应缩减至主债务的程度。⑤不过，

---

① 《民间借贷规定》第8条规定：“借款人涉嫌犯罪或者生效判决认定其有罪，出借人起诉请求担保人承担民事责任的，人民法院应予受理。”

② 此处的《民间借贷规定》为2015年《民间借贷规定》。

③ 此处的《民间借贷规定》为2015年《民间借贷规定》。

④ 最高人民法院（2019）最高法民申5053号民事裁定书。

⑤ 参见程啸：《保证合同研究》，法律出版社2006年版，第214—215页。

债权人和债务人未经保证人书面同意，协商变更主债权债务合同内容，加重债务的，保证人对加重的部分不承担保证责任。本法第695条对此明文规定。

（三）履行上的从属性

保证人可以主张债务人对债权人的抗辩。本法第701条对此定有明文。债务人对债权人享有抵销权或者撤销权的，保证人可以在相应范围内拒绝承担保证责任。本法第702条对此定有明文。

（四）移转上的从属性

主债权让与之时，债权人对保证人的保证债权原则上亦一并转移。本法第696条对此定有明文。保证债权为担保主债权而存在，若与主债权分离，则丧失了其担保性。因此，保证债权不得与主债权分离而单独让与。不过，主债务移转之时，未经保证人书面同意，保证人原则上不再承担保证责任。本法第697条第1款对此定有明文。

（五）消灭上的从属性

保证债务以担保主债务为唯一目的。因此，当主债务因清偿、提存、抵销、免除、混同及其他原因而消灭时，保证债务亦随之消灭。[①]

（六）管辖上的从属性

《担保法解释》第129条规定："主合同和担保合同发生纠纷提起诉讼的，应当根据主合同确定案件管辖。担保人承担连带责任的担保合同发生纠纷，债权人向担保人主张权利的，应当由担保人住所地的法院管辖。主合同和担保合同选择管辖的法院不一致的，应当根据主合同确定案件管辖。"通常认为，适用该条规定的前提是因主合同和担保合同发生的纠纷均属人民法院主管。[②]如果主债权债务合同约定仲裁，其效力是否及于担保合同呢？就此问题，

① 参见高圣平：《担保法论》，法律出版社2009年版，第86页。

② 参见最高人民法院（2016）最高法民辖终122号民事裁定书。

司法实务见解不一，[①]主流观点持否定立场。[②]最高人民法院在《关于成都优邦文具有限公司、王国建申请撤销深圳仲裁委员会（2011）深仲裁字第601号仲裁裁决一案的请示的复函》中明确指出："案涉担保合同没有约定仲裁条款，仲裁庭关于主合同有仲裁条款，担保合同作为从合同应当受到主合同中仲裁条款约束的意见缺乏法律依据。"

二、保证合同从属性的例外

本条第1款第1句表明本法规范的保证限于传统的从属性保证。从属性系保证的本质特征，当事人不能通过约定对其完全进行排除，否则徒具"保证"之名而已，不应认系本法所规定之保证。在本法立法过程中，有不少学者主张规定独立保证，但未引起立法者重视。[③]

根据本条第1款第2句的规定，保证合同因主债权债务合同无效而无效，"法律另有规定的除外"。这就意味着，保证合同中类似于"本合同不因主合同无效而无效，且保证人对债权人在主合同无效情形下的一切债权仍按本合同承担保证责任"的约定将归于无效。[④]禁止当事人在保证合同效力方面排除从属性，有助于防止债权人尤其是银行等金融机构滥用优势地位，不当加重保证人的责任。考虑到当事人一方提供保证的意思表示是真实的，从尊重意思自治的角度出发，此时不妨将此无效之保证合同认定为有效的从属性保证合同。[⑤]《全国法院民商事审判工作会议纪要》第54条即明确指出："银行或者非银行金融机构之外的当事人开立的独立保函，以及当事人有关排除担保从属性的约定，应当认定无效。但是，根据'无效法律行为的转换'原理，在否定其独立担保效力的同时，应当将其认定为从属性担保。"需要注意的

---

① 关于该问题的详细论述，参见宋春龙：《保证合同纠纷是否受主合同仲裁条款约束问题研究》，载《北京仲裁》2015年第4期。

② 参见最高人民法院（2017）最高法民辖终47号民事裁定书；最高人民法院（2014）民四终字第27号民事裁定书。

③ 参见徐同远：《民法典合同编草案中保证制度的完善》，载《北京航空航天大学学报》（社会科学版）2019年第2期。

④ 参见浙江省高级人民法院（2016）浙民申407号民事裁定书。

⑤ 参见最高人民法院民事审判第二庭编著：《〈全国法院民商事审判工作会议纪要〉理解与适用》，人民法院出版社2019年版，第348页。

是，目前并没有其他法律规定保证合同不因主债权债务合同无效而无效。“法律另有规定的除外”这样的表述，只能理解为立法者意在为将来通过立法认可独立担保预留通道。[①]不过，如此一来，《独立保函规定》陷入了缺乏法律依据的尴尬地位。应予指出的是，《全国法院民商事审判工作会议纪要》第54条指出：“从属性是担保的基本属性，但由银行或者非银行金融机构开立的独立保函除外。独立保函纠纷案件依据《最高人民法院关于审理独立保函纠纷案件若干问题的规定》处理。需要进一步明确的是：凡是由银行或者非银行金融机构开立的符合该司法解释第1条、第3条规定情形的保函，无论是用于国际商事交易还是用于国内商事交易，均不影响保函的效力。”

三、保证合同无效的法律后果

本条第2款规定保证合同无效的法律后果。保证合同无效，保证人自然不承担保证合同约定的保证责任。对于保证合同无效给债权人造成的损失，债务人、保证人则根据其各自的过错程度承担相应的民事责任。债权人如果有过错，则适用过失相抵。自体系观之，可以将本条第2款视为本法第157条关于法律行为无效法律后果的特别规定。相应地，本条第2款中的“保证合同被确认无效”应包括保证合同无效、被撤销或者确定不发生效力三种情形。

（一）保证合同无效的类型与当事人过错的认定

保证合同无效，可能存在以下三种情况：

1.保证合同因主债权债务合同无效而无效

在此种情形下，保证合同本身并无效力瑕疵，却因主债权债务合同无效而无效。此时，债权人与债务人自当根据其各自的过错承担相应的责任。问题在于，保证人是否有可能因存在过错进而需要对保证合同无效造成的损失承担相应责任？因为保证人并非主债权债务合同的当事人，通常不可能对主

---

① 参见徐同远：《民法典合同编草案中保证制度的完善》，载《北京航空航天大学学报》（社会科学版）2019年第2期；陈洁蕾：《保证的罗马法基础与法典化构建》，载《比较法研究》2019年第4期。

债权债务合同的无效存在过错，进而也就不可能对保证合同无效存在过错。有观点认为，担保人如果明知或者应当知道主债权债务合同无效却为之提供担保，或者对主债权债务合同的成立起到了中介、促成作用，则担保人存在过错，应承担相应责任。[①]反对观点则认为，即使担保人明知或应当知道主债权债务合同无效而提供担保，且该担保是主债权债务合同成立的基础，也不能认为担保人对于主债权债务合同的无效存在过错，因为保证合同系从合同，主债权债务合同的效力不会决定于从合同。[②]有论者认为，单纯地知道或者应当知道主债权债务合同无效这一事实本身并不足以认定保证人具有过错，而应限于保证人对主债权债务合同的无效具有过错或者与债务人具有共同过错，而且保证人的过错必须与债权人因主债权债务合同无效所遭受的损失之间具有因果关系，保证人才需要根据其过错承担责任。[③]在“上海某经贸有限公司等诉常熟市某物资有限公司等企业借贷纠纷案”中，最高人民法院指出：“……担保人在明知主合同无效的情形下仍对主债务提供担保，显然具有过错。”[④]笔者认为，在保证人明知主债权债务合同无效而提供保证的情形下，应认为保证人自愿为保证合同无效时债务人所应承担的损害赔偿责任提供保证。

2. 主债权债务合同有效，保证合同自身无效

主债权债务合同虽然有效，但是保证合同可能因自身原因而无效。保证合同的效力依据本法总则编的相关规定进行认定。需要特别指出的是，作为法定代理人的父母以未成年子女名义订立保证合同的，因提供保证显然并非为未成年子女利益，不符合本法第35条第1款第2句的规定，即“监护人除为维护被监护人利益外，不得处分被监护人的财产”，应认定保证合同无效。

此时，债权人与保证人自当根据其各自的过错承担相应的责任。相关主体违反本法第683条的规定提供保证导致保证合同无效的，保证人明知自己不具备提供保证的主体资格，具有过错。债权人如果并非自然人，则也因明知保证人不具备主体资格而具有过错。在“马鞍山某双语学校、某信托股份有

① 参见曹士兵：《中国担保制度与担保方法》(第四版)，中国法制出版社2017年版，第100—101页。

② 参见郭明瑞、房绍坤：《担保法》(第三版)，中国政法大学出版社2015年版，第14页。

③ 参见程啸：《保证合同研究》，法律出版社2006年版，第176页。

④ 最高人民法院（2015）民申字第680号民事裁定书。

限公司金融借款合同纠纷上诉案”中，最高人民法院指出：“某信托股份公司作为专业从事信托业务的金融机构明知或应知以公益为目的的民办学校不能作为保证人，而马鞍山某双语学校作为民办学校明知或应知不能对外提供担保，双方均存在过错且过错程度相当。”[①]如果债权人采取欺诈手段，使保证人在违背真实意思的情况下提供保证，根据本法第148条的规定，保证人自可请求人民法院或仲裁机构予以撤销，保证人对保证合同无效自无过错。

问题在于，债务人是否有可能存在过错进而需要对保证合同无效造成的损失承担相应责任？债务人并非保证合同的当事人，通常不可能对保证合同的无效存在过错。不过，如果债务人与债权人恶意串通，诱使保证人提供保证，可以认定债务人对保证合同的无效存在过错。如果债务人采取欺诈手段，使保证人在违背真实意思的情况下提供保证，根据本法第149条的规定，只有债权人知道或者应当知道债务人欺诈的，保证人才可以请求人民法院或者仲裁机构予以撤销，进而无须承担保证责任。对于债权人的损失，保证人自然并无过错，债务人则存在过错。

3.主债权债务合同无效，保证合同自身亦无效

此种情形系指主债权债务合同和保证合同各自均存在无效原因，保证合同无效并非因主债权债务合同无效造成。在此种情形下，债权人、债务人和保证人均有可能存在过错，但也不排除保证人或债权人无过错的情形存在。

（二）债权人赔偿损失请求权与保证期间

依本条第2款规定，保证合同无效的，如果保证人存有过错，债权人可以请求保证人依其过错赔偿损失。不无疑问的是，债权人对保证人享有的赔偿损失请求权是否受保证期间限制呢？

依本法第693条的规定，如果债权人未在保证期间内对一般保证的债务人提起诉讼或者申请仲裁，或向连带责任保证人主张权利，保证人即免于承担保证责任。如果债权人未依照该条规定要求在保证期间内主张权利，则在保证合同无效之时，债权人能否要求保证人按其过错承担赔偿责任呢？就此问题，司法实务存在截然相反的两种见解。肯定说认为，在保证合同有效的

① 最高人民法院（2017）最高法民终297号民事判决书。

情形下，债权人未在保证期间内主张权利的，保证人免予承担保证责任。依据公平原则，债权人在保证合同无效的情形下取得的利益不能大于保证合同有效情形下取得的利益。[①]因此，保证合同无效，保证人承担的损失赔偿责任依然受保证期间限制，债权人未在保证期间内主张权利的，保证人应当免责。在“上海某国际货物运输代理有限公司诉上海某服饰有限公司等买卖合同纠纷案”中，上海市第一中级人民法院指出：“虽然保证合同被认定无效后，保证人的责任是以过错原则来确定的赔偿责任，其性质已不同于基于保证合同有效情形下的保证责任，但是债权人与保证人在订立保证合同时一般不能预见保证合同无效，因此保证合同中双方约定的保证期间或法定保证期间是双方对各自权利义务行使期限的唯一合理预期，按照该期间确定双方的利益关系，符合双方的缔约本意。且在保证合同无效的情况下，债权人所获得的利益不应当超过保证合同有效时所获得的利益。因此，为了平衡当事人之间的利益，避免无效保证合同的保证人无期限地承担责任，在保证合同被认定无效的情况下，当事人仍应按照约定或法定的保证期间主张权利。”[②]否定说则认为，保证期间是保证人承担保证责任的期间，其适用前提是保证合同有效，保证人负有保证责任。[③]在保证合同无效的情形下，保证人承担的不是保证责任而是缔约过失责任，故保证期间对其没有约束力。即便债权人未在保证期间内主张权利，只要保证合同无效产生的赔偿损失请求权未过诉讼时效期间，保证人仍应承担赔偿责任。最高人民法院在此问题上态度摇摆。[④]《最高人民法院民事审判第二庭第七次法官会议纪要》则认为：“保证期间，是指根据当事人约定或者法律规定，债权人向保证人主张保证权利的期间。在合同约定的保证期间和法律规定的保证期间，债权人未对债务人提起诉讼或者申请仲裁的，保证人免除保证责任。可见，保证期间是对保证责任的限制期间，其

---

① 参见最高人民法院（2011）民四终字第40号民事判决书。

② 参见上海市第一中级人民法院（2014）沪一中民四（商）终字第S786号民事判决书。

③ 参见湖北省高级人民法院（2016）鄂民终119号民事判决书；北京市第一中级人民法院（2008）一中民初字第11529号民事判决书。

④ 肯定：最高人民法院（2017）最高法民申3769号民事裁定书、最高人民法院（2011）民四终字第40号民事判决书；最高人民法院（2011）民申字第1209号民事裁定书。否定：最高人民法院（2018）最高法民再66号民事判决书、最高人民法院（2017）最高法民申4155号民事裁定书。

适用的前提是保证合同有效。保证合同无效，保证人承担的是因缔约过失而产生的损害赔偿责任，并非保证责任。因此，保证责任不适用担保法有关保证期间的规定，债权人未在保证期间内向保证人主张赔偿损失的，只要该请求权未过诉讼时效期间，保证人仍应承担赔偿责任。”[①]

（三）债权人赔偿损失请求权的诉讼时效

债权人依照本条第2款规定对债务人、保证人享有的赔偿损失请求权在性质上属于缔约过失责任，适用本法第188条第1款规定的3年诉讼时效。问题是，该诉讼时效期间应当从何时开始起算？2010年11月17日发布的《最高人民法院关于无效合同所涉诉讼时效问题的规定（征求意见稿）》第3条对保证合同无效产生的赔偿损失请求权的诉讼时效期间起算提出了三种方案：方案一：保证合同无效，债权人请求保证人赔偿损失的，诉讼时效期间从保证合同被确认无效之日起计算，但债权人在保证期间内未向保证人主张权利的，人民法院不予支持。方案二：保证合同无效，债权人请求保证人赔偿损失，其在保证期间内向连带保证人主张权利的，诉讼时效期间从主张权利之日起计算；未主张过权利的，人民法院不予支持。其在保证期间内向一般保证人主张权利的，诉讼时效期间从判决或者仲裁裁决生效之日起计算；未主张权利的，人民法院不予支持。方案三：保证合同无效，债权人请求保证人赔偿损失，在主合同履行期限届满，主合同尚未履行或者未完全履行的情形下，其在保证期间内，向连带保证人主张权利的，诉讼时效期间从主张权利之日起计算；向一般保证人主张权利的，诉讼时效期间从判决或者仲裁裁决生效之日起计算。在保证期间内，债权人未向保证人主张权利的，人民法院不予支持。不过，该征求意见稿可能已经胎死腹中，至今未见正式的司法解释。如前所述，债权人对有过错的保证人的赔偿损失请求权不适用保证期间，而这三种方案均以“债权人在保证期间对保证人主张过权利”为前提，其不当之处至为明显。最高人民法院的判决普遍认为，债权人损害赔偿

① 贺小荣主编：《最高人民法院民事审判第二庭法官会议纪要——追寻裁判背后的法理》，人民法院出版社2018年版，第235页。同旨，参见最高人民法院民事审判第二庭编：《商事审判指导》（2016年卷），人民法院出版社2018年版，第248页。

请求权的诉讼时效应当自主债务履行期限届满之日起算。在“某银行(香港)有限公司与新会市某集团有限公司、江门市某区经济和信息化局、广东某涤纶厂股份有限公司担保合同纠纷案”中，最高人民法院指出：“根据《中华人民共和国民法通则》第一百三十七条的规定，诉讼时效期间从知道或者应当知道权利被侵害时起计算。即便是因缔约过失引起的损害赔偿之债的诉讼时效起算点亦无理由例外。就本案而言，应结合案件事实确定诉讼时效的起算点。某银行提供的信用证押汇贷款的最后到期日应为1998年6月8日，而透支贷款的到期日最迟亦应为1998年9月24日。在此日期前，该银行应已明确知道其作为债权人的权利受到了侵害。自1998年6月8日和1998年9月24日起两年的诉讼时效期间内，该银行未向保证人某经贸局和某集团主张过权利，未能引起诉讼时效的中断。至其2002年向某经贸局主张权利时，已超过两年的诉讼时效期间，显然已失去对保证债务的胜诉权。”①

举证责任

依据“谁主张，谁举证”的原则，保证合同无效，若债权人欲依照本条第2款之规定要求债务人或保证人就其损失承担赔偿责任时，应承担如下举证责任：一是证明保证合同被确认无效的事实；二是证明债务人或保证人存在过错。若债务人或保证人认为债权人亦存在过错，并以此为由要求减轻损害赔偿责任，则应对债权人存在过错的事实承担举证责任。

其他问题

一、担保法司法解释的效力问题

《担保法解释》第7条规定：“主合同有效而担保合同无效，债权人无过错的，担保人与债务人对主合同债权人的经济损失，承担连带赔偿责任；债权人、担保人有过错的，担保人承担民事责任的部分，不应超过债务人不能清

---

① 最高人民法院（2011）民申字第167号民事裁定书。

偿部分的二分之一。”该解释第8条规定：“主合同无效而导致担保合同无效，担保人无过错的，担保人不承担民事责任；担保人有过错的，担保人承担民事责任的部分，不应超过债务人不能清偿部分的三分之一。”然而，在《民法典》中并无相应规定。不无疑问的是，该条规定在本法颁布实施后是否可以继续适用？因《担保法解释》的诸多内容并未纳入本法之中，这导致该问题具有一般性，即在本法颁布实施后，对于本法未规定而在《担保法解释》中规定了的事项，能否继续适用后者相关规定的内容？

本法第1260条规定，自本法施行时起，《担保法》同时废止。作为对该法律的司法解释，《担保法解释》自应同时废止。然而，《担保法解释》颁行已有20年，相应规定已经为法官所熟知。从填补法律漏洞、便利法律适用的角度考虑，对于本法未规定的事项，如果《担保法解释》进行了相应规定，且该规定与本法的原则和规则不相冲突，一直以来亦未招致学说和实务的强烈批评，则不妨继续沿用。在解释论上，可以将相关规定视为本法总则编第10条所规定的习惯法。[①]准此，《担保法解释》第7条和第8条的规定内容可以作为习惯法继续适用。《担保法解释》第40条规定：“主合同债务人采取欺诈、胁迫等手段，使保证人在违背真实意思的情况下提供保证的，债权人知道或者应当知道欺诈、胁迫事实的，按照担保法第三十条的规定处理。”本法第149条规定第三人欺诈的情形，仅当另一方知道或者应当知道第三人欺诈时，受欺诈一方才可以请求撤销，而本法第150条规定的第三人胁迫，受胁迫一方请求撤销并不以另一方知道或者应当知道第三人胁迫为限。因此，《担保法解释》第40条不仅没有继续适用的必要，而且该条规定的内容也与本法的规定不尽一致。故该条规定不应继续适用。

二、公司对外担保的效力问题

《公司法》第16条规定：“公司向其他企业投资或者为他人提供担保，依照公司章程的规定，由董事会或者股东会、股东大会决议；公司章程对投资或者担保的总额及单项投资或者担保的数额有限额规定的，不得超过规定的

① 参见姚辉、焦清扬：《民法典时代司法解释的重新定位——以隐私权的规范为例证》，载《现代法学》2018年第5期。

限额。公司为公司股东或者实际控制人提供担保的，必须经股东会或者股东大会决议。前款规定的股东或者受前款规定的实际控制人支配的股东，不得参加前款规定事项的表决。该项表决由出席会议的其他股东所持表决权的过半数通过。”就公司法定代表人或者其他人员违反该条规定的法定程序以公司名义对外提供担保的效力问题，可谓是聚讼纷纭，莫衷一是。[①]不过，最高人民法院的裁判立场已经渐趋统一。《全国法院民商事审判工作会议纪要》第17条规定：“为防止法定代表人随意代表公司为他人提供担保给公司造成损失，损害中小股东利益，《公司法》第16条对法定代表人的代表权进行了限制。根据该条规定，担保行为不是法定代表人所能单独决定的事项，而必须以公司股东（大）会、董事会等公司机关的决议作为授权的基础和来源。法定代表人未经授权擅自为他人提供担保的，构成越权代表，人民法院应当根据《合同法》第50条关于法定代表人越权代表的规定，区分订立合同时债权人是否善意分别认定合同效力：债权人善意的，合同有效；反之，合同无效。”由此可见，最高人民法院认为《公司法》第16条的规定构成对法定代表人代表权限的限制。[②]既然如此，在法定代表人违反法定程序构成越权代表的情形下，重点在于判断是否构成表见代表。本法第504条规定：“法人的法定代表人或者非法人组织的负责人超越权限订立的合同，除相对人知道或者应当知道其超越权限外，该代表行为有效，订立的合同对法人或者非法人组织发生效力。”因此，判断是否构成表见代表，需要确定相对人是否善意，即是否知

---

① 关于公司对外担保效力问题的讨论，参见邹海林：《公司代表越权担保的制度逻辑解析——以公司法第16条第1款为中心》，载《法学研究》2019年第5期；杨代雄：《公司为他人担保的效力》，载《吉林大学社会科学学报》2018年第1期；高圣平：《公司担保中相对人的审查义务——基于最高人民法院裁判分歧的分析和展开》，载《政法论坛》2017年第5期；高圣平：《公司担保相关法律问题研究》，载《中国法学》2013年第2期；梁上上：《公司担保合同的相对人审查义务》，载《法学》2013年第3期；曾大鹏：《公司越权对外担保的效力研究——基于法律解释方法之检讨》，载《华东政法大学学报》2013年第5期；罗培新：《公司担保法律规则的价值冲突与司法考量》，载《中外法学》2012年第6期；钱玉林：《公司法第16条的规范意义》，载《法学研究》2011年第6期。

② 最高人民法院民事审判第二庭第七次法官会议纪要已经明确表明采纳此种立场。参见贺小荣主编：《最高人民法院民事审判第二庭法官会议纪要——追寻裁判背后的法理》，人民法院出版社2018年版，第193—195页。

道或者应当知道法定代表人超越权限。就此，《全国法院民商事审判工作会议纪要》第18条规定："前条所称的善意，是指债权人不知道或者不应当知道法定代表人超越权限订立担保合同。《公司法》第16条对关联担保和非关联担保的决议机关作出了区别规定，相应地，在善意的判断标准上也应当有所区别。一种情形是，为公司股东或者实际控制人提供关联担保，《公司法》第16条明确规定必须由股东（大）会决议，未经股东（大）会决议，构成越权代表。在此情况下，债权人主张担保合同有效，应当提供证据证明其在订立合同时对股东（大）会决议进行了审查，决议的表决程序符合《公司法》第16条的规定，即在排除被担保股东表决权的情况下，该项表决由出席会议的其他股东所持表决权的过半数通过，签字人员也符合公司章程的规定。另一种情形是，公司为公司股东或者实际控制人以外的人提供非关联担保，根据《公司法》第16条的规定，此时由公司章程规定是由董事会决议还是股东（大）会决议。无论章程是否对决议机关作出规定，也无论章程规定决议机关为董事会还是股东（大）会，根据《民法总则》第61条第3款关于'法人章程或者法人权力机构对法定代表人代表权的限制，不得对抗善意相对人'的规定，只要债权人能够证明其在订立担保合同时对董事会决议或者股东（大）会决议进行了审查，同意决议的人数及签字人员符合公司章程的规定，就应当认定其构成善意，但公司能够证明债权人明知公司章程对决议机关有明确规定的除外。债权人对公司机关决议内容的审查一般限于形式审查，只要求尽到必要的注意义务即可，标准不宜太过严苛。公司以机关决议系法定代表人伪造或者变造、决议程序违法、签章（名）不实、担保金额超过法定限额等事由抗辩债权人非善意的，人民法院一般不予支持。但是，公司有证据证明债权人明知决议系伪造或者变造的除外。"由此可知，最高人民法院认为，债权人负有审查公司机关决议内容的形式审查义务。不过，《全国法院民商事审判工作会议纪要》设定了一些必要的例外。《全国法院民商事审判工作会议纪要》第19条规定："存在下列情形的，即便债权人知道或者应当知道没有公司机关决议，也应当认定担保合同符合公司的真实意思表示，合同有效：（1）公司是以为他人提供担保为主营业务的担保公司，或者是开展保函业务的银行或者非银行金融机构；（2）公司为其直接或者间接控制的公司开展经营活动向债权人提供担保；（3）公司与主债务人之间存在相互担保等商业合作关系；

（4）担保合同系由单独或者共同持有公司三分之二以上有表决权的股东签字同意。”最高人民法院在“某控股股份有限公司、某营业信托纠纷案”的判决书中将《全国法院民商事审判工作会议纪要》所体现的裁判立场和裁判思路表露无遗。最高人民法院指出：“案涉《保证合同》无效，理由如下：第一，为防止法定代表人未经授权代表公司对外提供担保给公司造成损失，损害中小股东利益，《中华人民共和国公司法》第十六条规定：‘公司向其他企业投资或者为他人提供担保，依照公司章程的规定，由董事会或者股东会、股东大会决议；公司章程对投资或者担保的总额及单项投资或者担保的数额有限额规定的，不得超过规定的限额。公司为公司股东或者实际控制人提供担保的，必须经股东会或者股东大会决议。前款规定的股东或者受前款规定的实际控制人支配的股东，不得参加前款规定事项的表决。该项表决由出席会议的其他股东所持表决权的过半数通过。’根据该条规定，担保行为不是法定代表人所能单独决定的事项，而必须以公司股东会或者股东大会、董事会等公司机关的决议作为授权的基础和来源。本案中，没有证据证明郭某代表某公司对外签订案涉《担保合同》经过了股东大会决议，其行为属于越权代表。第二，关于公司法定代表人越权代表行为的效力问题，《中华人民共和国合同法》第五十条规定：‘法人或者其他组织的法定代表人、负责人超越权限订立的合同，除相对人知道或者应当知道其超越权限的以外，该代表行为有效。’因此，认定公司法定代表人越权代表行为效力问题的关键是相对人是否知道或者应当知道法定代表人的行为超越权限，是否属于善意相对人。本案中，郭某在签订案涉《担保合同》时是某公司的第一大股东、法定代表人，其以某公司名义为自己的债务提供担保，属于关联担保，道德风险很高。因此，相对于其他担保，关联担保的相对人应当承担更高的注意义务。而且，《中华人民共和国公司法》第十六条亦对关联担保和非关联担保作了区分，关联担保‘必须经股东会或者股东大会决议’。因此，关联担保的相对人应当审查担保合同是否经公司股东会或者股东大会决议，且决议的表决程序符合《中华人民共和国公司法》第十六条的规定。第三，某公司属于上市公司。相对于关联担保的相对人，上市公司的中小股东克服信息不对称、防范上市公司大股东、法定代表人等高管道德风险的成本更高，从公平的角度看，上市公司对公司股东、法定代表人提供关联担保的，相对人应当负担更高的注意义务。

此外，上市公司作为公众公司，其章程、关联担保等重大经营事项均应依法公开，相对人可以通过很低的交易成本了解到上市公司法定代表人是否有权自行决定对外担保以及公司股东大会重大决议事项。因此，无论从利益平衡的角度还是从注意义务分配的角度看，上市公司的法定代表人以公司名义对外提供关联担保的，相对人应当审查该担保是否经过股东大会决议。第四，虽然案涉《保证合同》第1.1条和第1.2条中明确约定：'保证人可以对外提供保证担保，并有能力承担保证责任'，'保证人为债务人提供保证担保完全出于自愿，并经过内部有权机关通过，不违背公司章程，保证人在本保证合同项下的全部意思表示真实有效'，但该意思表示系由某公司时任法定代表人郭某代表某公司作出，由于对外担保并非某公司法定代表人所能单独决定的事项，故上述意思表示亦非郭某有权在未经某公司股东大会决议的情况下单独代表某公司作出。综上，安某未提交充分有效的证据证明其对郭某签订案涉《担保合同》经过某公司股东大会决议进行了审查，未尽到应尽的注意义务，不属于善意相对人，某公司关于案涉《担保合同》无效的上诉理由成立，本院予以支持。"①

第六百八十三条【保证人资格】

机关法人不得为保证人，但是经国务院批准为使用外国政府或者国际经济组织贷款进行转贷的除外。

以公益为目的的非营利法人、非法人组织不得为保证人。

历史由来

本条第1款承袭了《担保法》第8条。为了与本法总则编第96条对法人的重新分类相适应，本条将《担保法》中的"国家机关"改为"机关法人"。本条第2款沿袭《担保法》第9条，仅根据本法总则编第87条和第102条关于非营利法人和非法人组织的规定，将《担保法》中的"学校、幼儿园、医院等以公益为目的的事业单位、社会团体"调整为"以公益为目的的非营利法人、非法人组织"。由此可见，本条规定与《担保法》的内涵并无区别。

---

① 最高人民法院（2019）最高法民终1524号民事判决书。

《民法典合同编（草案）》（征求意见稿）第229条规定："下列组织不得担任保证人：（一）机关法人，但经国务院批准为使用外国政府或者国际经济组织贷款进行转贷的除外；（二）以公益为目的的法人、非法人组织；（三）法人的职能部门；（四）法人的分支机构。法人的分支机构取得法人书面授权的，可以在授权范围内提供保证。"《民法典合同编（草案）》（一审稿）第473条在此基础上删除第1款的第3项"法人的职能部门"。《民法典合同编（草案）》（二审稿）第473条仅保留第1款第1项与第2项，其他内容均予以删除。2019年公布的《民法典（草案）》第683条从之，只不过放弃了分项规定的形式，而是以二款分别规定机关法人和以公益为目的的非营利法人、非法人组织不得为保证人。2020年5月提交全国人民代表大会审议时未再进行调整。

规范目的或功能

本条规定保证人资格，明确机关法人和以公益为目的的非营利法人、非法人组织不得提供保证。就性质而言，本条规定属于强制性规定。本条列明的主体违反本条规定提供保证的，应当根据本法总则编第153条第1款认定保证合同无效。

规范内容

一、机关法人原则上不得担任保证人

（一）原则上禁止机关法人担任保证人的理由

通常基于以下考虑，禁止机关法人担任保证人：其一，机关法人的主要职责是依法行使其职权，进行日常的公务活动。本法第97条规定："有独立经费的机关和承担行政职能的法定机构从成立之日起，具有机关法人资格，可以从事为履行职能所需要的民事活动。"由此可知，机关法人只能从事为履行其公务职能所需要的民事活动。[①]然而，提供保证通常并非此种民事活动。其

① 参见程啸：《保证合同研究》，法律出版社2006年版，第107页。

二，机关法人的财产和经费来自中央或地方财政拨款，用于维持机关法人的公务活动和日常开支，保障机关法人履行职责。如果允许机关法人担任保证人，债务人不履行债务时机关法人就要将财产和经费用于承担保证责任，这样势必会影响机关法人履行公务职责。①

（二）机关法人例外可以担任保证人

根据本条第1款规定，为使用外国政府或者国际经济组织贷款进行转贷，经国务院批准，机关法人可以担任保证人。之所以作出此种例外规定，是因为此种贷款主要投入于交通运输、能源、邮电通信、环境保护、城市建设等基础建设项目，资金数量巨大，盈利有限，且还款期限较长，一般的法人、非法人组织或者自然人没有能力也不愿意提供保证，只得由地方政府或相关部门委托其计划财务管理部门向中央政府提供还款担保，保证向中央政府偿还所借款项。②

根据本条第1款规定，机关法人担任保证人必须满足以下两个条件：其一，限于为使用外国政府或者国际经济组织贷款进行转贷的情形；其二，必须事先经国务院批准。

二、以公益为目的的非营利法人、非法人组织不得为保证人

（一）禁止担任保证人的理由

以公益为目的的非营利法人、非法人组织，其财产或活动经费主要来自财政拨款或者捐助，允许其担任保证人显然与其公益目的不相符。基于与禁止机关法人担任保证人大致类似的理由，亦应禁止以公益为目的的非营利法人、非法人组织担任保证人。

（二）以公益为目的的非营利法人、非法人组织的认定

本法总则编第87条第1款规定："为公益目的或者其他非营利目的成立，

---

① 全国人大常委会法制工作委员会民法室编著：《中华人民共和国担保法释义》，法律出版社1995年版，第11页以下。

② 参见程啸：《保证合同研究》，法律出版社2006年版，第110页。

不向出资人、设立人或者会员分配所取得利润的法人，为非营利法人。”由此可知，非营利法人并非均以公益为目的。对于何为公益，《公益事业捐赠法》第3条规定：“本法所称公益事业是指非营利的下列事项：（一）救助灾害、救济贫困、扶助残疾人等困难的社会群体和个人的活动；（二）教育、科学、文化、卫生、体育事业；（三）环境保护、社会公共设施建设；（四）促进社会发展和进步的其他社会公共和福利事业。”因此，凡是为了社会公共利益之事业，均为公益事业，以实现社会公共利益为主要目的的非营利法人即为公益法人。[①]

需要注意的是，依据本条第2款的规定，营利法人即使具有一定的社会公共服务职能，也并不属于公益法人。在“某自来水公司与工行某支行借款担保纠纷二审案”中，最高人民法院即认为，自来水公司领取的是企业法人执照，属于以营利为目的的企业法人，其经营活动虽具有一定的公共服务性质，但不属于以公益为目的的事业单位。[②]

就法律适用而言，首先应当判断法人的性质系营利法人还是非营利法人，然后再判断是否系以公益为目的的非营利法人。就此而言，长春市中级人民法院在“长春某技术职业学院与刘某、武某民间借贷纠纷案”中表述的裁判见解即有不妥。在该案中，长春市中级人民法院认为：“《中华人民共和国担保法》第九条规定‘学校、幼儿园、医院等以公益为目的的事业单位、社会团体不得为保证人’。根据该规定，判断长春某技术职业学院是否具备保证人的主体资格，应当以其是否以公益为目的为判断要件，而非以其是否营利或非营利为判断要件。《中华人民共和国民办教育促进法》第三条规定‘民办教育事业属于公益性事业，是社会主义教育事业的组成部分’。《全国人民代表大会常务委员会法制工作委员会对关于私立学校、幼儿园、医院的教育设施、医疗卫生设施能否抵押的请示的意见》（法工办发〔2009〕231号）载明‘私立学校、幼儿园、医院和公办学校、幼儿园、医院，只是投资渠道上的不同，其公益属性是一样的’。本案中，长春某技术职业学院登记为民办非企业单位，其业务主管单位为吉林省教育厅、业务范围为高等学历教育，其面向社

---

① 参见陈甦主编：《民法总则评注》（上册），法律出版社2017年版，第636页。

② 参见最高人民法院（2004）民二终字第262号民事判决书，载《中华人民共和国最高人民法院公报》2005年第9期（总第107期）。

会招生，服务于全体社会成员的利益，因此综合判断，长春某技术职业学院是以公益为目的的民办非企业法人。至于长春某技术职业学院收取费用的行为，应当认定为根据民办教育促进法其有权依法向接受教育者收取费用，收取费用是其维持教育教学活动的经济基础，不能因收取费用而否定其公益性。综上，长春某技术职业学院不具备保证人资格，其与刘某签订的《保证合同》无效，不应对武某对刘某的债务承担连带责任。”①而在“中国银行股份有限公司某分行与新乡某高级中学、新乡县某初级中学金融借款合同纠纷案”中，法院正确地指出：“是否具有保证人资格应以其是否以公益为目的为要件，虽某初级中学章程中载明其‘不以营利为目的’，但营利性法人区别于非营利性法人的重要特征，是所得利润是否分配给出资人，被告某初级中学章程中明确约定董事会可以决定出资人取得合理回报的比例，学校在扣除办学成本、预留发展基金及按照国家有关规定扣除其他的必要费用外，出资人可以从办学结余中取得合理回报。回报比例按盈利的25%。故应认定其不属于《中华人民共和国担保法》第九条中所列的以公益为目的的事业单位和社会团体，对其不具有担保人资格的抗辩，本院不予支持。”②

三、违反本条规定担任保证人对保证合同效力的影响

本条仅规定机关法人和以公益为目的的非营利法人、非法人组织不得担任保证人，但并未明确相关主体违反本条规定担任保证人对保证合同效力的影响。《担保法解释》第3条第1句曾明确规定，国家机关和以公益为目的的事业单位、社会团体违反法律规定提供担保的，担保合同无效。对本法本条规定亦应如此进行理解，即本条规定的规范性质为效力性强制性规定，违反该规定的保证合同无效。

不无疑问的是，一旦保证合同因违反本条规定而无效，保证人是否应当根据本法第682条第2款的规定承担责任？《担保法解释》第3条第2句规定，此时保证人应根据其过错承担相应的民事责任。在“某经济技术开发区财政局诉中国信达资产管理股份有限公司某分公司等保证合同纠纷案”中，最高

① 参见吉林省长春市中级人民法院（2019）吉01民终1437号民事判决书。

② 参见河南省新乡市牧野区人民法院（2019）豫0711民初2076号民事判决书。

人民法院指出："开发区财政局作为国家行政机关，对于自己能否作为保证人应当明知，其与接受担保的债权人建行某分行对双方之间形成的保证合同无效负有同等的过错责任。"[①]

其他问题

一、企业法人的分支机构、职能部门提供保证的效力问题

《担保法》第10条规定："企业法人的分支机构、职能部门不得为保证人。企业法人的分支机构有法人书面授权的，可以在授权范围内提供保证。"如前所述，本法在立法过程中也曾规定禁止企业法人的分支机构、职能部门担任保证人，不过其后被删除。此种变化是否意味着《民法典》立法者允许企业法人的分支机构和职能部门担任保证人呢？回答是否定的。依本法第74条第2款的规定，分支机构以自己的名义从事民事活动，产生的民事责任由法人承担；也可以先以该分支机构管理的财产承担，不足以承担的，由法人承担。由此可见，营利法人的分支机构并非独立民事主体，自然不能担任保证人。举重以明轻，营利法人的职能部门更不能担任保证人。本法未对此进行明文规定，可能因为这是不言自明之理。当然，营利法人如果授权自己的分支机构提供保证，自无不可。

需要注意的是，关于银行的分支机构能否提供保证的问题，最高人民法院的裁判立场摇摆不定。一种裁判见解认为，银行总行的经营范围包括从事担保业务，只要未明确分支机构办理担保业务需经总行另行批准授权方为有效，应认为总行对分支机构经营范围概括授权，其分支机构提供的担保有效。[②]亦有裁判见解认为，现行有效的《最高人民法院关于审理经济合同纠纷案件有关保证的若干问题的规定》第17条第2款规定："金融部门的分支机构提供保证的，如无其他导致保证合同无效的因素，保证人应当承担保证责任。"据此，金融部门的分支机构提供保证的，并不当然导致保证合同无效。[③]

---

① 参见最高人民法院（2017）最高法民终84号民事判决书。

② 参见最高人民法院（2017）最高法民申2058号民事裁定书；最高人民法院（2016）最高法民终221号民事判决书；最高人民法院（2015）民申字第262号民事裁定书。

③ 参见最高人民法院（2017）最高法民终647号民事判决书。

另外一种裁判见解持否定观点，理由是，《担保法解释》第17条规定，企业法人的分支机构未经法人书面授权提供保证的，保证合同无效。[①]在“三门峡湖滨农村商业银行股份有限公司某支行与李某保证合同纠纷案”中，最高人民法院却采取了一种区分处理的裁判立场。在该案判决中，最高人民法院指出：“关于商业银行的分支机构未经总行授权对外提供担保是否有效以及商业银行对分支机构对外提供担保仅需总行概括授权还是需要特别授权的问题，存在争议。本院认为，处理这一问题，既要考虑保护善意相对人利益、维护交易安全，原则上不应当以商业银行内部规定对抗善意相对人，又要考虑保护商业银行以及广大储户的利益，赋予相对人一定的注意义务，兼顾交易效率和交易公平，根据个案案情，结合担保权人是否善意、是否尽到了合理注意义务，商业银行的分支机构对外提供担保的行为是否符合交易习惯，对外担保数额的大小等因素作出认定。根据本案案情，本院认为案涉《无限连带责任保证合同》无效，一方面，关于商业银行的分支机构未经总行授权对外提供担保是否有效以及商业银行对分支机构对外提供担保仅需总行概括授权还是需要特别授权的问题，可根据商业银行分支机构提供的担保业务是经常性业务还是特别业务而作出不同处理。对于商业银行分支机构依据总行概括授权、按业务流程开展、向资信良好的金融机构等企业出具银行保函等符合交易习惯、支付了合理对价或者提供了可信反担保的经常性业务，相对人基于交易发生时的基础事实，相信商业银行分支机构有权对外提供担保的，从维护交易效率和交易安全的角度考虑，原则上不应否定商业银行分支机构对外提供担保的效力。对于商业银行分支机构未按业务流程办理、单独与个别自然人签订保证合同等不符合交易习惯、相对人未支付合理对价或者提供可信反担保的担保，相对人应尽更高的义务，除非有证据证明商业银行总行规定此类业务无须特别授权、同一银行开展其他同类业务时均未特别授权或者有其他事实足以让相对人相信此类行为无需总行特别授权，原则上不应认定商业银行分支机构未经授权对外提供担保有效，而应当根据各方当事人的过错确定各自的民事责任。本案中，一方面，王某以某支行名义与姜某签订《无限连

① 参见最高人民法院（2018）最高法民再358号民事判决书；最高人民法院（2018）最高法民再66号民事判决书；最高人民法院（2016）最高法民申2412号民事裁定书。

带责任保证合同》，为自然人姜某对某公司享有的借款债权提供担保，合同上加盖的某支行的信贷专用章不符合商业银行的通常的用章惯例，也没有证据证明双方签订《无限连带责任保证合同》的过程符合商业银行对外提供担保惯常的业务流程以及姜某或者某公司为获得某支行的担保支付了合理对价或者提供了可信的反担保。另一方面，姜某曾长期在中国建设银行某市支行、中国建设银行三门峡市分行某支行、投资咨询公司、资产保全部等银行部门工作，担任过投资科副科长、科长、房地产信贷部副主任等职务，熟悉商业银行分支机构业务范围、流程、规则，其作为担保权人，对于案涉《无限连带责任保证合同》是否需经过湖滨农商行批准、是否已经通过该批准等事实负有高于普通交易相对人的注意义务。本案没有证据证明姜某对王某以某支行名义与其签订《无限连带责任保证合同》的行为是否经过湖滨农商行的授权进行过核实，未尽到应尽的注意义务，不属于善意相对人。本案没有证据证明王某以某支行名义与姜某签订《无限连带责任保证合同》的行为得到了湖滨农商行的授权，湖滨农商行嗣后亦拒绝追认该合同。综上，案涉《无限连带责任保证合同》无效，二审判决认定案涉《无限连带责任保证合同》有效缺乏事实和法律依据。”①

二、代偿能力作为保证人资格的限制问题

《担保法》第7条规定：“具有代为清偿债务能力的法人、其他组织或者公民，可以作保证人。”司法实务对于该条规定存在不同理解。有的观点认为，代偿能力是保证人的资格要件，不具备代偿能力者所签订的保证合同无效。②不过，主流观点认为代偿能力并非保证人的资格要件，保证人无代偿能力并不导致保证合同无效。③姑且不论有无代偿能力难以判断，即便保证人无代偿能力，难以承担保证责任，也是债权人理应承担的风险，法律没有必要越俎代庖。如果债权人明知保证人无代偿能力，则保证合同可能因违反善良风俗而无效，因此允许无代偿能力者提供保证也并不会造成不公。本法未将《担保法》

---

① 参见最高人民法院（2019）最高法民再3号民事判决书。

② 参见江西省上饶市中级人民法院（2018）赣11民终1246号民事判决书；广东省江门市中级人民法院（2017）粤07民终3422号民事判决书。

③ 参见山东省高级人民法院（2013）鲁商终字第159号民事判决书；浙江省湖州市中级人民法院（2016）浙05民终字第1172号民事判决书。

第7条关于代偿能力的规定纳入，有助于避免产生无谓的纷争，可堪赞同。

第六百八十四条【保证合同的内容】

保证合同的内容一般包括被保证的主债权的种类、数额，债务人履行债务的期限，保证的方式、范围和期间等条款。

历史由来

本条承袭《担保法》第15条而来。《担保法》第15条规定："保证合同应当包括以下内容：（一）被保证的主债权种类、数额；（二）债务人履行债务的期限；（三）保证的方式；（四）保证担保的范围；（五）保证的期间；（六）双方认为需要约定的其他事项。保证合同不完全具备前款规定内容的，可以补正。"与《保险法》相较，本条仅在表述上有所调整。虽然"保证合同不完全具备前款规定内容的，可以补正"这一内容被删除，然而，基于意思自治，这是不言而喻的。

本条规定的内容在整个立法过程中并无实质变化。

规范目的或功能

保证合同的内容是确定保证合同当事人权利和义务的首要依据。本条规定保证合同的内容，可以指导当事人订立保证合同。

本条规定列举了保证合同通常均会约定的内容。就性质而言，本条属于倡导性的任意性规定。除必备条款外，保证合同并不因缺乏其中某一条款而不成立或无效。

规范内容

关于"债务人履行债务的期限""保证的方式、范围和期间"，本法均规定了当事人意思不备之补充性条款。关于"债务人履行债务的期限"，本法第510条、第511条第4项规定了补充的方法。关于"保证的方式、范围和期间"，本法第686条第2款、第691条、第692条第2款规定了补充方案。所谓“被保证的主债权的种类”，是指保证合同担保的究竟是基于哪一项法律事实而产生的债权。就此，本法并未规定任何补充性规定。这样一来，如果保证合同没有约定被保证的主债权的种类，意味着保证的对象将无从确定，保证合同自无法成立。[①]一旦被担保的主债权的种类已经确定或可得确定，其数额即相应确定。在“江苏银行股份有限公司某支行、某铁路煤炭运贸集团有限公司买卖合同纠纷案”中，最高人民法院指出：“案涉《担保书》虽然未明确约定主债权的具体金额，但约定江苏银行某支行为主合同项下一定期间内发生的全部债务提供保证。而一定期间内的债务是可以确定的，故主债权的数额在期限届满时是可以确定的，江苏银行某支行有关《担保书》因未约定主债权数额条款而不成立的主张与客观事实不符，原审判决认定保证合同成立并无不当。”[②]因此，在本条所列举的内容中，仅“被保证的主债权的种类”属于保证合同的必备内容。

第六百八十五条【保证合同的书面形式与订立方式】

保证合同可以是单独订立的书面合同，也可以是主债权债务合同中的保证条款。

第三人单方以书面形式向债权人作出保证，债权人接收且未提出异议的，保证合同成立。

历史由来

本条由《担保法》第13条、第93条和《担保法解释》第22条修改完善而来。《担保法》第13条规定：“保证人与债权人应当以书面形式订立保证合同。”《担保法》第93条规定：“本法所称保证合同、抵押合同、质押合同、定金合同可以是单独订立的书面合同，包括当事人之间的具有担保性质的信函、传真等，也可以是主合同中的担保条款。”《担保法解释》第22条规定：“第三人单

---

① 参见程啸：《保证合同研究》，法律出版社2006年版，第68页；江苏省溧阳市人民法院（2013）溧商初字第894号民事判决书。

② 参见最高人民法院（2018）最高法民申5994号民事裁定书。

方以书面形式向债权人出具担保书，债权人接受且未提出异议的，保证合同成立。主合同中虽然没有保证条款，但是，保证人在主合同上以保证人的身份签字或者盖章的，保证合同成立。”相较于上述规定，本条的主要修改之处有三：其一，未明确规定“保证人与债权人应当以书面形式订立保证合同”。[①]其二，将“债权人接受且未提出异议”修改为“债权人接收且未提出异议”。因为“接受”即意味着没有异议，“接受且未提出异议”的表述即有不当，以“接收”替代“接受”更为严谨。其三，就字面而言，未明确将“保证人在主合同上以保证人的身份签字或者盖章”规定为保证合同的订立方式之一。

在立法过程中，《民法典合同编（草案）》（征求意见稿）第231条规定：“保证合同可以是单独订立的书面合同，也可以是主合同中的保证条款。第三人单方以书面形式向债权人出具保证书，债权人接受且未提出异议的，保证合同成立。”《民法典合同编（草案）》（一审稿）第475条对此未作修改。《民法典合同编（草案）》（二审稿）第475条将“债权人接受且未提出异议”修改为“债权人接收且未提出异议”。2019年12月公布的《民法典（草案）》第685条又将“第三人单方以书面形式向债权人出具保证书”修改为“第三人单方以书面形式向债权人作出保证的”。2020年5月提交全国人大代表审议时删除了“第三人单方以书面形式向债权人作出保证的”中的“的”字。

三 规范目的或功能

本条规定一方面旨在明确保证合同的要式性，即保证合同必须采取书面形式订立；另一方面明确规定保证合同的三种订立方式，即单独订立的书面合同、主债权债务合同中的保证条款、第三人单方允诺提供保证，为认定保证合同的成立提供依据。

除保证合同的要式性这一点外，本条规定在性质上应为任意性规定。换言之，本条规定只是列举了实践中最常见的三种保证合同的订立方式，并不

① 在立法过程中，有学者建议延续《担保法》第13条的规定方式，明确规定：“保证合同应当以书面形式订立。”参见周江洪：《关于〈民法典合同编〉（草案）（二次审议稿）的若干修改建议》，载《法治研究》2019年第2期。

是说只能以这三种方式订立保证合同。只要足以表征第三人提供保证的内心真意，具体采用何种书面形式在所不问。

规范内容

一、保证合同的要式性

《担保法》第13条规定："保证人与债权人应当以书面形式订立保证合同。"据此，保证合同系要式合同。然而，本条并未如此明确规定保证合同的要式性。不过，从本条第1款所使用的"书面合同""保证条款"和第2款所使用的"书面形式"来看，本法依然坚持保证合同的要式性，并无改弦易辙之意。[①]

通常认为，对保证合同进行形式强制的主要原因在于，保证合同具有单务性、无偿性，采取书面形式可以促使保证人慎重考虑，避免第三人未经深思熟虑即提供保证。就此而言，保证合同的要式性有利于保证人保护。[②]当然，除具有此种警告功能外，保证合同采取书面形式也有利于证据保存。

未采取书面形式订立的保证合同，应属无效。[③]不过，如果保证人已经履行保证债务，且为债权人接受的，保证合同成立，因为本法第490条第2款规定："法律、行政法规规定或者当事人约定合同应当采用书面形式订立，当事人未采用书面形式但是一方已经履行主要义务，对方接受时，该合同成立。"

二、保证合同的订立方式

保证合同的订立，自当遵循本法规定的要约、承诺规则。本条规定了保证合同的三种订立方式：

---

① 在比较法上，一种立法例强调保证合同的要式性，如《德国民法典》第766条、《瑞士债务法》第493条、《俄罗斯联邦民法典》第362条；另外一种立法例则仅强调保证人提供保证的意思表示应当是明示的，而不要求保证合同必须采取书面形式，如《法国民法典》第2015条、《意大利民法典》第1937条。

② 参见王利明主编：《中国民法典学者建议稿及立法理由：债法总则编·合同编》，法律出版社2005年版，第726页。

③ 参见薛夷风：《我国金融借贷法律关系中的自然人保证制度——以自然人保证的书面要式规范为视角》，载《厦门大学学报》（哲学社会科学版）2019年第3期。

（一）单独的书面保证合同

债权人与保证人可以通过单独的书面保证合同方式订立保证合同，此亦为通常情形。

（二）主债权债务合同中的保证条款

由于保证合同具有从属性，当事人可以直接在主债权债务合同中加入保证条款，而不需要单独订立保证合同。如果主债权债务合同中含有保证条款，第三人只要在主债权债务合同中签名或盖章并表明其保证人身份，即意味着其同意其中的保证条款，此时自可成立保证合同。在此种情形，第三人表明其保证人身份的方式通常是在主债权债务合同中的“保证人”一栏签名或盖章。

不过，即便主债权债务合同中没有保证条款，只要第三人在合同上以保证人的身份签名或盖章，将其愿意提供保证的意思明确无误地表达出来，亦不妨碍保证合同的成立。[①]在此种情形，第三人表明其保证人身份的方式通常是于签字或者盖章时自行注明为保证人。如果第三人仅仅于合同上签名或者盖章，而未注明保证人身份，则需综合个案具体情况判断第三人意在提供保证抑或仅仅作为见证人出现。

需要注意的是，虽然此时主债权债务合同与保证合同共存于同一合同文件中，但是并不影响保证合同的独立性。通常而言，即便保证合同无效，也不影响主债权债务合同的效力，除非当事人另有约定。

（三）第三人单方以书面形式向债权人作出保证

保证合同系双方行为，债权人和第三人达成合意，则保证合同成立。第三人单方以书面形式向债权人作出保证的行为相当于要约。由于保证具有单务性和无偿性，保证合同的成立并不会损害债权人的利益，故而可以将债权人接收且未提出异议的行为视为承诺。因此，第三人单方以书面形式向债权人作出保证，债权人接收且未提出异议的，保证合同成立。虽然本

---

① 《担保法解释》第22条第2款规定：“主合同中虽然没有保证条款，但是，保证人在主合同上以保证人的身份签字或者盖章的，保证合同成立。”

条未规定债权人提出异议应在合理期限内进行，但是基于诚信原则，应当作此理解。在解释论上，可以类推适用债务加入的相关规定。本法第552条规定，“第三人向债权人表示愿意加入债务，债权人未在合理期限内明确拒绝的，债权人可以请求第三人在其愿意承担的债务范围内和债务人承担连带债务”。

在司法实务中，比较容易引起争议的是，如何认定“第三人单方以书面形式向债权人作出保证”。只有第三人明确表示愿意担保他人履行债务时，方可认定保证合同成立。[①]保证人是否具有提供保证的意思，取决于意思表示的解释。在认定是否具有提供保证的意思时，不应拘泥于所使用的文字。如果第三人向债权人出具的《承诺函》等文件中并无在债务人不履行债务时承担偿还责任的意思表示，则不构成保证。[②]第三人仅仅向债权人表明“督促还款”、“负责解决”、“协助解决”等意思，而并未明确表明愿意承担保证责任或代为还款的，则不得认定成立保证。[③]在“某省高速公路管理局等与招商银行股份有限公司某分行合同纠纷案”中，某省高速公路管理局向债权人出具的《承诺函》载明：“若该公司（指某公司）出现没有按时履行其到期债务等违反借款合同约定的行为，或者存在危及银行贷款本息偿付的情形，出于保护投资商利益，保障贵行信贷资金安全的目的，我局承诺按《特许合同》第15.6条之规定全额回购某高速公路经营权，以确保化解银行贷款风险，我局所支付款项均先归还贵行贷款本息。”最高人民法院认为：“《承诺函》系针对特定的银行贷款出具，并已经清楚表明当某公司出现没有按时履行其到期债务等违反借款合同约定的行为，或者存在危及银行贷款本息偿付的情形时，高管局承诺以回购经营权的方式确保招行某分行的债权实现……本案中，高管局并非仅对某公司清偿债务承担道义上的义务或督促履行之责，其通过出具《承诺函》的形式为自身设定的代为清偿义务的意思表示具体明确，故《承诺函》具有保证担保性质。该《承诺函》被招行某分行接受，双方成立保

---

① 《法国民法典》第2015条规定：“保证不得推定，应当明示之；且不得将保证扩大至超过保证契约所定的限度。”《意大利民法典》第1937条规定：“提供保证的意思表示应当是明示的。”

② 参见最高人民法院（2017）最高法民终148号民事判决书。

③ 参见最高人民法院（2014）民四终字第37号民事判决书；最高人民法院（2004）民四终字第5号民事判决书。

证合同。综上，高管局、高速公路总公司上诉主张《承诺函》仅为道义上的安慰函，缺乏事实及法律依据，不能成立。”①

第三人在会议纪要、股东会记录、内部协议、审批文件等内部文件中表明提供保证的意思，是否符合本条第2款规定？一般认为，只要内部文件载明提供保证之意思，且第三人将该文件交付给债权人，而债权人予以接收且未提出异议的，即可认定成立保证。在“天津市甲饲料有限公司、天津乙投资咨询有限公司企业借贷纠纷案”中，最高人民法院明确指出：“根据《中华人民共和国担保法》第十三条的规定，保证关系的成立与否取决于是否存在真实有效的保证合同。本案中，虽然案涉《借款协议》不能证明甲公司为丙公司向乙公司提供了担保，但乙公司不仅向原审法院提交了《借款合同》，还提交了加盖有甲公司公章和所有股东签名的《担保人股东会/董事会决议》等证据，用以证明甲公司为丙公司与乙公司之间借款提供担保的事实。经天津市高级人民法院委托司法鉴定，《担保人股东会/董事会决议》上加盖的甲公司印鉴为该公司印鉴。因该决议内容不存在违反《中华人民共和国公司法》及相关法律法规的情形，是甲公司做出的有效股东会决议。该决议虽属公司内部文件，但甲公司交付给了乙公司，且载明了甲公司愿意为丙公司与乙公司之间借款提供连带责任保证、保证额度等内容，构成了保证的基本内容，故应视为有效的书面担保文件。原审判决以此认定甲公司已经明确表达为丙公司担保，并无不当。”②

保证期间届满后，保证人又在催款通知书上签字行为的法律意义为何？《最高人民法院关于人民法院应当如何认定保证人在保证期间届满后又在催款通知书上签字问题的批复》指出：“根据《中华人民共和国担保法》的规定，保证期间届满债权人未依法向保证人主张保证责任的，保证责任消灭。保证责任消灭后，债权人书面通知保证人要求承担保证责任或者清偿债务，保证人在催款通知书上签字的，人民法院不得认定保证人继续承担保证责任。但是，该催款通知书内容符合合同法和担保法有关担保合同成立的规定，并经

① 最高人民法院（2017）最高法民终353号民事判决书。

② 参见最高人民法院（2018）最高法民申2884号民事裁定书。同旨，参见最高人民法院（2017）最高法民申370号民事裁定书；最高人民法院（2017）最高法民申3547号民事裁定书。

保证人签字认可，能够认定成立新的保证合同的，人民法院应当认定保证人按照新保证合同承担责任。”例如，保证人在催款通知书上注明自愿承担保证责任的，则应视为成立了新的保证合同。[①]

其他问题

在司法实务中，保证人在空白保证合同上签字或者盖章的，一般被视为对债权人的无限授权，并不影响保证合同的效力。[②]在“赵某、孙某民间借贷纠纷案”中，最高人民法院指出：“即使本案《保证合同》存在保证人赵某在签名时出借人等栏目是空白的情况，保证人赵某在签名时也应该看到该空白，其作为完全民事行为能力人，特别是作为银行从事信贷的工作人员，应该认识到在空白合同上作为保证人签名的法律后果，其没有要求对该空白先行予以填写或者拒绝签名，属于对自己民事权利的处置，将会产生授权对方当事人补记合同空白部分内容的法律后果。”[③]不过，对于普通的自然人保证人而言，此种论断是否成立，非无疑问。

第六百八十六条【保证的方式】

保证的方式包括一般保证和连带责任保证。

当事人在保证合同中对保证方式没有约定或者约定不明确的，按照一般保证承担保证责任。

历史由来

本条第1款的实质内容与《担保法》第16条一致，仅表述方式不一样。本条第2款颠覆了《担保法》第19条的规定，将当事人没有约定或者约定不

① 参见最高人民法院（2011）民二终字第27号民事判决书。

② 参见最高人民法院（2018）最高法民申6214号民事裁定书；最高人民法院（2017）最高法民申3858号民事裁定书；山东省高级人民法院（2017）鲁民终1239号民事判决书；江苏省高级人民法院（2016）苏民申2347号民事再审裁定书。

③ 参见最高人民法院（2018）最高法民申4045号民事裁定书。

明确时的保证方式由连带责任保证推定修改为一般保证推定，可谓本法保证合同部分的最大亮点。

本条第2款的内容在立法过程中几经反复，需要特别留意。《民法典合同编（草案）》（征求意见稿）第232条继续沿用《担保法》第19条规定之时，增加一个但书规定："但自然人之间的保证合同除外。"《民法典合同编（草案）》（一审稿）第476条从之。《民法典合同编（草案）》（二审稿）第476条则直接将连带责任保证推定修改为一般保证推定。此后的审议稿均从之。

规范目的或功能

本条规定保证的方式。第1款明确保证的方式分为一般保证和连带责任保证两种。第2款则首次明确，在当事人对保证方式没有约定或者约定不明确的情形，推定为一般保证。此种"一般保证推定"既可以避免当事人未约定保证方式或者约定不明时法律适用的困难，也有利于保护保证人的利益。

规范内容

一、保证的方式

依据本条第1款的规定，保证的方式包括一般保证和连带责任保证。根据本法第687条第1款的规定，当事人在保证合同中约定，债务人不能履行债务时，由保证人承担保证责任的，为一般保证。根据本法第688条第1款的规定，当事人在保证合同中约定保证人和债务人对债务承担连带责任的，为连带责任保证。

采取何种保证方式，由当事人在保证合同中自由约定。

二、一般保证推定

本条第2款确立了一般保证推定规则，即当事人在保证合同中对保证方式没有约定或者约定不明确的，按照一般保证承担保证责任。

（一）“没有约定或者约定不明确”的认定

适用本条第2款的前提是当事人对保证方式“没有约定或者约定不明确”。而判断当事人对保证方式是否“没有约定或者约定不明确”，需要对保证合同进行解释。此时，自当遵循本法第142条第1款规定的意思表示解释规则。只有在穷尽意思表示解释之后依然无法探知当事人关于保证方式的约定究竟为何时，才可以适用本条第2款的推定规则。尤其需要注意的是，不得以当事人未在保证合同中明确使用“一般保证”或者“连带责任保证”的措辞为由，径直认定当事人没有约定保证方式或者约定不明确。如果保证合同关于保证方式约定的内容兼有一般保证和连带责任保证的表述，应认定当事人关于保证方式的约定不明确。

（二）一般保证推定的正当性

在认定当事人对保证方式“没有约定或者约定不明确”之后，司法实务必然会面临一个问题：是将保证方式认定为一般保证抑或连带责任保证？如果立法对此问题不予规定，司法实务中就会出现裁判标准不一致的情况，因此立法者需要从法政策上作出决断。

《担保法》第19条规定：“当事人对保证方式没有约定或者约定不明确的，按照连带责任保证承担保证责任。”立法资料表明，当时的立法者之所以作出此种法政策选择，主要是基于两个方面的考虑：一是当时社会经济秩序混乱，交易诚信严重缺失，债权不能实现的现象较为普遍，基于保障债权实现的考虑作出了有利于保护债权人利益的政策选择；二是认为“规定保证人承担较重的责任，有助于加强保证人的责任意识，使保证人明确对保证方式不约定或者约定不明的法律后果，从而对保证方式作出适当的选择”①。

自《担保法》施行以来，学界对上述“连带责任保证推定规则”的批评声不绝于耳。主要的批评可以归结为以下两点：其一，“连带责任保证推定规则”颠倒了原则与例外的关系。保证责任具有补充性，只有在主债务人不能履行债

① 全国人大常委会法制工作委员会民法室编著：《中华人民共和国担保法释义》，法律出版社1995年版，第25页。

务时，才由保证人承担保证责任。因此，一般保证应为原则，连带责任保证实为例外。既然如此，在当事人对保证方式没有约定或约定不明确的情况下，推定为一般保证才符合逻辑。[①]其二，连带责任保证推定存在“过度商化”之嫌疑。在比较法上，民事保证以一般保证为原则，商事保证则以连带责任保证为原则。[②]可以说，在当事人没有约定或约定不明确之时应推定为一般保证，已经成为学界的广泛共识。本条第2款确立一般保证推定规则，殊值赞同。

需要注意的是，本法在立法过程中曾试图继续维持“连带责任保证推定规则”，同时增加规定“自然人之间的保证合同除外”。[③]立法者似乎想以此在保证方式问题上实行民商区分，即民事保证推定为一般保证，商事保证推定为连带责任保证。关于保证的民商区分问题，有论者认为，中国法采民商合一主义，并无强分民事保证与商事保证之必要，又所谓民事保证与商事保证之确切区别标准何在，并非易于确定，《民法典》骤于保证合同一章规定民事与商事之分，徒增困扰，且商事保证的当事人自可以特约为连带责任保证，《民法典》以一般保证为原则，无碍于当事人的特殊需求。[④]此论可资赞同。推定为何种保证方式对于商主体可能并无影响，受到影响的往往是自然人保证人，因为商主体一般都会明确约定保证方式，而自然人由于不了解法律，不清楚不同保证方式法律效果的巨大差异，往往忘记约定保证方式。[⑤]因此，从表面上看，本条第2款规定“一般保证推定”似乎存在“商化不足”的问题，但实际上可能并不会滋生任何问题，相反可以在极大程度上起到有效保护自然人保证人的作用。

---

① 参见高圣平：《担保法论》，法律出版社2009年版，第91页。

② 参见李昊、邓辉：《论保证合同入典及其立法完善》，载《法治研究》2017年第6期。

③ 之所以放弃此方案，全国人民代表大会宪法和法律委员会在关于《民法典合同编（草案）》修改情况的汇报中指出，有的部门、法学教学研究机构和社会公众提出，连带责任保证是一种加重保证人责任的保证方式，原则上宜由当事人明确约定；没有约定或者约定不明的，一概推定为连带责任保证，会加重实践中因互相担保或者连环担保导致资不抵债或者破产的问题，影响正常的生活和经营秩序。宪法和法律委员会经研究认为，将当事人对保证方式没有约定或者约定不明确的推定为一般保证，有利于防止债务风险的扩散，维护经济社会稳定。

④ 参见梁慧星主编：《中国民法典草案建议稿附理由：合同编》，法律出版社2013年版，第1190页。

⑤ 参见李建伟、帅雅文：《民法典合同编分则“二审稿”民商事规范的区分设置检讨》，载《法律适用》2019年第21期。

其他问题

本条第2款确立的一般保证推定规则显然是有利于保证人的规定。由此衍生出的问题是，法律是否有必要给予保证人特别保护？如果回答是肯定的，本法对保证人的保护是否到位？

由于保证具有单务性和无偿性的特征，一般认为有必要给予保证人特别保护。本法关于保证人保护的规定可谓不少，包括：第685条关于保证要式的规定；第686条第2款关于一般保证推定的规定；第687条第2款关于一般保证人先诉抗辩权的规定；第692条以下关于保证期间的规定；第695条关于主合同变更对保证责任影响的规定；第697条第1款关于主债务移转对保证责任影响的规定；第700条关于保证人追偿权和代位权的规定；第701条关于保证人可以主张债务人对债权人抗辩的规定；第702条关于保证人的抵销与撤销抗辩权的规定。其中，一般保证推定的规定推翻了《担保法》中连带责任保证推定的规定，保证人代位权和保证人的抵销与撤销抗辩权的规定则均属于新增规定。

然而，这并不意味着本法对保证人的保护就是到位的。除没有规定保证人的保证责任除去请求权外，①本法在保证人保护方面最大的缺陷在于，未能给自然人保证人提供特殊保护。②通过各种形式对自然人保证人或者说消费者保证人提供特殊保护，乃比较法上的潮流。例如，《欧洲示范民法典草案》（DCFR）以专章规定适用于消费者保证的特殊规则，以便加强对该类保证人的保护。③此外，对于本法规定的保证人权利，当事人能否以特约排除，本法并未加以明确。这就无法改变本法颁行之前银行等金融机构以格式保证合同

---

① 保证责任除去请求权，是指保证人于承担保证责任前，基于法定事由，请求债务人除去其保证责任的权利。

② 关于自然人保证人的保护，参见薛夷风：《我国金融借贷法律关系中的自然人保证制度——以自然人保证的书面要式规范为视角》，载《厦门大学学报》（哲学社会科学版）2019年第3期；辜江南：《欧盟消费者保证与中国民法典》，载《中国政法大学学报》2019年第1期。

③ 参见［德］克里斯蒂安·冯·巴尔、［英］埃里克·克莱夫主编：《欧洲私法的原则、定义与示范规则：欧洲示范民法典草案》（全译本）（第四卷），余庆生等译，法律出版社2014年版，第1303页以下。

或者格式保证条款的方式，限制甚或排除法律明文规定的保证人权利的现象，法律保护保证人的立法初衷可能落空。例如，本法第695条规定："债权人和债务人未经保证人书面同意，协商变更主债权债务合同内容，减轻债务的，保证人仍对变更后的债务承担保证责任；加重债务的，保证人对加重的部分不承担保证责任。债权人和债务人变更主债权债务合同的履行期限，未经保证人书面同意的，保证期间不受影响。"然而，在实践中，银行的格式保证合同通常规定，借款合同双方协议变更合同的内容，除展期或增加借款金额外，无须征得保证人同意，保证人仍在变更后的保证范围内承担保证责任。[①]如何才能最大限度发挥本法保护保证人规定的效能，是下一步应加强研究的方向。

第六百八十七条【一般保证】

当事人在保证合同中约定，债务人不能履行债务时，由保证人承担保证责任的，为一般保证。

一般保证的保证人在主合同纠纷未经审判或者仲裁，并就债务人财产依法强制执行仍不能履行债务前，有权拒绝向债权人承担保证责任，但是有下列情形之一的除外：

（一）债务人下落不明，且无财产可供执行；

（二）人民法院已经受理债务人破产案件；

（三）债权人有证据证明债务人的财产不足以履行全部债务或者丧失履行债务能力；

（四）保证人书面表示放弃本款规定的权利。

历史由来

本条经由对《担保法》第17条、《担保法解释》第25条的增删修改而来。除了文字表述上的变化外，主要是对《担保法》第17条第3款和《担保法解释》第25条规定的排除先诉抗辩权的情形进行了优化。优化之处体现为：一

---

① 参见费安玲、龙云丽：《论银行格式保证条款中的保证人权利救济》，载《中国政法大学学报》2012年第4期。

是将“债务人住所变更，致使债权人要求其履行债务发生重大困难”和“移居境外，且无财产可供执行”删除，调整为本条第2款第1项“债务人下落不明，且无财产可供执行”；二是将“人民法院受理债务人破产案件，中止执行程序”修改为“人民法院已经受理债务人破产案件”；三是增加本条第2款第3项“债权人有证据证明债务人的财产不足以履行全部债务或者丧失履行债务能力”；四是将“保证人明确放弃本款规定的权利”修改为“保证人书面表示放弃本款规定的权利”。

在立法过程中，本条第1款始终维持不变，第2款却经历了反复调整。

关于先诉抗辩权的行使条件，《民法典合同编（草案）》（征求意见稿）第233条第2款规定：“一般保证的保证人在就债务人的财产依法强制执行仍不能履行债务前，有权拒绝承担保证责任。”此后的《民法典合同编（草案）》（一审稿）、《民法典合同编（草案）》（二审稿）、《民法典（草案）》均从之。2020年5月提交全国人民代表大会审议时则基本恢复了《担保法》第17条第2款的表述，即“一般保证的保证人在主合同纠纷未经审判或者仲裁，并就债务人财产依法强制执行仍不能履行债务前，有权拒绝向债权人承担保证责任”。

关于先诉抗辩权的排除事由，《民法典合同编（草案）》（征求意见稿）第233条第3款规定：“有下列情形之一的，保证人不得行使前款规定的权利：（一）债务人下落不明或者移居境外，且无财产可供执行；（二）人民法院受理债务人破产案件，中止执行程序；（三）债权人有证据证明债务人的资产不足以履行全部债务或者明显缺乏履行能力；（四）保证人明确放弃前款规定的权利。”关于第1项，《民法典合同编（草案）》（一审稿）第477条删去“移居境外”的情形，其后各审议稿从之。关于第2项，一直到2019年12月公布的《民法典（草案）》才删去了其中的“中止执行程序”，2020年5月提交全国人民代表大会审议时则将“人民法院受理债务人破产案件”修改为“人民法院已经受理债务人破产案件”。关于第3项，2019年12月公布的《民法典（草案）》则将其中的“明显缺乏履行债务能力”改成“丧失履行债务能力”，其后维持不变。关于第4项，一直到2019年12月公布的《民法典（草案）》，才将“保证人明确放弃本款规定的权利”修改为“保证人书面放弃本款规定的权利”。在此基础上，2020年5月提交全国人民代表大会审议时将之修改为“保证人书面表示放弃本款规定的权利”。

规范目的或功能

本条规定一般保证。第1款界定一般保证的含义，明确保证人于债务人不能履行债务时才承担保证责任的为一般保证。由此，一般保证的补充性亦得以明确。此规定有助于在保证合同纠纷中准确识别一般保证。第2款规定一般保证人的先诉抗辩权及其排除事由。先诉抗辩权充分体现了一般保证的补充性，构成一般保证与连带责任保证的根本区别。

规范内容

一、一般保证的含义

依本条第1款规定，当事人在保证合同中约定，债务人不能履行债务时，由保证人承担保证责任的，为一般保证。

根据本条第1款的规定，一般保证人承担保证责任以主债务人“不能履行债务”为前提。结合本条第2款的规定，可知“不能履行债务”系指就债务人的财产依法强制执行仍无法清偿债务。因此，这里所谓的“不能”指的是债务人客观上缺乏支付能力，而非债务人主观上缺乏支付意愿。需要注意的是，即便债务人尚有财产，但是只要其财产严重不方便执行，也可以认定债务人不能履行债务。[①]《担保法解释》第131条规定：“本解释所称‘不能清偿’指对债务人的存款、现金、有价证券、成品、半成品、原材料、交通工具等可以执行的动产和其他方便执行的财产执行完毕后，债务仍未能得到清偿的状态。”

二、先诉抗辩权

一般保证人的先诉抗辩权又叫检索抗辩权，是指保证人于债权人未就主

① 参见最高人民法院（2017）最高法执复38号执行裁定书。

债务人之财产强制执行仍不能履行债务前，对于债权人得拒绝清偿的权利。先诉抗辩权是保证补充性的最鲜明体现，属于一般保证人的专属抗辩权。保证人是否具有先诉抗辩权，构成一般保证和连带责任保证的根本区别。

（一）先诉抗辩权的性质与行使

在性质上，先诉抗辩权为实体法上的抗辩权，[①]且是需要主张的抗辩权，可于诉讼中或诉讼外行使。[②]在这一点上，先诉抗辩权与时效抗辩权非常类似。

先诉抗辩权系延缓性抗辩权，其行使虽然有可以暂时排除债权人之请求权的作用，但是并不能阻碍债权人对保证人行使请求权。有论者正确地指出，在一般保证中，如同在连带责任保证中一样，当主债务人不履行债务时，债权人对于保证人的请求权即处于可得行使之状态。先诉抗辩权的存在本身，不能当然地阻碍债权人行使请求权。[③]也正是因为如此，债权人既可以一并起诉债权人和一般保证人，也可以单独起诉一般保证人。《担保法解释》第125条规定："一般保证的债权人向债务人和保证人一并提起诉讼的，人民法院可以将债务人和保证人列为共同被告参加诉讼。但是，应当在判决书中明确在对债务人财产依法强制执行后仍不能履行债务时，由保证人承担保证责任。"[④]关于该司法解释的释义书在此基础上进一步明确指出："债权人可以起诉一般保证人，债权人的诉权不因一般保证人享有的先诉抗辩权而受影响。"[⑤]当然，如果保证人并未行使先诉抗辩权，则可直接判决保证人履行债务或承担责任。

---

① 参见最高人民法院（2002）民四终字第16号民事裁定书。

② 参见程啸：《保证合同研究》，法律出版社2006年版，第270页。

③ 参见张谷：《论约定保证期间——以〈担保法〉第25条和第26条为中心》，载《中国法学》2006年第4期。

④ 《民事诉讼法解释》第66条规定："因保证合同纠纷提起的诉讼，债权人向保证人和被保证人一并主张权利的，人民法院应当将保证人和被保证人列为共同被告。保证合同约定为一般保证，债权人仅起诉保证人的，人民法院应当通知被保证人作为共同被告参加诉讼；债权人仅起诉被保证人的，可以只列被保证人为被告。"

⑤ 参见李国光等：《最高人民法院〈关于适用中华人民共和国担保法若干问题的解释〉的理解与适用》，吉林人民出版社2000年版，第424页。

（二）先诉抗辩权的法定排除事由

本条第2款列举了先诉抗辩权的法定排除事由。[①]在适用该款规定时，宜严格认定阻却事由的成立，既要避免保证人滥用先诉抗辩权，也要防止不当排除保证人的先诉抗辩权。

1. 债务人下落不明，且无财产可供执行

债务人“下落不明”，意味着债权人要求其履行债务将面临极大困难，“无财产可供执行”则意味着债权人要求其履行债务丧失实际意义，因此本条第2款第1项将“债务人下落不明，且无财产可供执行”规定为先诉抗辩权的阻却事由。

2. 人民法院已经受理债务人破产案件

根据《企业破产法》第16条的规定，人民法院受理破产申请后，债务人对个别债权人的债务清偿无效。此时，债务人的全部债权人只能通过破产程序从破产财产中获得公平清偿。如果允许保证人行使先诉抗辩权，则对债权人不公平。

不无疑问的是，人民法院受理保证人破产案件的，保证人是否也丧失先诉抗辩权？就此问题，《企业破产法规定（三）》第4条明文规定：“保证人被裁定进入破产程序的，债权人有权申报其对保证人的保证债权。主债务未到期的，保证债权在保证人破产申请受理时视为到期。一般保证的保证人主张行使先诉抗辩权的，人民法院不予支持，但债权人在一般保证人破产程序中的分配额应予提存，待一般保证人应承担的保证责任确定后再按照破产清偿比例予以分配。保证人被确定应当承担保证责任的，保证人的管理人可以就保证人实际承担的清偿额向主债务人或其他债务人行使求偿权。”[②]

---

① 在本法立法过程中，有论者批评本条第2款列举先诉抗辩权排除事由的立法模式。参见宋春龙：《诉讼法视角下的先诉抗辩权研究——兼评民法典各分编草案中的先诉抗辩权》，载《政治与法律》2019年第3期。

② 学者亦多持肯定观点。如果坚持认为债权人必须先向债务人主张权利，等到其可以要求保证人承担保证责任之时，保证人的破产财产可能已经分配完毕，这样就会导致债权人设定保证担保债权实现的目的完全落空。参见王欣新：《论破产程序中一般保证人的责任》，载《人民法院报》2019年2月28日，第7版。

3. 债权人有证据证明债务人的财产不足以履行全部债务或者丧失履行债务能力

如果债权人有证据证明债务人的财产不足以履行全部债务或者丧失履行债务能力，自无必要再要求债权人先起诉债务人并申请强制执行。此时排除先诉抗辩权对保证人也并无不利。根据本法第691条的规定，保证的范围包括实现债权的费用。在债务人的财产不足以履行全部债务或者丧失履行债务能力之时，如果保证人可以主张先诉抗辩权，实现债权的费用势必将由保证人负担。排除先诉抗辩权，则意味着保证人可以避免负担债权人向债务人主张债权所产生的额外费用。

4. 保证人书面表示放弃先诉抗辩权

先诉抗辩权作为一项民事权利，自可由作为权利人的保证人予以放弃。不过，因为先诉抗辩权具有保护一般保证人的作用，本法第2款规定保证人放弃先诉抗辩权必须采用书面形式，避免保证人未经深思熟虑仓促作出放弃先诉抗辩权的决定。如果保证人放弃先诉抗辩权却未采取书面形式，则不产生放弃的效力。如果保证合同约定保证人承担一般保证责任，而保证人在主债务履行期届满后应债权人的请求承担了保证责任的，应视为保证人默示放弃先诉抗辩权，自愿承担连带保证责任，保证人事后反悔的，不应支持。

至于放弃先诉抗辩权的时点，应为保证合同成立之后。如果第三人在承诺提供保证的同时放弃先诉抗辩权，则应认定第三人意在提供连带责任保证，自无本条第2款之适用。

举证责任

依据“谁主张，谁举证”的原则，债权人要求一般保证人承担保证责任，保证人主张先诉抗辩权的，债权人必须举证证明已就主债务人的财产强制执行仍未能全部清偿的事实，或者证明存在本条第2款规定的导致保证人丧失先诉抗辩权的事实。①

---

① 参见广东省深圳市中级人民法院（2019）粤03民终7122号民事裁定书。

第六百八十八条【连带责任保证】

当事人在保证合同中约定保证人和债务人对债务承担连带责任的，为连带责任保证。

连带责任保证的债务人不履行到期债务或者发生当事人约定的情形时，债权人可以请求债务人履行债务，也可以请求保证人在其保证范围内承担保证责任。

历史由来

本条承袭《担保法》第18条，实质内容没有变化，主要是根据本法第681条进行了表述上的相应调整，即将《担保法》第18条第2款中的“债务人在主合同规定的债务履行期届满没有履行债务”修改为“债务人不履行到期债务或者发生当事人约定的情形”。

本条内容在立法过程中未发生任何变动。

规范目的或功能

本条是关于连带责任保证的规定。第1款界定连带责任保证的含义，即当事人在保证合同中约定保证人和债务人对债务承担连带责任的，为连带责任保证。然而，在实践中，当事人不一定在保证合同中明确使用“连带责任”的表述。因此，很多时候需要依据本条第2款“不履行到期债务”这一点来判断是否成立连带责任保证。此外，本条第2款规定连带责任保证中债权人自由选择的权利，即可以选择由债务人履行债务或者由保证人承担保证责任。

规范内容

一、连带责任保证的含义与认定

依本条第1款的规定，当事人在保证合同中约定保证人和债务人对债务承担连带责任的，为连带责任保证。由于第686条第2款规定，当事人在保证合同中对保证方式没有约定或者约定不明确的，按照一般保证承担保证责任，连带责任保证的成立以当事人约定为必要。相较于一般保证，连带责任保证最重要的特征在于其不具有补充性，保证人不享有先诉抗辩权的保护，即债权人可以直接请求保证人承担保证责任，而不以先行对债务人主张权利并经强制执行仍不能得到清偿为前提。无论债务人是出于主观原因还是客观原因不履行债务，也不论其财产是否能够清偿债务，债权人均可在主债务履行期限届满之后直接请求保证人承担保证责任。

问题是，在个案中如何判断当事人在保证合同中约定了保证人和债务人对债务承担连带责任，从而成立连带责任保证呢？这涉及如何在个案中识别一般保证与连带责任保证的问题。[①]如果当事人明确约定保证方式为“连带责任保证”或者保证人对主债务承担连带责任，自可认定成立连带责任保证。如果没有如此明确约定，司法实务普遍认为，区分一般保证与连带责任保证的关键在于当事人是否明确约定了保证人享有先诉抗辩权，即债权人是否必须先行对债务人主张权利并经强制执行仍不能得到清偿时，方能要求保证人承担保证责任。[②]

保证合同约定债务人“不”履行债务则保证人承担责任的，一般认为成立连带责任保证；保证合同约定债务人“不能”履行债务则保证人承担责任的，一般认为成立一般保证，因为“不能”意味着只有在债务人客观上无力偿还借款时保证人才承担保证责任。[③]在本法颁行后，此种裁判立场可以继

---

① 有论者总结了司法实务早期在识别保证方式时考虑的一些因素。参见程啸：《保证合同研究》，法律出版社2006年版，第54—58页；高圣平：《担保法论》，法律出版社2009年版，第92页。

② 参见最高人民法院（2017）最高法民申2406号民事裁定书；浙江省金华市中级人民法院（2018）浙07民终4010号民事判决书；陕西省延安市中级人民法院（2018）陕06民终833号民事判决书。

③ 以“不”和“不能”的表述作为识别一般保证和连带责任保证的做法始于最高人民法院《关于涉及担保纠纷案件的司法解释的适用和保证责任方式认定问题的批复》。在该批复中，最高人民法院指出：“保证合同中明确约定保证人在债务人不能履行债务时始承担保证责任的，视为一般保证。保证合同中明确约定保证人在被保证人不履行债务时承担保证责任，且根据当事人订立合同的本意推定不出为一般保证责任的，视为连带责任保证。”不过，亦偶有法院根据“在还款期未能还款”保证人承担保证责任的表述认定为约定一般保证。参见广东省广州市中级人民法院（2015）穗中法民二终字第384号民事判决书。

续延续，因为本法第687条第1款规定，当事人在保证合同中约定，债务人不能履行债务时，由保证人承担保证责任的，为一般保证，而第688条第2款规定，连带责任保证的债务人不履行到期债务时，债权人可以请求保证人承担保证责任。不过，有时候亦可能需要结合合同约定的内容综合考虑。在“某集团有限公司、中国民生银行股份有限公司某分行金融借款合同纠纷案”中，最高人民法院认为：“关于某集团公司应否对案涉债务承担连带保证责任问题。某集团公司与民生银行某分行2013年9月9日签订的《最高额保证合同》第四条明确约定，某集团公司的保证方式为连带责任保证。某集团公司与民生银行某分行2013年11月15日签订的《协议书》第四条也明确约定，某集团公司为5.35亿元重组贷款提供连带责任保证担保。虽该《协议书》第五条约定，重组贷款到期后，常熟某公司如不能按期偿还本息，或处理抵押资产后仍不能全额偿还贷款本息，差额部分某集团公司先行代偿。但从该约定的表述内容，结合上述关于某集团公司为重组贷款提供连带责任保证的约定分析，可以认定该约定与《中华人民共和国担保法》第十七条第一款规定的债务人不能履行债务时，由保证人承担保证责任的情形并不相同。某集团公司关于该约定符合《中华人民共和国担保法》第十七条第一款规定，案涉担保应认定为一般保证的主张，缺乏事实和法律依据。”①在“汝州市甲牧业有限公司、河南乙置业有限公司企业借贷纠纷案”中，最高人民法院认为：“关于甲公司应否承担连带责任保证的问题。甲公司主张案涉借款所承担的保证责任方式为一般保证而非连带责任保证。《中华人民共和国担保法》第十七条规定‘当事人在保证合同中约定，债务人不能履行债务时，由保证人承担保证责任的，为一般保证’，故区别一般保证与连带责任保证的关键在于当事人是否约定了保证人享有先诉抗辩权。经查，《借款合同》第四条约定：甲公司愿意就丙公司偿付本合同项下全部借款本金、违约金向贷款人提供担保，若丙公司不能偿还本金和违约金时，由甲公司偿还，也可申请人民法院执行；第五条约定：超过2013年10月25日丙公司仍未归还借款时，丙公司需按约将其一切财产、一切经营管理权、一切人员移交给乙公司，接收前的一切外债由甲公司承担。因此，双方当事人签订《借款合同》时并没有

① 参见最高人民法院（2017）最高法民终803号民事判决书。

将保证责任确定为一般保证的明确意思表示，一、二审法院根据《中华人民共和国担保法》第十九条‘当事人对保证方式没有约定或者约定不明确的，按照连带责任保证承担保证责任’的规定，认定甲公司对案涉借款承担连带责任保证，并无不当。”①

保证合同约定债务人“(到期)无法”履行债务则保证人承担保证责任的，一般认为成立一般保证。②在“陈某、菏泽市甲房地产开发有限公司民间借贷纠纷案”中，最高人民法院指出：“关于甲公司提供的保证系一般保证还是连带责任保证的问题。《担保法》第十七条第一款规定：‘当事人在保证合同中约定，债务人不能履行债务时，由保证人承担保证责任的，为一般保证。’本案中，甲公司在其提供的《抵押借款互保声明书》上明确载明：在债务人乙公司对陈某的借款‘到期无法偿还’的情况下，甲公司承担为乙公司偿还所有款项的责任。本院认为，上述表述表明了甲公司保证责任承担的顺序性，甲公司仅在借款到期且乙公司无法偿还，即客观不能偿还借款的情况下方才承担保证责任，而非债务到期、乙公司未偿还债务时，甲公司即无条件承担偿还借款的责任。因此，甲公司提供的系一般保证，而非连带责任保证，二审法院认定并无不当。”③保证合同约定债务人“(到期)无财产”履行债务则保证人承担保证责任的，一般认为成立一般保证。④

如果保证合同约定债务人“不能按期/如期”履行债务则保证人承担保证责任，则成立的是一般保证还是连带责任保证呢？司法实务就此问题有意见分歧。少数法院着眼于“不能”之表述，认定构成一般保证。⑤主流意见

---

① 参见最高人民法院（2017）最高法民申1500号民事裁定书。

② 参见最高人民法院（2018）最高法民申5183号民事裁定书。亦偶有法院认为，当事人约定债务人“到期无法”履行债务则保证承担保证责任的，属于对保证方式没有约定。

③ 参见最高人民法院（2018）最高法民申2968号民事裁定书；江苏省高级人民法院（2017）苏民申3856号民事裁定书。

④ 参见江苏省高级人民法院（2016）苏民终1001号民事判决书。

⑤ 参加广东省东莞市中级人民法院（2019）粤19民终2916号民事判决书；辽宁省大连市中山区人民法院（2019）辽0202民初3376号民事判决书。

则认为成立连带责任保证，[①]不过得出此结论的解释路径并不相同。在“周某、鹤壁市某投资管理有限公司民间借贷纠纷案”中，最高人民法院指出：“《中华人民共和国担保法》第十七条规定‘当事人在保证合同中约定，债务人不能履行债务时，由保证人承担保证责任的，为一般保证’，指的应是当事人明确约定在债务人客观上无力偿还借款时保证人方承担保证责任的情况下，保证人承担一般保证责任，故区分一般保证与连带保证的关键在于当事人是否明确约定了保证人享有先诉抗辩权。本案中，《保证借款合同》第五条约定：陈某不能按期向某公司履行偿还义务的，由周某代陈某履行偿还本息的义务。表明双方当事人就案涉保证责任达成的合意是只要陈某未按期偿还借款，周某即应向某公司承担保证责任，没有陈某无力偿还时才由周某

---

① 参见最高人民法院（2019）最高法民申3260号民事裁定书；山东省枣庄市中级人民法院（2019）鲁04民终1419号民事判决书；浙江省金华市中级人民法院（2018）浙07民终4010号民事判决书；陕西省延安市中级人民法院（2018）陕06民终833号民事判决书。此种裁判见解的源头可以追溯至最高人民法院。在“中国信达资产管理公司石家庄办事处与中国—阿拉伯化肥有限公司、河北省冀州市中意玻璃钢厂保证合同纠纷案”中，最高人民法院指出：“该担保书中未明确约定担保责任方式，但根据该担保书的内容，担保人承担保证责任的条件是借款人‘不按期偿还’。根据最高人民法院法释〔2002〕38号《关于涉及担保纠纷案件的司法解释的适用和保证责任方式认定问题的批复》第二条规定，‘保证合同中明确约定保证人在被保证人不履行债务时承担保证责任，且根据当事人订立合同的本意推不出为一般保证责任的，视为连带责任保证’。因此，原审判决认定保证人承担的是连带责任保证，并无不当。”最高人民法院（2005）民二终字第200号民事判决书，载《中华人民共和国最高人民法院公报》2006年第3期（总第113期）。在“中国信达资产管理公司贵阳办事处与贵州开磷有限责任公司借款合同纠纷上诉案”中，最高人民法院指出：“区分连带责任保证和一般保证的重要标志就是保证人是否享有先诉抗辩权，即债权人是否必须先行对主债务人主张权利并经强制执行仍不能得到清偿时，方能要求保证人承担保证责任。上述借款合同中的第一种表述，只要贷款达到约定期限仍未归还，即将担保方与借款方的责任一并对待，并未区分保证人应否在主债务人客观偿还不能，即先向主债务人主张权利不能后，方承担保证责任，因此，此处保证责任约定是清楚的，为连带责任保证。上述借款合同中的第二种表述有‘不能’字样，如单纯使用‘不能’字样，则具有客观上债务人确无能力偿还借款的含义，此时保证人方承担保证责任可以认定为一般保证责任。但是，该‘不能’字样是与‘按期’结合在一起使用，则不能将其理解为确实无力偿还借款的客观能力的约定，仅是表明到期不能偿还即产生保证责任。因此，第二种表述亦应认定为连带保证责任。”最高人民法院（2008）民二终字第106号民事判决书，载《中华人民共和国最高人民法院公报》2009年第10期（总第156期）。

承担保证责任的意思表示，周某并不享有先诉抗辩权。因此，二审法院认定周某对《保证借款合同》项下债务承担连带保证责任，法律适用正确。”①在该案判决中，最高人民法院从“不能按期”的表述直接认定构成连带责任保证。而在“林某、天津市某实业发展有限公司债权转让合同纠纷案”中，最高人民法院认为：“《担保法》第十七条第一款规定：‘当事人在保证合同中约定，债务人不能履行债务时，由保证人承担保证责任的，为一般保证。’由上述规定可知，一般保证，是指在债务人不能履行债务时保证人才承担保证责任。一般保证人享有先诉抗辩权，即一般保证人在债务人以其财产清偿债权之前，享有免于承担担保的权利。本案中，《承诺函》载明，林某承诺，甲公司不能按期偿付债务则林某以其持有的香港主板上市公司乙集团有限公司或其他香港上市公司相当于该笔债务到期未付本息的股票，代甲公司偿付债务。由该《承诺函》的文义可见，林某承担保证责任是以债务人未能按期偿付债务为前提，债务人未能按期偿付债务并不表明债务人不能以其财产清偿债务，因此，林某并非承诺承担一般保证责任。该《承诺函》未明确表明林某承担何种保证方式，属于对保证方式约定不明。《担保法》第十九条规定：‘当事人对保证方式没有约定或者约定不明确的，按照连带责任保证承担保证责任。’根据上述规定，一审法院认定林某对案涉债务承担连带保证责任，并无不当。”②也就是说，最高人民法院并未直接根据“不能按期”正面认定当事人约定了连带责任保证，而是认为此时属于当事人对保证方式约定不明，通过《担保法》的推定规则认定成立连带责任保证。③在本法第686条第2款已经改变推定规则的情况下，运用两种路径得出的结论显然将会不同。

二、债权人的自由选择权

连带责任保证人与债务人对债权人负连带责任，因此债权人可以自由选择向谁主张债权。根据本条第2款的规定，债务人不履行到期债务或者发生当

---

① 参见最高人民法院（2017）最高法民申2406号民事裁定书。

② 参见最高人民法院（2018）最高法民终1189号民事判决书。

③ 同旨，参见江苏省高级人民法院（2014）苏商终字第00472号民事判决书。

事人约定的情形时，债权人可以请求债务人履行债务，也可以请求保证人在其保证范围内承担保证责任。当然，债权人也可以一并请求债务人与保证人履行债务。[①]

从诉讼程序来看，《民事诉讼法解释》第66条规定："因保证合同纠纷提起的诉讼，债权人向保证人和被保证人一并主张权利的，人民法院应当将保证人和被保证人列为共同被告。保证合同约定为一般保证，债权人仅起诉保证人的，人民法院应当通知被保证人作为共同被告参加诉讼；债权人仅起诉被保证人的，可以只列被保证人为被告。"依此规定，债权人自然可以直接、单独起诉连带责任保证人。问题是，当债权人以起诉的方式，请求连带责任保证人承担保证责任，法院以生效判决判令保证人承担保证责任之后，债权人是否还可以另行起诉，向债务人主张权利？基于以下几点考虑，对此应予以肯定。其一，债权人先起诉保证人再起诉债务人，一般均基于合理考虑，可能是因为债务人暂时下落不明，也可能是因为知道债务人暂无支付能力。其二，债权人决定先起诉保证人后起诉债务人属于对其权利的自由处分。如果不允许另行起诉债务人，将导致本条第2款赋予债权人自由选择债务人权利的立法目的落空。其三，另行起诉债务人不构成重复起诉，不违反一事不再理原则。依《民事诉讼法解释》第247条规定，当事人就已经提起诉讼的事项在诉讼过程中或者裁判生效后再次起诉，同时符合后诉与前诉的当事人相同、后诉与前诉的诉讼标的相同、后诉与前诉的诉讼请求相同或者后诉的诉讼请求实质上否定前诉裁判结果这三个条件的，才构成重复起诉。

---

① 连带责任保证的法律效果是保证人和债务人对债务承担连带责任。颇有争议的是，保证债务与主债务是否属于连带债务？主流观点采否定说，主要理由为：其一，连带责任保证债务从属于主债务，而连带债务人负担同样的债务，不存在主从关系。其二，在连带责任保证中，债权人免除主债务的，保证债务消灭；免除保证人债务的，债务人仍负全责。而在连带债务中，债权人向债务人一人免除，于分担部分对全体债务人有效。其三，连带责任保证人与主债务人并无内部分担之说，主债务人为终局的债务承担者；而连带债务人原则上内部平均分担。参见程啸：《保证合同研究》，法律出版社2006年版，第50—54页。

第六百八十九条【反担保】

保证人可以要求债务人提供反担保。

历史由来

本条是对《担保法》第4条的承袭："第三人为债务人向债权人提供担保时，可以要求债务人提供反担保。反担保适用本法担保的规定。"

《民法典合同编（草案）》（征求意见稿）第235条规定："保证人可以要求债务人提供反担保。"此后的历次审议稿均从之。

规范目的或功能

本条规定的是对保证人提供的反担保。[①]依本法第700条的规定，保证人承担保证责任后对债务人享有追偿权，并代位承受债权人对债务人的权利。然而，如果债务人的支付能力不足，保证人的追偿权和代位权将难以实现。反担保的作用即在于保障保证人追偿权和代位权的实现。[②]由于反担保的设立可以降低保证人的风险，因此反担保可以增强第三人提供保证的意愿。在债务人自己提供反担保的情形下，反担保也有利于督促债务人依约履行债务。

本条规定在性质上属于提示性规定，提示保证人可以通过要求债务人提供反担保的方式保障自己的利益，并未为保证人设定任何权利。

规范内容

一、反担保的概念与性质

反担保，是指债务人或者第三人为确保担保人承担担保责任后实现对债

---

① 本法第387条第2款规定了物权担保中的反担保，即"第三人为债务人向债权人提供担保的，可以要求债务人提供反担保。反担保适用本法和其他法律的规定"。

② 参见张淑隽、潘皞宇：《论反担保制度的形成原理及其立法、司法层面的操作理念》，载《法学评论》2010年第2期。

务人的追偿权和代位权而设定的担保。

反担保是相对于主债权的担保（本担保）而言的，其在性质上依然是担保。反担保依其担保方式之不同而适用本法不同的规定。此处仅论述其在法律适用上的特殊之处。

二、反担保的从属性

反担保从属于本担保。不过，在成立时间上，没有必要要求本担保合同早于反担保合同签订，只要二者的内容对应即可。在“某县就业创业小额贷款担保中心与任某、李某等小额借款合同纠纷案”中，法院即认为：“虽然反担保保证合同的签订早于借款担保合同的签订，但反担保保证合同是双方当事人的真实意思表示，反担保对应的主债权明确具体，即某小贷担保中心为任某申请就业创业小额贷款捌万元提供保证而产生的追偿权，且反担保的范围明确，能够与签订在后的担保合同产生对应关系。这与担保机构先落实反担保手续后再提供担保的实践相吻合。在担保合同生效后，反担保合同也具有法律效力。”①

三、反担保的适用范围

在债务人自己提供本担保的情形，由于此时不存在担保人向债务人追偿的问题，自无设定反担保的可能。只有在第三人提供本担保的情形，才有设立反担保的可能。因此，在本担保为留置和定金这两种担保方式时，没有反担保的适用余地。②就本条而言，由于本条规定的是为保证人提供的反担保，而债务人不能做自己的保证人，因此只能适用于第三人为债务人向债权人提供保证担保的情形。

四、反担保人的范围

本条虽然规定可以要求“债务人”提供反担保，但是反担保人不限于债务人自己，债务人之外的第三人也可以提供反担保。如果反担保人仅限于债

① 安徽省合肥市中级人民法院（2016）皖01民终2031号民事判决书。

② 参见高圣平：《担保法论》，法律出版社2009年版，第64—65页。

务人，就只剩下债务人提供抵押、质押的方式。然而，如果债务人有足够财产可供抵押、质押，一般也不会委托第三人提供担保。故而，将反担保人限定于债务人，将使得反担保的制度价值大打折扣。[①]在本条立法过程中，有立法者建议加入"第三人提供反担保"的规定，但未被采纳。然而，不能就此认为立法者否定第三人提供反担保的可能、只能由债务人作为反担保人。本条的表述实际上和《担保法》第4条的表述是一致的。针对《担保法》第4条的《担保法解释》第2条第1款明确规定："反担保人可以是债务人，也可以是债务人之外的其他人。"《民法典》立法者应未改变此一立场。在解释上，可以将本条规定的"提供反担保"理解为包括"提供反担保人"在内。

五、反担保的方式

关于反担保的方式，学说和司法实务普遍认为反担保可以采用保证、抵押、质押的方式，而不能采用留置和定金这两种担保方式。在债务人提供反担保的情形，自然只能采取保证以外的担保方式，毋庸赘言。《担保法解释》第2条第2款曾明确规定："反担保方式可以是债务人提供的抵押或者质押，也可以是其他人提供的保证、抵押或者质押。"当然，反担保也不妨采用法律所认可的其他新兴担保方式，如让与担保。不过，债务人作为反担保人时，不得采用类似保证的人保方式，如本法第552条规定的债务加入。

反担保方式如果是抵押，则应适用本法第419条关于抵押权人应当在主债权诉讼时效期间行使抵押权的规定。反担保方式如果是质押，也应作同一处理。[②]反担保方式如果是保证，自应适用本法关于保证期间的规定。依本法第692条第2款后半句的规定，当事人没有约定保证期间或者约定不明确的，保证期间为主债务履行期限届满之日起6个月。对于反担保而言，这意味着，当事人没有约定保证期间或者约定不明确的，保证期间应当从担保人实际履行了担保责任之日起计算。在"什邡市某投资有限责任公司等与四川某融资性

---

① 参见高圣平：《担保法论》，法律出版社2009年版，第64页。

② 参见高圣平：《融资性担保公司求偿担保若干争议问题研究》，载《暨南学报》(哲学社会科学版)2012年第11期。

担保有限公司债务追偿纠纷案”中，最高人民法院即持此种观点。[①]

第六百九十条【最高额保证合同】

保证人与债权人可以协商订立最高额保证的合同，约定在最高债权额限度内就一定期间连续发生的债权提供保证。

最高额保证除适用本章规定外，参照适用本法第二编最高额抵押权的有关规定。

历史由来

本条系对《担保法》第14条的修改完善而来。《担保法》第14条规定：“保证人与债权人可以就单个主合同分别订立保证合同，也可以协议在最高债权额限度内就一定期间连续发生的借款合同或者某项商品交易合同订立一个保证合同。”本条对《担保法》的改动有二：一是不再将最高额保证限于借款合同或者商品交易合同。二是增加了“参照适用本法第二编最高额抵押权的有关规定”。

《民法典合同编（草案）》（征求意见稿）第250条规定：“保证人与债权人可以协议设立最高额保证。最高额保证除适用本章规定外，参照适用物权编最高额抵押权的规定。”之后的《民法典合同编（草案）》（一审稿）第493条基本维持不变。《民法典合同编（草案）》（二审稿）第479条之一则将之修改为：“保证人与债权人可以协商订立最高额保证合同，约定在最高债权额限度内就一定期间连续发生的债权提供保证。最高额保证合同除适用本章规定外，参照适用物权编最高额抵押权的有关规定。”2019年12月公布的《民法典（草案）》从之。2020年5月提交全国人民代表大会审议时将“最高额保证合同除适用本章规定外，参照适用物权编最高额抵押权的有关规定”调整为“最高额保证除适用本章规定外，参照适用本法第二编最高额抵押权的有关规定”。

① 参见最高人民法院（2013）民申字第1578号民事裁定书。

规范目的或功能

本条规定最高额保证合同。在实践中，当事人之间的交易行为往往是多次、连续发生的，如果每发生一笔交易都要签订一个保证合同，显然会影响交易效率，而且会增加交易成本。允许当事人约定在最高债权限额内为一定期间连续发生的债权提供保证，则可以解决此问题。本条第2款规定，最高额保证合同参照适用本法第二编最高额抵押权的有关规定，可以避免立法重复。①

自体系位置观之，本条宜规定于本法第689条之前，因为最高额保证人也可以要求债务人提供反担保。

规范内容

一、最高额保证合同的概念与特征

最高额保证合同，是指保证人和债权人约定，就债权人与债务人之间在一定期间内连续发生的不特定债权，由保证人在最高债权限额内承担保证责任的合同。最高额保证合同依然属于保证合同，自应适用本法第685条关于保证合同形式的规定，以采取书面形式为必要。

（一）一定期间

最高额保证担保的债权是“一定期间”连续发生的债权。当事人可以通过约定限定被担保债权发生的期间，即约定期间的开始日与终止日。对于该期间以外时间段发生的债权，保证人不承担保证责任。不过，对于最高额保证合同签订之前已经发生的债权，只要当事人双方同意，也可以将之纳入最高额保证的范围。因为，本法物权编第420条第2款规定，最高额抵押权设立

① 有论者指出，更为适宜、更能凸显法典体系化的立法模式是，在担保物权关于最高额担保物权的规则之下，直接规定最高额债权担保也适用最高额担保物权的相关规则。参见石冠彬：《论民法典担保物权制度的体系化构建》，载《法学评论》2019年第6期。

前已经存在的债权，经当事人同意，可以转入最高额抵押担保的债权范围，而依本条第2款的规定，最高额保证合同可以参照适用物权编最高额抵押权的有关规定。在“山西某农村商业银行股份有限公司、某经济技术开发区中小企业融资担保有限公司金融借款合同纠纷案”中，最高人民法院指出：“从最高额保证特性看，最高额保证通常是保证人对一定期间内将要连续发生的不特定债权提供担保，并不排斥保证设立前已发生的债权，但要将最高额保证设立前已经存在的确定债权纳入保证范围，债权人或债务人应当告知保证人已存在债权的具体情况，在保证人不知情的情况下，要求保证人承担保证责任，有违民商事活动中的诚实信用原则。”①

需要注意的是，只要主债权发生于最高额保证合同约定的期间内，即便主债权债务合同未列明最高额保证合同，该主债权也应纳入最高额保证的范围。在最高人民法院发布的第57号指导案例“温州银行股份有限公司宁波分行诉浙江创菱电器有限公司等金融借款合同纠纷案”中，法院认为，在有数份最高额担保合同情形下，主贷款合同中只选择性地列明部分最高额担保合同，对于未被列明的最高额担保合同，如债务发生在约定的决算期内，且债权人未明示放弃担保权利，担保人也应当在最高债权限额内承担担保责任。②

（二）连续发生的债权

最高额保证担保的债权是一定期间“连续发生”的债权，即在决算期到来之前，最高额保证所担保的债权具有变动性，债权不断发生、消灭，故保证人最终担保的债权数额具有不确定性。

（三）最高债权额

最高额保证合同必须设定最高债权额。实际发生的债权余额超过最高限

---

① 参见最高人民法院（2018）最高法民申2643号民事裁定书。

② 参见浙江省宁波市中级人民法院（2014）浙甬商终字第369号民事判决书。关于该指导案例的理解，参见最高人民法院案例指导工作办公室：《〈温州银行股份有限公司宁波分行诉浙江创菱电器有限公司等金融借款合同纠纷案〉的理解与参照——未列入借款合同中的最高额保证责任》，载《人民司法·案例》2017年第14期。

额的，保证人对超出部分的债权不承担保证责任；实际发生的债权余额未超过最高限额的，保证人对实际发生的债权余额承担保证责任。最高额保证所担保的债权具有变动性，如果不设定最高债权额，有可能导致保证人承担无法预计的、过重的担保责任。对于最高额保证合同未约定最高债权额的，有论者主张构成连续保证，即保证人对一定期间内发生的债务不限数额连续提供保证。[①]基于保护保证人利益的考虑，此时应认定最高额保证合同无效。[②]

最高债权额针对的是债权发生期间终止时，通过决算所确定的最终债权余额，而非债权累计发生额。[③]

最高债权额限定的对象为全部债权余额，不仅包括主债权，还包括本法第691条规定的利息、违约金、损害赔偿金和实现债权的费用。在实践中，尤其是在与银行签订的最高额保证合同中，往往仅约定本金最高限额，即最高债权限额仅针对本金，而非全部债权余额。不无疑问的是，该约定是否有效？在“中国建设银行股份有限公司某支行与陆某、朱某等金融借款合同纠纷案”中，法院认为：“最高额保证中的‘最高额’是保证人所担保债权的最高限度额，是最高额保证合同必须明确的内容，决定着保证人承担保证责任的最大限度，超出此限度则保证人不再承担保证责任。未约定最高额的，最高额保证合同无效。建行某支行提供的格式最高额保证合同文本仅对所担保主合同项下本金余额设定最高额，未就全部债权余额设定最高限额，突破了法律规定，不符合最高额保证合同的本质要求，该约定的最高本金余额应视为最高债权限额。”[④]然而，在“厦门某资产管理运营有限公司、福建省宁化县某医药

---

① 参见曹士兵：《中国担保制度与担保方法》（第四版），中国法制出版社2017年版，第145页。

② 参见程啸：《保证合同研究》，法律出版社2006年版，第590—591页。

③ 《担保法解释》第23条规定：“最高额保证合同的不特定债权确定后，保证人应当对在最高债权额限度内就一定期间连续发生的债权余额承担保证责任。”不过，基于减轻最高额担保人担保责任的考虑，有论者主张，最高额担保期限内已经消灭的债权也应当计入最高债权额限度之内。参见石冠彬：《论民法典担保物权制度的体系化构建》，载《法学评论》2019年第6期。

④ 参见浙江省温州市中级人民法院（2014）浙温商终字第960号民事判决书。同旨，参见湖南省高级人民法院（2014）湘高法民二终字第43号民事判决书；江西省高级人民法院（2015）赣民二终字第76号民事判决书。

有限公司金融借款合同纠纷案”中，最高人民法院肯定了该约定的效力，认为保证人除在本金最高限额内对本金债权承担保证责任外，还要对最高限额之内本金所产生的利息承担保证责任。[①]《全国法院民商事审判工作会议纪要（征求意见稿）》第58条规定：“最高额抵押、最高额保证中的最高债权额，是指包括主债权、利息、违约金、损害赔偿金、保管担保财产、实现债权费用等在内的全部债权。”不知何故，最终公布的正式稿删除了这一内容。依本法第691条的规定，保证的范围不仅包括主债权，而且还包括利息、违约金、损害赔偿金和实现债权的费用。如果最高债权限额仅针对主债权，则最终所实际担保的债权额并未被有效限制，保证人通过最高债权限额控制风险的意图将在一定程度上无法实现。此外，如果债权人怠于行使债权或者债务人恶意逃避债务，可能导致保证人的担保责任无限扩大。基于保护保证人利益的考虑，如果约定最高债权限额只针对主债权，应认为约定无效，该限额针对全部债权余额。[②]

（四）最高额保证具有相对的独立性

最高额保证也具有从属性，但是相较于普通保证，其具有相对的独立性。在成立方面，普通保证须以主债权债务合同已成立并有效为前提，而最高额保证的设立先于被担保的债权；最高额保证项下的某一笔交易无效，并不会导致最高额保证合同无效。在移转方面，参照适用本法物权编第421条关于“最高额抵押担保的债权确定前，部分债权转让的，最高额抵押权不得转让”的规定，在债权确定前，部分债权转让的，最高额保证并不随之转让。在消灭方面，最高额保证担保的债权是变动的，即便债权额因清偿、抵销、放弃等原因一度归零，最高额保证也仍然继续存在。不过，在决算期到来债权确定后，最高额保证即转化为普通保证，不再具有特殊性。

---

① 参见最高人民法院（2018）最高法民终312号民事判决书。同旨：参见最高人民法院（2016）最高法民终595号民事判决书；江西省高级人民法院（2019）赣民终101号民事判决书；上海市高级人民法院（2018）沪民初32号民事判决书。

② 参见李勐、胡俊：《最高额担保中的最高限额只能是债权最高限额》，载《人民司法》2015年第18期。

二、最高额保证债权的确定

最高额保证债权一旦确定，最高额保证的范围即告确定。保证人于最高债权限额内对确定的债权余额承担保证责任。最高额保证债权的确定方式取决于当事人于最高额保证合同中是否约定决算期。

（一）决算期届至

根据本法第423条第1项的规定，约定的债权确定期间届满之时，抵押权人的债权确定。依照本条第2款的规定，最高额保证可以参照适用该规定。

最高额保证的决算期，又称为债权确定期，在性质上属于期日。决算期届至，最高额保证债权即告确定。在决算期之后发生的债权不再纳入保证担保的范围。

最高额保证合同可以约定决算期。一般而言，最高额保证合同所约定的被担保债权发生期间的终止日，即为最高额保证的决算期。但决算期不是最高额保证合同成立的必备条款，未在合同中约定决算期不影响最高额保证合同的成立。

应当指出的是，最高额保证的决算期与主债务履行期限并不相同。主债务履行期限届满的时间可能早于决算期，也可能晚于决算期。早于决算期的，此时最高额保证所担保债权尚未特定化，债权人无法要求保证人清偿债务；晚于决算期的，此时最高额保证所担保的债权虽然已经特定化，债权人也只能等履行期限届满才能实现债权。不过，最高额保证人在决算期届至、主债务履行期限届满前清偿债务的，若无损于债权人利益，应将保证人清偿的债权算入最高债权限额之内。[①]

（二）债权确定的其他事由

关于债权确定的其他事由，可以参照适用本法物权编最高额抵押权的

---

① 参见浙江省温州市中级人民法院（2018）浙03民终1803号民事判决书。主审法官关于该案件的解读，参见胡淑丽：《决算期届满后债务履行期届满前最高额保证人清偿债务的效力》，载《人民司法·案例》2019年第14期。

有关规定。本法第423条规定："有下列情形之一的，抵押权人的债权确定：（一）约定的债权确定期间届满；（二）没有约定债权确定期间或者约定不明确，抵押权人或者抵押人自最高额抵押权设立之日起满二年后请求确定债权；（三）新的债权不可能发生；（四）抵押权人知道或者应当知道抵押财产被查封、扣押；（五）债务人、抵押人被宣告破产或者解散；（六）法律规定债权确定的其他情形。"需要注意的是，依该条第2项的规定，在未约定决算期的情形，最高额保证人在保证合同订立2年后才能请求确定债权。就此而言，本法改变了《担保法》第27条的规定："保证人依照本法第十四条规定就连续发生的债权作保证，未约定保证期间的，保证人可以随时书面通知债权人终止保证合同，但保证人对于通知到债权人前所发生的债权，承担保证责任。"

三、最高额保证的保证期间

最高额保证合同对保证期间有约定的，自然从其约定。问题是，最高额保证合同没有约定保证期间或者约定不明确的，应当如何处理？此时，《担保法解释》第37条曾为最高额保证规定了与普通保证不一样的起算点，即"最高额保证合同对保证期间没有约定或者约定不明的，如最高额保证合同约定有保证人清偿债务期限的，保证期间为清偿期限届满之日起六个月。没有约定债务清偿期限的，保证期间自最高额保证终止之日或自债权人收到保证人终止保证合同的书面通知到达之日起六个月"。因本法未对最高额保证的保证期间设置类似的特别规定，应当认为此种情形适用本法第692条第2款后半句和第3款的规定，即"没有约定或者约定不明确的，保证期间为主债务履行期限届满之日起六个月。债权人与债务人对主债务履行期限没有约定或者约定不明确的，保证期间自债权人请求债务人履行债务的宽限期届满之日起计算"。如此一来，《担保法解释》第37条所造成的一些困扰即可消除。例如，依照该条的规定，最高额保证对保证期间没有约定或者约定不明，而且没有约定保证人清偿期限的，保证期间自最高额保证终止之日或自债权人收到保证人终止保证合同的书面通知到达之日起6个月，即一律从决算日起算保证期间。在主债务履行期限晚于决算期的情形，这就意味着主债务还未到期就已经开始计算保证期间，甚至有可能导致主债务尚未到期而保证期间已经经过，显非允当。在本法颁行之前，在实务中已经有法院注意到了这一点，主张在主债务履行期限晚于决算期的情形参照适用《担保法解释》第33条的规定，即“主合同对主债务履行期限没有约定或者约定不明的，保证期间自债权人要求债务人履行义务的宽限期届满之日起计算”。在“徐某与江苏某建设集团有限公司民间借贷纠纷案”中，江苏省高级人民法院认为：“根据担保法司法解释第三十七条的规定，最高额保证合同对保证期间没有约定或者约定不明的，如最高额保证合同约定有保证人清偿债务期限的，保证期间为清偿期限届满之日起六个月。没有约定债务清偿期限的，保证期间自最高额保证终止之日或自债权人收到保证人终止保证合同的书面通知到达之日起六个月。涉案《贷款保证书》中未约定保证期间和保证人清偿债务期限，某公司也未向徐某发出过终止保证合同的书面通知，某公司据此主张，《最高额抵押借款合同》及《贷款保证书》约定了贷款期限自2012年4月11日起至2013年4月10日止，2013年4月10日即为决算日，也即最高额保证终止之日，因徐某未在此后六个月主张权利，故超过保证期间。本院认为，发生于决算日之前的主债务，其履行期既可以短于或等于决算日，又可能超过决算日，对于前者，在无特别约定的情况下，从决算日起算保证期间当无疑义；但对于后者，若保证期间从决算日开始计算，则会出现先于主债务履行期届满之日即计算保证责任期间的情形，明显违背了保证的一般规则和基本原理。因为根据《中华人民共和国担保法》第六条的规定‘本法所称保证，是指保证人和债权人约定，当债务人不履行债务时，保证人按照约定履行债务或者承担责任的行为’，同时根据该法第二十五条、第二十六条规定，无论是一般保证还是连带保证，保证人与债权人未约定保证期间的，保证期间皆为主债务履行期届满之日起六个月。如果主债务履行期尚未届满，而保证人的保证期间开始起算，显然会使特定情况下保证人的保证责任落空，对债权人不公平，也不符合《中华人民共和国担保法》立法原意。因此，不能机械适用担保法司法解释第三十七条的规定。在主债务履行期超出决算日的情况下，应参照适用担保法司法解释第三十二条的规定‘保证合同约定的保证期间早于或者等于主债务履行期限的，视为没有约定，保证期间为主债务履行期届满之日起六个月’，而在主债务履行期没有约定的情况下，则应适用担保法司法解释第三十三条的规定‘主合同对主债务履行期限没有约定或者约定不明的，保证期间自债权人要求债务人履行义务的宽限期届满之日起计算'。故本案中，在没有约定主债务履行期限的情形下，保证期间应自债权人要求债务人履行义务的宽限期届满之日起计算六个月，徐某在2014年9月30日直接申请执行证书继而提起诉讼，要求债务人履行债务并不存在超过保证期间的问题。"[①]

由于最高额保证担保的是一定期间内连续发生的债权，每笔债务的履行期限可能并不一致，那么保证期间是统一计算还是分别计算呢？对决算日前主债务履行期限已经届满的债务，统一从决算日起计算保证期间；而对主债务履行期限在决算日之后才届满的债务，从每笔债务的履行期届满之日起计算保证期间。

第二节　保证责任

第六百九十一条【保证的范围】

保证的范围包括主债权及其利息、违约金、损害赔偿金和实现债权的费用。当事人另有约定的，按照其约定。

历史由来

本条源于《担保法》第21条。《担保法》第21条第1款规定："保证担保的范围包括主债权及利息、违约金、损害赔偿金和实现债权的费用。保证合同另有约定的，按照约定。"第2款规定："当事人对保证担保的范围没有约定或者约定不明确的，保证人应当对全部债务承担责任。"本条删除了《担保法》第21条第2款，并调整了其第1款的部分表述，然而其实质内容并无变化。

《民法典合同编（草案）》（征求意见稿）第236条规定："保证担保的范围包括主债权及其利息、违约金、损害赔偿金和实现债权的合理费用。当事

① 江苏省高级人民法院（2015）苏民终字第00455号民事判决书。

人另有约定的，按照约定。”《民法典合同编（草案）》（一审稿）第480条将“按照约定”修改为“按照其约定”，内容维持不变。《民法典合同编（草案）》（二审稿）从之。2019年12月公布的《民法典（草案）》第691条将“保证担保的范围”调整为“保证的范围”，将“实现债权的合理费用”中的“合理”二字删除。2020年5月提交全国人民代表大会审议时未作更改。

规范目的或功能

本条规定保证的范围。本条第1句列举了保证的范围。从保证人的角度来看，此种列举限制了保证人承担保证责任的风险，保证人也可以据此合理预估提供保证的风险。从债权人的角度来看，该句规定充分体现了保证债务的从属性，表明只要主债务的扩大是由债务人缺乏支付能力或支付意愿造成的，保证人均需要对此承担保证责任，这有利于保障债权实现。在当事人未约定保证范围之时，本条第1句规定可以弥补当事人意思之不备。当然，具体列举保证范围也可以起到提示、指导当事人如何约定保证范围的作用。本条第2句的约定除外规定则体现了对意思自治的尊重。

规范内容

保证范围，是指保证人承担保证责任的范围，也就是保证债务的范围。

一、法定保证范围

本条第1句以列举的方式规定了法定保证范围，即不存在当事人特别约定时应予适用的保证范围。这一列举并非穷尽列举。该规定严格遵循了保证债务的从属性原则，主债务发生的任何变化，即便是不利于保证人的变化，只要不是保证合同订立后由债权人与债务人合意造成的，均对保证人自动发生效力。总的来说，保证的范围以主债务范围为准，在当事人没有特别约定的情况下，保证债务应包含主债务之全部。

依本条第1句规定，法定保证范围包括：

（一）主债权

担保主债权的实现是设定保证的首要目的。主债权属于保证范围，自不待言。在保证合同未明确约定仅对部分主债权提供保证担保之时，保证范围及于全部主债权。

（二）利息

利息分为法定利息和约定利息。保证人是否知悉债权人与债务人关于利息的约定并无影响，只要该利息约定在保证合同成立之时已经存在即可。债权人与债务人于保证合同成立之后再行约定利息，显然将加重债务。根据本法第695条第1款后半句的规定，除非经过保证人书面同意，否则保证人对约定的利息不承担保证责任。由于债务人对超过法定限制部分的利息并无支付义务，约定利息超过法定限制的部分不属于保证范围。由于逾期利息具有损害赔偿的性质，而本条第1句将利息与损害赔偿金并列，故本条所谓的"利息"不包括逾期利息在内。此外，《最高人民法院关于因法院错判导致债权利息损失扩大保证人应否承担责任问题的批复》明确指出，因法院错判引起债权利息损失扩大的部分，不属于保证范围。

不无疑问的是，在民间借贷案件中，如果借款人犯非法吸收公众存款罪，但是保证合同有效，保证人对利息是否承担保证责任？一种观点认为，只要认定保证合同有效，保证人就应当对借款利息承担保证责任。另一种观点则认为，保证合同虽然有效，但是由于借款人仅负本金退赔义务而不含利息，基于保证债务的从属性，该利息也不该由保证人承担。后一种观点可资赞同。

（三）违约金

本条第1句中的"违约金"是指债权人与债务人约定的，当债务人逾期不履行债务时，由债务人向债权人支付的一定比例或一定数额的金钱。违约金债权从属于主债权，属于保证范围。保证人是否知道主债权债务合同存在违约金条款，并不影响将违约金纳入保证范围。债权人与债务人约定的违约金过分高于造成的损失的，即便债务人没有向人民法院或仲裁机构请求适当减少，依据保证的从属性，保证人亦有权依据本法第585条第2款后半句的规定请求适当减少。[①]同时约定了违约金与罚息的，因两者性质相同，只能择一主张。[②]

（四）损害赔偿金

因债务人不履行或不完全履行债务给债权人造成损害而产生的赔偿责任，亦属于保证范围。本条虽然将违约金与损害赔偿金并列，但是在个案中二者是否均属于保证范围，取决于违约金与损害赔偿金能否并用。

（五）实现债权的费用

实现债权的费用是从属于主债权的必要负担，因此也应在保证范围之内。一般认为，债权人为了实现债权而支出的费用，包括诉讼费、仲裁费、拍卖费、通知保证人的费用以及其他一切为了实现债权而支出的合理费用。[③]除非债务人依照主债权债务合同约定或法律规定负担律师费，或者保证合同约定的保证范围包括律师费，否则债权人支出的律师费不属于保证范围。在本条立法过程中，虽然删除了“实现债权的合理费用”中的“合理”二字，但是并不意味着实现债权的任何费用均属于保证范围。实现债权的费用是否合理，需要在个案中根据具体情况进行判断。

在实务中，比较有争议的一个问题是，在主债权债务合同不存在相关约定时，债权人支出的诉讼财产保全责任保险费用是否属于实现债权的合理费用？《民事诉讼法》第100条第2款规定：“人民法院采取保全措施，可以责令申请人提供担保，申请人不提供担保的，裁定驳回申请。”以往，申请人提供担保的方式主要是等值现金、土地房产或其他自有资产、商业银行保函或者由专门的担保公司提供担保。后来，保险公司推出诉讼财产保全责任保险，即由当事人向保险公司交纳保险费购买诉讼财产保全责任保险，保险公司向法院出具保函为当事人申请财产保全提供担保。由于诉讼财产保全责任保险

① 参见程啸：《保证合同研究》，法律出版社2006年版，第233页。

② 参见广东省中山市中级人民法院（2017）粤20民终1530号民事判决书。

③ 参见全国人大常委会法制工作委员会民法室编著：《中华人民共和国担保法释义》，法律出版社1995年版，第28页。

购买便捷，目前已经成为诉讼财产保全担保的一种重要方式。然而，并非所有法院均将债权人支出的诉讼财产保全责任保险费用视为实现债权的合理费用。[①]最高人民法院的裁判立场也并不一致。在“某电子商务股份有限公司、贵州某置业有限公司金融借款合同纠纷案”中，最高人民法院认为：“电子商务公司可以以提供担保财产的方式向人民法院申请采取财产保全措施，也可以以购买保险的方式向人民法院申请采取财产保全措施，故15万元保险费用的开支并非实现财产保全必然的开支，不属于合同中所约定的实现债权和抵押权必须的费用，原审不予支持并无不当。”[②]然而，在“中国房地产开发集团某有限公司、江苏省某建设集团股份有限公司建设工程施工合同纠纷案”中，最高人民法院却认为：“根据《中华人民共和国民事诉讼法》第一百条第二款关于‘人民法院采取保全措施，可以责令申请人提供担保，申请人不提供担保的，裁定驳回申请’的规定以及《最高人民法院关于人民法院办理财产保全案件若干问题的规定》第八条关于‘金融监管部门批准设立的金融机构以独立保函形式为财产保全提供担保的，人民法院应当依法准许’的规定，某集团可以通过保险公司出具保函的形式为财产保全提供担保，而非必须以自己的财产或他人财产担保。因中房集团违约引起本案诉讼，某集团为此向保险公司交纳的诉讼保全担保保险费系某集团支出的合理必要费用，属某集团的损失部分，一审判令违约方中房集团承担并无不当。”[③]

二、约定保证范围

根据本条第2句的规定，当事人可以在保证合同中约定保证范围。当事人既可以约定对全部主债权承担保证责任，也可以约定仅对部分主债权承担保

---

① 肯定：福建省高级人民法院（2018）闽民初133号民事判决书；北京市第三中级人民法院（2018）京03民初577号民事判决书；山东省青岛市中级人民法院（2017）鲁02民终2596号民事判决书。否定：湖南省长沙市中级人民法院（2017）湘01民终3292号民事判决书；广东省佛山市中级人民法院（2017）粤06民终12035号民事判决书；四川省成都市中级人民法院（2016）川01民初字第847号民事判决书。

② 参见最高人民法院（2017）最高法民终197号民事判决书。

③ 参见最高人民法院（2017）最高法民终437号民事判决书。同旨，参见最高人民法院（2019）最高法民终242号民事判决书；最高人民法院（2019）最高法民终765号民事判决书。

证责任，还可以约定仅就利息或违约金等承担保证责任。如果当事人约定了保证范围，自当从其约定，并无本条第1句的适用余地。需要注意的是，如果保证合同约定的保证范围超过主债务的范围，基于保证合同的从属性，应将之缩减至主债务的范围。[①]《全国法院民商事审判工作会议纪要》第55条即规定："担保人承担的担保责任范围不应当大于主债务，是担保从属性的必然要求。当事人约定的担保责任的范围大于主债务的，如针对担保责任约定专门的违约责任、担保责任的数额高于主债务、担保责任约定的利息高于主债务利息、担保责任的履行期先于主债务履行期届满，等等，均应当认定大于主债务部分的约定无效，从而使担保责任缩减至主债务的范围。"

在实践中，债权人与保证人在保证合同中除约定保证人的保证责任外，往往同时约定保证人的违约责任。例如，保证人隐匿、转移财产。关于此种保证人违约金条款的效力问题，司法实务存在裁判分歧。[②]一种观点认为保证人违约金条款不违反法律的禁止性规定，应为有效。[③]另一种观点则基于保证债务的从属性、保证人无法就支付的违约金向债务人追偿等理由否定保证人违约金条款的效力。[④]在"某证券有限责任公司、某股份有限公司合同纠纷案"中，最高人民法院详细阐述了应当否定保证人违约金条款效力的理由："本案二审中涉及的主要法律问题是某公司、赵某、王某是否应在案涉主债务之外向某证券公司支付保证合同约定的违约金，即担保人承担担保责任的范围能否大于主债务。首先，根据《中华人民共和国担保法》第二十一条'保证担保的范围包括主债权及利息、违约金、损害赔偿金和实现债权的费用。保证合同另有约定的，按照约定。当事人对保证担保的范围没有约定或者约定不明确的，保证人应当对全部债务承担责任'的规定，虽然保证人承担保证责任的范围优先适用保证合同的约定，实行意思自治，但因保证合同是主合同

① 《法国民法典》第2013条规定："保证不得超过债务人负债的范围，亦不得约定较重的条件。超过主债务的保证或约定较重的保证，并非无效，此项保证仅应减至主债务的限度。"

② 裁判分歧情况，参见曹明哲：《保证合同中保证人违约责任条款的效力研究》，载《中财法律评论》2019年卷。

③ 参见北京市第三中级人民法院（2017）京03民终11141号民事判决书。

④ 参见四川省成都市中级人民法院（2018）川01民初59号民事判决书；浙江省绍兴市中级人民法院（2015）浙绍商终字第1453号民事判决书。

的从合同，保证责任是主债务的从债务，基于担保从属性的必然要求，保证责任的范围不能大于主债务的范围。当事人约定的保证责任的范围大于主债务的，应当缩减至主债务的范围。其次，根据《中华人民共和国合同法》第五条‘当事人应当遵循公平原则确定各方的权利和义务’的规定，若本案某证券公司与某公司、赵某、王某约定的违约金条款可获支持，某证券公司将从保证人处额外获得从主债务人处不能得到的巨额利益。而根据《中华人民共和国担保法》第三十一条‘保证人承担保证责任后，有权向债务人追偿’的规定，由于债权人与保证人在保证合同中特别约定的违约金只针对保证人，不属于主债务的范围，故保证人承担保证合同约定的责任后将无法向主债务人追偿，这将使当事人之间的利益关系严重失衡。因此，原审判决基于担保从属性原则并综合考虑某公司、赵某、王某就某股份公司应支付的一次性违约金及迟延违约金等已经承担连带责任的情况，对某证券公司关于某公司、赵某、王某支付违约金34711215.15元的诉请未予支持，适用法律并无不当。”① 此外，尚存在两种折中观点。一种折中观点认为，保证人违约金条款有效，但是主张可以适用违约金酌减规则。② 另外一种折中观点认为，约定担保人违约责任的意义在于主债权尚未到期、担保责任尚未产生时，债权人可先行追究担保人的违约责任；而在主债务履行期间届满、担保责任产生后，担保人最终承担的责任仍应以约定的担保责任范围为限，如担保人已先行承担违约责任，则在确定其担保责任时，应将已承担的违约责任予以扣减。③ 目前，否定观点占据主流地位。《全国法院民商事审判工作会议纪要》第55条即持否定观点。此种观点可堪赞同。

需要注意的是，在委托担保的情形中，如果委托担保合同约定委托方未能清偿债务致使受托方承担保证责任时即构成违约，委托方应向受托方支付违约金，则这种约定有效，委托方不得以自己已经支付担保费用为由拒绝支付违约金。

---

① 参见最高人民法院（2019）最高法民终1353号民事判决书。

② 参见最高人民法院（2015）民提字第126号民事判决书。

③ 参见吉林省高级人法院（2016）吉民终528号民事判决书。

其他问题

《企业破产法》第46条第2款规定："附利息的债权自破产申请受理时起停止计息。"在实务中，一个争议颇大的问题是，债务人被裁定破产，停止计息的效力是否及于保证人？

一种观点认为，停止计息的效力应及于保证人，[①]理由主要包括：其一，保证责任具有从属性，此种从属性包括范围的从属性及消灭的从属性。从范围的从属性上来说，保证责任的范围不应当大于破产债权，债权人所享有的主债权范围为破产债权，包括本金及破产申请受理前的利息，若要求保证人承担破产申请后的利息则违反了保证范围的从属性特征。从保证消灭的从属性上来说，被保证的债务消灭时，保证责任也随之部分或全部消灭。主债务人破产后，债务利息在破产申请受理之日起消灭，那么保证人对该部分的保证责任也相应消灭。其二，我国《企业破产法》第124条规定："破产人的保证人和其他连带债务人，在破产程序终结后，对债权人依照破产清算程序未受清偿的债权，依法继续承担清偿责任。"《担保法解释》第44条第2款规定，"债权人申报债权后在破产程序中未受清偿的部分，保证人仍应当承担保证责任"。依据该两条的规定，保证人承担的保证责任范围只是债权人在破产程序中未受清偿的部分，亦即主债务加破产申请受理之日前的利息。在"中国光大银行股份有限公司某分行、上海某能源有限公司保证合同纠纷案"中，最高人民法院指出："首先，担保债务具有从属性。根据《中华人民共和国担保法》第五条第一款规定，担保合同是主合同的从合同。担保人承担的担保责任范围不应当大于主债务是担保从属性的必然要求。《中华人民共和国企业破产法》第四十六条第二款规定，人民法院裁定受理主债务人破产申请后，主债务停止计息。根据担保从属性的原则，担保人的担保责任应以主债务为限，故担保债务亦应停止计息。其次，从担保制度体系来看，其不仅规定了保证

---

① 参见最高人民法院（2016）最高法民终542号民事判决书；最高人民法院（2010）民二终字第132号民事判决书；安徽省六安市中级人民法院（2018）皖15民终107号民事判决书；浙江省台州市中级人民法院（2016）浙10民终1872号民事判决书。

人的代偿义务，保障债权人的合法权益，同时也规定了保证人的追偿权，兼顾保证人的合法权益。破产案件受理后对主债权停止计息，债权人受损的仅是利息损失。如果对保证债务不停止计息，将影响保证人的追偿权，对保证人较为不公。因此，二审判决认定主债务人进入破产程序后，保证债务停止计息并不属于法律适用确有错误。”[①]

另一种观点认为，停止计息的效力不应及于保证人，[②]理由主要包括：其一，《企业破产法》停止计息的规定是出于维护全体债权人公平受偿的价值考虑，保护的对象是债权人全体，而非保证人。其二，保证人承担破产程序受理之后的利息，属于保证人应当预见及承担的正常的商业风险。其三，债权人部分债权不能列为破产债权受偿，不应视为主债务依法减少，减轻保证人的责任。对于连带保证责任人，债权人享有直接主张全部债权的权利，不能因为债权人参加了破产申报程序，保证人的责任自然减轻。其四，如果不允许债权人向保证人主张破产受理后的利息，将放任保证人等连带债务人在破产宣告之后拖延履行。在“偃师某耐火材料有限公司、上海浦东发展银行股份有限公司某分行保证合同纠纷案”中，最高人民法院指出：“本院认为，债务人进入破产程序后，主债务停止计息的效力不应及于保证人。理由如下：1.就法律关系而言，债权人与债务人之间形成的是普通债权债务法律关系，合同相对主体是债权人与债务人。而债权人与保证人之间形成的是担保法律关系，合同相对主体是债权人与保证人。二者法律关系相对独立。《企业破产

① 最高人民法院（2019）最高法民申6453号民事裁定书。

② 参见最高人民法院（2016）最高法民终96号民事判决书；最高人民法院（2016）最高法民终123号民事判决书；广东省高级人民法院（2017）粤执复344号民事判决书；广东省高级人民法院（2017）粤民终658号民事判决书；北京市高级人民法院（2016）京民终45号民事判决书；浙江省高级人民法院（2015）浙商终字第151号民事判决书；重庆市高级人民法院（2014）渝高法民初字第00008号民事判决书；浙江省杭州市中级人民法院（2019）浙01民终5362号民事判决书；江苏省南京市中级人民法院（2018）苏01民终6804号民事判决书；上海市第一中级人民法院（2016）沪01民初98号民事判决书；许德风：《破产中的连带债务》，载《法学》2016年第12期；王欣新：《论债务人进入破产程序后其保证债权应否停止计息》，载《人民法院报》2018年12月12日，第7版；沈伟、吕启民：《破产止息规则下保证责任从属性之惑及疑解——兼议独立保证入典》，载《上海财经大学学报》2020年第1期；康靖：《保证人是否应承担债务人破产后的债务利息》，载《山东审判》2016年第1期。

法》第46条第2款规定：‘附利息的债权自破产申请受理时起停止计息。’该条规定的‘债权停止计息’是针对债务人进入破产程序后，债权利息如何止付所作的特别规定。基于法律关系及合同的相对性，该条规定确定了债务人与债权人之间的权利义务范围。由于保证人并未进入破产程序，故该条规定并非明确债权人与保证人的权利义务范围，保证人对债权人所承担的保证债务，在债务人进入破产程序后，缺乏停止计息的法律依据。2.就立法目的而言，《担保法》第1条规定：‘为促进资金融通和商品流通，保障债权的实现，发展社会主义市场经济，制定本法。’即担保法的主要立法目的是保障债权的实现。而《企业破产法》的立法目的是为了公平地清理各方债权债务。其中，《企业破产法》第46条规定意在确认债权数额并推进破产程序的进行，而非侧重于债务人的经济承受能力及保证人利益的保护，故保证人不停止计息并未与《企业破产法》第46条规定相悖。破产程序对于破产债权的限制，不影响保证人固有责任的承担，保证人仍然应当依照保证合同的约定承担保证责任，以保障债权的实现。3.就风险承担而言，保证人承担保证责任本身就具有一定风险性，即担保就意味着保证人应承担债务人不能偿还债务时，债权人向其追偿担保债务的风险。保证人承担破产程序期间的主债务利息，未超出保证人应有的风险预判。且保证人不停止计息亦能督促保证人及时偿还债务，防止其有意拖延偿债而损害债权人利益。4.就主从关系而言，债权停止计息是对进入破产程序的主债务人所作的特别规定，而非对保证人所作的特别规定。保证人未进入破产程序，于保证人而言，其担保债权债务虽从属于主债权债务，但担保债权债务并不是破产债权，而是在破产法之外的民商事一般债权。”[①]最高人民法院第二巡回法庭2019年第14次法官会议纪要指出：“对于未破产的保证人而言，主债务人破产，保证债权并不停止计息，保证人仍应承担破产申请受理后所产生的利息，并不得就已承担的该部分利息向主债务人追偿。”[②]《浙江省高级人民法院民事审判第五庭关于主债务人破产后保证人是否停止计息问题的解答》《广东省高级人民法院执行局关于执行程序法律适

① 参见最高人民法院（2018）最高法民申6063号民事裁定书。

② 贺小荣主编：《最高人民法院第二巡回法庭法官会议纪要》（第一辑），人民法院出版社2019年版，第206页。

用若干问题的参考意见》《四川省高级人民法院关于审理破产案件若干问题的解答》均持否定观点。

第六百九十二条【保证期间】

保证期间是确定保证人承担保证责任的期间，不发生中止、中断和延长。

债权人与保证人可以约定保证期间，但是约定的保证期间早于主债务履行期限或者与主债务履行期限同时届满的，视为没有约定；没有约定或者约定不明确的，保证期间为主债务履行期限届满之日起六个月。

债权人与债务人对主债务履行期限没有约定或者约定不明确的，保证期间自债权人请求债务人履行债务的宽限期届满之日起计算。

历史由来

本条系由《担保法》第25条第1款、第26条第1款及《担保法解释》第31条、第32条第1款、第33条拼接而来。除了表述上的变化外，内容上的实质改动为：其一，本条第1款增加规定保证期间的定义；其二，未纳入《担保法解释》第32条第2款规定："保证合同约定保证人承担保证责任直至主债务本息还清时为止等类似内容的，视为约定不明，保证期间为主债务履行期届满之日起二年。"

本条在立法过程中仅发生两处变化。其一，在债权人与保证人没有约定保证期间或者约定不明确的情形下，《民法典合同编（草案）》（征求意见稿）第237条第2款后半句规定："没有约定或者约定不明确的，保证期间为主债务履行期限届满之日，或者债务人在主债务履行期限届满之前明确表示或者以自己的行为表明不履行债务之日起六个月。"《民法典合同编（草案）》（一审稿）第481条第2款删除了"或者债务人在主债务履行期限届满之前明确表示或者以自己的行为表明不履行债务之日"。其后的历次审议稿从之。其二，《民法典合同编（草案）》（征求意见稿）第237条第1款规定："保证期间是保证人承担保证责任的期间，不发生中止、中断和延长。"此后的历次审议稿均从之，直到2020年5月提交全国人民代表大会审议时，才将其调整为"保证期间是确定保证人承担保证责任的期间，不发生中止、中断和延长"。

规范目的或功能

本条规定保证期间及其起算。依本法第693条的规定，债权人未于保证期间主张权利的，保证人即不再承担保证责任。这意味着保证期间旨在限制保证人承担保证责任的风险。就此而言，无论是约定保证期间还是法定保证期间，均具有保护保证人的作用。

需要提及的是，尽管学界对法定保证期间的质疑和反对之声不绝于耳，本法依然于本条第2款后半句规定了法定保证期间。正如有论者指出的那样，法定保证期间是对私人自治的干预，削弱了保证的担保本质，理应废除，其所要解决的问题应交由诉讼时效法解决。[①]

规范内容

一、保证期间的概念和性质

依本条第1款的规定，保证期间是确定保证人承担保证责任的期间。如果债权人未依照本法第693条的规定在保证期间内主张权利，则保证人不再承担保证责任。

关于保证期间的性质，学界一直争讼不断，迄今尚未形成通说。[②]不过，在最高人民法院的影响下，司法实务形成了普遍的共识，即保证期间在性质

---

① 参见张谷：《民法典合同编若干问题漫谈》，载《法治研究》2019年第1期。

② 相关学说，参见张谷：《论约定保证期间——以〈担保法〉第25条和第26条为中心》，载《中国法学》2006年第4期；程啸：《保证合同研究》，法律出版社2006年版，第419—502页；张鹏：《我国保证债务诉讼时效问题研究》，载《中外法学》2011年第3期。

上为除斥期间。[①]《担保法解释》第31条规定："保证期间不因任何事由发生中断、中止、延长的法律后果。"本条第1款延续了这一规定，似乎表明立法者倾向于将保证期间定性为除斥期间。正是因为认为保证期间在性质上属于除斥期间，司法实务普遍认为，在债权人要求保证人承担保证责任时，即便保证人未提出保证期间已过的抗辩，法院也应当依职权主动审查保证期间是否已过的事实。[②]

依本条第1款规定，保证期间不发生中止、中断和延长。不无疑问的是，保证合同当事人能否约定保证期间中止、中断和延长的事由？因为本法第2款规定当事人得自由约定保证期间，至少在约定保证期间的情形中，似无必要禁止当事人约定保证期间中止、中断和延长的事由。

二、约定保证期间

本条第2款前半句规定，债权人与保证人可以约定保证期间。债权人与保证人约定保证期间的，自可约定保证期间的长度和起算点。

（一）约定保证期间的长度

保证期间的长度原则上可以自由约定。不过，约定的保证期间早于主债务履行期限或者与主债务履行期限同时届满的，由于债权人未在保证期间内

---

① 参见李国光等：《最高人民法院〈关于适用《中华人民共和国担保法》若干问题的解释〉的理解与适用》，吉林人民出版社2000年版，第141—142页；最高人民法院（2013）民申字第756号民事裁定书。需要注意的是，最高人民法院有时将诉讼时效的规定适用于保证期间。在"梁某林、甘肃某信用担保有限公司金融借款合同纠纷案"中，最高人民法院指出，保证人未在一审期间主张保证期间已过的，不得在二审期间提出，理由是应当参照《诉讼时效制度规定》第4条的规定："当事人在一审期间未提出诉讼时效抗辩，在二审期间提出的，人民法院不予支持，但其基于新的证据能够证明对方当事人的请求权已过诉讼时效期间的情形除外。当事人未按照前款规定提出诉讼时效抗辩，以诉讼时效期间届满为由申请再审或者提出再审抗辩的，人民法院不予支持。"参见最高人民法院（2019）最高法民申1360号民事裁定书。同旨，参见上海市高级人民法院（2016）沪民申2781号民事裁定书。

② 参见最高人民法院民事审判第一庭编：《民事审判指导与参考》（2015年卷），人民法院出版社2015年版，第555页；福建省高级人民法院（2016）闽民申1596号民事裁定书；安徽省高级人民法院（2016）皖民申431号民事裁定书；湖北省高级人民法院（2016）鄂民再52号民事判决书；新疆维吾尔自治区高级人民法院（2018）新民再1号民事判决书。

主张权利将导致保证人的保证责任免除，而在保证期间内主债务履行期限尚未届满，债权人尚无法主张权利，故当事人虽然约定了保证期间，却导致无法实现保证担保债权实现的功能。此时，依本条第2款前半句的规定，应视为当事人没有约定保证期间。[①]

不无疑问的是，当事人能否约定超过主债务诉讼时效的保证期间？就此问题，司法实务存在分歧。主流观点认为，保证期间与诉讼时效是不同的法律制度，对于保证人保证责任的承担起到不同的法律作用，超过主债务诉讼时效的约定保证期间合法有效。[②]最高人民法院曾在《关于保证合同约定的保证期间超过两年诉讼时效是否有效的答复》中明确此一裁判立场。只不过，在主债务已过诉讼时效而约定保证期间尚未经过的情形，保证人可以依照本法第701条的规定向债权人主张债务人的诉讼时效抗辩权。

（二）约定保证期间的起算点

问题是，当事人能否在约定保证期间的同时约定保证期间的起算点？早期有观点持反对立场，认为保证期间的起算点只能由法律统一规定，规定保证期间起算点的法律规定属于强制性规定，不得以特约排除适用。[③]然而，既然允许当事人约定保证期间，似无必要禁止当事人约定保证期间的起算点。而且，从本条第2款规定的文义出发，也无从解读出禁止当事人约定保证期间起算点的立法意图。在实务中，最高人民法院亦有判决认可当事人约定保证期间的起算点。[④]准此，债权人与保证人约定了保证期间的起算点的，自然从其约定。约定的起算点早于主债务履行期，而保证期间的终点在主债务履行

---

① 有论者认为，在债务人提前履行却不符合约定、预期违约、债务加速到期等情形，约定的保证期间即便早于主债务履行期限或者与主债务履行期限同时届满，亦可能具有一定的意义，将此种约定的保证期间视为没有约定，有违私法自治。参见张谷：《论约定保证期间——以〈担保法〉第25条和第26条为中心》，载《中国法学》2006年第4期。

② 参见最高人民法院（2019）最高法民申6911号民事裁定书；丁万志：《超过主债务诉讼时效的约定保证期间合法有效》，载《人民司法·案例》2015年第24期。

③ 参见李明发：《关于保证期间的几个问题——兼评〈担保法解释〉关于保证期间之若干规定》，载《政法论坛》2003年第1期；余立力：《论一般保证期间的性质》，载《武汉大学学报》（哲学社会科学版）2007年第5期。

④ 参见最高人民法院（2016）最高法民终285号民事判决书。

期届满之后，并不影响保证担保功能的发挥，因此约定有效。若当事人约定了保证期间，但未约定其起算点，则适用本条第2款后半句的任意性规定予以填补，即从“主债务履行期限届满之日”起算。

依本条第3款规定，债权人与债务人对主债务履行期限没有约定或者约定不明确的，保证期间自债权人请求债务人履行债务的宽限期届满之日起计算。本法第511条第4项规定：“履行期限不明确的，债务人可以随时履行，债权人也可以随时请求履行，但是应当给对方必要的准备时间。”此规定中“必要的准备时间”即所谓的“宽限期”。因此，即便不规定本条第3款，亦不影响法律适用的结果，该款规定仅具提示意义。

三、法定保证期间

依本条第2款后半句的规定，如果债权人与保证人没有约定保证期间或者约定不明，保证期间为主债务履行期限届满之日起6个月。由于此时保证期间由法律规定，非由当事人约定，通常称之为“法定保证期间”。

适用法定保证期间的前提是，债权人与保证人没有约定保证期间或者约定不明。依本条第2款前半句的规定，约定的保证期间早于主债务履行期限或者与主债务履行期限同时届满的，属于“没有约定”保证期间。在实践中经常出现的情况是，保证合同约定保证人承担保证责任直至主债务本息还清。《担保法解释》第32条第2款曾规定：“保证合同约定保证人承担保证责任直至主债务本息还清时为止等类似内容的，视为约定不明，保证期间为主债务履行期届满之日起二年。”然而，学说多认为此种情形应属于没有约定保证期间。[①]债权人与债务人对主债务履行期限没有约定或者约定不明确的，法定保证期间的起算点为债权人请求债务人履行债务的宽限期届满之日。为到期债务提供保证的，如果约定了保证人履行保证债务的期限，则保证期间自该期限届满之日起计算；如果未约定保证人履行保证债务的期限，则自保证人作出保证承诺时起算保证期间。[②]

---

① 参见张谷：《论约定保证期间——以〈担保法〉第25条和第26条为中心》，载《中国法学》2006年第4期。

② 参见最高人民法院（2017）最高法民申2839号民事裁定书。

不无疑问的是，关于法定保证期间的这一规定是否属于强制性规定呢？如果系强制性规定，则当事人不得以特约排除适用。从立法者的本意来看，该规定应当属于强制性规定。然而，每个人均是自身利益的最佳判断者，基于意思自治，如果当事人约定排除法定保证期间规定的适用，则不应否定此种约定的效力。这样既不会损害公共利益，也不会导致保证人的利益过分受损，因为保证债务依然要受诉讼时效的限制。否定此种约定的效力，反而有可能打破债权人与保证人经过博弈之后形成的利益平衡状态。在当事人明确约定排除法定保证期间规定的适用又未约定保证期间的情形，应认为保证人提供无限期保证，仅受诉讼时效的限制。如此理解，可能引发的问题是，从何时起算保证债务的诉讼时效？本法第694条规定："一般保证的债权人在保证期间届满前对债务人提起诉讼或者申请仲裁的，从保证人拒绝承担保证责任的权利消灭之日起，开始计算保证债务的诉讼时效。连带责任保证的债权人在保证期间届满前请求保证人承担保证责任的，从债权人请求保证人承担保证责任之日起，开始计算保证债务的诉讼时效。"在提供无限期保证的情形，该条规定显然无法适用。此时，保证债务的诉讼时效宜自主债务履行期限届满之日起计算，债权人与债务人对主债务履行期限没有约定或者约定不明确的，保证债务的诉讼时效则宜自债权人请求债务人履行债务的宽限期届满之日起计算。

第六百九十三条【保证期间经过的法律效果】

一般保证的债权人未在保证期间对债务人提起诉讼或者申请仲裁的，保证人不再承担保证责任。

连带责任保证的债权人未在保证期间请求保证人承担保证责任的，保证人不再承担保证责任。

历史由来

本条系由《担保法》第25条第2款、第26条第2款拼接而来。除了表述上的简化外，在内容上则将《担保法》第25条第2款中的"债权人已提起诉讼或者申请仲裁的，保证期间适用诉讼时效中断的规定"予以删除。

本条规定的内容在立法过程中基本保持一致。不过，2020年5月提交全国人民代表大会审议时对文字表述进行了些微调整，即将“连带责任保证的债权人未在保证期间对保证人主张承担保证责任的”修改为“连带责任保证的债权人未在保证期间请求保证人承担保证责任的”。

规范目的或功能

本条规定保证期间经过的法律效果。债权人未依照本条规定在保证期间内向正确的相对人以正确的方式主张权利的，保证人不再承担保证责任，意味着保证债权债务关系消灭。

规范内容

一、一般保证的保证期间经过的法律效果

依本条第1款规定，一般保证的债权人未在保证期间内对债务人提起诉讼或者申请仲裁的，保证人不再承担保证责任。立法者之所以将债权人主张权利的相对人限定为“债务人”，将主张权利的方式限定为“提起诉讼或者申请仲裁”，可能是因为一般保证人享有先诉抗辩权，只有就债务人的财产依法强制执行仍然不能实现债权时，保证人才需要承担保证责任。[①]

二、连带责任保证的保证期间经过的法律效果

依本条第2款的规定，连带责任保证的债权人未在保证期间对保证人主张承担保证责任的，保证人不再承担保证责任。因连带责任保证人并无先诉抗辩权，本条第2款将债权人主张权利的相对人限定为“保证人”，对主张权利的方式则并无限定，债权人固然可以提起诉讼或者申请仲裁，以诉外方式主张权利亦无不可。需要注意的是，债权人在保证期间内以公告方式向保证

---

① 针对《担保法》第25条第2款前半句的同样规定，当时的立法者即如此进行解释。参见全国人大常委会法制工作委员会民法室编著：《中华人民共和国担保法释义》，法律出版社1996年版，第33—34页。

人主张权利，应符合三个前提条件：保证人下落不明；公告的内容需有主张权利的意思表示；公告的媒体应当是国家级或者保证人住所地省级有影响的媒体。债权人不符合上述条件采取公告方式主张权利的，不产生主张权利的法律效果。①

在连带共同保证中，债权人在保证期间仅对连带共同保证人之一主张权利的，其他连带共同保证人能否以保证期间经过为由主张免责？对此，《担保法》第12条规定："同一债务有两个以上保证人的，保证人应当按照保证合同约定的保证份额，承担保证责任。没有约定保证份额的，保证人承担连带责任，债权人可以要求任何一个保证人承担全部保证责任，保证人都负有担保全部债权实现的义务。已经承担保证责任的保证人，有权向债务人追偿，或者要求承担连带责任的其他保证人清偿其应当承担的份额。"由此可见，在连带共同保证中，债权人只要在保证期间内对任何一个连带共同保证人主张权利即可。在"陈某、王某民间借贷纠纷案"中，最高人民法院认为："陈某与其他保证人构成承担连带责任的共同保证人。《中华人民共和国担保法》第十二条规定'已经承担保证责任的保证人，有权向债务人追偿，或者要求承担连带责任的其他保证人清偿其应当承担的份额'，其目的在于保证债权人债权的实现。由于任一保证人都有义务承担全部担保责任，所以债权人在保证期间向任一保证人主张保证权利都意味着其向其他承担连带保证责任的共同保证人主张了保证权利。因此，债权人即使在保证期间未向其他连带保证人主张保证权利也不代表债权人免除了其他保证人的保证责任，否则，将导致已承担全部保证责任的保证人无法实现其追偿权。法律规定债权人可以向连带债务人中的任一人主张权利的目的在于方便权利人实现债权，而非因此得出债权人不对其他连带债务人主张权利就可免除其他连带债务人责任的结论。本案中，债权人王某在保证期间内未虽直接向陈某主张过权利，但其向连带共同保证人中的张某主张权利的效力及于所有连带共同保证人，陈某主张其享有保证期间经过所取得保证责任免除的利益期待权不符合法律规定和立法本意，原审法院依据《最高人民法院关于已承担保证责任的保证人向其他保证人行使追偿权问题的批复》及《诉讼时效制度规定》第十七条的精神，不

---

① 参见最高人民法院（2017）最高法民再178号民事判决书。

予支持陈某免除保证责任的主张，在适用法律方面并无不当之处。”[①]不过，在本法第699条未规定共同保证人之间追偿权的情况下，此种结论是否依然成立，恐怕非无疑问。

举证责任

依据“谁主张，谁举证”的原则，保证人依据本条规定主张免责的，理应由保证人证明债权人未依照本条规定在保证期间内向正确的相对人以法定方式主张权利的事实。然而，消极事实无法证明，故而，应转而由债权人证明自己依照本条规定在保证期间内向正确的相对人以法定方式主张过权利的事实。[②]

第六百九十四条【保证债务的诉讼时效】

一般保证的债权人在保证期间届满前对债务人提起诉讼或者申请仲裁的，从保证人拒绝承担保证责任的权利消灭之日起，开始计算保证债务的诉讼时效。

连带责任保证的债权人在保证期间届满前请求保证人承担保证责任的，从债权人请求保证人承担保证责任之日起，开始计算保证债务的诉讼时效。

历史由来

本条系对《担保法解释》第34条修改而来。该条第1款规定：“一般保证的债权人在保证期间届满前对债务人提起诉讼或者申请仲裁的，从判决或者仲裁裁决生效之日起，开始计算保证合同的诉讼时效。”本条第1款虽然同样以一般保证的债权人在保证期间届满前对债务人提起诉讼或者申请仲裁作为

① 参见最高人民法院（2019）最高法民申2170号民事裁定书。同旨，参见最高人民法院（2018）最高法民终1118号民事判决书；最高人民法院（2015）民申字第2064号民事裁定书；江苏省高级人民法院（2016）苏民申4330号民事裁定书。

② 参见江西省九江市中级人民法院（2018）赣04民终2100号民事判决书。

起算一般保证债务诉讼时效的前提，但是将一般保证债务的诉讼时效的起算点修改为“保证人拒绝承担保证责任的权利消灭之日”。本条第2款与《担保法解释》第34条第2款的实质内容完全一致。

《民法典合同编（草案）》（征求意见稿）第239条维持了《担保法解释》第34条的规定。《民法典合同编（草案）》（一审稿）第483条从之。《民法典合同编（草案）》（二审稿）第483条则将一般保证中保证债务诉讼时效的起算点修改为“保证人拒绝承担保证责任的权利消灭之日”。其后的审议稿均从之。

规范目的或功能

本条是关于保证债务诉讼时效的规定。作为一种债权性质的请求权，保证债权自然应当适用诉讼时效制度。本条规定明确了保证期间与保证债务诉讼时效二者之间的关系。债权人依照本法第693条的规定在保证期间主张权利后，保证期间的使命即告完成，开始起算保证债务诉讼时效。如果债权人没有在保证期间内依法主张权利，则保证人不再承担保证责任，并无保证债务诉讼时效的问题。也就是说，保证期间和保证债务的诉讼时效在时间上呈现出继起的关系，二者处于不同的阶段，而且相互衔接。至于保证债务的诉讼时效期间，本条未设置特别规定，自应适用本法第188条第1款的规定，即保证债务的诉讼时效期间为3年。应予指出的是，根据本法第701条第1句的规定，保证人可以主张债务人对债权人的抗辩，因此，主债务诉讼时效期间届满将导致保证人获得主债务人的时效抗辩权。由此可见，保证人获得保证期间、保证债务诉讼时效和主债务诉讼时效的三重保护：债权人未于保证期间内向正确的相对人以法定方式主张权利，保证人可以保证期间经过为由不再承担保证责任；债权人于保证期间内向正确的相对人以法定方式主张了权利，根据本条规定开始进入保证债务诉讼时效的射程，债权人未及时向保证人主张权利的，保证人于保证债务诉讼时效经过后取得时效抗辩权；若债权人怠于向主债务人主张权利导致主债务诉讼时效期间经过，基于保证的从属性，保证人也将获得主债务人的时效抗辩权。

需要注意的是，《担保法》第25条第2款后半句规定，一般保证的保证期间因债权人向债务人起诉或申请仲裁而适用诉讼时效中断的规定。之所以如此规定，是因为当时的立法者认为，债权人如欲要求保证人承担保证责任，就须先对主债务人提起诉讼或者申请仲裁。如果债权人对主债务人提起了诉讼或者申请了仲裁，由于诉讼或者仲裁程序的关系，有可能导致到依法强制执行债务人仍不能履行债务之时，保证期间已经届满。此时，若认为债权人不能再要求保证人承担保证责任，则对于债权人利益之保护显为失当。[①]不过，此种对债权人之不利在本条第1款的规定之下已然不可能再发生。依本条第1款规定，只要一般保证的债权人在保证期间届满前对债务人提起诉讼或者申请仲裁，即便债权人未于保证期间届满前对保证人主张权利，保证人也不能免除保证责任，而是从保证人拒绝承担保证责任的权利消灭之日起，开始计算保证债务的诉讼时效。因此，应当认为本法已经彻底摈弃《担保法》第25条第2款后半句的规定。

规范内容

一、一般保证债务的诉讼时效

本条第1款规定一般保证债务诉讼时效的起算。依其规定，一般保证的债权人在保证期间届满前对债务人提起诉讼或者申请仲裁的，从保证人拒绝承担保证责任的权利消灭之日起，开始计算保证债务的诉讼时效。

（一）一般保证债务诉讼时效起算的前提

本条第1款规定明确了一般保证债务诉讼时效起算的前提，即债权人在保证期间届满前对债务人提起诉讼或者申请仲裁。依本法第693条第1款的规定，如果债权人在保证期间届满前未以诉讼或者仲裁方式向债务人主张权利，则保证人不再承担保证责任。

（二）一般保证债务诉讼时效起算的时点

依本条第1款的规定，如果一般保证的债权人在保证期间届满前对债务

① 参见全国人大常委会法制工作委员会民法室编著：《中华人民共和国担保法释义》，法律出版社1996年版，第34页。

人提起诉讼或者申请仲裁，则从保证人拒绝承担保证责任的权利消灭之日起，开始计算保证债务的诉讼时效。

《担保法解释》第34条第1款规定，从判决或者仲裁裁决生效之日起计算保证合同的诉讼时效。与之相比，本条第1款的规定更为合理。依本法第188条第2款第1句的规定，诉讼时效期间自权利人知道或者应当知道权利受到损害以及义务人之日起开始计算。在一般保证中，只有在保证人拒绝承担保证责任之时，债权人方有可能知道其保证债权受到损害。就此而言，一般保证债务的诉讼时效应当从保证人拒绝承担保证责任之时方可起算。此外，债权人在保证期间届满前对债务人提起诉讼或者申请仲裁的，即便胜诉，判决或者仲裁裁决亦可能需要债权人申请强制执行，而强制执行的申请和具体实施均需要一定的时间，如果从判决或者仲裁裁决生效之日起即开始计算保证债务的诉讼时效，对债权人显然过苛，亦与债权人要求提供保证的初衷相悖。

适用本条第1款的重点，在于确定保证人拒绝承担保证责任的权利消灭的时间点。依本法第687条第2款的规定，一般保证人先诉抗辩权消灭的时间点为债权人就债务人的财产依法强制执行仍不能履行债务之时，通常表现为执行程序终结之时。在保证人行使债务人的同时履行抗辩权、先履行抗辩权、不安抗辩权等暂时性的抗辩权的情形，待债务人行使此种抗辩权的条件不再符合之时，保证人拒绝承担保证责任的权利即消灭。而在主债权债务合同无效或者被撤销、主债务已经消灭或已过诉讼时效的情形中，或者在保证合同无效或者被撤销的情形中，因为保证人可以永久拒绝承担保证责任，保证债务诉讼时效自无起算之可能。

二、连带责任保证债务的诉讼时效

本条第2款规定连带责任保证债务诉讼时效的起算。依其规定，连带责任保证的债权人在保证期间届满前请求保证人承担保证责任的，从债权人请求保证人承担保证责任之日起，开始计算保证债务的诉讼时效。依本法第688条第2款的规定，连带责任保证的债务人不履行到期债务或者发生当事人约定的情形时，债权人可以请求债务人履行债务，也可以请求保证人在其保证范围内承担保证责任。由此可知，主债务履行期限届满之时，即为债权人可得请求保证人承担保证责任之时。依照依本法第188条第2款第1句的规定，诉讼时效期间自权利人知道或者应当知道权利受到损害以及义务人之日起开始计算。既然如此，自应从债权人请求保证人承担保证责任之日起开始计算连带责任保证债务的诉讼时效。

举证责任

依据“谁主张，谁举证”的原则，一般保证人拒绝承担保证责任的，应当举证证明以下事实：债权人在保证期间届满前未对债务人提起诉讼或者申请仲裁，或者保证债务的诉讼时效已过。对保证债务诉讼时效起算点即保证人拒绝承担保证责任的权利消灭之日有争议的，应由保证人举证证明。连带责任保证人拒绝承担保证责任的，应当举证证明以下事实：债权人在保证期间届满前未请求保证人承担保证责任，或者保证债务的诉讼时效已过。

其他问题

对保证债务诉讼时效的中止或中断问题，本法未设置特别规定，自应适用本法总则编关于诉讼时效中止或者中断的一般性规定。不无疑问的是，既然保证债务系主债务的从债务，那么主债务诉讼时效的中止或者中断应否引起保证债务诉讼时效的中止或者中断呢？

就诉讼时效中止问题，《担保法解释》第36条第2款规定：“一般保证和连带责任保证中，主债务诉讼时效中止的，保证债务的诉讼时效同时中止。”就此规定的合理性，司法解释制定者指出，诉讼时效中止因非当事人所能控制的客观原因而产生，理应对于主债务和保证债务同等对待，主债务诉讼时效中止，保证债务诉讼时效也应当中止。[①]此种规定的合理性至少在连带责任保证中存疑。在连带责任保证中，因保证人并无先诉抗辩权，债权人可以在主债务到期后保证期间届满前直接要求保证人承担保证责任。即便主债务诉讼时效因客观事由而依法中止，只要此种客观事由并不影响债权人向保证人

---

① 参见李国光等：《最高人民法院〈关于适用《中华人民共和国担保法》若干问题的解释〉的理解与适用》，吉林人民出版社2000年版，第155页。

主张权利，应认为保证债务诉讼时效不随之中止。

就诉讼时效中断问题，《担保法解释》第36条第1款规定："一般保证中，主债务诉讼时效中断，保证债务诉讼时效中断；连带责任保证中，主债务诉讼时效中断，保证债务诉讼时效不中断。"对前半句规定的合理性，司法解释制定者说明如下："在一般保证情况下，由于担保法第十七条规定，债权人必须首先向债务人提起诉讼或者申请仲裁，而不能直接单独起诉保证人，一旦债权人以上述方式主张了自己的权利，根据民法通则的规定，主合同的诉讼时效中断。此时，根据《担保法》第二十五条的规定，保证期间的作用已经消灭，诉讼时效制度开始起作用。如果此时保证债务的诉讼时效不中断，在经过长时间的诉讼或者仲裁后，债权人向保证人起诉之时，很可能超过了保证债务的诉讼时效，对债务人未免有所不公。因此，主债务诉讼时效中断，保证债务的诉讼时效亦应中断。"[①]一般保证的债权人在保证期间届满前对债务人提起诉讼或者申请仲裁的，主债务诉讼时效中断。然而，依本法第694条第1款规定，在此种情况下，从保证人拒绝承担保证责任的权利消灭之日起，才开始计算保证债务的诉讼时效。故而，并无保证债务诉讼时效随主债务诉讼时效中断而中断的问题。在连带责任保证中，因保证人并无先诉抗辩权，债权人可以在主债务到期后、保证期间届满前直接要求保证人承担保证责任，不应认为主债务诉讼时效中断亦导致保证债务诉讼时效中断。依本法第694条第2款的规定，从债权人请求保证人承担保证责任之日起，开始计算保证债务的诉讼时效。在债权人向债务人主张权利导致主债务诉讼时效中断之时，保证债务诉讼时效可能尚未起算，此时更无保证债务诉讼时效随主债务诉讼时效中断而中断的可能。需要注意的是，《诉讼时效制度规定》第17条第2款规定："对于连带债务人中的一人发生诉讼时效中断效力的事由，应当认定对其他连带债务人也发生诉讼时效中断的效力。"该规定不应适用于连带责任保证，因为主债务与连带责任保证债务并不构成连带债务关系。一方面，主债务与连带责任保证债务具有主从性，并非同一层次的债务。另一方面，保证人承担保证责任后，对主债务人享有追偿权，主债务人为债务的终局责任

① 参见李国光等：《最高人民法院〈关于适用《中华人民共和国担保法》若干问题的解释〉的理解与适用》，吉林人民出版社2000年版，第154页。

人。[①]在关于《诉讼时效制度规定》的理解与适用中，最高人民法院亦持此种观点。[②]应当指出的是，即便认为主债务与连带责任保证债务构成连带债务关系，在本法颁行后，主债务诉讼时效的中断也不应引起连带责任保证债务诉讼时效的中断。本法第520条规定了连带债务的绝对效力事项，但是诉讼时效中断并未包括在内。一般认为，连带债务以具有相对效力为原则。既然如此，应认为《民法典》立法者否认诉讼时效中断为绝对效力事项。

第六百九十五条【主债权债务合同变更对保证责任的影响】

债权人和债务人未经保证人书面同意，协商变更主债权债务合同内容，减轻债务的，保证人仍对变更后的债务承担保证责任；加重债务的，保证人对加重的部分不承担保证责任。

债权人和债务人变更主债权债务合同的履行期限，未经保证人书面同意的，保证期间不受影响。

历史由来

本条源自《担保法》第24条和《担保法解释》第30条。《担保法》第24条规定："债权人与债务人协议变更主合同的，应当取得保证人书面同意，未经保证人书面同意的，保证人不再承担保证责任。保证合同另有约定的，按照约定。"《担保法解释》第30条："保证期间，债权人与债务人对主合同数量、价款、币种、利率等内容作了变动，未经保证人同意的，如果减轻债务人的债务的，保证人仍应当对变更后的合同承担保证责任；如果加重债务人的债务的，保证人对加重的部分不承担保证责任。债权人与债务人对主合同履行期限作了变动，未经保证人书面同意的，保证期间为原合同约定的或者

① 参见最高人民法院民事审判第二庭编：《商事审判指导》(2016年卷)，人民法院出版社2018年版，第251页；河南省高级人民法院（2010）豫法民二终字第111号民事判决书。关于主债务和连带责任保证债务不构成连带债务关系的详细论证，参见程啸：《保证合同研究》，法律出版社2006年版，第50—54页。

② 参见宋晓明、刘竹梅、张雪楳：《〈最高人民法院关于审理民事案件适用诉讼时效制度若干问题的规定〉的理解与适用》，载《法律适用》2008年第11期。

法律规定的期间。债权人与债务人协议变动主合同内容，但并未实际履行的，保证人仍应当承担保证责任。”相较于上述规定，本法除文字表述上的调整外，主要的变动为：其一，删除主合同变动发生于保证期间的限制；其二，删除保证人另有约定从其约定的规定；其三，删除债权人与债务人协议变动主合同内容但并未实际履行时保证人仍应当承担保证责任的规定。

《民法典合同编（草案）》（征求意见稿）第241条基本沿袭《担保法》及其司法解释的内容，仅对个别文字表述进行了调整。《民法典合同编（草案）》（一审稿）第485条在此基础上删除了变动主合同内容但未实际履行的规定。《民法典合同编（草案）》（二审稿）从之。2019年公布的《民法典（草案）》第695条在此基础上删除了主合同变动发生于保证期间的限制。2020年5月提交全国人民代表大会审议时则对第2款的文字表述进行了简化。

规范目的或功能

本条规定主债权债务合同变更对保证责任的影响。主债权债务合同的当事人，即债权人和债务人，通过协商变更合同乃生活之常态。基于合同自由原则，当事人自得自由为之。不过，由于保证具有从属性，如果主债权债务合同变更的效力一概及于保证人，保证人通过保证合同限制自己责任的预期可能落空，保证人可能完全无法预估自己将承担的责任风险，不仅有悖于私法自治原则，对保证人亦殊为不利。因此，本条根据主债权债务合同变更对保证人影响之不同进行区分处理。如果主债权债务合同变更在结果上会加重债务，则非经保证人书面同意，主债权债务合同变更对保证人不发生效力，保证人只对变更前的债务承担保证责任。本条规定，同意必须采取书面形式，与本法第685条规定的保证要式在规范意旨上一致，均为保护保证人，避免其仓促行事。如果主债权债务合同变更在结果上减轻债务，则保证人对变更后的债务承担保证责任，不以经其书面同意为必要。本条规定在不利于保证人的主债权债务合同变更的情形中突破保证债务的从属性，有助于限制保证人的风险，保护保证人的利益。

需要注意的是，本条并未规定保证合同另有约定的依照其约定。然而，《担保法》第24条规定了此但书内容。这是否意味着，保证合同当事人不得以特约排除本条规定的适用呢？在实践中，基于提高效率、节省成本等考量，债权人和保证人往往会预先在保证合同中作出类似“债权人与债务人对主合同任何条款的修改或变更等情形，均无需经保证人同意，保证人承诺依变更后的主合同承担保证责任”的约定。此种约定在金融机构提供的格式保证合同中更是成为固定条款。那么，此种约定是否有效呢？[①]司法实务就此问题存在不同见解。在“中国长城资产管理公司某办事处与河南某集团有限公司、河南某控股集团股份有限公司借款担保合同纠纷再审案”中，最高人民法院指出：“鉴于某集团公司在《保证合同》中明确约定，债权人与借款人协议变更主合同的，除展期或增加贷款金额外，无须经其同意，其仍在原保证范围内承担连带保证责任，因此，即使存在陶瓷总厂将所贷款项用于偿还所筹措资金而未用于合同约定的维持正常生产经营周转或者购买原材料、燃料等用途的，也不影响某集团公司对其所担保债务承担连带保证责任。”[②]然而，在“中国信达资产管理公司某办事处与上海某城市有限公司、上海市某区城市建设投资有限公司借款合同纠纷案”中，最高人民法院却否定了此种约定的效力，认为此种特别约定不能对抗因借款合同变更导致保证人法定免责的情形。[③]在“瞿某、上海浦东发展银行股份有限公司某支行金融借款合同纠纷案”中，最高人民法院认为，如果主合同变更未加重担保人责任，则此种约定有效。[④]然而，在主合同变更未加重担保人责任的情形，担保人本就应对变更后的债务承担担保责任，“即使未经担保人同意，亦不影响其对变更后的债务承担担保责任”的约定是否有效，其实并不重要。因此，真正成为疑问的均是主债务变更加重保证人责任的情形。由于此种约定导致保证债务的从属性彻底丧失或者被严重限制，保证几乎沦为独立担保，宜认定此种约定无效。在

---

① 与此相关的一个问题是，保证合同约定“变更主合同的，对于是否应继续承担保证责任，应协商解决”的，如果主合同变更导致债务减轻，然而债权人未与保证人协商，或者协商之后保证人不同意变更，基于诚信原则，保证人应对变更后的债务承担保证责任。参见最高人民法院（2019）最高法民终1889号民事裁定书。

② 参见最高人民法院（2011）民提字第321号民事判决书。同旨，参见最高人民法院（2016）最高法民终655号民事判决书。

③ 参见最高人民法院（2010）民提字第30号民事判决书。同旨，参见最高人民法院（2010）民二终字第72号民事判决书（涉及抵押）。

④ 参见最高人民法院（2019）最高法民申1327号民事裁定书。

此种约定为格式条款时，可以认为其构成本法第497条第2项规定的“提供格式条款一方不合理地加重对方责任”，从而认定无效。

规范内容

一、适用范围

本条规定适用于保证合同成立之后债权人与债务人合意变更主债权债务合同的情形，旨在避免保证人因他人的行为遭受损害。如果主债权债务合同发生了法定变更，即便在结果上加重了保证人的责任，保证人也不得以未经其书面同意为由主张免责。

依传统理论，可对合同变更进行广义和狭义的理解。广义的合同变更包括合同主体变更与合同内容变更，狭义的合同变更仅指合同内容的变更。本条第1款“变更主债权债务合同内容”这一表述表明，本条的合同变更系狭义的合同变更，仅包括合同内容的变更。至于合同主体变更对保证责任的影响，本法第696条和第697条已经另有规定。

不无疑问的是，本条规定能否类推适用于抵押、质押等担保形式。《担保法解释》第39条规定：“主合同当事人双方协议以新贷偿还旧贷，除保证人知道或者应当知道的外，保证人不承担民事责任。新贷与旧贷系同一保证人的，不适用前款的规定。”最高人民法院认为该条规定亦应参照适用于抵押。在“中国农业银行股份有限公司某分行与新疆某商贸有限责任公司、阿拉山口某贸易有限公司金融借款合同纠纷案”中，最高人民法院明确指出：“单纯从文义上看，该条规定是对保证担保所设，但在以第三人财产设定抵押的情形下，抵押担保法律关系在主体、内容、目的、效果等方面与保证担保的特征相近似，在司法解释未对借新还旧中抵押人的责任承担问题作出明确规定的情形下，《担保法解释》关于保证的相关规定可比照适用于抵押。”[①]准此，则本条规定也应类推适用于抵押、质押等担保。

---

① 参见最高人民法院（2014）民提字第136号民事判决书。同旨，参见最高人民法院（2010）民二终字第72号民事判决书。

二、主债权债务合同内容变更对保证责任的影响

（一）主债权债务合同内容变更加重债务或者减轻债务的判断

本条规定着眼于主债务，以“加重债务”或“减轻债务”作为判断主债权债务合同内容变更对保证责任影响的基准。应当说，此种判断基准的设置并非十分科学，宜以是否加重保证责任作为主债权债务合同内容变更对保证责任影响的基准。由于保证债务具有从属性，“加重债务”意味着加重保证责任，“减轻债务”意味着减轻保证责任。主债权债务合同内容的变更并不必然会加重或减轻债务，但是却有可能会影响保证责任。例如，借款合同约定：借款人在债权人银行开设还款专用账户，在借款到期后，债权人银行在借款到期后直接扣划还款专用账户内的款项用于清偿债务。此后，债权人银行依债务人指示，将划入还款专用账户内的部分款项用于归还债务人所欠第三人的应收账款。在该例子中，债务人的债务显然并未因还款方式的变更而加重，但却明显加重了保证人的保证责任。①

主债权债务合同内容的变更是否“加重债务”进而加重了保证责任，可以从以下两个方面进行判断：其一，保证的范围是否可能因主债权债务合同内容变更而扩大。例如，增加贷款额度或提高贷款利率，就将导致保证的范围扩大。其二，保证人承担保证责任的可能性是否因主债权债务合同内容变更而增加。例如，主债权债务合同原本约定债务人仅就重大过失承担违约责任，嗣后变更为债务人就轻微过失也要承担违约责任，此种变更显然导致保证人承担保证责任的可能性增加。

需要特别加以说明的是借款用途的变更。借款用途的变更，是指债务人未依照主债权债务合同约定的借款用途使用借款。例如，约定借款用途为购买原材料，但实际上却用于归还贷款。借款用途的变更并不必然会加重保证人的保证责任。即便借款用途的变更在个案中加重了保证人的保证责任，也并不必然意味着保证人可以主张对加重部分免责。如果债务人单方变更借款用途，通常不应影响保证人承担保证责任。因为，即便借款合同约定了借款

① 参见最高人民法院（2010）民提字第30号民事判决书。

用途，但是对于借款人改变借款用途的行为，出借人通常无法控制。[①]借款人擅自改变借款用途的行为给债权人造成的债权可能无法实现的风险，应由保证人负担，此乃保证保障债权实现的应有之义。即便借款合同约定债权人有权监督债务人按约定的借款用途使用借款，处理结果也不应有所不同，因为债权人有监督的权利而无监督的义务。[②]但是，如果债权人根据保证合同约定负有监督债务人按约定的借款用途使用借款的义务，而债权人并未善尽监督之责，导致债务人将借款挪作他用，则保证人对加重部分不承担保证责任。

应当指出的是，如果债权人与债务人恶意串通，向保证人隐瞒真实借款用途或者告知保证人虚假借款用途，则应认定构成本法第148条规定的欺诈。保证人自可以欺诈为由请求撤销保证合同，从而免于承担保证责任。[③]债权人与债务人约定以新贷偿还旧贷通常属于这一情形。债务人与债权人签订贷款合同的目的在于偿还此前拖欠的贷款，这往往说明债务人的支付能力出现了一定的问题，保证人承担保证责任的风险较之一般情形显然更大，故而不知情的保证人应当免责，除非新贷与旧贷系同一保证人。《担保法解释》第39条规定："主合同当事人双方协议以新贷偿还旧贷，除保证人知道或者应当知道的外，保证人不承担民事责任。新贷与旧贷系同一保证人的，不适用前款的规定。"虽然本法未将该条规定的内容纳入，但是对于以新贷偿还旧贷的处理，也应秉持同样的立场。在"武安市甲商务有限公司与某市农村信用联社股份有限公司借款合同纠纷案"中，最高人民法院认为："乙公司以'购买生铁'为名，申请了本案争议贷款，但其并未将该款投入生产经营，而是长期置于存款账户中并按期另行支付贷款利息，直至案外承兑汇票到期并被信用联社扣划，从乙公司和信用联社上述'贷款不用，等待扣划'的默契操作过程，可以认定乙公司申请本案贷款的目的是在案外汇票到期后归还汇票项下的欠款。信用联社与乙公司以'购买生铁'为名签订借款合同，并据此取得甲公司的保证，但是信用联社与乙公司的实际目的系将甲公司担保的借款归

---

① 参见最高人民法院（2015）民申字第3150号民事裁定书。

② 参见最高人民法院（2015）民申字第894号民事裁定书。

③《担保法》第30条规定："有下列情形之一的，保证人不承担民事责任：（一）主合同当事人双方串通，骗取保证人提供保证的；（二）主合同债权人采取欺诈、胁迫等手段，使保证人在违背真实意思的情况下提供保证的。"

还已经实际发生的欠款，该行为性质上符合本院《关于适用〈中华人民共和国担保法〉若干问题的解释》第三十九条规定的情形，即‘主合同当事人双方协议以新贷偿还旧贷，除保证人知道或者应当知道的外，保证人不承担民事责任’。本案中，因并无甲公司知道或应当知道主合同当事人改变贷款用途的证据，故原二审判决认定甲公司不应承担保证责任正确，依法应予维持。”[①]保证人是否知道或应当知道所担保的债权属于借新还旧，应由债权人举证证明。贷款合同如果明确约定贷款用途为借新还旧，一般应认定保证人知道或者应当知道。不过，在最高额保证合同中，则应根据具体情况分析，这是由最高额保证的特性决定的。在“宁夏某国际企业集团有限公司、宁夏某房地产开发有限公司借款合同纠纷案”中，最高人民法院指出：“本案中，没有证据证明案涉32号主合同、36号主合同债权人、债务人或其他人将所借款项用于偿还旧贷告知了保证人某企业集团公司和某房地产公司。本院认为，虽然32号主合同、36号主合同均列明借款用途为偿还旧贷，但仅凭主合同上列明借款用途不能认定保证人应当对借新还旧的事实是知情的。理由是：1.案涉保证合同为《最高额保证合同》，即保证人在最高债权额限度内就一定期间连续发生的借款向债权人提供保证，但具体每笔被担保债权的发生则无需经过保证人的同意。《最高额保证合同》履行方式的特殊性导致除非相关主体主动告知，否则保证人难以及时知晓被担保债权的发生、用途、数额等情况。2.案涉两份《最高额保证合同》订立时间为2013年5月30日，早于32号主合同、36号主合同订立的时间，某企业集团公司和某房地产公司在订立《最高额保证合同》时，客观上无法知道案涉主债权的发生和用途。3.案涉《最高额保证合同》也没有相关约定，使保证人某企业集团公司和某房地产公司有途径了解到包括案涉主债权在内的被担保债权的用途。4.担保人是否知道或应当知道所担保的债权属于借新还旧，该事实应有直接证据证明，且举证责任在债权人。本案中，债权人在原审和再审申请期间均没有提供证据证明‘担保人知道或应当知道所担保的债权属于借新还旧’的事实存在。故，原审判决仅基于主合同列明贷款用途为借新还旧，就认定保证人某企业集团公司和某

① 参见最高人民法院（2014）民提字第137号民事裁定书。同旨，参见最高人民法院（2016）最高法民申729号民事裁定书。

房地产公司应当知道该事实缺乏事实和法律依据。”①

（二）主债权债务合同内容变更的影响

依本条第1款规定，保证人的书面同意是保证人对加重部分承担保证责任的前提。至于由债权人抑或债务人征求保证人的同意，均非所问。未经保证人书面同意，不影响主债权债务内容变更的效力，此变更对保证人是否生效，取决于变更导致债务加重抑或减轻。如果减轻债务，变更对保证人生效，保证人对变更后的债务承担保证责任；如果加重债务，变更对保证人不生效，保证人对加重的部分不承担保证责任，即保证人对变更前的债务承担保证责任，并非完全免责。

应予指出的是，主债权债务合同变更是否应发生于保证期间内，本条并未作限制。

三、主债权债务合同履行期限变更对保证责任的影响

主债权债务合同履行期限变更自然属于主债权债务合同内容的变更。只不过，立法者对二者设置了不同的规则。依本条第2款的规定，债权人和债务人变更主债权债务合同的履行期限，未经保证人书面同意的，保证期间不受影响。显然，本条第2款并未如同第1款根据主债权债务合同履行期限变更在结果上是否加重债务进行区别处理，而是规定未经保证人书面同意，保证期间不受影响。立法者似乎只注意到主债权债务合同履行期限变更对保证期间的影响，而未注意到主债权债务合同履行期限变更也有可能加重债务，也未意识到主债权债务合同期限延长抑或缩短可能导致不同的结果。

（一）主债务履行期限延长

在债权人与保证人明确约定了保证期间的情形下，未经保证人书面同意，主债务履行期限延长自然不应改变保证期间的约定。此时，主债务履行期限延长一般不会对保证人产生不利影响。如果债权人与保证人没有约定保证期间或者约定不明确，依本法第692条第2款的规定，保证期间为主债务履行期限届满之日起6个月。此时，主债务履行期限延长无异于推迟了保证期间的起

---

① 最高人民法院（2018）最高法民申6172号民事裁定书。

算，自然加重了保证人的保证责任。[①]如果保证期间依然按照原定的主债务履行期限进行起算，当然就不会产生该问题。因此，本条第2款规定保证期间不受影响，即可解决问题。

（二）主债务履行期限缩短

通常认为，主债务履行期限缩短，意味着主债务人负担加重，保证人承担保证责任的可能性随之增加，保证的范围也有可能随之增加，因为主债务人可能需要支付违约金、逾期罚息等。此时，让保证人在原保证期间内对加重后的债务也承担保证责任，显然失当。

因此，在主债务履行期限延长的情形，本条第2款的规定并无不当，然而，在主债务履行期限缩短的情形，本条第2款的规定可能对保证人不公平。应当认为，本条第2款规定存在一个立法者未意识到的法律漏洞，应比照本条第1款的规定，根据是否加重保证人的保证责任进行区分处理。[②]如果主债务期限缩短导致债务加重，则保证人对加重部分不承担责任，保证期间亦不受影响；如果主债务期限缩短未导致债务加重，则保证人在原保证期间承担责任。

三 举证责任

依据“谁主张，谁举证”的原则，债权人要求保证人对变更后的债务承担保证责任的，保证人以未经其书面同意为由拒绝对加重部分承担保证责任的，应举证证明主债权债务合同内容变更且在结果上加重债务的事实，而债权人则需举证证明已经征得保证人书面同意的事实；债权人要求保证人根据变更的主债务履行期限确定的保证期间承担保证责任的，应举证证明主债务履行期限变更以及已经征得保证人书面同意的事实。

---

① 参见李国光等：《最高人民法院〈关于适用《中华人民共和国担保法》若干问题的解释〉理解与适用》，吉林人民出版社2000年版，第139页。

② 对《担保法解释》第30条相应内容理解上的争议，参见程啸：《保证合同研究》，法律出版社2006年版，第345—346页。

第六百九十六条【债权让与对保证责任的影响】

债权人转让全部或者部分债权，未通知保证人的，该转让对保证人不发生效力。

保证人与债权人约定禁止债权转让，债权人未经保证人书面同意转让债权的，保证人对受让人不再承担保证责任。

历史由来

本条源于《担保法》第22条与《担保法解释》第28条。变动之处主要体现为三点：其一，不再将债权让与限定于保证期间内；其二，将通知保证人作为债权让与效力及于保证人的条件；其三，针对当事人约定禁止债权转让的情形，增加规定保证人书面同意转让债权则保证人继续承担保证责任的例外。

《民法典合同编（草案）》（征求意见稿）第242条沿袭《担保法》及其司法解释的规定，依然将债权让与限定于保证期间内，但是将通知保证人作为债权让与效力及于保证人的条件。《民法典合同编（草案）》（一审稿）第486条、《民法典合同编（草案）》（二审稿）第486条均从之。2019年12月公布的《民法典（草案）》第696条则不再将债权让与限定于保证期间内，同时针对当事人约定仅对特定的债权人承担保证责任或者禁止债权转让的情形，增加规定保证人书面同意转让债权则保证人继续承担保证责任的例外。2020年5月提交全国人民代表大会审议时在此基础上对条文表述进行了简化和优化，在实质内容上则并无变动。

规范目的或功能

本条规定债权转让对保证责任的影响。由于债权转让仅导致债权人变更，债务人并没有发生变化，而影响保证人是否承担保证责任、承担保证责任后能否顺利追偿的是债务人的资力和信用，因而债权转让通常并不会加重保证人的风险。故保证人不得以债权让与为由主张免责。不过，为避免保证人因不知债权让与而遭受不测之损害，本条第1款规定应当将债权让与通知保证人，未经通知，债权让与对保证人不发生效力。当然，基于私法自治，如果保证人与债权人约定禁止债权转让，则未经保证人书面同意发生债权让与的，保证人可以主张免责。

应予注意的是，本法第407条第2句规定："债权转让的，担保该债权的抵押权一并转让，但是法律另有规定或者当事人另有约定的除外。"[①]依该规定，债权让与即使未通知抵押人，也不影响其承担担保责任。然而，不知情的抵押人和保证人一样，亦有可能因此遭受不测之损害。故而，本法第407条第2句存在立法漏洞，应将本条规定类推适用于抵押，债权让与未通知抵押人的，对抵押人不生效力。

规范内容

一、通知保证人或保证人书面同意为债权让与效力及于保证人的条件

（一）原则：通知保证人为债权让与效力及于保证人的条件

如前所述，债权让与通常不会增加保证人的风险，因此，债权让与生效不以保证人同意为必要。然而，如果保证人不知道债权已经让与，可能导致其遭受不测之损害。[②]因此，本条第1款规定，未经通知，债权让与对保证人不发生效力。通知之要求，与本法第546条第1款关于债权让与未经通知对债务人不发生效力的规定是一以贯之的，因为在债权让与的情形中，债务人与保证人的利益状况是完全一致的。依本法第547条的规定，债权人转让债权的，受让人取得与债权有关的从权利，但是该从权利专属于债权人自身的除外。根据该规定，债权受让人本应自动取得债权之上的保证债权。就此而言，可以认为本条第1款的规定系债权让与的例外规定。

---

① 《全国法院民商事审判工作会议纪要》第62条规定："抵押权是从属于主合同的从权利，根据'从随主'规则，债权转让的，除法律另有规定或者当事人另有约定外，担保该债权的抵押权一并转让。受让人向抵押人主张行使抵押权，抵押人以受让人不是抵押合同的当事人、未办理变更登记等为由提出抗辩的，人民法院不予支持。"

② 参见程啸：《保证合同研究》，法律出版社2006年版，第359页。

至于通知主体和通知方式，应与本法第546条第1款债权让与通知债务人的理解保持一致，此处不赘。[①]

（二）例外：保证人书面同意为债权让与效力及于保证人的条件

依本条第2款的规定，在保证人与债权人约定禁止债权转让的情形，未经保证人书面同意，保证人不再承担保证责任，即债权让与对保证人不生效力。此为尊重私法自治之所然，其理至明。应当指出的是，如果债权人违反约定让与债权，债权让与是否生效与保证人是否书面同意并无关系，而应独立进行判断。[②]

二、债权让与对保证人的效力

债权人让与债权，依照本条规定通知了保证人或者征得其书面同意的，保证人对债权受让人继续按照以前保证合同的约定承担保证责任，即债权受让人取得保证合同债权人的地位。保证人对债权受让人可以主张其对债权让与人的抗辩。

债权人让与债权，未依照本条规定通知保证人或者征得其书面同意的，保证人自然不对债权受让人承担保证责任。本条第1款规定的“该转让对保证人不发生效力”应系此意。不过，需要注意的是，由于未通知保证人或者征得其书面同意并不影响债权让与本身的效力，此时债权让与人已经丧失债权人资格，其自然亦无从要求保证人承担保证责任。[③]债权让与人要求不知情的保证人承担保证责任，而保证人承担了保证责任的，即便债权受让人嗣后通知保证人，保证人亦可主张免责，受让人只能要求债权让与人返还不当得利。

---

① 参见徐涤宇：《〈合同法〉第80条（债权让与通知）评注》，载《法学家》2019年第1期。

② 参见冯洁语：《论禁止债权让与特约效力的教义学构造》，载《清华法学》2017年第4期。

③ 有论者指出：“如果没有通知，则该保证债权的转让对于保证人不发生效力，即保证人仍仅向原债权人承担保证责任，如果其履行了保证债务的话，此种履行有效，保证债务归于消灭。”参见程啸：《保证合同研究》，法律出版社2006年版，第358页。

举证责任

依据“谁主张，谁举证”的原则，债权受让人要求保证人承担保证责任的，应举证证明债权让与有效、已经通知保证人或经保证人书面同意的事实。

第六百九十七条【债务承担对保证责任的影响】

债权人未经保证人书面同意，允许债务人转移全部或者部分债务，保证人对未经其同意转移的债务不再承担保证责任，但是债权人和保证人另有约定的除外。

第三人加入债务的，保证人的保证责任不受影响。

历史由来

本条第1款源于《担保法》第23条与《担保法解释》第29条。除了表述上的调整外，内容上的变化主要是删除了债务转移发生于保证期间的限定，增加了但书规定，即“债权人和保证人另有约定的除外”。本条第2款增设了债务加入对保证责任的影响的规定，因为本法第552条增加规定了债务加入。

《民法典合同编（草案）》（征求意见稿）第243条第1款基本沿袭《担保法》及其司法解释的规定，依然将债务转移限定于保证期间内，且将“书面同意”修改为“同意”，同时增加约定除外的但书规定；第2款增设了债务加入对保证责任的影响的规定。其后的《民法典合同编（草案）》（一审稿）第487条、《民法典合同编（草案）》（二审稿）第487条从之。2019年12月公布的《民法典（草案）》第697条则在此基础上调整了两处内容：一是删除债务转移限定于保证期间内的规定；二是恢复“书面同意”的要求。2020年5月提交全国人民代表大会审议时未再进行调整。

规范目的或功能

本条规定债务承担对保证责任的影响。

本条第1款规定免责的债务承担对保证责任的影响。保证人是否需要承担保证责任、承担保证责任后能否成功向债务人追偿，均与债务人的资力和信用密切相关。因此，保证人提供保证往往以对债务人存在信赖为基础。而在免责的债务承担的情形下，债务人发生了变化，如果未经保证人同意，意味着保证人可能面临不测之风险。[①]故而，本条第1款规定，未经保证人书面同意，保证人于免责的债务承担情形免除保证责任。该规定有利于保护保证人的利益。而在债务加入（并存的债务承担）的情形中，债务人并未发生变更，而是新增加了一个对债权人负担债务的债务人，并未对保证人产生不利影响，因而本条第2款规定，债务加入不影响保证人承担保证责任。

规范内容

一、免责的债务承担对保证责任的影响

保证人依据本条第1款主张免除保证责任，应满足以下条件：

（一）免责的债务承担须有效发生

免责的债务承担须有效发生。依本法第551条的规定，债务人将债务的全部或部分转移给第三人的，应当经债权人同意。至于是移转部分债务还是全部债务，均非所问。部分移转债务的场合，保证人对该部分移转的债务不再承担保证责任，剩余范围内仍应继续承担保证责任。

（二）免责的债务承担未经保证人书面同意

保证人的书面同意并非免责的债务承担的生效要件。然而，未经保证人书面同意，保证人不再担保新债务人履行债务，即不再承担保证责任。

在本法出台以前，对于《担保法》第23条与《担保法解释》第29条中的“书面同意”存在不同理解。主流意见认为，即便保证人未以书面形式表示同意，只要有证据证明保证人确实同意继续承担保证责任的，保证人不得以未

① 参见程啸：《保证合同研究》，法律出版社2006年版，第364页。

经其书面同意为由主张免责。[①]在本法立法过程中，《民法典合同编（草案）》（征求意见稿）第243条曾将《担保法》第23条的“书面同意”修改为“同意”，[②]直到2019年12月公布的《民法典（草案）》第697条才恢复为“书面同意”。此种变化说明，《民法典》立法者在此问题上也有些犹疑不决。

不无疑问的是，保证人可否事后进行追认？《最高人民法院关于审理经济合同纠纷案件有关保证的若干问题的规定》第14条对此持肯定立场。需要注意的是，由于保证人的同意并非免责的债务承担的生效要件，因此保证人所追认的并非免责的债务承担协议。由于未经保证人书面同意，保证人已经免除保证责任，保证人的事后追认应理解为承诺对新的债务人提供保证。[③]依据本法第685条第2款的规定，只要保证人事后向债权人进行追认且债权人未提出异议，则保证人应当继续承担保证责任。

需要注意的是，本条规定仅适用于意定债务移转情形。在法定债务移转场合，并不存在当事人恶意串通、通过债务移转损害保证人利益的可能性，即便未经保证人书面同意，保证人仍须继续承担保证责任。[④]

（三）债权人和保证人没有另行约定

如果债权人和保证人约定，债权人允许债务人全部或部分转移债务的，保证人依然承担保证责任，则即便未经保证人书面同意，保证人也不能免除保证责任。

二、债务加入对保证责任的影响

在债务加入的场合，依本法第552条的规定，债务人并未脱离债的关系，

---

① 参见李国光等：《最高人民法院〈关于适用《中华人民共和国担保法》若干问题的解释〉的理解与适用》，吉林人民出版社2000年版，第136—137页。

② 有论者肯定此种立法调整。参见石冠彬：《论民法典担保物权制度的体系化构建》，载《法学评论》2019年第6期。

③ 参见程啸：《保证合同研究》，法律出版社2006年版，第366页。

④《民法典合同编（草案）》（征求意见稿）第244条曾规定：“在保证期间内因分立、合并等原因导致债务人在合同中的权利和义务一并转让给第三人的，保证人的保证责任不受影响。”

而是与加入债务的第三人对债权人负担连带债务。由此可见，债务加入不仅没有增加保证人的风险，反而对其有利。因此，第三人加入债务不影响保证责任的承担，保证人不得以未经其同意为由主张免责。①

举证责任

依据“谁主张，谁举证”的原则，保证人依据本条第1款主张免责的，需举证证明免责的债务承担发生的事实，债权人则需举证证明保证人书面同意债务移转或双方另有约定的事实。

其他问题

保证人死亡，其继承人是否应在继承遗产的范围内继续承担保证责任？就此问题，存在不同见解。支持见解认为，保证义务并不会随保证人的死亡而自然终止，而是移转于其继承人，或者说保证债务由其继承人继承，继承人在继承遗产的范围内承担保证责任。②反对见解则认为，保证人在主债务履行期限届满前死亡的，保证义务尚未转化为保证债务，保证责任亦随保证人的死亡而消灭，债权人无权要求保证人的继承人在继承遗产范围内承担保证责任。③在“唐某与国家某银行等保证合同纠纷案”中，最高人民法院指出，保证人死亡后，虽然其民事权利能力终止，但其生前个人所负有的债务并不因死亡而免除，其遗产仍将作为生前所负担债务的责任财产。④由于遗产本应用于清偿被继承人的债务，保证人死亡后，其继承人理当在继承遗产的范围内承担保证责任。

---

① 参见杨军、贺理：《担保人不能以第三人债务加入未经其同意而免责》，载《人民法院报》2016年2月4日，第7版。

② 参见王晓利：《保证责任不因借款期间保证人死亡而消灭》，载《人民司法·案例》2017年第23期；林海权：《保证人死亡的保证债务如何承担》，载《人民司法·案例》2017年第23期。

③ 参见任容庆：《主债务履行期限届满前保证人死亡的保证责任认定》，载《人民司法·案例》2017年第23期。

④ 参见最高人民法院（2019）最高法民终395号民事判决书。

第六百九十八条【一般保证人的免责事由】

一般保证的保证人在主债务履行期限届满后，向债权人提供债务人可供执行财产的真实情况，债权人放弃或者怠于行使权利致使该财产不能被执行的，保证人在其提供可供执行财产的价值范围内不再承担保证责任。

历史由来

本条承袭了《担保法解释》第24条的规定：“一般保证的保证人在主债权履行期间届满后，向债权人提供了债务人可供执行财产的真实情况的，债权人放弃或者怠于行使权利致使该财产不能被执行，保证人可以请求人民法院在其提供可供执行财产的实际价值范围内免除保证责任。”

本条在立法过程中除了文字表述上的些微变化外，基本没有争议。

规范目的或功能

本条规定一般保证人的免责事由。[①]一般保证债务具有补充性，依据本法第687条第2款的规定，一般保证人享有先诉抗辩权，即在就债务人的财产依法强制执行仍不能履行债务前，一般保证人有权拒绝承担保证责任。然而，先诉抗辩权的行使只能起到延期履行的作用。如果债权人未及时起诉债务人并申请强制执行债务人的财产，有可能导致债务人最终无法清偿债务。在这种情况下，先诉抗辩权可能已经无法保护一般保证人，其承担保证责任的风险加重。[②]因此，本条对一般保证人提供先诉抗辩权之外的救济，即在主债务履行期限届满后，一般保证人发现债务人有可供执行的财产的，可以将有关情况告知债权人，避免财产流失；如果债权人放弃或者怠于行使权利致使该

① 依本法第409条第2款、第435条第2句的规定，债权人放弃抵押权、质权时，其他担保人在债权人丧失优先受偿的范围内免除担保责任。

② 参见李国光等：《最高人民法院〈关于适用《中华人民共和国担保法》若干问题的解释〉的理解与适用》，吉林人民出版社2000年版，第126页。

财产不能被执行的，一般保证人在其提供可供执行财产的价值范围内不再承担保证责任。本条规定的一般保证人的免责事由实际上系由先诉抗辩权衍生而来的。

本条规定此种免责事由，不仅有利于保护一般保证人，对债权人也并无不利，因为一般保证人可能因此积极去寻找债务人的可供执行财产，而这自然可以增加债权人债权实现的可能。如果债权人放弃或者怠于行使权利导致财产不能被执行，让债权人承担保证人于相应范围内免责的不利，也无可非议。

规范内容

一、适用范围：一般保证

本条规定的是一般保证人的免责事由。

依本法第688条第2款的规定，在连带责任保证中，主债务履行期限届满，债权人可以选择债务人履行债务，也可以直接请求保证人承担保证责任。因此，债务人是否有可供执行的财产、财产是否因债权人怠于行使权利而致财产流失或价值减损，均不影响连带责任保证人承担保证责任。[①]故本条规定不得类推适用于连带责任保证。[②]同理，本条规定也不得类推适用于抵押、质押担保。[③]因为，依本法第394条、第425条的规定，只要债务人不履行到期债务或者发生当事人约定的实现抵押权、质权的情形，债权人就有权就抵押物、质押物优先受偿，而不必先向债务人主张权利。

二、一般保证人免责的条件

一般保证人依据本条规定主张免责，需满足以下条件：

---

① 参见辽宁省高级人民法院（2015）辽民二终字第00393号民事判决书。

② 参见云南省曲靖市中级人民法院（2019）云03执复7号执行裁定书；湖北省咸宁市中级人民法院（2018）鄂12民终855号民事判决书。

③ 对于与本条实质内容一致的《担保法解释》第24条是否适用于抵押担保，司法实务存在不同见解。肯定：河北省石家庄市中级人民法院（2019）冀01民终609号民事判决书。否定：云南省曲靖市中级人民法院（2017）云03民终675号民事判决书。

（一）一般保证人须向债权人提供债务人可供执行财产的真实情况

首先，一般保证人向债权人提供债务人的财产信息即可，而非要求提供财产本身。一般而言，法院的执行人员能够根据此财产信息查找到相应的财产即可。例如，财产若是实物，应当指出财产所在的具体位置，财产若是公司股份，应当提供公司的基本信息。

其次，一般保证人向债权人提供的是债务人财产的信息，而非其他人财产的信息。

再次，一般保证人向债权人提供的债务人财产信息必须是真实的。

最后，一般保证人向债权人提供的债务人财产信息指向的财产必须是可供执行财产。不得强制执行的财产范围应当根据执行的相关规定确定。

（二）一般保证人须于主债务履行期限届满后向债权人提供债务人可供执行财产信息

在主债务履行期限届满之前，债权人无权要求债务人清偿债务，即便一般保证人于主债务履行期限届满之前向债权人提供债务人可供执行财产信息，债权人也无法申请法院对该财产采取强制措施。因此，一般保证人须于主债务履行期限届满后向债权人提供债务人可供执行财产信息。

（三）债权人放弃或者怠于行使权利致使财产不能被执行

一般保证人向债权人提供债务人可供执行财产的真实情况后，债权人放弃或怠于行使权利致使财产不能被执行。

所谓“怠于行使权利”，是指债权人在收到一般保证人提供的债务人可供执行财产信息之后的合理期间内未及时采取措施控制财产、就财产行使权利。债权人未在诉讼时效期间内起诉债务人、未在执行期间内申请强制执行，自然属于“怠于行使权利”。[①]不过，是否在诉讼时效期间内提起诉讼或者在申请执行期间内申请强制执行，并非判断是否构成“怠于行使权利”的唯一标准。例如，因情况紧急，债权人不立即申请财产保全将会使

---

① 参见贵州省黔东南苗族侗族自治州中级人民法院（2017）黔26民终1519号民事判决书。

其合法权益受到难以弥补的损害的，如果债权人未及时申请诉前财产保全，那么也可以认定其“怠于行使权利”。因此，判断债权人是否“怠于行使权利”，应以一般理性人为标准，遵循诚信原则，结合个案情况综合考量。“放弃或怠于行使权利”强调债权人具有可归责性，如果债权人是因客观原因无法行使权利，则不能认定“放弃或怠于行使权利”。例如，因债务人财产权属不清、已被采取强制措施、已被执行、属于破产财产的一部分、已设定担保物权等原因导致债权人无法行使权利的，不应认为债权人“放弃或者怠于行使权利”。①

所谓“不能被执行”，是指财产毁损、灭失、被他人合法取得等导致债权人无法就该财产受偿的情形。

债权人放弃或者怠于行使权利的行为与该财产不能被强制执行应当具有因果关系。如果债权人能够证明，即便自己及时行使权利，也无法就一般保证人提供的债务人财产信息指向的财产受偿，则一般保证人不能主张相应免责。

三、一般保证人免责的范围

一旦满足上述免责条件，一般保证人即可在其提供可供执行财产的价值范围内不再承担保证责任。可供执行财产的价值一般为财产的市场价格。不过，一般保证人可以免责的范围为债权人可就该财产受偿的范围。例如，债务人的财产已经被设定抵押的，抵押权人就此财产优先受偿后的剩余价值额，才是一般保证人可以主张的免责范围。

举证责任

依据“谁主张，谁举证”的原则，一般保证人依据本条主张免责的，应举证证明自己向债权人提供债务人可供执行财产的真实情况、债权人放弃或者怠于行使权利致使该财产不能被执行的事实。

---

① 参见曹士兵：《中国担保制度与担保方法》（第四版），中国法制出版社2017年版，第152页。

第六百九十九条【共同保证】

同一债务有两个以上保证人的，保证人应当按照保证合同约定的保证份额，承担保证责任；没有约定保证份额的，债权人可以请求任何一个保证人在其保证范围内承担保证责任。

历史由来

本条系对《担保法》第12条修改完善而来。本条前半句与《担保法》第12条第一句的内容完全一致。本条后半句删除了《担保法》第12条第3句关于保证人向债务人或其他连带责任保证人追偿的规定，同时将《担保法》第12条第2句“没有约定保证份额的，保证人承担连带责任，债权人可以要求任何一个保证人承担全部保证责任，保证人都负有担保全部债权实现的义务”修改为“没有约定保证份额的，债权人可以请求任何一个保证人在其保证范围内承担保证责任”。

《民法典合同编（草案）》（征求意见稿）第246条规定：“同一债务有两个以上保证人的，保证人应当按照保证合同约定的保证份额，承担保证责任。没有约定保证份额的，债权人可以要求任何一个保证人在其保证范围内承担保证责任。”此后历次审议稿均未再作实质性修改。

规范目的或功能

本条规定共同保证。在实践中，为了更好地确保债权实现，债权人可能要求数人提供保证。此时，出现了数个保证人为同一债务提供保证的情况。此种共同保证与保证人为一人的单独保证在本质上虽然并无不同，但是其涉及的法律关系更为复杂。一方面，涉及共同保证人之间的关系，即共同保证人内部份额的划分、追偿问题；另一方面，涉及共同保证人与债权人、债务人之间的关系。本条明确规定按份共同保证与连带共同保证，有助于法律适用。然而，本条未规定共同保证人之间能否以及如何追偿，在法律适用上容易滋生疑义。

依本条后半句规定，没有约定保证份额的共同保证，债权人可以请求任何一个保证人在其保证范围内承担保证责任。此种连带共同保证推定有利于保护债权人的利益。

规范内容

所谓共同保证，是指两个或者两个以上的人为同一债务提供保证。共同保证的保证人须为两个或两个以上，被保证债务须系同一债务。共同保证的成立，并不要求数个保证人同时签订同一份保证合同，而是可以同时或先后分别签订同一份或者数份保证合同。数个保证人彼此之间是否存在意思联络，也在所不问。

按照保证人是否与债权人约定了各自的保证份额，可以将共同保证区分为按份共同保证与连带共同保证。

一、按份共同保证

按份共同保证，是指保证人与债权人约定按份额承担保证责任的共同保证。

由于按份共同保证的各个保证人均与债权人约定了保证份额，因此债权人只能分别要求各个保证人在其保证份额的范围内承担保证责任。各个保证人之间没有任何法律上的关系，任何一个保证人在保证份额的范围内承担保证责任之后，只能向债务人追偿，而不能向其他保证人追偿。

二、连带共同保证

连带共同保证，是指多个保证人均约定对全部债务承担保证责任或者未约定保证份额的共同保证。基于意思自治，当事人自可通过约定成立连带共同保证。在多个保证人未约定保证份额的情形，应推定为按份共同保证抑或连带共同保证，比较法上存在不同立法例。本条后半句推定为连带共同保证，对债权人较为有利。

连带共同保证中的“连带”区别于连带责任保证中的“连带”。前者系保证人之间连带，以区别于按份共同保证；后者则系保证人与债务人之间连带，旨在表明保证人不具有先诉抗辩权。连带共同保证人是否享有先诉抗辩权，取决于各个保证人与债权人之间成立的是一般保证抑或连带责任保证。

一旦成立连带共同保证，在债务人不履行债务的情形，债权人可以请求任何一个保证人承担保证责任。《担保法》第12条第2句规定："没有约定保证份额的，保证人承担连带责任，债权人可以要求任何一个保证人承担全部保证责任，保证人都负有担保全部债权实现的义务。"而依本法本条后半句的规定，没有约定保证份额的，债权人可以请求任何一个保证人在其"保证范围内"承担保证责任。在各个保证人均没有与债权人约定保证份额的情形，适用新旧法规定产生的法律效果并无不同，各个保证人均对全部债务承担保证责任，此时为全部连带。一旦各个保证人与债权人约定的保证份额不同，且保证份额之和超过了主债务额，或者部分保证人与债权人约定了保证份额，而部分保证人与债权人没有约定保证份额，此时保证人之间仅就保证数额重合部分成立连带共同保证，部分保证人就不需要对全部债务承担保证责任，而只需要在其承诺的保证范围内承担保证责任。因此，本条后半句的规定相较于旧法规定更为合理。不过，本条后半句的这种表述方式有些令人费解，宜直接表明保证人在其保证范围内承担连带责任。

任何一个保证人承担了保证责任之后，均可以依据本法第700条的规定向债务人追偿，自不待言。问题是，承担了保证责任的保证人，能否向其他保证人追偿？《担保法》第12条第3句规定："已经承担保证责任的保证人，有权向债务人追偿，或者要求承担连带责任的其他保证人清偿其应当承担的份额。"然而，本法并未保留相关规定。这是否意味着本法否定连带共同保证人之间的相互追偿呢？在本法出台之前，混合担保中担保人之间是否可以相互追偿，是一个聚讼纷纭的问题。[1]《担保法解释》第38条规定，在混合担保中，承担了担保责任的担保人，可以向债务人追偿，也可以要求其他担保人清偿其应当分担的份额，而《物权法》第176条仅规定，提供担保的第三人承担担

① 参见崔建远：《混合共同担保人相互间无追偿权论》，载《法学研究》2020年第1期；王利明：《民法典物权编应规定混合共同担保追偿权》，载《东方法学》2019年第5期；杨代雄：《共同担保人的相互追偿权——兼论我国民法典分则相关规范的设计》，载《四川大学学报》（哲学社会科学版）2019年第3期；贺剑：《走出共同担保人内部追偿的"公平"误区——〈物权法〉第176条的解释论》，载《法学》2017年第3期；张尧：《混合共同担保中担保人内部求偿的解释论》，载《法学家》2017年第3期；黄忠：《混合共同担保之内部追偿权的证立及其展开——〈物权法〉第176条的解释论》，载《中外法学》2015年第4期；程啸：《混合共同担保中担保人的追偿权与代位权——对〈物权法〉第176条的理解》，载《政治与法律》2014年第6期。

保责任后，有权向债务人追偿，而没有规定担保人之间的追偿权。有意见据此认为，立法者否定了混合担保中担保人之间的相互追偿。全国人民代表大会常务委员会法制工作委员会编写的物权法释义书明确表达了此种立场。[①]最高人民法院《全国法院民商事审判工作会议纪要》第56条规定："被担保的债权既有保证又有第三人提供的物的担保的，担保法司法解释第38条明确规定，承担了担保责任的担保人可以要求其他担保人清偿其应当分担的份额。但《物权法》第176条并未作出类似规定，根据《物权法》第178条关于'担保法与本法的规定不一致的，适用本法'的规定，承担了担保责任的担保人向其他担保人追偿的，人民法院不予支持，但担保人在担保合同中约定可以相互追偿的除外。"[②]准此，由于本法第392条的规定沿袭了《物权法》第176条的规定，可以认为本法立法者否定混合担保中担保人之间的追偿权。既然如此，亦应否定共同保证人之间的追偿权。因为，无论是人保还是物保，均旨在以担保人的责任财产保障债权实现，虽然债权人对物保人提供的责任财产享有优先受偿权，但是此种差异尚不足以正当化在追偿问题上对保证人和物保人的区别对待。[③]何况，本法删除了《担保法》第12条第3句关于共同保证人相互之间追偿的规定，却并无替代规定，应认为立法者同时否定共同保证人相互之间的追偿权。[④]当然，这是基于体系解释和立法解释得出的结论。至于否定担保人相互之间的追偿权是否合理，本质上系一个法政策选择问题，此处不赘。应予指出的是，如果从法政策上选择允许追偿，在本法中也可以找到支持追偿的法律依据。一方面，本法第700条规定了保证人的代位权，承担了

---

① 参见全国人民代表大会常务委员会法制工作委员会编：《中华人民共和国物权法释义》，法律出版社2007年版，第381—382页。

② 最高人民法院在此问题上态度摇摆。在"顾某、十堰某东风汽车专营有限公司追偿权纠纷案"中，最高人民法院认为："在《物权法》没有规定而《担保法司法解释》有明确规定的情况下，原审两级法院适用《担保法司法解释》，认定抵押人汇城公司承担担保责任后对保证人顾某享有追偿权并无不当。"最高人民法院（2017）最高法民再137号民事判决书。

③ 有论者否定混合担保中担保人之间的追偿权，但是肯定共同保证、共同抵押情形下担保人之间的追偿权。参见崔建远：《混合共同担保人相互间无追偿权论》，载《法学研究》2020年第1期。

④ 参见最高人民法院民事审判第二庭编著：《〈全国法院民商事审判工作会议纪要〉理解与适用》，人民法院出版社2019年版，第353页。

保证责任的保证人承受了债权人的债权及从属的担保，可以为共同保证人之间的追偿权提供依据；另一方面，本法第519条第2款关于连带债务人之间的追偿规定，亦可为共同保证人之间的追偿提供法律依据，因为连带共同保证人属于连带债务人。

三 其他问题

债权人放弃部分保证人的保证责任时，其他保证人是否可以在相应范围内免责？肯定观点认为，《担保法解释》第123条规定，同一债权上数个担保物权并存时，债权人放弃债务人提供的物的担保的，其他担保人在其放弃权利的范围内减轻或者免除担保责任。在债权人放弃部分保证人的保证责任时，应参照适用该规定，其他保证人相应减免责任，否则对其他保证人明显不利。①在"代某喜、齐某友民间借贷纠纷案"中，法院认为："连带共同保证人之间因追偿而产生的法律关系，应在共同保证的基础上，如果共同保证的部分保证人的保证责任被免除，该部分保证人对债权人不承担清偿债务的责任时，那么共同保证人之间追偿和被追偿的法律关系就失去了存在的基础。本案中赵某斌在原审中放弃了对保证人之一的赵某柱的诉讼请求，赵某斌和赵某柱之间的保证合同法律关系因债权人赵某斌免除赵某柱的担保债务而归于终止，赵某柱对本案的主债务不再承担连带清偿责任的份额，则其他保证人如清偿债务后将无法向赵某柱追偿，赵某斌处分自己的权利，但损害了其他保证人追偿的法定权利，其他人的担保责任应相应减轻。"②在"孔某与宁夏某房地产开发有限公司、李某民间借贷纠纷案"中，最高人民法院持否定观点，其理由为："在连带共同保证中，债权人可以要求任何一个保证人承担全部保证责任，保证人都负有担保全部债权实现的义务，债权人放弃对部分保证人主张权利的，是对自身权利的处分，在实体上并未加重其他保证人的保证责

① 参见江苏省兴化市人民法院（2013）泰兴民一再初字第0002号民事判决书。

② 河北省保定市中级人民法院（2018）冀06民终5399号民事判决书。同旨，参见四川省乐山市中级人民法院（2017）川11民终1261号民事判决书；浙江省温州市中级人民法院（2016）浙03民终2086号民事判决书。

任，其他连带共同保证人不能主张免责。”[①]

第七百条【保证人的追偿权与代位权】

保证人承担保证责任后，除当事人另有约定外，有权在其承担保证责任的范围内向债务人追偿，享有债权人对债务人的权利，但是不得损害债权人的利益。

历史由来

本条源自《担保法》第31条规定：“保证人承担保证责任后，有权向债务人追偿。”主要的变动为：一是明确规定保证人追偿权的行使以承担保证责任的范围为限，并允许当事人以特约排除追偿权；二是增加规定保证人的代位权。

在立法过程中，《民法典合同编（草案）》（征求意见稿）第247条规定：“保证人承担保证责任后，除当事人另有约定外，有权在其承担保证责任的范围内向债务人追偿，享有债权人对债务人的权利，但不得损害债权人的利益。”此后的审议稿除作出将“但”改为“但是”的修改外，未作其他修改。

规范目的或功能

虽然保证债务系保证人自己的债务，但是保证人履行保证债务毕竟是“替人受过”，因此债务人往往是终局的责任承担者。法律遂有必要合理构建保证人因履行保证债务所受损失的补偿机制，以保护保证人，否则保证制度将难以有效运行。本条规定保证人承担保证责任后对债务人享有的两项权利，即追偿权和代位权。如此一来，保证人的风险将被限定于债务人支付不能的情形，有利于保护保证人的利益。

---

① 参见最高人民法院（2014）民一终字第278号民事判决书。同旨，参见浙江省台州市中级人民法院（2019）浙10民终669号民事判决书。

《担保法》第31条规定："保证人承担保证责任后，有权向债务人追偿。"对于该条规定，学说和实务存在不同理解，尤其是对于该条是否规定了保证人的代位权，意见纷纭。[①]在"四川省某集团有限公司、宁夏某化工股份有限公司破产债权确认纠纷再审案"中，最高人民法院明确指出，该条规定仅确立了保证人的追偿权，追偿权并非代位权，所以保证人承担保证责任后无法取得债权人对债务人的抵押权。[②]本条同时规定追偿权和代位权，自然消弭了此种纷争。需要指出的是，此种在法律上同时规定保证人的追偿权和代位权的立法模式，在比较法上属于特例。[③]其实，由于本法第524条确立了第三人清偿制度，债权因第三人清偿而发生法定让与，即便不规定保证人的代位权，亦可通过第三人清偿规定实现同样的规范目的。在此意义上，可以说本条关于保证人代位权的规定系第三人清偿规定在保证合同中的特别规定，在性质上只不过是一个注意规定。

规范内容

一、保证人的追偿权

保证人的追偿权，又称保证人的求偿权，是指保证人承担保证责任后，向债务人请求偿还的权利。该权利是保证人基于其与债务人之间的基础法律关系而享有的权利。

（一）保证人追偿权的成立要件

保证人依本条规定向债务人追偿，须满足以下要件：

1.须保证人已经承担保证责任

保证人享有追偿权以保证人已经承担保证责任为前提。至于保证人承担

---

① 参见程啸：《保证合同研究》，法律出版社2006年版，第256—259页。

② 参见最高人民法院（2020）最高法民申343号民事裁定书。

③ 大陆法系民法典通常仅规定保证人的追偿权，如《法国民法典》第2028条、《日本民法典》第459条，或者仅规定保证人的代位权，如《德国民法典》第774条第1款、《瑞士债务法》第507条第1款。

保证责任的方式是清偿债务、代物清偿，抑或提存、抵销，则在所不问。债权人免除保证人保证债务的，保证人不享有追偿权。

不过，在特殊情形下，保证人即便尚未承担保证责任，也可以行使追偿权，此即保证人追偿权的预先行使。《担保法》第32条规定："人民法院受理债务人破产案件后，债权人未申报债权的，保证人可以参加破产财产分配，预先行使追偿权。"本法虽然并无相应规定，但是并不意味着立法者禁止保证人在债务人破产的情形中预先行使追偿权。因为，《企业破产法》第51条第2款已经就此情形中保证人预先行使追偿权作出了规定。[①]本法未作相应规定，可能是因为该规定的内容在本质上属于《企业破产法》的内容，不应在作为基本法的《民法典》中进行规定。

2.须债务人因此而对债权人免责

保证人承担保证责任必须使得债务人因此而对债权人免责，即保证人的债务清偿行为与主债务人对债权人免责具有因果关系，否则保证人不享有追偿权。[②]

如果债务人免责并非由保证人之行为所引起，保证人即无追偿权。在债务人债务已经清偿或被免除的情形下，如果保证人仍履行了其保证债务，其不得向债务人追偿，只能向债权人主张不当得利返还请求权。如果保证人仅履行部分保证债务，意味着债务人对债权人仅部分免责，那么保证人也仅对已经履行的部分享有追偿权。如果保证人承担的保证责任范围大于主债务范围，对于超过部分，因债务人本来并不负担，因此保证人对于超过部分的清偿行为并不具有使债务人对债权人免责的效果，保证人对超过部分即不享有追偿权。[③]

---

① 《企业破产法》第51条第2款规定："债务人的保证人或者其他连带债务人尚未代替债务人清偿债务的，以其对债务人的将来求偿权申报债权。但是，债权人已经向管理人申报全部债权的除外。"

② 需要注意的是，保证人承担保证责任后，保证债务固然因此而消灭，但是主债务依然存在，只不过债务人因此而对债权人免责而已。因此，认为保证人的追偿权以保证人的行为产生主债务消灭的法律效果为前提的观点，无法成立。参见梁慧星主编：《中国民法典草案建议稿附理由：合同编》(下册)，法律出版社2013年版，第1225页。

③ 《担保法解释》第43条规定："保证人自行履行保证责任时，其实际清偿额大于主债权范围的，保证人只能在主债权范围内对债务人行使追偿权。"

3.须保证人履行保证债务无过错

保证人履行保证债务有无过错，主要涉及保证人是否通知债务人以及保证人是否主张债务人对债权人的抗辩。

本条并未明确规定保证人享有追偿权是否以履行通知义务为前提。不过，无论是根据本法第924条关于受托人应当按照委托人的要求报告委托事务处理情况的规定，还是根据本法第983条无因管理人应当向受益人报告管理事务情况的规定，抑或根据诚信原则，保证人于承担保证责任后均应负有通知债务人的义务，以免债务人重复清偿。如果保证人承担保证责任后并未通知债务人，导致债务人因不知情而再次对债权人进行清偿，则保证人不得向债务人追偿，只能要求债权人返还不当得利。

债务人本可对债权人主张抗辩，而保证人未主张此种抗辩，承担保证责任后即无追偿权可言。例如，主债务已过诉讼时效，保证人没有行使时效抗辩权而履行了保证债务，则其无权向债务人追偿。明知主债务已过时效却依然提供保证的，在承担保证责任后能否追偿，取决于保证人与债务人之间的法律关系。如果保证人系接受债务人的委托而提供保证，则可以视为债务人放弃了时效抗辩权，此时保证人自可向债务人追偿。如果保证人并非接受债务人的委托而提供保证，则保证人无权向债务人追偿。[①]

4.须保证人无赠与之意思

保证人如以赠与的意思为债务人提供保证，对债务人即无追偿权。保证人有无赠与意思，应根据保证人和债务人的法律关系加以判断，债务人对此负有举证责任。

（二）保证人追偿权的范围

本条对保证人追偿权的范围未作明确规定，应根据保证人与债务人之间的法律关系进行判断。如果两者之间构成委托合同关系，则应适用本法关于委托合同的相关规定。根据本法第921条、第930条的规定，保证人追偿权的范围包括：保证人承担保证责任的本金、自承担保证责任时起的利息、支出的必要费用和保证人在履行保证债务过程中因不可归责于自己的事由而遭受

---

① 参见程啸：《保证合同研究》，法律出版社2006年版，第30页。

的损失。如果两者之间构成无因管理关系，则应适用本法关于无因管理的相关规定。如果构成适法无因管理，根据本法第979条第1款的规定，此时保证人的追偿权范围和构成委托合同关系时大体一致。如果构成不法无因管理，根据本法第980条的规定，债务人以其所得利益为限承担责任，故而保证人仅能在此限度内，向债务人追偿，即只能就承担保证责任的本金以及必要费用请求偿还，自承担保证责任时起的利息损失和保证人在履行过程中所遭受的损失，不得向债务人主张损害赔偿。

（三）保证人追偿权的行使及其诉讼时效

保证人可以通过诉讼方式行使追偿权，但不以诉讼为必要。债务人可以向保证人主张基于二者之间基础法律关系产生的抗辩，但是不得以其对债权人的抗辩事由对抗保证人。

保证人的追偿权在性质上属于债权请求权，因此同样适用本法总则编关于诉讼时效的规定。由于保证人的追偿权是保证人对债权人履行保证债务后新产生的权利，因此其诉讼时效应当从保证人承担保证责任之日起开始计算，[①]诉讼时效期间则适用本法第188条第1款规定的3年。

二、保证人的代位权

保证人的代位权，是指保证人承担保证责任后，因承受债权人对于债务人的债权，而行使债权人权利的权利。由于保证人的代位权不仅包括债权人对债务人的权利，还包括债权人对主债务担保人的权利，因此本条“享有债权人对债务人的权利”的表述并不妥当。

保证人承担保证责任后，消灭的系自己对债权人的保证债务，债权人对债务人的主债权则并未因此而消灭，而是移转于保证人。因此，保证人的代位权基于法定债权让与而产生，不同于本法第535条第1款规定的债权人代位权。

---

① 《担保法解释》第42条第2款规定：“保证人对债务人行使追偿权的诉讼时效，自保证人向债权人承担责任之日起开始计算。”

（一）保证人代位权的成立要件

保证人的代位权和追偿权存在密切关系。保证人代位权旨在确保追偿权的实现，没有追偿权就没有代位权，保证人只能在行使追偿权的限度之内代位行使债权人的权利，因此代位权的成立以追偿权的成立为前提。

（二）保证人代位权的效力

保证人代位权一旦成立，保证人即于清偿之限度内承受债权人对债务人之债权。此债权承受之性质为法定债权让与，自可在不与其性质相悖的范围内参照适用本法关于意定债权让与的规定。根据本法第547条第1款的规定，债权人转让债权的，受让人取得与债权有关的从权利，但是该从权利专属于债权人自身的除外。准此，债权人对债务人的债权上附着的利益，尤其是担保，亦由保证人享受。根据本法第548条的规定，债务人对债权人的抗辩，自然也可以向保证人主张。当然，债务人也可以主张基于其与保证人之间法律关系所产生的抗辩。

依据本条的规定，保证人行使代位权“不得损害债权人的利益”。该规定的意义主要体现于保证人部分承担保证责任的情形。此时，债权人与保证人对债务人均享有债权，债权人的债权应优先于保证人的债权。如果主债权之上存在担保物权，则债权人有权优先于保证人就担保物受偿。

保证人代位权的诉讼时效指的是其代位行使的主债权的诉讼时效，主债权诉讼时效自约定履行期满时开始计算，保证人代位行使该债权应当继续计算诉讼时效而不是重新计算。此与保证人的追偿权判然有别。

保证人代位权与追偿权构成请求权竞合，保证人可以择一行使，行使一项权利达到目的之后，另一项权利即告消灭。[①]

三、保证人追偿权和代位权的约定排除

依本条规定，当事人可以通过约定排除保证人的追偿权和代位权。此乃

---

① 关于保证人代位权与追偿权的区分意义，参见程啸、王静：《论保证人追偿权与代位权之区分及其意义》，载《法学家》2007年第2期。

私法自治的应有之义。债务人和保证人自可根据其内部关系约定排除保证人的追偿权和代位权，此亦通常情形。债权人和保证人约定排除保证人的追偿权和代位权，亦无不可。例如，保证合同可以约定，只有在债权人的全部债权得到清偿后，保证人才能行使追偿权和代位权，以此避免保证人于部分清偿债务后即行使追偿权和代位权，影响债权人利益。

举证责任

依据“谁主张，谁举证”的原则，在行使追偿权或者代位权时，保证人需举证证明自己已经承担保证责任的事实。

第七百零一条【保证人的抗辩权】

保证人可以主张债务人对债权人的抗辩。债务人放弃抗辩的，保证人仍有权向债权人主张抗辩。

历史由来

本条承袭《担保法》第20条：“一般保证和连带责任保证的保证人享有债务人的抗辩权。债务人放弃对债务的抗辩权的，保证人仍有权抗辩。抗辩权是指债权人行使债权时，债务人根据法定事由，对抗债权人行使请求权的权利。”相较于《担保法》，本条主要的修改体现于以下两点：一是将“抗辩权”修改为“抗辩”；二是删除抗辩权之定义。

《民法典合同编（草案）》（征求意见稿）第248条规定：“保证人享有债务人对债权人的抗辩。债务人放弃抗辩的，保证人仍有权向债权人主张抗辩。”《民法典合同编（草案）》（一审稿）第491条和《民法典合同编（草案）》（二审稿）第491条从之。2019年公布的《民法典（草案）》第701条则再次将表述调整为：“保证人可以主张债务人对债权人的抗辩。债务人放弃抗辩的，保证人仍有权向债权人主张抗辩。”2020年5月提交全国人民代表大会审议时维持不变。

规范目的或功能

本条第1句规定保证人可以主张债务人对债权人的抗辩，体现了保证债务的从属性，旨在限制保证人的风险，避免保证人的负担超过债务人。其实质理由则在于，保证人系为债务人履行债务提供担保，在与保证人的关系中，债权人不应获得优于其在与债务人关系中所处的地位。

本条第2句规定债务人放弃抗辩的，保证人仍有权向债权人主张抗辩。如此规定，可以避免道德风险，即避免债权人与债务人恶意串通，致保证人遭受不利益。该规定可以视为本法第695条的特别规定，因为其也体现了保护保证人不受主债权债务合同当事人嗣后行为影响的立法精神。

本条规定在性质上属于任意性规定，保证合同当事人原则上可以通过约定排除适用。对于排除本条规定适用的格式条款，应依据本法第496条和第497条的规定进行审查。

规范内容

一、保证人可以主张债务人对债权人的抗辩

依本条第1句规定，保证人可以主张债务人对债权人的抗辩。

本条所谓的“抗辩”，系保证人得主张的债务人对债权人之抗辩，即债务人的抗辩，并不包括保证人基于保证合同关系对债权人之抗辩，即保证人自己固有的抗辩。不过，保证人得对债权人主张自己固有的抗辩，自属当然，毋庸赘言。

本条所谓的“抗辩”，应理解为包括权利阻却抗辩、权利消灭抗辩和权利阻止抗辩在内。[①]权利阻却抗辩，即否认权利的产生。例如，主张主债权债务合同不成立、无效或不生效、被撤销。权利消灭抗辩，即主张权利虽然曾经

---

① 关于抗辩的分类，参见朱庆育：《民法总论》（第二版），北京大学出版社2016年版，第516页。

产生，但是已经消灭。例如，主张主债务因清偿、抵销、提存、免除等原因归于消灭。权利阻止抗辩，即承认权利已经产生且尚未消灭，但是主张有权拒绝履行。例如，债务人享有的同时履行抗辩权、先履行抗辩权、不安抗辩权和诉讼时效抗辩权。需要说明的是，权利阻却抗辩和权利消灭抗辩并不属于债务人独有的抗辩。因为，在主债权从未产生或虽然产生但是已经消灭的情形下，依据保证债务的从属性，保证人自可主张权利阻却抗辩和权利消灭抗辩，即权利阻却抗辩和权利消灭抗辩属于保证人固有的抗辩。①在此意义上，本条所谓的“抗辩”不应包括权利阻却抗辩和权利消灭抗辩。不过，考虑到本法将《担保法》所采用的“抗辩权”修改为“抗辩”的立法变迁，应认为本条所谓的“抗辩”不仅包括权利阻止抗辩，也包括权利阻却抗辩和权利消灭抗辩。②

是否主张债务人对债权人的抗辩，系保证人可得自由决定之事项。不过，如果保证人不主张本可得主张的债务人对债权人的抗辩，其在承担保证责任后将无法向债务人追偿。需要注意的是，保证人并非在任何情况下均可主张债务人对债权人的抗辩。例如，保证人明知主债务已过诉讼时效依然提供保证的，相当于放弃债务人对债权人享有的时效抗辩权，保证人嗣后不得主张时效抗辩权。③

二、债务人放弃抗辩不影响保证人主张抗辩

依本条第2句规定，债务人放弃抗辩的，保证人仍有权向债权人主张抗辩。在债务人放弃抗辩的情形下，如果不允许保证人主张抗辩，会造成权利保护的失衡，亦可能导致道德风险。

本条所谓“放弃”必须是债务人基于自己的内心意思主动放弃行使抗辩

---

① 参见史尚宽：《债法各论》，中国政法大学出版社2000年版，第907页。

② 我国台湾地区规定，主债务人所有之抗辩，保证人得主张之。对于该规定所谓的“抗辩”，学者一般理解为包括权利阻却抗辩、权利消灭抗辩和权利阻止抗辩。参见邱聪智：《新订债法各论》(下)，中国人民大学出版社2006年版，第377—378页；林诚二：《民法债编各论》(下)，中国人民大学出版社2007年版，第238页。

③ 《担保法解释》第35条规定：“保证人对已经超过诉讼时效期间的债务承担保证责任或者提供保证的，又以超过诉讼时效为由抗辩的，人民法院不予支持。”

权，而不包括债务人因某种原因丧失抗辩权的情形。在债务人丧失抗辩权的情形下，保证人自无从主张此种抗辩权。

本条所谓“放弃”既可以是明示放弃，也可以是默示放弃。在“福建某集团有限公司、中国农业银行股份有限公司某分行金融借款合同纠纷案”中，债权人已经就第三人提供的抵押物优先受偿，债权得以实现，然而在一审判决主债务人履行债务之后，主债务人并未提起上诉。最高人民法院认为，主债务人的行为构成放弃抗辩，不影响保证人主张抗辩。[①]

举证责任

依据“谁主张，谁举证”的原则，保证人需举证证明债务人对债权人的抗辩存在。

第七百零二条【保证人的可抵销与可撤销抗辩权】

债务人对债权人享有抵销权或者撤销权的，保证人可以在相应范围内拒绝承担保证责任。

历史由来

本条属于新增规定。《民法典合同编（草案）》（征求意见稿）第249条规定：“债务人对债权人享有抵销权或者撤销权的，保证人可以在相应范围内拒绝承担保证责任。”此后，历次审议稿均从之，未再发生任何变动。

规范目的或功能

本条规定赋予保证人可抵销抗辩权和可撤销抗辩权，旨在进一步限制保证人的风险。保证人于债务人对债权人享有抵销权或者撤销权时享有何种权利？可以直接行使债务人的抵销权或者撤销权抑或只能在相应范围内

① 参见最高人民法院（2018）最高法民终907号民事判决书。

拒绝承担保证责任？对此问题，《担保法》及其司法解释并未予以明确，学说和实务亦有不同见解。[1]本条明确规定保证人于此种情形下仅享有相应范围的抗辩权，而非直接享有抵销权或者撤销权，可以杜绝相关争议。就立法模式而言，本条规定应系借鉴《日本民法典》第457条第3款的产物。[2]就条文表述逻辑而言，本条中“抵销权”和“撤销权”的位置应当互换。

自体系观之，本条系本法第701条的补充规定，体现了保证的从属性。债务人的抵销权或者撤销权并不构成本法第701条意义上的“债务人对债权人的抗辩”，故而保证人无法依据该条规定主张可抵销抗辩或者可撤销抗辩。然而，在主债务可能因债务人行使抵销权或者撤销权而归于消灭或者不复存在的情况下，要求保证人根据债权人的要求履行保证债务或者承担保证责任，不仅增加本不必要的追偿环节，徒增交易成本，也可能对保证人造成不利。因而，本法于本条补充规定保证人的可抵销抗辩权和可撤销抗辩权。就性质而言，本条规定的抗辩权属于保证人自己享有的延缓型抗辩权。

本条规定在性质上属于任意性规定，保证合同当事人双方原则上可以通过约定排除适用。对于排除本条规定适用的格式条款，应依据本法第496条和第497条的规定审查其效力。

规范内容

一、可抵销抗辩权

（一）可抵销抗辩权的内涵

依本条规定，债务人对债权人享有抵销权的，保证人可以在相应范围内

---

① 参见程啸：《保证合同研究》，法律出版社2006年版，第245—248页。

② 《日本民法典》第457条第3款规定：“主债务人对债权人享有抵销权、撤销权或解除权时，于主债务人因此等权利之行使而应免除其债务之限度内，保证人得对债权人拒绝债务之履行。”

拒绝承担保证责任，此即保证人的可抵销抗辩权。在比较法上，亦有立法例于此情形赋予保证人直接行使债务人抵销权的权利。[①]然而，是否行使抵销权，应系债务人可得自由决定之事项，保证人自然不宜越俎代庖。不过，一旦债务人于保证人承担保证责任后行使抵销权，保证人将只能基于不当得利要求债权人返还给付。如此，则可能对保证人造成不利益。因此，至少应赋予保证人在相应范围内拒绝承担保证责任的抗辩权。

（二）可抵销抗辩权的成立要件

保证人依据本条主张可抵销抗辩权，须债务人对债权人享有抵销权，即满足本法第568条第1款规定的抵销权成立要件，且抵销权尚未消灭。[②]债务人行使抵销权的，主债务于抵销的范围内消灭，基于保证债务的从属性，保证债务亦于相应范围内消灭，保证人自可主张主债权已消灭的抗辩。

因为本法并未规定债务人对保证人的信息提供义务，保证人极有可能因为不知道债务人对债权人享有抵销权而承担了保证责任。如果发生此种情况，除非债务人嗣后行使抵销权，否则保证人不得基于不当得利要求债权人返还给付。

（三）类推适用问题

本条规定针对的是保证人与债务人对债权人享有抵销权的情形。不无疑问的是，如果债务人对债权人的抵销权因某种原因消灭，或者债务人依当事人约定或者法律规定（本法第568条第1款后半句）不得行使抵销权，而债权人对债务人依然可得行使抵销权，保证人能否主张可抵销抗辩呢？依本法第568条第2款的规定，抵销权以通知形式行使。在债权人可以采取如此简便方式实现债权的场合，类推适用本条规定，赋予保证人可抵销抗辩权，应

---

① 如《法国民法典》第1294条第1款。我国亦不乏学者持此种观点。参见程啸：《保证合同研究》，法律出版社2006年版，第248页；郭明瑞、房绍坤、张平华编著：《担保法》（第五版），中国人民大学出版社2017年版，第49页；王乐兵：《担保法专论》，对外经济贸易大学出版社2018年版，第61页。

② 虽然本法未规定行使抵销权的除斥期间，但是基于诚信原则和禁止权利滥用原则，抵销权的行使亦不应不合理地迟延。参见最高人民法院（2018）最高法民再51号民事判决书。

为允当。[①]

二、可撤销抗辩权

（一）可撤销抗辩权的内涵

依本条规定，债务人对债权人享有撤销权的，保证人可以在相应范围内拒绝承担保证责任，此即保证人的可撤销抗辩权。是否行使撤销权，固系债务人可得自由决定之事项，保证人自然不得越俎代庖。然而，一旦债务人于保证人承担保证责任后行使撤销权，保证人只能基于不当得利要求债权人返还给付。如此，则可能对保证人造成不利益。因此，应赋予保证人可撤销抗辩权。

（二）可撤销抗辩权的成立要件

保证人依据本条主张可撤销抗辩权，须债务人对债权人享有撤销权，且撤销权尚未消灭。本条所谓的“撤销权”系指债务人因主债权债务合同存在效力瑕疵而享有的撤销权，必须满足本法总则编关于可撤销法律行为（第147条重大误解、第148条和第149条欺诈、第150条胁迫、第151条显失公平）的要件。如果撤销权因本法第152条规定的除斥期间经过而消灭，自无本条之适用。债务人如果已经行使撤销权，则主债权债务关系自始无效，保证人自可主张主债权未发生的抗辩。

与债务人对债权人享有抵销权的情形一样，如果保证人因不知情而承担了保证责任，除非债务人嗣后行使撤销权，否则保证人不得基于不当得利要求债权人返还给付。

（三）类推适用问题

在债务人对债权人享有解除权的情形中，亦存在与债务人对债权人享有撤销权的情形相同的利益状况，故而本条规定可得类推适用于债务人对债权人享有解除权的情形。

---

① 与本条规定不同的是，《德国民法典》第770条并未规定保证人得于债务人对债权人享有抵销权的情形主张可抵销抗辩，而是规定保证人得于债权人对债务人享有抵销权的情形主张可抵销抗辩。

举证责任

依据“谁主张，谁举证”的原则，保证人需举证证明债务人对债权人享有抵销权或者撤销权，即满足抵销权或者撤销权的成立要件，债权人则应举证证明抵销权或者撤销权已经消灭。

其他问题

不无疑问的是，如果债务人明确表示放弃行使抵销权或者撤销权，本法第701条第2句关于“债务人放弃抗辩的，保证人仍有权向债权人主张抗辩”的规定有无适用余地？因为债务人的抵销权或者撤销权并非该条意义上的“债务人对债权人的抗辩”，该句规定自无从直接适用。对于债务人的抗辩，本法第701条第1句规定，“保证人可以主张债务人对债权人的抗辩”，但对于债务人的抵销权或者撤销权这种形成权，本条并未规定保证人可以直接行使，而是仅仅赋予保证人于相应范围内的抗辩权。此种规范差异说明，立法者坚持认为，是否行使抵销权或者撤销权系债务人得自由决定之事。既然如此，对于债务人放弃行使抵销权或者撤销权的决定，保证人即应予以尊重。因此，本法第701条第2句规定于债务人放弃行使抵销权或者撤销权的情形并无类推适用的余地。[①]

① 我国学说一般认为，债务人放弃行使撤销权的，保证人不得主张可撤销抗辩，但是均未说明理由。参见郭明瑞、房绍坤、张平华编著：《担保法》（第五版），中国人民大学出版社2017年版，第49页；程啸：《保证合同研究》，法律出版社2006年版，第248页。

第十四章

租赁合同

第七百零三条【租赁合同的定义】

租赁合同是出租人将租赁物交付承租人使用、收益，承租人支付租金的合同。

历史由来

本条是对《合同法》第212条的承袭，其对何为租赁合同作了界定。在编纂《民法典》的过程中，《民法典合同编（草案）》（一审稿）第494条、《民法典合同编（草案）》（二审稿）第494条均未对该条作出改动，均沿袭了《合同法》第212条对租赁合同的定义性规定。

从比较法的角度来看，世界各国对租赁合同的定义存在一定差异。在罗马法中，租赁合同所包含的范围更为广泛，除了现今的租赁合同，雇佣合同和承揽合同也包含在内。随着时间的推移，到《德国民法典》时已经将租赁与雇佣、承揽相区分，并把租赁合同分为使用租赁和用益租赁，然后分别作出定义。其中使用租赁是指以使用为目的的租赁，而用益租赁则是指以使用及获取收益为目的的租赁。《俄罗斯联邦民法典》则采用先作一般定义后作分类定义的做法。[①]《日本民法典》对租赁合同未进行区分规定，我国《民法典》的规定与《日本民法典》的规定基本相同。

规范目的或功能

本条之规范目的在于定义租赁合同（定义性法条），“它是指当事人一方（出租人）将自己的财产交付他方（承租人）使用，他方为此支付约定的租金，并在租赁关系终止后返还原物的协议”。[②]租赁合同是实践中较为常见的一类合同，其在社会生活中发挥着较大的作用，具有较高的经济价值。于出租人而言，通过租赁可以将其闲置的财产流动起来，并获得一定的收益，既保留

---

① 参见梁慧星主编：《中国民法典草案建议稿附理由：合同编》（上册），法律出版社2013年版，第357页。

② 王利明：《合同法研究》（第三卷）（第二版），中国人民大学出版社2015年版，第283页。

了财产的所有权，也提高了资源的利用率；于承租人而言，租赁是一种以低成本换取租赁物使用、收益权的交易方式。租赁因而对租赁双方均有诸多价值。“由于租赁合同是以临时对标的物进行使用、收益为目的的合同，因此，凡当事人需取得对标的物的临时使用、收益而无须取得所有权时，只要该物为非消耗物，均可适用租赁合同。”①

法律条文对租赁合同的明确界定，使之成为有名合同，本条规范便成为租赁合同类型认定的重要依据。依据本条规定，判断某一合同是否为租赁合同的重点在于是否存在租赁物使用收益权和租金的交换。在合同性质认定之后，通过涵摄的推论方法，将案件事实归属于与租赁合同相关的法律规范之下，便可得出特定的法律效果。同时本条规范对租赁合同的界定，还可解决一些无名合同的法律适用问题。若某些合同尚未具有明确的法律认定，但与租赁合同具有性质上的相似性，可准用租赁合同的某些法律规范，以确定合同双方的权利义务。

规范内容

在租赁合同中，将物提供给另一方使用、收益，并有权获得相应对价的人为出租人；使用、收益对方之物并支付相应对价的人为承租人。出租人向承租人提供之物即为租赁物，又可称为租赁财产，租赁物是租赁合同中权利义务指向的对象，是租赁合同的标的物；而承租人向出租人支付的，作为使用、收益租赁物对价的是租金。

一、租赁合同的法律特征

依据本条可见，租赁合同具有如下法律特征：

1.租赁合同是转移财产使用、收益权的合同。租赁可以看作一种使用、收益权的授予，经过出租人的授权，承租人在租赁期限内便可依照约定对租赁物进行占有、使用及收益。承租人取得的仅包括对租赁物的使用、收益权，这是租赁合同与买卖合同和赠与合同的最大区别。买卖合同中买受人向出卖

① 王轶：《租赁合同　融资租赁合同》，法律出版社1999年版，第4页。

人支付相应的对价，出卖人将标的物的所有权转移给买受人；赠与合同中赠与人将财产赠与受赠人后，标的物的所有权随之转移；而租赁合同仅转移了租赁物的使用权，未转移租赁物的所有权。“故租赁契约乃所谓‘用益提供契约’，而买卖契约则属于所谓‘让与性契约’，目的在为财产权之终局让与提供一债之关系上的法律基础。”①

可见，租赁合同是债权行为，也即债法上之负担行为，其并未直接创设、变更或消灭财产权利，因而不是物权行为。在租赁期限内，承租人仅有权对租赁物进行占有、使用和收益，但不享有处分权，无权将租赁物处分给他人，因此承租人不能以租赁物来清偿债务；承租人破产时租赁物也就不能列入破产财产，出租人可以行使取回权。因为并未转移财产的所有权，在租赁期限届满后，承租人还需将租赁物返还给出租人。出租人不一定是租赁物的所有权人，只要有权将租赁物的使用、收益权转让给承租人之人，均可作为出租人。②

2. 承租人取得租赁物的使用权是以支付租金为代价。出租人出租租赁物的目的在于获取经济利益，因此承租人欲获得对租赁物的使用、收益权，需要向出租人支付租金。可见，租赁合同是有偿合同。租赁合同的有偿性，使之区别于借用合同，在借用合同中，借用人使用出借人的财产，无须支付一定的对价，具有无偿性。同时，因为承租人向出租人支付的是租金，而不是其他对价，这就有别于支付利息的有偿借款合同。利息和租金虽都是法定孳息，但二者仍有较大差别。

3. 租赁合同为双务合同。在租赁合同中，出租人负有将租赁物交付承租人的义务，并享有获得租金的权利，租赁期满后有权要求承租人返还租赁物；承租人有权要求出租人交付租赁物，但负担支付租金的义务，承租人也负有妥善保管租赁物并在租赁期限届满后及时返还租赁物的义务。因此，租赁合同是双务合同，出租人和承租人互享权利、互负义务。基于双方的对待给付关系，租赁合同可以适用双务合同有关同时履行抗辩权、瑕疵担保义务的规则。

4. 租赁合同为诺成性合同。租赁合同是诺成性合同，在出租人和承租人的意思表示达成一致后，租赁合同即成立，而不以实际交付租赁物为前提。

---

① 黄立主编：《民法债编各论》（上），中国政法大学出版社2003年版，第190页。

② 参见崔建远主编：《合同法》（第六版），法律出版社2016年版，第333页。

它不同于借用合同和自然人之间的借款合同，后两者皆为实践性合同，合同的成立需要实际交付标的物。

5. 租赁合同为继续性合同。租赁合同不是一次性合同，出租人和承租人互负的义务不能通过一次性给付来实现。在租赁期限内，需要持续不断地履行，承租人有权持续地对租赁物享有使用、收益权，并应按约定持续交付租金。因此，租赁合同有别于一次性履行的买卖合同。

6. 租赁合同具有期限性。租赁合同仅转移了财产的使用、收益权，并未转移财产的所有权。承租人对租赁物的占有不是永久的，而只在一定期限内对租赁物享有使用、收益权。租赁合同具有一定的期限性，如果期限过长，将使出租人享有的所有权形同虚设，因而各国法律均对租赁合同的最长期限作出规定。

7. 租赁合同的标的物原则上为不可消耗物。一般情况下，租赁物不能是一次性使用物品，诸如食物等可以一次性消耗完的物品，因在使用后无法返还给出租人，故而不能成为租赁合同的标的物。因此，基于租赁合同对租赁物使用、收益的特征，租赁物通常是不可消耗物。不可消耗物不会因为承租人的使用而完全失去价值，并且在租赁期限届满后可以返还给承租人，因而能够实现合同目的。但需注意的是，即使是消耗物，若不是以消耗或消费的方式使用它，亦可作为租赁物。

二、租赁合同的重要构成

租赁合同的重要构成包括租赁合同的当事人、租赁合同的标的物。其中租赁合同的当事人为出租人和承租人，租赁合同的标的物即为租赁物。没有当事人，合同也就无从提及；没有标的物，合同的权利、义务将因缺乏具体指向而毫无意义。

1. 出租人。租赁合同的出租人是将租赁物提供给另一方使用、收益，并有权获得相应对价的人。根据上文所述可知，租赁合同仅转移了租赁物的使用、收益权，因此出租人无须为租赁物的所有人，只要对标的物享有使用、收益权限，即可成为租赁合同的当事人。

2. 承租人。使用、收益出租人租赁之物并支付相应租金的人为承租人。承租人的主体范围较为广泛，可以是自然人、法人或者非法人组织。当其他法律对此有特殊规定时，从其规定。

3.租赁物。出租人向承租人提供之物即为租赁物，又可称之为租赁财产，租赁物是租赁合同中权利义务指向的对象，是租赁合同的标的物。租赁物应当具有合法性，如果将枪支、淫秽物品等国家禁止流通的非法物品进行出租，该租赁合同无效。根据前文所述，通常情况下租赁物应为非一次性使用物，具有一定的耐用性，不能因为承租人对租赁物的占有使用，而失去物的价值。租赁物具有特定性，其可以是特定物，也可是种类物，但一旦经承租人选定租赁物即特定化，以期在承租人返还时返还原物，若标的物为其他可替代物则成为消费借贷合同，这也是租赁合同和借款合同的区别之一。其中根据标的物的不同又可将租赁分为动产租赁和不动产租赁，动产租赁是以动产作为租赁合同标的物的租赁，如将汽车、船舶、产品等动产作为标的物进行出租；不动产租赁则是以房屋或者其他建筑作为标的物的租赁。法律、法规、部门规章等规范性文件对动产和不动产租赁往往具有专门性规定。

租赁物是否必须为有体物？该问题牵涉《民法典》有关租赁合同规定的适用范围。有人认为，租赁物必须为有体物，除此以外的权利客体不可成为租赁合同的标的物，诸如无形财产之类的权利客体不由租赁合同的法律规范调整，而是受商标法等相关法律的约束。[①]有人提出，以土地承包经营权、建设用地使用权等权利作为租赁标的物的合同是权利租赁合同；对于权利租赁合同，首先依从法律的特别规定，没有规定的才适用民法有关租赁合同的专门规定。[②]有人认为，在我国现行规定中，存在诸如土地承包经营权、矿业权的租赁，但不宜将它们解释为典型合同，可以类推适用《合同法》的有关规定。[③]我国台湾地区将权利租赁称为“准租赁”。我们认为，可对租赁合同作广义与狭义理解，广义的租赁合同的标的物可包括有体物和无体物，并由此可区分出以有体物作为标的物的普通租赁合同和以权利作为租赁标的的权利租赁合同。但是，就本条而言，其所言“租赁物”应理解为主要是指有体物，对于以财产权利为标的物的租赁合同，应优先适用法律关于该租赁合同的特别规定，没有特别规定的，可参照适用《民法典》关于租赁合同的专章规定。

---

① 参见李淑明：《债法各论》，台北元照出版有限公司2011年版，第122页。

② 参见崔建远主编：《合同法》（第六版），法律出版社2016年版，第334页。

③ 参见韩世远：《合同法学》，高等教育出版社2010年版，第445页。

三、租赁合同的内容

出租人转移租赁物的使用、收益权给承租人，承租人为此支付租金构成租赁合同之主要内容。

1.交付租赁物。承租人对租赁物的使用、收益建立在对租赁物的占有之上，因此须以交付承租人占有为前提，即将租赁物由出租人占用转移至由承租人占有，交付的过程也就是转移占有的过程。此处的交付不是物权变动意义上的交付，出租人将租赁物交付承租人后，仅转移了租赁物的使用、收益权，所有权仍归于出租人，物权未发生变动，出租人仍享有对租赁物的处分权。标的物的交付，有现实交付、简易交付、占有改定、指示交付等形式，对于租赁物的交付，除占有改定外，其他交付形式均可使用。①

2.使用、收益。租赁合同旨在使承租人可以低成本获取对他人之物的使用、收益权，这与委托合同、雇佣合同提供劳务的直接目的不同。使用是指依据物的性质、功能对其加以利用，而收益则是利用租赁物来获取孳息的过程，此处的孳息既包括自然孳息也包含法定孳息。《德国民法典》第535条至第597条对使用租赁（以使用为目的的租赁）和用益租赁（以使用及收益为目的的租赁）作了规定，但我国并未作出此种分类。在租赁合同中，使用、收益权具有时间上的暂时性。②

3.交付租金。承租人获得租赁物使用、收益权的对价是租金，租金一般为金钱给付。除了货币，其他类型的价值形式能否作为租金？有人认为，租金的形式不限于货币，因为从比较法的角度来看，许多国家的合同法认可租金除货币形式外还可是其他价值形式，如提供劳务的方式也可作为使用租赁物的对价，并且法律未将租金严格限定为货币，因此除了货币租金还可以是其他的价值形式。③有人认为，虽然货币是租金的一般表现形态，但以租赁

① 参见梁慧星主编：《中国民法典草案建议稿附理由：合同编》（上册），法律出版社2013年版，第367页。

② 租赁“即所谓‘不变更财产权之归属而暂时性提供标的物使用收益之契约’”。黄立主编：《民法债编各论》（上），中国政法大学出版社2003年版，第191页。

③ 参见王利明：《合同法研究》（第三卷）（第二版），中国人民大学出版社2015年版，第292—293页。

物的孳息抑或当事人约定的、合法且不违背公序良俗的其他物品也可作为租金。[①]我国台湾地区有学者依据台湾地区相关规定主张，以提供劳务作为使用租赁物对价的情形，不属于典型的租赁契约，而是租赁契约与雇佣契约相混合的“双重典型契约”，应分别适用相关契约的法律规定。[②]笔者认为，租金不应仅限于货币，租赁物的孳息、具有经济价值的物品经双方约定后也可作为租金。但劳务因具有较强的人身依附性，且较难评估作价，故而不宜成为使用租赁物的对价。双方当事人应当依照法律的相关规定，根据租赁物的价值、数量、使用期限、使用用途来确定租金的数额，并就支付方式和支付期限达成合意，以避免因约定不明而产生交易风险和债务纠纷。在约定数额时，应遵循公平原则合理确定租金的数额，如果预定的数额过分超出或低于正常水平而显失公平时，受损一方可自知道或应当知道撤销事由之日起1年内请求法院撤销租赁合同。

三 举证责任

2019年12月25日公布的《最高人民法院关于修改〈关于民事诉讼证据的若干规定〉的决定》删去了2001年《民事诉讼证据规定》中有关合同纠纷证明责任的分配的规定。但是，这并不意味着以往的规定已不再适用，而是为现有《民法典》侵权责任编和《民事诉讼法解释》所吸纳，依据实体法完全可以得到相同的结论。因此合同纠纷依然遵照“谁主张，谁举证”的基本原则，除举证责任倒置的特殊情形外，由主张积极事实的一方承担证明责任，主张消极事实的一方不承担证明责任。在租赁合同中，若发生纠纷亦应遵循此规定来分配举证责任。例如，关于租赁合同是否成立并生效的纠纷，由主张租赁合同成立并生效的一方举证证明；关于变更、解除租赁合同的纠纷，主张变更、解除的一方应当提供相关事实以证明自己的主张。但若实体法或有关解释对此作出特别规定的，也即规定责任倒置情形的，遵其规定。

值得注意的是，“当事人主张某种法律行为合于某种法定典型，因而可受

---

① 参见崔建远主编：《合同法》（第六版），法律出版社2016年版，第345页。

② 参见黄立主编：《民法债编各论》（上），中国政法大学出版社2003年版，第192页。

法律之保护者，对于法律行为之要素，是否具备，负有证明之责”。[①]如果法律关系难以辨识，当事人主张双方成立租赁合同，而非其他合同的，如将车辆停放至停车场的行为，究竟属于租赁合同，还是保管合同，不无疑惑。此时，由主张成立租赁合同的一方承担证明责任。

其他问题

本条所界定的租赁合同为通常意义上的租赁合同，即一般租赁合同，简称为一般租赁；而其他特别法所规定的租赁合同，又被称作特殊租赁合同，即特殊租赁。一般租赁与特殊租赁在适用法律时，遵循特别法优于一般法的原则，有特别规定的优先适用特别法，没有特别规定的才适用本条规定。譬如，《商品房租赁管理办法》对商品房租赁所作的特殊规定，《海商法》对船舶租赁所作的特殊规定。同时需注意的是普通租赁与融资租赁和营业租赁的区别。营业租赁又可称为租赁经营，其具有多重法律属性，不属于典型的租赁合同，在法律适用上优先适用特别法的规定，只有在没有特别规定时才可参照适用本章有关租赁合同的规定。融资租赁合同是特殊的租赁，因租赁目的具有融资性而区别于一般的租赁合同，《民法典》设专章对融资租赁合同作出了规定，其属于独立的有名合同，在法律适用上也是以特别法为优先。

第七百零四条【租赁合同主要条款】

租赁合同的内容一般包括租赁物的名称、数量、用途、租赁期限、租金及其支付期限和方式、租赁物维修等条款。

历史由来

本条继承了《合同法》第213条的规定，仅在部分措辞上作了调整。《合同法》第213条规定：“租赁合同的内容包括租赁物的名称、数量、用途、租赁期限、租金及其支付期限和方式、租赁物维修等条款。”从立法过程来看

① 梅仲协：《民法要义》，中国政法大学出版社1998年版，第90页。

《民法典合同编（草案）》（一审稿）第495条、《民法典合同编（草案）》（二审稿）第495条均继续沿用了《合同法》的规定。而《民法典》第704条在《合同法》第213条规定的基础上作了改动，增加“一般”二字，使法条的用词更为严谨恰当，体现了立法的科学性。

三 规范目的或功能

本条之规定的目的在于概述租赁合同的主要条款，为合同当事人缔约起到提示的作用。“合同的内容，即当事人合意（协商一致）的基本事项。以合同书为表现形式的合同，合同的内容也就是合同的条款。”[①] 基于合同自由原则的考量，各国在进行民事立法时，对合同的内容并不作强制性规定。为了贯彻契约自由的原则，《民法典》第470条规定合同的内容由当事人约定，此法律条文为任意性规则，仅对当事人的缔约起到提示的作用。同时也可作为合同的大致框架，供缔约人参考，以期防范交易风险，减少不必要的合同纠纷。

“在其他国家和地区的民事立法上，一般不专设条文规定租赁合同的内容。”[②] 这使得本条规定颇具中国特色，在国民普遍缺乏法律知识的大背景下，《民法典》除自身具有的法律属性外，也在一定程度上发挥着普法的宣传作用。本条根据租赁合同的具体情况，对合同的主要内容作出规定，与《民法典》第470条的立法原意大致相同，均是在贯彻合同自由的原则上，对出租人和承租人进行有关缔约和合同重要风险点的提示。本条采用具体列举的方式，对关系当事人权利、义务的重要条款作出规定，这其中既包括影响合同成立的必要条款，如租赁合同的标的物、数量，又包括虽不影响合同成立但会对当事人的权益产生重大影响的条款，如租金、租赁期限、租赁物的维修。此列举为不完全列举，采用“一般”“等”的表述，为未包含在内但对当事人权益具有重要影响的其他条款以及随着时代发展而不断涌现的新内容提供了法律空间。

---

① 朱广新：《合同法总则》，中国人民大学出版社2012年版，第137页。

② 梁慧星主编：《中国民法典草案建议稿附理由：合同编》（上册），法律出版社2013年版，第361页。

规范内容

本条属于提示性的合同条款，其对租赁合同的主要条款进行了提示，涵盖租赁物的名称、数量、用途、租赁期限、租金及其支付期限和方式、租赁物维修等内容。

一、租赁物

出租人向承租人提供之物即为租赁物，又可称为租赁财产，租赁物是租赁合同中权利义务指向的对象，是租赁合同的标的物。标的物不同于标的，合同的标的是义务人的给付行为，而标的物则是标的具体指向的客观实体。

（一）租赁物的名称

"租赁合同的标的物，是法律允许可供出租的财产，以有体物为限。"[①]其中根据租赁合同标的物的不同，可将租赁分为动产租赁和不动产租赁。租赁物具有下列法律特征：一是租赁物具有合法性，如果将枪支、淫秽物品等国家禁止流通的非法物品进行出租，租赁合同应为无效；二是原则上租赁物应为不可消耗物，租赁合同的标的物原则上不能是诸如食物类的一次性使用物品，其应具有一定的耐用性，因为在租赁合同中仅转移了财产的使用、收益权，所有权仍归出租人所有，租赁期限届满后，承租人仍需履行返还义务，而只有不可消耗物才能在使用后予以返还，所以原则上租赁物应具有不可消耗性，但若不是以消耗或消费方式使用它，即使是消耗物也可作租赁物，如租用茅台酒作促销展示；三是租赁物应具有不可替代性，"此'物'原则上应为不可替代物，如果供使用收益的物为金钱或者其他可替代物，则合同类型将成为消费借贷，而非租赁"。[②]空间上的差异可能会出现一词多义的现象，因而双方应尽可能明确租赁物的名称，使租赁物特定化，因为只有确定了租赁物，出租人、承租人才能更为准确地履行标的物的交付义务和期限届满时

---

① 王利明：《合同法研究》（第三卷）（第二版），中国人民大学出版社2015年版，第291页。

② 韩世远：《合同法学》，高等教育出版社2010年版，第445页。

的返还义务。

（二）租赁物的数量

标的物的数量通常是影响合同成立的必要条款，若合同虽未规定标的物的数量，但可通过一定计算方式来明确的，合同依然可以成立。租赁合同一般也应对租赁物的数量加以明确，数量是实现标的物特定化的重要因素。只有明确了租赁物的数量，才能准确地确定合同的标的物，进而明确双方权利义务的范围。“首先应选择双方共同接受的计量单位，其次要确定双方认可的计量方法，再次应允许规定合理的磅差或尾差。”①

（三）租赁物的用途

出租人和承租人一般应对租赁物的用途作出约定，因为承租人签订租赁合同的目的在于获得对租赁物的使用、收益权，而租赁物的用途直接关系到租赁物的使用范围和使用方式。“使用方法与租赁物的用途有关。”②于出租人而言，其向承租人提供租赁之物时，应保证租赁物符合使用、收益之目的，满足承租人的用途需求。于承租人而言，其需按照约定之用途对租赁物进行使用、收益。例如，双方明确约定租赁的房屋仅可用于家庭居住，则承租人不能将其作为经营活动场所，否则就要承担一定的责任。依据法律规定，承租人首先应当按照双方约定的方法和用途来使用租赁物，但若双方并未约定或虽然作了约定但约定不明确的，并且依照合同漏洞的填补规则仍无法确定的，承租人应当按照该物的性质加以使用。

二、租赁期限

租赁期限是租赁合同所约定的当事人权利义务的存续期间，它不仅是承租人占有使用租赁物的时间，也是承租人返还租赁物的时间节点，还关系着租金数额的计算。当事人可自行约定租赁期限，因承租人对租赁物的占有不是永久的，如果期限过长，将使出租人享有的所有权形同虚设，承租人只在

---

① 崔建远主编：《合同法》（第六版），法律出版社2016年版，第49页。

② 隋彭生：《合同法要义》，中国政法大学出版社2003年版，第523页。

一定期限内对租赁物享有使用权，因此租赁合同需要具有期限性。我国法律对此规定的上限为20年，如果当事人约定的时间在这之上，则按照20年来计算，超过的部分不具有法律效力。在约定时应明确时间的计算单位，可以按照年、月、日、小时等时间单位来确定。如果没有约定或者约定不明，又或者约定期限在6个月以上但未按规定采用书面形式的，为不定期租赁。因具体期限无法确定，法律赋予双方任意解除合同的权利。

三、租　金

出租人出租租赁物的目的在于获取经济利益，因此承租人欲获得租赁物的使用、收益权，需向出租人支付租金。租赁合同的有偿性，使之区别于借用合同。在借用合同中，借用人使用出借人的财产，无须支付一定的对价，具有无偿性。承租人获得租赁物使用、收益权的对价是租金，租金一般为金钱给付。双方当事人应当依照法律的相关规定，根据租赁物的价值、数量、使用期限、使用用途来确定租金的数额，并就支付方式和支付期限达成合意，以避免因约定不明而产生交易风险和债务纠纷。在约定数额时，应遵循公平原则合理确定租金的数额。同时需注意的是租金确定后并非一成不变，如果在使用期间内租赁物价值出现较大变动或使用范围有所增减的，继续沿用原标准对一方明显不公的，双方可通过协商对数额予以适当调整。

（一）租金的支付期限

对于支付期限，首先应当按照当事人的约定来执行，但如果租赁合同的条款中没有约定租金支付期限的，或虽约定了支付期限，但通过合同漏洞的填补规则仍不能确定期限的，此时支付期限将根据租赁期限的长短而有所不同，若租赁期限不满1年的，租金在租赁期限届满时一并支付；若租赁期限在1年以上的，则每满1年支付一次租金，剩余的租赁期限不满1年的，剩余租金待期限届满时支付。

（二）租金的支付方式

承租人可以选择一次性支付，也可分期支付。在付款方式上可以采用现金支付、银行转账、网上付款、支票等方式，在币种上可选择人民币支付或外汇支付，在支付时间上也可进行预先支付或事后支付。因为支付方式的多元化，若未事前做好详备的约定，日后难免会发生争议。事先对支付方式作出约定，可以减少交易摩擦、避免争议。在确定完毕支付方式后，诉讼时效的计算也是较为关键的问题。如果采用分期支付的，每期租金的诉讼时效自该期租金的支付期限届满之日起算。也有人认为，租金债务是一整体债务，诉讼时效应从最后一笔租金的支付期届满时起算。①

四、租赁物维修

租赁物的维修，又可称为租赁物的修缮。“修缮义务系指租赁物之用益状态在租赁期间如渐趋减低或甚至完全丧失者，出租人有予以修理、维护、复原，使租赁物能够合于约定之使用、收益状态之义务。”②依据现行规定，租赁物的维修义务一般由出租人承担，但若因为承租人自身的过错造成租赁物需要维修的，则维修责任应由承租人自己负担。但该规定不是强制性的，当事人可约定由任何一方来承担维修租赁物的义务，并可作出相反的约定，如约定由承租人负担全部维修义务，或者双方按照一定的比例来承担维修义务。只要不违反法律的强制性规定，并且符合公共秩序和善良风俗即可。同时基于交易习惯和民间习俗，租赁物的维修义务也可转移由承租人承担，如在汽车租赁中按照商业习惯，承租人往往需要负担对汽车的维修义务。

修缮义务的履行应当以必要性和可能性为原则，所谓必要性，是指如不履行修缮义务将影响租赁物的价值和状态，进而影响承租人对它的使用和收益之目的；所谓可能性，是指租赁物要有修复的可能性，如果物已经消失殆尽或者技术上无法修复，又或修缮成本过高，此等情况均属于“修缮不能”，不具有履行上的可能性。

三 其他问题

需注意的是，本条仅是对租赁合同条款所作的一般性概括，除上述内容

① 参见崔建远主编：《合同法》（第六版），法律出版社2016年版，第346页。
② 黄立主编：《民法债编各论》（上），中国政法大学出版社2003年版，第206页。

外，租赁合同的条款还可涵盖违约责任、争议解决的办法、合同的解除条件等，也可包括学者建议稿中提到的是否允许承租人对租赁物进行改善或者增设他物、是否允许承租人转租等条款。因其不是强制性规定，所以具体的条款完全可以依照当事人的需要而有所调整。

根据条款是否为合同成立所必需的条款，本条规定的合同主要条款可以分为必要条款和非必要条款。《合同法解释（二）》第1条规定，当事人对合同是否成立存在争议，人民法院能够确定当事人名称或者姓名、标的和数量的，一般应当认定合同成立。但法律另有规定或者当事人另有约定的除外。就租赁合同而言，必要条款除当事人姓名、租赁物名称、数量外，还包括租金的数量以及当事人约定的其他必要条款。对于合同欠缺的非必要条款，当事人达不成协议的，按照任意性规范来确定。

第七百零五条【租赁合同的期间限制】

租赁期限不得超过二十年。超过二十年的，超过部分无效。

租赁期限届满，当事人可以续订租赁合同；但是，约定的租赁期限自续订之日起不得超过二十年。

历史由来

本条是对《合同法》第214条的承袭。《合同法》第214条规定："租赁期限不得超过二十年。超过二十年的，超过部分无效。租赁期间届满，当事人可以续订租赁合同，但约定的租赁期限自续订之日起不得超过二十年。"通过对比可知，第1款未发生改动，第2款仅对部分用词作了调整，未发生实质上的改变。从立法过程来看，《民法典合同编（草案）》（一审稿）第496条、《民法典合同编（草案）》（二审稿）第496条则对《合同法》第214条作了微调，规定："租赁期限不得超过二十年。租赁期限届满，当事人可以续订租赁合同，但是约定的租赁合同期限自续订之日起不得超过二十年。"相较于《合同法》的规定，删去第1款中的"超过二十年的，超过部分无效"。但《民法典（草案）》第705条又恢复了《合同法》第214条的规定。

规范目的或功能

本条之规定的目的在于规定租赁合同的最长租赁期限。首先，租赁合同具有期限性，这是基于租赁合同的性质而决定的，因为在租赁合同中仅有财产的使用、收益权发生了转移，财产的所有权并未发生变动，期限届满后应当返还租赁物。因此，承租人对租赁物的占有应受到最长期限的限制，一旦期限过长，出租人享有的所有权会形同虚设，不仅影响出租人对租赁物的使用权益，也违背了租赁合同的设立初衷，使租赁合同无异于转移财产所有权的买卖合同。其次，因当事人的预见能力往往有限加之受合同严守规则的限制，当事人对租赁合同的变更较为困难，而通过规定租赁合同的最长期限，有利于当事人适时调整交易条件，以保障双方的权利。[①]因为经济社会处在不断地发展变化之中，如果租赁期限的时间跨度过长，对当事人的权益会产生不利的影响。最后，租赁合同本质上是一种债权契约，其并未直接创设、变更或消灭财产权利，因而不是物权行为。在租赁期限内，承租人仅有权对租赁物进行占有、使用及收益，但却不享有处分权。在租赁期限届满后，承租人还需将租赁物返还给出租人。“如果允许当事人创设长期甚至无期的租赁合同，则相当于将债权物权化、变相创设新的物权类型。”[②]从租赁合同作为债权契约的角度，也可作出租赁合同应受最长期限限制的论断。因此，各国法律均对租赁合同的最长期限作出规定，《日本民法典》规定，租赁的存续期间不得超过20年;《意大利民法典》规定，除法律规定的特别情况外，租赁存续期间不得超过30年；而我国则将租赁合同的最长期限限制在20年。

规范内容

本法条共由两款组成，其中第1款规定了租赁合同的租赁期限不得超过

---

① 参见梁慧星主编:《中国民法典草案建议稿附理由：合同编》(上册)，法律出版社2013年版，第362页。

② 王利明:《合同法研究》(第三卷)(第二版)，中国人民大学出版社2015年版，第294页。

20年，超过的部分无效。所谓租赁期限是指租赁合同所约定的当事人权利义务的存续期间，它不仅是承租人占有使用租赁物的时间，也是承租人返还租赁物的时间节点，还关系着租金数额的计算。当事人可自行约定租赁期限，因承租人对租赁物的占有不是永久的，承租人只在一定期限内对租赁物享有使用、权益权。其中当事人明确约定租赁期限的称为定期租赁；如果没有约定，约定不明，约定期限在6个月以上但未按规定采用书面形式，或者租赁期限届满承租人仍继续占用租赁物而出租人对此未作异议的，为不定期租赁，因具体期限无法确定，法律赋予双方任意解除合同的权利。“不定期租赁，不应被理解为永久租赁，而应理解为任意期限。”①但一方在行使解除权时，基于诚信的原则应当给予对方一定的宽限期限。本条规定在于缓解因租赁期限过长，而对当事人（尤其是出租人）所产生的约束，因此只在定期租赁的情形下才有其制度价值。

一、租赁合同的最长期限限制

依据第1款的规定，租赁期限的上限为20年，如果当事人约定的时间在这之上，则按照20年来计算，超过的部分不具有法律效力。“所谓租赁契约之期限超过20年，不以当事人明确订定逾20年之租期为限。”②只要具有永久使用的性质，也应当认定为超过了20年的时间限制，适用本条第1款的规定。关于此处的20年，有以下三种观点：一是主张此处的20年属于诉讼时效；二是认为它是一种除斥期间；三是此期限既不是诉讼时效也不是除斥期间，而是租赁合同的有效期限。笔者认为，此处的期限是租赁合同的有效期限，因为此处的期限不会中断、中止，因而不是诉讼时效，只有当承租人拖延交付租金而与出租人之间发生债务纠纷，出租人对租金的债权请求权受到的时间限制才是诉讼时效。同时，租赁合同属于债权契约，而除斥期间多适用于形成权，因而也不属于除斥期间。此处的20年是法律对租赁合同作出的特别规定，即租赁合同的最长有效期限为20年。依据此处第1款的规定，如果当事人约定的期限超过了20年，超过的部分无效，此时租赁合同的租赁期限按20

① 王轶：《租赁合同 融资租赁合同》，法律出版社1999年版，第13页。

② 黄立主编：《民法债编各论》（上），中国政法大学出版社2003年版，第199页。

年来计算，合同的其他内容并不因此失去效力。

二、租赁合同的更新

本条第2款规定，当事人在期限届满之际可以选择继续订合同，但续订的合同仍受最长租赁期限的限制，亦不得超过20年的上限。第2款对续订的租赁合同的期限作出限制，当事人在租赁期限届满后延长期限的行为，又可称为续租或租赁合同的更新，也即“是就原存租赁仅更新其期限，使之延长，其他内容（比如租金的数额、担保等）原则上不变，租赁合同仍不失其同一性”[①]。续租不同于合同履行期限的变更，履行期限的变更是双方协议对原定的履行期限作出更改，变更行为必须发生在合同的履行期限内，而续租则是在履行期限届满时延长租赁期限的行为。续租可采用明示的方式，也可采用默示的方式。明示更新是当事人在租赁期限届满时，双方协议续租。而默示更新又可称为法定更新，是在租赁期限届满后因当事人作出特定的行为而使租赁合同延续下去，即若承租人在期满后继续占有使用租赁物，而出租人没有提出异议的，则双方之间形成了不定期租赁。此处的默示更新须符合以下几个条件：一是承租人在租赁期满后继续使用租赁物，若只是持有但并不使用的不满足此要件。二是出租人对承租人继续使用租赁物的情况是知情的，因为出租人未提出异议的前提是知道，承租人以使用租赁物的行为作出了意思表示，出租人知道却未提异议的默示行为相当于认可了承租人的意思表示。[②]此处的知道既包括事实上的知晓，还包括法律推定的知晓，也即应当知道。三是出租人未提出异议，只有出租人对承租人继续使用租赁物的行为未提出异议的，双方之间才能形成一致的意思表示，出租人持沉默的态度未作任何表示的属于未提异议，出租人收取租金的积极行为也可作为认定未提出异议的依据。

对于以默示方式形成的不定期租赁的性质，除了上述的法定更新说外，还存在以下两种观点：其一是认为在当事之间又形成了一个新合同，且此合同不是书面形式，相当于推定二者之间另行签订了新的合同；其二是双方并非另行

---

① 韩世远：《合同法学》，高等教育出版社2010年版，第449页。

② 李敬、从陈建：《租赁期限之探讨》，载《徐州师范大学学报》2005年第5期。

签订了新合同，而是通过默示的方式延长了合同的期限，属于期限变更。

学界普遍主张本条规定是对定期租赁所作的最长租赁期限的限制，有人认为之所以设立最长的租赁期限，是为了防止因租赁期限过长而妨碍租赁物的改善，影响社会资源的有效利用，而在不定期租赁中双方当事人均享有任意解除权，因而不存在妨碍租赁物使用之改善的情况，故无须对不定期租赁作出最长期限的限制。[①]20年的时间限制只是针对定期租赁而言的，因此不定期租赁的租赁期限可以持续20年。[②]因此，第2款中有关续租的期限限制也只适用于更新的定期租赁，即只适用于明示更新，而不适用于以默示方式形成的不定期租赁。

租赁期限的长短往往与租赁物的性质和承租人的使用目的有关，从租赁物的性质来看，动产和不动产有着较大差别。若租赁物为汽车、设备或其他动产的，租赁期限一般较短，通常只是临时性借用；但若标的物是不动产，存续时间一般较长。同一性质的物，基于承租人的使用目的来考量商用和自用又有差别，以不动产的出租为例，若承租供家庭使用的相较于商用时间更长，因为用作商业用途时不确定性更大，而用作家庭使用时稳定性更大。本条规定仅对租赁合同的最长期限作了限制，但未对租赁合同的最短期限作出限制，从比较法的角度来看，他国一般也不对租赁期限的最短期限作出限定。最短租赁期限的存在，在于平衡承租人和出租人之间的利益，如果双方租赁期限过短，承租人便不愿花费较高的成本来对物进行改良，不利于发挥租赁物的最大经济价值。由上述的分析可知，动产租赁因租赁目的的临时性，无须规定最短租赁期限，最短租赁期限主要是限制不动产租赁的。

三 举证责任

租赁期限引发的纠纷，遵从“谁主张，谁举证”的基本原则，由主张积极事实的一方承担证明责任，主张消极事实的一方不承担证明责任。根据本

① 参见黄立主编：《民法债编各论》（上），中国政法大学出版社2003年版，第199—201页。
② 参见隋彭生：《合同法要义》，中国政法大学出版社2003年版，第520页。

条第1款，若一方主张租赁期限届满，另一方表示反对的，应由主张租赁期限届满的一方当事人举证；一方主张租赁期限超过20年，超过的部分无效的，应由该方当事人提供相关事实进行举证。根据本条第2款，对租赁期限届满后租赁合同的续订作了规定，当事人对续订的合同发生纠纷的，也应适用“谁主张，谁举证”的一般规定，由主张租赁合同已被续订的当事人来加以举证。

三 其他问题

关于土地的租赁，是否受本条规定的限制，租赁期限可否超过20年？在起草《合同法》的阶段就因学界存在争议而出现了不同的观点。一种观点是土地出租本质上仍为租赁，因而应受本条有关合同期限的限制，不得超过20年；另一种观点则否定土地的租赁应受租赁合同相关规定的调整。土地的租赁主要是指土地承包经营权和国有土地使用权的出租，《合同法》对此问题并未作明确规定，只是在部分地区开展了试点工作。

另一重要的问题是关于《合同法》颁布之前有关合同效力的问题，在1999年《合同法》颁布实施之前，当事人之间约定的租赁合同期限如果超过20年的是否有效？对此也存在争议，有人认为，既然在《合同法》颁布之前法律对于租赁合同的期限未作规定，那么双方对租赁期限的约定则属于任意性规定，超过20年的部分并不因此失效。[①]也有人认为，虽然当事人在签订合同时《合同法》尚未出台，但合同的履行却跨越了新旧两法，故而应受到最长租赁期限的限制。司法实践中针对这一问题也出现了不同的判决，在“邹某与何某房屋租赁纠纷案”中，一审法院不认可超过部分的效力，而二审法院却对其予以了认可。[②]而在“中国建设银行股份有限公司某分行与某市妇幼保健院房屋租赁合同纠纷上诉案”中，一审法院对超过20年的部分予以了认可，但当事人上诉后又被二审法院所否定。[③]上述两个案件法官因对法律规

---

① 参见武建华：《合同法实施前租赁期限约定的效力》，载《人民司法》2006年第11期。
② 参见广东省深圳市中级人民法院判决（2010）深中法民五终字第112号民事判决书。
③ 参见浙江省绍兴市中级人民法院（2017）浙06民终2117号民事判决书。

定的理解存在较大差异，而作出了截然相反的裁判。同时，如果认同超过部分无效的，又在租赁期限起算点的问题上发生了争议，一种观点主张，应从1999年10月1日开始起算，也即以《合同法》的实施日期作为起始点，这也是实践中的主流观点；另一种观点则主张，应以双方签订合同之日作为20年有效租赁期限的起算点。针对上述问题，笔者认为，根据法不溯及既往的原则，《合同法》出台以前的合同应当适用当时的法律规定，没有租赁期限的限制。出于对当事人信赖利益的保护和诚信原则的考量，双方在意思表示一致的基础上达成的约定，在不存在合同无效的事由下理应得到遵守。同时这也是鼓励交易原则的体现，本着维护交易安全和交易稳定的目的，也应尽可能促使合同有效。

第七百零六条【登记备案对租赁合同效力的影响】

当事人未依照法律、行政法规规定办理租赁合同登记备案手续的，不影响合同的效力。

历史由来

本条为新增法条，《合同法》对此未作规定。《机关、国营企业、合作社签订合同契约暂行办法》第2条规定所有合同须经备案，但在条文中并没有明确表明未经备案的法律后果。《城市私有房屋管理条例》第15条、《城市房地产管理法》第54条、《城市房屋租赁管理办法》第13条均规定了房屋租赁登记备案，但对于未登记备案的合同的效力仍未明确规定。《合同法》在第44条规定："依法成立的合同，自成立时生效。法律、行政法规规定应当办理批准、登记等手续生效的，依照其规定。"但其并没有对未依照法律、行政法规规定办理登记备案手续的租赁合同的效力进行规定。由此，当事人订立的房屋租赁合同，未依照《城市房地产管理法》的规定向城市房地产管理部门办理登记备案手续的，是否属于《合同法》第52条规定的"违反法律、行政法规的强制性规定"的情形，存在争论。有一种观点认为，房屋租赁合同的出租人领取《房屋租赁证》和履行房屋租赁登记备案手续是房屋租赁合同生效的形式要件，未满足这种形式要件的，如果出租人在合同履行期间和诉讼期间内完善了形式要件的，可以认定合同有效，否则应当认定租赁合同无效。[①]在审判实践中，以出租人未依照《城市房地产管理法》的规定办理登记备案手续为由，认定房屋租赁合同因违反法律的强制性规定而无效的判决也时有出现。

之后的《房屋登记办法》对已经确立的租赁合同登记只字未提，也说明了我国的不动产登记部门没有把租赁合同登记备案制度当作物权登记。《城镇房屋租赁合同解释》第4条规定："当事人以房屋租赁合同未按照法律、行政法规规定办理登记备案手续为由，请求确认合同无效的，人民法院不予支持。当事人约定以办理登记备案手续为房屋租赁合同生效条件的，从其约定。但当事人一方已经履行主要义务，对方接受的除外。"与该司法解释相比，《民法典》删去了第2款关于"当事人约定"时的例外情况。除此之外，对于该司法解释仅适用于房屋租赁合同的情况，《民法典》第706条将范围扩大至租赁合同，不再仅限于房屋租赁。并且，从表达上来看，《民法典》中使用了"不影响合同效力"的表述方式，而司法解释中为"请求确认合同无效的，人民法院不予支持"。《民法典》中使用"当事人未依照法律、行政法规规定办理租赁合同登记备案手续的"，而司法解释采用"当事人以房屋租赁合同未按照法律、行政法规规定办理登记备案手续为由"。总体来看，该司法解释第4条的立法原意被《民法典》第706条所继承吸收。

就立法过程来看，《民法典合同编（草案）》（一审稿）第497条、《民法典合同编（草案）》（二审稿）第497条均在尊重当事人意思自治的情况下，明确了未办理登记备案手续的并不会对合同效力产生影响。均表述为："当事人未依照法律、行政法规规定办理租赁合同登记备案手续的，不影响合同的效力，但是当事人另有约定的除外。"《民法典》删去了"但是当事人另有约定的除外"这一描述，清楚明确了未办理登记备案不影响合同效力。

在学者建议稿方面，梁慧星教授主持编撰的《中国民法典草案建议稿》中没有提及未依照法律、行政法规规定办理登记备案手续的合同效力的问题。

---

① 参见杨立：《对确认房屋租赁合同效力问题的思考》，载《中国房地产》2001年第7期。

规范目的或功能

本条为新增法条，在以往的法律中并未明确备案登记对于租赁合同效力的影响。本条之规范目的在于明确租赁合同的效力不受登记备案的影响。

以往有些观点认为登记备案是租赁合同的生效要件，通过本条加以明确，能够更加准确地对实务问题进行解决。在实务中往往存在钻法律漏洞的现象，如有些违约方明明是其违约，没有登记，而反过来说因为没有登记合同无效，不需要向被违约方承担违约责任。登记备案制度的目的是公示，使大众了解该租赁物的状态，是行政机关在达成租赁合同后的事后审查行为，其本身不是合同的生效要件。这种登记备案义务的规定并不是效力性登记的强制性规定。通过明确租赁合同中未登记备案不会影响合同效力进而对实务中的现实问题进行有效指导。

规范内容

在《民法典》以前，除房屋租赁方面有关于备案登记的相关规定外，我国民法未对租赁合同办理备案登记手续是否对合同效力产生影响作出明确规定。《民法典》第706条的规定明确指出了备案登记不会影响租赁合同的效力，即租赁权的生效无需进行备案登记。租赁权的发生和变动并不以登记为效力发生的依据，这显然与一般的不动产物权不同。一般的不动产物权必须以登记作为其效力发生和变动的依据，而租赁权的发生只需当事人的合意即可。

在我国，以租赁物的种类、性质为区分标准，租赁合同分为动产租赁合同、不动产租赁合同和权利租赁合同。这种分类的法律意义在于，法律、法规、部门规章等法律文件对不动产租赁一般有登记、备案等特殊的要求，而动产租赁一般没有这些要求。至于权利租赁合同，首先适用法律、法规、规章关于权利租赁的特别规定，没有规定的，可准用《合同法》关于租赁的规定。[1]而如今明确对租赁合同登记备案不影响合同效力，使得法律适用更为准确、清晰。

---

① 参见崔建远：《合同法》（第六版），北京大学出版社2016年版，第334页。

由于我国对房屋租赁作出了到房产管理部门登记备案的规定，故本条侧重对不动产登记备案对合同效力不产生影响进行明确。

所谓的房屋租赁登记备案制度是指房屋出租人在房屋租赁合同签订后向国家有关部门办理登记手续的制度。房屋租赁合同签订后，房屋出租人应该到房地产管理部门办理登记备案手续，由房地产管理部门审查合格后发放《房屋租赁证》。《房屋租赁证》既是房屋租赁行为合法有效的凭证，也是租赁登记备案制度的法律体现。

房屋登记备案制度有着十分重要的意义，随着我国市场经济的不断发展，房屋租赁业出现了一系列问题。其一，不具备出租条件的房屋被出租、转租，引发诸多矛盾纠纷和社会问题。房屋在出租时权属不清，承租人无从了解房屋的权属状况和真正的权利人，导致大量的所谓二房东擅自将房屋转租、转借、转让，出现混乱的群租、滥租现象，由此导致房屋损坏、小区秩序混乱、公共设施折旧加快等问题。更有甚者，出租方本身就是房屋的租客，假借房主把房屋租赁给第三方骗取第三方钱财，甚至将房屋倒卖，然后逃之夭夭，给租赁当事人带来巨大的经济损失。一些被司法机关和行政机关查封的房屋、所有权行使受到限制的房屋、违章建筑或者存在建筑质量的房屋被出租转租不仅严重影响市场秩序，也对人民群众的生命财产安全构成威胁。其二，房屋租赁市场税费流失严重。由于房屋租赁需缴纳房产税费，有些房屋租赁当事人为偷逃房产租赁税费私下交易，变相出租、转租，使税务工作者无法查清房屋租赁状况，致使房屋租赁市场税费流失严重。其三，一些出租房屋成为藏污纳垢的窝点，严重影响社会治安。特别是一些不法人员利用出租屋进行违法犯罪活动，周围的邻居对这些居住在出租屋的人员了解甚少，为有些犯罪行为提供了便利条件，使出租屋成为窝赃、销赃、窝藏犯罪分子、赌博、卖淫嫖娼、诈骗钱财的场所，也为公安机关的侦破工作带来难度。此外，在流动人口和暂住人口的管理中，因无法确定租赁当事人的身份而使管理工作陷入盲目被动的局面。为解决房地产市场中出现的问题，规范房屋租赁市场秩序，立法者试图通过房屋租赁的登记备案制度，由房屋租赁主管部门审查被租赁房屋的权属状况、房屋租赁当事人真实详细的身份，避免承租人由于房屋权属争议等问题遭受损失；通过房屋租赁登记备案建立起完整动态的房屋租赁档案体系，加强流动人口的管理，实现社会治安的稳定；以房屋租赁备案登记作为房屋租赁税费的收缴依据，建立房屋租赁长效管理机制，制作统一的簿、证，完善租赁信息底册台账等管理档案资料，从源头进行控管，切实堵塞房屋租赁税收漏洞。①房屋租赁登记备案制度的建立，其实质是房地产管理部门对出租方与承租方已签订的房屋租赁合同是否体现自愿、平等、互利和诚信、协商一致的原则，是否明确租赁双方的权利义务的具体审查，是对房屋租赁合同合法性的事后确认。房地产管理部门通过登记备案对房屋租赁实行监督管理，打击租赁市场的违法现象。②

《合同法》第44条规定，依法成立的合同，自成立时生效。法律、行政法规规定应当办理批准、登记等手续生效的，依照其规定。《合同法解释（一）》第9条第1款亦规定："依照合同法第四十四条第二款的规定，法律、行政法规规定合同应当办理批准手续，或者办理批准、登记等手续才生效，在一审法庭辩论终结前当事人仍未办理批准手续的，或者仍未办理批准、登记等手续的，人民法院应当认定该合同未生效；法律、行政法规规定合同应当办理登记手续，但未规定登记后生效的，当事人未办理登记手续不影响合同的效力，合同标的物所有权及其他物权不能转移。"上述规定表明，登记备案对合同效力的影响，应当以法律和行政法规将登记作为合同的生效条件为前提，法律和行政法规未规定登记后生效的，当事人未办理登记手续不影响合同效力。《合同法解释（二）》第14条也规定："合同法第五十二条第（五）项规定的'强制性规定'，是指效力性强制性规定。"而《城市房地产管理法》中有关房屋租赁合同登记备案的内容，并没有登记后合同才能生效的规定，该条规定并不属于效力性强制性规定而仅属于管理性规范，不能作为房屋租赁合同的生效要件。③

房屋租赁合同是否以登记备案作为合同的生效要件，需要根据《合同法》的相关规定以及登记备案制度的性质和我国合同法律制度对于合同无效的发

---

① 参见苏桂秀、岂巍：《浅析房屋登记备案制度的重要性》，载《辽宁行政学院学报》2008年第3期。

② 参见江汝南、徐步明：《论登记备案制度对房屋租赁合同效力的影响》，载《安徽纺织职业技术学院学报》2003年第1期。

③ 参见最高人民法院民事审判第一庭：《最高人民法院关于审理城镇房屋租赁合同纠纷案件司法解释的理解与适用》，人民法院出版社2016年版，第36页。

展趋势等因素进行综合分析考量来确定。

有观点认为，现行《城市房地产管理法》第54条明确规定："房屋租赁，出租人和承租人应当签订书面租赁合同，约定租赁期限、租赁用途、租赁价格、修缮责任等条款，以及双方的其他权利和义务，并向房产管理部门登记备案。"该条关于房屋租赁登记备案的规定是法律的强制性规定。因此，部门规章、地方规章等文件规定，租赁合同应当备案或登记的，租赁合同不经备案或登记不生效力，认为我国房屋租赁是实行要件主义，即房屋租赁合同必须登记备案才能产生法律效力；或者说，房屋租赁合同没有办理登记备案手续，租赁合同就没有法律效力。该种观点实质上是混淆了效力性强制性规定和管理性禁止性规范。违反效力性强制性规定的行为自始、绝对、确定无效，而违反管理性禁止性规范的交易行为，通常情况下对该行为的效力没有影响。

关于效力性禁止性规范和管理性禁止性规范的区分，有人主张采取形式的区分方法和实质的区分方法。所谓形式的区分方法，是指某项禁止性规范如果在形式上属于"禁止任何人、在任何时间、在任何地点，以任何方式从事某类交易行为"，该项禁止性规范即属于效力性禁止性规范；某项禁止性规范如果在形式上属于"禁止特定人，或者禁止在特定时间，或者禁止在特定地点，或者禁止以特定方式从事某类交易行为"，该项禁止性规范即属于管理性禁止性规范。在这种区分方法之下，效力性禁止性规范，禁止的是交易行为本身，其目的在于禁绝此类交易行为的存在；管理性禁止性规范，并非禁止某种类型的交易行为，即某种类型的交易行为仍属法律所允许，但禁止当事人在未取得交易资格或禁止当事人在某一时间、某一地点以某种方式从事此类交易行为。所谓实质的区分方法，是指运用文意解释、体系解释、历史解释及目的解释方法，尤其是运用后两种解释方法，以确定禁止性规范的规范目的。如果某项禁止性规范的规范目的在于直接维护或保护国家利益或社会公共利益，该项禁止性规范即属于效力性禁止性规范。如果某项禁止性规范的规范目的在于直接维护特定的管理秩序，并不直接涉及国家利益或社会公共利益的维护或保护，该项禁止性规范即属于管理性禁止性规范。"形式的区分方法，仅在人们享有较高价值共识时方有用武之地。在这种意义上，实质的区分方法在价值取向多元的背景下更为有效和关键。但正如公共利益的最终决定需要交由立法机关和司法机关作出判断一样，效力性和管理性禁止性规范的区分，也应照此办理。”[①] 就房屋租赁合同登记备案问题而言，我国关于房屋租赁需要登记备案的相关规定中并没有规定登记后合同才能生效，该规定不属于效力性强制性规定而仅属于管理性规范，不能作为房屋租赁合同的生效要件。因此，当事人未将房屋租赁合同办理登记备案手续的，不影响合同的效力。

第七百零七条【租赁合同的形式】

租赁期限六个月以上的，应当采用书面形式。当事人未采用书面形式，无法确定租赁期限的，视为不定期租赁。

历史由来

本条系对《合同法》第215条的承袭。《合同法》第215条规定：“租赁期限六个月以上的，应当采用书面形式。当事人未采用书面形式的，视为不定期租赁。”本条延续了《合同法》关于租赁合同形式的规定，增补了“无法确定租赁期限的”的表述。整体来看，《民法典》对于6个月以上未采取书面形式的租赁合同不再采用以往的“一刀切”方式，即全部视为不定期租赁，而是给了合同双方当事人协商或者单独证明租赁期限的机会，避免仅仅因为形式问题损害当事人利益。

从立法过程来看，《民法典合同编（草案）》（一审稿）第498条、《民法典合同编（草案）》（二审稿）第498条在《合同法》第215条的基础上都增加了“无法确定租赁期限的”的表述，使得法条更为严谨、明确。

规范目的或功能

本条属于推定性规定。虽然本条使用“视为”一词，为法律拟制的常用语，但由于本条新增“无法确定租赁期限的”规定，不定期租赁的推定，可以由当事人举证推翻，故应当属于法律推定。相较而言，《合同法》第215条

---

① 王轶：《论物权法的规范配置》，载《中国法学》2007年第6期。

的规定属于法律拟制。

《民法典》本处用语没有同步修订，不尽科学，殊值注意。本条之规范目的在于明确租赁合同的形式，在充分尊重租赁合同双方当事人意思自治的前提下，确定租赁期限为定期或不定期租赁，明确租赁合同何时应采用书面形式，何种情形下为不定期租赁合同。为避免日后因租赁合同的形式而带来无法取证、影响当事人权利义务关系等纠纷，规范6个月以上的租赁合同应当采取书面形式，便于保护交易安全及合同当事人合法权益，同时赋予当事人证明租赁期限的权利。

一、提醒功能

该条对租赁合同的书面形式作了相关规定，可以提醒当事人谨慎行事，在合同订立之前深思熟虑，避免因草率决定而承担风险或遭受损失。

二、证据功能

6个月以上租期较长的合同，当事人应当采用书面形式，这是因为关于合同是否存在、合同订立的具体内容等事项，经过签名、盖章或按指印的书面形式得以确认，在日后发生纠纷时，能够提供较为明确的证据，从而避免因证据不足而带来的法律风险和责任。

三、保护弱势当事人功能

采用书面形式主要是为了防止交易优势方利用对方的物质、轻率、窘迫而添加不正当的、含糊的条款，由此保障合同双方当事人的合法权益，维护合同的公平性。

规范内容

本条的规范内容主要在于规范租赁合同的形式问题。从本条规定可以看出，租赁合同属于不要式合同，合同期限超过6个月的，虽未采用书面形式，合同仍成立且不因之无效。

《合同法》第10条规定，当事人订立合同，有书面形式、口头形式和其他形式。法律、行政法规规定采用书面形式的，应当采用书面形式。当事人约定采用书面形式的，应当采用书面形式。这里的法律不仅指有关的专门的法律，而且也包括《民法典》合同编中规定的对特定合同的特定的书面要求。自愿原则是我国民法的基本原则之一，它是指自然人、法人等任何民事主体在市场交易和民事活动中都必须遵守自愿协商的原则，都有权按照自己的真实意愿独立自主地选择、决定交易对象和交易条件，建立和变更民事法律关系，并同时尊重对方的意愿和社会公共利益，不能将自己的意志强加给对方或任何第三方。

具体到租赁合同中，租赁标的物、价款、期限等的选择权在于当事人，合同中的权利义务应按当事人达成一致的意思表示去完成。关于租赁合同应当采用什么形式订立，租赁合同形式上的基本特征是规定本条内容的依据。

在租赁合同中，采用口头形式订立合同有其一定的便利性，如在一些临时使用租赁物的交易中，使用时间较短，涉及的租金也较少，就不必非要采用书面形式订立合同，由此充分发挥口头订立合同的便利，免去书面合同的烦琐，大大提高民事主体在从事民事活动中订立合同的效率。但是，租赁合同毕竟是出租人所有的或可支配的财产交付于承租人手中，承租人对其占有使用，对出租人来说有丧失租赁物的风险，如果没有采用书面形式订立合同，一旦发生争议，口说无凭，当事人的权利很难得到保护。在其他国家及地区的相关立法中，《法国民法典》虽然对采用何种形式订立租赁合同没有特别规定，但其规定："但口头合同在租赁物未交付之前，另一方否认租赁关系存在时，不问其租金如何低微，亦不问他方主张已交付定金，租赁的事实不能得到证明。"[①]在我国台湾地区则设有特别规定，不动产之租赁契约其期限逾1年者，应以字据订立之，未以定据订立者，视为不定期限至租赁。这表明台湾地区租赁契约的成立，原则上只需要双方当事人意思表示一致，即合同成立且有效，而不以做成书面要式合同或者以租赁物的交付为必要。

书面形式不是合同生效的必要条件，合同订立可以采用书面形式或者口头形式，除非是法律规定必须采用书面形式的，否则口头达成一致合同同样成立。合同的形式即合同的表达方式，作为合同当事人意思表示的载体，对

---

① 参见全国人民代表大会常务委员会法制工作委员会编：《中华人民共和国合同法释义》（第3版），法律出版社2013年版，第336页。

合同的效力产生一定的影响。

根据本条的规定，可以以6个月为时间界限，对租赁合同的形式进行分阶段分析。

一、租赁期限为6个月以下的租赁合同

本条未对租赁期为6个月以下的租赁合同形式作出规定。但可以得知，租赁期为6个月以下的定期租赁合同为不要式合同。所谓定期租赁合同，就是有确定租期的租赁合同，或者虽然没有规定明确的租期，但是在事后可以达成协议确定租期，或者可以通过合同的相关条款、使用租赁物的目的、交易习惯来确定租赁期限的合同。[①]租赁期为6个月以下的，合同约定有明确的期限，其形式可以自由选择，书面形式或口头形式都不会影响合同的效力。本条规定对于租赁期不足6个月的可以为不要式合同也是因为其租赁期限较短，一般而言，租赁物的价值不会太高（当然不排除大型的机械设备等价值较高的物品），租赁物使用后变化也不大，租金也较少，租赁关系结束得快，证据不易失散，一旦发生纠纷容易分清责任，[②]当事人不一定必须订立正式的书面合同。6个月以下的租赁合同在尊重合同当事人的意思自治前提下，不仅有利于提高日常租赁合同订立的效率，同时又能够保证交易安全。值得注意的是，不动产租赁则一般需要采用书面形式订立，就房屋租赁而言，《城市房地产管理法》第54条规定，房屋租赁合同应当采用书面形式。《城市房地产管理法》规定，房屋租赁，出租人和承租人应当签订书面租赁合同，并向房产管理部门登记备案。

二、租赁期限为6个月以上的，应当采用书面形式

租赁期限在6个月以上的定期租赁合同，应采用书面形式。法律、行政法规规定采用书面形式或者当事人约定采用书面形式的，应当采用书面形式。书面形式是指合同书、信件和数据电文（包括电报、电传、传真、电子数据交换和电子邮件）等可以有形地表现所载内容的形式。某些法律、法规规定

---

① 参见乔燕：《租赁合同》，人民法院出版社2000年版，第20页。

② 参见全国人民代表大会常务委员会法制工作委员会编：《中华人民共和国合同法释义》（第3版），法律出版社2013年版，第337页。

租赁合同应当登记或备案，此种登记或备案不属于租赁合同的成立或生效要件。当事人约定已办理登机或备案为合同生效要件的，从其约定。[①]此处要求6个月以上采用书面形式主要考虑的是租期较长，租赁物的价值往往较高，租金较多，对租赁物的使用消耗也多一些，所以以书面形式将双方的权利义务规定清楚，能够避免发生纠纷，即使在将来发生争议时也有据可查，易于解决纠纷，保护当事人的合法权益。在此，需要特别注意的是，法条虽然明确规定应当采用书面形式，但是未采用书面形式订立的合同并非当然认定其为无效。根据立法精神，对合同书面形式的要求主要是基于上述证据等原因上的考虑，以便更容易地解决这类合同纠纷。也就是说，这里的“应当”不同于“必须”，即使租赁期限在6个月以上的定期租赁合同，应当采用书面形式而未采用，并不会影响租赁合同的成立或生效。

三、租赁期限为6个月以上的，当事人未采用书面形式，无法确定租赁期限的，视为不定期租赁

所谓不定期租赁合同，是指没有约定租期或者租期约定不明，而且事后也不能确定租期的租赁合同。[②]本条较《合同法》第215条增加了“无法确定租赁期限的”这一表述。通过《合同法》第215条字面规定意思即可得出租赁期限为6个月以上的合同，当事人未采用书面形式，即可全部视为不定期租赁，此法条规定过于绝对，并且与现实生活中租赁合同订立的情形不符，一概视为不定期租赁，就忽视了合同订立双方当事人协商约定的情形，不利于保障当事人的合法权益。如前文所述，6个月以上的租赁合同通过法律强制性地规定为书面形式，会导致原本当事人已经通过口头形式约定的合同期限直接由于法律强制性规定而变为不定期。虽保护了租赁期限较长的合同，但也一定程度上违反了当事人的意思自治，忽视了当事人依诚信作出的口头约定的效力。故而十分有必要对于租赁期限6个月以上，当事人虽未采用书面形式，

---

① 参见梁慧星主编：《中国民法典草案建议稿附理由：合同编》（上册），法律出版社2013年版，第364页。

② 参见王利明：《合同法研究》（第三卷）（第二版），中国人民大学出版社2015年版，第288页。

但只有在无法确定租赁期限的情况下，才视为不定期租赁。正如梁慧星教授主持编撰的《中国民法典草案建议稿》中对本条理由部分所述，租赁期间在6个月以上的定期租赁合同，因租赁期间较长而有保存证据和督促当事人谨慎交易之必要。但本条规定并非强行规范。在当事人未采用书面形式时，租赁合同的成立或生效不受影响，自应允许当事人举证证明租赁期限存在，当事人不能证明的，租赁合同视为不定期租赁合同。《民法典》维持《合同法》第215条规定的同时，另增“无法确定租赁期限的”一语，以增加当事人对通过其他方式确定租赁期限存在的机会。

合同当事人双方作为完全民事行为能力人，意思自治的决定以口头形式订立合同，表明了其双方愿意承担该口头合同所带来的法律责任和违反合同时应当承担的法律后果。在当事人明明可以选择书面形式这种证明力更强的形式订立合同的情况下，仍旧作出口头约定，更是体现了双方当事人的自由意志和其愿意遵循诚信原则履行合同的意愿。这是合同订立当事人的一项自由权利，不应被法律强行剥夺。为改变《合同法》第215条即便是在当事人愿意背负口头约定带来的法律风险时，也必须根据该条规定强制变更口头合同约定的期限的规定，增设相应的条件，使得法条更能发挥其规范作用。

此外，《合同法》第215条的表述与全国人大常委会法工委编写的相关图书中对第215条的解释也不一致。相关图书中的表述是：租赁期限6个月以上的，当事人没有采用书面形式，双方又对租赁期限有争议的，如果双方已经履行合同的主要义务，合同还是有效的。如果没有履行主要义务，当事人对其他问题没有争议，只是对租赁期限有争议的，依本条规定，视为不定期租赁，其租赁合同还是有效的，不定期租赁合同双方当事人随时可以解除合同。相关图书中提到双方没有采用书面形式，仅对租赁期限有争议，视为不定期，可知相关图书的解释与《合同法》第215条法条本身的表述存在意思偏差。相关图书的解释更贴近本条对租赁合同形式的规定。既尊重了合同当事人的意思自治，又可以有效解决因口头形式举证困难带来的租赁双方保护失力，是适用性较高的法律表述。①

---

① 参见戴娜娜：《租赁合同形式的现实思考——兼议〈合同法〉第二百一十五条》，载《经济与法》2013年第439期。

对于租赁期限为6个月以上的，当事人未采用书面形式，无法确定租赁期限，视为不定期租赁的规定，在内容上可以进一步作分层理解。

1.租赁期限为6个月以上的，当事人未采用书面形式，但可以通过其他形式，如口头形式，确定租赁期限，且在当事人对该约定的租赁期限没有争议时，可以按照当事人的口头约定来处理，此时的租赁合同为定期租赁。如双方当事人均承认租赁合同约定有6个月以上的确定的租赁期限，则该租赁合同仍为定期租赁合同。

2.在当事人对租赁期限有争议时，如一方当事人否认当事人之间的租赁合同为租赁期间6个月以上的定期租赁合同，另一方当事人又无充分证据证明自己的主张，此时该租赁合同视为不定期的租赁合同。

三 举证责任

租赁合同只需合同订立当事人意思表示一致即可成立，并不需要出租一方实际交付标的物。就形式要件而言，法律对一般的租赁合同并没有形式要件的要求，租赁合同原则上是不要式合同，当事人可以自行选择口头或书面的形式。但是当租赁期限为6个月以上且当事人未采用书面形式时，当事人可以举证证明其所约定的租赁期限，当事人不能证明，或是有争议时，合同为不定期租赁合同。在这种情况下，由于未以书面形式确定双方当事人的意思表示，当事人需要提供相关的口头约定的事实证据、合同已经履行的事实证据来证明租赁关系的存在。如承租人可提供证人证言、租金汇款凭条等证据，证明出租人具有同意出租的意思表示，承租人已履行了支付租金等义务；出租人可提供对方对房屋实际进行了占有、使用的证据，证明已履行了房屋交付承租人使用的义务。根据“谁主张，谁举证”的举证规则，租赁期间为6个月以上，当事人对租赁期限有争议时，由主张租赁合同为定期租赁的一方当事人承担举证责任。

在没有书面合同的情况下，一方当事人能够证明双方成立租赁关系的（参见本法第703条，关于举证责任的评注），法律推定租赁期限为6个月，超过部分为不定期租赁。但当事人可以举证证明双方实际约定的租赁期限，或者低于6个月，如日租；或者超过6个月。

第七百零八条【出租人交付租赁物的义务及保持义务】

出租人应当按照约定将租赁物交付承租人，并在租赁期限内保持租赁物符合约定的用途。

历史由来

本条继承了《合同法》第216条的规定，略作修改。从立法过程来看，《民法典合同编（草案）》（一审稿）第499条、《民法典合同编（草案）》（二审稿）第499条均继承了《合同法》的规定，未作变动。最终表决通过的《民法典》对《合同法》第216条作出了把“在租赁期间”调整为“在租赁期限内”的修改。

规范目的或功能

本条是关于出租人交付租赁物的义务和对租赁物的瑕疵担保责任的一般规定。除本条外，本法第712条（维修义务），第723条、第724条（权利瑕疵担保），第729条（风险负担），第731条（租赁物质量缺陷）等，共同构成关于租赁物瑕疵的规范群，保障承租人在租赁期间对租赁物的使用收益权。

就租赁合同而言，出租人订立租赁合同的目的是收取租金，承租人订立合同的目的是通过租赁标的物而获取其使用价值。双方基于各自目的签订合同，并希望合同可以顺利履行，以实现各自目的。但在现实生活中，合同的履行并非总是如双方当事人所期待的那样顺利。承租人支付了租金，但出租人提供的租赁物难免存在瑕疵情况，该瑕疵是对租赁合同的破坏，其存在直接影响了承租人对租赁物的使用和收益，妨害了双方利益的平衡。承租人受到租赁标的物的物之瑕疵或权利瑕疵的限制，或由于租赁物本身品质等方面不符合约定，或由于第三人主张实现抵押权而不能使用。在这种情况下，承租人相对地处于弱势一方，其权利更容易受到侵害。[①]本条的规定正是为了有效保护承租人的合法权益，在承租人支付租金后保证其仍然能够继续享有租赁物的使用收益权。

---

① 参见王泽鉴：《民法学说与判例研究》（第六册），中国政法大学出版社2005年版，第194页。

立法者的目的在于促进商品经济交易的效率，尽量减少和避免无效交易，保障交易安全。在租赁合同中，只有履行此种义务才能够使承租人实现对租赁物的正常占有和使用，从而达到租赁目的。如果租赁物不符合约定的利用状态，可能导致承租人租赁目的无法实现。因此，在租赁期间内，出租人有义务保持租赁物符合约定的用途。还需要指出的是，出租人所负有的保持租赁物符合约定用途状态的义务，是其负有的维修和修缮租赁物义务的前提和基础。正是因为出租人有义务保持租赁物处于符合用途的状态，所以在租赁物出现缺陷时，出租人应当进行修缮。①

规范内容

本条对租赁合同的出租人一方的义务作出了规定。租赁合同是当事人一方将租赁物交付另一方使用，另一方为此支付租金并于使用完毕后归还租赁物的协议。本条规定了出租人的两项义务，一是交付义务；二是对租赁物的瑕疵担保责任。这两项义务是出租人的重要义务。其他义务如维修义务、出卖租赁物的通知义务等都是由这两个义务派生出来的。②

一、出租人交付租赁物的义务：出租人应当按照约定将租赁物交付承租人

交付租赁物是出租人的主给付义务，若承租人不履行此义务，则构成违约。

租赁合同为双务合同，本条规定出租人的义务同时体现承租人给付租金的对价关系，适用于同时履行抗辩权的相关规定。承租人订立租赁合同的目的是占有、使用租赁物，这就要求出租人交付租赁物，将租赁物置于承租人的占有下，以实现双方当事人订立合同的目的。同时转移占有后，在租赁关

① 参见王利明：《合同法研究》（第三卷）（第二版），中国人民大学出版社2015年版，第306页。

② 参见全国人民代表大会常务委员会法制工作委员会编：《中华人民共和国合同法释义》（第3版），法律出版社2013年版，第338页。

系存续中，当然不得任意收回。[1]另外一种情形，出租人虽不交付租赁物，但应使租赁物处于得为使用、收益的状态。某些特殊类型的租赁交易中，如将房屋的墙壁外侧出租于他人，供张贴广告，无须出租人将租赁物交付于承租人，此时出租人应按照合同的约定使租赁物处于得为使用、收益的状态。服务于承租人的使用、收益租赁物目的的实现，在租赁合同的整个存续期间内出租人均应保持租赁物符合约定的用途。[2]

（一）交付的形式

所谓交付是指将租赁物的占有转移至承租人。因为承租人要获得的是租赁物的使用权，因而其就必须对该租赁物进行占有，占有是能够使用的前提。由此可见，出租人的首要义务就是交付租赁物，只有出租人将租赁物交付给承租人后，承租人才能够实现对租赁物的占有、使用和收益。

在我国民法中的交付分为现实交付、简易交付、指示交付和占有改定四种方式，在民法体系中，在无其他特别规定的情况下（占有改定不适用于善意取得制度），法条中的“交付”包括现实交付和观念交付。

在租赁合同中，出租人将租赁物按照约定交付给承租人为承租人得以使用、收益租赁物的前提，此处的交付应从狭义上理解，将其限定于实际交付。如果租赁物为第三人所占有，出租人可否把向第三人的返还请求权转移给承租人而完成租赁物的交付？虽有人认为，在此情况下，可以由承租人向第三人主张标的物的返还请求权，[3]但笔者认为，除非经过承租人同意，否则不能通过此种方式来替代交付。对于租赁物的交付，除占有改定外，其他交付方式均可使用。

（二）按照约定交付

所谓按照约定交付是指在交付租赁物时，出租人应当根据合同约定的租赁物的名称、数量、质量、交付时间与地点以及交付方式等交付符合合同约

---

① 参见郑玉波：《民法债编各论》，台北三民书局1981年版，第187页。

② 参见梁慧星主编：《中国民法典草案建议稿附理由：合同编》（上册），法律出版社2013年版，第367页。

③ 参见吴启宾：《租赁法论》，台北五南图书出版公司1998年版，第33页。

定的租赁物。如果租赁物分主物和从物时，在交付主物的同时应将从物一并交付承租人。例如，交付的租赁物为房屋时，在交付房屋的同时应将房屋钥匙一并交给承租人。交付的地点可以是承租人所在地，也可以是出租人所在地。这由合同的履行地点来决定。[①]出租人交付的租赁物必须符合合同约定的使用目的，承租人有权要求出租人按照约定交付租赁物，根据《民法典》第578条的规定，当事人一方明确表示或者以自己的行为表明不履行合同义务的，对方可以在履行期限届满之前请求其承担违约责任。出租人交付的租赁物应当在质量、功能性能等各方面均符合合同约定，如若出租人不能按照合同约定交付租赁物或者交付的租赁物不符合约定，导致承租人无法按期或正常使用，出租人应当承担违约责任。同时，类推适用本法第610条、第617条，买卖合同瑕疵担保的规定，承租人有权主张行使抗辩权，有权要求出租人维修、替换，必要时也可以请求解除合同并请求出租人赔偿损失。

（三）交付承租人

本条中的“交付承租人”并不单单是字面意义上的把租赁物交给承租人，还包括按照约定把租赁物交给承租人的“代理人”。这里所说的“承租人”并非仅仅指的是承租人本人，还包括承租人的“代理人”，也就是说，在有约定的情况下，出租人将租赁物交给承租人的代理人也应当认定为出租人履行了交付义务。

（四）出租人无权处分问题

原则上，出租人所出租的财产应当是自己有权处分的财产，出租人交付的标的物也应当是自己有权处分的标的物。但若出租人出租他人财产，该租赁合同是否有效呢？一种观点认为，根据《民法典》第703条规定：“租赁合同是出租人将租赁物交付承租人使用、收益，承租人支付租金的合同。”此处只规定“租赁物”，而没有强调该租赁物必须是出租人自己的财产。所以，当出租人以他人财产进行出租时，合同仍然有效。另一种观点认为，租赁物必须是出租人有权处分的财产，如果出租人以他人财产出租，则该租赁合同为无效。笔

---

① 参见全国人民代表大会常务委员会法制工作委员会编：《中华人民共和国合同法释义》（第3版），法律出版社2013年版，第338页。

者认为，首先，出租人原则上应当以自己的财产出租，但出租人未经他人许可而将其财产出租的，也并不当然导致租赁合同无效。从《民法典》第703条的文义来看，本条并未明确规定出租人出租只能以自己的财产出租，也未规定出租人以他人财产出租的合同效力为无效。其次，租赁合同作为一种债权行为，不以出租人是否有权处分为效力要件，否则不利于次承租人权利的保护。

此外，值得被讨论的问题在于，当出租人无权处分他人财产时，承租人可否善意取得租赁权。有学者认为，如果相对人是善意的，则善意的第三人也可以根据善意取得制度取得租赁权。[①]笔者认为，租赁权在性质上属于债权而非物权，所以不应适用善意取得制度。

由此可知，当出租人以他人财产进行出租时，如果出租人取得他人追认或事后取得该财产的处分权时，则无权处分的效力得到补正，其出租为有权出租。但即使真正权利人没有追认，出租人事后也未取得租赁物的处分权，租赁合同也不因之无效，承租人无法向次承租人交付租赁物的，次承租人可以要求承租人承担违约责任。

二、出租人对租赁物的瑕疵担保责任：出租人交付的租赁物应当符合约定的用途

在租赁期间，出租人仍应当保持租赁物符合约定的用途。本条规定出租人对租赁物的瑕疵担保责任在合同履行的两个阶段都有要求：一是在租赁物交付时保证交付的租赁物符合约定的用途，具有品质完整的使用价值，使承租人能够正常使用。二是在租赁期间内保持租赁物符合约定的用途。在租赁期间如果租赁物本身出现问题，承租人请求出租人进行维修时，出租人应对其进行及时的维修，以保证承租人的正常使用。出租人如不能及时予以维修，承租人可以自行维修，维修的费用应由出租人负担。因维修租赁物影响承租人使用时，承租人有权请求减少租金或延长租期（本法第713条）。[②]

---

① 参见王轶：《论无权处分行为的效力——以物权变动模式的立法选择为背景》，载《中外法学》2001年第3期。

② 参见全国人民代表大会常务委员会法制工作委员会编：《中华人民共和国合同法释义》（第3版），法律出版社2013年版，第339页。

（一）瑕疵担保的性质、分类

瑕疵担保责任产生于罗马法，是有偿合同中的重要责任制度之一。在我国《合同法》中，出卖人瑕疵担保责任制度规定得最为详细和周延，在实践中，就买卖合同一章所涉及的法律规定而言，瑕疵担保责任制度也是被准用最多的。[①]租赁合同为有偿合同，故而出租人交付租赁物存在瑕疵时，对于租赁合同未规定的情形，原则上可以适用买卖合同中关于瑕疵担保的规定。

但是租赁合同与买卖合同又存在区别，需要注意本条中租赁合同的物的瑕疵担保与买卖合同中物的瑕疵担保两者规定的不同之处。一是租赁合同不同于非继续性的买卖合同，其具有自身的特殊性，租赁合同为继续性合同。买卖合同中以交付租赁物的时间点作为判断出卖人是否应当承担瑕疵担保责任，此时买卖合同的规定就不适用于租赁合同，由于租赁合同为继续性合同，故在租赁关系存续期间产生的瑕疵，属于出租人应担保的范围。本法就规定了出租人在租赁期间内也需承担瑕疵担保责任。二是承租人所享有的修缮请求权，如承租人自行修缮的费用可请求出租人支付，此权利也来源于租赁关系存续期间的瑕疵担保责任，而买卖合同则无此瑕疵担保。

由此可知，租赁合同与买卖合同不同，具有其自身的特殊性，因此对于租赁合同中的瑕疵担保责任优先适用其特殊规定，仅在没有特殊规定的情况下才适用买卖合同中关于瑕疵担保责任的一般规定。

就租赁合同的瑕疵担保责任分类而言，主要分为物的瑕疵担保和权利瑕疵担保，而本条侧重于物的瑕疵担保。

1.物的瑕疵担保

物的瑕疵担保责任系指标的物于交付转移危险负担时，债务人应担保其不具有导致丧失或减少其使用性能的瑕疵，且应担保标的物具有合同约定的品质。[②]具体而言，出租人要保证租赁物的状态和质量符合合同约定的用途，满足承租人使用的目的，此时为功能瑕疵担保责任；此外，出租人还承担租

---

① 参见易军：《买卖合同之规定准用于其他有偿合同》，载《法学研究》2016年第1期。

② 参见王泽鉴：《民法学说与判例研究》（第六册），中国政法大学出版社2005年版，第120—121页。

赁物的品质的瑕疵担保责任。从合同履行期限上分析，出租人物的瑕疵担保包括如下两方面内容：一是于交付租赁物前或交付时即已存在，保证交付的租赁物符合约定的用途，具有品质完整的使用价值，使承租人能够正常使用。二是于租赁物交付后，租赁关系存续中发生之瑕疵担保。由于租赁合同转移的是租赁物的使用权，而承租人租赁财产是为了使用和收益，因此，在租赁合同中，物的瑕疵担保主要是物的效用的瑕疵担保。

2.权利瑕疵担保

权利瑕疵担保责任系指债务人应担保标的物上不存在第三人可向债权人主张的权利，以及担保标的物不存在任何合同未约定的权利负担或限制。①

对于物的瑕疵担保责任，依据等价说，在债务人已经履行了义务的情况下，法律为维持给付与对待给付之对价均衡，才使债务人负有瑕疵担保责任；对于权利瑕疵担保责任，依据履行说，债务人未按照契约的本旨，使债权人取得标的物的权利，因此参照适用本法第614条买卖合同权利瑕疵担保的规定，债权人可根据法律规定减少或停止支付价款。

（二）瑕疵担保的期限问题

在租赁关系中，出租人的瑕疵担保责任中涉及的瑕疵存在的时点不仅仅只局限在交付租赁物时，也与租赁关系存续的状态息息相关。

在出租人交付租赁物之前，租赁标的物未交付，尚无瑕疵担保责任问题。

在租赁关系存续过程中，出租人有义务维持租赁物自始至终能满足双方于合同约定的使用收益标准，该义务要求出租人在交付租赁物于承租人后，一方面，不得阻碍承租人对租赁物的使用收益；另一方面，更要积极地对租赁物承担持续的维护义务，使得租赁物在租赁期内能够一直符合合同约定的使用目的。②依照本条规定，出租人应当按照约定将租赁物交付承租人并在租赁期间保持租赁物符合约定的用途，可知其义务内容表现为一种持续的状态，而承租人负有支付租金的义务，亦足见其义务内容随时间的经过而增加。

因此，固有的继续性合同本质上就是继续性合同，无论其具体内容如何，

---

① 参见石静霞：《买卖合同》，中国法制出版社1999年版，第118页。

② 参见韩世远：《租赁标的瑕疵与合同救济》，载《中国法学》2011年第5期。

都不影响其作为继续性合同的本质。因为在这类合同中，合同义务不是一次给付就可以完结的，而是表现为一种持续性的状态。[①]瑕疵如存在于租赁物交付后，租赁关系存续中，出租人仍承担物的瑕疵担保责任。[②]例如，在房屋租赁合同存续期间，居住的房屋因质量问题漏水或是墙皮脱落等问题影响承租人正常居住的情况，即便出租人交付了房屋也仍要承担瑕疵担保责任，这是因为租赁合同为继续合同。承租人不断支付使用收益的对价，出租人也必须不断对其租赁物所具有的物的瑕疵承担担保责任。该担保责任不因租赁物曾一度具备符合约定的品质而被免除。

三、出租人的瑕疵担保责任问题

出租人交付符合约定的租赁物后，不仅应当消极地不妨碍承租人合理地使用，且应积极地在租赁关系存续中保持租赁物符合约定的使用收益的状态。具体而言，即租赁物在租赁关系存续中，若租赁物毁损、被第三人妨碍等以致承租人无法圆满获得租赁物的使用权益时，出租人应当承担相应的责任。

（一）出租人的瑕疵担保责任为无过错责任

瑕疵担保责任不以债务人是否具有主观过错为基础，这意味着只要标的物具有瑕疵，即便债务人主观上不存在故意或过失，也须依法承担瑕疵担保责任。[③]倘若承租人使用、收益租赁物受到妨碍或存在受到妨碍的风险，不论该妨碍是否存在可归责于出租人的事由或由于第三人的行为而产生，也不论该种妨碍是事实上的侵害或是权利侵害，出租人均负有以适当方法去除妨碍或防止妨碍发生的义务。如果租赁物在交付后由于遭第三人不法占有，致使承租人的使用、收益租赁物遭到妨害，出租人即负有除去妨碍的义务，应向第三人行使返还请求权，以交付承租人。若因出租人怠于履行此项义务，致

---

① 参见屈茂辉、张红：《继续性合同：基于合同法理与立法技术的多重考量》，载《中国法学》2010年第4期。

② 参见林诚二：《民法债编各论》（上册），中国人民大学出版社2007年版，第248页。

③ 参见杨德敏、郑丽莹：《合同法的违约归责原则与买卖合同瑕疵担保责任评析》，载《江西财经大学学报》2003年第4期。

使承租人受到损害，出租人应承担损害赔偿责任。[①]

需要注意的是，出租人的瑕疵担保责任并不是无限度的，只需保持租赁物符合约定的用途就足够了。至于交付后承租人是否获得了使用收益以及具体使用收益效果如何等问题，出租人不再负有相应的责任。

（二）免责事由

瑕疵担保责任并不是绝对责任，但也存在责任豁免的情况。具体可以分为以下三种情况讨论。

一是承租人对瑕疵知悉的情形。承租人在订立合同时，租赁物存在瑕疵，承租人对此知悉的，则无权享有法律规定的要求债务人承担瑕疵担保责任的权利，无权要求出租人进行维修、减少租金或解除合同，出租人不必负瑕疵担保责任。但也存在例外情况，如果租赁物存在给承租人人身带来安全隐患或威胁其健康的，即使承租人对此知悉，仍可以根据法律规定随时解除合同。另一种例外情况是双方在订立合同时根据意思自治，完全排除瑕疵担保责任时，若出租人处于主观故意造成标的物瑕疵的，双方所约定的排除担保责任之适用归于无效。

二是承租人怠于行使瑕疵通知义务。在租赁期间，如果租赁物有修理、防止危害的必要，抑或是第三人就租赁物主张权利等情况发生时，承租人应当及时通知出租人。承租人未在合理期间通知出租人的，出租人仍需负担瑕疵担保责任。但承租人怠与履行通知义务，导致损害扩大的部分，出租人不承担责任。

三是瑕疵系承租人过错所致。在租赁合同存续期间，若租赁物瑕疵系承租人所致，按约定或习惯应由承租人修理的，出租人不承担责任。

举证责任

本条规定了出租人的两项基本义务，对于出租人是否已经交付符合约定的租赁物及出租人是否已经履行保持租赁物符合约定的义务涉及合同是否履

---

① 参见邱聪智：《新订债法各论》（上册），中国人民大学出版社2006年版，第236—238页。

行的问题，《民事诉讼证据规定》第5条规定，在合同纠纷案件中，主张合同关系成立并生效的一方当事人对合同订立和生效的事实承担举证责任；主张合同关系变更、解除、终止、撤销的一方当事人对引起合同关系变动的事实承担举证责任。对合同是否履行发生争议的，由负有履行义务的当事人承担举证责任。在“甲旧机动车经纪有限公司与北京乙企业管理有限公司房屋租赁合同纠纷上诉案”[①]中，一审法院认为：“双方争议的焦点在于甲公司是否将涉案餐厅交付乙公司使用，甲公司作为出租方对此负有举证责任。甲提交的《固定资产交接表》未载明涉案餐厅交付情况，法院认定不足以证明其向乙公司交付了涉案餐厅。”二审中双方未提交新的证据，二审法院认为：“甲公司就餐厅的交付应当包括按照约定将餐厅交付乙公司以及保持餐厅符合约定的用途两个方面。甲公司作为履行义务一方，应当就其交付符合上述标准进行举证，但甲公司提交的《固定资产交接表》、《移交单》等现有证据并不足以证明餐厅已经交付且符合约定的用途。”

由此可知，在租赁合同纠纷中，合同是否履行发生争议的，由负有履行义务的一方承担举证责任。在本条中，出租人作为履行义务的一方，应当就其已经交付符合约定的租赁物及租赁期间保持租赁物符合约定承担举证责任。

第七百零九条【承租人按约定方法使用租赁物的义务】

承租人应当按照约定的方法使用租赁物。对租赁物的使用方法没有约定或者约定不明确，依据本法第五百一十条的规定仍不能确定的，应当根据租赁物的性质使用。

历史由来

本条继承了《合同法》第217条的规定，略作修改：将“依照本法第六十一条的规定仍不能确定的，应当按照租赁物的性质使用”一句修改为“依据本法第五百一十条的规定仍不能确定的，应当根据租赁物的性质使用”，把“依照”改为“依据”。从比较法来看，与本条相似者有《法国民法

① 参见北京市第三中级人民法院（2019）京03民终14124号民事判决书。

典》第1728条、《俄罗斯联邦民法典》第615条第1款等。

规范目的或功能

本条规范之目的在于创设承租人应当履行依约定的方法使用租赁物的义务。合同法在很大程度上可以说是交易法，即“调整个人之间为获取金钱而交换货物和服务的方式的法律”。[①]同时，在市场经济条件下，合同法又主要是任意法。故，作为典型的有名合同，租赁合同在充分尊重出租人与承租人意志的基础之上，尽可能地赋予了当事人以广泛的行为自由。当事人可事先对租赁物的使用方法协商一致，只要协商约定的条款不违背法律的禁止性规定、社会公共利益和道德，法律即承认其效力，[②]承租人应履行依约定的方法使用租赁物的义务。

合同法的精髓在于合同自由原则，故合同法更多的是通过任意性规范而非强行性规范调整当事人之间的交易关系。正如学者所言，“合同法确定有名合同的规则并不是代替当事人订立合同，只是帮助当事人完善合同，实现当事人的个人意志”。本条明确规定，“对租赁物的使用方法没有约定或者约定不明确，依据本法第五百一十条的规定仍不能确定的，应当根据租赁物的性质使用”。这就是说，只有在租赁合同双方不能通过租赁合同实现个人意志时，才需要合同法来规范当事人的交易行为。此即“有约定，从约定；无约定，才适用合同法规定”法理的体现。[③]

本条前后共两处出现“应当”这个模态逻辑词，属命令性规范。同时本条又属于引用性规范，因为承租人究竟应该在何种情形下可根据租赁物的性质使用租赁物，还需通过我国《民法典》第510条的具体条文进行判断。这种引用性规范一方面可以避免立法的重复，另一方面也对法官在具体案件中寻找法律规范提供指引，最大限度地减少纠纷的发生。

---

① 参见赵旭东等译：《合同法导论》，法律出版社2002年版，第3页。

② 参见王利明：《合同法研究》，中国人民大学出版社2012年版，第21页。

③ 参见［德］迪特尔·梅迪库斯：《德国民法总论》，邵建东译，法律出版社2001年版，第356页。

规范内容

本条最大的变动之处在于将“依照”、“按照”两个介词修改为“依据”、“根据”。适用法律法规时使用哪个介词修饰，既要考虑案件的事实，又要解读法律法规的内容，同时考虑案件事实与法律法规的结合程度，《民法典》第510条对此有明确、具体的规定。通常来说，法律条文之间达到无缝衔接的程度，可直接作为法律依据时，使用“依据”比起“按照”、“依照”、“根据”等词语来说，更加准确。此外，“根据”和“依据”都是对某种事物作出结论的前提或语言行动的基础、出处，“依据”是语言行动的前提，后面一般跟随法律条款；“根据”是语言行动的参考，既可以是事、物，也可以是话语。立法者对这两处介词的细微调整充分体现了我国《民法典》讲科学、讲法理的追求。

承租人租赁的目的，是通过租赁物的使用、收益，实现自己的利益。租赁合同是转移租赁物使用权、收益权的合同，租赁期满后，承租人要按照约定将租赁物返还出租人，因而，租赁合同所要交易的仅仅是租赁物的使用权和收益权，而不是租赁物的所有权。既然仅将租赁物的（部分）使用权与（部分）收益权转让，那并非只有租赁物所有权人能够作为出租人。[①]这一点，也是租赁合同与买卖合同、赠与合同等以转移所有权为目的的合同区分的关键。与此相对应，《民法典》第733条规定：“租赁期限届满，承租人应当返还租赁物。返还的租赁物应当符合按照约定或者根据租赁物的性质使用后的状态。”这也与本条的立法理念相印证。

租赁期间，承租人应按照约定的方法使用租赁物或根据租赁物性质使用租赁物。一方面，承租人以支付租金为代价在租赁期间对租赁物享有使用、收益的权利；另一方面，在使用租赁物的过程中理应尽到善良管理人的注意义务。[②]在租赁期限内，承租人只对租赁物享有使用权，而不享有所有权，此

---

① 参见邱聪智：《新订债法各论》，姚志明校订，中国人民大学出版社2006年版，第226页。

② 参见王磊、赵颖颖：《承租人对租赁物使用不善的赔偿责任》，载《人民司法》2015年第24期。

种使用权也并非意味无限制的任意使用，因为承租人使用租赁物时，使用的范围非常宽泛，使用的方法也多种多样；对于同一财产的使用，不同的承租人有不同的目的，所以，有关使用的方法必须要根据当事人之间的协议、租赁的目的以及相关默认规则来确定。因此就租赁物的使用而言，承租人须按照约定或根据租赁物性质使用租赁物，本条明确了承租人对租赁物使用、收益权的行使须受到约定或法定的限制。同时，《民法典》第733条的规定也是从侧面对承租人义务的重申："租赁期限届满，承租人应当返还租赁物。返还的租赁物应当符合按照约定或者根据租赁物的性质使用后的状态。"因此，承租人的该义务应贯穿于租赁合同的整个履行期间。

各国民法对承租人的该项义务都有所规定。例如，《法国民法典》规定，承租人应依照租赁物契约规定的目的使用租赁物；在契约无规定时，依照当时情况所推定的目的使用之；如承租人使用租赁物出于非约定的目的，或者使用的方法可能对出租人发生损害的，出租人得斟酌情形，请求解除契约。

为了对本条的规范内容有更为深刻地理解，需要明确以下几点：

首先，如何正确定性租赁物是亟需解释的首要问题。一方面，绝大部分租赁物具有非消耗性（部分消耗物若不是以消耗或消费方式使用，同样可以作为租赁物，如租赁茅台酒作促销展示）；另一方面，出租人出租租赁物，是为了通过租赁物获得收益，而不是为了处分租赁物的所有权，承租人按约定使用租赁物是承租人的一项义务。承租人租赁该物并占有它的目的就是使用它。使用租赁物是承租人在租赁合同中的一项基本权利，但由于承租人对租赁物只是获得使用权和收益权，而并没有所有权，最终还是要将租赁物返还给出租人的，这样承租人就有一个保证租赁物自始至终符合其本身的品质和效用的义务。同时，任何物经过使用都存在正常消耗，不断折旧，最后丧失其价值，只是不同的物由于使用方法的不同导致其折旧率不同，因此为了最大限度地保有租赁物的效用，承租人应当按照约定的方法使用租赁物。

其次，正确理解对于使用方法没有约定或者约定不明确的，应当依照我国《民法典》第510条的规定来确定。根据《民法典》第135条规定，民事法律行为可以采用书面形式、口头形式或者其他形式；法律、行政法规规定或者当事人约定采用特定形式的，应当采用特定形式。而租赁合同属于民事法律行为之一种，因此原则上授予行为的形式也是自由的。《合同法》第4条与第8条将合同自由奉为合同的根基。根据“意志就是行动的根据”的法谚，除了当事人的合意，没有其他事由能够构成合同的基础。[①]也即是，法律制度的确定，必须尽可能地满足个人的偏好才能形成实现经济效益目标的事实，毕竟，社会或商业交往对信赖利益保护得更为严格。对于租赁物的使用方法，应遵循意思自治的根基原则，如果当事人约定了租赁物用途的，就应当按照该用途使用，而不能毁灭性或非正当性使用租赁物。[②]若租赁合同双方当事人未对租赁物的使用方法进行约定或者约定不明确，承租人不能擅自任意使用租赁物，应当同出租人对此再进行协商，双方当事人可在事后达成补充协议，不能达成补充协议的，再依次按照合同有关条款或者交易习惯确定。所谓租赁合同的内容，是指表现租赁合同双方当事人租赁交易具体权利义务等详细情况的约定的意思表示。租赁合同内容是在一段时期内继续地实现的。[③]需要注意的是，在现实生活中，可能会出现当事人之间订立口头合同或者出租人提供的书面租赁合同的条款不明确等问题，因此不能将租赁合同内容等同于租赁合同条款。所谓交易习惯，是指不为特定多数人所熟知并采行的约定俗成的不成文规则（做法）。《合同法解释（二）》第7条明确规定了何为交易习惯，即：（1）在交易行为当地或者某一领域、某一行业通常采用并为交易对方订立合同时所知道或者应当知道的做法；（2）当事人双方经常使用的习惯做法。在市场交易过程之中，简化交易过程是市场追求所在，而交易习惯对于简化交易过程则具有重要价值。与法律制度相比，交易习惯的地域性更为明显，为特定领域内不特定的多数人所遵循，在依据交易习惯确定租赁合同条款含义时，该习惯必须是缔约地现行的交易习惯。

最后，如果按照我国《民法典》第510条的规定仍不能确定的，应当按照租赁物的性质使用。租赁物有特定、具体和有限制的用途与功能，所谓租赁

---

① 参见朱广新：《合同法总则研究》（上册），中国人民大学出版社2018年版，第115页。

② 参见魏耀荣等：《中华人民共和国合同法释论》（分则），中国法制出版社2000年版，第211页。

③ 参见黄立主编：《民法债编各论》，中国政法大学出版社2003年版，第423页。

物的性质，是指租赁物本身的属性或功能。例如，挖掘机不能作为交通工具进行客运；客运汽车不应当用于货物运输等。[①]合同约定租赁房屋为居住的，承租人就应用于自己和亲属居住，而不能将该房屋用于商业性用途，如开旅馆。按照租赁物的性质使用，也就是按照租赁物通常的用途来进行使用。

承租人如果违反了按约定使用租赁物的义务就要承担相应的违约责任，自不待言。如租赁物受到损害，就要对出租人赔偿损失，有约定违约金的，还要支付违约金，除此以外，出租人还有权解除合同。

综合来看，承租人履行按约定方法使用租赁物义务须具备以下几个方面的要件。

1.租赁物已由出租人按约定交付承租人，承租人对租赁物已实际占有，并因此取得了对该租赁物的使用权。

2.出租人交付的租赁物符合约定中的质量、数量、用途的要求，没有瑕疵。如出租人交付的租赁物本身质量就存在问题，即使承租人按照约定使用也会损害该租赁物，就不能要求承租人对此负责。

3.双方当事人能够约定租赁物的使用方法或者根据租赁物的性质可以确定其使用方法。如果难以确定其使用方法，很难要求承租人履行此项义务。

举证责任

诉讼中存在本条款情况的，由提出积极主张的一方当事人承担举证责任。同时，根据《合同法解释（二）》第7条的规定，对于交易习惯存在争议的，应由提出主张的一方当事人承担举证责任。

从本条法律条款进行分析，对于租赁物使用纠纷的责任举证，可从以下三个层面依次递进：（1）若一方主张己方依约定方法使用租赁物，另一方表示反对的，应由提出积极主张的一方当事人进行举证；（2）若双方当事人对租赁物的用途没有约定或者约定不明确，一方主张己方按照《民法典》第510条的规定使用租赁物的，应由该方当事人提供相关事实进行举证；（3）双方当事人对

① 参见魏耀荣等：《中华人民共和国合同法释论》（分则），中国法制出版社2000年版，第212页。

租赁物的用途没有约定，也未能协商确定的，也应适用“谁主张，谁举证”的一般规定，由承租人承担其根据租赁物的性质使用租赁物的举证责任。例如，在“王某诉江苏某机械设备制造有限公司房屋租赁合同纠纷案”中，法院认为：“根据原告王某的陈述及其提供的租房合同、照片、短信、证人证言、收据、销货清单等，认定房屋损坏系由被告未按约定方法使用房屋所致。被告江苏某机械设备制造有限公司提出抗辩，认为房屋损坏系使用过程中的自然损坏，因被告未能提供证据证明自己的主张，故本院对此抗辩意见不予采信。”[①]

三 其他问题

对于承租人应按照约定方法使用租赁物的义务，有关商品房租赁合同的内容特殊性问题亦值得关注和讨论。

商品房租赁合同，是指出租人将出租的商品房交给承租人使用、收益，承租人交付租金，并在合同终止时将房屋返还给出租人的协议。商品房租赁中的出租人并非一定为所有权人，享有经营权的主体亦可为出租人。商品房租赁市场的健康发展有助于保障公民的基本居住权，实现“居者有其屋”，保障民生。与其他的房屋租赁合同相比，商品房租赁合同作为一种以对价为基础的合同，具有内容的特殊性。

其一，从承租人的角度看，租赁合同生效后，不仅可以使用租赁房屋，还包括利用房屋从事经营活动并获取收益。若商品房租赁主要是为了满足居住之用，则承租人可以依业务的委托而代为行使共同管理权等业主权利，并承担相应的义务。[②]承租人代行共同管理权等，也可以成为商品房租赁合同的内容。

其二，一般情形下，承租人只能按照租赁物的性质对租赁物进行使用，并不能对租赁物进行改造、改建等（具体参见《民法典》第715条）。而在商品

① 参见江苏省仪征市人民法院（2014）仪新民初字第0424号民事判决书。

② 参见《物业服务解释》第12条规定：“因物业的承租人、借用人或者其他物业使用人实施违反物业服务合同，以及法律、法规或者管理规约的行为引起的物业服务纠纷，人民法院应当参照本解释关于业主的规定处理。”

房租赁中，承租人往往为从事生产经营活动等目的装修、改建租赁物，在商品房租赁合同效力终止时，租赁房屋的结构或外观可能已发生变化。因此，当事人可以事先在合同中就承租人装修、装饰等添附行为的处理作出特别约定。

第七百一十条【承租人正当使用租赁物免责】

承租人按照约定的方法或者根据租赁物的性质使用租赁物，致使租赁物受到损耗的，不承担赔偿责任。

历史由来

本条继承了《合同法》第218条的规定："承租人按照约定的方法或者租赁物的性质使用租赁物，致使租赁物受到损耗的，不承担损害赔偿责任。"在《民法典》编纂过程中，《民法典合同编（草案）》（一审稿）第501条、《民法典合同编（草案）》（二审稿）第501条均承袭了《合同法》第218条的规定。《民法典（草案）》第710条在表述方式上作出两处修改：一是将"或者租赁物的性质使用租赁物"修改为"或者根据租赁物的性质使用租赁物"；二是将"不承担损害赔偿责任"修改为"不承担赔偿责任"。

从比较法的角度来看，与本条相似者有《德国民法典》第538条、[①]《国际统一司法协会示范法》第18条[②]等。

规范目的或功能

本条作为承租人按约定方法使用租赁物义务的延伸规定，其目的在于规范承租人责任。租赁合同在民事主体间调剂余缺、充分利用物质资源的过程中发挥了不可或缺的作用，同时，又因租赁合同为继续性合同，因此出租人有保持租赁物适于约定的使用、收益的状态的义务。租赁权依据租赁合同而

① 该条规定："承租人依合同约定使用致租赁物变更或者毁损的，不负其责任。"

② 该条规定："承租人应当妥善维护租赁物，依该类租赁物的通常使用方式合理使用租赁物，并且将租赁物维持在其被交付时的状态，合理的损耗除外。"

产生，但其效力也受到法律的保护与限制。租赁权虽然不致使发生所有权的变动，但出租人必须将出租物的占有、使用和收益权能让渡给承租人。

承租人在租赁合同存续期间，继续地使用、收益租赁物，因此，出租人将适于约定的使用、收益状态的租赁物交付于承租人之后，不仅必须消极地容忍和不妨碍承租人使用、收益，而且还必须积极地于租赁存续期间保持租赁物适于承租人使用、收益。租赁物在使用过程中的正常损耗是一种合理的情况，出租人在出租时，应当知道其正常损耗的情况，并且实际上出租人也应将折旧的价值算入出租价格中，自然无需承租人对租赁物的正常损耗承担损害赔偿责任。

本条与《民法典》第713条规定的出租人的维修义务存在递进关系。在租赁期间，非因承租人的原因造成的租赁物的损耗不能保持租赁物处于约定用途时，承租人不负赔偿责任的同时，出租人还应当负有修缮租赁物使其恢复正常使用功能的义务，包括损坏之后的修复及日常的保养和维护，从而保证承租人能够正常使用租赁物。从比较法上看，各国通常也规定，只有在租赁物的毁损不能归责于承租人时，出租人才负有维修义务。

需要注意的是，本条属于任意性规定，当事人可以自由分配损耗风险的负担，如双方约定由承租人承担，在不违背强制法的情况下，应承认约定效力。

规范内容

与租赁目的相比，本条的规范内容在于明确承租人无需承担赔偿责任的情形。

一、按约定方法或根据租赁物性质使用租赁物

判断承租人是否正当使用租赁物的前提，是明确租赁权的性质，从而确定承租人所应承担的注意义务。

首先，租赁合同的目的在于转移标的物的占有权与使用权，而非转移标的物的所有权，这是其与买卖合同、赠与合同的最大区别。与保管合同相比，保管人虽然取得对标的物的占有权，但是并未取得标的物的使用权，除非合

同当事人之间有特别约定。与无偿的借用合同相比，承租人使用出租人的财产需以交付租金为前提，出租方与承租方在享有权利的同时，都以负担和履行一定的义务为代价，正是因为这一点，租赁合同才适用双务合同的同时履行抗辩权。

其次，上文提及租赁合同使承租人获得债权性质的使用权，关于租赁权在法律上究竟是债权还是物权，对此法无明文，学界尚存在不同看法：

一是物权说。此种观点认为，租赁权应归属于物权。租赁权的物权化使得租赁权具有了一定意义上物权的效力，租赁权的物权化有利于保护承租人的利益。在我国，也有学者认为，“在租赁合同存续期间，出租方不得将该租赁物再出租给第三人，即就同一物上只能设立一个租赁权”，并以此作为租赁权物权化的一种表现。[①]

二是债权说。此种观点认为，租赁权本质上仍为债权。世界上大多数的大陆法国家（如奥地利、法国、德国等国家）仍将租赁权视为合同债权的内容。在学说上，占主流的观点认为，承租人对租赁物的使用应当受到限制，其只能在出租人所允许的范围内使用，而且承租人的权利也并非财产权。

笔者认为，承租权从本质上讲仍属于债权，其对标的物进行支配的属性并不明显。在租赁合同中，承租人对租赁物的支配性较弱，对租赁物的利用方式受到严重限制。一方面，承租人对租赁物使用和收益的权能受到限制。另一方面，由于出租人对租赁物享有所有权，承租人一般无权处分租赁物。

承租人为对租赁物进行使用和收益，取得租赁物的租赁权，特设立租赁合同，但毕竟租赁物的所有权不属于承租人，对他人之物的使用和收益，应以不损及他人权利为限。[②]因此，承租人应以恰当的方式使用租赁物。若承租人按照约定的方法或者租赁物的性质使用租赁物，致使租赁物受到损耗的，无需承担赔偿责任。因为这种损耗属于出租人为获取租金所自愿承担的合理损失，属合理范畴自不用承担责任。

---

① 参见江平主编：《中华人民共和国合同法精解》，中国政法大学出版社1999年版，第166页。

② 参见郑玉波：《民法债编总论》，台北三民书局1996年版，第42—43页。

二、租赁物的损耗

关于租赁物的损耗，需要厘清的是其与承租人违反保管义务（《民法典》第714条）的界限。对此，我国台湾地区规定，承租人违反前项义务（保管义务），致租赁物毁损、灭失者，负损害赔偿责任。但依约定之方法或依物之性质而定之方法为使用、收益，致有变更或毁损者，不在此限。《民法典》第709条规定了承租人按约定方法或者根据租赁物的性质使用租赁物的义务，本条是其延伸规定，这就要求租赁合同双方当事人在订立合同时或者在合同成立后应及时明确租赁物的使用方法，规范承租人对租赁物的使用。

当事人双方签订租赁合同时，应当对租赁物加以明确界定。如果是不动产，应当对不动产的具体位置、建筑面积、使用面积、结构等级、完损等级、主要装修设备等信息进行标明。如果是动产，明确租赁物的数量既可以确定出租人的交付义务，也可以明确承租人的返还义务。若承租人根据租赁物的性质正常使用而使租赁物受到损耗，则应视为一种合理情形。因为，任何物品都会随着自身的使用产生损耗，其价值也会逐渐减小。譬如，一台电脑的电池寿命是1万小时，则意味着一旦打开电脑，随着时间的流逝，电脑的电池寿命就会逐渐缩短，直至全部丧失。出租人在将其物品租出的那一刻就应该知道其正常损耗的情况，与承租人约定了租赁物的使用方法，也即意味着其认可了这种正常损耗，且实际上，约定的租金中已囊括了这些折旧的价值。因此，只要承租人按照约定的方法使用租赁物，对租赁物的正常损耗及价值的减少是无需承担任何责任的。

需要特别注意的是，在不动产租赁合同中，当代法律还要求合同当事人承担保护环境等义务。例如，《德国民法典》中关于房屋租赁合同的规定，就涉及环境保护的问题，出租人负有节能、减少废物排放等方面的环境保护义务，而动产租赁合同则不存在此类问题。

三、承担赔偿责任

关于“承担损害赔偿责任”与“承担赔偿责任”。赔偿损失，也称为损害赔偿，是指责任人以支付一定数额的金钱填补权利人损害的一种民事责任方式。对于违约行为抑或侵权行为造成的财产损失、人身损害和精神损害，均可适用赔偿损失的民事责任方式，是一种最具普遍适用性的救济权。[①]世界上大多数国家或地区的民事立法或判例中都称其为“损害赔偿”。

我国《民法通则》采用了“损失”“赔偿损失”“损失赔偿”等概念。[②]《合同法》在多数情形下使用了“损害赔偿”概念，但在第七章（违约责任）使用了“损失赔偿”概念。《民法总则》第179条规定了11种民事责任的承担方式，其中第8项采用了“赔偿损失”的概念，但在其第119条中使用了“损害赔偿请求权”概念。我国以往民事立法不太注重法律概念的精确使用，这同样表现在上述各类概念的混乱使用上。此次《民法典》将本条的“损害赔偿责任”修改为“赔偿责任”，是在总结以往立法经验并参酌《联合国国际货物销售合同公约》的基础上对它作出的明确规定。这与《民法总则》相契合呼应，更有利于法律制度整合为有机的整体，进一步实现我国民事法律的统一与内在和谐。[③]

举证责任

出租人有义务证明承租人的侵害行为不在正常使用造成租赁物损耗之列，同时，还须举证证明侵害行为导致己方发生了损害，证明损害的程度和范围大小，以及证明侵害行为与损害后果之间的发生具有客观上的因果关系等。例如，在“甲公司与乙公司租赁合同纠纷案”中，受诉法院认为：“甲公司对其主张的损坏物品问题，仅提供了一份物品损坏清单，无法证实其列举的损坏物品确系因乙公司未按照约定的方法及租赁物的性质使用造成的损坏，而非租赁物在使用过程中的正常损耗，且乙公司对此并不认可。故甲公司主张乙公司赔偿其租赁期间物品损坏2016000元的请求，因证据不足，不予支持。”[④]

在“张某、周某房屋租赁合同纠纷案”中，二审法院认为：“在房屋租赁合同关系下，对于房屋使用过程中的损耗要区分合理损耗和非合理损耗。本

---

① 参见张新宝：《中华人民共和国民法总则释义》，中国人民大学出版社2017年版，第231—232页。

② 参见朱广新：《合同法总则研究》（上册），中国人民大学出版社2018年版，第188页。

③ 参见孙宪忠：《权利体系与科学规范：民法典立法笔记》，社会科学文献出版社2018年版，第135页。

④ 参见河南省高级人民法院（2014）豫法民三终字第55号民事判决书。

案中，张某所主张的厕所堵塞等并不足以说明构成了非合理损耗，且其提交的费用支出等证据亦不足以证明系可归责于承租人的原因造成，故本院对张某的该请求亦不予支持。”[①]

显然，与一般违约责任的举证责任无异，出租人无其他足以采信的证据证实其事实主张时，须承担举证不能的不利责任，实现租赁合同的立法目的和规范功能。

其他问题

在企业经营管理中，房屋租赁关系属于十分常见的法律关系之一。因城乡规划或环境整治等原因，政府常在租赁合同履行过程中对承租场地进行动迁，这势必会造成租赁合同无法继续履行。此种情况下，承租人能否就生产经营所投入的费用及相关损失得以受偿？是否有权参与相关动迁利益分配？

1.承租人可向出租人主张相应权利。基于合同相对性原则，承租人与拆迁人并无合同关系，直接向拆迁人主张因租赁物灭失所产生的损失与补偿缺乏法律基础。此外，在实践中，法院通常不认为市政动迁属于合同法意义上的不可抗力的免责范围。

2.根据《国有土地上房屋征收与补偿条例》及各地出台的关于国有土地征收与补偿办法的相关规定，承租人因动迁产生租赁权益损失，有权获得相应补偿。受偿范围通常包括：装修装饰补偿、搬迁费用补偿、停产停业损失、职工遣散费。

需要注意的是，动迁时若租赁合同已到期而承租人尚未搬迁的，上述费用则属于承租人在签订租赁合同时应预见到的费用，法院此时通常不会支持承租人主张上述费用的请求。

因此，在订立租赁合同时，承租人应在合同中确认“附着物”的定义并明确对附着物的处理方法；另外，承租人应注意妥善保留出租人同意承租人装饰房屋的书面文件、租赁期限内对于承租房屋经营性投入支出凭证等证据，以确保请求权的成立。

---

① 参见四川省成都市中级人民法院（2019）川01民终17315号民事判决书。

第七百一十一条【承租人未依约使用租赁物】

承租人未按照约定的方法或者未根据租赁物的性质使用租赁物，致使租赁物受到损失的，出租人可以解除合同并请求赔偿损失。

历史由来

本条承袭自《合同法》第219条，在文字上略有修改：将“或者租赁物的性质”修改为“未根据租赁物的性质”，将“要求”修改为“请求”。在编纂《民法典》过程中，《民法典合同编（草案）》（一审稿）、《民法典合同编（草案）》（二审稿）均未对该条作出改动。梁慧星教授主持编撰的《中国民法典草案建议稿》则建议将《合同法》第219条修改为：“承租人不按照约定的方法或者依租赁物的性质而定的方法使用租赁物，经出租人阻止仍不改正的，出租人有权终止合同。”其主要观点如下：《合同法》第219条以承租人未依约定方法使用租赁物“致使租赁物受到损失”为出租人解除权（终止权）的要件，对出租人利益的保护有所不周。承租人未依约定方法使用租赁物，即有致租赁物受损失之虞，如需损失实际发生始赋予出租人终止权，对出租人过于不利。但如完全不设要件，一旦承租人未依约定方法使用租赁物，出租人即可径行终止合同，亦与租赁合同的性质及合同法的宗旨有所不合。承租人支付对价取得租赁物的使用收益权，多以租赁物为其生计或经营之用，对于租赁物有相当之投入，且合同法以鼓励交易为立法宗旨，应尽量维持当事人之间合同关系的稳定性，避免交易动辄遇挫。有鉴于此，将出租人法定终止权的要件规定为“经出租人阻止仍不改正”，以资平衡。承租人本身不依约定方法，或不依物之性质而定之方法使用收益租赁物时，出租人首先得请求承租人停止上述行为。出租人之主张，不以承租人有故意、过失者为限。如经出租人之阻止，承租人仍继续为之者，出租人得终止契约。其次，承租人如未经出租人之同意，擅自将租赁物提供第三人使用收益者，除关于转租本法另有规定，应依其规定处理外，出租人如阻止无效，亦得终止契约。[①]

---

① 参见黄立主编：《民法债编各论》，中国政法大学出版社2003年版，第370—371页。

规范目的或功能

《民法典》第710条规定了承租人按照约定的方法或者根据租赁物的性质使用租赁物，致使租赁物受到损耗的，不承担赔偿责任。本条与第710条的规定相反。本条致力于解决承租人违反约定的方法使用租赁物，使租赁物受到损失的承租人的责任。损失不同于损耗，损耗是正常的、合法的；而损失是非正常的，是由违约行为引起的。例如，租赁合同约定某设备每日最长使用6小时，但承租人却连续每日使用10小时，最终该设备因使用过度被损坏。这就是一种因违约行为造成的损失，而不是损耗。

本条还规定了出租人对承租人违约行为的救济手段，即可以解除合同并请求赔偿损失。此处赋予了出租人自主决定行使解除权的权利。如果出租人还愿意继续履行合同，则可不解除合同，但承租人需赔偿因此给出租人造成的损失。这反映了租赁权具有的社会性特点。[①]所谓租赁权的社会性，是指借合同正义抑制合同自由的滥用，以保护出租人的合法权益，实现出租人和承租人在租赁关系上的实质平等。

规范内容

租赁财产的现状构成其全部利益客体。若承租人擅自改变租赁物的现状，一方面可能会对租赁物自身的安全或用途造成重大隐患，另一方面租赁物的改善又涉及租赁物的改善费用等问题，因此，租赁物的改善权属于租赁物所有权的延伸，应由出租物所有权人行使。

一、承租人是否需要具有过错

就本条规定出租人合同解除权的要件，首先需要判断是否按照约定方法及租赁物性质使用租赁物，这一部分在前两条的评述中已经详细提及。有疑问的是，承租人是否尽到妥善保管义务。有学者认为，应当采用具体轻过失

---

① 参见邱聪智：《新订债法总论》，姚志明校订，中国人民大学出版社2006年版，第228页。

的注意义务标准进行判断。笔者认为，应当采用善良管理人的标准加以判断，即以承租人在保管租赁物时是否尽到与保管自己的所有物相同的注意义务作为判断标准。

二、承租人代负责任

动产租赁与不动产租赁涉及居住权的保护不同，动产租赁主要涉及财产的利用，而不动产租赁尤其是房屋租赁，还涉及对承租人以及与其共同居住的人的居住权的保护问题。因此，若第三人未按照约定方法或根据租赁物性质使用租赁物，谁需承担赔偿责任值得探讨。

承租合同具有保护第三人的效力，在承租人共同生活的范围内，出租人需容忍承租人以外的第三人使用、收益租赁物，即使出租人与第三人之间并不存在合同关系。此处的第三人，包括一切与承租人有一定关系的人，如承租人的同居人，以及承租人允许使用、收益的第三人。所谓同居人，是指与承租人有共同生活关系的人，以实际上有无共同生活为标准，不能以是否为承租人的配偶、子女、父母、兄弟姐妹为单一判断标准。所谓承租人允许使用、收益的第三人，不仅包括承租人明示同意其使用、收益租赁物的第三人，还应包括社会观念上当然解释为承租人应允许使用、收益租赁物之人。需要注意的是，此处的第三人不应包括转租情形下的次承租人，因为法律已为此种情形设立了专门的制度。转借场合的次承租人，也应与次承租人作同一解释。[①]此种设置切合实际与法理，应当如此处理。

三、出租人合同解除权的限制

租赁合同双方当事人的义务并非一次给付即可完成，合同内容是在一段时期内继续地实现的，租赁期限的长短与租赁物的使用期限、交还时间息息相关，因而属于继续性合同。契约法是建立在市场经济之上，参与交易活动的，系所谓的经济人（economic man）：趋利避害、精于计算、追求最大利润、拥有一切机会，但也承担所有的风险。租赁合同持续的一个重要基础是当事

① 参见郑玉波：《民法债编各论》，台北三民书局1981年版，第216页；邱聪智：《新订债法各论》，姚志明校订，中国人民大学出版社2006年版，第259页。

人之间的信赖关系，因此，一旦出现重大事由造成该信赖基础丧失，无法期待当事人继续维持其债之关系时，法律应允许当事人解除（终止）合同，使合同关系面向将来消灭。①

租赁合同终止的事由有三：（1）租赁合同期限届满；（2）租赁物灭失；（3）租赁合同因当事人的解除而消灭。本条规定的情形应归属于上述第三点原因。据此，在承租人不合理使用租赁物的情况下，出租人可请求解除合同。之所以允许解除合同，是因为承租人对租赁物的不合理使用已经构成了根本违约，属于基本义务的违反，出租人原则上享有解除权。但是，通常来说，解除合同往往会造成较为严重的后果，对承租人的影响较大，故应对其进行一定的限制，即只有在不合理使用租赁物达到比较严重的程度时，出租人才有权主张解除合同。解除合同并非唯一救济方式，如果出租人认为不解除合同对其更为有利，则可以继续租赁，而主张损害赔偿。②若承租人未按照约定的方法或者租赁物的性质使用租赁物，但并未使租赁物受到损失的，此种情形不能援引本条的规定主张解除合同并请求赔偿损失。此时，由于存在造成租赁物损害的可能性，因此出租人可行使物上请求权，请求承租人停止侵害、消除危险或排除妨害。

如上文所述，租赁合同为继续性合同，在合同存续期间，承租人以支付租金为对价而对租赁物使用收益。合同消灭后，租金虽有返还可能，承租人之使用收益却不可能返还。因此，法律允许当事人解除（终止）合同，使合同关系只能面向将来消灭，而不能溯及既往。③

三 举证责任

司法实践中，本条往往与《民法典》第710条一同作为案件的裁判依据一并适用，构成完整的法律规范。出租人需举证证明承租人因未按照约定方法

① 参见黄立主编：《民法债编各论》，中国政法大学出版社2003年版，第194页。

② 参见全国人民代表大会常务委员会法制工作委员会编：《中华人民共和国合同法释义》，法律出版社1999年版，第326页。

③ 参见黄立主编：《民法债编各论》，中国政法大学出版社2003年版，第104页。

使用租赁物导致租赁物受到损害、损害的程度和范围大小，以及证明侵害行为与损害后果之间的发生具有客观上的因果关系。例如，在“上海甲物业管理有限公司与上海乙物业发展有限公司房屋租赁合同纠纷案”中，上海市第二中级人民法院认为：“一审法院认定甲公司的装修行为对房屋的建筑结构造成安全隐患，对房屋重点保护部位造成不同程度的破坏并无不当。甲公司违约装修改建行为导致双方租赁合同事实无法继续履行，出租方乙物业的合同目的无法实现，就此一审法院认定甲公司违法装修改建行为已构成根本性违约，导致租赁合同解除并无不当。”①

其他问题

承租人擅自撤场，出租人坚持要求继续履行合同，是否可行?

司法实践中，经营性用房租赁纠纷中，因承租人经营不善、资金困难等情形导致无法继续经营，在未与出租人就退租达成一致的情况下，承租人擅自搬离租赁商铺，而此时出租人仍坚持要求继续履行合同时，租赁合同是否解除学界存在两种观点，在此尚不赘述。笔者认为，此种情形下，应解除当事人之间的租赁合同为宜，主要原因如下：

1.租赁合同为继续性合同，其目的在于存续或维持一定期间的状态，因而应视当事人之间的信赖关系为合同的实质性要素。②上述情形中，租赁双方已无信赖关系可言，若继续强制履行租赁合同显然既不合理也不现实。

2.当合同履行成本过高时，法律允许以替代方式为之。若强制其继续履行租赁合同，非但不能实现租赁合同之目的，还会造成新的不公。

3.解除合同并不等同于救济的缺失。根据《合同法》相关规定，一方不履行合同义务或履行合同义务不符合约定，另一方还可通过采取补救措施、赔偿损失等措施实现权利救济。此外，虽然承租人违约，但出租人亦有防止损失扩大之义务，若未采取相关积极措施，承租人对扩大部分损失不承担责任。

---

① 参见上海市第二中级人民法院（2017）沪02民终6286号。

② 参见朱广新：《合同法总则研究》（上册），中国人民大学出版社2018年版，第115页。

《北京市高级人民法院关于审理房屋租赁合同纠纷案件若干疑难问题的解答》第24条的规定也与上述观点契合。其具体内容为：承租人在租赁合同履行期限内拒绝接收房屋，或者单方搬离租赁房屋并通知出租人收回房屋的行为，属于以自己的行为表明其不再履行租赁合同，其拒绝接收或搬离房屋的行为不符合合同法规定的解除条件，不具有单方解除合同的效力，出租人有权据此解除合同，但合同另有约定的除外。经法院释明出租人坚持不解除的，考虑到承租人不愿继续履行租赁合同，该义务性质又不得强制履行，租赁合同目的已无法实现，法院可以直接判决解除租赁合同。

第七百一十二条【租赁物的维修】

出租人应当履行租赁物的维修义务，但是当事人另有约定的除外。

历史由来

本条是对《合同法》第220条的承袭，条文内容无实质性变化，仅由“但”改为“但是”。

从法律演变上看，《城市房屋租赁管理办法》首次在法律文件中明确维修义务的具体规定。该办法区分住宅用房和生产用房，分别规定。第21条规定，（1）出租住宅用房的自然损坏或合同约定由出租人修缮的，由出租人负责修复。不及时修复，致使房屋发生破坏性事故，造成承租人财产损失或人身伤害事故的，应当承担赔偿责任。（2）租赁房屋从事生产、经营活动的，修缮责任由双方当事人在租赁合同中约定。与此不同，《合同法》借鉴各国通行立法，采取由出租人承担维修义务，并例外规定当事人合意的模式。随后，于2011年2月1日实施的《商品房屋租赁管理办法》第9条第1款相应规定：“出租人应当按照合同约定履行房屋的维修义务并确保房屋和室内设施安全。未及时修复损坏的房屋，影响承租人正常使用的，应当按照约定承担赔偿责任或者减少租金。”

规范目的或功能

据有关史料记载，西周时期便出现了很多租赁诉讼。到唐宋时期，我国商业的发展和城市的繁荣致使社会流动人口增加，租赁业尤其是房屋租赁业十分发达。在当时，当不动产租赁物需要维修时，社会群众普遍认为出租人应当承担租赁房屋的维修义务。①这说明从古至今关于维修义务的主体一直是一个值得关注的问题，而且明晰维修义务由谁承担对于社会秩序保障乃至社会安定具有重要的作用。晚近以来，大量的有关维修义务的司法案例也佐证了这一点。这从实践价值和社会意义的角度证明了本条规定的必要性。

在《民法典》中，本条对租赁合同中租赁物的维修义务由谁承担作出规定："出租人应当履行租赁物的维修义务，但是当事人另有约定的除外。"本条体现了民法中意思自治的基本原则，对于维修义务首先遵守双方当事人的意思表示，具有任意法的浓厚色彩。但若无约定，在普通租赁合同中，保证租赁物符合合同约定的用益状态是出租人的义务之一，租赁物归出租人所有，维修利益最终多归于出租人（承租人仅在租赁期间享有租赁物的使用、收益权），值得注意的是，出租人的经济情况一般优于承租人，这点在房屋租赁中体现得尤为明显。故法律规定原则上由出租人承担租赁物的维修义务。本条明确了维修义务的主体，一方面对指导实践具有重要的作用，另一方面本条规定过于笼统和抽象一直为不少学者所诟病，在法律适用层面上给司法实务带来了一定的困扰。

规范内容

一、维修义务的概述

在租赁合同中，维修于出租人而言既是权利也是义务。首先，维修是出租

① 参见刘阿平：《唐宋城市房产租赁特点比较分析》，载《西安文理学院学报》（社会科学版）2009年第4期。

人的权利，出租人作为租赁物的所有权人或其他权利人，其有权对租赁物进行维修，从而维护自己的合法权益，这种权利在立法上的体现即出租人对租赁物进行维修时承租人不得拒绝，也就是很多立法中的保存行为。所谓保存行为，就是指为保持租赁物处于适用状态而采取的行为。许多国家和地区的立法，都规定了承租人对出租人的保存行为负有容忍义务。如《日本民法典》第606条第2款规定："出租人，对于租赁物的保存，欲为必要的行为时，承租人不得拒绝。"我国台湾地区规定，出租人为保存租赁物之必要行为，承租人不得拒绝。《民法典》没有就此列出专门的条文，但从诚信原则出发，保存行为也是合同当事人互相配合的一种必要行为，应当加以鼓励。但是，保存行为应以其必要者为限，承租人对此不得拒绝。其次，维修也是出租人的一项义务，《民法典》明文规定了当租赁物出现瑕疵或毁损时，出租人有义务对其效用进行恢复，否则将承担不利的法律后果。

维修义务，在我国台湾地区使用修缮义务一词，因此许多学者、法官论述相关问题时经常把修缮义务与其混用，其实二者在词义上存在些许差异，但具体的字面差异对于法律解释的影响，在此不过多赘述。

真正值得区分的是维修义务和物的瑕疵担保责任。所谓物的瑕疵担保责任，是指交付合同标的物的一方违反了保证标的物符合合同约定效用的义务而承担的责任。不同立法对瑕疵担保责任的处理方式不同，有的在租赁合同中予以规定，有的在买卖合同中予以规定。因物的瑕疵担保责任与维修义务存在诸多相似之处，所以民法学者经常进行比较。在此我们意图厘清因租赁物而产生的违约责任（即租赁物瑕疵责任）与维修义务之间的关系。

从静态上看，相似之处存在两点。其一，适用的情形有相似之处，在面临租赁物效用下降的情况下都有可能产生。其二，法律后果有相似之处，具体表现在租赁物瑕疵责任而产生的修理和请求减少价款与维修义务中的维修和请求减少租金具有相似性。但是，二者也存在较大的差异。首先，二者适用条件不同，当租赁物不具有维修可能性时，当事人一般不再承担维修义务，但是依然要承担因租赁物而产生的违约责任。其次，二者的法律后果也有区别，维修义务中的承租人自行维修、延长租期请求权是因租赁物产生的违约责任中法律后果所没有的。

从动态上看，因租赁物而产生的违约责任和维修义务可以各自适用，但是二者存在交叉地带，交叉地带更值得我们去探讨。对于实践中的适用问题，学者主要存在两种观点。一种观点认为，维修义务是因租赁物产生的违约责任在租赁合同中的体现，二者是特别与一般的关系，所以在租赁领域应当优先适用维修义务的相关法律规范。[①]另一种观点认为，在交叉领域，因租赁物而产生的违约责任和维修义务形成竞合关系，当事人可以根据实际情况以及自身的需要择一适用。笔者认同第二种观点，原因有二：一方面，因租赁物而产生的违约责任是对当事人给付义务履行不当的否定性评价，而维修义务是对出租人和承租人利益的平衡，是两种不同的处理思路，不存在特殊与一般之说；另一方面，二者的适用条件和法律后果有很大的不同，认同二者间的竞合关系从而赋予当事人选择权，有利于保障当事人的合法权益，从而更好地实现租赁合同的目的。

二、维修义务的请求权人

承租人是租赁合同中维修义务的请求权人，这一点在学界并无疑义。但是仍有特殊情况需要进一步探讨，在这里仅讨论特殊情况。

第一，共同使用租赁物在实践中并不少见，在房屋租赁中更为明显，下面将以不动产租赁作为例证，在不动产租赁的范畴中予以讨论。共同居住人是不动产租赁中十分常见的现象。而共同居住人并非租赁合同的缔约主体，但是其享有居住利益。关于居住利益的问题，不同学者存在不同主张，在此不作讨论，但必须承认的是共同居住人的居住利益。根据《民法典》第732条的规定，承租人在房屋租赁期间死亡的，与其生前共同居住的人或者共同经营人可以按照原租赁合同租赁该房屋。当承租人死亡时，共同居住人在租赁期限内已经成为承租人，当然是维修义务的请求权人。但是在承租人没有死亡，依然健在的情况下，共同居住人是否可以为维修义务的请求权人呢？在司法实践中，由于承租人与共同居住人关系一般较为密切，法官并不严格区分。但这并不意味着共同居住人可以作为维修义务的请求权人，因为合同的相对性意味着合同仅约束当事人，维修义务是一项合同义务，不宜赋予共同

---

① 参见栾昕忆：《租赁合同中的瑕疵担保责任》，华东师范大学2013年硕士学位论文。

居住人维修义务请求权，在此没有必要突破合同的相对性。在承租人无法请求出租人履行维修义务的时候，共同居住人协助承租人向出租人主张维修义务请求权，并非表示共同居住人取代维修义务人作为合同的主体，而是可以认为承租人和共同居住人之间有委托代理关系，共同居住人基于委托关系向出租人行使维修义务的请求权利，所以共同居住人作为维修义务的请求权人。

第二，关于租赁物的转租问题。根据《民法典》第716条的规定，承租人经出租人同意，可以将租赁物转租给第三人。承租人转租的，承租人与出租人之间的租赁合同继续有效；第三人造成租赁物损失的，承租人应当赔偿损失。由此可见，转租的合法性由出租人同意与否决定，可以把转租分为合法转租和非法转租。由于非法转租的租赁合同不具有法律上的效力，所以此处仅讨论合法转租的维修义务的请求权人问题。在转租问题中，出租人、承租人、次承租人都是租赁合同的主体，但并非同一个合同的主体，因为这里存在两个租赁合同，转租人兼具出租人和承租人的双重属性。当租赁物需要维修时，次承租人向转租人请求其履行维修义务，转租人向出租人请求其履行维修义务，那么次承租人可不可以跳过转租人直接向出租人请求其履行维修义务呢？我们对此持否定态度，原因有以下两点。一方面，转租人虽然经过出租人的同意将租赁物出租给次承租人，但这种同意本质上是一种授权，并不影响两个合同相互的独立性，合同仍然保持各自的相对性。换言之，两个合同的维修义务并不完全相同，主体也不尽相同，所以不应当简单地将向出租人维修义务的请求权转嫁到次承租人身上。另一方面，直接赋予次承租人维修义务的请求权也并不意味着出租人履行维修义务程序的简化和整体合同效率的提高。由于原租赁合同和转租合同对于维修义务的规定不同，出租人和转租人的身份确认则进一步增加了履行的障碍，因此次承租人一般无法向出租人直接主张请求出租人承担维修义务。但是值得注意的是，虽然次承租人一般情况下无法主张，但是代位权的取得可以令次承租人向出租人主张维修义务的履行。次承租人代位权的行使需要满足以下条件：当租赁物需要维修时，转租人不履行维修义务，且怠于向出租人主张其履行维修义务时，次承租人可以以诉讼的形式要求出租人履行对租赁物的维修义务。当然这也并不意味着次承租人可以向出租人直接主张其维修义务的履行，而是此时次承租人代替转租人行使转租人作为原租赁合同的承租人的向出租人主张维修义务的权利。

三、承租人过错对排除本条适用的讨论

租赁物出现瑕疵或毁损时，须有民事主体承担维修义务。法律规定原则上由出租人承担租赁物的维修义务，符合我国自古至今的法律惯性，也与西方大多数国家的规定别无二致。由于出租人的原因造成租赁物毁损的，维修义务应当由出租人承担。而当承租人存在过错时，维修义务承担的主体则存在争议，这里要讨论的是承租人过错和双方过错两种情形。

第一种情形，当租赁物的瑕疵毁损皆由承租人过错产生时，是否可以排除出租人的维修义务，学界存在争论，主要有肯定说和否定说两种观点。肯定说认为，无论何种情况造成租赁物需要维修，出租人都应承担维修义务。否定说认为，若毁损事由可归责于承租人，则出租人不必履行维修义务。从司法实践看，我国采取否定说。笔者也更赞成否定说，因为肯定说存在逻辑难以自洽的问题。首先，持肯定说观点的学者也认为承租人需要承担一定的责任，但是着力强调维修义务和维修费用的区分，维修义务和维修费用并非可以相互独立的概念，在实践中的可操作性不强。在肯定说的观点下，因承租人的过错造成租赁物需要维修时，其可以要求出租人进行租赁物的维修，但出租人可以根据物权保护请求权、违约责任或者侵权责任要求承租人对租赁物进行维修。此时，肯定说的适用就与民法中的其他法律规范适用产生了冲突，带来法律体系本身难以自洽的逻辑漏洞。其次，在肯定说的观点下，先由出租人对租赁物进行维修，然后再根据物权保护请求权、违约责任或者侵权责任要求承租人承担维修费用，此种情况下，极容易发生出租人承担了维修费用而承租人拒不承担的风险，这种风险的发生是因为承租人的过错，但是风险的后果却由出租人承担，显然不符合公平和诚信原则的精神。但是否定说也并非完美无瑕，面临的最大障碍即举证责任的问题。一般而言，租赁物为承租人占有、控制，若出租人想证明承租人的过错，就会带来举证责任上的麻烦，不易举证。但这不是否定说理论固有的问题，肯定说同样存在该问题，只不过否定说提前了出租人对于承租人过错举证责任的时间。所以二者比较，笔者更倾向于否定说，即若租赁物的毁损事由可归责于承租人，则出租人不必履行维修义务。

第二种情形，当租赁物的瑕疵毁损由双方当事人过错共同产生，即出租

人和承租人对租赁物的毁损皆有过错。那么出租人是否需要承担维修义务呢？此时需要探讨的是维修义务的性质问题。维修义务本质上是合同义务，合同义务可以分为给付义务和附随义务。按照德国法的通说，给付义务和附随义务区分的标志在于能否通过诉讼履行。就我国目前司法实践看来，维修义务为给付义务。关于维修义务是主给付义务还是从给付义务，学界存在分歧。有学者认为，维修义务是实现主给付义务的具体手段之一，并没有给出较为明确的回答，采用了模糊化处理的方法。[①]也有学者认为，租赁合同中的主给付义务包括用益提供和用益维持，而维修义务是用益维持的核心，所以维修义务是主给付义务。主给付义务决定债的类型，但是维修义务对租赁合同并非必要，假使租赁物一直保持合同约定的用益状态，维修义务就不是必需，把维修义务认为是主给付义务未免有些不妥，所以我们认为维修义务应当为从给付义务。维修义务亦并非单纯的金钱给付义务，因此值得讨论的是维修义务的归属而非分割问题。出租人和承租物对租赁物致损过错的大小可以再加以细分。当出租人的过错大于承租人的过错或与承租人的过错相同，那么出租人承担维修义务符合法律规范及法理；当出租人过错小于承租人时，出租人不再承担维修义务。但是当事人在承担维修义务后，可以依据《民法典》合同编和侵权责任编相关法律规定向另一方追偿，使得最后承担的维修费用符合当事人双方的过错，在双方过错的范围内承担对租赁物的责任。

四、出租人履行维修义务的构成要件

（一）关于本条的“但书”规定

租赁，是一种契约，是指双方当事人约定一方将租赁物租与另一方使用、收益的合同。

租赁合同中，出租人有保证租赁物符合合同约定的用益状态的义务。在双方当事人对于维修义务未作出约定的情况下，维修义务一般由出租人承担。维修义务，又称修缮义务，是指在租赁物有瑕疵或有毁损致使承租人无法圆

---

① 参见宁红丽：《租赁物维修义务的法律构造——基于对我国司法案例的分析》，载《清华法学》2013年第5期。

满地享受租赁物的用益状态时，出租人应对租赁物进行维修或修缮，使其恢复租赁合同约定的租赁物状态，以保障承租人的利益。租赁合同为双务、有偿合同，简言之，出租人有交付租赁物和租赁物的维修义务，承租人有支付租金的义务和租赁物的保管、返还义务。

该条的但书，即“但是当事人另有约定的除外”，尊重了民法中契约自由精神和意思自治原则。维修义务不宜采取强行规定的模式，应尊重双方当事人的约定或习惯。由此可见，民法对于维修义务的规定是任意性规定而非强行性规定。我国台湾地区学者郑玉波教授认为，“修缮义务之规定……适用上其次序以当事人之特约为先”，[①]即首先以双方约定为先，当没有约定或约定不明时方可适用法律，适用法律的结果是一般由出租人承担维修义务。

（二）关于承租人过错的再讨论

在当事人没有约定或约定不明的情况下，维修义务一律由出租人承担的观点学界存在争议，在某些特定情况下维修义务由出租人承担不合法理，亦不合情理。我们拟对承担租赁物的维修义务主体进行具体讨论，以期得到维修义务的构成要件。当然前提是租赁物有维修义务的必要性和可能性，否则探究维修义务的主体将沦为空谈。

1. 当出现不可归责于双方当事人的事由（如不可抗力、第三人侵权等）和可归责于出租人的事由时，显然维修义务应当由出租人承担。由于维修义务为租赁合同中出租人的义务之一，加之履行维修义务带来的利益最终多归于所有权人，故出租人在此情况下承担维修义务符合法律规定，也符合法理。史尚宽教授认为，“其因可归责于出租人事由或因风雨或其他变事而生，并无差异”，[②]即对不可归责于双方当事人的原因和可归责于出租人的原因，租赁物的维修义务均由出租人承担。

2. 当出现可归责于承租人的事由时，学界对维修义务是否由出租人承担存在争议。肯定说认为，无论何种情况造成租赁物需要维修出租人都应承担

---

① 郑玉波：《民法债编各论》，台北三民书局1981年版，第192页。

② 史尚宽：《债法各论》，中国政法大学出版社2000年版，第166页。

维修义务。[①]否定说认为，若毁损事由可归责于承租人，则出租人不必履行维修义务。从司法实践中看，我国采取否定说。

（1）承租人的故意或者过失致租赁物毁损。承租人对租赁物负有妥善保管义务，当租赁物的毁损归责于承租人时，承租人当然违反善良管理人的注意义务，出租人此时可请求承租人赔偿或与之解约，若赋予承租人维修请求权则有违公平原则。承租人以此为由拒付租金不利于保护出租人的利益。我国立法也印证了这一点，《民法典》第713条第2款规定："因承租人的过错致使租赁物需要维修的，出租人不承担前款规定的维修义务。"立法无疑采取了学术界多数赞同的否定说。

（2）承租人未履行通知义务。虽然出租人在租赁关系的存续期内，应保证租赁物的用益状态，但在现实生活中，承租人往往占有、管理租赁物，若承租人不告知出租人租赁物状态，则出租人很难及时获知具体情况。当出租人不知租赁物需要维修时，承租人履行通知义务即出租人维修义务的前提，承租人怠于履行通知义务而造成租赁物毁损或损失进一步扩大，扩大部分不可归责于出租人，乃是由承租人的过错引起（未尽善良管理人的注意义务），若由出租人承担承租人未尽通知义务而造成的损失扩大部分的赔偿责任不合法律规定，也不合普通民众朴素的公平正义观念。正如法谚所说，任何人不能从自己的过错中获益。从比较法视角来看，我国台湾地区和《德国民法典》都明确规定了承租人的通知义务。[②]我国《民法典》第713条第1款规定："承租人在租赁物需要维修时可以请求出租人在合理期限内维修。出租人未履行维修义务的，承租人可以自行维修，维修费用由出租人负担。因维修租赁物影响承租人使用的，应当相应减少租金或者延长租期。"虽然我国法律没有明确规定承租人的通知义务，但是该条款暗示了承租人的通知义务。

---

① 参见谢怀栻：《合同法原理》，法律出版社2000年版，第383页。

② 我国台湾地区规定，租赁关系存续中，租赁物如有修缮之必要，应由出租人负担者，或因防止危害有设备之必要，或第三人就租赁物主张权利者，承租人应即通知出租人。但为出租人所已知者，不在此限。

《德国民法典》第536c条规定，在租赁期间发现租赁物有瑕疵，或者为保护租赁物而有必要对未预见到的危险采取措施的，承租人应当不迟延地向出租人作出通知。

（三）出租人履行维修义务的构成要件

综上，关于维修义务，对于合同有约定的从其约定；若合同没有约定或者约定不明，出租人履行维修义务须同时满足以下四个要件：租赁物有维修的必要性；租赁物有维修的可能性；租赁物的瑕疵或毁损非可归责于承租人；承租人在合理期限内履行了通知义务。

举证责任

本条是关于出租人的维修义务的规定，遵循“谁主张、谁举证”的原则。

首先，维修义务的承担主体原则上是出租人，例外情况是承租人。本条的但书意味着双方可以对维修义务的主体进行约定，从而排除出租人对维修义务的承担，至此维修义务转嫁至承租人。关于维修义务的承担主体问题十分明确，因为在实践中关于出租人、承租人的身份易于确定。如果双方对此有约定，那么按双方当事人约定即可；如果双方没有约定，那么维修义务的主体推定为出租人。

其次，在出租人承担维修义务的前提下，倘若租赁物需要维修，那么租赁物瑕疵或毁损状态的举证责任应由承租人承担。因为在多数情况下承租人占有租赁物，与出租人相比，承租人对租赁物的状态更为了解。当承租人证明租赁物存在瑕疵、毁损时（假设承租人对租赁物的瑕疵、毁损不存在过错），出租人如果不履行维修义务将会承担违约责任。如在“张某等与王某等房屋租赁合同纠纷案”中，承租人发现出租人提供的房屋存在漏水现象，主张出租人对房屋进行维修，使房屋不再漏水。法院查明房屋大门处有水渍，故法院判决出租人未履行维修义务，应承担相应的违约责任。[①]在该案件中，出租人应当承担维修义务，承租人证明了出租人未履行维修义务，故而出租人构成违约。

---

① 参见北京市第三中级人民法院（2017）京03民终361号民事判决书。

第七百一十三条【出租人履行维修义务】

承租人在租赁物需要维修时可以请求出租人在合理期限内维修。出租人未履行维修义务的，承租人可以自行维修，维修费用由出租人负担。因维修租赁物影响承租人使用的，应当相应减少租金或者延长租期。

因承租人的过错致使租赁物需要维修的，出租人不承担前款规定的维修义务。

历史由来

本条第1款是对《合同法》第221条的承袭，本条第2款是新增条款。第2款在以往法律中未有提及，但是在学界曾经引起广泛的讨论，承租人过错是否排除出租人的维修义务，学界有肯定说和否定说之争，但《民法典》无疑采取了否定说，即若毁损事由可归责于承租人，则出租人不必履行维修义务。在《民法典》立法过程中，《民法典合同编（草案）》（一审稿）第504条就增加了第2款规定，"因承租人的过错致使租赁物需要维修的，出租人不承担前款规定的责任。"另外，本条第1款还作出了将"要求"更换为"请求"的修改。这体现了立法者重视以请求权为基础对权利进行规范，"要求"一词带有命令的色彩，而债法（合同法）以"请求权—抗辩权"为架构规范平等主体间的权利义务关系。

规范目的或功能

在租赁物需要维修且有维修的可能时，承租人有权请求出租人履行维修义务，但是对于出租人履行维修义务的时间不能不设规定，否则出租人的维修义务将成为空谈，难以实际发挥作用，所以规定出租人应当在合理期限内对租赁物进行维修。若出租人在合理期限内不履行维修义务，承租人可以自行维修。对于维修费用，承租人可以请求出租人偿还或者直接在租金中扣除。

租赁物因非可归责于承租人的原因产生瑕疵或毁损时，维修租赁物影响合同约定的用益（使用、收益）状态的，承租人有权要求出租人减少租金或者延长租期。根据我国的民法习惯及域外经验，所要求减少的租金，不得超过因维修而不能使用带来的利益损失；所要求延长的租期，不得超过因维修而不能使用的时间损失。但如果致使租赁物需要维修的情形是由承租人过错所致，则承租人不得要求出租人减少租金或延长租期，此时出租人不承担维修租赁物的义务。[①]本条在第2款规定了这一内容。

本条和《民法典》第712条共同对维修义务的相关内容作出规定，明确了维修义务原则上由出租人承担，承租人在合理期限内有权催告，通知出租人维修。出租人若不及时履行维修义务，承租人也可自行维修，此时维修费用仍由出租人承担，承租人可以在租金内对维修费用进行抵扣，但承租人有过错的除外。两条法律规范明晰了承担维修义务的责任主体，并对维修义务的履行、维修费用的承担、维修的方式、承租人过错等诸多问题作出明确规定，为解决司法实务问题指明了方向。

规范内容

本条对于出租人不履行维修义务时的法律后果作出规定，指明了承租人的救济方法。本条与承租人的"通知义务"相呼应，得出"合理期限内"这一结论，故笔者认为"合理期限"既是对承租人的保护，亦是对承租人的约束。此外，根据《民法典》第729条之规定，因不可归责于承租人的事由，致使租赁物部分或者全部毁损、灭失的，承租人可以请求减少租金或者不支付租金；因租赁物部分或者全部毁损、灭失，致使不能实现合同目的的，承租人可以解除合同。两条共同赋予了当出租人不履行对租赁物的维修义务时承租人的救济方法，即自行维修、减少支付或不支付租金，甚至解除合同。

一、关于"合理期限内"的讨论

承租人可以请求出租人在合理期限内维修，"合理期限内"暗含赋予承租人催告的权利。有学者认为，催告具有双重性质：首先，催告是解除合同的前提，合同经催告后方可解除。其次，假使租赁物的瑕疵毁损非可归责于出

---

① 参见梁慧星主编：《中国民法典草案建议稿附理由：合同编》（上册），法律出版社2013年版，第377—378页。

租人，但维修义务的迟延履行可归责于出租人时，可以请求出租人承担维修迟延的损害赔偿责任。①

同时，“合理期限内”也是对承租人的一种约束，即表明承租人有通知义务。因承租人往往占有、管理租赁物，若承租人不告知出租人租赁物状态，则出租人很难及时获知租赁物的具体情况。换言之，承租人履行通知义务即是出租人维修义务的前提。若因承租人怠于履行通知义务造成租赁物毁损或损失进一步扩大，则扩大部分不可归责于出租人。从比较法视角来看，我国台湾地区和《德国民法典》明确规定了承租人的通知义务。②本条虽然没有明确规定承租人的通知义务，但是本条暗示了承租人的通知义务。

二、承租人自行维修后维修费用的承担方式

在租赁合同的有效存续期间内，承租人在合理期限内通知出租人对租赁物进行维修、履行维修义务，但出租人不及时履行维修义务，此时承租人可以自行维修，维修费用依然由出租人承担。承租人要求出租人承担维修费用的方式在法律中没有直接规定，但参考我国台湾地区规定，不外乎两种方式，一种是直接请求出租人偿还维修费用，另一种则是在租金中进行抵扣。③值得注意的是，抵扣不是请求权，而是形成权，所以承租人无需抵扣之意思表示，可以直接扣除。④

三、减少租金或延长租期

因不可归责于承租人的事由导致租赁物瑕疵或者毁损，对租赁物进行维

---

① 参见吴志正：《债编各论逐条释义》，台北元照出版有限公司2018年版，第130页。

② 我国台湾地区规定，租赁关系存续中，租赁物如有修缮之必要，应由出租人负担者，或因防止危害有设备之必要，或第三人就租赁物主张权利者，承租人应即通知出租人。但为出租人所已知者，不在此限。

《德国民法典》第536c条规定，在租赁期间发现租赁物有瑕疵，或者为保护租赁物而有必要对未预见到的危险采取措施的，承租人应当不迟延地向出租人作出通知。

③ 我国台湾地区规定，租赁关系存续中，租赁物如有修缮之必要，应由出租人负担者，承担人得定相当期限，催告出租人修缮。如出租人于其期限内不为修缮者，承租人得终止契约或自行修缮而请求出租人偿还其费用或于租金中扣除之。

④ 参见吴志正：《债编各论逐条释义》，台北元照出版有限公司2018年版，第130页。

修影响承租人对租赁物使用、收益的（影响租赁物的用益状态），承租人有权请求出租人相应地减少租金或延长租期。“相应”指的是所要求减少的租金，不得超过因维修而不能使用带来的利益损失；所要求延长的租期，不得超过因维修而不能使用的时间损失。减少租金或者延长租期赋予了承租人选择的权利，为选择之债，承租人可以择一行使。

因维修租赁物所导致承租人对租赁物的使用、收益状态受到影响，属于出租人对租赁合同义务之一“保持义务”的违反，相应减少租金或者延长租期是对承租人权利的救济。所谓保持义务，是指出租人在租赁期间保持租赁物符合租赁合同约定的用途。租赁合同是继续性合同，在其存续期间，出租人有继续保持租赁物的法定或者约定品质或者用途的义务，使租赁物合于约定的使用、收益状态（用益状态）。假使租赁物因非可归责于承租人的原因出现瑕疵或者毁损而害及承租人使用收益或其他权利时，出租人应当对租赁物进行维修。保持义务在《民法典》中也有体现，《民法典》第708条规定，出租人应当按照约定将租赁物交付承租人，并在租赁期间保持租赁物符合约定的用途。关于保持义务非我国租赁合同所独有，德国亦有相应规定。[①]

四、关于承租人过错排除出租人维修义务的讨论

《民法典》第712条与本条第2款共同对承租人过错排除出租人维修义务进行了规定。

1. 当租赁物的瑕疵毁损由承租人过错产生时，能否对出租人的维修义务排除，学界存在争论，主要有肯定说和否定说两种观点。肯定说认为，无论何种情况造成租赁物需要维修，出租人都应承担维修义务。否定说认为，若毁损事由可归责于承租人，则出租人不必履行维修义务。笔者更赞成否定说。

2. 当租赁物的瑕疵毁损由双方当事人过错共同产生，即出租人和承租人对租赁物的毁损皆有过错。此时需要探讨的是维修义务的性质问题。笔者认

---

① 《德国民法典》第535条第1款规定，依使用租赁合同，出租人负有允许承租人在租赁期间使用租赁物的义务。出租人应当将租赁物以适于符合合同的使用的状态交付于承租人，并使租赁物在使用租赁期间保持这一状态。出租人应当承担存在于租赁物上的负担。

为，维修义务应当是从给付义务，出租人和承租人对租赁物致损过错的大小可加以细分。至于如何细分则应看双方对租赁物毁损过错责任的大小。实践中不同的个案会有不同的情况，需要结合案情进行分析。

所以本条第2款规定，因承租人的过错致使租赁物需要维修的，出租人不承担本条第1款规定的责任。可以和《民法典》第712条共同适用。

举证责任

本条法律规范有两款内容，是关于出租人维修义务的补充规定。

首先，“合理期限”一方面是对出租人的限制，暗含赋予承租人催告的权利；另一方面也表明承租人应承担通知义务。“合理期限”的确定应当综合考量租赁物的损坏程度、承租人需要维修的紧迫程度、出租人的维修能力等，当租赁物需要维修时，承租人应当通知出租人在合理期限内履行维修义务，只有在出租人不履行维修义务时，承租人才可以自行维修，这是承租人自行维修的前提和基础，否则承租人便不能自行维修。在“赵某与吉林省某集团有限公司房屋租赁合同纠纷案”中，由于承租人提供的证据无法证明其已通知出租人在合理期限内履行维修义务且因为出租人不履行出租义务而自行维修这一事实，所以承租人不能要求出租人支付维修费用并减少租金。①

其次，关于承租人自行维修的问题也需要加以说明。根据民事诉讼法中“谁主张、谁举证”的一般原则，在诉讼过程中当事人应当对自己诉讼请求所依据的事实进行举证并以此承担举证责任。如果承租人基于已经对租赁物进行维修这一事实而要求出租人减少租金或者延长租期，那么承租人对维修租赁物的事实、维修租赁物所发生的具体费用应承担举证责任，该举证责任符合证明的一般规则。

最后，本条第2款承租人的过错应由出租人证明，如果出租人无法证明承租人对租赁物的瑕疵、毁损具有故意或过失的，则出租人承担相应的不利后果，即出租人承担租赁物的维修义务。

---

① 参见吉林省延边朝鲜族自治州中级人民法院（2018）吉24民终416号民事判决书。

其他问题

关于本条与《民法典》第729条的适用关系在此作出一并讨论，以增加《民法典》在租赁合同适用上的体系性和科学性。《民法典》第729条规定，因不可归责于承租人的事由，致使租赁物部分或者全部毁损、灭失的，承租人可以请求减少租金或者不支付租金；因租赁物部分或者全部毁损、灭失，致使不能实现合同目的的，承租人可以解除合同。值得指出的是，因不可归责于承租人的事由致使租赁物瑕疵毁损是适用这两条法律规定的前提，换言之，这两条规定了因不可归责于承租人的事由导致租赁物毁损、灭失的效果。

一、租赁物的毁损、灭失

此处的灭失应作广义理解，即使租赁物实体仍然存在，但因为诸如战争、疫情等特殊原因导致租赁物被无偿征收或者征用，也应当认为租赁物的灭失。确定租赁物灭失的比例要以灭失部分的使用、收益价值作为标准，而不是灭失部分的面积大小。如果租赁物的部分灭失并不导致其使用、收益价值减少，则不存在少付或者不付租金的问题。租金减少请求权和维修义务请求权是并存的关系，即请求出租人履行维修义务不得妨碍承租人对出租人在租赁物不能使用、收益期间减少租金的请求。[①]

二、减少租金或者不支付租金

有学者认为，租赁合同作为双务合同的一种，出租人的维修义务和承租人支付租金是对价关系。[②]从承租人角度上看，出租人不履行维修义务时，若有已经到期的租金未支付，承租人可以根据《民法典》第525条的规定来主张拒绝支付租金，即同时履行抗辩权，法条规定为当事人互负债务，没有先后履行顺序的，应当同时履行。一方在对方履行之前有权拒绝其履行请求。一方在对方履行债务不符合约定时，有权拒绝其相应的履行请求。从出租人角

---

① 参见吴志正：《债编各论逐条释义》，台北元照出版有限公司2018年版，第137页。

② 参见郑玉波：《民法债编各论》，台北三民书局1981年版，第190页。

度上看，如果承租人的已经到期的租金未支付，此时租赁物需要维修，那么出租人可以对承租人主张同时履行抗辩权吗？同时履行抗辩权是双方互有的权利，所以学界通说认为也是可以的，即承租人不付租金在先，出租人可以拒绝履行对租赁物的维修义务。

减少租金需要基于承租人的请求，在承租人没有提出减少租金的请求前，出租人仍然享有对承租人全部的租金支付请求权。如果承租人不提出减少租金，那么承租人对已经支付的部分租金或者全部租金不享有请求出租人返还租金的权利。准此以观，承租人在这种情况下提出的减少租金的请求，只能就将来的事项发生效力。

"减少租金或者不支付租金"这项权利为形成权而非请求权，形成权的特点之一就是不需要法院进行裁判，该形成权自承租人提出减少租金要求时起就发生减租的效力，但是双方当事人对减少租金的金额多少有争议的时候，可以向人民法院提起诉讼来请求法院裁判。

三、解除合同

根据法律规定，因租赁物部分或者全部毁损、灭失，致使不能实现合同目的的，承租人可以解除合同。即出租人怠于对租赁物进行维修，导致租赁物的毁损、灭失影响承租人对租赁物的使用，承租人有权解除与出租人的租赁合同。[①]

有学者对《民法典》第729条规定"不支付租金"一词有争议，认为该条应作此规定，"因不可归责于承租人的事由，致使租赁物部分毁损、灭失的，承租人可以按照毁损、灭失部分的比例，要求减少租金；因租赁物部分或全部毁损、灭失，致使不能实现合同目的的，承租人可以终止合同。"[②]其理由如下：租赁物部分或者全部毁损、灭失，导致租赁合同的目的不能实现的，承租人可以终止合同，而无需规定承租人"不支付租金"。

在比较法上，《日本民法典》第611条规定，（1）租赁物的一部非因承租

---

① 参见张蕊：《租赁物维修义务研究》，清华大学2015年硕士学位论文。

② 梁慧星主编：《中国民法典草案建议稿附理由：合同编》（上册），法律出版社2013年版，第369—370页。

人的过失灭失时，承租人可以按其灭失部分的比例，请求减少租金。（2）于前款情形，承租人仅就残存部分不能达到承租目的时，可以解除契约。与《日本民法典》相似，我国台湾地区也作了类似的规定，租赁关系存续中，因不可归责于承租人之事由，致租赁物之一部灭失者，承租人得按灭失之部分，请求减少租金。前款情形，承租人就其存余部分不能达租赁之目的者，得终止契约。二者相似之处皆在于当租赁物出现部分毁损、灭失时，没有“不支付租金”的规定，此时直接导致合同的终止或解除。

笔者认为，当租赁物全部毁损、灭失时，规定“不支付租金”有些冗余。租赁物全部毁损、灭失就意味着合同目的不能实现，而合同目的不能实现恰恰是解除合同的法定情形，与《民法典》第563条形成呼应，根据《民法典》第563条第1款第1项、第4项之规定，“有下列情形之一的，当事人可以解除合同:（一）因不可抗力致使不能实现合同目的；……（四）当事人一方迟延履行债务或者有其他违约行为致使不能实现合同目的；……”可以看出，无论因不可抗力抑或当事人一方出现违约行为导致合同目的不能实现，都是解除合同的法定情形，规定承租人不支付租金有可能造成双方的合同僵局，导致合同履行整体效率的低下。

四、对物的风险原则

不可抗力和意外事件是租赁合同双方当事人都没有过错，租赁物的毁损、灭失既不可归责于承租人，也不可归责于出租人。在这种情况下，应当维护哪一方当事人的利益，是法律着力需要解决的问题。按照民法上的一般原则，对物的风险责任是以享有所有权为标准，即所有权人承担对物的毁损、灭失的风险。《民法典》在买卖合同中规定了买卖合同标的物的风险责任交付后转移至买受人的一般原则。[①]在租赁合同中，多数情况下，出租人是租赁物的所有人至少是可以支配租赁物的人，当发生不可归责于双方当事人的事由的情

---

① 《民法典》第604条规定，标的物毁损、灭失的风险，在标的物交付之前由出卖人承担，交付之后由买受人承担，但是法律另有规定或者当事人另有约定的除外。第607条第1款规定，出卖人按照约定将标的物运送至买受人指定地点并交付给承运人后，标的物毁损、灭失的风险由买受人承担。

况时，租赁物出现毁损、灭失的情形，按对物的风险原则，风险责任应当由出租人承担。

第七百一十四条【租赁物的保管】

承租人应当妥善保管租赁物，因保管不善造成租赁物毁损、灭失的，应当承担赔偿责任。

历史由来

本条是对《合同法》第222条的承袭，仅作出了把“损害赔偿责任”简化为“赔偿责任”的修改，条文内容无实质性变化。在《民法典》起草过程中，有学者认为，本条应作出这样规定：“承租人应当以善良管理人的注意保管租赁物。承租人违反前款义务，致使租赁物毁损、灭失的，应当承担损害赔偿责任。”[①]本条规定了承租人的保管义务，但是对保管义务的标准没有作出明确规定，这就会在一定程度上造成《民法典》适用的不便。但是即使没有明确规定，也可以认为本条暗含了“善良管理人”的注意义务，具体适用问题可以通过法律解释进一步确定标准。

规范目的或功能

本条规定了承租人对租赁物的保管义务。

承租人依据租赁合同对租赁物享有占有、使用、收益的权利，承租人的使用、收益的权利以承租人占有租赁物为前提条件。承租人在租赁关系消灭时需将租赁物返还给出租人，在租赁合同存续期间租赁物置于承租人的控制之下，所以承租人对租赁物应当负有保管义务。换言之，保管义务是返还租赁物义务的衍生义务。

有学者认为，保管义务不同于维修义务，维修义务是出租人的义务，而保

① 梁慧星主编：《中国民法典草案建议稿附理由：合同编》（上册），法律出版社2013年版，第388页。

管义务是承租人的义务。承租人只需对租赁物进行保管，而无需对租赁物进行维修，但承租人有通知出租人维修租赁物的义务，承租人的通知义务是属于保管租赁物义务的附随义务。因此，如果承租人怠于或者未尽到在合理期限内通知出租人对租赁物维修的义务，属于承租人的不完全给付，租赁物因此而产生的损害扩大部分归责于承租人，承租人对扩大部分应当向出租人负有损害赔偿责任。①

规范内容

对租赁物进行妥善保管是承租人的主要义务之一，承租人的保管义务是承租人对租赁物享有占有、使用和收益权利的衍生义务。换言之，租赁物的所有权不属于承租人，而租赁物又往往在承租人手中（因承租人有时将租赁物转租给次承租人或借给第三人使用，故用“往往”），所以承租人当然就负有保管义务。当租赁合同消灭后，租赁物使用完毕，承租人需要将租赁物返还给出租人。妥善保管租赁物对承租人也有好处，对租赁物的妥善保管有利于承租人在租赁期间充分使用租赁物。

那么什么是妥善保管呢？在比较法上看，我国台湾地区和国外对于承租人的妥善保管义务也有相应的法律规定。我国台湾地区称之为“尽善良管理人之注意”。②《意大利民法典》称之为“奉行善良家父般的勤谨义务”，通俗来说，就是要把租赁物当成自己所有的财产来加以保管。③可以看出，国内外许多法律具有共性，都规定了承租人的保管义务。

一、维修义务和保管义务的区分

1.从概念上看：维修义务是指当租赁物的致损程度导致租赁物不能满足

① 参见吴志正：《债编各论逐条释义》，台北元照出版有限公司2018年版，第134页。

② 我国台湾地区规定，承租人应以善良管理人之注意，保管租赁物，租赁物有生产力者，并应保持其生产力。承租人违反前项义务，致租赁物毁损、灭失者，负损害赔偿责任。但依约定之方法或依物之性质而定之方法使用、收益，致有变更或毁损者，不在此限。

③ 《意大利民法典》第1588条规定，（1）在租赁期间内，尽管由于火灾引起租赁物的灭失和毁损，但是，不能证明发生的原因是不可归责于承租人的，承租人应承担责任。（2）承租人对经其同意的人造成租赁物的灭失和毁损，应承担责任，即使是临时使用或者享用租赁物。

合同约定的使用收益状态时，对租赁物进行维修以使租赁物符合约定的用益目的。而保管义务是指保证租赁物完好的状态。

2.从主体上看：一般看来，出租人是维修义务的承担者，承租人是保管义务的承担者。

3.从归责原则上看：根据《民法典》第712条之规定，出租人应当履行租赁物的维修义务，但是当事人另有约定的除外。可以看出，维修义务不因出租人是否有过错来决定责任是否由出租人承担，是典型的“无过错责任”。根据本条之规定，承租人应当妥善保管租赁物，因保管不善造成租赁物毁损、灭失的，应当承担赔偿责任。保管不善表明这是一种“过错责任”。

二、保管租赁物的方式

承租人对租赁物进行保管，应当采取合适的方式，按照租赁合同约定的方式保管租赁物，或者按照租赁物的性质保管租赁物。比如，租赁物为一台机器，露天存放，遇雨雪天气应改为室内存放；如租赁物为一辆汽车，应不定时驾驶该汽车，防止汽车的性能过快下降。

三、按照租赁物的使用状况正常维护

对于不同租赁物来说，保管没有统一确定的标准，法律也不应该规定一致的标准机械使用。承租人应当根据租赁物的使用状况正常对租赁物进行维护，因时制宜，因地制宜。租赁物大多都是需要对其经常进行保养并且维护的，如果不进行经常的维护，就难以保证租赁物发挥合同约定的对承租人的用益之状态。举例来说，若租赁物为一辆汽车，承租人就应当对汽车进行日常维护和保养，如不定时驾驶汽车，经常加机油，这样才会保证汽车的正常使用。

承租人对于租赁物进行正常的维护费用可以分为两类：第一类是为维护租赁物的使用收益能力所支付的费用，如机器设备上的润滑油，汽车使用的汽油、机油等，这部分费用一般应由承租人负担；第二类是为维持租赁物使用收益状态所支出的费用，如房屋的维修费用、汽车换胎的费用、机器设备更换零部件的费用等，这部分费用应当由出租人负担。

按照租赁物的使用状况正常维护一般属于承租人的义务，即为维护租赁物的使用收益能力的义务。维护租赁物使用收益能力不同于维护租赁物的使用收益状态。承租人对租赁物的正常维护或者日常维护属于维护租赁物的收益能力。

四、承租人的通知和协助义务

当租赁物出现需要维修的状况影响承租人正常使用时，承租人应当及时通知出租人，并主动采取积极的措施用来防止租赁物损坏的蔓延或者损失的进一步扩大。在某些时候，租赁物发生故障来不及要求出租人对租赁物进行维修。如果承租人有对租赁物进行维修的能力，应当先行对租赁物进行维修，因维修租赁物所产生的费用由承租人先行垫付，垫付之后向出租人请求偿还维修费用或者直接在租金里扣除维修租赁物的费用。如果承租人机械地理解出租人对租赁物有维修义务，对租赁物损失的进一步扩大置之不理，就可以认为承租人没有尽到善良管理人的义务。

承租人如果违反该项义务，即没有对租赁物尽到妥善保管的义务，造成租赁物毁损、灭失的，承租人对此应当承担损害赔偿责任。承租人如果对租赁物进行转租或者允许第三人使用，造成租赁物的毁损灭失，承租人对此也应该承担责任。其原因在于次承租人和第三人对于租赁物的使用得到了承租人的同意或允许。

（一）承租人的通知义务

在租赁关系存续期间，出现以下情形之一的，承租人应当及时通知出租人：（1）租赁物有修理、防止危害的必要；（2）其他依诚信原则应该通知的事由。承租人怠于通知出租人，致出租人不能及时对租赁物进行维修，承租人对租赁物损失扩大部分应当负赔偿责任。

虽然出租人在租赁关系的存续期内，应保证租赁物的用益状态，但在现实生活中，承租人往往占有、管理租赁物，若承租人不告知出租人租赁物状态，则出租人很难及时获知具体情况。因此承租人履行通知义务即是出租人维修义务的前提。承租人怠于履行通知义务而造成租赁物毁损进一步扩大，扩大部分不可归责于出租人而是由承租人的过错引起，则承租人承担相应责任。从比较法视角来看，我国台湾地区和《德国民法典》中都明确规定了承租人的通知义务。[①]反观《民法典》第713条第1款规定："承租人在租赁物需要维修时可以请求出租人在合理期限内维修。出租人未履行维修义务的，承租人可以自行维修，维修费用由出租人负担。因维修租赁物影响承租人使用的，应当相应减少租金或者延长租期。"虽然《民法典》没有明确规定承租人的通知义务，但是该条款暗示了承租人的通知义务。

（二）承租人的协助义务

根据《民法典》第713第1款规定："承租人在租赁物需要维修时可以请求出租人在合理期限内维修。出租人未履行维修义务的，承租人可以自行维修，维修费用由出租人负担。因维修租赁物影响承租人使用的，应当相应减少租金或者延长租期。"又根据本条规定，承租人应当妥善保管租赁物，因保管不善造成租赁物毁损、灭失的，应当承担赔偿责任。根据以上两条法律规定，可以得出承租人对出租人具有协助义务，协助出租人保持租赁物的用益能力，协助出租人保持租赁物的用益状态。总而言之，承租人应以"善良管理人"的注意义务协助出租人对租赁物的用益能力和用益状态进行保持。

三 举证责任

本条是关于承租人应履行妥善保管租赁物义务的规定，举证责任遵循"谁主张、谁举证"的一般原则。

承租人在租赁关系存续期间内，对租赁物应负有妥善保管的义务，应尽到善良管理人的注意义务。如果承租人因"保管不善"而造成租赁物毁损、灭失的，那么由承租人承担赔偿责任。在此情况下，证明承租人"保管不善"的举证责任应由出租人承担，出租人应证明承租人在主观上对租赁物的毁损、灭失具有过错或者过失。如果出租人不能证明承租人未妥善保管租赁物而造

---

① 我国台湾地区规定，租赁关系存续中，租赁物如有修缮之必要，应由出租人负担者，或因防止危害有设备之必要，或第三人就租赁物主张权利者，承租人应即通知出租人。但为出租人所已知者，不在此限。

《德国民法典》第536c条规定，在租赁期间发现租赁物有瑕疵，或者为保护租赁物而有必要对未预见到的危险采取措施的，承租人应当不迟延地向出租人作出通知。

成租赁物毁损、灭失，那么承租人不必承担赔偿责任。

在“梁某、吴某等与广州某贸易有限公司租赁合同纠纷案”中，出租人称，根据《合同法》第222条（《民法典》第714条）的规定，承租人因保管不善造成租赁物毁损，应当由承租人承担损害赔偿责任。但是法院认为，涉讼租赁物的毁损、灭失并非承租人保管不善所致，而系因为案外人纵火导致，承租人尽到了对租赁物妥善保管的义务，所以出租人的主张缺乏法律依据，承租人不承担赔偿责任，举证责任的不利后果由出租人承担。[①]

三 其他问题

一、关于过错责任的比较法研究

归责原则分为过错责任（包括过错推定责任）和无过错责任两种。根据《民法典》第714条的规定，承租人应当妥善保管租赁物，因保管不善造成租赁物毁损、灭失的，应当承担赔偿责任。可以看出，承租人只有在保管不善的情况下才对出租人承担赔偿责任，该责任在侵权责任的规则中是典型的“过错责任”。所谓过错责任，是指任何人因自身的过错（故意或过失）而侵害他人权益时，应就所造成的损害承担侵权责任。换言之，在法无明文规定的情况下，无过错则无责任。

过错责任是我国立法活动法律移植的结果。过错侵权责任的一般原则根源于法国的司法传统，甚至可以说根源于法国文化。过错侵权责任的一般原则在《法国民法典》中已有列示，但是即使在法国，过错责任的一般原则也不是从来就有的，其具有浓厚的历史色彩，是1789年法国大革命的产物。在法国大革命之前，法国习惯法沿袭罗马法，用具体列举式的方式对侵权责任进行规范。[②]过错责任由列举式演变成一般原则式，离不开自然法学派的发展。格劳秀斯在17世纪早期就设计了过错责任的一般原则，多玛在若干年后在其著作《自然秩序中的民法》中又重新阐述了这一原则。然而，

---

① 参见广东省佛山市中级人民法院（2016）粤06民终2650号民事判决书。

② 参见［法］热娜维耶芙·威内、罗瑶：《论过错侵权责任的一般原则》，载《比较法研究》2016年第4期。

格劳秀斯等学者所设计的一般原则与当时的法律规范之间还有一定的差异。尽管过错侵权责任一般原则在当时有了一定范围的适用，为具体的司法实践提供指导。但是也不意味着这一原则本身已经具有了法律效力。真正使过错责任的一般原则拥有法律效力的是1804年的《法国民法典》（又称“拿破仑法典”）。根据这部《民法典》第1382条[①]之规定，任何行为使他人遭受损害时，因自己的过错而致损害发生之人对该他人负赔偿责任。由此在法律上确立了过错责任一般原则的法律效力。将过错侵权责任的一般原则作为法律规范规定于民法典中，对法国民事责任法的发展产生了重要的影响。当时过错责任的一般原则的规定一度被认为是法律的最终规定，但是，随着社会法律问题的日益复杂化和法律立法技术的不断提高，该原则自1804年《法国民法典》确立以来，并非保持一成不变，其变化受到经济发展和社会生活多样化的深刻影响，发展的方向大体上是越来越有利于保护受害人的利益。

二、过错责任和无过错责任之区分

从无过错责任原则与过错责任原则区别的角度来看，二者存在许多差异。

1.从定义上看：无过错责任原则是指行为与损害后果只要存在因果关系，而不论行为人主观方面是否存在过错，即应承担相应责任。[②]而过错责任原则是指任何人因自身的过错（故意或过失）而侵害他人权益时，应就所造成的损害承担侵权责任。

2.从立法目的和法律功能上看，无过错责任原则的基本目的在于对受害人的损失进行合理补偿，该原则在一定程度上反映了法律的平衡利益的功能，是公平价值在法律规范中的具体体现。而过错责任原则在立法目的上带有强烈的价值判断，更多体现了法律的教育和预防功能。

3.从构成要件上看，无过错责任原则所规范的当事人行为是法定的，不以过错为构成要件，即对于行为而言，该行为未必具有违法性且当事人未必

---

① 2016年10月1日关于债法改革的法律生效后，《法国民法典》第1382条变为第1240条。

② 参见陈婷：《无过错责任原则的价值基础分析——兼论无过错责任原则与过错责任原则之关系》，载《法制博览》2017年第5期。

存在主观过错。而过错责任原则于当事人的行为而言，当事人须有过错。正如德国法学家耶林所说："在过错责任中，使人承担责任的不是因为损害，而是因为过错，就好像使蜡烛燃烧的是氧，而不是光一样浅显明白。"①

第七百一十五条【承租人对租赁物的改善、增设】

承租人经出租人同意，可以对租赁物进行改善或者增设他物。

承租人未经出租人同意，对租赁物进行改善或者增设他物的，出租人可以请求承租人恢复原状或者赔偿损失。

历史由来

本条承袭了《合同法》第223条的规定，仅在法律用语上将"要求"改为"请求"。在《民法典》的立法过程中，梁慧星教授主持编撰的《中国民法典草案建议稿》对本条提出了如下建议："经出租人同意……租赁合同终止时，承租人可以取回其物，但应当恢复租赁物的原状；无法取回的，承租人有权请求出租人在现存价值的范围内予以补偿。"②该建议是总结司法实践经验、参照司法解释规则并借鉴相关理论得出的，能够妥善处理租赁关系终止后有益费用和工作物的归属问题，但未被正式立法文件吸纳，不能不说是一种制度缺憾。③

规范目的或功能

承租人对于租赁物的权利，尽管具有物权属性，但仍然是基于租赁合同产生的债权，只具有使用收益的权能。租赁合同终止后，承租人具有返还租

---

① 参见喻志耀：《过错责任：民法的基本归责原则》，载《华东政法学院学报》2001年第6期。

② 梁慧星主编：《中国民法典草案建议稿附理由：合同编》（上册），法律出版社2013年版，第392—395条。

③ 参见易军：《"中国民法典草案"合同法编分则部分的缺陷及其矫正》，载《浙江社会科学》2007年第2期。

赁物的义务[①]，因此承租人应当妥善保管租赁物[②]，并按照合同约定或租赁物的性质使用租赁物[③]，未经出租人同意，不得擅自对租赁物进行改动。

一、承租人改善增设与出租人维修义务的关系：有益费用和必要费用的区别

首先，有益费用、必要费用和奢侈费用都是承租人支出的费用，且费用的支出客观上能够增加租赁物的价值。[④]但有益费用为并非必须支出的费用，与必要费用有别。同时有益费用也区别于奢侈费用，奢侈费用是明显超出合理范围的支出。因此，从范围上看，有益费用夹在必要费用和奢侈费用之间，指既非必需，又未超出合理范围的支出。例如，租赁房屋漏水的修理费用属于必要费用，装饰房屋的费用属于有益费用。又如，给租赁汽车加油的费用属于必要费用，加装高级设备的费用属于有益费用。

其次，请求返还费用的时间不同。必要费用中应当由出租人承担的部分，承租人可以在费用发生后请求出租人返还，诉讼时效一并开始计算。而有益费用的返还请求权，承租人只能等到租赁合同终止后才能行使，诉讼时效也从合同终止时开始计算。其原因在于，租赁合同是继续性合同，合同存续期间，承租人享有租赁物的使用收益权利，包括因有益费用的支出增值部分，自然应当负担相应费用。

鉴于本法欠缺对有益费用负担的相关规范，对于承租人支出的有益费用，租赁合同终止后其可以通过不当得利制度实现救济。[⑤]

此外，本条在规制范围上要广于大陆法系立法例中调整有益费用归属的规范，有益费用的支出客观上是有利于出租人的，但本条承租人的改善、增设行为未必有利于出租人，甚至可能会带来负价值。

---

① 参见《民法典》第733条。

② 参见《民法典》第714条。

③ 参见《民法典》第711条。

④ 注意此处与“改善”含义的不同。

⑤ 参见崔建远：《租赁房屋装饰装修物的归属及利益返还——对法释〔2009〕11号关于租赁房屋装修装饰及其法律后果的规定的评论》，载《法学家》2009年第5期。

二、本条与第711条的关系

第711条规定了承租人未依约使用租赁物的责任，构成要件部分规定，“承租人未按照约定的方法或者根据租赁物的性质使用租赁物，致使租赁物受到损失的”，与本条存在竞合的可能。承租人未经出租人同意改善增设显然是不符合租赁合同的约定的，否则也谈不上未经同意。对租赁物的改善增设虽然是为使用的目的，但一些改善行为，如改变房屋承重结构，会对租赁物造成显著的损害。

然而这两条规范的法律后果迥异。承租人未依约使用租赁物造成损害的，出租人可以径直解除合同，而承租人未经同意对租赁物改善增设的，出租人只能请求恢复原状或赔偿损失。应当说这两条在配置上存在失衡。

对此，有学者建议限制第711条的适用条件，即经过阻止后仍不停止的，才能解除合同，以此稳定租赁关系，保障承租人的权利。[1]但本法未吸纳该建议。从解释学立场看，本条与第711条属于请求权聚合关系，当法律事实符合两条规范的构成要件时，出租人既可以解除合同，同时，可以请求承租人恢复原状或赔偿损失。《城镇房屋租赁合同解释》第7条进一步明确，承租人擅自变动房屋建筑主体和承重结构或者扩建，在出租人要求的合理期限内仍不予恢复原状，出租人请求解除合同并要求赔偿损失的，人民法院依照《合同法》第219条（《民法典》第711条）的规定处理。需要注意的是，该解释属于示例性解释，其他情形符合上述法律的，出租人也可以解除合同。

规范内容

一、经同意的改善增设

改善是指承租人为改善租赁物的外观、性能进行的改装、改修等活动，如房屋承租人对房屋的装饰装修、改动房屋承重结构等；增设是指承租人在租赁物原有设施设备的基础上增加新的物品，如车辆承租人对车辆加装导航

---

① 参见梁慧星主编：《中国民法典草案建议稿附理由：合同编》（上册），法律出版社2013年版，第384—388页。

设施等。需要注意的是，承租人对租赁物使用收益的自由也要得到保护。要严格区分改善增设与正常使用行为[①]的区别，并非所有增添新物的行为都属于本条的规制范围，承租人按照约定或租赁物的性质使用租赁物的行为无需出租人同意，如购置家具置于出租屋内、在墙上粘贴挂画等。需要注意的是，所谓改“善”，强调承租人的主观目的，或为便利，或为美观，但客观上或许对于出租者“非善”[②]。

同意属于意思表示，由出租人向承租人发出，可以通过口头、书面等各种形式，可以事先同意，也可以事后追认。通过行为，如为承租人改善增设提供便利等具有同等效力。此外，同意也可通过沉默方式实现[③]，出租人知道承租人对租赁物的改动事实却不反对的，视为同意。

承租人的改善增设行为，即使经过出租人同意，也可能造成租赁物的损失，但本条仅对未经同意的变动行为导致的损害作出了规定。那么在经过出租人同意的场合，损失是否由承租人承担呢？对此，需要区分情况，如果是改善增设行为直接导致的损害，符合侵权责任要件，当然由承租人承担。但如果损害是由于合同终止或无效时的拆除行为导致的，笔者认为，此时承租人也应当赔偿损失，但其理论基础在于承租人具有恢复原状的义务[④]。需要注意的是，经过出租人同意的增设和改善，出租人只能在合同终止时请求承租人恢复原状。

此外，关于增设物的归属和补偿，本条也没有规定。对于增设物的归属，应适用添附规则。对于承租人的补偿，如果可以援引不当得利和风险负担规则，就可以实现当事人之间权利的合理分配。《城镇房屋租赁合同解释》第9条和第11条的规定以缔约过失责任、违约责任、公平原则为请求权基础，并杂糅不当

---

① 有学者称之为“临时性添附”，表达相同意思，但不够准确，参见凌敏、陆毅：《论商品房租赁关系中因房屋改善或增设他物所产生的法律问题》，载《中国民商法实务论坛文集》2004年8月。

② 就此而言，《民法典》使用“改善”这一用语，容易与“有益费用”混淆，造成误解，殊值注意。

③ 参见《民法典》第718条。

④ 《城镇房屋租赁合同解释》似乎采取了不同的解释立场。第10条后段规定，“因拆除造成房屋毁损的，承租人应当恢复原状”，承租人只负担恢复原状的费用，如拆除费用，却不承担赔偿责任。

得利规则，使得各种情况纷繁复杂，且未能妥善分配双方权利义务。[①]

合同终止后增设物未形成附合的，承租人可以取回。增设物形成附合的，所有权转归出租人所有，增设物的现存价值补偿依其他制度处理。

1.经出租人同意增设改善但合同归于无效，对于承租人尚未使用的现存价值，承租人可以不当得利为基础请求出租人返还得利；或者符合缔约过失责任的，增设物未使用的部分，承租人应当与其他损失一并请求出租人赔偿。

2.合同未履行完毕，但因为其他原因解除的，对于现存价值，承租人可以请求不当得利返还；或者区分合同解除的原因，将未使用的增设物使用价值损失依据过错在当事人之间分配。由于出租人过错导致合同解除的，承租人可以追究出租人的违约责任；承租人也有过错的，减轻出租人的赔偿责任。由于承租人过错导致合同解除且出租人不存在过错的，承租人虽不得请求损害赔偿，但可诉诸不当得利制度。双方均不存在过错的，按照风险负担规则，出租人负担风险，承租人可以请求赔偿。

3.合同因履行完毕终止的，对于承租人而言，增设物使用价值归零，自然不能请求出租人返还得利。需要注意的是，不当得利请求权和其他请求权属于竞合关系，承租人可以择一行使。[②]

二、未经同意的改善增设

针对承租人未经同意的增设改善行为，本条第2款赋予出租人两项救济权，即请求承租人恢复原状和赔偿损失。关于这一规范，究竟是违约责任还是侵权责任，需要细细究问。从法律体系来看，本规范位于合同法规范群中，似乎应当作为对违约责任的任意性规定，“根据《合同法》第223条的规定，承租人不得擅自对租赁物进行改善或增设他物是承租人应当遵守的一种合同默示义务，是法定的合同义务。”[③]但从另一个视角来看，如果该规范仅仅属于提示性规定，也具有合理性。质言之，未经出租人同意，禁止承租人

---

① 参见崔建远：《租赁房屋装饰装修物的归属及利益返还——对法释〔2009〕11号关于租赁房屋之装饰装修及其法律后果的规定的评论》，载《法学家》2009年第5期。

② 需要注意，此处与《城镇房屋租赁合同解释》规定不尽相同。

③ 参见云南省玉溪市通海县人民法院（2009）通民二初字第91号民事判决书。

对租赁物改善增设，这本身就是出租人对租赁物享有物权的应有之义。合同法重申这一规则，目的是将同类案件相关规定集中呈现，提醒当事人和法官注意，便于法律适用。对此，如果将本规范理解为违约责任，存在以下疑问：其一，未经出租人同意，本来没有约定，何谓违约？其二，就损害赔偿的范围而言，违约损害受制于“合理预期”规则。然而，在承租人损害租赁物场合，何谓合理预期？即使可以明确承租人的合理预期，承租人的过错导致租赁物损失却由出租人承担，不具有合理性根据。事实上，租赁物权的对世属性，使得承租人能够合理判断，自己未经出租人同意可能对租赁物造成的损害，无需合理预期规则的介入。而且基于物权的绝对性，承租人未经同意改动租赁物，出租人当然可以请求排除妨害、消除危险、恢复原状，无需租赁合同中明确约定。而所谓“法定的合同义务”，也是建立在物权效力的基础之上的，有混淆法定权利和约定权利的嫌疑。因此，将本规范理解为侵权责任，可以追本溯源，厘清其法律适用。

有学者认为，承租人未经同意对租赁物进行改动，往往以改善租赁物使用性能为目的，不具有损害租赁物的过错[①]。但该行为的违法性在于“未经同意”。承租人擅自改动租赁物，是对所有权中蕴含的自由理念的侵犯，也是对妥善保存租赁物注意义务的违反，甚至可能危及租赁物的性能。合同法将其明定化为承租人对租赁物原状保持义务的违反。这解释了为什么即使是对租赁物的有益管理，也需要经过出租人的同意。此外，还需要从两方面进行理解。一方面，尽管保持租赁物原状属于出租人物权权能的内容，当事人可以通过约定排除适用，出租人也可以放弃行使权利。另一方面，需要注意与承租人对租赁物合法使用权的区分。正如上文所言，承租人符合租赁物属性和租赁合同目的使用行为，无需经过出租人同意。

两项责任形式的构成要件不尽相同。就赔偿损失而言，此处采客观过错标准，只需证明承租人未经出租人同意即可认定承租人存在过错。据此损失赔偿请求权需满足的要件为：其一，承租人存在擅自增设改善行为；其二，租赁物存在损失；其三，擅自改善行为和租赁物损害之间需要具有因果关系。

---

① 参见凌敏、陆毅：《论商品房租赁关系中因房屋改善或增设他物所产生的法律问题》，载《中国民商法实务论坛文集》2004年8月。

1.未经出租人同意表现为出租人明确禁止、反对，或者出租人不知道承租人改善、增设的行为。

2.租赁物的损害包括可得利益损失，即租赁物再次出租的价值减损。虽然赔偿范围不适用合理预期规则，但要受到与有过失[①]、减轻损失[②]、损益相抵等规则的限制[③]。此外，即使承租物具有人格意义，出租人也不得请求精神损害赔偿。[④]

3.改善、增设行为与损害之间的因果关系表现为两种形态：一种是承租人在对租赁物进行改善增设时对租赁物造成损害[⑤]；另一种是改善增设本身未对租赁物造成损害，但拆除增设物时未能恢复原状的损失。

恢复原状指恢复到承租人正常使用后应有的状态，而非指恢复至租赁合同订立时的状态，恢复原状须具有可能性，包括经济上的可行性。就具体形态而言，包括拆除增设、取回工作物等。需要注意的是，对于已经形成附合的添附物已经成为租赁物的一部分，应当通过附合规则处理，以符合物尽其用的经济原则。[⑥]

对于未经同意情况下附合物的处理，由于其违反出租人的目的和计划，根据强迫得利的规则，出租人也不负补偿的责任。

举证责任

本条两款共同构成一个完整的法律规范。就租赁物的损失程度、因果关系而言，本规范与一般违约责任的举证责任无异，奉行“谁主张，谁举证”的原则。有疑问的是，对行为违法性的证明责任由谁负担？由于该规范的违法性根

---

① 参见《民法典》第592条。

② 参见《民法典》第591条。

③ 参见《民法典》第584条。

④ 参见《民法典》第996条。

⑤ 传统民法关于有益费用分配的规定只包括恢复原状，因增设行为本身导致的损害可以通过侵权行为等规则救济。从我国民法的规定看，将这一范围排除在外增益不多，反而会增加法律适用的混乱。

⑥ 本法未明确规定添附规则，但学理上通常承认其适用性。此外，对于从物也缺乏相应规则。

据在于“未经同意”，因此只要证明承租人改动租赁物未经出租人同意这一事实即可。

从第2款的表述来看，出租人请求承租人承担违约责任的前提是“承租人未经出租人同意”，似乎举证责任落在了出租人身上。但第1款的表述又是另一种情况，即承租人改动租赁物的前提是要征得出租人同意，证明责任好像又应该由承租人负担。因此需要借助对规范意旨和举证责任原理的分析解决这一疑问。首先，该规范的目的在于保护出租人或其他物权人对租赁物的物权自由不受承租人的侵犯，因此承租人改动租赁物应当有合理的根据。其次，从举证效率和成本的角度来看，由承租人证明自己“经过同意”比出租人证明对方“没有经过同意”容易得多。据此，从注意义务和举证成本的角度来看，由承租人承担行为不具有违法性的证明责任具有合理性。从某种意义上来看，本条第1款具有分配证明责任（举证责任倒置）的作用。

第七百一十六条【转租】

承租人经出租人同意，可以将租赁物转租给第三人。承租人转租的，承租人与出租人之间的租赁合同继续有效；第三人造成租赁物损失的，承租人应当赔偿损失。

承租人未经出租人同意转租的，出租人可以解除合同。

历史由来

本条源于《合同法》第224条的规定：“承租人经出租人同意，可以将租赁物转租给第三人。承租人转租的，承租人与出租人之间的租赁合同继续有效，第三人对租赁物造成损失的，承租人应当赔偿损失。承租人未经出租人同意转租的，出租人可以解除合同。”在《民法典》编纂过程中，《民法典合同编（草案）》（征求意见稿）第264条与《民法典合同编（草案）》（一审稿）第507条及《民法典合同编（草案）》（二审稿）均完全承袭了《合同法》第224条的规定。但《民法典（草案）》第716条则作出将“第三人对租赁物造成损失”调整为“第三人造成租赁物损失”的修改。

规范目的或功能

一、转租与租赁权转让的区别

转租是指承租人在不退出原租赁合同的情况下，将租赁物重新出租给次承租人，从而成立新的租赁合同。而租赁权转让指债务人与第三人签订债权让与合同，将其基于原租赁合同产生的债权转让给第三人。二者的区别在于：其一，法律性质不同。转租的性质是成立租赁合同，次承租人获得租赁权属于原始取得；而租赁权转让的本质是转让租赁权利，受让人取得租赁权属于继受取得。其二，当事人之间的法律关系不同。转租行为并未改变出租人和承租人之间的法律关系，同时次承租人和出租人之间也不存在合同法律关系；而在租赁权转让关系中，因租赁权是否全部转移而异，或者由第三人和承租人作为共同债权人，或者原承租人脱离租赁关系，由第三人取代承租人的法律地位。其三，对出租人产生拘束力的要件和法律适用不同。转租合同适用本条规定，合法转租需征得出租人同意；而租赁权转让适用本法合同编第六章的规定，关于租赁权是否可转让，学说有不同观点[①]，此处不予详叙。

此外，租约转让指经出租人同意，由第三人概括承受承租人的权利义务，承租人退出原有租赁关系的法律行为。其与转租的区别同样体现在法律性质、当事人法律关系等方面。

二、关于转租的规范模式

各立法例关于转租的法律效力，规定不尽相同。就转租是否需要征得出租人同意，大体可以分为三种规范模式：

第一类是自由主义模式，即由承租人决定是否转租。以《法国民法典》为例，该法第1717条规定，“承租人有转租或以租赁权让与于他人的权利，但租赁契约有禁止的约定者，不在此限”，“前项权利得为全部或一部禁止的约

① 我国台湾地区通说采否定说，以不得转让为原则。参见郑玉波：《民法债编各论》，台北三民书局1981年版，第244—247页；李淑明：《债法各论》（第五版），台北元照出版有限公司2011年版，第172页。

定”，“此等约定在任何情形下均有绝对拘束力”。法国的司法实践还认可，即使当事人间有禁止的特殊约定，但出租人在无正当理由的情况下，如行使拒绝权，则构成权利滥用。《奥地利普通民法典》从之，规定如对于所有权人无害或契约上未明示加以禁止的，承租人有转租权。

第二类是限制主义模式，即规定非经出租人同意，承租人不得转租。《德国民法典》采纳此种立法模式，其第540条规定：“非经出租人许可，承租人无权将租赁物交给第三人使用，尤其无权将租赁物转租。”①《日本民法典》从之，该法第612条第1项规定：“承租人非有出租人的承诺，不得将其权利转让，或将租赁物转租。”

第三类里有些立法例采取折中以上两种模式的做法，如意大利、我国台湾地区等。我国台湾地区规定，承租人非经出租人承诺，不得将租赁物转租于他人。但租赁物为房屋者，除有反对之约定外，承租人得将其一部分转租于他人。可见除就房屋一部转租采取自由模式之外，其他租赁物采取严格限制主义模式。

《民法典》采纳限制主义立法模式，其理由在于租赁合同重视当事人双方的信任关系。不同的租赁者，对租赁物的注意程度不同、使用方式不同，对租赁物造成损害的风险也不同。租金支付义务和到期返还租赁物的义务同样依赖于承租人的信用。在我国司法实践中，存在承租人通过层层转租牟取暴利，侵害出租人对租赁物处分权益。因此需要限制租赁物转租，尤其防止承租人借使用租赁从事商业性活动，避免出租人承受不能预见的风险②。当然，《民法典》的一般规定不排除单行法的特别规定，如前文提到我国《海商法》的不同规定，具有优先适用的效力。

三、非法转租合同的法律效力

非法转租指未经出租人同意的转租行为③。非法转租合同的法律效力涉及

① 《德国民法典》（第2版），陈卫佐译，法律出版社2006年版，第187页。

② 立法论上存在不同看法，参见聂圣、魏文基：《租赁合同的再法典化》，载《学术交流》2018年第5期；李建伟、帅雅文：《民法典合同编分则“二审稿”民商事规范的区分设置检讨》，载《法律适用》2019年第21期。

③ 也有学者称为“不合法转租”、“违法转租”。

对物权行为独立性的理解。质言之，租赁物因未取得出租人同意不具有可转让性，承租人与次承租人以该租赁物为标的签订转租合同，能否产生效力。德国民法将法律行为区分为债权行为和物权行为，前者指产生债法上负担效果的行为，后者是以物权变动为目的的行为。准此分类，转租合同属于债权行为。按照物权的独立性、无因性理论，债权行为的效力不以具有物权为要件，物权的变动也不受债权行为效力的直接影响。我国民法是否承认物权行为理论，学界存在争论，相关文献颇为丰富[①]，此处不再赘言。笔者认为，不应当以租赁物是否具备转让性作为转租合同效力判定的根据。其实，两种观点更多属于理论体系的争论，但法律解释除了需要具有理论依据，更重要的是处理实践问题的妥适性。就非法转租而言，要平衡出租人、转租人和次承租人三者的利益，既不能使未经同意的转租合同对出租人产生拘束，损害其对租赁物的所有权，同时也不能置次承租人的利益于不顾。相较而言，承认转租合同的效力，由转租人和次承租人依据该合同处理双方权利义务关系，更能实现案件结果的公平性。非法转租合同本身不因未征得出租人同意而无效，转租人负有向次承租人转移租赁物占有的义务，而次承租人负有支付租金的义务。即使出租人解除租赁合同，转租合同的效力也不受影响。转租人无法履行交付租赁物的义务，次承租人得以请求转租人承担违约责任。

司法实践持相同看法。在“熊某、章某租赁合同纠纷案”[②]中，法院认为，“从保护次承租人的利益和保护出租人的利益的平衡上来看，也不应当将未经出租人同意的转租合同认定为无效或效力待定。对于次承租人而言，转租合同若被认定无效，善意的次承租人因转租合同终止而造成的损失则无法向转租人主张，严重损害了次承租人的利益”。在“鲁某、潘某与王某房屋租赁合同纠纷案”[③]中，法院同样认可了非法转租合同的效力，此案中一审法院认为，“基于非法转租，在当事人之间发生如下法律关系：就鲁某、潘某与王某之间的关系而言，双方当事人之间的租赁合同可以生效，从而发

---

① 《民法典》编纂过程的相关争论，集中于《合同法》第51条的存废问题。参见孙宪忠：《当前我国民法典分则编纂的几点思考》，载《华东政法大学学报》2019年第5期；梁慧星：《关于民法典分则草案的若干问题》，载《法治研究》2019年第4期。

② 参见安徽省芜湖市中级人民法院（2018）皖02民终2688号民事判决书。

③ 参见浙江省绍兴市中级人民法院（2009）浙绍民终字第669号民事判决书。

生债的效力，其于此债的效力，王某负有使鲁某、潘某取得租赁物为使用、收益权利的义务”。二审法院认为，“为衡平出租人和承租人的权利，基于租赁合同中出租人的信赖利益，法律同时规定了‘未经出租人同意的，出租人可以解除合同’，但该解除权的行使自不及于转租合同的效力评判”。

规范内容

一、第1款：合法转租

同意，以意思表示方式作出。根据《商品房屋租赁管理办法》，只能通过书面方式进行。事后追认具有与预先同意相同的法律效力。从取得同意的时间来看，包括租赁合同中约定承租人有转租权，以及租赁关系存续期间承租人通过新协议取得出租人同意。同意的对象，可以是承租人或次承租人。

在合法转租场合，涉及三方主体，出租人、承租人（转租人）和次承租人。本条分别规定了三方两两之间的法律关系，需要仔细分析。

（一）出租人与承租人的关系

即使承租人将租赁物全部转租而不再对租赁物享有使用利益，原租赁合同关系仍然存在，承租人仍负担给付租金义务（第1条第2句前段）。

根据合同相对性原则，次承租人对租赁物造成损害，应当承担责任的，由承租人代为向出租人承担责任，无论承租人是否具有过错。有疑问的是，转租期间发生的一切损失，次承租人是否都有赔偿责任？根据德国立法和我国台湾地区规定，损害的发生不可归责于次承租人的，承租人无需承担责任。而本条第2句后段的表述有所不同。但这是否意味着《民法典》采纳了无过错责任立场呢？从法律用语的体系性上来讲，这种表述与我国违约责任采取无过错责任的一般立场密切相关。与此对应，本法第593条关于第三人原因导致的违约责任之规定，同样未出现“过错”的字眼。但在具体的情境中，应结合规范背后的法律理念，分析究竟是否以过错为要件。就此处而言，笔者认为，次承租人应当承担过错责任，即以次承租人违反善良管理人义务为要件。合法转租经出租人同意，出租人应当预见到转租的风险，因此不得科以次承租人超过承租人的责任。既然承租人对出租人承担过错责任，次承租人的责任也应做相同解释，方显公允。

此外，需要注意的是，该规定属于任意性规定，当事人可以通过合意排除适用，如在租赁合同中约定承租人对转租导致的租赁物损害承担无过错责任等。

（二）转租人与次承租人的关系

转租合同与一般租赁合同无异，因此出租人对承租人的权利，转租人对次承租人同样享有。当次承租人的行为损害租赁物时，即使租赁物并非转租人所有，其仍得请求次承租人赔偿损失。其原因在于转租人就次承租人造成租赁物的损害，对出租人承担赔偿责任。

（三）出租人与次承租人之间的关系

出租人与次承租人之间虽然不存在租赁关系，次承租人通常情况下不享有对出租人的请求权，但承租人怠于行使其基于原租赁合同的债权，如怠于请求出租人履行维修义务，危及次承租人承租利益的，次承租人可以代位行使相应权利[①]。同时，承租人怠于向次承租人请求支付租金，影响出租人租金请求权的，出租人可代位行使。[②]

次承租人造成租赁物损害，出租人虽然不能依据债权关系请求次承租人承担违约责任，但可诉诸侵权损害赔偿诉讼。在这种情况下，出租人对承租人的违约责任请求权与其对次承租人的侵权责任请求权形成竞合，二者择一行使。

租赁合同终止，包括合同无效、合同解除或合同履行完毕后，次承租合同不因而无效或被解除[③]。由于经过出租人同意，次承租人对租赁物的占有是合法占有，出租人不得依据物权返还请求权或占有返还请求权要求返还租赁物。转租合同到期后，出租人除得行使物权请求权外，承租人怠于请求次承租人返还租赁物的，出租人可代位为之。

---

① 参见《民法典》第535条。

② 参见郑玉波：《民法债编各论》，台北三民书局1981年版，第251页。

③ 此处需要与《民法典》第717条结合理解。

二、第2款：非法转租

（一）出租人与承租人之间的关系

承租人非法转租，出租人可以解除与承租人的合同。值得注意的是，双方之间的租赁合同并非当然无效，需要出租人向承租人发出解除合同的意思表示。因此，出租人如果不解除租赁合同，可以产生与同意转租相同的效果。租赁合同解除的效力不具有溯及力，合同终止前已经支付的租金无需返还。对于欠缺法律上原因的给付应返还权利人，如承租人返还租赁物，出租人返还预付租金。

此外，从法律条文的结构上看，本条第1款第2句后半段不适用于非法转租。那么此种情况，次承租人造成租赁物损害的，在民法上如何实现对出租人权利的救济？可行的做法是援引本法第593条，因第三人原因导致租赁物损害的，由承租人负责赔偿。据此可以实现与合法转租场合同样的法律效果。

（二）承租人与次承租人的关系

尽管承租人不具有转租租赁物的权利，前文已述，转租合同本身也不因此无效。即使出租人解除与承租人的租赁合同，次租赁合同也不会随之无效。次承租人因不能占有租赁物受到损害的，可以依据转租合同向承租人主张违约责任。次承租人明知违法转租事实，仍与出租人签订合同的，应当预见行为可能带来的风险，次承租人不得请求承租人赔偿损失。[①]同时，因合同目的无法实现，次承租人得以解除合同。

（三）出租人与次承租人的关系

对于承租人将租赁物交与次承租人的，台湾地区通说认为，出租人与承租人之间的租赁合同未解除之前，虽然次承租人不能对出租人主张占有连续，但鉴于承租人对该租赁物具有使用收益的权利，出租人也不得径直请求次承

---

① 参见最高人民法院民事审判第一庭主编：《最高人民法院关于审理城镇房屋租赁合同纠纷案件司法解释的理解与适用》，人民法院出版社2009年版，第221页。

租人返还占有，而只能请求次承租人将租赁物返还给承租人[①]。对此，值得赞成。租赁合同解除后，如果此时次承租人仍然占有租赁物，出租人可以依据物权请求权请求次承租人返还租赁物。

举证责任

本条涉及两个规范，其一为合法转租场合出租人的损害赔偿请求权（第1款第2句后段），其二为违法转租场合出租人解除租赁合同的形成权（第2款）。第1款与一般违约责任请求权无异。唯需注意的是，两款都涉及对“同意”的证明。所以究竟是由出租人证明“承租人未经同意”，还是由承租人证明“经过了出租人同意”，就颇有疑惑。由此需要剖析规范目的并结合举证责任分配原则展开分析。一方面，法律规定转租需要经过出租人同意，目的是保护出租人对租赁物的所有权，尤其是处分的权能。承租人的转租需要具有合法性根据，即出租人的同意。另一方面，从举证成本来看，证明一件事情存在的成本远小于证明其不存在的成本。因此，由承租人证明其已征得出租人同意，更为适宜。

第七百一十七条【合法转租期限与效力】

承租人经出租人同意将租赁物转租给第三人，转租期限超过承租人剩余租赁期限的，超过部分的约定对出租人不具有法律约束力，但是出租人与承租人另有约定的除外。

历史由来

本条属于新增规定，其内容源自《城镇房屋租赁合同解释》第15条的规定：“承租人经出租人同意将租赁房屋转租给第三人时，转租期限超过承租人剩余租赁期限的，人民法院应当认定超过部分的约定无效。但出租人与承租人另有约定的除外。”从法律流变上看，《城市房屋租赁管理办法》第29条对

---

① 参见吴志正：《债法各论逐条释义》，台北元照出版有限公司2019年版，第146页。

转租期限首次作出了规定："转租合同的终止日期不得超过原租赁合同规定的终止日期，但出租人与转租双方协商约定的除外。"在《民法典》的立法过程中，《民法典合同编（草案）》（征求意见稿）第265条规定："承租人经出租人同意将租赁物转租给第三人，转租期限超过承租人剩余租赁期限的，超过部分的约定无效，但出租人与承租人另有约定的除外。"从《民法典合同编（草案）》（一审稿）第508条规定开始，把"超过部分的约定无效"改成了"超过部分的约定对出租人不具有法律约束力"。

规范目的或功能

本条旨在解决出租人概括同意转租的情况下，转租期限的确定，属于任意性规定。本条规范了在合法转租情况下，转租合同期限超过租赁合同期限部分产生的法律效果（对出租人的效力），但同时也列明了出租人与承租人另有约定的除外条款。从某种程度上看，本条属于法律推定，即当出租人概括同意承租人转租时，通常情况下，转租的期限不得超过租赁合同的剩余期限。质言之，在出租人概括同意转租时，法律推定出租人的"同意"仅限于租赁合同存续期间。

本条规定主要是为了保护合法转租中的出租人权益，否定了在未经约定的情况下，转租期限超过原承租期限的约定部分对出租人的约束力。除非出租人和承租人对转租期限超过部分有特别约定，否则在默认情况下，承租人转租的期限效力不超过原租赁合同剩余的租赁期。法律之所以如此规定，一方面，是考虑到通常情况下，租赁合同终止后，承租人不再享有对租赁物的使用收益权利。因此，作为附属性的次承租人也不应继续保有租赁权益。另一方面，这是合同相对性原理在合同立法中的体现。租赁合同的出租人和承租人是合同相对人，其权利义务关系仅在该租赁合同期限内相互有约束力。承租人将租赁物转租，只能在其剩余的租赁期内有效，超出租赁期部分的约定，在出租人未知或未同意时，对出租人没有约束力。本条认为，承租人和第三人（次承租人）之间的转租合同，在出租人未参与约定的前提下，超出期限部分的约定对出租人没有法律拘束力。

本条规定的例外条款，则是规范了在出租人和承租人另有约定的情况下，不完全否定转租合同超过租赁合同期限部分的效力。尽管超过租赁期限的转租合同，看起来像是在出租人和次承租人之间成立了一个新的租赁合同，而租金收益却由承租人享有，不符合公平原则。但法律不应据此否定出租人追认该超期转租合同的可能，尤其当房屋的位置偏僻，较难出租时，出租人可能倾向于承认超期转租的合法性[①]。这一例外条款充分考虑到合同自由和当事人的意思自治，在出租人和承租人双方自主约定取得一致的情况下，转租合同的期限即使超出了原租赁合同的期限，转租合同也将对出租人产生法律效力，亦即“合法转租”。

规范内容

一、本条的适用条件

首先，本条仅适用于定期租赁，对于不定期租赁，不存在“转租期限超过承租人剩余租赁期限”的情况[②]。其次，仅在出租人概括同意转租的情况下，具有独立的制度价值。而出租人在同意转租时已经明确期限的，完全可以适用第716条的规定，确定转租是否合法。如在“杭州某小百货市场有限公司与施某房屋租赁合同纠纷案”[③]中，“案涉房屋整体承租自郭某，用于经营市场，应认为郭某同意某市场对案涉房屋进行转租，双方并无本条规定的但书情形，故某市场虽可以就市场摊位与经营户之间建立租赁合同关系，但租赁合同的期限不能超过其与郭某之间租赁合同的期限，超过的部分应认定为无效”。此处的同意，即为概括同意。

所谓“承租人经出租人同意将租赁物转租给第三人”，指转租合同本来是合法转租。若转租自始未经过出租人同意，也无本条适用余地。

租赁合同归于无效，或租赁期间被解除的，转租合同是否仍因出租人之

① 参见最高人民法院民事审判第一庭主编：《最高人民法院关于审理城镇房屋租赁合同纠纷案件司法解释的理解与适用》，人民法院出版社2009年版，第204页。

② 参见最高人民法院民事审判第一庭主编：《最高人民法院关于审理城镇房屋租赁合同纠纷案件司法解释的理解与适用》，人民法院出版社2009年版，第201页。

③ 参见浙江省杭州市中级人民法院（2013）浙杭民终字第2234号民事判决书。

前的概括同意，而继续为“合法”，即对出租人是否继续有拘束力？严格意义上，就本条的立法原意和文字表述，并不包括这种情况，但司法实践中往往引用本条（《城镇房屋租赁合同解释》第15条）作为裁判理由，如在“徐某、易某租赁合同纠纷案”[①]中，法院认为，承租人易某与出租人文化宫租赁关系因另案终审判决解除，次承租人徐某与易某的转租关系自然不复存在。本书予以肯认。

二、超期转租对出租人的效力

本条规定，转租合同超过租赁合同剩余期限，未经出租人明确同意的，对出租人不具有约束力。即此时，超过租赁期限的部分属于违法转租，出租人有权根据对租赁物的所有权向次承租人直接请求返还租赁物。

当然，根据本条但书，出租人可以事后同意逾期转租。同意既可以通过明示方式作出，也可以通过默示方式作出。出租人在租赁合同中概括同意转租，租赁期满后与承租人续约的，在没有特别约定的情况下，推定出租人追认逾期转租[②]。出租人一旦表示同意，则不得随意撤回。此时，逾期部分成为合法转租。次承租人对租赁物的占有合法，出租人不得要求次承租人返还租赁物。

三、超过剩余期限的转租合同，效力如何

《城镇房屋租赁合同解释》第15条在制定过程中，关于超过剩余期限的转租合同的效力，存在四种主张，即合同全部无效、超期部分无效、效力待定和合同有效。该司法解释最终采纳了第二种观点，即超期部分无效。但本条在纳入《民法典》时，作了删改，将“超过部分的约定无效”变更为“对出租人不具有法律约束力”，回避了对超期转租合同在承租人和次承租人之间效力的确定。笔者认为，超期转租合同有效，具体理由在第716条的评述中已经提及。此外，需要补充说明的是，认定超期转租合同无效或者效力待定，理由无外乎保护出租人对租赁物的权利。但《民法典》既然已经明确“对出租

---

① 参见湖南省岳阳市中级人民法院（2019）湘06民终2202号民事判决书。

② 参见最高人民法院民事审判第一庭主编：《最高人民法院关于审理城镇房屋租赁合同纠纷案件司法解释的理解与适用》，人民法院出版社2009年版，第204—205页。

人不具有法律效力”，这样的观点也就站不住脚了。所以对超期转租效力的认定，应当着眼于保护次承租人的利益，亦即认定合同有效。

举证责任

在合法转租的情况下，根据转租是否超过租赁期限，举证责任的分配可以分为以下两种情况：

1.转租期限未超过承租人剩余租赁期限的，由主张转租合同有效的一方承担证明责任，如提供转租合同文本。“当事人主张某种法律行为合于某种法定典型，因而可受法律之保护者，对于法律行为之要素，是否具备，负有证明之责。”[①]当然，关于转租是否征得出租人同意的举证责任，由承租人负担（本法第716条）。

2.转租期限超过承租人剩余租赁期限，由本条采用基本规定+例外规定的立法模式可以看出，此时法律推定超过部分未征得出租人同意，对于出租人不具有法律拘束力。因此，如果承租人或次承租人主张超出承租合同剩余租赁期限的部分有效，则需特别证明经过出租人明确同意。反之，承租人或次承租人未能证明经过出租人同意的，超过部分对出租人无拘束力。

第七百一十八条【出租人异议除斥期间】

出租人知道或者应当知道承租人转租，但是在六个月内未提出异议的，视为出租人同意转租。

历史由来

本条属于新增规定，其内容源自《城镇房屋租赁合同解释》第16条规定：“出租人知道或者应当知道承租人转租，但在六个月内未提出异议，其以承租人未经同意为由请求解除合同或者认定转租合同无效的，人民法院不予支持。因租赁合同产生的纠纷案件，人民法院可以通知次承租人作为第三人参加诉

---

① 梅仲协：《民法要义》，中国政法大学出版社1998年版，第90页。

讼。”在《民法典》编纂过程中，《民法典合同编（草案）》（征求意见稿）第266条规定：“出租人知道或者应当知道承租人转租，但在六个月内未提出异议的，视为出租人同意转租。”其后各个阶段的草案文本均接受了“征求意见稿”第266条的规定，仅把“但”修改为“但是”。

三 规范目的或功能

一、制度价值：对严格限制主义模式的缓和

本条属于拟制性规定。关于这一制度需要思考的第一个问题是，出租人知道或者应当知道转租事实，在合理期限内未提出异议，其法律后果为何是“视为同意”，而非“视为不同意”。

根据前文第716条评述，我国民法关于转租，采取了限制主义的立法模式，承租人未经出租人同意，不得转租。其原因在于保护出租人对租赁物“静”的利益，避免出租人因承租人任意转租遭受不可预见和控制的风险。然而，从客观上讲，转租在促进租赁物流动、提高资源利用率上也发挥了相当的作用。有学者指出，“绝对出租人许可主义将承租人转租或租约转让的合理诉求能否实现完全系于出租人单方意志，法律天平完全倒向了强势的一方，于承租人不公”[①]，出租人同意增加了转租的交易环节，阻碍了经济效率的提高。即使在采取限制主义立法例的一些国家，为了缓和但凡转租均需出租人同意的僵化，防止出租人恶意行使权利，也规定了例外条款或限制条件。例如，《欧洲示范民法典草案》第Ⅳ B-7：103条规定，未经出租人同意，承租人不得转租。如果转租请求在未提供合理理由的情况下被拒绝，承租人得以通知合理期间终止租赁合同。针对司法实践中存在出租人滥用权利，在得知承租人转租事实后放任观望，出现不利情况后借口转租未经同意，进而解除合同的投机行为，通过司法解释的方式确立了出租人对转租的异议期间，并被写入本法。一方面，稳定三方当事人法律关系，维护交易安全，保护次承租

① 冯兴俊：《我国租约转让与租赁物转租制度的完善——兼论我国〈合同法〉第224条的修改》，载《法学评论》2015年第5期。

人合法利益；另一方面，通过限制出租人的权利，为缓和严格限制主义对转租的障碍确立了制度空间，兼顾租赁市场的流“动”性。

此外，参考第716条评述，出租人同意的方式包括沉默这一形式，即以消极行为表达意思，而沉默应当有法律规定或当事人约定为前提。本条就是法律规定的沉默形式。出租人知道或应当知道承租人转租，不提出异议的，默认出租人同意。

在“陈某与周某房屋租赁合同纠纷案”①中，法院认为，“承租人陈某对外转租部分房屋，虽未经出租人周某明确同意，但鉴于双方存在长期租赁合同关系，且在2011年9月9日续签《房屋租赁协议》之前，转租关系一直存在，周某之前从未提出过异议，可以推定②周某对陈某转租行为是默认的，陈某的转租行为不构成合同解除理由”。由此可以窥见默示同意对限制主义模式的缓和以及本条在实践中的适用情况。

二、关于“六个月”的法律性质

针对违法转租，本条限制出租人行使异议的期间为6个月。关于这一期间的法律性质，首先要明确异议是否属于权利，属于何种权利。民事权利是民事主体享受特定利益的法律之力。本条规定出租人对违法转租的异议，与法律赋予其对承租人转租的同意权，均以保护出租人对租赁物的物权为目的，具有权利的属性。出租人可依法行使，或者选择放弃。出租人行使异议权的后果是，转租溯及行为之时违法，次承租人对租赁物的占有非法，同时出租人得以解除其与承租人的租赁合同。由此，异议权具有形成权的性质，出租人可以自己的意思使三方法律关系发生变化。

继而需要明确“六个月”的法律性质。“法律所定期间究竟为除斥期间，抑或为消灭时效，需斟酌条文所使用字样、权利性质，以及法规实质具体内容而为判断。”③除斥期间在于维持原有法律秩序。前文所述，异议期间经过，出租人不行使异议权的法律后果是转租确定合法。形成权对法律关系的效力远强

---

① 参见辽宁省沈阳市中级人民法院（2013）沈中民二终字第1456号民事判决书。

② 准确地讲是法律拟制，出租人不能通过反证推翻。

③ 王泽鉴：《民法总则》，中国政法大学出版社2001年版，第518—519页。

于请求权，这决定了对其存续期间应设置更严格的限制[①]。与消灭时效属于权利障碍不同，除斥期间经过，权利当然消灭。就转租而言，法律设置6个月考虑期间，目的在于督促出租人尽快行使权利，以稳定法律秩序，维护租赁交易安全。因此，期间经过出租人不行使权利的，应当归于消灭，不得反复。

规范内容

一、异议期间的构成分析

异议的对象可以是承租人或者次承租人。异议可以采取书面或口头方式。理论上讲，为保持与同意表示方式[②]的平衡，通过行为表示异议也未尝不可。就异议的表现形式而言，可以是解除与承租人的租赁合同，或者仅仅表示不同意但不解除租赁合同。

异议期间的起算点是出租人知道或应当知道承租人转租。与本法总则部分除斥期间的一般规定[③]相同，异议期间的起算采取了主观标准[④]。据此，异议期间的起算，需要具备两个事实，其一，转租事实的客观成立；其二，出租人主观上知道或应当知道转租的事实。二者缺一不可。"应当知道"采取理性人标准，综合案件事实，由法官判断出租人能否了解转租事实。此外，就异议期间起算点，还需要思考的问题是，在转租持续时间较长，但出租人不知且不应当知道的场合，出租人的异议权是否应当受到限制。对此，参考本法对撤销权的规定，"当事人自民事法律行为发生之日起五年内没有行使撤销权的，撤销权消灭"，[⑤]出租人的异议权也不应当过分延续，否则不利于市场秩序的稳定，也不符合诚信原则。

异议期间为不变期间，不得展期，不适用中止、中断和延长的规定[⑥]，以

① 参见陈甦主编：《民法总则评注》，法律出版社2017年版，第1435页。

② 参见《民法典》第716条评述。

③ 参见《民法典》第199条。

④ 参见陈甦主编：《民法总则评注》，法律出版社2017年版，第1438—1440页。

⑤ 参见《民法典》第152条第2款。

⑥ 参见《民法典》第199条。

早日确定当事人的关系。但当事人可以另行约定除斥期间的存续时间，从而排除本条规定的“六个月”的适用。唯需注意的是，当事人约定不得背于诚信，过分延长或过于短暂，否则不具有排除本条任意性规定的效力。

二、异议期间的动态经过

异议期间的经过呈现三种样态：其一，出租人在异议期间内行使异议权，转租溯及行为之日违法，出租人可以根据本法第716条第2款行使权利。其二，在异议期间内，若出租人同意转租，异议期间停止计算，承租人的转租合法。其三，异议期间经过，出租人未行使异议权，法律拟定出租人同意转租，出租人与承租人之间的合同继续有效；次承租人造成租赁物损失，承租人应当赔偿损失。

就异议权的存续而言，异议期间经过，异议权当然消灭。此时纵使承租人与次承租人在诉讼中未主张异议期间经过的抗辩，法官也应当依职权审查。

另外，需要注意的是，异议期间与合同解除权的衔接。根据本法，当事人对合同解除权期间和异议期间有约定的，按照约定。法律没有规定或者当事人没有约定解除权行使期限，自解除权人知道或者应当知道解除事由之日起1年内不行使，或者经对方催告后在合理期限内不行使的，该权利消灭[①]。需要思考的是，除斥期间和解除权期间是并行计算，还是相继进行。对此，首先需要厘清“解除事由”的含义。就转租而言，此处的解除事由不仅仅是承租人转租的事实，而且需要该事实是违法的，即未经出租人同意。而在本条规定的默示同意的场合，未经出租人同意，应指经过异议期间，出租人仍未为异议表示；换言之，异议期间未经过之前，不能当然认为转租就是违法的。故此，违法转租解除权的起算点应当在异议期间经过之后开始。反之，如果认为解除权期间从出租人知道或应当知道转租事实时就开始计算，会产生以下问题：其一，制度重复。解除权期间的限制完全可以防止出租人过分迟延，恶意行使权利，保护承租人和次承租人的确定性利益。无需构建异议期间制度。其二，当事人约定的异议期间长于解除权期间的，解除权期间无异于被架空，失去了限制出租人权利行使的价值。当然，在异议期间，出租人明确表示异议的，除斥期间终止，解除期间开始计算。

---

① 参见《民法典》第564条第2款。

举证责任

本条作为不完全法条，需要和第716条结合理解。前文提到，通常情况下，应当由承租人证明转租经过出租人同意。但从本条的条文结构和实质内涵来看，情况有所不同。显然，本条将“同意”事实未经证明的不利后果和风险，由承租人转移给了出租人。如果出租人不积极证明或者无法证明承租人“未经同意”的，法律推定为“经过同意”，出租人便丧失了包括解除租赁合同在内的救济权。因此，出租人为了自己的利益，不得不承担证明自己在异议期间已经行使异议权的事实。

由此便产生了一个问题，如何协调本条和第716条在举证责任分配上的差异。这就涉及本条“异议”事实证明责任的前提，即“知道或者应当知道”转租事实的证明。除斥期间作为承租人对出租人异议权的抗辩，根据“谁主张，谁举证”的原则，应当由承租人证明“出租人知道或应当知道”转租的事实。故而，承租人应当先证明“出租人知道或者应当知道”的事实，然后才将举证责任转移到出租人，由出租人证明自己已在异议期间行使“异议”权。在“青海某超市有限公司与沙某房屋租赁合同纠纷上诉案”[①]中，法院持相同看法：“出租人同意转租的推定适用前提为出租人知道或者应当知道承租人转租，某超市（承租人）应举证证明沙某（出租人）什么时间知道或者什么时间应当知道某超市有转租的行为……某超市在一审、二审阶段除提交沙某书写的证明外，未提交其他证据证明沙某早在2014年8月前就已知道某超市有转租行为……没有证据或者证据不足以证明当事人的事实主张的，由负有举证责任的当事人承担不利后果。”

综上，在涉及转租性质（合法或非法）判断的诉讼中，存在两种情况：其一，若承租人能够证明出租人知道或者应当知道转租事实的，则由出租人证明自己已在异议期间行使异议权，即转租未经同意（本法第718条）；其二，若承租人无法证明出租人知道或应当知道转租的，则由承租人举证证明转租经过了出租人同意（本法第716条）。

---

① 参见青海省西宁市中级人民法院（2015）宁民一终字第224号民事判决书。

第七百一十九条【次承租人的代位清偿】

承租人拖欠租金的，次承租人可以代承租人支付其欠付的租金和违约金，但是转租合同对出租人不具有法律约束力的除外。

次承租人代为支付的租金和违约金，可以充抵次承租人应当向承租人支付的租金；超出其应付的租金数额的，可以向承租人追偿。

历史由来

本条为新增规定。

对于承租人转租之后违约，次承租人的权利如何保护，《合同法》未设有专门条文。《合同法》中涉及次承租人的条款仅为第224条，该条规定了合意转租情况下，原租赁合同继续生效，非合意转租的出租人可解除租赁合同；合意转租第三人导致租赁物损害的，由承租人承担损害赔偿责任。

为弥补对次承租人权利保护的缺陷，《城镇房屋租赁合同解释》设有若干条文填补漏洞，其中第17条规定："因承租人拖欠租金，出租人请求解除合同时，次承租人请求代承租人支付欠付的租金和违约金以抗辩出租人合同解除权的，人民法院应予支持。但转租合同无效的除外。次承租人代为支付的租金和违约金超出其应付的租金数额，可以折抵租金或者向承租人追偿。"本条吸收了《城镇房屋租赁合同解释》第17条的基本内容并进行了修订，其目的亦在于填补漏洞。本条设有两款，第1款规定，次承租人对出租人解除租赁合同的抗辩权；第2款规定，次承租人代为支付行为的法律后果，其内容与《城镇房屋租赁合同解释》第17条相似。但是亦存在一些差异：其一，针对次承租人对于出租人解除租赁合同的抗辩权，《城镇房屋租赁合同解释》第17条第1款规定以转租合同有效为行使条件，本条将之修正为以转租合同对出租人具有约束的效力为行使条件；其二，对于次承租人代为支付行为的法律后果，《城镇房屋租赁合同解释》第17条的规定是超额支付的租金数额，次承租人可以折抵后期的租金或者向承租人追偿，而本条仅规定可以向承租人追偿。

在《民法典》编纂过程中，《民法典合同编（草案）》（征求意见稿）第

267条对此作了规定，[①]对于承租人违约转租合同次承租人的租赁合同解除抗辩权已经设有专门的条文，其具体条文设计与《城镇房屋租赁合同解释》第17条的规定相似度极高。该条与《城镇房屋租赁合同解释》第17条的规定相比较，主要区别在于，它将“次承租人请求代承租人支付欠付的租金和违约金以抗辩出租人合同解除权”中的请求抗辩意义删去，而直接将其转换为一种径直的行为权利的表达，诉之中的“抗辩”意味全消，形成权的意义渐显。《民法典合同编（草案）》（一审稿）与《民法典合同编（草案）》（二审稿）第510条对此作了规定，该条的基本内容、条文表达与《民法典合同编（草案）》（征求意见稿）完全相同。[②]《民法典（草案）》第719条对以往各版本基本上完全承袭《城镇房屋租赁合同解释》第17条的做法进行了一定程度的修正，其第1款将“但转租合同无效的除外”修正为“但是转租合同对出租人不具有法律约束力的除外”。

三 规范目的或功能

一、规范目的

在承租人不支付租金，致使租赁合同因之可能被出租人解除的情况下，本条规定，次承租人可代为支付租金及违约金，以维系原租赁合同的效力，从而间接保护了次承租人因转租合同所生的合同权益。

二、体系功能

本条规定较好地呼应了《民法典》第716条、第717条规定的同意转租规则和第718条规定的默示转租规则，形成了较为完整的转租规则体系。这一转租规则体系与《民法典》合同编第二分编第十四章“租赁合同”下占主导地

① 第267条规定：“承租人拖欠租金的，次承租人可以请求代承租人支付其欠付的租金和违约金，但转租合同无效的除外。次承租人代为支付的租金和违约金超出其应付的租金数额的，可以折抵租金或者向承租人追偿。”

② 第510条规定：“承租人拖欠租金的，次承租人可以代承租人支付其欠付的租金和违约金，但是转租合同无效的除外。次承租人代为支付的租金和违约金超出其应付的租金数额的，可以折抵次承租人应当向承租人支付的租金或者向承租人追偿。”

位的、规范出租人与承租人之间租赁合同关系的规则一起，形成了体系更为完整的租赁合同规则体系。

本条也对第563条规定的当事人合同解除权形成一定规制，即在转租合同对出租人有约束力的情况下，次承租人可以行使代为支付租金与违约金的权利，消除第563条第1款第4项规定的“当事人一方迟延履行债务或者有其他违约行为致使不能实现合同目的”情形存在可能性，从而阻却出租人租赁合同解除权的行使。

规范内容

本条规定了次承租人代位清偿权及其行使的法律后果。

一、次承租人的代位清偿权

（一）次承租人代位清偿权的概念

次承租人的代位清偿权，系指在承租人拖欠租金，且转租合同对出租人有约束力的情况下，次承租人代替承租人向出租人支付租金及违约金的合同保全权利。其意义有如下几点：

第一，代位清偿权是一种次承租人得径直行使的实体权利，有学者主张，其为一种简单形成权。[①] 在承租人拖欠租金时，次承租人即有代为支付租金与违约金的权利，这种权利的发生不以诉讼程序的启动为必要。它也并非抗辩权或者请求权。

第二，代位清偿权是次承租人保全转租合同的权利。转租合同是一种在法律效力上依附于租赁合同的从合同，租赁合同无效、撤销或被解除后，转租合同将无从依附而随之失去效力。故在承租人拖欠租金违约时，为维系原租赁合同并进而保全转租合同，次承租人得代为支付租金和违约金，消解出租人依第563条第1款第4项享有的合同解除权。

① 参见隋彭生：《合同法教学法条》，中国人民大学出版社2015年版，第164页。对于简单形成权的说法，本书存疑，具体讨论见后文。

第三，代位清偿权是次承租人代为支付租金、违约金的权利。将次承租人行使代位清偿权范围限定为租金与违约金，实际上放大了次承租人的代位清偿权，限缩了出租人解除租赁合同的权利。即便出租人因承租人违约而产生其他损失，承租人拒不赔偿，次承租人亦只需支付租金与违约金，对于出租人未约定以违约金方式承担的其他损失不承担清偿责任。租金包括合同约定的租金，亦应当包括因拖欠而产生的利息等。若无违约金的约定，次承租人仅应当清偿租金。

第四，代位清偿权的权利人为次承租人，次承租人应向出租人代为清偿。若第三人代为清偿，则不宜解释为代次承租人行使代位清偿权，不论其目的为何，应当解释为代承租人清偿，按照第三人代为清偿的规则处理。向出租人代为清偿，包括向出租人本人、出租人指定或者委托的第三人等代为清偿。

第五，本条中的“支付”应当理解为“清偿”。清偿的方式包括法定的，通常指所有可以采取的清偿方式，如抵销、提存等。若将本条中的“支付”仅理解为以金钱支付的方式进行清偿，恐怕与本条的立法意旨不符。

（二）次承租人代位清偿权的构成要件

根据本条的规定，次承租人代位清偿权的发生，以承租人拖欠租金和转租合同对出租人有约束力为条件。

首先，承租人拖欠租金。承租人拖欠租金，依条文表达的文义，应指承租人主观上有意延付或者丧失支付能力而延付租金且欠缺合法的抗辩事由，不包括客观上因不可抗力、意外事件，虽有支付能力而无法如期支付的情形。承租人主观上有意延付，应当区别于承租人拒付租金。然而事实上，承租人拖欠租金，就有可能是基于拒付，即拒付导致了延付的结果。如果仅将本条中的拖欠租金理解为有意延付，而不包括因拒付而导致的事实上的延付，此种解释难谓周延。鉴于拖欠亦有可能因拒付而实际发生，应将本条中的“拖欠租金”的意义扩张解释为包含承租人无合法抗辩事由拒付租金的情形。

其次，本条将《城镇房屋租赁合同解释》第17条和之前的立法文本中的“但转租合同无效的除外”修正为“但是转租合同对出租人不具有法律约束力的除外”，意义发生较大转变，质言之，在本条之前，“转租合同有效”是次承租人享有代位清偿权的条件，而在本条之后，仅“转租合同有效”已经不足以使得次承租人享有代位清偿权了，"有效"的转租合同必须能够约束出租人，次承租人始能享有代位清偿权。这一修正，事实上也是一种法理上的修正，即《民法典》的立法开始重新正视合同的相对性：一是转租合同是否有效，应当依转租合同的情形而定，而不应当依出租人的意思而定。即只要转租合同符合《民法典》第143条民事法律行为的有效要件，它就是有效的合同。二是转租合同是否约束出租人，应当依出租人的内心意思而定。出租人的内心意思，应当参照《民法典》第716条、第717条、第718条的规定确定，即仅存在同意转租和默示同意转租时，转租合同始可约束出租人。

本条的内容颠覆了学理上的经出租人同意的转租与未经出租人同意的转租的二元区分论的意义。就经出租人同意的转租而言，其有效性毋庸置疑。对于未经出租人同意的转租的效力，学界存在三种不同的观点，即有效说、无效说与效力待定说。效力待定说为主流学说，其理由概为：其一，概括地认定其为有效，不合法律的精神。理由有：《合同法》第224条（《民法典》第716条）的反面解释；侵犯出租人的所有权；任其擅自转租，不利于社会管理。其二，概括认定为无效似乎有过于僭越之嫌，理由概有：出租人可以通过行使合同解除权获得保护，没有必要径行由法律规定其效力。[①]而由新的法律条文设计内容看，第716条第2款已经明确了未经出租人同意转租的法律效力，即"出租人可以解除合同"。似乎由此可以认定，该条暗合效力待定说的观点。然而笔者认为，如此理解亦不妥。事实上该款规定明确了转租合同有效说，即未经出租人同意的转租合同，亦为有效，理由在于：效力待定的法律行为的意义，在我国民法中明确肯定，似乎没有必要将可能被解除或可能因解除而无效的法律行为包含在内。我国民法学界通说认为，效力待定的法律行为，可以划分为限制民事行为能力人所为法律行为、无权处分行为。[②]再者，可能面临解除的法律行为，均是已经生效的法律行为，而非处于"效力待定"状态的法律行为，在这一点上，民法学界亦有共识。将面临解除的法

---

① 参见王利明：《合同法研究》（第三卷）（第二版），中国人民大学出版社2012年版，第319—320页。

② 对于无权处分的法律效力，学界有不同的理解，但是将无权处分的待定效力限定于物权变动的效力较为妥当。参见孙宪忠：《中国物权法总论》（第四版），法律出版社2018年版，第530页。

律行为也涵摄于效力待定的法律行为中，存在过度扩张这种法律行为类型外延的问题，也存在无根据地全面解构合同解除的教义的问题。有效说的确立，使得再将转租合同以出租人同意与否为标准进行二元划分的做法变得没有实际意义了。

（三）次承租人行使代位清偿权的法律后果

代位清偿权发生后，次承租人可以行使代位清偿权，亦可放弃权利的行使。次承租人行使代位清偿权的，将产生如下法律后果：（1）在代位清偿的限度内，出租人不得解除租赁合同，转租合同得以保全。出租人不得解除租赁合同的规则，为一效力规则，即便出租人行使解除权，亦不能产生解除租赁合同的法律效果。（2）发生折抵效力。即在代位清偿的限度内，次承租人对于承租人的支付租金的义务，得以代位清偿的租金、违约金数额予以抵充，承租人不能以未向其支付租金为由，主张次承租人违约。（3）次承租人取得追偿权。若次承租人代位清偿的租金、违约金数额超过其向承租人已付或者应付的租金数额，次承租人可在差额的限度内，向承租人追偿。

（四）次承租人代位清偿权的司法适例

通过笔者检索，共得三个司法裁判适例，分以下几种情况：（1）出租人与承租人之间损害次承租人代位清偿权的解除协议无效。在“湖南某公司等诉李某等确认合同无效纠纷案”中，湖南省张家界市中级人民法院作出了损害次承租人代位清偿权的解除协议无效的判决。且对于次承租人代位清偿权有详尽的阐释：“上述规定突破了债权相对性的原理，给予合法转租中的次承租人代位清偿权，以限制出租人的租金违约解约权，实现了出租人同合法次承租人间的权利平衡，维护了交易稳定。代位清偿权为形成权，次承租人代位清偿时，无需出租人同意，出租人对于次承租人的清偿不得拒绝，在租赁过程中，次承租人代位向出租人偿付租金，以维护自己承租利益的稳定性，对出租人和承租人均无不利，且符合民法保护弱者的承租人利益的价值取向。”[①]（2）在次承租人知晓后及时代位清偿的情况下，

---

① 参见湖南省张家界市中级人民法院（2018）湘08民终1号民事判决书。

即可发生阻却租赁合同解除的效力。在“珠海市某投资有限责任公司与珠海市某投资顾问有限公司房屋租赁合同纠纷案”中，珠海市中级人民法院判定，次承租人知晓租赁合同因拖欠租金而遭遇解除的事实后，代为清偿了租金及违约金，出租人提出的合同已经解除的主张难获法院的支持。该案中特别明确了次承租人行使代位清偿权的合理期限，以次承租人知晓发生代为清偿权的事实为起点。而是否知晓，应依诚信原则确定之。[①]（3）次承租人的代位清偿权是权利，而非义务。在“张某与兰州某餐饮管理有限公司、郑某等房屋租赁合同纠纷再审审查与审判监督案”中，法院对于次承租人的代位清偿权系为其权利还是义务，作了明确的判定，认定“代位清偿权”的行使为次承租人意思自治的范畴，并不因其未行使而有过错。[②]这三个判例分别从三个不同的侧面阐释了《城镇房屋租赁合同解释》第17条的适用情况。

二、代位清偿权与代位权的区分

代位权，是指债权人以自己的名义行使债务人权利之权利。当债务人享有对于第三人的权利而怠于行使，致使其原本可以增加的财产而未增加，进而损害到债权的实现时，债权人可以代替债务人行使该权利，以保障其债权的实现。[③]代位清偿权与代位权在“代位”这一点上是相似的，两者之间还存在一些其他的相似点，当然其区别也是显而易见的，代位清偿权绝非代位权的子概念。

（一）两者的相似点

其相似点主要体现在权利的性质、权利的行使上。与代位权相似，代位清偿权即非请求权，亦非形成权、代理权，均为实体法上的权利。[④]就代位清偿权而言，前已述及我国学者提出的“简单形成权”的观点，然而

① 参见广东省珠海市中级人民法院（2015）珠中法民三终字第415号民事判决书。

② 参见甘肃省高级人民法院（2018）甘民申756号民事裁定书。

③ 参见王家福主编：《中国民法学·民法债权》，法律出版社1991年版，第177—178页。

④ 参见黄立：《民法债编总论》，中国政法大学出版社2002年版，第471—472页。

“简单形成权”的观点属于孤例，没有其他可以相互佐证的观点。就代位权而言，其以权利或者法律关系的变更为目的，与形成权相似，但是代位权行使，并不是以权利人单方面的意思表示为基础，而是以债务人对第三人的权利为基础，如果欠缺债务人的权利，则权利人的权利即无从附着，这与形成权乃是一种独立权利的特性完全不吻合，故毋宁认其当为一种行使债务人权利内容的管理权。[①]在权利的行使上，两者相似度较高，包括行使时应以债权人而非以债务人（承租人）的名义为之，行使权利应以债务人（承租人）权利（义务）的必要范围或者法定范围为限，不得处分债务人的权利。

（二）两者的区分

首先，两者的构成要件不同。代位清偿权的构成要件包括承租人拖欠租金与转租合同对出租人有约束力。代位权的构成要件包括：（1）债务人须对第三人享有债权；（2）债务人怠于行使权利；（3）债务人已陷入迟延；（4）债权有不能实现的危险。[②]其次，权利行使的方式不同。代位清偿权的行使，系对承租人债务的履行。而代位权的行使，系对债务人拥有的对第三人债权的行使。最后，两者的法律效果也有别。代位权行使的法律后果包括对债务人的效力、对债权人的效力、对第三人的效力。就对债务人的效力而言，债务人的权利处分权，受代位权的限制，且代位权人行使代位权的效力直接归属于债务人；就对债权人而言，对于第三人提起的诉讼，债权人有介入权（参与权）；就对第三人效力而言，涉及第三人对于债务人的抗辩权，得否向债权人行使的问题。[③]相较于代位权行使的结果，代位清偿权行使的法律效果主要表现为保存租赁合同的效力与对承租人追偿权的取得。有学者认

---

① 参见黄立：《民法债编总论》，中国政法大学出版社2002年版，第471页；史尚宽：《债法总论》，中国政法大学出版社2000年版，第463页；郑玉波：《民法债编总论》（修订二版），中国政法大学出版社2004年版，第292页。其中郑著的观点略有不同，认为它是一种能权或者管理权，但终非承认其为形成权。

② 参见王家福主编：《中国民法学·民法债权》，法律出版社1991年版，第178—180页。

③ 参见史尚宽：《债法总论》，中国政法大学出版社2000年版，第471—474页。

为，次承租人除代位清偿权外，还有异议权。[①]但是笔者认为，异议权乃是代位清偿权的权能之一，并非一种独立的权利。如果未及时、合理通知次承租人，即便在通知前已经解除合同，次承租人仍得主张异议，表明其代位清偿权因未得及时、合理通知而未能行使，从而阻却解除行为的法律效力发生。

三 其他问题

对于次承租人异议权的保障，有学者认为，我国现行法律制度存在如下缺陷：未规定通知次承租人的义务主体、对于未履行通知的后果未予规定、对于代位清偿权的行使期间未予规定。并就此提出一些建议：一是通知义务主体的“双保险”，即承租人与出租人均为通知义务主体；二是将所谓的“合理期限”予以明确化；三是未履行通知的后果应当予以明确，包括否认出租人与承租人解除合同协议的效力，或者由出租人与承租人对于次承租人的损失负连带赔偿责任。[②]例外情形是，出租人与承租人在租赁合同中，原本就约定由承租人转租于第三人，则在租赁合同终止后，出租人加入到由承租人与次承租人签订的转租合同中去，除非该约定对于第三人不利。[③]

上述观点未尽如人意。首先是代位清偿权行使的“合理期限”问题。将这一权利行使的期限定位为“合理期限”，较之规定一个硬性的期间，或许更能够契合该权利的性质。例如，次承租人于三天前已知承租人拖欠租金，正忙于筹措，且需要筹措的资金量较大，若法律规定一个月期限未能筹措完毕，代位清偿租金债务与违约金，此时径行令其丧失代位清偿权，似乎于理不合。合理与否，应当视商业习惯而定。此外，“合理期限”的起点应予明确而未明确，可以以次承租人知悉或者应当知悉承租人拖欠租金的时间作为“合理期限”的起点，次承租人是否知悉出租人已经开始解除租赁合同等其他因素，均不应在

---

① 参见王秋良、蔡东辉：《合法转租之次承租人利益保护的若干问题》，载《政治与法律》2003年第6期。

② 参见胡国运、吴玉萍：《论次承租人代位清偿权制度之完善》，载《人民司法》2015年第3期。

③ 参见屈茂辉：《转租制度若干问题研讨》，载《湖南大学学报》（社会科学版）2001年第3期。

考虑的范围内。其次是未履行通知的后果存在问题。代位清偿权行使的制度目的，在于阻止租赁合同的解除，若因承租人或者出租人未尽通知事宜，致使其无法行使，当推定租赁合同未解除，而使得次承租人仍获在“合理期限”内为代位清偿之权利。即如合同中的特约，使出租人在租赁合同终止后，再“加入”到原来由承租人与次承租人签订的转租合同，事实上并非真正的“加入”，而系形成一个新的合同，因为“原租赁合同”已然终止。且该种情形的“加入”，其实质为形成权，即依出租人单方的意思表示，可使得出租人与次承租人按照“原租赁合同”设定的条件形成“新”的合同关系。而“该约定对第三人不利”的本义，实是约定无效出租人无法取得形成权的条件。

第七百二十条【租赁物的收益】

在租赁期限内因占有、使用租赁物获得的收益，归承租人所有，但是当事人另有约定的除外。

历史由来

本条承袭自《合同法》第225条。《合同法》第225条规定：“在租赁期间因占有、使用租赁物获得的收益，归承租人所有，但当事人另有约定的除外。”两者之间仅有一字之差，无实质区别。在《民法典》编纂过程中，《民法典合同编（草案）》（征求意见稿）、《民法典合同编（草案）》（一审稿）、《民法典合同编（草案）》（二审稿）以及《民法典（草案）》，分别以其第268条、第511条、第511条与第720条维持了《合同法》第225条的规定，均未改变《合同法》第225条的规则内容甚至于其立法表达。

规范目的或功能

对于租赁期间占有、使用租赁物（如土地）而产生的收益（如孳息），现实生活中当事人多未作约定，由此或可引起纷争。故本条明示，在当事人未约定收益分配情形下，收益分配该当依何种规则进行，以达定分止争的目的。本条为任意性规范，亦突出了民法私法自治原则的核心地位。

我国台湾地区关于“收获孳息及耕作费用之偿还”的规定，本质上亦属于租赁物的收益归属确定的规定，鉴于该条未明定为强制性规范，当属任意性规范，故其本旨与《合同法》第225条相同，但其立法理由，旨在消除不当得利；[①]而《合同法》第225条，则旨在权利分配。

规范内容

一、构成要件

（一）占有、使用租赁物产生合法收益

首先谈“收益”本身的形态问题。一是此处的“收益”当指租赁物的出产物，而非泛指任何情形下受有利益的状态。[②]单纯租住他人住宅、商铺，是不可能产生收益的。租住商铺而从事经营，获取商业营利，该种营利并非出于租住商铺这一事实，而是源于承租人的经营事业，故租赁商铺从事营利性营业而获取的收益，也不在此处的“收益”的意义范围之内。二是此处的“收益”应当包含法定的与天然的两种收益。法定收益最为常见的状态，乃是由转租而产生的租金收益。天然的收益，乃是指由租赁物依自然规律而产生的收益，如种植庄稼而庄稼成熟可以收获、种植果树而果树结实，等等。但凡不是产自租赁物，但亦为依自然规律而产生的收益，也不在此处的“收益”之中，例如，租赁他人土地用于家禽、家畜、鱼类养殖、繁殖，等等，家禽、家畜、鱼类自身的增长或者繁殖，抑或家禽另有其他产出（如生蛋），这些产出，虽然以租赁物的租赁为其中间手段，但并非直接依自然规律源于租赁物，故不宜将其归于“收益”之中。三是占有、使用租赁物而进行生产、加工等，由此产出“产品”，此类“产品”则更不能当作“收益”来看待了。四是占

---

① 参见陈忠五：《学林分科六法——民法》，台北新学林出版股份有限公司2012年版，第B670页。

② 参见随彭生：《合同法教学法条》，中国人民大学出版社2014年版，第156页。亦有不同意见，如王利明认为《合同法》第225条中的“收益”，“主要”指孳息，似非将孳息作为该条中“收益”的全部，但其内容却全部用来阐释孳息的归属。参见王利明：《合同法研究》（第三卷），中国人民大学出版社2012年版，第314页。

有、使用租赁物期间，对租赁物进行改良，使租赁物的性能得以提升，亦不应当归之于“收益”范畴。对租赁物的改良，较为常见的情形包括租住他人住宅而对之进行必要的装修，使之宜于居住，或者租赁他人的土地进行耕作，而对它进行施肥、优化等。改良在某些情形下，完全可以确认它对出租人产生了利益，例如，经过植物肥改良的土地，在租赁期结束后，仍被出租人用于种植其他庄稼。但是其他情形下，仍难认为它对出租人产生了收益，例如，经过装修的租赁房屋，在租赁期届满后，出租人将之拆除重建或者装修工程并不令出租人满意而将之拆除后重新装修，又或者经过植物肥改良的土地，租赁期间届满后，出租人计划将之用于建造民宿，等等，在这些情形下，都不能认为所谓的改良对于出租人产生了利益。与“收益”不同的是，租赁物改良是否产生积极利益，对于出租人是相对的，而“收益”如果归属于出租人，则客观上将产生积极的利益。

其次谈“收益”的合法性。“收益”的合法性源于对产生“收益”手段的评价。如果获取“收益”的手段为强行法所禁止采用，则所生“收益”，难谓归承租人所有。[①]例如，承租人得出租人同意或者默示同意，将租赁所得住宅转租用于加工毒品、经营赌场等，则所得租金难谓“合法”收益，不得当然归属于承租人。再如，承租人将租赁所得土地用于种植法律严令禁止私人种植的违禁品，如罂粟、大麻等，由此所得收益，当不得令其归承租人所有。“收益”的合法性还来自于对于遵守合同约定的评价。若“收益”的获得未依合同约定的方法，亦不符合合同的目的，或者仅不符合合同的目的，则发生的“收益”，是否当然归属于承租人，亦不无疑问。[②]比如，租赁合同约定种植粮食，但是承租人却用来种植经济作物（如茶树、果树等），所种植的经济作物及其收益是否归承租人所有？或者租赁合同纯粹为使用租赁合同，但是承租人将擅自对其进行收益，如将租赁用来临时居住的土地，用来种植作物，此时作物的“收益”应当如何处置？可分以下几点讨论：一是出租人默许，此时“收益”当然归于承租人；二是出租人反对，但依交易习惯，在个案中并不认为承租人必须恪守租赁合同中关于“用益”的约定，承租人有擅为情势变更的权利，则“收

---

① 参见郑云瑞：《合同法学》，北京大学出版社2018年版，第357页。

② 参见郑云瑞：《合同法学》，北京大学出版社2018年版，第357页。

益”亦当然归于承租人；三是出租人反对，承租人违反合同的行为并不能得到交易习惯的支持，此时应当依添附规则处置较为妥当，而非依孳息的规则，即土地的出产物归附于土地，由土地的使用权人或者所有权人享有所有权。

（二）收益发生在租赁期间

占有、使用租赁物产生收益，应当发生在租赁期间，或者虽然未在租赁期间发生，但已经于租赁期间为租赁物产生收益进行了前期的准备、培育工作，而收益却于租赁期间届满后发生。收益于租赁期间发生，乃是占有、使用租赁物的常态，例如，在租赁期间种植庄稼、果树等，庄稼或者果树等在租赁期间成熟或者结实，等等。收益于租赁期间后发生，亦非不存在，比如，在秋季庄稼成熟季节前已经种植，但是租赁期间却在秋季之前届满，此时租赁物即在租赁期届满后产生收益。租赁物在租赁期间届满后产生收益，是由承租人收取，还是由出租人收取，应当视情况而定。如果承租人与出租人约定，租赁期间即将产生的收益由出租人代为收取，则可认定承租人与出租人就此事项达成委任契约，对于双方的权利义务，应当依委任契约的规则处理。假如承租人与出租人未就租赁期间届满后的租赁物“收益”的收取达成约定，而出租人自动代为收取，则是认定双方之间形成无因管理，还是认定收取乃原租赁合同的延续而出租人自动代为收取仍属附随义务的履行，其间仍有不同的旨趣——若认为系无因管理，则在出租人未涉及管理事务之前，出租人无管理事务的义务；若认为系租赁合同的延续而出租人之收取乃为附随义务的履行，则出租人对于租赁期间届满后的“收益”，有代为收取并将之归属于承租人的义务。对此如何取舍？应当依体系方法为解释。笔者认为，私法自治，系民法的基本原则。私法自治的含义，除指向私人自己管理自己事务的意旨外，事实上还包含不得随意为他人设定责任或义务的意义。依此而论，为法律解释时，在法律规范未明示为他人设定责任或义务，不可将责任或义务加于他人。故在承租人与出租人未就“收益”收取事项为约定的情况下，应当认定法律于此情形下，乃将是否代为收取“收益”，使他人利益免受不必要的损失这一事项，交由出租人自决。举例来说，如果承租人租赁出租人一亩果园，果实于租赁期间届满后成熟，但双方当事人对于租赁期间届满后如何收取果实未作约定或未达成约定，承租人亦不自行收取，在此情形下，出租人可代为收取。但是假如出租人未为“收益”的收取，不可认定出租人的不作为系违反租赁合同附随义务，得承担债不履行的责任。当然，即便租赁期间届满，承租人仍有权利进入原“租赁物”（如果园）以合理的方式收取“收益”，此时出租人有当然承受的义务，这种消极容忍的义务可认定为原租赁合同的附随义务，于此并无不合。

（三）“获得”收益

所谓“获得”收益，乃指孳息的收取和占有。租赁期间的孳息一般由承租人自行收取和占有。租赁期间结束后尚有未收取的孳息的，亦一般由承租人自行收取和占有。但是该规定并未排除他人“获得”收益，他人无论为出租人，抑或为出租人之外的其他第三人，只要存在对孳息的收取和占有行为，亦无论“获得”收益系出于善意还是恶意，均可认定为“获得”收益。

无论是天然的收益，还是法定的收益，在收取或与原物脱离之前，严格而言，都不能称为孳息。天然收益若未为收取或者未与原物脱离，如庄稼成熟后，任其烂在土地里，或者果实成熟后任其烂在枝头，则不可认定存在收益“获得”的情形，未成为孳息，此时亦无本条的适用。法定收益若未为收取，事实上尚为债权，“获得”收益之后，始成为孳息，亦始符合本条的适用条件。

此外，收益若未被收取，亦不能适用添附规则，使其归土地所有人或者使用权人（出租人）所有。理由在于：添附规则被租赁合同规则排除适用。

（四）当事人之间无其他约定

当事人之间无其他约定，当系合同解释的范畴。

参考《合同法》第125条，[①]依据《民法典》第142条，[②]当事人之间无其他

---

① 该条规定：“当事人对合同条款的理解有争议的，应当按照合同所使用的词句、合同的有关条款、合同的目的、交易习惯以及诚实信用原则，确定该条款的真实意思。合同文本采用两种以上文字订立并约定具有同等效力的，对各文本使用的词句推定具有相同含义。各文本使用的词句不一致的，应当根据合同的目的予以解释。”

② 该条规定：“有相对人的意思表示的解释，应当按照所使用的词句，结合相关条款、行为的性质和目的、习惯以及诚信原则，确定意思表示的含义。无相对人的意思表示的解释，不能完全拘泥于所使用的词句，而应当结合相关条款、行为的性质和目的、习惯以及诚信原则，确定行为人的真实意思。”

约定，应当依据以下解释方法确定：第一，文义解释。即按照“所使用的词句”来确定当事人之间是否有其他约定。第二，体系解释。即“结合相关条款”或者按照“合同的有关条款”予以确定。第三，目的解释。即按照“行为的性质和目的”或者按照“合同的目的”确定其意义。第四，依漏洞填补。即按照习惯、诚信原则确定合同条文的意义或者合同的内容。

在此附带谈一下习惯在合同解释和法律解释中的不同地位。《合同法》第61条[①]、第125条，《民法典》第142条均规定，确立合同的意义应当考察习惯。《民法典》第10条第2句亦明确规定，处理民事纠纷，“没有法律的，可以适用习惯”。两种条文均涉及“习惯”，其一为合同解释中的习惯，其二为法律适用中的习惯，两者的意义并不相同。法律适用中的“适用习惯”，乃是将习惯作为法律的渊源；而合同解释中的适用习惯，乃是将“习惯”作为解释合同条款意义的漏洞填补工具。而且合同解释中的习惯，应当特指交易当事人之间的交易习惯或者惯行，而非指可作为法律渊源的“习惯”。

只有依据合同解释的规则和方法，明确了出租人与承租人之间无其他约定，始可适用“在租赁期间因占有、使用租赁物获得的收益，归承租人所有”的规则。

二、法律效果

（一）所有权的归属效力

符合上述构成要件的“使用租赁物获得的收益，归承租人所有”，是为该规范的法律后果。“归……所有”的规范表达在该条中，通常系指出“收益”的所有权之归属。

在收益由承租人自行获得的情况下，“收益”的所有权当然归属于承租人。在收益由其他人收取的情形下，承租人有物上返还请求权。

---

① 该条规定：“合同生效后，当事人就质量、价款或者报酬、履行地点等内容没有约定或者约定不明确的，可以协议补充；不能达成补充协议的，按照合同有关条款或者交易习惯确定。”

（二）无因管理的法律效力

根据《民法典》第979条至第984条的规定，若第三人（包括出租人）为法定或者约定的义务，为避免承租人利益受损失而管理他的事务，代其收取租赁物产生的收益的，且符合其明示或可得推知的意思，除应向承租人返还收益之外，可向承租人请求支付必要费用和弥补损失。

（三）不当得利返还的法律效力

根据《民法典》第985条至第988条的规定，若第三人（包括出租人）无法律理由收取租赁物的收益而占为己有。包括两种情形：收益为金钱的，根据“占有即所有”规则为收取占有人所有；收益为金钱之外的其他利益的，收取占有人已为自身利益或他人利益而消耗。此时，承租人对于收益的所有权可转化为不当得利返还请求权。承租人亦可请求损害赔偿。

三 其他问题

该条存在债法与物权法的体系关联问题。该条在立法体系上属于《合同法》，按理说应当仅规定债权债务规则，然而该条毫无疑问主要规定的是租赁期间由租赁物获得收益的所有权归属问题，而所有权归属问题，应当属于物权法的范畴。

天然孳息，按照物权法的规则，在立法例上，有罗马法主义、原物主义、日耳曼法主义、播种者取得主义的区分。在大陆法地区，德国、日本、法国、瑞士、泰国和我国台湾地区均采用原物主义。对于天然孳息，学说多以自然物所生的利益与自然物分离为判定原则。且对于其“分离”与否的判断，不区分人为的收取与自然的脱离（如风吹落果实）。[①]如果采原物主义，以种植为例，应当区分土地、植株、植株所结之实三个层次，植株被认为根植于土地（即便从他处移来），而植株所结之实则在与植株未分离之前系属于植株的组成部分，由此层层推断，则未与植株分离的植株所结之实，亦属于土地；

① 参见梁慧星、陈华彬：《物权法学》，法律出版社2011年版，第49—50页。

若采种植者取得主义，植株独立于土地，植株的种植者为植株的所有者，植株所结之实亦属于植株所有者。现本条借用了物权规则中的种植者取得主义，一方面似承袭原物与孳息从附规则的日耳曼法传统，另一方面也符合租赁合同的立法目的。

法定孳息，包括利息、租金或其他因法律关系所取得的利益。在承租人自己收取法定孳息的情况下，承租人收取法定孳息，事实上意味作为孳息的利息、租金或者其他利益自被收取人的总财产中分离，而由承租人占有控制，在这一点上它与天然孳息被承租人收取的意思相似。但在法定孳息由他人代为收取的情况下，则应区分不同的情形：一是利息、租金等以金钱表现的利益，按照金钱“占有即所有”规则，除非以封金、特殊货币等特殊形式予以特定化，即便收取人非承租人，也应当按照该规则即时取得金钱的所有权，此时难以适用“归承租人所有”的规则；二是金钱之外的其他利益，因不能适用“占有即所有”规则，收取人在收取之后，这些利益仍归属于承租人，收取人有义务将之归于承租人的占有、控制之下。在第一种情形中，承租人事实上只能取得对收取人的债权请求权。此外，无论是第一情形还是第二种情形，承租人只有在“获取”法定“孳息”后，该“孳息”始能称为孳息，由承租人取得其所有权。

由以上分析或许可以进一步揭示，在特定的界域内，债法与物权法的规则实际上并无严格的边界。

第七百二十一条【支付租金的期限】

承租人应当按照约定的期限支付租金。对支付租金的期限没有约定或者约定不明确，依据本法第五百一十条的规定仍不能确定，租赁期限不满一年的，应当在租赁期限届满时支付；租赁期限一年以上的，应当在每届满一年时支付，剩余期限不满一年的，应当在租赁期限届满时支付。

历史由来

本条继承了《合同法》第226条的规定，略作文字性修改。

规范目的或功能

就租赁合同而言，租金的支付实为承租人最重要的合同义务，也系出租人最重要的合同权利。通常情况下，出租人与承租人应就租金支付事宜有详尽的约定，但难免思虑不周。本条设置明文规定租金支付期限，乃因租金支付期限的确定事关双方当事人的重大利益，明文规定可以补充当事人意思表示的不足。对此，学者草案大多有所提及。①

本条文的具体编排，有不同的体例：第一，单独成为一个条文。《合同法》第226条将其单独成条，梁慧星教授主持编撰的《中国民法典草案建议稿》与王利明教授主持编撰的《中国民法典学者建议稿》从之，《民法典》第721条从之，这种条文编排系将支付期限的确定与支付义务的违反所肇致的合同解除权条款分别设定为两个不同的法律条文；第二，支付期限的确定与支付义务的违反所肇致的合同解除权条款合并为一个法律条文，徐国栋教授主持编撰的《绿色民法典草案》合同编采用了这一方案。两种不同的编排体例，难谓优劣。但是《民法典》现有的编排体例及与之相同的《中国民法典草案建议稿》《中国民法典学者建议稿》的编排体例，其纲举目张的特点更为明显，体系相对较为清晰，与《民法典》第722条形成了功能区分与呼应关系。

规范内容

租金的支付期限，于租赁合同而言是合同的主要条款，当事人在合同中应当尽量为详尽约定。租金的支付期限可以按照年、月、日计算，也可以按照小时计算。②

本条规定承租人给付租金的期限的确定方法，本质上仍为完全法条。虽

① 参见梁慧星主编：《中国民法典草案建议稿附理由：合同编》（上册），法律出版社2013年版，第380—381页；王利明主编：《中国民法典学者建议稿及立法理由：债法总则编·合同编》，法律出版社2005年版，第418页。

② 参见全国人民代表大会常务委员会法制工作委员会编：《中华人民共和国合同法释义》（第3版），法律出版社2013年版，第368页。

然于其表述中，法条结构并不清晰，究其实质，构成要件加法律效果的结构依稀可辨。其结构可简化为两种：一是依合同意思可确定租金给付期限的，承租人依其期限为给付；二是依合同意思不能确定租金给付期限的，参照法定方法确定期限，承租人依该期限为给付。下面分述之。

一、依合同意思确定承租人给付租金的期限

租赁合同中，承租人对于给付租金的期限有约定的，依约定确定。有三个不同的层次：第一，有明确约定而无疑义的，径直依约定确定。第二，如无约定或者约定不明确的，依第510条确定。而依第510条，有如下方法：首先，通过补充协议确定；其次，如果不能通过补充协议确定，则应当依合同解释方法确定之。而合同解释方法，如依条文体系而求之，或依合同的目的（性质）确定。第三，在依上述方法仍不得解时，可依当事人之间的交易习惯为漏洞填补。依合同解释方法所求得的解释结论，而按合同解释一般目的，仍在于探求当事人的真意或依合同的意思。

二、依任意规范确定承租人给付租金的期限

租赁合同对于给付租金的期限无约定或者依合同解释方法仍无法确定租赁合同的给付租金期限的，应当适用本条设定的任意规范确定。

（一）租赁期限不满1年的

按照本条的规定，“租赁期限不满一年的，在租赁期限届满时支付”。“租赁期限届满时”为某一期日，即期限届满的“最后一日”。“期限届满时”的具体认定，应当依照《民法典》第202条、第203条与第204条确定。

“租赁期限届满时”为最后期限，虽为任意性规范，但带有一定的强制性。承租人可以选择在“租赁期限届满”前为支付，但最迟应于“租赁期限届满时”为支付，不得再予拖延，否则便构成拖欠租金。

（二）租赁期超过1年的

1.通常的确定立法。按照通常情况，租赁期超过1年，每年支付1次，在每届满1年时为支付。每届满1年时为期限的最后一日，其计算，亦应当依《民

法典》第202条、第203条与第204条进行。此外，该规定带有一定的强制性，即承租人最迟应在此期日前为支付，未依法履行支付义务的，即构成违约。

2.余期不足1年的确定方法。即租赁期限的余期不足1年的，应当在租赁期届满时为支付。对此的解释与租赁期未满1年的情形相同，于此不赘。

三、未定期限租赁合同的租金支付期限

本条的规定，适用于租赁期限确定而租金支付期限未确定的租赁合同，应无疑义。若租赁期限未确定，则当如何确定租金交付的期限，查《民法典》合同编并无明确、具体规定，当依法律解释方法确定。

首先，本条并未明言仅适用于有租赁期限的合同，故应当认定，本条同样适用于无租赁期限的合同。

其次，无租赁期限的租赁合同如何定其期限。首要方法应当依实际的租赁期限而定，出租人与承租人的租赁期限事实上存续的时间，即为无期限租赁合同的期限。

再次，结合《民法典》第730条，对于不定期租赁合同，出租人有任意解除权。故在承租人无诚实支付租金意愿时，出租人可得任意解除租赁合同，租赁合同被解除的时间，即为租赁合同的终止期日，由此无期限租赁合同的期限可得确定。

最后，通过以上方法确定了无租赁期的租赁合同的终止期日后，即可适用本条的规定：其一，实际租赁期限超1年的，应当在1年期届满时支付租金；其二，实际租赁期限超1年，且余期亦超1年的，每届1年时应当支付该年的租金；其三，实际租赁期限超1年，余期不足1年的，应当在该期限届满时支付租金；其四，实际租赁期限超过2年，余期不足1年的，也应当在该期限届满时支付租金。

四、关于租金违约的诉讼时效问题

“柳州市甲公司、柳州市乙公司租赁合同纠纷案”[①]即涉及此问题。该案当事人初为定期租赁合同，于合同结束后仍继续原合同，但对于其后的租

① 参见广西壮族自治区柳州市中级人民法院（2019）桂02民终3737号民事判决书。

赁合同期限未作约定。原租赁合同终止时间是2016年6月1日，不定期的续租合同因2019年1月7日的解除通知而终止。2019年1月4日，出租人起诉追讨2016年6月1日开始的租金，但承租人提出诉讼时效抗辩，认为2016年6月1日至2016年9月30日期间的租金超过诉讼时效。法院最后适用了《民法总则》3年的普通诉讼时效，判定该期间的租金未过诉讼时效期间，承租人时效抗辩无效。从该案中，可以看出租赁合同此种持续性合同的诉讼时效期间的特殊性所在。即该类合同，如果权利和义务的行使仍是分期进行的，那么诉讼时效的期间起点，并不在合同届满之时，而是在每期义务该当履行的期限届满之时。故在租赁合同，租金支付期限的确定，不仅是义务履行的最后期限的确定，也是诉讼时效期间起点的计算之时。

《民法典》第189条的诉讼时效规则是否适用于租赁合同这种持续性合同，此问题在《诉讼时效制度规定》第5条上即已存在，这一规则此前又被《民法总则》第189条承袭。《诉讼时效制度规定》第5条规定："当事人约定同一债务分期履行的，诉讼时效期间从最后一期履行期限届满之日起计算。"司法实务界对此存在三种不同的理解[①]：（1）判定分期支付的租金属于"同一债务"；（2）认为分期支付的租金不属于"同一债务"，但按照"同一债务"处理；（3）认定分期支付的租金不属于"同一债务"，每期租金均属于独立的债务。上述第1种与第2种理解可作为同一类，第3种理解单独作为一类，即一类是按照"同一债务"处理，一类是按照"单独债务"处理。上述"柳州市甲公司、柳州市乙公司租赁合同纠纷案"中，再审法院的态度便属于第二类。与这一判例的观点不同的是，重庆法院网的一篇评论指向第1种与第2种观点，属于第二类："在同一租赁合同项下，虽然各期租金的支付具有一定的独立性，但该独立性不足以否认租金债务的整体性。若从每一期租金债务履行期限届满之日分别计算诉讼时效，则不仅割裂同一合同的整体性，而且将导致债权人因担心其债权超过诉讼时效而频繁地主张权利，动摇双方之间的互信，不利于保护债权人，更将

① 参见丁伏永：《该房屋租赁纠纷案的诉讼时效如何计算》，载北大法宝网https://www.pkulaw.com/specialtopic/bffe3350b1bb1e20960dbc3dd5ffd7f1bdfb.html?keyword，最后访问时间2020年8月25日。

背离诉讼时效制度的价值目标。”[①]最高人民法院在“秦皇岛某酒店与秦皇岛市某区工商行政管理局租赁合同纠纷案”中，虽然在讨论中有不同的意见，认为《诉讼时效制度规定》第5条所说“同一债务”不适用于“租金”、“水电费”等，但是最终的处理结果却以最后一期的租金支付期限届满之时作为诉讼时效的统一起算点。[②]

《民法典》第189条照搬《民法总则》第189条，而《民法总则》第189条则照搬《诉讼时效制度规定》第5条，没有最终通过立法解决分歧，而是把这一分歧继续留给了司法实践，这一做法最终将导致裁判分歧的存在，损害法律的统一性。这种情形能否作为法律漏洞，似有疑问。按照梁慧星教授的见解，法律漏洞，要以违反立法的计划性（立法意图）为条件，若明知有漏洞存在而于立法时视若不见，有意漠视，则何以成为法律漏洞？[③]但是法律漏洞的产生，也有自以为已经于此达成共识，而无须再以立法予以明确的情形，此时，在本质上也有违立法的计划性（立法意图），即自以为在计划中，实则在计划外而产生漏洞。

对于采用“同一债务”说的观点来说，合同的统一性、双方的互信等，为其合理性说辞。而对于“独立债务”说的观点来说，学理上却并未提供较为有力的合理说辞。笔者认为，合同的统一性与双方互信等说辞存在牵强的地方，难以作为合理的论据，理由在于：第一，租赁合同虽为统一的合同，但是租金给付义务的履行原本就是分期的，分期的履行本对于合同的统一性不能造成损害，何以各期租金的诉讼时效的起算点不同，就会对合同的统一性造成损害呢？这一说法显然难以成立。第二，双方的互信是靠合同的依约来保护的，若承租人不依约履行合同，出租人依不同的诉讼时效期间主张自己的权利，很难看出，这与动摇合同当事人双方的互信有何关联。第三，诉讼时效的目的在于提高效率，而对于不勤于履行自己的权利的当事人，使其面临时效抗辩。如果允许出租人汇总自己各期的租金主张权利，于最后一期

---

① 刘婧：《同一租赁合同项下分期支付的租金的诉讼时效问题》，载http://cqfy.chinacourt.gov.cn/article/detail/2018/05/id/3298890.shtml，最后访问时间2020年2月24日。

② 参见最高人民法院民（2011）民提字第304号事判决书。

③ 参见梁慧星：《民法解释学》（第四版），法律出版社2015年版，第253页。

届满时起算其诉讼时效期间，无异于奖励懒惰。第四，“同一债务”说有一假定不符常理，即认为出租人懒惰，并以此为基础设定时效规则。而事实上，很少有哪个出租人会容忍他人数期租金不付，一般情况下出租人都会按期追讨租金，并采用必要的手段。假如的确出现了多期租金未付的情况，这些租金的诉讼时效也都因为时效中断的原因而保持着其时效效力，或者出租人早已经解除合同而寻求其他救济。再者，一个容忍他人不缴纳租金且从不主张，最后汇总来主张的出租人，其权利亦无保护的必要。故从务实的角度讲，“独立债务说”的观点应当更为妥当。

其他问题

首先，关于租金债权与合同的统一性问题，于此再予以拓展讨论。

我国台湾地区学者吴志正认为，各分期的债金债权，为支分权，系指基于租赁关系因每次一年以下的期间经过而逐次发生的债权。基于支分权逐月（或依约定期日）发生的概念，遂发生如下问题：一是租金债权与另一债权预先抵销的效果，应以租金债权逐月（或逐次）发生为前提。若某甲以12个月的租金债权与承租人对其的债权预先抵销，而在5个月后，某甲将租赁物售予他人，则其抵销的效力仅及于前5个月的租金债权。二是租赁土地先抵押后出租的情形下，承租人如在出租人对其的租金债权被扣押前取得对出租人的另一债权，可以此“另一债权（主动债权）”与出租人对其的租金债权抵销，即便对于出租人的债金债权被扣押后产生的其他债金债权，亦可进行抵销。但是出租人如果以其租金债权主动与承租人对其的“另一债权（被动债权）”为抵销，则租金债权被扣押后产生的债权不在可抵销的范围内。[①]

此支分债权概念的提出，或许能够较好地解决租金债权分期后发生的合同统一性问题。支分债权一方面具有相对的独立性，另一方面又构成租赁合同的支系。合同的统一性并不因为支分债权的相对独立问题而受到本质的损

① 参见吴志国：《债编各论逐条释义》（修订六版），台北元照出版有限公司2019年版，第140页。

害。支分债权的概念，也可以较好支撑本书所支持的租金债权“独立债权”说的观点。

另说一下本条在学者草案中的稳定性和继受性。据考证，梁慧星教授主持编撰的《中国民法典草案建议稿》第1036条，[①] 王利明教授主持编撰的《中国民法典学者建议稿》第1445条，[②] 均直接采用了《合同法》第226条的内容，表述上也分毫不差。徐国栋教授主持编撰的《绿色民法典草案》第八分编第444条第1款虽然在表述上与《合同法》第226条有细微差异，但本质内容相同。[③] 其中梁慧星教授主持编撰的《中国民法典草案建议稿》明言“本条维持《合同法》第二百二十六条规定”。

第七百二十二条【租金的未支付、迟延支付和逾期支付】

承租人无正当理由未支付或者迟延支付租金的，出租人可以请求承租人在合理期限内支付；承租人逾期不支付的，出租人可以解除合同。

历史由来

本条承袭自《合同法》第227条，只是将“要求”改成了“请求”。

规范目的或功能

一、规范目的

本条的规范目的，在于明确规定因为迟延支付租金而终止合同，须经催告仍未支付为条件。与因合同义务不履行致使合同目的不能实现不同，在延

---

① 参见梁慧星主编：《中国民法典草案建议稿附理由：合同编》(上册)，法律出版社2013年版，第380页。

② 参见王利明主编：《中国民法典学术建议稿及立法理由：债法总则编·合同编》，法律出版社2005年版，第418页。

③ 参见徐国栋主编：《绿色民法典草案》，社会科学文献出版社2004年版，第563页。

付租金的场合，出租人通常预收有押金，承租人发生延付租金的事情，尚不足以径直致使合同目的不能实现，因为出租人通常可先就押金获偿。[①]再者承租人往往就承租物有相当的投入，延迟支付租金往往事出有因，一旦出现延迟即可终止的话，利益关系显得过于失衡。[②]故本条的重点不在于出租人的解除权，而在于为出租人解除权行使设定的条件限制。

二、体系功能

本条亦属于《民法典》合同通则部分第563条第1款内容的落实。第563条第1款第3项规定，当事人一方迟延履行主要债务，经催告后在合理期限内仍未履行，当事人可以解除合同。本条规定，承租人无正当理由未支付或者迟延支付租金，经催告后在合理期限内仍逾期不支付的，出租人得解除合同的规则，在内容上与第563条相同。“东营市某公司与某集团胜利石油管理局孤岛社区管理中心租赁合同纠纷上诉案”[③]体现了延付、拒付租金规则与第563条的关联。该案中法院认定：“上诉人与被上诉人在履行合同过程中，因拖欠租赁费问题，被上诉人多次进行了催收且与上诉人多次协商仍没有结果。二审期间亦查明，上诉人现无履行合同的能力即无交纳租赁费的能力，致使被上诉人订立合同的主要目的不能实现，被上诉人有权解除合同。”该案所适用的《合同法》第94条的规定与《民法典》第563条内容相同，其第1款第3项、第4项亦与《民法典》第563条第1款第3项、第4项内容相同。而本条系《民法典》第563条第1款第3项的落实，故该案结合租赁合同纠纷，阐明了本条与《民法典》第563条第1款第3项的关联。

三 规范内容

本条规定因承租人迟延交付租金，于催告无果情形下，出租人得解除租

① 通常首期支付的押金与一期的租金比例是1:1，且首期租金的预先支付仍为承租人占有租赁物的前提。

② 参见梁慧星主编：《中国民法典草案建议稿附理由：合同编》（上册），法律出版社2013年版，第383页。

③ 参见山东省东营市中级人民法院（2006）东民四终字第21号民事判决书。

赁合同。其内容分述如下：

一、构成要件

（一）承租人无正当理由迟延交付租金

承租人应当按照租赁合同约定的时间、方式、数额向出租人支付租金，这一方面系承租人取得租赁物使用权的对价，另一方面亦是出租人出租租赁物于承租人的目的，承租人只有完全按照合同约定支付租金，方可充分保障出租人的合法权益。承租人应当按照租赁合同约定的时间，或者于未约定、约定不明确而依合同解释方法确定的时间，抑或依《民法典》第721条任意规范所确定的时间向出租人支付租金。承租人未依约、未依按照合同解释方法确定的时间，又或未依《民法典》第721条确定的时间向出租人支付租金的，即构成迟延交付租金。

承租人迟延交付租金，在特定情形下，系有正当理由：[①]一是不可抗力或意外事件，使租赁物部分或者全部毁损、灭失的，承租人已无法对租赁物使用、收益，承租人可以请求不支付租金。对此，《民法典》第729条第1句有明确规定。二是因出租人没有履行义务，如交付的租赁物不符合约定的使用要求；在租赁期间租赁物出现质量问题，出租人不尽维修义务的。三是因承租人本身发生一些意外事件致使其暂时无力支付租金。例如，承租人陷入破产，故无法向出租人依约定时间支付租金；或者承租人被偶然盗抢，一时在经济上陷入困境等。四是其他方面的正当理由，例如，承租人正由他人受让其对于出租人的金钱债权，且于合理期限内必将办妥，拟以该金钱债权抵销其对于出租人的租金债务，故延付租金。其他方面的正当事由事实上并不确定，有相当大的自由裁量空间。

在司法实务中，当事人常以一些事由作为其延付租金或者拒付租金的正当理由，能否成立，有待法院的依法认定。其主要类型如归纳如下：（1）以己方押金义务的履行为抗辩非属合理。在“哈尔滨某饮食有限公司、某实业集团有

---

① 参见全国人民代表大会常务委员会法制工作委员会编：《中华人民共和国合同法释义》（第3版），法律出版社2013年版，第369页。

限公司房屋租赁合同纠纷案”[①]中，承租人延付租金的理由之一为其已经交付了10万元的租赁押金，法院予以驳回。（2）租赁中的非必要条件未提供不构成延付或者拒付租金的理由。在“孙某、陈某房屋租赁合同纠纷案”[②]中，法院认为，孙某以业主未提供房屋竣工时的消防验收材料为由主张其有权拒付租金的理由不能成立，相应地，其迟延支付租金行为构成违约，符合合同约定的解除条件。（3）出租人采用合法的自力救济行为，不可作为承租人延付或者拒付租金的理由。同样在“哈尔滨某饮食有限公司、某实业集团有限公司房屋租赁合同纠纷案”中，承租人在提出已经给付押金的抗辩事由的同时，亦提出出租人单方面围挡封店致使无法正常使用。然而，出租人单方面围挡封店，其原因恰是承租人延付租金，似此不宜作为承租人拒付租金的合法理由。（4）暂时性的经济困难及沟通不畅不作为延付或者拒付租金的合法理由。于此有两个适例：一是“沙某等诉顾某房屋租赁合同纠纷案”[③]，该案中被告以经济上出现暂时困难和与原告沟通不畅为由，主张延付租金有正当理由。对此法院并未处理，径行允许出租人解除租赁合同。二是“向某、杨某房屋租赁合同纠纷案”[④]，该案中法院认定，是否生意失败、资金困难与租金的支付义务并无法律上的关联，不能成为延付或拒付租金的法定理由。（5）关联非重要文件的未交付不能构成正当的抗辩事由。例如，在“某酒类平台科技有限公司、深圳某传媒科技有限公司租赁合同纠纷案”[⑤]中，法院即对承租人提出的出租人未开具发票为由拒付租金的抗辩未予认可。（6）同时履行抗辩权的行使，可作为延付或拒付租金的合法理由。在“山西省某汽车运输有限责任公司某汽车站与陈某房屋租赁合同纠纷案”[⑥]中，被告以出租人未按合同约定将部分租赁物交付使用，且其已经履行大部分的租金支付义务，未构成延付或者拒付租金为由抗辩，法院认定租赁合同不能解除。（7）租赁期间转让租赁物未书面告知承租人的，承租人未付租金有合法理由。例如，在“宁夏某

---

① 参见黑龙江省哈尔滨市中级人民法院（2019）黑01民终842号民事判决书。

② 参见浙江省嘉兴市中级人民法院（2019）浙04民终620号民事判决书。

③ 参见上海市第二中级人民法院（2014）沪二中民二（民）终字第424号民事判决书。

④ 参见贵州省黔东南苗族侗族自治州中级人民法院（2019）黔26民终1181号民事判决书。

⑤ 参见四川省成都市中级人民法院（2019）川01民终4442号民事判决书。

⑥ 参见山西省忻州市中级人民法院（2019）晋09民终1820号民事判决书。

矿业开发有限公司与孙某房屋租赁合同纠纷案”[①]中，法院认为，拍卖物所有权的转移并不影响租赁关系继续存在，但原告并未向被告书面通知涉诉房屋的权属已经发生变更，也没有证据证明原告向被告催收过租金，被告主观上并没有违约的故意，原告自不得任意解除租赁合同。

（二）出租人催告承租人交付租金

出租人催告承租人于合理期限内交付租金，乃是出租人的权利。催告乃表示行为，但并非法律行为，其效力由法律规定。在诉讼时效期间内，催告可以有效中断时效期间，使得时效期间重新计算，也因此，只有在诉讼时效期间为催告，始有法律上的效力。超过诉讼时效为催告，承租人可以履行义务，但也可为时效抗辩。在此，亦可举若干司法上的实务处理实例，以展示该类抗辩在实务中如何应用及法院如何应对。从笔者收集到的案例整体情况看，认可抗辩成立的案例占多数，而否认抗辩成立的案例极为少见：（1）多次催告而合同解除权的要件成就。“某商业（江苏）有限公司等与镇江某国际置业有限公司因租赁合同纠纷上诉案”[②]，“洛阳市某实业（集团）有限责任公司、洛阳市某区某乡某村民委员会租赁合同纠纷案”[③]，“甘某、李某与被上诉人吴某、谢某房屋租赁合同纠纷案”[④]，“严某、董某房屋租赁合同纠纷案”[⑤]等均为多次催告而承租人未履行支付租金的义务，从而出租人于此得解除合同的适例。例如，在“某商业（江苏）有限公司等与镇江某国际置业有限公司因租赁合同纠纷上诉案”中，法院审理后指出，因上诉人未能及时支付租金，被上诉人已数次发函要求上诉人给付租金，上诉人均未履行，构成违约。被上诉人向上诉人发出《解除协议通知书》符合法律规定。（2）未多次催告合同解除权的要件不成就。在“阳原县某陶瓷有限责任公司、某（香港）有限公司租赁合同纠纷案”[⑥]中，法院认定，阳原某公司未提供2016年10月1日后

---

① 参见宁夏回族自治区银川市中级人民法院（2019）宁01民终1396号民事判决书。

② 参见江苏省镇江市中级人民法院（2014）镇民终字第955号民事判决书。

③ 参见河南省洛阳市中级人民法院（2019）豫03民终2154号民事判决书。

④ 参见四川省达州市中级人民法院（2018）川17民终380号民事判决书。

⑤ 参见云南省曲靖市中级人民法院（2019）云03民终2017号民事判决书。

⑥ 参见河北省高级人民法院（2019）冀民终408号民事判决书。

催告租金且对方拒付的证据。阳原某公司在合理期限内未催告租金及行使解除权，解除权应归于消灭。

（三）承租人于合理期限内仍未交付租金

承租人应于何种期限内交付租金，本条明定为合理期限。对于合理期限，从历史解释的角度看，有3个月（或3期）或者6个月的陈规，具体可见下段内容。对于因未交付租金出租人终止租赁合同的期限，我国台湾地区规定：（1）出租人得定相当期限；（2）租赁物为房屋者，非迟延达2个月的数额，不得终止；（3）建筑房屋的基地的租赁，非迟延达2年的数额，不得终止。

笔者认为，所谓的合理期限，应当包括：（1）出租人明定的期限。出租人所定期限过于局促、不合理的或者侵害他方权利的，司法机关仍有自由裁量予以调整的权力空间。（2）出租人未明定期限，而由司法自由裁量确定的合理期限。（3）法律规定的期限，如作为历史法律文献存在的《民法典债篇租赁（第六次草稿）》第11条规定的3个月（或3期）的期限，1995年1月《合同法》（试拟稿）第221条第3款规定的6个月的期限。目前我国并无有效法律文献明定该合理期限，但有在历史解释、比较法解释的基础上，参引其他国家或者地区相关规则的可能性。合理期限的起算点，应为出租人为催告之日。

对此，可举“叶某等与佛山某陶瓷产业总部基地发展有限公司房屋租赁合同纠纷上诉案”①为例予以说明。该案涉及合同中的“缴纳日期”与“缴费期”的解释，法院认为：“缴纳日期”为缴费时间段的开始时间，“缴费期”为缴费时间段的结束时间的理解，将导致每期的交纳租金及管理费有两个开始时间，一为“缴纳日期”，二为“缴费期”的开始时间，与补充协议的约定不一致，亦不合常理，承租人支付期限应当以缴纳日期为起点。

二、法律后果

本条的法律后果至为明确，为出租人可以解除租赁合同。租赁合同被解

① 参见广东省佛山市中级人民法院（2014）佛中法民一终字第2408号民事判决书。

除后，租赁期限尚未届满的，合同停止履行，承租人应当返还租赁物，对于租金欠付及其他原因造成出租人损失的，承租人应当承担损害赔偿责任。

三 其他问题

此处简要回顾一下《民法典》起草的历史及本条的演变情况，以通观其历史全貌。同时，对于学者建议稿的不同意见，于此一并简要回顾。

1956年3月至1957年3月，我国立法机关曾就租赁形成六次草稿，这六次草稿由于历史原因，其命名并不一致，为叙述方便起见，本文将之简称为：租赁（第一次草稿），直到租赁（第六次草稿）。[①]此外，涉及租赁的立法文件还有1963年《第　章　租赁关系》（草稿）[②]、20世纪80年代四次民法草案[③]、1995年两次《合同法》（试拟稿）和1999年《合同法》（第四次审议稿）。

租赁（第一次草稿）[④]第32条规定，在租赁契约期限届满前非有下列情形之下，出租人不得解除。其规定的情形之一为“承租人故意拖欠租金三期”。奇怪的是，租赁（第二次草稿）至租赁（第四次草稿），该规则一度消失，但在租赁（第五次草稿）中又出现了，换了一种表达：“承租人故意连续三次不给付租金，出租人有权解除契约，并且可以请求追缴欠租。”至租赁（第六次草稿）第11条，基本与《合同法》第227条相同：“承租人迟延给付租金，经出租人催告后仍不给付时，出租人可以解除契约。租赁物为房屋时，承租人没有正当理由积欠租金达三（期）个月以上的，出租人可以解

---

① 具体名称可以参见何勤华、李秀清等编：《新中国民法典草案总览》（增订本），北京大学出版社2017年版，第317—370页。

② 下文简称为“租赁关系（草稿）”。遗留下来的文献，“第　章”之间留下了空白。

③ 本文将之简称为“民法草案（第一稿）”，直到“民法草案（第四稿）”。具体名称可参见何勤华、李秀清等编：《新中国民法典草案总览》（增订本），北京大学出版社2017年版，第1151—1342页。

④ 全国人民代表大会常务委员会办公厅研究室民法租赁小组拟定：《中华人民共和国民法债权篇租赁（第一次草稿）》（1956年3月24日），参见何勤华、李秀清等编：《新中国民法典草案总览》（增订本），北京大学出版社2017年版，第325页。

除契约。”[1]

1963年的租赁关系（草稿）在租赁（第五次草稿）的基础上存在一些倒退，1980年8月15日的民法草案（第一稿）甚至把这一条文删除了。1981年4月10日的民法草案（第二稿）第231条对此进行有限恢复，表述为“仍不交纳的，出租人可以请求人民法院处理”。至1981年7月31日民法草案（第三稿），又明确地恢复出租人的解除权，即在“承租人没有正当理由逾期不交纳租金，经出租人限其交纳仍不交纳的”，出租人可以解除租赁合同。这一规则后来在民法草案（第四稿）中得以维系。1995年1月《合同法》（试拟稿）在20世纪80年代的民法草案的基础上有所回缩，其第221条第3款规定：“承租人迟延交付租金的，出租人可终止合同。但房屋租赁，承租人累计六个月不交租金的，出租人始得终止合同。”1995年10月《合同法》（试拟稿）第247条又将该条款恢复至20世纪80年代民法草案（第三次稿）与民法草案（第四次稿）的规则。再之后，至1999年《合同法》（第四次审议稿）第248条，《合同法》第227条的规定已然成形，唯表述有细微差异。[2]《民法典》于制定之时，就承袭了《合同法》第227条的规定。

对于本条规定，学者有不同的建议，如梁慧星教授主持编撰的《中国民法典草案建议稿》对该条的表述提出了如下意见：一是“无正当理由”为赘词，因为“有正当理由”恰为承租人主张抗辩的理由，而非出租人解除合同的前置条件；二是“未支付”亦为“迟延支付”的同义重复，无保留的必要。[3]细考之下，发现的确如此，如承租人未明确拒绝支付，又未按期支付，即为“迟延支付”，在此语境下，“未支付”确与“迟延支付”同义。另外，“未支付”还有可能导致歧义，因为“未支付”若脱离语境，亦可包括明确拒绝支付租金的情形。

---

① 参见何勤华、李秀清等编：《新中国民法典草案总览》（增订本），北京大学出版社2017年版，第340页、第367页。

② 参见何勤华、李秀清等编：《新中国民法典草案总览》（增订本），北京大学出版社2017年版，第1094页、第1183—1185页、第1225页、第1268—1269页、第1318—1319页、第1877页、第1941页、第2185页。

③ 参见梁慧星主编：《中国民法典草案建议稿附理由：合同编》，法律出版社2013年版，第383页。

第七百二十三条【出租人的权利瑕疵担保责任】

因第三人主张权利，致使承租人不能对租赁物使用、收益的，承租人可以请求减少租金或者不支付租金。

第三人主张权利的，承租人应当及时通知出租人。

历史由来

本条承袭自《合同法》第228条，只是将“要求”改成了“请求”。

规范目的或功能

一、规范目的

承租人行使租赁权时，如果第三人对租赁物主张权利，其权利的行使无疑将受到影响，例如，在租赁期间，第三人对租赁物主张所有权并请求所有物返还，从而排除承租人对租赁物的占有、使用。此时该第三人并非租赁合同的当事人，不受租赁合同的约束；同时，由于其亦非在租赁物租赁后买受租赁物，故亦不受“买卖不破租赁”规则的约束。或者于租赁开始前，出租人将租赁物抵押给第三人，后符合抵押权行使的条件，承租人的租赁权将因“抵押破除租赁”而被排除。故为预防承租人因租赁物权利瑕疵而遭受不测的风险，故设有本条的规定。

我国台湾地区一般通说与本条的内容相仿，其规范目的亦相仿：“如一部可达租赁之目的，承租有按照灭失部分请求减少租金之权，如全部不能达租赁之目的，承租人有终止契约之权。故设本条以明示意旨。”[①] 细观之下亦有差异，本条并未设终止契约之权，而仅相应设有“不支付租金”，其目的仍在于在出现权利瑕疵时，尽量维系合同的稳定。

---

① 参见陈忠五主编：《新学林分科六法：民法》，台北新学林出版股份有限公司2012年版，第B640页。

二、体系安排

一是本条规定与《民法典》第724条因其第3项原因导致解除租赁合同的规定，有轻重、缓急的区分。轻、缓者，适用本条，当存在第724条所规定的“无法使用”租赁物的三种情形时，承租人可行使解除租赁合同的权利。

二是本条未明定在订立租赁合同时，承租人知道或者应当知道第三人对租赁物有权利的，出租人不承担权利瑕疵担保义务的责任。这是因《民法典》第613条明确规定：“买受人订立合同时知道或者应当知道第三人对买卖的标的物享有权利的，出卖人不承担前条规定的义务。”亦因《民法典》第646条同时规定：“法律对其他有偿合同有规定的，依照其规定；没有规定的，参照适用买卖合同的有关规定。”

三是本条亦未明确规定出租人恶意不告知租赁物权利瑕疵，同时却通过免责、减责条款免除或减轻其责任的内容，系因《民法典》第506条明确规定了因故意或者重大过失造成对方财产损失的免责条款无效。

规范内容

本条首先规定出租人的权利瑕疵担保责任及相应的承租人对出租人的通知义务。其中，出租人的权利瑕疵担保责任由第1款规定，系完全法条；承租人对出租人的通知义务由第2款规定，系抑制性法条。

一、出租人的权利瑕疵担保责任

（一）构成要件

第一，第三人于承租人承租租赁物后主张权利。第三人系指租赁合同双方当事人之外的其他人。第三人主张权利，可能系物权，亦可能系债权。第三人主张的物权，首先为所有权，其次为抵押权，最后为其他可以部分或者全部排除租赁物的用益物权。用益物权类型可以包括地役权、建设用地使用权、承包经营权等。债权可能存在竞争者，是指由《城镇房屋租赁合同解释》第6条所规定的出租人就同一房屋订立数份租赁合同的情形。

第二，第三人主张权利致使承租人不能使用、收益租赁物。分几点予以说明：（1）出租人于出租后将租赁物出卖或者抵押于第三人，按照“买卖不破租赁”与“抵押不破租赁”的规则，第三人即便主张，也不会对承租人使用、收益租赁物产生实质影响。故出租后出卖或者抵押租赁物并不会发生第三人主张权利致使承租人不能使用、收益租赁物的情形。但是学界对“买卖不破租赁”之租赁的标的范围有不同的看法，若将该处的“租赁”标的的范围限定于不动产租赁，则除不动产之外的动产租赁，当不受“买卖不破租赁”规则保护，[①]则即便于出租后将租赁的动产出卖或者抵押于他人，亦将对承租人的权利形成实质影响，将使得承租人不能使用、收益租赁物。若对此处“租赁”的标的范围不限定于不动产，则不论不动产抑或动产，均受上述两条规则的保护，则出租后出租人即便将出租的动产出卖于抵押人和第三人，均对承租人不会产生实质影响。但依笔者的观点，“买卖不破租赁”与“抵押不破租赁”中的租赁标的，应当以不动产及准不动产为限，若对此作无限度的扩张，对于第三人利益保护显然过于弱化。（2）出租人于出租前将租赁物出卖或者抵押于第三人，嗣后将之租赁于承租人，此时，无论是否将租赁物的范围扩张至一般动产，对于承租人而言，新的所有权人与抵押权人均可主张其权利，也很有可能导致承租人失去对租赁物的使用、收益权。然而，即使如此，如果只是单纯地存在出租人于出租前将租赁物出卖或者抵押的事实，而未发生使承租人不能使用、收益租赁物的事实，如新的买受人或者抵押权人并未主张权利，或者虽已主张权利但嗣后因他种原因放弃，承租人使用、收益租赁物的权利并未受到影响，则该条件难谓符合。（3）出租人于出租前设定用益物权于第三人，嗣后租赁于承租人。就一般情况而论，用益物权可能不会，又可能或多或少，甚至于就租赁物的全部排斥租赁权的行使，具体应视情况而定。就地役权而言，如某地设置通行地役权后再出租于承租人用于种植果树。但是该通行地役权或对果树的种植不会造成任何影响，抑或有部分的影响。就其他用益物权而言，如承包经营权，设同一片山林，先设定承包经营权于甲，后出租于乙并让渡占有，之后被承包经营权人甲主张权利而遭到排斥的结果几乎是必然的。（4）第三人主张债

① 参见雷秋玉：《租赁权对抗效力的民法解释论——基于民法体系方法的批判与修正》，载《法学家》2019年第5期。

权，如系在承租人占有租赁物之后，则应当依照《城镇房屋租赁合同解释》第6条所规定的顺位确定其优先次序：合法占有者优先、办理备案登记手续者优先、合同成立在先者优先。单就本条而言，由“因第三人主张权利，致使承租人不能对租赁物使用、收益的”的表述方式可知，本条所说的“第三人主张权利”，当系是在承租人“合法占有”租赁物之后，否则在表述中不太可能只提“使用、收益”，而不提“占有”。既然本条已经暗含承租人已然合法占有租赁物的意义，故事实上即便第三人主张债权，亦不会对承租人“使用、收益”租赁物产生实质的影响。

第三，承租人于订立租赁合同时不知亦不应知租赁物存在权利瑕疵。对此上文已有述及，如果承租人已然知晓或者应知租赁物存在权利瑕疵，视为自愿承担租赁物权利瑕疵风险，出租人即不承担权利瑕疵担保责任。[①]

（二）法律后果

本条规定的出租人权利瑕疵担保责任规则的法律后果是，承租人可以请求减少租金或者不交付租金。出租人违反权利瑕疵担保的义务，致使承租人不能就全部租赁物为使用、收益的，当可减少租金，如果致使承租人就租赁物的全部均不能使用、收益，则承租人可以不交付租金。

前已述及，我国民法对于租赁物的全部不能使用、收益情形，仅设承租人可以不交付租金的规则，乃是基于体系思维，考虑其与《民法典》第724条的关联，亦考虑到合同的维持。从生活事实的角度考虑，若承租人就租赁物的全部均不能使用、收益的状态只是暂时的，合同目的的实现不至于受到阻碍，则不妨肯认承租人得请求不支付租金。但若承租人就租赁物的全部不能使用并非暂时的，而系永久性的，承租人当有解除租赁合同的选择权。此外，即便租赁物的部分仍可使用、收益，但是对于租赁合同目的，已经造成无可挽回的损害，则承租人亦未尝不可解除合同。本条设为任意规范，其目的即在于授予承租人以随机应变的权利，在采用本条规范无法实现其合同目的时，当可适用《民法典》的其他条款，以充分保障其权利的实现。

---

① 参见全国人民代表大会常务委员会法制工作委员会编：《中华人民共和国合同法释义》（第3版），法律出版社2013年版，第370—371页。

二、承租人的通知义务

本条第2款规定："第三人主张权利的，承租人应当及时通知出租人。"该款为不完全规范，并未直接规定法律后果。在本款中，承租人应尽及时通知义务，有学者认为存在两个先决条件：一是第三人主张权利；二是出租人不知第三人主张权利。[①]然而，承租人应通过何种方式知悉出租人是否确知第三人主张权利？事实上，除非承租人有确切证据获知出租人已经知悉第三人主张权利，例如，因为第三人通过诉讼的方式主张权利，法院以书面形式同时通知了出租人与承租人，承租人由法院的文件获知，又或者因为第三人通过诉讼的方式主张权利，出租人因此被法院通知进行诉前调解，承租人通过法院的诉讼文件获知此事等。一般情况下，承租人没有特别的办法获知出租人是否已经知悉此事。而比较保险的办法就是不管出租人是否知悉，一概以可以保存证据的方式予以通知。故出租人不知第三人主张权利，不应是承租人应尽通知义务的前提条件，而毋宁是其被承租人主张应承担损害赔偿责任时的抗辩事由。

按照梁慧星教授主持编撰的《中国民法典草案建议稿》，此处的通知义务，应当与租赁物出现瑕疵应由出租人负担、租赁物有受危害之虞须采取预防措施两种情形下的通知义务合并。将基于不同情形的承租人对出租人的通知义务整合于一处，应可避免具有同种功能的法律条文的散乱、重复。而单就第三人主张权利时的承租人通知义务而言，第三人无论系以诉讼方式还是以非诉讼方式对租赁物主张权利，亦不问第三人的主张是否有依据、有理由，承租人就此负有通知出租人的义务。不仅如此，承租人未及时尽通知义务，造成出租人损害的，应对出租人负损害赔偿之责。《合同法》仅规定其一端，未免失之不周。[②]

若单纯科以义务，而无相应的责任，未履行义务者，无须承担任何不利的法律后果，这样的义务，不规定也罢。当然，作出以上结论，应当以通览

---

① 参见全国人民代表大会常务委员会法制工作委员会编：《中华人民共和国合同法释义》（第3版），法律出版社2013年版，第371页。

② 参见梁慧星主编：《中国民法典草案建议稿附理由：合同编》（上册），法律出版社2013年版，第390页。

《民法典》总则编、合同编，亦无从依体系解释的规则获得承租人未履行及时通知义务的法律后果为条件。大陆法系主要国家和地区的民法典，但凡规定此等义务者，于后均附有相关的法律后果，例如：（1）《德国民法典》第536C条第2款不仅规定“承租人怠于通知的，有义务向出租人赔偿因此而发生的损害”，还规定一系列其他对其不利的法律后果；（2）《意大利民法典》第186条第1款规定：“如果造成妨碍的第三人对租赁物主张其享有的权利，承租人要迅速通知出租人，否则丧失其损害赔偿请求权。”（3）《欧洲示范民法典草案》第IV.B.–5：107条，也规定了承租人不及时通知的不利法律后果。

关键问题在于，可否依法律解释确定本款的法律后果。首先应考虑的是，可否将本款中的承租人通知义务解释为租赁合同的附随义务？依通说，附随义务既不同于合同的主给付义务，亦不同于合同的从给付义务，它系指合同关系存续及履行过程中的通知、协助、保密等义务。其功能无非有二：一是促进实现主给付义务；二是维护对方当事人人身或财产上的利益。其类型一般可划分为：通知义务、协助义务、保密义务与其他附随义务。[①]《民法典》第509条第2款亦明确规定：“当事人应当遵循诚信原则，根据合同的性质、目的和交易习惯履行通知、协助、保密等义务。”由此可见，第三人对租赁物提出权利主张时的承租人通知义务，应可归于附随义务无疑。其次应考虑的是，将通知义务笼统地归摄于附随义务之后，对违反合同附随义务的行为，一般应当如何科以责任？《民法典》第509条第1款明确规定了合同当事人应当全面履行合同义务。所谓全面履行，毫无疑问应当包括附随义务的履行。《民法典》第577条亦明确规定了不履行或者不完全履行合同的当事人“应当承担继续履行、采取补救措施或者赔偿损失等违约责任”。而这些责任，无疑也是违反了“通知义务”的承租人应当承担的责任。

由上述基于解释论得出的结论，或可回应立法论上对于本条（《合同法》第228条）的质疑。即一般而言，借由体系解释，可知承租人于第三人对租赁物主张权利时不履行通知义务，给出租人造成损害的，应当承担损害赔偿责任无疑，即便本条第2款未对此作出明确规定，后果亦同。还有必要进一步阐明的是，为何诸大陆法系国家或者地区的民法典或者示范法，仍对承租

① 参见韩世远：《合同法总论》（第三版），法律出版社2011年版，第246—253页。

人未尽通知义务的法律后果善作规定？本书以为可能有如下原因：第一，重申损害赔偿责任，以便操作。《德国民法典》第536C条第2款中的承租人违反通知义务的损害赔偿责任规定，即为适例。第二，于一般的损害赔偿责任之外，规定特殊的责任，以约束承租人。《德国民法典》第536C条第2款中规定的“无权主张第536条规定的权利”、“无权依据第536条第1款请求损害赔偿”、“无权在没有为救济而指定适当期间的情况下，依据第543条第3款第1句通知终止使用租赁关系”这三项责任，为其适例。《意大利民法典》第1586条第1款规定的“否则丧失其损害赔偿请求权”的规定，亦为其适例。本条未规定承租人应承担的特殊责任，故省略关于损害赔偿责任的表达，并非完全不可。

依梁慧星教授主持编撰的《中国民法典草案建议稿》的建议，法律条文的表达当然更趋于清晰，由于在本款重申损害赔偿责任，便利规则的寻找，对于法律的适用将产生直接的积极影响。但是不依梁慧星教授主持编撰的《中国民法典草案建议稿》，仍坚持完全承袭《合同法》第228条规定的立法方案，亦有其解释论、立法论上的道理。从我国法官、法律研究者的现状看，直接言明通知义务未履行的法律责任，或许还有一层意义，即可以避免法律适用的错误。因为对于个别人来说，本款仅规定义务，而不规定不履行义务的责任，可能就意味着无责任，这样一来的话，本款规定或将产生一定的误导效用。

三 其他问题

本条第2款的规定是否有存在的必要？学者建议稿有不同的意见。梁慧星教授主持编撰的《中国民法典草案建议稿》认为，“系将出租人瑕疵担保责任与承租人的通知义务混为一条，体例上不无调整的必要”。[①]王利明教授主持编撰的《中国民法典学者建议稿》则完全认同《合同法》第228条的法条编写

① 参见梁慧星主编：《中国民法典草案建议稿附理由：合同编》（上册），法律出版社2013年版，第372页。

体例。[①]将两款拆分为两条，是否有实质意义？单从法律条文表达的纯粹性及功能划分来看，拆分或者拆分之后再整合，对于法律条文的科学设置与编排，有一定的积极作用。

第七百二十四条【承租人解除租赁合同】

有下列情形之一，非因承租人原因致使租赁物无法使用的，承租人可以解除合同：

（一）租赁物被司法机关或者行政机关依法查封、扣押；

（二）租赁物权属有争议；

（三）租赁物具有违反法律、行政法规关于使用条件的强制性规定情形。

历史由来

本条属于新增规定，其内容来源于《城镇房屋租赁合同解释》第8条。《城镇房屋租赁合同解释》第8条规定："因下列情形之一，导致租赁房屋无法使用，承租人请求解除合同的，人民法院应予支持：（一）租赁房屋被司法机关或者行政机关依法查封的；（二）租赁房屋权属有争议的；（三）租赁房屋具有违反法律、行政法规关于房屋使用条件强制性规定情况的。"相比于司法解释，本条作了两方面修改：一是本条将司法解释的规范表达转换成了实体法律规范的表达；二是将司法解释表述句末中"的"字去掉。

规范目的或功能

一、规范目的

本条为任意性规范，其目的在于申明，在法定的三种情形下，承租人有

① 参见王利明主编：《中国民法典学术建议稿及立法理由：债法总则编·合同编》，法律出版社2005年版，第414页。

解除租赁合同的权利。但是本条的目的应不在于限定，只有在法定的三种情形下，承租人始有解除租赁合同的权利。本条的规范设置，在于即便存在法定的三种情形，使得承租人无法使用租赁物，承租人仍得斟酌取舍，以确定是否解除租赁合同，从而最大限度尊重了合同当事人的合同自治权利，坚持了私法自治的原则。

二、体系功能

1. 本条与《民法典》第723条形成呼应。《民法典》第723条规定，租赁物存在权利瑕疵导致承租人不能使用、收益租赁物的情形下，承租人可以选择少付或者不付租金。然而，恰如上文所述，依据本条规范，承租人可以先退而进，于合同目的不能实现时，选择解除合同。本条在本质上应为租赁物的权利瑕疵规范，无论是被查封、存在权属争议抑或存在违反强制性规范的情形，均属权利存在或者发生了瑕疵。本条租赁物的权利瑕疵，乃非由第三人所主张，但是事实上存在或者已经发生，使得承租人无法使用租赁物，当然更不可能进行收益，规范的制定者意图在这三种情形下，承租人可以径行解除合同。但是这一规范事实上又是任意性规范，故承租人仍得改进为退，选择不解除合同。作为权利瑕疵救济的同一范围内的规范，《民法典》第723条是举轻以明重，而本条规范乃是举重以明轻，相互匹配，以济实用。

2. 本条应为《民法典》合同编通则部分第563条第1款第5项“法律规定的其他情形”，它不属于该款第1项至第4项明定的可以解除合同的事项，而属第5项弹性条款得以延展的部分，故在体系上亦与《民法典》第563条形成呼应关系。

3. 本条第3项规定的“租赁物具有违反法律、行政法规关于使用条件强制性规定情形”亦为承租人解除租赁合同的条件之一。该项将法律、行政法规中对于租赁物的强制性规定引入租赁合同的解除权规范，势必需要在体系上进行清理并为必要的限定。

规范内容

本条规定承租人因租赁物权利瑕疵得以解除租赁合同的充分条件，分述如下：

一、租赁物被司法机关或者行政机关依法查封、扣押致无法使用、收益

（一）租赁物查封的类别及效力

依采取查封机关的不同，查封分为司法查封与行政查封。司法查封，主要规定于《民事诉讼法》第103条及相关的民事司法解释，《行政诉讼法》第101条及相关司法解释，《刑事诉讼法》第102条、第141条、第142条、第145条等，查封乃是作为财产保全、证据保全的措施之一。行政查封，主要规定于《行政强制法》第9条、第12条、第22条至第28条、第46条、第62条、第63条，由法定的行政机关行使。

对于民事司法查封的效力，有学者将之区分为公法效力与私法效力。其中私法效力分为限制所有权的权能、不影响其他物权人权利的实现、赋予查封债权人以担保物权。[①]这一分析有过于简化复杂现实生活的嫌疑。首先，从最后一点说起，民事司法查封直接赋予债权人以担保物权的说法并不确切。在债权人作为查封申请人时，查封给予了债权人一定程度的保障。由于查封客观上限制了对被查封客体的交易，从而也客观上防止了被查封客体被其所有权人让渡于他人，给债权人留下通过司法程序操作的空间。但是查封绝对不能赋予申请查封债权人以任何担保物权，它只是为申请债权人赢得了更多的时间，仅此而已。其次，断言查封不影响其他物权人权利的实现，也过于自信。其他物权，例如，用益物权，民事司法查封或许不会影响其最终的取得者，但是若用益物权本身是有时效限制的，则查封之下，用益物权无法施展，时过境迁，即便再取得用益物权又有何益？再如，担保物权，若为质权，因标的查封，质权人丧失占有，质权便因之而消灭，何谓其他物权不受影响？若为抵押权，就其应然的最终取得而言，当然不会产生实质的影响。但查诸生活事实，或许影响早已发生，等查封失其效力之后，或许不良的后果已然无法补救。最后，查封不仅只是影响所有权人权利的行使，对于租赁被查封的租赁物的承租人而言，其权利也必将受到或大或小的冲击，如租赁期1年，查封1年，或者租赁期2年，查封1年。

---

① 参见刘哲玮：《论民事司法查封的效力》，载《国家检察官学院学报》2019年第4期。

刑事司法查封，或为财产保全，或为证据保全，即刑事侦查程序中的查封。若只为财产保全，其效力与民事司法查封并无二致。从刑事侦查实践上看，所谓查封，“是指在刑事侦查过程中对涉案财产经过检查以后，贴上封条禁止动用与处分的一种强制性侦查措施。其目的在于通过查封，宣示被查封财产在法律属性上的不确定性，禁止任何人动用或处分该财产，确保财产在公安司法机关的绝对掌控之下，以免财产的流转、损坏或者灭失，为以后对该财产依法作出处理奠定物质基础”。[①]事实上，无论是基于财产保全还是基于证据保全的刑事司法查封，均将对所有权人和其他占有、使用或者收益该财产的权利人行使权利产生实质的影响，这种影响与民事司法查封无异。

行政机关的查封，有作为行政强制措施的查封与作为行政强制执行的查封之分，基本效力状态与司法查封相似，于此不再赘述。

查封还有活封与死封的区分。活封仅限制财产的处分，而不限制权利人对财产的占有、使用、收益。死封则为全面的限制，不仅限制财产的处分，亦限制权利人对财产的占有、使用、收益。在实务上，能够进行活封的，一般为可以登记的财产，包括不动产与准不动产，此类财产可以通过在登记簿上注记的方式，限制权利人对该财产进行权利处分。不动产与准不动产查封的，应当进行查封登记。此种登记虽为保存登记，查封效力的发生并不以登记为要件，但为保护第三人利益起见，应当予以嘱托或者径行登记，否则不应以查封的效力对抗善意第三人。[②]如要进行死封，则需要通过封存、贴封条等方式对之进行隔离、固定，避免权利人对之进行占有、使用和收益。

（二）查封致承租人无法使用、收益时的撤销权与解除权

在时间上，查封的发生，可以发生于承租人占有租赁物之前，亦可发生

---

① 杨开湘、王静：《新〈刑事诉讼法〉查封、扣押侦查措施的修改及其规范解读》，载《中南大学学报》（社会科学版）2014年第6期。

② 参见雷秋玉：《我国台湾地区不动产登记制度研究》，法律出版社2012年版，第219—220页。

在承租人占有租赁物之后。应当细分如下三种情形:(1)出租人存在隐瞒查封事实或者查封风险的,无论查封发生于何时,承租人均可依法撤销租赁合同;(2)出租人不存在欺诈、隐瞒查封事实或者查封风险的,查封发生于租赁合同签订之后,无论承租人是否已经使用、收益租赁物,但以嗣后无法使用、收益为条件,承租人均得解除租赁合同;(3)承租人如果明知查封事实或者查封风险仍签订租赁合同,则既不能撤销租赁合同亦不能解除租赁合同,需要自担风险。

(三)扣押致承租人无法使用、收益时的撤销权与解除权

扣押有行政扣押与司法扣押的区分,行政扣押的主要依据是《行政强制法》,司法扣押的主要依据是《民事诉讼法》、《行政诉讼法》与《刑事诉讼法》及相关司法解释,扣押导致的对于私人权利的限制法律后果,与查封没有实质区别,于此不赘。

二、租赁物权属有争议致无法使用、收益

(一)租赁物权属争议的界定

租赁物的权属争议,为租赁物的所有权或者使用权归属的争议。根据我国《土地权属争议调查处理办法》第2条,该法中的"权属争议"系指"土地所有权或者使用权归属争议"。学界和实务中对于权属争议的界定,通论基本沿袭了《土地权属争议调查处理办法》中的"所有权或者使用权归属争议"的观点。

(二)因租赁物权属争议致租赁合同可撤销

在这一点上,分析思路同查封致承租人可撤销租赁合同基本相同,即应当区分撤销权与解除权的行使。

从中国裁判文书网检索出两则案例:一是"王某、付某房屋租赁合同纠纷案",法院判定,出租人在经营超市期间,明知租赁的房屋存在权利瑕疵却隐瞒事实,使得承租人在违背真实意思的情况下订立合同,导致付某至今无法使用租赁房屋,其行为已构成欺诈。双方签订的《协议书》应予以撤销,

即为撤销权行使的适例。[①]二是“侯某与河南某有限公司房屋租赁合同纠纷案”，法院认定，出租人在承包经营协议书期满后对第三人房屋无处分权且明知该情况，仍与原告签订租赁合同，该租赁合同“应属无效”。[②]这两则案例均存在出租人隐瞒租赁权属可能存有争议的情况，承租人以欺诈为由请求法院撤销租赁合同或者主张租赁合同“无效”。自合同撤销的原因看，公认者无非欺诈、胁迫、乘人之危、重大误解四种。[③]而胁迫、乘人之危、重大误解三种原因，于租赁物权属争议中，基本不可能发生，故租赁合同因权属争议而陷入可撤销的境况，其唯一原因应是欺诈。

有疑问的是，在同种情形下，承租人是否同时有解除合同的权利？对此问题，连同上述查封情形下的与后面租赁物使用条件违反法律、行政法规的强制性规定的撤销权行使问题，在此一并予以回应。笔者认为，合同的解除以合同已然确定生效为条件，若合同的效力仍处于可撤销之中，仍未确定，不可能解除，故因欺诈而处于可撤销状态的租赁合同，仅能依撤销权规则处置，而不能以解除权规则处置。由此也可以推知，本条项下的解除权问题，均与租赁合同的无效、可撤销等问题没有关涉。

（三）承租人因租赁物权属争议致无法使用、收益的合同解除权

租赁合同确定生效之后，因租赁物权属争议，使得承租人无法占有租赁物的，或者虽然占有但嗣后被剥夺占有，致使无法使用、收益租赁物的，承租人当可选择解除租赁合同。

租赁物的权属争议与查封中的“死封”法律后果有异，它并不必然导致承租人无法使用、收益租赁物。此外，租赁物的权属争议不必然导致承租人无法使用、收益租赁物，应当考虑租赁权善意取得的情形。

租赁物的权属争议导致承租人无法使用、收益的情形，应当区分承租人明知或者应知租赁物存在权属争议与承租人不应知租赁物存在权属争议两种

---

① 参见安徽省阜阳市中级人民法院（2018）皖12民终4139号民事判决书。

② 参见河南省郑州市金水区人民法院（2017）豫0105民初6363号民事判决书。该判决书中的“应属无效”的表述显有问题，该合同应属可撤销合同。

③ 参见韩世远：《合同法总论》（第三版），法律出版社2011年版，第184—202页。

不同的情况。在承租人明知或者应知租赁物存在权属争议而仍然承租租赁物的情况下，承租人应当自担风险，不得享有合同的解除权。承租人不应知租赁物存在权属争议的情况，又可以细分为承租人未取得租赁物的占有与承租人取得租赁物的占有两种情况。依笔者观点，承租人在不知情的情况下，虽然已经签订了租赁合同，但鉴于其未取得对租赁物的占有，应认定其并未取得租赁权[①]，在这种情况下，承租人仅得行使解除租赁合同及相关的损害赔偿请求权；承租人于不知情的情况下，已经签订租赁合同且已经取得对租赁物的占有，即使嗣后被证实出租人欠缺处分权，是否应当认定承租人善意取得租赁权，得以租赁权对抗真实的承租物物权人？这一问题有进一步讨论的空间。

租赁权虽为债权，但是在财产权的谱系中，它系属最接近物权的债权类型之一。[②]出租人将租赁物出租给他人，事实上亦包含着处分行为，而非为纯粹的负担行为。在租赁物的名义物权人或者表象物权人与实际物权人不一致的情况下，应当考虑无权处分的问题。作为不动产的租赁物，其登记的名义物权人与实际物权人不一致的情况，并非完全没有，借名登记的事情仍偶有发生。[③]作为动产的租赁物，占有人亦可能是所有权人外的第三人，占有所具有的所有权推定效力，使得占有人可能成为表象所有权人。若在租赁发生之后，承租人已然取得对租赁物的占有，允许实际物权人一概得随意剥夺承租人的租赁权，于交易安全将造成不可估量的损害。笔者认为，应当区分动产与不动产。动产占有的公示，其公信力较弱，若承租人信其为真实所有权人而为租赁占有，不能取得租赁权，亦即不应当存在动产租赁权的善意取得。而对不动产与准不动产，登记名义人为法律上的物权人，其为租赁，有法律上的处分权，承租人因之取得租赁权的占有，在解释论上可视为合法的常规性取得，亦非善意取得，嗣后若租赁物的登记名义人更换为实际权利人，

---

① 租赁权的取得以承租人占有租赁物为前提，若未占有，应为未取得租赁权。笔者并不赞同租赁权为用益物权的说法，但是租赁权应是介于物权与债权之间的，具有相当的物权性的债权。参见宋刚：《论我国用益物权的重构——以租赁权性质展开》，载《河南社会科学》2005年第3期。

② 参见雷秋玉：《地役权的“物权性”解读——基于“物权性”的解构与重构》，载《河北法学》2016年第6期。

③ 参见杨代雄：《借名购房及借名登记中的物权变动》，载《法学》2016年第4期。

亦无法排除之前的合法存在，此时，也不宜认为存在租赁权的善意取得，实际权利人不得以所有人或者使用权人的名义剥夺承租人的租赁权，承租人亦可以租赁权对抗实际权利人的剥夺，租赁合同应视为继续在实际权利人与承租人之间存在，实际权利人应受其约束。在实际权利人出租租赁物的情况下，承租人未占有租赁物的，可以请求占有，并得请求排除登记名义人的干扰、妨碍；若承租人已然占有租赁物，得直接排除登记名义人的干扰、妨碍。实际权利人出租租赁物的情况下，承租人租赁权系按照法律的常规取得，无适用善意取得规则的余地。故总体而言，若承租人已然取得租赁权，当无租赁合同解除权规则的适用余地。承租人若受到相关权利人的干扰、妨碍等致使无法使用、收益租赁物，可诉请排除，并得请求损害赔偿。权属争议之下，善意的承租人因无法使用、收益租赁物，从而得行使解除租赁合同的规则适用，应当仅限于承租人未取得租赁权的情形，不宜将之扩大至所有情形，应当允许承租人依租赁权进行自保。

三、租赁物具有违反法律、行政法规关于使用条件强制性规定情形致承租人无法使用、收益

这种情形一般适用于不动产。

首先，应明确本项中的“使用条件”所指的意义。从解释论的角度来看，本项中的“使用条件”应当从一般意义着眼，即从纯粹技术的角度确定其意义。当然，即使从纯粹技术的角度考察，仍有不同的进路，可能有安全性、便利度、舒适度，等等。考察法律规范的设置，一般解决人类社会生活中最基本的需求为出发点，以上不同的进路中，应当选择“安全性”，安全乃人类社会生活中最基本的需求之一。故将本项中的“使用条件”定位为“安全”使用条件，较为妥当。

其次，可以参照我国现行的相关规定确定该“使用条件”。鉴于我国目前规制租赁的相关法律文件的层级均较低，以部门规章、地方性法规和地方部门规范性法律文件为其表现形式，这些规范法律文件中的相关规定有一定的参考价值。

规章主要指国家住房和城乡建设部2010年颁布的《商品房屋租赁管理办法》，该办法第6条规定：“有下列情形之一的房屋不得出租：（一）属于违法

建筑的；（二）不符合安全、防灾等工程建设强制性标准的；（三）违反规定改变房屋使用性质的；（四）法律、法规规定禁止出租的其他情形。”地方性法规针对房屋租赁的相对较多，如上海市人大常委会2010年修正的《上海市房屋租赁条例》第8条规定，禁止出租的情形包括：“（一）未依法登记取得房地产权证书或者无其他合法权属证明的；（二）共有的房屋，未经全体共有人书面同意的；（三）改变房屋用途，依法须经有关部门批准而未经批准的；（四）被鉴定为危险房屋的；（五）法律、法规规定不得出租的其他情形”。地方性部门规范性法律文件，如昆明市人民政府2018年制订的《昆明市居住房屋租赁管理办法》第5条规定，下列居住房禁止出租：“（一）属于违法建筑的；（二）被鉴定为危险房屋的；（三）不符合安全、防灾等工程建设强制性标准的；（四）违反规定改变房屋使用性质的；（五）法律、法规、规章规定的其他情形”。这些规范以禁止性规定的方式，设定了具有这些规定中的否定性条件的房屋不得用于出租。

将上述这些规范性文件中的标准按照安全性进行筛选后，违法建筑，被鉴定为危险房屋，不符合安全、防灾等工程建设强制性标准，法律法规规章规定的其他情形这些标准应在可选之列。鉴于被鉴定为危险房屋这一项，已通过《民法典》第731条得以体现，可将该项删除。于是本项规定中的“使用条件的强制性规定”，应当只剩下违法建筑与不符合安全、防灾等工程建设标准以及其他法律法规规章的规定。又因本项规定所说的“使用条件”只能由法律、行政法规规定，故“规章”亦应删除。一般认为，可从我国的《建筑法》与《消防法》中探寻这种仅从安全性的技术角度着眼的规范。[①]《建筑法》第61条规定：“交付竣工验收的建筑工程，必须符合规定的建筑工程质量标准，有完整的工程技术经济资料和经签署的工程保修书，并具备国家规定的其他竣工条件。建筑工程竣工经验收合格后，方可交付使用；未经验收或者验收不合格的，不得交付使用。”《消防法》第13条规定：“国务院住房和城乡建设主管部门规定应当申请消防验收的建设工程竣工，建设单位应当向住房和城乡建设主管部门申请消防验收。前款规定以

① 参见杨立新主编：《最高人民法院审理城镇房屋租赁合同纠纷案件司法解释理解与运用》，中国法制出版社2009年版，第73页。

外的其他建设工程，建设单位在验收后应当报住房和城乡建设主管部门备案，住房和城乡建设主管部门应当进行抽查。依法应当进行消防验收的建设工程，未经消防验收或者消防验收不合格的，禁止投入使用；其他建设工程经依法抽查不合格的，应当停止使用。”上述两条规则中的建筑物法定竣工验收合格条件、消防验收合格条件，即为租赁物应当具备的“使用条件”。不符合该条件的，承租人无法安全地使用、收益，于此情况下，承租人可以选择解除租赁合同。

第七百二十五条【买卖不破租赁】

租赁物在承租人按照租赁合同占有期限内发生所有权变动的，不影响租赁合同的效力。

历史由来

本条继承了《合同法》第229条的规定，略作修改。在《民法典》编纂过程中，《民法典合同编（草案）》（征求意见稿）第273条规定：“租赁物在承租人依据租赁合同占有期限发生所有权变动的，不影响租赁合同的效力。”其后各阶段的草案文本只是又作出了些微的文字修改。

规范目的或功能

一般认为，买卖不破租赁规则（Emptio non tollit locatum）在制度史上可以追溯至罗马法时代。罗马法时代最初并不存在买卖不破租赁规则，而是“买卖破除租赁”（Emptio tollit locatum）。对此，周枏先生的著述也有记载：在帝政前期，新的所有权人基于物的追及权，可以驱逐承租人而夺回标的物。不过，出租人在租赁期间负有使承租人使用收益标的义务，承租人基于出租人的违约事实，可以提起承租之诉，向出租人主张损害赔偿。[①]虽然承租之诉对于出租人来说，相对于出售可能获取的巨大利润，由

---

① 参见周枏：《罗马法原论》，商务印书馆1994年版，第780页。

此可能承担的责任显得较小，承租人还是希望能够借助一些手段来获得额外的保护，也就是在出租物出售的契约中，加入特殊的条款，借此影响作为买受人的第三人，使其可以在受让出租物之后，保留承租人的法律地位。这种办法并没有给承租人以直接的保护，因为它并没有赋予承租人直接起诉第三人的法律地位。它只是间接地保护了承租人，因为买受人在考虑是否违约之时，不得不斟酌一下，违约有可能使其承受来自出租人（出卖人）的卖物之诉。

在近代民法中，“买卖不破租赁”最终得以确立，民法的强式平等让位于弱式平等。从民法的平等价值而言，“没有足够充分且正当理由的情况下，应当坚持强式意义上的平等对待”。[①]而所谓租赁权人与买受人的弱式平等关系的建立，乃是基于一系列正当且充分的理由的。其主要着眼点在于：住房承租人为弱者的道德预设以及维护交易安全的政策考量。自由虽为民法的核心价值，意思自治虽然是民法的首要原则，但是民法世界不应是一个弱肉强食的世界，更不应强者恒强，弱者恒弱。买卖不破租赁产生的初衷在于防止租赁权被任意侵夺，之后蕴生出更多实质性的租赁权保护规则。拉伦茨先生曾如此描述第一次世界大战后，特别是第二次世界大战之后的德国，“战争的破坏以及难民的涌入，住房奇缺”，拥有住房的人占据着绝对优势地位，要租房的人就像一群待宰杀的羔羊。这一状况导致了住房租赁法的深刻变化。这是一个不同于以往的时代，租赁制度在租赁权不被买受人破除的基础上，又向前推进了一大步：“禁止房主提高租金，或只允许房主在有限的范围内提租；还规定取消出租人的终止合同权，出租人只有在具备某些理由时才能请求法院取消租赁关系；最后还授权行政机关，可以为寻找房屋者安排入住房，并强制住房占有人或所有人订立租赁合同。”[②]20世纪60年代之后，德国这种因战争灾难所造成的人地关系紧张局势得到最终的缓解，一些临时的管制措施退出了历史的舞台。但是《德国民法典》第571条（现在的第566条）仍得以保留并继续强化，因为在住房紧缺的年代，承租人与出租人相比，仍处于相

① 参见王轶：《民法学原理与民法方法》，法律出版社2009年版，第38—48页。

② 参见［德］卡尔·拉伦茨：《德国民法通论》（上册），王晓晔等译，法律出版社2003年版，第75页。

对弱势的地位。孙宪忠先生也曾一针见血地指出："买卖不破租赁的原则，隐含着重要政治意义。"[①]当然这种道德预设与政策或者政治考量，不仅体现于租赁权对抗效力的契约地位概括承受的理论模式中，也当然地体现在其对抗模式中。

三 规范内容

租赁权对抗效力的传统解释模式，出诸于学说或有权机关，可归纳为三种：一为物权法模式；二为债权法模式；三为有条件的权利竞合模式。在这三种模式中，传统物权法模式在形式逻辑的圆融性方面仍存在缺陷，而债权法模式与有条件的权利竞合模式则过度逾越民法体系性规制。可在修正传统物权法模式的基础上，使本条的解释论复归其体系性。

一、租赁权对抗效力之物权法模式

（一）租赁权对抗效力物权法模式的基本定式

罗马法最初并不存在买卖不破租赁规则，而是"买卖破除租赁"。"买卖破除租赁"一度是欧洲罗马普通法的核心部分。在法典化的前夕，它也代表着潘德克顿法学的体系化理念。但也恰在那个时候，有股强大的反对暗流开始涌现，其根源有三：[②]一是《学说汇纂》本身包含着一个不协调的部分。这一部分似乎改善了承租人的法律地位，它强化了承租人在租赁期间的用益权。齐默尔曼将这种特殊的占有保护规则的核心内容解读为移转阻碍，即权利的让渡在出租人与承租人之间不能发生，从而阻滞了买受人驱逐承租人的权利。二是18世纪，"买卖破除租赁"制度遭到了自然法学派的攻击。根据其观点，出租人通过签订租赁合同，允许承租人使用和享用其财产，则已经将其自由的一部分让渡给了承租人，不能就同一部分的自由再让渡给出租财产的买受人。三是同时代的荷兰法以自然法理论为基础也发展出了一种类似的解释路

---

① 参见孙宪忠：《中国物权法总论》，法律出版社2009年版，第88页。

② See Rein Zimmermann, The Law of Obligation: Roman Foundation of the Civilian Tradition, Juta & Co. Ltd.， 1990, pp377ff.

径，并将之与“买受人应当尊重被其前手授权的承租人”的日耳曼法习惯规则勾连起来。

（二）物权法模式的基本定式外部体系性圆融困境

“移转不能”与占有对抗第三人的阐释存在形式逻辑的圆融性缺陷。租赁权被置于“移转不能”的逻辑分析方法之中，物权化只是在表面上被置于体系化的范畴之内。它遵循物权变动的分析路径，采用传来主义的分析方法。遵照传来主义的法理，买受人虽然取得不动产的所有权，却欠缺占有与控制的自由，故其无法驱逐承租人。然而自然法学派的“移转不能”观点，按照现代民法的占有原理，已经不敷使用了。由于买受人与承租人之间并无租赁合同的约束，买受人可以自承租人那里恢复对租赁物的占有，承租人不得以租赁权或者占有为对抗。事实上，租赁权人以“占有”对抗买受人之外的第三人，在逻辑上可归于占有保护规则体系之中，但这并非“租赁权”物权化的证据。

由上述分析判断的结论作适当的引申，学界主流观点对于《德国民法典》第566条的定性或许有欠妥当。根据《德国民法典》第566条的文义，德国民法对于租赁权的保护，采用的并非对抗模式，而是契约的法定概括转移模式，这一内容已非物权化概念所能涵盖。物权化概念的核心意义，在于债权在不发生移转的情况下，可以对第三人主张并对抗之；而契约的概括转移模式的意义核心，在于通过将发生在原当事人之间的债权债务向第三人移转，以实现原债权人对抗第三人的法律目的。前者虽表面上属于债权法的范畴之内，其实质意义却源于物权法原理中关于物权的对物权与绝对权的特性；而后者，则本质上局限在债权法的范畴之内。

（三）补充阐释：英国法上的租赁地产权是否在物权化的范畴内

英国法上的“租借地产权”的路径将租赁权直接转化为“物权财产”，[①]这一进路在我国欠缺物权化分析的制度基础和学理基础。

---

① 参见由嵘：《1925年改革与现代英国财产法》，载《中外法学》1993年第1期。

二、租赁权对抗效力之债权法模式

（一）基于民法解释方法对债权法模式的体系性悖论证成

前述《德国民法典》第566条所确立的租赁权对抗效力模式，事实上是一种纯粹债权法范畴内的对抗效力模式，我国有学者将之称为契约地位承受模式，并将之确定为《合同法》第229条暨本条所规定的租赁权对抗效力模式。[①]在比较法上，它的典型描述见于《德国民法典》第566条主导的一系列法律条款。[②]其核心意义在租赁房屋的交付占有所形成的类似于物权的公示效力，即使租赁合同未进行登记，租赁房屋的交付占有也形成一种弱公示形态，从而对买受人产生法定的拘束力。

事实上很难将《民法典》第725条与《德国民法典》第566条的意义等同，主要理由在于：

第一，两者的表述差异十分明显，将之等同，恐与历史相悖。如果我国租赁权对抗效力的立法要采用契约地位承受模式，没有必要采用如此含混的文字表达，而应当直截了当地选择与《德国民法典》第566条相同或者相似的表达。较为合理的解释是，我国《合同法》与《民法典》立法方案一以贯之，根本没有考虑采用德国民法上的契约地位承受模式。

第二，将两者等同，也恐怕与规范的体系性不合。从历史解释的角度观之，其一，同样规定法定概括移转的《合同法》第90条[③]的表述清晰明确，而其第229条却采用了截然不同的晦涩表达。其二，《合同法》总则部分的第88条[④]为任意规范，第90条采用了封闭式的表达。这一规范体系很明确地将合同地位法定概括移转的情形以封闭的方式锁定在合同主体合并、分立的情形之内。其三，我国《城市房地产管理法》第42条的内容应当解释为物权物务地位的概括移转，而不是合同地位的概括移转，且该条相当明确规定了

---

① 参见周江洪：《买卖不破租赁规则的法律效果——以契约地位承受模式为前提》，载《法学研究》2014年第5期。

② 参见台湾大学法律学院、台大法学基金会编译：《德国民法典》，北京大学出版社2017年版，第517—519页。

③ 现为《民法典》第67条。

④ 现为《民法典》第555条。

“合同载明的权利、义务随之移转”，这种表达方式也完全不同于《合同法》第229条的法律表达。故从体系解释的角度，很难得出《合同法》第229条包含着契约地位承受的意义，这一结论当然适用于本条。

（二）基于内部体系的协调性对债权法模式的否弃

对于买卖不破租赁的民法解释，有一种万金油式的解释方法，即在外部体系性不济的情况下，寻求价值或者政策支持。但是，价值考虑或者政策考量实不应成为体系被随意突破的正当性托词。

如果不确立一定的标准，对于买卖不破租赁规则，可以有任意的学理解释。应当予以考虑的有两项基本准则：一是比例原则。即以目的最低限度的实现为限度，以对象价值的损害最小化为底线。二是任意性规范优先的原则。依比例原则，原本不损害自由价值即可依买卖不破租赁的对抗模式保护租赁权，那么应当无采用契约地位概括承受模式的必要性。在本条未对买卖不破租赁予以明确规范强制的前提下，实不宜依法律解释方法强行挖掘其“强制”的法意。在法定的概括移转明显缺乏法律解释空间的情况下，从当事人自治的任意性规范角度体察本条的内在意旨成了唯一之选。

（三）以上论断对有条件的权利竞合模式的适用

在司法实践中，《民法通则意见》第119条第2款所确定的对抗效力模式是债权法上的契约地位移转模式，至《城镇房屋租赁合同解释》第20条则变为承租人有条件的权利竞合模式。《城镇房屋租赁合同解释》所确立的该种规则首先违背了比例原则。其次也违背了任意性规范优先适用的原则。在当事人未依意思自治调整原有法律关系情况下，不是优先推定当事人维系既有法律关系的意思并予以尊重，而是强为承租人权利竞合之解释，逾越法律的底线，破坏债权债务意定概括移转的自治性，将决定权交由承租人，由承租人一方“自治”。

三、租赁权对抗效力解释论模式的体系性回归

（一）租赁权对抗效力解说的学说转型：物上之债的提出与问题

鉴于债权物权化的概念外延的不确定，难以确保对于严格意义的物权化

现象分析的科学性，我国学者在2004年之后，借鉴德国、瑞士民法的研究成果，即已提出以物上之债的概念取而代之的观点，其代表性学者有苏永钦[①]、王利明[②]、常鹏翱[③]等。

（二）买卖不破租赁的外部逻辑体系再定位：物上之债的局部成就

买卖不破租赁作为物上之债的发生机制，本质上应是租赁契约法律关系的局部作为物上之债的成就。从义务的角度看，仅是其中的指向物的消极容忍义务得以依法定的机制成就为物上债务。这一法律机制与“移转不能”相反：它注重的是所有权人消极权能的可传来性，而“移转不能”注重的是所有权积极权能的部分缺失所导致的权能传来性障碍。物上债务的消极容忍义务的可传来性法理，能够充分地获得体系性的支持，理由有三：第一，以物上之债入主买卖不破租赁的脉理，可以不必经由占有的效力，可避免答非所问的逻辑困境；第二，以物上之债的对物性、绝对性为基础，阐发买卖不破租赁的内在机理，可以回应由债权相对性、所有权弹性所发出的体系性诘问；第三，局部的消极容忍义务的“物上”传来，而非全部的契约性承受，可以避免出现传统民法理论既想坚持物权化观念，又想秉持全有全无的契约地位概括承受立场所造成的债法与物法之间粘连不清、自相矛盾的两难境况。

（三）物上之债局部成就方案在实务上的制度优越性

既有案件类型化研究[④]应当剔除杂质：（1）法政策范畴内的案件类型；（2）合同可被撤销、无效或者局部合同条款无效的案件；（3）承租人可依侵权责任法保护其权益的案件，如房屋出让后原出租人不正当驱逐承租人的案件；（4）依上述两种解释方案法律后果无实质差异的案件类型。

剔除杂质纯化后的类案可以修正为：（1）正当的低租金条款。根据契约地位概括承受模式，原租赁合同中的正当低租金条款将由买受人承担。特殊情形

---

① 参见苏永钦：《私法自治中的经济理性》，中国人民大学出版社2004年版，第91页。

② 参见王利明：《物权法研究》（上卷），中国人民大学出版社2013年版，第30—31页。

③ 参见常鹏翱：《物上之债的构造、价值和借鉴》，载《环球法律评论》2016年第1期。

④ 参见黄凤龙：《“买卖不破租赁”与承租人保护——以对〈合同法〉第229条的理解为中心》，载《中外法学》2013年第3期。

下的低租金条款，如单位职工的福利性租赁，如由买受人承担显然极不合理，否则买受人形同福利的提供者，实务中法院的判决结果并不统一。[①]同样情形下，依物上之债方案处理有两点差异：一是由于买受人不当然承受原租赁合同中出租人的地位，买受人如不通过自治承受原合同，当可通过与出租人讨价还价的谈判获取补偿；二是在对抗效力的法律后果方面可避免法不统一的情形出现。（2）正当的续租与转租条款。依契约地位概括承受的解释方案，即便原出租人隐瞒实情，正当的续租条款与转租条款将由买受人承担，这是极不合理的转承负担。[②]而依物上之债的解释方案，转租与续租条款所形成的负担不属于物上之债的范畴，故在转租发生时或者原租赁合同到期时，买受人可依法取回租赁物。从规范设置的目的看，买卖不破租赁规则断不至于将租赁权的保护延至租赁合同期限届至之后，也不至将其延至对受转租人的保护。

总之，在《合同法》第229条的解释模式中，学界提出的物上之债模式，具有较大合体系性优势，但是仍然有依体系性进行修正的余地，宜在租赁契约法律关系的局部暨消极容忍义务成就为物上之债的角度上，限缩其物上之债成就的债之范围，这种限缩包括物上债务与物上债权两方面的范围限缩，不能提升司法实务处理该类案件的能力，避免法不统一与规则的不正当性问题，从而在最大限度上达至体系性圆融的目的，由此出租人、承租人、买受人的三方利益亦可获得最低限度的折冲与平衡。

三 其他问题

本条与《城镇房屋租赁合同解释》第20条存在一些差异，表现为未保留该条中的三个除外规定：（1）当事人另有约定的除外；（2）出租前已经设定抵押权，因抵押权人实现抵押权发生所有权变动；（3）出租前已经被法院依法查封。

首先，未保留“当事人另有约定的除外”这一除外规定，其首要意图应

① 参见广东省广州市中级人民法院（2004）穗中法民四终字第2876号民事判决书；广东省广州市中级人民法院（2004）穗中法民四终字第2822号民事判决书；广东省广州市中级人民法院（2009）穗中法民五终字第3724号民事判决书。

② 参见上海市第一中级人民法院（2004）沪一中民二（民）终字第1712号民事判决书；江西省分宜县人民法院（2006）分民一初字第104号民事判决书。

当在于宣示本条规定所具有强行法规范的意义，排除当事人意思自治的空间，以防止本条保护承租人的权益不因租赁物所有权变动而遭受不测的损害的立法意旨被合同当事人合法规避。且一般认为，在租赁合同中，承租人处于相当弱势的地位，若认同“当事人另有约定的除外”，恐怕这种约定将泛滥成灾，承租人的权益难寻保障。

其次，出租前已经设定抵押或者查封，按照“买卖不破租赁”的法理，该当不被租赁破除。同时，鉴于抵押或者查封都具有法定公示效力，至少其公示方式的公知性，应当不容置疑。若已然设定抵押或者被查封，承租人仍为租赁，只能视为其愿意承担因抵押或者查封可能导致的租赁风险，令其风险自担。

故《民法典》编纂仍只采用《合同法》第229条的规定，而未考虑吸纳《城镇房屋租赁合同解释》第20条的相关内容，应是出于上述考虑。

第七百二十六条【承租人的优先购买权】

出租人出卖租赁房屋的，应当在出卖之前的合理期限内通知承租人，承租人享有以同等条件优先购买的权利；但是，房屋按份共有人行使优先购买权或者出租人将房屋出卖给近亲属的除外。

出租人履行通知义务后，承租人在十五日内未明确表示购买的，视为承租人放弃优先购买权。

历史由来

本条第1款前段继承了《合同法》第230条[①]的规定，第1款后段和第2款属于对《城镇房屋租赁合同解释》第24条规定的吸收和改造。《城镇房屋租赁合同解释》第24条规定：“具有下列情形之一，承租人主张优先购买房屋的，人民法院不予支持：（一）房屋共有人行使优先购买权的；（二）出租人将房屋出卖给近亲属，包括配偶、父母、子女、兄弟姐妹、祖父母、外祖父母、

① 该条：“出租人出卖租赁房屋的，应当在出卖之前的合理期限内通知承租人，承租人享有以同等条件优先购买的权利。”

孙子女、外孙子女的；（三）出租人履行通知义务后，承租人在十五日内未明确表示购买的；（四）第三人善意购买租赁房屋并已经办理登记手续的。”在《民法典》编纂过程中，《民法典合同编（草案）》（征求意见稿）第274条规定：“出租人出卖租赁房屋的，应当在出卖之前的合理期限内通知承租人，承租人享有以同等条件优先购买的权利，但房屋按份共有人行使优先购买的权利或者出租人将房屋出卖给近亲属的除外。出租人履行通知义务后，承租人在十五日内未明确表示购买的，视为承租人放弃优先购买权。”之后《民法典合同编（草案）》（一审稿）第517条、《民法典合同编（草案）》（二审稿）第517条与《民法典（草案）》第726条只是作了个别文字性修改。

规范目的或功能

本条设置的首要目的在于赋予承租人在同等条件下的对租赁房屋的优先购买权，以保障其维持现有生活状态和提高经营营业之恒心。分述如下：

第一，尽量维持财产的现有秩序，减少租赁物权利变动发生的概率，以保障承租人的权利。就承租人方面而言，房屋的租赁通常是较为长期的投资活动，而非瞬时的占有，或为居住，或为营业，如果赋予其优先购买权，更能够便利维系其较长期的居住和营业活动。所谓有恒产者有恒心，其如有意愿购置其租赁的房屋，而法律又设置这一便利规则，必能稳固其心，提高其生活的安适状态或者努力营业的决心，于个人和社会均有益处。即便有“买卖不破租赁”的规则存在，于承租人而言，能在适宜的条件购置已经租赁的房屋，形成恒产应当更为其心所愿。

第二，对于出租人而言，房屋的出售，出售的对象是谁实际上并不重要，只要价格合适、公道。其房屋在同等条件下出售于承租人，或者出售于承租人之外的其他人，并无实质区别。既然如此，从维系承租人现有的生活、经营状态，稳固其恒心、提高其努力奋斗之心而言，在同等条件下，使得承租人有优先购买权是更有效率的规则设置。

第三，就便利而论，承租人与其打交道已有时日，两相熟识，一般情况下交易起来应当更为便利。

即便如此，承租人的优先购买权也不能变为一无限制之权利，从而有损出租人的权益，应予以必要的限制，这是本条规范的另一目的。本条对承租人的优先购买权分别从物权优先于债权、疏不间亲、[①]权利应及时行使三个角度分别设置了三条限制性规范，对承租人的优先购买权形成合理的约束。

规范内容

一、规范性质

本条是关于房屋承租人对租赁房屋优先购买权的规范，该规范究竟是强制性规范，还是任意性规范？从本条第2款应可推知，房屋承租人得以“十五日之内”不为明确表示，而放弃优先购买权。然而，由此是否可以判定，本条规范系任意性规范？[②]笔者以为，单以权利人是否可以放弃权利为标准，以定某规范是否为任意性规范，并不妥当。任意性规范与强制性规范区分的本旨，在于前者所定的规则可由当事人通过协议予以变通或者弃置不用，后者不能由当事人协议改变，而只有采用的唯一可能。就本条而言，其所定的规则不是当事人可以协议予以变通的。虽然本条第2款明定承租人于通知后15日内不为明确表示，视为放弃，这也同时意味着承租人可以通过15日内不为明确表示方式放弃自己的优先购买权，但就该条规则而言，承租人并没有任意变通它的可能性。就此而言，本条规定为强制性规范无疑。此外，在强制规范的分类中，本条应当属于禁止性规范无疑，[③]虽然本条没有任意一处有明言禁止的表达，但是禁止之意味却蕴含于其中，具体而言：其一，优先购买权可得行使的规则，不可由任何一方当事人单方或者双方以协议变通；其二，关于共同共有人与近亲属购买排除承租人优先购买权的规则，亦无法由租赁合同当事人自决；其三，关于受领通知15日不为明确表示即视为放弃优先购买权的规则，当事人亦不可能对其进行任何的变通或者不采用。此类禁止性

① 参见雷秋玉：《不动产买卖合同竞合的规则提炼与证成》，载《浙江工商大学学报》2018年第1期。

② 参见王利明主编：《中国民法典学术建议稿及立法理由：债法总则编·合同编》，法律出版社2005年版，第434页。

③ 参见朱庆育：《民法总论》（第二版），北京大学出版社2016年版，第55—56页。

规范并非为管理规范，而为效力规范，当事人即使以协议的方式变通之，亦无法产生其想要的法律效果。

二、承租人优先购买权的成立与行使

（一）承租人优先购买权的成立及其特征

承租人优先购买权成立的时间应与租赁权取得的时间一致，而租赁权的取得，以承租人占有租赁物为其期间起点。若承租人仅与出租人签订了租赁合同，而未取得占有，则就承租人而言，其仍对出租人有请求交付租赁物供其占有、使用或者收益的权利，但是由于尚未占有租赁物，租赁权显然并未产生。对于租赁权，亦显然不能将其理解为请求取得租赁的权利，而系承租人占有租赁物之后，对租赁物依租赁契约占有、使用或者收益的权利。承租人若未取得租赁权，尚未产生居住或者营业方面的利益，则无对之赋予优先购买权保护的必要性。

承租人优先购买权的存在，以出租人出卖租赁房屋为条件。出卖租赁房屋是通过买卖行为让渡房屋所有权及基地使用权的行为。关键问题是，出租人其他让渡房屋所有权及基地使用权的行为能否类推适用出租人出卖租赁房屋的规则，如在出租人赠与、以房投资等类似情形下，能否类推适用承租人行使优先购买权规则。在赠与情形下，不可能有承租人优先购买权规则类推适用的可能性，因为受限于“同等条件”的限制，法律不可能允许承租人无代价取得承租房屋的所有权。在以房投资等其他类似情形下，可否允许承租人行使优先购买权？应为严格的文字解释，即仅得在出租人“出卖”的情形下方可适用，“出卖”之外的任何出让房屋所有权的情形一般不得适用，以适当限制承租人优先购买权的行使。“互易”、“拍卖”等本质亦为“出卖”，故在“互易”、“拍卖”的情形下，应得适用承租人优先购买权规则。

承租人的优先购买权，依本条的规定，系承租人于出租人出售租赁的房屋时，在同等条件的范围内享有的优先购买租赁物的权利。其特征一般可描述如下：（1）是一种法定的权利而非约定的权利；（2）依附于债权；（3）是一种优先订约的权利；（4）具有对抗第三人的效力；（5）有明确的行使期限。租赁权的存续期间为租赁期间，承租人的优先购买权的存续期间与一般租赁权的存续期间相同，但是在可得行使的时候，其终期相应变更为出租人通知后的15日内。其中关于优先订约的权利，一般认为其并非一种强制缔约的权利[①]；而对抗第三人的效力则体现为使侵害此种权利的买卖契约丧失效力。[②]这种描述中的不少关键点有进一步讨论的空间，涉及承租人优先购买权的权利类别界分问题。

（二）承租人优先购买权行使的条件

承租人优先购买权的行使应当以法定条件的具备为前提，这些条件简述如下：

首先，权利人适格。一般来说，得行使优先购买权的人应为承租人。但是本条对承租人范围并未作严格限定，实务上认为承租人包括第一承租人，也包括次承租人。[③]在合法转租尤其是同意转租的情况下，次承租人取代第一承租人，在有效的转租期限内，成为有行使优先购买权的适格主体。

其次，符合同等条件。承租人仅在同等条件的范围内，得行使优先购买权。对于“同等条件”的解释，实务上有两种倾向：一是绝对等同，二是相对等同。有学者指出，绝对等同的要求过于严苛，而相对等同的要求伸缩性较大。应对同等条件本身作一些限定，即将“同等条件”主要限定在价格条件上。首先是指价格条款，“从根本上影响到出卖人利益的支付条件则为第二位的”，其他交易条件，只要不在根本上影响到出卖人的利益，则不宜作为“同等条件”。[④]价格条款作为第一位需要考虑的“同等条件”，并非指不考虑出租人可能得到的其他收益，应综合考量出租人因出卖房屋将得到的全部

---

① 相反观点参见常鹏翱：《解开优先购买权的迷思——论优先购买权的法律效力和行使要件》，载《物权法的展开与反思》，法律出版社2017年版，第114—155页。

② 参见王利明：《合同法研究》（第三卷），中国人民大学出版社2012年版，第323—324页。

③ 例如，2008年《江苏省高级人民法院关于审理城镇房屋租赁合同纠纷案件若干问题的意见》第19条规定：“承租人经出租人同意转租租赁房屋的，承租人不享有优先购买权；次承租人要求行使优先购买权的，人民法院应予支持……”转引自王利明：《合同法研究》（第三卷），中国人民大学出版社2012年版，第326页。

④ 参见王利明：《合同法研究》（第三卷），中国人民大学出版社2012年版，第328—329页。

收益，例如，除支付房屋的价款之外，买受人还承诺给予出租人以其他机会，则这些机会可使出租人获取的收益，应在考量之列。承租人行使优先购买权时，虽然不能够同样给予这些“机会”，但应当补足其差价。

（三）承租人优先购买权行使的法律后果

承租人于行使优先购买权时，如果出租人此时已然与其他人订立租赁房屋的买卖合同，则承租人行使优先购买权的法律后果，因解释路径不同而产生差异。

第一，损害赔偿说。此观点将承租人优先购买权定性为“债权性质”的优先购买权。根据《城镇房屋租赁合同解释》第21条的规定，出租人出卖租赁房屋未在合理期限内通知承租人或者存在其他侵害承租人优先购买权情形，承租人可以请求出租人承担赔偿责任，但是不支持请求确认出租人与第三人的房屋买卖合同无效。该条规定最终被《民法典》采用为第728条的内容。该条规定的实质，是否认承租人优先购买权的“物权性”，而仅在债权的意义上承认其“优先性”。这种仅在债权意义上的“优先性”，事实上是一种相对权，即该种“优先性”规则仅约束出租人，对于出租人之外的第三人并无任何约束的效力。其本质或许在于，它要求出租人于出售房屋时，有义务在“同等条件”下优先考虑出售于承租人。但是其规则限制的宽度也仅限于此，如果出租人违反此法定义务，损害了承租人的优先购买权，应对承租人承担损害赔偿责任。《城镇房屋租赁合同解释》第21条应当定位于此。

第二，无效说。该学说主要由《民法通则意见》第118条后半款所规定：“出租人未按此规定出卖房屋的，承租人可以请求人民法院宣告该房屋买卖无效。”2009年的《城镇房屋租赁合同解释》第21条即废止了该规定。参照新法优于旧法、特别法优于一般法的释法规则，无效说实际上在现行法律（包括司法解释）的体系中，已经没有任何依据。

第三，形成权说或者形成权说合并优先效力说。形成权说主张，从承租人行使优先购买权之时起，即在承租人与出租人之间当然形成房屋买卖合同，具有当然“购买”效力。但是其下又分成两种不同的路径：一是仅有“购买”效力而无“优先”效力。即当出租人亦同时与第三人签订了租赁房屋买卖合同时，因承租人行使优先购买权，形成了事实上的房屋多重买卖，但是承租人的房屋买卖合同并不当然优先于第三人与出租人签订的房屋买卖合同。二是既有“购买”效力又有“优先”效力。即承租人因行使优先购买权而形成的对于租赁房屋的买卖合同，当然“优先”于第三人与出租人签订的房屋买卖合同，得以“优先”实现。[①]这种学术争论有多大意义，笔者存疑。最高人民法院《第八次全国法院民事商事审判工作会议（民事部分）纪要》[②]第15条对于一房数卖情形下多个买卖合同的优先顺位进行了规定：“审理一房数卖纠纷案件时，如果数份合同均有效且买受人均要求履行合同的，一般应按照已经办理房屋所有权变更登记、合法占有房屋以及合同履行情况、买卖合同成立先后等顺序确定权利保护顺位。但恶意办理登记的买受人，其权利不能优先于已经合法占有该房屋的买受人。对买卖合同的成立时间，应综合主管机关备案时间、合同载明的签订时间以及其他证据确定。”由此而论，在第三买受人未善意取得租赁房屋的权属变更登记之前，应当按照“合法占有”房屋者优先规则确立数个租赁房屋买卖合同的优先顺位。而承租人一般当然地占有着租赁房屋，因此如无特殊情形，依不动产买卖合同的竞合规则当可处理妥当，[③]无须额外赋予承租人所订合同的绝对优先效力。采单纯的形成权说，应当更符合当前规则体系的现状，也更符合物债二分的学理体系。

第四，笔者的观点。应将形成权说与损害赔偿说中的有益观点结合起来，即一方面需要承认损害赔偿说所蕴含的承租人优先购买权是一种债权性的优先购买权，具有相对性；另一方面需要将这种仅具有相对性的优先购买权赋予一定形成力，使得仅凭承租人单方的意思即可在其与出租人之间形成对于租赁房屋的购买合同。在承租人依优先购买权而未得的情形下，如出租人未通知承租人行使该权利，第三人于购买时出于善意，则承租人无法依不动产买卖合同的兑合规则优先取得租赁房屋，仅能依侵害优先购买权的损害赔偿规则受偿。

---

① 参见常鹏翱：《解开优先购买权的迷思——论优先购买权的法律效力和行使要件》，载《物权法的展开与反思》，法律出版社2017年版，第154页。

② 参见《最高人民法院第八次全国法院民事商事审判工作会议（民事部分）纪要》，载《人民法院报》2016年12月1日第3版。

③ 参见雷秋玉：《不动产买卖合同竞合的规则提炼与证成》，载《浙江工商大学学报》2018年第1期。

三、承租人优先购买权的三重限制

（一）共有权人的优先购买权对承租人优先购买权的排除

学术对此形成的共识是，共有权人的优先购买权基于共有关系产生，承租人的优先购买权乃是基于租赁关系，先论从承袭现法还是从发挥物的经济效用的用度看，在此二者发生冲突时，应坚持共有权人的优先购买权优于承租人优先购买权的原则，此亦为坚持物权优先于债权之原则。[①]我国台湾地区判例似有趋向于承租人的优先购买权优于共有权人优先购买权的趋势，然而王泽鉴先生似对此表示反对，设有一例：甲、乙共有一块基地，出租于丙。甲出卖其应有部分时，设若丙的先买权优于乙的先买权，其结果是乙、丙共有基地的所有权，丙之租赁权消灭后，残留乙、丙共有基地所有权，似乎有损土地法防止土地细分、消除共有关系的立法意旨；反之，设乙的先买权优于丙的先买权，则于丙的租赁权消灭之后，土地所有权归于乙一人，共有关系不会发生，更能实现土地法防止土地细分的立法目的。[②]

（二）出租人将租赁房屋出售于近亲属时排除承租人的优先购买权

出租人将租赁房屋出售于近亲属，基于疏不间亲的原理，应排除承租人的优先购买权。近亲属的范围，《城镇房屋租赁合同解释》第24条第2项有明确规定，其范围包括“配偶、父母、子女、兄弟姐妹、祖父母、外祖父母、孙子女、外孙子女”。其范围为配偶的，常常与共有权人的范围等同；范围为其他近亲属的，如非为共有权人，其排除承租人优先购买权的法理基础是什么？学者有猜测式的解释，理由有二：一是近亲属之间的房屋买卖，一般不能循市场交易的一般方式理解，其买卖在很多情况下毋宁是“半卖半送”，如果允许承租人行使优先购买权，以同等价格优先购买房屋，显然对出租人和买受人都是极不公平的；二是如果允许承租人介入近亲属之间的房屋买卖，

---

① 参见王利明主编：《中国民法典学术建议稿及立法理由：债法总则编·合同编》，法律出版社2005年版，第438页。

② 参见王泽鉴：《民法学说与判例研究》（第三册），中国政法大学出版社2003年版，第379—380页。

不利于近亲属之间相互扶养、协助。[①]这种观点虽是猜测性的，但解释合情合理。事实上有时近亲属之间的房屋买卖亦不见得充满亲情，“半卖半送”式的情景抑或只是偶见，扶养或者协助或许亦并非必须通过买卖房屋的方式进行，即便如此，更符合伦常的解释则应是充满亲情的，非市场的，甚至是带有扶养、协助性质的，故基于伦理考量，不容市场交易规则污渍伦理、亲情关系。此乃疏不间亲之理。

（三）承租人未在法定期限内行使优先购买权被视为放弃

本条于第1款规定了出租人的通知义务，第2款顺此而下规定承租人于通知之日起，15日内未行使优先购买权的，视为放弃。

对于出租人的通知义务，《民法通则意见》第118条曾规定，“出租人出卖出租房屋，应提前三个月通知承租人”。本条第1款将“三个月”修改为“合理期限”，纳入合同解释的范畴之内。

首先应予考虑的是，出租人未履行或未在合理期限内履行通知义务。若租赁房屋已被第三人善意取得。此时承租人唯剩请求损害赔偿的权利。若租赁物未被第三人善意取得，第三人与出租人之间尚未完成租赁房屋的产权过户，于租赁期限内，承租人可主张优先购买权，依形成权的原理与承租人构成“购买”关系，并得依最高人民法院《第八次全国法院民事商事审判工作会议（民事部分）纪要》第15条对于一房数卖情形下多个买卖合同的优先顺位的规定，取得租赁房屋的所有权。若租赁物被第三人恶意取得，承租人依占有而形成的优先顺位得以维系，优先于第三人取得租赁房屋的所有权。

其次应予考虑的是，出租人已经依法在租赁期内、于合理的期限履行通知义务。承租人自得于通知之日起15日内行使优先购买权。优先购买权的存续期间，自出租人通知之时起，其终期被确定为通知之日起的15日内，期限发生变化，或者说加速到期，即便租赁期还有较长的时间，优先购买权也不能再延续至租赁期的终止之日。在其期间若承租人未行使优先购买权，优先购买权视为消灭。承租人行使优先购买权的方式，应为向出租人于“同

① 参见王利明：《合同法研究》（第三卷），中国人民大学出版社2012年版，第328页。

等条件”下购买租赁房屋的意思表示，此意思表示于到达出租人时发生法律效力。

其他问题

承租人的优先购买权在我国是否受限于城市限购政策的问题，应当依上述法理进行分析，区分不同的层面。

尽管限购令在学界遭到质疑，[①]但是限购令作为政策仍施行于特殊的城市或者地区，且在现实上发挥着实际的“限购”功能。以2011年《北京市高级人民法院民一庭关于妥善处理涉及住房限购政策的房屋买卖合同纠纷案件若干问题的会议纪要》的相关规定为例，法院在处理此类案件时，确实要考虑到相关限购政策对当事人权利的影响。该纪要对于限购政策与法院审判活动之间的关系有一总的要求：“对房地产市场加强和完善宏观调控是党和国家为维护房地产市场健康有序发展，遏制部分城市房价过快上涨的重大决策部署。依据国家和本市的住房限购政策规定（以下统称住房限购政策），妥善处理相关房屋买卖合同纠纷案件是人民法院为大局服务、为人民司法的必然要求，要确保司法审判与国家对房地产市场宏观调控政策的导向相一致。”对于限购产生的影响，该纪要区分了已经办理了网签与尚未办理网签这两种情况：对于已经办理了网签的房屋，可以判决或者调解为买受人办理过户；对于未办理网签，又不符合限购条件的，要求解除合同或者驳回诉讼请求。[②]

以该纪要为例，分析该纪要对于承租人优先购买权的影响，应当着眼于承租人优先购买权的内在结构。从“购买”的形成力来看，承租人当可在行使优先购买权的同时，形成与出租人房屋购买合同；而从“购买”的最终实现来看，限购使得房屋买卖合同的过户手续无法完成或者阻止其依合同约定的期限完成，这不是承租人优先购买权范畴内的问题。也就是说，从合符法

---

① 参见刘丽荣：《房屋限购令的合法性缘何遭到质疑》，载《人民论坛》2016年第25期；刘学在、牛璐：《不动产司法拍卖与房屋限购政策的冲突及其对策》，载《河南财经政法大学学报》2019年第1期。

② 《北京市高级人民法院民一庭关于妥善处理涉及住房限购政策的房屋买卖合同纠纷案件若干问题的会议纪要》（2011年12月13日）。

理角度看，限购对于承租人的优先购买权并无实质影响，其影响的仅是房屋买卖合同的最终实现。再者，由于限购令而未能完成过户的出卖人，亦应当免除其损害赔偿的责任。

第七百二十七条【拍卖时承租人的优先购买权】

出租人委托拍卖人拍卖租赁房屋的，应当在拍卖五日前通知承租人。承租人未参加拍卖的，视为放弃优先购买权。

历史由来

本条属于新增规定，其内容源于《城镇房屋租赁合同解释》第23条。《城镇房屋租赁合同解释》第23条规定："出租人委托拍卖人拍卖租赁房屋，应当在拍卖5日前通知承租人。承租人未参加拍卖的，人民法院应当认定承租人放弃优先购买权。"在《民法典》编纂过程中，《民法典合同编（草案）》（征求意见稿）第276条规定："出租人委托拍卖人拍卖租赁房屋的，应当在拍卖五日前通知承租人。承租人未参加拍卖的，视为放弃优先购买权。"之后各阶段的草案文本未再作修改。

规范目的或功能

对于《合同法》第230条中"出卖"一词法律意义的外延，学界存在较大争议，[①]实务上也有不同意见，有不认同承租人优先购买权可适用于"拍卖"的，也有认同其适用于"拍卖"的，观点分歧很大。[②]本条的目的在于消除争议，将承租人的优先购买权沿用于"拍卖"，并因应拍卖的特殊性，对其行使的期限设定更有效率的限制。

---

① 参见杨立新主编：《最高人民法院审理城镇房屋租赁合同纠纷案件司法解释理解与运用》，中国法制出版社2009年版，第165—167页。

② 参见王玉国、皇甫家果编：《最高人民法院城镇房屋租赁合同司法解释精释精解》，中国法制出版社2016年版，第360页。

规范内容

本条规定以拍卖方式出卖租赁房屋时承租人的优先购买权及其行使限制。本条延续《民法典》第726条规定，拓展了房屋承租人优先购买权适用的范围，本质上属于第726条的附属条款。对于本条理解，应着眼于以下两点：第一，承认以拍卖方式出卖租赁房屋时承租人的优先购买权；第二，于拍卖这一特殊方式中承租人如何行使优先购买权，或者说其意思表示的方式及其生效规则与一般出卖中的情形应有何实质的差异，承租人未参加拍卖的情形应为何种情形。以下分别阐述。

一、以拍卖方式出卖租赁房屋时承租人优先购买权的体系定位

梁慧星教授主持编撰的《中国民法典草案建议稿》没有单独处理以拍卖方式出卖租赁房屋时承租人优先购买权，将其作为第1046条推定的承租人优先购买权中的当然内容。[①]梁慧星教授主持编撰的《中国民法典草案建议稿》所举参考法例包括《城镇房屋租赁合同解释》第23条，该条中所规定的拍卖为“委托拍卖”。对于强制性拍卖，王利明教授主持编撰的《中国民法典学者建议稿》将之作为“基于公法方式”的处分行为，系承租人不能行使“先买权”情形之一。[②]两学者的草案虽未明言拍卖情形下承租人是否得行使优先购买权，但其叙述的处理方式透出将“委托拍卖”框入出租人“出卖”租赁房屋的外延之中的意蕴。

从体系解释的角度看，《民法典》第726条所规定的优先购买权，应当定位为债权性的先买权。在《德国民法典》中，它是与物权性先买权对应的一种先买权。在此不妨做一个体系性梳理。

第一，《德国民法典》物权法编第五章的名目，即为“先买权”。基于其

---

① 参见梁慧星主编：《中国民法典草案建议稿附理由：合同编》（上册），法律出版社2013年版，第407页。

② 参见王利明主编：《中国民法典学术建议稿及立法理由：债法总则编·合同编》，法律出版社2005年版，第436页。

所处的特殊编目背景，也基于便利的考虑，此处的“先买权”应当称为物权性先买权。该章的内容可以简略地概括分析如下：

物权性先买权是设定在土地上的一种负担，由土地所有权人为另一人设定，受设定之人因此以优先购买的方式取得该设定负担土地的所有权。物权性先买权可以以对人的方式设定，也可以以对地的方式设定。所谓的对地的方式，就是以对另一土地（主要是指相邻土地）设定负担的方式设定先买权。按照《德国民法典》第1102条，对人的方式与对地的方式可以结合或者分离：一是为了土地的现实所有人的利益而设定的先买权，不得与土地所有权相分离；二是为了某一特定人的利益而设定的先买权，则不得与土地所有权相结合。

同时，按照《德国民法典》第1097条，先买权负担的设定，可以仅限于设定时的土地所有人或者其继承人，只在他们出卖土地时，先买权人才能行使先买权；但是，也可以将先买权负担设定于一个以上或者全部的出卖的情形，即将先买权负担设定于设定时的土地所有人或者其继承人之外的人，这些人可以是特定的人，如土地所有人或者其继承人之后的土地所有人，也可以是不特定的任何人，如土地所有人或者其继承人之后的所有的人。如果将先买权仅设于设定时的土地所有权人或者其继承人，则先买权一次就用尽了；若将先买权设定于土地所有权人或者其继承人之后的土地所有人，则先买权在第一次未用或者放弃之后，于土地新所有人或者其继承人出卖土地时，先买权人可再次行使先买权；若将先买权设于设定时土地所有人或者其继承人之后的所有的人，则在理论上，先买权人可以追及之后的任何土地所有人或者其继承人行使其先买权。

物权性先买权是合意+登记的方式设立。依法设定的物权性先买权，根据《德国民法典》第1098条，“即使土地被支付不能程序中的管理人任意出卖，先买权也可以被行使”，而且，如果先买权不是只针对一次性出卖而设定，则对第三人，先买权人可以针对买受人主张所有权转让请求权的预告登记。先买权不可转让，但是法人或者有权利能力的合伙，只要先买权的转让限制未出现约定，则其可以依法转让。

第二，《德国民法典》第二编债务关系法第八章“各种债务关系”第一节“买卖、互易”下的第二目“特种买卖”之下，设有第三分目“先买”。由于该目处于“债务关系法”之中，故将此种先买所产生的先买权利，称为债权性先买权。

该第三分目，计有法律条文11条。比较特别的是，该分目没有界定何为债权性先买权，但学术界一般认为，该部分所说的先买权利，就是债权性先买权。物权性先买权参照适用其中的某些条款，如先买权的行使要件（第463条）、先买权的行使方式（第464条）、不生效力的约定（第465条），等等。债权性先买权与物权性先买权区别，主要体现在该分目的第471条，即出卖系以强制执行或者支付不能程序进行的，债权性先买权即被排除。再者，债权性先买权没有追及效力，不能以针对现时标的所有人或者其继承人之外的方式设定。

第三，德国特别法规定的法定先买权。其一是指德国的《帝国垦荒法》与《建筑法典》所规定的物权性法定先买权。《帝国垦荒法》第4条规定的公益垦荒企业，对于一定面积的农地，于其出卖时，依法享有先买权。这种权利直至1961年具有物权效力；《建筑法典》第24条以下所规定的乡镇先买权，是一种城镇官方所享有的法定先买权，也具有物权效力。[①]其二是指1980年所创设的使用承租人所享有的纯债法上的先买权，其法律根据有二：《住宅约束法》第2b条，以及原《德国民法典》第570b条[②]（现为第577条）。值得注意的是，现行《德国民法典》第577条改变了原《德国民法典》第570b条的适用范围，[③]原条文所规定的这种纯债法上的先买权，适用于所有的住房使用租赁，现条文将之限缩为区分所有建筑物的住房使用租赁。

总体而言，《德国民法典》中的先买权，基本是遵循物债二分体系展开的，即其先买权可以分为意定先买权与法定先买权。其中，意定先买权划分为意定物权性先买权与意定债权性先买权，意定物权性先买权具有追及力与不因支付不能或者强制执行而消除的效力，意定债权性先买权无追及力，且不能对抗支付不能或者强制执行程序中的先买权标的之买受人。尤其需要注意的是，《德国民法典》中将法定物权性先买权限于公共利益目的，其中非为公共利益而为私益存在的法定先买权，均为债权性先买权。债权性先买权，其标的可以是动

---

① 参见［德］费里茨·鲍尔、［德］于尔根·F.鲍尔、［德］罗尔夫·施蒂尔纳：《德国物权法》，申卫星，王洪亮译，法律出版社2006年版，第469页、第569页。

② 参见郑冲、贾红梅译：《德国民法典》，法律出版社1999年版，第123页。

③ 参见［德］费里茨·鲍尔、［德］于尔根·F.鲍尔、［德］罗尔夫·施蒂尔纳：《德国物权法》，申卫星、王洪亮译，法律出版社2006年版，第469页。

产，亦可以是不动产；物权性先买权，其标的以不动产为限。物权性先买权与债权性先买权并非完全楚河汉界，在物权性先买权于将效力限定于设定时的土地所有人或者其继承人的情况下，与债权性先买权的区别也就微乎其微了。

由以上对于《德国民法典》中的债权性先买权与物权性先买权的二元区分，应当释明为何梁慧星教授主持编撰的《中国民法典草案建议稿》与王利明教授主持编撰的《中国民法典学者建议稿》对拍卖情形下承租人的优先购买权中的“拍卖”，均指向出租人的“委托拍卖”，排除作为公法行为的强制性拍卖或者依破产法而为的拍卖。由此亦可释明本条仅规定“委托拍卖”之意义。

二、承租人如何“参加”拍卖行使优先购买权

委托第三方拍卖房屋是房屋所有权人的权利，其相关规则应当在我国《拍卖法》的相关规则的基础上予以修订。下面仅就与本条有密切关联的规则予以分析：

第一，出租人的通知义务。按照本条的规定，出租人应在拍卖前5日通知承租人。这一通知期限的规定，与《拍卖法》第45条有密切关联，根据该条的规定，拍卖人应当在拍卖的7日前发布拍卖公告。依法理而论，出租人在拍卖公告发布之后，始能确定拍卖的日期，且鉴于其与拍卖事项的密切关系，要求在拍卖公告发布2日后即通知承租人，在期限限定上应当较为合理。

第二，承租人取得“参加”拍卖的资格与达到法定条件。承租人欲“参加”拍卖，必先按照《拍卖法》的规定取得入场“拍买”的资格和法定条件，始得行使优先购买权。以昆明市云南某拍卖中心有限公司2016年4月19日的一则拍卖公告为例，该拍卖公告的第4条规定“竞买登记手续办理”：“竞买人应在2016年4月29日（到账为准）17：00时前，将保证金缴至云南省昆明市中级人民法院，账号：2402 9501 ×××× ×××××，开户银行：农行昆明市某区支行营业部，并凭交款单据及有效证件到昆明市中级人民法院司法技术处办理竞买登记手续后方可取得竞买资格，逾期不予办理。”[①] 从该则拍卖公告可以看出，取得“参加”拍卖资格通常应当具备两个条件：一是足额交纳保

① 参见昆明市中级人民法院网站https://www.rmfysszc.gov.cn/statichtml/rm_xmdetail/299405.shtm?h=3，最后访问时间2020年3月8日。

证金；二是办理竞买登记手续。取得“参加”拍卖资格相关手续的办理时间一般应在拍卖之前，如本例中的拍卖时间定在2016年5月3日，但是办理“参加”拍卖手续的时间在2016年4月29日前。此外，如果法律、行政法规对拍卖标的的买卖条件有规定的，拍买人应当符合该规定（《拍卖法》第33条），拍卖人可以自己或者委托他人参加拍卖（《拍卖法》第34条）。

鉴于拍卖对于拍卖人的实际意义，限购政策是否将对“拍买”资格的取得产生实际影响，笔者认为，此处与第726条有别，为避免无意义的“拍买”，拍买人如不符合限购政策的要求，应当排除其“拍买”资格的取得。承租人如果不取得“拍买”资格或者不能取得“拍买”资格，应当视为其未参加拍卖，视为放弃优先购买权。

第三，承租人“竞买”出价及其法律后果。根据《拍卖法》的相关规定，拍卖现场的拍卖流程在法律上有意义的有：（1）拍卖师出价。（2）竞买人应价及拍定。（3）签订确认书及过户。在此先梳理《拍卖法》的相关规定。于拍卖师出价后，竞买人即可应价，竞买人一经应价，不得撤回，但是当其他竞买人有更高应价时，其应价即丧失约束力（《拍卖法》第36条），可以再次应价。在拍卖中，竞买人的最高应价经拍卖师落槌或者以其他公开表示买定的方式确认后，拍卖成交（《拍卖法》第51条）。按照拍卖的行规，三槌落定方为拍定，若在第三槌之前有竞买人出更高价的，不能视为拍定。成就拍定的应价最高者为买受人，即以最高应价购得拍卖标的的竞买人（《拍卖法》第38条）。拍卖成交后，买受人和拍卖人应当签署成交确认书（《拍卖法》第52条）。成为买受人的竞买人应当按照约定支付拍卖标的的价款，未按照约定支付价款的，应当承担违约责任，或者由拍卖人征得委托人的同意，将拍卖标的再行拍卖。拍卖标的再行拍卖的，原买受人应当支付第一次拍卖中本人及委托人应当支付的佣金。再行拍卖的价款低于原拍卖价款的，原买受人应当补足差额（《拍卖法》第39条）。

鉴于拍卖程序的特殊性，承租人于拍卖之中“竞买”出价，为意思表示，以彰显其优先购买权，应当符合《拍卖法》的规定，否则其他竞买人的权利形同虚设。[1]目前《拍卖法》于此并未明确规定。现行法于此形成漏洞，《民法

---

① 参见王泽鉴：《民法学说与判例研究》（第一册），中国政法大学出版社1998年版，第511页。

典》中未进行规定的内容，势必通过解释《拍卖法》或者对《拍卖法》进行修改以填补漏洞，方可济现实之需。笔者认为，应当通过承租人介入拍卖程序的相关规则，解决现行规则对其他竞买人不利的情势。首先，承租人若参加应价且应价最高，经三槌拍定，即为“买受人”，无适用承租人的优先购买权的空间；其次，承租人若应价较低或者未为应价的，应当增加第四槌，这一槌纯为承租人设定，若承租人未在第四槌前为同样的最高应价，则视为承租人放弃优先购买权；最后，在第四槌承租人若为最高价同样的应价或者其应价高于最高应价，应当允许其他竞买人在此基础上再为应价，直至最后拍定。

在承租人为与最高应价同样应价的前提条件下，承租人因其优先购买权，就拍卖的租赁房屋形成与出租人的购买合同。之后若承租人拒绝签订拍卖“确认书”，亦应视为其放弃优先购买权。在承租人签订拍卖“确认书”之后，再行拒绝购买租赁房屋的，应当视其为违约，由承租人按照《拍卖法》第39条承担违约责任和补足差价的责任。

三 其他问题

一、体系问题

《民法典》第726条与本条的关联在《民法典》的代表性学者建议稿中，梁慧星教授主持编撰的《中国民法典草案建议稿》与王利明教授主持编撰的《中国民法典学者建议稿》均未对“拍卖”情形下的承租人优先购买权予以足够重视，而将之视为一般的承租人优先购买权。

通过对本条的系统梳理之后，对于以上“统一论”的规范处置方式，应可提出质疑。在本条规范设置之后，主要应予考虑的是怎样让其无缝衔接现行法的规定。很显然，将《民法典》第726条的规则直接套用于本条是完全行不通的。适应“拍卖”规则的特殊性，兼顾承租人的优先购买权一般性，在《民法典》编纂背景下，修订《拍卖法》的相关规则以使之适用“先买权”规范，乃是《民法典》编纂这一大工程的配套工作之一。

《民法典》第726条的三重限制，于本条均不适用。除期限规定不适用外，共有权人购买和出租人将租赁房屋出售于近亲属的规则，于本条也均不适用。

仅在善意第三人或者恶意第三人购买租赁房屋规则方面，或可找到《民法典》第726条与本条的共通之处，然而，此规则亦是所有涉及处分的法律行为共同规则。

二、与抵押权的冲突处置

《城镇房屋租赁合同解释》第22条规定："出租人与抵押权人协议折价、变卖租赁房屋偿还债务，应当在合理期限内通知承租人。承租人请求以同等条件优先购买房屋的，人民法院应予支持。"该条揭示了承租人的优先购买权与抵押权之间的冲突。然而，抵押权指向物的金钱价值，承租人的优先购买权指向物本身，两者目的不同，于出现"冲突"时各取其好，一取金钱，一取租赁物，能够相安无扰。于变卖租赁房屋时，只要不是强制执行司法拍卖，承租人当能行使优先购买权无疑；于协议折价的场合，抵押权本就在于就抵押物的价值受偿，如能由承租人行使优先购买权，可取得其原本旨在取得的金钱价值，而承租人则由此取得租赁物的所有权，岂不相宜。

在《民法典》未就此情形另为规定时，《城镇房屋租赁合同解释》第22条规定的意义，应在本条解释所涵盖的空间内。

第七百二十八条【侵害优先购买权的赔偿责任】

出租人未通知承租人或者有其他妨害承租人行使优先购买权情形的，承租人可以请求出租人承担赔偿责任。但是，出租人与第三人订立的房屋买卖合同的效力不受影响。

历史由来

本条属于新增规定，其内容来自《城镇房屋租赁合同解释》第21条。《城镇房屋租赁合同解释》第21条规定："出租人出卖租赁房屋未在合理期限内通知承租人或者存在其他侵害承租人优先购买权情形，承租人请求出租人承担赔偿责任的，人民法院应予支持。但请求确认出租人与第三人签订的房屋买卖合同无效的，人民法院不予支持。"在《民法典》编纂过程中，《民法典合同编（草案）》（征求意见稿）第275条规定："出租人未通知承租人或者有其他妨害承租人行使优先购买权情形的，承租人可以请求出租人承担损害赔偿责任。除法律另有规定外，出租人与第三人订立的房屋买卖合同的效力不受影响。"《民法典合同编（草案）》（一审稿）第518条作出了将"除法律另有规定外，出租人与第三人订立的房屋买卖合同的效力不受影响"修改为"但是出租人与第三人订立的房屋买卖合同的效力不受影响"的调整。《民法典合同编（草案）》（二审稿）第518条与《民法典（草案）》第728条未再作实质性修改。

规范目的或功能

一、规范目的

本条的目的在于，当房屋出租人侵害承租人的优先购买权时，一方面赋予其一定程度的保护，令其得以依债不履行的规则，请求损害赔偿；另一方面也意在保护交易安全，维持第三人因正当交易而发生的房屋产权移转的利益。

二、体系功能

上文于阐述拍卖中房屋承租人优先购买权时，对于其体系性已有系统阐述，概言之，其体系功能主要体现在对物权与债权体系性区分的维系。在这一背景下，房屋承租人仅得于第三人为恶意时（包括第三人与出租人恶意串通取得房屋所有权的情形），得同时主张其物权的取得与债权行为均为无效。

规范内容

一、出租人侵害承租人优先购买权损害赔偿责任的责任性质之辩

出租人侵害承租人优先购买权的损害赔偿责任，究竟系违约责任还是侵权责任，值得深究与一辩。

（一）租赁合同违约责任与缔约过失责任的排除

这一责任要纳入租赁合同违约责任，有一个前提条件，即出租人不侵害

承租人优先购买权的义务，并非基于法律的一般义务，而是合同义务的一部分。而将之纳入合同义务，则其可为主给付义务、从给付义务或者附随义务。在解释论上，应首先将此种义务从合同主给付义务中排除，因“主给付义务是指债之关系上（尤其是契约）固有、必备，并用以决定债之关系类型的基本义务”[①]，而不侵害承租人优先购买权的义务显然并不符合合同主给付义务应当具备的条件。合同的从给付义务是所有“与自己的主给付义务提出与使用相关的义务”，其“目的在于辅助”[②]主给付义务。不侵害承租人的优先购买权也显然不具备这种与主给付义务的密切相关性，它的目的也不在于辅助主给付义务，甚至无须论证也可以推定，出租人即便将房屋出售于第三人，鉴于承租人可依“买卖不破租赁”的规则，得以继续享有和行使其租赁权，出租人的主给付义务以被受让人继受之后，这种主给付义务的履行，事实上无须不侵害承租人的优先购买权义务的辅助，可以说两者之间基本上没有什么关联，意外情形下因个人品性方面造成的承租人困扰，非法律可以普适性规则予以解决，不在法律问题之中，故不侵害承租人的优先购买权亦不具备合同的从给付义务的特性。那么不侵害承租人优先购买权的义务可否称得上合同的附随义务。按照新近学者对附随义务的划分，附随义务得划分为两种：一种是辅助实现债权人之给付利益的义务，另一种是避免侵害债权人人身或财产上固有利益或完整性利益的义务。[③]以第一种附随义务而论，其与合同的从义务无本质差异，可视为相同。前已论及，不侵害承租人的优先购买权义务不属于从义务，故亦可将之排除在第一种附随义务之外。第二种附随义务乃是指对债权人的人身或者合同所涉标的财产之外的其他固有财产避免损害的义务，承租人的优先购买权无法归诸人身，也不能勉强归诸债权人的其他固有财产之列。

就此而论，不侵害承租人的优先购买权既非租赁合同的主义务，亦非租赁合同的从义务和附随义务，而实为由法律强行规定的承租人基于租赁合同而生的衍生权利，目的在于提供额外的保护或者额外的利益，并非租赁合同

① 参见王洪亮：《债法总论》，北京大学出版社2016年版，第22页。

② 参见王洪亮：《债法总论》，北京大学出版社2016年版，第22页。

③ 参见王洪亮：《债法总论》，北京大学出版社2016年版，第23页。

中的义务无疑。因此，不得侵害承租人的优先购买权义务的违反所致之损害赔偿责任，显然不宜归于违反租赁合同的违约责任。[①]

此外，细察《合同法》第42条的意义，它也完全不符合在“订立合同过程中”违背诚信原则的缔约过失责任的任何特征，不宜涵摄在缔约过失责任[②]之中，难谓出租人与承租人在出租人未违反不得侵害承租人优先购买权之前，一直处于缔约的过程中，事实上此时应处于未开始缔约的状态之中。因未处于缔约的过程中，难以确立承租人对于出租人就优先购买权所形成的信赖利益，缔约过失责任无从谈起。

（二）侵权责任与房屋买卖合同违约责任的辩证适用

出租人侵害承租人优先购买权的一种较为典型的情形，是承租人没有能够在租赁期内行使基于优先购买权的主张缔约的权利，无论是基于出租人的不通知抑或其他妨害。租赁期之后，不可能通过追认而回溯至承租人的优先购买权而主张其与出租人之间确立房屋买卖合同。在这种情形下，鉴于前述的不能将侵害承租人租赁权的情形纳入租赁合同的合同义务的违反，承租人唯得主张出租人侵害其对房屋的优先购买权这一独立的权利而获得损害赔偿救济。由此对于此问题的探讨，即落入了一般侵权责任与过错侵权责任，即《民法典》第1165条或者第1166条的规范适用范畴。鉴于这两个条文中的“民事权益”有容纳各种民事权利与利益的空间，《侵权责任法》第2条的不穷尽列举已经为此埋下伏笔，学界对此也有共识，[③]承租人的优先购买权由此涵摄于“民事权益”之中，当不成问题。而从归责原则观之，若从本条明定出租人只要存在“不通知”或者“其他妨害承租人行使优先承租权情形”，承租人即可就其损害请求赔偿的表达结构观之，或可将本条所定的归责原则定为无过错责任原则；然而从《民法典》侵权责任编关于过错责任与无过错责任原

① 相反观点参见梁慧星：《如何看待承租人优先购买权》，载《人民法院案例选》（月版）2009年第4辑；也可参见宋良刚、范小华：《承租人优先购买权之侵权赔偿问题的理论与实证研究》，载《法律适用》2014年第2期。

② 主张缔约过失责任的观点可参见王利明、崔建远：《合同法新论·总则》，中国政法大学出版社2000年版，第178页。

③ 参见葛云松：《“侵权责任法”保护的民事权益》，载《中国法学》2010年第3期。

则的归责原则基本体系看，将之解释为过错责任原则更符合侵权责任归责原则的体系性，而不能仅由此条的文义而为简单解释。考虑到《民法典》侵权责任编与合同编不同的规范功能，应当将出租人侵害承租人优先购买权的侵权责任剔除在合同编之外，勿使之包含在本条的文义之中。

出租人侵害承租人优先购买权另一表现形式，是于承租人获知出租人出售其租赁房屋后，已然向其为购买房屋的意思表示，此时按照承租人优先购买权系债权性的优先购买权的预定规则，承租人得以直接以此单方的意思表示，就其承租的房屋与出租人形成房屋买卖合同。然而，出租人却与第三人完成房屋的过户登记，若第三人为善意，则第三人直接取得登记房屋的产权，而使承租人与出租人之间的房屋买卖合同处于履行不能的状态，承租人的优先购买权所应达成的应然法律状态落空。此种使优先购买权应达成的法律状态落空的形态，实质上亦为对承租人优先购买权的侵害。此时，出租人应就该房屋买卖合同的履行不能对承租人承担债不履行的损害赔偿责任，在此意义上，侵害优先购买权的责任形态即为房屋买卖合同不履行的违约责任。自体系的角度观之，违约责任的承担应在本条的文义射程之内。

总之，出租人侵害承租人优先购买权，在出租人应承担侵权责任时，应在《民法典》侵权责任编中寻找其适用的规范；而在出租人应承担违约责任时，始适用本条规范。然而为解释论的整体性考虑，对于侵害优先购买权的两种责任，在内容安排上，仍应当置于一处，以使其体系性得以完整的展示出来。

二、两种不同法律责任的构成要件与法律后果

（一）超越本条的侵权责任：侵害承租人优先购买权侵权责任的构成要件与法律后果

此处略去关于损害、因果关系、违法性三个要件的讨论，而仅谈出租人侵害承租人优先购买权的行为与过错两个要件：

第一，出租人应存在未通知或者其他妨害承租人行使优先购买权的行为。分两种情况：（1）出租人未履行通知义务。包括出租人未为通知的意思表示与出租人虽为通知的意思表示但意思表示不能生效或未到达承租人。此处的

未为通知的意思表示，应可理解为债的附随义务不履行，因其辅助合同主义务利益的实现，与从义务并无实际区别，[①]为债不履行，应承担债不履行的法律后果。出租人未向承租人为通知的意思表示，系指出租人未就其房屋出卖于第三人之事以任何直接或者间接的意思表示的方式告知承租人租赁房屋的出售事宜。该处的出租人未适当履行通知义务，应包括出租人虽向承租人为相应的意思表示，但是意思表示并未到达承租人。意思表示未到达承租人，首先应考虑的是承租人的受领能力。若承租人自身于出租人为通知的意思表示时，并无受领能力，则出租人所为通知的意思表示即便客观上到达了承租人，对承租人亦不能生效。[②]其次应当考虑的是，在承租人有相应的受领通知的意思能力时，意思表示虽然已经发出，但未到达承租人。（2）出租人存在其他妨害承租人行使优先购买权的行为。出租人存在欺诈、胁迫等其他可能使得承租人无法行使优先购买权的情形，此种情形只限于出租人一方，不包括出租人与第三人合谋损害承租人优先购买权的行为，若如此的话，则应有承租人主张出租人与第三人所订房屋买卖合同无效规则的适用空间。

第二，出租人须有过错。本条并未明定出租人侵害承租人优先购买权的主观要件，由其表达也并不能直观之，故有进一步解释的空间。质言之，由“客观条件+请求权”的法条结构并不能直接揭示侵权责任规范应当适用无过错归责原则，出租人侵害承租人优先购买权的侵害责任的归责原则，应当依侵权责任法的归责原则体系为确立的规范基础。依学界的共识，对于权利的侵害，以侵权行为人有过错为原则，而以无过错为例外。在《民法典》侵权责任编已对无过错归责原则适用范围基本进行穷尽性罗列的基础上，一般可以判定不在此罗列范围内的侵权责任类型，应当以过错作为其有责性要件，但有具体规范对此予以排斥的除外。此外，优先购买权法律明定的独立权利，不能归诸债权，亦非学界所说的权利之外的纯粹经济利益，[③]其地位可以等同一般的权利类型，不可以侵害债权的有责性要件，即故意或者重大过失作为出

---

① 参见王洪亮：《债法总论》，北京大学出版社2016年版，第23页。

② 参见张俊浩主编：《民法学原理》（修订第三版），中国政法大学出版社2000年版，第258—259页。

③ 参见葛云松：《纯粹经济损失与一般侵权行为条款》，载《中外法学》2009年第5期。

租人侵害承租人优先购买权的主观要件，而宜一般性将之限定为过错，即无论系由故意、重大过失还是一般过失肇致损害，均具备有责性，可以依法追责。

此种侵权行为所致损害的法律后果，应表现为纯粹的期待利益的损害填补，而不可能有恢复原状等适用于有形损害的法律后果存在。

（二）不逾越文义的违约责任：侵害承租人优先购买权违约责任的构成要件与法律后果

在承租人依优先购买权就出租房屋与出租人形成买卖合同之后，如因出租人不履行买卖合同，而将房屋出售于第三人并办理过户登记，承租人亦无任何可撤销或诉请宣布出租人与第三人房屋交易无效的理由的，承租人仅可向出租人主张违约责任的承担。若承租人主张违约责任，则应当以违约责任的构成要件涵摄案件事由，并由此得出租人是否应当承担损害赔偿的法律后果。一般而言，违约责任的构成要件亦为行为、损害、因果关系、有责性与违法性等，对此无深入探讨的必要。仅就有责性而言，我国《合同法》对于违约责任规定的归责事由有过错、故意或者重大过失、保管不善、应告知而未告知等，即有个别条文规定了过错作为违约责任的归责事由。但是这种情况在《合同法》中并不普遍，而毋宁说是一系列的例外情形。[①]由于《合同法》在处理违约责任时，以有责性为例外，故在法律条文未就有责性为明确规定时，应当确认其排除有责性要件，即在确定责任的成立时，对于有责与否在所不问。本条的有责性要件应当依此处理。法律后果方面，违约责任有对纯粹经济损失的救济为原则，而以对有形损失的救济为例外，然而，违约责任与侵权责任的此种体系区分，对于出租人侵害承租人优先购买权并无实质意义。就其法律后果而言，断然不可能存在要求继续履行的可能性，亦不可能强制履行，等等，而仅能就造成的实际的金钱性的损害后果，由承租人向出租人主张损害赔偿。

三、法律后果的特别限定：出租人与第三人订立的房屋买卖合同的效力不受影响

前文于界定承租人的优先购买权的性质时已有说明，因承租人对租赁房

---

① 参见韩世远：《合同法总论》（第四版），法律出版社2018年版，第745页。

屋的优先购买权为债权性的优先权，其效力不及于第三人，故不能一般性由此排斥第三人对房屋产权的取得。此处特别说明，仅限于不影响出租人与第三人订立的房屋买卖合同。就此而论，将优先购买权区分为债权性的与物权性的，实际上并无意义。就出租人与第三人订立的房屋买卖合同而言，无论承租人的优先购买权系债权性的还是物权性的，出租人侵害优先购买权不应对此合同的效力有影响，这种区分的意义仅在于影响第三人对房屋产权的取得。当然，在法律上对此予以特别说明，以明确不得主张出租人与第三人订立的房屋买卖合同无效，在普法的层面上也具有一定的意义。对专业人士而言，为如此规定，也不无意义。学界至今对于债权二分与物权行为的独立性存在巨大争议，明确规定出租人与第三人订立的房屋买卖合同效力不受影响，对于主张有因说的学者而言[①]，无疑吃下了一颗定心丸。

第七百二十九条【租赁物毁损、灭失的效果】

因不可归责于承租人的事由，致使租赁物部分或者全部毁损、灭失的，承租人可以请求减少租金或者不支付租金；因租赁物部分或者全部毁损、灭失，致使不能实现合同目的的，承租人可以解除合同。

历史由来

本条承袭了《合同法》第231条的规定，仅对《合同法》第231条作了将“要求”调整为“请求”的修改。

规范目的或功能

一、规范目的

租赁期间租赁物无时无刻不处于风险之中，因不可归责于承租人的事由致使租赁物毁损灭失的，其风险概由出租人承担。本条的规范目的在于分配风险。

① 参见尹田：《物权法》，北京大学出版社2013年版，第186页。

二、体系功能

一是本条规定与《民法典》第723条规定较为相似，亦可认为这两条规定均是出租人权利瑕疵担保责任的救济方式。[①]但是两个条文互有分工，前者适用于第三人对租赁物主张权利的场合，而本条适用于租赁物发生毁损、灭失的情形。

二是本条规定是《民法典》第563条第1项规定的重申。《民法典》第563条第1项规定，因不可抗力致使不能实现合同目的，当事人可以解除合同。而在本条规定中因不可归责于承租人的事由（包含不可抗力）致使租赁物毁损、灭失，导致租赁合同目的不能实现的，承租人可以解除合同。

三是风险负担问题是合同法的一大特色。其中买卖合同、租赁合同、融资租赁合同、承揽合同、运输合同和保管合同都对风险负担进行了规范，它们共同形成了合同法风险负担体系。本条规定为租赁物毁损、灭失的风险，它作为风险负担体系中的组成部分，与其他涉及风险负担规范的条文之间存在密切联系。[②]

三 规范内容

本条规定是关于租赁物毁损、灭失的风险负担问题，属于合同法风险负担体系的一类特殊合同的风险负担规范。在租赁关系中，风险负担问题，一般包含以下两方面：一是租赁物因不可归责于双方的事由致使租赁物毁损、灭失，应当由谁承担租赁物毁损灭失风险的问题。二是在租赁物毁损灭失之后，承租人不能实际对租赁物享有使用、收益权，影响租赁合同目的的实现，此时承租人是否支付租金的问题。[③]本条是关于风险负担的规定。本条规定的内容与一般的风险负担规定的内容有着一致性，皆认为由物的所有权人承担

---

① 参见崔建远：《合同法》，北京大学出版社2012年版，第454页。

② 参见宁红丽：《中国民法典上典型合同风险负担规则研究》，载《中国政法大学学报》2019年第6期。

③ 参见王利明：《合同法研究》（第三卷），中国人民大学出版社2012年版，第333页。

风险。而本条规定作为风险负担特殊合同的认定，在坚持一般性原则下，也符合自身特性的规定。其内容分述如下。

一、因可归责于承租人的事由致使租赁物毁损、灭失的风险负担

本条应首先为相反解释，因可归责于承租人的事由致使租赁物毁损、灭失的，应由承租人承担租赁物毁损、灭失的风险：第一，发生可归责于承租人的事由，即“可归责”的事由源于承租人的过错，承租人存在不当行为（作为或者不作为），存有故意或者过失；第二，租赁物因承租人的过错遭受毁损、灭失，即承租人的过错与租赁物的毁损、灭失的事实之间存在因果关系；第三，不存在排除承租人可归责性的抗辩事由，如不可抗力或者意外事件。对于此三个要件中的关键性要素，将于下文中展开，此处从略。

二、因不可归责于承租人的事由致使租赁物毁损、灭失的风险负担

（一）发生不可归责于承租人的事由

在租赁合同中，租赁物的毁损灭失有可能是承租人的原因导致的，也有可能是承租人以外的原因导致的。而由承租人以外的原因导致租赁物毁损、灭失的，被归于本条关于租赁物毁损、灭失的效果之中，其法条表述为“因不可归责于承租人的事由”。通说观点认为，因不可归责于承租人的事由包含三种情形：其一，出租人不履行义务造成租赁物毁损、灭失的，如出租人未及时对房屋进行加固，导致房屋坍塌。其二，因意外事件造成租赁物毁损、灭失的。本条下所探讨的意外事件主要是指由第三人的行为造成租赁物的毁损、灭失，如房屋租赁合同中，出租人将房屋出租给承租人，但在承租期间因第三人的侵权行为致使房屋毁损。其三，因不可抗力造成租赁物毁损、灭失的。不可抗力的条件是指不能预见、不能避免，并且不能克服，如承租人在租赁房屋期间发生洪灾、地震等自然灾害，致使房屋部分或全部毁损。

（二）致使租赁物全部或者部分毁损、灭失

这一要件涉及如下几个问题：第一，该条中的“租赁物”何指？第二，

租赁物的毁损、灭失的意义何指？第三，“致使”租赁物毁损、灭失应指向何种形态的因果关联？

与前条将租赁物限定于房屋不同的是，本条中并未通过任何条文表述将“租赁物”限定于“房屋”，故依体系解释之方法，可以确认本条的“租赁物”指向房屋或者房屋之外的其他的租赁物，此点应无疑义。

租赁物的毁损、灭失系指租赁物物理形态丧失的两种不同情况。严格来说，租赁物的毁损，应指租赁物因物理形态的损害导致其功能全部丧失且不可恢复。在租赁物毁损的情况下，其物理形态虽然不能保持其原状，但是物理形态的残体仍存，且可由其残存的形态联想到租赁物的原初形态，如租赁的车辆因碰撞而严重变形，仍可让人由此残存的状态辨析其与原车辆之间的物理关联。租赁物物理形态的损害，必然导致其功能全部或者部分丧失，两者互为关联。租赁物毁损的，应认为其功能不可恢复，若功能可修复，则非“毁”损，而系一般的损害，如租赁的车辆与他人车辆发生刮擦。租赁物的灭失，一般应指租赁物的不存在，在租赁物由几个部分组成且功能相对独立或者租赁物并非系由一个物组成的情况下，亦可能存在部分灭失的可能性。租赁物整体灭失或者部分灭失，可能产生物理形态的残存形态，亦可能并无物理形态的残存形态存在，前者可举房屋因地震而坍塌为例，后者可举租赁船只沉没于大海的某处无迹可寻为例。房屋因地震完全坍塌而残存破瓦残砖或者埋没于地底，此时应可认为房屋已然灭失，残存的破瓦残砖在物理形态上与灭失的房屋之间虽有因果关联，但是无法自此物理残存的形态联想到房屋。租赁船只沉没于大海某处无迹可寻，其物理形态可能完好无损，但由主观的角度考察，其与在物理形态上完全消灭并无实质区别。在租赁物灭失的情形下，或可通过重建的方式恢复“原租赁物”的形态，如用震塌后残存的残砖破瓦加上其他的材料重新建造房屋，然而，这种所谓的形态“恢复”，在法律的意义事实上是指新建，而非指旧有建筑物的恢复。

在因果关联上，鉴于无论是因为出租人的过错、不可抗力或者意外事件，抑或因为第三人行为致使租赁物毁损、灭失，其风险均由出租人承担，具体考察其因果关联的形态，事实上意义不大。此处唯需考虑的因素，是承租人行为对于租赁物毁损、灭失所致损害的原因力。可分为如下几种情况：租赁物毁损、灭失系由出租人所致，但是承租人对租赁物毁损、灭失结果的发生并非没有过错；租赁物毁损、灭失系由第三人所致，承租人的过错也在其中起着助力的作用；租赁物毁损、灭失系由不可抗力所致，但是承租人的行为亦在其中发挥着实质作用。在这些情形下，亦当考察原因力，以具体评判因果关系的具体形态。

三、法律后果

本条的法律后果甚为明确，为承租人可以减少租金、不支付租金或者解除合同。在理解本条规定的法律后果前应结合本条与《合同法》第231条规定的条文中存在表述上的差别进行理解。前者将后者的“要求”修改为“请求”。从文义解释的角度看，要求是指提出具体的愿望或条件，希望做到或实现；请求是指提出要求、希望得到满足。但从情感态度上看，要求的程度比请求的程度大，且要求的态度比请求的态度强硬。但实质上“要求”意谓“请求”。[①]另须注意的是，有学者主张，本条虽在形式上确立了“租金减少的请求权”，但其实是“租金减少的形成权”。[②]分述如下：

（一）请求减少租金或者不支付租金

在租赁物部分毁损、灭失的情况下，承租人可请求减少租金。此情形下的减少租金请求权，如上所言，有学者主张其为形成权。在学理上，形成权有单纯形成权与形成诉权之区分，单纯形成权以权利人单方的意思表示即可发生形成、变更或者消灭既存法律关系的法律后果。而形成诉权则需要通过诉讼方式行使，最终依法律判决形成、变更或者消灭既存的法律关系，如我国台湾地区的暴利行为减轻给付、诈害行为的撤销、撤销婚姻等，这些变更权或者撤销权的行使，均须通过诉讼为之，究其原因，乃在于其对相对人的利益影响甚巨，故有待法院审定。[③]且一般而言，形成权的具体形态究为单纯的形成权还是形成诉权，有赖于法律的明定或者合法理的解释。由承租人可

---

① 参见宁红丽：《中国民法典上典型合同风险负担规则研究》，载《中国政法大学学报》2019年第6期。

② 参见林诚二：《民法债法各论》（上），中国人民大学出版社2003年版，第273页。

③ 参见王泽鉴：《民法总则》，北京大学出版社2009年版，第107页。

请求减少租金的情形观之，其系形成诉权应无疑义，其具体的行使，或可由承租人先行向出租人主张租金的减少，遭拒绝后再行提起诉讼，或可由承租人直接提起诉讼由法院审定。此外应予说明的是，本条中的减少租金并非一种事实状态的减少租金的形态，而实属合同条款内容的变更，属于形成权的范畴；在租赁物因一般损害可以修复的情形下，修复期间导致对租赁物的使用不能而产生的损失，亦可以通过减少租金的方式弥补承租人的损失，但是这种一时性的减少租金的措施，似不宜混同于本条规定之下的减少租金规则，毋宁说是损害赔偿请求权的具体体现。

在租赁物全部毁损或者全部灭失的情况下，承租人可请求不支付租金。[①]在租赁物为种类物时，其全部毁损或者灭失后，如果出租人对于其毁损、灭失并无过错，当有变更权，此时应当一般性地否认承租人不支付租金的请求权。在租赁物为种类物时，其全部毁损或者灭失后，如果其毁损、灭失乃是源于出租人的过错，承租人当有解除权，但承租人在法定期间内不行使解除权或者明确放弃解除权的，出租人当有变更权，此时亦应一般性地否认承租人不支付租金的请求权。[②]在租赁物为种类物时，其全部毁损或者灭失后，出租人对于其毁损、灭失无过错，或者其毁损、灭失系由于出租人的过错所致，但是承租人未在法定期间内行使解除权或者明确放弃其解除权的，出租人不行使变更权，又或者租赁物为特定物时，其毁损、灭失的，此时租赁合同无法继续履行，承租人应可请求不支付租金，此时承租人不支付租金的权利外观上系为请求权，而实则为抗辩权，即在对方无法对待履行时，承租人行使同时履行抗辩权。

不支付租金事实上是一种临时的对策，其目的在于等待对方采取补救措施，在租赁物为种类物的情形下，可期待对方为标的变更。而在租赁物为特定物时，于可能的情形下，又或可期待合同的新债清偿、代物清偿或者债之更改，以实现合同的目的。如果出租人确以其他方式清偿租赁债务，承租人租赁的目的并不落空，此时抗辩事由消失，承租人应当恢复租金的支付，而

---

① 以下论述以种类物之债的标的已然特定或者以特定物之债为背景，不探讨种类物之债标的未特定的情形。

② 参见黄立：《民法债编总论》，中国政法大学出版社2002年版，第345—346页。

不是继续维系不支付租金的状态。如果欲使不支付租金成为永久的状态，则需要消除合同僵局，解除合同。

（二）解除合同

本条的最后一句规定，无论租赁物系部分或者全部毁损、灭失，只要这种毁损、灭失的情形致使承租人通过租赁合同欲达的目的不能实现的，承租人可解除合同。本条的解释一方面需要阐明其与《民法典》第580条的关联，另一方面亦须对合同目的不达的标准予以确定。具体分述如下：

第一，本条与《民法典》第580条的关联。租赁物部分或者全部毁损、灭失，事实上都牵涉到履行不能的问题。对于履行不能导致的所谓“合同僵局”，《民法典》第580条规定当事人可以请求解除合同，对于此条中的“当事人”，主流观点认为包含违约方，[①]客观上的确存在此种解释的空间。然而本条明确规定，承租人有解除租赁合同的权利，依文义判断，既然其未规定出租人的解除权，则出租人的解除权应被排除。

第二，租赁物部分或者全部毁损、灭失致使合同目的不达。租赁物部分或者全部毁损、灭失，致使合同履行不能，可分为部分履行不能与全部履行不能。租赁物全部毁损、灭失致使全部履行不能，合同目的一般来说即属不达，承租人有权解除租赁合同，但是恰如前述，即便在此情形下，若租赁物为特定物的，承租人仍有寻求其他清偿租赁合同的权利，故若代物清偿、债的更新或债之更改可以起到清偿租赁合同的目的；若租赁物为种类物，则可容许出租人行使变更权，以解决履行障碍问题。然而在此需要澄清的是：即便承租人寻求其他清偿租赁合同的可能性，仍不改变租赁合同履行不能的现实；即便全部履行不能，仍不可简单断言合同目的不达。租赁物部分毁损、灭失致使租赁合同部分履行不能的，是否致合同目的不能实现，可以参考上述租赁物全部毁损、灭失的论断。较为特别的是，租赁物部分毁损、灭失，在合同可以分割履行的情况下，并不必然致使租赁合同目的全部不能实现，故可能存在合同的部分解除。

① 参见王利明：《论合同僵局中违约方申请解约》，载《法学评论》2020年第1期。

其他问题

关于本条的演进及立法的相关争论，亦有必要予以说明。

对本条所涉的问题，租赁（第二次草稿）第15条规定："因不归承租人负责的事由，致租赁物的使用价值显著减少时，承租人可以请求减少租金。"在租赁（第三次草稿）第10条规定中，以"致租赁物不能使用或使用效能显著减少"替代了"致租赁物的使用价值显著减少"的表述。在租赁（第四次草稿）第12条规定沿袭了租赁（第三次草稿）第10条规定的表述。在租赁（第五次草稿）中增加了承租人的权利即承租人不仅可以减少租金，还可以解除契约。在1995年1月《合同法》（试拟稿）第218条规定："租赁物因不可归责于承租人的原因而部分灭失的，承租人可就灭失部分请求减少租金；剩余部分不能实现租赁目的的，承租人可终止合同。"该条规定是在《民法典》债编租赁的各草案的基础上对租赁物毁损、灭失的效果进行了完整的描述。但在该规定后，从1995年10月至1996年5月的相关《合同法》（试拟稿）都将其删除，直至1998年8月《合同法》（草案）第224条的规定："因不可归责于承租人的事由，致使租赁物部分或者全部毁损、灭失的，承租人可以请求减少租金或者不支付租金。"[①]该规定使得租赁物毁损、灭失的效果又重回人们的视野，虽法律效果增加了承租人可以不支付租金，但是该规定的法律效果又恢复至租赁（第二次草稿）第15条规定的内容。而在这之后，至1999年《合同法》（四次审议稿）第224条，《合同法》第321条规定的内容已然成形。[②]本条维系了《合同法》第321条的内容。

对于本条规定，学者有不同的建议，如梁慧星教授主持编撰的《中国民法典草案建议稿》和徐国栋教授主持编撰的《绿色民法典草案》提出如下意见：一是在条文表述中明确减少租金的方式。梁慧星教授主持编撰的《中国

---

① 参见何勤华、李秀清等编：《新中国民法典草案总览》（增订本），北京大学出版社2017年版，第328页、第332页、第336页、第340页、第1877页、第2059页。

② 参见何勤华、李秀清等编：《新中国民法典草案总览》（增订本），北京大学出版社2017年版，第2184页。

民法典草案建议稿》第1031条规定，“承租人可以按照毁损、灭失的比例要求减少租金”。[①]同时进一步阐释“按照毁损、灭失的比例”是指按照毁损、灭失部分的使用价值大小为标准进行计算，而不是按照毁损、灭失的面积进行计算。法律条文中明确减少租金的方式是为了在司法实践中适用准确，而明定按照毁损、灭失的使用价值大小为标准进行比例计算，是对承租人权利最大化的保护，也符合本条规定设立的目的。二是在条文表述中通过因不可归责于承租人毁损、灭失的程度，分别阐述产生不同的法律效果。徐国栋教授主持编撰的《绿色民法典草案》第448条规定，“租赁物因不可归责于承租人的原因全部毁损灭失的，承租人可以请求减少或者免除租金，并有权解除合同；租赁物因不可归责于承租人的原因部分灭失的，承租人可就灭失部分请求减少租金，剩余部分不能实现租赁目的的，可解除合同”。[②]细考之下发现，从毁损、灭失的程度区分法律效果，以认定承租人享有何种权利，这不仅规范了承租人权利的行使，也使得承租人难以轻易地解除租赁合同，既保障了租赁合同的稳定性，也保护了出租人的权益。

第七百三十条【租期不明的处理】

当事人对租赁期限没有约定或者约定不明确，依据本法第五百一十条的规定仍不能确定的，视为不定期租赁；当事人可以随时解除合同，但是应当在合理期限之前通知对方。

历史由来

本条继承了《合同法》第232条的规定，略作修改。《合同法》第232条规定：“当事人对租赁期限没有约定或者约定不明确，依照本法第六十一条的规定仍不能确定的，视为不定期租赁。当事人可以随时解除合同，但出租人解除合同应当在合理期限之前通知承租人。”从内容上可以看出，两个条文细

① 参见梁慧星主编：《中国民法典草案建议稿附理由：合同编》，法律出版社2013年版，第369页。

② 参见徐国栋主编：《绿色民法典草案》，社会科学文献出版社2004年版，第564页。

微差别之处在于本条中将预告通知主体由出租人改为当事人双方。在《民法典》编纂过程中,《民法典合同编(草案)》(征求意见稿)第278条与《民法典合同编(草案)》(一审稿)第521条基本上继受了《合同法》第232条的规定。《民法典合同编(草案)》(二审稿)第521条则将《合同法》第232条规定中的“当事人可以随时解除合同,但出租人解除合同应当在合理期限之前通知承租人”修改为“当事人可以随时解除合同,但是应当在合理期限之前通知对方”。《民法典(草案)》第730条沿用了《民法典合同编(草案)》(二审稿)第521条的规定。

规范目的或功能

一、规范目的

本条的规范目的在于规定当合同双方未约定租赁期限或者约定的租赁期限不明确时的处理办法,即首先按照本法第510条的规定进行确定,若还是不能确定,此时的租赁视为不定期租赁。不定期租赁合同的当事人均享有合同的任意解除权,以免使当事人受不确定的合同关系的过度禁锢。但任何权利的行使都应当有所限制,如果违反法律规定随意行使任意解除权就会违反禁止权利滥用原则,构成对权利的滥用,因此有必要要求当事人在解除合同之前都应当履行预告通知义务。

二、体系功能

1.本条应为《民法典》合同编通则部分第563条第1款第5项的展开。第563条系对合同的法定解除权的规定。本条中当事人的任意解除权属于法律规定的当事人可以解除合同的其他情形,因此属于法定解除权的一种。

2.本条属于第557条第6项[①]中法律规定的债权债务终止的其他情形,在体系上与第557条形成呼应关系。

---

① 《民法典》第557条规定:“有下列情形之一的,债权债务终止:……(六)法律规定或者当事人约定终止的其他情形。合同解除的,该合同的权利义务关系终止。”

3.第707条[1]和第734条[2]都属于对不定期租赁合同的规定，但是这两个条款都未规定合同解除的问题。本条刚好可为第707条和第734条中不定期租赁合同的解除问题提供可借鉴的处理模式。

规范内容

本条是关于租赁期限没有预定或约定不明确时当事人的任意解除权的规定。本条属于不完全规范，并未直接规定法律后果。构成要件包括出租人和承租人双方成立不定期租赁合同法律关系以及双方享有对合同的任意解除权。本条款的隐形法律后果包括当事人的不定期租赁合同法律关系终止以及清理结算条款生效。内容分述如下：

一、当事人双方构成不定期租赁合同关系

（一）对租赁期限未约定或约定不明

租赁合同关系的成立不以具备特别的方式为要求，只要双方在租赁物的使用收益和租金的支付上达成合意，合同即宣告成立。而无需考虑是否约定了详细的租赁期限，也无需考虑约定期限的方式为书面抑或口头。因此，可以以合同中是否规定了确定的租赁期限作为区分标准，将租赁合同分为定期租赁合同和不定期租赁合同两种。定期租赁合同的当事人在合同中约定了固定的租赁期限，合同于约定的期限届满时终止。当租赁合同当事人未约定租赁期限，或者租赁期限约定不明时，这就是不定期租赁合同。当事人未约定租赁期限要么是因为过失未约定，要么是基于其他利益考虑而故意不约定，要么是因为其他不确定性因素未能及时约定。而当事人对租赁期限约定不明的原因可能是双方在协议时对期限约定的表述不够明确，如甲、乙约定房屋租赁期间至乙考上公务员截止；也可能是因为期

---

① 该条规定："租赁期限六个月以上的，应当采用书面形式。当事人未采用书面形式，无法确定租赁期限的，视为不定期租赁。"

② 该条规定："租赁期间届满，承租人继续使用租赁物，出租人没有提出异议的，原租赁合同继续有效，但是租赁期限为不定期……"

限实现的条件本身不现实，如甲、乙约定租赁期限自太阳从西边升起那一天截止。

（二）租赁期限依据本法第510条仍然不能确定

当事人对租赁期限未约定或者约定不明确时并不当然就构成不定期租赁合同法律关系，尚需进一步依据第510条之规定进行下一步的确定。第510条规定："合同生效后，当事人就质量、价款或者报酬、履行地点等内容没有约定或者约定不明确的，可以协议补充；不能达成补充协议的，按照合同相关条款或者交易习惯确定。"本条中的租赁期限就属于第510条中"等内容"的范围。因此，当租赁期限不明确时，应首先由当事人进行协议补充，由出租人和承租人双方就租赁期限进行磋商，如果能够达成协议，合同即按照补充协议确定的期限履行即可，此时合同仍为定期合同。如果不能达成补充协议的，则依照合同条款或者交易习惯确定。如果合同双方当事人既不能就租赁期限达成协议，又不能根据合同条款或交易习惯加以确定，只要承租人继续占有并使用租赁物，出租人也没有收回租赁物的意思表示，同时也没有作出任何收回行为并且继续要求承租人支付租金，承租人也继续履行租金支付义务，就表明承租人和出租人双方仍然愿意维持租赁合同法律关系，但此时的租赁应当被视为不定期租赁，当事人双方的法律关系也转为不定期租赁合同法律关系，[①] 当事人双方可以随时解除此不定期租赁合同。

二、双方享有对合同的任意解除权

本条规定，当构成不定期租赁关系时，当事人可以"随时"解除合同。此为对当事人任意解除权的规定。

（一）任意解除权的概念与功能

要理解任意解除权，首先得知道什么是合同解除和合同解除权。合同解除是指合同有效成立以后，当具备合同解除条件时，因当事人一方或双方的

① 参见全国人民代表大会常务委员会法制工作委员会编：《中华人民共和国合同法释义》（第3版），法律出版社2013年版，第376页。

意思表示使合同关系自始消灭或将来消灭的一种行为。[①]解除行为是合同终止的一项原因。合同法律关系的消灭是合同解除的结果。而合同解除权就是指当事人从事解除合同行为，使合同法律关系终止的权利。合同解除权分为法定解除权和约定解除权，法定解除权又可以分为一般法定解除权和任意解除权。当行使合同解除权不受时间限制，当事人双方可以随时解除时即为任意解除权。任意解除权的功能在于将出租人从不能得到理想利益的合同关系中解脱出来，以便寻找新的交易机会。而从承租人立场出发，也可以避免其在与自己实际情况不符合的法律关系中继续投入更多的时间、精力和财力。当出现主观或客观情况致使合同目的无法实现时，若仍然固守合同拘束力，反而不利于合同当事人一方或双方利益的保护，乃至损害社会整体利益。[②]因此，当出现合同解除情形时，应当允许当事人行使解除权，使合同关系得到确定和稳定，这也完全符合民法公平、效率、秩序等价值。

（二）任意解除不等于任性解除，随时解除也不等于即时解除

首先，任意解除不等于任性解除，当事人行使任意解除权需基于诚信、公平公正等原则，不得滥用任意解除权侵犯他人合法权益，否则将严重损害合同当事人的利益平衡，也会违背此项制度的立法初衷。此外，“随时解除”不等于“即时解除”。从文义解释看，“随时”即任何时候，而“即时”为立即、立刻。在法理上，“随时”更侧重于特殊合同类型中解除权的行使自由，“即时”则更加强调解除权成立的特殊要件，这种要件通常涉及更高位阶的法益考量和更严标准的要件适用。“随时”在不同的任意解除中的意义有所区别。本条中的“随时”应当取其本义，即基于自由、效率或弱者保护的考量允许当事人一方或双方在任何时候解除合同，无需经过提前催告等前置程序。[③]不过，当事人虽然可以不受第564条规定的解除权行使期

---

① 参见王利明：《合同法研究》（第二卷）（第三版），中国人民大学出版社2015年版，第285页。

② 参见韩世远：《合同法总论》（第四版），法律出版社2018年版，第644页。

③ 参见袁野：《论住房租赁合同中出租人的解除权限制》，载《北京理工大学学报》（社会科学版）2019年11月第21卷第6期。

限的限制而“随时”解除合同，[①]但“合理期限”的要件也否定了该条的“即时性”。

（三）任意解除权与一般法定解除权的辨析

其一，任意解除权属于《民法典》第563条规定的法定解除权的一种，亦具有法定解除权的一般性质，属于形成权。[②]行使任意解除权的行为，为单方法律行为。如当事人行使任意解除权主张解除合同的，可以通知对方。对方当事人对于任意解除权人解除合同有异议的，可以请求人民法院或者仲裁机构确认解除合同的效力。不同的是，当事人行使一般法定解除权通知解除合同时，合同法律关系自通知到达对方时即解除。而本条中的“通知”可能存在两种法律效果。第一种是既起预告通知的作用又起通知解除的作用，此时合同法律关系自通知载明的解除期限届满时终止。比如，当事人提前30日通知了对方其将要解除合同，那么合同的解除时间就是自通知之日起算的30日届满时。第二种效果是仅起预告通知的作用，当预告通知时间到期时，当事人需要另向对方发出解除合同的通知，合同自第二次通知到达对方时始解除。由此可以看出，预告通知与随时解除并不矛盾。

其二，在适用范围上，一般法定解除权具有普遍适用的效果，相比任意解除权的适用范围更为广泛。在所有的合同中，包括不定期租赁合同，当发生一般法定解除情形时，当事人皆可依据一般法定解除权主张解除合同。而任意解除权在一定程度上属于对合同信赖利益保护原则与诚信原则的背离，因此应当在适用范围和构成要件上对任意解除权进行严格限制，可以适用任意解除权的合同也应当由法律进行明确规定，方能避免因为当事人滥用任意解除权侵犯他人合法权益情况的发生。

其三，任意解除权可能和一般法定解除权发生竞合。例如，在租赁期限不明的不定期租赁合同中发生了不可抗力致使合同目的不能实现，此时满足第563条第1款第1项的法定解除权情形，也满足不定期租赁合同中当事人得

---

① 参见高丰美、丁广宇：《合同解除权行使“合理期限”之司法认定》，载《法律适用》2019年第22期。

② 参见王利明：《合同法新问题研究》，中国社会科学出版社2011年版，第563页。

随时解除合同的情形。这种情况下当事人解除合同应当认为其适用的是一般的法定解除权，因为相比任意解除权，按照一般法定解除权能够更好地厘清当事人因为解除合同而引致的债权债务纠纷。

其四，法律对于一般法定解除权的主体范围没有特别限制，只要符合法律规定的条件出现，甚至包括债权人、清算人等第三人都可以享有法定解除权。而任意解除权作为一项特殊法定解除权，能够行使解除权的主体只能由法律明确规定，不能进行扩张或者类推，[①]法律没有规定的其他合同主体不应享受此项“特权”，当事人以外的其他主体原则上只可主张对不定期租赁合同的一般法定解除权而不能主张任意解除权。本条就明确规定了只有出租人和承租人双方当事人才可以行使任意解除权随时解除不定期租赁合同。

三、当事人在行使任意解除权之前应当通知对方

（一）通知主体由“出租人”向“当事人”的变化

我国《合同法》第232条规定在不定期租赁合同中只有出租人应当在解除合同之前通知对方。而在《民法典合同编（草案）》（二审稿）第521条以及最终的《民法典》第730条中更改为包括出租人和承租人在内的所有当事人都应当履行解除前的通知义务。为何会有这种变化？显然是立法者分别站在出租人和承租人的利益角度进行了重新考虑：

首先，站在承租人的角度考虑。在一段租赁关系即将结束之前，承租人对于租赁房屋的需求一般不会立马消失。因此，承租人在这段时间内还会有其他的租赁的需求。而基于自身经济状况、地理位置等因素的考虑，获取其他房屋租赁信息，对比参照租住条件并最后决定租赁以及搬家等都需要耗费大量的时间，因此强制出租人在解除合同之前应当给予承租人一定的时间去寻找其他房屋以替代当前租赁的房屋，这一安排是合情合理的，也充满了法律对交易主体的人文关怀。

其次，站在出租人的角度考虑，尤其是在生产经营性房屋租赁合同中，

---

① 参见马春元：《任意解除权的规制问题探讨——兼论合同解除制度的重构》，载《郑州大学学报》（哲学社会科学版）2009年11月第6期。

如果仍延续《合同法》第232条之规定认为仅由出租人履行解除前的通知义务将会对出租人一方产生较大的困扰。因为在市场交易过程中，租赁合同的双方主体在订立合同时均立足于追求自身利益的最大化。承租人也并不当然就处于弱势一方。尤其是在市场经济条件下，经营性房屋租赁合同一旦被承租人任意解除而又未提前通知出租人，将会对出租人的经济利益产生重大不利影响。因为在租赁合同解除之前，出租人同样需要耗费时间或者以及金钱成本找到下一个令其满意的承租人。而且因为承租人行使任意解除权导致不定期租赁合同被即时解除的话，出租人的经营性房屋会出现一段时间的空置期，这段时间内的出租人会产生预期经济利益损失。相反地，倘若承租人在一段时间之内提前通知出租人解除合同的话，出租人就可不紧不慢地去找到下一个承租人，与其约定合同的签订时间即是上一段合同的解除时间，由此做到了两段合同的无缝对接。这样既避免了出租人由于急切出租而未能合理考虑仓储成本等因素从而与下一个承租人签订可能略失公平的合同，也避免了由于房屋空闲期间产生的不必要的损失。

（二）“合理期限”的确定

合理，指合乎道理或事理，是不同利益双方彼此认同达成的共识之理。“合理期限”的设定是禁止解除权人滥用权利、平衡合同双方利益、兼顾市场经济效率与公平的原则的表现。关于解除不定期租赁合同的合理通知期限，《民法典（草案）》并未具体指明，仅以“合理期限”四字进行了概括。“合理期限”属于不确定概念，其可能的文义本身不足以约束其外延。在住房和城乡建设部于2017年5月19日发布的《住房租赁和销售管理条例（征求意见稿）》第11条中明确了《合同法》第232条中的“合理期间”为3个月。[①]但是该条例并未正式生效，不具有司法适用效力。梁慧星教授主持编撰的《中国民法典草案建议稿》中认为，出租人终止合同应当提前30日通知承租人。[②]《民法典》最终未采纳此观点。

---

① 《住房租赁和销售管理条例（征求意见稿）》第11条：“……当事人应当在住房租赁合同中约定租赁期限。对租赁期限约定不明确，出租人解除住房租赁合同的，应当提前三个月通知承租人。”

② 参见梁慧星主编：《中国民法典草案建议稿附理由：合同编》（上册），法律出版社2013年版，第413页。

鉴于立法上的“合理期限”的不确定性，在司法实践中，合同解除前的通知期限原则上是按照当事人之间的事先约定或者事后协议补充，如果仍不能确定的话，一般以租赁标的物返还的时间和租赁物的一般使用期限作为标准来确定合理的通知期限。[①]在适用到具体案件时，须由法官基于对合同性质、履行规模、履行难度等因素考虑合同在解除前双方的准备期限进行评价予以补充，以实现合理期限的具体化。

（三）“预告通知”与“通知解除”的区别

当事人解除合同的通知包括书面通知和口头通知，规定在《民法典》第565条中，即当事人一方依法主张解除合同的，应当通知对方，合同自通知到达对方时解除。作为当事人解除合同的意思表示传递方式，合同在通知到达对方时即解除。而预告通知属于当事人在任意解除合同之前应当负担的一项法律义务，是欲解除合同的预告表示，属于不定期租赁合同的题中应有之义，因此预告通知并不等于合同立即解除。预告通知之所以作为不定期租赁合同中独有的制度，不存在于定期租赁合同之中，是由其各自特点所决定的。定期租赁合同的解除期限已经由当事人在合同中进行约定，在合同到期之前双方都会对合同终止的后果做好提前准备，因此不存在当事人在解除合同之前是否应当预告通知对方的问题。不定期租赁合同的特点在于租赁期限的不确定，当事人可以随时解除合同，为了避免因为即时解除而导致另一方当事人措手不及，产生不必要的损失，有必要规定当事人解除合同之前的预告通知义务，此功能即在于提示对方当事人合同将要解除，应当提前做好准备，如另外寻找租住房屋或者另外寻找承租人等。

四、法律后果

（一）合同法律关系即行终止

一旦当事人行使任意解除权解除合同，当事人双方的合同法律关系将立即终止。承租人和出租人均不能再根据合同内容向对方主张权利。

---

① 参见王利明：《合同法分则研究》（上卷），中国人民大学出版社2012年版，第285页。

（二）违约方应承担违约责任，清理结算条款继续有效

当事人有权解除合同，并不意味着可以免除责任。合同的解除并不是自始和彻底地消灭合同，合同解除与违约责任并不是相互排斥的，而是可以并行适用的。任意解除行为本身虽然不会招致违约责任，但是在解除合同之前产生的违约责任不会因为合同的解除而消灭。《民法典》第567条规定，合同的权利义务关系终止，不影响合同中清理和结算条款的效力。因此，即便合同解除，违约行为人仍然得按照清理结算条款继续承担违约责任。比如，承租人欠缴的租金应当足额缴清，租赁期限到期之后应当按照合同要求及时履行腾房义务。而因为出租人交付的租赁物未满足约定要求导致承租人人身或者财产损害，出租人尚未履行完毕的损害赔偿义务应当继续履行。

第七百三十一条【承租人的特别解除权】

租赁物危及承租人的安全或者健康的，即使承租人订立合同时明知该租赁物质量不合格，承租人仍然可以随时解除合同。

历史由来

本条完全沿袭了《合同法》第233条的规定。

规范目的或功能

一、规范目的

就权利而言，生命权和健康权无疑是受法律保护的最重要权利。对此种重要的权利，法律应把其放在优先地位予以保护，对此应无疑问。故，此条之“规范目的”就在于考虑到租赁合同是可继续合同，具有长期性之特点，若租赁物存在危及承租人安全或健康之情形时，应赋予合同承租人解除权以解除合同，从而实现对承租人生命权及健康权之优先保护。需提请注意的是，此种解除权的赋予不以承租人“是否明知租赁物之质量不合格”为前提，只

要存在危及承租人安全或健康情形的，承租人随时可以行使解除权，以强化对生命权及健康权的优先保护。

二、体系功能

1.本条应为《民法典》合同编通则部分第563条第1款第5项“法律规定的其他情形”，它不属于该款第1项至第4项明定的可以解除合同的事项，而属第5项弹性条款得以延展的部分，故在体系上亦与《民法典》第563条形成呼应关系。

2.本条应属于“物的瑕疵担保责任”的例外规定情形。因《民法典》第646条规定：“法律对其他有偿合同有规定的，依照其规定；没有规定的，参照适用买卖合同的有关规定。”而租赁合同关于“物的瑕疵担保责任”之规定所涉甚少，①买卖合同又规定得最为详细，且租赁合同属于有偿合同，故根据前述《民法典》第646条之规定，关于租赁合同里的“物的瑕疵担保责任”应参照买卖合同之规定进行适用；基于此，结合买卖合同中的相关规定，关于租赁合同中“物的瑕疵担保责任”之适用应满足两个条件：第一，“租赁物具有瑕疵”；第二，“承租人于合同订立时不知租赁物有瑕疵，也不存在可以免除出租人责任的情形”。②结合本条来分析，为了保护生命健康安全赋予了明知租赁物有瑕疵的承租人解除权，显然是对“物的瑕疵担保责任”适用条件的突破，构成“物的瑕疵担保责任”之例外规定情形。

3.本条实现了内部体系之协调。就本条而言，其在实质上所反映的是当财产法益与生命健康法益发生冲突时，立法者所作的优先保护生命健康法益的立法抉择，此立法抉择，把生命健康法益放在首位，凸显了生命健康权作为最重要的权利所应享有的优先保护地位，实现了“内部价值体系”之协调。

---

① 只有《民法典》第708条对物的瑕疵担保责任作出了比较笼统概括之规定，即出租人应当按照约定将租赁物交付承租人，并在租赁期间保持租赁物符合约定的用途。

② 全国人民代表大会常务委员会法制工作委员会编：《中华人民共和国合同法释义》(第3版)，法律出版社2013年版，第378页。

规范内容

在任意性规范和强行性规范的划分上，本条规定属于强行性规范，当事人不得通过约定排除其适用。在完全法条与非完全法条的划分上本条规定属于完全法条，有完备的构成要件及法律效果。其构成要件表现为：租赁物质量不合格危及承租人安全或健康且不以承租人“是否明知质量不合格”为其构成要件；其法律效果表现为：赋予承租人解除权。下面分别予以阐释。

一、构成要件：租赁物质量不合格危及承租人安全或健康且不以承租人“是否明知质量不合格”为其构成要件

（一）租赁物质量不合格

本条所规定的“租赁物质量不合格”不仅存在于租赁合同签订之时，还存在于租赁合同所约定的租赁期间内，这主要是基于租赁合同之继续性特点所决定的。[①]关于“租赁物质量不合格”还应注意的是，此种“租赁物之质量不合格”不属于租赁期间因承租人的不合理使用所致，若因承租人的不合理使用所致的质量不合格，也适用于此条规定就会导致“一个人因自己之错误，反而取得更为优越的法律地位之不合理现象”出现，于此显然与法律的基本原理相悖。此外，在租赁期间因承租人的不合理使用所致的租赁物的质量不合格，不仅不适用此条，甚至还有《民法典》第711条“承租人未按照约定的方法或者根据租赁物的性质使用租赁物，致使租赁物受到损失的，出租人可以解除合同并请求赔偿损失”的适用余地。关于“租赁物质量不合格”对其中的“租赁物”需注意的是，“租赁物”指租赁合同所指涉的标的物，对此应作整体理解，以房屋租赁合同为例，租赁的标的物为房屋，此时不单房屋的主体结构有瑕疵，连其附属物具有瑕疵也在本条所规定的“租赁物质量不合格”的范畴之内。

---

① 参见崔建远：《合同法》（第三版），北京大学出版社2016年版，第512页。

（二）危及承租人的安全或健康

1.“危及”之理解

“危及”是指存在现实的、紧迫的危险，此种危险不一定要现实发生，只要具有发生可能性即可；在危险的判断上应以一般社会观念进行判断从而尽可能地保障危险判断的客观性。需提请注意的是，如果租赁物的“质量不合格”，只是影响承租人的正常使用而不存在危及承租人安全或健康的现实、紧迫危险时，则没有此条规定之适用余地。[①]由此可见，对本条所规定之“危及”所指称之危险要求程度比较高，要达到“紧迫”才行，之所以对“危及”作如此高之要求，其深层次的原因在于我们生活的社会是一个风险社会，著名学者王泽鉴将其称为“这是一个危机四伏，充满损害的社会”。[②]生活在这样一个社会中，危险无处不在，对一些程度较轻之危险，当事人应予以忍受，如果连一些“程度较轻之危险”法律都要予以规制，无疑构成法律的过度保护，反而过犹不及，影响当事人之自由，实非社会发展之福。结合本条之规定来说，如果租赁物一存在危险而不问危险的程度轻重就贸然适用本条之规定，势必会对出租人的利益影响甚巨，也会为承租人之违约提供制度基础，具言之，如果一存在危险就认为符合本条规定之“危及”，那么当承租人想违约时，其很可能就会主张出租人之租赁物具有危及其健康或安全之危险进而很容易就适用本条之规定，由其享有解除权以达到其解除合同从而规避其继续履行合同之目的。反之，如果对本条规定之“危及”作更高之要求，则承租人不太可能利用本条之规定来规避合同之履行，如此才能真正实现本条规定之“规范目的”。从体系解释来说，如前文所言，本条规定构成“物的瑕疵担保责任”之例外规定；对一些租赁物之瑕疵所导致的程度较轻之危险，若符合“物的瑕疵担保责任”之规定则应适用“物的瑕疵担保责任之规定”，只有程度较重之危险才适用本条之规定；除此之外，《民法典》第712条规定，“出租人应当履行租赁物的维修义务，但是当事人另有约定的除外”，由此条规定观之，当租赁物质量不合格所带来之危险程度较轻时，在合同双方当事

---

① 参见王利明：《合同法研究》（第三卷），中国人民大学出版社2012年版，第308页。

② 王泽鉴：《侵权行为》（第三版），北京大学出版社2016年版，第3页。

人没有作出例外约定时也应适用《民法典》第712条之规定，由出租人履行维修义务，维持租赁物符合约定的使用状态以消除此种危险。从以上规范之间的关系可以看出，立法者显然是针对租赁物质量不合格所带来的不同危险采用不同的规范予以规制，只有租赁物质量不合格所带来之危险为现实、紧迫之危险才符合本条所规定之“危及”，进而才有本条规定之适用余地。如此理解才能从体系上实现规范的协调与配合，避免“规范适用错位”之情形出现。

在现实生活中，对本条规定中的“危及”之理解不太准确，常常表现为只要租赁物具有瑕疵就认为应适用本条，而不问是否实质上存在现实、紧迫之危险。试举几例言之：

第一，关于出租人对租赁物进行“私自改建”是否属于本条所规定之“危及”？在“关某、邓某某与陈某某租赁合同纠纷案”[①]中，被告陈某某主张原告关某与邓某某私自改建作为租赁物的房屋，存在安全隐患进而援用《合同法》第233条（《民法典》第731条）之规定解除合同，在此案中虽由于欠缺证据，而未受到法院之支持，但还须应进一步思考“私自改建”是否属于本条所规定之“危及”。按法院之意图，似乎最后如果有证据支撑，就认可此处的“私自改建”属于本条所规定之“危及”，原因在于从法院的判决书来看，在说理部分只提及被告所主张缺乏证据支撑，对于进一步之说理，法院则未展开。实际上“私自改建”并不一定属于本条规定之“危及”，在判断上一定要进行实质判断，不能从形式上进行判断。“私自改建”确实违反了相关法律之规定，却不一定具有前文所述的现实、紧迫之危险，不能认为具有瑕疵就一定会导致危险之发生，进而认为可以援用本条规定予以解除合同。

第二，关于租赁物缺乏“竣工验收合格证”及“消防验收合格证”是否属于本条所规定之“危及”？在“河北某集团股份有限公司、河北某餐饮有限公司房屋租赁合同纠纷案”[②]中，承租人“某餐饮有限公司”主张出租人“河北某集团股份有限公司”所提供之房屋没有竣工验收合格证及消防验收合格证进而认为租赁物存在危险而援用《合同法》第233条（《民法典》第731条）之规定解除合同。和上一个案例类似，此案中同样由于缺乏证据证明而未得

---

① 参见广西壮族自治区柳州市城中区人民法院（2017）桂0202民初第1980号民事判决书。

② 参见河北省石家庄市中级人民法院（2018）冀01民终第12272号民事判决书。

到法院的支持，在说理部分，法官同样未展开进一步之说理，对缺乏“竣工验收合格证”及“消防验收合格证”是否属于本条规定之“危及”，法院则未置可否。从另一个相似的案例可知，似乎法官倾向于将租赁物没有达到有关消防管理规定之要求，认定为属于本条规定之“危及”；在“乐陵市某大酒店与乐陵市某购物中心有限公司租赁合同纠纷案”[①]中，承租人“乐陵市某购物中心有限公司”主张出租人“乐陵市某大酒店”所租赁的房屋是在不符合消防设施安全的情况下租赁给承租人的，存在安全隐患并进一步主张此种情形应属于《合同法》第233条（《民法典》第731条）所规定之情形进而可以随时解除合同；法官在此案中认为，出租人已经对房屋所存在的相关消防设施安全隐患的问题进行了整改，消除了隐患，符合了出租的条件，故对承租人的主张不予支持；法官的说理实际上已经暗含了把租赁物“不符合相关消防管理规定之要求”归属于本条规定之“危及”，从而进一步认为出租人通过整改达到了相关“消防管理规定”之要求，消除了安全隐患，进而排除了《合同法》第233条（《民法典》第731条）的适用。笔者并不认可此种从形式上所作之判断。以上两个案例都具有一个共同点，即出租人的租赁物都未达到“消防管理之要求”，诚然未达到“消防管理之要求”会存在一定的安全隐患，但是否意味着此种隐患就一定和前文所提到的“危及”所指称的现实、紧迫之危险相对等，对此恐怕不能一概而论。

以上几个案例都具有一个共性，即违反了相关行政管理规定之要求，表现为要么“私自改建”，要么“消防验收不合格”或者没按照规定进行“消防验收”，但违反这些行政管理规定之要求并不必然导致“租赁物”存在本条所规定的“危及”所指称的现实、急迫之危险。由此观之，在对“危及”进行判断时，一定要注意不能只从形式上进行判断而应兼顾实质，分析租赁物所存在之瑕疵带来之危险是否一定和前文所提到的现实、紧迫之危险对等以进一步判断是否可以适用本条之规定；至于是否适用《民法典》第724条第3款之规定，因出租人之原因导致“租赁物具有违反法律、行政法规关于使用条件强制性规定情形”最终使得租赁物无法使用而由承租人享有解除权，则是另一问题。

---

① 参见山东省乐陵市人民法院（2015）乐商初字第1186号民事判决书。

2.“承租人”之范围

本条所规定之“承租人”应采广义之理解，不仅包括承租人，还包括租赁物的其他使用人。[①]对此应不难理解，因为租赁物在很多时候不是仅仅只有承租人一个人对其进行使用，应考虑到还有其他人对租赁物进行使用之情形。如果对此处的承租人采狭义之理解，认为此处仅指承租人而不包括其他利用之人这不仅与社会实情不符，也不利于此条“保护生命安全及健康”之规范目的实现。需提请注意的是，因为合同具有相对性，如果危及其他人之安全和健康导致形成原因具足时，行使解除权之人限于承租人。

（三）不以承租人“是否明知质量不合格”为构成要件

在适用本条规定时应注意，“承租人是否知道租赁物质量不合格”对于本条规定之适用不产生影响；在“物的瑕疵担保责任”规范下，如果承租人明知质量不合格，仍然签订租赁合同，则此时承租人不得主张出租人承担“物的瑕疵担保责任”，因为基于“风险自担原则”，承租人明知质量不合格，仍然签订租赁合同，说明承租人已经意识到此种租赁物质量不合格之风险，并愿意自我负担此种风险，在此种情形下，承租人不得主张出租人承担“物的瑕疵担保责任”。[②]但本条作为瑕疵担保责任规定之例外情形，即便承租人在签订租赁合同时，明知“租赁物质量不合格”，也不能排除本条规定之适用。原因如前文所述，此条规定的“规范目的”是优先保护承租人的生命和健康安全，在此种“规范目的”的指引下，基于租赁合同的继续性及长期性之特点，如果此时由于承租人明知质量不合格就排除此条规定之适用，显然不利于本条规定“规范目的”之贯彻及实现。因此本条才规定，“即使承租人订立合同时明知该租赁物质量不合格，承租人仍然可以随时解除合同”，这也是贯彻其“规范目的”之必然要求。在此还需提请注意一点的是，在梁慧星教授主持编撰的《中国民法典草案建议稿》[③]、王利明教授主持编撰的《中国民法典

① 参见王利明：《合同法研究》（第三卷），中国人民大学出版社2012年版，第308页。

② 参见全国人民代表大会常务委员会法制工作委员会编：《中华人民共和国合同法释义》（第3版），法律出版社2013年版，第378页。

③ 参见梁慧星主编：《中国民法典草案建议稿附理由：合同编》（上册），法律出版社2013年版，第373页。

学者建议稿》[①]中关于本条之规定还提到即便承租人明确表示放弃解除权的行使，也不妨碍承租人后续解除合同。本条虽然在用语上没有具体提及，但也应作此理解，原因在于本条规定为“强行性规定”，当事人不得通过约定排除其适用；若承租人曾作出过放弃本条所规定之“解除权”的意思表示，就排除本条规定之适用，那么此种做法在本质上与“通过约定排除适用”别无二致，这就突破了“强行性规定”之拘束，与法条规定之性质相悖。

二、法律效果：赋予承租人解除权

本条规定在满足前述构成要件的情形下所具有的法律效果是由承租人享有解除权，可以随时解除合同。又因租赁合同属于继续性合同，[②]承租人对租赁合同解除后不具有溯及力，即承租人对其解除后合同之效力不会自始无效，只是不向将来发生效力。另因《民法典》第566条第2款规定，“合同因违约解除的，解除权人可以请求违约方承担违约责任，但是当事人另有约定的除外”，由此引发一个疑问，即承租人在适用本条规定解除租赁合同时能否同时主张出租人承担违约责任，因为此处出租人提供“租赁物之质量不合格”的行为，究其实质是违约行为，质言之，出租人本身就有“提供质量合格的租赁物”之义务，当其提供的“租赁物质量不合格”当然构成违约行为，而构成此违约行为所要承担之违约责任与本条之规定相联系主要表现为“物的瑕疵担保责任”。在这里需澄清一点的是，我国没有将“物的瑕疵担保责任”作为一种独立的责任形态，而是将其归属于“违约责任”之一种，[③]所以基于《民法典》第566条第2款之规定由“违约责任”进一步引出“物的瑕疵担保责任”也就顺理成章了。由此，可以将问题更精确地替换为承租人在适用本条规定解除租赁合同时能否同时主张出租人承担“物的瑕疵担保责任”。对于此问题不能一概而论，如前文所述，本条规定构成“物的瑕疵担保责任规范”之例外规定情形，其与“物的瑕疵担保责任”之构成要件最大的不同是不以

---

① 参见王利明主编：《中国民法典学术建议稿及立法理由：债法总则编·合同编》，法律出版社2005年版，第415页。

② 参见崔建远：《合同法》（第三版），北京大学出版社2016年版，第496页。

③ 参见韩世远：《合同法总论》（第四版），法律出版社2018年版，第751页。

“承租人是否明知租赁物质量不合格”为其构成要件，质言之，承租人于签订租赁合同时即便明知租赁物的质量不合格也不会排除本条规定之适用；但对“物之瑕疵担保责任”则不同，其以承租人“不明知租赁物的质量不合格”为前提，如果承租人明知“租赁物的质量不合格”，则意味着承租人自愿负担此种风险，不得再主张出租人承担“物的瑕疵担保责任”。由此观之，要回答“承租人在适用本条规定解除租赁合同时能否同时主张出租人承担物的瑕疵担保责任”这一问题，关键要看承租人于签订合同时是否明知租赁物的质量不合格，如果承租人于签订租赁合同时明知租赁物的质量不合格，虽不影响本条规定的适用，却排除了出租人的“物之瑕疵担保责任”，此时承租人在适用本条规定时不得同时主张出租人承担“物之瑕疵担保责任”；反之如果承租人不明知“租赁物的质量不合格”，在此种情形下，承租人则可以在适用本条规定时，同时主张出租人承担“物之瑕疵担保责任”。除此之外，《民法典》第567条规定合同的权利义务关系终止，不影响合同中结算和清理条款之效力。因此承租人在适用本条之规定解除合同时，租赁合同中有关的结算和清理条款继续发生效力。

其他问题

一、程序法问题

《民事诉讼法》第64条第1款规定，当事人对自己提出的主张有责任提供证据。《民事诉讼法解释》第90条规定，当事人对自己提出的诉讼请求所依据的事实或者反驳对方诉讼请求所依据的事实，应当提供证据加以证明，但法律另有规定的除外。在作出判决前，当事人未能提供证据或者证据不足以证明其事实主张的，由负有举证证明责任的当事人承担不利后果。由以上规定可以看出，关于举证责任之分配，立法者确立了“谁主张、谁举证”为原则，法律另有规定的其他情形为例外。本条规定不属于法律另有规定的其他情形，故关于举证责任之分配应遵循“谁主张、谁举证”原则之要求，具言之，若因此条规定之适用发生争议诉至法院，由承租人对其享有解除权的构成要件事实提供证据进行证明，若承租人不能提供证据证明，则由承租人承担对此条不能适用之法律后果。需再说明一点的是，只要承租人能提供证据证明其在行使本条所规定的解除权时具足本条所规定的构成要件事实，就应当认可承租人完成了举证，而不应受出租人在事后所提出的旨在证明其已经消除了租赁物质量不合格所带来的安全隐患以反驳承租人之反证的影响。原因在于立法者既已明确规定了本条之适用条件，承租人在满足本条规定之适用条件时对本条规定进行适用乃属理所当然之事，故出租人以事后已经消除了租赁物质量不合格所带来的安全隐患为由反驳承租人当然不能成立。

关于租赁物是否存在危及承租人健康或安全之危险，有时难以进行明确之判断，此时需要对租赁物进行鉴定，鉴定程序可以由当事人申请启动或者由人民法院依职权启动；关于鉴定机构的选择，区别是当事人申请鉴定还是法院依职权决定鉴定而采取不同的处理方式，当事人申请鉴定的由当事人协商确定鉴定机构，协商不成由法院指定；法院依职权决定鉴定的，在询问当事人意见后指定有鉴定资格的鉴定机构鉴定。在现实生活中，针对一些难以进行明确判断之情形，对租赁物进行鉴定对于本条规定之适用至关重要，如在房屋租赁合同中，如果承租人要证明所租赁的房屋甲醛超标，危害了其健康，其关键在于要对作为租赁物的房屋进行鉴定，看其是否存在甲醛超标之情形，才能进一步判断是否危害了其健康，进而决定是否适用本条之规定。

二、适用范围

本条规定位于《民法典》合同编第二分编第十四章所规定的租赁合同中，第十四章所规定的租赁合同在类型划分上属于一般租赁合同，即为常态的、典型的租赁合同；与之相对的为特别法设有特殊规范的租赁合同。此种一般和特殊分类的法律意义在于，特殊租赁合同，优先适用特别法关于特殊租赁合同的规定，没有规定的部分，才适用合同编第十四章关于一般租赁合同之规定。[①]由此引发疑问，即位于一般租赁合同中的本条规定是否能直接扩张适用于其他特殊租赁合同？对此应持否定的态度，以《民法典》合同编第十五章所规定的融资租赁合同为例，融资租赁合同属于一种特殊租赁合同。针对此种特殊的租赁合同，本条规定就不能对其贸然进行扩张适用。正义要求在

① 参见崔建远：《合同法》（第三版），北京大学出版社2016年版，第499页。

相同情况下进行相同对待，不同情况下进行不同对待。特殊租赁合同之所以另设法律规范予以规制就在于其与一般租赁合同所规制之事项有一些不同之处，其不同之处就在于融资租赁合同关系是买卖合同、租赁合同项下权利义务有所交错的新型独立合同，其所涉及的当事人不仅包括租赁公司和承租人而且还包括物品供应商（出卖人）[①]，若因租赁物存有瑕疵就贸然适用本条之规定解除合同，就没有考虑到融资租赁合同项下的多方当事人之间的利益平衡，势必会得出一些不妥当之结论，因此不能将本条规定的适用范围进行扩张。

第七百三十二条【承租人的死亡】

承租人在房屋租赁期限内死亡的，与其生前共同居住的人或者共同经营人可以按照原租赁合同租赁该房屋。

历史由来

本条在承继《合同法》第234条规定之时吸收了《城镇房屋租赁合同解释》第19条的规定。在《民法典》编纂过程中，《民法典合同编（草案）》（征求意见稿）第280条规定："承租人在房屋租赁期间死亡的，与其生前共同居住的人或者共同经营人可以按照原租赁合同租赁该房屋。"之后的《民法典合同编（草案）》（一审稿）第522条、《民法典合同编（草案）》（二审稿）第523条与《民法典（草案）》第732条均与"征求意见稿"第280条的规定完全一样。

规范目的或功能

一、规范目的

本条的规范目的，在于明确承租人在房屋租赁合同期间死亡的，与其生前共同居住的人或者共同经营人可以按照原租赁合同租赁该房屋，从而发生合同权利义务的概括转让的规定。承租人的死亡，并不一定导致房屋租赁合

① 参见崔建远：《合同法》（第三版），北京大学出版社2016年版，第538页。

同的终止。根据《民法典》的规定，共同居住人和共同经营人可以请求按原租赁合同租赁该房屋，原租赁合同依然有效，合同效力可以延至合同期限届满，也可以根据实际需要请求终止该合同。本条对共同居住人和共同经营人赋予了选择权，既有利于保护共同居住人和共同经营人的利益，也有利于稳定租赁合同关系，鼓励交易，促进经济的发展。

二、体系功能

本条文的具体编排，有不同的体例：第一，单独成为一个条文。《合同法》第234条将其单独成条，王利明教授主持编撰的《中国民法典学者建议稿》和梁慧星教授主持编撰的《中国民法典草案建议稿》从之，虽有细微区别，但本质上都规定了承租人在房屋租赁期间死亡，与其生前共同居住的人可以按照原租赁合同租赁该房屋。第二，本条将《城镇房屋租赁合同解释》第19条中规定的共同经营人与《合同法》第234条合并为一个法律条文。两种不同的编排体例，难谓优劣。但是现有的《民法典》的体系编排，及时将司法解释的相关条文吸收进来，使其更加完整清晰，不仅弥补了先前的法律漏洞，也是对解决具体司法适用的呼应。

规范内容

房屋租赁合同是以房屋为租赁物的租赁合同，是指出租人将房屋交付承租人使用、收益，承租人支付租金并于合同终止时将租用的房屋返还出租人的协议。本条是关于房屋承租人死亡后，原租赁合同后续问题的规定。承租人在房屋租赁期间死亡是本条的前提条件，唯有如此，共同居住人和共同经营人才能承受房屋租赁合同权利义务的概括转让。其内容分述如下。

一、构成要件

（一）承租人在房屋租赁期间死亡

承租人在房屋租赁期间死亡，是其生前共同居住的人或者共同经营人继续租赁承租物的必要条件。涉及两个方面：一是承租人须在房屋租赁期间内死亡。若租赁期间已经经过，即便承租人并未死亡，亦不可能依法发生由其继续承租租赁物的法律效力，何况与其共同居住的人或者共同经营者。二是承租人的死亡，应当包括自然死亡与法律上死亡两种不同情形。《城镇房屋租赁合同解释》第19条对承租权的承继增添了宣告失踪和宣告死亡的情形。事实上，宣告失踪对于租赁合同的继续本来不应产生实质的影响，而只应涉及财产代管人的问题。宣告死亡的法律后果与自然死亡具有相同或者近似的法律后果，自然应当包含在本条所规定的"承租人死亡"的文义当中。大陆法系国家亦多规定承租人死亡，租赁合同并不终止，如《法国民法典》第1742条规定："租赁契约，不因出租人或承租人死亡而解除。"《埃及民法典》第601条第1款规定："租赁不因出租人或承租人的死亡而终止。"

（二）承租人生前租赁房屋用于居住且有共同居住人

可由共同居住人承继的租赁房屋，只能是承租人生前用于居住的房屋，非用于居住的房屋，不能由共同居住人承继，这一点较好认定。关键在于对共同居住人的认定。

我国《合同法》第234条的规定，是为了保护共同居住人的"居住利益"，其预设的前提是有稳定的房屋租赁事实关系，如果承租人没有稳定的房屋租赁事实关系，那么对共同居住人的判定将漫无边际。对于共同居住人的具体范围，原建设部发布的《城市公有房屋管理规定》（1994年）第28条规定，承租住宅用房的，承租人在租赁期限内死亡，其共同居住两年以上的家庭成员愿意继续履行原契约的，可以办理更名手续。原建设部发布的《城市房屋租赁管理办法》（1995年）第11条第3款沿袭了上述规定，亦规定住宅用房承租人在租赁期限内死亡的，其共同居住2年以上的家庭成员可以继续承租。这两条规定中共同居住人需要满足两个条件：其一是家庭成员，其二是共同居住2年以上。[①]这两条规定具有一定的局限性，即仅局限于"住宅"，而不及于住宅之外的其他租赁性房屋。此种规则从历史解释、类推解释的角度看，可否继续适用以及可否沿用于住宅之外的其他类型的租赁性房屋，仍有讨论

① 《城市公有房屋管理规定》（1994年）与《城市房屋租赁管理办法》（1995年）两个法律文件均已失效，相关规定仅可供参考。

的余地。

关于共同居住人须为“家庭成员”这一观点，学界存在不同的看法：一种观点认为，共同居住的人必须是亲属；另一种观点认为，必须是以与死者生前有事实生活者为限，就算不是亲属也应该与死者生前生活过一段时间；还有一种观点认为，应当区分公租房和私人房屋，对于公租房基于其有公益性，且大多是供家庭使用，应以共同居住的亲属为限，对于私人房屋，应以事实生活为标准。[①]学界观点的“亲属”与“事实生活关系”事实上已然扩展上述两个法律文件中的“家庭成员”范畴；其区分公租房与私人房屋的做法也具有一定的合理性。

从地方立法与司法实务的情况看，事实生活关系的观点渐占主流，但是亲属关系仅用以确定其对一般共同居住人的优位权利的考量因素。可举上海市的地方立法与司法实务为例予以说明。《上海市房屋租赁条例》（2010年修正）第41条第2项规定区分了私人房屋与公租房的租赁。[②]一般的私人住房租赁，该项规定对于“共同居住人”的范围并未予以严格限定，显然倾向于将之界定为“事实生活关系”。而对于公租房的租赁，可以承继租赁合同的“共同居住人”的范围则显然限定得较为严格，分为两种情况：第一，生前的共同居住人在该承租房屋处有本市常住户口的，可以承继；第二，生前的共同居住人在该承租房屋处无本市常住户口或者其生前无共同居住人的，其生前有本市常住户口的配偶和直系亲属可以继续履行租赁合同。对于生前的共同居住人在该承租房屋处有本市常住户口的情况，《上海高院关于审理公房承租权确定及使用权转让纠纷案件若干问题的意见》第2条对此予以解释，“公有居住房屋原承租人死亡的，其生前的共同居住人必须在该处有本市常住户口，才可以继续履行租赁合同。这是因为，原有公房配给制度主要是为保障承租人家庭成员的居住利益，有户口的共同居住人一般是原承租人的近亲属，属

① 参见张力、郑志峰：《承租人死亡时房屋租赁合同存续问题探究》，载《法学》2014年第5期。

② 该项规定：“居住房屋承租人死亡的，其生前共同居住人可以继续履行租赁合同。公有居住房屋承租人死亡的，其生前的共同居住人在该承租房屋处有本市常住户口的，可以继续履行租赁合同；其生前的共同居住人在该承租房屋处无本市常住户口或者其生前无共同居住人的，其生前有本市常住户口的配偶和直系亲属可以继续履行租赁合同。”

于原公房配给制度的保障范围"。故在司法实务上，如果严格解释《上海市房屋租赁条例》(2010年修正)第41条第2项规定，公租房的"共同居住人"应一般性限定为配偶和直系亲属。此外，《上海高院关于审理公房承租权确定及使用权转让纠纷案件若干问题的意见》第2条也拟在特殊情形下拓展公租房的"共同居住人"范围，[①]这种拓展带有明显的政策考量色彩。

对共同居住人承继原公租房租赁合同的司法适用的描述，可参见以下三个判例："何某平、何某婷等房屋租赁合同纠纷案"[②]、"俞某与上海某物业管理有限公司、顾某房屋租赁合同纠纷案"[③]与"余某平、余某姝等与上海某企业发展有限公司、吴永杰之间的房屋租赁合同纠纷案"[④]。三个判例均对可承继公租房租赁合同的共同居住人附加了具有本市户口或者配偶、直系亲属的条件。

（三）承租人生前租赁房屋且有共同经营人

对于共同经营人的界定，有必要回溯《城镇房屋租赁合同解释》第19条。按照该条规定，"承租人租赁房屋用于以个体工商户或者个人合伙方式从事经

---

① 上海市高级人民法院指出："随着情况的不断发展，我们认为，符合下列情形的人员也可具备继续履行租赁合同的资格：1.在本市无常住户口，但因与原承租人或同住人结婚而在该公房内实际居住生活一年以上的；2.因服兵役、就学、服刑等原因，户口迁出原承租人生前承租公房，但在原承租人死亡前实际居住生活于该公房内，且在本市无其他住房，或虽有其他住房但居住困难的；3.因居住困难等原因租赁他处住房或借住他处而搬出原承租人生前现承租公房，但户口未迁出的。"

② 参见上海市高级人民法院（2019）沪民申1362号民事裁定书。该案谓：公有居住房屋承租人死亡的，其生前的共同居住人在该承租房屋处有本市常住户口的，可以继续履行租赁合同；其生前的共同居住人在该承租房屋处无本市常住户口或者其生前无共同居住人的，其生前有本市常住户口的配偶和直系亲属可以继续履行租赁合同。

③ 参见上海市高级人民法院（2017）沪民申285号民事裁定书。该案谓：公有居住房屋承租人死亡的，其生前的共同居住人在该承租房屋处有本市常住户口的，可以继续履行租赁合同。系争房屋是1980年由顾某原工作单位分配给顾某及丈夫俞某的，自1980年起至2015年8月房屋被征收，顾某一直长期实际居住在系争房屋内。因此，顾某作为原承租人俞某的配偶，在俞某死亡后具备承租人的资格。

④ 参见上海市第二中级人民法院（2019）沪02民终2413号民事判决书。该案谓：公有居住房屋的"共同居住人"是指公有居住房屋的承租人死亡或者变更租赁关系时，在该承租房屋处实际居住生活1年以上（特殊情况除外）而且本市无其他住房或者虽有其他住房但居住困难的人，结婚、出生可以不受上述条件的限制。

营活动，承租人在租赁期间死亡、宣告失踪或者宣告死亡，其共同经营人或者其他合伙人请求按照原租赁合同租赁该房屋的，人民法院应予支持”。该条规定的目的显然在于扩展“共同居住人”的范围。按照该条规定的指引，司法实务中对于共同经营人的界定范围，应当以“个体工商户”与“个人合伙”为限。“个体工商户”乃是以户为单位的自然人的“团体构造”[①]。个体工商户虽然为户，其实质却为商自然人，与家庭作为自然人的“团体构造”迥然有异。在解释上断然不能将个体工商户的共同经营人简单地解释为家庭成员，家庭成员中有并不参加共同经营者，此时不宜将之勉强解释为共同经营人。故个体工商户的这种情形，其共同经营人的范围，应为参与共同经营的家庭成员。“个人合伙”是不同于“合伙企业”的团体。就合伙企业而言，因其已经具备了类似于法人的主体特征，合伙企业中合伙人因死亡而退伙，一般情况下并不影响合伙企业的存续，亦不会影响合伙企业对承租经营性用房的继续使用，除非合伙人退伙导致合伙企业解散。在合伙企业解散的情况下，合伙企业承租的经营性房屋是否由合伙人承继？这是合伙的内部权利范畴内的事情，再说合伙人与合伙企业之间的关联，并不能解释为共同经营人关系。“个人合伙”由于并不具有团体人格，故有共同经营人关系，在承租经营性用房的合伙人死亡的情况下，其他合伙人可以依法承继原租赁合同，当在《城镇房屋租赁合同解释》第19条的文义范围之内。

在“杨某、姚某等与乌鲁木齐市某集体经济联社房屋租赁合同纠纷案”[②]中，田某系经营房屋的承租人，涉案房屋涉及拆迁利益纠纷，房屋租赁期截至涉案房屋拆迁为止。杨某主张其与田某将租赁的涉案房屋用于从事经营活动，其作为共同经营人有权继续占有、使用涉案房屋，并提供相应证据。但是出租人认为涉案租赁合同的另一方民事主体田某已经死亡，租赁合同项下的权利义务已经终止，杨某不是涉案租赁合同的当事人，没有权利继续承租涉案房屋。法院认定，田某去世前，杨某就曾以自己的名义将涉案房屋进行转租，参与个体经营，共同受益，而且杨某是田某的配偶，家庭成员之间共同经营管理个体工商户或者个人独资企业，也符合日常生活经验法则。田某

---

① 参见朱庆育：《民法总论》（第二版），北京大学出版社2016年版，第476—479页。

② 参见新疆维吾尔自治区高级人民法院（2019）新民再47号民事判决书。

具有个体工商户经营者、个人独资企业投资人等身份，所承租的房屋均被用于经营而不是用于居住，其转租行为亦应属于经营行为。故杨某作为共同经营人有权按照原租赁合同继续租赁涉案房屋。该案即明确适用了《城镇房屋租赁合同解释》第19条确立的共同经营人认定规则，保护了共同经营人的合法权益。

然而《城镇房屋租赁合同解释》第19条在拓展《合同法》第234条的适用范围时，仍存在一定的问题，即《合同法》第234条中的“共同居住人”在文义上事实上难以被解释为涵摄了“共同经营人”，即便为目的性扩张，亦完全超出了“共同居住人”的意义之外，存在合法性不足的问题。《民法典》将《城镇房屋租赁合同解释》第19条的“共同经营人”与《合同法》第234条中的“共同居住人”予以合并规定，是解决这一法律难题的根本途径。

二、法律后果

共同居住人或者共同经营人“可以按照原租赁合同租赁该房屋”的意义在于，在承租人死亡时，其有法定的选择权，或使原租赁合同终止或使原租赁合同继续履行。

对于共同居住人或者共同经营人的此种“选择权”，实不宜作过于宽泛的解释。可将之界定为权利义务法定概括移转更为合适。[①]在权利义务法定概括移转的场合，于此情景下不宜直接采用法人的分立或者合并的规则，于条件符合时强制性地发生权利义务概括移转的法律效力，强制推行的结果，可能产生百害而无一益的法律后果。应当类推法定继承的法理，虽然两者实属不同的类型，但是从保护共同居住人或者共同经营人的利益出发，类推适用并非毫无根据；类推适用的直接后果是，在此情景下的共同居住人或者共同经营人可以如同继承人一样，得明示拒绝继受。在明示拒绝继受的情况下，原租赁合同如果欠缺合同的主体，当然归于消灭；而在未明示拒绝的情况下，原租赁合同即当然地在共同居住人或者共同经营人与原出租人之间继续存在。

---

① 参见梁慧星主编：《中国民法典草案建议稿附理由：合同编》(上)，法律出版社2013年版，第416页。

对于因共同居住人或者共同经营人明示拒绝而使得原租赁合同消灭的情形，不应当将之理解为此系形成权行使的结果，理由在于共同居住人或者共同经营人对他人的合同事实上并不“形成”权利，合同因其明示拒绝而归于消灭，不过是明示拒绝后自然而然的结果，并且这种结果绝非依共同居住人或者共同经营人欲令其消灭的意思而发生，两者之间并无直接的因果关联。假如共同居住人或者共同经营人之外的其他有继承权的当事人主张继承权的存在，原租赁合同仍有可能在共同居住人或者共同经营人明示拒绝后，继续存在于继承人与出租人之间。而在未明示拒绝的情况下，共同居住人或者共同经营人承继原租赁合同，此种结果是直接因法定的概括移转规则发生的，亦非形成权行使的结果，尽管两者的结果可能相同。

有学者认同此种选择权系形成权，认为共同居住人可以根据自己单方面的意思表示，既可以按照原租赁合同租赁该房屋，也可以要求终止该合同。但共同居住的人在行使权利时，不得附加条件或期限，权利一旦行使，也不得任意的撤回。承租人死亡后无共同居住之人的，租赁关系终止。原共同居住之人另有住房的，也可以终止租赁关系[①]。此种理解恐怕偏离了法律条文原旨，应当再予斟酌。

第七百三十三条【租赁物的返还】

租赁期限届满，承租人应当返还租赁物。返还的租赁物应当符合按照约定或者根据租赁物的性质使用后的状态。

历史由来

本条继承了《合同法》第235条的规定，仅对《合同法》第235条作出了两处文字性修改：一是把“期间”修改为“期限”；二是把“或者租赁物的性质”修改“或者根据租赁物的性质”。

① 参见全国人民代表大会常务委员会法制工作委员会编：《中华人民共和国合同法释义》（第3版），法律出版社2013年版，第379—380页。

规范目的或功能

一、规范目的

本条为强行性规范，其目的在于申明当租赁期限届满，承租人应向出租人返还租赁物。因为在租赁合同中，出租人向承租人移转者，为对租赁物进行使用、收益的权利，因此，返还租赁物为承租人负担的一项重要义务。[①]为了最大限度维护出租人的合法权益，即能够使租赁物的价值得以最大限度保护，本条规定，承租人返还的租赁物，应当符合按照约定或根据租赁物的性质使用后的状态。

二、体系功能

1.本条与《民法典》第734条形成呼应。《民法典》第734条规定的是租赁期限届满，承租人未返还租赁物，继续使用租赁物而出租人没有异议，从而使租赁合同由原来的定期租赁转为不定期租赁的情形；而本条规定的是租赁期限届满，承租人应当返还租赁物的情形。第734条规定租赁合同的默示更新以及房屋承租人的优先承租权，目的是加强房屋租赁合同中弱势一方的权利保护，促进住房租赁市场的健康发展。从两个法律条文的规范内容不难看出，都包含如何解决租赁期限届满，租赁物何去何从这一问题。从租赁合同本身的性质来看，承租人获得的只是租赁物的使用权，而所有权仍属于出租人，因此，租赁期限届满，承租人应当返还租赁物，并且返还的租赁物应当符合按照约定或者根据租赁物的性质使用后的状态。与此同时，为了加大对承租人利益的保护，租赁期限届满，承租人继续使用租赁物而出租人又没有提出异议的，原租赁合同继续有效，这也可以理解为无形中赋予承租人的一种选择权。由此可见，本条与《民法典》第734条相互匹配，以济实用。

2.本条与《民法典》第710条、第711条相呼应。《民法典》第710条、第711条主要规定的是承租人依约定方法使用租赁物的义务，承租人缔结租赁合

① 参见梁慧星主编：《中国民法典草案建议稿附理由：合同编》(上册)，法律出版社2013年版，第400页。

同就是要取得对租赁物使用、收益的权利，同时也负有按照约定的方法为使用、收益的义务，承租人按照约定的方法或者根据租赁物的性质使用租赁物，给租赁物造成损耗的，承租人无需承担赔偿责任；倘若承租人未按照约定的方法或者根据租赁物的性质使用租赁物，致使租赁物受到损失的，出租人可以解除合同并请求赔偿损失。本条规定的承租人于租赁期限届满返还租赁物的义务要求承租人返还的租赁物应当符合按照约定或者根据租赁物的性质使用后的状态，此种状态又被称作“合于契约之返还状态”，租赁物返还时应具有的状态依照当事人之间的约定，并结合租赁物的折旧与依照约定方法使用收益所造成的自然损耗、承租人所负有的保管义务以及一般的交易习惯与诚信原则加以确定。[①]因此，可以认为，本条与《民法典》第710条、第711条互为呼应，都在提醒着租赁合同的承租人在对租赁物进行使用时，应按照约定的方法以及租赁物的性质，并遵守诚信原则，否则将承担不利后果。

3.本条为不完全法条，未明确规定若租赁期限届满承租人未返还租赁物应如何解决。系因《民法典》第122条、第235条、第462条、第1167条分别规定了不当得利请求权、返还原物请求权、占有返还请求权、侵权损害赔偿请求权，这些法条相互响应，互济适用。以王泽鉴教授所举例题与解答为例：甲出租某屋给乙，租赁关系终止后，乙拒不返还继续使用，致甲不能出租于他人。试问甲对乙得主张何种权利？在上揭例题，甲出租某屋给乙，租赁关系终止后，乙拒不返还而继续使用，甲对乙得主张契约上的租赁物返还请求权、所有物返还请求权、侵权行为损害赔偿请求权。此外，尚有两个不当得利请求权，一为使用他人之物的不当得利，另一为占有他人之物的不当得利。[②]

规范内容

一、承租人应于租赁关系终止时向出租人返还租赁物

租赁关系终止的原因多种多样，一般情况下，租赁期限届满，租赁关系

① 参见黄立主编：《民法债编各论》（上），中国政法大学出版社2002年版，第335页。

② 参见王泽鉴：《不当得利》，北京大学出版社2009年版，第209页。

即终止。但也可因当事人一方行使解除或者终止合同的权利，或者因其他原因而终止。在租赁关系终止时，只要租赁物还存在，承租人就应当返还原租赁物；只有当租赁物不存在时，承租人才不负返还义务。例如，在租赁物灭失的情况下，租赁关系也当然终止，但承租人无返还租赁物的义务。如果租赁物系承租人的原因而灭失的，承租人应负损害赔偿责任；租赁物非因承租人的原因灭失的，承租人不负责任。[①]

二、承租人返还的租赁物应当符合按照约定或者根据租赁物的性质使用后的状态

租赁属于转移财产使用、收益权利的典型交易方式。[②]租赁物合同是转让财产使用权的合同，标的物所有权并不发生转移，承租人于租赁期限届满须返还原租赁物，从本质上讲，承租人应在不消费租赁物的条件下达到使用目的，所以租赁物应该是有体物、非消耗物。所谓有体物，一般是指有一定形状，能够为人们视觉、感觉所认知的物，而且应是不易腐烂、变质、消化、消灭其价值的非消费物。只有这样，才能体现其作为租赁物的价值，否则，看不见、摸不着或者一经使用就消失殆尽的物，将无以体现财产租赁合同的使用权转让属性。在特殊情况下，消费物也可以成为租赁物，但承租人以非消费方式使用租赁物为限，如租赁食品供展览之用。因此，原则上讲，只要承租人返还的租赁物符合合同约定状态，或者符合承租人正常使用收益后合理损耗的状态，其返还义务的履行就是适当的。承租人未经出租人同意对租赁物改建、改造或者增加附着物的，于返还租赁物时应当恢复原状；如果承租人的行为是经出租人同意的，承租人可以不恢复原状，并可以在现有增加的价值范围内向出租人请求偿还费用。[③]

---

① 参见全国人民代表大会常务委员会法制工作委员会编：《中华人民共和国合同法释义》（第3版），法律出版社2013年版，第372页。

② 参见梁慧星主编：《中国民法典草案建议稿附理由：合同编》（上册），法律出版社2013年版，第357页。

③ 参见全国人民代表大会常务委员会法制工作委员会编：《中华人民共和国合同法释义》（第3版），法律出版社2013年版，第372—373页。

三、租赁期限届满，承租人应当及时向出租人返还租赁物

合同期间届满，双方当事人的权利义务关系即告终止，承租人即无权再继续使用租赁物，故应及时返还租赁物。承租人不及时返还租赁物应负违约责任，出租人既可以基于租赁关系要求承租人返还，也可以基于所有权要求承租人返还，因为租赁关系终止后，承租人已经没有占有租赁物的合法依据。承租人不仅应当支付逾期返还租赁物的租金，偿还违约金或者赔偿损失，还应承担租赁物逾期返还期间意外灭失的风险。[①]

四、其他相关问题

（一）承租人返还租赁物时间及方式的确定

随着租赁的广泛应用以及对物的使用价值效率的提高，租赁物的形态越来越广泛，不论是动产还是不动产都可以成为租赁物，如房屋、汽车、厂房、融资等租赁，甚至是物的一部分，如外面墙、地下空间等，都可以成为租赁合同的标的物。但是根据租赁或者租赁合同的性质来看，承租人在合同存续期间内享有对租赁标的物的占有和使用权，而处分权仍属于出租人。租赁合同是使承租人获得债权性质的使用权，而不是物权性质的使用权，承租人所享有的权利是，其只能在一定期限内对标的物占有、使用、收益，[②]租赁物终归是属于出租人的，承租人必须按照法律的规定和双方之间的约定返还。这个时间是由租赁合同约定的届满时间所决定的，也就是说，双方签订的租赁合同什么时候到期、终止，租赁物什么时候返还给出租人。在租赁合同定有期限时，应是自期限届至之时返还；未定期限（包括约定不明而又未在事后达成一致协议的视为不定期）的，自双方中一方提出解除合同的宽展期届满时返还；在因其他原因而使合同终止的，自终止时即应返还。

所谓返还，对于动产而言，是将租赁物原物交还与出租人；对于不动产而言，则为承租人放弃对该不动产的占有，而将其占有移转给出租人，如将

---

① 参见全国人民代表大会常务委员会法制工作委员会编：《中华人民共和国合同法释义》（第3版），法律出版社2013年版，第372—373页。

② 参见王利明：《合同法研究》（第三卷），中国人民大学出版社2012年版，第278—279页。

土地使用权移转，或将房屋腾出等。不过，租赁合同往往视标的物的不同而给予宽展期。如在房屋租赁中，承租人一时之间难以搬出的，依诚信原则及相互忠实、协助义务考虑，出租人应给予宽容期间。承租人因自己的过失逾期仍未搬迁的，则构成合同义务不履行或侵权行为。

所谓应返还原物，也不是指与租赁合同开始时的租赁物保持完全相同的状态，而只是保持其于正常使用收益后的自然状态。如于正常使用收益过程中造成磨损等，仍属保持其原状。

（二）租赁物返还时的添附问题

添附制度自罗马法时代就已经存在，现今被大多数国家所采纳应用。当时罗马法中的添附是因两物（其中一物为主物，另一物为附属物）合并而发生的所有权取得，它发生在附属物被主物所吸收因而变成主物的组成部分或构成要素时。[①]“所谓添附，是指不同所有人的物结合在一起而形成不可分离的物或是具有新物性质的物。”“添附者，为附合、混合及加工三者在学术上之总称。因附合、混合为物与物之结合，加工为工作与物之结合，均有添加结合之关系，且俱为动产所有权得丧之共同原因，并有共通之效力，故通说均将三者总称为添附，而予以合并说明。”[②]添附产生之物权效果往往是归属于一方所有，而其依据的主要原则有主物与从物之关系、不动产与动产之关系，各个原始状态物的经济价值的比重等，以此来确定添附形成物的所有权归属。在添附发生之后，这样所产生的物权效果具有强行性的，不能为当事人意思所恢复。[③]根据《民法典》第322条的规定，因加工、附合、混合而产生的物权归属，有约定的，按照约定；没有约定或者约定不明确的，依照法律规定；法律没有规定的，按照充分发挥物的效用以及保护无过错当事人的原则确定。因一方当事人的过错或者确定物的归属造成另一方当事人损害的，应当给予赔偿或者补偿。我国司法实践中一般的做法是：加工物的所有权原则上归原

---

① 参见［意］彼得罗·彭梵得：《罗马法教科书》，黄风译，中国政法大学出版社2005年版，第153页。

② 参见谢在全：《民法物权论》（上册），中国政法大学出版社1999年版，第254页。

③ 参见［日］我妻荣：《新订物权法》，有泉亨修订，罗丽译，中国法制出版社2008年版，第315页。

物的所有人，并给加工人以补偿。但是，当加工增加的价值明显大于材料的价值、非经损毁或者改变其性质难以分离、分离费用过高等情形时，加工物可以归加工人所有，但是应当给原物的所有人以补偿。

就租赁合同而言，主要视添附行为是否经过出租人的同意而定。经过出租人同意而为的添附，承租人在返还租赁物时，可以行使取回权，取回附属物。其中附属物可以独立的，承租人可以所有人身份自行取回其物。如果不能独立，但也给租赁物增加价值的，取回其增添物将会损及租赁物或根本无法取回时，承租人不负恢复原状义务和取回义务，并且可以要求出租人补偿。如果承租人未经出租人同意擅自进行装饰装修的，这些装修物因为带有强烈的个人喜好而导致对出租人来说毫无利用价值，甚至有可能完全违背其自身意愿，故而也不愿意利用。在这种情况下，再要求出租人对承租人进行一定程度的补偿似乎有失公允。这种情况在法理上被称为“强迫得利”，[①]“受损人因其行为使受领人受有利益，违反其意思，不合其计划的，亦时有之”，因此，就受领人而言，可以认为所受利益不存在，从而不再进行利益偿还。

（三）添附问题的进一步说明：房屋租赁合同中装饰装修物的所有权归属

1.装饰装修物的所有权归属

房屋租赁关系中，承租人承租出租人的房屋，无外乎用于居住和商业，那么势必也会因需要而进行各式各样的装饰装修，如扩建改造，装潢房屋，安装配套设备，及购置生活用品或商业用品等。从社会现实角度看来，必然需要考虑装饰装修物与房屋具体的结合程度。一般而言，按照装饰装修物与租赁房屋的结合程度可以分为以下几种状态：第一种情形是，装饰装修物与房屋紧紧相连，若强制分离则会造成各物之毁损乃至消灭，如安装的线路、刷在墙上的涂料，对门窗的装修及铺设的地板等；第二种情形是，装饰装修物与房屋相连，但是仍然可以拆分，且拆分后对房屋有部分影响，而对于装饰物几乎没有影响，如安装的电灯、排风器、空调、电扇等；第三种情形是，装饰装修物和房屋在形态上没有连接点，如在房屋内购置的书柜、桌椅、沙发、冰箱等。

因此，对于装饰装修物来说，其本身与房屋的结合应当是动产与不动产

---

① 参见王泽鉴：《不当得利》，北京大学出版社2009年版，第174页。

的附合形式。依照我国有关添附理论的通说，动产与不动产的附合发生物权法上的效果，一是动产的所有权被不动产所有权所吸纳，动产所有权灭失；二是不动产所有权人即时取得动产的所有权。依照添附理论，对于未形成附合的装饰装修物，其所有权仍属于承租人，此时的装饰装修物可由承租人取回，而形成附合的装饰装修物则由出租人取得所有权。

2.装饰装修物的利益平衡问题

根据《城镇房屋租赁合同解释》第10条规定，承租人经出租人同意装饰装修，租赁期间届满或者合同解除时，除当事人另有约定外，未形成附合的装饰装修物，可由承租人拆除。因拆除造成房屋损毁的，承租人应当恢复原状。第12条规定，承租人经出租人同意装饰装修，租赁期间届满时，承租人请求出租人补偿附合装饰装修费用的，不予支持。但当事人另有约定的除外。第13条规定，承租人未经出租人同意装饰装修或者扩建发生的费用，由承租人负担。出租人请求承租人恢复原状或者赔偿损失的，人民法院应予支持。

如上文所述，在未构成附合的情况下，此间并未发生物权变动状况。承租人依旧是装饰装修物的所有人，在租赁合同期间届满的情况下，承租人当然有权处置自己的装饰装修物，但是承租人在拆除这些装饰装修物时，应尽到小心谨慎的注意义务，保证租赁房屋能恢复原状，不得在进行拆除行为时对房屋造成损害。否则，承租人一旦因为处置自己未构成附合的装饰装修物而给出租人的房屋造成毁损的，出租人此时享有两项请求权：基于为租赁房屋的所有权人而享有的物权请求权和基于与承租人之间的租赁合同而享有的债权请求权，出租人可择一行使而要求承租人进行赔偿。当然，根据该司法解释第10条的规定，在租赁合同期限届满或者解除时，法律在此时尊重双方当事人的意思自治，允许双方对装饰装修物的归属进行协商。

房屋租赁期间，双方权利义务履行完毕，这是租赁合同履行的最理想状态。承租人对房屋装饰装修所投入的成本在租赁期间已折旧完毕，在构成附合的情况下，即使出租人最终获得装饰装修物所有权，出租人也未因此获利，此时双方处于平衡状态，所以租赁期间届满承租人要求赔偿的法院不予支持。

此外，依据该司法解释第13条的规定，在未经出租人同意而擅自进行装饰装修的情况下，除出租人享有侵权损害赔偿请求权外，因承租人的行为明显已经构成违约，出租人可向承租人主张违约责任的承担。

第七百三十四条【租赁合同的默示更新、房屋承租人的优先承租权】

租赁期限届满，承租人继续使用租赁物，出租人没有提出异议的，原租赁合同继续有效，但是租赁期限为不定期。

租赁期限届满，房屋承租人享有以同等条件优先承租的权利。

历史由来

本条第1款继承了《合同法》第236条的规定，只是作了把“期间”与“但”调整为“期限”与“但是”的修改。本条第2款是新增规定，其主要总结吸收了一些地方性法规关于优先承租权的立法。例如，《深圳经济特区房屋租赁条例》（2004年）第42条规定：“租赁期限届满，……在同等条件下，承租人有优先承租权。”《上海市房屋租赁条例》第44条规定：“房屋在租赁期满后继续出租的，承租人在同等条件下享有优先承租权。”《广东省城镇房屋租赁条例》第21条规定：“下列人员在同等条件下，按照如下顺序对出租的房屋有优先承租权：（一）房屋共有人；（二）原承租人。”《新疆维吾尔自治区城市房屋租赁管理规定》第23条规定：“房屋共有人或者原承租人在同等条件下，对出租的房屋有优先承租权。”

在《民法典》编纂过程中，《民法典合同编（草案）》（征求意见稿）第282条除继承《合同法》第236条的规定外，增加第2款规定：“租赁期间届满，房屋承租人享有以同等条件优先承租的权利”。之后《民法典合同编（草案）》（一审稿）、《民法典合同编（草案）》（二审稿）和《民法典（草案）》均接受了“征求意见稿”第282条的规定。

规范目的或功能

一、规范目的

本条第1款的规范目的，在于明确规定租赁期限届满承租人继续使用租赁物的，则原租赁合同由原来的定期租赁转变为不定期租赁，在此基础上，因为当事人在合同中未约定租赁期限，所以任何一方当事人均可以随时解除合同。本条第1款是为了解决租赁期限届满后，承租人继续使用租赁物的后续问题。本条的第2款为新增内容，在《合同法》中并未规定房屋承租人的优先承租权，据了解，在《民法典》起草的过程中，为落实党中央提出的建立租购同权住房制度的要求，保护承租人利益，促进住房租赁市场健康发展，各阶段的立法草案都在强化承租人的权益保护融入立法思想，至《民法典》最终表决通过，房屋承租人的优先承租权得以确立。

二、体系功能

1.本条与《民法典》第733条形成呼应。《民法典》第733条规定的是租赁期限届满，承租人应当返还租赁物的规定，而本条规范是租赁期限届满，承租人未返还租赁物，继续使用租赁物的规定。

2.本条第1款也与《民法典》第705条第2款[①]在体系上形成呼应，本条规定租赁合同的自动更新，后者规定租赁合同的续订。

3.本条第2款亦与《民法典》第726条第1款[②]存在关联之处。后者规定承租人的优先购买权，本条规定承租人的优先承租权。

规范内容

本条规定的是租赁合同的默示更新和房屋承租人的优先承租权。其中，租赁合同的默示更新由第1款规定，系完全法条；房屋承租人的优先承租权由第2款规定，系抑制性法条。

---

① 该款规定："租赁期限届满，当事人可以续订租赁合同；但是，约定的租赁期限自续订之日起不得超过二十年。"

② 该款规定："出租人出卖租赁房屋的，应当在出卖之前的合理期限内通知承租人，承租人享有以同等条件优先购买的权利；但是，房屋按份共有人行使优先购买权或者出租人将房屋出卖给近亲属的除外。"

一、租赁合同的默示更新

（一）构成要件

第一，租赁期限届满后，承租人继续使用租赁物。租赁期限届满后，如果承租人没有继续使用租赁物，如承租人下落不明，或承租人虽持有租赁物但放弃使用，或承租人偶尔使用，均不得视为默示的更新。在转租的情况下，次承租人继续使用租赁物，能否认定为默示更新，学理上通说认为，次承租人继续使用不能构成默示更新[①]。

第二，出租人知道承租人对租赁物继续使用。许多国家的民法，如德国、瑞士、日本等国民法都明确规定，默示更新须以出租人知道承租人继续使用租赁物为要件。我国《合同法》对此没有明文规定。对于此要件，有肯定说和否定说两种相对立的观点。从务实的角度讲，肯定说应当更为妥当。一般而言，在租赁期限届满后，承租人仍然继续使用租赁物的，出租人应当明知，出租人对其财产状况漠不关心除外，但是此种状态不符合一个勤勉、理性的出租人的标准。在法律上可以假定一种理想状态的存在，即出租人乃是一个对于租赁财产的状态时刻保持注意的人，其勤勉、理性，保持着一般出租人应当具有的对其租赁物的注意。在此假设之下，如果承租人于租赁期届满后，无约定而继续使用租赁物，出租人应当可以立即知晓。即便出租人未明确表明这种知晓的状态，亦应可推知。再者，租赁合同的默示更新并非一种纯粹的事实状态，而实系一种合意达成的状态。“默示”更新的意义，事实上指向租赁合同双方当事人以默示的方式形成合意，继续履行原有租赁合同。若出租人完全不知晓承租人对租赁物继续使用的状态，则无推知“默示更新”意思，则所谓的“默示更新”的法律后果不可能发生。

第三，出租人没有提出异议。承租人于租赁期届满后继续使用租赁物，出租人如未提出异议，即推定出租人默认承租人租赁的事实，双方达成合意，租赁合同以原租赁条件更新。分以下几点说明：其一，所谓出租人没有提出异议，应当仅指租赁期届满后对于承租人继续使用租赁物的情形未提出异议，并以此条件的成就为满足。即便出租人在租赁期间已经明确表示租赁期间届

---

① 参见史尚宽：《债法各论》，中国政法大学出版社2000年版，第229页。

满后不再与承租人延续原有合同，但在租赁期间届满后对于承租人继续使用租赁物的情形未提出异议，亦应当认定出租人未提出异议的条件已获满足，原租赁合同更新后继续履行。即使出租人在租赁期间明确表示租赁期间届满后不再延续与承租人的租赁合同，事实上也不足以由此得出出租人的意思之后不可能发生任何变化的结论。其二，出租人不表达异议的方式应当仅有默认一种方式，而不包括以积极行为收取租金的行为。如果以积极的行为收取租金，此时应当认定，此前由于不表示异议，合同已经默示更新，收取租金的行为只不过是出租人行使基于已经更新后的租赁合同权利的表现。其三，不表示异议须经过法定的期间。依《德国民法典》的规定，出租人应当自知道承租人继续使用租赁物时起，两星期内表示反对的意思，否则租赁合同默示更新。[①]依台湾地区相关规定，出租人应当即表示反对意思，否则视为依不定期限与承租人更新原租赁合同。《合同法》对于出租人表示异议的期间未作规定，本条承袭《合同法》的立法传统，亦未对出租人不表示异议的期间为明确规定。依我国学者的观点，该期间的确定，应结合租赁的具体情形、一般的交易观念以及诚信原则加以确定[②]，在法律未为明确规定时，应属法官自由裁量权的范畴，即出租人应当自知道或应当知道承租人继续使用租赁物的合理期间内提出异议，超过合理期间未提出异议的，除非有充分的正当理由，否则应视为未提出异议的条件已然满足，租赁合同溯及自承租人开始继续使用租赁物时更新生效。

（二）法律后果

租赁合同默示更新之后，将发生以下法律后果：

第一，合同条件的更新。首先，虽然原租赁合同继续有效，但租赁合同的期限变为不定期。而依不定期租赁合同的相关规则，当事人双方均得随时依法解除租赁合同。其次，原租赁合同如果存在担保，若该担保系由第三人提供，包括第三人提供保证或提供的物的担保，未经该第三人同意，担保关系消灭。

① 参见《德国民法典》第543条。

② 参见王利明：《中国民法典学术建议稿及立法理由：债法总则编·合同编》，法律出版社2005年版，第414页。

第二，合同条件的维系。租赁合同默示更新后，除上述条件外，更新后的租赁合同在基本内容上与原租赁合同保持同一性。此外，承租人自己为租赁合同提供的物的担保，无论是抵押还是质押，均继续存在而不受影响。

二、承租人的优先承租权

本条第2款规定房屋承租人的优先承租权。下面分别从概念、行使条件与行使的法律后果三个方面予以展开：

（一）优先承租权的概念

从字面意义看，承租人的优先承租权，乃是租赁期间届满时，出租人将房屋租赁于第三人，承租人具有的以单方意思表示、以同等条件与出租人就租赁房屋订立房屋租赁合同的权利。承租人的优先承租权具有如下特点：

第一，其发生的基础为存在合法有效的租赁关系。租赁关系是优先承租权产生的前提，一方面，没有租赁关系或租赁合同并没有实际履行，则承租人无法就使用租赁房屋产生收益，通过优先承租权保护其利益也就无从谈起。另一方面，优先承租权是基于租赁权产生的权利，广义上属于租赁权的权能延伸部分，没有合法有效的租赁关系，则承租人不享有租赁权，也不能享有优先承租权。

第二，其发生的时间应在租赁期届满时。也就是说，仅在租赁期届满时，存在出租人将承租人租赁的房屋再行租赁于第三人的情形下，始具备承租人优先租赁权发生的条件。这在一定程度上推翻了学术界存在的一种观点：优先承租权是在承租期满或房屋在翻修、改建后出租人继续出租时，原承租人在同等条件下享有优先于他人承租的权利[①]。依常识，出租人于翻修、改建后继续出租，其出租时间应不在本条所规定的“租赁期间届满”的文义范畴之内。

第三，承租人的优先购买权是一种法定权利，而非约定权利。对于承租人的优先承租权究属法定权利还是约定权利，学界有两种不同的观点：一部分学者持“法定权利说”，认为其系由法律应当直接规定的优先承租权，以法

---

① 参见王利明：《中国民法典学术建议稿及立法理由：债法总则编·合同编》，法律出版社2005年版，第433—434页。

定条件的发生为已足，而不以当事人的约定为前提；另一部分学者主张“立法留白说”，认为优先承租权并非承租人的法定权利，承租人对优先承租权的享有及其行使，取决于出租人与承租人之间的约定，立法无须进行干涉[①]。然而，依文义解释的方法，可以确定本条所规定的承租人优先购买权为法定权利，无须当事人另为约定，以租赁期届满时存在出租人将租赁物租赁于第三人情形为其发生的条件。

第四，承租人的优先购买权是债权性的形成权的一种。本条中所规定的“房屋承租人享有以同等条件优先承租的权利”，必然是一种由承租人依单方意思表示即可以行使的权利，若非如此，规定承租人的优先购买权便无实质意义，也与其为一种法定权利的性质相悖。另须明确的是，承租人的优先购买权作为形成权之一种，乃是债权性的形成权，不具有物权的排他与优先效力，非如此限定，不足以保护交易第三人的利益。在世界各国、各地区之中，仅我国台湾地区与俄罗斯等规定了承租人的优先承租权。例如，我国台湾地区规定，有自耕地收回后再出租时的承租人优先承租权；[②]《俄罗斯联邦民法典》第684条规定，有住房承租人的一般性物权性优先承租权。[③]自比较法的角度观之，本条规定自不同于我国台湾地区自耕地承租人的优先购买权，也不应同于《俄罗斯联邦民法典》第684条中规定一般性的住房承租人优先承租权，理由在于：我国台湾地区将承租人优先购买权限定于自耕地，有其发挥土地最大效用的功能性目的，如果同样赋予住房租赁以此目的，显然非住房可以承载；《俄罗斯联邦民法典》第684条对物权性的优先承租权，于法条中有明文规定，“承租人有权要求确认该合同（出租人与第三人订立的租赁合同）无效”，而我国《民法典》中无此规定。以物权性优先承租权对第三人利益影响之巨，如非有明文规定，不宜通过条文的解释将之扩张为物权性优先承租

---

① 参见周珺：《优先承租权的立法定位及其法律规制》，载《湖北社会科学》2012年第7期。

② 该条规定：“收回自耕地再出租时，原承租人有优先承租之权，自收回自耕地之日起未满一年而再出租时，原承租人得以原租用条件承租。”

③ 该条规定：“如果出租人因不出租住房的决定而拒绝与承租人延续合同，但自与承租人签订的合同期限届满之日起1年内又与其他人签订了住房租赁合同时，承租人有权要求确认该合同无效并（或者）要求赔偿因拒绝与其续签合同而引起的损失。”

权，而毋宁将之限定在债权性优先承租权的范畴之内，以确保第三人利益不致受到大的干扰。

（二）法定优先承租权的行使条件

优先承租权的行使条件主要有以下几个方面：

第一，于优先承租权发生后的合理时间内行使。在此尤其需要辨明的是，不应将优先承租权的行使条件等同优先承租权的发生条件，但是优先承租权的行使，以优先承租权的发生为前提。优先承租权于发生之后，应当及时行使，否则将使出租人与第三人的租赁合同的效力长期处于悬而未决的状态，不利于交易安全的保护。优先承租权行使的期间应为一个合理期间，其期间的长短，或可参照《民法典》第726条的规定，将其定为15日，期间的起算点为承租人知道或者应当知道租赁物被出租人出租于第三人。本条未规定出租人将租赁物再租赁于第三人时的通知义务，于此情形下，明确优先承租权行使期间的起算点为承租人知道或者应当知道租赁物被出租于第三人，可在一定程度上规制出租人的行为。梁慧星教授主持编撰的《中国民法典草案建议稿》合同编第1052条即持该观点。[①]

第二，优先承租权发生后，承租人未予放弃。举例说明，若优先承租权发生后，出租人通知承租人，告知其欲将租赁物租赁于第三人的想法，并征询其是否继续租赁的意见，而承租人明确表示不再承租的，应当视为承租人放弃优先承租权。承租人放弃优先承租权的，优先承租权消灭。

第三，承租人的优先承租权的行使，以满足同等条件为前提。为了保障相对人的利益，优先权必须在同等条件下才能被享有，法定优先承租权也不例外。承租人行使该权利时续租的租赁条件应当与第三人同等，这也是不影响出租人应有权益的保障。“同等条件”的相关规则，本书于探讨承租人的优先购买权时已然明确，涉及优先购买权行使的“同等条件”规则，应可适用于优先承租权。

---

① 参见梁慧星主编：《中国民法典草案建议稿附理由：合同编》（上册），法律出版社2013年版，第417页。

（三）优先承租权行使的法律后果

承租人以单方意思表示向出租人表明其意思的，将发生如下法律后果：首先，成约的法律后果。即在承租人为继续承租的意思表示之后，承租人与出租人之间就租赁的房屋，以出租人与第三人缔结租赁合同的"同等条件"依法形成租赁合同。其次，依此形成的租赁合同对出租人形成实质的约束，即出租人应当依合同的内容履行合同。但是在此需要说明的是，依承租人单方意思成就的租赁合同，仅具有债权效力，而不具有物权的排他与优先效力，即其效力并不优越于出租人与第三人订立的合同。出租人有履行合同的选择权，即其可以继续履行与第三人已经订立的租赁合同，也可以选择履行与承租人之间的租赁合同。不过即使如此，如果出租人不履行其与承租人之间的租赁合同，仍应承担合同之债的债不履行责任，造成承租人损失的，仍应对承租人承担损害赔偿之责，在此意义上，承租人依单方意思成就的租赁合同对出租人具有实质的约束力。当然，这并不是说出租人与第三人订立的租赁合同对出租人就没有实质的约束力，出租人如果未履行该合同，也一样需要承担合同之债的债不履行责任。

在出租人未先行使选择权的前提下，《城镇房屋租赁合同解释》第6条有适用的空间。[①]依据该条规定，承租人依优先承租权行使而形成的与出租人之间的租赁合同在诉讼的"锁闭空间"内，仍有其基于程序法的优先性。但是这种优先性并不足以证成其为实体法上的物权性优先承租权。[②]

三 其他问题

在此拟从司法实务的角度，对承租人的法定优先承租权与约定优先承租

---

① 该条规定："出租人就同一房屋订立数份租赁合同，在合同均有效的情况下，承租人均主张履行合同的，人民法院按照下列顺序确定履行合同的承租人：（一）已经合法占有租赁房屋的；（二）已经办理登记备案手续的；（三）合同成立在先的。不能取得租赁房屋的承租人请求解除合同、赔偿损失的，依照合同法的有关规定处理。"

② 参见雷秋玉：《普通动产多重买卖规则的合理性证成》，载《中南大学学报》（哲学社会科学版）2018年第2期。

权区分的意义进行探讨。

在“惠某与张某、某县水务局租赁合同纠纷案”中，再审法院甘肃省高级人民法院认为：“关于惠某主张的优先承租权问题，因优先承租权在我国没有立法规定，某县水务局与惠某在达成房屋租赁协议时亦未对合同到期后承租人是否享有优先承租权作出约定，故惠某要求对承租房屋享有优先承租权的理由无法律依据。”①这个判决理由一方面区分了法定优先承租权与约定优先承租权，另一方面又明确肯认，在无法根据的情形下，不承认法定优先承租权，与此同时，又模模糊糊提到了约定优先承租权的问题。

在另一判例中，法院频频明确或者不明确地提出了约定优先承租权的问题，其行使条件与法定优先承租权相同。可分为以下几点：（1）优先承租权的行使应该符合“同等条件”的要求。如审理“黄岩某业主委员会与胡某房屋租赁合同纠纷案”的浙江省台州市中院认为：“上诉人已知晓租赁房屋即将到期和要重新出租一事，上诉人因竞价明显低于他人而未能竞价成功，也未及时向被上诉人承诺愿意按照第一竞价人所出价格继续承租房屋。上诉人在竞价后要求继续租赁房屋的条件与他人不同，不存在合同约定的同等条件。因此，上诉人已放弃在双方约定的同等条件下优先租赁的权利。”②（2）承租人应在合同约定的期限内主张优先承租权，如在“黄某与刘某房屋租赁合同纠纷案”中，一审法院认为：“依据《房屋租赁合同》，刘某需在合同到期前一个月与黄某签订新的租赁合同，否则视为放弃优先承租权，但刘某至今未与黄某签订新的租赁合同，其优先承租权已经丧失。”③（3）当事人须有续租租赁物的合意，如在“厦门某实业发展有限公司与李某为房屋租赁合同纠纷案”的判决书中载明：“《租赁合同》约定，租赁期限届满后被告如需续租该场所，应在租赁期届满前三个月与原告协商，经原告同意后，双方重新签订租赁合同。在同等条件下，被告享有优先承租权。但被告已明确不同意原告的租金要求，应视为放弃优先承租权。”④

关于约定优先承租权的效力，可举“2006年倪某诉顾某等优先租赁权案”

① 参见甘肃省高级人民法院（2017）甘民申787号民事判决书。
② 参见浙江省台州市中级人民法院（2014）浙台民终553号民事判决书。
③ 参见重庆市第一中级人民法院（2015）渝一中法民终03416号民事判决书。
④ 参见贵州省思南县人民法院（2015）思民初18297号民事判决书。

的法院裁判理由予以释明。该案经过一审、二审。一审法院的判决理由谓："在没有证据表明被告鲍某在其与被告顾某订立协议之时知晓宋某享有优先租赁权的情况下，原告也无权以损害被告鲍某的合同利益为代价主张优先租赁权。"二审法院的判决理由谓："顾某与宋某签订的租房协议系双方当事人真实意思表示，未违反法律、法规禁止性规定，该协议合法有效。协议约定期满时，在同等条件下承租人对涉案房屋享有优先承租权，故此约定对双方当事人具有法律约束力……倪某以其持有的2001年7月13日的租房协议主张优先承租权，符合当事人的约定，应受到法律保护。至于顾某与鲍某间的合同，与本案非同一法律关系，其可自行协商或通过法律途径另行解决纷争。原审法院所作判决不当。"① 这一纠纷案中，一审法院有条件地肯认了约定优先承租权无对抗第三人的效力，但是二审中案件的审理迎来大逆转，法院肯认了约定优先承租权优先于第三人的法律效力。对于此案的审理结果与理由基于现在的立场如何评判？笔者认为，应依四层逻辑进行：第一，承租人优先购买权经《民法典》第726条的规定，已然明确其不具有对抗第三人的物权效力。第二，承租人优先承租权是一较之优先购买权为弱的权利类型。举重以明轻，在承租人的优先购买权未能依法取得对抗第三人效力的情况下，应当承认承租人的优先承租权更不应取得对抗第三人的效力。第三，在承租人的优先承租权不具有当然的优先于第三人效力的条件，对于约定的承租人优先承租权的行使，仍然应当依承租人法定优先承租权的方式认定其效力，即其仅具有以同等条件优先成约的权利。第四，在依同等条件优先成约之后，如同法定优先承租权行使的结果一样，承租人亦面临着出租人选择履约的问题。如果出租人未选择如何履约，数个承租人向法院起诉要求出租人履约的情况下，此时仍有《城镇房屋租赁合同解释》第6条的规定适用的空间。如果说"2006年倪某诉顾某等优先租赁权案"法院审理无法理可循，从而遭遇一审的尴尬和二审的颠覆命运，那么现在对于此类案件的审理，应当依法走向遵循法理的轨道。

从私法自治和承租人优先承租权发生的角度考虑，区分法定承租权与约定承租权有其合法理的地方，但是如果仅从法律后果的角度观之，法定承租权与约定承租权并无实质区别，这一点不得不察。

---

① 参见江苏省南通市中级人民法院（2006）通中民一终字第0996号民事判决书。

第十五章

融资租赁合同①

① 本章的文献和案例整理得到了中国人民大学法学院曾紫钰、何金英、李淑娟、陈睿凝等同学的协助，特此致谢。

第七百三十五条【融资租赁合同的定义】

融资租赁合同是出租人根据承租人对出卖人、租赁物的选择，向出卖人购买租赁物，提供给承租人使用，承租人支付租金的合同。

历史由来

本条是对《合同法》第237条的完整保留。《合同法》第237条参考了《国际融资租赁公约》[①]第1条。该条第1款规定："本公约调整本条第2款所述的融资租赁交易，其中，一方（出租人），(a）按照另一方（承租人）的指定，与第三方（供货人）订立合同（供货合同）。根据该合同，出租人按承租人在其利益有关的范围内所认可的条件，取得成套设备、生产资料或其他设备（以下统称租赁物），并且，(b）与承租人订立合同（租赁合同），授权承租人使用租赁物，并要求承租人支付租金。"该条第2款规定："前款所称融资租赁交易具有以下特点：(a）承租人指定租赁物和选择供货人，并不主要依赖于出租人的技能和判断；(b）出租人取得的租赁物与出租人和承租人之间已经签订或即将签订的租赁合同相关联，并且供货人知道这一情况，以及（c）特别是，该租赁合同项下应付租金的计算摊销了租赁物全部或绝大部分成本。"该条第3款规定："无论承租人是否已经或随后取得选择权以购买租赁物或延展租期而继续占有租赁物，也无论是否支付名义上的价金或租金，本公约均予适用。"

《民法典合同编（草案）》(一审稿）第526条曾经在本条基础上增加第2款，规定售后回租型融资租赁合同。其中指出："承租人将其自有物出卖给出租人，再通过融资租赁合同将租赁物从出租人处租回的，承租人和出卖人系同一人不影响融资租赁合同的成立。"这一规定在《民法典合同编（草案）》(二审稿）第526条、《民法典（草案）》第735条中均予保留，但2020年5月

---

① 《国际融资租赁公约》全称为《国际统一私法协会国际融资租赁公约》，1988年5月28日签订于加拿大渥太华。Unidroit Convention on International Financial Leasing (Ottawa, 28 May 1988).该公约没有官方作准的中文文本，由高圣平重译。在翻译过程中参考了裘企阳、沈根荣、谢修如（张月姣校对）的译本，谨致谢忱。

22日全国人民代表大会审议时删去了这一款，最终通过的文本中也不再出现这一款。

规范目的或功能

本条旨在对融资租赁合同作出明确界定。以此与其他典型合同和非典型合同相区分。融资租赁，系译自英文“financial leasing”或“finance lease”，又译“金融租赁”，[①] 因我国合同法已将“financial leasing”有名化，并定名为“融资租赁合同”，“融资租赁”即成约定俗成的译名。但笔者注意到，《金融租赁公司管理办法》兼采两种译法，该办法第2条规定：“本办法所称金融租赁公司，是指经银监会批准，以经营融资租赁业务为主的非银行金融机构。”“金融租赁公司名称中应当标明‘金融租赁’字样。”第3条规定：“本办法所称融资租赁，是指出租人根据承租人对租赁物和供货人的选择或认可，将其从供货人处取得的租赁物按合同约定出租给承租人占有、使用，向承租人收取租金的交易活动。”笔者认为，融资租赁业在我国兴起与发展的历史因素造成对该行业的监管有金融监管与非金融监管的区分，如将“financial leasing”译为“金融租赁”，则无法涵盖融资租赁的所有情形，易生误解，因而，应称为“融资租赁”。

融资租赁作为一种新兴的交易形态，以融物（租赁）的形式达到融资的目的，[②] 既规避了银行信贷的严格监管，使得融资更为便捷，又具备会计上节税的优势，优化了企业财务报表，已然成为工商企业获得信用支持的又一大渠道。随着我国金融市场的进一步细分，在银行信贷之外的非正规金融中，融资租赁的作用已不可小觑，尤其对于获得银行信贷极为困难的中小企业而言，这一交易形态已经成为企业取得生产设备的重要融资工具。我国在借鉴《国际融资租赁公约》和其他国家对融资租赁定义的基础上，与我国融资租赁界对其比较一致的看法相结合后，于《合同法》第237条对融资租赁合同作了界定，本条从之。

---

① 因“financial leasing”词中含义“financial”之故。

② 参见全国人民代表大会常务委员会法制工作委员会编：《中华人民共和国合同法释义》（第3版），法律出版社2013年版，第384页。

规范内容

一、融资租赁合同的定义

第一，出租人“根据承租人对出卖人、租赁物的选择，向出卖人购买租赁物”。这是融资租赁合同不同于租赁合同的一个重要特点。出租人在依租赁合同交付租赁物之前已经取得了租赁物，而融资租赁合同是出租人按照承租人的指令出资购买租赁物，在融资租赁合同订立之时，出租人并未取得租赁物，甚至租赁物尚未存在。融资租赁合同的本质在于出租人融通资金让承租人得以使用标的物，而非出租人在取得租赁物的所有权后，享有从租赁物获得收益的权利。①在融资租赁交易中，出租人支付租赁物的全额价款，承租人虽选定出卖人、租赁物，但不必支付价金，即可利用租赁物，从而达到融资的效果。这就相当于是出租人贷款给承租人，用以购买后者所需要的租赁物。②正是从这一意义上来看，融资租赁合同才被冠以“融资”之名。

第二，出租人将购买的租赁物“提供给承租人使用”。融资租赁交易中，出租人向出卖人购买租赁物，非为自己使用，而是将之提供给承租人使用，因而又具有了“融物”的属性。与租赁合同的期限不能超过20年的规定（第705条第1款）不同的是，融资租赁合同的期限并无最长20年的限制。实践中，融资租赁合同的期限一般较长，一般占租赁物预期使用年限的大部分（约占70%以上）。③融资租赁合同虽具融资的性质，但是并不能据此认定融资租赁合同的法律性质而忽略其中仍具有标的物使用收益的作用。就承租人而言，融资租赁合同的达成主要仍是由于承租人欲取得标的物的使用，而碍于资金运用的考量，才进行融资租赁交易。况且，融资租赁合同还包括承租人尚须

① 参见高圣平、乐沸涛：《融资租赁登记与取回权》，当代中国出版社2007年版，第8页。

② 参见王利明：《合同法研究》（第三卷）（第二版），中国人民大学出版社2015年版，第349页。

③ 参见李鲁阳主编：《融资租赁若干问题研究和借鉴》，当代中国出版社2007年版，第22页。

妥善保管、使用租赁物等内容，[①]均显示出融资租赁合同不仅具有融资性质，也具有传统租赁所具有的要素。

第三，承租人向出租人支付租金。融资租赁合同的承租人对出租人购买租赁物为使用收益，并须支付租金。也正是在这种意义上，融资租赁合同才被冠以“租赁”之名。但与租赁合同不同的是，融资租赁合同的租金，除当事人另有约定外，应当根据购买租赁物的大部分或者全部成本以及出租人的合理利润确定。

值得注意的是，本条规定所呈现的许多特征比较宽泛，用一个定义来囊括所有建立在被称为“融资租赁”的混合机制之上的可能变体，不仅几乎不可能，而且限制了融资租赁交易的未来发展。首先，这个定义是融资租赁交易机制的描述；其次，是融资租赁交易构成要素的描述，这些构成要素建立了与那些邻近法律概念之间的区别。[②]

融资租赁合同是双方互负对待给付义务的合同，因为出租人要履行其按照承租人的要求购买标的物并交付承租人使用的义务，承租人要履行其支付租金等义务。融资租赁合同的成立和生效并不以标的物的实际交付为要件，属于诺成性的合同。换言之，只要双方意思表示一致，合同即成立。同时，《民法典》第736条第2款规定：“融资租赁合同应当采用书面形式。”之所以要采用书面形式，是因为此类合同内容复杂，且涉及多方当事人，并且合同的标的物一般价值较大。所以，采用书面形式有利于提醒当事人注意合同交易的细节和风险，并可以预防纠纷。即使当事人之间发生了纠纷，书面合同还可以起到固定证据的作用，有利于保护当事人的权利。融资租赁合同也是一种继续性合同，因为此类合同不是一次履行完毕的，而是长期、持续履行义务的合同。

在融资租赁合同中，出租人应当具有融资租赁业务的资质。[③]考虑到融资租赁交易具有融资性，只有经有关部门批准许可经营的公司，才有从事融资租

① See Peter Breslaner, “Finance Lease, Hell or High Water Clause, and Third Party Beneficiary Theory in Article 2A of the Uniform Commercial Code”, 77 *Cornell Law Review* 318 (1992).

② See Unidroit Secretariat, *Explanatory Report on the Draft Convention on International Financial Leasing*, Study LIX-D.48, October 1987, p.45.

③ 参见王轶：《租赁合同 融资租赁合同》，法律出版社1999年版，第134页。

赁交易、订立融资租赁合同的资格。[1]裁判实践中，既有观点认为，出租人未取得融资租赁的资质，不具有从事融资租赁行为的主体资格，其所签订的融资租赁合同应为无效。[2]但也有观点认为，“根据现有的法律、行政法规，融资租赁并不属于国家限制经营、特许经营以及法律、行政法规禁止经营的范围”。[3]

二、融资租赁合同的法律性质

探讨融资租赁合同的法律性质，除有其理论价值外，在实务运作上亦有助益。如当事人对于融资租赁合同内容约定不够详尽，或其约定有悖于法律的禁止性规定，甚至有违融资租赁合同的本质时，则需根据融资租赁合同的法律性质，适用或类推适用相关规则，以作为合同的补充解释。

关于融资租赁合同的性质，学者间分别根据融资租赁合同的经济功能、法律手段或起源发展过程等因素加以考量，产生了多种学说，这些学说均有其立论基础，然而反对者则对其不完善之处也有所评论。[4]

（一）借款合同说[5]

此说系着重于融资租赁合同的经济功能，认为其具有借款的实质，即融资租赁合同的本质在于出租人融通资金让承租人得以使用标的物，而非出租人取得租赁物的所有权后，将该物交付予承租人为使用收益的过程。但是，融资租赁的利益在于“使用”功能及以租赁物为出租人债权担保的功能，此说未能对之加以说明，且融资租赁交易中出租人的金钱，是移转交付租赁物的出卖人，而非承租人，出租人并保有租赁物的所有权，在承租人违约时出租人有权取回租赁物的特性，均非借款合同所能包含。

---

① 参见王利明：《合同法研究》（第三卷）（第二版），中国人民大学出版社2015年版，第349页。

② 参见湖南省衡阳市中级人民法院（2016）湘04民再7号民事判决书。

③ 参见福建省高级人民法院（2015）闽民申字第864号民事裁定书。

④ 以下学说参见吴启宾：《租赁之理论与实务》，台北司法周刊杂志社1992年版，第237—241页。

⑤ 我国台湾地区学者称之为“金融消费借贷说”。依我国台湾地区规定，称消费借贷者，让当事人一方移转或其他代替物之所有权于他方，而约定他方以种类、品质、数量相同之物返还之契约。

（二）借用合同说[①]

此说亦系着眼于融资租赁的融资形式，认为融资租赁是以物之授信代替金钱的授信，只要出租人提供的租赁物为代替物，即可成为消费借贷的标的物。不过，在物的消费借贷关系中，借贷标的物一经贷与人移转所有权予借用人，即成为借用人的财产，借用人并能终局地保有标的物，而只需于借用期限届满时返还同种类、品质、数量之物即可；然而融租赁交易中，出租人自始均保有租赁物的所有权，而未移转所有权与承租人，承租人所需返还的是原租赁物，而非其代替物。因此，其与借用合同性质殊有不同。

（三）分期付款买卖合同说

此说认为融资租赁交易中承租人享有在租赁期限届满后购买租赁物的选择权，与附所有权保留约款的分期付款买卖中的买受人，在清偿最后一期价款即取得买卖标的物的所有权相同，而且出租人保有租赁物所有权，仅为担保其价金债权，其于租赁物交付承租人后，除负担承租人不为给付或不能给付之风险外，不负其他风险，无异于交付买卖标的物后的出卖人。此外，租赁期限大多接近租赁物的使用期限，与传统租赁的承租人仅取得一时之使用权不同，因此，融资租赁的本质实为分期付款买卖。但是，融资租赁合同的出租人之所以不利用买卖的方式，重在追求融资利益，而非销售利益，承租人虽享有购买租赁物的选择权，但承租人在租赁期限届满后未必行使，此与附所有权保留约款之分期付款买卖中的买受人，在付清价金后即取得标的物所有权者不同，况且并非所有融资租赁合同均赋予承租人购买租赁物的选择权。此外，融资租赁交易当事人的目的重在租赁物的使用收益，而非取得所有权。因此，两者的法律结论不同，此说亦无法说明融资租赁的性质。

（四）特殊租赁合同说

此说重视融资租赁合同所采取的法律手段甚过其内在的经济本质，认为在融资租赁交易中，出租人负有交付租赁物于承租人使用收益的义务，而承

① 我国台湾地区学者称之为“物之消费借贷说”。

租人则负有给付租金于出租人的义务，正好与租赁合同的形式要件相符。至于出租人所负担的使租赁物适于约定使用收益的状态、修缮、瑕疵担保、危险担保等义务，则依特约予以免除，故为特殊租赁合同。反对者则认为，合同形式仅为确定合同属性之标准之一，并非唯一标准，融资租赁中出租人重在取得融资利益，而非租赁利益，且出租人于交付租赁物后，已不负任何义务，已失去租赁合同为义务合同的性质。而且在传统租赁理论中，承租人所支付的租金被认为是在租赁期限使用租赁物的对价。但是，在融资租赁交易中，承租人对出租人定期支付的租金，基本上是以出租人购买租赁物的价款加上相应利息、费用及预计利润，扣除预估租赁物在租赁期满时的残余价值及出租人可享有的租税价惠之后的数额，再除以租赁期限计算而得。因此，虽然就同一租赁物，如租赁期限较长则承租人每期所应支付的租金即较低，如租赁期限较短，则每期所应支付的租金即需增加，因此，承租人所支付的租金并非对于租赁物使用收益的对价，这一点与传统租赁理论的租金概念并不相同。

（五）无名合同说（独立交易说）

此说置重于融资租赁的经济性质，认为其为具有金融本质的无名合同。因为融资租赁合同似乎排除了民法上关于租赁合同的任意规定的适用，尤其出租人的主要义务，如修缮、瑕疵担保等作为租赁物所有人的义务，均已不复存在，至于承租人因使用收益租赁物所支付的租金，可以说是以分期付款的方式，无条件地偿还出租人购入租赁物所支出的价金、利息及利润。因此，与其认定融资租赁为特殊租赁，还不如解释为类似于租赁的无名合同为佳。此说虽可能注意融资租赁的特质及传统租赁规则无法适用的问题，但论者的主张稍显消极，不能积极解决问题。

（六）动产担保交易说

此说以为融资租赁发源于美国，依《美国统一商法典》的规定，融资租赁在法律性质上属于动产担保交易，已不成问题，且认定其为动产担保交易，不仅能兼容上述各种学说的优点，克服其缺点，并能说明融资租赁所具有的融资、担保、使用的功能。但是，在1988年《美国统一商法典》新增第二编之一（Article 2A）之后，融资租赁交易被重新界定，[①]被作为一种独立的动产交易形态予以固定化，无须登记，但构成动产担保交易的融资租赁交易，应在统一的动产担保登记系统中登记融资声明书，[②]才能对抗第三人。不过，虽然《美国统一商法典》上对融资租赁作了真实的融资租赁和构成动产担保交易的融资租赁之分，并分别适用第二编之一和第九编，但法典对两者区分标准的规定并不明晰，因此，那些关心交易产生的是融资租赁还是动产担保权的出租人将仍然会在登记系统中登记保护性融资声明书。[③]

我国《民法典》将融资租赁合同作专章规定，认为融资租赁是一种独立的交易形态，既不同于借款合同、借用合同，也不同于租赁合同，实值赞同。但《民法典》第388条又将出租人的所有权功能化为担保物权，由此增加了解释上的分歧。民事法律关系依其不同性质，分别定位于《民法典》的不同分编。《民法典》坚守物债两分的体系，将物权法律关系规定于物权编，将因合同所产生的债权债务法律关系规定于合同编。在物权变动的原因和结果相区分原则之下（第215条），物权变动的原因（民事法律行为）主要是合同，属于合同编的调整范围，而是否发生物权变动的结果以及物权的效力与保护，则受物权

---

① 《美国统一商法典》第2A-103条（1）（g）规定："'融资租赁'指这样一种租赁，就该租赁而言：（i）出租人不选择、制造或者提供（租赁）标的物；（ii）出租人因租赁而取得标的物或者标的物的占有权和使用权；（iii）以下情形之一出现：（A）承租人在签署租赁合同之前收到出租人据此取得标的物或标的物的占有权和使用权的合同的副本；（B）承租人批准出租人据此取得标的物或者标的物的占有权和使用权的合同系租赁合同生效之条件；（C）承租人签署租赁合同之前收到一份指明由租赁物的供货人根据出租人据此获得租赁物或租赁物的占有权和使用权的合同或者作为合同之部分而向出租人提供的允诺和担保以及对担保的否认，对救济或违约金的限制或变更（包括第三人，如租赁物的制造人，所作之同类意思表示）的准确而完整的声明；或者（D）如果租赁非为消费租赁，则出租人在承租人签署租赁合同之前书面告知承租人（a）租赁物供应人的身份，但承租人选择此人并指示出租人取得租赁物或租赁物的占有权和使用权的除外，（b）依据本编承租人有权享有由供货人根据出租人据此取得租赁物或者租赁物的占有权和使用权的合同或者作为合同之部分而向出租人提供的约诺和担保，包括第三人的允诺和担保，（c）承租人可以与出租人的供货人联系，并且可以接收关于那些允诺和担保（包括对允诺和担保或救济的任何否认及限制）的准确而完整的声明。"

② "financial statement"，又译担保声明书。

③ See Coogan, "Leasing and the Uniform Commercial Code", in Ian Shrank & Arnold G. Gough, Jr (eds), *Equipment Leasing–Leveraged Leasing*, 2d, edn, New York: Practising Law Institute, 1980, pp.744–746.

编的规制。《民法典》合同编融资租赁合同章一般仅涉及当事人之间的债权债务关系问题，且其中规则多具任意法属性，得由当事人依约定而排除适用。

融资租赁交易的功能化转向，并不涉及融资租赁合同中当事人之间的债权债务关系，仅表明对出租人的物权保护，由所有权转向担保物权，其立法意旨在于规制“手段超过目的”，借由功能化转向，明确出租人取回租赁物和实行功能化的担保物权之时的清算义务，以实现出租人和承租人之间的利益平衡。就《民法典》上所确立的物权行使和保护的程序规则而言，如出租人自力实现不能在所有权构造之下，出租人在救济程序上尚须申请启动普通民事诉讼程序并在取得胜诉裁判之后，依强制执行程序得以实现；与此不同的是，在担保权构造之下，出租人实现其功能化的担保物权，自可类推适用《民法典》第410条第2款，选择申请启动实现担保物权案件特别程序，在取得许可裁定之后再申请强制执行。两者相较，以后者更为简便、迅捷。

融资租赁交易的规制重心，并不在于其为融资租赁合同，而是在于其担保权构造。[①]虽然《民法典》将出租人对租赁物的所有权功能化为担保物权，但在承认购买价金担保权超优先顺位规则的情形之下，出租人的权利并未受到实质性的影响。相反，借助于担保物权规则，租赁物上竞存权利之间的优先顺位、承租人违约后救济的程序保障等得以明晰的确立，增加了融资租赁交易的确定性。唯一不同的是，承租人破产之时，在所有权构造之下，出租人基于其所有权可得主张破产取回权；但在担保权构造之下，出租人仅得主张破产别除权。在我国《企业破产法》就破产别除权的行使与保护存在诸多限制的情形之下，破产取回权的地位明显优于破产别除权。不过，《企业破产法》的修订已经纳入立法规划，既有规则的失当之处即可经由修法加以解决。

三、融资租赁合同法律关系的具体认定

《融资租赁解释》第1条规定，人民法院应根据本条的规定，结合标的物的性质、价值、租金的构成以及当事人的合同权利和义务，对是否构成融资租赁法律关系作出认定。值得注意的是，融资租赁作为一种特殊的租赁形式，兼

---

① 参见游进发：《附条件买卖之基本结构》，载《物权法之新思与新为——陈荣隆教授六秩华诞祝寿论文集》，台北瑞兴图书股份有限公司2016年版，第410页。

具有融资的经济功能，若仅以签约时是否有融资的动机判断合同性质，则融资租赁与借款殆无区别，法律上亦不再有必要并存融资租赁和借款两种不同性质的合同。由此足见，当事人之间合同的法律性质，并非由当事人签订该合同时在经济上的动机所决定，而应当由该合同所约定的主给付义务决定。[①]

（一）标的物的性质与融资租赁合同法律关系的认定

从国外的融资租赁实践看，租赁物多以工业设备、交通运输设备为主。但在我国，则出现了不少以房地产、公路、城市地下管网等不动产，以及商标权、专利权、特许经营权等权利作为租赁物的“融资租赁合同”，对此类合同的性质认定问题，是司法实践争议的焦点。融资租赁交易的标的物主要有以下要件：[②]第一，标的物不属于禁止流通物。如标的物是国家禁止限制流通之物，其买卖合同自属无效，其不能作为融资租赁合同的标的物。第二，标的物的所有权和使用权可以分离。标的物的所有权属于出租人所有，使用权属于承租人所有，若所有权和使用权无法分离，如货币，则不能成立融资租赁合同。第三，标的物为非消耗物。消耗物不能重复使用，一经使用即改变其原有形态、性质；非消耗物经反复使用也不会改变其形态、性质。如标的物为消耗物，则出租人的所有权无法得到保障，承租人持续使用租赁物的目的也无法达致。第四，标的物一般为有体物。《金融租赁公司管理办法》第4条规定，“适用于融资租赁交易的租赁物为固定资产”，这里的固定资产包括动产和不动产，排除无形资产。第五，标的物应由承租人选择并由出租人出资购买。这是融资租赁交易的特殊之处。

在一起以“四块灵璧石”为租赁物的售后回租型融资租赁交易纠纷中，最高人民法院认为，“关于案涉四块灵璧石，某公司主张案涉四块灵璧石不属于可租赁范围，理由是根据《融资租赁企业监督管理办法》第十九条、第二十条规定，租赁物应当为不可消耗物，国家允许流通的物。但某公司所引规范依据与主张的理由内容不一致，且关于租赁物的范围系监管部门行使监管职责的内容，并非人民法院认定融资租赁合同关系的依据”。并主张，“售后回租交易当中，承

① 参见上海市第一中级人民法院（2017）沪01民终4134号民事判决书。

② 参见李中华：《融资租赁运作实务与法律风险防范》，法律出版社2012年版，第122页。

租人向出租人让渡租赁物的价值，同时取得租赁物的使用收益，从而达到融资的效果，其内容是融资，表现形式是融物。参照中国人民银行同期贷款利率作为计算租金利率的方法，在一定期限内收回本金均是售后回租交易的特征，也是融资租赁业务具有融资功能的体现。但上述两个特征是众多融资业务的基本特征，某公司以此认定案涉交易系金融借贷业务，本质上是以融资租赁业务的一般交易特征来否认细分领域的某一具体交易的法律性质，不符合法律论证的逻辑，未能合理解释案涉四块灵璧石所有权已经转移的事实。《金融租赁公司管理办法》第二十六条规定金融租赁公司可以经营融资租赁业务，即有权开展基于购买租赁物而发生的融资业务，某金融公司从事案涉交易行为无需规避上述行政监管要求。某公司主张案涉交易系金融借贷业务，某金融公司有意规避监管要求，案涉交易合同因违反《中华人民共和国合同法》第五十二条第三款的规定应认定无效的理由，本院不予采信。一审法院认定案涉《买卖合同》、《融资租赁合同》有效，认定事实适用法律并无不当”。[①]“灵璧石”是否叙做融资租赁业务，值得研究。融资租赁交易中的“融物”属性决定了承租人在交易中所追求的目标是利用租赁物并产生收益。“灵璧石”是否能达致这一目的，尚值怀疑。

最高人民法院对租赁物包括企业厂房、设备在内的融资租赁合同，倾向于认定构成融资租赁合同关系。理由是，此类租赁物符合银保监会及商务部有关租赁物为固定资产的规定，体现出融资与融物相结合的融资租赁特征，也符合通过融资租赁支持实体经济的产业政策。从权利义务关系的设定上来看，将企业的厂房、设备的所有权转移给出租人，并在此基础上建立的融资租赁合同关系符合《民法典》第735条有关融资租赁合同的权利义务关系的规定。就商业地产而言，承租人为融资需要，以融资租赁合同的方式取得商业地产的使用权，并实际占有使用租赁物，出租人作为租赁物的所有权人，在其物权担保得到保障的前提下，提供融资便利，并不违反法律法规的强制性规定，也并非政府房地产调控政策的调整对象和目标，故也不应以其租赁物为不动产而否定融资租赁合同的性质和效力。[②]

---

① 参见最高人民法院（2019）最高法民终222号民事判决书。

② 参见人民法院出版社编：《司法解释理解与适用全集·合同卷2》，人民法院出版社2018年版，第1092—1094页。

（二）标的物的价值与融资租赁合同法律关系的认定

标的物的价值是否公允，也是认定融资租赁合同法律关系的关键。标的物的价值明显偏低、无法起到担保租赁债权实现的情形，此际，仅有融资之实，而无融物之实，难以认定为融资租赁合同法律关系。如将价值100元的设备估价为1000万元，并以此作为融资租赁合同的标的物。即使由出租人享有所有权，但该租赁物显然不足以作为出租人的物权保障。实务中，出租人对此大多知悉，且多以另外签订保证合同的方式，将其债权保障依附于保证合同之上。此际，虽然当事人将其交易结构设计为融资租赁合同，但实为在信贷管制严格的客观条件下，以融资租赁合同的方式进行变相贷款。在此类交易中，有关租赁物的估价、买卖、残值的约定、取回权的行使，均背离了融资租赁合同关系的一般法律规则，如简单按照合同的名称，将其纳入融资租赁合同法律关系中进行调整，不仅违背了双方当事人的真实意思，也可能造成事实上的权利义务不对等或不公平。如有裁判即认为，“融资租赁合同具有融资与融物相结合的特点，融资租赁关系中包括两个交易行为，一是供货人和出租人之间的买卖合同，二是承租人与出租人之间的租赁合同。两个合同相互结合才能构成融资租赁合同关系，缺一不可。如无实际租赁物或者租赁物所有权未从出卖人处转移至出租人或者租赁物的价值明显偏低，则应认定该类融资租赁合同没有融物属性，系以融资租赁之名行借贷之实，应属借款合同”。[①]

（三）租金的构成与融资租赁合同法律关系的认定

租金因素不仅是融资租赁合同区别于普通租赁合同的重要特征，也是融资租赁合同中最重要的合同条款，是租赁公司确定盈利标准的重要考量因素。《民法典》第746条规定，融资租赁合同的租金，除当事人另有约定的外，应当根据购买租赁物的大部分或者全部成本以及出租人的合理利润确定。由此可见，融资租赁交易中的租金，不仅是租赁物使用的对价，更是“融资”的对价。[②]

---

① 参见最高人民法院（2018）最高法民再373号民事判决书。

② 参见刘冬平、虞臣伟：《融资租赁合同中租金组成的法律分析》，载《中国市场》2012年第35期。

在融资租赁合同中，租金除包括租赁物购买价款及其利息之外，一般还包括其他成本，如保险、正常维修和保养费用以及一定的税务成本。出租人的合理利润是租金的另外一个构成。据测算，融资租赁公司的利润来源主要包括：（1）利差，约为2%，通常来说，出租人向承租人收取的租金利率高于银行贷款利率2个百分点左右；（2）手续费，为合同金额的1%—1.5%；（3）租前息，对在正式计算租金前占用出租人的资金（如开信用证所占资金）而计收的利息；（4）出卖人的回扣，约6%，由出卖人实现租赁物销售时向出租人支付。根据以上计算，融资租赁公司的表面利润率（总资产收益率）一般为3%—4%。司法解释将租金的构成作为融资租赁合同关系的认定因素，主要是考虑到在正常的融资租赁合同中，租金由出租人的资金成本加上费用及利润构成，但有的融资租赁合同约定的租金显著高于前述计算方式的数倍甚至数十倍，实际上也是以融资租赁合同掩盖真实的借贷合同。对此，也不宜认定为融资租赁合同关系。

值得注意的是，租赁物的残值较大之时，租金的构成并不覆盖购买租赁物的大部分或者全部成本，不宜仅据此而否定融资租赁交易法律关系的构成。此时，租金应为购买租赁物的全部成本除去残值，应付租金与租赁物的经济摊销期限具有对应关系。[①]详见本书第746条评注。

四、“三方结构说”与“两方结构说”之争

本条对融资租赁合同作出了定义，据此，立法机关的学理解释认为典型的融资租赁涉及三方当事人（出租人、承租人、出卖人）和两个合同（融资租赁合同和买卖合同），其中出租人与出卖人之间签订买卖合同，出租人与承租人之间签订融资租赁合同；在形式上融资租赁合同还包括回租、转租、杠杆租赁等。[②]此即所谓三方结构说（tripartite arrangements）。[③]该说认为，本条明确提

---

① See Unidroit Secretariat, Explanatory Report on the Draft Convention on International Financial Leasing, Study LIX-D.48, October 1987, p.46.

② 参见全国人民代表大会常务委员会法制工作委员会编：《中华人民共和国合同法释义》（第3版），法律出版社2013年版，第384页。

③ See Barkley Clark, Barbara Clark, *The Law of Secured Transactions Under the Uniform Commercial Code*, v1, Washington D.C.: A.S. Pratt, 2011, p.1-55.

到了出卖人，表明出卖人在融资租赁合同中处于一方当事人地位，同时认为，规定出卖人作为融资租赁合同当事人有利于维护出卖人的权益，也有利于对出卖人形成有效的约束，有利于承租人向出卖人提出请求。[①]不过，融资租赁合同在生效以后，其法律效力并不完全等同于买卖、租赁合同。仅就出租人对承租人所负担的义务而言，其并不同于一般租赁中出租人的义务，如其并不负担租赁物的维修义务，也不负担租赁物的瑕疵担保义务。就买卖合同而言，融资租赁合同的出卖人向承租人而非买受人（出租人）履行交付标的物和瑕疵担保义务，也不同于买卖合同。因此，融资租赁合同不是买卖合同和租赁合同的简单相加，而是一种相互交错在一起的关系。一般认为，融资租赁集借贷、租赁、买卖于一体，是将融资和融物结合在一起的交易方式。[②]

笔者认为，融资租赁合同本身即为一种独立的典型合同，并不由买卖合同和融资租赁合同构成。理由如下：[③]

第一，仅就本条之文义，尚无法得出融资租赁交易三方结构安排的结论。本条规定："融资租赁合同是出租人根据承租人对出卖人、租赁物的选择，向出卖人购买租赁物，提供给承租人使用，承租人支付租金的合同。"在这里，"出租人……向出卖人购买租赁物"一语并不能说明出卖人即为融资租赁合同的当事人，而仅仅是表明融资租赁交易中租赁物的来源，体现了交易中的"融资"特色，[④]并以此与一般租赁交易相区别。融资租赁交易的核心在于"出租人……提供给承租人使用，承租人支付租金"。在《合同法》之后颁布的《金融租赁公司管理办法》（2000年颁布，2007年、2014年修订）即较好地传达了《合同法》的本义，其在第3条规定："本办法所称融资租赁，是指出租人根据承租人对租赁物和供货人的选择或认可，将其从供货人处取得的租赁物按合同约定出租给承租人占有、使用，向承租人收取租金的交易活动。"

---

① 参见王利明：《合同法研究》（第三卷）（第二版），中国人民大学出版社2015年版，第346—348页。

② 参见何志：《合同法分则判解研究与适用》，人民法院出版社2002年版，第274页。

③ 参见高圣平、王思源：《论融资租赁交易的法律构造》，载《法律科学》（西北政法大学学报）2013年第1期。

④ 参见全国人民代表大会常务委员会法制工作委员会编：《中华人民共和国合同法释义》（第3版），法律出版社2013年版，第384页。

这里更加明晰地表明了融资租赁交易结构的核心："出租人……将……租赁物……出租给承租人占有、使用，向承租人收取租金"，至于出卖人在融资租赁交易中的地位，该条明确指出仅仅只是"出租人……从供货人处取得……租赁物"，即仅表明租赁物的来源。

第二，从《民法典》合同编第十五章"融资租赁合同"的内容来看，也无法得出融资租赁交易三方结构安排的结论。本法第736条第1款规定："融资租赁合同的内容一般包括租赁物的名称、数量、规格、技术性能、检验方法，租赁期限，租金构成及其支付期限和方式、币种，租赁期限届满租赁物的归属等条款。"虽然这一条文并非强制性规范，但就法律本身所倡导的内容来看，这里并不包括出租人与出卖人之间买卖交易的内容，而仅涉及出租人和承租人之间的租赁交易。该章中提到出租人与出卖人之间买卖交易的仅有第739条（租赁物的交付和受领）、第740条（出卖人违约交付标的物的救济）、第741条（出卖人违约的索赔权）、第742条（承租人行使索赔权对租金给付义务的影响）、第743条（因出租人的原因导致承租人索赔权失败的法律后果）、第744条（买卖合同变更的特别规定）。其中，第741条以承租人、出租人和出卖人三方约定为前提，可以暂不纳入讨论范围。第739条实际上是买卖合同的替代履行，由承租人替代出租人作为买卖合同中标的物的受领人。承租人"之所以能够向买卖合同中的出卖人主张标的物的交付，是因为在买卖合同中就有这样的条款，承租人就是基于买卖合同中的此项约定，享有从出卖人处受领标的物的权利的"。[①]这正好说明了买卖交易与融资租赁交易的分离，承租人与买卖交易无涉，只是因为买卖合同的约定才"加入"买卖合同之中，但这并不说明承租人本来就是买卖合同的当事人。第744条关于未经承租人同意，出租人不得变更买卖合同的规定，也说明了承租人不是买卖合同的当事人。由此可见，《民法典》合同编第十五章"融资租赁合同"有关买卖的条文，都只是强调融资租赁交易中出租人取得标的物所有权的经济目的，并基于此，将买卖交易有关的受领和救济权利赋予承租人。仅此并不足以认定融资租赁交易包括买卖合同和融资租赁合同。本章并未规定出租人（买受人）与出卖

---

① 参见黄建中：《合同法分则重点疑点难点问题判解研究》，人民法院出版社2006年版，第294页。

人之间买卖交易的权利义务，也未规定融资租赁交易中买卖交易的援引性规定。如果本章采纳三方结构说，就应当有一个援引性规定来规定其中买卖交易的法律适用，例如，“除本章另有规定外，出租人（买受人）与出卖人之间的买卖合同，适用本法买卖合同一章的规定。”这里，仅有一种解释：融资租赁交易只有一个交易和两方当事人（出租人和承租人），亦即我国《民法典》上采取的是两方结构说。至于出租人作为买受人与出卖人之间的买卖交易关系，自应适用《民法典》合同编第九章“买卖合同”的规定。

第三，融资租赁交易三方结构说本身就陷入了逻辑上的怪圈。三方结构说下，融资租赁合同由买卖合同和融资租赁合同两个合同所构成，那么，前一个融资租赁合同和后一个融资租赁合同有何区别？有学者认识到这一点，就将后一个融资租赁合同改换称谓。如有观点认为：“融资租赁合同由买卖合同和租赁合同两个合同所组成。”[①]但这里所使用的“租赁合同”中当事人的权利和义务又如何与《民法典》合同编第十四章“租赁合同”相区分？在体系解释之下，两者应作同一解释，但融资租赁合同中的“租赁合同”显然与《民法典》合同编第十四章“租赁合同”相去甚远。还有观点认为：“融资租赁合同由两个合同——买卖合同和融资性租赁合同构成。”[②]

第四，以国际公约采取三方结构安排来论证我国融资租赁交易的三方结构说，[③]虽遵循了历史解释方法，但仍显不足。尽管《国际融资租赁公约》采取了三方结构安排，但为弥补该公约之不足，国际统一私法协会另外就特定的价值动产所起草的《移动设备国际利益公约》及三大议定书就融资租赁交易采取的是两方结构安排，其仅涉及出租人和承租人。[④]随后，国际统一私法协会起草的《租赁示范法》亦是采取两方结构。[⑤]该示范法是最新的国际文件，

---

① 参见陈小君主编：《合同法学》，高等教育出版社2004年版，第329页。

② 参见崔建远：《合同法》，法律出版社2008年版，第419页。

③ 参见全国人民代表大会常务委员会法制工作委员会编：《中华人民共和国合同法释义》（第3版），法律出版社2013年版，第384页。

④《移动设备国际利益公约》第2条第2款，另参见Roy Goode, Convention on International Interests in Mobile Equipment and Protocol There to on Matters Specific to Aircraft Equipment: Official Commentary, Revised edition, Rome: UNIDROIT, 2008, pp.13, 169.

⑤ Unidroit Model Law on Leasing (13 November 2008), Chapter 1, Art.2, and Chapter 2.

反映了融资租赁比较法上的新发展，为转型国家的融资租赁立法提供了范本。该示范法虽然基本上采纳了《国际融资租赁公约》关于融资租赁的定义，但却改变了交易结构，仅将承租人作为买卖合同的受益人（beneficiary of supply agreement），并未将出卖人作为融资租赁交易的当事人。[①]由此可见，在比较法层面，三方结构和两方结构均有立法例支持，仅言及其中之一，未免有失偏颇。

裁判实践中，为厘清当事人之间的法律关系，有法院即认为，“融资租赁合同与买卖合同属于不同的法律关系，融资租赁合同关系下双方当事人为出租人和承租人，不包括出卖人。”“虽然本案所涉及的融资租赁合同关系与买卖合同关系之间在合同主体上有交叉，即出卖人也是出租人，但权利义务并不存在牵连，当事人之间不会基于租赁物的交付及是否符合质量标准等产生相互牵连的权利义务关系，因此，融资租赁合同案件的审理不会对买卖合同案件的当事人的利益关系产生影响。”[②]

其他问题

一、融资租赁交易是否可以以未来财产为标的物而展开

《融资租赁公司监督管理暂行办法》第7条第2款规定：“融资租赁公司开展融资租赁业应当以权属清晰、真实存在且能够产生收益的租赁物为载体。融资租赁公司不得接受已设置抵押、权属存在争议、已被司法机关查封、扣押的财产或所有权存在瑕疵的财产作为租赁物。”由此引发了融资租赁交易是否可以以未来财产为标的物而展开的争议。在融资租赁交易中，出租人给付租赁物价金、出卖人交付标的物和承租人给付租金这三个时间点之间通常不一致。一般情况下，出租人给付价金的时间与承租人给付租金的时间是一致的，因为在解释上，出租人一旦给付价金，即发生成本和财务费用，承租人即应自此开始给付价金，而并不以其已经受领租赁物并开始使用租赁物为前

① Unidroit Model Law on Leasing (13 November 2008), Chapter 1, Art.2, and Chapter 2.

② 北京市高级人民法院（2017）京民终334号民事判决书。

提。在契约自由之下，这三者之间的关系完全由当事人自由约定，没有必要在法律上进行干预。例如，承租人拟采购某生产厂商生产的成套设备（专用设备），但自有资金不足，寻求融资租赁公司的介入，在融资租赁公司根据承租人的指定与该生产厂商进行洽购时，该生产厂商提出应先预付80%的价款，才能投入生产，半年后才交付该成套设备。就此交易而言，融资租赁公司须先与生产厂商签订买卖合同，并先支付大部分设备价款，但生产厂商半年后才交付设备；同时，融资租赁公司须与承租人签订融资租赁合同，租赁物过半年后才交付，但自合同生效之日起，承租人即应按月支付租金。虽然此时承租人并未开始使用租赁物，但基于融资租赁交易融资和融物并存的属性，在融资租赁公司已经开始给付租赁物价金的情况下，承租人自应依约定开始给付租金，而不管其是否使用租赁物。由此可见，融资租赁交易可以以未来财产为标的物而展开。

与《融资租赁公司监督管理暂行办法》第7条第2款规定不同的是，《金融租赁公司管理办法》第34条规定："售后回租业务的租赁物必须由承租人真实拥有并有权处分。金融租赁公司不得接受已设置任何抵押、权属存在争议或已被司法机关查封、扣押的财产或所有权存在瑕疵的财产作为售后回租业务的租赁物。"这里，将租赁物真实存在的要求仅限于售后回租。就直接租赁而言，第32条规定："金融租赁公司应当合法取得租赁物的所有权。"这里，并未作出相同的限定。

二、不动产是否可以叙做融资租赁交易业务

融资租赁作为一种新型交易形态，各国在法制发展过程中均对其作了一定程度的规制。就融资租赁交易是否可以不动产作为标的物，一直存在争议。一种观点认为，融资租赁交易的标的物仅限于动产，不动产融资完全可以借助其他制度来达致；[①]另一种观点认为，融资租赁交易的标的物既可以是动产，也可以是不动产，融资租赁的交易结构不同于信贷担保等其他类似交易，不

---

① 参见李鲁阳主编：《融资租赁若干问题研究与借鉴》，当代中国出版社2007年版，第95页。

动产信贷担保制度并不能排除不动产融资租赁交易。[①]笔者赞成第二种观点，理由如下：

第一，在金融市场细分的态势之下，信贷等正规金融和融资租赁、信托、保险、典当等非正规金融各有其金融产品和服务对象。在“紧紧围绕使市场在资源配置中起决定性作用深化经济体制改革”[②]“鼓励金融创新，丰富金融市场层次和产品”[③]的大背景之下，不宜对标的物的范围作出限制性规定，这样才能满足实体经济多元化的金融服务需求。不动产融资的各种金融产品的交易模式和交易成本各有不同，完全可以由市场主体参酌具体情事自由选择。现如今，不动产融资的渠道主要是银行信贷，但不可忽视的是，典当交易和小额贷款交易等非正规金融已经在不动产融资中占据着一席之地，同样属于非正规金融的融资租赁交易自可在不动产融资中发挥相应作用。如此，才能增强市场机制在金融资源配置中的决定性作用。

融资租赁交易兼具“融资”和“融物”的双重特色，所“融”之“物”应当具备以下条件：其一，必须是具有交换价值和使用价值的财产，否则无法达到融资租赁交易的“融物”目的。其二，必须是可以转让的财产。在典型的融资租赁交易中，出租人应按承租人的指令购买财产，并将之出租给承租人，“不可转让的财产”将无法由出租人取得，亦就无法充当融资租赁物。其三，必须是使用寿命较长的财产。融资租赁交易是涉及数方的金融安排，其交易成本较之一般的买卖交易和租赁交易都要高，这就决定了租赁物的使用寿命必须较长才能实现交易的目的。从实践中的情况看，融资租赁交易的标的物均是高价值、使用寿命较长的财产。因此，不动产就是适于融资租赁的标的物。

有裁判认为，融资租赁合同要求“融资”与“融物”相结合，既要“融资”，又要“融物”。“融物”指的是合同中的标的物所有权应发生转移，出卖

① 参见李鲁阳主编：《融资租赁若干问题研究与借鉴》，当代中国出版社2007年版，第238页。

② 《中共中央关于全面深化改革若干重大问题的决定》“一、全面深化改革的重大意义和指导思想”之（2）。

③ 《中共中央关于全面深化改革若干重大问题的决定》“三、加快完善现代化市场体系”之（12）“完善金融市场体系”。

给出租人，否则就不是融资租赁合同。“双方在合同中虽约定了租赁房产所有权转移，但在实际履行合同中，某公司未提供任何证据证明其曾要求过某房地产公司履行房产过户的义务，且双方至今也未办理案涉房产产权变更登记。双方只是办理了房产抵押手续，由某房地产公司以抵押人名义将案涉房产抵押给某公司，该房产抵押只不过是对某公司资金安全的保障形式。换言之，即租赁期间，租赁房产的所有权仍属于某房地产公司所有，所有权未发生转移，某公司对租赁物不享有所有权，故双方在履行该合同时并无实际转让房产的意愿，双方只有‘融资’之实，无‘融物’之法律要件，即不动产所有权的转移。双方的真实意思表示不是融资租赁，而是不动产抵押借款。所以，案涉合同名为融资租赁合同，实为借款抵押合同。”①

第二，我国法律、行政法规并未禁止不动产作为融资租赁物。本条规定：“融资租赁合同是出租人根据承租人对出卖人、租赁物的选择，向出卖人购买租赁物，提供给承租人使用，承租人支付租金的合同。”这里，并没有将不动产排除于“租赁物”之外。《民法典》第703条规定：“租赁合同是出租人将租赁物交付承租人使用、收益，承租人支付租金的合同。”依体系解释方法，这两条所称的“租赁物”应作同一理解。第703条位于《民法典》合同编第十四章“租赁合同”，同章第726条②和第732条③均以不动产租赁物为规制对象。很明显，第703条中“租赁物”既包括动产，又包括不动产。因此，本条所规定的融资租赁物也包括动产和不动产。除《民法典》外，其他法律、行政法规对不动产融资租赁并未作禁止性规定。在法律、行政法规未作禁止性规定的情况下，依私法上“法无禁止即为允许”的基本原理，自应允许不动产作为融资租赁交易的标的物。

第三，我国相关部门规章和规范性文件已经承认不动产融资租赁交易。《金融租赁公司管理办法》第4条规定：“适用于融资租赁交易的租赁物为固定

---

① 最高人民法院（2018）最高法民终467号民事裁定书。

② 该条规定：“出租人出卖租赁房屋的，应当在出卖之前的合理期限内通知承租人，承租人享有以同等条件优先购买的权利；但是，房屋按份共有人行使优先购买权或者出租人将房屋出卖给近亲属的除外。”

③ 该条规定：“承租人在房屋租赁期限内死亡的，与其生前共同居住的人或者共同经营人可以按照原租赁合同租赁该房屋。”

资产，银监会另有规定的除外。”《融资租赁公司监督管理暂行办法》第7条第1款规定：“适用于融资租赁交易的租赁物为固定资产，另有规定的除外。”根据《企业会计准则第4号——固定资产》第3条的规定：“固定资产，是指同时具有下列特征的有形资产：（一）为生产商品、提供劳务、出租或经营管理而持有的；（二）使用寿命超过一个会计年度。使用寿命，是指企业使用固定资产的预计期间，或者该固定资产所能生产产品或提供劳务的数量。”准此，《金融租赁公司管理办法》《融资租赁公司监督管理暂行办法》已经明确了不动产可以作为融资租赁物。而财政部、国家税务总局也已发布相应的不动产融资租赁交易征税规则。[①]由此可见，不动产融资租赁已经取得有关政府部门的认可。

第四，在比较法上，仅就融资租赁物的范围而言，通常仅将消耗物排除在租赁物之外，并不明确禁止不动产作为融资租赁物。德国、西班牙、日本等国虽对融资租赁物的范围没有作出具体规定，但不动产作为租赁物在法律上并没有障碍。[②]俄罗斯、哈萨克斯坦、乌兹别克斯坦、韩国等国甚至明确规定不动产可以作为融资租赁物。[③]相关的示范法也就融资租赁物的范围作了明确。如《中亚国家融资租赁示范法》第4条规定：“租赁物可以是用于商业活动的任何非消耗物。”在解释上，非消耗物当然包括不动产。《国际统一私法

---

① 《财政部、国家税务总局关于房产税城镇土地使用税有关问题的通知》在第3条“关于融资租赁房产的房产税问题”中指出：“融资租赁的房产，由承租人自融资租赁合同约定开始日的次月起依照房产余值缴纳房产税。合同未约定开始日的，由承租人自合同签订的次月起依照房产余值缴纳房产税。”

② 参见李鲁阳主编：《融资租赁若干问题研究与借鉴》，当代中国出版社2007年版，第231—351页。

③ 《俄罗斯联邦融资租赁法》第3条第1款规定：“任何可以用于经营活动的非消耗物，包括公司和其他资产、建筑物、在建物、设备、交通工具和其他不动产和动产，都可以作为租赁物。”第2款规定：“土地和其他自然遗产以及根据联邦法律禁止自由流通或限制流通的物不得作为租赁物。”《哈萨克斯坦共和国融资租赁法》第4条规定：“租赁对象可以是房屋、建筑物、机器、设备、用具、土地和其他未损物品。”《乌兹别克斯坦共和国租赁法》第3条规定：“租赁资产可以是任何的非消耗物，包括企业、不动产、建筑、构件、设备、交通设施和其他用于经营活动的动产和不动产。”《韩国租赁业务条例》第7条之二规定：“租赁物件等的范围……c.不动产与a、b物件直接相关的财产。”参见李鲁阳主编：《融资租赁若干问题研究与借鉴》，当代中国出版社2007年版，第231—351页。

协会租赁示范法》一体调整租赁和融资租赁，[①]在其第2条“定义”中明确将“租赁物”界定为“承租人用于生产、贸易及经营活动的所有财产，包括不动产、资本资产、设备、未来资产、特制资产、植物和活的以及未出生的动物”。[②]由此可见，就不动产是否作为融资租赁物，各国之间存在差异，并无统一的否定意见。

总之，融资租赁业虽是我国金融业的朝阳产业，但目前适格的租赁物并不多见，需要不动产作租赁物以培育市场。[③]根据监管部门确定的调控范围和行业价值取向，目前不宜将不动产排除在融资租赁标的物之外。由于《金融租赁公司管理办法》《融资租赁公司监督管理暂行办法》已经将租赁物确定为固定资产，金融租赁公司全行业都普遍开展了不动产融资租赁业务，且这些业务投入资金量大、租赁期限又长，是目前一些金融租赁公司的支柱性业务，贸然否定不动产融资租赁交易，极易导致融资租赁公司的租赁债权被悬空，巨额经营资产流失，从而引发融资租赁经营危机，使刚起步的金融租赁业受到重创而陷入绝境。[④]

三、售后回租的体系定位

售后回租，是指承租人将其所有物出卖于出租人，同时与出租人签订融资租赁合同，再将该物租回使用的一种租赁形式。在售后回租情况下，出卖人同时也是承租人，买受人同时也是出租人。《融资租赁解释》第2条规定：“承租人将其自有物出卖给出租人，再通过融资租赁合同将租赁物从出租人处租回的，人民法院不应仅以承租人和出卖人系同一人为由认定不构成融资租赁法律关系。”《民法典（草案）》第735条第2款也曾规定：“承租人将其自有

---

① Unidroit Secretariat, UNIDROIT Model Law on Leasing Official Commentary, Unidroit 2010 Study LIXA–Doc.24.p5.

② 原文是：“Asset means all property used in the craft, trade or business of the lessee, including immovables, capital assets, equipment, future assets, specially manufactured assets, plants and living and unborn animals.”

③ 参见王利明：《合同法研究》（第三卷）（第二版），中国人民大学出版社2015年版，第350页。

④ 参见高圣平：《基础设施融资租赁交易：现实与法律困境 从基础设施投融资改革的视角》，载《中外法学》2014年第3期。

物出卖给出租人，再通过融资租赁合同将租赁物从出租人处租回的，承租人和出卖人系同一人不影响融资租赁合同的成立。”本条删去第2款，并不表明《民法典》上不承认这种融资租赁交易形态。

就售后回租是否属于融资租赁合同，学说上尚存争议。否定论者认为，售后回租交易与抵押借款交易难以进行区分，如承认其为融资租赁合同，易为变相高利贷打开方便之门；租赁期限届满后租赁物的归属问题难以确定；售后回租并不符合本条的文义，在合同的结构上，买卖合同的出卖人与租赁合同的承租人系同一人。[①]肯定论者则主张，尽管售后回租在合同结构上与传统意义上的融资租赁合同有所区别，但这并不能说明其不符合本条的规定。本条仅反映融资租赁交易的基本结构，并未排除售后回租中合同主体高度重合的情形；金融监管机关以及相应的税务部门已经认可了售后回租为融资租赁合同的定性。《金融租赁公司管理办法》第5条规定：“本办法所称售后回租业务，是指承租人将自有物件出卖给出租人，同时与出租人签订融资租赁合同，再将该物件从出租人处租回的融资租赁形式。售后回租业务是承租人和供货人为同一人的融资租赁方式。”《关于融资性售后回租业务中承租方出售资产行为有关税收问题的公告》也同样规定：“融资性售后回租业务是指承租方以融资为目的将资产出售给经批准从事融资租赁业务的企业后，又将该项资产从该融资租赁企业租回的行为。”

《融资租赁解释》认为，尽管售后回租合同与一般意义上的融资租赁合同有所区别，但这并不影响认定其作为融资租赁合同的定性。主要理由在于：其一，售后回租合同具备融资租赁合同的本质特征。售后回租合同具备了融资与融物的双重特征，区别于借款合同；售后回租合同具备了融资租赁合同所包含的买卖合同和租赁合同，这又区别于租赁合同；售后回租合同中出租人享有租赁物的所有权，这又区别于抵押合同。[②]其二，依照本条关于融资租赁合同的定义，出租人依照承租人对于租赁物、出卖人的要求，向出卖人购买租赁物，再出租给承租人，承租人定期向出租人支付租金。在这两个合同

---

① 参见肖学治主编：《融资租赁合同》，中国民主法制出版社2003年版，第77页。

② 参见李鲁阳主编：《融资租赁若干问题研究和借鉴》，当代中国出版社2007年版，第400页。

中，出卖人、出租人、承租人的法律关系是相互对称的，《民法典》也并没有禁止两个合同中的主体相重合。其三，金融监管机关以及相应的税务部门已经认可了售后回租合同作为融资租赁合同的效力。其四，从推动金融市场发展的角度分析，售后回租行为实质是推动企业资金融通的行为，其本身并不存在危险性和违法性。其五，售后回租合同与抵押借款合同虽在形式上存在共通之处，区别难度较大，但这并不意味着两者不可以进行区分，从标的物的性质、物权担保的属性等方面还是能够进行甄别的。不能因两者区分难度较大，而因噎废食，对售后回租合同望而却步、止步不前。①

经典的融资租赁交易模式（通称直接融资租赁交易模式）中，承租人通过出租人购置新的固定资产，扩大了资产规模。与之相比，售后回租型融资租赁交易通过对承租人已经享有所有权的设备进行购买和租赁，实现了承租人自身的存量资产变现，即盘活了承租人固定资产；②承租人对于租赁标的物的占有使用收益权并不会发生改变，承租人生产经营状态保持连续不会受融资干扰；③融资期保持在3年至5年，相较银行贷款等短期的融资方式，售后回租型融资租赁交易模式有效减缓了承租人的还款压力；承租人可通过融资款扩大产能、增加产量、提升经济效益、增加现金流，减少企业负债率提升资金的利用率，且可以享受承租人税收优惠，即按照计提折旧方式增大当期成本，承租人可享受延缓缴税等税收优惠。此外，在会计处理上属于表外融资，非企业负债，有助于承租人优化财务报表、实现资产重组、降低资产负债率。④

售后回租型融资租赁交易中，物的所有权原本属于承租人，出卖人与承租人归于一体，与传统融资租赁交易的三方当事人存在一定区别，也与抵押借款存在不同：一是当事人之间存在的合同法律关系不同。抵押借款一般存在抵押合同与借款合同两个合同，当事人之间是借款担保关系；而售后回租则包括租赁物买卖合同与融资租赁合同两个合同，当事人之间是融资租赁法

---

① 参见《最高人民法院专家法官阐释疑难问题与案例指导》编写组编著：《最高人民法院专家法官阐释疑难问题与案例指导·融资租赁合同卷》，中国法制出版社2016年版，第17页。

② 参见梁慧星：《融资性租赁若干法律问题》，载《法学研究》1993年第1期。

③ 参见秦国勇编著：《融资租赁法律实务》，法律出版社2017年版，第164—174页。

④ 参见王家福主编：《中国民法学·民法债权》，法律出版社1991年版，第110—115页。

律关系。二是标的物在租赁期间的权利属性不同。在抵押贷款合同中，债权人是抵押权人，标的物是抵押物，所有权归抵押人；而在售后回租合同中，出租人是标的物的所有权人。三是债权金额构成不同。抵押借款合同由本金加利息构成；而售后回租合同中，租金一般由租赁物的购买价款、费用及出租人的合理利润摊提而成。四是偿还方式不同，抵押借款多为整借整还；而售后回租多为按月或按年分期偿还。①

售后回租型融资租赁交易与直接融资租赁交易模式存在共同之处：都存在两个合同，买卖合同与融资租赁合同，且融资租赁合同中的出租人与买卖合同中的买受人系同一人。但两者之间的差别也很明显：在直接融资租赁交易模式中，买卖合同的出卖人与融资租赁合同中的承租人系两个合同中不同的当事人，两者之间不存在相对性的合同关系；但在售后回租型融资租赁交易中，买卖合同的出卖人与融资租赁合同的承租人系同一人。此外，就租赁物的来源，两者亦存在不同之处：在直接融资租赁交易模式中，租赁物的来源为出租人从出卖人处购入；而在售后回租型融资租赁交易中，租赁物为承租人的自有物。

虽然《融资租赁解释》认可了售后回租作为融资租赁合同的属性，但对于实务中以假借售后回租合同之名，行借款合同之实的行为仍需加以甄别。在实务中，主要应区分以下两种情况：其一，无租赁物的"售后回租"，即双方约定了售后回租的合同性质，但实际上并不存在现实的租赁物。显然此类合同并不具备融资租赁合同的特征，属于典型的以融资融物之名，行借款之实，并且依据《金融租赁公司管理办法》第34条"售后回租业务的租赁物必须由承租人真实拥有并有权处分"的规定，此种情形亦不为金融监管部门所认定，宜以借款合同进行处理。售后回租业务中，少数承租人通过伪造标的物建造或者购买的原始凭证来夸大租赁物的价值，以价值明显低于融资金额的标的物来获取融资租赁公司的资金。融资租赁公司虽然可以通过要求承租人签署所有权转移证明、租赁物接收函等法律文件，并有各类查验、巡视记录，以减轻自身的法律风险和责任，但仍会因融资租赁合同无效而构成事实

① 最高人民法院（2016）最高法民终480号民事判决书。

上的借款合同关系。[①]其二，以特殊的标的物作为租赁物的“售后回租”合同。这里的特殊标的物主要指房产、交通道路或者房地产项目内的机电设备、管线，考虑到这些合同标的物可能无法转让，宜结合《融资租赁解释》第1条的认定对该合同进行区分：对于实务中以交通道路等基础设施作为租赁物的，由于在实践中承租人并不实际享有该不动产的所有权或所有权依赖于政府信用或第三人保证，因此在实际出租使用过程中，融物的目的微乎其微，甚至可以忽略不计，仅存有融资之实。且《金融租赁公司管理办法》第32条、第34条要求承租人对租赁物真实拥有并有权进行处分，即对于不动产能够进行登记公示转移所有权。而显然交通道路的所有权依据《民法典》第254条第2款的规定“铁路、公路、电力设施、电信设施和油气管道等基础设施，依照法律规定为国家所有的，属于国家所有”。承租人非国家不可能拥有交通道路的所有权。因此无论是从法律的角度，还是依据金融监管部门的行政规定，此类合同均不能成立融资租赁合同。以房产或者房地产项目内的机电设备、管线为租赁物的售后回租合同，由于其所有权可为私人获得，并且金融监管部门对此又没有作出禁止性的规定，在实践中的此种操作系为融通房地产业的资金，使得房地产的效用得到最大化的利用，促进社会主义市场经济的发展，符合融资租赁合同融资与融物相结合的特征，因此宜认定为售后回租合同。[②]

《金融租赁公司管理办法》将售后回租作为融资租赁交易的一种形式加以界定，其第5条规定：“本办法所称售后回租业务，是指承租人将自有物件出卖给出租人，同时与出租人签订融资租赁合同，再将该物件从出租人处租回的融资租赁形式。售后回租业务是承租人和供货人为同一人的融资租赁方式。”《金融租赁公司管理办法》第34条规定：“售后回租业务的租赁物必须由承租人真实拥有并有权处分。金融租赁公司不得接受已设置任何抵押、权属存在争议或已被司法机关查封、扣押的财产或所有权存在瑕疵的财产作为售后回租业务的租赁物。”《融资租赁公司监督管理暂行办法》第17条第2款亦规定：

---

① 参见吴智永、徐劲草：《融资租赁案件中名实不符的表现形态及法律分析》，载《人民司法·应用》2017年第25期。

② 参见《最高人民法院专家法官阐释疑难问题与案例指导》编写组编著：《最高人民法院专家法官阐释疑难问题与案例指导·融资租赁合同卷》，中国法制出版社2016年版，第17页。

"售后回租业务中，融资租赁公司对租赁物的买入价格应当有合理的、不违反会计准则的定价依据作为参考，不得低值高买。"由此可见，《金融租赁公司管理办法》和《融资租赁公司监督管理暂行办法》大抵是认为：售后回租交易的标的物应是承租人现实拥有且有权处分的物。

第一，在"三方当事人、两份合同"的融资租赁交易结构[①]之下，一个典型的融资租赁交易包括了融资租赁合同（当事人为出租人和承租人）和买卖合同（当事人为出卖人和买受人——出租人）。[②]售后回租交易的当事人只有出租人和承租人，但在解释上，承租人在买卖合同中充当着出卖人的角色、在融资租赁合同中充当着承租人的角色；出租人在买卖合同中充当着买受人的角色，在融资租赁合同中充当着出租人的角色。准此，售后回租交易实际上也是两份合同——买卖合同和融资租赁合同，也各有两个当事人，而买卖合同的出卖人是承租人，恰好符合出卖人由承租人指定或认可这一要件。正是基于这一原因，《金融租赁公司管理办法》才将售后回租作为一种融资租赁交易加以规定，融资租赁交易一般规则自应适用于售后回租交易。

第二，售后回租交易与一般融资租赁交易的区别仅在于承租人同时又是出卖人。此际，同样可能存在出卖人依约定在合同订立后一段期间内交付标的物的问题。准此以解，售后回租业务也可以以未来财产为标的物而叙做。《金融租赁公司管理办法》第34条所规定的"售后回租业务的租赁物必须由承租人真实拥有并有权处分"是从融资租赁标的物必须是现实存在的物为前提，至为可议。承租人向出租人出售租赁物，该租赁物自应是具体明确的物（特定物），这是物权客体的特定性使然，[③]但特定物仅须为一般社会或经济观念上的特定物即可，非必须为物理上之特定物。[④]例如，正在建造中的船舶，有相

---

① 本章作者曾对此提出质疑，参见高圣平、王思源：《论融资租赁交易的法律构造》，载《法律科学》（西北政法大学学报）2013年第1期。不过，这一交易结构模式仍是目前分析相关问题时的起点，以下也由此而展开。

② 参见王轶：《租赁合同　融资租赁合同》，法律出版社1999年版，第129页；高圣平、王思源：《论融资租赁交易的法律构造》，载《法律科学》（西北政法大学学报）2013年第1期。

③ 参见谢在全：《民法物权论》（修订五版），中国政法大学出版社2011年版，第11页；王泽鉴：《民法物权》（第二版），北京大学出版社2010年版，第41页。

④ 参见谢在全：《民法物权论》（修订五版），中国政法大学出版社2011年版，第12页。

应图纸设计为支撑，在观念上已具有特定化的要求，符合上述标的物的“权利人真实拥有并有权处分”等条件，自可作为特定物进行交易，当然也可以叙做融资租赁交易。正在建设中的公路、轨道交通等基础设施亦应作相同解释。准此，即使是未来取得的财产，只要符合特定化的要求，均可作为融资租赁交易的标的物。

《金融租赁公司管理办法》第32条规定：“金融租赁公司应当合法取得租赁物的所有权。”第33条规定：“租赁物属于国家法律法规规定所有权转移必须到登记部门进行登记的财产类别，金融租赁公司应当进行相关登记。租赁物不属于需要登记的财产类别，金融租赁公司应当采取有效措施保障对租赁物的合法权益。”这里依循上述售后回租交易的标的物必须是真实拥有并有权处分的物的路径，就某些物权变动以登记为公示方法的情形，强调应当办理转移登记手续。这一规定借物权登记公示来保障融资租赁公司对租赁物的所有权，并以此管控融资租赁公司的交易风险和资产安全。但是，我国《民法典》物权编区分物权变动是否基于法律行为而引起，作了不同的规定，其中第二章第一节、第二节分别规定基于法律行为的物权变动方法——登记和交付，第三节规定非基于法律行为引起的物权变动。就后者而言，物权变动并不以登记或交付为前提，只需相应法律事实的发生即可发生物权变动。[①]如《民法典》第231条规定：“因合法建造、拆除房屋等事实行为设立或者消灭物权的，自事实行为成就时发生效力。”也就是说，基于合法建造行为即可取得物权，而无须登记。准此，如融资租赁公司以售后回租方式叙做某段公路，合同生效后，融资租赁公司即为该公路的所有权人，基于投资而合法建筑该公路，自公路修建完毕，即取得所有权，并不以登记为要件。虽然融资租赁公司此后处分该物权应办理登记，或者说登记是融资租赁公司保全其权利的最适当的方法，但登记却不是融资租赁公司取得所有权的方法。

综上，即使是售后回租交易，只要是特定物，即使是未来财产，也可作

① 参见王利明：《物权法研究》（上卷）（第四版），中国人民大学出版社2016年版，第282页；梁慧星、陈华彬：《物权法》（第四版），法律出版社2007年版，第85页；崔建远：《物权法》（第二版），中国人民大学出版社2011年版，第62—63页。

为融资租赁的标的物。同时，在售后回租交易中，如果标的物是应登记才取得物权的，应区别不同的情形分别处理：若承租人对标的物已办理了所有权登记的，融资租赁公司应办理转移登记；若标的物尚不具备登记条件，承租人并未办理登记手续的，融资租赁公司可以不办理转移登记，但在标的物具备登记条件时，融资租赁公司应当办理所有权登记。在售后回租交易中，如果标的物是依交付而取得物权的，融资租赁公司自无必要办理所谓转移登记手续。

对当事人约定的售后回租交易是否构成融资租赁交易，同样要结合融资租赁合同的构成要素加以判断。有裁判即认为，售后回租型融资租赁是承租人将自有物件出卖给出租人，同时与出租人签订融资租赁合同，再将该物件从出租人处租回的融资租赁形式，是承租人和供货人为同一人的融资租赁方式。因售后回租式融资租赁在承租人与出租人之间发生物的所有权的变动，必须有明确的、能够进行处分的标的物。本案涉案标的物并不符合融资租赁标的物的要求。本案所谓融资租赁的标的物记载于《设备清单》中。《设备清单》中1—621项一般都是通用名称，且计量单位多为“批”。《设备清单》作为评估报告的附件，其中出现如：38综合布线（163200元）、84停车库改造（33800元）、116—143多次出现“购”，等等。上述诸如综合布线、停车库改造、电脑配件等已经难谓物权法上“独立的物”，不能够单独转让。而且诸如家具、厨房设备、酒店用品等均系通用名称，并不明确。此外，从第622—626五项来看，均系装修设施，某租赁公司和某公司均无法说出具体指何项动产。从发票上来看，主要是工程款、监理费、装修费等，实际是添附物的价值。上述五项装修设施的价值占了近融资租赁标的价值的2/3。从标的物本身来看，综合上述两点，本案《设备清单》标的物不符合物权法关于转让标的物的规定，同样不符合售后回租型融资租赁标的物的要求，某租赁公司根本无法取得租赁标的物的所有权，无法做到售后回租型融资租赁既“融资”又“融物”的要求，故本案法律关系上，并不能认定为回租式融资租赁。①

① 北京市第一中级人民法院（2013）一中民初字第5657号民事判决书。

第七百三十六条【融资租赁合同的内容和形式】

融资租赁合同的内容一般包括租赁物的名称、数量、规格、技术性能、检验方法，租赁期限，租金构成及其支付期限和方式、币种，租赁期限届满租赁物的归属等条款。

融资租赁合同应当采用书面形式。

历史由来

本条是在《合同法》第238条的基础上修改而成的。《合同法》第238条分两款规定："融资租赁合同的内容包括租赁物名称、数量、规格、技术性能、检验方法、租赁期限、租金构成及其支付期限和方式、币种、租赁期间届满租赁物的归属等条款。""融资租赁合同应当采用书面形式。"两相比较，本条第1款将融资租赁合同的内容增加了"一般"的表述，进一步明确该款的倡导性规范属性；将"租赁期间届满租赁物的归属"中的"租赁期间"改为"租赁期限"，以与本款前面"租赁期限"的表述相统一；修改了部分标点符号，以符合汉语语法。

《民法典合同编（草案）》（一审稿）第528条和《民法典合同编（草案）》（二审稿）第528条与《合同法》第238条相同。《民法典（草案）》第737条在第1款中增加了"一般"。2020年5月22日全国人民代表大会审议时，第736条的表述与本条相同，只是将本条的位置调整至虚构租赁物规则之前。最终通过的文本保留了这一表述和安排。

规范目的或功能

合同的内容，可以从两方面理解，一是从民事法律关系而言，合同内容是指合同当事人享有的权利即债权和承担的义务即债务；换言之，合同的内容是指合同当事人依据法律规定和合同的约定所产生的权利义务关系，简称为合同权利和合同义务，或债权债务关系。[1]二是从内在结构而言，合同的内

① 参见崔建远主编：《合同法》（第五版），法律出版社2010年版，第20页。

容是指合同的各项条款。合同的条款是合同内容的外在的具体表现，根据《民法典》第470条规定，“合同的内容由当事人约定，一般包括以下条款……”由此表明，合同的条款是合同内容的固定化和表现，是确定合同当事人权利义务的根据；合同的条款必须明确、肯定、完整，并且不能自相矛盾，否则，将构成合同的缺陷。本条第1款将融资租赁合同的内容界定为“一般包括”，明确该款的倡导性规范属性。

规范内容

一、融资租赁合同的内容

根据本条第1款的规定，融资租赁合同一般包括以下条款：[①]

（一）租赁物的名称、数量、规格、技术性能、检验方法

融资租赁合同中有关租赁物的条款包括租赁物名称、数量、规格、技术性能、检验方法。租赁物是承租人指令出租人购买的标的物，是合同当事人双方权利和义务指向的对象，是融资租赁合同的必备条款。通常来说，租赁物都是价格较高、使用寿命较长的动产和不动产。大型机器设备、航空器、船舶等都是常见的融资租赁物。[②]由于租赁物大多涉及专业技术内容，一般只在合同正文中简要提及，另附表详细说明，该附表为合同不可缺少的附件。值得注意的是，融资租赁合同成立之时并不要求租赁物已经现实存在，因此，融资租赁合同中有关租赁物的条款只要达到可得特定（合理识别）的标准即可，对租赁物名称、数量、规格、技术性能、检验方法应作灵活处理。

（二）租赁期限

租赁期限对于明确当事人权利义务的存续期间具有重要的法律意义。租赁期限一般根据租赁物的使用年限、利用租赁物所产生的效益，由双方当事

---

① 参见谢怀栻等：《合同法原理》，法律出版社2000年版，第422—423页。

② 参见魏耀荣等：《中华人民共和国合同法释论》（分则），中国法制出版社2000年版，第245页。

人协商确定。但租赁期限并不一定等同于租赁物的使用年限，在租赁物残余价值较高之时，尤为如此。租赁期限条款应当明确租赁期限的起止日期。基于融资租赁合同的融资属性，合同不可中途解约，因此，租赁期限条款应当明确约定。在租赁期限内，当事人双方无正当、充分的理由，不得单方要求解约或退租。

（三）租金构成及其支付期限和方式、币种

租金条款是合同的主要内容之一。本条例示的有关租金的条款，包括租金的构成及其支付期限和方式、币种。融资租赁交易实践中，有关租金的条款包括租金总额、租金构成、租金支付方式、支付地点和次数、租金支付期限、每期租金额、租金计算方法、租金币种等。其中，租金的构成一般包括购买租赁物的大部分或者全部成本以及出租人的合理利润；租金的支付期限，主要是针对融资租赁合同这种期限较长的继续性合同所作的分期支付安排；租金的支付方式包括以现金、支票等；币种包括人民币和外国货币，约定外国货币主要是针对在国外购买的标的物情形，既涉及外汇额度的监管，也涉及汇兑损失的分担。

（四）租赁期限届满租赁物的归属

租赁期限届满，承租人一般有三种选择权，即留购、续租或退租。在留购的情况下，承租人取得租赁物的所有权。在续租和退租的情况下，租赁物仍归出租人所有。在融资租赁交易中，虽然在租赁期限内租赁物仍然是归属于出租人所有，但是出租人的所有权实际上只是承租人租金的担保，租赁物是为了承租人特别定作或者选择的，其对于承租人以外的人而言，可能没有直接的利用价值，且由于租赁期限很长，在届满后，返还对出租人而言也没有太大的意义。[①]根据本法第757条的规定，出租人和承租人可以约定租赁期限届满租赁物的归属；对租赁物的归属没有约定或者约定不明确，依据本法第510条的规定仍不能确定的，租赁物的所有权归出租人。第758条规定，当

---

① 参见王利明：《合同法研究》（第三卷）（第二版），中国人民大学出版社2015年版，第369页。

事人约定租赁期限届满租赁物归承租人所有，承租人已经支付大部分租金，但是无力支付剩余租金，出租人因此解除合同收回租赁物，收回的租赁物的价值超过承租人欠付的租金以及其他费用的，承租人可以请求相应返还。当事人约定租赁期限届满租赁物归出租人所有，因租赁物毁损、灭失或者附合、混合于他物致使承租人不能返还的，出租人有权请求承租人给予合理补偿。第759条规定，当事人约定租赁期限届满，承租人仅需向出租人支付象征性价款的，视为约定的租金义务履行完毕后租赁物的所有权归承租人。

除上述条款外，融资租赁合同一般还应包括租赁物的交付、使用、保养、维修和保险、担保、违约责任、合同发生争议时的解决方法、合同签订日期和地点等条款。

二、融资租赁合同的形式

本条第2款规定，融资租赁合同应当采用书面形式。融资租赁合同采用书面形式的原因在于：第一，当事人人数较多。在融资租赁合同中，一般会涉及三方当事人。第二，法律关系较为复杂。融资租赁合同是两个合同的结合，既有买卖，又有租赁，法律关系较为复杂，因此需要以书面形式来明确界定各方的权利义务关系。第三，租赁期限较长。在租赁期限届满后还涉及租赁物的归属问题，对当事人的权利义务影响重大，因此应当以书面形式加以确定。第四，可能具有涉外因素。有些融资租赁合同可能涉及外国产品，有些可能涉及外方当事人，因此，融资租赁合同经常具有涉外因素，如果不采用书面形式，将无法明确各方的权利义务关系。[①]

就立法原则而言，《民法典》废弃了形式主义原则，而改采同意主义原则，仅在个别情形基于立法政策的需要而实行形式强制。《民法典》第135条规定："民事法律行为可以采用书面形式、口头形式或者其他形式；法律、行政法规规定或者当事人约定采用特定形式的，应当采用特定形式。"第469条规定："当事人订立合同，可以采用书面形式、口头形式或者其他形式。书面形式是合同书、信件、电报、电传、传真等可以有形地表现所载内容的形式。

---

① 参见王利明：《合同法研究》（第三卷）（第二版），中国人民大学出版社2015年版，第364页。

以电子数据交换、电子邮件等方式能够有形地表现所载内容，并可以随时调取查用的数据电文，视为书面形式。”第490条规定：“当事人采用合同书形式订立合同的，自当事人均签名、盖章或者按指印时合同成立。在签名、盖章或者按指印之前，当事人一方已经履行主要义务，对方接受时，该合同成立。法律、行政法规规定或者当事人约定合同应当采用书面形式订立，当事人未采用书面形式但是一方已经履行主要义务，对方接受时，该合同成立。”虽然《民法典》第135条使用了“应当”一词，但是《民法典》并没有就要式欠缺的法律后果作出明确的一般性规定，而相关法律、行政法规就个别类型合同的法定方式的效力又作出了各种不同的规定，由此造成理论与实务对于合同法定形式的效力问题一直争论不休，呈现出混乱、矛盾的评价状态。

在解释上，通说认为本条第2款这类书面形式并非合同的特别成立要件或者特别生效要件，仅具有证据的效力，而不影响合同的成立或者生效。[①]亦有不少学者认为，根据对《民法典》第135条的反对解释，法律、行政法规规定或者当事人约定采取书面形式订立合同的，如果当事人未采用书面形式，除一方已经履行主要义务且对方接受的外，合同不成立。[②]有学者认为，由于反对解释方法的特殊技术性，[③]并非任何法律规定均可为反对解释。《民法典》第490条是就履行治愈法定书面形式之欠缺所作的规定，其逻辑前提是法律、行政法规规定或者当事人约定采取书面形式订立合同，该书面形式构成合同成立要件时，可基于事后一方已经履行主要义务且对方接受之事实而治愈其成立方式的欠缺。由于我国法律大都未规定书面形式是合同的成立要件，因此，

---

① 参见王利明等主编：《合同法评论》(第2辑)，人民法院出版社2004年版，第108页。

② 参见李开国：《民法总则研究》，法律出版社2003年版，第242页；韩世远：《合同法总论》，法律出版社2004年版，第134页；江平主编：《中华人民共和国合同法精解》，中国政法大学出版社1999年版，第28页。

③ 德国学者库鲁格（Klug）指出，某一法律规定可否作反对解释，应视其构成要件与其法律效果间之“行文”，即其相互间之逻辑关系加以决定。设将法律要件称为M，法律效果称为P，条文结构即为M–P。此条文结构在逻辑上分有如下三种：一为外延的包含，即有M就有P, M仅为P的充分条件，故有P未必有M。此种情形不得为反对解释。二为内涵的包含，即无M即无P, M为P的必要条件，故有P必有M。三为相互的包含，即有M即有P，无M即无P, M、P两相重叠。在后两种情形，均得为反对解释。参见杨仁寿：《法学方法论》，中国政法大学出版社1999年版，第114—120页。

就该类合同的构成要件与其法律效果间之“行文”，即其相互间之逻辑关系观察，书面形式与法律效果之间仅为外延的包含关系，不得为反对解释。可见，成立要件说之解释并不足采。[①]

三 其他问题

融资租赁合同的生效，涉及融资租赁合同和买卖合同之间的关系问题。关于融资租赁合同的生效时间，存在不同的看法。[②]

一、独立生效说

此观点认为，买卖合同与融资租赁合同相互独立、互不影响，一个合同的成立、生效并不影响另一个合同的成立、生效。出租人与承租人所订立的融资租赁合同一般应自成立起生效。从融资租赁合同的内容来看，它一般只是约定租赁物的名称、数量、规格、技术性能、检验方法，租赁期限，租金构成及其支付期限和方式、币种，租赁期限届满租赁物的归属等条款，不必约定须待出租人交付租赁物后才生效。如出卖人到期不交付租赁物，则为违约，应承担违约责任。因此，融资租赁合同的成立、生效不以买卖合同的成立、生效为前提。[③]

二、非独立生效说

该理论认为，融资租赁合同由两个有着有机联系的合同构成，因此，买卖合同与租赁合同不能独立生效。该理论又分为两种不同的观点：一种观点认为，租赁合同签订之后，出租人和出卖人之间还应当签订一个买卖合同，应当以买卖合同的生效时间为融资租赁合同的生效时间。另一种观点认为，

---

① 参见王洪：《合同形式欠缺与履行治愈论——兼评〈合同法〉第36条之规定》，载《现代法学》2005年第3期。

② 参见王利明：《合同法研究》（第三卷）（第二版），中国人民大学出版社2015年版，第364页。

③ 参见李克武：《关于融资租赁合同几个问题的探讨》，载《华中师范大学学报》（人文社会科学）1995年第3期。

融资租赁合同必须以买卖合同的订立为前提。该观点认为，虽然有时先签订租赁合同，有时先签订买卖合同，但租赁合同的生效依一般合同的生效规则，而买卖合同则应在租赁合同订立后方可生效。[①]

三、租赁合同交付生效说

此种观点认为，融资租赁合同是要物合同，即租赁合同自出卖人交付标的物并经承租人验收和向出租人出具接受标的物的收据后才生效。就租赁与买卖的关系而言，租赁合同自当事人双方签订合同之日起成立，但合同自承租人收到出卖人交付的标的物时生效。[②]因为出租人与承租人订立租赁合同，合同已成立，但并未生效，须待承租人验收租赁物后且承租人受领交付且支付第一期租金，租赁合同才为有效，即租赁期限开始计算，用户负租金交付义务。[③]

笔者认为，当事人之间如无相反约定，应采第一种观点。

第七百三十七条【虚构租赁物的融资租赁合同的效力】

当事人以虚构租赁物方式订立的融资租赁合同无效。

历史由来

本条为新增规定。

《民法典合同编（草案）》（一审稿）第527条规定："当事人以虚构租赁物等方式订立融资租赁合同掩盖非法目的的，融资租赁合同无效。"这一规定在《民法典合同编（草案）》（二审稿）第527条、《民法典（草案）》第736条中均予保留，但2020年5月22日全国人民大会审议时删去了其中"掩盖非法目的"的表述，将其修改为："当事人以虚构租赁物方式订立的融资租赁合同

① 参见徐维镁、王忆华、王成芝：《租赁会计与实务》，中信出版社1990年版，第150页。

② 参见全国人民代表大会常务委员会法制工作委员会编：《中华人民共和国合同法释义》（第3版），法律出版社2013年版，第386页。

③ 参见梁慧星：《融资性租赁若干法律问题》，载《法学研究》1993年第2期。

无效。”并调整为第737条。最终通过的文本维系了这一规定。

三 规范目的或功能

融资租赁交易中的租赁物，是经由承租人选择，再由出租人购买后出租给承租人使用的标的物，是融资租赁关系中的核心内容，直接影响到当事人之间的权利义务关系。如交易中根本没有租赁物，仅是融资及资金空转，就不能构成融资租赁法律关系。在融资租赁交易实践中，虚构租赁物表现为，通过伪造租赁物增值税发票虚构租赁物，合同中并没有提及租赁物，或虽提及但是不明确，或仅提到了租赁物的产地、规格等原则性条款等。[①]

《民法典（草案）》第736条曾经规定：“当事人以虚构租赁物等方式订立融资租赁合同掩盖非法目的的，融资租赁合同无效。”合法形式掩盖非法目的的行为，是指行为人利用一个合法的民事行为掩盖一个非法的民事行为。这种民事行为实际上包括两种：一是用来掩盖另一种民事行为的伪装行为；二是被掩盖的真实行为。[②]也有学者认为，所谓合法形式掩盖非法目的的行为，是通过使用不直接违反禁止性规定的手段，在实质上实现法律所禁止内容的行为，在民法理论上称为脱法行为或规避行为。[③]掩盖非法目的的行为与规避法律的行为并不完全等同。掩盖非法目的的行为是以一种行为掩盖另一种当事人所希望实施的行为，而规避法律行为只是通过实施某种规避行为，达到违法的目的，并没有实施掩盖的行为。如果行为人的法效意思或目的意思损害社会公共利益或违反法律、行政法规的强制性规定，则其应为“非法目的”。[④]《民法典》第146条确认了通谋虚伪表示制度，与此同时继续规定了恶意串通，但不再单独规制掩盖非法目的的行为。因此，

---

① 参见俞宏雷、王立新：《融资租赁与借款合同之比较研究》，载《中外法学》1996年第2期。

② 参见马强：《合同法总则》，法律出版社2007年版，第58页。

③ 参见梁慧星主编：《中国民法典草案建议稿附理由：总则编》，法律出版社2004年版，第148页。

④ 参见梅夏英、邹启钊：《法律规避行为：以合法形式掩盖非法目的——解释与评析》，载《中国社会科学院研究生院学报》2013年第4期。

通谋虚伪表示与恶意串通、掩盖非法目的、规避行为之间彼此相互区分，各有其构成要件。

应当指出，如果当事人所掩盖的目的并不是违法的，而是合法的，则应按照行为的真实意图处理，使被掩盖的行为生效。[①]但以虚构租赁物等方式订立融资租赁合同掩盖的目的，并不一定是非法的，为了避免解释上的冲突，本条删去了“掩盖非法目的”的表述。

规范内容

一、以虚构租赁物方式订立的融资租赁合同的效力

本条是本法总则编通谋虚伪表示规定的具体化。[②]本条规定尚须结合《民法典》第146条一起加以理解。该条第1款规定：“行为人与相对人以虚假的意思表示实施的民事法律行为无效。”本条与该款意义相当。这里确立了通谋虚伪表示无效的基本判断。通谋虚伪表示中欠缺与表示相应的效果意思。通谋虚伪表示应具备的要件有三：须有意思表示的存在；须表示与真意不符；须其非真意的表示与相对人通谋。[③]在通谋虚伪表示中，表意人与相对人虽有共同实施法律行为的外观，但均不欲使表示出来的内容产生法律效力，即当事人的表示行为与效果意思不一致。虽然我国确立了善意取得、表见代理、表见代表以及表见合伙等制度，对合理信赖交易外观的第三人进行特殊保护，但在法律行为领域尚有必要规定通谋虚伪表示的无效不得对抗善意第三人，即此种无效仅及于当事人之间，不可及于第三人，是一种相对的无效而非绝对的无效。[④]

“以虚构租赁物方式”，是指相关业务中的当事人为了在形式上满足融资

---

① 参见王利明、房绍坤、王轶：《合同法》，中国人民大学出版社2007年版，第170页。

② 参见黄薇主编：《中华人民共和国民法典合同编解读》，中国法制出版社2020年版，第858页。

③ 参见王泽鉴：《民法总则》，北京大学出版社2009年版，第285页。

④ 参见曾大鹏：《〈民法总则〉“通谋虚伪表示”第一案的法理研判》，载《法学》2018年第9期。

租赁业务的相关条件，而实施的将“租赁物”从“无”到“有”的行为或活动。就“以虚构租赁物方式”的认定，有学者建议从以下几个标准，结合主、客观两个方面的实施情况，进行综合判断：“（一）租赁物是否真实存在。具体包括以下事项：1.租赁物在融资租赁合同签订时，是否能够使用；2.租赁物在融资租赁合同签订时，是否仍具有使用价值；3.租赁物的发票、合同是否存在，是否真实、合法、有效；4.租赁物在融资租赁合同签订时的所有权归属；5.其他关于租赁物是否存在的事项（影像资料等）。”“（二）相关当事人之间是否存在就设立融资租赁法律关系的合意：1.融资租赁业务开展过程中或融资租赁合同签订前，出租人是否对租赁物进行了实地核验；2.融资租赁业务开展过程中或融资租赁合同签订前，相关当事人是否共同实施了旨在虚构租赁物的通谋行为，以及相关当事人在主观上是否知道或者应当知道的相关情形，包括但不限于：（1）是否存在单独或者共同制作、编制内容无法反映真实财务情况的财务报告、审计报告、会计记账凭证等财务资料；（2）是否存在单独或者共同制作、编制内容无法反映‘租赁物’真实价值的资产评估报告或（和）其他用以证明‘租赁物’价值的文件、材料、信息等；（3）是否存在单独或者共同伪造、变造有关‘租赁物’的虚假权属证明文件、材料（如发票、运单、提单、合同、航空器登记号码、船舶登记号码、地下管网分布图或规划图等）；（4）租赁物的价值与出租人向承租人所实际提供、投放之融资款总额之间的差额、空间；（5）是否存在其他旨在虚构租赁物的串通、共谋行为。”在此基础上，进一步总结了“以虚构租赁物方式”的常见情形：“（一）‘租赁物’并不存在，相关证据（包括但不限于：发票、运单、提单、合同、航空器登记号码、船舶登记号码、地下管网分布图或规划图）系当事人伪造、编造所形成；（二）‘租赁物’确实真实存在，但是其并非相关‘融资租赁业务’合同项下的‘租赁物’。主要表现为以下两种情形：（1）相关‘融资租赁业务’合同项下的‘租赁物’的所有权，在‘融资租赁业务’合同签订或生效时，已经转让给其他融资租赁公司并与之形成融资租赁法律关系的；（2）相关‘融资租赁业务’合同项下的‘租赁物’的所有权，在‘融资租赁业务’合同签订或生效时，并不属于‘出租人’或原属于‘出租人’但已经转让给了其他主体（实务中，相关‘租赁物’的所有权实际属于‘出租人’的控股股东、实际控制人或关联方的这类情形，较为常见），但是相关当事人仍然以该‘租赁物’开展‘融资租赁业务’、签订‘融资租赁合同’的。”[①]

值得注意的是，虽然《融资租赁公司监督管理暂行办法》第7条第2款规定“融资租赁公司开展融资租赁业应当以权属清晰、真实存在且能够产生收益的租赁物为载体”，但就虚构租赁物的判断，并不以租赁物在融资租赁合同订立之时真实存在为前提。应承租人的指令，出租人向特定出卖人订购特定设备之时，该设备在融资租赁合同订立之时并不存在。在解释上，只要该设备此后交付承租人使用，并不构成“虚构租赁物”。

二、名为融资租赁合同，实为其他法律关系的合同的效力

《民法典》第146条第2款规定：“以虚假的意思表示隐藏的民事法律行为的效力，依照有关法律规定处理。”通谋虚伪表示应区分为表面行为和隐藏行为。表面行为亦称虚假行为、虚构行为、虚伪行为或伪装行为。[②]其无效的原因在于相对人明知表意人意思表示的虚伪性，而且当事人均不欲使其发生法律效力，故法律殊无使之生效的必要。而隐藏行为体现了当事人的真实意愿，若其符合法律行为的有效要件，则应认定为有效。[③]

《融资租赁解释》第1条第2款规定：“对名为融资租赁合同，但实际不构成融资租赁法律关系的，人民法院应按照其实际构成的法律关系处理。”这并不意味着隐藏行为一定有效，而应按照该种法律关系去认定合同的效力，同样存在不成立、不生效、有效、无效、被撤销等多种可能。

在实践中，较为常见的是名为融资租赁实为借款的合同。对于此种情形

---

① 黄恩霖、马泽鑫：《论〈民法典〉第七百三十七条的理解与适用——〈民法典〉对融资租赁业务的影响系列文章（之一）》，载微信公众号陆家嘴金租局，最后访问时间2020年6月18日。

② 有学者认为，通谋虚伪表示仅指虚伪行为，其中并未隐藏真实的民事法律行为，而隐藏民事法律行为则是在虚伪行为之中所隐藏的民事法律行为。参见杨立新：《〈民法总则〉规定的虚假民事法律行为的法律适用》，载《法律科学》（西北政法大学学报）2018年第1期。但虚与实、假与真之间相互依存、不可或缺，故通说认为通谋虚伪表示也包含了隐藏行为。参见李适时主编：《中华人民共和国民法总则释义》，法律出版社2017年版，第455页；沈德咏主编：《〈中华人民共和国民法总则〉条文理解与适用》（下册），人民法院出版社2017年版，第976页；陈甦主编：《民法总则评注》（下册），法律出版社2017年版，第1047页。

③ 参见王利明主编：《中华人民共和国民法总则详解》（下册），中国法制出版社2017年版，第628—629页。

就要按照借款合同法律关系进行处理，但如果存在合同无效的情形，比如存在诈骗或非法集资等情况，应当认定合同无效。融资租赁公司签订的借款合同在性质上属于民间借贷。《民间借贷规定》第11条规定："法人之间、非法人组织之间以及它们相互之间为生产、经营需要订立的民间借贷合同，除存在《中华人民共和国合同法》第五十二条以及本规定第十四条规定的情形外，当事人主张民间借贷合同有效的，人民法院应予支持。"如在"某金融租赁有限公司与某电子材料有限公司、某投资控股有限公司和中国建设银行股份有限公司某开发区支行融资租赁合同纠纷再审案"[①]中，最高人民法院再审认为，"即使通谋虚伪意思表示认定为无效，对于其隐藏的民事法律行为的效力，仍应根据相关法律规定作出判断。本案中，即使某金融租赁公司与某电子材料公司在签订合同之时，融资租赁行为系其通谋虚伪的意思表示，但其隐藏的民间借贷法律行为，并不当然无效。""案涉合同系企业间的借款合同关系，应当按照该性质认定合同的效力……某金融租赁公司如果违反监管规定，其应承担相应的行政责任，并不当然影响案涉民事合同的效力。某电子材料公司、某投资控股有限公司无证据证明案涉合同具有民间借贷司法解释第十四条规定的合同无效情形。因此，某电子材料公司、某投资控股有限公司、建行某开发区支行关于合同无效的理由不成立，案涉4号《融资租赁合同》有效。"

值得注意的是，金融审判中出现尊重金融监管规章的趋势。《全国法院民商事审判工作会议纪要》第31条指出："违反规章一般情况下不影响合同效力，但该规章的内容涉及金融安全、市场秩序、国家宏观政策等公序良俗的，应当认定合同无效。人民法院在认定规章是否涉及公序良俗时，要在考察规范对象基础上，兼顾监管强度、交易安全保护以及社会影响等方面进行慎重考量，并在裁判文书中进行充分说理。"而《融资租赁公司监督管理暂行办法》第8条规定："融资租赁公司不得有下列业务或活动：……（二）发放或受托发放贷款；……"违反这一规章的借款合同的效力如何认定，值得研究。

根据《全国法院民商事审判工作会议纪要》的规定，民间借贷中，出借人的资金必须是自有资金。出借人套取金融机构信贷资金又高利转贷给借款

---

① 最高人民法院（2018）最高法民再373号民事判决书。

人的民间借贷行为，既增加了融资成本，又扰乱了信贷秩序，根据《民间借贷解释》第14条第1项的规定，应当认定此类民间借贷行为无效。人民法院在适用该条规定时，应当注意把握以下几点：一是要审查出借人的资金来源。借款人能够举证证明在签订借款合同时出借人尚欠银行贷款未还的，一般可以推定为出借人套取信贷资金，但出借人能够举反证予以推翻的除外。二是从宽认定“高利”转贷行为的标准，只要出借人通过转贷行为牟利的，就可以认定为是“高利”转贷行为。三是对该条规定的“借款人事先知道或者应当知道的”要件，不宜把握过苛。实践中，只要出借人在签订借款合同时存在尚欠银行贷款未还事实的，一般可以认为满足了该条规定的“借款人事先知道或者应当知道”这一要件。未依法取得放贷资格的以民间借贷为业的法人，以及以民间借贷为业的非法人组织或者自然人从事的民间借贷行为，应当依法认定无效。同一出借人在一定期间内多次反复从事有偿民间借贷行为的，一般可以认定为职业放贷人。民间借贷比较活跃的地方的高级人民法院或者经其授权的中级人民法院，可以根据本地区的实际情况制定具体的认定标准。这一司法态度在一定程度上会影响到融资租赁公司签订的借款合同的效力。

如融资租赁公司在一定期间内并不从事融资租赁业务，专注于放贷，是否可能被认定为职业放贷人，从而认定虚假的融资租赁合同所隐藏的借款合同的效力，即值研究。

第七百三十八条【行政许可对融资租赁合同效力的影响】

依照法律、行政法规的规定，对于租赁物的经营使用应当取得行政许可的，出租人未取得行政许可不影响融资租赁合同的效力。

历史由来

本条内容来源于《融资租赁解释》第3条的规定。《融资租赁解释》第3条规定：“根据法律、行政法规规定，承租人对于租赁物的经营使用应当取得行政许可的，人民法院不应仅以出租人未取得行政许可为由认定融资租赁合同无效。”本条只是改变了条文的表述方法。

《民法典合同编（草案）》（一审稿）第529条指出："依照法律、行政法规的规定，承租人对于租赁物的经营使用应当取得行政许可的，出租人未取得行政许可不影响融资租赁合同的效力。"《民法典合同编（草案）》（二审稿）第529条和《民法典（草案）》第738条的表述与此相同。2020年5月22日全国人民代表大会审议时将"承租人对于租赁物的经营使用应当取得行政许可"中的"承租人"删去，结合本条后句，"承租人"实为赘语。最终通过的文本亦从之。

规范目的或功能

融资租赁合同具有融资的属性和功能，融资租赁交易实际上相当于出租人贷款给承租人，用于购买后者所需要的租赁物，出租人所享有的租赁物所有权事实上只是担保贷款的清偿。[①]出租人的缔约目的在于取得其所支出的资金的收益，并不在于租赁物的占有与使用。由此可见，法律、行政法规对于租赁物的经营使用应当取得行政许可的，也仅仅是约束承租人，对于出租人而言自无拘束力。

规范内容

一、未取得行政许可对合同效力的影响

行政许可是行政主体赋予行政相对人某种法律资格或法律权利的具体行政行为，是典型的公法行为。行政许可对平等民事主体之间订立合同效力的影响，不仅涉及公法与私法之间的协调问题，更是处理好维护公共利益与让市场在资源配置中起决定性作用两者关系的重大法律问题。

市场经济的发展依赖于成熟的市场机制，而良好的市场机制是由众多的交易行为所组成。至于这些交易行为如何能够实现，则需要良好的市场资源

---

① 参见黄薇主编：《中华人民共和国民法典合同编解读》，中国法制出版社2020年版，第860页。

配置，于是，这就强调合同自由原则的重要性，以此来实现鼓励交易、多种交易共同繁荣市场的良性循环。在此种情形下，如果过分地强调行政许可是合同效力的来源，则会大大限制合同行为，即交易行为的产生，从而不利于市场经济的健康发展。相反，只有使行政许可在最小范围的限度内充分发挥限制合同效力的作用，才能使市场在最大限度内发挥资源配置的效用。概言之，只有公法所规制的利益具有较高层次的价值，才能对私法进行有效的制约。因此关键所在为，如何将公法对私法的有效限制控制在适度的范围内。这就需要国家将审批许可的项目进行整合，明确哪些项目应当进行审批，哪些项目应当裁撤审批环节；同时还需要从更高层面去思考如何在管制私法范围的同时，保持诸如合同自由在内的私法自治的活力。①

就未取得行政许可的合同效力，学说上一直存在争议，主要有以下几种观点：

第一，无效说。行政审批设置的目的是审查合同是否合法，避免合同出现违反法律、行政法规及公序良俗的情况，从而据此认定合同无效。②《合同法解释（一）》出台，首次明确了"合同未生效"提法，"合同无效说"一定程度上逐渐被抛弃。

第二，未生效说。在没有经过行政审批之前，其效力处于有效无效之间，为"未生效"。依据《民法典》第502条第1款的规定，合同在成立的同时发生效力，而需经批准的合同在其依法成立后未经审批前是不生效的，即成立与生效不同时发生。合同的生效是双方由意思磋商发展到发生法律拘束力的动态过程，以"生效"为界，生效后自然应当发生合同有效的结果。③在其成立后至生效前的阶段，当前合同的效力体系无法囊括此种情形，于是有学者提出，其成立后至生效前的阶段便是未生效的适用空间，"未生效"应作为独立的效力类型。④同时，《合同法解释（一）》第9条"合同未生效"的提法便

① 参见肖学治：《融资租赁合同》，中国民主法制出版社2003年版，第78页。

② 参见刘俊臣：《合同成立基本问题研究》，中国工商出版社2003年版，第159页。

③ 参见王利明：《合同法研究》（第一卷）（第三版），中国人民大学出版社2015年版，第537页。

④ 参见许中缘：《未生效合同应作为一种独立的合同效力类型》，载《苏州大学学报》（法学版）2015年第1期。

成为这一学说的支撑。目前这一学说已成为主流，在《民法总则》起草过程中也有学者提出我国法律中现有效力类型无法将法律行为效力的所有形态都囊括在内，无法适应社会发展过程中的新要求，因此有必要承认未生效的法律行为作为一种独立的效力类型。[①]

第三，有效说。此说分为两种观点。一是借鉴区分原则提出未审批合同有效的观点，即区分合同效力与合同履行。区分原则认为，物权变动的原因是一个独立的法律事实，其结果也是独立的法律事实，这二者之间互相独立，其成立与生效应当区分，根据不同的法律进行判断。[②]审批作为一种行政手段，对合同效力并不产生影响，如果合同不存在效力瑕疵，此时合同就应当是有效的，当事人在合同成立后依据有效合同负有报批义务，进行报批是合同履行的体现，违反这一义务应当按照有效合同分配其责任。行政审批仅控制权利变动，未经审批则权利不能发生变动。[③]二是从契约自由和意思自治的角度出发，合同是当事人意思自治的场域，[④]当事人的意思表示应被充分尊重，合同的成立是双方意思表示达成一致的结果，双方当事人都应受其约束。未审批合同符合一般生效要件，从尊重私法自治的角度，在其获批前合同效力应当认定为有效。[⑤]同时，《合同法解释（一）》虽然出现了“合同未生效”的提法，但并没有在相关法律中进行具体规定，仅以司法解释作依据，无法表明其已经被认可成为独立的合同类型。

《全国法院民商事审判工作会议纪要》指出，法律、行政法规规定某类合同应当办理批准手续生效的，如《商业银行法》《证券法》《保险法》等法律规定购买商业银行、证券公司、保险公司5%以上股权须经相关主管部门批准，依据法律的规定，批准是合同的法定生效条件，未经批准的合同因欠缺法律规定的特别生效条件而未生效。实践中的一个突出问题是，把未生效合同认

---

① 参见王轶：《民法总则法律行为效力制度立法建议》，载《比较法研究》2016年第2期。

② 参见孙宪忠：《中国物权法总论》（第二版），法律出版社2009年版，第248页。

③ 参见蔡立东：《行政审批与权利转让合同的效力》，载《中国法学》2013年第1期。

④ 参见孙学致、郑倩：《特别要件及其成就前合同效力的新诠释》，载《国家检察官学院学报》2012年第5期。

⑤ 参见孙学致、韩蕊：《特约生效要件成就前合同的效力——未生效合同概念批判之一》，载《当代法学》2011年第6期。

定为无效合同，或者虽认定为未生效，却按无效合同处理。无效合同从本质上来说是欠缺合同的有效要件，或者具有合同无效的法定事由，自始不发生法律效力。而未生效合同已具备合同的有效要件，对双方具有一定的拘束力，任何一方不得擅自撤回、解除、变更，但因欠缺法律、行政法规规定或当事人约定的特别生效条件，在该生效条件成就前，不能产生请求对方履行合同主要权利义务的法律效力。须经行政机关批准生效的合同，对报批义务及未履行报批义务的违约责任等相关内容作出专门约定的，该约定独立生效。一方因另一方不履行报批义务，请求解除合同并请求其承担合同约定的相应违约责任的，人民法院依法予以支持。须经行政机关批准生效的合同，一方请求另一方履行合同主要权利义务的，人民法院应当向其释明，将诉讼请求变更为请求履行报批义务。一方变更诉讼请求的，人民法院依法予以支持；经释明后当事人拒绝变更的，应当驳回其诉讼请求，但不影响其另行提起诉讼。人民法院判决一方履行报批义务后，该当事人拒绝履行，经人民法院强制执行仍未履行，对方请求其承担合同违约责任的，人民法院依法予以支持。一方依据判决履行报批义务，行政机关予以批准，合同发生完全的法律效力，其请求对方履行合同的，人民法院依法予以支持；行政机关没有批准，合同不具有法律上的可履行性，一方请求解除合同的，人民法院依法予以支持。

《民法典》第502条第2款规定："依照法律、行政法规的规定，合同应当办理批准等手续的，依照其规定。未办理批准等手续影响合同生效的，不影响合同中履行报批等义务条款以及相关条款的效力。应当办理申请批准等手续的当事人未履行义务的，对方可以请求其承担违反该义务的责任。"这一规定吸收了《全国法院民商事审判工作会议纪要》的司法态度。

二、租赁物经营使用未取得行政许可对融资租赁合同效力的影响

对于租赁物经营使用应取得而未取得行政许可对合同效力的影响问题，主要有以下三种观点：[①]

第一种观点认为，应将合同效力与行政许可脱钩，不论是承租人还是出

① 参见人民法院出版社编：《司法解释理解与适用全集·合同卷2》，人民法院出版社2018年版，第1116—1117页。

租人有无获得行政许可，都不影响融资租赁合同效力。出租人与承租人之间主要是债权债务关系，承租人是否取得行政许可不应作为影响融资租赁合同效力的因素；融资租赁的本质属性在于其融资性，是一种金融业务，出租人提供的是资金产品，而非经营租赁物，出租人是否取得行政许可也不应影响融资租赁合同的效力。

第二种观点认为，出租人不需要具有租赁物经营许可，但要求承租人必须具有租赁物的经营许可。如出租人明知承租人应取得而未取得该项行政许可，则应认定融资租赁合同无效。租赁物的实际使用人是承租人，取得相应行政许可是承租人而非出租人的义务，只要承租人取得相应的资质即可。对于因承租人未取得该项行政许可，对融资租赁合同效力的影响也应作出明确。如果承租人和出租人都没有租赁物经营许可而继续认定合同有效，将架空法律、行政法规设立行政许可的立法目的。

第三种观点认为，对承租人未取得相应行政许可的融资租赁合同应认定无效，但将承租人取得租赁物经营使用行政许可的时间应限制在一审诉讼前。主要理由是，在最高人民法院已经出台的相关解释中，对合同效力的补正均采取限制补正时限的做法，以避免法律关系长期处于不稳定的做法。对此，有关司法解释一般将合同效力的补正限制在一审诉讼前（如买卖未取得预售许可的商品房的买卖合同的效力补正、转让划拨土地使用权的合同效力补正），有利于避免法律关系在进入法院诉讼后仍处于不稳定状态。

《融资租赁解释》第3条规定："根据法律、行政法规规定，承租人对于租赁物的经营使用应当取得行政许可的，人民法院不应仅以出租人未取得行政许可为由认定融资租赁合同无效。"最高人民法院认为，对于租赁物上设定行政许可的限制仅仅是围绕承租人占有、使用租赁物的范围展开，从而排除了出租人与承租人之间的合同关系、出租人参与该关系的问题。[①]本条采纳了这一观点。

融资租赁是以融物为形式，以融资为目的的交易模式。通常情况下出租人会按照承租人的要求，包括对租赁物的选择以及出卖人的认定进行购买，以取得租赁物的所有权，之后交由承租人经营使用。在这一过程中，出租人对租赁

---

① 参见江必新主编：《融资租赁合同纠纷》，法律出版社2014年版，第39页。

物的管领义务主要体现在两个阶段：第一，在与出卖人缔结买卖合同中，就租赁物的生产、规格、型号、价格、交付、安装、人员培训等进行确定、协商；第二，交付给承租人经营使用后，出租人仅就租赁物享有形式上的所有权，也就是出租人并不参与租赁物的经营使用，仅就所有权担保租金债权的清偿。因此，行政机关所针对的租赁物施以行政许可的限制，所指向的对象为出卖人、承租人，而非出租人。在排除其他影响合同效力的因素之外，仅以出租人没有取得行政许可而认定融资租赁合同无效，有欠妥当。①

自《融资租赁解释》实施以来，司法态度趋于统一。如在“北京某医院、北京某房地产开发有限责任公司合同纠纷上诉案”②中，二审法院认为，“医疗器械的租赁使用并不以出租方是否取得行政许可作为合同的生效要件，本案中，《租赁合同》虽未被认定为融资租赁合同，但按照约定，设备是由某公司出租给某医院使用，而某医院是一家三级甲等医院，当然具有合法使用涉案设备的资质。因此，某医院以某公司未取得医疗器械特许经营资格为由要求认定合同无效，没有法律依据，其该项上诉主张不能成立”。

三 其他问题

本条是适用于对使用融资租赁设备的整体项目需要取得行政许可的情形，还是仅适用于经营使用租赁物行为本身需要取得行政许可的情形？例如，承租人为建设电厂，以融资租赁方式购买发电设备，但发电项目的审批可能要数年的时间，并且有可能最终未获得审批，如因此而导致融资租赁合同无效，将大大增加租赁公司的经营风险。而且，在售后回租模式下，承租人将审批过的已经建成的项目出售给出租人取得资金，然后从出租人处租回使用该项目。但是承租人拿着出售资产的资金投入到其他在建的、与租赁项目无关的，未经国家有关部门审批的项目中，完全可以规避项目报批义务。对此，最高人民法院认为，本条仅适用于经营使用租赁物行为本身需要取得行政许可的情形，而使用租赁物从事的工程或项目是否需要取得行政许可不影响融资租

① 参见江必新主编：《融资租赁合同纠纷》，法律出版社2014年版，第39—40页。

② 北京市第二中级人民法院（2017）京02民终5631号民事判决书。

赁合同的效力。因此，对于使用融资租赁设备的整体项目需要取得行政许可的情形，不适用本条的规定。[①]

第七百三十九条【标的物的交付与受领】

出租人根据承租人对出卖人、租赁物的选择订立的买卖合同，出卖人应当按照约定向承租人交付标的物，承租人享有与受领标的物有关的买受人的权利。

历史由来

本条是对《合同法》第239条的完整保留。该条参考了《国际融资租赁公约》第10条。该条规定："供货人依供货合同的义务亦可向承租人履行，就如同承租人是该供货合同的当事人，该租赁物是直接提供给承租人一样。但是，供货人就同一损害不应既向出租人又向承租人承担责任。""本条规定并未赋予承租人不经出租人同意而解除或撤销供货合同的权利。"

《民法典合同编（草案）》（一审稿）第530条规定："出租人根据承租人对出卖人、租赁物的选择订立的买卖合同，出卖人应当按照约定向承租人交付标的物，承租人享有与受领标的物有关的买受人的权利。"《民法典合同编（草案）》（二审稿）第530条、《民法典（草案）》第739条均与此相同。最终通过的文本亦未作更改。

规范目的或功能

融资租赁合同兼具融资性和融物性的要素。基于融物性，在《民法典》关于租赁合同的规定之下，出租人应当按照约定将租赁物交付承租人，并在租赁期限内保持租赁物符合约定的用途（第708条）。但基于融资性，出租人根据承租人对出卖人、租赁物的选择订立买卖合同，并无意受领标的物之后

---

① 参见江必新主编：《融资租赁合同纠纷》，法律出版社2014年版，第41页。

再将标的物交付承租人，而由出卖人直接向承租人交付租赁物。[①]之所以法律规定租赁物由出卖人依约定交付给承租人，主要是基于以下原因：[②]首先，租赁物以及出卖人均由承租人选定，有关租赁物的规格及技术性能均由承租人把握，而出租人只是按照承租人的选择进行购买，对承租人所选定的租赁物的规格及技术性能不可能也没有必要完全了解，因此，出卖人是否按照约定交付合格的租赁物，出租人并不易判断。相反，承租人对于租赁物的规格及技术性能最为熟悉，由其直接受领效率更高，在发生纠纷时也更容易解决。其次，这种交付方式和融资租赁合同各当事人所追求的目的有关。出租人出资购买租赁物，仅出于融资的目的，将标的物出租并获取利润。出租人本身并不具有对租赁物占有、使用、处分、收益的意图，其只是取得租赁物的形式意义上的所有权，并将其作为租金清偿的保障。因此，对于出租人而言，其接受租赁物已无实际意义；对于出卖人而言，其仅欲完成履行义务，至于向谁给付，差别不大；对于承租人而言，这种方式可以让其更早地接收标的物，投入生产，更具有效率。由此可见，基于效率和各当事人合同目的的要求，由出卖人直接交付给承租人这种方式更具有实际意义。

三 规范内容

本条前句规定，“出租人根据承租人对出卖人、租赁物的选择订立的买卖合同，出卖人应当按照约定向承租人交付标的物”。承租人并不是买卖合同的买受人，但这里规定出卖人向承租人交付标的物。本条所称的交付，仅指现实交付，亦即出卖人将标的物移转予承租人，使承租人实际占有和控制该标的物。融资租赁交易中的租赁物是按照承租人的要求购买的，作为出租人的买受人实际上只是资金提供者，其本身并不关注租赁物的情况，一般也没有相应的知识和能力去了解租赁物，因此，出租人自然不宜承担对租赁物太多的义务，这也是融资租赁区别于传统租赁的显著特点之一。出卖人的主要义务是按照约定交付标的物。一是按照约定的质量、数量等交付标的物。有关

① 参见李永军、易军：《合同法》，中国法制出版社2009年版，第527页。
② 参见张懋主编：《合同法条文案例释解》，人民出版社1999年版，第423—424页。

标的物的质量、数量等，通常是按照承租人的要求而确定的。由出卖人直接将标的物交付给承租人，但即便由出卖人交付，也应当符合承租人的要求。如标的物与融资租赁合同的标的物不符合，则承租人有权拒绝履行自己的受领义务。二是按照约定的期限交付标的物。标的物的交付期限对于承租人的利益影响也较大，因而，如果当事人有约定的，应当按照约定的期限交付。三是按照约定的地点进行交付。当事人通常都约定了标的物的交付地点，如以航空器为租赁物的，可能以承租人的公司住所地为交付地点。如果当事人没有约定的，应当适用《民法典》第510条、第511条的规定确定交付地点。如果出卖人交付的标的物不合格，或者未按照约定的期限、地点等交付，则承租人有权拒绝受领。①

本条后句规定，“承租人享有与受领标的物有关的买受人的权利”。承租人并不是买卖合同的买受人，但依本条的规定，承租人享有买受人的受领权利。出卖人直接向承租人交付租赁物，承租人受领租赁物，与受领租赁物相关的权利自然也随之转让给承租人。无论买卖合同中是否约定承租人享有受领权，承租人都可以依据《民法典》关于买卖合同的规定，享有买受人的部分权利。“与受领标的物有关的买受人的权利”通常包含两方面的内容，一是对租赁物的检验权利，二是拒绝接受不符合要求的租赁物的权利。②此种权利是依据法律的规定由承租人享有的，因为此项权利体现了融资租赁合同的特殊性。所以，法律上需要对其作出特别规定。既然承租人享有受领的权利，其也负有相应的义务，即在规定的时间地点受领标的物，并且应当按照合同的约定支付运输费用等。从买卖合同的角度来看，其具有利益第三人合同的特点。这是因为出租人和出卖人之间订立了买卖合同，使承租人享有了与受领标的物有关的买受人的权利。③

值得注意的是，承租人依法享有与受领租赁物有关的买受人的权利，但并不能据此认定出租人将买卖合同项下权利义务全部转让给承租人。在“沈

① 参见王利明：《合同法研究》（第三卷）（第二版），中国人民大学出版社2015年版，第371—372页。

② 参见肖学治：《融资租赁合同》，中国民主法制出版社2003年版，第91页。

③ 参见王利明：《合同法研究》（第三卷）（第二版），中国人民大学出版社2015年版，第372页。

阳某租赁有限公司与佛山市南海区某机械制造有限公司买卖合同纠纷再审案”中，法院认为，案涉《融资租赁合同》及《买卖合同》中虽然约定由承租人自主选择出卖人和租赁物，并直接接收租赁物等事宜，以及处理因买卖合同发生的争议，承担由此发生的一切纠纷及法律责任，但并未明确约定出租人不再享有买受人权利。因此，不能认定出租人已通过法律规定及合同约定的方式将其与受领标的物有关的买受人权利包括解除合同的权利转移给了承租人。[①]

第七百四十条【承租人的拒绝受领权】

出卖人违反向承租人交付标的物的义务，有下列情形之一的，承租人可以拒绝受领出卖人向其交付的标的物：

（一）标的物严重不符合约定；

（二）未按照约定交付标的物，经承租人或者出租人催告后在合理期限内仍未交付。

承租人拒绝受领标的物的，应当及时通知出租人。

历史由来

本条内容来源于《融资租赁解释》第5条，规定：“出卖人违反合同约定的向承租人交付标的物的义务，承租人因下列情形之一拒绝受领租赁物的，人民法院应予支持：（一）租赁物严重不符合约定的；（二）出卖人未在约定的交付期间或者合理期间内交付租赁物，经承租人或者出租人催告，在催告期满后仍未交付的。承租人拒绝受领租赁物，未及时通知出租人，或者无正当理由拒绝受领租赁物，造成出租人损失，出租人向承租人主张损害赔偿的，人民法院应予支持。”本条第1款第2项删去了“出卖人”这一主语，避免与第1款首句相重复，也与第1项的处理方法相一致，同时将“未在约定的交付期间或者合理期间内交付租赁物”修改为“未按照约定交付标的物”；将“经承租人或者出租人催告，在催告期满后仍未交付”修改为“经承租人或者出

① 最高人民法院（2018）最高法民申145号民事裁定书。

租人催告后在合理期限内仍未交付”，以使语言表达更为严谨。本条第2款改变了《融资租赁解释》第5条第2款的表述方式，将“及时通知出租人”明定为承租人的义务，未作实质性修改。这一修改并不表明，在承租人未及时通知出租人，或者无正当理由拒绝受领租赁物，造成出租人损失之时，出租人就没有损害赔偿请求权。在将通知义务定为明文的情形下，违之自当承担违约责任，但请求权基础不在本条，而在第577条、第582条、第584条等相关法条。

本条与《国际融资租赁公约》第12条所确立的出卖人违约交付标的物的救济规则大致相当。该条第1款规定：“租赁物未交付、迟延交付，或不符合供货合同约定的：（a）对出租人，承租人有权拒收租赁物或解除租赁合同；以及（b）出租人有权提供符合供货合同约定的租赁物对违约做出补救，如同承租人已经同意按照与供货合同相同的条款向出租人购买租赁物一样。”该条第2款规定：“前款规定的权利，应当按照与承租人同意根据与供货合同相同的条款向出租人购买租赁物时相同的方式行使，且在同样的情况上丧失。”该条第3款规定：“承租人有权拒付租赁合同项下的应付租金，直至出租人对其违约做出补救，提供了符合供货合同约定的租赁物，或者承租人丧失了拒收租赁物的权利。”该条第4款规定：“承租人行使其解除租赁合同的权利的，承租人有权请求返还其预先支付的任何租金及其他款项，但应减去承租人已从该租赁物取得的收益相当的合理金额。”该条第5款规定：“承租人不因租赁物未交付、交付迟延或不符合约定而对出租人享有其他的请求权，但这些结果是由于出租人的作为或不作为所造成的，除外。”该条第6款规定：“本条规定并不影响承租人依本公约第10条的规定对供货人享有的的权利。”

《民法典合同编（草案）》（一审稿）第531条指出：“出卖人违反向承租人交付标的物的义务，有下列情形之一的，承租人可以拒绝受领出卖人向其交付的租赁物：（一）租赁物严重不符合约定；（二）出卖人未在约定期间或者合理期间内交付租赁物，经承租人或者出租人催告，在催告期满后仍未交付。承租人拒绝受领租赁物的，应当及时通知出租人。”《民法典合同编（草案）》（二审稿）第531条与此相同。《民法典（草案）》第740条将其中第1款修改为：“出卖人违反向承租人交付标的物的义务，有下列情形之一的，承租人可以拒绝受领出卖人向其交付的租赁物：（一）租赁物严重不符合约定；（二）未按照约定交付租赁物，经承租人或者出租人催告后在合理期限内仍未交付。”由于本款以“出卖人违反向承租人交付标的物的义务”为前提，第2项再出现“出卖人”这一主语，系重复规定，也与第1项的处理方法不一致，同时将“未在约定期间或者合理期间内交付租赁物”修改为“未按照约定交付租赁物”；将“经承租人或者出租人催告，在催告期满后仍未交付”修改为“经承租人或者出租人催告后在合理期限内仍未交付”，以使语言表达更为严谨。最终通过的文本中，将其中的“租赁物”统一改为“标的物”，已与本款首句相一致。在出卖人将其交付于承租人之前，还不是“租赁物”，称其为“标的物”更为严谨。

规范目的或功能

承租人享有受领和拒绝受领租赁物的权利，源自承租人取得了买卖合同项下与出租人同样的买受人地位，相当于成为买卖合同的当事人之一。这种权利和地位的取得，需要突破合同相对性的原则。本条赋予承租人直接向出卖人拒绝受领瑕疵给付或迟延给付的权利，使出卖人与承租人建立法律上的关系。这两条既是突破买卖合同相对性原则的重要体现，属于《民法典》第465条第2款所述法律另有规定的情形，[①]也是融资租赁合同与租赁合同的一个重要区别。[②]

规范内容

一、承租人对于标的物的受领

受领租赁物，既是承租人的权利，也是承租人的义务。从权利的角度看，承租人有权受领租赁物，且出卖人不得拒绝将租赁物交付给承租人；从义务

① 参见黄薇主编：《中华人民共和国民法典合同编解读》，中国法制出版社2020年版，第863页。

② 参见江必新主编：《融资租赁合同纠纷》，法律出版社2014年版，第47页。

的角度看，承租人应严格依照合同的适当履行原则，在约定的时间、地点，以约定的方式受领租赁物。承租人违反受领租赁物的义务，则须承担因其拒绝受领而导致的延迟履行责任或者违约责任。[①]其义务主要有：第一，接收租赁物。承租人应当按照合同约定的时间、地点、验收方法接收标的物，这是承租人协助出卖人履行给付义务的体现，既是承租人的权利，也是承租人的义务。如果其无正当理由不接收租赁物，则承租人将要承担相应的迟延履行责任。第二，对租赁物的检验。对于租赁物的特征及规格，相较于出租人而言，承租人对相关内容更了解，也更专业。因为对于租赁物和出卖人，都是在承租人的选择下进行的，所以，对租赁物的检验，也应当由承租人来进行。承租人在接收租赁物之时，有权利对租赁物进行检验，出卖人不得拒绝承租人的检验要求。如果检验不合格，承租人可以拒绝接收。如果承租人怠于对租赁物进行检验，并没有发现租赁物的瑕疵，由此而导致租赁物的价值减损，则承租人应自己承担此种瑕疵损失。第三，在检验租赁物之后，应当及时通知出租人。承租人对租赁物进行检验之后，应及时通知出租人检验的结果，如果符合买卖合同约定，则承租人即应按照约定向出租人支付租金；如果不符合买卖合同约定，则应按照融资租赁合同约定，进行索赔权的行使。承租人的通知义务应当慎重行使，因为一旦通知发出，则既构成了出卖人交付租赁物的证据，也构成了出租人取得租赁物所有权的证据。[②]

二、承租人对于标的物的拒绝受领

本条第1款规定："出卖人违反向承租人交付标的物的义务，有下列情形之一的，承租人可以拒绝受领出卖人向其交付的标的物：（一）标的物严重不符合约定；（二）未按照约定交付标的物，经承租人或者出租人催告后在合理期限内仍未交付。"之所以设立如此高的拒绝受领权行使门槛，出发点是保护出租人的利益。[③]融资租赁是一项以融物为依托的融资行为，具有较强的融资

---

① 参见肖学治：《融资租赁合同》，中国民主法制出版社2003年版，第35页。

② 参见江必新主编：《融资租赁合同纠纷》，法律出版社2014年版，第46—47页。

③ 参见雷继平、原爽、李志刚：《交易实践与司法回应：融资租赁合同若干法律问题——〈最高人民法院关于审理融资租赁合同纠纷案件适用法律问题的解释〉解读》，载《法律适用》2014年第4期。

性特征，且一般资金量较大，租期也较长，通常都在几年甚至十几年，涉及的租赁物通常也都是用于生产经营的大型机器设备，其中很多都是专门按承租人的要求定制的特种设备，这与一般买卖行为中的普通标的物有很大不同，与传统出租在资金量、租赁期限和租赁物特性等方面也有较大差异。出租人按照承租人的要求，与承租人选定的出卖人签订了租赁物的买卖合同，并支付了购买租赁物的价款，应当被视为已经履行了融资租赁合同项下的主要义务。从尽可能维护交易稳定性的角度出发，应尽量努力促使合同能够继续履行，对承租人拒绝受领租赁物的条件不宜放得过宽。同时，也应给予出租人或出卖人合理的补救机会，允许其在合理期限内对不符合约定的租赁物进行维修、调试、更换或重新生产等，以达到合同要求，符合承租人的使用标准。从实际出发，在承租人拒绝受领租赁物的判定条件上，应以是否能够实现承租人的使用目的为标准。

"标的物严重不符合约定"的，承租人可以拒绝受领出卖人向其交付的标的物。若承租人仅以租赁物上存在微小的瑕疵，该瑕疵并不会导致租赁物的使用价值发生严重降低，从而在不影响生产经营时拒绝受领，则受损害的就不仅仅是出卖人的利益，其会影响到整个融资租赁合同中所有主体的利益。因此，关于承租人拒绝受领租赁物的条件必须加以严格限制。只有当租赁物的瑕疵足以影响到正常的生产经营，承租人无法使用该租赁物实现合同目的时，才允许承租人行使拒绝受领的权利，并有权向出卖人或者出租人进一步主张合同救济。[①]

"未按照约定交付标的物，经承租人或者出租人催告后在合理期限内仍未交付"的，承租人可以拒绝受领出卖人向其交付的标的物。就出卖人未按合同约定时间交付的情况而言，主要包括迟延交付和未交付两种情况。对于迟延交付的情况，有必要进行限制，这是因为，作为融资租赁合同的标的物，租赁物多为大型机械设备或者交通运输工具，其运输、安装、检验乃至进口报关手续等更为复杂，故出卖人逾期交付的情形比较常见。如仅因非出卖人的过错导致租赁物交付的短暂迟延，又未影响承租人正常使用的，即允许承租人拒绝受领租赁物，对出卖人的要求显然过于苛

---

① 参见秦国勇编著：《融资租赁法律实务》，法律出版社2011年版，第50页。

刻，也不利于整个融资租赁交易的正常履行。因此，有必要对逾期交付的情形作出适当限制。结合《民法典》第563条第3项来看，本条第1款第2项允许拒绝受领租赁物的情形，可以被理解为出卖人迟延履行主要债务，且经催告后在合理期限内仍未履行的情形，应该满足解除买卖合同的法定条件。①

本条第2款规定："承租人拒绝受领标的物的，应当及时通知出租人。"出租人作为买卖合同中的一方当事人，对于合同的履行享有绝对的知情权；尽管出租人在买卖合同中仅有为支付标的物价款的义务，但这并不排除出租人作为合同的主体，对合同的权利行使享有知情的权利。虽然承租人是实际意义上的买受人，但其拒绝履行义务后势必会对出租人支付标的物价款的义务产生重大影响；如果承租人没有通知出租人拒绝受领了租赁物，则出租人支付标的物价款义务将会受到影响，出租人就会因此行为付出相应的成本代价。依据诚实信用原则以及全面履行原则，承租人亦得将拒绝受领标的物的事实及时通知出租人。本条仅仅是将这一义务予以明确，并非为承租人设定额外的义务。承租人履行通知义务，并不需要额外付出成本；相反，承租人履行通知义务，一方面确保自己的利益，为以后进行抗辩提供了证据；另一方面也确保了出租人的利益，于己于他均有利。基于上述理由，承租人行使拒绝受领权利后，应当履行通知的义务。②值得注意的是，本条第2款删去了《融资租赁解释》第5条第2款的"造成出租人损失，出租人向承租人主张损害赔偿"。这一修改并不表明，在承租人未及时通知出租人，或者无正当理由拒绝受领租赁物，造成出租人损失之时，出租人就没有损害赔偿请求权。在将通知义务定为明文的情形下，违之自当承担违约责任，但请求权基础不在本条，而在本法第577条、第582条、第584条等相关法条。

---

① 需要指出的是，解除买卖合同的标准与解除融资租赁合同的标准不同。参见《融资租赁解释》第11条。

② 参见江必新主编：《融资租赁合同纠纷》，法律出版社2014年版，第49页。

第七百四十一条【承租人的索赔权】

出租人、出卖人、承租人可以约定，出卖人不履行买卖合同义务的，由承租人行使索赔的权利。承租人行使索赔权利的，出租人应当协助。

历史由来

本条是对《合同法》第240条的完整保留。《民法典合同编（草案）》（一审稿）第532条、《民法典合同编（草案）》（二审稿）第532条、《民法典（草案）》第741条均与此相同。最终通过的文本亦未作更改。

规范目的或功能

在出卖人不履行买卖合同义务时，如交付的标的物不合格或迟延，承租人有权直接请求其承担责任，出卖人也负有修理、替换以及损害赔偿的义务。法律作出此种规定的主要原因在于：第一，因承租人受领标的物，并对标的物进行验收，因此，承租人对于标的物是否符合合同约定的情况最为了解，应当由承租人行使索赔的权利。第二，因承租人对标的物进行实际使用，如果标的物存在瑕疵或功能上的缺陷，承租人持有第一手资料，只有其才能够提出不合格的证据，而出租人一般是融资租赁公司，对于标的物的具体性能、使用方法、操作规范等情况并不了解，因此出租人应当协助承租人行使索赔的权利。第三，有利于简化索赔权行使的程序。因为按照合同相对性规则，此种索赔的权利应当由出租人行使。如果不移转索赔权，则需要形成两个诉讼，即首先由承租人向出租人主张权利，然后再由出租人起诉出卖人。而如果法律直接允许承租人诉出卖人，则极大简化了索赔权的行使程序，节约了权利行使的成本。[①]

---

① 参见王利明：《合同法研究》（第三卷）（第二版），中国人民大学出版社2015年版，第382页。

规范内容

一、承租人的索赔权

索赔权仅仅是指提起赔偿的权利，还是泛指出卖人不履行买卖合同的情况下买受人所享有的请求权？有学者认为，根据出卖人不履行合同义务的情况不同，承租人所享有的索赔权利内容不同。首先，若出卖人未按约定向承租人交付租赁物的，为违约行为，应付违约责任。承租人可以要求出卖人继续履行交付义务，也可以解除合同，并要求赔偿损失。其次，如出卖人交付的标的物虽不符合约定的条件但不影响使用，承租人愿意继续使用的，可以要求减少价金。再次，若出卖人交付的标的物不能使用，则承租人可以根据情况要求出卖人予以修理或者更换。最后，如出卖人交付的租赁物无法实现合同的目的，承租人可以要求解除合同并赔偿损失。[①]有学者认为，从本条第1句的规定中可知，索赔权是因出卖人不履行买卖合同之义务而产生的。不履行买卖合同之义务的范围很宽泛，可能是没有按期交付标的物，也可能是交付的标的物在数量或质量上不符合约定等。同时，《融资租赁解释》第5条就出卖人可能违反合同的行为进行了列举，如出卖人延迟交货、交付的租赁物质量或数量存在问题，以及其他违反买卖合同约定的行为。由此可见，本条第1句所指的索赔权是泛指因出卖人不履行买卖合同，买受人由此而享有的债权。[②]

承租人直接向出卖人行使索赔权的情况包括：

1.出卖人交付的租赁物本身不符合合同约定时，承租人可以要求：（1）减少价金。如果出卖人交付的标的物虽不符合合同约定，但不影响使用，而承租人也愿意继续使用的，可以按质论价，要求出卖人减少价金。（2）修理、调换。当出卖人交付的租赁物不能正常使用时，根据租赁物的具体情况，承租人以请求出卖人负责修理或者另行交付无瑕疵的租赁物，并承担因修理、调换而支付的实际费用。（3）折价补偿。如果出卖人交付的租赁物虽不符合

① 参见郭明瑞主编：《合同法学》，复旦大学出版社2007年版，第327页。

② 参见胡晓媛：《融资租赁出租人风险承担及其控制》，载《法学》2011年第1期。

合同约定，但不影响使用，而承租人也愿意继续使用的，要求出卖人折价用以抵偿部分租金。(4)支付违约金。在出卖人交付的租赁物不符合合同约定时，承租人可以请求出卖人支付约定的违约金或者法定违约金。在违约金不足以抵偿损失时，承租人还可以要求出卖人支付损害赔偿金。(5)解除合同并赔偿损失。当出卖人交付的租赁物由于质量问题无法使用时，承租人可以要求解除其与出租人之间的融资租赁合同，进而导致买卖合同的解除。

2.出卖人未交付或者迟延交付租赁物的，承租人可以请求出卖人继续履行交付义务，并请求支付违约金，或者同时要求赔偿损失。[①]

裁判实践中，承租人直接索赔权由出租人、出卖人、承租人等三方共同约定的，裁判结果均予认可；[②]承租人直接索赔权由承租人与出租人双方约定的，裁判结果均予认可；[③]承租人直接索赔权由承租人与出卖人双方约定的，裁判结果均予认可。[④]也有观点认为，即使相关交易合同中对承租人直接索赔权没有约定，亦应认可承租人享有直接索赔权。如在"段某与中国某集团租赁有限公司融资租赁合同纠纷上诉案"[⑤]中，法院即认为，"《中华人民共和国合同法》第二百四十条关于出租人、出卖人、承租人可以约定出卖人不履行买卖合同义务的由承租人行使索赔的权利的规定，是指出租人可以将其索赔权转让给承租人，但并不能得出承租人只有在出租人明确转让索赔权时才能向出卖人索赔的结论，《融资租赁解释》亦未明确规定承租人对出卖人的索赔权必须来源于出租人的转让"。

二、出租人的协助

本条后句规定，承租人行使索赔权时，出租人应当协助。这是因为，出

---

① 参见人民法院出版社编：《司法解释理解与适用全集·合同卷2》，人民法院出版社2018年版，第1141页；全国人民代表大会常务委员会法制工作委员会编：《中华人民共和国合同法释义》(第3版)，法律出版社2013年版，第389页。

② 参见贵州省贵阳市中级人民法院（2019）黔01民终518号民事判决书；上海市浦东新区人民法院（2015）浦民六（商）初字第6285号民事判决书；等等。

③ 参见江苏省南京市中级人民法院（2018）苏01民终424号民事判决书；北京市第二中级人民法院（2018）京02民终8295号民事判决书。

④ 参见北京市昌平区人民法院（2014）昌民（商）初字第13021号民事判决书。

⑤ 参见四川省成都市中级人民法院（2017）川01民终2995号民事裁定书。

租人作为租赁物买卖合同的当事人，虽然可以将对出卖人的索赔权让与承租人，但这并不能改变其在租赁物买卖合同中的法律地位。所以承租人在行使索赔权时，仍需要得到出租人的协助，如为承租人提供一些相关的单据、票证等，以便于承租人与出卖人进行协商。同时，出租人协助承租人行使索赔权，在一定意义上也是在维护自己的利益，因为租赁物买卖合同履行的如何，直接关系到融资租赁合同的履行，如果租赁物买卖合同中出卖人不交付或者交付的标的物不符合合同约定，承租人无法使用租赁物，也就无法实现融资租赁合同的目的，同时也会影响承租人向出租人支付租金。所以，出租人为避免自己利益受到损害，应积极履行协助承租人行使索赔权这一义务。①

本条所称的“协助”主要包括如下几个方面的内容：一是帮助寻找出卖人。在一些融资租赁中，出卖人是承租人指定的，承租人很容易找到；而在另一些融资租赁中，承租人只是确定了租赁物，而没有确定出卖人，由出租人具体确定出卖人，在发生争议后，出租人就应当帮助承租人寻找出卖人。二是帮助提供证据。在买卖合同的签约过程中，主要是出租人和出卖人之间磋商谈判，所以，出租人应当提供合同文本、订约资料等证据材料。三是诉讼过程中的协助义务。例如，出租人要出庭作证等。依据本条，即便当事人没有约定，出租人也应当负有协助的义务。因为只有在充分履行协助义务后，承租人才能实现其索赔权。依据《融资租赁解释》第18条的规定，承租人行使索赔权时，出租人未及时提供必要的协助，导致承租人损失的，承租人有权请求出租人承担相应的责任。②

其他问题

本条赋予了承租人对出卖人的索赔权，但对此条文的理解与适用存在不

① 参见姬新江、李利：《论融资租赁合同中承租人的索赔权》，载《当代法学》2005年第6期。

② 参见王利明：《合同法研究》（第三卷）（第二版），中国人民大学出版社2015年版，第374页。

同观点。关于承租人索赔权的约定，是要三方共同约定，还是承租人与出卖人约定、出租人与出卖人约定或是承租人与出租人约定即可。根据索赔权的转让是否需要三方共同约定，可分为“肯定说”与“否定说”。

“肯定说”认为，根据本条的规定，只有出租人、出卖人、承租人三方共同约定，索赔权的转让才能生效。也就是说，索赔权的转让必须经出卖人的同意。[①]如果出租人、出卖人、承租人没有约定由承租人行使出租人对出卖人的索赔权利的，则出租人于出卖人不履行买卖合同义务时，有权向出卖人索赔。[②]另有解释认为，就索赔权的性质而言，有派生权利和从权利两种学说。持派生权利说的学者认为，索赔权系因原权利之损害而发生，表现为恢复原状和损害赔偿请求权等形式。[③]持从权利说的学者认为，损害赔偿请求权（即索赔权）与抵押权、利息债权、定金债权及违约金债权一并归于合同主债权的从权利。[④]如果将索赔权的性质界定为从权利，不能单独转让；如果将其界定为派生权利，一般认为也不能脱离原权利单独转让。因此，无论将索赔权作何界定，索赔权在通常情况下均不能脱离主权利或原权利单独转让。出租人将受领权保留于己方，而将索赔权转让于承租人时，承租人此时不能单独受让索赔权。既然索赔权在性质上不同于作为原权利的一般债权的转让，在法律法规适用上不应适用“债权人、受让人同意加通知债务人”的债权转让规则。[⑤]

“否定说”认为，索赔权的转让无需出卖人同意，只要通知出卖人即可。从本条文义来看，由承租人行使索赔的权利须有三方的约定。索赔权的转让，实质上是债权的转让，出租人与承租人达成债权转让的协议后，通知出卖人

---

① 参见王轶：《租赁合同　融资租赁合同》，法律出版社1999年版，第149页。

② 参见郭明瑞主编：《合同法学》，复旦大学出版社2007年版，第325页。

③ 参见史尚宽：《民法总论》，中国政法大学出版社2000年版，第29页。

④ 参见吴勇奇：《索赔权意定转让之否定》，载上海海事大学海商法研究中心编：《海大法律评论》（2008），上海社会科学院出版社2009年版，第429页。相同观点参见王利明：《民商法研究》（第4辑），法律出版社2014年版，第546页、第557页；江平主编：《中华人民共和国合同法精解》，中国政法大学出版社1999年版，第67—68页；崔建远主编：《合同法》（第三版），法律出版社2003年版，第170页、第173页。

⑤ 参见人民法院出版社编：《司法解释理解与适用全集·合同卷2》，人民法院出版社2018年版，第1258页。

即可生效。[①]出租人在融资租赁交易中的地位决定了其对租赁物的了解非常有限，也不能够准确地检验和判断由出卖人提供的租赁物的质量问题。如果由出租人对出卖人主张权利，必须有承租人协助证明租赁物瑕疵的存在。这就是说，若发生纠纷，出租人、承租人和出卖人必须共同参加。这样，不仅使解决纠纷的程序复杂化，而且加大了解决问题的成本。另外，出租人也承担了因权利主张不当而产生的风险，如诉讼中败诉的风险。因此，索赔权转让须经出卖人同意这一要件，不仅不符合我国法律中确定的债权转让原则，制约了出租人对其享有的合同权利的处分权，而且完全不符合当事人的真实意愿和实际利益。因此，索赔权的转让应无须经出卖人的同意，仅通知出卖人即可生效。[②]承租人若想取得对出卖人不履行或者拒绝履行合同的索赔权，应当与出租人订立契约。需要说明的是，承租人的索赔权在性质上属于"债权转让"或"债权让与"，因此，出租人与承租人订立在出卖人不履行或者拒绝履行合同时，由承租人来行使对出卖人的索赔权的协议时，应当通知出卖人。在出卖人知道存在一个租赁协议或买卖协议是为即将订立的融资租赁合同而订立的情况下，其应该知道标的物是承租人所需要且将为承租人占有和使用的，其应该预见到由于其不履行或者拒绝履行合同可能会给承租人带来的损失及此种损失可能与出租人所受的损失不完全一致的情况，因此其应承担此种损失的责任。还有学者认为，承租人对出卖人的索赔权无需三方约定，但是，该项索赔权的基础不在于约定的债权转让，而在于法定的债权转让。[③]由承租人直接受领和由承租人直接索赔实乃融资租赁之特征使然，因为出租人大多为金融性租赁公司，通常不具备承租人所涉行业的专业知识和经验，而租赁物和交易对象的选择、租赁物的受领和检验以及受领后质量瑕疵的发现均需要具备一定程度的专业知识和经验，故由承租人直接索赔既简化了法律关系，同时又降低了索赔成本。部分国家立法和示范性公约明确规定了承租人的直接受领和直接索赔权利，并不需要当事人的额外约定。[④]

---

① 参见隋彭生：《合同法要义》（第四版），中国人民大学出版社2015年版，第361页。

② 参见胡晓媛：《中德融资租赁法律制度比较研究》，中国法制出版社2011年版，第119页。

③ 参见曾大鹏：《融资租赁法制创新的体系化思考》，载《法学》2014年第9期。

④ 参见人民法院出版社编：《司法解释理解与适用全集·合同卷2》，人民法院出版社2018年版，第1157—1158页。

第七百四十二条【承租人行使索赔权对租金给付义务的影响】

承租人对出卖人行使索赔权利，不影响其履行支付租金的义务。但是，承租人依赖出租人的技能确定租赁物或者出租人干预选择租赁物的，承租人可以请求减免相应租金。

历史由来

本条内容来自《融资租赁解释》第6条，其规定："承租人对出卖人行使索赔权，不影响其履行融资租赁合同项下支付租金的义务，但承租人以依赖出租人的技能确定租赁物或者出租人干预选择租赁物为由，主张减轻或者免除相应租金支付义务的除外。"本条仅作了文字调整，改变了"但书"前后的标点符号，以符合现代汉语的表达习惯；将"不影响其履行融资租赁合同项下支付租金的义务"改为"不影响其履行支付租金的义务"，将"减轻或者免除相应租金支付义务"修改为"减免相应租金"，以使语言表达更为简洁。

《民法典合同编（草案）》（一审稿）第533条规定："承租人对出卖人行使索赔权利，不影响其履行支付租金的义务，但是承租人依赖出租人的技能确定租赁物或者出租人干预选择租赁物的，承租人可以要求减轻或者免除相应租金的支付义务。"《民法典合同编（草案）》（二审稿）第533条与此相同。《民法典（草案）》第742条将其修改为："承租人对出卖人行使索赔权利，不影响其履行支付租金的义务。但是，承租人依赖出租人的技能确定租赁物或者出租人干预选择租赁物的，承租人可以请求减免相应租金。"这里改变了"但书"前后的标点符号，以符合现代汉语的表达习惯；将"要求"改为"请求"，更加明确其请求权基础地位；将"减轻或者免除相应租金的支付义务"修改为"减免相应租金"，以使语言表达更为简洁。最终通过的文本未作更改。

规范目的或功能

融资租赁交易最核心的要素即承租人选择租赁物及出卖人，出租人是根据承租人对租赁物和出卖人的选择或认可，与出卖人签订租赁物买卖合同，从出卖人处购买租赁物并出租给承租人使用。出租人在融资租赁交易中承担最主要的义务就是支付价款以购得租赁物，而与租赁物本身有关的一切风险与收益全部转归承租人承担和享有。在融资租赁交易中，出租人不承担包括租赁物的瑕疵担保责任在内的与租赁物有关的一切责任，这也是融资租赁交易区别于其他租赁形式的典型特征之一。根据《民法典》第741条的规定，出租人、出卖人、承租人可以约定，出卖人不履行买卖合同义务的，由承租人行使索赔的权利。承租人对出卖人行使索赔权利，也不影响其履行支付租金的义务。本条规定中所称的“承租人对出卖人行使索赔权利”，包括出卖人未交付或迟延交付租赁物时，承租人要求出卖人履行交付义务、赔偿损失等的权利。简言之，在出租人已经履行其融资义务，而出卖人并未交付货物，承租人直接向出卖人行使索赔权的情况下，除非出租人对租赁物的选择施加了影响，否则承租人不得以未交付货物为由拒付租金。[①]

规范内容

一、承租人索赔不影响租金给付义务的原则

支付租金是承租人所负担的最主要义务（《民法典》第735条、第752条）。融资租赁合同中出租人所收取的租金，既不同于一般租赁合同中的租金，又不同于买卖合同中的价金。由于租金并非融物的对价而为融资的对价，承租人支付租金的义务具有不可解约性和独立性，不受其他违约救济措施的影响。融资租赁的特征决定了出租人的本质义务是为承租人提供融资，在承租人选定出卖人、租赁物的前提下，履行买卖合同的风险也应由承租人承担。只要出租人履行了支付价款购买租赁物的义务并且不存在严重违约行为（包括平静占有担保责任等），承租人就应当完全履行融资租赁合同项下的租金支付等义务。从合同相对性出发，买卖合同的履行存在瑕疵，如租赁物未交付、延迟交付、存在瑕疵等，承租人可以向出卖人直接行使索赔权，但索赔的结果，并不影响承租人在融资租赁合同项下租金支付等义务的履行，承租人不能仅以此为由主张减轻或免除租金支付义务，由此造成承租人的损失应由出卖人

① 上海市第一中级人民法院（2016）沪01民终6312号民事判决书。

负责。[①]

因出卖人违约，导致承租人未能及时受领符合合同约定的租赁物，承租人固然可以通过向出卖人行使索赔权的方式，得到相应的救济，但如出卖人根本违约，提供的租赁物无法使用，或者无法提供符合合同约定的租赁物，可能导致承租人取得租赁物，并占用、使用租赁物的合同目的落空。在此情形下，可能出现承租人与出租人利益保护失衡的情况：一方面，承租人未取得租赁物；另一方面，承租人仍然要承担融资租赁合同项下的租金给付义务。此时，承租人可以根据《民法典》第754条的规定解除融资租赁合同，不再承受持续给付租金的负担。[②]

二、承租人索赔不影响租金给付义务的例外

本条后段规定了承租人索赔不影响租金给付义务原则的例外情形，即"承租人依赖出租人的技能确定租赁物或者出租人干预选择租赁物的，承租人可以请求减免相应租金"。有学者主张，本条的适用至少应同时具备如下要素：承租人有承租租赁物的商业需求，但承租人对租赁物缺少应有的专业知识和理解；出租人在具体推介租赁物时存在故意或重大过失；出租人推介并促使承租人承租的租赁物不符合约定或者不符合使用目的；承租人已经遭受损失，或继续承租租赁物将会遭受损失。由此可见，只有在出租人利用其专业优势，误导或诱使或以其他方式不当干预承租人选择租赁物且承租人因此而遭受损失时，承租人方可在其遭受的损失范围内主张减轻或者免除相应租金支付义务。[③]

承租人依赖出租人的技能确定租赁物或者出租人干预选择租赁物，主要

---

① 参见李艳科：《租赁物未交付或交付瑕疵时出租人权利的救济》，载http://www.filong.com/newsitem/277633516，最后访问时间2020年1月25日；人民法院出版社编：《司法解释理解与适用全集·合同卷2》，人民法院出版社2018年版，第1145—1146页。

② 参见宋晓明、刘竹梅、原爽：《〈关于审理融资租赁合同纠纷案件适用法律问题的解释〉的理解与适用》，载《人民司法·应用》2014年第7期；人民法院出版社编：《司法解释理解与适用全集·合同卷2》，人民法院出版社2018年版，第1147页。

③ 参见王明朗、李立：《深度解读最高人民法院〈关于审理融资租赁合同纠纷案件适用法律问题的解释〉》，载威科先行，最后访问时间2020年1月25日。

是指以下情形：（1）出租人在承租人选择出卖人、租赁物时，对租赁物的选定起决定作用的；（2）出租人干预或者要求承租人按照出租人意愿选择出卖人或者租赁物的；（3）出租人擅自变更承租人已经选定的出卖人或者租赁物的。人民法院在审理此类案件中，要注意区分出租人的行为是否对承租人的选择造成了实质性影响。所谓构成实质性影响，通常包括以下情形：（1）出租人指定租赁物或出卖人；（2）出租人给出一定的选择范围，指定几家制造商或几种产品供承租人选择；（3）出租人将承租人的选择与租金等合同条款挂钩，如承租人只有在出租人推荐的范围内选择才可获得相应的优惠条件。若承租人能够举证证明出租人存在这些行为，则可以认为出租人对承租人的选择构成了实质性影响，即干预了承租人的选择。[①]裁判实践中，出卖人与出租人“人格混同”也构成例外情形之一。[②]

第七百四十三条【出租人的赔偿责任】

出租人有下列情形之一，致使承租人对出卖人行使索赔权利失败的，承租人有权请求出租人承担相应的责任：

（一）明知租赁物有质量瑕疵而不告知承租人；

（二）承租人行使索赔权利时，未及时提供必要协助。

出租人怠于行使只能由其对出卖人行使的索赔权利，造成承租人损失的，承租人有权请求出租人承担赔偿责任。

历史由来

本条内容来源于《融资租赁解释》第18条，其规定：“出租人有下列情形之一，导致承租人对出卖人索赔逾期或者索赔失败，承租人要求出租人承担相应责任的，人民法院应予支持：（一）明知租赁物有质量瑕疵而不告知承租人的；（二）承租人行使索赔权时，未及时提供必要协助的；（三）怠于行使

① 参见人民法院出版社编：《司法解释理解与适用全集·合同卷2》，人民法院出版社2018年版，第1146—1147页。

② 云南省高级人民法院（2014）云高民申字第788号民事裁定书。

融资租赁合同中约定的只能由出租人行使对出卖人的索赔权的；（四）怠于行使买卖合同中约定的只能由出租人行使对出卖人的索赔权的。”本条将“索赔权”修改为“索赔权利”；删除了“承租人对出卖人索赔逾期”的情形；将“要求”改为“请求”，更加明确其请求权基础地位；将《融资租赁解释》第18条第3项、第4项合并为本条第2款“出租人怠于行使只能由其对出卖人行使的索赔权利，造成承租人损失的，承租人有权请求出租人承担赔偿责任。”明确区分了与第1款两种情形下出租人的责任。

《民法典合同编（草案）》（一审稿）第534条规定：“出租人有下列情形之一，致使承租人对出卖人索赔逾期或者索赔失败的，承租人有权要求出租人承担相应责任：（一）明知租赁物有质量瑕疵而不告知承租人；（二）承租人行使索赔权利时，未及时提供必要协助。出租人怠于行使融资租赁合同或者买卖合同中约定的只能由出租人对出卖人行使的索赔权利，承租人有权要求出租人承担相应责任。”《民法典合同编（草案）》（二审稿）第534条与此相同。《民法典（草案）》第743条第1款将“承租人对出卖人索赔逾期或者索赔失败”修改为“承租人对出卖人行使索赔权利失败”，删除了“索赔逾期”的情形；将“要求”改为“请求”，更加明确其请求权基础地位。第2款将“出租人怠于行使融资租赁合同或者买卖合同中约定的只能由出租人对出卖人行使的索赔权利”修改为“出租人怠于行使只能由其对出卖人行使的索赔权利，造成承租人损失”，以使语言表达更为简洁；将法律后果由“出租人承担相应责任”修改为“出租人承担赔偿责任”。最终通过的文本未作更改。

三 规范目的或功能

在融资租赁合同中，双方都负有依诚信原则所产生的附随义务。就出租人而言，其应当负有必要的告知、说明、协助等附随义务。[①]索赔权转让之后，出租人同样对承租人负担一定的义务。这些义务在性质上多属于附随义务。附随义务并非基于法律的规定或者当事人的约定，而是依诚信原则，由社会一般

① 参见王利明：《合同法研究》（第三卷）（第二版），中国人民大学出版社2015年版，第376页。

交易观念产生。《民法典》第509条第2款对附随义务作出了一般性规定："当事人应当遵循诚信原则，根据合同的性质、目的和交易习惯履行通知、协助、保密等义务。"从附随义务的功能来看，附随义务或为促进主给付义务，或为维护对方当事人的利益。在索赔权转让之后，出租人在承租人索赔过程中，应当依据诚信原则负担告知、协助等义务。《民法典》第741条明确规定在承租人享有索赔权的情况下，出租人负担协助的附随义务。本条进一步将明知租赁物有质量瑕疵时的告知义务纳入出租人的附随义务范围。[①]

规范内容

一、出租人的附随义务

《民法典》第509条第2款中的通知义务涵盖了瑕疵告知义务，即出卖或赠与瑕疵物品时，应将标的物的瑕疵，特别是隐蔽的瑕疵告知买受人或受赠人。[②]融资租赁交易中的通知义务，一般是指出租人应将其所知悉的对合同履行以及承租人利益可能产生重大影响的情况及时、恰当地通知出租人。本条基于承租人索赔失败，将出租人的通知义务限定在明知租赁物有质量瑕疵的情形，但并不表明在一般意义上排除其他基于诚信原则的通知义务。出租人在明知租赁物有质量瑕疵的情况下而不及时通知承租人，明显违背了出租人依据诚信原则所应负担的通知义务。此处出租人所负担的通知义务并不考虑租赁物是由承租人直接受领还是由出租人受领后又转移给承租人。只要出租人明知租赁物存在质量瑕疵，即使其未受领租赁物，也应当将其知悉的情况及时通知承租人。明知的概念中并不包含应当知道，否则实际上增加了出租人的默示担保义务，而融资租赁中出租人通常并不负担此项义务。[③]

《民法典》第741条明确规定："出租人、出卖人、承租人可以约定，出卖

---

① 参见人民法院出版社编：《司法解释理解与适用全集·合同卷2》，人民法院出版社2018年版，第1259页。

② 参见道文：《试析合同法上的附随义务》，载《法学》1999年第10期。

③ 参见人民法院出版社编：《司法解释理解与适用全集·合同卷2》，人民法院出版社2018年版，第1260页。

人不履行买卖合同义务的，由承租人行使索赔的权利。承租人行使索赔权利的，出租人应当协助。”由此可见，伴随着索赔权的移转，出租人有协助承租人索赔的附随义务。出租人协助索赔的义务须以索赔权的移转为前提，即便当事人没有约定，出租人也应当负有协助的义务。[①]协助义务的内容包括为协助承租人而需要采取的一切商业上的合理措施。这些合理措施通常应当包括但不限于以下措施：“一是帮助寻找出卖人；二是帮助寻找证据；三是诉讼过程中的协助义务。”[②]协助义务的内容应当根据案件所涉融资租赁的特点，依诚信原则和交易习惯予以确定。[③]

二、出租人违反附随义务的法律效果

出租人违反附随义务，致使承租人对出卖人行使索赔权利失败的，承租人有权请求出租人承担相应的责任。所谓索赔失败，是指由于出租人的原因导致承租人无法行使索赔权利或者由于出租人怠于通知承租人租赁物的瑕疵致使承租人所享有的索赔权已经超过诉讼时效，或者因出租人的不协助导致承租人举证不能而被驳回诉讼请求。承租人索赔失败应当与出租人违反附随义务之间存在因果关系。如出租人违反附随义务的行为与承租人索赔失败的后果不存在因果关系，则出租人无需向承租人承担责任。[④]例如，在出租人明知租赁物存在质量瑕疵而未告知承租人的情况下，如果承租人自身也知晓此种状况，但承租人因自身原因怠于行使对出卖人的索赔权致使其请求超过诉讼时效进而索赔失败时，出租人违反附随义务的行为与索赔失败的后果之间并不存在因果关系，那么出租人并不需要承担相应的责任。又如，在承租人因举证不能而导致索赔失败时，同样应当区分出租人因素在索赔失败结果中

---

① 参见王利明：《合同法研究》（第三卷）（第二版），中国人民大学出版社2015年版，第374页。

② 参见全国人民代表大会常务委员会法制工作委员会编：《中华人民共和国合同法释义》（第3版），法律出版社2013年版，第389页。

③ 参见人民法院出版社编：《司法解释理解与适用全集·合同卷2》，人民法院出版社2018年版，第1260页。

④ 参见人民法院出版社编：《司法解释理解与适用全集·合同卷2》，人民法院出版社2018年版，第1260页。

的作用力。如果承租人因为出租人未履行协助义务而导致部分诉讼请求被驳回，那么出租人仅应对这部分索赔失败后果承担责任。[①]

三、出租人怠于行使只能由其行使的索赔权的法律效果

本条第2款规定："出租人怠于行使只能由其对出卖人行使的索赔权利，造成承租人损失的，承租人有权请求出租人承担赔偿责任。"这里，"只能由其对出卖人行使的索赔权利"包括两种情形："融资租赁合同中约定的只能由出租人行使对出卖人的索赔权"和"买卖合同中约定的只能由出租人行使对出卖人的索赔权"。在这两种情形下，承租人并不享有索赔权，因而自无妨碍承租人索赔的可能。出租人在此种情况下向承租人承担责任的基础，实际上并非基于出租人违反附随义务，而是基于承租人不享有索赔权，基于合同相对性原则，无法直接向出卖人索赔，只能依据融资租赁合同，请求出租人承担违约责任。[②]

第七百四十四条【出租人变更买卖合同的限制】

出租人根据承租人对出卖人、租赁物的选择订立的买卖合同，未经承租人同意，出租人不得变更与承租人有关的合同内容。

历史由来

本条是对《合同法》第241条的完整保留。本条与《国际融资租赁公约草案》[③]第4条的内容大致相当。该条规定："没有承租人的同意，供货合同不得变更。"但《国际融资租赁公约》最终删去了该条规定。

《民法典合同编（草案）》（一审稿）第535条规定："出租人根据承租人对出卖人、租赁物的选择订立的买卖合同，未经承租人同意，出租人不得变

---

① 参见人民法院出版社编：《司法解释理解与适用全集·合同卷2》，人民法院出版社2018年版，第1263页。

② 参见人民法院出版社编：《司法解释理解与适用全集·合同卷2》，人民法院出版社2018年版，第1259页。

③ 筹备国际融资租赁公约草案的国际统一私法协会第三届政府专家委员会通过（1987年4月30日于罗马）。

更与承租人有关的合同内容。”《民法典合同编（草案）》（二审稿）第535条、《民法典（草案）》第744条均与此相同。最终通过的文本亦未作更改。

规范目的或功能

融资租赁交易中，承租人所承租的标的物虽由出租人出资购买，但是由承租人选择决定的。承租人不仅有权选定租赁标的物及供货的出卖人，而且有权直接与出卖人商定标的物的条件。因此，选择租赁物的出卖人和决定租赁物的规格和技术性能，是承租人的一项权利。这也是融资租赁中的承租人与传统租赁中的承租人地位不同的区别之一。[①]为充分实现合同目的，通常情况下，由承租人根据自身对标的物的规格和技术性能等的要求，凭借自身所掌握的信息、实践经验来确定买卖合同标的物及出卖人。只有在少数情况下，承租人才会依赖于出租人的专业知识和市场信息来确定标的物及出卖人。[②]

由此可见，虽然买卖合同是在出租人与出卖人之间签订的，承租人并不是买卖合同的当事人，但在租赁物是依据承租人对出卖人、租赁物的选择而购买之时，订立买卖合同最终是为了履行融资租赁合同。因此，未经承租人同意，出租人不得变更与承租人有关的合同内容。[③]若允许出租人随意变更合同内容，则出租人依承租人的要求购买租赁物这一融资租赁的特殊性就不复存在。由本条文义来看，出租人虽然不能擅自变更与承租人相关的内容，但就买卖合同中与承租人不相关的内容，出租人仍有权变更。所以，该条文还是给出租人保留了买卖合同中最基本的变更权利，只不过该变更不能影响到承租人而已。

规范内容

与承租人有关的买卖合同内容的变更主要涉及以下几个方面：其一，出

---

① 参见朱伯玉、管洪彦：《合同法分则研究》，人民出版社2014年版，第117页。

② 参见张雄庆：《融资租赁承租人权利及其救济探析》，载《公民与法》（法学版）2013年第1期。

③ 参见王利明：《合同法研究》（第三卷）（第二版），中国人民大学出版社2015年版，第375页。

卖人的变更。买卖合同的主体是出租人（买受人）与出卖人。其中，出卖人是由承租人预先选择的，是承租人在融资租赁合同中指定的。因此，未经承租人同意，出租人不得擅自变更买卖合同的出卖人。其二，标的物的变更。由于买卖合同的标的物是融资租赁合同的租赁物，两者是一致的，它也是由承租人预先选择并在融资租赁合同中约定的，它必须符合承租人指定的条件。因此，未经承租人同意，出租人不得擅自变更买卖合同的标的物。其三，标的物的交付时间、地点和方式的变更。由于买卖合同的标的物由出卖人直接交付于承租人，如出租人与出卖人协商变更标的物的交付时间、地点和方式，应当征得承租人的同意。如因此而增加承租人的费用的，应由出租人和出卖人协商分担。①

出租人擅自变更承租人已经选定的租赁物，构成租赁物严重不符合约定的，承租人有权拒绝受领，并通知出租人解除合同。如因此给承租人造成损失的，承租人还有权请求出租人赔偿损失。②承租人已经受领的，由于出租人实际上剥夺了承租人的选择权，因此，应当对租赁物承担瑕疵担保责任。③

第七百四十五条【租赁物所有权的登记对抗】

出租人对租赁物享有的所有权，未经登记，不得对抗善意第三人。

历史由来

本条是整合《合同法》第242条和《融资租赁解释》第9条的结果。《合同法》第242条规定："出租人享有租赁物的所有权。承租人破产的，租赁物不属于破产财产。"《融资租赁解释》第9条规定："承租人或者租赁物的实际

---

① 参见全国人民代表大会常务委员会法制工作委员会编：《中华人民共和国合同法释义》（第3版），法律出版社2013年版，第416页。

② 参见全国人民代表大会常务委员会法制工作委员会编：《中华人民共和国合同法释义》（第3版），法律出版社2013年版，第416页。

③ 参见人民法院出版社编：《司法解释理解与适用全集·合同卷2》，人民法院出版社2018年版，第1272页。

使用人，未经出租人同意转让租赁物或者在租赁物上设立其他物权，第三人依据物权法第一百零六条的规定取得租赁物的所有权或者其他物权，出租人主张第三人物权权利不成立的，人民法院不予支持，但有下列情形之一的除外：（一）出租人已在租赁物的显著位置作出标识，第三人在与承租人交易时知道或者应当知道该物为租赁物的；（二）出租人授权承租人将租赁物抵押给出租人并在登记机关依法办理抵押权登记的；（三）第三人与承租人交易时，未按照法律、行政法规、行业或者地区主管部门的规定在相应机构进行融资租赁交易查询的；（四）出租人有证据证明第三人知道或者应当知道交易标的物为租赁物的其他情形。”两相比较，本条在《合同法》第242条实施经验的基础上，明确规定：“出租人对租赁物享有的所有权，未经登记，不得对抗善意第三人”；删去了“承租人破产的，租赁物不属于破产财产”。本法就动产担保交易采取形式主义和功能主义相结合的立法方法，本条即为融资租赁交易在功能上具有担保作用的反映。

本条与《国际融资租赁公约》第7条所确立的出租人权利保护规则大致相当。该条第1款规定：“（a）出租人对租赁物的所有权可以对抗承租人的破产受托人和债权人，包括已经取得扣押令状或执行令状的债权人。（b）在本款中，‘破产受托人’包括为全体债权人的利益被指定管理承租人财产的清算人、管理人或其他人。”该条第2款规定：“依准据法，出租人对租赁物的所有权只有经公示才能对抗前款所称的人的，只有遵守公示规则时，此种权利才能发生对抗效力。”该条第3款规定：“在前款中，准据法是指本条第1款所称的人有权援引前款所称公示规则时，下列国家的法律：（a）就已登记船舶而言，是以船东名义登记的所在国（在本款中，光船承租人不是船东）；（b）就依1944年12月7日在芝加哥缔结的《国际民用航空公约》登记的航空器而言，是据此办理登记的所在国；（c）就通常从一国移至另一国的那类其他租赁物（包括航空器发动机）而言，是承租人主要营业地的所在国；（d）就其他租赁物而言，是租赁物的所在国。”该条第4款规定：“本条第2款并不影响其他条约中关于确认出租人对租赁物的所有权的规定。”该条第5款规定：“本条并不影响享有以下权利的任何债权人的优先顺位：（a）非因扣押令状或执行令状而引起的，约定的或法定的对租赁物的担保物权，或（b）根据国际私法规则确定的准据法对船舶或航空器所特别享有的扣留、扣押或处分的权利。”

《民法典合同编（草案）》（一审稿）第536条规定："出租人对租赁物享有的所有权，未经登记，不得对抗善意第三人。"《民法典合同编（草案）》（二审稿）第536条、《民法典（草案）》第745条均与此相同。最终通过的文本亦未作更改。

三 规范目的或功能

融资租赁交易中，经由"融物"达致"融资"的目的，出租人所置重的是确保承租人及时清偿租金，以收回投放的资金；在法律结构设计上，出租人保有租赁物的所有权，其经济目的在于担保租金的清偿。但实践中广泛存在承租人未经出租人同意随意处分租赁物的情形，第三人依善意取得规则原始取得租赁物上的权益，出租人所保有的所有权旋即丧失殆尽（承租人转让租赁物之时），或效力贬损（承租人就租赁物设定抵押之时）。出租人必须采取相应措施保全自己的权利，或者提高租金水平以弥补个别交易中的例外损失，或者增加监管措施以防止出租人不当处分租赁物。这些都增加了融资租赁交易的总体成本，一则增加了承租人"融资"的利率水平；二则影响了租赁公司从事融资租赁业务的积极性。针对这种现状，"研究建立规范的融资租赁物登记制度，发挥租赁物登记的风险防范作用"就成了"建设法治化营商环境"的重要内容。[①]在融资租赁交易关系中，虽然租赁物的所有权由出租人享有，但由于租赁物由承租人占有，出租人无法依传统动产物权的公示方法——占有来公示自己的权利，出租人的权利处于秘密状态时，就产生了所谓"表面所有权"的问题，而融资租赁登记制度则彻底解决了"表面所有权"的困境，它一方面保证了承租人对物的占有，另一方面又使第三人有可能了解融资租赁交易的内容，因而成为较占有制度成本更低、更有效的公示制度。

《移动设备国际利益公约》一体调整动产担保交易、融资租赁交易和保留所有权交易三类交易形态，不强求内国法将融资租赁交易作为担保交易，充分尊重内国法就具有担保功能的交易的类型化方法，但基于这三类交易的经

① 《国务院办公厅关于加快融资租赁业发展的指导意见》"三、政策措施"之"（八）建设法治化营商环境"。

济实质和功能，统一要求权利人的国际利益只有在登记簿上登记才能确立和保全其与竞存权利之间的优先顺位。在这里，国际利益是公约为了规避各国就权利称谓上的差异而生造的一个新词汇，被界定为一种（担保）物权，在满足协议采取书面形式订立、权利人有权处分该标的物、该标的物已经特定化等三项条件之时即为设定，[①]不仅在当事人之间发生效力，而且还及于当事人之外的第三人。在公约之下，国际利益的登记实质上就是担保权的登记。

融资租赁登记制度的建立对于市场交易的主要影响在于：拟就租赁物从事交易的相对人，仅依租赁物占有的权利外观，与承租人进行交易，其信赖利益无法依善意取得制度得到保护。准此，是否查询融资租赁登记公示系统就成了交易相对人主观上是否构成善意的判断因素。这实际上是强制性地要求交易相对人去查询融资租赁登记公示系统，无疑增加了交易相对人的负担和整个社会的交易成本。[②]如此看来，融资租赁登记制度的建立还涉及法政策的选择。我国目前的政策导向是："逐步完善金融租赁行业法律法规，研究建立具有法律效力的租赁物登记制度，发挥租赁物的风险保障作用，维护金融租赁公司的合法权益。"[③]在占有（交付）于融资租赁交易中无法起到公示作用的情况下，本条明定以登记作为融资租赁交易的公示方法。基于我国融资租赁实践中未将租赁物局限于动产的现实，融资租赁合同章就融资租赁公示的效力并作区分，就不动产融资租赁而言，登记是出租人取得所有权的生效要件，相关登记系统无须重建，直接在统一的不动产登记簿上登记即可；就动产融资租赁而言，登记是出租人所有权的对抗要件，在欠缺统一的动产融资登记系统的情形之下，尚需另行构建融资租赁登记公示系统或统一动产融资登记公示系统。

---

① See Martin Stanford, "From Ottawa to Cape Town: Unidroit's Role in the Modernisation of the Law Governing Leasing and the Taking of Security", in Iwan Davies ed., *Security Interests in Mobile Equipment*, Hants, Dartmouth Publishing Company, 2002, p.436.

② 参见高圣平、王思源：《论融资租赁交易的法律构造》，载《法律科学》（西北政法大学学报）2013年第1期。

③ 《国务院办公厅关于促进金融租赁行业健康发展的指导意见》之"五、加强基础设施建设，夯实行业发展基础"。

规范内容

一、融资租赁交易中出租人所有权的功能化

近代以来，随着经济的高速发展，科技的惊人进步，动产的价值日益攀升，其中部分已非不动产所能比拟。[①]传统动产质权模式已经不能满足融资的需求，非移转占有型动产担保模式逐渐进入融资交易领域。囿于法制传统的不同，各国动产担保制度存在巨大的差异，呈现出形式主义和功能主义的两种立法模式。[②]其中，形式主义置重于当事人就交易安排的表象，依交易的形式归属不同的法域予以调整。例如，当事人之间依合同在债务人或第三人之物上设立的担保主债务清偿的，在形式上属于担保物权，适用动产担保交易法；所有权保留交易和融资租赁交易中出卖人、出租人的所有权，适用所有权法。功能主义则强调特定交易在经济上的作用，只要在功能上具有担保作用的交易均应纳入动产担保交易法的规制范畴，例如，所有权保留交易和融资租赁交易中出卖人、出租人的所有权，虽然在名称上不是担保物权，但其在功能上发挥着担保作用——担保买卖价金或租金的清偿，即应定位为担保物权，适用动产担保交易法。

世界银行集团《全球营商环境报告》为迎合国际动产担保制度改革的总体趋势，在其指标体系中将各国是否采行基于功能主义的一元化动产担保交易制度作为评估指标之一。《民法典》的编纂正值我国提出要持续优化营商环境之际，故而，"《民法典》物权编对担保物权部分的修改，总的立法精神是要进一步优化营商环境，进一步增强我国在吸引投资方面的优势"。[③]在此背景之下，功能主义的立法潮流必然影响到《民法典》担保物权分编的体系重构和规则设计。我国物权法体系以大陆法系的形式主义为传统，且以物权

---

① 参见谢在全：《担保物权制度的成长与蜕变》，载《法学家》2019年第1期。

② 各国动产担保法制演进的介绍，参见高圣平：《动产担保交易制度比较研究》，中国人民大学出版社2008年版，第17—68页。

③ 黄薇：《〈民法典物权编草案〉（二审稿）对若干重点问题的回应》，载《中州学刊》2019年第7期。

法定为基本原则，如全然接受功能主义的立法模式，将带来不可估量的制度变迁成本。《民法典》因而转向功能主义与形式主义相结合的路径。“与其重构为动产担保交易，还不如引入登记制度，因为前者不可避免地会损害债权人对标的物的所有权。”[①]由此看来，动产担保交易的形式与体系定位都不重要，重要的是各类动产担保交易规则的统一，而规则的统一绝不仅仅是设立、公示规则的统一，更为重要的应是竞存动产担保权之间优先顺位规则的统一。

在《民法典》将所有权保留交易中出卖人对标的物的所有权、融资租赁交易中出租人对租赁物的所有权“功能化”之后，所有权的权利内涵已经更接近于动产抵押权这一限制物权。与此同时，《民法典》第388条规定，“担保合同包括抵押合同、质押合同和其他具有担保功能的合同”。这就为非典型担保交易准用典型担保交易的相关规则提供了解释前提。

动产担保交易制度改革的核心问题并不在于如何宽泛地界定动产担保权的范围，而在于所有在功能上起着担保作用的交易工具如何统一地适用设立、公示、优先顺位和实行规则。亦即，采行功能主义立法方法并不意味着所有的担保交易规则均适用于所有非典型担保交易类型，只需统一这些权利的设立、公示、优先顺位和实行规则即可。[②]在我国，基于物债两分的体系是法典形式理性的基本要素，由自物权和他物权构建的物权体系也已成为《民法典》物权编的基本架构。如此，在植入现代动产担保交易制度的合理元素之时，我国《民法典》自无须采行功能主义的立法方法，而将在功能上起着担保作用的所有交易工具均构造为动产担保交易。

《民法典》虽然未将所有权保留交易、融资租赁交易、保理交易等非典型动产担保交易在形式上重构为典型动产担保交易，但基于这些交易与典型动产担保交易在经济功能上的等同性，采取了与动产抵押权一样的登记对抗主义模式，以实现平等保护信用提供者的政策目标。“减少信贷成本的有效方式是让所有潜在的信用提供者展开公开竞争。为此，有必要设计一个对以下各

---

① Duncan Sheehan, Registration, Re-Characterisation of Quasi-Security and the Nemo Dat Rules, 7 Journal of Business Law 584 (2018), p.585.

② 参见高圣平：《统一动产融资登记公示制度的建构》，载《环球法律评论》2017年第6期。

种信用提供者同等适用的有效的动产担保交易制度：金融机构和其他贷款人、制造商和供应商以及国内外信用提供者。”① 由此，平等对待不同来源的信用授受行为和各种形式的动产担保交易，就成了制度设计和规范解释的基本出发点。例如，出卖人为买受人提供信用支持，既可以采取所有权保留交易形式，在买受人支付价款之前保留标的物的所有权，也可以采取动产抵押交易形式，移转标的物所有权予买受人，同时在该标的物上设立动产抵押权，还可以采取附回赎权买卖交易形式，移转标的物所有权予买受人但保留回赎权，并以买受人支付价款为解除条件。这些交易形式实际上均起着担保购买价金清偿的作用，权利人应受平等对待。这一法政策选择为这些非典型动产担保交易准用典型动产担保交易的其他规则提供了解释前提。就这三类非典型动产担保交易而言，《民法典》第768条特别规定了保理交易的优先顺位规则，②但未就前两类作出特别规定。如出卖人或买受人、出租人或承租人处分标的物，在其上为他人设立动产抵押权，数项权利之间即发生竞存，如此就出现了出卖人、出租人的所有权与第三人的抵押权之间的竞存，如何确定权利人之间的优先顺位，即存在解释空间。

二、融资租赁交易中所有权的登记对抗效力

本条规定不适用于不动产融资租赁交易。出租人对租赁物的所有权，虽未登记，但亦属物权，只不过效力没有那么完备而已。采行债权意思主义的物权变动模式，未登记所有权的物权效力自不应完全等同于基于债权形式主义的物权变动模式。与债权形式主义不同的是，债权意思主义下的物权不再限于能有效对抗所有第三人的权利，未经登记的所有权是能有效对抗当事人

---

① United Nations Commission on International Trade Law, *UNCITRAL Legislative Guide on Secured Transactions*, United Nations, 2010, p.20.

② 但这一特别规定不无检讨的余地。应收账款保理和应收账款质押本属应收账款融资的两种模式，但《民法典》上采取了不同的立法主义。我国《民法典》上囿于动产质权采公示生效主义的体系强制，包括应收账款质权在内的权利质权，只不过是动产质权的一种特殊形式，同样采取公示生效主义。就竞存的应收账款质权之间，也就准用第414条第1款第1项的规定，即应收账款质权之间按照登记的时间先后确定其优先顺位。在解释上，应收账款质权如未登记即未设立，不与已登记者发生竞存关系。

及“某些”第三人的物权，与有效对抗“所有”第三人的物权存在着区别。[①]有学者即主张，“物权具有优先于债权的效力，在公示对抗主义模式下成了一个值得怀疑的命题。在构建我国的公示对抗主义制度时，我们不能简单地以物权、债权的二元划分作为分析工具，而应该具体分析每一组权利间的优先顺位关系”。[②]物债两分体系仍然是我国《民法典》的架构基础，在解释论上亦为重要的分析工具。承租人的无担保债权人仅得请求给付，并不能支配作为担保财产的租赁物，与出租人的所有权（变价权和优先受偿权）所体现的支配性不在同一层次，在进入强制执行程序和破产清算程序之前，尚无法及于该财产，也不会与出租人就该财产发生争夺关系。[③]此时，出租人对租赁物的所有权，虽未登记，但亦可对抗无担保债权人，无担保债权人也就不属于法律保护的“善意第三人”之列。[④]

（一）“对抗”的广义与狭义

“对抗”一语有广狭两义。从广义上讲，物权的对抗效力，是指物权人可以对世界上任何人主张其物权，任何人都不能予以剥夺。[⑤]从这个意义上讲，出租人对租赁物的所有权和无担保债权之间的关系，亦可在登记对抗效力中予以讨论，无担保债权人亦属“第三人”。从狭义上讲，“对抗”是“以权利依其性质有竞存抗争关系为前提”，[⑥]所谓“第三人”，是指对标的物有物权关系的相对人。[⑦]出租人对租赁物的所有权系属物权，与无担保债权人之间不发

---

① See Ulrich Drobnig and Ole Böger (eds), *Proprietary Security in Movable Assets*, Oxford: Oxford University Press, 2015, p.276.

② 龙俊：《公示对抗下“一般债权”在比较法中的重大误读》，载《甘肃政法学院学报》2014年第4期。

③ 参见庄加园：《动产抵押的登记对抗原理》，载《法学研究》2018年第5期。

④ 参见王轶：《物权变动论》，中国人民大学出版社2001年版，第132页。

⑤ 参见梁慧星：《〈物权法司法解释（一）〉解读》，载《法治研究》2017年第1期。

⑥ 参见王泽鉴：《民法学说与判例研究》（重排合订本），北京大学出版社2015年版，第1481页。同旨参见最高人民法院民事审判第一庭编著：《最高人民法院物权法司法解释（一）理解适用与案例指导》，人民法院出版社2016年版，第189页。

⑦ 参见全国人民代表大会常务委员会法制工作委员会编：《中华人民共和国物权法释义》，法律出版社2007年版，第412页。

生对抗关系，所谓出租人对租赁物的所有权可以对抗无担保债权人，只是一种便宜说法。

不管采取哪种意义，“第三人”的范围是理解“对抗”含义的必由之路。就“未经登记，不得对抗善意第三人”的文义而言，如采广义的“对抗”观念，解释论上也就转向对“第三人”的范围进行限缩，将部分无担保债权人排除在外；如采狭义的“对抗”概念，无担保债权人自不属于“第三人”，但解释论上仍应将部分无担保债权人包括在内，以避免危及交易安全和社会秩序。

由此，《民法典》第114条第2款的规定应作限缩解释，未登记的出租人所有权仅具有相对性的物权地位，[①]其排他性和对世效力仅得向具有相对效力的债权人主张，而不能扩及全部第三人。如此，在债权、未登记的出租人所有权、已登记的出租人所有权之间形成逐渐递进的效力层次，在物债两分的体系之下，也就有了传统物权与债权之外的效力中间形态。我国民事权利体系中也就存在一种只能对抗某些第三人，不能对抗其他人的物权。[②]这种情形不仅出现在《民法典》的动产抵押制度，还体现在所有权保留交易和融资租赁交易之中。

我国《民法典》上坚持形式主义的立法方法的同时，试图将在功能上起担保作用的交易与动产抵押交易在设立规则上实现统一，不仅都规定采行登记对抗主义，而且在第388条中明确指出，“担保合同包括抵押合同、质押合同和其他具有担保功能的合同”。与动产抵押权依动产抵押合同生效而设立不同的是，在所有权保留交易和融资租赁交易中，出卖人、出租人对标的物的所有权已依物权变动规则而取得，并不依赖于所有权保留买卖合同或融资租赁合同的生效。但所有权保留交易中出卖人所保留的所有权、融资租赁交易中出租人所享有的所有权，与动产抵押权一样，也是“未经登记，不得对抗善意第三人”。如此，第641条第2款和本条中所规定的“所有权”，也就不再具有《民法典》物权编所规定的所有权的完整内容，而具有动产担保权的属性，所有权保留买卖合同和融资租赁合同也就具有了担保合同的性质。如此

---

① 参见张双根：《论股权让与的意思主义构成》，载《中外法学》2019年第6期。

② 参见庄加园：《登记对抗主义的反思与改造：〈物权法〉第24条解析》，载《中国法学》2018年第1期。

一来，担保合同也就不仅局限于设立动产担保权的合同，也包括规定动产担保权的合同。[①]在实行统一的动产和权利担保登记制度[②]之下，所有权保留买卖交易和融资租赁交易中出卖人、出租人对标的物的所有权，亦和动产抵押权一样，均在同一系统中登记，只不过，出卖人、出租人登记的是形式意义上的标的物所有权。出卖人、出租人的法律地位类似于动产抵押权人，买受人、承租人的法律地位类似于动产抵押人。出卖人、出租人所有权的登记对抗效力亦应与动产抵押权作同一解释。

（二）未登记所有权可得对抗的第三人的客观范围

本条中所规定的“第三人”，除“善意”外未加其他任何限制。仅从文义上看，所谓“第三人”，自是当事人及其承受人之外的人。但如此理解，可能造成不合理、不妥当的结果。

1. 未登记所有权不得对抗租赁物的物权人

在《民法典》所确立的优先顺位规则体系中，一般规则是以取得对抗效力的时间先后作为判断竞存动产担保权之间优先顺位的客观标准。[③]如此，登记对抗规则也就成了优先顺位规则的基础。根据《民法典》第414条和第415条的规定，未登记的所有权劣后于已登记的所有权和动产抵押权、已设立的动产质权。因此可以认为，未经登记的所有权，不得对抗已登记的所有权和动产抵押权、已设立的动产质权。

在承租人转让租赁物的情形之下，我国学说上均认为受让人属于出租人

---

① See United Nations Commission on International Trade Law, *UNCITRAL Legislative Guide on Secured Transactions*, United Nations, 2010, pp.339–340.

② 《民法典》删除了有关动产抵押和权利质押具体登记机构的内容，为建立统一的动产抵押和权利质押登记制度留下空间。参见全国人大宪法和法律委员会副主任委员沈春耀在第十三届全国人民代表大会常务委员会第五次会议上所作《关于〈民法典各分编（草案）〉的说明》，2018年8月27日。国务院《优化营商环境条例》第47条第2款规定：“国家推动建立统一的动产和权利担保登记公示系统，逐步实现市场主体在一个平台上办理动产和权利担保登记。纳入统一登记公示系统的动产和权利范围另行规定。”由此可见，统一的动产和权利担保登记制度指日可待。

③ 详细分析，参见高圣平：《民法典动产担保权优先顺位规则的解释论》，载《清华法学》2020年第3期。

所有权未登记而不得对抗的“第三人”之列。[①]在解释上，这里的受让人，应以已依物权变动规则取得所有权者为限；已经签订买卖合同但未受领交付的受让人，在法律地位上仍属债权人，自不属于不得对抗的“第三人”。未登记的出租人所有权不得对抗受让人，虽然“不得对抗”，并不意味着出租人所有权的消灭，未经登记的出租人所有权在对第三人的关系上也非绝对无效，仅为该当事人不得对第三人主张有所有权的效力而已，但在受让人取得标的物的所有权之后，该当事人不得对其主张所有权，此时出租人所有权仅具有形式上的意义。因此可以认为，此时，出租人所有权亦消灭，出租人也就无法行使所有权。

2.未登记所有权不得对抗承租人的特定债权人

未登记出租人所有权这一隐蔽性的权利，基于其物权地位可以对抗无担保债权。有学者主张，这一解释论“可能导致交易信赖基础的丧失和正常预期的破坏，直接损害社会整体的交易安全”，[②]但无担保债权人是否享有主张登记欠缺的正当利益，尚存疑问。无担保债权人以债务人（承租人）的全部责任财产作为求偿基础，一则债务人责任财产变动不居，无担保债权人求偿不能的风险本属其在债权债务关系形成之初即可得预见；[③]二则在债务人以财产为自身债务提供物上担保的情形之下，债务人已取得相应的财产，并不影响其责任财产的总量和偿债能力。[④]尽管如此，在法政策上，对无担保债权人的范围进行限缩，降低未登记动产担保权的隐蔽性可能对交易安全所致损害，应属妥适的方案。

无担保债权人基于执行名义已经申请启动强制执行程序，且执行法院

---

① 参见龙俊：《动产抵押对抗规则研究》，载《法学家》2016年第3期；郭志京：《也论中国物权法上的登记对抗主义》，载《比较法研究》2014年第3期；庄加园：《动产抵押的登记对抗原理》，载《法学研究》2018年第5期。

② 李文涛、龙翼飞：《“不登记不得对抗第三人”规则中“第三人”范围的界定——以对传统民法形式逻辑的检讨为思路》，载《法学杂志》2012年第8期。

③ 参见王泽鉴：《民法学说与判例研究》（重排合订本），北京大学出版社2015年版，第1481页。

④ 参见王稳：《登记对抗模式下的信赖保护问题研究》，载《江西社会科学》2018年第4期；最高人民法院民事审判第一庭编著：《最高人民法院物权法司法解释（一）理解适用与案例指导》，人民法院出版社2016年版，第189页。

已就租赁物采取查封、扣押措施之时，未登记的所有权是否可得对抗之，我国实定法上并无明文规定。就强制执行程序中查封、扣押在私法上的效力，除限制债务人处分标的物外，我国法上并未明确查封、扣押债权人是否就标的物取得优先受偿权。在比较法上，《德国民事诉讼法》和《法国民事执行程序法》均规定查封、扣押债权人依照法律的直接规定取得对标的物的扣押质权与保全抵押权、裁判抵押权，并依查封、扣押的时点取得相应的优先顺位。[①]在美国法上，未登记的动产担保权（包括出租人所有权）劣后于法定担保权人（lien creditor）。这里的"法定担保权人"之中即包括通过查封、扣押或者其他类似程序对相应财产取得法定担保权（lien）的债权人。[②]

我国法上虽无类似的明确规定，但在解释论上可以认为，无担保债权人在查封、扣押租赁物的情形之下，对该租赁物已经取得了对物的支配权，与出租人形成了对物的争夺关系。[③]同时可以认为，无担保债权人此时已取得对该财产的（间接）占有，债权人的胜诉债权就该财产取得了担保权（动产质权）。在利益衡量上，无担保债权人在交易时是基于标的物上不存在担保负担的责任财产状态，在承租人的财产被查封、扣押时，债权人即与未登记出租人的利益发生实质性冲突，此际，对于未登记出租人和无担保债权人应实行平等保护。[④]

上述查封、扣押债权人自当包括在强制执行程序中申请参与分配的债权人。破产清算程序在性质上属于对破产债务人的概括执行程序，破产债权人、破产管理人的法律地位亦应与查封、扣押债权人作相同理解。准此，未经登记

---

① 参见于海涌：《法国保全性裁判抵押权制度研究——兼论我国不动产查封制度的完善》，载《清华大学学报》（哲学社会科学版）2006年第3期；刘哲玮：《论民事司法查封的效力》，载《国家检察官学院学报》2019年第4期。

② 值得注意的是，美国法上明确指出，无担保债权人基于查封、扣押等取得法定担保权的时间，由各州具体规定。See Barkley Clark and Barbara Clark, *The Law of Secured Transactions Under the Uniform Commercial Code*, 3rd ed., New York: LexisNexis, 2017, pp.3–26.

③ 参见李文涛、龙翼飞：《"不登记不得对抗第三人"规则中"第三人"范围的界定——以对传统民法形式逻辑的检讨为思路》，载《法学杂志》2012年第8期；赵忠丽：《论登记对抗规则下第三人范围的确定》，载《研究生法学》2015年第2期。

④ 参见龙俊：《中国物权法上的登记对抗主义》，载《法学研究》2012年第5期。

的出租人所有权，不得对抗查封或扣押债权人、参与分配债权人、破产债权人或破产管理人。值得注意的是，《民法典》就融资租赁交易改行登记对抗主义，第745条中未经登记的所有权不得对抗的第三人客观范围，亦应与《民法典》第403条中未经登记的动产抵押权作同一理解。《合同法》第242条规定："出租人享有租赁物的所有权。承租人破产的，租赁物不属于破产财产。"《民法典》第745条将其修改为："出租人对租赁物享有的所有权，未经登记，不得对抗善意第三人。"两者相较，《民法典》删去了"承租人破产的，租赁物不属于破产财产"的规定。在承租人破产之时，出租人自不得依其所有权主张破产取回权，而仅得在其所有权已行登记的情形之下向破产管理人主张优先受偿权；如未登记，即不具有对抗善意第三人的效力，也不得对抗破产管理人。

（三）未登记所有权可得对抗的第三人的主观范围

未经登记不得对抗的"第三人"应属"善意"，但是否全部"第三人"均受主观上"善意"之限制，不无疑问。

标的物的受让人作为出租人所有权未登记而不得对抗的"第三人"时，尚须以受让人的主观"善意"为前提。[①]这里所谓"善意"，是指不知道标的物上存在出租人所有权，且无重大过失。受让人不知情且存在轻过失者，不在此限，否则无异于强制性地要求所有动产交易的相对人均须注意交易标的物上是否存在动产担保权，害及大量动产交易的效率和安全。[②]出租人所有权既未登记，第三人亦难以注意到标的物上存在出租人所有权，为贯彻登记对抗制度的规范意旨，应将"善意"限定在重大过失，不强求第三人在登记簿之外再作详尽的调查，以降低交易成本、促进交易效率。这一解释方案也与我国实践中关于善意认定的一般标准相符合。[③]值得注意的是，登记对抗

① 参见龙俊：《动产抵押对抗规则研究》，载《法学家》2016年第3期；郭志京：《也论中国物权法上的登记对抗主义》，载《比较法研究》2014年第3期；庄加园：《动产抵押的登记对抗原理》，载《法学研究》2018年第5期。

② 参见刘春堂：《动产担保交易登记之对抗力》，载《物权法之新思与新为——陈荣隆教授六秩华诞祝寿论文集》，台北瑞兴图书股份有限公司2016年版，第404页。

③ 《物权法解释（一）》第15条第1款规定："受让人受让不动产或者动产时，不知道转让人无处分权，且无重大过失的，应当认定受让人为善意。"

规则与善意取得制度之间，分别适用不同的场景，各有其不同的制度功能和体系分工。[①]未经登记不得对抗的是善意第三人，并不是要求第三人善意取得标的物的所有权，第三人取得标的物上无负担的所有权也无须在善意取得制度之下寻求解释基础。在将未登记所有权不得对抗的第三人的客观范围界定为物权人和特殊债权人的前提之下，受让人是否取得标的物所有权意义重大，但受让人是否取得标的物所有权不是登记对抗规则的任务，自应适用《民法典》上动产物权变动的一般规则。由此可进一步认为，登记对抗规则所涉及的仅仅是未登记出租人与第三人之间的关系，并不解决第三人是否取得物权问题。[②]

在将标的物的受让人纳入"第三人"的客观范围之后，其主观上的善意、恶意分别产生不同的法律后果。以普通动产（租赁物）的买卖为例，买受人为善意之时，如该买受人已依《民法典》上一般物权变动规则，受领标的物的交付取得标的物所有权，未登记的出租人所有权不得与之对抗，此时，并不以买受人给付合理对价为前提。此际的"不得对抗"宜解释为出租人所有权消灭。虽然对抗问题仅仅涉及与第三人的关系，但此时出租人因没有对抗力而失去对标的物的追及力，出租人所有权自当消灭。如认为未登记出租人所有权不消灭，买受人取得的标的物所有权上仍然存在出租人所有权，只是后者的顺位劣后，一则没有实际意义，二则可能危及标的物的进一步流转。买受人为善意之时，如该买受人并未取得标的物所有权，未登记出租人所有权自可对抗之，已如前述。买受人为恶意之时，该买受人亦可依《民法典》上一般物权变动规则，受领标的物的交付而取得标的物所有权。只不过，未登记的出租人所有权可以对抗该买受人，自可参照《民法典》第406条第1款关于"抵押财产转让的，抵押权不受影响"的规定，追及标的物之所在，向买受人主张出租人所有权，就标的物变价并优先受偿。

"未经登记，不得对抗善意第三人"，是否可依反对解释方法理解为"虽未经登记，但可以对抗恶意第三人"，不无疑问。在自由竞争的市场秩序之下，

---

① 参见郭志京：《也论中国物权法上的登记对抗主义》，载《比较法研究》2014年第3期；尹田：《论物权对抗效力规则的立法完善与法律适用》，载《清华法学》2017年第2期。

② 参见郭志京：《也论中国物权法上的登记对抗主义》，载《比较法研究》2014年第3期。

竞存的担保权人之间依具有确定性的规则争夺同一标的物的清偿顺位，在法律后果上并不导致某一担保权的消灭。即使后设立担保权的权利人知道在先担保权的存在，亦未超过社会生活上正当的自由竞争范围，主观上也不具有可归责性，而怠于登记的担保权人自应承担相应的不利后果。[①]正是基于此，美国法、加拿大法、新西兰法和澳大利亚法在确立竞存动产担保权之间的优先顺位之时，均不考虑后顺位动产担保权人是否知悉在先未公示担保权的存在。[②]我国已经加入的《开普敦公约》也采取这一态度。[③]

---

① 参见李文涛、龙翼飞：《“不登记不得对抗第三人”规则中“第三人”范围的界定——以对传统民法形式逻辑的检讨为思路》，载《法学杂志》2012年第8期；庄加园：《动产抵押的登记对抗原理》，载《法学研究》2018年第5期。

② 美国法上的规定，参见William H. Lawrence, William H. Henning and R. Wilson Freyermuth, *Understanding Secured Transactions*, 5thed., New Providence, NJ: Matthew Bender & Company, Inc., 2012, pp.229–233；英国法上的态度，参见Hugh Beale, Michael Bridge, Louise Gullifer and Eva Lomnicka, *The Law of Security and Title-Based Financing*, 3rd ed., Oxford: Oxford University Press, 2018, pp.495–496；加拿大法上的观点，参见Ronald C.C. Cuming, Catherine Walsh and Roderick J. Wood, *Personal Property Security Law*, 2nd ed., Toronto, ON: Irwin Law Inc., 2012, p.422；新西兰法上的介绍，参见Linda Widdup, *Personal Property Securities Act: A Conceptual Approach*, 3rdk ed., Wellington: LexisNexis NZ Limited, 2013, pp.167–170.澳大利亚法上的规定，参见Jason Harris and Nicholas Mirzai, *AnnotedPersonal Property Securities Act*, Sydney: CCH Australia Limited, 2011, pp.224–226;《联合国动产担保立法指南》的观点，参见United Nations Commission on International Trade Law, *UNCITRAL Legislative Guide on Secured Transactions*, United Nations, 2010, p.192;《欧洲示范民法典草案》的意见，参见Study Group on a European Civil Code and Research Group on EC Private Law (Acquis Group), *Principles, Definitions and Model Rules of European Private Law: Draft Common Frame of Reference, Volume 6.* Munich: Sellier. European Law Publishers GmbH, pp.5553–5554。

③ 《开普敦公约》第29条（对抗利益间的优先权）中规定：“1.已登记的利益优先于在其后登记的任何其他利益和未登记的利益。”“2.前款最先提及的利益的优先权在下列情况下亦得适用：(a)即使最先提及的利益是在实际知道存在其他利益的情况下取得或登记的；和(b)即使是涉及最先提及利益的知情持有人所给付的价金的。”“3.标的物的买方取得的对标的物的利益：(a)不能对抗取得该利益时已登记的利益；和(b)不受未登记利益的影响，即使实际知道存在此种利益。”“4.附条件买方或承租人取得的对标的物的利益或权利：(a)不能对抗在附条件卖方或出租人持有的国际利益登记之前已登记的利益；和(b)不受当时未登记利益的影响，即使实际知道存在该项利益。”本处所引是公约的官方作准中文文本。本条中的“优先权”，实为“优先顺位”。参见［英］罗伊·古德：《国际航空器融资法律实务——移动设备国际利益公约及航空器设备特定问题议定书正式评述》，高圣平译，法律出版社2014年版，第359页。

在解释上，可以认为《民法典》第414条与第403条、第641条第2款和本条两个规范群之间是特殊规定和一般规定的关系，自应优先适用。[①]如此，本条应作限缩解释，善意要件只适用于第三人为非为担保权人的情形。在确定竞存动产担保权之间的优先顺位之时，不考虑动产担保权人的主观心理态度，直接以登记先后作为判断标准，有其正当性。其一，贯彻经由登记制度形成的透明度，与动产担保登记制度之间相协调。作为替代动产质权中交付公示的工具，登记充任着公示非移转占有型动产担保权的功能，以警示其后拟再次提供信用支持的查询者。动产担保登记的制度功能也就在于使后续债权人免受欺诈，并使其免受在先未登记动产担保权的约束[②]。其二，增加法律上的确定性和可预见性。不考虑权利人的主观心理态度，以当事人不易篡改的客观标准——登记的时间作为判断竞存权利之间优先顺位的一般标准，清晰而简明，债权人可得据以预估其法律地位，进而作出理性的商事判断。[③]主观善意标准的介入，将带来事实认定上的困难，徒增诉讼成本和风险。[④]其三，降低动产担保交易的成本，提高动产担保交易的效率。不考虑权利人的主观心理态度，降低了债权人的征信成本，债权人无须在登记簿之外就潜在债务人的资信现状进行调查。[⑤]而在电子化的统一动产担保登记制之下，债权人自可在线自助查询登记系统，成本低廉。法经济学视角的分析表明，这

---

① 参见龙俊：《动产抵押对抗规则研究》，载《法学家》2016年第3期。

② See Eva–Maria Kieninger and Harry C. Sigman, Introduction, in Eva–Maria Kieninger and Harry C. Sigman (eds.), Cross–Border Security over Tangibles, 2007, Munich: Sellier. European Law Publishers GmbH, p.40; Jolyn Ang Yi Qin, Rationalizing the Cape Town Convention and Aircraft Protocol's First–to–Register Rule and Its Exceptions in the Context of Aviation Finance, 79 *Journal of Air Law and Commerce* 747 (2014), p.757.

③ See Harry C. Sigman, Security in Movables in the United States–Uniform Commercial Code Article 9: A Basis for Comparison, in Eva–Maria Kieninger (ed), *Security Rights in Movable Property in European Private Law*, New York: Cambridge University Press, 2004, p.59.

④ See Jeffrey Wool, The Next Generation of International Aviation Finance Law: An Overview of the Proposed UNIDROIT Convention on International Interests in Mobile Equipment as Applied to Aircraft Equipment, *20 University of Pennsylvania Journal of International Law 499* (1999), p.535.

⑤ See Jeffrey Wool, The Next Generation of International Aviation Finance Law: An Overview of the Proposed UNIDROIT Convention on International Interests in Mobile Equipment as Applied to Aircraft Equipment, *20 University of Pennsylvania Journal of International Law 499* (1999), p.535.

将有利于降低信贷交易成本，促进融资交易的发展，提高交易效率。[①]其四，有利于预防和减少风险。不考虑权利人的主观心理态度，将交易风险在当事人之间进行确定性的分配，在一定程度上降低了融资交易的风险。即使后设立动产担保权的权利人知悉同一标的物上存在在先的未登记动产担保权，其动产担保权亦依登记而优先。这一规则极大地激励了债权人在法律框架内展开其交易活动，及时办理登记，以保全其优先顺位，[②]同时也赋予债权人以谨慎的注意义务，对标的物上是否存在已登记动产担保权进行尽职调查。[③]

三、融资租赁交易中所有权的登记制度

为满足融资租赁登记公示的需求，中国人民银行征信中心率先建立了融资租赁登记公示系统，通过互联网为全国范围内的机构提供租赁物权利登记公示与查询服务。在《融资租赁解释》通过之后，中国人民银行发布《关于使用融资租赁登记公示系统进行融资租赁交易查询的通知》，明确融资租赁公司等租赁物权利人开展融资租赁业务时，可以在融资租赁登记公示系统办理融资租赁登记，并通过明定“银行等机构”的查询义务，经由《融资租赁解释》第9条第3项倒逼融资租赁公司办理融资租赁登记。中国人民银行征信中心并及时修订登记规则，出台《中国人民银行征信中心动产融资统一登记公示系统操作规则》，构建了统一的中征动产融资统一登记平台（http://www.zhongdengwang.org.cn），一体登记“应收账款质押登记、应收账款转让登记、租赁登记、所有权保留登记、租购登记、留置权登记、存货/仓单质押登记、

---

① See Mark Arundell and F. Scott Wilson, The Need for International Secured Transactions and Leasing Rules for Aircraft Engines through the Proposed UNIDROIT Convention, 23 Air & Space Law 283 (1998), pp.285–286.

② See Jeffrey Wool, The Next Generation of International Aviation Finance Law: An Overview of the Proposed UNIDROIT Convention on International Interests in Mobile Equipment as Applied to Aircraft Equipment, *20 University of Pennsylvania Journal of International Law 499* (1999), p.535.

③ See Eva–Maria Kieninger and Harry C. Sigman, Introduction, in Eva–Maria Kieninger and Harry C. Sigman eds., Cross–Border Security over Tangibles, 2007), Munich: Sellier. European Law Publishers GmbH, p.42; Jolyn Ang Yi Qin, Rationalizing the Cape Town Convention and Aircraft Protocol's First–to–Register Rule and Its Exceptions in the Context of Aviation Finance, *79 Journal of Air Law and Commerce 747* (2014), p.757.

保证金质押登记、动产信托登记等业务类型”。

《融资租赁解释》通过之前，商务部发布《融资租赁企业监督管理办法》，明确规定“若租赁物不属于需要登记的财产类别，鼓励融资租赁企业在商务主管部门指定的系统进行登记，明示租赁物所有权”，并明确指出：“商务部建立、完善‘全国融资租赁企业管理信息系统’。”《融资租赁解释》通过之后，商务部将其全国融资租赁企业管理信息系统（http://leasing.mofcom.gov.cn）作为租赁物登记公示和查询平台，“为内资融资租赁试点企业、外商投资融资租赁企业及相关企业、组织和个人提供公共信息、租赁物登记公示查询、交流合作等服务”。与全国企业信用信息公示平台登记动产抵押信息的弊端一样，全国融资租赁企业管理信息系统的建立旨在“对融资租赁企业的业务活动、内部控制和风险状况等情况进行了解和监督管理”，因此，系统中所记载的信息大大超越了融资租赁登记所需信息。

两大融资租赁登记公示系统构建以来，确实起到了明晰租赁物权利状况，维护交易安全的作用，这一实践中的做法也得到了《融资租赁解释》的间接承认，但相关方法论值得检讨。

其一，相关监管机关的规范性文件无权改变物权法上普通动产物权变动的规则。融资租赁登记的作用在于公示租赁物之上的物权权属和变动状况，亦即租赁物虽然由承租人占有，但其物权归属应依登记簿的记载而定，占有不能成为租赁物上物权变动的公示方法。物权公示的效力及于世人，这一物权制度属于“民事基本制度”，依我国《立法法》第8条之规定，属于全国人民代表大会及其常务委员会的立法权限。[①]我国《民法典》上就普通动产物权变动的规定见于第224条，其中指出：“动产物权的设立和转让，自交付时发生效力，但是法律另有规定的除外。”就动产租赁物的物权变动而言，仅有《民法典》物权编、《海商法》、《民用航空法》就船舶、民用航空器、机动车作了登记对抗的例外规定，法律上就普通动产并未作其他例外安排（非基于法律行为所引起的物权变动除外）。虽然上述规范性文件使用了“可以”“可”“鼓励”“支持”办理融资租赁登记，但在缺乏上位法支撑的情况

① 参见高圣平、王思源：《论融资租赁交易的法律构造》，载《法律科学》（西北政法大学学报）2013年第1期。

下，前述融资租赁登记公示系统究竟能否起到公示的作用，尚值怀疑。

其二，相关监管机关的规范性文件无权为交易相对人设定查询登记簿的法定义务。各监管机关囿于行政权限，将融资租赁登记簿的查询义务人限定于“银行等机构”或“融资租赁企业”，但在就租赁物的交易相对人（如普通的工商企业）并不限于“银行等机构”或“融资租赁企业”的情况下，这一制度设计能在多大程度上保护出租人的利益，尚值研究。

《融资租赁解释》第9条第3项规定，“第三人与承租人交易时，未按照法律、行政法规、行业或者地区主管部门的规定在相应机构进行融资租赁交易查询的”，第三人不得依据《物权法》第106条[①]的规定取得租赁物的所有权或者其他物权。这里的“第三人”仅限于法律、行政法规、行业或者地区主管部门的规定要求应对交易物的融资租赁交易信息进行查询的交易相对人，此类交易相对人未按照要求查询融资租赁登记簿的，应认定其未尽注意义务，不构成善意。[②]其他交易相对人并无查询融资租赁登记簿的法定义务，不能以其未查询融资租赁登记簿即认定其未尽注意义务。当然，基于《民法典》上动产抵押登记效力的规定，所有交易相对人均须查询动产抵押登记簿，此为法定义务。交易相对人未查询动产抵押登记簿即从事租赁物相关交易，抵押权人可以其抵押权对抗租赁物所有权人或他物权人，交易相对人不能主张善意取得租赁物上的权利。如此看来，《融资租赁解释》第9条第3项的作用范围仍然有限，即使出租人已经办理融资租赁登记，仍然只能对抗法律、行政法规、行业或者地区主管部门规定的查询义务人，不得对抗其他交易相对人。

其三，就普通动产融资租赁，基于监管的需要而分别设置登记系统，其正当性值得质疑。为防范风险，融资租赁企业就同一笔融资租赁交易在两个登记系统同时办理登记的已经不在少数。如此，既增加了融资租赁企业的负担，也加重了交易相对人的查询成本。故在恰当的时候，自应统一融资租赁登记公示系统或动产融资登记公示系统。

---

① 《民法典》第311条。

② 参见最高人民法院民事审判第二庭编著：《最高人民法院关于融资租赁合同司法解释理解与适用》，人民法院出版社2014年版，第155页。

在动产融资登记制度设计方面，所面临的一个困难就是如何统合“大动产”的概念。“大动产”不仅包括有体动产，还包括权利等无体动产。目前，我国就有体动产的抵押，采取登记对抗主义，登记制度的设计采行声明登记制；但就无体动产的质权，我国采取登记生效主义，登记制度的设计是不是也可以采行声明登记制，值得在统一动产融资登记制度时进一步研究。仅就有体动产而言，我国目前已经构建针对特殊动产的登记系统，登记机构即为行使相应管理职能的行政机关。从现实的角度出发，这些特殊动产登记系统与统一的动产融资登记公示系统在功能上存在差异，不仅具有公示特殊动产之上的权利现状的目的，还负载着部分行政管理的职能。基于此，可以维系目前的分散登记现状。接下来，我们要统一的是普通动产的融资登记公示系统。

第一个问题涉及登记申请人。《动产抵押登记办法》采取双方申请主义，主要目的在于防止虚假登记；但前述两个融资租赁登记系统均采取单方申请主义。单方申请主义确实有利于登记程序的展开，为防止权利人恶意在他人财产之上登记权利负担，在程序设计上可以吸收比较法上的一些成熟经验，如单方提出申请后，登记机构发出确认通知书，一则可以由权利人斟酌情事，具体确定是否予以登记；二则双方当事人可以发现登记系统的错误，及时纠正，以维持融资登记系统的公示效力。①

第二个问题是登记申请文件。各登记机构就登记申请文件规定了宽严不同的要求，如《动产抵押登记办法》要求提交《动产抵押登记书》和当事人主体资格证明或者自然人身份证明文件，但有的登记机构还要提交主合同、抵押合同以及其他证明文件，体现了纸面登记之下的实质审查观念，值得探讨。在电子化的登记系统中，当事人无须提交登记申请文件，相关登记事项直接由登记申请人在线填写。前述两个融资租赁登记公示系统即采行这种做法，值得在统一动产融资登记系统重构时参照。

第三个问题涉及登记事项。动产融资登记奉行声明登记制，登记系统并不保证其中所记载内容的真实性、合法性和准确性，只是提醒查询者相应标的物之上的可能权利现状。因此，登记事项应较为简单，主要包括当事人身

---

① 参见高圣平、秦鑫：《应收账款出质登记制度研究》，载《烟台大学学报》（社会科学版）2009年第2期。

份信息、标的物描述（既可以具体描述，也可以概括描述），涉及担保交易时还包括担保债权数额。在《动产抵押登记办法》中，登记事项还包括担保范围、主债务清偿期限等。登记这些要素的价值和作用并无实益，没有实现当事人商业秘密和登记公示之间的平衡。

第四个问题是电子化登记系统的构建。我国《动产抵押登记办法》构建的是一个纸质化的登记系统，从而与《物权法》公布后同期构建的应收账款质押电子化登记系统迥异，在一定程度上迁就了《担保法》实施以来的动产抵押登记实践，这一登记系统在运行过程中也出现了一系列的问题，如登记和查询不便捷等。前述两个融资租赁登记公示系统采行电子化的自主登记模式，申请人可以通过计算机终端即时办理动产融资登记，且不受登记机构工作时间的限制，极大增强了登记的便利性；同时，申请人通过电子方式直接进行登记，无须登记机构的人工介入，大大降低了登记机构运营的人力成本及其他日常开支，减少了登记机构工作人员从事欺诈或腐败行为的机会，并相应减轻了登记机构对用户的潜在赔偿责任。[①]

第七百四十六条【租金构成】

融资租赁合同的租金，除当事人另有约定外，应当根据购买租赁物的大部分或者全部成本以及出租人的合理利润确定。

历史由来

本条是在《合同法》第243条的基础上修改而成，将“除当事人另有约定的以外”修改为“除当事人另有约定外”。《合同法》第243条参考了《国际融资租赁公约》第1条第2款。该款规定：“前款所称融资租赁交易具有以下特点：(a) 承租人指定租赁物和选择供货人，并不主要依赖于出租人的技能和判断；(b) 出租人取得的租赁物与出租人和承租人之间已经签订或即将签订的租赁合同相关联，并且供货人知道这一情况，以及 (c) 特别是，该租赁合同项下

① 参见高圣平：《动产抵押登记的法理——以〈动产抵押登记办法〉的修改为中心》，载《法学》2016年第2期。

应付租金的计算摊销了租赁物全部或绝大部分成本。”

《民法典合同编（草案）》（一审稿）第537条规定：“融资租赁合同的租金，除当事人另有约定的以外，应当根据购买租赁物的大部分或者全部成本以及出租人的合理利润确定。”《民法典合同编（草案）》（二审稿）第537条将“除当事人另有约定的以外”修改为“除当事人另有约定外”。《民法典（草案）》第746条与此相同。最终通过的文本亦未作更改。

规范目的或功能

与租赁合同不同，融资租赁合同具有融资功能，即出租人购买租赁物的最主要目的就是将其出租，一方面缓解承租人资金的短缺状况，使其无需购进租赁物即可维持或扩大其生产能力；另一方面出租人借租金的形式回收资金并获取营业利润。[①]由此而决定，承租人支付的租金，并非使用租赁物的对价，而是融资的对价。因此，融资租赁合同中租金标准的确定与传统租赁合同存在差异，前者要高于后者。[②]

规范内容

一、融资租赁交易中租金的构成

融资租赁合同中的租金，是根据出租人取得租赁物的大部分或者全部成本以及出租人的合理利润确定的，其中包含出租人的合理利润预期。根据本条的规定，融资租赁合同中的租金应当考虑如下因素确定：第一，购买租赁物的大部分或者全部成本，实际上是出租人的“融资成本”。全部成本是指标的物在租赁期限内，其使用价值全部耗尽，无法再租赁给他人使用，此时承租人就需要支付相当于租赁物全部的成本作为租金。大部分成本是指如果在租赁期限届满后，标的物仍有一定的使用价值，出租人还可将之出租给他人

---

① 参见王轶：《租赁合同　融资租赁合同》，法律出版社1999年版，第144页。

② 参见黄薇主编：《中华人民共和国民法典合同编解读》，中国法制出版社2020年版，第874页。

继续使用，此时，就只需要收回标的物大部分的成本。购买租赁物的成本主要是其价款，也包括相关费用。例如，出租人支付的运输费、保险费、律师费、谈判费用等。出租人为购买租赁物向银行贷款而支付的利息，是租金构成的又一重要因素。此外，营业费用也属于租金构成的要素之一。营业费用是指出租人经营租赁过程中所开支的费用，包括业务人员工资、办公费、差旅费和必要的盈利。[①]第二，合理利润。在融资租赁合同中，出租人是融资租赁企业，其从事融资租赁交易的目的就是要获得利润。对于利润是否合理，判断标准一般是行业的平均利润水平。[②]

二、“当事人另有约定”的理解

“当事人另有约定”，指的是融资租赁合同的租金不是根据购买租赁物的大部分或者全部成本以及出租人的合理利润而确定的情形。融资租赁实践中，租赁期限并未涵盖租赁物的全部使用年限的情形，并不少见。此际，租赁物的残余价值较大，融资租赁合同的租金也就并不涵盖购买租赁物的大部分或者全部成本。如当事人在融资租赁合同中约定，在租赁期限届满时，出租人有权收回租赁物或约定承租人在租赁期限届满时再支付一部分价金就可以取得租赁物的所有权时，融资租赁合同的租金构成就只应包括购买租赁物的部分成本。当然，如当事人约定，租赁期限届满时，租赁物的所有权即转归承租人所有，融资租赁合同的租金构成则应包括购买租赁物的全部成本。[③]

裁判实践中认可的“当事人另有约定”还包括以下情形：第一，可以不包括利息。“当事人可自行约定融资租赁合同的租金，故深圳某公司以本案约定的租金不含利息为由否认融资租赁合同关系的成立，缺乏依据。”[④]第二，可以包括服务费。“法律对融资租赁合同的租金是否应包括服务费未作明确规定，并允许签约双方可以‘另有约定’，因此原告和被告制药厂在《融资租赁合同》

① 参见全国人民代表大会常务委员会法制工作委员会编：《中华人民共和国合同法释义》（第3版），法律出版社2013年版，第393—394页。

② 参见王利明：《合同法研究》（第三卷）（第二版），中国人民大学出版社2015年版，第368页。

③ 参见崔建远：《合同法学》，法律出版社2015年版，第389页。

④ 参见最高人民法院（2017）最高法民申1065号民事裁定书。

附表三中将该服务费约定为设备价款的一部分并以此作为租金的组成部分，并不违反法律规定，被告制药厂该辩称意见无法律依据，本院不予采信。”[①]

三 其他问题

租赁物的起租日即租金的起算日，直接决定和影响着出租人的收益和承租人的成本。实践中，有如下做法和主张。

第一，支付租赁物价款之日。目前，融资租赁实务中，通常以出租人支付租赁物价款之日作为售后回租式融资租赁的起租日，以该种方法确定起租日，最有利于出租人收益的最大化。[②]

第二，租赁物交付之日。实务中有观点指出，在直接租赁式融资租赁中，以出卖人交付或承租人受领租赁物之日为起租日，有利于满足生产或建造周期较长的租赁物分期支付购买款的需要。此时，出租人在租赁物交付之前向出卖人支付的各期款项均按约定的利率计息（租前息），并且最终都由承租人承担。[③]

第三，承租人通知出租人收到标的物之日。承租人支付租金的义务以承租人通知出租人收到标的物的通知为生效条件，而不以实际使用租赁物为条件。[④]在租赁期限内，承租人应按照约定向出租人支付租金，这是承租人的基本义务。但融资租赁的承租人交付的租金，其性质不同于传统租赁合同中承租人交付的租金。它不是承租人使用租赁物的对价，而是出租人向承租人提供金融的对价。出租人通过收取租金而收回其向出卖人购买租赁物所支付的价款。因此，承租人支付价款的义务，以承租人通知出租人收到标的物的通知为生效条件，而不以承租人实际使用租赁物为条件。[⑤]

第四，融资租赁合同约定之日。如从出租人向承租人承诺转让租赁物的占有权等的时点考虑，则该时点是该合同生效之日；如从出租人得以履行上

---

① 参见上海市第一中级人民法院（2002）沪一中民四（商）初字第45号民事判决书。

② 参见李中华：《融资租赁运作实务与法律风险防范》，法律出版社2012年版，第115页。

③ 参见李中华：《融资租赁运作实务与法律风险防范》，法律出版社2012年版，第115页。

④ 参见崔建远：《合同法学》，法律出版社2015年版，第389页；王轶：《租赁合同 融资租赁合同》，法律出版社1999年版，第157页。

⑤ 参见朱伯玉、管洪彦：《合同法分则研究》，人民出版社2014年版，第119页。

述承诺的时点考虑，则该时点是出卖人向出租人提交提单或发票之日。但是，相关的买卖合同项下的标的物多半不是一次交付，因此，相应的提单或发票将不止一件，提交日也将不止一个；如从承租人得以实际行使其合同权利的时点考虑，则又可以分别是承租人受领标的物之日，标的物运抵承租人现场之日，标的物安装、调试完毕之日，标的物验收之日，承租人正式开始使用标的物之日（投产日）等。其中，受领和运抵现场的时点又多半不止一个。从另一个角度看，融资租赁交易的经济实质是承租人利用出租人的资金以租赁方式进行的融资，即承租人以在约定的期限内和以分期支付租金的方式清偿为条件，来占用出租人的资金。因此，从资金占用及偿还期限的角度，来约定租赁期限的起始时点（起租日）和时间长度，反而比较合理，这也是我国融资租赁业界较为通行的做法。[①]

第七百四十七条【出租人质量瑕疵担保责任的免除及例外】

租赁物不符合约定或者不符合使用目的的，出租人不承担责任。但是，承租人依赖出租人的技能确定租赁物或者出租人干预选择租赁物的除外。

历史由来

本条是在《合同法》第244条的基础上修改而成，《合同法》第244条规定：“租赁物不符合约定或者不符合使用目的的，出租人不承担责任，但承租人依赖出租人的技能确定租赁物或者出租人干预选择租赁物的除外。”《合同法》第244条源于《国际融资租赁公约》第8条第1款第（a）项，该项规定：“除非本公约另有规定或租赁合同另有约定，出租人不应就租赁物对承租人承担任何责任，但承租人因依赖出租人的技能和判断以及出租人干预选择供货人或指定租赁物而受到损失的，除外。”同时，该款第（c）项规定：“本款的上述规定不适用于出租人以其他身份，例如所有权人的身份，所应承担的责任。”

① 参见裘企阳：《融资租赁理论探讨与实务操作》，中国财政经济出版社2001年版，第19页。

本条将“但承租人依赖出租人的技能确定租赁物或者出租人干预选择租赁物的除外”修改为“但是，承租人依赖出租人的技能确定租赁物或者出租人干预选择租赁物的除外”。《民法典合同编（草案）》（一审稿）第538条规定：“租赁物不符合约定或者不符合使用目的的，出租人不承担责任，但是承租人依赖出租人的技能确定租赁物或者出租人干预选择租赁物的除外。”《民法典合同编（草案）》（二审稿）第538条与此相同。《民法典（草案）》第747条将“但是承租人依赖出租人的技能确定租赁物或者出租人干预选择租赁物的除外”修改为“但是，承租人依赖出租人的技能确定租赁物或者出租人干预选择租赁物的除外”，改变了“但书”之后的标点符号，以符合现代汉语的表达习惯。

三 规范目的或功能

租赁物瑕疵分为物的瑕疵（也称质量瑕疵）和权利瑕疵两种。对于租赁物质量瑕疵，确定其担保责任的承担主体至关重要，因为它直接关系到融资租赁交易本质特征能否体现，关系到融资租赁与传统租赁能否明确区分。《民法典》第708条规定：“出租人应当按照约定将租赁物交付承租人，并在租赁期限内保持租赁物符合约定的用途。”由此可见，出租人应对租赁物承担瑕疵担保责任，以使租赁物在交付时及在租赁期限内处在适于使用及收益状态。

本条规定与此不同。“租赁物不符合约定或者不符合使用目的的，出租人不承担责任。”这一规定的正当性在于：其一，融资租赁的经济意义在于出租人以融物的方式向承租人提供融资，具有金融的性质。出租人的主要义务就是支付购买租赁物的价款，其权利是收取租金从而收回投资，并取得利润。出租人对租赁物没有真正的需求，购买租赁物的目的主要是满足承租人的需要。出租人与租赁物也没有形成真正的占有和控制关系。与此相反，承租人在租赁期限内一直控制租赁物，与租赁物有着密切的关系，对租赁物瑕疵更能够直接发现和处理，相对于出租人而言，承租人在租赁物占有和使用方面的利益远远大于出租人。因此，从融资租赁合同的本质来看，出租人应当主要提供融资，而由承租人支付租金、合理占有使用租赁物并承担租赁物的瑕疵风险更为合理，也更符合合同各方当事人的意愿。[①]其二，融资租赁合同签订时，往往是由承租人基于其知识和经验选定租赁物的制造商和租赁物的种类、数量、规格等，出租人仅仅根据承租人的指示向出卖人购买标的物出租给承租人。因此，因选择错误所产生的结果，应由承租人负责。相反，出租人并不必然具备商品知识、信息、经验和处置能力，因而不应承担瑕疵担保责任。[②]如由出租人承担瑕疵担保责任，必然导致出租人聘请专家检验，这就意味着增加费用。而所增加的费用最后必然通过租金的形式由承租人负担。[③]其三，出租人、出卖人、承租人可以约定，出卖人不履行买卖合同义务的，由承租人行使索赔的权利。在规定出租人瑕疵担保免责的同时，通过索赔权转让条款，承租人可以向出卖人提出赔偿请求。这就保证了出租人和承租人之间权利义务的平衡。[④]

规范内容

由于融资租赁交易中租赁物是由承租人选择的，出租人在融资租赁交易中仅承担融资的功能，因此，出租人对租赁物的瑕疵担保免责是融资租赁合同一个重要特征。但也有例外，根据本条的规定，如承租人依赖出租人的技能确定租赁物或者出租人干预选择租赁物，出租人则应当对租赁物的瑕疵承担担保责任。司法实践中，对如何认定承租人依赖出租人的技能及出租人干预选择争议较大。《融资租赁解释》第19条就此具体列举了三种情形。

其一，出租人在承租人选择出卖人、租赁物时，对租赁物的选定起决定作用。单纯地提供设备名录、出卖人名录，并不构成决定性作用。出租人以

---

① 参见人民法院出版社编：《司法解释理解与适用全集·合同卷2》，人民法院出版社2018年版，第1268—1269页。

② 参见王轶：《租赁合同　融资租赁合同》，法律出版社1999年版，第152页。

③ 参见全国人民代表大会常务委员会法制工作委员会编：《中华人民共和国合同法释义》（第3版），法律出版社2013年版，第394—395页。

④ 参见王轶：《租赁合同　融资租赁合同》，法律出版社1999年版，第152页；全国人民代表大会常务委员会法制工作委员会编：《中华人民共和国合同法释义》（第3版），法律出版社2013年版，第394—395页。

其技能为承租人确定租赁物，包含出租人愿意为承租人就租赁物质量进行控制的意愿和承租人对出租人技能的依赖，从而事实上由双方合意形成了出租人应尽谨慎选择租赁物的义务，若出租人因疏忽而未能尽到自己的义务，应承担相应的责任。[①]在融资租赁实务中，租赁公司利用自身对特定行业的精通，以更低的报价为承租人购买特定的设备，对出租人与承租人来讲是双赢的结果。如果因租赁公司提供选购信息就认定属于承租人依赖出租人技能或者出租人干预租赁物的选择，并因此要求租赁公司承担瑕疵担保责任，往往导致租赁公司不愿提供更专业的服务，进而影响到承租人认购专业设备的成本和能力，最终将影响融资租赁行业的发展。因此，出租人承担瑕疵担保责任应当严格限定在出租人对租赁物的选定起决定作用的情形。[②]

其二，出租人干预或者要求承租人按照出租人意愿选择出卖人或者租赁物。此种情况下，出租人主动对租赁物的选择进行干预，不再属于不作为的情形。所谓干预应当没有强迫的含义，只是表明出租人有强烈为承租人选择租赁物的意愿，而承租人也愿意接受出租人的选择，从而在事实上形成了承租人在租赁物选择上对出租人的依赖和信任关系，出租人对此应当尽谨慎的表达意见和选择租赁物的义务。[③]这两种情形在选定的内容上有所差异，前者只限定为租赁物，后者既包括选定租赁物，也包括选定出卖人，主要原因在于，在出租人为厂商租赁型的租赁公司时，出卖人往往是单一的，但出租人如未对租赁物的选择起决定性作用，要求其必然地承担瑕疵担保责任，有违公平原则，也将在相当程度上制约了厂商租赁的发展，故第一种情形未将选定出卖人列入。[④]

其三，出租人擅自变更承租人已经选定的出卖人或者租赁物。《民法典》

---

① 参见胡晓媛：《中德融资租赁法律制度比较研究》，中国法制出版社2011年版，第124—125页。

② 参见人民法院出版社编：《司法解释理解与适用全集·合同卷2》，人民法院出版社2018年版，第1268—1269页。

③ 参见胡晓媛：《中德融资租赁法律制度比较研究》，中国法制出版社2011年版，第124—125页。

④ 参见宋晓明、刘竹梅、原爽：《〈关于审理融资租赁合同纠纷案件适用法律问题的解释〉的理解与适用》，载《人民司法·应用》2014年第7期。

第744条规定："出租人根据承租人对出卖人、租赁物的选择订立的买卖合同，未经承租人同意，出租人不得变更与承租人有关的合同内容。"第740条规定，出卖人违反向承租人交付标的物的义务，标的物严重不符合约定，承租人可以拒绝受领出卖人向其交付的标的物。出租人擅自变更承租人已经选定的租赁物，构成租赁物严重不符合约定的，承租人有权拒绝接受，承租人已经受领的，由于出租人实际上剥夺了承租人的选择权，因此，应当对租赁物承担瑕疵担保责任。①

《融资租赁解释》第19条第2款规定："承租人主张其系依赖出租人的技能确定租赁物或者出租人干预选择租赁物的，对上述事实承担举证责任。"在融资租赁合同中，出租人瑕疵担保免责是原则，承担瑕疵担保责任是例外。因此，在无证据证明出租人存在上述行为的情况下，出租人应当免责；只有在承租人有证据证明上述事实存在的情况下，才能要求出租人承担瑕疵担保责任。如果要求出租人承担举证责任，则出租人应当证明自身未干预承租人选择或承租人未依赖出租人选择，此二项事实均为消极事实，出租人无法证明，故有关除外事项是否存在的证明责任由承租人承担。②

三 其他问题

租赁物权利瑕疵担保责任不适用本条规定。本条是针对物的瑕疵担保责任的规定，其基本规则是租赁物不符合融资租赁合同约定的，出租人原则上不承担责任，只在法律规定的特殊情形下承担责任。而融资租赁物存在权利瑕疵，发生纠纷时，应当依据《民法典》第748条进行处理，其基本规则是承租人如果受到对租赁物享有合法权利之人的干扰，出租人应承担违约责任。

---

① 参见人民法院出版社编：《司法解释理解与适用全集·合同卷2》，人民法院出版社2018年版，第1271—1272页。

② 参见人民法院出版社编：《司法解释理解与适用全集·合同卷2》，人民法院出版社2018年版，第1278页。

第七百四十八条【租赁物的平静占有】

出租人应当保证承租人对租赁物的占有和使用。

出租人有下列情形之一的，承租人有权请求其赔偿损失：

（一）无正当理由收回租赁物；

（二）无正当理由妨碍、干扰承租人对租赁物的占有和使用；

（三）因出租人的原因致使第三人对租赁物主张权利；

（四）不当影响承租人对租赁物占有和使用的其他情形。

历史由来

本条整合、修改了《合同法》第245条和《融资租赁解释》第17条的规定。本条第1款保留了《合同法》第245条的规定，即出租人负有保证租赁物的平静占有义务。《合同法》第245条源于《国际融资租赁公约》第8条，其中，第2款规定："出租人保证，承租人对租赁物的占有、使用不致受到享有优先地位或权利的人，或主张优先地位或权利且依法院授权所为行为的人的侵扰，只要这种地位、权利或主张非因承租人的作为或不作为所引起。"第3款规定："这种优先地位、权利或主张是因出租人的故意或重大过失的作为或不作为所引起的，当事人均不得减损或变更前款规定的效力。"第4款规定："本条第2款和第3款的规定并不影响出租人根据国际私法规则确定的准据法所强制性地负担的更广泛的权利瑕疵担保义务。"

本条第2款是在《融资租赁解释》第17条的基础上修改而成，该条规定："出租人有下列情形之一，影响承租人对租赁物的占有和使用，承租人依照合同法第二百四十五条的规定，要求出租人赔偿相应损失的，人民法院应予支持：（一）无正当理由收回租赁物；（二）无正当理由妨碍、干扰承租人对租赁物的占有和使用；（三）因出租人的原因导致第三人对租赁物主张权利；（四）不当影响承租人对租赁物占有、使用的其他情形。"本条仅作了文字上的调整。

《民法典合同编（草案）》（一审稿）第539条指出："出租人应当保证承租人对租赁物的占有和使用。"第540条规定："出租人有下列情形之一，影响承租人对租赁物的占有和使用的，承租人有权要求出租人赔偿损失：（一）无正当理由收回租赁物；（二）无正当理由妨碍、干扰承租人对租赁物的占有和使用；（三）因出租人的原因致使第三人对租赁物主张权利；（四）不当影响承租人对租赁物占有和使用的其他情形。”《民法典合同编（草案）》（二审稿）第539条、第540条与此相同。《民法典（草案）》第748条将这两条合为一条，将第540条中的“要求”改为“请求”，更加明确其请求权基础地位。

规范目的或功能

租赁期限内，出租人应保证承租人对租赁物的占有和使用，这既是出租人的一项基本义务，也是承租人的一项基本权利。在融资租赁合同中，虽然承租人是通过出租人进行资金融通的，但承租人订立融资租赁合同的根本目的是要取得租赁物的使用权。所以，承租人接受出卖人交付的标的物后，在租赁期限内对租赁物享有独占的使用权，对使用租赁物所取得的收益有权独立处分。此为承租人基于融资租赁合同享有的基本权利。正是因为出租人对出卖人交付的租赁标的物享有所有权、承租人在租赁期限内对租赁物得为使用、收益，而出租人不能为使用、收益，所以，融资租赁合同才被称为“租赁”合同。[①]

规范内容

一、平静占有担保义务的内容与形式

平静占有担保义务的内容主要存在两点：一是排除出租人自己对租赁物占有、使用的影响，此为其自身所负的消极义务；二是排除他人对租赁物占有、使用的影响，即确保租赁物上没有权利瑕疵。[②]本条第2款规定了出租人

---

① 参见房绍坤、郭明瑞主编：《合同法要义与案例析解：分则》，中国人民大学出版社2001年版，第255页。

② 参见《最高人民法院专家法官阐释疑难问题与案例指导》编写组编：《最高人民法院专家法官阐释疑难问题与案例指导：融资租赁合同卷》，中国法制出版社2016年版，第96页、第250页。

违反平静占有担保义务的几种典型形式。

第一，出租人无正当理由收回租赁物。出租人基于正当理由可以收回租赁物。例如，《民法典》第752条规定："承租人应当按照约定支付租金。承租人经催告后在合理期限内仍不支付租金的，出租人可以请求支付全部租金；也可以解除合同，收回租赁物。"第758条第1款规定："当事人约定租赁期限届满租赁物归承租人所有，承租人已经支付大部分租金，但是无力支付剩余租金，出租人因此解除合同收回租赁物，收回的租赁物的价值超过承租人欠付的租金以及其他费用的，承租人可以请求相应返还。"出租人无正当理由收回租赁物，是出租人违反平静占有担保义务的典型形式。

第二，出租人无正当理由妨碍、干扰承租人对租赁物的占有和使用。妨碍，是指因出租人的行为导致承租人不能正常使用标的物。从实践来看，出租人为了保障自己租金债权的实现，可能与承租人约定，其享有监督租赁物使用的权利。[①]实际上对租赁物的使用及维护等情况进行检查是租后管理工作的一项重要内容，而租后管理工作对融资租赁公司来说至关重要，良好的租后管理可以有效预警风险工作，提高租赁资产质量，提高租赁资产安全。[②]对于出租人按约定定期检查或查看租赁物的权利或义务，与其保证承租人对租赁物的占有和使用义务之间的关系，若出租人在履行或行使该项义务或权利时，严格按照合同中的约定履行或者行使，则应当认定不构成对上述担保义务的违反，但如果出租人未按照合同的约定行使或者履行该项权利或者义务，对承租人占有、使用该租赁物产生影响的，则应当认定出租人违反了平静占有担保义务。[③]

第三，因出租人的原因致使第三人对租赁物主张权利。在融资租赁合同中，由于出租人仅是按照承租人的选择购买租赁物，并不对租赁物实际占有、使用、收益，同时也缺乏关于租赁物是否存在瑕疵的知识和能力，因此，《民

---

① 参见王利明：《合同法研究》（第三卷）（第二版），中国人民大学出版社2015年版，第373页。

② 参见陈稳：《融资租赁实务操作指引：案例解析与风险防控》，中国法制出版社2017年版，第128页。

③ 参见《最高人民法院专家法官阐释疑难问题与案例指导》编写组编：《最高人民法院专家法官阐释疑难问题与案例指导：融资租赁合同卷》，中国法制出版社2016年版，第97页。

法典》第747条规定："租赁物不符合约定或者不符合使用目的的，出租人不承担责任。但是，承租人依赖出租人的技能确定租赁物或者出租人干预选择租赁物的除外。"[①]但出租人的瑕疵担保免责仅指出租人对物的瑕疵担保免责，而不包括权利瑕疵担保，即出租人仍须保证第三人不得就该租赁物向承租人主张权利。因出租人的原因致使第三人对租赁物主张权利，也是出租人违反平静占有担保义务的典型形式。例如，出租人转让租赁物之时，融资租赁合同对新的所有权人仍然有效；租赁物上为他人设定抵押权，抵押权实现不得影响承租人对租赁物的利用。[②]

此外，本条第2款第4项还规定了兜底条款，即出租人不当影响承租人对租赁物占有和使用的其他情形。

二、违反平静占有担保义务的责任

根据本条第2款的规定，出租人违反平静占有担保义务的，承租人有权请求其赔偿损失。至于损失赔偿的范围，自应依《民法典》关于违约责任的相关规定予以认定。《民法典》第584条规定："当事人一方不履行合同义务或者履行合同义务不符合约定，造成对方损失的，损失赔偿额应当相当于因违约所造成的损失，包括合同履行后可以获得的利益；但是，不得超过违约一方订立合同时预见到或者应当预见到的因违约可能造成的损失。"

就出租人违反平静占有担保义务的救济，除了承担赔偿责任之外，如违约已经达到承租人无法占有、使用租赁物的程度，则将导致融资租赁合同目的不能实现。此时应认定出租人构成根本违约，承租人可以根据《民法典》第563条的规定行使法定合同解除权。[③]《融资租赁解释》第13条规定："因出租人的原因致使承租人无法占有、使用租赁物，承租人请求解除融资租赁合同的，人民法院应予支持。"适用这一规定，应当注意以下两点：其一，正确理解和把握"因出租人原因"。在融资租赁合同履行过程中，造成承租人无法

① 参见郭明瑞、房绍坤主编：《合同法学》，复旦大学出版社2005年版，第324页。

② 参见黄薇主编：《中华人民共和国民法典合同编解读》，中国法制出版社2020年版，第879页。

③ 参见《最高人民法院专家法官阐释疑难问题与案例指导》编写组编：《最高人民法院专家法官阐释疑难问题与案例指导·融资租赁合同卷》，中国法制出版社2016年版，第305页。

占有、使用租赁物的因素，不仅仅有出租人的原因，还要注意区分出租人原因、承租人自身原因和出卖人原因，只有在因出租人的原因致使承租人无法占有、使用租赁物的情况下，承租人才享有解除权。其二，正确理解和把握“承租人无法占有、使用租赁物”。穷尽一切补救措施承租人已经无法实现对租赁物的占有使用权，如尚有其他补救措施，则不宜解除合同。[①]

三 其他问题

实践中，在融资租赁合同履行过程中，由于承租人拒付租金或者其他原因，出租人会借助技术手段，自行或请求出卖人将租赁物锁死，使得实际占有租赁物的承租人无法正常使用租赁物，从而迫使承租人履行合同义务。锁机手段可用于大型机械设备租赁、车辆租赁、计算机软件租赁等融资租赁交易中。承租人违反了融资租赁合同义务，为了维护自身的合法权益，出租人依约定通过锁机的方式进行自力救济，并不违反法律法规，承租人不得因此拒付租金。理由如下：其一，锁机的前提是承租人违约。此时，出租人通过锁机进行私力救济，本身没有过错，对承租人在锁机期间的损失，应由过错方即承租人自己承担，而不应由无过错方承担。其二，融资租赁合同的出租人收取的租金是融资的对价，即出租人向承租人所融通资金的本金加上本金的时间成本，而不是承租人对租赁物经营使用的对价。故租金只取决于承租人占用资金的时间长短，与其经营使用租赁物所获收入无关。虽然锁机期间承租人无法使用租赁物，但如果据此免除其锁机期间的租金，则出租人向承租人融通资金的时间成本无法补偿，对出租人不公平。[②]锁机本身并不直接导致融资租赁合同解除或终止，但往往会触发约定的解除条款，或者因锁机，融资租赁合同的出租人的主义务无法全面履行而致法定解除。锁机后承租人继续履行合同缴纳租金的，双方往往会达成和解，继续履行合同。而解除合

① 参见杨心忠等：《金融纠纷裁判思路与裁判规则》，法律出版社2015年版，第211—212页。

② 参见郭丁铭、罗时贵编著：《融资租赁实务精解与百案评析》，中国法制出版社2017年版，第258页。

同的情形一般有以下两类：其一，锁机后，承租人仍然拒不履行合同的，往往会触发融资租赁合同约定的解除合同条款，从而形成合同解除权；出租人则据之解除合同。其二，锁机后，承租人有正当理由抗辩，出租人拒绝开机继续履行合同的，会导致根本违约，承租人可据此行使法定解除权。[①]

第七百四十九条【租赁物致人损害的责任承担】

承租人占有租赁物期间，租赁物造成第三人人身损害或者财产损失的，出租人不承担责任。

历史由来

本条是在《合同法》第246条的基础上修改而成。《合同法》第246条规定："承租人占有租赁物期间，租赁物造成第三人的人身伤害或者财产损害的，出租人不承担责任。"该条源于《国际融资租赁公约》第8条第1款第（b）项，该项规定："出租人不应以其出租人身份而对第三人承担因租赁物所造成的死亡、人身伤害和财产损害的责任。"同时，该款第（c）项规定："本款的上述规定不适用于出租人以其他身份，例如所有权人的身份，所应承担的责任。"

本条将《合同法》第246条中"人身伤害或者财产损害"修改为"人身损害或者财产损失"。

《民法典合同编（草案）》（一审稿）第541条指出："承租人占有租赁物期间，租赁物造成第三人的人身损害或者财产损失的，出租人不承担责任。"《民法典合同编（草案）》（二审稿）第541条和《民法典（草案）》第749条均与此相同。2020年5月22日全国人民代表大会审议时将"第三人的人身损害或者财产损失"修改为"第三人人身损害或者财产损失"。最终通过的文本亦未作更改。

---

① 参见白福东、张雅璠：《"锁机"能否成为承租人拒绝支付租金的理由？》，载"十点法务"微信公众号https://mp.weixin.qq.com/s/KAHnDR6WnkTFeO4AtdoJ5A，最后访问时间2020年3月10日。

三 规范目的或功能

租赁物造成第三人损害，是指因租赁物本身及其设置、使用、保管等造成第三人人身损害或者财产损失。[①]本条规定，出租人不承担租赁物造成第三人损害的侵权责任。主要理由在于：其一，融资租赁合同中的出租人虽然是租赁物的所有人，但并不是租赁物的使用人和管理者，其无法支配租赁物。其二，出租人获得的租金是融资的对价，即出租人向承租人融通资金的本金和时间成本，并不是使用租赁物的对价，即出租人自己使用租赁物的机会成本，更不是承租人使用租赁物所获收入的对价。[②]

三 规范内容

租赁物造成第三人损害，可分为两种情况：一是由于使用、保管租赁物不当而造成第三人人身损害或者财产损失；二是由于租赁物本身内在缺陷而造成第三人人身损害或者财产损失。[③]在第一种情况中，第三人损害的发生原因在于承租人对租赁物保管、使用不当，出租人不承担责任，而由承租人向第三人承担损害赔偿责任更具有说服力。在第二种情况中，租赁物不符合约定或者不符合使用目的的，出租人不承担责任。但是，承租人依赖出租人的技能确定租赁物或者出租人干预选择租赁物的除外。由此可见，出租人在一般情况下不负有租货物之瑕疵担保责任，其对租赁物之瑕疵造成的第三人损害享有免责权。[④]

本条虽然规定出租人不承担责任，但并没有明确承租人是否负责。有

---

① 参见全国人民代表大会常务委员会法制工作委员会编：《中华人民共和国合同法释义》（第3版），法律出版社2013年版，第397页。

② 参见郭丁铭、罗时贵编著：《融资租赁实务精解与百案评析》，中国法制出版社2017年版，第214—215页。

③ 参见张桂龙、刘向东：《融资租赁合同》，人民法院出版社2001年版，第200页。

④ 参见《最高人民法院专家法官阐释疑难问题与案例指导》编写组编：《最高人民法院专家法官阐释疑难问题与案例指导：融资租赁合同卷》，中国法制出版社2016年版，第186页。

学者认为，在融资租赁合同中规定租赁物造成第三人损害时由承租人承担赔偿责任的规定尚有商榷余地。[①]通说认为，出租人最大的义务是提供融资，而承租人直接占有和控制租赁物，对租赁物的实际状况能够及时准确地掌握，由其承担租赁物的该类风险符合当事人的客观实际和共同愿望，并由此引申出承租人负有按照出租人的要求，承担为租赁物投财产保险及第三人责任险的保险费用的义务。[②]赋予承租人一项承担风险的责任，实际上是赋予其一项控制风险的义务，使其能够更好地维护社会的相对公平，减少损害的发生。[③]只有在融资租赁的承租人占有期间发生租赁物造成他人的损害时，才可以适用本条的规定。如果在合同签订后，租赁物尚未交付之前，或因某种原因租赁物处于出租人的占有之下，此时租赁物造成的损害应当由实际管理该物的人承担损害赔偿责任。这是基于风险规则而产生的一般原理，即谁最有能力控制风险，就由谁来承担风险发生后的责任。因此，只有在承租人控制该物时，其最有能力控制风险，也才能承担风险责任。

承租人只承担租赁物造成第三人人身损害或者财产损失的赔偿责任。至于其他方面的损害，并非由此条文进行规制。例如，租赁物自身损害的赔偿问题，应区分情况进行处理：其一，如在出卖人给付租赁物时即存在瑕疵，根据《民法典》合同编买卖合同章的规定，向出卖人主张瑕疵担保的违约责任；其二，如瑕疵并不是给付时就已存在的，而是在事后使用中由于承租人正常的操作造成的，这种损耗也属于风险，也应由承租人承担。[④]承租人应当承担租赁物造成第三人损害的赔偿责任，其构成要件是：第一，租赁物造成了第三人的损害。此种损害既包括人身伤害，也包括财产损害。严格地说，租赁物造成的损害包括两类情况：一是租赁物在正常使用过程中对第三人造

---

① 参见梁慧星：《融资性租赁若干法律问题》，载《法学研究》1993年第2期。

② 参见胡晓媛：《中德融资租赁法律制度比较研究》，中国法制出版社2011年版，第102页。

③ 参见《最高人民法院专家法官阐释疑难问题与案例指导》编写组编：《最高人民法院专家法官阐释疑难问题与案例指导·融资租赁合同卷》，中国法制出版社2016年版，第97—98页。

④ 参见《最高人民法院专家法官阐释疑难问题与案例指导》编写组编：《最高人民法院专家法官阐释疑难问题与案例指导·融资租赁合同卷》，中国法制出版社2016年版，第98页。

成了人身或财产的损害，例如，承租人租赁汽车，因为交通事故导致他人损害，在此情况下应当由承租人承担责任。二是租赁物自身固有的缺陷造成了第三人的损害，在此情况下，如果租赁物的缺陷是制造者造成的，那么承租人在承担责任后还可以向制造者追偿。第二，租赁物造成损害发生于承租人占有租赁物期间。一般是指租赁物自交付承租人之日起至租赁期限届满租赁物被返还给出租人之日止。承租人的占有既包括直接占有，也包括间接占有。第三，租赁物造成第三人损害，满足了侵权责任的构成要件。例如，如果租赁物是因为第三人原因造成损害（如有人擅自将承租人的汽车开走撞伤他人），则应当由第三人负责。[①]

租赁物造成第三人损害的侵权责任通常有三种情形：产品责任、高度危险作业责任以及建筑物责任。有学者指出除了上述三种情形外，还应包括环境污染责任。[②]相应责任的构成自应适用《民法典》侵权责任编的相关规定。

三 其他问题

融资租赁交易中，法人作为承租人时，租赁物造成第三人人身损害或者财产损失往往是使用租赁物的劳动者。劳动者受到人身损害时，往往并不能依据本条规定进行赔偿。虽然劳动者受到人身损害的伤害，同样也是第三人受到人身损害，但由于《工伤保险条例》的限制，该条例往往优先于《民法典》侵权责任编而适用。因此，在劳动者受到人身损害时，往往不能依据《民法典》侵权责任编的规定，而应当优先适用《工伤保险条例》的规定。当然，如果事故的发生是因为租赁物本身瑕疵或缺陷造成的，那么承租人在承担损害赔偿责任后，可以依据买卖合同向出卖人追偿。如是劳动者操作不当造成的，则属于内部关系，可通过《工伤保险条例》的规定减轻责任。[③]在实践中，

---

① 参见王利明：《合同法研究》（第三卷）（第二版），中国人民大学出版社2015年版，第381—382页。

② 参见郑玉敏、韩自强主编：《合同法学》，厦门大学出版社2012年版，第254页。

③ 参见《最高人民法院专家法官阐释疑难问题与案例指导》编写组编：《最高人民法院专家法官阐释疑难问题与案例指导：融资租赁合同卷》，中国法制出版社2016年版，第98—99页。

承租人也可能选择购买人身意外伤害保险以解决其劳动者在使用租赁物过程中所发生的人员死亡或残疾的风险。[①]

第七百五十条【租赁物的保管、使用和维修】

承租人应当妥善保管、使用租赁物。

承租人应当履行占有租赁物期间的维修义务。

历史由来

本条是《合同法》第247条的完整保留。该条源于《国际融资租赁公约》第9条第1款。该款规定:"承租人应当妥善保管租赁物、以合理的方式使用租赁物,并使之保持在交付时的状态,但合理的损耗及当事人同意的租赁物改良除外。"

《民法典合同编(草案)》(一审稿)第542条、《民法典合同编(草案)》(二审稿)第542条、《民法典(草案)》第750条与此相同。最终通过的文本亦未作更改。

规范目的或功能

融资租赁交易中,承租人对租赁物并不享有形式意义上的所有权,但享有占有和使用租赁物的权利,因此,承租人应当妥善保管和合理使用标的物,避免因保管不善而损害出租人的权益。所谓妥善保管,是指应当根据善良管理人的标准来进行保管,它要求比处理自己的事务更为谨慎。所谓合理使用,是指承租人应当按照租赁物的性质和通常使用方法进行使用。承租人享有实质意义上的所有人权益,与此相适应,其也应当负有维修租赁物的义务。

---

① 参见李政明、贾泽:《我国融资租赁中保险模式的选择与法律风险初探》,载威科先行,最后访问时间2019年8月28日。

规范内容

一、妥善保管、使用租赁物的义务

在融资租赁合同中，承租人的一项重要的义务就是妥善保管和合理使用标的物。所谓妥善保管，是指应当根据善良管理人的标准来进行保管，它要求比处理自己的事务更为谨慎。所谓合理使用，是指承租人应当按照租赁物的性质和通常方法进行使用。[①]作出此种规定的原因是：一方面承租人得对租赁物为使用收益，出租人须容忍承租人为使用收益；另一方面租赁物虽为承租人选定，但为出租人所有，因此承租人为自己使用收益的需要，为保护出租人利益的需要，应负妥善保管和使用义务。[②]

对于如何判断妥善保管，《民法典》以及相关司法解释均未作出规定。在比较法上，《国际融资租赁公约》第9条规定："1.承租人应适当地保管设备，以合理的方式使用设备并且使之处于其交付的状态。但是合理的损耗及当事人所同意的对设备的改变除外。2.当租赁协议终止时，承租人应将处于前款规定状态的设备退还给出租人，除非承租人行使权力购买设备或继续为租赁而持有设备。"由此可见，妥善保管就是让租赁物处于其交付时的状态。借鉴租赁合同中承租人妥善保管义务的相关规定，承租人妥善保管应尽到善良管理人的义务。对于认定承租人是否尽到善良管理人的义务，应当包括以下方面：首先，承租人应当按照租赁物的性能要求保管租赁物，如精密仪器要求放在特定房间内，承租人就不能够露天存放；其次，承租人应当对租赁物进行定期的检查，因为在融资租赁中，承租人对于租赁物的性能更为熟悉，由承租人来检查更为合适；最后，承租人应当遵循租赁物的性能妥善使用。因为如果使用方式不符合租赁物的性能，其有可能对租赁物造成一定程

---

① 参见王利明：《合同法研究》（第三卷）（第二版），中国人民大学出版社2015年版，第379页。

② 参见全国人民代表大会常务委员会法制工作委员会编：《中华人民共和国合同法释义》（第3版），法律出版社2013年版，第399页。

度的损害。[①]

二、维修租赁物的义务

在传统租赁合同中，出租人负有维修的义务，应当负有保证承租人对租赁物使用的义务。但是，在融资租赁合同之中，出租人并不负有维修义务，而应由承租人承担该义务。法律上作出此种规定的原因在于：一方面，融资租赁中承租人享有实质意义上的所有人权益，与此相适应，其也应当负有维修租赁物的义务；另一方面，承租人对标的物和出卖人进行了选择，而且具有专业技术，因此承租人才最有能力对标的物进行维修。此外，由承租人负担此种义务，有利于促使其妥善保管和使用标的物，从而更能够达到融资租赁合同的缔约目的。

依据本条第2款规定，承租人的维修义务仅限于占有租赁物期间。这就意味着，只有在占有租赁物期间，承租人才负有此种义务。而且，如果在租赁期限内，租赁物被出租人取回或因其他原因而丧失占有，承租人也不再负有维修义务。[②]

虽然融资租赁合同和传统租赁合同在维修义务上的规定有所不同，但是在维修义务的发生要件和发生范围上有类似性，可作统一考量。根据参照传统租赁合同，在融资租赁合同中维修义务的发生条件有以下两点：[③]第一，租赁物应当依合同目的或社会一般观念具有维修的必要性。此条件主要是考量租赁物损坏的程度是否已经达到无法实现用益的程度。如果租赁物的损坏并没有达到该程度，并不影响承租人的用益，则承租人并不负有维修义务。认定维修的“必要性”不仅要依据合同目的以及一般的交易观念，也要依据当事人的约定。如果当事人对维修进行了相关的特殊约定，则在符合该特约条件之时也应认定维修义务的存在。第二，租赁物依合同目的或社会一般观念具有维修的可能性。若维修已无可能，则自然没有维修义务的存在。维修不

---

① 参见《最高人民法院专家法官阐释疑难问题与案例指导》编写组编：《最高人民法院专家法官阐释疑难问题与案例指导：融资租赁合同卷》，中国法制出版社2016年版，第190—191页。

② 参见王利明：《合同法研究》（第三卷）（第二版），中国人民大学出版社2015年版，第380—381页。

③ 参见李永军、易军：《合同法》，中国法制出版社2009年版，第489页。

存在可能性，除租赁物事实上不能够被维修之外，还有维修费用过高导致维修费用超过租赁物自身价值的情形。在后者的情况下，比起维修，当事人重新购买租赁物更为经济，此时也不产生维修义务。对于维修义务的发生范围，原则上应仅限于租赁物之上，对于租赁物外相关当事人增设的物件，则按照其他法律关系来分辨，而不是用此处的维修义务规定。[①]

三 其他问题

在实务中，出卖人的瑕疵担保责任与承租人的维修义务的界限往往无法分清，因此有必要进行区分。出卖人瑕疵担保责任和承租人维修义务的发生，均是由于租赁物发生损耗而无法正常地使用及产生的额外费用的支出的问题。不同的是，二者的法律效果并不相同。对于瑕疵担保责任，由出卖人承担维修义务，而在承租人承担维修义务的情况下，则是由承租人自行修缮。实际上，两者之间在法律适用上最大的区分，就是需要明确租赁物的瑕疵或缺陷究竟是在何时发生的。如在合同订立之前即已存在，应认定出卖人承担瑕疵担保责任，由出卖人进行维修。反之，如是由于承租人的使用不当或事后的合理的损耗造成需要维修的情况，则应由承租人自行承担由此造成的维修义务。然而，在有些情况下，租赁物本身就已经存在瑕疵，又由于承租人的不正常使用，造成了损害，则应区分两者在损害中的作用大小。实际上，二者在造成损害上，均有责任，只是二者的责任程度和作用的方式不同而已。虽然出卖人在出卖租赁物时，并没有完全遵守合同义务，给付有瑕疵的货物，但是也是由于承租人的不正常使用，造成了损失的进一步扩大，就扩大的那一部分损失，出卖人并不用承担任何责任，而应当由承租人来承担。因此，应当根据当事人在损失中所起的作用大小来承担损失。[②]

---

① 参见《最高人民法院专家法官阐释疑难问题与案例指导》编写组编：《最高人民法院专家法官阐释疑难问题与案例指导·融资租赁合同卷》，中国法制出版社2016年版，第196—197页。

② 参见《最高人民法院专家法官阐释疑难问题与案例指导》编写组编：《最高人民法院专家法官阐释疑难问题与案例指导：融资租赁合同卷》，中国法制出版社2016年版，第100—101页。

第七百五十一条【租赁物毁损、灭失的风险负担】

承租人占有租赁物期间，租赁物毁损、灭失的，出租人有权请求承租人继续支付租金，但是法律另有规定或者当事人另有约定的除外。

历史由来

本条内容来源于《融资租赁解释》第7条，其规定："承租人占有租赁物期间，租赁物毁损、灭失的风险由承租人承担，出租人要求承租人继续支付租金的，人民法院应予支持。但当事人另有约定或者法律另有规定的除外。"本条删去了"风险由承租人承担"，并改变了条文的表述方式。

《民法典合同编（草案）》（一审稿）第543条规定："承租人占有租赁物期间，租赁物毁损、灭失的，出租人有权要求承租人继续支付租金，但是法律另有规定或者当事人另有约定的除外。"《民法典合同编（草案）》（二审稿）第543条与此相同。《民法典（草案）》第751条将其中的"要求"改为"请求"，更加明确其请求权基础地位。

规范目的或功能

融资租赁合同作为一种双务合同，租赁物因不可归责于双方当事人之事由毁损、灭失时，风险应该由谁承担，出租人能否要求承租人继续支付租金，《合同法》对此并未作出明确规定，在学理上也存在较大的疑问。本条在《融资租赁解释》第7条的基础上对此作了明确。

在租赁合同中，租赁物的毁损、灭失的风险均由出租人承担。出租人作为租赁物的所有权人，理应承担所有物毁损、灭失的不利后果。但基于融资租赁合同的特征，承租人占有租赁物期间，租赁物毁损、灭失的风险由承租人承担，将出租人排除于租赁物的毁损、灭失风险承担之外。出租人在融资租赁合同中所起到的作用为融资，而非简单地提供租赁物。出租人在融资租赁合同中购买租赁物，与其说是购买，不如将其称为一种融资，当出租人完成这一义务之后，有关租赁物的一切风险均与出租人无关。出租人对租赁物所享有的所有权实质是一种担保功能。

规范内容

一、融资租赁交易中的风险负担规则

《民法典》第735条规定："融资租赁合同是出租人根据承租人对出卖人、租赁物的选择，向出卖人购买租赁物，提供给承租人使用，承租人支付租金的合同。"由此可见，出租人履行买卖合同中买受人的义务主要是基于承租人对于租赁物、出卖人的选择，出租人本人对于租赁物只享有名义上的所有权，即只享有所有权的担保功能，对于占有、使用以及收益的权能均由承租人来行使，这就导致了承租人对于租赁物的各项功能、属性的控制程度远远超过出租人。因此，承租人较之出租人更有资格承担租赁物毁损、灭失的风险，这也符合收益与风险相适应的原则。由承租人负担标的物毁损、灭失的风险，也有利于避免和防范承租人的道德风险。如果承租人占有、使用标的物，却又不必负担标的物毁损、灭失的风险，则极容易引发承租人恶意导致租赁物毁损、灭失的道德风险。①

二、风险负担规则与合同解除制度的竞合

根据本条规定，租赁物毁损、灭失的风险由承租人承担，即承租人应当继续向出租人支付相应的租金。《民法典》同时规定，租赁物因不可归责于当事人的原因毁损、灭失，且不能修复或者确定替代物的，出租人或者承租人可以解除融资租赁合同（第754条）；融资租赁合同因租赁物交付承租人后意外毁损、灭失等不可归责于当事人的原因解除的，出租人可以请求承租人按照租赁物折旧情况给予补偿（第756条）。由此出现了风险负担制度与合同解除制度两者并存的制度体系。学说上有观点认为，两者分属于不同的制度，各自均具有存在的价值，一方不可能完全替代另一方。风险负担规则的目的在于租赁物意外毁损、灭失后，如何分配双方当事人之间该损失的问题，对于合同是否消灭以及消灭后的效果均不在其考虑的范围内。而合同解除制度

---

① 参见王利明：《合同法研究》（第三卷）（第二版），中国人民大学出版社2015年版，第377页。

的目的在于终止合同关系，确保当事人不会因为合同关系的无法实现而陷入其中，保证交易秩序的进行。其侧重于合同关系的解除，而非对利益损失进行分配。[①]

风险负担规则与合同解除制度竞合时的疑难问题在于：因不可归责于当事人的原因导致租赁物毁损、灭失，若一方主张合同解除，一方主张适用风险负担规则时，其法律效果并不完全相同。若支持解除合同，承租人按照租赁物折旧情况给予补偿；若适用风险负担规则，则承租人应继续支付租金。两者的效力存在如下差异：一是承租人继续支付租金时，其仍享有期限利益，而租赁物的价值补偿，原则上应当一次性支付；二是租金和价值补偿的数量往往不同，前者通常会高于后者。[②]

对两种制度竞合时解决方案的选择，学者们也提出了不同的见解。有学者认为，融资租赁合同中风险负担规则不具有特殊性，应遵循合同风险负担的一般规则。赋予承租人在租赁物毁损、灭失时以合同解除权，实际上给予了承租人以解除合同逃避风险负担的机会，因此该规定看似公平，实质上违背了融资租赁合同的本质，应予以摒弃。[③]也有学者主张，应以合同解除制度为一般规则，以风险负担规则为特殊规则，从根本上避免两者竞合。但也应承认当事人的选择权，同时予以必要限制。[④]

周江洪教授对此提出了一个具有参考意义的解决思路：首先，融资租赁合同当事人已就租赁物毁损、灭失的风险负担作出了特别约定时，若与法定解除的效果相冲突，除非该特别约定存有无效之情形，应视为解除权人的解除受到了当事人合意的限制。如融资租赁合同中约定“租赁物意外毁损、灭失，承租人不得解除融资租赁合同”，根据“约定优先于法定”的原则，该约

---

① 参见《最高人民法院专家法官阐释疑难问题与案例指导》编写组编：《最高人民法院专家法官阐释疑难问题与案例指导：融资租赁合同卷》，中国法制出版社2016年版，第262页。

② 参见于韫珩：《论合同法风险分配制度的体系建构——以风险负担规则为中心》，载《政治与法律》2016年第4期。

③ 参见唐郢、汤杨程：《论融资租赁合同中的风险负担》，载《昆明学院学报》2016年第5期。

④ 参见邓志伟、张平：《风险负担规则与合同解除制度的竞合》，载《上海政法学院学报：法治论丛》2012年第4期。

定有效，可以排除法定解除权的适用。其次，若当事人双方均选择解除合同，即使原融资租赁合同对于风险负担存有特别约定，亦可认为当事人就风险的分配作出了变更，采合同解除的方式予以处理即可。最后，若承租人起诉，其通常会选择解除合同，因为若选择适用风险负担规则无需争讼即可保持原合同的存续。若出租人起诉，出租人应在解除合同和适用风险负担规则之间作出“二者择其一”的选择。当出现一方要求适用风险负担规则，而另一方要求解除合同时，为顺应《民法典》所采取的二元结构的立法导向，可以采取以剩余租金为标准计算剩余租赁期限返还额度的做法，以尽量弥合两者效果之间的差别。对于到期后的租赁物残值问题，则根据约定的归属不同作出清算。对于合同解除时，承租人面临期限利益丧失的问题，也可以采取对《民法典》第756条规定的折旧补偿进行进一步解释的做法，即该条并未规定补偿是否为一次性支付，承租人仍可按照原合同规定进行分期支付。如此一来，无论是采取风险负担规则处理，还是按照合同解除制度处理，其结果并无太大不同。①

《民法典》第756条认为，如适用风险分担规则，对承租人过于严苛；如适用合同解除制度，承租人承担返还租赁物的义务，因返还不能而代之以折价补偿，利润损失则由出租人合理分担，兼顾平衡了双方的利益。但在租赁物意外毁损、灭失，融资租赁合同可得解除之时，《民法典》赋予当事人选择权，既可选择适用风险分担规则，亦可行使解除权。②

三 其他问题

融资租赁交易中租赁物风险转移的时间节点，是理论和实务中的一大难点。最高人民法院采取的立场是否定对融资租赁合同的定性绝对化。在具体实践中均存在以下两种情形，且都存在一定的合理性：其一，租赁物为一般

① 参见周江洪：《融资租赁合同解除与风险负担规则并存模式之评析》，载《晋阳学刊》2015年第1期。

② 参见黄薇主编：《中华人民共和国民法典合同编解读》，中国法制出版社2020年版，第894—895页。

通用设备，在出租人按照承租人的选定进行购买后即可快速组装、测试后进行交付，在此种情况下宜采用实践性合同的观点，既可以保障出租人的利益不受损害，又能体现融资租赁合同中两个合同效力的先后顺序关系。其二，租赁物为特殊设备，即需要出租人根据承租人的要求进行专门定制的、生产周期长且价值大的设备。如采实践性合同说，不利于保护出租人的利益；而认定为诺成性合同，是基于该设备的特殊工艺，通常为根据承租人的要求定制，不具备通用性，并且实务中，通常也不是一次性交付所有款项，而是由出租人支付部分款项或者订金，出卖人才会下单生产该租赁物，加之此种设备的生产周期通常在1年以上，在此期间若承租人不履行支付租金的义务，对于出租人而言后果是不堪设想的。因此不宜单纯认定融资租赁合同的性质，而是根据租赁物的具体情形进行认定，紧扣住租赁物为通用设备还是特殊定制设备，综合分析融资租赁合同的性质。[①]

由于对融资租赁合同的定性发生变化，对于风险转移的时点确定也应当具体情况具体分析：依照诺成性合同的认定，则租赁物的风险自合同签订之日起发生移转；依照实践性合同的认定，则租赁物的风险自租赁物交付之日起发生移转。全国人大财经委主持起草的《融资租赁法（草案）》（第三次征求意见稿）也作出了相应规定："根据买卖合同，租赁物毁损或者灭失的风险转移给出租人时，该风险即转移给承租人，出卖人将租赁物直接交付给出租人的除外。"由此可见，该草案在充分尊重当事人意思自治的基础上，兼顾了融资租赁合同"诺成性合同"与"实践性合同"的双重属性，符合法律适用的同时也强调了实务中的可操作性。虽然该草案并未生效，但其所提供的思路值得借鉴。需要说明的是，无论租赁物风险何时发生转移，均不应移转给出租人承担。以承租人受领租赁物为时间节点，此前应由出卖人承担风险，在承租人受领占有租赁物期间风险则应由承租人承担。[②]

---

① 参见《最高人民法院专家法官阐释疑难问题与案例指导》编写组编：《最高人民法院专家法官阐释疑难问题与案例指导：融资租赁合同卷》，中国法制出版社2016年版，第115页。

② 参见《最高人民法院专家法官阐释疑难问题与案例指导》编写组编：《最高人民法院专家法官阐释疑难问题与案例指导：融资租赁合同卷》，中国法制出版社2016年版，第115—116页。

第七百五十二条【承租人违反支付租金义务的救济】

承租人应当按照约定支付租金。承租人经催告后在合理期限内仍不支付租金的，出租人可以请求支付全部租金；也可以解除合同，收回租赁物。

历史由来

本条是在《合同法》第248条的基础上修改而成。《合同法》第248条规定："承租人应当按照约定支付租金。承租人经催告后在合理期限内仍不支付租金的，出租人可以要求支付全部租金；也可以解除合同，收回租赁物。"该条源于《国际融资租赁公约》第13条。该条第1款规定："承租人违约时，出租人可以请求支付到期未付租金、利息和损害赔偿金。"该条第2款规定："承租人根本违约时，受本条第5款的约束，出租人还可以根据租赁合同的约定，请求支付全部未到期租金，也可以解除租赁合同，该租赁合同解除后，出租人可以（a）取回租赁物；以及（b）请求损害赔偿，使出租人处于承租人按租赁合同的约定履行合同时出租人所应处的状态。"该条第3款规定："（a）租赁合同可以约定本条第2款第（b）项所定损害赔偿金的计算方法。（b）租赁合同中的此种约定在当事人之间具有强制执行效力，但约定的损害赔偿极大地超过本条第2款第（b）项所规定的损害赔偿的除外。当事人不得减损或变更本项规定的效力。"该条第4款规定："出租人解除租赁合同的，出租人无权请求执行租赁合同关于支付全部未到期租金的条款，但在按照本条第2款第（b）项和第3款计算损害赔偿金时，可以把未到期租金的金额考虑在内。当事人不得减损或变更本款规定的效力。"该条第5款规定："除非出租人已经以通知的形式给予承租人合理的机会，使其在可补救的范围内对违约进行补救，否则出租人不得行使本条第2款所规定的支付全部未到期租金的请求权或解除权。"该条第6款规定："出租人未采取一切合理措施减轻其损失的，就该部分损失，出租人不得主张损害赔偿。"

本条将《合同法》第248条中的"要求"修改为"请求"，更加明确其请求权基础地位。《民法典合同编（草案）》（一审稿）第544条规定："承租人应当按照约定支付租金。承租人经催告后在合理期限内仍不支付租金的，出租人可以要求支付全部租金；也可以解除合同，收回租赁物。”《民法典合同编（草案）》（二审稿）第544条与此相同。《民法典（草案）》第752条将其中的“要求”改为“请求”，更加明确其请求权基础地位。最终通过的文本亦未作更改。

规范目的或功能

融资租赁交易中，收取租金是出租人订立合同的主要目的，支付租金是承租人的主要义务。所谓“按照约定支付租金”，就是指承租人应当按照约定的时间、地点、方式、币种等支付租金。如果承租人没有按照约定支付租金，经催告后在合理期限内仍不支付租金的，出租人可以要求其支付全部租金。这实际上是指出租人可以要求承租人支付所有尚未到期的租金，从而加速债务到期，其目的在于保障出租人的租金债权。与此同时，出租人也可以解除合同，收回租赁物。在融资租赁合同中，出租人常常按照合同约定交付了租赁物，其主给付义务已经履行完毕，而承租人的租金是分期支付的，只有督促其按时、足额支付租金，才能保障出租人的租金债权。[①]

规范内容

一、承租人支付租金的义务

在融资租赁合同中，承租人应当按照合同约定向出租人支付租金，这是承租人的基本义务。承租人支付的租金并非租赁物的对价，而是融资的对价。基于此，融资租赁合同中承租人支付租金的义务也有如下特点：[②]

第一，如融资租赁合同对于承租人支付租金的起算日没有相反约定，承租人只要通知出租人其已受领租赁物，即负有支付租金的义务。融资租赁交易的特殊之处体现在，租赁物一般是由出卖人直接交付承租人，出租人无需接收交付，承租人在成功接收租赁物时即应发出通知，通知出租人向出卖人

---

① 参见王利明：《合同法研究》（第三卷）（第二版），中国人民大学出版社2015年版，第376—377页。

② 参见张懋主编：《合同法条文案例释解》，人民出版社1999年版，第434页。

付款。租金的起算一般是在承租人发出通知，出租人付款之际，而不管承租人是否已经开始使用租赁物。

第二，在租赁期限内，即使租赁物存在瑕疵，承租人也不得以此为由拒付租金。《民法典》第747条规定："租赁物不符合约定或者不符合使用目的的，出租人不承担责任。但是，承租人依赖出租人的技能确定租赁物或者出租人干预选择租赁物的除外。"由此可见，出租人对租赁物不承担物之瑕疵担保责任，在租赁物存在瑕疵之时，承租人可以向出卖人追究其瑕疵担保责任，但仍应向出租人支付租金。

第三，租赁期限内租赁物毁损灭失的风险由承租人负担，即便租赁物因不可归责于双方当事人的事由而发生毁损、灭失，承租人仍然要履行支付租金的义务，但融资租赁合同因解除权的行使而终止的除外。

第四，因承租人违约而被出租人收回租赁物时，承租人不能因此拒付之前的租金。在租赁物被收回以后，承租人可以不继续支付租金，但其在租赁物收回前应付的租金，仍应继续履行支付义务。

二、承租人不履行支付租金义务时，出租人的救济途径

本条规定了承租人在逾期支付租金的情况下，出租人的救济途径："承租人应当按照约定支付租金。承租人经催告后在合理期限内仍不支付租金的，出租人可以请求支付全部租金；也可以解除合同，收回租赁物。"依据此规定，出租人享有违约救济方式的选择权：可以要求承租人一次性支付全部租金；也可以选择解除合同，收回租赁物。值得注意的是，这两种救济方式的适用条件不仅是承租人逾期支付租金，还包括经出租人催告后在合理期限内仍不支付租金，即承租人以行动表明其不再履行融资租赁合同的义务。在此种情况下，出租人才可以选择前述两种不同的救济方式。

（一）支付全部租金的救济方式

承租人逾期支付租金，且经催告后仍不履行该义务的，出租人可以选择请求承租人立即支付全部租金。此处的全部租金，既包括融资租赁合同中所规定的全部已到期而承租人未支付的租金，还包括其他依约定尚未到期的租金，亦即包含租赁期届满所有的租金。在融资租赁合同规定的每期租金支付

期限届至之前，承租人享有期限利益，出租人无权请求承租人支付。但在承租人不支付租金或者有其他违约行为时，出租人有权要求承租人一次性支付全部租金，此即所谓期限利益丧失约款。所谓期限利益，是从平衡出租人与承租人的利益角度出发，将未到期的租金贴现值考虑进实际损失的范围内，并且根据一定的利率计算标准折算出现值。[①]在融资租赁合同中，租赁物是为了承租人的特殊需要，专用性较强，在承租人不支付租金时，出租人即使收回租赁物，也难以通过重新转让或出租收回所投资金。同时，在融资租赁交易中，出租人与承租人互负的义务具有先后顺序，出租人支付租赁物价款的义务在先，承租人支付租金的义务在后，出租人的利益缺乏一种相互制衡或者保障。一般情况下，承租人在迟延支付一期租金时，很有可能也无力支付剩余未到期的租金。此时，如出租人不能一次性主张全部租金或者不能收回租赁物，将使自己处于默示损失扩大却无能为力的被动局面。因此，在承租人违约不支付租金时，出租人有权要求承租人支付全部租金，这有利于保护出租人的利益。同时，承租人丧失了期限利益，也是对承租人违约行为的一种惩罚，有利于促使承租人更好地履行自己的义务。[②]

出租人请求承租人支付全部租金，实际上是选择了在承租人违约时继续履行合同。因此，承租人在支付了全部租金之后，仍然可以保有租赁物，出租人仍须继续履行自己保证承租人对租赁物的占有、使用之义务。

（二）解除合同、收回租赁物的救济方式

《融资租赁解释》对承租人违约行为导致出租人解除合同的要件进行了细致区分，其第12条规定：“有下列情形之一，出租人请求解除融资租赁合同的，人民法院应予支持：……（二）承租人未按照合同约定的期限和数额支付租金，符合合同约定的解除条件，经出租人催告后在合理期限内仍不支付的；（三）合同对于欠付租金解除合同的情形没有明确约定，但承租人欠付租金达

① 参见《最高人民法院专家法官阐释疑难问题与案例指导》编写组编：《最高人民法院专家法官阐释疑难问题与案例指导：融资租赁合同卷》，中国法制出版社2016年版，第353页。

② 参见全国人民代表大会常务委员会法制工作委员会编：《中华人民共和国合同法释义》（第3版），法律出版社2013年版，第400—401页。

到两期以上，或者数额达到全部租金百分之十五以上，经出租人催告后在合理期限内仍不支付的……”依照该规定，如当事人约定了承租人拒付租金解除合同的要件，则按照该约定进行，但仍需加上“经出租人催告后在合理期限内仍不支付”的要件；如当事人没有对相关合同解除要件进行约定，则在“合理期限”要件之外，还应满足“承租人欠付租金两期以上”或者“数额达到全部租金百分之十五以上”两个要件。该规定增加了欠付租金的数额要件，加大了出租人主张解除合同的难度，提高了解除融资租赁合同的门槛。这一规则符合融资租赁合同不可中途解约的基本属性，在《民法典》实施之后，仍有适用价值。

（三）出租人违约救济权利竞合的处理

《融资租赁解释》第21条第1款规定：“出租人既请求承租人支付合同约定的全部未付租金又请求解除融资租赁合同的，人民法院应告知其依照合同法第二百四十八条的规定作出选择。”由此可见，在出租人既要求支付租金，又要求解除合同返还租赁物时，法院具有释明权，向出租人释明其选择权，从而也从侧面证实了这两项请求权不能同时行使，只能择一请求。

之所以规定出租人的两项违约救济权利只能择一行使，主要包括以下几方面原因：其一，无论出租人采用何种救济途径，均能实现出租人参与融资租赁合同的目的，即享有承租人支付租金的权利，从此收回租赁物的成本、费用以及获得相应的利润。如采用第一种救济途径的，承租人支付全部租金，出租人即直接实现了其合同目的，再适用第二种途径不仅没有必要，同时也会给承租人造成过重的负担，不利于承租人利益的平衡。而在第二种救济途径中，出租人已经将合同解除，虽然出租人可以要求承租人履行已经到期的租金义务，但因为融资租赁合同为持续性合同，其不具有溯及既往的效力，因此出租人不得要求承租人承担未到期部分的租金，亦即出租人不得要求承租人负担全部租金的义务。[①]其二，出租人要求承租人给付全部租金，实际上是要求承租人继续履行合同，仅是要求租金加速到期。而出租人要求解除合

---

① 参见《最高人民法院专家法官阐释疑难问题与案例指导》编写组编：《最高人民法院专家法官阐释疑难问题与案例指导：融资租赁合同卷》，中国法制出版社2016年版，第355页。

同，收回租赁物，则实际上是终止融资租赁合同的履行。出租人既要求继续履行，又要求终止履行，两个请求权相互排斥，根本无法同时得到满足。其三，出租人可以要求承租人支付全部租金，而不是全部租金的贴现值，其实质是因承租人的违约行为而导致出租人丧失未到期租金的期限利益，以此体现出对承租人的违约行为的一定惩罚性。因此，出租人如果要求承租人支付全部租金后，就不能再行使合同解除权，收回租赁物，否则对于承租人无疑是极其不公平的。①

《融资租赁解释》第21条第2款规定了出租人请求承租人履行全部租金未能实现时，出租人应当如何救济的问题。通常承租人在人民法院判决应当履行全部租金后仍未履行的，出租人可以要求法院进行强制执行。但在实务中，强制执行的周期时间较长，而且可能会导致救济成本增加，而实际承租人的偿债能力会因时间的延长而减小，这样亦不利于出租人权利的实现。所以，在实务中出租人往往还会提起解除合同，收回租赁物的诉讼。针对此种情形，司法解释明确规定人民法院应当依法受理。理由在于：虽然表面看来两个诉讼的目的均在于实现出租人的合同权利，但两个诉讼的请求内容，即诉讼标的是不同的，并且基于前一个判决已对本案的事实产生了新的变化，因此出租人提起两个诉讼并未违反一事不再理的原则，人民法院也应当受理。②

第七百五十三条【承租人未经同意处分租赁物的法律后果】

承租人未经出租人同意，将租赁物转让、抵押、质押、投资入股或者以其他方式处分的，出租人可以解除融资租赁合同。

历史由来

本条是在《融资租赁解释》第12条第1项规定的基础上修改而成的。第

① 参见《最高人民法院专家法官阐释疑难问题与案例指导》编写组编：《最高人民法院专家法官阐释疑难问题与案例指导：融资租赁合同卷》，中国法制出版社2016年版，第355页、第445页。

② 参见《最高人民法院专家法官阐释疑难问题与案例指导》编写组编：《最高人民法院专家法官阐释疑难问题与案例指导：融资租赁合同卷》，中国法制出版社2016年版，第355页。

12条规定："有下列情形之一，出租人请求解除融资租赁合同的，人民法院应予支持：（一）承租人未经出租人同意，将租赁物转让、转租、抵押、质押、投资入股或者以其他方式处分租赁物的；（二）承租人未按照合同约定的期限和数额支付租金，符合合同约定的解除条件，经出租人催告后在合理期限内仍不支付的；（三）合同对于欠付租金解除合同的情形没有明确约定，但承租人欠付租金达到两期以上，或者数额达到全部租金百分之十五以上，经出租人催告后在合理期限内仍不支付的；（四）承租人违反合同约定，致使合同目的不能实现的其他情形。"本条删去了"转租"。

《民法典合同编（草案）》（一审稿）第545条规定："承租人未经出租人同意，将租赁物转让、转租、抵押、质押、投资入股或者以其他方式处分的，出租人可以解除融资租赁合同。"《民法典合同编（草案）》（二审稿）第545条与此相同。《民法典（草案）》第753条将其中的"转租"删去。最终通过的文本亦未作更改。

二 规范目的或功能

在融资租赁交易中，租赁物的所有权仍归属于出租人，而且此种所有权还有担保租金债权实现的功能。在租金全部支付完毕之前，承租人未经出租人同意，擅自将租赁物转让、抵押、质押、投资入股或者以其他方式处分，不仅严重违反了合同约定，而且还侵害了出租人的所有权。鉴于承租人擅自处分租赁物已经使得合同目的落空，此时应当允许出租人解除合同。[①]本条在《融资租赁解释》第12条第1项规定的基础上，规定了出租人的法定解除权。在解释上，出租人选择解除融资租赁合同的，自可收回租赁物并请求赔偿损失。根据《融资租赁解释》第22条的规定，出租人可主张赔偿的损失范围为承租人全部未付租金及其他费用与收回租赁物价值的差额。合同约定租赁期限届满后租赁物归出租人所有的，损失赔偿范围还应包括融资租赁合同到期后租赁物的残值。

---

① 参见王利明：《民法总则研究》（第三版），中国人民大学出版社2018年版，第386页。

规范内容

融资租赁合同租赁期限届满前租赁物由承租人占有、使用，并且实践中为了便于承租人账务处理或获得一定的税收优惠，出租人购买租赁物时往往让出卖人出具以承租人为购买人的税务发票，或将一些融资租赁资产登记在承租人名下。在此情况下，承租人可能凭借其对租赁物的实际控制和相关证明材料，在未经出租人同意的情况下，将租赁物转让、抵押、质押、投资入股或者以其他方式处分。由于融资租赁合同租赁期限届满前，租赁物归出租人所有，承租人的上述行为显然构成无权处分。①

值得注意的是，因《民法典》第745条就出租人的所有权改采登记对抗主义，出租人解除融资租赁合同、收回租赁物应有适当限制。在出租人已经登记其所有权的情形之下，承租人转让租赁物或者以租赁物投资入股，受让人无法依善意取得规则取得标的物所有权，出租人在解除融资租赁合同的前提下，可以直接向第三人（受让人）主张返还原物而收回租赁物；承租人抵押、质押租赁物，出租人的所有权处于第一顺位，就租赁物的变价款优先受偿。

在出租人未登记其所有权的情形之下，承租人转让租赁物或者以租赁物投资入股，如受让人依善意取得规则取得标的物所有权，出租人在解除融资租赁合同的前提下，无法收回租赁物，仅得主张损害赔偿，如无善意取得规则的适用，受让人未取得标的物所有权，出租人在解除融资租赁合同的前提下，可以直接向第三人（受让人）主张返还原物而收回租赁物；承租人抵押租赁物，如抵押权已登记，则抵押权优先于出租人的所有权，即使出租人收回租赁物，也受其上抵押权的约束，如抵押权未登记，出租人的所有权与抵押权人的抵押权处于同一顺位，就租赁物的变价款按比例受偿；承租人质押租赁物，质权人的质权因标的物的交付而设立，其就标的物的变价款优先于出租人的所有权受偿。

---

① 参见最高人民法院民事审判第二庭编：《合同案件审判指导》，法律出版社2014年版，第723页。

第七百五十四条【融资租赁合同的解除】

有下列情形之一的，出租人或者承租人可以解除融资租赁合同：

（一）出租人与出卖人订立的买卖合同解除、被确认无效或者被撤销，且未能重新订立买卖合同；

（二）租赁物因不可归责于当事人的原因毁损、灭失，且不能修复或者确定替代物；

（三）因出卖人的原因致使融资租赁合同的目的不能实现。

历史由来

本条内容来源于《融资租赁解释》第11条，其规定："有下列情形之一，出租人或者承租人请求解除融资租赁合同的，人民法院应予支持：（一）出租人与出卖人订立的买卖合同解除、被确认无效或者被撤销，且双方未能重新订立买卖合同的；（二）租赁物因不可归责于双方的原因意外毁损、灭失，且不能修复或者确定替代物的；（三）因出卖人的原因致使融资租赁合同的目的不能实现的。"本条仅作了文字上的调整。

《民法典合同编（草案）》（一审稿）第546条规定："有下列情形之一的，出租人或者承租人可以解除融资租赁合同：（一）出租人与出卖人订立的买卖合同解除、被确认无效或者被撤销，且未能重新订立买卖合同；（二）租赁物因不可归责于当事人的原因毁损、灭失，且不能修复或者确定替代物；（三）因出卖人的原因致使融资租赁合同的目的不能实现。"《民法典合同编（草案）》（二审稿）第546条、《民法典（草案）》第754条均与此相同。最终通过的文本亦未作更改。

规范目的或功能

融资租赁合同是为了承租人对租赁物的长期使用而订立的合同，为了实现融资租赁合同的缔约目的，就应当保持租赁物的利用关系的稳定性。由此而决定，对于此类合同的解除应当有比较严格的限制。但这并非意味着禁止当事人解除合同。违约解除是对非违约方的救济，虽然融资租赁合同具有特殊性，但如完全不允许解除，就可能导致当事人无法得到充分的救济，甚至因非违约方严格受到合同的约束，反而使非违约方的利益受损。[①]

规范内容

一、融资租赁合同是否具有不可解约性

从融资租赁合同的法律性质和经济目的来看，禁止中途解约有其合理性。[②]所谓禁止中途解约条款，是指出租人和承租人约定，在融资租赁合同存续期间，双方都不得任意解除合同。融资租赁合同的缔约目的实现需要保持租赁物利用关系的稳定性，从比较法的角度来分析，各国法律对融资租赁合同的解除都有比较严格的限制。[③]

基于融资租赁合同的特性，虽然应对当事人的解除权有一定的限制，但这并非意味着要禁止当事人解除合同。一方面，违约解除是对违约行为的救济。虽然融资租赁合同具有其特殊性，但是如完全不允许解除，就可能导致当事人无法得到充分的救济。甚至因非违约方严格受到合同的拘束，反而使其利益受损；另一方面，《民法典》上关于解除权的一般规定也应当适用于融资租赁合同，即在当事人没有特别约定禁止解约的情形下，应当允许当事人享有法定解除权。[④]

二、融资租赁合同因履行不能而解除的具体情形[⑤]

（一）出租人与出卖人订立的买卖合同解除、被确认无效或者被撤销，且未能重新订立买卖合同

《民法典》第157条规定："民事法律行为无效、被撤销或者确定不发生效力后，行为人因该行为取得的财产，应当予以返还；不能返还或者没有必

---

① 参见王利明：《民法总则研究》（第三版），中国人民大学出版社2018年版，第384—386页。

② 参见梁慧星：《融资性租赁契约法性质论》，载《法学研究》1992年第4期。

③ 参见王利明、房绍坤、王轶：《合同法》（第四版），中国人民大学出版社2013年版，第428页。

④ 参见王利明：《合同法研究》（第三卷）（第二版），中国人民大学出版社2015年版，第386页。

⑤ 参见《最高人民法院专家法官阐释疑难问题与案例指导》编写组编：《最高人民法院专家法官阐释疑难问题与案例指导·融资租赁合同卷》，中国法制出版社2016年版，第239—242页。

要返还的，应当折价补偿。有过错的一方应当赔偿对方由此所受到的损失；各方都有过错的，应当各自承担相应的责任。法律另有规定的，依照其规定。”第566条第1款规定：“合同解除后，尚未履行的，终止履行；已经履行的，根据履行情况和合同性质，当事人可以请求恢复原状或者采取其他补救措施，并有权请求赔偿损失。”由此可见，无论是买卖合同解除，还是买卖合同被确认无效或者被撤销，均发生返还标的物的法律效果。因此，在融资租赁交易中，因买卖合同解除、被认定无效以及被撤销而导致的标的物返还，势必影响出租人与承租人之间融资租赁合同的履行。如出租人与出卖人在买卖合同解除、被确认无效或者被撤销之后未能重新订立买卖合同，融资租赁合同中的租赁物即无法交付，融资租赁合同的缔约目的无法实现。

（二）租赁物因不可归责于当事人的原因毁损、灭失，且不能修复或者确定替代物

融资租赁交易中，出租人仅对租赁物享有名义上的所有权，租赁物的实际占有、使用以及收益均掌握在承租人的手中，出租人不承担租赁物的风险责任。承租人占有租赁物期间，租赁物毁损、灭失的，出租人有权请求承租人继续支付租金，但是法律另有规定或者当事人另有约定的除外。租赁物因不可归责于当事人的原因毁损、灭失，且不能修复或者确定替代物的，融资租赁合同已无法履行。承租人和出租人均可以解除融资租赁合同。

（三）因出卖人的原因致使融资租赁合同的目的不能实现

虽然出卖人不属于融资租赁合同的当事人，但买卖合同的标的物对于融资租赁合同的履行至关重要。而作为买卖合同的一方主体，出卖人掌握着买卖标的物的所有权，如出卖人基于自己的原因而使标的物的交付归于不可能，导致买卖合同履行不能，抑或出卖人无正当理由拒绝履行买卖合同的，都将直接影响到融资租赁合同的履行以致合同履行不能。

三 其他问题

如果当事人约定了中途解约禁止条款，是否实际上排除了本条关于法

定解除权的适用？对此，多数观点认为，本条规定属于任意性规定，如果当事人有特别约定就不能适用本条的规定。也就是说，如当事人约定了禁止中途解约条款，即便发生了本条所规定的三种情形，当事人也不得随意解除合同。[①]

也有观点反对约定排除法定解除权，其认为预先排除基于履行不能或合同目的落空时的法定解除权，其实是将当事人强行且无限期地束缚在一个根本没有任何前途和未来的合同关系中，显然构成对缔约方经济自由的不合理的束缚。正因为如此，在比较法上，几乎没有哪个国家会认同这种解除权的预先排除：德国法上因违约之外的原因而导致的合同解除权或终止权不得预先放弃，该条款被理解为一种典型的法定风险负担规则。在合同目的落空时，解除权的行使十分有意义，当整个合同已失去交易标的或当持续性债务关系中已出现明显的法律情势改变，仍要求继续行使合同权利有可能构成不被允许的权利滥用。即预先放弃嗣后履行不能之法定解除权，或放弃继续性合同解除权的，或者弃权涉及消费者保护等其他公共利益时，应属无效。[②]

第七百五十五条【融资租赁合同因买卖合同而解除的法律后果】

融资租赁合同因买卖合同解除、被确认无效或者被撤销而解除，出卖人、租赁物系由承租人选择的，出租人有权请求承租人赔偿相应损失；但是，因出租人原因致使买卖合同解除、被确认无效或者被撤销的除外。

出租人的损失已经在买卖合同解除、被确认无效或者被撤销时获得赔偿的，承租人不再承担相应的赔偿责任。

历史由来

本条是在《融资租赁解释》第16条规定的基础上修改而成。《融资租赁

---

① 参见王利明：《合同法研究》（第三卷）（第二版），中国人民大学出版社2015年版，第370页。

② 参见叶名怡：《论事前弃权的效力》，载《中外法学》2018年第2期。

解释》第16条规定："融资租赁合同因买卖合同被解除、被确认无效或者被撤销而解除，出租人根据融资租赁合同约定，或者以融资租赁合同虽未约定或约定不明，但出卖人及租赁物系由承租人选择为由，主张承租人赔偿相应损失的，人民法院应予支持。出租人的损失已经在买卖合同被解除、被确认无效或者被撤销时获得赔偿的，应当免除承租人相应的赔偿责任。"本条对《融资租赁解释》第16条的文字作了相应调整，使其文义更加明确。

《民法典合同编（草案）》（一审稿）第548条规定："融资租赁合同因买卖合同解除、被确认无效或者被撤销而解除，但是出卖人及租赁物系由承租人选择的，出租人有权要求承租人赔偿相应损失。出租人的损失已经在买卖合同解除、被确认无效或者被撤销时获得赔偿的，应当免除承租人相应的赔偿责任。"《民法典合同编（草案）》（二审稿）第546条之一与此相同。《民法典（草案）》第755条将第1款中的"要求"改为"请求"，更加明确其请求权基础地位，并删除该款中的"但是"二字；将第2款中的"应当免除承租人相应的赔偿责任"修改为"承租人不再承担相应的赔偿责任"。2020年5月22日全国人民代表大会审议时，在第1款中增加了"但书"规定，即"但是，因出租人原因致使买卖合同解除、被确认无效或者被撤销的除外"，并将该款中的"出卖人及租赁物"改为"出卖人、租赁物"。最终通过的文本亦未作修改。

三 规范目的或功能

融资租赁合同虽与买卖合同分属于不同的有名合同，但是基于融资租赁交易的关系两者具有一定的联系。在融资租赁合同中，出租人所要履行的义务就是获得租赁物的所有权交付给承租人占有、使用，所以在买卖合同被解除、认定无效或者被撤销的情形下，出租人受其影响不大，承租人则会面临基于买卖合同效力丧失导致其占有、使用租赁物受到影响，可能会导致融资租赁合同的目的不得实现，面临解除的境地。《民法典》第754条因此规定，出租人与出卖人订立的买卖合同解除、被确认无效或者被撤销，且未能重新订立买卖合同的，出租人或者承租人可以解除融资租赁合同。融资租赁合同因买卖合同解除、被确认无效或者被撤销而解除，属于因融资租赁合同当事人之外的原因导致合同解除。此际，承租人虽无违约行为，但如出卖人、租赁物系由承租人选择，承租人亦应对其选择的后果负责，即对因此给出租人造成的损失承担赔偿责任。[①]

规范内容

依据意思自治的原则，若当事人在融资租赁合同中对融资租赁合同因买卖合同而被解除后的损害赔偿进行约定的，应当遵从此项约定；若融资租赁合同中就此未作约定，由承租人承担该损失负赔偿责任。这一规则的正当性在于：其一，符合出租人的合理期待。出租人之所以参与融资租赁交易，其目的就在于享有融资租赁合同中请求承租人支付租金的权利，在出租人支付租赁物价款后，其主要的合同义务业已履行完毕，因此法律应当保障其在合同中的权利。其二，符合权责一致的基本原则。虽然在买卖合同中，承租人并不是合同的当事人，但是若出租人是基于承租人对于租赁物以及出卖人的选择才与出卖人订立买卖合同，承租人实质上是买卖合同的参与人，对于买卖合同的策划、实施起到了重要的作用，承租人因此也要承担相应的责任。同时，相关条款赋予承租人以索赔权，即承租人因买卖合同所承担的损失赔偿责任，可以通过索赔权的途径向出卖人进行追偿。在此情况下，出租人与承租人的利益均未造成太大的损失，也符合公平原则的要求。

融资租赁合同因买卖合同解除、被确认无效或者被撤销而解除之时，出租人享有两项请求权：一是基于其买受人地位向出卖人行使买卖合同中的损害赔偿请求权；二是基于其出租人地位向承租人行使融资租赁合同中的损害赔偿请求权。其中，出卖人与承租人此时构成不真正连带关系，出租人可以同时或者分别向两者主张权利，若出租人向其中一方求偿并且得到了相应的赔偿，另一方可以就此减免相应的赔偿责任。同时，出租人求偿的前提是买卖合同被解除、被撤销或者认定无效非基于其本身的原因，如果买卖合同存

① 参见黄薇主编：《中华人民共和国民法典合同编解读》，中国法制出版社2020年版，第891页。

在瑕疵系因出租人的原因[①]造成，且由此导致了融资租赁合同解除的，出租人此时无权享有求偿权。

第七百五十六条【融资租赁合同因租赁物毁损、灭失而解除的法律后果】

融资租赁合同因租赁物交付承租人后意外毁损、灭失等不可归责于当事人的原因解除的，出租人可以请求承租人按照租赁物折旧情况给予补偿。

历史由来

本条内容来源于《融资租赁解释》第15条，其规定："融资租赁合同因租赁物交付承租人后意外毁损、灭失等不可归责于当事人的原因而解除，出租人要求承租人按照租赁物折旧情况给予补偿的，人民法院应予支持。"本条仅作了文字上的调整。

《民法典合同编（草案）》（一审稿）第547条规定："融资租赁合同因租赁物交付承租人后意外毁损、灭失等不可归责于当事人的原因解除的，出租人可以要求承租人按照租赁物折旧情况给予补偿。"《民法典合同编（草案）》（二审稿）第547条与此相同。《民法典（草案）》第756条将其中的"要求"改为"请求"，更加明确其请求权基础地位。最终通过的文本亦未作修改。

规范目的或功能

对于租赁物因意外毁损、灭失致使承租人不能占有、使用租赁物，从而融资租赁合同目的不能实现，出租人或者承租人均可解除融资租赁合同。就此，《民法典》第754条第2项定有明文。《民法典》第751条规定了租赁物毁损、灭失时的风险负担规则，即"承租人占有租赁物期间，租赁物毁损、灭

① 由于出租人的原因致使买卖合同存在效力瑕疵的情形主要包括：出租人不履行支付价款义务，干预承租人对于租赁物、出卖人的选择等。

失的，出租人有权请求承租人继续支付租金，但是法律另有规定或者当事人另有约定的除外”。但同时第754条第2项又规定了租赁物毁损、灭失时的合同解除权，即“有下列情形之一的，出租人或者承租人可以解除融资租赁合同：……（二）租赁物因不可归责于当事人的原因毁损、灭失，且不能修复或者确定替代物……”。在当事人行使解除权的情形之下，承租人负有返还租赁物的义务，因返还不能而代之以折价补偿，折价补偿要考虑租赁物的折旧情况。

规范内容

在解释上，租赁物意外毁损、灭失的，当事人均不具有可归责性，不存在违约损害赔偿问题。如当事人选择解除合同，根据《民法典》第566条第1款规定：“合同解除后，尚未履行的，终止履行；已经履行的，根据履行情况和合同性质，当事人可以请求恢复原状或者采取其他补救措施，并有权请求赔偿损失。”融资租赁合同为持续性合同，合同解除不具有溯及力，当事人已经履行的部分不发生双方返还和恢复原状问题，但尚未履行的部分，终止履行。因此，承租人尚未支付的租金不再支付，相应地，承租人也无权继续占有、使用租赁物，应返还出租人。但租赁物已经毁损、灭失，客观上返还不能。此时承租人应承担代物返还义务，将租赁物折价后的价值金余额返还给出租人，即此时出租人能够获得的仅为租赁物自身的价值。

合同解除时，承租人补偿出租人的租赁物价值中包含剩余租赁期限租赁物的价值和租赁期满后在租赁物上的残值两部分，如果融资租赁合同中事先约定租赁期满后租赁物属于承租人所有，则承租人可以在支付的补偿金额中扣除应属于自己的残值部分。[①]此种法律后果，既然使用“补偿”一语，在性质上就不属于损害赔偿责任，也不要求过错作为其成立要件。[②]

---

① 参见最高人民法院民事审判第二庭编著：《最高人民法院关于融资租赁合同司法解释理解与适用》，人民法院出版社2014年版，第233—235页。

② 参见韩世远：《合同法总论》（第四版），法律出版社2018年版，第322页。

第七百五十七条【租赁期限届满时租赁物的归属】

出租人和承租人可以约定租赁期限届满租赁物的归属；对租赁物的归属没有约定或者约定不明确，依据本法第五百一十条的规定仍不能确定的，租赁物的所有权归出租人。

历史由来

本条是在《合同法》第250条的基础上修改而成。《合同法》第250条规定："出租人和承租人可以约定租赁期间届满租赁物的归属。对租赁物的归属没有约定或者约定不明确，依照本法第六十一条的规定仍不能确定的，租赁物的所有权归出租人。"本条除修改了援引的法条之外，还作了文字上的调整，将"租赁期间届满"修改为"租赁期限届满"，统一了本章的用语。

《民法典合同编（草案）》（一审稿）第550条规定："出租人和承租人可以约定租赁期间届满租赁物的归属。对租赁物的归属没有约定或者约定不明确，依照本法第三百零一条的规定仍不能确定的，租赁物的所有权归出租人。"《民法典合同编（草案）》（二审稿）第550条与此相同。《民法典（草案）》第757条修改了其中的援引法条，将"本法第三百零一条的规定"改为"本法第五百一十条的规定"。2020年5月22日全国人民代表大会审议时将"租赁期间届满"修改为"租赁期限届满"。

规范目的或功能

《民法典》合同编遵循"约定优先于法定"的原则。在典型合同分编中，大量的规范都属于任意性规范，均可经由当事人的约定而排除适用。根据本条的规定，出租人和承租人可以约定租赁期限届满后租赁物的归属；当事人没有约定或者约定不明确的情况下，可以协议补充，不能达成补充协议的，按照合同相关条款或者交易习惯确定；据此仍不能确定的，租赁物的所有权归出租人。融资租赁合同属于规定较为细致的商业合同，这一推定规则并无多大的适用余地。

规范内容

一、约定优先于法定

由于融资租赁合同的专业性，交易双方之间大都有交易惯例或习惯。例如，出租人甲和承租人乙经常签订融资租赁合同，且没有约定租赁期限届满后租赁物所有权的归属。但在交易实践中，承租人乙在租赁期限届满后均取得租赁物的所有权，由此可以认定当事人之间已经形成交易习惯。根据此交易习惯，应当判定在发生争议的合同中，除非有相反约定，也应当遵循这一惯例，将租赁物确定归承租人所有。

应当注意的是，在融资租赁合同被解除的情形之下，融资租赁合同已经不存在，并非“届满”，而是终止，其中，有关所有权归属的约定条款也随着合同效力的终止而不发生效力。[①]

针对融资租赁合同中约定承租人有权选择以一定对价（名义对价除外）留购租赁物的情形，裁判实践中大多解释为，“该项约定系将取得租赁物所有权的选择权赋予承租人，且行使选择权利的时间点为租赁期间届满之时，即融资租赁合同订立以及合同履行期间均无法确定租赁期间届满后租赁物的归属，应属于对租赁物归属约定不明确的情形”。[②]

二、推定规则的正当性

虽然本法第746条规定，融资租赁合同的租金，应当根据购买租赁物的大部分或者全部成本以及出租人的合理利润确定，但该条同时允许当事人另有约定。这一规则使当事人在融资租赁交易之中有了更多的选择，例如，当事人关于租赁期限的约定并不涵盖租赁物的正常使用年限，租赁物在租赁

---

① 参见《最高人民法院专家法官阐释疑难问题与案例指导》编写组编：《最高人民法院专家法官阐释疑难问题与案例指导·融资租赁合同卷》，中国法制出版社2016年版，第101—102页。

② 参见天津市高级人民法院（2015）津高民四终字第13号民事判决书，同旨参见山东省青岛市中级人民法院（2013）青民一初字第51号民事判决书；广州海事法院（2015）广海法初字第48号民事判决书。

期限届满后的残值仍然较高。此际，租赁期限届满，承租人就租赁物有三种选择：留购、续租或退租。其中，留购是在租赁期限届满后，承租人将相当于租赁物残值的价款支付给出租人，由承租人取得租赁物的所有权；续租是在租赁期限届满后，承租人与出租人更新合同，继续承租租赁物，承租人按新的融资租赁合同支付租金；退租是在租赁期限届满后，承租人将处于良好状态的租赁物返还给出租人。在融资租赁交易实践中，出租人所置重的是及时收回融资投入并取得相应的商业利润，并不关注租赁物的使用价值，也无意取得租赁物的所有权，因此，大多数融资租赁交易均以承租人留购租赁物作为交易的必要条件，以实现双方利益的最大化。[①]鼓励承租人购买标的物是由融资租赁合同的特点所决定的，即在融资租赁合同中，出租人购买租赁物，是基于承租人融资的需要而选择的，是针对承租人的特定需求而购买的，因而在租赁期限届满后，租赁物返还给出租人并不能发挥其效用，因此，在一般情形之下，应将租赁物折价或无偿转让给承租人，以实现物尽其用的效果。[②]

在体系解释上，尽管本法第745条规定，出租人对租赁物享有的所有权，未经登记，不得对抗善意第三人。但在出租人与承租人之间，并没有发生租赁物所有权的移转，承租人在租赁期限内占有并使用租赁物的事实，亦无法改变这一结论。出租人在租赁期限内享有租赁物的所有权，在租赁期限届满时，除非双方另有约定，租赁物的所有权仍然归属于出租人。租赁物的所有权并不因租赁期限届满而发生移转。[③]值得注意的是，本法第759条规定："当事人约定租赁期限届满，承租人仅需向出租人支付象征性价款的，视为约定的租金义务履行完毕后租赁物的所有权归承租人。"此际，推定租赁物所有权归属于承租人，并非基于租赁期限届满，而是"约定的租金义务履行完毕"，且双方约定"承租人仅需向出租人支付象征性价款"。

---

① 参见《最高人民法院专家法官阐释疑难问题与案例指导》编写组编：《最高人民法院专家法官阐释疑难问题与案例指导·融资租赁合同卷》，中国法制出版社2016年版，第199—200页。

② 参见王利明：《合同法研究》（第三卷）（第二版），中国人民大学出版社2015年版，第355页。

③ 参见韩强、孙瑜主编：《融资租赁法律原理与实务》，浙江大学出版社2017年版，第103—104页。

其他问题

关于无约定时承租人是否必然享有租赁物回购权的问题，有学者认为，出于效率的考虑，在当事人无约定的情况下应当赋予承租人以租赁物选择权，甚至是优先购买权。即使融资租赁合同没有约定租赁物归承租人所有，在出租人出卖租赁物时，在同等条件下只能出卖给承租人。[①]但也有学者认为，这种认定没有法律依据，唯一和该认定有关的部分也只是在《民法典》第510条规定的交易习惯中。在当事人事先没有约定的情况下，赋予承租人一个租赁物选择权，甚至赋予其优先购买权，是否属于交易习惯，存有争议，需要在具体情形中进行认定。[②]

出租人和承租人是否可以通过合同约定由出租人向承租人在租赁期限届满之前转让所有权？两大法系的规定不同。一是肯定说。在许多大陆法系国家（如法国），允许当事人在合同中设立提前转让所有权的协议。[③]二是否定说。在英美法系国家，大多禁止当事人作出此种规定。例如，《美国统一商法典》规定，凡出现承租人有权不支付额外对价，或者仅支付名义对价续租，或者购买租赁物件的条款的，任何合同都不属于租赁合同，而应视为有担保利益的其他合同，如买卖合同或借款合同。有学者认为，如果当事人事先约定出租人转移所有权给承租人，并非导致合同无效，但是，该合同在性质上已经发生了改变，不再属于融资租赁合同，而属于分期付款买卖合同。因为融资租赁合同的根本特点在于其属于租赁，即出租人保留所有权，而承租人仅仅享有对标的物的占有和使用权。如果标的物的所有权在合同订立时就已经转移给了承租人，则在性质上转化为买卖。即便当事人在合同中约定的是“租金”，但实际上，其属于价金而非租金。因此，当事人提前约定转移所有权，就使得该合同转化为分期付款买卖合同。[④]

---

① 参见张懋主编：《合同法条文案例释解》，人民出版社1999年版，第436页。

② 参见《最高人民法院专家法官阐释疑难问题与案例指导》编写组编：《最高人民法院专家法官阐释疑难问题与案例指导·融资租赁合同卷》，中国法制出版社2016年版，第199—200页。

③ 参见李鲁阳主编：《融资租赁若干问题研究和借鉴》，当代中国出版社2007年版，第49页。

④ 参见王利明：《合同法研究》（第三卷）（第二版），中国人民大学出版社2015年版，第395—396页。

第七百五十八条【租赁物价值返还和租赁物不能返还的补偿】

当事人约定租赁期限届满租赁物归承租人所有，承租人已经支付大部分租金，但是无力支付剩余租金，出租人因此解除合同收回租赁物，收回的租赁物的价值超过承租人欠付的租金以及其他费用的，承租人可以请求相应返还。

当事人约定租赁期限届满租赁物归出租人所有，因租赁物毁损、灭失或者附合、混合于他物致使承租人不能返还的，出租人有权请求承租人给予合理补偿。

历史由来

本条是在《合同法》第249条和《融资租赁解释》第10条的基础上整合而成。本条第1款是在《合同法》第249条的基础上修改而成，仅作了文字上的调整。该条规定："当事人约定租赁期间届满租赁物归承租人所有，承租人已经支付大部分租金，但无力支付剩余租金，出租人因此解除合同收回租赁物的，收回的租赁物的价值超过承租人欠付的租金以及其他费用的，承租人可以要求部分返还。"本条第2款是在《融资租赁解释》第10条的基础上修改而成，仅作了文字上的调整。该条规定："当事人约定租赁期间届满后租赁物归出租人的，因租赁物毁损、灭失或者附合、混合于他物导致承租人不能返还，出租人要求其给予合理补偿的，人民法院应予支持。"

《民法典合同编（草案）》（一审稿）第549条规定："当事人约定租赁期间届满租赁物归承租人所有，承租人已经支付大部分租金，但是无力支付剩余租金，出租人因此解除合同收回租赁物的，收回的租赁物的价值超过承租人欠付的租金以及其他费用的，承租人可以要求部分返还。当事人约定租赁期间届满租赁物归出租人所有，因租赁物毁损、灭失或者附合、混同于他物致使承租人不能返还的，出租人有权要求承租人给予合理补偿。"《民法典合同编（草案）》（二审稿）第549条将第2款中的"混同"修改为"混合"，与本编中添附规则相统一。《民法典（草案）》第758条将其中的"要求"改为"请求"，更加明确其请求权基础地位。2020年5月22日全国人民代表大会审议时将"租赁期间届满"修改为"租赁期限届满"；将"部分返还"修改为"相应返还"。

规范目的或功能

租赁物价值的部分返还，是指在当事人约定了租赁期限届满租赁物归承租人所有之情形下，承租人已经支付大部分租金，但是无力支付剩余租金，出租人因此解除合同收回租赁物，收回的租赁物的价值超过承租人欠付的租金以及其他费用的，承租人可以请求相应返还。出租人因合同的解除而获得了超出其合同约定的利益，此种利益称为"中途解约而取得的利益"。如此种利益完全归出租人，将使得出租人和承租人之间利益失衡。因为如果合同约定租期届满后租赁物归承租人的，租金通常高于平均水平，在分期支付的过程中，其可能因一时资金周转困难或经营不善而无力继续支付。但是，毕竟承租人已经支付了大部分租金，如果仅仅因一时不能支付，而使其无法最终获得租赁物，对承租人损失较大。出租人收回租赁物后，其取得了租赁物的所有权，同时，也取得了大部分租金，而承租人交付大部分租金，又不能获得租赁物的所有权，出租人就取得了其不应获得的利益。[①]

规范内容

一、租赁物价值的部分返还

根据本条第1款的规定，租赁物价值的部分返还应满足以下条件：

第一，当事人约定租赁期限届满租赁物归承租人所有。当事人已经作出了特别约定，租赁期限届满后排除了出租人的所有权。此时，考虑到期满后要将所有权移转给承租人，租金通常较高，才有可能发生租赁物的残值如何处理的问题。如租赁物归出租人所有，则没有设立这一规则的必要。值得注意的是，即使当事人约定租赁期限届满租赁物归出租人所有，如租金构成在排除租赁物残余价值之后仍然符合《民法典》第746条的规定的，

---

① 参见王利明：《合同法研究》（第三卷）（第二版），中国人民大学出版社2015年版，第397页。

只要满足其他要件，出租人仍然负有清算义务。此际，应对本条进行扩张解释。

第二，承租人已经支付了大部分租金。本条所指的“大部分租金”，是超过全部租金的50%，只有超过50%，才可能出现严重的不公平的现象。如果仅仅支付了很少一部分的租金，从租赁物的整体价值上来看影响非常小，没有必要适用本条的规定，可以直接适用第752条之规定，要求承租人承担违约责任。

第三，承租人必须是无力支付租金，出租人因此解除合同。如承租人并非无力支付租金，而仅为不愿意支付租金，则无保护之必要，也没有必要填补他们的损失，可以直接根据第752条的规定，要求承租人承担违约责任。

第四，收回的租赁物的价值超过承租人所负的债务。这一要件是本条的核心。因为，只有在租赁物价值超过承租人所欠租金的情况下，承租人的付出才大于其所获得，这与民法中权利义务对等的原则不相符合，有必要对这样无辜的承租人进行保护。这实际上是不当得利返还制度的具体化。[①]

二、租赁物价值的合理补偿

本条第2款规定：“当事人约定租赁期限届满租赁物归出租人所有，因租赁物毁损、灭失或者附合、混合于他物致使承租人不能返还的，出租人有权请求承租人给予合理补偿。”当事人约定租赁期限届满租赁物归出租人所有的，租赁期限届满后，承租人应将租赁物返还给出租人，但如发生租赁物毁损、灭失或者附合、混合于他物致使承租人不能返还的情形，出租人可以请求承租人对租赁物的残值给予合理补偿。此种法律后果，既然使用“补偿”一语，在性质上就不属于损害赔偿责任，也不要求过错作为其成立要件。[②]对于可归责于承租人的原因导致租赁物无法返还的情形，出租人自可向承租人主张违约损害赔偿，不适用本条第2款。

① 参见江必新主编：《融资租赁合同纠纷》，法律出版社2014年版，第25—26页。

② 参见韩世远：《合同法总论》（第四版），法律出版社2018年版，第322页。

第七百五十九条【约定象征性留购价款时租赁物的归属】

当事人约定租赁期限届满，承租人仅需向出租人支付象征性价款的，视为约定的租金义务履行完毕后租赁物的所有权归承租人。

历史由来

本条为新增内容。《民法典合同编（草案）》（一审稿）第551条规定："当事人约定租赁期间届满，承租人仅需向出租人支付象征性价款的，视为约定的租金义务履行完毕后租赁物归承租人所有。"《民法典合同编（草案）》（二审稿）第551条将其中的"租赁物归承租人所有"修改为"租赁物的所有权归承租人"。《民法典（草案）》第759条与此相同。2020年5月22日全国人民代表大会审议时将"租赁期间届满"修改为"租赁期限届满"。

规范目的或功能

融资租赁合同期限届满后，当事人一般采用"退租、续租、留购"等方法来确定所有权的归属。其中，退租是指在融资租赁合同期限届满后，承租人将租赁物返还给出租人；续租是指在租赁期限届满以后，承租人可以与出租人协商，以确定是否延长租赁期限；留购是指承租人与出租人协商通过支付一定价款的方式以取得租赁物的所有权。从实践来看，承租人往往支付名义性的价款，就可以获得租赁物的所有权。[①]融资租赁合同约定承租人可以在租赁期间届满后支付象征性价款留购租赁物，是为了确保合同约定内容有效成立，而非赋予承租人选择权。在约定象征性留购价款的融资租赁合同中，双方订立合同时事实上已对租赁期间届满后租赁物的归属达成了共识，即这种情形下应确认双方明确约定了租赁期间届满后租赁物归属于承租人。[②]

---

① 参见王利明：《合同法研究》（第三卷）（第二版），中国人民大学出版社2015年版，第396页。

② 参见重庆市第一中级人民法院（2016）渝01民终8688号民事判决书。

规范内容

融资租赁合同中可就租赁期限届满后租赁物的归属作出明确约定，如约定归出租人或承租人所有。实践中还有一种特殊约定，即租赁期限届满后承租人可以支付一定的价款留购租赁物，也可以选择不支付价款而放弃租赁物。

此类约定情形将是否取得租赁物所有权的选择权赋予了承租人，且行使选择权的时间点为租赁期限届满之时，即融资租赁合同订立时以及合同履行期间均无法确定租赁期限届满后租赁物的归属。在解释上，这种情形应当属于当事人对租赁物归属约定不明确。根据《民法典》第757条规定："出租人和承租人可以约定租赁期限届满租赁物的归属；对租赁物的归属没有约定或者约定不明确，依据本法第五百一十条的规定仍不能确定的，租赁物的所有权归出租人。"此际，如承租人未行使选择权，则租赁物的所有权归出租人。

例外情形是，如融资租赁合同约定租赁期限届满后承租人可以支付象征性价款留购租赁物，如1元钱。这类约定在融资租赁合同中十分常见，"承租人支付象征性价款亦是承租人与出租人对租赁物归属的一种通常安排"，[①]其根源在于英美法系的对价制度，即约定象征性对价是为了确保合同条款得以有效成立，而非赋予承租人选择权。可以认为，在约定象征性留购价款的融资租赁合同中，双方订立合同时对租赁期限届满后租赁物的归属已经达成了一致意见。遵从当事人真实意思，应确认这种情形下双方明确约定了租赁期限届满后租赁物归属于承租人。一旦约定的租金义务履行完毕，即可确认租赁物的所有权归属于承租人。

裁判中即有观点认为，"融资租赁合同，约定租赁期间届满后承租人可以支付一定的价款留购租赁物，即是将租赁物所有权的选择权利留给了承租人，而且行使选择权利的时间点应为租赁期间届满之时，该约定应当属于当事人对租赁物归属约定不明的情形，当事人对租赁物归属约定不明确的，租赁物的所有权归出租人。但上述情形，存在例外，即合同中约定有租赁期间届满

---

① 参见最高人民法院（2014）民二终字第203号民事判决书；最高人民法院（2014）民二终字第204号民事判决书。

后承租人可以支付象征性价款留购租赁物的条款的，实际上，出租方在计算租金时即已将期满后租赁物的残值计入，租金相对较高，可以视为双方订立合同时对租赁期间届满后租赁物的归属已经达成共识，应确认这种情形下双方明确约定了租赁期间届满后租赁物归承租人所有，本案双方约定的1000元留购价，相对于原价值300多万元的租赁物租赁三年期满后的残值，即是象征性留购价，因此，原告提出的租赁物的所有权应归原告所有，相应的残值也应归原告所有的主张，本院不予支持”。[①]

第七百六十条【融资租赁合同无效时租赁物的归属】

融资租赁合同无效，当事人就该情形下租赁物的归属有约定的，按照其约定；没有约定或者约定不明确的，租赁物应当返还出租人。但是，因承租人原因致使合同无效，出租人不请求返还或者返还后会显著降低租赁物效用的，租赁物的所有权归承租人，由承租人给予出租人合理补偿。

历史由来

本条内容来自《融资租赁解释》第4条，其规定："融资租赁合同被认定无效，当事人就合同无效情形下租赁物归属有约定的，从其约定；未约定或者约定不明，且当事人协商不成的，租赁物应当返还出租人。但因承租人原因导致合同无效，出租人不要求返还租赁物，或者租赁物正在使用，返还出租人后会显著降低租赁物价值和效用的，人民法院可以判决租赁物所有权归承租人，并根据合同履行情况和租金支付情况，由承租人就租赁物进行折价补偿。"本条仅作了文字上的调整。

《民法典合同编（草案）》（一审稿）第552条规定："融资租赁合同无效，当事人就合同无效情形下租赁物的归属有约定的，依照其约定；没有约定或者约定不明确的，租赁物应当返还出租人。但是因承租人原因致使合同无效，出租人不要求返还租赁物或者返还出租人后会显著降低租赁物效用的，租赁

---

① 参见江苏省苏州工业园区人民法院（2018）苏0591民初2683号民事判决书。

物归承租人所有，并由承租人给予出租人合理补偿。”《民法典合同编（草案）》（二审稿）第552条将其中的“依照其约定”修改为“按照其约定”；“租赁物归承租人所有”修改为“租赁物的所有权归承租人”，与本编中添附规则相统一。《民法典（草案）》第760条将其中的“要求”改为“请求”，并作了相应的文字调整。最终通过的文本未再作修改。

规范目的或功能

通常情况下，合同被认定无效之后，根据《民法典》第157条的规定，租赁物应返还予出租人。但由于融资租赁合同具有特殊性，合同无效时租赁物的归属问题，尚须综合考量合同无效的原因以及租赁物价值与使用价值的发挥。[①]融资租赁合同无效，当事人就该情形下租赁物的归属有约定的，按照其约定；没有约定或者约定不明确的，租赁物应当返还出租人。但是，因承租人原因致使合同无效，出租人不请求返还或者返还后会显著降低租赁物效用的，租赁物的所有权归承租人，由承租人给予出租人合理补偿。

规范内容

本章对于融资租赁合同的无效事由并未作出特别规定。有关融资租赁合同的效力判断，主要适用《民法典》总则编民事法律行为章的规定，如第153条关于“违反法律、行政法规的强制性规定的民事法律行为无效。但是，该强制性规定不导致该民事法律行为无效的除外。违背公序良俗的民事法律行为无效”的规定；第154条关于“行为人与相对人恶意串通，损害他人合法权益的民事法律行为无效”的规定。

根据本条的规定，在融资租赁合同无效之时，租赁物的最终归属有以下几种情形：

第一，当事人就合同无效情形下租赁物归属有约定的，从其约定。对当

① 参见最高人民法院民事审判第二庭编著：《最高人民法院关于融资租赁合同司法解释理解与适用》，人民法院出版社2014年版，第87页。

事人在事前事后对合同无效后租赁物的归属问题的合意不进行干涉，积极鼓励当事人自行决定租赁物的归属。融资租赁实践中，当事人多就租赁期限届满后租赁物的归属作了约定，而鲜有就融资租赁合同无效时租赁物的归属作出约定。有观点认为，合同无效及其后果系法定的，将其归属于当事人的约定有所不妥。依据《民法典》第507条规定的精神，合同中关于争议解决方法的条款具有相对的独立性，不因合同不生效、无效、被撤销以及终止而导致效力上的变化。在实务中，租赁物对于承租人的经营使用的影响往往要大于出租人，仅仅依照《民法典》第157条的规定判定租赁物的归属过于死板，也不利于保障意思自治、交易迅捷安全。据此，即使当事人双方约定的归属结果不符合《民法典》第157条所规定的租赁物归属于出租人的规定，也不应当认定为是对第157条的违反；相反，第157条还规定标的物不能返还或没有必要返还的，应当折价补偿。当事人就租赁物归属问题达成一致意见后，如将租赁物归属于承租人后，则承租人应当向出租人进行折价补偿，同样也符合第157条的规定。

第二，当事人就合同无效情形下租赁物归属没有约定或者约定不明确的，租赁物应当返还出租人。这一规定与《民法典》第157条相一致。该条规定："民事法律行为无效、被撤销或者确定不发生效力后，行为人因该行为取得的财产，应当予以返还；不能返还或者没有必要返还的，应当折价补偿。有过错的一方应当赔偿对方由此所受到的损失；各方都有过错的，应当各自承担相应的责任。法律另有规定的，依照其规定。"

第三，因承租人原因致使合同无效，出租人不请求返还或者返还后会显著降低租赁物效用的，租赁物的所有权归承租人，由承租人给予出租人合理补偿。在融资租赁合同中，出租人根据承租人对出卖人、租赁物的选择而购买租赁物，获得租赁物的所有权，将该租赁物出租给承租人，而承租人则定期向出租人以支付租金的形式获得租赁物的使用权，同时也获得了融资。通常情况下，仅仅依靠承租人本身是不可能获得该租赁物的使用权的。因此，从上述关系中可以看出，出租人需要的是租赁物的担保功能，倚仗其对租赁物的所有权向承租人受领租金，对于租赁物的实质使用权能则并不关注；相反，承租人需要的是租赁物的使用权能。因此，当融资租赁合同无效的原因可归责于承租人时，承租人将租赁物返还给出租人，出租人认为其租赁物的担保功能丧失，也就是认为租赁物对其意义不大，不愿意接受租赁物时，可以按照照顾无过错方的原则，将租赁物归属于承租人，使其继续进行经营生产活动，并对出租人进行折价补偿。此外，从充分利用租赁物效能的角度出发，租赁物在承租人手中能够发挥最大的效能，进行经营生产，促进经济的发展，此时将租赁物归其所有也符合市场规律的发展。[①]

在解释上，本条规定也类推适用于融资租赁合同被撤销的情形。

① 参见《最高人民法院专家法官阐释疑难问题与案例指导》编写组编：《最高人民法院专家法官阐释疑难问题与案例指导·融资租赁合同卷》，中国法制出版社2016年版，第29—30页。

第十六章

保理合同

第七百六十一条【保理合同的定义】

保理合同是应收账款债权人将现有的或者将有的应收账款转让给保理人，保理人提供资金融通、应收账款管理或者催收、应收账款债务人付款担保等服务的合同。

历史由来

本条是关于保理合同的定义性规定，为本次《民法典》立法的新增加内容。虽然，保理合同在实践中普遍存在，但《合同法》并无保理合同相关内容的任何规定。中国服务贸易协会商业保理专业委员会制定的《中国商业保理业务规则》（征求意见稿）第4条规定："商业保理合同是指商业保理企业与应收账款债权人签订的，约定商业保理企业在受让应收账款债权人之应收账款的前提下，为应收账款债权人提供商业保理服务的业务合同。"可见，我国商业保理合同的界定与本条内容基本一致，只是本条将"商业保理服务"细化为"保理人提供资金融通、应收账款管理或者催收、应收账款债务人付款担保"。

至于银行保理，中国银行业监督管理委员会（现为中国银行保险监督管理委员会，下同）2014年制定的《商业银行保理业务管理暂行办法》中并无明确的保理合同定义。该暂行办法第6条是对保理业务界定为："本办法所称保理业务是以债权人转让其应收账款为前提，集应收账款催收、管理、坏账担保及融资于一体的综合性金融服务。债权人将其应收账款转让给商业银行，由商业银行向其提供下列服务中至少一项的，即为保理业务：（一）应收账款催收：商业银行根据应收账款账期，主动或应债权人人要求，采取电话、函件、上门等方式或运用法律手段等对债务人进行催收。（二）应收账款管理：商业银行根据债权人的要求，定期或不定期向其提供关于应收账款的回收情况、逾期账款情况、对账单等财务和统计报表，协助其进行应收账款管理。（三）坏账担保：商业银行与债权人签订保理协议后，为债务人核定信用额度，并在核准额度内，对债权人无商业纠纷的应收账款，提供约定的付款担保。（四）保理融资：以应收账款合法、有效转让为前提的银行融资服务。以应收账款为质押的贷款，不属于保理业务范围。"

在《民法典》编纂过程中，《民法典合同编（草案）》（征求意见稿）和《民法典合同编（草案）》（一审稿）没有规定保理合同，《民法典合同编（草案）》（二审稿）首次以有名合同的方式增加保理合同内容，以之一、之二……直至之六这种方式规定在第552条一个条文中。其中，保理合同的定义由第552条之一规定：“保理合同是应收账款债权人将应收账款转让给保理人，保理人提供资金融通、应收账款管理或者催收、应收账款债务人付款保证等服务的合同。应收账款包括已经发生的和将来发生的债权。”《民法典（草案）》将上述条文第2款“应收账款包括已经发生的和将来发生的债权”与第1款合并，变为：“保理合同是应收账款债权人将现有的或者将有的应收账款转让给保理人，保理人提供资金融通、应收账款管理或者催收、应收账款债务人付款担保等服务的合同。”最终通过的《民法典》维持此内容不变。

三 规范目的或功能

目前，全国商业保理公司数量高达13000家左右，2019年全国保理业务量将近4186亿欧元。[①]《合同法》没有关于保理合同的规定，以往的商业实践中基本上是依据国际保理规则在运行。本次《民法典》合同编增加保理合同内容，是对社会现实需求的积极回应，适应我国保理行业发展和优化营商环境的需要，意义重大。[②]

一方面为商业实践中的保理业务提供确定指引。保理业在我国发展初期，以国际保理业务为主，法律依据是国际贸易规则，主要有：国际统一私法协会制定的《国际保理公约》、国际保理商联合会（FCI）制定的《国际保理规则》和联合国国际贸易委员会制定的《国际贸易应收账款转让规约》。近年来，我国国内保理业务增长迅猛，在规模上早就超过了国际保理。但是，商业实践始终缺乏国内法支撑，保理业务的依据只是商务部、银监会（现为银保监

① 参见《2020年中国保理行业市场分析：市场规模将突破4000亿欧元 未来发展机遇与挑战并存》，载前瞻产业研究院https://bg.qianzhan.com/trends/detail/506/200414-db8bc096.html，最后访问时间2020年6月1日。

② 王晨：《关于〈中华人民共和国民法典（草案）〉的说明》，2020年5月22日在第十三届全国人民代表大会第三次会议上。

会，下同）等部位发布的“暂行办法”、“意见”等立法层次不高的规范性文件。如银监会颁布的《商业银行保理业务管理暂行办法》、商务部发布的《关于商业保理试点有关工作的通知》，等等。《民法典》将保理合同作为一种有名合同规定，对我国保理业务的发展有非常重要的指引作用。

另一方面为保理合同纠纷提供裁判依据。近年来，保理业务在国内贸易领域的运用越来越多。由于原有法律没有关于保理合同的专门规定，许多保理案件纠纷被认为是金融借款，人民法院在审判工作中也不能直接援引上述国际公约作为裁判依据。因此，保理案件长期处于“无法可依”的局面，不利于保理业务当事人的权益保护和保理业的健康发展。《民法典》增加保理合同内容，有助于人民法院对相关案件准确定性，统一保理案件的裁判尺度。

在法理上，应收账款债权人将现有的或者将有的应收账款转让给保理人属于债权转让行为，保理是以融资为主要目的的特殊的债权让与行为，本次《民法典》立法将其规定为有名合同，有助于对保理业务法律性质的理解与适用，有利于保理业的有序发展及相关法律问题的解决。《民法典》第440条规定，现有的以及将有的应收账款可以设立质权，第445条规定了应收账款出质的具体规则。因此，从体系化的角度来看，《民法典》中有关保理的法律规定涉及三部分内容：一是《民法典》第三编合同第一分编通则的第六章合同的变更和转让，其债权让与部分对保理业务同样适用；二是《民法典》第三编合同第二分编典型合同第十六章保理合同；三是《民法典》第二编物权第四分编担保物权部分内容，对保理合同的履行有准用作用。以上三方面的规则，构成《民法典》有关保理的法律体系。

规范内容

一、保理合同的标的是应收账款

应收账款本为会计学术语，通常指企业因销售商品、产品或者提供劳务等经营活动，向交易对手方应当收取的款项，包括应由购买单位或接受劳务单位负担的税金、代购买方垫付的各种运杂费，等等。法律语境下，对应收账款的较为权威的界定，是中国人民银行2019年11月发布的《应收账款质押登记办法》第2条第1款："本办法所称应收账款是指权利人因提供一定的货物、服务或设施而获得的要求义务人付款的权利以及依法享有的其他付款请求权，包括现有的和未来的金钱债权，但不包括因票据或其他有价证券而产生的付款请求权，以及法律、行政法规禁止转让的付款请求权。"从本质上说，保理合同中的应收账款属于基础合同债权人的特定债权，具有以下几方面的特征：

（一）应收账款仅限于因合同发生的金钱债权

从会计核算视角看，应收账款是企业在销售货物或者提供服务过程中购买方所占用的资金。从法律视角看，应收账款是债权人对债务人的付款请求权，属于金钱债权。一方面，金钱债权便于履行，如果是非金钱债权保理人再请求基础关系债务人履行后难以变现，不符合保理业务金融特性；另一方面，金钱债权易于评估其价值，便于保理业务的开展。另外，因侵权、无因管理和不当得利所形成的金钱债权，主要系第三方介入而产生的付款请求权，更多体现为对权利的救济，与应收账款直接基于财产权利所产生的付款请求权不同。①应收账款则是基于合同产生的付款请求权。

（二）应收账款既包括现有债权，也包括将有债权

现有债权是指债权人对债务人享有的已届履行期限的付款请求权，此类债权是应收账款在理论上和实务中并无疑义。而对于应收账款是否包括将有债权，在理论上和司法实践中有不同的观点。有人认为，应收账款作为一种资产，不能基于未来发生的交易或事项而形成，会计中更不允许企业将未来履行义务后所可能获取的价款计入应收账款。"将有的金钱债权"在目前尚不存在，未来是否存在具有不确定性，甚至某些情况下债务人也具有不确定性，无法形成应收账款。②仅基于不确定性而否认将有债权属于应收账款的理由并不充分。即使对现有债权来说，是否能够得以实现也是不确定的。将有债权是否可以作为应收账款设定保理，关键在于保理人是否接受，而不是该债权

---

① 参见赵万一、余文焱：《应收账款质押法律问题》，载《法学》2009年第9期。

② 参见贾砾、解冲：《应收账款的界定》，载《人民法院报》2013年6月19日第7版。

是否真实存在。一方面，保理的最大价值是其融资功能，将有债权应收账款设定保理的，在明知该债权状况的情况下，保理人依然同意的，可能基于保理人对该债权确定发生的信心，也可能是基于债权人的信用。保理人既可以待该将有债权实际发生以后再通知债务人，也可以在该保理上设定有追索权。另一方面，保理合同应该严格贯彻合同自由原则，在不侵害第三人利益的情况下，对何种债权设定保理，法律不应干涉。

在国际保理业务中，将有债权应收账款保理是常见形式，也为国际公约和许多国家立法所接受，如《国际保理公约》、《国际保理通则》以及《美国商法典》等都承认对将有债权设定保理的效力。在我国，将有债权应收账款保理在实践中所在多有，但是在具体案件处理中，不同法院的观点并不一致。本次《民法典》立法，明确承认将有债权应收账款保理的效力，符合商业实践，是值得肯定的。

（三）现有债权不限于已届清偿期债权，还包括“未来应收账款”

中国银监会2014年发布的《商业银行保理业务管理暂行办法》第13条规定，“商业银行不得基于不合法基础交易合同、寄售合同、未来应收账款、权属不清的应收账款、因票据或其他有价证券而产生的付款请求权等开展保理融资业务。未来应收账款是指合同项下卖方义务未履行完毕的预期应收账款”。在双务合同中，除了双方约定了先后履行顺序，否则应该同时履行。负有交付的货物或者提供服务的合同当事人在未履行其合同义务的前提下，其付款请求权应当属于“未来应收账款”。该类债权已经确定发生，只是尚未届清偿期，应当属于现有债权。当事人以未来应收账款设定保理的，保理人只有债权人履行其合同义务以后，才能对债务人主张应收账款债权。

二、保理合同是一种特殊的债权让与

债权让与，是指不改变债之关系的内容，债权人通过让与合同将其债权移转于第三人享有的现象。[①]应收账款债权人将现有的或者将有的应收账款转让给保理人，在法律性质上属于债权让与行为。与一般的债权让与不同，保

① 崔建远、韩海光：《债权让与的法律构成论》，载《法学》2003年第7期。

理合同债权让与的制度设计，更侧重于如何发挥其金融功能。对原债权人来说，通过让与债权实现其融资需求；对保理人来说，通过受让债权获取一种特殊的担保，保障其资金安全。因此，保理合同的制度设计与《民法典》合同编第六章合同的变更与转让的规则不完全吻合。

三、保理人的义务

保理合同为双务合同，被保理人转让其应收账款债权给保理人，保理人的对待给付义务是为被保理人提供资金融通、应收账款管理或者催收、应收账款债务人付款担保。从本条条文的含义来看，保理人的上述三项义务属于选择性规定，保理人选择其中任一义务即可。当然，在一个保理合同中，保理人也可以选择多项义务一并履行。保理人的义务是由保理合同的金融功能和债权让与性质决定的：

（一）为被保理人提供资金融通

与一般的债权让与不同，保理作为一项商业模式，其最初产生的原因是解决国际贸易中的信用风险。专业的保理商存在的意义和价值不是取代被保理人的债权人地位，向债务人行使付款请求权实现债权，而是为出口商提供融资服务、坏账担保与收款等信用管理服务。保理人根据应收账款债权的信用价值，为被保理人提供相应的资金融通，是绝大多数保理合同的义务内容。保理人与应收账款债权人签订保留合同后，保理人首先根据合同约定向被保理人支付一定比例的款项，应收账款到期后或者约定的保理融资期届满以后，双方当事人再根据合同约定、债务人履约情况等进行最终结算。

（二）应收账款管理或者催收

从广义上讲，在为被保理人提供资金融通、应收账款催收以及债务人付款担保等所有的保理业务中，保理人都有对应收账款进行管理的义务。从狭义上讲，对应收账款管理与催收是保理人的一项专项业务。中国服务贸易协会商业保理专业委员会公布的《中国商业保理业务规则》（征求意见稿）第26条第1款、第2款规定："商业保理企业受让应收账款后，对应收账款的风险进行评估和管理，建立台账及时对应收账款的回款情况、逾期情况进行跟踪和管理，在应收账款发生或可能发生风险时及时提出预警，并且提出风险解决方案。在应收账款债权人进行直接融资（包括但不限于私募基金、资产证券化）的过程中，商业保理企业可以提供专业的应收账款管理服务。在保理资产证券化、联合保理、再保理等业务过程中，商业保理企业也可以提供专业的应收账款管理服务。”

应收账款债权人根据保理合同将应收账款转让给保理人，保理人即取代让与人成为基础合同的债权人，有权利根据基础合同的约定向债务人主张应收账款债权。履行期限届满后，保理人可以通过正常途径请求债务人履行，或者通过仲裁、诉讼等方式主张权利。

（三）应收账款付款担保

保理人为应收账款债权人提供付款担保，是对债务人信用风险进行担保。债务人信用风险是指债务人因破产、倒闭、重组或违背信用等原因导致其在基础交易合同约定的应收账款到期日无法足额清偿应收账款，但不包括因基础交易合同商业纠纷所导致的债务人拒绝支付应收账款的情形。[①] 债务信用风险担保是一种特殊的金融营业活动，保理人与应收账款债权人签订保理合同后，为应收账款债务人核定信用额度，在该额度内，对债权人无商业纠纷的应收账款，提供约定的付款担保。

第七百六十二条【保理合同的内容与形式】

保理合同的内容一般包括业务类型、服务范围、服务期限、基础交易合同情况、应收账款信息、保理融资款或者服务报酬及其支付方式等条款。

保理合同应当采用书面形式。

历史由来

本条是关于保理合同内容与形式的规定，为本次《民法典》立法的新增

① 参见《中国商业保理业务规则（征求意见稿）》第30条。

加内容。在符合一般合同要求的基础上，根据保理业务的特点，本条对保理合同的内容进行了具体化规定。《合同法》第12条规定，合同的内容由当事人约定，一般包括以下条款：(1)当事人的名称或者姓名和住所；(2)标的；(3)数量；(4)质量；(5)价款或者报酬；(6)履行期限、地点和方式；(7)违约责任；(8)解决争议的方法。当事人可以参照各类合同的示范文本订立合同。保理人与被保理人可以参照上述规定，根据具体业务的要求拟定合同条款。《中国商业保理业务规则》(征求意见稿)第36条第1款规定："应收账款债权人与商业保理企业签订的商业保理合同应当约定以下内容：保理业务种类、转让应收账款明细、应收账款融资金额、融资利率、融资期限、还款方式、权利与义务、违约责任、应收账款债权人与商业保理企业认为需要约定的其他事项。"

至于合同形式，《民法总则》第135条规定："民事法律行为可以采用书面形式、口头形式或者其他形式；法律、行政法规规定或者当事人约定采用特定形式的，应当采用特定形式。"《合同法》第10条规定："当事人订立合同，有书面形式、口头形式和其他形式。法律、行政法规规定采用书面形式的，应当采用书面形式。当事人约定采用书面形式的，应当采用书面形式。"第11条规定："书面形式是指合同书、信件和数据电文(包括电报、电传、传真、电子数据交换和电子邮件)等可以有形地表现所载内容的形式。"

《民法典合同编(草案)》(征求意见稿)和《民法典合同编(草案)》(一审稿)没有规定保理合同，《民法典合同编(草案)》(二审稿)首次以有名合同的方式规定了保理合同，但并无保理合同的内容与形式相关条款。该条为《民法典(草案)》新增加之内容，当时的文本为："保理合同的内容一般包括业务类型、服务范围、服务期限、基础交易合同情况、应收账款信息、转让价款、服务报酬及其支付方式等条款。保理合同应当采用书面形式。"最终通过的《民法典》将"转让价款、服务报酬"修改为"保理融资款或者服务报酬"。

三 规范目的或功能

任何合同都要以某种形式存在，合同内容直接决定着当事人的权利与义务。保理合同也是如此。本条第1款是有关一般保理合同应该具备条款的规定，是根据保理合同的特点以及实践中保理业务的需要所拟定的；第2款是保理合同形式的规定，明确要求保理合同必须采用书面形式，排除了口头形式、录音录像等其他形式的适用。保理业务是专业性较强的金融活动，由商业银行或者保理商经营。保理合同不仅标的额较大，而且涉及较为复杂的多方利益关系，往往还需要进行应收账款登记等复杂程序。因此，保理合同不宜采用口头形式、录音形式等不宜留存与举证的合同形式，而规定采用书面形式。

规范内容

一、保理合同的条款

从法律行为的角度看，合同双方当事人的意思表示是以合同条款的方式体现出来的。合同条款决定合同内容。合同的内容，从合同关系的角度讲，是指合同权利和义务，主要由合同条款加以确定，有些则由法律规定而产生。[①]合同条款是当事人权利与义务的文字呈现，起着固定、具体化当事人权利与义务的作用。

《民法典》第470条规定："合同的内容由当事人约定，一般包括下列条款：（一）当事人的姓名或者名称和住所；（二）标的；（三）数量；（四）质量；（五）价款或者报酬；（六）履行期限、地点和方式；（七）违约责任；（八）解决争议的方法。当事人可以参照各类合同的示范文本订立合同。"这是合同的提示性条款，并非所有合同的必备性条款。不同类型合同根据合同性质、当事人约定以及法律规定，都有其特有的必备条款。具体到保理合同来说，本条规定以下条款：

（一）业务类型

根据不同的分类标准，保理业务主要可以分为以下几种类型：（1）根据当事人所在地和保理业务经营地的不同，可分为国内保理和国际保理。国内保理，系指应收账款债权人和债务人均在中华人民共和国境内的保理业务。

① 王利明、崔建远：《合同法新论·总则》，中国政法大学出版社2000年版，第211页。

国际保理，系指应收账款债权人和债务人中至少有一方在中华人民共和国境外（包括保税区、自贸区、境内关外等）的保理业务。[①]（2）根据保理人的性质不同，可分为银行保理和商业保理。银行保理，系指商业银行经营的保理业务；商业保理，系指专业的保理商经营的保理业务。（3）融资保理和非融资保理。融资保理，系指保理人在债权让与完成后，即向债权人提供一定比例资金的融资服务；非融资保理，系指保理人不直接为债权人提供资金，而是提供应收账款管理、催收或者债务人付款担保等服务。（4）有追索权保理和无追索权保理。有追索权保理，系指保理人不承担应收账款债务人的信用风险，在应收账款债权无法实现的情况下，可以请求原债权人承担债务和因此而产生的一切合理费用。无追索权保理，系指保理业务中，商业保理企业将为应收账款债务人核定信用风险额度，并且在信用风险额度范围内承担应收账款债务人的信用风险。（5）明保理和暗保理。明保理，系指保理人受让应收账款债权后，随即将相关信息通知债务人的保理；暗保理，系指保理人受让应收账款债权后，暂时不通知债务人，而是在保理人认为必要的时间，再由原债权人或者保理人通知的保理。

（二）服务范围

根据《民法典》第761条的规定，保理人可以为应收账款债权人提供资金融通、应收账款管理或者催收、应收账款债务人付款担保等服务。保理合同应明确规定保理人的服务范围，根据双方当事人的约定，在以上三类服务中任意选择，可以是一项，也可以是多项。为应收账款债权人提供资金融通是保理合同最为常见的内容，基础交易合同的债权人基于资金需求向保理人提出融资申请，保理人受让应收账款后，为被保理人（原债权人）提供一定额度的资金；应收账款管理，是指保理人受让应收账款后，对应收账款的风险进行评估和管理，建立台账及时对应收账款的回款情况、逾期情况进行跟踪和管理，在应收账款发生或可能发生风险时及时提出预警，并且提出风险解决方案；应收账款催收，是指保理人受让应收账款后，对根据基础交易合同，对应收账款债务人提出履行请求，进行相应的收付结算工作；应收账款债务人付款担保，是指保

① 参见《中国商业保理业务规则（征求意见稿）》第30条。

理人根据债务人的资信状况，为被保理人（原债权人）核定一定金额的债务人信用额度，并在该额度内，对应收账款提供约定的信用风险担保服务。

（三）服务期限

服务期限是指双方当事人约定的保理合同的履行期限。在此期限内，保理人和被保理人受到保理合同约束，享有合同权利承担合同义务。一般而言，应收账款债权受诉讼时效限制，债权人的融资需求通常也是短期内的。因此，虽然法律并未明确规定，但是实践中保理合同的履行期限不会太长。实践中，大多数银行保理和商业保理服务期限一般不超过180天，最长也不超过1年。融资保理涉及应收账款融资额度的，保理合同中还要约定应收账款融资额度届满日、最晚使用日。

保理业务中，服务期限通常分为融资期限与宽限期。《中国商业保理业务规则》（征求意见稿）第24条规定："保理融资期限是指商业保理企业为应收账款债权人提供应收账款融资服务的期限，融资期限自商业保理企业拨付的应收账款融资款到达保理申请人指定银行账户之日起计算，至保理合同约定的应收账款融资到期日止。融资期限通常应与商业保理企业受让的应收账款期限相对应。"第25条规定："应收账款债务人未按期清偿应收账款且应收账款债权人不能按期归还应收账款融资款项的，应收账款债权人应当提前向商业保理企业申请宽限期，是否同意宽限期申请由商业保理企业自主决定。若应收账款债权人委托保证人、抵押人、出质人为应收账款融资提供担保的，还应当由保证人、抵押人、出质人出具同意延期的书面证明。已有约定的，按照约定执行。商业保理企业核准宽限期的，宽限期自应收账款融资到期日起算。"

（四）基础交易合同情况

应收账款对应的基础交易合同是保理合同的前提基础条件。保理合同应当明确记载基础交易合同信息，包括但不限于基础交易合同双方当事人信息、双方权利义务、履行方式、履行期限等。保理人通常会要求被保理人提供基础交易合同原件，并将与基础合同原件一致的复印件作为保理合同的副本。基础交易合同不仅包括原债权人与债务人之间订立的合同，还包括全部补充或者修改的文件。基础合同的存在是订立保理合同的前提。但是，二者并非主从合同关系，而是相对独立的两个合同。

（五）应收账款信息

应收账款是基础交易合同形成的，被保理人对债务人享有的可用货币形式表现与支付的金钱债权及其衍生的收益。应收账款是保理合同有效成立的关键，其必须是真实合法存在且可以转让的债权。具体说来，应收账款必须有明确具体的数额和到期日，而且不属于《民法典》第545条规定的“按照当事人约定不得转让”之债权。

需要注意的是，基础交易合同约定债权不得转让并不影响保理合同的效力。在法理上分析，该约定具有相对性，仅在基础交易合同当事人之间有效。当然，债权被让与后，债务人一切对原债权人所享有的抗辩权仍然可以对抗受让人——保理人。在此种情况下，如果保理人向债务人主张债权，债务人可以以基础交易合同有“债权不得转让”之约定进行抗辩。但是，保理人明知基础交易合同约定了债权不得转让，仍与债权人订立保理合同的，保理人无权向债务人主张权利。原债权人也不得以此为理由，主张保理合同无效。实践中，人民法院也多持此种立场。[①]

（六）保理融资

基础交易合同债权人向保理人申请设立保理的目的，绝大多数情况下是满足其融资需求。从债权让与合同的角度来看，保理合同中应收账款转让价款是通过保理融资的条款体现的。保理合同属于有偿合同，保理人受让应收账款债权，要付给原债权人一定数额的金钱作为对价。转让价款可以一次性支付，也可以按照约定根据合同履行情况分期支付。在融资类保理合同中，保理人会为被保理人确定应收账款融资额度，被保理人在合同约定的期限内可向保理人申请应收账款融资，保理人向其支付一定金额保理首付款。

① 参见姚建军：《基础合同约定债权不得转让并不影响保理合同的效力——陕西西安新城法院判决律诚公司与中铁公司等保理合同纠纷案》，载《人民法院报》2019年2月14日第7版。

（七）服务报酬及其支付方式

保理业务属于一种营利性商业活动，保理人为被保理人提供服务，收取相应的报酬。实践中，不同类型的保理业务，服务报酬的形式不同。银行保理的服务报酬通常直接表现为融资利息，而融资类商业保理的服务报酬多以保理首付款使用费的形式出现。除此之外，保理人通常还要收取保理手续费，即按照约定调查和核准额度、受让应收账款、处理各项单据，提供应收账款融资、管理、催收、还款保证中全部或部分服务而收取的费用。

二、保理合同的形式

作为一种商业经营活动，无论是银行保理还是商业保理，保理业务都有着较为严格的程序和形式规则。保理合同为要式合同，本条规定保理合同应当采取书面形式。合同形式是合同内容的载体，保理合同内容较为复杂，需要约定并详细说明的条款诸多，口头约定、视听资料等其他方式不能完整、准确地记录保理合同内容，不利于双方当事人权利义务的确定及其合法权益的保护。《民法典》第469条第2款、第3款规定："书面形式是合同书、信件、电报、电传、传真等可以有形地表现所载内容的形式。以电子数据交换、电子邮件等方式能够有形地表现所载内容，并可以随时调取查用的数据电文，视为书面形式。"因此，保理合同的书面形式要求，不仅包括通常使用的合同书方式，也可以以数据电文的方式呈现。在保理业务实践中，合同书是保理合同的通用形式。但是，随着信息化技术的发展，不能排除将来保理合同广泛采用数据电文形式的可能。

第七百六十三条【虚构应收账款的法律效果】

应收账款债权人与债务人虚构应收账款作为转让标的，与保理人订立保理合同的，应收账款债务人不得以应收账款不存在为由对抗保理人，但是保理人明知虚构的除外。

历史由来

本条是关于保理合同中虚构应收账款法律效果的规定，为本次《民法典》

立法的新增加内容。本条在《民法典合同编（草案）》（二审稿）中，是第552条之二。《民法典（草案）》将其独立为第763条，最终通过的《民法典》保持该内容不变。

规范目的或功能

本条规定的立法目的是防止应收账款债权人与债务人的通谋行为，以保护保理人的合法权益。实践中，存在大量为了获取保理融资而虚构应收账款的不法行为，行为人通过伪造基础交易合同、往来凭证等文件虚构应收账款，并以此虚假之应收账款向保理人申请保理，保理人基于对被保理人的信任而与之订立保理合同。基于合同的相对性原理，应收账款债权人与债务人均不得以该应收账款不存在为理由对抗保理人。当然，如果保理人明知债权人与债务人虚构应收账款债权，依然为其设立保理的，其合法权益不再受到保护。

规范内容

一、虚构的应收账款不影响保理合同效力

应收账款是保理合同债权让与的标的物，是保理关系成立的前提基础。保理人通过受让应收账款债权，才取得请求债务人履行债务的权利。因此，应收账款应该真实有效。如果当事人虚构应收账款，保理人无法取得真正的债权，保理合同目的就不能实现。但是，这并不影响保理合同的效力。如前所述，基础交易合同与保理合同是两个彼此独立的合同，并非主从合同关系。基础交易合同的效力不影响保理合同的效力，虚构没有基础交易合同关系的应收账款同样不影响保理合同的效力。在“中国某国际经济技术合作集团有限公司与中国建设银行股份有限公司某支行合同纠纷案”中，最高人民法院认为：“保理为基于应收账款债权让与的综合性金融服务，案涉《保理合同》为包含金融借贷、债权让与在内的混合合同。某实业与某集团间的基础合同虽系虚假，但无证据证明建行某支行明知基础合同为虚假而与某实业签订案

涉《保理合同》，故在案涉《保理合同》未经撤销的情况下，仍具有法律拘束力。在应收账款债权让与过程中，某集团明知基础合同为虚假，仍向建行某支行出具系列《付款承诺书》及回执，注明应付账款的数额、到期时间，以书面形式确认应收账款债权的真实性和有效性，并在《付款承诺书》中承诺不以任何包括上述商务合同执行中的争议等为理由向建行某支行拒付。因此，某集团不得以案涉基础合同无效对抗不知情的建行某支行，其仍应依照《保理合同》、系列《付款承诺书》及回执，以所确认的债务金额为限向建行某支行承担付款责任。”①

应收账款债权人与债务人虚构应收账款的，属于通谋的意思表示。《民法典》第146条规定，行为人与相对人以虚假的意思表示实施的民事法律行为无效。据此，如果债权人与债务人共同虚构应收账款的，必定要虚构基础交易合同，该合同属于无效合同。在此种情况下，如果没有其他能够导致合同无效的条件发生，保理合同的效力不受影响，虚假表示的债权人和债务人不得“以应收账款不存在为由”抗辩保理人。实践中，许多当事人为了达到融资目的，通过虚构应收账款的行为，骗取保理融资。本条规定明确了这种行为的法律效果，行为人不得以此为由对抗保理人。如果情节严重，涉及经济利益较大的情况下，恶意串通虚构应收账款的债权人和债务人还可能涉嫌经济犯罪。

二、保理人的信赖利益受到法律保护

保证作为保理合同标的物的应收账款真实有效，是被保理人的义务。保理人也应当对此进行严格审查。但是，基于保理业务是一种商业经营行为，无论是银行保理还是商业保理，保理人很难做到对每笔保理业务涉及的应收账款的真实有效进行实质审查。保理人通常只能对基础交易合同、各种往来凭证和相关单据进行形式审查，其基于此的信赖利益受法律保护。

在“某集团新疆有限公司与中国工商银行股份有限公司某支行合同纠纷案”中，最高人民法院认为：“在办理保理业务之前，工行某支行以《应收账款保理业务确认书》的形式向某新疆公司和某甲公司确认了买卖合同的

---

① 参见最高人民法院（2019）最高法民申2994号民事裁定书。

真实性，并审查了双方提交的《买卖合同》、出入库单据及增值税发票等的真实性，上述事实证明工行某支行足以产生合理信赖并有理由相信涉案应收账款债权真实、合法、有效。因此，即使某新疆公司和某甲公司之间的涉案买卖合同确系虚伪意思表示，双方亦不得以此对抗作为善意第三人的工行某支行。而且某新疆公司在《应收账款保理业务确认书》中明确表示要向工行某支行支付150012150元价款，工行某支行与某甲公司亦将该债权转让的事实通知了某新疆公司，相应的债权转让行为对某新疆公司发生法律效力。”①

信赖保护是一项重要的私法原则。与尊重个人自主选择的意思自治原则不同，信赖保护原则旨在强调将交易相对人的合理信赖纳入私法规范的构造之中，以维护民商事交往中的信赖投入并确保交易的期待性。②债权人与债务人串通虚构应收账款，保理人在不知情的情况下基于对债权人的信赖而订立保理合同，其信赖利益应当受到保护。保理合同另一方当事人——基础交易合同的债权人不得以应收账款不存在为由对抗保理人。否则，保理人的财产利益将受到不当侵害。债务人虽非保理合同当事人，但是其参与虚构应收账款行为，主观上存在过错，也不得以应收账款不存在为由对抗保理人。

当然，如果保理人对基础交易合同的原债权人与债务人虚构应收账款的事实知情，其就不再对应收账款真实有效具有信赖利益。因此，本条规定在此种情况下，债务人得以应收账款是虚构的为由对抗保理人。保理人信赖利益的产生以保理合同订立时为准，此后无论何时保理人知道了应收账款是虚构的，均不影响其信赖利益的保护。

三、虚构应收账款责任人的赔偿义务

债权人与债务人串通虚构应收账款，致使保理人遭受保理融资款、手续费及其相关损失的，保理人可以向债权人与债务人请求赔偿。债权人作为保理合同当事人，如果借此取得保理融资，虚构应收账款实际上并未付出相应对价，应该对保理人损失承担赔偿责任，这是合同义务的应有之义。在此情况下，债

① 参见最高人民法院（2018）最高法民申4320号民事裁定书。

② 参见朱广新：《信赖保护理论及其研究述评》，载《法商研究》2007年第6期。

权人产生合同责任和侵权责任的竞合。保理人可以择其一而请求被保理人承担相应责任。债务人与债权人共同虚构了应收账款，对保理人的损失同样负有侵权法上的赔偿责任。司法实务中，法院一般认为保理商无法基于并不存在的应收账款债权主张清偿，而债务人串通伪造虚假应收账款的行为，构成对保理商债权的侵害，应当对债权人、担保人不能清偿的部分承担赔偿责任。①

举证责任

应收账款债权人与债务人虚构应收账款作为转让标的，与保理人订立保理合同的，应收账款债务人以保理人明知虚构为由对抗保理人的，债务人对此负有举证责任。

第七百六十四条【保理人对应收账款债务人的通知义务】

保理人向应收账款债务人发出应收账款转让通知的，应当表明保理人身份并附有必要凭证。

历史由来

本条是关于保理人向应收账款债务人发出应收账款转让通知而应该表明身份的规定，为本次《民法典》立法的新增加内容。债权让与的通知义务一般由出让人履行，《合同法》第80条规定："债权人转让权利的，应当通知债务人。未经通知，该转让对债务人不发生效力。债权人转让权利的通知不得撤销，但经受让人同意的除外。"第82条规定："债务人接到债权转让通知后，债务人对让与人的抗辩，可以向受让人主张。"本条在《民法典合同编（草案）》（二审稿）中，是第552条之三。《民法典（草案）》（2019年12月16日稿）将其独立为第764条，最终通过的《民法典》保持该内容不变。

① 参见江苏省高级人民法院民二庭课题组：《国内保理纠纷相关审判实务问题研究》，载《法理适用》2015年第10期。

规范目的或功能

本条是保理人对应收账款债务人通知义务的规定，不同于偶发的、单纯的债权让与，保理业务是保理人的经营活动，在很多情况下，如暗保理，应收账款转让是不通知债务人的。即使需要通知债务人的，保理的业务流程通常设置了较为复杂的程序，由保理人通知债务人。本条规定一方面明确了通知债务人可以由保理人完成，隐含着也可以由债权人完成；另一方面规定如果由保理人通知债务人的，必须需要满足的要件，目的是规定保理人一方的义务。

规范内容

一、通知债务人是债权让与对其发生约束力的要件

保理在性质上是特殊债权让与合同，债权让与一旦完成原合同关系即发生变更，原债权人的权利转让给了保理人。债务人履行义务的对象因此发生了变更，是否应当事先征得债务人同意在理论上存在争议。对此，债权让与生效的立法例大致有三种：（1）自由转让主义。债权人可以仅凭自己的意志即可转让其合同权利给第三人，无需经过债务人同意和通知债务人。（2）债务人同意主义。债权人转让其合同权利给第三人必须征得债务人同意，否则对债务人不具有约束力。（3）债务人通知主义。作为对权利的处置，债权人转让其合同权利给第三人无需征得债务人同意，但是必须通知债务人。《民法典》第546条规定："债权人转让债权，未通知债务人的，该转让对债务人不发生效力。债权转让的通知不得撤销，但是经受让人同意的除外。"可见，我国法律规定对债权让与的立法态度采取的是通知主义。本条让与通知为债权让与对债务人生效之要件，学理上并无异议。争议点在于，让与通知是否同时为让与人和受让人之间债权让与的生效要件；让与通知是否构成受让人得以对抗其他第三人的要件。[①]

---

① 徐涤宇：《〈合同法〉第80条（债权让与通知）评注》，载《法学家》2019年第1期。

有学者认为:“在债权让与协议成立后，还需要一定的法律事实才能使债权发生实际的移转，而这种事实就是通知。因此，在通知之前，不能认为债权已经移转，因此受让人并非债权人，也不能以债权人的身份进行通知。……在债权人进行通知以前，标的债权并未实际移转，受让人并未成为标的债权的债权人。”有学者反驳说:“这种见解混淆了债权归属和债权让与对债务人发生效力两层法律关系。在意思主义下，在现实债权让与场合，让与人和受让人达成债权让与合意，债权就发生转移，并成为受让人的责任财产。”[①]从理论上说，债权让与是原债权人处分自己权利的行为，其与受让人之间的让与协议，在不侵害第三人利益的前提下，属于意思自治的范畴，无需经过包括债务人在内的第三人同意，即可发生债权让与受让人的效力。通知债务人并非债权让与的生效要件，只是为了避免其再向原债权人履行的必要程序。因此，通知债务人并非使债权让与发生效力的意思表示，而是对债权让与已经发生这一事实的通知。债务人自接到通知时起，债权让与协议对其产生拘束力。在这一点上，保理合同与一般的债权让与相同。即保理合同成立后，无需通知债务人即可发生债权移转的法律效果，但对债务人的拘束力自其接到应收账款转让通知时起。《中国商业保理业务规则（征求意见稿）》第18条第1款规定:“应收账款债权人将应收账款转让给商业保理企业，应当通知债务人。未经通知，该转让对债务人不发生法律效力。”

二、通知主体

根据《民法典》第546条的规定，债权让与中通知债务人的义务主体应当是债权人。债权让与是债权人对自己合同权利的自由处分，由其通知债务人顺理成章。债务人受到债权人的债权让与通知，才能确认其债务履行对象已经发生变更。在一般的债权让与中，如果由受让人通知债务人，债务人必须要核实该债权让与的真实性，以免因履行对象错误蒙受损失。

本条规定，“保理人向应收账款债务人发出应收账款转让通知的”，隐含两层意思：一是有些保理是可以不通知债务人的；二是保理中的应收账款转让，既可以由债权人通知债务人，也可以由保理人通知债务人。由保理人通

① 崔建远:《债权让与续论》，载《中国法学》2008年第3期。

知债务人，相当于赋予了债权让与受让人通知的权利，与第546条的规定有所不同。有观点认为，这不仅产生在保理以外债权让与的情形受让人是否有权为让与通知的疑问（本条得否类推适用于其他受让人），还将产生对债务人更为不利的后果。[①]确实，在一般的债权让与中，为了保护债的安定性以及债务人的利益，通知债务人的主体应该仅限于债权人。赋予第三人通知债务人的权利，无疑将会给债务人增加核实该债权让与真实性的负担，如果再由债权人确认该转让行为，将会提高时间成本，也可能因为债务人对受让人履行困难，提高经济成本。如在买卖合同中，买方已经履行付款义务，将请求卖方交付货物的债权转让给第三人的。受让人与买方所在地不同，可能会导致运输成本增加、交货周期延长。

保理合同中，之所以赋予应收账款转让受让人——保理人——以通知债务人的权利是因为：

1.保理业务的融资功能。保理合同的性质是债权让与合同，但是保理合同具有金融属性，债权人让与债权的目的绝大多数情况是利用保理进行融资。在实务中，保理人通过直接追索权保理和暗保理的普遍适用，满足被保理人的融资需求。在这两种情况下，被保理人的信用状况以及是否存在其他担保措施，是保理融资安全的保障。暗保理，又称“隐蔽性保理”，系指保理合同订立后，暂时不将应收账款转让事实通知债务人的保理。当然，保理人有权选择在其认为必要的时间自己通知或者要求债权人通知债务人应收账款已经转让的事实。因此，绝大多数保理合同中，保理人一般不太关心债务人的偿债能力，不通知或者没必要通知债务人。

2.保理业务的营业性。保理业务是商业经营活动，保理人受让应收账款债权的目的是营利。无论是银行保理还是商业保理，均属于严格监督管理的金融业范畴。保理人必须满足严格的法定条件由银行业监督管理部门批准经营。与一般的合同债权人相比，保理人的信用程度较高，加之保理业务有严格规范的业务流程，这保障了债务人向其履行义务的安全性。同时，由保理人通知债务人应收账款转让事实的，必须提供真实、详细、完整的保理合同书、基础交易合同书、往来单据等资料予以证明，以便债务人确认与核实应

① 参见李宇：《保理合同立法论》，载《法学》2019年第12期。

收账款转让的事实。

3.应收账款转让不会增加债务人成本。如果是实物债权让与，必须交付有形的物品，可能会导致运输、仓储成本增加。应收账款属于金钱债权，债务人履行债务时，无需向交付实物那样，只需将相关款项汇入保理人或者原债权人指定的银行账户即可。在这种情况下，债务人无论是对原债权人还是对保理人履行债务，付出的成本相同，并不会增加负担。

当然，赋予保理人通知债务人的权利，并未剥夺债权人的通知权利。也就是说，保理合同中可以约定通知债务人的主体是债权人还是保理人。按照特别法优于一般法的原则，由受让人通知债务人的，只能在保理合同中适用。其他情形，在没有法律明确规定的前提下，根据《民法典》第546条的规定，债权转让事实的通知主体依然是让与人而非受让人。

三、保理人通知时表明身份并提供相应凭证

保理合同约定由保理人通知债务人的，保理人在通知时表明身份，指的是保理人必须表明其应收账款受让人身份以及其为银行保理还是商业保理保理人的身份。这要求保理人应当提供的资料包括但不限于营业执照副本影印件、保理合同原件及复印件、基础交易合同复印件、债权人与债务人的往来单据、银行流水清单等相关资料。保理业务办理了应收账款转让登记的，保理人在通知债务人时还应该告知其应收账款转让登记相关信息。应收账款转让，债权人和债务人没有通知债务人或者通知债务人提供信息和资料不完整、不真实的，该转让对债务人不发生法律效力。债务人得以此对保理人要求履行债务的请求，予以抗辩。

《中国商业保理业务规则》（征求意见稿）第18条第2款、第3款、第4款规定："商业保理企业或者应收账款债权人与债务人对于应收账款转让通知的形式有约定的，从其约定。约定使用电子签名、数据电文、电子邮件等形式，或者约定通过各类电子交易平台在线上采用电子签名、数据电文等形式发送应收账款转让通知的，以及债务人对应收账款转让的事实使用电子签名、数据电文形式，或者通过各类电子交易平台在线上采用电子签名、数据电文等形式做出承诺或者确认的，在符合《中华人民共和国电子签名法》相关规定的情况下，视为应收账款转让对债务人发生效力。商业保理企业或应收账款

债权人与债务人未对应收账款债权转让通知的形式做出约定的，可通过如下方式将应收账款转让事实通知债务人：（1）债务人盖章确认；（2）快递通知；（3）挂号信通知；（4）公证送达；（5）诉讼通知；（6）其他合法有效的通知方式。债务人在收到应收账款转让通知后，应收账款转让对其发生法律效力。但是，债务人仍然有权根据法律规定对受让人（商业保理企业）在所受让应收账款的范围内行使抗辩权和抵销权。”

举证责任

对于普通的债权让与而言，由于在债权让与的内部关系上，让与人对受让人负有向债务人通知的义务，故在受让人以债权人未履行通知义务为由向其要求继续履行，或者主张损害赔偿或解除让与合同时，应由原债权人就其已履行通知义务负证明责任。[①]而保理合同通常规定保理人负有通知债务人的义务，因此保理人主张其已经就应收账款转让事宜通知债务人的，负有对此举证的责任。不但要证明已经通知了债务人，还要证明通知时“表明了保理人身份并附有必要凭证”。

第七百六十五条【保理合同的效力不受基础交易合同变动影响】

应收账款债务人接到应收账款转让通知后，应收账款债权人与债务人无正当理由协商变更或者终止基础交易合同，对保理人产生不利影响的，对保理人不发生效力。

历史由来

本条是关于基础交易合同变动不影响保理合同效力的规定，为本次《民法典》立法的新增加内容。《合同法》第80条第1款：“债权人转让权利的，应当通知债务人。未经通知，该转让对债务人不发生效力。”保理合同中应收账款转让只有通知债务人，才对其发生拘束力。《民法典合同编（草案）》（征求意见稿）和《民法典合同编（草案）》（一审稿）没有规定保理合同，《民

---

① 徐涤宇：《〈合同法〉第80条（债权让与通知）评注》，载《法学家》2019年第1期。

法典合同编（草案）》（二审稿）首次以有名合同的方式增加保理合同内容，以之一、之二……直至之六这种方式规定在第552条一个条文中，但并无本条规定。本条为《民法典（草案）》新增加之内容，当时的文本为："应收账款债务人接到应收账款转让通知后，应收账款债权人和债务人无正当理由协商变更或者终止基础交易合同，对保理人产生不利影响的，对保理人不发生效力。"最终通过的《民法典》改动了一个字，将"应收账款债权人和债务人"修改为"应收账款债权人与债务人"。

规范目的或功能

基础交易合同的存在是保理合同缔结的前提，保理人受让的应收账款债权产生于基础交易合同。但是，基础交易合同与保理合同并非主从合同关系，而是内容具有关联关系的两个独立合同。保理合同对债务人发生效力后，不受基础交易合同变动的影响。实践中，保理合同生效后，原债权人与债务人变更基础交易合同的案例多有发生，本条的规范目的是保护保理人的合法权益不受侵害，确定这类行为不影响保理合同的效力，有利于保理合同安定性和保理人合法权益的维护。

规范内容

一、应收账款转让自债务人接到通知时，对其产生拘束力

作为权利的处置方式，债权让与无需征求债务人同意即可发生效力，但是只有债务人获悉债权已经变动的事实，才能向新的债权人——受让人履行合同义务。因此，债权让与必须通知债务人才能对其发生效力。关于通知债务人是否是债权让与的生效要件，在学理上存在争议。如前所述，有人认为是债权让与生效的必要条件，有人认为只要让与人与受让人达成合意债权让与即可生效，通知债务人仅是对其发生效力的程序而已。不过，无论持何种立场，合同权利转让对债务人产生拘束力，取决于两个条件：一是权利转让合同的成立；二是债权人将权利转让的事实通知债务人以后，债务人未表示

异议。[①]债权让与对让与人的拘束力则是在其与受让人的债权让与合意达成之时就发生的。

债权让与发生效力意味着让与人、受让人与债务人均要受债权让与合同的约束。在债权为现实存在且全部让与的场合，该债权即由原债权人（让与人）移转于受让人，让与人脱离原债的关系，受让人取代让与人的法律地位而成为新的债权人。[②]此种情况下，基础交易合同的当事人变更为受让人与债务人，与让与人无关了。如果是基础交易合同的债权部分转让，受让人加入该合同关系，成为转让部分债权的权利人。无论哪种情况，债权让与对让与人产生拘束力，意味着其不再是已转让应收账款债权的债权人。除非让与人与受让人就债权让与合同达成解除、变更的合意，否则让与人无权对已转让债权作任何处分。对债务人的拘束力，意味着其履行合同的对象已经由让与人变更为受让人，债务人必须按照基础交易合同的约定履行相应义务。除非保理合同变更或解除，在未经受让人同意的情况下，债务人不得自行或者与让与人变更、解除基础交易合同。

二、基础交易合同变动不影响保理合同效力

基础交易合同是形成应收账款债权的根本，直接决定着保理合同的内容。但是，基础交易合同与保理合同并非主合同与从合同的关系，而是相互独立的两个合同。一旦保理合同对让与人、受让人以及债务人全面生效，一定数额的应收账款债权就被固定下来，其权利人是保理人，其他人对此无权处置，产生该债权的基础交易合同对此也不得进行变更。在未经保理人同意的情况下，任何涉及应收账款债权的处分行为均无效。本条规定，“应收账款债权人与债务人无正当理由协商变更或者终止基础交易合同”，此处的“应收账款债权人”实为作为基础交易合同的原债权人，保理合同生效后应收账款的债权人应为受让人——保理人。在债权全部转让的情况下，原债权人退出基础交易合同，无权再与债务人变更或终止合同；在债权部分转让的情况下，债权人与债务人对基础交易合同的变更或终止，保理合同

① 参见王利明、崔建远：《合同法新论·总则》，中国政法大学出版社2000年版，第423页。

② 崔建远：《债权让与续论》，载《中国法学》2008年第3期。

的内容不受任何影响，也就是说，对保理人不发生效力。债务人不得以此为由对抗保理人，除非保理人同意，其债务不因基础交易合同的变更或终止而免除。

三、未经保理人同意的基础交易合同变动违反诚实信用原则

保理合同一经订立，对保理人（受让人）和被保理人（让与人）就发生效力，任何对合同内容有实质性影响的变动均应由双方意思表示达成一致。对于债务人而言，实践中保理人通知债务人的通行做法，是以《应收账款保理业务确认书》的方式，要求债务人向债权受让人确认对应收账款债权让与这一事实无异议，同时作出“不出于任何原因对该等款项进行任何抵销、反请求或扣减”的承诺，以保证保理融资业务的顺利开展。因此，如果原债权人（让与人）与债务人在未经保理人同意的情况下，变更或终止基础交易合同，让与人可能构成对保理合同的违约行为，债务人则违反诚实信用原则。司法实践中，有的法官也持此立场，认为：“债权人、债务人及保理商就基础合同的变更作出约定的，依其约定处理。如果无三方约定，保理商受让债权后，债务人又与原债权人变更基础合同，导致保理商不能实现保理合同目的，保理商请求原债权人承担违约责任或者解除保理合同并赔偿损失的，应当支持。”①

本条规定，债权人与债务人“无正当理由”不得变更或者终止基础交易合同，但并不意味着“有正当理由”，债权人和债务人就可以随意变更或者终止基础交易合同。无论何种情况，基础交易合同的变动只要影响保理人的利益，都必须经其同意才对保理人发生效力。在商业实践中，保理人、保理申请人往往通过保理合同约定，被保理人（原债权人）有不得变更基础交易合同的义务。《中国商业保理业务规则》（征求意见稿）第40条第2款第5项规定：“保理合同项下的应收账款转让后，未经商业保理企业书面同意，保理申请人不得对基础交易合同做出任何形式的变更、解除或终止，也不得接受债务人变更、解除或终止基础交易合同的要求。”

---

① 杨临萍：《当前商事审判工作中的若干具体问题》，载《人民司法》2016年第4期。

第七百六十六条【有追索权保理】

当事人约定有追索权保理的，保理人可以向应收账款债权人主张返还保理融资款本息或者回购应收账款债权，也可以向应收账款债务人主张应收账款债权。保理人向应收账款债务人主张应收账款债权，在扣除保理融资款本息和相关费用后有剩余的，剩余部分应当返还给应收账款债权人。

历史由来

本条是有追索权保理的规定，为本次《民法典》立法的新增加内容。《商业银行保理业务管理暂行办法》第10条规定，“有追索权保理是指在应收账款到期无法从债务人处收回时，商业银行可以向债权人反转让应收账款、要求债权人人回购应收账款或归还融资。有追索权保理又称回购型保理”。《中国商业保理业务规则》（征求意见稿）第8条第1款规定：“有追索权保理，系指保理业务中，商业保理企业不承担应收账款债务人的信用风险，应收账款债务人无论何种原因到期不付款时，商业保理企业均有权按照保理合同的约定向应收账款债权人进行追索，要求其退还保理融资本金余额及欠付的利息及其他费用。”《民法典合同编（草案）》（征求意见稿）和《民法典合同编（草案）》（一审稿）没有规定保理合同，《民法典合同编（草案）》（二审稿）首次以有名合同的方式增加保理合同内容，以之一、之二……直至之六这种方式规定在第552条一个条文中，本条内容是第552条之四。《民法典（草案）》将其独立为第766条，最终通过的《民法典》该内容保持不变。

规范目的或功能

有追索权保理因为有被保理人（原债权人）的担保，保理融资的资金安全相对有保障，是实践中最为常见的保理类型。从功能上看，有追索权保理与应收账款质押有诸多类似之处，但是法理基础与制度架构不同。本条明确了有追索权保理的具体运作规则，不仅在立法上赋予了有追索权保理以合法地位，而且有助于厘清实践中的相关问题，有利于有追索权保理的规范运作和保理业的有序健康发展。

规范内容

一、有追索权保理的性质是金融借贷

长期以来，由于保理合同在我国合同法的缺位，人民法院审理相关案件时，案由难以归类，也缺乏明确的法律规定作为裁判依据。在保理实务以及司法实践中，很多案件被认为“名为保理，实为借贷”。这也是保理业务一直被人所诟病的主要原因之一。保理业产生伊始就是一种金融服务，保理人的主要盈利模式并非通过实现受让的应收账款债权，而是为被保理人提供保理融资，被保理人在约定的期限内还本付息，并以债权让与的方式担保其信用风险。为被保理人融资在功能上与金钱借贷无异，因此，在某种意义上说，保理可以被视为一种特殊的金融借贷。

在所有金融交易中，资金安全是资金提供方最为关注的。保理人出借资金给被保理人，受让被保理人应收账款债权为融资提供担保。但是，产生应收账款债权的基础交易类型五花八门，保理人通过请求债务人实现债权的难度很大。因此，在大多数保理业务中，保理人不关心债务人的偿债能力，而是要求原债权人承担应收账款债权不能实现的信用风险，有追索权保理应运而生。实务中的有追索权保理，系指保理业务中，商业保理企业不承担应收账款债务人的信用风险，应收账款债务人无论何种原因到期不付款时，商业保理企业均有权按照保理合同的约定向应收账款债权人进行追索，要求退还保理融资本金余额及欠付的利息及其他费用。[①]这将应收账款债权的信用风险全部转移给了被保理人（原债权人）。本条规定的有追索权保理与之不同，将仅限于由被保理人（原债权人）承担信用风险，扩大到由保理人和被保理人（原债权人）约定追索权的行使对象是原债权人还是债务人。“当事人约定有追索权保理的，保理人可以向应收账款债权人主张返还保理融资款本息或者

---

① 参见《中国商业保理业务规则》（征求意见稿）第8条。

回购应收账款债权，也可以向应收账款债务人主张应收账款债权。”这一定义更接近于银行保理，《商业银行保理业务管理暂行办法》第10条规定，“有追索权保理是指在应收账款到期无法从债务人处收回时，商业银行可以向债权人反转让应收账款、要求债权人回购应收账款或归还融资。有追索权保理又称回购型保理”。

有追索权保理是平衡应收账款债权人的融资需求与作为出借人的保理人的资金保障的制度创新。从债权人角度来说，通过保理解决其资金融资困难，从保理人的角度来说，对债权人的追索权使得其资金安全获得了债权让与和债权人的信用保证的双重保障。

二、有追索权保理是一种特殊的让与担保

让与担保是大陆法系国家沿袭罗马法上的信托行为并吸纳日耳曼法上的信托行为成分，经由判例学说之百年历练而逐渐发展起来的一种非典型物的担保制度，以当事人依权利（所有权）转移方式达成担保信用授受目的为特征。[①]从本条的内容看，有追索权保理的性质与功能，与权利让与担保类似。让与担保的运行机制是债务人或第三人为担保债务人的债务，将担保标的物的权利事先移转给担保权人，在债务清偿后，标的物的权利应返还给债务人或第三人，当债务人不履行债务时，担保权人可以就该标的物受偿。[②]一般认为，让与担保的标的物只能是动产。由于权利作为交易标的时视为动产，准用动产交易规则，权利让与担保准用动产让与担保规则。[③]

有追索权的保理，合同目的并非债权让与，而是为被保理人提供保理融资，保理人受让债权的目的是保证其出借资金本息的安全。保理合同中既可以约定原债权人返还融资本息及其应收账款债权，也可以约定由原债权人回购该应收账款债权，还可以约定被保理人不能偿还融资本息的，保理人有权处置受让债权优先受偿。这实际上是以应收账款债权为标的的让与担保。

本条规定，保理人如果向应收账款债务人主张应收账款债权，在扣除保理

---

① 王闯：《关于让与担保的司法态度及实务问题之解决》，载《人民司法》2014年第16期。

② 参见王利明：《物权法研究》，中国人民大学出版社2013年版，第1270页。

③ 参见高圣平：《动产让与担保的立法论》，载《中外法学》2017年第5期。

融资款本息和相关费用后有剩余的，剩余部分应当返还给应收账款债权人。实际上是科以保理人作为让与担保债权人的强制清算义务，以防止在极端情况下保理人获取超出保理合同约定的利益，维护被保理人（原债权人）的合法权益。此种制度设计，也与让与担保债权人的强制清算义务有异曲同工之妙。

司法实践中，许多判例直接认定有追索权保理为债权让与担保。如在“中国银行股份有限公司某分行与福州某贸易有限公司、江西某铜业有限公司等金融借款合同纠纷案”中，福建省福州市中级人民法院认为，有追索权保理从法律关系为债权让与担保。有追索权保理的保理银行虽受让了卖方对买方的应收账款债权，但保理银行受让应收账款后仅代为管理并收取应收账款，其与卖方内部之间形成信托关系。此外，保理银行收取款项若超过保理融资款及相应利息，余款亦应当退还卖方。当保理银行因应收账款无法收回而要求卖方承担还款责任，在卖方未偿清保理融资款前，保理银行仍有权向买方收取应收账款用以偿还主债权。综上，应收账款转让的目的在于清偿主债务或担保主债务得到清偿，故有追索权保理的从法律关系为债权让与担保关系。①

三、有追索权保理与应收账款质押的关系

应收账款质押是实践中常见的担保物权方式之一，在功能上与有追索权保理有类似之处。应收账款质押是指为担保债务的履行，债务人或者第三人将其合法拥有的应收账款出质给债权人，债务人不履行到期债务或者发生当事人约定的实现质权的情形，债权人有权就该应收账款及其收益优先受偿。②《民法典》第440条规定，债务人或者第三人有权处分的“现有的以及将有的应收账款”可以出质。

与应收账款质押一样，有追索权保理也是以应收账款为标的物担保债务履行。二者最大的区别是：作为担保物权的应收账款质权在性质上属于他物权，应收账款债权并未转移。也就是说，出质之应收账款的债权人是出质人而非质权人；保理在性质上为债权让与，应收账款债权进行了转移，设定了保理的应收账款的债权人是保理人而非原债权人。因此，如果债务人不履行

① 参见福建省福州市中级人民法院（2013）榕民初字第1287号民事判决书。

② 参见《应收账款质押登记办法》第3条第1款。

其到期债务，质权人只能就出质之应收账款及其收益优先受偿，不得变卖应收账款或者向应收账款债务人主张债权。保理人则有权以应收账款债权人身份向应收账款债务人主张债权。当然，在应收账款质权实现时，也有与此相通之处。以现有应收账款质押的，质权人与应收账款债务人之间通过质押合同和债权合同形成了一种特殊的法律关系：质权存续期间，质权人是应收账款债务人的可能清偿对象；质权行使时，质权人就转换为应收账款债务人的事实清偿对象。两者之间是一种未来可能的债权债务关系，这种关系的成立不是基于直接的合同，而是基于质押合同和债权合同的连接，应收账款债务人类同于合同法上的次债务人。①

四、应收账款反转让

保理人依据保理合同的约定，向应收账款原债权人主张返还保理融资款本息或者回购应收账款债权的，在收到足额的全部款项后，应当将应收账款债权转让给应收账款原债权人，是为应收账款反转让。保理合同成立后，保理人基于合同约定向应收账款债务人享有应收账款债权，但是在有追索权保理中，如果保理人向应收账款原债权人主张权利的，不能再向应收账款债务人主张，否则就构成不当得利。因此，如果保理人自应收账款原债权人处实现了权利，应当将其受让之应收账款债权再转让给原债权人。

实务中，在反转让的通知到达债务人之前，保理人为自身之合法利益有权收取债务人支付的所涉反转让应收账款的任何款项，也有权在应收账款回款金额中扣除应收账款原债权人的应还款项。保理业务中应收账款转让事实已经通知债务人的，保理人向应收账款原债权人反转让应收账款后，应将应收账款反转让事实及时通知债务人。②

五、应收账款的清算

本条规定："保理人向应收账款债务人主张应收账款债权，在扣除保理融资款本息和相关费用后有剩余的，剩余部分应当返还给应收账款债权人。"

---

① 赵万一、余文焱：《应收账款质押法律问题》，载《法学》2009年第9期。

② 参见《中国商业保理业务规则》（征求意见稿）第19条。

因此，如果保理人选择向应收账款债务人主张债权的，其利益范围仅仅是保理融资的本息和其他必要费用，剩余财产仍然归原债权人所有。这进一步说明，有追索权保理的真正合同目的是保理融资而非债权让与。如果是纯粹的债权让与，该债权一切后果均应由受让人——保理人承担，不足其融资本息和其他必要费用部分，让与人（原债权人）不承担补足义务，超出其融资本息和其他必要费用部分归保理人所有，其对让与人（原债权人）也不承担返还义务。

有追索权保理中的应收账款清算，一方面是保理人的权利；另一方面是保理人的义务。保理人向应收账款债权人主张应收账款债权，请求的金额一般与保理融资本息和保理合同约定的其他费用相当。如果保理人向应收账款债务人主张应收账款债权的，请求金额为应收账款数额，有可能小于或者大于保理融资本息和相关费用。如果实现的金额大于保理融资本息和相关费用的，保理人在根据保理合同约定实现自己的权利后，必须将剩余金额返还给原应收账款债权人，否则将构成不当得利。因此，从这个意义上说，有追索权保理中的应收账款清算既是保理人的权利，又是保理人的义务。

第七百六十七条【无追索权保理】

当事人约定无追索权保理的，保理人应当向应收账款债务人主张应收账款债权，保理人取得超过保理融资款本息和相关费用的部分，无需向应收账款债权人返还。

历史由来

本条是无追索权保理的规定，为本次《民法典》立法的新增加内容。在保理实务中，无追索权保理一直作为主要的保理业务类型之一存在。《中国商业保理业务规则》（征求意见稿）第8条第2款规定："无追索权保理，系指保理业务中，商业保理企业将为应收账款债务人核定信用风险额度，并且在信用风险额度范围内承担应收账款债务人的信用风险。发生信用风险后，商业保理企业在核定的信用风险额度范围内无权向保理申请人进行追索。但是，若是发生信用风险以外的情形，商业保理企业仍有权向保理申请人进行追索。"《商业银行保理业务暂行办法》第10条规定，"无追索权保理是指应收账款在无商业纠纷等情况下无法得到清偿的，由商业银行承担应收账款的坏账风险。无追索权保理又称买断型保理"。

《民法典合同编（草案）》（征求意见稿）和《民法典合同编（草案）》（一审稿）没有规定保理合同，《民法典合同编（草案）》（二审稿）首次以有名合同的方式增加保理合同内容，以之一、之二……直至之六这种方式规定在第552条一个条文中，本条内容是第552条之五。《民法典（草案）》将其独立为第767条，最终通过的《民法典》该内容保持不变。

规范目的或功能

本条规范目的旨在规定无追索权保理。根据是否可以向被保理人（原债权人）追偿，保理可以分为有追索权保理和无追索权保理。保理实务中，基于保理的金融性以及保理融资安全性的考虑，大多数保理为有追索权保理，但是从保理的法律性质上来说，作为一种特殊的债权让与，保理人向应收账款债务人主张债权理所应当，因此无追索权保理有存在的必要性和合理性。

在无追索权保理中，保理人受让应收账款成为新的债权人，独立承担债务人的信用风险，不需要被保理人（原债权人）再对应收账款债权是否可以实现提供担保。换句话说，被保理人（原债权人）基于债权让与行为退出原债权债务关系，保理人承担该债权产生的一切法律后果。因此，无追索权保理也称为买断型保理。本条规定了无追索权保理中保理人的权利。

规范内容

一、保理人只能向应收账款债务人主张权利

保理业务中的追索权，是指应收账款让与人承担应收账款债务人的信用风险，保理人有向其"追索"的权利。无追索权保理，是指应收账款在无商业纠纷等情况下无法得到清偿的，由商业银行承担应收账款的坏账风险。无

追索权保理又称为买断型保理。[①]如果说有追索权保理实质上是一种特殊的让与担保、一种融资手段，债权让与只是融资的担保方式而已，那么，无追索权保理则是真正的债权让与，保理融资是保理人受让债权的对价，保理人的盈利与否、盈利多少取决于其对债务人应收账款的实现情况。

无追索权保理中，被保理人（原债权人）将应收账款债权转让给保理人，退出基础交易合同，保理人取而代之成为新的债权人，承担应收账款债权不能实现的风险。一般而言，无追索权保理合同中，保理人应当向应收账款债务人主张应收账款债权。基于该债权的一切合法收益均归保理人所有，即使超过保理融资本息和相关费用的，保理人也无需返还给原债权人。换句话说，在无追索权保理中，应收账款债务人的信用风险由保理人承担，与原债权人无关。

二、无追索权保理中保理人的追索权

在无追索权保理合同中，保理人对应收账款债权让与人没有追索权并不是绝对的。如果存在债务人信用风险以外因素导致受让债权不能实现的，为了维护保理人的合法权益，应当赋予保理人对被保理人（让与人）的追索权。实践中，无追索权保理合同中，当事人通常约定保理人对被保理人可追索的例外情形。天津市高级人民法院发布的《关于审理保理合同纠纷案件若干问题的审判委员会纪要（一）》第11条第11项规定，“发生下列情况之一的，无追索权保理的保理商有权追索已付融资款并不承担坏账担保义务：债权人有明显欺诈行为；不可抗力；债务人对基础合同项下的商品、服务等提出异议”。债权让与中让与人有明显欺诈行为的，根据《民法典》第148条的规定，受让人有权请求人民法院或者仲裁机构撤销该债权转让。无追索权保理有此类情况发生，赋予保理人向原债权人追索的权利顺理成章；应收账款债权让与人对标的债权负有瑕疵担保责任，债务人基于基础交易合同存在问题而抗辩的，致使保理人应收账款债权不能实现的，保理人可以向原债权人追索；债务人因不可抗力不能履行义务，保理人也只有通过向原债权人追索才能保证其利益不受损失，通常保理人会在无追索权保理合同中约定这一条件。

---

① 参见《商业银行保理业务管理暂行办法》第10条。

因此，有学者认为，“保理人应当向应收账款债务人主张应收账款债权”而不设前提，过于绝对，易被误解为保理人在任何情况下均无追索权（无权向应收账款让与人主张权利）。建议将《民法典合同编（草案）》（二审稿）第552条之五修改为：“无追索权保理合同中，保理人向应收账款债务人主张应收账款债权，取得超过保理融资款本息和相关费用的部分，无需向应收账款债权人返还；除当事人另有约定外，保理人无权向应收账款债权人主张返还保理融资款本息或者回购应收账款债权。”此所谓另有约定，是指当事人特别约定可行使追索权的特殊情形，唯此类情形不包括债务人信用风险，否则将导致合同变性为有追索权保理。[①]

三、无追索权保理中应收账款债权的回购

无追索权保理合同中，保理人作为应收账款受让人成为新的债权人，让与人则退出该债权债务关系。实践中，保理人为了保证其融资本息的资金安全，可以约定在债务人不履行义务的情况下由让与人回购应收账款债权。无追索权保理与有追索权保理的应收账款回购主要有以下几点不同：一是性质不同。有追索权保理是特殊的让与担保，无追索权保理的回购是保理人与原债权人订立的普通合同，只是合同内容约定特殊情况下回购应收账款债权，具有一定的担保性质而已。二是实现条件不同。有追索权保理一般约定保理人可以直接向应收账款债权人主张返还保理融资款本息或者回购应收账款债权，也可以向应收账款债务人主张应收账款债权。无追索权保理回购要求保理人要先向应收账款债务人主张应收账款债权，不能实现的才可要求债权人回购。三是法律效果不同。有追索权保理中的保理人向应收账款债权人追索或者向债务人主张权利再清算的，是基于保理合同的约定。无追索权保理中的保理人要求应收账款债权人回购是基于保理合同以外的回购协议，保理人的权利并不是保理合同的内容。另外，应收账款债权回购协议并不能改变无追索权保理合同的性质，但是可以终止保理合同，将债权债务关系恢复到保理合同订立之前的状态，保理人也无权再就应收账款请求债务人履行义务。

在“上海某银行股份有限公司长沙分行、某甲股份有限公司合同纠纷案”

① 李宇：《保理合同立法论》，载《法学》2019年第12期。

中，最高人民法院认为，根据《保理协议书》《保理融资申请书》的约定，本案为买断性保理，某银行受让某乙公司对某甲公司的应收账款债权，某银行成为某甲公司的债权人。此后，某乙公司向某银行出具《承诺函》，承诺如某甲公司没有在融资到期日内足额履行付款义务，则由某乙公司对《保理协议书》项下转让给某银行的对某甲公司的应收账款承担回购责任，其回购的标的仍是该应收账款债权。所以，某银行无论是向某甲公司请求债务清偿，还是向某乙公司请求回购，均是基于同一笔应收账款债权，在当事人没有另行约定的情形下，某银行只能择一主张。根据已查明事实，某银行已经在另案中请求某乙公司就该应收账款债权承担回购责任，另案生效判决已经支持了其诉讼请求，在此情形下，某银行对某甲公司不再享有该笔应收账款债权。[①]也就是说，如果保理人根据其与被保理人（原债权人）订立的回购协议主张权利已经被法院支持的，即使因执行问题未能真正实现债权，保理合同也因此而终止，保理人不再享有对债务人的任何权利。因此，保理人不能向债务人请求履行应收账款债务。

第七百六十八条【同一应收账款多重保理的受偿原则】

应收账款债权人就同一应收账款订立多个保理合同，致使多个保理人主张权利的，已经登记的先于未登记的取得应收账款；均已经登记的，按照登记时间的先后顺序取得应收账款；均未登记的，由最先到达应收账款债务人的转让通知中载明的保理人取得应收账款；既未登记也未通知的，按照保理融资款或者服务报酬的比例取得应收账款。

历史由来

本条是关于同一应收账款存在多个保理合同的受偿原则的规定，为本次《民法典》立法的新增加内容。《民法典合同编（草案）》（征求意见稿）和《民法典合同编（草案）》（一审稿）没有规定保理合同，《民法典合同编（草案）》

① 参见最高人民法院（2017）最高法民申132号民事裁定书。

（二审稿）首次以有名合同的方式增加保理合同内容，以之一、之二……直至之六这种方式规定在第552条一个条文中，本条内容是第552条之六，内容为："应收账款债权人将同一应收账款重复转让，致使多个保理人主张权利的，已登记的先于未登记的受偿；均已登记的，按照登记的先后顺序受偿；均无登记的，由应收账款债务人最先收到的转让通知中载明的保理人受偿。"《民法典（草案）》将其独立为第768条，内容为："应收账款债权人就同一应收账款订立多个保理合同，致使多个保理人主张权利的，已登记的先于未登记的受偿；均已登记的，按照登记的先后顺序受偿；均未登记的，由最先到达应收账款债务人的转让通知中载明的保理人受偿；既未登记也未通知的，按照应收账款比例清偿。"《民法典》最终通过的版本为："应收账款债权人就同一应收账款订立多个保理合同，致使多个保理人主张权利的，已经登记的先于未登记的取得应收账款；均已经登记的，按照登记时间的先后顺序取得应收账款；均未登记的，由最先到达应收账款债务人的转让通知中载明的保理人取得应收账款；既未登记也未通知的，按照保理融资款或者服务报酬的比例取得应收账款。"主要有两处变化：一是将"受偿"和"清偿"修改为"取得应收账款"；二是将"既未登记也未通知的，按照应收账款比例清偿"修改为"既未登记也未通知的，按照保理融资款或者服务报酬的比例取得应收账款"。

三 规范目的或功能

本条规定旨在解决一个应收账款存在多个保理合同的受偿问题。根据债的平等性原则，只要不存在合同无效或者可撤销的法定情形，应收账款债权人与任一保理人经过平等协商而自愿签订的合同都是有效合同。但是，保理合同的约束力只发生在合同当事人之间，对债务人发生效力要以通知为准。实务中，绝大多数保理要办理登记。因此，多个保理合同可能存在已登记保理合同与未登记保理合同、已通知保理合同与未通知保理合同等多种形态。本条规定目的是如何处理这些合同之间的关系，哪种合同当事人的权益应该优先保障的问题。

规范内容

实践中，常有债权人为了获得更多的保理融资，而将同一应收账款向多家保理商申请设立保理并订立保理合同的现象发生。同一应收账款存在多个有效保理合同的前提下，所有保理人依据保理合同享有的债权是平等的，不受保理合同订立先后顺序的影响。谁的权利优先、如何分配权益，不仅是合同法问题，还涉及权利的公示公信问题。

一、应收账款登记的保理优先于未登记的保理

保理人为了保障自己的权益不因同一应收账款设置受侵害，银行保理和商业保理大多在合同中约定必须办理应收账款登记。《中国商业保理业务规则》（征求意见稿）第17条规定："（一）应收账款债权人将应收账款转让给商业保理企业后，应当协助或授权商业保理企业将应收账款转让相关信息在中国人民银行征信中心动产融资统一登记系统进行应收账款转让登记。（二）应收账款转让登记应当包括以下内容：1.转让人、受让人和应收账款债务人基本信息；2.应收账款的描述，包括但不限于基础交易合同名称及编号、应收账款币种及金额等；3.登记期限；4.转让财产信息。"如果说物权法上的登记制度是公示公信原则的需要，目的是保护第三人的利益，那么应收账款让与登记则更多是受让人宣示权利的需要，目的偏重于保理人利益的保护。

保理的应收账款让与登记与应收账款质押登记不同。《民法典》第445条第1款规定："以应收账款出质的，质权自办理出质登记时设立。"可以看出，登记是设立应收账款质押的要件，只有进行有效的登记，应收账款担保才能生效。而应收账款登记并非保理合同的生效要件，而是宣告应收账款保理这一事实的公示方法。应收账款让与登记的目的在于保护保理合同的交易安全，赋予保理人可以对抗就同一应收账款设立保理的其他保理人。因此，本条规定，应收账款债权人就同一应收账款订立多个保理合同，致使多个保理人主张权利的，已登记的先于未登记的取得应收账款。

二、多个应收账款保理登记的顺位原则

应收账款让与登记并不具有绝对的排他性，应收账款债权人就同一应收账款订立多个保理合同，所有保理人均可进行登记。法律并未禁止同一应收账款重复设置保理的规定，债权人可以利用一笔应收账款债权进行多次保理融资，符合合同自由原则和融资价值最大化原则。保理应收账款登记的排他性是相对的，一方面体现为登记的保理应收账款优先于未登记的，另一方面体现为同一应收账款均登记的，哪一个保理优先按照顺位原则处理。民法上的受偿顺位原则最典型的是抵押权顺位，本条规定的同一应收账款多重保理的受偿原则，大致借鉴了抵押权的相关规定。《民法典》第414条规定："同一财产向两个以上债权人抵押的，拍卖、变卖抵押财产所得的价款依照下列规定清偿：（一）抵押权已经登记的，按照登记的时间先后确定清偿顺序；（二）抵押权已经登记的先于未登记的受偿；（三）抵押权未登记的，按照债权比例清偿。其他可以登记的担保物权，清偿顺序参照适用前款规定。"

抵押权人所享有的顺位权，表面上看是一种优先受偿的次序，但实际上是一种财产权。因为优先受偿顺位，最终影响着担保物权的优先性是否可以实现以及实现的范围。换言之，抵押权最终能否实现，取决于优先受偿的顺位。[①]同样地，登记在先的保理应收账款优先受偿也体现了对先登记保理人财产权益的维护。登记在先的保理人权利实现后，应收账款债权有剩余的，按照登记时间顺序由后面的保理人受偿。

三、均未登记的最先通知债务人的优先

如前所述，应收账款让与登记并非保理合同的生效要件，保理合同一旦成立，即对保理人（受让人）与被保理人（让与人）产生拘束力。但是，此时该保理合同对债务人并不具有拘束力。《民法典》第546条第1款规定："债权人转让债权，未通知债务人的，该转让对债务人不发生效力。"我国债权让与对债务人生效要件采取的是通知主义。债权人转让其债权虽不必征得债务人的同意，但必须将债权转让的事实及时通知债务人，债务人必须在接到债

① 王利明：《物权法研究》，中国人民大学出版社2013年版，第1202页。

权转让的通知以后，或者在公证文书中对债权转让作出承诺后，债权转让合同才对其发生效力。受让人也只有在收到对债务人所为关于转让的通知后，才能享有受让的权利。[①]

基于同一应收账款的多个保理合同，效力上都是平等的，对债务人的拘束力与其成立时间先后无关，而是与对债务人通知到达的时间有关。第一个保理合同的通知到达债务人后，即对其产生拘束力，债务人的履行对象由被保理人（让与人）变更为该保理人（受让人）。根据债权的相对性原则，随后到达的对债务人的通知不应再对其发生拘束力。因此本条规定，均未登记的，由最先到达应收账款债务人的转让通知中载明的保理人取得应收账款。

四、既未登记也未通知的多重保理按比例清偿

就同一应收账款订立的多个保理合同，均既未登记也未通知的，意味着所有保理人都没有优先权。此种情况下，所有保理人的地位平等，权利层次相同，只有按照保理人基于保理合同享有的债权比例清偿，才是公平的。《民法典（草案）》规定的是，既未登记也未通知的，按照应收账款比例清偿。就同一应收账款订立的多个保理合同，如果按照应收账款比例清偿，可能出现平均分配应收账款债权的情况。而保理实务中，就同一应收账款订立的多个保理合同，保理人的商业判断标准、风险评估水平以及风险承受能力不同，提供给被保理人（原债权人）的融资款数额不同，按照应收账款比例清偿极有可能导致分配结果不公平。因此，《民法典》最终通过的版本，将其修改为“既未登记也未通知的，按照保理融资款或者服务报酬的比例取得应收账款”。

第七百六十九条【保理合同的其他法律适用】

本章没有规定的，适用本编第六章债权转让的有关规定。

历史由来

本条是关于保理合同准用债权转让规则的规定，为本次《民法典》立法

① 参见周林彬主编：《比较合同法》，兰州大学出版社1989年版，第293页。

的新增加内容。《民法典合同编（草案）》（征求意见稿）和《民法典合同编（草案）》（一审稿）没有规定保理合同，《民法典合同编（草案）》（二审稿）首次以有名合同的方式增加保理合同内容，以之一、之二……直至之六这种方式规定在第552条一个条文中，但并无本条规定。本条为《民法典（草案）》新增加之内容，最终通过的《民法典》维持该内容不变。

规范目的或功能

本条旨在解决保理合同的适用规则问题。保理合同的核心是应收账款债权让与，法律对保理有特别规定的适用该规定，没有特别规定的，应该适用债权转让的一般规则。因此，本条规定："本章没有规定的，适用本编第六章债权转让的有关规定。"

规范内容

本次《民法典》立法，保理合同作为一种有名合同规定下来。虽然无追索权保理的运作方式与债权让与的理论相一致，而有追索权保理的运作方式与债权质押的理论相一致，但是为了保持体系上的一致性，我们可以认为有追索权保理是就债务人的履行能力有特别约定的债权让与。[①]因此，作为一种特殊的债权转让合同，除了保理业务必须的特殊规则以外，保理合同在很多方面要符合债权转让的一般原理。从立法技术上说，对于保理合同符合一般债权转让的规则，没有必要再在保理合同重复规定。这也符合民法体系协调的要求。

需要注意的是，本条规定的"适用本编第六章债权转让的有关规定"，不是"参照适用"。根据全国人大常委会法制委员会制定的《立法技术规范（试行）（一）》第18条第3项的规定："'参照'一般用于没有直接纳入法律调整范围，但是又属于该范围逻辑内涵自然延伸的事项。"保理合同并不是债权转让规则逻辑内涵的自然延伸，而是债权转让规则的直接调整范围。

① 方新军：《论保理合同的法律性质》，载《苏州大学学报》（哲学社会科学版）2001年第1期。

中国社会科学院法学研究所
民法典研究丛书
MINFADIAN PINGZHU

民法典评注

合同编

典型合同与准合同

3

谢鸿飞　朱广新　主编

中国法制出版社
CHINA LEGAL PUBLISHING HOUSE

合同编撰稿人

（以撰写法律条文的序号排序）

于　飞　中国政法大学民商经济法学院教授，撰写第463—468条

王文胜　湖南大学法学院副教授，撰写第469—487条

梅　伟　西南政法大学民商法学院副教授，撰写第488、489条及第495—501条

范雪飞　西南政法大学民商法学院教授，撰写第490—494条

耿　林　清华大学法学院副教授，撰写第502—508条

张定军　华中科技大学法学院副教授，撰写第509—521条

侯国跃　西南政法大学民商法学院教授，撰写第522—534条

丁宇翔　北京市第一中级人民法院民四庭负责人，撰写第535—542条

肖　俊　上海交通大学凯原法学院副教授，撰写第543—556条

刘承韪　中国政法大学比较法学研究院教授，撰写第557—567条

申海恩　中国政法大学民商经济法学院副教授，撰写第568—576条

朱广新　中国社会科学院法学研究所研究员，撰写第577—582条

郝丽燕　山东建筑大学法学院副教授，撰写583—594条

易　军　中国政法大学民商经济法学院教授，撰写第595—614条

武　腾　中央财经大学法学院副教授，撰写第615—624条

张长绵　华东政法大学法律学院讲师，撰写第625—647条

谢鸿飞　中国社会科学院法学研究所研究员，撰写第648—656条

宁红丽　对外经济贸易大学法学院教授，撰写第657—666条

胡旭东　四川省高级人民法院三级高级法官，撰写第667—680条

夏昊晗 中南财经政法大学法学院副教授，撰写第681—702条
张初霞 中国社会科学院大学法学院副教授，撰写第703—718条
雷秋玉 昆明理工大学法学院教授，撰写第719—734条
高圣平 中国人民大学法学院教授，撰写第735—760条
赵　磊 中国社会科学院法学研究所研究员，撰写第761—769条

张保红 广东外语外贸大学土地法制研究院教授，撰写第770—787条
冉克平 武汉大学法学院教授，撰写第788—808条
李　敏 中南林业科技大学副教授，撰写第809—824条
马金星 中国社会科学院国际法研究所助理研究员，撰写第825—842条
朱　涛 重庆大学法学院教授，撰写第843—861条
孙　莹 西南政法大学人工智能法学院副教授，撰写第862—877条
李欣倩 天津大学法学院讲师，撰写第878—887条

刘道远 海南大学法学院教授，撰写第888—903条
李建伟 中国政法大学民商经济法学院教授，撰写第904—918条
胡东海 中南财经政法大学法学院教授，撰写第919—936条
陈晓敏 中南财经政法大学法学院副教授，撰写第937—950条
夏小雄 中国社会科学院法学研究所副研究员，撰写第951—960条
姚　佳 中国社会科学院法学研究所编审，撰写第961—966条
徐强胜 中南财经政法大学法学院教授，撰写第967—978条
金可可 华东政法大学法律学院教授，撰写第979—988条

本编由朱广新负责统稿。

凡　例

文献名称	本书指称
一、民法典草案	
《民法典各分编（草案）》（征求意见稿）（合同编）	《民法典合同编（草案）》（征求意见稿）
《民法典各分编（草案）》（合同编）	《民法典合同编（草案）》（一审稿）
《民法典合同编（草案）》（二次审议稿）	《民法典合同编（草案）》（二审稿）
《中华人民共和国民法典（草案）》	《民法典（草案）》
二、法律与行政法规	
《中华人民共和国民法典》	《民法典》①
三、司法解释	
《最高人民法院关于审理建设工程施工合同纠纷案件适用法律问题的解释》	《建设工程施工合同解释》
《最高人民法院关于审理建设工程施工合同纠纷案件适用法律问题的解释（二）》	《建设工程施工合同解释（二）》
《最高人民法院关于建设工程价款优先受偿权问题的批复》	《建设工程价款优先受偿权批复》
《最高人民法院关于审理技术合同纠纷案件适用法律若干问题的解释》	《技术合同解释》
《最高人民法院关于适用〈中华人民共和国民事诉讼法〉的解释》	《民事诉讼法解释》
《最高人民法院关于适用〈中华人民共和国合同法〉若干问题的解释（二）》	《合同法解释（二）》
《最高人民法院关于审理人身损害赔偿案件适用法律若干问题的解释》	《人身损害赔偿解释》
《最高人民法院关于审理买卖合同纠纷案件适用法律问题的解释》	《买卖合同解释》

① 本书引用的冠以“中华人民共和国”的法律与行政法规，简称时省略“中华人民共和国”字样，法律与行政法规简称均循此规律，不再重复标注。

续表

文献名称	本书指称
《最高人民法院关于审理无正本提单交付货物案件适用法律若干问题的规定》	《无正本提单交付货物规定》
《最高人民法院关于适用〈中华人民共和国涉外民事关系法律适用法〉若干问题的解释（一）》	《涉外民事关系法律适用法解释（一）》
《最高人民法院关于民事诉讼证据的若干规定》	《民事诉讼证据规定》
《最高人民法院关于审理道路交通事故损害赔偿案件适用法律若干问题的解释》	《道路交通事故损害赔偿解释》

目　录

CONTENTS

第二分编　典型合同

第十七章　承揽合同 / 001

第七百七十条【承揽合同的定义和承揽的范围】/ 003

第七百七十一条【承揽合同的内容】/ 019

第七百七十二条【主要工作完成】/ 023

第七百七十三条【辅助工作完成】/ 027

第七百七十四条【承揽人提供材料的选用与检验】/ 030

第七百七十五条【定作人提供材料】/ 032

第七百七十六条【定作人要求不合理】/ 036

第七百七十七条【中途变更承揽工作要求】/ 040

第七百七十八条【定作人协助义务】/ 043

第七百七十九条【定作人的监督检验】/ 047

第七百八十条【工作成果的交付和验收】/ 049

第七百八十一条【工作成果不符合质量要求的违约责任】/ 060

第七百八十二条【报酬支付的期限和部分支付】/ 070

第七百八十三条【留置权与拒绝交付】/ 074

第七百八十四条【材料与工作成果的保管】/ 080

第七百八十五条【保密规定】/ 085

第七百八十六条【共同承揽人的连带责任】/ 087

第七百八十七条【承揽合同的随时解除】/ 090

第十八章 建设工程合同 / 097

第七百八十八条【建设工程合同的定义与类型】/ 099
第七百八十九条【建设工程合同的形式】/ 102
第 七 百 九 十 条【建设工程招标投标的要求】/ 105
第七百九十一条【建设工程合同发包、承包和分包】/ 112
第七百九十二条【国家重大建设工程合同订立程序的规定】/ 117
第七百九十三条【建设工程施工合同无效的法律后果】/ 120
第七百九十四条【勘察、设计合同的主要内容】/ 126
第七百九十五条【施工合同的主要内容】/ 129
第七百九十六条【建设工程监理的规定】/ 132
第七百九十七条【发包人的检查权】/ 136
第七百九十八条【隐蔽工程发包人检查权的规定】/ 139
第七百九十九条【建设工程的竣工、验收与交付使用】/ 141
第 八 百 条【勘察、设计人履行义务不符合要求的违约责任】/ 147
第八百零一条【施工人履行不符合约定的违约责任】/ 149
第八百零二条【承包人在建设工程合理使用期限内的损害赔偿责任】/ 153
第八百零三条【发包人的违约责任】/ 158
第八百零四条【因发包人原因造成工程停建、缓建所应承担的责任】/ 162
第八百零五条【发包人原因致勘察、设计返工、停工或修改设计的责任】/ 165
第八百零六条【发包人与承包人的解除权及其法律效果】/ 170
第八百零七条【工程价款的支付及法定优先权】/ 176
第八百零八条【适用承揽合同的规定】/ 182

第十九章 运输合同 / 187

第一节 一般规定 / 189

第八百零九条【运输合同的定义】/ 189

第八百一十条【不得拒绝正当的运输要求】/ 198
第八百一十一条【按约定期限安全运输义务】/ 209
第八百一十二条【按约定路线运输义务】/ 216
第八百一十三条【支付票款或者运输费用】/ 220

第二节　客运合同 / 223
第八百一十四条【客运合同的成立】/ 223
第八百一十五条【持有效客票乘运义务】/ 228
第八百一十六条【退票或者变更】/ 234
第八百一十七条【按照约定的限量携带行李】/ 238
第八百一十八条【危险物品或者违禁物品的携带禁止】/ 242
第八百一十九条【承运人告知重要事项义务】/ 247
第八百二十条【正常运输义务】/ 251
第八百二十一条【降低服务标准】/ 257
第八百二十二条【救助义务】/ 260
第八百二十三条【旅客伤亡的损害赔偿责任】/ 264
第八百二十四条【行李毁损、灭失的损害赔偿责任】/ 274

第三节　货运合同 / 278
第八百二十五条【托运人如实申报义务】/ 278
第八百二十六条【托运人提交有关文件义务】/ 285
第八百二十七条【托运人的包装义务】/ 288
第八百二十八条【运送危险物品】/ 295
第八百二十九条【托运人变更或者解除运输合同的权利】/ 301
第八百三十条【承运人的通知义务及收货人的及时提货义务】/ 307
第八百三十一条【收货人检验货物】/ 310
第八百三十二条【运输过程中货物毁损、灭失的赔偿责任】/ 316
第八百三十三条【货物赔偿额的确定方法】/ 323
第八百三十四条【同一运输方式联运的责任承担】/ 328

第八百三十五条【货物因不可抗力灭失的风险承担】/ 333
第八百三十六条【承运人的货物留置权】/ 337
第八百三十七条【承运人提存货物】/ 344

第四节　多式联运合同 / 349
第八百三十八条【多式联运经营人的权利义务】/ 349
第八百三十九条【多式联运经营的责任分配】/ 355
第 八 百 四 十 条【多式联运单据】/ 360
第八百四十一条【托运人对多式联运经营人的过错赔偿责任】/ 366
第八百四十二条【赔偿责任适用法律的规定】/ 370

第二十章　技术合同 / 379

第一节　一般规定 / 381
第八百四十三条【技术合同的定义】/ 381
第八百四十四条【订立技术合同的原则】/ 389
第八百四十五条【技术合同的内容】/ 393
第八百四十六条【价款、报酬、使用费的支付】/ 400
第八百四十七条【职务技术成果的财产权属】/ 405
第八百四十八条【非职务技术成果的财产性权属】/ 413
第八百四十九条【技术成果的人身权】/ 415
第 八 百 五 十 条【技术合同的无效】/ 417

第二节　技术开发合同 / 423
第八百五十一条【技术开发合同定义及合同形式】/ 423
第八百五十二条【委托人的义务】/ 431
第八百五十三条【研究开发人的义务】/ 435
第八百五十四条【委托开发各方的违约责任】/ 439
第八百五十五条【合作开发各方的主要义务】/ 446
第八百五十六条【合作开发各方的违约责任】/ 449

第八百五十七条【因技术公开的合同解除】/ 451
第八百五十八条【风险负担及通知义务】/ 455
第八百五十九条【委托开发技术成果的专利权属】/ 461
第 八 百 六 十 条【合作开发技术成果的专利权属】/ 467
第八百六十一条【技术秘密成果的归属与分享】/ 471

第三节 技术转让合同和技术许可合同 / 475
第八百六十二条【技术转让合同和技术许可合同的定义】/ 475
第八百六十三条【技术转让合同和技术许可合同的类型及形式】/ 479
第八百六十四条【技术转让合同和技术许可合同的限制性条款】/ 485
第八百六十五条【专利实施许可合同的有效期限】/ 489
第八百六十六条【专利实施许可合同许可人的主要义务】/ 492
第八百六十七条【专利实施许可合同被许可人的主要义务】/ 496
第八百六十八条【技术秘密转让合同让与人的义务与技术秘密使用许可合同许可人的义务】/ 499
第八百六十九条【技术秘密转让合同的受让人与技术秘密使用许可合同被许可人的主要义务】/ 504
第 八 百 七 十 条【技术转让合同让与人、技术许可合同许可人的瑕疵担保义务】/ 507
第八百七十一条【技术转让合同受让人和技术许可合同被许可人的保密义务】/ 511
第八百七十二条【许可人和让与人的违约责任】/ 515
第八百七十三条【被许可人和受让人的违约责任】/ 521
第八百七十四条【受让人或被许可人侵害他人权益的法律后果】/ 525
第八百七十五条【后续技术成果的归属与分享】/ 531
第八百七十六条【其他知识产权的转让和许可】/ 535
第八百七十七条【技术进出口合同或者专利、专利申请合同的法律适用】/ 538

第四节　技术咨询合同和技术服务合同 / *540*
第八百七十八条【技术咨询合同和技术服务合同的含义】/ *540*
第八百七十九条【技术咨询合同委托人的义务】/ *547*
第 八 百 八 十 条【技术咨询合同受托人的义务】/ *553*
第八百八十一条【技术咨询合同当事人的违约责任及决策风险责任】/ *559*
第八百八十二条【技术服务合同委托人的义务】/ *566*
第八百八十三条【技术服务合同受托人的义务】/ *571*
第八百八十四条【技术服务合同当事人的违约责任】/ *574*
第八百八十五条【创新技术成果归属】/ *580*
第八百八十六条【费用的负担】/ *584*
第八百八十七条【技术中介合同和技术培训合同的法律适用】/ *588*

第十七章

承揽合同

第七百七十条【承揽合同的定义和承揽的范围】

承揽合同是承揽人按照定作人的要求完成工作，交付工作成果，定作人支付报酬的合同。

承揽包括加工、定作、修理、复制、测试、检验等工作。

历史由来

本条承继自《合同法》第251条，条款文字未变化，最早源于《加工承揽合同条例》第2条规定："加工承揽合同是承揽方按照定作方提出的要求完成一定工作，定作方接受承揽方完成的工作成果并给付约定报酬的协议。"第3条规定："本条例适用于法人之间的加工、定作、修缮、修理、印刷、广告、测绘测试等合同。个体经营户、农村社员、专业户、重点户同法人之间签订加工承揽合同，应当参照本条例执行。"《合同法》第251条在此基础上作了一定的修改。承揽范围将"修缮、修理"合并为"修理"，删除了"广告、测绘"，增加了"检验"。《合同法》中的承揽人和定作人可以是法人或者其他组织，也可以是自然人。《加工承揽合同条例》中加工承揽合同的主体只是法人和其他经济组织等，不包括自然人。相比《加工承揽合同条例》，《合同法》中的承揽人和定作人的范围扩大了。

承揽合同具有重要的地位。一方面，承揽合同是工作完成类合同的基础性合同。建筑工程、运输等合同类型最初来自于承揽合同。另一方面，承揽合同是重要的经济形式。来料加工、来料装配、来样加工等在改革开放初期占据重要地位的经济活动均以承揽合同作为基础。事实上，不仅《民法典》第770条规定的加工、定作、修理、复制、测试、检验等工作属于承揽合同的调整范围，诸如翻译、美容美发、信息提供、演奏、教育培训等大量的合同也属于承揽合同。"承揽工作项目繁多，衣、食、住、行、育、乐各方面涉及殆遍"，"工作之种类，除不得有背公序良俗外，法律上别无限制，其结果为有形的、无形的，有财产价格的，无财产价格的，均无不可"。[1]总之，承揽合同无论在商事还是在民事领域都占据十分重要的地位。

---

① 郑玉波：《民法债编各论》（下），台北三民书局1981年版，第348页。

罗马法上，承揽被视为租赁的一种。作为独立合同类型的承揽合同始创于《德国民法典》。《德国民法典》第631—651条专节规定了承揽合同；《瑞士债务法》第363—379条专章规定了承揽契约；《日本民法典》第632—642条专节规定了承揽合同。在我国，《经济合同法》[①]中规定的有限的几种合同类型中就包括"加工承揽合同"。《经济合同法》的规定相对简单，直接规定"加工承揽合同"的条款仅有两条，即第19条和第40条。1984年国务院专门制定《加工承揽合同条例》，共四章26条。1999年《合同法》第251—268条以专章共18个条款对承揽合同进行了规定。《民法典》基本保留了《合同法》的规定，只对其中两个条款进行了修改，分别是第783条增设承揽人拒绝交付的抗辩权，以及第787条将"定作人任意解除权"行使时间限制在工作成果完成前。

规范目的或功能

本条在于规定承揽合同的定义，界定承揽的范围。作为一种十分常见的合同类型，承揽合同与买卖合同、雇佣合同等合同类型存在相似的地方，法律对承揽合同进行定义以及对承揽的范围进行界定，对于区分承揽合同与上述合同的界限，正确适用法律，十分必要。承揽工作完成的结果为工作成果。工作成果可能是有形的，如加工产品、复印材料等，也可能是无形的，如测试仪器的运行状况。本条第2款所列的加工、定作等工作是最常见的承揽工作类型。但本章所调整的范围还包括其他承揽工作。本条第1款与第2款是相互联系的。如果说第1款是从内涵上界定承揽合同，那么第2款实际上是从外延上界定承揽合同。

规范内容

一、承揽合同的定义

本条第1款规定了承揽合同的定义。依本款规定，承揽合同是指承揽人

① 本书中出现的《经济合同法》均指1981年《经济合同法》。——编者注。

按照定作人的要求完成工作，并将工作成果交付给定作人，定作人按照约定向承揽人支付报酬的合同。承揽合同特征如下：第一，承揽合同的主体是定作人和承揽人。承揽人是按照定作人要求完成承揽工作并向定作人交付工作成果的人。定作人是要求承揽人完成承揽工作并接受工作成果和支付报酬的人。承揽人一般被假定为专业人士，通常具有完成承揽工作的专业能力。第二，承揽合同的客体是承揽工作的完成。承揽工作的完成，指借由劳务使发生预期的结果。与劳动合同或雇佣合同相比，承揽合同的客体不是提供劳务，而是定作人指定的工作的完成。没有完成指定的工作，虽然付出了劳动，仍然不能取得报酬。第三，承揽人须交付工作成果。工作成果，又称工作，①是承揽人完成工作的结果。承揽人工作成果的交付与定作人报酬的支付互为同时履行抗辩关系。②第四，定作人须接受工作成果并支付报酬。报酬原则上应为金钱。但双方也可以约定以其他形式支付报酬。

承揽合同为双务、有偿合同。当事人双方互相负担债务，承揽人的工作完成与定作人的报酬支付互为对价关系。③承揽合同不是无偿合同，若存在无偿的情形，则属于赠与或委托合同。承揽合同为诺成、不要式合同，当事人意思表示一致即可成立，意思表示也不以任何形式为必要。④承揽合同既可能是民事合同，也可能是商事合同。所谓商事合同，指商主体在营业活动中所订立的合同。法律在调整商事合同时更强调促进交易效率和保障交易安全价值，⑤这一点在法律适用时应当予以体现。

---

① 在我国台湾地区，工作成果被称为工作，诸多德国及日本著作也多翻译为“工作”而非“工作成果”。“称工作者，谓依劳务所得发生之结果者而者。”陈和慧：《论承揽完成工作物所有权之归属》，载郑玉波主编：《民法债编论文选辑》（下），台北五南图书出版公司1983年版，第1145页。

② 参见［日］我妻荣：《债法各论》（中卷二），周江洪译，中国法制出版社2008年版，第85页；史尚宽：《债法各论》，中国政法大学出版社2000年版，第319页。也有不同意见。参见陈和慧：《论承揽完成工作物所有权之归属》，载郑玉波主编：《民法债编论文选辑》（下），台北五南图书出版公司1983年版，第1148页。

③ 参见［日］我妻荣：《债法各论》（中卷二），周江洪译，中国法制出版社2008年版，第112页。

④ 参见史尚宽：《债法各论》，中国政法大学出版社2000年版，第322页。

⑤ 参见张保红：《商法总论》，北京大学出版社2019年版，第227页。

二、承揽的范围

本条第2款规定了承揽的范围。承揽的范围不限于第2款列举，[①]但第2款列举了最为典型也最为重要的承揽类型。

1. 加工。加工是指由定作人提供材料，承揽人按照定作人要求将材料加工为成品。加工在实践中大量存在，既有生产性的加工，如外贸中的来料加工；也有生活性和艺术性的加工，如服装店为顾客缝制衣服、画廊为他人装裱图画等。

2. 定作。定作是指由承揽人提供材料，承揽人按照定作人要求将材料加工为成品。定作在日常生活中也很常见，如服装厂为某工厂定作工作服，家具厂为顾客定作家具等。定作与加工的区别是前者承揽人需自备材料，后者材料则由定作人提供。

3. 修理。修理是指承揽人为定作人修复损坏的物。修理的物既包括动产，如修理手表、修理自行车、修理汽车、修理电器、修理鞋等；也包括不动产，如检修房屋等。

4. 复制。复制是指承揽人按定作人的要求，将定作人提供的特定物品制作成复制品。复制既包括文字材料的复制，也包括其他物品的复制，如文物、艺术品的复制。

5. 测试和检验。测试和检验是指承揽人运用自己的技术、设备，对定作人提供的物品的数量、质量、性能等内容进行检验、测试。

"凡足以充吾人之一定需要者，皆不妨为工作。"[②]承揽不仅可以涉及一个物的制作或者变更，也可以涉及由工作或者劳务促进的结果。[③]承揽合同是适用极为广泛的一类合同，是满足民商事主体的生产、生活的特殊需要的一种

---

① 有观点认为我国法上的承揽工作类型、工作成果的范围仅限于有形物，承揽对象仅限于动产。参见郭洁：《承揽合同若干法律问题研究》，载《政法论坛》（中国政法大学学报）2000年第6期。但该观点与通说不符。参见江平主编：《中华人民共和国合同法精解》，中国政法大学出版社1999年版，第193—194页；《中华人民共和国合同法释义》，载中国人大网http://www.npc.gov.cn/npc/c2196/200011/1e31f78d77ae46ebae7a2e1ed300f653.shtml，最后访问时间2020年5月30日。

② 史尚宽：《债法各论》，中国政法大学出版社2000年版，第319页。

③ 参见［德］迪特尔·梅迪库斯：《德国债法分论》，杜景林、卢谌译，法律出版社2007年版，第283页。

法律手段。就我国现实经济生活而言，任何符合本条第1款所定义的工作，如建房、房屋修缮、洗染、印刷、翻译、打字、拍照、冲卷扩印、广告制作、测绘、鉴定等都属于本章所调整的承揽。

三、承揽合同与相关合同的区分

承揽合同与买卖合同、雇佣合同和建设工程合同的区分十分重要，关系到法律的正确适用。例如，如果合同为承揽合同，那么承揽人就享有留置权，定作人在承揽工作完成前则享有随时解除合同的权利；如果合同是买卖合同，当事人任何一方均不享有上述权利。[①]再如，如果合同为承揽合同，定作人原则上不对承揽人对他人造成的损害承担责任；如果属于雇佣关系，雇主应当对受雇人对他人造成的损害承担赔偿责任。此外，承揽合同通常强调承揽人的专业能力。如在“昆明某科技有限公司、安宁市某有限责任公司承揽合同纠纷案”中，法院认为，“作为承揽人的昆明某科技有限公司，其在二审庭审中认可，在订立合同前其已经知悉安宁市某有限责任公司安装加热设备的目的是对冷却的‘温泉水’进行重新加热，其作为一家专业公司，在提供设备时应当对自来水与‘温泉水’之间存在的水质差异进行考虑，对其所提供的设备是否能够直接对‘温泉水’加热进行专业判断。现设备无法正常使用，二审将导致合同目的暂不能实现的责任归责于昆明某科技有限公司并无不当”[②]。

（一）与买卖合同的区分

承揽合同与买卖合同的区分是司法实践中经常遇到的问题。承揽合同与买卖合同原本泾渭分明，但在加工、定作这两种承揽类型中，承揽合同与买卖合同十分类似。特别是前者更是如此。《民法典》中的加工合同，在学说中又称为承揽供给契约、买卖承揽契约、作成物供给契约或制作物供给契约，“泛指专以或主要以使用自己之材料制作某物而为供给并获取报酬之契约”，“其内容实包括物之制作与所制作物之供给二项要素，就前者而言，类

---

① 参见佟欣秋：《承揽合同与买卖合同的性质辨析》，载《辽宁师范大学学报》（社会科学版）2010年第3期。

② 参见云南省高级人民法院（2019）云民申2202号民事裁定书。

似于承揽，就后者而言，则近于买卖，二者兼容并包”，[①]故而十分复杂。有鉴于此，大陆法系许多立法例对其在法律适用上设特种规则，进而使这类承揽合同与买卖合同相互区别。立法体例大概有三种：第一，以材料由谁提供为标准，承揽人提供材料的，为买卖合同，适用买卖法；定作人提供材料的，为承揽合同，适用承揽法。[②]该说始于罗马法，法国法、意大利法以及德国普通法时期采之。[③]《德国民法典》制定时总体上依据普通法时期的原则，若材料由定作人提供，则合同为承揽合同。但若材料由承揽人提供，则依制造或生产的动产是否为可替代物而有所不同：为可替代物的，适用买卖法；为不可替代物的，分别适用买卖法与承揽法相关规定。第二，以当事人的意思为标准，以完成工作为合同目的的为承揽；以标的物所有权移转为目的的为买卖。[④]《奥地利普通民法典》采此说，合同性质先以当事人意思而定，有疑问时，依第1166条规定：“如果接受了制造一件物品的工作的人，必须为此提供材料，则在有疑问时，该合同视为买卖合同；但如果定作人提供材料，则在有疑问时视为承揽合同。”[⑤]第三，以制作物为可替代物与否为标准，若为可替代物的，不分材料由谁提供，一律适用买卖法；若为不可替代物的，则分别适用买卖法与承揽法相关规定。修订后的《德国民法典》采之，其第651条规定，契约系以交付尚待制造或生产之动产为内容者，适用关于买卖之规定。于该契约，虽其瑕疵系因定作人供给之材料所致者，仍适用第442条第1款规定。尚待制造或生产之动产为非代替物者，亦适用第642条、第643条、第645条、第649条及第650条规定，[⑥]但以依第446条及

---

① 王和雄：《承揽供给契约之性质及其工作物所有权之归属》，载郑玉波主编：《民法债编论文选辑》（下），台北五南图书出版公司1983年版，第1117页。

② 参见王和雄：《承揽供给契约之性质及其工作物所有权之归属》，载郑玉波主编：《民法债编论文选辑》（下），台北五南图书出版公司1983年版，第1118页。

③ 参见史尚宽：《债法各论》，中国政法大学出版社2000年版，第323页。

④ 参见王和雄：《承揽供给契约之性质及其工作物所有权之归属》，载郑玉波主编：《民法债编论文选辑》（下），台北五南图书出版公司1983年版，第1118页。

⑤ 周友军、杨垠红译：《奥地利普通民法典》，清华大学出版社2013年版，第193页。

⑥ 《德国民法典》第642条为“定作人之协力”，第643条为“不为协力时之终止”，第645条为“定作人之责任”，第649条为“定作人之终止权”，第650条为“费用之估价”。参见台湾大学法律学院、台大法学基金会编译：《德国民法典》，北京大学出版社2016年版，第603—609页。

第447条[1]之时点取代受领。[2]学说大概有四种，分别为：第一，当事人意思说。以当事人的意思为标准，认为“以工作的完成为契约标的时为承揽，而以标的所有权的转移为契约标的时则为买卖”。[3]日本最初的通说即采此说，我国台湾地区也有学者采此说。[4]第二，混合合同说。日本最近之有力学说认为加工物供给契约为一种混合契约，即兼具承揽与买卖要素的独立契约类型，类推适用买卖与契约双方的规定，在物的制作方面，与承揽接近；在物的交付方面，则与买卖接近。[5]第三，制造物替代与否区分说。仅适用于动产制造物，“以交付尚待制造或生产之动产为内容者”，若制造物为可替代物的，无论材料由谁提供，均适用买卖法；若制造物为不可替代物的，分别适用买卖法和承揽法规定。不可替代物同时适用买卖法和承揽法规定的理由是：“这种合同中的定作人常常负有为制作所必要的协力义务或对己义务；另外，不可代替物在通常情形下无法另行出卖或者很难出卖。”[6]第四，制作物取得区分说。以承揽人对于制作物是否取得所有权作为区别之标准，承揽人不取得所有权而由定作人取得所有权的为承揽；制作物所有权先由制作人取得，然后移转于相对人（定作人）的，则为买卖与承揽之混合合同。[7]

《民法典》对如何区分承揽和买卖未作规定。司法实践主要有下面两种做法：

第一种认为，买卖合同是转移标的物所有权的合同，承揽合同是承揽人

① 《德国民法典》第446条为“危险及负担之移转”，第447条为“送交买卖之危险转移”。参见台湾大学法律学院、台大法学基金会编译：《德国民法典》，北京大学出版社2016年版，第396页。

② 台湾大学法律学院、台大法学基金会编译：《德国民法典》，北京大学出版社2016年版，第610页。

③ ［日］我妻荣：《债法各论》（中卷二），周江洪译，中国法制出版社2008年版，第75页。

④ 王和雄：《承揽供给契约之性质及其工作物所有权之归属》，载郑玉波主编：《民法债编论文选辑》（下），台北五南图书出版公司1983年版，第1123页。

⑤ 参见［日］我妻荣：《债法各论》（中卷二），周江洪译，中国法制出版社2008年版，第75页。

⑥ ［德］迪特尔·梅迪库斯：《德国债法分论》，杜景林、卢谌译，法律出版社2007年版，第300页。

⑦ 参见王和雄：《承揽供给契约之性质及其工作物所有权之归属》，载郑玉波主编：《民法债编论文选辑》（下），台北五南图书出版公司1983年版，第1120页。

完成工作并交付工作成果的合同。在“甲公司、乙公司与丙承揽合同纠纷案”中，最高人民法院认为，“买卖合同是出卖人转移标的物所有权于买受人，买受人支付价款的合同；承揽合同是承揽人按照定作人的要求完成工作，交付工作成果，定作人给付报酬的合同。本案中，1999年8月26日及2003年1月20日的合同对于设备的型号、数量、技术标准及质量作了明确约定；且1999年8月26日的合同相对应的《多层共挤吹塑中空成型机协议》明确约定多层油箱设备属乙公司研制，甲公司制作多层油箱模具，乙公司进行技术指导，确保六层油箱模具与设备配套生产。因此，乙公司根据上述约定的标准和要求制造的产品具有特定性，两份合同是以乙公司提供特定劳务为内容的承揽合同，其合同名称、约定的付款方式和交付方式虽然无异于一般的买卖合同，但并不足以影响合同的性质，甲公司关于1999年8月26日及2003年1月20日合同性质应为买卖合同的再审申请主张不能成立”①。在“无锡甲公司、辽宁乙公司承揽合同纠纷案”中，再审申请人主张“本案二审以双方系承揽合同为由，未支持甲公司主张全部价款的请求，存在适用法律错误。再审申请人按照《装配线合同》的约定，乙公司拖欠到期价款为92万元，已超过了全部价款的五分之一。根据《中华人民共和国合同法》(以下简称《合同法》)第一百六十七条的规定，乙公司已丧失对价款进行分期支付的预期利益，乙公司应当支付全部价款210万元”。最高人民法院审理后认为，“《合同法》第二百五十一条规定：‘承揽合同是承揽人按照定作人的要求完成工作，交付工作成果，定作人给付报酬的合同。承揽包括加工、定作、修理、复制、测试、检验等工作。’本案中，甲公司与乙公司在《装配线合同》第1条第1项中约定：‘本合同总造价295万元，该套设备价格为交钥匙工程（甲公司完成项目的设计、制造、安装、调试、培训全部合格，达到有关技术协议及合同要求，双方验收合格后交给乙公司，保证乙公司能够正常使用）的总费用。’根据以上事实和法律规定，二审法院认定本案为承揽合同纠纷，与买卖合同法律关系及涉及的权利义务不一致，对甲公司主张应适用《合同法》第一百六十七条第一款关于买卖合同的规定不予支持，该认定并无不当，本院予以维持”②。

① 参见最高人民法院（2013）民申字第2171号民事裁定书。

② 参见最高人民法院（2018）最高法民申4870号民事裁定书。

第二种认为，应根据案涉合同的一些具体特征来判定是不是承揽合同。在“甲公司、乙公司买卖合同纠纷案”中，最高人民法院审理后认为，“从《中华人民共和国合同法》第一百三十条与第二百五十条之规定比较来看，买卖合同与加工承揽合同尤其是承揽人提供原材料的定作合同有一定相似性，但是定作合同有其自身的特点：如合同法规定定作人对承揽的工作有监督权、检查权，定作人有单方改变定作方案的权利，承揽方未经许可不得留存技术材料和复制品等，法律赋予定作人诸多权利，其结果几乎使定作人达到了控制整个加工过程的程度。从本案《建设合同书》对乙公司所提供的设备及主要技术指标特别约定来看，涉案生产线具有一定的定作性，但《建设合同书》约定了生产线的设计、采购、安装等均由乙公司完成，合同目的是提供符合约定的生产线交付甲公司使用，甲公司对生产线的设计、配置、采购、安装等过程不具有实际控制和监督的权利，因此与承揽合同定作人对工作内容进行监督检查的特征不符。从《建设合同书》的内容来看，合同约定了交货时间、技术指标，主要设备和辅助设备清单，售后服务、验收程序等，更符合买卖合同的特征，原审法院认定本案为买卖合同纠纷，并无不当，本院予以维持”[①]。在“菏泽市甲公司与丹阳市乙公司承揽合同纠纷案”中，最高人民法院审理后认为，“民事案件案由应当依据当事人主张的民事法律关系的性质来确定。甲公司与乙公司在《预拌混凝土定作合同》第2.1条中明确对预拌混凝土执行标准、强度等级、泵送要求、坍落度、集料、抗渗要求、外加剂等方面作出了具体要求；第3.1条还约定：甲公司应提前48小时向乙公司生产提供浇筑混凝土的时间、部位、混凝土标号、方量及具体技术要求等，并于24小时前给予准确书面通知。根据上述约定，乙公司按照甲公司提供的技术参数及相关要求条件生产、供应混凝土，故双方之间存在混凝土的承揽合同关系。因此，一、二审判决将本案定性为承揽合同纠纷，并无不当。甲公司申请再审称本案应为买卖合同纠纷，没有事实和法律依据”[②]。

司法实践中的做法表明我国主要采当事人意思说。正如最高人民法院的判决显示，区分买卖合同与承揽合同的根本标准是合同标的是工作的完成还

① 参见最高人民法院（2019）最高法民申4300号民事裁定书。

② 参见最高人民法院（2016）最高法民申2249号民事裁定书。

是意图转移标的物的所有权。如果是前者，则为承揽合同；如果是后者，则为买卖合同。[①]承揽合同也会涉及转移物的所有权，但“买卖之移转财产权乃其唯一之目的，而承揽之移转财产权，不过一种从属的义务而已，其本来之目的仍在工作之完成也”[②]。若依意思说不能判定，则根据案涉合同的一些具体特征来判定是不是承揽合同。笔者认为，在以上述标准仍无法判断合同性质时，应当增加标的物是可替代物还是不可替代物作为判断合同性质的标准。正是因为标的物是不可替代物，相关目的才需要通过承揽合同完成。需要强调的是，承揽合同的“标的物为特定的工作成果，即在合同订立后，按照接受工作成果人的特别指定，生产、加工新的物品。这一点与买卖合同相区别。买卖合同虽然也有以特定物为标的的，但该标的在合同订立时已经存在而且特定化了”[③]。由此可见，承揽合同的标的物必须在承揽合同成立后才能存在。[④]

即使将合同定性为承揽合同，也不意味着合同完全不适用调整买卖合同的法律。一方面，《民法典》第646条明确规定：“法律对其他有偿合同有规定的，依照其规定；没有规定的，参照适用买卖合同的有关规定。”另一方面，承揽合同中的加工合同本身也具有买卖合同的许多特征。鉴于《民法典》承揽合同就风险分担、交付、质量检验等方面没有规定或规定得不是十分具体，加工合同在法律适用上可以参照适用《民法典》买卖合同的有关规定。

（二）与雇佣合同的区分

司法实践中出现大量的案件都涉及雇佣与承揽的区分。雇佣与承揽的区分主要与人身伤害案件有关。根据最高人民法院2003年发布的《人身损害

---

① “系以作成某事为目的之契约，而非以给与某物为目的之契约。”史尚宽：《债法各论》，中国政法大学出版社2000年版，第319页。

② 郑玉波：《民法债编各论》（下），台北三民书局1981年版，第353页。

③ 张俊浩主编：《民法学原理》（修订第三版）（下册），中国政法大学出版社2000年版，第803页。

④ 参见佟欣秋：《承揽合同与买卖合同的性质辨析》，载《辽宁师范大学学报》（社会科学版）2010年第3期。

赔偿解释》第9—11条，如果属于雇佣关系，雇主应当对受雇人对他人造成的损害承担赔偿责任；如果属于承揽关系，定作人仅对其定作、指示或者选任中的过失承担赔偿责任。承揽合同和雇佣合同有一些共同之处，即都与劳务有关，性质都属于不要式、双务、有偿合同。关于区别，有学者认为，雇佣与承揽的核心区别并不在于是否需要交付工作成果，而在于提供劳动的自主性、专业性上。[①]笔者认为，二者区别是多方面的。第一，承揽合同的合同标的为劳动成果，雇佣合同的合同标的为劳务。[②]承揽合同关注工作的完成，而不在乎劳务的本体，工作的完成为合同的标的，提供劳务仅为一种手段或过程；雇佣合同则只关注提供劳务，提供劳务本身即为合同的标的。例如，叫车至一定地点为承揽，而终日雇用汽车到各处则为雇佣。[③]第二，承揽合同的承揽人通常须有工作成果才有权请求定作人支付报酬，仅有劳务的事实尚不得请求支付报酬；雇佣合同的受雇人只要依约提供了劳务即可请求支付报酬，劳务有无结果不影响报酬请求权。相对而言，承揽人负担的风险大于雇佣合同中的劳务给付债务人。[④]“故承揽人虽负担供与劳务义务，然其劳务非如雇佣，直接为契约之目的，不过为使发生结果之手段而属于契约，从而虽供与劳务，不发生结果时，承揽人不得谓已履行债务，从而不得请求报酬。即在承揽契约，由承揽人负担危险，而在雇佣则由雇佣人负担危险。”[⑤]第三，承揽合同的承揽人具有相对的独立性；雇佣合同的受雇人原则上要听从雇佣人的指挥。“承揽关系中，承揽人对定作人没有严格人身依附关系，自主性较强，可以按照自己想法从事劳动，产生劳动成果；定作人对承揽人没有过多的人身管理，也不干涉其劳动过程，只要不损害定作人的利益且按

① 参见赵明非：《雇佣关系与承揽关系的区分标准》，载《内蒙古大学学报》（哲学社会科学版）2017年第2期；宁红丽：《〈民法典草案〉“承揽合同”章评析与完善》，载《经贸法律论坛》2020年第1期。

② 刘千军、谢彬：《承揽与雇佣的区别及责任承担》，载《人民法院报》2013年5月23日第6版。

③ 参见史尚宽：《债法各论》，中国政法大学出版社2000年版，第320页。

④ 参见［德］迪特尔·梅迪库斯：《德国债法分论》，杜景林、卢谌译，法律出版社2007年版，第284页。

⑤ 史尚宽：《债法各论》，中国政法大学出版社2000年版，第319页。

时交付劳动成果便可。”[①]第四，承揽关系中承揽人自行提供劳动工具及技术指导。承揽人一般拥有与具体承揽工作紧密联系的劳动工具及丰富的专业技术。换句话说，“也正是由于定作人缺乏相应的工具及技术而又需要依赖该工具及技术产出某种劳动成果的客观实情，才促使承揽关系的形成”[②]。第五，承揽合同的承揽人原则上应亲自完成主要工作，但允许第三人代为完成辅助工作；受雇人服劳务则必须亲自实施，专属性很强。[③]也正因如此，承揽人从事承揽工作时侵害他人的权益，定作人原则上不负损害赔偿责任；而受雇人提供劳务时侵害了他人的权益，雇佣人原则上应负连带赔偿责任。[④]

司法实践主要是以当事人之间的关系判定。存在控制、支配和从属关系的为雇佣，否则为承揽合同。在“高某某、丁某某提供劳务者受害责任纠纷案”中，法院查明的事实如下，被上诉人（丁某某、赵某某）经营床框床体等半成品销售，领取了营业执照，注册某某家具批发店。上诉人（高某某）在被上诉人处使用被上诉人提供的铣床、木料为其加工床体、虎腿，双方约定按件计算相关费用，但工作时间双方说法不一。其间高某某之妻亦帮其从事辅助性工作。上诉人在工作中被铣床设备致伤右手。一审法院认为，“从承揽关系与雇佣关系的特点看，承揽关系要求承揽人以自己的工具或专业技能按约向定作人交付特定的物化成果即定作物，其间承揽人的工作不受定作人的管理和支配，具有独立性。而雇佣关系系雇员向雇主提供劳务，工作内容受雇主的管理、支配和安排，具有一定的人身依附属性。本案中，关于该焦点问题，双方对于除费用的支付方式外的约定，均未能提供直接有效的证据，虽丁某某在高某某支付相关费用时，有一次备注为工资钱，但亦无法仅依据本次转款确认其之间的关系。因高某某在本案中所从事的工作为木器加

① 刘千军、谢彬：《承揽与雇佣的区别及责任承担》，载《人民法院报》2013年5月23日第6版。

② 刘千军、谢彬：《承揽与雇佣的区别及责任承担》，载《人民法院报》2013年5月23日第6版。

③ 参见崔建远：《承揽合同四论》，载《河南省政法管理干部学院学报》2010年第2期。

④ 参见［德］迪特尔·梅迪库斯：《德国债法分论》，杜景林、卢谌译，法律出版社2007年版，第284页；邱聪智：《新订债法各论》（中），中国人民大学出版社2006年版，第38页；林诚二：《民法债编各论》（中），中国人民大学出版社2007年版，第48页；郑玉波：《民法债编各论》（下），台北三民书局1981年版，第352页。

工，该工作具有一定的技术要求，并非普通人员能完成的；虽高某某使用了丁某某、赵某某提供的铣床，但其完成工作主要是依靠其木工方面的技术；双方约定按完成数量支付相应的费用，并在需要时由高某某之妻协助完成相关的辅助性工作，且对于高某某之妻的工作不单独支付相应费用，故高某某在完成工作过程中，并非为单纯地提供劳务，而是以完成一定的工作成果为最终目的，综合以上因素，其双方之间的关系应为承揽合同关系，而并非雇佣关系”。二审法院认可一审法院有关承揽关系与雇佣关系的判断标准，但认定结论不同：“上诉人的工作属于被上诉人经营活动的一部分，上诉人服从被上诉人的安排在被上诉人提供的场所，利用被上诉人提供的工具和原材料加工床框虎腿，双方之间存在支配与从属关系。且上诉人是持续性为被上诉人提供劳务而不是一次性提供劳动成果，被上诉人也三次通过微信支付上诉人工资报酬。所以双方系劳务关系，而非加工承揽关系。”[①] 在“唐某某、甲公司海上、通海水域人身损害责任纠纷案”[②] 中，法院查明：叶某某租用甲公司船台对“浙象渔50×××”渔船进行维护保养，将部分保养工作交由唐某某完成，叶某某支付报酬，唐某某自行携带工具、组织人员进行作业，叶某某与唐某某之间不存在控制、支配和从属关系，唐某某所交付的是工作成果而不是劳务，故叶某某和唐某某之间系承揽合同法律关系，叶某某为定作人，唐某某是承揽人。赵某在进行“浙象渔50×××”渔船养护作业时发生事故而死亡。案件争议焦点是赵某是由唐某某雇佣还是叶某某雇佣。原审法院根据查明的事实，作出以下认定：“唐某某系死者赵某的雇主，对其未选任适格雇员，未为雇员提供必需的安全措施而致雇员赵某在雇佣活动中所遭受的损害应当承担主要责任；叶某某将部分船体保养作业承包给唐某某，但未审查唐某某及其所组织的人员是否具有作业资质及是否提供相应的安全生产设备和防护措施，疏于履行安全监督和管理，行为上存在过错，对事故所造成的损失应承担相应的责任，叶某某已实际赔付死者家属20万元，该比例与其责任基本相当；甲公司作为生产经营单位负有安全经营等法定义务，将其所有的船台出租给叶某某用于对渔船进行维护保养作业，对造成当事人损害的，应当承担

① 参见山东省德州市中级人民法院（2019）鲁14民终3301号民事判决书。

② 参见最高人民法院（2019）最高法民申5175号民事裁定书。

损失20%的责任。”最高人民法院认为原审法院对本案各当事人的责任认定符合本案实际情况，并无不当。

承揽关系确定后，承揽人应当对在承揽工作中对他人造成的损害承担赔偿责任，定作人对其定作、指示或者选任中存在过错的，也承担相应的责任。上述案件即按此原则处理。在“刘某生、林某某提供劳务者受害责任纠纷案”中，法院查明的事实是，杨某某与林某某签订《建房施工合同书》，将其三层半房屋以包工不包料的方式承包给林某某建盖。之后，林某某将房屋建盖的架模工程分包给刘某生负责完成。刘某生雇请刘某雄为其做工（木工），在做工过程中，所踩木板断裂，刘某雄从约1.7米高处跌落受伤。一审法院认为，“杨某某将其房屋建盖工程以包工不包料的方式交给林某某施工，林某某以自己的技能、设备和劳力，按杨某某的要求完成工作，交付劳动成果，由杨某某支付相应报酬，杨某某与林某某之间形成了承揽合同关系。之后林某某又将其中的架模工程分包给刘某生完成，刘某生以自己的技能、设备和劳力，按林某某的要求完成工作，交付劳动成果，由林某某支付相应报酬，林某某与刘某生之间同样形成了承揽合同关系。刘某生雇请刘某雄为其做工，刘某生每日支付刘某雄工资280元，刘某生与刘某雄之间形成劳务关系。刘某雄患有焦虑障碍，长期服药，其应知晓自身身体状况是否能胜任相关工作，其在施工过程中对自身安全未尽到合理的安全注意义务，存在重大过失，对本次事故的发生应承担相应责任。刘某生作为接受劳务一方，在刘某雄施工过程中，疏于现场监管，未尽到安全教育、警示等义务，也应承担相应责任。杨某某作为房主，将其房屋交由林某某施工，林某某又将其架模工程分包给刘某生，刘某生雇请刘某雄做工发生此次事故，杨某某与林某某在承揽人的选任上存在一定过失，应承担一定责任。林某某、杨某某提出对刘某雄的损失不应承担任何责任的主张，于法无据，不予采纳。根据本案实际情况，一审法院确定刘某雄自行承担45%的责任，刘某生承担40%的赔偿责任，林某某承担10%的赔偿责任，杨某某承担5%的赔偿责任”。二审法院维持了一审判决。①

---

① 参见云南省玉溪市中级人民法院（2019）云04民终1400号民事判决书。

（三）与建设工程合同的区分

司法实践也常常遇到区分承揽合同和建设工程合同的情况。理论上，建设工程合同原本涵盖在承揽合同之中。在我国，鉴于建设工程合同在发展中形成了许多独特的行业特点，《经济合同法》将建设工程合同独立于加工承揽合同单独加以规定。这种立法体例被《合同法》以及《民法典》继承下来。比较法上，德国、瑞士、日本乃至法国等立法例均没有将建设工程合同独立出来，都将其包含在承揽合同之中。

根据《民法典》相关规定，两种合同的主要区别如下：第一，建设工程合同仅涉及工程建设（《民法典》第788条），而承揽合同则范围广泛。第二，建设工程合同须采取书面形式（《民法典》第789条），而承揽合同无此要求。第三，建设工程合同一般需要采取招标方式订立合同（《民法典》第790条、第791条），而承揽合同无此要求。第四，建设工程合同没有材料验收条款，而承揽合同则有材料验收条款。实际上二者区别不大，也正因如此，《民法典》第808条明确规定："本章没有规定的，适用承揽合同的有关规定。"

在"赤某某和甲公司、乙公司承揽合同纠纷案"中，再审申请人赤某某和甲公司、乙公司主张"赤某某和甲公司、乙公司没有出具材质合格证、出厂合格证以及钢结构成品合格证的义务。《钢结构制作安装合同》并未约定要提交相关合格证书，且本案系建设工程施工合同，施工过程受到北京某公司和监理单位的监督检查，工程已经被接收并确认工程量，应当视为工程合格"。最高人民法院认为，"双方签订的《钢结构制作安装合同》明确约定工程内容主要为炼铁系统钢结构制作及安装、机电设备安装、耐材砌筑、区域内管网安装、电气自动化、计器仪表设备安装、调试，符合《合同法》关于承揽合同的规定，二审法院认定本案系承揽合同并适用相关法律规定并无不当。二审法院根据《钢结构制作安装合同》第28.1条约定和《合同法》第二百六十一条规定，判决赤某某和甲公司、乙公司负有交付材质合格证、出厂证以及钢结构成品合格证等义务亦无不当"[①]。但这种区分意义并不大。在"四川甲公司、四川乙公

① 参见最高人民法院（2017）最高法民申3123号民事裁定书。

司承揽合同纠纷案”中，最高人民法院确认，“建设工程合同是承包人按照发包人要求进行工程建设，交付建设成果的合同，本质上具有承揽合同性质，属于特殊类型的承揽合同，《中华人民共和国合同法》第二百八十七条规定，‘本章没有规定的，适用承揽合同的有关规定。’故建设工程施工合同与承揽合同在法律适用上并不存在冲突”[①]。承揽合同与建设工程合同的区分最根本的意义在于正确适用法律。从法院的态度上看，如果能正确适用法律，法院并不是很在意具体合同性质的区分。

除建设工程合同之外，运输合同和出版合同在理论上也属于承揽合同。但“运输与其说是承揽的一种，现在不如说是已成了一个独立的制度”[②]。鉴于我国法律已就出版等事项作出专门规定，出版合同也不属于本章调整范围。

其他问题

比较法上，定义承揽合同均不以交付工作成果为条件。这主要是因为一些工作成果是无形的，不存在交付问题。[③]在我国，承揽合同最初以加工承揽合同为原型，这从《经济合同法》（已失效）、《加工承揽合同条例》（已失效）的相关规定即可以看出，因而规定了工作成果交付的问题。解释上，不宜以无形工作成果不存在交付便将相关合同不纳入承揽合同。应当认为，这类承揽合同的承揽人向定作人提示工作成果已经完成而定作人对此没有异议之时便视为工作成果已经完成并交付。《民法典》关于承揽合同的规定应当作为生活中各类服务合同的一般规定。

① 最高人民法院还认为，该案认定为承揽合同纠纷还是建设工程施工合同纠纷并不影响案涉实体处理结果。参见最高人民法院（2017）最高法民申3423号民事裁定书。

② ［日］我妻荣：《债法各论》（中卷二），周江洪译，中国法制出版社2008年版，第69页。

③ 以工作性质无须交付者，以工作完成视为受领。参见史尚宽：《债法各论》，中国政法大学出版社2000年版，第345页。

第七百七十一条【承揽合同的内容】

承揽合同的内容一般包括承揽的标的、数量、质量、报酬，承揽方式，材料的提供，履行期限，验收标准和方法等条款。

历史由来

本条承继自《合同法》第252条，条款文字未变化。《加工承揽合同条例》第5条规定："加工承揽合同应当具备以下条款：一、加工承揽的品名或项目；二、数量、质量、包装、加工方法；三、原材料的提供以及规格、数量、质量；四、价款或酬金；五、履行的期限、地点和方式；六、验收标准和方法；七、结算方式，开户银行、帐号；八、违约责任；九、双方约定的其它条款。有关的技术协议书、技术资料、图纸等，也是合同的组成部分。"该条经修订后为《合同法》第252条所继承。从内容上看，《加工承揽合同条例》主要适用于企业之间的加工承揽业务，《合同法》第252条适用范围则更为广泛。

规范目的或功能

本条的规范功能在于规定承揽合同的主要条款。合同条款在于确定合同内容，即当事人双方的权利义务。合同内容可区分为必要之点与非必要之点。必要之点，也即要素，是指某一合同所不可缺失的元素，如买卖合同中的标的物与价款。非必要之点，包括"常素"与"偶素"，前者指经常构成某种合同的内容元素，如出卖人的瑕疵担保；后者指某种法律事实因当事人的特别表示而成为合同的内容，如附条件或附期限。必要之点的缺失影响合同成立，非必要之点的缺失一般不影响合同成立，可通过合同解释，填补合同漏洞。[①]本条规定的承揽的标的、报酬为规定必要之点的条款。合同内容应当确定。[②]"在解释上，确定既指当事人明确约定的情况，也指根据解释可确定以

---

① 参见韩世远：《合同法总论》(第三版)，法律出版社2011年版，第73—74页。

② 陈自强：《民法讲义II：契约之内容与消灭》，法律出版社2004年版，第53页。

及根据合同内含的规则予以确定的情况。”[①]除了本条规定的条款，当事人可以根据合同性质和双方的需要增加条款。

规范内容

承揽合同一般包括以下内容：第一，承揽标的。承揽标的是承揽合同权利义务所指向的对象，即承揽工作的完成。[②]“称工作之完成者，指依劳务而发生预期之结果之谓也。”[③]只有明确承揽标的，才能明确双方当事人权利义务的对象。承揽标的是承揽合同的必要之点，未约定的承揽合同不成立。有意见认为，承揽标的为工作成果。[④]事实上，工作成果是承揽工作完成的结果而非承揽合同的标的。承揽工作通过承揽人提供劳务完成，但提供劳务并非承揽合同的标的。“虽然承揽人为了完成工作必须付出劳务，但这只是实现合同目的的手段，而非目的本身。”[⑤]承揽标的也不是工作成果的交付。工作成果的交付是承揽人的义务之一，但承揽合同的重点是在承揽工作的完成而非工作成果的交付。[⑥]第二，数量与质量。标的数量可以以个数、件数、重量、长度、体积、面积等表示。关于数量，《合同法解释（二）》第1条第1款规定：“当事人对合同是否成立存在争议，人民法院能够确定当事人名称或者姓名、标的和数量的，一般应当认定合同成立。但法律另有规定或者当事人另有约定的除外。”对于承揽合同中的加工合同和定作合同，数量是必要之点，没有约定的，合同不成立。标的质量，如标的的规格、型号、技术参数等需要明确。根据《民法典》第510条的规定，质量未约定的，可以协议补充；不能达成

---

① 王洪亮：《债法总论》，北京大学出版社2016年版，第87页。

② 参见［日］我妻荣：《债法各论》（中卷二），周江洪译，中国法制出版社2008年版，第80页。

③ 陈和慧：《论承揽完成工作物所有权之归属》，载郑玉波主编：《民法债编论文选辑》（下），台北五南图书出版公司1983年版，第1145页。

④ 参见江平主编：《中华人民共和国合同法精解》，中国政法大学出版社1999年版，第192页。

⑤ 江平主编：《中华人民共和国合同法精解》，中国政法大学出版社1999年版，第192页。

⑥ 参见张俊浩主编：《民法学原理》（修订第三版）（下册），中国政法大学出版社2000年版，第803页。

补充协议的，按照合同相关条款或者交易习惯确定。订立承揽合同时，定作人需要对工作成果提出定型化、定量化的特别指定。“从合同性质上讲，如果接受工作成果一方未提出特别指定，又要求完成工作一方按一般标准供应物品的，不应属于完成工作的合同，而是买卖合同。”[①]因此，定作人提供工作要求，承揽人严格按照定作人的要求完成工作，这是承揽合同的应有之义，是区分承揽合同与买卖合同的重要标准之一，司法实践对此也予以认可，[②]也是数量和质量验收的主要依据。第三，报酬。可以直接约定报酬数额，也可以约定报酬的计算方法。报酬为承揽合同的必要之点。“故未明示的或默示的给与报酬，而嗣后任意予以报酬者，非承揽，唯有两个无偿行为之并存。为无偿时，得为赠与或委任。”[③]没有约定或者约定不明确的，报酬应当根据《民法典》第510条、第511条规定确定，可以协议补充；不能达成补充协议的，按照合同相关条款或者交易习惯确定；仍不能确定的，按照订立合同时履行地的市场价格履行；依法应当执行政府定价或者政府指导价的，按照规定履行。第四，材料的提供。当事人应当约定材料由哪一方提供，并且应当具体约定提供材料的时间、地点、材料的数量和质量等。根据《民法典》第510条的规定，由哪一方提供材料没有约定或者约定不明确的，可以协议补充，不能达成补充协议的，按照合同相关条款或者交易习惯确定；仍不能确定的，一般应由承揽人提供。之所以由承揽人提供，是因为作为专业人士的承揽人理应避免这种情况。承揽人提供材料的，承揽人应当按照履行期限及时准备材料；定作人提供材料的，定作人应当按照履行期限及时提供。交付地点不明确的，一般在工作地点交付。数量和质量不明确的，应当根据承揽工作的要求和性质合理提供或确定。第五，履行期限。既包括承揽人完成工作、交付

---

① 张俊浩主编：《民法学原理》（修订第三版）（下册），中国政法大学出版社2000年版，第802页。据此，承揽合同在质量方面不应当适用《民法典》第511条第1项规定：“当事人就有关合同内容约定不明确，依据前条规定仍不能确定的，适用下列规定：（一）质量要求不明确的，按照强制性国家标准履行；没有强制性国家标准的，按照推荐性国家标准履行；没有推荐性国家标准的，按照行业标准履行；没有国家标准、行业标准的，按照通常标准或者符合合同目的的特定标准履行。”

② 参见最高人民法院（2016）最高法民申2249号民事裁定书。

③ 史尚宽：《债法各论》，中国政法大学出版社2000年版，第320—321页。

工作成果的时间，也包括定作人支付报酬的时间。履行期限不是合同的必备条款。根据《民法典》第510条的规定，没有约定或者约定不明确的，可以协议补充；不能达成补充协议的，按照合同相关条款或者交易习惯确定。其中，根据承揽工作的性质无须为特别交付的工作成果，如房屋装修、壁画安置等，以完成工作时间为交付时间。①第六，验收标准和方法。验收的标准是指检验材料、承揽工作质量的标准。根据《民法典》第510条的规定，未约定或者约定不明确的，当事人可以协议补充确定；不能达成补充协议的，可以通过合同相关条款或者交易习惯确定。此外，承揽合同的内容还包括承揽方式、合同履行地②等。

三 其他问题

承揽合同的内容与合同成立密切相关。承揽合同的内容有一些是承揽合同的要素，包括承揽标的、数量和承揽报酬。缺少这些要素，承揽合同不能成立。承揽合同成立的其他内容，本章未予规定，应当适用《民法典》合同编“通则”中关于合同成立的规定。

承揽合同的标的应当为承揽工作的完成。一些学者将承揽合同的标的表述为工作成果。③严格地说，工作成果只是承揽工作完成时所体现的符合定作人要求的状态而不是承揽合同的标的。工作成果相当于买卖合同中的标的物，但其本身并不是物。承揽法律关系中，承揽工作的完成与定作人支付的报酬互为对价。

---

① 参见史尚宽：《债法各论》，中国政法大学出版社2000年版，第327页。

② 关于履行地点，《最高人民法院关于如何确定加工承揽合同履行地问题的函》指出，加工承揽合同主要是以承揽方按照定作方的特定要求完成加工生产任务为履约内容的，承揽方履约又是以使用自己的设备、技术、人力为前提条件的。因此，加工承揽方所在地应为合同规定义务履行的地点，即合同履行地。

③ 参见江平主编：《中华人民共和国合同法精解》，中国政法大学出版社1999年版，第192页；张俊浩主编：《民法学原理》（修订第三版）（下册），中国政法大学出版社2000年版，第802页。

第七百七十二条【主要工作完成】

承揽人应当以自己的设备、技术和劳力，完成主要工作，但是当事人另有约定的除外。

承揽人将其承揽的主要工作交由第三人完成的，应当就该第三人完成的工作成果向定作人负责；未经定作人同意的，定作人也可以解除合同。

历史由来

本条承继自《合同法》第253条，条款文字未变化。《经济合同法》第19条第1款第2句规定："除合同另有规定的以外，承揽方必须以自己的设备、技术和劳力，完成加工、定作、修缮任务的主要部分，不经定作方同意，不得把接受的任务转让给第三方。"但该条款未就承揽人应当对第三人完成的工作成果向定作人负责作出规定。《加工承揽合同条例》未就承揽人完成工作作出规定，但第13条第2款"承揽方应当对所承揽的全部工作质量负责"之规定应当包含承揽人对第三人完成的工作成果向定作人负责之意。《合同法》扩大了《经济合同法》第19条第1款第2句规定的适用范围，不仅加工、定作中的承揽人应当亲自完成承揽工作的主要部分，其他承揽工作的承揽人都应当亲自完成承揽工作的主要部分，同时增加了承揽人应当对第三人完成的工作成果向定作人负责的规定。

规范目的或功能

本条的规范功能在于规定承揽工作主要部分应由承揽人亲自完成。由承揽人亲自完成承揽工作是承揽合同的基本性质。承揽不同于买卖，定作人之所以愿意订立承揽合同，往往看重的是承揽人与众不同的工作技能。如果由其他人完成主要工作，那么就违背了定作人与承揽人订立合同的目的。承揽人违反本条款，定作人有两种选择：一是解除合同；二是继续履行合同，此时承揽人应当就第三人完成的工作成果向定作人负责。

规范内容

承揽人的义务是完成工作成果。在我国，一般认为，承揽合同具有人身信任的性质，合同建立在定作人对承揽人工作能力的信任基础之上。①承揽合同的工作成果应当由承揽人通过自己与众不同的劳动技能完成。这也是定作人选择通过订立承揽合同而不是买卖合同实现自己目的之原因所在。质言之，承揽人以自己的设备、技术和劳力完成承揽的主要工作是承揽合同的性质所在。需要注意的是，主要工作由承揽人亲自完成是在没有约定时应当适用的规定。如果定作人同意，主要工作也可以交由第三人完成。否则，承揽人应当承担违约责任。同样地，如果当事人约定辅助工作也应由承揽人完成的，承揽人也应亲自完成辅助工作。

实践中，一些公司将承揽工作交由自己的子公司完成并不违反本条规定。在“江苏甲公司、武汉乙公司承揽合同纠纷案”中，最高人民法院认为，“乙公司为履行《工矿产品购销合同》的约定，已完成了案涉WZ1250×80/18数控重型卧式车床的定制，乙公司的损失已实际发生。虽甲公司主张乙公司在履行义务过程中存在违约、欺诈，将案涉定作物交由丙公司定作，将从丙公司购买的案涉定作物冒充自己的产品。但从乙公司与丙公司的关系看，并不存在甲公司所主张的上述情形。乙公司系国内研发制造重型、超重型机床的大型骨干企业，依产品专业化和技术细分需求，下设九个专业性子公司或分公司（厂），丙公司属乙公司下设的生产车床的专业化全资子公司，二者系母子公司关系。乙公司对外承接订单后，根据案涉定作物特点交由专业化子公司丙公司定作，是基于内部资源的优化配置的结果，符合大型国企的管理现状，对外承担责任的主体仍是乙公司。”②

关于“主要工作”的理解，一种意见认为，如果工作在性质上具有同一

① 参见江平主编：《中华人民共和国合同法精解》，中国政法大学出版社1999年版，第195页；张俊浩主编：《民法学原理》（修订第三版）（下册），中国政法大学出版社2000年版，第803页；江苏省高级人民法院（2018）苏民申5495号民事裁定书。

② 参见最高人民法院（2019）最高法民申2471号民事裁定书。

性，不能以轻重主次来划分，那么主要就是指工作的主要部分；如果工作在性质上是不同的，而其中有的工作为核心工作，有的为辅助工作，则主要工作是核心工作。笔者认为，“主要工作”一般是指对工作成果的质量起决定性作用的工作。主要工作的技术要求一般较高。主要工作的质量将决定工作成果是否符合定作人的要求。在“江阴市甲公司与云南乙公司定作合同纠纷案”中，法院认为，“在乙公司定制的总价款18.5万元的食用菌灭菌器设备中，压力容器筒体即蒸汽灭菌器的价款即达到15万元，虽然食用菌灭菌器尚有控制系统、辅助系统等多部件组成，但压力容器制作不可谓不是承揽合同的主要工作，其对工作成果的质量起到决定性作用”①。承揽人作为定作人选择的对象，应当以自己的设备、技术和劳力完成主要工作。所谓的设备，是指承揽人进行工作所使用的工具。所谓的技术，是指承揽人进行工作所需的技能，包括专业知识、经验等。所谓的劳力，是指承揽人完成工作所付出的劳动力。

承揽人在经定作人同意的情况下可以将其承揽的主要工作交由第三人完成，但是应当就该第三人完成的工作成果向定作人负责。在“甲公司与乙公司、丙公司承揽合同纠纷案”中，承揽人为乙公司，而施工主体为丙公司。最高人民法院认为，“本案系承揽合同纠纷，根据原审查明的事实，承揽人乙公司交付的油漆涂装工作成果不符合合同约定，对此各方均无异议。根据《中华人民共和国合同法》第二百六十二条的规定，承揽人交付的工作成果不符合质量要求的，应承担违约责任。乙公司主张原判决未认定施工主体为丙公司，但施工主体的认定并不影响乙公司作为承揽人在《加工承揽合同》项下承担相应责任。因此，实际施工人不属于本案须查明的基本事实，原判决未予查明，并无不当”②。承揽人为第三人承担责任的基础是：“不能让债务人基于社会分工而获益，即债务人不能因第三人承担履行而获益，履行承揽的风险应由债务人承担。”③本条承揽人应当为第三人完成的工作成果负责之规定为

---

① 参见江苏省高级人民法院（2018）苏民申5495号民事裁定书。

② 参见最高人民法院（2017）最高法民申457号民事裁定书。

③ Schlechterien/Schwenzer, Kommentar zum Einheitlichen UN-Kaufrecht, 6. AUFL., 2013, Art. 79, Rn.27. 转引自王洪亮：《债法总论》，北京大学出版社2016年版，第236页。

《民法典》第523条“当事人约定由第三人向债权人履行债务，第三人不履行债务或者履行债务不符合约定的，债务人应当向债权人承担违约责任”之特别条款。理解上，《民法典》第523条应当区分过错责任与无过错责任，即债务人对于第三人行为造成不履行或者违约的，通常可以以没有过错为由而不承担违约责任；而依据无过错责任，债务人对于参与合同履行的第三人的行为承担了广泛的责任。[①]无论依本条文义还是依质量不符合要求违约责任的性质，本条的责任基础均应当为无过错责任。

承揽人擅自将主要工作交由第三人完成构成根本违约。定作人可以有两种选择：第一种是要求承揽人对第三人完成的工作成果向其负责。定作人作出这种选择通常是认为工作成果的质量、数量、交付时间等尚能接受。在这种情况下，当工作成果质量不符合合同约定的质量要求的，定作人有权要求承揽人承担重作、修理、更换和赔偿损失等违约责任。工作成果数量不符合合同约定的，定作人有权要求承揽人在合理的期限内补齐，造成定作人损失的，承揽人承担损害赔偿责任。工作成果交付迟延的，承揽人应当承担迟延交付的违约责任，并赔偿定作人的损失。第二种是通知承揽人解除合同。因合同解除给定作人造成损失的，定作人可以要求承揽人承担损害赔偿责任。在前述“江阴市甲公司与云南乙公司定作合同纠纷案”中，法院认为，“承揽合同的订立，是基于定作人对承揽人工作能力的信任，因此承揽人应当以自己的设备、技术和劳力完成承揽的主要工作或在定作人同意的情况下转交由第三人完成。本案中，甲公司并无生产压力容器的资质，其未经乙公司同意将承揽的主要工作交由丙公司完成，违反法律规定。乙公司获悉上述事实后，即便定作工作已经完成，其依然有权依据《中华人民共和国合同法》第二百五十三条规定主张解除合同，一、二审法院对此予以支持正确”[②]。

三 其他问题

承揽人的债务是工作的完成。因此，自罗马法以来，许多立法如《德国

① 参见王洪亮：《债法总论》，北京大学出版社2016年版，第236页。

② 参见江苏省高级人民法院（2018）苏民申5495号民事裁定书。

民法典》《日本民法典》等未就承揽人需要自己完成工作作出规定。也有立法例对承揽人是否需要自己完成工作作出了规定。例如,《奥地利普通民法典》第1165条规定，承揽人有义务亲自完成工作，或者在其亲自负责之下由他人完成工作。[①]再如,《瑞士债务法》第364条第2款规定，承揽人应亲自完成工作或者在其亲自监督下完成工作，但依交易之性质，所承揽之工作不以承揽人个人之技能为要素者，不在此限。[②]笔者认为，承揽工作主要由承揽人完成并不是说完成工作所需要的劳务必须由承揽人亲自提供，承揽人可以使用履行辅助人，即承揽人利用辅助人的劳务通常并不违反本规定。但承揽人把承揽工作完全交由他人完成的，通常应当视为违背定作人的意思。“不管其为怎样的承揽，定作人在与某一特定的承揽人缔结契约时，通常都是预期至少工作的主要部分是在该人的指挥监督下进行的。”当“存在着重承揽人技术、才能等的情形”,“不用说承揽人必须以自己的劳力完成工作”。[③]

第七百七十三条【辅助工作完成】

承揽人可以将其承揽的辅助工作交由第三人完成。承揽人将其承揽的辅助工作交由第三人完成的，应当就该第三人完成的工作成果向定作人负责。

历史由来

本条承继自《合同法》第254条，条款文字未变化。《加工承揽合同条例》第22条规定有“未按合同规定的时间和要求向承揽方提供原材料、技术资料、包装物等或未完成必要的辅助工作和准备工作，承揽方有权解除合同，定作方应当赔偿承揽方因此而造成的损失”。但这里的辅助工作与本条规定的辅助

① 周友军、杨垠红译:《奥地利普通民法典》,清华大学出版社2013年版，第193页。

② 戴永盛译:《瑞士债务法》,中国政法大学出版社2016年版，第175页。

③［日］我妻荣:《债法各论》(中卷二),周江洪译，中国法制出版社2008年版，第86—87页。史尚宽先生也认为：在承揽契约，承揽虽无须自己担任工作之完成，然唯依承揽人自己之劳务而始可发生所预期之结果或另有特约者，应自己为之。例如，以艺术家作品之完成为目的之契约。史尚宽:《债法各论》,中国政法大学出版社2000年版，第319—320页。

工作含义并不相同。《加工承揽合同条例》第13条第2款“承揽方应当对所承揽的全部工作质量负责”之规定应当包含本条中承揽人应当就该第三人完成的工作成果向定作人负责之意。

规范目的或功能

本条的规范功能在于规定辅助工作可由第三人完成以及承揽人应就辅助工作成果负责。辅助工作可由第三人完成符合实际情况，有利于提高工作效率。承揽人将辅助工作交由第三人完成，不需要取得定作人同意，但承揽人应就第三人完成的辅助工作成果向定作人负责。

规范内容

“辅助工作”，是指承揽工作中主要工作之外的部分。如前所述，“主要工作”一般是指对工作成果的质量起决定性作用的工作。主要工作之外的工作就可以理解为辅助工作。例如，房屋装修、设计、粉刷等工作为主要工作，而运输材料则为辅助工作，可以交由第三人完成。再如，西装定制，量体裁剪、缝制是主要工作，而熨烫衣服则为辅助工作。在“北京甲公司上诉北京乙公司承揽合同纠纷案”中，一审法院认为，“在动画制作的过程中乙公司委托了包括王某团队、郑某团队、丙公司、丁公司、张某团队等第三方担任该项目中的部分职务或完成部分工作，对于上述工作是主要工作或者辅助工作，法院认为应结合动画制作领域的运行模式综合考量。首先，涉案的动画片均由乙公司负责总导演和总制片，并整体地把控工作，第三方工作亦是受到乙公司的跟进和监督，并非由乙公司将部分工作整体转包”。二审法院对此予以支持：“根据查明的事实，涉案动画由乙公司负责总导演和总制片，其他部分工作乙公司委托了第三方来进行并由其跟进和督促，故乙公司在总体上控制和管理涉案动画的制作，并未将主要工作整体转包。”[①]

除当事人另有约定外，承揽人将承揽的辅助工作交由第三人完成不必经过定

---

① 参见北京市第三中级人民法院（2016）京03民终10928号民事判决书。

作人同意。在承揽工作中，辅助工作通常对工作成果的整体质量影响不大，因此承揽人根据交易习惯可以不经定作人同意而将辅助工作交由第三人完成。承揽人应当根据诚信原则认真考察第三人的工作能力，合理地选择胜任工作的第三人。

承揽人就该第三人完成的工作成果向定作人负责。一方面，是指承揽人应当保证第三人完成的工作成果符合定作人的要求，不符合定作人要求的，承揽人应当向定作人承担迟延交付、重作、修理、退换、补齐等违约责任。依据合同相对性原理，第三人不是合同当事人，定作人只能向承揽人而不是第三人行使权利。承揽合同的性质表明，承揽人应当在约定期限内提供符合定作人要求的工作成果，否则承揽人应当承担全部的责任。另一方面，是指承揽人可以以第三人完成的工作成果履行承揽合同义务，定作人不能以工作成果由第三人完成为由否定承揽人履行承揽义务的事实。在“上海甲公司与重庆乙公司、丙公司承揽合同纠纷案”中，法院认为，“综合《定作合同》的内容以及丙公司选定上海甲公司生产的滑升门的过程分析，上海甲公司在《定作合同》中承揽的主要工作应为按丙公司招标邀请书中所规定的产品技术要求为乙公司生产滑升门，而滑升门的安装工作，则应属其承揽的辅助工作。……上海甲公司将其生产的滑升门的安装工作交由案外第三人成都甲公司完成，符合法律规定，上海甲公司应就成都甲公司完成的此项辅助工作，向定作人乙公司负责。故本案中以成都甲公司名义出具的《材料进场通知单》、收方单等证据，并不能否定上海甲公司已完成了《定作合同》中约定的承揽义务的事实”。[①]

三 其他问题

承揽人与第三人的关系一般是次承揽关系，也可能是委托关系。原则上承揽人可以利用次承揽。“这是因为，承揽只是以工作的完成为其标的，因此一般来说并不存在禁止次承揽的理由。但是，因工作性质及当事人意思的不同，应该由承揽人的劳务从事工作或应该在承揽人的直接指挥监督下从事工作的场合，则不可以利用次承揽。”[②]

① 参见重庆市第一中级人民法院（2012）渝一中法民终字第03528号民事判决书。

② ［日］我妻荣：《债法各论》（中卷二），周江洪译，中国法制出版社2008年版，第88页。

第七百七十四条【承揽人提供材料的选用与检验】

承揽人提供材料的，应当按照约定选用材料，并接受定作人检验。

历史由来

本条承继自《合同法》第255条，条款文字稍有变化。《加工承揽合同条例》第11条规定："用承揽方原料完成工作的，承揽方必须依照合同规定选用原材料，并接受定作方检验。承揽方隐瞒原材料的缺陷或者使用不符合合同规定的原材料而影响定作物的质量时，定作方有权要求重作、修理、减少价款或退货。"《合同法》对该条进行了修订简化。

规范目的或功能

本条的规范功能是规定承揽人提供材料时的主要义务。主要义务包括两项：一是按照约定选用材料，二是接受定作人检验。承揽人在准备材料时，应当注意备齐发票、质量说明书等相关资料，以供定作人检验。本条规定的定作人对承揽人提供材料的检验权是《民法典》第779条规定的定作人的监督检验权的具体化。鉴于材料对工作成果的质量起到重要的作用，本条对定作人对承揽人提供材料的检验权作出特别规定。

规范内容

一、承揽人选用材料

有约定，依约定。承揽人不按约定选用材料，应当承担相应的违约责任。在"林某某与黄某定作合同纠纷案"中，双方约定家具板材选用A牌多层实木板，由承揽人黄某提供。法院查明诉争家具使用的并非约定的A牌多层实木板。黄某辩称因当时库存A牌多层实木板数量不足，厂家补货又不及时，为确保按期交货故使用B牌多层实木板，板材质量是合格的。法院认为，根据法律规定，“承揽人提供材料的，应当按照约定选用材料，并接受定作人检验。黄某未按照约定的材料制作家具，违反合同义务”。法院最终“以承揽人交付的工作成果不符合质量要求”为由支持了原告退货的诉讼请求。[①]

承揽人应当按照约定的时间、数量和质量选用材料。本条仅规定了有约定时承揽人应当按照约定提供材料，未规定没有约定时承揽人如何提供材料。此时，应当适用《民法典》第510条规定确定，合同生效后，当事人就相关内容没有约定或者约定不明确的，可以协议补充；不能达成补充协议的，按照合同相关条款或者交易习惯确定。时间不明确的，承揽人应当及时提供；数量不明确的，承揽人应当根据完成该类工作成果所需的工作量，合理地确定材料的数量；质量不明确的，承揽人应当根据定作人对工作成果的质量要求，合理选用材料，定作人对工作成果的质量没有特别要求的，承揽人应当遵循诚信原则，根据价款数额的大小及工作性质，合理选用相应质量的材料。

有一种意见认为，承揽人并不当然地负担供给工作材料的义务，附属材料也是如此，除非依交易习惯由承揽人供给附属材料，如缝制衣服所需之线，应由承揽人供给。承揽人为完成工作所需器具，为工作完成义务的当然内容，应由承揽人负担，但当事人另有约定的除外。[②]这种观点值得商榷。材料由谁提供，如果没有约定，一般通过交易习惯等可以确定。若不能确定的，在合同成立的前提下，由承揽人提供更为恰当，因为作为专业人士的承揽人理应承受与其专业知识相适应的后果。对此，比较法上也有相应立法例可以作为佐证。《意大利民法典》第1658条规定，对于工作的完成必要的材料，依契约或习惯没有与其相异的决定场合，应由承揽人提供。[③]

二、定作人检验材料

承揽人准备的材料应当接受定作人的检验。材料经定作人检验是承揽人自我保护、减轻甚至免除责任的手段。“承揽人未经定作人检验和确认而用自己的原材料完成定作物的，其对原材料质量的责任是严格的。”如果材料经定

① 参见福建省厦门市湖里区人民法院（2014）湖民初字第230号民事判决书。

② 参见史尚宽：《债法各论》，中国政法大学出版社2000年版，第327页。

③ 陈国柱译：《意大利民法典》，中国人民大学出版社2010年版，第292页。

作人检验与确认，承揽人可以相对减轻责任。[①]定作人应当及时对承揽人提供的材料进行检验。在接到承揽人检验通知后，定作人未在合理期限内检验的，视为承揽人提供的材料符合要求，定作人不得嗣后再对该材料提出质量异议。承揽人应当以定作人确认后的材料完成工作。对承揽人以次充好或者故意隐瞒材料瑕疵而造成工作成果质量不符合约定的，定作人有权要求重作、修理、减少价款或者解除合同。定作人未及时检验的，还应当顺延工期，并赔偿承揽人因此受到的损失。

其他问题

承揽人提供材料的全部或主要部分的场合，完成工作物的所有权原则上归承揽人所有，经交付才能将所有权移转于定作人。[②]此种情况下，定作人未支付报酬的，承揽人无法留置完成工作物而只能行使拒绝支付的抗辩权。

第七百七十五条【定作人提供材料】

定作人提供材料的，应当按照约定提供材料。承揽人对定作人提供的材料应当及时检验，发现不符合约定时，应当及时通知定作人更换、补齐或者采取其他补救措施。

承揽人不得擅自更换定作人提供的材料，不得更换不需要修理的零部件。

历史由来

本条承继自《合同法》第256条，条款文字稍有变化。《经济合同法》第19条第2款规定："承揽方对定作方提供的原材料，应及时检验，发现不符

---

① 参见江平主编：《中华人民共和国合同法精解》，中国政法大学出版社1999年版，第197页。

② 参见[日]我妻荣：《债法各论》(中卷二)，周江洪译，中国法制出版社2008年版，第86页。

合合同规定时，应立即通知定作方调换或者补齐。承揽方对定作方提供的原材料不得擅自更换，对修理的物品不得偷换零件，违反的应承担赔偿责任。"《加工承揽合同条例》第12条规定："用定作方原材料完成工作的，合同应当明确规定原材料的消耗定额。定作方应按合同规定的时间、数量、质量、规格提供原材料。承揽方对定作方提供的原材料要按合同规定及时检验，不符合要求的，应立即通知定作方调换或补齐。承揽方对定作方提供的原材料不得擅自更换，对修理的物品不得偷换零部件。"第21条第9项、第10项规定："九、未按合同规定的办法和期限对定作方提供的原材料进行检验，或经检验发现原材料不符合要求而未按合同规定的期限通知定作方调换、补齐的，由承揽方对工作质量、数量承担责任。十、擅自调换定作方提供的原材料或修理物的零部件，定作方有权拒收，承揽方应赔偿定作方因此造成的损失。如定作方要求重作或重新修理，应当按定作方要求办理，并承担逾期交付的责任。"《合同法》第256条是由上述条款修改而来。

规范目的或功能

本条的规范功能在于规定定作人提供材料时承揽人的义务。承揽人的义务有二：一是及时检验义务；二是不得擅自更换定作人提供的材料和不得更换不需要修理的零部件的义务。正如前述，材料对工作成果的质量起到重要的作用，对定作人提供的材料的及时检验有利于及时发现材料是否存在问题，从而避免材料影响工作成果的质量，也有利于发生纠纷时厘清双方当事人的责任。承揽人不得擅自更换定作人提供的材料、不得更换不需要修理的零部件，这不仅是法律规定，也是诚信原则的要求。

规范内容

一、定作人提供材料

承揽所需要的材料可以由定作人提供，如定作人提供定作蛋糕所需要的面粉、鸡蛋，提供定作衣服所需要的面料，提供定作家具所需要的木材等。

承揽工作的对象（工作基底），如修理手表合同中的手表、复制合同中的艺术品原件等，也属于材料范围。由定作人提供材料的，如果合同约定了提供材料的时间、数量和质量，则定作人应当按照约定的时间向承揽人提供符合约定数量和质量的材料，否则应当承担违约责任。在“新余市甲公司、王某某承揽合同纠纷案”中，甲公司、王某某委托乙公司独家加工制作炉窑平板车，其中标准件、轴承、铸钢车轮由甲公司、王某某提供。法院认为，“甲公司、王某某有提供配件的义务，但直至2014年3月14日才提供仅够装备100台窑车的配件，甲公司、王某某于2014年6月6日、7月13日、7月23日将第二批100台窑车的车轮、轴承交给了乙公司，但未提供标准件。因此，甲公司、王某某未按合同约定时间提供配件，导致乙公司无法按期交货，已构成违约”[①]。

二、承揽人检验材料

根据本条规定，承揽人应当及时对定作人提供的材料进行检验。检验结果符合合同约定的数量与质量要求的，承揽人应当确认并告知定作人。发现不符合约定时，应当及时通知定作人更换、补齐或者采取其他补救措施。关于未及时通知的责任，本条未予明确规定。《加工承揽合同条例》（已失效）第21条第9项“未按合同规定的办法和期限对定作方提供的原材料进行检验，或经检验发现原材料不符合要求而未按合同规定的期限通知定作方调换、补齐的，由承揽方对工作质量、数量承担责任”之规定可供参考，即未及时通知定作人的，视为定作人提供的材料符合合同约定。在“南通市甲公司与浙江乙公司加工合同纠纷案”中，法院认为，“乙公司主张甲公司未派员指导且未提供全部零件及零件、图纸有缺陷。但乙公司在本案诉讼前从未就甲公司未派员指导及缺少零部件提出过异议，对零部件及图纸的缺陷亦在2013年10月12日的函件中才提及，故上述问题即使存在，亦早已超出合同法中‘及时通知定作人’的合理期限”。因此，乙公司所称问题即使存在，也因其未能及时提出而承担不利后果。[②]在“南陵县甲公司与上海乙公司加工合同纠纷案”中，法院认为，“甲公司在收到乙公司提供的面辅料时必须在三天内按照乙

---

① 参见江西省新余市中级人民法院（2017）赣05民终436号民事判决书。

② 参见江苏省南通市中级人民法院（2018）苏06民终1162号民事判决书。

公司开出的辅料出库单清点完毕，并将有差异部分明细告知乙公司补齐。该合同约定的交货时间为2017年9月21日，而吴某某直到10月2日才提出白色里布、红色印花面料、黄色印花面料缺少，在此之前，甲公司从未催促乙公司交付面辅料，也未提出面辅料交付时间过迟，亦未提出面辅料短缺影响生产。且甲公司所提面辅料缺少的数量很少，根据现有证据无法判断面辅料缺少是因乙公司少交还是甲公司在制作过程中未合理剪裁造成。因此，本院对甲公司因乙公司迟延提供面辅料导致其逾期交货的抗辩理由，不予采纳”[①]。同时，承揽人还应当承担因未及时通知而影响完成工作时间时迟延交付的违约责任。定作人提供的材料经承揽人检验不符合合同约定的，定作人在接到通知后应当及时补齐或者更换材料。迟延补齐、更换的，顺延工期；未补齐、更换的，承揽人有权解除合同，并请求定作人承担相应的损害赔偿责任。

承揽人不得擅自更换定作人提供的材料，即使该材料不符合合同约定的标准，即使为了定作人的利益也不行。否则，承揽人构成违约。在“张某某、曲某某承揽合同纠纷案”中，法院认为，“如曲某某未按约定提供足够材料（水曲柳木料），张某某应及时告知曲某某补齐，张某某在没有证据证实已告知曲某某补齐水曲柳木料或曲某某同意添加非水曲柳木料的情况下，张某某在所加工的家具上添加非水曲柳木料，已构成违约”[②]。关于擅自更换的责任，本条未予规定，《加工承揽合同条例》（已失效）第21条第10项“擅自调换定作方提供的原材料或修理物的零部件，定作方有权拒收，承揽方应赔偿定作方因此造成的损失。如定作方要求重作或重新修理，应当按定作方要求办理，并承担逾期交付的责任”之规定可供参考。此外，承揽人对定作人提供的原材料和工作基底应当妥善保管，因保管不善，造成原材料损失或工作基底损坏的，承揽人应当承担赔偿责任。

举证责任

承揽人主张定作人提供的材料不符合约定的，应当承担举证责任。在“郑

① 参见上海市第二中级人民法院（2019）沪02民终6145号民事判决书。

② 参见黑龙江省绥化市中级人民法院（2019）黑12民申73号民事裁定书。

州甲公司、河南乙公司承揽合同纠纷案”中，法院认为，“甲公司为乙公司加工的11套压力机压头中有8套出现了炸裂情况，无法使用。甲公司上诉称，出现产品炸裂系乙公司提供的原材料存在杂质所引起的，与其加工工艺无关，其不应该承担赔偿责任。但甲公司作为承揽方，无证据证明其对乙公司提供的原材料尽到了及时检验义务。且事发后甲公司对原材料进行的检测结果也不显示压力机压头炸裂与材料中含有非金属夹杂物存在因果关系。因此，甲公司的上诉理由缺少事实和法律依据，本院不予采信”①。

其他问题

定作人材料风险的分担，本条以及本章没有规定。比较法上，《德国民法典》第644条第1款第2句明确规定，定作人所供给之材料，因事变而灭失及毁损者，承揽人不负责任。②《瑞士债务法》第376条第2款规定，因材料意外灭失所生的损失，由提供材料的一方当事人负担。③所有者负担风险是民法上标的物毁损、灭失风险负担的一般规则，承揽合同中的材料毁损、灭失的风险负担如何处理也应当遵守上述规则，但当事人另有约定的除外。④

第七百七十六条【定作人要求不合理】

承揽人发现定作人提供的图纸或者技术要求不合理的，应当及时通知定作人。因定作人怠于答复等原因造成承揽人损失的，应当赔偿损失。

历史由来

本条承继自《合同法》第257条，条款文字未变化。《加工承揽合同条

① 参见河南省郑州市中级人民法院（2019）豫01民终14460号民事判决书。

② 台湾大学法律学院、台大法学基金会编译：《德国民法典》，北京大学出版社2016年版，第604页。

③ 戴永盛译：《瑞士债务法》，中国政法大学出版社2016年版，第179页。

④ 参见崔建远主编：《合同法》（第五版），法律出版社2010年版，第450页。

例》第14条规定："承揽方在依照定作方的要求进行工作期间，发现提供的图纸或技术要求不合理，应当及时通知定作方；定作方应当在规定的时间内回复，提出修改意见。承揽方在规定的时间内未得到答复，有权停止工作，并通知定作方，因此造成的损失，由定作方赔偿。"《合同法》对该条款进行了修改。

规范目的或功能

本条的规范功能在于规定定作人要求不合理时双方当事人的义务。承揽人的义务是及时通知；定作人的义务是及时答复，否则承担损失赔偿责任。承揽人作为专业人士，若发现定作人的要求不合理却不通知定作人，则违背诚信原则，承担责任当无疑义。

规范内容

承揽工作应当严格按照定作人提供的图纸或技术要求进行。在承揽关系中，定作人往往不如承揽人的知识、技能和经验丰富，因而其提供的图纸或技术要求可能会出现不是很合理的情况，从而导致承揽人难以制作符合当事人约定的工作成果。承揽人发现这种情况时不得擅自修改图纸或更改技术要求，而应当及时通知定作人。关于承揽人未及时通知的法律后果，本条未予规定。一般认为，如果因未通知而导致工作成果不符合要求的，承揽人应当承担违约责任，定作人有权要求承揽人修理、重作、减少报酬或者解除合同。同时，承揽人自己承担怠于通知期间的误工损失以及赔偿给定作人造成的其他损失。在"青铜峡市甲厂与史某某承揽合同纠纷案"中，法院认为，"承揽人发现定作人提供的图纸或者技术要求不合理的，应当及时通知定作人，本案中被告根据自己的技术已经发现彩钢活动房没有使用钢屋架存在安全隐患，但未提供证据证明已明确告知原告。因此，被告存在一定过错，原告有权要求其承担相应的赔偿责任"[①]。通知义务的法理基础是承揽人的提醒义务。"若

① 参见宁夏回族自治区青铜峡市人民法院（2013）青民初字第590号民事判决书。

怠于该义务，因遵循指示而产生的工作瑕疵，作为应归责于自己的瑕疵，承揽人仍难以免除其责任。这是因为承揽人乃是拥有该工作专业知识的人。”[①]在“甲公司与吉林市乙公司建设工程施工合同纠纷案”中，针对上诉人甲公司提出的案涉工程图纸与合同附件38项工程完全不吻合的问题，法院认为，“甲公司施工中发现图纸与合同附件不符，应当及时通知乙公司进行协商，其未就此提出异议，应视为其认可图纸工程量与合同约定相符”[②]。

法律适用上，应当考虑承揽人的专业能力。在“上海甲公司诉上海某大学承揽合同纠纷案”中，法院认为，“本案争议涉及的图纸、技术要求并非某大学提出的要求，即使如甲公司所称合同列明的NEC投影仪不可能满足某大学使用要求，也是甲公司在投标时未详细调查现场和教学使用需求所致。甲公司是专业的承揽工程公司，某大学只是教学单位，甲公司应负责现场需求与设备型号的匹配”[③]。在“长春市甲公司与长春市乙公司等承揽合同纠纷案”中，法院认为，“从上海某检测公司司法鉴定所出具的鉴定意见可知，根据JB/T10286–2013《日光温室技术条件》不同纬度地区温室的适宜跨度规定北纬40°以北，对应跨度应为6米至7米，吉林德惠所在纬度为北纬44.52°，涉案大棚的跨度超出该标准的要求。也就是说，双方在签订的案涉合同中约定温室大棚的跨度为10米，该约定不符合JB/T10286–2013《日光温室技术条件》中规定的跨度标准，对此，承揽人甲公司应当及时通知定作人乙公司。甲公司未能提供证据证明其向乙公司履行了通知义务，而案涉大棚倒塌的原因之一系跨度偏大使其承受风载荷、雨载荷变大，故甲公司对此应承担相应的违约责任”[④]。在该案中，尽管大棚跨度为双方约定，但这并不能免除承揽人的责任，因为承揽人作为专业人士，理应拥有更高的注意义务。需要注意的是，是否作为专业人士不能一概而论，要根据个案情况进行判断。在“上诉人鞍山市甲公司与被上诉人鞍山市乙公司、原审第三人于某某、韩某某、苏某某加工承揽合同纠纷案”中，定作人甲公司根据《合同法》第257条规定，

① ［日］我妻荣：《债法各论》（中卷二），周江洪译，中国法制出版社2008年版，第84页。

② 参见吉林省高级人民法院（2015）吉民再终字第6号民事判决书。

③ 参见上海市第一中级人民法院（2018）沪01民终13993号民事判决书。

④ 参见吉林省长春市中级人民法院（2018）吉01民终4562号民事判决书。

主张虽然设计图纸存在缺陷，但“乙公司作为制作人没有发现问题或发现问题没有通知我方，均属于履行合同义务不符合法律规定，应承担不利后果。”法院认为，《合同法》第257条并未要求承揽人具有核查设计图是否存在缺陷的义务，因此该案的情形并不适用该条款。[①]在该案中，承揽人虽然是专业的制造企业，但设计图是否存在缺陷超出了其专业能力。

定作人接到通知后，应当对不合理之处及时修正或重新提供图纸或技术要求。定作人怠于答复造成承揽人停工或其他损失的，应当承担损失赔偿责任。在“深圳市甲公司与南京市乙公司、南京市丙公司承揽合同纠纷案”中，法院认为，“在前期提供样品时甲公司即通过电子邮件提出过该外壳防水性不足，但丙公司未予答复，且在未确认样品的情况下让甲公司继续生产，丙公司也应对此承担责任”[②]。

举证责任

承揽人主张定作人提供的图纸或者技术要求不合理的，应当就现定作人提供的图纸或者技术要求不合理之处、是否及时通知定作人、定作人怠于答复等事实以及造成的损失大小负举证责任。在“江苏甲公司与徐某某承揽合同纠纷案”中，法院认为，承揽人甲公司“辩称系因徐某某提供的钢管不符合要求导致无法完全按照图纸要求施工，对此甲公司亦未提供证据证明，且根据法律规定，如徐某某作为定作人提供的材料不符合约定或者技术要求不合理的，甲公司作为承揽人发现后应及时通知徐某某，要求进行更换或采取其他补救措施，甲公司均未举证证明其履行了相关义务”[③]。在“四川省甲公司、成都市乙公司承揽合同纠纷案”中，法院认为，“如甲公司认为乙公司的图纸和技术要求不合理，应于合同履行阶段及时通知；鉴于甲公司并未提交足以采信的证据证实其已向乙公司进行过通知，故依法应当承担举证不能的不利责任”[④]。

① 参见辽宁省鞍山市中级人民法院（2017）辽03民终2356号民事判决书。
② 参见江苏省南京市中级人民法院（2016）苏01民终8097号民事判决书。
③ 参见江苏省宿迁市中级人民法院（2019）苏13民终3629号民事判决书。
④ 参见四川省成都市中级人民法院（2018）川01民终7865号民事判决书。

其他问题

本条与本法第781条质量不符合要求的违约责任存在关联。工作成果的瑕疵，若是依定作人的指示而产生的，承揽人不承担违约责任，但承揽人明知定作人指示不适当而不告知定作人的除外。我国台湾地区对此规定为，工作之瑕疵，因定作人所供给材料之性质或依定作人之指示而生者，定作人无前三条所规定之权利。但承揽人明知其材料之性质或指示不适当，而不告知定作人者，不在此限。本条及本章虽未予规定，但依理也应当作此解释。

第七百七十七条【中途变更承揽工作要求】

定作人中途变更承揽工作的要求，造成承揽人损失的，应当赔偿损失。

历史由来

本条承继自《合同法》第258条，条款文字未变化。《加工承揽合同条例》第13条第1款规定："承揽方应当依据合同规定，按定作方要求的技术条件完成工作，未经定作方同意，不得擅自变更。"第22条第1项规定："中途变更定作物的数量、规格、质量或设计等，应当赔偿承揽方因此造成的损失。"《合同法》第258条是由上述条款修改而来。

规范目的或功能

本条的规范功能在于规定定作人中途变更承揽工作的要求的法律责任。中途变更承揽工作要求的定作人应当赔偿承揽人因此遭受的损失。合同成立后，当事人一方原则上无权予以变更。但在承揽合同中，定作人可以以赔偿损失为条件随时变更工作要求。这是由承揽合同的满足定作人特殊需要之目的决定的。

规范内容

本条包含两层含义：一是定作人可以随时变更承揽工作的要求；二是定作人要赔偿承揽人因此遭受的损失。

根据本条规定，定作人中途可以随时变更承揽工作的要求。定作人订立承揽合同的目的往往是满足自己的特殊需要。如果这种特殊需要发生了变化，那么允许定作人变更承揽工作要求也属当然，否则既不能满足定作人的期望利益，也会造成不必要的浪费。定作人变更承揽工作要求不需要与承揽人协商一致。这显示了承揽合同与一般合同的不同之处。一般合同的变更需要当事人双方协商一致。在“张某某与杭州甲公司装饰装修合同纠纷案”中，法院认为，“赋予定作人中途变更承揽要求是符合此类合同的性质的，因为承揽合同是承揽人按照定作人的要求完成工作，交付工作成果的合同。也正是承揽合同的特点，决定了承揽人不可在定作人要求改变定作要求时，继续按照原要求完成工作，这样会损害定作人的利益，不符合承揽合同的这一法律特性。张某某提出设计修改意见并非违约行为，甲公司无权就此要求张某某承担违约责任”[①]。需要指出的是，“中途”是指承揽人开始承揽工作但尚未结束的这段时间。

根据本条规定，定作人中途变更承揽工作要求应当赔偿因此给承揽人造成的损失。具体地说，承揽人已经按照原要求完成部分工作的，定作人应当支付该部分工作的报酬；材料由承揽人提供的，定作人应当支付完成该部分工作所耗费的材料的价款。承揽人按照更改的要求增加的材料费用也应当由定作人负担。更改的要求导致承揽工作质量、难度提高的，定作人还应当增加相应报酬。中途变更合同导致工期顺延的，定作人还应当赔偿承揽人遭受的误工损失。如果承揽工作尚未开始，定作人变更工作要求一般不会造成承揽人损失，因而通常也不存在赔偿损失之说。工作虽未开始，但如果承揽人已经准备了相关材料，因此造成承揽人损失的，定作人也应当赔偿。

---

① 参见浙江省杭州市中级人民法院（2015）浙杭民终字第959号民事判决书。

承揽人对承揽工作要求的变更有过错的，也应承担相应的损失。在“李某某与甲公司、马某某承揽合同纠纷案”中，李某某与甲公司于2011年12月20日签订《加工定作合同》，约定：由李某某为甲公司建设的幸福小区加工定作并安装塑钢门窗；质量要求和技术标准，执行国家现行标准和规范；验收标准和办法由双方会同有关质量验收部门，按照有关验收规范标准验收；合同附件，型材采用未来型材60平开窗白色系列、钢衬为镀锌壁厚1.2mm。2012年10月10日，新疆乙公司向丙厂发出《监理工程师通知单》：“前期资料未报监理，进场门窗未提供材质和自检报告。内钢衬不符合规范和设计要求。现责令停止安装，待资料提供齐全，达到规范要求后再进行施工。”对此，甲公司中途变更要求，将钢衬厚度由1.2mm变为1.5mm。二审法院认为，“双方签订合同约定制作的1.2mm钢衬不符合建设施工要求，马某某、李某某作为承揽制作人仍按该规格加工，其自身也存在一定过错，且1.2mm的钢衬更换后，已经被当作废品卖掉，其数量及价值也无法确定”。新疆维吾尔自治区高级人民法院生产建设兵团分院再审在认定变更的事由及原因均是由甲公司引起的同时也认为，“李某某向甲公司交付钢衬厚度为1.2mm的塑钢窗，不符合施工质量标准，仍进行加工，并将不符合质量标准的塑钢窗当作废品出售，损失的数量及价值无法鉴定，也存在一定的过错，应承担相应的责任”①。

举证责任

承揽人主张赔偿的，应当对定作人中途变更承揽工作要求之事实和遭受的损失负担举证责任。如上所述，在“李某某与甲公司、马某某承揽合同纠纷案”中，二审法院与再审法院尽管认定定作人应当对中途变更工作要求前加工的成品、半成品损失承担责任，但鉴于李某某“将不符合质量标准的塑钢窗当作废品出售，损失的数量及价值无法鉴定”而最终承担不利的后果。②

① 参见新疆维吾尔自治区高级人民法院生产建设兵团分院（2016）兵民再48号民事判决书。

② 参见新疆维吾尔自治区高级人民法院生产建设兵团分院（2016）兵民再48号民事判决书。

其他问题

比较法上，德国、日本等立法例对定作人中途变更承揽工作要求无明文规定。在日本，学理上的一般理解是，“定作人只要补偿了损害，就可以自由变更、中止，而与此相反，若无特别理由（例如，发现了设计不合适，或是因为特殊情况而使得工作难以完成），应认为承揽人并不拥有这样的权限”①。

第七百七十八条【定作人协助义务】

承揽工作需要定作人协助的，定作人有协助的义务。定作人不履行协助义务致使承揽工作不能完成的，承揽人可以催告定作人在合理期限内履行义务，并可以顺延履行期限；定作人逾期不履行的，承揽人可以解除合同。

历史由来

本条承继自《合同法》第259条，条款文字未变化。《经济合同法》《加工承揽合同条例》均没有规定定作人的协助义务。

规范目的或功能

本条的规范功能在于规定定作人的协助义务。许多承揽工作的完成需要定作人的协助。此时，根据本条，定作人应当给予协助。定作人不给予协助致使承揽工作不能完成的，承揽人可以先行催告并顺延履行期限。定作人在催告期满仍不履行的，承揽人可以解除合同。协助义务是诚信原则的当然体现。②

---

① ［日］我妻荣：《债法各论》（中卷二），周江洪译，中国法制出版社2008年版，第82页。

② 参见崔建远主编：《合同法》（第五版），法律出版社2010年版，第450页。

规范内容

定作人履行协助义务的前提是协助义务的存在。协助义务依据承揽工作的性质、交易习惯或者诚信原则确定。例如，依据承揽工作的性质，工作场所应由定作人提供的，定作人应当及时提供适于承揽人工作的工作场所。再如，根据交易习惯，有些材料需要定作人提供的，定作人应当及时提供。协助义务多种多样，一般包括及时提供图纸、技术要求材料，及时清理施工现场，及时答复承揽人的请求，及时验收承揽人提供的材料、图纸、技术资料等。协助义务是定作人的法定义务。许多情况下，定作人不履行协助义务，承揽合同无法顺利履行，甚至不能履行，以致双方当事人订立合同的目的难以实现。因此，即使合同未明确规定定作人协助的，如果承揽合同需要定作人协助，定作人也应当履行协助义务。

定作人的协助义务要具有实际效果。如无实际效果，仍然不能算履行了协助义务。这里以“甲公司、江阴市乙公司承揽合同纠纷案”加以说明。根据法院查明的事实，“2012年4月6日，乙公司（承揽方）与甲公司（定作方）签订《承揽协议》约定，乙公司承揽甲公司厂房等设施的拆除工作，在某县政府规定的时间内（原则上为105天）拆除并清渣平整完毕。拆除的机械设备、电气材料和钢材归乙公司所有，合同签订后3日内由乙公司支付折价款12130000元，并约定由于甲公司原因致使拆除工程不能正常开展和延误的，工期顺延。合同签订后，乙公司支付甲公司废旧物资、钢材等折价款12130000元及履约保证金1000000元，即组织人员进行拆迁。在拆迁过程中，由于与甲公司存在承包关系的案外人丙公司的下岗职工及甲公司的水泥经销商使用各种车辆及物品封堵进出大门，阻止通行，打骂乙公司拆迁工人等手段干扰施工，导致乙公司无法正常实施拆迁工作。甲公司主张当地派出所证明及《某县政府意见》证明其积极履行了协助义务，而签订《承揽协议》的时间为2012年4月6日，约定的工期原则上为105天内，但直至2012年11月1日，尚有当地派出所因接到乙公司报案而赶往现场处理的情形发生，证实甲公司作为定作方无法在合理期限内为承揽方乙公司提供适于实施拆除的场地和环境。实施阻拦行为的第三人系与甲公司存在承包关系的丙公司下岗职工及甲公司的水泥经销商，甲公司有责任排除妨碍，履行协助义务”。法院最终认为，“由于甲公司未积极履行协作义务，未采取具体措施排除阻碍，致使拆迁工作难以正常开展”[①]。

定作人不履行协助义务的，承揽人应当催告定作人在合理期限内履行，并可以顺延完成工作的期限。如果定作人在催告期限内仍未履行，即为本条所指的逾期不履行。如果逾期不履行致使承揽工作不能完成，承揽人可以解除合同。需要注意的是，承揽人行使合同解除权需要同时具备三个条件：一是催告；二是定作人在催告期逾期不履行，也就是说，所谓的逾期不履行是指在催告期逾期不履行；三是致使承揽工作不能完成即导致合同目的不能实现。仅逾期不履行尚不足以导致合同解除。承揽人未经催告的，不能解除合同。不履行协助义务必须导致承揽工作不能完成才能解除合同，否则只能要求定作人赔偿损失。

承揽人解除合同应当以通知的方式解除。通知到达定作人时，解除即行生效。承揽合同解除后，双方当事人应当恢复原状，不能恢复原状的，定作人应当赔偿承揽人因此遭受的损失。

举证责任

承揽人顺延履行期限，应当对以下事实负责举证：第一，定作人有协助义务。如上所述，协助义务依据承揽工作的性质、交易习惯或者诚信原则确定。第二，定作人未履行协助义务。仅证明存在这一事实即可，至于定作人是否存在过错在所不问（除非定作人不履行协助义务是由承揽人造成的）。第三，定作人不履行协助义务致使承揽工作不能完成。承揽人解除合同的，还需要证明承揽人已进行了催告以及定作人逾期不履行协助义务。

其他问题

本条明确规定了定作人的协助义务。关于定作人的协助义务的性质，理

---

① 参见最高人民法院（2017）最高法民申4464号民事裁定书。

论上存在争议，有附随义务说、从给付义务说和不真正义务说等学说。[①]附随义务说认为，《合同法》第60条为附随义务的一般条款，因而凡"协助"者均为第60条之具体化。[②]从给付义务说认为，协助的目的是促进债务人完成合同约定的承揽工作，故而其重要的意义在于推动主给付义务的履行；但由于义务负担者并非主给付义务的债务人，故而属于性质特别的从给付义务。[③]"所谓不真正义务（Obliegenheit），是一种行为之要求，其赋予权利主体之权利，但却不能请求负有不真正义务的另一方作出相应的行为，如果负担不真正义务者没有履行该义务，则其承担法律的不利益。"[④]不真正义务说最早由德国于判例中确定，被我国台湾地区继受，并为现今德国、我国台湾学界的主流学说。如史尚宽教授认为，协力为行为而非义务，如不协力，仅为受领迟延，因而承揽人不享有请求定作人协助的诉权。[⑤]再如杨芳贤教授认为，定作人之协力行为，原则上仅为对己义务或不真正义务，并不具有债务人给付义务之性质。[⑥]笔者认为，从诉权角度上考虑，定作人的协助的确不是义务而是行为。一些立法例虽然也将协助规定为义务，但从法律后果上看，并不是真正的义务。例如，《奥地利普通民法典》第1168条第2款规定，如果定作人的协助对于工作的完成是必要的，而其不提供协助，则承揽人也有权确定适当的期限要求其继续履行协助义务，同时表示在该期限届满后仍不提供协助的，视为合同消灭。[⑦]该法律仅规定了不协助的法律后果为合同消灭，并未规定承揽人有权诉请法院强制定作人履行协助义务。本条规定与此类似，因而也应当遵此解释。

① 参见宁红丽：《〈民法典草案〉"承揽合同"章评析与完善》，载《经贸法律论坛》2020年第1期。

② 参见朱广新：《合同法总则》（第二版），中国人民大学出版社2012年版，第328页。

③ 参见侯国跃：《契约附随义务论》，西南政法大学2006年博士学位论文。

④ 王洪亮：《债法总论》，北京大学出版社2016年版，第27页。

⑤ 参见史尚宽：《债法各论》，中国政法大学出版社2000年版，第351—352页。

⑥ 参见宁红丽：《〈民法典草案〉"承揽合同"章评析与完善》，载《经贸法律论坛》2020年第1期。

⑦ 奥地利通说认为，此处所说的"合同消灭"实际上指"合同解除"。参见周友军、杨垠红译：《奥地利普通民法典》，清华大学出版社2013年版，第193页。

第七百七十九条【定作人的监督检验】

承揽人在工作期间，应当接受定作人必要的监督检验。定作人不得因监督检验妨碍承揽人的正常工作。

历史由来

本条承继自《合同法》第260条，条款文字未变化。《经济合同法》第19条第3款规定："承揽方修缮房屋或者加工成批非标准化物品，应接受定作方必要的检查和监督，但定作方不得妨碍承揽方的正常工作。承揽方承揽的复制、设计、翻译和物品性能测试、检验等任务，定作方要求保密的，应严格遵守。"《加工承揽合同条例》第16条规定："承揽方在工作期间，应当接受定作方必要的检查，但定作方不得因此妨碍承揽方的正常工作。"《合同法》第260条是由上述条款修改而来。

规范目的或功能

本条的规范功能在于规定定作人在工作期间对承揽工作的监督检验权和避免妨碍义务。一方面，定作人有权利在工作期间对承揽工作进行必要的监督检验；另一方面，定作人不得因行使监督检验权而妨碍承揽人的正常工作。

规范内容

定作人在承揽工作期间享有必要的监督检验权是合理的，有利于保证工作质量，预防工作成果出现瑕疵。监督检验主要是为了承揽工作能够符合合同约定和定作人的要求。

监督检验必须是必要的。合同对监督检验的范围有约定的，应当依约定检验；对监督检验的范围未有约定的，应当根据承揽工作的性质进行检验。监督检验发现问题，应当及时处理。在"包头市甲公司与王某、李某等建设工程施工合同纠纷案"中，法院认为，"上诉人甲公司作为定作人在被上诉人王某、李某、范某建设施工监督过程中，明知被上诉人王某、李某、范某用新型材料建设温室大棚而不是红砖材料时，没有进行阻拦，事后又以材料不合格为理由要求返工、拖延支付工程款的请求本院不予支持”[①]。

监督检验不得妨碍承揽人的正常工作、不得影响承揽人的正常工作秩序。这既是定作人的法定义务，也是诚信原则的体现。为避免妨碍承揽工作的正常进行，当事人双方最好在合同中约定监督检验的时间、次数、内容以及标准。未在合同中进行约定的，定作人检验前应当通知承揽人检验的时间和内容，以方便承揽人安排承揽工作。承揽人有权拒绝定作人不必要的监督检验，并有权对不必要的监督检验造成的损失要求赔偿。需要注意的是，监督检验是定作人的法定权利，对应的是承揽人的法定义务。承揽人不能以当事人双方未加约定而拒绝。相反，承揽人应为监督检验提供方便，如实反映工作情况，及时采纳合理的建议和指示，不断改进自己的工作。

定作人享有监督检验权不影响承揽合同的自身性质。在“刘某某、王某某与王某生命权、健康权、身体权纠纷案”中，再审申请人称，“王某将猪圈维修工程包给王某某，议定工时费1000元，双方并没有书面合同，没有明确合同性质。王某某否认与王某是承揽关系。维修工程的全部原材料、辅助材料、泥、水、草帘等和施工工具梯子、二齿钩均由王某提供，双方议定的只是劳务价格，属于雇佣合同，不符合承揽关系的特征。王某虽未在现场指挥，却在现场监督，说明王某某等三人的劳动受王某控制。且刘某某摔伤后，王某拿出2000元借给刘某某妻子给刘某某看病”。再审法院认为，“即使王某在现场监督，只要不妨碍猪圈顶棚维修工作，就不违反法律规定的作为承揽关系定作人享有的必要监督检验的权利，刘某某因此主张其与王某某等三人受王某控制，于法无据”[②]。在“卢某某、毛某某等与黄某某、甲公司机动车交通事故责任纠纷案”“聂某某与岑某某、甲公司提供劳务者受害责任纠纷案”“雷某某与甲公司、何某某提供劳务者受害责任纠纷案”“江某某、刘某某生命权、健康权、身体权纠纷案”等案件中，法院均持类似意见。[③]

---

① 参见内蒙古自治区巴彦淖尔市中级人民法院（2020）内08民终101号民事判决书。

② 参见吉林省高级人民法院（2016）吉民申1299号民事判决书。

③ 参见广西壮族自治区高级人民法院（2015）桂民申字第1475号民事裁定书；广西壮族自治区高级人民法院（2016）桂民申361号民事裁定书；广东省高级人民法院（2016）粤民申5219号民事裁定书；湖北省高级人民法院（2018）鄂民申4535号民事裁定书。

其他问题

比较法上仅有少数立法例对监督检验作出规定。《意大利民法典》第1662条为其中一例，该条规定："定作人有监督工程的进展而且以自己的费用检查其状态的权利。在工作的途中，发现其工作的实施未按契约所定的条件而且不以正规的技术实行时，定作人得规定承揽人必须按照此种条件的适当期间。其所定的期间徒过时，得解除契约。但不妨碍定作人请求损害赔偿的权利。"① 该条规定了监督检验的法律后果，即定作人解除合同和请求损害赔偿的权利。结合《民法典》第563条第3项、第4项以及其他相关规定，应解释为在我国定作人也享有相关权利。

第七百八十条【工作成果的交付和验收】

承揽人完成工作的，应当向定作人交付工作成果，并提交必要的技术资料和有关质量证明。定作人应当验收该工作成果。

历史由来

本条承继自《合同法》第261条，条款文字未变化。《加工承揽合同条例》第20条第1款规定："定作方应当按合同规定的期限验收承揽方所完成的工作。验收前承揽方应当向定作方提交必需的技术资料和有关质量证明。"《合同法》第261条由上述条款修改而来。

规范目的或功能

本条的规范功能在于规定工作成果的交付与验收。承揽人的义务为完成承揽工作并交付工作成果，交付时应当提交必要的技术资料和有关质量证明；定作人的义务为验收工作成果，这同时也是定作人的权利。交付固然重要，

① 陈国柱译：《意大利民法典》，中国人民大学出版社2010年版，第293页。

但承揽合同是完成工作的合同，“非以给与某物为目的之契约”。这是承揽合同与买卖合同的重要区别。[①]

规范内容

一、承揽人交付工作成果

承揽人应当将完成的工作成果交付给定作人。只有交付工作成果，定作人才能享有工作成果，实现承揽合同的目的。承揽人还需要向定作人提交必要的技术资料和有关质量证明。该义务为从给付义务。所谓从给付义务，是指与自己的主给付义务提出与使用相关的义务，也即与债权人的履行利益相关的义务，其目的在于辅助、确保债权人的给付利益能够获得最大的满足。[②]在“北京市丙公司与赤某某和甲公司、乙公司等承揽合同纠纷案”中，赤某某和甲公司、乙公司申请再审称，“原判决要求赤某某和甲公司、乙公司交付钢结构原材料的材质合格证书等适用法律错误”。最高人民法院认为，“赤某某和甲公司、乙公司负有约定和法定的交付材质合格证、出厂证等义务。原判决要求赤某某和甲公司、乙公司向北京丙公司交付钢结构原材料的材质合格证等并无不当”[③]。必要的技术资料和有关质量证明是承揽人按合同约定完成工作的证明，如果不能提供，承揽人将可能承担不利后果。在“河北甲公司与张某、朱某某加工合同纠纷案”中，法院认为，“承揽人完成工作的，应当向定作人交付工作成果，并提交必要的技术资料和有关质量证明。二被告提供微信聊天记录证明其要求原告生产的输送带夹层布材料应为‘500型尼龙布’，并申请法院对输送带夹层布是‘500型尼龙布’还是‘500丝型布’进行鉴定。经与原告协商，原告既不同意二被告进行鉴定，亦未提交其他的质量证明或技术资料以证明其生产的输送带符合二被告的定作要求，原告对本次诉讼应承担举证不能的不利法律后果。故对原告要求二被告

① 参见史尚宽：《债法各论》，中国政法大学出版社2000年版，第319页。

② 参见王泽鉴：《债法原理》（第二版），北京大学出版社2013年版，第81页；王洪亮：《债法总论》，北京大学出版社2016年版，第22页。

③ 参见最高人民法院（2016）最高法民申2431号民事裁定书。

给付剩余的加工费并提走剩余输送带的诉讼请求，本院不予支持”[1]。从上述判决可以看出，该从给付义务是独立可诉的。[2]

交付完成以定作人验收合格为准。在“孙某某与滕某某定作合同纠纷案”中，法院认为，“根据定作合同的性质，应由承揽人按照合同的要求完成定作物并由定作人验收合格后方能视为交付完毕，而本案中的柜体存在诸多瑕疵，且经定作人滕某某的要求重作后仍未能达到标准，故该定作物应视为尚未交付，孙某某要求滕某某给付尾款没有依据，本院不予支持”[3]。

当事人对工作成果交付的时间、方式和地点有约定的，应当依约定。未约定的，根据《民法典》第510条、第511条的规定，当事人双方可以协议补充；不能达成补充协议的，按照合同相关条款或者交易习惯确定；仍不能确定交付时间、地点、方式的，承揽人应当在工作完成时通知定作人在合理的时间内取货。承揽人通知的取货地点和取货时间分别为交付地点和交付时间。工作成果无须特别交付的，如美发、理发，完成即为交付。对于承揽人交付工作成果，定作人应当予以积极配合。定作人迟延接收的，承揽人可以将工作成果提存。定作人拒绝受领后，应当承担工作成果的毁损、灭失的风险。

本条涉及对交付的理解。交付一般是指有体物的交付，若工作成果由有体物表现时，自然可以交付。但严格地说，工作成果不是具体的物，而是承揽工作完成时所体现的符合定作人要求的状态。“结果得为物之制造，物之运送等之有形的结果，或为建筑之设计、疾病之治疗等无形的结果。”[4]因此，交付的实际上不是工作成果而是体现工作成果的物，工作成果随着物的移交而为定作人享有。依《民法典》规定的承揽合同定义，承揽人完成的工作成果均须交付。也就是说，不宜认为无形工作成果不存在交付。解释上应当认为，这类承揽合同的承揽人向定作人提示工作成果已经完成而定作人对此没有异议之时便视为工作成果已经完成并交付。

---

① 参见河北省景县人民法院（2019）冀1127民初2461号民事判决书。

② 参见王泽鉴：《债法原理》（第二版），北京大学出版社2013年版，第81页。

③ 参见吉林省延边林业中级人民法院（2019）吉75民终102号民事判决书。

④ 史尚宽：《债法各论》，中国政法大学出版社2000年版，第319页。

二、定作人验收工作成果

定作人应当在承揽人交付工作成果时对工作成果予以验收。验收需要检验工作成果的质量、数量是否符合合同约定或者定作人的要求。验收主要是查点工作成果的数量和查验工作成果的质量以及有关技术资料和质量证明。验收一般是双方当事人进行结算、定作人支付报酬等费用的前提条件。验收合格的，定作人应当接收工作成果并支付承揽报酬。在无特别约定的情况下，验收视为认可工作成果符合合同约定。在“杨某某、成都甲公司承揽合同纠纷案”中，再审申请人称，“交付货款不能认定为认可交付工作成果，更不能认定为定作人验收合格”。法院认为，“本案双方在《门窗施工制作图》中仅对承揽标的、尺寸等进行了约定，对于验收和货款支付时间并无约定，按照通常理解及交易习惯，杨某某应在验收合格之后才会支付尾款。本案中，杨某某虽主张甲公司擅自更换玻璃型号及未按合同约定履行义务等，但杨某某却未在合理期限内提出质疑或在验收时及时提出异议，反而是继续向甲公司支付了剩余尾款。因此，二审法院认为双方在实际履行中就玻璃型号的变更已达成一致，并无不妥”[①]。

验收发现工作成果有严重的质量缺陷的，定作人可以拒收并通知承揽人。验收发现定作物的数量或者质量不符合要求的，应当在合同约定的期限内通知承揽人，未有约定的，则应当在合理期限内通知承揽人。在“林某某与黄某定作合同纠纷案”中，双方约定家具板材选用A牌多层实木板，由承揽人黄某提供。法院查明诉争家具使用的并非约定的A牌多层实木板。法院认为，根据法律规定，“黄某未按照约定的材料制作家具，违反合同义务。《订货单》载明定作人应在安装完毕后24小时内验收，该期间过短，应认定为对数量和外观瑕疵提出异议的期间。是否采用约定的材料，因已经过加工，仅从外观上难以辨别，作为消费者，林某某也缺乏相应的检验能力。故，林某某在家具交付9个月后发现材料与约定不符提出异议，未超出合理期间”[②]。

定作人未及时验收，或者在验收时发现问题后怠于通知的，应当视为工

① 参见四川省高级人民法院（2019）川民申594号民事裁定书。

② 参见福建省厦门市湖里区人民法院（2014）湖民初字第230号民事判决书。

作成果的数量或者质量符合要求。在“内蒙古甲公司、乌海市乙公司买卖合同纠纷案”中，最高人民法院认为，“甲公司在接收设备时即可以从设备外观上识别，但甲公司并未当场提出，而是接收设备并投入生产，上述行为可以视为甲公司接受丙公司交付的与约定型号不符的设备。甲公司在接收设备二年后再以设备型号与合同约定不符为由请求退还全部货款，超出其对产品外观可识别的问题提出异议的合理期限，原审法院不予支持，并无不当”。同时指出，“乙公司作为定作人，应当在合同约定的一个月期限内组织验收，并在合理期限内向承揽人丙公司提出质量异议。本案中乙公司未及时组织验收，也未在合理期限内将产品质量异议通知丙公司。案涉设备于2008年2月投入使用，甲公司、乙公司于2010年6月提起诉讼，超过了合同约定的一个月的检验期及质量异议期，也超过了合同约定的一年质保期”[①]。

验收合格后，定作人有受领的义务。“所谓受领，在买卖解释为纯粹事实上交付，然在承揽，则有谓于有形的受领之外，应并含有以其给付为契约履行之承认，即以其工作主要的符合于契约而完成之承认。”[②]质言之，直接占有的移转还不够，至少还需要定作人默示地认可工作的结果符合契约。[③]因此，受领有事实上的受领与法律上的受领之分。仅法律上的受领才有“认可债务人所提供的履行要求，因而可以发生清偿的法律效果，使债务人的债务最终归于消灭”之意。[④]定作人的受领的义务，《德国民法典》第640条有明确规定：“除按工作之性质无须受领者外，定作人有受领依契约所完成工作之义务。不得因非重大之瑕疵，而拒绝受领。定作人虽负有受领之义务，但未于承揽人对其所定之相当期限内受领工作者，视同受领。定作人虽已知瑕疵，仍依第一款第一段规定受领有瑕疵之工作者，以其于受领时保留因该瑕疵所生之权利者为限，享有第六百三十四条第一项至第三项所规定之权利。”[⑤]由此，以定

---

① 参见最高人民法院（2017）最高法民申746号民事裁定书。

② 史尚宽：《债法各论》，中国政法大学出版社2000年版，第353页。

③ 参见［日］我妻荣：《债法各论》（中卷二），周江洪译，中国法制出版社2008年版，第98页。

④ 韩世远：《合同法总论》（第三版），法律出版社2011年版，第317页。

⑤ 台湾大学法律学院、台大法学基金会编译：《德国民法典》，北京大学出版社2016年版，第602页。

作人未知或已知但保留相关权利为限，受领并不表明定作人抛弃要求承揽人承担工作成果不符合质量要求的违约责任的权利。《民法典》对此虽未有规定，但在解释上也应当照此处理。

如果验收不合格，致使不能实现合同目的的，定作人有拒绝受领的权利。本条及本章对此未予规定，可以参照《民法典》第610条买卖合同的相关规定："因标的物不符合质量要求，致使不能实现合同目的的，买受人可以拒绝接受标的物或者解除合同。买受人拒绝接受标的物或者解除合同的，标的物毁损、灭失的风险由出卖人承担。"拒绝受领权不是一项独立的"实质性权利"，而是附属于债权的"技术性的权利"，其不能单独存在，也不像形成权一样可以变更或消灭既有法律关系，只有当债务人提供的履行严重不符合要求时，拒绝受领权才显现出来，目的在于保障债权目的的圆满实现。[①]关于定作人拒绝受领权的行使，并不是验收不合格即可，还必须"致使不能实现合同目的"。拒绝受领权应当及时行使，否则于债权人会发生不利后果，即事实上的受领会转化为法律上的受领。[②]

三 举证责任

承揽人应当就其交付的工作成果是否符合合同的约定承担举证责任。在"南京甲公司与江苏乙公司承揽合同纠纷案"中，法院认为，"甲公司负责系统的安装调试及试运行。因此，甲公司依法负有证明自己已经履行合同义务的责任。甲公司并未依据合同附件要求提供设备验收报告，亦未提供其他证据证明涉案设备的安装调试及运行状况已符合合同约定；甲公司还称其已对乙公司提出的质量问题进行整改，亦无任何证据证明；其应当承担举证不能的不利后果。甲公司关于由乙公司承担未能证明涉案设备质量问题的不利后果的主张于法无据，本院对此不予支持"[③]。

---

① 参见韩世远：《合同法总论》（第三版），法律出版社2011年版，第317—318页。

② 参见韩世远：《合同法总论》（第三版），法律出版社2011年版，第318页。

③ 参见江苏省高级人民法院（2018）苏民申2145号民事判决书。

其他问题

一、迟延履行的法律后果

迟延交付工作成果的，构成迟延履行。对于迟延履行的法律后果，本章未予规定。此时是否直接适用《民法典》第563条第1款第3项、第4项“（三）当事人一方迟延履行主要债务，经催告后在合理期限内仍未履行；（四）当事人一方迟延履行债务或者有其他违约行为致使不能实现合同目的”之规定解除合同，值得探讨。立法例中，我国台湾地区对承揽人迟延履行作出专门规定，因可归责于承揽人之事由，致工作逾约定期限始完成，或未定期限而逾相当时期始完成者，定作人得请求减少报酬或请求赔偿因迟延而生之损害。前项情形，如以工作于特定期限完成或交付为契约之要素者，定作人得解除契约，并得请求赔偿因不履行而生之损害。[①]我国台湾地区实务与学者见解认为，上述规定是对“非定期行为给付迟延之解除契约”的特别规定。承揽工作迟延履行属于上述规定情形的，定作人即应受上述规定的限制，而不得以迟延履行为由解除合同，从而无再适用“契约当事人一方迟延给付者，他方当事人得定相当期限催告其履行，如于期限内不履行时，得解除其契约”规定的余地。[②]对这一问题，崔建远教授也指出，若承揽人已完成大部分工作，并且迟延时间不是太久，单次定期催告无果后即解除承揽合同可能使已完成的大部分工作丧失价值，不符合经济效益原则，对相关债务人也过于严苛。因此，在承揽人未能在约定的期限内交付工作成果，甚至在宽限期届满时亦未交付成果的，不宜适用《合同法》第94条第3项的规定，而应适用《合

① 我国台湾地区对该规定的修正理由（说明）：一、本条第1项是否仅适用于工作完成之情形，现行条款文义不明，易滋疑义，为明确计，爰修正为仅适用于“工作完成”之情形。又定作人于本项情形，是否仅得请求减少报酬，学说上不无争议，为期明确，爰修正为定作人得请求减少报酬或请求赔偿因迟延而生之损害，使定作人在无法举证证明其损害之情形时，可请求减少报酬，而在可证明其损害时，可径行请求赔偿因迟延而生之损害。

② 参见史尚宽：《债法各论》，中国政法大学出版社2000年版，第307页；赵文杰：《〈合同法〉第94条（法定解除）评注》，载《法学家》2019年第4期；宁红丽：《〈民法典草案〉“承揽合同”章评析与完善》，载《经贸法律论坛》2020年第1期。

同法》第94条第4项的规定，即定作人尚需举证证明，其合同目的因此而落空，才允许行使解除权，将合同解除；定作人若未能举证证明其合同目的落空，仅凭承揽人未能在宽限期内交付工作成果的事实，仍不允许其行使解除权；但如果承揽人恶意不交付工作成果，则仍适用《合同法》第94条第3项的规定，甚至径直适用《合同法》第94条第2项的规定，允许定作人解除合同。[①]笔者认为，解释上应当遵从此种意见。此种情况下，承揽人仍然需要继续履行债务，并就迟延损害进行赔偿。[②]需要指出的是，该解释与本法第787条规定的定作人的任意解除权并不矛盾。定作人在承揽工作完成前可以任意解除承揽合同，但是应当以赔偿承揽人的损失为代价。

二、完成工作物的归属

加工、定作合同中，承揽人的工作成果由完成工作物体现，此时存在该完成工作物的所有权归属问题。应当注意的是，我国立法与学界对相关概念并不严格区分，一概用“工作成果”指称相关概念。严格地说，仅存在完成工作物的所有权归属问题而不存在工作成果的所有权归属问题。实践中，应当根据具体情况分析“工作成果”的具体含义。

一些承揽合同的完成工作物所有权较易确定，如在修理合同中，定作人提供工作基底，那么完成工作物自然归属于定作人。[③]存在争议的主要是关于制作物供给合同的完成工作物所有权的归属。《民法典》对此未予明文规定，需要从学理角度加以探讨。一般认为，如果合同明确就完成工作物所有权的归属作了约定，就依该约定。[④]如果合同未约定或约定无效时，原则上按照主

---

① 参见崔建远：《合同一般法定解除条件探微》，载《法律科学》（西北政法大学学报）2011年第6期。

② 《民法典》就合同迟延履行作出了规定：第583条中的“履行合同义务不符合约定”即为迟延履行，“在履行义务或者采取补救措施后，对方还有其他损失的”，即指迟延损害。债权人可以就迟延损害请求赔偿，即为迟延赔偿。迟延赔偿属于一种与履行并在的损害赔偿。参见韩世远：《合同法总论》（第三版），法律出版社2011年版，第400页。

③ 参见陈和慧：《论承揽完成工作物所有权之归属》，载郑玉波主编：《民法债编论文选辑》（下），台北五南图书出版公司1983年版，第1150页。

④ 参见崔建远：《承揽合同四论》，载《河南省政法管理干部学院学报》2010年第2期；宁红丽：《〈民法典草案〉“承揽合同”章评析与完善》，载《经贸法律论坛》2020年第1期。

要材料由谁提供来确定：承揽人提供主要材料的，完成工作物所有权归属于承揽人；[①]定作人提供主要材料的，完成工作物所有权归属于定作人，此时不适用物权法上加工的规定。[②]之所以如此，是因为“承揽人负有为工作之义务，其为履行所为之工作，应无论其为既成品之加工或为新品之制作，其所有权均应属于供给材料之定作人”[③]。

有学者认为，“我国《合同法》第二百六十四条关于‘定作人未向承揽人支付报酬或者材料费等价款的，承揽人对完成的工作成果享有留置权，但当事人另有约定的除外’的规定，以及第二百六十五条关于‘承揽人应当妥善保管定作人提供的材料以及完成的工作成果，因保管不善造成毁损、灭失的，应当承担损害赔偿责任’的规定，也暗含着工作物的所有权归属于定作人的思想”。理由是：“（1）按照《物权法》第二百三十条以下的规定，留置权的成立须以占有债务人或第三人的动产为要件，如此，《合同法》第二百六十四条赋予承揽人对工作成果的留置权，其成立自然以该工作成果不归承揽人所有为前提，限于承揽关系的特定语境，该工作成果只能归定作人所有。（2）假如工作成果不归定作人所有，而归属于承揽人，那么，承揽人对该工作成果保管不善，造成毁损、灭失的，应自担风险，由风险负担规则解决，谈不上对定作人承担损害赔偿责任。只有将该工作成果所有权确定归定作人，《合同法》第二百六十五条规定的损害赔偿责任才顺理成章。这个结论的可靠性，在承揽人为定作人维修机械设备、修缮建筑物、平整建设用地等承揽合同场合，至为明显。”[④]在“武汉某钢结构有限责任公司、武汉某造船有限公司小额借款合同纠纷、金融借款合同纠纷案”中，法院也持这种观点：“既然承揽人对定作物享有留置权，那么其对定作物应不享有所有权，

---

① 参见陈和慧：《论承揽完成工作物所有权之归属》，载郑玉波主编：《民法债编论文选辑》（下），台北五南图书出版公司1983年版，第1150页；郑玉波：《民法债编各论》（下），台北三民书局1981年版，第358页。

② 参见宁红丽：《〈民法典草案〉“承揽合同”章评析与完善》，载《经贸法律论坛》2020年第1期；陈和慧：《论承揽完成工作物所有权之归属》，载郑玉波主编：《民法债编论文选辑》（下），台北五南图书出版公司1983年版，第1149页；［日］我妻荣：《债法各论》（中卷二），周江洪译，中国法制出版社2008年版，第86页。

③ 史尚宽：《债法各论》，中国政法大学出版社2000年版，第328页。

④ 崔建远：《承揽合同四论》，载《河南省政法管理干部学院学报》2010年第2期。

否则没有所有权人留置其所有之物的道理。同理，如果承揽人对定作物享有所有权，法律再规定保管义务亦无必要。”①笔者认为，该观点值得商榷。《合同法》第264条规定的原意不是要确定完成工作物所有权的归属，而是要规定在完成工作物所有权归属于定作人的情况下，承揽人有权就属于定作人财产的完成工作物行使留置权。如果完成工作物所有权不归属于定作人，自然也就谈不上该条规定的适用。这也是《民法典》第783条增加拒绝交付规定的原因。《合同法》第265条规定的适用同样如此，其仅在工作成果所有权归属于定作人的情况下适用。如果完成工作物所有权不归属于定作人，谈不上承担损害赔偿责任，也就谈不上第265条的适用。质言之，两条都是在完成工作物所有权属于定作人的情况下适用，但不能反过来推定完成工作物所有权必然归属于定作人。

按照主要材料由谁提供来确定完成工作物所有权存在两个例外：一是材料虽由承揽人提供，但定作人已经支付全部或一半以上的材料价款或报酬的，推认在当事人之间存在默认的合意，即推认完成工作物的所有权在承揽工作完成的同时归属于定作人。②该例外可弥补材料提供说之不足。反对者认为，工作物在交付以前，即属于承揽人所有，则承揽人得合法将之出售、抵押，而承揽人之债权人亦得将该工作物予以查封、拍卖，定作人于受交付前，因非所有权人，故不得加以阻止或提出异议，且按交易之实情，定作人于工作物完成前，多已支付大半承揽代金，其对定作人之保护，实欠妥善。③该反对意见历数材料提供说之不足，但定作人不享有完成工作物所有权也并非全无好处，即可免除负担完成工作物在交付前因意外事件毁损、灭失的风险。即使不考虑风险负担，定作人上述不利也多发生在不动产建筑合同中，依《民法典》规定，建筑合同属于“建设工程合同”章调整。除去不动产建筑，正如该反对意见所言，所谓于定作人保护实欠妥善，主要是因为定作人“多已支付大半承揽代金”。本例外建议定作人已经支付

① 参见湖北省高级人民法院（2018）鄂民终1057号民事判决书。

② 大判昭和18年7月20日民集22卷660页；判昭和44年9月12日判时572号25页。转引自宁红丽：《〈民法典草案〉“承揽合同”章评析与完善》，载《经贸法律论坛》2020年第1期。

③ 王和雄：《承揽供给契约之性质及其工作物所有权之归属》，载郑玉波主编：《民法债编论文选辑》（下），台北五南图书出版公司1983年版，第1135页。

全部或一半以上的材料价款或报酬的，推认完成工作物的所有权在承揽工作完成的同时归属于定作人正好摒除定作人之种种不利。二是在不规则承揽的情况下，无论承揽人有无以自己的材料进行代替，都应当由定作人取得完成工作物之所有权。理由同上，此时应当推认在当事人之间存在默认完成工作物所有权属于定作人的合意。所谓不规则承揽合同，简称为不规则承揽，是指由定作人提供材料，约明承揽人可以同种类、品质、数量的材料代替为一定工作并交付工作成果的承揽合同。[①]如此解释更有利于平衡当事人之间的利益。

三、工作成果的风险负担

本章未就工作成果交付的风险负担作规定。所谓工作成果的风险负担，是指承揽人业已完成的工作成果一旦由于不可归责于双方当事人的事由毁损、灭失，工作成果所遭受的损失由谁来承担。[②]比较法上，《德国民法典》第644条规定："工作受领前，由承揽人负担危险。定作人受领迟延者，其危险移转于定作人。承揽人因定作人之请求，将工作送交履行地以外之处者，准用第四百四十七条关于买卖之规定。"[③]我国有学者认为，如果工作成果由定作人自始取得所有权，由于不存在物权变动问题，因此应当采风险由所有人负担原则；如果承揽人首先取得工作成果的所有权，在当事人之间须进行财产所有权的转移，此时应当参照适用买卖合同标的物毁损、灭失风险负担的有关规定，工作成果的风险在交付前由承揽人负担，在交付后则由定作人负担，当事人另有约定或法律另有规定的除外。[④]该意见区分工作成果所有权归属有一定道理。但工作成果严格地说只是承揽工作完成时所体现的符合定作人要求的状态而不是工作物。因此，当工作物归定作人所有时，定作人自然负担工作物毁损、灭失之风险，但若就此认为定作人也需要承担工作成果灭失风险的，则于定作人而言有失公允。例如，定作人提供布料请承揽人制作西服，

① 参见崔建远：《承揽合同四论》，载《河南省政法管理干部学院学报》2010年第2期。

② 参见崔建远主编：《合同法》（第五版），法律出版社2010年版，第450页。

③ 台湾大学法律学院、台大法学基金会编译：《德国民法典》，北京大学出版社2016年版，第604页。

④ 参见崔建远主编：《合同法》（第五版），法律出版社2010年版，第450页。

在完成西服制作后、交付前，西服因不可抗力灭失，此时定作人自然负担西服毁损之风险，但若就此还要求定作人支付报酬则明显有失公允。基于上述讨论，笔者赞同交付移转风险说。

若工作成果风险由承揽人负担，承揽人不得请求支付报酬。此似乎对承揽人过于苛刻。“但是，与承揽人通常是该项工作的技术人员相反，定作人为普通人的情形很多。不仅如此，承揽人也可以采取对完成前的工作加入保险等填补损害的手段。考虑到这样的情况，上述指责并不一定在理。”[①]同时，当事人还可以通过特别约定处理工作成果的风险负担问题。

第七百八十一条【工作成果不符合质量要求的违约责任】

承揽人交付的工作成果不符合质量要求的，定作人可以合理选择请求承揽人承担修理、重作、减少报酬、赔偿损失等违约责任。

历史由来

本条承继自《合同法》第262条，条款文字稍有变化。《经济合同法》第35条规定：“当事人一方违反经济合同时，应向对方支付违约金。如果由于违约已给对方造成的损失超过违约金的，还应进行赔偿，补偿违约金不足的部分。对方要求继续履行合同的，应继续履行。”《加工承揽合同条例》第21条规定：“承揽方的违约责任：一、未按合同规定的质量交付定作物或完成工作，定作方同意利用的，应当按质论价；不同意利用的，应当负责修整或调换，并承担逾期交付的责任；经过修整或调换后，仍不符合合同规定的，定作方有权拒收，由此造成的损失由承揽方赔偿。……三、未按合同规定包装定作物，需返修或重新包装的，应当负责返修或重新包装，并承担因此而支付的费用。定作方不要求返修或重新包装而要求赔偿损失的，承揽方应当偿付定作方该不合格包装物低于合格包装物的价值部分。因包装不符合合同规定造成定作物毁损、灭失的，由承揽方赔偿损失……”《合同法》第262条由上述条款修改而来。

---

① ［日］我妻荣：《债法各论》（中卷二），周江洪译，中国法制出版社2008年版，第99页。

本条规定的究竟是瑕疵担保责任还是违约责任存在争议。关于承揽合同中的违约责任与瑕疵担保责任，比较法中有多种方案。作为承揽合同法进行改革的一个重要的目标，德国通过债法修订消灭了承揽人的瑕疵责任，将其统一于违约责任的规范之下。[①]根据《德国民法典》第633条第1款之规定，承揽人完成的工作有物之瑕疵或权利瑕疵，承揽人即违反合同债务而构成债务不完全履行行为。我国也有许多学者主张传统法上的瑕疵担保责任已经被违约责任吸收。鉴于本条规定明定为违约责任，故这里采违约责任而非瑕疵担保责任之称谓。此种定性有助于简化法律适用关系。[②]

规范目的或功能

本条的规范功能在于规定承揽人因工作成果质量不符合约定所承担的违约责任。承担责任的方式有修理、重作、减少报酬、赔偿损失等。本条没有规定的，一方面，可以根据《民法典》第646条“法律对其他有偿合同有规定的，依照其规定；没有规定的，参照适用买卖合同的有关规定”之规定，工作成果不符合质量要求的违约责任可以参照“买卖合同”中标的物质量不符合约定的违约责任之规定处理；[③]另一方面，可以适用《民法典》合同编通则部分有关违约责任特别是质量不符合约定的违约责任的规定。

规范内容

承揽人的主要义务是按质按量完成工作成果。如果承揽人交付的工作成果不符合质量要求，承揽人就应当对工作成果承担相应的违约责任。

---

① 参见齐晓琨：《德国新、旧债法比较研究：观念的转变和立法技术的提升》，法律出版社2006年版，第324页。

② 参见宁红丽：《〈民法典草案〉“承揽合同”章评析与完善》，载《经贸法律论坛》2020年第1期。

③ 参见江平主编：《中华人民共和国合同法精解》，中国政法大学出版社1999年版，第201页。

一、违约责任要件

使承揽人承担不符合质量要求的违约责任须具备以下要件：

1. 承揽人交付的工作成果不符合质量要求。质量要求有约定依约定，无约定依《民法典》第510条、第511条以及本章相关条款确定。工作成果不符合质量要求存在多种原因，有承揽人不按照约定的技术要求、技术条件、图纸工作的，有承揽人发现定作人提供的图纸、技术要求不合理但未通知定作人更改的，有承揽人提供的材料存在瑕疵的，有定作人提供的材料不符合约定但承揽人未检验或者检验后未通知定作人调换的等。“盖承揽工作物之瑕疵，不仅由于材料之瑕疵而产生，且亦可由于工作方法及工作过程之瑕疵而产生，此点乃买卖之所无，故民法就承揽人之物的瑕疵责任，乃特设规定以规范之。”①

2. 不符合质量要求须在工作成果交付时已经存在。直到交付前，承揽人依然可以消除质量瑕疵，从而依约履行合同。只要物位于承揽人处，承揽人即应承担工作成果丧失应有特性的风险。“只有在已经履行的情况下，通过特殊规则增加交易确定性才有意义，如检验期制度甚或客观短期时效制度。”②如果质量不符合要求是在工作成果交付后产生的，则承揽人不承担责任。也就是说，承揽人并不担保工作成果在移交后一段时间内不存在瑕疵。“除非当事人约定，风险移转后一段时间内，出卖人仍负有保持物上不产生瑕疵的责任。”③该段时间即为质量保证期间。关于质量保证期间，《民法典》第621条有规定。根据《民法典》第646条“法律对其他有偿合同有规定的，依照其规定；没有规定的，参照适用买卖合同的有关规定”之规定，《民法典》第621条可以准用于承揽合同。

3. 定作人应在合理的期限内提出质量异议。本条及本章未就该期限作出规定。比较法上，我国台湾地区规定，定作人之权利，如其瑕疵自工作交付后经过1年始发见者，不得主张。工作依其性质无须交付者，前述1年之期

---

① 郑玉波：《民法债编各论》（下），台北三民书局1981年版，第365页。

② 王洪亮：《债法总论》，北京大学出版社2016年版，第291页。

③ 参见王洪亮：《债法总论》，北京大学出版社2016年版，第291页。

间，自工作完成时起算。我国司法实践中，法院一般参照买卖合同相关规定处理，如“南京某体育工程实业有限公司、浙江某椅业有限公司承揽合同纠纷案”[1]“某厨房无油烟智能系统有限公司与浙江某金属制品有限公司承揽合同纠纷案”[2]“四川某暖通工程有限公司、成都市某餐饮管理有限责任公司承揽合同纠纷案”[3]“上海某塑料厂与上海某金属制品有限公司承揽合同纠纷上诉案”[4]“上海某食品有限公司与上海某包装实业有限公司承揽合同纠纷案”[5]等。这些案件中，法院根据《合同法》第174条“买卖合同准用于有偿合同”的规定参照《合同法》第158条有关买受人的瑕疵检验通知义务的规定：“当事人约定检验期间的，买受人应当在检验期间内将标的物的数量或者质量不符合约定的情形通知出卖人。买受人怠于通知的，视为标的物的数量或者质量符合约定。当事人没有约定检验期间的，买受人应当在发现或者应当发现标的物的数量或者质量不符合约定的合理期间内通知出卖人。买受人在合理期间内未通知或者自标的物收到之日起两年内未通知出卖人的，视为标的物的数量或者质量符合约定，但对标的物有质量保证期的，适用质量保证期，不适用该两年的规定。出卖人知道或者应当知道提供的标的物不符合约定的，买受人不受前两款规定的通知时间的限制。”在“上诉人南京某食品有限公司与被上诉人王某某定作合同纠纷案”中，合同约定“自设备经双方验收合格之日起，乙方应按有关规定进行保修服务，保修服务期限为1年，保修期内，乙方必须在接到甲方要求维修通知后3天内派人到设备现场维修”。法院认为，“双方合同约定验收时间为乙方调试运行后的1天内，同时约定保修期1年，自设备经双方验收合格之日起算。食品公司在过了保修期限后主张设备存在质量问题，本院不予支持。双方合同明确约定了质量验收标准，食品公司应在调试验收时，或在1年保修服务期内按照合同约定标准进行检验，其现在过了保修期限后再申请质量鉴定，本院不予准许”。同时，法院还否定了定作人提出的解除合同的要求：“食品公司没有证据证明其在安装调试验收时，或1

---

① 参见浙江省杭州市中级人民法院（2018）浙01民终7772号民事判决书。

② 参见江苏省南京市中级人民法院（2018）苏01民终11067号民事判决书。

③ 参见成都市锦江区人民法院（2017）川0104民初8097号民事判决书。

④ 参见上海市第一中级人民法院（2012）沪一中民四（商）终字第71号民事判决书。

⑤ 参见上海市徐汇区人民法院（2011）徐民二（商）初字第1327号民事判决书。

年保修期内就设备交付或质量问题提出过异议，故食品公司现以王某某违反合同约定，未全面履行合同交付定作成果为由，要求解除合同，缺乏事实和法律依据，一审法院未予支持，并无不当。”[①]《民法典》在解释上也应当照此处理。

有学者认为承揽人承担不完全给付责任还需要以过错为要件。[②]最高人民法院司法解释就建设工程施工合同瑕疵责任也采过错责任归责原则。《建设工程施工合同解释》第11条规定：“因承包人的过错造成建设工程质量不符合约定，承包人拒绝修理、返工或者改建，发包人请求减少支付工程价款的，应予支持。”笔者认为，因质量不符合要求引起的违约责任宜采无过错责任。理由如下：第一，我国违约责任的归责原则自《合同法》始即原则上采无过错责任原则。多数见解认为，《合同法》第107条确立了无过错责任的归责原则。[③]此立场也为司法实践普遍认可。[④]《民法典》第577条一字不易地承继了《合同法》第107条，因此《民法典》第577条也应当解释为无过错责任原则。本条既然未明示以过错为归责原则，那么在解释上也应当采无过错责任原则。在Zweigert与Kötz看来，“在现代主流是广泛的被标准化交换关系的情况下，合同被理解为一种允诺承担担保责任（严格责任体系），比理解为一种尽最大努力实现所许诺的结果（过错责任体系）更符合人们的观念”[⑤]。第二，因质量不符合要求引起的违约责任在性质上属于担保责任。这里的担保责任，是指债务人负有对所有无给付或不完全给付所造成的后果承担无过错责任的义务，其主要情况是出卖人或加工人担保合同标的物具备某些品质，愿意承担所有

---

① 参见江苏省南京市中级人民法院（2019）苏01民终8144号民事判决书。

② 参见王洪亮：《债法总论》，北京大学出版社2016年版，第223页；韩世远：《合同法总论》（第三版），法律出版社2011年版，第592页。

③ 参见顾昂然：《中华人民共和国合同法讲话》，法律出版社1999年版，第45—46页；王利明：《〈联合国国际货物销售合同公约〉与我国合同法的制定和完善》，载《环球法律评论》2013年第5期；梁慧星：《合同法的成功与不足》（上），载《中外法学》1999年第6期；韩世远：《合同法总论》（第三版），法律出版社2011年版，第592页；朱广新：《合同法总则》，中国人民大学出版社2008年版，第396页。

④ 参见最高人民法院（2014）民申字第793号民事裁定书；最高人民法院（2014）民提字第14号判决书；最高人民法院（2019）最高法民申4123号民事裁定书。

⑤ Zweigert/Kötz, Einführung in die Rechtsvergleichung: aufdemGebiete des Privatrechts, Aufl. 3，1996, S. 513. 转引自王洪亮：《债法总论》，北京大学出版社2016年版，第225页。

基于该品质瑕疵而产生的损害。[①]质言之，因质量不符合要求引起的违约责任原本为瑕疵担保责任。瑕疵担保责任为无过错责任。[②]瑕疵担保责任虽为违约责任所吸收，但这种吸收不应影响其适用无过错责任。因此，如果工作物的实质性能背离了约定性能或者预定的、通常的效用，“并且损害了定作人的利益，那么与承揽人是否具有过错无关，定作人享有一系列法律救济”。即使“承揽人已经注意到公认的技术规则，已经遵守了定作人的指示，或者已经遵循了约定的形式”也不能够简单地使承揽人免除责任。[③]此外，本条规定的违约责任为《民法典》第582条“履行不符合约定的，应当按照当事人的约定承担违约责任”之规定的违约责任中的一种。一般认为，《合同法》第111条也即《民法典》第582条采无过错责任原则。[④]相应地，本条的归责原则也应当作无过错责任解释。至于建设工程施工合同，在理论上只是属于承揽合同中的一种类型，因此上述司法解释中的特别规定不影响承揽合同中承揽人承担的工作成果不符合质量要求的违约责任作为无过错责任的一般性质。

二、责任承担方式

根据本条规定，承揽人承担的不完全给付的违约责任方式主要包括以下三种：

1. 修理、重作。修理、重作为补救或继续履行，其为无过错责任，补救履行的费用由承揽人承担。[⑤]所谓修理，就承揽合同而言，是指交付的工作成果的质量不符合要求，有修理可能并为定作人所需要时，承揽人消除工作成果瑕疵的补救措施。本条未就各种救济措施的顺序作出明确规定。大陆法系的立法例上多将其作为第一顺位的救济措施。在德国法上，承揽人如同出卖

---

① 参见王洪亮：《债法总论》，北京大学出版社2016年版，第245页。

② 参见［日］我妻荣：《债法各论》（中卷二），周江洪译，中国法制出版社2008年版，第101页；郑玉波：《民法债编各论》（下），台北三民书局1981年版，第365页。

③ 参见［德］迪特尔·梅迪库斯：《德国债法分论》，杜景林、卢谌译，法律出版社2007年版，第286—287页。

④ 参见金晶：《〈合同法〉第111条（质量不符合约定之违约责任）评注》，载《法学家》2018年第3期。

⑤ 参见王洪亮：《债法总论》，北京大学出版社2016年版，第295页。

人享有二次提供权："在通常的情况下，只有当承揽人尽管指定延展期间而仍不除去瑕疵时，定作人始可以因瑕疵而解除合同或者减价。"[①]我国也有学者指出，"补救履行之救济方式不仅对受领瑕疵给付标的物愿意排除瑕疵从而获得无瑕疵标的物的债权人有利，而且也是为了避免债务人因没有第二次给付机会而遭受不利益"[②]。可见修理最符合当事人双方利益，同时也避免了资源的浪费。在解释上应当认为修理优先于其他救济措施。我国学者多持此观点。[③]有学者在解释《合同法》第107条、第111条、第112条时指出，从相关条款的文字表述来看，"继续履行请求权是优先于减价、解除、退货以及损害赔偿请求权的"[④]。司法实践一般也承认继续履行的优先性。例如，在"程某某与长丰县某销售有限公司买卖合同纠纷案"中，法院认为，"对照《农机机械产品修理、更换、退货责任规定》中附件2严重质量问题表，其中联合收割机'滚筒无级变速盘'损坏属严重质量问题，对应本案无级变速器应属严重质量问题。该规定同时还规定，在三包有效期内农机因同一严重质量问题更换主要部件或系统后又出现相同质量问题，农机用户可以选择换货；换货后仍然出现相同质量问题的，农机用户可以选择退货，由销售者负责免费退货。原告虽举证证明被告提供的机械存在质量问题，但并不符合退货的条件"[⑤]。在"青铜峡市某清真食品厂与史某承揽合同纠纷案"中，法院因"彩钢活动房因风倒塌且无法修补"而最终判承揽人承担损害赔偿责任。[⑥]只有在不能修理时，定作人才可以主张其他责任承担方式。承揽人主动要求修理的，定作人不得拒绝承揽人的请求。[⑦]修理应当为可能且符合经济原则。在除去为不能的场合，定

---

① ［德］迪特尔·梅迪库斯：《德国债法分论》，杜景林、卢谌译，法律出版社2007年版，第287页。

② 王洪亮：《债法总论》，北京大学出版社2016年版，第295页。

③ 参见韩世远：《减价责任的逻辑构成》，载《清华法学》2008年第1期；杜景林：《我国合同法上减价制度的不足与完善》，载《法学》2008年第4期；武腾：《减价实现方式的重思与重构》，载《北方法学》2014年第3期。

④ 王洪亮：《债法总论》，北京大学出版社2016年版，第297页。

⑤ 参见安徽省长丰县人民法院（2014）长民二初字第00046号民事判决书。

⑥ 参见宁夏回族自治区青铜峡市人民法院（2013）青民初字第590号民事判决书。

⑦ 参见宁红丽：《〈民法典草案〉"承揽合同"章评析与完善》，载《经贸法律论坛》2020年第1期。

作人不享有修理请求权；“如果除去瑕疵要求支出过巨的费用，那么承揽人有权拒绝除去瑕疵。”[①]比较法上，我国台湾地区规定，如修补所需费用过巨者，承揽人得拒绝修补。《德国民法典》《日本民法典》也有类似规定。我国《民法典》对此无规定。若修理费用过巨，不仅于承揽人不利，而且也不经济，故在解释上也应认为在这种情况下承揽人享有拒绝修理的权利。所谓重作，是指在承揽合同中，承揽人交付的工作成果不合格，不能修理或修理所需费用过高，由承揽人重新制作工作成果的补救措施。[②]重作应当是在不能修理后的选择。一般是轻微瑕疵要求进行修理；严重瑕疵要求重新制作。修理、重作均属于补救履行，[③]其不排除承揽人迟延交付的违约责任。

2.减少报酬。减少报酬是在定作人同意利用的前提下承揽人承担违约责任的方式。对此，《加工承揽合同条例》（已失效）第21条第1款第1项曾明确予以规定：“承揽方的违约责任：一、未按合同规定的质量交付定作物或完成工作，定作方同意利用的，应当按质论价；不同意利用的，应当负责修整或调换，并承担逾期交付的责任；经过修整或调换后，仍不符合合同规定的，定作方有权拒收，由此造成的损失由承揽方赔偿。”根据这一规定，减少报酬的顺序应当排在所有责任方式的前面。但是，正如前述，这一规定与通行学说不符。加之《加工承揽合同条例》已经废止，因此在解释上应当认为减少报酬请求权略后于修理、重作。

3.赔偿损失。由于工作成果不符合质量要求，给定作人造成人身伤害或者财产损害的，定作人有权要求承揽人赔偿因此造成的损失。此外，如果合同中约定有违约金的，承揽人还应当支付违约金。

三、责任免减

工作成果不符合质量要求的违约责任虽属于无过错责任，但可因法定事由而免减。“材料若系定作人所供给，而因该材料性质发生瑕疵时，自不能再

① ［德］迪特尔·梅迪库斯：《德国债法分论》，杜景林、卢谌译，法律出版社2007年版，第287页。

② 参见韩世远：《合同法总论》（第三版），法律出版社2011年版，第608页。

③ 补救履行包括去除瑕疵和提供无瑕疵物两种情况，前者为修理，后者为重作。参见崔建远主编：《合同法》（第五版），法律出版社2010年版，第314页。

令承揽人负责，同样工作之方法若系定作人所指示，而因其指示之不当发生瑕疵时，自亦不能再令承揽人负责。”[①]我国台湾地区明确规定，工作之瑕疵，因定作人所供给材料之性质或依定作人之指示而生者，定作人无前三条所规定之权利。但承揽人明知其材料之性质或指示不适当，而不告知定作人者，不在此限。《日本民法典》第636条规定：“前两条的规定，不适用于工作标的物的瑕疵因定作人提供材料的性质或定作人的指示而发生的情形。但是，承揽人明知该材料或指示不适当而不告知的，不在此限。”[②]《瑞士债务法》第369条规定：“因定作人对工作的进行发出承揽人所明确反对的指示，或者因定作人的其他过错行为，导致工作成果存在瑕疵者，定作人不享有基于瑕疵而产生的权利。”[③]我国《民法典》合同编“承揽合同”部分对工作成果不符合质量要求的违约责任的免减未予规定，但司法实践予以认可。在“青铜峡市某清真食品厂与史某承揽合同纠纷案”中，法院在判定被告承担违约责任的同时进一步指出，“本案中，原告提供图纸并提前看好材料，被告依据原告的要求制作，彩钢活动房没有使用钢屋架系原告工作要求，且原告作为定作人有监督检查的责任，因此，对彩钢房倒塌造成的损失，原告应承担主要责任。对于彩钢房倒塌所造成的损失应区分责任，双方按各自过错大小承担，结合本案实际，确定被告承担40%为宜”[④]。关于指示不当的通知义务，《民法典》第776条第1句则有明确规定：“承揽人发现定作人提供的图纸或者技术要求不合理的，应当及时通知定作人。”在“史某与青铜峡市某清真食品厂承揽合同纠纷申请案”中，法院认为，“由某食品厂提供图纸、选定材料，由史某完成彩钢活动房的制作、加工及安装，在彩钢活动房交付使用不到3个月的时间，遇风天倒塌，史某称其在制作过程中发现彩钢活动房没有使用钢屋架存在安全隐患，但是史某在原审提供的证据不足以证明其已明确告知某食品厂，故原判决认定史某没有尽到通知义务正确”[⑤]。如前所述，承揽人难以免除其责任

---

① 郑玉波：《民法债编各论》（下），台北三民书局1981年版，第370—371页。

② 王爱群译：《日本民法典》，法律出版社2014年版，第105页。

③ 戴永盛译：《瑞士债务法》，中国政法大学出版社2016年版，第177页。

④ 参见宁夏回族自治区青铜峡市人民法院（2013）青民初字第590号民事判决书。

⑤ 参见宁夏回族自治区高级人民法院（2014）宁民申字第229号民事裁定书。

"是因为承揽人乃是拥有该工作专业知识的人"[①]。

举证责任

原则上，谁主张，谁举证。因此，定作人主张承揽人承担责任时应当承担对工作成果不符合质量要求违约责任的构成要件进行证明的责任。例如，定作人应当就承揽人义务违反（承揽人交付的工作成果不符合质量要求）、遭受的损失以及二者间因果关系承担举证责任。在"唐山某冶金设备有限责任公司、洛阳某集团有限公司加工合同纠纷再审案"中，最高人民法院认为，"某冶金公司作为定作人主张损失赔偿，应对提供加工劳务的承揽人某集团公司未按约定加工承揽以及给定作人造成的损失承担举证证明责任"。

因第三人的原因导致承揽人交付的工作成果不符合质量要求的，承揽人应当负举证责任。在"甲公司与乙公司、丙公司承揽合同纠纷案"中，案涉三方签订了《三方协议书》，约定丙公司承担油漆产品质量问题的全部责任，但最高人民法院认为，"乙公司的证据难以证明丙公司的油漆存在严重质量问题，系导致案涉油漆涂装工作成果不符合要求的全部原因。根据《三方协议书》第25条的约定，如工程质量不符合标准，必须返修，其费用损失由乙公司承担。故原判决认定乙公司承担60%的违约责任，有事实和合同依据，适用法律并无不当"[②]。

其他问题

《民法典》未规定定作人可以自行修理、重作。比较法上，《德国民法典》第634条、第637条以及我国台湾地区对定作人的自行修理、重作给予肯定。解释上应肯定定作人可以自行修理、重作。一方面，自行修理、重作可以使得承揽人借由修正瑕疵达成履约效果以获取报酬；[③]另一方面，定作人本应当先行请求承揽人修理、重作，若自行修理、重作于承揽人也无损失，则承揽人无理由

---

① ［日］我妻荣：《债法各论》（中卷二），周江洪译，中国法制出版社2008年版，第84页。

② 参见最高人民法院（2017）最高法民申457号民事裁定书。

③ 参见叶锦鸿：《承揽》，台北三民书局2007年版，第114页。

拒绝。正如有学者指出的，“考虑到《合同法》第221条允许出租人自行维修，在承揽也有必要允许定作人自行修理，并赋予其修理费用偿还请求权。至于重作，由于重作的费用有时要低于修理，因此也似无禁止定作人自行重作之理”[①]。

我国台湾地区规定，承揽人不于前条第一项所定期限内修补瑕疵，或依前条第三项之规定拒绝修补或其瑕疵不能修补者，定作人得解除契约或请求减少报酬。但瑕疵非重要，或所承揽之工作为建筑物或其他土地上之工作物者，定作人不得解除契约。该规定明确了定作人解除合同的权利，但以瑕疵重要为条件。该条承袭《德国民法典》第323条第5款第2句“债务人未依契约本旨提出给付者，其违反义务并非重大时，债权人仍不得解除契约”[②]之规定，原因是解除常常会给承揽人造成特别的不利（承揽人无法使用工作物），因此，应当对定作人解除权作瑕疵非重要不得解除的限制。[③]《民法典》承揽合同对此无规定。解释上，应当认为当瑕疵非常严重以至于影响到合同目的实现时，定作人始享有《民法典》第563条第1款第4项“当事人一方迟延履行债务或者有其他违约行为致使不能实现合同目的”规定的解除权。

第七百八十二条【报酬支付的期限和部分支付】

定作人应当按照约定的期限支付报酬。对支付报酬的期限没有约定或者约定不明确，依据本法第五百一十条的规定仍不能确定的，定作人应当在承揽人交付工作成果时支付；工作成果部分交付的，定作人应当相应支付。

历史由来

本条来自于《合同法》第263条，除将原条款中的“依照”改为“依据”、“六十一”改为“五百一十”之外，其他文字未变化。《加工承揽合同条例》

① 李永军、易军：《合同法》，中国法制出版社2009年版，第550页。

② 台湾大学法律学院、台大法学基金会编译：《德国民法典》，北京大学出版社2016年版，第311页。

③ 参见［德］迪特尔·梅迪库斯：《德国债法分论》，杜景林、卢谌译，法律出版社2007年版，第287页。

第8条规定："价款或酬金，按照国家或主管部门的规定执行，没有规定的由当事人双方商定。"该条突出地反映了计划经济时期各种价格由国家制定的时代特征。《合同法》第263条对该条作了较大修改。

规范目的或功能

本条的规范功能在于规定定作人支付报酬的期限以及报酬的部分支付。报酬支付期限有约定依约定，无约定先依《民法典》第510条的规定确定支付期限，仍不能确定，则以后付为原则，[①]即定作人应当在承揽人交付工作成果时支付（此时不能适用《民法典》第511条），视同交付的场合，应于工作完成时交付。如果工作成果是部分交付的，则定作人也应当对应支付。

规范内容

支付报酬是定作人最为基本的义务。这里的报酬是指定作人为使承揽人完成承揽工作所支付的对价。关于报酬债权，其是否于承揽合同成立时同时发生有肯定说和否定说之区别：肯定说认为，"报酬之给付虽在工作完成之后，但报酬债权之发生，却在工作完成前，亦即承揽契约成立之时同时发生。因之在工作完成前，该债权即可得为让与，而第三人（承揽人之债权人）亦得就之请求扣押或命令移转"；否定说认为，"承揽人就工作之完成有先为给付义务，从而定作人以工作不能如期完成为理由，而解除契约时，不以提出报酬为必要。准此以解，可知报酬给付义务，应系于工作完成之同时发生，故在此之前应解为不得就之发移转命令"。[②]肯定说为通说。[③]

本条对定作人报酬支付期限作了规定。为减少纠纷，承揽合同在订立时应就报酬支付期限作出明确约定。如果合同作出了约定，定作人应当严格按

① 参见［日］我妻荣：《债法各论》（中卷二），周江洪译，中国法制出版社2008年版，第117页。

② 郑玉波：《民法债编各论》（下），台北三民书局1981年版，第382页。

③ 参见史尚宽：《债法各论》，中国政法大学出版社2000年版，第347页；郑玉波：《民法债编各论》（下），台北三民书局1981年版，第382页。

照合同约定的期限，以合同约定的币种、数额向承揽人支付报酬。当事人可以约定预先全额支付或者根据工作进度分期支付。存在预先支付约定的，承揽人可以在预先支付之前拒绝着手工作；存在分期支付约定的，承揽人可以在前一期支付之前拒绝继续后面部分的工作。当工作完成不能时，由于承揽人是就完成的工作成果接受报酬，因此，已经预先支付的报酬应当作为不当得利予以返还。但是，预先支付是为了购入作为定作人所有的材料或者是为了使到此时已完成的工作归属于定作人所有的除外。①

如果合同对支付报酬的期限没有约定或者约定不明确的，依照《民法典》第510条规定，当事人可以协议补充约定报酬支付期限，定作人按照补充约定的期限向承揽人支付报酬。当事人不能达成补充协议的，定作人按照合同有关条款或者交易习惯确定的支付期限，向承揽人支付报酬。如果依《民法典》第510条仍不能确定报酬支付期限的，根据《民法典》第511条规定，当事人就有关合同内容约定不明确，依据《民法典》第510条规定仍不能确定的，应当直接适用《民法典》第511条规定。但是，本条排除了《民法典》第511条规定的适用，明确规定："依据本法第五百一十条的规定仍不能确定的，定作人应当在承揽人交付工作成果时支付；工作成果部分交付的，定作人应当相应支付。"本条之所以对承揽合同的报酬支付期限作出了特别规定，是因为《民法典》第511条第4项"履行期限不明确的，债务人可以随时履行，债权人也可以随时请求履行，但是应当给对方必要的准备时间"之规定明显不能适用于承揽合同。根据本条，报酬支付采后付主义。比较法上，报酬支付通常也采后付主义。例如，《日本民法典》第633条规定："报酬，应当在工作标的物交付的同时支付。但是，无须交付物的，准用第624条第1款规定。"②再如，我国台湾地区规定，报酬应于工作交付时给付之，无须交付者，应于工作完成时给付之。工作系分部交付，而报酬系就各部分定之者，应于每部分交付时，给付该部分之报酬。后付主义与承揽合同之性质相适应。依承揽合同性质，承揽人只有完成工作时方能请求报酬支付。

---

① 参见［日］我妻荣：《债法各论》（中卷二），周江洪译，中国法制出版社2008年版，第117页。

② 王爱群译：《日本民法典》，法律出版社2014年版，第105页。

本条中的“在承揽人交付工作成果时支付”不能简单地理解为只要承揽人将工作成果交给定作人，定作人就应当支付报酬。应当理解为报酬须在验收合格后才能支付。在“苏州某模具有限公司与常州市某电子科技有限公司定作合同纠纷案”中，对于模具公司主张1754353模具并未约定付款条件，电子公司应当在收货后即付款的申诉理由，法院认为，“提供合格产品是承揽人的合同义务，即使双方未约定付款条件，也应当按照市场交易规则，在定作人验收合格后才能支付价款，但该模具送货后，电子公司即以电子邮件的方式向模具公司指出了检测中存在尺寸偏差的问题，并将模具送回模具公司重作，可见1754353模具并未经验收合格，模具公司主张支付该模具价款的请求同样不能得到支持”①。

报酬的支付不以工作成果全部交付为条件。如果部分交付的，定作人应当支付相应的报酬。此外，如果因为定作人履行协助义务迟延导致承揽人迟延交付的，定作人必须支付约定的报酬。②

报酬一般应以金钱支付。当事人另有约定或另有交易习惯的，也可以采取其他方式支付。定作人完全支付报酬以工作成果验收合格为条件。若工作成果不符合质量、数量要求的，定作人可以拒绝接收；仍然接收的，可以相应减少报酬。

其他问题

《加工承揽合同条例》（已失效）第22条第4项、第5项对超过合同规定期限领取定作物和超过合同规定日期付款作出了规定：“四、超过合同规定期限领取定作物的，除按本条第五款规定偿付违约金外，还应当承担承揽方实际支付的保管、保养费。定作方超过领取期限六个月不领取定作物的，承揽方有权将定作物变卖所得价款在扣除报酬、保管、保养费后，退还给定作方；变卖定作物所得少于报酬、保管、保养费时，定作方还应补偿不足部分；如定作物不能变卖，应当赔偿承揽方的损失。五、超过合同规定日期付款，应当比照中国人民银行有关延期付款的规定向承揽方偿付违约金，以酬金计算

① 参见江苏省高级人民法院（2018）苏民申573号民事裁定书。

② 参见［德］迪特尔·梅迪库斯：《德国债法分论》，杜景林、卢谌译，法律出版社2007年版，第294页。

的，每逾期一天，按酬金总额的千分之一偿付违约金。”《合同法》《民法典》没有保留这些条款。笔者认为，虽然《加工承揽合同条例》已被废止，但这些条款合理的部分可以作为处理相关纠纷的参考。

本条以及本章未就报酬支付的风险负担进行规定。所谓报酬支付的风险负担，是指承揽人业已完成的工作成果一旦由于不可归责于双方当事人的事由毁损、灭失，致使承揽人无法交付工作成果或无法转移工作成果于定作人，定作人是否应当向承揽人支付约定的报酬。[①]对此问题有不同意见：一种意见认为，当工作成果非因当事人一方的过失导致灭失的，承揽人不负担履行利益损害赔偿责任，但丧失报酬请求权。只有一部分灭失的，则只丧失一部分报酬请求权。[②]另一种意见认为，应当区别而论：毁损、灭失的工作成果的所有权自始由定作人享有的，考虑到该工作成果中，一般既包括定作人提供材料所形成的价值，也包括承揽人提供劳务所形成的价值，报酬的风险应依据这两部分价值之间的比例关系，由定作人和承揽人合理负担；毁损、灭失的工作成果的所有权由承揽人首先取得的，承揽人不能够履行的是交付工作成果并转移工作成果的所有权于定作人的债务，报酬的风险应当由承揽人负担。[③]笔者认为，后一种意见中的区分值得商榷。所有权归属不宜作为报酬风险分担的依据。解释上应当遵循第一种意见。

第七百八十三条【留置权与拒绝交付】

定作人未向承揽人支付报酬或者材料费等价款的，承揽人对完成的工作成果享有留置权或者有权拒绝交付，但是当事人另有约定的除外。

历史由来

本条由《合同法》第264条修订完善而来。《合同法》第264条规定：“定

① 参见崔建远主编：《合同法》（第五版），法律出版社2010年版，第451页。
② 参见史尚宽：《债法各论》，中国政法大学出版社2000年版，第345页。
③ 参见崔建远主编：《合同法》（第五版），法律出版社2010年版，第451页。

作人未向承揽人支付报酬或者材料费等价款的，承揽人对完成的工作成果享有留置权，但当事人另有约定的除外。”本条将“承揽人对完成的工作成果享有留置权”修改为“承揽人对完成的工作成果享有留置权或者有权拒绝交付”，增加了承揽人的拒绝交付权。关于修改过程，《民法典合同编（草案）》（征求意见稿）第338条作出与目前条款一致的修改。此后，《民法典合同编（草案）》（一审稿）第566条、《民法典合同编（草案）》（二审稿）第566条、《民法典（草案）》第783条均保留了上述修改。

《经济合同法》《加工承揽合同条例》未就留置权作出规定。《担保法》第84条规定：“因保管合同、运输合同、加工承揽合同发生的债权，债务人不履行债务的，债权人有留置权。法律规定可以留置的其他合同，适用前款规定。当事人可以在合同中约定不得留置的物。”《物权法》规定有“留置权”一章，但该章未就承揽合同的留置权作出特别规定。《海商法》第25条规定：“船舶优先权先于船舶留置权受偿，船舶抵押权后于船舶留置权受偿。前款所称船舶留置权，是指造船人、修船人在合同另一方未履行合同时，可以留置所占有的船舶，以保证造船费用或者修船费用得以偿还的权利。船舶留置权在造船人、修船人不再占有所造或者所修的船舶时消灭。”

规范目的或功能

本条的规范功能在于规定承揽人的留置权和拒绝交付权。根据《民法典》第447条的规定，留置权，是指债务人不履行到期债务，债权人可以留置已经合法占有的债务人的动产，并有权就该动产优先受偿的权利。留置权是一种法定物权。本条规定与《民法典》物权编中的留置权和《海商法》中的船舶留置权存在关联，适用时应当加以注意。本条增加了拒绝交付权，是因为留置权的客体是债务人的动产，而工作成果不一定归属于定作人，在这种情况下，留置权将无法适用。本条之适用，应注意的是与《民法典》第525条同时履行抗辩权规定的联系。

规范内容

按照约定支付报酬是定作人的基本义务。如果定作人无正当理由不履行上述义务的，承揽人有权对完成的工作成果享有留置权或者拒绝交付。赋予承揽人留置权或质权以保障承揽人收取报酬等权利在许多立法例上都有规定。例如，《德国民法典》第647条规定："承揽人因契约所生之债权，就其所为制造或修缮之定作人之动产，如该动产于制作时或因修缮目的而归其占有者，享有质权。"[①]德国、瑞士、日本等立法例并未直接规定承揽人的拒绝交付权。

一、承揽人的留置权

留置权，是指债务人不履行到期债务，债权人可以留置已经合法占有的债务人的动产，并有权就该动产享有优先受偿的权利。留置权具有如下特征：第一，留置权的目的是担保债权实现，即就留置财产享有优先受偿的权利；第二，留置财产为债务人所有；第三，留置权由法律规定而不是当事人约定；第四，留置权可经当事人约定排除，即《民法典》第449条规定的"当事人约定不得留置的动产，不得留置"。承揽人留置权当然也具备上述特征。例如，关于留置权的排除，本条明确规定"当事人另有约定的除外"。

承揽人适用留置权应当具备以下条件：第一，定作人无正当理由不履行支付报酬、材料费以及为完成工作而垫付的其他费用。第二，承揽人合法占有本承揽合同的工作成果，该工作成果须为动产且属于定作人所有。在"广州市甲建筑安装工程有限公司与广州市乙开发有限公司、广州丙发展有限公司等建设工程施工合同纠纷案"中，甲公司认为在业主、总承包方未付工程款的情形下，其有权依《合同法》第264条对建设工程享有留置权。法院认为，建设工程并非动产，不能适用关于留置权的规定。甲公司在询问中又称，其主张留置的是其为上盖工程施工准备的、已经安放在施工现场的材料和机械。但该材料和机械并非建设单位的动产，故甲公司并没有行使留置权的条件。"甲公司以占用施工现场的方式催促发包人支付工程价款，其方式并不合理。"[②]第三，债权人留置的动产，应当与债权属于同一法律关系，但是企业之间留置的除外。所谓同一法律关系，是指承揽人留置的财产所处的法律关系

---

① 台湾大学法律学院、台大法学基金会编译：《德国民法典》，北京大学出版社2016年版，第605页。

② 参见最高人民法院（2016）最高法民申1562号民事裁定书。

与定作人所欠报酬等所处的法律关系属于同一法律关系。例如，甲在与乙订有餐桌制作的承揽合同的同时，又订有沙发制作的承揽合同。如果甲支付了制作餐桌的报酬而未支付制作沙发的报酬，则乙只能留置该沙发而不能留置餐桌。如果沙发已经交付但未支付报酬，则乙只能要求甲支付报酬而不能留置餐桌。但根据《民法典》第448条之规定，企业之间的留置不受这一限制。企业之间订立的承揽合同属于商事合同。商事合同更多的是追求交易效率与交易安全，加上企业作为商人通常被假定为“强”而“智”的人，排除同一法律关系的限制对他们来说是恰当的。

法律适用时应当结合《民法典》物权编“留置权”的相关规定。例如，留置多少财产，应当适用《民法典》第450条规定：“留置财产为可分物的，留置财产的价值应当相当于债务的金额。”留置财产如何处理，应当适用《民法典》第453条规定：“留置权人与债务人应当约定留置财产后的债务履行期限；没有约定或者约定不明确的，留置权人应当给债务人六十日以上履行债务的期限，但是鲜活易腐等不易保管的动产除外。债务人逾期未履行的，留置权人可以与债务人协议以留置财产折价，也可以就拍卖、变卖留置财产所得的价款优先受偿。留置财产折价或者变卖的，应当参照市场价格。”留置财产处理后价款超过债权数额的部分，应当适用《民法典》第455条规定：“留置财产折价或者拍卖、变卖后，其价款超过债权数额的部分归债务人所有，不足部分由债务人清偿。”

留置财产的处理应当正当、合理，遵守诚信原则。在“上海甲机械有限公司与合肥乙动力机械有限公司承揽合同纠纷再审申请案”中，由于定作人乙公司未能依约支付货款，构成违约，承揽人甲公司解除合同并行使留置权。法院认为，“留置财产折价或者变卖的，应当参照市场价格。留置权本质为债权人对留置财产进行处分，以优先受偿其债权的行为。根据查明事实，2013年10月21日，某市价格认证中心根据甲公司的委托，对案涉焊装平板及配件的成本价格认证为5850020元。在本案已经进入诉讼程序的情况下，2014年3月12日，甲公司在未与乙公司就留置财产价格协商情况下，委托某拍卖公司以起拍价为164万元、成交价为168万元拍卖涉案焊装平板。根据《物权法》第236条规定，留置权的实现方法包括留置财产折价、拍卖、变卖。在债权人与债务人就留置财产未能协商一致予以折价情况下，当事人无论采取拍卖还是变卖的方式，均需参照市场价格，而不能随意降低该留置财产的价格。甲公司在明知成本认证价格情况下，擅自按照其所称处置‘废品’方式，以164万元起拍价进行拍卖，并未提交足够证据证明其处置定作物的正当性、合理性，亦有悖诚实信用原则。故原判不以定作物拍卖价格168万元作为损失衡量依据的认定，并无不当。原判综合考虑定作物成本价、定作物市场报价以及甲公司不当处置定作物过错程度等因素，酌定以乙公司认可的定作物报价区间最低值即520万元为处置价格，在定作物已经处置的情形下，具有一定的合理性。甲公司申请再审主张认定定作物价值为520万元而非拍卖价格168万元错误，事实依据和法律依据不足，本院不予支持”[①]。

应注意本条与《民法典》第807条的区别。《民法典》第807条规定："发包人未按照约定支付价款的，承包人可以催告发包人在合理期限内支付价款。发包人逾期不支付的，除根据建设工程的性质不宜折价、拍卖外，承包人可以与发包人协议将该工程折价，也可以请求人民法院将该工程依法拍卖。建设工程的价款就该工程折价或者拍卖的价款优先受偿。"该条承继自《合同法》第286条。有观点认为，《合同法》第286条是关于承包人行使不动产留置权的规定。"《合同法》在本条文中扩大了留置权的范围，建设工程合同的债权人对不动产同样可以行使留置。"[②]但是，司法实践明确否定了这种观点。在"甲创新塑料（中国）有限公司等与福建省乙有限公司深圳分公司等侵权纠纷再审案"中，最高人民法院认为，依据《合同法》第286条规定，"即使丙公司欠付工程价款，乙公司及其深圳分公司也只是就建设工程的价款对工程折价或者拍卖所得价款享有优先受偿权，而不是占有施工场地"。同时，最高人民法院进一步指出，依据《合同法》第264条规定，"即使乙公司及其深圳分公司主张行使留置权，但因留置的对象应当是动产，而不能是不动产，亦不能得到支持"[③]。如前所述，法院在"广州市甲建筑安装工程有限公司与广州市乙开发有限公司、广州丙发展有限公司等建设工程施工合同纠纷案"中也持同样的观点。[④]

---

① 参见最高人民法院（2016）最高法民申1020号民事裁定书。

② 参见江平主编：《中华人民共和国合同法精解》，中国政法大学出版社1999年版，第223页。

③ 参见最高人民法院（2016）最高法民再53号民事判决书。

④ 参见最高人民法院（2016）最高法民申1562号民事裁定书。

二、承揽人的拒绝交付权

如果工作成果不归属于定作人，则承揽人不能行使留置权，但可以行使拒绝交付权。所谓拒绝交付权，是指定作人未向承揽人支付报酬或者材料费等价款时，承揽人可以对完成的工作成果享有拒绝交付的权利。拒绝交付权的行使应当注意以下几点：一是定作人未向承揽人支付报酬或者材料费等价款，这是拒绝交付权行使的条件。二是拒绝交付权不能与留置权同时使用。当工作成果归属于定作人时，应当解释为留置权而不是拒绝交付权。三是拒绝交付权与留置权的权利内容是不相同的。留置权属于物权，具有担保债权即优先受偿的权利；拒绝交付权实际上是一种履行抗辩权，在性质上属于《民法典》第525条规定的同时履行抗辩权。所谓同时履行抗辩权，又称为不履行抗辩权（Eingrede des nichterfülten Vertranges）或者同时拒绝履行权（Leistungsverweigerungsrecht），“是指双务合同的当事人一方在对方未为履行或者履行不符合约定的情况下，有权拒绝自己给付的权利”[①]。从“有权拒绝交付”之行文可以看出拒绝交付权属于须主张的抗辩权，当事人若不为抗辩，则法官不得主动审查。同时履行抗辩权具有排除债务人陷入迟延的效果。[②]在法律适用上，本条优先于《民法典》第525条适用。

其他问题

本条与《民法典》物权编“留置权”的协调还要注意以下两点：第一，留置财产的范围仅为工作成果。在“晋江市甲电子玩具有限公司诉乙教育玩具有限公司等承揽合同纠纷案”中，最高人民法院认为，“甲公司主张留置的模具是由乙玩具公司向甲公司提供的，目的是让甲公司按照模具生产产品，故模具只是生产中的工具而非工作成果。《中华人民共和国合同法》第二百六十四条规定：‘定作人未向承揽人支付报酬或者材料费等价款的，承揽人对完成的工作成果享有留置权，但当事人另有约定的除外。’根据该规定，承揽人只能对

① 王洪亮：《债法总论》，北京大学出版社2016年版，第116页。

② 参见王洪亮：《债法总论》，北京大学出版社2016年版，第124—125页。

完成的工作成果享有留置权，故本案中甲公司对模具不享有留置权，且双方签订的《合作生产塑料积木玩具协议》也约定：合同期满双方不续约或双方中途停止执行合同，甲公司需将所有模具在15日内全部无偿退还给乙玩具公司。故本案中甲公司应当在合同解除后返还模具，其主张留置模具缺乏合同和法律依据"[①]。但是，甲公司完全可以根据《物权法》留置权的规定留置定作人提供的模具。《物权法》第230条第1款、《民法典》第447条第1款明确规定："债务人不履行到期债务，债权人可以留置已经合法占有的债务人的动产，并有权就该动产优先受偿。"第二，"当事人另有约定的除外"应当为明确约定。对此，《物权法》第232条、《民法典》第449条明确规定，当事人约定不得留置的动产，不得留置。约定中应当有明确表达不得留置的意思。在"晋江市甲电子玩具有限公司诉乙教育玩具有限公司等承揽合同纠纷案"中，双方签订的《合作生产塑料积木玩具协议》中约定的"合同期满双方不续约或双方中途停止执行合同，甲公司需将所有模具在15日内全部无偿退还给乙玩具公司"[②]并不是明确具体的约定，不能视为该约定排除了承揽人的留置权。

第七百八十四条【材料与工作成果的保管】

承揽人应当妥善保管定作人提供的材料以及完成的工作成果，因保管不善造成毁损、灭失的，应当承担赔偿责任。

历史由来

本条来自于《合同法》第265条，条款文字稍有变化。《加工承揽合同条例》第21条"承揽方的违约责任"第8项规定："由于保管不善致使定作方提供的原材料、设备、包装物及其它物品毁损、灭失的，应当偿付定作方因此造成的损失。"《合同法》第265条是在此基础之上修改而来。本条与《合同法》第265条不仅规定了承揽人对定作人提供的材料的保管责任，而且还规定了对于完成的工作成果的保管责任。

---

① 参见最高人民法院（2017）最高法民申1941号民事裁定书。

② 参见最高人民法院（2017）最高法民申1941号民事裁定书。

规范目的或功能

本条的规范功能在于规定承揽人对定作人提供的材料和完成的工作成果的保管责任。在法律适用上，应当注意与材料、工作成果风险分担和《民法典》保管合同规定之间的关系。若定作人提供的材料以及完成的工作成果因不可抗力等不可归责于承揽人的原因毁损、灭失的，造成的损失应当遵循风险分担的规则处理。本条规定与《民法典》保管合同规定属于特别法与一般法的关系。本条关于定作人提供的材料以及完成的工作成果的保管规定属于《民法典》保管合同中的特别规定。虽然如此，但承揽人与定作人之间并未单独成立保管合同，承揽人的相关保管义务仅是承揽合同的次要义务和附带义务。为完成交付工作成果的义务，承揽人必须妥善保管定作人提供的材料以及完成的工作成果。[①]

规范内容

一、定作人提供的材料的保管

定作人提供材料后，材料虽处于承揽人的占有之下，但材料所有权并未转移，承揽人与定作人之间的材料保管法律关系也由此产生。根据本条规定，承揽人有义务妥善保管定作人提供的材料。比较法上也有类似规定。《瑞士债务法》第365条第2款规定："由定作人提供材料者，承揽人应为一切必要之注意，妥善保管材料，详细报告材料的使用情况，并将剩余的材料返还于定作人。"我国《民法典》对剩余材料如何处理没有规定，但基于法理也应当作此处理。承揽人仅就因保管不善所造成的材料损失承担赔偿责任，至于材料自然损耗或材料因不可抗力而发生毁损、灭失的，定作人应当自行承担相关损失。

---

① 参见江平主编：《中华人民共和国合同法精解》，中国政法大学出版社1999年版，第203页。

二、本条中“工作成果”的范围

工作成果完成交付前，承揽人应当妥善保管工作成果。有疑问的是，本条中“工作成果”的范围。有三种可能的解释：一是此处的工作成果没有特指，但这种解释在工作成果属于承揽人的情况下，会发生法律适用上的困境：若适用本条，那么在承揽人妥善保管完成的工作成果情况下，承揽人将免除其交付工作成果的合同义务，若不免除，则本条无适用之必要。同时，承揽人保管属于自己所有的工作成果也没有法律意义。二是此处的工作成果是指材料由定作人提供的工作成果，这种解释因其暗含由定作人提供材料完成的工作成果的所有权归属于定作人之意，因而可以避免出现上一种解释中的法律适用上的困境，但这种解释从本条文义上无法得出，也可能出现法律漏洞，即非由定作人提供材料但工作成果又属于定作人的情形下无法适用本条的情况。三是此处的工作成果是指归属于定作人的工作成果（这里的工作成果包含完成工作物）。笔者赞同这种解释。只有工作成果归属于定作人，承揽人才有保管的必要。因未尽妥善保管义务造成定作人提供的材料以及工作成果毁损、灭失的，承揽人应当承担责任。

三、本条中“妥善保管”的理解

本条中的“妥善保管”是指承揽人应当按照行业的一般要求，根据物品的性质选择合理的场地、采用适当的保管方式，防止物品毁损和灭失。在“黑龙江甲生物工程有限责任公司诉大庆市乙乳业有限公司加工承揽合同纠纷再审案”中，再审法院认为，“甲公司在乙公司仅给付部分加工费的情况下，甲公司留置剩余奶粉，符合法律规定。《中华人民共和国合同法》第二百六十五条规定‘承揽人应当妥善保管定作人提供的材料以及完成的工作成果，因保管不善造成毁损、灭失的，应当承担损害赔偿责任。’因奶粉属具有保质期产品，甲公司负有妥善保管义务。依照《中华人民共和国物权法》第二百三十六条规定‘留置权人与债务人应当约定留置财产后的债务履行期间；没有约定或者约定不明确的，留置权人应当给债务人两个月以上履行债务的期间，但鲜活易腐等不易保管的动产除外。债务人逾期未履行的，留置权人可以与债务人协议以留置财产折价，也可以就拍卖、变卖留置财产所得的价款优先受偿。留置财产折价或者变卖的，应当参照市场价格。’本案中，甲公司在行使留置权后，因奶粉属具有保质期产品，在乙公司未能支付加工费时，其应依上述法律规定及时实现留置权优先受偿加工费。由于甲公司未能及时实现留置权，致奶粉已超过保质期。现甲公司已不能向乙公司交付加工奶粉，故其应按奶粉的价值予以赔偿”[①]。承揽人如果已尽妥善保管责任，即使发生材料毁损、灭失，承揽人也不承担赔偿责任。

四、责任承担方式

关于责任承担的方式，本条仅规定了赔偿责任。实践中，对于材料，由于保管不善造成材料毁损、灭失的，材料为可替代物的，承揽人应当自费补齐与定作人提供的相同质量的材料，造成定作人其他损失的，还应当赔偿损失，造成迟延交付的，应当承担迟延交付的违约责任；材料为不可替代物的，承揽人应当赔偿定作人材料损失。对于工作成果，由于定作人订立承揽合同的目的是取得工作成果而不是赔偿损失，同时，承揽人交付工作成果的义务尚未完成。因此，根据承揽合同的性质，工作成果因可归责于承揽人的原因毁损、灭失的，承揽人应当重新完成工作并承担迟延交付的违约责任，只有不能重新完成工作时才应当考虑直接赔偿损失。定作人迟延受领的，定作人承担迟延受领期间工作成果的风险。

三 举证责任

定作人要对材料以及完成的工作成果毁损、灭失事实进行举证。本条的归责原则为过错责任。“保管不善”即有过错之意。过错本应由作为债权人的定作人加以举证，但一般认为合同法上的过错责任为过错推定责任，也就是说，在举证责任上，不是由定作人对过失负担证明责任，而是由作为债务人的承揽人自己证明自己无过错。其原因在于，债务人比债权人更有能力解释合同义务违反的原因。[②]在“环县甲汽车销售服务有限公司住所地与张某修理

---

① 参见黑龙江省高级人民法院（2014）黑监民再字第9号民事判决书。

② 参见王洪亮：《债法总论》，北京大学出版社2016年版，第238页。

合同纠纷案”中，一审法院认为，“《中华人民共和国合同法》第二百六十五条规定：‘承揽人应当妥善保管定作人提供的材料以及完成的工作成果，因保管不善造成毁损、灭失的，应当承担损害赔偿责任。’根据该条规定，貌似应由张某承担‘因保管不善造成毁损、灭失’的一般举证责任，因为该条规定非举证责任倒置情形。但在具体案件中，人民法院可以根据公平原则和诚实信用原则，综合当事人的举证能力等因素合理确定举证责任的承担。首先，众所周知，物体着火燃烧需同时具备以下三个条件：可燃物，如本案中的香水；助燃物，最常见的如空气；着火源，如明火及其他热源。环县公安消防大队认定‘火灾原因为车辆驾驶室中央扶手内香水泄漏引发火灾’，只是对车辆起火可燃物的认定。对此，双方均未申请书面复核，应当认为环县公安消防大队对车辆起火可燃物的认定准确。至于引发香水起火燃烧的着火源有很多，不排除人为因素（如烟头）及自然因素（如雷击），不能查明也不可能查明。对于车辆内香水的归属问题，双方均矢口否认，香水来源不明。因此，对于车辆在特定时间、特定地点起火的原因，甲公司显然比张某更清楚。若由张某对此承担举证责任，属强人所难，亦显失公平。其次，从举证能力来看，张某对机动车及其维修方面的知识相对于专门从事汽车维修业务的甲公司来说，显然能力不足。综合分析，应由甲公司对车辆失火原因承担举证责任，若甲公司不能证明系张某原因或不可抗力所致，则应当推定甲公司对车辆失火存在过错，应当承担赔偿责任”①。在“北京甲酒业发展有限公司等加工合同纠纷案”中，一审法院认为，“乙公司与甲公司之间为定作合同关系。承揽人应当妥善保管定作人提供的材料以及完成的工作成果，因保管不善造成毁损、灭失的，应当承担损害赔偿责任。根据甲公司认可的证据显示，酒汁送到甲公司后第一次送检时总糖为7.9g/L, 2018年3月中国检验认证集团北京有限公司鉴定酒汁的总糖为14.4g/L和12.4g/L，总酸为5.4g/L。甲公司在履行合同期间应保管好乙公司的红酒酒汁，但酒汁总糖显著升高，酒汁变为半甜葡萄酒，而甲公司未就此作出合理解释说明，故一审法院确认甲公司未尽到妥善保管义务，应承担损害赔偿责任”②。

---

① 参见甘肃省庆阳市中级人民法院（2019）甘10民终1329号民事判决书。

② 参见北京市第三中级人民法院（2019）京03民终11673号民事判决书。

其他问题

《加工承揽合同条例》第22条“定作方的违约责任”第4项规定：“超过合同规定期限领取定作物的，除按本条第五款规定偿付违约金外，还应当承担承揽方实际支付的保管、保养费。定作方超过领取期限六个月不领取定作物的，承揽方有权将定作物变卖所得价款在扣除报酬、保管、保养费后，退还给定作方；变卖定作物所得少于报酬、保管、保养费时，定作方还应补偿不足部分；如定作物不能变卖，应当赔偿承揽方的损失。”这一规定在《合同法》与《民法典》中并未规定。法律适用时可以考虑予以参考。

第七百八十五条【保密规定】

承揽人应当按照定作人的要求保守秘密，未经定作人许可，不得留存复制品或者技术资料。

历史由来

本条来自于《合同法》第266条，条款文字未变化。《经济合同法》第19条第3款第2句规定：“承揽方承揽的复制、设计、翻译和物品性能测试、检验等任务，定作方要求保密的，应严格遵守。”《加工承揽合同条例》第15条规定：“承揽方对于承揽的工作，如果定作方要求保密的，应当严格遵守，未经定作方许可不得留存技术资料和复制品。”《合同法》第262条由上述条款修改而来。

规范目的或功能

本条的规范功能在于规定承揽人的保密义务。与一般的买卖合同不同，定作人委托承揽人完成工作成果，多出于对承揽人的信赖，并常需要向承揽人提供一些技术资料，承揽人由此有机会接触到定作人的一些不愿为人所知的秘密。对于这些秘密，承揽人负有保密义务。[①]

规范内容

本条的规范内容如下：第一，承揽人应当按照定作人的要求保守秘密。关于保守秘密的内容、方式等，当事人可以在合同中约定。这里的“秘密”，不仅是指商业秘密，如具有创造性的图纸、技术数据、定作人的名称、工作成果的名称等，也包括个人秘密。例如，定作人委托承揽人修理私人电脑，那么该私人电脑中所涉及的个人信息便属于保密的范围。第二，保密的期限不限于承揽合同履行期间。承揽人的保密义务不仅体现在合同成立期间，也体现在合同订立过程中以及承揽工作完成之后。第三，保密义务，不仅要求承揽人对其知悉的商业秘密和其他秘密保密，而且要求承揽人不得留存复制品或者技术资料。承揽人未尽保密义务，泄露秘密，给定作人造成损失的，承揽人应当承担损害赔偿责任。该损害赔偿责任请求，定作人既可以依据承揽合同也可以依据侵权法的相关规定向承揽人提起。

其他问题

有两个问题需要补充说明：第一，本条规定承揽人应当按照定作人的要求保守秘密，并不意味着合同没有约定承揽人便不负保密义务。《民法典》第509条第2款规定：“当事人应当遵循诚信原则，根据合同的性质、目的和交易习惯履行通知、协助、保密等义务。”例如，在商事合同中，即使合同没有约定保密义务，承揽人也应当依交易习惯或交易惯例保守其知悉的秘密。交易习惯或交易惯例是诚信原则在商业实践中最为重要的具体化根据。事实上，诚信“要求当事人照顾对方的利益、保护合理之信赖，在交易中尽到一般之善意”[②]。在“从某某与中华人民共和国国家知识产权局专利复审委员会外观设计专利权无

---

① 参见江平主编：《中华人民共和国合同法精解》，中国政法大学出版社1999年版，第203页。

② 参见王洪亮：《债法总论》，北京大学出版社2016年版，第84页。

效行政纠纷案”中，法院认为，“《合同法》第二百六十六条规定，承揽人应当按照定作人的要求保守秘密。本院认为，由该规定可以合理推知，承揽人承担保密义务的前提是定作人提出明确的要求，或者依照承揽人与定作人之间的特殊交易习惯或者所属行业的交易惯例承揽人应对某些事项承担保密义务，除此以外，承揽人一般不负有默示的合同附随义务，否则，将不适当地加重承揽人的责任，保密的范围难以明确也使得交易安全受到损害”[①]。此外，承揽人在完成工作过程中知悉的个人隐私，承揽人都有义务保密，否则承揽人将承担违约责任或侵权责任。第二，承揽人不仅负有保密义务，也负有不得不正当利用这些秘密的义务。本条规定的不得未经定作人许可留存复制品或者技术资料即有此意。除此之外，承揽人也不得有其他不正当地利用这些秘密的行为。

第七百八十六条【共同承揽人的连带责任】

共同承揽人对定作人承担连带责任，但是当事人另有约定的除外。

历史由来

本条来自于《合同法》第267条，条款文字稍有变化。《经济合同法》《加工承揽合同条例》未就共同承揽人的连带责任作出规定。

规范目的或功能

本条的规范功能在于规定共同承揽人的连带责任。共同承揽合同既可以由共同承揽人与定作人订立承揽合同，也可以根据共同承揽人的约定由其中一个承揽人代表其他共同承揽人与定作人订立承揽合同。共同承揽人应当按照约定完成工作，共同将工作成果交付给定作人，每一个共同承揽人都应当对承揽的全部工作向定作人负责。共同承揽人的连带责任可经由当事人意思自治排除。

---

① 参见北京市第一中级人民法院（2014）一中知行初字第451号行政判决书。

规范内容

共同承揽人是作为整体共同与定作人签订承揽合同、完成承揽工作的两个或多个承揽人。[①]共同承揽的认定应当以承揽人一方是否为一个整体而确定。一般情况下，如果承揽合同只有一个，定作人只有一个，而承揽人有多人，且这些承揽人共同完成同一承揽工作，那么该承揽为共同承揽。如果定作人分别与多人签订承揽合同，这些承揽人即使共同完成承揽工作也不视为一个共同承揽人。判断承揽人是否为承揽合同当事人，应以该承揽人的意思为准。承揽人的意思未明示的，可以通过其行为判定。在“婺源县某某木雕有限公司、戴某某定作合同纠纷上诉案”中，法院认为，“双方订立的《定作合同》中，合同首部甲方虽为木雕公司，且在合同尾部甲方落款处亦有木雕公司的盖章及其法定代表人俞某某的签字。但双方在《定作合同》中约定了甲方生产的每件产品由俞某某亲自制作及篆刻‘俞某某印章’并附有以俞某某个人名义确认的《收藏证书》，同时要求乙方将预付款直接支付给俞某某本人，且在之后双方订立的《补充协议》及变更家具尺寸等相关文件和《验收说明与建议》文件中，在没有木雕公司盖章的情况下，均是由俞某某个人签字。根据上述事实，可以认定戴某某基于对俞某某雕刻技艺的认可，与俞某某为法定代表人的木雕公司订立本案《定作合同》，并同时要求俞某某亲自制作本案红木家具，俞某某本人应是被定作人指定的本案红木家具的承揽人，而俞某某对其亲自参与制作本案红木家具的事实并无异议。故一审法院根据上述事实及承揽合同的法律特征，认定俞某某是本案红木家具的共同承揽人，是本案诉讼中的适格被告并无不当，应予维持”[②]。

共同承揽与转承揽不同。共同承揽人都是承揽合同的当事人，转承揽是承揽人将自己承揽的部分工作交由第三人完成，该第三人并不是合同的当事人。根据合同相对性原则，承揽人当然应当对转承揽中的第三人的工

---

① 参见江平主编：《中华人民共和国合同法精解》，中国政法大学出版社1999年版，第204页。

② 参见江西省高级人民法院（2017）赣民终294号民事判决书。

作承担责任，但这种责任并不是连带责任。在“张某某与王某某、太原市万柏林区甲汽修厂财产损害赔偿纠纷案”中，法院查明的事实如下，“2018年8月17日，原告将其发生交通事故的×××号大众帕萨特轿车交付被告张某某进行维修，费用由张某某收取，后被告张某某就该车辆机电维修事宜与赵某某协商并交由其负责修理。原告按被告张某某所列清单购买配件并将配件交与被告张某某。2018年10月6日，被告张某某通知原告进行试车。2018年10月7日3时05分左右，该车前机盖内起火引发火灾，导致该车及其他财产被损毁。2018年11月6日，太原市公安消防支队万柏林区大队出具万公消火认字（2018）第0010号《火灾事故认定书》，内容载明：‘起火部位为甲汽修厂内东侧停放的大众帕萨特（车牌号×××）轿车前机盖内；起火点为该车前机盖内靠近发电机处，起火原因为汽车电气线路或设备故障引发的火灾’”。一审法院认为，“原告王某某将其所有车辆交给被告张某某进行维修，原告王某某与被告张某某之间形成了承揽合同关系，被告张某某作为承揽人，应当对原告王某某提供的车辆进行妥善保管，现该车辆在修理期间被烧毁，被告张某某应承担损害赔偿责任。原告王某某与被告太原市万柏林区甲汽修厂、赵某某未达成车辆修理意向，且被告张某某无法证明其以被告太原市万柏林区甲汽修厂的名义对外经营，故双方实属各自独立经营，本案中不能认定为共同承揽人；虽然赵某某对该车进行了机电部分的维修，但现有证据不足以证明赵某某实施了财产损害行为，亦无法证明其修理行为与本案损害事实之间存在因果关系。根据法律规定，承揽人将其承揽的主要工作或辅助工作交由第三人完成的，应当就该第三人完成的工作成果向定作人负责，故被告张某某作为承揽人应就该车辆机电维修部分向原告负责，原告要求被告太原市万柏林区甲汽修厂承担损害赔偿责任的诉讼请求，不予支持”。二审法院对一审法院的意见和判决结果予以维持。①

共同承揽人的整体性是其向定作人承担连带责任的原因。连带责任要求单个共同承揽人应当对承揽的全部工作向定作人负责。承担责任的共同承揽人就其承担的超出其实际应承担的责任份额，可以向其他共同承揽人追偿。

---

① 参见山西省太原市中级人民法院（2019）晋01民终6107号民事判决书。

连带责任加重了单个承揽人的责任，但对单个承揽人而言也不是全然没有好处，因为连带责任可以对单个承揽人起到增信作用，有利于取得定作人的信任从而获得更多的承揽工作。不过，根据本条规定，当事人也可以通过合同约定排除连带责任。这反映了法律对当事人意思自治的尊重。

其他问题

一种意见认为，共同承揽人承担连带责任的同时也享有对定作人的连带权利，即任一共同承揽人都可以向定作人主张权利，然后再根据约定或者工作比例分享。这种理解是不恰当的。连带责任与连带权利并无必然的联系，二者不能混在一起。

第七百八十七条【承揽合同的随时解除】

定作人在承揽人完成工作前可以随时解除合同，造成承揽人损失的，应当赔偿损失。

历史由来

本条由《合同法》第268条修订完善而来。《合同法》第268条规定："定作人可以随时解除承揽合同，造成承揽人损失的，应当赔偿损失。"本条将"定作人可以随时解除承揽合同"修改为"定作人在承揽人完成工作前可以随时解除合同"。关于修改过程，《民法典合同编（草案）》（征求意见稿）第342条即作出了与目前条款一致的修改。此后，《民法典合同编（草案）》（一审稿）第570条、《民法典合同编（草案）》（二审稿）第570条、《民法典（草案）》第787条保留了上述修改。

《经济合同法》未单独就承揽合同的解除作出规定。《加工承揽合同条例》第21条第2项规定："交付定作物或完成工作的数量少于合同规定，定作方仍然需要的，应当照数补齐，补交部分按逾期交付处理；少交部分定作方不再需要的，有权解除合同，因此造成的损失由承揽方赔偿。"第22条第3项规定："未按合同规定的时间和要求向承揽方提供原材料、技术资料、包装物等或未完成必要的辅助工作和准备工作，承揽方有权解除合同，定作方应当赔偿承揽方因此而造成的损失；承揽方不要求解除合同的，除交付定作物的日期得以顺延外，定作方应当偿付承揽方停工待料的损失。”

规范目的或功能

本条是关于定作人解除权的规定。主要有两个内容：第一，赋予定作人随时解除权，定作人在承揽人完成工作前可以随时解除合同；第二，规定定作人的损失赔偿义务，造成承揽人损失的，应当赔偿损失。

规范内容

一、定作人的随时解除权

定作人的随时解除权是一种任意解除权。所谓任意解除权，是指解除权人可以没有任何理由地解除合同。承揽工作项目是为定作人的利益而进行的，甚至于有些承揽工作项目仅仅对定作人有意义。如果由于情势变更等原因，使承揽工作变得对定作人已经没有意义、没有必要，却仍要承揽人继续完成工作的结果，显然是不合理的。在此类情况下，允许定作人随时解除合同，同时充分赔偿承揽人的损失，是适当的。[①]这样处理，既可以避免给定作人造成损失，避免浪费，也不会给承揽人造成不利。许多国家和地区的立法例中都赋予了定作人随时解除合同的权利。如《日本民法典》第641条规定，在承揽人未完成工作时期，定作人可以随时进行损害赔偿而解除契约。[②]《德国民法典》第649条也有相应的规定。德国学者梅迪库斯认为，“定作人在工作物完成之前可以随时终止合同，即不得违背其意志而将工作物强加于其身上”[③]。

---

① 参见崔建远主编：《合同法》（第五版），法律出版社2010年版，第247页。

② 王爱群译：《日本民法典》，法律出版社2014年版，第106页。

③ ［德］迪特尔·梅迪库斯：《德国债法分论》，杜景林、卢谌译，法律出版社2007年版，第295页。

本条根据承揽合同的性质，参照国外有关立法例，也作了同样的规定，赋予定作人随时解除合同的权利。

定作人的随时解除权是一种法定解除权。《民法典》第563条第1款规定："有下列情形之一的，当事人可以解除合同：（一）因不可抗力致使不能实现合同目的；（二）在履行期限届满前，当事人一方明确表示或者以自己的行为表明不履行主要债务；（三）当事人一方迟延履行主要债务，经催告后在合理期限内仍未履行；（四）当事人一方迟延履行债务或者有其他违约行为致使不能实现合同目的；（五）法律规定的其他情形。"定作人的随时解除权即第5项所规定的"法律规定的其他情形。"定作人也可以行使符合《民法典》第563条第1款第1项至第4项条件的法定解除权。例如，甲为庆祝其母60大寿，向乙蛋糕店定制生日蛋糕一份，约定于寿宴开始时交付。如果届时乙未能制造完成，甲可以依据该条第1款第4项条件解除合同。[①]在"南京甲特种材料股份有限公司与威海乙高分子有限公司承揽合同纠纷案"中，"作为承揽人的甲公司并未按照合同约定向定作人交付符合合同约定的工作成果，且案涉氯化釜发生多次腐蚀、泄漏，焊缝处多次泄漏，多次电焊维修等问题，经多次维修仍未能达到质量要求"。最高人民法院认为，"《中华人民共和国合同法》第九十四条规定：'有下列情形之一的，当事人可以解除合同：……（四）当事人一方迟延履行债务或者有其他违约行为致使不能实现合同目的的……'根据该规定，不能实现合同目的属于法定解除事由，结合已查明的事实，乙公司向法院主张的解除案涉加工定作合同等诉求，具有事实和法律依据。二审判决根据《中华人民共和国合同法》第一百七十四条有关'法律对其他有偿合同有规定的，依照其规定；没有规定的，参照买卖合同的有关规定'，判令解除案涉合同，并判决双方当事人相互返还财产，适用法律并无不当"。[②]

根据本条规定，定作人行使随时解除权应当符合以下要求：第一，定作人应当在承揽人完成工作前提出解除合同。"随时"是指合同成立生效后、承揽工作完成前的任何时间。如果承揽人已经完成承揽工作，定作人不得依据本条解除合同。在"淄博甲科技有限公司与山东乙股份有限公司承揽合同纠

① 参见崔建远主编：《合同法》（第五版），法律出版社2010年版，第250页。

② 参见最高人民法院（2017）最高法民申第3389号民事裁定书。

纷案”中，最高人民法院认为，“甲公司在本案中的诉讼请求为解除其与乙公司于2011年11月4日签订的《余热发电总承包合同》，返还合同价款，赔偿经济损失，其申请再审所提出的设备是否验收交付、判决对证据的评判是否客观、对合同性质的认定是否准确等问题，均系围绕案涉合同是否应予解除提出，一审、二审法院围绕案涉合同是否应予解除进行审理，并无不当。本案甲公司与乙公司签订《余热发电总承包合同》，约定乙公司为甲公司承揽丙公司余热发电总包工程，该承揽合同关系合法有效，双方均应按照合同约定履行各自的义务，在承揽人已经交付设备并安装完毕的情况下，非因法定或者约定的事由不得任意解除合同”[①]。承揽工作部分完成的，已完成的部分不得解除。第二，定作人根据本条解除的，应当通知承揽人。合同解除权依其性质为形成权，因而其行使不需要对方当事人的同意，只要解除权人一方的意思表示就能将合同解除。[②]解除的通知就是解除权人解除合同的意思表示，是需要相对人受领的意思表示。《民法典》第565条规定，当事人一方依法主张解除合同的，应当通知对方。合同自通知到达对方时解除。在“晋江市甲电子玩具有限公司诉乙教育玩具有限公司等承揽合同纠纷案”中，最高人民法院认为，定作人享有随时解除承揽合同的权利。“案涉《合作生产塑料积木玩具协议》为承揽合同，乙玩具公司、乙科技公司为定作人，甲公司为承揽人。该合同履行中，乙玩具公司于2012年2月23日向甲公司送达终止合同的通知。因此，原审判决认定案涉《合作生产塑料积木玩具协议》于2012年2月23日已经解除，有法律依据。”[③]解除通知到达承揽人时，解除生效，合同终止，承揽人可以不再进行承揽工作。解除的意思表示不得撤销，以避免法律关系流于复杂。[④]除了上述条件，定作人解除合同不需要有别的理由。只要定作人认为承揽工作对自己已经没有必要，定作人就可以在承揽人完成工作前提出解除合同。

---

① 参见最高人民法院（2016）最高法民申第389号民事裁定书。

② 解除权的行使，不必请求法院为宣告解除的形成判决。对方当事人有异议的，可以请求法院或者仲裁机构确认解除的效力，法院或仲裁机构确认解除有效的，所作出的是确认判决或裁决，解除的效力，已于此项意思表示到达对方时生效。参见韩世远：《合同法总论》（第三版），法律出版社2011年版，第521页。

③ 参见最高人民法院（2017）最高法民申1941号民事裁定书。

④ 参见韩世远：《合同法总论》（第三版），法律出版社2011年版，第507页。

二、定作人应当赔偿承揽人的损失

赔偿承揽人的损失不是定作人随时解除合同的条件。正确的顺序是先解除，后赔偿。损失赔偿的成立取决于承揽人是否有实际损失。承揽人无过错不是损失赔偿的成立要件。在“江苏甲公司、武汉乙公司承揽合同纠纷案”中，最高人民法院认为，“《中华人民共和国合同法》第二百六十八条规定：‘定作人可以随时解除承揽合同，造成承揽人损失的，应当赔偿损失。’甲公司依据该条赋予的任意解除权，已另案诉讼解除了其与乙公司工矿产品购销合同关系。现甲公司与乙公司工矿产品购销合同关系解除后，甲公司应否赔偿乙公司所造成的损失，取决于乙公司是否已发生实际损失以及乙公司对损失的发生是否存在过错”[①]。笔者认为，承揽人不存在过错不是以任意解除权条款解除承揽合同时损失赔偿的成立要件。任意解除权的设立本意是在承揽工作变得对定作人已经没有意义、没有必要时，使得定作人能够解放合同义务。若损失赔偿以承揽人无过错为成立要件，以及承揽人存在过错可以减少损失赔偿，那么就有可能促使定作人滥用该种权利，违背了定作人任意解除权的立法本意。关于赔偿范围，定作人一般需要支付全部的报酬，至于工作成果已经完成到什么程度，在所不问。但是，承揽人因此节约的费用以及对自己因将劳动力移作他用而取得的或者故意不取得的利益应予扣除。[②]

关于解除的法律效果，除适用本条“造成承揽人损失的，应当赔偿损失”之规定外，还应当适用《民法典》第566条规定：“合同解除后，尚未履行的，终止履行；已经履行的，根据履行情况和合同性质，当事人可以请求恢复原状或者采取其他补救措施，并有权请求赔偿损失。合同因违约解除的，解除权人可以请求违约方承担违约责任，但是当事人另有约定的除外。主合同解除后，担保人对债务人应当承担的民事责任仍应当承担担保责任，但是担保

---

① 参见最高人民法院（2019）最高法民申2471号民事裁定书。最高人民法院还认为，“甲公司因行使任意解除权的单方违约行为，已造成乙公司损失，甲公司损失赔偿数额应相当于因其违约所造成的损失”。笔者认为，任意解除权是一种权利，其行使不会导致单方违约行为。

② 参见［德］迪特尔·梅迪库斯：《德国债法分论》，杜景林、卢谌译，法律出版社2007年版，第295页；宁红丽：《〈民法典草案〉“承揽合同”章评析与完善》，载《经贸法律论坛》2020年第1期。

合同另有约定的除外。”依本条解除的合同，鉴于非因承揽人违约而解除，除了恢复原状或者采取其他补救措施，一般只发生定作人赔偿承揽人损失的情况。损失既包括直接损失，也包括可得利益损失，具体为承揽人已完成的工作部分所应当获得的报酬、承揽人为完成这部分工作所支出的材料费以及承揽人因合同解除而受到的其他损失；定作人预先支付报酬的，在扣除已完成部分的报酬外，承揽人也应当将剩余价款返还定作人。[①]

举证责任

以本条为依据解除合同的，鉴于行使的是任意解除权，定作人仅需要就通知承揽人解除合同这一事实举证。定作人不需要就解除是“在承揽人完成工作前”举证，若承揽人认为承揽工作已经完成因而合同解除不成立，则应当负担相应的举证责任。定作人以其他理由解除合同的，应当承担相应的举证责任。在“淄博甲科技有限公司与山东乙股份有限公司承揽合同纠纷案”中，最高人民法院认为，“在承揽人已经交付设备并安装完毕的情况下，非因法定或者约定的事由不得任意解除合同。……鉴于本案中甲公司未能提供充分证据证明乙公司构成根本违约，二审判决认定发电设备没有达到正常运行72小时连续发电1500kW约定标准的原因，与丙公司提供的余热烟气没有达到约定标准存在直接因果关系，甲公司关于乙公司所提供发电设备没有达到约定标准，涉案合同应予解除的主张缺乏证据支持，未予判令解除案涉合同，并无不当”[②]。

合同解除后，承揽人应当就是否遭受损失以及损失范围举证。在“晋江市甲电子玩具有限公司诉乙教育玩具有限公司等承揽合同纠纷案”中，最高人民法院认为，“甲公司主张其因本案合同解除发生库存损失，应当提交证据证明。但是，根据甲公司所述，其在原审中提交的库存资料的数据系根据订单需求而推算的理论数据，因此，该库存资料数据不能证明真实库存损失。

---

① 参见全国人民代表大会常务委员会法制工作委员会编：《中华人民共和国合同法释义》，法律出版社1999年版，第439页。

② 参见最高人民法院（2016）最高法民申第389号民事裁定书。

而且，根据原审判决认定，原审诉讼中，甲公司的库存货物还存在出入库的情形。因此，原审判决基于甲公司未能提交充分证据证明其存在库存损失的情形，未予支持甲公司该项主张，并无不当”[①]。

其他问题

本条规定的任意解除只是承揽合同终止的一种情形。承揽合同终止的其他情形，应当适用《民法典》合同编“通则”中第七章“合同的权利义务终止”的相关规定。

本条规定的任意解除与违约解除不同。违约解除“就其本来的功能而言，在于非违约方‘合同义务的解放’，由此而派生的功能尚包括非违约方‘交易自由的回复’及违约方‘合同利益的剥夺’”[②]。

① 参见最高人民法院（2017）最高法民申1941号民事裁定书。

② 韩世远：《合同法总论》（第三版），法律出版社2011年版，第507页。

第十八章

建设工程合同

第七百八十八条【建设工程合同的定义与类型】

建设工程合同是承包人进行工程建设，发包人支付价款的合同。

建设工程合同包括工程勘察、设计、施工合同。

历史由来

本条继承了《合同法》第269条的规定，条款文字未变化。《经济合同法》第18条规定，建设工程承包合同，包括勘察、设计、建筑、安装。《合同法》第269条规定："建设工程合同是承包人进行工程建设，发包人支付价款的合同。建设工程合同包括工程勘察、设计、施工合同。"在《民法典》编纂过程中，《民法典合同编（草案）》（征求意见稿）第343条规定："建设工程合同是承包人进行工程建设，发包人支付价款的合同。建设工程合同包括工程勘察、设计、施工、监理、试验、检测等合同。"该规定在《合同法》第269条规定的勘察、设计、施工合同的基础上增加了监理、试验、检测等合同类型。《民法典合同编（草案）》（一审稿）第571条没有接受"征求意见稿"的规定，而是吸收了《合同法》第269条的规定。《民法典合同编（草案）》（二审稿）第571条、《民法典（草案）》第788条与《民法典合同编（草案）》（一审稿）第571条的规定完全一致。

规范目的或功能

本条是关于建设工程合同的定义和基本类型。建设工程合同，是指承包人进行工程建设，发包人支付价款的合同。本条第1款规定的建设工程合同的定义，体现了合同双方当事人即发包人和承包人的基本义务。承包人的基本义务就是进行工程建设，包括勘察、设计和施工。发包人的基本义务就是按照约定支付价款。第2款规定了建设工程合同的主要类型。一项工程合同一般包括勘察、设计和施工等一系列过程，因此建设工程合同通常包括工程勘察、设计、施工合同。

建设工程合同的发包人为建设工程的所有权人或投资人，承包人为勘察人、设计人与施工人。建设工程合同中的工程建设是指土木建设工程和建筑业范围内的房屋、道路、管线、机场、港口、水库和电站等各种地上或地下建筑物的建设及设备安装。建设工程合同的基本内容是承包人进行工程建设（包括勘察、设计和施工）并交付合格工程，发包人向承包人支付勘察、设计和施工价款。建设工程合同为承揽合同的一种特殊形态。关于建设工程合同的立法体例，颇不一致。法国、德国民法不区分建设工程合同与承揽合同，仅于承揽合同中的部分条文中专设有关于建设工程合同的特别规定。《俄罗斯联邦民法典》在承揽合同一章单设一节规定建筑承揽。《欧洲示范民法典草案》将建筑合同作为一种独立的有名合同，与加工、保管、设计、信息和咨询、医疗等均属于服务合同。[①]

规范内容

建设工程合同属于承揽合同的特殊类型。这里的工程是指土木建筑工程和建筑业范围内的线路、管道、设备安装工程，主要包括房屋、铁路、公路、机场、港口、桥梁、矿井、水库、电站、通信线路等。

建设工程的主体是发包人和承包人。发包人，一般为建设工程的建设单位，通常也称作“业主”。承包人即实施建设工程的勘察、设计、施工等业务的单位，包括对建设工程实行总承包的单位和承包分包工程的单位。建设工程实行总承包的，总承包单位经发包人同意，在法律规定的范围内对部分工程项目进行分包的，工程总承包单位即成为分包工程的发包人。[②]建设工程的承包人即实施建设工程的勘察、设计、施工等业务的单位，包括对建设工程实行总承包的单位和承包分包工程的单位。这就是说，法律对建设工程合同的发包人和承包人的主体资格均有要求。发包人一般为建设工程的建设单位，承包人为具有从事勘察、设计、施工业务资格的法人，而且要具有相应的资质。自然人不能成为建设工程合同的发包人，也不能

① 参见欧洲民法典研究组、欧盟现行私法研究组编著：《欧洲示范民法典草案：欧洲私法的原则、定义和示范规则》，高圣平译，中国人民大学出版社2012年版，第223页。

② 梁慧星主编：《中国民法典草案建议稿附理由：合同编》（上册），法律出版社2010年版，第606页。

成为承包人。[1]《建筑法》第83条第3款规定，农民自建低层住宅的建筑活动，不适用本法。

勘察合同，是指发包人与勘察人就完成建设工程地理、地质状况的调查研究工作而达成的协议。勘察工作是一项专业性很强的工作，所以一般应当由专门的地质工程单位完成。勘察合同是反映并调整发包人与受委托的地质工程单位之间关系的依据。设计合同实际上包括两个合同：一是初步设计合同，即在建设工程立项阶段承包人为项目决策提供可行性资料的设计而与发包人签订的合同。二是施工设计合同，是指承包人与发包人就具体施工设计达成的协议。施工合同主要包括建筑和安装两方面内容，这里的建筑是指对工程进行营造的行为；安装主要是指与工程的线路、管道、设备等设施的装配。

建设工程监理合同不属于建设工程合同，属于委托合同。依据《民法典》第796条的规定，发包人与监理人的权利和义务以及法律责任，应当依照《民法典》合同编委托合同以及其他有关法律、行政法规的规定。在我国司法审判实践中，建设工程监理合同纠纷适用委托合同，但是需要结合建设工程的特殊性。[2]

建设工程试验和检测合同，是指一方当事人委托具有建设工程试验、检测资质的机构依据国家有关法律、法规、工程建设强制性标准和设计文件，对受托方建设工程的材料、构配件、设备以及工程实体质量、使用功能等进行测试确定其质量特性而订立的协议。建设工程试验和检测合同本质上属于委托合同，因此应当被排除在建设工程合同之外。

建设工程合同与委托合同具有相似性，但是两者属于不同的合同类型。主要区别在于：第一，建设工程合同中的承包人要以自己的名义，按照发包人的要求从事建设工程活动；但在委托合同中，受托人大多以委托人的名义从事行为。第二，建设工程合同中承包人必须要交付特定的工作成果，即对债务履行的结果有特别的要求；而在委托合同中并不一定对结果有特定的要求。第三，建设工程合同对承包人有特别的资质要求，而委托合同中不存在对受托人的特

① “田某某、冉某某与冉某、白某某等承揽合同纠纷再审案”，重庆市第四中级人民法院（2014）渝四中法民再终字第00012号民事判决书。

② “大连某监理有限公司与大连某设备制造股份有限公司建设工程监理合同纠纷案”，辽宁省大连市中级人民法院（2016）辽02民终3114号民事判决书。

别资质要求。第四，在委托合同中，受托人应当按照委托人的指示处理委托事务，且负有报告的义务；但在建设工程合同中，承包人是按照自己制订的计划安排进行工程建设，其所负担的主要义务是按期完成工程建设，并交付质量合格的建设工程。第五，合同当事人的权利、义务内容不同。例如，在委托合同中，委托人享有介入权；而在建设工程合同中，发包人则不享有此种权利。①

举证责任

在建设工程合同纠纷案中，首先，应当由双方当事人证明诉讼主体资格，当事人为法人或其他组织的，应提交登记资料如营业执照、社团法人登记证等。其次，在原告根据建设工程合同请求被告履行义务的诉讼中，如果被告否认双方曾订立建设工程合同，原告应当对导致合同权利义务关系发生的事实，即与被告存在建设工程合同关系的事实负举证责任。可以证明原、被告双方建设工程合同关系成立的证据包括建设工程施工合同的主要类型、增减工程量的补充合同或备忘录、现场工程签证单等。最后，在合同履行方面，债务人必须举证证明其按合同约定完全且正确地履行了给付。②证明建设工程合同履行情况的证据，如工程预、决算报告，支付工程款的付（收）款凭证，工程验收、结算凭证，质检报告等。

第七百八十九条【建设工程合同的形式】

建设工程合同应当采用书面形式。

历史由来

本条完全承袭了《合同法》第270条的规定。在《民法典》编纂过程中，自《民法典合同编（草案）》（征求意见稿）第344条吸收《合同法》第270

① 参见王利明：《合同法分则研究》（上卷），中国人民大学出版社2012年版，第401—402页。

② ［德］莱奥·罗森贝克：《证明责任论——以德国民法典和民事诉讼法典为基础撰写》（第四版），庄敬华译，中国法制出版社2002年版，第354页。

条作出规定后，之后各个阶段的《民法典合同编（草案）》文本没有作出任何修改。

规范目的或功能

根据本条的规定，建设工程合同除双方当事人意思表示一致外，还应当采用书面形式明确双方的权利义务。书面形式的合同由于对当事人之间约定的权利义务都有明确的文字记载，能够提示当事人适时地正确履行合同义务，当发生合同纠纷时，也便于分清责任，正确、及时地解决纠纷。建设工程合同一般具有合同标的额大、合同内容复杂、履行期较长等特点，为慎重起见，更应当采用书面形式，为此本条特别明确规定。

建设工程合同由双方协商订立，但实务中通常采取格式合同的形式，即由发包方或承包方单方面提出，双方仅对特定条款另行商议。为了指导建设工程施工合同当事人的签约行为，维护合同当事人的合法权益，依据《合同法》《建筑法》《招标投标法》以及相关法律法规，住房和城乡建设部、原国家工商行政管理总局制定《建设工程施工合同（示范文本）》（GF–2017–0201）、《建设工程勘察合同（示范文本）》（GF–2016–0203）、《建设工程设计合同示范文本（专业建设工程）》（GF–2015–0210）、《建设工程设计合同示范文本（房屋建筑工程）》（GF–2015–0209）。

规范内容

通过合同书，当事人写明各自的名称、地址，工程的名称和工程范围，应当明确约定履行内容、方式、期限，违约责任以及解决争议的方法等。勘察、设计合同应当明确提交勘察或者设计基础资料、设计文件（包括概预算）的期限，设计的质量要求、勘察或者设计费用以及其他协作条件等内容。施工合同，应当明确工程范围、建设工期、中间交工工程的开工和竣工时间、工程质量、工程造价、技术资料交付时间、材料和设备供应责任、拨款和结算、交工验收、质量保证期、双方互相协作等内容。当事人也可以选择有关的合同示范文本作为参照订立建设工程合同。

本条规定的书面形式实际上是口头形式、其他形式之外一切以文字为表达方式的民事法律行为形式，是一个外延宽泛的法律概念。依据《民法典》第469条的规定，当事人订立合同，可以采用书面形式、口头形式或者其他形式。所谓“采用书面形式”订立合同，不能从缔约过程中予以理解，而应从缔约结果上将其解释为“合同采取（约定的或法定的）书面形式”。书面形式是合同书、信件、电报、电传、传真等可以有形地表现所载内容的形式。以电子数据交换、电子邮件等方式能够有形地表现所载内容，并可以随时调取查用的数据电文，视为书面形式。严格地说，只有合同书可以堪当合同或协议的书面形式，信件、电报、电传、传真、电子数据交换和电子邮件只是缔约意思表示（要约、承诺）或要约邀请的形式，因为它们只能由一方向他方单向地传递信息。①

《民法典》第490条规定：“当事人采用合同书形式订立合同的，自当事人均签名、盖章或者按指印时合同成立。在签名、盖章或者按指印之前，当事人一方已经履行主要义务，对方接受时，该合同成立。法律、行政法规规定或者当事人约定合同应当采用书面形式订立，当事人未采用书面形式但是一方已经履行主要义务，对方接受时，该合同成立。”由于建设工程合同主要通过投标、招标的方式完成，《招标投标法》第46条第1款对此有特殊规定，即招标人和中标人应当自中标通知书发出之日起30日内，按照招标文件和中标人的投标文件订立书面合同。因此，在双方订立书面合同之前，招标人和中标人之间的建设工程合同并未成立。②

---

① 朱广新：《书面形式与合同的成立》，载《法学研究》2019年第2期。

② 在“四川省某规划建筑设计有限公司、某市城市管理局建设工程勘察合同纠纷案”中，法院认为，城管局向公司发送的《中选通知书》载明：“请你方在接到本通知书后的30日内到城管局与我方签订承包合同。”故城管局向公司发出《中选通知书》后，双方成立预约合同关系，正式的建设工程设计合同需签订书面合同后方能成立。因双方实际并未签订书面合同，故《建设工程设计合同》尚未成立，对公司主张解除《建设工程设计合同》的上诉请求，本院不予支持。由于公司、城管局并未签订《建设工程设计合同》，双方之间未成立建设工程设计合同法律关系，故公司依据《建设工程设计合同》的约定主张城管局支付设计费、违约金并赔偿可期待利益损失的上诉请求不成立，本院不予支持。参见四川省成都市中级人民法院（2018）川01民终17971号民事判决书。

举证责任

原告与被告因建设工程合同是否存在书面形式以及合同是否成立发生争议的，应该由原告就建设工程合同书面形式的相关证据承担举证责任，或者建设工程合同书面形式虽然不存在，但存在建设工程合同关系并已履行且被告已经接受的事实承担举证责任。在“拜城县甲有限公司与杜某某建设工程施工合同纠纷再审审查与审判监督案”中，法院认为：“本案中，甲公司认可涉案工程确实存在，且涉案工程已经实际投入使用，甲公司客观上已经接受了施工方的施工义务。甲公司以杜某某未提交书面合同为由，不认可其与杜某某之间存在建设工程施工合同关系，但未提交证据证实涉案工程由第三人承建施工，亦未提交有关涉案工程款项支付的证据。原审判决采信‘优势证据’，认定甲公司与杜某某之间存在建设工程施工合同关系并已履行，判令甲公司向杜某某支付工程款不违反法律规定。”[①]

第七百九十条【建设工程招标投标的要求】

建设工程的招标投标活动，应当依照有关法律的规定公开、公平、公正进行。

历史由来

本条完全继承了《合同法》第271条的规定，在《民法典》编纂过程中，没有提出过任何修改方案，也没有引起争议。

规范目的或功能

对于建设工程合同，合同订立可以采取两种方式：一是直接发包的方式，即发包人经过批准或按照有关规定，直接与承包人协商订立合同；二是招标

① 参见新疆维吾尔自治区高级人民法院（2018）新民申300号民事裁定书。

投标的方式。我国《民法典》将招标投标买卖专门规定为一种特殊的买卖形式，《民法典》第644条规定："招标投标买卖的当事人的权利和义务以及招标投标程序等，依照有关法律、行政法规的规定。"所谓建设工程招标投标，是指作为招标方的发包人发布招标公告，邀请特定或者不特定的具备相应资质、有意承包工程项目的承包人作为投标方，向自己提出工程报价及其他工程条件，根据投标结果确定承包人的行为。通过招标与投标方式订立建设工程合同，有助于降低工程造价，同时也有利于确保建设工程的质量。依据《招标投标法》第5条的规定，招标投标活动应当遵循公开、公平、公正和诚信的原则，否则会由于交易方式不公平而使投标人失去商业机会，造成投标投入成本的损失等。

公开、公平、公正和诚信的原则应当贯彻招标投标整个过程，具体表现有多种形式，但最根本的一点是建设工程合同文本与招标、投标文件的一致性。[①]如果招标、投标文件与建设工程合同内容不一致，那就违背了"三公原则"和诚信原则，破坏了市场公平交易规则。

规范内容

一、建设工程合同招标投标的范围

为确保某些公共投资的建设工程的安全与建设的透明度，《招标投标法》规定特种种类的建设工程合同须经招标投标程序，招标投标活动应当遵循公开、公平、公正与诚信原则。

《政府采购法》第26条规定："政府采购采用以下方式：（一）公开招标；（二）邀请招标；（三）竞争性谈判；（四）单一来源采购；（五）询价；（六）国务院政府采购监督管理部门认定的其他采购方式。公开招标应作为政府采购的主要采购方式。"通过招标投标，建设工程的建设方即发包人、招标人可以选择资质优、信誉好、建设成本相对合理从而能够保证工程质量和建设工期的承包

① 最高人民法院民事审判第一庭编著：《最高人民法院建设工程施工合同司法解释（二）理解与适用》，人民法院出版社2019年版，第40页。

人。《招标投标法》第3条规定："在中华人民共和国境内进行下列工程建设项目包括项目的勘察、设计、施工、监理以及与工程建设有关的重要设备、材料等的采购，必须进行招标：（一）大型基础设施、公用事业等关系社会公共利益、公众安全的项目；（二）全部或者部分使用国有资金投资或者国家融资的项目；（三）使用国际组织或者外国政府贷款、援助资金的项目。前款所列项目的具体范围和规模标准，由国务院发展计划部门会同国务院有关部门制订，报国务院批准。法律或者国务院对必须进行招标的其他项目的范围有规定的，依照其规定。"

2018年3月27日国家发展和改革委员会发布的《必须招标的工程项目规定》第5条规定："本规定第二条至第四条规定范围内的项目，其勘察、设计、施工、监理以及与工程建设有关的重要设备、材料等的采购达到下列标准之一的，必须招标：（一）施工单项合同估算价在400万元人民币以上；（二）重要设备、材料等货物的采购，单项合同估算价在200万元人民币以上；（三）勘察、设计、监理等服务的采购，单项合同估算价在100万元人民币以上。同一项目中可以合并进行的勘察、设计、施工、监理以及与工程建设有关的重要设备、材料等的采购，合同估算价合计达到前款规定标准的，必须招标。"同年6月6日国家发展和改革委员会发布的《必须招标的基础设施和公用事业项目范围规定》第2条规定："不属于《必须招标的工程项目规定》第二条、第三条规定情形的大型基础设施、公用事业等关系社会公共利益、公众安全的项目，必须招标的具体范围包括：（一）煤炭、石油、天然气、电力、新能源等能源基础设施项目；（二）铁路、公路、管道、水运，以及公共航空和A1级通用机场等交通运输基础设施项目；（三）电信枢纽、通信信息网络等通信基础设施项目；（四）防洪、灌溉、排涝、引（供）水等水利基础设施项目；（五）城市轨道交通等城建项目。"按照前述规定，对强制招标项目的范围较过去有所调整，缩小强制招标的项目范围，更加重视市场的作用，减少不必要的行政干预，尊重市场主体的自主决策意向。

二、公开、公平和公正原则的意义

根据本条的规定，建设工程的招标投标应当按照公开、公平和公正的原则进行。所谓公开，是指进行招标投标活动的有关信息要公开，招标方应当通过在新闻媒体上刊发广告或者以其他适当形式发布建设工程招标信息，并在公开提供的招标文件中载明招标工程的主要技术要求以及投标人的资格要求等内容，使所有符合条件的承包人都能有机会参与投标竞争。同时，招标投标的程序要公开，包括领取招标文件的时间、地点，投标的截止日期，开标的时间、地点以及评标与定标的标准、方法等，都应当公开透明，以便各方面监督，不允许进行“暗箱操作”。所谓公平，是指招标方平等地对待每一份投标，投标方也要以正当手段进行竞争，不得有向招标方及其工作人员行贿、提供回扣等不正当竞争行为，以保证竞争的平等。所谓公正，是指招标方在招标过程中要严格按照公开的招标文件和程序办事，严格按照既定的评标标准评标和定标，公平地对待每一个投标者，不得厚此薄彼。①

三、建设工程合同的订立未经招标投标程序的效力

如果建设工程合同的订立未采用招标投标方式而系由双方当事人直接签订，其建设工程合同的效力如何？《建设工程施工合同解释》第1条第3项规定，建设工程必须进行招标投标而未招标或者中标无效的，建设工程施工合同无效。《招标投标法》是规范建筑市场招标投标活动的具有公法性质的法律，根据其立法目的和宗旨，必须招标的项目未经招标直接签订施工合同的，应当认定为无效合同。②《建设工程施工合同解释》第2条规定：“建设工程施工合同无效，但建设工程经竣工验收合格，承包人请求参照合同约定支付工程价款的，应予支持。”此类合同被认定为无效，究其原因，一方面，没有经过招标投标程序，就很难避免合同订立中违法行为的发生，难以通过公开、公平、公正原则来确定承包人，保证工程质量；另一方面，在未经招标投标而订立建设工程合同时，也无法通过其他方式对其效力进行补正。在“甲建设股份有限公司、山东乙房地产开发有限公司建设工程

① 参见全国人民代表大会常务委员会法制工作委员会编：《中华人民共和国合同法释义》（第2版），法律出版社2009年版，第408页。

② 最高人民法院民事审判第一庭编著：《最高人民法院建设工程施工合同司法解释的理解与适用》，人民法院出版社2004年版，第31页。

施工合同纠纷再审审查与审判监督案”中，最高人民法院认为，甲公司和乙公司均认可涉案工程未进行招标投标程序，依据《建设工程施工合同解释》第1条规定，双方签订的《建设工程施工合同》应为无效。建设工程施工合同无效，但建设工程经竣工验收合格的，承包人请求参照合同的约定支付工程款的，应予支持。但若建设工程施工合同无效，且建设工程经竣工验收不合格的，应视修复后的验收情况判断是否支持承包人工程价款诉请。①

四、中标文件与建设工程合同的订立：阴阳合同之争议

《招标投标法》第46条第1款规定：“招标人和中标人应当自中标通知书发出之日起三十日内，按照招标文件和中标人的投标文件订立书面合同。招标人和中标人不得再行订立背离合同实质性内容的其他协议。”也即，必须以招投标时确定的条件签订建设工程合同，并确定其内容。从我国司法审判实践来看，中标通知书通常被视为预约。②

当事人通常为了规避法律的强制性规范，虽在形式上达成协议（公开协议），但是就该合同的重要条款（通常是价格）又隐蔽地达成实质上不同的另外一份协议（隐藏协议）。此类情形签订的两份合同通常称为“阴阳合同”。③

---

① 参见最高人民法院（2018）最高法民申3485号民事裁定书。

② 在“四川甲建设有限公司、成都乙世纪房地产开发有限公司合同纠纷案”中，法院认为，“结合《合同法》第270条关于‘建设工程合同应当采用书面形式’之规定，显然把中标通知书理解成预约合同更符合《中华人民共和国招标投标法》的相关规定。故一审判决确认招标人乙房地产公司向投标人甲建设公司发出《中标通知书》后，双方未按约另行签订书面合同，双方之间未成立建设施工合同关系的结论正确，本院依法予以维持。甲建设公司可另案主张乙房地产公司承担预约合同违约赔偿责任”。参见四川省成都市中级人民法院（2018）川01民终9176号民事判决书。

③ “阴阳合同”又称“黑白合同”，是指合同的双方当事人以实现经济利益的最大化、规避法律规定及政府监管为目的，就同一个合同标的所签订的两份实质性内容有明显差异的合同。其中一份提交给相关管理部门登记和备案，但合同当事人并不实际履行，称为“阳合同”“白合同”或“备案合同”，该份合同往往符合法律法规的规定和相关行业标准；而另一份由当事人持有，并约定据此实际履行，称为“阴合同”或“黑合同”，往往是规避法律及政府监管的私下交易。参见江必新、河东宁等：《最高人民法院指导性案例裁判规则理解与适用·合同卷》（一），中国法制出版社2012年版，第173—174页。

最高人民法院《第八次全国法院民事商事审判工作会议（民事部分）纪要》第31条规定："招标人和中标人另行签订改变工期、工程价款、工程项目性质等影响中标结果实质性内容的协议，导致合同双方当事人就实质性内容享有的权利义务发生较大变化的，应认定为变更中标合同实质性内容。"《建设工程施工合同解释（二）》第1条规定："招标人和中标人另行签订的建设工程施工合同约定的工程范围、建设工期、工程质量、工程价款等实质性内容，与中标合同不一致，一方当事人请求按照中标合同确定权利义务的，人民法院应予支持。招标人和中标人在中标合同之外就明显高于市场价格购买承建房产、无偿建设住房配套设施、让利、向建设单位捐赠财物等另行签订合同，变相降低工程价款，一方当事人以该合同背离中标合同实质性内容为由请求确认无效的，人民法院应予支持。"

发包方与承包方签订"阴阳"（又称"黑白"）两份合同通常是为规避政府监管："阳合同"虽然程序合法、对外公开，但通常不实际履行，因为其产生就是为了应付政府监管；反观"阴合同"，虽为私下签订，但除了付款条款最后会发生纠纷外，其余条款往往都会得到实际履行。①对于"阴阳合同"的效力，我国司法实务的做法不一，究竟是"阳合同"有效还是"阴合同"有效，不同地区的审判机构的规定不一致。②

---

① 参见杨中杰：《建设工程"阴阳合同"问题研究》，载《中外建筑》2008年第6期。

② 例如，《湖北省高级人民法院民事审判工作座谈会会议纪要（2013年）》指出，经过招标投标的项目，发包人与承包人签订两份实质性内容不一致合同的（即所谓"黑白合同"），在双方因工程款结算发生纠纷时，应以中标合同即"白合同"作为结算工程款的依据。必须经过招标投标的项目，发包人与承包人存在恶意串标、虚假招标的行为，双方签订的"黑白合同"均无效，但工程经竣工验收合格，承包人请求结算工程款的，区分情况处理：（1）"黑白合同"中对工程结算方式约定一致的，按合同约定结算工程价款；（2）"黑白合同"中对工程结算方式约定不一致的，参照"白合同"的约定结算工程价款，"黑白合同"结算工程价款之间差价作为因合同无效造成的损失，根据发包人和承包人各自责任的大小进行分担。又如，广东省高级人民法院《关于审理建设工程施工合同纠纷案件若干问题的指导意见》指出，《建设工程施工合同解释》第21条规定的"实质性内容不一致"主要指的是工程计价标准、工程质量标准等主要条款内容差距较大。建设工程施工过程中，当事人以补充协议等形式约定的正常的工程量增减、设计变更等，一般不认定为"实质性内容不一致"。经过招投标程序订立的建设工程施工合同与当事人另行订立的"实质性内容不一致"的建设工程施工合同都被认定为无效的，参照当事人实际履行的合同结算工程价款。

从“阳合同”与“阴合同”的效力而言：（1）如果当事人双方在招标投标之前就合同实质性内容进行谈判，进而影响中标结果的，则“阳合同”属于“明招暗定”，根据《招标投标法》第43条、第55条的规定，应属无效。因为招标投标所确定的条件原本是公开的，在竞标成功后，双方再实质性地修改招标合同书，严重损害其他竞标人的利益与社会公共利益。①（2）如果中标价低于成本价，根据《招标投标法》第33条、第41条第2项的规定，则中标合同无效。（3）如果双方当事人通谋签订“阳合同”以规避招投标程序，真实意思在于履行“阴合同”，则“阳合同”属于通谋虚伪表示，根据《民法典》第146条、《招标投标法》第53条的规定，“阳合同”无效。（4）如果“阳合同”是当事人真实意思表示，而且经过招投标程序，双方当事人其后签订“阴合同”变更“阳合同”的实质性内容，则“阳合同”仍然有效，而“阴合同”构成无效的合同变更。在“江苏省第一建筑安装集团股份有限公司与唐山市昌隆房地产开发有限公司建设工程施工合同纠纷案”中，法院认为：“《建设工程施工合同解释》第21条的适用前提应为备案的中标合同合法有效，无效的备案合同并非当然具有比其他无效合同更优先参照适用的效力。在当事人存在多份施工合同且均无效的情况下，一般应参照符合当事人真实意思表示并实际履行的合同作为工程价款结算依据；在无法确定实际履行合同时，可以根据两份争议合同之间的差价，结合工程质量、当事人过错、诚实信用原则等予以合理分配。”②

举证责任

若原告与被告因建设工程合同是否采用招标投标程序，是否遵循“公开、公平、公正”原则发生争议的，原告应提供相关初步证明材料。在实践中，与招投标相关的材料，包括招标者和投标者的通信记录、会议纪要、函件等均由招标者和投标者掌握，原告往往无法直接提供相关证据，只能

① 王利明：《合同法分则研究》（上卷），中国人民大学出版社2012年版，第407页。

② 参见最高人民法院（2017）最高法民终175号民事判决书，《中华人民共和国最高人民法院公报》2018年第6期。

通过申请法院调取证据的方式获取上述材料，而材料也存在被删减、篡改的可能性。因此，法官应考虑双方当事人与证据距离的远近和证明能力的大小，[①]并注重发挥司法的能动作用。如原告已举证证明招标者和被诉投标者在招标、投标、评标过程中实施了以不合理的条件限制或者排斥潜在投标人的违法行为的，法官可以将涉案招投标流程符合法律规定、评审委员会专家的产生流程符合法律规定等举证责任分配倒置由招标者和被诉投标者承担。

第七百九十一条【建设工程合同发包、承包和分包】

发包人可以与总承包人订立建设工程合同，也可以分别与勘察人、设计人、施工人订立勘察、设计、施工承包合同。发包人不得将应当由一个承包人完成的建设工程支解成若干部分发包给数个承包人。

总承包人或者勘察、设计、施工承包人经发包人同意，可以将自己承包的部分工作交由第三人完成。第三人就其完成的工作成果与总承包人或者勘察、设计、施工承包人向发包人承担连带责任。承包人不得将其承包的全部建设工程转包给第三人或者将其承包的全部建设工程支解以后以分包的名义分别转包给第三人。

禁止承包人将工程分包给不具备相应资质条件的单位。禁止分包单位将其承包的工程再分包。建设工程主体结构的施工必须由承包人自行完成。

历史由来

本条完全承袭了《合同法》第272条的规定，在《民法典》编纂过程中，从《民法典合同编（草案）》（征求意见稿）至《民法典（草案）》，立法者都没有对《合同法》第272条作出修改。但是，最终表决通过的《民法典》第

① 参见李浩：《举证责任倒置：学理分析与问题研究》，载《法商研究》2003年第4期。

791条第1款则将《合同法》第272条第1款规定中的“几个承包人”修改为“数个承包人”。

规范目的或功能

本条是关于建设工程合同发包、承包和分包的规定。

建设工程合同根据承包人承包的工作内容，可以分为直接承包和分包两大类。直接承包，是指发包人直接将工程承包给承包人，包括工程总承包和单项工程承包两种方式。建设工程的发包是采取总承包方式还是单项工程承包方式可以由发包人根据实际情况自行确定。但是不论发包人采取何种方式与承包人签订合同，都应当遵守本条的规定，为了保证建设工程质量，不得将建设工程支解发包，即不得将应当由一个承包人完成的建设工程支解成若干部分发包给数个承包人。[①]

规范内容

一、禁止非法分包

所谓的建设工程的分包，是指工程总承包人、勘察承包人、设计承包人、施工承包人承包建设工程后，将其承包的某一部分工程或某几部分工程再发包给其他承包人，与其签订承包合同项下的分包合同。总承包人或勘察、设计、施工承包人在分包合同中即成为发包人。分包必须具备如下法定条件：

1.必须取得发包人的同意。总承包人或勘察、设计、施工承包人进行分包必须经过发包人的同意，未经发包人同意而进行的分包，都构成非法分包。为避免因层层分包造成责任不清以及因中间环节过多造成实际用于工程费用减少的问题，分包人不得将其承包的工程再分包，即对工程建设项目只能实

---

① 参见全国人民代表大会常务委员会法制工作委员会编：《中华人民共和国合同法释义》（第2版），法律出版社2009年版，第409—410页。

行一次分包。实行施工承包的，建设工程的主体结构必须由承包人自行完成，不得分包，即承包人承包工程全部施工任务的，该工程的主体结构必须由承包人自行完成，即使经发包人同意，也不得将主体工程的施工再分包给第三人，承包人违反此规定将工程主体部分的施工任务分包给第三人的，该分包合同无效。

在“某工程局与某建设集团建设工程施工合同纠纷案”中，法院认为：“某工程局和某建设集团签订的合作投标协议的意思表示是以某建设集团名义参加投标，中标后将全部中标工程的49%交某工程局施工，某工程局向某建设集团交纳管理费。该协议形式上为合作，但在某建设集团参加投标过程中，双方未按法律规定签订共同投标协议，也未将共同投标协议提交招标人，中标后亦未共同与招标人签订合同。某建设集团中标后，某工程局也未按法律规定共同与招标人签订合同。故双方签订的合同实际是工程分包协议，该分包行为非经建设单位认可，违反法律强制性规定属违法分包，因此双方签订的协议应认定无效。”[①]

2.第三人应是具有相应资质条件的单位。《建筑法》第13条规定：“从事建筑活动的建筑施工企业、勘察单位、设计单位和工程监理单位，按照其拥有的注册资本、专业技术人员、技术装备和已完成的建筑工程业绩等资质条件，划分为不同的资质等级，经资质审查合格，取得相应等级的资质证书后，方可在其资质等级许可的范围内从事建筑活动。”对施工总承包资质与专业承包资质，《建筑业企业资质管理规定》第5条按照工程性质和技术特点，进一步划分为若干资质类别，各资质类别又按照规定的条件划分为若干资质等级。因此，施工总承包或专业承包的承包人，不但要取得建筑企业资质，而且只能从事符合自身资质类别与资质等级的建筑活动。如果承包人未取得建筑施工资质、工程规模超越了资质等级或工程内容与资质类别不符，则建设工程施工合同无效。但是，《建筑业企业资质管理规定》对施工劳务资质不再区分类别与等级，只要承包人具备施工劳务资质，就可以从事所有的劳务分包工程，再无类别与等级的限定。《建设工程施工合同解释》第5条规定，承包人超越资质等级许可的业务范围签订建设工程

---

① 参见辽宁省高级人民法院（2009）辽民一终字第70号民事判决书。

施工合同，在建设工程竣工前取得相应资质等级，当事人请求按照无效合同处理的，不予支持。

3.建设工程主体结构的施工必须由承包人自行完成。所谓建设工程的主体结构，是指立于地基基础之上，接受、承担和传递建设工程所有上部荷载，维持上部结构整体性、稳定性和安全性的有机联系的系统体系。主体结构是建设工程结构安全、稳定、可靠的载体和重要组成部分，保障建设工程主体结构质量，是保证建设工程安全和人们生命财产安全的基础，也是建设工程抵御自然灾害、保证人们生命财产安全的关键。

4.禁止分包单位将其承包的工程再分包。总承包人或勘察、设计、施工承包人经过发包人的同意可以分包给有资质的第三人。但是，第三人作为分包单位不得将其承包的工程再进行分包。这是因为，层层分包之后，不仅很难对建设工程质量进行监控、管理，而且层层分包也会导致成本上升，工程质量也必然下降，大量的偷工减料、掺杂使假问题大多与此有关。

二、禁止转包

所谓转包，根据《建设工程质量管理条例》第78条第3款的规定，是指承包单位承包建设工程后，不履行合同约定的责任和义务，将其承包的全部建设工程转让给其他单位承包的行为。据此，转包的主体是承包人。转包的形式有两种：一是承包人将其承包的全部建设工程转包给他人；二是承包人将其承包的全部建设工程支解以后，以分包的名义分别转包给他人。转包的核心要素在于承包人不实际履行合同约定的责任和义务，而是全部交由他人完成。

转包与分包不同：在转包行为中，原承包人将其工程全部倒手转给他人，自己并不实际履行合同约定的义务；而在分包行为中，承包人只是将其承包工程的某一部分或某几部分再分包给其他承包人，承包人仍应就承包合同约定的全部义务的履行向发包人负责。分包既可以是指总承包人将其所承包的部分工作交由第三人完成，也可以是指勘察、设计、施工承包人将其承包的部分工作交由第三人实施，其都只是将所承包的整个建设工程项目中的某部分交由第三人完成。如果仅是交由总承包人或勘察、设计、施工承包人来完成的，并不构成分包。在经发包人同意而进行分包后，承包关系的主体并未发生变化，但第三人也要对发包人负责。

转包与合同转让也不相同。所谓合同转让，是指转让人将施工合同的权利义务概括转让给受让人。《合同法》第88条规定："当事人一方经对方同意，可以将自己在合同中的权利和义务一并转让给第三人。"因此，转包是非法的，而合同转让只要没有违反法律、行政法规的效力性强制性规范，都是有效的。转包与合同转让的区别主要在于：（1）施工合同的主体不同。在转包的情况下，与发包人之间的施工合同的相对人仍然是转包人，转包人与转承包人之间是另一种合同关系；在合同转让的情况下，转让人退出原施工合同，施工合同的相对人由转让人变更为受让人。广东省高级人民法院《关于审理建设工程合同纠纷案件的暂行规定》指出，如果转包经发包人同意，即属合同转让，应直接列发包人为被告。（2）法律关系的结构不同。在转包的情况下，形成了"施工合同+转包合同"双层法律关系；在合同转让的情况下，只存在一层施工合同法律关系。（3）合同转让需经发包人同意，而转包由于非法，因此转包人与转承包人通常会隐瞒发包人。

三、非法分包和转包的效力

《建设工程施工合同解释》第4条规定："承包人非法转包、违法分包建设工程或者没有资质的实际施工人借用有资质的建筑施工企业名义与他人签订建设工程施工合同的行为无效。人民法院可以根据民法通则第一百三十四条规定，收缴当事人已经取得的非法所得。"

《民法典》第157条规定："民事法律行为无效、被撤销或者确定不发生效力后，行为人因该行为取得的财产，应当予以返还；不能返还或者没有必要返还的，应当折价补偿。有过错的一方应当赔偿对方由此所受到的损失；各方都有过错的，应当各自承担相应的责任。法律另有规定的，依照其规定。"因此，承包人非法转包、违法分包导致合同无效的，应当依据《民法典》无效法律行为的规定处理。尽管建设工程合同无效，但是实际施工人以发包人为被告主张权利的，根据《建设工程施工合同解释》第26条的规定，可以追加转包人或者违法分包人为本案当事人。发包人只在欠付工程价款范围内对实际施工人承担责任。[①]

举证责任

由于实际施工人与发包人之间不存在合同关系，因而要求发包人对实际施工人承担支付工程款的责任有悖于合同的相对性原理。于此情形，可参照代位权中的举证责任分配规则处理。

第七百九十二条【国家重大建设工程合同订立程序的规定】

国家重大建设工程合同，应当按照国家规定的程序和国家批准的投资计划、可行性研究报告等文件订立。

历史由来

本条沿袭了《合同法》第273条的规定，自《民法典合同编（草案）》（征求意见稿）第347条作出与《合同法》第273条完全相同的规定后，各个阶段的《民法典合同编（草案）》均完全接受了“征求意见稿”第347条的规定。

规范目的或功能

国家重大建设工程合同，是指以国家为发包人、建设施工单位为承包人的建设工程合同。此类合同以国家重大建设工程项目为标的，此种项目与国计民生有重大关系，如大型水利设施、核电站、综合体育建设项目等。国家重大建设工程合同的订立应符合国家规定的特别程序和有关的投资计划、可行性研究报告等，先立项，后发包。

国家重大建设项目的标的复杂、工程价款高、建设周期长、建成后影响深远，因此，国家在决定重大建设项目之前须作全面的研究与调查，在确定

① 参见重庆市第二中级人民法院（2006）渝二中法民初字第23号民事判决书。

该建设项目为国家所必需且对国计民生有重大意义时，方可开始具体的建设计划。为避免盲目建设和投资，须按照有权部门制订的投资计划和可行性研究报告订立建设工程合同。

规范内容

一、国家重大建设工程合同的订立

国家重大项目的建设工程合同，从合同的签订到合同的履行，从资金的投放到最终的成果验收，都要受到国家严格的管理和监督。为了规范国家重大工程的建设，保证国家投资计划得以实现，保障质量，避免资源浪费，保证投资效益，减少投资风险，本条对国家重大建设工程合同的订立提出更严格的依据，即国家重大建设工程合同，应当根据国家规定的程序和国家批准的投资计划、可行性研究报告等文件订立。[①]

根据本条规定，国家重大建设工程合同，应当根据国家规定的程序和国家批准的投资计划、可行性研究报告等文件订立。国家重大建设工程应当先进行可行性研究，对工程的投资规模、建设效益进行论证分析，并编制可行性研究报告，然后再申请立项。立项批准后，再根据立项制订投资计划并报有关国家计划部门进行批准，投资计划批准后，有关建设单位根据工程的可行性研究报告和国家批准的投资计划，遵照国家规定的程序进行发包，与承包人订立建设工程合同。这里规定的国家规定的程序是指《建筑法》等有关法律、行政法规规定的重大工程建设项目订立合同的程序。

依照《民法典》第790条的规定，国家重大建设工程合同必须实行公开招标发包，发包人应当按照法定的程序和方式发布招标公告，提供载有招标工程的主要技术要求、主要合同条款、评标的标准和方法以及开标、评标、定标的程序等内容的招标文件。开标应当在招标文件规定的时间、地点公开进行。开标后应当按照招标文件规定的评标标准和程序对标书进行评价、比较，

① 参见全国人民代表大会常务委员会法制工作委员会编：《中华人民共和国合同法释义》（第2版），法律出版社2009年版，第414页。

确定中标候选名单，中标候选单位必须具备能够建设该重大工程项目的相应资质。发包人在具有相同资质条件的投标者中，择优选择中标者。发包人应当同中标者订立建设工程承包合同。国家重大工程建设项目一般都属于国家强制监理的建设工程，因此发包人应当委托具有相应资质条件的工程监理单位对工程建设进行监理。发包人应当与其委托的工程监理单位订立书面的委托监理合同。

二、财政部门的监督和审查结论并非当事人结算的法定依据

国家重大建设工程项目通常含有国家财政性资金投入的工程，结算时需报财政部门审查。但是，财政部门对财政投资的评定审核是国家对建设单位基本建设资金的监督管理，不影响建设单位与承建单位的合同效力及履行。从我国司法实践来看，在“长春某大学与吉林某集团有限公司建设工程施工合同纠纷抗诉案”中，最高人民法院认为：“财政部门的审查结论只是其行使国家财政性资金监督管理职能的依据，不是当事人结算的法定依据，工程价款的结算应依当事人间合法约定而确定。”[①]但是，如果当事人明确约定以财政评审报告作为工程结算依据的，应尊重当事人的意思自由。但人民法院对财政评审报告的合法性、合理性均有审查义务及权力，不能单纯予以采纳，若财政评审报告明显不合理则不应作为认定工程款结算的依据。[②]国家重大建设工程项目虽然通常由国家财政投资，但是合同的主体为发包人和承包人，并不涉及案外人。在不违反法律、行政法规强制性规定的情形下，就应当尊重当事人在民事合同中体现出的真实意思表示，即施工合同中有关当事人权利义务的约定内容。合同有效，就应当按照约定内容全面实际履行，当事人不能擅自改变合同约定变更履行，也不准许案外人介入民商事合同中以公权力改变合同约定。

---

① 最高人民法院审判监督庭编：《审判监督指导》2010年第4辑（总第34辑），人民法院出版社2011年版，第202—204页。

② 参见广东省广州市中级人民法院（2014）穗中法民五终字第235号民事判决书。最高人民法院中国应用法研究所编：《人民法院案例选》2015年第4辑（总第94辑），人民法院出版社2016年版，第125—132页。

第七百九十三条【建设工程施工合同无效的法律后果】

建设工程施工合同无效，但是建设工程经验收合格的，可以参照合同关于工程价款的约定折价补偿承包人。

建设工程施工合同无效，且建设工程经验收不合格的，按照以下情形处理：

（一）修复后的建设工程经验收合格的，发包人可以请求承包人承担修复费用；

（二）修复后的建设工程经验收不合格的，承包人无权请求参照合同关于工程价款的约定折价补偿。

发包人对因建设工程不合格造成的损失有过错的，应当承担相应的责任。

历史由来

本条属于新增条文，其内容主要源自《建设工程施工合同解释》第2条和第3条的规定。《建设工程施工合同解释》第2条规定："建设工程施工合同无效，但建设工程经竣工验收合格，承包人请求参照合同约定支付工程价款的，应予支持。"第3条规定："建设工程施工合同无效，且建设工程经竣工验收不合格的，按照以下情形分别处理：（一）修复后的建设工程经竣工验收合格，发包人请求承包人承担修复费用的，应予支持；（二）修复后的建设工程经竣工验收不合格，承包人请求支付工程价款的，不予支持。因建设工程不合格造成的损失，发包人有过错的，也应承担相应的民事责任。"

从《民法典》编纂过程看，《民法典合同编（草案）》（征求意见稿）第348条规定："建设工程施工合同无效，但建设工程经竣工验收合格的，可以参照合同的约定支付工程价款。建设工程施工合同无效，且建设工程经竣工验收不合格的，按照以下情形处理：（一）修复后的建设工程经竣工验收合格的，发包人可以要求承包人承担修复费用；（二）修复后的建设工程经竣工验收不合格的，承包人不能要求支付工程价款。发包人对因建设工程不合格造成的损失有过错的，应当承担相应的责任。"《民法典合同编（草案）》（一审稿）第576条只是作出了将"征求意见稿"第348条第1款规定中的"但"修改为“但是”的改动。《民法典合同编（草案）》（二审稿）第576条与《民法典（草案）》第793条的规定与《民法典合同编（草案）》（一审稿）第576条的规定完全相同。最终通过的《民法典》则作出了将《民法典（草案）》第793条第2款第2项规定中的“不能请求”修改为“无权请求”的改动。

三 规范目的或功能

本条是关于建设工程施工合同无效的法律后果的规定。

建设工程施工合同的特殊之处在于，建设工程的施工过程就是承包人将劳务及建筑材料物化到建设工程的过程。基于这一特殊性，合同无效，发包人取得的财产形式上是承包人建设的工程，实际上是承包人对工程建设投入的劳务及建筑材料，故而无法适用无效恢复原状的返还原则，只能折价补偿。《建筑法》第1条规定：“为了加强对建筑活动的监督管理，维护建筑市场秩序，保证建筑工程的质量和安全，促进建筑业健康发展，制定本法。”在建设工程经竣工验收合格后，无效合同与有效合同在《建筑法》制定的根本目的上已无很大的区别。工程经竣工验收，已经达到《建筑法》保护的目的。本条为平衡当事人双方之间的利益关系，便捷、合理解决纠纷，确定建设工程施工合同无效，建设工程经竣工验收合格的，参照合同约定支付承包人工程价款。[①]

建设工程施工合同无效，建设工程经竣工验收不合格，通常包括两种情况：一是建设工程质量虽然不合格，但经过修复，可以使缺陷得到弥补，符合国家或者行业强制性质量标准。这种情况下，发包人仍然可以接受建设工程，并在修复后继续利用建设工程。按照《合同法》关于无效合同的处理原则，应当对建设工程予以折价补偿，但由于建设工程没有经过竣工验收，需要进行修复，具备验收条件后方能使用，故而发包人可以要求承包人承担修复费用。二是建设工程的质量缺陷无法通过修复予以弥补，建设工程丧失利用价值。对于没有利用价值的建设工程，只能重新进行建设，

① 最高人民法院民事审判第一庭编著：《最高人民法院建设工程施工合同司法解释的理解与适用》，人民法院出版社2015年版，第35—36页。

承包人没有请求支付工程价款的权利。经竣工验收不合格的建设工程，应当按照过错程度由过错方承担责任，符合公平及按照过错承担无效合同赔偿责任的原则。

规范内容

一、建设工程施工合同无效的原因

依据《建设工程施工合同解释》第1条、第4条和《建设工程施工合同解释（二）》第2条的规定，建设工程施工合同的无效情形主要有五类：（1）承包人未取得建筑施工企业资质或者超越资质等级的；（2）没有资质的实际施工人借用有资质的建筑施工企业名义的；（3）建设工程必须进行招标而未招标或者中标无效的；（4）承包人非法转包、违法分包建设工程或者没有资质的实际施工人借用（即挂靠）有资质的建筑施工企业名义与他人签订建设工程施工合同的；（5）当事人以发包人未取得建设工程规划许可证等规划审批手续为由，请求确认建设工程施工合同无效的，人民法院应予支持，但发包人在起诉前取得建设工程规划许可证等规划审批手续的除外。发包人能够办理审批手续而未办理，并以未办理审批手续为由请求确认建设工程施工合同无效的，人民法院不予支持。建设用地规划许可证并非建设工程施工合同有效的必要条件。施工许可证也不属于建设工程施工合同效力的必要条件。施工许可证属于行政许可范畴，其目的是通过行政许可环节的审查保证建设行为的合法性。未取得施工许可证，仅表明建设行为非法，施工人不得进行施工，但这属于施工合同的履行范畴即法律上的履行不能，不能以此认定施工合同无效。[①]

二、建设工程施工合同无效但建设工程经验收合格的法律后果

我国建筑业市场处于变革时代，市场中旧的经济秩序被打破，新的经济秩序尚未建立，房地产市场的快速发展又吸引大量的企业投入到建筑业市场当中，不规范的经营行为时有发生。例如，建设工程发包方支解工程发包、

---

① 参见最高人民法院民事审判第一庭编著：《最高人民法院建设工程施工合同司法解释的理解与适用》，人民法院出版社2004年版，第20页。

承包方没有资质或者超越资质等级承揽工程、承包方非法“挂靠”借用具有法定资质等级的建筑施工企业名义承揽工程等。这些不规范的经营行为，扰乱了建筑市场正常经营秩序，使建筑工程质量事故不断发生，导致大量无效建设工程施工合同的产生。

在合同无效的情况下，如何判定经验收合格的工程的价值是人民法院审判实践中的难点问题。在我国的建筑业市场，存在不同标准的工程款的计算方法，现实中工程量的增减也是普遍现象，用何种标准及方法对承包人建设的工程进行折价补偿，亦是难点问题。在合同无效的情况下，参照合同约定支付工程款，与法理和现行法律有关无效合同的处理原则明显相悖，但这种处理方式有利于保障工程质量且有利于案件的审理和平衡当事人之间的利益关系，具有良好的社会效果。具体而言：（1）参照建设工程施工合同约定计算涉案工程价款。建设工程施工合同被确认无效后，如果采取据实结算的方式会造成无效合同比有效合同的工程价款还高，这不仅超出了当事人签订合同时的预期，也会导致合同当事人反而因无效合同获得额外利益。于此情形，除非双方当事人另行协商一致达成新的结算合意，否则，均应当参照合同约定进行结算。从我国司法实践来看，在“莫某某、深圳市某工程有限公司与东莞市某房地产开发有限公司建设工程合同纠纷案”中，法院认为：“鉴于建设工程的特殊性，虽然合同无效，但施工人的劳动和建筑材料已经物化在建筑工程中，依据最高人民法院《关于审理建设工程施工合同纠纷案件适用法律问题的解释》第二条的规定，建设工程合同无效，但建设工程经竣工验收合格，承包人请求参照有效合同处理的，应当参照合同约定来计算涉案工程价款，承包人不应获得比合同有效时更多的利益。”①（2）参照合同的约定、相似情况下定额计价的因素，考虑合同无效的原因、施工中工程量增减的情况，由法院对工程造价做出适当变更。例如，在“中国建筑第八工程局某公司与青岛某置业有限公司、张某、王某、青岛某建设工程有限公司、淄博某建筑安装工程有限公司建设工程款纠纷抗诉案”中，法院认为：“施工承包合同应认定无效。但其施工工程经竣工验收为优良并已交付使用，故应参照合同约定计取工程价款。对本案工程的造价，某公司的审计完全按合同约定而未考

① 参见最高人民法院（2011）民提字第235号民事判决书。

虑合同无效的因素，某公司的鉴定仅根据建筑工程造价定额且仅计取定额直接费，未考虑合同的约定，均不能作为确定本案工程造价的依据。参照合同的约定、相似情况下定额计价的因素，考虑合同无效的原因、施工中工程量增减的情况，及双方在自行结算时互相协商让步的情况等，本院判决对本案的工程造价做出了变更的酌定。”①

三、建设工程施工合同无效且经验收不合格的法律后果

建设工程施工合同无效且经验收不合格，又区分为两种情形：

1.修复后的建设工程经验收合格的，发包人可以请求承包人承担修复费用。对于建设工程经竣工验收不合格的，一方面承包人不愿继续承担建设工程的修复义务，进行修复工作；另一方面发包人也不愿承包人再继续进行建设工程的修复工作。如果双方均同意不再由承包人进行修复工作，则如何确定工程款的给付问题？笔者认为，在承、发包双方均同意不再由承包人继续建设工程的修复工作的，首先要看建设工程存在的质量缺陷是否可以修复并可以经竣工验收合格。对于建设工程存在的质量缺陷是否能够修复，一方面看当事人对这一问题的态度，如果双方当事人在建筑业的国家质量要求及行业质量要求的基础上，均认可建筑工程存在的质量缺陷可以修复，那么，人民法院可以根据法律规定，对此予以认可。发包人应当支付承包人工程价款，承包人负担工程的修复费用。如果双方对建筑工程存在的质量缺陷是否能够修复有不同的意见且难以达成共识，由于建筑工程质量问题涉及专业技术问题，这种情况下，建筑工程质量存在的缺陷是否能够修复就需要委托专业部门进行评定，以评定的结果作为人民法院认定建筑工程经验收不合格，其存在的质量问题是否可以修复的参考。发包人在提出请求承包人承担修复费用的主张后，并不妨碍和影响因合同无效承包人应对发包人损失承担赔偿责任及缔约过失责任。对于审判实践当中出现的工程没有竣工，经阶段性验收不合格，但可以予以修复且修复后的工程经验收合格的，可以参照这一标准来处理。

---

① 最高人民法院（2010）民抗字第16号民事判决书。最高人民法院审判监督庭编：《审判监督指导》2011年第3辑（总第37辑），人民法院出版社2012年版，第171—172页。

2. 修复后的建设工程经验收不合格的，承包人无权请求参照合同关于工程价款的约定折价补偿。修复后的建设工程经再次竣工验收不合格的，发包人可以不支付承包人工程价款。在审判实践中，双方因为纠纷的产生，矛盾加大，建设工程经竣工验收不合格的，在经过专业机构评定，工程存在的质量问题无法修复的，不再支持承包人请求支付工程款的主张。但如果在发包人对工程质量缺陷具有过错的情况下，承包人可以就合同无效请求发包人承担损失。对于合同无效，建筑工程经验收不合格的，确定的责任承担原则是承包人承担责任。但是，如果发包人对建设工程验收不合格存在过错的，也应当承担责任。这一责任的承担应当在认定发包人过错程度的基础上作出判断。在法律有明确规定某方面的责任是承包人主要责任的情况下，发包人只能负次要责任，对于其承担责任的多少，由法官依据案件的实际情况及法律规定予以判决。①

举证责任

建设工程施工合同无效，如承包人请求补偿工程价款的，则其应当举证证明涉案建设工程经验收为合格。若建设工程验收不合格，经修复后验收合格，发包人请求承包人承担修复费用的，发包人也应提供相关证明材料。根据《建设工程施工合同解释（二）》第3条规定："建设工程施工合同无效，一方当事人请求对方赔偿损失的，应当就对方过错、损失大小、过错与损失之间的因果关系承担举证责任。损失大小无法确定，一方当事人请求参照合同约定的质量标准、建设工期、工程价款支付时间等内容确定损失大小的，人民法院可以结合双方过错程度、过错与损失之间的因果关系等因素作出裁判。"据此，对于建设工程施工合同被认定无效的，如发包人就工程质量不合格、建设工程逾期等造成的实际损失向承包人主张赔偿，则发包人应承担举证责任；承包人如要减免赔偿责任，则应当对相应事实承担举证责任。同理，如果承包方就停工、窝工造成的实际损失向发包人主张赔偿的，承包人应当

---

① 参见最高人民法院民事审判第一庭编著：《最高人民法院建设工程施工合同司法解释的理解与适用》，人民法院出版社2004年版，第39—40页。

承担相应的举证责任。提出索赔的无过错方的证明对象包括对方过错、损失大小、过错与损失之间的因果关系。

第七百九十四条【勘察、设计合同的主要内容】

勘察、设计合同的内容一般包括提交有关基础资料和概预算等文件的期限、质量要求、费用以及其他协作条件等条款。

历史由来

本条承继于《合同法》第274条，只是对《合同法》第274条略作文字调整，即把“有关基础资料和文件（包括概预算）”修改为“有关基础资料和概预算等文件”。《合同法》第274条可追溯至《经济合同法》第18条第3款规定：“勘察、设计合同中，应规定双方提交勘察、设计基础资料、设计文件（包括概预算）的时间，设计的质量要求以及其他协作条件等条款。”

规范目的或功能

建设工程勘察、设计合同的内容一般包括与工程的勘察与设计有关的各项权利义务，诸如发包人向勘察人、设计人提供有关工程的基础资料及任务书，其中包括所要完成任务的详细说明和指示；勘察人、设计人应完全按照有关指示进行工作，不得随意更改；发包人与勘察人、设计人可就任务完成的时间与交付、费用的数额与交付进行约定。[①]

勘察、设计合同为承包合同的类型之一，可以包含在总承包合同中，亦可单独订立。本条规定既可适用于总承包合同中的勘察、设计部分，亦可适用于单独订立的勘察、设计合同。本条为提示性规定，不具有强制适用的效力，仅供当事人订立合同的内容提示之用。

---

① 梁慧星主编：《中国民法典草案建议稿附理由：合同编》（上册），法律出版社2010年版，第608—609页。

规范内容

一、勘察、设计合同的缔结及其内容

建设工程勘察、设计合同，是指发包人与勘察人、设计人之间订立的由勘察人、设计人完成发包人委托的勘察、设计任务，而发包人应支付相应价款的合同。勘察，是指根据发包人的要求，对工程的地理状况进行调查，包括对工程进行测量、查明、分析，评价建设场地的地质地理环境特征和岩土工程条件，编制建设工程勘察文件等活动。虽然勘察、设计可以分别订立合同，但在实践中，勘察和设计又通常联系在一起。《建设工程质量管理条例》第5条第1款明确强调，“从事建设工程活动，必须严格执行基本建设程序，坚持先勘察、后设计、再施工的原则”。由于勘察与设计通常是密切联系在一起的，因而在法律上，勘察、设计合同通常是被作为一种合同类型对待。我国《合同法》第272条规定，发包人可以与总承包人订立一个包括勘察、设计和施工在内的合同，也可以与勘察人、设计人分别订立勘察、设计合同，从而形成独立的勘察与设计合同。

建设工程勘察、设计合同的缔结一般应当具备以下条款：（1）提交有关基础资料和概预算等文件的期限。有关的基础资料和文件，应包括经批准的项目可行性研究报告或项目建议书、城市规划许可文件、概预算、工程勘察资料等。在这些文件中，合同应确立有关工程的概预算内容。同时，合同还应明确发包人应向设计人提交的有关资料和文件的名称、份数、提交的时间和有关事宜。由于有关资料和文件的提交直接影响到工程的进度，所以在合同中需要规定提交有关基础资料和概预算等文件的期限。（2）质量要求。它是指发包人对勘察、设计工作提出的标准，如建筑物的合理使用年限设计要求、设计深度要求、设计人配合施工工作的要求等。（3）勘察、设计费用。它是指在完成勘察、设计工作之后，发包人向勘察人、设计人所支付的报酬等。（4）其他协作条件。这主要是发包人应对勘察人、设计人开展工作提供便利，协助其进行勘察、设计。例如，发包人应为勘察人、设计人提供现场工作条件。[①]

---

① 参见全国人民代表大会常务委员会法制工作委员会编：《中华人民共和国合同法释义》（第2版），法律出版社2009年版，第415—416页。

二、勘察、设计合同的效力

发包人的主要义务包括：（1）及时提供有关资料和文件的义务。依据本条规定，勘察、设计合同应当确立发包人提交有关基础资料和概预算等文件的期限，因此，发包人应当按照合同的约定按时提交有关基础资料、技术资料以及计划任务书、选址报告等。发包人不仅应按时提交有关基础资料和概预算等文件，还应保证其所提交的有关基础资料和概预算等文件的质量，使其能够满足勘察、设计的需要。因发包人未及时提交或提供资料有误，或未按期提供资料造成工期延误的，应由发包人负责。（2）按期支付费用的义务。发包人应当按照合同约定的期限和方式支付相应的费用。如果合同没有约定分期支付的期限，发包人应在勘察人、设计人完成勘察、设计任务之后支付费用。（3）接受工作成果的义务。在勘察、设计合同的勘察人、设计人依据合同约定最终提交勘察、设计报告后，发包人对此工作成果应负有接受的义务。

勘察人或设计人的主要义务包括：（1）按期从事勘察、设计工作的义务。勘察人、设计人在进行勘察、设计活动时，应当严格按照合同约定的标准和要求进行工程测量、技术设计等工作。勘察和设计单位应当以项目批准文件、城市规划、工程建设强制性标准、国家规定的建设工程勘察、设计深度要求以及相关专业规划的要求等为依据，按时完成建设单位约定的勘察和设计项目，提交建设工程勘察、设计文件。（2）按照约定的质量标准完成工作的义务。在勘察、设计的过程中，勘察人、设计人应严格按照合同约定和国家的相关规定对建设工程项目进行勘察、设计，例如，设计文件中选用的材料、构配件、设备，应当注明其规格、型号、性能等技术指标，其质量要求必须符合国家规定的标准。（3）及时提交工作成果的义务。勘察人、设计人的主要义务是提交工作成果，以方便建设工程施工的开展，所以其应当按照合同约定及时提交工作成果。如果勘察人、设计人未按照合同约定及时履行该义务的，应承担违约责任。[①]

---

① 王利明：《合同法分则研究》（上卷），中国人民大学出版社2012年版，第416—417页。

第七百九十五条【施工合同的主要内容】

施工合同的内容一般包括工程范围、建设工期、中间交工工程的开工和竣工时间、工程质量、工程造价、技术资料交付时间、材料和设备供应责任、拨款和结算、竣工验收、质量保修范围和质量保证期、相互协作等条款。

历史由来

本条承袭于《合同法》第275条的规定，仅对《合同法》第275条作出了把“施工合同的内容包括”修改为“施工合同的内容一般包括”、把“双方相互协作”修改为“相互协作”的纯文字性改动。

规范目的或功能

本条是关于建设施工合同主要内容的规定。建设工程施工合同为建设工程合同的主体部分，施工合同可以包含在总承包合同中，也可以由发包人与承包人单独订立。本条规定既适用于总承包合同，亦适用于单独订立的施工合同。本条为提示性规定，不具有强制适用的效力，仅供发包人与承包人订立合同的内容提示之用。

规范内容

一、建设工程施工合同概述

施工主要是指工程的建筑与安装。施工合同是指建设施工人完成工程的建筑安装工作，发包人验收后，接受该工程并支付价款的合同。此类合同是建设工程合同的主要类型和典型形式，同时也是工程建设质量控制、进度控制、投资控制的主要依据。建设工程施工包括各类房屋建筑及其附属设施的建造、装修装饰和与其配套的城镇市政基础设施工程的施工。不同的工作任务可以分别订立不同的合同。建设工程施工合同可以通过招标发包的方式订立。本条规定了施工合同中的一些主要内容，即工程范围、建设工期、中间交工工程的开工和竣工时间、工程质量、工程造价、技术资料交付时间、材料和设备供应责任、拨款和结算、竣工验收、质量保证期、互相协作等条款。

二、建设工程施工合同的内容

建设工程施工合同的内容包括施工的地点和范围、方法、期限、工程质量标准、工程造价等，由发包人与承包人协商确定。发包人的主要权利为受领符合合同约定的建设工程，主要义务为提供技术资料、供应材料和设备、按期支付价款和验收工程；承包人的主要权利为受领建设工程施工价款，主要义务为遵照发包人的指示进行施工建设，并对工程质量承担保证和保修责任。此外，双方负有相互协作义务。具体而言：

1. 工程范围。工程范围，是指施工的界区，是施工人进行施工的工作范围，即建设工程施工人应当在何地进行施工。

2. 建设工期。建设工期，是指施工人完成建设工程的施工期限。在建设工程施工合同中，建设工期是作为必备条款而存在的。建设工期不仅关系到发包人何时可以接受工作成果，也关系到工程质量。《建设工程施工合同解释（二）》第5条规定："当事人对建设工程开工日期有争议的，人民法院应当分别按照以下情形予以认定：（一）开工日期为发包人或者监理人发出的开工通知载明的开工日期；开工通知发出后，尚不具备开工条件的，以开工条件具备的时间为开工日期；因承包人原因导致开工时间推迟的，以开工通知载明的时间为开工日期。（二）承包人经发包人同意已经实际进场施工的，以实际进场施工时间为开工日期。（三）发包人或者监理人未发出开工通知，亦无相关证据证明实际开工日期的，应当综合考虑开工报告、合同、施工许可证、竣工验收报告或者竣工验收备案表等载明的时间，并结合是否具备开工条件的事实，认定开工日期。"

3. 中间交工工程的开工和竣工时间。在施工过程中，可能存在一些阶段性工程，这些工程在完成后需要及时交付验收，此类工作属于中间交工工程。例如，修建铁路的过程中，桥墩的施工通常属于中间交工工程。此类工程的开工和竣工时间，应在合同中作出明确约定，以保证工程能最终顺利完成。[①]

---

① 王利明：《合同法分则研究》（上卷），中国人民大学出版社2012年版，第418—419页。

4.工程质量。工程质量，是指工程的等级要求，是施工合同中的核心内容。工程质量往往通过设计图纸和施工说明书、施工技术标准加以确定。工程质量条款是明确施工人施工要求，确定施工人责任的依据，是施工合同的必备条款。工程质量必须符合国家有关建设工程安全标准的要求，发包人不得以任何理由，要求施工人在施工中违反法律、行政法规以及建设工程质量、安全标准，降低工程质量。

5.工程造价。工程造价，是指施工建设该工程所需的费用，包括材料费、施工成本等费用。当事人应根据工程质量要求、工程的概预算合理地确定工程造价。实践中，有的发包人为了获得更多的利益，往往压低工程造价，施工人为了盈利，不得不偷工减料、以次充好，结果必然导致工程质量不合格，甚至造成严重的工程质量事故。因此，为了保证工程质量，双方当事人应当合理确定工程造价。

6.技术资料交付时间。技术资料主要是指发包人提交给施工人的各种施工资料，例如，勘察、设计文件等，它对于顺利进行施工、保证工程质量具有重要意义。

7.材料和设备供应责任。材料和设备供应责任是指应由哪一方来具体供应施工中所需要的材料和设备。通常施工中的有关材料和设备应由施工人自己提供，并最终计入工程造价之中。但当事人也可以对此作出特别约定，例如，有一些材料施工人无法提供，或者发包人特别要求的，可以由发包人提供。再如，合同也可以约定由发包人委托施工人购买，并由发包人支付费用。如果需要就此作出特别约定的，合同应予载明。

8.拨款和结算。拨款是指工程款的拨付；结算是指工程交工后，计算工程的实际造价以及与已拨付工程款之间的差额。拨款和结算条款是施工人请求发包人支付工程款和报酬的依据。一般来说，除“交钥匙工程”外，施工人只负责建筑、安装等施工工作，由发包人提供工程进度所需款项，保证施工顺利进行。现实中，发包人往往利用自己在合同中的有利地位，要求施工人垫款施工。施工人垫款完成施工任务后，发包人常常是不及时结算，拖延支付工程以及施工人所垫付的款项，这是造成目前建筑市场中拖欠工程款现象的主要原因，因此当事人不得在合同中约定垫款施工。

9.竣工验收。竣工验收是工程交付使用前的必经程序，也是发包人支付价款的前提。竣工验收条款一般包括验收的范围和内容、验收的标准和依据、验收人员的组成、验收方式和日期等内容。建设工程竣工后，发包人应当根据施工图纸及说明书、国家颁发的施工验收规范和质量检验标准及时进行验收。

10.质量保修范围和质量保证期。建设工程的保修范围应当包括地基基础工程、主体结构工程、屋面防水工程和其他工程以及电气管线、上下水管线的安装工程，供热、供冷工程等项目。质量保证期是指工程各部分正常使用的期限，在实践中也称质量保修期。质量保证期应当与工程的性质相适应，当事人应当按照保证工程合理寿命年限内的正常使用，维护使用者合法权益的原则确定质量保证期，但不得低于国家规定的最低保证期限。①

11.当事人的协作义务。发包人和承包人在施工、检查、监督及验收程序中应当履行相应的协作义务，应以保护对方当事人利益的方式行使己方权利。发包人应当提供符合承包人进场施工条件的施工场地，提供使承包人履行合同所必须由其提供的材料、设备及工具、施工图纸等，依法办理承包人履行合同必需的许可、批准或备案，在必要的时候提供承包人履行合同必需的指示、同意以及发出通知。承包人在履行合同过程中发现发包人提供的材料或指示不当，应当及时向发包人提出警示。在合同履行发生争议时，双方当事人应当基于诚信原则，配合监理人进行适当协商，来实现对合同内容的调整。

第七百九十六条【建设工程监理的规定】

建设工程实行监理的，发包人应当与监理人采用书面形式订立委托监理合同。发包人与监理人的权利和义务以及法律责任，应当依照本编委托合同以及其他有关法律、行政法规的规定。

历史由来

本条完全沿袭了《合同法》第276条的规定。在《民法典》编纂过程中，

① 参见全国人民代表大会常务委员会法制工作委员会编：《中华人民共和国合同法释义》（第2版），法律出版社2009年版，第419—420页。

《民法典合同编（草案）》的各阶段文本除将“本法”改为“本编”外未作出任何其他改动。

规范目的或功能

建设工程监理，是指由具有法定资质条件的工程监理单位根据发包人的委托，依照法律、行政法规及有关的建设工程技术标准、设计文件和建设工程合同，对承包人在施工质量、建设工期和建设资金使用等方面，代表发包人对工程建设过程实施监督的专门活动。[①]监理合同的性质为委托合同，发包人为委托人，监理人为受托人。发包人因专业能力的局限或囿于时间精力而委托具有专业能力的监理人对承包人履行建设工程合同的行为进行监督。[②]监理人的主要义务是对建设工程合同的履行进行监督，督促建设工程合同的全面履行。监理合同适用委托合同的法律规定；特别法有规定的，优先适用特别法的规定。

规范内容

一、建设工程监理合同的强制性与任意性

在委托监理合同中，监理人所从事的主要活动是对承包人在施工质量、建设工期和建设资金等方面进行专门性的监督管理，如控制工程建设的投资、建设工期和工程质量，进行工程建设合同管理，协调有关单位间的工作关系。工程监理单位应当代表建设单位实施监理，并对施工质量承担监理责任。发包人为了保证工程的质量，控制工程的造价和工期，有必要采用监理的方式。建设工程监理是建设项目的发包人为了保证工程质量、控制工程造价和工期，以维护自身利益而采取的措施，因此对建设工程是否实行监理，原则上应由发包人自行决定。但是对于使用国家财政资金或者其他公共资金建设的工程

---

① 参见全国人民代表大会常务委员会法制工作委员会编：《中华人民共和国合同法释义》（第2版），法律出版社2009年版，第420页。

② 参见杨心明：《监理合同诸规范之间的冲突及其解决》，载《法学》2003年第3期。

项目，为了加强对项目建设的监督，保证投资效益，维护国家利益，国家规定了实行强制监理的建设工程范围。属于实行强制监理的工程，发包人必须依法委托工程监理单位实施监理，对于其他建设工程，则由发包人自行决定是否实行工程监理。建筑工程监理应当依照法律、行政法规及有关的技术标准、设计文件和建筑工程承包合同，对承包单位在施工质量、建设工期和建设资金使用等方面，代表建设单位实施监督。工程监理人员认为工程施工不符合工程设计要求、施工技术标准和合同约定的，有权要求建筑施工企业改正。工程监理人员发现工程设计不符合建筑工程质量标准或者合同约定的质量要求的，应当报告建设单位要求设计单位改正（《建筑法》第32条、《建设工程质量管理条例》第36条）。

二、建设工程监理方的资质等级

监理人实行资质等级管理，工程监理单位应当依法取得相应等级的资质证书，并在其资质等级许可的范围内承担工程监理业务。《建筑法》第31条规定："实行监理的建筑工程，由建设单位委托具有相应资质条件的工程监理单位监理。建设单位与其委托的工程监理单位应当订立书面委托监理合同。"禁止工程监理单位超越本单位资质等级许可的范围或者以其他工程监理单位的名义承担工程监理业务。禁止工程监理单位允许其他单位或者个人以本单位的名义承担工程监理业务。工程监理单位不得转让工程监理业务。工程监理单位与被监理工程的施工承包单位以及建筑材料、建筑构配件和设备供应单位有隶属关系或者其他利害关系的，不得承担该项建设工程的监理业务。

三、监理合同的权利与义务

合同须采用书面形式。建设工程实行监理的，发包人应当与监理人采用书面形式订立委托监理合同。这有利于明晰发包人与监理人之间的权利、义务关系，确立各自的责任，使监理人能够更好地对承包人的行为进行监督管理，保证工程质量，保证建设工程按期保质交付使用。工程建设监理合同一般应当包括下列条款：监理的范围和内容、双方的权利与义务、监理费的计取与交付、违约责任、双方约定的其他事项。《建设工程质量管理条例》第34条第3款规定，工程监理单位不得转让工程监理业务。第37条规定，工程监理单位应当选派具备相应资格的总监理工程师和监理工程师进驻施工现场。未经监理工程师签字，建筑材料、建筑构配件和设备不得在工程上使用或者安装，施工单位不得进行下一道工序的施工。未经总监理工程师签字，建设单位不拨付工程款，不进行竣工验收。第38条规定，监理工程师应当按照工程监理规范的要求，采取旁站、巡视和平行检验等形式，对建设工程实施监理。工程建设质量不合格，通常既与承包人不按照要求施工有关，也与监理人不按照合同约定履行监理义务有关，在这种情况下造成发包人损失的，承包人与监理人都应当承担各自的赔偿责任。工程监理人与承包人串通，为承包人谋取非法利益，给发包人造成损失的，应当与承包人承担连带赔偿责任。

举证责任

建设施工监理合同纠纷中，当事人应对自己提出的诉讼请求所依据的事实或者反驳对方诉讼请求所依据的事实举证。[①]在“深圳市甲建设监理有限公司与深圳市乙建设监理有限公司建设工程监理合同纠纷案”中，法院认为：“本案是双方合作取得涉案工程的监理合同，因此，本案应为合作纠纷。根据甲监理公司的上诉请求，本案的争议焦点是甲监理公司与乙监理公司于2007年8月27日签订的《项目合作管理协议》中甲监理公司的义务的举证责任应由谁承担，甲监理公司是否完成以上协议约定的义务。依据《最高人民法院关于民事诉讼证据的若干规定》第四条规定了侵权诉讼中的特殊举证责任原则，其他案件如果没有法律的特别规定，均应按照《民事诉讼法》第六十四条第一款的规定和《最高人民法院关于民事诉讼证据的若干规定》第二条的规定，由当事人对自己提出的诉讼请求所依据的事实或者反驳对方诉讼请求所依据的事实举证。本案中，甲监理公司认为自己已经完成涉案协议约定的合同义务并要求乙监理公司按照协议支付有关费用，甲监理公司应首先就完

---

① 在“湖北某高速公路有限公司、广东某公路工程监理有限公司建设工程监理合同纠纷案”中，法院认为“高速公司请求监理公司按监理服务费用总额30%赔偿损失，属于损害赔偿之诉，对此高速公司应举证证明监理公司存在主观过错，违法行为以及自身存在损害后果，且两者之间存在因果关系”。参见湖北省高级人民法院（2019）鄂民终715号民事判决书。

成协议约定的义务承担举证责任，在甲监理公司完成该举证义务后，如果乙监理公司对甲监理公司已经举证完成的合同义务予以否认，则乙监理公司应举证否认。本案中，甲监理公司仅陈述其完成了合同约定的义务，但并未提供相关完成合同约定义务的证据，甲监理公司提供的证据并不足以证明是由于甲监理公司的原因使乙监理公司取得了涉案合同，因此，甲监理公司在本案中提供的证据并不足以支持自己的诉讼请求，原审根据举证责任分配原则驳回甲监理公司的有关请求正确，本院对此予以维持。”①

如果负有举证责任的一方未能举证的，则承担举证不能的法律后果。在“深圳市甲建设监理有限公司与深圳市乙建设监理有限公司建设工程监理合同纠纷案”中，法院认为：“当事人对自己提出的诉讼请求所依据的事实或者反驳对方诉讼请求所依据的事实，应当提供证据加以证明，但法律另有规定的除外。在作出判决前，当事人未能提供证据或者证据不足以证明其事实主张的，由负有举证证明责任的当事人承担不利的后果。关于上诉人称一审法院认定2011年2月20日签订的监理合同未对监理期限进行约定属于事实认定不清一节，双方于2011年2月20日签订的《建设工程委托监理合同》中对监理期限的实施及完成时间均系空白，应视为未对监理期限进行约定。”②

第七百九十七条【发包人的检查权】

发包人在不妨碍承包人正常作业的情况下，可以随时对作业进度、质量进行检查。

历史由来

本条完全沿袭了《合同法》第277条的规定。在《民法典》编纂过程中，《民法典合同编（草案）》的各阶段文本皆未对《合同法》第277条作出任何改动。

---

① 参见广东省深圳市中级人民法院（2013）深中法房终字第253号民事判决书。

② 参见广东省深圳市中级人民法院（2013）深中法房终字第253号民事判决书。

规范目的或功能

本条规定的是建设工程项目发包人的检查权。

为了提高工程的建设水平、保证施工进度和质量、充分发挥投资效益、保障建设工程承包合同的实施，保护发包人的利益，本条规定了发包人可以随时对工程作业的进度和质量进行检查。建设工程合同开始履行后，发包方应有权及时了解合同履行的情况，以便督促承包人全面履行合同，实现合同目的。发包人有了解工程进展的权利，可以在不妨碍承包人正常工作的情况下对施工情况进行检查，承包人不得阻挠发包人的正常检查，并应尊重发包人的意见。但是，发包人在行使此项权利时应本着诚信原则来进行，即不应妨碍承包人的正常作业。检查为发包人的权利，发包人不行使此项权利，不得因此减轻或免除承包人的责任。发包人的检查妨碍承包人正常作业的，承包人有权相应顺延工期。

规范内容

一、建设工程项目发包人的检查权类型

发包人对工程作业的检查一般通过两种方式：一种是委派具体管理人员作为工地代表。发包人委派工地代表后，应当及时通知承包人。派驻的工地代表负责对工程进度、工程质量进行监督检查，办理中间交工工程验收手续以及其他应当由发包人解决的事宜。另一种是发包人委托监理人实施对工程建设过程中的检查。①

国家规定强制监理的工程，发包人应当委托监理人对工程实施监理。除此之外，发包人也可以自愿委托监理人对工程进行监理。监理人应当是具有相应工程监理资质证书的监理公司、监理事务所和兼监理业务的工程设计、

① 参见全国人民代表大会常务委员会法制工作委员会编：《中华人民共和国合同法释义》（第2版），法律出版社2009年版，第422页。

科研及工程建设咨询公司。发包人委托监理的，应当与监理人订立书面的委托监理合同。在实施工程监理前，发包人应当将委托监理单位、监理内容及监理权限书面通知被监理工程的承包人。监理人应当依照法律、行政法规及有关的技术标准、设计文件和建设工程承包合同，在施工质量、建设工期和建设资金使用等方面，代表发包人对承包人的建设工作实施监督。

二、发包人的权利与承包人的义务

发包人可以随时对工程作业的进度和质量进行检查。工地代表、监理人在检查过程中发现工程设计不符合建设工程质量要求的，应当报告发包人要求设计人改正。如果发现工程的施工不符合工程设计要求、施工技术标准和合同约定的，工地代表和监理人有权要求承包人改正。承包人应当接受发包人的检查，为工地代表和监理人的工作提供方便和协助，并应发包人的要求，及时向发包人提供月份作业计划、月份施工统计报表、施工进度报告表、工程事故报告等文件。承包人的勘察、设计、施工等工作不符合工程质量要求，当发包人或工地代表、监理人提出改正要求时，承包人应当立即改正，不得拒绝。《欧洲示范民法典草案》第Ⅳ.C.–3：105条规定："1.顾客得以合理方式并在任何合理的时间，对建造过程中使用的工具及材料、建造的过程以及完工的建筑物为检查或监督，但并无检查及监督的义务。2.没有或者不充分的检查、监督及验收不能免除或者减轻建筑人的责任。即使根据合同顾客有检查、监督及验收建筑物或其建造构成的义务，前句规定亦得适用。"

该条虽然确认的是发包人的检查权，但同时也意味着承包人有义务接受发包人的合理检查。具体而言：一是承包人有义务接受发包人在任何时候对工程作业进度、质量进行检查。《合同法》第277条规定采用了"随时"二字，就表明发包人可以在任意时间进行检查。二是发包人的检查以不妨碍承包人正常作业为前提。所谓不妨碍，是指发包人的检查不得影响工程的正常进度，否则将会造成工期的延误。例如，发包人要求进入正在紧张施工的工地进行现场勘查检验，则必将造成工地的停工，此种检查就妨碍了承包人的正常作业。

检查为发包人的权利而非义务，发包人不行使检查权，不影响承包人的合同责任。易言之，虽然发包人享有检查和监督的权利，承包人也负有相应的义务，但是，发包人未行使这些权利并不能成为施工人对其质量不合格的有效抗辩。也就是说，如果双方约定了要由委托人监督，委托人没有尽到监督责任导致瑕疵，建筑商不能以此作为不承担责任的抗辩理由。即使法律确认了发包人的验收义务，那么在验收之前，其也不一定对建设工程进行检查和监督。如果发包人没有尽到检查监督的义务，此时并不部分或者全部免除承包人的责任。

第七百九十八条【隐蔽工程发包人检查权的规定】

隐蔽工程在隐蔽以前，承包人应当通知发包人检查。发包人没有及时检查的，承包人可以顺延工程日期，并有权请求赔偿停工、窝工等损失。

历史由来

本条完全沿袭了《合同法》第278条的规定。在《民法典》编纂过程中，《民法典（草案）》将《合同法》第278条中的“有权要求”改为“有权请求”。

规范目的或功能

隐蔽工程是指地基、电气管线。例如，供水、供热管线等需要覆盖、掩盖的工程。由于隐蔽工程在隐蔽后，如果发生质量问题，还得重新覆盖和掩盖，会返工等造成非常大的损失，为了避免资源的浪费和当事人双方的损失，保证工程的质量和工程顺利完成，本条规定了承包人在隐蔽工程隐蔽以前，应当通知发包人检查，发包人检查合格的，方可进行隐蔽工程。①

隐蔽工程在隐蔽后不可能与其他工程一起检查，因而需要在隐蔽之前请求发包人进行检查。发包人负有及时检查的义务，并对工程完成情况提出意见。因此隐蔽以前，承包人应当通知发包人检查。发包人未及时检查的，承包人有权顺延工期，并有权请求赔偿因发包人违反检查义务所致的停工、窝工等损失。

---

① 参见全国人民代表大会常务委员会法制工作委员会编：《中华人民共和国合同法释义》（第2版），法律出版社2009年版，第423页。

规范内容

发包人在接到通知后，没有按期对隐蔽工程进行检查的，承包人应当催告发包人在合理期限内进行检查。因为发包人不进行检查，承包人就无法进行隐蔽施工，因此承包人通知发包人检查而发包人未能及时进行检查的，承包人有权暂停施工。承包人可以顺延工期，并请求发包人赔偿因此造成的停工、窝工、材料和构件积压等损失。

如果承包人未通知发包人检查而自行进行隐蔽工程的，事后发包人有权要求对已隐蔽的工程进行检查，承包人应当按照要求进行剥露，并在检查后重新隐蔽或者修复后隐蔽。如果经检查隐蔽工程不符合要求的，承包人应当返工，重新进行隐蔽。在这种情况下，检查隐蔽工程所发生的费用如检查费用、返工费用、材料费用等由承包人负担，承包人还应承担工期延误的违约责任。

举证责任

隐蔽工程隐蔽之前承包人负有及时通知发包人检查的义务，应由承包人承担举证责任。因发包人及其委托的监理人未及时检查给承包人造成的损失，应当由承包人举证，发包人应当承担赔偿责任。在“松原市甲房地产开发有限公司与贵州乙建筑工程有限责任公司建设工程施工合同纠纷案”中，受诉法院认为，“乙公司在二审中虽主张其已经通知甲公司及监理公司检查，但是并未提供证据证实，应当承担举证不能的不利后果。乙公司对管线不通等质量问题，应当承担主要责任；甲公司作为发包方，没有及时检查管线工程质量，也应承担相应的责任”[①]。在具体案例中，承包方欲主张发包方承担未及时检查造成的损失，需对导致这一法律效果产生的必要条件承担举证责任，包括“承包方已履行通知义务”和“发包方未及时检查涉案建设工程造成了承包方的损失”。若承包方未对权利发生的要件事实举证，则应由承包方承担举证不能的法律后果。

在“吴某、福建某建筑装饰工程有限公司装饰装修合同纠纷案”中，受

① 参见最高人民法院（2017）最高法民终225号民事判决书。

诉法院认为："吴某某作为案涉工程业主吴某的受托人，每天都在现场，故从常理分析，吴某某、吴某应明知建筑装饰公司的施工进度。若吴某认为建筑装饰公司施工的隐蔽工程未商请验收、质量不合格，其应当及时向建筑装饰公司提出异议，并拒绝提供施工材料。"[①]即法院认为，若发包人或其委托的监理人在场监工，则视为承包人已履行了通知检查义务，发包人有权提出异议并对此承担举证责任，发包人未提出异议则视为承包人已完全履约。而在"宿州市甲房地产有限公司与浙江乙建设有限公司、洪某某建设工程施工合同纠纷上诉案"中，受诉法院认为，"浙江乙公司在该部分工程隐蔽前，已通知建设单位和质量监督机构进行监督检测，并已通过检测验收，验收记录中反映的验收程序、验收方法和验收组成人员符合建设部发布的《建筑工程施工质量验收统一标准》的规定，该验收结论应为真实、有效"[②]。可见法院认为根据相关规定，隐蔽工程隐蔽前的验收应当形成书面的验收记录。笔者认为，在隐蔽工程隐蔽之前的"通知—检查"程序中，承包人应以明示的方式向发包人或其委托的监理人发出通知，发包人或其监理人收到通知后，应及时进行检查，并按规定形成书面的检查记录。

第七百九十九条【建设工程的竣工、验收与交付使用】

建设工程竣工后，发包人应当根据施工图纸及说明书、国家颁发的施工验收规范和质量检验标准及时进行验收。验收合格的，发包人应当按照约定支付价款，并接收该建设工程。

建设工程竣工经验收合格后，方可交付使用；未经验收或者验收不合格的，不得交付使用。

历史由来

本条完全沿袭了《合同法》第279条的规定。在《民法典》编纂过程中，《民法典合同编（草案）》的各阶段文本皆未对《合同法》第279条作出过任何修改。

---

① 参见福建省高级人民法院（2018）闽民申659号民事裁定书。

② 参见最高人民法院（2015）民一终字第71号民事判决书。

规范目的或功能

建设工程的竣工验收，是指建设工程已按照设计要求完成全部工作任务，准备交付给发包人投入使用时，由发包人或者有关主管部门依照国家关于建设工程竣工验收制度的规定，对该项工程是否合乎设计要求和工程质量标准所进行的检查、考核工作。《法国民法典》第1792-6条规定，工程验收，是指工程的业主声明有保留或无保留地接手工程的行为。工程验收，应最迫切方的请求进行，或者由各方自愿验收，或者在不自愿验收的情况下，由法院裁判验收。所有场合，工程验收均应在各方当事人到场时作出宣告。工程承包人，自工程验收之日起1年期限内，对工程的“完全完工”负担保责任。此种担保扩大适用于对工程业主在验收笔录中所指出的各种不符合要求的情形的修缮，以及工程验收之后发现的，并已经书面通知的各种不符合规定的情形的修缮。

工程竣工验收既是发包人的一项权利，也是其一项重要义务。如果仅将其界定为义务，则发包人不履行验收义务，也难以因此而要求承包人承担损害赔偿责任。如果发包人不行使验收的权利，事后出现纠纷，则意味着发包人至少是对表面瑕疵不能对承包人主张赔偿责任，而应由发包人承担相应的损失。①

规范内容

一、发包人应及时进行竣工验收及未及时验收的法律后果

发包人应当及时对建设工程进行竣工验收。如果因为发包人的原因而迟延验收，就可能导致承包人不能够及时交付，无法及时获得价款，风险不能及时移转。因为发包人的原因不能及时交付的，应当由发包人承担相应的后果。

---

① 王利明：《合同法分则研究》（上卷），中国人民大学出版社2012年版，第425页。

根据《房屋建筑和市政基础设施工程竣工验收规定》的规定，工程竣工验收由建设单位负责组织实施，由勘察、设计、施工、监理等单位组成验收组，共同进行验收。与此同时，建设单位应当在工程竣工验收7个工作日前将验收的时间、地点及验收组名单书面通知负责监督该工程的工程质量监督机构；工程质量监督机构对工程竣工验收的组织形式、验收程序、执行验收标准等情况进行现场监督，发现有违反建设工程质量管理规定行为的，责令改正，并将对工程竣工验收的监督情况作为工程质量监督报告的重要内容。

一是，比较法上通常认为，委托人没有检查的，其应承担责任，特别是针对表面瑕疵。如果没有及时检查和在合理期限内通知建筑人，就不能对此要求赔偿。例如，《荷兰民法典》第758条、《希腊民法典》第692条、《葡萄牙民法典》第1219条。现行法对此并未明文规定。二是，学理认为，对于建设工程质量不合格承包人有过错的，此种过错不因交付而消灭。因承包人的原因致使建设工程在合理使用期限内造成人身和财产损害，承包人应当承担损害赔偿责任。此种责任是对社会的终身责任。[①]因此，承包人并不因发包人未及时对建设工程验收而对工程质量不符合要求（质量瑕疵）免除责任。但是，因为不及时验收导致承包人不能及时交付建设工程，该建设工程毁损、灭失的风险应该由发包人来承担。三是，建设工程未经竣工验收，发包人擅自使用后，其不得又以使用部分质量不符合约定为由主张权利。但是承包人应当在建设工程的合理使用寿命内对地基基础工程和主体结构质量承担民事责任。建设工程未经验收擅自使用的，除建设工程合理使用寿命内的地基基础和主体结构外，发包人对其擅自使用部分承担工程质量风险责任。

在实践中，发包人与承包人通常会对工程质量约定保证金。《建设工程施工合同解释（二）》第8条规定："有下列情形之一，承包人请求发包人返还工程质量保证金的，人民法院应予支持：（一）当事人约定的工程质量保证金返还期限届满。（二）当事人未约定工程质量保证金返还期限的，自建设工程通过竣工验收之日起满二年。（三）因发包人原因建设工程未按约定期限进行竣工验收的，自承包人提交工程竣工验收报告九十日后起当事人约定的工程质量保证金返还期限届满；当事人未约定工程质量保证金返还期限的，自承

---

① 参见隋彭生：《合同法要义》，中国政法大学出版社2005年版，第526页。

包人提交工程竣工验收报告九十日后起满二年。发包人返还工程质量保证金后，不影响承包人根据合同约定或者法律规定履行工程保修义务。”

二、发包人竣工验收的主要内容

发包人接到竣工验收报告后，应当根据施工图纸及说明书、国家颁发的施工验收规范和质量检验标准及时组织有关部门对工程进行验收。发包人竣工验收的主要内容包括：（1）建设工程是否符合规定的建设工程质量标准。建设工程的质量标准包括依照法律、行政法规的有关规定制定的保证建设工程质量和安全的强制性国家标准和行业标准以及国家颁发的施工验收规范，建设工程合同中约定的对该项建设工程特殊的质量要求以及为体现法律、行政法规规定的质量标准和建设工程合同约定的质量要求而在工程设计文件、施工图纸和说明书中提出的有关工程质量的具体指标和技术要求。（2）承包人是否提供了完整的工程技术经济资料。这里的工程技术经济资料，一般应包括建设工程合同、建设用地的批准文件、工程的设计图纸及其他有关设计文件、工程所用主要建设材料、建筑构配件和设备的出厂检验合格证明和进场检验报告；申请竣工验收的报告书及有关工程建设的技术档案等。（3）承包人是否有建设工程质量检验书。建设工程竣工交付使用后，承包人应当对其施工的建设工程质量在一定期限内承担保修责任，以维护使用者的合法权益。为此承包人应当按规定提供建设工程质量保修证书，作为其向用户承诺承担质量保修责任的书面凭证。（4）工程是否具备国家规定的其他竣工条件。例如，按照国务院建设行政主管部门的规定，城市住宅小区竣工综合验收，还应做到住宅及公共配套设施、市政公用基础设施等单项工程全部验收合格，验收资料齐全。[①]（5）发包人将竣工验收报告向有关主管部门备案。根据《建设工程质量管理条例》第16条、第49条的相关规定，建设单位应当组织设计、施工、工程监理等有关单位进行竣工验收，并在竣工验收合格之日起15日内，将建设工程竣工验收报告和规划、公安消防、环保等部门出具的认可文件或者准许使用文件报建设行政主管部门或者其他有关部门备案。因而行政主管

① 参见全国人民代表大会常务委员会法制工作委员会编：《中华人民共和国合同法释义》（第2版），法律出版社2009年版，第425—426页。

部门颁发备案证可以证明建设工程已竣工验收合格，但不是确定“验收合格”的依据。

为了防止发包人为拖延支付工程款而迟延进行验收，发包人在收到承包人送交的竣工验收报告后，无正当理由不组织验收，或者在验收后的合理期限内既不表示是否批准又不提出修改意见，视为竣工验收报告已被批准。

三、发包人应当在竣工验收合格后按照约定支付价款

竣工验收合格后，发包人应当按照约定支付价款。在工程建设实践中，竣工报告批准后，承包人应当按照国家有关规定或合同约定的时间、方式向发包人提出结算报告，办理竣工结算。《建设工程施工合同解释》第18条规定：“利息从应付工程价款之日计付。当事人对付款时间没有约定或者约定不明的，下列时间视为应付款时间：（一）建设工程已实际交付的，为交付之日；（二）建设工程没有交付的，为提交竣工结算文件之日；（三）建设工程未交付，工程价款也未结算的，为当事人起诉之日。”

当事人对建设工程的计价标准或者计价方法有约定的，按照约定结算工程价款。因设计变更导致建设工程的工程量或者质量标准发生变化，当事人对该部分工程价款不能协商一致的，可以参照签订建设工程施工合同时当地建设行政主管部门发布的计价方法或者计价标准结算工程价款。当事人对工程量有争议的，按照施工过程中形成的签证等书面文件确认。承包人能够证明发包人同意其施工，但未能提供签证文件证明工程量发生的，可以按照当事人提供的其他证据确认实际发生的工程量。如果当事人对欠付工程价款利息计付标准有约定的，按照约定处理；没有约定的，按照中国人民银行发布的同期同类贷款利率计息。

举证责任

债务人必须举证证明其按合同约定完全且正确地履行了给付。[①]建设工程

---

① ［德］莱奥·罗森贝克：《证明责任论——以德国民法典和民事诉讼法典为基础撰写》（第四版），庄敬华译，中国法制出版社2002年版，第354页。

完成之后，承包人应当及时将工程提交发包人进行竣工验收。承包人应按期完成基本建设工程，在完成之后，承包人应遵守国家有关交付验收规则，做好交付准备工作，如绘制竣工图等，将工程交付给发包人。承包人应当对建设工程符合法定或约定的工程质量标准进行举证，并提交建设工程质量检验书。在“滨州市甲房地产开发有限公司与浙江乙建设集团有限公司建设工程施工合同纠纷案”中，受诉法院认为：“在涉案工程已经竣工验收，工程价款确定的情况下，甲公司作为发包人应向乙公司支付相应的工程款及利息。至于乙公司应提交备案验收资料和竣工图，属于施工方乙公司的附随义务，不能成为甲公司拒绝支付工程款的理由。”[①]可见承包人主要围绕建设工程符合相关质量标准及已完成竣工验收进行举证，交付备案验收材料和竣工图仅为其应当履行的附随义务。

建设工程的造价应当依据约定予以确定，发包人与承包人对工程质量与工程的造价有异议的，经法院审核可以委托专业机构进行鉴定。在“贵州乙建筑工程有限责任公司与上诉人松原市甲房地产开发有限公司建设工程施工合同纠纷案”中，受诉法院认为：“经贵州乙申请，原审法院依法委托丙公司对贵州乙已完工程造价及贵州乙窝工损失进行鉴定。丙公司为甲级工程造价咨询企业，鉴定人员具备造价工程师资格，原审委托的鉴定机构、鉴定人员具备从事工程造价咨询的法定主体资格。鉴定机构对鉴定原则、鉴定范围、鉴定的方法和步骤等向承发包双方作出说明。鉴定中，对承发包双方针对施工具体项目造价提出的异议，逐一答疑，作出说明。原审法院召开专题听证会，针对鉴定意见中未计入造价鉴定范围的签证单，逐一核对；通过函件往来、面谈等形式，原审法院与鉴定机构多次沟通，明确审判权与司法鉴定间的权力界限、明确鉴定机构应当围绕争议焦点鉴定、要求鉴定机构规范鉴定文书格式等。原审法院委托鉴定活动相对规范，审判权行使适当，承发包双方比较充分行使诉权，故本院对委托鉴定结论应予采信。”[②]在委托鉴定时，法院应根据案件事实和争议焦点明确鉴定事项、鉴定范围、鉴定目的和鉴定期

① 参见最高人民法院（2017）最高法民申3091号民事裁定书。

② 参见最高人民法院（2017）最高法民终225号民事判决书。

限，有针对性地进行鉴定。[1]有关鉴定的具体程序和要求，适用《民事诉讼法》《民事诉讼证据规定》《建设工程施工合同解释（二）》中关于鉴定部分的相关规定。

第八百条【勘察、设计人履行义务不符合要求的违约责任】

勘察、设计的质量不符合要求或者未按照期限提交勘察、设计文件拖延工期，造成发包人损失的，勘察人、设计人应当继续完善勘察、设计，减收或者免收勘察、设计费并赔偿损失。

历史由来

本条完全沿袭了《合同法》第280条的规定。在《民法典》编纂过程中，《民法典合同编（草案）》的各阶段文本皆未对《合同法》第280条作出过任何修改。

规范目的或功能

勘察、设计合同中的勘察人、设计人就勘察、设计的结果对发包人单独承担责任。本条规定了勘察人、设计人瑕疵履行和迟延履行的法律后果。勘察、设计质量不符合合同要求，构成瑕疵履行；未依期限提交勘察、设计文件拖延工期，构成迟延。本条规定的继续履行请求权、减价请求权及损害赔偿请求权，是《民法典》合同编“通则”关于违约责任的规定在勘察、设计合同中的具体化。所谓勘察、设计的质量，即双方在合同中约定的包括勘察、设计说明书、图纸和其他技术文件的质量等。勘察人、设计人应按照合同约定完成勘察、设计任务中的各项指标，如勘察、设计的质量或期限不符合合同约定，致使工期延误的，应当赔偿发包人由此遭受的损失；同时，勘察人、设计人仍应继续履行合同义务，或者减收、免收勘察、设计费。

---

① 最高人民法院民事审判第一庭编著：《最高人民法院新民事诉讼证据规定理解与适用》（上），人民法院出版社2020年版，第67页。

规范内容

依据本条规定，勘察、设计的质量不合格或未及时提交工作成果，构成违约，勘察人、设计人应承担违约责任。如因此种违约行为造成发包人损失，勘察人、设计人应承担以下三种违约责任：一是继续履行，即勘察人、设计人应当继续完善勘察、设计工作。二是减收或者免收勘察、设计费。既然勘察人、设计人所负担的主要义务是提交工作成果，那么，如果质量不合格或者未及时提交工作成果的，应当减收或免收勘察、设计费。三是赔偿损失。勘察人、设计人因为违约行为造成发包人损失的，应赔偿其损失。

举证责任

勘察、设计文件在符合法律、行政法规的规定和有关质量、安全标准的前提下，还应当符合勘察、设计合同约定的特殊质量要求。发包人如果认为勘察人、设计人勘察、设计的质量不符合要求或未按照期限提交勘察、设计文件拖延工期造成其损失的，应当承担举证责任。在“巴州甲矿业有限责任公司与新疆乙地质工程公司建设工程勘察合同纠纷案”中，受诉法院认为，“乙公司对甲公司选矿厂所作勘察报告不符合双方勘察合同要求，其收取的勘察一、勘察二和补充勘察费用合计63万元应向甲公司返还。甲公司未举证证实尾矿坝、水源地等地质勘察报告不符合要求，对于其诉请返还的尾矿坝详细勘察费用、破碎系统综合楼初步勘察、水源地项目勘察等费用不予支持。”[①] 在民事诉讼中，发包人主张勘察人、设计人违约，需举证证明双方存在合同关系且勘察人、设计人的履行不符合合同要求，勘察人、设计人如抗辩需举证证明其已经及时和完全地履行合同约定的义务。

---

① 参见新疆维吾尔自治区高级人民法院（2015）新民一初字第6号民事判决书。

第八百零一条【施工人履行不符合约定的违约责任】

因施工人的原因致使建设工程质量不符合约定的，发包人有权请求施工人在合理期限内无偿修理或者返工、改建。经过修理或者返工、改建后，造成逾期交付的，施工人应当承担违约责任。

历史由来

本条完全沿袭了《合同法》第281条的规定。在《民法典》编纂过程中，《民法典（草案）》将《合同法》第281条中的“要求”改为“请求”。

规范目的或功能

建设工程的施工是指根据工程的设计文件和施工图纸的要求，通过施工作业最终形成建设工程实体的建设。建设工程施工质量既包括各类工程中土建工程的质量，也包括与其配套的线路、管道和设备的安装质量。根据本条规定，建设工程的施工人对工程的施工质量负责。

施工人违反合同的约定导致工程质量有瑕疵的，发包人有权请求施工人在合理期限内无偿修理或者返工、改建，由此造成逾期交付的，施工人应当向发包人承担相应的违约责任。经采取上述补救措施仍不能使工程符合质量标准的，发包人可以拒绝接受，并请求承包人承担损失赔偿责任。

规范内容

一、归责原则

当事人一方不履行合同义务或者履行合同义务不符合约定的，应当承担继续履行、采取补救措施或者赔偿损失等违约责任。由于本条文中并没有出现“但当事人能够证明自己没有过错的除外”的字样，通常认为本条采取了严格责任原则。从《民法典》第793条、第802条的规定来看，建设工程施工合同中的归责原则应当适用过错责任原则。承包方和施工人移交的建筑质量应当与合同的约定一致，若不一致就应承担瑕疵担保责任，除非承包方能够证明自己没有过错。

《建设工程施工合同解释》第12条规定："发包人具有下列情形之一，造成建设工程质量缺陷，应当承担过错责任：（一）提供的设计有缺陷；（二）提供或者指定购买的建筑材料、建筑构配件、设备不符合强制性标准；（三）直接指定分包人分包专业工程。承包人有过错的，也应当承担相应的过错责任。"在建设工程施工合同中适用过错责任，有利于明确责任，督促施工人正确履行合同，以保障建设工程的安全。

二、责任主体

建设工程施工是施工人按照建筑设计标准和勘察、设计文件等建造工程的行为。建设工程施工既可以由承包人亲自完成，也可以由承包人委托的施工单位来完成。施工人可能与发包人之间有合同关系，如果因施工人的原因造成建设工程质量不合格，则发包人可以请求施工人承担违约责任。有学者认为，即使发包人与施工人之间没有合同关系，依据本条的规定，因施工原因造成工程质量不合格的，发包人也有权请求其承担违约责任。在两者无合同关系时，要求施工人承认违约责任，有利于发包人权利的实现，也有利于监督施工人承担责任。基于立法目的的考量，可以采用扩张解释，即在施工人和发包人没有签订合同时，可以认为发包人和施工人之间形成事实上的合同关系。[①]笔者认为，如果施工人与发包人之间没有合同关系，但是其通常与承包人之间具有合同关系，施工人违反合同约定，承包人可以要求施工人承担违约责任，也可以将其对于施工人的合同权利让与发包人行使。但是，在发包人与施工人之间没有合同关系的情形下，发包人不能直接对施工人行使合同权利。

《建设工程施工合同解释》第25条规定："因建设工程质量发生争议的，发包人可以以总承包人、分包人和实际施工人为共同被告提起诉讼。"

---

① 参见王利明：《合同法分则研究》（上卷），中国人民大学出版社2012年版，第445页。

三、施工人具有过错致使建设工程质量不符合约定

此处的过错应当是指客观过错，即没有履行法定或约定的义务，从而造成建设工程质量不合格。建设工程的施工人为保证工程的施工质量，必须做到严格按照工程设计图纸和施工技术标准施工，不得偷工减料。工程设计图纸是建设设计单位根据工程的功能、质量等方面的要求所做出的设计工作的最终成果，其中的施工图是对建设工程的建筑物、设备、管线等工程对象物的尺寸、布置、选用材料、构造、相互关系、施工及安装质量要求的详细图纸和说明，是指导施工的直接依据。建设工程施工人除必须严格按照工程设计图纸施工外，还必须按照建设工程施工技术标准的要求进行施工。施工技术标准是施工作业人员进行每一项施工操作的技术依据，包括对各项施工准备、施工操作工艺流程和应达到的质量要求的规定。

发包人与施工人对于工程质量不合格的原因有争议的，可以通过鉴定来确定质量是否合格以及质量不合格的原因，从而准确地认定责任。《建设工程施工合同解释》第15条规定："建设工程竣工前，当事人对工程质量发生争议，工程质量经鉴定合格的，鉴定期间为顺延工期期间。"

四、违约责任形式

1.施工人采取补救措施。依据本条的规定，因施工人导致工程质量不合格的，施工人应承担采取补救措施的责任。具体而言：（1）发包人有权请求施工人采用修理或者返工、改建的方式以解决建设工程质量不合格的问题。所谓修理，是指施工人对建设工程的轻微瑕疵部分进行修补、修整，以使其符合质量要求。返工和改建，都是在建设工程质量不合格部分较为严重的情况下，施工人所应采取的补救措施。（2）施工人必须在合理期限内完成。所谓合理期限，是指根据工程质量不符合约定的具体情形以及国家相关规定确定的工期和相关合同文件约定的内容，施工人进行无偿修理后返工、改建所需要的时间。此种期限应当按照一般交易习惯来确定。（3）施工人应当自己承担采取补救措施的费用。交付符合质量要求的建设工程是施工人的一项主要义务，因此在建设工程的质量不合格系因施工人自身的原因引起时，施工人采取补救措施的费用应当由其自己承担。

2.违约损害赔偿责任。施工人采取补救措施是其承担损害赔偿责任的前提。经过修理或者返工、改建后，造成逾期交付的，施工人应当承担违约责任。

3.违约金。在建设工程合同中，如果发包人与施工人之间约定了违约金的，应对此进行优先适用，以此确定建设工程质量不合格时发包人或施工人所应承担的责任。

三 举证责任

根据发包人的请求对象，发包人需举证证明其与承包人之间存在合同关系或承包人将其对于施工人的合同权利让与发包人行使，且需举证证明承包人或施工人履行合同不符合约定以及由此造成的损害后果。因违约责任是当事人履行合同不符合约定的法律后果，所以违约责任的具体内容可作为发包人的诉讼请求，而无需举证证明。在“汪清县甲房地产开发有限公司与江苏乙建设集团有限公司及一审第三人长春市丙建筑设计有限公司建设工程施工合同纠纷案”中，受诉法院认为：“在案证据证明，造成案涉外墙保温工程质量缺陷的责任在施工方。乙公司在与甲公司等往来函件及本案诉讼中主张，甲公司及设计单位也应对该工程质量缺陷承担责任，但并没有提供充分证据佐证其主张。”[①] 只要承包人或施工人没有履行法定或约定的义务，从而造成建设工程质量不合格，即推定其存在过错，无需发包人举证证明。承包人或施工人需举证证明其完全且正确地按照要求履行了职责，不存在过错，方可脱责。

发包人与施工人对于建设工程质量有争议的，可以向人民法院申请鉴定。人民法院认为需要鉴定的，可以根据当事人申请及查明案件事实的需要，确定委托鉴定的事项、范围、鉴定期限等，并组织双方当事人对争议的鉴定材料进行质证。

---

① 参见最高人民法院（2018）最高法民再235号民事判决书。

第八百零二条【承包人在建设工程合理使用期限内的损害赔偿责任】

因承包人的原因致使建设工程在合理使用期限内造成人身损害和财产损失的，承包人应当承担赔偿责任。

历史由来

本条沿袭了《合同法》第282条的规定。在《民法典》编纂过程中，《民法典合同编（草案）》（一审稿）、《民法典合同编（草案）》（二审稿）和《民法典（草案）》均只是对《合同法》第282条作文字性改动，并最终形成本条规定。

规范目的或功能

本条是关于承包人在建设工程合理使用期限内损害赔偿责任的规定。

建设工程的使用寿命长，承包人有义务担保建设工程于合理使用期限内不发生不合理的危险。建设工程的发包人在工程竣工验收时不能发现建设工程的缺陷的，承包人应当在建设工程的合理使用期限内承担工程的质量瑕疵担保责任。质量担保期间可由双方当事人约定。没有约定的，适用法律规定的期间。法律未规定期间的，为合理的使用期间。在此期间，因建设工程缺陷造成他人的人身损害或财产损失的，应由承包人承担赔偿责任。

规范内容

一、责任主体是建设工程的承包人

建设工程的承包人既包括对建设工程实行总承包的单位，也包括承包分包工程的单位。在建设工程合同中，与发包人订立合同的是承包人，因此承包人应当对建设工程质量不合格承担责任。依据《建筑法》第60条的规定，建设工程的承包人应当认真履行工程质量保证义务。建设工程的勘察人应当为建设工程提供准确的有关工程地质资料；建设工程的设计人应当按照有关保证工程质量安全的法律、法规和设计规范的规定进行设计，保证建设工程的设计安全可靠；建设工程的施工人必须严格按照工程设计和施工技术标准进行施工，不得使用不合格的建筑材料，不得有任何偷工减料的行为。任何一方不履行法定质量保证义务，造成工程质量安全问题的，承包人都应当承担法律责任。[①]

二、责任的性质为侵权损害赔偿责任

我国《民法典》对产品没有作出明确规定，应当适用《产品质量法》的规定。《产品质量法》第2条第2款对产品概念作了概括性的规定，即产品责任中的产品，是指经过加工、制作，用于销售的产品。建设工程不适用《产品质量法》的规定，但是，建设工程使用的建筑材料、建筑构配件和设备，属于前述规定的产品范围的，适用《产品质量法》的规定。虽然我国《产品质量法》没有明文规定产品限于动产，但是依据反对解释，建设工程等不动产并非产品责任法上的“产品”。然而，在学理上有学者认为，建筑房屋交付使用，发生坍塌而伤害用户的，应当以产品责任予以民事制裁，因为《民法通则》第126条规定的主体只有建筑物的所有人和管理人，而没有包括制造者。[②]《民法典》第1252条规定将建设单位及施工单位纳入了赔偿责任人范围，为建设单位与施工单位的瑕疵担保责任提供了法律依据。

从比较法上看，对于建筑物等不动产是否属于产品，有两种不同的立法例。欧共体国家的产品责任立法大多对不动产作了排除；美国法的产品责任立法并未对不动产加以限制。严格责任的适用范围不局限于那些涉及动产交易的商品，在适当情形下也可以适用于那些涉及不动产交易的案件。在“Schipper v. Levitt & Sons, Inc”案中，法官认为，在现代社会里房子和其他普通商品在很多方面已经并无二致，人们也都是根据广告宣传在成批建造起

① 全国人民代表大会常务委员会法制工作委员会编：《中华人民共和国合同法释义》（第2版），法律出版社2009年版，第431页。

② 参见杨立新：《侵权责任法》，法律出版社2010年版，第313页。

来的房子当中选购自己喜欢的户型，在整个购房过程中大家极度依赖开发商所具备的专业技能，以及房屋是按照建筑标准精心建造且适合居住的默示品质担保，因为绝大多数普通购房者都无法通过在房屋建造时雇用专业监理时刻检查，或是在与开发商谈判时订立特殊的购房合同，来保护自己的合法权益免受不合格房子的侵害，而社会公共利益呼唤由房屋缺陷给购房者造成的损失，理应由创造了这种危险且经济地位远远优越于购房者的开发商来承担，更何况购房者正是由于信赖了开发商的专业技能和品质担保才会决定购买其开发的房屋的。[①]

由于《产品质量法》第2条第2款明确将建筑工程排除在产品的范畴之外，因此仅建筑工程具有缺陷致人损害的，不应适用产品责任。因建筑工程具有缺陷致人损害的案件类型，大致上可以分为以下两类：一是建筑工程发生脱落、坠落造成他人损害的情形；二是建筑工程发生倒塌造成他人损害的情形。从我国《民法典》侵权责任编的规定看：其第1253条已对第一种类型作出规定，适用的是过错推定责任，若所有人、管理人或者使用人不能证明自己没有过错的，就应当承担侵权责任。此时，若损害系承包人过错所致，所有人、管理人或者使用人承担侵权责任后可向承包人追偿。本法第1252条则对第二种情形作出规定。依据《侵权责任法》第86条第1款的规定，建筑物等设施因建造瑕疵而倒塌致人损害的，即可推定建设单位与施工单位承担侵权责任，这就表明，该推定并非过错推定，而是一种责任推定，其实际上已经达到了极其严格的责任条件或说达到了不考虑加害人有无过错的条件之要求，实为严格责任。[②]从体系上看，既然《民法典》侵权责任编已经对建筑工程及其搁置物、悬挂物发生脱落、坠落或倒塌致人损害的责任作出了规范，也就没有必要将建筑工程纳入产品的范畴。

因承包人的原因致使建设工程在合理使用期限内造成人身损害和财产损失的，承包人承担的责任本质上属于侵权责任，类似于产品责任。产品责任并非产品自身的质量问题和自身损坏引发的责任形态，而是产品缺陷等质量

---

① Schipper v. Levitt & Sons, Inc.（1965）44N.J.70，207A.2d314，325-326.

② 参见张新宝：《侵权责任构成要件研究》，法律出版社2007年版，第486页。

因素造成使用者的人身、财产的损害赔偿责任形态。产品质量侵权责任与违约责任的界限在于产品因缺陷造成使用者的人身伤害或财产损失的，是产品侵权责任；产品因自身质量问题和产品自身损坏造成财产损失的，是产品违约责任。

三、建设工程的合理使用期限

在建设工程竣工验收或投入使用之后，承包人应当在一定期间内承担质量保证责任，该质量保证期间分为两种类型：一是最低保修期限。《建设工程质量管理条例》第40条规定了建设工程的最低保修期限，分别为合理使用年限、5年、2年。二是缺陷责任期间。《建设工程质量保证金管理办法》第2条第1款规定："本办法所称建设工程质量保证金（以下简称保证金）是指发包人与承包人在建设工程承包合同中约定，从应付的工程款中预留，用以保证承包人在缺陷责任期内对建设工程出现的缺陷进行维修的资金。"第3款规定："缺陷责任期一般为1年，最长不超过2年，由发、承包双方在合同中约定。"

但是，本条所规定的建设工程的合理使用期限与前述规定的最低保修期限与缺陷责任期限均不相同。最低保修期限与缺陷责任期限属于承包人与发包人之间订立的建设工程合同的违约责任范畴，而承包人在建设工程合理使用期限内因建设工程致人损害的赔偿责任，本质上属于侵权损害赔偿责任。关于合理使用期限，《民用建筑设计统一标准》中按民用建筑的主体结构确定的建筑耐久年限分为四级：一类设计使用年限为5年以下，适用于临时性建筑；二类设计使用年限为25—50年，适用于易于替换结构构件的建筑；三类设计使用年限为50—100年，适用于普通建筑和构筑物；四类设计使用年限为100年以上，适用于纪念性建筑和特别重要的建筑。在建设工程的合理使用期限内，因承包人原因造成建设工程存在质量缺陷，不论是否超过工程质量保证期，只要损害是在建设工程的合理期限内发生的，受损害方即有权要求承包人赔偿损害。关于合理使用期限，一般是指建设工程的合理使用寿命，而不是合同履行期和保质期。

四、建设工程客观上造成人身损害和财产损失

建设工程在合理使用期限之内客观上造成他人损害，这种损害包括人身损害与财产损失。依照本条的规定，建设工程的质量缺陷，既可能给发包人造成人身损害和财产损失，也可能给第三人造成人身损害和财产损失。例如，因承包人安装的不合格换气扇起火造成承包人的租户财产损失，就是属于建设工程质量造成对第三人的损害。如果因承包人的原因致使建设工程给发包人的财产造成损失、人身造成损害，承包人既构成违约责任也符合侵权责任，发包人对于竞合的损害赔偿请求权享有选择权。

举证责任

因侵权行为而产生的请求权，原则上应由被侵权人举证证明侵权人存在侵权行为、该侵权行为造成了损害后果、行为与后果之间存在因果关系以及过错归责原则下侵权人具有过错。在建设工程合同中，当建筑物、构筑物或者其他设施倒塌致人损害时，应适用《民法典》侵权责任编第1252条的规定，由建设单位和施工单位承担连带责任，该条适用的是无过错责任，故建设单位和施工单位不能以无过错为由而免责，此时被侵权方无需举证证明侵权方存在主观过错，仅需证明“侵权行为、因果关系和损害后果”三个要件。此时，建设单位和施工单位可以进行抗辩。从我国司法审判实践来看，在“涿州A有限公司、B有限公司与涿州A有限公司绥化分公司建设工程施工合同纠纷案”中，案涉工程在2013年11月26日即合理使用期限内发生垮塌，受诉法院认为：“经具有案涉工程鉴定资质的检验中心对案涉工程的垮塌原因进行鉴定，得出的鉴定结论为案涉工程垮塌是由半跨及不均匀分布的积雪和积灰作用，网架不均匀沉降、设计承载力不足造成的。故应当认定因绥化分公司的原因造成案涉工程垮塌。根据双方在《工程质量保修书》中的约定以及我国《合同法》第282条的规定，因承包人原因致使工程在合理期限内造成人身和财产损害的，承包人应当承担损害赔偿责任。”[①]

① 参见黑龙江省高级人民法院（2017）黑民终19号民事判决书。

若发包人起诉承包人构成违约，则需举证证明双方存在合同关系，且作为债务人的承包人存在侵害债权人生命权、健康权和所有权等加害给付行为，[①]以及该行为造成的损害后果。

第八百零三条【发包人的违约责任】

发包人未按照约定的时间和要求提供原材料、设备、场地、资金、技术资料的，承包人可以顺延工程日期，并有权请求赔偿停工、窝工等损失。

历史由来

本条承袭于《合同法》第283条的规定。在《民法典》编纂过程中，《民法典（草案）》将《合同法》第283条中的“要求”改为“请求”，并最终形成本条规定。

规范目的或功能

本条是关于发包人未按约定的时间和要求提供原材料、设备、场地、资金、技术资料的违约责任的规定。

为保证建设工程合同目的的实现，发包人负有必要的协助义务。本条规定的事项，适用“承揽合同”一章关于定作人协助义务的规定，即经承包人催告后发包人仍不履行协助义务的，承包人有权解除合同。建设工程发包人负有协助义务，包括按照约定的时间和要求向承包人提供原材料、设备、资金、技术资料，完成施工场地的“三通一平”工作，提供并会审施工图纸等。未履行上述义务致使承包人无法进行工程建设的，承包人有权顺延工期，并有权请求发包人赔偿由此而产生的停工、窝工等损失。

---

① 韩世远：《合同法总论》（第四版），法律出版社2018年版，第549页。

规范内容

一、发包人协助义务的法律属性

在建设施工合同中，发包人对承包人的工作有相应的协助义务。发包人的协助义务取决于施工工程的内容，如补足施工所需的建筑材料、提供施工场所、办理施工所需的相关手续、提供施工图纸等，如果发包人不履行有关协助义务，导致承包人无法施工或者继续施工，则发包人构成违约。从比较法上看，许多国家或地区法律规定了建设工程发包人负有协助的义务。例如，《意大利民法典》第1375条、《荷兰民法典》第6:248条、《俄罗斯联邦民法典》第747条等。

本条规定源于《民法典》第778条的规定，即承揽工作需要定作人协助的，定作人有协助的义务。定作人不履行协助义务致使承揽工作不能完成的，承揽人可以催告定作人在合理期限内履行义务，并可以顺延履行期限；定作人逾期不履行的，承揽人可以解除合同。《民法典》合同编对建设工程施工合同没有再作相关的规定，但可以适用“承揽合同”的相关规定。《建设工程施工合同解释》第9条规定：“发包人具有下列情形之一，致使承包人无法施工，且在催告的合理期限内仍未履行相应义务，承包人请求解除建设工程施工合同的，应予支持：……（三）不履行合同约定的协助义务的。”

我国《民法典》第509条确立了合同全面履行的原则，不仅要求全面履行合同约定的义务，而且也包括根据诚信、合同性质与目的以及交易习惯所发生的附随义务，具体可为通知、协助、保密等。发包人在未有合同约定的情况下，依照工程惯例或诚信原则，均可能负担协助义务，如核发开工通知、提供工程用地、迁移管线、进行变更设计及提供工程设计图纸等。从形式上看，此协助义务与附随义务非常接近。发包人不履行上述协助义务的，在通常情况下承包人不能请求发包人强制履行，这些义务属于不真正义务。不真正义务并非真正的法上的义务，不得诉诸强制执行，其违反者亦不承担损害赔偿义务。[①]

---

① 参见邬砚：《建设工程合同纠纷254个裁判规则深度解析》，法律出版社2018年版，第204页。

但是，对于不真正义务的违反，也会给违反者带来不利益。因此不真正义务被认为是为了保持自己的权利而应当遵守的前提条件。[①]不真正义务本质上应与德国法上债权人负担相同，我国学理上对诸如建设工程发包人协力义务这样冠以义务之名的负担，已清晰地观察到其与债务人之债务的显著差异。[②]

二、发包人的协助义务的具体内容

1.建设工程发包人按照合同的约定及时提供原材料和设备。如果合同约定由发包单位提供建筑材料、设备或构件的全部或一部分时，则发包单位应按照质量、数量和时间将约定供应的材料、设备、构件运到指定地点，并交付承包单位使用。

2.建设工程发包人应当按照约定及时提供场地。承包人进行施工，必须及时进入场地施工，并且需要有一定的场地堆放建筑材料和施工设备。发包人应当在承包人工作前及时办理有关批件、证件和临时用地等的申报手续，包括工程地址和临时设施范围内的土地征用、租用，申请施工许可证和占道、爆破及临时铁道专用岔线许可证；发包人应当确定建设工程及有关道路、线路、上下水道的定位标桩、水准点和坐标控制点；发包人在提供场地前，应当清除施工现场内一切影响承包人施工的障碍，并向承包人提供施工所需水、电、热力、电信等管道线路，保证承包人施工期间的需要。[③]

3.建设工程发包人应当按照合同约定及时提供资金。建设工程往往涉及大量的资金投入，承包人需要发包人前期投入一定的资金，使承包人能够及时购买原材料和设施，并聘请施工人员。因此，合同约定工程进度款按月支付或按工程进度拨付的，发包人应当按照该约定按期及时支付。《建设工程施工合同解释》第2条规定："建设工程施工合同无效，但建设工程经竣工验收合格，承包人请求参照合同约定支付工程价款的，应予支持。"因此无效建设工程施工合同约定的工程款支付也应参照适用。这就是说，尽管施工合同无

① 参见韩世远：《合同法总论》（第四版），法律出版社2018年版，第350页。

② 参见黄喆：《论建设工程合同发包人的协力义务——以德国民法解释论为借鉴》，载《比较法研究》2014年第5期。

③ 全国人民代表大会常务委员会法制工作委员会编：《中华人民共和国合同法释义》（第2版），法律出版社2009年版，第433页。

效，但是如果发包人未按照合同约定时间支付工程款的，承包人有权要求发包人赔偿相应的资金占用损失。《建设工程施工合同解释（二）》（征求意见稿）第7条第1项即规定，建设工程施工合同无效，对发包人拖欠工程价款造成的损失，承包人可以请求发包人予以赔偿。

4.建设工程发包人按照合同约定及时提供技术资料。由发包人提供有关工程建设技术资料的，发包人应当按照合同约定的时间和份数向承包人提供符合约定要求的技术资料。这里的技术资料主要包括勘察数据、设计文件、施工图纸以及说明书等。因为根据法律、行政法规的规定，承包人必须按照国家规定的质量标准、技术规程和设计图纸、施工图等技术资料进行施工，如果发包人未能按照约定提供技术资料，承包人就不能正常工作。

三、发包人违反协助义务的法律后果

1.由于发包人不履行协助义务导致工期延长的，承包人可以请求顺延工程日期。如果发包人未按照约定时间提供原材料、设备的，承包人可以中止施工并顺延工期。

2.发包人不履行协助义务经催告后没有有效改正的，承包人有权解除合同。如果不履行协助义务致使承包人无法进行施工的，经承包人催告发包人仍不履行的，承包人具有合同解除权。

3.发包人应当赔偿承包人的停工、窝工等损失。停工和窝工损失费包括现场施工机械在停窝工期间的停滞费，现场工人在停窝工期间的工资以及周转性材料的维护和摊销费等。具体而言包括：施工机械停窝工损失费：定额中机械台班的停滞费×停滞台班量；工人停窝工损失费：每工日定额单价×停窝工总工日数×工人总人数；周转性材料的停窝工损失费按实结算；贷款利息：指由于业主计价欠拨款，造成项目资金紧张，项目部贷款施工，因停工增加的贷款利息额；现场管理费：包括留守管理人员的工资、房租费、水电费、交通费、办公费等。

举证责任

承包人主张发包人违约的，应由其对发包人未按照约定的时间和要求提供原材料、设备、场地、资金、技术资料的事实举证，并对由此造成的停工、窝工等损失进行举证。双方对此有异议的，可以委托鉴定机构对相关停工、窝工损失予以鉴定。承包人作为举证方不能举出相应证据的，应当承担举证不能的法律后果。在“青海甲建筑工程有限责任公司与青海乙房地产有限责任公司建设工程施工合同纠纷案”中，受诉法院认为，“青海甲公司在审理中提交了充分的证据如向监理公司上报工程量及请求支付进度款的申请以及监理公司对其工程量予以确认等证据，证明其按照合同约定进行了施工，而乙公司多次未按照合同约定履行付款义务，提供足额的工程款，应承担违约责任”[①]。若发包人以承包人履行合同不符合约定为由进行抗辩，亦应举证证明，否则不予支持。

第八百零四条【因发包人原因造成工程停建、缓建所应承担的责任】

因发包人的原因致使工程中途停建、缓建的，发包人应当采取措施弥补或者减少损失，赔偿承包人因此造成的停工、窝工、倒运、机械设备调迁、材料和构件积压等损失和实际费用。

历史由来

本条沿袭了《合同法》第284条的规定。在《民法典》编纂过程中，《民法典合同编（草案）》各阶段文本皆未对《合同法》第284条作出过任何改动。

规范目的或功能

本条规定的是因发包人原因造成工程停建、缓建所应承担的违约责任。

在建设工程施工过程中，发包人应当按照合同约定履行自己的义务，为承包人的建设工作提供必要的条件，保证工程建设顺利进行。如果因发包人

① 参见最高人民法院（2017）最高法民终258号民事判决书。

的原因致使工程建设无法按照约定的进度进行，承包人可以停建或者缓建。发包人基于自身的原因导致工程停建、缓建的，应主动采取措施弥补或减少因此给承包人造成的损失，并应赔偿承包人因此遭受的停工、窝工、倒运、机械设备调迁、材料和构件积压等损失和实际费用。

规范内容

一、发包人违约的形态

因发包人的原因导致工程中途停建、缓建的违约形态，依据《建设工程施工合同（示范文本）》（GF-2020-0201）7.5（工期延误）第7.5.1条（因发包人原因导致工期延误），在合同履行过程中，因下列情况导致工期延误和（或）费用增加的，由发包人承担由此延误的工期和（或）增加的费用，且发包人应支付承包人合理的利润：（1）发包人未能按合同约定提供图纸或所提供图纸不符合合同约定的；（2）发包人未能按合同约定提供施工现场、施工条件、基础资料、许可、批准等开工条件的；（3）发包人提供的测量基准点、基准线和水准点及其书面资料存在错误或疏漏的；（4）发包人未能在计划开工日期之日起7日内同意下达开工通知的；（5）发包人未能按合同约定日期支付工程预付款、进度款或竣工结算款的；（6）监理人未按合同约定发出指示、批准等文件的；（7）专用合同条款中约定的其他情形。此外，因发包人的原因导致工程中途停建、缓建的违约形态还包括发包人变更工程量、发包人未能及时进行中间工程和隐蔽工程条件的验收并办理有关交工手续以及发包人不能按照合同的约定保障建设工作所需的工作条件致使工作无法正常进行等情形。①

二、发包人承担违约责任的形式

因发包人的原因致使工程建设无法正常进行的情况下，承包人可以停建、缓建，顺延工期，并及时通知发包人。发包人因自身原因致使工程停

① 全国人民代表大会常务委员会法制工作委员会编：《中华人民共和国合同法释义》（第2版），法律出版社2009年版，第435页。

建、缓建的，应当承担违约责任。其一，发包人应当采取必要措施弥补或者减少损失，同时应当排除障碍，使承包人尽快恢复建设工作。如承包人在施工中发现设计有错误和不合理之处，应当通知发包人，发包人在接到通知后，应当及时同设计人等有关单位研究确定修改意见或者变更设计，并及时将修订后的设计文件送交承包人。其二，发包人还应当赔偿承包人在停建、缓建期间的损失，包括停工、窝工、倒运、机械设备调迁、材料和构件积压所造成的损失和实际发生的费用。其三，即使建设工程施工合同无效，对因发包人的原因导致的承包人停工、窝工损失，承包人也有权请求发包人予以赔偿。①

三、承包人的减损义务

承包人在停建、缓建期间应当采取合理措施减少和避免损失，妥善保护好已完成工程和做好已购材料、设备的保护和移交工作，将自有机械和人员撤出施工现场，发包人应当为承包人的撤出提供必要的条件。承包人应当将停建、缓建过程中发生的经济支出和其他实际发生的费用向发包人提出报告。承包人对于因未履行减损义务导致的扩大部分损失，不得要求赔偿。《民法典》第591条第1款规定：“当事人一方违约后，对方应当采取适当措施防止损失的扩大；没有采取适当措施致使损失扩大的，不得就扩大的损失请求赔偿。”减轻损失规则实质上是受害人不得就其本可采取合理措施予以避免的损失获得赔偿。减轻损失规则应具备以下条件：（1）一方的违约导致了损害的发生，即受害人对损害的发生没有过错。（2）受害人未及时采取合理或适当的措施防止损失的扩大。对于确定受害人采取的措施是否合理或适当的标准，应以受害人主观上是否出于善意为根据，主要考察受害人主观上是否按照诚信的原则尽自己的努力采取一切措施避免损失的扩大。（3）造成损失的扩大。违约已经发生并造成了损失而受害人未能阻止损失的进一步扩大。这种损失的扩大既可以是在违约行为发生后受害人未能采取措施而引起的，也可以是在违约发生后受害人采取了不合理的行为所造成的。

---

① 参见邬砚：《建设工程合同纠纷254个裁判规则深度解析》，法律出版社2018年版，第172页。

举证责任

承包人对因发包人原因导致建设工程中途停建、缓建的事实举证，并对由此造成的停工、窝工、倒运、机械设备调迁、材料和构件积压等损失和实际费用进行举证。同时，发包人可举证证明因承包人未履行减损义务导致损失扩大的部分，从而对此部分损失免予承担责任。双方对此有异议的，可以委托鉴定机构对相关损失予以鉴定。从我国司法审判实践来看，在“甲建设集团股份有限公司、乙房地产开发有限公司建设工程施工合同纠纷案”中，法院认为，“对于甲公司主张的索赔损失，根据《合同法》第五十八条及第二百八十四条的相关规定，乙公司应向甲公司赔偿相应损失。经鉴定，工期延误措施费用1131557元，作业人员窝工5859120元，管理人员窝工212962元，即总损失为7203639元，应予支持，对于其他损失没有证据证明不予支持”[①]。

第八百零五条【发包人原因致勘察、设计返工、停工或修改设计的责任】

因发包人变更计划，提供的资料不准确，或者未按照期限提供必需的勘察、设计工作条件而造成勘察、设计的返工、停工或者修改设计，发包人应当按照勘察人、设计人实际消耗的工作量增付费用。

历史由来

本条沿袭了《合同法》第285条的规定。在《民法典》编纂过程中，《民法典合同编（草案）》的各阶段文本皆未对《合同法》第285条作出过任何修改。

① 参见四川省高级人民法院（2019）川民终227号民事判决书。

规范目的或功能

勘察、设计合同为承揽合同的特殊形态，勘察人和设计人应当按照发包人的指示进行工作，发包人有权中途改变计划，需返工、停工或修改设计的，承包人应当依照新的指示工作。勘察、设计合同中，发包人因变更计划或违反约定造成勘察、设计工作返工、停工或者修改的，发包人负有支付费用增加额的义务。发包人提供的资料不准确、未按照期限提供必需的勘察、设计工作条件的，应承担违约责任。

规范内容

一、建设工程勘察合同与设计合同中发包人的义务

建设工程勘察合同实质上是承揽合同。承揽工作的性质是承揽人按照定作人的要求进行工作，提供符合定作人特殊需要的工作成果。《建设工程勘察合同（示范文本）》（GF–2019–0203）规定的发包人的义务包括：（1）发包人应以书面形式向勘察人明确勘察任务及技术要求。（2）发包人应提供开展工程勘察工作所需要的图纸及技术资料，包括总平面图、地形图、已有水准点和坐标控制点等，若上述资料由勘察人负责收集时，发包人应承担相关费用。（3）发包人应提供工程勘察作业所需的批准及许可文件，包括立项批复、占用和挖掘道路许可等。（4）工程勘察前，若发包人负责提供材料的，应根据勘察人提出的工程用料计划，按时提供各种材料及其产品合格证明，并承担费用和运到现场，派人与勘察人的人员一起验收。（5）发包人应为勘察人提供具备条件的作业场地及进场通道（包括土地征用、障碍物清除、场地平整、提供水电接口和青苗赔偿等）并承担相关费用。（6）发包人应为勘察人提供作业场地内地下埋藏物（包括地下管线、地下构筑物等）的资料、图纸，没有资料、图纸的地区，发包人应委托专业机构查清地下埋藏物。若因发包人未提供上述资料、图纸或提供的资料、图纸不实，致使勘察人在工程勘察工作过程中发生人身伤害或造成经济损失时，由发包人承担赔

偿责任。（7）发包人应按照法律、法规规定为勘察人安全生产提供条件并支付安全生产防护费用(如落实土地征用、青苗树木赔偿、拆除地上地下障碍物、处理施工扰民及影响施工正常进行的有关问题、平整施工现场、修好通行道路、接通电源水源、挖好排水沟渠以及水上作业用船等)，发包人不得要求勘察人违反安全生产管理规定进行作业。（8）勘察过程中的任何变更，经办理正式变更手续后，发包人应按实际发生的工作量支付勘察费。（9）若勘察现场需要看守，特别是在有毒、有害等危险现场作业时，发包人应派人负责安全保卫工作；按国家有关规定，对从事危险作业的现场人员进行保健防护，并承担费用。发包人对安全文明施工有特殊要求时，应在专用合同条款中另行约定。（10）发包人应对勘察人满足质量标准的已完工作，按照合同约定及时支付相应的工程勘察合同价款及费用。（11）由于发包人原因造成勘察人停、窝工，除工期顺延外，发包人应支付停、窝工费；发包人若要求在合同规定时间内提前完工（或提交勘察成果资料）时，应按每提前一天向勘察人支付结算加班费。

《建设工程设计合同示范文本（专业建设工程）》（GF-2020-0210）规定的发包人的义务包括：（1）发包人应遵守法律，并办理法律规定由其办理的许可、核准或备案，包括但不限于建设用地规划许可证、建设工程规划许可证等。发包人负责本项目各阶段设计文件向有关管理部门的送审报批工作，并负责将报批结果书面通知设计人。因发包人原因未能及时办理完毕前述许可、核准或备案手续，导致设计工作量增加和（或）设计周期延长时，由发包人承担由此增加的设计费用和（或）延长的设计周期。（2）发包人应当负责工程设计的所有外部关系的协调（包括但不限于当地政府主管部门等），为设计人履行合同提供必要的外部条件。（3）专用合同条款约定的其他义务。

二、因发包人的原因导致勘察、设计返工、停工或者修改设计

1.发包人变更计划。定作人对承揽工作的要求通过提供图纸、技术要求或者通过对承揽工作数量、质量的特别约定，在合同中体现自己对承揽工作的要求。承揽人只有严格按照合同约定工作要求完成工作，才能满足定作人订立合同的目的。如果定作人在承揽人工作期间认为按照原先的要求，不

能满足自己的需要，可以中途变更承揽工作的要求。这也是承揽工作的性质决定的，承揽工作的目的就是满足定作人的特殊需要，如果承揽工作的成果不能满足定作人的需要，承揽合同就不会实现定作人订立合同时所期望的利益，因此，定作人可以根据自己的需要，随时变更对合同的要求。发包人与承包人之间的关系与定作人与承揽人之间的关系类似，发包人在项目推进的过程中，也可能对既有的项目规划有所调整，此时发包人变更勘察、设计项目、规模、条件需要重新进行勘察、设计的，应当及时通知勘察人、设计人，勘察人、设计人在接到通知后，应当返工或者修改设计，并有权顺延工期。发包人应当按照勘察人、设计人实际消耗的工作量相应增加支付勘察费、设计费。

2.发包人提供的资料不准确。发包人向勘察人、设计人提供有关的技术资料的，应当对该技术资料的质量和准确性负责。勘察人、设计人在工作中发现发包人提供的技术资料不准确的，应当通知发包人修改技术资料并在合理期限内提供准确的技术资料。如果该技术资料有严重错误致使勘察、设计工作无法正常进行的，在发包人重新提供技术资料前，勘察人、设计人有权停工、顺延工期，停工的损失应当由发包人承担。发包人重新提供的技术资料有重大修改，需要勘察人、设计人返工、修改设计的，勘察人、设计人应当按照新的技术资料进行勘察、设计工作，发包人应当按照勘察人、设计人实际消耗的工作量相应增加支付勘察费、设计费。①

3.发包人未按照期限提供必要的勘察、设计工作条件。发包人在勘察、设计人员按照约定期限入场工作时，应当为其提供必要的工作条件和生活条件，以保证其正常开展工作。发包人未能按照合同约定提供勘察、设计工作所需工作条件的，勘察人、设计人应当通知发包人在合理期限内提供，如果发包人未提供必要的工作条件致使勘察、设计工作无法正常进行的，勘察人、设计人有权停工、顺延工期，并要求发包人承担勘察人、设计人停工期间的损失。

---

① 全国人民代表大会常务委员会法制工作委员会编：《中华人民共和国合同法释义》（第2版），法律出版社2009年版，第437页。

三、发包人承担的违约责任

1.按照勘察人、设计人实际消耗的工作量增付费用。因发包人变更计划，提供的资料不准确，或者未按照期限提供必需的勘察、设计工作条件而造成勘察、设计的返工、停工或者修改设计，均会导致工期增加或延误。因发包人原因造成工期延误的，应当按照勘察人、设计人实际消耗的工作量增付费用。

2.违约金条款。发包人和建设工程的勘察人、设计人可以在专用合同条款中约定延误或增加工期违约金的计算方法和延误工期或增加工期违约金的上限。

举证责任

勘察人、设计人对因发包人原因导致勘察、设计的返工、停工或者修改设计的事实举证，并对由此造成勘察人、设计人实际消耗的工作量等进行举证。在“杭州市余杭区某村村民委员会与杭州某某建设有限公司建设工程合同纠纷案”中，受诉法院认为，“根据某某公司制作并提交给村委会的情况说明的记载，案涉工程基础变更导致工程量增加的费用达31万余元的表述是清楚的，设计单位、监理单位相关人员在该情况说明上均签字确认，故因案涉工程基础变更导致工程量增加的事实应是可以认定的，某某公司就其诉请已经尽到了初步举证义务。根据举证责任分配，若村委会对该数额有异议的，应当进行举证，否则即应当承担举证不能的不利法律后果。现村委会仅是提出异议而并未提供证据推翻该金额，同时在原审法院向其进行释明是否需要对增加工程款进行鉴定时，村委会明确表示拒绝，故原审法院认定由村委会承担案涉工程基础变更增加的工程款金额为312352元，并无不当”[①]。

① 参见杭州市中级人民法院（2015）浙杭民终字第936号民事判决书。

第八百零六条【发包人与承包人的解除权及其法律效果】

承包人将建设工程转包、违法分包的，发包人可以解除合同。

发包人提供的主要建筑材料、建筑构配件和设备不符合强制性标准或者不履行协助义务，致使承包人无法施工，经催告后在合理期限内仍未履行相应义务的，承包人可以解除合同。

合同解除后，已经完成的建设工程质量合格的，发包人应当按照约定支付相应的工程价款；已经完成的建设工程质量不合格的，参照本法第七百九十三条的规定处理。

历史由来

本条为新增规定，其内容源于《建设工程施工合同解释》第8条和第9条的规定。《建设工程施工合同解释》第8条规定："承包人具有下列情形之一，发包人请求解除建设工程施工合同的，应予支持：（一）明确表示或者以行为表明不履行合同主要义务的；（二）合同约定的期限内没有完工，且在发包人催告的合理期限内仍未完工的；（三）已经完成的建设工程质量不合格，并拒绝修复的；（四）将承包的建设工程非法转包、违法分包的。"第9条规定："发包人具有下列情形之一，致使承包人无法施工，且在催告的合理期限内仍未履行相应义务，承包人请求解除建设工程施工合同的，应予支持：（一）未按约定支付工程价款的；（二）提供的主要建筑材料、建筑构配件和设备不符合强制性标准的；（三）不履行合同约定的协助义务的。"

在《民法典》编纂过程中，《民法典合同编（草案）》（征求意见稿）第363条首先提出本条的规定，《民法典合同编（草案）》（一审稿）第591条对"征求意见稿"仅作了个别文字性修改，《民法典合同编（草案）》（二审稿）第591条与《民法典（草案）》第806条皆采纳了"征求意见稿"第591条的规定。最终表决通过的《民法典》第806条第2款对《民法典（草案）》第806条第2款作出了将"且在催告的合理期限内"修改为"经催告后在合理期限内"的改动。

规范目的或功能

由于转包和违法分包为法律所禁止，故而转包合同和违法分包合同应认定为无效。该无效应当为相对无效，否则不可能与合同解除并存。[①]但转包合同和违法分包合同认定为无效后，发包人是否可以通过行使合同解除权的方式保护自己的权利，以往没有明确的规定。本条第1款沿袭《建设工程施工合同解释》第8条第3项的规定，如果承包人将工程转包或者违法分包，可能使发包人对承包人的劳动质量的期望落空，致使合同的目的不能实现，因而应赋予发包人合同的解除权，有助于保障工程质量和施工安全，是对社会公共利益的维护。

建筑工程质量与建筑材料、建筑构配件和设备的质量密切相关。对发包人提供建筑材料、建筑构配件和设备的，承包人对建筑材料、建筑构配件、设备进行检验是保证其施工质量的重要手段。本条第2款规定，发包人提供的主要建筑材料、建筑构配件和设备不符合强制性标准，致使承包人无法继续施工，在催告后的合理期限内仍未履行相应义务的，承包人享有合同的解除权。

合同解除之后，已经完成的建设工程质量合格的，发包人应当按照约定支付相应的工程价款。已经完成的建设工程质量不合格的，则应适用合同无效的规则。本法第793条的规定沿袭的是《建设工程施工合同解释》第3条，即建设工程施工合同无效，且建设工程经竣工验收不合格的，按照以下情形分别处理：（1）修复后的建设工程经竣工验收合格，发包人请求承包人承担

---

① 在“陆良某某旅游投资有限公司、云南某某建筑有限公司建设工程施工合同纠纷案”中，法院认为：“本案涉案工程系法定必须经过招投标的建设工程项目，而双方当事人未经法定招标投标手续自行签订的涉案合同，违反了国家法律的强制性、禁止性规定，依照《最高人民法院关于审理建设工程施工合同纠纷案件适用法律问题的解释》第一条第（三）项之规定，该合同为无效合同。原审法院对合同效力的认定有误，本院依法予以纠正。鉴于此，在合同无效的情况下，旅游公司向原审法院提出的关于解除涉案合同的反诉诉讼请求无法律依据，对此本院依法不予支持，原审法院对此部分的判定有误，本院依法予以纠正。”参见云南省高级人民法院（2018）云民终633号民事判决书。

修复费用的，应予支持；（2）修复后的建设工程经竣工验收不合格，承包人请求支付工程价款的，不予支持。因建设工程不合格造成的损失，发包人有过错的，也应承担相应的民事责任。

规范内容

一、承包人将建设工程转包、违法分包的，发包人可以解除合同

由于承包人的转包或者违法分包行为，发包人可能不愿意继续将工程交由承包人施工完成。建设工程合同承包人应当以自己的技术和劳动能力完成建设工程施工合同约定的工作。所谓转包，是指建设工程的承包人将其承包的建设工程倒手转让给第三人，使该第三人实际上成为该建设工程新的承包人的行为。转包与分包的根本区别在于：转包行为中，原承包人将其工程全部倒手转给他人，自己并不实际履行合同约定的义务；而在分包行为中，承包人只是将其承包工程的某一部分或几部分再分包给其他承包人，承包人仍然要就承包合同约定的全部义务的履行向发包人负责。[①]根据本法第791条的规定，承包人经发包人同意将其部分工程分包给他人的行为是允许的，但承包人的转包行为是禁止的。依据《民法典》第772条的规定，承揽合同是基于定作人对承揽人有特别的人身信任，如果该承揽人不亲自履行合同，就无法实现定作人订约的目的，承揽人应当以自己的设备、技术和劳力完成主要的承揽工作。承揽人未经定作人同意，不得将承揽工作的主要部分交由第三人完成。承揽人擅自将工作交由第三人完成的，将构成根本违约，此时，定作人可以选择两种方式要求承揽人承担合同责任：一是定作人要求承揽人对第三人完成的工作成果向定作人负责；二是通知承揽人解除合同。因解除合同给定作人造成损失的，定作人可以要求承揽人承担损害赔偿责任。鉴于《民法典》在承揽合同有相关的规定，本条将其立法精神移植过来，从而对发包人合同解除权的内容予以完善。

① 参见全国人民代表大会常务委员会法制工作委员会编：《中华人民共和国合同法释义》（第2版），法律出版社2009年版，第411页。

二、发包人提供的主要建筑原料、建筑构配件和设备不符合强制性标准或者不履行协助义务时承包人的解除权

如果建设工程承包合同中约定由发包人提供主要建筑材料、建筑构配件和设备的，发包人应当按照约定的材料、构配件和设备的种类、规格、数量、单价、质量等级和提供时间、地点的清单向承包人提供建设所需的材料、构配件、设备及其产品合格证明。发包人提供材料、构配件和设备的义务在性质上属于合同义务而非法定义务。在通常情况下，承包人应当自己提供材料、构配件和设备，当事人根据建设施工的特殊需要，也可以特别约定由发包人提供材料、构配件和设备。[①]为了保证建筑材料和设备的质量符合设计文件及合同的要求，《建设工程施工合同（示范文本）》（GF–2020–0201）对发包方采购建筑材料、建筑构配件和设备提出了具体的操作要求。即对发包人提供建筑材料、建筑构配件和设备的，承包人对建筑材料、建筑构配件、设备进行检验是保证其施工质量的重要手段。承包人要依据建筑工程设计要求、施工技术标准和合同的约定对建筑材料、建筑构配件和设备进行检验。《建设工程质量管理条例》将检验的标的扩及材料、构配件、设备及商品混凝土，检验制度是承包人质量保证体系的重要组成部分。因此可以看出，发包人提供的主要建筑材料、建筑构配件和设备必须符合国家强制性的标准，因为建筑材料的质量直接关系到建成的建筑物的质量。[②]双方当事人可以约定建筑材料的质量标准，但其不得低于国家的强制性标准。国家的强制性标准是关于质量要求的最低标准，如果发包人提供的建筑材料等不符合国家强制性标准，即应当认为是没有履行合同约定的主要义务，在经催告后仍未履行义务的，承包人可以请求解除合同。

发包人不履行合同约定的协助义务，致使承包人无法继续施工，经催告后无效的，承包人可以请求解除合同。这主要借鉴了关于承揽合同协助义务规定的精神。在建设工程施工合同中，承包人的工作有时是需要发包人协助的，发包人对承包人的工作有相应的协助义务。发包人协助义务的发生，取

---

① 王利明：《合同法分则研究》（上卷），中国人民大学出版社2012年版，第425页。

② 最高人民法院民事审判第一庭编著：《最高人民法院建设施工合同司法解释的理解与适用》，人民法院出版社2015年版，第84页。

决于合同的约定及施工工程本身的需要。发包人的协助义务视施工工程的内容不同而无法穷尽表述，如补足施工所需的建筑材料、提供施工场地、办理施工所需的相关手续、提供施工图纸等，如果发包人不履行有关协助义务，导致承包人无法施工或者继续施工，则是发包人违约。该违约行为经催告后没有有效改正的，承包人有权解除合同。

三、建设工程合同解除的法律后果

1. 建设工程合同解除原则上没有溯及力。合同解除后，已经完成的建设工程质量合格的，发包人应当按照约定支付相应的工程价款。建设工程施工合同在合同解除后，如工程质量合格，不存在恢复原状的问题，当事人一方主张恢复原状是不能得到支持的。但当发包人没有支付已履行部分工程价款时，不能认为支付工程价款是已经履行的部分，因此需要判令发包人支付工程价款。

2. 已经完成的建设工程质量不合格的，参照本法关于合同无效，工程质量验收不合格的规定处理，即修复后的建设工程经竣工验收合格，发包人请求承包人承担修复费用的，应予支持；修复后的建设工程经竣工验收不合格，承包人请求支付工程款的，不予支持。建设工程经竣工验收不合格，主要是建设工程质量不符合国家规定或者行业规定的标准，这里一般包括两种情况：一种情况是建设工程质量虽然不合格，但经过修复，可以使缺陷得到弥补，并通过工程竣工验收。这种情况下，发包方仍然可以接受建设工程，并在修复后继续利用建设工程。另一种情况是建设工程的质量缺陷无法通过修复予以弥补，不能通过竣工验收，建设工程丧失利用价值。对于没有利用价值的建设工程，只能重新进行建设，故而承包人没有请求支付工程款的权利。

3. 因一方违约导致合同解除的，违约方应当赔偿因此而给对方造成的经济损失。因违约导致合同解除的，违约方应当承担合同约定的违约责任。[①]如果合同约定的违约金不足以补偿守约方的经济损失的，违约方还应赔偿损失与违约金之间的差额部分。这里所指的违约方或者守约方既可能是发包人也可能是承包人。建设工程合同解除并不影响建设工程价款优先权及其行使。建设工程价款优先权起算的前提条件应当是债权人能够行使权利，因此，由

① 谢鸿飞：《合同法学的新发展》，中国社会科学出版社2014年版，第415—416页。

于发包人的原因导致建设工程合同解除或终止履行，承包人行使建设工程价款优先受偿权的期限应自合同解除或终止履行之日起计算。①

举证责任

发包人主张承包人转包或违法分包从而解除建设工程合同的，发包人应当对承包人转包或违法分包的事实进行举证；承包人主张发包人提供的主要建筑材料、建筑构配件和设备不符合强制性标准或者不履行协助义务致使其无法施工且在催告的合理期限内仍未履行相应义务，从而解除建设工程合同的，承包人应该对上述事实进行举证。

建设工程合同解除后，非违约方应当对所受损失承担举证责任。从我国司法审判实践来看，在"重庆建安公司与重庆市某某劳务有限公司建设工程合同纠纷案"中，法院认为："根据最高人民法院《关于民事诉讼证据的若干规定》第二条规定，'当事人对自己提出的诉讼请求所依据的事实或者反驳对方诉讼请求所依据的事实有责任提供证据加以证明'，本案建安公司虽上诉主张塔机租赁费按120640元核算，并确认房租费、停工期间施工现场照看人员人工费金额，但其提供的塔机租赁费部分付款凭证载明付款日期距离施工现场清理时间相距甚远，房租费收条、临时工工资发放表未反映费用归属，相关证据均不足以达到高度盖然性的证明标准。同时，建安公司自述该三项费用为合同解除后实际发生，就其性质已不属于工程款范畴，在劳务公司未存在明确意思表示的前提下，建安公司单方垫付属无因管理行为，不宜纳入本案建设工程合同纠纷的审理范围。关于材料损失的权利主张。本院认为，根据诚实信用原则，违约事由确立后，守约方相应负有积极采取措施防止违约损害扩大的义务。本案中，建安公司诉称劳务公司违约，故其解除合同。合同解除后，在明知劳务公司未及时撤场，钢材、水泥等材料可能存在毁损之情形下，建安公司任其搁置施工现场，未采取合理措施防止损失发生和扩大，应自行承担不利后果，对其相关诉讼请求，本院不予支持。"②

① 参见最高人民法院（2017）民申1153号民事裁定书。

② 参见重庆市第五中级人民法院（2014）渝五中法民终字第5318号民事判决书。

第八百零七条【工程价款的支付及法定优先权】

发包人未按照约定支付价款的，承包人可以催告发包人在合理期限内支付价款。发包人逾期不支付的，除根据建设工程的性质不宜折价、拍卖外，承包人可以与发包人协议将该工程折价，也可以请求人民法院将该工程依法拍卖。建设工程的价款就该工程折价或者拍卖的价款优先受偿。

历史由来

本条承袭于《合同法》第286条，略有文字性修改：一是将“除按照建设工程的性质不宜折价、拍卖的以外”修改为“除根据建设工程的性质不宜折价、拍卖外”；二是将“可以申请”修改为“可以请求”。

规范目的或功能

本条规定的是建设工程承包人的工程款支付请求权和法定优先权。关于建设工程优先权的性质，我国理论上主要有法定留置权说、法定抵押权说和优先权说三种不同的观点。法定留置权说认为，《合同法》在本条中扩大了留置财产的范围，建设工程合同的债权人对不动产同样可以行使留置权。[①]这种观点近年来几乎被学术界一直否定：（1）留置权仅适用于动产；（2）留置权以债权人对标的物的占有为成立要件和存续要件，承包人的优先受偿权不符合这一要件。[②]法定抵押权说认为，《合同法》第286条从设计、起草、讨论、修改、审议直到正式通过，始终是指法定抵押权。优先受偿权与一般抵押权的唯一区别是，前者系基于法律直接规定成立。[③]法定抵押权说违反了物权公

---

① 参见江平主编：《中华人民共和国合同法精解》，中国政法大学出版社1999年版，第223页。

② 参见王全弟、丁洁：《物权法应确立优先权制度——围绕合同法第286条之争议》，载《法学》2001年第4期。

③ 参见梁慧星：《合同法第二百八十六条的权利性质及其适用》，载《山西大学学报》（哲学社会科学版）2001年第3期。

示公信原则，不利于保护发包人的其他债权人的利益。法定抵押权只能与约定抵押权一起依照顺位受偿，一旦其顺位后于约定抵押权，则承包人不能得到优先受偿。[①]

建设工程承包人的优先权本质上应当是一种法定优先权，其是由法律直接规定的担保特种债权实现的权利。在建设工程承包合同中，发包人拖欠承包人工程款的现象十分严重。在实践中，许多承包人是带资建设，而在工程完工之后，发包人不及时支付工程款，将使得承包人正常的经营受到极大影响，许多承包人资金周转严重困难，甚至发生破产。尤其是发包人拖欠工程款也使一些承包人的职工不能领到工资和报酬，由此影响了社会安全。为了强化对承包人的保护，维护社会的稳定，法律基于立法政策考量赋予承包人享有的工程款这一特定债权以法定优先地位，使承包人享有的工程款请求权具有优先于一般债权人而优先受偿的效力。[②]建设工程优先权属于法定权利，承包人享有此种权利以符合法律规定的条件为前提，无需与发包人约定。

规范内容

一、建设工程优先权的法律特征

1.建设工程优先权仅适用于建设工程合同。建设工程优先权只限于建设工程合同，而不适用于建设工程承包之外的承揽合同，如勘察合同和设计合同。[③]承揽合同的范围较为广泛，若定作人不支付价款，承揽人对于工作成果（动产）可以享有留置权，法律没有必要在一般承揽合同中的承揽人留置权之外另行规定优先权。建设工程投资额大、技术性强，质量要求高，规定承包人法定优先权非常有必要。

2.建设工程优先权的设立无须公示。通常物权的设立、变更和消灭必须经过一定的公示方法，动产需要移转交付（占有），不动产需要登记。但是建

---

① 参见李晓春：《建设工程适用留置权制度之立法思考》，载《政治与法律》2006年第4期。

② 王利明：《合同法分则研究》（上卷），中国人民大学出版社2012年版，第436页。

③ 参见梁慧星：《合同法第二百八十六条的权利性质及其适用》，载《山西大学学报》（哲学社会科学版）2001年第3期。

设工程法定优先权的取得不以占有和登记为要件，因为此种优先权直接依据法律规定而产生。[①]依据物权法定原则，该法定优先权并非物权。相反，其优先于抵押权等物权。

3.建设工程优先权的享有者是建设工程承包人。建设工程合同订立总承包合同后，再由总承包人订立分包合同的，在总承包合同、分包合同均有效的情形下，发包人拖欠工程款的，总承包人可以对工程折价或者拍卖价款主张优先受偿权。分包人对自己承建部分不享有优先权。但如因总承包人怠于行使优先权损害分包人利益，分包人可依照《合同法》第73条（《民法典》第535条）的规定就其承包工程价款范围内向发包人主张权利。[②]

4.建设工程价款优先受偿权属于私权范畴，虽然有判决认为承包人放弃工程价款优先受偿权无需征得建筑工人、材料商的同意，[③]但是《建设工程施

---

① 在“某某实业集团有限责任公司与大连某某建设集团有限公司等案外人执行异议之诉案”中，法院认为，“建设工程价款优先受偿权为法定优先权，原则上自符合合同有效、建设工程施工已竣工或因发包人原因停建，且不属于不宜折价、拍卖的范围等法定条件时起设立，而非依生效确权裁判确认后设立。最高人民法院〔2007〕执他字第11号复函指出，‘建设工程款优先受偿权是一种法定优先权，无需当事人另外予以明示’。《最高人民法院关于适用〈中华人民共和国民事诉讼法〉的解释》第五百零八条第二款规定，‘对人民法院查封、扣押、冻结的财产有优先权、担保物权的债权人，可以直接申请参与分配，主张优先受偿权。’根据上述规定，建设工程价款优先受偿权成立之后，无需另外明示，且可以依法直接行使”。参见最高人民法院（2018）最高法民申1281号民事裁定书。

② 《建设工程施工合同解释（二）》第25条规定：“实际施工人根据合同法第七十三条规定，以转包人或者违法分包人怠于向发包人行使到期债权，对其造成损害为由，提起代位权诉讼的，人民法院应予支持。”

③ 在“大连甲建筑工程有限公司与庄河市乙置业有限公司等建设工程施工合同纠纷案”中，法院认为：“建设工程价款优先受偿权的性质为具有担保性质的民事财产权利，属于私权范畴，甲公司有权选择行使或放弃。根据《最高人民法院关于建设工程价款优先受偿权问题的批复》第三条关于‘建筑工程价款包括承包人为建设工程应当支付的工作人员报酬、材料款等实际支出的费用，不包括承包人因发包人违约所造成的损失’的规定，工程价款优先受偿权虽然旨在赋予承包人优于抵押权的法定优先权进而间接保障建筑工人、材料商的合法权益，但并未规定该优先权的行使、放弃需征得建筑工人、材料商的同意，甲公司主张因其未征得上述人员同意，放弃优先权的意思表示无效，缺乏法律依据。甲公司放弃优先受偿权系自愿，应为真实意思表示，也不违反法律行政法规的效力性强制性规定，本案也不存在《中华人民共和国合同法》第五十二条规定的无效情形，故《承诺书》合法有效，对甲公司依法具有约束力。”参见最高人民法院（2018）最高法民终99号民事判决书。

工合同解释（二）》第23条规定：“发包人与承包人约定放弃或者限制建设工程价款优先受偿权，损害建筑工人利益，发包人根据该约定主张承包人不享有建设工程价款优先受偿权的，人民法院不予支持。”

二、建设工程优先权的适用条件

1.发包人未支付工程价款。在建设工程合同中，发包人在工程建设完成以后，对竣工验收的工程应当按照合同约定的方式和期限进行工程结算，支付价款，并及时向承包人支付价款后接受工程。依据《建设工程价款优先受偿权批复》第3条的规定，建设工程价款包括承包人为建设工程应当支付的工作人员报酬、材料款等实际支出的费用，不包括承包人因发包人违约所造成的损失。欠付工程款的利息属于孳息损失的范围，是否属于建设工程价款优先受偿权的范畴，有否定说①与肯定说②两种。《建设工程施工合同解释（二）》第21条采否定说，即承包人建设工程价款优先受偿的范围依照国务院有关行政主管部门关于建设工程价款范围的规定确定。承包人就逾期支付建设工程价款的利息、违约金、损害赔偿金等主张优先受偿的，人民法院不予支持。

2.承包人催告后仍未支付以及优先权的行使期间。在承包人催告发包人之后，其仍然不支付工程价款，承包人才可以行使优先权。《建设工程价款优先受偿权批复》第4条规定：“建设工程承包人行使优先权的期限为六个月，自建设工程竣工之日或者建设工程合同约定的竣工之日起计算。”③在发包人与承

---

① 参见最高人民法院（2018）最高法民申4018号民事裁定书。

② 在“中建某集团有限公司与宁夏某置业开发有限公司建设工程施工合同纠纷案”中，法院认为：“工程款利息属于法定孳息，是基于承包人实际支出的费用而产生的孳息，与工程款本为一体，理应属于优先权的受偿范围。中建某集团上诉主张，其优先受偿权的范围包括欠付工程款及利息，具有相应的事实和法律依据，本院予以支持。”参见最高人民法院第六巡回法庭（2017）最高法民终611号民事判决书。

③ 在“北海某投资开发有限公司与浙江某建筑工程有限公司建设工程施工合同纠纷案”中，法院认为：“根据合同法第二百八十六条规定的原意，优先权的适用是以发包人逾期不支付工程价款为前提，一审法院认为‘应当遵循客观事实，尊重当事人之间关于支付工程价款期限的约定，优先受偿权行使期限的起算点，不应早于当事人之间约定的工程价款支付期限，以保证实现该优先权权能’是公平合理的。”参见最高人民法院第一巡回法庭（2017）最高法民终918号民事判决书。

包人未约定就承建工程进行分享或分栋验收并单独结算及单独支付工程款的情况下，承包人行使建设工程优先受偿权的期限应以整体工程的竣工之日起算6个月。[①]但是，建设工程完工之前中途停止施工的，不能以“建设工程竣工之日”或“约定的竣工之日”作为工程价款优先受偿权的起算时间，应当以工程款结算及支付事宜达成合意的时间作为优先受偿权的起算时间。[②]如果因发包人一方原因导致合同未竣工，按照《民法典》关于建设工程价款优先受偿权的立法本意及《建设工程价款优先受偿批复》的精神，结合最高人民法院《民事审判工作会议纪要（2011年）》关于如建设工程由于发包人原因解除，承包人行使建设工程价款优先受偿权的期限可以自合同解除之日起计算。[③]

3.标的为竣工验收的建设工程。《建设工程安全生产管理条例》第2条第2款规定：“本条例所称建设工程，是指土木工程、建筑工程、线路管道和设备安装工程及装修工程。”《建设工程施工合同解释（二）》第17条规定：“与发包人订立建设工程施工合同的承包人，根据合同法第二百八十六条规定请求其承建工程的价款就工程折价或者拍卖的价款优先受偿的，人民法院应予支持。”第18条规定：“装饰装修工程的承包人，请求装饰装修工程价款就该装饰装修工程折价或者拍卖的价款优先受偿的，人民法院应予支持，但装饰装修工程的发包人不是该建筑物的所有权人的除外。”

三、建设工程优先权的效力

1.建设工程优先权具有优先于一般债权的效力。建设工程质量合格或者未竣工的建设工程质量合格，发包人逾期不支付建设工程价款的，承包人既可以与发包人协议将该工程折价，也可以请求人民法院将该工程依法拍卖来行使建设工程价款优先受偿权。承包人享有的建设工程优先受偿权系法定权利，不需要经法院确认即享有。[④]

2.建设工程优先权与抵押权的竞合。《建设工程价款优先受偿权批复》第

① 参见最高人民法院（2018）最高法民申4018号民事裁定书。
② 参见最高人民法院（2018）最高法民终325号民事判决书。
③ 参见最高人民法院（2016）最高法民再295号民事判决书。
④ 参见最高人民法院（2018）最高法民再84号民事判决书。

1条规定："人民法院在审理房地产纠纷案件和办理执行案件中，应当依照《中华人民共和国合同法》第二百八十六条的规定，认定建筑工程的承包人的优先受偿权优于抵押权和其他债权。"[①]

3.建设工程优先权随工程款债权的转让而转让。工程款债权本质上是可流通转让的财产权，建设工程价款优先受偿权是附属工程款债权的担保权利。从一般法理分析，主债权转让的，担保权利应一并依法转让。工程款债权转让的，担保工程款债权实现的建设工程价款优先受偿权应一并转让。允许建设工程价款优先受偿权随主债权一并转让，有利于加速主债权人通过流转的方式实现权利，得到清偿，从根本上有利于建设工程价款优先受偿权设立的目的，保障工程款债权人的利益。[②]

4.建设工程优先权与商品房买受人的债权。案外人对人民法院正在执行的财产主张享有建设工程价款优先受偿权的，不能阻止执行标的的转让、交付。案外人只有认为自己对执行标的享有实体权利，而人民法院的强制执行行为妨碍了其所享有的实体权利的，才可以作为执行异议之诉的原告提起执行异议之诉。优先受偿权是债权优先得到清偿的权利，这种权利不是所有权等实体权利，不能阻止执行标的的转让、交付。因此，主张建设工程价款优先权的人，不能依照《民事诉讼法》第227条规定提出异议。虽然建设工程价款优先受偿权不能阻止执行标的的转让、交付，但并不影响执行标的转让、交付获得相应执行价款后，案外人以享有法定优先权为由请求参与执行价款的分配。[③]《建设工程价款优先受偿权批复》第2条规定："消费者交付购买商品房的全部或者大部分款项后，承包人就该商品房享有的工程价款优先受偿权不得对抗买受人。"

举证责任

建设工程合同中，发包人未按照约定支付价款的，承包人可以催告发包

① 参见最高人民法院（2018）最高法民申1566号民事裁定书。

② 参见最高人民法院（2019）最高法民终519号民事判决书。

③ 参见最高人民法院（2017）最高法民申5098号民事裁定书。

人在合理期限内支付价款。承包人对此应当承担举证责任。承包人若举证证明建设工程竣工验收、发包人未按期支付工程价款以及发包人经催告仍未支付工程价款，则承包人可以行使建设工程优先权。承包人就未付工程款对所承建工程享有优先受偿权，系为保护承包人对工程价款的实际受偿，在认定该优先受偿权的行使期限时，应当尊重当事人之间关于支付工程价款期限的约定，优先受偿权行使期限的起算点，不应早于当事人之间约定的工程价款支付期限，以保证实现该优先权权能。[①]建设工程款优先受偿权的行使期限属于除斥期间，且承包人需在法定期限内通过诉讼的方式予以主张。[②]

第八百零八条【适用承揽合同的规定】

本章没有规定的，适用承揽合同的有关规定。

历史由来

本条承袭于《合同法》第287条的规定。在《民法典》编纂过程中，本条内容前后未经过任何改动。

规范目的或功能

本条属于准用性法律规范。建设工程合同实质上即为建设工程承揽合同。按照本法的规定，承揽合同是承揽人按照定作人的要求完成工作，交付工作成果，定作人支付报酬的合同。承揽包括加工、定作、修理、印刷、广告、复制、测试、检验等工作。建设工程合同是承包人进行工程建设，发包人支付工程价款的合同。建设工程合同的主体是发包人和承包人。建设工程合同的标的是建设工程，包括建设房屋、公路、铁路、桥梁、隧洞、水库工程等。建设工程合同系一种特殊的承揽合同，具有标的物特殊、履行较复杂、期限较长、涉及公共利益等特性。本章针对此类特性，设有多项特别规定，诸如

① 参见最高人民法院（2016）最高法民终463号民事判决书。

② 参见最高人民法院（2019）最高法民终255号民事判决书。

对转包分包的限制、隐蔽工程的检查、建设工程的验收、施工人的质量责任、建设工程缺陷致人损害的责任、发包人与承包人的解除权、承包人工程款的优先权等。此类规定优先于承揽合同中相同事项的规定，如转承揽、定作人的任意解除权、[①]承揽人的留置权等。对于建设工程合同，本章有规定者，适用本章规定，本章无规定的事项，适用关于承揽合同的规定。

规范内容

一、承揽人提供材料的规定

《民法典》第774条规定："承揽人提供材料的，应当按照约定选用材料，并接受定作人检验。"根据该条规定，如果在建设工程合同中约定由承包人提供材料、构配件和设备，并约定了提供材料、构配件和设备的时间、数量和质量的，承包人就应当按照约定准备材料、构配件和设备。承包人准备好材料、构配件和设备后，应当及时通知发包人检验，并如实提供发票以及数量和质量的说明文件。如果经检验，发包人发现材料、构配件和设备数量缺少的，应当及时通知承包人补齐。发包人发现材料、构配件和设备质量不符合约定的，应当及时通知承包人更换，因此发生的费用，由承包人承担。

二、定作人提供材料及双方义务的规定

《民法典》第775条规定："定作人提供材料的，应当按照约定提供材料。

---

① 在"济南某装饰工程有限公司与王某某装饰装修合同纠纷案"中，法院认为："王某某与某公司对涉案《家庭居室装饰装修工程施工合同》的效力和解除均没有异议，本院予以确认。王某某与某公司之间的《家庭居室装饰装修工程施工合同》的合同类型属于建设工程合同，《合同法》在'建设工程合同'一章中没有关于建设工程合同解除的特别规定，但该法第二百八十七条规定：'本章没有规定的，适用承揽合同的有关规定。'《合同法》第268条规定：'定作人可以随时解除承揽合同，造成承揽人损失的，应当赔偿损失。'本案中，王某某作为定作人可以随时解除涉案合同，但在解除合同的同时需赔偿某公司相应的损失，某公司未就其损失情况进行举证，但双方在涉案合同中约定了违约金条款，一审法院综合考虑合同履行情况酌定王某某向某公司支付2000元的违约金，某公司从退还给王某某交纳的预付款中扣减该违约金数额并无不当。"参见山东省济南市中级人民法院（2019）鲁01民终4835号民事判决书。然而，既然建设工程发包人的解除权法律有明文规定，那么发包人就不适用定作人任意解除权的规定。

承揽人对定作人提供的材料应当及时检验，发现不符合约定时，应当及时通知定作人更换、补齐或者采取其他补救措施。承揽人不得擅自更换定作人提供的材料，不得更换不需要修理的零部件。”根据该条规定，在建设工程合同中，当事人可以约定由发包人提供材料、构配件和设备。发包人应当在合同约定的时间向承包人提供符合约定数量和质量的材料、构配件和设备。当发包人提供材料、构配件和设备后，承包人应当立即检验。如果经承包人检验，发包人提供的材料、构配件和设备符合约定，承包人应当确认并通告发包人。如果经检验，发包人提供的材料、构配件和设备数量不足的，承包人应当通知发包人补齐；发包人提供的材料质量、构配件和设备不符合约定的，承包人应当及时通知发包人更换以达到合同要求。发包人提供的材料、构配件和设备经检验符合约定的，承包人应当妥善保管该材料、构配件和设备并且应当以该材料、构配件和设备完成建设工作，不得擅自更换。

三、承揽人的通知义务

《民法典》第776条规定：“承揽人发现定作人提供的图纸或者技术要求不合理的，应当及时通知定作人。因定作人怠于答复等原因造成承揽人损失的，应当赔偿损失。”根据该条规定，如果承包人在建设工作之前或者工作之中发现发包人提供的图纸或者技术要求不合理，在此情况下，承包人应当及时将该情况通知发包人。发包人在接到承包人关于图纸或者技术要求不合理的通知后，应当立即采取措施，修改图纸和技术要求。

四、定作人支付报酬期限的规定

《民法典》第782条规定：“定作人应当按照约定的期限支付报酬。对支付报酬的期限没有约定或者约定不明确，依据本法第五百一十条的规定仍不能确定的，定作人应当在承揽人交付工作成果时支付；工作成果部分交付的，定作人应当相应支付。”根据该条规定，发包人应当按照合同约定的期限，以合同约定的币种、数额向承包人支付报酬。如果建设工程合同对支付报酬的期限没有约定或者约定不明确的，依照本法第510条的规定，当事人可以协议补充约定报酬支付期限，发包人按照补充约定的期限向承包人支付报酬。当事人不能达成补充协议的，发包人按照合同有关条款或者交易习惯确定的支付期限向承包人支付报酬。如果合同对报酬支付期限未约定，根据本法第510条仍不能确定的，发包人应当在建设工程竣工验收的同时支付。

五、承揽人保管材料的义务及责任

《民法典》第784条规定："承揽人应当妥善保管定作人提供的材料以及完成的工作成果，因保管不善造成毁损、灭失的，应当承担赔偿责任。"根据该条的规定，发包人按约提供材料、构配件和设备后，承包人有义务妥善保管发包人提供的材料、构配件和设备，保持材料、构配件和设备的质量状态，防止材料、构配件和设备非正常损耗，从而保证工程的质量。在工程未交付以前，承包人应当妥善保管工程。如果承包人未尽妥善保管义务，造成材料、构配件和设备或者工程毁损、灭失的，承包人应当承担赔偿责任。

六、承揽人保守秘密的规定

《民法典》第785条规定："承揽人应当按照定作人的要求保守秘密，未经定作人许可，不得留存复制品或者技术资料。"根据该条的规定，承包人有保密的义务。承包人的保密义务体现在，承包人在订立合同过程中知悉发包人商业秘密，发包人要求保密的，承包人应当保密，不得泄露或者不正当地使用。在建设工程完成后，承包人应当将涉密的图纸、技术资料等一并返还发包人，未经发包人许可，承包人不得留存图纸以及其他技术资料。

七、共同承揽人的连带责任

《民法典》第786条规定："共同承揽人对定作人承担连带责任，但是当事人另有约定的除外。"共同承揽是指由两个或者两个以上的人共同完成承揽工作的合同。共同完成承揽工作的人被称为共同承揽人。建设工程合同属于特殊的承揽合同，数个承包人可以与发包人共同订立建设工程合同，也可以根据数个承包人的约定由其中一个承包人代表所有共同承包人与发包人订立建设工程合同，数个承包人即共同承包人。根据该条规定，共同承包人需对发包人承担连带责任。共同承包人应当按照约定完成工作，将工作成果交付给发包人。每一个共同承包人都应当对建设施工的全部工作向发包人负责。如果承包人交付的建设工程质量不合格，发包人可以要求共同承包人中的任何一个承担违约责任，任何一个共同承包人都应当无条件地承担违约责任。承担责任的共同承包人，可以向其他共同承包人追偿超出其实际应承担的责任份额。

三 举证责任

在举证责任上，建设工程合同亦应当适用承揽合同的有关规定。

第十九章

运输合同

第一节　一般规定

第八百零九条【运输合同的定义】

运输合同是承运人将旅客或者货物从起运地点运输到约定地点，旅客、托运人或者收货人支付票款或者运输费用的合同。

历史由来

本条来源于《合同法》第288条的规定，本条与《合同法》第288条规定完全一致，文字与内容均无变化。在《民法典》的制定过程中，《民法典合同编（草案）》（征求意见稿）第367条、《民法典合同编（草案）》（一审稿）第594条、《民法典合同编（草案）》（二审稿）第594条和《民法典（草案）》第809条规定的文字和内容一直无变化。在《民法典》的起草过程中，各主要学者建议稿均未就此条提出修改建议。[①]

规范目的或功能

本条为不完全法条，主要是明确运输合同的定义。运输合同，是指承运人将旅客或者货物从起运地点运输到约定地点，旅客、托运人或者收货人支付票款或者运输费用的合同。由此明确了运输合同的主体、内容和类型。本条规定了运输合同的定义，旨在为实践中判断特定合同是否属于运输合同提供法律依据。本条根据运输合同标的的不同，明确将运输合同分为旅客运输合同和货物运输合同两大基本类型。

---

① 参见梁慧星主编：《中国民法典草案建议稿附理由：合同编》（上册），法律出版社2013年版，第647页；王利明主编：《中国民法典草案建议稿及说明》，中国法制出版社2004年版，第205页。

规范内容

一、承运人

运输合同涉及的主体主要包括旅客、托运人、收货人和承运人。旅客是接受承运人运输服务，乘坐运输工具的人；托运人是将行李物品或者货物交由承运人运输的人；收货人可能为托运人本人或者是托运人指定的收取货物的第三人；承运人是利用运输工具提供运输服务的人。[①]如果并非使用运载工具运输，或者不是运送旅客或者货物，仅仅是将其他标的物从一地运至另一地，则非属本条所称的运输行为，不适用本章规定。[②]

承运人有广、狭两义。广义的承运人包括缔约承运人和实际承运人，狭义的承运人仅指缔约承运人。缔约承运人，是指与旅客或托运人订立合同，约定将旅客或者货物从起运地点运输到约定地点并收取运输费用的一方当事人。实际承运人为接受缔约承运人的委托从事旅客或者货物运输或部分运输之人。[③]本条所称承运人应当包括缔约承运人和实际承运人。根据合同相对性原则，应由缔约承运人向旅客、托运人承担合同责任。但是，我国立法和司法实践中，均存在突破合同相对性原则由实际承运人直接承担合同责任的情形。相关特别法如《民用航空法》第140条、第143条和《海商法》第61条均规定，非为运输合同当事人的实际承运人对旅客或者托运人承担法定合同责任，[④]据此实际承运人的合同责任主要存在于海上运输领域与航空运输领域，且相关实际承运人责任规则基本相同。司法实践上，法院往往认定实际承运人承担合同责任。例如，“阿卜杜勒·瓦希德诉中国东方航空股份有限公司航空旅客运输合同纠纷案”中，裁判要点明确提出：“对航空旅客运输实际承运

---

① 参见隋彭生：《合同法要义》，中国政法大学出版社2004年版，第554页。

② 参见最高人民法院经济审判庭编著：《合同法释解与适用》（下册），新华出版社1999年版，第1392页。

③ 参见最高人民法院经济审判庭编著：《合同法释解与适用》（下册），新华出版社1999年版，第1395页。

④ 参见郑晓哲、王慧敏：《实际承运人责任的性质——基于逻辑与价值的视角》，载《人民论坛》2011年第32期。

人提起的诉讼，可以选择对实际承运人或缔约承运人提起诉讼，也可以同时对实际承运人和缔约承运人提起诉讼。被诉承运人申请追加另一方承运人参加诉讼的，法院可以根据案件的实际情况决定是否准许。”由此确立了实际承运人对旅客承担合同责任的规则。此外，在“常某某与常州某航空货运销售中心等航空货物运输合同纠纷案”[①]“某某贸易有限公司与青岛某船舶代理有限公司等海上货物运输合同纠纷上诉案”[②]“哈池曼海运公司与上海申福化工有限公司、日本德宝海运株式会社海上货物运输合同货损纠纷案”[③]等案件中，法院均判定实际承运人与缔约承运人共同承担合同责任。对于立法和司法中由实际承运人承担合同责任的法理，学界存在不同见解，主要包括“履行辅助人”说和“利他合同债务人”说。“履行辅助人”说认为，实际承运人履行运输行为的基础是缔约承运人与实际承运人之间的委托关系，[④]因此，实际承运人为缔约承运人的履行辅助人，其向合同相对人承担的责任并非合同责任而是特殊法定责任。[⑤]“利他合同债务人”说认为，履行辅助人导致债务人违约的，应由债务人本人对债权人承担违约责任，故“履行辅助人”说与司法实践不合；实际承运人与缔约承运人之间的事实委托合同应认定为利他合同，旅客或者托运人作为第三人对实际承运人的直接履行请求权和债务不履行的损害赔偿请求权源于《民用航空法》《海商法》等法律的具体规定。[⑥]对于特别法规定和司法实践认定由实际承运人直接向旅客或者托运人承担合同责任，将实际承运人解释为利他合同债务人更为合理。

承运人可以是自然人、法人或者非法人组织，可以是一人或者数人。承运人通常为以运送旅客或者物品为营业而收取运送对价之人。[⑦]但是，本条并

---

① 常州市新北区人民法院（2010）新孟民初字第853号民事判决书。

② 福建省高级人民法院（2005）闽民终字第95号民事判决书。

③ 最高人民法院（2013）民提字第6号民事判决书。

④ 参见王立志：《论实际承运人的法律地位》，载司玉琢主编：《中国海商法年刊》（第18卷），大连海事大学出版社2008年版，第132页。

⑤ 参见刘楠、郭萍：《承运人之履行辅助人责任问题研究》，载《甘肃社会科学》2015年第2期。

⑥ 参见刘胜军：《论实际承运人的法律地位——从“指导案例51号”切入》，载《法商研究》2017年第5期。

⑦ 参见梁慧星主编：《中国民法典草案建议稿附理由：合同编》（上册），法律出版社2013年版，第647页。

未明确规定承运人是否必须以运输为营业，对此学者有不同见解。有学者认为，承运人须为具备客运或货运资质的主体，以运输为业，以收取运输费用为营利手段。[①]其理由之一为交通运输业是国家基础行业，国家对其实行经营许可管理，只有经国家交通主管机关批准，领取经营许可证方可从事运输业务，未获得从事运输业资格的承运人签订的运输合同无效。[②]上述观点在21世纪初较为盛行，随着司法实践倾向发生变化，合同无效情形逐步受到严格限制，合同当事人未获得从事运输业资格不再是运输合同无效事由。其理由之二主要源自我国台湾地区学者的观点，但是，我国台湾地区规定承运人须以运送物品或旅客为营业，我国台湾地区学者作此解释理所当然，本条未明确规定承运人必须以运输为营业，不能作此当然解释。也有学者持相反见解，认为承运人不应限于以运送为营业者，方有利于保护非营业运送中的当事人利益。[③]从文义来看，本条规定并未限定承运人的范围，无论是否以运送为营业的承运人均属之。将承运人范围限缩解释为以运送为营业的承运人的前提使法条文义过于狭窄、不符合立法目的。限定承运人须以运送为营业的见解并未探求本条的立法原意，直接限缩承运人的范围与法条文义不符。在运输合同纠纷的司法实践中，法院往往并不讨论承运人是否以运输为营业，不论运输者的职业为农民、自由职业者还是其他，只须与相对人订立以运送旅客或者货物的运输合同即为承运人。[④]运输者是否具备运营资质均可作为承运人，实践中，网约车与乘车人订立的运输合同不因网约车缺乏运营资质而无效。[⑤]

① 参见崔建远：《合同法》（第三版），北京大学出版社2016年版，第581页；王利明：《合同法研究》（第三卷）（第二版），中国人民大学出版社2015年版，第502页；最高人民法院经济审判庭编著：《合同法释解与适用》（下册），新华出版社1999年版，第1393页。

② 参见最高人民法院经济审判庭编著：《合同法释解与适用》（下册），新华出版社1999年版，第1397页。

③ 参见梁慧星主编：《中国民法典草案建议稿附理由：合同编》（上册），法律出版社2013年版，第647页。

④ 例如，甘肃省庆阳市中级人民法院（2018）甘10民终938号民事判决书、河南省漯河市中级人民法院（2019）豫11民终1426号民事判决书、山东省淄博市中级人民法院（2018）鲁03民终4171号民事判决书中，法院均未讨论承运人是否以运送为营业。

⑤ 参见赣州市中级人民法院（2018）赣07民终553号民事判决书。

二、运输合同为双务、有偿、诺成合同

通常而言，运输合同是固有的、纯粹的双务、有偿、诺成合同。[①]本条规定运输合同以旅客、托运人或者收货人支付票款或者运输费用作为承运人运送行为的对价，因此运输合同为双务合同。原则上，运输合同为有偿合同，例外的是运送救济物品和公共运输中运送符合免票乘坐标准的未成年人等无偿合同，[②]只有在特约情形下，运输合同才可能是无偿合同，[③]且此类无偿运输合同亦应适用运输合同规定。传统学说认为运输合同为实践合同，须以承运人接受货物、运费为标志成立合同，但随着运输业的发展，如果仍然坚持运输合同为实践合同，将不利于保障承运人利益，[④]为平衡承运人与旅客、托运人或者收货人的利益，通说转变为运输合同原则上应为诺成合同，[⑤]承运人与旅客或托运人意思表示一致即成立运输合同。现实生活中，某些运输合同存在“实践性”特征，但并不意味着该运输合同为实践合同。有学者提出，在乘坐公共汽车的情形中，乘客无需在乘车之前购票，其登上公共汽车时与承运人之间成立运输合同，由此表明运输合同具有实践性。[⑥]但是，此种实践性并不等同于运输合同为实践合同，乘客登上公共汽车的行为本身应认定为以行为的方式作出要约的意思表示，基于公共运输承运人的强制缔约义务，乘客与公共运输承运人之间的运输合同成立。于此合同订立过程中，并不以交付标的物或者完成其他给付为要件，故此种运输合同也并非实践合同。

司法实务中，无偿运输合同包括多种形态，部分类型的无偿运输合同不适用运输合同规定，而应视具体情形适用其他相关规定。例如，在“王某与郑某某义务帮工受害责任纠纷案”中，承运人郑某某为王某运送货物并收取

---

① 参见朱广新：《民法典之典型合同类型扩增的体系性思考》，载《交大法学》2017年第1期。

② 参见崔建远主编：《合同法》（第六版），法律出版社2015年版，第384页。

③ 参见隋彭生：《合同法要义》，中国政法大学出版社2004年版，第555页。

④ 参见张代恩：《运输合同·保管合同·仓储合同》，中国法制出版社1999年版，第5页。

⑤ 参见最高人民法院经济审判庭编著：《合同法释解与适用》（下册），新华出版社1999年版，第1393页。

⑥ 参见张代恩：《运输合同·保管合同·仓储合同》，中国法制出版社1999年版，第5页。

王某一定数额的“油费”，法院认为，这一费用仅为运输成本而非运输收益，因此郑某某的运输行为是无偿为王某提供劳务的义务帮工行为。[①]该案不适用运输合同规定的原因在于托运人支付的费用不构成运送行为的对价，非属有偿合同。在好意搭乘情形下，运输人与乘车人同样不成立运输合同关系，如在“付某生、付某萍等与周某旗等合同纠纷案”“张某、高某清与苏某金运输合同纠纷案”等案件中，法院认定，双方之间并无订立旅客运输合同的意思表示，双方之间不存在所谓的运输合同法律关系，运送行为属于好意施惠行为，应适用侵权责任法相关规定。[②]此外，某些“无偿”运输合同仍然被认定为运输合同。例如，在超市免费班车接送顾客的过程中发生交通事故造成乘客伤害的情形，法院多认为乘客与超市或者实际承运人之间成立运输合同关系，[③]其理由主要在于超市提供免费班车的行为本身是为吸引或招揽顾客到店购买商品并由此获利，其运输行为属于商品销售行为的延伸，并非严格意义上的无偿行为。又如，在“鞠某喜、刘某宝等与安丘市某医院服务合同纠纷案”中，医院派出救护车辆及医护人员，目的是运送刘某池到被告处进行诊疗活动，建立医疗服务合同关系，返程途中发生交通事故致刘某池死亡，双方的医疗服务合同并未成立。对于医院派车运输行为是否属于客运行为，法

① 参见吉林省吉林市中级人民法院（2012）吉中民一终字第799号民事判决书、河南省安阳市中级人民法院（2017）豫05民终5300号民事判决书。

② 景洪市人民法院（2016）云2801民初3377号民事判决书、湖南省怀化市中级人民法院（2017）湘12民申37号民事裁定书。

③ 在“金某与某超市有限公司浦珠北路连锁店、南京某汽车服务有限公司等公路旅客运输合同纠纷案”中，法院认为：“某超市浦珠北路连锁店虽未收取运费，但是其提供免费购物班车的目的在于吸引、招揽顾客至其店中购物并获利，故上述合同就其性质而言仍不失为公路旅客运输合同”。参见南京市浦口区人民法院（2012）浦民初字第1418号民事判决书。在“苏州某汽车租赁有限公司与周某、中国某保险股份有限公司苏州分公司机动车交通事故责任纠纷案”中，法院认为：“汽车租赁公司从某超市承揽了接送购物顾客业务后用车辆搭载顾客，与乘客间形成运输合同关系。汽车租赁公司的车辆在运送过程中发生交通事故致乘客受伤，乘客可主张交通事故侵权损害赔偿或基于运输合同关系主张赔偿。”参见江苏省高级人民法院（2015）苏民再提字第00081号民事判决书。在“李某某与上海某汽车租赁有限公司生命权、健康权、身体权纠纷案”中，法院认为：“原告于某公司卖场购物后乘坐卖场班车回家途中，因驾驶员急刹致原告摔伤，原告可依其被侵权人身份向侵权人主张侵权责任，也可依乘客身份向运输合同的违约方主张承担违约责任，还可依消费者身份向卖场主张保障责任或合同责任。”参见上海市嘉定区人民法院（2016）沪0114民初11519号民事判决书。

院认为，这一运送行为是“附随于欲建立医疗服务合同的行为，是一种免费的客运服务行为，应认定为服务合同关系，适用客运合同法律关系处理”。[①]概言之，承运人的免费运输是否属于本条所称之运输，承运人与搭乘人之间是否成立运输合同关系，关键不在于其“免费”之名而在于其提供有偿服务之实，即运费是否已经摊入消费额或服务费中，[②]更在于合同当事人之间是否具备订立运输合同的合意。

三、运输合同与承揽合同

运输合同以运送旅客或者货物为目的，本质上属于提供服务的合同。有学者评价，运输合同与承揽合同有异曲同工之妙，[③]甚至有学者认为运输合同为一种特殊的承揽合同，[④]其原因在于《合同法》规定的运输合同如承揽合同一样，也以追求服务结果为对象。[⑤]运输合同需要将旅客或者货物从起运地点运输到约定地点，这也符合承揽合同以完成一定工作为目的的特征。但是，另有学者指出，运输合同不同于承揽合同，运输合同的旅客、托运人所需要的并非承运人的物化的工作成果，而是其运输行为，[⑥]两类合同的主要区别在于，运输合同仅以提供运送服务为内容，承揽合同以提供工作成果为内容。[⑦]例如，以清理并运送至垃圾填埋场为内容的合同应认定为承揽合同，而非运

---

① 参见安丘市人民法院（2017）鲁0784民初2348号民事判决书。

② 参见吴志正：《债编各论逐条释义》（修正六版），台北元照出版有限公司2019年版，第336页。

③ 参见李淑明：《债法各论》，台北元照出版有限公司2018年版，第455页。

④ 参见林诚二：《债编各论新解——体系化解说》（中），台北瑞兴图书股份有限公司2015年版，第414页；吴志正：《债编各论逐条释义》（修正六版），台北元照出版有限公司2019年版，第335页。

⑤ 参见朱广新：《民法典之典型合同类型扩增的体系性思考》，载《交大法学》2017年第1期。

⑥ 参见魏振瀛主编：《民法》（第五版），北京大学出版社、高等教育出版社2013年版，第526页。

⑦ 参见王利明：《合同法研究》（第三卷）（第二版），中国人民大学出版社2015年版，第505页；李建伟：《我国民法典合同法编分则的重大立法问题研究》，载《政治与法律》2017年第7期。

输合同。[①]该合同虽然涉及运输行为，但其中的运输行为并非独立行为，而是与清理行为共同构成该承揽合同中不可缺少的部分。

司法实践中，运输合同和承揽合同的界限较为清晰，如在“绥江县某水泥有限责任公司与胡某贵、喻某荣健康权纠纷案”中，法院将以运送为内容的合同认定为货物运输合同，合同内容为上诉人负有将散装水泥罐装吊至被上诉人车辆的义务，而被上诉人则负有将货物安全运送到指定地点交货的义务；同时，上诉人将其装吊散装水泥罐至被上诉人车辆的义务交由第三人完成，法院认定这一合同为承揽合同。[②]本案同时涉及运输合同和承揽合同，其中运输合同的内容限定为运送服务，承揽合同的内容则包括运送服务和其他服务。

四、运输合同与快递服务合同

快递服务合同是寄件人与快递企业之间所签订的、由后者将寄件人所交付的物品快速投递给特定收件人的合同。[③]关于快递服务合同是否属于运输合同，主要有肯定说和否定说两种不同观点。肯定说认为，快递服务合同符合货物运输合同的基本特点，如标的均为快递企业的快速递送行为、合同涉及第三人、快递企业需将快递物品交付收件人等，因此，快递服务合同在本质上是货运合同。[④]否定说认为，快递服务合同与货运合同在告知义务内容、是否具有投递服务和合同履行时限要求三个方面的主给付义务不同，[⑤]因此集运输、承揽、保管等合同类型于一体的快递服务合同并非运输合同，[⑥]应规定为

① 参见黄立主编：《民法债编各论》（下），中国政法大学出版社2003年版，第647页。

② 云南省昭通市中级人民法院（2015）昭中民二终字第665号民事判决书。

③ 参见苏号朋、唐慧俊：《快递服务合同中的消费者权益保护》，载《东方法学》2012年第6期。

④ 参见苏号朋、唐慧俊：《快递服务合同中的消费者权益保护》，载《东方法学》2012年第6期。

⑤ 参见郑佳宁：《快递服务合同典型化的立法表达与实现路径》，载《法学家》2019年第1期。

⑥ 参见朱广新：《民法典之典型合同类型扩增的体系性思考》，载《交大法学》2017年第1期。

一种独立的无名合同。[①]司法实践中，快递服务合同相关法律问题适用的法律依据并不统一，主要包括《邮政法》或者《合同法》。例如，在“黄某炳与广州市某物流服务有限公司公路货物运输合同纠纷案”中，法院认定原告将吉他交由物流公司承运，与物流公司成立公路货物运输合同关系，案涉吉他因运输过程中漆面脱落被拒收，被告应依据《合同法》第311条承担赔偿责任。[②]而在“庄某与宜兴某快递有限公司服务合同纠纷案”中，法院认为，“被告快递公司寄送过程中损坏原告交付的快递，应当按照《邮政法》第47条规定赔偿数额”[③]。《民法典》未单独规定快递服务合同为典型合同，就内容和性质而言，快递服务合同属于运输合同范畴，可以适用运输合同规定。需要注意的是，我国《邮政法》第六章“快递业务”规定不仅适用于邮政企业，而且适用于邮政企业以外的经营快递业务的企业。较之于《合同法》的运输合同规定，《邮政法》关于快递服务合同的规定应为特别法，应优先于运输合同规定适用。因此，属于《邮政法》规定范畴内的快递服务合同，应优先适用《邮政法》关于快递合同的规定；非属前述规定范围的，应适用《合同法》关于货物运输合同的规定。

其他问题

本条根据运输合同标的不同将运输合同分为旅客运输合同和货物运输合同两大基本类型。于此基础上，本章另增加由两种以上不同交通工具运输的多式联运合同，由此确立客运合同、货运合同和多式联运合同三种主要运输合同类型。因此，本章规定的三种运输合同并非依据统一标准划分，其中，多式联运合同为货运合同的特殊形态，多式联运合同规定为货运合同的特别规定，无特别规定的事项应适用关于货运合同的一般规定。[④]

---

① 参见江苏省高级人民法院民一庭课题组：《新形势下合同法研究若干问题思考》，载《法律适用》2014年第5期。

② 广州铁路运输第二法院（2018）粤7102民初58号民事判决书。

③ 宜兴市人民法院（2014）宜商初字第2014号民事判决书。

④ 参见梁慧星主编：《中国民法典草案建议稿附理由：合同编》（上册），法律出版社2013年版，第688页。

关于运输合同的规定，除本章外，另有特别法的专门规定。根据运输方式不同，运输合同还可分为公路运输合同、水上运输合同、铁路运输合同、航空运输合同。由于每种运输方式的经济性和技术性存在较大的差异，且每种运输方式有不同的服务性质，因此各国大多规定了不同的法律规范。[①]类似地，对于不同运输方式的运输合同，我国也多由特别法专门规定。例如，《铁路法》第二章“铁路运输营业”规定了铁路旅客和货物运输合同的定义、铁路运输企业和旅客、托运人、收货人的权利和义务以及铁路运输企业的损害赔偿责任；《民用航空法》第九章“公共航空运输”规定了航空运输的一般规定、运输凭证、承运人的责任、实际承运人履行航空运输的特别规定等内容；《海商法》分别在第四章和第五章规定了“海上货物运输合同”和“海上旅客运输合同”。本节规定的是运输合同的一般问题和共性问题，本法对运输合同的规定与各专门法的规定之间为一般法与特别法的关系，前述特别法有规定的，应适用特别法规定。虽然本法颁行的时间后于特别法，依据新法优于旧法的原则，本法似应优先适用，但是本法关于运输合同的规定基本沿袭了1999年《合同法》的运输合同规定，对于立法者无意以新法改变现行特别法关于运输合同的既有规定的情形，应适用特别法规定；同时，依据特别法优先于一般法的法理，应当适用特别法的专门规定。

第八百一十条【不得拒绝正当的运输要求】

从事公共运输的承运人不得拒绝旅客、托运人通常、合理的运输要求。

历史由来

本条来源于《合同法》第289条的规定。本条与《合同法》第289条规定完全一致，文字与内容均无变化。在《民法典合同编（草案）》的历次“征求意见稿”和公开的“审议稿”中，《民法典合同编（草案）》（征求意见稿）第368条、《民法典合同编（草案）》（一审稿）第595条、《民法典合同编（草

① 参见黄立主编：《民法债编各论》（下），中国政法大学出版社2003年版，第648页。

案)》(二审稿)第595条和《民法典(草案)》第810条规定的文字和内容一直无变化。

对于本条，主要的学者建议稿曾对此提出立法建议，多为新增“正当理由”作为承运人拒绝缔约的抗辩事由。[①]

三 规范目的或功能

本条规定的是从事公共运输的承运人的强制缔约义务。本条的立法背景是在我国《反垄断法》缺位情形下，为规范公共运输的市场秩序和保障社会公共服务，对具有市场支配地位的公共运输承运人的反垄断条款。[②]由于公共运输面向社会公众，承运人的运输行为除了具有商业性，更具有公益性和垄断性，[③]若不规定承运人的强制缔约义务，承运人可能利用其垄断地位谋取不正当利益，或者不合理地限制社会公众的出行自由，因此，本条的主要目的在于平衡各方当事人利益，维护弱势一方的合法权益。

本条属于不完全法条，仅规定了从事公共运输的承运人的强制缔约义务，并未明确规定违反该义务的法律后果。

《民法典》第494条第3款新增强制缔约义务规定，即“依照法律、行政法规的规定负有作出承诺义务的当事人，不得拒绝对方合理的订立合同要求”。该条为引致规范，须与规定强制承诺义务的法律、行政法规的具体规定一起适用，本条即为公共运输承运人的强制缔约义务的具体规定。其他强制缔约义务的具体规定散见于本法和相关特别法中，主要包括：(1)供用电、水、气、热力主体的强制缔约义务。《民法典》第648条第2款规定了向

① 例如，梁慧星教授主持编撰的《中国民法典草案建议稿》第1211条规定，从事公共运输的承运人无正当理由不得拒绝旅客、托运人通常、合理的运输要求。[参见梁慧星主编：《中国民法典草案建议稿附理由：合同编》(上册)，法律出版社2013年版，第648页。]类似地，徐国栋教授主持编撰的《绿色民法典草案》第951条规定，从事公共运输的承运人除非有正当理由，不得拒绝旅客、托运人通常、合理的运输要求。(参见徐国栋主编：《绿色民法典草案》，社会科学文献出版社2004年版，第631—632页。)

② 参见马得懿：《普通承运人、公共承运人与“从事公共运输的承运人”：渊源、流变与立法探究》，载《社会科学》2016年第8期。

③ 参见崔建远：《合同法》(第三版)，北京大学出版社2016年版，第582页。

社会公众供电的供电人不得拒绝用电人合理的订立合同要求，供用水、供用气、供用热力合同参照适用供用电合同的有关规定（《民法典》第656条）。（2）医疗机构和医护人员的强制缔约义务，具体包括医师对急危患者的强制缔约义务（《执业医师法》第24条规定医师不得拒绝急救处置）、承担职业病诊断的医疗卫生机构不得拒绝劳动者进行职业病诊断的要求（《职业病防治法》第43条第3款）、医疗机构不得拒绝为送诊的疑似精神障碍患者作出诊断（《精神卫生法》第28条第3款）、具备相应传染病救治条件的医疗机构不得拒绝救治病原微生物实验室工作人员（《病原微生物实验室生物安全管理条例》第43条）。（3）从事相关业务的保险公司不得拒绝投保人的机动车交通事故责任强制保险业务（《机动车交通事故责任强制保险条例》第10条第1款）。本条和上述强制缔约义务均为具体规定，与本法第494条第3款之间为专门规定与引致规定的关系，确定公共运输合同纠纷中承运人的强制缔约义务时，应当结合第494条第3款规定和本条规定予以适用。

规范内容

本条的适用范围仅限于公共运输领域，即面向社会公众提供运输服务的航空、铁路、公路、水路等行业，适用对象为经过批准从事公共运输的承运人。[①]根据本条规定，从事公共运输的承运人必须满足旅客、托运人通常、合理的运输要求。

一、从事公共运输的承运人

本条规定所称从事公共运输的承运人为依照法律、行政法规的规定负有承诺义务的当事人，不得拒绝对方合理的订立合同要求。本条规定的强制缔约义务人仅限于“从事公共运输的承运人”，排除了从事非公共运输的普通承运人的强制缔约义务。

所谓公共运输，是指承运人在固定航（路）线进行定期（时）或不定期

① 参见最高人民法院经济审判庭编著：《合同法释解与适用》（下册），新华出版社1999年版，第1398页。

（时）的、为社会公众服务并以营利为目的的旅客和货物运输。[①]为社会公众提供运输服务的公共运输，兼具公益性和垄断性。对于商业性的运输行为是否属于公共运输，有学者认为，公共运输最为显著的特征是从事公共运输的承运人一般都对自己的运输制定了固定的路线、固定的时间、固定的价格，公共运输既包括班轮、班机和班车运输，也包括其他以对外公布的固定路线、固定时间、固定价格从事商业性运输的行为。[②]这一解释说明了公共运输的外部特征及其与商业运输的关系，运输的公共性与商业性并不互相排斥。作为公共运输的商业性运输往往具有垄断性，除了选择此类运输方式，社会公众无其他可选择的运输方式，或者其他运输方式费用过高。公共运输作为面向社会公众提供的公共产品，应当满足公共产品非排他性和非对抗性的主要特征。[③]因此，在具有垄断性的公共运输领域，有必要通过强制缔约和价格管制等方式保障运输服务的公共性，进而保护社会公众利益，实现承运人和合同相对人的利益平衡。

司法实务上，法院主要从公益性和垄断性两方面判定经营者是否从事公共运输。在“马士基（中国）航运有限公司及其厦门分公司与厦门瀛海实业发展有限公司、中国厦门外轮代理有限公司国际海上货运代理经营权损害赔偿纠纷再审案”中，法院虽然均以国际班轮运输是否具有公益性作为其是否属于公共运输之判断标准，但是判定理据各有不同。一审法院着眼于承运人的主体资格，指出：“公共承运人必须是带有公用事业性质、具有公益性的运输企业。国际班轮运输是营利性业务，不属于公用事业的范畴，也不具有社会公益的性质”，由此认定国际班轮运输企业无强制缔约义务。二审法院主要侧重于考察承运人的运输服务特征，提出：“国际班轮运输公司除了具有商业性外，还因其面向社会大众而具有公益性，此外，其还符合《中华人民共和国海商法》理论中公共承运人（common carrier）的法律特点，因此具有社会公共性”，据此认定国际班轮运输企业负有强制缔约义务。再审法院从承运人

---

① 参见冯立奇：《运输合同法律的有关问题》，载《人民司法》1999年第10期。

② 参见全国人民代表大会常务委员会法制工作委员会编：《中华人民共和国合同法释义》（第3版），法律出版社2013年版，第487页。

③ 参见朱岩：《强制缔约制度研究》，载《清华法学》2011年第1期。

提供的运输服务性质出发，指出："公共运输是指为社会提供公用事业性服务并具有垄断地位的运输。基于公共运输履行着为社会公众提供运输服务的社会职能，具有公益性、垄断性等特征，为维护社会公众利益，我国法律法规除对公共运输规定较严格的市场准入条件和价格管制等监管措施外，还对从事公共运输的承运人规定了强制缔约义务，国际海上集装箱班轮运输是服务于国际贸易的商事经营活动，不属于公用事业，不具有公益性，也不具有垄断性，故不属于公共运输。"因此其不负担强制缔约义务。[①]概言之，公共运输承运人的认定主要根据其是否具有公共运输资格，所提供的服务是否具有公共性、公益性和垄断性综合认定。本案中，无论从市场准入还是价格监管的角度，马士基公司作为国际班轮运输公司都不具有公共性，参考滥用市场支配地位的认定因素，并根据限制适用的强势地位标准，马士基公司均不应负担强制缔约义务。[②]

二、承运人的强制缔约义务及其抗辩

本条仅规定从事公共运输的承运人负有强制缔约义务，即不得拒绝旅客、托运人通常、合理的运输要求，该义务以旅客、托运人提出运输要求为前提，此种运输要求即为运输合同订立过程中的要约，承运人不得拒绝此种要求的义务即强制承诺义务。本条一方面规定了承运人的强制承诺义务；另一方面明确了此种强制承诺义务的限度，即旅客、托运人提出的要约内容须为通常、合理的运输要求。从事公共运输的承运人的强制缔约义务并未取代缔约过程中的要约和承诺程序，仅在一定程度上限制了承运人的承诺自由，使承诺具有强制性。[③]

依学者见解，强制缔约可分为绝对的强制缔约和相对的强制缔约，[④]绝对的强制缔约主要适用于经营者具有市场垄断地位、提供公共产品的情形，如

---

① 最高人民法院（2010）民提字第213号民事判决书。

② 参见彭阳：《国际班轮运输公司强制缔约义务否定论——一个案例引发的思考》，载《中国海商法研究》2015年第2期。

③ See Allan Farnsworth, Contracts, Aspen Law and Business 2004, p.143.

④ 参见崔建远主编：《合同法》（第五版），法律出版社2010年版，第57页；易军、宁红丽：《强制缔约制度研究——兼论近代民法的嬗变与革新》，载《法学家》2003年第3期。

供用电、水、气、热力合同；相对的强制缔约主要适用于经营者在市场中具有较强经济地位，其在交易中违反人格平等和善良风俗原则不当歧视交易相对人的情形。[①]具有公益性的公共运输，显然属于绝对的强制缔约范畴；面向公众的商业性运输，若经营者具有较强经济地位并可能损害社会公众利益，则应属于相对的强制缔约。前一种情形下，法官没有自由裁量权，必须严格适用强制缔约制度，被强制人不存在任何抗辩事由，仅于特殊人身因素导致无法强制执行时方可例外地考虑损害赔偿等救济手段；后一种情形下，法官可以推定适用强制缔约制度，但经营者可以通过证明其享有合法拒绝订立合同的事由作为抗辩。[②]虽然本条所涉公共交通领域提供公共产品，应为绝对的强制缔约，但是从本条文义来看，公共运输的承运人不得拒绝旅客、托运人通常、合理的运输要求，可以反面解释为如果旅客、托运人的运输要求非属通常、合理范畴，则公共运输的承运人可以拒绝承诺。例如，旅客、托运人要求承运人提供的运输服务超出其运输能力或者运输区域，则基于该运输要求非属通常、合理范畴，承运人可以拒绝缔约。因此，公共运输承运人的强制缔约义务并非绝对。

根据是否由法律明文规定，强制缔约可以分为直接强制缔约和间接强制缔约，前者主要见于法律明文规定强制缔约的公益事业或公共事业相关领域，后者主要见于法律未明文规定强制缔约的民生产品或其他有必要类推适用强制缔约的领域。[③]无论直接强制缔约还是间接强制缔约领域，义务人具有正当理由的，均可以拒绝缔约，[④]两种强制缔约都不排斥在具体情形下的自由裁量，均需裁量后决定是否适用。[⑤]对于公共运输领域的强制缔约，缔约义务人是否存在抗辩事由，多数学者认为存在正当理由的抗辩，也有学者认为典型的“民生服务合同”应适用“绝对强制缔约”，这一领域的被强制人不存在任何抗辩事由。[⑥]对于何为正当理由的抗辩，多数学者虽然提及但未

---

① 参见朱岩:《强制缔约制度研究》，载《清华法学》2011年第1期。

② 参见朱岩:《强制缔约制度研究》，载《清华法学》2011年第1期。

③ 参见刘春堂:《民法债编通则》(一)，台北三民书局2011年版，第36—37页。

④ 参见冉克平:《论强制缔约制度》，载《政治与法律》2009年第11期。

⑤ 参见朱岩:《强制缔约制度研究》，载《清华法学》2011年第1期。

⑥ 参见朱岩:《强制缔约制度研究》，载《清华法学》2011年第1期。

指明，少数学者从不同角度提出不同观点。有学者认为，经营者豁免适用强制缔约义务的抗辩事由主要包括消费者主体符合排他性条件，或者其提出的要约超出经营者供给能力、服务区域或时段，可能危害公共安全、违背公序良俗等。[①]也有学者主张，强制缔约义务方的抗辩权主要有二：一是权利人的缔约请求不符合法律规定，二是权利人的缔约请求超出经营者的服务范围或者服务能力。[②]另有学者指出，正当理由是指在承运人一方有工作正常调度不允许、超过运载能力等情况，在托运人或者旅客一方则有托运人提出不合理的要求或者旅客行为不当等情形，如不按通常时间、地点乘车，运载物资属于违禁物品等。[③]从本条规定表述来看，公共运输承运人的正当理由抗辩主要应以旅客、托运人的要求是否超出通常、合理的限度为判定依据。概言之，公共运输领域的强制缔约义务的正当理由抗辩主要包括不属于强制缔约适用的公共运输领域、超出经营者服务能力和范围以及危害公共安全、违背公序良俗等事由。

实践中，承运人拒绝缔约不完全等同于拒载。所谓拒载包括合同缔结过程中承运人拒绝缔约和合同缔结后承运人拒绝运输两种情形。本条规定的强制缔约义务仅限于合同缔结过程中承运人拒绝缔约的情形，而不包括合同成立后承运人拒绝运输的情形。司法实务中，公共运输承运人拒绝缔约的事由主要有三类：一是以保护公共安全为由拒绝缔约。例如，在“范某某诉某航空有限公司、某旅行社中旅大厦售票处人格权案”中，两审法院均认定航空公司具有强制缔约义务，但同时也判定其拒载行为具有正当性。其中，二审法院指出，“航空运输的高风险性为社会大众所知晓，航空安全涉及众多乘客的生命、财产权益，航空公司基于与范某某的纠纷及范某某的一些非理性表现行为，对范某某乘机可能引发的安全问题产生怀疑，并采取限制措施，范某某应给予理解”[④]。该案中，承运人豁免强制缔约义务的正当理由在于维护公

---

① 参见凌学东：《强制缔约规则适用的消费者合同类型及其豁免》，载《消费经济》2015年第4期。

② 参见胡家强、刘巧娟：《强制缔约制度新论》，载《东岳论丛》2013年第12期。

③ 参见梁慧星主编：《中国民法典草案建议稿附理由：合同编》（上册），法律出版社2013年版，第649页。

④ 北京市第二中级人民法院（2010）二中民终字第8432号民事判决书。

共安全。因此，某个缔约行为可能造成多数旅客生命和财产损失的情形，公共运输承运人为了维护公共交通的安全性可拒绝缔约。实务上总结为："民航承运人不仅负有强制缔约义务，同时也负有保障航空安全的法定义务。在民航承运人履行强制缔约义务不利于保障航空安全的情况下，法院应当在个别乘客消费者权利与其他乘客的生命财产权利之间作出价值权衡，应当允许民航承运人基于安全事由对个别乘客拒载，但为防止民航承运人滥用拒载权利，应当为遭受拒载的消费者设置救济途径。"[①]二是因承运人处于非正常提供服务状态而拒绝缔约，如出租车顶灯显示停运或非空车待运状态。在"严某嵘与上海某客运有限公司出租汽车运输合同纠纷案"中，驾驶员因已接受他人网络订单而无法接受原告的运送要求。[②]此种情形下，旅客的缔约要求已经超出承运人的经营能力。三是驾驶员因私人恩怨而拒绝缔约。如在"杨某琼与康某敏生命权、健康权、身体权纠纷案"中，司机因与乘客有过争执而予以拒载，[③]显非正当理由。第一种情形下，衡量整体利益与个别利益后，为保护公共安全而限制个别旅客的出行自由，承运人拒绝缔约的行为具有正当性。第二种情形下，承运人已经表明处于非正常待运状态，即说明承运人当时不具备缔约的能力和条件，于此情形自不得强制承运人缔约。第三种情形下，承运人因私人恩怨拒绝缔约，显然侵害了乘客的合法权益，也与公共运输的公共产品性质不合，该理由不具有正当性。

本条未明确规定"正当理由"作为承运人拒绝缔约的抗辩事由，但理论和实务上均认定承运人可以以正当理由作为拒绝履行强制缔约义务的抗辩。可能的解释路径是，本条规定旅客、托运人提出的运输要求应为"通常、合理"的运输要求，旅客、托运人非属通常、合理的运输要求可作为承运人的正当理由抗辩。何为"通常、合理"的运输要求，应当依照社会一般观点的交易习惯[④]和交易具体情形确定。

---

① "范某某与某航空有限公司、某旅行社中旅大厦售票处人格权纠纷案"，载《判例与研究》2013年第1期。

② 上海市浦东新区人民法院（2014）浦民一（民）初字第11047号民事判决书。

③ 勐腊县人民法院（2016）云2823民初723号民事判决书。

④ 参见隋彭生：《合同法要义》，中国政法大学出版社2004年版，第555页。

三、违反强制缔约义务的法律后果

本条规定了从事公共运输的承运人的强制缔约义务，但并未明确规定违反该义务的法律后果。对此，学者有不同见解，主要可分为五类：一是缔约过失责任说，其主要观点为，违反法定订约义务之人，并未造成相对人绝对权益的损失，因此不应构成侵权责任，而应承担缔约过失责任。[①]二是侵权责任说，持这一见解的学者主要有王泽鉴、郑玉波。郑玉波先生认为，当事人间虽不因义务人拒绝缔约而当然成立契约，但于私法关系上，有时却可认定为故意以悖于善良风俗之方法，加害于他人，由此成立侵权行为，应负损害赔偿责任。[②]三是侵权责任与违约责任竞合说，主要观点是拒绝缔约一般构成侵权责任，权利主体为特定人时，义务人应承担违约责任。[③]四是独立责任说，该学说主张，由于侵权责任规范和违反强制缔约义务承担方式的特殊性，不宜把违反强制缔约义务的民事责任纳入侵权责任体系，而应将其定位为与缔约过失责任、违约责任相并列的与合同相关的责任类型。[④]五是区分责任说，持这一见解的学者主要有崔建远、朱岩、冉克平等，各学者主张的具体内容有所不同。崔建远认为，缔约义务人无正当理由而拒绝缔约的应区分不同情况而确定其后果：（1）于相对人需要缔约且责令缔约义务人缔约不违反现代伦理的情形，应当强制缔约义务人与相对人签订合同；（2）缔约义务人拒绝缔约给相对人造成的损失未能因强制缔约而得到填补的，缔约义务人应当赔偿相对人的损失；（3）违反强制缔约义务的，还可产生行政责任，即《执业医师法》第37条第2项和《北京市出租汽车管理条例》《上海市出租汽车管理条例》《无锡市出租汽车管理条例》等地方性法规或行政规章规定的行政责任。[⑤]朱岩认

---

① 参见王利明：《合同法研究》（第三卷）（第二版），中国人民大学出版社2015年版，第289页。

② 参见郑玉波：《民法债编总论》（修订二版），中国政法大学出版社2004年版，第33页。

③ 参见李军：《从“强制缔约”到“承诺在先”——关于公共事业服务中承诺在先原则确立的实证分析》，载《法律适用》2008年第1期。

④ 参见屈茂辉、蒋学跃：《我国强制缔约义务制度探析》，载《人民法院报》2001年11月2日。

⑤ 参见崔建远：《强制缔约及其中国化》，载《社会科学战线》2006年第5期。

为，违反强制缔约义务情形下应以实际履行作为基本救济原则、违约损害赔偿作为第二顺位的救济方式、侵权损害赔偿作为违约责任与侵权责任竞合情形下可选择的特殊救济方式，另外还可能承担公法上的责任。①冉克平认为，强制缔约义务人没有正当理由拒绝缔约的，除了应承担损害赔偿责任，若义务人拒绝与相对人订立的合同属于继续性合同，尤其缔约内容涉及的是生存和生活必需品时，为保障相对人能够获得基本的生存和生活条件，法院应该强制义务人与相对人订立合同。②还有学者提出，违反强制缔约所要承担的民事责任应包括赔礼道歉、实际履行和损害赔偿，既可单独适用又可合并适用。③违反强制缔约义务的法律责任从单一责任说到区分责任说，相关学说经过了一个逐步发展完善的过程。现阶段达成的基本共识为，实际履行和损害赔偿分别为第一顺位和第二顺位的救济方式，即强制缔约对相对人有实益且能够强制缔约的，应强制承运人缔约，不能强制缔约的由承运人赔偿相对人损失。

司法实务上，违反强制缔约义务的法律责任认定并不一致。有的法院认定为缔约过失责任，如在“陆某与迟某合同纠纷案”中，法院认为，迟某为了摆脱王某等人的纠缠搭载陆某驾车驶离，其目的并非自愿搭载陆某前往目的地，双方之间尚未形成运输合同关系，迟某拒绝搭载陆某的行为是否属于“拒载”以及其“拒载”后果系出租车行业管理规范调整的范围，对运输合同是否成立不产生影响，但是对双方缔约过程中陆某从车上突然“消失”这一异常状况，迟某有违民事行为诚实信用的法定原则，应承担缔约过失责任。④还有的法院判定义务人承担损害赔偿责任。例如，在“公交车未停站造成等车人误工案”中，法院认为，无论公交车是出于天气考虑还是安全考虑没有停车搭载乘客，其故意拒载的行为违背了强制缔约义务，是造成原告误工的主要原因，应予赔偿原告的误工损失。⑤前述案件中，均存在公共运输承运人基于不同理由拒绝与相对人订立合同，法院应根据具体情形作出不同裁判。

---

① 参见朱岩：《强制缔约制度研究》，载《清华法学》2011年第1期。

② 参见冉克平：《论强制缔约制度》，载《政治与法律》2009年第11期。

③ 参见胡家强、刘巧娟：《强制缔约制度新论》，载《东岳论丛》2013年第12期。

④ 昆明铁路运输中级法院（2017）云71民终25号民事判决书。

⑤ 参见杨晓玲、史海涛：《从公交拒载看强制缔约》，载《法学杂志》2006年第6期。

在“陆某与迟某合同纠纷案”中，承运人违反缔约过失义务和强制缔约义务，故法院认定承运人承担缔约过失责任。在“公交车未停站造成等车人误工案”中，天气原因和乘客安全考虑不失为承运人违反强制缔约义务的正当理由抗辩，但承运人应负担举证责任，其在未能证明的情形下承担相对人履行利益损失的赔偿责任。概言之，司法实践中，公共运输承运人违反强制缔约义务的，法院视其违反义务的不同情形确定不同责任。

举证责任

旅客、托运人依据本条主张承运人违反强制缔约义务的，应证明承运人为负有强制缔约义务的公共运输承运人。对于旅客、托运人的此种主张，承运人可以通过证明自己并非从事公共运输的强制缔约义务人，否认旅客、托运人的主张。

承运人确属本条规定的强制缔约义务人的，可以旅客、托运人提出的运输要求并非通常、合理作为不履行强制缔约义务的正当理由抗辩。承运人应当证明抗辩事由的存在，如旅客、托运人的运输要求超出经营者服务能力和范围，或者运输要求危害公共安全、违背公序良俗。

其他问题

本条规定为合同订立过程中公共运输承运人的强制缔约义务，但是承运人可以以保护公共安全作为拒绝缔约的正当理由，如旅客患有烈性传染病，可能损害其他旅客身体健康。如果合同订立后，承运人才发现合同之履行可能危害社会公共利益，自无本条规定之适用余地。但是，承运人应当基于本法第811条规定的安全运输义务解除合同，办理退票手续。例如，《铁路旅客运输办理细则》第30条规定：“对烈性传染病患者（尤其是对人身健康危害严重、有暴发性流行可能的疾病患者），车站发现时应告之铁路规定并给予办理退票手续。列车上发现时，列车长编制客运记录交车站。必要时，应通知铁路防疫部门处理污染现场。”

第八百一十一条【按约定期限安全运输义务】

承运人应当在约定期限或者合理期限内将旅客、货物安全运输到约定地点。

历史由来

本条来源于《合同法》第290条。在《民法典》编纂过程中,《民法典合同编(草案)》(征求意见稿)第369条、《民法典合同编(草案)》(一审稿)第596条、《民法典合同编(草案)》(二审稿)第596条和《民法典(草案)》第811条规定的文字和内容一直无变化。2020年5月通过的《民法典》第811条将《民法典(草案)》第811条规定中的“期间”一词修改为“期限”。

在《民法典》的起草过程中,有主要学者建议稿就此条提出的修改建议为,新增“对运输期间没有约定或约定不明确的”和“没有交易习惯或按照交易习惯不能确定的”两种情形下承运人的义务。[①]

规范目的或功能

本条属于不完全法条,仅规定了承运人应当按照约定期限或者合理期限安全运输的义务,而未规定承运人不履行或者不适当履行该义务的法律后果。因此,违反该义务之法律后果须通过法律解释确定。解释论上,承运人违反本条规定义务即构成违约行为,相对人可能主张解除合同或者请求承运人承担违约责任。

本条明确了承运人应当按照约定期限或者合理期限安全运输的义务。承运人在约定期限或者合理期限安全运输旅客和货物是运输合同的主要内容,

① 梁慧星教授主持编撰的《中国民法典草案建议稿》将本条规定为:承运人应当在约定期间内将旅客、货物安全运输到约定地点。对运输期间没有约定或约定不明确的,按照交易习惯确定;没有交易习惯或按照交易习惯不能确定的,应当在合理期间内运输到约定地点[参见梁慧星主编:《中国民法典草案建议稿附理由:合同编》(上册),法律出版社2013年版,第650页]。

也是运输合同中承运人的法定义务。承运人违反本条规定未按约定期限或者合理期限履行安全运输义务的，应当承担违约责任。

《民法典》将“期间”一词修改为“期限”。期间是指从时间的某一特定的点到另一特定的点所经过的时间，[①]期限是指法律规定或当事人约定的具体时间，是某种必然要到来的法律事实，通常可附加于法律行为，构成附期限的法律行为。[②]可能由此产生的问题是，本法并无期限计算的专门规定，而期限的计算是否适用本法第200条至第204条“期间计算”的规定。从定义来看，期限与期间均有时间经过的含义，实践中两者的运用并无严格区分，因此期限的计算应可适用或者参照前述期间计算规定。

规范内容

一、约定期限与合理期限

运输合同的运输期限包括约定期限和合理期限。无论是约定期限还是合理期限，均为承运人的履行期限。通常而言，合同当事人在运输合同中明确约定运输期限。于此情形，承运人应当按合同约定的期限将旅客或者货物安全运输到约定地点。当事人明确约定运输期限的情形主要有三种：一是仅约定运输开始时间，二是仅约定运输完成时间，三是约定运输开始时间和运输完成时间。无论当事人约定何种期限，承运人均应依照合同约定期限开始运输、完成运输。若合同当事人未约定运输期限，承运人应当在合理期限内将旅客、货物安全运输到约定地点。合理期限本身具有不确定性，本法并未指明如何确定合理期限。一般而言，合理期限是指事先没有约定期限，只要承运人按照社会通常要求的方式，在通常的期限内完成运输行为即可，[③]一般情况下合理期限就是通常期限。合理期限应该是合乎公序良俗原则和交易习惯的要求，符合相关部门、地区和行业的具体规定，

① 《北京大学法学百科全书》编：《北京大学法学百科全书·民法学 商法学》，北京大学出版社2004年版，第734页。

② 邹瑜、顾明主编：《法学大辞典》，中国政法大学出版社1991年版，第1521—1522页。

③ 参见张代恩：《运输合同·保管合同·仓储合同》，中国法制出版社1999年版，第28页。

体现诚信原则要求的合乎情理的期限。[①]在运输合同中，不同运输方式运送不同货物所需的运送时间各不相同，因此运输的合理期限需要结合具体情形认定。因此，有学者指出，“合理期限”是一个普通旅客可以对具备“合理的注意”“应有的谨慎”的承运人惯常地或正常地期望的运输期限，不能仅依据承运人或旅客单方面的确定，最终须由法院按行业习惯来判断。[②]其判断方式或可参照《买卖合同解释》第17条关于认定《合同法》第158条第2款规定的“合理期间”的规定，采用综合相关合理因素的方式，依据诚信原则进行判断。我国台湾地区规定的相当期间[③]与本条规定的合理期限大致相当。依据我国台湾地区学者的见解，相当期间的确定除了应就一般情形依诚信原则酌定外，还应考虑不同运输方式的特殊情形，如运输标的物的性质、运输工具、运输路线的长短和情况、气候状况等。[④]因此，本条运输合同的合理期限可借鉴买卖合同的“合理期间”和我国台湾地区“相当期间”的确定方法综合考量，结合标的物的种类、数量、性质、运输方式、运输费用、运输工具、运输路线、气候状况等因素，依据诚信原则进行判断。

关于本条规定的约定期限和合理期限两者的关系，有学者指出，在航空运输合同中，两种期限可以择一适用，航空承运人只要按照《合同法》规定的“约定期限”或者“合理期限”完成运输任务即不构成违约，由于航班时刻非为契约条款，故即使承运人没有按照航班时刻运输的航班延误也是如此。[⑤]另有学者认为，有约定期限的，应按照约定期限完成运输；无约定期限的方可适用合理期限。虽然航班时刻并非当然的契约条款，但是，如果航空运输的承运人与旅客之间对运输时间已有明确约定，则承运人应当在约定期

---

① 参见张晓永：《列车晚点问题的法律思考》，载《北京交通大学学报》（社会科学版）2008年第4期。

② 参见李杨、郭莉：《航班延误的界定及民事责任分析》，载《北京航空航天大学学报》（社会科学版）2010年第6期。

③ 我国台湾地区规定，托运物品应于约定期间内运送的。无约定者，依习惯。无约定亦无习惯者，应于相当期间内运送的。前项所称相当期间的决定，应顾及各该运送的特殊情形。

④ 参见刘春堂：《民法债编各论》（中），台北三民书局2014年版，第436页。

⑤ 参见杨惠、高乐鑫：《“航班时刻非契约条款”辨析》，载《法律科学》（西北政法大学学报）2014年第5期。

限内进行运输；当事人无约定的情形，承运人必须在合理期限内将旅客运抵目的地，否则应当承担违约责任。[①]合同自由是合同法的基本原则，当事人自行约定的期限反映了当事人意思，依据意思自治原则，当事人有约定的应从其约定。因此，运输合同中，有约定期限的，承运人应依照约定期限履行运输义务，无约定期限时，方可以合理期限作为承运人是否按时履行运输义务的判定依据。特殊情形下，有约定期限的也可能适用合理期限，如因不可抗力致使承运人不可能在约定期限内履行运输义务的，承运人可以在不可抗力结束后的合理期限内履行运输义务。[②]就立法技术而言，“合理期限”作为当事人无约定期限情形的补充，在一定程度上弥补了立法预见的局限性，体现了当事人的意思自治，蕴含着对公序良俗的遵守和对交易习惯的尊重，体现了诚信原则的要求。[③]

司法实务上，承运人是否违反按约定期限运输义务的主要难点同样在于对合理期限的认定。例如，在“德阳甲运业有限公司与洛阳市乙汽车运输有限公司运输合同纠纷案”中，甲公司称乙公司承运的多数货物运输时间超出了合理期限构成违约行为。对此，法院指出，甲公司以合同约定运输标的物中的一件货运只用了7天时间为由，认为7天即为合同中所有货物的合理运输期限，超出该期限运达目的地即为违约，该理由不能成立。因双方所签订的运输合同没有约定具体的起运时间和运输期限，只是约定了甲公司应提前3天确保具体装车时间，而且运输的货物属超限货物，每个货物规格和尺寸各不相同，需要在途经的多个省份办理超限手续，当时又正逢春节，加之天气因素，因此，在合同没有明确约定履行期限的情形下，应视具体情况确定合理的履行期限，不能简单地以分批运输的货物中最短的运输期限作为所有货物的合理运输期限。[④]据此，司法实践中，合理期限并非固定

---

① 参见李杨、郭莉：《航班延误的界定及民事责任分析》，载《北京航空航天大学学报》（社会科学版）2010年第6期。

② 参见张代恩：《运输合同·保管合同·仓储合同》，中国法制出版社1999年版，第28—29页。

③ 参见张晓永：《列车晚点问题的法律思考》，载《北京交通大学学报》（社会科学版）2008年第4期。

④ 参见河南省洛阳市老城区人民法院（2012）老民初字第21号民事判决书。

期限，需要结合每一次运输的货物性质、运输条件、天气因素等具体情形综合考虑。

此外，特别法上对承运人未在约定期限或者合理期限履行运输义务有明确规定的，应适用特别法规定。例如，在航空运输领域，承运人未按约定期限或者合理期限履行运输义务造成航班延误的，应适用《民用航空法》第95条第3款、第126条、第129条、第134条第2款、第136条第2款和第3款的专门规定；在铁路运输领域，承运人逾期运输货物行李的，主要适用《铁路法》第16条规定；在海上运输领域，承运人未能在明确约定的时间内交付货物的，主要适用《海商法》第50条、第55条规定。

二、违反按约定期限或合理期限安全运输义务

本条规定了承运人按约定期限或合理期限安全运输旅客或者货物至约定地点的义务，承运人违反本条规定义务即构成违约行为，相对人可主张解除合同或者请求承运人承担违约责任。本条规定涉及的承运人违约行为主要包括三种，即违反依照约定期限或合理期限运输的义务、违反安全运输义务和违反运输至约定地点的义务。

首先，承运人未依照约定期限或合理期限开始运输或完成运输的义务，构成迟延履行。迟延履行又称债务人迟延或逾期履行，是指债务人能够履行，但在履行期限届满时却未履行债务的现象。[①]如履行期限在合同履行中特别重要，则承运人的迟延履行构成根本违约，合同相对人可主张解除合同；如履行期限并非特别重要，且承运人的迟延履行不影响合同目的实现，合同相对人仅于履行催告后承运人仍未履行的情形方可主张解除合同。但是，在货运合同中，如果托运的货物已经开始运输而未在约定期限或合理期限完成运输，为避免增加双方当事人的成本，于承运人恶意迟延或未按运输期限运输将直接影响合同目的的实现时，托运人可主张解除运输合同。[②]迟延履行为典型的违约行为，如果由于承运人的原因造成旅客或者货物不能按时到达目的地的，承运人应当承担运输迟延的违约责任。

---

① 参见崔建远：《合同法》（第三版），北京大学出版社2016年版，第340页。

② 参见崔建远主编：《合同法》（第六版），法律出版社2015年版，第195页。

其次，本条规定的承运人的安全运输义务是指承运人在运输过程中应当保证旅客或者货物的安全。运输行为是一项带有危险性的活动，特别是航空运输更是高风险的行业，它直接关系到人民的生命和财产的安全，因此强调运输活动的安全性是运输行业的一项基本原则，也是运输合同立法的基本原则。[①]除本法外，相关专门法律也规定了安全运输义务，如《铁路法》第10条、《民用航空法》第95条等。司法实务上，无论基于承运人自身原因还是第三人原因，致使承运人违反安全运输义务的，法院均认定应承担违约责任，常见的情形包括承运人在运输过程中由于自身过错或第三人发生交通事故造成旅客人身损害或货物损失，或者在运输过程中因第三人侵权行为导致旅客人身损害或货物损失等。例如，在“李某军与周口市某运输集团总公司项城公司、中国某财产保险股份有限公司周口市中心支公司公路旅客运输合同纠纷案”中，旅客李某军在运输过程中受伤，法院认为，“作为承运人的被告项城运输公司有义务将原告安全运送到目的地。其承担的是无过错责任，即只要不是旅客自身健康原因造成的或承运人不能证明伤亡是旅客故意、重大过失造成的，承运人就应当承担赔偿责任。因此作为承运人的项城运输公司应当对其在运输过程中致旅客李某军的受伤承担损害赔偿责任”[②]。无论是否因承运人原因或者第三人原因造成旅客人身伤害或货物损失，均应由承运人承担违约责任。

最后，承运人应将旅客、货物运输至约定地点。旅客或货物托运人订立合同的主要目的是将旅客或货物运输至约定地点，运输过程中，承运人应当保持警觉，尽到与履行运输行为相应的注意义务。遇有妨碍运输的情形，承运人应当及时采取必要措施，如绕道、变更运输工具等，保障旅客和货物安全。[③]如承运人违反约定将旅客或货物运输至其他地点，将使合同相对人的合同目的无法实现，则承运人应当承担违约责任。

---

① 参见全国人民代表大会常务委员会法制工作委员会编：《中华人民共和国合同法释义》（第3版），法律出版社2013年版，第489页。

② 项城市人民法院（2016）豫1681民初3817号民事判决书。

③ 参见刘春堂：《民法债编各论》（中），台北三民书局2014年版，第438页。

三、抗辩事由

承运人未依照约定期限或合理期限履行运输义务、违反安全运输义务或者违反运输至约定地点的义务的，并不意味着承运人必然就其违约行为承担违约责任，若存在法定或者约定的免责事由，承运人可能不承担违约责任或者仅承担部分违约责任。[①]一般免责事由，如不可抗力，可普遍适用于包括运输合同在内的各种合同。特殊免责事由，如货物本身的自然性质或者合理损耗、债权人过错，可适用于货物运输合同，[②]如果因此类事由导致承运人未能依照约定期限或合理期限将旅客、货物安全运输到约定地点，承运人可以免除相应的违约责任。此外，特别法上规定其他责任减免事由的，可依照其规定减免承运人的违约责任。例如，在水路货物运输领域，承运人的责任减免事由列举更为详细，《水路货物运输合同实施细则》第24条第1款规定："承运人未按规定或约定的时间将货物运抵到达港，应按规定向收货人偿付违约金，但由于下列原因之一引起的滞延时间应从实际运到期限中扣除：一、自然灾害或气象、水文原因；二、参加水上救助或发生海损事故；三、政府命令或军事行动；四、等候通过船闸；五、应托运人要求在起运港预收保管的时间；六、其他非承运人责任造成的延误。"又如，《民用航空法》第124—127条规定了因旅客本人的健康状况、行李本身的自然属性、质量或者缺陷、战争或者武装冲突、政府行为、第三人过错、索赔人过错等原因造成损失的，承运人责任可以减轻或者免除。

举证责任

旅客、托运人基于运输合同关系依据本条主张承运人违反按照约定期限或者合理期限履行安全运输义务，请求承运人承担违约责任的，应当证明运

---

① 参见崔建远主编：《合同法》(第六版)，法律出版社2015年版，第244页。

② 本法第832条规定："承运人对运输过程中货物的毁损、灭失承担赔偿责任。但是，承运人证明货物的毁损、灭失是因不可抗力、货物本身的自然性质或者合理损耗以及托运人、收货人的过错造成的，不承担赔偿责任。"

输合同关系的存在和承运人未履行或者未适当履行按照约定期限或者合理期限安全运输的合同义务。例如，在“扈某胜与寿光市某运输有限公司、马某美运输合同纠纷案”中，对于被告与原告之间是否存在运输合同关系，法院认为，根据《民事诉讼证据规定》第2条的规定，当事人对其主张负有举证的责任，原告诉请被告对其货物损失承担违约赔偿责任，应当由原告证实其主张，证明原被告双方存在运输合同关系，被告为运输合同承运人。①

对于旅客、托运人请求承运人就其未履行按约定期限或者合理期限安全运输义务承担违约责任的情形，承运人不仅可以通过证明运输合同关系不存在否定旅客或者托运人的主张，也可以通过证明免责事由的存在作为抗辩。运输合同上载有免除或者限制承运人责任的内容的，除能证明旅客或者托运人明示同意承运人责任免除或者限制的条款外，该免责或限制责任内容不生效力。②在运输合同诉讼中，如果旅客主张运输合同中免除或者限制承运人责任的内容无效，而承运人主张已经取得旅客的明示同意，则应当由承运人负担证明旅客对承运人责任免除或者限制明示同意的义务。

第八百一十二条【按约定路线运输义务】

承运人应当按照约定的或者通常的运输路线将旅客、货物运输到约定地点。

历史由来

本条来源于《合同法》第291条。本条与《合同法》第291条规定完全一致，文字与内容均无变化。在《民法典合同编（草案）》的历次“征求意见稿”和公开的“审议稿”中，《民法典合同编（草案）》（征求意见稿）第370条、《民法典合同编（草案）》（一审稿）第597条、《民法典合同编（草案）》（二审稿）第597条和《民法典（草案）》第812条规定的文字和内容均无变化。

---

① 参见寿光市人民法院（2015）寿商初字第1271号民事判决书。

② 参见林诚二：《债编各论新解——体系化解说》（中），台北瑞兴图书股份有限公司2015年版，第473页。

在《民法典》的起草过程中，有主要学者建议稿就此条提出不同修改建议。[①]

规范目的或功能

本条明确了按照约定的或者通常的运输路线运输是运输合同承运人的合同义务。承运人违反本条规定未按照约定的或者通常的运输路线将旅客、货物运输到约定地点的，应当承担违约责任。

本条为不完全法条，仅规定了承运人按照约定路线或者通常路线运输的义务，而未规定不履行该义务的法律后果。承运人违反本条规定义务即构成违约行为，应承担违约责任，责任形态主要为损害赔偿、违约金等。此外，从体系关联来看，违反本条规定义务的法律后果之一规定于本法第813条，即"……承运人未按照约定路线或者通常路线运输增加票款或者运输费用的，旅客、托运人或者收货人可以拒绝支付增加部分的票款或者运输费用"。据此，因承运人未按照约定路线或者通常路线运输而增加运输费用的，增加的运输成本应由承运人自行承担，旅客、托运人或者收货人可以拒绝支付增加部分的票款或者运输费用。

规范内容

本条规定了承运人按照运输合同约定的或者通常的运输路线将旅客、货物运输到约定地点的义务。据此，承运人的运输路线可能为约定运输路线或者通常运输路线。合同当事人已在合同中明确约定运输路线的，承运人应当

---

① 梁慧星教授主持编撰的《中国民法典草案建议稿》将该条规定为："承运人应当按照约定的运输路线将旅客、货物运输到约定地点。对运输路线没有约定或者约定不明确的，按照交易习惯确定；没有交易习惯或者按照交易习惯不能确定的，应当按照通常的运输路线运输"［梁慧星主编：《中国民法典草案建议稿附理由：合同编》（上册），法律出版社2013年版，第651页］；徐国栋教授主持编撰的《绿色民法典草案》将承运人的按照约定期限安全运输义务、按照约定路线运输义务等内容合并为一条，本条相应内容规定为：他（承运人）应按约定或通常的运输路线运输。出租车运送人应按旅客指示的运输路线运送，旅客未做指示时，应诚信地以最近的路线将其送到目的地（徐国栋主编：《绿色民法典草案》，社会科学文献出版社2004年版，第632页）。

按照合同约定路线运输；如果当事人未约定运输路线的，承运人应当按通常的运输路线进行运输。承运人未按照运输合同约定的或者通常的运输路线将旅客、货物运输到约定地点的，应当承担违约责任。

依据本条规定，当事人未约定运输路线的情形，承运人应当按照通常的运输路线运输，其原因主要有三：一是有利于承运人规避危险，通常的运输路线往往经过多次运输行为检验为安全路线，如果不按通常的运输路线进行运输，可能存在不确定的危险，给旅客或者货物带来危害；二是有利于避免运输迟延，通常运输路线往往是最为便捷的路线，由此降低运输的时间成本；[①]三是有利于平衡合同当事人利益，由于现实中可能存在多种不同运输路线，不同路线的选择对承运人与旅客或者托运人的利益影响可能不同，通常路线为一般理性人的选择方案，成本较低、效率较高，通常情形下较为符合合同当事人的合理期待。

一般而言，在当事人约定运输路线的情形下，承运人未按照约定路线而按照通常路线运输，或者当事人无约定运输路线的情形下，承运人不按照通常运输路线运输的，构成违约行为，应当承担违约责任。但是，运输工作具有专业性，自开始运输至完成运输期间可能发生复杂变化，如约定运输路线或者通常运输路线路况不适合通行或致通行受阻，为按时完成运输工作，承运人可根据实际情况而合理调整路线。[②]因此，在具有合理性的情形下，承运人不按照合同约定的运输路线或者通常的运输路线运输，无须承担违约责任。如运输合同明确约定任何情形下均不得改变约定运输路线，承运人不得根据实际情势变化变更运输路线；当事人事先于合同中明确约定可以由承运人根据具体情形适当调整运输路线的，或者法律明确规定承运人于特定情形下可以调整路线的，承运人也无需就路线调整承担违约责任，承运人应调整路线而不调整造成损害的，应承担损害赔偿责任。[③]例外的情形下，承运人可能基于特殊事由改变运输路线，如为救助旅客生命而变更路线。特别法上，有

---

① 参见全国人民代表大会常务委员会法制工作委员会编：《中华人民共和国合同法释义》（第3版），法律出版社2013年版，第489—490页。

② 参见刘春堂：《民法债编各论》（中），台北三民书局2014年版，第437页。

③ 参见刘春堂：《民法债编各论》（中），台北三民书局2014年版，第437页。

明文规定承运人可以基于救助旅客或者财产而变更路线的情形，如《海商法》第49条规定："承运人应当按照约定的或者习惯的或者地理上的航线将货物运往卸货港。船舶在海上为救助或者企图救助人命或者财产而发生的绕航或者其他合理绕航，不属于违反前款规定的行为。"据此，承运人为救助或者企图救助旅客生命或财产而变更航线的，不属于违反按照合同约定的或者通常的运输路线运输义务的违约行为，自不应承担违约责任。其他运输合同中，承运人为救助或者企图救助旅客生命或财产而变更运输路线的，如无特别法专门规定，应可参照前述《海商法》规定，认定承运人变更运输路线不属于违约行为。

司法实务上，对于承运人的运输路线是否符合合同约定，法院首先检视运输合同是否约定运输路线；无约定运输路线的情形，则认定承运人的运输路线是否为通常路线；若存在多条通常路线，则应进一步判断承运人的运输路线是否为合理的通常路线。例如，在"王某敏、王某国等与董某成等出租汽车运输合同纠纷案"中，对于两原告主张被告承运人董某成绕路，其驾车行驶路线并非通常路线的主张，法院认为："结合两原告提供的百度地图及生活经验，原告王某敏与王某党认为应走的路线所经过的道路相对于被告董某成行驶路线而言坡度较大、路面较窄、经过市场，被告董某成行驶的路线与乘客认为应走的路线价格差1元多，故被告董某成选择该路线行驶有一定合理性，在原告王某敏与王某党没有明确告知被告董某成必须走其指定路线的情况下，被告董某成选择该路线不能认定恶意绕路。"[①]当事人未约定运输路线的，承运人可以自行选择按照通常路线运输。通常路线不一定为唯一路线，而是可能存在多条路线，如承运人由出发地至约定地点进行运输可能同时存在距离最短路线、花费时间最短路线、最快捷路线等，凡是依据一般人的生活经验具有合理性的路线均可能为通常路线。同时存在多条通常路线，承运人据其理性选择其中一条进行运输时，如其选择符合一般人对运输路线的合理选择，则应认定该运输路线为合理的通常路线。

承运人无正当理由未按照约定的或者通常的运输路线将旅客、货物运输到约定地点的，构成违约行为，应当承担违约责任。

---

① 本溪市平山区人民法院（2018）辽0502民初1441号民事判决书。

举证责任

旅客或者托运人主张承运人未按照约定的或者通常的运输路线运输的，应当就约定的运输路线或者通常的运输路线和承运人未按照该路线运输承担证明责任。承运人以存在不可抗力、救助他人等正当理由作为抗辩的，应当证明不可抗力、救助他人情形的存在。

第八百一十三条【支付票款或者运输费用】

旅客、托运人或者收货人应当支付票款或者运输费用。承运人未按照约定路线或者通常路线运输增加票款或者运输费用的，旅客、托运人或者收货人可以拒绝支付增加部分的票款或者运输费用。

历史由来

本条来源于《合同法》第292条。本条与《合同法》第292条规定完全一致，文字与内容均无变化。在《民法典合同编（草案）》的历次“征求意见稿”和公开的“审议稿”中，《民法典合同编（草案）》（征求意见稿）第371条、《民法典合同编（草案）》（一审稿）第598条、《民法典合同编（草案）》（二审稿）第598条和《民法典（草案）》第813条规定的文字和内容一直无变化。在《民法典》的起草过程中，各主要学者建议稿均未就此条提出实质性修改建议。

规范目的或功能

本条规定的是旅客、托运人或者收货人支付票款或者运输费用的义务，这是合同中旅客、托运人或者收货人的基本义务和主要义务，也是承运人的主要权利。旅客、托运人或者收货人违反本条规定的支付票款或者运输费用义务的，应当承担违约责任。承运人未按照约定路线或者通常路线运输增加票款或者运输费用的，对于增加的票款或者运输费用，由于旅客、托运人或者收货人无支付增加部分的票款或者运输费用的义务，因此可以拒绝支付。

本条为不完全法条，仅规定了旅客、托运人或者收货人支付票款或者运输费用的义务。从体系解释来看，支付票款或者运输费用为运输合同中旅客、托运人或者收货人一方的原给付义务，旅客、托运人或者收货人未履行这一义务的，构成违约行为，应承担违约责任，其违约责任承担方式主要有继续履行、赔偿损失、支付违约金等。

规范内容

一、旅客、托运人支付票款或者运输费用的义务

本条规定旅客、托运人或者收货人应当支付票款或者运输费用作为承运人运输行为的对价，据此承运人得请求旅客、托运人或者收货人支付票款或者运输费用。在客运合同中，合同当事人为承运人与旅客，支付票款或者运输费用的义务人为旅客。在货运合同中，合同当事人为承运人与托运人，支付运输费用的义务人为托运人或者收货人，如果货运合同约定由收货人支付运输费用的，该合同为由第三人履行的涉他合同。收货人拒绝支付运输费用的，承运人不得直接请求收货人承担违约责任，而应请求合同相对人即托运人承担违约责任。①

一般而言，票款或者运输费用的具体数额往往在运输合同中约定，旅客、托运人或者收货人应当按照合同约定的时间、地点和方式支付票款或者运输费用，合同未约定票款和运输费用或约定不明确的，应基于诚信原则依订立合同时履行地的市场价格确定，依法应当执行政府定价或者政府指导价的，应当依照指导价确定费用数额。对于承运人于运输过程中所支出的必要费用，如包装费、保险费、装卸费、处置费等的负担，运输合同约定不明的，原则上应由履行义务一方承担。一般而言，若无合同明确约定，承运人的义务仅限于运输货物，而不包括包装、保险、装卸、处置，本法明确规定托运人负

① 参见韩世远：《合同法总论》（第四版），法律出版社2018年版，第377页。

有提交文件、包装货物等义务，此类义务应由托运人履行。[①]除合同当事人另有约定外，运输完成时承运人得向托运人请求支付完成运输的必要费用。例如，在“周某厚与河北省涉县某煤化有限公司公路货物运输合同纠纷案”中，对于运输过程中产生的额外费用的负担，法院认为：“根据煤矿和煤场规定，不缴纳短途运输费用和场站费，煤矿不允许发煤，煤场不允许进煤，原告为实现运输目的，垫付短途运费和缴纳场站费，从而保证了将被告所购煤炭顺利运送到被告住所地，原告因此支出的费用，被告作为受益人应予支付。”[②]若费用的增加完全是由于承运人的不当履行造成，依据本条规定，托运人或者收货人无须负担该笔费用，而应由承运人自行承担。例如，在“刘某胜、蔡某军等与某某食品饮料有限公司运输合同纠纷案”中，因承运人刘某胜未按照合同约定将货物如期送至约定地点，导致额外产生运费、装卸费、油费等，对此法院认定托运人无需负担相关费用。[③]

二、收货人支付运输费用的义务

客运合同的当事人为承运人和旅客，旅客负有支付票款的义务；货运合同的当事人为承运人与托运人，通常托运人负有支付运输费用的义务，但是本条规定的支付运输费用的义务人还可能为收货人。若托运人与收货人为同一人，则托运人负有支付运输费用的义务；若托运人与收货人并非同一人，收货人并非运输合同的当事人，而是运输合同的第三人，虽然运输合同约定由第三人（收货人）履行支付运输费用，但是收货人支付运输费用的义务并非直接源自该“由第三人履行”的运输合同，而是基于其他合同或非合同债务，[④]如收货人与托运人订立的货物买卖合同。根据合同相对性原则，由于收货人并非基于运输合同而负担支付运输费用的义务，即使收货人不履行该义务，承运人也不得向收货人主张违约责任，仅得向作为合同相对人的托运人主张违约责任。

---

① 参见刘春堂：《民法债编各论》（中），台北三民书局2014年版，第459页；王利明：《合同法研究》（第三卷）（第二版），中国人民大学出版社2015年版，第514页。

② 参见山东省汶上县人民法院（2014）汶商初字第573号民事判决书。

③ 参见广西壮族自治区巴马瑶族自治县人民法院（2017）桂1227民初400号民事判决书。

④ 参见韩世远：《合同法总论》（第四版），法律出版社2018年版，第377页。

三、票款或者运输费用的增加部分

依据本条规定，承运人未按照约定路线或者通常路线运输而增加票款或者运费的，旅客、托运人或者收货人可以拒绝支付增加部分的票款或者运费。依据本法第812条的规定，承运人应当按照约定的或通常的运输路线将旅客、货物运输至约定地点。承运人不按照运输合同中约定的或者通常的运输路线运输的，构成违约行为，票款或者运输费用的增加部分是基于承运人的违约行为产生，自无由旅客、托运人或者收货人承担之理。因此，于此情形，旅客、托运人或者收货人可以拒绝支付增加部分的票款或者运费。如前评注所述，承运人如有正当理由未按照约定路线或者通常路线运输而增加票款或者运费的，则不应就增加部分的票款或者运费承担违约责任。

举证责任

承运人未按照运输合同中约定的运输路线或者通常的运输路线运输，旅客、托运人或者收货人拒绝支付增加部分的票款或者运输费用的，承运人应当就其有正当理由未按照约定或者通常路线运输承担证明责任，同时还应当证明票款或者运输费用是因为承运人未按照约定路线或者通常路线运输而增加。

第二节　客运合同

第八百一十四条【客运合同的成立】

客运合同自承运人向旅客出具客票时成立，但是当事人另有约定或者另有交易习惯的除外。

历史由来

本条来源于《合同法》第293条。在《民法典》编纂过程中，《民法典合同编（草案）》（征求意见稿）第372条、《民法典合同编（草案）》（一审稿）第599条、《民法典合同编（草案）》（二审稿）第599条、《民法典（草案）》第814条和《民法典》第814条仅是对文字稍有修改，内容并无变化，如将“但”改为“但是”、“支付”改为“出具”。

规范目的或功能

本条规定的是旅客运输合同的成立时间。合同的成立时间是合同当事人受合同约束的时间起点。依照本条规定，对于旅客运输合同的成立时间，当事人另有约定的从其约定，另有交易习惯的依照习惯，体现了当事人意思自治的原则；既无约定又无交易习惯的，客运合同自承运人向旅客出具客票时成立。本条为不完全法条，主要用以说明确定运输合同成立时间的一般规则和例外情形。

规范内容

一、出具客票

客运合同是承运人将旅客从起运地点运输到约定地点，旅客支付票款的合同，合同一方当事人为旅客，另一方当事人为承运人。[①]旅客应当仅限于自然人，不包括法人。[②]依据本条规定，自承运人向旅客出具客票时客运合同成立，对合同当事人产生拘束力。当事人应当按照约定履行义务，不得擅自变更或解除合同。

合同之成立，一般以当事人之合意为基础。客运合同的成立通常以当事人意思表示一致为基础，一般情形下，旅客发出乘运要约，承运人出具客票作出承诺，客运合同即时成立，客票的出具时间为客运合同的成立时间。部

---

① 参见顾昂然：《立法札记——关于我国部分法律制定情况的介绍（1982—2004年）》，法律出版社2006年版，第327页。

② 参见林诚二：《债编各论新解——体系化解说》（中），台北瑞兴图书股份有限公司2015年版，第415页。

分合同中，旅客先乘车后补票，则合同自旅客乘车时成立，补票仅仅是将合同由非书面形式改为书面形式。[①]客票在旅客使用前为有价证券，记名客票通常不得转让，无记名客票往往可依出具而转让，使用后的客票可以成为证明承运人和旅客的客运合同关系的证据。[②]客票的出具为承运人向旅客移转客票的占有，但是，并非客运合同都表现为纸质票证，在客票无纸化情形下，无须给付客票，[③]无纸化情形下的客运合同成立时间通常为承运人就旅客的运输要约作出承诺的时间，亦即双方当事人达成合意的时间。需要注意的是，无论在何种客运合同中，出具行为并非客运合同的成立要件，否则承运人出具客票和旅客交付票款将成为先合同义务，直接与本法规定的旅客交付票款的合同义务相矛盾，引发“体系违反”。[④]在铁路客运领域，《铁路法》第11条第2款将旅客车票规定为合同或者合同的组成部分；《铁路旅客运输规程》第7条规定车票为旅客运输合同的基本凭证，均未将车票出具作为铁路客运合同的成立要件。

在特殊情形下，旅客未购买车票而乘车或使用无效车票乘车，其是否与承运人之间成立客运合同关系，值得探究。有学者认为，此种情形下旅客与承运人之间基于旅客乘车的事实成立客运合同关系。[⑤]另有学者认为，旅客意欲乘坐运输工具为要约，承运人准其乘坐运输工具为承诺，自旅客乘坐运输工具之时，运输合同即告成立，其后的旅客补票行为仅仅是将已经成立的非书面合同书面化而已。[⑥]两种观点的实质区别在于旅客与承运人之间是否形成合意。无论依据事实合同关系理论还是默示意思理论抑或意思实现理论，不同观点殊途同归，均认定无票乘车情形下客运合同成立。[⑦]

此外，承运人未取得旅客运输许可，不具备提供客运服务资质的，不影

---

① 参见郭明瑞、王轶：《合同法新论·分则》，中国政法大学出版社1997年版，第260页。

② 参见刘春堂：《民法债编各论》（中），台北三民书局2014年版，第479页。

③ 参见王利明：《合同法研究》（第三卷）（第二版），中国人民大学出版社2015年版，第516页。

④ 参见韩世远：《合同法学》，高等教育出版社2010年版，第512页。

⑤ 参见刘春堂：《民法债编各论》（中），台北三民书局2014年版，第479页。

⑥ 参见崔建远主编：《合同法》（第六版），法律出版社2015年版，第385页。

⑦ 参见林诚二：《债编各论新解——体系化解说》（中），台北瑞兴图书股份有限公司2015年版，第474页。

响客运合同的成立。无资质的承运人擅自从事道路客运经营，虽然违反道路运输管理的相关规定，但是违反行政管理性规定并不属于导致合同无效的强制性规定，不影响公路旅客运输合同的成立，如在“李某波、李某敏公路旅客运输合同纠纷案”中，法院认定无营运资格的承运人与乘车人之间成立客运合同关系，承运人应当对运输过程中旅客的人身损害承担赔偿责任。[①]

二、当事人另有约定或者另有交易习惯

客运合同通常自承运人向旅客出具客票时成立。但是，若当事人另有约定或者另有交易习惯的，应当根据当事人约定或交易习惯确定成立时间。

旅客运输形态复杂多样，当事人可依据意思自治原则自行约定合同成立时间。当事人另有约定的情形，如在旅客运输中，若旅客与承运人约定客运合同从旅客登上客运大巴时成立，则该客运合同的成立时间即为旅客登上大巴车之时，不论此时是否出具客票，均不影响合同成立。又如，经承运人同意无票搭乘的情形，承运人通常并不向旅客出具客票，客运合同成立时间为承运人与旅客意思表示一致之时。实践中，除本条规定的先行购票情形外，也有当事人约定费用和客票于运输完成后交付的情形，此时合同成立时间与客票出具时间不一致。例如，在“鲁山县某某运输有限公司与李某运输合同纠纷案”中，法院认为，“原告所提交的由客车驾驶人出具并加盖有运输公司印章的《事故经过》与公安交警部门作出的《道路交通事故认定书》相互印证，足以证明原告属于经运输公司事故车辆驾驶人同意乘车的旅客，对于原告乘坐运输公司车辆的要约，运输公司车辆驾驶人已以准许原告乘坐的方式达成承诺，双方之间属于因‘当事人另有约定’而成立客运合同情形，故原告与运输公司之间成立客运合同关系”[②]。

当事人未约定合同成立时间，但是另有交易习惯的情形，旅客运输合同的成立时间依交易习惯确定。例如，在出租车运输中，各地出租车管理规定大多明确出租车承运人不得拒载，按出租车运输的交易习惯，乘客上车时运输合同成立；承运人将旅客送达目的地后，乘客支付运输费用、承运人出具

---

① 云南省昭通市中级人民法院（2018）云06民终704号民事判决书。

② 河南省平顶山市中级人民法院（2017）豫04民终1180号民事判决书。

客票。又如，在公共交通运输中，一般的交易习惯是乘客上车后付费购票，乘客上车时运输合同即已成立。在“付某与中山市公共交通运输集团有限公司、中华联合财产保险股份有限公司中山中心支公司公路旅客运输合同纠纷案”中，法院认为：“涉案车辆为公交运输公司营运的公交车，按照中山市市内公交车的交易习惯，是乘客先上车，后再购票或自动投币、刷IC卡。故付某登上粤T×××××号车后，无论付某是否已经购买了车票，其与公交运输公司之间的客运合同已成立并生效。”[①]另在“拼车”运输合同中，交易习惯为乘客先乘车，到达目的地后再付费，且通常无相关车票凭证，客运合同的成立时间为乘客乘车时。如在“尹某梅与蔡某周运输合同纠纷案”中，法院认为，“原告以‘拼车’方式乘坐被告车辆从南阳回南召，根据当地交易习惯，‘拼车’是乘坐人员到达目的地后向承运人支付相应价款的一种运输方式”[②]。前述情形下，根据交易习惯，乘客上车与承运人达成合意即成立合同，无须承运人出具客票。

在电子合同中，客运合同的成立时间通常也并非承运人出具客票的时间。例如，在中国铁路电子客票销售官网中，铁路客票销售流程大致为：旅客选票—网站确认—旅客付款—网站出票。在这一过程中，网站确认旅客购票要约而非网站出票的时间为客运合同成立时间。

举证责任

一方当事人主张客运合同成立的，须证明双方当事人就客运合同的缔结达成合意。一般而言，客票可以作为客运合同成立的有效证据。但是，客票并非客运合同存在的唯一证据，当事人无法提供有效客票的，也可以提供其他相关证据证明合同成立。在司法审判中，此类证据可能由当事人提出反证予以推翻，还可能被其他证据所取代。[③]

关于客运合同的成立时间的认定，通常依据当事人达成合意的时间确定，

---

① 广东省中山市中级人民法院（2016）粤20民终393号民事判决书。

② 河南省南召县人民法院（2017）豫1321民初667号民事判决书。

③ 参见张长青：《关于铁路客票法律性质问题的探讨》，载《政法论坛》2004年第4期。

由主张客运合同成立的一方当事人举证证明合意之存在。如当事人主张依据当事人约定或交易习惯确定合同成立时间的，当事人应当举证证明该约定或者该交易习惯之存在。

第八百一十五条【持有效客票乘运义务】

旅客应当按照有效客票记载的时间、班次和座位号乘坐。旅客无票乘坐、超程乘坐、越级乘坐或者持不符合减价条件的优惠客票乘坐的，应当补交票款，承运人可以按照规定加收票款；旅客不支付票款的，承运人可以拒绝运输。

实名制客运合同的旅客丢失客票的，可以请求承运人挂失补办，承运人不得再次收取票款和其他不合理费用。

历史由来

本条来源于《合同法》第294条。本条与《合同法》第294条规定基本一致，变化在于：（1）将第294条第1句“持有效客票乘运”修改为“按照有效客票记载的时间、班次和座位号乘坐”；（2）将第2句和第3句合并为一句，以“；”连接；（3）将“失效客票”修改为“不符合减价条件的优惠客票”；（4）将第3句中的“交付”修改为“支付”；（5）新增第2款规定，即“实名制客运合同的旅客丢失客票的，可以请求承运人挂失补办，承运人不得再次收取票款和其他不合理费用”。在《民法典》编纂过程中，《民法典合同编（草案）》（征求意见稿）第373条在《合同法》第294条规定基础上增加第2款，即“实名制客运合同的旅客丢失客票的，可以要求承运人挂失补办，承运人不得再次收取票款”。《民法典合同编（草案）》（一审稿）第600条与《民法典合同编（草案）》（征求意见稿）第373条相同。《民法典合同编（草案）》（二审稿）第600条第1款第1句在《民法典合同编（草案）》（一审稿）规定的基础上将“持有效客票乘运”修改为“按照有效客票记载的时间、班次和座位号乘运”。《民法典（草案）》第815条除将“乘运”修改为“乘坐”、将第2款规定的“要求”修改为“请求”外，内容和表述未再修改。《民法典》最终文本将本条第1款规定的“持失效客票”修改为“持不符合减价条件的优惠客票”。

在《民法典》的起草过程中，有学者建议稿就此条提出修改建议。①

规范目的或功能

本条第1款规定的是旅客按照有效客票记载的时间、班次和座位号乘坐的义务和旅客不持有效客票乘车的法律后果，如旅客补交票款、承运人加收票款或者拒绝运输。第2款规定的是旅客丢失客票情形下的救济措施和承运人不得重复收费、收取不合理费用的禁止性规定。

本条的主要目的为解决客运合同领域的实践问题。《民法典》立法过程中，有一些意见提出，一方面，客运合同领域存在旅客霸座、不配合承运人采取安全运输措施等严重干扰运输秩序和危害运输安全的现象；另一方面，也存在承运人通过收取高额的挂失和补办费用变相再次收取票款损害旅客合法权益等问题。针对此类问题，全国人大宪法和法律委员会研究认为，为了维护正常的运输秩序，保护旅客在运输过程中的人身、财产安全，建议明确旅客应当按照有效客票记载的时间、班次和座位号乘坐，承运人应当按照有效客票记载的时间、班次和条件运输旅客，同时建议明确实名制客运合同的旅客丢失客票的，可以要求承运人挂失补办，承运人不得再次收取票款和其他不合理费用。②

本条第1款为完全法条，不仅规定了旅客持有效客票乘坐和按照有效客票记载的时间、班次和座位号乘坐的义务，而且规定了旅客违反该义务情形下的法律后果，即应当补交票款，如不支付票款的，承运人可以拒绝运输。本条第2款为完全法条，用以确定实名制客运合同的旅客丢失客票情形下的请求权，即承运人挂失补办，且明确挂失补办过程中承运人不得再次收取票款和其他不合理费用。

---

① 梁慧星教授主持编撰的《中国民法典草案建议稿》将本条规定为："旅客应当持有效客票乘运，但承运人同意无票乘运或法律规定可以免票乘运的除外。旅客未经承运人同意，无票乘运、超程乘运、越级乘运或者持失效客票乘运的，应当补交票款，承运人可以按照法律规定加收票款。旅客不交付票款的，承运人可以拒绝运输"[梁慧星主编：《中国民法典草案建议稿附理由：合同编》(上册)，法律出版社2013年版，第654页]；徐国栋教授主持编撰的《绿色民法典草案》主要在《合同法》第294条规定的基础上删除"承运人可以按照规定加收票款"(徐国栋主编：《绿色民法典草案》，社会科学文献出版社2004年版，第632页)。

② 参见2018年12月《全国人民代表大会宪法和法律委员会关于〈民法典合同编(草案)〉修改情况的汇报》。

规范内容

一、客　票

旅客与承运人缔结运输合同过程中，意思表示一致即可成立客运合同，客票的交付与否不影响合同成立。客票是旅客运输合同的凭证，用以证明旅客与承运人之间运输合同关系的存在，但是客票并非证明运输合同成立的唯一证据，其他证据亦可证明运输合同关系，客票之有无不影响运输合同的成立生效，[①]如《民用航空法》第111条第2款明确规定："……客票不符合规定或者客票遗失，不影响运输合同的存在或者有效。"客运合同通常采用票证方式，载体为车票、船票、机票等，记载内容包括合同的价款、运输时间、运输路线等信息，[②]表现形式可能为电子客票或者纸质客票。客票分为记名式客票和不记名式客票，不记名式客票使用前可通过交付而转让，记名式客票则不可自行转让。旅客可以凭客票要求承运人履行运输义务，但是由于客票通常具有流通性和一次性的特点，如铁路运输中的火车票、航空运输中的机票，每次运输时间、运输路线、运输人数和运输重量均有严格限制，旅客应当按照客票记载的时间、班次和座位号乘坐，不得随意选择乘坐时间、班次和座位号，否则可能损害其他旅客的合理乘坐要求和扰乱承运人的安全有序运输。[③]现代旅客运输中，客票不一定表现为纸质形式，也可能为电子票证或数据信息，如在高铁运输中甚至不需要旅客出示任何纸质或电子客票，仅凭身份证件即可乘坐。

虽然在运输合同的缔结和履行中常伴随着购买车票、船票、机票的行为，但是并非所有旅客运输都使用客票。例如，前述以建立消费合同关系为目的而提供的"免费班车"运输服务中，乘客与承运人之间虽然成立客运合同关系，但是并无客票之存在。又如，在免票乘坐中，符合承运人规定的免费乘

---

① 参见王利明：《合同法研究》（第三卷）（第二版），中国人民大学出版社2015年版，第516页。

② 参见崔建远主编：《合同法》（第六版），法律出版社2015年版，第385页。

③ 例如，在2018年8月21日高铁"霸座"事件中，孙某霸占某女乘客高铁列车座位，扰乱公共秩序。其后，孙某被处治安罚款200元，并在一定期限内被限制购票乘坐火车。

坐范围的旅客，无须出示客票仅需出示有效的身份证件和相关证明文件即可乘坐。

二、无票乘坐、超程乘坐、越级乘坐或者持不符合减价条件的优惠客票乘坐

无票乘坐，是指旅客应购车票而未购车票乘车，不包括已购车票而遗失车票情形下的乘车和免票旅客乘坐。越级乘坐，是指旅客乘坐的座席等级超出其实际购买座席等级指定的范围。超程乘坐，是指旅客乘坐路线超出了既有客票的运输范围。[①]持不符合减价条件的优惠客票乘坐，是指旅客不具备购买优惠客票的减价条件而购买、使用优惠客票乘坐。客票作为旅客运输合同的证明文件，旅客持有效客票乘车即可证明其与承运人之间运输合同关系的存在。同时，在先付费后乘车的运输合同中，客票还可证明旅客已经履行支付车费的义务。无票乘坐、超程乘坐、越级乘坐或者持不符合减价条件的优惠客票乘坐通常发生于承运人不得拒绝缔约的公共运输领域，无论是依据旅客的乘坐行为与承运人的允许乘坐所构成的客运合同的要约与承诺，还是基于意思实现或者事实合同理论，双方均成立运输合同关系。[②]基于运输合同，旅客的主要义务为支付运输费用。于旅客无票乘坐、超程乘坐、越级乘坐或者持不符合减价条件的优惠客票乘坐情形，旅客违反支付运费的义务，不支付部分运费或全部运费构成违约行为，承运人有权依据本条规定请求旅客补交票款，甚至可以酌情请求旅客增加支付票款。旅客不支付票款的，承运人可以拒绝运输。

对于承运人请求补交票款、加收票款和拒绝运输之间的关系，学者有不同见解。有学者认为，承运人享有选择权，既可以选择请求旅客补交票款，也可以选择拒绝运输。[③]另有学者认为，承运人的权利存在递进关系：首先，

---

① 参见全国人民代表大会常务委员会法制工作委员会编：《中华人民共和国合同法释义》（第3版），法律出版社2013年版，第495页。

② 参见林诚二：《债编各论新解——体系化解说》（中），台北瑞兴图书股份有限公司2015年版，第474页。

③ 参见王利明：《合同法研究》（第三卷）（第二版），中国人民大学出版社2015年版，第518页。

旅客应当补足票款，是否加收票款由承运人酌情决定；其次，旅客不支付票款的，承运人可以拒绝运输。[①]两种观点的主要分歧在于，承运人拒绝运输是否须以旅客拒绝补交票款为前提。从文义来看，本条规定的“旅客不支付票款的，承运人可以拒绝运输”应当理解为，在旅客不补交票款的情形下，承运人可以拒绝运输。如前所述，即使旅客持无效客票乘坐的，旅客与承运人之间亦可成立客运合同关系，基于该运输合同，旅客负有支付票款或者运输费用的义务，承运人负有运送旅客至目的地的义务。就体系解释而言，承运人拒绝运输应以旅客不补交票款为前提。若旅客未支付票款购买客票，则承运人可以行使履行抗辩权拒绝运输，此种抗辩权为一时性抗辩，基于履行抗辩权承运人可以一时地拒绝旅客的履行请求，但是一旦产生抗辩权的事由因旅客支付票款而消失，则承运人仍应履行其运输义务。[②]若旅客拒绝履行合同义务不支付票款，承运人有权解除运输合同，终止履行运输义务。因此，承运人拒绝运输，中止履行合同后，如旅客及时支付运费，则承运人应当继续履行运输义务；如旅客拒绝支付运费，则承运人可以选择解除合同终止履行。此外，特别法上也有对无票乘坐、超程乘坐、越级乘坐或者持不符合减价条件的优惠客票乘坐情形的专门规定，如：《铁路法》第14条规定，对无票乘车或者持失效车票乘车的，应当补收票款，并按照规定加收票款；拒不交付的，铁路运输企业可以责令下车。《海商法》第112条规定，旅客无票乘船、越级乘船或者超程乘船，应当按照规定补足票款，承运人可以按照规定加收票款；拒不交付票款的，船长有权在适当地点令其离船，承运人有权向其追偿。

需要注意的是，虽然免费或者免票乘坐也是旅客未购票而乘车的情形，但并非本条所指的无票乘车。免票乘坐，是指旅客经承运人同意的免费乘坐，多为基于对某类特殊群体的特别照顾而许可其无需购票即可搭乘的情形，如退休人员免费乘车、未成年人免费乘车等。免费乘车情形下，承运人依然就其违约行为承担损害赔偿责任，[③]如《民用航空法》第111条第3款规定，在国

---

① 参见全国人民代表大会常务委员会法制工作委员会编：《中华人民共和国合同法释义》（第3版），法律出版社2013年版，第495—496页。

② 参见韩世远：《合同法总论》（第四版），法律出版社2018年版，第379页。

③ 参见王利明：《合同法研究》（第三卷）（第二版），中国人民大学出版社2015年版，第517页。

内航空运输中，承运人同意旅客不经其出票而乘坐民用航空器的，承运人无权援用该法关于赔偿责任限制的规定。

三、遗失车票乘坐

有学者认为，旅客遗失车票而乘坐的情形属于无票乘坐。[①]从体系解释来看，支付票款是客运合同中旅客的主要义务，遗失车票的前提是旅客已经购买车票、支付票款，即已履行该项合同义务，与旅客的这一给付行为形成对价的是承运人的运送行为。如将遗失车票乘坐等同于无票乘坐，并以此为基础要求旅客再次支付票款，则旅客第二次支付价款并无合法依据，承运人由此取得的利益属于不当得利。就法理而言，将遗失车票乘坐纳入无票乘坐范畴违反公平原则。例如，在“罗某雨与某铁路局铁路旅客运输合同纠纷案”中，二审法院认为，“将无票乘运中的‘无票’解读为没有购买车票是对法律规定的不恰当限缩解释。法律规定的‘无票’是对应于‘持有效客票乘运’而言的，是一种现实状态”。据此，凡是未持有效客票乘坐的均为无票乘坐，最终法院将原告遗失车票乘车适用无票乘车规定作出判决。[②]类似地，在“高某文与某铁路局铁路旅客运输合同纠纷案”中，法院认为，“因原告未尽到妥善保管有效车票的义务，被告遂向原告补收票款，由原告承担相应的违约责任”[③]。上述判决均以旅客未能全面履行合同义务为由，判定其应承担再次购买客票的违约责任。如果已经履行合同主要义务支付票款的旅客仅由于未能妥善保管车票而必须再次支付票款，而其所获得的仅为一次运送服务，显然有失公平。为解决司法实践中客票遗失情形下，旅客被迫承担与其未能妥善保管客票的轻微违约行为不相称的过于沉重的违约责任，本条新增第2款专门规定客票遗失情形下承运人不得再次收取票款和其他不合理费用，更足以说明立法者不欲将客票遗失乘坐情形纳入无票乘坐范畴。

---

① 参见王利明：《合同法研究》（第三卷）（第二版），中国人民大学出版社2015年版，第518页。

② 上海铁路运输中级法院（2016）沪71民终9号民事判决书。

③ 上海铁路运输法院（2015）沪铁民初字第705号民事判决书。类似的判决还有“某铁路客运专线有限责任公司、某铁路（集团）公司与何某铁路旅客运输合同纠纷案”［广州铁路运输中级法院（2014）广铁中法民终字第47号民事判决书］。

举证责任

于旅客无票乘坐、超程乘坐、越级乘坐或者持不符合减价条件的优惠客票乘坐情形中，承运人可以请求旅客补交票款或者加收票款，旅客拒绝支付票款的，应举证证明其持有有效客票且按照有效客票记载的时间、班次和座位号乘坐，无法证明的，承运人可以拒绝运输。

在客票遗失乘坐情形下，旅客应当负担证明其已经购买车票的义务。客票为客运合同成立的凭证但并非合同成立的唯一证据，旅客丢失客票后有其他证据证明合同存在的，承运人应当履行合同义务。目前，运输领域广泛使用实名制购票，改变了之前因技术条件限制导致往往仅有车票方可证明购票事实的状况，车票不再是运输合同的唯一权利凭证，旅客与承运人双方都有诸多信息和数据可以证明双方权利义务关系的存在。实名制客运合同的旅客丢失客票的，承运人可以根据旅客的实名信息查实客票购买信息，因此旅客可以要求承运人挂失补办。客票交付通常以旅客履行支付票款义务为前提，旅客可以要求承运人挂失补办，此时承运人不得要求旅客再次支付票款和其他不合理费用，但可请求旅客支付客票工本费等合理费用。

第八百一十六条【退票或者变更】

旅客因自己的原因不能按照客票记载的时间乘坐的，应当在约定的期限内办理退票或者变更手续；逾期办理的，承运人可以不退票款，并不再承担运输义务。

历史由来

本条来源于《合同法》第295条。在《民法典合同编（草案）》的历次“征求意见稿”和公开的“审议稿”中，《民法典合同编（草案）》（征求意见稿）第374条、《民法典合同编（草案）》（一审稿）第601条、《民法典合同编（草案）》（二审稿）第601条和《民法典（草案）》第816条规定的文字和内容一直无变化。2020年5月通过的《民法典》最终文本对本条进行了微调：一是将《合同法》第295条规定的两句合为一句，并以“；”连接；二是将“约定的时间”修改为“约定的期限”。同时，各主要学者建议稿均未就此条提出修改建议。

规范目的或功能

本条规定的是旅客因自己的原因不能按照客票记载的时间乘坐的，应当在合同约定的期限内办理退票或者变更手续，以终止或者变更运输合同。旅客订立客运合同的目的是满足出行需求，如出行需求变化，旅客可以按照合同约定变更合同或者解除合同。旅客未能在约定的期限内及时办理退票或者变更乘坐手续的，承运人在原客票记载的时间经过后不再承担运输义务，旅客无权请求承运人返还票款或提供运输服务，而应自行承担不利后果。

本条为完全法条，用以确定旅客因自己的原因不能按时乘坐情形下的法律后果，即旅客可以主张退票或者请求承运人变更手续，同时进一步规定了逾期办理情形下的法律后果为承运人可以不退票款，并不再承担运输义务。

规范内容

通常而言，合同成立后，合同当事人不得单方面变更合同或者解除合同，但是法律另有规定或合同另有约定的除外。本条规定即为法律另有规定，旅客可以变更或解除合同的情形。旅客运输合同成立后，承运人履行运输义务前，旅客一方因自己的原因不能按照客票记载的时间乘坐的，可以在约定的期限内解除或者变更合同，即办理客票的退票或者变更手续，此时承运人除按照规定收取一定比例的手续费外，应按照旅客的要求变更运输合同的内容，或者将剩余票款退还给旅客，承运人不得拒绝变更。①

一、及时办理退票或者变更手续

本条所称退票，是指在约定的期限内解除客运合同；变更乘坐，是指在约定的期限内及时变更客运合同内容。基于本条规定，乘客可以行使任意解

① 参见崔建远主编：《合同法》（第六版），法律出版社2015年版，第387页。

除权终止合同，也可以在约定的期限内向承运人主张变更合同，合同变更须以双方意思表示一致为基础。

客票记载的时间、班次等信息是客运合同的重要内容，旅客应当按照客票载明的时间乘坐，承运人应当按照客票载明的时间运输旅客。对于旅客按照记载时间乘坐的性质，有学者认为是旅客的权利，[①]也有学者认为是旅客的义务，[②]另有学者认为旅客在约定的期限内办理退票或者变更手续为不真正义务，[③]该义务之不违反将使旅客承受不利益。[④]就旅客未按载明时间乘坐的法律后果来看，旅客因自己的原因不能按照客票载明的时间乘坐的，无须就此对承运人承担违约责任，而仅承担对自己不利的后果，即在约定时间内办理退票或者变更乘坐手续并支付由此发生的退票费、改签费等合理费用。由此来看，按载明时间乘坐应为旅客的不真正义务。

客运合同成立后，承运人履行运输义务前，旅客因自己原因无法按照客票记载的时间乘坐的，可以在约定的期限内变更或解除合同，此即本条所称的变更客票或退票。旅客主张退票即为任意解除权的行使，只要出现旅客因自己的原因不能按照客票载明的时间乘坐的情形，即可在约定的期限内主张解除合同，办理退票手续。本条规定的旅客解除权行使期限为运输合同约定的期限，通常为合同成立之后、客票记载的运输时间之前。解除权行使期限届满而旅客未行使的，解除权消灭，旅客不得于客票记载运输时间经过后再行主张退票。旅客行使解除权的，承运人可以要求旅客赔偿损失。本条规定旅客须在约定时间内办理退票或者变更手续的主要原因是，尽可能减少因退票或者变更给承运人造成的损失，使承运人有机会售出退票，避免运力浪费和承运人损失。[⑤]以铁路旅客运输为例，根据旅客行使解除权的时间与承运

---

① 参见王利明：《合同法研究》（第三卷）（第二版），中国人民大学出版社2015年版，第521页。

② 参见崔建远主编：《合同法》（第六版），法律出版社2015年版，第386页。

③ 参见梁慧星主编：《中国民法典草案建议稿附理由：合同编》（上册），法律出版社2013年版，第656页。

④ 参见韩世远：《合同法总论》（第四版），法律出版社2018年版，第350页。

⑤ 参见房绍坤、郭明瑞主编：《合同法要义与案例析解》（分则），中国人民大学出版社2001年版，第370页。

人的开始运输时间的差距不同，承运人可以收取票价之0%—20%不等的退票费。

旅客退票为解除权的行使，不以承运人同意为要件。与此不同的是，若旅客因自己原因无法乘坐而主张变更客运合同，则须与承运人就变更内容协商一致，方可变更；双方无法达成一致的，不发生合同变更的法律效力。[①]在公共运输领域，旅客能否变更合同和变更内容主要取决于其所选择的运输工具、购票种类，[②]以及承运人提供运输服务的能力。为维护承运人的自身利益，对于不同运输方式下旅客无法乘坐的不同情形，承运人设有不同规则，且此类规则往往已纳入运输合同。例如，在铁路运输合同中，在承运人有运输能力的前提下，旅客只能办理一次改签或变更到站。在航空运输合同中，在旅客行程不变、承运的航空公司不变的情况下，旅客可以同等舱位免费更改或者补足差价升舱，但是仅持有全价票的旅客可以要求不同航空公司之间签转，折扣票不得签转。换言之，承运人同意变更的内容仅限于此，对于旅客超出这一范围的变更主张，承运人均不予同意。属于承运人同意变更情形的，双方当事人协商一致成立新合同，变更后的新合同取代原合同发生效力。实务上有旅客质疑承运人提供的退改签条款、客票有效期等条款的效力，通常情形下，合同订立过程中承运人已经向旅客提示此类条款，仅当旅客阅读并接受方可订票，此类条款可以成为运输合同的一部分。[③]如果承运人未尽到提示说明义务，导致旅客没有注意或者理解与其有重大利害关系的条款，旅客一方可以主张该条款不成为合同的内容。

旅客应当及时办理退票或者变更手续，逾期办理的，承运人可以不退票款，并不再承担运输义务。其中所谓逾期办理，即未在约定时间内办理退票或者变更手续。约定时间通常为客运合同成立后、客票记载的运输时间前。旅客于此期间办理退票手续的，承运人根据所遭受损失多少收取退票费用。

---

① 参见崔建远主编：《合同法》（第六版），法律出版社2015年版，第166页。

② 参见崔建远主编：《合同法》（第六版），法律出版社2015年版，第387页。

③ 参见“鲁某、中国某航空股份有限公司航空旅客运输合同纠纷案”，武汉铁路运输中级法院（2019）鄂71民终13号民事判决书。

在约定期限内旅客怠于办理退票或者变更手续的，即使旅客并未实际乘坐，但是承运人已经实际履行，所发生的运输成本并未因旅客未实际乘坐而减少，基于公平考量，承运人可以不退票款，且不再承担运输义务。

二、旅客自己的原因

本条规定的适用范围仅限于由于旅客自己的原因不能按照客票载明的时间乘坐的情形，如果由于承运人原因或其他原因导致旅客不能按照客票载明的时间乘坐的，不适用本条规定。本条所称旅客自己的原因主要包括因旅客自身健康状况、工作原因、个人延误等个人因素造成的无法按照客票载明的时间乘坐。本条规定的反面解释应该是与旅客自己的原因相对的承运人原因、不可抗力等其他原因造成旅客不能按照客票载明的时间乘坐的，非属本条规定的旅客应当在约定的期限内办理退票或者变更手续的情形。

举证责任

旅客因自己的原因未能按照客票记载的时间乘坐，均可在约定的期限内请求承运人办理退票或者变更手续。旅客办理退票或者变更手续或者请求承运人承担运输义务，承运人以逾期为由拒绝退票款并拒绝承担运输义务的，承运人应当证明旅客的退票或变更已经逾期。

第八百一十七条【按照约定的限量携带行李】

旅客随身携带行李应当符合约定的限量和品类要求；超过限量或者违反品类要求携带行李的，应当办理托运手续。

历史由来

本条来源于《合同法》第296条。本条规定与《合同法》第296条规定基本一致，但是文字和内容略有修改变化。

在《民法典合同编（草案）》的历次“征求意见稿”和公开的“审议稿”中，《民法典合同编（草案）》（征求意见稿）第375条、《民法典合同编（草案)》(一审稿)第602条、《民法典合同编(草案)》(二审稿)第602条均与《合同法》第296条表述一致。《民法典(草案)》第817条第1句增加“和品类要求”,删除“在运输中”,第2句增加“或者违反品类要求”,同时将语序调整为“旅客携带行李应当符合约定的限量和品类要求;超过限量或者违反品类要求携带行李的,应当办理托运手续”。2020年5月通过的《民法典》略有修改,在“携带行李”前增加“随身”。

在《民法典》的起草过程中,有部分学者建议稿就此条提出修改建议。[①]

三 规范目的或功能

本条规定的是在旅客运输中旅客应当遵守旅客运输规章关于随身携带行李数量、重量和品类的规定,按照约定限量和品类要求携带行李的义务,超过限量或者违反品类要求携带行李的应当办理托运手续。旅客超过限量或者违反品类要求携带行李且未办理托运的,承运人可以要求旅客承担相应的法律后果,如增加运费、拒绝运输等。

本条为完全法条,主要用以限制旅客可以随身携带行李的限量和品类要求,同时规定违反该义务的法律后果,即超过限量或者违反品类要求携带行李情形下的行李处置措施。

四 规范内容

客运合同是承运人将旅客从起运地点运送至约定地点的合同,因此承运人的主要义务是运送旅客而非运输行李物品。但是,为了方便旅客出行和运输安全,承运人往往允许旅客随身携带一定数量、限定重量、特定品类的行李物品,既符合一般人日常生活所需,也是一般交易习惯。[②]

---

① 徐国栋教授主持编撰的《绿色民法典草案》在《合同法》第296条的基础上增加一款:“接受旅客托运的行李后,承运人应出具行李托运单。”参见徐国栋主编:《绿色民法典草案》,社会科学文献出版社2004年版,第632页。

② 参见邱聪智:《新订债法各论》(中),中国人民大学出版社2006年版,第396页。

一、行李物品的限量携带

在客运合同中，旅客可以随身携带限量行李物品，其中限量主要为数量和重量限制。旅客通常无须就随身携带行李额外支付运输费用。由于承运人运输空间和运输能力有限，若旅客携带过多、过重的行李将占用过大的乘坐空间，由此增加承运人的运营成本以及损害其他旅客的利益，因此承运人有必要对旅客随身携带的行李物品数量和重量设定限制。不同运输方式和运输能力的承运人允许旅客随身携带的行李物品的数量、重量、品类各不相同。例如，城市公共汽车运输的承运人对乘客随身携带行李重量、体积有严格限定。铁路运输合同中，承运人明确规定儿童、外交人员和其他旅客可携带行李的重量、外部尺寸。[①]航空旅客运输合同中，承运人通常要求旅客随身携带的行李的件数和重量不得超过限量，旅客超过约定携带行李的，承运人要求旅客办理托运手续，旅客拒不办理托运手续的，承运人可以拒绝运输。

对于旅客超过约定的限量要求携带的行李，承运人要求办理行李托运手续，既有利于维护承运人自身利益和其他旅客利益，保障运输安全，也有利于对超过限量行李进行妥善保管，符合合同目的。[②]但是，承运人的运输空间有限，若旅客要求托运的行李过大或过重，以致承运人不堪重负，承运人仍可拒绝办理托运手续。[③]由于客运合同约定的运输费用仅包含旅客及其随身携带的行李，运输超过限量行李物品并不是承运人的合同义务，因此，旅客应当按照货物运输合同的规定为超过限量的行李办理托运手续，同时支付相应运输费用。超过限量的行李运输合同性质上属于货运合同，该行李发生毁损、灭失的，应适用货物运输的有关规定。但是，此种货运合同与一般的货运合同也有差别，不同之处在于托运行李与客运合同之间的附属关系，[④]《民用航空法》第112条第1款规定，承运人载运托运行李时，行李票可以包含在客

---

① 《铁路旅客运输规程》第51条。

② 参见房绍坤、郭明瑞主编：《合同法要义与案例析解》（分则），中国人民大学出版社2001年版，第366页。

③ 参见邱聪智：《新订债法各论》（中），中国人民大学出版社2006年版，第396页。

④ 参见马俊驹、余延满：《民法原论》，法律出版社2016年版，第705页。

票之内或者与客票相结合，明确地指出了此种货运合同与其所附属的客运合同之间的紧密关系。在赔偿数额上，托运行李和其他货运行李并无实质区别，而随身携带行李与托运行李的区别较为明显地反映在赔偿责任限额上。例如，《民用航空法》第129条第2项规定，对托运行李或者货物的赔偿责任限额，每公斤为17计算单位；而第3项规定，对每名旅客随身携带的物品的赔偿责任限额为332计算单位。

二、行李物品的品类限制

本条新增规定旅客随身携带行李应当符合约定的品类要求，违反品类要求携带行李的，应当办理托运手续。本条所称行李物品的品类主要包括行李物品的品种和类别。在旅客运输活动中，根据行李物品的自身性质及其对运输安全的潜在影响，行李物品大致可以分为三类：其一为可以由旅客随身携带的行李物品；其二为旅客不得随身携带但可以托运的物品；其三为禁止随身携带和托运的物品，如易燃、易爆、有毒、有腐蚀性、有放射性以及有可能危及运输工具上人身和财产安全的危险物品或者违禁物品。从体系解释来看，由于本法第818条专门规定前述第三类禁止随身携带的危险物品或者违禁物品，故本条所称违反品类要求的行李物品应不包括危险物品或者违禁物品，而仅限于第二类不得随身携带但可以托运的物品，如民用航空运输中禁止随身携带但可以托运的物品有锐器、钝器以及各种危险工具。

三、超过限量或违反品类要求携带行李的法律后果

旅客超过限量或者违反品类要求携带行李的，承运人可以要求旅客办理托运。旅客拒绝办理托运的，其携带的超过限量或者违反品类要求的行李物品将损害承运人的利益的，承运人可以要求旅客承担相应的法律后果，如增加运费、拒绝运输等。由于旅客违反运输规定随身携带行李物品，造成第三人损害的，旅客应当承担损害赔偿责任。

本条规定主要针对的是承运人于运输开始前发现旅客超过限量或者违反品类要求携带行李的情形，但是如果承运人在运输过程中才发现旅客超过限量或者违反品类要求携带行李的，自然无法再行办理托运，对此本条并未规定承运人可以采取何种措施。一般而言，旅客超过限量或违反品类要求

携带行李仅仅损害承运人的运输利益和其他旅客的乘坐利益，并不会危害运输安全，损害社会公共利益。与此不同的是，违反本法第818条出现了携带禁止随身携带的危险物品或者违禁物品规定的情形，往往会危及公共运输安全，可能造成不特定多数人的人身伤害和财产损失，其后果较为严重。因此，对于两种情形中旅客的不同违约行为，承运人可以采取的措施也不相同。于旅客违反规定携带危险物品或者违禁物品的情形，承运人唯有将危险物品或者违禁物品卸下、销毁或者送交有关部门甚至拒绝运输，方可保障公共安全。于本条规定的旅客超过限量或者违反品类要求携带行李情形，由于通常不影响运输安全，故承运人无须采取前述严厉措施；对于承运人因旅客此种违约行为遭受的损失，可以收取因超量或违反品类要求携带行李物品产生的运费或者保管费用。例如，《铁路旅客运输办理细则》第51条规定，发现旅客违章携带物品（包括几人同时携带一件超重或超大物品）时，在车站，应拒绝进站或动员旅客办理托运；对已带入车内的，应补收运费，妥善安排，必要时可放入行李车内。对已带入车内的猫、狗、猴等宠物，应安排在列车通过台由旅客自己照看，宠物发生意外或伤害其他旅客时，由携带者负责。

第八百一十八条【危险物品或者违禁物品的携带禁止】

旅客不得随身携带或者在行李中夹带易燃、易爆、有毒、有腐蚀性、有放射性以及可能危及运输工具上人身和财产安全的危险物品或者违禁物品。

旅客违反前款规定的，承运人可以将危险物品或者违禁物品卸下、销毁或者送交有关部门。旅客坚持携带或者夹带危险物品或者违禁物品的，承运人应当拒绝运输。

历史由来

本条来源于《合同法》第297条。本条与《合同法》第297条规定基本一致，文字和内容略有修改。在《民法典合同编（草案）》的历次“征求意见稿”和公开的“审议稿”中，《民法典合同编（草案）》（征求意见稿）第

376条、《民法典合同编（草案）》（一审稿）第603条均与《合同法》第297条表述完全一致。《民法典合同编（草案）》（二审稿）第603条第1款删除“违禁物品”前面的“其他”一词，《民法典（草案）》第818条维持这一修改。《民法典》最终文本于此基础上修改两处：一是删除第1款中的“有”字，将《合同法》第297条规定的“有可能危及”修改为“可能危及”；二是在第2款规定的“违禁物品”前增加“危险物品或者”，以与第1款规定范围一致。在《民法典》起草过程中，主要学者建议稿未就此条提出实质性修改建议。

规范目的或功能

旅客携带的行李物品可以分为允许随身携带或托运、限制随身携带或托运和禁止随身携带或托运三类。本法第817条规定仅适用于前两类行李物品，本条规定主要适用于第三类行李物品。第三类禁止随身携带或托运的物品主要是指属于国家法律法规规定的危险品、违禁品和管制物品。依据本条规定，旅客负有不得随身携带或者在行李中夹带各种危险物品或者违禁物品的义务。本法第817条限制随身携带行李物品数量、重量和品类的理由主要考虑的是承运人的运输能力和运输负担，而本条禁止随身携带危险物品或者违禁物品的理由则主要为保障运输安全和维护国家、社会公共利益。[①]违反该义务的，承运人可以将危险物品或违禁物品卸下、销毁或者送交有关部门；旅客坚持携带或者夹带危险物品或违禁物品的，承运人应当拒绝运输。

本条为完全法条，第1款规定了旅客不得随身携带或者在行李中夹带的危险物品或者违禁物品的义务，该义务之违反构成违约行为，应当承担违约责任；第2款规定了旅客违反该义务情形下的违约责任，即承运人可以将危险物品或者违禁物品卸下、销毁或者送交有关部门，于旅客坚持携带情形下，承运人得拒绝运输。

---

① 参见郭明瑞、王轶：《合同法新论·分则》，中国政法大学出版社1997年版，第261页。

规范内容

一、旅客不得携带危险物品或者违禁物品

旅客运输中，承运人负有安全运输旅客和行李物品的义务，为了保障全体旅客及其行李物品的安全，本条规定旅客不得携带易燃、易爆、有毒、有腐蚀性、有放射性以及有可能危及运输工具上人身和财产安全的各种危险物品或者违禁物品。具体而言，本条所称危险物品是指危及人身安全和财产安全的物品，主要包括各种易燃、易爆、有毒等物品，如烟花爆竹、炸药等。本条所称违禁物品，是指有可能对国家利益和整个社会的利益造成影响的物品，如枪支、毒品等。由于危险物品或者违禁物品本身具有较强的危险性，旅客携带违禁物品或者危险物品不仅会对旅客自身生命健康造成威胁，还会危及承运人的运输安全和其他旅客的生命健康。①因此，法律强制性地规定旅客不得携带违禁物品或者危险物品的义务。②

在社会生活中，旅客随身携带或者在行李中夹带违禁物品或者易燃、易爆、有毒、有腐蚀性等危险品造成人身伤亡、财产损失的情形并不少见。尤其是在铁路和公路旅客运输中，由于旅客随身携带危险物品而造成人身伤害和财产损害的事件时有发生。因此，在不同运输方式的特别法中大多规定了旅客不得携带违禁物品和危险物品的义务。例如，《铁路法》第28条规定，托运、承运货物、包裹、行李，必须遵守国家关于禁止或者限制运输物品的规定。其中所称国家规定主要指《铁路旅客运输规程》第52条规定的行李物品范围。《海商法》第113条第1款规定，旅客不得随身携带或者在行李中夹带违禁品或者易燃、易爆、有毒、有腐蚀性、有放射性以及有可能危及船上人身和财产安全的其他危险品。《民用航空法》第101条第3款规定，禁止旅客随身携带危险品乘坐民用航空器。除因执行公务并按照国家规定经过批准外，

---

① 参见魏耀荣等：《中华人民共和国合同法释论》（分则），中国法制出版社2000年版，第369页。

② 参见全国人民代表大会常务委员会法制工作委员会编：《中华人民共和国合同法释义》（第3版），法律出版社2013年版，第498页。

禁止旅客携带枪支、管制刀具乘坐民用航空器。禁止违反国务院民用航空主管部门的规定将危险品作为行李托运。同时，公共航空运输企业、民用运输机场管理机构通过多种方式公示《民航旅客禁止随身携带和托运物品目录》，同时在《危险物品安全航空运输技术细则》中列明危险物品清单并明确危险物品航空运输具体规则。

二、违反不得携带危险物品或者违禁物品义务的法律后果

为保障旅客运输安全，承运人在旅客登上运输工具之前，往往要对旅客及其行李物品进行安全检查，以防止旅客携带危险物品或者违禁物品进入运输工具。如果旅客违反法定义务携带危险物品或者违禁物品，承运人可以将危险物品或者违禁物品卸下、销毁或者送交有关部门；如果旅客坚持携带或者夹带危险物品或违禁物品的，承运人应当拒绝运输。

一般而言，运输前或运输过程中承运人发现旅客违反法定义务携带危险物品或者违禁物品的，承运人可以将危险物品或者违禁物品卸下、销毁或者送交有关部门。于承运人将危险物品或者违禁物品卸下、销毁或者送交有关部门的情形，承运人无须承担赔偿责任，同时如果旅客由于违反本条第1款的规定对其他旅客的人身和财产或者对承运人的财产造成损害的，旅客应当负赔偿责任。[①]若承运人在运输开始前的安全检查中发现旅客携带危险物品或者违禁物品，旅客选择不携带危险物品或者违禁物品或者放弃其客运合同权利不再搭乘该运输工具的，此时不属于第1款规定情形，不再适用本条规定，而且危险物品或者违禁物品不再危及运输安全，承运人无须强制卸下、销毁危险物品或者违禁物品或者将其送交有关部门。如果特定运输领域专门规定承运人兼有处置旅客携带危险物品或者违禁物品的特殊职责，则应当依照相关规定处置。若承运人在运输过程中发现旅客携带危险物品或者违禁物品的，承运人应当采取必要措施保障运输安全，将危险物品或者违禁物品卸下、销毁或者送交有关部门即为适当的处理方式。因此，承运人发现旅客携带危险物品或者违禁物品时，“可以”根据具体情形选择是否有必要将危险物品或者

---

① 参见全国人民代表大会常务委员会法制工作委员会编：《中华人民共和国合同法释义》（第3版），法律出版社2013年版，第498页。

违禁物品卸下、销毁或者送交有关部门。

如果旅客坚持携带或夹带危险物品或者违禁物品搭乘运输工具，必然危及运输安全，因此承运人“应当”拒绝运输，此与承运人负有禁止携带危险物品或者违禁物品的旅客乘运以保障所有旅客人身和财产安全的义务一致。与本法货物运输合同规定托运人运送危险货物情形下承运人“可以”拒绝运送相比，本条规定的“应当拒绝运输”凸显出客运合同中人身安全较之财产安全受到更严格的保护。特别法上，对于旅客携带危险物品或违禁物品的情形，往往规定更为严格。例如，在民用航空运输中，《民用航空法》第102条第1款规定：“公共航空运输企业不得运输拒绝接受安全检查的旅客，不得违反国家规定运输未经安全检查的行李。”民用航空承运人负有更为严格的安全保障义务，无论旅客是否携带危险物品或违禁物品，旅客拒绝接受安全检查的，承运人即可拒绝运输。又如，在海上旅客运输中，《海商法》第113条第2款规定：“承运人可以在任何时间、任何地点将旅客违反前款规定随身携带或者在行李中夹带的违禁品、危险品卸下、销毁或者使之不能为害，或者送交有关部门，而不负赔偿责任。”再如，在铁路旅客运输中，《铁路旅客运输规程》第53条第3项规定，发现危险品或国家禁止、限制运输的物品，妨碍公共卫生的物品，损坏或污染车辆的物品，按该件全部重量加倍补收乘车站至下车站四类包裹运费。危险物品交前方停车站处理；必要时移交公安部门处理。对有必要就地销毁的危险品应就地销毁，使之不能为害并不承担任何赔偿责任。上述特别法更为明确地规定了承运人履行客运合同中的安全运输义务的具体方式。

举证责任

承运人依据本条规定将旅客随身携带或者在行李中夹带的危险物品或违禁物品卸下、销毁或者送交有关部门，或者于旅客坚持携带或者夹带危险物品或违禁物品情形而拒绝运输的，承运人应当证明旅客随身携带或者在行李中夹带的物品为可能危及运输工具上人身和财产安全的危险物品或者违禁物品，可以根据《民航旅客禁止随身携带和托运物品目录》或者其他规范性文件确定是否属于本条规定的危险物品或者违禁物品范围。

第八百一十九条【承运人告知重要事项义务】

承运人应当严格履行安全运输义务，及时告知旅客安全运输应当注意的事项。旅客对承运人为安全运输所作的合理安排应当积极协助和配合。

历史由来

本条来源于《合同法》第298条，但对《合同法》第298条规定的文字和内容进行全面修改。

在《民法典合同编（草案）》的历次"征求意见稿"和公开的"审议稿"中，《民法典合同编（草案）》（征求意见稿）第377条与《合同法》第298条的文字和内容一致。《民法典合同编（草案）》（一审稿）第604条保留原有的文字和内容，同时新增第2句："旅客对承运人为安全运输所作的合理安排应当积极协助和配合。"《民法典合同编（草案）》（二审稿）第604条全面修改原有文本，将"承运人应当向旅客及时告知有关不能正常运输的重要事由和安全运输应当注意的事项"删改为"承运人应当严格履行安全运输义务，及时告知旅客安全运输应当注意的事项"，同时新增第2款："遇有不能正常运输的特殊情形和重要事由，承运人应当及时告知旅客并采取必要的安置措施。"此后《民法典（草案）》第819条未再改动。2020年5月通过的《民法典》最终文本第819条删除第2款，仅保留第1款。在《民法典》的起草过程中，各主要学者建议稿均未就此条提出实质性修改建议。

规范目的或功能

本条规定的是承运人应当履行向旅客告知重要事项的义务，同时旅客有义务对承运人为安全运输所作的合理安排积极协助和配合。本条为不完全法条，主要确定了承运人的及时告知旅客安全运输注意事项的义务和旅客的积极协助和配合义务，而未明确规定违反本条规定义务的法律效果。

在《民法典》立法过程中，有部分意见指出，近年来客运合同领域出现不少新问题，一方面不时发生旅客因不配合承运人采取安全运输措施而严重干扰运输秩序和危害运输安全的恶劣行为；另一方面也时常存在因承运人履行安全运输义务不到位导致发生安全事故的情形。为了维护正常的运输秩序，保护旅客在运输过程中的人身、财产安全，宪法和法律委员会建议在本法中明确承运人应当严格履行安全运输义务，及时告知旅客安全运输应当注意的事项，同时规定旅客对承运人为安全运输所作的合理安排应当积极协助和配合。[①]

规范内容

本条主要规定了承运人的及时告知义务。承运人的及时告知义务是指在运输过程中，承运人应当及时向旅客提供有关信息、说明有关情况。[②]本条规定的承运人及时告知义务是指在一般情形下，承运人应当及时告知旅客安全运输应当注意的事项，严格履行安全运输义务，旅客对承运人为安全运输所作的合理安排应当积极协助和配合。

一、安全运输注意事项的及时告知义务

旅客运输活动中，安全运输是承运人的重要合同义务。承运人作为专业从事运输业务的人，对运输工具的性能等情况比较了解，而旅客作为乘坐运输工具的人，对运输工具的性能等情况并不了解，尤其是第一次乘坐运输工具的旅客更极少知道在乘坐运输工具时应当注意的安全事项，为了保证旅客安全和确保运输工具正常运行，本条规定承运人应当及时告知旅客安全运输应当注意的事项、危险发生后应采取的措施等，同时应合理安排运输活动，旅客应当积极协助和配合。[③]在不同运输方式中，由于运输工具的性质不同，安全运输的注意事项并不相同。为使旅客获知安全乘坐知识，实现安全运输，承运人有必要及时告知旅客在运输过程中应当注意的事项。公共运输领

---

① 参见2018年12月《全国人民代表大会宪法和法律委员会关于〈民法典合同编（草案）〉修改情况的汇报》。

② 参见房绍坤、郭明瑞主编：《合同法要义与案例析解》（分则），中国人民大学出版社2001年版，第374页。

③ 参见魏耀荣等：《中华人民共和国合同法释论》（分则），中国法制出版社2000年版，第371页。

域，如在民用航空、铁路等运输活动中，此类运输自身所伴随的高度危险性和旅客基于合同约定和生活常识对承运人在行程中的安全保障能力产生的合理信赖，决定了承运人应当承担较之其他行业更高的注意义务和风险承担能力，以保障运输安全。[①]例如，在高速轨道列车运输中，列车为全封闭车厢且车厢人员密集、空间狭小，若旅客吸烟引发火灾，极可能造成严重后果。又如，在民用航空运输中，航空器的结构和飞行原理不同于其他运输工具，承运人必须告知旅客乘坐航空器过程中的注意事项。依据本条规定的文义，安全运输注意事项的告知义务应由承运人主动履行而非要求旅客主动咨询。例如，在“朱某英诉某机场地面服务有限公司、某航空有限公司航空旅客运输合同纠纷案”中，原告系高位截瘫人员，委托朋友帮其预定一张航班机票，购票时未申明原告是残疾旅客，后原告独自一人办理了登机手续并到服务台申请专用窄型轮椅服务，被告表示需提前申请，而且临时申请该项服务的原告需有人陪同或者有医院证明，依原告当时的情况只能改签。对此，法院明确指出，“本案中，关于中国民航局规范性法律文件中对残疾旅客的具体要求和规定，以及被告某航空有限公司制定的国内客运手册中的具体操作规程，被告某航空有限公司自身是明知且必须遵守的，但作为合同相对方的普通旅客是不够清楚的，通常旅客订票选择的只是具体的航班时间和价格。《合同法》第289条规定，从事公共运输的承运人不得拒绝旅客、托运人通常、合理的运输要求。第298条规定，承运人应当向旅客及时告知有关不能正常运输的重要事由和安全运输应当注意的事项。故我国法律对于公共运输中可能会导致不能正常运输的重要事由和安全运输应当注意的事项，要求应当由承运人明确告知旅客，而不是要求旅客主动告知承运人。原告作为残疾旅客，有必要了解一些民航部门的相关规定，以方便其出行。虽然其在订座时未明确告知自身健康状况，存在不当之处，但被告某航空有限公司在与原告具体订立运输合同时，亦未明确告知购票人对于病残等特殊旅客的一些特殊规定和要求，也未主动询问其是否属于病残等特殊旅客，且其在电子客票上未明确对残疾旅客的具体要求和规定，其订票网站亦未开设针对病残旅客的专门订票通道

① 参见关宁宁、张长青：《客运承运人安全保障义务的合理限度》，载《江西社会科学》2015年第4期。

或者窗口，以便和普通旅客有所区分。对此应视为原、被告双方在合同中未约定特别条款，被告对原告没有提出特殊要求。故原告在购买了机票后，在被告未明确告知其对病残旅客的特殊规定和要求的情况下按正常程序和时间登机属正常行使合同权利，原告的行为达不到民法意义上的过错，不构成违约。”[①]概言之，客运合同中的安全运输事项应由承运人明确告知旅客，而不是要求旅客主动将其自身状况告知承运人，承运人在未明确告知病残旅客的特殊规定和要求的情况下拒载，已构成违约，应承担相应的违约责任。[②]

如果承运人未及时告知旅客安全运输应当注意的事项，造成旅客的人身损害或者财产损失的，承运人应当承担损害赔偿责任。如果承运人已经明确告知注意事项，但是旅客拒绝遵守乘坐规则，由此造成自身或他人人身或者财产损失的，旅客应当承担责任。例如，根据《铁路安全管理条例》第95条和第105条规定，违反本条例第77条规定的“在动车组列车上吸烟或者在其他列车的禁烟区域吸烟”的，分别承担行政责任（“由公安机关责令改正，对单位处1万元以上5万元以下的罚款，对个人处500元以上2000元以下的罚款”）和民事责任（“违反本条例规定，给铁路运输企业或者其他单位、个人财产造成损失的，依法承担民事责任”）。

二、积极协助和配合义务

除了承运人告知义务的规定，本条同时规定了旅客对承运人为安全运输所作的合理安排的积极协助和配合义务。对于承运人为安全运输所作的合理安排，旅客应当积极协助和配合。例如，在民用航空运输中，承运人通常安排身体强壮的旅客在紧急出口的座位就座并对其进行专门指导，以确保其可以在危急时刻协助机组人员疏散乘客。对承运人为安全运输所作的合理安排，旅客不予积极协助和配合的，构成违约行为，应承担违约责任。例如，在铁路旅客运输中，旅客行李不得堆叠摆放以避免列车晃动时物品掉落砸伤旅客，如旅客不予配合违反列车员指示摆放行李造成损害的，应承担损害赔偿责任。

---

① 云南省昆明市官渡区人民法院（2011）官民一初字第3207号民事判决书。

② “朱某英诉某机场地面服务有限公司、某航空有限公司航空旅客运输合同纠纷案”，载《人民法院案例选》2013年第2辑。

第八百二十条【正常运输义务】

承运人应当按照有效客票记载的时间、班次和座位号运输旅客。承运人迟延运输或者有其他不能正常运输情形的，应当及时告知和提醒旅客，采取必要的安置措施，并根据旅客的要求安排改乘其他班次或者退票；由此造成旅客损失的，承运人应当承担赔偿责任，但是不可归责于承运人的除外。

历史由来

本条来源于《合同法》第299条。在《民法典合同编（草案）》的历次“征求意见稿”和公开的“审议稿”中，《民法典合同编（草案）》（征求意见稿）第378条第1句未作修改，第2句修改为：“承运人迟延运输的，应当履行告知和提醒义务，并根据旅客的要求安排改乘其他班次或者退票；由此给旅客造成损失的，承运人应当赔偿，但是不可归责于承运人的除外。”《民法典合同编（草案）》（一审稿）第605条、《民法典合同编（草案）》（二审稿）第605条保留了《民法典合同编（草案）》（征求意见稿）第378条规定。《民法典（草案）》第820条在此基础上略微调整：一是将第1句修改为“承运人应当按照有效客票记载的时间、班次和座位号运输旅客”；二是将末句文字表述修改为“由此造成旅客损失的，承运人应当承担赔偿责任，但是不可归责于承运人的除外”。2020年5月通过的《民法典》最终文本第820条在《民法典（草案）》基础上将第2句修改为：“承运人迟延运输或者有其他不能正常运输情形的，应当及时告知和提醒旅客，采取必要的安置措施，并根据旅客的要求安排改乘其他班次或者退票；由此造成旅客损失的，承运人应当承担赔偿责任，但是不可归责于承运人的除外。”

在《民法典》的起草过程中，有部分主要学者建议稿就此条提出修改建议。①

---

① 徐国栋教授主持编撰的《绿色民法典草案》第962条规定：“承运人应按客票载明的时间和班次运输旅客，并应按约定、习惯及其特别许诺在从进入等候区到出站（港）的期间以正常价格为旅客提供饮食和其他服务，抬高此等价格，使其达到正常市价的一倍以上的，构成本分编第96条规定类型的欺压性条款，按本分编第103条的规定处理。承运人擅自变更运输工具或降低服务标准的，应根据旅客的要求退票或减收票款；提高服务标准的，不应加收票款。”参见徐国栋主编：《绿色民法典草案》，社会科学文献出版社2004年版，第633页。

规范目的或功能

在《民法典》立法过程中，有部分意见指出，近年来客运合同领域存在因承运人履行安全运输义务不到位导致时常发生安全事故的情形。为了维护正常的运输秩序，保护旅客在运输过程中的人身、财产安全，宪法和法律委员会建议在本法中明确承运人应当严格履行安全运输义务，遇有不能正常运输的特殊情形和重要事由，承运人应当及时告知旅客并采取必要的安置措施。[①]因此，本条在《合同法》第299条规定的基础上对这一内容予以完善。

本条为完全法条，全面规定了承运人按照客票约定运输旅客的义务和迟延运输情形下的违约责任。本条具体规定的是承运人应当按照有效客票记载的时间、班次和座位号及时运输旅客的义务和承运人履行迟延或者有其他不能正常运输情形下的义务和违约责任。在迟延运输或者有其他不能正常运输的情形下，承运人的义务有二：一是告知和提醒旅客不能正常运输的特殊情形和重要事由并采取必要的安置措施的义务；二是根据旅客的要求协助、安排旅客改乘其他班次或者退票的义务。本条还规定了承运人迟延履行或者有其他不能正常运输情形下的违约责任，即承运人迟延运输或者有其他不能正常运输情形造成旅客损失的，承运人应当承担赔偿责任，但是不可归责于承运人的除外。

规范内容

一般而言，有效客票载明内容主要包括出发站、到达站、票价、班次、乘运日期、座位号等信息，在运输过程中，旅客应该按照有效客票记载信息乘坐，承运人应当按照有效客票记载的时间、班次和座位号全面、适当地履行运输旅客的义务。

---

① 参见2018年12月《全国人民代表大会宪法和法律委员会关于〈民法典合同编（草案）〉修改情况的汇报》。

一、运输迟延或有其他不能正常运输情形的及时告知和提醒义务

承运人按照有效客票记载的时间、班次和座位号运输旅客是其重要的合同义务。承运人未能按照有效客票记载的时间运输的，构成迟延履行。履行迟延是指承运人未能按照约定时间起运或者到达。[①]在运输活动中，迟延运输是较为常见的现象，根据迟延运输发生的阶段可分为迟延出发和迟延到达。迟延出发是指承运人未按照客票所记载的时间和班次开始运输。迟延到达是指承运人未按照客票记载的时间和班次将旅客送达目的地。无论何种事由造成的运输迟延，承运人均应履行告知和提醒义务并采取必要的安置措施，同时协助旅客安排换乘或办理退票手续。[②]

旅客运输中，常常发生一些异常情况导致运输无法正常进行。遇有特殊情况使承运人无法正常运输时，承运人应当及时告知旅客有关迟延运输或者不能正常运输的重要事由。所谓不能正常运输的重要事由是指发生了承运人不能按照运输合同约定正常运送旅客的事项，如暴雨、暴雪天气导致承运人不能按时运输旅客到达目的地，或者在运输途中，承运人发生交通事故导致运输行为无法按时完成，或者受突发事件影响，运输工具被政府部门临时征用，等等。因此，不可抗力、交通事故、突发事件等均为影响正常运输的重要事由。其中不可抗力或者突发事件并非承运人过错造成，发生交通事故可能为承运人过错或者第三人过错。无论承运人对特殊情形之发生是否存在过错，承运人都应当及时告知旅客不能正常运输的特殊情形和重要事由，并且采取必要的安置措施，从而尽可能避免旅客因承运人不能正常运输而遭受损失，如在承运人告知旅客因天气原因无法正常运输的情形下，旅客可以根据其实际情况选择改签、退票等以减少损失。[③]若是承运人在运输过程中发生不可抗力导致无法按时到达目的地的，如在民用航空运输中，目的地雷暴天气导致飞机无法正常降落目的地而备降其他地

---

① 参见张代恩：《运输合同·保管合同·仓储合同》，中国法制出版社1999年版，第48页。

② 参见王利明：《合同法研究》（第三卷）（第二版），中国人民大学出版社2015年版，第524页。

③ 参见全国人民代表大会常务委员会法制工作委员会编：《中华人民共和国合同法释义》（第3版），法律出版社2013年版，第499页。

方，承运人不仅应当及时告知旅客，同时还应当采取必要的安置措施，如安排旅客食宿等。

二、安排改乘其他班次或退票

承运人迟延运输或者有其他不能正常运输情形的，应当及时告知和提醒旅客，以减少因运输迟延对旅客造成的损失。因承运人迟延运输或者有其他不能正常运输情形导致旅客无法实现合同目的时，旅客享有变更合同或解除合同的权利。如果旅客需要变更合同的，承运人应当按照旅客的要求安排其改乘其他班次、变更运输路线以到达目的地。此种变更的前提为旅客愿意继续接受承运人的运输服务，此时由承运人继续履行运输义务，保障旅客接受运输服务到达目的地，实现合同目的。①

如果承运人履行迟延或者有其他不能正常运输情形严重影响旅客行程，旅客可以退票即解除合同，承运人有义务全额退款，由此解除客运合同，承运人应当退还旅客票款且不再承担运输义务；旅客应当退还客票。在运输途中发生停运或滞留的，旅客可以要求就尚未履行的部分解除合同，对于承运人已经履行的部分通常不得要求解除合同。②

承运人迟延运输或者有其他不能正常运输情形时是安排换乘还是办理退票手续，取决于旅客选择变更合同还是解除合同。③例如，《铁路法》第12条规定："铁路运输企业应当保证旅客按车票载明的日期、车次乘车，并到达目的站。因铁路运输企业的责任造成旅客不能按车票载明的日期、车次乘车的，铁路运输企业应当按照旅客的要求，退还全部票款或者安排改乘到达相同目的站的其他列车。"

因承运人原因造成的变更合同或者解除合同与前述因旅客原因导致的合同变更或解除不同之处在于，由于承运人原因造成的合同变更或者解除情形，

---

① 参见房绍坤、郭明瑞主编：《合同法要义与案例析解》（分则），中国人民大学出版社2001年版，第371页。

② 参见张代恩：《运输合同·保管合同·仓储合同》，中国法制出版社1999年版，第48页。

③ 参见房绍坤、郭明瑞主编：《合同法要义与案例析解》（分则），中国人民大学出版社2001年版，第371页。

承运人无权收取手续费，[1]其理由主要是，合同变更或者解除的手续费是因为承运人的违约行为引起，应由承运人承担损失赔偿责任。

三、运输迟延和其他不能正常运输情形的违约责任

因承运人运输迟延和其他不能正常运输导致旅客损害的情形，对于旅客因运输迟延和其他不能正常运输所遭受的损失，承运人应当承担完全赔偿责任，此种责任为无过错责任。[2]承运人赔偿的范围适用违约损害赔偿的一般规定，即损失赔偿额应相当于因承运人迟延履行造成的旅客损失，包括合同履行后可以获得的利益，但不得超过承运人订立运输合同时预见到或应当预见到的因违反合同可能造成的损失。

特别法上，承运人运输迟延和其他不能正常运输情形的违约责任承担往往有具体规定。例如，《铁路法》第12条规定，因铁路运输企业的责任造成旅客不能按车票载明的日期、车次乘车的，铁路运输企业应当按照旅客的要求，退还全部票款或者安排改乘到达相同目的站的其他列车。《民用航空法》第126条规定："旅客、行李或者货物在航空运输中因延误造成的损失，承运人应当承担责任；但是，承运人证明本人或者其受雇人、代理人为了避免损失的发生，已经采取一切必要措施或者不可能采取此种措施的，不承担责任。"

四、免责事由

本条规定因承运人运输迟延或有其他不能正常运输情形造成旅客损失的，承运人应当承担赔偿责任，但是不可归责于承运人的除外。其中，不可归责于承运人的原因主要为不可抗力和旅客自身原因。非因承运人原因的运输迟延或者不能正常运输，如因不可抗力造成迟延运输或者不能正常运输的情形，承运人是否应承担违约责任，学界有不同观点。有学者认为，对于不可抗力情形的迟延履行和不能正常运输，承运人的赔偿责任应以旅客因运输迟延或者不能正常运输而增加支出的必要费用为限，其原因有三：一是如果承运人

① 参见房绍坤、郭明瑞主编：《合同法要义与案例析解》（分则），中国人民大学出版社2001年版，第371页。

② 参见林诚二：《债编各论新解——体系化解说》（中），台北瑞兴图书股份有限公司2015年版，第469页。

承担完全赔偿责任，则其负担过于沉重；二是承运人履行迟延或者不能正常运输的发生原因是承运人不可预见、不可避免、不可克服的；三是承运人的责任承担基础是人道原因。[①]也有学者认为，不可抗力作为阻却违法性事由，可推翻违约行为的推定，或者中断因果关系，由此否定违约责任的构成。[②]就本条文义来看，第2句的第1分句规定了承运人迟延运输或者有其他不能正常运输情形，承运人的义务包括及时告知和提醒旅客、采取必要的安置措施以及根据旅客的要求安排改乘其他班次或者退票，其中包括非因承运人原因造成的迟延履行或者不能正常运输；第2分句规定承运人履行迟延或者不能正常运输情形下的赔偿责任，同时规定非因承运人原因的除外，由此排除了不可抗力等情形下的承运人赔偿责任。不可抗力造成运输迟延或者不能正常运输的情形，虽然并非承运人原因造成，但是旅客因承运人被迫停止运输而陷于困境，其接续的旅途极可能因此受到影响，承运人应当安排旅客改乘其他班次或者退票，[③]尚未收费的，承运人丧失运费债权，不得再行收取。[④]我国台湾地区也有类似规定，其理由主要在于旅客在经济上处于弱势地位，基于社会公益，有必要在法律上予以保护，因不可抗力造成的运输迟延或者不能正常运输，仍应由经济上处于强势地位的承运人承担责任，承运人可以通过责任保险或者价格机制分摊损失。[⑤]

如果旅客的损失是因旅客自身原因造成的，依据本条但书规定承运人通常不承担赔偿损失的违约责任。此时，需要考量的因素还有承运人是否存在过失，仅于承运人无过失时方可免责，承运人也有过失的情形下不能免责，但是可以主张与有过失而免除部分赔偿责任。[⑥]例如，《民用航空法》第127条规定，如果损失是因旅客过错造成或促成的，应当根据其造成或者促成此

---

① 参见黄立主编：《民法债编各论》（下），中国政法大学出版社2003年版，第695页。

② 参见韩世远：《合同法总论》（第四版），法律出版社2018年版，第481页。

③ 参见全国人民代表大会常务委员会法制工作委员会编：《中华人民共和国合同法释义》（第3版），法律出版社2013年版，第501页。

④ 参见邱聪智：《新订债法各论》（中），中国人民大学出版社2006年版，第400页。

⑤ 参见吴志正：《债编各论逐条释义》（修正六版），台北元照出版有限公司2019年版，第360页。

⑥ 参见林诚二：《债编各论新解——体系化解说》（中），台北瑞兴图书股份有限公司2015年版，第469页。

种损失的过错的程度，相应免除或者减轻承运人的责任。需要注意的是，旅客的过失造成运输迟延或者不能正常运输虽然是承运人的责任减免事由，但仅对有过失的旅客得以主张免责，对其他无过失的旅客承运人仍然需要承担责任，但其赔偿责任范围应限于旅客因履行迟延或者不能正常运输而增加支出的必要费用。[①]

举证责任

承运人迟延运输或者不能正常运输的情形，如承运人主张存在不可归责于承运人的情形而减免责任，则应当由承运人举证证明该免责事由的存在。

第八百二十一条【降低服务标准】

承运人擅自降低服务标准的，应当根据旅客的请求退票或者减收票款；提高服务标准的，不得加收票款。

历史由来

本条来源于《合同法》第300条。本条与《合同法》第300条规定基本一致，文字和内容有部分修改，即本条删除了“变更运输工具而”、将“要求”改为“请求”、将“不应当”改为“不得”。

在《民法典合同编（草案）》的历次“征求意见稿”和公开的“审议稿”中，《民法典合同编（草案）》（征求意见稿）第379条和《民法典合同编（草案）》（一审稿）第606条均未就本条作任何文字和内容修改。《民法典合同编（草案）》（二审稿）第606条将“不应当加收票款”修改为“不得加收票款”。《民法典（草案）》第821条将“要求”改为“请求”，删除了“变更运输工具而”。在《民法典》的起草过程中，各主要学者建议稿均未就此条提出修改建议。

---

① 参见黄立主编：《民法债编各论》（下），中国政法大学出版社2003年版，第695页。

规范目的或功能

本条规定的是承运人应全面履行合同约定义务，即承运人应当按照合同约定的服务标准提供服务，不得擅自降低服务标准。本条删除“变更运输工具”表明，虽然运输工具往往标志着承运人向旅客提供的运输服务的质量和水平，[①]但是承运人擅自降低服务标准的情形不仅包括承运人擅自变更运输工具，而且包括导致服务标准降低的其他情形。

本条为完全法条，在《民法典（草案）》审议过程中，立法者将“要求”修正为“请求”，凸显了本条作为请求权基础规范的性质。本条不仅规定了承运人不得擅自降低服务标准的义务，而且明确规定违反该义务的法律后果，即承运人违反这一义务的，旅客有权请求解除合同即退票或者请求减收票款。承运人单方面提高服务标准的，承运人不得要求旅客增加支付票款。

规范内容

在旅客运输中，承运人应当按照旅客运输合同约定的运输工具和运输标准提供运输服务。旅客运输合同本质上是承运人向旅客提供运输服务的合同，合同要求承运人提供的服务达到合同约定标准，承运人负有按照合同的约定提供运送设备和相应服务的义务，应当保证车、船、飞机等运输工具达到合同约定相当的舒适程度，[②]并依照合同约定标准提供服务，旅客有权要求承运人提供运输合同所载明的运输服务。此种运输服务既包括向所有旅客提供的必要服务，也包括根据旅客选择的运输服务类型不同而提供的不同服务。承运人有义务向旅客提供必要服务，如铁路旅客运输中，承运人应当免费提供

---

① 参见房绍坤、郭明瑞主编：《合同法要义与案例析解》（分则），中国人民大学出版社2001年版，第371页。

② 参见张代恩：《运输合同·保管合同·仓储合同》，中国法制出版社1999年版，第30页。

饮水、及时清洁车厢、为旅客提供不同价位的收费食品等。①在不同运输领域，根据旅客所购客票不同，承运人提供不同的运输服务，对应不同的运输标准。常见情形是基于运输工具不同，承运人提供不同运输服务。在同类运输工具的运输活动中，承运人通常根据座席不同而向旅客提供不同标准的运输服务。例如，在铁路运输中，不仅根据不同列车，如空调列车和非空调列车规定了不同的服务质量标准，而且针对软卧、硬卧、软座、硬座等不同座席提供不同标准的服务。在航空运输领域，针对头等舱、公务舱和经济舱等不同舱位提供不同服务。

承运人与旅客订立运输合同后，承运人负有按照约定向旅客提供运输服务的义务。承运人通过擅自变更运输工具等方式降低服务标准的行为构成违约，实质上损害了旅客依照合同约定获得相应服务的权利。例如，在汽车运输中，运输合同约定使用豪华车辆运输旅客，但是在实际运输中使用普通车辆运输；又如，在民用航空运输中，合同约定承运人向旅客提供头等舱服务，但是实际仅提供经济舱服务，均属于违反旅客运输合同约定义务的行为，必然损害旅客基于合同享有的权利。如果承运人在运输过程中通过变更运输工具等方式降低服务标准，则旅客可以主张解除合同或者请求承运人承担不履行合同义务的违约责任。

本条规定旅客的救济方式为请求退票或者减收票款，旅客可以选择其一。旅客要求退票的，承运人应当退还旅客的全部票款；旅客要求减收票款的，承运人应当根据实际情况确定减收票款的数额。旅客请求退票的，双方合同权利义务关系终止，承运人不再负担运输旅客的合同义务，退票实质为本条赋予旅客一方的合同解除权。此种因承运人违约而发生的解除权，将合同解除作为违约的补救手段，其主要功能在于将作为非违约方的旅客从合同义务中解放出来，使其重获交易自由。②旅客退票后，不仅可以尽快索回票价或者免除支付票款的义务，而且可以获得选择替代服务的自由。依据本法第566条第2款规定，“合同因违约解除的，解除权人可以请求违约方承担违约责任，但是当事人另有约定的除外”，合同解除并不排斥

① 参见郭明瑞、王轶：《合同法新论·分则》，中国政法大学出版社1997年版，第262页。

② 参见韩世远：《合同法总论》（第四版），法律出版社2018年版，第649页。

违约责任的主张。据此，如旅客退票后仍有损失，可向承运人主张赔偿损失。如果旅客选择请求减收票款的，其实质为请求承运人承担降低服务标准这一违反合同义务行为的违约责任，减少的数额应当相当于承运人违约行为造成的旅客利益损失。

此外，承运人单方面提高服务标准的，不得加收票款。于此情形，虽然承运人提高服务标准的行为使旅客获得的服务超出了其所支付价款对应的服务，但是此种服务标准的提高因承运人的单方行为引起，[①]并未与旅客形成合意，为保护旅客的利益和避免将承运人的单方意志凌驾于旅客意思之上，本条规定承运人不得据此加收票款。例如，在民用航空运输中，承运人将旅客的座席由经济舱提升至商务舱或者头等舱，相应地提高了服务标准。于此情形，承运人的行为并非基于双方当事人合意变更合同，提高服务标准并非合同义务，承运人自行提高服务标准不得要求加收票款。相应地，如果承运人与旅客就提高服务标准变更运输合同达成合意，则新的合意应替代原有的合意，承运人应当依据变更后的服务标准提供运输服务，旅客也应依据变更后的合同内容支付服务费用。

第八百二十二条【救助义务】

承运人在运输过程中，应当尽力救助患有急病、分娩、遇险的旅客。

历史由来

本条来源于《合同法》第301条。在《民法典合同编（草案）》的历次“征求意见稿”和公开的“审议稿”中，《民法典合同编（草案）》（征求意见稿）第380条、《民法典合同编（草案）》（一审稿）第607条、《民法典合同编（草案）》（二审稿）第607条和《民法典（草案）》第822条规定的文字和内容均无变化。

① 参见房绍坤、郭明瑞主编：《合同法要义与案例析解》（分则），中国人民大学出版社2001年版，第372页。

在《民法典》的起草过程中，有主要学者建议稿就此条提出修改建议。[①]

规范目的或功能

本条规定的是承运人在运输合同履行过程中负有救助患有急病、分娩、遇险的旅客的义务，这是承运人所负有的从给付义务，也是以人为本和人文关怀的体现，[②]更是公序良俗原则的具体表现。就此义务的性质而言，既是承运人在运输过程中所应承担的道德义务，也是法律规定的法定义务。承运人未履行该义务的，应当承担相应的违约责任。

本条为不完全法条，仅规定了承运人对旅客的救助义务，而未规定违反该义务的法律效果，解释论上应认定承运人应当承担违约责任。

规范内容

运输合同要求承运人负担安全运输义务，应当保证旅客在运输过程中的安全，并将旅客安全运输到约定地点。为履行安全运输义务，一般情形下承运人要采取措施保证旅客的安全，特殊情形下还应当对患有急病、分娩、遇险的旅客尽力实施救助，这一义务也是公序良俗原则的具体要求。

根据本条规定，承运人的救助义务并不是无限制的。[③]在救助对象方面，承运人尽力救助的对象主要为在运输过程中发生紧急状况的旅客，主要包括三类，即患有急病、分娩、遇险的旅客，此三类旅客在运输过程中突然发生的危及生命健康的状况在一定程度上无法事先预见。虽然多数情况下旅客生命健康遭受威胁并非承运人的原因造成的，但是承运人作为运输合同当事人，

---

① 梁慧星教授主持编撰的《中国民法典草案建议稿》在《合同法》第301条基础上增加第2款："承运人因履行前款义务造成迟延运输的，不承担违约责任。"参见梁慧星主编：《中国民法典草案建议稿附理由：合同编》（上册），法律出版社2013年版，第662页。

② 参见王利明：《合同法研究》（第三卷）（第二版），中国人民大学出版社2015年版，第525页。

③ 参见房绍坤、郭明瑞主编：《合同法要义与案例析解》（分则），中国人民大学出版社2001年版，第376页。

具有一定的获取医疗协助和提供基本救助服务的条件，有能力对旅客的急病、分娩等情况实施救助，如果对旅客的安危采取不闻不问的态度，将有悖于一般的善良道德风俗，也与诚信原则相违背，[①]因此承运人在运输过程中有义务为遇险旅客提供必要的救助服务，尽力帮助分娩旅客和患病旅客获得基本的医疗照顾，对老弱病残孕等弱势群体给予照顾，尽力保障旅客在运输过程中的生命健康。特别法上，也有承运人救助义务的专门规定。例如，在民用航空运输领域，《中国民用航空旅客、行李国内运输规则》第55条规定了旅客发生疾病时承运人的尽力救护义务。

在承运人履行救助义务的限度方面，由于承运人并非专业救助机构，其救助能力有限，故救助义务之履行应当仅限于其能力范围之内。如果运输工具上配备有相应的医疗设备和医务人员，则应运用其医疗设备和医务人员予以救治；如果运输工具上没有配备有相应的医疗设备和医务人员，则可以请求运输工具上具备相应医学知识的旅客提供救助，或者将需要救助的旅客送往最近的医院。[②]如果根据承运人所处的环境和条件，即使承运人尽到自身的最大努力，采取各种合理措施帮助旅客或实施救援，仍然未能成功救助或救治，则不应承担责任。[③]因此，承运人的救助义务并非要达成特定结果，其性质上应当属于"方式性债务"，[④]只需承运人尽力救助即可，而不要求必须实现救助目的。例如，在"滕某等与某铁路局铁路运输人身损害责任纠纷案"中，旅客罗某某突然于列车行进过程中发病，列车工作人员及时疏散了围观旅客，并马上广播寻医，并于到达下一站后及时将罗某某交给车站工作人员。对此，法院认为，列车工作人员从时间和行动上已经尽到了及时救助义务；对于原告主张列车上应配有治疗常见突发疾病的药物，列车乘务员应具备急救培训，法院认为，铁路运输企业并非专业医疗机构，且现行法律、法规并没有明确

① 参见全国人民代表大会常务委员会法制工作委员会编：《中华人民共和国合同法释义》（第3版），法律出版社2013年版，第502页。

② 参见房绍坤、郭明瑞主编：《合同法要义与案例析解》（分则），中国人民大学出版社2001年版，第377页。

③ 参见隋彭生：《合同法要义》，中国政法大学出版社2004年版，第557页。

④ 参见王利明：《合同法研究》（第三卷）（第二版），中国人民大学出版社2015年版，第525—526页。

规定运输企业必须配备专业医疗人员和药品及设备，且在罗某某发病后同行旅客提供了治疗哮喘的喷雾型药品，因此法院不支持原告主张。[①]对于承运人未能及时履行救助义务的情形，法院往往认定其应当承担责任。例如，在“林某发、林某等与于都县某汽车运输公司、某财产保险股份有限公司于都支公司运输合同纠纷案”中，受害人黄某秀乘坐被告于都县某汽车运输有限公司的车辆，双方之间形成了客运合同法律关系，被告运输公司应当将旅客安全运载到约定地点，并对运输过程中旅客的伤亡承担损害赔偿责任。法院认为，“受害人于乘坐被告的车辆期间发病，被告应当履行法定的救助义务，但是根据车内录像显示，受害人感觉不舒服且伴有呕吐时，坐在其后的被告方售票员不但没有上前安抚、关心或询问其病情，反而起身离开到后排就座，车辆到站后，被告运输公司虽然履行了一定的救助义务，但在其运输过程中未尽到‘尽力救助’的义务，应承担适当的民事责任”[②]。因此，承运人是否承担违约责任，应视其是否履行救助义务、履行救助义务是否及时和充分综合进行认定。

在运输活动中，承运人的救助义务并非合同的主要义务，且承运人并非专业救治机构，其在救助过程中的注意义务不应高于专业救治机构。对于承运人为履行救助义务而支出的合理费用，承运人可以要求被救助的旅客承担；对于因承运人履行救助义务造成他人损害的情形，承运人应当承担损害赔偿责任。[③]承运人履行救助义务时尽到相应的注意义务，仍造成被救助旅客损害的，承运人不应承担赔偿责任。

此外，因承运人履行救助义务而迟延运输的，不应就此向旅客承担违约责任。其理由主要在于，救助急病、分娩、遇险的旅客所保护的是生命权和健康权，而及时履行运输义务所保护的是财产权，两相比较，生命健康权的保护应优先于财产权的保护。

---

① 北京铁路运输法院（2014）京铁民初字第602号民事判决书。

② 江西省于都县人民法院（2016）赣0731民初624号民事判决书。

③ 参见房绍坤、郭明瑞主编：《合同法要义与案例析解》（分则），中国人民大学出版社2001年版，第377页。

其他问题

本条规定的承运人对旅客的紧急救助义务，与《民法典》第184条规定的自愿实施紧急救助的适用情形具有一定的相似性，均适用于旅客或者受助人处于急需获得救助的情形，但是亦应注意到两者的不同之处。本条规定仅适用于救助人与受助人存在运输合同关系的情形，而第184条规定则一般性地适用于救助人对受助人无约定或法定的救助义务的情形。[①]在法律后果方面，于本条规定情形，承运人未在其能力范围内对患有急病、分娩、遇险旅客进行紧急救助的，应当承担违约责任；于第184条规定情形，救助人的救助行为造成受助人损害的，救助人不承担民事责任。

第八百二十三条【旅客伤亡的损害赔偿责任】

承运人应当对运输过程中旅客的伤亡承担赔偿责任；但是，伤亡是旅客自身健康原因造成的或者承运人证明伤亡是旅客故意、重大过失造成的除外。

前款规定适用于按照规定免票、持优待票或者经承运人许可搭乘的无票旅客。

历史由来

本条来源于《合同法》第302条，内容无变化，文字略有调整。《民法典合同编（草案）》（征求意见稿）第381条的规定与《合同法》第302条的规定一致。《民法典合同编（草案）》（一审稿）第608条将“但”改为“但是”。《民法典合同编（草案）》（二审稿）第608条未再修改，《民法典（草案）》第823条改为“但是，”，同时将“损害赔偿责任”修改为“赔偿责任”。在《民法典》的起草过程中，各主要学者建议稿均未就此条提出修改建议。

---

① 参见房绍坤、张玉东：《论紧急救助情形下救助人不承担责任的条件——以〈民法总则〉第184条为分析对象》，载《比较法研究》2018年第6期。

规范目的或功能

本条规定的是运输过程中旅客遭受人身伤亡情形，承运人应当就旅客的伤亡承担损害赔偿责任。仅于两种法定情形下，承运人的损害赔偿责任可以减免：一是旅客自身健康原因造成其人身伤亡，二是旅客故意、重大过失造成其人身伤亡。本条的责任基础在于承运人在运输过程中的安全运输义务，违反该义务的法律后果为承担旅客人身伤亡的损害赔偿责任。即使遭受人身损害的旅客并非正常购票搭乘，而是免票、持优待票或者经承运人许可搭乘的无票旅客，也可适用本条规定要求承运人承担赔偿责任。

本条第1款为完全法条，违约行为规定为承运人在运输过程中造成旅客伤亡，违约责任规定为损害赔偿责任，抗辩事由为旅客自身健康原因造成或者旅客故意、重大过失造成。第2款用以补充说明前款的适用范围。

规范内容

一、归责原则

旅客订立运输合同的主要目的在于安全到达目的地，现代任何一种运输生产活动都存在着与其他社会经济活动不同的风险，保障旅客在运输途中的安全成为承运人在旅客运输合同履行过程中的重要义务。[①]在旅客运输合同中，承运人违反安全运输义务，就旅客人身伤害承担违约责任。对于此种责任适用何种归责原则，有学者认为，应当实行过错责任制度，即承运人只有在具有过错造成旅客人身伤亡的情况下，才承担损害赔偿责任，此种见解常见于《合同法》颁行前。[②]现行法上也有承运人过错责任的专门规定，例如，《海商法》第114条第1款将承运人承担赔偿责任的情形限定为“承运人或者承运人的受雇人、代理人在受雇或者受委托的范围内的过失引起事故”。也有学者认

① 参见全国人民代表大会常务委员会法制工作委员会编：《中华人民共和国合同法释义》（第3版），法律出版社2013年版，第503页。

② 参见韩世远：《合同法总论》（第四版），法律出版社2018年版，第747页。

为，本条规定的是严格责任，造成旅客损害就应当承担责任，除非有免责的事由。[①]还有学者认为，在旅客运输活动中，承运人违反安全运输义务造成旅客伤亡的，应当承担无过错责任，[②]即只要承运人不能证明旅客的伤亡是由于不可抗力或者旅客自身的过错造成的，即使其没有过错，也应当承担损害赔偿责任。其理由有四：一是承运人负有将旅客安全运输至目的地的义务，运输过程中旅客所遭受损害通常与承运人的运输行为有关，或者由于承运人的作为或不作为造成，或者由于承运人未尽到管理职责而间接造成。二是在旅客运输合同中，保护旅客人身安全是承运人的重要义务，规定承运人的无过错责任制度更有利于保护旅客的人身安全，促使承运人采取各种措施以保护旅客的安全。三是现代运输领域大多具有公用性和独占性特点，而且随着运输保险业的发展，承运可以在很大程度上分散承运人的运输风险，承运人承担无过错责任已经具备坚实的基础。四是承运人承担无过错责任制度已经成为比较法上各国旅客运输合同归责原则的基本选择。[③]笔者认为，承运人违反安全运输义务造成旅客伤亡的，应当承担无过错责任，但是特别法另有规定的除外。

承运人违反安全运输义务造成旅客伤亡的，除了应当承担违约责任，同时可能因其侵权行为而应当承担侵权责任，此时构成违约责任与侵权责任的竞合。在发生责任竞合的情形下，受害人可以选择要求承运人承担违约责任或者侵权责任。但是，如果旅客与承运人之间的合同不成立或者无效时，旅客不得要求承运人承担违约责任，而只能主张侵权责任。[④]

二、赔偿范围

本条所称旅客的伤亡，是指运输过程中旅客遭受的人身伤害，包括死亡、疾病乃至义肢或者旅客衣着的毁损等，但是旅客的随身物品、饰物不包括在

---

① 参见隋彭生：《合同法要义》，中国政法大学出版社2004年版，第557页。

② 参见魏耀荣等：《中华人民共和国合同法释论》（分则），中国法制出版社2000年版，第374页。

③ 参见全国人民代表大会常务委员会法制工作委员会编：《中华人民共和国合同法释义》（第3版），法律出版社2013年版，第503页。

④ 参见房绍坤、郭明瑞主编：《合同法要义与案例析解》（分则），中国人民大学出版社2001年版，第382页。

内。[①]本条仅规定了承运人应当就运输过程中旅客遭受的人身损害承担赔偿责任，但是并未规定其赔偿范围，一方面反映出立法者试图用民事责任中普遍遵循的完全赔偿原则来指导旅客运输合同中承运人的赔偿责任，以周全保护旅客；另一方面也反映出立法者考虑到承运人作为公用事业单位的特殊性，在承运人和旅客的利益衡平上难以作出明确选择的两难境地。[②]旅客运输合同中，承运人的赔偿责任若无特别规定，则应当适用损害赔偿的一般规定。对于旅客实际遭受的人身损害，承运人应予完全赔偿。例如，在“张某贞与某公共交通控股（集团）有限公司电车客运分公司城市公交运输合同纠纷案”中，法院认为，原告乘坐被告的公交车，双方之间形成城市公交运输合同关系，被告有义务将原告安全运送至目的地，原告在被告运送过程中受伤，被告应赔偿原告的医药费、残疾赔偿金等损失。[③]违约责任中，损害赔偿的范围包括旅客所受损害和所失利益，至于因旅客伤亡而无须支付的运费和其他费用，应从赔偿额中扣除。[④]又如，在“沈阳市某出租汽车有限公司与郑某豪等运输合同纠纷案”中，对于上诉人关于其仅应赔偿被上诉人的履行合同的利益损失即仅仅几十元的打车费而不应承担旅客人身损害赔偿的主张，法院指出，依据《合同法》第113条和第302条规定，承运人应对运输过程中的旅客人身伤亡承担无过错责任，即只要非因旅客自身健康原因或者承运人不能证明为旅客故意、重大过失造成的，承运人就应当负全部赔偿责任。[⑤]

一般而言，运输过程中造成旅客人身伤害的，承运人的赔偿责任范围不包括精神损害赔偿。例如，在“李某玉、郭某生命权、健康权、身体权纠纷案”中，上诉人乘坐被上诉人的公共汽车时，因前方三轮车横穿马路致该公交车紧急刹车导致上诉人摔倒受伤，对于上诉人主张的精神损害抚慰金，法院认为，因该伤害并非被上诉人故意为之，故不支持上诉人精神损害抚慰金。[⑥]在“陈某与某运输集团有限公司、某财产保险股份有限公司沧州市分公

---

① 参见邱聪智：《新订债法各论》（中），中国人民大学出版社2006年版，第394页。

② 参见崔建远主编：《合同法》（第六版），法律出版社2015年版，第387页。

③ 北京铁路运输法院（2016）京7101民初388号民事判决书。

④ 参见刘春堂：《民法债编各论》（中），台北三民书局2014年版，第482页。

⑤ 辽宁省沈阳市中级人民法院（2016）辽01民终9808号民事判决书。

⑥ 河北省石家庄市中级人民法院（2019）冀01民终1853号民事判决书。

司运输合同纠纷案”中，法院明确指出，运输合同纠纷中原告主张精神损失费无法律依据。[①]在“贺某航与晋中某公交有限公司城市公交运输合同纠纷案”中，对于原告主张精神损害赔偿金，法院进一步指明，因本案系合同之诉，而非侵权之诉，原告主张被告承担违约责任，精神损害赔偿金只有基于侵权之诉才能主张，故原告的该项请求，无法律依据。[②]但是，如果承运人一方主动赔偿精神抚慰金的，法院均予以认可。例如，在“陈某伟与厦门某出租汽车股份有限公司运输合同纠纷案”中，原、被告之间存在合法有效的运输合同关系，被告未能将原告安全送到目的地，依法应当承担违约责任，由于原告因伤致残并因此蒙受精神痛苦，被告同意支付原告精神损害抚慰金5000元于法不悖，法院予以照准。[③]

根据特别法优于一般法的原则，特别法有不同规定时，应当适用特别法的专门规定。部分特别法对承运人的赔偿数额设有限制性规定。例如，《海商法》第117条第1款第1项规定了旅客人身伤亡的，每名旅客的赔偿不超过46666计算单位。《民用航空法》第129条第1款第1项规定，对每名旅客的赔偿责任限额为16600计算单位。没有特别法专门规定赔偿责任限额的，应适用人身损害赔偿的一般规定。

三、责任减免事由

旅客在运输过程中遭受人身损害可能是承运人造成，也可能是第三人或者旅客自己造成。对于承运人违反安全运输操作规范造成的旅客人身损害，承运人自应承担责任，无需赘述。

本条第1款但书规定，对于旅客自身健康原因或者旅客故意、重大过失造成的伤亡，承运人不承担责任。由此可见，本条规定的承运人责任减免事由包括两类：一是伤亡是旅客自身健康原因造成，二是承运人证明伤亡是旅客故意、重大过失造成。前述两种情形下，如果旅客伤亡完全由于旅客自身健康原因或者旅客故意、重大过失造成，且承运人并无过失，则承运人不应

---

① 泊头市人民法院（2014）泊民初字第446号民事判决书。

② 晋中市榆次区人民法院（2017）晋0702民初2229号民事判决书。

③ 厦门市湖里区人民法院（2013）湖民初字第2824号民事判决书。

承担损害赔偿责任，此时本条规定的两类事由为承运人的责任免除事由。旅客的自身健康原因造成的情形主要是指旅客自身患有疾病。在运输过程中，旅客自身健康原因造成其人身伤亡的情形，如旅客自身患有心脏病却未遵医嘱服药而死亡。值得注意的是，旅客因承运人未尽到安全运输义务遭受损害，且因自身健康原因造成损害扩大的，承运人能否减轻责任。实践中，对于旅客自身健康原因造成损害的，如果承运人未尽到安全保障义务和注意义务，应当承担部分责任。例如，在“陆某姣、覃某明等与广西某汽车运输有限责任公司、某财产保险有限公司来宾市分公司公路旅客运输合同纠纷案”中，一审法院认为，汽车运输公司与乘客潘某峥之间存在客运合同关系，由于汽车运输公司不仅没有依约将潘某峥安全及时送到约定地点，亦未及时识别潘某峥为本车旅客，且在发现潘某峥出现身体不适后未主动打电话给公安部门或医院，联系救助事宜，反而将其遗弃在修理厂，明显违反了合同义务，判决由作为本案承运人承担因其违约遗弃潘某峥所产生损失的30%。[①]此外，承运人应当就其违约行为承担违约责任，旅客自身健康状况不佳造成损害进一步扩大的，旅客自身健康原因可以作为承运人减轻责任的事由。例如，在“汪某萍与乐清市某公共交通有限公司城市公交运输合同纠纷案”中，原、被告之间形成客运合同关系，被告有义务将作为乘客的原告安全送达目的地。原告上车时未见明显异常，但在被告公司的公交车驶入非机动车道与绿化带发生擦碰后1分钟之内，原告出现神志不清，呼之不应，口吐白沫，双上肢抽搐的状况，经多次治疗后最终呈植物生存状态。法院认为，虽然经鉴定原告的自身身体状况系主要原因，车辆的擦碰系诱因，为次要原因，但被告在运输过程中违章行驶造成擦碰，具有重大过错，应承担主要责任，原告自身身体状况较差，扩大了损害后果，故本院酌定被告承担70%责任，原告承担30%责任。[②]

旅客故意、重大过失造成损害的情形，如在运输过程中，旅客故意跳下运行中的火车造成损害，又如旅客违反运输安全指示要求实施危险行为造成

---

① 广西壮族自治区来宾市中级人民法院（2016）桂13民终25号民事判决书。

② 浙江省乐清市人民法院（2013）温乐民初字第1274号民事判决书。

自身人身损害，此为旅客重大过失造成损害。[①]需要注意的是，只有旅客仅于重大过失的情形，承运人方可免责，如果旅客对其人身伤害仅有一般过失，承运人仍应当承担损害赔偿责任。[②]例如，在"李某兰与天津某区公共交通集团有限公司运输合同纠纷案"中，法院认为，原告在车内广播提示扶稳坐好的情况下起身踏台阶换座，确实存在一定的过错，但尚不属于故意或重大过失，作为公共客运交通工具经营人的被告，其司机遇红灯停车刹车未照料到车内行走乘客，具有一定的过错，应承担对原告的赔偿义务，因此不支持被告以原告自身原因抗辩不予赔偿的主张。[③]概言之，一方面，对于旅客不构成重大过失的过错情形，并非承运人的免责事由；另一方面，如果旅客的伤亡是承运人和旅客的共同过失造成，旅客对其自身的伤亡存在过失，可以减轻承运人责任。例如，旅客喝酒坐立不稳跌倒，高血压患者未按时服药导致中风，同时承运人也有过失的，承运人不得主张免责，而应适用本法关于与有过失之规定，减轻承运人责任。

对于第三人造成的旅客人身伤亡，是否应当由承运人承担，学者有不同见解。有学者认为，旅客的损伤、死亡或者疾病，须因运送而致，旅客虽有伤害，但与运送无关的，如旅客互殴，不应由承运人承担责任，[④]因此承运人无须就第三人造成的旅客伤亡承担责任。也有学者认为，承运人对旅客负有安全保障义务，此种安全保障义务不同于侵权责任法上公共场所管理人的安全保障义务，前者仅适用于合同关系存续期间，限于承运人与旅客之间，后者可广泛适用于公共场所管理人对一般公众，因此，运输过程中第三人造成的旅客伤亡也应由承运人承担损害赔偿责任。[⑤]还有学者虽然认为，承运人应负有保障旅客人身安全的义务，但是这一义务仅限于旅客遇险时的救助义

---

① 参见吴志正：《债编各论逐条释义》（修正六版），台北元照出版有限公司2019年版，第360页。

② 参见全国人民代表大会常务委员会法制工作委员会编：《中华人民共和国合同法释义》（第3版），法律出版社2013年版，第504页。

③ 天津市滨海新区人民法院（2015）滨功民初字第3234号民事判决书。

④ 参见邱聪智：《新订债法各论》（中），中国人民大学出版社2006年版，第394页；黄立主编：《民法债编各论》（下），中国政法大学出版社2003年版，第695页。

⑤ 参见王利明：《合同法研究》（第三卷）（第二版），中国人民大学出版社2015年版，第523页。

务，而不包括针对第三人侵害的预防义务。[①]回答这一问题，有必要考察我国违约责任的立法选择。我国《合同法》立法弃过错责任原则、改采严格责任原则，确立了为通常事变负责的规则，[②]《民法典》沿袭《合同法》立法思想，于第593条规定，当事人一方因第三人的原因造成违约的，应当依法向对方承担违约责任。实践中，对于第三人造成旅客人身伤害的情形，承运人往往被认定因未尽到安全保障义务而承担责任。例如，在“李某豹与某集团股份有限公司、某财产保险股份有限公司邯郸市分公司公路旅客运输合同纠纷案”中，法院认为，被告作为承运人负有为旅客提供安全保障的义务，由于该公司员工在履行职务行为的过程中，未采取合理措施防止歹徒对旅客人身、财产安全的损害，承运人在未尽到安全保障义务的合理限度范围内应对原告造成的经济损害予以赔偿。于第三人造成旅客人身伤害的情形，如果旅客存在过错，同样可以减轻承运人责任。例如，在“杨某与重庆某公共交通有限公司运输合同纠纷案”中，法院认为，一方面，旅客与醉酒乘客口角纠纷导致受伤，公交公司作为运输服务的提供者，应保障乘客在运输过程中的人身安全，旅客杨某在乘坐该公司公交车的过程中受到乘客的伤害，而公交公司并未举出证据证明其具有免责事由，可以认定公交公司未对杨某尽到安全保障义务，应承担相应违约赔偿责任；另一方面，旅客作为完全民事行为能力人，应对施暴乘客的行为举止进行合理预判，尤其是面对醉酒人对自己行为的控制力下降，有可能导致事件升级进行预判以避免事故发生，旅客因未采取合理措施导致和醉酒乘客的冲突升级而被伤害，其自身在事故中也有较大过错，应自行承担70%的赔偿责任。[③]于第三人侵害情形，即使旅客故意或重大过失造成损害，承运人未尽到安全保障义务也应当承担责任。在“王某碧等与金沙县甲交通运输有限责任公司等生命权纠纷案”中，对于第三人刘某、高某殴打、威胁陈某导致陈某跳车死亡，法院认为，陈某作为理性的完全行为能力人在受到殴打、威胁后，可以采取合理有效的措施防止其个人人身安

① 参见陈国辉、孙立凡：《公共汽车上乘客受袭，客运公司应否承担赔偿责任？》，载《人民司法》2000年第7期。

② 参见韩世远：《合同法总论》（第四版），法律出版社2018年版，第746—756页。

③ 重庆市第五中级人民法院（2015）渝五中法民终字第05958号民事判决书。

全受到损害，但其却采用极端危险的方式规避威胁，其跳车行为是导致其死亡的主要原因；甲公司作为承运人应依约履行乘客救助和安全保障义务，但其驾驶员罗某既未对争端进行劝阻，在陈某跳车后也未及时采取相关救助措施，其行为与陈某的死亡也存在一定的因果关系，因此甲公司应当承担30%责任。[①]至于当事人一方和第三人之间的纠纷，应当依照法律规定或者按照约定处理。[②]运输过程中，旅客因第三人原因遭受人身损害的，应由承运人承担责任，承运人承担责任后，可以向第三人追偿。例如，在“上诉人沈阳市某出租汽车有限公司与被上诉人郑某豪等运输合同纠纷案”中，法院认为，承运人应当对运输过程中的交通事故给被上诉人造成的损失承担赔偿责任，按照《道路交通事故损害赔偿解释》第3条规定，出租公司作为车辆挂靠单位应当与承运人承担连带责任；鉴于导致旅客发生交通事故是因案外人侵权行为所致，故承运人与被挂靠单位承担责任后可向实际侵权人进行追偿。[③]于第三人造成旅客人身损害情形，承运人不得以自身无过错为由主张免责。例如，在“陈某与晋中某公交有限公司城市公交运输合同纠纷案”中，原告购票乘坐被告所属的公交车，在乘坐途中被案外人砍伤，原告受伤并非其自身健康原因造成，也非其故意、重大过失造成，被告构成违约应当对原告的人身伤害损失承担赔偿责任，同时可以依法另行向案外人追偿。关于被告辩称其在本次事故中并无过错，于法无据，不予支持。[④]

此外，本条并未将不可抗力纳入责任减免事由，由此产生的问题是，因不可抗力导致旅客伤亡，承运人是否应当承担损害赔偿责任。有学者认为不可抗力可以作为免责事由，如果由于不可预料的自然灾害造成旅客伤亡，如天气突变气温急速降低至无法预见或补救的范围之内导致旅客休克死亡，承运人不承担责任。[⑤]本法第590条将不可抗力作为违约责任的一般免责事由规定，而本条具体规定的免责事由中未列举不可抗力，应为立法者有意排除不可抗力作为承运人承担旅客伤亡的赔偿责任的免责事由。据此，除非法律另

① 贵州省毕节市中级人民法院（2017）黔05民终644号民事判决书。

② 邯郸市邯山区人民法院（2014）邯山民初字第810号民事判决书。

③ 辽宁省沈阳市中级人民法院（2016）辽01民终9808号民事判决书。

④ 晋中市榆次区人民法院（2017）晋0702民初2228号民事判决书。

⑤ 参见黄立主编：《民法债编各论》（下），中国政法大学出版社2003年版，第695页。

有规定，不可抗力不可作为承运人的免责事由。特别法有明确规定的，应依其规定，如《铁路法》第58条第1款规定，如果人身伤亡是因不可抗力或者由于受害人自身的原因造成的，铁路运输企业不承担赔偿责任，不可抗力可作为铁路旅客运输的免责事由，而在民用航空领域同样规定不可抗力作为免责事由。

特别法上，另有不同领域客运合同中承运人就旅客伤亡承担损害赔偿责任的减免事由专门规定。例如，《民用航空法》第124条和第127条第1款将承运人的责任减免事由限定为“旅客本人的健康状况”和“旅客本人的过错”。《海商法》第115条将承运人的责任减免事由限定为“旅客本人的过失或者旅客和承运人的共同过失造成的”。

四、无票旅客

承运人对旅客伤亡的赔偿责任及其免责事由的适用，不仅限于正常购票搭乘的旅客，也适用于按照规定免票、持优待票或者经承运人许可搭乘的无票乘客。例如，在铁路旅客运输中，1.2米以下的儿童无须购票乘车。[①]对于未经承运人许可的无票乘车旅客的伤亡，有学者认为，旅客与承运人之间并无合法有效的合同关系存在，承运人仅对持有有效客票的旅客负有人身安全的保护义务，而无须对未经承运人许可搭乘的无票旅客的伤亡承担责任。[②]其法理基础主要在于，未经承运人许可搭乘的无票旅客与承运人之间并未形成合意，因而不成立合同关系，承运人的违约责任也无从谈起。

举证责任

客运活动中，旅客遭受人身伤亡，承运人以已经尽到安全保障义务，旅客的伤亡是由于旅客自身健康原因、故意或重大过失行为造成作为抗辩的，

---

① 《铁路旅客运输规程》第19条第1款规定，承运人一般不接受儿童单独旅行（乘火车通学的学生和承运人同意在旅途中监护的除外）。随同成年人旅行身高1.2—1.5米的儿童，应当购买儿童票；超过1.5米时应买全价票。每一成人旅客可免费携带一名身高不足1.2米的儿童，超过一名时，超过的人数应买儿童票。

② 参见崔建远主编：《合同法》（第五版），法律出版社2010年版，第469页。

应当就此承担举证责任。例如，在“易某莲诉某铁路有限责任公司铁路旅客运输合同纠纷案”中，受害人向被告购买客票并在乘车期间从列车车门脱落的玻璃处坠车死亡，原告依据铁路旅客运输合同要求承运人承担违约责任，被告辩称受害人系故意毁坏列车玻璃后从车窗跳下坠亡。对此，法院认为，承运人未能举证证明本次事故是受害人故意、重大过失造成，故被告应当对受害人的死亡承担全部赔偿责任。[①]另在“胡某华与某铁路局合同纠纷案”中，对于承运人不承担责任的抗辩意见，法院认为：“胡某华在运输过程中摔倒受伤，铁路局作为运输企业，负有保障乘客人身安全的义务。但被告既未提供充分证据证明其在原告损害发生过程中采取了相应的安全保障措施，尽到合理的安全保障义务，也没能举证证明原告的人身损害是其自身健康原因、故意或重大过失所造成，故被告应对原告的人身损害承担赔偿责任。”[②]

特别法上另有举证负担的专门规定，如《海商法》第114条第2款和第3款规定了承运人承担旅客人身伤亡损害赔偿责任中的举证负担，具体包括：“请求人对承运人或者承运人的受雇人、代理人的过失，应当负举证责任；但是，本条第三款和第四款规定的情形除外。”“旅客的人身伤亡或者自带行李的灭失、损坏，是由于船舶的沉没、碰撞、搁浅、爆炸、火灾所引起或者是由于船舶的缺陷所引起的，承运人或者承运人的受雇人、代理人除非提出反证，应当视为其有过失。”

第八百二十四条【行李毁损、灭失的损害赔偿责任】

在运输过程中旅客随身携带物品毁损、灭失，承运人有过错的，应当承担赔偿责任。

旅客托运的行李毁损、灭失的，适用货物运输的有关规定。

历史由来

本条来源于《合同法》第303条，内容与该条基本一致，文字表述略有

① 广州铁路运输第一法院（2014）广铁法民初字第338号民事判决书。

② 武汉铁路运输法院（2016）鄂7101民初93号民事判决书。

差异。在《民法典合同编(草案)》的历次“征求意见稿”和公开的“审议稿”中,《民法典合同编(草案)》(征求意见稿)第382条、《民法典合同编(草案)》(一审稿)第609条、《民法典合同编(草案)》(二审稿)第609条规定均与《合同法》第303条规定一致,文字和内容均无变化。《民法典(草案)》第824条第1款将“旅客自带物品”修改为“旅客随身携带物品”,同时将“损害赔偿责任”修改为“赔偿责任”。在《民法典》的起草过程中,有主要学者建议稿就此条提出修改建议。①

规范目的或功能

承运人与旅客之间订立旅客运输合同后,承运人负有安全运输旅客和妥善保管旅客行李的义务。如果在运输过程中旅客的行李发生毁损、灭失,承运人应当承担损害赔偿责任。本条区分旅客随身携带物品和托运行李,确定了承运人对旅客随身携带物品和托运行李的不同保管义务,规定了在旅客随身携带物品和托运行李毁损、灭失情形中,承运人对旅客随身携带物品和托运行李毁损、灭失承担不同赔偿责任。

本条第1款为完全法条,既规定了承运人过错导致旅客随身携带物品毁损、灭失的违约行为,也规定了违约责任的归责原则为过错责任原则,责任承担方式为损害赔偿责任。第2款为托运行李毁损、灭失的法律适用规定。

规范内容

本条规定的是承运人对旅客随身携带物品和托运行李的毁损、灭失责任。旅客的行李分为两种:一是旅客随身携带的物品,二是旅客交付承运人托运的行李。行李物品发生毁损、灭失时,承运人就旅客随身携带的物品和旅客交付承运人托运的行李承担不同责任。

---

① 徐国栋教授主持编撰的《绿色民法典草案》第967条在《合同法》第303条基础上删除第1款关于旅客自带行李物品的损害赔偿责任规定。参见徐国栋主编:《绿色民法典草案》,社会科学文献出版社2004年版,第633页。

一、承运人对旅客随身携带物品的赔偿责任

依据本条第1款规定，对于旅客随身携带的物品毁损、灭失，承运人有过错的，应当承担赔偿责任。在不同运输方式的运输活动中，承运人允许旅客随身携带的行李限量不同。在铁路旅客运输中，《铁路旅客运输规程》第51条规定，旅客可免费携带的物品重量和体积根据不同人员规定不同限量，一般旅客可随身携带20千克。对于这些物品，承运人也应当尽足够的责任和义务保证物品的安全，如果由于承运人过错造成了旅客随身携带的物品毁损、灭失的，承运人应当负赔偿责任。在旅客自身携带行李物品的情形下，行李处于旅客的直接控制之下，而非处于承运人的保管下，因此，原则上旅客应自行妥善保管行李物品，承运人不对旅客随身携带物品的毁损、灭失承担责任。但是，如果由于承运人过错造成旅客随身携带物品毁损、灭失的，承运人应当承担赔偿责任。关于过错的范围，无论故意或者过失，均应涵盖在内。但是，特别法有不同规定的，应依照该专门规定。例如，《海商法》第114条第1款规定，在运输过程中，因承运人或者承运人的受雇人、代理人在受雇或者受委托的范围内的过失引起事故，造成旅客人身伤亡或者行李灭失、损坏的，承运人应当负赔偿责任，由此将过错的范围限定为过失。

承运人对旅客随身携带行李和托运行李的毁损、灭失的违约责任适用不同的归责原则。旅客随身携带的行李并未交付承运人托运，若其毁损、灭失与交付承运人托运的行李物品毁损、灭失一样均由承运人承担责任，显然不妥。[①]旅客随身携带行李由旅客自行妥善保管，旅客保管不善的，应自行承担不利后果。仅于承运人对该随身携带行李物品的毁损、灭失有过错的，承运人应当承担损害赔偿责任。损害赔偿范围应与交付托运行李毁损、灭失的赔偿相同。[②]概言之，承运人对旅客随身携带的行李物品承担过错责任，即在发生旅客随身携带物品毁损、灭失的情况下，承运人对随身携带物品的毁损、灭失有过错的，才承担责任。就赔偿范围而言，本条未明确规定承运人对旅客随身携带行李毁损、灭失的赔偿范围。举重以明轻，相比于托运行李由承

---

① 参见黄立主编：《民法债编各论》（下），中国政法大学出版社2003年版，第696页。

② 参见黄立主编：《民法债编各论》（下），中国政法大学出版社2003年版，第696页。

运人负责保管，旅客随身携带行李的保管责任主要由旅客自身承担，故在赔偿旅客随身携带行李损失情形下，承运人的赔偿责任不应超过托运行李情形下的赔偿责任。

二、承运人对旅客托运行李的赔偿责任

由于旅客搭乘交通工具，携带行李为日常生活所需，符合一般交易习惯，故除行李过大或超出生活一般情形的，或者该行李系危险物品或违禁物品致承运人难以负荷外，原则上承运人不得拒绝运输。[①]依据本条第2款规定，在行李交由承运人托运的情形下，如果旅客托运的行李毁损、灭失的，适用货物运输的有关规定，即承运人对运输过程中货物的毁损、灭失承担损害赔偿责任，但承运人证明货物的毁损、灭失是因不可抗力、货物本身的自然性质或者合理损耗以及托运人、收货人的过错造成的，不承担损害赔偿责任。因此，承运人对旅客的托运行李承担严格责任，只要托运行李发生毁损、灭失的事实，除了法律规定承运人可以免除责任的义务，都须承担损害赔偿责任。[②]

三 举证责任

关于承运人对旅客未托运行李承担过错责任的举证，学界有不同观点。有学者认为，应由旅客就承运人之过错承担举证责任；也有学者认为，此过错责任为债务履行责任，旅客仅举证有运输合同和存在损害即为已足，应由承运人举证证明其并无可归责之事由方可免责。[③]还有学者认为，旅客请求承运人赔偿其随身携带物品损失时，无须证明承运人或其受雇人有故意或者过失，承运人须自行证明自己和受雇人没有故意或过失，方可免责。[④]本条规定在运输过程中旅客随身携带物品毁损、灭失，承运人有过错的情形下方承

① 参见刘春堂：《民法债编各论》（中），台北三民书局2014年版，第483页。

② 参见魏耀荣等：《中华人民共和国合同法释论》（分则），中国法制出版社2000年版，第377页。

③ 参见林诚二：《债编各论新解——体系化解说》（中），台北瑞兴图书股份有限公司2015年版，第471页。

④ 参见刘春堂：《民法债编各论》（中），台北三民书局2014年版，第484页。

担损害赔偿责任，按照举证责任的一般规则，应由旅客就承运人存在过错承担证明责任。仅于特别法有不同规定时，适用该专门规定。例如，《海商法》第114条第2款规定："请求人对承运人或者承运人的受雇人、代理人的过失，应当负举证责任；但是，本条第三款和第四款规定的情形除外。"其中请求人无须承担承运人过失的举证责任的情形为："旅客的人身伤亡或者自带行李的灭失、损坏，是由于船舶的沉没、碰撞、搁浅、爆炸、火灾所引起或者是由于船舶的缺陷所引起的，承运人或者承运人的受雇人、代理人除非提出反证，应当视为其有过失。"

对于旅客托运行李的毁损、灭失，本条明确规定承运人证明货物的毁损、灭失是因不可抗力、货物本身的自然性质或者合理损耗以及托运人、收货人的过错造成的，方可免责。特别法上另有关于旅客托运行李损失的举证责任的专门规定。例如，《海商法》第114条第4款规定了承运人承担旅客行李物品损害赔偿责任中的举证责任，即"旅客自带行李以外的其他行李的灭失或者损坏，不论由于何种事故所引起，承运人或者承运人的受雇人、代理人除非提出反证，应当视为其有过失。"

第三节　货运合同

第八百二十五条【托运人如实申报义务】

托运人办理货物运输，应当向承运人准确表明收货人的姓名、名称或者凭指示的收货人，货物的名称、性质、重量、数量，收货地点等有关货物运输的必要情况。

因托运人申报不实或者遗漏重要情况，造成承运人损失的，托运人应当承担赔偿责任。

历史由来

本条来源于《合同法》第304条，内容与该条基本一致，文字表述略有差异。与《合同法》第304条相比，本条将收货人的“名称或者姓名”修改为“姓名、名称”，将“损害赔偿责任”修改为“赔偿责任”。

在《民法典合同编（草案）》的历次“征求意见稿”和公开的“审议稿”中，《民法典合同编（草案）》（征求意见稿）第383条、《民法典合同编（草案）》（一审稿）第610条与《合同法》第304条规定一致，文字和内容均无变化。《民法典合同编（草案）》（二审稿）第610条将收货人的“名称或者姓名”修改为收货人的“姓名或者名称”，《民法典（草案）》第825条在《民法典合同编（草案）》（二审稿）基础上，将“损害赔偿责任”修改为“赔偿责任”。2020年5月通过的《民法典》第825条在《民法典（草案）》基础上，将收货人的“姓名或者名称”修改为“姓名、名称”。

在《民法典》的起草过程中，有主要学者建议稿就此条提出修改建议。①

三 规范目的或功能

本条规定的是托运人如实申报与货物运输有关情况的义务。在运输合同中，承运人的义务在于安全、准时地将货物运至指定地点，交付收货人。如果托运人未向承运人准确、全面地表明与货物运输有关的必要情况，则有可能造成承运人无法正确地进行货物运输，甚至可能对承运人造成人身损害或财产损失。为保证承运人正确履行义务，托运人于交付运输时即应履行如实告知义务。条文列举了有关货物运输的必要情况，即“收货人的姓名、名称或者凭指示的收货人，货物的名称、性质、重量、数量，收货地点”，“等”字表明该范围是开放的，但应遵循同类解释原则。不属于“必要情况”的，托运人无主动告知义务，须经承运人请求，托运人始有告知义务。

本条为完全法条，不仅规定了托运人办理货物运输时应当向承运人履行

① 梁慧星教授主持编撰的《中国民法典草案建议稿》所持观点认为，托运人无主动填写托运单的义务，经承运人请求，托运人始有此义务。建议在《合同法》第304条基础上增加一款，规定“托运人因承运人的请求，应当填写由托运人签名或者盖章的托运单，托运单应当记载前款事项以及承运人要求记载的有关货物运输的其他必要事项。承运人应当向托运人交付由承运人签名或者盖章的托运单的副本”。参见梁慧星主编：《中国民法典草案建议稿附理由：合同编》（上册），法律出版社2013年版，第666页。

的申报义务，该条第2款也规定了不履行该义务的法律后果。但是，托运人的赔偿责任限于“申报不实”或者“遗漏重要情况”两类事项。

规范内容

如实申报有关货物情况是承运人准确、安全地将货物运至目的地并交给收货人的前提。在货物运输业务中，一般都是采用由托运人填写运单的方式来进行申报，如海上货物运输中一般是提单、民用航空货物运输中一般是航空货运单、铁路货物运输中一般是货运单。承运人一般也是根据托运人申报的内容制作运输单证，了解货物情况，对运输中的货物采取相应的保护措施，并根据托运人提供的收货人的名称或者地址，向收货人交货。[①]如果托运人不向承运人准确、全面地表明这些运输中的必要信息，则可能对承运人造成损失。为了避免这种情况的出现，本条强调了托运人在办理货物运输时，应当向承运人告知有关货物运输的必要情况。

我国运输单行法对托运人如实申报义务也分别作了规定。例如，《民用航空法》第117条规定：“托运人应当对航空货运单上所填关于货物的说明和声明的正确性负责。因航空货运单上所填的说明和声明不符合规定、不正确或者不完全，给承运人或者承运人对之负责的其他人造成损失的，托运人应当承担赔偿责任。”《铁路法》第19条规定：“托运人应当如实填报托运单，铁路运输企业有权对填报的货物和包裹的品名、重量、数量进行检查。经检查，申报与实际不符的，检查费用由托运人承担；申报与实际相符的，检查费用由铁路运输企业承担，因检查对货物和包裹中的物品造成的损坏由铁路运输企业赔偿。托运人因申报不实而少交的运费和其他费用应当补交，铁路运输企业按照国务院铁路主管部门的规定加收运费和其他费用。”《海商法》第66条第1款规定：“托运人托运货物，应当妥善包装，并向承运人保证，货物装船时所提供的货物的品名、标志、包数或者件数、重量或者体积的正确性；由于包装不良或者上述资料不正确，对承运人造成损失的，托运人应当负赔偿责任。”

---

① 参见全国人民代表大会常务委员会法制工作委员会编：《中华人民共和国合同法释义》（第3版），法律出版社2013年版，第506页。

依照本条规定，托运人的申报义务主要包括：（1）收货人的姓名、名称，以及凭指示的收货人。通常情况下，如果收货人是自然人，托运人应当告知收货人的姓名；如果收货人是法人或者其他组织，则托运人应当告知收货人的名称。国内运输中，托运人通常会告知收货人或经办人联系方式。准确告知收货人的信息，不仅有助于承运人明确货物的交付对象，也有利于维护托运人自身的利益。“凭指示的收货人”常见于国际货物运输中，托运人在货交承运人时尚未确定具体的收货人，承运人签发运输单证时写明“凭指示交付”字样，并在到达目的港后，凭托运人或者有关方的指示向收货人交付货物。（2）货物的名称、性质、数量和重量。承运人收取运费、装载、积载、运输、保管、照料、卸载货物的方式等都依赖于托运人所表明的货物的情况。托运人告知货物的具体情况，是托运人诚实履行合同的要求，以便于承运人采取恰当的措施，避免货物在运输过程中发生意外。（3）收货地点等其他有关运输的必要情况。托运人只有告知收货地点，承运人才能明确货物运输的目的地，也便于承运人采取适当的运输方式，安排恰当的运输时间和计划，保证货物如期运至。所谓其他有关运输的必要情况，包括任何与货物运输有关的必要情况，如包装要求、收货时间等或者当事人约定的其他情况。关于申报内容的范围，并非货物运输的所有情况都属申报之列。申报的内容应以“必要”为原则，即关系运输的安全、顺利、快捷的内容方为必要。判断何为“必要情况”是一个事实问题，要根据每次运输的具体情况确定。有学者指出，托运人的如实申报义务，不仅包括如实申报法律规定应当申报的事项，也包括合同约定的其他申报事项，或者承运人要求托运人申报的与运输有关的情况。托运人基于运输货物的特性所知道的有可能影响正常运输的事项，即使没有明确规定，承运人也没有要求，托运人也有义务主动向承运人说明有关情况，以保证货物运输任务的顺利完成。①

托运人应当对货物运输的必要情况的真实性负责。托运人申报不实或者遗漏重要情况，属于履约中的过失，包括托运人申报的情况不真实和怠于告知两种，对于由此而发生的损害，托运人应当根据《民法典》的规定承担责

① 房绍坤、郭明瑞主编：《合同法要义与案例析解》（分则），中国人民大学出版社2001年版，第395页。

任。例如，因托运人在普通货物中夹带危险物品等原因引发事故，以致运输工具、相关设备或波及其他货物的损坏、污染、腐蚀或造成人身伤亡的，或者将易燃、易爆物申报为普通货物，招致爆炸、燃烧的，或者将收货人的姓名或名称、目的地告诉错误，致使运输路线安排不当，导致增加费用的，应当由托运人负责赔偿。托运人此项申报义务为法律规定的义务，托运人只有证明自己无过失或者证明承运人在接受托运时已经知悉有关货物运输的必要情况，才可以免除赔偿责任。如果因为托运人违反申报义务使自己遭受损失，承运人能够证明托运人对损失的发生是有过错的，根据《民法典》第832条的规定，承运人可以免除赔偿责任。对于造成损失的问题，有学者认为，损失即指因违约方的违约给对方造成的经济损失或者可得利益损失；[①]也有学者认为，损失包括财产损失和非财产损失，且不以处理事务之当时所发生及缔结合同时所预见者为限。[②]司法实践通常以可以预见的损失为赔偿标准。

此外，还存在第三人过错造成托运人未能履行如实申报义务，导致托运人申报不实或者遗漏重要情况的情形，托运人能够证明自己对损失的发生没有过错的，由第三人承担责任。存在两种情形：一是依据《民法典》第593条，除法律规定或者托运人与承运人另有约定外，托运人应当向承运人承担违约责任。托运人承担违约责任后，应当向第三人追偿。法律规定因第三人原因造成违约，第三人直接承担责任的，第三人应当直接向承运人承担责任。有学者进一步指出，此处的第三人不是一般意义上的第三人，不是合同当事人以外的任何一个第三人，而是指与当事人一方有关系的第三人，这个第三人通常是一方当事人的雇员、内部职工、当事人一方的原材料供应商、配件供应人、合作伙伴等。另外也包括上级。[③]二是依据《民法典》第1175条，在过错责任和过错推定责任适用范围内，托运人能够证明其未能履行如实申报

---

① 王建平：《民法学》（下），四川大学出版社2005年版，第424页。

② 欧阳经宇：《民法债编各论》，台北汉林出版社1978年版，第146页。转引自王利明：《民法》，中国人民大学出版社2003年版，第476页。

③ 参见《梁慧星教授谈合同法》，四川省高级人民法院印，川新出内（98）字第174号，第150页；韩世远：《他人过错与合同责任》，载《法商研究》（中南政法学院学报）1999年第1期。

义务，完全是由于第三人的过错行为造成的，第三人的行为是托运人所遭受损害的全部原因，第三人应当向托运人承担侵权责任。

举证责任

申报过错与损害结果具有因果关系，是托运人承担本条规定的赔偿责任的要件之一。本条规定的“申报不实”是指托运人所提供的情况与实际情况不符合，“遗漏重要情况”是指托运人应当向承运人提供一些有关运输的重要情况，却没有提供。①

本条对托运人科以“如实申报”的合同义务，即要求托运人在办理货物运输时应当向承运人准确表明收货人姓名、名称或者凭指示的收货人，货物名称、性质、重量、数量，收货地点等有关货物运输的必要情况，而当事人在货损发生后，尤其是货物灭失后对货物的实际内容发生争议时，证明申报过错与损害结果是否存在因果关系，是判定责任的基础。有时，损害的原因不仅有托运人申报过错，还掺杂着承运人的过错，两种过错混合在一起。造成该情况的原因既可能是托运人在托运时没有如实、准确申报托运货物的名称及数量，也可能是运输单据内容存在缺失。例如，在“昆山甲速递有限公司、昆山甲速递有限公司周市分公司与昆山市玉山镇乙贸易商行运输合同纠纷案”中，快递单品名信息（包括物品名称、数量等）、快递费填写项、是否保价选项等均为空白内容。在法院审理过程中，托运人乙商行提供同时间的送货单及发票，与快递单相互印证，一审、二审法院认为托运人对于运输货物是案涉物品已进行初步举证，具有高度盖然性。而承运人甲分公司抗辩否认运输物品非案涉金属材料，却不能明确运输为何种物品，亦未能提供证据佐证其反驳意见，故法院采信托运人的主张。②在“深圳市某某物流有限公司南京分公司与南京某某机电技术研究所运输合同纠纷案”中，承运人某某物流公司南京分公司依据《合同法》第304条认为托运人某某研究所未履行如实

① 全国人民代表大会常务委员会法制工作委员会编：《中华人民共和国合同法释义》（第3版），法律出版社2013年版，第508页。

② 江苏省苏州市中级人民法院（2019）苏05民终10088号民事判决书。

告知承运货物的详细情况，构成违约。法院经审理认为，托运人虽然在运输单中未填写货物名称，但作为专业运输机构的承运人应在接受货物时询问并核实货物情况；且即便托运人在运输单中未填写货物名称，存在过错，但鉴于托运货物为普通电子产品，一般情况下在运输过程中无需采取特殊保护措施，承运人主张免责或减少赔偿责任，应当进一步举证证明该过错行为与货物毁损之间存在因果关系，但承运人并未提供相关证据予以证明，故法院对该项主张未予支持。[①]可见，申报过错与损害结果具有因果关系，是托运人承担本条规定的赔偿责任要件之一。托运人存在申报过错，并不必然导致损害赔偿责任，托运人的举证只有达到高度盖然性的程度，才能被视为完成证明责任；反之，应由托运人承担不利后果。

要求托运人因“遗漏重要情况”承担本条规定的赔偿责任，同样需要满足因果关系的要件。在货物运输中哪些情况属于托运人应当向承运人申报的“重要情况”？对此并没有明确的法律或行业标准。托运人不存在遗漏申报重要情况、承运人损失与遗漏申报之间不存在因果关系，往往在个案中通过自由裁量的方式予以认定。例如，在“重庆某某航运有限公司、湖北某某有限公司海上、通海水域人身损害责任纠纷案”中，托运人主张托运的硫磺系普通货物，并与承运人围绕损害结果发生的原因是否系托运人遗漏申报“重要情况”形成争议点。法院经审理认为，受害人虽然此前运输过硫磺，且未发生任何事故，但该事实不能证明此前运输的硫磺是否吸附有硫化氢，也不能证明受害人知晓本航次运输的硫磺吸附了硫化氢，因此无法证明其对硫磺运输的安全性全部知晓，承运人按照一般货物运输的注意义务进行作业，对于损害结果不存在过错，不应当承担责任。[②]在“广西某纸业有限公司、福建某商船电子商务有限公司、陈某等海上、通海水域货物运输合同纠纷案”中，托运人向承运人交付的干纸浆在运输途中因受潮发酵起火，托运人主张托运货物系普通货物，并无特殊申报或提请注意事项，并且在交付货物时如实填写了货物的品名、数量、收货人等基本信息，承运人作为专业运输人，在承揽货物时应当知道干纸浆的性质、注意事项，并谨慎管货。承运人则主张托

---

① 江苏省南京市中级人民法院（2015）宁商终字第1106号民事判决书。

② 湖北省高级人民法院（2019）鄂民终547号民事判决书。

运人没有告知货物特殊性质，在没有提出特殊要求的情况下，其按普通货物运输、积载不存在管货过错。针对双方的主张和举证，法院认为，干纸浆具有易受潮发酵、发热的特性以及需通风晾晒等特殊运输要求属于与货物运输有关的“必要情况”或者“重要情况”，在没有证据证明托运人就货物前述特性与特殊运输要求已经向承运人披露或告知，托运人对货物性质情况告知并不完整，存在遗漏告知重要情况的情形。[①]因此，托运人对自己在托运时已经尽了说明“必要情况”和“重要情况”承担举证责任。承运人的举证责任依据货运合同的规定即可。

第八百二十六条【托运人提交有关文件义务】

货物运输需要办理审批、检验等手续的，托运人应当将办理完有关手续的文件提交承运人。

历史由来

本条来源于《合同法》第305条，内容与该条一致。在《民法典合同编（草案）》的历次“征求意见稿”和公开的“审议稿”中，《民法典合同编（草案）》（征求意见稿）第384条、《民法典合同编（草案）》（一审稿）第611条、《民法典合同编（草案）》（二审稿）第611条、《民法典（草案）》第826条与《合同法》第305条规定一致，文字和内容均无变化。在《民法典》的起草过程中，主要学者建议稿均未就此条提出修改建议。

规范目的或功能

本条规定托运人交付审批、检验等手续的义务。货物的运输往往会涉及各种手续，特别是国际货物运输合同，通常涉及出口货物的报关以及检疫、检验等手续。例如，托运人向国外托运货物，且该出口货物属于《商检机构实施检验的进出口商品种类表》范围的，在办理托运过程中，应当按照《进

① 浙江省高级人民法院（2019）浙民终927号民事判决书。

出口商品检验法》的规定，在商检机构规定的地点和期限内，向商检机构报检。商检机构检验完毕后，向托运人出具检验证单。海关凭商检机构签发的检验证书、放行单或者报关单上加盖的印章验收。如果托运人托运的货物是动物或者动物产品，根据《动物防疫法》的规定，应当由动物防疫监督机构进行检疫，托运人应当向承运人提供相关的检疫合格证明。货物运输中所涉及的各种手续是运输所必需的，对于某些需要特殊证明文件的货物，如果没有这些手续，承运人就不能进行正常运输。托运人应在交付运输时将有关审批、检验的证明文件交付承运人，以保证承运人在运输过程中接受行政机关需要的检查并放行通过。

本条为不完全法条，仅规定了托运人交付审批、检验文件的义务，并未明确规定违反该义务的法律后果。根据《民法典》第526条，当事人互负债务，有先后履行顺序，应当先履行债务一方未履行的，后履行一方有权拒绝其履行请求。先履行一方履行债务不符合约定的，后履行一方有权拒绝其相应的履行请求。托运人不履行本条义务，承运人得行使先履行抗辩权。托运人未办理完毕相关手续并隐瞒相关事实致承运人损失的，托运人应负赔偿责任。

规范内容

货物运输所涉及的各类手续是运输所必需的。托运人在托运前应当办理审批、检验等相关手续，并且应当将办理完此类手续的文件提交给承运人，以便于承运人运输。以公路货物运输合同为例，货物根据其对运输、装卸、保管是否有特殊要求分为普通货物和特种货物。对运输、装卸、保管没有特殊要求的货物为普通货物；对运输、装卸、保管有特殊要求的货物为特种货物，包括长大笨重货物、危险物品、贵重货物、鲜活货物。特种货物的运输需要特定部门的批准。对于长大笨重货物、危险品和国家限运以及需要办理检疫、商检等手续的货物，在交运前，托运人应当向承运人提供有关机关的准运证明，按照批准货物的品名、规格、数量、起讫站办理托运手续。承运人承运上述货物时，也应当按有关规定，查验托运人提供的该项证明，并根据承运货物的特点，提供与之相适应的运输工具、技术条件等。托运人对其提供的证明文件的真实性负责。托运人未按规定提供证明文件，承运人有权拒绝运输。本条对托运人应当办理的手续列举了审批、检验两种，但是托运人在货物运输前应当办理的手续不限于这两种，一般还包括检疫、港口准入等，运输危险品时，还包括危险品运输的许可手续。[①]

办理有关审批、检验手续，并将办理完毕有关手续的文件提供给承运人，是托运人为确保货物适于运输所做的准备。在准备工作完成以前，承运人的运输义务并未开始。因此，托运人一般应当在承运人进行货物运输前向承运人及时提供这些手续，对于托运人没有向承运人提供这些手续或者提供的手续不完备或者不及时，给承运人造成损失的，托运人应当赔偿损失。本条是关于托运人交付审批、检验等文件义务的一般性规定，我国涉及货物运输的专门法作了更为详细的规定。例如，《民用航空法》第123条规定："托运人应当提供必需的资料和文件，以便在货物交付收货人前完成法律、行政法规规定的有关手续；因没有此种资料、文件，或者此种资料、文件不充足或者不符合规定造成的损失，除由于承运人或者其受雇人、代理人的过错造成的外，托运人应当对承运人承担责任。除法律、行政法规另有规定外，承运人没有对前款规定的资料或者文件进行检查的义务。"《海商法》第67条规定："托运人应当及时向港口、海关、检疫、检验和其他主管机关办理货物运输所需要的各项手续，并将已办理各项手续的单证送交承运人；因办理各项手续的有关单证送交不及时、不完备或者不正确，使承运人的利益受到损害的，托运人应当负赔偿责任。"《海关法》第32条第2款规定："保税货物的转让、转移以及进出保税场所，应当向海关办理有关手续，接受海关监管和查验。"《动物防疫法》第43条第1款规定："屠宰、经营、运输以及参加展览、演出和比赛的动物，应当附有检疫证明；经营和运输的动物产品，应当附有检疫证明、检疫标志。"《道路运输条例》第25条规定："货运经营者不得运输法律、行政法规禁止运输的货物。法律、行政法规规定必须办理有关手续后方可运输的货物，货运经营者应当查验有关手续。"《水路运输易流态化固体散装货物安全管理规定》第9条第2款规定："船舶装载易流态化固体散装货物前12小时，

① 参见全国人民代表大会常务委员会法制工作委员会编：《中华人民共和国合同法释义》（第3版），法律出版社2013年版，第509页。

作业委托人应当将易流态化固体散装货物检测报告等相关单证提供港口经营人，港口经营人应及时对易流态化固体散装货物检测报告等相关单证进行核对，经核对无误后方可作业。”此外，在认定“货物运输需要办理的手续”范围时，如果涉及此类货物运输的法律、行政法规或部门规章有关于运输所需手续规定的，应当依照上述法律规定，确定货物运输需要办理手续的范围。如果不存在相关法律规定，本条所指的“手续”应当仅指为办理货物运输所需要手续而可能涉及的单证，而不是指买卖合同、信用证等非运输法律关系中所需的单证。除法律规定或当事人约定外，承运人没有义务向托运人索要或查验非运输法律关系中的单证，更没有义务保证货物在目的地（港）可以卸载或通关。

举证责任

托运人一般应当在承运人进行货物运输前向承运人及时提供这些手续，对于托运人没有向承运人提供这些手续或者提供的手续不完备或者不及时，给承运人造成损失的，托运人应当赔偿损失。承运人主张损失与托运人未提供运输所需手续或者提供不及时、不完备、不正确有因果关系，承运人负举证责任。

第八百二十七条【托运人的包装义务】

托运人应当按照约定的方式包装货物。对包装方式没有约定或者约定不明确的，适用本法第六百一十九条的规定。

托运人违反前款规定的，承运人可以拒绝运输。

历史由来

本条来源于《合同法》第306条，内容与该条一致，只是援引条文序号发生变化。被援引条文（《民法典》第619条）来源于《合同法》第156条，该条文在原有内容基础上增加“且有利于节约资源、保护生态环境”。

在《民法典合同编（草案）》的历次“征求意见稿”和公开的“审议稿”

中，除援引条文序号发生变化外，《民法典合同编（草案）》（征求意见稿）第385条、《民法典合同编（草案）》（一审稿）第612条、《民法典合同编（草案）》（二审稿）第612条、《民法典（草案）》第827条与《合同法》第306条规定一致，文字均无变化。在《民法典》的起草过程中，主要学者建议稿均未就此条提出修改建议。

三 规范目的或功能

本条规定托运人应当履行对货物妥善包装的义务。在运输过程中，包装货物的目的在于保护托运人货物安全、运输工具安全及一同运输的其他货物安全。当然并非任何货物的运输都必须进行包装，货物是否需要包装要根据货物本身的特性、运输路程的情况以及所使用的运输工具来决定。提出货物包装要求的一般是承运人或者主管运输的部门，运输合同的当事人一般在运输合同中对包装的方式也会作出约定。[①]关于包装的要求，托运人在交运货物时应当对货物进行合理包装，合同对货物包装有约定的，应当按照约定进行包装。没有约定或约定不明确的，可以协议补充；不能达成补充协议的，按照合同有关条款、合同性质和目的或者交易习惯仍不能确定的，应当按照通用的方式包装，没有通用方式的，应当采取足以保护托运货物且有利于节约资源、保护生态环境的包装方式。通常应由托运人进行包装，但亦可由承运人收取一定费用后代托运人进行包装。托运人未进行上述包装的，承运人可以拒绝运输。

本条为不完全法条，仅规定了包装货物的义务，没有规定承运人未拒绝运输的后果。有学者认为，“承运人未拒绝运输的，由此造成的货物损失应由承运人承担责任，但承运人于接收包装时明示保留权利的除外”[②]。

---

① 参见全国人民代表大会常务委员会法制工作委员会编：《中华人民共和国合同法释义》（第3版），法律出版社2013年版，第510页。

② 梁慧星主编：《中国民法典草案建议稿附理由：合同编》（上册），法律出版社2013年版，第670页。

规范内容

货物包装是否符合运输的需要，直接关系到货物的安全运输。托运人对运输货物的包装负责，应当按运输合同的要求妥善包装货物。我国有关运输的单行法也具体规定了托运人的包装义务。例如，《铁路法》第20条第1款规定："托运货物需要包装的，托运人应当按照国家包装标准或者行业包装标准包装；没有国家包装标准或者行业包装标准的，应当妥善包装，使货物在运输途中不因包装原因而受损坏。"《海商法》第66条第1款规定："托运人托运货物，应当妥善包装，并向承运人保证，货物装船时所提供的货物的品名、标志、包数或者件数、重量或者体积的正确性；由于包装不良或者上述资料不正确，对承运人造成损失的，托运人应当负赔偿责任。"《道路危险货物运输管理规定》第29条第1款规定："危险货物托运人应当严格按照国家有关规定妥善包装并在外包装设置标志，并向承运人说明危险货物的品名、数量、危害、应急措施等情况。需要添加抑制剂或者稳定剂的，托运人应当按照规定添加，并告知承运人相关注意事项。"此外，在包装领域还存在大量国家标准与行业标准，这些标准从技术层面对特定物品（货物）的包装术语、包装尺寸、包装标志代码、包装管理、包装技术、包装印刷、包装卫生标准及分析方法、包装材料及试验方法、包装辅料及试验方法等内容作了详细的规定，如《一般货物运输包装通用技术条件》（GB/T 9174–2008）、《危险货物运输包装通用技术条件》（GB12463–2009）等。托运人履行货物包装义务及当事人之间有关货物包装的约定，应当充分考虑有关法律、法规的要求，国家主管机关规定有强制执行国家标准的货物，应当按国家标准包装；没有强制性国家标准的，托运人可以参考推荐性国家标准。如果托运人与承运人协商同意将推荐性国家标准纳入运输合同的，该包装标准即成为当事人双方必须共同遵守的技术依据，具有法律上的约束性。

一、包装的含义

本条所指的包装是指运输包装，即为了保证货物运输安全（包括货物和运输工具的安全）而进行的包装。运输包装与货物作为产品的包装是不同的。

产品包装除了为产品的安全（包括运输安全）的目的以外，还有其商业目的；而运输包装主要考虑安全问题。有些产品包装本身就符合运输包装的要求，故产品包装与运输包装是相同的。有些产品包装并不能满足运输安全的要求，需要另行进行运输包装。托运人对货物运输包装负责，不仅只是对包装的形式负责，还应包括包装的材料和包装方法。如同样是箱形包装形式，但采用纸质箱与采用木质箱的包装效果完全不一样。有的运输包装，不仅是包装形式和包装材料问题，还涉及包装方法，才能满足安全运输的要求。如是整体包装还是分散包装，是原样包装还是将货物进行必要的处理以后再包装（如液化、气化或者固化等）等，需要根据运输的具体情况决定。因此，托运人只有在包装形式、包装材料和包装方法三方面都满足运输安全的要求，符合运输合同的规定，才能被视为完全履行运输包装的义务。此外，对于需要随附备用包装的货物运输，托运人有义务提供足量的备用包装，交承运人随货免费运输。

二、包装方式没有约定或者约定不明

运输合同对运输包装方式没有约定或约定不明的，适用《民法典》第619条关于“对包装方式没有约定或者约定不明确，依据本法第五百一十条的规定仍不能确定的，应当按照通用的方式包装，没有通用方式的，应当采取足以保护标的物且有利于节约资源、保护生态环境的包装方式”的规定处理。具体处理方式依次如下：（1）依据《民法典》第510条的规定确定标的物的包装方式。当事人对包装方式没有约定或约定不明确的，可以依次采取下列方式确定：首先，协议补充约定包装方式，即当事人就包装方式通过协商达成合意，这是当事人意思自治的体现，是对原合同的补充，以此确定的包装方式是以当事人明确的意思表示为基础的。其次，当事人不能达成补充协议的，按照合同有关条款或交易习惯确定。如果合同对包装方式没有约定或约定不明确，而当事人又不能就包装方式达成补充协议的，则产生了对合同的解释问题。《民法典》为此提供了具体的解释规则，即可根据合同的有关条款，按照合同上下文的关系来确定包装方式，或者根据某一交易习惯、惯例来确定包装方式。（2）依据上述规则仍不能确定包装方式的，就应当按照通用的方式包装。所谓“按照通用的方式包装”，主要是指按照某种运输工具运输某种货物的惯常方式包装。实践中，货物的包装方式不仅与货物自身性质密切相关，而且与运输数量及距离、运输工具类型、运输环境、装卸条件等息息相关，因此某种货物通用的运输包装方式可能不止一种。通用的运输包装方式应当具有实践层面的普遍性与时间层面的连续性，即在使用某种运输工具运输某种货物的地域或行业领域，该货物的包装方式至少应当达到基本一致的程度，且当事人使用该包装方式的行为模式已经持续足够长的时间。在认定通用的包装方式时，可以参考行业协会或者自律组织的相关规范，或者运输市场参与者公认并普遍遵行的习惯做法。（3）没有通用包装方式的，应当采取足以保护货物且有利于节约资源、保护生态环境的包装方式。所谓“足以保护货物的包装方式”，主要是指足以保证货物在运输过程中不致发生损坏、散失、渗漏等情形的包装方式。[①]例如，为了防止货物在运输过程中因震动或位移造成损害，货物包装需要具备缓冲或防震保护；需要袋装的粉末货物，最外层通常使用塑料涂膜纺织袋等确保粉末不会漏出的包装。“有利于节约资源、保护生态环境的包装方式”，是指货物运输过程中包装方式应当合理控制包装成本和资源消耗，保护生态环境，避免浪费资源和破坏环境。该规定是在运输合同领域落实《民法典》第9条“民事主体从事民事活动，应当有利于节约资源、保护生态环境”的具体表现。

三、承运人拒绝运输的权利

如果托运人不按上述方式进行包装的，视为托运人违反该义务，承运人可以拒绝运输。承运人可以请求托运人按要求重新包装，一般情况下承运人应当优先行使请求重新包装的权利。如果在起运点装货时就发现货物的包装不牢固，承运人可以要求托运人加固包装。托运人应当对货物包装进行加固或者重新包装。托运人拒绝加固或重新包装或者无法进行加固或重新包装的，承运人可以拒绝承运。如果是在运输途中发现的，承运人可以通知托运人处理或者自行采取补救措施，所产生的费用和造成的损失由托运人负责。如果不宜再继续运输的，承运人可以中止运输。因货物包装不良造成货物损失的，

① 房绍坤、郭明瑞主编：《合同法要义与案例析解》（分则），中国人民大学出版社2001年版，第395页。

承运人不负赔偿责任。因货物包装不良造成运输工具、其他货物损害的，托运人应当承担赔偿责任。

承运人对于判断货物外包装是否适于特定运输负有审慎义务。从本条规定并不能当然得出承运人负有检查货物包装是否适于运输的义务。但是，从承运人对运输所负合理谨慎义务看，承运人对货物外部包装一般应当有基本了解，应查看货物包装是否适于特定运输。承运人未对托运人交付货物的外包装尽到谨慎处理义务的，或者对不符合包装要求的货物未行使拒绝运输权利的，在发生货损时可能丧失相应的抗辩权。例如，在“广西某某船务有限责任公司与何某某、杨某某通海水域货物运输合同纠纷案”中，托运人交付承运人的红砖因包装绑扎不牢固，在船舶左右摇摆增大时部分包装件破损，红砖向舱内一侧空隙散落，致使船舶向右倾斜进水，直接导致船舶沉没。就运输中的货物损失问题，当事人围绕托运人是否履行货物包装符合安全运输义务形成争议点。本案中，法院认为，承运人在红砖装船时未对货物的包装提出质疑，放弃了对标的物包装不合格拒绝运输的权利。承运人应当有判断货物的基本包装是否满足最低运输标准的能力，其允许货物装船并起运，应当视为认可了承载的货物的包装是合格的，不会产生航运的风险，诉讼中再以此抗辩，法院不予支持。[①]在“上海某供应链管理有限公司等与江苏某自动化科技有限公司、广东某自动化科技有限公司运输合同纠纷案”中，托运人交付货物所采取的缠绕膜包装方式并不足以保证货物的运输安全，承运人建议托运人采用木制框架包装。法院认为，双方就托运货物是否采取木制框架包装未达成一致，且承运人未拒绝运输膜包装货物的情况下，由此产生的运输安全风险应当由各方共同承担。[②]但是，承运人对于存放于密闭空间货物的内部包装，特别是在集装箱货物运输时，通常情况下未必具有部分或者全部

① 在“广西某某船务有限责任公司与何某某、杨某某通海水域货物运输合同纠纷案”中，北海海事法院（一审法院）在事实认定中指出，在码头装运红砖时，承运人清楚红砖绑扎带发生过断裂，但其未拒绝承运，只是由托运人重新包装后继续承运，亦未声明对因红砖包装原因造成的损失不负赔偿责任，承运人的行为可视为其认可托运人对红砖的包装。广西壮族自治区高级人民法院认可了一审法院上述观点。参见广西壮族自治区高级人民法院（2012）桂民四终字第26号民事判决书。

② 上海市第二中级人民法院（2019）沪02民终7613号民事判决书。

检查的条件或者机会。有些货物在运输途中因包装不足而发生货损主要是内包装不当（如玻璃制品内包装间隔与衬垫不足、托运人装载集装箱内机械设备绑扎与衬垫不当等），承运人一般并无合理机会在接收和装载货物过程中逐一检查，因而对该类货损不负责任。对此，司法实践往往结合相关证据，采取推定方式认定内部包装、货物积载是否符合运输要求。例如，在“某航运有限公司、石家庄某化工有限公司海上、通海水域货物运输合同纠纷案”中，法院认定涉案货物发生泄漏后，打开集装箱时可见，集装箱门与塑料桶之间的两根宽木条中，上面的一根折断，表明集装箱内的塑料桶在运输途中发生了位移，因此，可以认定塑料桶未被有效地固定，托运人采取的衬垫加固措施不当，属于货物包装不良。在没有证据证明承运人对集装箱照管不当导致货物泄漏的情况下，应当认定包装不良导致了货物泄漏。[①]但是，如果承运人按照运输合同约定对货物进行包装或者参与货物包装，事后货物因包装不合格而发生损失，承运人亦应对此承担全部或者部分赔偿责任。

举证责任

如果货物是由托运人自行包装的，因包装本身原因发生货物毁损、灭失的，托运人应当自行负责，这也是承运人的免责事由。承运人行使拒绝运输权利的，应当证明托运人没有按照运输合同约定的方式包装货物。对包装方式没有约定或者约定不明确，且没有货物包装补充协议的，承运人应当证明导致货物在运输过程中发生损坏、散失、渗漏等情形的原因系托运人未按照通用方式包装货物。没有通用货物包装方式的，承运人应当证明托运人未根据货物的性质、重量、气候、运输工具装载条件等因素选用适当的材料和包装形式妥善包装。即便如此，货物毁损、灭失发生的原因仍然具有诸多不确定性，当托运人能够证明货物包装符合法律、法规及国家（行业）标准，取得合法的包装检验证书，除非承运人能够举证证明涉案事故的发生系因托运人过失所致，否则其将承担因此产生的不利法律后果。

---

① 山东省高级人民法院（2019）鲁民终1097号民事判决书。

第八百二十八条【运送危险物品】

托运人托运易燃、易爆、有毒、有腐蚀性、有放射性等危险物品的，应当按照国家有关危险物品运输的规定对危险物品妥善包装，做出危险物品标志和标签，并将有关危险物品的名称、性质和防范措施的书面材料提交承运人。

托运人违反前款规定的，承运人可以拒绝运输，也可以采取相应措施以避免损失的发生，因此产生的费用由托运人负担。

历史由来

本条来源于《合同法》第307条，内容与该条基本一致，文字表述略有差异。与《合同法》第307条相比，本条将“作出危险物标志”修改为“做出危险物品标志”，将“费用由托运人承担”修改为“费用由托运人负担”。

在《民法典合同编（草案）》的历次“征求意见稿”和公开的“审议稿”中，《民法典合同编（草案）》（征求意见稿）第386条、《民法典合同编（草案）》（一审稿）第613条与《合同法》第307条的规定一致，文字无变化。《民法典合同编（草案）》（二审稿）第613条将“费用由托运人承担”修改为“费用由托运人负担”。《民法典（草案）》第828条在《民法典合同编（草案）》（二审稿）基础上，将“作出危险物标志”修改为“做出危险物标志”。《民法典》第828条在《民法典（草案）》基础上将“做出危险物标志”修改为“做出危险物品标志”。

在《民法典》的起草过程中，有主要学者建议稿就此条提出修改建议。[①]

① 梁慧星教授主持编撰的《中国民法典草案建议稿》、陈甦教授主持编撰的《中国社会科学院民法典分则草案建议稿》在保留《合同法》第307条第1款基础上，将本条第2款、第3款规定为：“托运人违反前款规定的，承运人有权拒绝运输，也可以在任何时间、任何地点将违禁物品卸下、使之不能为害，或者送交有权处理的机关，必要时还可将其销毁，而不承担赔偿责任，因此产生的费用由托运人承担。承运人知道危险货物的性质并已同意装运的，仍然可以在货物对于运输工具、人员或者其他货物构成实际危险时，将货物卸下、销毁或者使之不能为害，而不承担赔偿责任。托运人对承运人因运输本条第一款规定的货物所受到的损害，应当承担赔偿责任。”参见梁慧星主编：《中国民法典草案建议稿附理由：合同编》（上册），法律出版社2013年版，第671页；陈甦主编：《中国社会科学院民法典分则草案建议稿》，法律出版社2019年版，第224页。

规范目的或功能

本条规定了托运人在托运危险物品时应当履行包装、标识、通知等特别义务，以及承运人相应的权利。危险物品与一般物品的运输有很大区别，本条是关于危险物品运输的特别规定。托运一般物品，当事人可以约定货物的包装方式和包装方法。但是运输易燃、易爆、有毒、有腐蚀性、有放射性等危险物品往往涉及安全问题，如果在运输过程中对这些危险物品不进行妥善处理，就有可能对货物、运输工具等财产或者人身安全造成极大的威胁，所以对危险物品的安全运输作出强制性规定就显得极为重要。[①]本条为法律强制性规定，不允许当事人通过约定的方式加以排除。

本条为完全法条，既规定了托运人在托运危险物品时应当履行包装、标识、通知等特别义务，也规定了托运人未履行上述义务应当承担的不利法律后果，即承运人可以拒绝运输，也可以采取相应措施以避免损失的发生，因此产生的费用由托运人负担。

规范内容

危险物品种类繁多、用途广泛，既促进经济社会发展，也对人的生命、健康及生态环境构成严峻危险和挑战。除本条规定外，我国货物运输相关单行法也对运输危险物品作出了规定。例如，《民用航空法》第101条规定："公共航空运输企业运输危险品，应当遵守国家有关规定。禁止以非危险品品名托运危险品。禁止旅客随身携带危险品乘坐民用航空器。除因执行公务并按照国家规定经过批准外，禁止旅客携带枪支、管制刀具乘坐民用航空器。禁止违反国务院民用航空主管部门的规定将危险品作为行李托运。危险品品名由国务院民用航空主管部门规定并公布。"《铁路法》第28条规定："托运、承运货物、包裹、行李，必须遵守国家关于禁止或者限制运输物品的规定。"

---

① 参见全国人民代表大会常务委员会法制工作委员会编：《中华人民共和国合同法释义》（第3版），法律出版社2013年版，第509页。

《海商法》第68条第1款规定："托运人托运危险货物，应当依照有关海上危险货物运输的规定，妥善包装，作出危险品标志和标签，并将其正式名称和性质以及应当采取的预防危害措施书面通知承运人；托运人未通知或者通知有误的，承运人可以在任何时间、任何地点根据情况需要将货物卸下、销毁或者使之不能为害，而不负赔偿责任。托运人对承运人因运输此类货物所受到的损害，应当负赔偿责任。"《道路运输条例》第27条规定："运输危险货物应当配备必要的押运人员，保证危险货物处于押运人员的监管之下，并悬挂明显的危险货物运输标志。托运危险货物的，应当向货运经营者说明危险货物的品名、性质、应急处置方法等情况，并严格按照国家有关规定包装，设置明显标志。"

本条列举了易燃、易爆、有毒、有腐蚀性、有放射性等危险物品，"等"字表明危险物品范围是开放的。《海商法》《进出口商品检验法》等国内立法也没有定义危险物品（货物），而是采纳开放式的规定。同样，相关货物运输国际公约或规则对危险物品的定义也采取开放式定义，例如，《统一提单的若干法律规定的国际公约》（海牙规则）第4条第6款规定，承运人、船长或承运人的代理人对于事先不知性质而装载的具有易燃、爆炸或危险性的货物，可在卸货前的任何时候将其卸在任何地点，或将其销毁，或使之无害，而不予赔偿……《联合国全程或部分海上国际货物运输合同公约》（鹿特丹规则）第15条规定："虽有第11条和第13条规定，如果在承运人责任期内货物可能或有理由认为似乎可能对人身、财产或环境形成实际危险，承运人或履约方可以拒绝接收或装载货物，且可以采取包括将货物卸下、销毁或使之不能致害等其他合理措施。"《国际海运危险货物规则》在定义危险物品时，既采用封闭式列举各种危险货物名称的方式，又采用开放式规定方式，规定了各类危险物质，即"经验已经证明或可能证明其具有危险特性、应适用本章规定的任何其他物质"。在认定本条规定的"危险物品"时，应当把握如下原则：一是个案平衡原则。必须综合考虑货物运输的特定情形、需求和利益，对于危险货物的界定，不仅应当包括运输、装卸和储存保管过程中造成人身、财产及生态环境不合理危险的易燃、易爆、有毒、有腐蚀性、有放射性等物品，也应当包括危及运输工具及其载运的其他货物安全的物品。[①]二是事实危险原则。从本条列举的危险物品看，立法者倾向于从物品的物理、化学及生物属性认定物品的危险性质，运输货物遭到卸载地区或国家禁止进口或未能符合有关习惯规定，而导致被当地政府扣留、销毁的法律风险，不属于本条规定的"危险"范畴，此类物品不应属于本条规定的"危险物品"范畴。

本条第1款规定了托运人应当履行的三项义务：

一是对危险物品进行妥善包装。妥善包装应当按照有关危险物品运输的国内法与国际公约进行。例如，交通运输部发布的《铁路危险货物运输安全监督管理规定》第13条规定："运输危险货物包装应当符合下列要求：（一）包装物、容器、衬垫物的材质以及包装型式、规格、方法和单件质量（重量），应当与所包装的危险货物的性质和用途相适应；（二）包装能够抗御运输、储存和装卸过程中正常的冲击、振动、堆码和挤压，并便于装卸和搬运；（三）包装外表面应当牢固、清晰地标明危险货物包装标志和包装储运图示标志；（四）法律、行政法规、安全技术规范和标准规定的其他条件。"国际货物运输中的危险物品包装还应当符合我国缔结或者参加的有关国际公约（如《国际海上人命安全公约》及其议定书、《联合国全程或部分海上国际货物运输合同公约》第32条等）的规定。

二是托运人应当在危险物品上作出标志和标签。在危险物品上作出标志和标签的目的是便于识别、提醒注意，也是为了承运人进行安全运输。例如，在易爆物品上标注"危险物品，请注意"，在易燃物品上标注防火标志等。相关国内法也规定托运人应当在危险物品上作出标志和标签。例如，《民用航空危险品运输管理规定》第43条规定："托运人应当根据《技术细则》的规定对航空运输的危险品进行分类、识别、包装、标签和标记，提交正确填制的危险品运输文件。"《铁路危险货物运输管理规则》第17条规定："每件货物的包装应牢固、清晰地标明规定的危险货物包装标志和包装储运图示标志，并有与货物运单相同的危险货物品名。"

三是托运人应当将有关危险物品的名称、性质和防范措施的书面材料

① See Effort Shipping Co Ltd v Linden Management SA (the "Giannis NK")〔1998〕1 Lloyds Rep. p.337.

提交承运人。承运人运输危险物品，必须依法采取特别措施加以防范，所以托运人应当将有关情况和材料提交给承运人，以便承运人采取相应的措施运输危险物品。例如，《民用航空危险品运输管理规定》第49条规定："托运人将危险品的包装件或者集合包装件提交航空运输前，应当按照本规定和《技术细则》的规定，保证该危险品不是航空运输禁运的危险品，并正确地进行分类、包装、加标记、贴标签、提供真实准确的危险品运输相关文件。托运国家法律、法规限制运输的危险品，应当符合相关法律、法规的要求。"《道路危险货物运输管理规定》第29条规定："危险货物托运人应当严格按照国家有关规定妥善包装并在外包装设置标志，并向承运人说明危险货物的品名、数量、危害、应急措施等情况。需要添加抑制剂或者稳定剂的，托运人应当按照规定添加，并告知承运人相关注意事项。危险货物托运人托运危险化学品的，还应当提交与托运的危险化学品完全一致的安全技术说明书和安全标签。"

本条第2款规定承运人拒绝运输的权利和采取相应措施以避免损失的发生。如果托运人没有对危险物品进行妥善包装或者没有作出危险物品标志和标签或者没有将有关危险物品的名称、性质和防范措施的书面材料及时提交承运人的，承运人可以拒绝运输；如果是在运输过程中发现了托运人托运的是危险物品的，承运人也可以采取各种措施避免损失的发生，这些措施包括承运人可以在任何地点、任何时间根据情况将货物卸下、销毁或者使之不能为害。因为承运人采取的措施对托运人造成损失的，承运人可以不负赔偿责任。例如，在"宁波某新能源科技有限公司与某综合航运有限公司海上、通海水域货物运输合同纠纷案"中，法院认定涉案货物属于危险货物，在托运人未依法对其妥善包装和通知承运人的情况下，货物在运输途中发生泄漏，承运人将其在中途卸下，无须承担赔偿责任。[①]如果因此而给承运人造成损失的，托运人应当向承运人负赔偿责任，同时承运人因为采取措施而产生的各种费用也应当由托运人负担。[②]

① 参见浙江省高级人民法院（2011）浙海终字第101号民事判决书。

② 全国人民代表大会常务委员会法制工作委员会编：《中华人民共和国合同法释义》（第3版），法律出版社2013年版，第511—512页。

举证责任

托运人应当证明托运的易燃、易爆、有毒、有腐蚀性、有放射性等危险物品已经按照国家有关危险物品运输的规定对其妥善包装，做出危险物品标志和标签，并且已将有关危险物品的名称、性质和防范措施的书面材料提交承运人。但是，也有学者认为，托运人举证证明已经履行上述义务只是履行货物包装的初步证明，不是绝对证明。在事实证明其包装都没有达到使托运危险货物在正常运输情况下所应达到的要求时，应认定托运人在包装义务方面仍属于未尽到其责任，属于未适当履行包装义务的行为，应当对因此所产生的损失承担责任。①

承运人拒绝运输货物或卸货、销毁、使之不能为害的，应当证明托运人没有履行危险物品妥善包装、标志标识及通知义务。托运人违反本条第1款规定的，承运人可以拒绝运输，也可以采取相应措施以避免损失的发生，因此产生的费用由托运人负担。在海上货物运输领域，也有学者观点及域外判例②指出，适航义务是承运人免责的“首要义务”，③即便证明托运人没有履行危险

① 参见房绍坤、郭明瑞主编：《合同法要义与案例析解》（分则），中国人民大学出版社2001年版，第399页。

② 使船舶适航历来是承运人的最重要义务，普通法下甚至一度成为绝对责任。在“The Fiona案”中，危险货物在卸货前发生爆炸，导致损失和相应费用，船东欲援引《统一提单的若干法律规定的国际公约》（海牙规则）第4条第6款向托运人求偿。Diamond法官认为：如果危险货物被销毁的原因是承运人违反了适航义务，那么承运人享有销毁危险货物而无须赔偿（共同海损除外）的权利就根本违背了《关于修订〈统一提单若干法律规定的国际公约〉的议定书》（《海牙—维斯比规则》）体系以及商业常识，也是不公平的。因此，“第4条第6款的免责权利受制于承运人对第3条第1款首要义务的履行状况”。See The Fiona, 25〔1993〕1 Lloyd's Rep. 257, p.286. 近年来持同样立场的判例还有：Great China Metal Industries Co. Ltd. v. Malaysian International Shipping Corporation Berhad (The Bungs Seroja),〔1998〕158A.L.R. 1, p.24;〔1999〕1 Lloyd's Rep. 512, p.526; 1999 AMC 427, p.458 (High C. of Aunt, per Mc Hugh J.); The Kapitan Sakharov〔2000〕2 Lloyd's Rep. 255, p.270 (C.A.).

③ 参见李志文主编：《国际货物运输法律热点问题研究》，法律出版社2012年版，第47—50页；朱作贤、司玉琢：《论〈海牙规则〉“首要义务”原则——兼评UNCIRAL运输法承运人责任基础条款》，载《中国海商法年刊》2002年第100期。

物品妥善包装、标志标识及通知义务，如果承运人不能证明托运人违约行为与损害事实存在因果关系，则承运人应当承担举证不能的法律后果。

托运人对所托运货物为危险物品并不知情时，是否仍要承担本条规定的义务和责任？作为托运人，其应负有对货物情况了解的义务。托运人在办理托运前应当尽可能全面、详细地了解货物的情况。由于缺乏知识导致对货物情况缺乏了解所带来的风险，由托运人承担更为合理。同时，相对承运人而言，托运人更有条件和机会了解货物的情况，故让托运人对危险物品承担更重的责任是公平的。因此，即便在托运人举证证明对货物的危险性不知情的情况下仍应当承担本条规定的义务和责任。

第八百二十九条【托运人变更或者解除运输合同的权利】

在承运人将货物交付收货人之前，托运人可以要求承运人中止运输、返还货物、变更到达地或者将货物交给其他收货人，但是应当赔偿承运人因此受到的损失。

历史由来

本条来源于《合同法》第308条，内容与该条基本一致，文字表述略有差异。在《民法典合同编（草案）》的历次“征求意见稿”和公开的“审议稿”中，《民法典合同编（草案）》（征求意见稿）第387条与《合同法》第308条规定一致，文字无变化。《民法典合同编（草案）》（一审稿）第614条、《民法典合同编（草案）》（二审稿）第614条、《民法典（草案）》第829条将“但”修改为“但是”。

在《民法典》的起草过程中，有主要学者建议稿就此条提出修改建议。[①]

① 梁慧星教授主持编撰的《中国民法典草案建议稿》将本条修改为：“在承运人将货物交付收货人之前，托运人可以要求承运人中止运输、返还货物、变更到达地或者将货物交给其他收货人。前款情形，承运人有权按照比例请求支付已为承运部分的运费以及偿还因中止运输、返还货物、变更到达地或者将货物交给其他收货人所支出的费用，并有权请求损害赔偿。”参见梁慧星主编：《中国民法典草案建议稿附理由：合同编》（上册），法律出版社2013年版，第673页。

规范目的或功能

本条规定了托运人在货物运输途中行使变更或解除运输合同的权利。货物运输合同为承运人按照托运人的指示将货物从一地运送至另一地的合同，承运人的主要利益为收取运费。货物运输为满足托运人的需求而为，如托运人的需求发生变化，自应准许其变更或终止合同，以免徒耗资源。[①]在实践中，货物运输合同通常与货物买卖合同紧密联系，因买卖合同的变更或解除、买方违约或信用状况降低以及市场价格波动等，均可能引起货物运输合同的变更或解除。因客观情况变化，原定运输工作已无按原计划完成的必要，允许托运人行使变更或解除合同的权利，可以避免托运人遭受无谓的损失，从而有效保护托运人的利益，同时也有利于节省运输费用。从货运合同成立之日起到承运人将货物交付收货人之前，托运人均可以要求变更货运合同。托运人行使本条规定的变更或解除合同权利，不得以损害承运人的合同权利为代价；由此造成承运人损失的，托运人应当赔偿其损失。

本条为完全法条，既规定了托运人可以要求承运人中止运输、返还货物、变更到达地或者将货物交给其他收货人的权利，也规定了托运人应当赔偿承运人因此受到损失的义务。

规范内容

在货物运输合同关系中，从接受托运人交付的货物到将货物运输到目的地，承运人的义务并未履行完毕，只有将货物交付给收货人，其运输义务才告终结。自货物运输合同成立之时起，至承运人将货物交付收货人之前，托运人均可以要求变更或解除货物运输合同。

我国运输单行法也规定了托运人变更或者解除合同的权利，主要体现在托运人不需承运人同意即可在开航、起飞前或者在合同履行完毕前任意解除或者

---

① 梁慧星主编：《中国民法典草案建议稿附理由：合同编》（上册），法律出版社2013年版，第673页。

变更合同。《民用航空法》第119条第1款、第2款规定："托运人在履行航空货物运输合同规定的义务的条件下，有权在出发地机场或者目的地机场将货物提回，或者在途中经停时中止运输，或者在目的地点或者途中要求将货物交给非航空货运单上指定的收货人，或者要求将货物运回出发地机场；但是，托运人不得因行使此种权利而使承运人或者其他托运人遭受损失，并应当偿付由此产生的费用。托运人的指示不能执行的，承运人应当立即通知托运人。"《海商法》第89条规定："船舶在装货港开航前，托运人可以要求解除合同。但是，除合同另有约定外，托运人应当向承运人支付约定运费的一半；货物已经装船的，并应当负担装货、卸货和其他与此有关的费用。"此处措辞"可以要求"，实际上相当于"有权要求"，只不过"可以要求"包含托运人有选择权，其也可以不要求，但托运人一旦选择要求解除合同，该解除权为单方任意解除，[①]托运人通知承运人解除合同时即发生合同解除效果，承运人是否同意原则上并不影响合同解除。但是，国际海上货物运输中，如果承运人向托运人签发了提单，且托运人已经将提单转让第三人，由于提单具有可以转让权利凭证的性质，提单持有人从托运人处直接或者间接受让提单后取得可以请求承运人凭提单交付货物的权利，此时托运人就没有权利单方变更或解除合同。

托运人依据本条规定享有的合同变更或解除权属于法定权利。所谓托运人的单方变更或解除，是指在货物运输合同成立后至货物交付收货人之前，托运人可以不经过承运人同意而单方变更或解除合同，承运人也不必过问托运人变更或解除合同的原因。托运人变更合同的权利属于形成权，不需要与承运人协商，也不需要取得承运人同意，可以单方面决定变更运输合同，但是托运人不得滥用合同变更权。例如，在铁路货物运输中，不允许托运人两次或两次以上变更到达站；不允许变更运输的一批货物中的一部分；不能使变更后的运输期限大于货物的容许运输期限等。托运人的单方变更权只能在运输合同成立后、终止前这段时间内行使，也就是在承运人将货物交付给收货人之前行使，如果货物已经交付给收货人，合同已经履行完毕，则托运人这种单方变更权利即告终止。但是收货人拒绝接收货物的，或者承运人无法

---

① 参见全国人民代表大会常务委员会法制工作委员编：《中华人民共和国合同法释义》（第3版），法律出版社2013年版，第513页。

同收货人联系的，则托运人可以行使这种权利。需要注意的是，如果承运人签发了可转让运输单据的（如指示提单），单据持有人在持有全套运输单据时也可以行使本条托运人的权利。如果托运人的指示不能执行的，承运人应当立即通知托运人。托运人解除合同的权利基于法律的规定，而非当事人的约定，属于《民法典》第563条第1款第5项“法律规定的其他情形”。对此，一种观点认为，这种解除可以不经过承运人同意，承运人也无权过问相对方解除合同的原因，只要托运人提出解除合同，均应予以解除。该条表述中虽然使用“可以要求”字样，但实质上，托运人的解除要求，承运人必须同意，因此仍为单方任意解除。[①]但是，也有学者认为，本条规定的货物运输合同的解除，应视为一种协议解除，即托运人或货物凭证持有人提出解除运输合同的请求，需在承运人同意后方产生解除的后果。但这种解除与一般的法定解除也有区别。托运人或货物凭证的持有人提出中止运输、返还货物的请求后，除有法律、法规规定的情形外，承运人均应同意解除合同。[②]

只有托运人有权向承运人提出变更或解除合同的请求。本条规定的托运人系指与承运人签订运输合同的人，即相当于《海商法》中的缔约托运人，而不包括该法中的实际托运人，故《海商法》规定的实际托运人原则上不能当然作为本条规定的托运人要求行使合同变更或解除权。实际托运人仅是将货物交给承运人运输的人，其与承运人事前并无运输合同关系。变更或解除合同以存在合同关系为前提，只有缔约托运人有权行使合同变更或解除权。但是，如果实际托运人在办理托运手续后，取得承运人签发的提单且为提单上载明的托运人，则其与承运人之间形成以提单为证明的运输合同关系，此时其向承运人主张变更或解除以提单为证明的运输合同，具有法律和法理依据；如果实际托运人虽然取得承运人签发的提单，但其不是提单上记载的托运人，又不能成为提单持有人，其与承运人之间不能形成以提单为证明的运输合同，其向承运人主张变更运输合同，则未必具有法律和法理依据，这是

① 参见全国人民代表大会常务委员会法制工作委员会编：《中华人民共和国合同法释义》（第3版），法律出版社2013年版，第513页；房绍坤、郭明瑞主编：《合同法要义与案例析解》（分则），中国人民大学出版社2001年版，第393—394页。

② 杨立新主编：《〈中华人民共和国合同法〉解释与适用》（下），吉林人民出版社1999年版，第909页。

一个值得进一步研究的问题。

托运人由于自身的原因或者客观原因，可以要求承运人变更货运合同的内容。变更的事项可以是：（1）中止运输，即暂时停止货物的运输，等一定的事由发生或者消除后再继续运输；（2）返还货物，即把货物退还给托运人，这一般发生于货运合同解除的情形；（3）变更到达地，即变更货运合同中约定的运输所要到达的地点，也就是变更交付货物的地点；（4）变更收货人，即要求承运人将货物交给其他收货人。本条没有对合同变更形式作出特别规定。有学者认为，如果立法对合同订立的形式有特别的规定，如要求合同的订立必须采用书面形式或必须取得有关机关的批准才能生效；在此情况下，这种规定不仅是对合同订立形式的规定，也是对合同变更形式的规定，所以，合同的变更也应当遵守订立合同的形式，否则关于合同订立形式的要求就变得毫无意义，当事人可以轻易地规避法律。①

海上货物运输合同领域，托运人行使合同变更或解除权时，承运人也可以相应行使一定的抗辩权。如果托运人提出变更或解除运输合同在客观上不可能或者经济上不合理、运输实践中不可行，承运人及时拒绝的，应当以诚信原则和公平原则为指导，全面正确适用包括诚信原则、公平原则和本条具体规定在内的有关法律规范，公平合理地确定各方当事人之间的权利义务关系；当根据某条具体规定初步推理的结果明显有失公平时，应当考虑以诚信、公平等基本法律原则为指导进行法律漏洞填补和利益均衡。对此，在“浙江隆达不锈钢有限公司诉A.P.穆勒－马士基有限公司海上货物运输合同纠纷案”中，②最高人民法院认为，《合同法》与《海商法》有关调整海上运输关系、船舶关系的规定属于普通法与特别法的关系。根据《海商法》第89条的规定，船舶在装货港开航前，托运人可以要求解除合同。该案中，托运人隆达公司在涉案货物海上运输途中请求承运人进行退运或者改港，因《海商法》未就航程中托运人要求变更运输合同的权利进行规定，故本案可适用《合同法》第308条关于托运人要求变更运输合同权利的规定。基于特别法优先适用于普

① 王利明：《合同法研究》（第二卷），中国人民大学出版社2003年版，第206页。

② 参见“浙江隆达不锈钢有限公司诉A.P.穆勒－马士基有限公司海上货物运输合同纠纷案”，《最高人民法院关于发布第21批指导性案例的通知》（法〔2019〕3号）。

通法的法律适用基本原则，《合同法》第308条规定的是一般运输合同，该条规定在适用于海上货物运输合同的情况下，应该受到海商法基本价值取向及强制性规定的限制。托运人依据《合同法》第308条主张变更运输合同的权利不得致使海上货物运输合同中各方当事人利益显失公平，也不得使承运人违反对其他托运人承担的安排合理航线等义务，或剥夺承运人关于履行海上货物运输合同变更事项的相应抗辩权。《合同法》总则规定的基本原则是合同法立法的准则，是适用于合同法全部领域的准则，也是合同法具体制度及规范的依据。依据《合同法》第308条的规定，在承运人将货物交付收货人之前，托运人享有要求变更运输合同的权利，但双方当事人仍要遵循该法第5条规定的公平原则确定各方的权利和义务。海上货物运输具有运输量大、航程预先拟定、航线相对固定等特殊性，托运人要求更改目的港或者退运的请求有时不仅不易操作，还会妨碍承运人的正常营运或者给其他货物的托运人或收货人带来较大损害。在此情况下，如果要求承运人无条件服从托运人变更运输合同的请求，显失公平。因此，在海上货物运输合同中，托运人并非可以无限制地行使请求变更的权利，承运人也并非在任何情况下都应无条件服从托运人请求变更的指示。为合理平衡海上货物运输合同中各方当事人利益之平衡，在托运人行使要求变更权利的同时，承运人也相应地享有一定的抗辩权利。如果变更运输合同难以实现或者将严重影响承运人正常营运，则承运人可以拒绝托运人更改目的港或者退运的要求，但应当及时通知托运人不能执行的原因。如果承运人关于不能执行的原因等抗辩成立，承运人未按照托运人退运或更改目的港的指示执行则并无不当。因此，基于上述思路，海上货物运输合同的承运人被赋予了一定的抗辩权以对抗《合同法》第308条下托运人变更运输合同的权利，而一旦承运人的抗辩理由被认定为“公平合理”，那么该抗辩理由成立，承运人可以拒绝托运人的变更请求；反之，承运人则应配合。

承运人因托运人变更或解除合同遭受损失，有权向托运人主张损害赔偿。货物运输合同的变更或解除必然导致当事人权利义务的变化，因托运人要求中止运输、返还货物、变更到达地或者将货物交给其他收货人，对于已经履行完毕部分的运输服务，承运人有权按照比例收取运费，也有权收取因此而增加的运费。例如，托运人与承运人订立运输合同，约定由承运人将一批货物从甲地运往乙地。货物运至途中的丙地时，托运人要求承运人中止运输，把货物转运至丁地。在此情形下，承运人有权要求托运人支付从甲地运至丙地以及从丙地运至丁地的运费。

举证责任

托运人行使本条赋予的权利时，应当证明行使合同变更或解除权发生在运输合同成立后、履行终结前这段时间内，且没有违反法律、法规规定，未损害国家利益和社会公共利益。托运人单方面变更或解除合同造成承运人损失的，承运人应当证明自己的损失与托运人单方面变更或解除合同之间存在因果联系。如果承运人拒绝托运人单方面变更或解除合同的请求，应当证明中止运输、返还货物、变更到达地或者将货物交给其他收货人难以实现，或者将严重影响承运人正常运营，且承运人已经尽到谨慎管货义务。

第八百三十条【承运人的通知义务及收货人的及时提货义务】

货物运输到达后，承运人知道收货人的，应当及时通知收货人，收货人应当及时提货。收货人逾期提货的，应当向承运人支付保管费等费用。

历史由来

本条来源于《合同法》第309条，内容与该条一致。在《民法典合同编（草案）》的历次“征求意见稿”和公开的“审议稿”中，《民法典合同编（草案）》（征求意见稿）第388条、《民法典合同编（草案）》（一审稿）第615条、《民法典合同编（草案）》（二审稿）第615条、《民法典（草案）》第830条与《合同法》第309条规定一致，文字和内容均无变化。在《民法典》的起草过程中，主要学者建议稿均未就此条提出修改建议。

规范目的或功能

本条规定了承运人的通知义务和收货人的及时提货义务。承运人将货物安全运到运输合同约定的目的地后，并没有完成所有的运输义务，其还应当按照约定将货物交付收货人。通常情况下，收货人对于货物何时到达无法准确知晓，如果承运人知道收货人的，应当及时通知收货人，以便于收货人及时提货，以完成交货义务。但是在有的情况下，货物到达目的地后，承运人并不知道收货人是谁，而托运人又没有及时告知承运人，此时，承运人就没有及时通知收货人的义务。如果承运人不知道收货人是谁时，应当通知托运人在合理期限内就该货物的处分作出指示。[①]收货人逾期提货的，应负担货物的保管费用。

本条为完全法条，不仅规定了货物运输到达后，承运人应当及时履行通知义务、收货人应当及时履行提货义务，而且还规定了收货人逾期提货的，应当向承运人支付保管费等费用。

规范内容

承运人在知悉收货人的情况下，货物运输到达后应当及时通知收货人。在货物运输中，由于装运时间和在途时间往往不能精确确定，运输合同中大多以期间的方式约定，尤其是需要长途运输的货物，收货人一般不能准确知道到货时间。因此，承运人有义务及时通知收货人。有关运输单行法中也规定了承运人的通知义务，如《民用航空法》第120条第2款规定："除另有约定外，承运人应当在货物到达后立即通知收货人。"但是，承运人只有在知道或应当知道收货人的通信地址或联系方式的情况下方负有通知义务，如果是托运人或收货人的原因，如托运人在运单上填写的收货人名称、地址不准确，或收货人更换了填写地址或联系方式而未告知承运人的，承运人应当联系托运人要求作出指示，托运人没有作指示的，承运人免除上述通知义务。

提货既是收货人的权利，也是收货人的义务。作为权利来说，承运人在货物运达目的地之后，如果其知道收货人的，应当及时通知收货人，收货人有权领取货物。当然，收货人可以放弃货物的接收，但在此情形下，为保护承运人的利益，应当认为货物毁损、灭失的风险已经发生转移。在托运人与

① 全国人民代表大会常务委员会法制工作委员会编：《中华人民共和国合同法释义》（第3版），法律出版社2013年版，第515页。

收货人不一致的情况下，一旦合同约定第三人为收货人，则当承运人将货物运送到目的地后，收货人就有权请求承运人交付货物。收货人虽然享有权利，但是其也可以放弃，一旦放弃其权利，该权利就转归托运人享有。如《民用航空法》第119条第4款规定："收货人的权利依照本法第一百二十条规定开始时，托运人的权利即告终止；但是，收货人拒绝接受航空货运单或者货物，或者承运人无法同收货人联系的，托运人恢复其对货物的处置权。"

如果收货人不能及时领取货物，会因占用承运人的仓库、设备、运输工具以及人力等而影响到承运人的利益。因此，当收货人收到接货通知并办理了相应的交接手续，支付必要的费用后，应当及时提货。收货人逾期提货的，应当向承运人支付保管费等费用。如果因为逾期提货给承运人造成损失的，收货人应当承担损失。逾期保管是代收货人保管，费用自应由收货人支付，另外承运人应以善良管理人之注意妥善保管货物，若对货物置之不理，发生损害的，承运人应负损害赔偿责任，因为承运人只有在交付货物后才完成该义务。例如，《铁路法》第21条规定："货物、包裹、行李到站后，收货人或者旅客应当按照国务院铁路主管部门规定的期限及时领取，并支付托运人未付或者少付的运费和其他费用；逾期领取的，收货人或者旅客应当按照规定交付保管费。"《海商法》第86条规定："在卸货港无人提取货物或者收货人迟延、拒绝提取货物的，船长可以将货物卸在仓库或者其他适当场所，由此产生的费用和风险由收货人承担。"收货人不能及时履行收货义务时，货物也可能被有关机关变卖处理。尤其是在国际海运领域，各国对收货人向海关申报提货的期限都有一定限制，逾期不申报海关将会对货物进行相应处理，以免到港货物无期限在港口积压。[①]例如，《海关法》第30条第1款规定："进口货物的收货人自运输工具申报进境之日起超过三个月未向海关申报的，其进口货物由海关提取依法变卖处理，所得价款在扣除运输、装卸、储存等费用和税款后，尚有余款的，自货物依法变卖之日起一年内，经收货人申请，予以发还；其中属于国家对进口有限制性规定，应当提交许可证件而不能提供的，不予发还。逾期无人申请或者不予发还的，上缴国库。"《铁路法》第22条第

① 李志文主编：《国际货物运输法律热点问题研究》，法律出版社2012年版，第198—199页。

1款规定："自铁路运输企业发出领取货物通知之日起满三十日仍无人领取的货物，或者收货人书面通知铁路运输企业拒绝领取的货物，铁路运输企业应当通知托运人，托运人自接到通知之日起满三十日未作答复的，由铁路运输企业变卖；所得价款在扣除保管等费用后尚有余款的，应当退还托运人，无法退还、自变卖之日起一百八十日内托运人又未领回的，上缴国库。"承运人依法就留置货物申请法院拍卖的，经法院裁定拍卖后，承运人就不再负有向提单持有人交付货物的义务。

举证责任

承运人应当负担证明货物运输到达后，已经履行及时通知收货人的义务。如果因为逾期提货给承运人造成损失的，承运人应当证明损失与收货人未提货或未及时提货存在因果关系，且已经尽到管货义务。运输合同未载明收货人信息的，承运人需要证明货物到达目的地后托运人未及时指示确定收货人，以免除本条规定的通知收货人的义务。逾期收货期间，承运人举证证明货物发生不可抗力而毁损、灭失的，承运人不负赔偿责任；但是，如果托运人能够证明逾期期间因承运人保管不善造成货损的，则承运人仍应当承担相应赔偿责任。

第八百三十一条【收货人检验货物】

收货人提货时应当按照约定的期限检验货物。对检验货物的期限没有约定或者约定不明确，依据本法第五百一十条的规定仍不能确定的，应当在合理期限内检验货物。收货人在约定的期限或者合理期限内对货物的数量、毁损等未提出异议的，视为承运人已经按照运输单证的记载交付的初步证据。

历史由来

本条来源于《合同法》第310条，内容与该条基本一致，文字表述略有差异，仅是援引条文序号发生变化。《合同法》第310条援引条文为第61条。

在《民法典合同编（草案）》的历次"征求意见稿"和公开的"审议稿"

中，《民法典合同编（草案）》（征求意见稿）第389条、《民法典合同编（草案）》（一审稿）第616条、《民法典合同编（草案）》（二审稿）第616条与《合同法》第310条规定一致，文字和内容均无变化。《民法典（草案）》第831条将“依照”修改为“依据”。在《民法典》的起草过程中，主要学者建议稿均未就此条提出修改建议。

规范目的或功能

本条规定了收货人提货时应当在约定或合理期限内检验货物的义务。收货人在接到收货通知后，应当按照约定的期限检验货物。运输合同中没有约定检验期限或者约定不明确的，可以协议补充；不能达成补充协议的，按照合同有关条款、合同性质和目的或者交易习惯确定；按照合同有关条款、合同性质和目的或者交易习惯不能确定的，应当在合理期限内检验货物。所谓合理期限，应视运送物品的性质而定。验收时，收货人应对货物的表面情况进行检查。收货人在约定的期限或合理期限内对货物的数量、毁损等未提出异议的，推定为承运人已依约交付货物。

本条为完全法条，不仅规定了收货人提货时应当按照约定的期限检验货物，期限没有约定或者约定不明确时，应当依法在合理期限内检验货物的义务，而且规定了收货人在约定的期限或者合理期限内未检验货物应当承担的不利法律后果。

规范内容

货运合同由托运人与承运人双方订立，托运人与承运人为合同的当事人，但托运人既可以为自己的利益托运货物，也可以为第三人的利益托运货物。托运人与收货人可能为同一主体，托运人也可能指定第三人为收货人。在第三人为收货人的情况下，收货人虽不是订立合同的当事人，但却是合同的利害关系人。货物运输合同往往涉及第三人，属于为第三人利益订立的合同。[①]

---

① 崔建远主编：《合同法》（第六版），法律出版社2016年版，第388页。

收货人在货运合同中享有的权利，主要包括提取货物的权利、请求损害赔偿的权利等。检验货物既是收货人享有的一项权利，也是收货人的一项合同义务。货物运输受时间、环境等因素的影响，货物经过运输后，质量和数量都有可能发生变化。通过检验，可以查明交付的货物是否完好。故从权利角度而言，收货人有权在约定或者合理期限内检验货物，并提出对货物的异议，保障收货人对货物享有的利益不受损失。从义务角度而言，本条使用了“应当”一词，规定收货人提货时应当按照约定的期限检验货物。收货人及时验货，可以尽快地确定货物的质量和数量情况，如果货物符合合同要求，承运人就完成了运输行为。如果货物存在问题，如短少、灭失等，收货人应当向承运人提出异议，有利于承运人及时收集证据，以便查清货损原因。收货人不及时验收货物或虽然验收了但没有及时提出异议的，要根据本条承受不利的法律后果。

检验期间是指收货人在接收货物时，用于确定交付的货物是否符合合同约定的一段时间。本条规定的主要内容是收货人检验货物的期限问题，规定了不同情况下验货时间的确定规则。首先，法律有规定的则从其规定。如《民用航空法》第134条第2款规定：“托运行李或者货物发生损失的，旅客或者收货人应当在发现损失后向承运人提出异议。托运行李发生损失的，至迟应当自收到托运行李之日起七日内提出；货物发生损失的，至迟应当自收到货物之日起十四日内提出。托运行李或者货物发生延误的，至迟应当自托运行李或者货物交付旅客或者收货人处置之日起二十一日内提出。”第3款接着规定：“任何异议均应当在前款规定的期间内写在运输凭证上或者另以书面提出”，未规定当事人可以通过协议变更上述期间。《海商法》第81条规定：“承运人向收货人交付货物时，收货人未将货物灭失或者损坏的情况书面通知承运人的，此项交付视为承运人已经按照运输单证的记载交付以及货物状况良好的初步证据。货物灭失或者损坏的情况非显而易见的，在货物交付的次日起连续七日内，集装箱货物交付的次日起连续十五日内，收货人未提交书面通知的，适用前款规定。货物交付时，收货人已经会同承运人对货物进行联合检查或者检验的，无需就所查明的灭失或者损坏的情况提交书面通知。”其次，按照运输合同当事人约定的期限检验货物。如果运输合同当事人对验货时间有明确并有效的约定，则应优先适用约定条款，按照双方的约定期限进行验货。如果发现数量或者质量问题，也应该在该期间内提出。期间经过，收货人未提出异议的，视为标的物数量和质量符合约定。再次，如果对检验货物的期限没有约定或者约定不明确的，依照《民法典》第510条确定。《民法典》第510条规定："合同生效后，当事人就质量、价款或者报酬、履行地点等内容没有约定或者约定不明确的，可以协议补充；不能达成补充协议的，按照合同相关条款或者交易习惯确定。"所以，在当事人对相关事项没有约定或约定不明的情况下，可以采取下列补救措施：一是当事人可以另行订立补充协议。二是不能达成补充协议的，可以通过合同的有关条款或者交易习惯确定。交易习惯的认定标准，应适用《合同法解释（二）》第7条规定的标准："……（一）在交易行为当地或者某一领域、某一行业通常采用并为交易对方订立合同时所知道或者应当知道的做法；（二）当事人双方经常使用的习惯做法。对于交易习惯，由提出主张的一方当事人承担举证责任。"最后，由审判机关或仲裁机构确定收货人检验货物的日期是否合理。如果按照《民法典》第510条的规定仍然不能确定验货期限的，则收货人应当在"合理期限"内检验货物。所谓合理期限，应依具体情况，平衡承托双方的利益而定。验收期太短，会影响收货人的权益；验收期太长，又会增加承运人的负担，使承运人的权利义务长期处于不确定状态。本条中的"合理期限"属于弹性规定，作为一个事实问题，需要根据运输合同履行的实际情况和一般交易习惯，依照公平原则与诚信原则进行适当裁量。通常而言，应当考虑以下几个因素：货物的种类、数量、性质，交付方式、瑕疵的性质、检验方法和难易程度、收货人所处的具体环境、自身技能以及其他合理因素，也要考虑收货人的主观态度，对检验货物是否存在故意拖延或消极作为的情况。然而，上述因素只是一些较为重要的因素，判断合理期限仍然需要在个案中衡量具体情况，考虑是否还存在其他合理因素，并且应当根据诚信原则来确定这些因素是否合理。

对于收货人未在约定的期限内或者未在合理期限内对货物的数量、毁损等提出异议的，视为承运人已经按照运输单证的记载交付的初步证据。针对收货人未及时提出异议的法律后果，在《合同法》制定过程中存在两种不同意见：一种意见认为，收货人未在约定的期限内或未在合理期限内对货物的数量、毁损等提出异议的，应当视为承运人交付的货物与运输单证上记载的完全一样，承运人不承担责任。另一种意见认为，收货人未在约定的期限内或者合理期限内对货物的毁损、数量等提出异议的，只能视为承运人已经按照运输单证的记载交付的初步证据。《合同法》第310条及本条款基本采纳了第二种意见，这也与相关国际货物运输公约的规定相一致。[①]《民用航空法》第134条第1款规定，旅客或者收货人收受托运行李或者货物而未提出异议的，为托运行李或者货物已经完好交付并与运输凭证相符合的初步证据。《海商法》第81条第1款规定，收货人未将货物灭失或者损坏的情况书面通知承运人的，此项交付视为承运人已经按照运输单证的记载交付以及货物状况良好的初步证据。在“四川某物流有限责任公司、成都某物流有限公司运输合同纠纷案”中，当事人在运输合同中未约定检验货物的期限。法院认为，若案涉货物在交付时存在外观瑕疵，则收货人依交易习惯应当在签收货物时就货物是否存在外观瑕疵进行检验；若案涉货物在交付时存在隐蔽瑕疵，则收货人应当在合理期限内检验货物。承运人于2016年7月27日将案涉货物交付运输合同指定的收货人签收，收货人并未就货物存在外观瑕疵提出异议。2016年7月29日收货人反映案涉货物存在外包装有水印、脚印以及检查实物有异物及划痕等情形，从其反映的内容并结合案涉货物的包装方式看，属在收货现场即能判断的外观瑕疵。因此，法院认为收货人在收货第三天才对货物外观瑕疵提出异议，其主张依据不足。[②]

《民法典》合同编“买卖合同”一章也规定了标的物检验期限以及未在合理期限对货物质量、数量提出异议的法律后果，但是与本条的规定有所不同。《民法典》第621条第1款规定：“当事人约定检验期限的，买受人应当在检验

---

① 《联合国国际货物多式联运公约》第24条第1款规定：“除非收货人不迟于在货物交给他的次一工作日，将说明此种灭失或损坏的一般性质的灭失或损坏书面通知送交多式联运经营人，否则，此种货物的交付即为多式联运经营人交付多式联运单据所载明的货物的初步证据。”《国际公路货物运输合同公约》第30条第1款规定：“如果收货人接管货物时未与承运人及时检验货物状况或如有明显的灭失或损坏，在不迟于交货的时候，如灭失或损坏不明显，在交货后七日内（星期日和例假日除外）未向承运人提出保留说明灭失或损坏的一般性质，则接收货物的事实应作为他收到运单上所载明的货物的初步证据……”

② 四川省高级人民法院（2019）川民申5072号民事裁定书。

期限内将标的物的数量或者质量不符合约定的情形通知出卖人。买受人怠于通知的，视为标的物的数量或者质量符合约定。”第2款规定：“当事人没有约定检验期限的，买受人应当在发现或者应当发现标的物的数量或者质量不符合约定的合理期限内通知出卖人。买受人在合理期限内未通知或者自收到标的物之日起二年内未通知出卖人的，视为标的物的数量或者质量符合约定；但是，对标的物有质量保证期的，适用质量保证期，不适用该二年的规定。”即买方无权再向卖方主张数量、质量瑕疵担保责任。此外，该条第3款进一步规定：“出卖人知道或者应当知道提供的标的物不符合约定的，买受人不受前两款规定的通知时间的限制。”在货物买卖及运输实践中，买受人、托运人与收货人可能为同一主体，运输是实现货物买卖的必要环节，在没有法律强制性规定或当事方没有特别约定的情形下，买卖合同应视为主合同，运输合同应视为从合同，有关货物检验期限的规定应当依据买卖合同确定，适用《民法典》中“买卖合同”的规定。

本条对货运合同收货人迟延检验货物的法律后果的规定，采取的不是权利消灭说，而是举证责任转移说。本条中强调的初步证据，意味着收货人即使未在约定或者合理期限内提出异议，但以后其仍可以提出据此进行异议和索赔的相反证据，一旦有证据证明货物的毁损、灭失是发生在运输期间的，承运人仍应当赔偿。[①]需要注意的是，检验与异议存在不同。本条规定收货人应当在约定的期限或合理期限内对货物的数量、毁损提出异议，此期限与验收期限基本一致，因为收货人验收的过程也是发现货物是否有问题从而提出异议之过程。但异议期有时会延长一些，如在约定验收期最后一天发现瑕疵，收货人有权在第二天提出异议。[②]

举证责任

一般而言，在运输合同纠纷中，对货物交付时的状况存在争议时，应由

① 全国人民代表大会常务委员会法制工作委员会编：《中华人民共和国合同法释义》（第3版），法律出版社2013年版，第517页。

② 江平主编：《中华人民共和国合同法精解》，中国政法大学出版社1999年版，第249页。

负有交付义务的当事人即承运人承担举证责任。如果收货人在法律规定、合同约定或合理期限内对货物进行验收，对数量、品质提出异议，则应由承运人举证证明损失并非发生在其责任期间或存在其他免责事由，否则承运人应承担赔偿责任，但如果收货人未及时进行检验并提出异议，则视为承运人交付货物的初步证据，及视为承运人已经完成初步举证，可以推定货物交付时符合合同约定。只有在收货人举证证明损失确实发生在承运人责任期间，才可能要求承运人承担赔偿责任。

第八百三十二条【运输过程中货物毁损、灭失的赔偿责任】

承运人对运输过程中货物的毁损、灭失承担赔偿责任。但是，承运人证明货物的毁损、灭失是因不可抗力、货物本身的自然性质或者合理损耗以及托运人、收货人的过错造成的，不承担赔偿责任。

历史由来

本条来源于《合同法》第311条，内容与该条基本一致，文字表述略有差异。在《民法典合同编（草案）》的历次“征求意见稿”和公开的“审议稿”中，《民法典合同编（草案）》（征求意见稿）第390条与《合同法》第311条的规定一致，文字和内容均无变化。《民法典合同编（草案）》（一审稿）第617条、《民法典合同编（草案）》（二审稿）第617条将“但”修改为“但是”，《民法典（草案）》第832条在前述草案基础上又将“损害赔偿责任”修改为“赔偿责任”。

在《民法典》的起草过程中，有主要学者建议稿就此条提出修改建议。①

① 梁慧星教授主持编撰的《中国民法典草案建议稿》、陈甦教授主持编撰的《中国社会科学院民法典分则草案建议稿》建议在《合同法》第311条基础上，在“毁损、灭失”以外，增加“迟延交付”的情形，即“承运人对运输过程中货物的毁损、灭失或者迟延交付承担损害赔偿责任，但承运人证明货物的毁损、灭失或者迟延交付是因不可抗力、货物本身的自然性质或者合理损耗以及托运人、收货人的过错造成的，不承担损害赔偿责任”。参见梁慧星主编：《中国民法典草案建议稿附理由：合同编》（上册），法律出版社2013年版，第677页；陈甦主编：《中国社会科学院民法典分则草案建议稿》，法律出版社2019年版，第225页。

规范目的或功能

承运人须将货物按托运人交付时的状态运送至目的地。所谓货物的毁损、灭失，既包括货物外包装的灭失或损坏，亦包括货物本身的损坏。承运人的免责事由仅限于不可抗力、货物本身的自然性质、货物本身的合理损耗或者托运人、收货人的故意或过失。托运人或收货人对货物的毁损、灭失有过失的，适用过失相抵规则，可减轻承运人的赔偿责任。

本条为完全法条，既规定了承运人将货物按托运人交付时的状态运送至目的地的义务，也规定了违反上述义务，在运输期间货物毁损、灭失应当承担赔偿责任的法律后果。此外，还规定了承运人免责事由及证明责任，即承运人证明货物的毁损、灭失是因不可抗力、货物本身的自然性质或者合理损耗以及托运人、收货人的过错造成的，不承担赔偿责任。

规范内容

根据本条规定，承运人的主要义务在于将货物按约定安全运送至目的地。如果货物在运输过程中发生毁损、灭失，则承运人应当承担赔偿责任，不能主张自己无过错而免责。承运人承担的是严格责任，只要货物发生毁损、灭失，承运人均应负责，除非存在本条规定的免责事由。[①]我国运输单行法中也存在类似本条的规定。例如，《民用航空法》第127条第2款规定："在货物运输中，经承运人证明，损失是由索赔人或者代行权利人的过错造成或者促成的，应当根据造成或者促成此种损失的过错的程度，相应免除或者减轻承运人的责任。"本条不同于货运合同承运人免责事由的规定，体现人身利益保护高于财产利益保护的立法原则。[②]

承运人仅对货物在其责任期间内发生的毁损、灭失承担责任。承运人的

---

① 参见黄立主编：《民法债编各论》（下），中国政法大学出版社2003年版，第677页。

② 梁慧星主编：《中国民法典草案建议稿附理由：合同编》（上册），法律出版社2013年版，第678页。

责任期间（period of responsibility）是指承运人对货物应负责的期间，本条对承运人责任期间的表述是“运输过程中”，对于“运输过程中”的理解应当参照《民法典》第809条运输合同的定义，即自承运人在起运地点接收货物起到承运人在目的地交付货物止，承运人掌管货物的全部期间。本条关于承运人责任期间的规定，与《铁路法》《海商法》的相关表述略有不同。《铁路法》第17条规定为“自接受承运时起到交付时止”。《海商法》依据货运种类对承运人责任期间作了更为详细的规定。该法第46条第1款规定：“承运人对集装箱装运的货物的责任期间，是指从装货港接收货物时起至卸货港交付货物时止，货物处于承运人掌管之下的全部期间。承运人对非集装箱装运的货物的责任期间，是指从货物装上船时起至卸下船时止，货物处于承运人掌管之下的全部期间。……”

托运人投保货物运输险，不能免除承运人的赔偿责任。如果托运人在托运货物时办理了货物运输保险，在发生货物毁损、灭失等保险事故时，保险公司应根据保险合同赔偿损失。保险人给付保险赔偿金后取得代位求偿权，可以向承运人追偿。保险公司赔偿不足时，收货人或者托运人可以要求承运人赔偿，或者直接要求承运人承担赔偿责任。

货损赔偿责任的请求权主体包括托运人和收货人。货物在运输过程中发生毁损、灭失情况承运人应当承担赔偿责任时，托运人、收货人可以向承运人主张赔偿权利。但是，对于同一笔货物的毁损、灭失，托运人和收货人是否都享有请求权呢？一般而言，损害赔偿请求权的主体只能为收货人或托运人一方，二者不能同时作为请求权主体要求承运人赔偿；对同一运输货物的货损，承运人也只能向一方当事人赔偿。关于如何划分托运人与收货人的损害赔偿请求权，有观点认为，是收货人享有赔偿请求权还是托运人享有赔偿请求权，应根据谁是实际损失的承受人决定，即使收货人收货后发现货物毁损或灭失，也并非一定由收货人行使，收货人很可能根据买卖合同视为托运人交付的货物不符合约定，而向托运人要求减价或赔偿等。在此种情况下，如果托运人向承运人主张货物损失的赔偿请求权，则并无不可。①

① 房绍坤、郭明瑞主编：《合同法要义与案例析解》（分则），中国人民大学出版社2001年版，第407页。

货物运输合同中，存在法律规定的免责事由的情形，承运人对货损不承担赔偿责任。如果合同约定免除或者限制承运人责任，其也可能不承担违约责任或只需承担部分违约责任。本条规定承运人的法定免责事由包括如下情形。

一、不可抗力

《民法典》第180条规定："因不可抗力不能履行民事义务的，不承担民事责任。法律另有规定的，依照其规定。不可抗力是不能预见、不能避免且不能克服的客观情况。"该条规定的客观情况包括自然因素和社会因素，这些因素应具有客观外在性，是债务人自身原因之外的事件。有学者认为，不可抗力主要包括如下几种情形：（1）自然灾害，如水灾、地震、台风、海啸等。（2）政府行为，即当事人订立合同后，因政府发布新的法律和行政法规而导致合同客观上不能履行，为一种不可抗力。而如果仅仅是国家经济政策的调整使客观情势发生巨大变化，致使合同履行将对一方当事人没有意义或者造成重大损害，则属于意外事件，由情势变更原则规制。（3）社会突发事件，如战争等社会事件的突然发生，使原定的合同不能履行。而一般的社会骚乱、罢工等则应归入意外事件领域，主要由情势变更原则进行调整。[①]

随着人类对自然灾害的预见力、避免力和克服力的不断提高，认定自然灾害属于不可抗力时，应从事件的客观特征与债务人的主观行为两方面进行综合判断。例如，承运船舶遭遇台风导致货损时，应结合台风预报是否及时、承运人是否采取了适当的避台措施等因素综合判断。在"大连某某柴油机厂等诉泉州某某轮船有限公司水路货运合同及水路货运合同代位求偿案"中，法院认为，船长及船员在突发恶劣气象和海况时采取了合理的避风避浪及救济措施，事故和损害发生符合"不能预见、不能避免并不能克服"的情形，应认定构成不可抗力，承运人可以免除责任。[②]而在"温州市某某海运有限公司、某某财产保险股份有限公司鞍山市分公司海上、通海水域货物运输合同纠纷案"中，法院认为，本案涉台风系气象部门已经预测并正在蔓延的自然

① 杨立新主编：《〈中华人民共和国合同法〉解释与适用》（下），吉林人民出版社1999年版，第920页。

② 福建省高级人民法院（2007）闽民终字第170号民事判决书。

灾害，并非不可预见。承运人在已经知悉气象部门发布的台风阵风可达11—12级的预报后，在明知涉案船舶只能抵御8级风的情况下依然驶入汕头海门湾锚地避台，导致案涉货物发生货损。如承运人及时驶离汕头海门湾地区或采取适当措施，案涉货损即可避免并克服发生。故而，该案货损并非不能预见、不能避免并不能克服原因所致，承运人不能以“不可抗力”免除责任。[①]此外，不可抗力因素与承运人迟延履行也可能交织在一起，例如，在“天津开发区某某物流有限公司与太原某某股份有限公司公路货物运输合同纠纷案”中，法院认为，承运人作为专门从事运输服务行业的主体，有能力对运输途经地区的天气状况做出预判，其未尽注意义务的行为不构成“不可抗力”的免责事由。暴雨事件发生后，承运人不能按约送达货物的，其应该在合同约定的运输周期内及时通知托运人，其迟延告知行为也不能作为免除违约责任的事由。暴雨和限行不可抗力事件发生在承运人迟延履行后的，不能免除责任。[②]因此，不能一概将自然灾害视为不可抗力，当承运人未尽到应有的、足够的谨慎、勤勉、通知义务，其对事故的发生及其后果也并非不能加以控制和克服时，以不可抗力主张免责是不成立的。

二、货物本身的自然性质或者合理损耗

货物本身的自然性质，主要是指货物的物理属性和化学属性。例如，运输的货物是气体，而气体的自然属性就是易挥发，由此导致货物短少系自然性质导致的损失。货物本身的合理损耗，是指由于货物自然特性和运输特性而不可避免地引起货物数量、重量的减少。货物本身的自然性质或者合理损耗所造成的损失，超过了承运人正常管货义务所能避免的范围，出于平衡承运人与货主之间的利益，可以免除承运人的赔偿责任。

三、托运人、收货人的过错

托运人、收货人制造了履行障碍，因其过错导致承运人不能履行合同的，由托运人或收货人自行承担责任，托运人、收货人的过错成为承运人的免责事

---

① 辽宁省高级人民法院（2019）辽民终1665号民事判决书。

② 太原铁路运输法院（2019）晋7102民初24号民事判决书。

由。根据本章规定，托运人、收货人的过错主要指以下几种情况：（1）由于托运人对货物包装的缺陷，而承运人在验收货物时又无从发现。（2）托运人自己装上运输工具的货物，装载时的气象条件、选择的装载工具或方法、加固材料不符合规定的条件或者违反装载规定，交付货物时，承运人无法从外部发现的。例如，在“中国某保险股份有限公司北京市分公司、靖江市某物流有限公司海上、通海水域货物运输合同纠纷案”中，运输合同规定由托运人负责将货物装上船舶，法院认定，托运人在确定装货时间前应该对天气状况进行充分了解，并制定相应的预防措施，以防止因天气原因造成装货过程中的货损。但是，托运人在可能降雨的情况下，仍然决定装货作业且未制定预防措施，造成装货时货物湿损，其行为存在过错，承运人以托运人过错为由主张免责并无不当。①然而，在承运人存在未履行正常管货义务等过错情形之下，即便托运人存在过错，承运人也可能无法据此主张免责。例如，在“某财产保险有限公司上海分公司、福建某船务有限公司海上、通海水域货物运输合同纠纷案”中，运输货物钛精矿粉属于易流态化固体，法院在事实认定中指出，托运人未向承运人告知钛精矿粉属于易流态化固体和提交取样、制样、送检及检测等文件，在货物装船前承运人的船舱底板已经存在多处裂缝或破损，导致部分钛精矿粉在运输过程中由于船舶的震荡、颠簸而泄漏至船舱底板，从而发生货损。法院认为，承运人在装载时即可观察到货物本身的部分自然属性，结合其作为承运人的地位，理应熟悉载运工具的实际状况，应当知晓运输的货物可能发生渗漏。托运人未向承运人履行相关告知义务，不是发生货损的原因。鉴于承运人存在管货过失，不能举证证明存在法定免责事由，应当承担相应责任。②（3）收货人负责卸货造成的损失。（4）托运人应当如实申报而没有如实申报，导致承运人没有采取相应的保护措施造成的损失。③

货运合同当事人还可以约定免责事由。在货物运输实践中，很多情况下承托双方并未特别签订书面运输合同，纠纷发生后，承运人往往依据托运单、

---

① 最高人民法院（2019）最高法民申6814号民事裁定书。

② 湖北省高级人民法院（2019）鄂民终804号民事判决书。

③ 全国人民代表大会常务委员会法制工作委员会编：《中华人民共和国合同法释义》（第3版），法律出版社2013年版，第519页。

运单等运输单证中记载的赔偿标准或赔偿限额提出免予赔偿或限制赔偿责任的抗辩。在大多数情况下，前述运输单证中记载的条款都属于当事人之间运输合同的一部分，属于《民法典》第496条规定的格式条款，应根据《民法典》该条有关格式条款成立及效力的规定以及《民法典》第498条规定的解释规则，判断有关约定是否构成对货损赔偿额的约定并约束当事人。实务中应避免以下几点认识误区：一是以不利解释原则为由，不加区分地否定提供条款一方依据格式条款提出的一切抗辩；二是格式条款只要免除或减轻了承运人的责任就无效，而不考虑承运人是否尽到提示说明义务，免除与减轻责任的内容是否合理。

承运人负赔偿责任的事项包括货物的毁损、灭失。货物的毁损，是指货物在运输过程中发生数量上的损失或质量上的损失。运输过程不能简单地理解为货物从起运地到目的地的运输过程，还包括装卸等环节。货物落水、受潮、水湿、浪损、污染、变质、变形、毁坏、感染、碰撞破裂以及大宗散装货物超过正常途耗的减量都属于货损。货物的灭失，是指不能将货物交托运人或收货人的一切情形，既包括货物物理上的消灭，也包括被盗等丧失占有的情形，如错误交付货物导致收货人提取不到货物。

承运人对收货人或托运人承担赔偿责任的情形并不仅仅限于本条规定的毁损、灭失两种情况。例如，我国台湾地区规定，运送人对于运送物之丧失、毁损或迟到，应负责任。但运送人能证明其丧失、毁损或迟到，系因不可抗力，或因运送物之性质，或因托运人或受货人之过失而致者，不在此限。[①]未能按照约定时间完成运输义务，也可能给货方造成损失。本条虽然没有规定迟延交付的赔偿责任，但如承运人违反《民法典》第811条的规定，未在约定期限或者合理期限内将旅客、货物安全运输到约定地点，给货方造成损失的，也应承担相应的赔偿责任。

三 举证责任

责任基础关系到举证责任的分配。根据本条规定，只有当承运人能够举

① 黄立主编：《民法债编各论》（下），中国政法大学出版社2003年版，第667页。

证证明货物毁损、灭失是因为本条规定的免责事由造成的，才能免除其赔偿责任。承运人不仅要举证证明存在免责事由的事实，还要证明这些事实与货物灭失、毁损之间存在因果关系，只有二者同时具备，才能产生免责的法律后果。承运人在无法举证证明自己存在免责事由的情况下，应对承运期间发生的货物损坏承担赔偿责任。

第八百三十三条【货物赔偿额的确定方法】

货物的毁损、灭失的赔偿额，当事人有约定的，按照其约定；没有约定或者约定不明确，依据本法第五百一十条的规定仍不能确定的，按照交付或者应当交付时货物到达地的市场价格计算。法律、行政法规对赔偿额的计算方法和赔偿限额另有规定的，依照其规定。

历史由来

本条来源于《合同法》第312条，内容与该条基本一致，文字表述略有差异，仅是援引条文序号发生变化。《合同法》第312条援引条文为第61条。

在《民法典合同编（草案）》的历次“征求意见稿”和公开的“审议稿”中，《民法典合同编（草案）》（征求意见稿）第391条、《民法典合同编（草案）》（一审稿）第618条、《民法典合同编（草案）》（二审稿）第618条与《合同法》第312条的规定一致，文字和内容均无变化。《民法典（草案）》第833条将“依照”修改为“依据”。

在《民法典》的起草过程中，有主要学者建议稿就此条提出修改建议。[①]

① 梁慧星教授主持编撰的《中国民法典草案建议稿》、陈甦教授主持编撰的《中国社会科学院民法典分则草案建议稿》在保留《合同法》第312条基础上，建议参照《海商法》第55条第3款，增加规定“赔偿时应当减去因货物毁损、灭失而少付或者免付的运费及其他费用”。参见梁慧星主编：《中国民法典草案建议稿附理由：合同编》（上册），法律出版社2013年版，第679—680页；陈甦主编：《中国社会科学院民法典分则草案建议稿》，法律出版社2019年版，第225页。

规范目的或功能

损失赔偿额的计算方法应按照一般原则，即首先依照约定；没有约定或者约定不明确的，可以协议补充；不能达成补充协议的，按照合同相关条款或者交易习惯确定；按照合同相关条款或者交易习惯不能确定的，应当根据货物的实际价值和遭受的实际损失，按照交付或者应当交付时货物到达地的市场价格计算。依据损益相抵规则，赔偿时应当减去因货物灭失或者损坏而少付或者免付的有关费用。

本条为完全法条，依次规定了当事人之间约定、没有约定或者约定不明、法定情形下如何确定货物毁损、灭失的赔偿额。

规范内容

承运人对运输过程中发生的货物毁损、灭失应承担赔偿责任的，本条规定了具体的赔偿额的计算标准。

一、当事人约定的标准

当事人有约定的按照其约定，是合同自由的体现，也是《民法典》关于违约责任的相关规定在货运合同中的具体体现。《民法典》第582条规定："履行不符合约定的，应当按照当事人的约定承担违约责任。对违约责任没有约定或者约定不明确，依据本法第五百一十条的规定仍不能确定的，受损害方根据标的的性质以及损失的大小，可以合理选择请求对方承担修理、重作、更换、退货、减少价款或者报酬等违约责任。"当事人在合同中可以约定总的赔偿数额，也可以约定赔偿额的计算方法。

当事人办理保价运输实际上也是对赔偿额的一种约定。保价运输是承运人处理托运人、收货人提出赔偿要求的一种方式，即托运人在办理托运货物手续时或者与承运人签订合同时，向承运人要求进行保价运输，声明货物的价格，并支付保价费。一般情况下，保价额相当于货物的价值。托运人办理保价运输的，承运人应当按照实际损失进行赔偿，但最高不超过保价额。实际损失低于保价额的，按照实际损失进行赔偿。例如，《铁路法》第17条规定，托运人根据自愿申请办理保价运输的，按照实际损失赔偿，但最高不超过保价额。

承托双方在订立合同时没有就货物毁损、灭失的赔偿额作出约定但在损失发生后甚至纠纷发生后达成一致意见的，仍应视为存在约定，应按照当事人的约定确定赔偿额。

二、法律规定的补充标准

当事人没有约定或者约定不明确时，应当依照《民法典》第510条的规定确定货物毁损、灭失的赔偿额。《民法典》第510条规定："合同生效后，当事人就质量、价款或者报酬、履行地点等内容没有约定或者约定不明确的，可以协议补充；不能达成补充协议的，按照合同相关条款或者交易习惯确定。"先行由当事人另行订立补充协议，对货物毁损、灭失的赔偿额或计算方法等补充作出明确约定，如果没有补充协议或者不能达成补充协议的，可以通过合同的相关条款或者交易习惯确定。

交易习惯是当事人之间的习惯性做法，是与习惯法不同的概念。习惯法是指与我国现行法律、法规不相抵触且不违背公序良俗原则的习惯，经国家认可或司法机关引用成为我国民法的渊源。而交易习惯是指当事人所熟悉或常用的交易方式，用交易习惯弥补当事人之间未明确约定的事项，是将当事人之间的习惯做法作为其共同的意思表示。当事人应就其主张的交易习惯承担举证责任，证明习惯是客观存在的。交易习惯应是未经当事人约定排除适用的，也不得违背法律规定。[①]具体到本条中，交易习惯应是当事人之间形成的对于同类物品进行赔偿的方法或数额的惯常做法。

当事人既不能通过补充协议的方式，也不能依据交易习惯确定货物毁损、灭失的赔偿额时，应按照交付或者应当交付时货物到达地的市场价格计算。货物的市场价格，是指此种货物在有关贸易的类似情况下销售的通常价格。[②]确定具体货物的市场价格，应该是确定时间、确定地点和确定市场的价格。以交付或者应当交付时货物到达地的市场价格来计算货物的赔偿额，目的在

① 参见《合同法解释（二）》第7条。

② 参见《联合国国际货物销售合同公约》第55条。

于使托运人或者收货人获得假如货物安全及时到达并按合同交付时所获得的利益，有利于保护托运人或者收货人的利益。[①]但是同一种货物在期货市场和现货市场的定价不同，在电子商务网和实体店的销售价格不同，去年和今年的价格也会不同。根据本条的规定，货物的价格应该是该货物交付或者应当交付时货物到达地的市场价格。如果货物在达到地非常稀缺，未形成市场价格，可以根据货物的评估价格或者依据成本加乘一定的利润率，根据具体情况酌定该货物价格。

按照市场价格计算货物毁损、灭失的赔偿额时，对于货物投保的保险费用也属于损失的范畴。具体的计算方法，应结合具体案件具体分析，如有的货损金额可以按照市场价格估算货物如未毁损的全部价值再减去货物残值。有的货损金额可以按照货物的修复费用计算。

违约损害赔偿具有损失填补性，即通过赔偿损失，由违反合同义务的一方当事人，对因其违约行为给对方当事人所造成的损失进行补偿，填补对方当事人的损失。运输货物发生毁损或灭失，还可能导致货方额外支出检验费用、受损货物的分拣、处置费用等。这些额外支出也是由于承运人的违约行为导致直接损失的，可以要求承运人予以赔偿。不能以本条有关按照市场价格计算的规定得出承运人仅就货物价值损失承担赔偿责任的结论。

三、法律、行政法规规定的特殊确定标准

法律、行政法规对赔偿额的计算方法和赔偿限额另有规定的，应当依照其规定进行赔偿。我国部分运输单行法对承运人的赔偿责任范围也作了规定。例如，《海商法》既规定了货物灭失、损坏赔偿额的计算方法，也规定了相应的赔偿限额。该法第55条规定："货物灭失的赔偿额，按照货物的实际价值计算；货物损坏的赔偿额，按照货物受损前后实际价值的差额或者货物的修复费用计算。货物的实际价值，按照货物装船时的价值加保险费加运费计算。前款规定的货物实际价值，赔偿时应当减去因货物灭失或者损坏而少付或者免付的有关费用。"第56条规定："承运人对货物的灭失或者损坏的赔偿限

---

① 全国人民代表大会常务委员会法制工作委员会编：《中华人民共和国合同法释义》（第3版），法律出版社2013年版，第520页。

额，按照货物件数或者其他货运单位数计算，每件或者每个其他货运单位为666.67计算单位，或者按照货物毛重计算，每公斤为2计算单位，以二者中赔偿限额较高的为准。但是，托运人在货物装运前已经申报其性质和价值，并在提单中载明的，或者承运人与托运人已经另行约定高于本条规定的赔偿限额的除外。货物用集装箱、货盘或者类似装运器具集装的，提单中载明装在此类装运器具中的货物件数或者其他货运单位数，视为前款所指的货物件数或者其他货运单位数；未载明的，每一装运器具视为一件或者一个单位。装运器具不属于承运人所有或者非由承运人提供的，装运器具本身应当视为一件或者一个单位。”《铁路法》第17条第1款第2项规定：“未按保价运输承运的，按照实际损失赔偿，但最高不超过国务院铁路主管部门规定的赔偿限额；如果损失是由于铁路运输企业的故意或重大过失造成的，不适用赔偿限额的规定，按照实际损失赔偿。”《民法典》本条虽然没有前述《海商法》减去相关费用的规定，但依据特别法优于一般法的原则，海运货物灭失的赔偿额也应作出相应扣减，以便合理认定损失数额。

举证责任

尽管本章对运输合同中的货损赔偿责任负担问题采取了承运人过错推定原则，收货人或托运人一般无须举证证明承运人对货损发生的过错，但根据民事诉讼“谁主张，谁举证”的基本原则，对其交运的货物内容、货物运输实际遭受的损害及其价值减损数额，举证责任仍然在收货人或托运人一方。对于交易习惯，由提出主张的一方当事人承担举证责任。[①]当事人主张在交易行为当地或者某一领域、某一行业通常采用并为交易对方订立合同时所知道或者应当知道的做法，其不仅需要证明该地方习惯或行业习惯的存在，还需证明对方当事人在订立合同时知道或者应当知道该习惯的存在。如果当事人主张的“交易习惯”系当事人双方经常使用的习惯做法，则需要证明争议案件发生前曾反复使用该习惯做法。

---

① 参见《合同法解释（二）》第7条。

第八百三十四条【同一运输方式联运的责任承担】

两个以上承运人以同一运输方式联运的，与托运人订立合同的承运人应当对全程运输承担责任；损失发生在某一运输区段的，与托运人订立合同的承运人和该区段的承运人承担连带责任。

历史由来

本条来源于《合同法》第313条，内容与该条一致，标点符号略有差异。

在《民法典合同编（草案）》的历次"征求意见稿"和公开的"审议稿"中，《民法典合同编（草案）》（征求意见稿）第392条、《民法典合同编（草案）》（一审稿）第619条、《民法典合同编（草案）》（二审稿）第619条与《合同法》第313条的规定一致，文字和内容均无变化。《民法典（草案）》第834条将《合同法》第313条段落中间的句号修改为分号。在《民法典》的起草过程中，有主要学者建议稿就此条提出修改建议。①

规范目的或功能

本条规定的是两个以上承运人在相继运输中的责任承担。相继运输，又称为连续运输、单式联运，②是指运输合同存在多个承运人，由多个承运人分段承担运输义务的运输方式。其承运人称为相继承运人。③也有学者将相继运输合同定义为托运人与数个同一种运输方式的承运人就货物运输所订立的合

---

① 梁慧星教授主持编撰的《中国民法典草案建议稿》、陈甦教授主持编撰的《中国社会科学院民法典分则草案建议稿》在保留《合同法》第313条基础上，建议增加一款规定"在各承运人之间，责任按各承运人的运输行程比例分担，但当事人另有约定的除外；如能确定货物毁损、灭失或者迟延交付发生于某一承运人的行程中，由该承运人独自承担责任"。参见梁慧星主编：《中国民法典草案建议稿附理由：合同编》（上册），法律出版社2013年版，第682页；陈甦主编：《中国社会科学院民法典分则草案建议稿》，法律出版社2019年版，第226页。

② 崔建远：《合同法》（第三版），北京大学出版社2016年版，第591页。

③ 梁慧星主编：《中国民法典草案建议稿附理由：合同编》（上册），法律出版社2013年版，第682页。

同。[①]相继运输属于联运范畴，即两个以上的承运人以同一或者多样的运输方式从事运输活动。……联运合同有多个承运人，这是联运与普通运输的主要区别之一。[②]

相继运输中各承运人的责任负担存在两种立法例：一是各别责任主义，即各承运人仅就其运输区段承担责任；二是连带责任主义，即各区段之承运人负连带责任。规定连带责任，有利于托运人请求损害赔偿，至于各承运人之间，因有机会选择共同为相继运输的交易伙伴，对责任的发生有相当的控制力或补救机会，并得通过内部约定分摊其损失，故采用连带责任主义有其合理性。[③]本条规定与托运人订立合同的承运人应当对全程运输承担责任；损失发生在某一运输区段的，与托运人订立合同的承运人和该区段的承运人承担连带责任。

本条为完全法条，两个以上的承运人以同一运输方式进行连续运输时，与托运人订立合同的承运人为第一承运人，应对全程运输承担责任。货物的毁损、灭失发生于某一运输区段的，该区段承运人对于在自己区段内发生的货物损失应按合同约定承担责任。第一承运人应与区段承运人就货物的损失承担连带责任。

规范内容

两个以上承运人以同一种运输方式从事的运输活动即为本条规定的相继运输。在运输活动中，普遍存在的转车、转机、转船就是典型的单式联运，其主要特征就是“一票到底”。[④]在这种运输中，每一个参加联运的承运人都利用同一种类的运输工具履行其负责的区段的运输，每一区段的运输都是不

① 杨立新主编：《〈中华人民共和国合同法〉解释与适用》（下），吉林人民出版社1999年版，第925页。

② 王利明：《合同法研究》（第三卷），中国人民大学出版社2012年版，第554页。

③ 梁慧星主编：《中国民法典草案建议稿附理由：合同编》（上册），法律出版社2013年版，第683页。

④ 全国人民代表大会常务委员会法制工作委员会编：《中华人民共和国合同法释义》（第3版），法律出版社2013年版，第522页。

可缺少的；正是几个承运人连续不断的运输，才最终完成全程运输任务。承担第一个区段（从始发地到第一个中途经停地点）运输的承运人称为第一承运人，其后的承运人称为连续承运人或第二承运人、第三承运人……在单式联运过程中，一般均由其中一个承运人（通常为第一承运人，但也有例外）与托运人订立运输合同，其他承运人则按他们之间的协定或公约等履行权利、义务。[①]与托运人订立运输合同对全程负责的承运人，可以称之为“全程承运人”“订约承运人”或“合同承运人”；接受全程承运人委托，从事具体区段运输的承运人，可以称之为“区段承运人”。

相继运输最突出的特点是各部分的运输方式相同。从各方当事人订立运输合同的方式来看，相继运输由一名承运人与托运人订立货运合同，该订约承运人对全程运输承担责任。从事具体区段运输的承运人系基于订约承运人的委托，并不与托运人订立合同。以上运输方式中，部分运送存在多份合同，每一部分的承运人均与托运人或托运人委托的代理人订立合同。共同运送仅需签订一份合同，即各承运人共同与托运人订立一份运输合同，在合同内部划分运输责任区间。对照《民法典》本条的规定，相继运输比较接近于转托运送，属于转托运送中各部分运输方式相同的一种运输。除相继运输外，《民法典》运输合同一章规定的联运合同形式，还包括多式联运合同。相继运输与多式联运的区别在于，相继运输各区段运输方式相同，承托双方权利义务适用的法律制度相同；多式联运各区段运输方式不同，不同区段当事人权利义务可能适用不同的法律制度。

由于相继运输的运输工具相同，各区段的承运人不仅要受到《民法典》本条的约束，还要受该领域单行运输法的调整。[②]法律对相继运输承运人责任有特别规定的，应依特别规定处理。例如，在航空相继运输领域，《民用航空法》第136条作了更为明确具体的规定，与《统一国际航空运输某些规则的公约》第30条的规定相一致。《民用航空法》第136条规定：“由几个航空承

① 杨立新主编：《〈中华人民共和国合同法〉解释与适用》（下），吉林人民出版社1999年版，第925页。

② 杨立新主编：《〈中华人民共和国合同法〉解释与适用》（下），吉林人民出版社1999年版，第925—926页。

运人办理的连续运输，接受旅客、行李或者货物的每一个承运人应当受本法规定的约束，并就其根据合同办理的运输区段作为运输合同的订约一方。对前款规定的连续运输，除合同明文约定第一承运人应当对全程运输承担责任外，旅客或者其继承人只能对发生事故或者延误的运输区段的承运人提起诉讼。托运行李或者货物的毁灭、遗失、损坏或者延误，旅客或者托运人有权对第一承运人提起诉讼，旅客或者收货人有权对最后承运人提起诉讼，旅客、托运人和收货人均可以对发生毁灭、遗失、损坏或者延误的运输区段的承运人提起诉讼。上述承运人应当对旅客、托运人或者收货人承担连带责任。”没有对相继运输作出规定的运输单行法，如《海商法》没有就海上相继运输进行特别规定，则适用《民法典》本条的规定。

相继运输立法中有关承运人责任的规定存在显著差异。有的国际货物运输公约采取所有承运人对收货人承担连带责任的模式，如《国际公路货物运输合同公约》第34条。[①]也有国际货物运输公约采取分段责任制，如《统一国际航空运输某些规则的公约》第36条[②]。《民法典》采取了不同的规定，既坚守合同相对性，规定与托运人订立合同的承运人应当对全程运输承担责任，同时规定损失发生在某一运输区段的，与托运人订立合同的承运人和该区段的承运人承担连带责任。依照本条的规定，对运输货物毁损、灭失的赔偿责任承担问题，主要有两种情形：

一是与托运人订立合同的承运人应当对全程运输承担责任，即不论损失发生在哪个区段，全程承运人均应向托运人承担责任。在多个承运人联运的情况下，由于货物损毁、灭失发生在哪个运输区段是无法事先预知的，基于合同相对性原则，也是为了保护托运人的利益，法律规定与托运人签订合同

---

① 《国际公路货物运输合同公约》第34条规定：“如受单一合同所制约的运输是由连续公路承运人履行，则其每一承运人为全部营运负责。鉴于其接受货物和运单，第二承运人和每个连续承运人即成为在运单条款中运输合同的当事人一方。”

② 1999年《统一国际航空运输某些规则的公约》第36条第1款、第2款规定：“由几个连续承运人履行的并属于第一条第三款规定的运输……除明文约定第一承运人对全程运输承担责任外，旅客或者任何行使其索赔权利的人，只能对发生事故或者延误时履行该运输的承运人提起诉讼。”该条第3款也仅规定在特殊情况下“第一承运人”与“最后区段承运人”承担连带责任。

的承运人对运输的全程承担责任。

二是损失发生在某一运输区段的，与托运人订立合同的全程承运人和该区段的承运人承担连带责任，此项规定有别于传统责任分担理论。实践中，托运人很少会和各区段的承运人共同签订货运合同，最常见的相继运输还是托运人仅和一名承运人订立货运合同。本条突破了合同相对性原则，规定全程承运人和区段承运人承担连带责任，无疑更好地保护了货方的利益。同时，区段承运人往往是赔偿责任的最终承担者，规定其承担连带责任也有助于一次性解决纠纷，提高运输合同纠纷解决的效率。全程承运人承担责任后，可向负有责任的区段承运人进行追偿。

值得注意的是，除非当事人之间就承担连带责任有明确的约定或者法律规定，否则法院不得判决当事人之间承担连带责任。本条规定的是全程承运人与货损发生区段的承运人承担连带责任，而非各区段承运人之间承担连带责任。即使两个或者多个区段承运人对货损都应承担赔偿责任，也不必然得出他们之间应当承担连带责任的结论。

三 举证责任

与托运人订立合同的承运人应当对全程运输承担责任，托运人对于全程承运人的主体资格负有证明责任。全程承运人要求区段承运人承担连带责任的，应当证明货损实际发生在该区段承运人负责运输的区间内。区段承运人承担连带责任的事实前提是损失发生在其承运的区段，因此损失发生在哪个区段的事实，对区段承运人是否承担连带责任问题十分重要。当损失发生区段难以准确判断时，举证责任分配就会对责任承担产生巨大影响。

对损失发生区段这一事实的举证责任如何分配，实践中存在争议。一种观点认为，作为履行运输义务的一方，应就履行情况的事实承担举证责任，如不能举证证明其交付的货物与接受的货物一致，则应认定损失发生在其承运的区段；托运人将货物交付全程承运人后即丧失对货物的掌控，不具备收集相关证据的能力，要求其承担举证责任不利于查明案件事实。因此，应由区段承运人举证证明损失并非发生于其承运的区段，否则其应当承担责任。另一种观点则认为，“谁主张，谁举证”是举证责任分配的一般原则，举证责任倒置需要有法律的明确规定。如果无法证明货损发生在某个区段，托运人仅能主张合同承运人承担赔偿责任。合同承运人承担责任后，可依据相关内部协议进行追偿。因此，托运人要求区段承运人与合同承运人就货损承担连带赔偿责任，应举证证明货损发生在该区段。

以上两种观点应综合考量。在法律没有特别规定的情况下，仍应坚持适用“谁主张，谁举证”的举证责任分配原则。托运人或收货人主张区段承运人承担连带责任的，应初步举证证明货损发生在相应区段。但是，考虑到托运人不具备收集相关证据的能力，对托运人举证的要求不能过高。在托运人举出初步证据可以证明货损发生在相应区段的情况下，即可认定托运人尽到了初步举证责任。相关区段的承运人欲不承担责任，需举证证明损失没有发生在其负责区段，也即其交付给收货人或下一区段承运人的货物与其从上一区段承运人处接收的货物相一致。

第八百三十五条【货物因不可抗力灭失的风险承担】

货物在运输过程中因不可抗力灭失，未收取运费的，承运人不得请求支付运费；已经收取运费的，托运人可以请求返还。法律另有规定的，依照其规定。

历史由来

本条是对《合同法》第314条修改而来，不仅文字表述略有修改，且在内容上增加了“法律另有规定的，依照其规定”的规定。

在《民法典合同编（草案）》的历次“征求意见稿”和公开的“审议稿”中，《民法典合同编（草案）》（征求意见稿）第393条、《民法典合同编（草案）》（一审稿）第620条、《民法典合同编（草案）》（二审稿）第620条与《合同法》第314条规定一致，文字和内容均无变化。《民法典（草案）》第835条将《合同法》第314条中的“要求”修改为“请求”。2020年5月通过的《民法典》第835条在《民法典（草案）》基础上增加了“法律另有规定的，依照其规定”。

在《民法典》的起草过程中，主要学者建议稿均未就此条提出修改建议。

规范目的或功能

本条是关于货物在运输过程中因不可抗力灭失时，承运人丧失运费请求权的规定。

货物在运输过程中因不可抗力灭失，承运人不承担赔偿责任，因合同目的不能实现，任何一方当事人均有权依法解除合同。因不可抗力发生于承运人履行部分运输义务之后，承运人在货物灭失前所付出的费用似应得到适当补偿。但是，托运人在未收到货物的情况下支付运费，将承担双重损失的后果，有违合同目的，不符合公平原则。故本条规定，如承运人未收取运费，不得请求支付运费；已经收取运费的，托运人可以请求返还。

本条的适用范围仅限于货物灭失的情况。实践中存在一些其他情况导致双方当事人对运费问题产生争议，如托运人请求中止、变更、解除合同而致运送义务未完成的情况，不适用本条的规定。该种情况运费该如何收取应视当事人之间的约定和《民法典》的相关规定而定。通常情况下，因托运人请求中止、变更、解除合同而致货物运输未完成的，因运输义务未完成系由托运人的原因造成，在合同当事人没有特别约定和法律、法规没有特别规定的情况下，针对承运人是否应当全部或部分返还已经收取的运费，应当依据公平原则、诚信原则等基本原则，在个案中予以平衡考虑。

2020年5月全国人民代表大会期间，有代表认为《民法典（草案）》第835条的规定与国际公约、国际惯例不符。国际惯例概指被国际社会普遍认同、普遍遵循的习惯性做法，有些国际惯例经过编纂被纳入相应的国际条约，还有一些国际惯例未经国际社会以特定程序制定，亦未以条约、协定等条文化形式展示内容，却被视为具有法律效力。目前，尚无成文国际惯例确定预付运费不退的做法。预付运费不退多为航运公司秉持的态度，并体现于货物运输合同中。预付运费不退系属于一些航运公司的交易习惯还是普遍适用的国际惯例，仍有待商榷。但是，为了避免与国际法发生冲突，本条增加“法律另有规定的，依照其规定”，是将特殊情况留给诸如海商法、航空法等特别法进行规范，以确保《民法典》的权威性和准确性。

本条为完全法条，在托运人向承运人交付货物后至承运人向收货人交付货物前，货物因不可抗力灭失，承运人无法继续履行运输和交货义务的，无论双方当事人是否解除合同，承运人尚未收取运费的，不得向托运人主张支付运费的权利；已经收取运费的，托运人可以向承运人主张运费返还请求权。

规范内容

对运输过程中因不可抗力造成的货物灭失，既非托运人的过错造成，也非承运人的过错造成的。[①]此时，对于货物灭失的风险根据《民法典》第832条的规定，承运人不承担赔偿责任，对于运费的处理应当适用本条的规定。

货物的灭失系因不可抗力导致的。对于不可抗力的理解应当遵循《民法典》第180条第2款的定义，即“不可抗力是不能预见、不能避免且不能克服的客观情况”。货物在运输过程中因不可抗力灭失的，承运人丧失运费请求权；对于已经收取的运费，托运人也可以请求返还。即便货物灭失前已开展了部分运送任务，也不可收取部分运费。本条如此规定是基于货运合同各方当事人之间利益平衡的考量，即承运人已经在运输过程中投入了人力和物力成本，但是托运人或者收货人客观上也遭受了损失，此时，法律究竟侧重于保护哪一方的利益？在立法过程中还是有所争议的。[②]有一种观点认为，承运人已经收取运费的，就没有必要再返还了。另有一种观点认为，运费是运输目的完成后的回报，既然货物没有运送到目的地，无论出于什么原因，承运人都不应当收取运费，已经收取的，承运人应该返还。在立法过程中，考虑到避免使托运人承担货物灭失和运费的双重风险，因此比较偏重于保护托运人的利益。[③]货物因不可抗力灭失，承运人不负担赔偿责任，且对方当事人亦没有过错，若再让对方当事人负担运费，则显失公平。为平衡双方当事人的利益，本条规定货物在运输过程中因不可抗力灭失，承运人丧失运费请求权。即便已经收取运费，托运

① 杨立新主编：《〈中华人民共和国合同法〉解释与适用》（下），吉林人民出版社1999年版，第926页。

② 全国人民代表大会常务委员会法制工作委员会编：《中华人民共和国合同法释义》（第3版），法律出版社2013年版，第523—524页。

③ 吴高盛主编：《〈中华人民共和国合同法〉释义及实用指南》，中国民主法制出版社2013年版，第503页。

人也可以请求返还。值得注意的是，本条中的灭失不仅包括货物全部灭失，也包括部分灭失。当货物因不可抗力部分灭失时，承运人对灭失部分货物对应的运费，也不得请求托运人支付，已经收取的，托运人可以请求返还该部分的运费。承运人对未灭失部分的货物，仍然可以主张运费请求权。除本条规定外，《海商法》第90条也有关于退还运费的规定，即“船舶在装货港开航前，因不可抗力或者其他不能归责于承运人和托运人的原因致使合同不能履行的，双方均可以解除合同，并互相不负赔偿责任。除合同另有约定外，运费已经支付的，承运人应当将运费退还给托运人；货物已经装船的，托运人应当承担装卸费用；已经签发提单的，托运人应当将提单退还承运人”。

货物因其自然性质或托运人、收货人过错灭失时，承运人不丧失运费请求权。货物灭失的原因多种多样，甚至是多重因素共同作用的结果，即便是在运输期间遭遇不可抗力的情况下，导致货物灭失的原因不仅可能来自不能预见、不能避免且不能克服的客观情况，也可能受到货物自然性质、托运人或收货人过错等多方面因素影响。在此种情况下，承运人可否请求货方支付运费？货运合同为双务合同，因货物自身原因及对方当事人的过错所造成的损失应由对方当事人自行负责。如果没有这种情况，承运人本可以完成运送，并请求支付全部运费。货运合同没能适当履行是因为货物自身原因或托运人、收货人的原因，因此承运人仍可依据货运合同请求支付全部运费。

有学者认为，《民法典》中“法律另有规定的”但书，大概包括三种类型：一是提示型。其目的在于提醒《民法典》的查阅者，除了《民法典》的该项规范之外，其他法律还有不同规定，并且其他法律应优先适用。这里的“法律”包括《民法典》以外的法律和《民法典》其他规定。在大多数情形下，《民法典》中“法律另有规定的”但书，指向的都是其他法律。如在诉讼时效领域，《民法典》第188条第1款规定“向人民法院请求保护民事权利的诉讼时效期间为三年。法律另有规定的，依照其规定”。这类时效期间的特别法数量众多，如《海商法》等。此时自然应适用《海商法》等特别法的规定。二是预留型。它和第一种类型的差异在于，这里的“其他法律还不存在”。考虑到这一问题并未作明确规定，《民法典》为未来的特别法预留了空间。甚至可以理解为《民法典》以社会基本法的资格，授权立法者就这些领域制定单行法。三是权衡型。这是最复杂的类型，表明了立法者对公法与私法何者优序的价值权衡。[1]就本条规定而言，“法律另有规定的”但书，兼具有提示型和预留型的内涵。就提示而言，按照《立法法》第92条，在货物运输合同领域，《民法典》与其他运输单行法适用发生冲突时，因《民法典》属于一般法，如果其他运输单行法对货物因不可抗力灭失后运费处理有特别规定的，应适用其他运输单行法而不适用《民法典》。就预留而言，货物运输法律适用既涉及不同的国内法，也涉及国内法与国际法的相洽适用。海商、内河、民航、道路、铁路等运输单行法制定在先，《民法典》制定在后，虽然现行运输单行法就运费问题与《民法典》规定一致，但并不意味着未来运输单行法修订后仍会与《民法典》本条规定保持一致。而且还需要从遵守国际义务的角度，考虑到我国未来缔结参加的相关国际公约可能就运费退还问题与《民法典》规定不一致。因此，本条“法律另有规定的”但书，仍具有十分重要的现实和法理意义。

举证责任

托运人主张承运人丧失支付运费请求权时，应举证证明货物在运输过程中因不可抗力灭失，且托运人不存在过错。已收取运费的，托运人可以请求承运人返还。虽然货物在运输过程中因不可抗力灭失，如果承运人能够举证证明托运人存在过错的，其并不完全丧失运费请求权。

第八百三十六条【承运人的货物留置权】

托运人或者收货人不支付运费、保管费或者其他费用的，承运人对相应的运输货物享有留置权，但是当事人另有约定的除外。

历史由来

本条来源于《合同法》第315条，内容与该条基本一致，文字表述略有

---

① 谢鸿飞：《民法典在什么情况下使用“法律另有规定的除外”》，载中国法学网http://iolaw.cssn.cn/bwsf/202006/t20200609_5140663.shtml，最后访问时间2020年8月10日。

差异。

在《民法典合同编（草案）》的历次“征求意见稿”和公开的“审议稿”中，《民法典合同编（草案）》（征求意见稿）第394条、《民法典合同编（草案）》（一审稿）第621条、《民法典合同编（草案）》（二审稿）第621条与《合同法》第315条相比，只是作出了将“但”修改为“但是”的改动。《民法典（草案）》第836条在上述草案基础上将“以及其他运输费用”改为“或者其他费用”。

在《民法典》的起草过程中，有主要学者建议稿就此条提出修改建议。[①]

三 规范目的或功能

留置权是指债权人合法占有债务人的一定财产，于债务人不履行与债权人所占有的债务人的财产相关的债务时，债权人得留置该财产；债务人于债权人留置该财产一定期限后仍不清偿其债务的，债权人得以所留置财产的变价优先受偿。[②]收取运费、保管费以及其他费用是承运人的主要权利。托运人或者收货人不支付运费、保管费以及其他费用的，本条规定承运人对相应的运输货物享有留置权。除法律另有规定或当事人另有约定外，承运人可以自行留置货物，不必通过法定程序留置货物。因运输费用的范围较窄，本条将《合同法》第315条的“以及其他运输费用”修改为“或者其他费用”，扩大了承运人留置权担保主债权的范围，有利于保护承运人的权利。本条与《海商法》第87条的规定更为接近。

本条为完全法条，当托运人或者收货人不支付运费、保管费或者其他费用时，即发生承运人留置相应运输货物的法律效果；当事人另有约定的，从

① 梁慧星教授主持编撰的《中国民法典草案建议稿》、陈甦教授主持编撰的《中国社会科学院民法典分则草案建议稿》在保留《合同法》第315条基础上，建议增加一款规定“承运人与收货人之间就运费、保管费以及其他运输费用的数额有争议的，收货人可以将有争议的数额提存，请求交付运输货物”。参见梁慧星主编：《中国民法典草案建议稿附理由：合同编》（上册），法律出版社2013年版，第686页；陈甦主编：《中国社会科学院民法典分则草案建议稿》，法律出版社2019年版，第226页。

② 参见谢在全：《民法物权论》（下册）（第4版），台北新学林出版股份有限公司2007年版，第349—350页。

其约定。本条规定可以作为承运人主张货物留置权的独立依据。

规范内容

托运人或收货人应按约定支付运费、保管费及其他费用，托运人或收货人未支付的，承运人有权就托运的货物行使留置权，托运的货物属于何人所有，在所不问。当事人在合同中特别约定不得留置的，从其约定。

承运人留置权属于法定担保物权。留置权是一种担保物权，担保的是债权人债权的实现。留置权的主要效力为占有、扣留他人的动产，通过对债务人造成心理压力，促使其清偿债务。留置权的成立具有严格限制条件，须债权已届清偿期，在定有期限的债务，为期限届至之时；未定期限的债务，为债权人请求清偿之时。[①]同时，须债权人占有属于债务人的动产。占有，并不限于直接占有，间接占有、利用占有辅助人而为占有、与第三人共同占有，均无不可。债权人须合法地获得动产的占有，不得以侵权的方式获得占有。[②]并且，债权的发生与该动产属于同一法律关系。对此，通说认为凡债权的发生与动产存在牵连关系的，均视为具有同一法律关系。认为凡债权由动产而生或债权与动产的返还请求权系基于同一法律关系或同一生活关系而生时，即有牵连关系。[③]最后，法律规定或者当事人约定不得留置的动产，不得留置。本条赋予承运人享有的货物留置权属于留置权的一种，符合留置权的一般特征，如法定性、从属性、以合法占有留置物为前提等。《民法典》物权编第十九章对留置权的产生条件、内容、优先顺位、行使方式等内容作出了规定。本条仅就承运人留置权的条件作出特别规定，当事人之间围绕货物留置产生的权利义务关系，除本条作出的特别规定外，应适用《民法典》物权编以及有关留置的其他法律规定处理。

本条规定的承运人货物留置权具有特殊性。首先，不区分运费支付义务人是托运人还是收货人。即不论是托运人还是收货人欠付运费、保管费及其

---

① [日]林良平编集：《注释民法》(8)，有斐阁1965年版，第34—35页。

② 梁慧星、陈华彬：《物权法》(第六版)，法律出版社2016年版，第338页。

③ [日]林良平编集：《注释民法》(8)，有斐阁1965年版，第22—23页。

他费用，承运人均可享有对运输货物的留置权。其次，担保的债权仅限于本次运输产生的运费、保管费等费用。为防止承运人滥用留置权，承运人所占有的货物仅限于担保与该货物因同一合同关系而发生的运费、保管费及其他费用。至于本条中的“其他费用”应如何理解？应当结合具体案件及法律规定予以界定。如《民法典》第389条规定：“担保物权的担保范围包括主债权及其利息、违约金、损害赔偿金、保管担保财产和实现担保物权的费用。当事人另有约定的，按照其约定。”《海商法》第87条的规定中，包括运费、共同海损分摊、滞期费和承运人为货物垫付的必要费用以及应当向承运人支付的其他费用。通常情况下，只要是承运人履行运输合同约定的合同义务或虽然没有明确约定，但属于履行随附义务产生的合理费用，均属于承运人留置权担保的范围。最后，发生运输费用的运输货物均可留置，留置物的权属状况不影响承运人行使留置权。

本条规定的承运人留置权与企业间商事留置存在区别。《民法典》第448条规定：“债权人留置的动产，应当与债权属于同一法律关系，但是企业之间留置的除外。”考虑到在商业实践中，企业之间相互交易频繁，追求交易效率，讲究商业信用，如果严格要求留置动产必须与债权属于同一法律关系，则有悖于交易迅捷和交易安全原则。[①]企业之间留置的商事留置权，无须要求留置物与债权属于同一法律关系。承运人基于其他法律关系产生的债权也可以主张留置运输货物，但必须证明该货物属于债务人的责任财产或者系债务人合法占有的财产。债务人的责任财产，系指债务人得以之清偿债务的财产，是财产持有人或占有人有权处分的财产。

《民法典》合同编中规定的留置权，有别于物权编中规定的留置权。《民法典》物权编规定了一般留置权，即债务人不履行到期债务，债权人可以留置已经合法占有的债务人的动产，并有权就该动产优先受偿。该规定将留置物限定在债务人的动产，学界一般认为债务人的动产意味着该动产属于债务人的责任财产范围。合同编的留置权较物权编规定的一般留置权有所不同。如保管合同中，《民法典》规定，保管人对保管物享有留置权，保管物的所有

---

① 全国人大常委会法制工作委员会民法室编：《中华人民共和国物权法条文说明、立法理由及相关规定》，北京大学出版社2007年版，第415页。

权人在所不问。行纪合同中，《民法典》规定，行纪人对委托物享有留置权，委托物的所有权人亦在所不问。承运人留置权也属于《民法典》合同编项下的留置权。货方不支付相关费用的，承运人可以留置对应的运输货物，货物系托运人、收货人所有或者合法占有的在所不问。同时，《民法典》合同编的承运人留置权也有别于《海商法》中的承运人留置权。《海商法》第87条规定："应当向承运人支付的运费、共同海损分摊、滞期费和承运人为货物垫付的必要费用以及应当向承运人支付的其他费用没有付清，又没有提供适当担保的，承运人可以在合理的限度内留置其货物。"上述规定的承运人留置权，将留置的货物限定在应当向承运人支付相关费用没有付清又没有提供适当担保的民事主体所有的货物。《民法典》货运合同项下的承运人留置权，允许承运人留置货物的范围更广，相较于《海商法》，更有利于保护承运人的权益。

如前所述，承运人留置权不仅受合同编本条的调整，本条没有规定的，应当符合《民法典》有关留置权的相关规定内容。承运人享有货物留置权的条件包括五项：

1.承运人的债权已届清偿期。只有托运人或者收货人不依约定支付运费、保管费以及其他费用时，承运人才能行使留置权。如果托运人或者收货人支付运费、保管费以及其他费用的期限尚未届满或者付款条件尚未成就，则承运人不得行使留置权，这是留置权从属性的要求。如果托运人或收货人已经就欠付的运费、保管费或者其他费用提供了可靠担保的，承运人也不得行使留置权。承运人留置权属于一种法定担保物权，如果货方为支付运费、保管费或者其他费用另行提供了相当的担保，该担保就构成了承运人留置权的替代，承运人的运费、保管费或者其他费用得到了充分的保障，承运人留置权应当消灭。导致承运人留置权消灭的担保应该是被承运人接受的，与运费、保管费或者其他费用相当的新的担保。

2.承运人依据运输合同合法占有运输货物。根据《民法典》第447条第1款的规定，债务人不履行到期债务，债权人可以留置已经合法占有的债务人的动产，并有权就该动产优先受偿。本条虽然没有合法占有的规定，但留置权人合法占有留置财产是留置的前提之一。留置权产生的条件是承运人对货物的合法占有，这种占有应当为持续不间断的占有，否则，留置权就会因占有的丧失而消灭。如果仅仅订立运输合同，托运人并没有将货物交付承运人运输，在此种情况下，虽然运输合同成立并生效，但承运人并没有根据合同占有运输货物，不能产生留置权。留置权的产生必须以承运人实际占有运输的货物为前提条件。另外，如果承运人虽然占有托运人的财产，但占有的财产并非根据运输合同，对于该财产承运人也不得留置，不享有留置权。[①]在承运人非依自己的意愿暂时丧失对留置货物占有的情况下，承运人如果通过返还原物之诉等方式令非法占有人返还留置货物，承运人可重新获得留置权。理解本条所指的"相应的运输货物"，应区分可分物与不可分物。对于可分的货物，承运人留置的货物应当合理和适当，其价值应包括未支付的运费、保管费以及其他费用加上可能因诉讼产生的费用，而不能留置过多的货物。如果承运人根本就没有获得任何费用，其也可以对全部货物行使留置权。对于不可分的货物，承运人可以对全部货物进行留置，即使承运人已取得了大部分运费、保管费以及其他费用。[②]

3.留置的货物须与被担保的债权具有牵连关系。《民法典》第448条规定："债权人留置的动产，应当与债权属于同一法律关系，但是企业之间留置的除外。"依此规定，我国留置权中的牵连关系应认为是债权和动产的留置因同一合同关系而发生。在货运合同中，该条对债权和留置物的范围都作了明确限定，以确保债权与留置物具有牵连关系。货运合同中的留置权，债权仅限于运费、保管费或者其他费用，允许承运人留置的物品仅为产生相关费用对应的运输货物。托运人、收货人基于其他运输合同产生的运费，承运人不能依据本条规定行使留置权。

4.留置运输货物的价值应与欠付的运费、保管费或者其他费用相当。《海商法》第87条中规定"承运人可以在合理的限度内留置其货物"，而本条没有规定"合理的限度"，但其中"相应的运输货物"即包含合理限度的要求。留置权的目的是担保留置权人实现债权，因此留置财产的价值也应以留置权人的债权数额及行使留置权的合理费用为限。《民法典》第450条即规定："留置

---

① 房绍坤、郭明瑞主编：《合同法要义与案例析解》(分则)，中国人民大学出版社2001年版，第411页。

② 全国人民代表大会常务委员会法制工作委员会编：《中华人民共和国合同法释义》(第3版)，法律出版社2013年版，第524页。

财产为可分物的，留置财产的价值应当相当于债务的金额。”因此本条中“相应的运输货物”的价值就是和运费、保管费以及其他费用相当的货物，不能在价值上超出过多。除留置货物本身当然为留置权标的物的范围，留置权标的物的范围还可以包括留置物的从物。但承运人就留置物的从物享有留置权需以承运人同时占有该从物为前提。债权人有收取留置物所生孳息的权利。留置物的孳息，也为留置权的效力所及；代位物，留置权灭失所得的保险金、赔偿金或补偿金，也为留置权的效力之所及。[①]

5.当事人约定或者法律规定不得留置的货物，不得留置。承运人行使留置权不需得到托运人或者收货人的同意，但当事人另有约定不得留置的除外。当事人可以在合同中约定即使在运费、保管费以及其他费用没有付清的情况下，承运人也不能留置货物。当然，这种约定不能导致合同双方当事人的利益显著失衡。此外，《民法典》第449条规定：“法律规定或者当事人约定不得留置的动产，不得留置。”本条虽然仅规定了“当事人另有约定的除外”，如果运输货物属于法律规定不得留置的动产，承运人也不得留置。主要包括以下两种情形：一是法律直接规定不得留置的情况。如《海关法》第37条第1款规定：“海关监管货物，未经海关许可，不得开拆、提取、交付、发运、调换、改装、抵押、质押、留置、转让、更换标记、移作他用或者进行其他处置。”二是对于禁止流通物，如武器、弹药等，不得留置。[②]

举证责任

承运人对相应的运输货物行使留置权，不仅需要举证证明托运人或者收货人不支付运费、保管费或者其他费用的事实，也需要证明是合法地获得运输货物的占有权，未以侵权的方式获得占有权，并且已按照合同约定全部、适当地履行了自己的义务。托运人、收货人举证证明当事人之间已经就运输货物留置权作出约定的，则应当依据该约定分配举证责任。

① 梁慧星、陈华彬：《物权法》（第六版），法律出版社2016年版，第342页。

② 参见最高人民法院物权法研究小组编著：《〈中华人民共和国物权法〉条文理解与适用》，人民法院出版社2007年版，第679页。

第八百三十七条【承运人提存货物】

收货人不明或者收货人无正当理由拒绝受领货物的，承运人依法可以提存货物。

历史由来

本条来源于《合同法》第316条，内容与该条基本一致，文字表述略有差异。在《民法典合同编（草案）》的历次“征求意见稿”和公开的“审议稿”中，《民法典合同编（草案）》（征求意见稿）第395条、《民法典合同编（草案）》（一审稿）第622条、《民法典合同编（草案）》（二审稿）第622条与《合同法》第316条相比，除援引条文序号外，其他内容与该条基本一致。《民法典（草案）》第837条与《合同法》第316条相比，删去援引条文，并将“承运人可以提存货物”修改为“承运人可以依法提存货物”。在《民法典》的起草过程中，主要学者建议稿均未就此条提出修改建议。

规范目的或功能

本条规定了承运人就运输货物享有的提存权。提存是由于债权人的原因而无法向其交付合同标的物时，债务人将标的物提交给提存机关而消灭合同关系的一项制度。广义的提存包括清偿提存、担保提存、执行提存、报关提存等，《民法典》合同编包括本条中的提存仅指清偿提存，即“作为清偿代用的提存，是提存人（债务人）通过将标的物提存，达到使合同权利义务终止效果的提存”。[①]合同债务的履行往往需要债权人的协助或配合，如果债权人无正当理由而拒绝受领或者不能受领，虽然可以令债权人承担延迟受领的责任，但是债务人因无法履行合同，导致合同关系难以消灭，债务人无法摆脱合同约束，需随时处于准备履行的状态，这对债务人有失公平。提存的效力在于消灭债务人与债权人之间的合同关系。提存期间，标的物的毁损、灭失风险由债权人承担，相关的收益和费用也由债权人享有或负担。债务人支付

① 韩世远：《合同法总论》（第三版），法律出版社2011年版，第648—649页。

利息及收取孳息的义务因提存而免除。债务人因提存了合同标的物视为履行了合同义务，得以从合同的约束中脱身。可以说，提存制度就是为了保护债务人的利益，令其可以在无法依约履行合同的情况下尽早结束合同关系而创设的一项制度。

在运输合同法律制度中，提存制度的功能尤为突出。它有助于承运人在货运合同履行受阻时，及时完成合同履行，终止合同关系，免受因长期保管货物而影响继续开展新的运输业务，是商事法律效率原则的具体体现。《民法典》第570条至第574条保留了《合同法》关于提存的内容，对提存的适用范围、方式、法律后果等内容作出了规定。本条是提存制度在货物运输合同领域的具体化，也是对承运人可以提存货物的原因进一步作出具体规定。

本条为完全法条，是承运人提存货物的直接法律依据。收货人不明或者收货人无正当理由拒绝受领货物为构成要件，承运人可以提存货物则为相应的法律效果。

规范内容

提存人是对提存受领人负有清偿义务的人，包括债务人及其代理人、负责清偿债务的第三人等。《民法典》第570条规定了合法的提存原因，主要包括：债权人无正当理由拒绝受领；债权人下落不明；债权人死亡未确定继承人、遗产管理人，或者丧失民事行为能力未确定监护人；法律规定的其他情形。提存的标的，应为债务人依合同的规定应当给付的标的物，且适合提存。对于标的物不适合提存如易于腐烂的食品，或者提存费用过高的，债务人可以申请提存部门拍卖或者变卖标的物，提存所得价款。

承运人提存货物的原因是“收货人不明”或者“收货人无正当理由拒绝受领货物”。其中，“收货人不明”在实践中主要包括以下三种情形：一是不知道收货人。比如提单运输中，指示提单与不记名提单均不记载收货人，托运人背书转让后也难以确定最终收货人，就可能发生承运人甚至托运人也不知道收货人的情形。二是收货人下落不明。承运人虽然知道收货人的姓名或名称，但无法取得联系通知其提取货物。三是货物权属出现争议，出现两个以上收货人向承运人主张交付货物，承运人难以确定交付对象的情况。在收货人不明的情况下，承运人有依诚信原则进行调查的义务。如果经适当调查就能知悉收货人的情况，则承运人应当继续向收货人履行交付货物的义务。如果调查收货人特别困难，需要很长时间或者花费过大或者根本无从查起，此种情况构成收货人不明。"收货人拒绝受领货物"应理解为拒绝在约定或合理的提货期限内提取货物，既包括拒绝提取货物，也包括不合理拖延提货时间的情形。收货人拒绝受领货物的原因，可能是因为买卖合同履行受阻，如买方违约而作为运输合同托运人的卖方没有及时找到新的买方；也可能因为运输合同履行受阻，收货人认为货物运输延迟导致失去商业价值，比如中秋节之后才运到的月饼；也可能是由于目的地海关、防疫政策变化导致收货人无法进口清关而放弃提取货物。

收货人拒绝受领又无正当理由，承运人才可以提存。如果收货人拒绝受领理由正当，譬如货物提前到达约定目的地，承运人通知收货人提前提取货物或承运人通知的交付地点与运输合同约定不符的，因为与约定的交付时间、地点不符，可能导致收货人承担额外的费用与风险，收货人拒绝受领货物具有正当理由，承运人不能提存。至于收货人能否以货物毁损或运输迟延为由拒绝受领货物，存在一定的争议。对此，应当认定及时提货是收货人的主要义务之一，如果收货人不及时提货，可能导致承运人的义务不能解除，且运输工具被长时间占用，货物在交付之前存在风险等情况，不利于促进交易、实现运输合同目的。法律对货物毁损或运输迟延的法律后果已经作出明确规定，一般情况下，收货人不宜以此为由拒绝履行提货义务，除非合同另有约定或者导致收货人的合同目的无法实现。收货人明确拒绝受领货物时，承运人是否仍应待约定的交付期限届满后才有权提存货物？仅从文义上看，似乎只要"收货人无正当理由拒绝受领"，承运人即可提存货物，没有交付期限届满的限制。但有观点认为，从债务人提存以债权人受领迟延为前提的角度来看，履行期届至前，原则上债权人并不陷于受领迟延，亦不应允许债务人期前提存。即使债权人期前拒绝受领，债务人亦须等到履行期届至后才能提存。①

对目的地无人提货情形，不能一概适用本条有关提存的规定，需要考虑

① 韩世远：《提存论——〈合同法〉第101—104条的解释论》，载《现代法学》2004年第3期。

其他法律的特别规定。如铁路运输立法将这种情况的货物当作无主物来处理，《铁路法》第22条第1款规定，自铁路运输企业发出领取货物通知之日起满30日仍无人领取的货物，或者收货人书面通知铁路运输企业拒绝领取的货物，铁路运输企业应当通知托运人，托运人自接到通知之日起满30日未作答复的，由铁路运输企业变卖；所得价款在扣除保管等费用后尚有余款的，应当退还托运人，无法退还、自变卖之日起180日内托运人又未领回的，上缴国库。《海商法》对于卸货港无人提货的情况也作了特殊规定。《海商法》第86条规定，在卸货港无人提取货物或者收货人迟延、拒绝提取货物的，船长可以将货物卸在仓库或者其他适当场所，因此产生的费用和风险由收货人承担。因此，如果有特别法对目的地无人提货问题作出具体规定的，应优先适用特别法的规定，反之，则适用本条关于货物提存的规定。

承运人提存货物，主要涉及提存部门与提存方式两个问题。

1.关于提存部门。提存在债务人（即提存人）、债权人之外，还要有提存部门的参与。《民法典》第571条第1款规定："债务人将标的物或者将标的物依法拍卖、变卖所得价款交付提存部门时，提存成立。"不论是《担保法》《合同法》还是《民法典》，都没有对"提存部门"作出明确规定。有观点认为，提存部门为国家设立的接受并保管提存物，并应债权人的请求而将提存物发还债权人的机构。在我国，依据《公证法》第2条及《提存公证规则》第4条第1款，提存被作为一种公证业务而由债务履行地的公证处管辖，[①]因此，我国的提存部门就是公证机关。但是，法律并未统一规定提存机关，学界通说认为，凡业务及条件上适于办理提存事务的单位，均可依法院指定，成为提存机关。[②]根据《公证法》第12条第2项的规定，根据自然人、法人或者其他组织的申请，公证机构可以办理提存事务。《提存公证规则》对公证机关办理提存事务的管辖、程序作出进一步规定，不能由此得出只有公证机关才能作为提存部门的结论。

承运人在行使提存权利时，也负有审慎选择提存部门的义务，为稳妥起

① 韩世远：《合同法总论》（第三版），法律出版社2011年版，第656页。

② 李国光、高圣平主编：《担保法及配套规定新释新解》，人民法院出版社2006年版，第706页。

见，向货物交付地的公证机关申请办理提存是一个可行的方案。依据《提存公证规则》办理提存事宜，首先由承运人提出提存申请，然后据提存机关指定，向保管人交付提存物，在收到提存申请及提存物后，提存机关应向提存人授予提存证书。

2.关于提存方式。提存包括实物提存与变价提存两种方式。实物提存与变价提存适用于不同类型的货物。《民法典》第570条第2款规定："标的物不适于提存或者提存费用过高的，债务人依法可以拍卖或者变卖标的物，提存所得的价款。"可见，承运人提存运输货物的，应以实物提存为原则，以变价提存为补充，只有当运输货物"不适于提存或者提存费用过高"时，方可依法"拍卖或者变卖标的物，提存所得的价款"。不适于提存，系指货物易于腐烂变质难以保存或属于季节性商品不及时变现会严重影响其市场价格；提存费用过高，是指货物的保管维护费用过高，超出货物价值。拍卖、变卖应依法进行，可在提存前进行，也可在提存后进行。拍卖或变卖进行后，承运人得从中扣除运费、保管费及其他费用，因为承运人有费用及运费请求权。如果有剩余价款的，承运人可提存也可以将其交给有权接受之人。承运人在提存或拍卖、变卖货物后，应将该情形立即通知托运人，但不能通知的除外。如果承运人怠于通知而对托运人、收货人造成损害的，应予赔偿。①

三 举证责任

承运人依法提存运输货物时，需要依据运输合同等证据证明无法确认谁是收货人，以及虽然有人主张自己是收货人，但根据现有证据包括货物运输合同及主张人提供的证据，无法认定其即是收货人等情形。当收货人拒绝受领货物时，应举证证明虽然有明确的收货人，但收货人无正当理由而拒绝受领货物。

满足上述提存的条件后，承运人举证证明运输的货物不宜提存的，可以依法将货物拍卖、变卖，将拍卖、变卖的价金提存。承运人提存货物后，应当举证证明已经及时将提存的情况通知托运人或收货人，如果托运人、收货

① 江平主编：《中华人民共和国合同法精解》，中国政法大学出版社1999年版，第255页。

人举证证明因承运人怠于通知而对其造成损失的，承运人应当向托运人或收货人承担赔偿责任。

第四节　多式联运合同

第八百三十八条【多式联运经营人的权利义务】

多式联运经营人负责履行或者组织履行多式联运合同，对全程运输享有承运人的权利，承担承运人的义务。

历史由来

本条吸收了《合同法》第317条的规定，内容与《合同法》第317条完全一致。在《民法典》合同编各个阶段的草案中，本条均未发生任何修改。

规范目的或功能

多式联运是高效的货物运输组织方式。多式联运充分利用以不同运输工具为载体的运输资源，将多环节、多区段、跨地区乃至跨国界的运输过程有机组织，使它们紧密衔接、相互协作、相互配合，最大化提高运输效能。本条所称的多式联运合同，是指多式联运经营人以两种以上的不同运输方式，负责将货物从接收地运至目的地交付收货人，并收取全程运费的运输合同。[①] 多式联运合同为货运合同的一种特殊形态，《民法典》合同编第十九章第四节以下各条为多式联运合同的特别规定，无特别规定的事项，适用本章关于货物运输合同的一般规定。但因性质上的不同，关于相继运输的规定不适用于

① 参见《海商法》第102条第1款："本法所称多式联运合同，是指多式联运经营人以两种以上的不同运输方式，其中一种是海上运输方式，负责将货物从接收地运至目的地交付收货人，并收取全程运费的合同。"

多式联运合同。[①]

本条原则性规定了多式联运经营人的权利和义务。多式联运经营人，是指本人或者委托他人以本人名义与托运人订立多式联运合同的人，其既不是托运人的代理人或者代表人，也不是参加多式联运的各承运人的代理人或者代表人，而是负责履行多式联运合同或组织运输之人。[②]多式联运经营人对全程运输承担承运人的义务，其责任期间自接收货物时起至交付货物时止。在多式联运全过程中，多式联运经营人处于核心地位。对于托运人而言，多式联运合同具有以下优点：一是托运人只需要与多式联运经营人签订一份合同，而不需要与各区段承运人分别签订合同；二是托运人只需要向多式联运经营人一次性支付全程运费，而不需要承担各运输区段衔接期间产生的仓储等费用；三是多式联运过程中可能出现多份运输单证，但托运人有权要求多式联运经营人签发一份运输单证，更加符合信用证项下的单证要求；四是由于确定损失发生的具体运输区段非常专业复杂，一旦出现货物灭失、损坏或迟延交付，托运人只需向多式联运经营人提出索赔，而不需要向区段承运人进行索赔。除《民法典》本条规定多式联运合同外，《海商法》第102条至第106条、《民用航空法》第136条也规定了多式联运合同。

本条为不完全法条，仅规定了多式联运经营人负责履行或者组织履行多式联运合同的义务，未规定违反该义务的法律效果，多式联运经营人违反该义务的法律后果依据《民法典》合同编第八章“违约责任”的规定进行判定。

三 规范内容

以两种以上的不同运输方式进行运输，是多式联运合同区别于传统运输合同的最显著特征。关于运输方式，国际上通常分为航空、道路、铁路、海

① 参见梁慧星主编：《中国民法典草案建议稿附理由：合同编》（上册），法律出版社2013年版，第688页。

② 全国人民代表大会常务委员会法制工作委员会编：《中华人民共和国合同法释义》（第3版），法律出版社2013年版，第527—528页。

上、内河等。由于我国多式联运法律制度采用了“网状责任制”，在界定运输方式时，除了考虑运输工具之外，还应考虑该运输方式所适用的法律规则。例如，国际海上货物运输和沿海货物运输虽然都以船舶作为运输工具，均属于海上货物运输，但《海商法》第四章仅调整国际海上货物运输，不调整我国沿海货物运输，二者适用不同的法律规则，国际海上货物运输与国内沿海货物运输应被视为不同的运输方式。并且，长期以来，我国沿海与内河货物运输适用同样的法律规则，因此，沿海与内河可被视为同一运输方式或统一简称为“国内水路货物运输”，与《海商法》调整的国际海上货物运输相区别。例如，在“某财产保险股份有限公司武汉市汉口支公司与武汉某国际航运实业有限公司、某商船株式会社海上、通海水域保险合同纠纷案”中，根据提单记载，涉案货物运输装货港为中国武汉，目的港为韩国釜山，内河区段运输由内河船舶“长航集运××××”轮承运。根据《海商法》第102条的规定，多式联运是指多式联运经营人以两种以上的不同运输方式，其中一种是海上运输方式，负责将货物从接收地运至目的地交付收货人，并收取全程运费的运输方式。因涉案货物运输包括内河货物运输和海上货物运输两种运输方式，需要转船，非江海直达，故本案系内河运输与海上运输相结合的多式联运合同纠纷。①综上，根据我国目前立法现状，本条所指的多式联运运输方式，可分为航空运输、铁路运输、公路运输、国际海上运输、国内水路运输。

多式联运合同不同于货运代理合同。货运代理合同，是指货运代理企业接受货方委托，以委托人名义办理货物运输并收取代理佣金作为报酬的合同。在国内运输市场，很多货运代理企业参与多式联运业务，很多合同名为“货运代理合同”或“物流服务合同”，但实质上属于多式联运合同的范畴，在司法实践中引发了很多纠纷。当合同的名称与内容不一致时，人民法院应当根据当事人权利义务关系及合同履行的实际情况，正确界定合同性质，以审查认定的法律关系对案件进行处理。很多合同名为货运代理合同，但合同约定货运代理企业负责全程货物运输，此时应当将合同定性为运输合同。有的合同对当事人的权利义务约定不清晰，需要根据合同的实际履行情况确定

---

① 武汉海事法院（2015）武海法商字第00307号民事判决书。

合同的性质。对多式联运合同而言，组织全程运输是非常重要的特征，如果货运代理企业自己委托区段承运人从事区段运输，并由自己向区段承运人支付区段运费，再向货方收取全程运费，则其应当被认定为多式联运经营人。例如，在“上海某国际货运有限公司诉宁波某国际贸易有限公司国际多式联运合同拖欠运费及损害赔偿纠纷案”中，原告涉讼后提供了盖有承运人代理印章的空运单，主张其为被告货运代理人，与事实不符。法院经审理认为，被告当时收到原告空运单传真件上无声明其为承运人代理人的印章。原告提示被告付款项目为海空联运费而非代理费和代垫运费。原告以自己的名义委托某空运（香港）有限公司实际承运，因而应认定原被告双方建立的是国际多式联运合同关系，而非货运代理关系。依照法律规定，原告作为多式联运经营人，对多式联运承运的货物应当承担自接收货物时起至交付货物时止的全部责任。①

本条适用范围与其他运输单行法有所不同。本条完全继承了《合同法》第317条的规定，在《合同法》起草阶段，立法者在拟定多式联运条文时，充分借鉴吸收了《海商法》第四章第八节“多式联运合同的特别规定”的内容，但两部法律的适用范围却存在根本的区别。《海商法》第102条第1款规定：“本法所称多式联运合同，是指多式联运经营人以两种以上的不同运输方式，其中一种是海上运输方式，负责将货物从接收地运至目的地交付收货人，并收取全程运费的合同。”这意味着《海商法》第四章第八节仅调整含海上货物运输在内的多式联运合同。同时，根据该法第2条的规定，第四章调整的海上货物运输必须是国际海上货物运输，不适用于发生在我国港口之间的沿海货物运输。因此，《海商法》第四章第八节仅适用于包含国际海上运输在内的多式联运合同。本节涵盖所有运输方式在内的多式联运合同，涉及含国际海上运输在内的多式联运合同时，优先适用《海商法》。例如，铁路、公路、国际海上货物运输组成的多式联运合同由《海商法》调整；铁路、公路、中国港口之间的国内水路货物运输组成的多式联运合同则由《民法典》第十九章第四节进行调整。当一份多式联运合同同时包括国际海上货物运输和国内水路货物运输时，优先适用《海商法》的有关规定。

---

① 上海海事法院（1999）沪海法商初字第100号民事判决书。

多式联运合同当事人包括多式联运经营人、托运人，收货人属于利害关系人。多式联运经营人是指与托运人订立多式联运合同，负责履行或组织履行多式联运，并以承运人身份承担完成运输合同责任的人。[①]托运人是指与多式联运经营人签订多式联运合同的人。收货人是指有权根据多式联运合同提取货物的人。以是否直接从事运输活动为标准，多式联运经营人可分为两类：一类是多式联运经营人自己拥有运输工具，并且直接参加运输合同的履行。另一类是多式联运经营人自己不拥有运输工具或者不经营运输工具，也不直接从事运输活动，而是在签订多式联运合同后，通过双边合同与各运输方式承运人又单独签订各区段运输合同，组织其他承运人进行运输。由于涉及多个运输区段，多式联运经营人一般难以独自完成全程运输，其通常需要负责组织多个运输区段承运人以完成全程运输。区段承运人，是指与多式联运经营人签订区段运输合同，完成区段运输的人。区段承运人不是多式联运合同当事人。特别需要强调的是，多式联运经营人与区段承运人签订区段运输合同时，是以自己的名义，而不是作为托运人的代理人。在区段运输合同中，多式联运经营人为托运人，区段承运人为承运人。多式联运合同与区段运输合同属于不同的合同。不论多式联运经营人是否直接参与货物运输，根据本条的规定，其都要对与之签订合同的托运人或者收货人承担全程运输的义务，享有作为全程运输承运人的权利，承担全程运输所发生的责任和风险。[②]

多式联运经营人负责履行或者组织履行多式联运合同，负责将货物运至目的地并交付给收货人，对托运人承担承运人的义务和责任。多式联运经营人的责任期间，自接收货物时起至交付货物时止。货物在运输途中发生灭失、损坏或迟延交付，多式联运经营人应向托运人或收货人承担赔偿责任。实践中，多式联运经营人完成所有区段运输任务的情况非常少见，其通常需要扮演多重角色。一方面，其与托运人订立多式联运合同，负责全程运输，收取

---

① 杨立新主编：《〈中华人民共和国合同法〉解释与适用》(下)，吉林人民出版社1999年版，第930—931页。

② 全国人民代表大会常务委员会法制工作委员会编：《中华人民共和国合同法释义》(第3版)，法律出版社2013年版，第527—528页。

全程运费。另一方面，其与各运输区段承运人分别订立运输合同，向各运输区段承运人支付区段运费，由区段承运人完成区段运输任务，此时，多式联运经营人扮演着多式联运“组织者”的角色。依照本条规定，多式联运经营人负责多式联运合同的履行，无论多式联运经营人是自己履行合同，还是组织各运输区段承运人履行合同，托运人都仅与多式联运经营人直接发生运输合同关系。因各区段承运人、多式联运经营人的受雇人、代理人或者为多式联运经营人履行多式联运合同而提供服务的人的原因导致多式联运合同不能履行或者不能完全履行的，也应当视为多式联运经营人违约，由其承担法律责任。多式联运经营人享有承运人的权利，包括可向托运人或者收货人收取全程运费、对货物行使留置权等。因托运人原因致使多式联运经营人遭受损失时，多式联运经营人可以向托运人索赔。

多式联运合同与单式联运合同存在显著区别。《民法典》第834条规定了同一运输方式联运合同，即“相继运输”合同。而多式联运合同由两种以上运输方式组成，如水铁联运；单式联运合同由同一运输方式组成，如铁路联运、航空联运、水水联运。关于运输方式，不能仅凭运输工具进行界定，还要考虑区分调整具体运输工具的不同法律制度。如前所述，两段分别由相同类型运输工具完成的运输不一定属于同一运输方式，需要考虑所适用的法律规则是否相同。例如，在我国现行法律框架中，国际海上货物运输与国内水路货物运输均系广义的水上货物运输，运输工具均为船舶，但二者适用不同的法律制度，属于不同的运输方式，应纳入多式联运的范畴。国内沿海货物运输与内河货物运输组成的联运，则属于同一运输方式组成的单式联运。

三 举证责任

多式联运经营人主张收取运输费用、托运人违约赔偿请求权等承运人权利时，需要举证证明已经根据多式联运合同履行运输义务或者组织承运人履行运输义务。托运人、收货人要求多式联运经营人对全程运输履行全部义务和承担全部责任时，应当证明与本人或者委托他人以本人名义订立运输合同的人，其既不是相继运输承运人或其代理人、代表人，也不是实际参加多式联运的各区段承运人的代理人或者代表人，而是负责履行多式联运合同或组织运输之人，并依法对货物损失承担证明责任。承运人主张免除责任的，应当证明存在法定免责事由。

第八百三十九条【多式联运经营的责任分配】

多式联运经营人可以与参加多式联运的各区段承运人就多式联运合同的各区段运输约定相互之间的责任；但是，该约定不影响多式联运经营人对全程运输承担的义务。

历史由来

本条来源于《合同法》第318条，内容与该条基本一致，文字表述和标点符号略有差异。

在《民法典合同编（草案）》的历次“征求意见稿”和公开的“审议稿”中，《民法典合同编（草案）》（征求意见稿）第397条与《合同法》第318条规定一致，文字和内容均无变化。《民法典合同编（草案）》（一审稿）第624条将《合同法》第318条中的“但”修改为“但是”。《民法典合同编（草案）》（二审稿）第624条、《民法典（草案）》第839条与《民法典合同编（草案）》（一审稿）第624条内容一致，但《民法典（草案）》第839条将句中的逗号修改为分号。在《民法典》的起草过程中，主要学者建议稿均未就此条提出修改建议。

规范目的或功能

本条规定了多式联运的经营人与参加多式联运的各区段承运人之间责任的承担制度。

以多式联运合同实现货物长途运输（尤其是跨国运输）的主要优势在于，托运人仅需与多式联运经营人签订一份全程运输合同，而不需要分别与各区段承运人就区段运输签订单独的运输合同。实务中，多式联运经营人自己独立完成全程各区段运输的情况并不多见，很多货运代理公司或无船承运人

（Non-vessel Operating Common Carrier, NVOCC）[①]扮演了多式联运经营人的角色。[②]多式联运经营人责任制度存在分散责任制和统一责任制两种立法例。分散责任制，系由各实际承运人自行承担责任；统一责任制，系由多式联运经营人统一承担责任。本条规定明确多式联运经营人承担全程运输的责任，属于统一责任制立法模式。[③]实践中，多式联运经营人可与实际完成运输的各区段承运人约定相互之间的责任承担，但此种约定属于承运人之间的内部约定，无论多式联运经营人与实际承运人的责任如何分担，均不影响多式联运经营人向托运人承担最终的责任。

本条为不完全法条，仅规定多式联运经营人对全程运输享有承运人的权利、承担承运人的义务，以及多式联运经营人可以与参加多式联运的各区段承运人约定责任分担，但是并没有规定多式联运经营人、各区段承运人违反运输义务或合同义务应当承担的法律后果。

规范内容

多式联运经营人为履行运输合同规定的义务，通常需要组织和安排全程

---

① 无船承运人介于货主和船东之间，业务范围类似“集中托运”（consolidation），即将不同的货主的货物集中起来订舱，通常装于一个集装箱内，与远洋承运人签订运输合同，将货物交给船方。根据《货物多式联运术语》的规定，无船承运人是指不拥有运输工具，但以承运人的身份发布自己的运价，接受托运人的委托，签发自己的提单或其他运输单证，收取运费，并通过与有船承运人签订运输合同，承担承运人责任，完成国际海上货物运输经营活动的经营者。

② 2016年交通运输部等18个部门《关于进一步鼓励开展多式联运工作的通知》指出：“已依法获得铁路、道路、水路、航空货物运输以及无车承运、无船承运、邮政快递业务经营资质或者国际货运代理备案的企业，可独立开展与其主营业务相关的多式联运经营活动，或者联合其他具有相关资质的企业组织开展多式联运经营活动，不得对其增设新的行政审批事项。”根据《货物多式联运术语》，无车承运人是指不拥有货运车辆，但以承运人的身份接受托运人的委托，并与实际承运人签订运输合同，承担承运人责任的经营者；无船承运人是指不拥有运输工具，但以承运人的身份发布自己的运价，接受托运人的委托，签发自己的提单或其他运输单证，收取运费，并通过与有船承运人签订运输合同，承担承运人责任，完成国际海上货物运输经营活动的经营者。可见，我国对多式联运经营人主体的多样性是予以肯定的。

③ 全国人民代表大会常务委员会法制工作委员会编：《中华人民共和国合同法释义》（第3版），法律出版社2013年版，第528页。

运输，与承担各区段运输任务的承运人分别签订区段运输合同，约定相互之间的权利义务和责任。因此，多式联运这种运输模式衍生出多个相互独立的运输合同，主要包括多式联运合同和区段运输合同。有学者认为，在多式联运合同中，承运人、托运人和收货人的权利和义务与一般货运合同或客运合同基本相同，[①]它们的主要区别在于多式联运合同涉及多个区段承运人和中途换装地点，这也要求参加多式联运的各承运人明确彼此之间的责任，以便发生纠纷时，有便利的解决途径。[②]本条是对多式联运合同特殊效力的规定。

1.多式联运经营人对全程运输享有权利、承担义务。多式联运经营人有时参加运输，有时仅为组织运输，但又对全程运输负责。[③]所谓参加运输，是指多式联运经营人自己作为承运人，参与对货物的实际运输。所谓组织运输，是指多式联运经营人自己不参加货物的实际运输，而是组织安排其他承运人实际从事货物运输，完成货物的运输任务。多式联运的经营人，无论其是否实际参加运输，都是联运合同的一方当事人，对联运合同的履行享有全部的权利，承担全部的义务。[④]虽然多式联运经营人可以与区段承运人就特定区段运输约定相互之间的权利义务和责任，但该约定不影响多式联运经营人对全程运输负责。此种责任是一种强制性的责任，不允许通过合同约定予以排除或限制。《民法典》第832条规定："承运人对运输过程中货物的毁损、灭失承担赔偿责任。但是，承运人证明货物的毁损、灭失是因不可抗力、货物本身的自然性质或者合理损耗以及托运人、收货人的过错造成的，不承担赔偿责任。"对于托运人而言，如果货物在多式联运经营人责任期间发生灭失、损坏，无论发生在哪一区段或者发生损失的区段无法确定，都有权依据多式联运合同，就运输过程中发生的货物毁损、灭失，直接向多式联运经营人请求

---

① 房绍坤、郭明瑞主编：《合同法要义与案例析解》(分则)，中国人民大学出版社2001年版，第418页。

② 杨立新主编：《〈中华人民共和国合同法〉解释与适用》(下)，吉林人民出版社1999年版，第923页。

③ 梁慧星主编：《中国民法典草案建议稿附理由：合同编》(上册)，法律出版社2013年版，第690页。

④ 房绍坤、郭明瑞主编：《合同法要义与案例析解》(分则)，中国人民大学出版社2001年版，第418页。

赔偿，多式联运经营人不能依据其与区段承运人之间区段运输合同的条款进行抗辩。这是合同相对性原则的体现。综上，多式联运经营人无论是负责履行还是组织履行多式联运合同，都对全程运输享有承运人的权利，承担承运人的义务。

实践中，可以根据多式联运单据的记载识别多式联运经营人。如果多式联运单据有抬头的，抬头记名的人即为多式联运经营人。通常也可以根据单证右下角记载进行判断。很多情况下，由代理人签发多式联运单据，此时代理人的行为应被视为代表多式联运经营人签发多式联运单据。

2. 多式联运经营人有权向区段承运人追偿问题。多式联运经营人与区段承运人之间的区段运输合同虽然是其履行多式联运合同的组成部分，与多式联运合同有着密切关系，但两者在性质和合同主体上是不同的，相互独立。多式联运经营人与各区段承运人之间的合同，旨在调整多式联运经营人与各区段承运人之间的权利义务关系。由于多式联运经营人对全程运输负责，在向托运人或收货人承担赔偿责任之后，如果能够确定货物损失发生的运输区段时，多式联运经营人有权根据区段运输合同向区段承运人进行追偿。

海运领域多式联运经营人与区段承运人承担连带责任存在限制条件。《海商法》定义的实际承运人并不完全等同于《民法典》本条所指的区段承运人。《海商法》第42条规定，实际承运人，是指接受承运人委托，从事货物全部或部分运输的人，包括接受转委托从事此项运输的其他人；第63条同时规定，承运人与实际承运人都负有赔偿责任的，应当在此项责任范围内负连带责任。表面上看，多式联运中的区段承运人非常符合上述实际承运人的定义。实践中，当能够确定损失发生的运输区段时，托运人或收货人为了得到充分的赔偿，常将多式联运经营人视为“订约承运人”，将区段承运人视为实际承运人，要求人民法院判决二者承担连带责任。由于《海商法》第四章规定的实际承运人制度源于《汉堡规则》，[①]该概念应严格限制适用于提单所证明的海上货物运输合同范围内，直接将多式联运合同中的区段承运人视为实际承运人，并要求其与多式联运经营人承担连带责任，缺乏明确的法律依据。司法实践

---

① 参见傅旭梅主编：《中华人民共和国海商法诠释》，人民法院出版社1995年版，第73—74页。

中存在将多式联运经营人与区段承运人列为共同被告，并判决承担连带责任的做法，虽然有利于减少当事人的诉累，但仍需要深入研究，慎重区别对待。我国司法实践中，有的人民法院直接适用《合同法》第313条（《民法典》第834条）有关调整单式联运合同的规定，判决多式联运经营人与区段承运人承担连带责任，属于适用法律不当，应当引起重视。

三 举证责任

若货物发生毁损、灭失或迟延交付，托运人或收货人需要举证证明货物的毁损、灭失或迟延交付发生在多式联运经营人接收货物至交付货物期间，而没有义务证明货物毁损、灭失发生在某一运输区段。如果多式联运经营人能够证明货物毁损、灭失发生在某一运输区段的，关于多式联运经营人的赔偿责任和责任限额，则可适用调整该区段运输的法律。如果多式联运经营人不能证明货物毁损、灭失发生在某一运输区段的，则适用《民法典》货运合同有关规定。由于涉及确定货物毁损、灭失的原因以及日后的追偿，多式联运经营人通常会积极举证证明损失发生的运输区段。

如果多式联运经营人明知货损发生的运输区段，为了减少向托运人赔付的金额而故意隐瞒该事实而私下与区段承运人达成赔付协议，即使托运人已经按照货物损失发生区段无法确定时情形获得部分赔偿，一旦托运人有证据证明多式联运经营人有故意隐瞒的情形时，仍然有权要求赔偿差额部分的损失。诉讼时效可按照其知道或者应当知道权利受到损害之日起计算。

各区段承运人无法提供有效证据证明货物发生毁损、灭失或迟延交付未发生在各自的运输区段，亦无证据证明对货损的发生具有免责事由，应就货损向多式联运经营人承担连带责任。但多式联运经营人举证证据尚不足以证明货损实际发生在货物运输阶段，应承担举证不能的相应后果。

虽然本法没有规定托运人或收货人有权直接向区段承运人进行索赔，但法律对此并没有禁止。如果托运人或收货人能够证明货损发生的具体运输区段，其也可以提起侵权之诉，向该区段承运人进行索赔，按照侵权责任构成要件进行举证。但是应区别于《海商法》规定的多式联运经营者与区段承运者对托运人或者收货人承担连带责任。

第八百四十条【多式联运单据】

多式联运经营人收到托运人交付的货物时，应当签发多式联运单据。按照托运人的要求，多式联运单据可以是可转让单据，也可以是不可转让单据。

历史由来

本条来源于《合同法》第319条，未作任何修改。

规范目的或功能

本条规定了多式联运经营人签发多式联运单据的义务。

多式联运单据为托运人交付货物和收货人提取货物的凭证，既可以表明债权的存在、作为合同的书面形式，又可以作为物权凭证。[①]本条规定了多式联运经营人签发单据的义务。多式联运经营人在收到托运人交付的货物时，应当签发多式联运单据。多式联运单据可以由多式联运经营人签发，也可以由其授权的人签发，用以证明多式联运合同以及多式联运经营人接收货物并负责按照合同条款交付货物。

本条为不完全法条，仅规定了多式联运经营人收到托运人交付的货物时，应当签发多式联运单据，而未规定违反该义务的法律效果，解释论上应认定多式联运经营人应当承担违约责任。

规范内容

一、多式联运单据的定义

《民法典》没有定义多式联运单据。根据我国多式联运立法现状，结合业

---

① 参见梁慧星主编：《中国民法典草案建议稿附理由：合同编》（上册），法律出版社2013年版，第692页。

务实践，在合理借鉴1980年《联合国国际货物多式联运公约》第1条第4项[①]和1991年《联合国贸易和发展会议/国际商会多式联运单证规则》(以下简称《多式联运单证规则》)第2.6条[②]的基础上，可以将“多式联运单据”定义为，证明多式联运合同和多式联运经营人接收货物，以及保证按照该合同条款交付货物的单据。该单据包括多式联运经营人与托运人确认的取代纸张单据的电子数据交换信息。

1973年《多式联运单证统一规则》使用“Combined Transport Document”(CTD)一词涵盖实务中的多式联运单据。1991年《多式联运单证规则》与1980年《联合国国际货物多式联运公约》一致，均采用“Multimodal Transport Documents”(MTD)的说法。实践中，这两种表述方式均被使用。《跟单信用证统一惯例(UCP400)》时期将运输单据分为四种，即一般性运输单据、海运单据、快递收据和邮政收据，对于多式联运单据的名称，其采纳了CTD一词。UCP500对运输单据重新分类，包括八种，即海运/远洋提单、不可转让海运单、租船合约提单、多式联运单据、空运单据、公路铁路内河运输单据、快递收据以及邮政收据，其使用MTD这一表述来概括实务中的多式联运单据。2007年的UCP600对运输单据的分类基本继承了UCP500，没有实质性变化，只是在条款顺序及名称上略有调整，其提出了“涵盖两种以上运输方式的运输单据”这一说法，[③]与作为专用名称的CTD与MTD相区别。该名称由多式运输单据(MTD)更名而来，着重强调其功能，一并涵盖了同为多种方式运输单据的联合运输单据(CTD)。与其他运输单据一样，UCP600对运输单据的规定注重功能，而非名称。换句话说，只要提交的运输单据符合UCP600第19条的规定，即已满足此类运输单据的功能，此时不管其名称为何，均可接受。[④]

---

① 《联合国国际货物多式联运公约》第1条第4项规定：“‘多式联运单据’是指证明多式联运合同以及证明多式联运经营人接管货物并负责按照合同条款交付货物的单据。”

② 《联合国贸易和发展会议/国际商会多式联运单证规则》第2.6条：“‘多式联运单证’是指证明多式联运合同的单证，该单证可以在适用法律的允许下，以电子数据交换信息取代，而且(a)以可转让方式签发，或者(b)表明记名收货人，以不可转让方式签发。”

③ 英文表述为：A transport document covering at least two different modes of transport (multimodal or combined transport document).

④ 林建煌：《品读UCP600跟单信用证统一惯例》，厦门大学出版社2015年版，第338页。

由于多式联运大多包括海运方式，并以之作为主要运输方式，所以多式联运单据的常见名称有：多式联运提单（Multimodal Transport B/L, MTB/L），如BIMCO根据1991年《多式联运单证规则》制定的“MULTIDOC95”多式联运提单；联合运输提单（Combined Transport B/L, CTB/L）；联合运输不可转让海运单（Combined Transport Non-negotiable Seaway Bill）等。

实践中，多式联运单据通常为格式文本，系多式联运经营人单方拟定，大多参照1973年《多式联运单证统一规则》或1991年《多式联运单证规则》等自主性规则制定。一般而言，多式联运单据的正面记载事项与海运提单相似，主要包括以下内容[①]：（1）货物品类、标志、危险特征的声明、包数或者件数、重量；（2）货物的外表状况；（3）多式联运经营人的名称与主要营业地；（4）托运人名称；（5）收货人的名称；（6）通知方名称；（7）多式联运经营人接收货物的时间、地点；（8）装船港；（9）卸船港；（10）交货地点；（11）交货日期或者期间；（12）多式联运单据可转让或者不可转让的声明；（13）多式联运单据签发的时间、地点；（14）多式联运经营人或其授权人的签字；（15）运费支付。多式联运单据背面通常包括适用范围、定义、诉讼时效、管辖权及法律适用、单据签发、承运人责任、货方责任、运费及留置权等主要条款。大部分多式联运单据均规定既适用于多式联运合同，也适用于单一运输方式合同。

二、多式联运单据的签发

多式联运经营人知道或者有合理的根据怀疑多式联运单据所列的货物品类、标志、包数或者数量、重量等没有准确地表明实际接管货物的状况，或者无适当方法进行核对的，多式联运经营人应在多式联运单据上作出保留，注明不符合之处及怀疑根据或无适当核对方法。多式联运单据一经签发，如果多式联运经营人未对货物的表明状况加以批注，则如同清洁的海运提单一样，视为货物的表面状况良好。多式联运单据是多式联运经营人按照记载接收货物的初步证据。但多式联运单据转让给第三人且该第三人对多式联运单据记载内容有合理信赖的，多式联运经营人提出的相反证据将不予接受。同

① 可参考1980年《联合国国际货物多式联运公约》第8条规定。

时，需要区分多式联运单据和区段运输单据。多式联运单据系多式联运经营人签发给托运人的单据，区段运输单据则是区段承运人签发给多式联运经营人的单据。本条仅涉及多式联运经营人向托运人签发的多式联运单据。

根据本条的规定，多式联运单据依托运人的要求，可以是可转让的单据，也可以是不可转让的单据。[①]承运人接收货物后，应当按照托运人的要求签发运输单证，并根据单证的类型交付货物，其实承运人也是在遵守托运人关于货物交付的指令。如果承运人没有签发运输单证的，应当按照托运人的指示交付货物。该原则同样适用于多式联运合同。

三、多式联运单据的类型

多式联运单据包括可转让单据和不可转让单据。签发何种类型的多式联运单据，由托运人根据贸易合同的需要进行选择，多式联运经营人应当按照托运人的要求相应签发。多式联运单据的类型决定着单据转让及货物交付所适用的规则。

《海商法》第四章第八节没有规定多式联运单据，本条也没有对多式联运单据作详细规定，关于多式联运单据的使用规则，包括单据转让及货物交付，需要依据单据背面通常记载的相关条款进行确定。例如，Multidoc1995背面条款第8条参照1991年《多式联运单证规则》规定了签发可转让单据下的交货方式。

《海商法》与《民法典》均未明确规定多式联运单据的使用规则。对于多式联运单据的转让，及签发多式联运单据时多式联运经营人交付货物的问题，应当根据多式联运单据背面条款进行判断。在国内多式联运实践中，多式联运经营人经常签发运单作为多式联运单据，应被视为“不可转让单据”。

四、多式联运单据的功能

《民法典》没有规定多式联运单据的功能，对此可以比照《海商法》关于提单功能的规定加以理解。

1.运输合同的证明。多式联运单据最基本的功能是反映运输合同，即作为确定当事人存在多式联运合同关系的证明。作为运输合同的证明，可以从

---

① 全国人民代表大会常务委员会法制工作委员会编：《中华人民共和国合同法释义》（第3版），法律出版社2013年版，第530页。

以下几个方面来理解：第一，就多式联运经营人与托运人之间的关系而言，多式联运单据签发之前，托运人已向承运人提出了托运要求，多式联运经营人一经接受，双方之间即达成了关于多式联运的一致意思表示，合同即成立。在多式联运经营人与托运人之间，多式联运单据仅是多式联运合同的证明，而不是多式联运合同本身。多式联运经营人依据多式联运合同的约定接收了货物或者将货物装上运输工具，并应托运人的要求签发多式联运单据，是履行多式联运合同中的环节之一。第二，实践中存在着不单独签订多式联运合同的情形，此时多式联运单据尽管不是多式联运合同本身，也不一定是唯一的合同文本，但其是最为重要的合同文本。根据前述多式联运单据的内容，多式联运单据可以表明托运人与多式联运经营人存在合同关系，托运人可据此主张合同上的权利。多式联运经营人也可根据多式联运单据条款确定自己的权利、义务和责任。作为重要的运输合同文本，多式联运单据的转让意味着多式联运合同的转让，但托运人与多式联运经营人之间的合同全部条款并不当然随着多式联运单据的转让而转让。也就是说，在多式联运单据转让的情况下，可能会出现双重法律关系并存的情况：一是多式联运单据持有人因受让多式联运单据而与多式联运经营人之间发生的运输关系；二是托运人与多式联运经营人之间多式联运单据之外的相关约定，并不当然随着多式联运单据的转让而转让。换言之，多式联运单据的转移或转让并不当然解除托运人在与多式联运经营人达成的多式联运合同中应承担的责任，此点在司法实践中具有重要意义。

2.货物收据。在托运人提交货物之后，多式联运经营人签发多式联运单据，可以证明其收到货物。多式联运单据关于货物状况的记载具有证据效力，但对托运人和收货人的法律后果有所不同。对于托运人而言，单据的记载仅是初步证据，如果多式联运经营人有其他证据证明其接收的货物与单据记载不同，则可以否定单据的证据效力。对于收货人而言，单据的记载具有绝对的证据效力，此时多式联运经营人提出的与单据记载的相反证据将不予接受。

3.交付货物的依据。除了以上两个功能之外，多式联运单据是多式联运经营人交付货物的依据。多式联运经营人需要根据多式联运单据的类型来确定货物的交付方式，以完成其在运输合同项下的最后义务。1980年《联合国国际货物多式联运公约》与1991年《多式联运单证规则》对多式联运单据都作了详细规定。关于不可转让单据,《联合国国际货物多式联运公约》和1991年《多式联运单证规则》基本一致。多式联运经营人签发了不可转让多式联运单据的，应当在单据中记载“收货人”，并将货物交付给单据所指明的记名收货人或经收货人正式指定的其他人。多式联运经营人无须凭单交货，收货人证明其身份后，便有权提取货物。

关于可转让的多式联运单据,《联合国国际货物多式联运公约》第6条规定，多式联运单据以可转让的方式签发时，单据转让及货物提取应遵循以下规则:(1)应当列明按指示交付或向持有人交付;(2)如果列明按指示交付，须经背书后转让;(3)如果列明向持票人交付，无须背书即可转让。该条同时规定，只有交出可转让多式联运单据，并在必要时经正式背书，才能向多式联运经营人或其代表提取货物。相比之下，1991年《多式联运单证规则》对于可转让运输单据，除了规定“向持单人交付”和“按指示交付”之外，还规定了“向记名人交付”的情形。对于多式联运单据以可转让方式“向持单人交付”签发的，则应向提交一份正本单证的人交付货物；对于多式联运单证以可转让方式“按指示交付”签发的，则应向提交一份经背书的单证的人交付货物；对于多式联运单证以可转让方式“向记名人交付”签发的，则应向提交一份正本单证和本人身份证明的人交付货物。需要注意的是，1991年《多式联运单证规则》规定的可转让方式“向记名人交付”签发的运输单证，从交付货物的程序上看，类似于《海商法》第79条规定的“记名提单”，但区别在于《海商法》规定的记名提单是不可转让的。当签发一份以上可转让多式联运单据正本时，应当注明正本份数，收货人只有提交可转让多式联运单据时才能提取货物，多式联运经营人按其中一份正本交货后，即履行了交货人的义务；如果签发副本，则应当注明“不可转让副本”字样。

多式联运单据是否具有物权凭证的功能，理论与实务界存在争议。目前普遍认为海运单(Sea Way Bill)具有物权凭证的功能，意味着持有海运单代表占有货物，赋予海运单这种功能，主要源于贸易实践的需求。除海运单以外，多式联运单据还包括多式联运提单(Multimodal Transport B/L, MTB/L)。依据《无正本提单交付货物规定》第1条，多式联运提单包括记名提单、指示提单和不记名提单。《海商法》第71条、第78条第1款并未明确提单的法律属性和功效，有学者指出，仅就提单的物权凭证属性问题，理论及实务界至少存在三种观点，即否定说、物权凭证说、所有权凭证说。[①]在“中国建设银行股份有限公司广州荔湾支行与广东蓝粤能源发展有限公司、惠来粤东电力燃料有限公司等信用证融资纠纷案”中，法院认为，提单具有债权凭证和所有权凭证的双重属性，但并不意味着谁持有提单谁就当然对提单项下货物享有所有权。对于提单持有人而言，其能否取得物权以及取得何种类型的物权，取决于当事人之间的合同约定。建行广州荔湾支行履行了开证及付款义务并取得信用证项下的提单，但是由于当事人之间没有移转货物所有权的意思表示，故不能认为建行广州荔湾支行取得提单即取得提单项下货物的所有权。[②]概言之，提单持有人是否因受领提单的交付而取得物权以及取得何种类型的物权，取决于合同的约定。

在国际信用证业务中，UCP600对国际银行业务中的跟单信用证所涉及的多式联运单据（第19条），以及空运单（第23条），公路、铁路、内陆水运（第24条）等运输单据的签发、认定、提交等审核标准都作了相应规定。但该惯例只是信用证结算实务的指导性文件，企业能否成功开立信用证还取决于银行对风险的评估。根据相关规则，空运单、公路运单、铁路运单、内陆水运单都不具有物权凭证属性，属于不可转让的运输单证。在这些单证项下，一般是向记名收货人交付货物，收货人只需证明身份即可直接提货。银行是否接受以多式联运单据作为议付单据，取决于申请人的需求，以及申请人的资信水平。

第八百四十一条【托运人对多式联运经营人的过错赔偿责任】

因托运人托运货物时的过错造成多式联运经营人损失的，即使托运人已经转让多式联运单据，托运人仍然应当承担赔偿责任。

历史由来

本条承袭于《合同法》第320条，文字表述略有修改。

---

① 崔建远、耿林：《一份创设法律规则的判决——最高人民法院（2015）民提字第126号民事判决之评释》，载《华东政法大学学报》2016年第3期。

② 参见最高人民法院（2015）民提字第126号民事判决书。

在《民法典合同编（草案）》的历次“征求意见稿”和公开的“审议稿”中，《民法典合同编（草案）》（征求意见稿）第399条、《民法典合同编（草案）》（一审稿）第626条、《民法典合同编（草案）》（二审稿）第626条与《合同法》第320条规定一致，文字和内容均无变化。《民法典（草案）》第841条将《合同法》第320条中的“损害赔偿责任”修改为“赔偿责任”。

规范目的或功能

本条规定了托运人损害赔偿责任。在多式联运经营人接管货物时，托运人应视为已经向多式联运经营人保证他在多式联运单据中所提供的货物品类、标志、件数、重量、数量及危险特性的陈述准确无误，并应对违反这项保证造成的损失负赔偿责任。对凡是因为托运人或者其受雇人或者代理人在受雇范围内行事时的过失或者大意而给多式联运经营人造成损失的，托运人应当向多式联运经营人承担赔偿责任。如果托运人因自己的过错给多式联运经营人造成损失，即使托运人已经转让多式联运单据，无论多式联运单据在谁手中，多式联运经营人都可向托运人要求赔偿，而不能向单据持有人或者收货人主张赔偿责任。

本条与《民法典》第842条的规定不同，托运人的赔偿责任不适用网状责任制。如果多式联运合同适用《民法典》的规定时，无论因托运人过错导致多式联运经营人的损失发生在哪一个运输区段，多式联运经营人都有权依据本法规定向托运人主张权利、要求索赔。因托运人托运货物时的过错造成区段承运人损失的，区段承运人可以依据区段运输合同向多式联运经营人索赔。至于区段承运人能否直接向托运人索赔，本条没有涉及。根据侵权法一般原理，区段承运人有权以侵权为由直接向托运人索赔。

本条为完全法条，对托运人采取过错原则，因托运人托运货物时的过错造成多式联运经营人损失的，托运人应当承担赔偿责任。托运人不因转让多式联运单据而免除其赔偿责任。

规范内容

《民法典》本节没有规定多式联运法律关系中托运人应当履行的义务，对此可适用《民法典》第十九章第三节“货运合同”关于托运人义务的相关规定。据此，托运人应当履行如下义务：一是托运人办理货物运输时，应当向多式联运经营人准确表明收货人的姓名、名称或者凭指示的收货人，货物的名称、性质、重量、数量以及收货地点等有关货物运输的必要情况。二是托运人托运货物，应当妥善包装。三是货物运输需要办理审批、检验等手续的，托运人应当将办理完的有关手续提交多式联运经营人。四是托运人托运危险物品的，应当按照国家有关危险物品运输的规定对危险物品妥善包装，做出危险物品标志和标签，并将有关危险物品的名称、性质以及防范措施的书面材料提交多式联运经营人。五是托运人应当按照约定向多式联运经营人支付运费。

托运人承担赔偿责任的前提是存有过错。按照本条的规定，因托运人托运货物时的过错造成多式联运经营人损失的，托运人应当承担赔偿责任。所谓过错，是指托运人通过某些形式表现出来的在法律或者道德上应当受到非难的状态。这种应当受到非难的状态可以由故意引起，也可以由过失引起。例如，托运人交付货物时包装不当或填写多式联运单据时，故意或过失地提供不真实的资料，给多式联运经营人造成损失；或者托运人故意违反法律、法规中关于安全运输标准的规定，将危险物品当作普通物品运输而未如实向多式联运经营人申报，造成其他货物或运输工具的损失。

多式联运单据转让后不免除托运人的赔偿责任。多式联运单据分为可转让单据和不可转让单据，在不可转让单据下，托运人托运货物时因过错造成多式联运经营人损失的，由其承担赔偿责任没有争议。但是，在多式联运经营人签发了可转让单据，并且托运人已经将该单据转让的情况下，究竟是托运人承担赔偿责任，还是单据的受让人承担赔偿责任，存在一定的争议。一种观点认为，多式联运单据转让后，托运人对货物已不享有所有权，原则上应由所有权人赔偿对多式联运经营人或运输区段承运人造成的损害。另一种观点认为，在多式联运中，托运人完全有可能在托运货物造成多式联运经营人或区段运输承运人损失之前已经将多式联运单据转让。如果仅因多式联运单据已经转让，而将因托运人的过错产生的责任归于所有权人或收货人，不符合公平原则的精神。[①]

---

① 王利明：《合同法分则研究》（上卷），中国人民大学出版社2013年版，第490页。

按照本条规定，即使托运人已经转让多式联运单据，但因托运人托运货物时的过错给多式联运经营人造成损失的，托运人仍然应当承担赔偿责任。本条规定充分借鉴了1980年《联合国国际货物多式联运公约》和1991年《多式联运单证规则》的相关规定，进一步强化了托运人在托运货物时的义务，有利于实现货物的安全高效运输。需要注意的是，由于托运人托运货物的过错导致多式联运经营人承运的其他货物遭受损失时，多式联运经营人仍然应当向其他货主承担赔偿责任。同时，因托运人的受雇人或者代理人在受雇或受委托范围行事时的过错给多式联运经营人造成损失的，托运人也应当向多式联运经营人承担赔偿责任。

多式联运经营人依据本条请求托运人承担赔偿责任的诉讼时效，适用《民法典》第188条的规定，从其知道或应当知道其权利受侵害之日起计算。根据字面解释，托运人向多式联运经营人承担赔偿责任，需要满足两个前提：一是托运人托运货物时有过错；二是造成多式联运经营人损失。如果多式联运经营人同时是某一运输区段的承运人，由于托运人过错造成其损失的，多式联运经营人可以直接向托运人索赔。由于多式联运经营人往往不承担全部运输任务，相关损失可能发生于某一运输区段，如造成区段承运人运输工具的损失，此时，多式联运经营人只有向区段承运人承担赔偿责任之后，其损失才真正发生。司法实践中，多式联运经营人主张从经生效判决或仲裁裁决认定其承担赔偿责任之日起计算诉讼时效的，人民法院应当予以支持。

举证责任

多式联运经营人向托运人主张赔偿责任，应当举证证明托运人或者其受雇人、代理人在履行货物品类、标志、件数、重量、数量及危险特性的货物信息告知等方面存在过错，并且该过错与多式联运经营人损失之间存在因果关系。如果托运人主张存在不可归责于自己的情形而减免责任，则应当举证证明该免责事由的存在。

第八百四十二条【赔偿责任适用法律的规定】

货物的毁损、灭失发生于多式联运的某一运输区段的，多式联运经营人的赔偿责任和责任限额，适用调整该区段运输方式的有关法律规定；货物毁损、灭失发生的运输区段不能确定的，依照本章规定承担赔偿责任。

历史由来

本条来源于《合同法》第321条，文字表述略有修改。

在《民法典合同编（草案）》的历次“征求意见稿”和公开的“审议稿”中，《民法典合同编（草案）》（征求意见稿）第400条、《民法典合同编（草案）》（一审稿）第627条、《民法典合同编（草案）》（二审稿）第627条与《合同法》第321条相比，文字和内容均无变化。《民法典（草案）》第842条在上述草案基础上，将“承担损害赔偿责任”修改为“承担赔偿责任”。在《民法典》的起草过程中，有主要学者建议稿就此条提出修改建议。[①]

规范目的或功能

本条规定了多式联运经营人的赔偿责任、责任限额及法律适用。

我国各运输单行法或者行政法规对不同运输方式中承运人的赔偿责任和赔偿限额规定不同，一旦货物在运输过程中发生毁损、灭失的，即需要适用法律确定多式联运经营人的赔偿责任和赔偿限额。本条确立了两个原则：一是如果货物发生毁损、灭失的区段是确定的，多式联运经营人的赔偿责任和责任限额适用调整该区段运输方式的有关法律规定。该原则体现了目前国际

---

① 陈甦教授主持编撰的《中国社会科学院民法典分则草案建议稿》在保留《合同法》第321条基础上，建议增加“迟延交付”的情形，规定：“货物的毁损、灭失或者迟延交付发生于多式联运的某一运输区段的，多式联运经营人的赔偿责任和责任限额，适用调整该区段运输方式的有关法律规定；货物毁损、灭失发生或者迟延交付的运输区段不能确定的，依照本章规定承担损害赔偿责任。”参见陈甦主编：《中国社会科学院民法典分则草案建议稿》，法律出版社2019年版，第227页。

通行的多式联运经营人的“网状责任制”。二是如果不能确定货物发生毁损、灭失的运输区段的，应当依照《民法典》本章关于承运人赔偿责任和责任限额的规定确定多式联运经营人的赔偿责任。[①]调整多式联运的国内立法中，《民法典》与《海商法》《民用航空法》《铁路法》属于一般法与特别法的关系。

本条为完全法条，多式联运经营人对全程运输负有承运人的义务，货物毁损、灭失发生于某一区段的，多式联运经营人有权援引调整该区段运输方式的法律所设定的责任限额。但在货物毁损、灭失的运输区段无法确定的情形下，多式联运经营人则无法适用关于特定运输方式的赔偿责任与责任限额，应适用《民法典》本章关于货物毁损、灭失法律责任的规定。

规范内容

在国际多式联运立法发展过程中，多式联运经营人责任制度主要分为网状责任制（Network System）和统一责任制（Uniform Liability System），这两种责任制度各有利弊。网状责任制中，多式联运经营人的赔偿责任和责任限额适用货物的灭失、损坏或迟延交付发生的运输区段所适用的法律。统一责任制则不考虑货物灭失、损坏或迟延交付发生的具体运输区段，多式联运经营人按照法律规定适用统一的赔偿责任与责任限额。就法律适用的确定性而言，统一责任制比网状责任制更加具有优势。但就法律后果来看，网状责任制比统一责任制更加科学合理，主要表现在多式联运经营人对货方的赔付及向区段承运人追偿方面。由于多式联运经营人在对货主承担赔偿责任之后，需要向履行区段运输的承运人进行追偿，网状责任制可以确保多式联运经营人对外承担的赔偿责任可以得到充分追偿。但适用统一责任制时，多式联运统一责任制度与调整区段运输责任制度可能存在差异，导致多式联运经营人对外承担的赔偿责任可能无法通过完全追偿得到弥补，这是多式联运经营人所难以接受的。

适用网状责任制的重要前提是能够确定货物灭失、损坏或迟延交付发生的运输区段。当无法确定货损发生的运输区段时，网状责任制则无法适用。为了

---

① 全国人民代表大会常务委员会法制工作委员会编：《中华人民共和国合同法释义》（第3版），法律出版社2013年版，第532页。

解决这个问题，立法直接规定适用相关法律制度；或者适用多式联运过程中某一运输区段的法律，通常情形下该运输区段相比而言存在较高的运输风险（如海运）。此种立法模式称为“经修正的网状责任制”，解决无法确定货损发生的运输区段时的法律适用问题。通常认为，关于多式联运经营人的赔偿责任，1980年《联合国国际货物多式联运公约》采用了统一责任制；1991年《多式联运单证规则》则在区分是否含海运、内河运输区段的基础上采用了“特殊网状责任制”。关于多式联运经营人的责任限额，1980年《联合国国际货物多式联运公约》在区分是否含海运、内河运输区段的基础上，充分考虑货方利益，采用了“特殊网状责任制”；1991年《多式联运单证规则》则完全采用网状责任制。

本条关于多式联运经营人就货物毁损、灭失的责任采纳网状责任制立法模式。确定损失发生的运输区段是适用网状责任制的关键，如果能够确定货物的毁损、灭失发生在某一运输区段的，多式联运经营人的赔偿责任与责任限额均适用调整该区段运输方式的有关法律规定。如果货物损失发生在多个运输区段，而且能够区分各自损失，则可以根据损失分别适用不同区段的法律。如果货物毁损、灭失发生的运输区段不能确定（隐蔽货损），多式联运经营人依据《民法典》本章规定适用严格责任，只能依据本法第832条规定主张免责抗辩。由于本章未规定承运人责任限额，多式联运经营人应承担完全赔偿责任。关于货物损失发生的运输区段不能确定的情形，大致可以分为两类：一是无法确定损失发生的运输区段，特别在集装箱运输中，区段承运人之间货物交接不可能开箱检验，导致有些损失难以确定发生在某一运输区段。二是损失的形成是一个逐步发展的过程，涉及多个运输环节，导致无法确定损失发生的具体运输区段。但是，本条没有规定涉及多式联运经营人如何向各区段承运人追偿此项赔偿金额问题。在货损区段能够确定时，多式联运经营人可以向其承运人追偿。如果是隐蔽货损，除合同另有约定外，多式联运经营人是无法向任何人追偿的。因此，如果多式联运经营人要摆脱这种损失，唯一的办法就是通过与参加多式联运的各区段承运人之间订立的运输合同取得适当解决。[①]《民法典》第839条作了规定，即多式联运经营人可以与参加多

① 全国人民代表大会常务委员会法制工作委员会编：《中华人民共和国合同法释义》（第3版），法律出版社2013年版，第533页。

式联运的各区段承运人就多式联运合同的各区段运输约定相互之间的责任。《民法典》第840条关于多式联运单据、第841条关于多式联运单据转让后托运人的责任，也可适用于含国际海上运输在内的多式联运合同。

本条关于多式联运经营人赔偿责任与1991年《多式联运单证规则》存在细微的区别。如果能够确定货物损失发生的运输区段的，根据本条规定，多式联运经营人的赔偿责任适用调整该区段运输方式的法律。1991年《多式联运单证规则》规定多式联运经营人的责任基础是推定过错，如果能够确定货物损失发生在海上或内河运输区段的，多式联运经营人可以享受航海过失及火灾免责抗辩；如果货物损失发生在其他运输区段（铁路、航空、公路）的，多式联运经营人赔偿责任仍然适用推定过错责任制，而不适用调整该区段运输方式法律下承运人的赔偿责任制度。如果货物损失发生的运输区段不能确定的，1991年《多式联运单证规则》不考虑运输区段的组成，多式联运经营人的责任基础仍然适用推定过错。根据我国法律，此时需要区分多式联运是否包含国际海上货物运输。如果含国际海上货物运输，货物损失发生的运输区段不能确定的，多式联运经营人赔偿责任应适用《海商法》第四章的有关规定。如果不含国际海上货物运输，货物损失发生的运输区段不能确定的，多式联运经营人赔偿责任应适用本法本章的有关规定。由此可见，本法关于多式联运经营人的赔偿责任，采取了完全的网状责任制，1991年《多式联运单证规则》则采用"有限的网状责任制"。

《民法典》本章没有赋予承运人在货运合同中享有赔偿责任限制的权利，也没有规定承运人丧失赔偿责任限制的条件。如果货物损失发生在某一运输区段，调整该区段运输的法律赋予承运人赔偿责任限制的，多式联运经营人享有的责任限额及丧失责任限制的条件均应适用调整该运输区段的法律。例如，当货物损失发生的运输区段不能确定且运输区段包括国际海上货物运输时，《海商法》第四章规定多式联运经营人责任限额为666.67计算单位/件或2计算单位/公斤；如果不包括国际海上运输区段（即使包括沿海或内河运输），则适用《民法典》本节有关规定，多式联运经营人没有责任限额，承担完全赔偿责任。

多式联运由不同的运输方式组成，完成多式联运需要经过多个运输区段，各运输区段适用不同法律制度，调整多式联运的法律制度较单一运输方式更加复杂。

一、多式联运经营人的诉讼时效

多式联运经营人诉讼时效问题在我国司法实践中存在较大的争议。一种观点认为，诉讼时效属于广义的多式联运经营人赔偿责任的范围，同样适用本条的规定。而且，根据《涉外民事关系法律适用法》第7条的规定，诉讼时效，适用相关涉外民事关系应当适用的法律。该规定进一步说明，针对多式联运经营人的诉讼时效，应当适用调整多式联运经营人责任制度的法律。因此，如果能够确定货损发生的运输区段的，针对多式联运经营人的诉讼时效应适用调整该运输区段的法律规定。[①]如果不能确定货损发生的运输区段的，应适用本章关于诉讼时效的规定，为3年。另一种观点认为，按照严格的文义解释，本条仅规定适用于多式联运经营人赔偿责任与责任限额，没有明确包括诉讼时效。[②]针对多式联运经营人的诉讼时效应适用本法关于一般运输合同诉讼时效的规定，为3年。而且，多式联运涉及多个运输方式所适用的法律，各种法律制度上的衔接造成各种法律上的风险，其中就包括多式联运经营人向区段承运人追偿的问题，多式联运经营人应当尽可能通过事先的合同安排予以解决。第一种观点类似于网状责任制，第二种观点类似于统一责任制，两种观点各有道理，但也都存在不足。如果适用第二种观点，在本法框架下，针对多式联运经营人的诉讼时效为3年，但调整多式联运经营人与区段承运人之间关于区段运输合同法律规定的诉讼时效不一定为3年。例如，《民用航空法》中针对承运人的诉讼时效为2年，沿海内河运输中针对承运人的诉讼时效为1年，可能出现托运人向多式联运经营人索赔后，多式联运经营人向区段承

---

① 参见广东省高级人民法院（2017）粤民终14号民事判决书。该案涉及含国际海上运输在内的国际多式联运合同，关于诉讼时效，该判决主要理由如下：本案运输发生货损的期间在陆路运输期间，根据《海商法》第105条的规定，本案诉讼时效适用调整陆路运输区段运输方式的《民法通则》第135条的规定，诉讼时效为2年。

② 参见最高人民法院（2018）最高法民再196号民事判决书。该案涉及含国际海上运输在内的国际多式联运合同，货物损失发生在墨西哥陆路运输区段，关于诉讼时效，该判决主要理由如下：《海商法》没有规定有关多式联运合同的请求权的诉讼时效，本案多式联运合同项下货损赔偿请求权的诉讼时效期间，应当依据中华人民共和国在案涉运输行为发生当时所施行的法律规定即《民法通则》第135条关于2年的诉讼时效。没有支持当事人关于诉讼时效适用案涉货损区段法律的主张。

运人追偿时已经超过诉讼时效。基于此，第一种观点似乎更加科学，可以最大限度地保持货方对多式联运经营人的诉讼时效与多式联运经营人向区段承运人的追偿诉讼时效相一致。但第一种观点也存在漏洞，如果托运人在时效的最后一天向多式联运经营人提起诉讼，多式联运经营人再向区段承运人追偿，则仍然可能超过诉讼时效。

二、具有涉外因素的多式联运合同的法律适用问题

关于本条是否构成国际私法下的冲突规范，存在一定的争议。客观上讲，国际立法者创设网状责任制的初衷，也似乎不是将其作为国际私法意义上的冲突规范。多式联运经营人网状责任制既包括纯粹国内运输，也包括具有涉外因素的国际运输。在后一种情形下，网状责任制确实有某些冲突规范的特征，但其所指向适用法律的确定性明显不如冲突规范更加清晰明确。无论如何，这个问题具有进一步讨论的价值。

在审理具有涉外因素的多式联运合同纠纷时，准确确定调整多式联运合同的准据法至关重要。1980年《联合国国际货物多式联运公约》第2条规定，本公约强制适用于多式联运经营人接管货物的地点或交付货物的地点位于缔约国的多式联运合同。而《海商法》第四章第八节及本节均没有规定强制适用范围。根据国际私法的原理，对于具有涉外因素的多式联运合同准据法的确定，仍应坚持意思自治原则，当事人可以协议选择多式联运合同适用的法律；当事人没有选择的，适用最密切联系原则确定相关准据法。

如果案涉多式联运合同适用中华人民共和国法律，确定具体调整某一运输区段的准据法同样适用上述原则。当货物灭失或者损坏发生在国外某一运输区段时，不能直接适用我国关于调整该区段运输方式的法律。如果合同明确约定了调整该运输区段的法律，应依据合同约定确定准据法；如果没有明确约定的，应该适用与区段运输有最密切联系的国家的法律。

三、调整区段运输国际公约的国内适用问题

如果能够确定损失发生在具体的运输区段，关于多式联运经营人的赔偿责任和责任限额，适用于调整该区段运输方式的有关法律规定。在国内多式联运合同中，确定调整区段运输方式的法律相对比较容易，铁路运输区段适

用《铁路法》，航空运输区段适用《民用航空法》，海上运输区段适用《海商法》，国内水路运输区段和公路运输区段适用本章规定。对于具有涉外因素的多式联运合同，情况则相对比较复杂。关于调整区段运输方式的法律，应当作广义解释，既包括某一国家的国内法，也包括相关国际公约。当损失发生的运输区段属于相关国际货物运输公约的调整范围时，公约能否被适用还要取决于法院地所在国家是否为公约缔约国。如果我国是该公约的缔约国，我国法院应适用该公约的相关规定；如果我国不是该公约的缔约国，我国法院则没有义务直接适用该国际公约，仍然需要确定某一国内法作为准据法；如果根据该国法律，相关国际公约在该国优先于国内法适用，人民法院可以将该公约视为国内法的组成部分，从而适用该公约；否则人民法院不能直接适用该公约。如果合同中明确约定适用该区段国际公约的，即使我国不是该公约的缔约国，根据《涉外民事关系法律适用法解释（一）》第9条的规定，[①]人民法院也可以根据该公约的内容确定当事人的权利义务关系。

四、多式联运经营人迟延交付责任问题

《民法典》未赋予承运人在迟延交付时享受责任限制的权利。对于承运人及时运送货物的义务问题，《民法典》第811条规定，承运人应当在约定期限或者合理期限内将旅客、货物安全运输到约定地点，因此没有理由排除多式联运经营人承担迟延交付的责任。本条没有明确规定多式联运经营人应对迟延交付承担责任，关于多式联运经营人迟延交付责任，应当参照适用《民法典》第811条规定。需要注意的是，《海商法》《民用航空法》等国内法及相关国际运输公约均赋予承运人在迟延交付时享受责任限制的权利，如《海商法》第50条规定："货物未能在明确约定的时间内，在约定的卸货港交付的，为迟延交付。除依照本章规定承运人不负赔偿责任的情形外，由于承运人的过失，致使货物因迟延交付而灭失或者损坏的，承运人应当负赔偿责任。除依照本章规定承运人不负赔偿责任的情形外，由于承运人的过失，致使货物因迟延

---

① 《涉外民事关系法律适用法解释（一）》第9条规定："当事人在合同中援引尚未对中华人民共和国生效的国际条约的，人民法院可以根据该国际条约的内容确定当事人之间的权利义务，但违反中华人民共和国社会公共利益或中华人民共和国法律、行政法规强制性规定的除外。"

交付而遭受经济损失的，即使货物没有灭失或者损坏，承运人仍然应当负赔偿责任。承运人未能在本条第一款规定的时间届满六十日内交付货物，有权对货物灭失提出赔偿请求的人可以认为货物已经灭失。”第57条规定：“承运人对货物因迟延交付造成经济损失的赔偿限额，为所迟延交付的货物的运费数额。货物的灭失或者损坏和迟延交付同时发生的，承运人的赔偿责任限额适用本法第五十六条第一款规定的限额。”[①]《民用航空法》第128条、第129条分别规定了国内航空运输与国际航空运输承运人的赔偿责任限额。[②]第128条规定：“国内航空运输承运人的赔偿责任限额由国务院民用航空主管部门制定，报国务院批准后公布执行。旅客或者托运人在交运托运行李或者货物时，特别声明在目的地点交付时的利益，并在必要时支付附加费的，除承运人证明旅客或者托运人声明的金额高于托运行李或者货物在目的地点交付时的实际利益外，承运人应当在声明金额范围内承担责任；本法第一百二十九条的其他规定，除赔偿责任限额外，适用于国内航空运输。”第129条第2项规定：“对托运行李或者货物的赔偿责任限额，每公斤为17计算单位。旅客或者托运人在交运托运行李或者货物时，特别声明在目的地点交付时的利益，并在必要时支付附加费的，除承运人证明旅客或者托运人声明的金额高于托运行李或者货物在目的地点交付时的实际利益外，承运人应当在声明金额范围内承担责任。托运行李或者货物的一部分或者托运行李、货物中的任何物件毁灭、遗失、损坏或者延误的，用以确定承运人赔偿责任限额的重量，仅为该一包件

---

① 《海商法》第59条还规定了承运人丧失赔偿责任限制的情形，即“经证明，货物的灭失、损坏或者迟延交付是由于承运人的故意或者明知可能造成损失而轻率地作为或者不作为造成的，承运人不得援用本法第五十六条或者第五十七条限制赔偿责任的规定。”

② 《民用航空法》第116条、第132条还规定了承运人丧失赔偿责任限制的情形。第116条规定：“在国内航空运输中，承运人同意未经填具航空货运单而载运货物的，承运人无权援用本法第一百二十八条有关赔偿责任限制的规定。在国际航空运输中，承运人同意未经填具航空货运单而载运货物的，或者航空货运单上未依照本法第一百一十五条第（三）项的规定声明的，承运人无权援用本法第一百二十九条有关赔偿责任限制的规定。”第132条规定：“经证明，航空运输中的损失是由于承运人或者其受雇人、代理人的故意或者明知可能造成损失而轻率地作为或者不作为造成的，承运人无权援用本法第一百二十八条、第一百二十九条有关赔偿责任限制的规定；证明承运人的受雇人、代理人有此种作为或者不作为的，还应当证明该受雇人、代理人是在受雇、代理范围内行事。”

或者数包件的总重量；但是，因托运行李或者货物的一部分或者托运行李、货物中的任何物件的毁灭、遗失、损坏或者延误，影响同一份行李票或者同一份航空货运单所列其他包件的价值的，确定承运人的赔偿责任限额时，此种包件的总重量也应当考虑在内。”

三 举证责任

在法律没有特别规定的情况下，仍应坚持适用“谁主张，谁举证”的举证责任分配原则。托运人、收货人主张多式联运经营人承担赔偿责任的，应初步举证证明货物毁损、灭失发生在运输过程中及适用的法律，多式联运经营人依据国内法或国际公约主张赔偿责任限制的，应当证明货物毁损、灭失发生在上述法律适用的运输区段。如果货物毁损、灭失发生的运输区段不能确定的，多式联运经营人依据《民法典》本章规定适用严格责任，只能依据本法第832条规定主张免责抗辩。

第二十章

技术合同

第一节 一般规定

第八百四十三条【技术合同的定义】

技术合同是当事人就技术开发、转让、许可、咨询或者服务订立的确立相互之间权利和义务的合同。

历史由来

本条来源于《合同法》第322条。[①]与《合同法》第322条相比，本条的主要变动为新增“许可”这一技术交易形式，在《合同法》规定的技术开发合同、技术转让合同、技术咨询合同和技术服务合同之外，增加了“技术许可合同”。

1987年11月1日施行的《技术合同法》在我国法律体系中首次确立技术合同制度。[②]《技术合同法》第2条[③]明确规定了技术合同的概念，即法人之间，法人和公民之间、公民之间就技术开发、技术转让、技术咨询和技术服务所订立的确立民事权利与义务关系的合同。[④]1999年颁布的《合同法》保留

---

① 《合同法》第322条规定：“技术合同是当事人就技术开发、转让、咨询或者服务订立的确立相互之间权利和义务的合同。”

② 《技术合同法》由中华人民共和国第6届全国人民代表大会常务委员会第21次会议于1987年6月23日通过，自1987年11月1日起施行；现已失效。

③ 《技术合同法》第2条规定：“本法适用于法人之间，法人和公民之间、公民之间就技术开发、技术转让、技术咨询和技术服务所订立的确立民事权利与义务关系的合同。但是，当事人一方是外国的企业、其他组织或者个人的合同除外。”

④ 受《技术合同法》调整的技术合同，其主体既可以是法人（包括企业法人和机关、事业单位、社会团体法人），也可以是公民；此外，还包括作为法人特殊形式的个体工商户、农村承包经营户以及个人合伙，但仅限国内主体。适用范围包括技术的开发、转让、咨询和服务四种技术交易形式。参见原国家科学技术委员会副主任吴明瑜于1987年1月12日在第六届全国人民代表大会常务委员会第十九次会议上所作《关于〈中华人民共和国技术合同法（草案）〉的说明》。

了《技术合同法》大部分条款，并设技术合同专章，其第322条承袭《技术合同法》第2条的立法意图，规定了技术合同的含义。在《民法典》制定以前，主要的《民法典》学者建议稿都维持《合同法》第322条关于技术合同的表述架构，王利明教授主持编撰的《中国民法典学者建议稿》第1761条是原文保留[①]；而梁慧星教授主持编撰的《中国民法典草案建议稿》第1283条在第322条的基础上增加了技术的“咨询”和“培训”。[②]说明学者们对哪些技术活动可以通过合同的形式开展以及技术“服务”与技术“咨询、培训”之间是包含还是并列关系存在不同看法。

此次《民法典》编纂继续在合同编保留了“技术合同”章。关于技术合同的定义，《民法典合同编（草案）》（征求意见稿）第401条和《民法典合同编（草案）》（一审稿）第628条沿用了《合同法》第322条的规定。在草案征求意见时，有部门提出，技术转让和技术许可具有不同的法律含义，建议区分技术转让合同和技术许可合同。《民法典合同编（草案）》（二审稿）遂将合同编中的“技术转让合同”修改为“技术转让合同和技术许可合同”，并增加关于技术许可合同的规定，其第628条也相应地调整为“技术合同是当事人就技术开发、转让、许可、咨询或者服务订立的确立相互之间权利和义务的合同”。此后至《民法典（草案）》审议通过，该条文表述未再作出改动。

二 规范目的或功能

本条是技术合同的定义性规定，其规范宗旨有二：第一，继续在我国民法体系中确立“技术合同”这一有名合同类型，区别于“知识产权合同”以及其他合同；第二，确定技术合同的内涵和外延，便于当事人、人民法院以及合同登记机构把握技术合同的类型和范围，以识别某一涉及技术的合同是否为技术合同。

---

① 王利明主编：《中国民法典学者建议稿及立法理由：债法总则编·合同编》，法律出版社2005年版，第691页。

② 梁慧星主编：《中国民法典草案建议稿附理由：合同编》（下），法律出版社2013年版，第754页。

技术合同是科技成果商品化的主要法律形式，是科学技术与经济建设相连接的纽带。一方面，技术合同是当事人就一系列技术活动订立的确立相互之间权利和义务的合同，在本质上与传统民事合同并无二致，均是平等民事主体之间设立权利义务关系的合同。但由于技术合同权利义务指向的对象是科学技术，融合了普通民事合同的共性与科技成果的特性，使其成为一种特殊的民事合同。[①]另一方面，技术合同是知识形态的商品通过市场进行交换的法律形式，规定了技术贸易双方的权利和义务，是保证技术贸易顺利进行的基本文字依据，是对技术洽谈所涉及的各种问题的归纳、总结、规范和提高，[②]是知识产权合同的一种，但不等同于知识产权合同。[③]

技术合同的定性在司法实务中十分重要，对双方当事人权利义务的确定、违约与否的认定以及相应的法律适用有直接的影响，决定了案件审理的方向，有时还决定了案件的管辖与业务分工等问题。[④]同时，审查和认定技术合同也是技术合同登记的前提。根据我国《技术合同认定登记管理办法》第6条、第7条的规定，未经申请认定登记的技术合同，不得享受国家对有关促进科技成果转化规定的税收、信贷和奖励等方面的优惠政策。而登记机构对当事人所提交的合同文本和有关材料进行审查和认定，首要的即是识别该合同是否属于技术合同，[⑤]其判断依据即是本法关于技术合同的规定。本条在总结我国多年来开拓技术市场经验的基础上，结合科技发展规律和当事人权利义务的特点，将技术合同分为技术开发合同、技术转让合同、技术许可合同、技术咨询合同和技术服务合同五大类。换言之，技术合同的标的为技术开发、转让、许可、咨询或者服务，非以此为标的者，即使合同涉及技术，也不属于技术合同；其他合同的标的中明显含有技术开发、转让、许可、咨询或服务内容，

---

① 参见欧修平：《技术合同违约行为的审查判断》，载《人民司法》2013年第5期。

② 严明：《技术合同签订与履行过程中应注意的问题》，载《青海科技》2005年第6期。

③ 《民事案件案由规定》第五部分第十三类案为“知识产权合同纠纷”，其中的“技术合同纠纷”下设12种纠纷，分别是：技术委托开发合同，技术合作开发合同，技术转化合同，技术转让合同，技术咨询合同，技术服务合同，技术培训合同，技术中介合同，技术进口合同，技术出口合同，职务技术成果完成人奖励、报酬，技术成果完成人署名权、荣誉权、奖励权。

④ 参见欧修平：《技术合同违约行为的审查判断》，载《人民司法》2013年第5期。

⑤ 参见《技术合同认定登记管理办法》第13条。

其技术交易部分能独立成立并且合同当事人单独订立合同的，就其单独订立的合同可以认定为技术合同。[①]

本条规定所涉现实问题是：什么是技术合同？有哪些具体的技术合同类型。通过列举调整对象的方式，本条不仅确定了民法上的技术合同概念和分类，也确定了“技术合同”章的条文编排体例。

规范内容

本条为定义性法条，阐明了技术合同的含义和具体类型。

根据本条规定，技术合同是指当事人之间就技术开发、转让、许可、咨询或者服务订立的，确立相互之间权利和义务的合同，包括技术开发合同、技术转让合同、技术许可合同、技术咨询合同和技术服务合同。其中技术开发合同是当事人之间就新技术、新产品、新工艺、新品种或者新材料及其系统的研究开发所订立的合同，包括委托开发合同和合作开发合同。技术转让合同是合法拥有技术的权利人，将现有特定的专利、专利申请、技术秘密的相关权利让与他人所订立的合同。技术许可合同是合法拥有技术的权利人，将现有特定的专利、技术秘密的相关权利许可他人实施、使用所订立的合同。技术咨询合同是当事人一方以技术知识为对方就特定技术项目提供可行性论证、技术预测、专题技术调查、分析评价报告等所订立的合同。技术服务合同是当事人一方以技术知识为对方解决特定技术问题所订立的合同，不包括承揽合同和建设工程合同。

以上五种具体的技术合同都属于科学技术实践，共存于科学技术由知识转化为商品，由潜在生产能力形成现实生产力的创新发展链上，构成技术成果商品化的有机整体。但它们又分别存在于科学研究、技术开发和创新发展的不同阶段，是技术创新和成果转化的不同环节，有共性，又有个性，在不同技术合同中，科学技术知识和信息以不同内容和形式进入流通领域，因而产生了不同的权利义务关系，需要分别予以规范和调整，进而构筑具有中国

① 参见《技术合同认定规则》第5条。

特色的技术合同体系。[①]

作为一个整体的技术合同，本质上属于民事合同，但它又是区别于其他民事合同的一种特殊合同，其特殊性主要表现在以下三个方面：

第一，主体的特殊性。根据本法第2条的规定，技术合同的主体是平等主体的自然人、法人和非法人组织。与一般合同主体不同，技术合同主体的一方必定是掌握一定的技术且能够为他人提供技术或者技术服务的自然人、法人或非法人组织。

第二，标的的特殊性。合同的标的是指合同当事人权利义务共同指向的对象。关于技术合同的标的是什么，争论颇多，主要有技术成果说、科学技术说、技术说、提供技术成果的行为说、知识形态的商品说等。虽然学说观点各有不同，但至少有一点是共同的，即都是围绕技术来界定的，正是这种技术的特征决定了技术合同与其他一般合同的显著不同。[②]

第三，合同履行的特殊性。除须按诚信原则全面履行外，技术合同还有自己的履行规则：（1）技术合同的履行往往涉及与技术有关的其他权利归属问题，如发明权、专利权、技术秘密的使用权和转让权以及其他技术权益等，因此还要受知识产权或其他保护技术成果的法律制度调整。（2）由于存在技术成果的不确定性和技术开发的风险性，在技术合同履行过程中不宜强调"实际履行"。如技术开发合同中的研究开发方遇到难以克服的技术困难而无法履行合同义务，若强行履行将给委托人带来更大的经济损失。（3）一些技术合同的订立是基于当事人相互间的信赖，因而具有一定的人身性，其履行很难由第三人替代。（4）对技术成果的价格计算没有统一、现成的标准，比一般商品价格按成本加平均利润的办法更为复杂，须考虑市场需求、风险责任、同类技术的状况、成本高低及经济效益等诸多因素。（5）一般合同履行中的通知、协助、保密等附随义务在技术合同中往往成为合同的主要义务。[③]

① 参见段瑞春：《技术合同》，法律出版社1999年版，第11页。

② 参见邰中林：《〈关于审理技术合同纠纷案件适用法律若干问题的解释〉的理解与适用》，载《中国法律》2005年第2期。

③ 参见何薇：《技术合同违约责任探析》，载《中国科技信息》2010年第10期。

其他问题

在《民法典》合同编中单列一章“技术合同”，系我国特有的立法体例。作为技术交易领域内的合同类型的统称，技术合同是将交易市场或领域区分为技术领域与非技术领域的思维产物。①随着我国知识产权立法的逐步完善，在《民法典》编纂过程中，是否还有必要规定技术合同，或者是直接规定知识产权合同，存在争议。②要回答这一问题，须在厘清技术合同制度发展历史的基础上，检视其存在的必要性与合理性。

作为独具中国特色的合同制度，技术合同制度发端于计划经济时代，是科技体制改革的手段之一。1981年颁布的《经济合同法》第26条、第47条对“科技协作合同”作出了原则性规定，“技术合同”作为落实国家科技计划的改革手段开始出现。经济合同是“计划合同的同义语”③，“技术合同”自然也不是现代私法意义上的概念。随着“科学技术是第一生产力”以及“经济建设必须依靠科学技术，科技工作必须面向经济建设”成为国家的战略方针，中共中央于1985年发布《关于科学技术体制改革的决定》，要求加速技术成果商品化，改革拨款制度。为适应我国经济体制改革和科学技术体制改革的需要，特别是加速科技成果商品化、开发技术市场以后的客观要求，《技术合同法》于1987年颁布实施，技术合同被誉为“富有中国特色的合同形式”，是“调整知识形态商品生产和交换关系的法律”。④与此同时，我国知识产权立法也如火如荼地展开。1979年的《中外合资经营企业法》允许合营各方用“工业产权”投资，1982年《商标法》颁布，1984年《专利法》颁布，1985年我国成为《保护工业产权巴黎公约》成员国，1986年《民法通则》实施，1990年《著作权法》颁布，等等。随着我国知识产权法体系的建立，技术合

① 参见朱广新：《民法典之典型合同类型扩增的体系性思考》，载《交大法学》2017年第1期。

② 参见崔建远：《技术合同的立法论》，载《广东社会科学》2018年第1期。

③ 谢怀栻：《论制定适应社会主义市场经济的合同法问题》，载《中国法学》1993年第2期。

④ 参见原国家科学技术委员会副主任吴明瑜于1987年1月12日在第六届全国人民代表大会常务委员会第十九次会议上作的《关于〈中华人民共和国技术合同法（草案）〉的说明》。

同与知识产权的“双轨制”作为不同经济体制在科技领域的特殊表现，也得以固定。[①]

1999年10月1日，《合同法》施行，《技术合同法》同时废止。废止的理由是：《技术合同法》是计划经济的产物，行政管理色彩浓厚，未能体现市场交易的内在需要；按合同的不同类型规定不同的规则，割裂和支解了市场，导致法制的不统一、市场规则的不协调；分头立法缺乏学理上的论证，不同的合同共性大于个性，现有的立法或重复交叉或矛盾冲突，缺乏协调；合同规则简单粗糙，残漏不全，难以满足市场交易的需要。[②]但令人疑惑的是：基于同样的理由，为何不彻底废除技术合同制度？《合同法》第十八章“技术合同”共有43条，“几乎完整地保留了技术合同法原有的内容”[③]。

质疑“技术合同”的理由有三：其一，《合同法》整体上是按交易性质对有名合同进行体系编排，“技术合同”有违逻辑一致性。技术合同除了其标的有实质区别外，其他区别都不是根本的，其不同类别都可以在《合同法》中“对号入座”。诚如有学者所言，技术合同表面上是独立的合同类型，实质上并非如此，它们不过是委托、合伙、买卖、承揽、居间等合同的具体运用而已。[④]其二，技术合同作为一种合同类型，在理论上面临着“腹背受敌”的尴尬局面：在合同法领域，作为计划经济与改革开放交错的产物，技术合同被认为是对特定情形和具体情景的被动回应，缺乏法理基础，不符合统一合同法起草的法律理性化和自我组织科学化要求；在财产法领域，作为

---

① 技术合同制度与知识产权法“双轨制”保存产生的具体问题，可参见谢晓尧、曾凤辰：《技术合同的兴起与退隐——一个知识产权现象的地方性知识》，载《知识产权》2014年第3期。

② 相关观点可参见梁慧星：《从“三足鼎立”走向统一的合同法》，载《中国法学》1995年第3期；谢怀栻：《论制定适应社会主义市场经济的合同法问题》，载《中国法学》1993年第2期；张广兴：《中华人民共和国合同法的起草》，载《法学研究》1995年第5期；陈小君、易军：《论中国合同法的演进》，载《法商研究》（中南政法学院学报）1999年第6期；张新宝：《论建立我国统一的合同法律制度》，载《中南政法学院学报》1987年第1期；苏惠祥、车丕照：《合同法体系若干问题的探讨——兼论制订基本合同法问题》，载《吉林大学社会科学学报》1993年第4期；柳经纬：《我国民事立法的回顾与展望》，载《厦门大学法律评论》2003年第2期。

③ 周大伟：《〈中华人民共和国技术合同法〉制定中的种种悬念——以此文纪念中国改革开放30周年》，载《中国政法大学学报》2009年第3期。

④ 韩世远：《合同法学》，高等教育出版社2010年版，第519页。

技术合同标的物的“技术成果”的法律属性被认为应当交由财产法提炼和萃取，而不应由《合同法》的相关规定去设定，且现有概念照抄自计划经济的话语体系，缺乏科学性和严谨性。其三，技术合同面临存在危机。技术合同制带有旧体制的残留印记，政策性概念内容含混、边界模糊、缺乏严谨性，与知识产权立法存在冲突。实际上，技术合同在司法中早已被纳入知识产权合同。在《民事案件案由规定》中，其第五部分“知识产权与竞争纠纷”的第十三类别为“知识产权合同纠纷”，技术合同与著作权合同、专利合同等并列在其项下。

反之，保留“技术合同”的理由也有三点：第一，技术合同作为中国科技改革的成果之一，“其意义已超出技术市场法制化的范围，成为运用法律手段促进、引导、规范和保障科技体制改革的重要机制，成为贯彻‘面向、依靠’的方针，推动我国经济体制由传统的计划经济向社会主义市场经济，经济增长方式由粗放型向集约型转变的有力杠杆”；[①]对推动科技与经济结合、规范技术交易法律关系、保障技术合同当事人合法权益，发挥了重要作用。[②]第二，随着社会经济和科学技术的发展，技术合同作为技术成果商品化的法律形式，是将技术成果推向市场、创造更大经济效益和社会效益的重要途径。[③]我国技术合同一直持续蓬勃发展，仅2019年，我国技术合同成交额就已突破2万亿元，达到22398.4亿元，比上年增长26.6%。[④]实践表明，关于技术合同的规定，能够适应技术开发、交易与服务的需要。[⑤]第三，有学者立足于立法论，指出在《民法典》合同编删除“技术合同”转而设置“知识产权合同”体系意义较低，

---

① 《国务委员、国家科委主任宋健同志在纪念〈技术合同法〉实施十周年报告会上的讲话摘要》，载《适用技术市场》1998年第2期。

② 李小群：《建立新型科技体制的法律保障——兼谈〈合同法〉与〈技术合同法〉的几点区别》，载《民营科技》1999年第4期。

③ 参见王利明主编：《中国民法典学者建议稿及立法理由：债法总则编·合同编》，法律出版社2005年版，第691页。

④ 科技部：《2019年全国技术市场交易快报》，http://www.most.gov.cn/kjbgz/202002/t20200224_151815.htm，最后访问时间2020年3月1日。

⑤ 参见梁慧星主编：《中国民法典草案建议稿附理由：合同编》（下），法律出版社2013年版，第752页。

不仅破坏法律的形式美，[①]且不利于知识产权合同的“自由”发展。[②]

本次《民法典》编纂，在其合同编继续保留了“技术合同”，并采纳了《合同法》第十八章的大部分条文。立法者这样做的原因，一方面或是出于“既尊重民事立法的历史延续性，又适应当前经济社会发展的客观要求”，认为现行技术合同制度大部分规则切实可行，为人民群众所熟悉和接受，经实践证明正确、可行，可予以继承，以维护法律的稳定性。[③]另一方面则是遵循“内容具有基础性、普遍性、稳定性、平等自愿性”之四大原则，认为“知识产权制度仍处于快速发展变化之中，国内立法执法司法等需要不断调整适应。如现在就将知识产权法律规范纳入民法典，恐难以保持其连续性、稳定性”[④]，所以没有接受设置“知识产权合同”的建议，也没有吸收《民事案件案由规定》的技术合同分类，而是在有限扩张其调整范围的基础上，继续保留《合同法》上的“技术合同”。此举充分表明了立法者对于技术合同及其制度体系的认可，但这是否能消弭人们对该制度存在的质疑，终结技术合同与知识产权合同之间的纷争，还有待实践和时间的检验。

第八百四十四条【订立技术合同的原则】

订立技术合同，应当有利于知识产权的保护和科学技术的进步，促进科学技术成果的研发、转化、应用和推广。

历史由来

本条来源于《合同法》第323条。[⑤]相较于《合同法》，本条变动有二：

① 崔建远：《技术合同的立法论》，载《广东社会科学》2018年第1期。

② 参见崔建远：《知识产权法之于民法典》，载《交大法学》2016年第1期。

③ 参见原全国人大常委会副委员长李建国所作的《关于〈中华人民共和国民法总则（草案）〉的说明》。

④ 参见徐隽：《民法典分编草案首次提请审议》，载《人民日报》2018年8月28日。

⑤ 《合同法》第323条规定：“订立技术合同，应当有利于科学技术的进步，加速科学技术成果的转化、应用和推广。”

一是适应加强知识产权保护的需要，在“有利于”的目的项中增加“知识产权的保护”，与“科学技术的进步”并列；二是将“加速科学技术成果的转化、应用和推广”改为“促进科学技术成果的研发、转化、应用和推广”，以更贴近技术合同的实际功用。

追本溯源，本条内容最早规定于《技术合同法》第3条，①《合同法》第323条在其基础上删除了“必须遵守法律、法规”，增加了加速科学技术成果的“转化”。在《民法典》制定以前，主要的民法典学者建议稿②皆删除了这一关于技术合同订立原则的条文。但是，《民法典合同编（草案）》（征求意见稿）第402条基本保留了《合同法》第323条的规定，只是将“加速科学技术成果的转化、应用和推广”拓展为“加速科学技术成果的研发、转化、应用和推广”；为适应加强知识产权保护的需要，《民法典合同编（草案）》（二审稿）第629条增加“应当有利于知识产权的保护”；在此基础上，《民法典（草案）》第844条将“加速”改为“促进”，由此确定了本条的内容。

这一修改过程使得本条规定内容从《技术合同法》这一独立部门法的基本原则蜕变为《民法典》合同编中一个有名合同订立时应遵循的具体原则；其目的从单纯考虑“科学技术进步”，拓展为兼顾“知识产权保护”与“科学技术进步”；其内容增加“科技成果的研发”，将“技术开发合同”也包含在内，使得该项原则更为准确地覆盖五种技术合同；并且，回归技术合同立法作为外部行为规范的实际效用，即“促进”而不是“加速”科技成果的研发、转化、应用和推广。

三 规范目的或功能

本条旨在树立技术合同法的基本原则。订立和履行技术合同首先是一项

① 《技术合同法》第3条规定：“订立技术合同，必须遵守法律、法规，有利于科学技术的进步，加速科学技术成果的应用和推广。”

② 参见梁慧星主编：《中国民法典草案建议稿附理由：合同编》（下），法律出版社2013年版，第754页；王利明主编：《中国民法典学者建议稿及立法理由：债法总则编·合同编》，法律出版社2005年版，第692页。

社会活动，必须遵守法律、法规的强制性规定；而作为一种民事法律行为，订立和履行技术合同亦需遵循民法的基本原则，即平等、自愿、公平、诚信，不违反公序良俗，有利于节约资源、保护生态环境。此外，作为一项重要的科学技术实践活动，订立与履行技术合同必须尊重科学规律，有利于科学技术的进步，促进科技成果的研发、转化、应用和推广，且不得扰乱知识产权保护的正常秩序。

具体而言，本条规定之“有利于知识产权的保护和科学技术的进步，促进科学技术成果的研发、转化、应用和推广”的原则，是针对技术合同特点，为推动科技发展、保障技术合同当事人的合法权益而制定的，是订立、履行技术合同应遵循的特殊原则。技术合同是科学技术成果商品化的法律形式，是以知识形态的商品和技术密集型服务为标的订立的合同。实行技术合同的根本目的是将技术成果推向市场，以市场为导向推进技术创新，促进科技成果从潜在生产力向现实生产力转化。同时，要使技术合同充分发挥作用，创造更大的经济效益和社会效益，科技成果的研发、转化、应用和推广必须遵守相应的国内外知识产权立法。因此，当事人在订立技术合同时，应当从推动科学技术进步、促进科技与经济发展、保护知识产权出发，合理确定权利义务，努力研究开发新技术、新产品、新工艺、新材料及其系统，促进先进、适用的科技成果在生产实践中获得应用，使科学技术更好地为社会主义现代化建设服务。规定这一原则的目的在于鼓励和引导当事人正确运用技术合同这一有效的法律形式，在科研和生产之间架起一座桥梁，促使技术成果尽快向生产领域转移，形成新的生产力。

规范内容

本条为说明性法条，表明了技术合同订立和履行的整个过程都应当遵循的基本原则，是我国《民法典》确定技术合同规范、设计技术合同结构的指导思想。

订立技术合同应有利于知识产权的保护和科学技术的进步，这是合同当事人必须遵循的原则，也是科学技术有序发展的必然要求。现代国际竞争主要是科学技术的竞争，“科学技术是第一生产力”已成为共识，科技创新是提高社会生产力和综合国力的战略支撑，其核心就是依靠科技进步和提高劳动者素质。所以无论是技术合同的订立，还是技术合同的履行，不但不能非法垄断技术，妨碍科学创新和技术进步，反而更要切实发挥合同制度的优势，促进科技成果的研发及其在市场中的转化、应用与推广。此外，进入技术市场，作为技术合同标的物的科技成果（“是指利用科学技术知识、信息和经验做出的涉及产品、工艺、材料及其改进等的技术方案，包括专利、专利申请、技术秘密、计算机软件、集成电路布图设计、植物新品种等；技术秘密，是指不为公众所知悉、具有商业价值并经权利人采取保密措施的技术信息”①）受到《专利法》《著作权法》《反不正当竞争法》等的保护。换言之，“并非所有的技术方案都会形成知识产权而得到法律的保护，只有具备符合法律规定表现方式的技术成果，才能纳入我国知识产权法律所保护的范围内，而得到我国知识产权相关法律的保护”②。因此，技术合同的订立与履行，不能与相应科学技术成果的知识产权保护相悖。

促进科学技术成果的研发、转化、应用和推广是指将科学技术成果与生产实践和经济建设相结合，将科学技术成果转化为生产力。科学技术成果的研发、转化、应用和推广是利用技术合同这一形式实现的。技术开发、技术转让、技术许可、技术咨询或者技术服务分别以产品工艺的更新设计、技术改造和专业技术指导等为内容，其共同点都是为了促进科学技术转化为社会建设动力，使科学技术成果在生产和生活中得到进一步的应用和推广，发挥其应有的效用。

---

① 参见《技术合同解释》第1条。

② 在“李某诉王某技术成果完成人署名权、荣誉权纠纷案”中，北京市石景山区人民法院根据《技术合同解释》第1条第1款的规定，提出“只有当原告李某主张的技术成果属于专利、专利申请、技术秘密等技术方案时，才能构成法律意义上的技术成果。根据《验收资料汇编》所涉及的知识产权成果，如专利、论文，均未涉及原告李某所主张的技术成果，且原告李某既未证明其主张的技术成果获得过任何的科技成果认定、奖励或者属于国家计划内的应用技术成果，也未证明已形成符合法律规定表现方式的知识产权权利证书。因此，本院认为原告李某所主张的技术成果不属于法律意义上的技术成果”。参见北京市石景山区人民法院（2017）京0107民初813号民事判决书。

第八百四十五条【技术合同的内容】

技术合同的内容一般包括项目的名称，标的的内容、范围和要求，履行的计划、地点和方式，技术信息和资料的保密，技术成果的归属和收益的分配办法，验收标准和方法，名词和术语的解释等条款。

与履行合同有关的技术背景资料、可行性论证和技术评价报告、项目任务书和计划书、技术标准、技术规范、原始设计和工艺文件，以及其他技术文档，按照当事人的约定可以作为合同的组成部分。

技术合同涉及专利的，应当注明发明创造的名称、专利申请人和专利权人、申请日期、申请号、专利号以及专利权的有效期限。

历史由来

本条是对《合同法》第324条予以精简的产物。①本条对《合同法》的修改集中于其第1款，共涉及五个方面：一是改变《合同法》第324条第1款逐项列举技术合同主要条款的表现方式，将技术合同的内容概括合并为一段，与第2款、第3款的表述方式一致。二是删除与本法合同编“通则”内容重复的部分。由于本法第470条已经规定了“合同的内容由当事人约定”以及合同的“价款或者报酬、违约责任、解决争议的办法”，技术合同对此无需赘述，故删除了“技术合同的内容由当事人约定”以及“（八）价款、报酬或者使用费及其支付方式；（九）违约金或者损失赔偿的计算方法；（十）解决争议的方法”。三是去掉冗词，将与“计划、地点、方式”语义重复的“进

① 《合同法》第324条规定：“技术合同的内容由当事人约定，一般包括以下条款：（一）项目名称；（二）标的的内容、范围和要求；（三）履行的计划、进度、期限、地点、地域和方式；（四）技术情报和资料的保密；（五）风险责任的承担；（六）技术成果的归属和收益的分成办法；（七）验收标准和方法；（八）价款、报酬或者使用费及其支付方式；（九）违约金或者损失赔偿的计算方法；（十）解决争议的方法；（十一）名词和术语的解释。与履行合同有关的技术背景资料、可行性论证和技术评价报告、项目任务书和计划书、技术标准、技术规范、原始设计和工艺文件，以及其他技术文档，按照当事人的约定可以作为合同的组成部分。技术合同涉及专利的，应当注明发明创造的名称、专利申请人和专利权人、申请日期、申请号、专利号以及专利权的有效期限。”

度、期限、地域”删除。四是删除“（五）风险责任的承担”，因为并非所有的技术合同都存在风险责任。五是采用法言法语，将“技术情报”修改为“技术信息”，将“收益的分成办法”改为“收益的分配办法”，提高了法条表述的准确性。

对技术合同的主要内容加以规定，首见于《技术合同法》第15条；[①]1999年实施的《合同法》第324条在其基础上增加了第3款，即“技术合同涉及专利的，应当注明发明创造的名称、专利申请人和专利权人、申请日期、申请号、专利号以及专利权的有效期限”，以与《专利法》对专利技术成果的保护有效衔接。在《民法典》制定前，学者们编写的民法典建议稿都保留了《合同法》第324条。王利明教授主持编撰的《中国民法典学者建议稿》第1762条维持了《合同法》第324条原文，其理由是：技术合同的内容，即技术合同的条款，是双方当事人权利义务的体现，也是当事人履行合同和承担违约责任的主要依据。虽然合同总则部分已经规定了一个合同应当具备的基本内容，但鉴于技术合同的内容与一般合同的内容虽有共同之处外，还仍有许多自己的独特之处，也正是因为这一点，所以才需要将技术合同单列一章作特别规定。[②]梁慧星教授主持编撰的《中国民法典草案建议稿》基于技术合同的复杂性，也认为有必要在法律中设立提示性规定，便于当事人订立技术合同，故其第1284条在《合同法》第324条的基础上进行了一些修订——删除了“（五）风险责任的承担”中的“责任”；将第9项中的“损失赔偿”替换为“损害赔偿”；鉴于《合同法》第324条第3款规定技术合同涉及专利的应当注明专利权人等事项，此所谓应当，并无强行法的意义，故移至第1款，

---

① 《技术合同法》第15条规定：“技术合同的条款由当事人约定。一般应当包括：（一）项目名称；（二）标的的内容、范围和要求；（三）履行的计划、进度、期限、地点和方式；（四）技术情报和资料的保密；（五）风险责任的承担；（六）技术成果的归属和分享；（七）验收标准和方法；（八）价款或者报酬及其支付方式；（九）违约金或者损失赔偿额的计算方法；（十）争议的解决办法；（十一）名词和术语的解释。与履行合同有关的技术背景资料、可行性论证和技术评价报告、项目任务书和计划书、技术标准、技术规范、原始设计和工艺文件，以及图纸、表格、数据和照片等，可以根据当事人的协议作为合同的组成部分。”

② 参见王利明主编：《中国民法典学者建议稿及立法理由：债法总则编·合同编》，法律出版社2005年版，第692—693页。

作为技术合同的第12项条款。[①]

在《民法典》编纂过程中,《民法典合同编(草案)》(二审稿)第630条仅在《合同法》第324条的基础上删减了两个字,即将"(五)风险责任的承担"改为"(五)风险的承担";而《民法典(草案)》第845条对"二审稿"第630条第1款进行了较大调整,包括将技术合同内容概括合并为一段;删除"技术合同的内容由当事人约定",删除第5项、第8项到第10项合同条款,删除第2项之"标的的";将"收益的分成办法"改为"收益的分配办法"。最终审议通过的《民法典》第845条在此基础上又有调整,一是将已删除的第2项之"标的的"再次写进条文中,二是用"技术信息"替换了"技术情报"。这一改进使技术合同的内容规定在满足《民法典》体系化的要求、与合同内容条款协调之余,反映了技术合同的特殊要求。

三 规范目的或功能

技术合同当事人之间的权利义务、合同关涉的技术问题等都需要以合同条款的形式固定为合同的内容,这是技术合同成立必不可少的部分,也是合同履行、判明违约责任的基本依据。本条以列举的方式对合同内容作出提示,目的在于引导当事人正确设定技术合同的权利、义务和责任。

与其他合同一样,技术合同是当事人意思表示达成一致的产物,其合同内容由当事人协商约定,当事人有权按照自己的意愿决定合同内容和条款设置。就技术合同所涉及的科研项目及科技成果而言,其专业领域、项目内容、技术要求以及边界条件千差万别,应当交由当事人从实际出发约定具体的合同条款,确立相互间的权利与义务。但不同类型、不同项目的技术合同既有各自的特殊性,也有作为技术合同的普遍性,有个性又有共性,法律可以对其共通性问题加以规定。并且,我国开展技术交易为时尚短,而技术交易内容较为复杂,订立较完备的技术合同是一项专业性较强的工作,有必要对当事人作出法律指引。因此,为了帮助和指导当事人正确地订立技术合同,本

---

① 参见梁慧星主编:《中国民法典草案建议稿附理由:合同编》(下),法律出版社2013年版,第754—756页。

条在合同自由原则的前提下，提出了技术合同一般应包括的内容。这些内容是在总结技术市场经验和司法实践案例基础上归纳出的，技术合同管理部门也可提倡和推荐使用。有关部门和单位在设计技术合同格式条款或者制作技术合同示范文本时，可以此作为设置合同条款的基础。[①]

规范内容

本条为说明性法条，较为详细地描述了技术合同的主要内容。

通常而言，技术合同的内容包括合同的序文、正文和结尾三部分。序文包括合同名称、编号、订约时间、地点、当事人名称、地址等；正文为合同的主要条款部分；结尾主要说明合同正本梳理、关于附件的说明及双方签字等。根据本法第470条的规定，合同的内容由当事人约定，一般包括当事人的姓名或者名称和住所；标的；数量；质量；价款或者报酬；履行期限、地点和方式；违约责任；解决争议的方法。在此基础上，本条列明了技术合同的一般内容，供当事人订约时参考。

第一，项目的名称、标的的内容、范围和要求。项目名称是指技术合同标的涉及项目的名称。技术合同应当用简明、规范、清晰的专业术语准确给出合同项目的名称，力求在项目名称中反映其技术特征和法律特征，如“铸铁清洗防锈技术转让”“电子数据取证技术开发”等。标的的内容、范围和要求是对合同标的的具体表述，用以明确技术合同的具体任务，是当事人各方权利、义务的主要依据。不同的技术合同，其标的各有不同，其合同内容、技术范围和技术指标要求也相应地有所不同。

第二，履行的计划、地点和方式。期限较长的技术合同应载明总体计划、年度计划和执行步骤，各阶段所要达成的目标，并列出行动计划及相应的时间表。履行地点是指合同的履行地，即履行合同主要义务所涉及的地域范围，如利用受让的技术生产商品销售的范围。可以约定在本国履行，也可以约定在外国履行，可以约定在一个地点履行，也可以约定不同义务在不同地点履行。履行方式是指当事人采用什么样的方式和手段履行合同规定的义务，根

① 参见段瑞春：《技术合同》，法律出版社1999年版，第69—70页。

据合同的内容不同而有所不同。对于可能有多种履行方式的合同，应当在合同中明确约定具体的方式和要求。

第三，技术信息和资料的保密。内容涉及国家安全、当事人重大利益或者未公开的技术需要保密的技术合同，应载明秘密事项的范围、密级和保密期限以及各方的责任。当事人应就承担保密义务的事项，列出涉及技术秘密的资料、样品、数据和其他保密事项的范围，列出保密期限、违反保密义务的责任以及保密条款的效力等内容。

第四，技术成果的归属和收益的分配办法。技术合同履行的结果可能是产生一项或多项技术成果，当事人应当在合同中约定有关知识产权法处理方法、成果所有权和使用权的归属、分享以及由此产生的利益如何分配。本项内容直接关系到各方当事人的技术权益和经济利益，当事人在合同中应妥善、慎重处理。①

第五，验收标准和方法。技术合同的履行是否符合合同的约定，需要验收后予以确定。因此，当事人应当在合同中约定技术合同的验收项目、验收的方式、验收的技术经济指标、验收时所采取的评价、鉴定和其他考核办法。技术合同的验收标准可以是双方当事人约定的国家标准、行业标准、企业标准或其他验收标准；验收方法可以采用专家评估、技术鉴定会、权威机构检测及特别科学实验等方式。

第六，名词和术语的解释。技术合同的内容具有相当的专业性，在合同文本中要使用一些专业名词术语和简化符号，为防止因理解不同而发生争议，可对其中的重要概念、关键用语、符号和定义不特定的表述进行特别界定，以免引起误解和留下漏洞；也可以对冗长的表述约定简称，使合同条文更为简洁。

本条规定之技术合同一般包括的内容，属于倡导性规范，仅供技术合同当事人参考，引导其正确、全面地设定权利、承担义务，当事人仍可依自己的意志增加或者删除上述条款的规定。一般而言，只要有明确的标的及价格或报酬的约定，技术合同即可成立，其他内容可以根据法律规定或交易习惯

① 参见李显冬主编：《中国合同法要义与案例释解》（下册），中国民主法制出版社1999年版，第1177页。

补足。例如，当事人可在合同中约定担保、不可抗力的范围、风险责任的分担等。此外，依本条第2款的规定，在当事人有约定的情形下，与履行合同有关的技术背景资料、可行性论证和技术评价报告、项目任务书和计划书、技术标准、技术规范、原始设计和工艺文件，以及其他技术文档，如图纸、表格、数据和照片等，可以作为合同的组成部分，对双方当事人发生约束力。当事人对此无约定时，上述辅助性材料仅可作为履行合同的参考。[①]技术合同涉及专利的，还应当遵守专利法的有关规定，在合同中注明发明创造的名称、专利申请人和专利权人、申请日期、申请号、专利号以及专利权的有效期限，以防对他人的专利权造成损害。

其他问题

一、合同内容约定不明对合同效力的影响

尽管本条对正确订立技术合同作出了立法引导，但由于主客观原因，当事人订立的技术合同仍难免存在这样那样的问题，内容缺失的现象时有发生。但只要不是技术合同主要条款的缺失，就不会影响合同的成立；技术合同非主要条款的欠缺，也可通过适当方式加以弥补，不至于影响合同的生效和履行。

所谓技术合同的主要内容，或称技术合同的必备内容，是指欠缺此类内容技术合同即无法成立的条款。《合同法解释（二）》第1条第1款规定："当事人对合同是否成立存在争议，人民法院能够确定当事人名称或者姓名、标的和数量的，一般应当认定合同成立。但法律另有规定或者当事人另有约定的除外。"据此，技术合同的主要内容（必备内容）具体所指的是当事人名称或者姓名、标的和数量，它们是一般技术合同成立必须具备的内容，此外，如果法律另有规定或者当事人另有约定，额外要求必备内容，也是有可能的。[②]倘若当事人在磋商中没有对技术合同的主要内容形成明确的一致意见，

---

① 参见梁慧星主编：《中国民法典草案建议稿附理由：合同编》（下），法律出版社2013年版，第755页。

② 参见韩世远：《合同法总论》（第三版），法律出版社2011年版，第119页。

将影响技术合同的成立。

技术合同主要内容以外的其他内容，可概括称为技术合同的非主要内容。对欠缺非主要内容的技术合同，只要合同不违反法律、行政法规的强制性规定，不违背公序良俗，应当允许当事人协商解决；当事人达不成协议的，可以依照本法第466条、第510条、第511条等有关规定，结合技术合同的实际情况予以确定。

二、合同磋商与当事人的权利义务

技术合同的签订可能是瞬间决定的结果，也可能是多次磋商的结果。对于瞬间决定的合同，可能存在短暂的事前磋商，但这种事前磋商往往不具有法律上的独立价值，不会产生法律上的实质性后果。但如果在签订技术合同之前，双方进行了多次磋商，并最终形成了相应的合同，此时，上述磋商即有可能具有一定的独立价值。例如在“某博公司诉某智公司、某睿公司技术合作开发合同纠纷案”中，双方对较为宏观、全面、长远的事项全部进行了磋商，但在最终签订合同时，却只选取了磋商事项中的一小部分，并在磋商的基础上对该一小部分进行了合同条款细化。据此，原告以签订合同前双方磋商所达成的盖有各方印章的会谈纪要作为双方的合同权利义务提起诉讼。其后，又将后续签订的具体合同一并作为确定双方合同权利义务的事实基础。[①]显然，在该案审理过程中，首先即需确定上述会谈纪要是否具有相应的合同效力。而对于会谈纪要的合同效力问题，应当从会谈纪要所涉内容是否足够明确具体、是否具有合同法上的可执行性等角度加以综合判定。

在技术合同签订后的实际履行过程中，由于合同约定内容往往过于宽泛，故需要通过当事人的反复磋商，才能将合同内容逐步明确化、具体化。而这种对双方权利义务进行细化的磋商，理应成为双方合同约定内容的有效组成部分。当然，有的磋商还有可能涉及对合同原约定内容的实质性变更。这些变更究竟是合同双方当事人的真实意思表示，还是合同履行参与人的个人意见表达，需要结合具体情况加以审慎分析，从而判明磋商内容对合同权利义

---

① 参见南京铁路运输法院（2015）宁铁知民初字第00424号民事判决书。

务是否产生了补充或变更等实质性影响，进而准确界定合同所约定的当事人的权利义务。[①]

第八百四十六条【价款、报酬、使用费的支付】

技术合同价款、报酬或者使用费的支付方式由当事人约定，可以采取一次总算、一次总付或者一次总算、分期支付，也可以采取提成支付或者提成支付附加预付入门费的方式。

约定提成支付的，可以按照产品价格、实施专利和使用技术秘密后新增的产值、利润或者产品销售额的一定比例提成，也可以按照约定的其他方式计算。提成支付的比例可以采取固定比例、逐年递增比例或者逐年递减比例。

约定提成支付的，当事人可以约定查阅有关会计账目的办法。

历史由来

本条源自《合同法》第325条。[②]相比于《合同法》，本条将第3款规定中的“当事人应当在合同中约定查阅有关会计帐目的办法”修改为“当事人可以约定查阅有关会计账目的办法”。这一句话的修改在《民法典》编纂过程中是分三次完成的：首先，《民法典合同编（草案）》（征求意见稿）第404条将“当事人应当在合同中约定”改为“当事人可以在合同中约定”；其次，《民法典（草案）》第846条更进一步，将“在合同中”删除；最后，《民法典》第846条用“会计账目”替换了“会计帐目”，使本条文字表述更

① 参见姚兵兵、臧文刚：《技术合同纠纷案件争议问题实证研究》，载《人民司法·应用》2018年第7期。

② 《合同法》第325条规定：“技术合同价款、报酬或者使用费的支付方式由当事人约定，可以采取一次总算、一次总付或者一次总算、分期支付，也可以采取提成支付或者提成支付附加预付入门费的方式。约定提成支付的，可以按照产品价格、实施专利和使用技术秘密后新增的产值、利润或者产品销售额的一定比例提成，也可以按照约定的其他方式计算。提成支付的比例可以采取固定比例、逐年递增比例或者逐年递减比例。约定提成支付的，当事人应当在合同中约定查阅有关会计帐目的办法。”

为准确精练。

从源头追溯，早在《技术合同法》中就概括规定了“技术合同中的价款或者报酬及其支付方式由当事人约定”（第12条），为实施上的便利，《技术合同法实施条例》第14条、第15条将其予以细化。[①]在《合同法》起草时，《合同法（草案）》第四次审议稿根据科学技术部的意见，[②]吸收《技术合同法实施条例》第15条的主要内容，在其第326条规定了技术合同价款、报酬和使用费的支付方式，仅将其中的“报酬和使用费”改为“报酬或者使用费”，“非专利技术”改为“技术秘密”。最终审议通过的《合同法》第325条与“四审稿”第326条完全一致。

在《民法典》编纂之前，主要的民法典学者建议稿都保留了关于“技术合同价格、报酬或使用费的支付”的条款，王利明教授主持编撰的《中国民法典学者建议稿》第1763条与《合同法》第325条内容一致；[③]梁慧星教授主持编撰的《中国民法典草案建议稿》第1285条保留了《合同法》第325条第1款、第2款，“但鉴于该条第3款约定提成支付的当事人‘应当’在合同中约定查阅有关会计账目的办法，此所谓应当，并无强行法的意义，故修改为‘可以’约定”[④]。本条的起草显然吸收了梁慧星教授主持编撰的《中国民法典草案建议稿》的意见。

---

① 《技术合同法实施条例》第14条规定：“技术合同的价款、报酬和使用费，由当事人根据技术成果的经济效益和社会效益、研究开发技术的成本、技术成果的工业化开发程度、当事人享有的权益和承担的责任，协商议定。价款、报酬、使用费中包含非技术性款项的，应当分项计算。”第15条规定：“技术合同价款、报酬和使用费的支付方式由当事人协商议定，可以采取一次总算、一次总付或者一次总算、分期支付，也可以采取提成支付或者提成支付附加预付入门费的方式。约定提成支付的，可以按照产品价格、实施专利和使用非专利技术后新增的产值、利润或者产品销售额的一定比例提成，也可以按照约定的其他方式计算。提成支付的比例可以采取固定比例、逐年递增比例或者逐年递减比例。约定提成支付的，当事人应当在合同中约定查阅有关会计帐目的办法。”

② 参见1999年1月25日“全国人大法律委员会关于《中华人民共和国合同法（草案）》修改情况的汇报”。

③ 参见王利明主编：《中国民法典学者建议稿及立法理由：债法总则编·合同编》，法律出版社2005年版，第694页。

④ 梁慧星主编：《中国民法典草案建议稿附理由：合同编》（下），法律出版社2013年版，第758页。

规范目的或功能

本条提示了技术合同价款、报酬、使用费的支付方式和注意事项，旨在为技术合同当事人缔约和履约提供指引，以减少技术合同因款项支付约定不清楚而产生的纠纷。

技术合同制建立了以市场为导向，按照供需关系、价值规律和竞争法则实行技术有偿利用和公平交易的机制，技术合同价格、报酬或使用费的支付，自然成为技术合同的重要条款，当事人之间常因价格、报酬、使用费约定不明而引发纠纷。由于技术是一种知识形态的特殊商品，其价值衡量取决于技术在形成过程中所耗费的人类劳动、使用的资金、运用的科学知识、信息、经验、技能的不同，以及技术产生的经济效益和社会效益的不同，所以技术没有统一的市场价格，也不能由国家根据经济理论和价格政策定价，技术合同的价款、报酬和使用费的具体种类和数额只能由当事人自由协商、逐项定价，法律仅能在支付方式上作出适当提示而已。

规范内容

本条是说明性法条，较为详细地描述了技术合同的价款、报酬和使用费的支付方式。

价款、报酬和使用费是技术作为技术合同标的的价金，也是一方当事人获取、使用技术所应支付的代价。价款是技术作为知识形态的商品价值的货币表现形式，也是技术作为商品进行等价交换的结果。当事人应当根据技术成果的经济效益和社会效益、研究开发技术的成本、技术成果的工业化开发程度、当事人享有的权益和承担的责任加以协商议定。价款、报酬、使用费中包含非技术性款项的，应当分项计算。实践中技术合同价款、报酬和使用费的支付方式多种多样，由当事人自由约定。依照本条规定，技术合同中受让方、委托人、咨询方或受许可方支付给相对人的“对价”，可以以下面两种方式量化支付：

一、一次总算、一次总付或者一次总算、分期支付

这种支付方式又称为“定额支付”，与实物形态商品交易的支付方式基本类似，即在合同签订时，将所有合同款项一次算清，在合同中明确约定总金额，然后在合同履行时一次性或者分几次付清。该合同款项中，除技术商品自身的价款外，通常还包含技术指导、人员培训等技术服务报酬以及技术和设备等的使用费。

1.一次总算、一次总付。即当事人一方在技术合同生效后，将合同约定的全部价款、报酬或者使用费向另一方一次付清。一次总付的优点是及时清洁，手续简单；但技术开发的委托人和技术转让的受让人存在一定风险，一般仅适用于简单的技术合同和比较成熟的技术交易。

2.一次总算、分期支付。即当事人一方在合同生效后，将技术合同的价款、报酬、使用费按照合同的履行进度，分期分批地支付给另一方。分期支付的优点在于减轻当事人在大宗交易中一笔支付的负担，有利于约束当事人按照约定全面履行合同义务，也便于根据情势变化进行适当调整；缺点是价款、报酬、使用费没有与实施技术后的效益挂钩。

二、提成支付

所谓提成支付，是指技术合同的当事人一方在接受技术成果或者其他智力劳动标的后，从付诸实施所获得的收益中，按照约定的比例提取部分收益交付另一方当事人作为技术合同的价款、报酬或者使用费。利用这种支付方式，合同的价款、报酬和使用费就与技术实际使用获得的收益直接关联，更有利于平衡合同当事人之间的风险和利益。但这种支付方式的计算、检查和监督管理都比较复杂，因此本条第3款规定，当事人可以约定查阅有关会计账目的办法。本条规定的提成支付包括单纯提成与“入门费+提成”两种支付方式。

所谓单纯提成支付，以技术转让合同为例，是指全部提成费仅在受让人的产品正式销售之后始向让与人支付，在此之前，受让人无须向对方进行任何支付。这种支付方式对受让人而言风险较小，且该支付发生在受让人获得收益之后，没有预先支付的资金负担，但对让与人而言风险较大。在国内外

技术贸易活动中，单纯提成的支付方式并不常用，主要适用于合同履行期限短、技术较为成熟、市场前景稳定的技术交易项目。

“入门费+提成”的支付方式则是将合同价款、报酬或使用费分为固定和提成两部分。固定部分通常称为“入门费”或“初始费”，主要包括复制图纸和准备资料的工本费；针对受让人的具体需要改进设计、改进插图、改进资料的工本费；让与人依法工作的人员前往受让人处进行考察的差旅费；让与人提供的产品样本费；技术培训费；在该技术交易中，让与人支付的咨询费、谈判费、律师费、行政管理费等。其支付方法与一次总算的支付方法相同，即在合同生效后的一段时间内一次或者分期付清。提成部分的支付方法即在项目投产后，根据合同的销售情况逐年按约定的比例提成支付。“入门费+提成”的支付方式是合同双方共担风险，共享收益，有利于强化双方的密切合作以及促进技术水平价值的尽快实现。

按照作为提成的基本额的不同，提成支付具体有以下四种方法：其一，按产品价格提成，即生产或销售单位产量的技术产品按一个固定金额或固定比例提成。其二，按新增产值提成，即技术合同的价款、报酬或使用费等于实施合同标的之技术后的产值新增部分与提成率的乘积。其三，按新增销售额提成。具体计算公式为：新增销售额=净销售价×销售量（或产量）。其中净销售价指的是从总销售价中除去在产品中提供技术使用费以外的各项费用的价格，通常包括：包装费、保险费、运输费、安装费、进出口费、普通商业折扣等。其四，按新增利润提成。具体计算方法：新增利润额=单位产品额外利润×销售量（或产量）。

无论采取何种提成支付方式，都涉及对成本与利润等的计算，为避免因支付不透明而产生纠纷，提成支付的一方当事人应当允许接受支付的一方当事人核查其相关会计账目，双方当事人可以约定查阅有关会计账目的方法。负有支付义务的一方当事人应当为对方查账提供方便，如对合同产品单独立账，保存好有关的单据和账目，随时备查。查账的范围只限于合同产品从生产到销售的过程，其他账目转让方无权要求查核。查账人员由接受支付的一方当事人指派，可以是其所属的工作人员，也可以是有关审计事务所的人员。

第八百四十七条【职务技术成果的财产权属】

职务技术成果的使用权、转让权属于法人或者非法人组织的，法人或者非法人组织可以就该项职务技术成果订立技术合同。法人或者非法人组织订立技术合同转让职务技术成果时，职务技术成果的完成人享有以同等条件优先受让的权利。

职务技术成果是执行法人或者非法人组织的工作任务，或者主要是利用法人或者非法人组织的物质技术条件所完成的技术成果。

历史由来

本条源自《合同法》第326条。[①]基于民事主体规定的改变，本条将《合同法》第326条规定中的"其他组织"都替换为"非法人组织"；并删除了第326条第1款对职务技术成果完成人给予奖励或报酬的内容。

本条的雏形是《技术合同法》第6条，[②]该条合并规定了职务技术成果和非职务技术成果的财产权属。在《合同法》制定过程中，《技术合同法》第6条被拆分，其第1款略经修改即成为《合同法（草案）》（一审稿）[③]第

---

① 《合同法》第326条规定："职务技术成果的使用权、转让权属于法人或者其他组织的，法人或者其他组织可以就该项职务技术成果订立技术合同。法人或者其他组织应当从使用和转让该项职务技术成果所取得的收益中提取一定比例，对完成该项职务技术成果的个人给予奖励或者报酬。法人或者其他组织订立技术合同转让职务技术成果时，职务技术成果的完成人享有以同等条件优先受让的权利。职务技术成果是执行法人或者其他组织的工作任务，或者主要是利用法人或者其他组织的物质技术条件所完成的技术成果。"

② 《技术合同法》第6条规定："执行本单位的任务或者主要是利用本单位的物质技术条件所完成的技术成果，是职务技术成果。职务技术成果的使用权、转让权属于单位，单位有权就该项职务技术成果订立技术合同。单位应当根据使用和转让该项职务技术成果所取得的收益，对完成该项职务技术成果的个人给予奖励。非职务技术成果的使用权、转让权属于完成技术的成果的个人，完成技术成果的个人有权就该项非职务技术成果订立技术合同。就职务技术成果或者非职务技术成果申请专利和被授予专利权的，依照专利法的有关规定办理。完成技术成果的个人有在有关技术成果文件上写明自己是技术成果完成者的权利和取得荣誉证书、奖励的权利。"

③ 《合同法（草案）》（一审稿）第325条规定："职务技术成果的使用权、转让权属于单位，单位可以就该项职务技术成果订立技术合同。单位应当根据使用和转让该项职务技术成果所取得的收益，对完成该项职务技术成果的个人给予奖励。职务技术成果是执行本单位的任务或者主要是利用本单位的物质技术条件所完成的技术成果。"参见何勤华、李秀清、陈颐编：《新中国民法典草案总览》（增订本）（下卷），北京大学出版社2017年版，第2041页。

325条。在《合同法（草案）》第三次审议时，有的委员和部门提出，实践中对完成职务技术成果的个人除奖励以外，有的还给予报酬，为了鼓励科技人员的创造性活动，应当对此作出规定。另外，应当规定单位转让职务技术成果时，完成职务技术成果的个人有优先受让权。因此，全国人大法律委员会在《合同法（草案）》（四审稿）[①]第327条增加了“对完成该项职务技术成果的个人给予奖励或者报酬”以及“单位订立技术合同转让职务技术成果时，职务技术成果的完成人享有优先受让的权利”。[②]最终审议通过的《合同法》第326条又进行了三处修改：一是用“法人或者其他组织”代替“单位”来表征职务技术成果的权利主体，以保持《合同法》上主体称谓的一致。二是在“职务技术成果的使用权、转让权属于法人或者其他组织”之后加了一个“的”字，说明职务技术成果的使用权和转让权既可能属于法人或者其他组织，也可能不属于法人或者其他组织；只有在前一种情况下，法人或者其他组织才可以就该项职务技术成果订立技术合同。三是规定职务技术成果的完成人在“同等条件”下才享有优先受让的权利。

《民法典》编纂前，主要的学者建议稿都以《合同法》第326条的内容为基础加以增删，梁慧星教授主持编撰的《中国民法典草案建议稿》第1286条[③]

---

① 参见何勤华、李秀清、陈颐编：《新中国民法典草案总览》（增订本）（下卷），北京大学出版社2017年版，第2164页。

② 参见1999年1月25日“全国人大法律委员会关于《中华人民共和国合同法（草案）》修改情况的汇报”。

③ 梁慧星教授主持编撰的《中国民法典草案建议稿》第1286条规定：“职务技术成果的使用权、转让权属于法人或者非法人团体，法人或者非法人团体可以就该项职务技术成果订立技术合同，但当事人另有约定的除外。法人或者非法人团体应当从使用和转让该项职务技术成果所取得的收益中提取合理的比例，对完成该项职务技术成果的个人给予报酬或者奖励。法人或者非法人团体订立技术合同转让职务技术成果的，应当在转让之前的合理期限内通知职务技术成果的完成人。职务技术成果的完成人在同等条件下享有优先受让的权利。职务技术成果是执行法人或者非法人团体的工作任务，或者主要是利用法人或者非法人团体的资金、器材、原材料或者未进入公有领域的技术信息和资料完成的技术成果。”梁慧星主编：《中国民法典草案建议稿附理由：合同编》（下），法律出版社2013年版，第759页。

和王利明教授主持编撰的《中国民法典学者建议稿》第1764条[①]的共同之处在于，为便于职务技术成果完成人优先受让权的行使，增设了合理期限内的通知义务。其不同之处则有以下四点：第一，对法人以外的非法人主体表述不同。王利明教授主持编撰的《中国民法典学者建议稿》与《合同法》相同，继续采用“其他组织”，梁慧星教授主持编撰的《中国民法典草案建议稿》则采用与“法人”更为对称的“非法人团体”。第二，对职务技术成果定义中“物质技术条件”的具体化程度不同。王利明教授主持编撰的《中国民法典学者建议稿》将其界定为“独有的设备、器材或者未进入公有领域的技术信息和资料”，梁慧星教授主持编撰的《中国民法典草案建议稿》则界定为“资金、器材、原材料或者未进入公有领域的技术信息和资料”。第三，是否明文规定“法人或者非法人团体可以就该项职务技术成果订立技术合同”。王利明教授主持编撰的《中国民法典学者建议稿》未作规定，梁慧星教授主持编撰的《中国民法典草案建议稿》不仅规定，还在其后增加“但当事人另有约定的除外”。第四，是否规定“对完成该项职务技术成果的个人给予报酬或者奖励”。梁慧星教授主持编撰的《中国民法典草案建议稿》保留了该项规定，王利明教授主持编撰的《中国民法典学者建议稿》则将其予以删除。

《民法典》合同编在起草时也以《合同法》条文为蓝本。《民法典合同编（草案）》（征求意见稿）第405条、《民法典合同编（草案）》（一审稿）第632条和《民法典合同编（草案）》（二审稿）第632条，均维持了《合同法》第326条的规定，仅因民事主体的变化，用“非法人组织”替换了“其他组织”。《民法典（草案）》第847条则删除了“法人或者非法人组织应当从使用和转让该项职务技术成果所取得的收益中提取一定比例，对完成该项职务技术成果的个人给予奖励或者报酬”。此做法与王利明教授主持编撰的《中国民法典学者建议稿》第1764条立场相同，颇具合理性。一方面，其他科

① 王利明教授主持编撰的《中国民法典学者建议稿》第1764条规定：“职务技术成果是执行法人或者其他组织的工作任务，或者主要是利用法人或者其他组织独有的设备、器材或者未进入公有领域的技术信息和资料完成的技术成果。职务技术成果的使用权、转让权属于法人或者其他组织。法人或者其他组织订立技术合同转让职务技术成果的，应当在转让之前的合理期限内通知职务技术成果的完成人。职务技术成果的完成人在同等条件下享有优先受让的权利。”王利明主编：《中国民法典学者建议稿及立法理由：债法总则编·合同编》，法律出版社2005年版，第695页。

技立法对此已有明确规定，从体系化的角度而言无需重复；另一方面，合同乃是规范合同当事人之间的权利义务关系，不宜涉入当事人一方或者双方的内部劳动关系。

规范目的或功能

本条旨在界定职务技术成果的判断标准及其财产权利的分配规则。要解决的基本问题是，采取“职务标准”和“资源标准”，在技术成果中划出职务技术成果；在此基础上，规定法人或者非法人组织在何种条件下可就职务技术成果订立技术合同，成果完成人在职务技术成果通过合同方式转让时享有何种权利。本条为说明性法条，在规范体系上与本法第848条、第849条一起组成技术成果的合同权属规定，为后续不同类型的技术合同处分技术成果奠定基础。

本条并未径直规定职务技术成果的财产性权利归属于法人或者非法人组织。从字面上来看，本条“职务技术成果的使用权、转让权属于法人或者非法人组织的，……”之表述，即隐含着这些权利也有不属于法人和其他组织之意。从法理上讲，我国诸多关于知识产权的法律均规定成果完成人有权与其单位就科学技术成果的相关权属进行约定[①]，国家也“允许单位将利用财政资金形成的职务科技成果所有权赋予科研人员”[②]，只要当事人有效约定职务技术成果权属归完成人所有，法院就应当尊重。[③]申言之，本条的根本目的有二：一是在成果完成人与其单位之间合理分配职务技术成果权属，防止单位依据其他法律法规取得职务科技成果所有权后，损害成果完成人的利益；二是明确成果完成人对于职务技术成果转让的优先受让权，通过以部分产权的让渡来换取科技人员进一步产业化的积极性，[④]实现技术合同“促进科学技术成果

---

① 具体可参见《专利法》第6条、《计算机软件保护条例》第13条、《集成电路布图设计保护条例》第9条、《植物新品种保护条例》第7条等。

② 参见《国务院关于优化科研管理提升科研绩效若干措施的通知》第20条。

③ 参见易继明主编：《中国科技法学年刊》（2007年卷），华中科技大学出版社2008年版，第156页。

④ 参见陈家宏、饶世权：《协同激励创造与转化的职务发明制度重构研究——兼论〈专利法〉第6条的修改》，载《中国科技论坛》2019年第7期。

的研发、转化、应用和推广”的目的。[①]

规范内容

技术成果，是指利用科学技术知识、信息和经验作出的涉及产品、工艺、材料及其改进等的技术方案，包括专利、专利申请、技术秘密、计算机软件、集成电路布图设计、植物新品种等。[②]依据技术成果完成人的研究开发活动与其岗位职责以及与其所在单位物质技术投入的关系，技术成果可分为职务技术成果和非职务技术成果，二者的使用权和转让权有所不同，本条是针对职务技术成果的使用权和转让权的说明性规定。

一、职务技术成果的界定

根据本条规定，所谓职务技术成果，是指执行法人或者非法人组织的工作任务，或者主要是利用法人或者非法人组织的物质技术条件所完成的技术成果。识别职务技术成果时，要注意当事人之间须存在双重法律关系，即劳动关系和职务发明创造关系。劳动法律关系是职务发明创造法律关系的基础和前提，但劳动法律关系独立存在，不论是当前存在或者曾经存在，不论是长期或临时，也不论是全职还是兼职。如果当事人之间不存在劳动雇佣关系，而属于委托开发等其他法律关系时，就不是认定职务技术成果的问题，而是其他的技术成果权属争议。本条所称“成果完成人”实为“法人或者非法人组织”的职工，二者是雇主与雇员的关系。根据本法第2条对民事主体的界定，自然人也可以作为技术合同的主体。自然人，包括个体工商户、农村承包经营户，也可以成为职务技术成果的权利主体。

对职务技术成果与非职务技术成果的界定，首先要尊重当事人的约定。法人或者非法人组织与其职工就职工在职期间或者离职以后所完成的技术成

① 参见李政刚：《科技成果转化视野下职务技术成果制度的检视及完善——以〈合同法〉第326条为中心》，载《科技与法律》2019年第6期。

② 参见《技术合同解释》第1条。

果的权益有约定的，人民法院应当依约定确认。[①]在当事人没有约定或者约定不明的情况下，确认职务技术成果的标准有以下两条，符合其中之一即可。

（一）职务标准：执行法人或者非法人组织的工作任务

具体包括两种：其一，履行法人或者非法人组织的岗位职责或者承担其交付的其他技术开发任务。其中的岗位职责，是指根据法人或者非法人组织的规定，职工所在岗位的工作任务和责任范围，并非指本单位内的各种工作岗位。如果职工的岗位职责与某项技术成果的研究开发没有直接关系，在其完成本职工作的情况下，利用专业知识、经验和信息完成的该项技术成果就不属于履行岗位职责。所谓交付技术开发任务，一般是指通过任务书、项目计划、工作决定等书面或者实际行动等作为方式就解决特定技术问题或者研发特定技术所作出的明确意思表示，并有具体的工作目标和要求，但并不要求其必须是与单位业务有关的技术内容。[②]其二，离职后一段时间内，可能1年或者3年[③]，继续从事与其原所在法人或者非法人组织的岗位职责或者交付的任务有关的技术开发工作。[④]"离职"应当理解为包括因退职、退休、停薪留职、开除或者辞退等各种原因离开原单位的情形；"有关的技术开发工作"应当理解为与职工在职时所具体从事的科学研究项目或技术开发课题直接相关或者是其合理的延续，不能简单地以技术领域是否相同或相近来认定是否"有关"。

（二）资源标准：主要是利用法人或者其他组织的物质技术条件

此处的"物质技术条件"，包括资金、设备、器材、原材料、未公开的技术信息和资料等。"主要利用"主要指以下两种情形：其一，职工在发明创造的研究开发过程中，全部或者大部分利用了单位的资金、设备、器材或者原材

---

① 《技术合同解释》第2条。

② 参见郃中林：《〈关于审理技术合同纠纷案件适用法律若干问题的解释〉的理解与适用》，载《中国法律》2005年第2期。

③ 规定1年期的有：《技术合同解释》第2条，《专利法实施细则》第12条；规定3年期的有：《植物新品种保护条例实施细则（林业部分）》第5条，《植物新品种保护条例实施细则（农业部分）》第7条。

④ 参见《技术合同解释》第2条。

料等物质条件，并且这些物质条件对形成该发明创造具有实质性的影响；其二，职工作出的发明创造其实质性内容是在单位尚未公开的技术成果、阶段性技术成果基础上完成的。但对利用单位提供的物质技术条件，已约定返还资金或者交纳使用费的，以及仅是在发明创造完成后利用单位物质技术条件对技术方案进行验证、测试的，不属于前述的主要利用单位的物质技术条件的情形。[①]

“主要利用”不仅体现在量上，即全部或者大部分利用了法人或者非法人组织的物质技术条件；更为重要的是体现在质上，即这些物质条件对形成该技术成果具有实质性的影响，突出强调了技术性贡献。因为人本身的智力创造才是技术成果形成的关键因素，具有不可替代性，也是知识产权法保护的重点。但这也并不是说单位的物质贡献不重要，只不过单位对物质技术条件的提供是基础性的、外在的，可以通过其他方式进行经济补偿，所以对于利用法人或者其他组织提供的物质技术条件，约定返还资金或者交纳使用费的或者在技术成果完成后利用法人或者其他组织的物质技术条件对技术方案进行验证、测试的情形下，不将该成果作为当然的法定职务成果看待。[②]

还有一种特殊情况：个人完成的技术成果，属于执行原所在法人或者非法人组织的工作任务，又主要利用了现所在法人或者非法人组织的物质技术条件的，应当按照该自然人原所在和现所在法人或者非法人组织达成的协议确认权益。不能达成协议的，根据对完成该项技术成果的贡献大小由双方合理分享。[③]

二、职务技术成果的财产权属

根据本条第1款，《专利法》第6条第1款、第3款和《技术合同解释》第2条第2款的规定，职务技术成果原则上属于完成人所在的单位（法人或者非法人组织），但当事人可以约定归完成人享有或者归完成人与单位共有。[④]一项技术成果只要被认定为职务技术成果，且其使用权、转让权属于法人或者非法人组织

① 参见《技术合同解释》第3—4条。

② 参见陈家宏、张放：《职务发明权属再研究——〈关于审理技术合同纠纷案件适用法律若干问题的解释〉之解析》，载《西南交通大学学报》（社会科学版）2006年第5期。

③ 参见《技术合同解释》第5条。

④ 参见戴孟勇：《论〈民法典合同编（草案）〉中法定优先购买权的取舍》，载《东方法学》2018年第4期。

的，法人或者非法人组织即可就该项职务技术成果订立技术合同。包括成果完成人在内的任何个人未经法人或者非法人组织同意，擅自以生产经营为目的使用、转让该项职务技术成果，即构成侵犯法人或者非法人组织技术权益的侵权行为。

在事先没有约定或者约定不明的情况下，职务技术成果的财产权依法属于法人或者非法人组织，但职务技术成果凝聚了技术成果完成人的创造性劳动，应当在职务技术成果转让时考虑其合法权益；且成果完成人参与了成果产生的全过程，熟悉技术成果的后续开发利用，更有利于促进成果转化。所以本条规定，当法人或者非法人组织订立技术合同转让职务技术成果时，给予职务技术成果的完成人以同等条件下的优先受让权。该项优先受让权属于形成权，它限制了转让方的合同自由，就此说来，合同编似不承受该种优先受让权；也有学者在《民法典》合同编起草阶段提出：给予职务技术成果完成人优先购买权，缺乏充分且正当的立法理由，应当予以删除。[①]但考虑到成果完成人熟悉研究进程，更易寻觅到新的突破口，取得较好的甚至理想的成果；且考虑到民事立法的延续性，本条保留此优先受让权的做法并无不妥。[②]

三 举证责任

因技术成果是否属于职务技术成果发生争议的，各方当事人应就是否存在权属约定、是否执行工作任务、是否主要利用单位物质技术条件承担相应的举证责任。由于单位对其资金、设备、器材、原材料以及尚未公开的技术

---

① 其具体理由为：其一，该优先购买权欠缺适当的方法予以公示，故该优先购买权不应当具有对抗善意第三人的效力，可见这种优先购买权难以真正起到保护完成人的作用，司法实践中涉及此类优先购买权的案件微乎其微。其二，赋予完成人以法定优先购买权之后，无论是否允许完成人预先放弃该权利，都会产生一定的负面影响。其三，由于职务技术成果的完成人作为自然人，通常不具备实施转化职务技术成果的能力和条件，故允许完成人通过行使优先购买权而受让职务技术成果，不仅无助于促进职务技术成果的转化，反而可能起到阻碍作用。其四，在职务技术成果完成之前或者之后，由双方协商约定职务技术成果的归属以及完成人对其是否享有优先购买权，较之由法律强制性地赋予完成人以优先购买权，显然在理论上更为自洽，也更符合私法自治的精神。参见戴孟勇：《论〈民法典合同编（草案）〉中法定优先购买权的取舍》，载《东方法学》2018年第4期。

② 参见崔建远：《技术合同的立法论》，载《广东社会科学》2018年第1期。

成果都有完全的控制权，一般均制定有管理措施，并有相应组织机构予以实施，因此，单位主张发明人主要利用其物质技术条件完成发明创造的，应对“主要利用”的情形负举证责任。[①]

此外，涉案技术成果是否属于职务技术成果，属于人民法院依据事实适用法律予以认定的问题，并非案件事实，当事人在诉讼前和诉讼中是否曾认可涉案技术成果属于职务技术成果，不影响人民法院依据事实与法律对涉案技术成果的法律属性作出认定。

第八百四十八条【非职务技术成果的财产性权属】

非职务技术成果的使用权、转让权属于完成技术成果的个人，完成技术成果的个人可以就该项非职务技术成果订立技术合同。

历史由来

本条沿袭了《合同法》第327条的规定。[②]本条自《民法典合同编（草案）》（征求意见稿）第406条提出之后，在《民法典》编纂期间，没有发生过任何改动。从源头考察，本条内容最早见于《技术合同法》第6条，[③]该条合并规定了职务技术成果、非职务技术成果的含义及其权属分配。《合同法》在制定过程中，将《技术合同法》第6条加以拆分，其中第2款即构成《合同法》第327条。

在《民法典》制定以前，主要的民法典学者建议稿都维持了《合同法》第327条的规定，但对其用语和表述有所修正。梁慧星教授主持编撰的《中国民法

① 参见湖北省高级人民法院（2016）鄂民再12号民事判决书。

② 《合同法》第327条规定：“非职务技术成果的使用权、转让权属于完成技术成果的个人，完成技术成果的个人可以就该项非职务技术成果订立技术合同。”

③ 《技术合同法》第6条规定：“执行本单位的任务或者主要是利用本单位的物质技术条件所完成的技术成果，是职务技术成果。职务技术成果的使用权、转让权属于单位，单位有权就该项职务技术成果订立技术合同。单位应当根据使用和转让该项职务技术成果所取得的收益，对完成该项职务技术成果的个人给予奖励。非职务技术成果的使用权、转让权属于完成技术的成果的个人，完成技术成果的个人有权就该项非职务技术成果订立技术合同。就职务技术成果或者非职务技术成果申请专利和被授予专利权的，依照专利法的有关规定办理。完成技术成果的个人有在有关技术成果文件上写明自己是技术成果完成者的权利和取得荣誉证书、奖励的权利。”

典草案建议稿》第1287条将“个人”改为“自然人”；[①]王利明教授主持编撰的《中国民法典学者建议稿》第1765条仅保留“非职务技术成果的使用权、转让权属于完成技术成果的个人”，删除了“完成技术成果的个人可以就该项非职务技术成果订立技术合同”。[②]《民法典》编纂继续规定了非职务技术成果的权属，但并没有吸收学者建议稿的意见，而是沿袭了《合同法》第327条的内容。

规范目的或功能

本条旨在确定非职务技术成果的财产性权属。非职务技术成果是个人在本职工作以外，利用自己的物质技术条件，为科学进步所作的贡献，相应的权利自然应当归属于该技术成果的完成人。[③]本条将非职务技术成果的使用权和转让权单独加以规定，一方面有助于维护非职务技术成果完成人的合法权益，避免其他民事主体，尤其是其单位侵犯其合法权益；另一方面有利于调动广大科技人员从事科技成果开发、应用的主动性和创造性，有利于促进科技成果迅速转化为生产力。本条主要解决的问题是，非职务技术成果的完成人对该项技术成果享有哪些财产性权利。

规范内容

本条为说明性法条，是一种不完全法条，不具备法律效果规定，须与其他法条相结合，才能发挥规范功能。[④]根据本条，未执行法人或者非法人组织的工作任务，也未利用法人或者非法人组织的物质技术条件所完成的技术成

① 梁慧星教授主持编撰的《中国民法典草案建议稿》第1287条规定：“非职务技术成果的使用权、转让权属于完成技术成果的自然人，完成技术成果的自然人可以就该项非职务技术成果订立技术合同。”梁慧星主编：《中国民法典草案建议稿附理由：合同编》(下)，法律出版社2013年版，第762页。

② 王利明主编：《中国民法典学者建议稿及立法理由：债法总则编·合同编》，法律出版社2005年版，第696页。

③ 参见段瑞春：《技术合同》，法律出版社1999年版，第37页。

④ 参见汪渊智：《民法中的不完全性法条》，载《山西大学学报》(哲学社会科学版)2004年第4期。

果，是非职务技术成果。非职务技术成果的经济性权属即其使用权、转让权属于完成技术成果的个人。完成技术成果的个人有权以该项成果为标的订立技术合同，从而获得相应的经济收益。法人或者非法人组织擅自以生产经营目的使用或者转让属于个人的非职务技术成果，是侵犯个人合法权益的行为。

正确适用本条规定需要注意一点，即本条所称完成技术成果的“个人”，包括对技术成果单独或者共同作出创造性贡献的人，也即技术成果的发明人或者设计人。人民法院在对创造性贡献进行认定时，应当分解所涉及技术成果的实质性技术构成。提出实质性技术构成并由此实现技术方案的人，是作出创造性贡献的人。提供资金、设备、材料、试验条件，进行组织管理，协助绘制图纸、整理资料、翻译文献等人员，不属于完成技术成果的个人。①

第八百四十九条【技术成果的人身权】

完成技术成果的个人享有在有关技术成果文件上写明自己是技术成果完成者的权利和取得荣誉证书、奖励的权利。

历史由来

本条完全承袭了《合同法》第328条，②自《民法典合同编（草案）》（征求意见稿）第407条作出规定后，之后各个阶段的《民法典合同编（草案）》文本未作出任何修改。追本溯源，本条内容最早见于《技术合同法》第6条，③该条合并规定了职务技术成果、非职务技术成果的含义及其权属分配。在《合

① 参见《技术合同解释》第6条。

② 《合同法》第328条规定：“完成技术成果的个人有在有关技术成果文件上写明自己是技术成果完成者的权利和取得荣誉证书、奖励的权利。”

③ 《技术合同法》第6条规定：“执行本单位的任务或者主要是利用本单位的物质技术条件所完成的技术成果，是职务技术成果。职务技术成果的使用权、转让权属于单位，单位有权就该项职务技术成果订立技术合同。单位应当根据使用和转让该项职务技术成果所取得的收益，对完成该项职务技术成果的个人给予奖励。非职务技术成果的使用权、转让权属于完成技术的成果的个人，完成技术成果的个人有权就该项非职务技术成果订立技术合同。就职务技术成果或者非职务技术成果申请专利和被授予专利权的，依照专利法的有关规定办理。完成技术成果的个人有在有关技术成果文件上写明自己是技术成果完成者的权利和取得荣誉证书、奖励的权利。”

同法》制定过程中，将《技术合同法》第6条加以拆分，将其第4款独立规定为《合同法》第328条。

在《民法典》编纂前，主要的民法典学者建议稿均维持《合同法》第328条的规定，但对其用语和表述有所修正。梁慧星教授主持编撰的《中国民法典草案建议稿》第1288条将“个人”改为“自然人”；[①]王利明教授主持编撰的《中国民法典学者建议稿》第1766条则删除了完成技术成果的个人“取得荣誉证书、奖励的权利”，保留了“完成技术成果的个人有在有关技术成果文件上写明自己是技术成果完成者的权利”。[②]《民法典》编纂并没有吸收学者建议稿的意见，而是沿用《合同法》第328条的规定。

三 规范目的或功能

本条旨在确定技术成果的人身权，即身份权、荣誉权的归属。人身权分为人格权和身份权两个方面。人格权是法律赋予权利主体本身所应有的权利，如姓名权、名称权、名誉权以及人身不受侵犯等权利。身份权是基于血缘关系或者某种法律事实而产生的权利，如家庭关系中的亲权、监护权，作品的发表权、署名权等。技术成果完成人享有的身份权和荣誉权是指在有关技术成果文件上署名以及取得国家荣誉证书、奖章和其他奖励的权利。这些权利不具有直接的财产利益，与技术成果完成人的人身、智慧和创造性贡献不可分离，专属于完成技术成果的个人，其他任何人不得侵夺或者剽窃，也不得通过合同进行变更或者转让。体现了党和国家尊重知识、尊重人才的一贯方针和保护知识产权的基本原则。[③]本条解决的现实问题是，谁有权在已完成的技术成果相关文件上作为技术成果完成者署名，并取得相关荣誉证书和奖励。

---

① 梁慧星教授主持编撰的《中国民法典草案建议稿》第1288条规定：“完成技术成果的自然人有在有关技术成果文件上写明自己是技术成果完成者的权利和取得荣誉证书、奖励的权利。”梁慧星主编：《中国民法典草案建议稿附理由：合同编》(下)，法律出版社2013年版，第763页。

② 王利明主编：《中国民法典学者建议稿及立法理由：债法总则编·合同编》，法律出版社2005年版，第696页。

③ 参见段瑞春：《技术合同》，法律出版社1999年版，第43页。

规范内容

本条为说明性法条。根据本条，对完成技术成果作出了创造性贡献的个人（单独或者共同），享有在有关技术成果文件上署名以及取得国家荣誉证书、奖章和其他奖励的权利。本条所称“技术成果”包括职务技术成果和非职务技术成果。即使技术成果的财产性权利归属于单位，或者有人买断了非职务技术成果的财产性权利，也不能剥夺完成该技术成果人员的人身权。“完成技术成果的个人”是指对技术成果单独作出或者共同作出创造性贡献的人。司法实务中判定是否作出创造性贡献，应分解发明创造或科技成果的实质性技术构成，并以此将提出实质性技术构成和由此实现技术方案的人确定为作出创造性贡献的人。[①]“技术成果文件”包括专利文件、科技奖励和成果证书等确认技术成果完成者身份和授予荣誉的证书和文件。

第八百五十条【技术合同的无效】

非法垄断技术或者侵害他人技术成果的技术合同无效。

历史由来

本条完全沿袭了《合同法》第329条的规定。[②]在《民法典》编纂过程中，各阶段的草案文本没有对《合同法》第329条的规定作出任何修改。从源头考察，关于技术合同无效的规定最早见于《技术合同法》第21条。[③]《技术合同法》是一部独立的部门法，所以第21条的内容涵盖了技术合同无效的全部原

---

① 参见陕西省高级人民法院（2009）陕民三终字第33号民事判决书。

② 《合同法》第329条规定：“非法垄断技术、妨碍技术进步或者侵害他人技术成果的技术合同无效。”

③ 《技术合同法》第21条规定：“下列技术合同无效：（一）违反法律、法规或者损害国家利益、社会公共利益的；（二）非法垄断技术、妨碍技术进步的；（三）侵害他人合法权益的；（四）采取欺诈或者胁迫手段订立的。无效的合同，从订立时起就没有法律约束力。合同部分无效，不影响其余部分的效力的，其余部分仍然有效。”

因。在《合同法》制定后，技术合同仅作为一种有名合同而规定于《合同法》第十八章。由于《合同法》总则部分概括规定了所有合同无效的情形，所以在技术合同章只需规定技术合同无效的特殊情形，即“非法垄断技术、妨碍技术进步或者侵害他人技术成果”。

与立法者的看法不同，针对技术合同无效的情形，主要的学者建议稿，如梁慧星教授主持编撰的《中国民法典草案建议稿》第1289条和王利明教授主持编撰的《中国民法典学者建议稿》第1766条均未采《合同法》第329条，而是效法《合同法（草案）》（三审稿）[①]第322条，规定：“非法垄断技术、妨碍技术进步的技术合同无效。”[②]其理由在于：其一，侵害他人技术成果的技术合同，侵害事由可能仅存在于一方当事人，如使合同无效，反而不利于无过错的相对人之保护。其二，在一方当事人不知侵害他人技术成果的情形，侵害的一方自应向技术成果的权利人承担侵权责任或违约责任（如违反保密义务），规定合同不因之无效，无损于权利人之保护。其三，如技术合同双方当事人通谋实施侵害他人技术成果之行为，则该合同为实施侵权行为或犯罪行为而订立的合同，因违反公序良俗而当然无效，无须特别规定。[③]其四，侵害他人技术成果一般不会直接导致对国家利益以及社会公共利益的损害，此时没有将合同直接认定为无效的必要。[④]《民法典》并未采纳上述建议。

三 规范目的或功能

本条规范的主要目的在于：在民事法律行为无效制度的基础上，确立技术合同特定的无效事由。在规范体系上，本条与本法总则编第六章第三节关

① 参见何勤华、李秀清、陈颐编：《新中国民法典草案总览》（增订本）（下卷），北京大学出版社2017年版，第2123页。

② 参见梁慧星主编：《中国民法典草案建议稿附理由：合同编》（下），法律出版社2013年版，第764页；王利明主编：《中国民法典学者建议稿及立法理由：债法总则编·合同编》，法律出版社2005年版，第697页。

③ 梁慧星主编：《中国民法典草案建议稿附理由：合同编》（下），法律出版社2013年版，第765页。

④ 王利明主编：《中国民法典学者建议稿及立法理由：债法总则编·合同编》，法律出版社2005年版，第698页。

于法律行为无效的规定，以及本法合同编第二章、第三章关于合同条款无效的规定相结合，共同构成技术合同无效的识别标准。

订立并履行技术合同，既是依据《民法典》实施的民事法律行为，又是进行科学技术的研究开发、成本转化和推广应用的市场活动。作为一项民事法律行为，技术合同须符合法律规定的生效要件，且不具备无效的情形，才能受到法律的保护，当事人才能实现预期目的；作为一项科学技术实践活动，技术合同是技术进步和技术竞争的主要方式，与公共秩序和公共利益密切相关，应当"有利于知识产权的保护和科学技术的进步，促进科学技术成果的研发、转化、应用和推广"。因此，本条将与之相悖的技术合同，即"非法垄断技术或者侵害他人技术成果的技术合同"界定为无效。

规范内容

本条包含完整的构成要件及法律效果，属完全法条，可以构成合同当事人行使请求权的规范基础。[①]其构成要件为"非法垄断技术或者侵害他人技术成果的"，其法律效果为"技术合同无效"。

所谓"非法垄断技术"，是指通过合同条款限制另一方当事人在合同标的技术的基础上进行新的研究开发，限制另一方当事人从其他渠道吸收技术，或者阻碍另一方根据市场的需求，按照合理的方式充分实施专利和使用技术秘密。《技术合同解释》第10条归纳了六种具体详情：第一，限制当事人一方在合同标的技术基础上进行新的研究开发或者限制其使用所改进的技术，或者双方交换改进技术的条件不对等，包括要求一方将其自行改进的技术无偿提供给对方、非互惠性转让给对方、无偿独占或者共享该改进技术的知识产权；第二，限制当事人一方从其他来源获得与技术提供方类似技术或者与其竞争的技术；第三，阻碍当事人一方根据市场需求，按照合理方式充分实施合同标的技术，包括明显不合理地限制技术接受方实施合同标的技术生产产品或者提供服务的数量、品种、价格、销售渠道和出口市场；第四，要求技

---

① 参见王泽鉴：《法律思维与民法实例：请求权基础理论体系》，中国政法大学出版社2003年版，第69页。

术接受方接受并非实施技术必不可少的附带条件，包括购买非必需的技术、原材料、产品、设备、服务以及接收非必需的人员等；第五，不合理地限制技术接受方购买原材料、零部件、产品或者设备等的渠道或者来源；第六，禁止技术接受方对合同标的技术知识产权的有效性提出异议或者对提出异议附加条件。需注意的是，依该条规定，"非法垄断技术"的行为仅有上述六种表现，因为该条并未规定相应的兜底性条款。司法解释的规定，尽管表面上是对当事人的行为进行约束，但背后所维护的实际上是有关公共利益。比如该解释所禁止的第1项行为会对与技术进步有关的社会公共利益产生损害；第2项、第5项行为会对技术市场的竞争秩序造成影响；第3项、第4项行为会使好产品上市困难或生产成本无端增加，进而使消费者利益受损；第6项行为会与国家的知识产权法秩序以及最基本的交易道德产生抵触。[①]

所谓"侵害他人技术成果"，是指侵害另一方当事人或者合同以外的第三方的知识产权或者其他科技成果权的行为。[②]实践中常表现为如下几种情形：第一，当事人一方未经专利权人同意，而与他人订立专利权实施许可合同；第二，由当事人一方或者双方共同申请专利的发明创造，另一方当事人以自己名义单独申请专利的；第三，未经当事人许可而实施另一方专利；第四，专利实施许可合同中，被许可方实施专利超越了合同约定的范围；第五，许可方已经承担不许可他人实施或自己不实施的义务，而违反合同义务又与第三方订立专利实施许可合同或自己实施专利；第六，个人未经法人或者非法人组织同意而私自使用、转让其完成的职务技术成果；第七，法人或者非法人组织未经个人同意使用、转让个人的非职务技术成果；第八，合同约定非专利技术的使用权属于一方，另一方擅自使用或者转让等。[③]

---

① 参见王宏军：《我国技术合同无效制度的立法缺陷——评〈合同法〉第329条》，载《政治与法律》2008年第9期。

② 已失效的《技术合同法》第21条规定"侵犯他人合法权益的技术合同无效"，《技术合同法实施条例》（已失效）在第25条将"侵犯他人合法权益"解释为"侵害另一方或者第三方的专利权、专利申请权、专利实施权、非专利技术使用权和转让权或者发明权、发现权以及其他科技成果权的行为"。

③ 参见李显东主编：《中国合同法要义与案例释解》（下），中国民主法制出版社1999年版，第1194页。

在具备上述构成要件的情况下，会发生相关技术合同“无效”的法律效果。具体而言，依本法第155—157条的规定，无效的技术合同自始没有法律约束力；技术合同可能是全部无效，也可能是部分无效；无效部分不影响合同其他部分效力的，其他部分仍然有效。技术合同被确认无效后，合同当事人因该行为取得的财产，应当予以返还；不能返还或者没有必要返还的，应当折价补偿。有过错的一方应当赔偿对方由此所受到的损失；各方都有过错的，应当各自承担相应的责任。针对实践中技术合同无效的特殊处理，《技术合同解释》第11条、第12条的规定可供参考。①

三 其他问题

在《民法典》编纂前，已有不少学者批评《合同法》第329条将“侵害他人技术成果”的技术合同规定为无效，过多限制了合同当事人本应享有的自由。有学者认为，用强行法的方式规定侵害他人技术成果的合同无效，可能会与立法者的原意“南辕北辙”，尤其对高新技术的产业化极为不利。②有学

① 《技术合同解释》第11条规定，技术合同无效或者被撤销后，技术开发合同研究开发人、技术转让合同让与人、技术咨询合同和技术服务合同的受托人已经履行或者部分履行了约定的义务，并且造成合同无效或者被撤销的过错在对方的，对其已履行部分应当收取的研究开发经费、技术使用费、提供咨询服务的报酬，人民法院可以认定为因对方原因导致合同无效或者被撤销给其造成的损失。技术合同无效或者被撤销后，因履行合同所完成新的技术成果或者在他人技术成果基础上完成后续改进技术成果的权利归属和利益分享，当事人不能重新协议确定的，人民法院可以判决由完成技术成果的一方享有。第12条规定，侵害他人技术秘密的技术合同被确认无效后，除法律、行政法规另有规定的以外，善意取得该技术秘密的一方当事人可以在其取得时的范围内继续使用该技术秘密，但应当向权利人支付合理的使用费并承担保密义务。当事人双方恶意串通或者一方知道或者应当知道另一方侵权仍与其订立或者履行合同的，属于共同侵权，人民法院应当判令侵权人承担连带赔偿责任和保密义务，因此取得技术秘密的当事人不得继续使用该技术秘密。

② 以侵害他人专利权的技术合同无效为例，在日新月异的现代高新技术产业实践中，原创性的发明极少，绝大多数的发明属于改进发明，而改进发明一般会包括在先发明的必要技术特征，再加上对专利权的保护有20年之久；致使以改进发明为标的物的技术合同，在《合同法》第329条的“压力”下难以达成或即便达成也极易被判定为无效，可能的后果是改进发明握在技术让与人手里、技术受让方的前期投资难以收回、急需新产品的消费者利益受损等。而在美国各州的合同法中，都不存在如此强制性的无效规定，对于合同所涉技术可能对第三人侵权的问题，全部交由合同双方自由解决。李兆阳：《公司知识产权的保护与管理》，清华大学出版社2002年版，第38—43页、第47—49页。

者认为，用强行法的方式规定侵害他人技术成果的技术合同无效，与技术合同的宗旨相违背，带来的现实后果是双方两败俱伤，严重挫伤技术转化的积极性。①还有学者认为，由该规定势必延伸出要求技术让与人做出不侵权担保的不合理要求；且将侵害他人技术成果的技术合同规定为无效，构成对该基本要求的违反，既与合同自由原则形成了实质性冲突，又与其他合同制度形成了逻辑上的不和谐。②

与《民法通则》相比，《民法典》在立法上充分贯彻了意思自治，不轻易使民事法律行为无效的理念。在这样一个前提下，本条仍然沿用了《合同法》第329条的内容，表明立法者对第329条立法意图的认可，即对技术合同的效力采用更为严格的评判标准。与之相对，人民法院在技术合同的效力问题上秉持的立场较为缓和，“一方面坚持努力维护合同效力的原则，保证交易的稳定性；另一方面注意防止对知识产权和交易优势地位的滥用，制止非法垄断技术，维护技术市场的公平竞争；同时在无效合同的处理上，注意当事人之间利益的合理平衡”。③事实上，法院对于技术合同无效的认定较少，如广东某年度中院审理的20件合同纠纷中，没有1件认定合同无效。④

需要指出的是，实践中法官多认为：技术合同纠纷案件的审理要兼顾技术成果权利人的利益和社会公共利益，对侵害他人技术成果的技术合同的效力不能一概而论，这类合同并不是必然无效。⑤具体而言，基于这一理由认定技术合同无效时需注意以下几点：一是侵害他人技术成果包括侵害他人对该技术成果所享有的实施权和侵害他人发明权、发现权以及其他科技成果权等。二是专利实施许可合同的受让人和技术秘密转让合同取得使用权的受让人（技术秘密许可使用合同的受让人），将合同标的技术向他人转让而订立的合同，

---

① 王红珊：《技术转让对创新的激励和传播》，载《中国市场》2006年第34期。

② 参见王宏军：《我国技术合同无效制度的立法缺陷——评〈合同法〉第329条》，载《政治与法律》2008年第9期。

③ 邰中林：《〈关于审理技术合同纠纷案件适用法律若干问题的解释〉的理解与适用》，载《中国法律》2005年第2期。

④ 参见最高人民法院知识产权庭罗霞法官于2015年10月15日在中国药学会医药知识产权研究专业委员会2015年学术年会暨知识产权与医药创新论坛所作报告：“技术合同纠纷相关问题的探讨”。

⑤ 参见赵克：《侵害他人技术成果的技术合同的效力》，载《人民司法》2012年第16期。

如果没有技术成果权利人授权或者追认，就应当认定为无效，但是在前合同当事人之间涉及的是侵权与违约的竞合问题，他们之间的争议和责任承担应当依照《民法典》第186条的规定，即依据受损害方的选择来进行处理。三是涉及处分共有技术成果问题时，除了符合《民法典》第861条和参考《技术合同解释》第20条、第21条规定的技术成果的共有人可以作出普通实施许可以外，任何共有人擅自处分技术成果，包括未经其他共有人同意转让或者以任一方式许可他人使用专利或者技术秘密等技术成果，均属于侵害共有人技术成果权益，有关转让或者许可行为应属无效。[①]

第二节　技术开发合同

第八百五十一条【技术开发合同定义及合同形式】

技术开发合同是当事人之间就新技术、新产品、新工艺、新品种或者新材料及其系统的研究开发所订立的合同。

技术开发合同包括委托开发合同和合作开发合同。

技术开发合同应当采用书面形式。

当事人之间就具有实用价值的科技成果实施转化订立的合同，参照适用技术开发合同的有关规定。

历史由来

本条源自《合同法》第330条。[②]相比于《合同法》，本条第1款增加了

① 参见邻中林：《〈关于审理技术合同纠纷案件适用法律若干问题的解释〉的理解与适用》，载《中国法律》2005年第2期。

② 《合同法》第330条规定："技术开发合同是指当事人之间就新技术、新产品、新工艺或者新材料及其系统的研究开发所订立的合同。技术开发合同包括委托开发合同和合作开发合同。技术开发合同应当采用书面形式。当事人之间就具有产业应用价值的科技成果实施转化订立的合同，参照技术开发合同的规定。"

“新品种”，与《植物新品种保护条例》相衔接；第4款用“实用价值”替换了“产业应用价值”，拓宽了研究开发和实施转化的科技成果范围。在《民法典》编纂过程中，此修改分两步完成：《民法典合同编（草案）》（征求意见稿）第409条承继《合同法》第330条，在其第1款增加“新品种”；《民法典（草案）》则进一步将第4款中的“产业应用价值”替换为“实用价值”。

从源头追溯，本条内容最早规定于《技术合同法》第9条、[①]第27条，[②]在《合同法》制定时，《合同法（草案）》（三审稿）[③]第323条一度删除了要求技术合同采用书面形式的条款；但有全国人大代表提出：“有些技术合同内容较多，履行期限较长，应当采用书面形式订立”，最终审议通过的《合同法》在第330条中增加规定：“技术开发合同应当采用书面形式。”[④]此外，科学技术部提出，当事人就科技成果转化订立的合同逐渐增多，为适应技术创新和科技产业化的需要，《合同法（草案）》（四审稿）[⑤]第331条在技术合同的定义和种类之外，增加第3款规定，“当事人之间就具有产业应用价值的科技成果实施转化订立的合同，参照适用技术开发合同的有关规定”。[⑥]就此确定了《合同法》第330条的内容。

在《民法典》编纂前，学者们编写的建议稿都在不同程度上对《合同法》第330条的规定加以删减。梁慧星教授主持编撰的《中国民法典草案建议稿》认为：《合同法》第330条规定技术开发合同的定义、形式以及科技成果实施转化独立的合同参照技术开发合同的规定，系将不同事项杂糅于一条，与该法其他各章关于合同定义与形式的体例不符，故予以拆分，仅以第1290条规

---

① 《技术合同法》第9条规定：“技术合同的订立、变更和解除采用书面形式。”

② 《技术合同法》第27条规定：“技术开发合同是指当事人之间就新技术、新产品、新工艺和新材料及其系统的研究开发所订立的合同。技术开发合同包括委托开发合同和合作开发合同。”

③ 参见何勤华、李秀清、陈颐编：《新中国民法典草案总览》（增订本）（下卷），北京大学出版社2017年版，第2123页。

④ 参见全国人大法律委员会主任王維澄所作报告：“第九届全国人民代表大会法律委员会关于《中华人民共和国合同法（草案）》审议结果的报告”。

⑤ 参见何勤华、李秀清、陈颐编：《新中国民法典草案总览》（增订本）（下卷），北京大学出版社2017年版，第2164页。

⑥ 参见1999年1月25日“全国人大法律委员会关于《中华人民共和国合同法（草案）》修改情况的汇报”。

定技术合同的定义，维持《合同法》第330条第1款、第2款之规定，而用第1291条、第1305条分别规定《合同法》第330条第3款、第4款的内容。[①]王利明教授主持编撰的《中国民法典学者建议稿》基于同样的理由，将《合同法》第330条拆分为两条，其第1768条维持《合同法》第330条第1款、第2款、第3款的规定，《合同法》第330条第4款则被规定于第1777条第2款，作为"法律适用"的内容之一。[②]从体系化角度观察，梁慧星教授主持编撰的《中国民法典草案建议稿》对《合同法》第330条的拆分及其理由在立法技术上明显具有逻辑严密性，但立法者并未采纳此合理化建议。其理由或许在于：此次《民法典》编纂要求既尊重民事立法的历史延续性，又适应当前经济社会发展的客观要求。我国现行民事法律大部分规则实际可行，为人民群众所熟悉和接受。制定《民法典》须深入总结这些法律的实施情况，对实践证明正确、可行的，予以继承，维护法律的稳定性；对那些不属于现实情况的内容和制度进行修改补充。[③]而《合同法》第330条虽在层次上有微瑕，但并不能否认该条规定在适用上的切实可行，所以经过微调后予以继承，以"保持民事法律制度的连续性、稳定性"[④]。

三 规范目的或功能

本条有着多重规范目的：一是通过规定技术开发合同的概念、类型和形式，明确技术开发合同的内涵和外延；二是规定技术转化合同的参照适用，鼓励、规范先进科技成果的转化。在我国科技工作中，技术开发合同是当事人就新技术的研究开发项目订立的合同，当事人的权利与义务关系存在于开

---

① 参见梁慧星主编：《中国民法典草案建议稿附理由：合同编》（下），法律出版社2013年版，第767页、第783页。

② 参见王利明主编：《中国民法典学者建议稿及立法理由：债法总则编·合同编》，法律出版社2005年版，第698页、第707页。

③ 参见全国人民代表大会常务委员会副委员长李建国于2017年3月8日在第十二届全国人民代表大会第五次会议上所作的《关于〈中华人民共和国民法总则（草案）〉的说明》。

④ 参见全国人大常委会法制工作委员会主任沈春耀于2018年8月27日在第十三届全国人大常委会第五次会议上所作的《关于〈民法典各分编（草案）〉的说明》。

拓未知的技术领域、解决新技术课题的过程之中。作为开拓科学技术生产力的重要实践，技术开发合同是技术成果商品化的起点，也是一种重要的技术合同类型。因此，有必要在法律中明确规定其基本概念、主要类型和表现形式，以区别于其他技术合同，并为法律中规定技术开发合同的当事人的权利、义务和责任，履行技术开发合同的成果分享原则和研究开发风险的分担等内容奠定基础。虽然技术转化合同本身不涉及新技术成果的研究开发，但既有科技成果的实施转化同样需要进行创造性的科技活动，因而准用技术开发合同的规则。①

本条要解决的问题是，为技术开发合同的识别和法律适用提供依据。首先，明确合同类型的目的在于如果当事人在合同中的约定有不完善之处，确定以合同法中哪一部分任意性规定予以补充。其次，只有被认定为技术开发合同，才能依法进行技术合同登记，享受国家优惠政策。最后，诉讼中确定案由的前提是搞清楚双方的法律关系，即确定当事人签订的是哪一种合同。与其他技术合同相比，技术开发合同具有如下特征：第一，技术开发合同的标的为研究开发具有创新性的技术成果。此种新技术成果是当事人在订立合同时尚未掌握的、不存在的，须经研究开发人的创造性活动始能取得。此为技术开发合同与其他技术合同的重要区别。第二，技术开发合同为双务、有偿、诺成、要式合同。技术开发合同当事人双方均负有一定的义务，每一方从他方取得利益，均须支付相应对价，故为双务、有偿合同。技术开发合同自双方当事人意思表示一致时起即成立，故为诺成合同。技术开发合同应当采用书面形式。第三，技术开发合同存在风险。该风险是指在履行技术开发合同过程中，遇有目前尚无法克服的技术难关，致使开发工作全部或者部分失败。技术开发合同的标的为创新性技术成果，其取得过程为创造性科研行为，具有相当难度，蕴含失败的风险。②

① 参见梁慧星主编：《中国民法典草案建议稿附理由：合同编》（下），法律出版社2013年版，第784页。

② 参见梁慧星主编：《中国民法典草案建议稿附理由：合同编》（下），法律出版社2013年版，第766—767页。

规范内容

本条第1款、第2款、第3款规定属于说明性法条，详细描述了什么是技术开发合同，包括技术开发合同的定义、分类和法定形式；第4款则是引用性法条，指出符合条件的技术成果转化合同适用技术开发合同的有关规定。

一、技术开发合同的定义

根据本条第1款，技术开发合同是指当事人之间就新技术、新产品、新工艺、新品种或者新材料及其系统的研究开发所订立的合同。“新技术、新产品、新工艺、新品种或者新材料及其系统”是技术开发合同的标的，即履行合同有待研究开发的技术成果，一般是指当事人在订立技术合同时尚未掌握的产品、品种、工艺、材料及其系统等技术方案，但在技术上没有创新的现有产品改型、工艺变更、材料配方调整以及技术成果的检验、测试和使用的除外。[①]其中，“新技术”是个总概念，与“新产品、新工艺、新品种或者新材料及其系统”是总分关系。申言之，作为研究开发所要完成的成果，技术开发合同的标的可以是该项技术方案本身，也可以是体现该技术方案的产品、产品种类、工艺、材料及其组合的成套系统。[②]所谓“技术开发”就是指新技术、新产品、新工艺、新材料、新品种及其系统的研发。它应当同时符合目标明确、技术方案尚未掌握、预期成果有创新内容三个条件，三者缺一不可。如果目标不明确，则属于自由探索；如果技术方案已掌握，则无需开发；如果无创新内容，则是常规性的技术支持、技术应用活动。[③]

根据《技术合同认定规则》的相关规定，技术开发合同的认定条件有三：一是有明确、具体的科学研究和技术开发目标；二是合同标的为当事人在订

---

① 参见《技术合同解释》第17条。

② 参见段瑞春：《技术合同》，法律出版社1999年版，第123页。

③ 吴寿仁：《科技成果转化若干热点问题解析（二十二）——科技成果转化中的技术合同政策导读及案例解析》，载《科技中国》2019年第3期。

立合同时尚未掌握的技术方案；三是研究开发工作及其预期成果有相应的技术创新内容。[①]单纯以揭示自然现象、规律和特征为目标的基础性研究项目所订立的合同，以及软科学研究项目所订立的合同，不属于技术开发合同范畴。[②]具体而言，《技术合同认定规则》第23条列举了八类技术开发项目，[③]第24条列举了四类非技术开发项目，[④]以供识别技术开发合同。

二、技术开发合同的种类

按照本条第2款，技术开发合同包括委托开发合同与合作开发合同。

委托开发合同是一方当事人委托另一方当事人进行研究开发工作并提供相应研究开发经费和报酬所订立的技术开发合同。[⑤]委托开发合同的特征是委托人提供研究开发所需的经费、报酬等物质条件，研究开发人以自己的名义、技术和劳务独立完成研究开发工作，委托人不得非法干涉。

合作开发合同是当事人各方就共同进行研究开发工作所订立的技术开发合同。[⑥]即当事人各方共同投资、共同参与研究开发活动、共同承担研究开发风险、共享研究开发成果。合作开发合同的各方以共同参加研究开发中的工作为前提，可以共同进行全部研究开发工作，也可以约定分工，分别承担相

① 参见《技术合同认定规则》第21条。

② 参见《技术合同认定规则》第22条。

③ 《技术合同认定规则》第23条规定："下列各项符合本规则第二十一条规定的，属于技术开发合同：（一）小试、中试技术成果的产业化开发项目；（二）技术改造项目；（三）成套技术设备和试验装置的技术改进项目；（四）引进技术和设备消化。吸收基础上的创新开发项目；（五）信息技术的研究开发项目，包括语言系统、过程控制、管理工程、特定专家系统、计算机辅助设计、计算机集成制造系统等，但软件复制和无原创性的程序编制的除外；（六）自然资源的开发利用项目；（七）治理污染、保护环境和生态项目；（八）其他科技成果转化项目。前款各项中属一般设备维修、改装、常规的设计变更及其已有技术直接应用于产品生产，不属于技术开发合同。"

④ 《技术合同认定规则》第24条规定："下列合同不属于技术开发合同：（一）合同标的为当事人已经掌握的技术方案，包括已完成产业化开发的产品、工艺、材料及其系统；（二）合同标的为通过简单改变尺寸、参数、排列，或者通过类似技术手段的变换实现的产品改型、工艺变更以及材料配方调整；（三）合同标的为一般检验、测试、鉴定、仿制和应用。"

⑤ 《技术合同认定规则》第20条。

⑥ 《技术合同认定规则》第20条。

应的部分。当事人一方仅提供资金、设备、材料等物质条件或者承担辅助协作事项，由另一方进行研究开发工作的合同，属于委托开发合同。①

实践中对于委托开发合同和合作开发合同的认定并不以合同名称为限，而是以合同约定的权利义务内容为准。例如，在“甲制药有限公司与乙医药研发有限公司委托开发合同纠纷上诉案”中，甲公司与乙公司签订的是技术转让合同，但在合同签订时，涉案药品技术尚未进行研究开发。从双方签订合同的内容看，甲公司按照合同约定支付研究开发经费和报酬，完成协作事项，接受研究开发成果；乙公司按照约定完成研究开发工作，交付研究开发成果，提供有关的技术资料和必要的技术指导，帮助甲公司掌握研究开发成果。故人民法院认定双方签订的合同符合技术开发合同中的委托开发合同类型。②而在“半导体技术研究院诉光电科技公司技术委托开发合同纠纷案”中，原告认为按照《技术（合作）开发协议书》名称约定，双方系合作开发合同关系，被告认为按照协议书所约定的权利义务，双方系委托开发合同关系。人民法院认为，审查合同的性质时，不能只从合同的名称考虑，而应从合同约定的主要权利、义务等内容分析。委托开发合同和合作开发合同的主要区别是：当事人进行研究开发工作的方式不同。前者采取的是一方进行物质投资，不参与合同标的新技术成果的实质性研究开发工作，而参与研究开发的协助性或辅助性工作，另一方从事研究开发工作的方式。后者采取的是双方当事人共同参加并进行实质性研究开发的工作方式。涉案合同约定了整个研究开发工作由原告负责，被告只进行物质投资，未承担实质性研究开发工作，且研究开发成果及其相关知识产权的申请权、所有权都归原告所有，故本案双方订立的合同应认定为技术委托开发合同。③

三、技术开发合同的形式

与其他合同相比，技术开发合同涉及的内容复杂、利益重大，如研究开

---

① 参见《技术合同解释》第19条第2款。

② 参见山东省高级人民法院（2016）鲁民终2055号民事判决书。类似判决还可参见黑龙江省高级人民法院（2016）黑民终497号民事判决书。

③ 参见江苏省常州市武进区人民法院（2016）苏0412民初7327号民事判决书。

发经费及利用研究开发经费购置的财产及权属、技术成果的归属等；技术开发合同是一项探索性活动，履行期长，涉及风险责任的承担；技术开发合同的标的比较复杂，涉及研究开发行为及研究开发行为的对象，因此，本条第3款规定，当事人订立技术开发合同应当采用书面形式。但与前述确认合同效力的原则一样，这种“应当”只是指示性的，不能以此作为技术开发合同生效的条件。[①]本法第490条对此有规定，即“法律、行政法规规定或者当事人约定合同应当采用书面形式订立，当事人未采用书面形式但是一方已经履行主要义务，对方接受时，该合同成立”。实践中，书面形式的技术开发合同的主要价值在于证明技术开发合同关系的存在，不少当事人由于没有签订书面技术开发合同，其主张的合同关系不被人民法院所认可。例如，在“苏某与航空公司技术委托开发合同纠纷案”中，苏某自认其与航空公司之间未能签订书面技术委托开发合同。航空公司也不认可双方之间存在口头的技术委托开发合同关系，仅承认双方之间存在委托维修关系，并且已支付了900元维修费用。没有其他证据足以证明苏某与航空公司之间存在技术委托开发合同关系。故苏某未能举证证明其与航空公司之间存在技术委托开发合同关系，应承担举证不能的法律责任。[②]在“某立公司诉某设备修造厂等专利权权属纠纷案”的判决中，法院认为：“本案中《委托设计合同书》属技术委托开发合同，为技术开发合同的一种，应采用书面形式订立。法律规定应当采用书面形式订立合同而未予签订情况下，当事人主张的合同关系不产生法律效力。”[③]

四、技术转化合同的法律适用

本条第4款扩展了技术开发合同的范围，把“当事人之间就具有实用价值的科技成果实施转化订立的合同”纳入技术开发合同的范畴，从而使技术开发合同涵盖了技术创新全过程。[④]“当事人之间就具有实用价值的科技成果实

---

① 参见邰中林：《技术合同纠纷案件审判中的若干法律问题》，载《人民司法》2000年第2期。

② 参见湖北省高级人民法院（2016）鄂民终931号民事判决书。

③ 参见苏州市中级人民法院（2017）苏05民终5330号民事判决书。类似判决还可参见湖北省高级人民法院（2016）鄂民终931号民事判决书。

④ 参见段瑞春：《技术合同》，法律出版社1999年版，第123页。

施转化订立的合同”，是指当事人之间就具有实用价值但尚未实现工业化应用的科技成果包括阶段性技术成果，以实现该科技成果工业化应用为目标，约定后续试验、开发和应用等内容的合同。①

这类合同依法要参照技术开发合同的规定，但有其自身的特点，实践中也比较多见。技术转化合同的标的技术中的起始技术包括但不限于阶段性技术成果，合同目的在于实现该技术的工业化应用，合同主要内容是约定有关后续试验、开发和应用等。所谓工业化也称商品化、产业化，是指能够利用该技术制造出产品并能够用于工业上的规模化使用（如批量生产）。所谓阶段性技术成果，一般是指完成小试或者中试、尚未达到可以直接用于工业化使用的技术成果，它在一定条件下重复试验可以得到预期的效果。技术转化合同与技术转让合同的区别主要在于，技术转化一般是对阶段性技术成果等约定由研究开发人继续参与后续开发并实现工业化应用，技术转让中的让与人一般不再参加后续研究开发，但不排除负有提供后续技术指导和服务的义务。②

第八百五十二条【委托人的义务】

委托开发合同的委托人应当按照约定支付研究开发经费和报酬，提供技术资料，提出研究开发要求，完成协作事项，接受研究开发成果。

历史由来

本条源自《合同法》第331条，③相较于《合同法》，本条给委托人增加了一项新的义务，即“提出研究开发要求”。本条内容最早规定于《技术合同法》第28条，该条合并规定了委托开发合同的定义、委托方和研究开发方的

---

① 参见《技术合同解释》第18条。

② 参见邻中林：《〈关于审理技术合同纠纷案件适用法律若干问题的解释〉的理解与适用》，载《中国法律》2005年第2期。

③ 《合同法》第331条规定：“委托开发合同的委托人应当按照约定支付研究开发经费和报酬；提供技术资料、原始数据；完成协作事项；接受研究开发成果。”

义务，[①]《合同法》起草过程中将这一条进行了拆分，其第2款经过修改之后即成为《合同法》第331条。在《民法典》编纂前，主要的《民法典》建议稿都规定了委托开发合同中委托人的义务。梁慧星教授主持编撰的《中国民法典草案建议稿》第1292条维持《合同法》第331条规定。[②]王利明教授主持编撰的《中国民法典学者建议稿》第1770条则是合并《合同法》第331条和第333条，即在委托人的义务之外，增加第2款委托人承担违约责任的规定。其理由是：委托人所负担的主要义务是技术开发合同效力的主要内容，也是受托人行使请求权及要求委托人承担违约责任的主要依据。[③]《民法典合同编（草案）》（征求意见稿）第410条、《民法典合同编（草案）》（一审稿）第637条与梁慧星教授主持编撰的《中国民法典草案建议稿》做法相同，即保留《合同法》第331条原文；但《民法典合同编（草案）》（二审稿）第637条在其基础上增加“提出研究开发要求”，确定了本条内容。

三 规范目的或功能

本条旨在确定委托开发合同中委托人的主要义务。委托开发合同是双务合同，一方当事人需依照另一方当事人的要求完成约定的研究开发工作，另一方当事人应接受研究开发成果并给付报酬。其中提出研究开发要求、支付报酬与费用并接受研究开发成果为委托人的主要义务，是研究开发合同目的

---

① 《技术合同法》第28条规定：“委托开发合同是指当事人一方委托另一方进行研究开发所订立的合同。委托方的主要义务是：（一）按照合同约定支付研究开发经费和报酬；（二）按照合同约定提供技术资料、原始数据并完成协作事项；（三）按期接受研究开发成果。研究开发方的主要义务是：（一）制定和实施研究开发计划；（二）合理使用研究开发经费；（三）按期完成研究开发工作，交付研究开发成果，提供有关的技术资料和必要的技术指导，帮助委托方掌握研究开发成果。”

② 参见梁慧星主编：《中国民法典草案建议稿附理由：合同编》（下），法律出版社2013年版，第768页。

③ 王利明教授主持编撰的《中国民法典学者建议稿》第1770条第1款与《合同法》第331条相同，其第2款规定：“委托人违反约定造成研究开发工作停滞、延误或者失败的，应当承担违约责任。”参见王利明主编：《中国民法典学者建议稿及立法理由：债法总则编·合同编》，法律出版社2005年版，第699—700页。

达成的必要条件和当然结果。按照约定提供技术资料、完成协作事项为委托人应尽的协助义务，是研究开发人顺利进行研究开发的基本保证。协助义务通常为基于诚信原则而衍生的附随义务，但在委托开发合同中，如无委托人在此类事项上的积极协助，研究开发人难以顺利进行研究开发，故本条特别规定此项义务。[①]

本条所解决的基本问题是，委托开发合同中，委托人的主要义务是什么？明确了这一点，可以为委托开发合同的委托人履行合同义务提供指引，也可为研究开发人、人民法院判断委托人是否违约提供判断依据。

规范内容

本条是说明性条款，明确了委托开发合同中委托人的四项主要义务：

第一，提出研究开发要求。委托开发合同是由当事人一方提出研究开发课题，另一方接受委托，按照委托人的特定要求进行研究开发的合同。委托人必须清晰地提出对于研究开发的方向、研究方案的设计与执行、成果的完成与调试等开发工作有哪些方面的具体要求，研究开发人只有在明确委托人的研究及应用需求的基础上，才能实现研究开发工作。

第二，支付研究开发经费和报酬。研究开发经费是完成研究开发工作所必须的成本，除合同另有约定，委托人应当提供全部研究开发工作所需要的经费，包括购买研究必需的设备仪器、研究资料、试验材料、能源、试制、安装以及情报资料等项费用。研究开发经费一般应当在合同成立后、研究工作开始前支付，也可以根据不同情况分期支付或在对方交付工作成果之后相应支付，但不得影响研究开发工作的正常进行。当事人在合同中约定了研究开发经费按照实际需要支付的，研究开发经费不足时，委托人应当补充支付；研究开发经费有剩余时，研究开发人应当如数返还。如果合同中约定研究开发经费包干使用，那么结余经费应当归研究开发人所有，不足的经费由研究开发人自行解决；如果合同中没有约定研究开发经费结算办法，可以按照包

---

① 参见梁慧星主编：《中国民法典草案建议稿附理由：合同编》（下），法律出版社2013年版，第769页。

干使用的办法，处理使用研究开发经费。报酬是指委托人取得研究开发成果后，作为科技成果的“对价”向研究开发人支付的款项，包括研究开发成果的使用费和研究开发人员的科研补贴。与研究开发经费不同，它是研究开发人获得的劳动收入。合同约定研究开发经费的一定比例作为使用费和科研补贴的，可以不单列报酬。

第三，提供技术资料，完成协作事项。委托人应按照合同的约定，向研究开发人提供研究开发所需要的技术资料，并做好必要的协助工作。委托人为研究开发人提供有关资料，完成协作工作，只是为开发工作提供的辅助性劳动，不能因此认为是参加了开发研究，将委托开发合同变为合作开发合同。在研究开发过程中，委托人还应当应研究开发人的要求，补充必要的背景资料和数据，但应以研究开发人为履行合同所需要的范围为限。

第四，接受研究开发成果。委托开发合同履行完毕后，委托人享有接受该项研究开发成果的权利，这也是委托人的义务。委托人应当按期接受这一成果。当事人可以在合同中约定委托人接受研究开发成果的方式、时间或者期限，便于合同及时履行。委托开发合同未约定接受研究开发成果的期限的，委托人应于研究开发人催告后的合理期限内接受。合同约定委托人于接受研究开发成果后的特定期间内未提出异议，即视为接受该成果的，从其约定。[①]对于委托人接受研究开发成果的义务，究竟是不真正义务，还是真正义务，有学者联系《合同法》在有关合同类型中关于受领义务的规定加以分析，提出不宜径直按照整体类推规则，将委托开发合同中委托人接受研究开发成果解释为不真正义务或真正义务。需要结合个案，具体分析，再作定论。但当事人双方在委托开发合同中约定接受研究开发成果为真正义务的，应依其约定。[②]

本条对委托人主要义务的规定，是其法定义务，即使当事人在合同中没有约定，也应当履行；但当事人也可以在合同中依法约定委托人的其他义务。从比较法上看，只有《俄罗斯联邦民法典》有类似规定。根据《俄罗斯联邦

① 参见梁慧星主编：《中国民法典草案建议稿附理由：合同编》（下），法律出版社2013年版，第769页。

② 参见崔建远：《技术合同的立法论》，载《广东社会科学》2018年第1期。

民法典》第774条，在完成科学研究工作、实验设计和工艺工作合同中，定作人的义务是：向执行人交付完成工作所需的信息资料；受领完成的工作成果并给付价款。合同还可以规定定作人向执行人颁发技术任务书以及与执行人就工作规划（技术经济数据）或者工作课题进行协商。

第八百五十三条【研究开发人的义务】

委托开发合同的研究开发人应当按照约定制定和实施研究开发计划，合理使用研究开发经费，按期完成研究开发工作，交付研究开发成果，提供有关的技术资料和必要的技术指导，帮助委托人掌握研究开发成果。

历史由来

本条维持了《合同法》第332条的规定："委托开发合同的研究开发人应当按照约定制定和实施研究开发计划；合理使用研究开发经费；按期完成研究开发工作，交付研究开发成果，提供有关的技术资料和必要的技术指导，帮助委托人掌握研究开发成果。"自《民法典合同编（草案）》（征求意见稿）第411条提出本条内容后，以后的草案文本未对此作出任何修改。追根溯源，本条规定最早出现于《技术合同法》第28条第3款。《技术合同法》第28条合并规定了委托开发合同的定义，委托方和研究开发方的义务[①]，《合同法》起草时，《合同法（草案）》（一审稿）[②]第334条修改《技

---

① 《技术合同法》第28条规定："委托开发合同是指当事人一方委托另一方进行研究开发所订立的合同。委托方的主要义务是：（一）按照合同约定支付研究开发经费和报酬；（二）按照合同约定提供技术资料、原始数据并完成协作事项；（三）按期接受研究开发成果。研究开发方的主要义务是：（一）制定和实施研究开发计划；（二）合理使用研究开发经费；（三）按期完成研究开发工作，交付研究开发成果，提供有关的技术资料和必要的技术指导，帮助委托方掌握研究开发成果。"

② 《合同法（草案）》（一审稿）第334条规定："委托开发合同的研究开发人应当按照约定制定和实施研究开发计划；合理使用研究开发经费；按期完成研究开发工作，交付研究开发成果，提供有关的技术资料和必要的技术指导，帮助委托人掌握研究开发成果。"参见何勤华、李秀清、陈颐编：《新中国民法典草案总览》（增订本）（下卷），北京大学出版社2017年版，第2041页。

术合同法》第28条第3款列举的表述方式，将其内容合并为一段话，即确定了后来审议通过的《合同法》第332条的规范内容。此次《民法典》编纂前，主要的《民法典》学者建议稿都规定了委托开发合同中研究开发人的义务。梁慧星教授主持编撰的《中国民法典草案建议稿》第1294条维持《合同法》第332条规定。[①]王利明教授主持编撰的《中国民法典学者建议稿》第1770条则用“受托人”替换“研究开发人”；同时合并《合同法》第332条和第334条，即在委托人的义务之外，增加第2款关于受托人违约责任的规定。其理由是：受托人所负担的义务是技术开发合同效力的主要内容，也是委托人行使请求权及要求受托人承担违约责任的主要依据。[②]不过，这一改动仅具有形式意义，并未否认《合同法》第332条的内容，可见本条规定不存在内容上的争议。

三 规范目的或功能

本条旨在确定委托开发合同中研究开发人的主要义务。委托开发合同是双务合同，一方当事人提出研究开发要求并给付相应款项，有权要求另一方当事人依约进行研究开发、完成并交付研究开发成果。其中提出按照约定制定和实施研究开发计划；合理使用研究开发经费；按期完成研究开发工作，交付研究开发成果为研究开发人的主要义务，是委托开发合同目的达成的必要条件和当然结果。提供有关的技术资料和必要的技术指导，帮助委托人掌握研究开发成果，为研究开发人应尽的协助义务，是委托人有效接受研究开发成果的基本保证。协助义务通常为基于诚信原则而衍生的附随义务，但在委托开发合同中，如无研究开发人在此类事项上的积极

① 参见梁慧星主编：《中国民法典草案建议稿附理由：合同编》（下），法律出版社2013年版，第770页。

② “委托开发合同的受托人应当按照约定制定和实施研究开发计划；合理使用研究开发经费；按期完成研究开发工作，交付研究开发成果，提供有关的技术资料和必要的技术指导，帮助委托人掌握研究开发成果。受托人违反约定造成研究开发工作停滞、延误或者失败的，应当承担违约责任。”参见王利明主编：《中国民法典学者建议稿及立法理由：债法总则编·合同编》，法律出版社2005年版，第700—701页。

协助，会对委托人接受研究开发成果造成阻碍。故本条特别规定此项义务。

本条规定所欲解决的现实问题有两项：一是明确委托开发合同中研究开发人的主要义务，为当事人订立和履行委托开发合同提供指导，也为委托人和人民法院追究研究开发人违约责任提供依据。二是为识别委托开发合同与其他技术合同提供主要的判断标准，如果技术合同的当事人没有受托进行研究开发活动，仅仅交付已有的研究成果、技术资料或者提供技术咨询、技术服务等，则该合同不属于委托开发合同。

规范内容

本条为说明性法条，描述了委托开发合同的研究开发人，即受托人的四项主要义务：

第一，按照约定制定和实施研究开发计划。研究开发计划是指导研究开发人实现委托开发合同确定的预期目标的指导性文件，是完成研究开发任务的具体步骤和方法。计划的制定是研究开发工作的基础，研究开发人应在合同签订后及时制定研究开发计划，并按计划实施。需要指出的是，委托开发合同的标的为具有创新性的技术成果，研究开发人须具备相当的研究开发能力。委托人之所以与特定的研究开发人签订委托开发合同，正是着眼于研究开发人的研究开发能力，倘若研究开发人未经委托人同意，擅自将技术研究开发工作的全部或主要部分交由第三人完成，则有违委托人的信赖，且可能因第三人的科研实力有限而影响研究开发工作的完成或质量。故研究开发人应当按照合同的约定，亲自履行研究开发合同的义务。不过，研究开发工作的辅助部分，有的技术难度较小，或者其本身属于已被普遍掌握的技术，即使未经委托人同意，研究开发人亦可将其转交由第三人完成，但应就该第三人完成的工作对委托人负责。[①]

第二，合理使用研究开发经费。研究开发经费是专为研究开发工作使用的，研究开发人应当按照合同的约定，本着专款专用的原则，根据开发项目

---

① 参见梁慧星主编：《中国民法典草案建议稿附理由：合同编》（下），法律出版社2013年版，第771页。

的实际需要，合理有效地使用委托人支付的研究开发经费，不得擅自挪作他用。委托人有权检查研究开发经费的使用情况，但不能妨碍研究开发人的正常工作。当事人可以在合同中约定研究开发经费使用、检查等有关事项。研究开发人将研究开发经费用于履行合同以外的目的，委托人有权制止。

第三，按期完成研究开发工作，交付研究开发成果。研究开发人应当按照合同约定的条件按期完成研究开发工作，及时组织验收并将工作成果交付委托人。研究开发人在完成研究开发工作的过程中不得擅自变更标的的内容、形式和要求；不得侵害第三人的知识产权或者其他合法权益；不得在向委托人交付研究开发成果前，将研究开发成果转让给第三人。按照合同的约定，研究开发人所提供的研究开发成果可以是产品设计、工艺规程、材料配方和其他图纸、论文、报告等技术文件；磁带、磁盘、多媒体光盘、软件程序及数据库；动物或者植物的新品种、微生物菌种；样品、样机；或者成套技术设备。

第四，提供有关的技术资料和必要的技术指导，帮助委托人掌握研究开发成果。研究开发人按照合同约定，完成研究开发工作并交付工作成果时，还应当向委托人提供有关的技术资料，并给予必要的技术指导，帮助委托人掌握该技术成果，使之尽快在生产实践中应用。这是研究开发人的后续义务。当事人可以在合同中明确约定提供技术资料和技术指导的范围；当事人没有约定或者约定不清晰的，则应按照同行业一般专业技术人员能够掌握研究开发成果所需要的技术资料的技术服务履行。研究开发成果是指合同约定的研究开发人的工作成果，研究开发成果中可能包含发明创造等知识产权的技术成果，委托人也有权要求取得实施技术成果所必要的技术资料、实验报告和数据等，要求研究开发人进行必要的技术指导，以保证委托人能够实施该项技术成果。研究开发成果和其包含的具有知识产权的技术成果可以是不同主题，因此委托人掌握研究开发成果所需的技术资料和技术指导，与实施技术成果所需的技术资料和技术指导，可以是不同的内容。并且本条规定的提供技术资料和技术指导，是在合同终止前需要履行的义务，应在技术成果验收前或者验收时履行完毕。倘若合同终止后委托人仍需要研究开发人继续提供相关技术服务，则应在合同中载明后续服务事项或另行订立技术合同。

此外，根据诚信原则，当事人双方除应履行上述各自的主要义务外，还应在合同的订立和履行过程中承担相互不断通报合同履行情况的义务。尤其是那些对合同订立或履行有妨碍的情况，如遇到情报交流上的障碍、技术风险以及研究开发经费超支或盈余等。①

本条对研究开发人主要义务的规定，是其法定义务，即使当事人在合同中没有约定，也应当履行；但当事人也可以在合同中依法约定研究开发人的其他义务。从比较法上考察，《俄罗斯联邦民法典》对完成科学研究工作、实验设计和工艺工作合同中的执行人义务有着较为细致的规定，可供参考。根据《俄罗斯联邦民法典》第773条，执行人有五个义务：其一，依照与定作人达成协议的技术任务书完成工作并在合同约定的期限内将工作成果交付定作人；其二，同定作人协商使用属于第三人的受法律保护的智力活动成果的必要性，并获取对该成果的使用权；其三，如果因执行人的过错在已完成的工作中出现了可能引起偏离技术任务书或合同中约定的技术经济数据问题的瑕疵，执行人以自己的人力和自己的费用消除瑕疵；其四，将发现不可能获得预期成果的情况或者不适宜继续工作的情况立即报告定作人；其五，保障向定作人交付依合同所获得的不侵犯他人专属权的成果。

第八百五十四条【委托开发各方的违约责任】

委托开发合同的当事人违反约定造成研究开发工作停滞、延误或者失败的，应当承担违约责任。

历史由来

本条是合并《合同法》第333条、第334条规定的结果。《合同法》第333条、第334条除了主体表述不同——前者为“委托人”而后者为“研究开发人”，其内容皆为“违反约定造成研究开发工作停滞、延误或者失败的，应当承担违约责任”。本条将其中的“委托人”“研究开发人”统一替

① 参见王利明主编：《中国民法典学者建议稿及立法理由：债法总则编·合同编》，法律出版社2005年版，第701—702页。

换为“当事人”，保留了关于违约责任的内容。这一修改既是对立法条文的精简，同时也是对过去立法经验的汲取，《技术合同法》第29条就是合并规定委托开发合同中委托方和研究开发人的违约责任，[①]在《合同法》起草时，草案一审稿才将其一分为二。[②]这一修改方案是由《民法典合同编（草案）》（征求意见稿）第412条作出的，之后的《民法典合同编（草案）》（一审稿）、《民法典合同编（草案）》（二审稿）及《民法典（草案）》未再对此作出任何修改。

《民法典》编纂之前，由学者们编撰的《民法典》建议稿都对委托开发合同中委托人和研究开发人的违约责任作出了规定，但方式有所不同。梁慧星教授主持编撰的《中国民法典草案建议稿》第1293条、第1295条维持《合同法》第333条、第334条的规定，[③]而王利明教授主持编撰的《中国民法典学者建议稿》第1769条、第1770条则是分别将委托人、研究开发人的违约责任与委托人、研究开发人的义务合并规定。[④]

三、规范目的或功能

本条旨在确定委托开发合同当事人的违约责任。委托开发合同的委托人或者研究开发人未遵守合同约定，以致阻碍研究开发工作正常进行的，应承担

---

① 《技术合同法》第29条规定：“委托方违反合同造成研究开发工作停滞、延误或者失败的，应当支付违约金或者赔偿损失。研究开发方违反合同造成研究开发工作停滞、延误的，除应当采取补救措施继续履行合同外，应当支付违约金或者赔偿损失；造成研究开发工作失败的，应当返还全部或者部分研究开发经费和报酬，支付违约金或者赔偿损失。”

② 《合同法（草案）》（一审稿）第335条规定：“委托人违反约定造成研究开发工作停滞、延误或者失败的，研究开发人应当支付违约金或者赔偿损失。”第336条规定：“研究开发人违反约定造成研究开发工作停滞、延误的，研究开发人应当采取补救措施继续履行合同，并且应当支付违约金或者赔偿损失；造成研究开发工作失败的，应当返还全部或者部分研究开发经费和报酬，支付违约金或者赔偿损失。”参见何勤华、李秀清、陈颐编：《新中国民法典草案总览》（增订本）（下卷），北京大学出版社2017年版，第2041页。

③ 参见梁慧星主编：《中国民法典草案建议稿附理由：合同编》（下），法律出版社2013年版，第769页、第772页。

④ 参见王利明主编：《中国民法典学者建议稿及立法理由：债法总则编·合同编》，法律出版社2005年版，第696页。

相应的违约责任。本条将违约行为及该行为产生的消极后果作为承担责任的前提，其理由在于：研究开发工作是一项复杂的科学技术活动，当事人在合同履行过程中可能出现一些问题，但因其情节轻微、细小或已及时予以纠正或相对方表示接受，没有对研究开发工作造成消极影响，这种情况下应从维护当事人协作关系和有利于技术开发合同履行的角度适当处理，[①]不可贸然挑剔对方履约缺陷，动辄不加区别地要求其支付违约金或者赔偿损失。[②]

本法条兼具"构成要件"和"法律效果"两个要素，"委托开发合同的当事人违反约定造成研究开发工作停滞、延误或者失败的"属于构成要件，"应当承担违约责任"属于法律效果。本条与本法合同编第八章"违约责任"的规定相结合，共同构成委托开发合同违约责任体系，起到保障合同履行、保护守约方合法权益的作用。

规范内容

一、委托人的违约责任

本法第852条规定了委托人在委托开发合同中应承担的四项主要义务，由此可推知委托人的主要违约责任如下：

（一）迟延支付研究开发经费和报酬的责任

研究开发经费是研究开发人进行研究开发工作的基本条件。在研究开发中，若委托人没有正当理由拖延拨款，造成研究开发人窝工待工，研究开发工作停滞、延误的，研究开发人不仅不承担迟延责任，且有权根据本法第579

① 实践中，人民法院亦是如此处理。例如在"某科公司诉王某计算机软件开发合同纠纷案"中，法院认为："根据合同约定，项目周期为4个月，故合同履行的时间节点对于实现合同目的具有重要的意义。在签订后的5个工作日内，也即5月11日之前，由某科公司支付4万元，实际支付时间为5月19日，晚于约定的8日。该笔款项支付并无完成相关工作的条件，迟延支付的原因在于某科公司，但由于该笔款项迟延支付的相关违约责任合同并无约定，王某亦接受了履行且未提出异议，故此次迟延支付并不导致合同根本违约，但可以作为项目周期适当延长的合理理由。"参见北京知识产权法院（2016）京73民初332号民事判决书。

② 参见段瑞春：《技术合同》，法律出版社1999年版，第130页。

条[①]的规定，要求委托人支付研究开发经费和报酬。鉴于支付研究开发经费和报酬是委托人的主要义务，根据本法第563条[②]，委托人不支付研究开发经费和报酬，经催告在合理期限内仍不支付的，研究开发人有权解除合同，并可请求委托人返还技术资料，补交应付的费用和报酬并赔偿由此给研究开发人造成的损失。

（二）未按约定提供技术资料或完成协作事项的责任

委托人不依合同约定向研究开发人提供研究开发所需技术资料，不完成协作事项，或者所提供的技术资料或协作事项有重大缺陷，导致研究开发工作停滞、延误乃至失败的，由此产生的风险和损失由委托人承担。在委托开发合同中，委托人不按约定提供技术资料或完成协作事项，直接影响合同的履行和合同目的的达成，因此按照本法第563条的规定，委托人逾期、经催告于合理期限内仍不提供技术资料和完成协作事项的，研究开发人有权解除合同，并请求损害赔偿。

（三）不提出研究开发要求的责任

委托人在委托开发合同订立时不提出研究开发要求，且在合同履行中不对研究开发要求加以明确，导致研究开发工作停滞、延误或者失败的，委托人承担由此造成的损失，并须向研究开发人返还技术资料、支付相应的费用和报酬并赔偿其损失。委托人在研究开发中擅自变更研究开发要求，未告知研究开发人或未取得研究开发人的同意的，不得以研究开发成果不符合其要求而追究研究开发人的违约责任；如果委托人的上述行为导致研究开发工作

---

① 本法第579条规定："当事人一方未支付价款、报酬、租金、利息，或者不履行其他金钱债务的，对方可以请求其支付。"

② 本法第563条规定："有下列情形之一的，当事人可以解除合同：（一）因不可抗力致使不能实现合同目的；（二）在履行期限届满前，当事人一方明确表示或者以自己的行为表明不履行主要债务；（三）当事人一方迟延履行主要债务，经催告后在合理期限内仍未履行；（四）当事人一方迟延履行债务或者有其他违约行为致使不能实现合同目的；（五）法律规定的其他情形。以持续履行的债务为内容的不定期合同，当事人可以随时解除合同，但是应当在合理期限之前通知对方。"

停滞、延误或者失败的，由委托人承担违约责任。

（四）不按约定接受研究开发成果的责任

委托人逾期接受研究开发人完成的研究开发成果将增加研究开发人的保管负担和风险，因此委托方应承担违约责任并支付由此产生的保管费用。委托人经催告在合理期限内不接受研究开发成果的，研究开发人有权处分研究开发成果。所获得的收益在扣除约定的报酬、违约金和保管费后，退还委托人。所得收益不足以抵偿有关报酬、违约金和保管费的，有权请求委托人赔偿损失。

此外，如果委托人违反合同约定的其他义务，产生了研究开发工作停滞、延误或者失败的后果，委托人亦应承担相应的违约责任。

二、研究开发人的违约责任

本法第853条规定了研究开发人在委托开发合同中应承担的四项主要义务，其中的前三项直接影响研究开发工作的成败，由此可推知研究开发人的主要违约责任如下：

（一）未按计划实施研究开发工作的责任

制定和实施研究开发计划，是研究开发人的主要义务。研究开发人迟延实施或者不实施研究开发计划，委托人有权要求其实施研究开发计划并采取补救措施。研究开发人经催告在合理期限内仍不实施研究开发计划的，委托人有权依本法第563条解除合同，研究开发人应当返还研究开发经费，赔偿因此给委托人造成的损失。研究开发人应当依照合同的约定亲自履行研究开发的合同义务，否则委托人有权解除合同并请求返还研究开发经费和赔偿损失。研究开发人将研究开发工作的辅助部分转交第三人完成，因第三人造成研究开发停滞、延误、失败的，研究开发人应就该第三人的行为承担违约责任。①

① 参见梁慧星主编：《中国民法典草案建议稿附理由：合同编》（下），法律出版社2013年版，第769页、第772页。

（二）挪用研究开发经费的责任

研究开发人应当依合同约定合理使用研究开发经费。研究开发人将研究开发经费用于履行合同以外的目的，造成研究开发工作停滞、延误或者失败的，研究开发人应当支付违约金或者赔偿损失；经委托人催告后，研究开发人逾期未退还研究开发经费的，委托人有权依本法第563条解除合同。研究开发人应当返还研究开发经费，赔偿因此给委托人造成的损失。

（三）研究开发工作失败和研究开发成果不符合约定的责任

按期完成研究开发工作，交付研究开发成果是研究开发人最基本的义务。研究开发人在研究开发工作中不得擅自变更标的的内容、形式和要求。因研究开发人违反义务，导致研究开发成果不符合合同约定条件的，研究开发人应当支付违约金或者赔偿损失；造成研究开发工作失败的，研究开发人应当返还部分或者全部研究开发经费，支付违约金或者赔偿损失。

需要指出的是，在认定本项违约责任时，须厘清研究开发工作失败和研究开发成果不符合约定的原因。由于技术开发的风险性和技术实施效果的不稳定性，委托开发合同当事人在订立合同时都是基于对合同目的实现的可能性大小的主观判断，约定双方的权利义务，并不是所有委托开发合同均能得到完美履行。委托开发合同的高风险性是不言而喻的，是否能够如愿以偿研发出新的技术成果，不仅取决于研究开发方的主观努力，还取决于诸多的外部条件，比如现有技术水平等，在研究开发过程中很可能出现无法克服的技术难题。正因为如此，合同约定研究开发方的义务是否能够全面履行，签约时并不必然确切地知道，合同目的是否可以实现在客观上也仅仅是一种可能性。如果当事人对合同履行的可能性估计过高，甚至违背了科学规律，则客观上不能达成合同目的，不宜以此为由追究研究开发人的违约责任。[①]单纯由于客观存在的研究风险所引发的研究开发失败，研究开发人也不承担违约责任。[②]

---

① 参见欧修平：《技术合同违约行为的审查判断》，载《人民司法》2013年第5期。

② 如何区别基于研究风险导致的研究失败和违约导致的研究失败，将在本法第858条的评注中进一步加以讨论。

除上述责任以外，如果研究开发人违反合同约定的其他义务，导致了研究开发工作停滞、延误或者失败的后果，研究开发人亦应承担相应的违约责任。

三 举证责任

《民事诉讼法》第64条第1款规定："当事人对自己提出的主张，有责任提供证据。"这一规定确立了我国民事诉讼中举证责任分配的一般原则，即"谁主张，谁举证"，当事人对自己提出的诉讼请求所依据的事实或者反驳对方诉讼请求所依据的事实有责任提供证据加以证明。没有证据或者证据不足以证明当事人的事实主张的，由负有举证责任的当事人承担不利后果。在其他民事合同中，双方当事人各自有哪些义务，应当完成何种履行行为，一般有明确具体的约定，要证明存在违约行为是比较容易的，但在委托开发合同中情况则不同。技术合同是动态的，而非静态的，在这个动态的过程中，非对称信息问题无时无刻地发挥着影响。[①]由于合同标的涉及无形的技术成果，研究开发人必定是掌握技术或是掌握研究方法的一方，对技术及方法的具体内容和优劣程度拥有绝对的信息优势，而委托人完全不掌握技术，或者知之甚少。由于这种信息不对称性，导致委托人在与研究开发人就研究开发人是否违约的举证博弈中处于弱势地位，难以就技术的具体内容、履行行为的具体方式和履行质量与效果等举出清楚的证据，简单地适用《民事诉讼法》第64条第1款，以委托人举证不能判决驳回其诉讼请求，对委托人来说显然是不公平的。

因此，在委托人起诉研究开发人违约的场合，由于被告的否认，在原告已经尽最大能力履行了行为意义上的举证责任后，是否由于研究开发人的违约造成研究开发工作停滞、延误或者失败的案件事实仍然真伪不明。那么根据现代证明责任分配的理论，结果意义上的举证责任就凸显出来，从案件背后走向前台，即证明责任发生了相应的转移。[②]被告研究开发人作为负有给付原告研究开

① 梁剑：《技术合同中的非对称信息问题研究》，载《西南大学学报》（社会科学版）2010年第1期。

② 参见袁华演、熊红卫：《本劳务合同纠纷举证责任如何分配》，https://www.chinacourt.org/article/detail/2010/05/id/410176.shtml，最后访问时间2020年4月22日。

发成果义务并主张履约的一方，应对自己反驳原告诉讼请求所依据的事实提供证据加以证明，即对其依约制定和实施研究开发计划，合理使用研究开发经费，按期完成研究成果等的事实主张负有证明责任。如果被告不能举出证据证明其已按照合同约定履行义务的事实主张，将由其承担举证不能的不利后果。从比较法上看，《俄罗斯联邦民法典》也采此种立场，其第777条第1款规定："如果不能证明违反科学研究工作、实验设计和工艺工作合同的情况并非因执行人的过错而发生时（第401条第1款），执行人应向定作人承担违反合同的责任。"

第八百五十五条【合作开发各方的主要义务】

合作开发合同的当事人应当按照约定进行投资，包括以技术进行投资，分工参与研究开发工作，协作配合研究开发工作。

历史由来

本条维持了《合同法》第335条的规定，仅对标点符号作了修改。本条自《民法典合同编（草案）》（征求意见稿）第413条作出规定后，在《民法典》制定期间，草案文本历经各次审议均未改动。就内容而言，本条最早可追溯至《技术合同法》第30条第2款，即"合作开发各方的主要义务是：（一）按照合同约定进行投资，包括以技术进行投资；（二）按照合同约定的分工参与研究开发工作；（三）与其他各方协作配合"。《合同法》制定过程中，《合同法（草案）》（一审稿）[①]第337条修改《技术合同法》第30条第2款列举的表述方式，将其内容合并为一段话，确定了后来《合同法》第335条的规范内容。在《民法典》编纂前，学者们在其提出的《民法典》建议稿中也都保留了《合同法》第355条的规定，梁慧星教授主持编撰的《中国民法典草案建议稿》第1297条对其未作改动，[②]而王利明教授主持编撰的《中国民法典学者建议稿》第1771

① 参见何勤华、李秀清、陈颐编：《新中国民法典草案总览》（增订本）（下卷），北京大学出版社2017年版，第2041页。

② 参见梁慧星主编：《中国民法典草案建议稿附理由：合同编》（下），法律出版社2013年版，第774—775页。

条则是将其与《合同法》第336条关于合作开发人的违约责任合并，规定为一条。[①]可以说，本条是一项经过实践检验，没有争议的条款。

规范目的或功能

本条规范目的十分明确，即为了确定合作开发合同当事人的主要义务。合作开发合同为双务合同，以双方的投资、参与及协作为基础，因此本条规定了合作开发方都必须履行的法定义务，即按照约定进行投资，分工参与研究开发工作，协作配合研究开发工作。本条对合作开发人主要义务的规定，是其法定义务，即使当事人在合同中没有约定，也应当履行；但当事人也可以在合同中依法约定合作开发人的其他义务。

本条所欲解决的现实问题有两项：其一，明确合作开发各方的主要义务，为当事人订立和履行合作开发合同提供行为指导，也为当事人和人民法院判断合同违约提供依据。其二，为识别合作开发合同与其他技术合同提供判断标准，如果技术合同的当事人没有共同投资（包括以技术进行投资），也没有共同参与、协作配合完成研究开发工作，则该合同不属于合作开发合同。其中，“分工参与研究开发工作，包括当事人按照约定的计划和分工，共同或者分别承担设计、工艺、试验、试制等工作。当事人一方仅提供资金、设备、材料等物质条件或者承担辅助协作事项，另一方进行研究开发工作的，属于委托开发合同”[②]。

规范内容

本条属于不完全法条中的说明性法条，较为详细地描述了在合作开发合同中当事人应当履行的三项主要义务。

---

① 王利明教授主持编撰的《中国民法典学者建议稿》第1771条规定：“合作开发合同的当事人应当按照约定进行投资，包括以技术进行投资；分工参与研究开发工作；协作配合研究开发工作。合作开发合同的当事人违反约定造成研究开发工作停滞、延误或者失败的，应当承担违约责任。”参见王利明主编：《中国民法典学者建议稿及立法理由：债法总则编·合同编》，法律出版社2005年版，第702页。

② 参见《技术合同解释》第19条。

一、按照合同约定投资

共同投资是合作开发的基本要求之一，合作开发合同的当事人可以采取不同方式对研究开发课题作出投资。投资通常是指为达到一定目的而投入资金。[①]本条所指的投资应作扩张解释，除了以资金投入外，还包括以设备、材料、场地、实验条件等物质条件投资，以及以发明创造专利、投入资金、设备，还包括以发明创造专利、计算机软件版权、植物新品种权、非专利技术成果以及技术情报资料等技术的方式对研究开发项目所作的投入。以资金以外的形式投资的，应当经评估或协议，折算为相应的金额，明确当事人在投资中所占的比例。以专利技术或非专利技术进行投资的当事人应对该技术的权利瑕疵承担担保义务。

二、按照合同约定的分工参与研究开发工作

对合作开发合同而言，共同参与研究开发工作，是合作开发各方的基本义务，也是合作开发合同区别于委托开发合同的根本特征。参与研究开发工作是指按照约定的计划和分工进行或者分别承担设计、工艺、试验、试制等研究开发工作。合作开发各方共同参与研究开发工作可以采取下列方式：一是各方派出专业技术人员组成课题组，按照约定计划参加全部研究开发工作；二是各方派出专业技术人员组成课题组，按各自的优势，分别进行部分研究开发工作；三是各方按协议分别承担某项设计、工艺、试验、试制工作，不组建课题组。无论采取何种形式，合作开发各方都应当提出技术方案，完成技术成果，对研究开发课题作出实质性贡献。当事人一方仅提供资金、设备、材料等物质条件，承担辅助协作事项，由对方进行研究开发工作的合同，不属于合作开发合同，应当按委托开发合同处理。[②]

三、协作配合研究开发工作

协作义务通常属于合同附随义务，但考虑到合作开发合同本身就是技术协

---

① 参见中国社会科学院语言研究所词典编辑室编：《现代汉语词典》（第6版），商务印书馆2013年版，第1314页。

② 参见段瑞春：《技术合同》，法律出版社1999年版，第135页。

作的法律形式，合作开发是以双方的共同投资和共同劳动为基础的，各方在合作研究中的配合是取得研究开发成果的关键，因此本条将此项义务定位为合作开发合同当事人的主要义务。合作各方可以成立由双方代表组成的指导机构，对研究开发工作中的重大问题进行决策、组织和协调，保证研究开发活动的顺利进行。实践表明，对于复杂的研究开发课题，成立由各方代表和有关专家组成的协调指导机构是必要的。协调指导机构通过严格的工作规则和科学的决策程序，保障重大决策建立在民主和科学的基础之上，并符合当事人的共同利益。①

研发工作的成功与否，取决于研发资金投入、研发方案成熟度、研发人员管理、开发风险的控制与规避等多方面因素，故合作开发合同的各方当事人均应依法依约全面履行自己的合同义务，以促进研究开发工作顺利进行。②

第八百五十六条【合作开发各方的违约责任】

合作开发合同的当事人违反约定造成研究开发工作停滞、延误或者失败的，应当承担违约责任。

历史由来

本条完全承袭了《合同法》第336条的规定。关于合作开发合同各方当事人的违约责任最早规定于《技术合同法》第31条，③在《合同法》制定过程中，《合同法（草案）》（一审稿）④第338条以及《合同法（草案）》（四审稿）⑤第337条以《技术合同法》第31条为蓝本，在没有变动条文宗旨和主要内容的

---

① 参见段瑞春：《技术合同》，法律出版社1999年版，第135页。

② 参见江苏省南京市中级人民法院（2015）宁知民初字第18号民事判决书。

③ 《技术合同法》第31条规定："合作开发各方中，任何一方违反合同，造成研究开发工作停滞、延误或者失败的，应当支付违约金或者赔偿损失。"

④ 《合同法（草案）》（一审稿）第338条规定："合作开发合同的当事人违反约定造成研究开发工作停滞、延误或者失败的，应当支付违约金或者赔偿损失。"参见何勤华、李秀清、陈颐编：《新中国民法典草案总览》（增订本）（下卷），北京大学出版社2017年版，第2041页。

⑤ 《合同法（草案）》（四审稿）第337条规定："合作开发合同的当事人违反约定造成研究开发工作停滞、延误或者失败的，应当承担违约责任。"参见何勤华、李秀清、陈颐编：《新中国民法典草案总览》（增订本）（下卷），北京大学出版社2017年版，第2164页。

情况下，进行了部分文字修改，确定了《合同法》第336条的内容。《民法典》编纂前，学者关于《民法典》的建议稿也对该条全文保留，只是条款位置有所调整。[①]本次《民法典》编纂，自《民法典合同编（草案）》（征求意见稿）第414条作出规定后，以后各阶段的草案文本均未作出改动。

三 规范目的或功能

本条旨在确定合作开发合同当事人的违约责任。合作开发合同的权利义务是相对的、平行的，即当事人都承担类似的义务，又享有类似的权利，都有权要求和监督对方履行相应的义务，任何一方当事人未遵守合同约定，以致阻碍研究开发工作正常进行甚至导致研发失败的，应承担相应的违约责任。与本法第854条相同，本条也将违约行为及该行为产生的消极后果作为承担责任的前提，其理由与委托开发的情况一样：研究开发工作是一项复杂的科学技术活动，合作开发各方在履行合同的过程中，因主客观原因，在某些环节上有缺陷，因情节轻微、细小或已及时予以纠正或相对方表示接受，未对研究开发工作造成消极影响，则不构成违反合同的责任，对方或其他各方当事人不得要求其支付违约金或者赔偿损失。这符合实事求是的精神，也有利于维护当事人之间的协作关系。[②]

本法条兼具“构成要件”和“法律效果”两个要素，“合作开发合同的当事人违反约定造成研究开发工作停滞、延误或者失败的”属于构成要件，“应当承担违约责任”属于法律效果。本条与本法合同编第八章“违约责任”的规定相结合，共同构成合作开发合同的违约责任体系，起到保障合同履行、

① 梁慧星教授主持编撰的《中国民法典草案建议稿》第1297条与《合同法》第336条一致。参见梁慧星主编：《中国民法典草案建议稿附理由：合同编》（下），法律出版社2013年版，第774—775页。王利明教授主持编撰的《中国民法典学者建议稿》第1771条将其与《合同法》第335条关于合作开发人的义务合并，规定为一条，即：“合作开发合同的当事人应当按照约定进行投资，包括以技术进行投资；分工参与研究开发工作；协作配合研究开发工作。合作开发合同的当事人违反约定造成研究开发工作停滞、延误或者失败的，应当承担违约责任。”参见王利明主编：《中国民法典学者建议稿及立法理由：债法总则编·合同编》，法律出版社2005年版，第702页。

② 参见段瑞春：《技术合同》，法律出版社1999年版，第135页。

保护守约方合法权益的作用。

规范内容

本法第855条规定了当事人在合作开发合同中应承担的三项主要义务，由此可推知，当事人的违约责任主要表现为：不按照合同约定及时进行投资（包括以技术进行投资）或不履行约定的义务；不按照合同约定的分工参与研究开发工作；不按照合同约定与其他各方完成协作配合工作。当事人迟延履行或者不正确履行上述义务，其他各方当事人有权请求该当事人采取补救措施继续履行合同；如果其在合理期限内仍不履行，造成研究开发工作停滞、延误或者失败的，其他当事人有权解除合同，并要求其承担支付违约金、赔偿损失等违约责任；已进行的研究开发所使用的经费，则不予退还。①

以专利或非专利技术进行投资的一方当事人应当对该技术的权利瑕疵承担责任。合作方不知该技术存在权利瑕疵的，因使用该专利或非专利技术侵害他人权益的，作为技术投资方的当事人对该技术的权利人承担侵权责任；因此造成合作开发工作停滞、延误或者失败的，合作方有权向以瑕疵技术投资的当事人主张违约责任。合作方知道该技术存在权利瑕疵，仍然同意使用该技术进行合作开发的，则构成共同侵权，承担连带责任。②

第八百五十七条【因技术公开的合同解除】

作为技术开发合同标的的技术已经由他人公开，致使技术开发合同的履行没有意义的，当事人可以解除合同。

历史由来

本条沿袭了《合同法》第337条的规定，仅略作文字性改动，即删除

① 参见广西壮族自治区桂林市中级人民法院（2017）桂03民终2899号民事判决书。

② 参见梁慧星主编：《中国民法典草案建议稿附理由：合同编》（下），法律出版社2013年版，第775页。

了第337条规定中的“因”。本条内容最初见于《技术合同法》第24条[1]。该条规定了三种“使技术合同的履行成为不必要或者不可能的”法定解除事由，即另一方违反合同、发生不可抗力、作为技术开发合同标的的技术已经由他人公开。在《合同法》制定时，合同的共性问题都被放置在总则部分，因此《技术合同法》第24条中的“另一方违反合同”与“发生不可抗力”被《合同法》第94条[2]吸收，成为所有合同的法定解除事由；而“作为技术开发合同标的的技术已经由他人公开”则由于其特殊性，被单列为第337条，放置于《合同法》第十八章“技术合同”之第二节“技术开发合同”项下，作为技术开发合同解除的特殊事由。本条对其内容未作任何修改。

在《民法典》编纂前，学者们对本条规定有着不同看法。梁慧星教授主持编撰的《中国民法典草案建议稿》第1298条[3]，以及王利明教授主持编撰的《中国民法典学者建议稿》第1772条[4]都将作为标的的技术被他人公开（“技术公开”）视为一种可导致技术开发合同被解除（终止）的风险，并规定了该风险在委托开发合同和合作开发合同中的承担规则。其理由是：“当技术开发

---

① 参见《技术合同法》第24条规定：“发生下列情况之一，致使技术合同的履行成为不必要或者不可能的，当事人一方有权通知另一方解除合同：（一）另一方违反合同；（二）发生不可抗力；（三）作为技术开发合同标的的技术已经由他人公开。”

② 《合同法》第94条：“有下列情形之一的，当事人可以解除合同：（一）因不可抗力致使不能实现合同目的；（二）在履行期限届满之前，当事人一方明确表示或者以自己的行为表明不履行主要债务；（三）当事人一方迟延履行主要债务，经催告后在合理期限内仍未履行；（四）当事人一方迟延履行债务或者有其他违约行为致使不能实现合同目的；（五）法律规定的其他情形。”

③ 梁慧星教授主持编撰的《中国民法典草案建议稿》第1298条规定：“因作为技术开发合同标的的技术已经由他人公开，致使技术开发合同的履行没有意义的，当事人可以终止合同。前款风险在委托开发合同中由委托人负担，在合作开发合同中由当事人合理分担，但当事人另有约定的除外。”参见梁慧星主编：《中国民法典草案建议稿附理由：合同编》（下），法律出版社2013年版，第775页。

④ 王利明教授主持编撰的《中国民法典学者建议稿》第1772条规定：“因作为技术开发合同标的物的技术已经由他人公开，致使技术开发合同的履行没有意义的，当事人可以解除合同。该风险在委托开发合同中由委托人负担，在合作开发合同中由当事人合理分担。”参见王利明主编：《中国民法典学者建议稿及立法理由：债法总则编·合同编》，法律出版社2005年版，第703页。

合同的标的已为他人公开时，再对此项技术进行开发已无意义可言，因此双方当事人可以终止（解除）合同。但对技术开发的先期投入及为技术开发所作的诸项准备需有处理规制，即发生风险负担问题。为平衡当事人之间的利益关系，确定该风险在委托开发合同中由委托人负担，在合作开发合同中由当事人合理分担。”[①]学者的建议并未被《民法典》所吸纳，可见立法者并没有将“技术公开”视为一种在合同订立时可预见的商业风险，进而给有预见义务的主体（委托开发合同中的委托人、合作开发合同中的当事人）设定风险责任。

三 规范目的或功能

本条规范旨在确定技术开发合同解除的特殊情形。合同解除，是指在合同有效成立后，因一方或双方当事人的意思表示，使合同关系终了，未履行的部分不必继续履行，既已履行的部分依具体情形进行清算的制度，它是合同特有的终止原因，[②]可分为协议解除、约定解除和法定解除三种，本法第563条[③]即规定了合同的法定解除事由。从内容上看一般认为：[④]第563条第1款第1项属于不可抗力解除，第2项属于预期违约解除，第3项属于迟延履行时的催告解除，第4项为违约解除的一般规定，而第5项所指的“法律规定的其他情形”，针对的则是解除事由的特别规范。本条基于技术开发合同的特殊性所规定之“技术已经由他人公开，致使技术开发合同的

① 梁慧星主编：《中国民法典草案建议稿附理由：合同编》（下），法律出版社2013年版，第775页。

② 韩世远：《合同法总论》（第三版），法律出版社2011年版，第503页。

③ 本法第563条规定：“有下列情形之一的，当事人可以解除合同：（一）因不可抗力致使不能实现合同目的；（二）在履行期限届满前，当事人一方明确表示或者以自己的行为表明不履行主要债务；（三）当事人一方迟延履行主要债务，经催告后在合理期限内仍未履行；（四）当事人一方迟延履行债务或者有其他违约行为致使不能实现合同目的；（五）法律规定的其他情形。以持续履行的债务为内容的不定期合同，当事人可以随时解除合同，但是应当在合理期限之前通知对方。”

④ 参见全国人民代表大会常务委员会法制工作委员会编：《中华人民共和国合同法释义》（第3版），法律出版社2013年版，第278页。

履行没有意义”，即属于上述“法律规定的其他情形”，是对第563条的解除权发生事由的规范补充，是在不可抗力或可归责于合同当事人的行为之外，会妨碍合同目的（此处应指客观交易目的）真正实现的其他客观事由（甚至第三人的行为）。[①]

本条是完全法条，规定了“构成要件”和“法律效果”两部分，其中构成要件为“作为技术开发合同标的的技术已经由他人公开，致使技术开发合同的履行没有意义的”，法律效果为“当事人可以解除合同”。本条与本法合同编之第七章“合同的权利义务终止”中关于合同解除的条文相结合，所欲解决的现实问题是：当订立技术开发合同所欲开发的技术已为他人所公开，开发目的在事实上已失去意义的情况下，当事人该如何处理合同。

规范内容

根据本法第851条的规定，订立技术开发合同的目的是研究开发“新技术、新产品、新工艺、新品种或者新材料及其系统”。申言之，这些技术、产品、工艺、材料及其系统必须是“新”的，即当事人在订立技术开发合同时尚未掌握的产品、工艺、材料及其系统等技术方案，包括还未被任何人研发出来，或已被研发出来但尚未被公开，这是技术开发合同得以订立的基础，已被公知的技术显然不具有研究开发的价值。在合同成立并生效以后、履行终止以前，作为技术开发合同标的的技术被他人公开，就意味着该项技术事实上已经没有开发的必要，技术开发合同的目的已不能实现，即所谓“目的不达”。在这种情形下，自然没有继续保存原合同关系的必要，故当事人可以提出解除合同。

本条给予当事人的是解除合同的选择权，当事人也可以选择不解除合同而是变更合同。在委托开发合同中，如果研究开发人明知受委托的技术开发合同的标的是已有技术，应改为技术转让或者技术服务合同。技术开发合同因技术公开而解除后，尚未履行的，终止履行；已经履行的，根据履行情

① 陆青：《论法定解除事由的规范体系——以一般规范与特别规范的关系为中心》，载《华东政法大学学报》2015年第1期。

况和合同性质，当事人可以请求恢复原状或者采取其他补救措施，但无权请求赔偿损失。当事人一方发现作为研究开发标的的技术已被他人公开时，应当及时通知，以减少或避免不必要的损失，否则不得就此要求对方予以补偿。

第八百五十八条【风险负担及通知义务】

技术开发合同履行过程中，因出现无法克服的技术困难，致使研究开发失败或者部分失败的，该风险由当事人约定；没有约定或者约定不明确，依据本法第五百一十条的规定仍不能确定的，风险由当事人合理分担。

当事人一方发现前款规定的可能致使研究开发失败或者部分失败的情形时，应当及时通知另一方并采取适当措施减少损失；没有及时通知并采取适当措施，致使损失扩大的，应当就扩大的损失承担责任。

历史由来

本条是承继《合同法》第338条①的结果，它仅作了将《合同法》第338条第1款规定中的“风险责任”修改为“风险”及删除第338条第1款规定的第一个字“在”的修改。就内容而言，本条最早出现于《技术合同法》第33条②，《合同法》第338条保留了该条的主要内容，仅对其部分文字表述作出了修改。

---

① 《合同法》第338条规定：“在技术开发合同履行过程中，因出现无法克服的技术困难，致使研究开发失败或者部分失败的，该风险责任由当事人约定。没有约定或者约定不明确，依照本法第六十一条的规定仍不能确定的，风险责任由当事人合理分担。当事人一方发现前款规定的可能致使研究开发失败或者部分失败的情形时，应当及时通知另一方并采取适当措施减少损失。没有及时通知并采取适当措施，致使损失扩大的，应当就扩大的损失承担责任。”

② 《技术合同法》第33条规定：“在履行技术开发合同的过程中，因出现无法克服的技术困难，导致研究开发失败或者部分失败的，其风险责任由当事人在合同中约定。合同没有约定的，风险责任由当事人合同分担。当事人一方发明前款所列可能导致研究开发失败或者部分失败的情况时，应当及时通知另一方并采取适当措施减少损失；当事人一方没有及时通知另一方并采取适当措施，致使损失扩大的，应当就扩大的损失承担责任。”

在《民法总则》制定前，学者们均建议在本条中更为明确地规定当事人的风险负担规则。王利明教授主持编撰的《中国民法典学者建议稿》第1773条第1款规定，“在技术开发合同履行过程中，因出现无法克服的技术困难，致使研究开发失败或者部分失败的，该风险责任在委托开发合同中由委托人负担，在合作开发合同中由当事人合理分担”；[①]梁慧星教授主持编撰的《中国民法典草案建议稿》第1299条第1款则比它多出一句“但当事人另有约定的除外”。其理由在于：《合同法》第338条第1款将无约定时的风险负担一概定为由双方当事人合理分担，而不区分委托开发合同与合作开发合同，似有失妥当，因委托开发合同是由委托人承担费用、享受成果，其性质显然不同于共担费用、共享成果的合作开发合同，因此委托开发合同应由委托人负担风险。[②]

由《民法典》编纂过程来看，《民法典合同编（草案）》（征求意见稿）第416条及《民法典合同编（草案）》（一审稿）第643条完全沿用了《合同法》第338条的规定。在此之后，《民法典合同编（草案）》（二审稿）第643条则作出了将两处“风险责任”改为“风险”的修改。《民法典（草案）》第858条接受了《民法典合同编（草案）》（二审稿）第643条的规定。可见，立法者并不愿意对技术合同当事人之间因为技术困难而产生的风险负担做过多干涉，而是采取合理分担主义，[③]由当事人自行确定风险的分配规则。

三 规范目的或功能

本条旨在确定因无法克服的技术困难，使得技术开发合同失败时，技术

① 参见王利明主编：《中国民法典学者建议稿及立法理由：债法总则编·合同编》，法律出版社2005年版，第703—704页。

② 参见梁慧星主编：《中国民法典草案建议稿附理由：合同编》（下），法律出版社2013年版，第777页。

③ 这一做法得到了学者的支持。如崔建远教授认为：《民法典合同编（草案）》第643条第1款复述了《合同法》第338条第1款。这是值得肯定的，《民法典》应予承继，因为技术开发合同具有特殊性，假如照抄买卖、承揽、租赁等合同中的风险负担规则，则脱离了技术开发合同的实际情况，“水土不服”。参见崔建远：《技术合同的立法论》，载《广东社会科学》2018年第1期。

合同中的风险负担规则。众所周知，科学研究和技术开发是一项探索未知的活动，国家鼓励科学技术人员自由探索、勇于承担风险；但对承担探索性强、风险高的科学技术研究开发项目的科学技术人员，在其已经履行了勤勉尽责义务仍不能完成该项目的时候，也给予宽容。[①]所以，因研究开发风险导致合同未能实现预期目标的，应与当事人违约造成研究开发工作停滞、延误或者失败的情形区别对待。为了鼓励科研人员和市场主体勇于探索自然规律，解决经济建设中的技术难题，本条从科学技术工作的内在规律出发，规定了研究开发风险的特殊制度，明确了因科研分析导致研究开发失败或者部分失败不属于违反合同约定，由此产生的损失首先由当事人协商决定如何分配，如没有约定或者约定不明，则按公平原则合理分担。

本条第1款和第2款为两个独立的完全法条，分别都由“构成要件”和“法律效果”组成。所欲解决的现实问题是，在出现导致研究开发失败或者部分失败的研究风险时，当事人应如何处理与分担该风险；以及发现研究开发风险时，当事人的附随义务。

规范内容

一、风险负担

本条第1款规定了因无法克服的技术困难导致开发失败或部分失败时的风险负担。

所谓风险，是指可能发生的危险。[②]技术研究开发合同中的研究开发风险，是指在研究开发过程中，虽经当事人一方或者双方主观努力，确因受现有科技知识、认识水平和实验条件限制，面临现时无法克服的技术难题，导致研究开发失败或者部分失败所发生的损失。[③]根据民法理论及实践中的情形，该风险的识别应考虑两个方面：一是研究开发课题在国际和国内现有技术水平下是否

---

① 参见《科学技术进步法》第56条。

② 中国社会科学研究院语言研究所词典编辑室编：《现代汉语词典》（第6版），商务印书馆2013年版，第390页。

③ 段瑞春：《技术合同》，法律出版社1999年版，第150页。

具有足够的难度，即是否属于“无法克服”，对此如有疑问，需借助同行专家的帮助，即该领域专家认可研究开发失败属于合理的失败。二是当事人在研究开发工作中是否充分发挥了主观努力并已取得实质性进展，即是否可归责于一方或各方当事人。如果是现有的常见技术，当事人就不能以研究开发风险为由而不承担相应的违约责任。例如在“某公司与孙某技术合同纠纷上诉案”中，北京知识产权法院认为，“判断某公司制造样机的合同义务是否已履行完毕的关键，即在于判断未完成的部分是否系源于无法克服的技术困难。考虑到对餐具进行电子消毒的现有技术包括采用紫外线、红外线和微波等方式，且紫外线消毒和红外线消毒均较为常见，本院认为，某公司关于涉案合同约定电子消毒功能系不可能实现的主张缺乏事实依据。故涉案合同的实现和履行并不存在无法克服的技术困难，……某公司迟延履行且最终未按涉案合同约定完成开发工作，依法应承担违约责任”。[①]

研究开发风险是技术开发合同中的特殊现象，既不同于民事合同中的不可抗力，也不能简单等同于一般意义上的违约行为。一方面，科研风险和不可抗力都是由不可归责于当事人的原因导致研究开发失败或者部分失败，但造成合同不能履行或者履行不符合合同约定条件的原因的性质不同。不可抗力是不能预见、不能避免且不能克服的客观情况，[②]因发生不可抗力造成合同不能履行是外来因素的破坏；而研究开发风险则是受一定时期科技水平和人们主观能力的限制未能履行合同，是内在因素的局限。另一方面，违约行为和研究开发风险的外观和结果都极为相似，但当事人的主观态度不同。违反技术开发合同，是当事人一方或双方在有能力、有条件履行的情况下不履行合同义务或者履行合同义务不符合约定条件；因遭遇研究开发风险导致研究开发工作失败或者部分失败的，当事人已作出努力，进行了在现有条件下力所能及的工作，没有可归责于当事人的过错。因此，对于因研究开发风险不能履行技术开发合同所造成的损失，既不按违约也不按不可抗力处理，本条提供了两种解决路径。

第一，由当事人约定。任何技术开发均具有许多可预测和不可预测的风

① 参见北京知识产权法院（2016）京73民终134号民事判决书。

② 参见《民法典》第180条。

险，合同当事人应当对收益与风险进行理性、谨慎的评估，在预期获得收益的同时也承担开发失败的风险。①在委托开发合同中，研究开发风险可以约定由委托人承担，也可以约定由研究开发人承担；在合作开发合同中，研究开发风险可以约定由一方或几方承担，也可以约定由当事人分担。合同中的约定将作为研究开发风险发生时确定各方应负责任的依据。

第二，由当事人合理分担。有些技术开发合同，当事人没有事先在合同中约定研究开发风险承担或者约定不明确，依据本法第510条②的规定仍不能确定的，风险由当事人合理分担。详言之，由当事人根据各方投入或所受的损失，协商作出公平的处理。协商不成时，可以按技术开发合同争议，由人民法院依双方当事人的资金投入、时间投入、研发过程、损失程度等因素公平合理地确定双方责任。然而，司法实践中存在另一种情况，即委托人在签订技术开发合同之前对技术成果估计过高，受托人按照委托人的要求完成技术开发合同交付技术成果，委托人又对技术成果不满意拒绝履行合同。此种情况无论是根据合同本身的约定还是根据《民法典》中的诚信原则，都应当认定委托人违约，当无疑义。③

从比较法上看，《俄罗斯联邦民法典》也规定了技术合同中当事人的研究开发风险责任。不同于我国《民法典》由技术开发合同当事人约定或合理分担风险的做法，《俄罗斯联邦民法典》更倾向于由定作人承担该风险。④

---

① 参见江苏省南京市中级人民法院（2015）宁知民初字第18号民事判决书。

② 本法第510条规定："合同生效后，当事人就质量、价款或者报酬、履行地点等内容没有约定或者约定不明确的，可以协议补充；不能达成补充协议的，按照合同相关条款或者交易习惯确定。"

③ 赵克：《侵害他人技术成果的技术合同的效力》，载《人民司法》2012年第16期。

④ 《俄罗斯联邦民法典》第769条规定："……3.如果法律无另行规定或者合同无另行约定，对于完成科学研究工作、试验设计和工艺工作合同履行不能的意外风险，由定作人负担。"第775条："如果在科学研究工作中发现由于执行人意志意外的情况而不能取得成果，对于发现不能取得完成科学研究工作合同约定成果之前已经进行的工作，定作人必须支付费用，但不得高于合同中约定的相关工作部分的价格。"第776条："在进行试验设计和工艺工作的过程中，发现并非因执行人的过错而产生的不可能或不适宜继续工作的情形时，定作人必须给付执行人以及发生的费用。"

二、通知义务

本条第2款规定了出现研究开发风险时当事人的通知并采取适当措施的义务。当事人在履行合同过程中，应当遵循诚信原则，根据合同的性质、目的和交易习惯向其他当事人通知合同履行的相关事宜，此即合同的附随义务。[①]本条基于研究开发工作的特点，更为具体地规定了技术开发合同当事人的通知以及采取适当措施的义务。具体而言，在研究开发风险已露出端倪，可以预见到研究开发工作面临失败时，当事人应当及时通知其他方当事人并采取措施减少损失，防止损失扩大；违反诚信原则，不及时通知并采取补救措施，致使损失扩大的，其扩大部分不能按研究开发风险处理，而应由负有责任的当事人承担相应的责任。

三 举证责任

实践中面临的问题是，如何认定合同履行过程中是否出现了技术风险，即出现了无法克服的技术困难。关于哪些情况属于技术风险，按照“谁主张，谁举证”的原则，诉讼中首先应当由主张方自己举证，然后由法院审查判断。如上文所述，技术风险的构成须满足以下两个条件：一是研究开发人主观上尽了最大的努力；二是研究开发课题在现有技术水平下具有足够的难度，本领域的专家或者技术人员认为开发失败是合理的失败。对于这两个构成要件的判断，实践中非常困难。对于研究开发人主观上是否尽了最大努力的问题，只能通过研发人客观上完成了哪些具体工作推断其主观上是否尽了最大努力。当事人能够提供给法院审查的证据材料主要是研究方在人力、物力和时间精力方面的投入情况，以及所完成的课题论证、设计图纸等。但究竟是否在主观上尽了最大努力，仍应由法官根据当事人举证综合判断。对于研究开发课题是否具有足够的难度，失败是否合理，则主要取决于研究开发课题在国内外的新颖性和尖端性，法官主要参考本领域专家的意见，必要时可进行技术鉴定。[②]

---

① 参见本法第509条第2款。

② 欧修平：《技术合同违约行为的审查判断》，载《人民司法》2013年第5期。

第八百五十九条【委托开发技术成果的专利权属】

委托开发完成的发明创造，除法律另有规定或者当事人另有约定外，申请专利的权利属于研究开发人。研究开发人取得专利权的，委托人可以依法实施该专利。

研究开发人转让专利申请权的，委托人享有以同等条件优先受让的权利。

历史由来

本条基本保留了《合同法》第339条[①]的主要内容，主要的修改表现在对第1款的文字表述上：将“除当事人另有约定的以外”改为“除法律另有规定或者当事人另有约定外”，以及将“委托人可以免费实施该专利”调整为“委托人可以依法实施该专利”。上述修改在《民法典》编纂中分为两次完成：先是《民法典合同编（草案）》（征求意见稿）第417条增加了“法律另有规定”，后是《民法典（草案）》第859条将“免费实施”改为“依法实施”。

《民法通则》第88条第3款、第4款[②]首次规定了科技成果专利申请权和使用权的处理规则，《技术合同法》第32条[③]在此基础上进一步区分委托开发、

---

① 《合同法》第339条规定：“委托开发完成的发明创造，除当事人另有约定的以外，申请专利的权利属于研究开发人。研究开发人取得专利权的，委托人可以免费实施该专利。研究开发人转让专利申请权的，委托人享有以同等条件优先受让的权利。”

② 《民法通则》第88条第3款、第4款规定：“合同对专利申请权没有约定的，完成发明创造的当事人享有申请权。合同对科技成果的使用权没有约定的，当事人都有使用的权利。”

③ 《技术合同法》第32条规定：“履行技术开发合同所完成的技术成果的归属和分享原则是：（一）委托开发所完成的发明创造，除合同另有约定的以外，申请专利的权利属于研究开发方。研究开发方取得专利权的，委托方可以免费实施该项专利。研究开发方就其发明创造转让专利申请权的，委托方可以优先受让专利申请权。（二）合作开发所完成的发明创造，除合同另有约定的以外，申请专利的权利属于合作开发各方共有。一方转让其共有的专利申请权的，另一方或者其他各方可以优先受让其共有的专利申请权。合作开发各方中一方声明放弃其共有的专利申请权的，可以由另一方单独申请，或者由其他各方共同申请。发明创造被授予专利权以后，放弃专利申请权的一方可以免费实施该项专利。合作开发各方中，一方不同意申请专利的，另一方或者其他各方不得申请专利。（三）委托开发或者合作开发所完成的非专利技术成果的使用权、转让权以及利益的分配办法，由当事人在合同中约定。合同没有约定的，当事人均有使用和转让的权利。但是，委托开发的研究开发方不得在向委托方交付研究开发成果之前，将研究开发成果转让给第三方。”

合作开发完成的发明创造，以及委托开发或者合作开发所完成的非专利技术成果权属分配，其中第1项关于委托开发完成的发明创造的权属利益分配规则，略经修改后即成为《合同法》第339条。主要的《民法典》学者建议稿都维持了《合同法》第339条的规定，但作出了不同的细节修改。梁慧星教授主持编撰的《中国民法典草案建议稿》第1300条第2款针对研究开发人转让专利申请权的情形，增加研究开发人“应当在转让之前的合理期限内通知委托人”的规定；[①]王利明教授主持编撰的《中国民法典学者建议稿》第1774条除了在第2款也增加受托人（研究开发人）的通知义务外，还在第1款的除外事由中增加一项“交易习惯”。[②]较之学者建议稿对交易习惯的重视，《民法典》更强调发明创造专利的依法取得与依法实施，与本法第844条确定的技术合同“应当有利于知识产权的保护”之宗旨相协调。至于研究开发人的通知义务，其为委托人优先受让权行使的必要条件，没有明文规定也不能否认其存在。

三 规范目的或功能

本条确立了委托开发完成的发明创造之专利权属，包括专利申请权、专利实施权的分配规则，旨在平衡委托开发合同中委托人和研究开发人的利益。在委托开发合同的订立和履行过程中，委托开发项目由委托人发起并提供开发经费和所需主要物质技术条件，再由研究开发人付出创造性劳动加以实现，得出新的技术成果并交付给委托人。双方当事人都在研究开发中具有不可替代的作用，应该分享技术开发的成果，所以技术成果的专利申请权理应先由当

---

① 梁慧星教授主持编撰的《中国民法典草案建议稿》第1300条规定：“委托开发完成的发明创造，申请专利的权利属于研究开发人，但当事人另有约定的除外。研究开发人取得专利权的，委托人可以免费实施该专利。研究开发人转让专利申请权的，应当在转让之前的合理期限内通知委托人。委托人在同等条件下享有优先受让的权利。”参见梁慧星主编：《中国民法典草案建议稿附理由：合同编》（下），法律出版社2013年版，第778页。

② 王利明教授主持编撰的《中国民法典学者建议稿》第1774条规定：“委托开发完成的发明创造，申请专利的权利属于受托人，但当事人另有约定或者另有交易习惯的除外。受托人取得专利权的，委托人可以免费实施该专利。委托人转让专利申请权的，应当在转让之前的合理期限内通知委托人。委托人在同等条件下享有优先受让的权利。”参见王利明主编：《中国民法典学者建议稿及立法理由：债法总则编·合同编》，法律出版社2005年版，第704页。

事人依法自行约定；在当事人未约定或约定不明的情况下，则根据《专利法》第8条[①]的规定，由完成发明创造的单位或个人，即研究开发人享有申请专利的权利。不过，委托人是研究开发的发起人和物质支持者，并且委托人事实上已按合同取得了研究成果，倘若由于其没有专利申请权而不能享有技术成果的专利，需要依照《专利法》第12条、第49条[②]的规定取得研究开发人的许可且支付专利费用才能实施该技术成果，对于委托人明显不公平，故本条规定在研究开发人取得专利权的情况下，委托人可以依法实施该专利。基于同样的理由，本条第2款赋予委托人以优先受让权，目的在于限制研究开发人转让专利申请权及选择受让人的自由。申言之，是要在专利申请权已经归属于研究开发人的情况下，通过该制度适当地平衡研究开发人与委托人之间的利益分配关系，维护委托人作为发明创造的实际投资人及具体实施人的利益，避免因第三人受让专利申请权并申请专利权而影响委托人实施该发明创造。[③]

本条为说明性法条，所欲解决的现实问题是，因委托开发合同完成的发明创造的专利申请权和专利实施权，如何在委托人与研究开发人之间合理分配的问题。

规范内容

一、专利申请权和实施权

根据本条第1款的规定，委托开发完成的发明创造，其专利申请权属于研

① 《专利法》第8条规定："两个以上单位或者个人合作完成的发明创造、一个单位或者个人接受其他单位或者个人委托所完成的发明创造，除另有协议的以外，申请专利的权利属于完成或者共同完成的单位或者个人；申请被批准后，申请的单位或者个人为专利权人。"

② 《专利法》第12条规定："任何单位或者个人实施他人专利的，应当与专利权人订立实施许可合同，向专利权人支付专利使用费。被许可人无权允许合同规定以外的任何单位或者个人实施该专利。"第49条规定："国有企业事业单位的发明专利，对国家利益或者公共利益具有重大意义的，国务院有关主管部门和省、自治区、直辖市人民政府报经国务院批准，可以决定在批准的范围内推广应用，允许指定的单位实施，由实施单位按照国家规定向专利权人支付使用费。"

③ 参见戴孟勇：《论〈民法典合同编（草案）〉中法定优先购买权的取舍》，载《东方法学》2018年第4期。

究开发人，除非法律另有规定或者当事人另有约定。此所谓“发明创造”是指发明、实用新型和外观设计，[①]且仅指作为合同标的的发明创造；在研究开发过程中可能获得的与合同标的无关的新的技术成果，不属于履行技术开发合同完成的发明创造，不适用本条规定。“专利申请权”则是自然人、法人或非法人组织依据法律或者合同约定享有的，就发明创造向国家专利行政部门提出专利申请的权利。[②]依照《专利法》的规定，只有中国公民、法人和非法人组织以及符合条件的外国人、外国法人和非法人组织才能在我国享有专利申请权。[③]对于专利申请权的归属，《专利法》规定职务发明创造的专利申请权属于发明人或设计人所在单位，非职务发明创造的专利申请权属于发明人或设计人；利用本单位的物质技术条件所完成的发明创造，单位与发明人或者设计人订有合同，对专利申请权的归属作出约定的，从其约定；[④]一个单位或者个人接受其他单位或者个人委托所完成的发明创造，除另有协议的以外，申请专利的权利属于完成的单位或者个人。[⑤]本条规定在与《专利法》相关规定保持一致的基础上，更加明确了协议分享技术成果，尊重当事人的意思自治的方针。即只要合同中有关技术成果专利申请权的约定不违反法律、行政法规，那么该项约定具有法律约束力，依法保障其实施；合同没有约定或者约定不明确，按本法第510条[⑥]的规定仍不能确定时，技术成果的专利申请权才由研究开发人行使。

专利申请一经批准，专利权随即产生。在由研究开发人取得专利权的情

---

① 参见《专利法》第2条。

② 参见吕淑琴、陈一痕：《知识产权法辞典》，上海辞书出版社2018年版，第111页。

③ 《专利法》第17条规定：“在中国没有经常居所或者营业所的外国人、外国企业或者外国其他组织在中国申请专利的，依照其所属国同中国签订的协议或者共同参加的国际条约，或者依照互惠原则，根据本法办理。”因此，在我国享有专利申请权的外国人、外国企业或者外国其他组织有两种：一是在中国有经常居所或者营业所的；二是在中国没有经常居所或者营业所的，但依照其所属国同中国签订的协议或者共同参加的国际条约，或者依照互惠原则可以申请专利的。

④ 参见《专利法》第6条。

⑤ 参见《专利法》第8条。

⑥ 本法第510条规定：“合同生效后，当事人就质量、价款或者报酬、履行地点等内容没有约定或者约定不明确的，可以协议补充；不能达成补充协议的，按照合同相关条款或者交易习惯确定。”

形中，本条基于平衡其与研究开发人的利益，赋予委托人以该专利的法定实施权。委托人可以不经研究开发人同意，不与委托人订立书面实施许可合同且支付专利使用费而实施该项专利，且不论期限；但委托人因本条享有的专利实施权不具有独占性，委托人不能再许可他人实施。具体而言，对于发明和实用新型专利，委托人可以为生产经营目的制造、使用、许诺销售、销售、进口其专利产品，或者使用其专利方法以及使用、许诺销售、销售、进口依照该专利方法直接获得的产品；对于外观设计专利，委托人可以为生产经营目的制造、许诺销售、销售、进口其外观设计专利产品。[①]需要指出的是，委托人依法实施该专利的范围不限于“其自身进行加工生产”，倘若委托人由于自身缺乏制造能力而委托第三方制造专利产品，委托人的委托行为和第三人的制造行为均不应被认定为专利侵权。在“某智能科技有限公司诉某电子科技有限公司侵害实用新型专利权纠纷案”中，人民法院即认为：“某畅公司为涉案专利技术的研发支付了研发费用，其有权免费实施涉案专利，鉴于其系公共自行车服务公司而并非生产型企业，故存在委托他人加工涉案产品的需要和必要。若是将某畅公司免费实施专利的范围限定为‘其自身进行加工生产’，将导致其无法实现委托开发涉案专利技术的目的，亦难以行使免费实施涉案专利的权利。……被告系接受某畅公司委托并按其提供的封样加工涉案被诉侵权产品并定向销售某畅公司，其受委托加工并定向销售的行为系某畅公司免费实施涉案专利权的行为，被告的合法授权抗辩成立，其受某畅公司委托加工涉案产品并定向销售某畅公司不构成侵权。”[②]

本条仅规定“研究开发人取得专利权的，委托人可以依法实施该专利”，并未规定委托人取得专利权时，研究开发人也可以依法实施该专利。在比较法上，《俄罗斯联邦民法典》也将使用的权利给予了研究开发人，其第772条规定：“如果合同无另行约定，定作人有权使用执行人交付给他的工作成果，包括受法律保护的成果，而执行人也有权为了自己的需要使用他获得的工作成果。”这一立场和我国《民法通则》第88条的规定类似。但本条即作出如此明确的规定，说明《民法典》立场的转变，即没有赋予委托人取得专利权时

---

① 参见《专利法》第11条。

② 参见浙江省宁波市中级人民法院（2016）浙02民初463号民事判决书。

研究开发人的法定专利实施权。

二、专利申请权的优先受让权

本条第2款规定，依据本条第1款取得申请专利权的研究开发人转让专利申请权的，委托人享有以同等条件优先受让的权利。此即委托人的法定优先受让权。有学者提出：从民事权利类型划分的角度看，该权利属于一种形成权。形成权有一个特点，就是基于权利人单方的意志就能够引起法律关系的变动。因此，只要委托开发合同的委托人愿意，就可以和研究开发人之间发生技术转让合同关系，不用和研究开发人经过要约和承诺的过程；如果研究开发人没有给委托人提供优先受让权的行使条件，直接和第三方订立专利申请权转让合同，优先受让权没有得到实现的委托人有权向法院提起诉讼，请求法院确认研究开发人和第三人的专利申请权转让合同相对无效，并有权以第三人受让专利申请权的价款与研究开发人之间发生专利申请权转让合同关系。[①]也有学者提出不同看法，认为“因委托人与研究开发人之间是否存在有效的委托开发合同，以及研究开发人的发明创造是否系受委托人之托而完成，均欠缺适当的方法予以公示，第三人往往无从知晓委托人的存在及其享有优先购买权，故委托人的优先购买权不应当具有对抗善意第三人的效力”。[②]专利申请权转让的后果是转让人将获得专利权的资格让与了受让人。受让人获得专利权后，原发明人或设计人对其所完成的发明创造除享有署名权外，不再享有其他权利。[③]

本条对于委托人的优先受让权如何行使及如何保障没有作出明确的安排。基于法典体系化的效用，本法规定的其他优先购买权，如按份共有人和承租人的优先购买权行使规则可为解释本条的规范意图提供参佐。根据本法第306条、第726条至第728条的规定，按份共有人和出租人应在房屋出卖前的合理期限内通知其他按份共有人和承租人，接到通知的按份共有人和承租人应在

① 参见王轶：《我国合同法的规范类型及其法律适用》，载中国民商法律网 http://old.civillaw.com.cn/article/default.asp?id=14446，最后访问时间2020年8月3日。

② 戴孟勇：《论〈民法典合同编（草案）〉中法定优先购买权的取舍》，载《东方法学》2018年第4期。

③ 吕淑琴、陈一痕：《知识产权法辞典》，上海辞书出版社2018年版，第115页。

合理期限内行使其优先购买权（承租人在15日内未明确表示购买的，视为放弃优先购买权）；出租人未通知承租人或者有其他妨害承租人行使优先购买权情形的，承租人可以请求出租人承担损害赔偿责任。但出租人与第三人订立的房屋买卖合同的效力不受影响。由此可以对本条规定之委托人的优先购买权行使作出如下解释：研究开发人转让专利申请权的，应当将转让条件及时通知委托人，委托人应当在合理期限内行使其优先受让权。研究开发人未通知委托人或者有其他妨害委托人行使优先受让权情形的，承租人可以请求研究开发人承担损害赔偿责任。但是，研究开发人与第三人订立的专利申请权转让合同的效力不因此受到影响。

第八百六十条【合作开发技术成果的专利权属】

合作开发完成的发明创造，申请专利的权利属于合作开发的当事人共有；当事人一方转让其共有的专利申请权的，其他各方享有以同等条件优先受让的权利。但是，当事人另有约定的除外。

合作开发的当事人一方声明放弃其共有的专利申请权的，除当事人另有约定外，可以由另一方单独申请或者由其他各方共同申请。申请人取得专利权的，放弃专利申请权的一方可以免费实施该专利。

合作开发的当事人一方不同意申请专利的，另一方或者其他各方不得申请专利。

历史由来

本条来源于《合同法》第340条的规定[①]，在《民法典》编纂过程中只

① 《合同法》第340条规定："合作开发完成的发明创造，除当事人另有约定的以外，申请专利的权利属于合作开发的当事人共有。当事人一方转让其共有的专利申请权的，其他各方享有以同等条件优先受让的权利。合作开发的当事人一方声明放弃其共有的专利申请权的，可以由另一方单独申请或者由其他各方共同申请。申请人取得专利权的，放弃专利申请权的一方可以免费实施该专利。合作开发的当事人一方不同意申请专利的，另一方或者其他各方不得申请专利。"

是作了细微修改。

从源头追溯，本条规定内容源自《民法通则》第88条第3款、第4款：“合同对专利申请权没有约定的，完成发明创造的当事人享有申请权。合同对科技成果的使用权没有约定的，当事人都有使用的权利。”《技术合同法》第32条[①]在此基础上进一步区分了委托开发或者合作开发完成的发明创造、非专利技术成果的权属分配，其中第2项关于合作开发所完成的发明创造的权属利益分配规则略经修改后即成为《合同法》第340条。主要的《民法典》学者建议稿都大致保留了《合同法》第340条的内容，但作出了不同的细节调整。梁慧星教授主持编撰的《中国民法典草案建议稿》第1301条将《合同法》第340条第1款、第2款合并规定为其第1款；将《合同法》第340条第1款中关于专利申请权的优先受让权规定挪到第4款，并增加合作开发的当事人一方“应当在转让之前的合理期限内通知另一方或其他各方”的规定。[②]王利明教授主持编撰的《中国民法典学者建议稿》第1775条也将《合同法》第340条第1款、

① 《技术合同法》第32条规定：“履行技术开发合同所完成的技术成果的归属和分享原则是：（一）委托开发所完成的发明创造，除合同另有约定的以外，申请专利的权利属于研究开发方。研究开发方取得专利权的，委托方可以免费实施该项专利。研究开发方就其发明创造转让专利申请权的，委托方可以优先受让专利申请权。（二）合作开发所完成的发明创造，除合同另有约定的以外，申请专利的权利属于合作开发各方共有。一方转让其共有的专利申请权的，另一方或者其他各方可以优先受让其共有的专利申请权。合作开发各方中一方声明放弃其共有的专利申请权的，可以由另一方单独申请，或者由其他各方共同申请。发明创造被授予专利权以后，放弃专利申请权的一方可以免费实施该项专利。合作开发各方中，一方不同意申请专利的，另一方或者其他各方不得申请专利。（三）委托开发或者合作开发所完成的非专利技术成果的使用权、转让权以及利益的分配办法，由当事人在合同中约定。合同没有约定的，当事人均有使用和转让的权利。但是，委托开发的研究开发方不得在向委托方交付研究开发成果之前，将研究开发成果转让给第三方。”

② 梁慧星教授主持编撰的《中国民法典草案建议稿》第1301条规定：“合作开发完成的发明创造，申请专利的权利属于合作开发的当事人共有，但当事人另有约定的除外。合作开发的当事人一方声明放弃其共有的专利申请权的，可以由另一方单独申请或者由其他各方共同申请。申请人取得专利权的，放弃专利申请权的一方可以免费实施该专利。合作开发的当事人一方不同意申请专利的，另一方或者其他各方不得申请专利。当事人一方转让其共有的专利申请权的，应当在转让前的合理期限内通知另一方或者其他各方，另一方或者其他各方享有以同等条件优先受让的权利。”参见梁慧星主编：《中国民法典草案建议稿附理由：合同编》（下），法律出版社2013年版，第778页。

第2款合并规定为其第1款，而将《合同法》第340条第1款中关于专利申请权的优先受让权规定单独列为第2款，并增加合作开发的当事人一方转让之前的通知义务；并且在第1款的除外事由中增加一项“交易习惯”。[①]学者的意见并未被立法者所采纳。

三 规范目的或功能

本条确立了合作开发完成的发明创造之专利权属，包括专利申请权、专利实施权的分配规则，旨在平衡合作开发合同中各方当事人的利益。合作开发合同当事人共同投资、共享成果、共担风险，因此其权利分配不同于委托开发合同，应当由合作开发人共同约定或者共同享有。依《专利法》第8条的规定，两个以上单位或者个人合作完成的发明创造，除另有协议的以外，申请专利的权利属于共同完成的单位或者个人；申请被批准后，申请的单位或者个人为专利权人。本条在其基础上，进一步细化规定了合作开发人对专利申请权的优先受让权、法定承受权、单方否决权，以及对专利技术的免费实施权。

本条为说明性法条，所欲解决的现实问题是：如何在合作开发合同当事人之间合理分配合作开发完成的发明创造的专利申请权和专利实施权，体现出维护共有人之间利益平衡，促进专有技术转化、运用和推广的价值导向。[②]

---

① 王利明教授主持编撰的《中国民法典学者建议稿》第1775条规定，合作开发完成的发明创造，申请专利的权利属于合作开发的当事人共有，但当事人另有约定或者另有交易习惯的除外。合作开发的当事人一方声明放弃其共有的专利申请权的，可以由另一方单独申请或者由其他各方共同申请。申请人取得专利权的，放弃专利申请权的一方可以免费实施该专利。当事人一方转让其共有的专利申请权的，应当在转让前的合理期限内通知另一方或者其他各方，另一方或者其他各方享有以同等条件优先受让的权利。合作开发的当事人一方不同意申请专利的，另一方或者其他各方不得申请专利。参见王利明主编：《中国民法典学者建议稿及立法理由：债法总则编·合同编》，法律出版社2005年版，第705页。

② 参见江苏省高级人民法院（2016）苏民终167号民事判决书。

规范内容

本条着重对合作开发完成的发明创造的专利申请权在合作各方当事人之间的分配规则进行了较为细致的规定。在合作开发的过程中，合作各方不仅提供资金、设备、场地、材料等物质条件，而且共同参与了技术的创造与完成，各方都对发明创造的实质性特点作出了创造性贡献，所以合作完成的发明创造的专利申请权原则上由合作完成发明创造的单位或个人共享。[①]专利申请权是一项普通的民事权利，其行使与否、如何行使是专利申请权人的自由，倘若合作开发合同当事人对于专利申请权的归属和是否行使另有合法约定，则以当事人的约定优先。此外，本条还赋予合作开发合同当事人对于专利申请权的三种特殊权利：一是优先受让权，即合作开发合同当事人一方转让其共有的专利申请权的，其他各方基于共同开发的事实，可以同等条件优先受让。二是法定承受权，即合作开发的当事人一方声明放弃其共有的专利申请权的，被放弃的共有专利申请权将由另一方或者由其他各方共同承受，即该项发明创造可由另一方单独申请或者由其他各方共同申请。三是单方否认权，即在专利申请权归当事人共有的情况下，一方共有人不同意申请专利的，另一方或者其他各方不得申请专利。因为申请专利就意味着要公开发明创造的内容，此种情况下允许其他当事人申请专利，明显会损害不同意申请专利的当事人之利益，故本条作出上述规定。以上三种权利都属于形成权范畴，只要权利人单方的意思表示就能够引起相应法律关系的产生和变动。

专利申请一经批准，专利权随即产生。根据《专利法》的规定，放弃专利申请权的发明人或设计人不是专利权人，对其参与共同完成的发明创造除享有署名权外，不再享有其他权利。本条基于平衡全体当事人的利益，给放弃专利申请权的当事人以该专利的免费实施权，即该当事人可以不支付专利使用费而实施该项专利，且该使用不论期限。具体而言，对于发明和实用新型专利，放弃申请一方当事人可以为生产经营目的的制造、使用、

---

① 参见吕淑琴、陈一痕：《知识产权法辞典》，上海辞书出版社2018年版，第114页。

许诺销售、销售、进口其专利产品，或者使用其专利方法以及使用、许诺销售、销售、进口依照该专利方法直接获得的产品；对于外观设计专利，放弃申请一方当事人可以为生产经营目的制造、许诺销售、销售、进口其外观设计专利产品。[①]在比较法上，《俄罗斯联邦民法典》第772条的规定与本条类似，即“完成科学研究工作、试验设计和工艺工作合同的双方，有权在合同约定的范围内和依照合同约定的条件使用工作成果，其中包括受法律保护的工作成果”。

第八百六十一条【技术秘密成果的归属与分享】

委托开发或者合作开发完成的技术秘密成果的使用权、转让权以及收益的分配办法，由当事人约定；没有约定或者约定不明确，依据本法第五百一十条的规定仍不能确定的，在没有相同技术方案被授予专利权前，当事人均有使用和转让的权利。但是，委托开发的研究开发人不得在向委托人交付研究开发成果之前，将研究开发成果转让给第三人。

历史由来

本条源自《合同法》第341条[②]，对《合同法》第341条的修改表现为：一是将“利益的分配办法”修改为“收益的分配办法”；二是在“当事人均有使用和转让的权利”之前增加规定“在没有相同技术方案被授予专利权前”；三是将“但”改为“但是”。该修改分三次完成：《民法典合同编（草案）》（征求意见稿）第419条增加了“在没有相同技术方案被授予专利前”；《民法典合同编（草案）》（一审稿）第646条将“但”改为“但是”；最后通过的《民法典》将“利益”修改为“收益”及把“被授予专利前”修改

---

① 参见《专利法》第11条。

② 《合同法》第341条规定：“委托开发或者合作开发完成的技术秘密成果的使用权、转让权以及利益的分配办法，由当事人约定。没有约定或者约定不明确，依照本法第六十一条的规定仍不能确定的，当事人均有使用和转让的权利，但委托开发的研究开发人不得在向委托人交付研究开发成果之前，将研究开发成果转让给第三人。”

为“被授予专利权前”。

追本溯源，关于技术秘密成果的归属和分享的规定最早见于《民法通则》第88条第4款，即“合同对科技成果的使用权没有约定的，当事人都有使用的权利”。《技术合同法》第32条[①]在此基础上进一步区分了委托开发或者合作开发完成的发明创造、非专利技术成果的权属分配，其中第3项关于非专利技术成果的权属利益分配规则略经修改后即成为《合同法》第341条。学者们提出的《民法典》建议稿也都保留了该条规定，梁慧星教授主持编撰的《中国民法典草案建议稿》第1302条维持《合同法》第341条内容不变；[②]王利明教授主持编撰的《中国民法典学者建议稿》第1776条则有较大程度的文字修改，“委托开发或者合作开发完成的技术秘密成果的使用权、转让权由当事人共同享有，当事人均有不经对方同意而自己使用或者以普通使用许可的方式许可他人使用并独占由此获得的利益的权利。当事人另有约定或者另有交易习惯的除外。委托开发的受托人不得在向委托人交付研究开发成果之前，将其转让给第三人”。[③]在《民法典》编纂过程中，立法机关并未吸取王利明教授主持编撰的《中国民法典学者建议稿》的意见，因为“当事人均有不经对方同意而自己使用或者以普通

---

① 《技术合同法》第32条规定：“履行技术开发合同所完成的技术成果的归属和分享原则是：（一）委托开发所完成的发明创造，除合同另有约定的以外，申请专利的权利属于研究开发方。研究开发方取得专利权的，委托方可以免费实施该项专利。研究开发方就其发明创造转让专利申请权的，委托方可以优先受让专利申请权。（二）合作开发所完成的发明创造，除合同另有约定的以外，申请专利的权利属于合作开发各方共有。一方转让其共有的专利申请权的，另一方或者其他各方可以优先受让其共有的专利申请权。合作开发各方中一方声明放弃其共有的专利申请权的，可以由另一方单独申请，或者由其他各方共同申请。发明创造被授予专利权以后，放弃专利申请权的一方可以免费实施该项专利。合作开发各方中，一方不同意申请专利的，另一方或者其他各方不得申请专利。（三）委托开发或者合作开发所完成的非专利技术成果的使用权、转让权以及利益的分配办法，由当事人在合同中约定。合同没有约定的，当事人均有使用和转让的权利。但是，委托开发的研究开发方不得在向委托方交付研究开发成果之前，将研究开发成果转让给第三方。”

② 参见梁慧星主编：《中国民法典草案建议稿附理由：合同编》（下），法律出版社2013年版，第781页。

③ 王利明主编：《中国民法典学者建议稿及立法理由：债法总则编·合同编》，法律出版社2005年版，第706页。

使用许可的方式许可他人使用并独占由此获得的利益的权利”实属对“技术秘密成果的使用权、转让权由当事人共同享有”的进一步说明，没有必要在同一个法律中重复相同的内容；而“交易习惯”已被本法第510条所包含。

规范目的或功能

本条旨在确定履行技术开发合同产生的技术秘密成果的权属和收益分享规则。技术秘密成果也是一种无形财产，在内容上具有可转让或使用的商业价值，并能带来经济利益，合同的各方当事人对于该技术秘密成果的产生都有贡献，其维持则有赖于所有合同当事人采取的保密措施，需在兼顾各方利益的基础上在委托人和研究开发人、共同研究开发人之间合理分配技术秘密成果的使用权、转让权以及相关利益。因此本条所要解决的问题就是，为委托开发合同或者合作开发合同的当事人提供技术秘密成果权益分配的参考规则，以减少合同当事人之间的纠纷，促进对技术秘密成果的有效使用。

规范内容

本条为说明性法条，规定了技术开发合同中技术秘密成果的使用权、转让权以及收益的分配办法。所谓“技术秘密成果”，即技术秘密，是指不为公众所知悉、具有商业价值并经权利人采取保密措施的技术信息。[①]不为公众所知悉，是指该技术信息的整体或者精确的排列组合或者要素，并非为通常涉及该信息有关范围的人所普遍知道或者容易获得；能为权利人带来经济利益、具有实用性，是指该技术信息因属于秘密而具有商业价值，能够使拥有者获得经济利益或者获得竞争优势；权利人采取保密措施，是指该技术信息的合法拥有者根据有关情况采取的合理措施，在正常情况下可以使该技术信息得

① 参见《技术合同解释》第1条。

以保密。[①]作为技术开发合同的标的物，技术秘密成果的使用和转让、相关收益分配首先应遵循合同当事人的自由约定；倘若当事人没有就此作出约定，或者约定不明确，当事人可以协议补充；不能达成补充协议的，则按照合同相关条款或者交易习惯确定。如果穷尽以上途径仍然不能确定的，则当事人都可以使用和转让该技术秘密成果，但前提是在此之前没有相同技术方案被授予专利权。因为根据《专利法》第11条和第75条的规定，在专利申请日前已经制造相同产品、使用相同方法或者已经作好制造、使用的必要准备，并且仅在原有范围内继续制造、使用的，不视为侵犯专利权；否则发明和实用新型专利权被授予后，任何单位或者个人未经专利权人许可，都不得实施其专利。

本条所称“当事人均有使用和转让的权利”，包括当事人均有不经对方同意而自己使用或者以普通使用许可的方式许可他人使用技术秘密，并独占由此所获收益的权利。当事人一方将技术秘密成果的转让权让与他人，或者以独占或者排他使用许可的方式许可他人使用技术秘密，未经对方当事人同意或者追认的，应当认定该让与或者许可行为无效。[②]委托开发的研究开发人的根本义务是向委托人交付研究开发成果，在未履行此项义务之前，不得擅自将研究开发成果转让给第三人，否则将构成违约。

要额外指出的一点是：根据本法第844条确定的订立技术合同的宗旨，当事人在技术合同中有关技术秘密成果使用权、转让权以及收益分配的约定“应当有利于知识产权的保护和科学技术的进步，促进科学技术成果的研发、转化、应用和推广”。详言之，本条规定的使用、转让均指以生产经营为目的的营利行为，当事人不得在合同中对该技术秘密的使用权和转让权作任意的、扩大的、不合理的约定；不得通过扩权约定妨碍对方在已经取得的秘密成果的基础上进行新的研究开发；[③]不得以故意阻挠技术进步为手段，获取技术垄断利润。

---

① 参见《全国法院知识产权审判工作会议关于审理技术合同纠纷案件若干问题的纪要》“一、一般规定”之“（一）技术成果和技术秘密”。

② 参见《技术合同解释》第20条。

③ 参见段瑞春：《技术合同》，法律出版社1999年版，第148页。

第三节　技术转让合同和技术许可合同

第八百六十二条【技术转让合同和技术许可合同的定义】

技术转让合同是合法拥有技术的权利人，将现有特定的专利、专利申请、技术秘密的相关权利让与他人所订立的合同。

技术许可合同是合法拥有技术的权利人，将现有特定的专利、技术秘密的相关权利许可他人实施、使用所订立的合同。

技术转让合同和技术许可合同中关于提供实施技术的专用设备、原材料或者提供有关的技术咨询、技术服务的约定，属于合同的组成部分。

历史由来

本条属于新增规定。在《民法典》编纂过程中，《民法典合同编（草案）》（征求意见稿）第420条第1款、第2款基本承袭了《全国法院知识产权审判工作会议关于审理技术合同纠纷案件若干问题的纪要》第52条和《技术合同解释》第22条关于技术转让合同定义的规定。《民法典合同编（草案）》（一审稿）第647条的规定与“征求意见稿”的规定一致，《民法典合同编（草案）》（二审稿）第647条在《民法典合同编（草案）》（一审稿）的基础上进行了修改，将技术许可合同从技术转让合同中独立出来，并对其进行定义。随后直到《民法典》正式出台，在立法过程中，本条未再作任何变动。

规范目的或功能

本条采狭义技术转让合同的概念，对技术转让合同和技术许可合同分别予以定义，一方面，明确了二者之间为并列关系，符合法律协调、统一发展的要求；另一方面，作为定义性法条，本条规定是本节关于技术转让合同和技术许可合同法律规范适用的基础，为其他法律规范性功能的发挥提供基础。为了促进科技成果转化，提高我国产业的技术水平，国家及各省对于不同类型的技术合同分别实施了不同的免税政策。例如，在江苏省，从事技术转让、技术开发业务取得的收入，符合条件的免征增值税。符合条件的技术转让所得不超过500万元的部分免征企业所得税，超过部分减半征收。[①]而其他类型技术合同则享受不同政策，因此对于不同技术合同类型的划分和认定是保证相应技术合同税收政策得到有效贯彻的重要一环。

三 规范内容

本条规定了技术转让合同以及技术许可合同的定义。技术转让合同的定义最早出现于《技术合同法》（已失效）第34条："技术转让合同是指当事人就专利权转让、专利申请权转让、专利实施许可、非专利技术的转让所订立的合同。"2001年《全国法院知识产权审判工作会议关于审理技术合同纠纷案件若干问题的纪要》第52条进一步阐释了技术转让合同的概念，将尚待研究开发的技术成果或者不涉及专利、专利申请或者技术秘密的知识、技术、经验和信息订立的合同排除在技术转让合同之外，并将技术转让合同分为专利权转让合同、专利申请权转让合同、技术秘密转让合同、专利实施许可合同四类，并分别对其进行了定义。《技术合同解释》第22条承袭了《全国法院知识产权审判工作会议关于审理技术合同纠纷案件若干问题的纪要》第52条对于技术转让合同的解释，并在其基础上增加了"技术转让合同中关于让与人向受让人提供实施技术的专用设备、原材料或者提供有关的技术咨询、技术服务的约定，属于技术转让合同的组成部分。因此发生的纠纷，按照技术转让合同处理的规定"。

本条规定在结构上分为3款。第1款规定了技术转让合同的定义，第2款规定了技术许可合同的定义，第3款将技术转让合同和技术许可合同中关于提供实施技术的专用设备、原材料或者提供有关的技术咨询、技术服务的约定确定为合同的组成部分。从条文内容表述看，不具有"构成要件"与"法律效果"双重要素，不可作为请求权的依据，在法条属性上属于不完全法条项下的定义性法条。

---

① 《江苏省政府关于加快推进全省技术转移体系建设的实施意见》。

一、广义的技术转让合同与狭义的技术转让合同

长期以来，学界有广义的技术转让合同与狭义的技术转让合同之分。广义的技术转让合同，是指当事人就专利权转让、专利申请权转让、技术秘密转让和专利实施许可所订立的合同；狭义的技术转让合同不包括专利实施许可合同、技术秘密许可使用合同。在梁慧星教授主持编撰的《中国民法典草案建议稿》中，采广义的技术转让合同概念，理由是现行法上所称的技术指专利技术与非专利技术，后者主要是技术秘密。专利实施许可、技术秘密使用许可虽非转让专利权、技术秘密本身，但其法律规则与经济实质近于转让，故将其归于技术转让合同加以调整。[①]但是，技术转让合同与技术许可合同的标的分别是所有权、使用权，二者性质具有本质上的差别，采广义的技术合同概念容易在实务中引起混淆，比如，技术转让合同和技术许可合同的关系，有时被解释为等同关系，有时被解释为并列关系，有时又被解释为包容关系，这导致了民事法律体系内部不和谐、不统一。《民法典》编纂将技术许可合同从技术转让合同中独立出来，明确了技术转让合同与技术许可合同的并列关系，避免了将转让和许可的概念杂糅在一起，也避免了“转让”在法律条文中出现一词多义，符合民事立法应具协调性的要求。

二、合同的主体与标的

技术转让合同以及技术许可合同的主体具有广泛性，凡通过合法方式取得技术的权利人都可以成为技术转让合同或技术许可合同的让与人或许可人。主体不受任何职务、职业、年龄等限制，有助于充分地鼓励自然人、法人以及非法人组织从事科学研究及发明创造。

技术转让合同与技术许可合同的标的不是一般的商品或劳务，而是技术成果，其具有如下几个特征：第一，无形性。现有的、特定的技术成果并不是一种有形财产，而是属于智力成果领域的无形财产。第二，具有载体性。技术成果本身不可脱离载体而单独存在，载体是技术成果展现的一种方式，

---

① 参见梁慧星主编：《中国民法典草案建议稿附理由：合同编》，法律出版社2013年版，第785页。

且实现技术成果商品化也必然离不开载体，不然商品功能便无法实现。第三，现有性。本条对标的的表述为“现有的”“特定的”相关权利。所谓“特定的”技术成果，指的是符合特别规定，受法律确认和法律保护的技术权益。所谓“现有的”技术成果，指的是作为技术转让合同或许可合同标的的技术权益，在订立合同时已经存在。尚待研究开发的专有技术不得作为技术转让合同以及技术许可合同的标的，但是可以作为技术开发合同的标的。同时，由于专利权具有依法审查授权、时间性、地域性、排他性或独占性等特点，权利人需在有效期内订立技术转让合同或者技术许可合同，且合同约定的期限不得超过专利权的有效期限。“特定的”和“现有的”技术成果是构成技术转让合同或技术许可合同的必要条件，二者缺一不可。①第四，合法性。对于技术成果而言，此处所说的合法性包含两方面的含义：一方面，出让或许可的技术应该具有合法性，②从出让或许可的客体来看，技术本身应属可流通物，不能为法律所禁止；另一方面，从出让的主体来看，技术转让合同以及技术许可合同的主体，都必须是通过合法的方式取得技术成果的权利人，不论是通过开发抑或是通过订立技术转让或技术许可合同继受取得技术成果的权利人，相关取得方式必须符合法律规定。

技术转让合同与技术许可合同的标的略有不同，技术转让合同可以就专利权、专利申请权以及技术秘密进行转让，技术许可合同中可以对外许可的是专利权和技术秘密。尚待研究开发的技术成果或者不涉及专利、专利申请或者技术秘密的知识、技术、经验和信息所订立的合同属于技术开发合同而不属于技术转让合同或技术许可合同。“不涉及专利、专利申请、技术秘密的知识、技术、经验和信息”，通常是指公有领域的技术。这些知识、技术、经验和信息，如果涉及技术服务时，可按技术服务合同处理。另外，“不涉及专利、专利申请、技术秘密的知识、技术、经验和信息”，不应当包括计算机软件著作权、集成电路布图设计专有权和植物新品种权，如果涉及这些知识产权，可

① 参见程永顺：《专利技术转让合同案件审理中的若干问题》，载《科技与法律》2003年第3期。

② [美] Jay Dratler, Jr.：《知识产权许可》(上)，王春燕等译，清华大学出版社2003年版，第3页。

根据本法第876条规定，参照适用技术转让合同的有关规定处理。技术转让合同和技术许可合同中关于提供实施技术的专用设备、原材料或者提供有关的技术咨询、技术服务的约定，属于技术转让合同或技术许可合同的组成部分。

三、技术转让合同与买卖合同

技术转让合同与买卖合同均为有名合同，二者具有类似性。首先，均有所有权的转移，无论是技术转让合同，还是买卖合同，均是以转让合同标的为目的。其次，均有买卖行为的发生，买卖合同必有买卖行为的发生自不待言，而技术转让合同在交付标的及收取对价的过程中其实也完成了对智力成果的买卖。最后，二者均是双务、有偿合同，均要遵循等价交换的原则。二者亦存在相区别之处，主要表现在如下两个方面：第一，转让的标的不同。技术转让合同作为技术合同的一种类型，其转让的标的主要是技术成果。而买卖合同转让的标的主要是有形财产。技术成果通常可以被多人同时占有和利用，而有形财产一般仅可以为一人占有和利用。第二，保密义务不同。通常在买卖合同中，买受人取得标的物之后并不负有保密义务；而在技术转让合同中，如果当事人所转让的技术成果尚未公开或者是技术秘密成果的，受让人应负有保密义务。①

第八百六十三条【技术转让合同和技术许可合同的类型及形式】

技术转让合同包括专利权转让、专利申请权转让、技术秘密转让等合同。

技术许可合同包括专利实施许可、技术秘密使用许可等合同。

技术转让合同和技术许可合同应当采用书面形式。

历史由来

本条是对《合同法》第342条的修改。《合同法》第342条规定："技术转让合同包括专利权转让、专利申请权转让、技术秘密转让、专利实施许可合

① 王利明：《合同法研究》(第三卷)，中国人民大学出版社2012年版，第594页。

同。技术转让合同应当采用书面形式。”在《民法典》编纂过程中，立法者把技术许可合同从技术转让合同中独立出来，把专利实施许可、技术秘密使用许可等合同归纳在技术许可合同之下，并明确技术转让合同和技术许可合同为并列关系。另一处值得注意的细节性修改是，本条在规定技术转让合同与技术许可合同的种类时采取了不完全列举的立法方法，并未像《合同法》那样采取穷尽式列举方式。从而避免造成技术转让合同、技术许可合同的名称无法涵盖所有类型的技术转让或许可类合同，使法条表述更为严谨。

规范目的或功能

本条在第862条的基础上厘清了长期以来技术转让合同与技术许可合同之间含混不清的关系，确定二者之间属并列关系，规定了二者包含的合同类型。使得邻近类型的合同互相区别，帮助行为人正确理解合同的本质，科学地指导自己的行为。[①]另外，通过本次修改，增强了各法律条文之间的逻辑性。

规范内容

本条规定在结构上分为3款。第1款规定了技术转让合同项下的多种合同类型，与《合同法》第342条相比，将技术实施许可合同排除技术转让合同之外。第2款规定了技术许可合同的不同类型。第3款对技术转让合同与技术许可合同的形式进行了规定，即应当采用书面形式订立合同。本条内容，旨在对合同类型和形式进行明确的界定和规范，法条属性上属于不完全法条中的说明性法条。

一、技术转让合同的类型

技术转让合同是指当事人就专利权转让、专利申请权转让、技术秘密转让所订立的合同，为双务、有偿、诺成、要式合同。

专利权转让合同，是指专利权人作为让与人将其发明创造专利的所有权或

---

① 杜蓓蕾：《我国技术合同制度的反思与重构》，载《牡丹江大学学报》2016年第9期。

者持有权移交受让人，受让人支付约定价款所订立的合同。专利权是依法批准的发明人或其权利受让人对其发明成果在一定年限内享有的独占权或专用权。值得注意的是，专利权转让本身通常是没有期限性的，但专利权是有时间限制的。因此，受让人基于转让合同取得的专利权应当受专利有效期的限制。[①]

专利申请权转让合同，是指让与人将其就特定的发明创造申请专利的权利移交给受让人，受让人支付约定价款所订立的合同。专利申请权是发明人或者设计人对其专利技术享有的一定专属权利，这种专属权利与专利权一样，可以转让。且享有专利申请权是获得专利权的前提条件，只有拥有专利申请权的权利人才可以向国务院专利行政部门提出专利申请，进而获得专利权。发明人或设计人在就其发明创造成果申请专利前，可以通过订立专利申请权转让合同，将其申请专利的权利转让给受让人并收取一定的价金。

技术秘密转让合同，是指让与人将拥有的技术秘密成果让与受让人，受让人支付约定转让费所订立的合同。技术秘密，是指不为公众所知悉的技术，即专利技术以外的技术，包括未申请专利的技术、未授予专利权的技术以及不受专利法保护的技术。

二、技术许可合同的类型

技术许可合同包括专利实施许可、技术秘密使用许可等合同。

专利实施许可合同，是指专利权人或者其授权的人许可被许可人在约定的期限和范围内实施专利，被许可人支付约定使用费所订立的合同。其受合同约定的限制，如果合同约定了实施许可的期限，则专利实施许可合同只能在这一时间范围内有效。《专利法》第12条规定，任何单位或者个人实施他人专利，除国家法律明确规定有关单位或者个人可以强制实施的以外，都必须与专利权人订立书面实施许可合同，向专利权人支付专利使用年费。被许可人无权允许合同规定以外的任何单位或者个人实施该专利。专利实施许可合同许可的是专利使用权，许可后，被许可人有权在约定的范围内使用专利。但是超出专利权存续期间的专利，不能续期，将不受法律保护，自然不得授权他人实施失效的专利。

---

① 王利明：《合同法研究》(第三卷)，中国人民大学出版社2012年版，第601页。

专利实施许可合同包含三种方式：第一，独占实施许可，是指许可人在约定许可实施专利的范围内，将该专利仅许可一个人实施，许可人依约定也不得实施该专利。[①]第二，排他实施许可，又称独家许可，是指许可人在约定许可实施专利的范围内，将该专利仅许可一个人实施，但许可人依约定可以自行实施该专利。第三，普通实施许可，又称非独占许可，是指许可人在规定的地域内允许被许可人享有合同所规定的技术使用权，但是，在这个特定的地域内，许可人保留自己使用的权利，同时，还有权将在该地域内的使用权出让给任何第三人。[②]

技术秘密使用许可合同，是指通过合同向他人提供技术秘密，明确相互之间技术秘密成果的使用权，被许可人向许可人支付使用费的合同。而技术秘密的使用权，是指以生产经营为目的使用技术秘密的权利。

三、技术转让合同与技术许可合同的效力

根据本节的规定，让与人及许可人的主要义务有转让技术所有权或使用权的义务、权利瑕疵担保义务、不得限制技术竞争和技术发展的义务、按约提供资料和指导的义务。其一，转让技术所有权或使用权的义务。转让技术成果所有权是技术转让合同让与人的主要义务，给被许可人技术成果的使用权是技术许可合同许可人的主要义务，且此义务为主要义务，若让与人、许可人不履行其相应的主要义务，则受让人、被许可人有权要求让与人、许可人承担违约责任。其二，权利瑕疵担保义务。让与人、许可人订立技术转让或技术许可合同的前提为其本身是合法的权利人，保证受让人、被许可人在继受取得技术所有权或使用权后，不会在实施过程中侵害第三人的权益。根据本法第870条的规定，技术转让合同的让与人和技术许可合同的许可人应当保证自己是所提供的技术的合法拥有者，并保证所提供的技术完整、无误、有效，能够达到约定的目标。因此让与人、许可人负有应当保证合同中约定的技术不侵害第三人权益的义务，反之便应承担相应的责任。主要体现在以

---

① 房绍坤、郭明瑞主编：《合同法要义与案例析解》（分则），中国人民大学出版社2001年版，第463页。

② 汤宗舜：《专利法教程》（第3版），法律出版社2003年版，第181页。

下两个方面：第一，让与人或许可人对受让人或被许可人承担违约责任。本法第872条规定："许可人未按照约定许可技术的，应当返还部分或者全部使用费，并应当承担违约责任；……让与人承担违约责任，参照适用前款规定。"根据上述规范，由于权利人的权利瑕疵，造成受让人或被许可人侵犯第三人权益时，应返还部分或者全部转让费或使用费，并承担违约责任。第二，让与人、许可人对第三人承担侵权责任。本法第874条规定："受让人或者被许可人按照约定实施专利、使用技术秘密侵害他人合法权益的，由让与人或者许可人承担责任，但是当事人另有约定的除外。"因此让与人、许可人违反权利瑕疵担保义务而造成第三人损害的，其应当对第三人承担侵权责任。[①]其三，不得限制技术竞争和技术发展的义务。本法第864条规定："技术转让合同和技术许可合同可以约定实施专利或者使用技术秘密的范围，但是不得限制技术竞争和技术发展。"其四，按约提供资料和指导的义务。本法第866条规定："专利实施许可合同的许可人应当按照约定许可被许可人实施专利，交付实施专利有关的技术资料，提供必要的技术指导。"

受让人及被许可人的主要义务包括支付使用费的义务、保密义务、按照合同约定实施、使用技术的义务。其一，支付使用费的义务。与让与人、许可人应承担转让技术的义务相对应，受让人、被许可人所承担的主要义务即为支付使用费。[②]其二，保密义务。本法第871条规定："技术转让合同的受让人和技术许可合同的被许可人应当按照约定的范围和期限，对让与人、许可人提供的技术中尚未公开的秘密部分，承担保密义务。"此义务为法定义务，也是诚信原则的体现。其三，按照合同约定实施、使用技术的义务。本法第867条规定："专利实施许可合同的被许可人应当按照约定实施专利，不得许可约定以外的第三人实施该专利，并按照约定支付使用费。"

四、合同的形式

按照本条规定，技术转让合同与技术许可合同均为要式合同。

技术转让合同及技术许可合同的内容复杂，涉及转让或许可技术的范围、

---

① 王利明：《合同法研究》（第三卷），中国人民大学出版社2012年版，第595页。

② 王利明：《合同法研究》（第三卷），中国人民大学出版社2012年版，第598页。

转让或许可的对象、受让人或被许可人使用转让技术的范围和方式、技术的保密、使用费的支付，以及对使用技术产生的新的技术成果的归属等，技术转让合同涉及专利的，还要明确专利申请日、申请号、专利号和专利权的有效期限。技术转让及技术许可合同事关技术成果的让与及许可，且技术为无形标的，如无书面形式，易就法律关系性质发生争议，故要求此类合同采用书面形式。[①]

三 其他问题

实践中，专利申请权转让合同在履行中存在一定风险。因为专利申请权并不等于专利权，专利申请能否通过国家专利授权部门的审查，最终获得专利权，具有相当大的不确定性。申请专利的发明创造，符合《专利法》规定的授权条件的，才授予专利权，不符合《专利法》规定的授权条件的，则将被驳回。因此，当事人之间就专利申请权订立技术转让合同，就存在一定风险。因此，受让人受让的专利申请权，其专利申请有可能被授予专利权，也有可能被驳回。如果受让的专利申请权，其专利申请最终被驳回，便会产生合同风险承担的问题。

通常情况下，专利申请权转让合同中，由于专利申请被驳回或者被视为撤回导致的合同风险，主要有三种情形：第一种情形，专利申请被驳回或者被视为撤回的事实发生在依照《专利法》第10条第3款的规定办理专利申请权转让之前；第二种情形，专利申请被驳回或者被视为撤回的事实发生在依照《专利法》第10条第3款的规定办理专利申请权转让登记之后；第三种情形，专利申请因专利申请权转让合同成立时即存在尚未公开的同样发明创造的，在先专利申请被驳回。对于第一种情形，应当允许受让人解除合同，即由让与人承担专利申请被驳回或者被视为撤回的后果。对于第二种情形，则不允许受让人解除合同，即由让与人自行承担专利申请被驳回或者被视为撤回的后果。对于第三种情形，受让人可以依据《民法典》合同编的规定，请求予以变更或者撤销该合同，即专利申请被驳回的后果由谁承担，给予受让人一定的选择权。

① 梁慧星主编：《中国民法典草案建议稿附理由：合同编》，法律出版社2013年版，第786页。

第八百六十四条【技术转让合同和技术许可合同的限制性条款】

技术转让合同和技术许可合同可以约定实施专利或者使用技术秘密的范围，但是不得限制技术竞争和技术发展。

历史由来

本条基本上沿袭了《合同法》第343条的规定，仅在第343条规定的基础之上增加了技术许可合同的类型。

规范目的或功能

技术转让合同与技术许可合同的客体属于知识产权，知识产权是一种私权，是知识产权人对知识产品特别是智力成果享有的专有权利，知识产权的本质决定了该权利的行使具有一定的垄断性或限制性。[①]在技术转让合同与技术许可合同中，技术的让与人、许可人通常在订立合同磋商过程中表现得较为强势，会提出比较苛刻的条件来实现自己的利益最大化，而技术受让人、被许可人由于需求动能较强，通常处于弱势地位，便会被迫接受让与人、许可人苛刻的条件，即约定限制条款。但是，并不排除在某些具体场景中技术让与人、许可人处于弱势地位，被迫接受另一方的严苛条件。本条规定，一方面，表明技术转让合同和技术许可合同的当事人可以对实施专利或者使用技术秘密的范围进行约定，确认了缔约自由的原则。另一方面，对约定的技术转让或许可范围进行限制，避免因技术垄断阻碍社会进步发展，规定技术让与和许可不得限制技术竞争与技术发展，以此协调合同双方之间的对立冲突带来的不公平现象。

规范内容

本条是对技术转让与技术许可范围的约定，最早出现在《技术合同法》（已失效）第35条，该条规定："技术转让合同可以约定转让方和受让方实施

① 邓毅沣：《技术转让合同中限制条款法律效力评析》，载《湖南社会科学》2010年第2期。

专利或者使用非专利技术的范围。但是，不得以合同条款限制技术竞争和技术发展。"《合同法》第343条吸收了《技术合同法》的上述规定，并在第35条内容基础上修改为"技术转让合同可以约定让与人和受让人实施专利或者使用技术秘密的范围，但不得限制技术竞争和技术发展"。第一个变化体现在对合同双方主体的称谓上，《技术合同法》将技术转让合同的主体称为"转让方"，"转让"一词在法理、语义上均指所有权的转让，以取得终极专有权为目的。但第35条体现的客体范围，既包括技术成果的所有权，又包括技术成果的使用权，使用"转让方"这一称谓明显与条文语义不一致，因此《合同法》第343条将"转让方"的措辞改为"让与人"，用词更加精确，使得条文规范更具有协调性。第二个变化是《合同法》第343条删除了《技术合同法》第35条中"不得以合同条款限制技术竞争和技术发展"的限制，即不得通过合同条款限制另一方在合同标的技术的基础上进行新的研究开发；不得通过合同条款限制另一方从其他渠道吸收技术，或者阻碍另一方根据市场的需求，按照合同的方式充分实施专利和使用技术秘密，而直接规定为"不得限制技术竞争和技术发展"。这表明《合同法》在更大限度上调整了让与人与受让人之间的关系，即不得以任何形式来限制技术竞争和技术发展。

本条规范，由于在条文表述上缺少法律效果的要素，不能作为请求权的独立依据，对违反本条规定的行为，需要结合《民法典》合同编第850条"非法垄断技术或者侵害他人技术成果的技术合同无效"和司法解释来确定如何承担法律责任，因此本条规定在法条属性上应归于不完全法条。内容上，本条主要规范的是技术转让合同与技术许可合同关系下合同双方对于转让、许可范围的限制，属于不完全法条项下的限制性法条。

一、技术转让与技术许可的约定范围

"实施专利或者使用技术秘密的范围"，按照《技术合同解释》第28条的规定，包括实施专利或者使用技术秘密的期限、地域、方式以及接触技术秘密的人员等。当事人对实施专利或者使用技术秘密的期限没有约定或者约定不明确的，受让人实施专利或者使用技术秘密不受期限限制。根据该解释，技术转让合同和技术许可合同中可以约定的范围包括期限、地域和方式。所谓期限，是指受让人或被许可人实施受让或被许可的专利或技术秘密，从何时开始，到何时结束，是一个时间段。所谓地域，是指受让人、被许可人可以在多大的地理范围内实施专利或者使用技术秘密。所谓方式，主要是指实施专利或者使用技术秘密的方式，如独占许可方式、排他许可方式抑或是普通许可方式。这些都需要在合同中进行明确而具体的规定。

早在1985年，国务院发布的《关于技术转让的暂行规定》（已失效）指出，“一切有助于开发新产品、提高产品质量、降低产品成本、改善经营管理、提高经济效益的技术，出让方同接受方都可以按自愿互利、协商一致的原则转让”。即，一切技术，只要是能够促进经济建设和社会发展，都可以依法转让。但属于国家机密的技术，其转让应当经主管部门批准；涉及国家安全和社会公共利益的，由有关部门指定单位实施的技术、国家实行许可证制度的技术，其转让应当符合主管部门的规定；违反法律和社会公共利益的技术，不得转让。

技术转让合同与技术许可合同可约定的范围较广，让与人、许可人为了获得更多的利益，通常会在合同中提出严苛的要求，限制受让人、被许可人对于专利或者技术秘密的利用空间。若在合理范围内进行限制，使得让与人、许可人与受让人、被许可人在这场博弈中达到平衡，既使让与人、许可人的智力成果迅速地转化为生产力，收回成本，实现其研发技术的现实目的，而受让人、被许可人也可以满足自己对于技术的需求，避免技术研发的投资风险。

二、约定范围的限制条款

对于约定范围的限制，本条规定以不限制技术竞争与技术发展为标准。专利技术或技术秘密作为一种知识产权成果，本身具有专有性的独特属性，立法并未对约定范围作过多干涉，只有在这种专有的权利被非法滥用时，法律才会予以规范。

本法第850条规定了违反本条内容的法律后果即“非法垄断技术或者侵害他人技术成果的技术合同无效”。在《技术合同解释》中，对“非法垄断技术”作了具体的列举：（1）限制当事人一方在合同标的技术基础上进行新的研究开发或者限制其使用所改进的技术，或者双方交换改进技术的条件不对等，包括要求一方将其自行改进的技术无偿提供给对方、非互惠性转让给对方、无偿独占或者共享该改进技术的知识产权；（2）限制当事人一方从其他来源获得与技术提供方类似技术或者与其竞争的技术；（3）阻碍当事人一方根据市场需求，按照合理方式充分实施合同标的技术，包括明显不合理地限制技术接受方实施合同标的技术生产产品或者提供服务的数量、品种、价格、销售渠道和出口市场；（4）要求技术接受方接受并非实施技术必不可少的附带条件，包括购买非必需的技术、原材料、产品、设备、服务以及接收非必需的人员等；（5）不合理地限制技术接受方购买原材料、零部件、产品或者设备等的渠道或者来源；（6）禁止技术接受方对合同标的技术知识产权的有效性提出异议或者对提出异议附加条件。本书第850条评注对此已经作了详细阐释，此处不再予以赘述。

三、限制性条款适用

限制性条款的适用：一是应当明确限制性条款是否合理。技术让与的范围可以通过约定进行限制，只是在约定的限制范围超越了法律的保护范围，没有任何正当依据时，才构成对权利的滥用。二是限制性条款必须是法律明文禁止的。并非所有的不符合规定的限制性条款都属于“限制性条款”，如果该限制性条款不合理，但是法律却没有明文规定其为限制性条款，那么就不属于限制性条款。三是限制性条款产生的后果一般都会造成技术转让的不利影响。

技术合同是技术成果商品化的法律形式，实行技术合同的目的，是将技术成果推向市场，创造更大的经济效益和社会效益。因此，当事人在订立技术合同时，应当从推动科学技术进步，促进科技与经济发展出发，努力研究开发新技术、新产品、新工艺、新材料及其系统，促进先进适用的科技成果在生产实践中获得应用，促使技术成果尽快向生产领域转移，形成新的生产力。[①]

举证责任

本条规范的是技术转让合同与技术许可合同中限制性条款的适用。在合同签订及履行过程中因合同中限制性条款内容发生争议的，当事人举证责任应如何进行分配，此处结合以下案例[②]进行分析。某健骨胶囊是由河北某公司

---

① 毛克盾：《技术许可合同中限制性条款问题探析》，载《兰州学刊》2014年第5期。

② 参见河北省高级人民法院（2012）冀民三终字第131号民事判决书。

（乙方）研究开发的中药六类新药，目前已获得原国家食品药品监督管理局颁发的临床批件和国家知识产权局颁发的国家发明专利证书。某江药业（甲方）向乙方受让某健骨胶囊技术项目，乙方同意转让，依据《合同法》的规定，双方经协商一致，达成合同。

关于双方签订的技术转让合同效力问题。法院认为：本案合同主要涉及“某健骨胶囊”专利权的转让，技术转让合同按照法律规定可以约定让与人和受让人实施专利的范围，但不得限制技术竞争和技术发展。双方在合同中约定“该项目的后续改进权归某江药业，后续改进的成果归某江药业所有，河北某公司无权对该项目进行任何后续改进”的内容，违反了法律的强制性规定，为无效条款，但该合同中双方主体地位合法、双方进行技术交易的根本意思真实，作为技术交易基础的合法性并未丧失，所以作为合同非主要权利义务的上述条款的无效，不影响合同其他条款权利义务的履行，合同的其他部分仍然有效。

结合上述案例可见，不论是技术让与人、许可人还是技术受让人、被许可人，都可能受到合同中限制性条款的过分限制，作为被限制一方，其举证责任体现在两个方面：第一，证明双方建立了法律关系的书面转让合同，这是基础证据，据此明确合同双方各自的权利义务，进而才能证明合同中的条款为限制性条款；第二，被限制的一方应举证证明合同中的限制性条款已经限制了其自身的技术竞争或技术发展。

第八百六十五条【专利实施许可合同的有效期限】

专利实施许可合同仅在该专利权的存续期限内有效。专利权有效期限届满或者专利权被宣告无效的，专利权人不得就该专利与他人订立专利实施许可合同。

历史由来

本条来源于《合同法》第344条的规定。相较于《合同法》第344条，把“专利实施许可合同只在该专利权的存续期间内有效”中的“只”“期间”分别修改为“仅”“期限”。

规范目的或功能

本条是对专利实施许可合同有效期限的规定。本条的实质是知识产权反垄断规定在合同领域的运用。期限届满或无效的专利属于公知公用技术，如果不加以限制，允许将公知公用技术以合同形式作为专利进行市场转让，便会造成技术的非法垄断。本条与《民法典》合同编第864条均体现了对知识产权领域反垄断的规定。立法意图是在保护知识产权权利人的私人利益与兼顾社会公共利益间达到平衡，以实现保护私权和维护公共政策的双重目标。通过对知识产权的保护来促进技术转让、增加社会福利、实现权利与义务的平衡。

规范内容

本条规范，条文表达上缺少法律效果的要素，不能作为请求权的独立依据，专利权人就已届满或无效的专利与他人订立合同的，需借助于《民法典》合同编其他相关法律规范来确定责任的承担。因此，本条规定法条属性为不完全法条。追溯本条规定在国内立法的渊源，最早可见于《技术合同法》（已失效）第38条："技术转让合同涉及专利的，应当注明发明创造的名称、专利申请人和专利权人、申请日期、申请号、专利号以及专利权的有效期限。专利实施许可合同只在该项专利权的存续期间内有效。在专利权有效期限终止或者专利权被宣布无效以后，专利权人不得就该项专利与他人订立专利实施许可合同。"由于《合同法》第344条隶属于第十八章第三节"技术转让合同"项下，而《技术合同法》第38条第1款实质上是对技术合同的一般规定，故《合同法》第344条只保留了《技术合同法》第38条第2款规定，将第1款编入《合同法》第十八章第一节"一般规定"中的第324条，以协调《合同法》内容。

一、专利有效期对专利实施许可合同效力的影响

专利实施许可合同，是指专利权人或者其授权的人许可被许可人在约定的期限和范围内实施专利，被许可人支付约定使用费所订立的合同。其典型特性：一是标的是专利使用权；二是具有期限性，既要受专利权存续期限的

限制，又要受合同约定期限的限制。本条即规定专利实施许可合同只在该专利权的存续期限内有效，限制专利权人就有效期限届满或者被宣布无效的专利权订立专利实施许可合同的权利。

本条从正面和反面两个角度明确了专利权有效期对专利实施许可合同效力的影响。首先，从正面角度，专利权在有效期内，是专利实施许可合同生效的前提条件；其次，从反面角度，若专利有效期届满或专利无效，则不得订立专利实施许可合同。但假若在此种情况下，合同当事人仍订立了专利实施许可合同，该合同的效力如何呢？虽然本条没有直接对此种情况下合同的效力进行说明，但笔者认为，根据本条第1句的内容，可以推出“专利在有效期内”是“专利实施许可合同有效”的必要不充分条件，即本条第1句的内容是效力性规定，违反效力性规定的合同，应为无效合同。

二、专利权存续期限

依据《专利法》第42条的规定，自专利申请日起，发明专利权的期限为20年，实用新型专利权的期限为10年，外观设计专利权的期限为15年。除此之外，依据我国《专利法》第44条，专利权还会因专利权人未按时缴纳专利年费以及专利权人以书面声明放弃其专利权而在专利权期限届满之前终止。一旦超越专利权的有效期限，法律授予的专利权即不复存在，该发明创造便作为公知技术，公众有自由利用和实施该项发明创造的权利。此时，当事人之间不再存在订立专利实施许可合同的前提。由于专利权本身具有一个法定的期限，专利实施许可合同的期限不能超过专利权的有效期限。超过专利权有效期限的专利实施许可，超出有效期限部分无效。在专利权被终止、宣布无效或超过保护期限后，原专利权人或者任何人，仍就该发明创造与他人订立专利实施许可合同，则属于欺诈行为，应根据《民法典》合同编的规定承担相应的法律责任。被许可人有权以欺诈为由要求撤销该合同，抛弃撤销权的，被许可人仍得以请求许可人承担瑕疵担保责任。

三、专利实施许可合同期限的约定

如前所述，专利实施许可合同可以自由约定实施专利的期限。没有约定或者约定不明确的，可以协议补充；不能达成补充协议的，按照合同相关条款或者交易习惯确定；按照合同相关条款或者交易习惯不能确定的，被许可人在该专利权的存续期限内均有实施专利的权利。本节并未就当事人未约定专利实施期限的情形进行规定，根据《民法典》合同编的规定，可以采取前述方式来弥补当事人意思表示的漏洞。

第八百六十六条【专利实施许可合同许可人的主要义务】

专利实施许可合同的许可人应当按照约定许可被许可人实施专利，交付实施专利有关的技术资料，提供必要的技术指导。

历史由来

本条来源于《合同法》第345条的规定。本条较《合同法》第345条的改变在于，将“让与人”修改为“许可人”、将“受让人”修改为“被许可人”，与《民法典》合同编中关于“专利实施许可合同”的主体用语保持了一致。

规范目的或功能

本条规定了专利实施许可合同许可人的主要义务。专利实施许可合同隶属于《民法典》合同编，应遵循缔约自由的原则，对于许可的标的，即专利使用权，应在法律规定许可转让的范围之内，而其许可的仅是专利使用权，并非权利的整体转让。订立专利实施许可合同的目的是充分利用专利，发挥专利的最大商业价值及社会价值。许可人交付实施专利有关的技术资料、提供必要的技术指导，都是为了更好地实现合同目的，使专利在被许可人处得到充分利用。相较于专利权转移，被许可人通过专利使用权转移获取利益最大化。知识产权专有权转让费用一般高于使用许可权的转让费用，而在某些情况下，使用许可权的取得即能满足公司生产经营的需要。

规范内容

本条规范，条文表达上缺少法律效果的要素，不能作为请求权的独立依据，专利实施许可合同的许可人未履行或未妥善履行其主要义务的，需借助于《民法典》合同编等其他规定来确定责任的承担。因此，本条规定在法条属性上应归于不完全法条。本条规定最早出现在《技术合同法》（已失效）第37条第1款中，随后《合同法》将《技术合同法》（已失效）第37条的第1款和第2款分别规定为第345条专利实施许可合同让与人主要义务和第346条专利实施许可合同受让人主要义务。

《专利法》第12条规定，任何单位或者个人实施他人专利的，应当与专利权人订立书面实施许可合同，向专利权人支付专利使用费。被许可人无权允许合同规定以外的任何单位或者个人实施该专利。专利实施许可合同转让的是专利使用权，转让后，被许可人有权在约定的范围内使用专利。但是超出专利权存续期限的专利，不能续期，将不受法律保护，自然不得授权他人实施失效的专利。

如前文所述，专利实施许可有独占实施许可、排他实施许可、普通实施许可三种方式。本条明确列举了专利实施许可合同中许可人的主要法定义务，原因在于许可人履行这些义务，是保证被许可人能充分利用专利的前提。技术合同具有专业性，往往作为专利权人的许可人会掌握更多的实施方法、资料，因此，立法明确规定许可人的义务，也能促进专利实施许可合同作用的发挥。但是，如前所述，不同的专利实施许可合同，许可人与被许可人的权利义务有所差异。

根据本条规定，主要有以下三项义务内容：（1）按照约定许可被许可人实施专利。按照约定许可被许可人实施专利，即按照合同约定的时间、地点、范围、期限等许可被许可人实施该专利技术，不得以任何借口进行干涉和阻碍，不得侵害被许可人的专利实施权。（2）及时交付技术资料。按照合同约定的时间、地点、项目向被许可人完整无误地交付专利技术资料、情报和文件等。如果许可人交付的技术资料不完整、不正确或不可靠，应在规定的时间内，由许可人补交、更正或修改。因许可人延迟交付和交付的技术资料有缺陷，除返还部分或全部使用费外，造成被许可人损失的，许可人应负责赔偿。许可人超出一定期限未提供合同约定的非专利技术成果的，被许可人有权解除合同，许可人应返还使用费并赔偿损失。[①]（3）提供必要的技术指导。

---

① 王利明：《合同法研究》（第三卷），中国人民大学出版社2012年版，第492页。

按照合同约定的时间、期限、范围等向被许可人提供必要的技术指导，以便被许可人能够正确地实施该专利技术。专利技术具有较强的专业性和技术性，被许可人通常对许可的专利技术不甚了解，也可能无法独立实施该专利技术，只有在许可人交付实施专利有关的技术资料，提供必要的技术指导后，被许可人才能形成对专利技术的了解和掌握，正确实施该专利技术。这种指导可以是有偿的，也可以是无偿的，取决于合同的约定。①

在梁慧星教授主持编撰的《中国民法典草案建议稿》中，参照《技术合同解释》第26条增加第2款，"让与人负有在合同期间维持专利权有效的义务，包括依法缴纳专利年费和积极应对他人提出宣告专利权无效的请求，但当事人另有约定的除外"。即，专利实施许可合同的让与人应当依约许可受让人实施专利，不得妨碍、干扰受让人实施专利，亦不得违约自行实施专利或者许可第三人实施专利。让与人有义务维持专利权有效，以实现合同目的。②

三 举证责任

本条规定了许可人在专利实施许可合同中的主要义务。对于许可人是否按照约定履行主要义务发生争议的，举证责任的分配，结合以下案例③进行说明。2011年12月16日，天津某林公司（甲方）与大丰某林公司（乙方）签订合作协议书，双方就甲方许可乙方使用"节水型盐碱滩地物理—化学—生态综合改良及植被构建方法"进行约定，该合作协议书中与本案相关的内容摘录如下："……3.甲方合法持有'节水型盐碱滩地物理—化学—生态综合改良及植被构建方法'发明专利；4.乙方长期从事大丰港地区的绿化管理，……乙方在甲方的帮助和指导下，已经较好积累了盐土改良实践经验，培养了具有良好业务素质的专业技术队伍，有利于双方的进一步合作和发展。"

上述案件中，天津某林公司与大丰某林公司签订的《合作协议书》第2条

---

① 王利明：《合同法研究》（第三卷），中国人民大学出版社2012年版，第608页。

② 梁慧星主编：《中国民法典草案建议稿附理由：合同编》，法律出版社2013年版，第789页。

③ 参见江苏省高级人民法院（2019）苏民终153号民事判决书。

第1项约定：根据项目的实际需要，天津某林公司委派3名以上的技术人员对项目进行技术指导，并负责对乙方指定的技术人员进行培训，力争使其熟练掌握盐碱地改良技术及苗木种植、养护技术。此项约定属于专利实施许可合同中许可人的主要义务之一，即提供必要的技术指导。对于主要履行了该义务的举证由许可人承担，案例中天津某林公司一、二审期间亦举证证明其派出技术人员对大丰某林公司的25项工程进行了技术指导。根据双方合同约定及天津某林公司陈述，其应有能力提供相应的证据证明大丰某林公司在涉案25项工程中使用其专利技术。综上所述，对专利实施许可合同的效力发生争议的，许可人与被许可人的举证责任分配，应当遵循“谁主张，谁举证”的一般举证责任原则。

其他问题

如前所述，在实践中，专利实施许可的方式可分为三种，在不同的专利实施许可方式中，许可人所应承担的义务不同。当事人对专利实施许可方式没有约定或者约定不明确的，认定为普通实施许可。专利实施许可合同约定被许可人可以再许可他人实施专利的，除当事人另有约定的，认定该再许可为普通实施许可。在独占专利实施许可合同中，许可人或任何第三方都不得在该合同范围内享有该项专利技术的使用权；在排他专利实施许可合同中，许可人仍保留在该合同范围内的专利技术使用权，但排除了任何第三方在该范围内对同一专利技术的使用权；在普通专利实施许可合同中，许可人在合同规定范围内享有对专利技术的使用权，同时仍保留在合同范围内将该项专利技术的使用权许可给任何第三方的权利。

专利实施许可也有其限制，主要体现在涉及保护知识产权与促进自由贸易之间。一方面，保护知识产权是实现自由贸易的一个前提条件。没有对知识产权的严格法律保护，任凭侵权者抄袭、盗用他人的智力劳动成果，势必严重妨碍商品经济的正常交流，它本身就构成了对自由贸易的制约。另一方面，不适当地行使知识产权，使之超过容许的限度，对竞争机制产生限制作用，同样会影响自由贸易。专利实施许可合同就是在这两个方面之间发生协调平衡的作用。

在专利权领域，专利权人行使其独占权有两种主要的途径：一是许可他人实施其专利技术；二是针对他人未经许可而实施其专利技术的行为请求法院或者有关行政机关采取制裁措施。前者是专利权人与他人之间订立的一种合同，其内容有可能对正常的竞争机制产生妨碍作用；后者是由法院或者行政机关进行判决或者处理的，一般不会出现超过合法范围的结果。因此，滥用专利权主要体现为在专利实施许可合同中订立不适当的限制性条款，对正常的市场竞争机制产生不利影响。可以说，禁止滥用专利权的主要作用，就是为专利实施许可合同的订立确定一种规范。专利实施许可合同的许可人与被许可人之间的意思自治必须在没有滥用专利权的基础之上。

第八百六十七条【专利实施许可合同被许可人的主要义务】

专利实施许可合同的被许可人应当按照约定实施专利，不得许可约定以外的第三人实施该专利，并按照约定支付使用费。

历史由来

本条基本上沿袭了《合同法》第346条的规定，只是对部分措辞进行了修改。在《民法典合同编（草案）》（二审稿）中，《合同法》第346条规定中的“受让人”被修改为“被许可人”。此后再无修改。

规范目的或功能

实践中，许可人往往要求被许可人承担实施专利的义务。尤其是在专利使用费采取提成支付方式的情形下，通过被许可人履行实施专利的义务，许可人可以获得更高的使用费。此时，被许可人的实施义务包括在一定时间内将专利产品投入生产，在一定范围内生产专利产品并做相应的推销工作等。专利实施许可合同关系下，许可人向被许可人让渡的是专利的使用权，并非权利的整体转让。因此本条对被许可人实施专利作出限制，不得许可约定以外的第三人实施该专利，并按照约定支付使用费，以平衡许可人和被许可人双方权利义务关系，同时也能更好地保护专利权人对专利所享有的其他权利。

规范内容

本条规范，条文表达上缺少法律效果的要素，不能作为请求权的独立依据，专利实施许可合同的被许可人未履行或未妥善履行其主要义务的，需借助于《民法典》合同编其他规定内容来确定责任的承担。因此，本条规定在法条属性上应归于不完全法条。

一、义务内容

本条是对专利实施许可合同被许可人主要义务的规定。专利实施许可合同以《专利法》的规定为基础。如前所述，专利实施许可合同，是指许可人授权他人在约定期限和范围内实施专利，而被许可人应支付约定使用费的合同。专利实施许可合同被许可人的主要义务包括：第一，按照合同的约定，支付价款。第二，按照合同约定的范围、方式、期限等实施专利技术。第三，未经许可人同意，不得许可合同约定以外的第三人实施该项专利技术。第四，承担保密义务。其中，对于第2项主要义务，按照约定实施、使用技术，首先，被许可人不能超越约定的范围实施、使用该技术；其次，被许可人不能超过约定的期限实施受让的专利技术或使用被许可的技术秘密；最后，被许可人应当按照约定的方法实施、使用被许可的技术。例如，合同只允许被许可人使用，而不允许其制造产品的，被许可人不得制造产品。再如，合同只允许被许可人自己实施该受让技术的，其必须按照约定自己实施该技术，而不得再许可他人实施此项技术。如果被许可人未能依约使用，许可人可请求其承担违约责任。对此，《民法典》第873条规定，实施专利或者使用技术秘密超越约定的范围的，未经许可人同意擅自许可第三人实施该专利或者使用该技术秘密的，应当停止违约行为，承担违约责任。

二、使用费的计算与支付

专利权是一种财产权，被许可人实施专利应当向专利权人支付专利使用费。专利使用费的确定取决于许多因素，其中主要包括：（1）专利权人研究开发专利技术所支出的费用；（2）被许可人使用专利技术所能获得的经济收益；（3）专利许可的类型、实施的行为种类和期限；（4）被许可人支付使用费的方式和时间。使用费的支付方式由当事人约定，可以采取一次总算、一次总付或者一次总算、分期支付的方式，也可以采取提成支付或者提成支付附加预付入门费的方式。在“规范目的或功能”中已指出，许可人往往要求被许可人承担实施专利的义务，尤其是在专利使用费采取提成支付方式的情形下。[①]约定提成支付的，可以按照产品价格、实施专利后新增的产值、利润或者产品销售额的一定比例提成，也可以按照约定的其他方式计算。

三、第三人的认定

若合同约定许可方式为排他许可的，许可人须保证在合同约定的许可实施范围内，被许可人的合法权利得到保障，不得就同一专利技术许可其他第三人实施。专利实施许可合同约定以外的第三人，指除专利实施许可合同关系下的许可人、被许可人及合同约定的其他人以外的第三方当事人。对于专利实施许可合同的被许可人来讲，获得实施许可是被许可人实施他人专利的必要前提。但被许可人仅对该专利享有实施权，不享有其他权利。被许可人无权允许合同约定以外的第三方单位或个人实施该项专利。

四、保密义务

专利作为智力成果，某些内容具有一定的秘密性，即使是通过公开内容才能获得专利权的发明创造，其某些技术参数或者技术背景资料也可能处于秘密状态，这是由知识产权的定义和特点所决定的。被许可人应当遵循诚信原则，在按照合同性质妥善履行主要义务的基础上，履行保密的附随义务。对于被许可人的保密义务，虽然《民法典》合同编未进行规定，但是也为此合同的应有之义。

举证责任

本条规定了被许可人在专利实施许可合同中的主要义务。对于被许可人是

---

① 梁慧星主编：《中国民法典草案建议稿附理由：合同编》（下），法律出版社2013年版，第789页。

否按照约定实施专利、支付使用费或许可约定以外的第三人实施该专利发生争议的，专利权人与被许可人的举证责任分配，结合以下案例[①]进行说明。原告陈某某与被告刘某某于2010年12月23日签订了矿用斜坡巷道防跑车安全装置专利技术使用权转让协议书。根据协议约定，原告将其矿用斜坡巷道防跑车安全装置专利技术使用权转让给被告，由被告支付原告专利技术使用费12万元。协议签订当日，被告支付使用费3.5万元，尚欠8.5万元定于2011年5月内支付。履行期届满后，原告多次向被告催告未果，遂诉至法院请求判决被告支付剩余使用费等。通过原告提交的证据，法院根据《合同法》第346条规定，支持原告的诉讼请求。

上述案例中，原告主张被告未按约定履行被许可人主要义务，其出示的证据包括《实用新型专利证书》及专利年费缴费收据、《矿用斜坡巷道防跑车安全装置专利技术使用权转让协议书》《支付协议》，证明原告本人系该专利的专利权人，与被告签订的《转让协议书》及《支付协议》为真实意思表示，且原告已实际履行己方所负义务，被告尚欠专利实施许可费8.5万元，因被告未能提供证据证明已按合同约定履行全部义务，最终导致败诉的结果。综上，对于被许可人是否按照约定履行主要义务发生争议时，专利权人与被许可人的举证责任分配遵循“谁主张，谁举证”的一般举证原则。

第八百六十八条【技术秘密转让合同让与人的义务与技术秘密使用许可合同许可人的义务】

技术秘密转让合同的让与人和技术秘密使用许可合同的许可人应当按照约定提供技术资料，进行技术指导，保证技术的实用性、可靠性，承担保密义务。

前款规定的保密义务，不限制许可人申请专利，但是当事人另有约定的除外。

历史由来

本条源于《合同法》第347条关于技术秘密转让合同让与人义务的规定，

① 参见重庆市第五中级人民法院（2012）渝五中法民初字第00407号民事判决书。

即“技术秘密转让合同的让与人应当按照约定提供技术资料，进行技术指导，保证技术的实用性、可靠性，承担保密义务”。在《民法典》编纂过程中，本条经过了几次修改。《民法典合同编（草案）》（征求意见稿）第425条在吸收《合同法》第347条规定的基础上增补第2款规定：“前款规定的保密义务，不限制让与人申请专利，但是当事人另有约定的除外。”《民法典合同编（草案）》（一审稿）第652条采纳了“征求意见稿”第425条的规定。《民法典合同编（草案）》（二审稿）第652条未再作出修改。《民法典（草案）》第868条第1款增补“技术秘密使用许可合同的许可人”的规定，第2款也增加了“许可人”概念，并将“不限制让与人申请专利”修改为“不限制让与人或者许可人申请专利”。但是，最终通过的《民法典》第868条第2款则删除了“让与人或者”的表述。

规范目的或功能

本条规定的是技术秘密转让合同的让与人与技术秘密使用许可合同的许可人的义务。其一是确保技术秘密转让合同与技术秘密使用许可合同目的的实现。对于让与人、许可人来说，其订立合同的根本目的为获得技术转让费或许可费；而对于受让人、被许可人而言，订立合同的根本目的为使用技术秘密。本条规范的内容为让与人、许可人的义务，即提供技术资料、进行技术指导及保证技术的实用性、可靠性和承担保密义务。规定让与人、许可人应负上述义务，以保证受让人、被许可人使用技术秘密，达到合同目的。其二是对技术秘密的保护。对于技术秘密而言，保密性是其保有价值最重要的特征，亦是技术秘密转让合同、技术秘密使用许可合同的基础，一旦丧失保密性，合同目的无法实现。作为合同双方当事人都应该对合同项下的技术秘密承担保密义务，本条规范即规定了作为合同一方当事人的让与人、许可人的保密义务。

规范内容

本条规范，条文的表述上缺少法律效果的要素，不能作为请求权的独立依据，对于让与人、许可人违反本条规定义务，需借助于《民法典》合同编其他规定或者《反不正当竞争法》等其他规范来确定责任的承担。《合同法》第347条基本沿袭了《技术合同法》第39条第1款关于非专利技术转让合同转让方义务的规定，即“非专利技术转让合同的转让方的主要义务是：（一）按照合同约定提供技术资料，进行技术指导；（二）保证技术的实用性、可靠性；（三）承担合同约定的保密义务”，但将“非专利技术”表述为“技术秘密”[①]。本条第1款在《合同法》第347条的基础上，新增了技术秘密使用许可合同许可人作为义务主体。本条第2款系《民法典》编纂中新增的条款，内容上是对第1款“保密义务”的限制规定，显然是吸收了《技术合同解释》第29条第1款中“合同法第三百四十七条规定技术秘密转让合同让与人承担的‘保密义务’，不限制其申请专利，但当事人约定让与人不得申请专利的除外”的规定。

技术秘密，又称专有技术，具有秘密性、知识性、实用性等特点，一般认为它包括未申请专利的技术和《专利法》中规定不授予专利权的技术，如疾病的诊断和治疗方法、动植物品种、科学发现、用原子核裂变等方法获得的物质等。[②]《技术合同解释》第1条第2款亦对技术秘密进行了定义性规定，即“技术秘密，是指不为公众所知悉、具有商业价值并经权利人采取保密措施的技术信息”。技术秘密转让合同，是指让与人将拥有的技术秘密成果提供给受让人，明确相互之间技术秘密成果使用权、转让权，受让人支付约定使用费所订立的合同。技术秘密使用许可合同，是指通过合同向他人提供技术秘密，明确相互之间技术秘密成果的使用权，被许可人向许可人支付使用费的合同。技术秘密使用许可的方式，准用专利实施许可方式的规定。因此，技术秘密使用许可方式，也包括独占使用许可、排他使用许可、普通使用许可及其他使用许可方式。具体内涵此处不再予以赘述。在判定本条所规定的技术秘密转让合同的让与人义务与技术秘密使用许可合同的许可人义务时，要根据具体类型区分不同情况。

第1款为义务内容规定，承袭《合同法》第347条的规定，技术秘密转

---

① 非专利技术、技术成果在狭义上与技术秘密是同一个意思，但在广义上，前两者还包括共有技术，因此，技术秘密比前两者在含义上更确切，在表述上更严谨。

② 参见李开国主编：《合同法》，法律出版社2007年版，第313页。

让合同的让与人、技术秘密使用许可合同的许可人的主要义务包括：按照约定提供技术资料的义务；按照约定进行技术指导的义务；保证技术的实用性、可靠性的义务；保密的义务。

一、按照约定提供技术资料的义务

本条规定“技术秘密转让合同的让与人和技术秘密使用许可合同的许可人应当按照约定提供技术资料”，由于技术秘密转让合同与技术秘密使用许可合同的特殊性在于作为合同标的的技术秘密具有秘密性、保密性等特点，技术资料是技术秘密转让合同的受让人与技术秘密使用许可合同的被许可人了解该项技术秘密的重要资料。因此，让与人或许可人所负担的主给付义务是通过提供技术资料让受让人或被许可人知晓技术秘密。[①]所谓技术资料，是指与技术秘密有关的产品配方、工艺流程、技术秘诀、设计、图纸（含草图）、试验数据和记录、计算机程序等资料。受让人与被许可人只有在获得技术资料的基础上，才能了解该项技术秘密，进而达到使用该项技术秘密的目的。因此，关于让与人与许可人提供何种技术秘密，应当在技术秘密转让合同与技术秘密使用许可合同中进行约定。

二、按照约定进行技术指导的义务

本条之所以将对受让人、被许可人进行技术指导约定为让与人、许可人的主要义务，是因为作为技术秘密转让合同与技术秘密使用许可合同标的的技术秘密具有一定的专业性，受让人、被许可人即使获得了技术秘密本身，也并不意味着其就能够真正利用和实施该项技术秘密，因此必须由让与人、许可人承担技术指导的义务，确保其能达到使用的目的。进行技术指导，是指依合同约定协助受让方实施被转让的技术秘密，帮助解决受让方实施过程中出现的问题，为受让方进行人员培训，协助进行设备安装、调试等[②]。

---

① 参见王利明：《合同法》，中国人民大学出版社2015年版，第604页。

② 参见江平主编：《中华人民共和国合同法精解》，中国政法大学出版社1999年版，第89页。

三、保证技术实用性、可靠性的义务

作为技术秘密转让合同与技术秘密使用许可合同标的的技术秘密应当是成熟的，能够应用于生产实践的实用性技术。所谓技术的成熟性是指该技术是在充分的研究开发基础上完成的，已经具备了商品化开发的可能性。法律对其专门规定的原因在于技术秘密不像专利技术那样已经受到专利机关及社会公众的审查，其实用性与可靠性不确定，故而让让与人、许可人承担这一保证义务。在转让阶段性技术成果时，让与人、许可人应保证在一定条件下重复实验可以得到预期的效果，并在合同中载明后续开发的责任。

四、保密义务

技术秘密转让合同与技术秘密使用许可合同的当事人都负有按照合同约定彼此承担保守技术秘密的义务，因为技术秘密转让合同与技术秘密使用许可合同的标的具有秘密性特征，决定了在受让人、被许可人获得技术秘密之后，如果让与人、许可人将该项技术秘密公之于众，则该项技术秘密的排他性自动消失，这样必将损害受让人、被许可人的合法利益。因此，如果让与人、许可人违反保密义务给受让人、被许可人造成损失的，应当承担相应的违约责任。

本条第2款对保密义务的限制性规定，吸收了《技术合同解释》第29条第1款的规定。按照司法解释的规定，许可人承担的保密义务不限制其申请专利，但当事人约定许可人不得申请专利的除外。“当事人另有约定的除外”，表明对当事人合意的充分尊重，其体现了民法基本原则中的意思自治原则，亦是《民法典》平等原则、自愿原则、诚信原则的体现。意思自治有时也被称为“私法自治”，而“私法自治的核心是尊重当事人的选择，由其根据自己的判断而行为”①。

但是根据本条第2款的意思，应为原则上承认许可人仍就该技术秘密享有申请专利的权利，但若当事人之间在合同中约定了不得就该技术秘密申请专

① 李建华、许中缘：《论私法自治与我国民法典——兼评〈中华人民共和国民法（草案）〉第4条的规定》，载《法制与社会发展》2003年第3期。

利的，应当按照合同约定执行。但是，就是否原则上承认让与人的申请专利的权利未置可否，笔者赞成梁慧星教授主持编撰的《中国民法典草案建议稿》中的意见，即“技术秘密是不为公众所知晓且经权利人采取保密措施的技术，具有较强的市场竞争力，能为秘密的享有人或使用人带来经济利益。故技术秘密转让合同让与人负有特别的义务。在技术秘密完全让与的情形，技术秘密归属于受让人，申请专利的权利亦属于受让人，让与人已无利益可言，如允许让与人申请专利，不仅与受让人的权利冲突，且导致技术秘密公开，损害受让人的合同利益，显然违背技术秘密转让合同的本质与目的，与合同法理不符”。[①]

第八百六十九条【技术秘密转让合同的受让人与技术秘密使用许可合同被许可人的主要义务】

技术秘密转让合同的受让人和技术秘密使用许可合同的被许可人应当按照约定使用技术，支付转让费、使用费，承担保密义务。

历史由来

本条是对《合同法》第348条的修改。在《民法典》编纂过程中，《民法典合同编（草案）》（征求意见稿）、《民法典合同编（草案）》（一审稿）、《民法典合同编（草案）》（二审稿）均完全沿用《合同法》第348条的规定，即“技术秘密转让合同的受让人应当按照约定使用技术，支付使用费，承担保密义务”。《民法典（草案）》第869条在《合同法》第348条的基础上，把“技术秘密使用许可合同的被许可人”增补为义务主体。最后通过的《民法典》又把支付“转让费”增补为一项义务内容，使得“技术秘密转让合同”与“转让费”，“技术秘密使用许可合同”与“使用费”的概念相互对应起来。

① 参见梁慧星主编：《中国民法典草案建议稿附理由：合同编》，法律出版社2012年版，第794页。

规范目的或功能

权利人通过与相对方订立技术秘密转让合同或使用许可合同的方式，让渡技术秘密的所有权与使用权，相对人利用技术秘密投入生产，创造商业价值。但相对人并非无偿取得技术秘密的相关权利，需要向让与人支付相应对价，这才符合市场等价交换的交易习惯。本条规定了受让人及被许可人的主要义务，包括按照约定使用技术的义务，支付转让费、使用费的义务和保密义务。关于保密义务的设定，一方面，源于技术秘密的秘密性特征，一旦技术被公开，也就无所谓秘密可言；另一方面，由于技术秘密许可人可以同时向多个相对人让渡技术秘密使用权，因此要求被许可人承担保密义务也是为了保护其他权利人的合法利益。

规范内容

本条条文表达上缺少法律效果的要素，不能作为请求权的独立依据，对于受让人、被许可人违反本条规定的义务，需借助于《民法典》合同编其他规定或者《反不正当竞争法》等其他规范来确定责任的承担。因此，本条规定在法条属性上应归于不完全法条。本条规定内容，最早可追溯至《技术合同法》(已失效)第39条第2款关于非专利技术转让合同受让方的主要义务的规定，即“非专利技术转让合同的受让方的主要义务是:(一)在合同约定的范围内使用技术;(二)按照合同约定支付使用费;(三)承担合同约定的保密义务”。《合同法》第348条在《技术合同法》第39条的基础上将“非专利技术”表述为“技术秘密”。

本条规定的是技术秘密转让合同的受让人、技术秘密使用许可合同的被许可人的义务，可概括为：按照合同约定使用技术秘密；支付转让费、使用费的义务；保密义务。

一、按约定使用技术秘密的义务

技术秘密转让合同或技术秘密使用许可合同生效后，受让人与被许可人即可获得该技术秘密的所有权或使用权，在合同约定的范围内自由使用该技术秘密。一般情况下，让与人、许可人会在合同中对约定技术秘密的使用范围、方式、期限作出限制性规定，一旦当事人作出这种约定，受让人与被许可人应当遵守。因为根据《民法典》合同编第465条的规定，依法成立的合同，受法律保护。依法成立的合同，仅对当事人具有法律约束力，但是法律另有规定的除外。技术秘密转让合同与技术秘密使用许可合同，如为双方真实意思表示，系合法、有效的合同，受让人、被许可人当然应依约履行，按照合同的约定使用技术秘密。

二、支付转让费、使用费的义务

由于受让人、被许可人可以通过使用技术秘密获得收益，因而在让与人、许可人按照合同约定履行完毕技术秘密交付义务时，受让人、被许可人应按照合同约定支付费用。技术秘密转让合同与技术秘密使用许可合同系双务、有偿合同，因而即使当事人在合同中没有关于转让费、使用费的具体约定，也应当推定该合同是有偿的。①

在支付方式上，前已述及，根据《民法典》合同编第846条第1款的规定，技术合同价款、报酬或者使用费的支付方式由当事人约定，可以采取一次总算、一次总付或者一次总算、分期支付，也可以采取提成支付或者提成支付附加预付入门费的方式。一次总算、一次总付与一次总算、分期支付这两种支付方式的区别在于一次性将所有费用算清后，是一次性支付还是分期支付。所谓分期支付，是指当事人按照合同约定将总的价款、报酬或者使用费分为多期、多批次进行支付。②另，当事人也可以在合同中约定提成支付的方式。所谓提成支付，就技术秘密转让合同与技术秘密使用许可合同而言，是指将技术实施以后产生的经济效益按一定比例和期限支付给让与人、许可人，作为对让与人、许可人出让技术秘密的补偿。提成支付在形式上又可分为单纯提成和“入门费+提成”两种支付方式。

在转让费和使用费数额的确定上，当事人可依具体情况自由约定，一旦约定，当事人应当遵守。通常情况下，技术秘密转让涉及技术秘密所有权的转移，

① 参见王利明：《合同法研究》（第三卷），中国人民大学出版社2012年版，第605页。

② 参见马俊驹、余延满：《民法原论》（第三版），法律出版社2007年版，第743页。

让与人按照合同约定让与技术秘密后即丧失该项技术秘密的所有权，而技术秘密使用许可仅涉及使用权的转移，技术秘密所有人许可他人使用技术秘密的，并不因此丧失技术秘密的所有权，因此转让费在数额上往往要高于使用费的数额。

三、保密义务

从某种意义上讲，保密义务是技术秘密转让合同、技术秘密使用许可合同的基础。因此，技术秘密转让合同的让与人和受让人及技术秘密使用许可合同的许可人和被许可人都应当遵守保密义务。在合同中订立保密条款时，对于受让人或被许可人来说，应注意以下问题：

1.保密的范围和期限。保密的范围和期限可以由当事人约定，一般来说，保密义务的时间应当从订立合同的谈判开始。当事人在订立合同以前，必须就技术内容、实施方式、技术情况和资料进行交流，为此，当事人可以首先订立一个保密协议，约定受让人或被许可人对所涉及的全部技术内容承担保密义务，以便让与人或许可人在合同不能达成一致的情况下保持对技术秘密的专有。在保密协议或技术秘密转让合同、技术秘密使用许可合同的保密条款中，双方可以就各自承担保密义务的期限作出约定，如未作期限约定，保密义务持续到该技术公开为止。

2.违反保密义务的责任。该条款的作用在于保障合同双方都能很好地履行各自的权利与义务，自觉地履行合同，不违反合同的相关规定。对于违反保密义务的责任，详见《民法典》第872条评注。

第八百七十条【技术转让合同让与人、技术许可合同许可人的瑕疵担保义务】

技术转让合同的让与人和技术许可合同的许可人应当保证自己是所提供的技术的合法拥有者，并保证所提供的技术完整、无误、有效，能够达到约定的目标。

历史由来

本条是对《合同法》第349条的修改与补充。《合同法》第349条规定：“技术转让合同的让与人应当保证自己是所提供的技术的合法拥有者，并保证所提供的技术完整、无误、有效，能够达到约定的目标。”较之于《合同法》第349条，本条增加了“技术许可合同的许可人”这一义务主体。

规范目的或功能

本条规定的是技术转让合同让与人、技术许可合同许可人的瑕疵担保义务。其一，让与人和许可人所订立的技术合同的权利来源合法。立法为让与人和许可人设置处分技术的合法性义务，是为了保证技术来源的合法性。一方面可以为合同有效订立提供合法性基础；另一方面能够保证技术流转渠道，限制非法技术转让行为的空间。其二，保证技术可实现合同目的。订立技术合同是为了实现约定的合同目的，将技术转化为经济效益或社会效益，合同目的的实现则当然成为权利人的义务之一。在经济社会中，规定技术让与人和许可人对实现合同目的的义务，有利于高新技术转化为生产力，取得良好的社会经济效果。其三，保障技术转化的成本控制和稳定秩序。从本条文中的规定来看，对让与人和许可人订立技术合同附加合同目的实现的义务，将受让人和被许可人的风险控制在较低的水平，使得让与人和许可人的义务扩大。此种做法的目的在于控制技术转化成本，保障技术合同秩序的有序性和可控性。

规范内容

本条规范，在条文表达上缺少法律效果的要素，不能作为请求权的独立依据，对于让与人和许可人违反本条规定的义务，需借助《民法典》合同编其他规定或者《专利法》等其他规范来确定责任的承担。因此，本条规定在法条属性上应归于不完全法条范围。内容上，本条规范的是技术转让、许可合同下让与人和许可人的瑕疵担保义务。

一、让与人或许可人瑕疵担保义务的含义

本条规定了让与人和许可人的瑕疵担保义务，包括权利瑕疵担保义务与

技术瑕疵担保义务。权利瑕疵担保义务，是指让与人与许可人应当担保自己是被让与技术或被许可技术的合法拥有者，担保第三人不对所被让与技术或被许可技术主张权利。技术瑕疵担保义务，是指让与人或许可人担保所转让或许可的技术完整、无误、有效，能够达到约定的目标，无约定目标的，应达到通常标准。让与人或许可人违反瑕疵担保义务，致受让人或被许可人损害的，应负损害赔偿责任；致合同目的不能实现的，受让人或被许可人得解除合同。《民法典》合同编第646条明确规定，法律对其他有偿合同有规定的，依照其规定；没有规定的，参照适用买卖合同的有关规定。因此此处规定的瑕疵担保义务的责任，可以准用买卖合同的规定。

二、规定瑕疵担保义务的正当性

技术转让或许可虽以无形财产为标的，但性质上与有体物的转让相似。技术转让或许可意在使受让人或被许可人取得完整、无误、有效的权利，故让与人或许可人负有与出卖人类似的瑕疵担保义务。让与人和许可人需对拟转让或许可使用的技术具有正当的权利来源，有权转移此项技术权利，其权利可分为所有权和使用权两种。所有权是指让与人具有所有权的权利构成要素，对外则展示为该技术在法律意义上的权利人，所有人一般获得技术所有权的途径有研发、委托开发、合作开发、单位成员发明等。使用权则是被许可人通过技术许可合同从其他主体处获得对技术使用的权利，此种权利是原始技术所有人的所有权派生而得，一般通过许可获得，也有少部分表现为在先使用。

三、要求所提供的技术具有可达目的性

本条规定的可达目的性对于让与人和许可人而言，至少包含完整、无误、有效三个方面。

完整是指技术合同的让与人和许可人在履行合同义务时要完整地转让或许可合同内容约定的技术，保证技术的整体性，不得隐瞒技术关键和技术要点，包含一个产品、工艺、材料及其系统或者改进技术的一整套方案或者一整套文件资料。《最高人民法院副院长李国光在全国法院技术合同审判工作座谈会上的讲话》中“关于技术转让合同的标的技术存在能够纠正的缺陷问题”

提及技术完整还包括技术缺陷的解决，即技术实现过程中遇到的问题。无误指转让或许可的产品、工艺、材料及其系统或者改进的技术应当准确，没有误差。

有效是指被让与或被许可技术要在实际层面解决技术问题，实现合同目的。一般来说，该技术要达到技术行业公认的技术标准，能够转化为直接经济效益或潜在经济价值。有效性要求让与人和许可人在保证让与或许可的技术完整、无误的基础上设置了技术实现的标准，是法律对让与人和许可人义务的较高要求。技术合同的有效性可以通过验收标准来作出判断，可以遵循以下几个原则对合同标的是否达到验收标准予以检验，即诚信原则、符合市场惯例原则、利于技术转化与应用原则。①

梁慧星教授主持编撰的《中国民法典草案建议稿》第1318条，相较于本条增加了第2款规定，即“让与人不对受让人实施技术后的经济效益承担责任，但让与人明示保证受让人达到特定经济效益指标的除外”，理由是技术转让的目的与经济效益密切相关，故另有让与人担保技术实施之经济效益的问题，此类效益，不仅与技术本身相关，更取决于相关产品的营销与市场状况及其他复杂因素，超出让与人的能力范围，故原则上让与人不负担保义务，但让与人明示提供担保的除外。②

三 举证责任

在本条的司法适用中，作为诉讼一方当事人的技术转让合同让与人和技术许可合同许可人的举证责任主要体现在以下两个方面：（1）需证明自己是所提供技术的合法拥有者；（2）需证明所提供的技术完整、无误、有效，能够达到约定的目标。

---

① 姚兵兵、臧文刚：《技术合同纠纷案件争议问题实证研究》，载《人民司法·应用》2018年第7期。

② 参见梁慧星主编：《中国民法典草案建议稿附理由：合同编》，法律出版社2012年版，第797页。

其他问题

法律要求让与人和许可人所提供的技术要实现合同目的，但在技术合同中，合同目的的实现本身不是一个纯粹的法律问题，其中包含了技术风险，此种义务规定并不利于技术转化。鉴于技术实现本身存在不确定性，一味地强调实现合同目的，有违科学规律。建议将本条的可达目的性作为合同附带义务，由让与人、许可人负责为受让人、被许可人解决技术实施过程中的技术缺陷和技术节点问题。这样既符合法的合同自由原则，也能让受让人和被许可人承担一定的合同风险。

第八百七十一条【技术转让合同受让人和技术许可合同被许可人的保密义务】

技术转让合同的受让人和技术许可合同的被许可人应当按照约定的范围和期限，对让与人、许可人提供的技术中尚未公开的秘密部分，承担保密义务。

历史由来

本条是对《合同法》第350条的修改。《合同法》第350条规定："技术转让合同的受让人应当按照约定的范围和期限，对让与人提供的技术中尚未公开的秘密部分，承担保密义务。"本条在第350条规定的基础上，将技术许可合同从技术转让合同中独立出来，增加了技术许可合同被许可人这一保密义务主体。在《民法典》编纂过程中，《合同法》第350条关于技术转让合同受让人的技术保密的规定原封不动地出现在《民法典合同编（草案）》（征求意见稿）第428条和《民法典合同编（草案）》（一审稿）第655条。鉴于很多人建议将技术转让合同与技术许可合同予以并列规定，自《民法典合同编（草案）》（二审稿）开始，"技术转让合同"的节名称被修改为"技术转让合同和技术许可合同"，同时也相应地增加了关于技术许可合同的单独规定。明确了技术转让合同与技术许可合同的并列关系，相关条文也进行了修改。但就本条而言，直至2020年5月提交全国人民代表大会审议时才增加了“技术许可合同的被许可人”“许可人”的表述。

三 规范目的或功能

在所有技术转让合同与技术许可合同中，都有可能存在保密问题。尤其是在含有专有技术、计算机软件的转让和许可中，此类问题更为突出。[①]本条规定了技术转让合同受让人与技术许可合同被许可人的技术保密义务，鉴于技术合同的特殊性，在技术合同中，技术保密不仅是让与人和许可人的义务，也是受让人与被许可人的义务，合同双方均需对所交付的技术资料及在技术指导过程中产生的相关成果进行严格的保密。

技术合同标的是技术秘密的，受让人和被许可人的保密义务，在《民法典》合同编第869条已有规定。合同标的是专利技术的，虽然专利权人需要向公众公开自己的技术以换取司法机关、行政机关对该技术一段时间内的独占保护，即技术垄断权，但公开的范围和程度只需以所属领域的技术人员能够实现为准，专利技术中还有很多技术秘密和实施方案尚未公开。正是这些未公开的秘密在该专利的实施过程中起着极为重要的作用。因此，对专利技术及其发明创造的阶段性成果或研发的技术诀窍、工艺配方等秘密进行保密就显得尤为重要。[②]

一般情况下，技术转让合同履行之后，让与人即丧失对所转让技术的权利，本已无权利可言。但技术转让有其特殊性，尤其在技术秘密转让的情形，让与人基于先前对技术秘密的使用，已享有特定的利益，如受让人于取得技术秘密后擅自公开，将损害让与人的既有利益。[③]另外，实践中技术权利转让发生的一个重要原因，是由于让与人多是专门从事技术研发的组织，其只具备技术开发、研究新技术的条件，不具备将技术产品投入生产和上市流通的条件。让与人在已有技术的基础上，不断开发新的技术，通过将新的技术作

---

① 崔建远主编：《合同法》（第五版），法律出版社2010年版，第491页。

② 王婷、李电东：《技术开发与技术转让合同中保密条款设立的依据分析》，载《中国科技信息》2013年第6期。

③ 梁慧星主编：《中国民法典草案建议稿附理由：合同编》（下），法律出版社2013年版，第799页。

为商品转让获取收益是让与人研发技术的目的。因此规定受让人的保密义务，有利于让与人对新技术的后续开发。

与技术转让合同不同，技术实施许可，是指在不转让技术所有权的前提下，授权他人在一定范围和期限内使用技术的合同。许可在本质上是让渡财产权利，但并非权利的整体转让[①]，因此，规定技术许可合同的被许可人的保密义务可以有效保护许可人所保留的技术所有权，对许可人二次流转和使用专利技术具有非常重要的意义。

规范内容

本条属于不完全法条。追溯本条规定在国内立法的渊源，最早可见于《技术引进合同管理条例》（已失效）第7条："受方应当按照双方商定的范围和期限，对供方提供的技术中尚未公开的秘密部分，承担保密义务。"《技术合同法》（已失效）仅规定了非专利技术转让合同的受让方具有承担合同约定的保密义务[②]，忽略了对与专利技术有关的背景材料，技术参数等未公开部分的保护。受让方的保密义务，原用于规范国际技术贸易市场，但随着经济发展与科技进步，技术贸易不仅见于国际贸易中，也越来越频繁地出现在国内市场上。因此，《合同法》吸收了《技术引进合同管理条例》（已失效）第7条的规定，在《技术合同法》（已失效）的基础上作出了第350条的规定，确认了技术转让合同关系下受让人的技术保密义务。

受让人和被许可人的保密义务，不仅是依据诚信原则而产生的义务，更是一种法定义务。根据本条规定，受让人与被许可人应当在约定的保密期限和范围内，就技术中尚未公开的部分承担保密义务。关于保密的期限和范围，早在《技术引进合同管理条例施行细则》第13条有规定："对供方提供或者传授的专有技术和有关技术资料，受方应当按照合同约定的范围和期限承担保密义

---

① ［美］Jay Dratler, Jr.：《知识产权许可》（上），王春燕等译，清华大学出版社2003年版，第1页。

② 《技术合同法》第39条第2款规定："非专利技术转让合同的受让方的主要义务是：（一）在合同约定的范围内使用技术；（二）按照合同约定支付使用费；（三）承担合同约定的保密义务。"

务。保密期限一般不得超过合同有效期限；因特殊情况需要超过合同有效期的，应当在合同中订明，并在申请办理审批手续时申明理由。在受方承担保密义务期限内，由于非受方的原因技术被公开，受方承担的保密义务即行终止。合同规定供方在合同有效期内向受方提供其发展和改进技术的，受方可以在合同期满后继续承担保密义务，保密期限自供方提供该项技术之日起计算，但该期限不得超过原合同规定的期限。”2002年1月1日，《技术引进合同管理条例施行细则》废止，目前立法规范中尚无对于技术合同中受让人、被许可人保密期限与范围的规定，保密期限与范围主要通过当事人之间的约定确立。

关于“尚未公开的部分”，在技术合同中是指那些未进入公有领域，保密义务人从对方直接获得的核心技术秘密。[①]未进入公有领域的秘密，有的是已采取保密措施，处于保密状态下的技术；有的是技术虽已公开，但是相关的背景材料、技术参数等未曾公开，这些技术及相关材料有可能涉及国家利益或者让与人、许可人的重大经济利益。本条受让人与被许可人的保密客体除处于保密状态的技术本身，还包括让与人、许可人提供或传授的与技术相关的资料。

本条虽然规定了技术合同中受让人与被许可人的技术保密义务，但是保密的期限、范围、内容尚不明确，法律保护不够完善。因此，在签订此类合同的过程中更需要双方当事人之间的协商与约定来规范彼此的权利与义务。[②]另外，由于不同类型的技术合同所涉及的标的各不相同，在制定保密条款的时候也存在着差异。

技术秘密在技术合同履行过程中，失密的原因多种多样，主要有：（1）因让与人、许可人的原因而失密，如因转让人的职员不慎、泄私愤等原因将技术秘密向社会披露；（2）因受让方或被许可人的原因而失密，如因受让方职员不慎、泄私愤等原因将技术秘密向社会披露；（3）因第三方的原因而失密，如因第三方将通过不正当手段获取的技术秘密，为了达到报复目的等技术秘密公诸于众。[③]本条适用的情形是因受让人或者被许可人的原因导致技术秘密被不当公开。

---

① 冯永明：《技术合同中的保密问题》，载《国际贸易问题》1990年第1期。

② 王婷、李电东：《技术开发与技术转让合同中保密条款设立的依据分析》，载《中国科技信息》2013年第6期。

③ 谢商华：《技术转让合同问题的探讨》，载《当代法学》2000年第2期。

第八百七十二条【许可人和让与人的违约责任】

许可人未按照约定许可技术的，应当返还部分或者全部使用费，并应当承担违约责任；实施专利或者使用技术秘密超越约定的范围的，违反约定擅自许可第三人实施该项专利或者使用该项技术秘密的，应当停止违约行为，承担违约责任；违反约定的保密义务的，应当承担违约责任。

让与人承担违约责任，参照适用前款规定。

历史由来

本条是对《合同法》第351条的增补与修改。在《民法典》编纂过程中，《民法典合同编（草案）》（征求意见稿）第429条、《民法典合同编（草案）》（一审稿）第656条、《民法典合同编（草案）》（二审稿）第656条关于技术转让合同让与人的违约责任的规定均直接沿袭了《合同法》第351条，未作任何改变。由于技术转让合同与技术许可合同进行了单列规定，故《民法典（草案）》第872条规定："让与人未按照约定转让技术的，应当返还部分或者全部使用费，并应当承担违约责任；实施专利或者使用技术秘密超越约定的范围的，违反约定擅自许可第三人实施该项专利或者使用该项技术秘密的，应当停止违约行为，承担违约责任；违反约定的保密义务的，应当承担违约责任。许可人应当承担违约责任的，参照适用前款规定。"相比《民法典合同编（草案）》（二审稿）第656条的规定，《民法典（草案）》第872条把"二审稿"第656条规定为第872条的第1款，并增加了1款规定："许可人应当承担违约责任的，参照适用前款规定。"2020年5月提交全国人民代表大会审议时，第872条被再次修改，即把第872条的两款规定在顺序上进行调整，将第1款规定为技术许可合同许可人的违约责任，把第2款规定为技术转让合同让与人的违约责任。

规范目的或功能

本条规定了技术转让合同中让与人与技术许可合同中许可人的违约责任。技术转让合同与技术许可合同属于典型合同，合同的适当履行，需要设立严格的合同责任，否则合同制就会流于形式。坚持违约责任，可以敦促合同当事人认真履行合同义务，维护合同的法律效力。

具体而言，让与人和许可人在本条中的违约责任，是一种财产责任、民事责任。违反技术转让合同或技术许可合同的法律责任包括民事责任、行政责任和刑事责任。违反技术转让合同或技术许可合同后，应当承担哪种责任，可根据具体情况和具体规定处理，也可以综合使用。[①]本条规定，为追究让与人及许可人违约责任提供了法律依据。

规范内容

本条规定内容，最早出现在《技术合同法》（已失效）第40条："转让方违反合同的，应当承担下列责任：（一）未按照合同约定转让技术的，除返还部分或者全部使用费外，应当支付违约金或者赔偿损失；（二）实施专利或者使用非专利技术超越合同约定的范围的，违反合同约定擅自许可第三方实施该项专利或者使用该项非专利技术的，应当停止违反合同的行为，支付违约金或者赔偿损失；（三）违反合同约定的保密义务的，应当支付违约金或者赔偿损失。"《合同法》第351条在《技术合同法》（已失效）第40条的基础上修改为："让与人未按照约定转让技术的，应当返还部分或者全部使用费，并应当承担违约责任；实施专利或者使用技术秘密超越约定的范围的，违反约定擅自许可第三人实施该项专利或者使用该项技术秘密的，应当停止违约行为，承担违约责任；违反约定的保密义务的，应当承担违约责任。"

一、违约责任的形式

本条规定，结构上分为2款。第1款内容上根据许可人违约行为的不同，分为四种情形：许可人未按照约定许可技术；实施专利或者使用技术秘密超越约定的范围；违反约定擅自许可第三人实施该项专利或者使用该项技术秘密；违反约定的保密义务。对应不同的违约行为，规定了不同的法律效果：

---

① 参见赵中孚、马骏驹、吴振汉主编：《中华人民共和国合同法实务全书》，西苑出版社1999年版，第1351页。

返还部分或者全部使用费；停止违约行为；承担违约责任。条文的表述，兼具构成要件与法律效果双重要素，本条第1款是完全法条。第2款规定，在合同主体为让与人的情形下，法条并未直接表述让与人的违约行为及违约责任，而是引用前款规定内容进行参照判断，属于引用性法条。

许可人与让与人的违约责任是指，许可人或让与人违反合同约定，不履行或者不适当履行技术许可合同、技术转让合同的义务，而依法必须承担的返还财产、支付违约金、赔偿损失等民事法律责任。

根据《民法典》合同编的规定，违反合同承担法律规定或者当事人约定的违约责任的方式包括继续履行、采取补救措施、支付违约金、赔偿损失、支付定金等。但由于技术合同具有特殊性，导致违约人承担违约责任的方式也具有特殊性。技术合同关系下违约责任的承担方式，多为支付违约金或者赔偿损失等货币形式。一是受技术能力限制，继续履行较难适用；二是技术转让或许可合同的标的无实物，不会出现像有形物一样的损害，因此也不会出现需要违约方采取修理、重作、更换等补救措施。本条中，许可人、让与人违约责任的承担方式，除明确规定的返还部分或全部使用费、转让费外，承担违约责任运用到实践当中，也多表现为支付违约金、赔偿损失、支付定金等货币形式。

二、违约责任承担的具体情形

1.根据本条规定，技术许可合同许可人的违约责任包括以下几个方面：

（1）许可人未按照约定许可技术的，应当返还部分或者全部使用费，并应当承担违约责任。

未按照约定许可技术的，既包括不转移技术使用权，亦包括所许可的技术不符合约定，如技术瑕疵。[①]

《民法典》第866条规定，专利实施许可合同的许可人应当按照约定许可被许可人实施专利，交付实施专利有关的技术资料，提供必要的技术指导。专利技术具有较强的专业性和技术性，被许可人对被许可实施的专利技术不甚了解，也可能无法独立实施该专利技术，只有在许可人交付实施专利有关

① 梁慧星主编：《中国民法典草案建议稿附理由：合同编》，法律出版社2013年版，第798页。

的技术资料，提供必要的技术指导后，被许可人才能形成对专利的了解和掌握，并正确实施专利技术。如果许可人交付的技术资料不完整、不正确或不可靠，应在规定的时间内，由许可人补交、更正或修改。[①]不能补交、更正或修改的，应当返还部分或者全部使用费，并应当承担违约责任。

《民法典》第865条规定："专利实施许可合同仅在该专利权的存续期限内有效。专利权有效期限届满或者专利权被宣告无效的，专利权人不得就该专利与他人订立专利实施许可合同。"《专利法》第42条规定："发明专利权的期限为二十年，实用新型专利权的期限为十年，外观设计专利权的期限为十五年，均自申请日起计算。"由此，许可人应当保证自己许可的技术在专利有效期内。保护期限届满后，专利权则终止和丧失，专利权项下的技术成为公有技术，任何人都可以不受限制地使用。因此保护期限已过的专利权及其项下的技术不能成为专利实施许可合同的交易对象。[②]

（2）实施专利或者使用技术秘密超越约定的范围的，违反约定擅自许可第三人实施该项专利或者使用该项技术秘密的，应当停止违约行为，承担违约责任。

按照约定范围许可被许可人实施专利或者使用技术秘密是技术许可合同中许可人的义务。在专利实施许可合同中，根据《技术合同解释》第25条，专利实施许可包括独占实施许可、排他实施许可、普通实施许可三种方式。在不同的专利实施许可方式中，许可人所负担的义务不同，许可人应当按照合同约定的许可方式许可专利技术。例如，在独占实施许可合同中，许可人许可被许可人实施专利后，其自身不得再实施或许可他人实施该项专利。而在排他实施许可合同中，许可人在约定的范围内自己仍可实施该专利，但不得许可他人实施。[③]许可人实施专利，违反约定擅自许可第三人实施该项专利，应当停止违约行为，承担违约责任。

在技术秘密许可合同中，约定在一定范围内由被许可人使用该技术秘密，许可人承担在不同范围内使用该项技术秘密的义务后，许可人违反合同约定，又在同一范围内使用该项技术秘密，应当停止违约行为，承担违约责任。在

---

① 王利明：《合同法研究》（第三卷），中国人民大学出版社2012年版，第608页。

② 谢商华：《技术转让合同问题的探讨》，载《当代法学》2000年第2期。

③ 王利明：《合同法研究》（第三卷），中国人民大学出版社2012年版，第608页。

合同约定了技术秘密许可人不得在同一范围或其他范围中另行许可第三人使用该技术秘密的，许可人违反约定擅自许可第三人使用该技术秘密，属于违约行为，应当承担违约责任。

（3）违反约定的保密义务的，应当承担违约责任。

许可人对许可他人实施或使用的技术资料、技术背景情况应予以保密。许可人违反约定的保密义务，故意泄露技术秘密，或者因过错泄密，使被许可人遭受损失，应当承担违约责任。

2.让与人承担违约责任的情况，参照第1款的规定，主要包括以下几个方面：

（1）让与人未按照约定转让技术的，应当返还部分或者全部转让费，并应当承担违约责任。

专利权转让合同的让与人不履行合同义务，迟延办理专利权移交手续，转让的专利不是让与人合法拥有的专利或者转让的专利已失效；专利申请权转让合同的让与人逾期不提供发明创造的有关技术情报和资料或者迟延办理专利申请移交手续；技术秘密转让合同的让与人逾期不提供合同约定的技术秘密或者向受让人交付的技术资料存在重大缺陷，导致受让人使用技术秘密达不到合同约定的技术指标的，应当返还部分或者全部转让费，并应当承担支付违约金或者赔偿损失等违约责任。

《专利法》第10条第2款、第3款规定，中国单位或者个人向外国人、外国企业或者外国其他组织转让专利申请权或者专利权的，应当依照有关法律、行政法规的规定办理手续。转让专利申请权或者专利权的，当事人应当订立书面合同，并向国务院专利行政部门登记，由国务院专利行政部门予以公告。专利申请权或者专利权的转让自登记之日起生效。因此，当技术合同标的为专利申请权或者专利权时，让与人履行合同的义务包括协助受让人办理相关权利转移手续。

《技术合同法实施条例》第72条规定了让与人履行合同义务的期限为2个月①。

---

①《技术合同法实施条例》第72条规定："专利实施许可合同的转让方不履行合同的，应当按照技术合同法第四十条的规定支付违约金或者赔偿损失。转让方逾期两个月未交付技术资料和提供技术指导的，受让方有权解除合同，转让方应当返还使用费，赔偿由此给受让方造成的损失。独占实施许可合同或者排他实施许可合同的转让方，实施专利超越合同约定的范围，或者在已经许可受让方实施专利的范围内又就同一专利与他人订立专利实施许可合同的，应当停止违反合同的行为，支付违约金或者赔偿损失。"

2001年制定的《技术合同法实施条例》失效后，现行法律对于让与人履行合同义务的时间再没有明确立法上的限制，履行时间主要来源于当事人之间的约定。

（2）转让专利技术或者技术秘密超越约定的范围，或者违反约定擅自向第三人转让该项专利技术或技术秘密的，应当停止违约行为，承担违约责任。

在合同约定的专利技术转让权或者技术秘密转让权为双方共有的情况下，让与人未经受让人同意将有关技术转让给第三人，或者转让技术超越约定的范围，构成对受让人共有的专利技术转让权或技术秘密转让权的侵害，属于违约行为，应当承担违约责任。

（3）违反约定的保密义务的，应当承担违约责任。

让与人对受让人的技术资料、技术背景情况应予以保密，对所转让的技术也应当保密。让与人违反约定的保密义务，故意泄露技术秘密，或者因过错泄密，使受让人遭受损失，应当承担违约责任。让与人违反保密义务的，受让人也可请求让与人履行不作为义务，包括提起不作为之诉。[①]

三、违约责任的免除

技术合同许可人或让与人违约后，承担违约责任应遵循一定的原则，包括公平责任原则、无过错责任原则和过错责任原则。根据《民法典》第577条的规定，当事人一方不履行合同义务或者履行合同义务不符合约定的，应当承担继续履行、采取补救措施或者赔偿损失等违约责任。合同违约责任一般情况下不以违约方的过错为必要条件。同样，在技术合同中，违约责任的承担也应当以无过错责任为原则。尽管本条规定了许可人或让与人在有违约行为后，应当承担相应的违约责任，但是许可人或让与人因不可抗力不能履行技术合同的，免除其不能履行合同的责任。免除技术合同让与人或许可人违约责任应包含两个要件：首先，确实存在不能预见、不能避免、不能克服的自然因素或社会因素所引起的客观情况。不能预见，是指技术合同当事人对某一事物的发生是不能预知的；不能避免，是指技术合同当事人对某一事物的发生，无论事先采用什么办法，在客观上都不能防止这种情况发生；不

① 梁慧星主编：《中国民法典草案建议稿附理由：合同编》（下），法律出版社2013年版，第799页。

能克服，是指依靠技术合同当事人的主观努力或其他力量，都是无法克服的。其次，在技术许可合同或技术转让合同履行中，当出现不可抗力的情况后，许可人或让与人必须履行通知义务以及采取合理措施减少所造成的损失。[①]技术许可合同许可人或技术转让合同的让与人只有具备以上两个条件，才能免除其不能履行合同义务的责任。

技术许可合同或技术转让合同在履行过程中因许可人或让与人违反合同约定发生争议的，举证责任的分配，按照“谁主张，谁举证”的一般举证责任原则。被许可人、受让人应当举证证明自身已按照合同约定履行了义务以及许可人、让与人未按照合同约定履行合同义务或者履行义务不符合合同约定；许可人、让与人为抗辩，应当举证证明已按照合同约定履行了相关义务。

第八百七十三条【被许可人和受让人的违约责任】

被许可人未按照约定支付使用费的，应当补交使用费并按照约定支付违约金；不补交使用费或者支付违约金的，应当停止实施专利或者使用技术秘密，交还技术资料，承担违约责任；实施专利或者使用技术秘密超越约定的范围的，未经许可人同意擅自许可第三人实施该专利或者使用该技术秘密的，应当停止违约行为，承担违约责任；违反约定的保密义务的，应当承担违约责任。

受让人承担违约责任，参照适用前款规定。

历史由来

本条是对《合同法》第352条规定的修改、完善。《民法典合同编（草案）》（征求意见稿）第430条、《民法典合同编（草案）》（一审稿）第657条、《民法典合同编（草案）》（二审稿）第657条均直接沿袭了《合同法》第352条的规定，未作任何改变。《民法典（草案）》第873条将“二审稿”第657条作为第1款，并在此基础上，增加一款规定：“被许可人应当承担违约责任的，参照适用前

① 赵中孚、马骏驹、吴振汉主编：《中华人民共和国合同法实务全书》，西苑出版社1999年版，第1347页。

款规定。”2020年5月提交全国人民代表大会审议时再次作出修改，将第873条规定的两款内容在顺序上进行了调整，第1款规定为技术许可合同被许可人的违约责任，第2款规定为技术转让合同受让人的违约责任。

规范目的或功能

本条规定了技术合同中被许可人与受让人的违约责任。具体而言，《民法典》第872条规定了许可人与让与人的违约责任，本条与之相呼应，通过规定被许可人与受让人的违约责任，以平衡合同双方的利益。当被许可人或受让人出现本条规定的违约情形时，许可人、让与人可以依据本条规定追究其民事责任，也能使仲裁机构、人民法院在处理技术合同纠纷、认定违约责任时有所遵循。

规范内容

本条规定内容，最早出现在《技术合同法》（已失效）第41条：“受让方违反合同的，应当承担下列责任：（一）未按照合同约定支付使用费的，应当补交使用费并按照合同约定支付违约金；不补交使用费或者支付违约金的，必须停止实施专利或者使用非专利技术，交还技术资料，支付违约金或者赔偿损失；（二）实施专利或者使用非专利技术超越合同约定的范围的，未经转让方同意擅自许可第三方实施该项专利或者使用该项非专利技术的，应当停止违反合同的行为，支付违约金或者赔偿损失；（三）违反合同约定的保密义务的，应当支付违约金或者赔偿损失。”

关于受让人的违约责任，《合同法》第352条在《技术合同法》（已失效）第41条的基础上规定为：“受让人未按照约定支付使用费的，应当补交使用费并按照约定支付违约金；不补交使用费或者支付违约金的，应当停止实施专利或者使用技术秘密，交还技术资料，承担违约责任；实施专利或者使用技术秘密超越约定的范围的，未经让与人同意擅自许可第三人实施该专利或者使用该技术秘密的，应当停止违约行为，承担违约责任；违反约定的保密义务的，应当承担违约责任。”

本条规定，结构上分为2款。第1款内容上根据被许可人违约行为的不同，概括分为四种情形：未按照约定支付使用费；不补交使用费或者支付违约金；实施专利或者使用技术秘密超越约定的范围，未经许可人同意擅自许可第三人实施该专利或者使用该技术秘密；违反约定的保密义务。对应不同的违约行为，规定了不同的法律效果：补交使用费并按照约定支付违约金；停止实施专利或者使用技术秘密，交还技术资料，承担违约责任；停止违约行为，承担违约责任；承担违约责任。条文的表述，兼具构成要件与法律效果双重要素，可作为权利人请求权的依据，本条第1款在法条属性上归属于完全法条；第2款规定是不完全法条中的引用性法条。

一、被许可人未按照约定支付使用费

被许可人按照约定支付使用费是其最基本的义务，也是技术许可合同许可人的主要目的所在，因此，被许可人不按照约定支付使用费构成对技术许可合同的根本违约。被许可人未按照约定支付使用费既可能是根本不履行合同义务，即没有支付使用费，也可能是履行合同不符合目的，即少支付或不按照合同约定的时间、地点、方式支付使用费，无论是哪一种，均可能构成本项规定的违约行为。①

被许可人没有按照约定支付使用费，承担的违约责任包括：

1.继续履行。被许可人不支付使用费或者支付使用费不符合合同约定的条件，如果许可人认为继续履行合同可以实现的，则可以要求违约的被许可人继续履行没有完成的合同义务，补交使用费。

2.采取补救措施。根据本条规定，仅在被许可人不补交使用费或者不依约支付违约金时，许可人始有权请求停止实施专利或使用技术秘密②，交还技术秘密，以减少因被许可人违约给许可人造成的经济损失。

3.支付违约金。被许可人不支付使用费或者支付使用费不符合约定的条件，应当依照法律规定或者当事人的约定，向许可人支付一定数额的违约金。约定

---

① 赵中孚、马骏驹、吴振汉主编：《中华人民共和国合同法实务全书》，西苑出版社1999年版，第1352页。

② 梁慧星主编：《中国民法典草案建议稿附理由：合同编》，法律出版社2013年版，第800页。

的违约金，不得超过合同价款、报酬或者使用费的总额，违约金过高或过低时，当事人可以请求人民法院或仲裁机构予以适当减少或增加。[①]根据本条规定，被许可人一旦违约，不论许可人是否要求继续履行合同，均应当支付违约金。

二、实施专利或者使用技术秘密超越约定的范围，未经许可人同意擅自许可第三人实施该专利或者使用该技术秘密

技术许可合同的许可人可以在合同中约定被许可人实施专利或者使用技术秘密的范围，包括实施技术的方式、地域、期限等，被许可人应当按照合同约定的范围实施专利或使用技术秘密。超过合同约定的范围，或者未经许可人同意擅自允许合同以外的第三人实施专利或者使用技术秘密的，均构成违约，需要承担相应的违约责任。

三、违反约定的保密义务

保密条款，在技术合同中至关重要。被许可人承担保密义务是以许可人承担相应的保密义务且该项技术秘密未曾由第三人公开为前提的。一旦许可人或者第三人已将该项技术秘密披露于众，被许可人继续承担保密义务既不可能也没必要。[②]

技术转让合同中受让人的违约责任，参考本条第1款的内容，具体包括：受让人未按照约定支付转让费的，应当补交转让费并按照约定支付违约金；不补交转让费或者支付违约金的，应当停止实施专利或者使用技术秘密，交还技术资料，承担违约责任；违反约定的保密义务的，应当承担违约责任。

举证责任

作为技术转让合同的让与人或技术许可合同的许可人，在受让人或被许可人未按照合同约定履行义务时提起诉讼，其举证责任体现在三个方面：第

---

① 赵中孚、马骏驹、吴振汉主编：《中华人民共和国合同法实务全书》，西苑出版社1999年版，第1353页。

② 江平主编：《中华人民共和国法律全释》民商法编（二），中国民主法制出版社2002年版，第510页。

一，证明双方建立了法律关系的书面技术转让合同或技术许可合同，这是基础证据，据此明确合同双方各自的权利义务，才能通过后续其他证据证明受让人有无违约情形；第二，证明己方已经按照合同约定履行了相关义务；第三，证明对方未按照合同约定履行义务。作为受让人或被许可人，举证责任体现在：第一，已按照合同约定履行了相关义务；第二，对方未按照合同约定履行义务，违约在先；第三，有其他可免除己方合同义务的原因，包括合同主体变更、债权债务关系转移等。

其他问题

在实践中，确定技术许可合同被许可人和技术转让合同受让人的违约责任时，还应当注意以下两点：

第一，要区分违反合同义务的是一方主体还是双方主体。当违反合同义务的主体是被许可人或受让人时，许可人或让与人有权要求其承担违约责任。当合同双方当事人都违反技术合同约定，应由各自承担相应的责任。区分单方违反合同义务还是双方违反合同义务，对于分清是非，明确责任，维护技术合同当事人合法权益具有重要意义。

第二，技术许可合同、技术转让合同是否有效，是被许可人和受让人承担违约责任的前提条件。有效的技术合同才受法律保护，如果合同全部内容或者部分内容无效，则无效的条款对当事人不发生效力，守约方据此要求违约方承担违约责任的，不予支持。

第八百七十四条【受让人或被许可人侵害他人权益的法律后果】

受让人或者被许可人按照约定实施专利、使用技术秘密侵害他人合法权益的，由让与人或者许可人承担责任，但是当事人另有约定的除外。

历史由来

本条是对《合同法》第353条的修改。在《民法典》编纂过程中，《民法典合同编（草案）》（征求意见稿）第431条、《民法典合同编（草案）》（一审稿）第658条均直接承袭了《合同法》第353条的规定。《民法典合同编（草案）》（二审稿）第658条增加了“被许可人”“许可人”这两个责任主体，之后直到《民法典》正式出台，本条未再有变动。

规范目的或功能

本条的规范目的在于解决技术转让合同与技术许可合同的受让人或被许可人按照约定实施专利、使用技术秘密侵害第三人权益时最终责任的归属问题。法律关系主要涉及三方主体：技术合同让与人或许可人，技术合同受让人或被许可人以及被侵权的第三人；行为模式可能表现为：技术合同受让人或被许可人在依约实施专利或使用技术秘密的过程中，比如运用该技术生产商品，侵害了第三人的在先技术权利；法律后果一般表现为：受让人或被许可人先向第三人承担侵权责任，受让人或被许可人再根据本条规定以及技术合同约定，向让与人或许可人主张违约责任。将侵害第三人权益的责任规定在《民法典》合同编中，其目的在于确定此种情况下的最终责任承担主体为让与人或许可人。

本条是与《民法典》合同编第870条“技术转让合同让与人、技术许可合同许可人的瑕疵担保义务”相对应的责任规定。作为技术合同让与人或许可人，有义务保证自己的技术不会对第三人的技术尤其是在先技术构成侵权，如果构成侵权，应承担最终的赔偿责任。因此，“技术转让合同让与人、技术许可合同许可人的瑕疵担保义务”与本条实际构成“义务—责任”的规范体系。同时，本条属于《民法典》合同编下的条款，体现了技术合同“约定优先”的原则，即属于意思自治的范畴，因此对于责任的归属，应赋予当事人自治的权利。

规范内容

《技术合同法》（已失效）第42条规定：“受让方按照合同约定实施专利、使用非专利技术引起侵害他人合法权益的，由转让方承担责任。”这是我国立法首次以法律的形式明确了技术合同受让人侵害第三人权益的法律后果。《合同法》第353条规定："受让人按照约定实施专利、使用技术秘密侵害他人合法权益的，由让与人承担责任，但当事人另有约定的除外。"该条较《技术合同法》第42条，有两点变化：一是明确了在技术合同受让人侵害第三人权益法律后果问题上的"约定优先原则"；二是将行为范围由"实施专利、使用非专利技术"缩小为"实施专利、使用技术秘密"，其原因在于：专利技术、技术秘密是公众可以自由使用的公知技术，前两者分别受《专利法》和《反不正当竞争法》保护，其所有人可以依法转让；而公众可以自由使用的公知技术不能作为技术转让合同的标的。《技术合同法》中的非专利技术，其内涵显然包括公众可以自由使用的公知技术，是不严谨的[①]。2001年《技术进出口管理条例》第24条第3款规定："技术进口合同的受让人按照合同约定使用让与人提供的技术，侵害他人合法权益的，由让与人承担责任。"该条关于技术进口合同侵权责任承担的规定，并未与国内技术转让合同保持一致，没有赋予技术进口合同当事人在侵权责任问题上的选择权，直到2019年《国务院关于修改部分行政法规的决定》的出台，才将《技术进出口管理条例》第24条第3款删除，形成了在技术合同让与人或许可人侵权责任这一问题上，国内技术转让合同与技术进口合同的统一。

技术转让合同及技术许可合同的实质是科学技术知识、信息和生产实践经验在不同法律关系主体之间的传递和扩展，这种传递和扩展同时也是技术权益的转移。让与人或许可人转让或许可的是某一项技术成果，不是利用公知的技术知识为对方提供咨询服务。因此，让与人或许可人有义务保证受让人或被许可人按照合同约定实施专利、使用技术秘密时不会侵害他人的合法权益。如果受让人或被许可人按照合同约定实施专利、使用技术秘密侵害他人合法权益的，该侵害第三人权益的责任由让与人或许可人承担，但是合同当事人另有约定的除外。

一、构成要件和法律效果

按照法条可否作为请求权的独立依据为标准，本条属于完全法条。本条

① 杨金琪：《技术合同制度及其适用》，载《人民司法》1999年第9期。

兼具“构成要件”和“法律效果”两个要素。构成要件为“受让人或者被许可人按照约定实施专利、使用技术秘密侵害他人合法权益的”。具体而言，一是受让人或被许可人侵害了他人的合法权益，尽管从条文表述上没有对受让人或被许可人的行为进行详细描述，但是其行为必须要满足侵权责任的构成要素，即具备“行为—过错—因果关系—损害结果”这四个要素。二是受让人或被许可人需按照约定实施专利、使用技术秘密，如果受让人或被许可人没有按照合同约定实施专利、使用技术秘密，则无法要求让与人或许可人承担责任，之所以立法确定“无约定时让与人或许可人承担责任”，是因为损害结果的出现是建立在让与人或许可人所转让或许可的技术这一最初原因上的，因此如果受让人或被许可人违反技术合同约定实施技术或使用技术秘密，就可能会出现非让与人或许可人过错的原因，从而导致因果关系的中断，换言之，在让与人或许可人已经履行其基本义务的情况下，不应让其承担义务之外的责任。三是受让人或被许可人是善意的，对于此项是否属于构成要件，学界有不同观点。一种观点认为，只要让与人或许可人转让或许可的技术侵害他人权利的，不区分受让人或被许可人的善意或恶意，一概由让与人或许可人承担侵权责任。[①]另一种观点认为，应当区分受让人或被许可人的善意和恶意，只有受让人或被许可人在受让或被许可使用技术时是善意的，其才不应当承担侵权责任，应由让与人或许可人承担侵害他人技术的侵权责任。[②]有学者支持第二种观点并提出理由，如果受让人或被许可人是非善意的，则其可能与让与人或许可人之间存在恶意串通，因此就不能只由让与人或许可人向第三人承担侵权责任，而应当由让与人或许可人与受让人或被许可人共同向第三人承担侵权责任。[③]

在满足前述构成要件的情况下，法律效果表现为“由让与人或者许可人承担责任，但是当事人另有约定的除外”，可概括为两种情况，一种是在当事人另有约定的情况下，责任的承担由技术合同当事人进行约定；另一种是在

---

① 全国人民代表大会常务委员会法制工作委员会编：《中华人民共和国合同法释义》，法律出版社1999年版，第521页。

② 段瑞春：《技术合同》，法律出版社1999年版，第200页。

③ 王利明：《合同法研究》（第三卷），中国人民大学出版社2012年版，第596页。

当事人对责任分配没有约定的情况下，则由让与人或许可人承担责任。简言之，对于技术合同的受让人或被许可人，有约定的，按约定；没有约定的，可以直接根据本条规定，请求让与人或许可人向其承担其因对第三人承担的侵权责任而遭受到的损失。

二、责任的性质

本条所称“承担责任”指的究竟是违约责任还是侵权责任，仅从字面上分析无法作出定论，对此，学界众说纷纭。有学者认为，此处规定承担责任并没有具体限定在违约责任，这表明也包含侵权责任。所谓由让与人或许可人承担的侵权责任，实际上是指因转让的技术侵害他人权利而引发的由让与人对第三人承担侵权损害赔偿责任。[①]在梁慧星教授主持编撰的《中国民法典草案建议稿》中，本条规定作为合同法规范，系合同当事人之间内部承担责任的规定，不得对抗第三人，第三人有权请求受让人或被许可人承担侵权责任。受让人或被许可人因此所受损害，可以向让与人或许可人求偿。受让人或被许可人违反约定实施专利或使用技术秘密致侵害第三人权益的，由受让人或被许可人自行承担责任。受让人或被许可人明知专利或技术秘密侵害第三人权利的情形，不在本条适用范围之内，依本法侵权责任编之规定，与让与人或许可人构成共同侵权行为。理由是让与人或许可人作为专利权人或技术秘密的权利人，负有担保其专利、技术秘密无权利瑕疵的义务，即担保受让人或被许可人不侵害第三人权利、担保第三人不就专利权或技术秘密主张权利受损的义务。受让人或被许可人依约实施专利或使用技术秘密而侵害第三人权益的，应由让与人或许可人承担责任。[②]

笔者认为，一是本条属于《民法典》合同编项下的条款，不应将侵权责任作为法律效果规定在此编，因此理解为合同责任更为恰当；二是根据司法实践，在技术合同对侵权责任的承担没有另外约定的情况下，技术合同让与人或许可人往往不直接对第三人承担侵权责任，而是由受让人或被许可人承

---

① 王利明：《合同法研究》（第三卷），中国人民大学出版社2012年版，第596页。

② 梁慧星主编：《中国民法典草案建议稿附理由：合同编》，法律出版社2013年版，第801页。

担侵权责任。因为受让人或被许可人是直接的侵权行为实施者，第三人提起诉讼时往往将受让人或被许可人作为被告。有时，受让人或被许可人的侵权责任还表现为停止侵害，这是让与人或许可人无法代为负担的责任。因此，让与人或许可人承担的是针对侵权行为的最终责任，实践中可以表现为由让与人或许可人与受让人或被许可人一同承担侵权责任后，或受让人或被许可人单独承担侵权责任后，受让人或被许可人再向让与人或许可人追偿。综上，不能以本条来抗辩第三人对实施侵权行为的受让人或被许可人的侵权请求权，因为本条实质是对内部责任的划分依据。

三、适用中的其他问题

由于表达上的模糊，本条在实践中容易出现不同的理解。本条旨在保护受让人或被许可人在实施专利过程中的合法权利，为技术合同的转让和许可提供法律保障，确保技术流通，因此引用本条来保护自身权益的往往是受让人或被许可人，但在适用本条的过程中容易遇到困难。第一，受让人或被许可人往往无法以此来抗辩第三人的侵权请求权，因为本条实质是对技术合同双方当事人内部责任的分配。但从本条文义上理解，责任承担人是让与人或许可人，究竟是直接对第三人承担侵权责任，还是承担相应的违约责任，没有相应解释，导致实践容易出现不同做法。第二，侵害第三人权益的责任不仅表现为赔偿损失，还表现为停止侵害、赔礼道歉等，这些都是受让人或被许可人直接承担的，难以通过追偿获得补偿，从这个角度看，即使受让人或被许可人按照约定实施专利、使用技术秘密，也同样会有承担责任的风险。

举证责任

本条在司法适用中，往往作为技术合同受让人或被许可人一方要求技术合同让与人或许可人承担侵害第三人权益的责任之请求权依据。作为原告的技术合同受让人或被许可人，要对三项事实承担举证责任：其一，让与人或许可人与受让人或被许可人之间存在技术转让或技术许可合同关系，这是行使请求权的基础法律关系；其二，受让人按技术转让或技术许可合同的约定实施专利、使用技术秘密；其三，因实施专利而承担的侵权责任造成的损失。

作为让与人、许可人，若想对抗受让人、被许可人的请求权，需要举证证明让与人或许可人与受让人或被许可人之间对侵权责任的最终承担有例外约定，或者证明受让人或被许可人没有按照合同约定实施专利、使用技术秘密，否则应承担相应的不利后果。

第八百七十五条【后续技术成果的归属与分享】

当事人可以按照互利的原则，在合同中约定实施专利、使用技术秘密后续改进的技术成果的分享办法；没有约定或者约定不明确，依据本法第五百一十条的规定仍不能确定的，一方后续改进的技术成果，其他各方无权分享。

历史由来

本条承袭于《合同法》第354条的规定，只是作了一些文字性修改。最早可追溯至《技术合同法》第43条的规定："当事人可以按照互利的原则，在技术转让合同中约定实施专利、使用非专利技术后续改进的技术成果的分享办法。合同没有约定的，任何一方无权分享另一方后续改进的技术成果。"这是我国民事立法首次以法律的形式确立技术转让合同中改进技术的归属和分享原则，即合同约定优先，且合同约定应按照互利的原则，无约定则由改进技术的一方单独享有后续技术成果。《合同法》第354条规定："当事人可以按照互利的原则，在技术转让合同中约定实施专利、使用技术秘密后续改进的技术成果的分享办法。没有约定或者约定不明确，依照本法第六十一条的规定仍不能确定的，一方后续改进的技术成果，其他各方无权分享。"该规定较之于《技术合同法》第43条的规定，有三点变化：一是技术范围由"实施专利、使用非专利技术"缩小为"实施专利、使用技术秘密"；二是增加"约定不明确"作为无约定的情形；三是增加穷尽合同约定不明时的补救作为无约定的情形。2001年通过的《技术进出口管理条例》第27条规定："在技术进口合同有效期内，改进技术的成果属于改进方。"直到2019年《国务院关于修改部分行政法规的决定》出台，将《技术进出口管理条例》第27条删除，才形成了在改进技术归属和分享这一问题上，国内技术转让合同与技术进口合同的统一。

规范目的或功能

本条是对后续技术成果（也称“改进技术”）归属和分享的规定。为了充分发挥技术在各个领域的最大功用，无论是技术的让与人、许可人还是受让人、被许可人，都会有改进技术的可能。法律有必要为此类后续改进的技术成果的权利归属设置任意性规定，以补充当事人意思表示之漏洞，避免纠纷。[①]对于改进技术，不在原技术转让或许可合同标的范围内，其是依托于对原技术的合理使用而出现的新技术，即原技术加上后续改进形成了新技术。与一般技术不同的是，改进技术中包含原技术创造方和后续改进方的智力成果，所以对于这既未在原技术合同中约定，又有多方智力成果的产物，权利归属是设立本条所要解决的问题。本条旨在通过“赋予技术合同当事人自主选择权”确立技术领域的自治原则，同时也通过“保护技术改进方的合法权益”鼓励技术创新。

规范内容

一、条文含义

首先，后续改进，是指在技术转让或技术许可合同有效期内，一方或双方对作为合同标的的专利技术或者技术秘密成果所作的革新和改良。技术转让或技术许可合同的订立和履行，不仅实现了现有技术或技术使用权的转移、推广和应用，而且也是当事人进行改良、革新和进行新的研究开发的基础。合同订立后，当事人一方或者双方在技术转让或技术许可合同标的技术的基础上作出创新和改良是常见的现象。这种创新和改良推动了科学技术的迅速发展。其次，本条在确立合同优先原则时，提到了合同的订立要依照“互利的原则”，但假设约定改进技术的合同没有遵循互利这一原则，也无法直接认定其因违反法律而无效，因此“按照互利的原则”仅是一个概括性、倡导性的规定，在实证中

① 梁慧星主编：《中国民法典草案建议稿附理由：合同编》，法律出版社2013年版，第801页。

仅凭“违反互利的原则”，难以作为抗辩合同效力的单独依据，需要结合更为详细的规定，同时在合同中设定后续技术成果归属条款时，占合同订立主导地位的一方也应综合考虑，避免因垄断技术而造成该条款无效。再次，“分享办法”这一用语是准确的，体现了实证中技术成果归属存在多种可能性，在意思自治的知识产权贸易领域，共享智力成果能为发展带来更多可能性。同时，虽然本条没有直接规定无约定时后续改进方对改进技术成果享有所有权，但通过“一方后续改进的技术成果，其他各方无权分享”反向推定了后续改进方的排他性的权利，从立法技巧上，也可表明本条强调的是“其他各方的无权分享”，即其他各方应尊重后续改进方的独占性的权利。最后，本条属于不完全法条中的引用性法条。在没有约定或约定不明时适用《民法典》合同编第510条的规定：“合同生效后，当事人就质量、价款或者报酬、履行地点等内容没有约定或者约定不明确的，可以协议补充；不能达成补充协议的，按照合同相关条款或者交易习惯确定。”该条是关于合同约定不明的补救的规定，对尊重当事人的合同自由、确定当事人的权利义务具有十分重要的作用。

二、境内及跨境技术转让的统一

《技术进出口管理条例》（2001年）第27条在2019年被删除，在此之前，技术进口合同在有效期内的改进技术只能归属于改进方，即之前本条针对的只有国内的技术转让合同及技术许可合同。但这并不符合知识产权贸易的发展趋势，也不符合国际在改进技术归属问题上的惯例。因此，本条的适用范围已扩大到了国际和国内技术转让合同、技术许可合同。

《技术进出口管理条例》在2019年之前进行这样的制度安排，是基于当时的贸易环境所作出的选择，原因有三：一是防止许可方利用技术优势造成技术转让条件的不平等。二是防止技术许可方对“改进技术”的“独占性回授”，《技术进出口管理条例》（2001年）第27条的行政性指定权属的优势在于通过制度安排明晰产权，有助于降低交易成本，正如科斯定律所言，产权明晰是通过市场交易实现资源配置的一个必要条件。三是与《合同法》保持协调一致，《合同法》第355条规定：“法律、行政法规对技术进出口合同或者专利、专利申请合同另有规定的，依照其规定。”2019年3月适时终止《技术进出口管理条例》（2011年）第27条、第29条的效力，将“改进技术”限制性要求规制统一至《合同法》中，此统一《合同法》规制“改进技术”限制性要求模式，从国内法层面讲，既是实施《与贸易有关的知识产权协定》（TRIPS）相关条款的义务，也是落实《外商投资法》第22条第2款的要求，对于限制我国行政权力干预外国技术投资的技术进口的私法问题具有重要的意义；从国际层面讲，美国对于我国“改进技术”限制性要求规制规则的指责与指控，导致“彼此利益的损失”，对此，双方只能“通过磋商来协调彼此的利益”，从而实现“双赢”。[①]

三、适用中的其他问题

（一）本条与非法垄断技术的关系

改进技术的归属问题被纳入私法领域，在实践中便会出现技术转让合同双方通过合同确定改进技术归属的情形。但由于在技术转让或技术许可合同中，转让人、许可人往往是更能主导条款设定方向的一方，通过合同约定“改进技术归转让方、许可方所有，而不论改进技术的是哪一方”，对这类约定是否违反了“互利原则”，又笔者认为，即使在改进技术的约定上存在非互利的、不公平的情形，也很难去认定这类约定属于“非法垄断技术”的情形，因为技术合同双方之间除了改进技术归属关系外，还存在其他利益关系，不能单纯通过改进技术在字面意义上无偿归属于一方，便认定那一方是实际无偿获得了改进技术，可能其在其他利益关系中做出了让步。同时，设立本条是为了赋予市场经济主体在技术合同领域的更多自治，但自治的滥用也会导致竞争关系被破坏，因此在适用本条时需处理好其与“非法垄断技术”的关系。

（二）合同对改进范围的约定

本条赋予了技术合同当事人对改进技术成果归属的自决权，但如果技术转让合同对改进范围约定不明，就会使得合同对改进技术成果归属的约定变成“一纸空文”。有学者通过分析英美法系国家的案例，将技术改进范围分为三类：与方法发明相关的改进技术、与产品发明相关的改进技术、与专利主体相关的改进技术，在合同约定不明时，不同类型的改进技术成果归属可能

① 胡晓红：《“改进技术”限制性要求规制模式的中国选择——对美国“301报告”相关指责的回应》，载《清华法学》2019年第3期。

会出现不同的结论。针对上述情况，最好的方法就是在合同中具体约定在什么程度（如约定若达到独立申请专利的水平，可以拒绝分享）或范围（仅限于已授权技术使用方式或领域）内的改进受方或供方可以分享，条件是什么（无偿还是有偿），以免将来发生纷争。总之，针对不同的技术转让，对改进的范围可以有不同的内容，双方当事人必须在合同中进行详细、明确的约定，以保证技术转让或技术许可合同目的的实现。如果我国企业能在技术转让或技术许可合同中对改进条款作出详细而合理的规定，将对维护它们的利益并提升其自主技术创新能力起到积极作用。[①]

举证责任

本条在适用上，遵循“谁主张，谁举证”的证明责任分配规则。首先，主张改进技术归其所有的一方，应举证证明存在履行技术转让或技术许可合同过程中形成的改进技术，这是一大裁判难点，对于一项技术是否属于原有技术的革新，需要通过技术领域知识结合法律背景知识予以认定；其次，主张权利的一方还需证明是其改进了技术；最后，如果对改进技术权利归属另有约定，主张权利的一方则需要对有利于自身的协议约定进行举证，这是另一裁判难点，因为当事人在对改进技术归属问题进行约定时，有时会出现约定模糊的情形，裁判者同样需要结合双方在订约时的意思表示，以及技术领域、法律领域的复合知识加以判断。

第八百七十六条【其他知识产权的转让和许可】

集成电路布图设计专有权、植物新品种权、计算机软件著作权等其他知识产权的转让和许可，参照适用本节的有关规定。

历史由来

本条属于新增内容。《合同法》并没有类似规定，对于其他知识产权转让

---

① 马忠法：《论技术转让合同中的技术改进条款》，载《电子知识产权》2009年第11期。

和许可的规定，主要由司法解释予以规定。《技术合同解释》第1条第1款规定："技术成果，是指利用科学技术知识、信息和经验作出的涉及产品、工艺、材料及其改进等的技术方案，包括专利、专利申请、技术秘密、计算机软件、集成电路布图设计、植物新品种等。"这是首次将"专利、专利申请、技术秘密、计算机软件、集成电路布图设计、植物新品种等"一同列入技术成果的范围内。该司法解释第46条规定："集成电路布图设计、植物新品种许可使用和转让等合同争议，相关行政法规另有规定的，适用其规定；没有规定的，适用合同法总则的规定，并可以参照合同法第十八章和本解释的有关规定处理。计算机软件开发、许可使用和转让等合同争议，著作权法以及其他法律、行政法规另有规定的，依照其规定；没有规定的，适用合同法总则的规定，并可以参照合同法第十八章和本解释的有关规定处理。"该规定明确了对集成电路布图设计专有权、植物新品种权、计算机软件著作权的转让和许可等合同的法律适用。

在《民法典》编纂过程中，《民法典合同编（草案）》（征求意见稿）、《民法典合同编（草案）》（一审稿）均没有对其他知识产权的转让和许可进行规定。《民法典合同编（草案）》（二审稿）第659条之一规定："集成电路布图设计专有权、植物新品种权、计算机软件著作权等其他知识产权的转让和许可，参照适用本节的有关规定。"最后通过的《民法典》对此条未再有变动。

三 规范目的或功能

本条是对其他知识产权的转让和许可的规定。本节所指向的技术合同，原本规范的是专利、专利申请、技术秘密等相关权利，但随着技术贸易领域的不断发展壮大，集成电路布图设计专有权、植物新品种权、计算机软件著作权等知识产权也被纳入技术领域。但关于集成电路布图设计专有权、植物新品种权、计算机软件著作权的法律规范中，对于权利的转让和许可规定并不详尽，因此，设立本条的目的在于解决除专利和技术秘密外的其他技术在转让和许可过程中的法律适用问题。

在设立本条之前，集成电路布图设计专有权、植物新品种权、计算机软件著作权可以参照适用《合同法》中“技术转让合同”相关规定的规范性文件及司法解释，本次通过制定法律的形式予以明确，同时将范围由集成电路布图设计专有权、植物新品种权、计算机软件著作权这三项权利扩大到“等知识产权”，有利于解决将来新出现的技术类知识产权的转让和许可的法律适用问题。

规范内容

一、条文含义

按照法条可否作为请求权的独立依据为标准，本条属于不完全法条中的引用性法条。

本条可参照适用的知识产权，并非仅指“集成电路布图设计专有权、植物新品种权、计算机软件著作权”这三项权利，还包括“其他知识产权”，因此对于“其他知识产权”要进行范围界定。其并非指除这三种知识产权以及专利、技术秘密外的其他所有知识产权，而是指与集成电路布图设计专有权、植物新品种权、计算机软件著作权具有同质性的知识产权。根据《技术合同解释》第1条对“技术成果”的定义，与集成电路布图设计专有权具有同质性的知识产权，应限定为“利用科学技术知识、信息和经验作出的涉及产品、工艺、材料及其改进等的技术方案”，之所以在本条中列举这三类技术成果，是因为这些技术在实践中的运用较广泛，但技术成果远不止这三类，在技术贸易的发展趋势下也将出现更多未知的技术成果。

对于“参照适用”，根据全国人大常委会法制工作委员会制定的《立法技术规范（试行）（一）》，“参照”一般用于没有直接纳入法律调整范围，但是又属于该范围逻辑内涵自然延伸的事项。

本条参照适用的是“技术转让合同和技术许可合同”这一节的内容，因此，在专门规定集成电路布图设计专有权等知识产权的法律法规中没有涉及，在实践中都可以参照适用这一节的规定。例如，根据《民法典》第864条的规定，集成电路布图设计专有权等知识产权的转让和许可合同也不能出现限制技术竞争和技术发展的内容。

二、特别法与一般法的适用

集成电路布图设计专有权、植物新品种权、计算机软件著作权的转让和许可，在专门规定这三项技术的法律法规中有特殊规定。其一，在我国，由《集成电路布图设计保护条例》《集成电路布图设计保护条例实施细则》来赋予和保护民事主体的集成电路布图设计专有权[①]。其中对集成电路布图设计专有权转让和许可的规定，体现在《集成电路布图设计保护条例》第四章"布图设计专有权的行使"中，规定了集成电路布图设计专有权转让的登记生效，许可的书面形式以及非自愿许可等制度。其二，对于植物新品种权的转让和许可，《植物新品种保护条例（2014修订）》第9条至第11条明确了转让应经书面形式并予以登记以及强制许可制度。其三，对于计算机软件著作权的转让和许可，在《计算机软件保护条例（2013修订）》第三章"软件著作权的许可使用和转让"有专门规定，明确转让和许可应经书面形式，可选择是否登记。以上规定属于集成电路布图设计专有权、植物新品种权、计算机软件著作权的转让和许可中的特殊规定，而《民法典》中的"技术转让合同和技术许可合同"一节属于一般规定，对于同一个问题，若《民法典》和上述特殊规定不一致，以效力层级高的《民法典》为准，但对于同一个问题，若《民法典》没有规定，则以特殊规定为准。

第八百七十七条【技术进出口合同或者专利、专利申请合同的法律适用】

法律、行政法规对技术进出口合同或者专利、专利申请合同另有规定的，依照其规定。

历史由来

本条完全承袭了《合同法》第355条的规定，在《民法典》编纂过程中，

① 祝建军：《对集成电路布图设计专有权司法保护有关问题的思考》，载《知识产权》2016年第9期。

各个阶段的民法典草案文本都没有对《合同法》第355条作出任何修改。

规范目的或功能

随着我国对外科学技术交流的发展，我国的自然人、法人和非法人组织不仅从国外引进技术，而且也向国外输出技术。其所借助的法律形式是订立技术进出口合同。而订立技术进出口合同，虽然是市场主体的自主行为，但对涉及产业发展或者国计民生的重大技术进出口合同，还要经有关主管部门审批。由于技术进出口和专利的情况比较复杂，不宜在《民法典》中对其进行详尽规定，因此设立本条，一是将技术进出口合同纳入《民法典》的调整范围，二是明确对于具有特殊性的技术进出口合同或者专利、专利申请合同，由特别法进行规定。本条作为"技术转让合同和技术许可合同"一节的最后一条，旨在表明，对于技术进出口合同及专利、专利申请合同，本节的规定属于一般性的规定，法律、行政法规对此有更详尽规定的，属于特别规定，比如《技术进出口管理条例（2019修订）》《专利法》等。根据特别法优先于一般法的法律适用原则，应优先适用特别法的规定。

规范内容

本条所称"技术进出口合同或者专利、专利申请合同"属于技术转让合同、技术许可合同。按照《技术进出口管理条例》的定义，本条的"技术进出口"是指跨境技术转移，包括专利权转让、专利申请权转让、专利实施许可、技术秘密转让、技术服务和其他方式的技术转移；"专利"主要涉及"专利权转让或许可"，"专利申请合同"主要涉及"专利申请权转让合同"。

本条属于不完全法条中的引用性法条。本条所指的"另有规定"，是指法律、行政法规对《民法典》合同编中没有涉及的关于技术进出口合同或者专利、专利申请合同的内容进行补充规定。《民法典》合同编从民商事立法的角度规定了技术进出口合同，体现了意思自治的原则。同时，《专利法》《技术进出口管理条例》中都明确了技术进出口行为登记生效的规定，这是从行政管理的角度进行规制，与《民法典》合同编对"技术转让合同和技术许可合同”一节的立法宗旨并不违背。技术进出口实质上是技术转让及许可，当事人在订立技术进出口合同时，对涉及技术转让及许可的问题，可以依据《民法典》合同编中的技术转让或技术许可合同的有关规定办理，对涉及技术进出口的管理问题，依据其他法律或者行政法规的规定。因此，本条规定，法律、行政法规对技术进出口合同另有规定的，依照其规定。例如专利权转让、专利申请权转让涉及专利问题，当事人订立专利权转让合同或者专利申请权转让合同，不仅要遵守本节的有关规定，还要遵守《专利法》等其他法律、法规的规定。《专利法》第10条规定：“专利申请权和专利权可以转让。中国单位或者个人向外国人、外国企业或者外国其他组织转让专利申请权或者专利权的，应当依照有关法律、行政法规的规定办理手续。转让专利申请权或者专利权的，当事人应当订立书面合同，并向国务院专利行政部门登记，由国务院专利行政部门予以公告。专利申请权或者专利权的转让自登记之日起生效。”该条强调的是对于跨境转让专利权、专利申请权，需要书面合同并经登记。除此之外，《对外贸易法》《专利法实施细则》《技术进出口管理条例》也有关于“技术进出口合同或者专利、专利申请合同”特别规定。

第四节　技术咨询合同和技术服务合同

第八百七十八条【技术咨询合同和技术服务合同的含义】

技术咨询合同是当事人一方以技术知识为对方就特定技术项目提供可行性论证、技术预测、专题技术调查、分析评价报告等所订立的合同。

技术服务合同是当事人一方以技术知识为对方解决特定技术问题所订立的合同，不包括承揽合同和建设工程合同。

历史由来

本条承袭自《合同法》第356条，第1款是对《合同法》第356条第1

款规定的改造，第2款只是对《合同法》第356条第2款略作修改。《合同法》第356条第1款未就技术咨询合同的定义作出规定，只是概括列举技术咨询合同的主要内容，即可行性论证、技术预测、专题技术调查、分析评价报告等。

在《民法典》编纂过程中，有关本节的立法论研讨主要集中于技术合同的体系化方面。有学者认为，技术服务乃是技术咨询的上位概念，将二者并列有悖逻辑，技术合同一章的第四节应更名为"技术服务合同"。[①]也有学者建议将技术咨询合同和技术服务合同分别纳入承揽和委托两类典型合同中，以特殊规定形式予以再构造。[②]

二 规范目的或功能

本条乃定义性法条，以明确技术咨询合同和技术服务合同的概念为规范目的，是后续规范体系建构的逻辑起点。明确技术服务合同与技术咨询合同的概念和范畴，实践中对于确认合同属性、判断合同双方是否适当履行合同义务或存在违约行为具有重要作用。

在技术服务合同中，受托人向委托人传授专业技术知识，判断受托人是否全面、适当履行合同义务或存在违约行为时，只需考察受托人是否解决委托人指定的特定技术问题，其他因素在所不问。在技术咨询合同中，受托人提供的可行性论证和分析评价报告必然受制于特定技术项目所在地的客观因素。因而判断受托人是否全面、适当履行合同义务或存在违约行为时，不仅要考察该论证或报告的个体效应，还应结合该技术项目所在地的客观发展情况。[③]

---

① 参见王利明：《关于〈民法典分编（草案）·合同编〉的意见》，载中国民商法律网 https://www.civillaw.com.cn/zt/t/?id=34837，最后访问时间2020年6月4日。

② 参见朱广新：《民法典之典型合同类型扩增的体系性思考》，载《交大法学》2017年第1期。

③ 参考最高人民法院（2011）民申字第396号民事判决书。

规范内容

一、技术咨询合同

（一）概念的界定

技术咨询合同并非单一合同的概念，而是一类合同的总称，是指当事人一方以技术知识为对方就特定技术项目提供可行性论证、技术预测、专题技术调查、分析评价报告等所订立的合同。所谓“特定技术项目”包括有关科学技术与经济、社会协调发展的软科学研究项目，促进科技进步和管理现代化、提高经济效益和社会效益等运用科学知识和技术手段进行调查、分析、论证、评价、预测的专业性技术项目。[①]

所谓“科学技术与经济、社会协调发展的软科学研究项目”包括科技发展战略的研究、科技发展规划的研究、技术政策和技术选择的研究等。“软科学”一词不是规范概念，一般与“硬科学”相对，是指综合运用自然科学、社会科学、数学和哲学的理论与方法，研究现代各种复杂的社会现象和问题，探讨经济、科学、技术、管理、教育等社会环节之间的内在联系及其发展规律，从而为它们的发展提供最优化的方案和决策。[②]它的主要特征是运用现代科学技术的知识和手段，采用定性分析和定量分析相结合、典型研究和趋势研究相结合的研究方法，从动态角度对研究对象进行全面考察、剖析、测算，提供各种可供选择的方案，作为决策的依据，从而使决策变成有科学依据的过程。

“促进科技进步和管理现代化、提高经济效益和社会效益等运用科学知识和技术手段进行的调查、分析、论证、评价、预测的专业性技术项目”包括重大工程项目、研究开发项目、技术改造和成果推广等的可行性分析；技术成果、重大工程和特定技术系统的技术评估；特定技术领域、行业、专业和技术转移的技术预测；对专项技术进行的技术调查；技术产品、服务、工艺分析和技术方案的比

---

① 《技术合同解释》第30条。

② 辞海编辑委员会：《辞海》（1999年缩印本）（音序3），上海辞书出版社1999年版，第1781页。

较与选择以及专用设施、设备、仪器、装置及技术系统的技术性能分析等。[①]

上述合同的共同特征是与特定技术项目有关。若委托人咨询内容不涉及特定技术项目，而是单一就经济、法律等非技术项目展开论证或调查，则不属于技术咨询合同。[②]若技术项目与技术开发、转让相关，可作为技术开发合同或技术转让合同的组成部分，适用本章第二节和第三节的规定。此外，技术咨询合同的履行结果是向委托人提供咨询报告或意见，若就特定技术问题提供解决方案，进行技术服务和指导，应属技术服务合同。

（二）技术咨询合同的特征

从主体适格性出发，技术咨询合同的受托人须具有一定的技术知识和经验，能够就咨询问题提供专业意见或报告的自然人或机构。从合同内容上看，技术咨询合同的标的是科技咨询课题，即科学技术项目的分析、论证、评价、预测和调查，具有综合性。从结果上看，受托人在合同履行过程中类似于“参谋”，履行成果不是具体的技术成果，而是咨询报告或意见，只能作为委托人决策的参考依据，这也是技术咨询合同显著区别于技术服务合同的特征。

二、技术服务合同

（一）概念的界定

技术服务合同是指当事人一方以技术知识为对方解决特定技术问题所订立的合同，不包括建设工程合同和承揽合同。所谓“特定技术问题”包括需要运用专业技术知识、经验和信息解决的有关改进产品结构、改良工艺流程、提高产品质量、降低产品成本、节约资源能耗、保护资源环境、实现安全操作、提高经济效益和社会效益等专业技术问题。[③]

技术服务合同在实践中包括技术辅助服务合同、技术中介合同和技术培训合同。所谓“技术辅助服务合同”是指当事人一方利用科技知识为另一方

---

① 人民法院出版社编：《司法解释理解与适用全集·知识产权卷》，人民法院出版社2018年版，第268页。

② 参见最高人民法院第一巡回法庭（2017）最高法民申1677号民事裁定书。

③ 《技术合同解释》第33条。

解决特定专业技术问题所订立的合同。[①]一般认为，技术培训合同和技术中介合同乃特殊类型的技术服务合同。在《合同法》立法过程中，有意见认为，此二者确有其特殊性，既有技术服务合同之名，兼备居间合同和委托合同之实，不宜简单定性为一般技术合同。故而《合同法》第364条将这两类合同交由其他法律、行政法规规范。因此，本条第2款所称“技术服务合同”限于“技术辅助服务合同”范畴。

（二）技术服务合同的特征

技术服务合同的标的是解决特定技术问题的项目。此类项目往往具备专业性，需要受托人运用专业技术知识解决。技术服务的项目不限于特定行业、领域和学科。在“重庆某能源装备集成有限公司与西安某贸易有限公司技术服务费纠纷上诉案”中，审理法院认为，《技术合同解释》第33条就“特定技术项目”之界定并不限于自然科学领域，应当理解为涵盖经济、贸易、管理等社会科学领域的技术问题，包括知识、经验和信息。[②]技术服务合同的履行方式是完成一定的专业技术工作。技术服务合同中，受托人按照委托人的要求完成工作并交付工作成果，这一特征与承揽合同相类似（《民法典》第770—787条）。司法审判中，若合同未写明性质，但根据合同内容可以判定受托人按照约定完成服务项目，为对方解决技术问题，并传授解决技术问题的知识，一般认定为技术服务合同，而非承揽合同。[③]从服务内容上看，技术服务不同于常规手段的业务活动或者以生产经营为目的的社会服务项目，故而，本条第2款排除了建设工程合同和承揽合同。这意味着常规的加工、定作、修理、修缮、广告、印刷、测绘、标准化测试等承揽合同和建设工程的勘察、设计、安装、施工合同，均不属于技术服务合同。

此外，技术服务合同的工作成果有具体的质量和数量指标，可依据明确的技术指标验收，诸如产品质量、单位产量、测试性能，等等。这也是它不同于技术咨询合同的重要特征。技术服务合同的履行是一个技术知识或信息

---

① 崔建远主编：《合同法》（第五版），法律出版社2010年版，第494页。

② 参见重庆市高级人民法院（2013）渝高法民终字第00088号民事判决书。

③ 参见福建省泉州市中级人民法院（2002）泉经终字第586号民事判决书。

传递、扩散的过程，不涉及专利、技术秘密成果及其他知识产权的权属移转。若受托人以技术转让合同之名提供已经进入公有领域的技术，或者合同履行过程中标的技术进入公有领域，且技术提供方进行技术指导、传授技术知识，为对方解决特定技术问题符合约定条件，应当认定为技术服务合同。①

（三）常见类型与例外

技术服务合同是一类合同的总称，实践中常见的类型包括如下几种：（1）产品设计服务，包括关键零部件、国产化配套件、专用工模量具及工装设计和具有特殊技术要求的非标准设备的设计，以及其他改进产品结构的设计；（2）工艺服务，包括有特殊技术要求的工艺编制、新产品试制中的工艺技术指导以及其他工艺流程的改进设计；（3）测试分析服务，包括有特殊技术要求的技术成果测试分析，新产品、新材料、植物新品种性能的测试分析，以及其他非标准化的测试分析；（4）计算机技术应用服务，包括计算机硬件、软件、嵌入式系统、计算机网络技术的应用服务，计算机辅助设计系统和计算机集成制造系统的推广、应用和技术指导等；（5）新型或者复杂生产线的调试及技术指导；（6）特定技术项目的信息加工、分析和检索；（7）农业的产前、产中、产后技术服务，包括为技术成果推广，以及为提高农业产量、品质、发展新品种、降低消耗、提高经济效益和社会效益的有关技术服务；（8）为特殊产品技术标准的制定；（9）对动植物细胞植入特定基因、进行基因重组；（10）对重大事故进行定性定量技术分析；（11）为重大科技成果进行定性定量技术鉴定或者评价。②

此外，在实践中，下列合同一般也不作为技术服务合同：就复印图纸、翻译资料、摄影摄像等所订立的合同；计量检定单位就强制性计量检定所订立的合同；理化测试分析单位就仪器设备的购售、租赁及用户服务所订立的合同。③

---

① 《技术合同解释》第34条。

② 人民法院出版社编：《司法解释理解与适用全集·知识产权卷》，人民法院出版社2018年版，第271页。

③ 人民法院出版社编：《司法解释理解与适用全集·知识产权卷》，人民法院出版社2018年版，第272页。

三、相似概念的比较

（一）技术咨询合同与技术服务合同

这两类合同在技术合同立法中一直如影随形。1987年《技术合同法》将技术咨询合同和技术服务合同作为第五章单独规定。《合同法》和《民法典》技术合同部分都延续了这一立法模式，将这两类合同单独作为一节加以规定。究其缘由，此二者相似之处甚多。王利明教授也持相似观点，建议将《民法典》“技术咨询合同和技术服务合同”更名为“技术服务合同”。[①]

此二者都是受托人为委托人提供技术服务，委托人支付相应报酬的双务合同。但从服务的内容和侧重点出发，二者略存差异。技术服务合同的标的是特定技术服务，不包括承揽合同和建设工程合同，范畴上更为具体。技术咨询合同的标的相对广泛，本条第1款概括列举了四类典型标的，其中就特定技术项目提供可行性论证、技术预测、专题技术调查可能与承揽合同存在竞合关系，分析评价报告也可以作为建设工程合同标的。此外，技术咨询合同中的受托人只为委托人进行决策提供参谋性意见和方案，不参与实施特定技术项目，不承担相应决策风险。技术服务合同中的受托人不仅向委托人传授技术知识，还要实际解决特定技术问题，其提供的是现成的合同履行结果，该工作成果具有唯一性，委托人没有选择空间。

（二）技术服务合同与技术转让合同

根据《民法典》第863条及《技术合同解释》第22条，技术转让合同转移的是专利、专利申请权和技术秘密，进入公有领域的技术一般不能作为技术转让合同的标的。实践中，判断某项技术是否进入公有领域应当综合考量，在技术信息的各组成部分分别为公知技术的情况下，并不能当然得出公知技术的组合也属于公知技术的结论。[②]我国从立法到司法实践，都把以公有领域的技术为标的订立的技术转让合同作为无效合同来处理。但是，技术转让合

---

① 王利明：《关于〈民法典分编（草案）合同编〉的意见》，载中国民商法律网https://www.civillaw.com.cn/zt/t/?id=34837，最后访问时间2020年6月4日。

② 参考最高人民法院（2007）民三提字第2号民事判决书。

同履行中，受让方往往缺乏相关技术，依赖于让与方提供的技术指导，而让与方也确实通过自身智力型劳动为受让方创造了一定的经济效益。从公平原则出发，司法解释创设了特定条件下技术转让合同与技术服务合同的转化。[①]也就是说，让与人虽然就已进入公有领域的技术与受让人订立了技术转让合同，但由于让与人对受让人进行技术指导，传授技术知识，帮助其解决特定技术问题，其实质是提供技术服务，应当认定为技术服务合同。[②]

（三）技术服务合同与技术开发合同

此二者差异较为明显。根据《民法典》第851条第1款的规定，技术开发合同是当事人之间就新技术、新产品、新工艺、新品种或者新材料及其系统的研究开发所订立的合同。因此，技术开发合同的标的是研究开发未知技术，这是此类合同与其他技术合同的根本区别。此外，由于科学技术研究的未知性，技术开发合同可能存在着研究失败的风险，故不强求研究开发人必须提供约定的技术成果。相反地，技术服务合同的标的是受托人在其擅长的专业技术领域内提供技术服务，只要受托人勤勉工作，必然能够按时完成技术服务。

第八百七十九条【技术咨询合同委托人的义务】

技术咨询合同的委托人应当按照约定阐明咨询的问题，提供技术背景材料及有关技术资料，接受受托人的工作成果，支付报酬。

历史由来

本条承袭自《合同法》第357条。在《民法典》编纂过程中，《民法典合

① 《技术合同解释》第34条规定："当事人一方以技术转让的名义提供已进入公有领域的技术，或者在技术转让合同履行过程中合同标的技术进入公有领域，但是技术提供方进行技术指导、传授技术知识，为对方解决特定技术问题符合约定条件的，按照技术服务合同处理，约定的技术转让费可以视为提供技术服务的报酬和费用，但是法律、行政法规另有规定的除外。依照前款规定，技术转让费视为提供技术服务的报酬和费用明显不合理的，人民法院可以根据当事人的请求合理确定。"

② 参考福建省高级人民法院（2011）闽民终字第391号民事判决书。

同编（草案）》（征求意见稿）至《民法典（草案）》都完全沿用《合同法》第357条的规定，但最终表决通过的《民法典》将“有关技术资料、数据”修改为“有关技术资料”。“资料”与“数据”在范畴上确有重复，删除“数据”二字，在语言表达上更为规范。陈甦教授主持编撰的《中国社会科学院民法典分则草案建议稿》第278条第2款（委托人的义务）增加了“委托人应当在接受受托人的工作成果时支付报酬”的规定。[①]据此，委托人支付报酬与受托人提交咨询报告或意见可适用同时履行抗辩规则，但上述立法建议未被采纳。

规范目的或功能

本条乃说明性法条，以规范技术咨询合同委托人的法定义务为目的。技术咨询合同的违约责任乃无过错责任，责任构成只考察委托人是否违反合同约定，至于其主观过错，在所不问。故而，本条可作为判断委托人是否全面、适当履行合同义务并承担违约责任的基础性规范。

规范内容

一、概念的界定

（一）技术咨询合同的委托人

“委托人”是指委托他人为自己办理事务之人。本条所称“委托人”系与受托人签订合同，委托其就特定技术项目提供可行性论证、技术预测、专题技术调查、分析评价报告之人。当前立法尚未就委托人的资格作明确要求，总结司法实践经验可知，技术咨询合同的委托人可以是具有完全民事行为能

---

① 陈甦主编：《中国社会科学院民法典分则草案建议稿》，法律出版社2019年版，第237页；梁慧星主编：《中国民法典草案建议稿附理由：合同编》（下），法律出版社2013年版，第805页。

力的自然人、法人及非法人组织。[①]

（二）报酬及确定规则

《民法典》第846条使用了“技术合同价款”“报酬”和“使用费”三个概念，用以表述技术合同标的价金，也是技术合同一方当事人获取、使用技术所应支付的代价。所谓“报酬”一般是指向提供劳务或者工作成果的当事人支付的货币，技术合同领域的“报酬”一般用于描述技术咨询合同和技术服务合同中委托人向受托人支付的金钱数额，实践中称为“技术咨询费”。[②]

由于技术在形成过程中所耗费的人类劳动、使用的资金、运用的科技知识、信息、经验、技能和研究方法不同，并且可能产生的经济效益和社会效益相差巨大，因而没有统一的市场价格，也不能由国家根据经济理论和价格政策确定。因此，技术咨询合同的报酬一般由委托人和受托人自行约定具体数额及付款方式。若双方没有约定或者约定不明确，可根据《民法典》第510条自行达成补充协议，若仍不能确定，应结合相关技术咨询或服务的技术含量、质量和数量以及已经产生和预期产生的经济效益等合理确定。总结现有实务经验，司法审判在确认技术咨询合同或技术服务合同报酬时，一般考量合同标的的技术含量、工作难度、工作质量及数量，以及已经产生或者预期将要产生的经济效益。此外，上述考量因素的权重应有所侧重，一般认为技术含量因素乃首要考察因素。

根据《民法典》第846条，报酬的支付方式一般由当事人自行约定。实践中一般有一次总算、一次总付；一次总算、分期支付；提成支付及提成支付附加预付入门费四种形式。“一次总算、一次总付”是指委托人于技术咨询合同成立后，一次性向受托人支付约定的报酬，常见于金额小、技术不复杂的情况。“一次总算、分期支付”是指委托人将报酬在合同中一次算清，于合

① 参见山东省德州市德城区人民法院（2018）鲁1402民初1265号民事裁定书；广东省清远市中级人民法院（2012）清中法审监民再字第1号民事判决书；新疆生产建设兵团巴里巴盖垦区人民法院（2018）兵1002民初311号民事裁定书；广东省佛山市中级人民法院（2018）粤06民辖终472号民事裁定书。

② 人民法院出版社编：《司法解释理解与适用全集·知识产权卷》，人民法院出版社2018年版，第228—229页。

同成立后，分期分批地向受托人支付报酬，实际支付的报酬与受托人完成的工作量挂钩。“提成支付”是指委托人在接受技术成果后，从该成果所获收益中按照约定比例支付给受托人。此处的比例可能是固定数额，也可能是逐年递增或者逐年递减。这种方式主要适用于履行期限短、技术成熟、市场前景稳定的技术合同。“提成支付附加预付入门费”是指委托人于合同成立后或者取得技术成果后，向受托人支付部分报酬，剩余部分按照合同约定比例提成，按照约定的时间支付。这是目前技术合同中应用最为普遍的一种计价方法。[①]

二、委托人义务之体系构造

（一）委托人应及时支付报酬

此乃技术咨询合同中，委托人之主给付义务。所谓“主给付义务”，德文为Hauptleistungspflicht，指债之关系（尤其是契约）上固有、必备，并用以决定债之关系类型的基本义务。[②]技术咨询合同之实质为为受托人提供技术咨询，委托人支付相应报酬。因此，委托人支付报酬乃技术咨询合同中委托人最基本、最重要的义务。技术咨询合同作为双务、有偿合同，委托人和受托人所应承担之主给付义务构成对待给付。实践中，委托人未按期支付报酬，应补交报酬并承担违约责任。陈甦教授主持编撰的《中国社会科学院民法典分则草案建议稿》合同编第278条第2款增加了“委托人应当在接受受托人的工作成果时支付报酬”的规定。应该说，此项规定从立法层面明确了技术咨询合同双方应当同时履行对待给付，可适用《民法典》第525条的“同时履行抗辩”规则，确实有利于避免产生纠纷。但是，从实务经验出发，此项规定恐难适用于趸交之外的其他报酬支付方式。

（二）提出并阐明咨询问题

委托人首先要向受托人说明具体的咨询项目及要求，委托人履行这一义务是受托人进行分析论证的出发点。委托人的咨询问题是受托人研究、分析

---

① 吴高盛主编：《〈中华人民共和国合同法〉释义及适用指南》，中国民主法制出版社2014年版，第551页。

② 王泽鉴：《债法原理》（第二版），北京大学出版社2013年版，第80页。

的对象，所以委托人应向受托人阐明所进行的技术项目和决策面临的问题，使受托人工作有明确的目标和方向。在以专题技术项目为标的的咨询中，如区域性综合开发、重大工程的可行性论证、重大技术引进和设备进口的技术评价等，则要全面介绍技术项目，提出具体的咨询课题和要求。

此项义务当属附随义务，是对合同关系另一方的权利、法益和利益予以考虑或保护的义务。[①]通说认为，附随义务起源于德国判例学说Nebenpflicht，教义学上称为Schutzpflicht或weitere Verhaltenspflicht，系以诚信原则为依据。根据《民法典》第509条的规定，立法明确例示的附随义务包括通知、协助和保密。所谓“通知义务”，又称告知义务，是指将对合同向对方之利益有重大影响的事项予以告诉的义务。[②]例如，《民法典》第776条规定，承揽人发现定作人提供的图纸或者技术要求不合理的，应当及时通知定作人，此乃通知义务之典型。所谓“协助义务”是指合同当事人一方为另一方履行合同提供适当配合、帮助的义务。[③]《民法典》第741条规定的“承租人行使索赔权利的，出租人应当协助”，即为协助义务之体现。

本项义务虽名为“说明”，究其实质应属协助义务范畴。因为委托人应当说明的内容乃是与委托项目相关的信息，初衷是配合受托人开展工作，而非维护其重大利益。与此相似的是《欧洲示范民法典草案》第IV.C–2：103条（协助义务），其中（1）（a）规定：“如果信息被合理地认为对于服务提供方根据合同履行义务是必要的，当服务提供方合理地请求时，顾客应该提供信息。”[④]

（三）提供技术背景材料及有关技术资料

按照合同约定向受托人提供技术背景材料及有关技术资料。委托人应当为受托人进行调查论证提供必要的工作条件，及时提供、补充有关资料。项目的有关技术背景材料、技术资料等是受托人研究、分析资料问题的重要依

① 朱广新：《合同法总论研究》（下册），中国人民大学出版社2018年版，第392页。

② 朱广新：《合同法总论研究》（下册），中国人民大学出版社2018年版，第393页。

③ 朱广新：《合同法总则研究》（下册），中国人民大学出版社2018年版，第394—395页。

④ ［德］克里斯蒂安·冯·巴尔、［英］埃里克·克莱夫主编：《欧洲私法的原则、定义与示范规则：欧洲示范民法典草案》（全译本）（第四卷），于庆生等译，法律出版社2014年版，第364页。

据。因此，委托人不仅在订立合同时应阐明问题和提供背景材料，于合同履行过程中，委托人仍然有义务根据受托人的要求及时提供、补充说明有关情况，追加有关资料，并与受托人密切配合。在“某五金工业有限公司诉某建设项目管理咨询有限公司技术咨询合同纠纷案”中，委托人接受工作成果后，既未组织核对，亦未按照受托人的工作需要明确有关事项，故而认定其未能履行附随义务。[①]同样地，《欧洲示范民法典草案》也将类似场景归类为协助义务。它指出，若服务提供方遇到了困难，阻碍了顾客设想结果的达成，并且没有顾客的进一步信息和指示，服务提供方不能自行解决该问题，那么可以要求顾客提供相关信息。[②]

（四）按时接受工作成果

技术咨询合同为双务合同，接受成果既是委托人的合同权利，也是其义务。所谓“工作成果”是指受托人完成的咨询报告和意见。受托人交付工作成果后，委托人在确认其形式、内容和份数以及全部附件后，应及时组织评价、鉴定，确认受托人的工作成果是否符合合同约定的条件，予以验收。

标的物受领义务的性质究竟为何，学界争论多年，目前仍无定论。史尚宽先生认为，受取义务乃从义务，然得依契约明示或默示而成为主义务。[③]王泽鉴先生认为，学说虽然暂无定论，但实践中已有认定给付义务先例。[④]在《民法典》编纂期间，崔建远教授建议立法就此作出明确规定。他认为，《民法典》有名合同部分所涉及的标的物受领义务大多数为不真正义务，但仍有真正义务存在，尚不宜径直按照整体类推规则加以规范。因此，他建议立法结合个案，具体分析，再作定论。不可否认的是，立法上明确技术咨询合同委托人接受标的物之义务形态，确实有助于厘清责任的承担形式，能够为司法裁判提供更加明确的依据。奈何此项修改对立法技术要求颇高，最终未被采纳。

---

① 参见江苏省高级人民法院（2016）苏民申761号民事裁定书。

② ［德］克里斯蒂安·冯·巴尔、［英］埃里克·克莱夫主编：《欧洲私法的原则、定义与示范规则：欧洲示范民法典草案》（全译本）（第四卷），于庆生等译，法律出版社2014年版，第365页。

③ 史尚宽：《债法各论》，中国政法大学出版社1999年版，第58页。

④ 王泽鉴：《债法原理》（第二版），北京大学出版社2013年版，第83页。

举证责任

原则上，委托人对其提出诉讼请求所依据的事实或者反驳对方诉讼请求所依据的事实负举证责任。根据《民事诉讼证据规定》(2001年)第5条，对合同是否履行发生争议的，由负有履行义务的当事人承担举证责任。因此，技术咨询合同的委托人应就其是否按照约定阐明咨询问题、履行协助义务、接受工作成果负举证责任。2019年新修订的《民事诉讼证据规定》删除了上述条文，但是并没有从实质上改变这一举证规则。根据最高人民法院第一民事审判庭的解读，这一修改是出于对证据规则体系化的考虑。因为上述内容，能够通过适用《民事诉讼法解释》第91条实现，没有重复的必要。[①]

第八百八十条【技术咨询合同受托人的义务】

技术咨询合同的受托人应当按照约定的期限完成咨询报告或者解答问题，提出的咨询报告应当达到约定的要求。

历史由来

本条承袭自《合同法》第358条，仅对标点符号作了修改。

陈甦教授主持编撰的《中国社会科学院民法典分则草案建议稿》第279条(受托人的义务)增加了“事实性信息应当是对真实情况的正确描述”之规定。事实信息、评估信息和推荐的区分是《欧洲示范民法典草案》服务合同项下“信息和咨询服务”部分的显著特色，其针对不同信息类型创设了差异化的违约责任和证明责任体系。陈甦教授主持编撰的《中国社会科学院民法典分则草案建议稿》技术咨询合同借鉴了欧洲最新统一民事立法的经验，应当值得肯定。

---

① 郑学林等:《关于新〈民事证据规定〉理解和适用的若干问题》，载《人民法院报》2020年3月26日。

规范目的或功能

本条乃说明性法条，以规范技术咨询合同受托人的法定义务为目的。技术咨询合同的违约责任乃无过错责任，责任构成只考察受托人是否违反合同约定，至于其主观过错，在所不问。本条乃是判断受托人是否全面、适当履行合同并承担违约责任的基础性规范。

规范内容

一、概念的界定

（一）技术咨询合同的受托人

技术咨询合同的“受托人”是对委托人指定的技术咨询项目和课题提供咨询服务的主体。鉴于技术咨询合同的专业性，受托人需要运用其专利科技知识或信息向委托人提供可行性论证、技术预测、专题技术调查、分析评价报告等技术咨询成果，因而要求受托人本身必须具备相应的技术能力或资质。目前立法未就技术咨询合同主体的资格作出特别要求，司法实践中对因合同主体不具备一定资格或资质而认定技术咨询合同无效采取谨慎态度。若受托人为自然人，只要其具备完全民事行为能力，无论职业、学历、年龄，不能以受托人履行合同的结果来推定其签订技术咨询合同时的履约能力。[①]此外，不具有民事主体资格的科研组织也可以作为受托人签订技术咨询合同，如课题组、工作室等。[②]以课题组为例，其签订的技术咨询合同若经主管单位（法人或非法人组织）授权或认可，则视为该主管单位订立的合同，由主管单位承担责任，作为诉讼主体参与诉讼活动。此处的“授权”包括签发授权书、

---

① 参见福建省泉州市中级人民法院（2002）泉经终字第586号民事判决书。

② 《技术合同解释》第7条第1款规定，不具有民事主体资格的科研组织订立的技术合同，经法人或者其他组织授权或者认可的，视为法人或者其他组织订立的合同，由法人或者其他组织承担责任；未经法人或者其他组织授权或者认可的，由该科研组织成员共同承担责任，但法人或者其他组织因该合同受益的，应当在其受益范围内承担相应责任。

章程或者其他文件中的授权条款以及其他授权方式。"认可"可以是事后追认，也包括以其行为默示的"认可"。课题组签订的技术咨询合同若事先未经授权，事后也未被追认，该合同不会因主体资格瑕疵而宣告无效，此时，课题组全体成员须就该合同共同承担责任。但是，主管单位若因该合同受益（合同管理费、技术使用提成费），应在其受益范围内承担相应责任。[①]若受托人具备法人资格，其所签订的技术咨询合同超越法人经营范围，同样不能作为认定技术咨询合同无效的依据。当前实务经验认为，上述情形中的技术咨询合同违反了行政管理机关为规范法人或者非法人组织的经营行为而作出的一般性管理规定，并不构成《合同法》所规定的认定合同无效的情形。[②]此外，若受托人提交的工作成果涉及认证认可业务，[③]即便其不具备相应资质，只要未直接从事认证认可业务，而是提供相关培训、咨询等技术服务，受托人资质欠缺并不影响技术咨询合同和技术服务合同效力的认定。[④]

（二）咨询报告应当达到约定的要求

所谓"达到约定的要求"，是指在技术咨询合同无特别约定的情况下，受托人提出的咨询报告应当符合合同约定的形式、内容和份数，能够按照约定的验收或评价办法验收、评价。鉴于咨询报告是受托人为委托人决策提出的建议，并不直接使用于生产、制造，因此咨询报告是否达到合同约定的要求，应考察其形式和份数是否符合合同约定及报告内容是否符合约定。此处要强调的是，咨询报告是否符合约定并不以通过验收为标准。从实务经验来看，如果合同双方对于咨询报告是否要通过评审没有进行约定，且委托人也未能举证证明存在国家或行业强制性规定，那么"通过评审"既不是合同必须约

---

① 人民法院出版社编：《司法解释理解与适用全集·知识产权卷》，人民法院出版社2018年版，第214页。

② 参见北京市第二中级人民法院（2004）二中民初字第11784号民事判决书；广东省广州市南沙区人民法院（2019）粤0115民初1329号民事判决书。

③ 根据《认证认可条例》第2条，"认证"是指由认证机构证明产品、服务、管理体系符合相关技术规范、相关技术规范的强制性要求或者标准的合格评定活动。"认可"是指由认可机构对认证机构、检查机构、实验室以及从事评审、审核等认证活动人员的能力和执业资格，予以承认的合格评定活动。

④ 参见江苏省高级人民法院（2010）苏知民终字第0001号民事判决书。

定的内容，也不是技术咨询合同的法定必备条款，故而委托人不能以咨询报告未通过评审为由主张受托人违约。[①]

二、受托人法定义务之体系构造

（一）按照合同约定按期提交咨询报告或者解答委托人的问题

提交咨询报告或解答问题乃受托人之主给付义务，与委托人支付报酬之义务互为对待给付。司法裁判中，技术咨询合同受托人未能举证证明其依约完成审核义务且经委托人验收，法院对其主张咨询费的诉讼请求不予支持。[②]技术咨询合同中，受托人主给付义务的履行方式呈多元化，常见的形式包括：受托人完成咨询课题后提交一次性报告；受托人进行初步调查研究和分析论证后先行提交初步报告，进一步开展工作后，提交中期报告，在听取委托人要求和专家评析意见基础上完成最终报告，交委托人组织验收。

（二）受托人提出的咨询报告应当达到约定的要求

技术咨询合同双方可自行约定咨询报告的验收标准和方式。若技术咨询合同的委托人和受托人对于咨询报告的质量要求没有约定或约定不明确，可根据《民法典》第510条、第511条加以解释。实务中，如果委托人组织验收咨询报告并支付报酬，一般认定受托人提交的工作成果符合约定的要求。[③]

1.“达到约定的要求”：手段义务抑或结果义务

解释论首先应明确“达到约定的要求”的认定标准，受托人是否有义务达到委托人设想的特定结果。域外立法经验为我们提供了两条可能的解释路径：其一称为“手段义务”。受托人须为达成委托人设想的结果而努力，若未能达成该结果，委托人须证明受托人未以应有之注意和技能履行服务。反之，受托人得证明自己以应有的注意和技能履行服务免除责任。其二乃“结果义务”。受托人须客观上达成委托人设想或说明的特定结果。委托人仅须证明其设想之结果事实上未能实现。受托人得证明由于委托人过错导致该结果未能

---

① 参见四川省高级人民法院（2011）川民终字第130号民事判决书。

② 参见浙江省高级人民法院（2005）浙民三终字第49号民事判决书。

③ 参见江苏省高级人民法院（2010）苏知民终字第0001号民事判决书。

达成，或者存在履行障碍才能免除责任。[1]需要强调的是，手段义务和结果义务不是“非此即彼”的关系。结果义务乃是手段义务之上更为严格的模式。大陆法系主要国家民法典无一例外地认可服务提供方负有以合理的注意和技能履行服务的义务。[2]即便以结果义务为导向，受托人仍须以客观情况下应当具备的技能和注意义务提供服务。在合同履行中，受托人须以达成委托人提出或者设想的结果为目标，是否承担结果义务，则需要根据合同约定和客观情况进一步解释合同。从比较法经验来看，《德国民法典》未就受托人所应承担的注意标准作概括规定。法教义学认为，根据《德国民法典》第242条的一般性规定，每个服务提供方对服务的履行都应当符合能够期待的注意标准，此处“标准”取决于行业通常所认可的范式及习惯。《法国民法典》就纯智力服务的承揽合同适用手段义务。《意大利民法典》除第1176条第2款勤勉履行服务的一般性规定外，第2236条特别减轻智力服务提供方于履行难度较大时承担的义务。由上述经验可知，鉴于服务合同的多样性，民法典往往综合运用手段义务和结果义务，根据特定合同之履行标的，结合客观环境加以解释，对于智力服务而言，各国民法典均倾向于适用手段义务。

2.信息服务之类型化

《德国民法典》将信息合同（Auskunftsvertrag）纳入服务合同项下。法教义学将此类合同之标的结构化解析为信息（Auskünfte）、建议（Rat）和推荐（Empfehlung）三个层次。此处所称“信息”（Auskünfte）区别于广义上之“信息”（Information），限于具有特殊专业知识之人在其专业或行业中提供的信息（如信贷机构、律师、医生、银行、公共任命的专家、税务顾问、审计师等）。[3]同样地，《欧洲示范民法典草案》也将“咨询和信息”服务划分为“事实信息”（factual information）、“评估信息”（evaluative information）和“推荐”（recommendation）。“事实信息”涉及重要事实或者服务提供者仅需就观察到的

---

① 有关结果义务和手段义务的介绍，可参见叶名怡：《法国法上的“安全义务”——兼与德、中两国法比较》，载《东方法学》2015年第5期。

② 可参见《奥地利普通民法典》第1297条、第1299条；《法国民法典》第1135条、第1137条；《德国民法典》第242条；《意大利民法典》第1176条。

③ Mansel Jauernig, Bürgerliches Gesetzbuch: BGB 17. Auflage 2018, BGB §675 Entgeltliche Geschäftsbesorgung, Rn.14.

情景进行描述，类似于上文提到的专题技术调查。“评估信息”包含信息提供者的主观判断和对重要事实的评价，可类比技术咨询合同中的分析评价报告。“推荐”即为咨询，是针对特定决定或具体行动的建议，与咨询建议当属同义。[①]《欧洲示范民法典草案》将事实信息的归责原则和证明责任区别于评估信息与推荐，在“信息三分法”的基础上创建了“证明责任二分法”。对于事实信息，信息提供者应当确保准确无误，此乃结果义务，合同相对方证明事实信息存在错误即可推定受托人存在过错（过错推定原则）。信息提供者仅在不可抗力、时效届满、与有过失等致损条件下方能免责。对于评估信息和推荐，信息提供者承担的是手段义务。根据《欧洲示范民法典草案》第IV.C–2：105条，信息提供者须证明自己具备相应专业技能并采取所有合理的努力以达成既定目标即可免责。[②]

3.现有立法体系下的解释论

我国当前立法未就技术咨询合同受托人瑕疵履行责任的性质作明确规定。从解释论出发，根据《民法典》第509条，受托人以合理之技能和注意义务履行合同乃诚信原则于技术咨询合同履行领域的必然要求。在“某顾问股份有限公司诉某印刷有限公司技术咨询合同纠纷案”中，受托人不顾国家土地管理法律法规规定，以改变国有土地用途为前提向委托人提交咨询意见，审理法院认定其不符合合同约定的要求。判决指出，受托人应当尽可能详尽地收集与咨询项目有关的经济技术信息、资源信息等，利用自己的知识和经验，综合分析项目的技术内容，预测技术经济前景，以供委托人进行决策。[③]可见，当前司法审判已经承认了受托人在履行技术咨询合同过程中，应当承担合理的专业和注意义务。

技术咨询合同的标的包括可行性论证、技术预测、专题技术调查、分析评价报告等，受托人所应承担的究竟是手段义务抑或结果义务，应作进一步解释。从内容上看，受托人提出的咨询报告乃多类型信息的综合体。以分析评价

① 参见［德］克里斯蒂安·冯·巴尔、［英］埃里克·克莱夫主编：《欧洲私法的原则、定义与示范规则：欧洲示范民法典草案》（全译本）（第四卷），于庆生等译，法律出版社2014年版，第581—624页。

② 参见［德］克里斯蒂安·冯·巴尔、［英］埃里克·克莱夫主编：《欧洲私法的原则、定义与示范规则：欧洲示范民法典草案》（全译本）（第四卷），于庆生等译，法律出版社2014年版，第381—387页。

③ 参见最高人民法院（2011）民申字第396号民事判决书。

报告为例，根据《欧洲示范民法典草案》，分析评价报告当属评价信息。但是，一份完整的分析评价报告必然是在对特定事项进行调查、总结的基础上，运用技术知识和经验开展分析，最终形成评价结论。而咨询报告也不可避免地涉及特定事项的描述性和记录性内容。因此，无论技术咨询合同的标的为何种形式，都是在事实信息基础上形成的分析评价或建议。虽然《民法典》未区分事实信息、评价信息和建议，但是对事实信息的如实记载同样可以依诚信原则解释。

举证责任

原则上，受托人应对其提出诉讼请求所依据的事实或者反驳对方诉讼请求所依据的事实负举证责任。技术咨询合同的受托人就其是否按照约定提出咨询报告或解答问题承担举证责任。委托人主张受托人提出的咨询报告不符合合同约定，应就不符合约定的事实承担举证责任，委托人须证明报告涉及的事实信息不真实或存在错误或评价信息和建议未以合理的技能和注意义务作出。受托人应就委托人未在合理期间内组织验收咨询报告并提出质量异议的事实承担举证责任。

第八百八十一条【技术咨询合同当事人的违约责任及决策风险责任】

技术咨询合同的委托人未按照约定提供必要的资料，影响工作进度和质量，不接受或者逾期接受工作成果的，支付的报酬不得追回，未支付的报酬应当支付。

技术咨询合同的受托人未按期提出咨询报告或者提出的咨询报告不符合约定的，应当承担减收或者免收报酬等违约责任。

技术咨询合同的委托人按照受托人符合约定要求的咨询报告和意见作出决策所造成的损失，由委托人承担，但是当事人另有约定的除外。

历史由来

本条承袭自《合同法》第359条，略有修改。在《民法典》编纂过程中，

《民法典》合同编各个阶段的草案文本都完全接受了《合同法》第359条的规定。但最终表决通过的《民法典》却将《合同法》第359条第1款规定中的“必要的资料和数据”修改为“必要的资料”。“数据”和“资料”于范畴上确有重复，删除“数据”二字使得表达更为规范。

规范目的或功能

本条是关于技术咨询合同当事人违约责任和决策风险承担的规定，体系上包括委托人的违约责任、受托人的违约责任和决策风险负担规则。陈甦教授主持编撰的《中国社会科学院民法典分则草案建议稿》将上述3项内容分列为3个独立条文[①]：将委托人和受托人之违约责任分别写入第1787条（委托人的义务）和第1788条（受托人的义务）第2款，决策风险单独规定于第1889条。[②]上述两种形式于《民法典》合同编体系而言都更具科学性。

本条共3款，均为完全法条。第1款的构成要件为“技术咨询合同的委托人未按照约定提供必要的资料，影响工作进度和质量，不接受或者逾期接受工作成果”，法律效果为“支付的报酬不得追回，未支付的报酬应当支付”。第2款的构成要件是“技术咨询合同的受托人未按期提出咨询报告或者提出的咨询报告不符合约定”，相应的法律效果为“承担减收或者免收报酬等违约责任”。第3款虽然文字表达未采用“……的，应当承担……”的形式，但不影响其完全法条之属性。其构成要件为“技术咨询合同的委托人按照受托人符合约定要求的咨询报告和意见作出决策所造成的损失”，所生法律效果为“委托人承担（损失）”。

规范内容

违约责任是合同当事人不履行合同义务或者履行合同义务不符合约定时

① 陈甦主编：《中国社会科学院民法典分则草案建议稿》，法律出版社2019年版，第238页。

② 王利明主编：《中国民法典学者建议稿及立法理由：债法总则编·合同编》，法律出版社2005年版，第714页。

依法产生的法律责任。[①]作为第二次给付义务，违约责任是合同债务的转化形式或替代品，与合同债务具有统一性，因而表现为财产责任。依不同标准，违约责任可分为多种类型，按违约行为是否完全违背缔约目的，可分为根本违约和非根本违约；按合同是否履行与履行状况，可分为合同的不履行和不适当履行；按迟延履行的主体，可分为债务人履行迟延和债权人受领迟延；按履约期限是否到来，可分为预期违约和实际违约。根据《民法典》合同编第八章“违约责任”，违约责任包括继续履行、赔偿损失、支付违约金、退货、减少价款或者报酬等方式。合同解除规定于《民法典》合同编第七章“合同的权利义务终止”，依体系解释，合同解除不属于《民法典》认可的违约责任承担方式，故而本条不包含合同解除相关问题。

一、归责原则

通说认为，《合同法》第107条确认无过错责任为违约责任的一般归责原则，仅就特定有名合同适用过错责任。[②]《民法典》第577条承袭了上述条文，可认为《民法典》延续了《合同法》违约责任的一般归责原则。从文义解释出发，作为完全法条，本条包括3款条文，其构成要件均未出现“过错”或相似概念，可认定技术咨询合同的违约责任适用无过错责任。因此，技术咨询合同违约责任的构成只需从客观方面考察债务人是否构成对合同义务的违反，至于其主观过错在所不问。债务人仅得证明存在法定免责事由方可免除责任。

二、违约责任的构成

（一）债务人不履行合同义务

1.拒绝履行

拒绝履行是指债务人能履行而违法地对债权人表示不履行合同。[③]合同履

---

① 韩世远：《合同法总论》（第四版），法律出版社2018年版，第741页。

② 参见崔建远主编：《合同法》（第五版），法律出版社2010年版，第284页；朱广新：《合同法总论研究》（下册），中国人民大学出版社2018年版，第644页；韩世远：《合同法总论》（第四版），法律出版社2018年版，第745页。

③ 韩世远：《合同法总论》（第四版），法律出版社2018年版，第558页。

行过程中，委托人或受托人以明示或默示表明不履行合同义务的行为都可构成拒绝履行。在“范某与某商贸有限公司技术咨询合同纠纷案”中，受托人无正当理由明确表示不履行合同义务，此乃拒绝履行之典型。[①]

2.不完全履行

不完全履行是指债务人虽然履行了债务，但其履行不符合债务的本旨，《民法典》称为“履行合同义务不符合约定”。技术咨询合同常见的不完全履行包括受托人提出的咨询报告不符合合同约定以及委托人部分支付报酬。此外，委托人不履行附随义务，也是实践中常见的不完全履行情形。[②]

3.迟延履行

迟延履行是指债务人迟延或者逾期履行合同义务。迟延履行之适用须以有效债务存在且能够履行为条件。司法经验表明，技术咨询合同中，迟延履行的认定不以债权人催告为必要，只需依据法院查明事实即可认定。[③]

（二）不存在免责事由

1.不可抗力

不可抗力是指不能预见、不能避免且不能克服的客观情况。[④]根据《民法典》第590条，不可抗力属法定民事责任免责事由。[⑤]当前实务经验一般从“客观情况”“不能预见”“不能避免”和“不能克服”四方面进行解释。[⑥]

2.情势变更

所谓“情势变更”是指合同有效成立后，因当事人不可预见的事情的发生，导致合同的基础动摇或丧失，若继续维持合同原有效力有悖于诚信原则，应允许变更合同内容或者解除合同。[⑦]当前立法上已经承认情势变更，但审判

---

① 参见浙江省高级人民法院（2009）浙知终字第125号民事判决书。

② 参见浙江省高级人民法院（2010）浙知终字第159号民事判决书。

③ 参见北京市第二中级人民法院（2011）二中民终字第15086号民事判决书。

④ 韩世远：《合同法总论》（第四版），法律出版社2018年版，第478页。

⑤ 参见辽宁省大连经济技术开发区人民法院（1997）开经初字第134号民事判决书；福建省厦门市集美区人民法院（1999）集民初字第522号民事调解书。

⑥ 参见辽宁省高级人民法院（2013）辽审二民抗字第14号民事判决书；最高人民法院（2001）民二监字第95号民事裁定书。

⑦ 韩世远：《合同法总论》（第四版），法律出版社2018年版，第488页。

实践对于此项原则之运用十分谨慎，应当由高级人民法院审核，必要时须报请最高人民法院审核。[①]实务经验显示，不可抗力和情势变更的区别在于二者履行障碍的程度有所差异。不可抗力已经构成履行不能，而情势变更未达到履行不能的程度，仍然属于可能履行，只是履行极其困难或导致显失公平。[②]

3. 约定事由

技术咨询合同双方当事人可以在合同中约定免责条款，对责任加以限制或者排除。[③]不可抗力乃法定免责事由，不可因当事人的例外约定而免除。[④]

三、违约责任的承担方式

（一）强制履行

强制履行学说上又称强制实际履行或依约履行，指在违约方不履行合同或者履行合同不符合约定时，由法院强制违约方继续履行合同债务的违约责任方式。[⑤]依《民法典》第577条，强制履行包括“继续履行”和“采取补救措施”。依文义解释，“继续履行”和“采取补救措施”系并列关系，“采取补救措施”并不是“继续履行”的下位概念。依体系解释，“继续履行”的适用范围更为广泛，包括拒绝履行（《民法典》第578条）、不完全履行（《民法典》第577条）和迟延履行，而“采取补救措施”仅得适用于不完全履行（《民法典》第577条）。所谓“采取补救措施”乃概括用语，包括多种救济手段。结合《民法典》第582条，“退货”“减少价款或者报酬”虽然可以作为补救措施，但范畴上非继续履行所能概括。“修理”“更换”“重作”均以现实给付为目的，与继续履行当属同一范畴。

从实务经验来看，继续履行乃技术咨询合同委托人承担违约责任的主要形态。根据《民法典》第579条的规定，当事人一方未支付价款、报酬、租金、

① 参见《最高人民法院关于正确适用〈中华人民共和国合同法〉若干问题的解释（二）服务党和国家的工作大局的通知》。

② 参见昆明市中级人民法院（2012）昆环保民终字第1号民事判决书。

③ 参见北京市朝阳区人民法院（2010）朝民初字第10293号民事判决书。

④ 参见广东省高级人民法院（2005）粤高法民一终字第196号民事判决书。

⑤ 崔建远：《合同责任研究》，吉林大学出版社1992年版，第169页。

利息，或者不履行其他金钱债务的，对方可以请求其支付。委托人按时支付报酬，属金钱债务，乃技术咨询合同之主给付义务。若委托人拒绝履行、不完全履行或迟延履行，受托人可请求其补交报酬，并承担违约责任。首先，鉴于金钱债务不发生履行不能，技术咨询合同委托人不得主张履行不能而解除合同。其次，现有判决显示，违约方承担修理、更换或重作责任，常见于协助义务之违反。例如，委托人提供明显错误的资料或数据，受托人可以要求其补充或修改。最后，强制履行以守约方请求继续履行合同为前提，若债权人不请求违约方继续履行，而是选择解除合同，则不可能成立强制履行责任。申言之，强制履行责任只能依守约方请求，法院不能依职权决定合同是否强制履行。

（二）赔偿损失

赔偿损失亦称损害赔偿，是指合同一方不履行合同义务或者履行合同义务不符合约定时，赔偿债权人所受损失的责任。①赔偿损失乃技术咨询合同最常见的违约责任承担方式，以守约方遭受损失为适用前提。此处的损失应仅限于财产损失。例如，委托人未按合同约定提供背景材料、技术资料，影响工作的进度和质量，导致受托人履行合同费用增加。②从实务经验来看，技术咨询合同损害赔偿的范围包括守约方的直接损失和可得利益损失。③

（三）减　价

减价责任是指当事人一方履行合同义务不符合约定，根据受损害方的选择，在接受不完全履行的基础上，依“按质论价”的评定而使价款或者报酬相应减少的违约责任。④依《民法典》第582条，减价即“减少价款或者报酬”。技术咨询合同中，减价责任常见于受托人违约情形。受托人按时提交咨询报告或者解答问题乃技术咨询合同的主给付义务，与委托人支付报酬互为对待给付。因此，当受托人不提交咨询报告，或提供的咨询报告和意见不符合合

① 韩世远：《合同法总论》（第四版），法律出版社2018年版，第775页。

② 全国人民代表大会常务委员会法制工作委员会编：《中华人民共和国合同法释义》（第3版），法律出版社2013年版，第572页。

③ 参见江苏省高级人民法院（2007）苏民三终字第0023号民事判决书。

④ 韩世远：《合同法总论》（第四版），法律出版社2018年版，第845页。

同约定时，委托人得请求其承担减价责任。[①]

（四）违约金

违约金是由当事人约定或者法律规定的，在一方当事人不履行或不完全履行合同时向另一方当事人支付的一笔金钱或者其他给付。[②]依《民法典》第580条，技术咨询合同的委托人和受托人可以在合同中写明违约金条款。合同双方可以自行约定具体的数额，也可以约定违约金的计算方法。技术咨询合同的违约金可以是惩罚性违约金或赔偿性违约金，鉴于技术咨询合同适用无过错责任，因此违约方承担违约金责任也不以主观过错为条件。解释论上，技术咨询合同所生违约责任并不当然排除同时适用违约金和赔偿损失两种责任方式。若违约金请求权与损害赔偿请求权产生于不同损害事实，可二者兼得，并行不悖。

四、决策风险承担规则

所谓“决策风险”是指技术咨询合同的委托人实施咨询报告或意见而遭受的损失。根据本条，技术咨询合同的委托人和受托人可以自行约定决策风险的分配，若双方没有约定或者约定不明确，一般由委托人承担。比较法上，《德国民法典》第675条第2款也规定“服务提供者就遵守建议或推荐所生之损害不负赔偿义务”。

技术咨询合同受托人提出的咨询报告或意见只能为委托人决策提供参考，此乃技术咨询合同的主要特征。受托人的主给付义务乃是按时提交符合约定条件的咨询报告或意见。而咨询报告和意见不同于设计图纸或工艺方案，一般不能直接投入使用。委托人是否采纳以及如何采纳咨询报告或意见，乃是其自行决策范畴。实务经验认为，咨询报告经验收合格后，受托人即完全履行其合同义务。依《民法典》第557条的规定，技术咨询合同因履行完成而宣告终止。因此，受托人对委托人因履行咨询报告所生损害不应承担责任。[③]况

---

① 全国人民代表大会常务委员会法制工作委员会编：《中华人民共和国合同法释义》（第3版），法律出版社2013年版，第573页。

② 韩世远：《合同法总论》（第四版），法律出版社2018年版，第822页。

③ 黄富：《顾问方对咨询意见实施后果承担什么责任？——某科技开发公司诉某顾问小组技术咨询合同纠纷案》，载《电子知识产权》1997年第1期。

且，委托人实施咨询报告或意见过程中，尚存诸多外部影响因素，即便咨询报告或意见本身具有科学性和合理性，也不必然产生委托人预期的结果。因此，立法上由委托人自担决策风险，当属合理安排。

举证责任

原则上，主张合同关系成立并生效的一方当事人对合同订立和生效的事实承担举证责任；主张合同关系变更、解除、终止、撤销的一方当事人对引起合同关系变动的事实承担举证责任。技术咨询合同的违约责任乃无过错责任，守约方仅就发生违约行为之事实负举证责任。违约方就发生法定免责事由或约定免责事由之事实承担举证责任。守约方主张损害赔偿的，应就发生损害之事实、违约行为与损害事实的因果关系承担举证责任。

第八百八十二条【技术服务合同委托人的义务】

技术服务合同的委托人应当按照约定提供工作条件，完成配合事项，接受工作成果并支付报酬。

历史由来

本条承袭自《合同法》第360条，略有修改。在《民法典》编纂过程中，《民法典》合同编各个阶段的草案文本都完全吸收了《合同法》第360条的规定。但最终通过的《民法典》则作出了将“完成配合事项；接受工作成果并支付报酬”中间的“；”改为“，”的修改。陈甦教授主持编撰的《中国社会科学院民法典分则草案建议稿》第287条第2款（委托人的义务）增加“委托人应当在接受受托人的工作成果时支付报酬”之规定。[①]据此，技术服务合同委托人和受托人之主给付义务可适用同时履行抗辩。王利明教授主持编撰的《中国民法典学者建议稿》第1787条（委托人的义务）将委托人义务与违约责任合并规定，第2款

① 陈甦主编：《中国社会科学院民法典分则草案建议稿》，法律出版社2019年版，第239页。

增加“委托人不履行前款规定的义务或者履行义务不符合约定，支付的报酬不得追回，未支付的报酬应当支付”的规定。[①]

规范目的或功能

本条乃说明性法条，以规范技术服务合同委托人的义务为目的。技术服务合同的违约责任乃无过错责任，本条可作为判断委托人是否全面、适当履行合同或者构成违约责任的基础性规范。

规范内容

一、概念的界定

（一）技术服务合同的委托人

一般来说，“委托人”是指委托他人为自己办理事务之人。本条所称“委托人”系与受托人签订合同，委托其提供技术服务的主体。当前立法尚未明确委托人的主体资格。从司法实践来看，技术服务合同的委托人可以是具有完全民事行为能力的自然人、政府机关、企业法人及非法人组织。[②]

（二）工作条件

所谓“工作条件”是指受托人完成特定技术服务所必需的条件，既包括物质条件，也包括与技术服务相关的资料、样品、材料、场地等。[③]受托人就特定项目提供技术服务时，时常依赖委托人提供相应的工作条件，以确保技术服务顺利实施。例如，工艺设计、改造服务，委托人不仅要为受托人开展

---

① 王利明主编：《中国民法典学者建议稿及立法理由：债法总则编·合同编》，法律出版社2005年版，第713页。

② 参见云南省红河哈尼族彝族自治州中级人民法院（2019）云25民初372号民事判决书；北京知识产权法院（2019）京73民终3337号民事判决书。

③ 魏耀荣等：《中华人民共和国合同法释论》（分则），中国法制出版社2000年版，第493页。

现有工艺调查提供便利条件，必要时还应为其提供实验条件和实验场地。特别是受托人派遣技术专家常驻委托人处提供技术指导的情形，委托人应为其提供工作条件。

（三）报　酬

本条所称“报酬”，是指委托人向受托人所支付的作为其专业技术工作及其成果的对价。实务中称为“技术服务费”。一般来说，除技术服务合同另有约定，报酬包括受托人的技术性收入及受托人完成专业技术工作、解决技术问题需要的经费。这部分费用按照行业惯例一般由受托人负担，最终涵盖在受托人收取的报酬之中。但是，当事人也可以约定委托人负担或者分担受托人的工作经费，报酬另行分项计算。这时，委托人支付的报酬仅为受托人的技术性收入。

二、委托人义务之体系构造

（一）按期支付报酬

此乃技术服务合同中委托人之主给付义务。技术服务合同乃双务、有偿合同，其实质是受托人提供技术服务，委托人按照合同约定的支付方式、结算方式向受托人支付报酬，二者互为对待给付。委托人支付技术服务费是技术服务合同最基本、最重要的义务。委托人未依约按期支付技术服务费，应当承担违约责任，若属于合同约定的解除情形，受托人有权单方解除合同。[①]当前司法审判对于免除委托人支付报酬义务之适用十分谨慎。于技术服务合同未成立时，就受托人已经开展的部分工作，委托人应支付相应报酬作为补偿。[②]受托人超期交付工作成果，承担违约责任后，委托人仍须支付报酬。[③]若委托人已对技术服务进行验收，即便在质量保证期内出现故障，委托人仍应按照约定按期支付相应报酬。[④]

---

① 参见河北省高级人民法院（2014）冀民三终字第69号民事判决书。

② 参见广西壮族自治区高级人民法院（2015）桂民三终字第88号民事判决书。

③ 参见陕西省高级人民法院（2012）陕民再字第00004号民事判决书。

④ 参见河南省高级人民法院（2014）豫法民一终字第21号民事判决书。

（二）按照约定提供工作条件，完成配合事项

为保障技术服务合同的履行，委托人须向受托人提供必需的工作条件，除物质条件外，还包括技术资料、信息等。所谓“完成配合事项”，是指技术服务合同的委托人交付有关样品、材料、技术资料及其他行为。例如，在设备、产品的鉴定和测试项目中，委托人应提供所要鉴定、测试的物品，做好有关准备工作，以帮助受托人全面了解该技术问题及为受托人开展技术服务工作提供帮助。[①]本项义务乃技术服务合同委托人的协助义务，属于附随义务范畴，是《民法典》第509条于技术服务合同之体现。附随义务原则上不构成对待给付，不可适用《民法典》第525条、第526条规定的履行抗辩规则。[②]实践中，不履行协助义务的常见情形包括，委托人提供的基础设施、重要仪器设备等物质条件不足以开展工作，[③]委托人采购的材料不符合特定技术要求，以及未提供完整的图纸、说明书、操作规程、技术参数等技术资料。[④]

此外，委托人履行本项协助义务不符合约定时，受托人负有通知义务。《技术合同解释》第35条将不履行通知义务作为承担相应不利后果的依据。如果受托人未在合理期限内通知委托人，则视为其对委托人提供的资料等予以认可；如果委托人在接到受托人的补正通知后未在合理期限内答复并予以补正，因此发生的损失则由委托人承担。依文义解释，此处所生损害赔偿乃过错责任。若委托人未提供必备工作条件而违反协助义务，当前立法虽无明文规定，亦可适用上述规则。[⑤]

（三）接受工作成果

技术服务合同乃双务合同，接受工作成果是委托人的合同权利，也是

---

① 王利明：《合同法研究》（第三卷），中国人民大学出版社2017年版，第619页。

② 参见北京市高级人民法院（2016）京民终178号民事判决书。

③ 参见黑龙江省高级人民法院（2012）黑知终字第60号民事判决书。

④ 参见河南省高级人民法院（2014）豫法民一终字第21号民事判决书。

⑤ 人民法院出版社编：《司法解释理解与适用全集·知识产权卷》，人民法院出版社2018年版，第277页。

义务。本项“工作成果”并非物化之成果，通常表现为解决特定技术问题的技术方案，如设计方案、施工图、技术说明书等。技术服务合同通常就技术服务成果约定明确、详尽的技术参数或指标，如设备性能指标、产量指标、排放指标或原料适应性指标等。[①]司法经验显示，委托人对工作成果的认可得以明示或默示方式作出。依交易习惯，受托人交付工作成果后，委托人应及时组织验收或进行技术鉴定。实践中，委托人收到技术成果后，未在约定的异议期提出否定意见，一般认定其认可该技术成果。[②]委托人收到技术成果后，未组织验收或鉴定，也没有提出质量异议，若该成果已经投入使用，委托人不能再以质量问题要求鉴定。[③]此外，委托人不按时接受工作成果，会在一定程度上加重受托人的保管责任，且技术成果也可能因此遭受毁损或灭失等风险。实务经验显示，受托人对委托人提供的样品、材料、技术资料以及履行技术服务合同完成的工作成果的保管义务，至交付工作成果之日为止。[④]若委托人逾期接受工作成果，受托人有权要求支付保管费。[⑤]

举证责任

原则上，委托人对其提出诉讼请求所依据的事实或者反驳对方诉讼请求所依据的事实负举证责任。根据《民事诉讼证据规定》，对合同是否履行发生争议的，由负有履行义务的当事人承担举证责任。因此，受托人主张委托人不履行合同义务，应就其主张事实承担举证责任。[⑥]技术服务合同的委托人应就其按时足额支付报酬、依约履行协助义务、及时接受工作成果之事实负举证责任。

① 参见北京市高级人民法院（2016）京民终177号民事判决书。
② 参见北京市高级人民法院（2012）高民终字第1769号民事判决书。
③ 参见福建省高级人民法院（2012）闽民终字第698号民事判决书。
④ 参见北京市第一中级人民法院（2011）一中民终字第11139号民事判决书。
⑤ 段瑞春：《技术合同》，法律出版社1999年版，第235页。
⑥ 参见广东省高级人民法院（2003）粤高法民三终字第228号民事判决书。

第八百八十三条【技术服务合同受托人的义务】

技术服务合同的受托人应当按照约定完成服务项目，解决技术问题，保证工作质量，并传授解决技术问题的知识。

历史由来

本条完全承袭了《合同法》第361条的规定，在《民法典》合同编草案的各阶段文本中没有发生过任何改动。

规范目的或功能

本条乃说明性法条，以规范技术服务合同受托人的义务为目的。技术服务合同的违约责任乃无过错责任，本条可作为判断受托人是否全面、适当履行合同并承担违约责任的基础性规范。

规范内容

一、受托人资质欠缺与合同效力

技术服务合同的“受托人”是以技术知识为委托人解决特定技术问题的主体。技术服务合同乃是一类合同的总称，包含不同形式的技术服务，涉及自然科学和社会科学等诸多领域。于《民法典》技术合同部分就受托人的组织形式、选任条件作统一规定显然不具有可操作性。总结实践经验，当前立法对受托人的组织形式未作强制性要求，可以是具有完全民事行为能力的自然人、高等院校、科研机构、企业法人或非法人组织。[①]当前实务经验显示，受托人超越经营范围签订技术服务合同，未经委托人同意转包，于合同履行期间被吊销营业执照等违反法律、法规一般性规定的情形，一般不会导致技术服务合同无

① 参见山东省荣成市人民法院（2019）鲁1082民初6795号民事判决书；北京市高级人民法院（2016）京民终178号民事判决书。

效。[①]就受托人欠缺相应资质签订的技术服务合同，从现有判决来看，建设工程勘察设计合同的设计单位欠缺相应设计资质，法院一般认定技术服务合同无效。[②]受托人欠缺地质勘查资质对技术服务合同效力的影响，实践中仍然存在分歧。[③]根据《民法典》第153条，结合《合同法解释（二）》第14条，只有违反法律、行政法规的效力性强制性规定的民事法律行为，才能认定无效。依文义解释，《地质勘查资质管理条例》（已失效）第2条属强制性规定、非效力性规定。因此，受托人欠缺地质勘查资质不应属于《民法典》第153条的适用情形。

二、受托人法定义务之体系构造

（一）按照约定完成服务项目

技术服务合同的受托人应在约定时间内，全面完成专业技术服务工作，解决委托人提出的技术问题。技术服务合同与技术咨询合同不同，委托人和受托人通常会就技术服务的工作成果约定明确、具体的技术参数或质量标准，委托人可以自行组织或委托第三方对工作成果是否达到约定的技术指标进行验收。若技术服务合同没有约定验收标准或者约定不明确，可根据《民法典》第510条、第511条确定。

按照约定完成服务项目乃是受托人之主给付义务，与委托人支付报酬的义务互为对待给付。合同双方可根据《民法典》第525条、第526条，结合约定的履行时间或条件，就对方不履行对待给付行为主张履行抗辩。[④]上文提到，技术咨询合同受托人提交的咨询报告或意见达到约定要求乃是手段义务。委托人主张咨询报告或意见不符合合同约定，应证明受托人未以合理的技能和注意义务履行合同，适用过错归责原则。依文义解释，《民法典》第878条第2款将“解决特定技术问题”作为技术服务合同的基本特征。此外，技术服务

---

① 参见北京市第二中级人民法院（2004）二中民初字第11784号民事判决书；安徽省高级人民法院（2019）皖民终587号民事判决书。

② 参见新疆维吾尔自治区乌鲁木齐市中级人民法院（2017）新01民初645号民事判决书；北京市海淀区人民法院（2007）海民初字第6736号民事判决书。

③ 参见昆明市盘龙区人民法院（2017）云0103民初8042号民事判决书；宜宾市中级人民法院（2019）川15民初8号民事判决书。

④ 参考苏州市中级人民法院（2018）苏05民初910号民事判决书。

合同通常会就工作成果的形式、技术指标等参数约定验收标准。因此，技术服务合同中，所谓“达到约定要求”乃是结果义务，仅以受托人未达成委托人于合同订立时说明或设想的结果作为确定受托人瑕疵履行的依据。

比较法上，大陆法系各国民法对结果责任的适用呈扩大趋势。在德国，服务合同绝对禁止适用结果责任。[①]《德国民法典》第633条要求承揽合同达成的结果必须符合承揽人于合同订立时知悉的特定目的及此类服务的通常目的。[②]在法国，结果责任仅适用于不动产结构和动产供应的承揽合同。与此不同的是，新近民法典开始扩张结果责任的适用范畴。《荷兰民法典》将结果责任作为承揽合同的一般性规则，手段责任只有定作人明确放弃特定结果时才能适用。《希腊民法典》和《葡萄牙民法典》也将结果责任作为承揽合同的一般性规则。[③]《合同法》第262条也确认了承揽人就工作成果的质量负结果责任，承揽合同中当事人约定了质量标准和要求的，承揽人交付的工作成果质量不符合该约定的，即可认定工作成果不符合质量要求。[④]《民法典》第781条承袭了上述规定，延续结果义务模式。本条规定与承揽合同的规定相一致，既符合比较法经验，也保持了《民法典》整体的协调性。

（二）传授解决技术问题的知识

技术服务合同中，受托人既要解决技术问题，还须传授必要的知识、信息和经验，这是技术服务合同区别于承揽合同和其他劳务合同的显著特征。本项义务要求传授的“知识”仅限于解决技术问题有关的技术、信息和经验。

此乃受托人基于法律规定所生之从给付义务，此义务本身不具有独立的意义，仅具有辅助主给付义务的功能，其存在的目的，不在于决定合同关系的类型，而是在于确保债权人的利益能够获得最大限度的满足。[⑤]从实务经验来看，受托人履行此项义务的形式有两种：其一是交付技术文件，如产品设计图纸、

---

① BGH 4 June 1970, BGHZ 54, 106.

② BGH NJW 1988，3707.

③ 参见《葡萄牙民法典》第1208条；《希腊民法典》第688条、第689条。

④ 全国人民代表大会常务委员会法制工作委员会编：《中华人民共和国合同法释义》（第3版），法律出版社2013年版，第426页。

⑤ 王泽鉴：《债法原理》（第一册），中国政法大学出版社2001年版，第37页。

工艺编制方案等。[①]此类情形下，受托人传授的知识和信息不涉及专利和技术秘密的权属转移。委托人如果需要获得专利实施许可或取得受托人技术秘密成果的，应当另行订立技术转让合同。[②]其二是提供其他服务项目，如对样品、样机、材料和其他项目进行测试分析，对复杂生产线的调试、设备、仪器的试制，农业领域的技术承包服务等。[③]此时受托人交付的可能是相应产品或其他标的。

举证责任

本条的举证责任分配原则与本法第880条相同，应由技术服务合同的受托人就其是否按照约定完成工作成果承担举证责任。委托人主张受托人完成的工作成果不符合合同约定，应由委托人就不符合约定的事实承担举证责任。[④]受托人应就委托人未在合理期间内组织验收并提出质量异议的事实承担举证责任。实践中，若技术服务合同验收标准约定不明，导致合同双方均无法举证证明各自的主张，双方均应承担举证不能的不利后果。[⑤]

第八百八十四条【技术服务合同当事人的违约责任】

技术服务合同的委托人不履行合同义务或者履行合同义务不符合约定，影响工作进度和质量，不接受或者逾期接受工作成果的，支付的报酬不得追回，未支付的报酬应当支付。

技术服务合同的受托人未按照约定完成服务工作的，应当承担免收报酬等违约责任。

历史由来

本条承袭自《合同法》第362条。在《民法典》编纂过程中，《民法典合

① 参见江苏省高级人民法院（2008）苏民三终字第0235号民事判决书。
② 参见最高人民法院（2009）民申字第1325号民事裁定书。
③ 参见浙江省高级人民法院（2014）浙知终字第51号民事判决书。
④ 参见黑龙江省高级人民法院（2014）黑知终字第1号民事判决书。
⑤ 参见陕西省高级人民法院（2013）陕民三终字第00076号民事判决书。

同编（草案）》（二审稿）将《合同法》第362条第2款规定中的“受托人未按照合同约定完成服务工作”修改为“受托人未按照约定完成服务工作”。鉴于本条的适用语境乃是技术服务合同，删除“合同”二字对适用范畴并无实质修改，只是避免重复，使表达更为规范。

规范目的或功能

本条属完全法条，是《民法典》第577条在技术服务合同部分的体现。委托人违约责任的构成要件是“不履行合同义务或者履行合同义务不符合约定，影响工作进度和质量”和“不接受或者逾期接受工作成果”。委托人违约责任的法律效果是“支付的报酬不得追回，未支付的报酬应当支付”。受托人违约责任的构成要件是“未按照约定完成服务工作”，相应法律效果为“免收报酬”。

技术服务合同的违约责任乃无过错责任，守约方只需证明存在违反合同债务之事实，对违约方的主观过错在所不问。

规范内容

一、归责原则

《合同法》实施以来，学界普遍将第107条视为检验违约责任归责原则的标准。多数观点认为，《合同法》第107条以无过错责任为一般原则，采严格责任为主、过错责任为辅的二元归责原则体系。[①]通说认为，《合同法》仅就供电人责任、承租人的保管责任、承揽人责任、建设工程合同中的承包人的过错责任、寄存人未履行告知义务责任和保管人责任适用过错责任。[②]依文义解释，本条的构成要件包括委托人“不履行合同义务或者履行合同义务不符合约定，影响工作进度和质量”“不接受或者逾期接受工作成果”，受托人“未按照约定完成服务工作”。上述要件均未出现“过错”或相似含义，可见

① 参见朱广新：《合同法总论研究》（下册），中国人民大学出版社2018年版，第646、647页。

② 韩世远：《合同法总论》（第四版），法律出版社2018年版，第745—747页。

本条的适用前提并不考察行为人的主观过错，应属无过错责任。

二、违约责任的构成

（一）债务人不履行合同义务

1. 拒绝履行

拒绝履行是指债务人能履行而违法地对债权人表示不履行合同。[①]此处的“表示”包括明示或默示。在“上海巨灵某公司与上海联合某公司技术服务合同纠纷案”中，受托人虽未实际表明其不履行合同，但经委托人多次催促，受托人以各种理由回复，始终没有实际履行合同，此乃以行为表示不履行合同债务之典型。[②]此外，根据《民法典》第578条，委托人或受托人在债务到期前明示或者默示地表示拒绝履行，可适用先期违约规则。[③]

2. 不完全履行

不完全履行，即为本条所称“履行合同义务不符合约定”。在技术服务合同履行过程中，任何违反合同约定或者法定义务的行为都可能构成不完全履行。实践中，不完全履行通常表现为委托人未完全履行主给付义务，部分支付受托人报酬的情形。[④]此外，委托人违反附随义务，未按照约定提供有关技术资料、样品和工作条件，影响工作质量和进度，也属于不完全履行的情形。[⑤]就受托人而言，不完全履行一般表现为完成的服务工作不符合约定质量。[⑥]

3. 迟延履行

迟延履行是指债务人迟延或者逾期履行合同义务。迟延履行之适用须以有效债务存在且能够履行为条件。从实务经验来看，技术服务合同中迟延履行的认定不以债权人催告为必要，审理法院一般根据查明事实中合同约定的

① 韩世远：《合同法总论》（第四版），法律出版社2018年版，第558页。
② 参见上海市第一中级人民法院（2008）沪一中民五（知）初字第229号民事判决书。
③ 参见北京知识产权法院（2017）京73民终993号民事判决书。
④ 参见上海市宝山区人民法院（2014）宝民二（商）初字第374号民事判决书。
⑤ 参见黑龙江省高级人民法院（2012）黑知终字第60号民事判决书。
⑥ 参见河南省高级人民法院（2011）豫法民三终字第149号民事判决书。

履行期限和履行顺序加以判断。[①]

（二）无免责事由

1.不可抗力

不可抗力是指不能预见、不能避免且不能克服的客观情况。[②]根据《民法典》第590条，不可抗力属法定民事责任免责事由。[③]当前实务经验一般从“客观情况”“不能预见”“不能避免”和“不能克服”四方面进行解释。[④]已有判决显示，技术服务合同的违约方常以“政策变化”作为不可抗力事由主张免责。从审判经验来看，行政法规是否构成不可抗力，须考察其对合同履行的干预和限制是否具有正当性基础。只有当行政法规蕴含的公序良俗诉求超过当事人之间的意思自由诉求时，行政法规才能认定为不可抗力。[⑤]技术服务合同中，行政机关的具体行政行为或政策变化一般不构成法定的不可抗力事由。[⑥]

2.约定免责事由

技术服务合同双方当事人可以在合同中约定免责条款，对责任加以限制或者排除。在“大连某达实业有限公司与哈尔滨市某投资股份有限公司等技术合同纠纷案”中，技术服务合同明确约定：“任何政府单位或非政府单位或其他主管部门的行动，超出了相关方合理控制范围的，属于不可抗力。”判决认为此种情形虽不属于法律规定的不可抗力的范围，但符合双方合同约定的免责范畴，因而受托人不承担违约责任。[⑦]需要特别强调的是，不可抗力乃法定免责事由，不可因当事人的例外约定而免除。[⑧]

---

① 参见最高人民法院（2016）最高法民申629号民事裁定书。

② 韩世远：《合同法总论》（第四版），法律出版社2018年版，第478页。

③ 参见辽宁省大连经济技术开发区人民法院（1997）开经初字第134号民事判决书；福建省厦门市集美区人民法院（1999）集民初字第522号民事调解书。

④ 参见重庆市第一中级人民法院（2016）渝01民终2621号民事判决书。本案中，法院认定，受托人支付额外履行费用即可解决的困难，不属于因不可抗力造成的商业风险。

⑤ 参见上海市第二中级人民法院（2008）沪二中民五（知）初字第392号民事判决书。

⑥ 参见哈尔滨市中级人民法院（2014）哈民四商重字第2号民事判决书；广州市中级人民法院（2016）粤01民终8954号民事判决书。

⑦ 参见哈尔滨市中级人民法院（2014）哈民四商重字第2号民事判决书。

⑧ 参见广东省高级人民法院（2005）粤高法民一终字第196号民事判决书。

三、违约责任的承担方式

（一）强制履行

根据《民法典》第577条、第582条，技术服务合同的强制履行包括“继续履行”“修理”“更换”和“重作”。从实务经验来看，继续履行乃技术服务合同委托人承担违约责任的主要形态。《民法典》第579条是委托人承担继续履行责任的请求权基础。委托人按时支付报酬，属金钱债务，乃技术服务合同之主给付义务。若委托人拒绝履行、不完全履行或迟延履行，受托人可请求其补交报酬，并承担违约责任。[①]此外，委托方不完全履行附随义务，影响工作质量和进度，应当如数支付报酬，也属于继续履行责任。[②]必须注意的是，鉴于金钱债务不发生履行不能，技术服务合同委托人不得主张履行不能而解除合同。此外，强制履行以守约方请求继续履行合同为前提，若债权人不请求违约方继续履行，而是选择解除合同，则不可能成立强制履行责任。申言之，强制履行责任只能依守约方请求，法院不能依职权决定合同是否强制履行。

（二）赔偿损失

赔偿损失乃技术服务合同最常见的违约责任承担方式，以守约方遭受损失为适用前提。此处的“损失”不限于实际经济利益的损失，还包括可得利益损失和商誉遭受贬损的损失。[③]从判决来看，此种责任承担方式的适用范围较广，拒绝履行、不完全履行和迟延履行于实践中都可适用。[④]

（三）减　价

依《民法典》第582条，减价即“减少价款或者报酬”。在技术服务合同

---

① 参见上海市宝山区人民法院（2014）宝民二（商）初字第374号民事判决书。

② 全国人民代表大会常务委员会法制工作委员会编：《中华人民共和国合同法释义》（第3版），法律出版社2013年版，第575—576页。

③ 有关可得利益损失可参见陕西省高级人民法院（2013）陕民三终字第00071号民事判决书；商誉贬损损失可参见杭州市中级人民法院（2014）浙杭知终字第210号民事判决书。

④ 参见河北省衡水地区中级人民法院（1993）衡中法经初字第21号民事调解书。

中，减价责任常见于受托人违约情形。受托人按时完成工作成果是技术服务合同的主给付义务，与委托人支付报酬互为对待给付。如果受托人完成的工作成果存在质量缺陷，委托人同意利用，则受托人应减收报酬并采取适当的补救措施。[①]在“成都某纵横企业管理咨询有限公司与被告李某技术服务合同纠纷案”中，受托人完成的工作成果不符合质量要求，法院酌情减轻委托人支付报酬的数额，此乃减价责任于司法实务中的应用。[②]

（四）违约金

根据《民法典》第585条，技术服务合同的委托人和受托人可以在合同中写明违约金条款。合同双方可以自行约定具体的数额，也可以约定违约金的计算方法。依文义解释，本法第585条规定的违约金属于赔偿性违约金，相当于履行之替代，违约方支付违约金后，守约方通常不能再请求其履行债务或赔偿损失。此外，技术服务合同双方也可以约定惩罚性违约金，违约方支付违约金后，守约方仍可要求其承担其他形式的违约责任。[③]

根据《民法典》第585条第2款，合同当事人可请求法院根据个案情况酌情调整违约金数额。实践经验显示，法院在确定违约金数额时，通常以实际损失为基础，兼顾合同的履行情况、当事人的过错程度以及预期利益等综合因素，根据公平原则和诚信原则予以调整。[④]此外，违约金的调整还需要考虑其于合同履行所承担的功能。特定情形下，违约金具有赔偿损失、保障履行以及惩罚违约行为等多种功能，此时不宜仅以数额过分高于损失而对违约金予以调整。在“上海某餐饮管理有限公司与北京某管理咨询有限责任公司技术服务合同纠纷案”中，审理法院结合管理咨询类技术服务合同之特性，认定双方基于保密义务约定的违约金具有保障合同履行的意义，即便违约金数额显著高于实际损失，亦应尊重当事人约定。[⑤]

---

① 全国人民代表大会常务委员会法制工作委员会编:《中华人民共和国合同法释义》（第3版），法律出版社2013年版，第575—577页。

② 参见成都市武侯区人民法院（2016）川0107民初4374号民事判决书。

③ 参见浙江省杭州市西湖区人民法院（2014）杭西知民初字第322号民事判决书。

④ 参见浙江省杭州市西湖区人民法院（2014）杭西知民初字第322号民事判决书。

⑤ 参见上海知识产权法院（2017）沪73民终32号民事判决书。

举证责任

在技术服务合同纠纷中，主张合同关系成立并生效的一方当事人对合同订立和生效的事实承担举证责任；主张合同关系变更、解除、终止、撤销的一方当事人对引起合同关系变动的事实承担举证责任。技术服务合同的违约责任乃无过错责任，守约方仅就发生违约行为之事实负举证责任。违约方就发生法定免责事由或约定免责事由之事实承担举证责任。守约方主张损害赔偿的，应就发生损害之事实、违约行为与损害事实的因果关系承担举证责任。

第八百八十五条【创新技术成果归属】

技术咨询合同、技术服务合同履行过程中，受托人利用委托人提供的技术资料和工作条件完成的新的技术成果，属于受托人。委托人利用受托人的工作成果完成的新的技术成果，属于委托人。当事人另有约定的，按照其约定。

历史由来

本条源于《合同法》第363条，仅文字表达略作修改。在《民法典》编纂过程中，自《民法典合同编（草案）》（征求意见稿）至《民法典（草案）》的合同编草案文本都沿用了《合同法》第363条的规定。最后表决通过的《民法典》则将“在技术咨询合同、技术服务合同履行过程中”修改为“技术咨询合同、技术服务合同履行过程中”。

规范目的或功能

本条以确定合同履行过程中产生的新技术成果的归属和分享为规范目的。本条乃完全法条，构成要件为“受托人利用委托人提供的技术资料和工作条件完成的新的技术成果”，相应法律效果是“（新的技术成果）属于受托人”；构成要件为“委托人利用受托人的工作成果完成的新的技术成果”，相应法律效果是“（新的技术成果）属于委托人”。

确定新技术成果的归属，首先尊重当事人意思自治，允许其就成果归属和分享作特别约定。若无约定或约定不明确，则按照“谁完成、谁拥有”的原则确定。

规范内容

一、概念的界定

所谓“新的技术成果”是指技术咨询合同或者技术服务合同的当事人在履行合同义务之外派生完成的或者后续发展的技术成果。[①]技术咨询合同和技术服务合同中，新的技术成果产生于两种途径：其一，受托人基于委托人提供的有关背景资料、技术资料、样品和工作条件作出新的技术成果；其二，委托人在取得受托人工作成果后，进行后续研究开发，利用所掌握的知识取得新的技术成果。

关于“新的技术成果”的认定，应从“新”和“技术成果”两方面入手。新与旧相对，时间上，该技术成果的形成时间应晚于受托人完成工作成果，或晚于委托人提供背景资料、技术资料、样品和工作条件。内容上，该技术成果应以受托人完成的工作成果或委托人提供的资料或样品为前提或基础，但是存在明确的、可供分辨的区别。形式上，该成果应符合现有法律法规有关“技术成果”的规定。当前法律体系下，技术成果本身并不是具体的概念，而是一系列科技形式的总称。《技术合同解释》第1条概括列举了六类技术成果形式，包括专利、专利申请、技术秘密、计算机软件、集成电路布图设计、植物新品种。需要强调的是，该条并未穷尽技术成果的全部形式，如动物新品种和一些进入公有领域的技术内容也属于技术成果范畴。

二、新的技术成果的归属和分享规则

在技术服务合同和技术咨询合同履行中，合同一方可能利用对方提供的

---

① 全国人民代表大会常务委员会法制工作委员会编：《中华人民共和国合同法释义》（第3版），法律出版社2012年版，第578页。

资料、样品、材料和场所或相关的技术成果，进一步研发出新的技术成果。这既包括受托人利用委托人提供的技术资料和工作条件完成的新的技术成果，也包括委托人利用受托人既有的工作成果完成的新的技术成果。在产生了新的技术成果的情形下，由于双方对于新的技术成果的产生都有贡献，因而实践中关于新的技术成果的权利归属易产生争议。

（一）适用范畴

本条的适用前提是双方存在合法有效的技术咨询合同或技术服务合同。如果双方订立的技术咨询合同或技术服务合同被宣告无效或撤销，应适用《技术合同解释》第11条，即在他人技术成果基础上完成后续改进技术成果的权利归属和利益分享，当事人不能重新协议确定的，人民法院可以判决由完成技术成果的一方享有。参考该条文的法律释义，其所称“当事人不能重新协议确定的，人民法院可以判决由完成技术成果的一方享有”，应当理解为在当事人不能重新协议确定的情况下，通常应当将技术成果判归其完成人。[①]应该说，这一权属确定规则实质上与本条的规定相同。由于技术合同被宣告无效或撤销时，其遗留的技术成果多为阶段性成果，新的技术成果的形成仍须依赖技术成果完成人的后续开发、技术支持或者技术服务，故而法律政策倾向于保护技术成果的实际完成人。

（二）权属确定规则

1.约定优先适用

根据本条规定，新的技术成果的归属和分享办法首先由委托人和受托人协商确定。合同双方可以在合同中就新的技术成果的归属作出特别约定。也可以事后就新的技术成果的归属和分享达成补充协议。形式上，新的技术成果可以由一方当事人单独享有，也可以由双方共同享有或者按照一定比例享有。例如，在“重庆某实业有限公司与某科技有限公司技术服务合同纠纷案”中，合同明确约定：“委托人利用受托人提交的技术服务工作成果所完成的新的技术成果和受托人利用委托人提供的技术资料和工作条件所完成的新的

---

① 人民法院出版社编：《司法解释理解与适用全集·知识产权卷》，人民法院出版社2018年版，第222页。

技术成果，均归委托人所有。”[①]本案中，合同双方已经就履行技术服务合同产生的新的技术成果的归属作出明确约定，司法审判应当尊重其意愿，优先适用。

2.“谁完成、谁拥有”

如果合同双方就新的技术成果的权利归属和分享未作特别约定，且无法达成补充协议的，则应当按照“谁完成、谁拥有”的原则确定新的技术成果的权属。这是因为技术咨询合同和技术服务合同不涉及专利和技术秘密成果权属的转让，一般也不约定技术成果的归属和分享。在履行合同过程中传授的知识、技术、经验和信息，除了合同约定要保密的情况外，都属于公共情报，任何一方都可以自由利用，也可以向社会公开提供。[②]

本条确认的新的技术成果的归属和分享规则不同于《民法典》第847条有关“职务技术成果”的规定。根据本法第847条第2款，“职务技术成果”，是指执行法人或者非法人组织的工作任务，或者主要是利用法人或者非法人组织的物质技术条件所完成的技术成果。其使用权、转让权属于法人或者非法人组织，完成职务技术成果的个人可获得奖励或报酬，并就该项技术成果的转让享有优先受让权。上述技术成果的归属规则用于解决实际完成特定技术成果的主体和与其具有劳动关系或劳务关系的法人或非法人组织之间就特定技术成果权属所生争议。[③]而本条所要解决的现实问题是，在技术咨询合同或技术服务合同履行过程中，合同一方在对方提供的工作成果或相关知识、技术、信息的基础上，继续投入人力、物力资源，最终形成的具有实质性或创造性技术进步特征的新技术成果。申言之，本条的适用范畴与职务技术成果不同，法律政策上，职务技术成果的归属更注重法人及非法人组织为技术完成人提供的物质条件和工作条件。而在本条情形下，法律政策更注重技术成果完成人对新技术成果的智力、物质投入。

---

① 参见天津市第一中级人民法院（2017）津01民初124号民事判决书。

② 黄建中：《合同法分则重点疑点难点问题判解研究》，人民法院出版社2006年版，第601页。

③ 参见南京市鼓楼区人民法院（2012）鼓知民初字第184号民事判决书。

第八百八十六条【费用的负担】

技术咨询合同和技术服务合同对受托人正常开展工作所需费用的负担没有约定或者约定不明确的，由受托人负担。

历史由来

本条系新增条文，《合同法》无类似规定。本条的内容源自《技术合同解释》第31条第1款“当事人对技术咨询合同受托人进行调查研究、分析论证、试验测定等所需费用的负担没有约定或者约定不明确的，由受托人承担”的规定和第35条第1款“当事人对技术服务合同受托人提供服务所需费用的负担没有约定或者约定不明确的，由受托人承担”的规定。在《民法典》编纂过程中，《民法典合同编（草案）》（征求意见稿）第442条增补履行费用负担的规定，合并规定两类合同履行费用的负担规则，并以“正常开展工作所需”加以限制。这种增补规定为此后的《民法典》合同编草案所接受。

规范目的或功能

本条是关于技术咨询合同和技术服务合同受托人履行费用的负担规则。本条乃完全法条，其构成要件为“技术咨询合同和技术服务合同对受托人正常开展工作所需费用的负担没有约定或者约定不明确”，相应法律效果为“（费用）由受托人负担”。

本条仅适用于“固有的履行费用”，且以“正常开展工作”为限。实践中，“增加的履行费用”一般认定为守约方的损失，由违约方承担赔偿责任。

规范内容

一、概念的界定

履行费用是指履行债务必要的开支，如包装费、运送费、汇费、登记费、通知费等。[①]本条所称"费用"乃是受托人为履行技术咨询合同和技术服务合同的必要支出。依合同法理论，履行费用包括固有的履行费用和增加的履行费用。《民法典》第511条第6项规定了两类履行费用的负担规则，其中"履行费用的负担不明确的，由履行义务一方负担"，属固有的履行费用的负担规则；"因债权人原因增加的履行费用，由债权人负担"，此乃增加的履行费用的负担规则。依文义解释，本条所称"费用"仅指固有的履行费用。

《民法典》中有关履行费用的规定还包括：租赁物的维修费用由出租人负担（第713条）；建设工程施工合同无效，且建设工程验收不合格，修复后的建设工程经验收合格，修复费用由承包人承担（第793条）；承运人因采取措施避免危险物品发生损失所支出的费用由托运人承担（第828条）；受托人为处理委托事务垫付的必要费用由委托人承担（第921条）；中介活动费用由中介人承担（第963条）。

二、适用范畴

本条于适用时，应注意以下两个方面：

（一）仅适用于固有的履行费用

"增加的履行费用"是与"固有的履行费用"相对应的概念，是指由于特别事由而增加的履行费用，包括因债权人事由而增加的费用和因债务人事由而增加的费用。[②]根据《民法典》第511条第6项第2句和第531条第2款，增加的履行费用应由过错方承担。依文义解释，本条规定的履行费用负担规则与《民法典》第511条第6项第1句"履行费用的负担不明确的，由履行义务一方负担"相同。故而，本条规范乃是技术咨询合同和技术服务合同中固有的履行费用的负担规则。

（二）存在合法有效的技术服务合同或技术咨询合同

在技术咨询合同和技术服务合同基于法定或约定原因解除时，根据《民

① 韩世远：《合同法总论》（第四版），法律出版社2018年版，第359页。

② 韩世远：《合同法总论》（第四版），法律出版社2018年版，第359页。

法典》第566条之规定，合同解除后，尚未履行的，终止履行；已经履行的，根据履行情况和合同性质，当事人可以请求恢复原状或者采取其他补救措施，并有权请求赔偿损失。现有审判经验显示，技术咨询合同或技术服务合同解除后，审判机关通常依据合同性质、履行情况、合同双方违约行为等因素，认定履行合同的必要费用，并判决由委托人承担。[①]显然，此类情形下履行费用的负担规则与本条规定不同，其初衷是将合同双方恢复到订约前的状态。[②]

三、固定履行费用的负担规则

根据本条规定，合同双方可就履行费用的负担规则作出约定，没有约定或约定不明确的，合同双方可以另行达成补充协议。若无法达成补充协议，则由受托人自行负担履行费用。例如，在“黄某与某合成革有限公司技术服务合同纠纷案”中，审判机关认定，差旅费乃是受托人履行合同的必要支出，鉴于双方签订的《技术服务合同》未作特别约定，因此差旅费应由受托人自行承担。[③]

按照《合同法》的“对价理论”，受托人完成工作成果和委托人支付报酬互为对价，履行费用与报酬当属不同范畴，不能包含在“成果—报酬”这组对价之中。从委托人利益出发，其已承担支付报酬义务，不宜再设定费用负担义务。从受托人利益出发，承担履约费用乃是合理的商业风险，按照“风险自负”原则，本条规定由受托人负担履行成本当属合理。

四、增加的履行费用的负担规则

从实务经验来看，如果合同双方依约履行完成技术咨询合同或技术服务合同，往往不会就合同履行费用问题产生纠纷。实践中，受托人一般在合同约定报酬之初，即考虑到合同履行过程发生的调查研究、分析论证、实验测定等必要支出，并将其计算在报酬之内。但是，当合同一方违反合同约定，

---

① 参见南京市鼓楼区人民法院（2013）鼓知民初字第164号民事判决书。

② 全国人民代表大会常务委员会法制工作委员会编：《中华人民共和国合同法释义》（第3版），法律出版社2013年版，第183页。

③ 参见宿州市中级人民法院（2015）宿中民二终字第00494号民事判决书。

导致对方履行费用增加时，履行费用应由违约方承担。

（一）可归责于委托人的事由而致履行费用增加

技术咨询合同和技术服务合同中，因委托人原因导致技术服务合同或技术咨询合同的履行费用增加，增加的部分应由委托人承担。此类典型情形常见于委托人违反附随义务的情形。如，委托人迟延接受工作成果或者逾期不接受工作成果，导致受托人支付额外保管费用；委托人未按照约定提供必要的资料、样品，或者提供的资料有严重缺陷，以致影响工作进度和质量，导致受托人支付额外履行费用；委托人逾期不提供或者不补充相关技术资料和工作条件，致使受托人履行费用增加等。实践经验显示，受托人因委托人违反合同义务而额外支付的履行费用一般作为守约方损失，由违约方承担赔偿责任。

（二）可归责于受托人的事由而致履行费用增加

因受托人原因导致合同履行费用增加，增加的部分应由受托人承担。此类情形常见于受托人部分履行或者延迟履行合同义务。例如，受托人完成的工作成果不符合约定的质量要求，导致委托人额外负担履行费用。[①]此外，受托人的工作成果、服务质量有缺陷，委托人同意利用的，受托人为采取适当补救措施而支出的履行费用也应由其承担。[②]

三 举证责任

原则上，当事人应对其提出诉讼请求所依据的事实或者反驳对方诉讼请求所依据的事实负举证责任。受托人主张委托人承担履行费用的，应证明双方就履行费用承担另有约定之事实。此外，受托人还应就委托人未履行合同义务之事实及该事实与履行费用增加的因果关系承担举证责任。

---

① 参见绍兴市中级人民法院（2014）浙绍知终字第19号民事判决书。

② 《技术合同法实施条例》（已失效）第99条。

第八百八十七条【技术中介合同和技术培训合同的法律适用】

法律、行政法规对技术中介合同、技术培训合同另有规定的，依照其规定。

历史由来

本条完全承袭了《合同法》第364条的规定，在《民法典》编纂过程中没有引起任何争议。本条最早可追溯于《技术合同法实施条例》第100条、第107条的规定，这两条明确规定了两类合同的概念、必备条款及法定义务。[①]《合同法》制定期间，有观点建议增加上述两类合同的规定。立法者考虑到技术培训合同、技术中介合同与技术服务合同内容上的相似性、实践中纠纷的复杂性，最终选择将此二者的特殊规则留待日后进一步考察。[②]

规范目的或功能

本条以规范技术中介合同和技术培训合同的法律适用为目的，实践中这两类合同属于特殊类型的技术服务合同。本条乃引用性法条，可供适用的法律、行政法规除《民法典》外，主要为《技术合同解释》。此外，科学技术部颁布的《技术合同认定规则》也就技术中介合同和技术培训合同作出具体规定，可供参照。

---

① 《技术合同法实施条例》（已失效）第100条规定，技术培训合同是指当事人一方委托另一方对指定的专业技术人员进行特定项目的技术指导和专业训练所订立的合同，不包括职业培训、文化学习和按照行业、单位的计划进行的职工业余教育。第107条规定，技术中介合同是指当事人一方以知识、技术、经验和信息为另一方与第三方订立技术合同进行联系、介绍、组织工业化开发并对履行合同提供服务所订立的合同。

② 全国人民代表大会常务委员会法制工作委员会编：《中华人民共和国合同法释义》（第3版），法律出版社2013年版，第579页。

规范内容

一、技术中介合同

（一）概念的界定

技术中介合同是指当事人一方以知识、技术、经验和信息为另一方与第三人订立技术合同进行联系、介绍以及对履行合同提供专门服务所订立的合同。[①]此类合同的标的是特定的技术成果或技术项目，以促成委托方与第三方进行技术交易，实现科技成果的转化为目的。实践中，中介方不仅为委托人提供交易机会或促成技术合同订立，还可能在合同履行中参与协调委托人与第三人的关系，并协助解决其他问题，如参与验收或者以组织者的身份对某项技术工作进行联络等。[②]技术中介合同可以由中介人与委托人单独订立，也可以在委托人与第三人签订的技术合同中载明中介条款。

（二）中介人的法律地位

中介，即为居间。依照传统有名合同分类，技术中介合同当属居间合同。[③]在居间合同中，委托人与第三人订立合同后，居间人即可撤出，一般不介入合同的履行和纠纷协调。由于技术中介的行为和目的涉及技术成果转移，是促进技术成果商品化的技术中介服务，一般将其纳入技术服务合同范畴。但是，与技术服务合同不同的是，尽管中介人也参与合同的签订、谈判等活动，但其不是技术合同的一方主体，也不是其中一方的代理人，中介人只起到媒介作用。

关于自然人能否作为中介人促成技术服务合同，我国立法上存在着态度转变。1985年国务院公布的《关于技术转让的暂行规定》（已失效）第2条确

① 《技术合同解释》第38条。

② 参见最高人民法院（2012）民申字第1273号民事裁定书。

③ 江宁：《论技术中介合同》，载《法学评论》1990年第2期；刘福海：《审理技术合同纠纷案件的若干问题》，载《法学》1991年第2期。也有部分学者持反对意见，可参见段瑞春：《技术合同》，法律出版社1999年版，第249—250页。

认了自然人可以作为中介人促成技术商品交易。[①]彼时学界就此亦莫衷一是。肯定者认为，具有完全行为能力的自然人从事中介活动乃法律赋予的民事权利，不可任意剥夺。且自然人从事中介可以作为中介机构的补充，有利于促进科技成果转化。否定者认为，自然人从事技术中介多不规范，易生纠纷，且赔偿能力有限。[②]1996年颁布的《促进科技成果转化法》仅承认“中介机构”作为中介人的合法地位。自然人在中介机构中从事经纪业务，须取得相应资格证书。2015年新修正的《促进科技成果转化法》采用了“科技中介服务机构”的称谓，并对其服务内容作出规定，即为技术交易提供交易场所、信息平台以及信息检索、加工与分析、评估、经纪等。

（三）报酬与费用的区分与承担

中介人的报酬是指中介人为委托人与第三人订立技术合同，以及为其履行合同提供服务应当得到的收益。中介人从事中介活动的费用，是指中介人在委托人和第三人订立技术合同前，进行联系、介绍活动所支出的通信、交通和必要的调查研究等费用。[③]

现行法律将中介人是否促成技术合同成立作为分配报酬与费用承担的标准。所谓“未促成”仅考察客观标准，是否因中介人自身原因在所不问。就技术中介合同而言，委托人支付报酬乃主合同义务，与中介人提供技术服务互为对待给付。若中介人促成委托人与第三人之间的技术合同成立，则中介人已经履行主合同义务，委托人应支付相应报酬。此时，中介人为促成合同所生之费用可依双方约定分配。若没有约定或者约定不明确的，依“风险自负原则”由中介人承担。

若中介人未促成委托人与第三人之间的技术合同成立，则中介人未履行主合同义务，委托人自不必为对待给付。但是，技术合同能否促成往往依赖诸多外部因素，倘若仍然由中介人承担已生之费用，恐有违公平原则。在此类情形

---

① 《国务院关于技术转让的暂行规定》（已失效）第2条第2款规定，经技术转让有关各方协商议定，促成技术商品交易的中介人（包括单位、个人）可以取得合理的报酬。

② 肯定及否定观点可参见李铸国：《我国技术中介人法律地位和权利义务问题》，载《上海社会科学院学术季刊》1987年第2期。

③ 《技术合同解释》第39条。

下，委托人应承担从事中介活动的必要费用。[①]此外，鉴于技术中介合同的独立性，非因中介人过错所致委托人与第三人之间技术合同无效或者被撤销，不影响相应技术中介合同的效力。因此，中介人收取从事中介活动的费用和报酬不应当被视为委托人与第三人之间的技术合同纠纷中一方当事人的损失。[②]

报酬数额一般由委托人和中介人约定。若双方对报酬数额没有约定或者约定不明确，又未能形成补充协议，可依据中介人的劳务合理确定。若委托人与第三人订立的技术合同中约定中介条款，但未约定给付中介人报酬或者约定不明确的，则由委托人和第三人平均承担报酬。[③]相似地，委托人和中介人可以约定费用的具体数额或者计算方法，若未约定，则以中介活动相对应的必要费用为限。

二、技术培训合同

（一）概念的界定

技术培训合同是指当事人一方委托另一方对指定的学员进行特定项目的专业技术训练和技术指导所订立的合同，不包括职业培训、文化学习和按照行业、法人或者非法人组织的计划进行的职工业余教育。[④]例如，司法实践一般将机动车驾驶技术培训合同认定为教育培训合同而非技术培训合同。[⑤]技术培训合同的本质特征在于以传授特定技术项目的专业技术知识为合同主要标的，以委托方指定的与特定技术项目有关的专业技术人员为培训对象。所以，针对一般的非特定技术项目的培训教育活动订立的合同不属于技术培训合同。实践中，技术培训合同往往不以独立的合同形式出现，而是在技术转让合同、技术开发合同或技术服务合同中约定相应培训内容。[⑥]

---

① 《技术合同解释》第40条。

② 《技术合同解释》第41条。

③ 《技术合同解释》第39条。

④ 《技术合同解释》第36条。

⑤ 参见云霄县人民法院（2014）云民初字第516号民事判决书。

⑥ 参见北京市第二中级人民法院（2004）二中民初字第12774号民事判决书。

（二）权利义务关系

1.委托人的合同义务

技术培训合同中，委托人的主给付义务是支付报酬，与受托人提供教育培训互为对待给付。此类合同中，委托人按照约定数额和期限支付报酬，是其承担的最重要的合同义务。此外，委托人还应保证学员具备一定的基础知识、工作经验和其他条件，并教育其遵守纪律，听从受托人的指导。这是委托人承担的附随义务，为保障合同顺利履行提供协助。若合同双方就技术培训必需的场地、设施和实验条件的提供和管理没有约定或者约定不明确，可自行达成补充协议，若无法达成协议，则由委托人负责提供和管理。①

2.受托人的合同义务

技术培训合同中，受托人的主给付义务是完成培训工作，与委托人支付报酬互为对价。此外，受托人还应当按照合同约定配备合格的师资并制定和实施培训计划，实现约定的培训目标。

（三）违约责任

1.委托人的违约责任

根据《技术合同解释》第37条第2款、第4款，委托人未按照约定支付报酬的，应当补交报酬，支付违约金或者赔偿损失。委托人违反附随义务，提供不符合合同约定条件的学员，影响培训质量的，委托人应当按照合同约定支付报酬。若受托人发现学员不符合合同约定条件，应在合理期限内通知委托人改派，委托人接到通知后未在合理期限内改派合格学员的，受托人有权解除合同，委托人应当赔偿受托人因此所受到的损失。另外，若受托人对其培训内容有保密要求，则委托人负有保密义务。未经受托人许可，擅自将受托人要求保密的培训内容引用、发表和提供给第三方的，委托人应支付违约金或者赔偿损失。

2.受托人的违约责任

根据《技术合同解释》第37条第3款，受托人配备的教员不符合约定条

---

①《技术合同解释》第37条。

件，影响培训质量的，或者受托人未按照计划和项目进行培训，导致不能实现约定的培训目标的，应当承担减收或者免收报酬等违约责任。

举证责任

技术中介合同和技术培训合同的举证责任可参照技术服务合同部分，此不赘述。

中国社会科学院法学研究所
民法典研究丛书
MINFADIAN PINGZHU

民法典评注

合同编

典型合同与准合同

4

谢鸿飞　朱广新　主编

中国法制出版社
CHINA LEGAL PUBLISHING HOUSE

合同编撰稿人

（以撰写法律条文的序号排序）

于　飞　中国政法大学民商经济法学院教授，撰写第463—468条

王文胜　湖南大学法学院副教授，撰写第469—487条

梅　伟　西南政法大学民商法学院副教授，撰写第488、489条及第495—501条

范雪飞　西南政法大学民商法学院教授，撰写第490—494条

耿　林　清华大学法学院副教授，撰写第502—508条

张定军　华中科技大学法学院副教授，撰写第509—521条

侯国跃　西南政法大学民商法学院教授，撰写第522—534条

丁宇翔　北京市第一中级人民法院民四庭负责人，撰写第535—542条

肖　俊　上海交通大学凯原法学院副教授，撰写第543—556条

刘承韪　中国政法大学比较法学研究院教授，撰写第557—567条

申海恩　中国政法大学民商经济法学院副教授，撰写第568—576条

朱广新　中国社会科学院法学研究所研究员，撰写第577—582条

郝丽燕　山东建筑大学法学院副教授，撰写583—594条

易　军　中国政法大学民商经济法学院教授，撰写第595—614条

武　腾　中央财经大学法学院副教授，撰写第615—624条

张长绵　华东政法大学法律学院讲师，撰写第625—647条

谢鸿飞　中国社会科学院法学研究所研究员，撰写第648—656条

宁红丽　对外经济贸易大学法学院教授，撰写第657—666条

胡旭东　四川省高级人民法院三级高级法官，撰写第667—680条

夏昊晗　中南财经政法大学法学院副教授，撰写第681—702条
张初霞　中国社会科学院大学法学院副教授，撰写第703—718条
雷秋玉　昆明理工大学法学院教授，撰写第719—734条
高圣平　中国人民大学法学院教授，撰写第735—760条
赵　磊　中国社会科学院法学研究所研究员，撰写第761—769条

张保红　广东外语外贸大学土地法制研究院教授，撰写第770—787条
冉克平　武汉大学法学院教授，撰写第788—808条
李　敏　中南林业科技大学副教授，撰写第809—824条
马金星　中国社会科学院国际法研究所助理研究员，撰写第825—842条
朱　涛　重庆大学法学院教授，撰写第843—861条
孙　莹　西南政法大学人工智能法学院副教授，撰写第862—877条
李欣倩　天津大学法学院讲师，撰写第878—887条

刘道远　海南大学法学院教授，撰写第888—903条
李建伟　中国政法大学民商经济法学院教授，撰写第904—918条
胡东海　中南财经政法大学法学院教授，撰写第919—936条
陈晓敏　中南财经政法大学法学院副教授，撰写第937—950条
夏小雄　中国社会科学院法学研究所副研究员，撰写第951—960条
姚　佳　中国社会科学院法学研究所编审，撰写第961—966条
徐强胜　中南财经政法大学法学院教授，撰写第967—978条
金可可　华东政法大学法律学院教授，撰写第979—988条

本编由朱广新负责统稿。

凡　例

文献名称	本书指称
一、民法典草案	
《民法典各分编（草案）》（征求意见稿）（合同编）	《民法典合同编（草案）》（征求意见稿）
《民法典各分编（草案）》（合同编）	《民法典合同编（草案）》（一审稿）
《民法典合同编（草案）》（二次审议稿）	《民法典合同编（草案）》（二审稿）
《中华人民共和国民法典（草案）》	《民法典（草案）》
二、法律与行政法规	
《中华人民共和国民法典》	《民法典》①
三、司法解释	
《最高人民法院关于审理物业服务纠纷案件具体应用法律若干问题的解释》	《物业服务解释》
《最高人民法院关于审理建筑物区分所有权纠纷案件具体应用法律若干问题的解释》	《建筑物区分所有权解释》
《最高人民法院关于审理涉及国有土地使用权合同纠纷案件适用法律问题的解释》	《国有土地使用权合同解释》
《最高人民法院关于审理民间借贷案件适用法律若干问题的规定》	《民间借贷规定》
《最高人民法院关于贯彻执行〈中华人民共和国民法通则〉若干问题的意见》	《民法通则意见》
《最高人民法院关于民事诉讼证据的若干规定》	《民事诉讼证据规定》
《最高人民法院关于适用〈中华人民共和国民事诉讼法〉的解释》	《民事诉讼法解释》
《最高人民法院关于适用〈中华人民共和国担保法〉若干问题的解释》	《担保法解释》
《最高人民法院关于审理人身损害赔偿案件适用法律若干问题的解释》	《人身损害赔偿解释》

① 本书引用的冠以“中华人民共和国”的法律与行政法规，简称时省略“中华人民共和国”字样，法律与行政法规简称均循此规律，不再重复标注。

目 录

CONTENTS

第二分编　典型合同

第二十一章　保管合同 / 001

第八百八十八条【保管合同的定义】/ 003

第八百八十九条【保管费的支付】/ 012

第八百九十条【保管合同的成立】/ 016

第八百九十一条【保管凭证】/ 019

第八百九十二条【保管行为的要求】/ 023

第八百九十三条【保管物有瑕疵或需要特殊保管时寄存人的义务】/ 031

第八百九十四条【第三人代为保管】/ 038

第八百九十五条【保管人不得使用保管物的义务】/ 045

第八百九十六条【第三人主张权利的返还】/ 050

第八百九十七条【保管物的毁损、灭失与保管人责任】/ 055

第八百九十八条【寄存人的声明义务】/ 060

第八百九十九条【保管物领取】/ 065

第九百条【保管物的返还】/ 070

第九百零一条【货币等的返还】/ 076

第九百零二条【保管费支付期限】/ 082

第九百零三条【保管人的留置权】/ 087

第二十二章　仓储合同 / 093

第九百零四条【仓储合同的定义】/ 095
第九百零五条【仓储合同的成立】/ 101
第九百零六条【危险物品、易变质物品的储存】/ 108
第九百零七条【保管人验收义务】/ 120
第九百零八条【出具仓单等凭证】/ 128
第九百零九条【仓单签章和记载事项】/ 135
第九百一十条【仓单性质和转让】/ 141
第九百一十一条【检查仓储物或者提取样品的权利】/ 150
第九百一十二条【仓储物损坏的通知义务】/ 156
第九百一十三条【保管人的催告义务与紧急处置权】/ 163
第九百一十四条【未约定储存期限时仓储物的提取】/ 170
第九百一十五条【储存期限届至仓储物的提取】/ 177
第九百一十六条【保管人的提存权】/ 183
第九百一十七条【保管人的违约责任】/ 191
第九百一十八条【仓储合同适用保管合同的规定】/ 202

第二十三章　委托合同 / 211

第九百一十九条【委托合同的定义】/ 213
第九百二十条【委托范围】/ 217
第九百二十一条【费用支付义务】/ 219
第九百二十二条【遵守指示与变更指示】/ 223
第九百二十三条【亲自处理与转委托】/ 226
第九百二十四条【报告义务】/ 231
第九百二十五条【隐名代理】/ 234
第九百二十六条【间接代理】/ 238
第九百二十七条【财产转交义务】/ 242

第九百二十八条【报酬支付义务】/ 244
第九百二十九条【受托人的损害赔偿责任】/ 248
第 九 百 三 十 条【委托人的损害赔偿责任】/ 251
第九百三十一条【另行委托】/ 255
第九百三十二条【共同委托】/ 259
第九百三十三条【任意解除的损害赔偿】/ 262
第九百三十四条【委托合同终止】/ 266
第九百三十五条【继续处理事务】/ 271
第九百三十六条【通知和采取措施】/ 273

第二十四章　物业服务合同 / 277

第九百三十七条【物业服务合同的定义】/ 279
第九百三十八条【物业服务合同的内容与形式】/ 286
第九百三十九条【物业服务合同的效力】/ 290
第 九 百 四 十 条【前期物业服务合同的法定终止】/ 297
第九百四十一条【物业服务转委托的条件与限制】/ 301
第九百四十二条【物业服务人的一般义务】/ 306
第九百四十三条【物业服务人信息公开与报告义务】/ 312
第九百四十四条【业主支付物业费的义务及违反义务的后果】/ 315
第九百四十五条【业主的告知、协助义务】/ 324
第九百四十六条【业主合同任意解除权】/ 327
第九百四十七条【物业服务合同的续订】/ 332
第九百四十八条【不定期物业服务合同】/ 334
第九百四十九条【物业服务人的移交义务及法律责任】/ 340
第 九 百 五 十 条【合同终止后物业服务人的继续服务义务】/ 344

第二十五章 行纪合同 / 349

第九百五十一条【行纪合同的定义】/ 351
第九百五十二条【行纪人的费用负担义务】/ 357
第九百五十三条【行纪人的妥善保管义务】/ 362
第九百五十四条【行纪人的合理处分义务】/ 368
第九百五十五条【行纪人按照指定价格买卖的义务】/ 373
第九百五十六条【行纪人的介入权】/ 378
第九百五十七条【委托人受领义务和行纪人提存权】/ 383
第九百五十八条【行纪人直接履行义务】/ 387
第九百五十九条【委托人的报酬支付义务和行纪人的留置权】/ 393
第 九 百 六 十 条【行纪合同适用委托合同有关规定】/ 397

第二十六章 中介合同 / 403

第九百六十一条【中介合同的定义】/ 405
第九百六十二条【中介人如实报告义务】/ 413
第九百六十三条【中介人报酬请求权】/ 424
第九百六十四条【中介费用支付请求权】/ 434
第九百六十五条【委托人“跳单”的法律后果】/ 442
第九百六十六条【准用性规定】/ 455

第二十七章 合伙合同 / 459

第九百六十七条【合伙合同的定义】/ 461
第九百六十八条【合伙人的出资义务】/ 475
第九百六十九条【合伙财产】/ 484
第 九 百 七 十 条【合伙事务的决定与执行】/ 494
第九百七十一条【执行合伙事务报酬】/ 504
第九百七十二条【合伙的利润分配与亏损分担】/ 509

第九百七十三条【合伙人的连带责任及追偿权】/ 518
第九百七十四条【合伙人转让其财产份额】/ 526
第九百七十五条【合伙人债权人的代位权行使限制】/ 535
第九百七十六条【合伙期限】/ 540
第九百七十七条【合伙合同终止】/ 549
第九百七十八条【合伙剩余财产分配顺序】/ 556

第三分编　准合同

第二十八章　无因管理 / 565

第九百七十九条【适法无因管理的要件与法效果】/ 567
第 九 百 八 十 条【不适法管理与不法管理之特别法效果】/ 588
第九百八十一条【真正无因管理人之妥善管理义务与继续管理义务】/ 597
第九百八十二条【真正无因管理人之通知义务、听候指示义务】/ 603
第九百八十三条【真正无因管理人之报告义务；适法管理人之管理利益移交义务】/ 606
第九百八十四条【追认及其效力】/ 609

第二十九章　不当得利 / 619

第九百八十五条【不当得利返还的一般规定】/ 621
第九百八十六条【善意得利人的得利丧失抗辩】/ 642
第九百八十七条【恶意得利人的加重责任】/ 655
第九百八十八条【第三人之返还义务】/ 661

第二十一章

保管合同

第八百八十八条【保管合同的定义】

保管合同是保管人保管寄存人交付的保管物，并返还该物的合同。

寄存人到保管人处从事购物、就餐、住宿等活动，将物品存放在指定场所的，视为保管，但是当事人另有约定或者另有交易习惯的除外。

历史由来

保管合同是指寄存人和保管人约定，寄存人将保管物交与保管人保管、保管人返还保管物的合同，保管合同本质上是提供服务的行为。寄存人也可以称为寄托人，保管人也可以称为受寄托人。保管合同是一个历史比较悠久的合同类型。早在古罗马法时期，即有保管合同，并称之为寄托，且区分为一般寄托和特殊寄托，[①]也是一种典型合同。我国古代也有保管合同的实践，根据学者考证，西周即有保管契约。[②]

本条来源于1981年12月13日公布、自1982年7月1日起开始施行的《经济合同法》第22条和第43条。该法第22条规定："仓储保管合同，根据存货方委托储存计划和保管方的仓储能量由双方协商签订。零星货物的储存，根据有关仓储规定签订。仓储保管合同中，应明确规定储存货物的品名、规格、数量和保管方法，验收项目和验收方法，入库、出库手续，损耗标准和损耗的处理，费用负担和结算方法，违约责任等条款。保管方应按照合同规定的包装外观、货物品种、数量和质量，对入库货物进行验收，如果发现入库货物与合同规定不符，应及时通知存货方。保管方验收后，如果发生货物品种、数量、质量不符合同规定，由保管方承担赔偿责任。存货方应当向保管方提供必要的货物验收资料，否则，发生货物品种、数量、质量不符合同规定时，保管方不承担赔偿责任。"第43条规定了违反仓储保管合同的责任，包括保管

---

① 周枏：《罗马法原论》（下册），商务印书馆1994年版，第680页。

② 胡留元、冯卓慧：《罗马法与中国古代契约法》，载《法律科学》（西北政法学院学报）1995年第5期。

方的责任和存货方的责任。

《合同法》对《经济合同法》中的仓储保管合同进行了区分立法，将一般保管合同作为单独一章进行规定，同时将仓储保管合同也单独设置一章进行专门规定。《合同法》做这个改革主要是因为：首先，我国合同法立法采纳的是民商合一主义立法模式，仓储保管合同主要发生在商业领域。《经济合同法》中没有规定一般保管合同，只规定了仓储保管合同，这是不完善的。其次，我国无论是立法机关还是学界，都对保管合同的理解存在较大分歧，如过去多认为保管合同为无偿合同，所以在保管合同的法律规定中也部分地反映了这些分歧，在保管合同中规定了有偿保管合同和无偿保管合同。对有偿保管合同而言，其与《合同法》仓储保管合同一章在意义上有一定的重合。

《民法典》没有对保管物作出限制，它既可以是动产，也可以是不动产。根据本条规定，保管合同既可以为有偿，也可以为无偿，这与大陆法系一些国家立法如《法国民法典》《奥地利普通民法典》并不相同，但是一般来说，有偿要求在合同中加以明确，否则一般推定为无偿保管。

《民法典》继承了《经济合同法》和《合同法》相关规定的合理方面，并根据现实社会经济条件发展变化进一步作出了改进。《民法典》增加了区别于双方当事人基于合意而达成的意定保管的法定保管，即“寄存人到保管人处从事购物、就餐、住宿等活动，将物品存放在指定场所的，视为保管”。法定保管最早也可以追溯至古罗马法时期。“在古代强盗之危险甚大，而且旅店之主人往往与强盗共谋，以害行客，故远在罗马法，即使旅店主人负较重责任，对于客人所携带物品之毁损、灭失，除能够证明因为不可抗力或者旅客自己之过失所致者外，应负赔偿责任。”①

从比较法视角看，自近代以来，大陆法系民法在保管合同的相关立法中都受到了古罗马法关于寄托规定的影响。相关的立法例有：

1.《德国民法典》第688条规定，根据保管合同，保管人负有保管寄托人所交付的动产的义务。

---

① 李平：《宾馆提供停车泊位的法律性质》，载《法学》1999年第8期；另参见迟速、陈彩菱：《浅谈法定保管合同》，载《山东审判》2003年第6期。

2.《法国民法典》第1915条规定，寄托，一般是指当事人一方收受他方之物并负责保管与返还原物的行为。

3.《意大利民法典》第1766条规定，寄托是指一方接受他方的某个动产，负责保管并返还原物的契约。

4.《日本民法典》第657条规定，寄托，因当事人一方约定为相对人保管而受取某物，而发生效力。

5.《俄罗斯联邦民法典》第886条规定，依照保管合同，一方（保管人）应当保管另一方（寄存人）交给他的财产，并完好地返还该财产。

值得说明的是关于法定保管的由来和立法发展历史。正如上文所述，早在古罗马法时期，就有关于法定寄存的法律规则，另外还有一些特别寄存的规定，包括变例寄存、灾险寄存、讼争寄存等。①随着社会的不断发展，根据保管标的、保管情形等差异，逐步发展出与古罗马法中法定保管行为相关的新的类型，其中一种独特的类型就是旅馆或者饭店寄存行李的保管责任，即所谓的receptum责任。后来在《法国民法典》《德国民法典》中都规定了这一责任，并影响到其他国家的相关立法。在日本将其纳入商法中，并被当作以招徕客人为目的的店主的责任。②相关规定如下：

1.《德国民法典》第701条第1款规定，以供外人住宿为营业的旅店主应赔偿外人在该业务的经营中携带的物品因丢失、毁损或者毁坏而造成的损害。

2.《法国民法典》第1952条规定，旅馆或旅店主人，对于寄居其旅馆的旅客所携带的衣服、行李及各种物品，负受寄人的责任；此种物品的寄存，应视为必然的寄存。

3.《日本商法典》第594条规定，（1）旅店、饭店、浴池等以招徕顾客为目的而设置场所的主人，对于接受顾客寄存物品的灭失或毁损，如果没有经过证明其原因是不可抗力时，不能免除损害赔偿的责任。（2）顾客在场所里所携带的物品，虽然没有经过特别寄托，因场所的主人或其使用人不注意而灭失或毁损时，场所主人应当负赔偿责任。（3）关于顾客携带物品，虽然已经告示不负责任，但场所主人仍然不能免除前两项的责任。

---

① 周枏：《罗马法原论》（下册），商务印书馆1994年版，第683—685页。

② ［日］我妻荣：《债权各论》（中卷二），周江洪译，中国法制出版社2008年版，第175页。

4.《瑞士债法典》第487条规定，旅店老板应当对其旅客随身携带的物品的损害、破坏或者被盗承担责任。

在我国，因为《合同法》保管合同一章对法定保管没有规定，所以司法实践对条文中所规定的情形采用了不同的解释路径。在上海市第二中级人民法院审理的“李杏英诉上海大润发超市存包损害赔偿案”中，[①]原告认为案件双方当事人所形成的是一种由购物服务派生的特殊的保管关系，自助寄存柜是因购物服务所引发的一种配套服务，而由于被告的过错或被告未尽到管理责任，致使原告的财产遭到损害，理应由被告承担民事赔偿责任。被告则认为双方是一种借用关系。法院最后认定双方当事人之间形成的是借用关系，而不是保管关系。[②]

该案在判决作出后法院还专门向当事人解释指出：当前，许多超市除了向消费者提供人工寄存服务以外，还推出智能化自助寄存柜服务。这本是一件既方便到超市购物的消费者，又为超市节约经营成本的好事。但由于自助寄存柜服务是现代经营理念和新技术的产物，它突破了传统的保管寄存范畴，在商家与消费者之间形成了新型的借用关系，由此引发诸如本案因消费者使用自助寄存柜而产生的纠纷。在本案中，被告大润发超市和大润发公司虽然胜诉，但有一点需要说明：相对消费者来说，经营者占据资金雄厚的优势，处于强势地位，理所当然为消费者提供更多的以人为本的服务，尽最大可能“让消费者满意、使消费者放心”，这是现代经营者应当自觉遵循的经营宗旨。就本案来说，如果超市能将“自助寄存柜”改变一下名称，使其侧重体现因使用该柜而在超市和消费者之间形成的借用关系，则能减少误解；如果自助寄存柜的寄存箱和密码条上能明确显示箱号，则可能避免消费者错拿错放物品；如果超市能利用现有技术在自助寄存柜前安装电子监控设备，则原告所称遗失的物品是否放入了寄存柜内，如果放入是被何人取走以及如何取走等问题，就会一目了然。超市不应该满足于已将注意事项用文字明示给消费者，还需不断提升服务水平，加强对智能化自助寄

① 参见上海市第二中级人民法院（2002）沪二中民一（民）初字第60号民事判决书。

② 参见“李杏英诉上海大润发超市存包损害赔偿案”，载《中华人民共和国最高人民法院公报》2002年第6期。

存柜的管理，使其更趋完善，力争为消费者营造一个更加方便、安全、舒适的服务环境。[①]

《合同法》第365条仅规定了本条第1款，没有第2款关于法定保管的规定。但是在《合同法》立法前后，学界有关于法定保管的研究。在上述“李杏英诉上海大润发超市存包损害赔偿案”中，有关于“保管”和“借用”的争议，除此之外，还有关于在饭店、超市、旅店、浴池等场所中的物品安全保障义务的性质的争论，即这些经营场所承担的义务是保管合同义务还是安全保障义务。这本质上是一个利益平衡的问题，从目前《民法典》立法的取向来看，将这种义务确定为保管义务科学合理，这既解决了我国此前对法定保管立法缺失所造成的体系不足，也与国际其他立法例具有一致性。

规范目的或功能

本条是界定保管合同的含义的条文，第1款是对约定保管的界定，第2款是对法定保管的界定。第1款明确规定了约定保管合同双方当事人的权利义务，即保管人负有保管义务和保管物返还义务。第2款规定了法定保管，该款弥补了我国《合同法》保管合同内涵过于狭窄之不足。法定保管合同，是依据法律的明确规定而不是依据当事人的合意成立的保管合同，目的是对给客人提供餐饮、住宿、洗浴、购物等消费性服务活动的主体设定一定的义务，令其承担客人所携带之物的保管责任。

规范内容

根据本条第1款对保管合同的界定，交付保管物的一方为寄存人，或称寄托人；保管方称为保管人，或者受寄存人；保管之物为保管物，其可以是动产或者不动产。保管合同是以物的保管为目的，是保管人提供保管服务的行为。保管合同是实践、不要式、继续性合同。实践合同又称要物合同，即保管合同在双方当事人达成保管合意且寄存人将保管之物交付给保管人时保管

① 孙琬钟主编：《中国法律年鉴》(2002年)，中国法律年鉴社2002年版，第1039—1042页。

合同才成立。根据本法第890条之规定可以看出，除当事人另有约定外，保管合同自保管物交付时成立。保管合同为不要式合同，不以特定形式为成立条件。继续性合同是指保管人保管行为的履行具有持续性，不是一次履行即可实现的合同。另外，学者对于保管合同是否有偿、是单务合同还是双务合同以及保管物是否可以是不动产也有争议，但是一般认为，保管合同可以有偿，也可以无偿。我国实行民商合一的立法模式，因此在《民法典》中对有偿保管和无偿保管都进行了规定。根据本法第889条之规定，在有偿保管之情形下，寄存人应当向保管人支付保管费。因为承认有偿保管合同，保管合同就有了双务合同的性质，因此有学者指出，无偿保管合同为单务合同，有偿保管合同为双务合同，①这也为国内大多数学者所认同。在古罗马时期，保管物为动产，这也被后来的一些国家立法所继受，但是我国《民法典》对此没有作严格限定，因此保管合同的标的物更为广泛。

本条第2款所规定的法定保管，包括以下几个方面的内容：一是寄存人到保管人处从事购物、就餐、住宿等活动，将物品存放在指定场所的，视为保管。这就表明在上述所列举的情形下，法律规定其为保管行为。但是问题是除了上述列举的购物、就餐、住宿外，其他具有类似性质的活动如洗浴、在有偿收费球场打球等是否也应该视为保管？对此，有观点经比较法考察后认为，应限定为以提供客人住所为目的的旅店、公寓或以供客人饮食沐浴的场所应承担法定保管责任，很少扩及其他。②而根据比较法上的立法，以招徕客人为主要目的的店主经营，就顾客带入其经营范围内的物品，即便没有特别寄存场合，立法确有规定使其承担重责。前述《法国民法典》和《德国民法典》对承担这种责任的主体范围进行严格限制，其范围比《日本民法典》中相应规定更为狭窄。③但是目前我国立法条文的规定显然突破了这一界限，因为《民法典》这一规定首先列举出来的就是购物场所。笔者认为，这一立法取舍是科学的。首先，这些以招徕客人为目的之场所性质上具有同

① 梁慧星主编：《中国民法典草案建议稿附理由：合同编》（下册），法律出版社2013年版，第828页。

② 迟速、陈彩菱：《浅谈法定保管合同》，载《山东审判》2003年第6期。

③ ［日］我妻荣：《债权各论》（中卷二），周江洪译，中国法制出版社2008年版，第179页。

质性；其次，现代社会经济的发展日益加快，这种立法取舍也符合市场经济法治要求。

另外的问题是，到这些场所进行购物、就餐等消费行为的客人，如果实际上没有在此消费，是否视为成立保管合同？若发生所携带之物的毁损、灭失，场所经营者是否应当承担责任？答案是肯定的，即在此种情形下亦视为成立保管合同，如果发生保管之物的毁损、灭失，场所经营主体应当承担法律责任。因为：首先，法定保管合同异于通常情况下的一般保管合同，它不以双方当事人形成合意为前提，而是依据法律规定直接认定成立保管法律关系，依此保管人对保管物承担严格责任。其次，立法中所规定的各种场所经营者主体在其经营场所范围内，对其提供服务时的客户或者消费者负有安全保障义务，其立法之本质是利益平衡考量，令超市、酒店、浴池等场所经营者承担此义务，更为科学、合理。最后，从消费者权益保护的角度考察，消费者群体相对来说处于弱势地位，根据我国《消费者权益保护法》第7条①、第11条②的规定，消费者在购买商品或者接受服务时，提供商品或者服务的经营者对消费者的人身、财产安全负有安全保障义务，此种义务系法定义务，这在国际上也是通例。另外值得探讨的是，有观点认为，在此种情形下让经营者对其客户所携带之物承担保管义务是因为经营者与消费者之间形成了购买或者服务合同关系，这种看管义务是一种附随义务，经营管理者必须以一种合理的注意义务对消费者所携带物进行看护。这种认识有其合理性，但是在有些场合，顾客去了之后并未购物或者消费，此种情形经营管理者是否有看护义务？笔者认为，这种情况下也应当承担，因为法定保管责任设计的初衷是店主为招徕顾客，所以只要具有这一特征，就应该归入法定保管合同类型。同时，顾客只要将所携带之物存放于经营者的经营管理场所，就是一个潜在的消费者，其可能在此消费，所以经营者也就具有预期利益，其应当为此支付对价。

---

① 《消费者权益保护法》第7条规定，消费者在购买、使用商品和接受服务时享有人身、财产安全不受损害的权利。消费者有权要求经营者提供的商品和服务，符合保障人身、财产安全的要求。

② 《消费者权益保护法》第11条规定，消费者因购买、使用商品或者接受服务受到人身、财产损害的，享有依法获得赔偿的权利。

二是本款立法用了“视为”一词，在立法技术含义上，本质上是推定的意思，所以这一条款实际上是推定规则，这就意味着可能因为存在相反的证据而否定保管合同的成立。而该款的下半句“但是当事人另有约定或者另有交易习惯的除外”，又从另外的方面否定了前面成立法定保管合同的推定。这样的规定从比较法上来看也没有相关前例可循。对此作以下分析：一方面是关于推定的分析。正如文中所述，推定是一种法律技术，借此可以对事实或者权利通过推理而取得一定的法律效果。《法国民法典》第1349条明确规定，推定系指法律或者司法官依已知之事实推断未知之事实所得到的结果。推定有法律上的推定和事实上的推定之分。法律上的推定是立法者将其认为最为重要的事实上的推定予以法定化的结果，包括可反驳的推定与不可反驳的推定，一般而言，不可反驳的推定没有证明或证明责任后果，它事实上就是直接导致实体法律后果的规范。在这一点上，它的作用与法律上的拟制是一样的。对于不可反驳的推定，立法者是基于“推定的基础和推定的事实与现实生活在原则上是一致的”。[①]推定要有明确的前提事实为条件。根据本条第2款的规定，只要相关当事人存在以下两个方面的事实：（1）寄存人到保管人处从事购物、就餐、住宿等活动；（2）将物品存放在指定场所。符合上述两个条件，即符合法定保管要件，以此视为法定保管成立。另一方面是对推定的否定，即在当事人另有约定否定法定保管存在或者按照交易习惯而不将之视为保管行为的，则得推翻前述之推定存在法定保管法律关系。

三 举证责任

在法定保管合同成立的场合，因为本条第2款使用了推定技术，因此产生了举证责任上的法律效果。从法理上说，在推定规则所涉及的法律关系中，受益于推定一方的当事人只需要依据推定的原始事实提出权利存在或者不存在的主张即可，无须对此举证加以证明。而相对方当事人如果意欲推翻该推

① 朱广新：《论物权法上的权利推定》，载《法律科学》（西北政法大学学报）2009年第3期。

定事实，就必须举出推定不正确的事实依据。推定对举证责任具有十分重要的影响：一是在具体的案件中，举证责任的确定要依赖于推定。权利的推定就是对法官的命令，也就是指示法官从方法上如何解决问题。权利推定十分准确地命令法官，把某个既定的要件事实视为已经证明的事实，尽管实际上法官无法从生活事实中获得对该要件事实的心证。①二是推定的法律效果是转移举证责任。②

其他问题

一、有偿保管和无偿保管

从《民法典》合同编“保管合同”一章的规定来看，立法采取了区分有偿保管和无偿保管的立法原则，即一般情况下，当事人只要未约定为有偿保管即视为无偿保管。但是不可否认，有偿和无偿的问题不仅对保管合同双方当事人权利义务内容的影响很大，而且对保管合同相关规则的设计影响也很大。同时，因为合同编中还就仓储合同专门设置了一章对之加以规定，所以，这在体系上也产生了较大的影响。

二、法定保管的范围

对于法定保管的范围，随着社会的发展，呈现出逐步扩张的趋势。从比较法视角来看也是如此。对此，我国立法采取的也是扩张的态度。在列举了购物、就餐、住宿之后，用“等”字兜底，这个“等”字应该采纳了扩张之意，除了法条中已经列举的之外，还可能存在其他相同或者相似的情形，当然也应该属于法定保管情形。

三、关于附随保管义务问题

保管行为发生在很多典型的有名合同和无名合同之中，如加工承揽合同，根据本法第784条规定，承揽人应当妥善保管定作人提供的材料以及完成的工

---

① ［德］普维庭：《现代证明责任问题》，吴越译，法律出版社2006年版，第74页。

② 叶峰、叶自强：《推定对举证责任分担的影响》，载《法学研究》2002年第3期。

作成果，因保管不善造成毁损、灭失的，应当承担赔偿责任。其中明确规定了加工承揽合同中承揽人的保管义务，该种保管义务即附随保管义务。这种附随义务在其他类型合同中也十分常见。

第八百八十九条【保管费的支付】

寄存人应当按照约定向保管人支付保管费。

当事人对保管费没有约定或者约定不明确，依据本法第五百一十条的规定仍不能确定的，视为无偿保管。

历史由来

本条是无偿保管和有偿保管的法律规定，承继《合同法》第366条。早在古罗马时期，保管合同一般都是无偿合同，在古罗马法中，之所以将保管合同规定为无偿合同，是因为罗马法认为保管人如果收取报酬，则应该是劳务租赁契约，本质上为寄存人雇用保管人提供保管劳务并收取劳务酬金。[①]罗马法规定保管合同为无偿合同影响了大陆法系的相关立法，多数大陆法系国家都规定保管合同为无偿合同。例如，《法国民法典》第1917条规定，本义上的寄托，本质上为无偿契约。《意大利民法典》第1767条规定，寄托被推定为无偿的，但是根据受任人的职业或者其他情况应当推定当事人有不同意的情况不在此限。《魁北克民法典》第2280条第2款规定，寄托为无偿，但如另有习惯或者协议，亦可为有偿。这样规定的理由主要是：保管合同主要是社会成员之间相互提供帮助或服务部门向社会提供服务的一种方式，这种保管合同在现实生活中多是无偿的。所以我国相关立法也都规定，只要当事人没有就保管费用进行约定，就推定保管合同为无偿合同。我国强调的是保管合同是否有偿由当事人约定，在没有约定的情况下，依合同有关条款或者交易习惯不能确定是有偿的，则保管合同是无偿的。

但是随着市场经济的发展，保管行为在社会经济活动中日益普遍，有偿保管越来越多，因此我国《民法典》根据保管合同的最新发展情况，首先在

---

① 陈朝璧：《罗马法原理》，法律出版社2006年版，第228页。

第1款规定了关于有偿保管中支付保管费的问题，然后在第2款规定在约定不明情形下推定为无偿保管。

本条将《合同法》第366条第2款中“保管是无偿的”修改为“视为无偿保管”。这一修改使条文的表述更为科学、恰当。将第2款所表达的情况从直接的陈述性判断改为一种法律拟制，更为准确。

规范目的或功能

寄存人和保管人可以约定保管是有偿的，也可以约定保管是无偿的。如果约定保管是有偿的，寄存人应当按照约定的数额、期限、地点向保管人支付报酬，否则承担违约责任。本条规定的立法目的是多方面的，一方面，其规定了寄存人的保管费支付义务；另一方面，寄存人是否支付保管费是判断保管合同为有偿或者无偿的标准之一。本条第1款是基于明确约定保管合同为有偿情形下而要求寄存人应当支付保管费的规定，第2款规定的是在保管合同是否有偿约定不明的情况下，根据本法第510条的规定仍然不能确定的，则推定为无偿保管。从本条的两个条款规定的关系上来看，第2款是对第1款的细化，对第2款的无偿规定应当采取狭义的理解。

从保管合同是否为有偿规定的体系性角度来看，其对保管责任的相关规则会产生直接的影响。根据本法第897条的规定，在保管为无偿情况下，若发生保管物的毁损、灭失，除非保管人有故意或者重大过失，否则其不承担赔偿责任。

规范内容

一、寄存人支付保管费

如上文所述，在有偿保管中，寄存人根据保管合同的约定向保管人支付保管费。与寄存人是否支付保管费密切相关的是，保管合同是单务合同还是双务合同？对此理论界一直存在争议。有观点认为，保管合同应根据是否有偿而区分为单务或者双务，在无偿情形下，保管合同应为单务合同，反之则为双务合同。但是也有观点认为，保管合同就是双务合同，而不以保管的有偿或者无偿而转移。因为即使在无偿保管中，寄存人也负有交付保管物的义务，这一义务与保管人的保管义务具有对应关系，在有偿保管中，保管人的报酬有时包含保管费用，而在无偿保管中寄存人则单独负担保管费的义务。[①]这种观点值得商榷。因为：首先，无论是《合同法》第366条的规定还是《民法典》第889条的规定，都明确规定寄存人不支付保管费的，则为无偿保管，寄存人不需要支付保管费。其次，就保管合同是单务合同还是双务合同这一问题来说，其前提是要先确定双务合同的定义。一般认为，双务合同的当事人互相负有对待给付义务，形成了"你与则我与，你不与则我亦不与"的对待给付关系。从这个意义上来分析，有偿保管为双务合同，保管人应当支付保管费。在无偿保管中，寄存人不需要支付保管报酬，保管人虽然承担保管义务，但是不得请求支付报酬，也没有报酬支付请求权利。

二、保管费约定不明的推定规则

寄存人和保管人没有就是否支付报酬作出约定或者约定不明确的，双方可以协议补充，不能达成补充协议的，按照合同有关条款或者交易习惯确定。所谓按照合同有关条款或者交易习惯确定，要考虑的问题主要有以下两项：一是保管人是否从事保管职业。如果双方没有约定报酬或者有关报酬的约定不明确，但是能够确定保管人就是从事寄存职业的，例如，保管人是小件寄存的业主，依此应当推定该合同是有偿合同。二是依其他情形应当推定保管是有偿的。如就保管物的性质、保管的时间、地点和方式而言，一般人的判断都是有偿的，则应推定保管是有偿的。如果推定保管是有偿的，寄存人应当向保管人支付报酬。当然，当事人可以在合同中明确约定保管是无偿的。

除上述情况外，在当事人未约定保管费的情况下，依照本法第510条的规定仍不能确定是有偿的，则推定该保管为无偿保管。确定保管合同的有偿与无偿，是保管合同的重要问题。我国处理这个问题的基本原则就是依双方当事人意思自治。即双方当事人可以在合同中明确约定保管是有偿的

---

① 郭明瑞、王轶：《合同法新论·分则》，中国政法大学出版社1997年版，第339页。

或者是无偿的，双方当事人依约定办事。在双方当事人没有约定保管是否支付报酬的情况下，允许双方当事人协议补充，这也是当事人意思自治原则的体现。

三、确定了保管合同以无偿为原则

我国立法对保管合同加以规定是从《合同法》开始的，在此之前在《经济合同法》中规定了仓储保管合同。但是国外有关保管的立法中，一般都规定了保管合同，同时有些国家还就专门的商业保管进行立法。在《合同法》立法时，学者主张应该借鉴国外经验，对保管合同进行规定，同时也规定仓储保管合同，这样在逻辑上就认为一般保管合同是民事保管，而仓储保管合同则是商事保管。仓储保管作为商事保管为有偿保管自无疑问，但是一般保管是否可以有偿则存在争议。后来在立法中采用了一种折中策略，即一般保管以无偿为原则，而以有偿为例外，理由是保管合同是社会成员相互之间提供帮助或者服务部门为公民提供服务的一种形式。[①]当然还有比较法上的经验借鉴等其他原因。《民法典》继承了《合同法》立法时的思想，以本条文规定明确了保管合同以无偿为原则。

举证责任

保管合同双方当事人就保管行为的有偿和无偿发生争议，如果双方当事人不能达成补充协议的情况下，法院或者仲裁机构可以依据合同中的有关条款或者交易习惯确定。确定的结果有两个：一是有偿的，二是无偿的。例如，甲在火车站将行李寄存在乙开的小件寄存处，双方就是否支付保管费发生争议，因乙是以此为业，甲应当向乙支付报酬。再如，甲到某超级市场购物，进入市场前将随身携带的挎包存放在超级市场的寄存处。甲购物后去提取挎包时，寄存处管理人员要求甲支付保管费，甲拒绝支付。在此案中，法院应当支持甲的主张，因为按照一般交易习惯，超级市场的寄存处是不应当收费的。从推定规则本身的法律效果来说，推定将举证责任转至相对方，即原本

① 郭明瑞、王轶：《合同法新论·分则》，中国政法大学出版社1997年版，第339页。

负有举证责任的一方，因为推定规则的存在而不再承担举证责任，争议的相对方就该争议承担举证责任。

第八百九十条【保管合同的成立】

保管合同自保管物交付时成立，但是当事人另有约定的除外。

历史由来

该条是关于保管合同成立时间的特别规定，源自《合同法》第367条的规定。就其历史渊源而言，可以追溯至古罗马法。在古罗马法中，保管被认为是要物保管，即保管行为因保管人收到保管之物而成立，因为罗马法有未收到标的物就不发生返还债务的传统。[①]但是也有观点认为，只有保管人在作出保管承诺的同时实际占有保管物，才能使保管人负担法律上的义务。同时，保管合同作为要物合同也与保管合同所具有的无偿性相关。[②]所以在罗马法中规定，保管合同的成立不仅需要双方当事人达成一致，还需要交付保管物。[③]后世多数大陆法系国家都继承了这一传统，直到19世纪和20世纪的立法中，这种体例仍然被保留。但是正如学者所指出，大陆法系国家多数立法例虽然将保管作为要物合同，但是除了具有历史沿革上的意义之外，并没有其他实质上的意义。[④]正是基于这样的考虑，本条在但书中规定当事人可以约定成立诺成性保管合同。

由于理论界对保管合同要物性的反思，因此在一些学者建议稿中对保管合同的成立建立了与本条相近的立法思路。如梁慧星教授主持编撰的《中国民法典草案建议稿》第1352条规定，保管合同自保管物交付给保管人时成立，

---

① ［日］我妻荣：《债权各论》（中卷二），周江洪译，中国法制出版社2008年版，第172页。

② See Christian von Bar and Eric Clive, Definitions and Model, Rules of European Private Law, Volume I (Munich: Sellier European Law, Publishers, 2009), P.1790.

③ See E.Allan Farnsworth, "The Past of Promise: An Historical Introduction to Contract", 69Colum, L. Rev. 576, 589 (1969).

④ ［日］我妻荣：《债权各论》（中卷二），周江洪译，中国法制出版社2008年版，第173页。

但是当事人另有约定的除外。[①]

在《民法典合同编（草案）》（征求意见稿）第446条中，将《合同法》第367条中的“成立”修改为“生效”，即规定“保管合同自保管物交付时生效，但当事人另有约定的除外”，《民法典（草案）》第889条中也使用“生效”一词。但2020年5月提交全国人大代表审议时将“生效”修改为“成立”。这种修改是整个《民法典》相关规则统一协调的结果。有关实践性合同的几个相关条款都作出了类似的修改，例如：（1）第586条第1款规定，当事人可以约定一方向对方给付定金作为债权的担保。定金合同自实际交付定金时成立。（2）第679条规定，自然人之间的借款合同，自贷款人提供借款时成立。立法作出这样的统一修改，是因为在《民法典》总则编第136条第1款规定，民事法律行为自成立时生效，但是法律另有规定或者当事人另有约定的除外。因此，一般情况下，成立的合同即产生法律效力，这样统一规定，在体系上更科学。

规范目的或功能

根据合同的成立是否以交付标的物为成立条件，可以将合同分为诺成合同和实践合同。当事人双方就合同的主要条款达成一致意见合同就成立的，是诺成合同；合同的成立不仅需要当事人的意思表示一致，还要交付标的物的，是实践合同。区分诺成合同和实践合同的法律意义在于确定合同成立和生效的时间，即确定双方当事人承担合同义务的时间，以便追究合同责任。

根据本条规定，保管合同自保管物交付时成立，可以看出，保管合同的成立不仅需要合同双方当事人意思表示一致，还需要寄存人将保管物交付给保管人，所以我国《民法典》将保管合同定位为实践合同。但是因为保管合同既可以为有偿保管合同，也可以为无偿保管合同，因此理论上也有保管合同可以是诺成合同的观点，为了兼顾保管合同可以为有偿，也可以为无偿这一特点，因此法律规定允许当事人就保管合同的成立是否以交付标的物为条件作出约定。

---

① 梁慧星主编：《中国民法典草案建议稿附理由：合同编》（下册），法律出版社2013年版，第830页。

规范内容

一、保管合同的成立条件

保管合同的成立除了需要寄存人和保管人之间的意思表示一致外，还要求寄存人交付保管物于保管人。保管人为了完成保管义务，必须现实占有保管物，因此寄存人必须实际交付保管物。保管合同的订立可以采用口头形式、书面形式和其他形式。

二、保管合同为实践合同

如前文所述，保管合同为实践合同，已经为大多数大陆法系立法所承认。《意大利民法典》第1766条规定，保管是一方接受他方的某个动产，负责保管并返还原物的契约。《法国民法典》第1919条规定，本义上的寄托，仅以寄托之物实际交付或虚拟交付而发生效力。在受寄托人依其他任何原因已经持有他方当事人同意作为寄托而向其交付的物件时，仅需虚拟交付即成立寄托。《魁北克民法典》第2281条规定，寄托合同的成立以寄托财产的交付为必要。如保管人依其他原因已占有寄托财产，拟制交付即为已足。其他国家如比利时、波兰、匈牙利等国家的民法典也有类似规定。

三、保管合同可以基于约定为诺成合同

保管合同为实践合同发生在无偿保管之场合，而在有偿保管情况下，保管合同可以基于当事人的约定而为诺成合同。这既符合合同法的最新发展趋势，也为各国理论界和立法所认可。同时，从国际商业惯例来看，保管合同的实践性特征也不断减弱。尤其是在尊重意思自治的语境下，基于强化当事人许诺的效力要求，也不应将保管合同硬性地规定为实践合同。这一典型的变化反映在《荷兰民法典》之中。在旧的《荷兰民法典》中规定保管物的交付是保管合同成立的条件，但是现行的《荷兰民法典》中则规定保管合同并非必须交付保管物。

举证责任

当事人就保管合同是否成立发生争议涉及的举证责任问题，主要包括以下几个方面：

第一，保管合同形式方面的证明责任，根据“谁主张，谁举证”的要求，原告方要证明保管合同成立，如果采用书面形式的，可以举出书面合同的证据；如果采用口头形式或者其他形式的，则需要原告方借助其他证据材料证明。

第二，保管合同要交付保管的标的物，要实际移转保管物的占有于保管人。基于保管合同而形成的保管物的占有关系发生纠纷时，原告须根据合同或者其他证明能力范围内对被告之非法占有承担举证责任。

第三，保管合同的成立需要具备的条件包括双方当事人的意思表示一致、保管物的交付。在有偿合同的情况下，主张保管费的一方须就保管费的约定承担证明责任。

其他问题

对保管合同是实践合同还是诺成合同，立法是否应该作统一的规定，理论界存在较大争议，各国立法态度也存在一些分歧。从我国《民法典》条文规定的立场看，其采取了一种务实主义态度，对保管合同的有偿和无偿加以区分，也遵循坚持意思自治原则，在此基础上确定保管合同的实践属性或者诺成属性。

第八百九十一条【保管凭证】

寄存人向保管人交付保管物的，保管人应当出具保管凭证，但是另有交易习惯的除外。

历史由来

本条是由《合同法》第368条修改而成。1981年《经济合同法》第22条第2款规定，仓储保管合同中，应明确规定储存货物的品名、规格、数量和保管方法，验收项目和验收方法，入库、出库手续，损耗标准和损耗的处理，费用负担和结算方法，违约责任等条款。该条规定在仓储保管合同中应当明确约定仓储物的入库、出库手续，其属于对仓储物的仓储保管凭证要求。《民法典合同编（草案）》（征求意见稿）、《民法典合同编（草案）》（一审稿）和《民法典合同编（草案）》（二审稿）都保留了《合同法》第368条的规定。在《民法典》起草过程中，一些学者建议稿对保管合同的保管凭证也进行了相应的规定，但都是沿袭《合同法》第368条的规定。如梁慧星教授主持编撰的《中国民法典草案建议稿》中对保管凭证规定的建议条文是，寄存人向保管人交付保管物的，保管人应当给付保管凭证，但另有交易习惯的除外。2020年5月提交全国人大代表审议时将“给付”修改为“出具”，条文含义发生了变化，将保管凭证的属性更为准确地表达出来。同时，给付在合同法上具有专门且确定的含义，是合同之债务一方履行义务之行为，具有合同对价的含义。

从比较法视角来看，《德国民法典》《意大利民法典》等未对保管凭证进行规定，《法国民法典》《埃塞俄比亚民法典》《俄罗斯联邦民法典》等对保管人出具保管凭证的规定基本一致。相关的立法例如下：

第一，《法国民法典》第1924条规定，在寄托物的价值超过第1341条规定的数字并且不能以书证证明时，作为受寄托人而受到攻击的人，得以其声明证明寄托之事实，或者证明寄托的标的物，或者证明已经返还标的物之事实。

第二，《俄罗斯联邦民法典》第887条规定，（1）在本法典第161条规定的情况下保管合同应以书面形式订立，同时公民之间（第161条第1款第2项）的保管合同，如果交付保管物的价值超过法定最低工资额10倍以上，要求以书面形式订立。规定保管人负有对接受物进行保管义务的保管合同，不论该合同当事人为谁以及交付保管物的价值如何，均应以书面形式签订。在非常状况下（火灾、自然灾害、突发疾病、袭击威胁等）交付保管物，可用证人证言证明。（2）如果在物被接受保管时保管人向寄存人出具下列证明之一，则视为已遵守保管合同的一般书面形式：完好的收据、发票、证明书或者由保管人签字的其他书据；号牌（号码）、证明接受保管物的其他标志，但上述接受保管物的证明形式应是法律文件所规定的或是保管该类物通常使用的形式。（3）未遵守保管合同一般书面形式的，双方当事人在对保管人接受保管的物和保管人返还的物是否为同一物而发生争议时，并不丧失援引证人证言的权利。

第三，《埃塞俄比亚民法典》在其第五编第四章中规定了寄托，但是仅在第三节“灾险寄托”第2802条规定，灾险寄托不受任何特殊形式的限制。它可以通过任何手段进行证明。在第五章“仓储”的第2813条规定，在寄托人如此要求时，仓储人应给他一张仓储的货物的收据。该收据应附上一张与该收据包含相同信息的凭单。该收据和凭单应从同一存根的登记簿开出，该存根应由仓储人留存。①

规范目的或功能

立法根据合同权利义务对等原则，要求寄存人向保管人交付保管物的，保管人应当出具保管凭证。立法作出这一规定是为了留取证据，证明寄存人对该保管物享有所有权，以保护寄存人的合法权益。根据该条文的内容可以看出，除了依交易习惯无须给付保管凭证，寄存人向保管人交付保管物的，保管人应当向寄存人出具保管凭证。

从立法条文的措辞可以看出，保管人向寄存人出具保管凭证是保管人的保管义务内容，不管保管合同是否有偿，保管人都应当履行这一义务，除非根据交易习惯无须出具，则可以免除保管人的这一义务。

规范内容

一、保管人出具保管凭证义务

保管凭证即保管人向寄存人出具的用以证明寄存人向保管人交付保管物的证明。它主要证明以下事实：一是表明保管人已经收到了保管物；二是保管人已经对保管物进行了查验；三是证明双方的保管合同已经成立。保管凭证一般应该记载以下事项：（1）寄存人和保管人的基本情况，包括双方当事人的姓名、名称、住所、联系方式等；（2）保管物的名称、数量、质量、属

---

① 《埃塞俄比亚民法典》，薛军译，厦门大学出版社2013年版，第397页、第399页。

性等情况；（3）保管方法、地点以及对保管的特别要求；（4）保管的时间、保管费用；（5）其他应当记载的事项。保管人允诺提供劳务，为寄存人提供保管服务，双方达成合意，寄存人交付保管物，保管合同即告成立。此时保管人的义务以保管标的物并返还该物于寄存人为核心内容，保管人向寄存人出具保管凭证仅为附随义务。

二、出具保管凭证义务可以因交易习惯而免除

是否出具保管凭证往往成为保管人和被保管人之间发生争议时的焦点，一些保管人为了免除自己的义务而拒绝向寄存人出具保管凭证，这会对寄存人不利。本条规定明确了保管人出具保管凭证只能因交易习惯而被免除。根据法律规定和实践经验，以下情况保管人可以不出具保管凭证：（1）在依据本法第888条第2款所规定的法定保管的情形。如在某些商场外的停车场，根据交易习惯就不需要出具保管凭证，只要有车位就可以停车。（2）基于互相协助而提供的保管。因为这种保管多是基于寄存人与保管人之间互相信任。（3）服务部门提供的保管服务。现实生活中，一些服务部门为民众提供的保管服务，一般为无偿保管，也不提供保管凭证。

三、保管凭证不是保管合同的书面形式

保管凭证是保管合同中保管人保管义务的附随义务，不具有对价意义，也不是保管合同的书面形式，但是它是证明保管关系存在的证据。“保管凭证属于债权凭证，具有证据作用。”[①]但是对于保管合同与保管凭证的关系，理论上存在一些不同观点，笔者将在后面展开，此处不再赘述。

举证责任

因为保管合同是实践、不要式、双务、继续性合同，寄存人须移转其对保管物的实际占有，因此就保管人所开具的保管凭证具有很强的证据意义。

---

① 梁慧星主编：《中国民法典草案建议稿附理由：合同编》（下册），法律出版社2013年版，第830页。

保管凭证不是保管合同成立的条件，也不是保管合同的书面形式，但是保管凭证是保管合同成立的证明。保管合同是否成立，主要看寄存人是否交付了保管物。即使保管人应当出具保管凭证而未出具，也应当认定保管合同成立，该举证责任的安排目的在于保护寄存人的利益。

其他问题

保管人在收到寄存人交付的保管物后向寄存人出具保管凭证，这是债权性质的凭证，保管人所负担的这一义务并不是保管合同中保管人的主义务，而是附随义务。保管人出具保管凭证不是保管合同的成立要件，且保管人出具保管凭证义务可以约定免除。

第八百九十二条【保管行为的要求】

保管人应当妥善保管保管物。

当事人可以约定保管场所或者方法。除紧急情况或者为维护寄存人利益外，不得擅自改变保管场所或者方法。

历史由来

本条内容与《合同法》第369条的规定完全一样，是对保管行为提出的概括性要求。1981年《经济合同法》在第22条第2款中对仓储保管合同中的保管行为如何约定进行了规定：“仓储保管合同中，应明确规定储存货物的品名、规格、数量和保管方法……”但是并不具体、明确。《合同法》中的规定也存在这一不足，如第369条第1款规定中的“妥善保管”要求显然不属于专业性法律用语，实务中不具有可操作性。值得注意的是，《民法典》原条植入《合同法》的规定对上述缺陷没有修改：一是对妥善保管的要求不具体，过于模糊。二是未以“当事人约定保管场所或者方法的”为适用要件，易造成歧义，仅在当事人已经约定保管场所或方法的情形下，保管人才有不得擅自变更保管场所或方法之义务，无此约定的，保管人自得斟酌情形，自行决定维持或变更保管场所或方法。三是将紧急情况与为了寄存人的利益并列为保管人单方变更保管场所或方法的理由，对保管人过于宽松。从比较法来看，一些国家针对紧急或者灾难情况下的保管行为进行了特别规定，仅在紧急情势下才可以自主决定变更保管场所或方法。

从比较法上看，各国对于保管人应尽的义务基本都采取一致的态度，大致上是根据保管合同性质的不同而有所不同，即依据保管合同为有偿保管和无偿保管，对保管人注意义务的程度要求有所区分。例如，《德国民法典》第690条规定，无偿接受保管的，保管人应与处理自己的事务一样尽相同的注意。《意大利民法典》第1768条规定，受寄托人应当在保管中尽善良家父般勤谨注意义务，如果寄托是无偿的，过失责任要在较轻的范围内给予考虑。《俄罗斯联邦民法典》第891条第3款规定，如果保管是无偿的，保管人应当像对待自己的财产一样关心所保管的财产。《日本民法典》第659条规定，无报酬而受寄托者，负有以对自己财产同样的注意保管寄托物的责任。《法国民法典》第1927条规定，受寄托人，在保管寄托物时，应如同保管自己的物件一样给予注意。第1928条规定，下列情形，前条规定应更严格执行：（1）如受寄人主动提议接受寄托；（2）如约定受寄人因保管寄托物而得到报酬；（3）如寄托完全是为受寄人利益而设；（4）如有明文规定，受寄托人对其一切过失均应承担责任。此中所指“更为严格执行”显然是要求在上述情形下保管人应尽善良管理人注意义务。

可见各国立法关于保管人之注意义务，基本上是依合同有偿与否为标准而作出不同规定：无偿保管条件下，要求保管人尽与处理自己事务同样之注意义务；有偿保管条件下，保管人应尽善良管理人注意义务。相比之下，法国法的规定更具全面性和合理性，既考虑到了被其他立法例所确立依有偿与否而作出的不同规定，又充分考虑到了其他的情形。

从民法典学者建议稿来看，一些学者注意到上述不足，并在建议稿中进行了修改。如梁慧星教授主持编撰的《中国民法典草案建议稿》将保管人的行为要求分为“保管人的注意义务”和“保管的场所和方法”两条予以规定。该建议稿第1355条规定，无偿保管的保管人应当以与处理自己事务同样的注意保管保管物。有偿保管的保管人应当以善良管理人的注意保管保管物。保管人违反前款义务，致使保管物损毁、灭失的，保管人应当承担损害赔偿责任。第1356条规定，当事人可以约定保管场所或方法。当事人约定保管场所或方法的，在紧急情况下，为了维护保管人的利益，保管人可以自行改变保管物的场所或者方法，但事后应当将情况及时报告寄存人。[①]

规范目的或功能

本条是关于保管人对保管物应尽保管义务的规定。保管合同的目的是为寄存人保管保管物，即维持保管物的现状并予以返还。因此为实现合同目的，必须对保管人义务进行要求，妥善保管保管物，这是保管人应负的主要义务之一，也是保管人的核心义务。保管人按照约定方法和场所保管，最终目的也是为实现保管物的原样返还。

根据本条规定，对于保管合同，无论是有偿保管还是无偿保管，保管人都负有妥善保管的义务，但是在这两种不同的情况下，妥善保管的内容不同，对保管人的要求也不同。从比较法角度来看，各国关于保管人妥善保管的相关规定尽管具有差异，但是规范目的具有一致性。包括要求保管人要提供适当的保管场所、采取适当的保管方法、保证保管物的安全，防止保管物毁损、灭失等。这些也是本条中“妥善保管”的应有之义。另外，根据规定可以看出，除非在紧急情况之下且为了寄存人的利益，保管人方得改变保管物的场所或者方法。

规范内容

本条是对保管人的保管义务内容的规定，既提出了妥善保管的原则性要求，也是保管义务的标准。何谓“妥善保管”，法律并没有明确的规定。从法理上讲，妥善保管应当包括保管人应尽合理的注意义务、为保管提供正确合适的保管场所、采取合理的保管方法、亲自保管、保管人禁止使用保管物等内容，本条主要是对于保管场所和方法的限制，保管物禁止使用、亲自保管等义务后文述之。需要说明的是，本条所要求的“妥善保管”与英美法系信

---

① 梁慧星主编：《中国民法典草案建议稿附理由：合同编》（下册），法律出版社2013年版，第833—834页。

托制度中的“谨慎义务”以及罗马法责任体系中的“善良家父”义务制度有相似之处。英美法系信托制度中的“谨慎义务”随着两大法系的制度融合被大陆法系立法接纳借鉴，大陆法系将谨慎义务的概念以民法中的注意义务、善管义务替代，称为“善良管理人的注意义务”。但二者在本质上并无实质区别，都是对受托人在处理信托财产时施以注意、谨慎、勤勉的要求。由于法律体系的不同，大陆法系中的善良管理人注意义务相较于英美法系中的谨慎义务，尽管在法解释过程中人们认为具有一致性，但是由于规定得过于抽象、不具体，导致适用性及可操作性相较于英美法系中的谨慎义务大打折扣。“善良家父的勤谨注意”是罗马法责任体系中一个重要的概念，体现了罗马法上的契约利益原则，也体现了罗马法的灵活变通性及理性内涵。

所以，从法理上说，保管人为寄存人利益所为之保管，首先是将保管物置于保管人控制之下并维持其原状。由于保管行为是保管合同的核心义务，明确其内涵就极为重要。正如学界一致认同的观点，保管合同是单纯、消极地对保管物进行占有并加以看护的行为，其方式包括对保管物的占有本身或者保管物的关键部分，如控制车辆的钥匙。保管行为是否包括保管人对保管物应有的维护？这一问题也有较大争论。笔者认为，本条文中妥善保管的要求实际上回答了这一问题。如对车辆的保管，因为车辆机械方面的特性，要求对其进行适当使用维护是妥善保管的应有之义。当然也有学者提出不同观点，认为保管合同中保管人的保管行为只能是消极的管理，不应该包括积极的管理或者改良行为，也不应该包括对保管物的特别劳务。如果保管行为中包含一些积极行为内容，则应该是保管合同和委托合同的混合合同，比如对牲畜动物的保管。[①]

一、保管人的合理注意义务

保管人对于保管物的保管应尽合理注意义务，表现在如果保管合同为无偿合同，保管人应当尽力保管好标的物，尽到与处理自己事务同样的注意义务；如保管合同为有偿合同，保管人需尽善良管理人的注意义务。

---

① 郭洁：《论〈合同法〉保管合同的若干法律问题》，载《辽宁大学学报》（哲学社会科学版）2001年第2期。

通常而言，寄存人将物交给保管人保管，是缘于对保管人的信任，认为保管人基于专门经验或更优条件能够对保管物进行较好的保管。正是基于信任基础，保管合同才得以成立。

二、合适的保管场所

所谓合适的保管场所，是指保管人根据寄托物的性质采取妥善的保管措施，最简单的例子如受托物为生鲜、易燃物等时，毫无疑问需要特殊的保管场所以保证物品不变质或者安全。如“李某某与柯某某仓储合同纠纷上诉案”[①]，该案件基本情况是：2009年10月13日，原告与被告约定把1816箱生姜存放于冷藏库保鲜，生姜却分别被存放在二楼冷库与该库二楼、三楼的走廊上，该库二楼走廊上的生姜已全部变质，保管人未尽妥善保管义务，对物品的损失应当承担主要过错责任。在“某市某地产开发总公司诉李某某摩托车损害赔偿纠纷案”中，[②]被上诉人及妻子购买上诉人的房子后，按购房合同约定将自己所有的摩托车交由上诉人保管，并按月交保管费，双方的车辆保管关系成立。上诉人对被上诉人的摩托车负有妥善保管的义务。虽然上诉人为保管摩托车而开设了停放摩托车的车库，但上诉人没有要求被上诉人必须将摩托车停放在车库内。对停放在车库外的摩托车亦不给予制止，实质上并未尽到妥善保管的义务，因此，被上诉人的摩托车在小区内被盗，上诉人应负主要的民事赔偿责任。而被上诉人作为摩托车的所有人，为了安全起见，在上诉人开设了车库以后，理应主动将摩托车放在车库里，这样既有利于管理也利于安全。但被上诉人为了图方便，将摩托车停放在车库外面，对摩托车被盗所造成的损失，自身也应承担一定的民事责任。原审判决上诉人承担全部的民事赔偿责任不妥，法院最终判定上诉人承担70%的责任。

三、合适的保管方式

所谓合适的保管方式，指保管人应当遵循合同所约定的方式或者采取符合寄托物的品质、种类、数量等保管要求的具体措施，以达到寄存物的保管

---

① 浙江省台州市中级人民法院（2010）浙台商终字第366号民事判决书

② 海南省海口市中级人民法院（2002）海中法民终字第3号民事判决书。

目的。如寄存人寄存金钱、有价证券、珠宝或者其他贵重物品的，保管人应当按照贵重物品保管要求保管寄存的贵重物品。需要明确的是，保管方法如果经过约定，除非有紧迫事由并可推定寄存人若知道这一情势会允许变更约定方法外，保管人不得随意变更保管方法。这一原则同样为许多立法例所采纳，如我国台湾地区规定，寄托物保管之方法经约定者，非有急迫之情事，并可推定寄托人若知有此情事，亦允许变更其约定方法时，受寄人不得变更之。《德国民法典》第692条规定，如果保管人根据情况可认定，存放人若知有此情事也允许变更约定的保管方法时，保管人有权变更约定的方法，保管人应在变更前通知寄存人，如果拖延不会造成危险时，应等待存放人的决定。《俄罗斯联邦民法典》第893条第1款与德国法上述规定相同。如果保管方法没有约定或约定不清，保管人应当按照保管物的性质、种类所要求的保管方法，以及合同的具体目的，并遵循诚实信用原则和其他具体的情势，以合适的方式进行保管。[①]

四、紧急情势下的处置措施

本条第2款规定，当事人可以约定保管场所或者保管方法。从法理上看，当事人已经约定的，应当从其约定；当事人无约定的，保管人应当根据保管物的性质、合同目的以及诚实信用原则，妥善保管保管物。当事人约定了保管场所或者保管方法的，除紧急情况或者为了维护寄存人的利益外，不得擅自改变保管场所或者方法。所谓紧急情况，如保管物因第三人的原因或者因自然原因，可能发生毁损、灭失的危险时，保管人除应当及时通知寄存人外，为了维护寄存人的利益，可以改变原来约定的保管场所或者保管方法。如《意大利民法典》第1770条第2款规定，如果紧急情况需要，受寄人得以不同于合意的方式进行保管，同时在可能的情况下，应立即通知寄存人。

在紧急情势下，继续依原约定方法保管对寄存人不利时，在可推定寄托人若知有该种情事亦允许变更保管方法时，方能变更其约定方法。[②]但危急情

① 江平主编：《中华人民共和国合同法精解》，中国政法大学出版社1999年版，第319页。
② 黄立主编：《民法债编各论》（下），中国政法大学出版社2003年版，第611页。

势的情况是否应当通知寄存人，本条并无明文规定。如果采取和前文所述《德国民法典》第692条相同的法律规定，在变更前通知寄存人，虽然这种规定体现了保管合同一般系为保管人利益而设的原理，具有合理性，但等待存放人作出决定，则可能因为时间拖延而造成损失，特别是在危急情况下，保管人如何确定能够在最合理的时间通知存放人，现实操作很难把握，也不利于合同实现的效率要求。如果处理不当，保管人就很可能构成了保管义务的违反而会被科处责任，这难免有悖于民法的衡平精神，所以说尽管《德国民法典》的规定从理论上讲更具有合理性，但不具有现实上的可操作性，我们相应的立法建议参照上文所述我国台湾地区的相关规定，这一规定更多的是依赖于客观、具体情事而对寄存人进行允许变更保管方法的意思拟制，便于保管人的保管，也具有很强的现实可操作性。

此外，如果寄存物与保管人自己的物同时处于危险之中时，保管人应当怎样行为？一般认为，在处理寄存人的货物时，保管人必须采取一定的合理注意义务。保管人在保管过程中有一项重要的义务是其有义务不将寄存人的货物与自己的货物混在一起保管，但是经过寄存人同意的除外。如果保管人已得到寄存人的同意将寄存货物与保管人货物置于同一场所保管，若发生风险并导致货物处于危险之中，笔者认为，应当根据保管人所应承担的注意义务的不同而作出不同的规定。对应尽善良管理人注意义务者，保管人应当优先抢救寄存物，而对应尽与处理自己事务之注意义务者，应当由保管人自己作出选择。

三 举证责任

保管合同的举证责任，应当按照保管合同有偿和无偿有所区分。因为无偿保管主要是社会成员之间相互协助，而有偿保管则是商业行为，从商业道德的特殊要求出发，对有偿保管的保管人的要求应当更高，责任应当更重。如果保管合同是无偿的，对于重大过失承担赔偿责任，对于轻过失造成保管物毁损、灭失的，则可免除责任。如果保管合同是有偿的，受托人除证明自己对保管物的毁损、灭失没有过失外，一律承担损害赔偿责任。值得注意的是，在特定场合，保管人的无偿保管具有间接有偿性。如宾馆、饭店、影剧院等提供保管服务的，纵寄存人不支付保管报酬，亦得解释为报酬已包含在宾馆房价、饭店餐费以及影剧院票价之中，其保管人应尽善良管理人的注意义务。

三 其他问题

保管人的注意义务标准是确定保管人承担责任的重要依据，其既受到保管合同是否有偿的影响，也受到保管合同的归责原则的影响。保管合同是否有偿，决定保管人不同的注意程度，对寄托人和保管人有不同的要求，我们有必要从注意义务和责任关系的角度来加以论述。对合同当事人双方注意义务加以区分并依据对注意义务的违反而确定当事人的法律责任，早在古罗马法时期就已有之。根据罗马法的规定，契约当事人对注意义务的违反，是责任人有过失的前提性条件。在罗马法上，对行为人应否负过失责任，是以行为对其有无利益为标准，若对当事人有利益，法律就要求他小心谨慎，多加注意，负因过失所生之责任。[①]而在优士丁尼继位以后，认为先前关于注意义务的规定太过简单，不利于调动人们的积极性和促使他们提高注意，因此对之作出了更为细化的规定：（1）将过失分为一般过失和重过失，一般过失就是指抽象过失，也叫轻过失；而所谓重过失，就是欠缺一般人该具有的起码注意，他只要稍加注意，损害就不会发生，那么显然这种过失是不可原谅的。（2）对管理自己事务兼管他人事务的，以尽了与处理自己事务相同的注意为无过失，后世注释法学家就称未达到此项注意程度的过失为具体轻过失，并称（1）中的轻过失为抽象轻过失。（3）受任人责任的加重。[②]罗马法这种将注意义务的违反程度与过失程度结合起来作为追究责任的依据的做法，被后世所继受并为欧陆诸国所采用。我国法上保管合同制度中也有对这一思想的承继。《合同法》第374条规定，保管期间，因保管人保管不善造成保管物毁损、灭失的，保管人应当承担损害赔偿责任，但保管是无偿的，保管人证明自己没有重大过失的，不承担损害赔偿责任。这一条依据保管合同的有偿与

---

① 周枏：《罗马法原论》（下册），商务印书馆1994年版，第695页。

② 参见周枏：《罗马法原论》（下册），商务印书馆1994年版，第697—698页。

否而对保管人科以不同的注意义务，遗憾的是该条没有明确“尽与处理自己事务同样之注意义务”及“善良管理人注意义务”之区分。

违约责任的归责原则，直接决定着违约损失后果在当事人之间的合理分配，对合同当事人利益影响非常大，因此是合同法上重大问题之一。罗马法上以“勤谨注意”为归责标准的归责体系体现了契约利益原则。双方当事人在契约关系中可获利益的大小与债务人应尽的勤谨注意义务是相一致的。债务人从契约关系中获取的利益越大，应尽的勤谨注意义务就越多，承担的法定过失责任也就越重；债务人从债务关系中获取的利益越小，应尽的勤谨注意义务也就越小，承担的法定责任也就越轻。[①]这一原则在保管合同中也应当适用。

第八百九十三条【保管物有瑕疵或需要特殊保管时寄存人的义务】

寄存人交付的保管物有瑕疵或者根据保管物的性质需要采取特殊保管措施的，寄存人应当将有关情况告知保管人。寄存人未告知，致使保管物受损失的，保管人不承担赔偿责任；保管人因此受损失的，除保管人知道或者应当知道且未采取补救措施外，寄存人应当承担赔偿责任。

历史由来

本条承继自《合同法》第370条。1981年《经济合同法》在第43条有关“违反仓储保管合同的责任”第二部分的第1款规定，易燃、易爆、有毒等危险物品和易腐物品，必须在合同中注明，并提供必要的资料，否则造成货物毁损或人身伤亡，承担赔偿责任直至刑事责任。可以看出，《合同法》第370条的规定源于《经济合同法》相关条款的立法意旨和精神。《民法典合同编（草案）》（征求意见稿）、《民法典合同编（草案）》（一审稿）和《民法典合同编

① 陈志红：《罗马法“善良家父的勤谨注意”研究》，载《西南民族大学学报》（人文社会科学版）2005年第8期。

（草案）》（二审稿）都保留了《合同法》第370条的规定。在《民法典》起草过程中，一些学者建议稿对保管物有瑕疵或需要特殊保管时寄存人的义务也进行了相应的规定，但都是沿袭《合同法》第370条的规定，如梁慧星教授主持编撰的《中国民法典草案建议稿》第1365条即与《合同法》第370条完全一致。

相对于2019年12月28日公布的《民法典（草案）》，公布后的条文最终将“除保管人知道或者应当知道并且未采取补救措施的以外”中的“并”字删除，该修改对条文主旨没有影响，但使条文更为简练。

从比较法视角来看，各国民法典对保管物有瑕疵或者有特殊品质的告知义务的规定大致相同或相近，相关立法规定列举如下：

1.《德国民法典》第694条规定，寄托人应赔偿受寄人因寄托物之性质所受之损害，但寄托人于寄托时，不知寄托物有发生危险之性质，且非可得而知，或寄托人已将该性质告知受寄人，或虽未告知，而为受寄人所已知者，不在此限。

2.《法国民法典》第1947条规定，寄托人对受寄托人为保管寄托物所支出的费用，负偿还义务，以及对寄托物可能给受寄托人引起的损失负补偿义务。

3.《日本民法典》第661条规定，寄托人应向保管人赔偿因受寄物的性质或瑕疵而产生的损害。但是，寄托人无过失而不知其性质或瑕疵或保管人知情时，不在此限。

4.《俄罗斯联邦民法典》第903条规定，寄存人应当赔偿由于所寄存物的特性而给保管人造成的损失，但保管人在接受保管物时知道且应当知道这种特性的除外。

5.《埃塞俄比亚民法典》第2793条规定，（1）寄托人应向受托人支付约定的报酬。（2）寄托人应赔偿受托人为保管动产发生的全部费用。（3）寄托人应赔偿受托人因寄托可能给他造成的全部损害，但此等损害是由于受托人的过错或者受托人对其承担责任的另一人的过错所致的除外。

三、规范目的或功能

合同法要求合同双方当事人的权利义务对等，体现在保管合同中则表现为寄存人和保管人之间权利义务配置的平衡。对寄存人所寄存之物有瑕疵或者因其有特殊品质而形成损害的，本条根据合同权利义务对等原则进行了立法安排。对于寄存人所交付的保管物有瑕疵或者根据保管物的特殊品质而需要采取特殊保管措施的，寄存人应当事先告知保管人。因未告知而导致保管物本身毁损、灭失的，保管人不承担损害赔偿责任。因保管物的瑕疵或者特殊品质给保管人造成损害的，寄存人应当承担赔偿责任；但是寄存人能够证明保管人知道或者应当知道保管物有瑕疵或者保管物因其具有特殊性质而可能给自己或者他人造成损害却并不采取适当防范或者补救措施的，寄存人不承担法律赔偿责任。

规范内容

一、寄存人的瑕疵告知义务

寄存人与保管人达成保管合意后，需要将保管物交付给保管人。保管合同是保管人利用自己的知识技能、场地设备以及便利条件等为寄存人提供保管劳务的合同，寄存人将保管物交给保管人保管往往也是基于双方的信任，保管合同双方当事人应当相互尽告知、协力、照顾、说明等义务。因此，寄存人应当将标的物的真实情况如实告诉保管人。就寄存人告知保管人的内容和详细程度而言，因为保管物各不相同，因此告知的内容和详细程度也不相同。从法律实践经验来看，以下内容应当成为寄存人向保管人告知内容的考虑要素：（1）保管物的性质和特点；（2）保管物的通常保管方式；（3）保管标的物的适宜状态等。对于一些具有特殊品质的保管物的保管要求，寄存人必须如实告知。寄存人履行上述标的物保管的信息告知义务，不仅有利于保管人采取准确、恰当的保管措施，便于对保管物的保管，以保护寄存人的权益，同时也可以便利保管人采取合理的措施以避免自己的财物或者利益遭致损害。

二、寄存人的责任依据

根据本条规定，寄存人交付保管物于保管人时，寄存人负有保管物瑕疵和性质的告知义务，如果违反此义务而导致保管物毁损、灭失的，寄存人须自担其责。如果给保管人造成人身或者财产损失的，寄存人应该承担损害赔偿责任。

（一）寄存人的违约责任

寄存人和保管人之间基于保管合意并交付标的物形成保管合同。无论是有偿保管还是无偿保管，寄存人于交付保管物于保管人时，须向保管人如实告知保管物的瑕疵、特殊性质或者必须采取的适合的保存方法等，寄存人违反这一合同义务构成违约，应当承担违约责任。根据《民法典》的规定，从合同违约的形态来考察，违约可以分为不履行、不完全履行、迟延履行和预期违约等形态；从违约一方当事人所违反的义务的性质出发，违约行为可以区分为对主给付义务的违反、对从给付义务的违反以及对狭义附随义务的违反；从违约行为所侵害的利益出发，违约行为可以分为对履行利益的损害、对信赖利益的损害和对固有利益的损害。

对于寄存人违反保管物瑕疵或特殊性质告知义务构成违约行为的判断，还涉及违约责任的归责原则和因果关系的判断。合同违约责任的归责原则，我国学界通说认为实行严格责任，例外实行过错责任。过错责任在个别的合同类型中适用。不过，这一认识开始逐步发生变化，学界对这一笼统的分析判断开始反思，尤其是手段义务和结果义务区分理论出现之后，促使人们进一步对之深入研究。[①]手段义务是指债务人的义务是为了提供符合一定技术水准和注意水准的行为给付；结果义务是指债务人的义务为了实现一定之结果。手段义务和结果义务的二元区分将过错责任原则上升为合同法上与严格责任原则并驾齐驱的一种合同归责原则。违约责任归责上过错责任原则和严格责任原则相互并列的“二元结构论”渐为学界所认同，[②]在合同归责原则方面，“学者为缓和严格责任的努力是值得肯定的”。[③]

---

① See S. Guinchard, S. Guinchard. Debard (dir.). Lexique des termes juridiques, 18e éd., Paris: Dalloz, 2011. P.551.

② 叶名怡：《〈合同法〉第122条（责任竞合）评注》，载《法学家》2019年第2期。

③ 谢鸿飞：《合同法学的新发展》，中国社会科学出版社2014年版，第441页。

对于因果关系的判断也是保管合同瑕疵物造成损害之赔偿责任的要件，因为在确认存在违约责任的情况下，要确定违约损害赔偿责任是否存在以及责任范围大小，就需要依赖于因果关系的判断。实践中一个有趣的现象是，侵权责任法对因果关系的重视程度远远大于合同法领域对因果关系的重视程度。

（二）寄存人的侵权损害责任

寄存人不履行保管合同中保管物瑕疵告知义务的，对保管人不仅构成违约，还可能发生责任竞合，构成侵权损害。责任竞合，是指同一法律事实同时满足两个以上民事责任的构成要件，从而导致多个民事责任均告成立的法律现象。从义务人、责任人的角度为责任竞合，从权利人的角度则为请求权竞合。[①]根据《民法典》第186条规定："因当事人一方的违约行为，损害对方人身权益、财产权益的，受损害方有权选择请求其承担违约责任或者侵权责任。"保管人可以据此追究寄存人的侵权赔偿责任。需要注意的是，因为保管物自身的性质或者瑕疵而给第三人造成损害的，寄存人当然应负损害赔偿责任，当然这种责任为侵权责任，而不是违约责任。

三、寄存人的侵权责任构成要件

（一）归责原则

根据本条规定可以看出，寄存人违反告知义务构成侵权责任时，归责原则是过错责任原则。从比较法来看，大多数国家的民法典对寄存人违反告知义务而导致保管人损害都采纳了过错责任原则。如上文《德国民法典》《埃塞俄比亚民法典》《俄罗斯联邦民法典》等相应条款的规定。《瑞士债法典》第473条第2款也规定，寄托人对保管人因保管而造成的损失承担赔偿责任，但寄存人能证明该损失不可归责于其的除外。但是从规定内容来看，它们都实行过错推定原则，立法规定不管寄存人有无过错，在损害发生后，就令其承担损害赔偿责任，但是寄存人如果能够通过举证证明自己没有过失，则可以

---

① 叶名怡：《〈合同法〉第122条（责任竞合）评注》，载《法学家》2019年第2期。

免除损害赔偿责任。

值得注意的是《法国民法典》的相关规定。《法国民法典》第1947条规定，寄托人对受寄托人为保管寄托物所支出的费用，负偿还义务，以及对寄托物可能给受寄托人引起的损失负补偿义务。从这一条文可以看出《法国民法典》对寄存人违反信息告知义务而导致的损害赔偿实行严格责任，即不问寄存人有没有尽告知义务、保管人有没有过失，而只根据损害本身的发生就要求寄存人承担赔偿责任。

（二）侵权损害责任构成要件

1. 寄存人违反保管物信息告知义务

寄存人违反保管物信息告知义务构成了违约行为，这一违约行为导致保管物给保管人或者第三人造成损害，寄存人的这一不作为造成了消极的法律后果，又构成侵权责任。所以，寄存人未履行保管物信息告知义务本身构成了违约，在侵权法上，也符合侵权责任构成中的侵权行为。

2. 寄存人主观上存在过错

根据本条的规定，寄存人应当将保管物的瑕疵或者根据保管物的特殊性质需要特殊保管措施的情况告知保管人。此处的瑕疵并非买卖合同中的瑕疵，也不是《产品质量法》中所指的瑕疵，而是指保管物因其自身某种缺陷容易造成保管物自身或者其他财产毁损、灭失的缺陷。[①]对于一些保管物因自身具有的特殊性质而需要特别保管措施的判断，主要是指易燃、易爆、剧毒、放射性、腐蚀性、易碎、易吸水受潮等。

3. 保管人因此而遭受损失

根据条文中“保管人因此受损失的”规定，可以看出要求保管人实际受到了损失。不过，值得注意的是，即使在没有发生损害结果的情况下，违约责任和侵权责任仍然可能发生竞合。[②]同样以易燃、易爆、剧毒物品的保管为例，如果保管人未能按照适当的方式进行保管而存在引发火灾、爆炸或者毒源泄漏之虞，则保管方的不当保管行为不仅会导致《民法典》合同编第577条

---

① 魏耀荣等：《中华人民共和国合同法释论》（分则），中国法制出版社2000年版，第512页。

② 叶名怡：《〈合同法〉第122条（责任竞合）评注》，载《法学家》2019年第2期。

所规定的违约责任，[①]也会产生本法侵权责任编第1167条所规定的预防性侵权损害赔偿责任，即“侵权行为危及他人人身、财产安全的，被侵权人有权请求侵权人承担停止侵害、排除妨碍、消除危险等侵权责任”。

因侵权行为而引起的损害，分为财产性损害和非财产性损害两种类型。《民法典》第186条所规定的损害，包含上述两种损害行为类型。学界在探讨有关责任竞合场合，非财产损害是否包含精神损害时观点分歧较大，认为“精神损害赔偿仅限于侵权的范畴，而排斥在违约情况下的适用”，[②]但是学界多数认为这种观点开始逐渐改变，流行的观点开始转向“违约责任可涵盖精神损害赔偿”之倾向。[③]

4.因果关系

根据本条“保管人因此受损失的”中“因此”一词的使用，表明本条的侵权损害应该存在因果关系，即因为寄存人未将保管物的瑕疵或者特殊性质告知保管人而造成保管人的人身、财产遭受损害或者致使双方当事人以外的其他人人身、财产遭受损害。

举证责任

寄存人交寄的保管物有瑕疵或者根据保管物的性质需要采取特殊保管措施的，寄存人负有告知义务，否则因未告知而导致的损害，寄存人需承担责任。根据条文规定，举证责任也应该从两个方面来理解。（1）保管物受损的举证责任。寄存人对保管人负有告知的义务，包括以下两种情况：一是如果保管物有瑕疵的，应当将真实情况如实告知保管人。二是按照保管物的性质需要采取特殊保管措施的，寄存人应当告知保管人。寄存人违反前两项义务，使保管物本身遭受损失的，保管人不承担损害赔偿责任。依据我国《民事诉讼法》第64条、《民事诉讼法解释》第91条关于举证责任分配

---

① 《民法典》第577条规定：当事人一方不履行合同义务或者履行合同义务不符合约定的，应当承担继续履行、采取补救措施或者赔偿损失等违约责任。

② 王利明：《合同法研究》，中国人民大学出版社2015年版，第610页。

③ 参见崔建远：《债权：借鉴与发展》（修订版），中国人民大学出版社2014年版，第763页；韩世远：《合同法总论》（第四版），法律出版社2018年版，第783页。

的规定，此种情况下，若保管人主张免责，应承担寄存人没有履行告知义务的举证责任。反之，若寄存人主张保管人承担损害赔偿责任，则应承担其履行了告知义务的举证责任。（2）保管人受损的举证责任。在保管人于合同成立时已经知道或者应当知道并且未采取补救措施的，寄存人不承担损害赔偿责任。此种情况下，寄存人主张免责的，应承担因自己的告知或依据客观情况可获知等保管人于合同成立时已知道或者应当知道的举证责任。但保管人因过失而不知上述情形时，寄存人仍不能免责，此种情况下，应适用过失相抵原则。

第八百九十四条【第三人代为保管】

保管人不得将保管物转交第三人保管，但是当事人另有约定的除外。

保管人违反前款规定，将保管物转交第三人保管，造成保管物损失的，应当承担赔偿责任。

历史由来

本条承继了《合同法》第371条的规定。在《合同法》之前，我国早期立法没有区分保管合同和仓储合同，将两者置于“仓储保管合同”之下，且没有规定“第三人代为保管”事宜。1981年《经济合同法》第22条分4款分别规定了“仓储保管合同”的定义、事项、履行和责任问题。该法第43条规定了违反仓储保管合同的责任。随着商事实践的发展和研究的深入，该问题在《合同法》（草案）的起草中得到较好的解决。《合同法》（草案）第373条规定，保管人不得将保管物转交第三人保管，但当事人另有约定的除外。保管人违反前款规定将保管物转交第三人保管，对保管物造成损失的，应当承担损害赔偿责任。该条为自1999年10月1日起施行的《合同法》所接受。《合同法》第371条规定，保管人不得将保管物转交第三人保管，但当事人另有约定的除外。保管人违反前款规定，将保管物转交第三人保管，对保管物造成损失的，应当承担损害赔偿责任。《合同法》该条规定为《民法典》所承袭。

从历史和比较法的角度来看，保管合同起源于古代罗马法，尽管未见罗马法中有“第三人代为保管”的相关规定，但在承继罗马法相关规定的诸多国家和地区中，逐渐发展出“第三人代为保管”规则。《德国民法典》第691条“寄托于第三人处”规定，有疑义时，受寄人无权将寄托物寄托于第三人处。许可寄托于第三人处的，受寄人只须对在寄托于第三人处时自己所犯的过错负责任。就辅助人的过错，受寄人依第278条负责任。《意大利民法典》第1770条第1款“保管方式”规定，未经寄托人的同意，受寄人……也不得将寄托物交予他人保管。《日本民法典》第658条“寄存物的使用及第三人的保管”规定，保管人非经寄托人承诺，不得使用寄存物或使第三人保管寄托物。保管人可使第三人保管寄托物时，准用第105条（复代理人选人的责任）及第107条第2项（复代理人的权利义务）的规定。《俄罗斯联邦民法典》第895条规定，如果保管合同无不同的规定，保管人无权不经寄存人同意将物转交第三人保管，但保管人为了寄存人的利益不得不转交第三人保管并且不可能获得寄存人同意的情况除外。保管人将物转交给第三人保管的情况应立即通知寄存人。我国台湾地区规定，受寄人应自己保管寄托物。但经寄托人之同意或另有习惯或有不得已之事由，得使第三人代为保管。受寄人违反前述规定，使第三人代为保管寄托物者，对于寄托物因此所受之损害，应负赔偿责任。但能证明纵不使第三人代为保管，仍不免发生损害者，不在此限。受寄人依前条之规定，使第三人代为保管者，仅就第三人之选任及其对第三人所为之指示，负其责任。

从学者建议稿来看，由梁慧星教授主持编撰的《中国民法典草案建议稿》第1357条“转交第三人保管”规定，保管人不得将保管物转交第三人保管，但经寄存人同意或有不得已事由的除外。保管人违反前款规定，将保管物转交第三人保管，对保管物造成损害的，应当承担损害赔偿责任。保管人按照本条第1款规定将保管物转交第三人保管的，保管人仅就第三人的选任及其对第三人的指示向寄存人承担责任。[①]陈甦教授主持编撰的《中国社会科学院民法典分则草案建议稿》在“保管人的亲自保管义务”的条文中也采用同样的

---

① 梁慧星主编：《中国民法典草案建议稿附理由：合同编》（下册），法律出版社2013年版，第837页。

表述。可见学界均是在基本沿袭《合同法》第371条表述的基础上进一步进行了细化。因此，学界对此问题存在基本共识。

规范目的或功能

本条主要规定保管人的亲自保管义务及损害赔偿问题。本条第1款规定，在保管合同中，保管人须亲自为保管行为，不得擅自将保管义务交予他人履行。所谓亲自保管，包括保管人自己保管，亦包括由履行辅助人辅助保管。[①]此种例外则是寄托人和保管人双方约定可转托他人代为保管。本条第2款规定了保管人违反亲自保管义务造成损失时的损害赔偿责任。当寄存人和保管人不存在可由第三人代为保管的约定时，保管人擅自转交第三人保管的，则违反亲自保管义务，须对保管物的损失承担损害赔偿责任。

规范内容

一、法条属性

区分完全法条与不完全法条，只有以其可否作为请求权的独立依据为判断标准，否则任何法条都可能是不完全的。[②]不完全法条以其作用为划分标准，可分为说明性法条、限制性法条、引用性法条和拟制性法条四类。[③]本条第1款属于不完全法条之说明性法条。即说明保管人的亲自保管义务及其例外情形。本条第2款则属于完全法条。在保管人擅自将保管物转交第三人保管，由此造成保管物损失的，寄存人得依据该款向保管人主张损害赔偿责任。因此本条为完全法条。适用情形为保管合同之下保管人擅自将保管物转交第三人

① 梁慧星主编：《中国民法典草案建议稿附理由：合同编》(下册)，法律出版社2013年版，第838页。

② 汪渊智：《民法中的不完全性法条》，载《山西大学学报》(哲学社会科学版)2004年第4期。

③ 汪渊智：《民法中的不完全性法条》，载《山西大学学报》(哲学社会科学版)2004年第4期。

保管。构成要件为保管人违背亲自保管义务，擅自将保管物转交第三人保管，由此造成保管物损失。法律效果为保管人对保管物损失承担损害赔偿责任。

二、法条阐释

（一）保管人不得将保管物转交第三人保管，但是当事人另有约定的除外

保管人有亲自保管的义务。该义务主要包括两个方面：（1）保管人应当依据合同的约定亲自保管保管物。亲自保管也包括通过履行辅助人进行保管。（2）除和寄存人有约定外，不得将保管物擅自转交第三人保管。从比较法上来看，诸多国家和地区均禁止转保管。《德国民法典》第691条“寄托于第三人处”规定，有疑义时，受寄人无权将寄托物寄托于第三人处。但是，也并非绝对禁止转保管，如奥地利判例指出，只有在得到寄存人同意的情况下，且处于紧急情况，出于保存货物的需要，才可以转保管。[①]我国台湾地区规定，受寄人应自己保管寄托物，但经寄托人之同意或另有习惯或有不得已之事由者，得使第三人代为保管。

其背后的法理基础为：（1）保管合同特别是无偿保管具有较强的人身属性，多基于信任关系。因此，要求保管人亲自保管。我国《合同法》及本法将保管合同和仓储合同之所以分别规定，原因之一为保管合同以无偿为原则，以有偿为例外；而仓储合同则为有偿的商事合同。（2）为便利寄存人取回保管物。认为基于当事人之间信任而要求保管人亲自保管的观点，在市场经济高度发达的今天面临挑战。从合同法的发展趋势来看，保管合同当事人之间的信赖关系正逐渐减弱。[②]具有商事性质的有偿保管合同当然不是基于当事人的信任。现今关于限制转保管更具说服力的理由为，如允许保管人任意转保管，将增加寄存人取回保管物的困难，尤其是在寄存人欲尽快取回保管物时，如允许任意转保管，将使寄存人不得不付出额外成本以确定实际保管之处；此外寄存人为保管物投保的保险，亦可能未涵盖转保管，如保管人任意转保

① Rummer Schubert, Kommentar ABGB, Art.96.5, No.2.

② See, Christian von Bar and Eric Clive, Definitions and Model, Rules of European Private Law, Volume Ⅰ, Munich: Sellier European Law Publishers, 2009, p.1803.

管，或致寄存人丧失保险利益。[①]（3）妥善保管的考虑。寄存人寄存保管物于保管人可能是考虑到保管人具有的保管条件、技能等，若保管人擅自将保管物交予不具有保管条件、技能的人，则不利于维持保管物的原有状态，甚至产生损害。

（二）保管人违反前款规定，将保管物转交第三人保管，造成保管物损失的，应当承担赔偿责任

"第三人"的界定。若保管人违反亲自保管的义务，擅自将保管物转交第三人保管，造成保管物损失的，应当承担损害赔偿责任。此处的"第三人"指的是保管人转保管的次保管人。若保管人使用受雇人协助其履行保管义务的，此种保管辅助人的行为仍然属于保管人自己的行为，不构成本条中的"第三人"。

损害赔偿责任的实现。此处损害赔偿责任的实现，根据请求权的基础关系的不同，可分为三类：

1.基于合同的违约损害赔偿请求权。由于第三人的过错造成货物的毁损、灭失，应由保管人向寄存人承担损害赔偿责任。这是合同的相对性决定的。在寄存人和保管人之间不存在约定的情况下，保管人擅自将保管物转交给次保管人，此时，其与次保管人之间成立次保管合同。此合同的拘束力仅限于这两者之间而不及于寄存人。由此，因次保管人的因素导致保管物毁损、灭失的，由次保管人对保管人负责，而保管人则应当对寄存人负责，也即承担违约损害赔偿责任。基于违约损害赔偿责任的性质，此种责任的承担并不需要保管人或者次保管人具有过错。本条也没有这样的要求。

2.若寄存人为保管物的物权人，在保管人擅自将保管物转交第三人保管，由第三人造成保管物损失的，寄存人也可向第三人主张侵权损害赔偿。如本法第238条规定："侵害物权，造成权利人损害的，权利人可以依法请求损害赔偿，也可以依法请求承担其他民事责任。"和主张违约损害赔偿不同，侵权损害赔偿涉及侵权人主观过错的证明问题。相比之下，可能举证责任重于前者。

---

① 梁慧星主编：《中国民法典草案建议稿附理由：合同编》（下册），法律出版社2013年版，第838页。

但特定情况下，主张侵权损害赔偿具有特殊功能，依据本法第1183条第2款规定："因故意或者重大过失侵害自然人具有人身意义的特定物造成严重精神损害的，被侵权人有权请求精神损害赔偿。"若保管物是具有人身意义的特定物（如纪念品），发生毁损、灭失的，寄存人可依据该条主张精神损害赔偿。

3.若寄存人基于债权而占有保管物，作为占有人，在保管人擅自将保管物转交第三人保管，由第三人造成保管物损失的，寄存人也可向第三人主张侵权损害赔偿。占有不是一种权利，只是占有人对占有物的事实控制状态，然而，由于占有这一事实对占有人也有经济上的价值，故此，在他人侵害占有而给占有人造成损害时，也发生侵权赔偿责任。[①]

举证责任

根据我国《民事诉讼法》第64条第1款规定，当事人对自己提出的主张，有责任提供证据。最高人民法院司法解释进一步明确了举证责任的承担问题。《民事诉讼法解释》第90条规定，当事人对自己提出的诉讼请求所依据的事实或者反驳对方诉讼请求所依据的事实，应当提供证据加以证明，但法律另有规定的除外。在作出判决前，当事人未能提供证据或者证据不足以证明其事实主张的，由负有举证证明责任的当事人承担不利的后果。《民事诉讼法解释》第91条规定："人民法院应当依照下列原则确定举证证明责任的承担，但法律另有规定的除外：（一）主张法律关系存在的当事人，应当对产生该法律关系的基本事实承担举证证明责任；（二）主张法律关系变更、消灭或者权利受到妨害的当事人，应当对该法律关系变更、消灭或者权利受到妨害的基本事实承担举证证明责任。"由上述规定可知，不同情形下，当事人具有不同的举证责任。

一、寄存人主张违约损害赔偿

在寄存人和保管人之间不存在约定的情况下，保管人擅自将保管物转交给次保管人，由此，因次保管人的因素导致保管物毁损、灭失的，由次

---

① 程啸：《侵权责任法》，法律出版社2015年版，第192页。

保管人对保管人负责，而保管人则应当对寄存人负责，也即违约损害赔偿责任。基于违约损害赔偿责任的性质，此种责任的承担并不需要保管人或者次保管人具有过错。只需证明存在违约行为、财产权利损害的事实、因果关系即可。因此，若寄存人主张违约损害赔偿请求权，则寄存人须承担双方存在保管合同、保管物已交付给保管人、保管人违约转保管、保管物发生毁损、灭失的举证责任以及该损失是由保管人违约行为所致的举证责任。此时，若保管人提出双方存在可转保管的约定，则应承担举证责任。

二、寄存人主张侵权损害赔偿

1.若寄存人为保管物的物权人，在保管人擅自将保管物转交第三人保管，第三人造成保管物损失的，寄存人也可向第三人主张侵权损害赔偿。本法第238条规定："侵害物权，造成权利人损害的，权利人可以依法请求损害赔偿，也可以依法请求承担其他民事责任。"寄存人基于其为保管物物权人而主张侵权损害赔偿的，其应承担其为物权人、第三人存在过错、第三人存在侵权行为、产生损害后果、侵权行为与损害后果之间存在因果关系的举证责任。

2.若寄存人基于债权而占有保管物，作为占有人，在保管人擅自将保管物转交第三人保管，第三人造成保管物损失的，寄存人也可向第三人主张侵权损害赔偿。关于侵害占有损害赔偿责任的归责原则，目前大陆法系各国对于物上请求权性质的占有保护请求权之行使，均不以侵害人具有过错为要件，而对于侵害占有损害赔偿责任之构成，多按照一般侵权行为之构成要件予以处理，即以侵害人具有过错作为责任构成的要件之一，侵害人无过错则无须赔偿。[①]目前法院对于侵害占有损害赔偿的诉讼请求，均按照过错侵权的归责原则处理，侵害人无过错的可以免责，实践中该做法值得赞同。[②]寄存人基于其为占有人而主张侵权损害赔偿的，其应承担其为占有人、第三人存在过错、第三人存在侵权行为、产生损害后果、侵权行为与损害后果之间存在因果关系的举证责任。

---

① 章正璋：《论侵害占有的损害赔偿责任》，载《江苏社会科学》2015年第1期。

② 章正璋：《我国民法上的占有保护——基于人民法院占有保护案例的实证分析》，载《法学研究》2014年第3期。

第八百九十五条【保管人不得使用保管物的义务】

保管人不得使用或者许可第三人使用保管物，但是当事人另有约定的除外。

历史由来

保管合同的内容是伴随着经济的发展逐渐充实和建立的，1981年《经济合同法》关于保管合同制度仅规定了仓储保管合同，其中没有关于仓储保管人使用保管物限制的规定，亦无关于保管人对保管物义务之规定。随着商事交易的发展，除了传统的仓储保管合同，也出现了其他保管类型。1999年10月1日起施行的《合同法》专章规定了保管合同，并且对保管人保管期间和保管物的限制义务进行了规定，《合同法》第372条规定，保管人不得使用或者许可第三人使用保管物，但当事人另有约定的除外。这与本条内容一致。

从比较法上来看，保管人在保管期间禁止使用保管物并履行保管义务是各国家和地区通行的选择。《法国民法典》第1930条规定，无寄托人的明示允许或推定的允许，受寄托人不得使用寄托物。《法国合同法》第371条也作了类似的规定，但是依物品的保管需要必须加以利用的，视作保管方法，不视为使用，如保管赛马使之经常活动，保管奶牛而为之挤乳等。《意大利民法典》第1770条第1款规定，未经寄托人的同意，受寄人不得使用寄托之物。《日本民法典》第658条第1款规定，保管人非经寄托人承诺，不得使用寄托物或使第三人保管寄托物。《俄罗斯联邦民法典》第892条规定，非经寄托人同意保管人无权使用交付保管的物，同样也无权将其提供给第三人使用，但为了保障物的完好而必须使用被保管物并且与保管合同不相抵触的除外。《瑞士债法典》第474条规定，保管人未经寄存人的同意不得使用寄托的财产，使用寄存的财产的，应当对寄存人给予适当的补偿，并对寄托财产产生的意外损害负赔偿责任。我国台湾地区同样规定了保管人的义务，受寄人未经寄托人之同意，不得自己使用或使第三人使用寄托物，受寄人违反前项规定的，对于寄托人，应给付相当报偿，并应赔偿，但证明纵不使用寄托物，仍不免发生损害者，不在此限。

从学者建议稿来看，梁慧星教授主持编撰的《中国民法典草案建议稿》第1358条对保管人不得使用保管物的义务提出了建议条文，同时规定了补偿及补偿数额确定方式。“保管人未经寄存人同意，不得自己使用或者许可第三人使用保管物。保管人违反前款规定使用或者许可第三人使用保管物的，寄存人有权请求保管人支付补偿。补偿数额的确定，准用关于租赁合同租金的规定。保管人因使用保管物致保管物发生损害的，应当承担损害赔偿责任，但能证明即使不使用保管物仍不免发生赔偿损害的除外。”[①]

规范目的或功能

本条规范的目的在于对保管人在保管期间的使用行为进行限制，从而确立保管人的使用禁止义务。保管合同的特点在于其标的为劳务，内容限定于物的保管。保管合同的目的是为寄存人保管保管物，形式是保管人将保管物置于自己支配之下，目的是最终向保管人返还保管物。保管是保存行为，保管人占有保管物对其加以保护，并维持其原状，不包括对保管物的利用与改良，保管人没有使保管物升值的义务，但却负有尽量避免减损其价值的义务。因此法律规定禁止保管人使用或者许可第三人使用保管物。

本条适用于所有的保管合同，包括本法所规定的仓储保管合同。“当事人另有规定的除外”这一规定体现了民法的意思自治要求，即当事人之间基于自主的意思达成合意，寄存人允许保管人在物的保管期间使用的，尊重当事人的意思。

规范内容

保管人在保管期间，不得使用或者许可第三人使用保管物，这是由保管合同的基本性质决定的。这一规定包含几个方面的规范内容：首先，保管人不能使用或许可第三人使用保管物。这一规定既符合保管合同的一般原则，

① 梁慧星主编：《中国民法典草案建议稿附理由：合同编》（下册），法律出版社2013年版，第840—841页。

也被世界其他国家相应立法所遵循。按照保管合同，寄存人要把保管的物品交给保管人，寄存人只将保管物的占有权转移给保管人，而不转移使用权和受益权，保管人只是基于保管合同在一定期间内享有对保管物的占有权。即保管人仅有权占有保管物，而无权使用保管物，在占有权基础上更无权许可第三人使用保管物。其次，保管人不得使用或许可第三人使用保管物的规定是为了维护寄存人利益。如果给予保管人利用保管之便随意使用保管物的权利，或者允许第三人使用保管物，则极易造成保管物的损毁、灭失、折旧，从而损害寄存人的利益，最终也无法实现保管合同原物返还的目的。最后，保管人不得使用保管物体现了保管合同的专属性。保管人占有保管物且不得使用保管物，既包含不得本人使用，也不得允许第三人使用，除非当事人有特殊约定。保管人负有不得使用或者许可第三人使用，体现了保管合同的专属性，保管是一种义务，也是一种责任。保管合同往往是缘于寄存人对保管人的信任而签订的，也就是说，保管合同中存在很强的信用关系，而信用关系往往不具有传递性。某甲信任某乙，某乙信任某丙，并不能推出某甲信任某丙，所以在保管合同中，寄存人对保管人的信任，往往并不能延伸至第三人。

此条规定从维护契约自由的原则出发，规定当事人约定的例外，彰显了债法的任意性，在某些情况下，当事人为标的物的保管需要，可以通过约定允许保管人使用保管物。如甲、乙为好友，甲要长期外出，于是委托乙保管电视机、冰箱等家电。双方约定，为避免电视机长期闲置而造成损坏，乙可以对电视机、冰箱适当使用。

笔者认为，除了当事人的合意，依据习惯也可以作为保管人使用保管物的例外情形。因为习惯本身即是法的渊源之一，作为民事法律渊源的习惯具有长期性、恒定性、内心确信性以及具体行为规则属性，有利于丰富民法规则的内容，能够保持民法规则体系的开放性和有效实施。[①]除此之外，也应当规定特殊情况下保管人使用保管物的变通规则，如因为不得已事由的发生，而该事由也是社会生活的正常要求。因为保管合同的主要目的是保管标的物，维护其价值，而当保管人遇到特别事由可能有碍其进行保管进而使合同目的落空时，交给第三人保管事实上是为了保管合同的目的得以实现，应

---

① 王利明：《论习惯作为民法渊源》，载《法学杂志》2016年第11期。

该在被允许之列，如保管人生病难以继续保管，保管场所遭遇火灾不能继续保管等。

以上事例均是出于保管的目的而产生的例外规定。需要说明的是，如果甲、乙双方约定，乙可以任意使用，也无须向甲支付报酬，则合同的性质应当认定为借用合同，而不是保管合同，因为保管合同的目的还是使保管物保持原状并予以返还。[①]此外，如果当事人订立合同本身就是混合合同，其中既包含保管合同，又包含借用合同，就会出现允许使用的条款。特殊情况下如开包检查或者为了保管的目的而临时使用的情况，也应当属于允许的范畴。

三 举证责任

本条内容涉及的举证责任问题主要是当事人没有在合同中预先约定保管人可以使用保管物，或者保管人未经寄存人同意而擅自使用或者许可第三人使用保管物，造成保管物损坏的，同时无依照习惯或者变通规则可以免责的事由，保管人应当承担损害赔偿的举证责任。保管合同一般系为寄存人利益而设，这就要求不能对寄存人科以过重的举证义务。而在寄存物毁损、灭失的情形下推定保管人有过错，采过错推定责任原则是比较科学的选择。因此举证责任的核心问题是寄存人与保管人之间就过错存在与否的举证责任分配。

过错推定责任原则是为了保护债权人利益，而减轻原告的举证责任的一种规则，本质上，过错推定责任原则仍然是以过错为确定责任的最终依据，在这一点上，过错推定责任原则与过错责任原则是一致的。[②]根据民事诉讼法所要求的“谁主张，谁举证”原则，由寄存人证明保管人未尽合理的注意义务、没有亲自保管、对保管物进行过使用等事项，是非常困难的。因为自保管合同成立之时，对寄存物的占有已经由寄存人转移至保管人，保管物已经

---

① See M. Barendrecht et al., Principles of European Law: Services Contracts, European Law Publishers 2007, p.546.

② 王利明、杨立新编著：《侵权行为法》，法律出版社1996年版，第37页。

不在寄存人的占有之下，其已经不能掌控标的物，有关标的物的相应信息在寄存人和保管人之间也就会处于不对称状态，在此情形下，要求寄托人证明保管人存在过错，实在勉为其难。另外，如果代为保管之第三人，导致标的物受损，根本不用考虑保管人是故意还是过失，都应当负损害赔偿责任。因为保管人违法转保管的行为，即是一项重大的过错，所以要承担相应责任，即使有不可抗力之情形也是如此。但如果保管人能证明即使不由第三人保管仍难以避免发生损害的，则不负责任。按照这一标准，可以说保管人擅自将标的物交由第三人保管，是对契约关系的违反。保管人因第三人使用保管物致保管物发生损害的，应当承担损害赔偿责任，但能证明即使不使用保管物仍不免发生赔偿损害的除外。

其他问题

本条并未规定当保管人未经寄存人同意而使用或许可第三人使用保管物的，应该如何确定保管人责任。在保管中，保管人无利用标的物的权利，本人或使第三人利用该标的物，其本身具有过错，即构成债务违约，从而应承担相应的民事责任。除了承担损害赔偿责任，在未发生损害赔偿的情况下，还应当支付报酬给付责任。无论是保管人自己还是其允许第三人使用保管物，均应由保管人向寄托人支付相当的报酬以资补偿。报酬的数额确定主要参考使用保管物的代价，如当保管物为金钱时，可比照借款利息；如保管物为房屋，可比照同等房屋租金的标准计算。需要注意的是，保管人和第三人在使用保管物时还构成不当得利，所获利益为保管物的使用利益，其对寄存人负有的不当得利返还义务与保管人所负有的报酬给付义务具有不真正连带债务关系。寄存人的报酬给付请求权与不当得利返还请求权构成请求权竞合，寄存人可择一行使。

值得注意的是，当第三人违法使用保管物而致保管物毁损、灭失的，保管人的行为构成违约，该第三人行为可构成侵权，寄存人可请求保管人承担违约责任，或请求该第三人承担侵权责任，保管人的责任与该第三人的责任构成不真正连带债务，另一人的责任因其中一人承担责任而归于消灭。需要说明的是，此处的“第三人”，不应该包含受雇人等履行辅助人在内，债务人有对标的物加以利用之权能，而使第三人加以利用，该第三人即为利用辅助人。即使债务人本身有利用标的物的权能，然而未经债权人同意而使第三人利用的，如借用人未经出借人同意而将标的物出借给第三人使用，亦应作相同判断。寄存人能否享有像转委托中的委托人那样对第三人的直接请求权？法律没有明文规定，考虑到保管合同系为保管人利益而设，而且保管合同与委托合同都具有劳务合同的当事人间信赖关系的特征，应该肯定寄存人对次保管人的请求权。另外，在合法转寄托的情形下，保管人对于保管物的毁损、灭失仅负选任、监督上的过失责任，这也是类推适用委托合同中的相应规定。

第八百九十六条【第三人主张权利的返还】

第三人对保管物主张权利的，除依法对保管物采取保全或者执行措施外，保管人应当履行向寄存人返还保管物的义务。

第三人对保管人提起诉讼或者对保管物申请扣押的，保管人应当及时通知寄存人。

历史由来

该条文承继自《合同法》第373条。我国早期民事立法没有区分保管合同和仓储合同，而是将两者置于一个条文之下。1981年的《经济合同法》第22条分4款分别规定了“仓储保管合同”的定义、事项、履行和责任问题，但没有规定第三人对保管物主张权利时保管人的返还义务问题。

从比较法来看，较多国家和地区规定了保管法律关系，在第三人主张权利时，保管人须向寄存人返还保管物。我国台湾地区规定，第三人就寄托物主张权利者，除对于受寄人提起诉讼或为扣押外，受寄人仍有返还寄托物于寄托人之义务。第三人提起诉讼或扣押时，受寄人应即通知寄托人。《意大利民法典》第1777条第2款“受寄人通知义务”规定，如果主张寄托物的所有权或主张对物之权的人向受寄人提起返还之诉，受寄人应当将争议通知寄托人，否则要承担损害赔偿的责任。《日本民法典》第660条“保管人的通知义务”规定，就寄托物主张权利的第三人，对保管人提起诉讼或实行扣押、假扣押，或者假处分时，保管人应从速将其事实通知寄托人。《法国民法典》第1944条规定，即使寄托契约订定有返还寄托物的确定期限，只要寄托人提出返还寄托物的要求，即应将寄托物交还；但是，如受寄托人收到扣押或禁止命令，不得将寄托物返还或移动之情形，不在此限。《瑞士债务法》第479条“第三人的所有权请求权”规定，第三人对寄托物主张所有权者，除其对受寄人提起诉讼或为扣押外，受寄人仍应将寄托物返还于寄托人。第三人提起诉讼或为扣押时，受寄人应即时通知寄托人。

从学者建议稿来看，由梁慧星教授主持编撰的《中国民法典草案建议稿》第1359条“第三人主张权利时的返还义务及危险通知义务”规定，第三人对保管物主张权利的，除依法对保管物采取保全或者执行的以外，保管人应当履行向寄存人返还保管物的义务。第三人就保管物对保管人提起诉讼或者对保管物申请扣押的，保管人应当及时通知寄存人。[①]陈甦教授主持编撰的《中国社会科学院民法典分则草案建议稿》第452条规定，第三人对保管物主张权利的，除依法对保管物采取保全或者执行的以外，保管人应当履行向寄存人返还保管物的义务。第三人对保管人提起诉讼或者对保管物申请扣押的，保管人应当及时通知寄存人。

三、规范目的或功能

在保管合同下，保存人返还保管物是一项基本义务。本条进一步阐明在第三人对保管物主张权利的情况下，保管人负有返还保管物的义务和危险通知义务。这是为防止保管人借口第三人主张权利而推迟返还寄托物，故定有“除依法对保管物采取保全或者执行的以外”之严格要件。[②]

第1款规定了保管人向寄存人返还保管物的义务。这是与寄存人有权随时领取保管物的权利相对应。第三人对保管物主张权利，除非保管物已经被

---

① 梁慧星主编：《中国民法典草案建议稿附理由：合同编》（下册），法律出版社2013年版，第841页。

② 吴志正：《债编各论逐条释义》（修订六版），台北元照出版有限公司2019年版，第316页。

法院采取财产保全措施或已经被法院强制执行而不能返还的外，保管人仍应当履行向寄存人返还保管物的义务。第2款规定了保管人的危险通知义务。保管人负有返还保管物的义务，但由于第三人的原因而使履行返还义务发生危险时，保管人应当及时通知寄存人。通知的目的在于使寄存人能够及时维护自己的合法权益。如果第三人向法院申请对保管物采取财产保全措施，保管人也应当及时通知寄存人，以便寄存人与法院交涉，或者提供担保以解除保全。

规范内容

一、法条属性

本条分别规定了第三人主张权利时保管人返还保管物的义务和危险通知义务，属于完全法条。在第三人对保管物主张权利时，寄存人得依据本条第1款向保管人主张返还保管物的权利；第三人对保管人提起诉讼或者对保管物申请扣押的，因保管人没有及时通知寄存人给寄存人造成损失的，寄存人得依据本条第2款向保管人主张损害赔偿责任。因此，本条属于完全法条。本条第1款的构成要件是第三人对保管物主张权利；法律效果是除依法对保管物采取保全或者执行措施外，保管人应当履行向寄存人返还保管物的义务。本条第2款的构成要件是第三人对保管人提起诉讼或者对保管物申请扣押；法律效果是保管人应当及时通知寄存人。

二、主要内容

该条主要阐明在第三人对保管物主张权利的情况下，保管人负有向寄存人返还保管物的义务和危险通知义务。

根据第1款规定，第三人对保管物主张权利的，除依法对保管物采取保全或者执行措施外，保管人应当履行向寄存人返还保管物的义务。该款明确了即使第三人对保管物主张权利，保管人依然应将保管物返还给寄存人而不是第三人的义务。第三人对保管物主张权利，主要是指第三人与寄存人就保管物的物权归属等发生争议的情况。本款明确要求在第三人主张权利时，保管人仍应向寄存人返还保管物是基于：（1）合同的相对性原理。保管人因保管合同的约定而占有保管物，因而返还保管物于寄存人是其所负担的合同义务。保管人只对寄存人负有相应的义务，并不对第三人负有义务。[①]保管人若将保管物交予第三人，则会导致对寄存人违约，因其没有履行返还保管物的义务。此处的例外是，法院依法对保管物采取保全或者执行措施。（2）从维护寄存人利益出发，将保管物返还于寄存人有利于其及时处理与第三人的纷争。此外，在寄存人与第三人就保管物达成买卖合同的情况下，保管人凭借寄存人指示也得将保管物交予第三人。

根据第2款规定，第三人对保管人提起诉讼或者对保管物申请扣押的，保管人应当及时通知寄存人。该款规定了保管人的危险通知义务。所谓危险，主要是保管物面临诉讼、被申请扣押、冻结等情形。有民法学者就此指出，“第三人基于所有权或其他得以占有的权利提起请求交付保管物之诉，或扣押了保管物时，保管人应当及时通知寄存人该事实。这是为了不使寄存人丧失陈述异议的机会。因此，虽然法律条文字面上似乎不包括保管人的债权人将保管物作为保管人的财产予以扣押的场合，但对其加以扩张解释以涵盖此等情形是妥当的……”[②]这种观点值得赞同。

危险通知义务的成立要件包括：（1）第三人就保管物主张权利。此处所谓权利，有学者认为系指所有权或其他物权，[③]所谓主张权利者，一般以为仅指所有权或其他物权而言，以其仅就物而主张权利故也。唯不以第三人主张其为物之权利人者为限，如第三人为实现其对于受寄人之金钱债权，主张寄托物为受寄人所有而查封拍卖者，亦得适用。[④]本书认为，凡是危及寄存人对保管物之权利的情形均应包括在内。即使保管人的债权人将保管物作为保管人的财产予以扣押的情况也应包括在内。（2）第三人就保管物对保管人提起

---

① 魏耀荣等：《中华人民共和国合同法释论》（分则），中国法制出版社2000年版，第516页。

② ［日］我妻荣：《债权各论》（中卷二），周江洪译，中国法制出版社2008年版，第186页。

③ 郑玉波：《民法债编各论》（下册），台北三民书局1981年版，第532页；刘春堂：《民法债编各论》（中），台北三民书局2007年版，第328页。

④ 参见邱聪智：《新订债法各论》（中），姚志明校订，台北元照出版有限公司2008年版，第397页。

诉讼或对保管物申请扣押。此处所谓提起诉讼，应作广义理解，包括申请支付令、申请调解、告知诉讼、开始执行行为或申请强制执行、申请仲裁等。[①]所谓扣押，即第三人申请查封保管物。[②]此处保管人的通知义务也不可扩大化，应限定为第三人就保管物已向保管人提出诉讼或扣押等，如第三人对寄托人提出诉讼，或尚未对受寄人提出诉讼或扣押则不在此限。[③]这与租赁合同之下，只要第三人就租赁物主张权利，无论是否已提起诉讼或扣押，承租人均应通知出租人的义务不同。[④]此外，对于通知的方式，本法未作限定，一般而言，书面、口头、电子通信等方式均可。

保管人怠于履行危险通知义务的法律后果。保管人之所以负有危险通知义务，是为了让寄托人及时主张救济，如参加诉讼等。违反危险通知义务，给寄存人造成损失的，保管人应负损害赔偿责任。[⑤]这属于应有之义。

三 举证责任

若因第三人对保管物主张权利发生纠纷，寄存人若诉请保管人返还保管物的，其应举证证明其与保管人订立了保管合同。若选择以保管合同关系提起诉讼，则应对该保管合同的成立承担相应的举证责任。根据本法第888条第1款规定："保管合同是保管人保管寄存人交付的保管物，并返还该物的合同。"该条说明保管人与寄存人应有保管的合意，即双方形成保管物品的一致意思表示。第890条规定："保管合同自保管物交付时成立，但是当事人另有约定的除外。"即若无当事人约定，保管合同为实践合同。由此，寄存人应承担证明双方存在保管合意以及保管物已交付的证明责任。据此，寄存人有权请求保管人返还保管物。若保管人返还不能，则得援引法院依法对保管物采取了保全或者执行措施作为抗辩事由，与此相对应，其应承担相应存在该事实的举证责任。

---

① 崔建远主编：《合同法》（第六版），法律出版社2016年版，第421页。

② 刘春堂：《民法债编各论》（中），台北三民书局2007年版，第329页。

③ 黄立主编：《民法债编各论》（下），中国政法大学出版社2003年版，第612页。

④ 参见郑玉波：《民法债编各论》（下册），台北三民书局1981年版，第532页。

⑤ 崔建远主编：《合同法》（第六版），法律出版社2016年版，第422页。

若保管人没有及时通知寄存人而导致寄存人产生损失引发纠纷，寄存人依据本条第2款诉请保管人承担损害赔偿责任，因合同法中违约损害赔偿一般适用严格责任原则，故寄存人只需证明违约行为、财产权利损害的事实及因果关系。第一，当第三人对保管人提起诉讼或者对保管物申请扣押时，保管人没有履行及时通知寄存人的义务；第二，由此给寄存人造成财产权利损害；第三，前两者之间存在因果关系。反之，保管人若以已履行通知义务进行抗辩，则其应承担该事实的举证责任。

第八百九十七条【保管物的毁损、灭失与保管人责任】

保管期内，因保管人保管不善造成保管物毁损、灭失的，保管人应当承担赔偿责任。但是，无偿保管人证明自己没有故意或者重大过失的，不承担赔偿责任。

历史由来

本条承继自《合同法》第374条。1981年的《经济合同法》虽在第22条规定了仓储保管合同，但并未规定保管物的毁损、灭失与保管人责任事宜。后在《合同法》的制定中增加了对该问题的规定。

有偿保管合同和无偿保管合同之下保管人的注意义务承担及责任程度不同。不同国家和地区均有类似规定。我国台湾地区规定，受寄人保管寄托物，应与处理自己事务为同一之注意，其受有报酬者，应以善良管理人之注意为之。《法国民法典》第1927条规定，受寄托人，在保管寄托物时，应如同保管自己的物件一样给予注意。该法第1928条规定，下列情形，前条之规定应更严格执行：（1）如受寄托人主动提议接受寄托；（2）如约定受寄托人因保管寄托物可得到报酬；（3）如寄托完全是为了受寄托人之利益而成立；（4）如有明文规定，受寄托人对其一切过失均应承担责任。《德国民法典》第690条“无偿寄托情形下的责任”规定，无偿接受保管的，保管人应与处理自己的事务一样尽相同的注意义务。《意大利民法典》第1768条“保管中的勤勉注意义务”规定，受寄托人应当在保管中尽善良家父般的勤勉注意的义务。如果寄托是无偿的，过失责任要在较轻的范围内给予考虑。《日本民法典》第659条“无偿保管人的注意义务”规定，无报酬而受寄托者，负有以对自己财产同样的注意保管寄托物的义务。《俄罗斯联邦民法典》第891条第3款规定，如果保管为无偿保管，保管人负有以对自己财产同样的注意保管寄托财产的义务。

从学者建议稿来看，由梁慧星教授主持编撰的《中国民法典草案建议稿》第1355条“保管人的注意义务”规定，无偿保管的保管人应当与处理自己事务同样的注意保管保管物。有偿保管的保管人应当以善良管理人的注意保管保管物。保管人违反前款义务，致使保管物毁损、灭失的，保管人应当承担损害赔偿责任。[①]陈甦教授主持编撰的《中国社会科学院民法典分则草案建议稿》“保管人的注意义务”规定，保管人应当妥善保管保管物。有偿的保管合同，在保管期间因保管人保管不善造成保管物毁损、灭失的，保管人应当承担损害赔偿责任；无偿的保管合同，在保管期间因保管人故意或者重大过失造成保管物毁损、灭失的，保管人应当承担损害赔偿责任。可见，前述建议稿均在区分有偿保管和无偿保管的基础上规定了保管人的注意义务，在该问题上所持观点基本一致，反映出学界在该问题上的共识。

相较于《合同法》相应条款的规定和各意见稿的规定来看，《民法典》最终将“保管期间”改为“保管期内”，使得条文表达更为准确，还“期间”本身特有意义。

三 规范目的或功能

本条规定分别明确了有偿保管合同和无偿保管合同下的保管人注意义务以及相应的法律责任。寄存人和保管人成立保管合同的主要目的是保管保管物，对保管物进行妥善保管是保管人的主要义务。但在有偿保管或无偿保管的不同情况下，保管人的注意程度和责任大小有区别。（1）有偿保管中，保管人须对保管期间保管物的毁损、灭失承担损害赔偿责任，除非保管人证明自己无过错。（2）无偿保管中，保管人仅对其故意或重大过失

① 梁慧星主编：《中国民法典草案建议稿附理由：合同编》（下册），法律出版社2013年版，第833—834页。

造成的保管物损毁、灭失承担损害赔偿责任。（3）无论有偿保管还是无偿保管，保管人不对因不可归责于保管人的事由，如不可抗力事件造成的保管物毁损、灭失承担损害赔偿责任。

规范内容

一、无偿保管合同下保管人的损害赔偿责任

无论是有偿保管合同还是无偿保管合同，保管人均负有妥善保管的义务，但两种情形下保管人所负妥善保管义务在程度上具有差异。本法第892条第1款规定："保管人应当妥善保管保管物。"该条虽未具体区分有偿保管人和无偿保管人的注意义务，但根据权利与义务相一致的基本原则以及本条中对无偿保管人责任的减轻规定可见，区分无偿和有偿的保管合同，确定不同程度的注意义务具有合理性，因其符合权利义务对等的原则。比较法上，保管人之注意程度，因有偿或无偿而不同，此为德、瑞、法、日所共同。[①]无偿保管合同下，保管人仅负担义务，而不享有权利，要求其承担过重的责任对其过于苛刻。保管人并没有获得报酬作为对价，若要求其负有过高的注意义务，其可能为此额外付出金钱或劳力成本，显然有失公平。法律不应苛责一个因好意为他人免费提供保管的善良之人。根据本条规定，保管是无偿的，保管人证明自己没有故意或者重大过失的，不承担损害赔偿责任。这表明无偿保管仅要求管理人尽到与管理自己的事务相同的注意义务，亦即应负具体的轻过失责任；可资比较的则是有偿保管，该情形下保管人应尽到善良管理人的注意义务，即负抽象的轻过失责任。[②]由此，如果保管人保管保管物尽到与保管自己的物一样的注意程度，即可认定保管人尽到了注意义务。本条的本质目的是减轻无偿保管人的注意义务，即使无偿保管人在通常情况下保管自己财产的注意程度比善良管理人的注意程度更高，此种情形下，无偿保管人仅尽到善良管理人的注意程度即可。[③]

---

① 史尚宽：《债法各论》，中国政法大学出版社2000年版，第521页。

② 参见郑玉波：《民法债编各论》（下册），台北三民书局1981年版，第527页。

③ 参见史尚宽：《债法各论》，中国政法大学出版社2000年版，第522页。

无偿保管时，之所以没有要求保管人尽到如一般性、客观性标准的“善良管理人的注意义务”，主要是出于减轻无偿保管人责任的考量。正因如此，有偿或无偿并不应以是否有报酬（保管费）的形式性标准来判断，而应从该契约整体出发加以判断。[①]例如，在特定场合，保管人的无偿保管具有间接有偿性，如宾馆、饭店、影剧院等提供保管服务的，纵寄存人不支付保管报酬，亦得解释为报酬已包含于宾馆房价、饭店餐券以及影剧院票价之中，其保管人亦应尽善良管理人的注意义务。[②]

在责任的承担上，如果认定了无偿保管人具有故意或重大过失，其应当对寄存人遭受的损害承担赔偿责任。就其赔偿范围来说，应当适用民事损害赔偿的“填平原则”，即损害赔偿是补偿性而不是惩罚性的，其主要目的在于弥补或填补债权人因违约行为所遭受的损害。原则上应当赔偿寄存人遭受的全部损害，并不因其为无偿保管而缩小其赔偿范围。

二、有偿保管合同下保管人的损害赔偿责任

保管期间，因保管人保管不善造成保管物毁损、灭失的，保管人应当承担损害赔偿责任。有偿保管合同下保管人负有比无偿保管人较高的注意义务。保管人应尽善良管理人的注意义务，即应就抽象轻过失负责任。[③]本条所谓的“保管不善”，就是指保管人主观上具有过错，或者说，其没有尽到善良管理人的注意义务。即有偿保管的保管人要对其所有过错负责，即使其仅具有一般过失，也应当承担损害赔偿责任。那么，何为“妥善保管”或者善良管理人的注意义务？

此种义务应结合本法第892条和第893条来理解。本法第892条规定，保管人应当妥善保管保管物。当事人可以约定保管场所或者方法。除紧急情况或者为维护寄存人利益外，不得擅自改变保管场所或者方法。本法第893条

---

① [日]我妻荣：《债券各论》(中卷二)，周江洪译，中国法制出版社2008年版，第182页。

② 梁慧星主编：《中国民法典草案建议稿附理由：合同编》(下册)，法律出版社2013年版，第834页。

③ 梁慧星主编：《中国民法典草案建议稿附理由：合同编》(下册)，法律出版社2013年版，第834页。

规定，寄存人交付的保管物有瑕疵或者按照保管物的性质需要采取特殊保管措施的，寄存人应当将有关情况告知保管人。结合前述条文，“妥善保管”应是指保管人依据法律规定、合同约定以及行业标准等，选择符合保管物性质、状态的保管方法与场所等，从而使保管物维持原有状态。“妥善保管”至少包括以下要求：选择适合的保管场所；采用适当的方法；除紧急情况或者为维护寄存人利益外，不得擅自改变合同约定的保管场所或者方法；采取合理的预防措施，防止保管物的毁损、灭失。凡是没有尽到上述义务而导致保管物毁损、灭失的，保管人应当承担损害赔偿责任。

举证责任

本法合同编在归责原则上主要采用严格责任原则。违反保管合同的责任，在归责原则上具有特殊性，即原则上应采过错责任，在例外情况下，采严格责任。本条规定，保管期内，因保管人保管不善造成保管物毁损、灭失的，保管人应当承担赔偿责任。但是，无偿保管人证明自己没有故意或者重大过失的，不承担赔偿责任。此处规定的“保管不善”即指保管人主观上具有过错或保管人没有尽到善良管理人的注意义务。从这里的规定可以看出，保管合同损害赔偿责任实行过错责任原则。

在无偿保管合同下保管人损害赔偿责任的举证责任分配上，保管人仅对其故意或重大过失导致的损害负赔偿责任。由此，若寄存人诉请保管人承担损害赔偿责任，则须证明：（1）保管人存在故意或重大过失；（2）保管人没有妥善保管保管物；（3）保管物毁损或灭失；（4）保管人故意或重大过失、没有妥善保管保管物与保管物毁损或灭失之间有因果关系。

就有偿保管而言，保管人要对其所有过错负责，即使其仅具有一般过失，也应当承担责任。由此，若寄存人诉请保管人承担损害赔偿责任，则须证明：（1）保管人存在过错（故意或者过失均可）；（2）保管人没有妥善保管保管物；（3）保管物毁损或灭失；（4）前述要件之间存在因果关系。而在有偿保管合同中，对于保管物之毁损、灭失，保管人除非能证明其尽到善良管理人的注意义务，否则不能免责。

第八百九十八条【寄存人的声明义务】

寄存人寄存货币、有价证券或者其他贵重物品的，应当向保管人声明，由保管人验收或者封存；寄存人未声明的，该物品毁损、灭失后，保管人可以按照一般物品予以赔偿。

历史由来

本条来源于《合同法》第375条。在《合同法》之前，对各类合同进行较为详细规定的是《经济合同法》，但是该法中不存在独立的保管合同，而是将仓储合同和保管合同合二为一进行规定。从《经济合同法》的立法条文看，由于保管合同还没有从仓储保管合同中分离出来，故没有直接可以对应《民法典》中保管合同的条款，同时，从该法第22条和第43条的内容看，也没有规定存货人对仓储物的声明义务，故《经济合同法》不是《民法典》中保管合同声明义务条款的来源。之后，到《合同法》颁布，这种现象有了根本的改观。《合同法》对《经济合同法》中的仓储保管合同进行了分别立法，将一般保管合同作为独立的有名合同并单独一章进行规定。《合同法》如此改革的主要原因在于：首先，我国《合同法》立法采纳的是民商合一主义立法模式，仓储保管合同主要发生在商业领域。而在日常的民事生活中，保管关系高发，《经济合同法》中没有规定一般保管合同，只规定了仓储保管合同，这不利于规范日常的保管关系。其次，我国无论是立法机关还是学界，对保管合同的理解都存在较大分歧，如过去多认为保管合同为无偿合同，所以在保管合同的法律规定中也部分地反映了这些分歧，在保管合同中规定了有偿保管合同和无偿保管合同。对有偿保管合同而言，其与《合同法》仓储保管合同一章在调整内容方面有一定的重合。因此，《合同法》的改革更顺应了社会实践的需要，同时也更符合法理。

比较法上，“寄存人的声明义务”较少见诸其他国家和地区的规定，但是我国台湾地区有类似规定，客人之金钱、有价证券、珠宝或其他贵重物品，非经报明其物之性质及数量交付保管者，主人不负责任。主人无正当理由拒绝为客人保管前项物品者，对于其毁损、丧失，应负责任。其物品因主人或其使用人之故意或过失而致毁损、丧失者，亦同。学者对该条款进行了解释，所谓不负责任，是指不负场所主人之责任而已，不包括侵权行为和基于其他关系所生之责任。但是倘若有报明并交付保管，场所主人即应负通常事变责任。通说认为乃免责抗辩。[①]《瑞士债务法》虽未规定寄存人的声明义务，但规定了类似的特别责任。该法第488条“对贵重物品的特别责任”规定，（1）贵重物品、巨额现金或有价证券未交付旅店主人保管者，旅店主人仅在其本人或其使用人有过错时，始负责任。（2）旅店主人为客人保管前款物品，或者拒绝保管者，对其全部价值，应负责任。（3）第1款所称物品，不能合理期待客人交付保管者，旅店主人对其仅负与客人所携带的其他物品相同的责任。

在《民法典》的起草过程中，部分学者提交的建议稿也有类似规定。梁慧星教授主持编撰的《中国民法典草案建议稿》第1364条规定，寄存人寄存货币、有价证券或者其他贵重物品的，应当向保管人声明，由保管人验收或者封存。寄存人未声明的，该物品毁损、灭失后，保管人可以按照一般物品予以赔偿。[②]陈甦教授主持编撰的《中国社会科学院民法典分则草案建议稿》中“寄存人的声明义务”规定，寄存人寄存货币、有价证券或其他贵重物品的，应当向保管人声明，由保管人验收或者封存。寄存人未声明的，保管物毁损、灭失后，保管人可以按照一般物品予以赔偿。两份建议稿均采用我国《合同法》原有表述，可见在此问题上，学界存在共识。

规范目的或功能

一、问题导向

本条的规范目的是规定寄存人的声明义务及其法律后果。本条第1句规定寄存人的声明义务，要求寄存人寄存货币、有价证券或者其他贵重物品的，

① 吴志正：《债编各论逐条释义》（修订六版），台北元照出版有限公司2019年版，第325页。

② 梁慧星主编：《中国民法典草案建议稿附理由：合同编》（下册），法律出版社2013年版，第849页。

应当向保管人声明，由保管人验收或者封存。第2句规定寄存人未作声明的法律效果。即寄存人未声明的，该物品毁损、灭失后，保管人可以按照一般物品予以赔偿。反之，寄存人作出声明的，保管人按照原物进行赔偿。

寄存人的贵重物品声明义务在司法实践中的适用。在一则案例中，原告诉请要求被告按照寄存原物的价值进行赔偿（判令被告赔偿原告3600元人民币、价值30000元的美度手表一块、价值6700元的巴博瑞手提包一个，总计40300元），被告则辩称，被告属于无偿保管，被告已提示顾客保管好物品，且更衣箱用的是暗锁，被告已尽到合理注意义务；原告没有向被告声明其包中有现金及贵重物品；原告主张权利已超过诉讼时效期间。该案后因原告举证不能而终结。但由此可见，寄存人没有向保管人履行贵重物品声明义务是司法诉讼中被告方可资援引的抗辩事由之一。[①]

二、规范区分

1.本条与本法第901条规定的消费保管相区分。消费保管，即保管物为代替物时，约定保管物所有权转移于保管人，并由保管人以种类、品质、数量相同之物返还的保管合同。成立消费保管合同，除保管物须为“可代替物”外，尚须寄托人向保管人转移保管物之所有权，而保管人得返还相同种类、数量的货币或按照约定返还相同种类、品质、数量的物品，而不必返还原货币或物品。本条中保管物货币等虽然是“可代替物”，但并没有转移所有权、保管人得返还同类物等规定。且本条强调由保管人验收或者封存，而返还保管物是保管人的基本义务，由此，保管人必须返还原保管物，若保管物为货币，则为封存的原货币。可见，依据本条所成立的是一般保管合同。

2.本条规定的因寄存货币、有价证券、珠宝等贵重物品而形成的保管合同，也与商业银行的保管箱业务或者饭店提供的保险箱业务有所不同。[②]

---

① 参见吉林省长春经济技术开发区人民法院（2017）吉0191民初03287号民事判决书。

② 梁慧星主编：《中国民法典草案建议稿附理由：合同编》（下册），法律出版社2013年版，第849页。

三、规范宗旨

本条规定的寄存人关于贵重物品的告知义务，目的是在权利义务对等情况下让保管人合理保管保管物，适用于所有的保管合同。寄存人寄存货币、有价证券或者其他贵重物品时是否声明及其法律效果为：（1）构成要件为寄存人寄存货币、有价证券或者其他贵重物品并向保管人作出声明；保管物发生毁损、灭失。法律效果为保管人按照原物或其价值进行赔偿。（2）构成要件为寄存人寄存货币、有价证券或者其他贵重物品但未向保管人作出声明；保管物发生毁损、灭失。法律效果为保管人按照一般物品予以赔偿。

规范内容

一、寄存人寄存贵重物品的声明义务

寄存人寄存货币、有价证券或者其他贵重物品的，应当向保管人声明，由保管人验收或者封存。本条第1句规范的是寄存人寄存贵重物品时的声明义务。对声明的方式，通常以明示的方式作出。对于声明的时间，通常要在寄存人寄存保管物的时候声明，也就是在保管合同成立之前声明，不能在保管合同成立之后才声明。声明的内容则是保管物的性质、数量等。

寄存人履行声明义务之后，保管人应当对贵重的保管物进行验收或者封存。所谓验收，就是指保管人对贵重保管物进行清点，以确定实际收取的保管物数量和品质等信息和寄存人所声明的内容相符，然后对保管物予以接收。所谓封存，就是将贵重保管物特定化，例如，将货币包装成捆并通过一定方式特定化，将珠宝进行装袋，以避免贵重保管物和其他同种类的物品混合等。法律上确定寄存人这一声明义务的理由是：一是考虑到寄存人和保管人双方当事人之间的权利义务的平衡对等，寄存人未声明，保管人不知情，因此不能让保管人承担其不知情的法律后果。二是寄存人的声明义务可以让保管人提供合适的保管方式，也对寄存人的权利提供更好的保护。

二、是否履行声明义务对保管物毁损、灭失时保管人赔偿责任的影响

寄存人寄存货币、有价证券或者其他贵重物品并向保管人作出声明，保管物发生毁损、灭失的，保管人按照原物或其价值进行赔偿。寄存人未声明的，该物品毁损、灭失后，保管人可以按照一般物品予以赔偿。即如果寄存人没有履行声明义务，那么保管人仅按照一般保管物予以赔偿。《民法典》之所以区别规定寄存人是否履行声明义务及其对保管人赔偿责任的影响主要基于以下法理：（1）双方当事人利益平衡。保管贵重物品的风险与负担重于一般物品的保管风险。为平衡当事人双方的利益，应要求寄存人在寄存贵重物品时予以声明。民事生活中，保管合同存在大量免费的情形，即便是收取费用，通常费用也较为低廉。如果寄存人不声明保管物是贵重物品，保管人对此并不知情，可能仅按照一般保管物来收取保管费。但是此类物品一旦遗失或受损，则保管人需要承担巨额的赔偿责任，因此会导致双方权利义务的失衡。（2）有助于实现保管目的。声明了保管财产为贵重物品，可以引起保管人的特别注意，采取合适的方式进行保管。如果没有声明，保管人在不知情的情形下则可能采用不当的保管方式。例如，如果寄存人声明所保管的物品为贵重物品，那么保管人可能需要使用保险柜来进行保管。此外，由于寄存人不声明保管物的贵重性，保管人一般也难以对保管物品的保管风险和损害赔偿责任等产生相应的预期。

举证责任

若因贵重保管物毁损、灭失而涉及本条所述问题时，寄存人诉请保管人按照原物或同等价值承担赔偿责任，则其应举证证明：双方成立保管合同；贵重保管物已交付保管人；寄存时履行了贵重物品声明义务。反之，保管人则可以双方不成立保管合同、寄存人没有履行声明义务进行抗辩，同时承担相关事实的举证责任。

第八百九十九条【保管物领取】

寄存人可以随时领取保管物。

当事人对保管期限没有约定或者约定不明确的，保管人可以随时请求寄存人领取保管物；约定保管期限的，保管人无特别事由，不得请求寄存人提前领取保管物。

历史由来

本条是有关保管物返还的规定，是对《合同法》第376条的承继。不同于《合同法》第376条的是，本条将“期间”改为“期限”。这一改动体现了科学性、合理性。因“期间”一词，在诉讼法上指诉讼主体及其他诉讼参与人应为诉讼行为的时限。如我国《民事诉讼法》第82条第1款规定：“期间包括法定期间和人民法院指定的期间。”“期间”一词具有法定时限的意味，不容私人减损。而“期限”则可借由私人意思自治设定。同时，这样的修改也保持了整个《民法典》在用语上的统一。比较法上，如《德国民法典》第695条、《法国民法典》第1944条均采用“期限”的表述。我国早期立法没有区分保管合同和仓储合同，将两者置于一个条文之下。1981年的《经济合同法》第22条分4款分别规定了“仓储保管合同”的定义、事项、履行和责任问题，但没有规定保管物领取事宜。后《合同法》中增加了相关规定。

保管合同起源于罗马法。在其影响下，各个国家和地区立法逐渐发展完善。诸多国家及地区均规定了保管物领取事宜。《法国民法典》第1944条规定，即使寄托契约订定有返还寄托物的确定期限，只要寄托人提出返还寄托物的要求，即应将寄托物交还；但是，如果受寄托人收到扣押或者禁止命令，不得将寄托物返还或移动之情形，不在此限。《德国民法典》第695条“寄托人的返还请求权”规定，即使确定有保管期限，寄托人仍可以随时请求返还保管物。在请求返还时，物的返还请求权的消灭时效开始进行。该法第696条“受寄人的取回请求权”规定，没有确定保管期限的，保管人可以随时请求寄托人取回存放物。确定保管期限的，保管人仅在有重大原因时，始得在期限届满前请求取回保管物。在请求取回时，该项请求权的消灭时效开始进行。《意大利民法典》第1771条“返还的请求和物的取回义务”规定，当寄托人提出请求时，受寄人应当将财产返还，但约定了有利于受寄人的期间的，不在此限。受寄人得在任何时间内要求寄托人将物取回，但约定了有利于寄托人的期间的，不在此限。在没有协商期限的情况下，法官亦得给予寄托人一个适当的接受物的期间。《日本民法典》第662条“寄存人的返还请求”规定，当事人虽定寄托物返还时期，寄托人亦可随时请求返还。《俄罗斯联邦民法典》第904条规定，尽管合同约定的保管期尚未终止，只要寄存人要求，保管人即应立即返还保管物。《瑞士债务法》第475条“寄托物的返还”规定，虽约定寄托物的保管期限，寄托人仍得随时请求返还寄托物及其孳息。但寄托人应补偿受寄人为约定的保管期限而支出的费用。该法第476条“受寄人的权利”规定，寄托物约定有期限者，受寄人不得在期限届满前返还寄托物，但寄托人因有不能预见之情事，不能继续安全保管寄托物，或者继续保管寄托物将危害其自身利益者，不在此限。寄托契约未定期限者，受寄人得随时返还寄托物。我国台湾地区规定，寄托物返还之期限，虽经约定，寄托人仍得随时请求返还。未定返还期限者，受寄人得随时返还寄托物。定有返还期限者，受寄人非有不得已之事由，不得于期限届满前返还寄托物。

从学者建议稿来看，由梁慧星教授主持编撰的《中国民法典草案建议稿》分两个条文规定了保管物的领取问题。该建议稿第1360条“寄存人的返还请求权”规定，寄存人有权随时请求返还保管物。第1361条“保管人返还保管物”规定，当事人对保管期间没有约定或者约定不明确的，保管人可以随时返还保管物。当事人约定保管期间的，保管人无不得已的事由，不得提前返还保管物。[①]陈甦教授主持编撰的《中国社会科学院民法典分则草案建议稿》“寄存人的返还请求权”规定，寄存人可以随时请求返还保管物。该建议稿“保管人返还保管物”前两款规定，当事人对保管期间没有约定或约定不明确的，保管人可以随时返还保管物，但应当给对方必要的准备时间。当事人约定保管期间的，保管人无正当理由不得提

① 梁慧星主编：《中国民法典草案建议稿附理由：合同编》（下册），法律出版社2013年版，第843—844页。

前返还保管物。前述建议稿所持观点基本一致，反映出学界在该问题上存在共识。

对于本条中将“期间”修改为“期限”之理由，与上述第897条将“保管期间”改为“保管期内”之修改理由类似，使得“期间”含义正本清源，免生歧义。合同编保管合同一章中作类似修改的还有第900条。

规范目的或功能

本条主要规定了寄存人领取保管物的权利。第1款明确寄存人可随时领取保管物。这是因为保管合同的根本目的是为寄存人保管保管物，无论是否约定保管期限，寄存人都有权随时领取保管物。在约定有保管期限时，寄存人也可提前领取保管物。第2款明确保管是否可以要求寄存人领取保管物事宜。即：当事人对保管期限没有约定或者约定不明确的，寄存人可随时领取保管物，保管人也可随时要求寄存人领取保管物，但须给寄存人合理准备时间；当事人约定保管期限的，除非有特别事由如重病等丧失保管能力，保管人不得要求寄存人提前领取保管物。

规范内容

本条第1款明确规定寄存人有权随时请求保管人返还保管物。无论保管合同是否规定期限，寄存人都可以随时领取保管物，即使规定了保管期限，也不影响其主张领取保管物的权利。[①]这是寄存人之权利，与此相对应，保管人须应寄存人之请求，随时返还保管物。当然，寄存人应给予保管人合理准备时间。保管合同的本质目的是为寄存人的利益保管保管物，故当寄存人认为保管之目的已经实现，或将使用保管物之际，自不必继续留存于保管人之处。从法理上看，寄存人提前或随时领取保管物，实质上是寄存人行使任意解除权，将保管合同这种继续性合同解除（终止），保管人丧失

---

① 参见郭明瑞、王轶：《合同法新论·分则》，中国政法大学出版社1997年版，第342页。

继续占有保管物的权源，因此应承担返还保管物的义务。[①]因此，即使约定期限尚未届满，寄存人亦得提前领取保管物。此时，若保管为无偿，寄存人提前请求返还保管物，将提前消灭保管人的义务，对保管人有利；若保管为有偿，只要寄存人认为已实现保管目的而请求提前返还的，保管人亦无阻碍之由。[②]此时，保管人对其已履行保管义务之部分，享有保管报酬请求权。

第2款表明保管人是否可以返还保管物取决于是否约定了保管期限。（1）未约定保管期限的，保管人得随时返还保管物。但应提前通知寄存人、给予其合理准备时间。表明在无约定保管期限的情况下，保管人和寄存人均享有任意解除权。（2）约定保管期限的，保管人无特别事由，不得要求寄存人提前领取保管物。因设定保管期限主要是为实现合同的目的，也即寄存人利益，若保管人得随意请求提前领取保管物，则无法实现合同目的。此外，保管人履行保管义务与一般债务的义务履行不同：一般债务设定期限是为债务人的利益，所以债务人得抛弃期限利益，而提前清偿。然而保管合同的返还期限是为寄存人的利益而设定，是故，在保管期限届满之前，保管人无特定事由，不得要求寄存人提前领取保管物以剥夺寄存人的期限利益。所谓"特别事由"，主要是指因保管人的原因或其他原因（如不可抗力和意外事故等），导致其难以继续履行保管义务。例如，因保管人健康状况而导致其难以继续进行保管，或者保管人丧失行为能力等，属于特别事由。[③]"特别事由"亦有学者称为"不得已事由"。所谓不得已事由，非以不可抗力为限，如保管人因急病、遇险等事由丧失保管能力或因出国、出境等事由不能继续履行保管义务等，均属不得已事由。[④]除此之外，保管人无故要求寄存人提前领取保管物而给寄存人造成损失的，应予以赔偿。

---

① 崔建远主编：《合同法》（第六版），法律出版社2016年版，第422页。

② 梁慧星主编：《中国民法典草案建议稿附理由：合同编》（下册），法律出版社2013年版，第843页。

③ 参见魏耀荣等：《中华人民共和国合同法释论》（分则），中国法制出版社2000年版，第521页。

④ 梁慧星主编：《中国民法典草案建议稿附理由：合同编》（下册），法律出版社2013年版，第844页。

举证责任

寄存人因领取保管物与保管人发生纠纷而进行诉讼的，寄存人可依据本条第1款“寄存人可以随时领取保管物”提出返还保管物请求权。如前分析，无论是否约定保管期限，寄存人均有权随时请求保管人返还保管物。此时，寄存人的请求权基础有两种：（1）债权上的请求权。基于保管合同，请求保管人履行返还保管物义务。（2）物权上的请求权。基于寄存人行使任意解除权，将保管合同这种继续性合同解除（终止），使得保管人丧失继续占有保管物的权源。而基于寄存人拥有保管物之物权如所有权，寄存人得向保管人主张返还原物请求权。与此相对应，两种情况下，寄存人的举证责任不同：（1）基于债权请求权的举证责任。在保管合同之下，寄存人可以要求保管人履行返还保管物义务提起诉讼，寄存人应承担证明保管合同成立、保管物已交付保管人的证明责任。根据《民事诉讼法解释》第90条的规定，当事人对自己提出的诉讼请求所依据的事实或者反驳对方诉讼请求所依据的事实，应当提供证据加以证明，但法律另有规定的除外。在作出判决前，当事人未能提供证据或者证据不足以证明其事实主张的，由负有举证证明责任的当事人承担不利的后果。就此而言，当事人若选择以保管合同关系提起诉讼，则应当对该保管合同的成立承担相应的举证责任。根据本法第888条第1款的规定，保管合同是保管人保管寄存人交付的保管物，并返还该物的合同。该条说明保管人与寄存人应有保管的合意，即双方形成保管物品的一致意思表示。本法第890条规定，保管合同自保管物交付时成立，但是当事人另有约定的除外。即若无当事人约定，保管合同为实践合同。由此，寄存人应承担证明双方存在保管合意以及保管物已交付保管人的证明责任。（2）基于物权请求权的举证责任。根据本法第235条规定，无权占有不动产或者动产的，权利人可以请求返还原物。当寄存人为保管物的物权人如所有权人、用益物权人等时，因保管关系的终结，此时保管人为无权占有，因此，寄存人得对保管人主张返还原物请求权。此时，寄存人须承担证明其为物权人，以及保管关系已告终结，保管人为无权占有的证明责任。

保管人要求返还保管物发生纠纷而进行诉讼的，寄存人与保管人可围绕是否约定期限、是否存在“特别事由”展开抗辩。(1)若保管人主张其有权随时要求寄存人领取保管物，则其应承担证明双方不存在保管期限或者约定不明确。反之，若寄存人主张保管人无权随时要求寄存人领取保管物，则应证明双方存在明确约定的保管期限。该问题进一步影响保管物灭失由何方负责的问题。(2)在约定保管期限的情况下，如保管人主张其有权要求寄存人领取保管物，则应举证证明存在特别事由，即因保管人的原因或其他原因(如不可抗力和意外事故等)，导致其难以继续履行保管义务。如因健康状况而导致其难以继续进行保管，或者保管人丧失行为能力等。而寄存人则可通过举证证明不存在此类特别事由予以反驳。

第九百条【保管物的返还】

保管期限届满或者寄存人提前领取保管物的，保管人应当将原物及其孳息归还寄存人。

历史由来

本条沿袭《合同法》第377条的规定。我国早期立法没有区分保管合同和仓储合同，将两者置于一个条文之下。1981年的《经济合同法》第22条分4款分别规定了“仓储保管合同”的定义、事项、履行和责任问题。考虑到《经济合同法》实施后，实践中出现的经济合同不规范、条款不完备、漏洞较多等问题，以及部分省市通过制定统一合同文本取得了积极效果，原国家工商行政管理局向国务院提交《关于在全国逐步推行经济合同示范文本制度的请示》，国务院予以批准并发出《办公厅转发国家工商行政管理局关于在全国逐步推行经济合同示范文本制度请示的通知》。仓储保管合同是当时合同示范文本之一。1990年7月19日原国家工商行政管理局发布《关于发布仓储保管合同示范文本的通知》，发布仓储保管合同示范文本(GF—90—0601)，并规定自1990年10月1日起施行。《合同法》保留了《经济合同法》中的仓储保管合同，但不同的是，将二者进行分章规定。

从历史演进进程可以看出，保管合同滥觞于古罗马法上的保管合同。受其影响，诸多国家及地区均有保管人返还保管物及孳息的相关规定。我国台湾地区规定，受寄人返还寄托物时，应将该物之孳息，一并返还。《法国民法典》第1932条规定，受寄托人应当原封不动地返还其收受的原物。《意大利民法典》第1777条第1款“受寄人退还义务”规定，受寄人应当将寄托物返还给寄托人或指定接受该物之人，且不得要求寄托人证明他是物的所有权人。该法典第1775条“孳息的返还”规定，受寄人有义务返还他所得到的寄托物的孳息。《俄罗斯联邦民法典》第900条规定，（1）保管人应将交付其保管的原物返还寄存人或者其指定的受领人，但合同约定混合保管的除外。（2）如果保管合同无另行规定，保管人在返还保管物的同时，应返还保管物期间所获得的天然孳息及法定孳息。

从学者建议稿来看，由梁慧星教授主持编撰的《中国民法典草案建议稿》第1362条“原物与孳息一并返还”规定，保管人返还保管物时，应当将原物及其孳息一并返还寄存人。[①]陈甦教授主持编撰的《中国社会科学院民法典分则草案建议稿》中也采用同样的表述，均沿袭《合同法》第377条的表述，可见学界对此存在共识。

三 规范目的或功能

本条是关于保管人返还保管物及其孳息的规定，其目的是明确保管人的返还义务及应返还的保管物的范围。

1.规定保管人的保管物返还义务及法理依据。返还保管物的义务，是指在法定或约定的事由出现，保管人丧失了继续占有保管物的权源时，应当将保管物返还给寄存人的义务。[②]保管期限届满保管人返还保管物，或者应寄存人的要求随时返还保管物，是保管人的义务。这是因为保管合同并不发生保管物的所有权或使用权转移，保管人并不享有保管物的所有权，所有权仍归寄存人。保管人仅为保管目的而取得占有。当保管期限届满时，保管合同终止（消灭），保管人占有保管物的权源消失，成立无权占有，产生保管物的返

---

① 梁慧星主编：《中国民法典草案建议稿附理由：合同编》（下册），法律出版社2013年版，第846页。

② 崔建远主编：《合同法》（第六版），法律出版社2016年版，第422页。

还义务；当寄存人提前领取保管物时，实质上是寄存人行使任意解除权，将保管合同这种继续性合同解除（终止），保管人丧失继续占有保管物的权源，因此应承担返还保管物的义务。它适用于当事人对保管期限有明确约定（定期保管）的场合。[①]

2.规定应返还的保管物的范围。保管人返还之物应为原物，原物生有孳息的，并应返还保管期间的孳息。[②]此处区别于本法第901条的“货币等的返还”或称“消费保管”“消费寄托”，罗马法上则称之为“变例寄托”。而根据物权的一般原则，除法律或合同另有约定外，孳息归原物所有人所有。因此保管人除返还保管物外，如果保管物有孳息的，还应一并返还孳息。孳息是指原物产生的物，包括天然孳息和法定孳息。天然孳息是原物根据自然规律产生的物，如幼畜。法定孳息是原物根据法律规定带来的物，如存款利息等。

3.规定保管物返还的地点。保管物返还的地点一般应为保管物所在地。除非另有约定，保管人对保管物的返还并无“送还”的义务。此外，保管物返还的地点和保管物的属性相关。而前提问题是，本法所说的“保管物”究竟是限于动产，还是既包括动产，也包括不动产？因本法沿袭《合同法》的相关规定，我们可参考学者对此问题的探讨。学界的观点包括：一是动产说。此种观点认为，虽然“保管物”并没有仅限定为动产，但从《合同法》关于保管合同的规定来看，其是以动产保管作为规范对象。例如，我国《合同法》第380条留置权仅适用于动产，第376条所规定的“随时领取保管物”也无法适用于不动产。二是动产和不动产说。此种观点认为，法律在此只是规定了保管物，没有将其限定为动产，因此可以解释为既包括动产，也包括不动产。[③]从我国《合同法》第365条的规定来看，确实难以将其简单限定为动产。虽然《合同法》所规定的关于保管合同的个别条款可能仅适用于动产，但这并非意味着保管合同的标的物不能容纳不动产。从实践来看，不动产的保管

---

① 崔建远主编：《合同法》（第六版），法律出版社2016年版，第422页。

② 梁慧星主编：《中国民法典草案建议稿附理由：合同编》（下册），法律出版社2013年版，第846页。

③ 参见郭明瑞、房绍坤：《新合同法原理》，中国人民大学出版社2000年版，第657页。

大量存在，例如，公民之间一方管理、代管他人房屋，属于不动产的管理。从今后的发展来看，扩宽保管合同标的物的范围也有必要。因此，从文义解释来看，保管合同的标的物似乎没有限定为动产，不动产也可以成为标的物。将保管合同的标的物扩大到不动产，有利于对不动产保管中的权利、义务进行妥当确定。考虑到文本的整体解释和社会实践中保管合同的适用范围的逐步扩大，本书采纳这样的观点。由此，若保管物为不动产，保管人应在不动产所在地返还；若保管物为动产，返还地点一般应为保管地，保管人并无送交的义务，但当事人另有约定的除外。①

4.本条为保管合同履行的逻辑终点。因保管人为寄存人保管是根本目的，而完成保管自然应返还保管物，这是该制度运行的逻辑使然。

规范内容

本条之规范内容是明确保管人的返还保管物义务。所谓返还保管物的义务，是指在法定或约定的事由出现，保管人丧失了继续占有保管物的权源时，应当将保管物返还给寄存人的义务。②该义务主要包括以下几个方面：

一、保管期限届满时保管人的返还保管物义务

该义务包括两个要求：即保管期限届满时，“应当”返还保管物的义务；而在保管期限未满时，“不得”提前请求返还保管物的义务。因保管合同的目的和内容是为寄存人保管“物”，一般而言，只有达至此种目的后，合同方告履行完毕，保管人得返还保管物。因此，本法第899条第2款规定，当事人对保管期限没有约定或者约定不明确的，保管人可以随时要求寄存人领取保管物；约定保管期限的，保管人无特别事由，不得要求寄存人提前领取保管物。所谓“特别事由”，主要是指因保管人的原因或其他原因致使其不能继续履行保管义务，如不可抗力、意外事件等。

---

① 郭明瑞、王轶：《合同法新论·分则》，中国政法大学出版社1997年版，第342页。

② 崔建远主编：《合同法》（第六版），法律出版社2016年版，第422页。

二、寄存人提前领取保管物时的返还义务

本法第899条第1款规定，寄存人可以随时领取保管物。据此，无论保管合同是否就保管期限作出了约定，寄存人都可以随时领取保管物。这主要是因为在保管合同中，寄存人享有保管物的所有权，而且保管期限是为了寄存人的利益而设立的。如果寄存人认为保管的目的已经实现，即使合同约定的保管期限尚未届满，为了寄存人的利益，也应允许其随时领取保管物。

即使保管合同约定了保管期限，寄存人亦可随时请求提取保管物。因本法第899条第2款规定的“约定保管期限的，保管人无特别事由，不得请求寄存人提前领取保管物”是指向保管人，而且本法第899条第1款规定“寄存人可以随时领取保管物”并无前提条件。寄存人可以在期限届满前随时要求返还；若因此而给保管人造成损失，寄存人应予以补偿。[①]但保管人不得拒绝履行保管物返还义务。

三、保管人所返还的保管物包括原物和孳息

区别于本法第901条的“货币等的返还”或称“消费保管”“消费寄托”，在保管期限届满或者寄存人提前领取保管物时，保管人都应当将原物及其孳息返还给寄存人。区别于“消费保管”中保管物具有种类性、可替代性，此种保管物具有特定性，因此，保管人应返还寄存人所交付的原物，而不应是同种类、品质、数量的物。此外，还应包括保管物在保管期间所产生的孳息。根据前文所述的比较法来看，多数国家及地区都规定了保管人返还保管物及孳息的义务。

四、保管人返还保管物的主体对象

基于合同的相对性原理，保管人返还保管物义务的履行应向保管合同的另一方当事人——寄存人为之。在第三人对保管物主张权利时，除非有关机关已经对保管物采取了保全或执行措施，否则保管人仍应向寄存人履行返还保管物的义务。[②]即使为保管物的共有人，也应如此。在第三人主张权利时，

---

① 郭明瑞、王轶：《合同法新论·分则》，中国政法大学出版社1997年版，第342页。

② 崔建远主编：《合同法》（第六版），法律出版社2016年版，第422页。

保管人仍应向寄存人返还保管物的原因是：一方面，返还保管物于寄存人有利于寄存人处理与第三人的纠纷，并维护寄存人的权利；另一方面，保管人因保管合同的约定而占有保管物，因而返还保管物于寄存人是其所负担的合同义务。保管人只对寄存人负有相应的义务，并不对第三人负有义务。[①]此外，有一种例外情形，即保管期内，寄存人和第三人就保管物达成买卖合同，此时，保管人得依寄存人指示将保管物交付第三人。

五、保管物的返还地点

从寄存人和保管人的利益均衡来考虑，返还保管物的地点应为保管物所在地。保管物若为不动产的，则在不动产所在地；若为动产的，应为保管之地，当事人有约定的依其约定，没有约定的，应由保管人按照保管物的种类、性质、价值等情况，酌定适当的场所。[②]

举证责任

保管期限届满或者寄存人提前领取保管物的，保管人应当将原物及其孳息归还寄存人。

寄存人将保管物寄存于保管人后，根据本法第899条第1款的规定，寄存人可以随时领取保管物。此外，还包括保管物的孳息。因此，寄存人享有保管物及其孳息的返还请求权。保管关系终止时，保管人负有返还标的物的义务。这是保管契约上的债务。寄存人为保管物的所有权人时，除了上述返还请求权，也享有基于所有权的返还请求权，产生了请求权的竞合。[③]在保管人返还保管物案件中，不同之讼所涉及的举证责任不同。

基于物权请求权的给付之诉的举证责任。根据本法第235条规定，无权占有不动产或者动产的，权利人可以请求返还原物。当寄存人为保管物的物权

---

① 参见魏耀荣等：《中华人民共和国合同法释论》（分则），中国法制出版社2000年版，第516页。

② 邱聪智：《新订债法各论》（中），姚志明校订，中国人民大学出版社2006年版，第286页；刘春堂：《民法债编各论》（中），台北三民书局2007年版，第332页。

③ ［日］我妻荣：《债权各论》（中卷二），周江洪译，中国法制出版社2008年版，第188页。

人如所有权人、用益物权人等时，因保管关系的终结，此时保管人为无权占有，因此，寄存人得对保管人主张返还原物请求权。此时，寄存人须承担证明其为物权人，以及保管关系已告终结，保管人为无权占有的证明责任。

基于债权履行请求权的给付之诉的举证责任。在保管合同之下，寄存人可以要求保管人履行返还保管物义务为由提起诉讼，寄存人应承担证明保管合同成立、保管物已交付保管人的证明责任。若选择以保管合同关系为由提起保管物返还诉讼，则应对该保管合同的成立承担相应的举证责任。根据本法第888条第1款的规定，保管合同是保管人保管寄存人交付的保管物，并返还该物的合同。该条说明保管人与寄存人应有保管的合意，即双方形成保管物品的一致意思表示。本法第890条规定，保管合同自保管物交付时成立，但是当事人另有约定的除外。即若无当事人约定，保管合同为实践合同。由此，寄存人应承担证明双方存在保管合意以及保管物已交付的证明责任。

第九百零一条【货币等的返还】

保管人保管货币的，可以返还相同种类、数量的货币；保管其他可替代物的，可以按照约定返还相同种类、品质、数量的物品。

历史由来

本条文是对《合同法》第378条的承继。1981年的《经济合同法》虽然在第22条规定了“仓储保管合同”，但尚未规定“消费保管”。《合同法》第378条对货币的保管作出了明确规定。

随着银行及其他金融机构的发展，金钱的消费保管发挥了重要的社会作用。在资本主义发展的货币金融资本主义时期，作为金融资本形成了支配社会全体企业的超大力量的银行贷款资本，其实是通过消费保管的方式以吸收社会闲散资本为主而成立的。[1]

从历史起源角度来看，“消费保管”起源于罗马法之“变例寄托”。变例

① [日]我妻荣：《债权各论》(中卷二)，周江洪译，中国法制出版社2008年版，第194页。

寄托，是指以代替物为寄托的标的物，受寄人得消费该物，并以同种类、同品种、同数量的物返还之。受罗马法影响，德国民法规定了“不规则寄托”。瑞士债务法规定了“代替物寄托”。日本民法则规定了“消费寄托”。

从比较法上来看，《法国民法典》第1932条规定，受寄托人应当原封不动地返还其收受的原物。依此规定，收受寄托的钱币，不论其价值增减，均应返还与原寄托种类相同的钱币。《德国民法典》第700条规定，（1）如果可代替物是以下列方式存放，即其所有权转移于保管人，且保管人有义务将同种类、品质、数量的物返还的，适用关于贷款的规定。寄托人允许保管人动用存放的可代替物的，保管人自占有该保管物时起，适用关于贷款的规定。在上述两种情况下，有疑义时，返还期限及地点应根据关于保管合同的规定加以确定。（2）存放有价证券的，根据本条第1款所列举种类的约定，仅在有明确约定时，始为有效。《瑞士债法典》第481条规定，经明示或默示约定保管金钱的，保管人不必返还保管的金钱，只要求返还相同数量的金钱，收益与风险随之转移于保管人。如金钱未签封或未包装而交付的，视为默示约定。《意大利民法典》第1782条规定，（1）如果寄托物是一定数量的金钱或其他可替代物，则受寄人依对寄托物的保管权而取得物所有权并承担将同一性质和同样数额的物返还给寄托人的义务。（2）在该情形下，于不抵触的范围内，准用消费借贷的规定。《俄罗斯联邦民法典》第890条规定，在保管合同明文规定的情况下，接受一个寄存人的保管物可以同其他寄存人的同种类同质量的物混合（非特定物保管）。返还给寄存人的应为同等数量或者双方约定数量的同一种类同一质量的物。我国台湾地区规定，保管物为金钱时，推定其为消费保管，寄托物为代替物时，如约定寄托物之所有权移转于受寄人，并由受寄人以种类、品质、数量相同之物返还者，为消费寄托。自受寄人受领该物时起，准用关于消费借贷之规定。

从学者建议稿来看，由梁慧星教授主持编撰的《中国民法典草案建议稿》第1363条“消费保管”规定，保管人保管代替物的，可以按照约定返还相同种类、品质、数量的物。[①]陈甦教授主持编撰的《中国社会科学院民法典分则

---

① 梁慧星主编：《中国民法典草案建议稿附理由：合同编》（下册），法律出版社2013年版，第847页。

草案建议稿》中“消费保管”规定，保管人保管货币的，可以返还相同种类、数量的货币，但当事人另有约定的除外。寄存人同意保管人使用保管货币的，参照适用借款合同的相关规定。保管其他可替代物的，适用前款规定。两者均与《合同法》第378条的表述相近，可见学界对此存在共识。

规范目的或功能

一、问题导向

本条规定的是可替代物的保管的返还，并将可替代物的保管分为货币保管和非货币的其他可替代物的保管。学界就该条是否可以被认为是关于消费保管合同的规定，存在争议。一种观点持否定态度，认为该条规定所针对的并非货币的消费保管。[①]另一种观点认为，该条是针对消费保管所作的特别规定。[②]持否定态度的学者提出，判断消费保管的标准有二：其一，寄存人是否允许保管人消费保管物；其二，是否存在标的物所有权转移至保管人的约定。其认为，依据《合同法》等相关立法，保管人既不拥有所保管货币的所有权，也不可“消费”其所保管的货币。因此，无法得出我国“货币保管属消费保管”的结论。[③]有学者认为，该条实际上确立了消费保管的规则。主要原因在于：一方面，从文义解释来看，该条不仅规定了货币的保管，而且还规定了其他可替代物的保管，这实际上是就一般种类物的保管所作的规定。因此，该条可以适用于所有的可替代物的保管。消费保管的适用范围是可替代物。《合同法》第378条虽然突出了作为可替代物的“货币”的保管，同时也采用了“其他可替代物”的表述，这就使得该条可以广泛适用于所有可替代物的保管。另一方面，它包含移转保管物所有权的内容。虽然本条没有明确是否移

① 万建华：《〈中华人民共和国合同法〉第378条之理解与完善——兼论我国货币保管合同的民商分立》，载《法商研究》2010年第2期。

② 龙翼飞、宋晓明、陈群峰：《合同法教程》，法律出版社2008年版，第323页；何志：《合同法分则判解研究与适用》，人民法院出版社2002年版，第563页。

③ 参见万建华：《〈中华人民共和国合同法〉第378条之理解与完善——兼论我国货币保管合同的民商分立》，载《法商研究》2010年第2期。

转保管物的所有权，但是，其关于“返还相同种类、品质、数量的物品”的规定，意味着保管物的所有权已经移转给了保管人。该条规定保管人可以返还相同种类、品质、数量的物品，并不必返还原来交付的保管物，这也与消费保管存在一致性。[①]

笔者赞同第二种观点。因此，本条主要调整消费保管的法律关系，确立了消费保管合同的适用规则。消费保管，亦称消费寄托，即保管物为可代替物时，约定保管物所有权转移于保管人，并由保管人以种类、品质、数量相同之物返还的保管合同。[②]本条的目的是明确消费保管合同下保管物的返还要求，即保管人并不是保管并返还标的物本身，而是将标的物消费，并返还相同种类、相同等级和相同数量的物。[③]和一般保管合同相比，其转移保管物的所有权，以代替物为保管物和返还物。以金钱为保管物的，只要将金钱交给保管人，就推定成立消费保管合同。不过，当事人可举证推翻，即证明成立一般保管合同而非消费保管合同，如包封金钱（封金）的保管，约定保管人必须返还原包装的金钱（原物），则所成立的是一般保管合同。[④]因此，不宜将一切种类物的保管认定为消费保管，因并非所有寄存人都乐见其原物被“消费”而代之以同种类同数量的物品。另外，消费保管合同成立与否取决于寄存人是否向保管人转移保管物之所有权。

二、规范区分

消费保管合同和诸多合同存在类似，有必要对其进行辨析，以便准确适用相应的规范。

（一）消费保管和一般保管的区分

消费保管与一般保管存在如下不同：（1）消费保管合同的保管物必须为可替代物，即种类物，具体可以分为货币和其他可替代物。如保管物为特定

---

① 王利明：《合同法分则研究》（上卷），中国人民大学出版社2012年版，第694页。

② 梁慧星主编：《中国民法典草案建议稿附理由：合同编》（下册），法律出版社2013年版，第847页。

③ ［日］我妻荣：《债权各论》（中卷二），周江洪译，中国法制出版社2008年版，第194页。

④ 崔建远主编：《合同法》（第六版），法律出版社2016年版，第419页。

物，则必须返还原物，而不能以其他物品替代。（2）由于保管物的所有权或处分权已转移给保管人，因此从寄存人交付时起，该物的收益应归保管人享有，同时保管人亦承担该物的风险。而一般保管则不转移所有权，风险由寄存人承担。（3）在消费保管中，保管人不负有返还原物的义务，仅须以同种类、品质、数量的物返还即可。如果当事人约定有利息的，保管人还应支付相应的利息。（4）包括消费合同须转移保管物的所有权于保管人，而一般保管合同则无此要求。（5）在消费合同下，在保管人破产时，对于保管物，寄存人无取回权。

由此可见，并不是所有种类物的寄存都属于消费保管合同，因而适用本条。需要注意的是，本法第898条规定货币等封存情形，属于返还原货币的一般保管合同，而不属于消费保管合同。

（二）寄存货币的消费保管合同与民间借贷合同的区分

寄存货币的消费保管合同与民间借贷合同的区别。两者虽均以货币这种特殊种类物为标的物，无论借贷还是保管，交付标的物后均产生所有权转移的效果。返还货币时均可以相同种类和数额的货币代替。然而消费保管合同与民间借贷合同两者本质不同。表现在：（1）前者主要为寄存人的利益而对保管物进行保管，双方形成的是保管合同关系；后者则主要为借用人的利益而使用借贷之货币，双方形成的是金钱债务关系。（2）权利、义务内容不同。前者中，寄存人享有请求返还保管物的权利，而保管人负有妥善保管并返还保管物的义务；后者中，债权人享有的是金钱债权，而债务人的义务主要是按期偿还所借款项和利息。（3）前者中，除有约定外，保管人一般不向寄存人支付利益。故保管人无需返还孳息。后者中，债务人在约定期限届满时，除返还所借贷的金钱外，还包括约定的利益，特别是孳息。（4）标的物返还时间不同。前者中，由于其主要是为了寄存人的利益而设立的，因而如果没有约定返还期限的，寄存人可以随时要求返还。[①]后者中，约定期限届满后，如借款人不返还借款，则可催告返还。民间借贷合同是从借款人借款的角度来规定双方的权利义务关系，而寄存人货币的消费保管主要是从寄存人寄存

① 参见史尚宽：《债法各论》，中国政法大学出版社2000年版，第619页。

货币的角度来规定双方的权利义务关系。所以，二者不能用同一种法律规范来调整。

三、消费保管的成立条件

（一）保管物须为代替物

消费保管合同以代替物为标的物。消费保管只能以可代替物为保管物。不可代替物只能作为一般保管的保管物，因其无法以同种类、同品质、同数量的物品返还。

（二）消费保管须转移保管物的所有权于保管人

成立消费保管，寄存人须将保管物的所有权转移给保管人。虽以代替物为保管物，但未将所有权转移给保管人的，仅成立一般保管而非消费保管。

（三）保管人得以同品质、同种类、同数量的物返还

由于消费保管之保管物的所有权已转移给保管人，因此保管人得对保管物进行使用、收益、处分，且不用返还原物，只要以同种类、同品质、同数量之物返还即可。寄存人因消费保管合同之成立，丧失对保管物的所有权，因此，对于原保管物不得行使物上返还请求权，仅能行使债权性质之保管物返还请求权。①

规范内容

本条属于消费保管合同规则的完全法条。本条规定了消费保管合同的成立要件及法律效果。因此，本条适用范围是消费保管合同。本条的构成要件是：（1）交付“可替代物”。本条不仅规定了货币的保管，也规定了其他可替代物的保管。（2）转移保管物的所有权。本条尽管未明确表明保管物所有权的转移，但“可返还相同种类、数量的货币”“返还相同种类、品质、数

---

① 黄立主编：《民法债编各论》（下），中国政法大学出版社2003年版，第616—617页。

量的物品”的表述意味着保管物所有权已由寄存人转移至保管人。本条的法律效果是：（1）保管人取得保管物的所有权，得享有占有、使用、收益和处分的权利。保管人可使用、消费保管物。（2）保管人须承受保管物的风险负担。这是因为，消费保管中，保管物的所有权移转给了保管人，以及保管人可以为自己的利益利用标的物。[①]（3）保管人得返还相同种类、数量的货币或按照约定返还相同种类、品质、数量的物品，而不必返还原货币或物品。

举证责任

就因保管合同的性质发生纠纷而言，如果寄存人将金钱直接交付于保管人保管，而没有进行“包封”，则推定双方之间订立的为消费保管合同。若寄存人或保管人否定成立的为消费保管合同，则须证明没有发生保管物所有权转移、双方曾约定返还原物。

若因消费保管合同履行发生纠纷，若寄存人以双方之间的消费保管合同关系为基础主张权益，则需要证明：（1）寄存人和保管人达成关于保管“可替代物”、返还与此相同种类、相同品质以及相同数量的“可替代物”的合意。（2）寄存人已将保管物交付保管人。（3）保管物为货币及其他可替代物。

第九百零二条【保管费支付期限】

有偿的保管合同，寄存人应当按照约定的期限向保管人支付保管费。

当事人对支付期限没有约定或者约定不明确，依据本法第五百一十条的规定仍不能确定的，应当在领取保管物的同时支付。

历史由来

本条沿袭了《合同法》第379条的规定。

值得注意的是，罗马法上的保管合同为无偿保管合同。受此影响，诸

① ［日］我妻荣：《债权各论》（中卷二），周江洪译，中国法制出版社2008年版，第196页。

多国家和地区规定的保管合同多以无偿保管为原则。我国台湾地区规定，寄托约定报酬者，应于寄托关系终止时给付之；分期定报酬者，应于每期届满时给付之。寄托物之保管，因非可归责于受寄人之事由而终止者，除契约另有订定外，受寄人得就其已为保管之部分，请求报酬。《德国民法典》第699条规定，(1)寄托人应于保管终止时支付约定的报酬。分期定报酬的，应于每期终了时支付。(2)在所定保管期间届满前，保管终止的，以关于报酬的约定未另有约定者为限，保管人可以请求与其至此为止的给付相当的报酬。《意大利民法典》第1781条规定，寄托人负有偿还受寄人为保管寄托物所支付的费用，承担其因保管所遭受的损失并向受寄人支付约定的报酬。

从学者建议稿来看，由梁慧星教授主持编撰的《中国民法典草案建议稿》第1353条“有偿保管与无偿保管”规定，寄存人应当按照约定向保管人支付报酬。当事人对报酬没有约定或者约定不明确，依照本法第908条的规定仍不能确定的，为无偿保管。[①]

规范目的或功能

一、问题导向

本条规定了有偿保管合同下保管人的保管费（报酬）请求权（或者说寄存人支付保管费义务）以及此种报酬的支付期限问题。此处所谓“保管费”区别于“因保管所生费用”，是指保管人因保管保管物所应获得的报酬。其发生的前提为存在有偿合同，区别于仓储合同的有偿性，保管合同以无偿为原则，以有偿为例外。其种类依当事人的约定加以确定，若无此约定，通常以给付金钱为报酬。[②]“因保管所生费用”或称“必要费用”，是指保管人为保管寄存人寄存之物所产生的客观费用，如动物的饲养费、冷藏物的冷藏费

---

① 梁慧星主编：《中国民法典草案建议稿附理由：合同编》（下册），法律出版社2013年版，第846页。

② 崔建远主编：《合同法》（第六版），法律出版社2016年版，第423页。

等。此种费用无论保管合同有偿与否，寄存人均须支付。从比较法上来看，诸多国家民法均规定了必要费用的支付问题。如《德国民法典》第693条规定，对于保管人为保管存放物而支出的，根据情况认为是必要的支出费用的，存放人负有偿还的义务。《瑞士债务法》第473条规定，寄托人应当赔偿保管人履行合同支出的全部必要费用。本法第903条规定，寄存人未按照约定支付保管费或者其他费用的，保管人对保管物享有留置权，但是当事人另有约定的除外。虽未明确提及"必要费用"，但此处所说的"其他费用"就包括必要费用。[①]

规定保管人的保管报酬支付期限。根据本条，有约定期限的，按照约定期限支付报酬。当事人对支付期限没有约定或者约定不明确的，则以协议补充；不能达成补充协议的，按照合同有关条款或者交易习惯确定，应当在领取保管物的同时支付。

二、"保管费"与"其他费用"的区别

本条所规定的"保管费"与本法第889条规定之"寄存人应当按照约定向保管人支付保管费"相呼应，与本法第903条规定之"其他费用"相区别。此处的"保管费"或称"保管报酬"为寄存人的主给付义务，与有偿保管及返还保管物义务为对价关系。

而"其他费用"则包括"因保管所生费用"、保管物造成损害赔偿的费用等。根据本法第903条规定，除当事人另有约定外，若寄存人未按照约定支付"保管费"以及"其他费用"的，保管人均对保管物享有留置权。一般实践中，有偿保管合同的保管费中可能已包括"必要费用"，但保管人也可能和寄存人就此费用另行支付。二者存在重要区别：（1）基础不同。本条的"保管费"为有偿保管的对价，取决于双方是否约定。而"其他费用"特别是必要费用则无论保管合同有偿与否，寄存人均需支付。（2）合同终止后，可否请求偿还不同。依反对解释，若保管合同因可归责于保管人的事由而终止的，除当

---

① 参见全国人民代表大会常务委员会法制工作委员会编：《中华人民共和国合同法释义》，法律出版社1999年版，第551页。

事人另有约定外，保管人不得就其已为保管的部分请求报酬，但仍可请求偿还必要费用。[①]

规范内容

一、法条属性

本条属于保管费支付期限规则的完全法条。其适用范围是有偿保管合同。本条的构成要件是：（1）签订了有效的保管合同。（2）保管合同约定了有偿条款。根据本法第889条，判断保管合同为有偿或无偿，首先应看双方的约定；双方无约定的，则根据本法第510条通过补充协议或交易习惯来确定。若不能确定，则推定为无偿保管。（3）约定保管期限或通过补充协议、交易习惯确定支付期限。与此相对应，其法律效果分别为：（1）在有偿保管合同情形，寄存人应当支付保管费。（2）寄存人按照合同所约定的期限支付保管费。（3）寄存人应当在领取保管物的同时支付保管费。

二、具体情形

本条之规范内容是明确寄存人支付保管费的期限。分为以下几种情况：

（一）已约定支付保管费期限

在有偿保管合同之下，保管人享有“保管费（报酬）请求权”，寄存人按照双方约定期限支付保管费。

（二）依据补充协议或交易习惯确定支付期限

若当事人对保管人支付期限没有约定或者约定不明确的，依据本法第510条的规定，首先由当事人就支付期限事后达成补充协议。没有约定，是指在合同中根本没有约定保管期限；约定不明，是指虽然在合同中对保管期限的问

① 梁慧星主编：《中国民法典草案建议稿附理由：合同编》（下册），法律出版社2013年版，第854页。

题有所涉及，但是并没有确定保管期限的具体内容，或者通过对合同的解释仍然无法确定具体的期限。若不能达成补充协议的，按照合同相关条款和交易习惯确定。如双方在长期交易往来中的习惯是保管人返还保管物时向寄存人支付保管费，则可依此履行。

（三）领取保管物时支付

依据前述方法均不能确定保管费支付期限的，依照本条第2款，寄存人应当在保管人返还保管物的同时支付。即此种情况下，寄存人在领取保管物时，应当支付保管费。因为在一般情况下，保管人都是先提供服务，寄存人后支付保管费。在这一点上，保管和买卖存在区别。[①]

保管合同中的保管费（报酬）支付，采取了保管费（报酬）后付原则，因此，保管人不得就保管费（报酬）的未付与保管物的保管主张同时履行抗辩权，但可就保管费（报酬）的支付与保管物的返还主张先履行抗辩权。[②]

举证责任

当寄存人与保管人就保管费的支付期限发生纠纷提起诉讼的：（1）若保管人诉请寄存人按照约定期限支付保管费的，应举证证明双方成立保管合同法律关系以及双方约定了支付期限。（2）当事人对支付期限没有约定或者约定不明确，若双方按照本法第510条的规定就支付期限事后达成补充协议的，保管人诉请按照补充协议中的期限支付保管费的，则应举证证明双方存在保管合同以及事后达成支付期限的补充协议。（3）保管人诉请按照双方之间的交易往来的支付习惯支付保管费的，则应举证证明双方之间存在此类习惯。

① 参见魏耀荣等：《中华人民共和国合同法释论》（分则），中国法制出版社2000年版，第526页。

② 崔建远主编：《合同法》（第六版），法律出版社2016年版，第423页。

第九百零三条【保管人的留置权】

寄存人未按照约定支付保管费或者其他费用的，保管人对保管物享有留置权，但是当事人另有约定的除外。

历史由来

本条源于《合同法》第380条的规定。在《合同法》施行之前，自1995年10月1日起施行的《担保法》第84条第1款规定，因保管合同、运输合同、加工承揽合同发生的债权，债务人不履行债务的，债权人有留置权。

从比较法角度考察，多数国家立法都规定，有偿保管合同中，寄存人若不按照约定支付保管费和因保管而产生的费用的，则权利人可以留置保管物。《法国民法典》第1948条规定，受寄托人得留置寄托物，直至寄托人因寄托所欠的债务全部清偿。《瑞士债务法》第485条“仓库营业人的请求权”第3款规定，仓库营业人为担保其因寄托物而产生的债权，对由其占有的寄托物或者依货物证券实行处分的寄托物，有留置权。该法第491条第1款规定，旅店主人和马厩主人，为担保其基于客人住宿和保管客人物品而产生的债权，对于客人所携带的物品，有留置权。

从学者建议稿来看，由梁慧星教授主持编撰的《中国民法典草案建议稿》第1368条“保管人的留置权”规定，寄存人不支付报酬、必要费用以及当事人约定的其他费用的，保管人对保管物享有留置权，但当事人另有约定的除外。[①]陈甦教授主持编撰的《中国社会科学院民法典分则草案建议稿》中“保管人的留置权”规定，寄存人未按照约定支付保管费和其他费用的，保管人对保管物享有留置权，但当事人另有约定的除外。可见，前述建议稿在该问题上基本一致，反映出学界在该问题上的共识。

---

① 梁慧星主编：《中国民法典草案建议稿附理由：合同编》（下册），法律出版社2013年版，第855页。

规范目的或功能

本条明确规定保管人为保障其债权的实现，得对保管物行使留置权。同时明确留置权的行使范围。该范围主要包括保管费、为保管支出的必要费用。此外，保管人享有的其他债权，如利益、损害赔偿金、实现债权的费用等，当然亦属于留置权的担保范围。[①]此处所谓“保管费”区别于“必要费用”，其是指在有偿合同下，保管人因保管保管物所应获得的报酬。“必要费用”是指保管人为保管寄存人寄存之物所产生的客观费用，如动物的饲养费、冷藏物的冷藏费、电费等。此种费用无论保管合同有偿与否，寄存人均须支付。

规范内容

一、明确保管人对保管物享有留置权

依据本条规定，在寄存人没有按期约定支付保管费和其他费用的情况下，保管人对保管物享有留置权，以此作为保管费的担保。即如果寄存人没有按照保管合同的约定向保管人支付保管费用及其他费用，保管人可以留置保管物，并以该保管物拍卖、变卖的价款优先受偿。在拍卖、变卖并支付其保管费用和必要费用之后，剩余的部分应当返还给寄存人，如果仍然不足以支付，保管人仍有权要求寄存人支付。

从比较法上来看，多数国家民法承认保管人在寄存人没有支付保管费用的情况下得留置保管物，以此担保主债务的履行。《法国民法典》第1948条规定，受寄托人得留置寄托物，直至寄托人因寄托所欠的债务全部清偿。如《德国民法典》第273条规定，（1）如果债务人根据产生其债务的同一法律关系，对债权人享有已到期的请求权时，除债的关系另有其他规定外，债务人可以

---

① 梁慧星主编：《中国民法典草案建议稿附理由：合同编》（下册），法律出版社2013年版，第855页。

在获得其应得到的给付前，拒绝履行给付（留置权）。（2）负有交付标的物义务的人，因为标的物支付费用或者因此标的物所产生的损害而享有的已到期的请求权时，享有同样的权利，但债务人因故意实施不法行为而取得标的物的除外。（3）债权人可以因已提供担保而免除行使留置权。不得以保证人作为担保。

保管人行使留置权须满足下述条件：（1）存在寄存人届期未支付的保管费及其他必要费用。即存在合法待履行的主债务。根据本法第902条的规定，保管费的支付，有约定期限的，按照约定期限支付报酬。当事人对支付期限没有约定或者约定不明确的，则依照本法第510条以协议补充；不能达成补充协议的，应当在领取保管物的同时支付。若在这些期限到来时，寄存人未支付保管费及其他必要费用，则保管人有权留置保管物。（2）保管人依然占有保管物。留置权的发生要求权利人合法占有留置物，因此，在保管合同中，如果保管人将保管物交还给寄存人，则无法取得对保管物的留置权。（3）不存在不宜留置的情形。如医患人员、残疾人寄存保管的医疗用品等。因涉及他人生命健康权的保护，所以保管人不宜留置。（4）不存在寄存人与保管人事先约定不得留置的情形。本条规定当事人可以通过合同约定排除可以留置的财产。

二、留置权担保的债权范围

1.保管费，也称保管报酬。与仓储合同的有偿性不同，保管合同以无偿为原则，以有偿为例外。根据本法第889条规定，寄存人应当按照约定向保管人支付保管费。当事人对保管费没有约定或者约定不明确，依照本法第510条的规定仍不能确定的，视为无偿保管。在有偿保管合同下，寄存人应依据本法第902条规定的期限，向保管人支付保管费。在一般情况下，保管人自得依合同的约定请求报酬全额，但若保管合同因不可归责于保管人的事由而终止时，除合同另有约定外，保管人自得就其已为寄存人保管的部分请求报酬。[①] 保管人可对报酬的给付与保管物的返还主张同时履行抗辩权，寄存人不履行保管费给付义务时，保管人得主张对保管物行使留置权。

---

① 郭明瑞、王轶：《合同法新论·分则》，中国政法大学出版社1997年版，第343页。

2.损害赔偿费用。为了寄存人的利益而履行保管义务所受损害，在合理的条件下，可请求寄存人予以赔偿。依照本法第893条的规定，寄存人交付的保管物有瑕疵或者根据保管物的性质需要采取特殊保管措施的，寄存人应当将有关情况告知保管人。寄存人未告知，致使保管物受损失的，保管人不承担赔偿责任；保管人因此受损失的，除保管人知道或者应当知道且未采取补救措施外，寄存人应当承担赔偿责任。但保管人因过失而不知上述情形时，寄存人仍不能免责，在此情况下，应适用过失相抵原则。寄存人以保管人于合同成立时知道保管物有发生危险的性质或瑕疵而主张免责的，应负举证责任。因保管物的性质或瑕疵而给第三人造成损害的，寄存人也应负赔偿责任。此种责任为侵权责任。①

3.保管所产生的必要费用。即保管人为使保管物维持原有状态而实际支出的必要费用。必要费用不同于保管费用，保管费用是指应当支付给保管人的报酬，只存在于有偿保管中，而必要费用则是指保管人在保管过程中支付的必要花费，如保管人支付的电费、场地费用、运输的交通费用等。这些费用即便是在无偿保管过程中也会产生。②在比较法上，许多国家的民法典都对保管合同中必要费用的返还作出了规定。如，《德国民法典》第693条规定，对于保管人为保管存放物而支出的，根据情况认为是必要的支出费用的，存放人负有偿还的义务。《瑞士债务法》第473条规定，寄托人应当赔偿保管人履行合同支出的全部必要费用。我国《合同法》虽然没有就必要费用的承担作出特别规定，但是，该法第380条规定，寄存人未按照约定支付保管费以及其他费用的，保管人对保管物享有留置权，但当事人另有约定的除外。此处所说的“其他费用”就包括必要费用。③

三、留置权的实现

在保管人留置保管物后，应当与寄存人约定留置财产后的债务履行期限。

---

① 郭明瑞、王轶：《合同法新论·分则》，中国政法大学出版社1997年版，第343页。

② 王利明：《合同法分则研究》（上卷），中国人民大学出版社2012年版，第680页。

③ 参见全国人民代表大会常务委员会法制工作委员会编：《中华人民共和国合同法释义》，法律出版社1999年版，第551页。

没有约定或者约定不明确的，留置权人应当给债务人两个月以上履行债务的期限，但鲜活易腐等不易保管的动产除外。寄存人逾期未履行的，保管人可以与寄存人协议以留置财产折价，也可以就拍卖、变卖留置财产所得的价款优先受偿。处分留置物所得的价款不足以支付保管费及其他费用的，不足部分依然是保管人对寄存人的债权而得继续主张；变卖所留置保管物所得价款多于保管费用及其他费用的，保管人应将剩余部分返还给寄存人。留置财产折价或者变卖的，应当参照市场价格。

举证责任

就本条的举证责任而言，不同情形下的双方的责任分配不同，我们需要对此进行分类讨论。

对于寄存人没有向保管人支付必要费用和支付报酬的，应该适用严格责任原则，因为这涉及金钱债务的履行，只要没有履行或者没有及时履行，都要承担责任，这是各国契约法上的通行做法。[①]此时，保管人只需证明双方订立了保管合同，以及保管人支付必要费用和保管费（报酬）。

① 李永军：《合同法》，法律出版社2004年版，第576页。

第二十二章

仓储合同

第九百零四条【仓储合同的定义】

仓储合同是保管人储存存货人交付的仓储物，存货人支付仓储费的合同。

历史由来

本条承继《合同法》第381条，是关于仓储合同定义的规定，《民法典合同编（草案）》数次审议均保留了本条原有的表述。可以认为，本条规定的形成，在立法过程中是没有争议的。

仓储合同的规定可追溯至1981年通过的《经济合同法》第22条第1款，仓储保管合同，根据存货方委托储存计划和保管方的仓储能量由双方协商签订。零星货物的储存，根据有关仓储规定签订。彼时将仓储合同与保管合同视为同一种合同，且并未明确此类合同的定义。依照《经济合同法》，原商业部、对外贸易与经济合作部和国家物资局于1985年联合发布了《仓储保管合同实施细则》，其第2条规定，仓储保管合同是存货方和保管方为加速货物流通、妥善保管货物、提高经济效益而明确相互权利、义务关系的协议。首次明确了仓储保管合同的定义。1999年颁布的《合同法》取代了《经济合同法》，将保管合同与仓储合同分列为两类单独的有名合同，分列为分则部分的第十九章、第二十章，其中第381条规定，仓储合同是保管人储存存货人交付的仓储物，存货人支付仓储费的合同。

民法典合同编的起草接纳了《合同法》第381条对仓储合同的定义，可见本条的定义获得了普遍认可。

规范目的或功能

本条是说明性法律规范，属于不完全法条，此类规范的主要功能是协助理解与之相关的其他法律规范，[①] 也即仓储合同章的规范适用需与本条结合。仓储物是仓储合同的标的物，即保管对象；存货人相当于保管合同中的寄存

---

① 参见［德］卡尔·拉伦茨：《法学方法论》，陈爱娥译，商务印书馆2003年版，第138页。

人，即对仓储物享有所有权、他物权或其他财产权益的人；保管人是接收仓储物并保管的人；仓储费是保管人因存货人储存仓储物而获得的对价。[①]

规范内容

一、与保管合同的概念区分

本质上，仓储合同属保管合同的范畴，同时具有不同于一般保管合同的特征，[②]《合同法》采民商合一的立法体例，民事合同与商事合同作一体规定，但又有所区别，[③]仓储合同与保管合同的区分是典型之一。保管合同原则上是要物合同、无偿单务合同，[④]其性质是合同法贯彻民事活动基本原则的体现。传统民事合同基于自然人间的平等互助，通常以无偿为原则，有偿为例外，因而合同义务方的注意义务要轻于以营利性为目的的商事合同，[⑤]因此在未实际交付保管物的情形下，即便保管人与寄存人达成了合意，也不应推定保管合同成立，否则将烦琐地在法律上生成合同双方的权利义务，不利于民事活动的平稳进行，更与民法之诚实信用原则相悖。保管合同也因其要物、原则无偿的性质，通常仅承诺担负保管义务的保管人一方负有合同义务。

仓储合同是双务合同、诺成合同、有偿合同，是典型的商事合同。[⑥]仓储合同本质上仍为保管人代为储存保管物的保管合同，但由于其营利性的特点，内涵的权利义务之复杂及严苛程度均有别于民事上的保管。诺成合同意味着仓储合同自双方当事人达成合意之时起合同成立，此时存货人即负有交付存货并支付价款的义务，保管人享有要求存货人按照约定交付仓储物并支付价款的权利；同时，存货人享有要求保管人妥善保管仓储物以及取回保管物的权利，保管人负有妥善保管并按约定返还保管物的义务。仓储合同的有偿性

---

① 崔建远主编：《合同法》（第六版），法律出版社2016年版，第426页。

② 曹肖冰、李良运：《浅议仓储合同纠纷的审理》，载《山东审判》2001年第2期。

③ 参见李建伟：《我国民法典合同法编分则的重大立法问题研究》，载《政治与法律》2017年第7期。

④ 王文林：《保管合同　仓储合同》，法律出版社1999年版，第8—11页。

⑤ 参见范建、王建文：《商法总论》（第二版），法律出版社2019年版，第80页。

⑥ 王文林：《保管合同　仓储合同》，法律出版社1999年版，第104—105页。

质决定了义务人负有严苛于普通民事主体的注意义务，许多注意义务，按照民法上一般理性人的标准并不包含，但商事主体违反则为过失。[1]

二、仓储合同中的当事人

仓储合同中的当事人不同于保管合同中的当事人。基于商事合同的特点，仓储合同的保管方一般为经商事登记且经营范围包含仓储业务的商事组织，包括法人组织与非法人组织。保管合同中承担保管义务的人可以是法人、非法人组织或自然人，但以自然人为常态。同样，仓储合同中的存货人以各类商事主体为多数，单纯的自然人为少数；保管合同中的寄存人也以自然人为常态。[2]

仓储合同中的当事人应当具备主体资格。其中，存货人应当满足独立从事民事活动的最低限度要求，即具有相应的民事行为能力。保管人应当具备两个方面的资格，一是法律上的资格，二是事实上的资格。法律上的资格要求保管人从事以营利为目的的仓储活动前已依法履行商事登记，对特殊物品的仓储需要特别行政许可的，应依法获得相应的许可资质。事实上的资格要求旨在确认保管人拥有匹配相应仓储物之需求的仓储能力，否则保管人将因仓储能力欠缺构成履行上的瑕疵，进而因未尽到相应的管理义务而构成违约，对特殊物品的管理不善导致严重后果的，还会构成行政违法乃至刑事犯罪。

三、仓储合同中的标的物及其类型

仓储合同中的标的是合同约定之权利义务，即相应的仓储服务，标的物为该权利义务所指的对象，即本条所称仓储物。仓储合同的标的物可为特定物，也可为种类物，学理上根据其标的不同将仓储合同分为一般仓储合同、混藏仓储合同与消费仓储合同。[3]一般仓储合同的标的为特定物或特定化的种类物，约定期限届满，保管人需返还存货人储存之特定物。混藏仓储合同指存货人交由保管人一定数量的种类物，合同期限期满时，保管人以相同种类、

---

① 张辉、叶林：《论商法的体系化》，载《国家检察官学院学报》2004年第5期。

② 全国人大常委会办公厅研究室经济室编著：《中华人民共和国合同法释义及实用指南》，中国民主法制出版社1999年版，第531页。

③ 刘天铎主编：《赠与合同·保管合同·仓储合同》，中国民主法制出版社2002年版，第142—143页。

相同品质、相同数量的替代物返还，并不需要返还原物，混藏仓储的目的并不完全在于原物的保管，重点在于实现对物的价值的保管。消费仓储合同指存货人不仅将一定数量的种类物交由保管人，且同时转移存货的所有权，合同期限届满，保管人同样以相同质量、相同数量的种类物返还给存货人。细化仓储合同的学理分类，对明确不同类型的仓储合同中当事人双方的权利义务具有重要意义。

四、内涵的权利义务

本条规定了仓储合同的定义，根据仓储合同的性质，合同的成立就意味着双方当事人的法律行为产生了当然权利和当然义务，无论此种权利义务是否被法律或合同所明示，对此种内涵之权利义务的理解与分析，于仓储合同的履行以及纠纷的解决而言都具有重要意义。

（一）存货人的义务

1.交付仓储物的义务。仓储合同是诺成合同，合同自双方当事人达成合意时成立。诺成合同的性质意味着仓储合同在生效之时存货人就具有了按照约定履行合同的义务，存货人不按期交付仓储物便构成违约，由此对保管人造成的损失应由存货人承担。仓储是商业行为，其标的物一般具有数量多、保管难度大、运输成本高、保管时间相对较长等特点，因此仓储合同成立后，保管人需就标的物储存事宜做出必要的准备，此种准备会产生成本，如若存货人未按期履行合同交付仓储物的情形下视为仓储合同未成立，有违民法之公平与诚信原则。因此，交付仓储物是存货人的当然义务。

2.支付仓储费用的义务。本条定义了仓储合同为有偿合同，存货人应支付相应的仓储费用，这意味着仓储合同的成立一定包括存货人担负相应的金钱债务之内涵，对此种金钱债务的履行可以是现金，也可以是当事人约定的具有相应价值的其他物品，不包含此种债务的合同不是仓储合同。商业行为以营利性为核心特征，围绕此特征，仓储合同形成了不同于一般保管合同的当事人要求，以及较为严格的义务体系。如果有关储存货物的合同未约定仓储费用，根据合同的内容确定其为仓储合同的，存货人应当参照市场价格支付保管人费用，根据合同内容不能确定为仓储合同的，按照无偿的保管合同处理。

（二）存货人的权利

1.取回仓储物的权利。存货人有权根据仓储合同约定取回仓储物，是仓储合同的原生内涵之一。[①]存货人与仓储物的关系有两种情形，一是对仓储物拥有所有权或其他物权的人，二是与仓储物存在其他利益关系的人，无论何种情形，存货人都有基于合同之债权请求保管人返还仓储物的权利。此处的问题在于，当存货人与保管人约定了固定的储存期间，存货人可否在约定期间届满之前要求取回储存物？按照商业的一般规律，市场行情瞬息万变，非商主体在订约时可以预测，因此即使是固定期间的仓储，存货人未必没有提前提取该批货物的需求。然而，保管人的仓储业务也是商业行为，为保障合同的履行，保管人需为一段固定期限的仓储做出必要准备，比如在此期间内预留出足够的仓储空间，不再另行承接其他仓储业务。相较而言，存货人在订约时本可与保管人约定不定期的仓储期限，或可随时终止，但或出于价款上的优惠，抑或出于缺乏经验，抑或出于精确的算计，固定期限仓储之约定都被视为双方权衡利弊后的结果，存货人应当为此自担风险，如要求提前终止仓储合同，需要支付原定期限的仓储保管费用，或者承担相应的违约责任。

2.要求保管人妥善保管的权利。仓储物作为仓储合同的标的物，是仓储法律关系的核心，如果没有保障仓储物完好无损的强烈需要，就不会产生规模化的仓储业务，也不会有被法律精简细化、有名化的仓储合同。保障仓储物的原有状态，是仓储合同的核心内涵，自不待言。因此，无论有无明文约定，存货人都有权利要求保管人尽最大注意义务妥善保管仓储物。

（三）保管人的义务

1.严格验收义务。在仓储合同关系中，只要存货人将其合法占有和支配的仓储物交付给保管人后，保管人均对存货人负有严格验收并妥善保管仓储物的义务。[②]严格验收为仓储合同当然之内涵，是因为仓储合同的履行需依

---

① 全国人大常委会办公厅研究室经济室编著：《中华人民共和国合同法释义及实用指南》，中国民主法制出版社1999年版，第531页。

② 参见最高人民法院（2017）最高法民申243号民事裁定书。

照双方当事人订立合同时真实的意思表示，存货人若未按照约定的数量、质量等交付货物，在货物交付后便难以举证，而证明此种实不相符的举证责任，以保管人的严格验收为界，分别由存货人和保管人承担——验收时由存货人证明货物符合约定，验收后货物与约定不符的风险由保管人承担。此处可能出现的问题是，当保管人因疏忽大意未严格履行验收义务，但事后有充分的证据证明（如监控录像）存货人未按照约定履行交付义务时，其损失应当如何分配？一般情况下，合同的内容推定为真实，但根据诚实信用原则，当确有证据证明合同内容与实际履行情况不符时，应当由违约方承担相应责任。但由于仓单及货物所有权可能在仓储期间转让，保管人以货物不符合合同约定为由的抗辩不得对抗善意第三人。

2.最大监管义务。商事合同，即发生在生产经营领域内，服务于生产经营目的的交易行为，其最主要的特征是营利性和营业性，[①]因合同双方皆为老练的理性经济人，为保证商事活动的公平与高效，法律对其注意义务的要求自然要高于一般理性人标准，[②]因此在仓储合同中，保管人作为仓储业经营者应尽到对仓储物的最大监管义务。最高人民法院的判决指出，最大监管义务意味着在仓储物的接收、入库、检验、监管、运输的过程中都做到谨慎且无过失。[③]

（四）保管人的权利

1.请求交付货物及支付费用的权利。保管人对存货人的权利与存货人的义务相对，当存货人不按照合同约定交付货物或者支付仓储价款时，保管人得以请求存货人履行义务，如果存货人拒不履行，保管人可依据法律规定、合同约定而追究其责任。

2.保管人的留置权。实务中会遇到以下冲突：当存货人非仓储物的物权人、占有人，仓储物的物权人、占有人可否越过仓储合同的约定，基于物权、占有而请求保管人返还原物？此种情形多出现在有代办或中介参与的交易中。

---

① 王轶：《民法原理与民法学方法》，法律出版社2009年版，第253—254页。

② 参见张谷：《商法，这只寄居蟹———兼论商法的独立性及其特点》，载《清华法治论衡》2005年第2期；张良：《民法典编纂背景下我国〈合同法〉分则之完善——以民事合同与商事合同的区分为视角》，载《法学杂志》2016年第9期。

③ 参见最高人民法院（2016）最高法民再9号民事判决书。

理论上，物权、占有都可以构成返还原物的请求权基础，然而在仓储合同存续期间，仓储物的所有权人越过仓储合同请求返还仓储物，存在两重阻碍。一是存货人既然不是仓储物的物权人，就一定与其物权人之间存在合同等其他法律关系，代为办理存储业务，如物权人无视约定直接提取仓储物，构成对其代办人的违约；二是代办人与保管人之间存在仓储合同关系，对仓储物的提取需以保管人进行支付费用清偿为对价，否则在合同终止、保管人得不到费用清偿的情况下，自动获得对该仓储物的留置权，该法定担保物权得以对抗基于物权的返还原物请求权。

第九百零五条【仓储合同的成立】

仓储合同自保管人和存货人意思表示一致时成立。

历史由来

本条为修订条文，源于《合同法》第382条，仓储合同自成立时生效。本条对《合同法》第382条的主要变动是将规定仓储合同的生效时间改为规定仓储合同的成立时间。《民法典合同编（草案）》（一审稿）、《民法典合同编（草案）》（二审稿）、《民法典（草案）》均采用了本条表述。在多家学术单位提交的民法典“立法建议稿”中，对本条提出了建议，其中包括建议保持《合同法》第382条的表述，[①]或者建议将其修改为“仓储合同自存货人与保管人意思表示一致时成立，并适用本法第883条[②]、第884条[③]规定”等。[④]从内容上看，

① 于海涌编著：《中国民法典草案立法建议》（提交稿），法律出版社2016年版，第282页。

② 该建议稿中的第883条规定，承诺生效时合同成立，但法律另有规定或当事人另有约定的除外。梁慧星主编：《中国民法典草案建议稿附理由：合同编》（上册），法律出版社2012年版，第57页。

③ 该建议稿中的第884条规定，当事人采用合同书形式订立合同的，自双方当事人在合同书上签字或者盖章时合同成立，但合同已经开始履行或者能证明合同书仅具有为证据目的使用等非形式要件意思的，适用前条规定。梁慧星主编：《中国民法典草案建议稿附理由：合同编》（上册），法律出版社2012年版，第59页。

④ 梁慧星主编：《中国民法典草案建议稿附理由：合同编》（下册），法律出版社2012年版，第860页。

本条的修订也是学界集思广益的结果，也可以认为，本条规定的形成，在立法过程中是存在一定的争议的。

规范目的或功能

本条的规范功能，是明确仓储合同的成立时间，强调仓储合同的诺成性，并与前文的保管合同有意形成对比。合同成立是合同订立的结果，即双方当事人完成合意的客观状态，意味着合同在客观上是否存在，[①]合同成立后，能否发生法律效力，能否产生当事人所预期的法律效果，非合同当事人意志所能完全决定，只有符合生效条件的合同，才能受到法律的保护。[②]质言之，合意可以确保合同成立，但并不必然保障合同生效。本条的规定对应《民法典》第471条关于合同成立的规定，是对仓储合同成立的个案重复。本条表明，仓储合同的成立，遵循了合同成立的一般规则。

规范内容

一、法条性质

本条是一个完全法条，完整地规定了构成要件和法律后果，其构成要件是保管人与存货人达成合意，法律后果是仓储合同成立，暗含的另一法律后果是"意思表示不一致则仓储合同不成立"。区分完全法条与不完全法条，要以是否能以本条作为独立的请求权依据为标准，否则任何法条都是不完全法条，因为从发挥法律功能的角度看，任何规范都要与法律体系中的其他规范相结合才能完整地发挥作用。[③]本条可以独立地作为请求权依据，主张仓储合同的成立与否，故为完全法条。

---

① 尹飞：《合同成立与生效区分的再探讨》，载《法学家》2003年第3期。

② 赵旭东：《论合同的法律约束力与效力及合同的成立与生效》，载《中国法学》2000年第1期。

③ 汪渊智：《民法中的不完全性法条》，载《山西大学学报》（哲学社会科学版）2004年第4期。

二、仓储合同的成立规则

（一）合同成立的一般规则

《民法典》第471条规定，当事人订立合同，可以采取要约、承诺方式或者其他方式。第483条规定，承诺生效时合同成立，但是法律另有规定或者当事人另有约定的除外。这表明我国合同法采要约、承诺为合同订立的一般规则，即在无特别规定的情况下合同的订立只需达成合意，即诺成合同。

承诺生效是合同成立最常见、最普遍的方式，但不是合同成立的唯一方式。合同成立还可以交错要约、同时表示、意思实现等非典型的缔约方式实现。交错要约，是指合同当事人采取非直接对话的方式，作出为订立同一内容合同的要约。同时表示与交错要约本质上无异，二者的区别是交错要约发生在非对话的场合，同时表示发生在对话的场合。意思实现是指按照习惯或事件的性质，不需要承诺通知，或者要约人预先声明承诺无需通知，要约人在相当时间内如有可以推断受要约人有承诺意思的客观事实，可以据此成立合同。

（二）仓储合同的成立

本条规定仓储合同的成立，采“意思表示一致”之立法例，内涵两个方面的意思。第一个方面，“意思表示一致”强调了仓储合同的诺成性，与合同成立的一般规则相对应。本条对仓储合同的成立作出强调，意在与保管合同的成立形成对比。本质上，仓储合同属保管合同的一种，可理解为商事领域的保管，二者的主要区别是保管合同以单务、无偿为原则，仓储合同是双务、有偿合同。为避免无必要的法律关系上的纠缠，法律规定保管合同为要物合同，保管物交付时合同成立。[①]仓储合同为商事合同，为保障仓储行业的平稳有序进行，应当遵循合同订立的一般规则，达成合意即合同成立。但仓储合同为保管合同的子集，若无特别规定，可能会引起对其合同成立方式理解的混乱，因此本条对其合同成立作专门规定，避免争议。在此意义上，

① 《民法典》第890条规定，保管合同自保管物交付时成立，但是当事人另有约定的除外。

本条虽然遵循合同成立的一般规则，但是相对于《民法典》第890条而言却构成了特别规定。

第二个方面，“意思表示一致”包括一切可以达成合意的方式，而合同成立的一般规则——承诺，仅是达成意思表示一致方式的一种。可见，仓储合同成立的方式较合同成立的一般规定更为灵活。本条的规定，彰显了仓储合同作为商事合同与普通民事合同的区分，以营利和营业为特点的商事活动需要更为灵活以及高效的合同订立方式，非典型的合同成立方式，如交错要约、意思实现等，在商事实践中也较为常见。合同的成立无非是双方当事人达成合意，是否以承诺的形式来证明合意并非必要。在民法典的学者建议稿中，就有专家提出应将合同成立的要件和方式改为“双方当事人意思表示一致合同即成立”，并进一步解释“该意思表示通常采取要约和承诺的方式，但也可以用其他能够充分表明合意的方式”。[①]出于《合同法》的立法惯例，《民法典》未变动以承诺为原则的合同成立之立法例，但增加法定以及约定以其他方式成立合同的例外规定。

三、仓储合同的成立与生效

本条的前身，《合同法》第382条规定“仓储合同自成立时生效”，以法律的形式将仓储合同的成立与生效的时间点合二为一，此做法与合同法的内在逻辑并不协调。合同的成立只需要合同的当事人达成合意，但合同的生效还需要满足一定的条件，其中一般生效要件包括当事人需要具有民事行为能力，当事人的意思表示为真实，合同内容与法律法规不相抵触；特殊的生效要件包括附条件或附期限生效的条件，以及法律法规规定应当办理特定手续才能生效的条件。仓储合同相比其他类型的合同并无明显的特殊性以至于法律具有规定其成立即生效的必要，强行合并仓储合同的成立与生效的时间节点，一方面使合同法对合同生效之强制性规定的适用陷入了尴尬，另一方面也限制了当事人约定合同生效条件的意思自由。实际上，《合同法》第382条

---

① 梁慧星主编：《中国民法典草案建议稿附理由：合同编》（上册），法律出版社2012年版，第20页。

的本意也是强调仓储合同的诺成性，[①]但惜乎其所采立法技术的不成熟以及由此造成的文字表述的生硬，反而弄巧成拙，20多年来歧义不断。本条将在旧法的基础上将“仓储合同的生效”修订为“仓储合同的成立”，修正了旧法的逻辑障碍与表述突兀之处，与合同编总则部分关于合同成立与生效的一般规则的规定保持了一致，同时引入了“意思表示一致时合同成立”的精确表述，清楚无误地确立了仓储合同为诺成合同的立法例。

四、合同订立的主体

本条明确了仓储合同订立的主体是保管人和存货人。保管人，指根据合同法规定具有相应的仓储资质、专门从事仓储业务的人，一般为经过商事登记的法人、非法人组织。存货人，指将仓储物交付仓储的一方当事人，可以是仓储物的物权人、占有人，也可以是与仓储物具有其他利益关系的人，存货人可以是自然人，也可以是法人、非法人组织。根据本条的规定，仓储合同的订立必须经由保管人和存货人达成合意，应有之义是保管人与存货人必须具有相应的民事行为能力。保管人与存货人以成约目的而为意思表示，可以由其本人为之，也可以委托代理人为之。

五、意思表示的内容与方式

（一）意思表示的方式

本条采意思表示一致即合同成立的立法例，首先，表明了仓储合同订立的不要式性。法律虽然对仓储合同的凭证——仓单的内容作了详细规定，但仓储合同的成立并不必须采取书面的形式，其合同的订立方式更为灵活。其次，“意思表示一致”意味着意思表示的方式不限于要约与承诺。本条所称意思表示一致，即为合同法理论上的合意，此种立法例在域外不乏可考经验。《瑞士债务法》第1条规定，契约的缔结，以双方当事人意思表示合致为必要，意思表示合致得以明示或默示为之；[②]我国台湾地区规定，当事人互相表示意思一致者，无论其为明示或默示，契约即为成立；《欧洲合同法原

---

① 参见李国光主编：《中国合同法条文释解》，新华出版社1999年版，第615页。

② 《瑞士债务法》，戴永盛译，中国政法大学出版社2016年版，第5页。

则》第2:101条规定，合同成立需当事人意欲在法律上受有约束以及他们形成了充分的合意；《国际商事合同通则》第2.1.1条规定，合同可通过对要约的承诺或通过当事人能充分表明其合意的行为而成立。从上述立法的表述可以看出，意思表示一致的概念相比要约与承诺的合意更为宽阔。按照本条的规定，任何可以使双方达成一致之意思表示的方式都可以成为合同成立的方式，《民法总则》也具有类似规定。[①]随着信息技术的发展，意思表示的途径会被逐渐拓宽，届时可能会产生现有意思表示理论无法进行合理解读的表意方式，因此，为意思表示的概念增加弹性，留下解释空间，可以在一定程度上缓解法律在科技高速发展背景下的滞后性。但是，对意思表示方式的解释不能脱离诚实信用的基本原则。

（二）意思表示的内容

当合同以承诺的方式成立时，要约与承诺所达成的表意为完全一致——要约的内容固定，表意相对人只能就其要约的内容予以承诺，对要约的修正将构成新的要约，如此往复，结果是直至双方意思表示完全一致时合同方为成立，抑或是不能达成合意导致合同不能成立。然而，非以承诺之方式成立的合同，一般情形下很难达成此种一致。此处的问题在于，非以承诺方式成立的合同，其意思表示的内容需在多大程度上吻合？非典型的合同成立方式，如意思实现，合同双方在未经详尽商议合同之内容的情况下达成的“合意”极有可能贴合得不甚紧密，留有缝隙。我国台湾地区对这种情形作出了规定，当事人对于必要之点，意思一致，而对于非必要之点未经表示意思者，推定其契约为成立，关于此非必要之点，当事人意思不一致时，法院应依其事件之性质定之。根据本条的表述，结合商事活动遵循的交易便捷与高效原则，[②]应当认为，不应轻易在表意双方有意订立合同且合意轻微瑕疵的情况下认定合同不成立，妥当的处理方式是根据合同内容的约定、合意瑕疵的种类、商业习惯等因素综合考量，秉持鼓励交易原则，以认定合同成立为原则，鼓励

---

① 《民法总则》第140条规定，行为人可以明示或者默示作出意思表示。沉默只有在有法律规定、当事人约定或者符合当事人之间的交易习惯时，才可以视为意思表示。

② 范建、王建文：《商法总论》（第二版），法律出版社2019年版，第93页。

双方当事人就合意的瑕疵部分进行协商，协商不成的，由法院、仲裁机构裁决。至于仓储合同的“必要之点”或曰必备条款，除非当事人另有约定，一般不超出《民法典》第472条要求的“内容具体确定”，至于此处具体确定的“内容”，循《民法典》第470条、第509条、第510条等规定，不外乎当事人、标的物（仓储物）、数量条款。

举证责任

在“谁主张，谁举证”的基本原则下，当事人主张仓储合同成立或不成立，需要根据不同的情况进行讨论。

一、合同成立的举证责任

主张认定合同成立，属确认之诉，由主张成立的一方承担举证责任。如果当事人之间签订了书面合同，除有证据证明合同不属实，则推定合同成立。如果当事人的意思表示为口头方式进行，若存货人已经交付货物并收取了存货凭证，则存货凭证具有证明合同的效力；若存货人尚未交付货物，且主张合同成立的一方不能举证证明当事人曾达成合意的，不能认定合同成立。

二、合同不成立的举证责任

主张认定仓储合同不成立，同属确认之诉，依然由主张合同成立的一方承担合同成立的举证责任。这是因为，确认之诉中的“谁主张，谁举证”的原则，实质上是由主张积极事实存在的当事人承担举证责任，[①]主张合同不成立，是对消极事实的主张，其中一定存在主张积极事实——合同成立的对方当事人，否则纠纷将不复存在。然而，如果主张合同成立的当事人确有证据证明双方曾经达成合意，如出示订约的邮件往来、聊天记录等，此时便需要主张合同不成立的一方承担证明对方所出示证据不真实的举证责任，其核心在于证明当事人之间未曾达成一致的意思表示。如果主张合同不成

① 参见胡东海：《“谁主张谁举证”规则的法律适用》，载《法学》2019年第3期。

立的当事人不能推翻对方当事人证明合同成立的证据，即不能支持其合同不成立的主张。

合同不成立，保管人可以拒收货物，货物的运输费用和因此未及时仓储造成的损失，由存货人自行承担。合同成立，且依照法律规定与合同约定生效时，保管人需按照合同履行义务，因未按约定履行义务而造成的仓储物的损失，由保管人承担。

第九百零六条【危险物品、易变质物品的储存】

储存易燃、易爆、有毒、有腐蚀性、有放射性等危险物品或者易变质物品的，存货人应当说明该物品的性质，提供有关资料。

存货人违反前款规定的，保管人可以拒收仓储物，也可以采取相应措施以避免损失的发生，因此产生的费用由存货人负担。

保管人储存易燃、易爆、有毒、有腐蚀性、有放射性等危险物品的，应当具备相应的保管条件。

历史由来

本条来源于《合同法》第383条，《民法典合同编（草案）》（征求意见稿）、《民法典合同编（草案）》（一审稿）对本条都继承了《合同法》的表述。《民法典合同编（草案）》（二审稿）、《民法典》将《合同法》第383条规定中的“费用由存货人承担”的表述修订为“费用由存货人负担”。将“费用承担”的表述改为“费用负担”并非仅存在于本条，本条的用语置换只是《民法典》统一用词的一处具体体现。如《民法典》第1085条规定，离婚后，子女由一方直接抚养的，另一方应当负担部分或者全部抚养费。负担费用的多少和期限的长短，由双方协议；协议不成的，由人民法院判决。此条所对应的《婚姻法》第37条自始采用“负担费用”的表述；《民法典》第828条也将《合同法》第307条由“费用由托运人承担”的表述改为“费用由托运人负担”。可以看出，在本条以及其他条文发生的自“费用承担”向“费用负担”的变动，仅是为了民法典表述上的一致，并非内容上的实质改变。

因此，本条在实质上完全继承了《合同法》第383条的规定。有学者在“立法建议稿”中曾提出删除本条，[①]或是认为本条与本法第907条规定的“仓储物的验收”存在重复，但危险物与易变质物的储存相比一般的仓储物发生纠纷的可能性更高，风险负担与权利义务的明确对提高商业效率、减少交易成本而言都具有重要意义。《民法典》起草的过程中对本条一直采继承与接纳的态度，可见本条在文字表述与实践意义上一直获得立法者的认可。

规范目的或功能

本条是对危险物品、易变质物品储存的特别规定，其主要功能是明确在仓储物为危险物品、易变质物品的情况下，保管人与存货人的权利与义务。危险物品、易变质物品属于特殊的仓储物，对仓储条件、保管人的监管义务、存货人的说明义务等要求都高于对普通仓储物，对其进行特别规定可以降低合同当事人在谈判过程中的成本，提升缔约效率，以及在合同内容约定不明时明确存货人与保管人的责任。对本条的适用，还需结合相应的行政法规，准确把握危险物品与易变质物品的内涵以及需要的仓储资质，在此基础上对保管人与存货人的义务履行、有无过错等因素进行判断。

规范内容

一、法条性质

本条在方法论上的分类，需要根据各条款的内容做具体分析。第1款“储存易燃、易爆、有毒、有腐蚀性、有放射性等危险物品或者易变质物品的，存货人应当说明该物品的性质，提供有关资料”，仅规定了储存危险物品和易变质物品的构成要件，但第2款“存货人违反前款规定的，保管人可以拒收仓储物，也可以采取相应措施以避免损失的发生，因此产生的费用由存货人负

---

① 梁慧星主编：《中国民法典草案建议稿附理由：合同编》（下册），法律出版社2012年版，第861页。

担”，明确了由第1款构成要件导致的法律后果。法条事实上是制定法在立法技术考虑下的产物，它所指称的首先是制定法中的各个条文，其次是包括习惯法中的“条文”。所谓“法条”，实际上并不宜以一个条文作为单位，而应视具体情况，分别以条或项或款或目为单位。[①]因此，本条第1款与第2款合起来构成一个完全法条。本条第3款“保管人储存易燃、易爆、有毒、有腐蚀性、有放射性等危险物品的，应当具备相应的保管条件”仅规定了保管人保管危险物品的构成要件，但未规定不具有相应条件而从事危险物品保管的法律后果，因而是不完全法条。

二、对危险物品和易变质物品的理解与定义

（一）危险物品

本条列举的五种危险物品的类型，分别是易燃、易爆、有毒、有腐蚀性、有放射性的物品。易燃物品，包括易燃液体、易燃固体、自燃物品和遇湿易燃物品。[②]易爆物品，指列入公安部确定、公布的易制爆危险化学品名录，如《危险货物品名表》，可用于制造爆炸物品的化学品。[③]有毒物品，指小剂量的化学物质进入机体后，能与组织成分发生生化或生物物理学的变化，引起机体暂时或持久的生理功能紊乱和器质性损害的物质。[④]有腐蚀性，指金属与环境间的物理和化学相互作用，使金属性能发生变化，导致金属、环境及其构成系统受到损伤的现象，如硫酸、硝酸等。放射性物品，根据《放射性物品运输安全管理条例》，按照放射性物品的特性及其对人体健康和环境的潜在危害程度，共分为三类。具体分类和名录由国务院安全监管部门及国务院各组成部门制定。对危险物品的认定，一般参照国家标准，对没有国家标准的，可以参照商业惯例或一般认知标准。[⑤]

---

① 黄茂荣：《法学方法与现代民法》，中国政法大学出版社2001年版，第110页。

② 《化学危险物品安全管理条例实施细则》第3条。

③ 《易制爆危险化学品治安管理办法》第3条。

④ 京文：《化学物中毒机理及表现》，载《现代职业安全》2006年第2期。

⑤ 韩光明、陈国刚主编：《保管合同与仓储合同实务操作指南》，中国人民公安大学出版社2000年版，第207页。

本条以列举的方式明确了五种危险物品的类型，并附以“等”字结尾，为法律解释留下空间。结合各种危险物品的定义及其相关规定，危险物品具有以下共同特征：（1）储存环境要求高；（2）储存监管要求高；（3）储存不善可能会造成巨大人身和财产损害。因此，对危险物品的定义，不能仅拘泥于本条所定义的内容，应当结合实际情况，当仓储物符合危险物品之实质内涵时即认定为危险仓储物，对其适用本条规定。

（二）易变质物品

易变质物品，指容易腐烂、变味、霉烂的物品，如食品、鲜活农产品等。[①]与危险物品不同的是，易变质物品在非妥善保管的情况下导致的后果相对轻微，主要是仓储物自身价值的减损，其最大损失可预期、可量化。对于危险物品而言，非妥善保管的后果会波及其他仓储物，甚至不特定公众的生命与财产安全，其造成的损失不可预期、不可量化。生活中狭义上的变质，一般指食品在以微生物为主的作用下所发生的腐败变质，具有易变质之特性的食品较容易辨别。广义上的变质，还可以指物发生了化学上的变化，氧化、腐蚀等化学反应均可理解为广义上的物体变质，此种物品常见的有需特别存放的油画、易氧化的金属等，这类物品非经特别提示，保管人不易得知其特殊性。本条的立法意旨，无非是在仓储物具有危险性、易变质的特殊情况下，促使存货人与保管人都尽到最大的注意义务以保障仓储物价值的维持，从而保障合同的顺利履行。在此前提下，应当把握易变质物品的应有之义，促成仓储交易安全高效地达成。无论是狭义上的变质还是广义上的变质，易变质物品的核心内涵并不无同，即非经特殊保管，其原有特性与用途会在短期内损坏。因此，适用本条时，对易变质物品的解释不能仅拘泥于鲜活易腐的食品，应当把握易变质物品的核心内涵，将化学性质易改变、用途与特性非经特别仓储措施会在短时间内减损的非食品仓储物也以本条加以规制。

---

① 韩光明、陈国刚主编：《保管合同与仓储合同实务操作指南》，中国人民公安大学出版社2000年版，第206页。

三、存货人对仓储物充分说明的义务

（一）说明物品性质的义务

本条第1款规定了存货人有对所交付的危险物品、易变质物品的说明与提供有关资料的义务。对于危险物品的存放，一般情况下不仅对保管人具有特殊要求，存货人一般也是具有持有、经营、利用危险物品资质的法律实体。因此，通常情况下，存货人对危险物品的管理与存放拥有相当程度的专业知识，应当尽可能地向保管人提供此种专业知识，帮助保管人为储存此类危险物品做出充足准备。如因存货人未履行告知义务造成仓储物在储存过程中价值的减损或造成其他损害结果的，存货人应当承担相应的责任，保管人也有过错的，按照各自的过错大小承担责任。

对于易变质物品的存放，存货人可能是以经营为业的法律实体，也可能是对仓储物有特殊需求的自然人。对于易变质的物品，存货人应当说明其特殊的储藏需求，然而以仓储为业的保管人相比存货人或具有更为丰富的储藏知识，此种情形下，当存货人不能提供具体的仓储方案时，保管人有义务予以协助。存货人受知识、经验所限不能对易变质物品的储存提出可行方案时，不能认定存货人没有尽到说明义务。此时保管人可以选择为存货人提出方案，在经得存货人同意后接受仓储物，在仓储合同成立的情况下原则上不得以可以轻易克服的障碍拒绝提供仓储服务。如果存货人所交付的仓储物为非显而易见的易腐物品，未有明确指令难以确保仓储物价值之维持，此为意思表示的不完整，双方实质上未达成合意，当事人可以主张合同不成立。

对于并非显而易见的易变质物品，存货人未说明其储存要求，在储存过程中发生了仓储物价值减损甚至灭失，保管人有权依照本条第1款主张存货人具有过错。保管人在能证明其尽到一般仓储物之注意义务的情况下，得以免责。

（二）说明义务与提供资料义务之间的关系

本条要求存货人在存储危险物品和易变质物品时提供相关资料，对“资料”的解释应是存货人在详细说明物品性质及储存方式的基础上，同时提供文字、视频等可供保管人反复查阅的资料以指导仓储工作顺利进行。此处的问题是，说明义务与提供资料的义务是否需要同时履行且为必不可少的法定义务？

首先，对危险物品有关资料的提供。危险物品的储存虽然可能存在安全隐患，但并不意味着危险物品的储存就一定需要复杂的技术与操作，如对强硫酸的储存，如果硫酸本身就存储于密封容器内，保管人只需做到保障其储存时的温度、湿度以及隔离状态，在存货人对其性质及储存需求进行妥善说明后，不需要对其操作人员进行专门的培训，这种情况下，同时提供文字或视频资料并不为仓储活动进行所必需。有些危险物品，如放射性物品，其存放环境与监管流程都富有较强的技术性，存货人除了需要对其性质及仓储需求进行妥善说明外，还应当提供相应的资料加以指导，必要时甚至需要对保管人的仓储操作人员加以专业培训。

其次，对易变质物品有关资料的提供。生活中最常见的易变质物品的仓储为鲜活易腐食品，此种仓储之存货人对仓储需求的知识未必强于具有丰富仓储经验的保管人。因此，对常见易变质物品的仓储，存货人只需对物品本身加以提示，保管人自会依照其专业经验安排相应的库房及其设施，存货人更不必专门提供相应的指导资料。但是，对于非典型易变质物品的仓储，如易氧化的特殊金属，因此种物品的仓储超过保管人从事经营之经验积累的一般状态，存货人除应当尽到提示义务外，还应当向保管人提供能够帮助保管人尽到最大监管义务的相应资料。

结合对危险物品以及易变质物品之“有关资料”的解释，应当认为存货人说明特殊仓储物性质的义务与其提供该仓储物相关资料的义务并非缺一不可的当然义务。存储特殊物品时，存货人应当说明所储存物品的内容及其性质，是否需要进一步提供可供保管人参考的仓储资料，还要视存货人与保管人对仓储物的理解程度而定，依照一般人之认知标准认为应该提供详细资料的，存货人提供相应的资料即为必要，反之，即便未进一步提供仓储物的有关资料，也不能认定存货人未尽法定义务。

四、保管人处置货物的权利及费用负担

（一）拒收或采取合理措施的权利

本条第2款规定当存货人违反第1款的说明义务时，保管人可以拒绝接

收仓储物，也可以采取相应的措施避免损失的发生，但为避免损失而采取措施所发生的费用由存货人负担。据此，本款明确赋予了保管人选择权。危险物品、易变质物品的存放通常需要特殊准备，并非有空间即可储存。因此，当存货人未尽到对特殊仓储物的说明义务，或必要时未提供相关资料的情况下，对此类物品的储存可能超出了保管人的现有仓储能力，或者超出了保管人的原定准备，故保管人可以选择不再接收存货人的货物。同时，法律对仓储物的价值利用予以考虑，充分尊重保管人的意思自治，允许保管人依照自己的意愿选择采取相应的措施保障仓储物的完好无损，由存货人负担费用。

此处需要解释的问题是保管人“可以采取相应的措施”的内涵。保管人采取措施，是否意味着一定要亲自接收货物？对比前句“可以拒收货物”的表述，后句“采取相应措施”似乎以接收货物为前提，但是此时保管人所得知的货物信息并不全面，以及有可能并未为储存特殊物品做到充足的准备，期待保管人自己对货物加以接收与保管并不合理。此外，即便保管人在接收货物时具有相应的保管条件，对突如其来的危险物品、易变质物品的储存可能会使其耗费更高的成本，也即付出额外的费用。因此，保管人在选择采取措施避免损失发生时，并非必须以接收货物为前提，保管人可以采取转运、委托他人保管等必要方式暂且安置该批物品。

（二）费用负担

本条规定因保持货物价值所采取相应措施的费用由存货人负担，需要明确的是，此处的费用构成有哪些？存货人违反了提前对特殊货物予以说明的义务，已然构成违约，保管人此时为存货人的利益算计而维持货物价值，并非法律或合同上的义务，且为避免存货人货物价值减损所做的努力显然不会违反存货人的意思，应属于无因管理。[①]从无因管理的角度，存货人应当承担的费用包括保管人因管理行为而支出的费用、承担的债务以及遭受的损害，

---

① 参见李文涛、龙翼飞：《无因管理的重新解读——法目的论解释和论证的尝试》，载《法学杂志》2010年第3期。

以及保管人应得的报酬。[1]仓储合同的保管人通常为以仓储为业的商事主体，当存货人违约，保管人为存货人的利益而采取措施保护货物价值时，存货人不仅应当支付因保护货物价值所付出的必要费用，而且要为保管人为此付出的努力支付报酬，因为保管人为此付出的不仅是金钱上的成本，还有为处理该货物所付出的机会成本。此处可能出现的争议是，当保管人对货物进行了其所认为的必要措施，但货物的价值依然因未经专业保管而减损，或保管人选择了自己保管但造成了自身的损失，此时的损失应由谁负担？第一种情况，保管人在可以直接拒绝接收仓储物的前提下而选择对货物采取保护措施，存货人的财产价值因此受到了保护，而无论其得到多大程度的价值维护。此时保管人并无商事合同中应有的谨慎与注意义务，所以只要保管人采取的措施对货物起到了保护效果，其价值的减损就应由存货人自负，且承担保管人为此付出的费用。但是，保管人不得在收下货物或决定采取必要保护措施后又对其置之不理，此种行为会导致存货人丧失对货物的补救机会，造成的损害后果甚至大于直接拒收货物，这种情况下保管人应对存货人的损失负相应的侵权赔偿责任。第二种情况，保管人因采取必要的保护措施造成了自己的损失，如库房污染、设备损坏等，其费用负担应当视保管人有无过错，保管人采取相应保护措施的费用及其损耗以必要为限，如果保管人在没有能力储存或监管不到位的情形下导致自损的，存货人不应为保管人自身过错导致的自损买单，但仍应负担保管人为保护货物支付的必要费用。

（三）存货人未尽说明义务的合同法后果

对于存货人未履行说明义务所造成合同法上的后果，应该分为两种情况。首先，因存货人未说明货物性质及提供必要的资料，导致合同目的不能实现，满足了法定的合同解除要件，保管人可以解除合同。[2]不能实现合同目的，应指某种事实严重影响了当事人订立合同所期望的经济利益，[3]此种利

① 参见李中原：《论无因管理的偿还请求权——基于解释论的视角》，载《法学》2017年第12期。

② 《民法典》第563条规定："有下列情形之一的，当事人可以解除合同：……（四）当事人一方迟延履行债务或者有其他违约行为致使不能实现合同目的……"

③ 崔建远：《论合同目的及其不能实现》，载《吉林大学社会科学学报》2015年第3期。

益包括存货人有权期待仓储物价值不受损害的利益，也包括保管人可以预期的收益。如果存货人未尽说明义务的违约行为已经足以导致保管人无法达到经营目的，保管人得以解除合同，并要求存货人赔偿相应的损失。其次，虽然仓储物为危险物品或易变质的物品，但是根据经验对此种货物的储存根本无需存货人进行特殊说明，保管人是否还得以行使本条第2款规定的权利？比如仓储物是鲜活易腐的海鲜，按照行业经验与常识，应当低温、有氧保存，但存货人未对此进行特别说明，也未提供相应的资料，此时保管人是否能以存货人未说明货物性质为由拒收货物，或采取相应措施予以保护但不履行仓储合同？拒收抑或采取相应措施，是本条所规定的在存货人未尽说明义务的前提下保管人的法定选择权，因此无论仓储物的具体内容是什么，只要满足存货人违反说明义务以及仓储物为危险物品或易变质物品的要件，保管人都得以行使本条规定的拒收或者采取相应措施的权利，拒收自然意味着主张解除合同，采取相应措施也可能意味着主张解除合同。此时法律保护的是保管人为仓储活动做充足准备后的预期利润的权利，但如果对仓储物的说明义务于常识而言并非绝对必要，保管人可能会选择继续履行合同。一旦保管人未主张拒收或采取其他措施，应视为放弃了本条第2款赋予的权利，应当按照合同约定继续履行。

五、保管人具备相应仓储条件的义务

本条第3款规定仓储人在负责危险物品和易变质物品的存储时，需要取得相应的保管条件。此处所指的保管条件需做广义上的解释，包括两层内涵：一是需要具备相应物品的特殊保管资质，二是具有保管危险物品和易变质物品的物理条件。需要保管人具备特殊保管资质的物品，一般为特殊的危险物品。比如，根据《危险化学品安全管理条例》规定，“危险化学品”是指具有毒害、腐蚀、爆炸、燃烧、助燃等性质，对人体、设施、环境具有危害的剧毒化学品和其他化学品。本条所称危险物品，多数包含于该条例对“危险化学品”的定义中。又根据《危险化学品安全管理条例》规定，安全生产监督管理部门负责危险化学品安全监督管理综合工作，组织确定、公布、调整危险化学品目录，对新建、改建、扩建生产、储存危险化学品的建设项目进行安全条件审查，核发危险化学品安全生产许可证、危险化学品安全使用许可证和危险化学品经营许可证，并负责危险化学品登记工作，工商行政管理部门依据有关部门的许可证件，核发危险化学品生产、储存、经营、运输企业营业执照，查处危险化学品经营企业违法采购危险化学品的行为。仓储业的保管人除负责货物的储存外，一般还需满足客户对货物运输的要求，因此通常还需要保管人取得运输特殊物品的资格，否则不得承接此类物品的运输业务。

为确保危险物品和易变质物品的储存安全，更为重要的因素是保管人具备相应的物理条件，包括保管人具有相应的设备、空间，以及专业技术人员等。对危险物品的存放，要遵守法律法规所明确的仓储条件，如《危险化学品安全管理条例》第24条、第25条规定，危险化学品应当储存在专用仓库、专用场地或者专用储存室内，并由专人负责管理；剧毒化学品以及储存数量构成重大危险源的其他危险化学品，应当在专用仓库内单独存放，并实行双人收发、双人保管制度。储存危险化学品的单位应当建立危险化学品出入库核查、登记制度。对剧毒化学品以及储存数量构成重大危险源的其他危险化学品，储存单位应当将其储存数量、储存地点以及管理人员的情况，报所在地县级人民政府安全生产监督管理部门（在港区内储存的，报港口行政管理部门）和公安机关备案。对法律法规未作特别规定的危险物品和易变质物品的存放，应当依照行业惯例与相应的专业知识，对特殊物品的仓储做必要的准备。

前文指出，本条第3款为不完全法条，未明确保管人不具备保管条件而进行仓储活动的法律后果，因此适用本款的法律后果需要体系解释，分析何种情形下应有法律责任。首先，如果保管人违反了法律、行政法规强制性规定，在未获得相应许可的情况下从事了危险物品的储存，应当根据《危险化学品安全管理条例》第76条[①]的规定对保管人予以行政处罚。对于存货人而言，保管人在不具备相应储存条件的情况下与存货人订立合同，并接收超出自身能力范围的仓储物，可能直接导致维持仓储物之价值的目的不能实现，构成

---

① 《危险化学品安全管理条例》第76条规定，未经安全条件审查，新建、改建、扩建生产、储存危险化学品的建设项目的，由安全生产监督管理部门责令停止建设，限期改正；逾期不改正的，处50万元以上100万元以下的罚款；构成犯罪的，依法追究刑事责任。未经安全条件审查，新建、改建、扩建储存、装卸危险化学品的港口建设项目的，由港口行政管理部门依照前款规定予以处罚。

根本违约，存货人有权解除合同，并要求保管人赔偿由此造成的损失。合同解除后，货物储存的过程中出现任何的价值减损，无论保管人有无过错，存货人都有权要求保管人赔偿。此处要注意的是，保管人不具备相应的仓储资质进行储存，虽然违反相应规定，但不属于合同无效的情形。合同法上的合同无效，是指合同内容违反了法律、行政法规的效力性强制性规定，导致合同所形成的法律关系无效。[①]保管人为无资质的仓储行为，违反的是仓储行业的管理性强制性规定，对此类规定的违反，可能需要承担相应的行政处罚乃至刑事责任，但并不导致当事人之间的合同无效。

问题在于，如果保管人不具有相应的法律资质，且存货人并不要求解除合同，保管人应当承担何种责任？一方面，保管人必然要承担相应的行政责任，在遭受行政处罚后，保管人停止违规的仓储行为，将货物返还给存货人。另一方面，如果存货人本身知晓保管人不具有相应的资质而执意将货物交由其保管，仓储过程中造成的货物损失应由存货人与保管人共同承担；如果存货人并不知晓保管人无资质，保管人负有返还存货人货物并赔偿存货人损失的义务，但保管人对此种义务的履行通常在行政处罚决定作出之后。

三 举证责任

适用本条的仓储合同纠纷，保管人以存货人未尽说明义务为由拒收仓储物，或主张存货人负担其为保持货物价值的费用时，应当由存货人证明自己履行了对危险物品、易变质物品的说明义务，且在需要其提供有关资料指导仓储工作时，存货人提供了相应的资料，否则应当由存货人承担仓储合同的不利后果。存货人以保管人没有相应的仓储资格或条件为由，主张解除仓储合同，并请求保管人赔偿损失的，应当由保管人提供证据证明其在接收货物时具有相应的资格与条件，不能证明的，保管人应当返还存货人货物，并赔偿存货人的货物损失，以及因解除合同遭受的损失。

适用本条的常见情形有，当仓储物价值减损，保管人以不知道储存货物为危险物品或易变质物品为由主张免责。此时，仍应由存货人证明已尽到了

① 参见朱庆育：《〈合同法〉第52条第5项评注》，载《法学家》2016年第3期。

说明义务，即证明保管人知晓仓储物的危险性、易变质等特殊性。如果存货人不能证明说明义务的履行，还应当根据仓储物的性质判断保管人是否具有主观过错。假设仓储物具有显而易见的危险性、易变质的特性，保管人作为仓储行业的从业者，未能尽到商事主体在经营领域应有的注意义务，应根据其过错的大小判断其应当承担的责任及其份额。假设仓储物的危险性、易变质性超出了仓储从业者可以认知的一般水准，在存货人未尽到说明义务以及保管人证明尽到了一般物品仓储之注意义务的情形下，保管人免责。此种责任承担同样适用于因对危险物品、易变质物品的管理不善导致的侵权赔偿责任。在保管人无过错的情况下，存货人应当承担因仓储货物危险、易变质而造成第三人财产损失与人身伤害的赔偿责任；在存货人无过错的情况下，保管人承担全部责任；双方都有过错的，根据各自的过错大小分配责任份额，构成共同侵权的，对第三人承担连带责任。

三 其他问题

本条尚存在一个隐蔽的问题，即存货人是否必须对仓储物是合法占有、有权占有。根据《危险化学品安全管理条例》规定，危险化学品的生产、运输、经营都需要特殊的行政许可，除此之外，如枪支、弹药、杀伤性武器的持有与储存，也限于法律所允许的特殊主体。那么，当存货人对仓储物的占有为非法时，仓储合同的效力如何？以及存货人对仓储物为无权占有时，仓储合同的效力是否会受到影响？

首先，关于危险物品的违法占有对仓储合同的影响，要分析存货人的违法行为是否违反了法律、行政法规规定的效力性强制性规定。[①]存货人非法从事危险化学品的经营、运输等业务，所违反的并非效力性强制性规定，而是管理强制性规定，违反的是法律、法规对从事特殊行业的主体资格限制，违反的后

---

① 《最高人民法院关于适用〈中华人民共和国合同法〉若干问题的解释（二）》第14条规定："合同法第五十二条第（五）项规定的'强制性规定'，是指效力性强制性规定。"《民法典》第153条第1款规定："违反法律、行政法规的强制性规定的民事法律行为无效，但是，该强制性规定不导致该民事法律行为无效的除外。"

果是受到相应的行政处罚。仓储合同中储存危险化学品的内容并不违反法律、法规，只是存货人的持有不合法，但此种违规并非具有普遍性，即只要拥有了相关许可，任何人都得以从事该行业，因此对仓储合同的效力没有影响。不同的是，私自进行对枪支、弹药及杀伤性武器等危险品的仓储，直接危害了国家利益与公众安全的社会公共利益，同时也触犯了刑法的有关规定而构成犯罪，依照《民法典》第153条第2款规定，危害社会公共利益的合同应当归于无效，存货人与保管人还要为其违法犯罪的行为承担行政处罚及刑事责任。

其次，仓储合同中存货人对仓储物的占有是否必须是有权占有？依照物权法理论，对动产的占有具有权利的推定效果，即使占有人并非仓储物的所有人，保管人也没有对仓储物之所有权或其他权利调查的义务。仓单签发后，真正所有权人对仓储物所有权的主张不得对抗作为善意第三人保管人，及在仓单流通过程中的其他持有人。因此，仓储合同中存货人对仓储物的占有并非必须是有权占有，无权占有且相对人善意的情况下，不影响仓储合同的效力。

第九百零七条【保管人验收义务】

保管人应当按照约定对入库仓储物进行验收。保管人验收时发现入库仓储物与约定不符合的，应当及时通知存货人。保管人验收后，发生仓储物的品种、数量、质量不符合约定的，保管人应当承担赔偿责任。

历史由来

本条规定的内容与《合同法》第384条的内容完全一致，但是相较于《经济合同法》而言，现有规定实质上是将仓储合同中保管人和存货人双方之间的权利义务进行了重新分配确定，[①]这种立法变化更加突出了保管人一方的验

① 《经济合同法》第22条第3款、第4款规定："保管方应按照合同规定的包装外观、货物品种、数量和质量，对入库货物进行验收，如果发现入库货物与合同规定不符，应及时通知存货方。保管方验收后，如果发生货物品种、数量、质量不符合同规定，由保管方承担赔偿责任。存货方应当向保管方提供必要的货物验收资料，否则，发生货物品种、数量、质量不符合同规定时，保管方不承担赔偿责任。"

收义务在仓储合同中的重要性。它不仅删去了《经济合同法》中存货人一方未提供相关资料情况下保管人可以免责的规定，还删去了将原本的保管人的验收义务范围局限于包装外观、货物品种、数量和质量的规定，保管人验收义务的内容应当根据仓储合同约定以及仓储物的性质进行具体界定。必须认识到的是，现有立法规定整体上明显倾向于在仓储物交付后要求保管人应当履行必要、合理的验收义务，这与仓储行为带有相当的专业性、商业性特征相符，也更符合商事活动的经济效率理念，凸显了仓储合同的商事合同性质，这种立法倾向的变动在过去20多年的司法实践中也应当得到有效体现。《民法典合同编（草案）》（征求意见稿）、《民法典合同编（草案）》（一审稿）、《民法典合同编（草案）》（二审稿）、《民法典（草案）》都设有本条的规定，可以认为，本条规定的形成，在立法过程中是没有争议的。

规范目的或功能

立法要求保管人承担对交付仓储物的必要验收义务，主要是基于商事合同本身的复杂性，目的是通过这种事先的权利义务分配以更好地应对将来出现商事纠纷，使得双方法律关系能够尽快确定下来，既可以有效保障相对人的利益，又可以简化双方举证的负担。仓储合同具有明显区别于保管合同的特征，仓储合同中标的物是大宗货物，仓储物的品种、数量、质量等一般事先约定，保管人依约返还仓储物对于双方来说关系重大，有必要进行事先验收，可以作为将来仓储物的返还依据，避免不确定引发纠纷。[①]同时仓储合同中规定保管人有出具仓单的义务，仓单作为有价证券出具的法律效果也应当要求通过事先的验收避免之后出现对于仓储物交付时是否有瑕疵的纠纷，同时有别于票据法上的出票行为产生的票据是将来支付一定金额（金额确定不容易发生争议）的有价证券，仓单同样作为有价证券，将来需要交付的是仓储物（需要进行必要的说明进行确定），也因此应当由保管人履行必要验收义务并明确记载于仓单之上，否则仓单所代表仓储物的权利内容就会有很大的不确定性。

---

① 参见梁慧星主编：《中国民法典草案建议稿附理由：合同编》（下册），法律出版社2012年版，第861页。

规范内容

本条规定是一个完全法条，规定了保管人应当履行入库仓储物的验收、通知义务，如果保管人未履行该项义务，就直接发生视为仓储物实际情况符合约定的结果，并且如果将来出现仓储物和约定不符时，直接由保管人承担赔偿责任。这里仓储物的验收义务主要是指向保管人应当审查存货人实际交付的货物与合同约定的仓储物是否一致。

一、验收义务的性质

保管人的验收义务一般被认为是一项不真正义务，法律要求保管人应当积极完成对存货人所交付的仓储物的验收义务，以确保仓储物交付状态与约定的一致性，但是，如保管人不适当履行或者未履行验收义务也视为其已经完成验收工作。需要指出的是，这里保管人的验收义务虽然一般认为是合同义务，但事实上带有一定强制性的规范属性，即使仓储合同双方通过意思自治彻底免除了此项验收义务，最终带来的不利后果也应当主要由保管人承担较为适宜。关于此点，在本条规定的不利后果内容中也可以直接发现。当然在具体仓储合同的履行过程中采用何种方式进行验收，可以也应当主要根据双方的合同约定进行确定，唯一可以同时确定的是，保管人在这个过程中应当尽到较高的注意义务，这也更符合本法事先分配给保管人这一验收义务的立法宗旨。同时这里的验收义务在某种程度上也可以理解为保管人的一项“权利”，存货人应当尊重并受拘束，如保管人放弃该项权利，就要承担将来可能的不利后果。[①]

二、验收义务的内容

（一）验收项目

保管人在接收存货人交付的货物入库时，应当按照合同约定进行验收。

---

① 参见房绍坤、郭明瑞主编：《合同法要义与案例析解：分则》，中国人民大学出版社2001年版，第553页。

首先参考《仓储保管合同实施细则》第11条的有关规定，[①]验收项目一般包括货物的品名、规格、数量、外包装情况，以及无须开箱拆捆直观可见可辨的质量状况。仓储物有外包装的，验收时以外包装或者货物上的标记为准；外包装或者货物上没有标记的，以存货人提供的验收资料为准；对于散装货物按照国家有关规定或者双方合同约定等认定。如果保管人没有按照合同约定的项目、方法、期限验收或者验收不准确，由此造成的损失，由保管人承担。[②]另外可以参考《粮油仓储管理办法》等有关规定。[③]

（二）验收方法

验收方式包括全部验收和比例验收，具体采用何种方法由当事人在合同中约定，没有约定的可以结合交易习惯等确定。全部验收是对全部货物进行验收，但是考虑到经济成本和效率角度，不太容易操作，实务中多采取按比例验收的方式，即双方约定一定的比率从货物中随机抽取一定数量样品进行检验。多数观点主张如果合同双方约定比例抽检的货物，保管人仅对抽验部分准确性负责并承担由此造成的损失，当然双方可以在合同中做另外约定。[④]

这里需要说明的是，无论是验收项目还是验收方法，虽然主要依赖于合同当事人的约定，但事实上正如在验收义务的性质部分所提到的，本条实际上主要是针对仓储合同保管人的一项义务，有必要对其提出较高的标准要求，综合认定其是否尽到合理的审慎义务完成验收，而不能简单认为只要按照合

---

① 《仓储保管合同实施细则》（已失效）第11条规定：“保管方的正常验收项目为：货物的品名、规格、数量、外包装状况，以及无须开箱拆捆直观可见可辨的质量情况。包装内的货物品名、规格、数量，以外包装或货物上的标记为准；外包装或货物上无标记的，以供货方提供的验收资料为准。散装货物按国家有关规定或合同规定验收。”

② 参见李国光主编：《中国合同法条文释解》，新华出版社1999年版，第616—617页；刘田铎主编：《赠与合同·保管合同·仓储合同》，中国民主法制出版社2003年版，第394页。

③ 参见程啸编著：《合同法一本通：中华人民共和国合同法总成》（第二版），法律出版社2017年版，第626页。《粮油仓储管理办法》（国家发展和改革委员会第5号令）第9条规定：“粮油仓储单位应当按照国家粮油质量标准对入库粮油进行检验，建立粮油质量档案。成品粮油质量档案还应包括生产企业出具的质量检验报告、生产日期、保质期限等内容。”

④ 参见江平主编：《中华人民共和国合同法精解》，中国政法大学出版社1999年版，第328页；刘建文、王振华主编：《中华人民共和国新合同法释义与适用指南》，中国人民公安大学出版社1999年版，第574—575页。

同约定进行验收甚至合同根本就没有约定验收就认为其已经完成了本法要求的验收义务，在事后出现纠纷时尤其是认定双方的责任负担时需要考虑该验收义务的履行情况，当然也不宜对保管人无限苛责，尤其是涉及一些隐蔽瑕疵不易发现的情况。

（三）验收期限

关于验收期限，是指从货物和验收资料全部送达保管人之日起，到验收报告送出之日止，一般国内货物不超过10天，国外货物不超过30天，[①]法律或合同另有约定的除外。

（四）不当验收的法律后果

本条保管人验收义务是一项不真正义务，不当验收（没有履行或者没有采取适当方式履行验收义务）的直接法律后果是视为存货人交付的仓储物符合合同约定，到期应当根据合同约定和仓单记载内容向仓单持有人交付仓储物，仓储物实际情况和合同约定不符的风险由保管人承担，也即保管人承担赔偿责任。[②]这里需要注意的是，不当验收的法律后果虽然从立法规定上主要体现为仓储物交付状态和约定相符，但实际上在司法中更具有应用价值意义的是有关证明责任的分配问题，尤其是对于交付前仓储物状态的认定问题，由于不可能期待保管人的验收真的达到对仓储物性质的彻底的检查、了解，这里有必要做一区分：对于保管人应当尽到必要的验收义务以避免事后纠纷出现，但保管人未履行或未适当履行验收义务的，应对保管人提出较高的证明标准进行举证免责；对于一般的验收过程中不会涉及的项目内容尤其是较为隐蔽的瑕疵，应当由对仓储物本身性质比较了解的存货人进行举证较为适宜，具体在举证责任部分详述。

---

① 参见杜万华主编：《合同法精解与案例评析》（上册），法律出版社1999年版，第750页；刘建文、王振华主编：《中华人民共和国新合同法释义与适用指南》，中国人民公安大学出版社1999年版，第574页。

② 参见梁慧星主编：《中国民法典草案建议稿附理由：合同编》（下册），法律出版社2012年版，第861页。

三、保管人的通知义务

保管人经过验收后发现仓储物不符合约定的应当及时通知存货人，由存货人予以补正或作出说明，存货人不采取相应措施的，无权要求保管人承担赔偿责任。保管人发现不符点但未及时通知存货人的，不能免除其损害赔偿责任。仓储物经验收入库以后发生的损害灭失风险由保管人承担。所以入库后仓储物的品种、数量、质量发生不符合约定情形的，保管人应当承担损害赔偿责任。但是，如果仓储物的数量、质量等发生变化是由于仓储物本身的自然性质引起的损耗，则不在保管人承担赔偿责任之列。[①]在交接货物时发生问题的，一般而言，如保管人与存货人在同一城镇，保管人可以拒绝接收；如为外埠或者本埠港、站、机场、邮局到货的，保管人应予接收，妥善暂存，并在有效验收期间内通知存货人处理，暂存期间所发生的损失和费用由存货人负责。保管人在货物验收时没有提出异议的，视为存货人交付的货物符合合同约定的条件。[②]这里的“及时”通知一般也理解为在验收期限内，主要考虑到随着时间的不断推移可能使得存货人根本无法完成有关举证，无法证明瑕疵是验收前产生还是验收后产生，使得很可能让保管人一方逃过责任。[③]如果保管人未履行及时通知义务，那么即使存在交付时仓储物和约定不符情形，立法也通过推定的方式认定仓储物是和合同约定完全一致，视为存货人交付的货物完全符合合同约定，由保管人承担该未及时通知的后果，这与前述不当履行验收义务后果当然相同。

四、保管人的赔偿责任

（一）归责原则

针对本条验收后出现仓储物品种、数量、质量不符合约定的，并不要求保管人存在过错，仓单持有人可以直接要求保管人承担责任。也就是说，在

---

① 参见杜万华主编：《合同法精解与案例评析》（上册），法律出版社1999年版，第750页；韩光明、陈国刚主编：《保管合同与仓储合同实务操作指南》，中国人民公安大学出版社2000年版，第189页。

② 参见李国光主编：《中国合同法条文释解》，新华出版社1999年版，第617页。

③ 参见房绍坤、郭明瑞主编：《合同法要义与案例析解：分则》，中国人民大学出版社2001年版，第553页。

验收入库后或者没有验收而视同验收合格后，只要出现仓储物和合同约定不符，即由保管人承担由此带来的责任，除非能够举证证明是入库后出现损害，且保管人自身不需要对此种损害承担责任。有法院观点更直接指出此处的责任内容是严格责任，不以保管人存在保管不善的过错为前提要件，只要发生“仓储物的品种、数量、质量不符合约定”的结果即可。[①]但同时需要指出，如果保管人未履行或者未谨慎履行验收义务，但确有证据证明存货人交付的货物和约定不一致的，尚有免责空间，只是此时的证明标准要求更高。

（二）免责情形

这里的免责情形，主要包括该仓储物和约定不符是验收后发生的且并非自身保管不善，而是由于仓储物包装不当或自然损耗等原因，以及不可抗力等一般免责事由。当然这里还存在一般的合理抗辩事由，如保管人依据仓单或者其他约定情形已经向其他人完成了仓储物的交付等情形。[②]

三 举证责任

本条首先涉及的证明责任内容是保管人验收义务的履行以及通知存货人的事实，这部分事实应由保管人承担证明责任，保管人应当举证其就不一致情形已经及时通知存货人或者拒绝的事实，如新疆甲有限公司与新疆乙集团有限责任公司、新疆丙有限责任公司仓储合同纠纷案，法院判决：如没有及时履行验收、通知情形，对于不一致的损失由保管人承担。[③]同时，关于仓储物和约定不一致情形出现后的有关证明责任还会涉及本法第917条的内容，如对于仓储物出现变质的，有少数实务观点主张存货人承担证明责任，存货人主张保管人对仓储物变质承担赔偿责任，需要举证证明保管人存在过错；[④]但多数实务观点主张保管人承担主要证明责任，如楼某某、某冷冻服务部财产

---

① 参见重庆市高级人民法院（2016）渝民终330号民事判决书。

② 参见广西壮族自治区高级人民法院（2016）桂民终336号民事判决书。

③ 参见新疆维吾尔自治区乌鲁木齐市中级人民法院（2016）新01民终2903号民事裁定书。

④ 参见河南省焦作市中级人民法院（2018）豫08民终1683号民事判决书。

损害赔偿纠纷案，法院主张保管人如未进行质量检验的审慎义务，也未举证证明已尽到谨慎操作、科学保管的义务，也无证据证明是包装不当、超期或者其他免责事由所致，应当承担违约责任；[①]或者保管人在未对产品进行质量检验且无法证明尽到科学合理的保管义务，应当承担相应赔偿责任；[②]或者保管人在没有证据证明仓储物入库前存在变质或者因自身品质造成损害的，应当承担赔偿责任；[③]或者保管人无法举证证明仓储物的霉变与自身保管行为没有因果关系，也没有证据证明仓储物入库前有变质情形或者与保管行为无关的原因导致霉变，不能依据“因仓储物的性质、包装不符合约定或者超过有效储存期造成仓储物变质、损坏的，保管人不承担损害赔偿责任”的法律规定免责。[④]需要指出的是，仓储物在管理期间发生的损害等情况由保管人承担证明责任，自有其合理性，结合立法所要求的保管人保存期间的及时通知义务来看，也要求其应当在监管期间尽必要的注意义务，尤其是仓储合同或仓单中特别约定的保管条件等应当要求保管人完成必要的举证责任。但在一些涉及隐蔽瑕疵或者特殊的物品等存储过程中出现的损失，应当在保管人完成初步举证基础上由存货人举证证明此类损失系保管人保管不当造成的。采取这种方式，旨在督促专业性较强的从事仓储业务的保管人可以在合同中进行有效的事前约定，并有效针对某些特殊的仓储物根据其特性采取必要的验收程序，避免事后纠纷的出现或者有利于纠纷的解决。

总之，从整体上说，保管人在仓储物交付后进行验收后或者未验收、未适当验收，均应当认为仓储物与约定一致，交付状态良好且不存在瑕疵，保管人如果主张交付前不一致或者存在品质等问题的，应当承担必要的举证责任，涉及一些特殊物品的隐蔽瑕疵等证明可以由法院根据个案情况通过合理方式在双方之间进行分配，保管人如主张虽然交付前状态和约定一致，但是保管过程中并非保管行为造成的损失的，保管人也应当承担主要的举证责任，此点在本法第917条详述。

---

① 参见浙江省金华市金东区人民法院（2018）浙0703民初1589号民事判决书。

② 参见浙江省金华市中级人民法院（2018）浙07民终5712号民事判决书。

③ 参见新疆维吾尔自治区高级人民法院（2019）新民申1563号民事裁定书。

④ 参见吉林省高级人民法院（2015）吉民申字第816号民事裁定书。

其他问题

本条之所以对于保管人提出较高的义务标准要求，是因为唯有如此才能真正发挥保管人验收义务的立法价值，特殊情况下根据合同约定甚至还要承担必要的监管义务。[①]同时，也应考虑商事交易习惯以及经济效率特点，可以通过双方合同自治约定有关风险，按照本法验收义务规则适当验收，不应当对保管人过分苛责，需要考虑到存货人应该对存储物有关内在特性、状况等的积极告知义务。如楼某某、某冷冻服务部财产损害赔偿纠纷案，法院认定"根据某冷冻服务部一审提交的证据，产地四川省蒲江县在案涉果品采摘前曾经历霜冻天气，最低温度达到0摄氏度以下，对果品的质量及贮存期限势必产生影响，楼某某未将前述情况如实告知保管人，其主观上存在过错"。[②]这里有必要强调一个基本的裁判思维：保管人作为从事仓储业务的专业机构，对于仓储物的验收事项负有较重的注意义务，为避免将来的纠纷产生需要尽到必要的审慎义务；如将来货物交付前是否有瑕疵等出现争议无法辨明时，应当倾向于由保管人承担此种损失，这既是公平原则的要求，也符合商事风险可以通过有效规范操作避免此类纠纷出现的要求，当然不能因此而将这种验收义务绝对化，即一旦出现纠纷，就一概由保管人承担责任，正确的做法是应当允许保管人通过有效举证免除自己的责任，一些通过一般验收难以发现的瑕疵甚至需要由存货人举证。

第九百零八条【出具仓单等凭证】

存货人交付仓储物的，保管人应当出具仓单、入库单等凭证。

历史由来

本条是关于仓储合同中保管人应当出具仓单等凭证义务的规定，源于

---

① 广西壮族自治区桂林市中级人民法院（2017）桂03民终2670号民事判决书。

② 浙江省金华市中级人民法院（2018）浙07民终5712号民事判决书。

《合同法》第385条的规定，存货人交付仓储物的，保管人应当给付仓单。《民法典合同编（草案）》（征求意见稿）第464条规定，存货人交付仓储物的，保管人应当给付仓单、入库单等收货凭证。其后，《民法典合同编（草案）》（一审稿）与《民法典合同编（草案）》（二审稿）第691条规定，存货人交付仓储物的，保管人应当给付仓单、入库单等凭证。《民法典（草案）》又将该规定修改为，存货人交付仓储物的，保管人应当出具仓单、入库单等凭证。本条立法变化主要体现为两方面的内容。一是将“仓单”进一步扩张为“仓单、入库单等凭证”，主要是考虑到商事活动中交易习惯等复杂因素以及赋予当事人较大的意思自治空间，不仅限于采取仓单凭证的方式，而是由双方当事人意思自治，可以采取入库单等凭证方式，但是仓单以外的凭证作为非标准化权利凭证，后者不具有流转等功能，只能作为权利证明的证书。二是将“给付”改为“出具”，这主要是考虑到仓单本身是一种有价证券，突出了仓单依赖类似于票据法上出票行为的保管人签章生效等特征，通过该出具仓单的行为使得仓单本身产生代表仓储物权利的有价证券的效力，而不再单纯强调合同义务履行的给付特性，也因此必然要求对于出具仓单的行为提出较高的要求，如必要事项的记载以及履行必要验收义务等，使得仓单所代表的仓储物具有相当的确定性。此外，本条之所以将“收货凭证”改为“凭证”，去掉“收货”二字，主要是因为仓单等凭证与其说是收货凭证，不如说是提货凭证更为恰当，因为其主要功能在于将来依据该凭证主张提取仓储物，不能简单将其仅界定为证明仓储物已经完成交付的一般书证。作为对比，在保管合同当中只要求交付一般凭证，也可以根据交易习惯另外约定，不必采取要式性的仓单等权利凭证形式。

由梁慧星教授主持编撰的《中国民法典草案建议稿》关于本条的表述是，存货人交付仓储物的，保管人应当向存货人填发仓单。[①]此处的“填发”二字取自我国台湾地区的规定，填发和出具相较于给付，均意在突出前述票据法上的出票行为特征。可以认为，本条规定的形成，在立法过程中一直存在文字表述上的调整。

---

① 梁慧星主编：《中国民法典草案建议稿附理由：合同编》（下册），法律出版社2012年版，第862页。

规范目的或功能

本条直接明确了保管人应当出具仓单、入库单等凭证的义务，其中仓单作为代表一定数量、品种的仓储物的有价证券，权利人可以凭借该凭证提取仓单所代表的仓储物，也可以通过背书转让并经保管人签字或盖章的方式转移仓储物所有权。这里的仓单还有证明仓储物的性质等作用，仓储合同主要约定了权利义务的履行，而仓单等权利凭证则进一步明确了仓储物的性质等内容。在保管合同的订立、履行过程中则不需要出具仓单，而是充分尊重双方当事人之间的意思自治，因为保管合同通过约定往往就能实现双方权利义务内容的确定，而仓储合同的权利义务分配中则充分体现了仓储业的商事特性，通过这种要式性的凭证方式能够保障交易的效率、安全。加之仓储物本身往往比较庞大、复杂，有必要通过仓单等凭证进行确定，不仅有利于将来仓储物的返还，还可以进行自由转让，保障其流通性。当然，这里仓单的出具同时也带有传统民法的附随义务的特性。需要强调的是，本条仓单的出具和验收义务一样，不能仅仅因合同约定可以不交付仓单而彻底免除保管人的责任担负，如果保管人未适当履行该义务同样要承担不利后果，尤其是在将来事实不明时的责任担负。

规范内容

本条是一个不完全法条，虽然规定了存货人交付仓储物后，保管人应当出具仓单、入库单等凭证，但对于保管人不履行此项义务的法律后果并未明确。

一、出具仓单的法律性质

首先，出具仓单是保管人应尽的合同义务。由于仓储合同为有偿合同，当事人双方的义务具有对应性和对价性。而合同法没有规定仓储合同必须采取书面形式，为证明仓储合同的存在，确保仓储合同将来的适当履行，本条规定了保管人应当履行出具、给付仓单的义务。仓单是存货人交付、提取仓储物的凭证。保管人给付仓单的前提一般是仓储合同成立以及存货人交付了仓储物。《意大利民法典》规定，根据寄托人的要求，普通仓库应当给付寄托商品的仓库存货单。我国台湾地区规定，仓库营业人，因寄托人之请求，应填发仓单。关于仓单的出具，域外法上有三种立法体例：第一种是以法国为代表的复券主义（或称两单主义、复单主义），即仓库营业人同时填发两仓单，一为提取仓单，用以提取仓储物，并可以转让；二为出质仓单，可用以担保。第二种是以德国为代表的单券主义（或称一单主义、一券主义），即仓库营业人仅填发一仓单，该仓单既可以转让，也可以出质。第三种是以日本为代表的两单与一单并用主义，仓库营业人应存货人的请求填发两单或者一单。我国《合同法》没有专门规定此项内容，实践中长期以来一般采用一单主义。

其次，仓单出具与否不影响仓储合同的成立，仓储合同有别于保管合同，其是诺成性合同，只要双方意思表示达成一致即成立。当然在双方没有书面合同内容的情况下，仓单具有证明双方合同权利义务关系存在的重要作用，涉及将来的双方实际的合同履行内容，尤其是将来仓单持有人要求交付仓储物应当持有仓单且以仓单记载内容为准。仓单记载内容和合同内容不一致时，一般应当以仓单为准，当然双方可以另外举证。

最后，保管人出具仓单的义务带有一定强制性。这里并不倾向于将仓单的出具仅仅理解为普通合同义务的履行，因为从某种意义上带来较强的强制性属性，并非完全是自愿或者经相对方请求履行的内容，而应当是立法在仓储合同中如同验收义务一样要求存货人应当主动履行的必要性义务内容，[①]如未适当履行此项义务，应当承担由此带来的不利后果。

二、出具入库单等凭证（仓单以外）的功能定位

出于尊重商事活动的复杂多样性及高度自治的考虑，本条允许仓储合同当事人出于各种原因可以通过合同自行约定有关凭证的交付，而不唯仓单这一标准方式。但是，仓单以外的入库单等凭证并非有价证券，一般不能像仓单一样作为权利凭证，也不具有流通性，而只能发挥证明合同权利义务内容的作用，如证明仓储合同下的仓储物的交付等。换言之，即使根据双方合同约定，权利

---

① 参见梁慧星主编：《中国民法典草案建议稿附理由：合同编》（下册），法律出版社2012年版，第862页。

人可以凭借此类仓单以外凭证向保管人主张权利，也不能认为具有了法律意义上的仓单有价证券的性质（流通性）。同时需要注意的是，虽然立法认可了当事人采取仓单以外的凭证方式，但考虑到对于保管人较高的义务标准内容如规范化操作等，无论是仓单还是入库单等方式都应当尽可能地规范记载有关内容以明确仓储物的状态，否则应主要由保管人承担由此带来的不利后果。

三、出具仓单的前提条件

仓单的出具原则上应当以存货人交付仓储物为前提。作为有价证券，仓单的持有人有权凭借仓单凭证向保管人要求按照仓单记载内容提取仓储物。考虑到仓单所代表的是仓储合同标的物的物权请求权，一般情况下应当只有实际交付完成才能请求主张提取该仓储物的权利，但是这里并不等于说，如果存货人尚未交付存储物的情况下保管人出具的仓单就不产生效力，特殊情况下保管人基于对存货人的信任，在仓储物交付前先出具了仓单，在直接当事人之间进行抗辩固然可行，但对于善意第三人而言宜肯定仓单的效力，出具仓单的保管人应当对善意第三人承担责任。

仓单的出具不以书面仓储合同的订立为前提。在交易习惯中，大多数仓储交易并不订立书面仓储合同，而是直接通过仓储物的交付和仓单的出具而事实上达到订立书面仓储合同之目的，仓储合同的大多数记载事项，对于明确双方的主要权利义务关系具有重要意义，这时候仓单可以作为确定合同内容的主要依据。当然，这并不是说仓单等于合同。[①]

仓单的出具不要求必须完成验收义务。根据本条规定，出具仓单应当在存货人交付之后，虽然保管人一般会进行验收，但这里的验收义务确实是一种不真正义务，保管人对于仓储物的验收既是权利也是义务，保管人应当有权利在完成验收义务后，根据验收情况通知存货人并按照双方一致认可的货物情况出具仓单，注明有关事项，使得仓单所代表的标的物能够真实、确定，达到有价证券的效果。但是不履行验收义务也视为仓储物和约定一致，不影响仓单的出具。

仓单的出具不应以存货人的请求为前提。这里的仓单出具是对仓储物的

---

① 参见王文林：《保管合同　仓储合同》，法律出版社1999年版，第107页。

真实状态的一种有效记载，尽可能避免将来双方无法证明已交付仓储物的真实情况，因此保管人出具仓单并非仅仅是合同约定义务的履行，更是一种法定义务的履行，使得双方之间的权利义务关系能够尽快确定下来。值得注意的是，立法将“给付仓单”改为“出具仓单”，除了明确主要依赖于保管人的签章、必要记载等生效外，同时也进一步强调了保管人的单方行为特点，因此这里的保管人出具仓单应当理解为一种积极义务的主动履行，否则对于因此而陷入的权利义务关系不明或者记载事项不明确等纠纷，应当由保管人一方承担相应责任。

四、仓单出具后的法律效果

出具仓单本身可以作为仓储合同成立的有效证明。虽然法律规定仓储合同是诺成性合同，实践中有些仓储合同并不要求有书面文本，而是存货人和保管人通过交付货物和出具仓单的方式直接完成有关仓储合同合意，合同的订立和部分履行同时达成，这时候出具仓单行为本身带有一定的承诺的意思表示在内，双方同时达成仓储合同，产生权利义务关系。在双方已经达成有关书面的仓储合同的情况下，仓单对于必要记载事项内容和合同不一致的，一般应当以仓单记载为准，尤其是有关仓储物的记载事项等内容，此时可以理解为对原仓储合同内容的部分变更。

出具仓单应当签章，仓单具有有价证券的性质，仓单持有人可以凭借仓单要求保管人根据仓单记载交付仓储物。存货人取得仓单可以进行背书转让、质押等，甚至可以直接通过合同约定保管人直接向第三人出具仓单的方式转移仓储物的所有权。虽然仓储合同立法中要求保管人出具仓单、入库单等权利凭证，但对于仓单以外的凭证，仅通过合同约定不能认为完成存储物所有权的转移，本法第910条明确要求应当通过仓单进行背书转让，也在司法实践中得到贯彻。在甲有限公司与乙有限公司买卖合同纠纷案中，最高人民法院的判决书提到，“在甲公司无证据证明其向乙公司背书转让仓单、提单等物权凭证的情况下，其向乙公司出具《货权转移证明》不能产生交付涉案货物物权的法律后果，甲公司未尽到合同约定的出卖人义务”。[①]在甲物流股份有限

---

① 最高人民法院（2013）民提字第138号民事判决书。

公司与乙物流有限公司、丙钢铁有限公司等仓储合同纠纷申诉案中，最高人民法院直接以持有仓单为主要依据确定仓储物的给付对象，而所有权的归属问题并非仓储合同本身的解决对象。[①]

五、未出具仓单等凭证的法律后果

出具仓单等凭证是仓储合同中保管人的一项积极义务。如果保管人未出具仓单等凭证，在事后容易引发仓储物的状态无法确定的情形，保管人需要承担由于此项不规范操作带来的不利后果。

举证责任

仓单、入库单等权利凭证是否已出具，应由保管人一方承担证明责任为宜。正如本章所坚持的对于仓储合同中保管人负有较重的注意义务内容，此项义务不能仅当作一般的合同约定义务，而应当肯定保管人应积极履行该项出具仓单的义务，当然其可以也应当在存货人交付仓储物并经验收后方出具仓单，以在履行义务的同时更好地保障自身权益。本条规定的保管人义务主要体现为对于有关仓单出具、必要事项记载等事宜应当尽可能规范操作，避免双方陷入权利义务关系不明的状态，否则应承担不利后果，也即由保管人承担证明责任。当然，如果保管人出具仓单后，因持单人遗失仓单之后引发的权利义务不明的不利后果应由持单人承担，有关仓储物的性质等内容的证明责任由持单人承担，较为适宜。

其他问题

这里仍有两方面问题需要注意。一是实践中仓储合同的订立主体和出具仓单的实际给付对象会出现不一致的情形，甚至存货人和仓单的给付对象不一致情形，这里需要结合仓单的特性以及与仓储合同权利义务之间的关系进行判断。根据最高人民法院的观点，仓单的移转代表着仓储物所有权的转移，

---

① 参见最高人民法院（2014）民申字第1900号民事裁定书。

那么仓单的出具应当认定为是一种代表着特定仓储物所有权的权利载体，可以请求返还仓储物，但是如果仅有双方转移合意不发生所有权的变动。[①]可以认为，保管人根据原仓储合同当事人指示出具仓单后，应同时发生仓储物的所有权变动，仓储物直接归属于仓单的给付对象，至于存货人和给付对象关于物权归属的其他纠纷，与保管人无关。

二是如果存在实际货物未交付、保管人却出具仓单凭证的情形，仓单受领人（仓储合同存货人）并不因此当然凭借仓单取得请求“返还”仓储物的权利；但是如善意第三人基于信赖关系取得仓单（或是保管人直接出具，或是原仓单受领人处取得），应当注意保护其信赖利益。

第九百零九条【仓单签章和记载事项】

保管人应当在仓单上签名或者盖章。仓单包括下列事项：

（一）存货人的姓名或者名称和住所；

（二）仓储物的品种、数量、质量、包装及其件数和标记；

（三）仓储物的损耗标准；

（四）储存场所；

（五）储存期限；

（六）仓储费；

（七）仓储物已经办理保险的，其保险金额、期间以及保险人的名称；

（八）填发人、填发地和填发日期。

历史由来

本条源自《合同法》第386条的如下规定：“保管人应当在仓单上签字或者盖章。仓单包括下列事项：（一）存货人的名称或者姓名和住所；（二）仓储物的品种、数量、质量、包装、件数和标记；（三）仓储物的损耗标准；（四）储存场所；（五）储存期间；（六）仓储费；（七）仓储物已经办理保险

① 参见最高人民法院（2013）民提字第138号民事判决书。

的，其保险金额、期间以及保险人的名称；（八）填发人、填发地和填发日期。”《民法典合同编（草案）》（征求意见稿）第465条、《民法典合同编（草案）》（一审稿）及《民法典合同编（草案）》（二审稿）第692条均没有对《合同法》第386条的规定作出修改。《民法典（草案）》则将本条第2项修改为“仓储物的品种、数量、质量、包装及其件数和标记”，同时把第5项规定中的“储存期间”改为“储存期限”。此次立法变化系主要是在法律表达的文字规范性上，在记载事项的实质内容上未发生明显变化。可以认为，本条规定的形成，在立法过程中一直存在文字表述与内容表达上的小幅调整。

规范目的或功能

本法第908条规定了保管人应当出具仓单、入库单等凭证，而本条规定则进一步明确了仓单的记载内容，并要求保管人签名或盖章。这一方面源于出具仓单行为本身带有一定的强制性属性，可以有效明确仓储合同双方之间的权利义务关系，但这里有差别的是出票行为要求必须出票并为必要记载才能在双方之间建立权利义务关系，而出具仓单却并非如此严格，也不会因为记载事项不健全就轻易否定其法律效力。虽然仓单也有流通性，但其转让除了背书外还另要求保管人的签名或盖章。出具仓单的特殊性在于要求保管人履行此项义务，明确双方之间的权利义务关系，避免纠纷产生，这也符合保管人专业的商人身份特征，如果未履行或不当履行该项义务，就应当承担由此带来的不利后果。对于仓单为必要记载和签名、盖章等，也是为了实现仓单的前述功能，使得仓单持有人可以直接凭借仓单提取仓储物，确保仓单在有价证券特性方面与票据整体上具有很强的相似性。

规范内容

本条是一个不完全法条，规定了仓单应当具备的有关要件，但是并未直接规定仓单未签章或者记载内容不规范产生的法律后果，而需要借助相关法条以及仓单的性质等进行分析认定。仓单是指保管人签发的表示存货人已交付一定数量货物的一种有价证券，但更为重要的是，根据本法第910条的规定，仓单是提取货物的有效凭证，仓单上所载明的权利与仓单本身有密切联系。给付仓单不能是随意的，除了一般要求存货人要交付货物外，还要求保管人履行签名、盖章的手续和必要记载，像票据法上的票据一样符合一定的要式性要求。

一、仓单的签章

保管人应当在仓单上签名、盖章，这里的签名、盖章类似于票据法上的出票行为，只有经过签名、盖章才能产生法律效力。这既是对货物交付的确认，也是对保管义务履行的郑重承诺，[①]当然更重要的是明确将来依据仓单返还仓储物的具体义务内容。如果保管人为法人，应由法定代表人签名，其他经济组织的情形，由主要负责人签名，个体工商户由经营者签名。盖章是指加盖单位公章。签名、盖章凡有一项即可，不必同时具备。[②]同时保管人的代理人、雇员签发的仓单和保管人签发的具有同样效力，应视为已经交付并验收合格。[③]仓单不仅仅是普通的交易凭证的证明，如果未经保管人签章，不产生立法规定的仓单的效力，不能作为提货凭证或者对外转让、质押。

二、仓单的记载事项

我国原有的《经济合同法》（已失效）、《仓储保管合同实施细则》（已失效）等未规定仓单，但规定仓储保管合同必须采用书面形式，并对仓储保管合同的条款作了较为详细的规定。与票据法上票据的必要记载事项类似，为了能够使仓单成为有价证券，应当对仓单的记载内容进行明确，以更好地确定仓单所记载的权利等内容。

1. 存货人的姓名或者名称和住所。存货人为个人的，应当写明存货人个人的姓名和户籍所在地或者常住地。存货人为法人、非法人组织的，应当写明名称和住所地。

2. 仓储物的品种、数量、质量、包装及其件数和标记。仓储物是特定物

---

① 参见王文林：《保管合同　仓储合同》，法律出版社1999年版，第136页。

② 参见韩光明、陈国刚主编：《保管合同与仓储合同实务操作指南》，中国人民公安大学出版社2000年版，第155页。

③ 参见王文林：《保管合同　仓储合同》，法律出版社1999年版，第127页。

或者特定化了的种类物，仓单应当写明该仓储物的品名和种类。仓储物的数量应当准确并使用标准的计量单位，而且应当准确到最小的计量单位，如以包、扎、捆、把等计算的，必须写明件数，写明每包、每扎、每捆、每把有多重或者有多少块、多少根。仓储物的质量，应当依法使用国家或者主管部门规定的国家标准、行业标准；没有国家标准、行业标准的，当事人可以约定使用企业标准。仓储物的包装一般由存货人负责，应当依法按照国家标准、行业标准的规定执行；没有国家标准、行业标准的，一般由当事人按照仓储物的性能以及便于保管的原则确定。仓储物的品名、种类、质量、数量、规格等应当在外包装上或者货物上予以标记。

3. 仓储物的损耗标准。仓储物的损耗是指货物在储存过程中，由于自然因素（如风化、干燥、挥发、黏结、散失等）和货物本身的性质或者计量上的误差等原因，不可避免地要发生一定数量的减少、破损或者计量误差。仓储物的损耗标准是处理实际发生损耗的依据，当事人应当在仓单中载明，有关主管部门对此作了规定，当事人也可以自行商定货物自然减量标准和合理磅差。[①]

4. 储存场所。由于仓储物的性质不同，对储存场所的物理性包括外界条件、温度、湿度等有不同的要求，如肉类食品需要在冷藏条件下储存，纸张、布匹、木材、水泥等需要在干燥条件下储存；精密仪器等需要在恒温、防潮、防尘条件下储存；易燃、易爆、易渗透、有毒等危险物品需要专门的仓库、设备以及专门的技术要求。所以，仓单中应当明确仓储物对储存场所的要求。

5. 储存期限。储存期限是指当事人约定的从交付仓储物到返还仓储物的时间期限。这是保管人对仓储物承担保管义务的时间期限，仓单中应予以明确。对于超过期限的需要另外支付费用，保管人也可以根据相关规定进行必要处置。

6. 仓储费。仓单中应当明确存货人支付保管人仓储费用项目（包括保管费、养护费、包装整理费等）、计费标准、支付方式、支付时间和地点。

7. 仓储物已经办理保险的，其保险金额、期间以及保险人的名称。对仓储物已办保险的，仓单上要写明保险人名称、保险金额以及保险期间等。如未办理保险的，不填本项内容。

---

① 参见刘建文、王振华主编：《中华人民共和国新合同法释义与适用指南》，中国人民公安大学出版社1999年版，第576页。

8.填发人、填发地和填发日期。保管人要在仓单上写明仓储业者的名称或者盖章，并写明填发的日期和地点。

三、仓单欠缺记载事项时的效力

有别于票据等记载事项的欠缺直接导致票据没有效力，仓单记载事项的欠缺，不应当轻易否定其效力，而应当由保管人承担出具仓单不规范的不利后果，尤其是有关事实认定不明时的责任承担。在贵州某商业银行股份有限公司、某仓储物流有限责任公司金融借款合同纠纷案中，一审法院认定仓单违反法律要式规定，仓储物记载不明确，仓单不产生效力，二审法院改判认定仓单有效，二审法院认为，“某厂作为存货人、某仓储公司作为保管人均在《仓单》上签章确认，故该《仓单》系存货人某厂与保管人某仓储公司之间的真实意思表示，已按法律规定记明了仓储物的品种、数量、存货人与保管人的名称等必要事项，不违反法律、行政法规的强制性规定，应属合法有效的仓单”。[①]这种做法殊值赞同。我国台湾地区部分学者认为，除有关保管期间和有关寄托物保险的事项外，其他事项均为绝对记载事项，欠缺其一，仓单无效。但也有学者认为，法律中没有关于欠缺应记载事项应使仓单为无效的明文规定，应认为除仓库营业人的署名及足以表示仓储物的性质和交付场所的事项为绝对记载事项之外，其他均为可记载事项。关于法定记载以外的事项的记载，只要不违背仓单的本质，应认为有效力。[②]还有学者主张，如果仓单事项的欠缺不影响权利义务的确定及仓储物前后同一性的确定，那么就应当认定为有效，进而主张第1项的存货人的姓名或者名称和住所，第2项的仓储物的品种、数量、质量、包装及其件数和标记，第4项的储存场所、第6项的仓储费、第8项的填发人、填发地和填发日期这五项是必要事项，缺少任何一项，仓单不产生效力，其他三项则不影响仓单效力。[③]但是，这里对于绝对

---

① 贵州省高级人民法院（2016）黔民终765号民事判决书。

② 参见史尚宽：《债法各论》，中国政法大学出版社2000年版，第557页。

③ 参见王文林：《保管合同 仓储合同》，法律出版社1999年版，第137页、第138页；也有的主张绝对必要记载事项包括第1项、第2项、第4项、第6项、第8项，缺少任一则仓单不生效力；参见房绍坤、郭明瑞主编：《合同法要义与案例析解：分则》，中国人民大学出版社2001年版，第559页。

必要记载事项的界定范围是否仍旧过大？应当主要包括第1项的存货人，第2项的仓储物的品种、数量、质量、包装及其件数和标记，以及第8项的填发人（此项已有保管人签章单独要求，也可不再单独要求），其他某项缺少因为不影响仓储物确定的不影响仓单的效力为宜，应尽可能维护各方当事人的真实意思自治。总之，一方面仓单应严格区别于一般的提货凭证，根据仓单交货，认单不认人，所以必须要求仓单符合一定的要式性特征；另一方面在该要式性要求上不应像票据一般严格，这一点从仓单转让除背书外还必须经过保管人的签名和盖章也可以看出来。有实务观点认为，关于仓单的效力认定主要采实质内容，如甲股份有限公司、乙有限公司港口货物保管合同纠纷案中，法院认为保管人出具的入库证明，符合本条的仓单形式要件，应当认定为仓单。①

四、仓单记载不规范时保管人的法律责任

仓单记载事项的完整、规范，有利于保障仓储合同将来的顺利履行，双方的权利义务关系得以明确，仓单所代表的仓储物是将来合同履行的关键。保管人作为专业的商事主体，负有较重的注意义务，仓储合同立法对于保管人有较高的操作规范要求，如同前述验收义务，此处的仓单出具也带有一定的强制性义务属性，要求保管人能够发挥其专业性优势，避免将来出现纠纷，保管人应当尽可能保证仓单记载事项的规范、准确并签章。因此，由于仓单等操作不规范引起的权利义务关系不明等造成保管人损失的，保管人应承担较多的过错。②

举证责任

本条基本不涉及特别的证明责任内容，在仓单记载事项和合同文本不一致时，应当以仓单记载事项为准进行货物交付，按照“谁主张，谁举证”原

---

① “该入库证明明确记载乙公司在甲公司库存进口矿粉，并载明了相应的数量、货物运输的船舶名称和存放地点，其内容符合合同法第三百八十六条规定的仓单形式要件和实质要件，故原判结合乙公司与甲公司签订的《仓储合同》互相呼应的情况，认定案涉《入库证明》具有仓单的属性并无不当。”引自辽宁省高级人民法院（2018）辽民终462号民事判决书。

② 参见山东省烟台市牟平区人民法院（2018）鲁0612民初911号民事判决书。

则，对此有异议者应当承担证明责任，且不能对抗善意第三人，对于善意的仓单持有人，应当按照仓单记载内容履行义务。[①]同时对于因仓单记载事项欠缺等导致相关事实无法证明等情形出现的，保管人一方通常也应认定存在较大的过错，或者说保管人此种情况下应承担主要的证明责任。

其他问题

本法虽然要求保管人应当出具仓单，但是在仓单遗失后，仓单持有人是否可以申请重新签发，本章并无直接规定，有观点主张，仓单虽然可以背书转让，但不是票据，不能适用公示催告；[②]也有观点提出可以借助《民事诉讼法》有关票据公示催告程序，宣告灭失的仓单无效，进而可以允许仓单遗失人要求保管人重新签发仓单。[③]有学者从有价证券特征角度，认可了仓单遗失在学理上可以通过公示催告程序进行救济。[④]因此考虑到仓单的有价证券特性，应当允许权利人在遗失仓单后通过公示催告程序救济。

第九百一十条【仓单性质和转让】

仓单是提取仓储物的凭证。存货人或者仓单持有人在仓单上背书并经保管人签名或者盖章的，可以转让提取仓储物的权利。

历史由来

本条承袭自《合同法》第387条。在立法过程中，《民法典合同编（草案）》（一审稿）第693条、《民法典合同编（草案）》（二审稿）第693条及《民法典（草案）》第910条均作出了同本条一致的规定。1981年颁布的《经济合同法》并无有关仓单背书转让的规定，与之相配套的《仓储保管合同实施细则》也未作

---

① 参见房绍坤：《仓单若干问题探讨》，载《求是学刊》2002年第1期。
② 参见常英、俞兆平：《论公示催告程序》，载《政法论坛》1992年第1期。
③ 参见王文林：《保管合同 仓储合同》，法律出版社1999年版，第139页。
④ 参见杨继：《“票据”概念再探》，载《比较法研究》2007年第4期。

出规范。1995年的《担保法》仅于其第75条和第76条对仓单设定权利质权作出了规范。直至1999年《合同法》才出现了有关仓单转让的规定。

规范目的或功能

本条是关于仓单移转的规定。仓单作为有价证券可以进入流通领域，其流通的形式包含两种：一是转让，即转让仓单项下仓储物的所有权；二是出质，即质权人对仓单项下仓储物享有质权，包括提取仓储物并予以变现以优先受偿的权利。无论是仓单转让还是仓单出质，都应当通过法定的形式才能生效，即非经存货人或仓单持有人背书并经保管人签名或盖章，不发生仓单转让的效力；仓单出质亦须采背书形式。本条是一个完全法条，规定了构成要件及法律效果两个部分，其构成要件为“存货人或者仓单持有人在仓单上背书并经保管人签名或者盖章的”，其法律效果为“转让提取仓储物的权利”。

规范内容

一、仓单的法律效力

（一）仓储合同与仓单

仓单是指仓储保管人在与存货人签订仓储保管合同的基础上，按照行业惯例，以表面审查、外观查验为一般原则，对存货人所交付的仓储物品进行验收之后出具的权利凭证。仓储合同成立后，存货人须依仓储合同的约定将仓储物交付保管人，但仓储物占有之转移并不导致所有权的转移；保管人通过向存货人签发仓单，以此表明后者为仓储物所有权人的地位，仓单为物权凭证，存货人可据此向保管人主张仓储物的返还。

就仓单与仓储合同的关系，前者仅为仓储合同关系存在的证明文件，并不能取代仓储合同本身。[①]签发仓单为保管人在仓储合同成立后的一项合同义

---

① 韩光明、陈国刚主编：《保管合同与仓储合同实务操作指南》，中国人民公安大学出版社2000年版，第153页。

务，存货人交付仓储物后，保管人应当制作并向存货人出具仓单，在此意义上，仓单亦为证权证券，即具有证明仓储合同关系存在的法律效力。仓储合同为诺成契约，依保管人和存货人双方意思表示一致时成立，且不要求具备法律所规定的特别形式，因此在当事人就仓储合同的订立仅存在口头约定而未作出书面协议的情形下，仓单可以成为当事人之间存在契约关系的重要证明文件。

仓单不同于由存货人向第三人出具的提货单或其他表征移转仓储物所有权的意思指示证券。[①]存货人或其他仓单持有人可以依仓单向保管人主张检查、提取货物的权利，但提货单或其他类似的指示证券并不具有权利凭证的法律特征，其仅仅是就仓储物所订立的买卖合同履行过程中出卖人出具的指示和手续，不能在持有人和保管人之间建立起合同权利义务关系，故而保管人并无依此类法律文书持有人的要求履行配合检查、放行仓储物等义务，否则应承担损害赔偿责任。

（二）仓储物的交付与仓单的效力

仓储物转移至保管人占有，是仓单发生法律效力的重要前提。仓单实际为存货人交付仓储物的凭证，一般情形下，保管人出具仓单亦应以存货人交付仓储物为前提，如存货人未交付或未完全交付仓储物，抑或是所交付的仓储物存在瑕疵，会影响存货人或仓单持有人提取仓储物的权利。

1. 仓储物的交付。存货人将仓储物交付于保管人占有，包括直接占有和间接占有。[②]因此，仓储物的交付不限于现实交付，还可以三种拟制交付的方式进行。现实交付情形下，存货人应于仓储合同订立后，将仓储物现实地置于保管人的管领和控制范围之内，由保管人直接占有仓储物；简易交付情形下，须是仓储物于仓储合同订立之前已由保管人实际占有，于此仓储合同生效时即为交付完成的时点；占有改定情形下，仓储合同的订立使存货人取得

---

① 参见山东省青岛市崂山区人民法院（2015）崂民二商初字第835号民事判决书、山东省青岛市中级人民法院（2016）鲁02民终5135号民事判决书。

② 参见刘建文、王振华主编：《中华人民共和国新合同法释义与适用指南》，中国人民公安大学出版社1999年版，第580页。

对仓储物的间接占有，并以此替代仓储物的实际交付，此种情形可因存货人与保管人在先订立的买卖合同而发生，即保管人将仓储物出卖于存货人，而存货人又将仓储物暂存于保管人处；指示交付则多发于仓储物由第三人占有的情形，存货人通过指示第三人将仓储物交付于保管人以代自己的实际交付。在司法实践中，拟制交付较现实交付而言并不常见。

2.仓储物未交付或瑕疵交付的法律后果。如仓储物尚未交付于保管人，而已经有仓单持有人向保管人主张权利时，仓单持有人固然享有债权上的请求权，但并无物权上之请求权，因为此种情形下仓储物的所有权并未随仓单移转。若发生存货人拒绝向保管人交付仓储物或者因仓储物已毁损、灭失而无法交付的情形，则保管人应基于债务的不能履行而对善意的仓单被背书人承担相应的赔偿责任，但是保管人可以仓储物未交付或未完全交付对抗持有仓单的存货人。如果存货人所交付的仓储物数量不足仓单所记载数额，则善意的仓单被背书人受领仓储物后，可就不足部分请求存货人予以赔偿。

存货人虽然已向保管人交付仓储物，但是该仓储物与仓单所记载的仓储物并不相同，而仓单所记载的物品并未交付保管人，在此情形下，仓单的善意被背书人，基于仓单的文义性，可以请求保管人赔偿因仓单所记载的仓储物不履行所受到的损失，但不能请求保管人以仓单所记载的相同种类、相同品质、相同数量的替代物为交付。如果仓储物只有部分与仓单的记载相符，则善意被背书人可以在受领了该部分仓储物后，拒绝受领其余不符合仓单记载的物品，而请求差额部分的损害赔偿。

如仓单所记载的仓储物存在物上的瑕疵，而该种瑕疵已于仓单上注明，则仓单持有人不能因此而拒绝受领或主张损害赔偿。保管人在收取仓储物时负有对仓储物的检验义务，如果通过存货人而得知仓储物有物上的瑕疵，或者自己发现仓储物有瑕疵，那么，保管人应于签发仓单时注明该瑕疵，以使仓单的被背书人能够明知仓储物上的瑕疵，否则仓单的被背书人可依据仓单而请求保管人返还无瑕疵的仓储物或者向其主张损害赔偿的权利。

（三）仓单的债权效力与物权效力

仓单既是存货人已交付仓储物的凭证，又是存货人或者仓单持有人提取仓储物的凭证，作为有价证券可以进入流通领域，即通过仓单的转让来实现提取仓储物权利的移转。具体而言，仓单的法律效力包含以下两个方面：一是仓单持有人受领仓储物的效力，也即仓单的债权效力；二是处分仓单的效力，也即仓单的物权效力，此种效力又体现在两个方面即仓单的转让和以仓单设定权利质权。[①]

1.仓单的债权效力。存货人或仓单持有人可以依仓单请求保管人履行仓储合同所约定之义务。[②]仓单是提取仓储物的凭证，对于存货人或仓单持有人而言，持有仓单即可主张提取仓储物的权利，对于保管人而言，只要仓单形式上合法，仓单记载与待提取货物一致，即应当将仓储物交付存货人或仓单持有人，同时收回仓单。

2.仓单的物权效力。仓单为证权证券，保管人签发仓单，就意味着任何持单人对仓储物享有所有权，在仓储物储存期间，仓储物所有权就应当随着仓单的移转而移转。如果仓单的持有人并未将仓单交付给受让人，而仅以指示交付的方式来试图移转仓储物的所有权，那么，受指示交付的受让人因为不持有仓单而不可能受领仓储物，保管人也得拒绝给付仓储物。如果于此情形下存货人向保管人发出指示证券，指示保管人将仓储物交付给受让第三人，此种指示证券不能类同于仓单，不具任何物权效力。

仓单作为一种处分证券，一方面，存货人或仓单持有人可以通过背书转让仓单上所记载货物的所有权；另一方面，存货人或仓单持有人还可以仓单出质，来增强自己所参加债之关系的信用。设立仓单质权后，质权人并非获得仓储物的所有权，其只有在其债权不能满足且仓单到期时，才能向保管人出示仓单并提取仓储物，并就拍卖、变卖仓储物所获得的价款优先受偿以实现其质权。

仓单的物权效力具有排他性。[③]亦即在同一仓储物上，不能存在两份或多份内容相同的仓单，这是由“一物一权”原则所决定的。如果出现两份或多份仓单请求给付，则应当以最先出具的仓单为准。

---

① 参见梁慧星主编：《中国民法典草案建议稿附理由：合同编》（下册），法律出版社2012年版，第868页。

② 参见王文林：《保管合同　仓储合同》，法律出版社1999年版，第143—144页。

③ 参见蒋新苗、邱润根、何旦喜编著：《仓储保管合同实务》，知识产权出版社2005年版，第192页。

此外，仓单不同于票据等其他有价证券，在后的仓单被背书人对于其前手无票据上的追索权，背书人与被背书人之间不能因背书而成立新的法律关系。

二、仓单的处分

（一）单券主义

本条对仓单的处分采取了单券主义的立法方式。所谓单券主义，又可称为一单主义、一券主义，即保管人只需向存货人签发一张仓单，存货人可凭此仓单提取仓储物，也可以转让仓单或出质。与此相对应的立法方式为复券主义，或称两单主义、复单主义，即保管人在存货人交付仓储物时，向其签发两张仓单，一张表明存货人已经将仓储物交付于保管人，存货人享有该仓单上所载有的一切权利，可依此提取仓储物或转让仓储物所有权，该仓单称为存入仓单；另一张表明存货人对仓储物享有所有权，因而可以将仓储物出质担保，该仓单称为出质仓单。[①]此外，还存在并用主义的立法方式，即在存货人交付仓储物时，保管人依存货人的要求而签发一单或两单。[②]相比较而言，单券主义更具优势，我国《合同法》第387条、《民法典》第693条均采此立法体例。

（二）仓单的转让

仓单是存货人或仓单持有人行使仓储物所有权的法定文件，也是其转移仓储物所有权的法定文件。[③]存货人在向保管人交付仓储物后，作为仓储物的所有人当然保有对仓储物的处分权。在存货人或仓单持有人出卖仓储物时，出于交易便利及交易经济的考虑，存货人可以直接将代表仓储物所有权的仓单交付给买受人，而由买受人以新的仓单持有人身份去行使提取仓储物的权利。仓储期间，存货人或仓单持有人如转让仓储物所有权，因其未直接占有仓储物，故而不能依现实交付履行买卖合同，仅能依指示交付的方式来实现

---

① 参见王文林：《保管合同　仓储合同》，法律出版社1999年版，第130页。

② 参见崔建远主编：《合同法》（第二版），法律出版社1999年版，第495页。

③ 参见韩光明、陈国刚主编：《保管合同与仓储合同实务操作指南》，中国人民公安大学出版社2000年版，第163页。

仓储物权利的移转。而指示交付的核心要件在于通过转让请求第三人返还原物的权利，以达至交付之目的，同时成就物权变动公示的外观要求，仓单本身为提取仓储物的权利凭证，通过仓单的转让，受让人取得了仓单所指向仓储物的交付请求权，从而实现了指示交付的效果，成为仓储物新的所有权人。类似地，如存货人或仓单持有人在履行同第三人所订立的买卖合同过程中，未向第三人交付仓单，则仓储物的所有权不发生移转，作为出卖人的存货人或仓单持有人构成瑕疵履行。①

仓单的转让必须以法定形式进行。依本条规定，仓单的转让必须经存货人或仓单持有人背书并经保管人签名或盖章。原则上，存货人或仓单持有人以背书形式自由处分仓储物的权利是不应受有任何限制的，但本条要求除背书的要件之外，仓单的转让尚需由保管人签名或盖章，由此便构成对仓单任意处分之阻碍。需要明确的是，仓单虽可自由流通，但其亦关涉保管人的权利实现与义务履行，尤其是对仓储物毁损、变质等情形，保管人负有通知存货人或仓单持有人的义务，如果保管人不能知悉仓单的流转情况，则会妨碍其义务的履行，因此如仓单仅由存货人或仓单持有人背书而无保管人签名或盖章，则不发生仓储物所有权移转的效力。存货人将仓单背书转让后，取得仓单的被背书人可再行就该仓单背书转让或出质，其法律效果同存货人将仓单转让或出质并无差异。仓单多次转让其背书必须具有连续性，否则将导致仓单转让行为无效。

仓单也可以由第三人善意取得，如存货人并非货物的所有人或者仓单持有人并非合法持有仓单，而其仍然将仓单进行了背书转让，而且被背书的第三人善意地支付了相应对价，那么仓单在第三人手中仍为有效，第三人为合法权利人，而由存货人或非法持有仓单者承担无权处分责任。

仓单可以整体背书转让于第三人，也可以分割仓储物、填发两份以上新的仓单，将其中一部分移转于受让的第三人，分割后，原仓单应当交还保管人。

（三）仓单的出质

仓单作为一种权利凭证进行质押，可以实现资金融通，辅助完成现货

---

① 参见最高人民法院（2013）民提字第138号民事判决书。

交易，提高交易效率，降低交易成本，同时也具有价格发现功能。本条未直接对仓单出质作出规定，关于仓单质权的设立，尚需结合《民法典》第441条规定，即“以汇票、本票、支票、债券、存款单、仓单、提单出质的，质权自权利凭证交付质权人时设立；没有权利凭证的，质权自办理出质登记时设立。法律另有规定的，依照其规定”。依上述规定仓单质权的设立须符合以下构成要件：（1）存在有效的仓单质押合同；（2）仓单出质亦须采本条所规定的背书形式；（3）仓单需记明“出质”“设质”或“质押”等字样；（4）将仓单交付质权人，质权自仓单交付时生效。通说认为，在存货人或仓单持有人以仓单出质的情形下，无需经保管人签名或盖章，[①]但基于仓单记名证券之性质，应当通知保管人。[②]此外，仓单质押后，持有仓单的质权人能否将仓单另行转质？《民法典》在“权利质权”一节未予明确，但值得注意的是，《民法典》“权利质权”一节的最后却有权利质权适用动产质权规定的条文，[③]而“动产质权”一节有质权人责任转质的规定，[④]那么是否意味着动产质权中的责任转质规范可以适用于权利质权呢？其实尽管《民法典》未涉及权利质权的转质问题，但是《担保法解释》于第101条却作出了明确禁止的规定，即“以票据、债券、存款单、仓单、提单出质的，质权人再转让或者质押的无效”。《担保法解释》第101条乃是对《民法典》“权利质权”一节适用“动产质权”一节一般性规定的例外，即对于权利质权能否转质的规整，不再适用动产质权转质的规定，而是直接适用《担保法解释》第101条。由此可知，仓单的质权人不得再就该仓单再行设定质权。

---

① 参见房绍坤、赵志毅：《论仓单质押》，载《法制与社会发展》2001年第4期。

② 记名证券的处分应当遵循普通债权让与之规定；参见史尚宽：《债法各论》，中国政法大学出版社2000年版，第776页。

③ 《民法典》第446条规定：“权利质权除适用本节规定外，适用本章第一节的有关规定。”该条文所采“适用”这一立法技术，旨在避免就相同情形作出重复规定，因此以指示参引性条款代之。参见易军：《买卖合同之规定准用于其他有偿合同》，载《法学研究》2016年第1期。

④ 《民法典》第434条规定：“质权人在质权存续期间，未经出质人同意转质，造成质押财产毁损、灭失的，应当承担赔偿责任。”

（四）仓单处分的法律后果

于仓单背书转让情形下，由于仓储物的所有权随之移转，故而其毁损、灭失的风险亦由存货人或仓单持有人移转于受让仓单的被背书人；反之，如就仓储物所订立的买卖合同履行过程中，存货人或仓单持有人未将仓单交付于受让仓储物的第三人，则仓储物毁损、灭失的风险仍由存货人或仓单持有人承担。

于仓单出质情形下，作为债务人的存货人不能履行到期债务，仓单的质权人可以依仓单向保管人请求提取仓储物，并通过拍卖变卖仓储物实现质权。详言之，如仓单所担保的债务履行期先于仓单提货期时，在债务履行期届满后，质权人则可以要求存货人重新提供担保或履行债务，如果存货人拒不履行该债务的，质权人可以凭仓单在仓储期满时或提前提取仓储物，以仓储物拍卖、变卖的价款优先受偿。如果仓单所担保的债务履行期晚于仓单提货期，债权人可以在仓单到期时提取仓储物，同存货人协商后提前清偿债务；或者向第三人提存，提存费用由存货人负担。此外，如仓储期届满后，存货人拒绝支付仓储费用，保管人享有对仓储物的留置权，如其留置权同仓单质权人的质权相互冲突，保管人可先于质权人就仓储物拍卖、变卖的价款优先受偿。

三 其他问题

随着电子信息技术的发展，电子仓单日益成为商业、金融活动中权利凭证的重要类型，但本条及其他相关立法并未就电子仓单的处分作出规制。电子仓单是仓单的一种表现形式，其属性应与纸质仓单一致，亦为表征仓储物所有权的权利凭证。电子仓单，具有无纸化和电子化的特征，因此在对电子仓单的处分过程中，无法像传统纸质仓单一样进行物理介质的背书与交付。电子仓单通常需在交易登记平台进行登记，而且其处分也要借助专门进行权利转让的交易系统来实现，交易登记平台作为第三方，具有一定的独立性、权威性和公开性，因此，在其系统中登记电子仓单信息，并注明质押、背书的相关信息，亦可实现物权变动的公开公示效果。在司法实践中，我国法院亦认可电子仓单借助上述方式予以处分的法律效力。[①]

第九百一十一条【检查仓储物或者提取样品的权利】

保管人根据存货人或者仓单持有人的要求，应当同意其检查仓储物或者提取样品。

历史由来

本条是对《合同法》第388条的承袭，未作任何改动。《民法典合同编（草案）》（一审稿）第694条、《民法典合同编（草案）》（二审稿）第694条、《民法典（草案）》第911条均作出了同本条相一致的规定。1981年颁布的《经济合同法》有关仓储合同的规范仅就保管人的善管义务、存货方的说明义务和提货义务以及各方的违约责任作出简要规范，并未出现赋予存货人或仓单持有人以检查仓储物和提取样品的权利，即使为配合《经济合同法》实施而在1985年制定的《仓储保管合同实施细则》也没有作出有关该权利的规定。1999年《合同法》第388条第一次就存货人或仓单持有人在仓储物存储期间享有检查仓储物和提取样品的权利作出明确规定。

规范目的或功能

本条是关于仓单持有人有权检查仓储物、提取样品的规定。存货人或者仓单持有人是仓储物的权利人，仓储物在仓库中所处的状态究竟如何，与存货人或仓单持有人有着切身的利害关系。存货人存放货物的目的之一就在于使物品安全存放，不致损坏、短少、灭失，因此有权要求了解、检查仓储物的储存和保管状态，保管人应予以配合。另外，仓单的背书转让可导致仓储物所有权的变更，为确保货物真实无损，当事人可以检查仓储货物或者提取

---

① 参见上海市浦东新区人民法院（2016）沪0115民初9984号民事判决书、上海市第一中级人民法院（2017）沪01民终6125号民事判决书。

样品。本条为任意性规范，[1]旨在为存货人或仓单持有人创设检查仓储物与提取样品的权利，同时使保管人承担予以配合的容忍义务，但规范本身不具有强制性。本条为不完全法条，仅就权利义务主体、权利义务内容作出规定，未明确义务不履行的法律后果，即本条所规定的权利主体要件为“存货人或仓单持有人”，其有权向保管人主张“检查仓储物或者提取样品”之权利，保管人负有“应当同意”之义务，但如果保管人违反该义务，尚需适用合同编通则有关合同义务违反与责任承担的相关规范。

规范内容

一、检查仓储物提取样品

本条所规范的行为包括检查仓储物和提取样品两类。检查仓储物即对仓储物进行检验和查核，包括但不限于数量上的清点、重量上的过磅、质量上的检验等。抽取样品，即从一批同类仓储物中随机地选择一定数量的货物并转归仓单持有人占有和处分，对于仓单持有人取走样品的用途在所不问，实务中存货人提取样品主要是为了在交易中将其作为货样向相对人展示，或者为了更彻底地检查仓储物的保管情况。

本条对于检查仓储物与提取仓储物样品的时间、方式等均未作任何限制，因此或可认为权利人得依其实际需要而请求保管人配合其实施检查仓储物或提取样品的行为，但此种权利行使并非不受任何限制，存货人或仓单持有人亦须尽可能地避免其行权行为对保管人造成不必要的损失或不便利。

二、权利行使的主体

本条所规定的权利主体包括存货人和仓单持有人两种类型，但两类主体并非同位并列关系而是选择关系。存货人向保管人交付仓储物后，保管人向其签发仓单以表明其为仓储物的所有权人，仓单作为证权证券而存在，存货人向保管人主张提取仓储物的权利亦须以出示仓单为必要，亦即其权利行使

---

① 参见史尚宽：《债法各论》，中国政法大学出版社2000年版，第572页。

乃是基于仓单这一物权凭证而不是基于由仓储合同所产生的债权债务关系。本条之所以将存货人作为检查仓储物、提取样品的权利主体，乃是由于存货人系第一手的仓单持有人，并出现了存货人与仓单持有人身份的重合，存货人即仓单持有人，仓单持有人即存货人，这两种称呼在此种情形下均无不可。一旦两种身份相互分离，存货人不再持有仓单，保管人便有权拒绝对其履行基于本条而产生的同意义务。[①]

仓单持有人乃是本条所规范的核心主体。仓单持有人这一概念既可涵盖作为第一手仓单持有人的存货人，也可指称因仓单背书转让而持有仓单的被背书人。仓单作为有价证券表征着仓储物的所有权，仓单的背书转让即意味着仓储物所有权的移转，与仓储物的实际交付具有同一的效力，只要仓单持有人能够证明仓单上的背书是连续的，并且符合法律规定的其他形式要件，保管人便应当对其履行同意义务并允许其提取货物。

除本条所规定的受让仓单的被背书人外，接受仓单质押的质权人亦是仓单的持有人，质权的取得亦以仓单背书及转移占有为必要。质权人虽然持有仓单，但并不获得仓储物的所有权，故而相较于受让仓储物所有权的仓单持有人，质权人就仓储物所享有的权利亦将受到一定程度的限制，因此质权人能否行使本条规定的仓储物的检查权与样品提取权，不无疑问。在发生债务不履行的情形下，质权人如要实现质权，需要向保管人提取仓储物，然后就仓储物拍卖、变卖或折价后，以所得价款优先受偿，如果仓储物毁损或者灭失，必然影响质权的实现，损及质权人的利益，因此应予以肯定，质权人亦可凭仓单检查仓储物的保管情况或者提取样品进行检验。[②]

在法律实践中，无论是存货人移转仓储物所有权抑或是以仓储物设定质押，仓储物的受让人或者质权人通常会基于交易安全与履行注意义务的考量，协同存货人共同查验标的物的现实状况。因此，对于本条的适用，不应当局限地认定只有仓单持有人才有检查、提取仓储物样品的权利，亦应准许仓单

---

① 参见李云波、林全玲：《合同法对仓储合同规定的几处缺漏及纠补》，载《山东公安专科学校学报》2002年第1期。

② 参见韩光明、陈国刚主编：《保管合同与仓储合同实务操作指南》，中国人民公安大学出版社2000年版，第166页。

持有人的随同人员进入仓库，使其得以协助仓单持有人完成检查仓储物或者提取样品的行为。更进一步，仓单持有人也并非必须亲自前往检查仓储物或者提取样品，亦可委托代理人实施上述权利，但受托人亦须向保管人出示仓单及授权文书，否则保管人有权拒绝其相应的请求。

三、保管人的容忍义务

（一）保管人应当配合检查或提取样品

保管人对存货人所交付的仓储物负有妥善管理的义务，这是仓储合同中保管人最为基本的义务。[①]作为继续性契约，保管合同所确定的存货人与保管人之间的权利义务关系具有持续性，此即意味着存货人与保管人在履约的过程中可能会面临诸多于缔约时无法预测的情形，而此类情形的存在可能会使仓储物面临不确定的风险。继续性合同作为一种长期性的合同关系，在合同履行过程中，应该具有应变各种不同情势的能力，以避免交易关系在变化的情势下破裂，因此，必须在这种关系内部引入弹性的因素。[②]本条赋予存货人或仓单持有人以检查仓储物和提取仓储物样品的权利即属于仓储合同中的"弹性因素"，该权利的创设为存货人或仓单持有人得以随时查验和了解仓储物保存状况提供了可能，如果存货人或仓单持有人在检查或提取样品的过程中，发现仓储物存在于仓储合同订立时未能考虑到的不当保存情形，可以随时将此种情况告知保管人，以变更保存方式或者采取进一步的保护措施。再者，本条赋予存货人或仓单持有人对仓储物进行检查或提取样品的权利，也使其能够监督保管人履行仓储合同确定的妥善保管义务的真实状态。

保管人根据存货人或仓单持有人的要求，应当同意其检查仓储物或者提取样品，此为保管人的容忍义务。[③]在仓储合同关系中，保管人是负责保管存货人仓储物的当事人，对仓储物直接管领和占有，但仓储物的所有权仍然归属于存货人或仓单持有人。存货人或仓单持有人为了防止货物在储存期间变

---

① 参见王利明：《合同法研究》（第三卷），中国人民大学出版社2012年版，第672页。

② 参见屈茂辉、张红：《继续性合同：基于合同法理与立法技术的多重考量》，载《中国法学》2010年第5期。

③ 参见崔建远主编：《合同法》（第二版），法律出版社1999年版，第496页。

质或有其他损坏，有权利随时检查仓储物或者提取样品，对此，保管人原则上应当不作为地接受，在特定情形下也应积极配合存货人或者仓单持有人的权利实现。如果保管人无正当理由拒绝存货人或仓单持有人的请求导致仓储物变质或受有其他损害的，保管人应当承担损害赔偿责任。

保管人享有对不当请求拒绝的权利。亦需明确的是，虽然保管人对存货人或仓单持有人检查仓储物或提取样品的行为负有积极配合与容忍的义务，但保管人容忍的程度亦应视具体情况来决定，对于仓单持有人明显不当的检查或抽取样品的行为，保管人有权予以拒绝，换言之，秉持诚实信用原则，存货人或仓单持有人所提出的请求应当具有合理性。具体而言，存货人或仓单持有人应当请求在适当的时间由保管人予以开仓检查或提取样品，本条并未对存货人或仓单持有人行使检查仓储物或提取样品的权利行使时间作出规制，是否意味着存货人或仓单持有人得于任意时间向保管人提出此类请求？通常而言，依诚实信用原则，存货人或仓单持有人的权利行使应以不会造成保管人的不便利甚至导致其受有损失为限，故而存货人或仓单持有人的检查仓储物或提取样品的权利，应在仓库营业时间内行使。此外，虽然存货人或仓单持有人在仓库营业时间内可以随时行使这种权利，但行使权利之前应当事先通知保管人，以使其有所准备。再者，仓储合同履行期间，保管人对于已交付于其的仓储物应尽善良管理人的注意义务，高出管理自己物品的注意义务来管理他人存放于己处的仓储物，故而即使在存货人或仓单持有人行使检查仓储物或提取样品的权利时，保管人亦应谨慎防范仓储物可能因检查或取样行为而变质或毁损之风险，如果存货人或仓单持有人所实施的行为将导致同一仓储存储的其他货物遭受变质、毁损等风险时，保管人亦有权利拒绝存货人或仓单持有人的请求。此外，原则上保管人对存货人或仓单持有人提取样品的数量、方式等无权干涉，但如其抽取的样品式样过多，相当于部分提取仓储物或者抽样行为将对剩余仓储物造成毁损的风险时，保管人亦可拒绝。在仓储合同实践中，为了防止纠纷的发生，保管人通常都会在存货人或仓单持有人行使提取仓储物样品后，另行要求存货人或仓单持有人制作证明文书，以证明仓储物数量的减少是由于存货人自己的行为造成的，从而可以有效避免双方此后被拖入不必要的讼累之中。除上述情形外，如果存货人或仓单持有人所提出的查验请求不具有现实可操作性或者实现成本过于巨大时，保管人也得拒绝履行。总而言之，存货人或仓单持有人可以进行何种程度的检查或抽样，应根据仓库的状况及习惯决定，并受诚信原则的约束，不能因存货人或仓单持有人行使检查或提取样品的权利而不正当地增加保管人的管理成本或者造成其他妨碍的情形。

如果存货人或仓单持有人在检查仓储物后发现仓储物存在变质或毁损的风险，请求对仓储物为必要的保存行为时，诸如为防止仓储物变质而采取必要措施，保管人亦应同意。当然，检查仓储物、提取样品及为保存行为的费用应由存货人或者仓单持有人自行负担。[①]

（二）保管人的义务违反责任

本条仅规定了存货人或仓单持有人享有向保管人主张检查仓储物或提取样品之权利，但是并未就保管人拒绝协助存货人或仓单持有人实施上述行为所可能引发之法律后果予以明确。由于《民法典》编纂采取了总分结构的立法体例，即通过提取公因式的方式构建民法典的总则和分则体系，从而使得《民法典》编纂更为科学化，于《民法典》合同编而言亦是如此，即合同编通则的规范乃是从各类合同中所提取的共同性规则，此类规则作为“公因式”被提取后无须再于各类合同中重复规定，由此所形成的总分结构规范体系更加合理、科学，这也意味着对于合同编分则所未规定的事项，可以直接适用合同编通则的规范。就本条的适用而言，因未能对保管人无正当理由拒绝存货人或仓单持有人行使检查权或样品提取权的法律后果作出规定，即应直接适用合同编通则有关义务违反与责任承担的相关规范。如因保管人的拒绝行为造成仓储物发生变质、毁损或者灭失的，应由其向存货人或仓单持有人承担违约责任，赔偿因义务违反对存货人或仓单持有人所造成的损失。

（三）责任竞合

在仓储合同实践中，有时存在一个法律事实同时符合几个法律规范规定的要素而产生不同法律后果的现象，适用此规定则承担仓储合同违约责任，

---

① 参见梁慧星主编：《中国民法典草案建议稿附理由：合同编》（下册），法律出版社2012年版，第871页。

适用此规定则构成一般民事侵权责任。此种情形，在法律上称为仓储合同的责任竞合，即在履行仓储合同义务的过程中，同一违法行为的法律事实适合于两个以上不同法律规范规定的要件而引起两种以上不同性质的民事责任后果，依法却只能仅就其中之一承担法律责任。

于本条的适用而言，如保管人违反本条的规定，无正当理由拒绝存货人或仓单持有人行使权利，不仅构成对仓储合同所约定义务的违反，且如因保管人的义务违反行为使得存货人或仓单持有人未能对仓储物采取必要的保存行为，致使仓储物变质或者毁损、灭失，此时保管人亦构成对存货人或仓单持有人所有权之侵犯，得成立侵权责任，此时便产生违约责任与侵权责任两种性质相异的责任方式同时存在的情形。由于两种责任均基于同一法律事实，即保管人无正当理由拒绝存货人检查仓储物或提取样品之行为，因此两种责任之间形成竞合关系，权利受有损害的存货人或仓单持有人仅得选择其一向保管人主张。

第九百一十二条【仓储物损坏的通知义务】

保管人发现入库仓储物有变质或者其他损坏的，应当及时通知存货人或者仓单持有人。

历史由来

本条是对《合同法》第389条的承袭，仅于文字表述方面略作修改。《合同法》第389条规定，保管人对入库仓储物发现有变质或者其他损坏的，应当及时通知存货人或者仓单持有人。《民法典合同编（草案）》（一审稿）第695条、《民法典合同编（草案）》（二审稿）第695条以及《民法典（草案）》第912条均将“对入库仓储物发现有变质或者其他损坏的”的表述修改为“发现入库仓储物有变质或者其他损坏的”，此种修订使得本条的表述更加简洁和精准。关于保管人的危险通知义务的规定，最早可追溯至1985年颁布的《仓储保管合同实施细则》第14条第2款规定，货物在临近失效期（只限外包装或货物上标明了有效期或合同上申明的）60天前应通知存货方，合同另有规定者除外，发现货物有异状，应及时通知存货方。该规定所规范的情形仅限于仓储物临近失效期时保管人的通知义务，却并未涉及仓储物变质、破损、数量减少等诸多情形下保管人的通知义务，《合同法》第389条对《仓储保管合同实施细则》第14条第2款规定进行了进一步的完善，扩大了保管人负有通知义务的适用情形。

规范目的或功能

本条是关于保管人在仓储物变质或者其他损坏情况下通知义务的规定。保管人对仓储物有妥善保管的义务，保管人应当按照保管合同约定的保管条件、方式进行妥善保管。保管人因保管不善造成仓储物变质或者其他损坏的，应当承担赔偿责任。保管人在符合合同约定的保管条件、方式进行保管的情况下，因仓储物的性质、包装不符合约定或者超过有效储存期，造成仓储物变质、损坏的，尽管保管人不承担责任，但是保管人应及时将此种情况通知存货人或者仓单持有人。即使仓储物没有变质或其他损坏，但有发生变质或其他损坏的危险时，存货人也应当及时通知存货人或者仓单持有人，这是对保管人的更进一步要求。本条为不完全法条，仅明确了保管人在发现仓储物变质或有其他损坏时对存货人或仓单持有人负有通知义务，未明确保管人违反本条规定的义务应当承担的责任，故尚需结合合同编通则部分有关合同义务违反与责任承担的相关规范予以认定。

规范内容

一、保管人的通知义务

保管人对于仓储物负有善良管理义务，这是保管人于仓储合同项下应承担的主要合同义务。保管人对仓储物应尽善良管理人的注意义务，即要求保管人妥善保管存货人向其交付的仓储物，对仓储物的情况及时了解并作出处理。保管人按照合同约定条件进行保管时，仓储物因自身的性质或者包装不符合约定或者超过有效储存期而变质、损坏或有变质、损坏之危险时，保管人一旦发现，应当及时通知存货人或仓单持有人，使其及时知晓仓储物的保存情况，以便其作出相应决定如采取进一步的保护措施，以免损失的出现或扩大。

本条为保管人设定通知义务的最为直接的原因在于，存货人将仓储物交付保管人后，仓储物即处于保管人的控制之下，对于仓储物的存放情况，保管人应当及时查验，因此保管人对仓储物的状况最为熟悉，由其负担仓储物损坏的通知义务，合乎经济效率。[①]且仓库中所堆放的不同种类仓储物之间亦有相互影响的可能，如某一仓储物发生变质或者毁损，其可能会危及其他仓储物，因此，保管人为保障其他仓储物之安全，亦有及时通知存货人或仓单持有人并要求其采取必要保护措施的动力。就此而言，保管人的及时通知，既可为存货人或仓单持有人采取必要措施提供机会，亦有助于合理避免保管人自身的责任。

本条为保管人创设的通知义务乃是依诚实信用原则所衍生之附随义务。诚实信用原则是合同法中的一项极为重要的原则，是市场活动中形成的道德规则，要求人们在市场活动中讲究信用，恪守诺言，诚实不欺，在不损害他人利益和社会公共利益的前提下谋求自身利益。诚实信用原则作为指导合同履行的基本原则，对于一切合同及合同履行的一切方面均应适用。合同的履行应当严格遵循诚实信用原则，具体而言，一方面，当事人除了应履行法律规定和合同约定的义务以外，还应履行依诚信原则所产生的各种附随义务，这些附随义务主要包括相互协助和照顾的义务、瑕疵的告知义务、使用方法的告知义务、重要情事的告知义务、忠实义务等；另一方面，在法律规定和合同约定不完全的情况下，当事人也应依据诚实信用原则全面完成合同义务。就仓储合同而言，于仓储物交付时存货人有告知保管人产品性能、保养方法、注意事项等义务，以免因保管不当造成损失，在合同没有规定保管的质量要求的情况下，依诚实信用原则，保管人应尽善管理人的注意义务而为妥善保管，在保管期间标的物有腐败变质等现象发生时，保管人负有及时通知存货人或仓单持有人的义务。诚实信用原则，属于强行法规范，不允许当事人以约定方式排除其适用，合同约定条款违背诚信原则的，应为无效。如一方当

---

① 参见梁慧星主编：《中国民法典草案建议稿附理由：合同编》（下册），法律出版社2012年版，第873页。

事人在履行仓储合同过程中违反了诚实信用原则，使对方遭受损害的，亦应承担损害赔偿责任，在仲裁或诉讼中，即使当事人未主动援引诚实信用原则，仲裁庭或法庭也可依职权主动予以适用。[①]

二、仓储物的危险情形

所谓仓储物出现危险，一般包括以下几种情况：（1）存放中的仓储物出现变质或者其他损坏的，包括但不限于腐蚀、非正常的数量损耗、价值减损、包装破损等情形，对此保管人应及时通知存货人或者仓单持有人，如仓储物的外包装上标明或仓储物标记上已注明抑或是合同中已载明仓储物的有效期，保管人对此明确知悉的，于仓储物失效期届至前，保管人亦应通知存货人或仓单持有人，以向其作出必要提示；（2）某一类仓储物出现有变质或者其他损坏，并影响其他同一仓库所存放的货物，危及其他仓储物的安全和正常保管的，保管人亦应通知并催告存货人或仓单持有人采取处理措施；（3）仓储期间内，遇有第三人对保管人所照管的仓储物主张权利或者被采取查封、扣押等强制措施的，保管人应及时通知存货人或仓单持有人有关仓储物所面临之情事。[②]需要明确的是，对于第三人向保管人主张仓储物权利或仓储物被查封、扣押的情形，本条并未作出明确规定，对于此类危险情形所规整的依据仍是仓储合同适用保管合同的相关规定，即《民法典》第918条规定："本章没有规定的，适用保管合同的有关规定。"所谓"适用"即指将被援引之规范直接适用于待决案件，[③]因此对仓储合同有关情形的规整，可借由上述参照指引性规范转至保管合同一章，从而使仓储合同一章未予规定的情形得以保管合同的相关规定作为规范依据。保管合同一章存在如第三人对保管人所照管的寄存人之物提起诉讼或申请扣押时，保管人负有及时通知寄存人之义务。[④]经由上述"适用"的立法技术，可以明确如在仓储合同履行期间，第三人对

---

① 参见刘建文、王振华主编：《中华人民共和国新合同法释义与适用指南》，中国人民公安大学出版社1999年版，第582页。

② 参见王文林：《保管合同 仓储合同》，法律出版社1999年版，第165页。

③ 参见易军：《买卖合同之规定准用于其他有偿合同》，载《法学研究》2016年第1期。

④ 《民法典》第896条第2款规定："第三人对保管人提起诉讼或者对保管物申请扣押的，保管人应当及时通知寄存人。"

存货人交付于保管人的仓储物提起诉讼或者采取查封、扣押等强制措施的情形下，保管人同样负有及时通知存货人或仓单持有人的义务。[①]

此外，保管人的通知义务不以保管人对危险之发生存在过错为必要，即保管人如发现仓储物发生变质或者因其他各种原因发生损坏的，无论此种损坏是否可归责于保管人，保管人均应当及时通知存货人或者仓单持有人。换言之，即使仓储物的变质或所受有其他损坏并非是由于保管人未尽善良管理人之注意义务而导致，保管人亦应尽可能使存货人或仓单持有人在最短的时间内知悉，从而为存货人或仓单持有人采取进一步保护措施提供便利，使变质的仓储物或者受损坏的仓储物得到及时处理，防止损失的进一步扩大。

最后，本条亦未言明在仓储物遭受何种程度的变质或损坏时保管人才负有通知存货人或仓单持有人的义务，即保管人通知义务的履行是否应当以仓储物变质或损坏达到一定程度为必要？作为基于诚实信用原则所衍生的附随义务，本条所规定之通知义务即是出于对存货人或仓单持有人利益的最大化考量而设定，依对本条款的立法目的解释，应当认为该通知义务的履行并不以仓储物的变质或毁损达到一定程度为必要，即使仓储物存在变质或者遭受其他损害之虞，保管人如及时发现此种危险即应当通知存货人或仓单持有人，以将仓储物可能遭受之危险最小化，从而降低存货人或仓单持有人利益受损的风险。

三、通知的对象

本条所规范的通知义务履行对象为存货人或仓单持有人，对此应当理解为通知二者任意其一即可，抑或是应当同时通知存货人和仓单持有人，尚需对本条作出法律解释。存货人作为仓储物的所有权人，其基于仓储合同将仓储物交付于保管人后，仅丧失对仓储物的直接现实管领，仓储物的所有权人并未因此而变更，保管人在接收仓储物后依法律规定应当向存货人签发仓单，仓单作为权利凭证以表征存货人对仓储物享有所有权。存货人接收保管人所签发的仓单后，便成为第一手的仓单持有人，此时存货人与仓单持有人的身份发生了重合，存货人得以享有仓单所记载的权利。但仓单作为一种有价证

---

① 李国光主编：《中国合同法条文释解》，新华出版社1999年版，第622页。

券，其为设定并证明持有人有权取得一定财产权利的书面凭证，是物权证券化的一种表现形式，仓单也正是因其所记载的财产权利而具备价值。[①]故而，仓单本身不同于仓储物，其并非动产，而是一种证券化的权利，此种权利的处分仅包括两种方式：其一为转让，其二为设定权利质权。无论存货人后续对仓单作出何种处分，均需以仓单的背书和转移占有为必要，一旦丧失对仓单的占有，存货人与仓单持有人的身份就发生了分离，即意味着存货人不再享有仓单上所记载的权利。仓储物的存储状况直接关乎仓单持有人的利益实现，对于不持有仓单的存货人却不必然，坚持由保管人向不持有仓单的存货人履行通知义务恐难达至本条所欲实现的规范目标。

于仓单背书转让的情形下，存货人将仓储物的所有权已移转于被背书人，受让仓储物的被背书人成为新的仓单持有人，此时如果仓储物发生变质或遭受其他损害，必然损及仓单持有人的利益，而对于已经不持有仓单的存货人而言，仓储物的存储状况显然已不再重要，甚至与己无关。如果保管人仅通知存货人即视为已履行本条规定之义务，但存货人收到通知后，并无转告仓单持有人之义务，况且在其后手再背书转让仓单的情形，仓单持于何人之手，存货人未必知晓，纵愿转告，亦无从为之。[②]由此，仓单持有人即无机会采取适当措施以补救仓储物的损坏，而存货人于转让仓单后，对仓储物已无物权，自然也欠缺积极采取措施的正当激励。故而为避免上述适用结果，于仓单背书转让的情形下，对本条所规范的对象应予以目的性限缩，将其解释为在存货人转让仓单后，保管人应向仓单持有人履行通知义务；此外，因仓单的背书转让必须经保管人签名或盖章，否则不生物权效力，所以保管人必然知悉现时的仓单持有人，此时要求保管人向仓单持有人履行本条的通知义务亦非苛责。

在以仓单设定权利质权的情形下，同仓单背书转让有所不同，此时存货人并未丧失仓储物的所有权，但权利质权的设定亦须以仓单占有的转移为必要，此时存货人已非仓单持有人。在此种情形之下，仓储物如发生变

---

① 参见霍冰：《仓单质押法律问题浅析》，载《金融理论与实践》2005年第11期。

② 参见梁慧星主编：《中国民法典草案建议稿附理由：合同编》（下册），法律出版社2012年版，第873页。

质或者其他毁损，将同时危及质权人的债权清偿与存货人对仓储物的所有权，故而此时通知存货人与仓单持有人皆可。再者，与仓单背书转让的另一差异在于，以仓单设定权利质权通说认为不必经保管人签名或盖章，仅需遵循债权让与的一般规则，[①]即需要通知保管人，如存货人并未将质权人的情况告知保管人，保管人就仓储物发生变质或遭受其他损害的情形通知了存货人，即不应对其过于苛责，亦当视其已经履行了本条所规定之义务。综言之，在以仓单设定权利质权的情形下，应依本条文义对通知对象的范围予以解释，保管人通知存货人或者仓单持有人任意之一即视为已履行了义务。

如果以对仓储物所享有的利益作为界定本条通知对象范围的依据，那么接受仓储物抵押的抵押权人是否亦应被含纳其中呢？仓单作为提取仓储物的权利凭证，其本身并非仓储物，仓单的处分包含转让和设定权利质权两种形式，而作为动产的仓储物还可设定抵押权，那么保管人是否对仓储物的抵押权人亦负有危险通知义务？同仓单设定权利质权的情形相近，此时存货人与抵押权人的利益具有趋同性，二者均有动力来保全仓储物。但是需要明确的是，尽管仓储物的状态关乎抵押权人的利益实现，但是动产抵押并不转移标的物的占有，因此相较于质权，抵押权人不负有对抵押物的妥善保管义务。故而，即使保管人通知了抵押权人，亦有可能以不负妥善保管义务为由，拒绝采取保全措施或支付相关费用，就此而言，非但不利于仓储物的保护，反而易滋生纷争，因此若要求保管人径行通知存货人亦即现时的仓单持有人更为适当。且由于仓储物抵押权的设定不以保管人签名或盖章为必要，亦无需通知保管人，因此保管人对抵押权人的存在及信息难以了解，在抵押权未经登记的情形下尤其如此，所以不应单纯因抵押权人对仓储物享有利益而苛责保管人。总而言之，在以仓储物抵押的情形下，由保管人通知存货人即现时的仓单持有人更为合理。

四、保管人违反通知义务的责任承担

本条未就保管人义务违反的法律后果作出规定，因此如保管人无正当理

---

① 参见史尚宽：《债法各论》，中国政法大学出版社2000年版，第776页。

由拒绝履行本条所规定之义务，则应直接适用合同编通则有关义务违反与责任承担的相关规定。详言之，如果保管人未尽善良管理人的注意义务而未能发现仓储物变质或毁损，或虽然发现了但未能通知存货人或仓单持有人时，应当对其过错所造成的损失承担赔偿责任。如果保管人违反通知义务，给他人的储存物造成腐蚀、污染等损害的，存货人于此种情形下不承担责任。[①]如保管人已尽到了善良管理人的注意义务而仍未发现仓储物变质或损坏的，则不承担因未通知而产生的损失赔偿责任，但其发现后，如仍未尽到危险通知的义务，则保管人应对扩大部分的损失承担赔偿责任。[②]当然，保管人履行通知义务后，因存货人或仓单持有人未采取措施致仓储物进一步损坏的，保管人亦无需就此承担责任。

第九百一十三条【保管人的催告义务与紧急处置权】

保管人发现入库仓储物有变质或者其他损坏，危及其他仓储物的安全和正常保管的，应当催告存货人或者仓单持有人作出必要的处置。因情况紧急，保管人可以作出必要的处置；但是，事后应当将该情况及时通知存货人或者仓单持有人。

历史由来

本条规定的内容承袭自《合同法》第390条，仅有表述和语词上的调整，将最后一句当中的“但”改为了“但是”。在《民法典合同编（草案）》的数次审议中，均未作任何实质修改。在《民法典》的立法过程中，曾有学者主张，对催告的对象作出顺位上的区分，知道仓单持有人的应当催告最后仓单持有人，只有不知道仓单持有人的才可以在存货人与仓单持有人之间作出顺位上的区分，保管人只有不知道另有仓单持有人时才可以向存货人作出催告

① 参见蒋新苗、邱润根、何旦喜编著：《仓储保管合同实务》，知识产权出版社2005年版，第198页。

② 参见韩光明、陈国刚主编：《保管合同与仓储合同实务操作指南》，中国人民公安大学出版社2000年版，第213页。

或者紧急处置之后的告知。[①]理由在于，若仓单已被多次背书转让，仅对存货人之催告并不能实现本条规范保护仓储物之目的，但依照本条规定，保管人对存货人为催告即已为履行完毕本条之义务。[②]此种主张不无道理，但是否必须由立法出面设定顺位加以解决，需要斟酌。在本条的语境下可以进行目的解释便以排除此种状况的出现，故本条仍然承继了旧有规定。

三 规范目的或功能

本条是完全法条，以入库仓储物变质或有其他损坏并危及其他仓储物的安全和正常保管为构成要件，当要件齐备时，发生催告义务产生的法律效果；若进一步满足了情况紧急的要件，则产生保管人处置之权利。

另外，本条是协助履行原则的具体体现。基于诚信原则，合同一方当事人应当根据合同性质、目的、交易习惯，协助合同相对人履行义务。[③]这便要求双务合同的当事人除了依照债之本旨履行自己应尽的义务之外，还应协助对方完成合同义务的履行。[④]若入库仓储物有变质或者其他损坏，且可能危及其他仓储物的安全和正常保管时，存货人或者仓单持有人负有作出有效处置的义务，而仓储物处于保管人的控制范围之内，保管人发现上述情况的成本更低、效率更高，故本义务的履行在事实上依赖于保管人对变质或者其他损坏发生的告知。于是保管人在履行合同的过程中，一旦发现入库仓储物有变质或其他损坏，且可能危及其他仓储物的安全和正常保管的，应当及时催告存货人或者仓单持有人进行必要的处置；如果情况紧急则有自主作出必要处置的权利，以此实现本条规范的目的——维护存货人或者仓单持有人货物的安全，维护保管人正常的仓储秩序。

---

① 梁慧星主编：《中国民法典草案建议稿附理由：合同编》（下册），法律出版社2012年版，第874页。

② 梁慧星主编：《中国民法典草案建议稿附理由：合同编》（下册），法律出版社2012年版，第873页。

③ 韩世远：《合同法总论》（第四版），法律出版社2018年版，第56页。

④ 刘建文、王振华主编：《中华人民共和国新合同法释义与适用指南》，中国人民公安大学出版社1999年版，第584页。

规范内容

一、保管人的催告

（一）催告作为一种义务

1.催告义务产生的要件。首先，仓储物已入库，即存货人已交付仓储物于保管人。出于效率的考虑，保管人作为事实上的控制者，负有检查仓储物状态的义务，并应当及时催告存货人或仓单持有人，而在交付之前，仓储物尚未进入保管人的控制范围，故催告义务尚未产生。其次，入库仓储物需发生变质或其他损坏，常见的如仓储的食品发生霉变，又如仓储的毛织品出现虫蛀等。最后，该变质或有其他损坏的仓储物对其他仓储物的安全和正常保管产生危害或者危害的可能。若仅有变质或其他损坏的，保管人仅依照《民法典》第912条，负有及时通知存货人或者仓单持有人的义务，尚未进入本条的规制范围之内，只有满足了最后一点，保管人始得依照本条规定，催告存货人或者仓单持有人作出必要的处置，并在紧急情况下有权自行处置。

实务中有少数观点认为，只有非可归责于保管人的原因造成的变质或者其他损坏才属于本条的适用范围。此种观点不能成立，理由在于，本条之目的在于保障仓储物的安全、保障保管人的正常管理秩序，在本条规范目的当中，物的安全保障是第一位的，故本条的适用不问造成变质或者其他损坏的原因是何，亦不问这种损坏是由谁造成的。只是需要注意，无论造成仓储物变质或者其他损坏是否出于保管人之原因，不应影响催告义务的产生以及紧急处置权，但在解除危险所支出的费用承担问题上会产生影响。

2.违反催告义务的后果。催告义务乃仓储合同中的不真正义务。如果入库仓储物有变质或者其他损坏，危及了其他仓储物的安全和正常保管，此种情况下，若保管人未履行催告义务或者虽然履行但不够及时，因此所导致的该仓储物损坏的扩大以及其他仓储物损坏的发生，应当由保管人自己承担；如保管人及时履行了催告义务，因存货人或者仓单持有人未进行及时有效的处置而导致的上述损害，应由存货人或仓单持有人承担赔偿责任，保管人无需承担。不真正义务是指相对人不得请求履行，义务之违反不会发生损害赔偿责任，而仅会导致负担此项义务者遭受权利减损或丧失的不利益。[①]如上所述，催告义务的违反只会导致保管人对扩大的损失负担赔偿责任，符合不真正义务的特征。

（二）催告作为一种权利

变质或有其他损害的仓储物，既可能对存货人的利益造成损害，同时也可能殃及其他存货人的入库仓储物，进而使保管人的利益受损，故保管人催告存货人或者仓单持有人对其变质或有其他损坏的货物进行有效的处理，既是为存货人或者仓单持有人的利益计算，同样是出于自身利益的考量。故在此意义上，催告亦是一种权利。

催告权的行使属于意思通知，在法律事实体系中属于准法律行为。准法律行为是指不问行为人是否企图发生何等效果，因法律的规定，当然发生一定的效果，[②]催告权利的行使以保管人的意思表示为必要，且该意思表示所追求的效果意思为：督促存货人或者仓单持有人及时、有效地处理其有变质或者其他损坏的入库仓储物；而实际发生的法律效果依照法律规定为：若经过催告，存货人或者仓单持有人未及时、有效处理，因此所扩大的损失保管人无需承担。

二、保管人的紧急处置权

物权具有排他性，非经物权人允许，其他人不得对物占有、使用、收益、处分。保管人对仓储物不享有所有权，而仓储合同本身仅排除了保管人作为非物权人占有仓储物的违法性，并未概括地授权保管人对物的其他权能，故通常情况下，保管人不得擅自对仓储物进行处置，除妥善保管外，对仓储物负有消极不作为的义务。但本条规定，为鼓励互助与保护物之安全，为保管人在紧急情况下对入库保管物进行处置提供了合法性依据。

（一）保管人处置的前提条件

依本条可知，保管人作出必要的处置权利以紧急情况的发生为前提条件，

---

① 王泽鉴：《债法原理》（第一册），中国政法大学出版社2001年版，第47页。

② 王泽鉴：《民法总则》，北京大学出版社2009年版，第205页。

适用中的难点即在于紧急情况的认定。概括来讲，紧急情况应指对该仓储物损坏的扩大或对其他仓储物损害的发生有迫在眉睫的风险，即便第一时间催告，由存货人或者仓单持有人采取最快的应对措施，仍然无法实现有效的处置，以阻止损害的产生或扩大。典型的如入库保管的腐蚀性化学物品已经发生大面积泄漏，或者这种危险随时发生。但此种标准在纷繁复杂的实践当中常常会面临证明上的障碍，故个案当中，一旦就案件事实是否属于本条中的紧急情况发生争议时，应当综合案件当中的多方因素，如保管物的性质、变质或损坏的程度、保管物所处的环境等，具体问题具体分析。

（二）保管人处置权的限制

1.处置行为以必要为限。保管人本无权对仓储物进行处置，但受迫于紧急情况，为了防止损害的发生或扩大，例外的允许其对仓储物进行处置，故保管人依据本条进行的处置应当受到一定限制，其中最重要的措施便在于保管人处置行为的必要性限制，即保管人的处置应以足以制止损害发生或扩大为限，超出必要限度的部分，存货人或者仓单持有人可以拒绝承受该超出部分的结果。

2.事后应及时通知。存货人或仓单持有人对与自己利益相关之事项有知情的权利，保管人的事后通知即是为了实现存货人或仓单持有人的知情。关于本条规定，实践中常见的纠纷类型即为：在保管人认为情况紧急，对发现变质或者其他损坏的仓储物作出必要处置后，未及时将该情况通知存货人或仓单持有人所引发的纠纷，[①]事后的及时通知是对所有权人的尊重，可以最大限度地减少纠纷发生的可能。

三、费用承担的问题

（一）变质或其他损坏的责任承担

入库仓储物有变质或者其他损坏，危及其他仓储物的安全和正常保管的，所可能造成的损坏根据发生的时间可以分为如下两类：一是理性保管人尽到

---

① 韩光明、陈国刚主编：《保管合同与仓储合同实务操作指南》，中国人民公安大学出版社2000年版，第211页。

其注意义务而得发现催告之前已存在的变质或其他损坏；二是因受该仓储物影响所造成的损害的扩大，包括造成其他仓储物的损坏，或该仓储物本身损坏的扩大。对于前者而言，该部分费用的承担取决于最初损害发生的原因，若为保管人保管不适所致，则应由保管人承担损害赔偿责任，构成侵权和违约的竞合；若为仓储物的隐藏瑕疵，入库时存货人未如实告知，该部分损失则应当由存货人承担。实践当中，损坏发生的原因纷繁复杂，无法一一列举，总而言之，此部分损害应当根据个案双方对损害发生的原因力等因素进行分配；而对于后一部分损害，即扩大部分损害的费用承担，如上文所述，则主要取决于保管人催告义务的履行情况，若保管人及时尽到其催告义务，则对扩大部分不再承担责任。

（二）其他费用

其他费用包括催告的费用、处置的费用等，因仓储物的变质所导致的保管人的额外支出。若仓储合同当中对此有约定的，应当依照双方约定分担。若没有约定的，这部分费用的承担仍然取决于变质、损坏发生的原因，需首先判断原因、分清责任方可决定该部分费用的承担。整体而言，因保管人保管义务违反所导致的损害，应由保管人自行负担；非因保管人之原因而造成的损害，应由存货人自行承担。

举证责任

常见的适用本条的纠纷主要有如下几种类型：（1）仓储物的变质或损坏是因保管人造成的，保管人虽已尽及时通知的义务，但就损害赔偿问题，合同双方当事人仍会产生纠纷；（2）在保管人认为情况紧急，对发现变质或者其他损坏的仓储物作出必要处置后，未及时将该情况通知存货人或仓单持有人，从而引起纠纷；（3）在前一种情形下，保管人及时通知了存货人或仓单持有人，但双方对是否已达到该作出紧急处置的程度意见不一致，从而产生纠纷；（4）保管人发现入库仓储物有变质或其他损坏，及时通知存货人或仓单持有人，存货人或仓单持有人接到通知后怠于作出必要处置，以致给其他仓储物造成损失，当事人双方就各自责任和损害赔偿问题达不成一致意见，从而引起纠纷。[①]对此加以归纳，相关争议主要涉及如下几个焦点：（1）催告义务是否发生。存货人或仓单持有人主张由保管人自行承担扩大部分的损害的，应当首先举证证明催告义务已发生。（2）催告义务是否适当履行。保管人主张扩大损失应由相对人承担的，应负有对催告义务已适当履行的举证责任，相对人若不同意得举证加以否认或抗辩。（3）存货人或仓单持有人主张不承认保管人对入库仓储物的紧急处置的，应当对情况尚不构成紧急或者在紧急情况当中的处置超出必要限度承担举证责任。（4）在损害的分担中，存货人应对保管人未尽到适当的保管义务加以证明，而保管人则负有证明存货人未尽告知义务的举证责任。（5）存货人主张不承担保管人紧急处置的后果的，应当对保管人处置未及时通知，或处置超出必要限度负担举证责任。

三 其他问题

本条仅针对紧急情况下保管人对仓储物的处置作出了规定，而除紧急情况外，保管人尚有其他处置权的情形。首先，若入库仓储物发生变质或其他损坏，有危及其他仓储物之可能时，虽保管人来得及催告存货人或仓单持有人有效处置，但催告未果，存货人或仓单持有人可能对于情事的判断出现与保管人不一致的判断，故而收到催告仍处之泰然，未及时有效处置，也可能过于自信或者疏忽大意认为保管人多此一举，故而置之不理。此时应当认为，为尽可能保护财货安全，保管人亦有作出必要处置的权利，至于保管人与存货人、仓单持有人孰是孰非，暂可搁置不议。其次，即便在仓储物变质却没有危及其他仓储物的情况下，保管人也有作出处置的权利。这种处置权利的基础因为导致仓储物变质的原因不同而有所不同。比如，如果是因为没有尽到仓储合同的保管义务，导致了仓储物的变质，则应当基于仓储合同对仓储物进行处置；如果是仓储合同之外的原因，仓储物发生变质，则保管人处置的基础为无因管理。

---

① 韩光明、陈国刚主编：《保管合同与仓储合同实务操作指南》，中国人民公安大学出版社2000年版，第211—212页。

第九百一十四条【未约定储存期限时仓储物的提取】

当事人对储存期限没有约定或者约定不明确的，存货人或者仓单持有人可以随时提取仓储物，保管人也可以随时请求存货人或者仓单持有人提取仓储物，但是应当给予必要的准备时间。

历史由来

本条的规定内容承袭自《合同法》第391条。《民法典合同编（草案）》（征求意见稿）、《民法典合同编（草案）》（一审稿）、《合同法（草案）》（二审稿）、《民法典（草案）》均承袭了《合同法》的表述，《民法典》将《合同法》第391条的“要求”改为“请求”，将“储存期间”改为“储存期限”，均系《民法典》规范用语的统一修正，未对本条的规范内容产生影响。过往的立法文件常常在语词层面将“期限”与“期间”两者混淆，但在民法理论当中，“期间”一般用在诉讼时效制度当中，指从某一期日到另一期日间的时间，[①]与“期日”概念相对应，强调一个时间段；“期限”系指使法律行为效力的发生或消灭，系于将来确定事实之附款。[②]通常是指将来确定发生的自然事件，在时间点的意义上使用，与“条件”概念相对应，以对法律行为的效力产生影响为主要功能。由此看来，期限既可以以期间的形式确定亦可以采取期日的形式，故本条在表达方面的修正是值得肯定的。《合同法》的“期限”多被误以“期间”一词代指，故本次民法典立法进行了全面的修正，如在仓储合同一章当中，第909条、第914条、第915条、第916条之中的“期间”均统一修订为“期限”。

从规范的内容看，本条仍保留了《合同法》原有条文的表述，未对规范内容与结构进行调整。有学者在“立法建议稿”中主张应当增加一款规定，对约定储存期限的仓储合同进行规定，有储存期限约定的仓储合同中，保管人在储存期限届满前不得请求存货人提取仓储物。[③]但应当认为，若当事人对

① 梁慧星：《民法总论》（第四版），法律出版社2011年版，第261页。

② 王泽鉴：《民法总则》，北京大学出版社2009年版，第346页。

③ 梁慧星主编：《中国民法典草案建议稿附理由：合同编》（下册），法律出版社2012年版，第878页。

储存期限已作出约定，合同成立生效即对当事人产生实质拘束力，期限届满前保管人不可以请求存货人提取仓储物已是文中之义，无需立法重复，故本条仍然保留了《合同法》的表述。

三 规范目的或功能

依照法条分类的理论，本条属于不完全法条，进而属于请求权附属规范，其功能在于辅助仓储物的提取权的实现，在未约定提取时间时，为仓储物提取权确定一个提取时间。本条针对当事人对仓储合同当中必要记载事项未作约定的情况，旨在以法定方式对上述事项加以补充，为仓储合同的漏洞填补规则。仓储实践当中，当事人出于一些原因，可能未对储存期限作出足够明确的约定，仓单中也没有记载明确的仓储期限，此时仓储人何时有权提取仓储物？保管人何时有权请求存货人或仓单持有人提取仓储物？本条规定即对上述问题加以回应，在当事人未约定储存期限或约定不明确时，以法定的方式为仓储合同规定储存期限，明确提取以及保管人得请求提取的时点，以填补合同在履行期限问题上的漏洞。

针对相同的问题，保管合同的规定为《民法典》第899条，保管合同在未约定储存期限或约定不明确时，双方亦均可随时提取，区别仅在于其中并未如仓储合同中一样强调“必要的准备时间”。理由在于，仓储合同相比保管合同而言是一种“物的堆积保管”，[①]仓储物通常是大宗货物，故立法对保管人随时请求提取仓储物的权利的限制加以强调，即保管人要给对方必要的准备时间，以此兼顾存货人的利益；但在保管合同当中，通常保管物是处于随时可以返还的状态，仅在少数情况下需要上述的提取准备时间，故未作强调，但应当认为，如确实需要准备时间，则应给予必要的准备时间。这是因为，《民法典》合同编第一分编总则部分第511条第4项规定：“当事人就有关合同内容约定不明确，依据前条规定仍不能确定的，适用下列规定：……（四）履行期限不明确的，债务人可以随时履行，债权人也可以随时请求履行，但是应当给对方必要的准备时间……”这是在更一般的意义上，对约定履行期限不明确时双方随时履行的权

① 王文林：《保管合同 仓储合同》，法律出版社1999年版，第102页。

利及行权规则进行的规定，自然也适用于保管合同。而本条即为本法第511条第4项在第二分编仓储合同中的具体化，两个条文在规范内容上是完全一致的。

规范内容

一、不定期继续性合同的终止

依照本条规定，对储存期限没有约定或者约定不明确的，存货人或仓单持有人可以随时提取仓储物，保管人则可以随时请求存货人或仓单持有人提取仓储物。即言之，双方有权随时终止仓储合同，这种双方的随时终止与解除不同，广义上的“终止”是解除的上位概念，特指合同关系的消灭；广义上的“解除”同时包括有溯及力的解除和无溯及力的解除两种类型，前者为狭义上的解除，后者为狭义上的终止。[①]本条规定属于狭义上的终止，不溯及既往地使权利义务归于消灭。不定期继续性合同因未规定期限且义务具有持续性，故而当事人永续性地被捆绑在债务当中，故终止制度的目的在于使双方得以依自己的意思，从永续的义务当中解脱出来，此为本条规定与任意解除权最根本的区别所在。

二、储存期限的确定

（一）储存期限的功能及意义

仓储合同储存期限是指仓储合同的有效期限，从其他角度理解，亦可作为存货人或仓单持有人提取货物的时间，同时亦是保管义务的约定期限。虽然在合同的效力上储存期限并不能产生实质性的影响，但是这仅为法律出于尽可能促成合同的成立、生效的考虑，不作过多限制的表现，若从储存期限在合同的履行角度看，则十分重要，不可或缺，储存期限直接关系到合同义务完成的时间，涉及当事人的期限利益，也是确定违约与否的因素之一。[②]

---

① 参见王利明：《合同法研究》（第二卷）（修订版），中国人民大学出版社2011年版，第251—252页。

② 刘建文、王振华主编：《中华人民共和国新合同法释义与适用指南》，中国人民公安大学出版社1999年版，第585页。

（二）未约定储存期限不影响仓储合同的效力

仓单是指仓库营业人于收受寄托物后，因寄托人之请求，而填发之一种有价证券。[①]仓单是一种要式证券，其上所应记载的事项应当严格依照《民法典》第909条确定。储存期限既作为仓单记载事项之一，且属于一种相对必要记载事项。即言之，履行层面上仓单以及仓储合同以储存期限为必要，但在效力认定上，未约定储存期限或约定不明确的不影响仓单以及仓储合同的效力，故实践中可能存在已经生效但储存期限尚不明确的仓储合同，或留待当事人事后协商确定，或当事人基于特殊考量故意对储存期限未作约定等。

（三）未约定或约定不明时的处理

当事人约定了储存期限的，则依双方之约定履行，问题在于，若当事人未作约定或约定不明确当如何处理，此时便需要用法律加以补充。根据《民法典》第510条，首先可以通过当事人之间的协议加以补充，若双方达不成一致的，则应当根据合同相关条款或者交易习惯对储存期限加以确定，若仍然不能确定的，则应当依照本条，双方均有权随时终止合同。本条相对于《民法典》第511条而言亦属特别规定，虽规范内容相同，但在适用上特别规定优先于一般规定，故应当依照本条对储存期限加以确定。一旦一方提出提取或者请求提取的主张之后，储存期限便既已确定，在给予相对人的必要准备时间经过后仓单持有人凭仓单提取仓储物，合同即告终止，若必要准备时间经过而相对人不提取或未做好提取仓储物的准备，则要承担迟延履行的违约责任。

三、未约定储存期限的效果

（一）存货人或仓单持有人得随时提取

仓储合同本质上仍为保管人代为储存保管物的保管合同，仅为仓储物的储存与保管而设，并不会构成对存货人或者仓单持有人的仓储物的所有权的限制，所以储存期限不明时，存货人或仓单持有人基于其对仓储物之所有权，

---

① 林诚二：《民法债编各论》（中），中国人民大学出版社2007年版，第285页。

当然可以随时提取仓储物，这一点自不待言。

（二）保管人得随时请求提取

依照民法的一般原理，当事人双方未约定履行期限或约定不明时，债务人得随时向债权人为给付以消灭债务，而债权人不得以履行期限不明为由拒绝。这一点在仓储合同当中亦然，若无明确的提取时间，仓储物的保管义务将无限长时间存在，这便为保管人设定了过重的负担，超出了仓储合同所涵盖的范畴。因此，本条明确规定在未约定储存期限或约定不明时，保管人可以随时请求存货人或仓单持有人提取仓储物，此为沿袭了合同编总则规定的利益衡量之后的立法选择。

但与仓单持有人凭仓单提取货物不同，保管人对存货人或者仓单持有人提取仓储物的请求，并不会直接导致仓储合同终止，该提取请求仅为一种意思通知，保管人向存货人或仓单持有人作出以仓储合同终止为内容的意思表示并到达后，仓储合同并不终止，而是发生储存期限确定的法律效果：在为存货人或仓单持有人给予的必要准备时间经过后，若存货人或仓单持有人仍不提取仓储物，则构成违约，应当承担迟延履行的违约责任，只有仓单持有人依请求凭仓单提取仓储物时，仓储合同方可终止。

（三）随时的限缩解释

本条所谓“随时”，并不能仅从字面出发而理解为任何时间，没有限制。首先，提取时间应被限缩在合理的日期、时间内，所谓合理应当结合仓储物性质、仓储方式等具体情况加以判断。一般而言，除双方另有约定外，只有在仓储人的工作日、工作时间方才可以随时提取。其次，有学者指出，仓储合同未约定储存期限的，对保管人请求存货人或者仓单持有人提取仓储物的时间应当加以限制，在货物入库时起6个月内，保管人不得请求存货人或仓单持有人提取仓储物，只有储存期满6个月后方可随时向存货人或仓单持有人请求提取仓储物。[①]不加限制地随时终止，会导致仓储合

---

① 参见崔建远主编：《新合同法原理与案例评释》（下册），吉林大学出版社1999年版，第1353页。

同失去稳定性，若随时提取是来自存货人或仓单持有人的主张尚可以接受，但如果是保管人得以不加限制地随时请求存货人或仓单持有人提取仓储物，则对存货人来说会出现今天刚刚交付给保管人入库保管的仓储物，因未约定储存期限，很短时间内，甚至是次日便被保管人请求提取，严重损害了存货人或仓单持有人的利益。上述观点不无道理，但《民法典》并未直接通过立法条文对上述情况加以规定，在适用上，可以考虑以诚实信用原则来对此种情况加以规制，通过认定“今日保管次日即终止”的行为违背诚实信用原则而无效。但保管人在未约定储存期限或约定不明的仓储合同当中，从何时起始有权利随时终止仓储合同？除了时间长短以外，是否要参考其他标准对保管人请求提取行为的公允性作出评价？如果需要，都有哪些因素？这些问题则需要进一步结合具体案件加以判断。

四、随时提取以及随时请求提取的限制

本条最后半句规定“但是应当给予必要的准备时间”，在立法表述上，并不能区分出，必要准备时间的限制是仅针对“保管人可以随时请求存货人或者仓单持有人提取仓储物”场合，抑或是也能适用在“存货人或者仓单持有人可以随时提取仓储物”场合。但是解释上，应当认为是后者，即双方都要留给相对人必要的准备时间。首先，从上位规则的角度，本条乃《民法典》第511条第4项之特别规定，在合同编总则中，本条之上位规则不区分地认为双方均应为相对人留有必要的准备时间，本条亦应如此；其次，从目的解释的角度，设定必要的准备时间乃出于现实的考量，避免因为突然的请求导致相对人并无过错却需要承担迟延履行的违约责任，虽然通常情况下，保管人会将仓储物置于可提取之状态，但并不排除一些情况下，特殊的仓储方法或其他原因导致不能随时提取，此时存货人或者仓单持有人提取仓储物时亦需要留给保管人必要的准备时间，故本句之限制应当适用于保管人和存货人或仓单持有人双方。

举证责任

仓储合同纠纷中，围绕本条的争议主要集中在，未约定储存期限或者约

定不明时，存货人或仓单持有人凭仓单提取货物的主张被拒绝而引发的争议，以及保管人请求存货人或者仓单持有人提取仓储物后，存货人或仓单持有人迟迟不提货而导致的争议。对于第一种争议，存货人或仓单持有人应当就仓储合同已成立并生效，以及未约定储存期限承担举证责任。而在第二种争议当中，保管人首先应当证明其有权请求存货人或仓单持有人提取货物，即应当对仓储合同已成立并生效，以及未约定储存期限承担举证责任；在此基础上，应当对必要的准备时间已经经过以及仓单持有人仍未提取货物承担举证责任。

三 其他问题

根据时间因素是否对合同给付义务的内容及范围发生影响，可以将合同分为两种：一时的合同和继续性合同。[①]所谓继续性合同即“债的内容，非一次给付可完结，而是继续地实现，其基本特色系时间因素在债的履行上居于重要的地位，总给付之内容系于应为给付时间的长度”。[②]仓储合同作为继续性合同的一种，会面临与其一般性条款的体系问题；同样面临许多继续性合同共性的问题，其中，如前文所述，本条所解决的未约定储存期限的提取时间问题，实则为继续性合同之共性问题，不仅在保管合同当中已有规定，且在《民法典》合同编总则亦作出了相同的规定。若将视野开放到整部《民法典》当中，可以发现针对相同问题——不定期的继续性合同是否可以依单方之意思随时终止，在不同的有名合同当中有多处具体的规定，如《民法典》第675条（借款合同）、第730条（租赁合同）、第899条（保管合同）、第933条（委托合同）。在此应当反思的是，以提取公因式的技术建立起来的《民法典》，是否在合同编总则部分已有一般规定的前提下，仍有在各个具体有名合同中单独规定本规则之必要？

① 韩世远：《合同法总论》（第四版），法律出版社2018年版，第86页。

② 转引自王泽鉴：《债法原理》（第一册），中国政法大学出版社2001年版，第132页。

第九百一十五条【储存期限届至仓储物的提取】

储存期限届满，存货人或者仓单持有人应当凭仓单、入库单等提取仓储物。存货人或者仓单持有人逾期提取的，应当加收仓储费；提前提取的，不减收仓储费。

历史由来

1981年《经济合同法》亦对本问题作出过部分规定，其第43条关于仓储合同存货方的责任的第2点存货方的责任中规定，超议定储存量储存或逾期不提时，除交纳保管费外，还应偿付违约金。应当认为，违约金的主张以当事人意思自治在先为前提，不应是法律强制确定的条款，故1999年《合同法》第392条增加了提前提取的规则，还取消了相应的违约金的规定，将逾期提取仓储物的违约金问题交还给当事人自治。

本条的规范内容承袭自《合同法》第392条，相比之下，仅有只字修订。在《民法典》编纂过程中，《民法典合同编（草案）》的数次审议均未对本条作出调整，而在《民法典》中，将第一句中的“储存期间”修改为“储存期限”，增加了“入库单等”，提高了立法用语的精确性、法律规定的精细性。可以认为，本条规定的形成在立法过程中并无争议。

规范目的或功能

本条旨在对存货人或者仓单持有人在储存期限届满时凭仓单、入库单等提取仓储物的义务及相应的仓储费用作出规定，以仓储合同约定了储存期限为适用前提，是关于仓储合同的存货人、仓单持有人提取仓储物的一般规定，与本法第914条的特别规定形成对应。本条的主要规范功能在于规定存货人或仓单持有人按照约定的期限凭仓单、入库单等提取货物的义务，以及对违反约定的储存期限提取仓储物的情况下，仓储费用的增减规定。

从规范类型角度来讲，本条第1句为完全法条，规定了在约定的储存期限届满时，存货人或仓单持有人产生按时凭仓单提取仓储物之义务。而第2句前半句以及第2句后半句，则为不完全法条，具体而言为请求权附属规定，用以明确特殊情况下仓储费的计算规则，以辅助仓储费请求权的行使。本条第2句，确定了仓储费用“多不退少补”规则。依本条规定，储存期限届满时，存货人或仓单持有人有权利凭仓单、入库单等提取仓储物；若期限届满时存货人或仓单持有人未提取仓储物，逾期提取仓储物的，应当加收仓储费；若期限尚未届满，存货人或者仓单持有人提前提取仓储物的，仓储费不予减收。如此的制度安排，是考虑到提前提取会导致仓储场地的闲置，因此不应相应减少仓储费，而且提前提取亦属于存货人或仓单持有人对储存期限预估失误的商业风险，应由其自己承担。

规范内容

一、储存期限的意义

期限系使法律行为效力的发生或消灭，系于将来确定事实之附款。[①]本条所称储存期限，为当事人约定的仓储合同之终期，储存期限届满，法律行为效力终止。固然，是否明确约定储存期限并不影响仓储合同与仓单之成立与生效，但在仓储合同的履行过程当中是重要条款之一，如迟迟不约定或者约定不明确，势必严重影响仓储合同的履行。理由在于，仓储物的提取乃仓储合同履行完毕的标志，是实现其直接目的的方式，故而是仓储合同必备的一项权利，而提取权利的必备要素之一则为提取时间，即言之，若无储存期限之规定，便无仓储合同履行完毕之可能。

二、提取义务之主体

（一）存货人

依照本条之规定，储存期限届满时，负有凭仓单、入库单等提取仓储物义务的主体为：存货人或者仓单持有人。应当注意的是，即便其他条件均满足，此处的存货人也并非始终有权提取仓储物，存货人仅在未将仓单背书转让于他人时，方有权提取仓储物。实际上，提取仓储物的义务主体有且只有

---

① 王泽鉴：《民法总则》，北京大学出版社2009年版，第346页。

仓单持有人，存货人仅作为一种特殊的仓单持有人，即原始取得仓单权利的仓单持有人，[①]负有仓储物提取义务。如前文所述，存货人未将仓单背书转让于他人时，此时构成与仓单持有人的身份竞合。

（二）仓单持有人

本条规定“存货人或者仓单持有人应当凭仓单、入库单等提取仓储物”，将存货人与仓单持有人并列，单独列举存货人，故本条所言的“仓单持有人”并不包括持有原始取得仓单的仓单持有人，即存货人在内，仅指最后一位继受取得仓单以及仓单权利的主体。

三、提取义务的履行

（一）需储存期限已届满

若储存期限尚未届满，存货人或仓单持有人便凭仓单提出提取仓储物之请求，从民法的一般原理来讲，期前请求亦构成一种违约，但因储存期限更多为存货人或仓单持有人利益计算，提前请求可以视为一种期限利益的放弃，故本条第2句规定此种提前请求可以得到支持，但由于期限利益的放弃亦不能损害相对人的利益，故仓储费不予减收，关于此问题将在后文详述。

（二）需凭仓单、入库单等提取

存货人或仓单持有人在储存期限届满后，提取仓储物的，应当出示仓单、入库单等并交还。提取仓储物时，仓单持有人应当出示仓单、入库单等以供保管人进行查验，经查验合格后，保管人交付仓储物于仓单持有人，由于仓单系仓单持有人对仓储物之缴回证券，仓单持有人请求交付物时应将仓单缴回，此为有价证券之原则，以防止同一物品有重复交付之问题，[②]减少矛盾与

---

① 实践中，仓单有可能几经流转又回到存货人手中，这时他是以存货人身份还是以仓单持有人身份提取仓储物呢？这个问题区分并无实意，讨论到这里只是为了强调存货人必须要同时作为仓单持有人才可以提取仓储物。而法条既然将存货人与仓单持有人作出区分，并列于条文之中，就应当至少在构成上有所区别，故本文中所称“存货人”，仅指“原始取得仓单的仓单持有人”，以此解决上述身份问题，同时对用语加以统一。

② 林诚二：《民法债编各论》（中），中国人民大学出版社2007年版，第287页。

冲突。同时因仓单作为不要因证券的属性，保管人仅需对仓单票面是否合法加以审查，即所谓“认单不认人”，这是一种保障仓单流通性的制度设计，以提高商事活动的效率。所谓“认单不认人”，是指只要仓单持有人出示仓单、入库单等，经由保管人形式审查无瑕疵的，即可提取仓储物，而仓单持有人是否为真实权利人在所不问；反之，即便是仓储物的真实权利人，若无法出示仓单亦无权提取仓储物。

故保管人的审查重点亦为仓单本身，且保管人对仓单的审查义务仅以形式审查为限。所谓形式审查，是指只要仓单上的保管人的签名或盖章以及背书是真实的、连续的，保管人就应允许仓单持有人提取仓储物。[①]具体而言，审查的内容根据提货人的身份不同而有所不同，如果是存货人持仓单提取仓储物，保管人则应当对保管人签名盖章的真实性进行审查；而如果是其他仓单持有人凭仓单、入库单等提取仓储物，则除了审查保管人签章以外，还应当审查背书的真实性与连续性。若保管人未尽到形式审查义务，就将仓储物交付于虚假仓单持有人或者交付给未出示仓单的提货人，那么保管人仍向正当的仓单持有人负担返还仓储物的义务。[②]

四、仓储费用增减

未约定仓储期限时，不存在仓储费用增减的情况。依据《民法典》第909条，仓单上应记载储存期限。若当事人未约定储存期限的，依照本法第914条，存货人或仓单持有人可以随时提取仓储物。仓储费用的计算以实际的仓储时间为准即可，不存在数额增减问题。故本条规定仅在约定有储存期限的情况下有适用的空间。

以约定了储存期限为前提，具体而言，依照本条之规定，首先，存货人或仓单持有人负有按约定凭仓单、入库单等提取仓储物之义务。其次，若在储存期限届满时未及时领取仓储物，仓储合同效力终止，在领取仓储物之前，视为双方当事人依照当前市场的收费标准或前仓储合同标准之中较

① 房绍坤、郭明瑞主编：《合同法要义与案例析解：分则》，中国人民大学出版社2001年版，第574页。

② 参见杜万华主编：《合同法精解与案例评析》（下册），法律出版社1999年版，第761页。

高的一个，订立新的不定期的仓储合同。逾期领取仓储物时，除了构成迟延履行，应当对因迟延而给保管人造成损害承担相应的违约责任以外，亦应当根据本条之规定加收仓储费；符合提存条件的，保管人得提存以终止保管义务。最后，在期限届满前，存货人或仓单持有人亦得提取货物，提前提取仓储物并不被视为对仓储合同构成违约，这是因为虽然储存期限尚未届满，但储存期限的期限利益更多为存货人或仓单持有人而设，并且因为持续性合同强调当事人双方的信赖关系，故往往赋予了双方任意终止的权利，所以《合同法》为存货人或仓单持有人规定了提前提取的权利，且不作违约处理，《民法典》承袭该规定。同时，为了实现利益的平衡，保护保管人的信赖利益，以及为了避免因提前提取导致仓位闲置，同时规定了提前提取的不减收仓储费，存货人或仓单持有人得以在牺牲了部分仓储费的前提下，满足了自己的利益需求。[①]

举证责任

仓储合同纠纷的审判实践中，围绕本条的争议主要发生在两个方面，一为仓单的审查标准上。若发生无仓单提货或仓单诈骗的情况，真正权利人往往仍然会凭正当仓单向保管人主张其履行返还仓储物的义务，此时保管人应当对自己已经尽到相应审查义务承担举证责任，以实现抗辩。二为仓储费用的计算上。保管人主张存货人或仓单持有人逾期提取仓储物，请求加收仓储费用的，应当对双方约定的储存期限已届满，存货人或仓单持有人未按期凭仓单、入库单等提取仓储物负举证责任。同时，应当为主张的仓储费用及算法方式负举证责任，主要集中在迟延天数以及当前市价的证明上。

其他问题

迟延履行加收仓储费的计算问题虽未在本条中详细规定，但因市场的

① 房绍坤、郭明瑞主编：《合同法要义与案例析解：分则》，中国人民大学出版社2001年版，第574页。

复杂多样，仓储费的计算标准常常在本条的适用当中产生障碍，常见的情形如下：

一、逾期提货时，仓储费用的计算

依照本条之规定，逾期提取仓储物的，除了应当承担迟延履行的违约责任外，还应当加收仓储费。此部分加收仓储费的计算标准，不能简单依照原有仓储合同设定的标准，否则可能导致仓储费用上涨时，存货人或仓单持有人故意不提取仓储物，事实上形成以低价的方式变相达成保管意图的实现。故计算因逾期而超出部分的仓储费时，原则上应当依照当前的市场价格加以计算，例外时，若当事人约定之仓储费用高于当前市场价格的，则应当依照当事人约定之价格继续计算。这一规则对于存货人或者仓单持有人不利，自有其道理。

二、在储存期限内协议变更仓储费用的溯及力

仓储合同履行过程当中，当事人双方可能会因某种原因，补充协议对仓储费用作出变更，而当提取仓储物时，双方则产生如下争议：究竟是整个储存期限内溯及既往全部的变更抑或是仅在变更之后适用新的仓储费用的规定。对此问题，不应一概而论，绝对地认为此种合同的变更应当不溯及既往，而应当从当事人意思表示的解释入手来加以解决。首先，应当看意思表示本身是否包含对溯及力的约定，或者能否从中解释出溯及力之问题；如果不能，则应当继续探寻意思表示的动机，即修改仓储费用的原因，若是保管人认为仓储价格本身约定过低希望重新调整，则应倾向于解释为溯及既往的合同变更，若是仅因为市场行情发生变化而进行的协议变更，则更倾向于解释为不溯及既往，分段计价。其次，还应当综合合同修改之前双方的履行情况、仓储合同约定的仓储期限、变更时是否对其他事项进行了变更等进行判断。若以上要素均不能得出结论，则应以合同的变更不溯及既往原则兜底，认定仓储费分段计算。

第九百一十六条【保管人的提存权】

储存期限届满，存货人或者仓单持有人不提取仓储物的，保管人可以催告其在合理期限内提取；逾期不提取的，保管人可以提存仓储物。

历史由来

本条并非新增条文，《合同法》第393条对此已经作了规定。《民法典合同编（草案）》（征求意见稿）第472条、《民法典合同编（草案）》（一审稿）第699条、《民法典合同编（草案）》（二审稿）第699条、《民法典（草案）》第916条对此均作出了如下一致规定：储存期间届满，存货人或者仓单持有人不提取仓储物的，保管人可以催告其在合理期限内提取；逾期不提取的，保管人可以提存仓储物。在此基础上，《民法典》第916条稍加修正，表述为：储存期限届满，存货人或者仓单持有人不提取仓储物的，保管人可以催告其在合理期限内提取；逾期不提取的，保管人可以提存仓储物。修正之处为，将“期间”改为“期限”，属于《民法典》用语的统一安排。从《合同法》及《民法典》编纂过程中形成的各版本条文来看，本条并未发生实质性变化，立法者及民法学界对于存货人或仓单持有人逾期不提取仓储物时保管人享有催告及提存的权利均持肯定态度。可以认为，本条规定的形成，在立法过程中是没有争议的。

在《民法典》的起草过程中，几部学者建议稿都对仓储合同中保管人的催告、提存权作出了规定（如由梁慧星教授主持编撰的《中国民法典草案建议稿》第1380条①、于海涌教授主持编撰的《中国民法典草案立法建议》（提交稿）第1523条②），除对条文进行整合外，也并未对《合同法》第393条作出实质性的修改建议，这表明学界对于《民法典》合同编仓储合同中保管人的催告、提存权是有共识的。

---

① 参见梁慧星主编：《中国民法典草案建议稿附理由：合同编》（下册），法律出版社2012年版，第879页。

② 参见于海涌编著：《中国民法典草案立法建议》（提交稿），法律出版社2016年版，第283页。

规范目的或功能

仓储合同约定的储存期限届满，存货人或者仓单持有人应当提取仓储物，这既是存货人或者仓单持有人的权利，也是存货人或者仓单持有人的义务。[①]逾期不提取仓储物会影响到保管人对于仓储空间的利用计划，有悖于诚信原则。若对此行为不加以规制，不仅保管人的合法利益会受到损害，也是在变相鼓励不诚信的交易行为。故为保护保管人的合法利益，维护仓储行业正常稳定的经营秩序，本条规定如储存期限届满，存货人或者仓单持有人未按照约定提取仓储物的，保管人可以确定一个合理的期限，催告存货人或者仓单持有人在此期限内提取仓储物；若逾期仍不提取的，保管人可以将仓储物提存以消灭其与存货人或仓单持有人之间的债权债务关系。通过设置保管人的催告制度，敦促存货人或仓单持有人尽快提取仓储物，也是成本较低的解决争议方法，而保管人提存权的设置又为保管人利益的保护提供了一道防线，避免其一直处于悬而未决的法律状态，反过来也能起到督促存货人或仓单持有人及时履行义务的效果。

规范内容

一、仓储期限届满

仓储合同的当事人可以在合同中对仓储物的储存时间作出约定，仓储合同有约定的，按照仓储合同确定仓储物的储存期限。当事人没有对仓储时间作出约定的，《民法典》第914条规定："当事人对储存期限没有约定或者约定不明确的，存货人或者仓单持有人可以随时提取仓储物，保管人也可以随时请求存货人或者仓单持有人提取仓储物，但是应当给予必要的准备时间。"故仓储合同中没有关于储存时间的约定时，保管人可以随时请求存货人或者仓单持有人提取仓储物，但应给予存货人或者仓单持有人必要的准备时间，以

① 参见全国人民代表大会常务委员会法制工作委员会编：《中华人民共和国合同法释义》，法律出版社1999年版，第613页。

便提取仓储物。必要的准备时间如前所述，应结合仓储合同的目的、仓储物的种类、交易习惯等加以确定。

二、存货人或仓单持有人不提取仓储物

仓储合同是保管人储存存货人交付的仓储物，存货人支付仓储费的合同。保管人为存货人按照仓储合同的约定储存仓储物，存货人或仓单持有人在仓储合同约定的仓储期限届满时提取仓储物。故“存货人或仓单持有人不提取仓储物”是指仓储合同约定的仓储期限届满，或保管人依照《民法典》第914条请求存货人或仓单持有人提取仓储物且确定的必要准备时间届满，存货人或仓单持有人不提取仓储物。

三、保管人的催告

一切合同的当事人都应遵循诚实信用原则，根据合同的性质、目的和交易习惯等履行必要的通知、协助、保密义务，仓储合同亦不例外。仓储物储存期限届满，存货人或仓单持有人应及时提取仓储物，避免影响保管人的仓储计划。在存货人或仓单持有人无正当理由不提取仓储物时，法律赋予保管人以催告的权利。保管人可以催告存货人或仓单持有人在一定的期限内提取仓储物。有关催告的要求如下：

1.催告可以采用口头或书面的形式，只要能够送达对方当事人即可。[①]

2.催告应当向存货人或仓单持有人作出。《民法典》第915条规定：“储存期限届满，存货人或者仓单持有人应当凭仓单、入库单等提取仓储物。存货人或者仓单持有人逾期提取的，应当加收仓储费；提前提取的，不减收仓储费。”《民法典》第910条规定：“仓单是提取仓储物的凭证。存货人或者仓单持有人在仓单上背书并经保管人签名或者盖章的，可以转让提取仓储物的权利。”出于交易便捷性的考量，存货人或仓单持有人可以通过背书的形式转让仓储物，但需经保管人签名或盖章。因此，若仓单的转让经过保管人签名或盖章，保管人当然知晓仓单的持有人，若没有发生仓单转让，则存货人就是仓单持有人。鉴于以上两点原因，保管人有能力且应当向仓单持有人作

① 参见杜万华主编：《合同法精解与案例评析》（下册），法律出版社1999年版，第762页。

出要求其提取储存期限届满的仓储物的催告。当然，若存货人或仓单持有人转让仓储物未经保管人盖章或签名的情形下，保管人难以知晓实际的仓单持有人，不能要求其向实际的仓单持有人催告，保管人可以向存货人发出催告通知。

3.保管人的催告无需表明若存货人或仓单持有人逾期不提取仓储物则保管人将行使提存权，只需达到敦促存货人或仓单持有人提取仓储物的效果即可。催告存货人或仓单持有人提取逾期的仓储物是保管人的权利，保管人可以自主决定是否行使。根据《民法典》第915条的规定，存货人或者仓单持有人逾期提取仓储物的，应当加收仓储费。故保管人也可以不催告对方当事人提取仓储物而加收逾期仓储费。同时，通过提存消灭债权债务关系是当事人的权利，并非保管人的义务，无需对此作出说明。

四、合理期限的确定

保管人催告存货人或仓单持有人限期提取仓储物的，应当确定合理的期限，给予存货人或仓单持有人以必要的准备时间。此处合理期限的确定是一个事实问题，不宜由法律作出统一的规定。应当给予存货人或仓单持有人多长的准备时间，应当结合仓储合同的约定、合同目的、仓储物的性质、交易习惯、履行合同义务的必要手续等多方面因素，秉持诚实信用的原则加以确定。保管人催告后，双方当事人也可以就此进一步协商。此外，根据《民法典》第915条的规定，存货人或者仓单持有人逾期提取仓储物的，应当加收仓储费。故超过仓储合同约定的仓储期保管人可以加收仓储费，该合理期限也属于逾期的范围内，保管人可以加收仓储费。

五、保管人的提存权

（一）提存原因

《民法典》第570条第1款规定：“有下列情形之一，难以履行债务的，债务人可以将标的物提存：（一）债权人无正当理由拒绝受领；（二）债权人下落不明；（三）债权人死亡未确定继承人、遗产管理人，或者丧失民事行为能力未确定监护人；（四）法律规定的其他情形。”保管人在存货人或仓单持有人逾期不提取仓储物时可行使提存权的情形就属于《民法典》第570条第1款第4项所称的“法律规定的其他情形”，具有不同于一般情形下提存的构成要件。[①]当然，若仓储合同的履行发生《民法典》第570条第1款规定的其他情形，保管人也可以依据该条将仓储物进行提存。

（二）提存的方式

《民法典》第570条第2款规定：“标的物不适于提存或者提存费用过高的，债务人依法可以拍卖或者变卖标的物，提存所得的价款。”故对于不适于提存或提存费用过高的仓储物，保管人可以依法拍卖或变卖后将所得价款提存。

（三）提存的法律效果

《民法典》第571条规定：“债务人将标的物或者将标的物依法拍卖、变卖所得价款交付提存部门时，提存成立。提存成立的，视为债务人在其提存范围内已经交付标的物。”《民法典》第557条第1款第3项也规定，债务人依法将标的物提存的，债权债务终止。故提存仓储物后视为保管人已经完成了仓储期限届满后向存货人或仓单持有人交付仓储物的义务。《民法典》第572条规定：“标的物提存后，债务人应当及时通知债权人或者债权人的继承人、遗产管理人、监护人、财产代管人。”故保管人将仓储物提存后应当及时通知存货人或仓单持有人。《民法典》第573条规定：“标的物提存后，毁损、灭失的风险由债权人承担。提存期间，标的物的孳息归债权人所有。提存费用由债权人负担。”故保管人将仓储物提存后，仓储物毁损、灭失的风险就转移至存货人或仓单持有人，提存期间的仓储物的孳息也归存货人或仓单持有人所有，提存费用应该由存货人或仓单持有人负担。同时，《民法典》第574条第1款规定：“债权人可以随时领取提存物。但是，债权人对债务人负有到期债务的，在债权人未履行债务或者提供担保之前，提存部门根据债务人的要求应当拒绝其领取提存物。”故在存货人或仓单持有人未支付仓储

---

① 参见梁慧星主编：《中国民法典草案建议稿附理由：合同编》（下册），法律出版社2012年版，第879页。

费前，保管人可以要求提存部门拒绝其领取仓储物。《民法典》第574条第2款规定："债权人领取提存物的权利，自提存之日起五年内不行使而消灭，提存物扣除提存费用后归国家所有。但是，债权人未履行对债务人的到期债务，或者债权人向提存部门书面表示放弃领取提存物权利的，债务人负担提存费用后有权取回提存物。"此外，依照《民法典》第579条："当事人一方未支付价款、报酬、租金、利息，或者不履行其他金钱债务的，对方可以请求其支付。"保管人将仓储物提存后，如果存货人或者仓单持有人未支付仓储费，保管人可以要求其支付，存货人或者仓单持有人迟延给付的，还可以按照约定要求其给付违约金。没有约定违约金的，可以要求支付迟延给付的利息。

六、催告与提存权的关系

关于保管人的催告与提存权之间的关系，是一个值得讨论的问题。从本条的规定来看，保管人催告存货人或仓单持有人在合理期限内提取仓储物，而存货人或仓单持有人逾期不提取的，保管人行使提存权当无疑问。有疑问的是，保管人能否不进行催告，直接行使提存权，即提存权的行使是否以催告为前提？对这一问题，有以下两种观点。第一种观点认为，提存权行使并不以催告权的行使为前提，即保管人无须催告就可行使提存权。其理由主要有以下几点：其一，法律明确规定只要债权人无正当理由拒绝受领的，致使债务人难以履行的，债务人就可以提存标的物；其二，本条规定的是"可以"催告，而不是"应当"催告，也即保管人是否向存货人或仓单持有人催告是其权利；其三，立法例上一般只规定保管人拍卖权的行使应经催告程序，而保管人提存权的行使，不以催告为前提。[①]第二种观点认为，保管人只有在催告后才可以行使提存权，催告是保管人行使提存权的必经程序，法律规定保管人的催告、提存权是出于保管人利益的考量，如果不对提存权加以限制，会给存货人或仓单持有人造成一定的不利影

① 参见房绍坤、郭明瑞主编：《合同法要义与案例析解：分则》，中国人民大学出版社2001年版，第578页。

响。[①]以上两种观点都有一定的道理，从法条文义上看，本条规定“逾期不提取的，保管人可以提存仓储物”，“逾期”应当结合前述“保管人可以催告其在合理期限内提取”理解为超过保管人在催告通知中确定的提取仓储物的合理期限。保管人先进行催告，催告后仍不提取仓储物的，再将仓储物提存也是成本更为低廉的做法。此种做法也不会损害保管人的利益，保管人可以依据《民法典》第915条的规定加收仓储费。据此，本条不同于通则部分关于提存的一般规定，属于特别规定，保管人提存权的行使应以催告为前提。

七、逾期仓储费及违约责任

根据《民法典》第915条规定：“储存期限届满，存货人或者仓单持有人应当凭仓单、入库单等提取仓储物。存货人或者仓单持有人逾期提取的，应当加收仓储费；提前提取的，不减收仓储费。”对于超出仓储合同规定保管期，保管人可以要求加收仓储费。此外，存货人或仓单持有人逾期提取仓储物的行为违反合同约定，根据《民法典》第577条规定：“当事人一方不履行合同义务或者履行合同义务不符合约定的，应当承担继续履行、采取补救措施或者赔偿损失等违约责任。”对因存货人或仓单持有人违反仓储合同约定逾期不提取仓储物给保管人造成损失的，保管人可以要求其赔偿损失。

三 举证责任

保管人行使提存权，需提供证据证明存货人或仓单持有人逾期未提取仓储物。保管人主张因存货人或仓单持有人逾期未提取仓储物给其造成损害的，应当就其损害、存货人或仓单持有人的违约行为与损害之间的因果关系提供证据证明。对于存货人或仓单持有人而言，为减轻或免除其民事责任，需要

---

① 参见房绍坤、郭明瑞主编：《合同法要义与案例析解：分则》，中国人民大学出版社2001年版，第578页；参见杜万华主编：《合同法精解与案例评析》（下册），法律出版社1999年版，第762页；参见全国人民代表大会常务委员会法制工作委员会编：《中华人民共和国合同法释义》，法律出版社1999年版，第613页。

就其未实施违约行为、未对保管人造成损害、损害与其行为之间不具有因果关系以及其他免责或减责事由提供证据证明。

三 其他问题

关于存货人或仓单持有人经保管人催告在合理期限内仍不提取仓储物的，保管人应如何处理？对此，域外法主要有两种立法例，一是规定保管人可以拍卖仓储物，二是规定保管人可以将仓储物提存或出售。从本条规定来看，我国法似乎不同于上述两种立法例，只是赋予保管人对仓储物以提存权，而无拍卖权。但又依据《民法典》第570条第2款规定："标的物不适于提存或者提存费用过高的，债务人依法可以拍卖或者变卖标的物，提存所得的价款。"由此可以推论出，在仓储物不适于提存或提存费用过高时保管人对仓储物也有拍卖权、变卖权。当然，保管人行使拍卖权、变卖权，是为了行使提存权。[①]

应当说，上述两种立法例都是为保护保管人的利益而设置的，各有利弊。保管人享有拍卖权的规定，优点是能使保管人的利益得到充分保护，且节省费用，减少周折，是一种成本低、直接高效的办法。缺点是仓储物一经拍卖，存货人或仓单持有人便难以再保有对仓储物的所有权，损害其利益；保管人享有提存权或出售权的规定则赋予了保管人更多的权利，使得保管人在存货人或仓单持有人逾期提货时，享有提存权，经催告后享有拍卖权。这种规定既考虑到了保管人的利益，又照顾到了存货人或仓单持有人的利益。我国《民法典》规定保管人享有提存权，优点在于既维护了保管人的利益，又不损害存货人或仓单持有人对仓储物的所有权，同时对于不适于提存或提存费用过高的仓储物，保管人可以依照提存的有关规定对仓储物由于拍卖、变卖，也达到了兼顾保管人和存货人或仓单持有人利益的效果。

---

① 参见房绍坤、郭明瑞主编：《合同法要义与案例析解：分则》，中国人民大学出版社2001年版，第577页。

第九百一十七条【保管人的违约责任】

储存期内，因保管不善造成仓储物毁损、灭失的，保管人应当承担赔偿责任。因仓储物本身的自然性质、包装不符合约定或者超过有效储存期造成仓储物变质、损坏的，保管人不承担赔偿责任。

历史由来

本条并非新增条文，《合同法》第394条对此已作了规定。《民法典合同编（草案）》（征求意见稿）第473条、《民法典合同编（草案）》（一审稿）第700条、《民法典合同编（草案）》（二审稿）第700条对此均作出了如下一致规定：储存期间，因保管人保管不善造成仓储物毁损、灭失的，保管人应当承担损害赔偿责任。因仓储物的性质、包装不符合约定或者超过有效储存期造成仓储物变质、损坏的，保管人不承担损害赔偿责任。以上草案未对《合同法》第394条作出修改。在此基础上，《民法典（草案）》第917条稍加修正之处是将"损害赔偿责任"改为"赔偿责任"。相较于《合同法》第394条的规定，本条并未将保管人的违约责任分为两款，而是合并在一条中加以规定，最终表述如上，修正之处包括：将"储存期间"修正为"储存期内"，将"因仓储物的性质"修正为"因仓储物本身的自然性质"，语言更臻精准。以上修正，并没有带来实质上的规范语义变化，这表明立法者及学界对于保管人违约责任的规定持肯定态度。可以认为，本条规定的形成，在立法过程中没有太大争议。

在《民法典》的起草过程中，学者建议稿对仓储合同中保管人的违约责任作出了规定，[①]但并未对《合同法》第394条作出实质性的修改建议。有学者认为，《合同法》第394条第1款没有明确保管不善的标准，因此其在建议稿中明确了注意标准，表述为"储存期间，因保管人未尽善良管理人的注意

---

① 参见梁慧星主编：《中国民法典草案建议稿附理由：合同编》（下册），法律出版社2012年版，第881页。

致使仓储物毁损、灭失的，保管人应当承担赔偿责任”。[①]这是更加精细化立法的一种尝试，但也表明学界对于《民法典》合同编仓储合同中保管人的违约责任的基本面是有共识的。

三 规范目的或功能

本条是关于仓储合同保管人违约赔偿责任及免责的规定。在储存期内保管人应对仓储物尽善良管理人的注意义务，根据“责权利相一致”的原则，仓储合同的保管人未按照合同约定及法律规定尽到善良保管人的注意义务，造成仓储物毁损、灭失的，是违反保管义务的行为，对其行为应当科以法律责任，以保障存货人或仓单持有人的合法权益，故存货人或仓单持有人有权向保管人主张损害赔偿。这一赔偿责任，可能还涉及违约责任与侵权责任的竞合（关于此责任竞合，参见后文“其他问题”的讲述，此处专讲违约责任）。当然，对于不属于保管人未尽到善管义务造成的损失，如因仓储物本身的自然性质、包装不符合约定或者超过有效储存期造成仓储物变质、损坏的，属于存货人的责任，保管人不承担赔偿责任，存货人也无权向保管人主张损害赔偿，即并不是所有发生在储存期内的仓储物的毁损、灭失都归责于保管人。本条是一个完全法条，规定了构成要件和法律效果两个部分，其构成要件为“储存期内，因保管不善造成仓储物毁损、灭失”，其法律效果为“应当承担赔偿责任”；同时还规定了保管人的免责事由，“因仓储物本身的自然性质、包装不符合约定或者超过有效储存期造成仓储物变质、损坏的，保管人不承担赔偿责任”。

依约依法履行保管义务与违反义务承担法律责任形成了规范的闭环，对仓储合同的履行及因保管人未尽妥善保管义务造成存货人或仓单持有人损失给予救济都起到不可或缺的保障作用。免责事由的明确，避免了对保管人科以过重的负担，也预防了仓储合同当事人在损害发生后对是否是由于违约行为造成的后果产生争论，减少了争议发生后的处理成本，也为当事人订立合同及法院裁判提供了规范指引。

---

① 参见梁慧星主编：《中国民法典草案建议稿附理由：合同编》（下册），法律出版社2012年版，第881页。

规范内容

一、在存储期限内

当事人可以在仓储合同中对仓储物的储存期限作出约定，有约定的从约定，没有约定的，适用《民法典》第914条规定，当事人对储存期限没有约定或者约定不明确的，存货人或者仓单持有人可以随时提取仓储物，保管人也可以随时请求存货人或者仓单持有人提取仓储物，但是应当给予必要的准备时间。至于必要的准备时间，如前第916条评注所述，应结合仓储合同的目的、仓储物的种类、交易习惯等加以确定。存货人或仓单持有人逾期不提取仓储物的，适用《民法典》第915条规定，保管人可以加收逾期的仓储费用。综合上述规定，关于存储期限分为两种情况讨论：（1）仓储合同约定了存储期限的，依照约定，但对于逾期存货人或仓单持有人不提取仓储物的期间，因仓储物仍处于保管人控制之下，保管人可对此段时间加收仓储费，故仍应尽到善良保管人的注意义务，逾期时间也应计入存储时间。对于存货人或仓单持有人提前提取仓储物的，因仓储物转移后，仓储物并不处于保管人控制之下，保管人对此不承担保管义务，此时储存时间应按照实际的保管时间确定。（2）仓储合同没有约定存储期限的，存货人或仓单持有人可以随时提取仓储物，保管人也可以随时请求对方提取仓储物，至少需要给予必要的准备时间，义务的履行应以可能为前提，故此时仓储时间的确定应为仓储物实际处于保管人控制之下的期间，即本条中的存储时间以仓储物实际处于保管人控制之下为准。

二、保管人保管不善

储存期限内，保管人负有妥善保管仓储物的义务。关于“妥善保管”或“保管不善”的判断标准，本条延续了《合同法》第394条的规定，并未加以明确，有学者在民法典“立法建议稿”中提出应明确保管人保管义务判断标准，即保管人要尽善良管理人的注意义务，未尽善良管理人的注意义务致使仓储物毁损、灭失的，保管人应当承担赔偿责任。对于这一标准，学界具有共识性。

（一）善良管理人的注意义务

民法上的注意义务源于对过错的判定，在古典侵权法时代，过失的判定主要采用主观标准，即通过判定行为人主观心理状态来确定其有无过错，过错责任原则是那时侵权法的基本的归责原则。[①]随着侵权法的现代化，主观过失理论因为难以对每个具体的人的预见能力进行判断而导致归责困难。而客观过失理论把过失界定为一种对法定或者约定的注意义务的违反，区别于主观过失理论将其界定为一种主观心理状态。20世纪以降，侵权法的重大变化是归责原则由主观过失向客观过失的转化，行为人承担侵权责任的标准由主观心理状态的认定转向客观注意义务的违反。实际上，客观过失说早在罗马法中就已形成萌芽。罗马法曾以“善良家父”行为作为判定行为人有无过失的标准。在大多数大陆法系国家中，过错是指未能像一个善良家父，即一个细心的、谨慎的、顾及他人的人在同样的外部情况下行为。[②]罗马法上所确定的善良家父的标准对现代大陆法系有较大的影响。大陆法系的现代民法几乎完全继受了罗马法依据利益原则设立的过失判断制度，并把“善良家父的勤谨注意”作为确定当事人有无过失的客观判断标准。“善良家父的勤谨注意”在《德国民法典》上被称为“交易上的必要注意”。在法国法学家看来，“善良家父”的行为是社会对个人提出的行为要求，也是人们能够或应当达到的行为标准，所以应采用“善良家父”的行为标准来认定过错，在《法国民法典》上被称作“善良管理人”“善良管理人的注意”。《意大利民法典》对罗马法上“善良家父的勤谨注意”吸收得最为彻底，将其作为归责原则，并依此在涉及家庭、继承、物权、债权、劳动、公司领域等17种不同的法律关系中先后引用了“善良家父的勤谨注意”这一标准。[③]

大陆法系民法一般将过失责任分为三类：一是显然欠缺一般人应有的注

① 参见王利明：《侵权行为法研究》（上卷），中国人民大学出版社2004年版，第224—232页。

② 参见屈茂辉：《论民法上的注意义务》，载《北方法学》2007年第1期。

③ 参见陈志红：《罗马法“善良家父的勤谨注意”研究》，载《西南民族大学学报》（人文社会科学版）2005年第8期。

意，须负重大过失责任；二是显然欠缺应与处理自己事务为同一的注意，须负具体的轻过失责任；三是显然欠缺善良管理人的注意，须负抽象的轻过失责任。这三种责任，以重大过失责任为轻，以抽象的轻过失责任为重。一般认为，善良管理人的注意，是比“处理自己事务为同一的注意”更高的注意。[①]此外，须负有善良管理人的注意义务还是与处理自己事务同一的注意义务，还与债务人是否受有报酬或利益相关，如果债务人从中获益，则应负较高的注意义务，反之，应从轻酌定其注意义务或过失责任。[②]仓储合同是保管人储存存货人交付的仓储物、存货人支付仓储费的合同，属于有偿合同，保管从中获益就应负更高的注意义务。

（二）仓储合同中善良管理人义务的类型

1.仓储合同约定的义务。根据意思自治的原则，仓储合同的当事人可以在仓储合同中自由约定仓储物的保管方式和保管条件，保管人应当按照约定的保管方式、保管条件进行保管。大多数情况下，双方约定的保管方式、条件是存货人根据货物的性质、状况、存储目的、存储时间等因素提出的，正常情况下是符合双方利益要求且经双方认可的。故只要双方约定的，保管人就应当依约保管，否则造成仓储物毁损、灭失的，应当承担赔偿责任。

2.法律规定的义务。如《民法典》第906条第3款规定，保管人储存易燃、易爆、有毒、有腐蚀性、有放射性等危险物品的，应当具备相应的保管条件。这是法律对特殊仓储物提出的保管条件，保管应当具备相应的保管资质才能从事此类仓储业务。除了本法对特殊的仓储物如易燃、易爆、有毒、有腐蚀性、有放射性等危险物品作出规定以外，其他法律、行政法规、地方性法规、部门规章等规范性法律文件对某些特殊仓储物的保管条件或对保管人的准入资质作出规定的，保管人也应当具备。比如《民法典》第912条规定，保管

---

① 参见张敏：《信托受托人的谨慎投资义务研究》，中国法制出版社2011年版，第97页。

② 《日本民法典》第929条规定，有偿的委托合同，因受托人的过错造成委托人损失的，委托人可以请求赔偿损失。无偿的委托合同，因受托人的故意或者重大过失造成委托人损失的，委托人可以请求赔偿损失。

人发现入库仓储物有变质或者其他损坏的，应当及时通知存货人或者仓单持有人。如保管人发现入库的仓储物发生变质或其他损坏而没有及时通知存货人或者仓单持有人的，造成损失扩大的部分应由其承担责任。又如《民法典》第913条规定，保管人发现入库仓储物有变质或者其他损坏，危及其他仓储物的安全和正常保管的，应当催告存货人或者仓单持有人作出必要的处置。因情况紧急，保管人可以作出必要的处置；但是，事后应当将该情况及时通知存货人或者仓单持有人。如保管人发现入库的仓储物发生变质或其他损坏危及其他仓储物的安全和正常保管而未及时催告存货人或仓单持有人作出必要处置，致使其他仓储物毁损、灭失的，应当自负其责；对于因保管人没有及时采取措施所造成的扩大的损失，也由其承担赔偿责任。除了本法之外，其他法律、法规对保管人注意义务作出规定的，保管人也应遵守，违反相关注意义务也须承担赔偿责任。

3.国家、地区、行业标准对保管人注意义务的规定。就保管人的注意义务，除当事人合同、法律法规的规定外，还有国家、地区、行业制定的标准。如在国家对特殊保管物品的存储操作制定了专门标准时，应当按照专门标准履行保管义务。当事人合同具有不完全性，法律法规也具有不完全性，国家、地区标准相较于法律法规提供了更为细致的操作标准与流程，而行业标准又具有灵活性的特点，从某种程度上来说，行业标准是行业共同体在一段时间内形成的共识，更能反映出市场的需求及行业的前沿认知。因此，这些标准若对保管人的注意义务也作出了规定或对仓储物的保管方式、流程等细节作出了提示，保管人也应予以遵守或者负担在同一情境下的相当注意义务。在判断保管人是否尽到善管义务时，应对此予以注意也是毋庸讳言的。

4.其他依诚信原则产生的义务。注意义务的产生依据包括制定法、技术性规范、习惯、常理、合同约定、委托等先行行为，但该义务的产生从根本上来说乃源于人是社会的存在，不能脱离社会而行为，其权利享有与义务承担构成相辅相成的关系，根源于诚实信用原则。[①]当事人所签订的合同难以应对纷繁复杂的交易过程及瞬息万变的社会现实，法律法规的规定不能穷尽一

① 参见屈茂辉：《论民法上的注意义务》，载《北方法学》2007年第1期。

切，故保管人除应当按照法定和约定的保管方式、条件进行保管外，还应当尽到诚实信用原则所要求的善良管理人应尽的责任。又因为保管人的保管行为是有偿的，所以保管仓储物应当比保管自己的货物给予更多的注意。保管人应当经常对储存设施和储存设备进行维修和保养，还应当经常对仓储物进行巡视和检查，注意防火防盗。此外，为了存货人的利益，保管人在符合约定的保管方式、保管条件下，发现仓储物变质、损坏，或者有变质、损坏的危险时，应及时通知存货人或者仓单持有人，这其中包括对临近失效期的仓储物，也及时通知存货人或者仓单持有人作出处置。这是诚实信用原则的要求。[①]

三、仓储物毁损、灭失

仓储物毁损、灭失须是因保管人未尽到注意义务造成的，仓储物存储过程中的自然损耗不属于毁损、灭失的范围，在计算因保管不善造成的损失时，对自然损耗应予以扣除。仓储物自然损耗的确定，当事人事先有合同约定的从约定，没有约定的，应当根据法律法规的规定或依据诚实信用原则，结合仓储物的种类、存储时间、存储环境等多方面因素加以确定。

四、仓储物毁损、灭失与保管人未尽保管义务之间具有因果关系

仓储物的毁损、灭失须与保管人未尽保管义务之间具有因果关系，因果关系的判断采用相当因果关系说，首先，应判断损害与保管人未尽保管义务之间是否具有条件关系；其次，肯定条件关系的存在后，进一步认定阐释因果关系的相当性；最后，探究相当因果关系与法规目的论的适用关系。条件关系是自然科学事实因果性，相当性及法规目的论是法律评价的规范因果性，构成损害归责的判断基准。[②]如前述仓储物的自然损耗与行为人未尽保管义务之间就不存在因果关系。

---

① 参见全国人民代表大会常务委员会法制工作委员会编:《中华人民共和国合同法释义》，法律出版社1999年版，第613—614页。

② 参见王泽鉴:《损害赔偿》，北京大学出版社2017年版，第97页。

五、免责事由

本条规定“因仓储物本身的自然性质、包装不符合约定或者超过有效储存期造成仓储物变质、损坏的，保管人不承担赔偿责任”。此系关于保管人免责事由的规定，本质上是因为仓储物自身的自然性质或包装不是由保管人决定的。仓储物自身的自然性质或包装标准有国家标准或专业标准的，按国家标准或专业标准规定执行；没有国家标准或专业标准的，由当事人约定其标准。自然性质或包装不符合约定，其过错在存货人，因此致仓储物毁损、灭失的，应由存货人负责，而应免除保管人的责任。①但是，如在仓储保管过程中因保管或操作不当而使仓储物包装毁损并因此造成损失的，保管人应承担赔偿责任。因仓储物超过有效储存期造成仓储物变质或损坏的，保管人不承担赔偿责任，损失由存货人承担。在商品流通中，有些商品因其自身性质不能长期存放，如药品、化学试剂、食品等，一般在制造时都注明了有效使用期限，有效仓储期限不能超过有效使用期限。仓储物超过有效存储期后，其自然性质不可避免地会发生变质、损坏现象，对此保管人不承担责任。②

《民法典》第180条第1款规定：“因不可抗力不能履行民事义务的，不承担民事责任。法律另有规定的，依照其规定。”《民法典》第590条第1款规定：“当事人一方因不可抗力不能履行合同的，根据不可抗力的影响，部分或者全部免除责任，但是法律另有规定的除外。因不可抗力不能履行合同的，应当及时通知对方，以减轻可能给对方造成的损失，并应当在合理期限内提供证明。”仓储合同的保管人适用过错责任，上述不可抗力的免责规定自然适用于保管人。

六、归责原则

损害发生后，必定有人承担，如该损害不由受害人自己承担，就会面临

---

① 参见韩光明、陈国刚主编：《保管合同与仓储合同实务操作指南》，中国人民公安大学出版社2000年版，第204—205页。

② 参见韩光明、陈国刚主编：《保管合同与仓储合同实务操作指南》，中国人民公安大学出版社2000年版，第204—205页。

由他人承担的问题，而此时法律要求某人对该损害进行赔偿，便是将损害归于某人承担，此即归责。但确定是否应该承担责任事关重大，法律一定要基于一定的理由，此理由即归责事由。一般认为，《合同法》第107条规定了违约责任的基本规则，也即无过错责任，或曰严格责任原则，[①]具体表述是“当事人一方不履行合同义务或者履行合同义务不符合约定的，应当承担继续履行、采取补救措施或者赔偿损失等违约责任”。但在“分则”部分又特别规定了部分类型合同采用过错责任，如过错、不善（《合同法》第303条第1款、第320条、第374条前段、第394条、第406条第1款前段）、故意或重大过失（第189条、第374条后段、第406条第1款后段），涉及赠与合同、保管合同、仓储合同、客运合同、委托合同等，适用有过错、有责任的规则，也即学说称为的“过错责任主义”。[②]《民法典》第577条承继了《合同法》第107条的表述，规定无过错责任原则，但《合同法》采纳无过错责任并不是绝对的，除了部分类型合同的违约责任继续采过错责任外，过错责任还体现在《合同法》中的其他领域，如缔约过失责任制度适用过错责任原则；在确定违约方的赔偿范围时，违约责任要受到合理预见规则、减轻损失规则等制度的限制，而这些制度均体现了过错责任的精神。对于《合同法》的规定，有学者将“分则”涉及过错的条款归纳为两大类：（1）因一方过错造成对方损害的，应承担损害赔偿责任。这种情形，又可分为两类：①因故意或重大过失造成对方损害的，违约方才承担损害赔偿责任。此类情形主要体现在赠与合同、无偿保管合同、无偿委托合同等无偿合同中。②对因过错造成对方损害的，违约方应承担损害赔偿责任。这种情形主要体现在运输合同中。（2）因对方过错造成的损失，违约方可不承担责任。这种情形主要体现在《合同法》第302条、第311条和第425条等条文中。[③]

本条延续《合同法》第394条规定的过错责任，规定“因保管人保管不善造成仓储物毁损、灭失的”，才承担赔偿责任，且本条又规定“因仓储物本身

---

① 参见梁慧星：《从过错责任到严格责任》，载梁慧星主编：《民商法论丛·第八卷》，法律出版社1997年版，第1—7页。

② 参见韩世远：《合同法总论》（第四版），法律出版社2018年版，第770页。

③ 参见刘有东主编：《合同法精要与依据指引》，人民出版社2005年版，第155—156页。

的自然性质、包装不符合约定或者超过有效储存期造成仓储物变质、损坏的，保管人不承担赔偿责任”，此系保管人不承担责任的情形。换言之，只有在保管人主观上未尽到善良管理人的注意义务时，才应对仓储物的毁损、灭失负责。仓储物因自然原因或者是不可抗力发生的损失属于风险损失，不由保管人承担，保管人并不因此负违约责任。结合前述关于保管人善良管理义务的分析，可知仓储合同中保管人的违约责任适用的是过错责任。

七、保管人违约责任的承担形式

《民法典》第577条规定：“当事人一方不履行合同义务或者履行合同义务不符合约定的，应当承担继续履行、采取补救措施或者赔偿损失等违约责任。”由此可知，除当事人约定的违约责任形式外，法定的违约责任形式至少包括继续履行、采取补救措施和赔偿损失三种。本条规定由于保管人保管不善造成仓储物毁损、灭失的，存货人或仓单持有人可以要求保管人承担赔偿责任，但这并不意味着存货人或仓单持有人只能要求保管人承担赔偿责任。

1.继续履行。保管人因未尽到善良管理人的注意义务，如未按照约定给仓储物提供合适的储存温度，致使仓储物毁损、灭失的，存货人或仓单持有人除要求保管人赔偿已经形成的损失外，也可要求保管人继续履行保管义务，为仓储物提供合适的存储条件。当然，继续履行合同也是有条件的，如果存货人或仓单持有人不要求继续履行或保管人欠缺保管能力，可援用《民法典》第563条第1款第4项的规定“……当事人一方迟延履行债务或者有其他违约行为致使不能实现合同目的”，主张解除合同。对于仓储物已经毁损、灭失的，保管人只能通过赔偿损失的方式承担违约责任。仓储物是特定物的，一经毁损、灭失，无法返还原物。

2.采取补救措施。《民法典》第582条规定：“履行不符合约定的，应当按照当事人的约定承担违约责任。对违约责任没有约定或者约定不明确，依据本法第五百一十条的规定仍不能确定的，受损害方根据标的的性质以及损失的大小，可以合理选择请求对方承担修理、重作、更换、退货、减少价款或者报酬等违约责任。”存货人或仓单持有人也可以通过要求保管人承担修理、减少仓储费等方式承担违约责任。

3.赔偿损失。《民法典》第584条规定：“当事人一方不履行合同义务或者履行合同义务不符合约定，造成对方损失的，损失赔偿额应当相当于因违约所造成的损失，包括合同履行后可以获得的利益；但是，不得超过违约一方订立合同时预见到或者应当预见到的因违约可能造成的损失。”这是关于损失赔偿范围及其限制的规定，保管人因保管不善承担的违约责任要符合“完全赔偿规则”“可预见规则”的规定。

4. 支付违约金。《民法典》第585条第1款规定：“当事人可以约定一方违约时应当根据违约情况向对方支付一定数额的违约金，也可以约定因违约产生的损失赔偿额的计算方法。”若当事人在仓储合同中有约定违约金或违约金计算方法的，存货人可以要求保管人支付违约金或按照合同约定计算违约金，违约金过高的，保管人可以要求予以适当减少。保管人支付的违约金不足以弥补存货人所受损失的，存货人还可以要求保管人赔偿损失。

举证责任

存货人或仓单持有人主张保管人保管不善造成仓储物毁损、灭失的，应当就保管人违反了善良管理人的注意义务、所受损失与保管人保管不善之间的因果关系提供证据证明。对于保管人而言，为减轻或免除其责任，需要围绕其已经尽到善良管理人的注意义务、其行为与损失之间不具有因果关系等提供证据（反证责任）证明。如果保管人主张不可抗力等免责事由的，应当就此提供证据证明。

其他问题

仓储合同中，因保管人保管不善，未尽到善良管理人的注意义务，致使仓储物毁损、灭失的，存货人或仓单持有人还可以主张其承担侵权责任，从而构成违约责任与侵权责任的竞合。根据《民法典》第186条规定：“因当事人一方的违约行为，损害对方人身权益、财产权益的，受损害方有权选择请求其承担违约责任或者侵权责任。”有关侵权责任的构成要件及举证责任，请参照《民法典》侵权编的相关规定。

第九百一十八条【仓储合同适用保管合同的规定】

本章没有规定的，适用保管合同的有关规定。

历史由来

本条并非新增条文，《合同法》第395条对此已经作了规定。《民法典合同编（草案）》（征求意见稿）第474条、《民法典合同编（草案）》（一审稿）第701条、《民法典合同编（草案）》（二审稿）第701条、《民法典（草案）》第918条对此均作出了如下一致规定：本章没有规定的，适用保管合同的有关规定。从《合同法》及《民法典》编纂过程中形成的各版本条文来看，本条未有变化，立法者及学界对于仓储合同在法律没有规定时适用保管合同的有关规定均持肯定态度。可以认为，本条规定的形成，在立法过程中是没有争议的。

在《民法典》的起草过程中，几部学者建议稿都对合同编仓储合同一章没有规定时应如何适用法律作出了规定，如梁慧星教授主持编撰的《中国民法典草案建议稿》第1382条、[①]于海涌教授主持编撰的《中国民法典草案立法建议》（提交稿）第1525条，[②]均未对《合同法》第395条作出实质性的修改建议，这表明学界对于《民法典》合同编仓储合同在法律没有规定时适用保管合同的有关规定是有共识的。

规范目的或功能

本条规定，合同编仓储合同一章没有规定的事项适用保管合同的有关规定。本条是不完全法条，从立法技术上看，是对仓储合同的法律适用作了兜底性的规定，起到了指引法院裁判和当事人行为的作用。同时，对于仓储合同与保管合同具有共性的地方不再重复规定，体现了精练、体系化的立法技

---

① 参见梁慧星主编：《中国民法典草案建议稿附理由：合同编》（下册），法律出版社2012年版，第879页。

② 参见于海涌编著：《中国民法典草案立法建议》（提交稿），法律出版社2016年版，第283页。

术与立法思想。这样的立法技术是建立在保管合同和仓储合同具有相同本质特征的法理基础之上的。尽管仓储合同与保管合同存在重要区别，例如，保管合同是实践合同，而仓储合同是诺成合同，保管合同是否有偿由当事人约定，而仓储合同均为有偿契约等，但这不妨碍两类合同的本质是一样的，即都是为他人保管物品，故对于仓储合同法律未加规定的事项，完全可以适用保管合同的有关规定。[①]一般认为，保管合同是民事合同，仓储合同是商事合同，《民法典》关于仓储合同在法律没有规定时适用保管合同的规定，体现了一般法与特别法的关系，也是《民法典》奉行民商合一的具体体现。[②]

规范内容

一、保管合同与仓储合同的关系

《民法典》第888条第1款规定："保管合同是保管人保管寄存人交付的保管物，并返还该物的合同。"第904条规定："仓储合同是保管人储存存货人交付的仓储物，存货人支付仓储费的合同。"仓储合同在本质上可视为是一种特殊类型的保管合同，从其产生和发展的历史来看，它也是因为经营规则中的个性成分越来越多才逐渐从一般保管合同中分离出来。[③]

（一）保管合同与仓储合同的区别

1.保管合同是要物合同，仓储合同是诺成合同。《民法典》第890条规定："保管合同自保管物交付时成立，但是当事人另有约定的除外。"《民法典》第905条规定："仓储合同自保管人和存货人意思表示一致时成立。"《民法典》第502条第1款规定："依法成立的合同，自成立时生效，但是法律另有规定或者当事人另有约定的除外。"故仓储合同自保管人和存货人意思表示一致时

---

① 参见刘有东主编：《合同法精要与依据指引》，人民出版社2005年版，第539页。

② 参见李建伟：《我国民法典合同法编分则的重大立法问题研究》，载《政治与法律》2017年第7期。

③ 参见韩光明、陈国刚主编：《保管合同与仓储合同实务操作指南》，中国人民公安大学出版社2000年版，第246页。

成立且生效，保管合同自寄存人向保管人交付保管物时生效。

2. 保管合同既可以是无偿、非要式的合同，也可以是有偿、要式的合同，而仓储合同只能是有偿、诺成合同，且实务中多为要式合同。《民法典》第889条规定："寄存人应当按照约定向保管人支付保管费。当事人对保管费没有约定或者约定不明确，依据本法第五百一十条的规定仍不能确定的，视为无偿保管。"《民法典》第904条规定："仓储合同是保管人储存存货人交付的仓储物，存货人支付仓储费的合同。"据此，保管合同既可以是有偿的也可以是无偿的，而仓储合同是有偿合同。

3. 保管人的注意义务不同。有偿与否决定了保管人的注意义务的不同。如前述第917条评注中已经提及，须负有善良管理人的注意义务还是与处理自己事务同一的注意义务，与债务人是否受有报酬或利益相关，如债务人从中获益，则应负较高的注意义务，反之则应从轻酌定其注意义务或过失责任。[①]《民法典》第929条对保管合同的保管人的注意义务作区分性规定，有偿的委托合同，因受托人的过错造成委托人损失的，委托人可以请求赔偿损失。无偿的委托合同，因受托人的故意或者重大过失造成委托人损失的，委托人可以请求赔偿损失。但是，第917条规定仓储合同的保管人都负有因"保管不善"的违约赔偿责任。

4. 仓储合同的保管人必须具有从事仓储保管业务的经营资质，而保管合同一般不对保管人的资质作出要求。仓储合同的保管人从事仓储业务应当具备一定的营业资质，且为商事主体，并具备从事仓储业务的物理条件，也即拥有对外经营的仓库或者场地能够存储仓储物，除此之外，仓储条件还可以指拥有冷藏、通风、防腐、防扩散等仓储设备。《民法典》第906条第3款规定："保管人储存易燃、易爆、有毒、有腐蚀性、有放射性等危险物品的，应当具备相应的保管条件。"除此以外，其他法律、法规、规章等规范性法律文件对从事仓储业务的保管人应当具备的仓储条件作出规定的，保管人也应当遵守。保管合同的保管人一般不被要求具备商事主体身份，虽然应具备一定的保管

---

① 《民法典》第929条第1款规定，有偿的委托合同，因受托人的过错造成委托人损失的，委托人可以请求赔偿损失。无偿的委托合同，因受托人的故意或者重大过失造成委托人损失的，委托人可以请求赔偿损失。

条件，否则可能构成违约，但相较之下，无法与仓储合同的保管人应当具备的仓储条件相提并论。

5.保管合同的保管期限具有随意性，仓储合同的保管期限严格且保护仓期利益。《民法典》第899条规定："寄存人可以随时领取保管物。当事人对保管期限没有约定或者约定不明确的，保管人可以随时请求寄存人领取保管物；约定保管期限的，保管人无特别事由，不得请求寄存人提前领取保管物。"据此，寄存人得随时终止保管合同，如无保管期限的约定，保管人也得随时终止合同，这符合保管合同作为民事合同的随存随拿的特性，实务中保管合同没有规定保管期限的，属于常见情形。这一规定不适用于仓储合同，仓储合同都有保管期限，依照《民法典》第909条的规定，储存期限乃是仓单的记载事项之一，虽非绝对必要记载事项，但在实务中不记载保管期限的比较鲜见。保管期限对于保护仓储合同的逾期利益尤其是保管人的仓期利益，意义重大，自应严格遵守，不能适用随存随拿的规则。

6.寄存人向保管人交付货物，保管人应当给付保管凭证，而仓储合同中存货人交付仓储物的，保管人应给付仓单、入库单等凭证。《民法典》第891条规定："寄存人向保管人交付保管物的，保管人应当出具保管凭证，但是另有交易习惯的除外。"保管凭证并非有价证券，且不绝对适用给付规则，这突出了保管合同的民事合同属性。《民法典》第908条规定："存货人交付仓储物的，保管人应当出具仓单、入库单等凭证。"《民法典》第910条规定："仓单是提取仓储物的凭证。存货人或者仓单持有人在仓单上背书并经保管人签名或者盖章的，可以转让提取仓储物的权利。"仓单是表示一定数量的货物已交付的法律文书，属于有价证券的一种，具有流通性，可以转让以及设立质押等。仓单的性质为记名的证权证券，存货方主张货物已交付或行使返还原物请求权以仓单为凭证。仓储合同的存货人凭仓单提取储存的货物，存货人或者仓单持有人以背书方式并经保管人签名或盖章，可以将仓单上所载明的物品所有权移转给他人。

（二）保管合同与仓储合同的共性

仓储合同虽为一类独立的有名合同，且具有与保管合同不一样的多种特性，但与一般保管合同的共性仍然是主要的。两者的本质都是对他人的物品进行保管，只是在现代社会仓储合同是一种特殊的保管合同。正因仓储合同与保管合同这种特殊与一般的关系，《民法典》合同编保管合同一章中对保管合同的一般规定，可直接适用于仓储合同。唯在法律对仓储合同有特别规定时，自然应适用法律的特别规定，但在法律对其未设特别规定的，法律关于一般保管合同的规定对其有适用余地。总之，法律关于一般保管合同的规定与法律关于仓储合同的规定，系一般法与特别法的关系。

二、仓储合同可适用保管合同有关规定的具体情形

（一）适用关于支付保管费的规定

《民法典》第889条第1款规定："寄存人应当按照约定向保管人支付保管费。"第902条第1款规定："有偿的保管合同，寄存人应当按照约定的期限向保管人支付保管费。"这是关于保管合同中寄存人支付保管费的规定，虽然仓储合同一章中并未单独列出一条规定存货人对保管人的保管费支付义务，只是在仓储合同的定义中提及"仓储合同是保管人储存存货人交付的仓储物，存货人支付仓储费的合同"，但如前所述，仓储合同中的保管人一般是专门从事仓储保管业务的仓库营业人，作为市场经济活动的商事主体，其为寄存人提供仓储保管服务，应当由寄存人支付相应的报酬。另据《民法典》第889条第2款规定："当事人对保管费没有约定或者约定不明确，依据本法第五百一十条的规定仍不能确定的，视为无偿保管。"《民法典》第510条规定："合同生效后，当事人就质量、价款或者报酬、履行地点等内容没有约定或者约定不明确的，可以协议补充；不能达成补充协议的，按照合同相关条款或者交易习惯确定。"因此，即使当事人未在仓储合同中约定仓储费用，保管人仍可就自己给付的劳务请求存货人支付报酬，存货人不得以仓储合同未约定仓储保管的报酬为由拒绝支付。需要注意的是，仓储合同是有偿合同，此点区别于保管合同，故《民法典》第889条第2款后段"无法确定报酬时，认定为无偿保管"的规则自然无法适用于仓储合同。

（二）适用妥善保管保管物的规定

《民法典》第892条规定："保管人应当妥善保管保管物。当事人可以约

定保管场所或者方法。除紧急情况或者为维护寄存人利益外，不得擅自改变保管场所或者方法。”这是关于保管合同中保管人妥善保管保管物的义务的规定。仓储合同中保管人和存货人可以对保管场所或者方法作出约定，保管人应当依约履行保管义务，不得擅自改变保管场所或者方法。《民法典》第906条第3款规定：“保管人储存易燃、易爆、有毒、有腐蚀性、有放射性等危险物品的，应当具备相应的保管条件。”这是对仓储合同保管人存储特殊仓储物的规定，但仓储合同一章并未对保管人的一般保管义务作出规定，此时应当适用保管合同一章关于保管人一般义务的规定，即仓储合同中的保管人应当尽到善良保管人的注意义务，妥善保管仓储物。对于当事人约定了保管场所或者方法的，保管人在保管仓储物的过程中不得擅自改变，否则即构成违约，保管人应当承担违约责任。

（三）适用寄存人告知义务的规定

《民法典》第893条规定：“寄存人交付的保管物有瑕疵或者根据保管物的性质需要采取特殊保管措施的，寄存人应当将有关情况告知保管人。寄存人未告知，致使保管物受损失的，保管人不承担赔偿责任；保管人因此受损失的，除保管人知道或者应当知道且未采取补救措施外，寄存人应当承担赔偿责任。”这是关于保管合同中寄存人告知义务的规定，同样适用于仓储合同，对于仓储物有瑕疵或需要采取特殊保管措施的，存货人应当将有关情况告知保管人，未告知的，由此导致保管物或保管人受损的，都应该由存货人承担赔偿责任。

《民法典》第896条第2款规定：“第三人对保管人提起诉讼或者对保管物申请扣押的，保管人应当及时通知寄存人。”此通知义务同样适用于仓储合同中的保管人，无论仓储合同对此是否有约定，第三人对保管人提起诉讼或者对保管物申请扣押的，保管人都有义务及时通知寄存人。

（四）适用禁止将保管物交由第三人保管的规定

《民法典》第894条规定：“保管人不得将保管物转交第三人保管，但是当事人另有约定的除外。保管人违反前款规定，将保管物转交第三人保管，造成保管物损失的，应当承担赔偿责任。”这是关于保管合同中保管人禁止将保管物交由第三人保管的规定，该规定同样适用于仓储合同，仓储合同中的保管人未经存货人同意，不得将仓储物交由第三人保管，否则应承担违约责任，由此造成的损失，须承担赔偿责任。

（五）适用禁止使用保管物的规定

《民法典》第895条规定："保管人不得使用或者许可第三人使用保管物，但是当事人另有约定的除外。"这是关于禁止保管合同中保管人使用或许可第三人使用保管物的规定，该规定同样适用于仓储合同，仓储合同中的保管人未经存货人同意使用保管物或将保管物交由第三人使用的，由此造成的损失，保管人应承担损害赔偿责任。当然，这里的"使用"不包括依据仓储物的性质需要必须加以利用的，如仓储物为机器设备，应经常启动以保证其各部件正常运转，此时的使用应视作保管方法的一部分。同时，如果当事人在仓储合同中有约定的，则保管人可根据约定使用或许可第三人使用仓储物保管人违反规定自己使用或许可第三人使用，又未经存货人同意的，应当向存货人支付报酬，报酬数额应参考当时市场价格以租金标准计算；如果因此使仓储物受到损害的，保管人还应承担损害赔偿责任。[①]

（六）适用第三人对保管物主张权利时保管人所负义务的情形

《民法典》第896条规定："第三人对保管物主张权利的，除依法对保管物采取保全或者执行措施外，保管人应当履行向寄存人返还保管物的义务。第三人对保管人提起诉讼或者对保管物申请扣押的，保管人应当及时通知寄存人。"这是关于保管合同中保管人在第三人对保管物主张权利时所负义务的规定。该规定同样适用于仓储合同，仓储合同中的保管人在第三人主张权利时，也负有通知和返还仓储物的义务。第三人对仓储物主张权利，如对保管人提起诉讼、对保管物申请扣押或直接向保管人提出自己对仓储物的权利时，保管人首先负有通知存货人的义务，因怠于通知而使存货人受到损害的，应负损害赔偿责任。此外，第三人主张权利时，只要保管物未被采取保全或被执

---

① 参见韩光明、陈国刚主编：《保管合同与仓储合同实务操作指南》，中国人民公安大学出版社2000年版，第249页。

行的，保管人仍应当履行向存货人返还仓储物的义务。违反这项义务，保管人应对存货人的损失负赔偿责任。[①]

（七）适用孳息返还的规定

《民法典》第900条规定："保管期限届满或者寄存人提前领取保管物的，保管人应当将原物及其孳息归还寄存人。"这是关于保管人返还原物及孳息的规定，该规定同样适用于仓储合同，保管期限届满或者寄存人提前领取保管物的，保管人应将原物及孳息一并归还给存货人或仓单持有人。

（八）适用保管人对保管物留置权的规定

《民法典》第903条规定："寄存人未按照约定支付保管费或者其他费用的，保管人对保管物享有留置权，但是当事人另有约定的除外。"仓储合同约定的存储期满或存货人领取货物时，寄存人未按照约定支付仓储费或者其他费用，保管人可对仓储物行使留置权。留置权的行使及相关规定，参照《民法典》物权编第十九章留置权的规定。

总而言之，对于仓储合同一章未作规定的事项，适用保管合同的有关规定，但需要注意仓储合同基于有偿合同、诺成合同的特性而衍生的一系列特殊规则，与保管合同的一般规则的区别，需注意处理好一般法与特别法的关系问题。

① 参见韩光明、陈国刚主编：《保管合同与仓储合同实务操作指南》，中国人民公安大学出版社2000年版，第250页。

第二十三章

委托合同

第九百一十九条【委托合同的定义】

委托合同是委托人和受托人约定，由受托人处理委托人事务的合同。

规范目的或功能

本条源自《合同法》第396条，其在《民法典》制定过程中并未引起立法论上的争议。本条的规范目的在于，通过对委托合同的界定，明确其构成要素，使其与相似制度得以区分。根据本条规定，委托合同是委托人和受托人约定，由受托人处理委托人事务的合同。随着社会经济的发展，社会分工不断细化，民事主体对自己的事务不可能也无需事必躬亲。通过将事务交由他人处理，民事主体可弥补其在时间精力或知识能力等方面的局限，扩展其民事活动领域。

规范内容

一、委托合同的标的：受托人处理委托人事务

（一）委托事务

根据本条规定，受托人处理的事务限于委托人事务。所谓委托人事务，是与委托人有直接利益关系的事务。委托人若不委托他人处理其事务，则须亲自处理。但传统理论认为，受托人处理的对象还应当包括第三人事务。虽然第三人事务与委托人无直接利益关系，但只要委托人认为依其自身利益有处理必要，便可委托他人处理，如委托他人寻找第三人的遗失物。在解释上，既然委托人委托受托人处理第三人事务，那么第三人事务与委托人就有利益关系，它可被认为属于本条的委托人事务。然而，受托人事务不属于委托事务的范畴。如果协议约定一方当事人须处理自己的事务，则不成立委托合同。此种情形不属于法律事实，它仅是对该当事人的善意提示或忠告。[①]

---

① 参见史尚宽：《债法各论》，中国政法大学出版社2000年版，第382页。

不过，若一项事务同时涉及委托人和受托人的利益，仍可由受托人处理。在此种意义上，只要一项事务不是纯为受托人利益，便可成为委托合同的标的。

委托事务并无种类上的限制。传统理论认为，委托事务在范围上与无因管理的事务范围相同，只要委托处理的事项可作为债的标的，便可作为委托事务。①委托事务的内容既可是法律行为，如使受托人卖出或买入标的物、使受托人担任债务保证人；也可是事实行为，如使受托人探望医院病人。委托事务的内容既可是财产行为，也可是非财产行为；既可是实体法上的行为，也可是程序法上的行为，如使律师处理诉讼事务。

委托事务不包括如下三类事务。其一，违法行为之事务。如果委托事务系违反法律、行政法规的强制性规定的行为，或者系违背公序良俗的行为（《民法典》第153条），如委托他人销售假酒、毒品、淫秽物品等，那么委托合同无效。其二，性质上不能由他人处理之事务。通常情形，身份行为不能委托他人处理，如结婚、离婚、收养、订立遗嘱、遗赠扶养协议等只能由个人亲自处理。其三，不作为之事务。委托处理的事务以积极作为为内容，不作为的事务不属于委托事务的范畴。

（二）受托人处理

虽然处理事务之“处理”在字面含义上系指处分和管理，但它实际上与无因管理的管理在范围上基本一致，包括使用、收益、修缮、改良和处分等。②由于保管系保管合同的规制对象，处理不包括单纯的保管行为。委托合同建立在委托人对受托人的信赖基础之上，受托人原则上应当亲自处理事务，仅在例外情形下可转委托他人处理事务（《民法典》第923条）。

受托人处理事务须遵守委托人指示（《民法典》第922条），但亦有相当的自主决定空间。委托人是其自身利益的最好判断者，唯有受托人遵守委托人指示，才能实现为委托人利益的目的。委托人因信赖受托人而托付其处理事务，而受托人依其知识、技能、经验等处理事务，对处理事务享有自主决

---

① 参见邱聪智：《新订债法各论》（中），中国人民大学出版社2006年版，第137页。

② 参见邱聪智：《新订债法各论》（中），中国人民大学出版社2006年版，第138页。

定空间。与此不同，依雇佣合同，受雇人不享有此种自主决定空间，在提供劳务时应严格遵守雇佣人的指示。

二、委托合同的主体：委托人与受托人

委托人是指委托他人处理事务的人。除委托合同外，在技术委托开发合同、技术咨询合同、技术服务合同、行纪合同和中介合同中，一方当事人也被称作委托人。此类合同均属于事务处理型合同，其委托人在含义上均指委托他人处理事务的人，只不过委托处理的事务不同。我国在《合同法》以及《民法典》中均未作此区分，对此，我国台湾地区区分委任人和委托人，委托合同中的本人被称作委任人，而行纪合同和中介合同中的本人被称作委托人。[①]

受托人不限于自然人，法人和非法人组织亦可担任受托人。传统观点曾认为，受托人以自然人为限，因为受托人原则上必须亲自处理事务，而法人无法亲自处理事务，[②]但该观点并不正确。随着现代服务业的发展，法人和非法人组织日益发挥重要的作用，二者成为受托人的情况越来越多，如会计师事务所和律师事务所均可成为受托人。并且，根据组织法的制度原理，法人或非法人组织可通过其成员或工作人员处理事务。

三、委托合同的类型：无偿委托与有偿委托

委托合同既可为无偿委托，亦可为有偿委托。根据当事人是否因给付而获得对价为标准，合同分为无偿合同与有偿合同。在《民法典》合同编规定的典型合同中，有些典型合同仅可能为有偿合同，如买卖合同、租赁合同、建设工程合同等；有些典型合同仅可能为无偿合同，如赠与合同。根据本条规定，委托合同不以支付报酬为必要，故委托合同可为无偿合同；但本条不排除当事人约定支付报酬，故委托合同亦可为有偿合同。在实践中，虽然当事人在委托合同中未约定支付报酬，但根据交易习惯或者委托事务的性质应当支付报酬，此时仍为有偿委托。

---

① 参见陈自强：《间接代理》，载《月旦法学杂志》2018年第9期。

② 参见郑玉波：《民法债编各论》（下册），台北三民书局1981年版，第413页。

委托合同以无偿委托为原则，以有偿委托为例外。[①]委托合同究竟以无偿还是有偿为原则，其实践意义在于证明责任分配的不同。有观点认为，根据《民法典》第928条第1款的文义，委托合同以有偿为原则，以无偿为例外。[②]该观点的现实依据为，在商事领域均为有偿委托，而在民事领域无偿委托的实践意义较为有限。但不论如何，该观点不符合本条对委托合同的定义，即委托合同不以支付报酬为要素。

三 举证责任

由于在实在法中不存在关于本条的证明责任特殊规则，本条应适用作为证明责任基本规则的"谁主张，谁举证"规则（《民事诉讼法》第64条第1款）。根据"谁主张，谁举证"规则，主张权利产生者，应举证证明权利产生要件；主张权利阻碍或消灭者，应举证证明权利阻碍或消灭要件。[③]在委托合同纠纷中，不论是委托人还是受托人，只要依委托合同向对方主张权利，都应当对委托合同的成立承担证明责任。该当事人应证明委托人与受托人达成合意，不仅应当对作为委托合同要素的处理事务达成合意，还应当对其他双方或一方认为应达成一致的事项达成合意。[④]此外，受托人在诉讼中主张支付报酬，应当证明双方就支付报酬达成合意，或者证明根据交易习惯或者委托事务的性质应当支付报酬。

---

① 参见［德］迪特尔·梅迪库斯：《德国债法分论》，杜景林、卢湛译，法律出版社2007年版，第337页。

② 参见王利明：《合同法分则研究》（上），中国人民大学出版社2013年版，第618页；高富平、王连国：《委托合同·行纪合同·居间合同》，中国法制出版社1999年版，第80页。

③ 参见胡东海：《"谁主张谁举证"规则的历史变迁与现代运用》，载《法学研究》2017年第3期；胡东海：《"谁主张谁举证"规则的法律适用》，载《法学》2019年第2期。

④ 参见［德］莱奥·罗森贝克：《证明责任论》，庄敬华译，中国法制出版社2018年版，第309页。

第九百二十条【委托范围】

委托人可以特别委托受托人处理一项或者数项事务，也可以概括委托受托人处理一切事务。

规范目的或功能

本条源自《合同法》第397条，其在《民法典》制定过程中并未引起立法论上的争议。本条的规范目的在于，在特别委托和概括委托中，受托人应处理不同范围的事务。委托范围是受托人处理事务的范围，特别委托和概括委托具有不同的委托范围。受托人的主给付义务为处理事务，当事人在委托合同中应约定处理事务的范围或委托范围，以确定受托人的主给付义务。根据本条前半句规定的特别委托，委托人委托受托人处理一项或数项事务。根据本条后半句规定的概括委托，委托人委托受托人处理一切事务。

规范内容

一、特别委托

根据本条前半句规定的特别委托，受托人处理一项或数项事务。其中，一项事务是指一项内容具体的委托事务。根据常识和习惯，若委托事务的内容确定且不能或不宜细分，则该委托事务属于一项事务。[①]法院在审判实践中认定的一项事务，如为委托人缴纳购房契税款，[②]为委托人领取赔偿款。[③]数项事务则是指数项内容确定且不能或不宜细分的委托事务。

二、概括委托

根据本条后半句规定的概括委托，受托人处理一切事务。一切事务是指

---

① 参见高富平、王连国：《委托合同·行纪合同·居间合同》，中国法制出版社1999年版，第62页。

② 参见江西省南昌市青云谱区人民法院（2018）赣0104民初1878号民事判决书。

③ 参见江苏省滨海县人民法院（2015）滨民初字第0066号民事判决书。

其内容概括抽象的委托事务。根据常识和习惯，如果委托事务包含各种可能发生的事项，且当事人在缔约时并未列举也未确定此类事项，而由当事人在处理事务时自主决定其处理方式，那么该委托事务因内容概括抽象而属于一切事务。[①]在概括委托情形，委托人仅笼统地将委托事务托付给受托人，而不关注委托事务的具体内容或者可能发生的具体事项，此类具体事项的处理不必再征得委托人的特别委托。

在法律实践中，一切事务通常表现为委托人在某方面的全部事务。如与催收借款有关的一切事务，[②]与改造项目有关的一切事务，[③]与进口货物相关的一切事务。[④]此外，一切事务也可能表现为委托人的全部事务。在此种情形下，委托人一般为法人。在一起委托纠纷中，委托范围是受托人为上海某供应链管理有限公司办理所有工作事宜，委托人将公司公章、组织机构代码证、法定代表人章、财务专用章、银行基本账户支付工具等交给受托人，法院认为这属于概括委托。[⑤]

即使委托人概括委托受托人处理一切事务，但学说上认为，一切事务不包括不动产的出卖或设定负担、赠与、和解、起诉和仲裁等事务。[⑥]由于此类事务与委托人有极大利害关系，在委托人概括委托受托人处理一切事务时，委托人仍需特别委托此类事务。对此，有立法例明文规定此类事务必须经委托人特别委托。虽然本条未采纳此种立法例，但学说上普遍承认此观点。

三、举证责任

根据《民事诉讼法》第64条第1款规定的“谁主张，谁举证”规则，主

---

① 参见高富平、王连国：《委托合同·行纪合同·居间合同》，中国法制出版社1999年版，第62页。

② 参见江苏省南京市中级人民法院（2017）苏01民终9155号民事判决书。

③ 参见湖南省怀化市中级人民法院（2009）怀中民一终字第115号民事判决书。

④ 参见山东省高级人民法院（2015）鲁民提字第361号民事判决书。

⑤ 参见上海市杨浦区人民法院（2018）沪0110民初14423号民事判决书。

⑥ 参见全国人民代表大会常务委员会法制工作委员会编：《中华人民共和国合同法释义》（第3版），法律出版社2013年版，第618页。

张权利产生者，应当举证证明权利产生要件；主张权利阻碍或消灭者，应当举证证明权利阻碍或消灭要件。在委托合同纠纷中，受托人在诉讼中请求委托人支付报酬，应证明已经处理完毕委托范围内的所有事务。在特别委托情形下，受托人应证明已经处理完毕一项或数项事务；在概括委托情形下，受托人应证明已经处理完毕一切事务。

第九百二十一条【费用支付义务】

委托人应当预付处理委托事务的费用。受托人为处理委托事务垫付的必要费用，委托人应当偿还该费用并支付利息。

规范目的或功能

本条源自《合同法》第398条，其在《民法典》制定过程中并未引起立法论上的争议。本条的规范目的在于，委托人应向受托人支付处理事务所需的费用，保障受托人处理事务的顺利进行和完成。受托人为委托人利益处理事务，不因处理事务而受有利益或不利益，[①]同样也不应承担处理事务所需的费用，所以委托人负有向受托人支付费用的义务。根据支付时间的不同，费用支付义务包括两种：根据本条第1句规定的费用预付义务，在受托人处理事务之前，委托人向受托人预付处理事务的费用；根据本条第2句规定的费用偿还义务，在受托人处理事务之后，委托人偿还由受托人垫付的必要费用。

本条的费用支付义务与《民法典》第928条的报酬支付义务不同。在有偿委托和无偿委托情形下，受托人处理事务均可能支出一定费用，所以无偿委托和有偿委托的委托人均负担费用支付义务。与此不同，报酬是受托人因处理事务所获得的对价，无偿委托的委托人无须支付报酬，而仅有偿委托的委托人须支付报酬。有偿委托，若在合同中约定报酬含有费用，将对受托人十分不利，[②]因为费用随事务处理的进行而随时发生，其数额可能较难预估。

---

① 参见黄立主编：《民法债编各论》(下)，中国政法大学出版社2003年版，第521页。

② 参见梁慧星主编：《中国民法典草案建议稿附理由：合同编》(下册)，法律出版社2013年版，第708页。

规范内容

一、费用预付义务

（一）费用预付的数额

如果当事人在委托合同中已约定预付费用，则委托人按约定的数额预付费用；如果当事人未约定，则委托人按处理事务的具体情况预付费用。虽然本条第2句规定的费用返还义务以必要费用为限，但第1句的费用预付义务未作此限定。但即便如此，在解释上仍应认为，费用预付义务也应以必要费用为限，[①]即受托人请求委托人预付费用仅以必要费用为限。在委托事务处理完毕后，预付费用若有剩余，受托人应将之返还给委托人。

（二）费用预付的性质

费用预付在性质上为委托人的义务。如果委托合同中约定预付费用，则费用预付义务依合同而产生，委托人应依约定预付费用。如果委托合同中未约定预付费用，则费用预付义务依本条而产生。由于费用预付义务与事务处理义务不构成对价关系，对于受托人请求预付费用，委托人不能以受托人未处理事务而主张同时履行抗辩。[②]

（三）委托人拒绝预付费用的后果

在委托人拒绝预付费用时，受托人可以不处理委托事务，且不因此负迟延履行责任。此外，依《民法典》第933条第1句的任意解除权，受托人也可解除合同。受托人因不可归责于己的事由解除合同，不承担《民法典》第933条第2句的损害赔偿责任，即无须赔偿委托人因合同解除遭受的损失。

学说上有疑义的是，对于委托人拒绝预付费用，受托人可否诉请履行。有少数学者认为，在委托人拒绝预付费用时，由于受托人不能完成处理事务

① 我国台湾地区规定，委任人因受任人之请求，应预付处理委任事务之必要费用。

② 参见邱聪智：《新订债法各论》（中），中国人民大学出版社2006年版，第176页。

将影响其声誉，所以受托人可诉请履行。[①]但主流观点认为，受托人不能诉请履行。其理由在于，在委托人拒绝预付费用时，受托人可以拒绝处理事务或解除合同以资救济；并且，受托人为委托人利益处理事务，依“无利益即无诉权”法理，受托人不能诉请委托人预付费用。[②]

二、费用偿还义务

（一）受托人垫付费用

在委托人未预付费用时，或者在预付费用不足时，受托人为使事务处理顺利进行可垫付费用，但受托人并无垫付的义务。另外，在法律实践中经常发生的案型为，根据行业惯例由受托人先垫付费用。[③]此种费用限于受托人为处理事务所应支出的必要费用。如果受托人垫付的费用属于职业上的固定花费，则不属于必要费用。[④]

（二）必要费用的范围

在一般情形下，必要费用限于客观上确有必要者，如受托人在处理事务时支出的交通费、住宿费、文件制作费、手续费等。垫付的费用是否必要，应以受托人处理事务时的客观状态确定，具体可依如下标准判断。其一，相关性，垫付费用与处理事务具有直接的关联性；其二，合理性，垫付费用应是通常情形处理事务所不可或缺的费用；其三，适当性，垫付费用应与委托事务的性质、委托其他人处理同类事务的费用、受托人的身份与职业等相适应。须注意的是，即使受托人垫付的费用对委托人有利，但该费用若不属于处理事务所必需支出，受托人不能请求委托人返还。例如，受托人处理事务的内容为调查特定产品的销售情况，但受托人还调查了顾客的满意度等信息，后一项调查所支出的费用不属于必要费用的范畴。[⑤]

---

① 参见邱聪智：《新订债法各论》（中），中国人民大学出版社2006年版，第176页。

② 参见郑玉波：《民法债编各论》（下册），台北三民书局1981年版，第443页。

③ 参见上海市高级人民法院（2002）沪高民四（海）终字第97号民事判决书。

④ 参见黄立主编：《民法债编各论》（下），中国政法大学出版社2003年版，第521页。

⑤ 参见江平主编：《中华人民共和国合同法精解》，中国政法大学出版社1999年版，第340页。

在例外情形下，对于受托人尽到注意义务而认为必要，但客观上不必要的费用，受托人也可以要求委托人返还。[①]由此可知，在处理事务过程中，如果受托人尽到注意义务，那么受托人判断费用是否必要的风险，应当由委托人承担。须注意的是，相反观点认为，应当仅以受托人处理事务时的客观状态进行判断，而不能依受托人主观上认为是否必要为标准判断，以此约束受托人，防止受托人滥用权利。[②]然而，鉴于受托人为委托人利益处理事务，不能从处理事务中获得利益，所以要求受托人在尽到注意义务时仍承担判断费用是否必要的风险，明显对受托人要求过苛，不利于维护受托人的利益。

（三）必要费用的利息之偿还

受托人没有垫付费用的义务，在垫付费用之后，受托人可请求支付垫付费用的利息。如果当事人在委托合同中约定了利率，则依该利率计算利息；如果未约定，则一般应依费用垫付时的法定利率计算。例如，有法院判决提到，委托人甲公司未偿还受托人罗某某垫付的费用，应承担相应的资金占用期间的利息损失，罗某某主张按照中国人民银行同期同类贷款利率计息符合法律规定。[③]

三 举证责任

根据《民事诉讼法》第64条第1款规定的“谁主张，谁举证”规则，主张权利产生者，应当举证证明权利产生要件；主张权利阻碍或消灭者，应当举证证明权利阻碍或消灭要件。在委托合同纠纷中，如果受托人请求委托人预付费用，则仅需举证委托合同的成立。如果受托人请求委托人偿还费用，则应举证其垫付的必要费用的数额及其利息。

---

① 参见黄立主编：《民法债编各论》（下），中国政法大学出版社2003年版，第522页。

② 参见全国人民代表大会常务委员会法制工作委员会编：《中华人民共和国合同法释义》（第3版），法律出版社2013年版，第620页。

③ 参见四川省乐山市中级人民法院（2018）川11民终1269号民事判决书。

第九百二十二条【遵守指示与变更指示】

受托人应当按照委托人的指示处理委托事务。需要变更委托人指示的，应当经委托人同意；因情况紧急，难以和委托人取得联系的，受托人应当妥善处理委托事务，但是事后应当将该情况及时报告委托人。

规范目的或功能

本条源自《合同法》第399条，其在《民法典》制定过程中并未引起立法论上的争议。本条的规范目的在于，在为委托人处理事务过程中，受托人负有遵守委托人指示的义务，而仅在特殊情形不可变更委托人的指示。由于委托事务与委托人利益紧密相关，事务处理的利益或不利益均由委托人承受，委托人系其利益的最佳判断者，所以受托人应当遵守委托人对委托事务作出的指示。同时，在事务处理过程中因实际情况发生变化，受托人继续遵守指示可能不利于维护委托人利益，所以受托人在此时可变更指示。依此规范目的，本条第1句规定受托人遵守指示的义务；第2句规定受托人可在两种不同情况下变更指示，即在非紧急情况下变更指示和在紧急情况下变更指示。

规范内容

一、受托人遵守指示义务

委托人的指示，是委托人对委托事务的处理方式所作的表示行为，并要求受托人按指示的方式处理事务。委托人指示必须在委托事务的范围之内，否则受托人无须遵守。委托人指示是委托合同的重要组成部分，委托人可以在订立委托合同时作出指示，也可以在处理事务过程中随时作出指示。在法律实践中，委托人指示主要表现为价格指示、缔约条件指示、履约方式指示等。如果受托人未遵守指示，属于未按照债的本旨为给付，构成债务不履行。因未遵守指示造成委托人损失的，受托人应当承担损害赔偿责任。

关于委托人指示的法律性质，学说上存在不同观点。有观点认为，委托人指示属于有相对人的单方行为，委托人作出意思表示，使受托人负有依其意思处理事务的义务。[①]但问题在于，单方行为一般仅能使行为人自己负担义务，而不能使相对人负担义务。在委托合同情形下，委托人指示并不包含可产生法律效果的法效意思，受托人负有遵守指示的义务，并非基于委托人指示所具有的法效意思而产生，而系基于法律规定而产生。在此基础上，笔者采不同观点，委托人指示系意思通知。[②]

虽然有学者认为，对委托人指示无须进行类型划分，[③]但主流观点认为，委托人指示可分为三种类型。[④]其一，命令性指示，如委托人要求必须以分期付款方式购买某型号汽车。其二，指导性指示，如委托人要求以不高于10万元的价格购买某型号汽车。其三，任意性指示，如委托人要求在今年适当的时机购买某型号汽车。根据主流观点，对于命令性指示，受托人负有绝对遵守义务而不得违背；对于指导性指示，受托人原则上亦须遵守，但仍有裁量权；对于任意性指示，受托人有高度裁量空间，受托人自由裁量一般不构成违背指示。

二、受托人在非紧急情况下变更指示

受托人负有遵守指示的义务，不意味着受托人在任何情形下均应严格遵守指示。在受托人处理事务过程中，可能会发生委托人作出指示时未曾预料的新情况，若受托人仍遵守指示将无法完成委托事务或损害委托人利益。此时受托人在经委托人同意后可变更指示，以顺利完成委托事务并最终维护委托人利益。由此可见，受托人遵守指示以及变更指示，均旨在维护委托人的利益。

经委托人同意的变更指示，在本质上属于委托人根据受托人建议所作出的新指示。[⑤]如果受托人未经委托人同意变更指示，且造成委托人损失的，受

---

① 参见黄立主编：《民法债编各论》（下），中国政法大学出版社2003年版，第512页。

② 参见邱聪智：《新订债法各论》（中），中国人民大学出版社2006年版，第160页。

③ 参见吴志正：《债编各论逐条释义》（修订六版），台北元照出版有限公司2019年版，第265页。

④ 参见郑玉波：《民法债编各论》，台北三民书局1981年版，第431页；崔建远主编：《合同法》（第六版），法律出版社2016年版，第441页。

⑤ 参见陈甦编：《委托合同　行纪合同　居间合同》，法律出版社1999年版，第40页。

托人应承担损害赔偿责任。虽然受托人变更指示未经委托人同意，但经委托人事后追认，变更指示仍然有效。[①]在受托人征求委托人同意后，如果委托人仍坚持按照原指示处理事务，受托人仍应继续遵守委托人的原指示。但由此造成的不利后果，由委托人自行承担。

三、受托人在紧急情况下变更指示

在紧急情况下，受托人可以不经委托人同意而自行变更指示。首先，自行变更指示须符合两个条件。其一，情况紧急。所谓情况紧急是指客观情况发生紧急变化，受托人若继续遵守委托人指示，将不能妥善处理委托事务。如因股票行情发生重大变化，若不抛售将造成委托人巨大损失。其二，受托人难以和委托人取得联系。在发生紧急情况后，受托人来不及或不可能联系到委托人，或者无法获得委托人的及时答复。如委托人遇交通事故信号中断，而货物又急需处理。

其次，自行变更指示的内容为受托人妥善处理委托事务。所谓妥善处理事务，一方面要求受托人处理事务在结果上对委托人有利，或者可增加委托人利益，或者可避免委托人损失；另一方面要求处理事务在方式上符合委托人可推知的意愿，即与委托人在紧急情况下可采取的处理措施相符。例如，在一起委托纠纷中，受托人谭某某为减少委托人损失，将委托人的某公司股份转为对某公司的债权，尽早参与某公司的资产拍卖分配事宜。[②]

最后，在自行变更指示后，受托人应及时报告委托人。在紧急情况下，虽然受托人自行变更指示旨在维护委托人利益，但毕竟未取得委托人同意。在变更指示并妥善处理事务后，受托人应及时向委托人报告，并等待委托人作出指示。受托人报告的内容为，紧急情况的发生事实、变更指示的具体内容、处理事务的情况等。如果受托人违反此种报告义务，且造成委托人损失，应承担损害赔偿责任。[③]

---

① 参见江平主编：《中华人民共和国合同法精解》，中国政法大学出版社1999年版，第341页。

② 参见广东省中山市中级人民法院（2018）粤20民终1160号民事判决书。

③ 参见江平主编：《中华人民共和国合同法精解》，中国政法大学出版社1999年版，第342页。

举证责任

根据《民事诉讼法》第64条第1款规定的“谁主张，谁举证”规则，主张权利产生者，应当举证证明权利产生要件；主张权利阻碍或消灭者，应当举证证明权利阻碍或消灭要件。在委托合同纠纷中，受托人应当证明其已履行遵守指示的义务。在非紧急情况的变更指示情形下，受托人应证明变更指示取得了委托人同意。在实践中，受托人经常无法提供证据证明其取得了委托人的同意。在紧急情况的变更指示情形下，受托人应证明紧急情况的发生以及不能及时与委托人取得联系等。

第九百二十三条【亲自处理与转委托】

受托人应当亲自处理委托事务。经委托人同意，受托人可以转委托。转委托经同意或者追认的，委托人可以就委托事务直接指示转委托的第三人，受托人仅就第三人的选任及其对第三人的指示承担责任。转委托未经同意或者追认的，受托人应当对转委托的第三人的行为承担责任；但是，在紧急情况下受托人为了维护委托人的利益需要转委托第三人的除外。

历史由来

本条对《合同法》第400条作了三处改动：本条第3句将“转委托经同意的”改为“转委托经同意或者追认的”；本条第4句前半句将“转委托未经同意的”改为“转委托未经同意或者追认的”；本条第4句后半句将“需要转委托的除外”改为“需要转委托第三人的除外”。从立法过程来看，《民法典合同编（草案）》（一审稿）第706条与《合同法》第400条完全一致；《民法典合同编（草案）》（二审稿）第706条对《合同法》第400条作了前两处改动；2020年5月提交全国人大代表审议时第923条作了第三处改动。

规范目的或功能

本条的规范目的在于，受托人负有亲自处理委托事务的义务，受托人转委托违反该义务而应对委托人承担责任，该责任因委托人是否同意或追认而有所不同。委托合同建立在委托人和受托人相互信赖的基础上，委托人将其事务交由受托人处理，是因为相信受托人的能力、经验和商誉等。为防止受托人随意转委托第三人，本条规定受托人负有亲自处理事务的义务。但另一方面，为避免亲自处理事务带来的不便，本条亦允许受托人转委托，以最大限度地实现委托人利益。为平衡委托人和受托人利益，在经委托人同意或追认的转委托以及未经委托人同意或追认的转委托，受托人分别对委托人承担不同的责任。

规范内容

一、亲自处理义务

根据本条第1句，受托人负有亲自处理义务，应当亲自处理委托事务。委托人因信赖受托人将委托事务交由受托人处理，但委托人对第三人却无此种信赖，所以受托人应亲自处理事务，而不能将委托事务交由第三人代为处理。如果受托人通过转委托将事务交由第三人代为处理，则违反了亲自处理义务。为履行亲自处理义务，受托人须独立执行事务，自主决定处理事务的方式和措施。由于受托人应当亲自处理委托事务，受托人的事务处理义务具有人身专属性。

受托人利用履行辅助人处理事务，属于受托人亲自处理的范畴。[①]履行辅助人是辅助债务人履行债务的人，此处即指辅助受托人履行处理事务的人。根据债的基本原理，履行辅助人附属于受托人，仅依受托人指示而行为，对所处理事务没有自由裁量空间；履行辅助人的行为从属于受托人事务处理行为的整体。因此，受托人使用履行辅助人处理事务，并未违反其亲自处理义务。

---

① 参见史尚宽：《债法各论》，中国政法大学出版社2000年版，第396页。

二、转委托法律关系

本条第2句规定的转委托，系指受托人与第三人成立的委托合同。根据转委托，第三人代为处理全部或部分委托事务。但受托人并未将事务处理义务移转给第三人，委托人和受托人之间的委托关系仍存在。此时存在两个委托关系：委托人和受托人之间的委托关系；受托人和第三人之间的转委托关系。根据合同相对性原理，受托人与第三人缔结委托合同，无须以他人同意为成立或生效条件，[①]而仅须满足合同成立与生效的要件。基于此，本条第2句应被理解为，委托人同意不是转委托的前提条件。

根据委托人是否同意或追认转委托，受托人对委托人承担不同的责任。由于受托人转委托而将委托事务交由第三人代为处理，第三人处理委托事务将直接影响委托人利益。既然转委托将影响委托人利益，而受托人对委托人又负担亲自处理事务的义务，那么在转委托时就涉及受托人对委托人的责任承担问题。此种责任因委托人是否同意或追认而有所不同，本条第3句规定在转委托经委托人同意或追认时，受托人对委托人的责任承担；本条第4句规定在转委托未经委托人同意或追认时，受托人对委托人的责任承担。

三、经委托人同意或追认的转委托

（一）委托人直接指示第三人

委托人可事前同意或事后追认转委托。委托人同意或追认，性质上属于单方法律行为，由委托人向受托人以意思表示的方式为之。经委托人同意或追认的转委托，委托人可直接指示第三人。

首先，委托人直接指示第三人，不是因为二者之间存在委托关系。尽管委托人同意或追认转委托，但这仅属于对受托人选任第三人的信任而不包含与第三人缔约的效果意思。另外，委托人未介入受托人与第三人缔结的转委托关系，第三人也不具有与委托人成立委托合同的效果意思。鉴于委托人和第三人之间不存在委托关系，第三人仅可向受托人请求支付处理事务的费用和报酬。

---

① 参见邱聪智：《新订债法各论》（中），中国人民大学出版社2006年版，第163页。

其次，委托人直接指示第三人，是因为二者之间存在法定债之关系。[1]第三人依转委托关系可处理委托事务，委托人若不能约束第三人，将完全丧失对其事务的掌控。为维护委托人利益，根据本条第3句规定，在委托人与第三人之间存在法定债之关系，委托人可依此关系直接指示第三人。此处的委托人指示在含义上与《民法典》第922条的指示相同，系指委托人就事务处理的方式向第三人作出的表示。

（二）受托人对第三人的选任和指示承担责任

在转委托成立后，受托人对委托人仍负有事务处理义务，但以转委托第三人处理事务的方式履行该义务。如果此种履行义务的方式造成委托人损害，在转委托经委托人同意或追认时，受托人仅对第三人的选任和指示承担责任。此种责任属于过错责任，受托人对第三人的选任和指示有过失时才承担责任。[2]

首先，受托人对第三人的选任承担责任。既然受托人以转委托方式履行合同义务，受托人应当选任合适的第三人处理委托事务。受托人选任的第三人，应当具备处理事务的相应资质、经验、技能等。如果第三人欠缺事务处理的能力，或者选任的第三人不利于事务的处理，则意味着受托人不履行债务，应对委托人承担违约责任。

其次，受托人对第三人的指示承担责任。在转委托关系中，受托人居于委托人地位，将委托事务交由第三人处理，就事务处理的方式可对第三人作出指示。既然受托人以转委托方式履行合同义务，受托人应当向第三人作出合理的指示。如果受托人因指示不当造成委托人损害，则应对委托人承担违约责任。

四、未经委托人同意或追认的转委托

（一）受托人对第三人行为承担责任

如果转委托未经委托人同意或追认，那么受托人属于未依债之本旨作出给付，应当承担债务不履行责任。根据本条第4句前半句，此种责任具

---

① 参见史尚宽：《债法各论》，中国政法大学出版社2000年版，第394页。

② 参见林诚二：《民法债编各论》（中），中国人民大学出版社2007年版，第176页。

体表现为，受托人对第三人处理事务的行为承担责任。此种责任属于受托人的代负责任，即第三人的行为被视作受托人的行为，由受托人代负责任。此种代负责任系无过失责任，无论受托人有无过失，只要第三人应对其行为导致的损害负责，受托人就应负同一责任。[①]此外，在转委托部分委托事务情形下，如果受托人对委托事务的处理有过失，则应依《民法典》第929条承担损害赔偿责任。

（二）紧急情况下的责任免除

如果在紧急情况下，虽然转委托未经委托人同意或追认，但受托人不对第三人行为承担责任。在转委托未经委托人同意或追认时，要求受托人对第三人行为承担责任，旨在惩罚受托人擅自转委托。然而，在发生紧急情况时，为维护委托人利益而进行的转委托，即使未经委托人同意或追认，根据本条第4句后半句规定，受托人不对第三人行为承担责任。所谓紧急情况是指客观情况发生变化，无法及时联系委托人，若不转委托将损害委托人利益。

三 举证责任

根据《民事诉讼法》第64条第1款规定的“谁主张，谁举证”规则，主张权利产生者，应当举证证明权利产生要件；主张权利阻碍或消灭者，应当举证证明权利阻碍或消灭要件。在委托合同纠纷中，受托人应当对亲自处理义务的履行承担证明责任，应当证明亲自处理委托事务，或者证明系由其履行辅助人处理事务。在转委托纠纷中，受托人应当证明转委托取得了委托人同意或追认，以及自己选任和指示第三人无过失；[②]或者，受托人应证明虽然未取得委托人同意或追认，但转委托系在紧急情况下所为。

---

① 参见邱聪智：《新订债法各论》（中），中国人民大学出版社2006年版，第164页。

② 参见吴志正：《债编各论逐条释义》（修订六版），台北元照出版有限公司2019年版，第268页。

第九百二十四条【报告义务】

受托人应当按照委托人的要求，报告委托事务的处理情况。委托合同终止时，受托人应当报告委托事务的结果。

规范目的或功能

本条源自《合同法》第401条，其在《民法典》制定过程中并未引起立法论上的争议。本条的规范目的在于，受托人对委托人负担报告义务，委托人借此可了解委托事务的处理情况和结果。受托人为委托人利益处理事务，委托事务的处理情况和结果直接关系到委托人利益的实现。受托人报告委托事务的处理情况和结果，是委托人了解事务处理以维护自身利益的必要手段，所以本条要求受托人负担报告义务。从义务性质的角度，受托人的报告义务属于从给付义务，具有辅助处理事务义务实现的功能。

规范内容

根据发生时间的不同，本条规定受托人的两种报告义务：根据本条第1句，在委托合同存续期间，受托人应当报告委托事务的处理情况；根据本条第2句，在委托合同终止时，受托人应当报告委托事务的结果。

一、报告委托事务的处理情况

（一）按照委托人要求报告

首先，依据本条第1句，受托人应按照委托人要求报告。此种报告义务系受托人的法定义务，不以委托合同中有约定为必要。例如，有法院判决提到，受托人“甲公司在代收水费后向住保中心报告收取水费的具体情况是其法定义务”。[①]如果委托人有数人，受托人应向全体委托人报告；委托人享有的权

① 四川省成都市中级人民法院（2018）川01民终176号民事判决书。

利为不可分债权，[①]各委托人均可请求受托人向全体委托人报告。

其次，受托人按照合同约定报告，在解释上属于本条的按照委托人要求报告。如果当事人在委托合同中约定了受托人的报告义务，受托人应当按照合同约定的时间和方式向委托人履行报告义务。委托合同是委托人和受托人合意的结果，合同约定当然体现委托人的要求，所以受托人按照合同约定报告属于按照委托人要求报告。

如果当事人仅约定了报告义务，而未约定报告的时间和方式，则受托人应按照诚信原则要求的时间和方式报告；否则，受托人应承担债务不履行责任。例如，在一起委托合同纠纷中，原告甲公司受被告乙公司委托为后者销售库存产品，虽然原告提供证据证明其已履行报告义务，但其报告时间临近产品保质期。法院判决认为，原告应对产品过期所造成的损失承担50%的赔偿责任。[②]

（二）按诚信原则主动报告

在委托人未要求以及合同未约定时，如果在事务处理过程中出现需要报告的情形，则受托人不必等待委托人要求，而应依诚信原则主动报告。[③]所谓需要报告的情形包括，可能阻碍事务处理的进行、危及委托人利益、情势变更等情形。[④]在一起委托合同纠纷中，法院判决认为，在清关费用大幅上涨时，受托人甲公司应当在合理期间内向委托人乙公司报告其预估的通关风险，以征询委托人的指示，但甲公司违背诚信原则，未履行报告义务致迟延报关，造成委托人负担翻倍的清关费用，甲公司应承担赔偿责任。[⑤]

二、报告委托事务的结果

根据本条第2句，在委托合同终止时，受托人应向委托人报告委托事务的结果。此处的委托合同终止，既包括委托合同的特定终止事由，如因《民法

---

① 参见史尚宽：《债法各论》，中国政法大学出版社2000年版，第398页。

② 参见江苏省南京市雨花台区人民法院（2014）雨商初字第4号民事判决书。

③ 参见余延满：《合同法原论》，武汉大学出版社1999年版，第690页。

④ 参见黄立主编：《民法债编各论》（下），中国政法大学出版社2003年版，第516页。

⑤ 参见上海市第二中级人民法院（2017）沪02民终10946号民事判决书。

典》第933条、第934条、第935条、第936条而终止，也包括《民法典》第557条规定的合同一般终止事由，如委托合同因受托人完成处理事务而终止。此种报告义务在实践中经常表现为，受托人向委托人提供各种账目及其清单、发票等，使委托人知悉委托事务的处理始末。

此种报告义务在委托合同终止时即告发生，而无须委托人请求。其理由在于，在委托合同终止时使受托人负有报告义务，不仅有利于委托人及时接收和核算事务处理结果，还有助于委托人请求受托人转交财产（《民法典》第927条），以及要求受托人承担损害赔偿责任（《民法典》第929条）等。

举证责任

根据《民事诉讼法》第64条第1款规定的“谁主张，谁举证”规则，主张权利产生者，应当举证证明权利产生要件；主张权利阻碍或消灭者，应当举证证明权利阻碍或消灭要件。在委托合同纠纷中，受托人应当证明报告义务的履行。此外，受托人不能以委托人能够主动获知处理事务的相关信息为由抗辩其不负有报告义务。如在一则公报案例中，最高人民法院认为，即使委托人甲公司能够采取措施获知相关信息，也不能免除受托人乙公司的报告义务。①

其他问题

一、报告义务违反时委托人的拒绝履行

虽然本条未明确规定，但受托人违反报告义务应承担违约责任。此外，有疑问的是，在受托人违反报告义务时，委托人可否拒绝履行。首先，委托人可拒绝支付报酬。②其理由在于，报酬支付采后付主义，委托人在委托合同终止后支付报酬；根据本条第2句，在委托合同终止时即产生受托人报告委托事务结果的义务；由此可知，唯有在委托合同终止且受托人报告委托事务结

① 参见最高人民法院（2003）民二终字第182号民事判决书。

② 参见邱聪智：《新订债法各论》（中），中国人民大学出版社2006年版，第180页。

果后，委托人才支付报酬。

其次，委托人可拒绝支付费用以及赔偿受托人因处理事务遭受的损失。[①]其理由在于，根据受托人报告委托事务的处理情况和结果，委托人可借此判断费用是否必要以及受托人是否因处理事务而遭受损失；如果委托人在受托人报告前无权拒绝履行，则存在被受托人欺诈的风险。

二、报告义务的约定免除或减轻

虽然有学者采不同观点，[②]但主流学说认为，本条不属于强制性规定，当事人可约定免除或减轻受托人的报告义务。[③]此种免除或限制报告义务的约定应仅限于明示方式。须注意的是，有法院判决错误地认为，委托合同中约定受托人“全权委托”，意味着约定免除受托人的报告义务。[④]所谓全权委托仅指受托人事务处理的范围，全权委托的约定不能免除受托人因处理事务而产生的报告义务。

第九百二十五条【隐名代理】

受托人以自己的名义，在委托人的授权范围内与第三人订立的合同，第三人在订立合同时知道受托人与委托人之间的代理关系的，该合同直接约束委托人和第三人；但是，有确切证据证明该合同只约束受托人和第三人的除外。

规范目的或功能

本条源自《合同法》第402条，其体系位置在《民法典》制定过程中曾

---

① 参见江平主编：《中华人民共和国合同法精解》，中国政法大学出版社1999年版，第344页。

② 参见高富平、王连国：《委托合同·行纪合同·居间合同》，中国法制出版社1999年版，第73页。

③ 参见史尚宽：《债法各论》，中国政法大学出版社2000年版，第397页；黄立主编：《民法债编各论》（下），中国政法大学出版社2003年版，第516页。

④ 参见上海市第二中级人民法院（2015）沪二中民六（商）终字第322号民事判决书。

引起较大争议，但立法者仍将之保留在委托合同一章。本条的规范目的在于，在满足代理权要素的前提下，代理人以自己名义为法律行为，虽不符合显名要素，仍可发生代理归属效果。本条依此目的规定，受托人在授权范围内以自己的名义与第三人订立合同，如果第三人在缔约时知道受托人与委托人之间的代理关系，该合同直接约束第三人和委托人。根据效果标准，可发生代理归属效果者为直接代理，不可发生代理归属效果者为间接代理。根据名义标准，直接代理又分为显名代理和隐名代理。[①]其中，《民法典》第162条属于以被代理人名义的显名代理，本条属于以代理人名义的隐名代理。

规范内容

一、积极构成要件

根据本条文义，隐名代理包括四项构成要件：以受托人名义、在授权范围内订立合同、第三人知道代理关系、但有确切证据证明合同约束受托人和第三人的除外。其中，前三项要件属于隐名代理的积极要件，在满足此三项积极要件时可发生代理归属效果，合同直接约束委托人和第三人。最后一项要件是隐名代理的消极要件，在满足消极要件时排除代理归属效果，合同只约束受托人和第三人。

（一）以受托人名义

在法律适用中应当严格区分以受托人名义与以被代理人名义，二者分别适用本条与《民法典》第162条。在司法实践中适用法律错误表现为，有些法院判决同时适用本条和《民法典》第162条。然而，由于受托人要么以自己名义，要么以被代理人名义，受托人订立的合同要么适用本条，要么适用《民法典》第162条，二者不可能同时适用。

---

① 参见陈自强：《代理公开原则之再展开》，载《月旦法学杂志》2018年第8期；王泽鉴：《民法总则》，北京大学出版社2009年版，第423页；尹田：《民事代理之显名主义及其发展》，载《清华法学》2010年第4期。

（二）在授权范围内订立合同

1.委托人的授权范围系指代理权限。依本条文义，受托人应在委托人的授权范围内订立合同。虽然本条位于《民法典》合同编的委托合同章，但本条在规范性质上属于隐名代理，其规定的授权范围就是指代理法上的代理权限。

2.受托人与第三人可订立任何类型的合同。虽然依合同法立法资料，本条旨在解决外贸代理的相关问题，[①]但本条的适用范围不限于此，[②]而是与《民法典》第162条的显名代理一样，可普遍适用于所有法律交易领域。[③]具体而言，本条规定的受托人与第三人订立的合同，可以是合同法上的任一种合同（《民法典》第464条），包括各种有名合同与无名合同。

（三）第三人知道代理关系

1.第三人知道仅指明知。[④]如果受托人以自己名义在授权范围内订立合同，还须满足代理公开原则要求，即第三人知道代理关系，才能发生本条的代理归属效果。鉴于立法者在术语使用上有意识地区分知道与应当知道，所以依文义解释，本条的第三人知道仅指明知。

2.第三人知道委托人和受托人之间的代理关系。依本条文义，第三人知道的对象是代理关系。不同观点认为，第三人知道的对象实为委托关系，即由于本条位于委托合同章，旨在处理委托人和受托人之间的内部关系，故本条的代理关系应被理解为委托关系。[⑤]但该观点值得商榷。虽然本条位于合同编的委托合同章，但在本质上属于代理规范，第三人知道的对象应为代理关系。

---

① 参见全国人大法制工作委员会民法室编：《〈中华人民共和国合同法〉立法资料选》，法律出版社1999年版，第266页。

② 参见万鄂湘、陆效龙、余晓汉：《最高人民法院2009年海事海商审判综述》，载《环球法律评论》2010年第5期。

③ 参见尹飞：《论我国民法典中代理制度的类型与体系地位》，载《法学杂志》2015年第9期。

④ 参见王利明：《合同法新问题研究》，中国社会科学出版社2003年版，第822页；谢鸿飞：《代理部分立法的基本理念和重要制度》，载《华东政法大学学报》2016年第5期；方新军：《〈民法总则〉第162条的体系意义和规范意义》，载《法治研究》2017年第3期。

⑤ 参见韩世远：《合同法学》，高等教育出版社2010年版，第565—566页。

3.第三人在订立合同时知道。依本条规定，对于委托人和受托人之间的代理关系，第三人必须在订立合同时知道。第三人唯有在订立合同时知道具体的被代理人，才具有与之缔约的意思。

（四）消极构成要件

如果满足本条三项积极要件，可成立隐名代理，发生代理归属效果。然而，如果同时还符合消极要件，则阻碍隐名代理的成立，排除代理归属效果。本条但书“但是，有确切证据证明该合同只约束受托人和第三人的除外”，即为该消极要件。其中，确切证据是指合同当事人意思、行纪关系、交易情况等，若存在此类确切证据表明合同只约束受托人和第三人，则会阻碍隐名代理的成立。

二、法律效果

本条隐名代理的法律效果为，合同直接约束委托人和第三人。直接约束意味着合同对委托人发生效力，委托人依合同对第三人享有权利和负担义务；[①]合同不对受托人发生效力，受托人不是合同当事人，第三人应向委托人行使权利和履行义务。

本条的直接约束效果就是代理归属效果。在隐名代理时，虽然合同由受托人以自己名义独立与第三人订立，但合同的法律效果依本条由委托人承受，就如合同是由委托人自己订立的一样。由此可知，本条隐名代理与《民法典》第162条显名代理的法律效果完全相同。[②]

举证责任

根据《民事诉讼法》第64条第1款规定的“谁主张，谁举证”规则，主

---

① 参见谢怀栻等：《合同法原理》，法律出版社2000年版，第592—593页；高富平、王连国：《委托合同·行纪合同·居间合同》，中国法制出版社1999年版，第90页。

② 参见江平主编：《中华人民共和国合同法精解》，中国政法大学出版社1999年版，第345页。

张权利产生者，应当举证证明权利产生要件；主张权利阻碍或消灭者，应当举证证明权利阻碍或消灭要件。在委托合同纠纷中，在成立隐名代理时合同直接约束委托人和第三人，主张合同权利产生者，应举证证明本条的三项积极要件；主张合同权利阻碍者，应举证证明本条的消极要件。

第九百二十六条【间接代理】

受托人以自己的名义与第三人订立合同时，第三人不知道受托人与委托人之间的代理关系的，受托人因第三人的原因对委托人不履行义务，受托人应当向委托人披露第三人，委托人因此可以行使受托人对第三人的权利。但是，第三人与受托人订立合同时如果知道该委托人就不会订立合同的除外。

受托人因委托人的原因对第三人不履行义务，受托人应当向第三人披露委托人，第三人因此可以选择受托人或者委托人作为相对人主张其权利，但是第三人不得变更选定的相对人。

委托人行使受托人对第三人的权利的，第三人可以向委托人主张其对受托人的抗辩。第三人选定委托人作为其相对人的，委托人可以向第三人主张其对受托人的抗辩以及受托人对第三人的抗辩。

一 规范目的或功能

本条源自《合同法》第403条。因该规定在实践中存在滥用问题，有学者主张《民法典》删除该规定，但立法者仍然保留了该规定。本条的规范目的在于，通过分别赋予委托人和第三人介入权和选择权，使二者可直接向对方行使权利。在大陆法系的传统理论中，间接代理仅为学理概念，而非实在法概念。本条规定间接代理的法律规则，一方面赋予委托人介入权，若受托人因第三人原因对委托人不履行义务，委托人可行使受托人对第三人的权利；另一方面赋予第三人选择权，若受托人因委托人原因对第三人不履行义务，第三人可选择委托人主张权利。

规范内容

委托人介入权和第三人选择权具有共同的规范前提，[①]即“受托人以自己的名义与第三人订立合同时，第三人不知道受托人与委托人之间的代理关系的”。此项规范前提包括三方面内容：受托人以自己名义与第三人订立合同；受托人与委托人之间存在代理关系；第三人不知道代理关系。除此项共同的规范前提外，本条第1款和第2款还分别规定了委托人介入权和第三人选择权的构成要件。

一、委托人的介入权

（一）委托人介入权的构成要件

根据本条第1款，委托人介入权的构成要件为三项：受托人因第三人的原因对委托人不履行义务；受托人向委托人披露第三人；但第三人如果知道委托人就不会订立合同的除外。其中，前两项是积极要件，在满足积极要件时委托人享有介入权，可行使受托人对第三人的权利；后一项是消极要件，在满足消极要件时排除委托人介入权，仍由受托人向第三人行使合同权利。

首先，受托人因第三人的原因对委托人不履行义务。其中，受托人对委托人违约，主要是指受托人未向委托人转交财产（《民法典》第927条）。唯有受托人对委托人违约，才发生委托人介入权。因第三人原因，主要是指第三人对受托人违约，导致受托人对委托人违约。

其次，受托人向委托人披露第三人。由于委托人行使介入权以知道第三人的身份和违约事实为前提，受托人应披露此类事实。在法律实践中，受托人经常通过将合同权利凭证转交给委托人，达到披露第三人的目的。受托人披露在性质上属于委托合同的附随义务，[②]受托人若拒绝披露，应向委托人承担违约责任。

最后，如果满足本条第1款但书规定的消极要件，则排除委托人的介入

---

① 参见全国人民代表大会常务委员会法制工作委员会编：《中华人民共和国合同法释义》（第3版），法律出版社2013年版，第625页。

② 参见韩世远：《合同法学》，高等教育出版社2010年版，第565—566页。

权。鉴于委托人行使介入权发生债权让与的效果，且消极要件排除该效果，所以消极要件实际上发挥禁止债权让与的规范功能。根据《民法典》第545条关于禁止债权让与的规定，如果受托人对第三人的债权，因当事人约定、权利性质或法律规定而禁止让与，则成立本条的消极要件。

（二）委托人介入权的行使

根据本条第1款，“委托人因此可以行使受托人对第三人的权利”，其中委托人“可以”在文义上为委托人“有权”，即委托人享有介入权。在此意义上，委托人介入权是指委托人行使受托人权利之权利。委托人介入权是形成权，委托人可依其单方意思与第三人建立权利义务关系。

委托人可自由决定是否行使介入权。如果委托人不行使介入权，则三方当事人之间的关系依合同相对性原理处理。如果委托人行使介入权，则发生债权让与效果，受托人对第三人的合同权利转让给委托人。由于委托人与受托人之间不存在债权让与合意，所以本条第1款属于法定的债权让与。

二、第三人的选择权

（一）第三人选择权的构成要件

根据本条第2款，第三人选择权包括两项构成要件：受托人因委托人原因对第三人不履行义务；受托人向第三人披露委托人。第三人选择权和委托人介入权在构成要件上具有共通性，对第三人选择权两项要件的分析，均可参照对委托人介入权要件的讨论。

在间接代理关系中，受托人对第三人违约，是指受托人在与第三人缔结合同后不履行其合同义务。因委托人原因，是指因委托人对受托人违约，导致受托人对第三人违约。受托人因委托人原因对第三人违约，应当向第三人披露委托人。对于受托人和第三人订立的合同，受托人披露系该合同的法定附随义务，受托人若拒绝披露，应承担违约责任。

（二）第三人选择权的行使

虽然第三人与委托人之间不存在合同关系，但依本条第2款的选择权，第三人通过其单方意思就可与委托人建立债权债务关系，所以第三人选择权为形成权。[①]在第三人选定相对人时，选择权便已消灭，第三人无权再选择。

受托人和委托人之间、委托人和第三人之间或者三方当事人之间均不存在债务承担的合意，但在第三人选择委托人主张权利时，受托人对第三人的合同债务仍移转给委托人，所以本条款属于法定的债务承担。

三、第三人和委托人的抗辩

（一）第三人的抗辩

根据本条第3款第1句，在委托人行使介入权时，第三人可向委托人主张其对受托人享有的抗辩。鉴于委托人行使介入权的效果为债权让与，本条款的第三人抗辩可依债权让与原理解释，它是指债权让与原理中债务人对受让人主张的抗辩。依债权让与原理，允许此种抗辩的理由在于，委托人行使介入权所取得的权利不应超过受托人享有的权利，故第三人可对委托人主张其对受托人享有的抗辩。

（二）委托人的抗辩

根据本条第3款第2句，在第三人选择委托人主张权利时，委托人可向第三人主张受托人对第三人的抗辩以及委托人对受托人的抗辩。鉴于第三人选择委托人主张权利产生债务承担效果，对于本条款的委托人抗辩可依债务承担原理解释。依债务承担原理，委托人向第三人所主张的受托人对第三人的抗辩，是指新债务人向债权人所主张的原债务人对债权人的抗辩。允许委托人向第三人主张其对受托人的抗辩，是因为委托人因第三人选择而成为新债务人，其法律地位不应较之从前更不利。

举证责任

根据《民事诉讼法》第64条第1款规定的“谁主张，谁举证”规则，主

① 参见王利明：《民商法研究》（第五辑），法律出版社2001年版，第111页。

张权利产生者，应当举证证明权利产生要件；主张权利阻碍或消灭者，应当举证证明权利阻碍或消灭要件。在委托合同纠纷中，不论对于委托人主张的介入权，还是对于第三人主张的选择权，本条第1款的规范前提均是其权利产生要件，主张者应对此承担证明责任。此外，主张介入权的委托人，还应证明作为权利产生要件的本条第1款的两项积极要件；向委托人主张选择权的第三人，还应证明作为权利产生要件的本条第2款的两项构成要件。

第九百二十七条【财产转交义务】

受托人处理委托事务取得的财产，应当转交给委托人。

规范目的或功能

本条源自《合同法》第404条，其在《民法典》制定过程中并未引起立法论上的争议。本条的规范目的在于，受托人为委托人利益处理事务，应将处理事务取得的财产转交给委托人。在委托关系中，受托人不因处理事务而受有利益或不利益，即处理事务所生的利益或不利益均由委托人承受。如果受托人因处理事务而垫付费用，可请求委托人偿还（《民法典》第921条）。同样，如果受托人因处理事务取得财产，应将财产转交给委托人。因此，本条规定，受托人负有转交财产的义务，以防受托人侵害委托人利益。

规范内容

一、受托人取得财产

受托人处理事务取得的财产，指受托人从委托人处和第三人处取得的财产。受托人不论以委托人名义还是以自己名义取得财产，均应转交给委托人。在处理委托事务的过程中，受托人取得财产有两种途径。其一，受托人从委托人处取得财产。[①]例如，委托人将一批电脑交由受托人出卖，在委托关系终

---

① 参见王利明：《合同法分则研究》（上卷），中国人民大学出版社2012年版，第641页。

止后，受托人应将剩余的电脑转交给委托人。同样，对于委托人向受托人预付的费用（《民法典》第921条），受托人也应依本条将剩余费用返还给委托人。其二，受托人从第三人处取得财产，如受托人为委托人购买的电脑。

受托人处理事务取得的财产包括金钱、物品、孳息和权利。[①]受托人从第三人处取得的金钱，如受托人受托出卖标的物而收取的价款。受托人从第三人处取得的物品，包括动产和不动产，如受托人受托购买的标的物。受托人从第三人处取得的孳息包括天然孳息与法定孳息，前者如受托人为委托人管理果园而收取的果实，后者如受托人受托出租房屋而代为收取的租金。受托人处理事务取得的财产还包括从第三人处取得的权利。虽然少数学者认为，权利仅指物权或其他支配权而不包括债权，[②]但主流观点认为，权利包括物权和债权，如损害赔偿请求权。[③]

二、受托人转交财产

根据本条规定，受托人负有财产转交义务。从委托人角度，委托人享有请求受托人转交财产的权利。委托人的此项权利为债权请求权，须依赖于受托人的给付行为才能实现。在受托人向委托人实际转交财产之前，委托人并未取得财产，所以委托人要求受托人转交财产的权利，并不发生法定财产权利移转的效力，委托人不能依此直接取得受托人对财产的权利。[④]

首先，依取得的财产不同，财产转交也有不同方式。对于受托人取得的金钱，在委托人和受托人之间成立货币之债，受托人不得以金钱已遗失或被消费而主张交付不能。受托人对于取得的动产、不动产和有价证券、债权等，应分别依不同方式转交给委托人。受托人应向委托人移转动产的占有，或者应向委托人进行不动产移转登记等。在受托人将取得的对第三人的债权移转给委托人后，依债权让与原理（《民法典》第548条），第三人对委托人可主张其对受托人享有的抗辩。

---

① 参见王家福主编：《民法债权》，法律出版社2015年版，第619页。

② 参见邱聪智：《新订债法各论》（中），中国人民大学出版社2006年版，第169页。

③ 参见郑玉波：《民法债编各论》（下册），台北三民书局1981年版，第427页。

④ 参见黄立主编：《民法债编各论》（下），中国政法大学出版社2003年版，第518页。

其次，对于本条规定的财产转交义务，委托人可随时请求履行，受托人亦可随时提出履行。[①]由于本条未规定财产转交义务的履行期限，该义务属于未定期限的债务。根据《民法典》第511条第4项，受托人可随时履行，委托人也可以随时请求履行，但是应当给对方必要的准备时间。即使委托人未请求，受托人最迟应在委托关系终止时转交财产；否则，受托人应负迟延履行责任。[②]

举证责任

根据《民事诉讼法》第64条第1款规定的"谁主张，谁举证"规则，主张权利产生者，应当举证证明权利产生要件；主张权利阻碍或消灭者，应当举证证明权利阻碍或消灭要件。在委托人诉请受托人转交财产的纠纷中，委托人向受托人主张转交财产的权利，应当证明受托人因处理事务而从委托人处或第三人处取得财产。针对委托人的权利主张，受托人若抗辩该权利已消灭，应当证明其已履行财产转交义务。

第九百二十八条【报酬支付义务】

受托人完成委托事务的，委托人应当按照约定向其支付报酬。

因不可归责于受托人的事由，委托合同解除或者委托事务不能完成的，委托人应当向受托人支付相应的报酬。当事人另有约定的，按照其约定。

规范目的或功能

本条将《合同法》第405条的两句话分为两款规定，在《民法典》制定过程中并未引起立法论上的争议。本条的规范目的在于，有偿委托是双务合同，

① 参见黄立主编：《民法债编各论》（下），中国政法大学出版社2003年版，第517页。

② 参见吴志正：《债编各论逐条释义》（修订六版），台北元照出版有限公司2019年版，第272页。

作为受托人处理事务的对待给付，委托人负有向受托人支付报酬的义务。委托合同以无偿为原则，以有偿为例外。根据受托人是否完成委托事务，委托人支付报酬义务可分为两种不同情形。本条第1款规定，在受托人完成委托事务的情形下，委托人应按约定支付报酬。本条第2款第1句规定，在受托人未完成委托事务的情形下，委托人仅应支付相应的报酬。此外，本条第2款第2句规定，对于报酬支付的方式和时间等，当事人可另行约定。

规范内容

一、委托事务完成时报酬的支付

根据本条第1款，在受托人完成委托事务后，委托人有义务按照约定支付报酬。首先，按照合同约定和委托人指示，受托人已处理完毕委托事务。根据委托合同的性质，在完成委托事务时，受托人无须取得特定的工作成果，所以委托人不能以受托人未取得特定工作成果为由拒绝支付报酬，如委托人不能因律师败诉而拒绝支付报酬。有疑问的是，如果当事人约定报酬的支付以处理事务取得特定成果为前提，那么该约定是否仍属于委托合同？肯定观点认为，此时仍成立委托关系。①但笔者采否定观点，此时不成立委托关系，而成立承揽关系。②如果当事人约定报酬支付以律师胜诉为前提，该约定在性质上属于承揽合同。

其次，委托人按照合同约定支付报酬。根据本条第1款规定，委托人支付报酬，以当事人约定报酬为前提。委托人应当按照合同约定的数额支付报酬，如果对报酬的数额没有约定或约定不明，当事人可协议补充；若不能达成补充协议，则按照合同相关条款或者交易习惯确定（《民法典》第510条）；如果仍无法确定报酬的数额，则按照履行地的市场价确定（《民法典》第511条第2项）。虽然学说上有观点认为报酬的内容不限于金钱，但笔者认为，报酬的内容应以金钱为限，若约定的报酬为物、劳务、物之使用收

---

① 参见郑玉波：《民法债编各论》（下册），台北三民书局1981年版，第447页。

② 参见邱聪智：《新订债法各论》（中），中国人民大学出版社2006年版，第181页。

益等，则当事人之间的协议并非单纯的委托，而是委托与赠与、雇佣、租赁的混合合同。[①]

最后，委托人按照委托事务的性质或交易习惯支付报酬。在法律实践中，即使当事人未约定报酬，但依委托事务的性质或交易习惯，当事人之间仍属有偿委托关系。此种有偿委托的报酬支付，在解释上可类推适用本条第1款，即委托人依委托事务的性质或交易习惯支付报酬的情形，在解释上可被拟制为当事人约定了报酬的情形。

二、委托事务未完成时报酬的支付

根据本条第2款第1句，因不可归责于受托人的事由，委托合同解除或委托事务不能完成，委托人应向受托人支付相应的报酬。与本条第1款的委托事务完成的情形相对应，第2款第1句规定委托事务未完成的情形，即不论是委托合同解除，还是委托事务不能完成，均属于委托事务未完成的情形。其中，委托合同解除既指《民法典》第933条的任意解除，也指《民法典》第563条的解除。委托事务不能完成，系指受托人履行不能。

所谓因不可归责于受托人的事由，是指因可归责于委托人的事由或其他事由。其中，因可归责于委托人的事由致委托合同解除，如委托人另行委托，但受托人不同意而解除合同。因可归责于委托人的事由致受托人不能完成委托事务，如委托人未按照约定预付处理委托事务的费用，导致受托人不能完成委托事务。其他事由包括因不可抗力、意外事件或第三人原因等致合同解除或委托事务不能完成。

如果因可归责于受托人的事由致委托合同解除或委托事务不能完成，委托人是否应当支付相应报酬？根据本条第2款第1句，委托人支付相应报酬的条件包括因不可归责于受托人的事由。依反面解释，如果因可归责于受托人的事由，则委托人无须支付相应报酬。但笔者采肯定观点，即使因可归责于受托人的事由致委托合同解除或委托事务不能完成，委托人仍应在所受利益的范围内支付相应报酬。[②]纵使因可归责于受托人事由致使未

---

① 参见史尚宽：《债法各论》，中国政法大学出版社2000年版，第406页。

② 参见黄立主编：《民法债编各论》（下），中国政法大学出版社2003年版，第523页。

完成委托事务，但受托人仍旧提供了劳务，委托人仍应支付相应的报酬。另外，因可归责于受托人的事由，仅涉及受托人对委托人的损害赔偿问题（《民法典》第929条第1款）。在此意义上，本条第2款第1句的可归责于受托人的事由，与《民法典》第929条第1款的受托人过错应作同一解释。因此，因可归责于受托人的事由，并不能排除委托人的报酬支付义务，而仅可能产生受托人的损害赔偿责任。在法学方法论上，本条第2款第1句存在明显的法律漏洞；对此应通过目的性扩张方法，将之适用于因可归责于受托人事由的情形。

委托人对于委托事务已完成部分应当支付相应的报酬。由于受托人的主给付义务为处理委托事务，而非提供特定的工作成果，受托人在未完成委托事务时仍旧提供了劳务，委托人应对此部分劳务支付相应的报酬。所谓相应的报酬，可根据委托事务完成部分的比例以及重要性程度等因素酌定。

报酬支付在履行时间上采后付主义。唯有在委托合同终止后，委托人才应支付报酬。依本条第1款，在委托事务完成的情形下，委托合同因事务处理完毕而终止。依本条第2款第1句，在委托事务未完成的情形下，委托合同因合同解除或受托人履行不能而终止。另外，根据《民法典》第924条第2句，在委托合同终止时，受托人应当向委托人报告委托事务的结果。唯有在委托合同终止且受托人履行报告义务后，委托人才应向受托人支付报酬。由此可知，受托人应先履行报告义务，委托人再履行报酬支付义务；受托人不得以委托人未支付报酬为由主张同时履行抗辩权或者先履行抗辩权。

三、另有约定时报酬的支付

本条第2款第2句的当事人另有约定，系指当事人对报酬支付另有约定，即约定排除第1款和第2款第1句的任意性规则。例如，针对报酬后付规则，当事人可约定委托人先行支付报酬。不论是在委托事务完成情形下，还是在委托事务未完成情形下，当事人均可约定委托人先行支付报酬。当事人既可约定委托人一次性先行支付报酬，也可约定委托人先行支付部分报酬，待受托人完成委托事务后再支付剩余部分报酬。

举证责任

根据《民事诉讼法》第64条第1款规定的“谁主张，谁举证”规则，主张权利产生者，应当举证证明权利产生要件；主张权利阻碍或消灭者，应当举证证明权利阻碍或消灭要件。在委托合同纠纷中，受托人主张报酬请求权，应当证明权利产生的要件。在委托事务完成的情形下，受托人应当证明自己已经完成委托事务以及当事人对报酬的约定，或者证明根据委托事务的性质或交易习惯应当支付报酬。在委托事务未完成的情形下，受托人应当证明委托事务的完成部分以及当事人对报酬的约定。在当事人另有约定的情形下，受托人应当证明此种约定的存在。

第九百二十九条【受托人的损害赔偿责任】

有偿的委托合同，因受托人的过错造成委托人损失的，委托人可以请求赔偿损失。无偿的委托合同，因受托人的故意或者重大过失造成委托人损失的，委托人可以请求赔偿损失。

受托人超越权限造成委托人损失的，应当赔偿损失。

规范目的或功能

本条源自《合同法》第406条，其在《民法典》制定过程中并未引起立法论上的争议。本条的规范目的在于，受托人因处理事务有过失致委托人损失，以及因超越权限致委托人损失，应向委托人负损害赔偿责任。依委托合同，委托人将委托事务托付给受托人处理，受托人应为委托人利益处理事务，不仅负有作为主给付义务的处理事务义务，还负有亲自处理义务、报告义务、转交财产义务等。如果受托人违反合同义务，且因其过失致委托人损失，应承担损害赔偿责任。受托人应在委托合同约定的权限范围内处理事务，如果受托人超越权限致委托人损失，也应承担损害赔偿责任。基于此，本条第1款规定受托人处理事务有过失的损害赔偿责任；第2款规定受托人超越权限的损害赔偿责任。

规范内容

一、受托人处理事务有过失的损害赔偿责任

在为委托人处理事务时，受托人对于因其过失造成委托人损失，应当承担损害赔偿责任。此种损害赔偿责任属于过错责任，且因有偿委托和无偿委托而有所不同。首先，对于有偿委托，受托人在处理事务时只要具有过错，即应对委托人承担损害赔偿责任。有偿委托系双务合同，受托人处理事务可获得作为对价的报酬，受托人的注意义务较重，负有善良管理人的注意义务。如果受托人违反此种注意义务，即具有抽象轻过失，就应承担损害赔偿责任。既然受托人对其轻过失便须承担责任，那么对其重大过失和故意自然也应承担责任。因此，本条第1款规定，受托人只要主观上存在过错，即应当承担损害赔偿责任。

其次，对于无偿委托，受托人在处理事务时若具有重大过失或故意，则应承担损害赔偿责任；反之，受托人若仅具有轻过失，则不承担责任。无偿委托系不完全双务合同，受托人处理事务不能获得作为对价的报酬，故不应承担与有偿委托相当的注意义务。所以，受托人的注意义务较轻，不应对其轻过失承担责任，本条第1款仅要求受托人对其故意和重大过失承担损害赔偿责任。其中，重大过失是指，一般人均可预见到处理事务会致委托人损失，但受托人却因疏忽大意，未预见而致委托人损失。[①]但须注意的是，传统理论认为，受托人负有与处理自己事务相同的注意义务；受托人若违反该义务，即具有具体轻过失，就应承担损害赔偿责任。[②]所以，根据传统理论，无偿委托的受托人也应对轻过失承担责任。

二、受托人超越权限的损害赔偿责任

所谓超越权限是指受托人超越事务处理权的范围。根据委托合同的约定，

---

① 参见全国人民代表大会常务委员会法制工作委员会编：《中华人民共和国合同法释义》（第3版），法律出版社2013年版，第627页。

② 参见江平主编：《中华人民共和国合同法精解》，中国政法大学出版社1999年版，第350页。

委托人授予受托人对委托事务的处理权，依此处理权受托人有权处理委托人的事务。受托人的处理权限是其对一定范围的委托事务享有处理权，它取决于委托事务的范围。在此意义上，受托人的处理权限应当根据《民法典》第920条来确定，在特别委托情形下，受托人对一项或数项委托事务享有处理权；在概括委托情形下，受托人对一切事务享有处理权。在此之外，如果受托人处理其他事务，则属于超越权限的行为。如果因此造成委托人损失，受托人应依合同承担损害赔偿责任。

受托人超越权限的损害赔偿责任属于无过错责任。有观点认为，受托人超越权限即意味着其主观上必为故意，所以受托人的损害赔偿责任属于过错责任。[①]然而，虽然受托人对于超越权限系属故意，但受托人对于造成委托人损失完全可能并非故意。如果要求受托人仅对故意承担责任，无异于过度保护受托人。所以我国主流学说持相反观点，在受托人超越权限时，无论受托人主观上是否有过错均应承担损害赔偿责任。[②]由此可见，相比于受托人处理事务的损害赔偿责任，受托人超越权限的损害赔偿责任更为严苛。另外，受托人超越权限，无论委托合同为有偿还是无偿，受托人均应承担无过错的损害赔偿责任。

三 举证责任

根据《民事诉讼法》第64条第1款规定的“谁主张，谁举证”规则，主张权利产生者，应当举证证明权利产生要件；主张权利阻碍或消灭者，应当举证证明权利阻碍或消灭要件。在委托合同纠纷中，委托人请求受托人承担损害赔偿责任，必须举证证明受托人在处理事务时具有过错，或者举证证明受托人超越权限，且造成自己的损失。反之，如果委托人不能证明其所受损失可归责于受托人，则受托人无须承担损害赔偿责任。

---

① 参见梁慧星主编：《中国民法典草案建议稿附理由：合同编》（下册），法律出版社2013年版，第713页。

② 参见陈甦编著：《委托合同　行纪合同　居间合同》，法律出版社1999年版，第69—71页。

第九百三十条【委托人的损害赔偿责任】

受托人处理委托事务时，因不可归责于自己的事由受到损失的，可以向委托人请求赔偿损失。

规范目的或功能

本条源自《合同法》第407条，其在《民法典》制定过程中并未引起立法论上的争议。本条的规范目的在于，委托人应当赔偿受托人因处理事务所遭受的损失。根据利益和风险一致性原则，委托人将事务托付给受托人处理，应承受处理事务带来的所有利益和风险。一方面，处理事务的所有利益均应归委托人享有，委托人可请求受托人转交因处理事务所取得的财产。另一方面，处理事务的所有风险也应由委托人承担，委托人应当赔偿受托人因处理事务所遭受的损失。事实上，对于受托人因处理事务所遭受的损失，委托人若不托付给受托人而亲自处理，同样可能会遭受此种损失。既然受托人按照合同约定和委托人指示处理事务，法律不应使其遭受不测损害。所以，对于受托人因处理事务所遭受的损失，本条为保护受托人利益，要求委托人向受托人承担损害赔偿责任。

规范内容

一、受托人在处理事务时遭受损失

首先，受托人遭受损失。此种损失既包括财产损失，也包括人身损失。例如，律师在为委托人办理案件时遭遇交通事故而受有财产损失和人身损失。对于财产损失的范围，有观点认为，财产损失包括积极财产损失和消极财产损失（所失利益）。[①]但笔者赞同不同观点，本条不应包括消极财产损失。[②]

其次，因处理事务遭受损失。受托人仅能请求委托人赔偿因处理事务所

---

① 参见邱聪智：《新订债法各论》（中），中国人民大学出版社2008年版，第179页。

② 参见陈甦编著：《委托合同　行纪合同　居间合同》，法律出版社1999年版，第35页。

遭受的损失，即损失与处理事务之间应具有相当因果关系。[①]在一起委托纠纷中，法院判决认为，受托人在处理事务的必经通道遭受损失，受托人损失与处理事务之间存在因果关系，委托人应对此损失承担赔偿责任。[②]如果受托人所受损失与处理事务无关，则不能请求委托人赔偿。一般认为，如果受托人超出委托事务的范围，那么其所受损失与处理事务无关。

二、因不可归责于受托人的事由

首先，不可归责于受托人的事由致受托人损失，我国学说对事由的范围持不同观点。其中，主流观点认为，不可归责于受托人的事由包括三种类型：[③]第一，可归责于委托人的事由，如委托人指示不当致受托人遭受损失；第二，可归责于第三人的事由，如受托人为委托人管理房屋时遭受第三人侵权而致人身损害；第三，不可抗力等客观情况，如受托人处理事务时遇山洪而致人身损害。然而，部分学者认为，不可归责于受托人的事由仅包括可归责于第三人的事由与不可抗力等客观情况，而不包括可归责于委托人的事由。[④]其理由在于，因可归责于委托人的事由致受托人遭受损害，委托人根据相关请求权基础，或者承担违约责任，或者承担侵权责任，而无须依本条向受托人承担损害赔偿责任。

其次，不可归责于受托人是指，受托人对损害的发生没有过错，即受托人对其人身财产权益尽到注意义务。在注意程度上，受托人仅须尽到一般人处理自己事务的注意义务。[⑤]此种注意义务与《民法典》第929条的注意义务不同，后者是受托人对委托事务尽到的注意义务。另外，如果受托人对损害的发生有过错，则委托人无须承担损害赔偿责任。此外，如果受托人过错仅是损害发生的部分原因，那么对于不可归责于受托人的部分损害，受托人仍

---

① 参见黄立主编：《民法债编各论》（下），中国政法大学出版社2003年版，第523页。

② 参见内蒙古自治区乌海市中级人民法院（2017）内03民终50号民事判决书。

③ 参见梁慧星主编：《中国民法典草案建议稿附理由：合同编》（下册），法律出版社2013年版，第715页。

④ 参见高富平、王连国：《委托合同·行纪合同·居间合同》，中国法制出版社1999年版，第137页。

⑤ 参见江平主编：《中华人民共和国合同法精解》，中国政法大学出版社1999年版，第351页。

可请求委托人赔偿。在一起委托合同纠纷中，法院判决认为，受托人与第三人按比例承担责任，受托人可要求委托人承担第三人应担责的部分损害。[①]

即使受托人在处理事务时存在迟延等债务不履行行为，但只要受托人对损害的发生没有过错，便可依本条要求委托人承担损害赔偿责任。[②]其理由在于，本条规定的受托人损害或者因可归责于第三人的事由，或者因不可抗力等客观情况；但受托人的债务不履行与损害事由之间并无关联，所以不能因受托人债务不履行而认为受托人有过错。同理，受托人处理事务未取得预期效果，不意味着受托人对损害发生具有过错。委托合同在本质上属于劳务给付合同，委托事务的处理结果具有不确定性。受托人处理事务没有取得预期效果，与损害事由之间并无关联，所以不能因此认为受托人具有过错。

三、委托人的损害赔偿责任

本条的法律效果为委托人承担损害赔偿责任，该责任在性质上属于无过错责任。受托人为委托人利益处理事务，受托人在处理事务时有遭受损害的风险，不论委托人是否有过错，均应当由委托人负担。即使受托人损害是因不可抗力等客观情况造成，委托人仍需承担损害赔偿责任。

委托人承担无过错的损害赔偿责任，此点也是委托合同不同于承揽合同之处。[③]在委托合同中，受托人依委托人指示处理事务，其劳务自主性或独立性较弱，所以委托人对受托人遭受的损害承担无过错责任。相反，在承揽合同中，承揽人的自主性与独立性较强，法律不要求定作人承担此种损害赔偿责任。

举证责任

根据《民事诉讼法》第64条第1款规定的“谁主张，谁举证”规则，主张权利产生者，应当举证证明权利产生要件；主张权利阻碍或消灭者，应当

① 参见安徽省安庆市中级人民法院（2017）皖08民终224号民事判决书。

② 参见邱聪智：《新订债法各论》（中），中国人民大学出版社2006年版，第179页。

③ 参见吴志正：《债编各论逐条释义》（修订六版），台北元照出版有限公司2019年版，第277页。

举证证明权利阻碍或消灭要件。在委托合同纠纷中，受托人依本条要求委托人赔偿损失，应当举证证明自己因处理委托事务而遭受的损失，以及损失的具体数额。与此相对，委托人应当举证证明该损害的发生可归责于受托人。

其他问题

一、委托人的求偿权

如果受托人因可归责于第三人的事由而遭受损害，根据自己责任原则，受托人有权请求第三人承担损害赔偿责任；同时，为保护处理事务的受托人，根据本条的法定责任，受托人有权请求委托人承担损害赔偿责任。在此意义上，受托人在因可归责于第三人的事由而遭受损害时享有选择权，可选择第三人承担赔偿责任，也可选择委托人承担赔偿责任。

虽然受托人可请求委托人承担损害赔偿责任，但委托人不是终局责任人，其在向受托人承担赔偿责任后，对第三人享有求偿权。在比较法上，有立法例明确规定委托人的求偿权。虽然本条未明确规定，但依据民法基本原理，委托人对第三人也应享有求偿权。委托人行使求偿权前提是，第三人对于受托人的损害赔偿责任成立，以及委托人已对受托人承担损害赔偿责任。委托人求偿的范围以其实际承担的赔偿范围为限。

二、本条的适用范围

本条对有偿委托和无偿委托均可适用。虽然有观点认为，本条主要适用于无偿委托，而不适用于有偿委托，[①]但主流观点认为，本条可无差别地适用于无偿委托和有偿委托。[②]事实上，在无偿委托或有偿委托中，处理事务的利益均由委托人享有，受托人遭受损害的风险也应由委托人承担。委托系有偿还是无偿仅影响受托人可否获取报酬，而不应免除委托人承担受托人遭受损害的风险。

---

① 参见高富平、王连国：《委托合同·行纪合同·居间合同》，中国法制出版社1999年版，第138页。

② 参见梁慧星主编：《中国民法典草案建议稿附理由：合同编》（下册），法律出版社2013年版，第715页。

本条仅规定委托人对受托人处理事务时遭受的损害承担赔偿责任，而非一般意义上的损害赔偿责任。如果委托人违反费用支付义务、报酬支付义务，应当分别依照《民法典》第921条和第928条承担违约责任。然而，在审判实践中，对于委托人违反费用支付义务的情形，法院经常错误地依据本条要求委托人承担损害赔偿责任。例如，在一起委托合同纠纷中，委托人未偿还受托人垫付的费用，法院依本条判决委托人偿还费用及其利息。[①]

第九百三十一条【另行委托】

委托人经受托人同意，可以在受托人之外委托第三人处理委托事务。因此造成受托人损失的，受托人可以向委托人请求赔偿损失。

规范目的或功能

本条源自《合同法》第408条，其在《民法典》制定过程中并未引起立法论上的争议。本条的规范目的在于，委托人可另行委托第三人处理事务，但应赔偿受托人因此遭受的损失。在委托合同成立后，基于委托人对其事务的决定权，应允许委托人另行委托第三人处理事务。同时，为保护受托人处理事务可获得的利益，应允许受托人请求委托人赔偿因另行委托所造成的损失。依此规范目的，本条第1句规定另行委托的成立要件；第2句规定对于另行委托造成的损失，受托人可请求委托人赔偿。本条并未使用另行委托概念，另行委托仅为理论术语，在学说上也被称作重复委托。

规范内容

一、另行委托的成立要件

（一）委托第三人处理事务

首先，在委托人和受托人的委托关系之外，另行委托要求委托人与第三

① 参见北京市第三中级人民法院（2016）京03民终11761号民事判决书。

人缔结另一委托关系。在成立另行委托后，委托人与受托人之间的委托关系仍然有效，两个委托关系并存。通过先后两个委托合同，委托人将委托事务分别交由受托人与第三人处理。在委托人和受托人之间的委托关系终止之后，委托人和第三人缔结的委托关系，不能被称作另行委托。然而，有些法院判决不当使用另行委托概念，如有判决将委托合同解除后委托人和第三人缔结的委托关系称作另行委托；[①]有判决将转委托的情形称作另行委托。[②]

其次，除受托人有义务处理委托事务外，另行委托要求第三人处理同一事务。在另行委托成立后，委托人将同一事务先后交由受托人与第三人处理。在法律实务中，委托人另行委托第三人处理事务，可能因为受托人不能按合同约定完成事务处理，也可能因为委托人为促使委托事务得到更好的处理。例如，在委托人和受托人签订《加油站土地委托代办合同》后，为顺利取得该项目建设工程施工许可证，委托人另行委托第三人办理加油站项目建设工程规划、建筑工程施工的报建以及协调解决居民抵触阻挠等问题。[③]

（二）另行委托不要求受托人同意

我国主流学说认为，另行委托以受托人同意为要件。[④]委托关系建立在当事人相互信任的基础上，委托人基于对受托人能力、品行、经验等方面的信任而委托其处理事务，受托人亦基于对委托人的了解和信任而接受委托。然而，委托人另行委托将影响受托人利益，本条第1句要求委托人经受托人同意才可另行委托第三人处理事务，所以另行委托以受托人同意为要件。

如果未经受托人同意，另行委托的效力如何？有观点认为，如果未经受托人同意，另行委托应属无效。[⑤]其理由在于，鉴于另行委托导致两个委托关

① 参见河南省郑州市中级人民法院（2019）豫01民终5674号民事判决书。

② 参见河北省张家口市中级人民法院（2017）冀07民终2378号民事判决书。

③ 参见广西壮族自治区梧州市中级人民法院（2017）桂04民终277号民事判决书。

④ 参见王利明：《合同法分则研究》（上卷），中国人民大学出版社2012年版，第634页；梁慧星主编：《中国民法典草案建议稿附理由：合同编》（下册），法律出版社2013年版，第716页。

⑤ 参见江平主编：《中华人民共和国合同法精解》，中国政法大学出版社1999年版，第351页。

系并存，如果未经受托人同意，另行委托将损害受托人利益，以及使受托人与第三人的事务处理权限发生冲突。根据该观点，本条第1句要求受托人同意系强制性规定，另行委托违反该规定将无效。在法律实务中有判决采纳该观点，“未取得受托人郑某某的同意，卓某、满某又将讼争房产的出售另行委托付某某，属于重复委托。后委托书虽然有到公证处办理公证，但未取得原受托人郑某某的同意，违背了法律强制性规定，应为无效”。①

但笔者赞同相反观点，未经受托人同意，不影响另行委托的效力。②即使未取得受托人同意，或者受托人明示不同意，另行委托的效力均不受影响。其理由在于，委托人对另行委托其事务具有自主决定权，即使受托人不同意，委托人仍有权另行委托他人处理同一事务，此系私人自治的要求。如果另行委托造成受托人利益损失，此时仅涉及委托人对受托人的损害赔偿责任，而不涉及任何公益保护问题，也就不会导致另行委托无效。既然未经受托人同意不影响另行委托的效力，那么也就无需要求另行委托以受托人同意为要件。

（三）另行委托时受托人与第三人的关系

首先，在另行委托时存在两个委托关系，受托人和第三人均有义务处理同一事务。在成立另行委托后，委托人和受托人均可终止委托合同。例如，在委托人另行委托第三人曾某后，受托人某律所和郭某某将剩余的预付代理费转交给曾某，而委托人刘某某和甲公司解除了委托合同。③

其次，受托人与第三人的关系，在法律实务中存在两种情形。其一，受托人与第三人分别处理事务。例如，在甲公司另行委托法国某公司办理注册后，受托人张某某和第三人相互独立处理事务，受托人仍继续办理注册。④其二，受托人与第三人共同处理事务。例如，委托人李某某另行委托的某律所与受托人郑某某，共同处理委托人与某市政府房屋征收与拆迁补偿的相关事宜。⑤

---

① 福建省厦门市中级人民法院（2014）厦民终字第2281号民事判决书。

② 参见王利明：《合同法分则研究》（上卷），中国人民大学出版社2012年版，第635页。

③ 参见湖北省武汉市中级人民法院（2017）鄂01民终6213号民事判决书。

④ 参见最高人民法院（2017）最高法民申4456号民事裁定书。

⑤ 参见海南省海口市中级人民法院（2017）琼01民终3614号民事判决书。

二、另行委托的赔偿责任

根据本条第2句，如果另行委托造成受托人损失，受托人可以向委托人请求赔偿。尤其在未经受托人同意时，另行委托常会造成受托人损失。在有偿委托中，受托人处理委托事务的范围会因另行委托受到限制或分割，受托人的报酬也会相应减少。[①]在无偿委托中，虽然受托人并无报酬，但仍可能遭受其他损失。例如，甲公司先后委托张某某和法国某公司办理青蒿琥酯片注册事宜，在二者均成功办理注册后，张某某因不能作为独家销售代理而遭受损失，此种损失系由甲公司另行委托造成。[②]

在成立另行委托后，如果第三人行为造成受托人损失，则不属于本条的损害赔偿责任的范畴。受托人对此种损失可依《民法典》第930条请求委托人赔偿。[③]第三人行为造成受托人损失，属于受托人在处理事务时因不可归责于自己的事由受到的损失，所以受托人可依第930条请求委托人承担赔偿责任。

三 举证责任

根据《民事诉讼法》第64条第1款规定的“谁主张，谁举证”规则，主张权利产生者，应当举证证明权利产生要件；主张权利阻碍或消灭者，应当举证证明权利阻碍或消灭要件。在委托合同纠纷中，受托人请求委托人赔偿损失，应当举证证明另行委托的成立以及另行委托造成自己的损失。例如，被告某汽运公司未经原告同意另行委托第三人肖某某作为委托代理人，法院判决认为，原告应提供证据证明另行委托造成其损失。[④]

---

① 参见江平主编：《中华人民共和国合同法精解》，中国政法大学出版社1999年版，第352页。

② 参见最高人民法院（2017）最高法民申4456号民事裁定书。

③ 参见高富平、王连国：《委托合同·行纪合同·居间合同》，中国法制出版社1999年版，第108页。

④ 参见湖南省望城县人民法院（2013）望民初字第01015号民事判决书。

第九百三十二条【共同委托】

两个以上的受托人共同处理委托事务的，对委托人承担连带责任。

规范目的或功能

本条源自《合同法》第409条，其在《民法典》制定过程中并未引起立法上的争议。本条的规范目的在于，在多个受托人共同处理事务时，为保证各受托人协力配合，各受托人应对委托人承担连带责任。在委托合同关系中，受托方可为两人以上，共同处理委托事务。各受托人在共同处理事务过程中应当协力配合，才能保证顺利完成委托事务。为强化各受托人之间的协力配合关系，只要出现单个或数个受托人不履行债务，本条便要求所有受托人对委托人承担连带责任。

规范内容

一、共同委托的两项要素

（一）两个以上的受托人

在委托合同关系中，委托方或受托方均可为单人或多人，本条规定的共同委托系指受托方为多人的情形。须注意的是，有观点认为，对于本条规定的共同委托，委托方必须为单个委托人。[①]然而，本条未规定委托方人数，在解释上应认为，委托方为单人或多人均可。另有观点将本条规定的受托方为多人的情形称作共同受托。[②]根据此种观点可知，所谓共同委托系指委托方为多人的情形。不可否认，该观点更符合共同受托和共同委托的字面含义。但

---

① 参见高富平、王连国：《委托合同·行纪合同·居间合同》，中国法制出版社1999年版，第109页。

② 参见江平主编：《中华人民共和国合同法精解》，中国政法大学出版社1999年版，第352页；王利明：《合同法分则研究》（上卷），中国人民大学出版社2012年版，第628页。

鉴于本条被普遍称作共同委托，[①]以及没有必要特别规定委托方为多人的情形，笔者将本条称作共同委托。

在共同委托情形下，委托人与多个受托人之间仅存在同一个委托合同关系。[②]委托人在同一合同中委托两个以上受托人共同处理事务，多个受托人一起作为委托关系的受托方。如果委托人先后通过两个合同将事务交由两个受托人处理，则不构成共同委托，而系另行委托。在审判实践中，存在将转委托误作共同委托的情况。如有法院判决提到，受托人与转委托的第三人为共同受托人，共同处理委托事务，应对委托人承担连带责任。[③]

（二）共同处理委托事务

所谓共同处理，是指在委托合同关系中，各受托人均负有处理事务的义务。如果在委托合同中当事人约定了受托人处理事务的分工，多个受托人各自独立处理事务，那么不成立本条的共同委托，而是委托人分别与多个受托人单独成立多个相互独立的委托合同。在一起委托合同纠纷中，鉴于“甲公司和乙公司虽然均接受丙公司的委托，但二者分工明确，各自的受托事项也不相同，实际履行中，它们也是按照合同约定的事项各自独立处理委托事务”，法院据此认为，甲公司和乙公司不属于本条的共同处理事务。[④]

然而，如果在委托合同中当事人未约定各受托人处理事务的分工，而只是各受托人内部约定其各自事务的分工，那么此种约定不改变受托方与委托人的外部关系，各受托人仍须依共同委托对委托人承担连带责任。例如，黄某某和何某某委托甲房地产经纪公司和李某处理房屋买卖事宜，虽然在合同关系存续过程中仅由李某实际处理事务，但法院认为，甲房地产经纪公司与

---

① 参见全国人民代表大会常务委员会法制工作委员会编：《中华人民共和国合同法释义》（第3版），法律出版社2013年版，第628页；梁慧星主编：《中国民法典草案建议稿附理由：合同编》（下册），法律出版社2013年版，第716页。

② 参见余延满：《合同法原论》，武汉大学出版社1999年版，第689页；王利明：《合同法分则研究》（上卷），中国人民大学出版社2012年版，第630页。

③ 参见四川省成都市中级人民法院（2018）川01民终7063号民事判决书；内蒙古自治区赤峰市红山区人民法院（2016）内0402民初504号民事判决书。

④ 参见上海市高级人民法院（2013）沪高民二（商）终字第32号民事判决书。

李某应依共同委托承担连带责任。[①]

二、受托人承担连带责任

本条共同委托的法律效果为，各受托人应对委托人承担连带责任。此项连带责任的承担前提为受托人不履行债务，受托人只有在不履行债务时才承担连带责任。此种债务包括遵守指示义务、亲自处理事务义务、报告义务、财产转交义务等。在共同委托关系中，不论一个还是多个受托人不履行债务，其他受托人不能抗辩其无过错而免责，所有受托人均应对委托人承担连带责任。

本条在性质上属于法定的连带责任。此项连带责任的外部效力表现为，委托人可要求全部受托人共同承担全部责任，也可要求部分受托人承担全部责任。此项连带责任的内部效力表现为，若受托人之间无不同约定，各受托人应按份承担责任。如果受托人向委托人承担了超出其份额的责任，则有权向其他受托人追偿，即各受托人向委托人承担连带责任不影响受托人内部之间的追偿关系。

三、当事人约定排除连带责任

本条在性质上为任意性规范，当事人可在委托合同中约定各受托人不承担连带责任，即排除本条的适用。[②]在委托合同中委托人和受托方可约定，多个受托人共同处理事务，但相互之间不承担连带责任，而承担按份责任。例如，甲商贸公司委托胡某某、肖某某、王某某到某煤矿购买煤炭并发运至指定地点，但此后受托人未退还剩余的煤炭款；委托人与受托方签订补充协议，由各受托人按份偿还煤炭款，此项协议的效力得到法院判决的确认。[③]

---

① 参见云南省昆明市中级人民法院（2014）昆民一终字第211号民事判决书。

② 参见全国人民代表大会常务委员会法制工作委员会编：《中华人民共和国合同法释义》（第3版），法律出版社2013年版，第629页；梁慧星主编：《中国民法典草案建议稿附理由：合同编》（下册），法律出版社2013年版，第717页。

③ 参见云南省富源县人民法院（2017）云0325民初2492号民事判决书。

举证责任

根据《民事诉讼法》第64条第1款规定的“谁主张，谁举证”规则，主张权利产生者，应当举证证明权利产生要件；主张权利阻碍或消灭者，应当举证证明权利阻碍或消灭要件。在委托合同纠纷中，委托人提起诉讼要求全体受托人承担连带责任，或要求其中部分受托人承担全部责任的，应当举证证明成立共同委托且受托人不履行债务。受托人抗辩不承担连带责任的，应当举证证明委托人与受托人之间存在排除连带责任的约定。

第九百三十三条【任意解除的损害赔偿】

委托人或者受托人可以随时解除委托合同。因解除合同造成对方损失的，除不可归责于该当事人的事由外，无偿委托合同的解除方应当赔偿因解除时间不当造成的直接损失，有偿委托合同的解除方应当赔偿对方的直接损失和合同履行后可以获得的利益。

历史由来

本条在沿袭《合同法》第410条第1句的基础上，将第2句的法律效果“应当赔偿损失”改为“无偿委托合同的解除方应当赔偿因解除时间不当造成的直接损失，有偿委托合同的解除方应当赔偿对方的直接损失和合同履行后可以获得的利益”。从立法史的角度看，《民法典合同编（草案）》(一审稿）第716条把《合同法》第410条的法律效果改为“无偿委托合同的解除方应当赔偿因解除时间不当造成的直接损失，有偿委托合同的解除方应当赔偿对方的直接损失和可以获得的利益”；《民法典合同编（草案）》(二审稿）第716条和《民法典（草案）》第933条均延续了此种修改；2020年5月提交全国人大代表审议时将“可以获得的利益”改为“合同履行后可以获得的利益”。此种修改的理由在于，《合同法》第410条规定的“应当赔偿损失”未明确赔偿范围，本条在区分无偿委托和有偿委托的基础上，分别规定其赔偿范围。

规范目的或功能

本条的规范目的在于，一方当事人若不愿受委托合同拘束可解除合同，但应当赔偿对方当事人因此遭受的损失。委托合同注重当事人之间的相互信任，若此种信任关系动摇，委托合同的基础亦不复存在。在当事人对此种信任关系产生疑义时，委托合同便无必要继续约束当事人，任意一方当事人均可解除合同。为适当限制解除权的行使以及平衡对方当事人利益，对于合同解除造成的对方当事人损失，解除方应承担损害赔偿责任。依此规范目的，本条第1句规定当事人的任意解除权；本条第2句规定解除方的损害赔偿责任。

规范内容

一、构成要件

根据本条规定，委托合同任意解除的损害赔偿责任包括四项构成要件：委托合同的任意解除、因解除合同造成对方损失、无偿委托的解除时间不当、不可归责于解除方的事由除外。其中，前三项要件属于损害赔偿责任的积极构成要件，在满足三项积极要件时成立损害赔偿责任；最后一项要件属于损害赔偿责任的消极构成要件，在满足消极要件时排除解除方的损害赔偿责任。

（一）委托合同的任意解除

根据本条第1句规定，无偿委托和有偿委托的当事人均享有任意解除权。须注意的是，部分学者认为，应当限制委托合同的任意解除权，仅无偿委托的当事人享有任意解除权。[①]但鉴于本条第2句同时规定无偿委托和有偿委托解除的损害赔偿，由此表明任意解除权在有偿委托和无偿委托中均存在，本条并未采纳学者的前述观点。

---

① 参见崔建远、吴光荣：《我国合同法上解除权的行使规则》，载《法律适用》2009年第11期；吕巧珍：《委托合同中任意解除权的限制》，载《法学》2006年第9期。

在包括委托要素的混合合同中，当事人不享有任意解除权。[①]其理由在于，混合合同作为当事人利益安排的整体规划，不仅存在委托要素所要实现的当事人利益，还存在其他类型合同要素所要保护的当事人利益，所以对于混合合同不应适用单纯委托合同的任意解除规定。此种观点在审判实践中也获得了支持，如有法院判决提到，"故双方签订的《艺人经纪代理合同》属于委托、行纪、居间、劳动、著作权等多重性质复合型合同，此类合同并非单纯的委托代理或行纪性质，不能依据合同法中关于委托代理合同或行纪合同的规定由合同相对方单方行使任意解除权"。[②]

（二）因解除合同造成对方损失

所谓因解除合同造成对方损失，是指委托合同解除与对方损失之间存在因果关系。根据解除有偿或无偿委托的不同，以及根据解除主体的不同，此项要件包括如下情形。首先，解除有偿委托造成对方损失。其一，委托人解除有偿委托造成受托人损失，即导致受托人预期可获得的报酬减少。其二，受托人解除有偿委托造成委托人的损失，即委托事务无人处理导致委托人遭受损失。

其次，解除无偿委托造成对方损失。其一，委托人解除无偿委托造成受托人损失。虽然受托人一般不会因合同解除遭受损失，但在附负担的无偿委托以及兼为受托人利益的无偿委托中，受托人仍可能因合同解除而遭受损失。[③]其二，受托人解除无偿委托造成委托人损失。受托人解除合同将导致委托事务无人处理，进而造成委托人损失。

（三）无偿委托的解除时间不当

根据本条第2句规定，在无偿委托的任意解除时，损害赔偿责任还以解除时间不当为要件。所谓解除时间不当，是指解除方在明显不利于对方的时间

---

① 参见崔建远、龙俊：《委托合同的任意解除权及其限制——"上海盘起诉盘起工业案"判决的评释》，载《法学研究》2008年第6期。

② 四川省成都市锦江区人民法院（2018）川0104民初1101号民事判决书。

③ 参见周江洪：《委托合同任意解除的损害赔偿》，载《法学研究》2017年第3期。

解除委托合同。其中，明显不利于委托人的时间，是指受托人在完成委托事务之前解除委托合同，使得委托人既无法亲自处理事务，也无法及时委托其他人处理事务。[①]明显不利于受托人的时间，是指委托人在受托人处理事务过程中解除合同，使得受托人为处理事务所作准备工作毫无意义，还使得受托人不能因完成委托事务而获得其他利益。

（四）消极构成要件

如果满足本条的三项积极要件，则解除权人应向对方承担损害赔偿责任。然而，如果同时还符合本条的消极要件，则排除解除权人的损害赔偿责任。本条的除外规定"除不可归责于该当事人的事由外"，即为损害赔偿责任的消极要件。根据此项消极要件，虽然解除权人解除合同造成对方损失，但若解除合同系出于不可归责于解除方的事由，则排除解除方的损害赔偿责任。所谓不可归责于解除权人，是指解除权人对导致合同解除的事由没有过错。一般而言，因可归责于对方当事人的事由或者客观原因导致委托合同被解除的，[②]即属于不可归责于解除权人的事由。

二、法律效果

本条的法律效果为，解除方就对方遭受的损失承担损害赔偿责任。首先，在无偿委托情形下，解除方的赔偿范围为直接损失。一般认为，直接损失是指现存利益的积极减少，其含义等同于所受损害和实际损失。其中，委托人的直接损失，主要是指委托人因合理信赖委托合同得以持续履行而受到的信赖利益损失，[③]包括缔约费用、为准备履行而支出的费用以及准备受领而支出的费用等。受托人的直接损失主要表现为必要费用以外的前期投入的损失。

其次，在有偿委托情形下，解除方的赔偿范围为直接损失和可得利益。可得利益是指，若委托合同未被解除时，当事人基于合同的完全履行可以获

---

① 参见全国人民代表大会常务委员会法制工作委员会编：《中华人民共和国合同法释义》（第3版），法律出版社2013年版，第630页。

② 参见高富平、王连国：《委托合同·行纪合同·居间合同》，中国法制出版社1999年版，第117页。

③ 参见周江洪：《委托合同任意解除的损害赔偿》，载《法学研究》2017年第3期。

得的利益。[1]其中，委托人的直接损失是委托人为履行合同而遭受的现有财产的损失，可得利益则指在委托合同得到完全履行的情况下，委托人能够获得的利益。受托人的直接损失指必要费用之外的前期投入损失，可得利益是指受托人在委托合同完全履行时可以获得的利益。

举证责任

根据《民事诉讼法》第64条第1款规定的“谁主张，谁举证”规则，主张权利产生者，应当举证证明权利产生要件；主张权利阻碍或消灭者，应当举证证明权利阻碍或消灭要件。在委托合同纠纷中，委托人或受托人根据本条主张损害赔偿请求权，应当举证证明本条的三项积极要件，即委托合同的任意解除、因解除造成自己损失、无偿委托的解除时间不当。解除权人主张权利受到阻碍而排除其赔偿责任的，应当举证证明本条的消极要件，即证明不可归责于自己的事由。[2]另外，由于委托以无偿委托为原则，委托合同是否有偿存疑时，在诉讼中主张损害赔偿请求权的当事人，应当证明合同系有偿委托。

第九百三十四条【委托合同终止】

委托人死亡、终止或者受托人死亡、丧失民事行为能力、终止的，委托合同终止；但是，当事人另有约定或者根据委托事务的性质不宜终止的除外。

历史由来

本条将《合同法》第411条“委托人或者受托人死亡、丧失民事行为能力或者破产的”改为“委托人死亡、终止或者受托人死亡、丧失民事行为能力、终止的”。此项修改涉及两个方面：其一，对于委托合同终止的原因，区

① 参见马忠法、冯凯：《委托合同任意解除的赔偿责任》，载《东方法学》2009年第3期。

② 参见林诚二：《民法债编各论》（中），中国人民大学出版社2007年版，第188页。

分规定委托人方面的原因和受托人方面的原因，其理由在于，委托人丧失行为能力不导致委托合同终止；其二，将“破产”改为“终止”，其理由在于，法人在被宣告破产后还须经过清算程序才终止，破产人仍可承受合同的权利义务关系，故委托合同并非当然终止。从立法史的角度看，《民法典合同编（草案）》（一审稿）第717条与《合同法》第411条完全一致；《民法典合同编（草案）》（二审稿）第717条和《民法典（草案）》第934条仅将《合同法》第411条的“破产”改为“终止”；2020年5月提交全国人大代表审议时对第934条作了前述修改。

规范目的或功能

本条的规范目的在于，在当事人死亡、丧失行为能力或终止时，委托合同因丧失赖以成立的信任关系而终止。委托合同以当事人的相互信任为基础，强调当事人的身份、能力和资质，具有鲜明的人格专属性。此种信任关系在当事人死亡、丧失行为能力或终止时不复存在，委托合同便当然归于终止。依此规范目的，本条规定委托合同终止的原因，即委托人死亡或终止，以及受托人死亡、丧失行为能力或终止。为避免法律规定的僵化，本条但书规定了委托合同例外不终止的原因，即在当事人另有约定或者根据委托事务的性质不宜终止时，委托合同例外不终止。

规范内容

一、委托合同终止

（一）委托合同终止的原因

本条主文系委托合同终止的特殊原因。[①]委托合同终止的原因包括一般原因和特殊原因。根据《民法典》第557条，委托合同终止的一般原因如委托事务处理完毕、委托合同约定的期间届满等。委托合同终止的特殊原因涉及委

① 参见王家福主编：《民法债权》，中国社会科学出版社2015年版，第619页。

托合同当事人之间的信任关系，具体包括《民法典》第933条第1句规定的委托合同的任意解除，以及本条规定的委托合同终止的原因。其中，委托人死亡以及受托人死亡或丧失行为能力，系针对当事人为自然人的终止原因；委托人或受托人终止，系针对当事人为法人的终止原因。

首先，委托人或受托人死亡。受托人死亡导致委托合同终止，在比较法和学说上均无疑义。虽然委托人死亡是否导致委托合同终止有不同立法例，但鉴于在委托人死亡后，受托人处理事务对委托人已无意义，委托人亦无从对受托人进行指示，本条规定委托人死亡导致委托合同终止。因此，无论是委托人还是受托人死亡，均导致委托合同终止。此处的死亡包括自然死亡和宣告死亡。①宣告死亡与自然死亡发生相同的效力，且在宣告死亡时委托合同的信任关系亦不复存在，委托合同无继续履行的必要。

其次，受托人丧失行为能力。受托人丧失行为能力主要是指因精神受损等原因而丧失行为能力。受托人丧失行为能力在文义上包括完全丧失和部分丧失，有观点对此认为，受托人丧失行为能力仅指完全丧失行为能力。②但笔者认为，在受托人部分丧失行为能力时，委托合同的信任关系亦不复存在，没有必要使合同继续存在，所以受托人丧失行为能力在解释上应包括完全丧失和部分丧失行为能力。同时，在受托人部分丧失行为能力时，如果依当事人约定或根据委托事务性质不宜终止，则委托合同仍可依本条但书例外不终止。

最后，委托人或受托人终止。委托合同的此种终止原因，针对当事人为法人的情形。根据《民法典》第59条，法人的权利能力和行为能力到法人终止时消灭，所以到法人终止时委托合同自然也应当终止。

（二）委托合同终止的效力

本条主文规定的委托合同终止属于当然终止。所谓当然终止，即不经当事人主张，委托合同自动终止，双方当事人不再受委托合同的约束。须注意的是，共同委托的部分受托人死亡、丧失行为能力或终止，委托合同也因此

---

① 参见江平主编：《中华人民共和国合同法精解》，中国政法大学出版社1999年版，第354页。

② 参见崔建远主编：《合同法》（第六版），法律出版社2016年版，第450页。

当然终止。[①]委托合同终止不具有溯及力，仅对将来发生效力，终止前已履行的部分不受影响。

委托合同因不同原因终止将产生不同的具体后果。委托合同因当事人死亡而终止的，已成立的权利义务发生继承的效力。[②]委托合同因当事人终止而终止的，委托合同的权利义务由清算人进行清算和分配。委托合同因受托人丧失行为能力而终止的，权利义务的主体仍为原当事人，仅由受托人的法定代理人代为管理。

二、委托合同例外不终止

（一）委托合同例外不终止的原因

本条但书条款规定委托合同例外不终止的两种原因，即当事人约定排除合同终止，以及委托事务的性质排除合同终止。即使满足本条主文的三种终止原因，但若还满足本条但书的两种不终止原因，则委托合同例外不终止。

首先，当事人约定排除合同终止。本条关于委托合同终止的规定不属于强制性规定，[③]当事人可约定排除本条的适用。例如，当事人可约定委托合同仅在委托事务处理完毕后才终止；或者约定委托合同不因受托人丧失行为能力而终止。当事人不仅可在委托合同成立时作出此种约定，也可在合同成立后通过补充协议作出此种约定。[④]

其次，委托事务的性质排除合同终止。根据委托事务的性质，如果委托合同终止将损害当事人利益，则委托合同例外不终止。此种委托事务主要是指，委托事务的处理并非纯为委托人利益，而是兼为受托人或第三人利益。[⑤]例如，受托人代收租金以抵偿委托人对受托人负担的债务，如果委托合同终止将影响受托人的利益。

---

① 参见徐国栋主编：《绿色民法典草案》，社会科学文献出版社2004年版，第640页。

② 参见黄立主编：《民法债编各论》（下），中国政法大学出版社2003年版，第528页。

③ 参见江平主编：《中华人民共和国合同法精解》，中国政法大学出版社1999年版，第354页。

④ 参见邱聪智：《新订债法各论》（中），中国人民大学出版社2006年版，第186页。

⑤ 参见郑玉波：《民法债编各论》（下册），台北三民书局1981年版，第451页。

（二）委托合同例外不终止的效力

如果满足本条但书规定，则委托合同例外不终止。首先，在受托人丧失行为能力时，委托合同例外不终止的效力为，委托合同继续存在，即委托合同在丧失行为能力的受托人和委托人之间继续存在。需注意的是，有学者认为，在受托人丧失行为能力情形时不能适用本条但书条款，即委托合同应无例外地终止。[①]但笔者认为，为维护当事人意思自治以及保护当事人利益，在受托人丧失行为能力时也可适用本条但书条款，即当事人约定以及根据委托事务的性质也可排除委托合同终止。

其次，在当事人死亡或终止时，委托合同例外不终止的效力为在特定主体之间成立法定之债。委托合同当事人死亡或终止的，当事人主体资格已消灭，在符合本条但书规定时，委托合同也不可能继续存在。另外，如果符合本条但书规定，出于对当事人意思自治的尊重以及对当事人合同利益的维护，所谓委托合同例外不终止的效力应是指，已死亡或终止的当事人的继承人或约定的民事主体与对方当事人之间成立法定的债权债务关系，且该法律关系的内容与委托合同的内容相同。因此，在当事人死亡或终止时，本条但书规定的效力并非使委托合同继续存在，而是成立法定的债之关系。

三 举证责任

根据《民事诉讼法》第64条第1款规定的“谁主张，谁举证”规则，主张权利产生者，应当举证证明权利产生要件；主张权利阻碍或消灭者，应当举证证明权利阻碍或消灭要件。在委托合同纠纷中，主张委托合同终止的当事人，应当举证证明本条规定的委托合同终止的原因；主张委托合同例外不终止的对方当事人，应当举证证明本条但书规定的例外不终止的原因。

---

① 参见高富平、王连国：《委托合同·行纪合同·居间合同》，中国法制出版社1999年版，第114页。

第九百三十五条【继续处理事务】

因委托人死亡或者被宣告破产、解散，致使委托合同终止将损害委托人利益的，在委托人的继承人、遗产管理人或者清算人承受委托事务之前，受托人应当继续处理委托事务。

历史由来

本条对《合同法》第412条作了三处修改。其一，将“因委托人死亡、丧失民事行为能力或者破产”改为“因委托人死亡或者被宣告破产、解散”。此项修改的理由在于，委托人丧失民事行为能力不会导致委托合同终止，所以应删除委托人丧失民事行为能力的情形；破产和解散均是法人终止的原因，所以应增加委托人解散的情形。其二，由于删除委托人丧失民事行为能力的情形，所以应删除“法定代理人”增加“遗产管理人”。其三，将“清算组织”改为“清算人”。从立法史的角度看，《民法典合同编（草案）》（一审稿）第718条与《合同法》第412条完全一致；《民法典合同编（草案）》（二审稿）第718条和《民法典（草案）》第935条对《合同法》第412条作了修改，将委托人“破产”改为“终止”，增加“遗产管理人”，将“清算组织”改为“清算人”。最终，2020年5月提交全国人大代表审议时第935条作了前述修改。

规范目的或功能

本条的规范目的在于，为避免委托事务因合同终止而无人处理，受托人在合同终止后的特定期限负有继续处理事务的义务。在委托人死亡或者被宣告破产、解散时，委托合同因赖以成立的信任关系不复存在而归于终止。在委托合同终止时，受托人从合同义务的束缚中解放出来，不再负有处理委托事务的义务。然而，在委托人的继承人、遗产管理人或者清算人承受委托事务之前，委托事务处于无人处理状态，这极可能损害委托人利益。为避免此种利益损害，本条要求自委托人死亡或者被宣告破产、解散时起，至委托人的继承人等承受委托事务时止，受托人负有继续处理委托事务的义务。

规范内容

本条为完全法条，包括三项构成要件：委托人死亡或者被宣告破产、解散；委托合同终止将损害委托人利益；委托人的继承人、遗产管理人或者清算人尚未承受委托事务。本条的法律效果为，受托人负有继续处理委托事务的义务。

一、构成要件

首先，委托人死亡或者被宣告破产、解散。其中，委托人死亡，系针对委托人为自然人的情形；委托人被宣告破产、解散，系针对委托人为法人的情形。此项要件属于《民法典》第934条规定的第一种情形，后者规定委托人死亡或终止导致委托合同终止。

其次，委托合同终止将损害委托人利益。在委托人死亡或者被宣告破产、解散时，委托合同依《民法典》第934条终止，受托人停止处理事务。由于委托事务无人处理，委托人利益极可能遭受损害。此项要件要求受托人停止处理事务与委托人利益遭受损害之间存在联系。所谓委托人利益应作广义解释，不仅指委托人的利益，也包括继承人等的财产利益。

最后，委托人的继承人、遗产管理人或者清算人尚未承受委托事务。在委托人死亡或者被宣告破产、解散时，委托人的继承人等承受委托事务需要或长或短的时间。此项要件可被理解为受托人继续处理事务的期限，从委托人死亡或者被宣告破产、解散时起，至委托人的继承人等承受委托事务时止。如果委托人的继承人等承受委托事务存在迟延，学说上认为自迟延时起受托人不再负担继续处理事务的义务。[①]

二、法律效果

本条的法律效果为，在受托人与委托人的继承人等之间产生继续处理事务之债。根据本条规定，受托人负有继续处理委托事务的义务；与此相应，委托人的继承人、遗产管理人或清算人享有请求受托人继续处理事务的权利。对于此种债

---

① 参见江平主编：《中华人民共和国合同法精解》，中国政法大学出版社1999年版，第355页。

的性质，有学者持委托合同延长说，即委托合同在继续处理义务范围内被视为继续存在，因为受托人既负有处理事务的义务，也享有合同约定的权利。[①]

但笔者认为，继续处理事务之债属于一种法定之债。在委托人死亡或者被宣告破产、解散时，委托合同终止。为维护委托人的利益，受托人依本条负有继续处理事务的义务。作为一种后合同义务，继续处理事务在性质上为法定义务，[②]它并非基于委托合同而生，而系根据本条规定而生。继续处理事务之债与委托合同的内容相同，受托人负担继续处理委托事务的义务，而委托人的继承人、遗产管理人、法定代理人、清算人负担支付费用和报酬的义务。

举证责任

根据《民事诉讼法》第64条第1款规定的“谁主张，谁举证”规则，主张权利产生者，应当举证证明权利产生要件；主张权利阻碍或消灭者，应当举证证明权利阻碍或消灭要件。在委托合同纠纷中，委托人的继承人、遗产管理人或者清算人与受托人，均可依本条规定的继续处理事务之债向对方主张权利，主张者应当举证证明本条的三项构成要件。

第九百三十六条【通知和采取措施】

因受托人死亡、丧失民事行为能力或者被宣告破产、解散，致使委托合同终止的，受托人的继承人、遗产管理人、法定代理人或者清算人应当及时通知委托人。因委托合同终止将损害委托人利益的，在委托人作出善后处理之前，受托人的继承人、遗产管理人、法定代理人或者清算人应当采取必要措施。

历史由来

本条对《合同法》第413条作了三处修改。其一，将“破产”改为“被宣

① 参见邱聪智：《新订债法各论》（中），中国人民大学出版社2006年版，第187页。

② 参见陈甦编著：《委托合同　行纪合同　居间合同》，法律出版社1999年版，第66页。

告破产、解散”；其二，在两处增加受托人的“遗产管理人”；其三，在两处将“清算组织”改为“清算人”。此项修改对应《民法典》第935条对《合同法》第412条所作的修改。从立法史角度看，《民法典合同编（草案）》（一审稿）第719条与《合同法》第413条完全一致；《民法典合同编（草案）》（二审稿）第719条和《民法典（草案）》第936条对《合同法》第413条作了前述第二处和第三处修改，并将受托人“破产”改为“终止”。2020年5月提交全国人大代表审议时第936条最终作了前述三处修改。

规范目的或功能

本条的规范目的在于，在受托人死亡、丧失民事行为能力或者被宣告破产、解散时，为避免委托事务无人处理而损害委托人利益，受托人的继承人、遗产管理人、法定代理人或者清算人有义务及时通知委托人和采取必要措施。在受托人死亡、丧失民事行为能力或者被宣告破产、解散时，委托合同赖以成立的信任关系不复存在而终止。然而，对于受托人死亡、丧失民事行为能力或者被宣告破产、解散而导致委托事务无人处理，委托人可能不知情，所以本条第1句规定受托人的继承人等有义务通知委托人。在委托人获知受托人死亡、丧失民事行为能力或者被宣告破产、解散后，委托人对委托事务作出善后处理需要相应时间，所以本条第2句要求受托人的继承人等在此之前有义务采取必要措施。

规范内容

一、通知义务

通知义务产生的前提为，因受托人死亡、丧失民事行为能力或者被宣告破产、解散而导致委托合同终止。根据《民法典》第934条，在受托人死亡、丧失民事行为能力或者被宣告破产、解散时，委托合同终止。

通知的主体为，受托人的继承人、遗产管理人、法定代理人或者清算人。通知的内容为，向委托人通知受托人死亡、丧失行为能力或者被宣告破产、解散的事实。通知应当及时，通知主体应依诚信原则在合理期限尽快通知委托人。如果受托人的继承人等通知不及时致委托人遭受损害，委托人可要求其承担损害赔偿责任。

在委托人收到通知之前，委托合同视为继续存在。[①]对于受托人死亡、丧失民事行为能力或者被宣告破产、解散情形，在委托人收到通知而知悉合同终止前，委托人仍相信委托合同存在。为保护委托人利益，在委托人收到通知前，委托合同被视为继续存在。所谓委托合同视为继续存在，实际上是在委托人与受托人的继承人等之间产生法定之债，此点可类推适用《民法典》第934条但书规定。

二、采取措施义务

（一）采取措施义务的产生前提

除受托人死亡、丧失民事行为能力或者被宣告破产、解散致委托合同终止外，采取措施义务还包括两项产生前提：委托合同终止将损害委托人利益；委托人尚未作出善后处理。首先，委托合同终止将损害委托人利益。对于委托人利益的损害应作广义理解，既可为委托人现有利益的损害，也可为将来利益的损害。受托人的继承人等应依委托事务的性质判断委托事务无人处理是否会损害委托人利益。

其次，委托人尚未作出善后处理。在委托人实际作出善后处理前，为避免委托事务处于无人处理状态，受托人的继承人等有义务采取必要措施。此项要件可被理解为采取措施义务的期限，自受托人死亡、丧失民事行为能力或者被宣告破产、解散时起，至委托人作出善后处理时止。在受托人的继承人等已经通知委托人之后，委托人超过合理期限未对委托事务作出善后处理，那么从委托人应当作出善后处理之时起，受托人的继承人等不再负担采取必要措施义务。

（二）采取措施义务的内容

受托人的继承人、遗产管理人、法定代理人或清算人应采取必要措施。

---

① 参见吴志正：《债编各论逐条释义》（修订六版），台北元照出版有限公司2019年版，第283页。

所谓必要措施主要指，对委托事务所涉及的单证、资料、财产进行消极的保存行为，而不包括积极的处理事务行为。其理由在于，受托人的继承人等与委托人之间并无委托合同，不负担处理事务义务；受托人的继承人等可能也不具备处理事务的专业能力。必要措施的判断标准应当综合考虑所采取的措施是否能避免或减少委托人的损失，以及受托人的继承人等的能力和经验。①

鉴于本条规定受托人的继承人等负有采取必要措施的义务，所以受托人的继承人等采取必要措施的行为并非无因管理，受托人的继承人等与委托人之间成立以采取必要措施义务为内容的法定之债。另外，对于受托人的继承人等因采取必要措施而支出的费用，可要求委托人返还。

举证责任

根据《民事诉讼法》第64条第1款规定的“谁主张，谁举证”规则，主张权利产生者，应当举证证明权利产生要件；主张权利阻碍或消灭者，应当举证证明权利阻碍或消灭要件。在司法实践中，涉及本条的举证责任分配问题表现为两种类型。首先，委托人提起诉讼请求受托人的继承人、遗产管理人、法定代理人或清算人承担损害赔偿责任，委托人应当举证证明受托人死亡、丧失民事行为能力或者被宣告破产、解散致委托合同终止，且因此造成委托人损害；针对委托人的权利请求，受托人的继承人等主张已履行义务，应当举证证明已通知委托人以及采取必要措施。其次，受托人的继承人等提起诉讼请求委托人返还费用，受托人应当举证证明采取了必要措施，且支付了必要费用。

① 参见陈甦编著：《委托合同　行纪合同　居间合同》，法律出版社1999年版，第68页。

第二十四章

物业服务合同

第九百三十七条【物业服务合同的定义】

物业服务合同是物业服务人在物业服务区域内，为业主提供建筑物及其附属设施的维修养护、环境卫生和相关秩序的管理维护等物业服务，业主支付物业费的合同。

物业服务人包括物业服务企业和其他管理人。

历史由来

本条可追溯至《物业管理条例》与《物权法》的相关规定。2003年施行的《物业管理条例》第2条规定："本条例所称物业管理，是指业主通过选聘物业管理企业，由业主和物业管理企业按照物业服务合同约定，对房屋及配套的设施设备和相关场地进行维修、养护、管理，维护相关区域内的环境卫生和秩序的活动。"① 该条例首次对物业服务合同的内容作出了具体规定，但总体上将其定位为物业管理活动。2007年《物权法》第82条规定："物业服务企业或者其他管理人根据业主的委托管理建筑区划内的建筑物及其附属设施，并接受业主的监督。"该条改采"物业服务企业"的表述，明确物业服务企业私法主体的属性。为配合《物权法》规定，2007年《物业管理条例》所作修订之一就是将"物业管理企业"改为"物业服务企业"。

《民法典合同编（草案）》（征求意见稿）第493条规定："物业服务合同是物业服务人在物业服务区域内，为业主持续提供房屋和配套设施设备的维修养护、环境卫生和相关秩序的维护等物业服务，业主支付报酬的合同。物业服务人包括物业服务企业或者其他物业管理人。"《民法典合同编（草案）》（一审稿）将"房屋和配套设施设备"改为"建筑物及其附属设施"，《民法典（草案）》在"相关秩序的维护"等物业服务内容中增加"管理"二字，将"业主支付报酬"改为"业主支付物业费"，以使表达更加严谨准确。这些修改最终为本条文规定所吸收。

---

① 上述规定为2003年《物业管理条例》的规定，该条例后于2007年、2016年、2018年三次修订。

规范目的或功能

本条为定义性法条，是对物业服务合同基本内涵的规定。物业服务合同中，物业服务人的主给付义务是在一定期间内持续为业主提供物业服务，即对物业服务区域内的建筑物及其附属设施实施维修养护、环境卫生和相关秩序的管理维护等；业主的主给付义务为支付物业费，与物业服务人提供的服务构成对待给付关系。物业服务合同的定义性规定，彰显了物业服务合同为物业服务人与业主互负义务的双务、有偿、继续性合同。

此外，本条延续《物业管理条例》的规定，使用"物业服务合同"与"物业服务企业"的名称，旨在明确该合同的私法属性。物业服务人与业主之间是提供服务与接受服务的关系，属于服务合同关系，而非行政管理关系。对建筑物共有部分的管理只是物业服务人依合同向业主所提供服务的具体内容，因而使用"物业服务合同"这一概念更加准确，可以避免语义上的混淆。

规范内容

一、物业服务合同的主体

物业服务合同的当事人为物业服务人与业主。

（一）物业服务人

物业服务人包括物业服务企业和其他管理人。物业服务企业通常是指符合法律规定，依法向业主提供物业服务的市场主体，包括物业服务公司以及向业主提供服务的其他组织。[①]《物业管理条例》第32条规定，从事物业管理活动的企业应当具有独立的法人资格。2004年建设部依照《物业管理条例》制定了《物业管理企业资质管理办法》，对从事物业管理活动的企业实行资

① 参见全国人民代表大会常务委员会法制工作委员会编：《中华人民共和国物权法释义》，法律出版社2007年版，第186页。

质管理制度，不同资质等级的物业服务企业只能从事与自己资质水平相当的物业服务活动。之后该法规历经数次修改，逐步放宽或取消对物业服务企业及其从业人员资质的限制，直至2018年3月被废止。自此，物业服务企业就无须进行资质许可和认定，开展物业服务活动不再以取得特定资质为前提条件。

本条所规定的物业服务人不限于以提供物业服务为营业的经营主体，也包括物业服务企业以外的其他管理人。对建筑物共有部分的管理是业主建筑物区分所有权的重要内容。依据《民法典》第284条的规定，业主可以根据实际需要自行管理建筑物及其附属设施，也可以委托物业服务企业提供管理服务，或者委托其他非经营主体的管理人进行管理。例如，在城镇住房制度改革前，城市公有住房多由房屋产权单位自行管理。通过住房改革房屋产权转归个人后，一些地方仍然延续了由单位提供物业管理服务的模式。[①]此外，一些老旧小区没有聘用专门的物业服务企业，而是由社区居委会提供物业服务，并收取一定的物业费，形成了物业服务合同关系。物业服务企业以外根据业主委托提供物业管理和服务的主体，包括单位住宅的房管机构、社区居委会等就属于其他管理人。管理人与业主之间形成物业服务合同关系的，适用本章的规定。

（二）业　主

1.业主的法律地位

依本条第1款后段规定，物业服务合同的另一方当事人为业主。此处的"业主"应当是指全体业主，因为聘用物业服务人对建筑物共有部分进行管理属于全体业主对共同管理权的行使（《民法典》第278条）。全体业主对建筑物共有部分享有共有权和共同管理权，对建筑物共有部分如何管理以及由谁管理，应当由全体共有权人，即全体业主共同决定。

全体业主究竟是单一主体还是多数人主体，现行法规定不明确。一方面，依照《民法典》第277条的规定，业主可以设立业主大会与业主委员会，隐

---

① 参见最高人民法院民事审判庭第一庭编：《最高人民法院建筑物区分所有权、物业服务司法解释理解与适用》，人民法院出版社2017年版，第356页。

含的立场是将业主共同体作为一个实体组织，否则意思机关与执行机关将无所依附。[①]并且业主可以通过业主大会对涉及全体业主的事项进行决议，独立利益与独立意思也为确认业主团体成为独立民事主体奠定了基础。[②]也有学者基于这一点认为全体业主形成业主团体，具有独立人格。[③]另一方面，在我国现行法下，全体业主并不能作为法人或非法人组织进行登记，其作为独立法律主体设立并参与民事活动欠缺规范支撑。此亦导致全体业主共同权利的行使与保护在实践中遭遇诸多障碍，如物业用房等共有房屋如何登记不明确，维修资金等共有财产因业主团体人格的虚化只能由政府代管等。[④]司法实践对全体业主作为独立主体的法律地位也倾向于持否定立场，如2009年施行的《物业服务解释》第8条第2款规定，物业服务企业不得向业主委员会请求支付物业费，而只能向拖欠物业费的业主主张债权。这一规定显然是将全体业主视为由业主个体组成的多数人主体，而未将业主委员会与全体业主视为同一人格。

也有许多学者主张我国应当借鉴比较法立法趋势，确认全体业主或业主委员会的独立主体地位。[⑤]比较法上对于是否赋予全体业主独立人格主要有三种立法例：第一种是将业主团体或者管理人确立为独立的民事法律主体，以

---

① 参见刘保玉、孙超：《论业主委员会的法律地位——从实体法与程序法的双重视角》，载《政治与法律》2009年第2期。

② 参见刘保玉、孙超：《论业主委员会的法律地位——从实体法与程序法的双重视角》，载《政治与法律》2009年第2期。

③ 参见高富平、黄武双：《物业权属与物业管理》，中国法制出版社2002年版，第174页；傅鼎生：《物权原理与物业管理》，载《政治与法律》2004年第6期。

④ 参见尤佳：《业主共有权行使主体研究——一种团体主义视角下的法经济学分析进路》，载《法商研究》2013年第2期。

⑤ 参见崔建远：《物权：规范与学说——以中国物权法的解释论为中心》（上册），清华大学出版社2011年版，第434页；朱岩、高圣平等：《中国物权法评注》，北京大学出版社2007年版，第277—282页；朱涛：《业主大会法律问题研究：民事主体理论的视角》，法律出版社2016年版，第142—152页；李国强：《建筑物区分所有权内涵的重新解释和规则厘清——基于民法典物权编编纂的展开》，载《河南社会科学》2018年第8期；吴国平：《论业主团体法律地位的确立》，载《北方法学》2008年第5期；刘兴桂、刘文清：《物业服务合同主体研究》，载《法商研究》2004年第3期；夏永全：《〈物权法〉视角下的业主大会与业主委员会——以法的可诉性为中心》，载《北方法学》2007年第5期。

法国[①]和新加坡[②]为典型；第二种是否认业主团体具有独立的民事主体地位，以我国台湾地区为代表；[③]第三种是折中模式，即不统一规定业主团体的法律地位，而是允许达到一定规模以上的建筑物区分所有权人组织依特定程序可取得法人资格，[④]如日本《建筑物区分所有权法》规定业主可通过决议自主决定是否设立管理团体法人。[⑤]总体而言，承认或有条件地承认业主团体的法律人格逐渐成为一种立法趋势。例如，德国民法最初不承认业主共同体的独立地位，经过司法实践经验累积，在2006年修订的《住宅所有权法典》中对其法律人格予以确认，只是为了避免侵害或虚化单个业主的所有权，业主共同体的权利能力被严格限制在对共有物的管理范围内。[⑥]

依照我国现行法律的规定，全体业主既不满足法人或非法人组织的登记要件，也不具有属于团体的独立财产，不符合法人或非法人组织的成立条件。因此，全体业主作为物业服务合同的当事人，只能解释为是由该物业管理区域内的业主个体所组成的多数人主体。即全体业主不具有独立的法律人格，其作为合同当事人具有集合性的特点。[⑦]在物业服务合同成立后，单个业主无论是否实际参与合同订立，都依照内部管理规约受业主大会决议约束，自动成为物业服务合同当事人。

2.业主的范围

本条使用的“业主”概念是沿用《物权法》与《物业管理条例》的表述。依照《物业管理条例》第6条第1款：“房屋的所有权人为业主。”有学者认为

---

① 《法国住宅分层所有权法》规定，同一物业管理区如有2名以上的业主，应成立业主大会，每个业主自动成为业主大会的成员，该业主大会无须登记即具有法人资格。参见尹田：《法国物权法》，法律出版社1998年版，第315—316页。

② 新加坡《土地权源法》规定，业主管理团体是有法人资格的实体，有永续性，可以对外缔结契约，并就业主共有财产问题承担诉讼的原告和被告。参见尹田：《民事主体理论与立法研究》，法律出版社2003年版，第150页。

③ 参见温丰文：《论区分所有权人会议》，载《法令月刊》1995年第11期。

④ 日本《建筑物区分所有权法》第26条与第47条，译文参见陈华彬：《建筑物区分所有权法》，中国政法大学出版社2018年版，第508页、第513页。

⑤ 参见［日］田山辉明：《物权法》，陆庆胜译，法律出版社2001年版，第194页。

⑥ 参见白江：《传统与发展：德国建筑物区分所有权法的现代化》，载《法学》2008年第7期。

⑦ 参见王利明：《合同法分则研究》（下卷），中国人民大学出版社2013年版，第159页。

这一规定过于狭隘，应当将其扩张解释为“建筑物区分所有权人”，将所有取得建筑物专有部分所有权的主体都纳入“业主”的范围。①

此外，2009年发布的《建筑物区分所有权解释》规定，对“业主”概念作了实质性扩张。该司法解释规定，“基于与建设单位之间的商品房买卖民事法律行为，已经合法占有建筑物专有部分，但尚未依法办理所有权登记的人”也可以认定为业主（第1条第2款）。司法解释对“业主”概念的实质性扩张主要是回应实践需求，旨在解决商品房售出后至买受人办理登记期间小区内部自治与管理的开展，使已经合法占有房屋的买受人能够依照法定程序设立自治组织，对共有部分进行共同管理，并不改变外部关系上的权利归属与变动规则，具有合理性。②

二、物业服务合同的客体

物业服务合同为双务有偿合同。物业服务人为业主处理物业管理事项，提供物业服务的义务，与业主支付物业费的义务构成对待给付义务。物业服务合同的客体即物业服务人所提供的物业服务以及业主支付物业费的行为。其中，物业服务人的主给付义务为提供建筑物及其附属设施的维修养护、环境卫生和相关秩序的管理维护等物业服务。物业服务的范围是对物业服务区域内的建筑物及其附属设施进行管理和服务。依据《物业管理条例》第9条的规定，物业管理区域的划分应当考虑物业的共用设施设备、建筑物规模、社区建设等因素。具体划分办法则授权各省、自治区、直辖市制定。物业服务区域内的建筑物包括业主的专有部分，以及全体业主共有的部分，如电梯、外墙等。附属设施是指为增加建筑的效用而设置的设施，如水泵、配电房、照明通信设备、健身游乐设施等。

---

① 有观点认为，车库的所有权人也应该认定为业主，只是其表决权限于与车库的管理维护相关事宜。参见王利明：《论业主的建筑物区分所有权的概念》，载《当代法学》2006年第1期；于飞：《〈物权法〉第六章“业主的建筑物区分所有权”中“业主”的界定》，载《华东政法大学学报》2011年第4期。

② 于飞：《〈物权法〉第六章“业主的建筑物区分所有权”中“业主”的界定》，载《华东政法大学学报》2011年第4期。

三、物业服务合同的性质

在《民法典》出台之前，学说理论对物业服务合同的性质有不同认识。代表性的观点主要有三种：第一种是委托合同说，认为物业服务合同总体上可以归入委托合同类型，是物业服务人为作为委托人的业主处理物业管理事务的合同；[①]第二种是混合合同说，认为物业服务合同是委托合同、雇佣合同、承揽合同等多种合同类型的混合；[②]第三种是独立合同类型说，认为自2003年《物业管理条例》对物业服务合同专门规范后，其就成为一种单独的有名合同。[③]

依照本条的规定，物业服务合同是物业服务人提供物业服务，业主支付物业费的合同，因而为双务有偿合同。同时，从物业服务合同的主给付义务来看，其主要是事务处理类型的合同，为典型的服务合同。其中，物业服务人的义务包含提供建筑物及其附属设施的维修养护、环境卫生和相关秩序的管理维护等。物业服务事项既包括对物的管理，又包括对人的服务，就不同事项可能分别涉及委托、承揽、保管、租赁等不同法律关系，并非是委托合同与承揽合同或者其他典型合同的简单拼接组合，无法将其笼统地纳入某一种典型合同之中。因此，《民法典》合同编将其作为典型合同专门规定。

确定合同性质或类型很重要的一个目的是确定法律适用规则。物业服务合同的客体内容复杂多元，物业服务人的义务类型既包括委托型服务，如对物业服务区域内环境卫生与安全秩序等的日常维护管理；也包括承揽型服务，如对公共设施的维护修理；以及介于两者之间的中间形态的服务。[④]物业服务合同同时包含多种类型的给付义务，须依照不同义务类型适用不同规

---

① 参见王利明：《物业服务合同立法若干问题探讨》，载《财经法学》2018年第3期；陈甦：《也谈“物业管理权”的性质》，载《人民法院报》2002年5月9日；谭玲、胡丹缨：《物业管理相关问题再探析》，载《现代法学》2006年第6期。

② 参见许步国：《对我国物业服务合同的性质与法律效力问题探讨》，载《前沿》2006年第6期。

③ 参见关淑芳：《物业管理合同的性质及其法律适用》，载《当代法学》2007年第4期。

④ 参见周江洪：《服务合同的类型化及服务瑕疵研究》，载《中外法学》2008年第5期。

则。因此，《民法典合同编（草案）》（一审稿）本来在“物业服务合同”章最后规定“本章没有规定的，参照适用委托合同的有关规定”（第734条）。鉴于物业服务合同的客体相对复杂，不能简单参照适用委托合同的规定，《民法典合同编（草案）》（二审稿）直至最后正式颁布的《民法典》都删除了这一规定。

其他问题

本条规定的物业服务合同适用于特定物业服务区域内的物业服务关系，不区分住宅物业与非住宅物业（写字楼、商场等商业物业）统一适用。因为两者虽然在物业形态、业主人员构成、物业服务需求、内容与方式等方面有较大差异，但是在物业服务合同的法律特征和性质上并无实质差异或者特殊性，故没有必要分别规范。

第九百三十八条【物业服务合同的内容与形式】

物业服务合同的内容一般包括服务事项、服务质量、服务费用的标准和收取办法、维修资金的使用、服务用房的管理和使用、服务期限、服务交接等条款。

物业服务人公开作出的有利于业主的服务承诺，为物业服务合同的组成部分。

物业服务合同应当采用书面形式。

历史由来

本条可追溯至《物业管理条例》和最高人民法院的相关规定。2003年的《物业管理条例》第35条规定：“业主委员会应当与业主大会选聘的物业管理企业订立书面的物业服务合同。物业服务合同应当对物业管理事项、服务质量、服务费用、双方的权利义务、专项维修资金的管理与使用、物业管理用房、合同期限、违约责任等内容进行约定。”《物业管理条例》历经三次修订，该规定一直被保留未作改动。2009年发布的《物业服务解释》第3条第2款规定："物业服务企业公开作出的服务承诺及制定的服务细则，应当认定为物业服务合同的组成部分。"与《物业管理条例》的规定相比，司法解释将物业服务人单方面公开承诺的服务也纳入物业服务合同的内容。

《民法典合同编（草案）》（征求意见稿）第494条规定："物业服务合同的内容包括服务事项、服务质量、服务费用的标准和收取办法、维修资金及服务用房的管理和使用、服务期限、服务交接等条款。物业服务合同应当采用书面形式。物业服务人公开作出的有利于业主的服务承诺及制定的服务细则，为物业服务合同的组成部分。"《民法典合同编（草案）》（一审稿）第721条将第2款规定的"有利于业主的服务承诺及制定的服务细则"改为"有利于业主的服务承诺"，删除"制定的服务细则"表述，因为服务细则一般为物业服务人的内部管理文件，在未向业主公开的情形下不应当被纳入物业服务合同中。《民法典合同编（草案）》（二审稿）第721条将第1款中"维修资金及服务用房的管理和使用"改为"维修资金的使用、服务用房的管理和使用"，表述更为准确。《民法典（草案）》第938条将第1款中物业服务合同的内容"包括"改为"一般包括"，旨在说明本条系对物业服务合同一般条款的规定，为任意性规定。

规范目的或功能

物业服务合同是确定业主与物业服务人权利义务的基本依据。物业服务人依照合同约定对建筑物及其附属设施提供维修养护、环境卫生以及秩序维护等各项服务，涉及的事项繁杂，综合多元。双方当事人有必要在物业服务合同中就相关内容，如服务事项、服务质量、服务费用的收取等进行约定，并采用书面形式订立，以明确双方当事人的权利义务内容和范围，尽量避免在合同履行过程中产生争议。本条对物业服务合同内容与形式的规定，旨在为业主与物业服务人订立物业服务合同提供指引。此外，本条还将"物业服务人公开作出的有利于业主的服务承诺"纳入物业服务合同之中，作为合同的组成部分，使物业服务人也受到自己承诺的约束，借此强化对业主利益的保护。

规范内容

本条规范的内容为物业服务合同的内容与形式。

一、物业服务合同的内容

（一）物业服务合同的主要条款

本条第1款规定了物业服务合同的主要条款。物业服务合同的内容一般包括：（1）服务事项，即物业服务人为业主提供的对建筑物及其附属设施的维修养护、环境卫生和相关秩序的管理维护等事项。服务事项是物业服务合同所指向的标的，也是物业服务人应当向业主承担的主给付义务。关于服务事项的约定是物业服务合同的必备条款。（2）服务质量。这是对合同标的所约定的具体条件，对业主利益影响重大。服务质量依照当事人约定或者物业服务人公开承诺的标准确定。（3）服务费用，即业主应当向物业服务人支付的物业费，也是业主承担的主给付义务。（4）维修资金的使用。维修资金是专项用于住宅共用部位、共用设施设备保修期满后的维修和更新、改造的资金（《住宅专项维修资金管理办法》第2条第2款）。维修资金的使用应当由业主共同决定，但是通常需要物业服务人先提出使用方案并具体组织实施。（5）服务用房的管理和使用。服务用房属于全体业主共有，在物业服务期间交给物业服务人管理使用。（6）服务期限。物业服务合同为继续性合同，服务期限即合同的存续期间。若合同未约定服务期限，则为不定期合同。合同双方当事人可以随时解除该合同。（7）服务交接，即合同终止时，物业服务人应当在一定期限内退出物业服务区域，并将物业服务用房设施以及物业服务相关的资料交还给业主委员会等，并与新的物业服务人做好交接，告知其物业使用和管理状况等。

本款对物业服务合同内容的规定为任意性规定，旨在为当事人订立物业服务合同须约定的事项提供参考。物业服务合同不是一定要具备这些条款，当事人可以自主约定物业服务的内容，根据具体情况对本款所规定的内容进行增减。

（二）物业服务合同内容的扩张

本条第2款将“物业服务人公开作出的有利于业主的服务承诺”也纳入物业服务合同，作为合同组成部分，实质上是对物业服务合同内容的扩张。物业服务人的服务承诺虽然仅为单方意思表示，但是由于这种服务承诺对业主选聘物业服务人，并选择与之订立物业服务合同的缔约意愿，以及合同条件的达成产生了实质影响，所以为保护业主的信赖利益，应当令物业服务人受自身表示行为约束。[①]并且，物业服务人公开作出该服务承诺，也包含了一经作出即受该承诺拘束的意思。因此，使物业服务人受其服务承诺的拘束也符合其主观意愿，并未导致其义务的加重。

能够被纳入物业服务合同的物业服务人承诺须满足两项条件：第一，公开作出。即物业服务人承诺的内容必须是通过服务告示、服务承诺书、服务细则等公开形式作出，或者在物业服务区域内进行了公示，可以为业主所知晓，但是并不要求业主实际知悉该服务承诺的内容。第二，该服务承诺有利于业主。物业服务人公开作出的服务承诺并不是都能被纳入物业服务合同，而仅限于其中有利于业主的部分。该规范目的旨在对业主的利益进行保护。业主可能并不实际知悉物业服务人的承诺。未经业主同意，将不利于业主的服务承诺纳入物业服务合同，对业主形成约束力，显然违反了业主的意思，从而造成不公平的结果。

二、物业服务合同为要式合同

依本条第3款规定，物业服务合同应当采用书面形式，为要式合同。书面形式是指合同书、信件以及数据电文等可以有形地表现所载内容的形式。

要求物业服务合同须采用书面形式，主要是因为物业服务涉及的事项复杂多元，履行期限较长，并且合同一方当事人人数众多，采用书面形式有利于双方当事人明确各自的权利义务内容和范围。此外，将物业服务合同的具

---

① 参见杜万华、辛正郁等：《最高人民法院〈关于审理建筑物区分所有权纠纷案件具体应用法律若干问题的解释〉、〈关于审理物业服务纠纷案件具体应用法律若干问题的解释〉的理解与适用》，载《法律适用》2009年第7期。

体内容以书面形式固定下来，在出现纠纷时也更容易对相关事项进行证明。

本条对物业服务合同未采用书面形式的法律后果未作规定。依照《民法典》第490条第2款规定，书面形式要件的欠缺可以通过合同履行并被相对方当事人接受而补正。因此，若物业服务合同未采用书面形式，但是物业服务人已经按照合同约定提供了物业服务，业主接受的，该合同成立。只要该物业服务合同不存在效力瑕疵事由，即合法生效。

举证责任

业主与物业服务人任何一方主张对方履行义务违反物业服务合同约定的，应当就该物业服务合同约定的内容承担证明责任。业主主张将物业服务人的服务承诺纳入物业服务合同的，应当就该服务承诺公开作出的事实以及承诺的具体内容承担证明责任。

在物业服务合同未采用书面形式订立的情形下，物业服务人若要主张合同成立，应当就其已经履行了物业服务义务，以及业主接受了该服务的事实进行证明。

第九百三十九条【物业服务合同的效力】

建设单位依法与物业服务人订立的前期物业服务合同，以及业主委员会与业主大会依法选聘的物业服务人订立的物业服务合同，对业主具有法律约束力。

历史由来

本条规范内容基本沿袭了《物业服务解释》第1条第1句的规定："建设单位依法与物业服务企业签订的前期物业服务合同，以及业主委员会与业主大会依法选聘的物业服务企业签订的物业服务合同，对业主具有约束力。"相对于司法解释的规定，本条规定只是在个别表述上作了调整，如将物业服务合同一方缔约主体由"物业服务企业"改为"物业服务人"，以使表达更加规范严谨。

《民法典合同编（草案）》（征求意见稿）第495条及《民法典合同编（草案）》（一审稿）第722条都规定："建设单位依法与物业服务人签订的前期物业服务合同，以及业主委员会与业主大会依法选聘的物业服务人签订的物业服务合同，对业主具有约束力。"《民法典合同编（草案）》（二审稿）第722条将"签订"改为"订立"，将"具有约束力"改为"具有法律约束力"。本条文最终延续吸收了这些修正。本条文立法过程中的修改主要是表述上的修正，并没有带来规范语义上的实质变化。可以认为，本条规定的形成，在立法过程中是没有争议的。

规范目的或功能

本条为完全法条，规范目的旨在明确依法成立的物业服务合同对业主具有法律约束力。无论业主是否直接参与了物业服务合同的订立，都受到该合同约束。广义的物业服务合同包括前期物业服务合同与普通物业服务合同两种类型，分别由建设单位以及业主委员会或者业主与物业服务人订立。在这两类物业服务合同中，业主即使未直接参与合同缔结，形式上并非合同缔约主体，也仍然是物业服务合同的当事人，直接受该合同约束。

规范内容

一、前期物业服务合同的效力

（一）前期物业服务合同的含义与特征

前期物业服务合同是指在物业建成初期，物业服务区域内的业主大会成立之前，由建设单位与其选聘的物业服务人订立的物业服务协议。[①]物业项目一旦建成就产生了管理维护等物业服务需求，而业主从入住到成立并召开业主大会尚有待时日，无法立即选聘物业服务企业。法律规定由建设单位选聘物业服务企业并与之订立物业服务合同，对业主的共同物业利益作出安排十分必要。[②]

---

① 参见关淑芳：《物业管理合同的性质及其法律适用》，载《当代法学》2007年第4期。

② 参见王利明：《物业服务合同立法若干问题探讨》，载《财经法学》2018年第3期。

前期物业服务合同的特征主要体现为：第一，缔约主体为建设单位与其选聘的物业服务人；第二，为要式合同，须采用书面形式订立（《物业管理条例》第21条）；第三，时间上具有过渡性。[①]依照《民法典》第940条规定，一旦业主或业主委员会与新物业服务人订立的物业服务合同生效，前期物业服务合同即使履行期限尚未届满，效力亦终止。

（二）前期物业服务合同对业主有法律约束力的依据

前期物业服务合同何以能够对业主具有约束力，对此主要有两种代表性的解释观点。一种观点是委托代理说，认为建设单位实际上是受未来业主的委托与物业服务企业签订物业服务合同，业主作为被代理人直接受该合同约束。《物业服务解释》采取此种立场，并认为建设单位的代理权来源于法律规定，建设单位是依法与物业服务企业签订物业服务合同。[②]也有学者认为代理权来源于当事人事后追认，如房屋买卖合同或临时管理规约中得到新业主对其订立前期物业管理合同的委托授权。[③]但是在前期物业管理合同订立时，作为被代理人的业主尚不明确，难以认定建设单位与业主之间存在代理关系。另一种观点是合同转让说，认为前期物业服务合同之所以对业主产生约束力，是因为建设单位与业主之间发生了对物业服务合同的概括承受，从而使业主取代建设单位成为前期物业服务合同的当事人，享有该合同权利并承担合同义务。[④]

比较而言，后一种解释路径在逻辑上更加清晰，也使不同阶段物业服务合同法律关系所涉及的当事人更加明确。《物业管理条例》第25条规定："建

---

① 参见马玮玮：《前期物业服务合同之定性及效力辨析——以一起物业服务合同纠纷案件为例》，载《山东审判》2016年第1期。

② 参见杜万华、辛正郁等：《最高人民法院〈关于审理建筑物区分所有权纠纷案件具体应用法律若干问题的解释〉、〈关于审理物业服务纠纷案件具体应用法律若干问题的解释〉的理解与适用》，载《法律适用》2009年第7期。

③ 参见吴世彬：《从物权视角解析前期物业管理合同——以南京东渡房地产公司与中北物业管理公司物业管理纠纷为例》，载《长白学刊》2008年第2期。

④ 参见王利明：《物业服务合同立法若干问题探讨》，载《财经法学》2018年第3期；刘兴桂、刘文清：《物业服务合同主体研究》，载《法商研究》2004年第3期；姚辉、段睿：《物业服务合同履行的相关法律问题研究》，载《法律适用》2010年第1期。

设单位与物业买受人签订的买卖合同应当包含前期物业服务合同约定的内容。”根据该条款规定，物业买受人在签订买卖合同时，对前期物业服务合同的内容也一并表示了同意。业主对该合同内容同意概括承受导致发生债的移转。由于物业服务面向特定物业服务区域内的全体业主，物业服务人通常并不在意具体的业主是谁，因而只要物业服务人未明确反对，就应当认定其同意建筑单位对其合同地位的概括转让。

（三）前期物业服务合同规范对业主利益的保障

前期物业服务人的选聘，以及物业服务合同的内容均由建设单位主导。实践中不乏建设单位滥用这一主导地位，直接选聘与其存在关联关系或者其他利益关系的企业为物业服务人的情形。此外，业主未参与前期物业服务合同内容的磋商，却要受到该合同的约束，其合法权益也可能遭受损害。为保障业主的合同利益，有必要对前期物业服务合同的订立进行规范，以避免建设单位与物业服务人将不合理的条款加诸业主。法律法规对前期物业服务合同中业主利益的保障规范主要体现在以下几个方面：

第一，建设单位应当通过招投标方式选聘，或者经行政主管部门批准采用协议方式选聘物业服务人（《物业管理条例》第24条）。这一规定旨在规范物业服务企业的选聘程序，实现房地产开发与物业服务分离的政策目标，为物业服务人选聘的“去关联化”提供程序保障。[①]《物业管理条例》第56条对违反招投标规定选聘物业服务企业规定的法律后果，仅规定了行政处罚的法律责任，并未否定物业服务合同本身的效力。因此，应当将这一规定视为管理性规范。建设单位未采用招投标程序选聘物业服务企业的，不影响物业服务合同的效力，物业服务合同并不因此而无效。

第二，对业主知情权的保障。依照《物业管理条例》第25条的规定，建设单位销售房屋时，应当将前期物业服务合同作为房屋买卖合同约定的内容，与买受人达成协议。

第三，前期物业服务合同中若包含免除物业服务人责任、加重业主责任、

---

① 参见肖明明：《物业服务合同“多重缔约”问题探究》，载刘云生主编：《中国不动产法研究》2019年第1辑（总第19辑），社会科学文献出版社2019年版，第202页。

排除业主主要权利的条款，依照《物业服务解释》第2条第2项的规定，业主可以主张前期物业服务合同或者合同相关条款无效。

此外，本章对前期物业服务合同与普通物业服务合同统一规范。因此，本章对物业服务合同的强制性规定也适用于前期物业服务合同。前期物业服务合同关系中的物业服务人也受到不得将物业服务事项全部转委托给他人这一禁止性规定的约束，并对业主负有依照合同约定提供物业服务的义务、信息公开义务以及合同终止后的继续履行义务等。

二、普通物业服务合同的效力

（一）普通物业服务合同对业主具有法律约束力

在业主委员会与业主大会依法选聘的物业服务人订立的物业服务合同中，业主委员会虽然是缔约主体，但并非是合同当事人。依照《物业管理条例》第15条第2项的规定，业主委员会作为业主的执行机关，是“代表业主与业主大会选聘的物业服务企业签订物业服务合同”，并非是以自己的名义缔结合同。而物业服务人由业主大会依法选聘，是业主自治的结果，业主受到业主大会决议的约束。选聘物业服务人并订立物业服务合同属于《民法典》第278条第1款第4项规定的有关共同管理权利的重大事项，应当由全体业主共同决定。全体业主通过业主大会就物业服务人的选聘达成决议后，可以直接与物业服务人订立物业服务合同，或者授权业主委员会与物业服务人订立合同。实践中由于业主通常人数众多，在成立业主委员会后大多由业主委员会代表业主行使权利，与业主大会选聘的物业服务人订立合同。单个业主无论是否实际参与物业服务合同的订立，都受到内部管理规约的拘束，依照业主大会的决议成为物业服务合同的当事人，享有合同权利，承担合同义务。因此，即使物业服务合同是由业主委员会与物业服务人订立，业主也作为物业服务合同的当事人，受到该合同的约束。

（二）普通物业服务合同对业主委员会不具有约束力

本条虽然规定业主委员会可以与物业服务人缔结物业服务合同，但是业主委员会仅是作为缔约主体，为业主的利益与物业服务人订立合同，其本身并非物业服务合同当事人，不具有权利义务的归属资格。[①]《物业管理条例》第15条第2项虽然规定业主委员会执行业主大会的决定事项，有权“代表业主与业主大会选聘的物业服务企业签订物业服务合同”，但是由于现行法并未确认全体业主作为法人或非法人组织的独立人格，业主委员会的法律地位也就不甚明确。[②]

鉴于业主通常人数众多，实践中常常授权业主委员会代为行使相关权利。有学者主张，业主委员会有以自己的名义对外从事民事活动的现实需求，并且需要依法备案（《物业管理条例》第16条第1款），应当确认其主体地位。[③]司法实践中一般也承认业主委员会具有当事人能力。最高人民法院早在2003年即以复函形式确认业主委员会具有诉讼主体资格，可以成为民事诉讼的原告或被告。[④]

但是，我国现行法并未赋予业主委员会独立的法律人格。依照《民法典》物权编与《物业管理条例》的规定，业主委员会作为业主大会的执行机构，依照业主大会的决议履行职责，或者在业主大会授权的范围内行为，通常不具有自己独立的意思，也不具有独立承担责任的能力。[⑤]并且，将执行机构作

① “代表业主”这一限定在《物业管理条例（草案）》中并未出现，最终于正式条例中增加。这一修改反映出立法者的立场，即物业服务合同当事人不是业主委员会，而是业主。参见谢增毅：《物业管理合同的当事人——兼评我国〈物业管理条例〉的相关规定》，载《法学杂志》2005年第3期。但是现行法并未确认全体业主为独立法人或非法人组织。全体业主只能被解释为多数人主体，其如何被业主委员会代表则不无疑问。

② 参见金锦萍：《论物业管理法律制度的重构：从公共物品的角度》，载《学术交流》2016年第3期。

③ 参见王利明：《中华人民共和国民法总则详解》（下册），中国法制出版社2017年版，第418页；张新宝、汪榆淼：《〈民法总则〉规定的“非法人组织”基本问题研讨》，载《比较法研究》2018年第3期；陈文：《物业服务合同若干法律问题研究》，载《现代法学》2004年第2期。

④ 参见《最高人民法院关于金湖新村业主委员会是否具备民事诉讼主体资格请示一案的复函》（〔2002〕民立他字第46号）、《最高人民法院关于春雨花园业主委员会是否具有民事诉讼主体资格的复函》（〔2005〕民立他字第8号）。此外，2018年施行的《最高人民法院关于适用〈中华人民共和国行政诉讼法〉的解释》也确认业主委员会具有行政诉讼主体资格，规定业主委员会就行政机关作出的涉及业主共有利益的行政行为，可以自己的名义提起诉讼（第18条）。

⑤ 参见刘保玉、孙超：《论业主委员会的法律地位——从实体法与程序法的双重视角》，载《政治与法律》2009年第2期；朱岩、高圣平等：《中国物权法评注》，北京大学出版社2007年版，第282—287页；谭玲、胡丹缨：《物业管理相关问题再探析》，载《现代法学》2006年第6期；揭明、唐先锋：《物业管理若干法律问题研究》，载《政治与法律》2007年第1期；王琨：《建筑物区分所有权中的成员权行使研究》，法律出版社2016年版，第116—117页；齐恩平：《业主权的释义与建构》，法律出版社2017年版，第134页。

为民事主体在概念上不妥当，也难以解释业主大会的法律地位。[①]因此，业主委员会并非具有独立人格的法律主体，不能成为物业服务合同的当事人，不受物业服务合同的约束。

三、物业服务合同对业主有法律约束力的具体表现

无论是前期物业服务合同抑或普通物业服务合同，业主基于不同的原因成为该合同当事人，受到该合同的法律约束。业主以其并非合同当事人为由提出抗辩，拒绝依照合同约定履行自己义务的，人民法院不予支持（《物业服务解释》第1条）。业主基于物业服务合同的约定，享有接受物业服务人提供的物业服务，以及请求物业服务人报告物业服务相关信息，并对物业服务人履行义务进行监督的权利。同时，业主也受到物业服务合同的约束，需要履行其义务，如依照合同约定向物业服务人支付物业费，不得以未接受或无需接受相关物业服务为由拒绝支付物业费（《民法典》第944条）。此外，业主还负有配合协助物业服务人开展物业服务、就房屋装修或出租转让等事项告知物业服务人等附随义务。业主违反合同约定不履行自己义务的，应当向物业服务人承担违约责任。

举证责任

物业服务人主张前期物业服务合同或者普通物业服务合同对业主具有法律约束力的，应当举证证明该合同已经依法成立并生效；业主若提出抗辩，否认物业服务合同对其具有法律约束力，应当就该合同尚未成立，或者存在效力瑕疵的事由承担证明责任，如建设单位与物业服务人恶意串通订立前期物业服务合同、物业服务人非由业主大会依法选聘、业主委员会未获授权与物业服务人订立物业服务合同等。

---

① 参见张永健：《资产分割理论下的法人与非法人组织——〈民法总则〉欠缺的视角》，载《中外法学》2018年第1期。

第九百四十条【前期物业服务合同的法定终止】

建设单位依法与物业服务人订立的前期物业服务合同约定的服务期限届满前，业主委员会或者业主与新物业服务人订立的物业服务合同生效的，前期物业服务合同终止。

历史由来

本条可溯源于《物权法》和《物业管理条例》的相关规定。《物权法》第81条第2款规定："对建设单位聘请的物业服务企业或者其他管理人，业主有权依法更换。"物业服务的选聘属于业主管理权的重要内容。《物权法》从业主的权利角度进行规定，实际上赋予了业主任意解除前期物业服务合同的权利。《物业管理条例》第26条规定："前期物业服务合同可以约定期限；但是，期限未满、业主委员会与物业服务企业签订的物业服务合同生效的，前期物业服务合同终止。"本条亦确认前期物业服务合同可因新的物业服务生效而终止。但是，与《物权法》第81条规定相比较，本条对前期物业服务合同终止的情形进行了限缩，仅规定了新物业服务合同由业主委员会与物业服务人订立的情形，未将业主直接与物业服务人订立合同的情形纳入。尤其在业主委员会尚未成立的情形下，允许业主直接与新的物业服务人订立物业服务合同，意义尤为重要。《民法典》第940条在《物业管理条例》第26条基础上，增加了"业主"作为缔约人的情形，与《物权法》第81条的规定相一致。

《民法典合同编（草案）》（征求意见稿）第506条规定："建设单位依法与物业服务人签订前期物业服务合同约定服务期限的，服务期限届满前，业主或者业主委员会与物业服务人签订的物业服务合同生效的，前期物业服务合同终止。"《民法典合同编（草案）》（一审稿）第731条将"约定服务期限的，服务期限届满前"修改为"约定的服务期限届满前"，将"签订"改为"订立"，使文字更加精简准确。《民法典合同编（草案）》（二审稿）将本条所规定的前期物业服务合同的终止位置提前，从本章最后关于物业服务合同终止的规定部分提前至对前期物业服务合同效力规定之后，将前期物业服务合同规范集中规定，同时也能突出前期物业服务合同终止的特殊性。这些修改为本条文所吸收保留。

规范目的或功能

本条规范的是前期物业服务合同的期前终止。前期物业服务合同是在建筑物建成初期，业主入住人数较少尚未成立业主大会的阶段，由建设单位与物业服务人订立。业主没有机会与可能参与该合同的订立，却要受到合同约定的法律约束，这对于业主而言是不公平的。但是法律之所以赋予建设单位选聘物业服务人的权利，主要是基于建筑物建成初期的维护管理、安全保障等需求。一旦业主大会或者业主委员会成立，业主能够自己选聘物业服务人的条件具备，应当允许业主对建设单位选定的物业服务人进行更换。因此，本条规定将业主或者业主委员会与新物业服务人订立的物业服务合同生效作为前期物业服务合同终止的法定条件，实质是赋予了业主任意解除前期物业服务合同的权利。[①]这一规定旨在保障业主对共有部分共同管理权利的实现，使业主能够按照自己的意愿选聘物业服务人对建筑物及其附属设施进行管理。

规范内容

一、前期物业合同期前终止的理由

本条规定业主委员会或业主与新物业服务人订立的物业服务合同生效的，前期物业服务合同终止，由此确立了前期物业合同与普通物业服务合同相衔接的两阶段式合同模式。前期物业服务合同的功能，主要是服务于从建筑物建成初期到业主大会成立之间这一过渡阶段的物业服务需求。由于建筑物专有部分的销售以及业主的入住是一个渐进的过程，业主的身份确定具有时序性和分散性，无法在物业建成初期就能召开业主大会选聘物业服务人，[②]所以在业主大会尚未成立之前的过渡阶段，为实现对建筑物共有部分的管理，法律不得不赋予建设单位选聘物业服务人的权利，允许建设单位与其选聘的物

---

① 参见王利明：《物业服务合同立法若干问题探讨》，载《财经法学》2018年第3期。

② 参见肖明明：《物业服务合同“多重缔约”问题探究》，载刘云生主编：《中国不动产法研究》2019年第1辑（总第19辑），社会科学文献出版社2019年版，第203页。

业服务人订立前期物业服务合同。这体现了前期物业服务合同的过渡性定位，待业主或业主委员会与物业服务人订立的普通物业服务合同生效后，前期物业服务合同就“功成身退”，效力终止。

允许业主在前期物业服务合同期限届满前，通过订立新的物业服务合同终止前期物业服务合同，更重要的是维护业主对共有部分共同管理权利的行使。共同管理权是业主所享有的建筑物区分所有权的重要内容。对于建筑物及其附属设施如何管理，包括对物业服务人的选聘以及物业服务合同的订立都应当由业主共同决定。《民法典》第284条第2款规定，对建设单位聘请的物业服务企业或者其他管理人，业主有权依法更换。业主对物业服务人的更换即为行使共同管理权的体现。本条具体规定了业主对建设单位聘请的物业服务人进行更换的途径，即通过与新物业服务人订立物业服务合同的方式。一旦业主能够成立业主委员会并召开业主大会，通过法定方式选聘物业服务人，就可以按照自己的意愿订立物业服务合同，以终止前期物业服务合同，变更物业服务人。

二、前期物业服务合同期前终止的条件

前期物业服务合同期前终止的条件是，业主委员会或者业主与新物业服务人订立的物业服务合同生效，即与新物业服务人订立的普通物业服务合同生效。依照法律规定，普通物业服务合同的订立，应当首先由业主大会选聘新物业服务人，然后由业主委员会或业主与业主大会选聘的新物业服务人订立物业服务合同。

新物业服务人的选聘属于全体业主共同决定的事项，应当通过业主大会作出决议。业主大会会议可以采用集体讨论的形式，也可以采用书面征求意见的形式（《物业管理条例》第12条）。依照《民法典》第278条关于业主共同决定规则的规定，就物业服务人的选聘作出决定，应当由专有部分面积占比三分之二以上的业主且人数占比三分之二以上的业主参与表决，并经参与表决专有部分面积过半数的业主且参与表决人数过半数的业主同意。

对于业主大会依法选聘的物业服务人，业主可以共同与其订立物业服务合同，也可以委托业主委员会与其订立物业服务合同。业主委员会与物业服务人订立物业服务合同，是“代表业主与业主大会选聘的物业服务人签订物

业服务合同”，本身并非合同当事人。业主委员会代表全体业主缔结物业服务合同是获得业主的授权并依照业主大会的决议进行。[①]实践中存在业主委员会自己选聘物业服务人，[②]或者通过伪造业主大会决议或者业主表决投票等方式形成有授权外观，而与新物业服务人订立物业服务合同的情形。在这两种情形下，业主委员会均为未获授权而与物业服务人订立合同。该物业服务合同的效力应当参照无权代理的效力规定，取决于业主或业主大会对业主委员会的“代表”行为是否予以追认。但是，业主大会或业主委员会的决议存在效力瑕疵并不直接对物业服务合同的效力产生影响。业主若认为业主大会或业主委员会的决议侵害其合法权益或者程序违法，可诉请撤销该决议。但是，即使业主大会或业主委员会的决议被撤销，也并不当然导致物业服务合同无效。若存在特别授权之表象，且物业服务人在尽到审查义务后不知亦不应知决议存在瑕疵，从而构成表见代理情形，业主委员会与物业服务人所订立的物业服务合同仍为有效。[③]

此外，物业服务合同为要式合同。这意味着业主委员会或业主与新物业服务人订立物业服务合同，除需要双方当事人达成合意外，还需要采用书面形式。但是依照《民法典》第490条第2款规定，未采用书面形式，物业服务人已经按照合同约定提供物业服务，并且业主接受的，合同也成立。该物业服务合同若不存在其他效力瑕疵事由即为有效，并按照合同双方当事人的意愿发生法律效力。

三、前期物业服务合同终止后物业服务人的继续服务义务

本条规定将新物业服务合同生效作为前期物业服务合同终止的条件，旨在实现新物业服务合同与前期物业服务合同的顺利衔接，以避免解聘前期物业服务人与选聘新物业服务人之间出现物业服务的空缺，避免对业主的生活工作秩序产生重大影响。但是在实践中，新的物业服务人入驻与前期物业服

① 参见彭建军：《业主委员会的法律地位分析》，载《中南民族大学学报》（人文社会科学版）2006年第5期。

② 参见周滨、程磊：《金濠城广场物业管理之惑》，载《现代物业》2008年第6期。

③ 参见徐银波：《〈民法总则〉决议行为规则之解释适用》，载《私法研究》2017年第2期。

务合同终止之间常常存有时间间隔。为保障物业服务的连续性与稳定性，《民法典》第950条规定了物业服务人在合同终止后的继续服务义务。前期物业服务人同样受该规定约束，承担该项法定义务。即在前期物业服务合同终止后，新的物业服务人接管前，前期物业服务人负有继续服务义务。

举证责任

前期物业服务合同期限届满前，业主或者业主委员会主张前期物业服务合同期前终止的，须对符合前期物业服务合同法定终止条件的事实进行证明，即证明新的物业服务合同已经依法成立并生效。前期物业服务人提出抗辩的，应当就新物业服务合同不成立或者具有效力瑕疵的事实承担证明责任。

第九百四十一条【物业服务转委托的条件与限制】

物业服务人将物业服务区域内的部分专项服务事项委托给专业性服务组织或者其他第三人的，应当就该部分专项服务事项向业主负责。

物业服务人不得将其应当提供的全部物业服务转委托给第三人，或者将全部物业服务支解后分别转委托给第三人。

历史由来

本条源于《物业管理条例》第39条的规定："物业服务企业可以将物业管理区域内的专项服务业务委托给专业性服务企业，但不得将该区域内的全部物业管理一并委托给他人。"该规定明确物业服务企业可以将部分服务事项委托给其他主体。与《物业管理条例》的规定相比，本条在两处作了改动：第一，明确物业服务人就已被委托的事项对业主负责，并将受委托方由"专业性服务企业"扩展至"其他第三人"。扩大被委托进行专项服务的主体类型，是为了更全面地覆盖物业服务人将区域内服务事项委托给他人的情形，不再将之仅限于具有相应资质的专业性服务组织。第二，增加对"支解后分别转委托"行为的禁止，盖因此为间接将全部物业服务转委托给他人的行为，同直接将全部服务转委托并无本质上区别。

《民法典合同编（草案）》（征求意见稿）第496条与《民法典合同编（草案）》（一审稿）第723条规定："物业服务人将物业服务区域内的部分专项物业服务委托给专业性服务组织或者其他第三人的，应当就该部分专项物业服务向业主负责。物业服务人不得将其应提供的全部物业服务转委托给第三人，或者将全部物业服务肢解后分别转委托给第三人。"《民法典合同编（草案）》（二审稿）第723条将第1款规定的"专项物业服务"改为"专项服务事项"。之后的草案文本都延续了这一修改，最终形成本条的规定。

规范目的或功能

本条规定的是物业服务人的转委托及其限制。物业服务人为业主处理物业服务事项，原则上应当依照合同约定亲自履行物业服务义务。因为物业服务合同是建立在业主对特定物业服务人服务能力与品质信任的基础上的。但是考虑到物业服务涵盖范围广泛，涉及卫生、环保、安全、消防等多个方面，部分服务内容具有一定的专业性。为实现向业主提供更加专业、高效和优质的服务，允许物业服务人将部分专项服务事项转委托给专业性服务组织或者其他第三人，有其必要性与合理性。本条规定允许物业服务人将部分专项服务事项转委托给第三人，以及禁止将全部物业服务转委托，都旨在保障业主订立物业服务合同目的的实现，使业主能够获得更优质的服务，同时防止物业服务人滥用权利损害业主合法权益。

规范内容

一、物业服务人可以将部分专项服务事项转委托给第三人

本条第1款规定，物业服务人可以将物业服务区域内的部分专项服务事项委托给专业性服务组织或者其他第三人，并就该部分转委托事项向业主负责。允许物业服务人将部分服务事项进行转委托，主要是基于物业服务事项的广泛性与专业性，不能要求物业服务人成为全能的服务提供者。并且，将专项

服务事项委托给专业性服务组织或者其他第三人，通常也有利于为业主提供更加高效专业的服务。

（一）转委托的客体

依照本条第1款规定，物业服务人可以转委托的客体是“部分专项服务事项”。这一规定对物业服务人转委托事项进行了严格限制。物业服务人只能将部分服务事项转委托，并且该部分仅指服务事项，如保安、保洁、绿化以及电梯的维修养护等专项服务事项，而不包括服务区域。物业服务人不能将物业服务区域内部分区域的物业服务事项转委托第三人，这违反了“一个物业管理区域由一个物业服务企业实施物业管理”的规定（《物业管理条例》第33条）。此外，本条并未限定物业服务人转委托的对象范围。受托人可以为专业性服务组织或者其他第三人，不以具备特定资质为限。

（二）转委托合同是否以征得业主同意为生效要件

在物业服务人将服务事项部分转委托的情形下，本条第1款未明确是否须以征得业主同意为要件。《物业服务解释》制定时，起草者考虑到理论与实践中对于这一问题存在较多争议，因而未作规定。①尽管有观点认为，物业服务人是为业主处理物业服务事项，将物业服务事项转委托第三人处理将对业主利益的实现产生直接影响，应当适用委托合同的规定，必须征得业主的同意，但是本条解释为不以征得业主同意为部分转委托的条件似乎更为妥当，理由是：第一，本条第1款未规定物业服务人将服务事项部分转委托须经业主同意。因此，除当事人另有约定外，物业服务人有权在合理范围内就服务事项进行部分转委托，而无须征得业主同意。第二，物业服务人大多为专门从事物业服务活动的营利性商事主体，具有一定的经营自主性。而业主为多数人主体，若尚未成立业主大会或业主委员会，物业服务人要依照法定程序征得业主同意并非易事。并且物业服务具有专业性和技术性的特征，物业服务人相对于业主更有能力对服务事项是否转委托以及受托人的选任作出判断。第

① 参见最高人民法院民事审判第一庭编著：《最高人民法院建筑物区分所有权、物业服务司法解释理解与适用》，人民法院出版社2017年版，第262—264页。

三，本条第1款规定，在部分转委托的情形，物业服务人仍须对该部分专项服务事项向业主负责。物业服务人的责任承担与委托合同中未经同意转委托情形下受托人的责任相一致。从体系解释的角度，本条第1款规定的应是对未经业主同意部分转委托情形下物业服务人的责任。由此也可以认为，立法者并非是从转委托的成立要件上，而是从法律责任上对物业服务人转委托行为进行规范，以平衡对业主利益与物业服务人经营自主性的保障。因此，本条规定允许物业服务人对部分专项服务事项进行转委托，并不以经过业主同意为要件。

当然，转委托内容不得超出原物业服务合同约定的事项，即物业服务人只能够将自己获得授权处理的物业服务事项转委托给第三人。而对于须由业主共同决议的事项，如对于利用物业共用部位、共用设施设备进行经营的、改建或重建建筑物及其附属设施等，物业服务人未获得业主大会特别授权不能处理该事项，更不能将自己无权处理的事项转委托给第三人处理。

（三）物业服务人就转委托事项向业主承担责任

依照本条规定，物业服务人在将部分专项服务事项转委托给专业性服务组织或者其他第三人的，须就该部分专项服务事项向业主负责。这是因为，在部分转委托情形下，物业服务人通常是以自己的名义与第三人签订转委托合同。[①]业主与第三人之间并不存在直接的法律关系。该转委托的第三人应当视为物业服务人的履行辅助人，第三人提供物业服务的行为应当视为物业服务人自己提供服务的行为。如果第三人所提供的专项物业服务不符合物业服务合同所规定的标准和要求，依照合同相对性原理，业主应当向物业服务合同的相对人即物业服务人主张违约责任。物业服务人对于自己履行辅助人的原因导致未能按照约定履行义务，须向业主承担违约责任。

二、禁止将物业服务全部转委托

本条第2款规定，物业服务人不得将物业服务事项整体或者支解后全部转委托给第三人。因为业主对物业服务人的选聘通常是经过审慎选择的，

---

① 参见广东省珠海市中级人民法院（2019）粤04民终601号民事判决书。

如果物业服务人将物业服务事项全部转托给第三人，无疑破坏了这种信任关系，也使得业主与物业服务人之间订立的物业服务合同沦为空壳。与建设工程合同领域中禁止承包人将其承包的建设工程整体或者支解后全部转包给第三人（《民法典》第791条第2款）的规范目的相类似，本条第2款的禁止性规定旨在防止物业服务人通过转包套利，以维护业主订立物业服务合同的目的实现。物业服务人将物业服务事项全部转委托给第三人，一方面破坏了业主对物业服务人的选任信赖关系，擅自变更了合同当事人；[①]另一方面物业服务人在物业服务合同订立后通过转委托套利，第三人只能以更低的物业费提供同样的服务，物业服务质量无法保证，导致业主利益遭受损害。

本条禁止物业服务人将物业服务事项全部转委托他人的规定为效力性规定。因为物业服务人在订立物业服务合同后不实际履行合同义务，将物业服务事项全部转委托给第三人从中渔利，不仅损害了业主利益，而且破坏了物业服务市场秩序。《物业服务解释》第2条第1款第1项也明确规定，物业服务人将全部物业服务事项转委托他人订立的委托合同无效。

举证责任

业主主张物业服务人对转委托的专项服务事项承担违约责任，仅需证明物业服务人或者作为受托人的第三人所提供的物业服务不符合物业服务合同的约定即可。物业服务人若要提出抗辩，只能就义务履行符合合同约定，或者存在法定或约定的免责事由进行证明。

业主主张物业服务人与第三人订立的转委托合同因属于全部转委托而无效的，应当就该无效事由，即物业服务人将全部物业服务整体转委托或者支解后分别转委托给第三人的事实承担证明责任。

---

① 参见杜万华、辛正郁等：《最高人民法院〈关于审理建筑物区分所有权纠纷案件具体应用法律若干问题的解释〉、〈关于审理物业服务纠纷案件具体应用法律若干问题的解释〉的理解与适用》，载《法律适用》2009年第7期；杨立新：《三部有关物权法司法解释规定的十五个重要问题》，载《河北法学》2010年第5期。

第九百四十二条【物业服务人的一般义务】

物业服务人应当按照约定和物业的使用性质，妥善维修、养护、清洁、绿化和经营管理物业服务区域内的业主共有部分，维护物业服务区域内的基本秩序，采取合理措施保护业主的人身、财产安全。

对物业服务区域内违反有关治安、环保、消防等法律法规的行为，物业服务人应当及时采取合理措施制止、向有关行政主管部门报告并协助处理。

历史由来

本条规定主要是吸收、修改《物业管理条例》的一些规定所形成的。《物业管理条例》第35条第1款规定："物业服务企业应当按照物业服务合同的约定，提供相应的服务。"明确物业服务企业的服务义务来源于合同约定。同法第45条第1款规定："对物业管理区域内违反有关治安、环保、物业装饰装修和使用等方面法律、法规规定的行为，物业服务企业应当制止，并及时向有关行政管理部门报告。"对于物业管理区域内的安全保障，《物业管理条例》第46条第1款规定："物业服务企业应当协助做好物业管理区域内的安全防范工作。发生安全事故时，物业服务企业在采取应急措施的同时，应当及时向有关行政管理部门报告，协助做好救助工作。"与前述规定相比较，本条第1款除列举物业服务人的主给付义务内容外，有两处变化：第一，新增规定物业服务人应当"按照物业的使用性质"提供服务，意味着物业服务人的义务内容不仅可以依照合同约定确定，也可以依照物业的使用性质确定；第二，明确规定物业服务人的安全保障义务，改变《物业管理条例》第46条第1款规定，将安全保障义务作为物业服务人的法定义务。本条第2款主要是在《物业管理条例》第45条第1款基础上作了细微修改，使表达更加严谨准确，如新增规定物业服务人在制止物业服务区域内的违法行为时应当采取合理措施的限制，以及协助行政部门处理上述行为的义务等。

《民法典合同编（草案）》（征求意见稿）第497条规定："物业服务人应当根据合同约定和物业的使用性质，妥善维修、养护、清洁、绿化和经营物业服务区域内的业主共有部分，维护物业服务区域内的基本生活秩序，采取合理措施保障业主的人身财产安全。对物业服务区域内违反有关治安、环保等法律法规的行为，物业服务人应当及时采取合理措施制止、向相关行政管理部门报告并协助处理。”《民法典合同编（草案）》（一审稿）第724条将“根据合同约定”改为“按照约定”。《民法典合同编（草案）》（二审稿）第724条将“基本生活秩序”改为“基本秩序”，“保障”业主安全改为“保护”。《民法典（草案）》第942条将“经营”改为“经营管理”。最终形成本条文。

规范目的或功能

本条规定的是物业服务人的主给付义务及其履行。在物业服务合同中，物业服务人的主给付义务是为业主提供物业服务。物业服务事项范围广泛，种类繁多，既涉及对物的管理维护，包括对建筑物共有部分及其附属设施的维修、养护、清洁、绿化和经营管理事项；也涉及对人的管理服务，如对物业服务区域内基本秩序的维护以及安全保障义务等。本条对物业服务人主给付义务的一般规定，旨在明确物业服务人的义务内容以及履行方式。

规范内容

一、物业服务人的主给付义务

依照本条第1款规定，物业服务人的主给付义务主要包括三类：第一，维修、养护、清洁、绿化和经营管理物业服务区域内的业主共有部分，即对物的管理维护义务；第二，维护物业服务区域内的基本秩序，即对人的管理服务义务；第三，保护业主的人身、财产安全，即安全保障义务。

（一）对物的管理维护义务

物业服务人承担的对物的管理维护义务，主要是指对物业服务区域内的业主共有部分，如小区内的公共道路、绿地花坛、建筑物外墙、屋顶平台以及公共消防设施、照明设施等的管理维护，包括维修、养护、清洁、绿化和经营管理等。对业主专有部分的维护和管理并不属于物业服务人的给付义务内容，但是业主可以与物业服务人特别约定，由物业服务人提供特约服务（《物业管理条例》第43条）。

（二）对人的管理服务义务

物业服务人对服务区域内的公共秩序的维护属于对人的管理服务。①为保障业主对建筑物及其附属设施的正常使用，物业服务人负有维护公共部分基本秩序，制止违法行为的义务。

物业服务人对物业服务区域内违反治安、环保等违反法律法规的行为，如乱停车、乱扔垃圾、侵占公共楼道、私搭乱建、住宅擅自变为商用等进行制止，行使的是私法上的权利，而非公法上的管制权。这是因为物业服务人作为从事物业服务活动的民商事主体，与业主、物业使用人或者进入物业服务区域内的第三人之间为平等主体关系。物业服务人不具有国家公权力机关的行政管理权，因而对违法行为并不具有采取行政强制措施的权力，只能向有关行政主管部门报告并协助处理。本条第2款规定，对违法行为物业服务人应当及时向有关行政主管部门报告并协助处理。该报告与协助义务并非民事义务。物业服务人违反该义务，应当依照法律法规的规定承担相应的行政法律责任。

物业服务人对物业服务区域内的秩序管理，以及对违法行为进行制止的权限都来自业主的委托授权。业主作为建筑物区分所有权人，对其专有部分享有支配权，对共有部分享有共有和共同管理的权利。从法律性质上说，业主对建筑物及其附属设施的管理本质上是所有权人的物权行使，属于业主共有权和共同管理权的内容。②违反有关治安、环保等法律法规的行为同时也对业主的建筑物区分所有权构成了侵害。物业服务人基于物业服务合同的约定，负有及时采取合理措施制止该违法行为、维持公共部分基本秩序的义务。物业服务人所能采取的合理措施只能是在业主授权范围内行使相应的物

---

① 参见杜万华、辛正郁等：《最高人民法院〈关于审理建筑物区分所有权纠纷案件具体应用法律若干问题的解释〉、〈关于审理物业服务纠纷案件具体应用法律若干问题的解释〉的理解与适用》，载《法律适用》2009年第7期。

② 参见于飞：《物业管理与物业服务的区分与交叉——兼论我国物业立法概念运用之准确化》，载《浙江社会科学》2012年第6期。

权请求权，对妨碍甚至侵害业主权利行使的行为，如占用公共通道堆放杂物、威胁建筑物安全的房屋装修行为等，请求排除妨碍、恢复原状等。《物业服务解释》第4条也规定，业主违反物业服务合同或者法律、法规、管理规约，实施妨害物业服务与管理的行为，物业服务企业请求业主承担恢复原状、停止侵害、排除妨害等相应民事责任的，人民法院应予支持。这一规定更进一步明确了物业服务人的管理行为实质上是代全体业主向侵权行为人主张物权请求权。

（三）安全保障义务

本条明确了物业服务人对物业服务区域负有安全保障义务这一法定义务。[①]物业服务人的安全保障义务包括对物业服务区域内的建筑及其设施的管理，如及时清理危险物品、定时检查维护公共电梯等小区设施，对可能的安全隐患进行消除或者警示，对公共部分秩序进行维护，以及对可能的侵权行为进行防范制止等。[②]令物业服务人承担安全保障义务的合法性理由主要是：第一，物业服务区域属于具有一定开放性的公共场所，物业服务人作为其管理人，负有对公共部分基本秩序的维护义务。该义务本身就包含了对业主人身、财产的安全保障义务。[③]第二，符合危险控制理论的要求，物业服务人对危险源具有一定程度的控制力。[④]

---

① 《民法典》颁布之前，《物业管理条例》仅规定物业服务人对物业服务区域内的安全负有协助义务。理论与实践中对物业服务人是否负有安全保障义务存在分歧，其中不乏否定的观点。有观点认为，物业服务企业与业主不是经营者与消费者的关系，物业服务企业不存在对场所的控制与对人的支配，不负有侵权法上的安全保障义务，仅有提供相应安保措施的合同义务（参见颜雪明：《从实务角度看物业服务司法解释的亮点与不足》，载《法律适用》2009年第7期）；还有观点认为，安全保障义务只能源自合同或法律明确规定，不能默示推定物业服务人承担安全保障义务（参见张民安：《人的安全保障义务理论研究——兼评〈关于审理人身损害赔偿案件适用法律若干问题的解释〉第6条》，载《中外法学》2006年第6期）。

② 参见杨立新、陶盈：《物业服务企业安全保障义务的界限》，载《人大法律评论》2013年第2期。

③ 参见王利明：《论高楼抛物致人损害责任的完善》，载《法学杂志》2020年第1期。

④ 参见［德］克雷斯蒂安·冯·巴尔：《欧洲比较侵权行为法》（下卷），焦美华译，张新宝审校，法律出版社2004年版，第255—256页。

二、物业服务人瑕疵履行的认定

依据本条第1款的规定，物业服务人应当按照合同约定和物业的使用性质，妥善履行提供物业服务的义务。物业服务合同，包括物业服务人公开作出的有利于业主的服务承诺，是确定物业服务内容与标准的重要依据。在物业服务合同未明确约定的情形，物业服务人应当依照物业的使用性质履行义务。如商业用途的物业与住宅物业的管理标准通常会有差异，建筑物附属设施的用途也会对物业服务质量的评判产生影响。

物业服务合同属于服务合同类型。与物的交易合同不同，服务合同中义务人并不对所提供的服务一般性地承担瑕疵担保责任。对于服务合同中服务瑕疵的认定，理论上主要有以下几种学说：第一种是合同义务构造论，通过比对义务人所提供的服务与合同约定的义务之间是否有偏差判断服务瑕疵，因而确定某项具体义务是否被纳入合同就成为判断服务瑕疵的重要前提；第二种是服务水准或行业标准论，依据行业一般抽象水准判断是否存在服务瑕疵；第三种是三层基准论，从义务人的服务条件、服务过程与服务结果三个层面结合起来判断。①

物业服务人的义务内容具有复合性与多样性特征。物业服务人义务履行是否有瑕疵，应当区分物业服务所涉及的具体义务内容是方式之债还是结果之债，分别适用不同判断标准。②典型的结果债务如对公共设施的维修义务，与承揽人的义务类似，都是以完成工作成果为客体。这类结果债务可参照适用物的瑕疵担保认定，只要物业服务合同约定的工作成果未实现，即可视为物业服务人的义务履行存在瑕疵。对于方式之债如安全保障义务等，物业服务人只需尽到其应尽的注意义务为给付即符合合同本旨，而不负有使一定结果发生的义务。③物

---

① 参见周江洪：《服务合同研究》，法律出版社2010年版，第36—39页。

② 参见刘洋：《论物业服务企业的给付义务及其与第三人侵权之关系——陈书豪与南京武宁房地产开发有限公司、南京青和物业管理有限公司财产损害赔偿纠纷案评释》，载《苏州大学学报》(法学版)2015年第4期；张质：《物业服务的不完全给付及其私法救济》，载《武汉理工大学学报》(社会科学版)2018年第1期。

③ 参见陈自强：《从继受观点看不完全给付之生成发展》，载《政大法学评论》2012年第130期。

业服务人是否尽到了安全保障义务，须依服务本身和履行过程判断，并综合考虑物业服务人的防范成本与损失发生之间的比例关系、物业服务人的风险控制能力及其所获利益等因素。[①]还有部分义务如保洁、绿化等处于这两类义务之间，其是否适当履行需要将履行结果与履行过程结合起来判断。对于这类中间状态的义务，通常是将结果上的不完全状态作为义务不履行的事实状态，而服务提供过程中的具体行为则作为归责事由判断的事实来处理。[②]

三、物业服务人违反义务的法律责任

物业服务人违反合同约定，不履行或者不完全履行合同义务，即构成违约，应当承担相应的违约责任。《物业服务解释》第3条也明确规定，物业服务人不履行或者不完全履行合同义务，业主可以请求物业服务人承担继续履行、采取补救措施或者赔偿损失等违约责任。

物业服务人的违约行为如果导致他人人身或财产等固有利益的损失，形成加害给付，则亦构成侵权行为，需要承担侵权责任。物业服务人在履行物业服务义务过程中，可能对业主或第三人构成直接侵权，如物业服务人的工作人员在执行职务过程中将他人打伤，也可能构成间接侵权，如在高空抛物致人损害的情形。物业服务人未采取必要的安全保障措施防止损害情形发生的，应当依法承担未履行安全保障义务的侵权责任（《民法典》第1254条第2款）。

在构成责任竞合的情形下，受害人可以根据具体情形选择请求物业服务人承担违约责任或者侵权责任。

举证责任

业主就物业服务人违反合同义务请求其承担违约责任的，应当举证证明双方当事人之间存在合法有效的物业服务合同，并且该项义务被纳入物

---

① 参见刘召成：《安全保障义务的扩展适用与违法性判断标准的发展》，载《法学》2014年第5期；刘小璇：《论公共场所管理人的安全保障义务》，载《法学杂志》2019年第8期。

② 参见周江洪：《服务合同研究》，法律出版社2010年版，第39页。

业服务合同中，物业服务人存在违反义务的事实，以及自己因此所遭受的损失。物业服务人提出抗辩的，则需就其抗辩理由所依据的事实，比如物业服务合同不成立或存在效力瑕疵，物业服务人已经按照合同约定履行了义务，或者某项义务超出了物业服务人在该合同中所承继的义务范围等承担证明责任。

第九百四十三条【物业服务人信息公开与报告义务】

物业服务人应当定期将服务的事项、负责人员、质量要求、收费项目、收费标准、履行情况，以及维修资金使用情况、业主共有部分的经营与收益情况等以合理方式向业主公开并向业主大会、业主委员会报告。

历史由来

本条的形成承袭和发展了《物权法》《物业管理条例》及最高人民法院的司法解释。《物权法》第79条规定，维修资金的筹集、使用情况应当公布。《物业管理条例》第6条规定，业主在物业管理活动中享有对物业共用部位、共用设施设备和相关场地使用情况享有知情权和监督权；享有监督物业共用部位、共用设施设备专项维修资金的管理和使用的权利。此条规定了业主的知情权与监督权。《建筑物区分所有权解释》第13条规定，业主请求公布、查阅物业服务合同、共有部分的使用和收益情况以及其他应当向业主公开的情况和资料的，人民法院应予支持。此条规定了业主的知情权以及监督权，没有直接规定物业服务人的主动公开以及报告义务。

本条直接规定了物业服务人的信息公开与报告义务，以更好地保障业主知情权和监督权的实现。《民法典合同编（草案）》（二审稿）第725条对物业服务人的信息公开义务与报告义务采取的是可选择模式，规定“物业服务人应当定期将服务的事项……等以合理方式向业主公开或者向业主大会、业主委员会报告”。《民法典（草案）》将此处的“或者”改为“并”，将信息公开与报告义务同时作为物业服务人的法定义务，旨在强化对业主权利的保障。在此基础上，最终形成了本条文的规定。

规范目的或功能

本条通过规定物业服务人的信息公开与报告义务，旨在保障业主知情权与监督权更好地实现。物业服务人为业主处理共有部分建筑物及其附属设施的管理服务等事务、物业服务的履行以及相关费用的收支等状况与业主的利益密切相关，业主对此享有知情权。令物业服务人承担定期的信息公开与报告义务，一方面有利于业主了解物业服务开展状况，从而能够参与共有部分的管理维护，便于就物业管理中的重要事项作出决议，并对物业服务人为必要之指示；另一方面也是为了方便业主对物业服务人履行合同义务的行为进行监督，特别是在物业服务人所提供的服务有瑕疵时及时维护自己的利益。[①]

本条规定明确了物业服务人的信息公开与报告义务为法定义务，即使物业服务合同对此未作约定，物业服务人也负有该义务。本条为不完全法条，对物业服务人违反该义务的法律后果未作规定。

规范内容

本条具体规定了物业服务人信息公开与报告义务的履行对象、方式以及内容。

一、信息公开与报告的对象与方式

与委托合同中受托人的报告义务性质相同，物业服务人对委托处理物业管理事项的业主也负有报告义务。由于作为物业服务合同当事人的业主一方为多数人主体，为保障业主知情权的实现，物业服务人的义务具体体现为向全体业主信息公开的义务，以及向业主大会、业主委员会承担的报告义务。

物业服务人应当定期履行信息公开与报告义务。由于物业服务合同为继续性合同，合同期限通常比较长，物业服务人应当定期向业主公开相关信息，

---

① 参见黄立主编：《民法债编各论》（下），中国政法大学出版社2003年版，第516页。

并向业主大会、业主委员会报告，以使业主能够及时了解物业服务的最新动态，并对有关的重要事项作出决定。定期的信息公开与报告义务不以业主的请求为前提。[①]信息公开与报告的具体期限可以由物业服务合同约定，或者由物业服务人与业主事后进行协商。

物业服务人应当以合理方式向业主公开相关信息，主要是指应当以有利于业主便捷了解该信息，但不至于对物业服务人形成过重负担的方式进行公开，如在物业服务区域内的布告栏、电梯口等醒目位置张贴公告，发送电子邮件或者在业主服务群中发送相关信息的电子文本，以及提供便捷的查询途径并告知业主查询方式等。

二、信息公开与报告的内容

物业服务人应当向业主公开并向业主大会、业主委员会报告的信息内容十分广泛。基本上所有与物业管理服务相关的事项，业主都享有知情权。物业服务人应当就提供物业服务过程中的相关信息进行公开或者报告。

总体而言，物业服务人需要公开并报告的信息主要涉及以下三个方面：第一，物业服务情况，包括服务的事项、负责人员、质量要求以及具体的履行情况等；第二，物业费的收取情况，包括收取物业费的项目、标准等；第三，建筑物及其附属设施的维修资金使用情况、业主共有部分的经营与收益情况等。此外，物业服务人还应当根据业主、业主大会或业主委员会的要求，公开或者报告物业服务事项的相关信息，并提交相应的证明文件，如各种会计账簿、收支账目等。

三、违反信息公开与报告义务的法律后果

物业服务人的信息公开与报告义务为法定义务。该义务为结果义务，物业服务人不履行或者不适当履行该义务即构成违约，业主可以提起单独的诉讼请求其履行该义务。若物业服务人因不履行信息公开与报告义务给业主造成损失的，业主可以请求物业服务人承担违约责任或者侵权责任。

---

① 参见崔建远主编：《合同法》，法律出版社2010年版，第511页。

举证责任

业主主张物业服务人未履行信息公开或者报告义务的，无须就未履行义务的事实进行举证。物业服务人提出抗辩的，应当就其已经履行了该义务的事实承担证明责任。

第九百四十四条【业主支付物业费的义务及违反义务的后果】

业主应当按照约定向物业服务人支付物业费。物业服务人已经按照约定和有关规定提供服务的，业主不得以未接受或者无需接受相关物业服务为由拒绝支付物业费。

业主违反约定逾期不支付物业费的，物业服务人可以催告其在合理期限内支付；合理期限届满仍不支付的，物业服务人可以提起诉讼或者申请仲裁。

物业服务人不得采取停止供电、供水、供热、供燃气等方式催交物业费。

历史由来

本条前两款规定主要承袭《物业管理条例》第64条以及《物业服务解释》第6条，第3款为新增规定。《物业管理条例》第64条规定："违反物业服务合同约定，业主逾期不交纳物业服务费用的，业主委员会应当督促其限期交纳；逾期仍不交纳的，物业服务企业可以向人民法院起诉。"《物业服务解释》第6条规定："经书面催交，业主无正当理由拒绝交纳或者在催告的合理期限内仍未交纳物业费，物业服务企业请求业主支付物业费的，人民法院应予支持。物业服务企业已经按照合同约定以及相关规定提供服务，业主仅以未享受或者无需接受相关物业服务为抗辩理由的，人民法院不予支持。"

相对于法律规范与司法解释的规定，本条前两款作了三处修改：第一，删除了将业主委员会督促支付作为物业服务人起诉前提的规定。因为业主委员会并非物业服务合同当事人，将业主委员会督促义务的履行作为起诉前提，不当限制了物业服务人的诉权。第二，删除对催告的“书面”限定，不再限制催告的形式。第三，在已经催告的情形下，不再将“业主无正当理由拒绝交纳”作为物业服务人提起诉讼的条件，只要业主逾期仍未支付，物业服务人即可起诉。上述改动都旨在消除对物业服务人债权行使的不当限制。只要业主违反约定逾期不支付物业费，物业服务人即可行使债权或寻求司法救济。

《民法典合同编（草案）》（征求意见稿）第499条规定：“业主应当按照约定向物业服务人支付报酬。物业服务人已经按照约定和相关规定提供服务的，业主不得以未接受或者无需接受相关物业服务为由拒绝支付报酬。业主违反约定逾期不支付报酬的，物业服务人可以催告其在合理期限内支付；逾期仍不支付的，物业服务人可以向人民法院提起诉讼。”第500条规定：“物业服务费的收取标准和收取方式，由业主和物业服务人参照当地政府规定的收费标准或者同类物业服务收费标准约定。”《民法典合同编（草案）》（一审稿）删除了第500条规定的内容，其第726条将第499条第2款后段“可以向人民法院提起诉讼”改为“可以提起诉讼或者申请仲裁”。《民法典（草案）》第944条将第1款第1句中的“报酬”修改为“物业费”，主要是因为物业费的计算与支付有两种方式：包干制和酬金制（《物业服务收费管理办法》第9条）。使用“报酬”的表述无法涵盖包干制模式的物业费类型。即使是在酬金制物业费模式下，报酬也仅为业主支付价金的一部分。在此基础上，《民法典》第944条将第2款后段“逾期仍不支付”改为“合理期限届满仍不支付”，以避免形成歧义，并增加第3款规定：“物业服务人不得采取停止供电、供水、供热、供燃气等方式催交物业费。”

三 规范目的或功能

本条的规范目的在于，明确业主受物业服务合同约束，负有严格依合同约定履行支付物业费的义务，以保障物业服务人债权的实现。依此目的，本条分别规定了业主不享有抗辩权的情形（第1款），以及业主逾期不支付时物业服务人的救济（第2款）。前款规定业主不得以未接受或者无需接受相关物业服务为由抗辩，系基于支付物业费与物业服务之间对待给付关系，在物业服务人已履行自己义务情形下，业主不享有履行抗辩权；后款规定业主逾期不支付物业费，物业服务人可以催告其履行，也可以提起诉讼或申请仲裁。对物业服务人救济权利的规定虽为债权一般权能体现，但是与之前的法律规范和司法解释相对比，本条删除了对物业服务人债权行使不当限制的规定，旨在更好保障其债权的顺利实现。

规范内容

一、物业费支付义务

支付物业费是业主在物业服务合同中的主给付义务。物业费是物业服务人提供物业服务的对价，可以依约定采取包干制或酬金制两种形式（《物业服务收费管理办法》第9条）。包干制是指由业主向物业管理企业支付固定物业服务费用，盈余或者亏损均由物业管理企业享有或者承担的计费方式。物业费的构成包括物业服务成本、法定税费和物业管理企业的利润。酬金制是指在预收的物业服务资金中按约定比例或者约定数额提取酬金支付给物业管理企业，其余全部用于物业服务合同约定的支出，结余或者不足均由业主享有或者承担的物业服务计费方式。业主应当按照约定支付物业费。业主支付物业费义务的具体内容，如支付的时间、地点、方式、金额等都依照物业服务合同的约定确定；无约定或约定不明时，可以依照《民法典》第510条、第511条的规定确定。此外，依照《物业管理条例》第41条第2款，房屋已竣工但尚未出售或尚未交付给买受人之前，物业费由建设单位支付。因此，除另有约定外，业主支付物业费的义务应当始于物业专有部分的交付。

二、未接受或无需接受物业服务不得作为抗辩事由

物业服务合同为双务合同，基于物业服务与支付物业费之间的对待给付关系，合同双方都享有履行抗辩权。而合同履行抗辩权为延缓抗辩权，一旦物业服务人已经适当履行自己的主给付义务，业主就不再享有合同履行抗辩权，须履行自己的对待给付义务。业主不能以“未接受或无需接受物业服务”作为抗辩事由，拒绝支付物业费。

实践中常出现业主援引“未接受或无需接受物业服务”进行抗辩的情形。依照业主未接受或无需接受物业服务的原因划分，相关案型主要有以下三类：第一，因业主自身原因导致。如业主未进入该物业实际居住，[①]或者低楼层业主主张无需乘坐电梯等情形。第二，因第三人原因导致。实践中出现较多的情形是因出卖人的违约行为对业主实际占有使用房屋形成阻碍，如已经交付的房屋存在质量瑕疵导致无法正常居住，[②]或者出卖人未尽到保修义务等，[③]业主以此为由提出未接受或者无需接受物业服务之抗辩，拒绝支付物业费。由于房屋买卖合同与物业服务合同系属不同法律关系，业主自然不能以其在买卖合同中享有的抗辩权对抗物业服务人。业主仅可将已经支付的物业费纳入损失范畴，请求出卖方承担违约赔偿责任。[④]第三，因物业专有部分灭失导致。如房屋在完成所有权移转登记后交付前灭失，房屋所有人由此抗辩拒付物业费。[⑤]在我国房屋转让实行“房地一体”原则前提下，业主资格不以房屋存续为唯一基础。[⑥]原房屋所有人继续保有业主资格，就受到物业服务合同约束，有支付物业费义务。

三、业主逾期不支付物业费的法律后果

支付物业费的履行期限依物业服务合同的约定确定。无约定或约定不明时，依《民法典》第511条第4项，物业服务人在给业主必要准备时间的前提下可以随时要求履行。即在不确定履行期限的情形下，物业服务人可以随时催告业主支付物业费，只是须为其预留必要的准备时间。若约定期限或物业服务人催告的履行期限届满，业主仍未履行支付物业费义务即为逾期不支付，构成迟延履行（包括拒绝履行的情形）。

---

① 对于物业服务合同有约定，或者法律规范文件规定降低空置房屋的物业费标准的，业主可按照降低后的标准支付。若无法定或约定情形，业主不能抗辩拒绝依照约定支付物业费。

② 参见广东省广州市中级人民法院（2019）粤01民终22021号民事判决书。

③ 参见上海市第二中级人民法院（2019）沪02民终8143号民事判决书。

④ 参见江苏省常州市钟楼区法院（2014）钟民初字第0349号民事判决书。

⑤ 参见上海市第一中级人民法院（2010）沪一中民二（民）终字第3644号民事判决书。

⑥ 参见杨东锋、徐劲草：《购买“已灭失房屋”是否仍应支付物业费》，载《人民法院报》2011年12月1日，第7版。

（一）催告支付

1.催告的内容与形式

催告即债权人向债务人请求给付的意思通知，系须受领的单方行为。[①]催告的内容是要求业主支付其到期未付的物业费。催告中应当包含明确的履行债务要求。[②]物业服务人可以口头、书面或者公告等形式催告。

2.催告与提起诉讼或申请仲裁的关系

本条第2款所规定的催告支付与提起诉讼或申请仲裁之间为何种关系，是否应当将催告作为后两者的前置程序，司法实践中对此有不同理解。最高人民法院认为将催告作为前置程序非常必要，因为实践中业主不支付物业费的原因多样，催告不仅可以提醒迟延支付的业主，而且为业主与物业服务人提供了一次沟通机会，有利于化解纠纷，避免司法资源的浪费；同时也能够为业主提供一定的履行宽限期和准备期，符合效率原则。[③]

但是并非任何债务都需要债权人提醒。对于有确定履行期限的合同，《民法典》合同编并未一般性地规定债权人须催告，而是遵循“期限代人催告”原则，债务人构成迟延履行不以债权人催告为要件。[④]债务履行期限不确定的合同须以债权人催告作为迟延的认定要件。但是本条第2款所规定的催告是在业主逾期不支付物业费后，即业主已经陷于迟延的情形，物业服务人并非为确定履行期限所作催告，而是对业主继续履行支付物业费义务的请求，指向的是债务不履行所转化的第二性债务，即继续履行。业主逾期不支付物业费就应当承担迟延履行的违约责任，物业服务人可继续催告其履行或者直接寻求司法救济。若将催告作为提起诉讼或申请仲裁的前置程序，则不当限制了

---

① 参见郑玉波：《民法债编总论》（修订二版），中国政法大学出版社2004年版，第275页。

② 参见［德］汉斯–约哈希姆·慕斯拉克、沃夫冈·豪：《德国民法概论》（第14版），刘志阳译，中国人民大学出版社2016年版，第140页。

③ 参见最高人民法院民事审判第一庭编著：《最高人民法院建筑物区分所有权、物业服务司法解释理解与适用》，人民法院出版社2017年版，第312—313页。

④ 参见韩世远：《履行迟延的理论问题》，载《清华大学学报》（哲学社会科学版）2002年第4期。

物业服务人的诉权。[1]此外，本条第2款规定物业服务人“可以”催告支付，使用“可以”而不是“应当”的表述，也表明催告并非法定义务。在业主迟延履行时，物业服务人可以选择是否催告。若物业服务人作出催告，则依《民法典》第195条规定发生诉讼时效中断的法律效果。

（二）提起诉讼或申请仲裁

1.诉讼主体与仲裁当事人

物业服务人起诉时仅能以逾期不支付物业费的业主作为被告，不能以业主委员会作为被告（《物业服务解释》第8条第2款），因为后者并非物业服务合同当事人，不承担支付物业费的义务。在业主和物业使用人约定由物业使用人支付物业费的情形下，物业服务人可以选择以物业使用人或者业主为被告，或者将两者作为共同被告提起诉讼。物业服务人就物业费纠纷申请仲裁，同样应该以未支付物业费的业主或者物业使用人为被申请人，不得以业主委员会为被申请人。

2.诉讼时效的计算

请求支付物业费的诉讼时效，适用《民法典》第188条关于诉讼时效的一般规定，为3年。但是，司法实践对于物业费请求权诉讼时效的起算时间并不明晰。实务中许多法院适用《最高人民法院关于审理民事案件适用诉讼时效制度若干问题的规定》第5条规定，裁判物业费请求权诉讼时效自最后一期物业费履行期限届满之日起算。[2]但是该条所规范的对象是分期履行债务。分期履行债务属于一时的债范畴，物业服务合同则属于继续性债之关系。与一时的债不同，继续性债的总给付并非自始确定，而是系于应为给付的时间长度。

---

① 比较法上也有规定管理人或管理服务人须先催告的立法例。例如日本民法规定，对未缴纳的管理费达到6个月以上，经口头或书面形式催促后仍未支付的，采支付命令方式收取。参见［日］稻本洋之助：《公寓管理之考察》，转引自陈华彬：《建筑物区分所有权法》，中国政法大学出版社2018年版，第383页。但这些立法例都仅是将催告作为申请法院强制执行的前置程序，并非是将其作为物业服务人提起诉讼或者申请仲裁的必经程序。目前我国仅有《行政强制法》规定行政机关申请人民法院强制执行前，应当催告当事人履行义务（第54条）。

② 参见山东省济南市中级人民法院（2016）鲁01民终4520号民事判决书、黑龙江省哈尔滨市中级人民法院（2018）黑01民终8266号民事判决书。

物业费债务与分期履行债务的区别是，分期履行债务的总给付自始确定，每一期给付仅为部分给付；物业服务合同中，每一期物业费的支付并不是总给付的部分，具有经济上和法律上的独立性。[①]质言之，物业费的支付是定期履行的给付，而非分期履行一个数量自始即已确定的给付。[②]因此，物业费支付请求权的诉讼时效应当区分每一期物业费单独计算，自该期物业费履行期限届满之日起算。

四、禁止采取停止供用电、水、热、燃气等方式催交物业费

物业费是物业服务人提供物业服务的对价，但不包括电、水、热、燃气等代收代付费用。业主与物业服务人之间的物业服务合同关系，以及业主与相关企业之间的供用电、水、热、燃气合同，为彼此独立的合同法律关系。在物业服务合同关系中，若业主不履行物业费支付义务，符合行使同时履行抗辩权条件的，物业服务人也仅能以暂时中止履行自己义务的方式行使抗辩权，而无权通过阻碍社会公用部门对提供业主供水、供电服务的方式抗辩，否则构成对业主在供用电、水、气、热力合同中合同债权的侵害。

举证责任

对合同是否履行发生争议的，由负有履行义务的业主或者其他义务人证明已经支付物业费，物业服务人无需证明债务人未支付物业费。[③]但是，物业服务人若要主张利息损失或者滞纳金，则须证明利息损失的数额或者业主迟延履行的事实。物业服务人主张物业费价格提高的，须证明其与业主达成了价格变更协议，且该协议成立并生效。[④]

若业主因行使抗辩权拒付物业费，应当证明该抗辩事由的存在，如物业

① 参见王泽鉴：《债法原理》，北京大学出版社2009年版，第155—156页。

② 参见［意］阿雷西奥·扎卡利亚：《债是法锁——债法要义》，陆青译，法律出版社2017年版，第35页。

③ 已经履行债务的证明责任由债务人承担，除非该债务为消极的不作为义务。参见［德］莱奥·罗森贝克：《证明责任论》，庄敬华译，中国法制出版社2002年版，第95页。

④ 参见福建省福州市中级人民法院（2019）闽01民终6991号民事判决书。

服务人不履行、诉讼时效届满等。物业服务人若要主张业主不享有该抗辩权，则须证明相应的抗辩事由不存在，如其已经依照合同约定提供了物业服务，或者在诉讼时效期间内进行了催告等。物业服务人主张对业主进行了催告的，应当证明催告的作出，采用非对话方式作出催告的，还须证明催告已经到达业主。[①]

其他问题

与本条第1款规定相关的问题是，若物业服务人不完全履行或者提供的服务存在严重瑕疵，业主能否行使履行抗辩权，拒绝支付相应部分的物业费?若有权行使，业主应当如何行使该抗辩权。

一、业主能否行使同时履行抗辩权

物业服务合同为双务合同，业主与物业服务人的履行顺序依合同约定，若无约定则应当同时履行。实务中，业主支付物业费依照约定有按月支付、按季支付或者按年支付等方式，在每期给付中业主通常须先支付物业费。尽管如此，鉴于物业服务合同为继续性合同，不仅双方每期给付互为对待给付义务，且每期给付亦为整个债务的内容，在整个债务意义上亦构成对待给付关系，并无先后履行顺序之分。[②]因而业主得以物业服务人此前某期未履行或者履行不完全，主张同时履行抗辩权，拒绝本期物业费相应的给付。

二、单个业主可否行使履行抗辩权

若物业服务存在显著瑕疵时，单个业主能否行使抗辩权，实践中存在较大分歧。肯定观点认为，完全否定业主的抗辩权将纵容物业公司的违约行为，应该在业主“有权拒绝交纳物业费”与“必须全额交纳物业费”之间折中，

---

① 参见北京市第二中级人民法院（2018）京02民终2763号民事判决书。

② 参见黄立：《民法债编总论》，台北元照出版有限公司1995年版，第533—534页；郑玉波：《民法债编总论》，中国政法大学出版社2006年版，第350页。

由法官根据物业服务瑕疵的程度酌减物业费数额。[①]许多法院在个案裁判中基于物业服务存在的瑕疵，依据《民法典》第582条直接对业主应当支付的物业费数额予以酌减。[②]反对观点认为，物业服务面向全体业主，业主行使抗辩权须取得一定数量业主的同意，不能由单个业主行使。

尽管物业服务的内容包括对公共设施的管理维护、共有部分的清洁卫生、公共秩序的维护等多项复合型义务，但是面向全体业主提供的物业服务系不可分给付。全体业主就该给付享有不可分债权。[③]业主能否就物业服务瑕疵行使抗辩权应当依照不可分债权的权利行使规则确定。我国民法未规定此种多数人之债类型。比较法上对不可分债权一般纳入协同债权范畴调整。[④]协同之债的本质特征在于"共同实施性"，它要求债权必须由全体债权人共同行使。[⑤]对不可分债权适用协同债权规范的重点是债权行使限制，即通常不允许单个债权人请求整体履行或者单独受领全部给付，以避免其他债权人利益受损。[⑥]

因此，若物业服务存在瑕疵，业主要求减免支付物业费或者主张物业服务人其他违约责任，应当由全体业主共同主张或者授权业主委员会代为主张。[⑦]这在诉讼上也构成固有必要共同诉讼，因为诉讼目标对全体债权人必须合一确定，应当由全体债权人共同起诉或被诉，就当事人之间的法律关系作一致确定，以避免裁判矛盾。[⑧]

---

① 参见最高人民法院民事审判第一庭编著：《最高人民法院建筑物区分所有权、物业服务司法解释理解与适用》，人民法院出版社2017年版，第314页；张农荣：《物业服务纠纷案件审理中的两个特殊问题》，载《法律适用》2006年第11期。

② 参见北京市第三中级人民法院（2017）京03民终7793号民事判决书。

③ Cfr.F. Gazzoni, *Manuale di diritto privato*, Edizioni Scientifiche Italiane, 2019, p.617.

④ 参见［德］迪尔克·罗歇尔德斯：《德国债法总论》，沈小军、张金海译，沈小军校，中国人民大学出版社2014年版，第417页。

⑤ 参见李中原：《多数人之债的类型建构》，载《法学研究》2019年第2期。

⑥ 参见齐云：《不可分之债研究》，法律出版社2013年版，第62页。

⑦ 有学者认为，应当允许任一债权人单独主张或起诉，法院通知其他债权人参加诉讼，其判决结果对其他债权人生效。无论采取何种共同诉讼方式，单个业主都不能在个别诉讼中主张物业服务瑕疵的抗辩。参见李中原：《多数人之债的类型建构》，载《法学研究》2019年第2期。

⑧ 参见吴从周：《公同共有债权之行使——评"最高法院"2015年度第三次民事庭会议决议》，载《中德私法研究》（第14卷），北京大学出版社2017年版，第174页。

第九百四十五条【业主的告知、协助义务】

业主装饰装修房屋的，应当事先告知物业服务人，遵守物业服务人提示的合理注意事项，并配合其进行必要的现场检查。

业主转让、出租物业专有部分、设立居住权或者依法改变共有部分用途的，应当及时将相关情况告知物业服务人。

历史由来

本条第1款规定主要来源于《物业管理条例》第52条。该条规定，业主需要装饰装修房屋的，应当事先告知物业服务企业。物业服务企业应当将房屋装饰装修中的禁止行为和注意事项告知业主。相较于《物业管理条例》第52条，本条第1款增加了业主要“配合其进行必要的现场检查”，并且将“物业服务企业应当将房屋装饰装修中的禁止行为和注意事项告知业主”改为业主应该“遵守物业服务人提示的合理注意事项”。这两项修改主要是从业主的义务角度进行规定，旨在对业主的行为进行规范。

本条第2款规定主要来源于《物业管理条例》第49条第2款。该条规定，业主依法确需改变公共建筑和共用设施用途的，应当在依法办理有关手续后告知物业服务企业；物业服务企业确需改变公共建筑和共用设施用途的，应当提请业主大会讨论决定同意后，由业主依法办理有关手续。该条仅规定了业主改变共有部分用途时的告知义务。本条增加规定业主转让、出租物业专有部分、设立居住权等情形的告知义务。

《民法典合同编（草案）》（征求意见稿）第501条规定：“业主装饰装修房屋的，应当事先告知物业服务人，遵守物业服务人告知的注意事项，配合物业服务人对装饰装修房屋情况进行必要的现场检查。业主转让、出租物业或者依法改变共有部分用途的，应当及时将相关情况告知物业服务人。”《民法典合同编（草案）》（一审稿）第727条将第1款中物业服务人“告知”改为“提示”，“配合物业服务人对装饰装修房屋情况进行必要的现场检查”改为“并配合其进行必要的现场检查”，语句更为简练；在第2款中将“物业”改为“物业专有部分”，并增加“设立居住权”的情形，与物权编中增加居住权类型相呼应。《民法典合同编（草案）》（二审稿）在物业服务人提示的“注意事项”前增加“合理”进行限定。在此基础上，最终形成本条文规定。

规范目的或功能

本条规定了业主装修装饰房屋以及对物业专有部分等作其他处分时，对物业服务人负有告知、协助配合等附随义务。

规范内容

一、业主装饰装修房屋时的附随义务

本条第1款规定，业主在装饰装修房屋时，对物业服务人负有告知、遵守其提示的合理注意事项，以及配合检查等附随义务。

业主装饰装修房屋虽然是对其专有部分的改造，行使的是专有权，但在实践中常常容易构成妨害或侵害其他业主的建筑物区分所有权，是引发邻里矛盾的导火索。业主装饰装修对其他业主权益构成侵害，典型的情形如对专有部分装修改造破坏房屋结构，进而危及整个建筑物的安全；装饰装修噪声妨害其他业主的安宁；占用公共通道堆放装饰装修材料等。由于区分所有权建筑物的各专有部分在物理上相互连接，彼此紧密结合，形成密切的、立体的相邻关系，业主对自己所有的专有部分的支配使用应受到区分所有建筑物中共同生活规则的限制。[①]例如，《民法典》第272条规定，业主对其建筑物专有部分权利的行使不得危及建筑物的安全，不得损害其他业主的合法权益。若业主行使专有权损害其他业主合法权益的，其他业主可以向其主张物权请求权，要求排除妨害、消除影响、恢复原状等，也可以依据管理规约要求其承担相应的违约责任。

业主的共同管理权不限于对共有部分的支配管理，还涉及对共同生活事务的管理，包括对妨害业主共同生活关系、损害业主合法权益的行为制止的权利。[②]

---

① 参见陈华彬：《业主的建筑物区分所有权——评〈物权法草案〉第六章》，载《中外法学》2006年第12期。

② 参见韩松：《论业主对共有部分的共有和共同管理的纠纷及其处理》，载《法律适用》2008年第7期。

业主将对建筑物共有部分委托给物业服务人管理后，物业服务人依业主的授权取得对物业服务区域内的建筑物及其附属设施进行管理维护，对服务区域内的基本秩序进行维护，包括制止业主对其专有部分权利不当行使的权利。为保障物业服务人对物业服务区域内秩序管理权利的行使，业主负有相应配合协助物业服务人管理之附随义务。业主的附随义务具体体现为：第一，业主装饰装修房屋应当事先告知物业服务人，以便物业服务人及时介入管理；第二，遵守物业服务人提示的合理注意事项，避免因装饰装修使其他业主的建筑物区分所有权行使遭受妨害或侵害；第三，配合物业服务人必要的现场检查。

二、业主处分物业专有部分时的附随义务

业主转让、出租物业专有部分，或者在该专有部分上为他人设立居住权都会导致业主或者物业使用人的变更。在业主转让物业专有部分情形下，受让人通过受让专有部分所有权取得业主的法律地位，从而概括继受物业服务合同中原业主的法律地位，享有物业服务合同所规定的权利，承担包括支付物业费在内的合同义务。在业主出租物业专有部分或者为他人设立居住权导致物业使用人的变更的情形下，依照《物业管理条例》第47条与《物业服务解释》第12条的规定，物业使用人同样负有遵守业主管理规约的规定使用物业专有部分与共有部分，对物业服务人维护公共部分基本秩序负有配合协助义务。并且，在业主与物业使用人约定由物业使用人交纳物业服务费用的情形下，物业使用人还负有向物业服务人支付物业费的义务（《物业管理条例》第41条）。业主对物业专有部分的处分行为导致业主或者物业使用人变更，即物业服务人对人的管理事项中管理对象发生变更，有些情形下甚至导致物业服务人的给付义务人发生变更。依据诚实信用原则，业主应当及时将物业专有部分处分的相关情况告知物业服务人，以保障物业服务人能够更好地实现对物业服务区域内秩序的维护。

业主依法改变共有部分用途主要是指，在征得相关业主、业主大会、物业服务人的同意后，依法利用业主共用部位、共用设施设备进行经营的情形。这将导致共有部分物业使用人以及使用方式的变更。并且，现行法对利用共有部分所产生收益的分配也作了严格限制。例如，《民法典》第282条规定，利用业主的共有部分产生的收入，在扣除合理成本之后，属于业主共有。《物

业管理条例》第54条规定，若业主大会未就业主所得收益如何分配作出决定，该收益应当主要用于补充专项维修资金。在业主依法改变共有部分用途的情形下，物业服务人基于对公共部分的秩序维护，对业主不当支配使用物业共有部分的行为，以及违反业主大会决议或者法律规定分配收益的行为应当制止。因此，业主同样基于诚实信用原则负有将改变共有部分用途的相关情况及时告知物业服务人的义务。

三、业主违反通知、协助义务的法律后果

本条规定为不完全法条，对业主违反相应的通知、协助等附随义务的法律后果未作规定。按照教义学通说，对于业主附随义务的违反，物业服务人不能单独提起诉讼请求业主履行告知、协助义务。但是如果业主因违反该附随义务给物业服务人造成损失的，物业服务人可以主张侵权损害赔偿责任。

举证责任

物业服务人主张因业主未履行告知、协助义务，请求赔偿损失的，应当就自己所遭受的损失，以及该损失的发生与业主未履行告知、协助义务之间存在因果关系承担证明责任。业主提出抗辩拒绝赔偿损失的，应当就自己已经适当履行了告知、协助义务承担举证责任。

第九百四十六条【业主合同任意解除权】

业主依照法定程序共同决定解聘物业服务人的，可以解除物业服务合同。决定解聘的，应当提前六十日书面通知物业服务人，但是合同对通知期限另有约定的除外。

依据前款规定解除合同造成物业服务人损失的，除不可归责于业主的事由外，业主应当赔偿损失。

历史由来

本条在最高人民法院司法解释规定的基础上，首次在立法上确立了物业

服务合同中业主的任意解除权。《物业管理条例》对物业服务合同当事人是否享有任意解除权未予明确。该条例仅规定，选聘和解聘物业服务企业应当由业主共同决定（第11条第4项），需经专有部分占建筑物总面积过半数的业主且占总人数过半数的业主同意（第12条）。该规定仅仅是对业主大会决议效力的程序性规定，并未赋予业主任意解除权。[①]业主大会的决议仅对全体业主具有约束力，并不能约束物业服务企业。《物权法》第76条基本沿袭《物业管理条例》的上述规定，未作改动。该规定也主要是从建筑物区分所有权的行使角度进行规范，要求解聘物业服务人等重大事项须由业主共同决定，未涉及物业服务合同的解除权。《物业服务解释》第8条第1款规定："业主大会按照物权法第七十六条规定的程序作出解聘物业服务企业的决定后，业主委员会请求解除物业服务合同的，人民法院应予支持。"这一规定针对实践中产生的争议，明确承认业主委员会可以行使任意解除权，单方解除物业服务合同。

《民法典合同编（草案）》（征求意见稿）第503条规定："业主依法共同决定解聘物业服务人的，可以解除物业服务合同。因解除合同给物业服务人造成损失的，除不可归责于业主的事由外，业主应当赔偿损失。决定解聘的，应当于合同期限届满六十日前书面通知物业服务人，但合同对通知期限另有约定的除外。"《民法典合同编（草案）》（一审稿）第728条将第1款第2句与第2款的位置互换，并将"合同期限届满六十日前"改为"提前六十日"通知。《民法典合同编（草案）》（二审稿）第728条将第1款第1句中"依法"共同决定改为"依照法定程序"。《民法典（草案）》第946条将"因解除合同给物业服务人造成损失"改为"依照前款规定解除合同造成物业服务人损失"，限定了本条款的适用范围。在此基础上，最终形成本条文。

三 规范目的或功能

物业服务合同主要是为业主的利益订立，建立在业主对物业服务人的选任信赖关系基础之上。若此种缔约目的不复存在或者信赖基础丧失，再将业主继

① 参见王利明：《物业服务合同立法若干问题探讨》，载《财经法学》2018年第3期。

续绑定在物业服务合同中，无助于其合同目的或利益的实现。本条赋予业主对物业服务合同的任意解除权，将业主订立合同的目的以及对物业服务人的主观信赖置于优先于合同约束力的地位，旨在为业主利益的实现提供保障，并通过提前通知义务与损害赔偿责任的设置，平衡对物业服务人的利益保护。

规范内容

本条对业主的任意解除权作了明确具体的规范：第一，享有任意解除权的仅为业主一方当事人，物业服务人不享有任意解除权；第二，业主负有提前通知的义务，以平衡对物业服务人利益保护；第三，依照合同解除的一般规则，业主合同任意解除权的行使，不影响物业服务人请求赔偿损失的权利。

一、赋予业主合同任意解除权的合法性理由

本条第1款规定了业主对物业服务合同的任意解除权。赋予业主任意解除权的理由主要在于：第一，物业服务合同的目的主要是实现业主的利益，即对业主共有的建筑物及其附属设施进行管理和提供服务。若业主不需要物业服务人继续为其提供服务，则合同无存续必要。第二，业主基于对所选任的物业服务人的信任而订立物业服务合同。一旦业主与物业服务人之间的信赖基础丧失，再继续将双方当事人绑定在合同中，无益于合同目的的实现。第三，赋予业主任意终止权有利于对物业服务人的服务行为形成制约，从而促进物业服务人不断提升服务质量。①

与委托合同双方当事人都享有任意解除权不同，本条未赋予物业服务人任意解除权。这主要是因为，一方面，物业服务人通常为专门从事物业服务营业项目的专业公司或其他组织，面向社会公众开展物业服务活动，通常对于服务对象没有特别要求；另一方面，则是为保障对业主所提供的物业服务的稳定性和连续性。若允许物业服务人任意解除物业服务合同，物业服务的持续性难以保障，将对业主生活工作状态的稳定性造成威胁或破坏。

---

① 参见梁慧星主编：《中国民法典草案建议稿附理由：合同编》（下册），法律出版社2013年版，第906页。

二、业主合同任意解除权的行使

（一）依照法定程序共同决定解聘物业服务人

业主要行使合同任意解除权，首先需要依照法定程序对解聘物业服务人作出共同决定。解聘物业服务人与选聘物业服务人一样，都涉及业主的共同利益，属于须由业主共同决定的事项。业主应当召开业主大会，就物业服务人的解聘作出决议。只有一个业主或者业主人数较少且经全体业主一致同意决定不成立业主大会的，由全体业主共同作出决定。业主大会会议可以采取集体讨论或者书面征求意见的形式，但是应当由专有部分面积占比2/3以上的业主且人数占比2/3以上的业主参与表决，并经参与表决专有部分面积过半数的业主且参与表决人数过半数的业主同意，方能就物业服务人的解聘作出决定（《民法典》第278条）。业主通过业主大会作出解聘物业服务人的决议后，可以依照法定程序直接行使解除权，也可以授权业主委员会行使。

（二）提前书面通知义务

解除权的行使为单方法律行为，通常自解除的意思表示到达相对方当事人时生效。本条第1款后段规定了业主行使合同任意解除权，负有提前书面通知物业服务人的义务。通知的期限可以由物业服务合同进行约定，无约定或约定不明的，适用本条规定的60日。业主行使任意解除权需依照法定程序共同作出决定。为防止随意解除合同，避免发生不必要的纠纷，本条特别规定解除权的行使应当以书面形式通知物业服务人。

以提前通知物业服务人作为业主行使任意解除权的条件，主要是为平衡对物业服务人的利益保护，给物业服务人以缓冲期去对之后的物业服务开展计划进行调整，并且可以寻找替代的交易机会。但是，在本条第2款已经规定业主任意解除权的行使不影响物业服务人请求损害赔偿，通过损害赔偿足以平衡对物业服务人利益保护的情形下，再进一步对业主科加提前通知义务，是否对业主的任意解除权之行使构成过分限制值得探讨。法律之所以赋予业主一方任意解除权，就是将业主的利益及其与物业服务人的信赖关系置于优先地位。而在该种信赖基础丧失情形下，要求业主必须继续维持该合同效力直至通知的期限届满方可解除合同，显然也与任意解除权的制度目的相违反。

提前通知义务是法定义务。业主若未依照法律规定提前60日通知，并不能导致合同任意解除权的行使无效，因为强制合同存续的情况仅在法律有明确规定的情形下才被允许。业主未履行提前通知义务，应当依照债务不履行的规则转变为损害赔偿责任。[①]

三、合同任意解除权行使的法律后果

业主行使任意解除权，导致其与物业服务人之间的物业服务合同解除。依照《民法典》第566条关于合同解除法律后果的规定，物业服务合同的解除原则上仅在将来发生合同效力的终止，使尚未履行的终止履行，对于已经履行的部分不具有溯及既往的效力，亦不发生恢复原状的问题。

物业服务合同中，法律赋予业主任意解除权主要是因为物业服务合同的订立目的旨在满足业主利益需要，故将业主的利益及其对物业服务人的主观信赖赋予更高权重，使其能够突破合同效力的约束。赋予业主任意解除权虽然具有正当性，但是并不能当然否定物业服务人基于物业服务合同原本可以获得的利益的正当性，因而需要以损害赔偿的方式对物业服务人的利益予以平衡。[②]因此，依照本条第2款规定，因行使任意解除权解除合同导致物业服务人损失的，除不可归责于业主的事由外，业主应当赔偿损失。

举证责任

业主主张物业服务合同已经因其行使合同任意解除权而终止的，应当就其提前60日书面通知物业服务人，并且该通知已经到达对方的事实承担证明责任。

物业服务人主张业主赔偿因其解除合同所导致损失的，须就其所遭受的损失，以及该损失与业主解除合同之间的因果关系承担举证责任。业主若要抗辩拒绝赔偿，应当就导致物业服务合同解除是由于不可归责于业主的事由承担证明责任。

---

① 参见王文军：《论继续性合同的解除》，载《法商研究》2019年第2期。

② 参见崔建远：《债权：借鉴与发展》（修订版），中国人民大学出版社2014年版，第677页。

第九百四十七条【物业服务合同的续订】

物业服务期限届满前，业主依法共同决定续聘的，应当与原物业服务人在合同期限届满前续订物业服务合同。

物业服务期限届满前，物业服务人不同意续聘的，应当在合同期限届满前九十日书面通知业主或者业主委员会，但是合同对通知期限另有约定的除外。

历史由来

本条属于《民法典》新增条款，无旧法基础。

《民法典合同编（草案）》（征求意见稿）第504条、《民法典合同编（草案）》（一审稿）第729条、《民法典合同编（草案）》（二审稿）第729条、《民法典（草案）》第947条都作了以下规定："物业服务期限届满前，业主依法共同决定续聘的，应当与原物业服务人在合同期限届满前签订物业服务合同。物业服务期限届满前，物业服务人不愿续聘的，应当在物业服务合同期限届满九十日前书面通知业主或者业主委员会，但合同对通知期限另有约定的除外。"《民法典合同编（草案）》（一审稿）第729条及之后的草案文本仅对第1款后段在合同期限届满前"签订"合同改为"续订"，未有实质性修改。因此，对于本条规定形成，在立法过程中没有产生争议。

规范目的或功能

本条是关于物业服务合同续订的规定。依法作出续聘决定的业主应当在物业服务合同终止前续订合同，以保障物业服务合同及时更新，避免物业服务发生中断。不同意续聘的物业服务人应当在物业服务合同期限届满前一定期间内提前通知业主，以便业主能够在该期间内重新规划安排物业管理事务，或者寻找新的物业服务人。本条对物业服务合同续订中双方当事人义务的规定，旨在保障物业服务的稳定性和连续性，以避免因物业服务的中断给业主的生活工作带来不利影响。

规范内容

一、决定续聘的业主应当在物业服务期限届满前续订合同

物业服务期限届满前，业主依照《民法典》第278条规定的程序共同作出对原物业服务人进行续聘决定的，应当在合同期限届满前续订物业服务合同。本条第1款主要是对业主续订合同的时间限制，督促业主在物业服务合同期限届满前续订合同，以保障物业服务的连续性。

本条第1款虽然规定决定续聘的业主应当在合同期限届满前续订合同，但此处的“应当”并非“必须”的意思，更多的是一种倡导性规定，即倡导业主在物业服务合同期限届满前续订合同，以保障物业服务的连续性。但是，若业主等待物业服务合同期限届满后再续订合同，只要能够与物业服务人达成合意，新的物业服务合同仍然成立。

二、物业服务人拒绝续约时的期前通知义务

本条第2款规定，不同意续聘的物业服务人负有特别通知义务。这主要是考虑到物业服务人通常为专门从事物业服务活动的专业性公司或者其他组织，对于所提供服务的对象通常不会有特别要求。因而法律推定以物业服务人同意接受续聘为一般情形，不同意续聘为例外。

物业服务人的期前通知义务为法定义务，当事人不能通过约定予以排除。但是就具体通知期限，当事人可以特别约定而排除本条第2款所规定的90日之适用。不同意续聘的物业服务人须在物业服务合同期限届满前90日通知业主或者业主委员会，主要是为了让业主能够及时调整计划，寻求替代交易机会。换言之，使物业服务人承担期前通知义务，旨在对业主利益提供保护，以减少其可能因合同无法续订而产生的损失，其本质在于促进合作。[①]物业服务人的通知应当采取书面形式，以提示物业服务人应当慎重作出该意思表示，同时也是为了避免之后可能发生的纠纷。

---

① 参见孟勤国、王厚伟：《从附随义务到合作义务——兼论未来民法典合同编应明确规定合作义务》，载《北方法学》2019年第3期。

期前通知义务是物业服务人依照诚实信用原则应当承担的附随义务。物业服务人违反该法定义务应当视为一种单独的义务侵害方式。[①]物业服务人若未在法定或者约定的期限之前作出通知，业主或者业主委员会不能单独就该义务诉请强制执行，法律亦不能强制物业服务人与业主续订物业服务合同。仅当物业服务人违反期前通知义务给业主造成损失的情形下，如业主因未能及时选聘新的物业服务人，而不得不支出更高的费用委托他人处理保洁和垃圾清理等物业服务事项，业主对其因此所遭受的损失可向物业服务人请求赔偿。[②]

举证责任

业主主张因物业服务人违反期前通知义务而请求赔偿损失的，应当就物业服务人违反期前通知义务的事实，以及自己因此所遭受的损失承担举证责任。物业服务人提出抗辩的，应当举证证明自己已经在物业服务合同期限届满前90日或者约定期限，书面通知了业主或者业主委员会。

第九百四十八条【不定期物业服务合同】

物业服务期限届满后，业主没有依法作出续聘或者另聘物业服务人的决定，物业服务人继续提供物业服务的，原物业服务合同继续有效，但是服务期限为不定期。

当事人可以随时解除不定期物业服务合同，但是应当提前六十日书面通知对方。

历史由来

本条为新增规定。本条两款规定分别为继续性合同的法定更新与不定期继续性合同可随时解除规则（《民法典》第563条第2款）在物业服务合同中

---

① 参见刘毅强：《附随义务侵害与合同解除问题研究——以德国民法典第324条为参照》，载《东方法学》2012年第3期。

② 参见谢鸿飞：《合同法学的新发展》，中国社会科学出版社2014年版，第253页。

的具体体现。因此，本条规定虽无旧法基础，但在《合同法》分则中可以找到类似规定。例如，第1款关于合同法定更新的规定，在租赁合同（《合同法》第236条）中有类似规定。第2款关于不定期继续性合同可以随时解除的规定，在租赁合同（第232条）、保管合同（第376条）、仓储合同（第391条）等典型合同中都有相似规定。

在《民法典》起草过程中，《民法典合同编（草案）》（征求意见稿）第505条与《民法典合同编（草案）》（一审稿）第730条都作了如下规定："物业服务期限届满后，业主没有依法作出续聘或者另聘物业服务人的决定，物业服务人按照原合同继续提供物业服务的，原物业服务合同继续有效，但服务期限为不定期。当事人可以随时解除不定期物业服务合同，但物业服务人解除合同应当在合理期限之前书面通知业主或者业主委员会。"对于该条文的规定，《民法典合同编（草案）》（二审稿）第730条第2款作了两处修改：第一，将不定期物业服务合同解除的通知主体从"物业服务人"扩展为"当事人"，因为不定期物业服务合同中，任意一方解除合同都可能会给对方造成不利影响，因而无论是业主还是物业服务人解除合同都应当负有提前通知对方的义务。第二，将"在合理期限之前"改为"提前六十日"通知，明确解除合同时提前通知的具体期限，增加法律规范的可操作性。此外，《民法典（草案）》第948条第1款删除了"按照原合同"的表述，即在物业服务合同法定更新的条件中取消了"按照原合同"继续提供服务这一限制，旨在避免法律规范适用的僵硬与严苛。因为在原物业合同期限届满而业主未作续聘或改聘决定的情形下，物业服务人可能会因为续约的不确定性而未能完全依照原合同约定提供服务，但是只要其继续提供了物业服务，就不能否定原物业服务合同的存续。在此修改基础上，最终形成本条文。

三 规范目的或功能

本条规范的是物业服务合同的法定更新。物业服务合同终止后，物业服务人继续提供物业服务，业主也没有另聘物业服务人的，依意思表示的客观解释，可以视为双方当事人就物业服务合同期限的更新达成了默示合意。本条将此种情形下当事人之间的法律关系径行规定为不定期物业服务合同，旨在防止业主一方违反诚实信用出尔反尔，在物业服务人已经提供物业服务后，又主张物业服务合同关系已经终止，使物业服务人处于不利境地。

定期物业服务合同变更为不定期物业服务合同，对当事人利益影响重大。为避免不定期合同对于合同当事人形成永久的、无休止的约束，本条第2款规定，对于不定期物业服务合同，合同双方当事人都享有随时解除权，旨在维护个人自由与自决。

规范内容

一、物业服务合同的法定更新

本条第1款规定，物业服务合同期限届满后，业主未续聘或者另聘物业服务人，原物业服务人继续提供物业服务的，原物业服务合同继续有效，只是合同期限变更为不定期。与《民法典》第734条关于租赁合同的法定更新类似，本条规定的是物业服务合同的法定更新。在本条所规定的情形下，物业服务合同期限的变更并非是因为双方当事人的合意，而是法律上当然延长物业服务期限。[①]

（一）法定更新的要件

依本条第1款规定，物业服务合同法定更新须满足两项要件：第一，物业服务期限届满后，物业服务人继续提供物业服务的事实；第二，业主没有作出续聘或另聘物业服务人的决定，物业服务人继续履行合同，若业主作出续聘的意思表示，双方当事人可以依《民法典》第947条的规定续订物业服务合同。此种情形属于约定更新，而非本条所规定的法定更新的情形。业主没有另聘物业服务人，从客观解释立场可以解释为业主对于物业服务人继续提供服务不持反对意思，从而构成合同的默示更新。即在法定更新情形下，物业服务人无须取得业主的明示同意（否则即构成约定更新），但需业主对物业服务人继续提供服务不表示反对。[②]但是，将没有依法作出另聘物业服务人的决

① 参见韩世远：《合同法学》，高等教育出版社2010年版，第449页。
② 参见黄立主编：《民法债编各论》（上），中国政法大学出版社2003年版，第325页。

定当然视为业主不反对，并不合理。例如，业主可能依法作出了对物业共有部分自行管理的决定，而决定不再另聘物业服务人；或者因为组织召开业主大会未达到法定人数，尚未作出另聘物业服务人的决定，但是物业服务合同中已经明确约定合同到期不再续聘的。因此，应当将本条规定解释为，业主未作出续聘或另聘物业服务人的决定，并且也未对物业服务人继续提供物业服务作出反对的意思表示，物业服务合同发生法定更新。

若不符合上述要件，则物业服务合同于服务期限届满时终止。但是在新物业服务人或者决定自行管理的业主接管前，物业服务人依《民法典》第950条规定仍须承担合同终止后的继续履行义务。物业服务人履行继续服务义务可请求业主支付物业费，但双方当事人之间非为本条所规定的不定期物业服务合同关系。

（二）法定更新的法律后果

符合本条第1款所规定的两个要件，物业服务合同即发生法定更新。定期的物业服务合同变更为不定期物业服务合同。与传统民法中的合同更新不同，物业服务合同的法定更新仅导致原物业服务合同的期限延长，转变为不定期合同。物业服务合同之债的关系仍始终保持同一性。物业服务合同上原本存在的瑕疵、负担或者权利仍然继续存续。质言之，合同的法定更新虽然使用了“更新”的表达，但是实质指向的是合同期限的变更。

二、不定期物业服务合同可随时解除

（一）不定期物业服务合同随时解除的正当性

物业服务合同期限届满后，双方当事人继续按照原合同约定履行，原物业服务合同就转变为不定期继续性合同。本条第2款规定，合同当事人可以随时解除该不定期物业服务合同。这一规定是《民法典》第563条第2款关于不定期继续性合同中随时解除权的一般规定在物业服务合同中的具体体现。

对于不定期继续性合同，各国法通常都赋予合同双方当事人随时终止合同的权利。因为不定期继续性合同中，如果当事人没有从合同约束中解脱出来的途径，就将永久地、无限制地受到该合同束缚，这与个人的自主决定权是相冲突的。[①]任何人都不能将对方当事人永久绑定在合同关系中，因而合同双方当事人也都不应当抱有合同将永久存续的预期与合意。赋予当事人随时解除合同的权利，不违反合同当事人的意思自治。

（二）解除权的行使

1.任何一方当事人可随时行使

允许不定期继续性合同可以随时解除，主要是为防止不定期继续性合同无休止存续对个人自由造成的妨害。因此，与《民法典》第946条规定的合同任意解除权仅属于业主一方不同，不定期物业服务合同的双方当事人都有随时解除合同的权利，使自己从该持续性的合同关系中解脱出来。

当事人可以随时解除不定期物业服务合同。该解除权来源于法律规定，属于形成权。权利人通过单方意思表示，将解除的意思表示送达对方当事人，即发生解除的效力，使不定期物业服务合同效力终止。

2.先期通知义务

依照本条第2款规定，对于不定期物业服务合同，任何一方当事人可以随时主张解除，但是应当提前60日通知对方。学理上将其解释为附期限的解除权。当事人行使解除权，作出解除合同的意思表示，但是须待该法定期间届满才发生解除效力[②]。通常认为，单方行为不得附期限或条件，以避免进一步导致相对人的法律状态处于悬而不决的状态，对其利益造成过分损害。但是，法律要求对此种随时可行使的解除权附期限，主要是出于对合同相对人的信赖利益予以特别保护的目的。[③]在不定期物业服务合同存续期间，当事人的合同给付义务源源不断产生并被履行清偿。随着时间的推移，这样重复的结构会不断强化当事人对于合同将会延续的预期，使当事人可以合理相信合同将在一定期间内存

① 参见王文军：《论继续性合同的解除》，载《法商研究》2019年第2期。

② 参见［德］迪特尔·梅迪库斯：《德国民法总论》，邵建东译，法律出版社2000年版，第640页。

③ 参见［德］迪特尔·梅迪库斯：《德国民法总论》，邵建东译，法律出版社2000年版，第640页。

续。[①]因此，行使解除权的一方当事人应当给予相对方当事人一定的准备时间，以便适应新的情况。[②]物业服务合同中的相对人也可以利用这一缓冲期间，在合同终止前积极寻求替代方案，将因合同终止给自己带来的损失降到最低。例如，业主可以寻找选聘新的物业服务人，以尽量避免物业服务的中断；物业服务人可以妥当地规划安排已经开展的物业服务事项，并寻找新的交易机会。

行使解除权的一方当事人负有先期通知义务。该规定为强行性规定，不定期物业服务合同当事人不得以约定排除。若当事人行使解除权未附期限，或者要求立即解除不定期物业服务合同，理论上一般认为该解除权的效力不受影响，只是仍须等待法定期限届满后才发生解除效力。[③]

3.不承担赔偿损失的责任

与第946条第2款规定的任意解除权行使不影响损害赔偿责任的承担不同，不定期物业服务合同中，任何一方当事人都可以随时解除该合同，而不承担赔偿损失的责任。不定期物业服务合同中允许双方当事人随时解除合同，主要是为避免不定期合同无休止存续的弊害。当事人并不能期待合同永久存续，因而当一方当事人要求解除合同时，只需要给对方以合理的过渡期间，使物业服务合同在该期间届满后才终止，即可平衡对相对方的利益保护，而无须进一步赔偿对方因此所遭受的损失。

三 举证责任

物业服务期限届满后，物业服务人继续提供了服务，而业主主张物业服务合同已经终止的，应当举证证明其已经依照法定程序作出了另聘物业服务人的决定，或者已经及时向物业服务人作出了不再续聘的意思表示。

任何一方当事人主张对不定期物业服务合同已经解除的，须就已经提前60日书面通知对方的事实承担证明责任。

---

① 参见吴奕锋：《论不定期继续性合同的随时终止制度——兼评〈民法典合同编（二审稿）〉的规定》，载《中外法学》2019年第2期。

② 参见［德］迪特尔·梅迪库斯：《德国债法总论》，杜景林、卢谌译，法律出版社2004年版，第391页。

③ 参见史尚宽：《债法各论》，中国政法大学出版社2000年版，第233页。

第九百四十九条【物业服务人的移交义务及法律责任】

物业服务合同终止的，原物业服务人应当在约定期限或者合理期限内退出物业服务区域，将物业服务用房、相关设施、物业服务所必需的相关资料等交还给业主委员会、决定自行管理的业主或者其指定的人，配合新物业服务人做好交接工作，并如实告知物业的使用和管理状况。

原物业服务人违反前款规定的，不得请求业主支付物业服务合同终止后的物业费；造成业主损失的，应当赔偿损失。

历史由来

本条是整合、补充、修改《物业管理条例》及最高人民法院的司法解释的结果。《物业管理条例》第38条规定："物业服务合同终止时，物业服务企业应当将物业管理用房和本条例第二十九条第一款规定的资料交还给业主委员会。物业服务合同终止时，业主大会选聘了新的物业服务企业的，物业服务企业之间应当做好交接工作。"《物业服务解释》第10条规定："物业服务合同的权利义务终止后，业主委员会请求物业服务企业退出物业服务区域、移交物业服务用房和相关设施，以及物业服务所必需的相关资料和由其代管的专项维修资金的，人民法院应予支持。物业服务企业拒绝退出、移交，并以存在事实上的物业服务关系为由，请求业主支付物业服务合同权利义务终止后的物业费的，人民法院不予支持。"相较于上述行政法规与司法解释的规定，本条的规定在以下三个方面进行了完善：第一，扩大了交接对象，除业主委员会外，自管业主及其所指定的人也可请求原服务人履行移交义务。这一调整更加符合物业管理方式多元化的现实状况。第二，增加规定原物业服务人违反返还与移交义务造成业主损失的，承担赔偿损失责任；第三，增加了对物业服务人退出时间的限制规定，即原物业服务人应当在约定期限或者合理期限内退出。

在《民法典》编纂过程中，本条的立法变化主要为：第一，条文位置变化。《民法典合同编（草案）》（征求意见稿）、《民法典合同编（草案）》（一审稿）以及《民法典合同编（草案）》（二审稿）中，本条规定都被置于合同终止后物业服务人继续履行义务的规定（现第950条）之后。《民法典（草案）》将本条规定调整到现第950条规定之前。因为本条规定的返还交接义务仍为合同义务，[①]而继续服务义务属于合同终止后的法定义务，将本条规定顺序提前在逻辑上更为顺畅。第二，《民法典合同编（草案）》（征求意见稿）与《民法典合同编（草案）》（一审稿）中所列举的物业服务人应当返还的物包括代管的维修资金。《民法典合同编（草案）》（二审稿）将其删除，主要是考虑到维修资金依照法律规定实行专户存储、专款专用、所有权人决策、政府监督的原则（《住宅专项维修资金管理办法》第4条），将维修基金交给物业服务人代管与法律的强制性规定相冲突。第三，《民法典合同编（草案）》（二审稿）新增业主对违反返还交接义务的物业服务人可请求赔偿损失的规定。这些修改最终为本条规定所吸收。

规范目的或功能

物业服务合同终止时，物业服务人应当及时退出物业服务区域，将其所占有的房屋设施或者物业服务资料予以返还，并依照诚实信用原则配合新物业服务人就相关的物资与信息进行交接。本条对于物业服务合同终止时物业服务人退出、返还与交接义务的规定，旨在确保业主的权利实现，并使业主能够顺利开展新的物业管理活动，或者由其选聘的新物业服务人开展物业服务，避免物业服务人对之后的物业管理或服务造成阻碍。

规范内容

一、物业服务合同终止时物业服务人的义务

物业服务合同可能因物业服务期限届满，双方当事人不再续期；或者物业服务期限虽未届满，因业主行使任意解除权，或者因其他事由而被解除；

---

① 有学者认为，对物业服务合同终止时物业服务人返还、交接义务的规定都是不当得利或物权请求权规则的具体化，没有必要归结为后合同义务。参见李宇：《后合同义务之检讨》，载《中外法学》2019年第5期。

当事人对不定期物业服务合同的随时解除等原因而发生终止。物业服务合同终止时，物业服务人应当退出物业服务区域，从原物业服务区域撤离，并将自己所占有的房屋设施等返还给业主，就相关的物品与资料予以返还交接。

（一）返还义务

物业服务合同为继续性合同，双方当事人在物业服务期间密切交往，于合同终止时常常还有物的返还与清算问题尚待解决。在物业服务合同终止时，业主与物业服务人之间由物业服务关系转变为一种清算关系。[①] 双方当事人都负有一定的清算义务，如物业服务用房之返还、共有部分收益之返还、拖欠物业费之支付等。

物业服务合同终止，物业服务人就失去了继续占有物业服务区域内共有部分的法律依据。物业服务人应当及时退出物业服务区域，并将其占有的物业服务用房、相关设施、物业服务所必需的相关资料等及时返还给原所有人。本条例示说明物业服务人应当返还的物。除本条第1款所明确列举的物外，其他如预付的物业费、垃圾清运费、装修保证金等也应当返还或者结算后返还给业主。

物业服务人应当及时退出物业服务区域并返还原物。当事人未约定期限的，物业服务人应当在合理期限内退出。依照诚实信用原则，只要物业服务人对于腾交物业的延迟没有过失，就应当给予其一定的宽容期间。若超出合理期限，物业服务人仍未搬离，或继续占有公共部分及其附属设施就构成无权占有。业主可以基于本条规定请求物业服务人返还，亦可基于物权请求权、侵权请求权或者不当得利请求权要求物业服务人返还。

物业服务人应当向业主返还物业服务用房、相关设施与物业服务资料。但由于业主人数众多且分散，返还以及移交事项繁杂，具有专业性和技术性，实践中通常是由业主委员会代为接受。此外，物业服务人依照业主的指示，向业主指定的人移交相关的物，可以视为通过履行辅助人向业主完成了返还原物之义务。

---

① 参见黄立：《民法债编总论》，中国政法大学出版社2002年版，第530页。

（二）交接义务

物业服务人还应当配合新物业服务人做好交接工作，以实现物业服务的顺利衔接。这是物业服务人依照诚实信用原则应当承担的附随义务。物业服务交接的事项广泛，总体上可划分为两类：第一，实物性交接，主要是指依照业主的指示，将物业服务用房、相关设施、物业服务所必需的相关资料等移交给新物业服务人；第二，物业服务信息的告知交接，包括设施设备的运行状况、维修保养状况、维修基金的使用状况等与物业服务密切相关的信息。

二、违反返还交接义务的法律后果

（一）不得请求业主支付物业费

依照本条第2款规定，物业服务人于合同终止后违反返还、交接义务，继续留在物业服务区域内提供物业服务，不得请求业主支付合同终止后的物业费。因为此种情形既不属于第948条规定的物业服务合同之法定更新，也不同于第950条规定的物业服务人所负担的继续履行之后合同义务。物业服务人在合同终止后的一定期限后，不履行返还、交接义务，而仍留下来继续提供物业服务，这与业主的意愿明显相悖，构成强迫得利。强迫得利违背权利人的意思，构成对他人权利行使的干涉。[①]任何人都没有违反其意思受领财产利益，以致应对受损害者支付价额的义务。[②]故物业服务人就其违反业主意愿所提供的物业服务，不得向业主请求支付相应的物业费。

（二）损失赔偿责任

物业服务人在合同终止后拒绝退出物业服务区域，并继续占有使用物业服务用房等无权占有行为构成侵权行为，造成业主损失的，应当承担侵权损害赔偿责任。并且，物业服务人占有使用房屋设施等本身即受有利益，其在

---

① 参见王泽鉴：《不当得利》（第二版），北京大学出版社2015年版，第255页。

② 参见黄茂荣：《债法通则之四：无因管理与不当得利》，厦门大学出版社2014年版，第136页。

合同终止后受有该利益亦丧失法律根据。业主可基于不当得利请求权请求其返还。

举证责任

物业服务合同终止后，物业服务人请求业主支付合同终止后的物业费，应当就其在合同终止后继续提供了物业服务的事实进行证明。业主若要提出抗辩拒绝支付物业费，应当证明物业服务人存在违反退出、返还与交接义务的事实。

业主主张物业服务人承担因违反退出、返还与交接义务的损失赔偿责任的，应当就物业服务人有违反该义务的事实，以及自己因此所遭受的损失承担证明责任。

第九百五十条【合同终止后物业服务人的继续服务义务】

物业服务合同终止后，在业主或者业主大会选聘的新物业服务人或者决定自行管理的业主接管之前，原物业服务人应当继续处理物业服务事项，并可以请求业主支付该期间的物业费。

历史由来

本条为新增条文，无旧法基础。

《民法典合同编（草案）》（征求意见稿）第508条规定："物业服务合同终止后，在业主选定的新物业服务人接管之前，原物业服务人应当继续处理物业服务事务，并有权请求业主支付该期间的报酬。"《民法典合同编（草案）》（一审稿）第732条将该条后段"有权请求"业主支付报酬改为"可以请求"。《民法典合同编（草案）》（二审稿）第732条将"在业主选定的新物业服务人接管之前"改为"在业主或者业主大会选聘的新物业服务人或者决定自行管理的业主接管之前"，扩大了物业服务接管的主体范围，与实践中业主自治以及物业管理方式多元化的现实状况相符合。《民法典（草案）》将本条所规定的继续服务义务与现第949条规定的物业服务人的移交义务的条文顺序进行调整，将本条置于现第949条之后。并将可以请求业主支付“报酬”改为“物业费”，以使表述更为准确。最终形成本条文的规定。

规范目的或功能

本条规定的是物业服务合同终止后，物业服务人继续履行物业服务义务的情形。物业服务具有连续性，若物业服务人在合同终止后立即停止提供服务，将给业主的正常生活造成重大不利影响。实践中，即使业主已经选聘新的物业服务人或者订立了新的物业服务合同，但是新的物业服务人接管与原物业服务合同终止之间通常存在时间差，业主在此期间内仍然存在物业服务需求。本条规定原物业服务人承担继续履行物业服务的义务，旨在避免物业服务空白期的形成，以保障物业服务不因物业服务合同终止而中断。

规范内容

本条规定了物业服务人于物业服务合同终止后的继续服务义务，以及相应的请求业主支付物业费的权利。

一、继续服务义务的履行

（一）履行主体

继续服务义务是在物业服务合同终止后，原物业服务人负有的继续处理物业服务事项的义务。

（二）履行期限

物业服务人继续履行物业服务的义务旨在保障物业服务的连续性，因而应当起始于原物业服务合同终止之时。继续服务义务也不因新物业服务人的选聘，或者新物业服务合同的订立而消灭。只要尚未有人实际接管物业服务事项，原物业服务人就仍须继续履行。因此，物业服务人继续服务义务应当持续至新物业服务人或者决定自行管理的业主接管之时止。

本条为不完全法条，未规定物业服务人违反继续服务义务的法律后果。要明确违反继续服务义务的法律后果，须先确定该义务的法律性质。

二、继续服务义务的法律性质

本条将物业服务人继续服务的义务作为法定义务加以规定。该义务在整个法律体系中属于何种性质的义务，仍有待厘清。

首先，物业服务人的继续服务义务不属于原合同义务。原物业服务合同已经终止，物业服务人与业主之间不再存在合同关系，仅仅是基于法律规定承担继续服务义务。本条规定的情形不构成《民法典》第948条所规定的物业服务合同之法定更新。因为，在法定更新情形下，业主与物业服务人之间的合同关系继续存续，并转变为不定期物业服务合同。

其次，物业服务人的继续服务义务也不应当属于后合同义务。从义务内容来看，此种继续处理物业服务事项的履行义务与物业服务合同的主给付义务等同，已经超出了后合同义务的范畴。[①]

三、继续服务义务与返还交接义务的冲突

物业服务合同终止后，依照本条规定，物业服务人在他人接管之前负有继续处理物业服务事项的义务。同时，依照《民法典》第949条的规定，物业服务人负有在一定期限内退出物业服务区域，履行返还交接义务。这两项义务彼此排斥，在同一时间维度内事实上无法兼容。返还交接义务为合同终止后的一般法律后果，继续服务义务则为法律为物业服务人设定的强制性义务。将物业服务人于合同终止后继续处理物业服务事项的义务作为法定义务，虽然旨在保障物业服务的连续性以维护业主利益，但是未必一定符合业主的实际意愿与利益需求。因为物业服务合同终止与新物业服务人或者自管业主接管物业之间完全有可能实现无缝衔接，或者仅仅间隔较短时间。例如，新物业服务人物业服务合同终止时已经做好准备进入物业服务区域，并接管物业服务事项，此时要求物业服务人再继续履行物业服务义务，不仅无助于业主利益的实现，而且违反第949条规定的退出与返还交接义务，对新物业服务人

---

① 参见李宇：《合同义务之检讨》，载《中外法学》2019年第5期。

的接管构成阻碍。因此，若不对本条所规定的物业服务人继续服务之法定义务作目的性限缩解释，而一概强制物业服务人于合同终止后继续履行，不仅与第949条规定形成规范冲突，导致物业服务人无所适从，是走是留举棋不定；而且有违双方当事人意思自治，未必符合业主之意愿与利益。

依据本条的规范目的可将物业服务人的继续服务义务限缩解释为，物业服务合同终止后，在不违反业主明示或可推知的意思前提下，原物业服务人应当继续处理物业服务事项。这又可以具体分为两种情形：第一，业主明确表示希望物业服务人继续处理物业服务事项直至他人接管，物业服务人依照业主的请求履行继续服务义务；第二，业主已经作出了自行管理或者选聘新物业服务人的决定，但是对于物业服务人在物业服务合同终止后的继续服务行为在合理期限内未作反对。在这两种情形下，都可以认为业主与物业服务人就成立新的物业服务合同关系达成了合意，只是达成合意的方式不同。双方当事人之间订立的新的物业服务合同为附期限合同，直至新物业服务人或者决定自行管理的业主接管时终止。对于这一特殊的过渡阶段中物业服务合同的订立，物业服务人依照本条规定承担强制缔约义务，即物业服务人于合同终止后的继续服务义务转化为强制缔约义务。物业服务人继续处理物业服务事项则是履行新物业服务合同的义务。物业服务人违反该合同义务即构成违约，应当承担违约责任。

四、物业费支付请求权

本条后段规定，物业服务人可以请求业主支付其继续服务期间的物业费。如果将这一过渡阶段物业服务人与业主间的关系理解为，双方当事人就成立新的附期限的物业服务合同达成合意，则支付物业费就为业主在新物业服务合同中的主给付义务。物业服务人在履行了自己的主给付义务时，可以向业主请求履行对待给付义务，即支付物业费。

支付物业费的标准依照双方当事人的约定确定。若业主与物业服务人在达成新的物业服务合同时，未就合同内容进行特别约定，应当推定双方当事人是依照原物业服务合同所规定的条件继续订立新的物业服务合同。因此，物业服务人履行继续服务义务，以及业主支付物业费义务都应当依照原物业服务合同的规定履行。

举证责任

业主主张因物业服务人不履行或者不完全履行继续服务义务，而请求赔偿损失责任的，应当举证证明物业服务人未履行或履行继续服务义务存在瑕疵的事实，并就自己因此所遭受的损害承担证明责任。物业服务人若要抗辩，应当就其已经适当履行了继续服务义务的事实进行举证。

物业服务合同终止后，物业服务人请求业主支付物业费的，应当就其已经适当履行继续服务义务，并且其继续服务的行为取得了业主明示或默示同意的事实承担证明责任。业主若要提出抗辩拒绝支付物业费，则应当证明其在合理期间内已经向物业服务人作出反对的意思表示，或者其虽未反对，但是物业服务人未履行继续服务义务。

第二十五章

行纪合同

第九百五十一条【行纪合同的定义】

行纪合同是行纪人以自己的名义为委托人从事贸易活动，委托人支付报酬的合同。

历史由来

本条是对《合同法》第414条的承继，具体条文表述和《合同法》第414条完全一致。

在我国改革开放早期的合同立法中并没有将行纪合同纳入调整范畴，无论《民法通则》还是《经济合同法》，均没有规范调整行纪合同的相应条款，行纪合同制度没有得到充分的重视。这使得实践中与行纪合同相关的法律争议不能得到有效的解决，行纪合同制度的发展也面临法制困境。[①]为了解决行纪合同立法规范不足的问题，1999年制定的《合同法》正式将“行纪合同”纳入有名合同类型，并且给予专章（第二十二章）规定，其中第414条对行纪合同进行了法律定义，明确了行纪当事人的法律地位和行纪法律关系的基本内容。在《民法典》起草过程中，《民法典合同编（草案）》（征求意见稿）、《民法典合同编（草案）》（一审稿）、《民法典合同编（草案）》（二审稿）及《民法典（草案）》均设有本条规定，对于本条的表述和内容是没有争议的。

规范目的或功能

本条属于定义性法条，对于行纪合同进行了定义，明确了行纪合同涉及的主体（委托人和行纪人），界定了行纪合同主体之间的基本法律关系内容，即行纪人为委托人从事贸易活动，委托人向行纪人支付行纪报酬，强调行纪人必须以自己的名义开展行纪活动。本法条对于行纪合同定义内容和基本特征的描述，使其能够同委托合同、居间合同等其他类型合同有效加以区分。

---

① 参见陈甦编著：《委托合同　行纪合同　居间合同》，法律出版社1999年版，第104—106页。

对于司法裁判而言，本法条是判定特定法律关系是否构成行纪合同关系的基本标准。

规范内容

一、行纪合同的基本特征

行纪合同是实践中非常重要的商事合同，作为有名合同的一种重要类型，有其自身的独特特征，具体表现如下：[①]

1.从主体构成的角度来看，行纪合同涉及委托人和行纪人。作为受托人的行纪人是专门从事行纪活动的商事主体。行纪行为的营业性决定了行纪人原则上必须是办理工商登记并以从事行纪活动为营业内容的商事主体。就其具体形式而言，包括法人、自然人和其他经济组织。从商事行纪实践来看，担任行纪人的多为企业法人。例如，专门从事行纪业务的证券公司、期货公司、拍卖公司。但是，在实践中也有以自然人身份担任行纪人的主体，比如在农产品批发、集贸市场交易等场合下自然人也可以担任行纪人。

2.从合同目的的角度来看，行纪合同是行纪人接受委托人的委托从事特定的贸易活动、为委托人实现利益并获取相应报酬的合同。通常来说，行纪活动的内容是为委托人出售或购买特定物品。我国《民法典》第951条将行纪人的营业活动定义为“贸易活动”。实际上，“贸易活动”属于典型的商事交易行为类型，以营利为目的，以卖出或买入特定商品为内容，在实践中往往表现为代销、代购等形式。

3.行纪人开展行纪业务时，必须以自己名义活动且同第三人直接从事贸易活动。行纪人必须以自己的名义为委托人从事贸易活动。行纪人与第三人订立合同的，行纪人对该合同直接享有权利、承担义务；委托人与第三人之间并不直接发生法律关系，委托人不对第三人直接享有权利或承担义务，对于第三人也不直接承担法律责任。[②]

---

① 更为详尽的总结参见王利明：《合同法分则研究》（上卷），中国人民大学出版社2012年版，第664—671页。

② 对于委托人、行纪人、第三人之间法律关系的深入讨论参见第958条的评注内容。

4.行纪合同是有偿合同。由于行纪行为的营利性，行纪人以行纪活动作为职业性营利活动，因此行纪人为委托人从事贸易活动，可以从委托人处获得报酬，而委托人也必须向行纪人支付相应报酬。对于行纪合同的有偿性，《民法典》予以确认。当然，委托人和行纪人可以对行纪人的报酬另行作出安排。

5.行纪合同是诺成合同、不要式合同。委托人和行纪人就行纪事项达成一致意思表示，行纪合同即成立，不需要以行纪买卖货物的交付或者其他行为作为行纪合同的成立生效要件。行纪合同的缔结可以采取书面形式、口头形式或其他形式，《民法典》对于行纪合同的形式并没有作出特别规定。当然，在法律、行政法规对行纪合同形式有明确规定的情况下，必须按照要求采纳特定合同形式。在实践中，由于行纪行为的商事属性，行纪合同通常都会采纳书面形式，尤其是以格式合同的形式加以呈现。

二、行纪合同和其他类型合同的比较

（一）行纪合同和委托合同的比较

行纪合同和委托合同之间存在很多相似之处，具有一些共同的特征：一是行纪合同和委托合同的订立都是基于当事人之间的信任而发生，委托人对行纪人、委托人对受托人的信任是两类合同得以订立的基础；二是委托合同的受托人处理的委托事务包含法律行为，而行纪合同的行纪人所从事的行纪活动属于典型的法律行为；三是行纪合同的行纪人、委托合同的受托人均是为了委托人的利益而处理相关事务，实现委托人利益、完成委托人委托是两类合同的共同之处。

但是，两类合同又存在一些差异：一是行纪合同的行纪人有主体资格限制，必须为从事行纪活动的商事主体，而委托合同的受托人则不受限制，可为商事主体，也可为非商事主体。二是行纪合同的行纪人接受委托人委托，从事的是法律行为，而且限定为买卖商品的贸易活动，委托合同的受托人所从事的行为不限于法律行为，也可以是其他行为。三是行纪合同为有偿合同，行纪人在完成委托事务后收取相应报酬，而委托合同可以是无偿的，也可以是有偿的。行纪人处理委托事务发生的费用一般由行纪人负担，而委托合同的受托人处理委托事务发生的费用应当由委托人负担。四是委托合同受托人可以以自己的名义，也可以以委托人的名义处理委托事务。行纪合同的行纪人只能以自己的名义从事贸易活动。委托合同受托人以自己名义与第三人订立合同，如果第三人在订立合同时知道委托人和受托人之间代理关系的存在，该合同对于委托人直接发生效力。受托人以委托人名义与第三人订立的合同，该合同直接对委托人发生效力。而行纪人与第三人订立的合同对于委托人不直接发生效力。①

实践中，在受托人以自己名义与第三人签订合同办理委托事务的情形下，对于委托人和受托人之间究竟成立委托合同关系还是行纪合同关系往往难以判断，这类诉讼也是人民法院审判实践中的难点问题。在一则案例中，一审和再审法院关于赵某某将自己的汽车交给甲公司经营属于委托的意见是一致的，争议点在于委托的法律后果是行纪合同关系还是委托合同关系。一审认定为委托合同关系，再审认定为行纪合同关系。再审法院认为，“要准确定性当事人之间基于汽车租赁委托的属性，必须把握合同内容等基本事实，结合相关法律条款的含义，正确适用相应的法律条款”。甲公司在接受赵某某的委托之后，以自己的名义与承租人签订租赁合同进而将赵某某交付的汽车租赁给他人；按照约定甲公司收取15%的租金，实为委托人用租金的形式向行纪人支付的报酬。甲公司与赵某某之间关于汽车租赁这一复合法律关系，符合《合同法》第414条（《民法典》第951条）的规定，双方形成行纪合同关系。甲公司在出租汽车时是以自己的名义与第三人即承租人签订租赁合同，没有代理赵某某的意思表示，不存在代理赵某某的情形。即使在承租人王某不能归还租赁车辆的情况下，甲公司向委托人赵某某披露第三人王某，赵某某也不能介入与承租人的法律关系。因此，甲公司以自己的名义与第三人签订合同，不构成间接代理关系。②

① 对于委托合同和行纪合同的关系讨论详见第960条的评注内容。

② 参见河南省三门峡市中级人民法院（2013）三民再字第34号民事判决书。对于该案的评析参见赵振营、崔娜：《区分代理和行纪需据委托内容与合同法规定》，载《人民司法》2014年第20期。

（二）行纪合同和居间合同的比较

行纪合同和居间合同也存在一定的相似之处：行纪合同的行纪人和居间合同的居间人均是为委托人的利益而办理相关事务，两类合同都是基于委托人的信任而订立；两类合同均为有偿合同，在完成委托事务之后行纪人和居间人均应获得相应报酬；从事行纪业务和居间业务的主体通常都是商事主体。

但是，两类合同也存在一些差异：一是服务内容的差异，行纪合同的行纪人主要接受委托人的委托从事贸易活动；居间合同的居间人主要为委托人提供订立合同的机会或提供订立合同的媒介服务。二是行纪合同的行纪人在受委托人委托从事贸易活动时可以自己的名义作出法律行为，例如与第三人缔结合同；而居间合同的居间人并不直接同第三人订立合同，往往是为委托人和第三人提供订立合同的机会。三是行纪合同的行纪人可以与第三方直接建立法律关系，其与第三方签订的合同直接约束行纪人和第三人；居间合同的居间人与第三方不发生直接的法律关系，也不能决定委托人与第三人合同法律关系的内容；四是费用负担的差异。行纪人处理行纪事务发生的费用原则上由行纪人负担，居间人从事居间活动的费用在委托人和第三人订立合同时由居间人负担，在委托人和第三人未能订立合同时居间人可以根据约定要求委托人支付必要费用。

三 举证责任

行纪合同是行纪人以自己的名义为委托人从事贸易活动，委托人支付报酬的合同。根据民事诉讼法“谁主张，谁举证”的一般原则，一方当事人主张双方之间存在行纪合同关系，其应该承担相应的举证责任，提供充分证据证明行纪法律关系的存在。如果当事人无法提供证据证明或者提供的证据不足以证明当事人的事实主张的，由负有举证责任的当事人承担不利后果。实践中，在当事人之间没有签订书面行纪合同的情况下，拟证明存在行纪合同法律关系的当事人必须提供其他证据，如果不能提供充分的证据，人民法院就不会认定当事人之间存在行纪法律关系。[①]

① 参见福建省漳州市中级人民法院（2007）漳民终字第57号民事判决书。

三 其他问题

行纪合同的订立和效力问题值得关注。

行纪合同的订立，通常也需要经过要约和承诺两个阶段。委托人和行纪人往往也会就行纪合同的订立进行反复磋商，最终达成订立合同的一致意思表示。委托人和行纪人意思表示一致，尤其是针对行纪合同主要条款达成一致的情况下，行纪合同即可成立。

行纪合同的形式包括书面形式、口头形式和其他形式。实践中，委托人和行纪人多采取书面形式的合同，尤其是行纪人通常会提供行纪合同的格式文本，以便于节省交易成本、提高交易效率。除书面合同形式外，行纪合同的缔结也可以采用口头形式，委托人和行纪人之间以口头方式就行纪事项达成一致意思表示，行纪人随后按照委托人的指示从事贸易活动。在当事人没有签订书面合同时，应结合双方的法律行为内容和交易习惯确定双方当事人之间的法律关系。①

行纪合同的条款通常包括当事人的名称、姓名和住所、行纪事务、处理事务的方式、行纪费用和支付方式、行纪报酬和支付方式、行纪人的保密义务、违约责任和争议解决等条款。

行纪合同成立之后，只要行纪合同的内容不违反法律和行政法规的强制性规定、不违背公序良俗、不侵害公共利益，行纪合同原则上即生效，除非法律、行政法规另有特别规定。生效的行纪合同对于委托人和行纪人都具有法律上的约束力，委托人、行纪人必须按照行纪合同的约定履行相应义务。例如，在一则案例中，法院明确指出，“甲超市根据乙公司的委托，以自己的名义为乙公司寄售商品并收取报酬，双方之间的意思表示真实一致，由此双方的行纪合同关系即告成立。该合同内容并未违反法律、行政法规的强制性规定，应为合法有效，当事人应当按照约定全面履行自己的义务”。②

---

① 参见浙江省高级人民法院（2016）浙民申1950号民事裁定书。

② 参见广西壮族自治区南宁市兴宁区人民法院（2010）兴民二初字第420号民事判决书。

第九百五十二条【行纪人的费用负担义务】

行纪人处理委托事务支出的费用，由行纪人负担，但是当事人另有约定的除外。

历史由来

本条是对《合同法》第415条的承继，具体条文表述和第415条完全一致。

本条规定在当事人没有约定的情况下行纪费用原则上由行纪人负担，这种规定与其他国家和地区关于行纪费用负担的规定存在差异。同时，本条未区分行纪目的完成和未完成情形下行纪费用的负担问题，在行纪目的未完成的情形下行纪人不能取得或者只能部分取得行纪报酬，此时行纪人能否请求委托人负担全部或部分行纪费用也值得探讨。

规范目的或功能

本条是关于行纪费用负担的基本规定。在行纪合同履行过程中，关于行纪费用的负担问题首先应当尊重委托人和行纪人的约定，本条强调了私人自治原则在处理这一问题时的重要性。在委托人和行纪人没有就行纪费用作出约定或者约定不明的情况下，本条强调行纪费用应由行纪人负担。这一规定明确了行纪费用负担的基本原则，有助于处理委托人和行纪人围绕行纪费用负担发生的争议，也有助于行纪目的的实现及行纪制度功能的发挥。

规范内容

一、行纪费用负担的基本规定

行纪人作为专门从事行纪业务的商事主体，在接受委托人委托之后开展特定贸易活动。在贸易活动的开展过程当中，必然会发生一定的费用，比如交通费、差旅费、信息费以及其他与贸易活动相关的费用。这些费用是行纪人完成委托事务所必须支付的交易成本，因行纪活动而发生的费用负担归属便成为行纪合同法律体系下的一个重要问题。

在行纪合同中，原则上处理委托事务所发生的合理费用均由行纪人承担。这是由行纪合同的有偿性所决定的。通常来说，行纪合同委托人要向行纪人支付办理委托事务的报酬，委托人和行纪人签订行纪合同时，双方会对行纪合同的报酬作出明确的约定。对于行纪人而言，其对因完成委托事务而发生的费用会有一个合理的预估，并且将它计算在行纪合同所确定的报酬之内。如果不发生特殊情况，在完成委托事务之后，委托人所支付的行纪报酬不仅能够涵盖行纪人所支出的合理费用，而且能为行纪人带来一定的利润。即便行纪人未能完成委托行纪事务进而导致其不能按照合同约定获得行纪报酬，在我国学者看来，其所支出的合理行纪费用损害应当属于行纪人作为职业性商事主体应当承受的商业风险。[①]行纪合同关于行纪费用和行纪报酬的此种制度安排是通过长期商事行纪实践形成的，在理论层面和实践层面都具有一定的合理性，也得到了我国1999年《合同法》的确认。[②]我国《民法典》第952条在《合同法》第415条基础上对此原则加以确认，在行纪合同当事人没有对行纪费用另行作出约定的情况下，原则上应当适用此原则来判断行纪费用的负担问题，即原则上应由行纪人负担处理委托事务所支出的费用。如果当事人未就行纪费用另行作出约定，行纪人不能以处理委托事务支出的费用为由拒绝返还委托人行纪货物出卖款。在一则案例中，人民法院认为，“依照《合同法》第四百一十五条的规定，行纪人处理委托事务支出的费用，由行纪人负担，但当事人另有约定的除外。本案被告（行纪人）在出具欠条及还款计划给原告时，均未注明应扣除税款、仓库租金等费用，原、被告双方事先也未约定自行车税款、仓库租金应由原告支付，按照法律规定，该税款应由被告自行负担。原告已按照约定给付被告代销费作为提供服务的报酬，被告不能要求原告再支付工资”。[③]

---

① 参见王利明：《合同法分则研究》（上卷），中国人民大学出版社2012年版，第672页。

② 参见全国人民代表大会常务委员会法制工作委员会编：《中华人民共和国合同法释义》，法律出版社1999年版，第585—586页。

③ 参见福建省安溪县人民法院（2005）安民初字第867号民事判决书。

二、行纪费用负担的约定处理

《民法典》关于行纪费用负担的原则规定可以由行纪合同的当事人通过合同约定加以调整。换言之，当事人可以在行纪合同当中另行约定由委托人支付行纪人处理委托事务发生的合理费用，或者由行纪人和委托人共同负担行纪费用。这是合同法领域奉行私人自治基本原则的正常逻辑，在不违反法律、行政法规等强制性规定的情况下，合同当事人可以通过合同条款作出不同于《民法典》规定的约定，这种条款的效力应当得到尊重。①

就具体约定内容来看，当事人可以约定由委托人负担全部行纪事务费用，当然应当通过具体的约定将“全部行纪费用”限定在合理的范围之内，而不能任由行纪人为处理行纪事务发生任何种类、任何数额、任何形式的费用。当事人也可以约定由委托人和行纪人共同负担行纪事务费用，比如约定一定范围内的行纪事务费用由行纪人承担，而超过这一约定范围的行纪事务费用则由委托人承担。委托人和行纪人作出此种约定主要是为了防止行纪事务因为特殊情况导致费用数额过于巨大，以致给行纪人造成明显不利影响。这种约定方式实际上给行纪人提供了一种费用风险分担机制，使其能尽量控制费用风险，有利于其开展行纪事务。

三、行纪费用负担的“合理原则”

在双方当事人约定由委托人负担全部或部分行纪事务费用，但委托人不按照合同约定支付费用的情况下，行纪人可以依据行纪合同的具体约定请求委托人支付相应的行纪费用。参照《西班牙商法典》等他国具体立法规定，在委托人不支付行纪费用的情况下，行纪人可以暂时停止办理行纪事务。而经催告之后委托人依然拒绝支付的，行纪人可以提起相应诉讼，要求法院判决委托人支付未予支付的行纪费用及其利息。主张支付行纪费用或提起行纪费用支付诉讼并不需要以行纪事务的完成为前提，即便行纪人未能按照委托完成行纪事务，依然可以按照行纪合同的约定要求委托人支付其为办理行纪事务而支出的合理费用。

---

① 参见山东省安丘市人民法院（2016）鲁0784民初3419号民事判决书。

当然，行纪人也需要按照诚信原则的要求处理委托事务、合理支出费用，如果行纪人违反诚信原则要求，导致行纪事务费用明显不合理或不成比例，委托人有权拒绝支付不合理或不成比例的行纪事务费用。[①]至于行纪事务费用合理性的判断标准，应当结合个案的具体要素加以判断。具体而言，可以参照以下几个标准加以确定：第一，相关性。行纪人所花费的费用是为了处理行纪事务而支出，与处理行纪事务无关的费用委托人无需负担。第二，必要性。行纪人所花费的费用是在通常情况下处理该项行纪事务必须支出、不可或缺的费用。第三，适当性。行纪人支出的费用应当与所处理行纪事务的性质、行纪事务处理费用的通常水平、行纪人的职业属性等相适应。法官在从事个案裁判时，需要结合行纪事务的难易程度、时间期限、地域范围、沟通成本等动态性要素加以综合判断。[②]

如果委托人已经支付行纪事务费用但事后发现费用明显不合理或不成比例，可以要求行纪人返还不合理的行纪费用。对于行纪人而言，这部分不合理或不成比例的费用构成不当得利，应当返还给委托人。如果行纪人拒不返还的，委托人可以提起诉讼要求行纪人返还相应行纪费用并支付相应利息。

举证责任

在委托人和行纪人未就行纪费用负担作出约定的情况下，行纪费用由行纪人负担，此种情形下不涉及举证责任问题。在委托人和行纪人就行纪费用作出具体约定的情况下（如约定由委托人负担），当事人发生争议时，行纪人应当提供证据证明已经发生的合理行纪费用并要求委托人承担，委托人则可以提供证据证明行纪费用是否合理，进而免除或减免自己的行纪费用负担义务。

其他问题

值得讨论的是，从比较法维度来看，其他国家和地区在行纪费用负担问

① 参见陈甦编著：《委托合同　行纪合同　居间合同》，法律出版社1999年版，第121页。
② 参见纪海龙：《比例原则在私法中的普适性及其例证》，载《政法论坛》2016年第3期。

题上采取了与我国《民法典》不一样的立场，其强调原则上由委托人负担行纪费用。在行纪人请求或行纪合同有约定的情况下，委托人需要向行纪人预付部分资金作为行纪费用。而在行纪事务结束之后，行纪人可以向委托人请求支付因行纪事务而发生的合理费用，行纪人享有行纪费用偿还请求权。[①]这种立法模式主要遵循的是“谁受益、谁负担”的基本逻辑，因为行纪人完成行纪事务本质上是为了实现委托人的利益，因此对于行纪事务过程中发生的各类费用原则上应当由委托人承担。依据这一逻辑，立法需要干预的是“受益负担不均衡”情形，比如没有受益但需要负担、受益较小但负担较重等情形。在行纪合同的语境下，立法需要重点调整的是行纪费用明显不合比例或不够合理的情形，此时应当调整委托人支付给行纪人的行纪费用数额，确保委托人支付的行纪费用处于合理范围之内。

比如，《德国商法典》第396条第2款规定：“委托人依照民法典第670条和第675条对行纪人的费用所应当给予的偿还，亦包括使用行纪人的仓库和运送工具的报酬。”《德国民法典》第670条规定了“对于受托人为处理委托事务而支出的、根据情况认为是有必要支出的费用的，委托人负有偿还义务”，第669条规定“经受托人要求，委托人应向受托人预付处理委托事务的必要费用”。《西班牙商法典》第250条规定：“行纪人要求提供资金，委托人不提供的或未达到行业要求的金额的，行纪人可不作为。同样，行纪人已用尽为从事受委托事务所收取的费用，委托人拒绝提供新费用的，行纪人可暂停其行为。”《意大利民法典》第1720条规定：“委托人应当偿付受托人预付款项和自支出上述款项之日起的法定利息，并且应当向受托人支付报酬，委托人应当赔偿受托人因实施委托而遭受的损失。”《巴西民法典》第706条规定：“委托人和行纪人之间有义务互相支付利息，前者要为行纪人为了履行自己的命令垫付的资金支付利息，后者要为自己迟延交付属于委托人的金钱支付利息。”第707条规定：“在委托人破产或支付不能的情形，行纪人基于佣金和花费的费用享有的债权具有一般优先权。”第708条规定：“为了报销花费的费用及收取应得的佣金，行纪人对基于行纪处于其控制下的财产和价值享有留置权。”

---

① 参见杜景林：《行纪中给付障碍和法律救济——兼论〈合同法〉相关规则的问题和解决》，载《法律科学》（西北政法大学学报）2014年第3期。

从上述立法规定来看，这和我国《民法典》关于委托合同费用负担的规定较为一致。我国《民法典》第921条规定：委托人应当预付处理委托事务的费用。受托人为处理委托事务垫付的必要费用，委托人应当偿还该费用并支付利息。对于我国《民法典》在委托合同和行纪合同费用负担问题上的差异化处理，一种可能的解释是：行纪合同属于典型的商事合同，其本身是有偿合同，行纪人能够获得行纪报酬，而实践中行纪费用通常相对于行纪报酬而言数额比例较小；委托合同本身是商事合同还是民事合同难以区分，受托人处理委托事务也不一定收取报酬，此时如果再要求受托人承担处理委托事务的费用明显不合常理，因此立法机构明确了由委托人负担委托事务费用。

另外一个值得注意的问题是：应当区分行纪人办理行纪事务发生的费用和行纪人办理行纪事务垫付的资金。在委托人委托行纪人买入特定货物时，行纪人除了支出合理的行纪事务费用之外，还可能为买入行纪货物垫付资金，此时行纪人垫付的资金不能纳入行纪费用的范畴。对于行纪人是否需要垫付、如何垫付行纪买卖资金以及由此引发的权利义务关系，我国《民法典》并未明确加以规定，但参照其他国家和地区的规定，行纪人如果垫付行纪资金的，委托人必须偿还行纪人垫付的资金并支付相应的利息。如果当事人之间没有就行纪资金的支付作出约定，在行纪人请求委托人支付行纪资金而委托人没有支付或者支付数额未能达到行业标准时，行纪人可以暂停行纪事务。

第九百五十三条【行纪人的妥善保管义务】

行纪人占有委托物的，应当妥善保管委托物。

历史由来

本条是对《合同法》第416条的承继，具体条文表述和第416条完全一致。

规范目的或功能

本条是关于行纪人保管义务的规定，明确了行纪人对占有的委托物具有妥善保管的义务。本条对于行纪人违反妥善保管义务的法律效果并未作出规定，需要参照《民法典》第897条的规定处理行纪人违反妥善保管义务的法律责任问题。本条对于约束行纪人的不当保管行为、防止行纪委托物的毁损、灭失具有重要的意义。

规范内容

一、行纪人妥善保管义务的性质

行纪人的妥善保管义务是由行纪合同的性质决定的。行纪合同是委托人委托行纪人从事贸易活动的合同类型。通常来说，委托人委托行纪人出售货物或买入货物，在出售货物之前和买入货物之后，行纪人对于委托物均应当妥善加以保管，防止委托物的损坏、灭失、变质、污染。行纪人的妥善保管义务，既是行纪合同有偿性的基本要求，也是行纪人作为职业行纪商事主体所应履行的基本义务。我国《民法典》在《合同法》第416条立法基础之上对于行纪人的妥善保管义务加以确认。而在一些有关行纪活动的特别立法当中，对于行纪人的保管义务有进一步明确规定，例如我国《拍卖法》第19条规定：拍卖人对委托人交付拍卖的物品负有保管义务。

行纪人的保管义务基于行纪合同而发生，究其本质而言属于约定保管义务而非法定保管义务。基于行纪合同行纪人应当履行的主要义务是完成行纪事务，保管义务是行纪人办理委托行纪事务的附属义务。在行纪合同履行过程当中，保管委托物并不是主要目的，委托物的保管只是服务于完成行纪事务这一根本目的。

行纪人保管义务的发生以委托物的交付为前提，只有委托人将委托物交付给行纪人且在向第三人出售之前或者行纪人从第三人处购买委托物且在交付给委托人之前，行纪人有妥善保管委托物的义务。行纪人占有委托物是其履行保管义务的基本前提。行纪人保管委托物的行为具有持续性。

行纪人需采取各种必要的措施来保证委托物的安全，具体而言应该表现为以下几个方面：

第一，行纪人应当妥善保管委托物。委托人和行纪人可以约定保管场所、保管方法等，行纪人应当采取合理的预防措施防止委托物的毁损、灭失。行纪人原则上不得擅自改变保管场所、保管方法等，除非发生紧急情况或者为了维护委托人利益所必需。在没有约定或约定不明的情况下，行纪人应当采取最为有效的保管措施保证委托物的安全。

第二，行纪人原则上必须亲自保管委托物，不能随意将委托物交给第三人保管，但委托人和行纪人另有约定的除外。在委托人同意的情况下，行纪人可以选择比其更能履行专业保管义务的保管机构来保管委托物。如果行纪人违反约定将委托物交给第三人保管造成损失的，应当承担相应的损害赔偿责任。

第三，行纪人不能许可第三人使用委托物或者自己使用委托物。这是由行纪合同的性质所决定的，行纪人必须通过买卖委托物实现行纪事务目的，而自己和他人对于委托物的使用会减损委托物的价值或影响委托物的交易，这严重不符合行纪合同目的。

第四，因行纪人保管不善造成委托物毁损、灭失的，原则上行纪人应当承担损害赔偿责任，行纪人能够证明自己没有过错的除外。

第五，在行纪人保管的委托物发生危险时，应当及时通知委托人，让委托人知晓委托物的危险情况并且及时采取相应处置措施，进而维护委托人的利益，行纪人的及时通知可以将委托物的损失降至最低。如果行纪人没有及时履行通知义务，对于委托物的损失也应当承担相应赔偿责任。①

二、行纪人妥善保管义务的标准

行纪人的保管义务标准是一个值得理论界和实务界关注的问题。从比较法的角度来看，各国对于保管人的妥善保管义务根据其为有偿还是无偿进行区分，在无偿的情况下，保管人通常只需要尽到普通民事主体的一般注意义务即可，比如像保管自己的物品一样保管他人物品，只有在存在严重过失的情况下保管人才需要对保管物的损失承担赔偿责任；在有偿的情况下，保管人应当尽到谨慎的善良管理人注意义务。换言之，保管人应当尽到更高程度的注意义务，在其存在轻过失的情况下就需要对保管物的损失承担赔偿责任。《法国民法典》第1927条、《德国民法典》第690条、《日本民法典》第590条

---

① 参见王利明：《合同法分则研究》（上卷），中国人民大学出版社2012年版，第569—579页。

等基本采纳了这一立场。我国《民法典》第897条规定：保管期内，因保管人保管不善造成保管物毁损、灭失的，保管人应当承担赔偿责任。但是，无偿保管人证明自己没有故意或者重大过失的，不承担赔偿责任。该条对于有偿保管情形和无偿保管情形确立了保管人差异化的保管义务识别判断标准。[①]这一规定基本沿袭了《合同法》第374条的立场，只是对于无偿保管情形下保管人保管义务的免除作出了更为全面的规定，即规定了保管人证明自己没有故意或重大过失的情形下不需要对保管物的损害承担赔偿责任。值得注意的是，以上主要讨论的是保管合同情形下保管人义务的判断标准问题，但是这种讨论对于行纪人的保管义务标准同样可以适用。

由于行纪合同的有偿性和行纪人的专业商事主体属性，在界定行纪人的妥善保管义务时，应当明确行纪人的保管义务相对于一般民事主体的保管义务应当遵循更为严格的标准。“有偿性”和“专业性”是判断行纪人保管义务的重要基点，对于其保管义务的判断标准应当围绕这两个因素展开。如同上文所讨论的，行纪合同的“有偿性”决定了行纪人必须尽到善良管理人义务，以谨慎的方式保管行纪委托物。行纪人的“专业性”更是决定了其必须按照行纪事务的特殊要求来处理委托物的保管问题，特别是行纪商事实践已经发展出了一系列行纪物的保管标准，行纪人必须按照这些行业标准的要求妥善保管行纪委托物。在一定程度上可以说，行纪人实现妥善保管义务所应尽到的注意义务标准甚至要高于一般有偿保管情形下保管人应尽的注意义务，这是由商事行纪本身的制度特性所决定的。因此，行纪人在处理行纪委托物保管问题时，比如在保管的方法、保管的地点、保管的条件、保管的技术等方面必须达到所从事行纪事务领域行纪人应当遵循的基本标准。对于这一要求，采取民商分立立法体例国家的商法典有更为具体的规定。例如，《德国商法典》第390条规定：“行纪人对于处在自己保管之下的财产的丧失和毁损负责任，但丧失或毁损系基于不能通过通常商人之注意加以避免的事由的，不在此限。”实际上，这里的“通常商人之注意”应当理解为“通常行纪商人之注意”。

---

① 参见宁红丽：《论我国保管合同制度的法律适用》，载《暨南学报》（哲学社会科学版）2008年第6期。

三、行纪人违反妥善保管义务的责任

行纪人未能按照《民法典》的要求履行妥善保管义务，造成委托物损坏、灭失、缺少、变质、污染的，对于由此造成的损害行纪人应当承担损害赔偿责任。例如，委托人交付给行纪人的委托物汽油因行纪人未能采取妥善保管措施而全部或部分挥发，此时行纪人对于因汽油挥发而导致的全部或部分损失应当承担损害赔偿责任。当然，如果行纪人可以证明上述情况是由于不可抗力、物品本身的自然损耗等不可归责于行纪人的事由而发生，可以免除损害赔偿责任，相应的损失应由委托人自行承担。例如，对于汽油保管期限合理比例的自然挥发行纪人不需要承担损失赔偿责任。当然，在委托人同意的情况下，也可以免除或减轻行纪人的保管赔偿责任。《民法典》第953条对于行纪人违反妥善保管义务的赔偿责任并未直接作出规定，原则上可以参照《民法典》第897条的规定处理行纪人的损害赔偿责任问题。在司法实践中，委托人对行纪人作出的委托物买卖价格指示也可以作为人民法院处理委托物灭失损害赔偿的参考标准。比如，委托人要求行纪人不能以低于8万元的价格出售委托物，在行纪人未能尽到妥善保管义务致使委托物灭失时，人民法院可以判决行纪人赔偿委托人8万元的损失。[①]通常来说，行纪人应当赔偿委托人相应的委托物损失，但如果委托物可以返还原物、修理替换的，在委托人请求情形下，行纪人也可以返还原物、修理替换委托物。[②]

---

① 参见广东省佛山市南海区人民法院（2019）粤0605民初7109号民事判决书。

② 参见新疆维吾尔自治区高级人民法院（2016）新民终354号民事判决书。法院认为："依照《中华人民共和国合同法》第四百一十六条之规定，行纪人占有委托物的，应当妥善保管委托物；结合本案，上诉人陈某某及被上诉人卢某某作为行纪人向行纪合同相对方委托人买某应承担妥善保管委托物的义务。案外人何某以被上诉人卢某某未将货款付清为由将涉案玉石带走占有的行为是本案的客观事实，且根据被上诉人卢某某与案外人何某在侦查中的供述，双方之间曾经确实有过买卖关系，但只是对于货款是否付清存在分歧，因此，可以认定上诉人陈某某与被上诉人卢某某作为行纪人未尽到妥善保管委托物的义务。双方对行纪合同的履行期限没有约定，根据查明的事实，涉案玉石已不在行纪人的控制之下，而买某在原审的诉讼请求是，归还两块玉石，如果归还不了就支付580万元，该请求即原审原告因行纪合同无法继续履行而请求终止合同履行的意思表示，因此上诉人陈某某与卢某某应承担因未尽妥善保管义务的赔偿责任，原审法院判令返还委托物或赔偿损失的责任是恰当合适的。"

值得注意的是，在行纪人没有履行妥善保管义务的情况下，行纪人的损害赔偿责任是否存在最高责任限额的限制？例如，作为行纪人的拍卖行未能履行妥善保管义务，致使委托人的珍贵物品发生损失。此时，行纪人是否需要完全按照委托物的损失额进行赔偿，这是一个值得探讨的问题。事实上，行纪人对损失的赔偿也应当受到“可预见性原则”的约束。[①]如果委托人在交付委托物时已经声明了贵重物品的属性和价值，行纪人应当采取专业谨慎的保管措施防止委托物的毁损、灭失，如果没有尽到相应的专业谨慎义务，原则上应当赔偿委托人的实际损失。如果委托人事先并未声明委托物的贵重价值，只要行纪人尽到了行纪主体应尽的善意保管义务，则原则上不可苛求行纪人赔偿委托人的全部损失。

另外一个值得注意的问题是，由于委托人对行纪保管物更为熟悉，如果委托人知道保管物毁损、灭失的情况，但是委托人怠于通知，进而导致委托物毁损、灭失的程度进一步加深，在此情况下，委托人对于因其未及时履行通知义务导致的扩大损失不能要求行纪人进行赔偿。

三 举证责任

在我国《合同法》体系下，合同违约责任归责原则为严格责任原则，但对于保管合同则确立了过错责任原则。从《民法典》第897条的规定来看，保管合同违约归责应当适用过错原则。在行纪人未能妥善保管委托物致使其发生损害的情况下，除了证明损害的存在、委托物损害和行纪人不当保管行为之间的因果关系，委托人应当证明行纪人没有尽到行纪人应尽的妥善保管义务，即对于行纪委托物的保管存在故意或过失并致其发生损害。在上述要素都具备的情况下，行纪人应当承担未能妥善保管委托物的法律责任。当然，行纪人可以提供证据证明自己已经尽到专业行纪主体应尽的妥善保管义务，进而免除或减轻自己的赔偿责任。

---

① 关于损害赔偿可预见性原则的讨论，参见张金海：《可预见性规则的价值取向与制度安排——以法国和英美合同法的比较为中心》，载《经贸法律评论》2019年第6期。

其他问题

实践中，行纪人为了尽量减少自身保管风险，往往会选择多样化的风险分担机制。一种方式是商业保险机制，行纪人可能会为委托物的保管购买商业保险，向保险公司支付一定的保险费用，在保管物发生约定保险风险时由保险公司进行保险赔付进而避免损失。另一种方式是借助外部的专业保管服务来分散风险，通过支付相应的费用给专业的保管服务机构从而尽量减少保管物的风险。这些举措能够使得行纪人最大限度降低妥善保管委托物的风险，并减少因未能妥善保管委托物而给自己造成的损失。当然，这种借助外部专业保管机构提供保管服务的方式不能和委托人的指示相冲突，如果委托人明确要求行纪人亲自保管，行纪人就不能采用外部机构的保管服务。

第九百五十四条【行纪人的合理处分义务】

委托物交付给行纪人时有瑕疵或者容易腐烂、变质的，经委托人同意，行纪人可以处分该物；不能与委托人及时取得联系的，行纪人可以合理处分。

历史由来

本条是对《合同法》第417条的承继。在具体条文表述上，将第417条“和委托人不能及时取得联系的，行纪人可以合理处分”修改为“不能与委托人及时取得联系的，行纪人可以合理处分”，表达更为精确。

规范目的或功能

本条是关于行纪人合理处分瑕疵委托物的规定。本条规定了在委托物存在瑕疵或者容易腐烂、变质的情形下行纪人进行合理处分的条件和程序，明确了行纪人的合理处分义务。这有助于保障委托物的质量、促进行纪目的的实现。

规范内容

一、行纪人合理处置委托物的法律定性

《合同法》第417条对于行纪人的合理处置义务作出了明确规定。《民法典》第954条在《合同法》的基础上明确了行纪人对于瑕疵委托物的合理处置义务。对于本条性质的理解学术界存在分歧。依据此前有关《合同法》第417条的学理讨论，对于民法典第954条到底是赋予了行纪人的处置权利还是设置了行纪人的处置义务，仅从条文文义表述的角度来看难以清楚界定。如果将其视为赋予了行纪人处置权利，意味着行纪人可以处分委托物，也可以不处分委托物。王利明教授将其总结为“经委托人同意的处分权”和“非经委托人同意的处分权”。[①]但是，如果委托物确实有瑕疵或者容易腐烂、变质时，不处分委托物显然不能有效保护委托人的利益，也不符合关于行纪合同的立法目的。因此，应当将《民法典》第954条视为设置了行纪人的处置义务。[②]在委托物出现瑕疵或者容易腐烂、变质时，行纪人应当及时和委托人联系，在征得委托人同意的情况下处分委托物；在不能和委托人联系的情况下，可以以合理方式处分委托物。这样既有利于维持委托物的价值和保护委托人的利益，也符合商事主体诚实信用原则的基本要求。其他国家的商法典立法对行纪人处置义务作出了更明确的规定，特别是对行纪人不作为引发的损害赔偿责任作出了规定，更是印证了行纪人及时处置委托物是其义务而非权利。比如，《德国商法典》第388条规定：“(1)送交行纪人的财产在交付时处于被毁损或者有瑕疵的状况，而此种状况在外部可以被辨识的，行纪人应当维持对承运人或者船长所享有的权利，注意证明此种情况，并且应当不延迟地向委托人作出通知；在不作为的情形，其负有损害赔偿的义务。(2)财产易发生腐烂，或者嗣后出现财产上的变更，而此种变更可能引起财产贬值，并且没有时间征得委托人的

① 参见王利明:《合同法分则研究》(上卷)，中国人民大学出版社2012年版，第569—579页。

② 参见陈甦编著:《委托合同　行纪合同　居间合同》，法律出版社1999年版，第124页。

处分，或者委托人在给与处分上延迟的，行纪人可以依第373条的规定出卖财产。”

二、行纪人合理处置委托物的条件

行纪人对委托物处置的前提条件是：第一，委托人交付给行纪人的委托物存在瑕疵，而且在交付给行纪人时瑕疵就已经存在。如果委托人将委托物交付给行纪人之后，由于行纪人未能履行妥善保管义务导致委托物发生瑕疵，则应当由行纪人承担相应的损害赔偿责任。第二，行纪人处置委托物原则上应当先取得委托人的同意。在行纪人发现委托物有瑕疵或者容易腐烂、变质时，应当首先与委托人进行联系，在征得委托人同意的情况下行纪人可以处分委托物。如果不能和委托人取得联系，此时行纪人可以合理处分委托物。如同上文所述，合理义务的判断标准要求行纪人像对待自身利益一样对待委托人利益，采取符合行纪人习惯措施处分委托物。从比较法经验上来看，有些国家对于行纪人未经委托人同意合理处置委托物还设置了“法院同意要件”，如《西班牙商法典》第269条规定：“受委托的事务发生突然变化，为维护标的的价值须出卖货物，但来不及告诉委托人的，行纪人可经法官和法院授权，小心谨慎地为维护出卖人利益出卖货物。”

三、行纪人合理处置委托物的方式

我国《民法典》对于行纪人应当如何处置委托物并未作出明确的规定。参照《德国商法典》《瑞士债法典》《西班牙商法典》等法典立法经验，行纪人处置委托物的方式通常包括以下几种：第一，无迟延地通知委托人。行纪人发现委托物有瑕疵时，应毫不迟延地将委托物的瑕疵状况及有关情况报告给委托人，并请委托人及时作出指示。第二，保全对于瑕疵的证据。第三，保全对于运送人的权利。在委托物运送人对物的瑕疵负有责任时，行纪人应保全对委托物运送人的损害赔偿请求权。第四，保管有瑕疵的物品。行纪人仍应尽善良管理人的注意，保管该有瑕疵的委托物品。第五，将容易腐烂的物品，如水果、食物等，在一定条件下予以拍卖。拍卖时应按照市场价格进行。第六，在不能及时将委托物的瑕疵及易腐、变质状况告知委托人时，行纪人可以合理处分。所谓行纪人的合理处分，是指行纪人应依诚实信用原则，按照符合交易习惯的方式，将委托物品依其不同性质分别采取各种处分方式，如出卖、保管、拍卖等。

实践中行纪人应当根据货物的实际情况采取合理的处置方式，对于委托物有瑕疵的应当要求委托人加以更换，确保交付给行纪人的是没有瑕疵的货物，委托物容易腐烂、变质的，行纪人应当及时对该物加以处理，尽量减少因委托物的腐烂、变质对其价值所造成的不利影响。

值得注意的是，行纪人对于委托物的处置必须以作为行纪人的身份全面履行行纪合同义务为前提。如果非以行纪人身份处置货物，也未履行通知委托人或联系委托人的义务，即便发生了相应损失，也不能要求委托人赔偿相应损失。①

举证责任

在涉及委托物合理处置的争议问题上，根据《民法典》第954条的规定，行纪人如果要证明自己已经尽到合理处分义务且免除自身的责任，必须提交证据证明以下几个方面的要素：一是委托物在交付给行纪人时有瑕疵或者容易腐烂、变质；二是行纪人处分委托物已经征得委托人的同意；三是行纪人尝试通过各种手段与委托人取得联系，但由于各种客观因素导致未能和委托人取得联系，此时不立即合理处分瑕疵委托物可能会给委托人带来损失。在行纪人未能提供充分的证据证明委托物存在瑕疵就将其加以处分的，处分行为对于委托人不发生效力。②

同样，委托人也可以提出相应的证据证明行纪人不具备合理处分委托物的条件，也即对委托物的处分是“不合理”的，因而要求行纪人对委托物的

---

① 参见最高人民法院（2014）民审字第262号民事裁定书。法院认为：“一、二审法院结合前述身份混同情形，在徐某某未依循其与甲公司在先交易流程履行通知义务的情况下，认定徐某某未全面履行行纪合同，并无不当。由此，徐某某后续处置货物的行为，亦难以认定系其以行纪人身份处置代购货物。在徐某某未能提供证据证明其曾在合同期限内通知甲公司验收、提取货物，亦未提供证据证明甲公司经通知催告拒绝受领代购货物的情形下，一、二审法院根据《中华人民共和国合同法》第四百一十七条、第四百二十条之规定，认定其处分行为不符合行纪合同法律规定，亦无权向甲公司主张赔偿损失，合法有据，本院予以维持。”

② 参见河北省黄骅市人民法院（2019）冀0983民初6060号民事判决书。

损失承担相应的赔偿责任，具体情形包括：委托物本身不存在瑕疵；处分委托物未能取得委托人的同意，或者行纪人知晓委托人的通常联系方式但未能通过合理的联系方式和委托人取得联系。

其他问题

值得探讨的一个问题是，在将行纪人合理处置瑕疵委托物视为一种义务而非权利的时候，就必然会产生未合理处分瑕疵委托物法律责任的问题。如果行纪人未能按照本条所规定的条件和程序合理处理瑕疵委托物或者应当处理而未能处理瑕疵委托物导致发生损失，行纪人原则上应当赔偿委托人相应的损失。本条对于行纪人未能尽到合理处置义务的损害赔偿责任并没有明确作出规定，应当视为一个立法漏洞，但这一义务可以结合本条的立法目的、体系逻辑等加以证立。

行纪人承担损害赔偿责任的前提条件是：第一，委托物在交付行纪人时有瑕疵或者容易腐烂、变质，不及时进行合理处置会导致委托物的毁损、灭失或价值减损；第二，行纪人未经委托人同意就处分委托物或者未以通常合理之方式与委托人联系，也不处分委托物；第三，行纪人未能合理处分瑕疵委托物导致委托物发生损失。值得注意的是，如果行纪人未经委托人同意处分瑕疵委托物，需要对委托物的损失承担损害赔偿责任，但如果委托人对于委托物瑕疵的形成有过错的，司法实践中法院认为可以适当减轻行纪人的损害赔偿。在一则案例中，法院认为，原告任某某供应的废钢压块虽不符合被告甲公司与被告乙公司之间的质量约定，存在质量瑕疵，但被告乙公司未经原告任某某同意，也没有及时采取合理的措施对废钢级别的判定提出异议并进一步评定，即武断认可被告甲公司对案涉废钢压块进行扣押没收处分，具有明显的过错，原告供应的废钢压块掺有油丝绳、胶皮片等杂物，存在质量瑕疵，即使未经被告乙公司告知约定质量标准，其提供的废钢压块仍不符合国家标准及行业通常标准，原告对自身的经济损失的造成也存在明显过错。综上，本院根据当事人各方的过错程度，酌定被告乙公司承担原告经济损失的50%。①

① 参见河北省沧州市中级人民法院（2019）冀09民终7108号民事判决书。

第九百五十五条【行纪人按照指定价格买卖的义务】

行纪人低于委托人指定的价格卖出或者高于委托人指定的价格买入的，应当经委托人同意；未经委托人同意，行纪人补偿其差额的，该买卖对委托人发生效力。

行纪人高于委托人指定的价格卖出或者低于委托人指定的价格买入的，可以按照约定增加报酬；没有约定或者约定不明确，依据本法第五百一十条的规定仍不能确定的，该利益属于委托人。

委托人对价格有特别指示的，行纪人不得违背该指示卖出或者买入。

历史由来

本条是对《合同法》第418条的承继，《民法典》除对法条序号、标点符号等细节有修改外，具体条文表述和第418条一致。

规范目的或功能

本条是关于行纪人按照委托人指定价格买卖的规定。按照委托人指定的价格买卖委托物，是行纪人从事行纪事务过程中需要遵守的基本义务，也是保障委托人合法权益的重要机制。本条规定是在委托人对价格有特别指示时，行纪人不得违背特别指示买卖委托物，强调了委托人的价格特别指示应当得到落实。

在委托人没有对价格作特别指示时，只有经过委托人的同意，行纪人才能以低于委托人指定的价格卖出或者高于委托人指定的价格买入委托物，否则对委托人不发生效力。同时，对于未经委托人同意但行纪人补偿差额的，也推定该买卖对委托人发生效力。换言之，对于不利于委托人的价格调整，必须经过委托人的同意行纪买卖才能发生效力，除非行纪人同意补足委托买卖价格和指定价格之间的差额。这一限定可以防止行纪人为完成行纪事务而从事损害委托人利益的行为。

在委托人没有对价格作特别指示时，即使没有经过委托人的同意，行纪人可以高于委托人指定的价格卖出或者低于委托人指定的价格买入，由此增加的利益归属于委托人，除非当事人另有约定。

规范内容

一、委托人对于行纪人的一般指示

行纪人虽然是以自己的名义从事行纪行为，但是应当遵循委托人的指示开展相关交易。这是由行纪合同的制度本质所决定的。行纪人必须按照委托人的具体指示要求，为委托人的利益最大化而努力。当然，委托人对于行纪人给予的指示往往是多方面的，原则上行纪人均应当按照委托人的指示从事行纪活动。事实上，能否全面遵循委托人的指示也是衡量行纪人完成委托事务质量好坏的重要判断标准。如果行纪人未能按照委托人指示完成行纪事务，应当对相应的不利后果承担责任。这在比较法层面得到了成文立法的确认，例如，《巴西民法典》第695条规定：“行纪人有义务按照委托人的命令和指示行事，在无此等命令和指示且不能及时获得它们的情形，他应根据在相似情形的习惯行事。行为的实施不允许延迟。行纪人根据习惯行事的，如其行为结果有利于委托人，此等行为视为正当。”第704条则是采取了更为“灵活”的立场：“除非有相反规定，委托人随时都可更改给行纪人的指示，正在进行中的交易也视为可由新指示调整。”《西班牙商法典》第259条规定：“行纪人应当按照法律和法规对其接受的事务的规定行为，对因违法或疏忽造成的结果承担责任，但若依委托人指示作出的，双方均承担责任。”

本条第3款规定，委托人对价格有特别指示的，行纪人不得违背该指示卖出或者买入。这明确要求行纪人在委托人对价格有特别指示的情况下必须按照要求买卖货物，不能违背委托人指示要求，否则需要对此造成的不利后果承担责任。对于委托人而言，行纪人违反价格特别指示从事的买卖行为对其不发生效力，由此给委托人和第三人造成的损害应当由行纪人承担相应的赔偿责任。

二、委托人对于行纪人的价格指示

在行纪合同中委托人和行纪人一般会对货物的买卖价格作出约定，或者直接约定货物买卖的明确价格，或者约定货物买卖的价格范围。按照合同履行的一般规则，行纪人必须按照合同指示在约定的价格区间或者明确的约定价格买卖货物。然而商事实践总是多变的，在从事行纪业务的过程当中行纪人有可能会根据市场情况变化及时调整货物买卖价格。对于货物买卖价格的调整，原则上需要取得委托人的同意，如果委托人对价格有特别指示的，行纪人原则上不得违背该指示卖出或者买入。但是，在一些特定的情形下，行纪人如果联系不上委托人或者联系委托人需要耗费一定时间，进而可能导致交易机会丧失，此时也不利于行纪事务的完成和行纪目的的实现，在此情况下行纪人有可能会灵活地调整货物买卖价格并买卖特定货物。通常来说，会出现两种价格调整类型：一种是有利于委托人的价格调整，一种是不利于委托人的价格调整。

（一）不利于委托人的价格调整

行纪人以低于委托人指定的价格卖出货物或者以高于委托人指定的价格买入货物，如果已经取得委托人同意，行纪人自然可以放心地完成委托事务。如果没有经过委托人同意，可能就会对委托人的利益造成损害。此时行纪人与第三人之间签订的买卖合同有效，但对于委托人而言买卖是否发生效力则值得探讨。比较法上各国立法经验值得参考。《德国商法典》第386条规定："行纪人以低于向自己指定的价格出卖的，或者超出委托人向自己指定的购买价格的，在委托人意欲将行为作为非为自己的计算所订立的行为而加以拒绝时，委托人必须在通知实行行为之后不迟延作出此种表示，否则对指定价格的背离被承认；行纪人在通知实行行为的同时表示愿意抵偿价差的，委托人不享有拒绝的权利，委托人指向赔偿超出价差的损害的请求权不受妨碍。"《西班牙商法典》第258条规定："行纪人在没有委托人明示的情况下，以比市价低廉的价格或优越的条件经营的，应对由此造成的委托人损失承担责任，不得以委托人在同样条件下也会做出同样处理为借口。"《日本商法典》第554条规定："行纪商以低于委托人指示价格销售或高于委托人指示价格购买物品时，如果自己负担该差额，则其销售或购买行为对委托人有效。”相比较而言，《瑞士债法典》第428条的规定更为全面：“行纪人以低于委托人要求的价格出卖货物的，应当对委托人补足差价，但其能证明货物的出卖有利于避免委托人的损失、客观情况阻止其取得委托人指示的除外。此外行纪人有过错的，应当赔偿委托人因其违反合同而造成的损害。”根据各国商法典的规定，如果行纪人违反了委托人所发出的限价指示，给委托人带来了“不利益”且“不正当”，则委托人可以行使“拒绝权”——拒绝承受行纪人的交易结果。但是，如果行纪人承担了实际交易价格与委托人指示限价之间的差额，则可以视为其对自身违反指示的行为承担了相应责任，从交易效果上来看，也等同于实现了委托人所作出的限价指示。在这种情况下，行纪人所从事的交易行为对于委托人是有效的。当然，《瑞士债法典》还规定了一种特殊情形，行纪人低价出售委托物，但能证明“有利于避免委托人的损失、客观情况阻止其取得委托人指示”，即便不补足差价损失，行纪买卖对委托人也发生效力。

我国《民法典》第955条采取了与上述国家行纪合同立法相近的立场，该条规定，在未经委托人同意的情况下，行纪人以低于指定价格卖出货物或以高于指定价格买入货物，如果行纪人能够补偿价格差额，那么该买卖对于委托人发生效力。可以看出，“委托人同意”或“补偿价格差额”是未按照价格指示且不利于委托人利益的行纪行为对委托人发生效力的条件。

如果行纪人不愿意或不能够补偿价格的差额，那么该买卖对委托人不发生效力。此时，行纪人应当按照行纪合同的规定承担相应的违约责任。一个值得讨论的问题是：行纪人从事的买卖对委托人而言是完全不发生法律效力还是发生部分法律效力？例如，行纪人以低于委托人指定的价格出售货物，如果与第三人的买卖对委托人完全不发生效力则意味着行纪人需要返还委托物，如果发生部分法律效力则意味着行纪人需要将出卖的价款交付给委托人并且补偿出售价款和指定价格之间的差额。假如委托人委托行纪人以特定价格买入特定货物，但行纪人以高于指定价格买入相应货物，此时行纪人与第三人的买卖合同如果完全不发生效力则意味着行纪人需要返还委托人支付的货款，如果是部分发生效力则意味着可以将购买的货物交付给委托人，但对于多支付的货款应当承担相应的责任。从《民法典》第955条的立法目的和行纪制度的实践情况来看，采取“部分发生法律效力”可能更有利于行纪制度实践功效的发挥。

（二）有利于委托人的价格调整

在行纪人以高于委托人指定的价格卖出货物或者以低于委托人指定的价格买入货物的情形，如果委托人和行纪人已在行纪合同中或者通过其他方式对于增加利益的归属作出约定，则原则上按照他们之间的约定分配增加利益，这属于私法自治原则的基本要义。如果委托人和行纪人没有约定或者约定不明，且根据《民法典》第510条的规定仍不能确定的，按照《民法典》的界定该利益属于委托人，行纪人不能取得相应的报酬。《民法典》第955条的规定采取了和《合同法》第418条一致的立场，即无约定或约定不明情形下的增加利益属于委托人。这和比较法上其他国家和地区的立法例也是一致的。比如，《瑞士债法典》第428条规定：“行纪人以低于委托人确定的价格买进货物或者以高于委托人确定的价格出卖货物的，不得保留因此而取得的利润，应当交付给委托人。”《德国商法典》第387条规定：“行纪人以比委托人向自己指定的条件更加具有利益的条件订立合同的，利益归属于委托人；特别是行纪人出卖的价格超过委托人所指定的最低价格时，或者其购买的价格不达到委托人所指定的最高价格时，适用此种规定。”

三 举证责任

在委托人和行纪人就行纪买卖价格发生争议之时，如果委托人对于买卖价格有特别指示，行纪人原则上不能违反特别价格指示从事行纪买卖。此时，只要委托人提供了特别价格指示的证据，原则上可以认定行纪人违反相应义务。

在委托人没有特别价格指示的情况下，如果委托人能够提供证据证明行纪人未经其同意就以低于指定价格卖出或者高于指定价格买入委托物，则相应买卖对其不发生效力，除非行纪人明确表示愿意补足价格差额。

在委托人没有特别价格指示的情况下，如果行纪人未经委托人同意以高于指定价格卖出或者低于指定价格买入委托物，由此增加的利益原则上归属于委托人，除非行纪人能够提供证据证明其与委托人已就增加利益的归属作出另外约定。

第九百五十六条【行纪人的介入权】

行纪人卖出或者买入具有市场定价的商品，除委托人有相反的意思表示外，行纪人自己可以作为买受人或者出卖人。

行纪人有前款规定情形的，仍然可以请求委托人支付报酬。

历史由来

本条为对《合同法》第419条的承继，《民法典》除对个别字词作删除处理外，具体条文表述和第419条一致。

规范目的或功能

本条是对行纪人介入权的规定。行纪人介入行纪买卖是行纪制度的一大特色，本条对行纪人介入买卖的条件作出了限定，有利于约束行纪人的介入买卖行为，对于委托人利益的保障也将产生积极影响。本条对于行纪人行使介入权的法律效果也加以明确，强调行纪人直接介入行纪买卖不影响行纪人和委托人之间行纪法律关系的存续，特别是行纪人依然可以请求委托人支付报酬。对于行纪人介入权行使法律效果的澄清有利于排除利益冲突进而促进行纪目的的实现。

规范内容

一、行纪人介入权的法律性质

按照行纪制度的一般逻辑，在委托人委托行纪人从事特定贸易活动之后，行纪人往往会将特定货物出售给第三人或者从第三人处购买货物。但是，当行纪人买入或卖出的商品有市场定价时，行纪人在委托人没有相反意思表示的情况下可以直接介入该商品的买卖。也就是说，行纪人可以作为买受人购买委托人委托行纪人出售的商品，或者行纪人可以作为出卖人直接将商品出售给委托人。在商法制度体系下，行纪人的这一特殊权利被称为“介入权”。[①]

关于行纪介入权的法律属性，学术界存有争议。有的学者认为行纪人受委托人之委托为其完成行纪事务而与自己订立买卖合同，但是以自己名义与自己订立合同在法律上不能得到承认。也有学者认为行纪人为委托人的代理人，与自己订立买卖契约和传统民法上“禁止自己代理和双方代理”的原则相抵触，这是因为行纪人介入权的行使不以委托人的许诺为必要。多数学者认为，行纪人与委托人之间直接成立买卖合同，但是对于他们之间的买卖合同如何成立意见则不一致。通说认为，行纪人的介入是完成行纪事务的特种方法，行纪人虽为介入，但仍然是行纪人，而另一方面则成立当事人之间的直接买卖。换言之，行纪人介入权的行使不影响委托人和行纪人之间行纪关系的存在，但又使他们之间以出卖人和买受人身份直接订立买卖合同。行纪人因一方的行为产生介入的效力，因此行纪人介入本质为形成权的行使。行纪人向委托人发出其直接作为买卖人通知时即可发生效力。[②]

行纪人介入权得以成立的理论基础有两个：一是买卖商品的特殊性，行纪人行使介入权的一个基本前提是委托人委托行纪人买卖的商品有通常的市场定价，此时即便行纪人介入其中买卖商品，由于公允的市场定价存在，不会出现行纪人侵害委托人利益的行为；二是行纪人介入权制度的存在能够有效加快行纪事务的效率。对于委托人而言，行纪人介入权的行使使得委托目

---

① 对于行纪人介入权的研究，参见李亮：《论行纪人的介入权》，载《求实》2001年第S1期；王宇红、张晓玲：《行纪合同直接介入权制度与行纪人担保履行责任研究》，载《长安大学学报》（社会科学版）2001年第1期；王卉、郭嗣彦：《浅谈行纪人的介入权》，载《湖北社会科学》2000年第6期；王建洲、戴家巨：《行纪人的介入权初探》，载《河北法学》2000年第2期。

② 参见史尚宽：《债法各论》，台北荣泰印书馆（内部参考版），第478页；江平主编：《中华人民共和国合同法精解》，中国政法大学出版社1999年版，第363页；李国光主编：《中国合同法条文释解》，新华出版社1999年版，第651页；杜万华主编：《合同法精解与案例评析》，法律出版社1999年版，第806—807页。

的能够快速实现，商品的出售或购买能够尽早得以完成，这无疑有助于委托人利益的实现，尤其是在涉及复杂商事交易的情况下，委托事务的快速完成将有助于其他商事活动的开展。

行纪人介入权最初是由商事习惯法加以创造，此后这一权利被成文商事立法加以确认，各个国家的商法典立法对于行纪人的介入权也有规定，例如《德国商法典》《日本商法典》《瑞士债法典》《西班牙商法典》《意大利商法典》都有相应规定。《德国商法典》第400条规定："(1)买入或者卖出商品的行纪，以商品具有交易所价格或者市场价格为限，以及买入或者卖出有价证券的行纪，以有价证券具有官方确认的交易所价格或者市场价格为限，在委托人无其他的指定时可以由行纪人实行：在自己应当买入财产的情形，自己作为出卖人交付此种财产，在自己应当卖出财产的情形，自己作为买受人承担此种财产。(2)在此种实行行纪的情形，行纪人报告订立买入或者卖出行为的义务限于下列证明：对于所计算的价格，已经遵从在实行行纪时存在的交易所价格或者市场价格，行纪人向委托人寄发实行通知的时点，视为实行的时间。(3)对于应当在交易所时间或者市场时间实行的行纪，实行通知是在交易所或者市场结束之后始被寄发的，所计算的价格对于委托而言，不允许比在交易所或者市场结束时存在的价格为不利。(4)行纪应当以一定的价格（第一价格，中等价格，终局价格）实行的，对于此种行纪，行纪人无需考虑寄发实行通知的时点，有权利并且有义务将这一价格列入委托人的计算。(5)有价证券和商品有官方确认的交易所价格或者市场价格的，对于此种有价证券和商品，行纪人在以介入方式实行行纪的情形，不能够将比官方确认的价格为不利的价格列入委托人的计算。"《日本商法典》第555条规定："行纪商受托销售或购买有交易所报价的物品时，自己成为买方或者卖方。在此情形下，买卖的价格依据行纪商发出自己成为买方或卖方之通知时交易所报价确定。前款情形当中，行纪商亦可以向委托人请求报酬。"《瑞士债法典》第436条规定："行纪人负责货物买卖、票据转让和证券交易的，有挂牌交易价格或者市场价格的，在不违反委托人指示的情况下，可以购买其自己出卖的货物，行纪人也可以自己购买受托出卖的货物。于此情形下，应当说明执行行纪任务时有效的挂牌价格或者市场价格，其有权取得通常的佣金，并请求补偿为执行行纪任务所进行的交易产生的费用。上述之交易应当作为买卖合同对待。”第437条规定：“行纪人有权自己进行买卖时，在通知委托人交易情况时指明作为买方或者卖方的第三人的，应当推定行纪人自己承担买方或者卖方的债务。”《西班牙商法典》第267条规定：“未经委托人同意行纪人不得为自己或为他人购买受委托出卖的物品，亦不得出卖受委托买售的物品，行纪人亦不得更改受委托买卖或出卖的物品的品牌。”《意大利民法典》第1735条规定：“以第1515条第3款规定的方式购买或出售有市场价格的证券、外汇或商品的，如果委托人没有异议，行纪人可以按照市场价格提供应购买的物或者为自己购进应出售的物，在任何情况下其佣金权受到保护。”我国《合同法》第419条对行纪人的介入权进行了规定，其内容基本上被《民法典》第956条所沿用。

二、行纪人介入权的行使条件

第一，委托人委托行纪人买卖的商品具有市场定价。市场定价的这一属性决定了行纪人介入权的基本前提，这也说明此种情形下委托人委托行纪人买卖的商品具有如下属性：一是该商品的价格在一定范围、一定区域、一定时间内具有相对的稳定性和统一性；二是该商品的价格在特定市场范围内能够为公众所熟知，委托人至少对该商品的价格有一定的了解；三是委托人委托行纪人买卖的商品与行纪人直接介入买卖的商品具有同质性，在质量、数量等方面都能满足要求。上述要素是保障委托人利益的重要条件，如果不具有这些共同性要素，行纪人行使介入权就有可能会损害到委托人的利益。

如同上文所述，为了最大限度保障委托人利益，对行纪人行使介入权时的买卖价格作出了非常明确的约束，行纪人在行纪介入实行通知中应对买卖价格以及可以比对的市场定价作出说明。委托物的市场定价是判断行纪人行使介入权有无损害委托人利益的根本标准，如果出现了行纪人损害委托人利益的情况，市场定价也是判断行纪人损害赔偿责任的基本标准。当然，委托物买卖市场价格的确定需要根据行纪事务实际完成情况加以具体判断，比如确定市场价格的地点、时间、方法等。相对而言，如果存在交易所价格等标准化定价方式的，行纪委托物的市场价格较为容易判断。如果不存在标准化定价机制的，行纪委托物的市场价格需要更多参照行纪市场交易习惯加以确定。此外，在行纪委托物的市场定价存在价格波动区间的，行纪人在行使介入权时也应当按照诚实信用原则的要求争取最优价格而开展买卖活动，进而实现委托人的利益最大化。

第二，委托人没有作出相反的意思表示。如果委托人和行纪人在行纪合同当中或者以其他方式已经表明行纪人不能介入行纪买卖，则行纪人不能行使介入权。当然在相关争议发生时，通常应由委托人提供证据证明已经存在禁止行纪人介入买卖的要求。如果合同中没有相应约定且委托人没有作出另外的意思表示，则行纪人可以行使介入权。由于介入权的性质为形成权，行纪人的单方意思表示就能导致相关法律关系的发生，此时不需要事先取得委托人的同意。当然，此时依然需要以行纪法律关系继续存续为基本条件且行纪人尚未完成行纪事务为前提。如果行纪法律关系已经消灭或者行纪事务已经完成，自然没有行纪人行使介入权的空间。综上可以看出，委托人的意思表示是对行纪人行使介入权的一种限制，委托人如果意欲限制行纪人介入权的行使，就应该在其行使介入权之前作出明确意思表示。

三、行纪人介入权的法律效果

行纪人行使介入权之后，行纪人与委托人之间的买卖关系发生法律效力，双方之间可以根据有关买卖合同的法律规定和双方之间签订的买卖合同来确定当事人之间的权利义务。例如，有关买卖合同的承担瑕疵担保责任、危险负担责任等规范就有适用的余地。[①]但是，“由于自我介入的表示，在行纪人与行纪委托人之间产生买卖合同关系，它尽管与行纪合同关系密切，但并不和它处于一体”，[②]行纪人介入权的行使并不影响委托人和行纪人之间行纪合同的效力，依据行纪合同的规定，即便没有第三人的参与，但由于行纪人介入权的行使使得行纪合同委托事务得以完成，行纪合同目的得以实现，因此行纪人仍然可以请求委托人支付行纪合同报酬。

---

① 参见江平主编：《中华人民共和国合同法精解》，中国政法大学出版社1999年版，第363页。

② ［德］C.W.卡纳里斯：《德国商法》，杨继译，法律出版社2006年版，第725页。

举证责任

在行纪人介入行纪买卖的情形下，如果当事人围绕介入权的行使发生争议，行纪人必须举证证明自身介入行纪买卖并不损害委托人的利益，具体而言必须证明满足以下条件：一是委托人没有作出相反的意思表示，即不反对行纪人介入买卖；二是行纪买卖货物本身有市场价格，行纪人介入行纪买卖的价格与市场价格保持一致，不存在侵害委托人利益的可能性；三是行纪人已经向委托人发出了介入行纪买卖的通知，委托人知晓行纪人介入行纪买卖的事实。当然，如果委托人能够提供证据证明行纪人介入行纪买卖的价格不符合市场价格要求，则可以要求行纪人赔偿相应的损失。

第九百五十七条【委托人受领义务和行纪人提存权】

行纪人按照约定买入委托物，委托人应当及时受领。经行纪人催告，委托人无正当理由拒绝受领的，行纪人依法可以提存委托物。

委托物不能卖出或者委托人撤回出卖，经行纪人催告，委托人不取回或者不处分该物的，行纪人依法可以提存委托物。

历史由来

本条是对《合同法》第420条的承继，《民法典》将“依照本法第一百零一条的规定”改为“依法”，其余具体条文表述和第420条一致。

规范目的或功能

本条是对委托人受领义务和行纪人提存权的规定，对于平衡委托人和行纪人的权利义务具有重要意义，也有助于商事行纪制度的高效运转。

委托人及时受领委托物是行纪目的实现的重要机制，如果委托人不能受领或者拒绝受领委托物，就可能影响到行纪目的的实现，也可能损害行纪人的合法权益。本条对于委托人受领义务的规定有利于行纪目的的实现，也能保障行纪人的合法利益，防止委托物因委托人未能及时受领而产生毁损、灭失等情形。

在委托人未能及时受领委托物的情形下，不能将委托物保管存放的费用和毁损、灭失的风险转由行纪人承担，本条对于行纪人提存权的确认有利于解决这一问题。在行纪人将委托物依法提存之后，委托人应当支付委托物保管费用，承受委托物灭失风险，行纪人不再需要就委托物承担妥善保管义务和合理处分义务。这降低了行纪人的业务风险，也有助于其高效开展商事行纪业务。

规范内容

一、委托人受领义务

在行纪合同履行过程当中，在行纪人按照行纪合同的约定和委托人的指示买入委托物之后，应当及时将委托物交付给委托人。此时，委托人负有及时受领的义务。如果委托人不能及时受领行纪人买入的委托物，委托物就存在毁损或灭失的可能，同时也会给行纪人增加一定的保管负担。更为重要的是，委托物的交付是行纪人完成委托事务的重要标志。在委托物交付之后，行纪人买卖委托物的行为才能对委托人发生法律效力，因此委托人应当及时受领委托物。对于委托人而言，及时受领委托物是其应尽的一项义务，无正当理由拒绝受领委托物应当承担相应的法律责任。当然，如果行纪人交付的委托物不符合合同约定，比如买卖委托物的规格、质量、价格不符合约定，委托人也可以拒绝受领。

二、行纪人提存权

（一）行纪人提存权的行使条件

提存的法律性质在学理上存在争议。[1]在行纪合同履行过程中，行纪人接受委托人的委托，在委托物不能卖出、委托人撤回出卖、买入委托物之后，

① 参见崔建远：《我国提存制度的完善》，载《政治与法律》2019年第8期。

委托人原则上应当及时受领。如果经过行纪人催告，委托人没有正当理由拒绝受领的，或者拒不取回、不处分委托物的，行纪人可以将委托物交给提存部门加以提存，从而使行纪合同关系消灭。我国《合同法》第422条对于行纪人的提存权进行了规定，《民法典》第957条沿用了《合同法》的规制立场。值得注意的是，我国《民法典》规定的行纪人提存权适用范围比其他国家更为宽泛。例如，《日本商法典》第356条规定："行纪商受托购买物品，受托人拒绝受领或不能受领所购物品时，准用第524条（提存）的规定。"可以看出，《日本商法典》规定行纪人可以提存的情形包括"受托人拒绝受领""受托人不能受领"，但不包括"委托人不取回或不处分委托物"。

从该条规定的内容来看，通常来说行纪人行使提存权主要发生于以下两种情形：

1.委托人没有正当理由拒绝受领行纪人买入的货物。行纪人按照委托人委托为其购买特定商品之后，原则上委托人应当及时受理并支付报酬。在行纪合同约定了受领期限的情况下，委托人必须在约定期限内受领委托物。在行纪合同没有约定受领期限的情形下，委托人必须在行纪人提出交付委托物之后的合理期限内受领委托物。委托人及时受领委托物是基于行纪合同应当履行的义务，也是商事交易主体诚实信用原则的内在要求。但是，如果经过行纪人催告之后，委托人在一定期限之内依然不受领并且拒绝受领缺乏正当理由，在此情形下行纪人可以按照《民法典》中关于提存的法律规定行使提存权。

2.委托人不取回或不处分委托物。如果委托人委托行纪人出卖某种特定商品，经过一定期限之后委托物不能卖出或者在委托期间委托人撤回出卖，此时委托人应当及时取回委托物或者对委托物进行合理处分。如果行纪人在一定期限内催告委托人取回或处分，委托人依然拒绝取回或处分委托物且没有正当理由，此时行纪人也可以依照《民法典》关于提存的法律规定向法定的提存部门将委托物加以提存。

（二）行纪人提存权的实现方式

根据《民法典》有关提存的规定，行纪人提存委托物的方式主要有两种：一是直接向提存部门提出委托；二是当委托物不适合提存或者提存费用过高的，行纪人可以依法拍卖或者变卖委托物，然后将拍卖或变卖所得价款向提存部门提存。此时，对于拍卖或变卖所得价款的提存视为委托买卖标的物的交付。

行纪人在办理提存手续时，必须按照法律、法规规定的方法、步骤完成。我国《民法典》对于提存的手续没有作具体规定。参照《提存公证规则》的规定和提存制度实践情况，行纪人应当按照如下步骤完成委托物提存手续：

1.行纪人应当向提存机关提交申请书。申请书应当记载：提存人和提存受领人的相关信息，提存标的物的名称、种类、数量，提存的事实理由，提供有关提存的证据。

2.提存机关对于行纪人的提存申请应当予以审查，经审查认为符合提存条件且手续齐全的应当受理。在提存申请受理之后，行纪人应当向提存机关提交提存物，提存机关应当验收提存标的物并登记存档，批准机关应当向提存人出具提存证书。

3.提存机关办理完提存事项之后应当通知提存受领人到提存机关受领委托物。提存机关受理行纪人的委托物提存之后，有妥善保管提存标的物的义务。

（三）行纪人提存权的法律效果

提存是债权消灭的原因之一。[①]行纪人提存委托物的目的在于解决行纪法律关系长期悬而不决的状态，保护行纪人的合法利益。行纪人提存委托物之后，其与委托人之间的行纪合同消灭，当事人之间的行纪法律关系中止。行纪人提存委托物的费用应当由委托人负担。在完成提存手续之后，行纪人不再承担保管委托物的义务。委托物提存之后，毁损、灭失的风险由委托人承担。提存期间委托物的孳息归委托人所有。[②]

行纪人将委托物合法提存之后，行纪人和委托人之间的法律关系消灭，委托人和提存机构之间形成了法律关系，委托人可以随时领取提存物。根据《民法典》第574条的规定，债权人领取提存物的权利自提存之日起5年内不行使而消灭，提存物扣除提存费用之后归国家所有。

---

① 参见史浩明：《论提存》，载《法商研究》2001年第6期。

② 参见江平主编：《中华人民共和国合同法精解》，中国政法大学出版社1999年版，第364页。

举证责任

行纪人提存权的实现必须以委托人拒绝受领为前提。行纪人必须提供充分的证据证明经过行纪人催告之后委托人存在拒绝受领的事实，以说明委托人违反了本条所规定的受领义务，进而可以按照本条规定将委托物加以提存。

第九百五十八条【行纪人直接履行义务】

行纪人与第三人订立合同的，行纪人对该合同直接享有权利、承担义务。

第三人不履行义务致使委托人受到损害的，行纪人应当承担赔偿责任，但是行纪人与委托人另有约定的除外。

历史由来

本条是对《合同法》第421条的承继，《民法典》删除了“损害”这一表述，其余具体条文表述和第421条一致。

规范目的或功能

本条是关于行纪人直接履行义务的规定。在行纪合同履行过程中，委托人、行纪人、第三人之间会形成较为复杂的法律关系，本条对于三个主体之间的权利义务关系进行了明确界定，强调行纪人和第三人之间签订的合同基于合同相对性原理直接约束行纪人和第三人，委托人不能基于该合同直接享有权利、承担义务。在第三人未能按照合同约定履行义务致使委托人利益受到损害时，委托人不能直接要求第三人承担赔偿责任，而是应由行纪人承担赔偿责任，除非行纪人和委托人另有约定。本条规定尊重了行纪制度的基本逻辑，厘清了委托人、行纪人、第三人之间的权利义务关系，使得行纪事务可以高效完成。

规范内容

在行纪法律关系当中，涉及三个主体：委托人、行纪人、第三人。三个主体之间往往签订两份合同：委托人和行纪人之间的行纪合同，行纪人与第三人之间的买卖合同。委托人和行纪人之间发生行纪法律关系，行纪人和第三人之间发生买卖法律关系。委托人与第三人之间并不直接发生法律关系，也不会签订合同。但是，两个合同、两类法律关系却存在“内在牵连”。行纪人以自己名义与第三人签订买卖合同，从最终经济效果来看可以视为委托人与第三人签订的买卖合同；行纪人基于行纪买卖取得的委托物，从经济功能视角来看可以视为委托人最终取得的物品。可以说，行纪交易的利益和风险本质上均归属于委托人，因此行纪法律制度也应当为委托人提供充分的法律保护。第三人作为与行纪人直接交易的主体，其对行纪商的信赖也值得保护。当然，行纪人本身的利益保护也是行纪法律制度的重点所在。行纪法律制度的体系建构应当在委托人、行纪人、第三人三个主体之间的利益保护中取得平衡。①

对于行纪人实施行纪行为分别对于委托人、第三人的效力，各国立法都有较为特殊的规定。《日本商法典》第552条规定：“行纪商为他人从事销售或购买行为时，对相对人享有权利、担负义务。行纪商与委托人之间，除本章规定外，准用委托及代理的相关规定。”《西班牙商法典》第246条规定：“行纪人以自己名义签订合同的，无须披露委托人，行纪人如同处理自己事务一样直接承担对第三人的责任，第三人不得对抗委托人，委托人亦不得对抗第三人，但行纪人与委托人有相关约定的除外。”《巴西民法典》第694条规定：“行纪人直接对与他订约的人负责，此等订约人无权对委托人提起诉讼，委托人亦无权对此等订约人提起诉讼，但行纪人向这些当事人中的任一方让与其权利的，不在此限。”我国《合同法》第421条对于委托人、行纪人、第三人之间的法律关系作出了界定，《民法典》第958条继续沿用了《合同法》的相

---

① 《日本最新商法典译注》，刘成杰译注，柳经纬审校，中国政法大学出版社2012年版，第168页。

关规定，强调行纪人对其与第三人签订的合同享有权利、履行义务，第三人不能履行合同义务的情形下只需要对行纪人承担违约责任；此时若对委托人造成损害，委托人也只能要求行纪人承担损害赔偿责任，而不能直接要求第三人对其损失承担责任。当然，行纪合同当事人另有约定的情况除外。

首先，根据合同相对性原理，行纪人与第三人签订的合同原则上只约束行纪人和第三人。在此情形下，行纪人对于该合同享有权利、承担义务。第三人即便知晓委托人和行纪人行纪合同的存在，也不能以行纪法律关系存在瑕疵为由而否认其与行纪人之间的买卖合同效力。第三人也不得以其对委托人的债权抵销其对行纪人应给付的债务。

其次，委托人并非行纪人和第三人缔结合同的主体，对第三人不享有合同权利，不能请求与行纪人缔结合同的第三人直接履行相关合同义务，也不必向第三人履行合同义务。之所以作出这种制度安排，是由于行纪制度的特殊性，委托人委托行纪人从事特定委托事务，往往是基于对行纪人作为职业性商事主体的信任，行纪人因其长期的商业实践经验能够灵活地处理行纪委托事务，因此委托人对于行纪人如何完成委托事务并不需要给予特别关注。行纪人往往是通过与第三人订立合同，直接享受合同权利、履行合同义务来完成委托事务。在此情况下，如果委托人任意干预行纪人和第三人之间的合同，行纪合同的目的就不可能实现，行纪制度的效率性和公平性也会受到影响。从行纪制度发展的历史过程来看，正是委托人和第三人存在空间、时间、信息等因素的差异，才导致行纪商群体的出现，委托人和第三人之间不发生任何直接往来恰恰是行纪制度得以保持活力的重要因素。当然，从经济功能角度来讲，委托人和第三人会发生实质经济效果层面的关系，比如委托物存在瑕疵时，实际上对于双方均会产生重大影响。因此，有些国家学界认为，对于此种标的物瑕疵，基于实质性关系，委托人的恶意视为行纪人的恶意。①

最后，行纪人和委托人之间的关系也值得关注。在行纪合同履行过程当中，行纪人为完成委托事务开展的买卖交易，对于第三人取得的权利应当归

---

① 《日本最新商法典译注》，刘成杰译注，柳经纬审校，中国政法大学出版社2012年版，第109页。

属于行纪人而非委托人。行纪人对于第三人所取得的债权，在行纪人转移给委托人以前，仍然是行纪人之债权，在转移给委托人之前行纪人破产的话，其对第三人的债权应当归属于破产财团。委托人在此种情形下只能与行纪人的其他债权人平等受偿。如同前文所述，从实质经济效果来看，行纪人对第三人享有的债权本质上属于委托人的债权。如果此时要求委托人的债权与行纪人其他债权人的债权平等受偿的话，对于委托人而言显然不公平。因此，各国关于行纪合同的立法对此种情况进行了特别调整。《德国商法典》第392条规定："对于由行纪人所订立的法律行为产生之债权，仅在让与之后，委托人始可以对于债务人主张。但此种债权即使未行让与，在委托人和行纪人或者其债权人之间的关系上，仍然被视为委托人的债权。"《瑞士债法典》第401条规定："受任人为委托人利益以自己的名义取得对第三人之债权，应当于委托人履行了基于受任人负有的合同义务时依法转移给委任人。上款规定同样适用于破产时的财团。受任人破产时，委任人可以请求取得以受任人的名义为委任人利益取得的货物，但受任人的留置权不受影响。"《日本商法典》第552条规定："行纪人与委托人之间，除本章规定外，准用委任及代理的相关规定。"根据这些立法规定，可以认为行纪人为委托人开展行纪行为，对于第三人所取得的债权，基于委托人与行纪人之关系可以视为委托人之债权，但是不及于第三人。当然也有学术观点认为这一效力应当及于第三人。

但是，行纪人与第三人之间的合同履行毕竟会对行纪目的的实现产生重要的影响，如行纪人与第三人的签订的合同出现履行问题，势必影响到委托人的利益。这种情况下，必然涉及法律责任的处理问题，即行纪人和第三人究竟谁应对委托人承担法律责任。对此问题，理论上存在争议，比较法层面各国的规定也不尽一致。《民法典》第958条依据合同相对性原理和行纪制度的基本逻辑，规定行纪人应当对此情形下委托人所受的利益损害承担相应的赔偿责任。在行纪制度当中，委托人和第三人之间并不直接发生法律关系，即便是第三人的原因导致行纪人与第三人签订的合同不能履行，进而影响到行纪合同目的的实现，委托人也不能直接请求第三人承担损害赔偿责任。学说理论上也有将行纪人的此种责任称为"担保责任"。行纪人对于委托人的担保责任，以行纪人与第三人交易行为所生权利为范围，且以第三人不履行债务为要件，这一“担保责任”具有从属性。[①]当然，委托人和行纪人也可以就赔偿责任问题另行作出安排，约定行纪人不承担因第三人不履行合同债务而导致委托人损失的赔偿责任。在委托人和行纪人存在特别安排的情形下，原则上应当根据当事人的特别约定处理行纪人的赔偿责任问题。

举证责任

本条主要涉及第三人不履行合同义务致使委托人遭受损害情形下行纪人的赔偿责任问题。委托人必须提供证据证明自身遭受损害且该损害是因第三人不履行合同义务导致，在此情形下委托人无需证明行纪人存在过错。无论行纪人是否有过错，均需要对第三人违约给委托人造成的损失承担损害赔偿责任。[②]

其他问题

一个值得讨论的问题是委托物的归属问题。在行纪人接受委托开展行纪事务的过程中，必然涉及委托物的流转和归属问题，也涉及风险负担问题。比如，行纪人在取得委托物之后、交付委托人之前陷入破产状态，此时委托物是否要归入破产财产范围？还是委托人可以直接取回委托物？在委托人委托行纪人买入委托物的情况下，如果行纪人在尚未将买入委托物交付给委托人前就进入破产状态，对于委托人能否取得委托物存在多种解释：一种解释方案是行纪人对委托物为直接占有、他主占有，委托人对委托物为间接占有且有所有权。前文所援引《瑞士债法典》第401条即采取了此种立场：受任人破产时，委任人可以请求取得以受任人的名义为委任人利益取得货物，但受任人的留置权不受影响。[③]在委托人委托行纪人出卖委托物的情况下，如果行

---

① 邱聪智：《新订债法各论》（中），台北元照出版有限公司2002年版，第352页。

② 参见江平主编：《中华人民共和国合同法精解》，中国政法大学出版社1999年版，第366页。

③ 参见其木提：《论行纪合同委托人的取回权》，载《环球法律评论》2005年第1期。

纪人在尚未卖出委托物就进入破产状态，此时委托人可以取回委托物，因为委托人向行纪人交付委托物的行为视为处分权的转移而非所有权的转移。此时行纪人虽然以自己的名义与第三人进行交易，但实际上最终为委托人取得委托物所有权，在取得委托物时没有为自己所有的意思，此时仅仅取得直接占有人的地位。另外一种解释方案则认为行纪人从第三人处取得行纪委托物时，委托物的所有权从第三人转移给行纪人，委托人此时并没有委托物所有权。在行纪人破产情况下，委托人对于委托物并不能享有取回权，只能以债权人身份和其他债权人一起参加破产财产分配。

另一个值得讨论的问题是行纪和间接代理的关系。大陆法系国家一般不承认间接代理的存在，通常将其纳入行纪制度的调整范畴。我国《合同法》第402条和第403条引入了间接代理制度。对于间接代理和行纪制度的关系，学界也多有讨论。需要承认，间接代理和行纪制度具有一定相似性：代理人和行纪人都是以自己的名义对外订立合同，从法律关系视角来看均涉及委托合同法律关系。这也是《合同法》起草过程中试图将间接代理和行纪“合二为一”加以立法的主要原因。但是，两者之间的区别也较为明显：第一，间接代理的代理人以自己名义订立合同，但委托人有权介入代理人和第三人订立的合同，第三人也可以选择委托人本人作为合同相对人。行纪法律关系中委托人不能介入行纪人和第三人签订的合同，不能直接向第三人主张权利，只有在行纪人将债权让与给委托人之后才能向第三人主张。第二，在行纪法律关系中，第三人不履行义务致使委托人受到损害的，行纪人应当承担损害赔偿责任。而在间接代理情形下，委托人本人享有介入权，第三人不履行义务时可以直接要求第三人承担违约责任。第三，行纪涉及两个独立的合同，即委托人和行纪人之间的行纪合同、行纪人与第三人之间的买卖合同；间接代理有可能涉及两个合同，而在内部关系为单方授权的情形下则只存在一个合同。第四，行纪合同都是有偿的，间接代理情形下不一定是有偿的。[①]

---

① 参见赵振营、崔娜：《区分代理和行纪需据委托内容和合同法规定》，载《人民司法》2014年第20期。

第九百五十九条【委托人的报酬支付义务和行纪人的留置权】

行纪人完成或者部分完成委托事务的，委托人应当向其支付相应的报酬。委托人逾期不支付报酬的，行纪人对委托物享有留置权，但是当事人另有约定的除外。

历史由来

本条是对《合同法》第422条的承继，具体条文表述和第422条完全一致。

规范目的或功能

本条规定了委托人的报酬支付义务和行纪人的留置权。

行纪人在完成行纪委托事务之后获取相应行纪报酬是行纪合同的重要特征。本条确认了行纪人获得行纪报酬的权利和委托人支付行纪报酬的义务，对于保障行纪人合法权利、促进行纪制度功能发挥具有重要的意义。

在委托人逾期不支付行纪报酬的情况下，应当通过各种机制保障行纪人获取行纪报酬权利的实现。通常来说，行纪人可以向人民法院提起诉讼要求委托人支付行纪报酬，但司法诉讼保护机制具有事后性、滞后性。本条规定了行纪人的留置权，强调行纪人在委托人逾期不支付行纪报酬的情况下，可以对委托物享有留置权。行纪人可以通过留置并处分委托物获得行纪报酬，此时有利于保障行纪人获取行纪报酬权利的实现，也可以约束和限制委托人不支付行纪报酬的违约行为。

规范内容

一、委托人支付报酬的义务

行纪合同本质上是有偿合同，在行纪人完成委托人委托的事务之后，通常能够收取合理的报酬，而委托人应当向行纪人支付相应的报酬，这是保障行纪合同得以履行的重要机制。对于委托人而言，支付行纪人报酬是其基本义务。对于行纪人而言，获得行纪报酬是其应有权利。

行纪人以完成行纪事务为营业内容，在接受委托人委托完成行纪事务之后，如果没有特别约定，原则上均可以向委托人请求支付行纪报酬，行纪报酬的数额由双方约定或者根据习惯加以确定。获得行纪报酬是行纪人的重要权利。《德国商法典》第396条、《瑞士债法典》第432条均要求以行纪事务的完成作为请求行纪报酬的条件。至于“完成行纪事务”的具体判断标准，通常要求行纪人将出卖委托物价金或将购入委托物商品交付给委托人。如果没有达到上述要求，原则上委托人可以拒绝向行纪人支付相应报酬。如果行纪人因不可归责于自己的事由不能按照约定完成委托行纪事务，在其部分履行的情况下可以就其履行的部分请求相应的报酬。如果因可以归责于行纪人的事由导致其不能完成委托行纪事务，行纪人丧失报酬请求权，委托人可以不向行纪人支付相应的行纪报酬。当然，行纪人和委托人可以在行纪合同当中另行作出约定，不以行纪事务的彻底完成作为支付行纪报酬的条件。《民法典》第959条沿袭了《合同法》第422条的规制立场，对于行纪人的报酬请求权作出了更为灵活的规定，特别是行纪人部分完成委托事务的，也可以请求委托人向其支付相应的报酬。当然，此时也应考虑行纪人完成部分委托事务请求行纪报酬的内在限制，即行纪人完成的部分行纪事务本身具有相对独立性和可分割性，对于其他未完成行纪事务和整体行纪事务不会产生不利影响。

关于行纪人完成委托事务的具体报酬，原则上应当由委托人和行纪人签订的行纪合同加以约定，行纪合同应就行纪报酬的计算方式、支付时点、支付方式、违约责任等作出明确约定。就具体计算方式而言，行纪人的行纪报酬通常与其完成的贸易活动质量和数量有关系。例如，行纪人从事贸易活动达到一定的成交金额，委托人和行纪人可以约定按照货物成交金额的一定比例收取相应的报酬。但是，在某些特定行业或特定领域，行纪人的佣金标准有明确的国家规定和行业指导规定，对于行纪报酬的计算方法和计算标准都有明确的规定。例如，《拍卖法》第56条规定，委托人、买受人可以与拍卖人约定佣金的比例。委托人、买受人与拍卖人对佣金比例未作约定，拍卖成交的，拍卖人可以向委托人、买受人各收取不超过拍卖成交价5%的佣金，收取佣金的比例按照同拍卖成交价成反比的原则确定。而在当事人没有约定或约定不明的情况下，应当“根据关系性质、交易惯例”等加以确定。[①]

需要注意的是，实践中由于委托人委托行纪人所从事的贸易活动的种类存在差异，每类行纪贸易活动的特点也有所不同，因此在行纪报酬的收取方式方面也存在差异。有些行纪事务类型只存在一次收费行为，而有些行纪事务类型，例如证券交易、期货交易，则在行纪合同存续过程当中存在多次收费行为，具体收费方式应当以行纪合同的约定为准。

在委托人不按照合同的约定支付报酬的情况下，行纪人有权依据合同的规定提起诉讼要求委托人支付报酬。提起诉讼请求支付行纪报酬的基本条件包括：行纪人已经按照委托人的委托全部完成或部分完成委托事务；委托人未能按照行纪合同约定支付相应的报酬。行纪人的诉讼请求在得到法院支持的情况下，委托人应当向行纪人支付拖欠的行纪报酬及相应的违约金。

二、行纪人的留置权

在委托人不支付行纪报酬的情况下，行纪人对其占有的委托物可以行使留置权，在留置期届满之后，行纪人可以将留置物折价，或者从变卖留置物所得的价款当中优先清偿行纪报酬。行纪人因完成行纪事务产生的对于委托人的债权，部分国家的行纪合同立法规定了行纪人享有法定担保物权。例如，《德国商法典》第397条规定了行纪人的法定质权，《日本商法典》第557条规定了行纪人的留置权（准用第31条代理商留置权的规定），《瑞士债法典》第434条规定了行纪人对于买卖过程中的货物及其他相关货物有留置权。行纪人留置权制度的引入在于保障行纪人的利益，特别是在没有为行纪人债权设定担保的情况下，使得行纪人能够通过留置权的行使确保其能获得合理报酬。这一制度的存在有利于行纪人开展行纪业务，也提高了行纪交易的效率。[②]

行纪人留置权的行使要件包括：第一，行纪人已经合法占有委托物，非法占有委托物的不得行使留置权，且并不要求委托物为委托人所有。[③]第二，行纪

---

① 参见云南省高级人民法院（2007）云高民三终字第72号民事判决书。

② 参见刘凯湘：《比较法视角下的商事留置权制度》，载《暨南学报》（哲学社会科学版）2015年第8期。

③ 参见王文胜：《论民法典立法讨论中不同类型问题的轻重缓急》，载《北航法律评论》2016年第1辑（总第7辑），法律出版社2016年版，第97页。

合同当中没有约定不得留置委托物的条款。如果行纪合同当中已经存在不得留置委托物的条款，行纪人不得行使留置权。第三，行纪合同的委托人在没有正当理由的情况下拒绝支付行纪报酬，这一事实是行纪人行使留置权的前提条件。

根据《民法典》物权编关于留置权的规定，行纪人留置委托物之后在合理的期限内催告委托人履行报酬支付义务，如果委托人逾期仍未履行的，行纪人可以将留置物折价，或者从拍卖变卖留置物的价款中优先受偿。如果留置物的折价款或者拍卖变卖款超过了行纪报酬，支付行纪报酬之后的剩余部分应当归委托人。如果折价款或者拍卖变卖款不足以支付行纪人的行纪报酬，行纪人还有权请求委托人继续清偿未清偿部分。

举证责任

在行纪人请求委托人支持行纪报酬的情况下，行纪人必须提供证据证明自己已经按照行纪合同约定完成全部或部分的行纪事务，根据行纪合同约定可以获得相应的行纪报酬。如果对于行纪人行使留置权发生争议，行纪人必须提供证据证明委托人逾期不支付行纪报酬，自身在行使留置权时合法占有委托物且留置权的行使程序合法合规。

其他问题

商事留置权是近年来理论界和实务界关注较多的议题。我国《民法典》第448条沿袭原《物权法》第231条，规定“债权人留置的动产，应当与债权属于同一法律关系，但是企业之间留置的除外”。在我国学者看来，我国《民法典》和《物权法》关于商事留置权的规定较为简单，对于商事留置权主体、客体、内容等要素均需要根据文义解释、体系解释、目的解释等方法进行进一步的界定。[①]例如，商事留置权主体应当扩展到包括企业、个体工商户等在

① 参见熊丙万：《论商事留置权》，载《法学家》2011年第4期；曾大鹏：《商事留置权的法律构造》，载《法学》2010年第2期；孟强：《论我国〈物权法〉上的商事留置权》，载《政治与法律》2008年第10期。

内的所有商事主体类型，商事留置权的客体应当包括有价证券，商事留置权存在不可分性，可以在紧急情况下加以行使。在《民法典》施行后，对于商事留置权的学术讨论还将继续。

就行纪人留置权的适用而言，《民法典》第959条和第448条的关系值得讨论。《民法典》第448条可以视为商事留置权的一般规范，而第959条则可认定为商事留置权的特别规范，原则上特别规范优先于一般规范加以适用。基于这一逻辑，行纪人留置权的客体应是与行纪事务有关的委托物，与行纪事务无关但行纪人基于其他法律关系合法占有的动产不属于行纪人行使留置权的范围。换言之，行纪人留置的动产和基于行纪行为发生的债权具有同一法律关系，这里并没有体现商事留置权对于“牵连性”要件的豁免。①

第九百六十条【行纪合同适用委托合同有关规定】
本章没有规定的，参照适用委托合同的有关规定。

历史由来

本条是对《合同法》第423条的承继，《民法典》除新增“参照”二字外，其他具体条文表述和第423条一致。

规范目的或功能

本条是有关行纪合同参照适用委托合同法律规则的规定，属于引用性法条。由于《民法典》中关于行纪合同的规定仅有10条，在对行纪合同的规范调整方面必然会存在漏洞或不足。鉴于行纪合同本身是委托合同的一种特殊类型，本条规定了“本章没有规定的”可以参照适用《民法典》委托合同的有关规定。本条弥补了行纪合同法律规范不足的弊端，使得实践中复杂多样的行纪法律关系能够得到全面调整。

---

① 当然有学者认为行纪人的留置权不属于商事留置权，而是特别民事留置权。参见熊丙万：《论商事留置权》，载《法学家》2011年第4期。

规范内容

行纪合同是一种特殊的委托合同，行纪合同与委托合同有许多共同点，行纪关系中委托人与行纪人的关系就是委托关系，只不过受托的主体、委托的事项较为特殊，所以本条规定“本章没有规定的，参照适用委托合同的有关规定”。在前文第951条的“评注”中，已经对于行纪合同和委托合同作过简单的比较，此处不再赘述。

本条属于引用性法条中的“构成性转引”，它既可以弥补行纪法律规范的不足，也可以使行纪合同立法尽量避免重复委托合同的立法规定。当然，委托合同相关法律规定的适用对于法官也提出了一定挑战，在处理特定问题时法官必须充分论证行纪合同和委托合同的相似性，在两者存在明显不一致时应当拒绝转引。[①]

从比较法维度来看，其他国家和地区的行纪合同立法也都有类似规定。例如，《巴西民法典》第709条规定：“关于委托人的规则，在相宜的情形，适用于行纪。”《日本商法典》第552条第2款规定：“行纪商与委托人之间，除本章规定外，准用委任及代理相关规定。”《瑞士债法典》第425条第2款规定：“调整委托的规则适用于行纪合同，但本节另有规定的除外。”

综合域外立法例可以看出，在委托合同立法方面，对于委托合同的成立、生效、履行、终止，委托合同当事人的权利义务往往作出了更为全面的规定。而在行纪合同立法方面，则主要针对行纪合同较为特殊的制度安排作出了规定。这也使得行纪合同立法看似出现不少“规制漏洞”，在此情形下有必要参照适用委托合同立法的相关规定。就我国民法典立法而言，在行纪人的义务、行纪合同的终止等方面有必要参照适用委托合同的相关立法规定。[②]

在行纪人的义务方面，《民法典》合同编在第二十三章“委托合同”规定

---

① 参见王琦：《论民法典的规范技术——以〈民法总则〉为例证的阐释》，载《北大法律评论》(2018年第19卷第1辑)，北京大学出版社2018年版，第59—61页。

② 参见江平主编：《中华人民共和国合同法精解》，中国政法大学出版社1999年版，第367页。

了委托人的报告义务、转移财产义务，而在第二十五章“行纪合同”未对行纪人的报告义务、转移财产义务作出明确的规定。根据本条的要求，即便没有作出明确规定，行纪人也应当履行相应的报告义务和财产转移义务。司法实践在处理行纪人的报告义务、财产转移义务、损害赔偿等问题时也是参照委托合同相关规定加以处理。在一则案例中，法院认为，由于《合同法》第二十二章关于行纪合同的规定中，对受托人如何报告委托事务、处理受托事务取得的财产等受托人如何完成受托事务的义务未作具体规定，故根据《合同法》第423条“本章没有规定的，适用委托合同的有关规定”的规定，《合同法》第二十一章对本案具有适用效力。根据《合同法》第401条规定：“受托人应当按照委托人的要求，报告委托事务的处理情况。委托合同终止时，受托人应当报告委托事务的结果。”第404条规定：“受托人处理委托事务取得的财产，应当转交给委托人。”第406条规定：“有偿的委托合同，因受托人的过错给委托人造成损失的，委托人可以要求赔偿损失……”①

《民法典》第924条规定：“受托人应当按照委托人的要求，报告委托事务的处理情况。委托合同终止时，受托人应当报告委托事务的结果。”从该条的规定来看，受托人的报告义务分为两个阶段：一是在处理委托事务的过程当中，除了应当按照委托人的指示要求处理委托事务以外，还应当及时报告委托事务的具体办理情况；二是在完成委托事务之后，受托人还需要把办理委托事务的过程和结果向委托人报告并且提出相应的证明。受托人及时履行报告义务，才能使委托人知悉委托事务的处理情况，也有助于其根据委托事务的办理情况作出新的指示。对于行纪人而言，其应当按照《民法典》第924条的规定履行相应的报告义务，在行纪事务履行过程当中及时将行纪事务具体进展向委托人报告，在行纪事务结束以后，行纪人应当及时将相应的情况向委托人进行报告。

《民法典》第927条规定：“受托人处理委托事务取得的财产，应当转交给委托人。”对于行纪人而言，这也是其应尽的义务。本条所提到的财产，不仅包括实体财产，也包括各种财产权益。行纪人需要在行纪事务完成之后，将所获得的各种形式的财产及时交付给委托人。在一则案例中，人民法院认

---

① 参见云南省高级人民法院（2007）云高民三终字第72号民事判决书。

为：依据委托人与行纪人之间关系准用关于委托的法律规定，甲超市负有移转收益的义务，应将行纪营业取得的收益及时移交给乙公司。甲超市未能依据《采购合同》关于“最后一次货款在最后清场手续办理完毕30天”的约定向乙公司履行移转行纪收益的义务，已构成违约，依法应承担迟延履行的违约责任。[①]

当然，这里涉及的一个关键问题是行纪人取得财产的所有权归属。这一问题在《民法典》第958条的评注中已经有所讨论。通说认为，如果认为受托人取得了行纪委托物的所有权，那么在其向委托人交付相关财产的过程当中，将发生财产所有权的转移；如果行纪人是以委托人的名义获得财产或收益，行纪委托物的所有权归属于委托人，行纪人在交付财产时仅仅发生了占有的转移。

关于行纪合同的解除，《民法典》本身并没有作出规定，在此问题上可以参照适用《民法典》第933条关于委托合同解除的规定。[②]第933条规定：“委托人或者受托人可以随时解除委托合同。因解除合同造成对方损失的，除不可归责于该当事人的事由外，无偿委托合同的解除方应当赔偿因解除时间不当造成的直接损失，有偿委托合同的解除方应当赔偿对方的直接损失和合同履行后可以获得的利益。”[③]《民法典》的规定实际上确立了委托人和受托人的任意解除权，该条规定行纪合同同样适用。之所以作出这种规定，是因为行纪合同与委托合同、居间合同一样，均是以当事人之间的信任为基础，如果这种信任关系不复存在，不管是委托人还是行纪人原则上都可以随时通过解除合同的方式消灭双方之间的权利义务关系。因此，行纪合同的委托人和行纪人也应当随时享有合同解除权。当然，也有学者认为，行纪合同是典型的商事合同，在行纪合同履行过程当中，尤其是行纪人可能会为行纪合同的履行做出精心的准备，耗费大量的时间、精力，如果允许委托人随时解除合同可能会对行纪人的利益造成损害，也不利于商事行纪事务的完成，因此在一

① 参见广西壮族自治区南宁市兴宁区人民法院（2010）兴民二初字第420号民事判决书。

② 参见新疆维吾尔自治区高级人民法院伊犁哈萨克自治州分院（2019）新40民终1790号民事判决书，法院认为，就有关行纪合同，《合同法》第423条规定“本章没有规定的，适用委托合同的有关规定”，第410条规定“委托人或者受托人可以随时解除合同”。

③ 参见武腾：《委托合同任意解除与违约责任》，载《现代法学》2020年第2期。

定程度上应当对委托人的任意解除权加以限制。①

委托人或行纪人解除合同应当通知对方，原则上合同在通知到达对方时解除。在行纪合同解除的情况下，解除方应当赔偿对方的损失。根据《民法典》第933条的规定，由于行纪合同为有偿合同，因此，解除方应当赔偿对方的直接损失和可以获得的利益。值得注意的是，在此前《合同法》第410条的规定中，对于委托合同解除方赔偿损失的范围并未作出明确规定，这也导致理论界和实务界围绕这一问题进行了深入的讨论，尤其是对委托合同为有偿合同的情形下委托人解除合同后是否要对受托人的可得利益损失加以赔偿存在争议。②值得肯定的是，《民法典》第933条回应了理论界和实务界的争议，对此问题作出了明确规定，要求有偿委托合同的解除方赔偿对方的直接损失和可得利益，即包括间接损失。

此外，《民法典》对于行纪合同的终止没有作出相应的规定，故委托合同终止的相关规定也可适用于行纪合同。《民法典》第934条规定："委托人死亡、终止或者受托人死亡、丧失民事行为能力、终止的，委托合同终止；但是，当事人另有约定或者根据委托事务的性质不宜终止的除外。"第935条规定："因委托人死亡或者被宣告破产、解散，致使委托合同终止将损害委托人利益的，在委托人的继承人、遗产管理人或者清算人承受委托事务之前，受托人应当继续处理委托事务。"第936条规定："因受托人死亡、丧失民事行为能力或者被宣告破产、解散，致使委托合同终止的，受托人的继承人、遗产管理人、法定代理人或者清算人应当及时通知委托人。因委托合同终止将损害委托人利益的，在委托人作出善后处理之前，受托人的继承人、遗产管理人、法定代理人或者清算人应当采取必要措施。"上述三条规定对于导致委托合同终止的情形以及相应主体的义务作出了规定，这些规定对行纪合同同样可以适用。在委托人或者行纪人死亡、丧失民事行为能力或者终止的情形，行纪合同原则上终止，除非当事人另有约定或者根据行纪事务的性质不宜终

① 参见崔建远、龙俊：《委托合同的任意解除权及其限制——"上海盘起诉盘起工业案"判决的评释》，载《法学研究》2008年第6期；李永军、易军：《合同法》，中国法制出版社2009年版，第592页。

② 参见马忠法、冯凯：《委托合同任意解除的赔偿责任》，载《东方法学》2009年第3期。

止的除外。在因委托人死亡或者被宣告破产、解散，致使行纪合同终止将损害委托人利益的情形，在委托人的继承人、遗产管理人或者清算人承受委托事务之前，行纪人应当继续处理委托事务。因行纪人死亡、丧失民事行为能力或者被宣告破产、解散，致使行纪合同终止的，行纪人的继承人、遗产管理人、法定代理人或者清算人应当及时通知委托人。因行纪合同终止将损害委托人利益的，在委托人作出善后处理之前，行纪人的继承人、遗产管理人、法定代理人或者清算人应当采取必要措施。

第二十六章

中介合同

第九百六十一条【中介合同的定义】

中介合同是中介人向委托人报告订立合同的机会或者提供订立合同的媒介服务，委托人支付报酬的合同。

历史由来

本条为“中介合同”的定义，系对旧法的承继并进行一定修改。“中介合同”之概念虽为《民法典》之首创，但本条实质内容主要承继于《合同法》有关居间合同的概念表述。从条文的具体表述来看，主要是将旧法中的“居间合同”这一典型合同类型修改为“中介合同”，相应主体由“居间人”修改为“中介人”，对中介合同的基本类型等内容并无修改，“中介”与“居间”等表述之间更多是一种替代关系。

《合同法》第424条规定：“居间合同是居间人向委托人报告订立合同的机会或者提供订立合同的媒介服务，委托人支付报酬的合同。”《民法典合同编（草案）》（一审稿）第745条修改为：“中介合同是中介人向委托人报告订立合同的机会或者提供订立合同的媒介服务，委托人支付报酬的合同。”此后《民法典合同编（草案）》（二审稿）第745条与《民法典（草案）》第961条均无修改。《民法典》第961条与《民法典（草案）》第961条保持一致。可见，除典型合同名称总体上有所修改外，对于中介合同的类型与形态等基本上能够达成共识。[①]

在民法典的起草过程中，就是否将“居间合同”修改为“中介合同”这一问题颇存争论。从民法典分编各专家建议稿的情况来看，几乎并无此种修改建议。同时也有一些学者明确表示反对将“居间合同”修改为“中介合同”，认为中介合同的界定过于宽泛，与本章所规定的合同形态、主体权利义务与合同效力等内容并不匹配，仍应保留与恢复“居间合同”这一概念与

---

① 需要开篇说明的是，鉴于“中介合同”是《民法典》的新增概念，其旨在替代“居间合同”概念，而中介合同作为典型合同之一种，在世界范围内几乎属于首创。因此，本书所参考的相关资料和案例，基本上均为居间合同等教义学和案例资料，在二者概念上或适用上基本相同或最大限度相似之时才予以参考，并不再进行特别标注或说明。

术语。[①]但是从实践与立法者意图来看，更多是考虑中介合同这一术语更为大众所熟知，易于理解，因此从“一审稿”开始便对此进行修改，之后几稿以及正式文本在立法层面并无疑义。

三 规范目的或功能

本法条为定义性法条，旨在界定中介合同的基本法律关系定位、主体构成以及基本类型等内容。定义性法条一般是通过“目=差+纲”的方式界定相关事物。本条作为中介合同的定义，意在框定中介合同之“差”，即该类合同应具备“中介人向委托人报告订立合同的机会”或者“提供订立合同的媒介服务”，并由“委托人支付报酬”等基本内涵，这也是该类合同区别于委托合同、行纪合同等其他合同的主要内涵特征。尤其是，居间合同系比较法意义上的通行合同类型，在中国《合同法》中也使用20余年，转而弃之，并自创“中介合同”这一典型合同，此种改变颇受瞩目，也令本条定义更为重要。事实上，相较于居间合同，“中介（合同）”在实践中外延更广，囊括居间、行纪、代理等多种类型，甚至将几者杂糅在一起，[②]因此，以“中介合同”替换“居间合同”，首先需要对其拟定法定定义，限定其基本内涵，才具有法律适用意义，并能使本条与本章的其余五条内容协调一致，构成中介合同之规范体系。

四 规范内容

中介合同[③]是一种劳务性契约之债，[④]具有双务、有偿、不要式和诺成

---

① 参见汤文平：《民法典合同编立法问题刍议》，载《法学杂志》2018年第4期；周江洪：《关于〈民法典合同编〉（草案）（二次审议稿）的若干修改建议》，载《法治研究》2019年第2期。

② 参见汤文平：《民法典合同编立法问题刍议》，载《法学杂志》2018年第4期。

③ 中介合同既包括民事合同，也包括商事合同。

④ 参见邱聪智：《新订债法各论》（中），中国人民大学出版社2006年版，第1页。

性合同等特征。[①]尽管《合同法》中“居间合同”总共只有四条,《民法典》合同编中“中介合同”也仅六条,但在整个劳务性契约体系中,中介合同却举足轻重。相较于一般性的双务合同而言,由于中介活动本身所具有的特点,其是以中介人的信息控制为主线,[②]对中介人是否履行相应义务的判断尚需结合多种因素与因果关系确定,而并非可以简单概括或定论。因此总体上,中介合同规则的法律构造有两个特殊性:一为委托人给付义务的附条件性;二为居间人报酬请求权的不确定性。[③]这些基本特性,使得本条虽为定义性法条,但必须结合《民法典》第962条(中介人如实报告义务)、第963条(中介人报酬请求权)、第964条(中介费用支付请求权)和第965条(委托人“跳单”情形下的义务)等内容,才能更好地理解本条意旨。因此,本条评注旨在揭示中介合同的基本特征以及与其他近似合同法律关系之区别,对于中介人与委托人的给付行为等内容,将在本章其他几条评注中再行展开。

一、中介合同定义条款之构成

相较于《民法典》中其他所列典型合同之定义,比如买卖合同、赠与合同、借款合同等,中介合同自《合同法》居间合同之时,就在该合同定义上存在一定争论,盖因中介(居间)行为本身的实践复杂性而起,而似存在实践与法定定义之间不甚匹配之矛盾。

通常而言,合同定义旨在载明相关合同要素,即一种经提炼与抽象的主体权利义务结构或此类合同行为最为核心关键之点。由于中介行为存在一定复杂性与因果关系较难认定等特点,因此在比较法上,多以中介活动的效果作为中介人报酬请求权的法定条件,尤以《德国民法典》第652条为典型,其

---

① 此基本为通说。但也有学者不同意此种特征定性,其认为,居间(中介)合同因为在法定定义上采取了典型的双务契约式表达方法,在比较法上属于特例,而由于居间人的给付和委托人的给付并非是双务式的结合,而是条件式的结合,因此中介合同是单务、有偿合同。参见张谷:《民法典合同编若干问题漫谈》,载《法治研究》2019年第1期。

② 参见汤文平:《民法典合同编立法问题刍议》,载《法学杂志》2018年第4期。

③ 参见税兵:《居间合同中的双边道德风险——以“跳单”现象为例》,载《法学》2011年第11期。

主要以规定报酬请求权之发生为界定居间契约之要点。相对而言，此种立法例更有助于在一定程度上排除因中介行为复杂性而产生之混乱，缩短或更为直接地明晰主体之间的“权利—义务—责任”关系框架。而我国《民法典》采取的却是一种“中介行为类型（描述）+委托人支付报酬”的合同定义方式，这就使得本条对中介合同法律关系的概括有失全面，并未揭示中介合同法律关系中的构成要件与法律效果之间的完整链条，只能依其后几条才能了解主体的权利义务配置。无独有偶，我国台湾地区的规定与本条近似，也是通过对中介行为类型之描述而界定此类契约定义。[①]当然，从立法例的角度而言，无所谓孰优孰劣，关键在于能否使行为构成要件与法律效果之间的关系更为明晰。因此，在《民法典》第961条并未明确请求权基础的前提下，对中介合同的制度解释任务就变得更为艰巨。显然，之后的几条对于第961条的支撑作用也更为重要。

二、中介人的法律地位

在中介合同法律关系中，中介人对信息具有一定控制力并且对促成合同成立具有决定性作用。从行为方式上而言，尽管其主要从事报告或媒介活动等行为，但是能否取得报酬，却取决于其是否促成合同成立。因此，中介人对于中介事务完成起到决定性作用，居于几乎最重要的地位。在促成合同成立的前提下，中介人得享有中介报酬请求权；在未促成合同成立的情况下，可根据约定享有中介费用请求权。恰是因为中介人的行为更多是单向度的，并且极为关键，如前所述，有学者认为中介合同更应当是一种单务和有偿合同，而并非双务合同，也有一定道理。但本评注更多从通说，即中介人之报告或媒介义务，与委托人支付报酬义务，二者互为对价，中介合同系双务、有偿合同。

就实践中的表现形式而言，中介（居间）一般可区分为一般中介（居间）

---

① 作为中介合同的定义条款，一般来说，其揭示的应该是中介合同的要素。而立法者于此采取的典型双务契约式的表达方法，从比较法上看，恰恰属于特例，并不具有代表性。参见张谷：《民法典合同编若干问题漫谈》，载《法治研究》2019年第1期。

与特殊中介（居间）[①]，常见的特殊中介（居间）一般包括：（1）婚姻中介（居间）；（2）保险中介（居间），主要为保险经纪人；[②]（3）证券中介（居间），主要为证券经纪人；[③]（4）期货中介（居间），主要为期货经纪人；[④]（5）不动产中介（居间）；[⑤]（6）演出中介（居间）；[⑥]其他如P2P网络借贷的基础也是比较典型的中介服务。[⑦]在这些中介服务中，中介人可为自然人、法人（包括商主体、非营利法人等），并不以商主体或主要从事居间、中介业务的机构为限，但特别法中对特殊中介（居间）的资质以及相应行政监管等有规定的，从特别法规定；委托人亦为自然人或法人均可。在中国目前的现实生活中，以前述房产中介、婚姻中介等形式所表现出来的中介活动较多，而几乎并无使用“居间”这一专业术语，就民众认知而言，“居间”一词并不广泛与通达。因此，《民法典》将之修改为“中介合同”，也考虑到此现实情况与需求。

就中介合同之标的而言，其一般包括两种情形：报告中介（居间）与媒介中介（居间）。报告中介（居间）系中介人受委托人之委托为其寻觅及指示可以与其订立契约之相对人，据此提供订约之机会，中介（居间）人一般被称为“报告中介（居间）人”或“指示中介（居间）人”；[⑧]报告中介（居间）“仅以报告订约机会为已足”。[⑨]媒介中介（居间）则指，中介

---

① 《民法典》将传统民法上的“居间合同”修改为“中介合同”，导致一些传统上的表述略显尴尬，比如，一般居间与特殊居间已广为接受，但是如若替换为“一般中介”与“特殊中介”，似不符合常识定义，因此，本部分相关概念会根据实际讨论问题的需要，而使用“中介”或“居间”这两个语词，但表意均在《民法典》合同编“中介合同”项下的法律含义上所使用。

② 参见《保险法》第五章“保险代理人和保险经纪人”，第117条至第131条；《保险经纪机构监管规定》（2015年10月）。

③ 参见《证券法》第132条、第134条；《证券经纪人管理暂行规定》（2009年4月）。

④ 参见《期货经纪公司管理办法》（2002年7月）。

⑤ 参见《民法典》合同编第二十六章；《房地产经纪管理办法》（2016年3月）。

⑥ 参见《演出经纪人员管理办法》（2012年12月）。

⑦ 在P2P网络借贷中，最基础的就是居间服务。参见何欣奕：《民商法视域下P2P网络借贷平台法律问题思考——以涉及到的主要法律风险与合同类型为中心的观察》，载《法律适用》2015年第5期。

⑧ 参见吴志正：《债编各论逐条释义》（修订六版），台北元照出版有限公司2019年版，第293页，注释5。

⑨ 参见邱聪智：《新订债法各论》（中），中国人民大学出版社2005年版，第228页。

（中间）人受委托人单方或与相对人双方之委托，居中斡旋协调说合，以促双方订立契约，一般称为“媒介中介（居间）人”，非仅以为他人报告订约机会为已足，尚需订约时周旋于他人之间为之说合为必要，[①]即“须斡旋契约使之订立”。[②]可见，二者之主要区别在于债之标的即中介人的劳务内容有所不同，从而决定契约当事人结构不同：报告中介通常仅受一方委托，而媒介中介则受订约双方当事人委托，斡旋于双方当事人之间。此两种中介合同形态在中介事务完成、中介报酬请求权、费用请求权等方面有所差异。当然，从理论上而言，报告中介与媒介中介之区分界限较为明确，但是实践中却较此更为复杂，尤其是在多人中介场合，以及《民法典》第963条所规定的中介人须促成合同成立，始得请求委托人支付报酬等条件制约下，使得此种情形区分变得更为复杂。

三、委托人的法律地位

中介合同为有偿合同，委托人负有支付报酬之义务。无论是在报告中介还是媒介中介，只有在中介人促成合同成立的前提下，中介人得享有报酬支付请求权，委托人负有报酬支付之义务，此为不同中介类型的共通要件。也即，对于委托人欲缔结之合同，因中介活动而促成该合同成立，委托人应向中介人支付相应报酬。由此，对于委托人的法律地位，《民法典》合同编第二十六章“中介合同”由“中介人促成合同成立的，委托人应当按照约定支付报酬”（第963条）；“中介人未促成合同成立的，不得请求支付报酬；但是，可以按照约定请求委托人支付从事中介活动支出的必要费用”（第964条）；以及在多人居间场合，“委托人……利用中介人提供的交易机会或者媒介服务，绕开中介人直接订立合同的，应当向中介人支付报酬”（第965条）等共同构成委托人之报酬或费用支付义务的规范体系。只不过在报告中介（居间）或委托中介（居间）关系中，中介人得向委托人（可能为单方或双方委托）请求报酬；而在媒介居间关系中，中介人得向双

---

① 参见吴志正：《债编各论逐条释义》（修订六版），台北元照出版有限公司2019年版，第293页，注释6。

② 参见邱聪智：《新订债法各论》（中），中国人民大学出版社2005年版，第228页。

方当事人请求报酬。[①]

无偿中介原则上不属于《民法典》所称中介合同。事实上，实践中也存在报告缔约机会或媒介活动不收取相关报酬的情况，对此，除法律有特别规定的，如上述民事中介中的婚姻中介和商事中介之外，并不属于本章所称中介。在相应法律适用上，应适用委托合同等相关规定。

在委托人委托多人从事中介行为的情形下，即多人中介场合，应根据中介行为与合同成立之间是否存在相当因果关系判断委托人是否应支付报酬。事实上，所谓“单一中介人”从事报告缔约机会或媒介活动，并且促成合同成立，是一种较为理想的状态。现实中，不乏较多的“多人中介”与“委托人跳单”场合，这就为如何判断中介人促成合同成立以及委托人应否支付报酬等带来一定难度。在2011年最高人民法院发布的指导案例1号“上海中原物业顾问有限公司诉陶德华居间合同纠纷案”中，就涉及在多人居间的跳单场合，如何认定居间合同关系以及委托人是否违约等问题。《民法典》新增第965条，特就此问题进行规定，对此将在第965条评注中详细分析，这也是中介合同中最难认定的问题。

四、与委托合同、行纪合同、承揽合同之区别

（一）与委托合同之区别

与委托合同相比，中介合同中的中介人并非为委托人之事务行事，其主要还是报告订约机会或提供订约媒介服务，在受托一方的法律地位、委托内容、相应权限以及是否为有偿合同等方面均不相同。司法裁判中也是根据中介（居间）合同的典型特征以确认中介（居间）合同法律关系，即居间合同以委托人与第三人订立合同为目的，居间人在居间合同中处于中间介绍人的地位，并不介入委托人与第三人所签订的合同关系之中。[②]但是，学界通说一般认为，委托合同也是典型的劳务合同，因此，在《民法典》中也相应规定，对于中介合同未规定的，参照适用委托合同的有关规定（第966条）。

---

① 参见吴志正：《债编各论逐条释义》（修订六版），台北元照出版有限公司2019年版，第293页，注释7。

② 参见天津市塘沽区人民法院（2001）塘民初字第677号民事判决书。

（二）与行纪合同之区别

行纪合同是行纪人以自己的名义为委托人从事贸易活动，委托人支付报酬的合同。中介合同关系中，中介人非以自己的名义与相对人缔约，与行纪合同有所区别。行纪合同关系中，行纪人为委托人提供的服务不是一般劳务，而是行纪人与第三人发生法律关系，为一定法律行为；而中介人仅报告订约机会或提供媒介服务，其所办理的事务本身并非法律行为。这是二者的本质区别。

（三）与承揽合同之区别

承揽合同是承揽人按照定作人的要求完成工作，交付工作成果，定作人支付报酬的合同。其以完成一定工作并交付工作成果为标的，并对相应工作及成果负有注意义务及瑕疵担保责任。而中介人在促成合同订立之后，除其与委托人所签订合同本身所涉效力等问题外，对于所促成签订的合同，并不涉及瑕疵担保责任等问题。

举证责任

中介人主张当事人之间订立的合同为中介合同，并请求支付报酬的，应就其所从事的中介活动及合同性质提供证据，包括其所从事的活动内容，是否包括报告信息或在当事人之间担当信息媒介等活动，或者其他符合中介合同特征以及中介行业惯例的活动。当事人主张其所订立的合同性质为中介合同，应就其所委托对方从事活动的内容进行举证，并区别于就特别事项所进行的委托以及行纪活动等内容。

其他问题

中介合同多为格式合同，受格式条款规制。实践中，涉及合同自由、合同条款效力等问题之时，主要受《民法典》第496条、第497条等规制，以及涉及总则编第六章第三节和第506条规定等合同效力等相关问题。比如，在房屋买卖中介实践中，中介机构多以格式条款在协议中载明："签订本协议后，即视中介成功，买卖双方各承担总房价1%的中介费等。"该格式条款严重限制了中介双方的约定范围，对于相关诸如费用打折、中介服务包括协助过户等，往往并未转化为书面承诺。[①]因此，以格式条款相关法律规定规制中介合同，无论是在理论上还是实践中，都十分必要。

第九百六十二条【中介人如实报告义务】

中介人应当就有关订立合同的事项向委托人如实报告。

中介人故意隐瞒与订立合同有关的重要事实或者提供虚假情况，损害委托人利益的，不得请求支付报酬并应当承担赔偿责任。

历史由来

本条主要规定的是中介人的如实报告义务以及中介人违反如实报告义务致委托人损害情形的赔偿责任等内容，系承继《合同法》第425条并进行一定修改的结果。从条文的具体表述来看，一是将《合同法》第425条中的"居间人"统一修改为"中介人"；二是将《合同法》第425条第2款中的"要求"修改为"请求"，"承担损害赔偿责任"修改为"承担赔偿责任"，删除"损害"二字，使总体表述更加规范和科学。

《合同法》第425条规定："居间人应当就有关订立合同的事项向委托人如实报告。居间人故意隐瞒与订立合同有关的重要事实或者提供虚假情况，损害委托人利益的，不得要求支付报酬并应当承担损害赔偿责任。"《民法典合同编（草案）》（一审稿）第746条修改为："中介人应当就有关订立合同的事项向委托人如实报告。中介人故意隐瞒与订立合同有关的重要事实或者提供虚假情况，损害委托人利益的，不得要求支付报酬并应当承担损害赔偿责任。"此后《民法典合同编（草案）》（二审稿）第746条与一审稿的内容保持一致。《民法典（草案）》第962条将第2款修改为"不得请求支付报酬并应当

---

① 参见林操场、何薇、严梅菊：《规范房产中介行为 妥处居间合同纠纷——江苏张家港法院关于居间合同纠纷案件审理情况的调研报告》，载《中国法院报》2018年7月26日。

承担赔偿责任”，将“要求”修改为“请求”，并删除“损害”二字。《民法典》第962条与《民法典（草案）》第962条保持一致。可见，在民法典起草的过程中，对于本条修改争议不大，优化了相关表述，突出了请求权基础与责任承担。

三 规范目的或功能

中介人履行义务作为中介合同目的实现的关键所在，不仅关涉中介合同的目标，即是否促成委托人所欲缔结的合同成立，而且关涉中介法律制度本身的价值判断。就中介法律关系的本质特征而言，中介人并不负有结果义务，也不负有继续履行等义务，因此债之拘束力有所限制。本条所规定的中介人义务以及违反义务的法律责任，与本条之后的中介报酬请求权、中介费用请求权、“跳单”情形的委托人责任等条款共同构成中介合同的效力体系。实践中，有关中介合同纠纷，较多是关于中介人是否履行忠实中介义务、是否尽到审核义务以及中介人在故意隐瞒、提供虚假情况等情形下损害委托人利益的，如何承担相应损害赔偿责任等问题。因此，如何解释本条所规定的如实报告义务内涵，如何判断中介人是否履行了相应义务，以及如何认定“故意隐瞒”“提供虚假情况”“损害委托人利益”等情形，是本条的规范功能所在。

本条第1款系说明性法条，对中介人应当履行相应义务的内容进行界定，即如实报告义务是中介人义务的核心。本条第2款规定了委托人的损害赔偿请求权，系完全法条，规定了构成要件和法律效果两个部分，其构成要件为“中介人故意隐瞒与订立合同有关的重要事实或者提供虚假情况，损害委托人利益的”等中介人违反义务等情形，其法律效果为中介人“不得请求支付报酬并应当承担赔偿责任”。二者形成基本逻辑结构，通过判断中介人是否存在故意隐瞒或者提供虚假情况等事实，综合中介人义务违反、归责事由、损害以及因果关系等要件，判断中介人应否承担相应赔偿责任等问题，是委托人行使相应损害赔偿请求权的依据。

规范内容

一、如实报告义务

在中介活动中，中介人受委托人之委托，无论是报告订约机会还是在媒介活动中，均应对委托人所欲缔结的合同的真实情况予以报告，此即本条第1款所规定的中介人的如实报告义务。尽管从表述上而言，该规定更加突出“如实报告”这一行为外观，但实际上，无论是从法律解释角度还是在司法裁判中，都不仅限于最终的“报告”这一行为，而是将如实报告义务解释为忠实义务，即中介人应善尽忠实诚信，依诚实信用原则履行如实报告义务、勤勉义务等。

此种如实报告义务要求报告的内容应具有客观性与充分性。[①]所谓报告内容的客观性，即对与委托人交易目的相关的情况进行客观调查，[②]以了解缔约相对人或标的之客观真实情况，从而使委托人对是否订立合同作出客观判断。所谓报告内容的充分性，是指中介人应将所有可能影响到委托人订立合同、作出选择的相关事项，均向委托人进行如实报告，包括潜在缔约相对人的情况、与交易标的相关的全部情况，以及与交易相关的其他情况（包括可能涉及贷款等重要情况）。

在报告（订约机会）中介中，中介人应基于委托人之委托，对其所寻觅的相对人或委托人指示之相对人之基本资信情况、与合同相关的缔约与履约能力、[③]标的之价值、效用、品质、权利状况等事项，据实向委托人报告。对于专业中介机构而言，更要求其基于自身的专业知识、信息优势和交易习惯等，对相关事项进行如实报告。在相关司法裁判中，法院也指出，中介机构应尽对缔约相对人的审查义务，尤其是实质审查义务，如其怠于行使中介人

① 参见陈甦编著：《委托合同　行纪合同　居间合同》，法律出版社1995年版，第199页。

② 此种调查并非积极调查义务，基于了解事物真实情况所必需的调查或检索手段与方式，以所知为限。

③ 缔约能力一般包括相对人是否具有缔结契约之能力，涉及行为能力等相关问题。履约能力则包括相对人之资信情况、涉及履约的财产状况等。

应尽的义务，则不仅严重损害委托人的知情权，并且损害委托人的利益，应承担返还服务费用并赔偿损失的责任。[①]实际上，司法实践中更加肯认委托人基于对中介人的信赖，对于中介人所报告的情况，可能会陷于错误认识并作出对己不利之决定，导致委托人利益受损；[②]另外，对于中介人未尽如实报告义务的，也可能会导致虽然合同缔结但却无法履行等情形。[③]殊值注意的是，实践中有关中介人如实报告义务的内容，根据个案情形也有所不同。例如，由于中介人未及时告知委托人相关贷款政策变化的信息，导致委托人交易成本增加的，可认定为中介人履行义务存在瑕疵，应承担相应的损害赔偿责任。[④]因此，中介人之如实报告义务在相当程度上吸收了必要的调查职责与审查义务，这也是本条立法意旨所在。

在媒介中介中，中介人也应对相关缔约当事人之资信状况、缔约与履约能力、标的之价值、效用、品质、权利状况等事项进行必要的调查与审查，上述适用于报告中介中的相关义务与解释，均适用于媒介中介之中，只不过其须向委托人及其相对人两方均进行报告。我国台湾地区规定，居间人关于订约事项，应就其所知，据实报告于各当事人。对于显无履行能力之人，或知其无订立该约能力之人，不得为其媒介。而对第2句的解释，有学者认为，其主要应在媒介中介项下解释，即对财产显不足以清偿或无缔约能力之人，不得为其进行媒介中介。[⑤]但也有学者并未将其特别解释在媒介中介项下，而是概括解释于整个居间合同之中，"对于'显无履行能力'，解释上应指明知

---

① 参见北京某房地产经纪有限公司与张某居间合同纠纷上诉案，北京市第二中级人民法院（2005）二中民终字第02300号民事判决书。

② 参见陈某某等与刘某某居间合同纠纷再审案，黑龙江省佳木斯市前进区人民法院（2006）前民再初字第3号民事判决书。

③ 在该案中，中介人并未告知委托人交易标的，即央产房买卖的相关政策、事项，致使委托人在房屋不具备交易条件的情况下签订了合同，事后发现根本无法办理央产房上市交易手续，导致委托人与相对人之间的买卖合同无法履行。参见韩某诉我爱我家公司、第三人陈某居间合同案，北大法宝数据库，［法宝引证码］CLI.C.874787。

④ 参见张英周：《中介机构违反信息如实报告义务应负赔偿责任——马某诉某中介机构居间合同案相关法律问题探讨》，载北京市高级人民法院编：《审判前沿：新类型案件审判实务》（总第44集），法律出版社2013年版，第61页。

⑤ 参见邱聪智：《新订债法各论》（中），中国人民大学出版社2005年版，第233页。

与可轻易得知（相当于重大过失程度），但通说认为是否可得而知‘显无履行能力’须依善良管理人之注意程度审查，理由是，居间为有偿契约，准此，因抽象轻过失而不知者，仍属违反本条项所定之义务”。[①]而对于《民法典》本条第1款而言，并未区分报告中介或媒介中介，而是统一规定中介人负有如实报告义务，只不过囿于二者所涉主体与具体情形不同，因此在讨论上有所区分。

二、专业中介人是否负有调查义务

对于专业中介人是否负有法定的调查义务，似存较大争论。中介人在中介活动中居于重要地位，对于促成缔约事务而言，其具有相对信息优势与专业优势，尤其是专业中介机构，理应负有更多的义务。但无论是《合同法》中的居间合同还是《民法典》中的中介合同，均未规定专业中介人对中介事务是否负有调查义务。从比较法来看，我国台湾地区规定，以居间为营业者，关于订约事项及当事人之履行能力或订立该约之能力，有调查之义务。就此，我国台湾地区相关解释一般认为，专业中介人应尽善良管理人之注意程度而履行调查义务。[②]中介人是否负有调查义务，在一定程度上可能会影响中介事务能否圆满完成，但若是并未规定法定的调查义务，从法律规则供给层面而言，是否就认为立法存在不足，似不能断然下定论。

在《民法典》的起草过程中，对于是否增设专业中介人的积极调查义务，亦存争论。有学者认为，中介（居间）人向委托人报告缔约机会或者提供缔约的媒介服务，除非另有特别约定，并非中介（居间）人的给付义务，不能要求中介（居间）人积极活动，即负有调查义务，只不过是使其获得一种资格或者权利而已。中介（居间）人即使不为此种报告或媒介服务，也并非违约行为，委托人不享有相应的履行请求权。但以中介（居间）为业者，应明确规定营业中介（居间）者负有积极调查义务。我国台湾地区相关规定

---

① 参见吴志正：《债编各论逐条释义》（修订六版），台北元照出版有限公司2019年版，第294页。

② 参见邱聪智：《新订债法各论》（中），中国人民大学出版社2005年版，第233页。

修订时，即增加了以居间为业之居间人，就缔约事项及当事人之履行能力或缔结该合同之能力，负有调查之义务。[①]此观点确有一定道理，但也有讨论空间。

基于通常理解，在上述分析如实报告义务时也有所提及，对于中介人的报告内容，自应当包含为了解与缔约相关的必要信息而为调查或查阅等行为。比如，上述相关案例中提及的房屋产权（央产房）及其交易要求等内容，以及缔约相对方与缔约和履约相关的必要情况等。从“调查”这一语词含义与行为本身来看，实际上其已包含在中介人的如实报告义务之中，是一种应知的客观情况的呈现与报告。但“调查”若是被规定为法定义务，则应包含善良管理人注意义务的要求，比如我国台湾地区就要求保险经纪人应尽善良管理人之注意义务与忠实义务。比较法上也解释为“以合理技术、努力与注意”之义务标准认定个案。[②]可见，若调查义务被规定为法定义务，则要求较高，甚至可能会要求中介人对“应知”或“推定应知”之外的隐藏事实等内容都要求积极调查。再如，在比较法上相关案例中，有的法官甚至认为“保险经纪人对适切投保建言与给予或保障之建议，也属于注意与努力义务范围”。[③]于此，如若要求调查义务与善良管理人的注意义务的要求保持一致，可能确实与《民法典》关于中介合同的定位以及相应规范发展历史与裁判实践理念等不太吻合。故此，《民法典》并未规定中介人的调查义务，实则具有一定道理。但殊值强调的是，即使未规定调查义务，也并不意味着中介人完全不需进行任何调查，相关道理已于前述内容进行分析，对于调查之后的如实报告义务也基本上限于中介人“应知”或“推定应知”的范畴，而不能随意扩大。

---

① 周江洪：《关于〈民法典合同编〉（草案）（二次审议稿）的若干修改建议》，载《法治研究》2019年第2期。

② 参见张冠群：《我国台湾地区保险经纪人义务相关规定之评析——以2015年台湾地区“保险法”之修正为中心》，载《交大法学》2016年第3期。

③ 904 P.2d 1268（Ariz. Ct. App. 1995），转引自张冠群：《我国台湾地区保险经纪人义务相关规定之评析——以2015年台湾地区“保险法”之修正为中心》，载《交大法学》2016年第3期。

三、中介人违反义务的法律后果

本条第2款规定了中介人违反义务的法律后果。该款通过规定构成要件和法律效果两个部分，确立了中介人报酬请求权丧失和承担损害赔偿责任的基本规则。此规则的责任构成与责任承担大致包括以下几方面内容。

（一）责任构成

1.实施了违约行为或侵权行为

本条旨在规定中介人的义务以及违反义务所应承担的责任。本条第1款规定了中介人的如实报告义务，第2款也意在中介人违反义务的体系脉络上予以规定，只不过此种规定限定在中介人具有故意等情形，而并非概括地规定中介人违反义务的法律责任。中介人在实施“故意隐瞒重要事实”或“提供虚假情况”等违约行为之时，也存在与侵权行为竞合的可能性。例如，对于与缔约有影响的信息，如缔约相对人的资信状况、履约能力、标的物是否有瑕疵等情况，中介人都应据实报告，不得弄虚作假，如有此类行为，则违反了中介人的义务。同时，中介人不得与第三人恶意串通损害委托人的利益，不得恶意促成委托人所欲缔结的合同，也不得对委托人与相对方订立合同施加不利影响，从而影响合同的订立或损害委托人的利益，此类行为既违反了中介人的如实报告义务，又违反了保护他人的法律，同时构成违约和侵权。

2.主观上具有故意

本条第2款最为突出的即中介人的过错类型——故意，主要限定在中介人“故意隐瞒重要事实”或“提供虚假情况”等行为。我国《合同法》确立的违约责任的归责原则为严格责任原则，并在《合同法》第107条（《民法典》第577条）中予以确认。本条第2款恰是严格责任原则的例外，采过错责任。[①]民法上的故意通常指行为人明知自己的行为会产生一定的不利后果而仍为此种行为。而防止道德风险是在中介合同这种对诚信要求较高的领域仍采用过

---

① 有学者认为，《合同法》所确立的归责原则为严格责任原则，虽然《合同法》同时也规定了若干过错责任，但是尚不能将之称为与严格责任原则相并列的过错责任原则。参见韩世远：《合同法总论》（第四版），法律出版社2018年版，第748页。

错责任的原因。①

就“隐瞒”或“故意隐瞒”这一法律用语而言，统观整个《民法典》，涉及二者相关内容约有三处：一是总则编第53条第2款有关被宣告死亡人的财产问题，即“利害关系人隐瞒真实情况，致使他人被宣告死亡而取得其财产的，除应当返还财产外，还应当对由此造成的损失承担赔偿责任”；二是合同编第500条第2项有关缔约过失责任问题，即“当事人在订立合同过程中有下列情形之一，造成对方损失的，应当承担赔偿责任：……（二）故意隐瞒与订立合同有关的重要事实或者提供虚假情况……”；三是本条第2款。显然，在行为人具有主观故意为相应行为，并产生一定不利后果的情形下，应承担相应的损害赔偿责任。在中介合同法律关系中，所谓“故意隐瞒”或“提供虚假情况”，一般系指中介人明知或应知而故意隐瞒或提供虚假情况。比如，中介人明知或应知交易标的存在产权瑕疵或缺陷，而故意隐瞒此重要事实或提供虚假情况，促成委托人与相对人缔约等情形；再如，中介机构散布虚假信息、恶意炒作、哄抬价格等。在有关案件的抗诉意见中，检察机关提出：“本条（《合同法》第425条）的立法原意是：订约成功后，不论主合同能否得到适当正确的履行，只要居间人在报告订约信息时并无故意隐瞒与订立合同有关的重要事实或提供虚假情况，居间人无恶意时，即不对合同的履行承担损害赔偿责任。”②可见，本条意在强调中介人的主观恶意对合同履行以及损害赔偿责任承担的影响。

殊值讨论的是，尽管本条第2款规定了中介人在具有主观故意的情形下违反义务的相应法律后果，但是对于过失违反义务究竟应当承担何种责任，似语焉不详。在上述讨论中介人的如实报告义务内涵时有所提及，我国台湾地区学者认为对于台湾地区规定的“显无履行能力之人”，通说认为居间为有偿契约，因抽象轻过失而不知者，仍属于违反相应的报告义务；但也有少数学者认为“显无履行能力”，仍以居间人明知为必要。而对于该

① 参见郭泽喆：《居间人损害赔偿责任的司法认定——兼论民法典编撰中对〈合同法〉第425条规范漏洞的填补》，载《时代法学》2019年第3期。

② 参见“陈某某等与刘某某居间合同纠纷再审案”，黑龙江省佳木斯市前进区人民法院（2006）前民再初字第3号民事判决书。

条所规定的“无订立该约能力”，因过失而不知者，仍属“不知”，尚非违反该条所规定的义务。[①]这二者的区别首先在该条规定中就有所区分，一为“显无履行能力”，另一为“无订立该约能力”，可见，法律规定上特别使用“显”字以示区分，同时在主观判断上也有所不同。事实上，在《民法典》第962条并未明确作类似于我国台湾地区的区分，也并未列举相关适用情形之时，在中介人存在过失的情形下，是否应承担违约责任，成为一个难题。在已有案例中，相关法院判决也表明，“由居间人对其过失行为（未妥当履行如实报告义务）承担违约责任，即在居间人未能履行就其所知如实告知的忠实义务时，应根据民事活动的诚实信用原则和公平原则，承担其未尽合理审查义务的补偿责任”。[②]但在有的案例中，法院对于未履行如实报告义务的中介人，仅判决其返还相应报酬。[③]

3.委托人受有损害

在构成要件上，中介人的违约行为或者侵权行为还须造成委托人损害，即本条所规定的“损害委托人利益的”。中介合同系中介人为委托人（或双方）提供中介服务的合同，委托人的利益自然体现在委托人所欲缔结的合同之上。因此，委托人的受损利益通常为中介合同以外的其他合同利益损失，即与中介合同目的相关，委托人所欲缔结的合同相关利益。该利益应为履行利益，即中介行为拟（已）促成成立的合同上的损失。在有的案例中，法院认为，因房地产经纪机构向委托人推荐涉案房屋前，既未验看拆迁安置补助协议原件，也未到房屋权属登记机关或物业管理企业等相关部门作必要核实，更未采取合理方式提请委托人注意亟待查实的房屋权属资料，系怠于行使居间人应尽的义务。法院判决由该房产中介机构赔偿委托人相应损失，包括委托人已支付的定金、房租和有线电视费。[④]可见，此

① 参见吴志正:《债编各论逐条释义》(修订六版)，台北元照出版有限公司2019年版，第294页，注释3、注释4。

② 参见“陈某某等与刘某某居间合同纠纷再审案”，黑龙江省佳木斯市前进区人民法院（2006）前民再初字第3号民事判决书。

③ 参见天津市塘沽区人民法院（2001）塘民初字第677号民事判决书。

④ 参见“北京某房地产经纪有限公司与张某居间合同纠纷上诉案”，北京市第二中级人民法院（2005）二中民终字第02300号民事判决书。

种利益损失一般限于委托人的直接损失，而不包括间接损失等。殊值注意的是，本条法律后果为中介人报酬请求权丧失并应承担相应损害赔偿责任，一般而言，中介人违反义务的情形下，基本上报酬请求权即告丧失，并不要求委托人受有损害。

（二）责任承担

从责任承担来看，中介人的故意行为与委托人损害之间应具有相应的因果关系，才能满足中介人责任承担之客观构成。实际上，引发中介人损害赔偿责任的行为也同时具有侵权行为的特点，虽然中介人损害赔偿责任属于违约责任性质，但存在与侵权责任竞合的可能。[①]从法律效果上来看，依本条规定，中介人“不得请求支付报酬并应当承担赔偿责任”，即中介人报酬请求权丧失，同时承担损害赔偿责任。

就报酬请求权而言，本条仅规定了中介人存在故意等行为致委托人损害情形下的请求权丧失，在《民法典》第963条和第964条才进一步规定了中介人是否促成合同成立与报酬请求权之间的关系。原则上，在中介人未促成合同成立，以及在中介人存在故意隐瞒重要事实或提供虚假情况的情形下，报酬请求权即告丧失。例如，我国台湾地区规定了居间人违反其对于委托人之义务，而为利于委托人之相对人之行为，或违反诚实及信用方法，由相对人收受利益者，其报酬请求权即告丧失，亦不问委托人是否因之受有损害。[②]倘若对于违反诚实及信用方法，由相对人收受利益等行为，致委托人受有损害的，应负不完全给付之债务不履行责任。[③]而在《民法典》第962条的情形，直接规定了在中介人主观故意以及委托人受有损害的情形下，中介人应承担损害赔偿责任。例如，在房地产中介人承担损害赔偿责任的情形下，在通过公开渠道捏造、散布房地产虚假信息，以及雇用人员制造抢房假象等方式，恶意炒作，哄抬房价；或发布虚假房源和价格信息，欺骗、误导购房人；或

---

① 参见郭泽喆：《居间人损害赔偿责任的司法认定——兼论民法典编撰中对〈合同法〉第425条规范漏洞的填补》，载《时代法学》2019年第3期。

② 参见邱聪智：《新订债法各论》（中），中国人民大学出版社2005年版，第239页。

③ 参见吴志正：《债编各论逐条释义》（修订六版），台北元照出版有限公司2019年版，第297页。

为不符合交易条件（或禁止交易）的房屋提供经纪服务；或对购房人隐瞒抵押、查封等限制房屋交易等信息等情形下，中介人应承担相应损害赔偿责任。而中介人非法侵占或挪用客户交易资金、泄露、出售或不当使用委托人的个人信息谋取不正当利益的，则与侵权责任竞合，应承担相应损害赔偿责任。[①]诚如上述分析委托人利益损失范围时所讨论的，司法实践中一般所肯认的委托人利益损失一般为与缔约相关的直接损失，罕见非财产损害等精神损害赔偿与间接损失。

举证责任

委托人主张中介人明知或应知而故意隐瞒重要事实或提供虚假情况而给其造成损害的，除应就中介人存有过错（主要为故意）提供相关证据证明外，尚应提供证据证明因中介人的过错给其造成的利益损失以及损失与中介人故意隐瞒重要事实或提供虚假情况等行为具有因果关系。对于中介人而言，为减轻或者免除其民事责任，需主要证明其未实施违约行为或侵权行为、其行为与委托人的损害结果之间不存在因果关系以及其主观上并不具有故意等内容，并提供相应证据。

其他问题

中介法律关系中，最终未促成合同成立实际上可能包含较多原因，中介人未适当、完全履行义务必然是主要原因，但是实践中往往存在委托人或其相对人都可能具有过失等情况，进而导致合同不成立或成立之后无法履行，因此对于委托人等主体是否存在与有过失等情况，不无疑问。现实中，对此等情况往往予以忽略，导致法解释价值层面难谓周全。实际上，应在个案中考虑相应利益衡量与价值判断等问题。

---

① 参见郭泽喆：《居间人损害赔偿责任的司法认定——兼论民法典编撰中对〈合同法〉第425条规范漏洞的填补》，载《时代法学》2019年第3期。

第九百六十三条【中介人报酬请求权】

中介人促成合同成立的，委托人应当按照约定支付报酬。对中介人的报酬没有约定或者约定不明确，依据本法第五百一十条的规定仍不能确定的，根据中介人的劳务合理确定。因中介人提供订立合同的媒介服务而促成合同成立的，由该合同的当事人平均负担中介人的报酬。

中介人促成合同成立的，中介活动的费用，由中介人负担。

历史由来

本条主要规定了委托人支付报酬的义务，系承继《合同法》第426条并作了一定修改的结果。从条文的具体表述来看，主要是将《合同法》第426条中的“居间人”统一修改为“中介人”，而法律规则的主要内容并未进行修改。

《合同法》第426条规定：“居间人促成合同成立的，委托人应当按照约定支付报酬。对居间人的报酬没有约定或者约定不明确，依照本法第六十一条的规定仍不能确定的，根据居间人的劳务合理确定。因居间人提供订立合同的媒介服务而促成合同成立的，由该合同的当事人平均负担居间人的报酬。居间人促成合同成立的，居间活动的费用，由居间人负担。”《民法典合同编（草案）》（一审稿）第747条修改为：“中介人促成合同成立的，委托人应当按照约定支付报酬。对中介人的报酬没有约定或者约定不明确，依照本法第三百零一条仍不能确定的，根据中介人的劳务合理确定。因中介人提供订立合同的媒介服务而促成合同成立的，由该合同的当事人平均负担中介人的报酬。中介人促成合同成立的，中介活动的费用，由中介人负担。”此后《民法典合同编（草案）》（二审稿）第747条与《民法典（草案）》第963条均无实质性修改。可见，在民法典起草的过程中，对于本条修改争议不大。《民法典》第963条与《民法典（草案）》第963条保持一致。

规范目的或功能

在中介合同法律关系中，除非有特别约定，中介人所从事的报告订约或媒介服务等活动实际上并非真正意义上的中介人的给付义务，毋宁说是使其获得进入相应法律关系之中的一种资格，即便中介人不为相应行为，也并非违约行为，委托人也不享有相应的履行请求权。因此，自《合同法》开始，对于居间（中介）合同的立法例即为以居间（中介）人“促成合同成立”为居间（中介）人享有报酬请求权以及委托人负有支付报酬义务的前提条件，系附条件的法律行为。本条第1款第1句系完全法条，其构成要件为“中介人促成合同成立”，其相应法律效果为“委托人应当按照约定支付报酬”。该款第2句为未约定报酬或报酬约定不明确时的报酬确定方法。该款第3句为媒介服务中介的报酬负担规则。该条第2款为中介合同成立时的中介费用负担规则。图示如下：

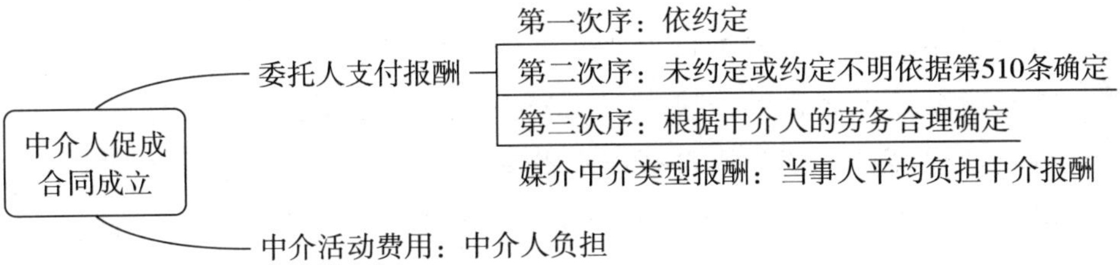

中介人报酬请求权（第963条）图示

本条作为中介人请求支付报酬的核心条款，在本章居于重要地位，具有承上启下的作用。本条规定了中介人给付效果以及相应委托人支付报酬义务与报酬的确定等内容，从而辅助第961条，使中介合同的概念、法律关系与效力等在体系上更为完备。由于第961条仅以“中介行为类型（描述）+委托人支付报酬”规定中介合同的定义，而非以双方权利义务或合同效力等为基础规定中介合同的基本法律关系，因此该条并不完整与全面。通过本条的辅助，结合这两条规定，共同呈现出中介合同法律关系的“全貌”，即“中介合同是中介人向委托人报告订立合同的机会或者提供订立合同的媒介服务”（第961条前半句），“中介人促成合同成立的”（本条第1款第1句前半句），“委托人按照约定支付报酬的合同”（第961条后半句与本条第1款第1句后半句相结合）。此外，以“中介人促成合同成立”为中介人的给付效果，也为委托人“跳单”情形下的义务确定提供一定构成要件与法律效果方面的指引，即探寻中介人的行为与促成合同成立之间是否存在相当因果关系，是委托人“跳单”情形下承担支付报酬义务的核心与关键之点。可见，本条不仅旨在规定中介人的报酬请求权，同时也在本章产生比较明显的体系效应，殊值重视。

规范内容

一、中介人给付之构成

中介合同作为一种劳务性契约之债，与其他典型劳务性契约（如承揽合同、委托合同和行纪合同）相比，虽然在提供服务或劳务这一形式外观上并无差异，但却在给付效果之于报酬请求权行使上存在较大差异。就给付本身而言，王泽鉴先生认为，给付具有双重意义，有时指给付行为而言，有时指给付效果而言，至于何种行为及效果构成给付之内容，应就各个债之关系，依其所欲达成之目的而决定。比如，承揽人必须完成约定之工作，始属履行其给付义务，债务人自须能掌握其工作范畴，理应承担不能达成给付效果之危险性。[①]如前所述，就中介活动本身与中介合同的特征而言，中介人所提供的报告缔约机会或者提供媒介服务的劳务，除非另有特别约定，难谓属于中介人的给付义务，因为即便其不为此种劳务，或并未促成委托人缔约，也并非违约行为，委托人也并不享有相应的履行请求权。因此，这就给中介人的行为或活动效果如何在理论上予以解释和归类带来一定困难，也为如何解释中介合同为双务合同带来困扰。对于这一问题，学界基本上并未过多关注与着墨，大多将重心放在"中介人促成缔约，即可请求支付报酬，委托人应支付报酬"这一事实与逻辑链条之上，而并未讨论"中介人促成缔约"究竟在中介人与委托人的给付义务体系中应如何定位。

中介活动的最本质特征在于中介人基于其自身信息优势而为相应信息传递行为，而之所以世界范围内对于中介活动都只关注最终的"促成缔约"之结果，主要是因为中介活动并不像承揽、委托等活动那样具有特定性内容，往往对于其所掌握的信息，可能会向多个委托人提供，因此其信息成

---

① 参见王泽鉴：《民法学说与判例研究》（第四册），中国政法大学出版社2003年版，第102—103页。

本或活动成本并不高，与其他劳务性契约的给付内容相比，在委托人事务的特定性上有所差异。而作为一种合同行为，其又必须具有一定给付的特定性，至于是中介活动本身还是中介活动结果，自当进行一定价值判断。如上所言，给付具有双重意义，既然中介活动在行为本身并未凸显其价值性，那么其最大的价值即在于最终的促成缔约，这也符合中介人的给付效果要求。因此，“中介人促成合同成立”实为以中介人给付效果为核心的给付行为。

再来看债之结构另一端，即委托人的给付义务。参考域外立法例，《德国民法典》第652条是“委托人义务”的模式；而我国台湾地区则是“居间人报酬请求权”的模式。当然，二者所指系同一问题。我国1999年《合同法》相对而言更近似于德国法模式，规定“委托人应当按照约定支付报酬”，遵循了“委托人义务”这一立法模式，并在《民法典》之中承袭贯之。尽管该条规定了委托人支付报酬的时点，但从中介人之报酬请求权角度来看，究竟如何解释该请求权之发生与生效，似有所避重就轻。在这一问题的解释上，我国台湾地区已形成一些讨论，通说认为，居间之报酬请求权因居间契约之生效而成立，于契约因其报告或媒介而成立（生效）后始生效力；不同意见（少数说）则认为，居间之报酬请求权于居间契约成立生效时已发生，居间人报酬请求权系居间报酬之给付期。[①]倘若肯认前述通说，即中介人报酬请求权因中介合同生效而成立，于促成委托人或当事人之合同成立而产生效力，此时，委托人之给付义务即生效。至此，“中介人促成合同成立”之时，既可以比较完备地解释中介人的给付行为，同时又能在理论上解释委托人的给付行为，两造恰形成双务契约所要求的对价关系。[②]由是观之，本条对于解释中介合同法律关系之基本构造，具有重要意义。

---

① 参见吴志正:《债编各论逐条释义》(修订六版)，台北元照出版有限公司2019年版，第295页。

② 有学者认为，居间人是否促成主合同成立，与委托人的佣金（此之报酬）支付义务，彼此之间并不构成互为交换的关系，不属于双务契约所要求的对价关系；毋宁说“居间人促成主合同的成立”不过是居间人向委托人主张佣金请求权的前提条件。居间合同是单务、有偿合同。参见张谷:《民法典合同编若干问题漫谈》，载《法治研究》2019年第1期。

二、“中介人促成合同成立”之认定

“中介人促成合同成立”作为中介人报酬请求权的生效要件，何为“合同成立”，则成为理论与实务所重点关注的问题。基于通常理解，中介人活动持续时间较长，其更多是承担一种信息报告或信息媒介义务，倘若能够促成委托人与第三人订立合同，基本上足以认为中介活动已达到缔约成功之目标与效果。至于委托人与第三人之间所订立之合同，在并非基于中介人不当行为影响的情形下（包括《民法典》第962条所规定的情形），中介人理应与该合同的效力无关。换言之，无论该合同被解除、撤销、宣告无效，均不影响中介人主张报酬请求权。[①]

但是也有学者对此持不同意见，邱聪智先生认为，所谓“契约因……成立”，其意义系指“契约因……生效”，并可分为以下几种情况讨论：（1）契约已订立，但未生效者，虽非为附停止条件，居间人仍须待契约生效，始得请求报酬。（2）居间人与委托人约定，纵订立附停止条件之契约，从其约定。（3）委托人与相对人所订立之契约，附有解除条件者，居间人之报酬请求权，是否因其后解除条件成就而受影响，史尚宽先生认为受到影响，郑玉波先生则认为并不影响居间人之报酬请求权。（4）附始期之契约，须期限届至始生效力，解释上亦应认为，须待期限届至，居间人始得请求报酬。（5）委托人与相对人所订立之契约，经撤销者，其情形与契约无效无异，居间人丧失报酬请求权，依上述请求返还；但是委托人与相对人所订立之契约，后经解除者，居间人之报酬请求权不受影响，当事人不得要求返还。[②]

可见，对此问题理论上颇有争论。实际上，倘若要求中介人需对委托人与第三人签订合同之效力瑕疵承担责任，似对中介人不公，也与中介合同本身意旨不符。司法实践中，对于中介人根据约定所提供的中介服务无瑕疵，第三人自身原因导致已成立生效的合同无法履行的，视为中介人完成居间服

---

① 参见税兵：《居家合同中的双边道德风险——以“跳单”现象为例》，载《法学》2011年第1期。

② 参见邱聪智：《新订债法各论》（中），中国人民大学出版社2006年版，第236—237页。

务，其有权获得报酬；[①]如相对方违约，也不影响中介人报酬请求权，已支付报酬的，无权要求返还；[②]对于中介人已促成缔约成功，实现本约目的，但由于其他附随义务的违反造成委托人损失的，中介人应赔偿相应损失，但是仍然肯认中介人的报酬请求权不受影响。[③]故此，从本条的立法意旨来看，就中介人的给付与请求权基础而言，仅应要求中介人促成委托人与第三人订立合同，即可认为“中介人促成合同成立”；无论该合同被解除、撤销、宣告无效（由于中介人未履行义务导致此类情形出现则另当别论），均不影响中介人的报酬请求权。

“中介人促成合同成立”意在突出中介活动的效果与结果，而对于中介人的报酬请求权基础来说，同时也要求“中介人从事中介活动”与“中介人促成合同成立”等法律事实相结合，并且二者之间应具有相当因果关系。对于二者关系的认定，实践中表现得尤为复杂，最为典型的即为多人中介（居间）场合有关报酬请求权的认定。这一问题也是理论与实务的重点与难点之一，《民法典》编纂过程中，在中介合同章也重点考虑了此问题，并在第965条中专门规定了委托人“跳单”情形的报酬支付义务。对于委托人“跳单”情形的支付义务认定，学理上基本上分为拟制条件成就说与相当因果关系说两种观点。[④]姑且对于委托人“跳单”情形先不作讨论，单就“中介人从事中介活动”与“中介人促成合同成立”二者之间的因果关系而言，学理上极尽肯认，实务中也支持“本约成立”与“中介人的中介活动”应具有因果关系，如中介人无法证明二者之间具有因果关系，则无权获得相应报酬。[⑤]史尚宽先生也特别指出，“盖解除惟使居间人之以后活动不生报酬请求权，如委托于解除契约后仍订立契约，而其订立之可能应归功于居间人之活动者，仍应支付报酬

---

① 参见李骏、张逸：《居间人支付报酬请求的审查与判定——上海徐汇法院判决汇安事务所诉鑫泰公司等居间合同纠纷案》，载《人民法院报》2018年8月2日，第6版。

② 参见吉林省长春市中级人民法院（2018）吉01民终897号民事判决书。

③ 参见张英周：《中介机构违反信息如实报告义务应负赔偿责任——马某诉某中介机构居间合同案相关法律问题探讨》，载北京市高级人民法院编：《审判前沿：新类型案件审判实务》（总第44集），法律出版社2013年版，第61页。

④ 关于委托人“跳单”情形的分析，将在《民法典》第965条评注中进一步深入讨论。

⑤ 参见李骏、张逸：《居间人支付报酬请求的审查与判定——上海徐汇法院判决汇安事务所诉鑫泰公司等居间合同纠纷案》，载《人民法院报》2018年8月2日，第6版。

也”。[①]可见，委托人解除中介合同之后却仍与中介人所提供订约信息的第三人缔约，并且该缔约可确定或推定系由中介人从事的中介活动所促成，则委托人应支付相应报酬。

综上可见，中介人给付之构成，核心体现为“中介人促成合同成立”，并在此时点，令中介报酬请求权生效，委托人始负有支付报酬义务。同时，中介人促成合同成立，也并非孤立认定，仍应考察“中介人从事中介活动”与“中介人促成合同成立”之间是否具有因果关系，从而公允认定委托人的报酬支付义务。

殊值注意的是，实践中通常会根据主合同的交易行为类型和内容，认定中介人“促成合同成立”所涵盖的中介人的义务。比如，在最典型的房屋买卖合同中，中介人促成主合同成立，并非仅限于双方当事人订立合同那一刻，司法实践中还肯认中介人应履行合同公证、缴纳税款、配合办理房屋过户手续等附随义务，只有将个案中所涉全部义务均履行，才认为完全履行了中介人提供中介服务的义务，当然，这其中就会存在委托人有权因中介人未完全履行义务而仅支付部分报酬。[②]另外，实践中也存在一些较为复杂的情况，比如中介人当然负有核实房屋是否系出卖人所有、出卖人是否有权处分房屋以及是否存在优先购买权人等事实的义务，这也是中介人所应履行的义务。实践中也存在一种情况，即中介人本来并未尽到义务核实相关情况，仅在形式上促成了主合同成立，而后又可能出现相关优先购买权人主张优先购买权，但其又放弃行使优先购买权，使得主合同具有可履行性，即主合同得以履行系基于偶然因素。此种情形中，法院也会根据中介人实际履行义务的情况按照一定比例支持相应中介报酬，而非支持全部报酬。[③]可见，中介人“促成合同成立”，也通常包括与中介人促成合同成立相关的其他附随义务，只有履行了全部相应义务，才可得请求支付全部报酬，否则在个案中报酬的认定与支持会有所差异。

关于中介人报酬请求权之丧失，主要是对中介人义务违反的消极评价。

---

① 史尚宽：《债法各论》，中国政法大学出版社2000年版，第480页。

② 参见云南省昆明市中级人民法院（2019）云01民终3813号民事判决书。

③ 参见广东省深圳市中级人民法院（2019）粤03民终22397号民事判决书。

从本条意旨来看，中介人未促成合同成立的，即中介人报酬请求权未生效，不涉及报酬请求权之丧失问题。报酬请求权之丧失主要与中介人违反相应忠实义务有关，即与《民法典》第962条构成体系解释。中介人违反报告义务或者存在故意隐瞒重要事实或提供虚假情况的，会导致中介人报酬请求权之丧失。参考域外相关规定，《德国民法典》第654条规定："居间人违反契约之内容，仍为相对人从事居间之行为者，不得请求居间报酬及费用之偿还。"我国台湾地区规定，居间人违反其对于委托人之义务，而为利于委托人之相对人之行为，或违反诚实及信用方法，由相对人收受利益者，不得向委托人请求报酬。此条即规定在"违反居间人义务而为有利于相对人之行为"以及"违反诚实信用原则而由相对人受益"两种情形下，无论委托人是否受有损害，居间人之报酬请求权即告丧失；如委托人受有损害，并且能够证明中介人的行为与委托人的损害之间具有因果关系的，中介人应承担损害赔偿责任。在我国《民法典》之中，也主要是在第962条有关中介人义务项下规定中介人报酬请求权的丧失以及相应损害赔偿责任。另外，司法实践中也存在中介人促成合同成立但却因瑕疵履行而给委托人造成损失的，中介人的报酬请求权并不绝对丧失，根据个案情况考量中介人是否应承担相应损害赔偿责任。可见，判断中介人是否得享有报酬请求权，主要基于其是否促成主合同成立，至于瑕疵履行可能造成的其他损失，则根据其是否尽到理应负有的专业注意义务而予以判断。

三、中介人报酬的确定

中介人的报酬，一般由委托人与中介人在中介合同中约定。对于当事人未约定报酬或约定不明确的，则根据本条第1款第2句所规定的中介人报酬补充确定的顺序予以确定，相应次序为：第一，依据《民法典》第510条的规定予以确定，当事人可以协议补充确定，倘若不能达成补充协议的，则应按照中介合同之劳务合同性质、合同目的以及中介行业交易习惯等确定。第二，如果依此仍无法确定的，则根据中介人的劳务付出而确定相对公允合理的报酬。

根据中介活动的不同类型，在区分报告中介与媒介中介的前提下，承担报酬给付义务的主体有所不同。对于报告中介而言，自应由委托人承担报酬给付义务；而在媒介中介中，由于中介活动最终促成的主合同可能涉及两个或两个以上当事人，中介人系为双方或多方主体提供中介服务，因此，应由主合同当事人平均负担中介人的报酬。本条第1款第3句也特别对媒介中介中的报酬支付义务予以规定，主要是为了避免出现媒介中介情形下承担报酬支付义务不明之情形，同时也强调了媒介中介与报告中介的区分。

对于中介人报酬，实践中的具体形式与表述有所不同，殊值甄别。实务中，中介人的报酬一般包括中介费、服务费、信息服务费、[①]委托报酬[②]等多种表现形式。这些表述在大多数情况下均可认定为中介人报酬，但在有的合同之中，当事人可能同时约定上述两种"费用"或报酬，究竟其中哪种属于法律意义上的中介人报酬，应根据个案进行解释与判断，以实现合同法之公允价值。

四、中介活动的费用承担

本条第2款主要规定在中介人促成合同成立之时的中介活动费用承担问题（第964条规定了未促成合同成立的中介活动费用承担），该款主要是在中介人促成主合同成立。

在劳务性契约体系之中，中介合同相较于委托合同和行纪合同，在当事人之间的地位、关系以及给付义务等方面均存在较大不同。就从事相应事务所产生的费用角度而言，在委托合同中，由于受托人处理事务系基于委托人的委托，因此，从常理上而言，受托人处理委托事务之费用，应由委托人承担；《民法典》第921条也规定，委托人应当预付处理委托事务的费用，受托人为处理委托事务所垫付的必要费用，委托人应当偿还该费用并支付利息。可见，该条立法意旨在于明确受托人基于委托，为了委托人的利益，处理委托人事务之时所产生的费用，应由委托人承担，并且为了防止因费用承担而生疑义，明确规定了委托人应预付费用或事后偿还费用与支付利息。委托人也可自行衡量是先预付费用还是事后偿还包括利息在内的金额。而在行纪合

① 参见江苏省无锡市南长区人民法院（2011）南民初字第11号民事判决书。

② 参见吴庆宝：《权威点评最高法院合同法指导案例》，中国法制出版社2010年版，第195页。

同中，行纪活动内容与中介合同比较相似，只不过行纪人是以自己的名义为委托人从事贸易活动，委托人支付报酬。关于行纪人处理委托事务支出的费用，《民法典》第952条明确规定“由行纪人负担，但是当事人另有约定的除外”。而就中介合同而言，中介活动的内容与受托人处理委托人的事务在性质、特别要求等方面并不相同，仅与行纪人为委托人从事贸易活动比较近似。因此，由于中介人、行纪人此种受托并不如委托合同中的受托关系那样紧密，在费用承担规则上，便作出一定区分。

从中介合同本身的价值与目的来看，中介合同旨在实现“促成合同成立”，立法上也在强调此种结果。本条立法意旨较为明确，中介人促成合同成立的，其享有请求支付报酬的权利，同时也确立了由中介人自行负担中介活动费用的规则，在一定程度上是“报酬吸收费用”或“报酬包含费用”的逻辑与思路。我国台湾地区学者也认为，居间费用“视为已属居间报酬之一部分”。亦即，中介人在促成合同成立之时，不得就中介活动的费用进行请求。从《民法典》第963条、第964条关于费用的规定来看，其区分关键在于“中介人是否促成合同成立”，而在未促成合同成立的情形下，关于费用承担则取决于当事人之间的约定。

三 举证责任

中介人主张已促成合同成立的，应就主合同成立提供相关证据，并就中介人所从事的中介活动与主合同成立之间具有因果关系提供相关证据予以证明。无论委托人是否具有逃避支付报酬之恶意，中介人只需举证说明，委托人在接受其信息或中介服务后的一定时期内，即便未接受其后续服务仍获取缔约利益的基本事实存在，即可推定该缔约与中介服务之间存在因果关系。委托人主张主合同成立非因中介人所从事的中介活动而促成，并拒绝支付报酬的，应就促成主合同成立的相关证据进行举证，并证明中介人所从事的中介活动与主合同成立之间不存在因果关系，即便其并未接受中介人的信息与服务，仍可获取相关缔约利益。另外，关于是否事先约定报酬的证明，当事人均应就相关证据予以证明，在当事人约定多种关于报酬等方面的表述之时，应就相关惯常理解予以解释和证明。

其他问题

本条对于中介报酬畸高情形下，当事人可否请求酌减等并无规定。参酌大陆法系典型国家与地区之立法例，《德国民法典》第655条规定了约定不负比例之高额报酬，得依债务人之申请，以判决减至相当之数额。我国台湾地区规定，约定之报酬，较居间人所任劳务之价值，为数过巨失其公平者，法院得因报酬给付义务人之请求酌减之。但报酬已给付者，不得请求返还。之所以如此规定，主要在于为维持公益，[①]而对显失公平之情形予以调整。而在本章缺少此种规定的情形下，实践中倘若出现当事人约定的中介报酬畸高之时，委托人是否可请求酌减，应个案考察，比如当事人是否存在意思表示瑕疵等情形。《民法典》第963条也规定，在未约定报酬或报酬不明确之时，应根据中介人的劳务合理确定，实际上也隐含了中介人劳务费用的合理之意，但尚不能直接作为请求报酬酌减之基础，仍应在个案中进行综合判断。

第九百六十四条【中介费用支付请求权】

中介人未促成合同成立的，不得请求支付报酬；但是，可以按照约定请求委托人支付从事中介活动支出的必要费用。

历史由来

本条主要规定中介人未促成合同成立的情形下，无权请求报酬以及必要费用承担问题。本条继承了《合同法》第427条并将“居间人”统一修改为“中介人”，在中介人未促成合同成立的情形下，仍然坚持不得请求报酬的立场；尤其是，就中介人从事中介活动支出的必要费用，将《合同法》规定的“有权请求”修改为“基于约定请求”，使本条规定更符合中介活动实际情况以及中介合同立法意旨。

《合同法》第427条规定：“居间人未促成合同成立的，不得要求支付报

① 参见邱聪智：《新订债法各论》（中），中国人民大学出版社2005年版，第238页。

酬，但可以要求委托人支付从事居间活动支出的必要费用。”《民法典合同编（草案）》（一审稿）第748条修改为：“中介人未促成合同成立的，不得要求支付报酬，但是可以按照约定要求委托人支付从事中介活动支出的必要费用。”可见，在“一审稿”之时，本条就已作出比较重大的修改，即从以前的中介人必要费用支付的法定请求权立场修改为约定请求权立场。此后《民法典合同编（草案）》（二审稿）第748条的规定内容与“一审稿”保持一致。但此后《民法典（草案）》第964条又进一步修改为：“中介人未促成合同成立的，不得请求支付报酬；但是，可以按照约定请求委托人支付从事中介活动支出的必要费用。”本条系将“一审稿”与“二审稿”之中的“按照约定要求”修改为“按照约定请求”，尽管只有一字之差，却使本条规定在立法技术上更为科学。《民法典》第964条与《民法典（草案）》第964条保持一致。

规范目的或功能

本条意在规范中介人未促成合同成立而不得享有报酬请求权，以及在无法获得中介报酬的情形下，中介人就中介费用仅得在双方约定的前提下享有请求权，倘若双方未约定，中介人不享有费用返还请求权，关于费用返还的立场，与此前《合同法》关于费用返还请求权的规定完全不同。本条前半句为完全法条，即符合“中介人未促成合同成立”这一构成要件，其法律效果为中介人“不得请求支付报酬”。就本条后半句有关费用返还之规定，系应与本条前半句之“中介人未促成合同成立”相结合解释，即在“中介人未促成合同成立”以及“双方已约定费用承担”这两个前提之下，中介人得就中介活动支出的必要费用请求委托人支付。这两个前提条件系属构成要件，其法律效果为中介人得享有相应请求权。

首先，《民法典》第963条第1款与第964条前半句共同构成了中介人是否享有报酬请求权的规范体系。第963条第1款规定“中介人促成合同成立的”，得享有中介报酬请求权；而第964条前半句明确规定，“中介人未促成合同成立的，不得请求支付报酬”。可见，这两条规定共同呈现出，中介合同之要旨与中介活动的目标在于——中介人促成主合同成立。故此，在中介报酬请求权上，以中介人是否促成主合同成立为唯一判断标准与界限，如果促成主合同成立，则可享有报酬请求权；如未促成主合同成立，则不享有报酬请求权。在“促成主合同成立”与“享有报酬请求权”之间，二者是“全有”或“全无”的关系，“促成主合同成立”是“享有报酬请求权”的充要条件，进而可反推出在中介人“未促成合同成立”的情形下，必然不享有报酬请求权。由是观之，这两条共同构成中介人报酬请求权之规范体系，也意在强调中介合同之立法意旨。

其次，《民法典》第963条第1款与第2款以及第964条第2句，共同构成了中介人是否享有费用返还请求权的规范体系。第963条第2款明确规定，中介人促成合同成立的，中介活动的费用由中介人承担，事实上也是一种“报酬包含费用”的解释，费用被视为已属中介报酬的一部分，与中介活动意在促成合同成立之目标体系自洽。而对于中介活动所指出的必要费用，最大的争议焦点在于中介人未促成合同成立的情形下，能否就必要费用要求委托人支付等问题。从比较法的经验来看，在大陆法系典型国家与地区，对于中介活动的费用，基本上均采当事人约定的立场，而并无法定返还立场。对于此前《合同法》第427条所规定的居间人得享有费用返还的法定请求权，这一立法例在近年来始终颇受质疑。总结司法实践经验与参酌域外立法例经验，在《民法典》编纂过程中便对此条进行修改，即中介人费用返还请求权系基于约定而非法定，此种修改无论是法律技术的科学性还是实践中的可行性，均更符合中介合同之要旨。

最后，《民法典》第962条、第963条与第964条，共同构成了中介人从事中介活动时，在非常态（中介人故意隐瞒与订立合同有关的重要事实或者提供虚假情况，损害委托人利益）以及常态之下（促成合同成立或未促成合同成立），是否享有报酬请求权的规范体系。即在非常态以及常态之下由于其他原因未促成合同成立之时，中介人不享有报酬请求权，而在非常态之下还应承担相应损害赔偿责任；只有在常态之下并促成合同成立之时，才得享有报酬请求权。至第964条为止，有关中介合同的基本样态与效力、中介人的权利与义务以及委托人的权利与义务、媒介中介中的当事人权利义务等，基本上较为全面地有所呈现，具备一定体系解释基础并形成体系效应。

规范内容

本条与《民法典》第963条共同构成中介合同之核心条款，包括中介人可否请求支付报酬、费用与报酬之间的关系、费用返还基于法定还是约定等问题，同时也可反推出中介人促成主合同成立但可能存在瑕疵履行等情形，中介人是否享有报酬请求权以及承担相应损害赔偿责任之间的关系。故此，本条所规定的中介人不享有报酬请求权以及费用承担约定等问题，实际上是对第963条之补充，并与第963条之间共同构成报酬请求权之根本判断标准。

一、中介人未促成合同成立之法律后果

中介合同以中介人促成委托人欲缔结之主合同为目标，由于中介活动本身所具有的特性，其主要以中介人提供信息为主，前已述及，中介人所提供的信息并非完全只为特定委托人“量身定制”“一次性利用”的信息，而是一种只要未失效就可以反复利用的信息。因此，即便中介人不积极从事中介活动，委托人也不能要求其积极活动，中介人获得的只是一种资格或者权利；中介人不从事中介活动，也并非违约行为，委托人不享有相应的履行请求权。可以看出，委托人与中介人之间的关系实际上较为松散，而将全部的、可能产生正向法律效果的联结都系于最终的“中介人促成合同成立”，只有达到此种结果之时，中介人始得请求委托人支付报酬。也正是在此种关系与理解的基础上，从反向推理，在中介人未促成合同成立之时，基于公允价值出发，其自然亦不享有相应的报酬请求权，这也正是本条的立法意旨所在。故此，中介人能否享有报酬请求权的唯一标准即“是否促成合同成立”。

本条前半句与第963条在确立中介人享有报酬请求权标准之时，也意味着只要中介人促成缔约，则享有报酬请求权，即便其可能存在其他瑕疵履行的情形，仍然不影响报酬请求权的行使；反向推理而言，在中介人未促成缔约的情形下，即便其为促成缔约事务付出再多，也不享有报酬请求权，甚至在并未约定由委托人承担中介活动所支出的必要费用之时，也不享有相应必要费用支付请求权。故此，这就完全排除了实践中即便中介人为促成缔约事务付出劳动，但却并未最终促成缔约，是否需要考虑其报酬

请求权的问题。第963条与第964条前半句，所解决的就是报酬请求权的根本问题。

二、中介活动必要费用支付：从“依法定”到“依约定”的立场转变

在编纂《民法典》合同编“中介合同”章之时，修改较大之处，除增加第965条委托人“跳单”条款外，另一个较为显著的修改即在本条——中介人未促成合同成立之时的必要费用请求权。与《合同法》第427条相比，本条的修改关涉对中介人必要费用请求权法律价值立场的转变，殊值重视。

第一，《合同法》第427条的立场是，中介人（居间人）未促成合同成立的，不享有报酬请求权，但有权要求委托人支付必要费用，享有法定的费用请求权。

从比较法上来看，大陆法系典型国家和地区的通行立法例均为中介费用基于约定而非法定，比如《德国民法典》第652条第2款规定：“费用应偿还于居间人，但以其经合意者为限。契约虽不成立，亦适用之”。我国台湾地区规定，居间人支出之费用，非经约定，不得请求偿还。前项规定，于居间人已为报告或媒介而契约不成立者适用之。[①]可见，德国与我国台湾地区均规定在中介人（居间人）为促成缔约之时的费用须经约定才得以请求。之所以如此规定，是因为中介人即便不积极从事中介活动，委托人也无权要求其履行义务，而中介合同制度作为一项规则安排，其又本着一定合同目的与合同价值的实现。因此，规定中介人在未促成合同成立之时，未经约定，即便其从事中介活动并付出必要的活动成本，也不可能获得必要费用的补偿，以此督促中介人尽职尽责，尽可能实现合同目的。毫无疑问，倘若中介人未促成合同成立，却仍可要求支付相应必要费用，就相当于即便中介人未尽职责与履行义务，也仍可获得相当于“报酬”的费用，也可能出现故意虚报费用等情

---

① 我国台湾地区学者也认为，该条意在表达，契约既然不成立，原无居间报酬请求权，自然亦无居间之费用偿还请求权（盖费用视为系居间报酬之一部分），但本项规定当事人仍可为不同之约定。参见吴志正：《债编各论逐条释义》（修订六版），台北元照出版有限公司2019年版，第296页。

形，即“名费实酬”。此种风险就使得中介合同法律制度的价值完全丧失。因此，从域外立法例来看，基本上均持“费用应依约定”之立场。

然而，既然中介合同特点、中介报酬与必要费用之间关系的逻辑如此明显，比较法上亦无中介费用法定请求权之先例，为何《合同法》还会规定中介人未促成合同成立却有权要求委托人支付必要费用？从目前的资料来看，尚难以找到比较可靠的资料对此问题进行说明，唯一可能的解释是，立法者很可能是借鉴了委托合同中处理委托合同费用的思路。在《合同法》中，与中介合同较为近似的合同群即委托合同群，委托合同中受托人处理委托事务的费用由委托人承担，并且委托人应预付或事后偿还受托人垫付的必要费用及其利息；行纪合同中行纪人处理委托事务支出的费用，则由行纪人负担，当事人另有约定的除外。在《民法典》编纂中，对委托事务的费用和行纪费用等条款，均无修改，仍然沿袭《合同法》之相关规定。事实上，在合同本身构造以及规则设置上，虽然在《民法典》合同编编纂之中新增了第966条，即在中介合同章没有规定的，参照适用委托合同的有关规定，但中介合同实际上与行纪合同相似之处相对更多或理念上更为相近。由是观之，《合同法》有关中介活动必要费用的思路可能更多是参考了委托事务费用的处理思路，这一规则在其后的司法实践当中也存在诸多适用障碍。

第二，司法实践中对《合同法》第427条有关中介（居间）费用法定请求权之立场存在分歧。在具体裁判之中，基本上还是以中介人是否促成合同成立为标准，对于中介人从事了相关中介活动，是否支持相关费用返还的态度却并不一致。比如，在一则人力资源中介合同案中，法院只认定了中介人促成招聘成功的中介报酬，否定了在未促成招聘成功的情形下的成本等费用补偿问题。[①]在有的案件中，法院则根据具体情况，在中介人并未促成合同成立的情形下，考虑到中介人已就中介事务付出一定的劳务，酌定中介人可获得一定比例的必要费用。[②]在有的案件中，由于委托人的过错导致中介事务无法完成，在中介人未促成合同成立也无法促成合同成立之时，要求委托人给予

① 参见北京市第三中级人民法院（2020）京03民终728号民事判决书。

② 参见山东省临沂市中级人民法院（2016）鲁13民终5373号民事判决书。

中介人少额补偿。[①]从以上几个案例可以看出，在司法实践中适用《合同法》第427条之时，对该条有关中介活动费用请求权的认定理解不一、适用不一，即便法院适用该条支持一定数额的必要费用支付，也在相当程度上无法满足当事人的要求，而不得已使用“酌定”“补偿”等词语，实则既无法完全适用该条，同时又由于该条的存在不得已而适用之，难谓两相公允。可见，该条存在一定漏洞甚至缺陷，使得必要费用问题在中介人未促成合同成立的情况下，成为一个“鸡肋”，完全适用有恐对委托人不公，也难以避免中介人的道德风险；不予适用又可能对中介人不公，同时也不能完全无视一个法定的费用返还请求权之存在。综上可见，在制定法与司法实践产生一定矛盾或冲突之时，这种问题就值得进一步重视。

第三，《民法典》第964条确立了中介活动必要费用支付依约定的立法立场。从《民法典》编纂过程中关于该条的修改轨迹来看，本条在2018年9月公布的《民法典合同编（草案）》（一审稿）中就进行了修改，除将“居间人”“居间活动”统一修改外，还增加了“按照约定要求”，即确立了必要费用支付“应依约定”的立场，是对《合同法》第427条的重大修改。可见，这一问题在民法典开始编纂修订之际就已受到重视。在2019年1月《民法典合同编（草案）》（二审稿）之中，对该条并未修改，仍沿袭“一审稿”之内容。届至2019年12月《民法典（草案）》，对第964条进行了一定修改，主要是将“按照约定要求”修改为“按照约定请求”，尽管只有一字之差，但是却在相当程度上更加科学化，体现出“请求权”这一特征。另外，该条在“……不得请求报酬；但是……”这句之中增加了一个分号，更突出法律对于“报酬”与“费用”相关规定的层次感，也使“费用”条款相对独立，法律适用之时的解释与理解更为明了。

为何此条在《民法典》编纂过程中作出如此重大的立法立场改变？从目前的立法说明与公开资料来看，似并无直接针对这一问题的正面回答。鉴于学界由来已久的对于《合同法》关于费用法定请求权立法例的质疑以及司法实践中适用该条时所产生的问题，《民法典》编纂之际借鉴域外立法例及近年

---

① 参见《某置业公司诉林某某房屋出售合同纠纷案——委托人的告知义务和定金罚则的适用》，北大法宝数据库，［法宝引证码］CLI.C.367689。

来司法实践情况作此修改，在一定程度上更加符合中介合同的制度本意，并且进行了立法漏洞的填补。

综上可见，《民法典》编纂过程中针对本条的修改，在相当程度上使中介合同规则构造更加合理与完善，也排除了法律适用中的一些模糊地带和难以确定的情况。即在中介报酬与中介活动必要费用这两个问题上，以中介人是否“促成合同成立”为基本标准，判断相应报酬支付请求权；同时以当事人之间是否存在费用支付之约定，判断中介人是否享有费用支付请求权。此种规则安排，使得此前在中介人未促成合同成立而无法请求报酬之时的“酌定”费用支付等情况被完全排除在外，法律规则与适用都较为明确。在教义学与司法实践两个面向上都进行了完善，本条之修改可谓《民法典》编纂中可圈可点之处。

三、必要费用的范围

在当事人约定了中介人未促成合同成立之时可请求委托人支付必要费用的，中介人得享有相应必要费用请求权。通常情形下，中介活动中支出的必要费用以“必要”为限，即与从事相应中介活动以及促成主合同成立的相关活动有关，比如在房产中介中，一般包括必要的查询费用、广告费、信息费等，而对于中介机构人员的人力成本等不应由委托人承担；比如在人力资源等其他中介中，对于为促成主合同成立可能进行的必要的调查费用等，同样，如上文提到的人力资源中介案件之中，对于从事人力资源中介的工作人员的人力成本补偿就不属于必要费用，不应由委托人承担。由此可见，所谓“必要费用”，仍与中介合同本身的目标有关，即促成主合同成立所必须为之的行为也是必要为之的行为，只有与此种行为相关的支出才属于必要费用。对于相关机构的工作人员，不能将其薪酬、福利等人力成本平摊之后也作为必要费用，这就与中介合同本身的价值目标相去甚远，也有违公允之价值。

举证责任

委托人主张主合同未成立而不支付中介报酬的，应就主合同未成立提供相关证据，以证明中介人无权请求支付报酬。中介人主张委托人应支付相应中介活动必要费用的，应就双方已有在先约定提供相关证据，包括合同、可作为证据的相关记录等；并就必要费用支出提供证据，包括但不限于相关票据、具有客观证明效力的查询记录和支付记录等，并证明这些费用支出与为促成主合同成立之间具有比较直接的关系；对于无法直接或在一定程度上无法间接指向与促成主合同成立之间具有一定关系的证据，一般不具有相应证明力。

其他问题

对于中介人的费用支付请求权，是否会因违反忠实义务而消灭，本条并没有正面规定。

对此，在比较法上，《德国民法典》第654条规定："居间人违反契约之内容，仍为相对人从事居间之行为者，不得请求居间报酬及费用之偿还。"我国台湾地区规定，居间人违反其对于委托人之义务，而为利于委托人之相对人之行为，或违反诚实及信用方法，由相对人收受利益者，不得向委托人请求报酬及偿还费用。对于此种情形，中介人是否受有利益、委托人是否受有实际损害在所不论，中介人一概丧失其对委托人之费用偿还请求权。[①]对于相应构成要件与内容，与丧失报酬请求权相同。[②]可见，基于通常理解，报酬请求权丧失与费用请求权丧失系为相同性质的问题，对于中介人违反忠实义务等行为，将导致其丧失费用请求权，概无例外。

第九百六十五条【委托人"跳单"的法律后果】

委托人在接受中介人的服务后，利用中介人提供的交易机会或者媒介服务，绕开中介人直接订立合同的，应当向中介人支付报酬。

历史由来

本条为新增条文，主要规定委托人"跳单"情形下的报酬支付义务，即

---

① 参见吴志正：《债编各论逐条释义》（修订六版），台北元照出版有限公司2019年版，第297页。

② 参见邱聪智：《新订债法各论》（中），中国人民大学出版社2005年版，第240页。

委托人利用中介人提供的交易机会或媒介服务，绕开中介人而订立合同的情形，委托人应支付相应中介报酬。近年来的司法实践中，关于中介合同纠纷，委托人“跳单”情形最为复杂，以最高人民法院于2011年12月20日发布的指导案例1号“上海中原物业顾问有限公司诉陶德华居间合同纠纷案”最为受到关注，该案将委托人的“跳单”行为推到了“风口浪尖”，也是近年来关于居间（中介）合同为数极少的指导案例。也恰是在这样一种司法实践的需求和背景之下，《民法典》编纂之际特就这一问题新增本条，专门规定委托人“跳单”情形下的报酬支付义务。

本条在《民法典合同编（草案）》（一审稿）之中就进行了规定，其中第749条规定：“委托人在接受中介人的服务后，利用中介人提供的交易机会，绕开中介人直接与第三人订立合同的，应当向中介人支付中介报酬。”《民法典合同编（草案）》（二审稿）第749条与“一审稿”保持一致。但此后的《民法典（草案）》在“一审稿”与“二审稿”的基础上又进行了修改，其中第965条规定：“委托人在接受中介人的服务后，利用中介人提供的交易机会或者媒介服务，绕开中介人直接订立合同的，应当向中介人支付中介报酬。”该次修改主要是在“利用中介人提供的交易机会”之后增加了“媒介服务”此种类型，体系上与《民法典》第961条中介合同定义中所列的两种中介类型保持一致，也对实践中委托人可能利用的中介活动类型有所反映；同时将“一审稿”中“绕开中介人直接与第三人订立合同的”中的“与第三人”删除，“一审稿”中主要限定在委托人绕开中介人直接与第三人订立合同的情形，难以涵盖在多人中介的情形下，委托人可能会绕开一个或几个相关中介人，而择一中介人（或完全绕开中介人）而与第三人订立合同的情形，此修改增加了可能涉及的相关情形，更为全面合理；另外还对本条作出一定文字梳理，将“一审稿”“二审稿”之中的“中介报酬”修改为“报酬”，文字上更加简练通达。《民法典》第965条与《民法典（草案）》第965条保持一致。

从比较法上来看，大陆法系典型国家和地区，包括德国和我国台湾地区等，尚无就委托人“跳单”行为进行特别规定，二者基本上是将委托人的“跳单”行为在委托人报酬支付条款中进行解释。可以说，《民法典》第965条开创了世界范围内关于委托人“跳单”特别规定的立法先河，颇值重视。

规范目的或功能

本条旨在规范委托人与中介人已经建立中介合同法律关系之后，委托人在客观上利用中介人提供的交易机会或者媒介服务等信息，主观上却故意“绕开”中介人，而与第三人或相对人订立主合同，此种情形下，委托人负有向中介人支付报酬的义务。

本条系完全法条，其构成要件为“委托人接受了中介人的服务（中介合同法律关系）+委托人利用中介人提供的（交易机会或媒介服务）信息+绕开中介人订立合同”，相应法律效果为“委托人应向中介人支付报酬”。但是在相应中介合同法律关系之中，对委托人利用中介人提供的交易机会或者媒介服务等信息而与第三人或相对人缔约之间，须存在因果关系，并故意“绕开”中介人，只有严格符合这几个条件，委托人才负有报酬支付义务，几者环环相扣、缺一不可。尤其在多人中介场合，如何证明这几者之间的关系与情形，就变得尤为重要与关键；只有充分使几者之间建立起有机联系，才能准确适用本条，以实现制度之公允价值。

本条实际上系《民法典》第963条中介人报酬请求权之特殊情形规定，意在根据近年来的司法实践情况，对此种情形予以强调。客观而言，第963条第1款第1句“中介人促成合同成立的，委托人应当按照约定支付报酬”，虽然非常简明，但实际上已包含中介人从事中介活动与促成主合同成立之间应存在因果关系之意，相关论述已在前述第963条评注中阐明。本条所列情形实际上可由第963条第1款第1句解释出来，即委托人与第三人的主合同成立，系由中介人所提供的交易机会或媒介服务等信息促成，即便委托人故意“绕开”中介人缔约，只要具备相关事实与因果关系，中介人就有权请求委托人支付相应报酬。之所以特设本条，意在针对近年来实践中较多的多人中介场合中，委托人所存在的对在先中介人之“跳单”情形，并对这种情形作出一定的否定性价值判断，突出强调此种情形下的委托人义务。由是观之，本条从文义解释与逻辑解释上而言，并非属于特别规则，第963条第1款第1句与本条之间实际上构成一般规则与特殊情形之间的关系，仍应综合考虑二者之间构成的体系效应与适用逻辑的自洽性。

规范内容

中介合同的立法目的，在于通过中介活动实现委托人之缔约目的，进而实现中介合同当事人之权利义务安排。现实情况中，能否促成委托人缔约存在多种影响因素，最为关键的是当事人是否具有信息优势。因此，委托人和中介人均可能为了自身目的而产生一定道德风险，中介人可能会利用自己所掌握的信息不当谋求更高的报酬，委托人则可能为寻找合适的缔约机会与最优的中介费用成本支出而寻找多个中介人。[①]恰是在此种风险与博弈之下，使得实践中产生了所谓的委托人对在先中介人的“跳单”现象。诚如上述规范目的所分析，本条实则属于第963条所列一般规则之特殊情形。谓之特殊，在于实践中此种现象频发，通过强调此种情形下当事人之权利义务安排，以实现立法之评价功能与预测功能，从而实现法律调整社会生活之作用。以下将就本条之构成内容分述之。

一、委托人利用了中介人提供的交易机会或者媒介服务

中介合同法律关系的理想状态是，中介人提供中介服务，促成主合同成立，委托人达到目的，中介人获得相应报酬。但在实践之中，并非始终能实现此种理想状态，往往可能出现委托人在接受中介人的服务后，虽然利用了中介人提供的交易机会或者媒介服务与第三人缔约，但却未向提供实质性促成缔约的中介人披露缔约情况和支付相应报酬。对于非理想状态可能产生的风险，中介人在实践中可能通过“独家中介（居间）委托”形式规避委托人“跳单”的风险；也可能通过“固定中介（居间）委托”形式规避委托人随时退约的风险；或者通过“独家且固定的中介（居间）委托”相结合的形式来同时避免前述两种风险。[②]但即便是前述最为保险的“独家且固定的中介（居间）委托”，也难免会出现本条所涉及的委托人利用了中介人的中介服务，但

① 有学者更形象地将类似此种情形称为“双边道德风险”，参见税兵：《居间合同中的双边道德风险——以“跳单”现象为例》，载《法学》2011年第11期。

② 参见张谷：《民法典合同编若干问题漫谈》，载《法治研究》2019年第1期。

是却绕开中介人订立合同。事实上，包括前述情况在内的多种利用中介人服务却绕开中介人缔约等多种实践类型，就是本条所规定的委托人支付报酬的前提条件。

从委托人对中介人的委托权限来看，大致可分为以下两种情形：

第一，独家委托与单一中介。实践中，委托人可能只委托了一个中介人，但并未限制是独家中介还是固定中介；中介法律关系也可能是上述独家中介、固定中介或独家且固定中介中的一种形式，可认定为独家委托。在此类情形下，委托人的信息来源几乎只有一个中介人，如能缔约，基本上可以推断委托人利用了中介人提供的交易机会或媒介服务。当然，中介人也仍需证明自己所提供的交易机会或媒介服务与促成主合同成立之间具有相当因果关系，委托人也同样有权证明该缔约与中介人所提供的信息或服务无关。如若委托人违反了独家委托协议中的相关条款而需承担违约责任，则另当别论。

第二，一般委托与多人中介。实践中，委托人对中介人的委托权限也可能是一般委托，基于此，委托人可能会委托多个中介人。倘若委托人成功缔约，其可能会利用其中一个或多个中介人的信息，如果委托人可以证明自己完全未利用任何中介人的任何信息则另当别论。但通常情况下，委托人可能会主要利用一个或多个中介人所提供的交易机会或媒介服务。毫无疑问，这种情况也属于本条所规定的委托人“利用中介人提供的交易机会或媒介服务”，只不过如何证明中介人所提供的交易机会或媒介服务与促成缔约之间是否存在因果关系，是一个比较复杂的问题，该问题将在其后所要讨论的中介活动与主合同订立之间的关系中进行讨论。

尤其是，本条也在委托人利用中介人提供的交易机会或媒介服务之前，特意强调了“委托人在接受中介人的服务后”这一时间意义上的前提条件，以此更加使中介人的中介服务与委托人利用中介人提供的交易机会或媒介服务之间产生一定的紧密联系，从而使构成要件中的一部分更具有确定性。

二、委托人“绕开”中介人而订立合同

本条所规定的构成要件中，十分关键的问题即委托人“绕开中介人直接

订立合同的”，俗称“跳单”情形。该要件以“委托人在接受中介人的服务后，利用中介人提供的交易机会或者媒介服务”为前提条件，前已述及。委托人“绕开”中介人而订立合同，可从如下主客观两个方面进行分析。

第一，委托人实现了成功缔约，并且客观上利用了相关中介人所提供的交易机会或媒介服务。也有学者强调，委托人能否与第三人缔约，取决于委托人的缔约意愿，是一种外在因素。此种外在因素影响了委托人的给付义务，只有在委托人实现成功缔约后，中介人方可主张报酬请求权，其法律意义在于由中介人承担不能实现给付效果的合同风险，这使得中介人的报酬请求权具有不确定性。①但是，委托人的成功缔约或主合同成立，是适用本条的客观事实基础，也是本条旨在规范的主要情形。

第二，委托人主观上存在逃避支付（不付或少付）中介报酬的恶意。这是本条适用的委托人的主观基础，也是本条旨在规范的主要情形。当然，对于委托人是否具有主观恶意，并不需要直接证明，只需证明中介人提供了交易机会或媒介服务，委托人利用了该交易机会或媒介服务，且该机会或服务与主合同订立之间具有相当因果关系，即可推定委托人主观上具有逃避支付中介报酬的恶意。另外，实践中委托人与中介人所订立的中介合同中，也往往会约定“禁止委托人跳单”条款，从司法实践来看，基本上均认为该条款有效。②该种条款的订立系当事人之间的合意，除确实存在格式条款无效的情形外，理应认定该条款有效。

关于如何判断委托人主观上是否具有逃避支付中介报酬的恶意，在最高人民法院于2011年12月发布的指导案例1号“上海中原物业顾问有限公司诉陶德华居间合同纠纷案”中有所讨论。该案例主要探讨的是委托人“跳单”情形下的报酬支付义务认定等问题。该案中，法院所查明的基本事实为：2008年下半年，原产权人李某某到多家房屋中介公司挂牌销售涉案房屋。2008年10月22日，上海某房地产经纪有限公司带陶德华看了该房屋；11月

---

① 参见税兵：《居间合同中的双边道德风险——以“跳单”现象为例》，载《法学》2011年第11期。

② 参见孙维飞：《隐名的指导案例——以“指导案例1号”为例的分析》，载《清华法学》2016年第4期。

23日，上海某房地产顾问有限公司（简称某房地产顾问公司）带陶德华之妻曹某某看了该房屋；11月27日，中原公司带陶德华看了该房屋，并于同日与陶德华签订了《房地产求购确认书》。该确认书第2.4条约定，陶德华在验看过该房地产后6个月内，陶德华或其委托人、代理人、代表人、承办人等与陶德华有关联的人，利用中原公司提供的信息、机会等条件但未通过中原公司而与第三方达成买卖交易的，陶德华应按照与出卖方就该房地产买卖达成的实际成交价的1%，向中原公司支付违约金。当时中原公司对该房屋报价165万元，而某房地产顾问公司报价145万元，并积极与卖方协商价格。11月30日，在某房地产顾问公司居间下，陶德华与卖方签订了房屋买卖合同，成交价138万元。后买卖双方办理了过户手续，陶德华向某房地产顾问公司支付佣金1.38万元。

关于该案的裁判结果，上海市虹口区人民法院于2009年6月23日作出（2009）虹民三（民）初字第912号民事判决：被告陶德华应于判决生效之日起10日内向原告中原公司支付违约金1.38万元。宣判后，陶德华提出上诉。上海市第二中级人民法院于2009年9月4日作出（2009）沪二中民二（民）终字第1508号民事判决：一、撤销上海市虹口区人民法院（2009）虹民三（民）初字第912号民事判决；二、中原公司要求陶德华支付违约金1.65万元的诉讼请求，不予支持。

法院生效裁判认为：中原公司与陶德华签订的《房地产求购确认书》属于居间合同性质，其中第2.4条的约定，属于房屋买卖居间合同中常有的禁止“跳单”格式条款，其本意是为防止买方利用中介公司提供的房源信息却“跳”过中介公司购买房屋，从而使中介公司无法得到应得的佣金，该约定并不存在免除一方责任、加重对方责任、排除对方主要权利的情形，应认定有效。根据该条约定，衡量买方是否“跳单”违约的关键，是看买方是否利用了该中介公司提供的房源信息、机会等条件。如果买方并未利用该中介公司提供的信息、机会等条件，而是通过其他公众可以获知的正当途径获得同一房源信息，则买方有权选择报价低、服务好的中介公司促成房屋买卖合同成立，而不构成“跳单”违约。本案中，原产权人通过多家中介公司挂牌出售同一房屋，陶德华及其家人分别通过不同的中介公司了解到同一房源信息，并通过其他中介公司促成了房屋买卖合同成立。因此，陶德华并没有利用中原公司的信息、机会，故不构成违约，对中原公司的诉讼请求不予支持。[①]

从指导案例1号的案情与判决解析来看，法院也是按照委托人是否利用了中介人的信息以及中介人的中介活动是否促成合同成立等思路进行裁判的，与本条所规定的情形和思路等基本相符。但也有学者指出，最高人民法院所公布的指导案例1号与原判决存在一定出入和文本剪辑，甚至存在“改写”之嫌。[②]对于原判决的解释，有论者认为，中原公司确认其并未就价格问题与房屋买卖双方提供媒介服务，而陶德华对于165万元的价格无法接受，也就是说，中原公司以165万元的价格无法促成买卖双方成交。但是某房地产顾问公司作为居间方，最终通过提供媒介服务，以138万元的价格促成双方成交。从委托人是否具有主观恶意来看，在某房地产顾问公司居间成功后，陶德华依约向其支付了1%的全额佣金13800元，因此不存在逃避支付佣金义务的不正当目的。[③]针对这一基本上符合原判决思路的观点，有论者认为，前述观点的实质是：禁止“跳单”所禁止的是委托人直接与本约相对方磋商缔约，由此而“恶意逃避报酬”，至于召入其他居间人，只要缔结本约后向其他人支付了报酬，也就不存在“恶意逃避报酬”了。该观点虽然从个案出发，但着眼的却并非案件当事人之间的利益冲突，而是一个更加宏观的居间交易的场景，或者说是基于整个居间行业的利益。但毫无疑问，居间合同当事人在约定禁止“跳单”条款时内心所系的肯定不是居间行业的整体利益，而是要尽可能地排除委托人以其他途径获得缔约机会。其中既包括自己缔约，也包括召入其他居间人缔约。[④]

关于上述原判决与指导案例1号的对比，可以看出不同的论理逻辑。原判决论理的关注点与逻辑似乎在于，陶德华未向在先已订有居间合同但未促成

---

① 参见《指导案例1号：上海中原物业顾问有限公司诉陶德华居间合同纠纷案》，载最高人民法院网站http: //www.court.gov.cn/shenpan-xiangqing-4214.html，最后访问时间2020年5月1日。

② 参见汤文平：《论指导性案例之文本剪辑——尤以指导案例1号为例》，载《法制与社会发展》2013年第2期。

③ 参见张宁：《房屋买卖居间合同中规避“跳单”条款的效力和“跳单”行为的认定》，载《法律适用》2010年第8期。

④ 汤文平：《从“跳单”违约到居间报酬——“指导案例1号”评释》，载《法学家》2012年第6期。

合同成立的中原公司支付报酬，而向之后促成合同成立的某房地产顾问公司支付了报酬，这一点证明了委托人并无逃避支付报酬的恶意。而事实上，此处的论证已偷换了“主体概念”，即在一个合同关系之中，一方当事人是否具有逃避履行义务的恶意，是相对于另一方当事人而言的，而并非考虑其是否在其他法律关系中履行了义务。这也是原判决受到质疑之处，以及或可推测，由于原判决的说理似乎并没有较强的说服力，最高人民法院才在公布指导案例1号之时将其进行了一定的文本剪辑与论理修正。指导案例中更加强调，如果委托人并未利用该中介公司提供的信息、机会等条件，而是通过其他公众可以获知的正当途径获得同一房源信息，则买方有权选择报价低、服务好的中介公司促成房屋买卖合同成立，不构成“跳单”违约。易言之，这一裁判意见认为，判断委托人是否违约的关键点在于其是否利用了相关中介人所提供的信息与条件，对于价格这一关键条件而言，倘若委托人利用了提供不同价格条件（通常是更低价格）的中介人的服务，则不属于违约。客观而言，指导案例1号的论理思路更符合中介合同制度的意旨，即并不否定当事人之间的“禁止跳单”的约定，但是在相关中介人所提供的信息、条件不同于其他中介人之时，或者是并非优于其他中介人之时，委托人有权选择更优的交易条件实现缔约目的。这一思路与逻辑实际上也符合本条所规定的“委托人利用中介人提供的交易机会或媒介服务”等内涵，关键是委托人是否“利用”以及利用了中介人提供的“何种交易机会”。

综上可见，本构成要件之中，认定委托人是否“绕开”中介人而订立合同的关键在于：委托人与中介人之间无论是独家委托还是一般委托，均需考察委托人是否利用了中介人提供的交易机会或媒介服务，倘若委托人利用了相关中介人所提供的机会或服务，却恶意逃避支付中介报酬，则应承担相应报酬支付义务；倘若委托人并未利用相关中介人所提供的交易机会或服务，则不应承担相应的报酬支付义务。所谓“交易机会”“交易条件”等内容，尤其是对于不同交易价格等，则应认定为不同的交易机会或信息，也并非是“跳单”；对于何种价格、信息或机会系最终促成主合同成立的关键条件，则是证明委托人是否利用了中介人提供的交易机会或媒介服务以及是否“绕开”中介人而订立合同。值得注意的是，本条之中的“直接”二字，似会构成法律漏洞，即委托人利用了中介人所提供的交易条件或媒介服务，直接与第三人缔约，在一定程度上难以涵盖多人中介情形中，委托人可能利用其他中介人所提供的交易条件或媒介服务而实现成功缔约。因此，本着目的性扩张的漏洞补充原则，应认为本条不仅旨在规范“绕开”中介人直接缔约情形，也包括多人中介情形下的“绕开”所利用的中介人的交易条件或信息而缔约之情形。

三、中介活动与主合同订立之间具有相当因果关系

《民法典》合同编“中介合同”章所贯穿的理念在于，中介人恪守忠实义务，积极从事中介活动，以促成委托人与第三人缔约为目标；委托人也应具有契约精神，不得在利用中介人的交易机会或服务而订立合同的事实基础上，又不履行相应的报酬支付义务。诚如有学者所言，中介合同之中存在双边道德风险，如何将此种风险降至最低甚至通过法律制度设计有效控制此种风险，成为中介合同法律规则的意旨与任务。对于最为复杂的委托人“跳单”情形下的报酬支付义务认定等问题，也旨在控制委托人的道德风险，以实现当事人双方之利益平衡。

中介人报酬请求权的生效，需要两个法律事实的结合——“中介人报告缔约机会”+“委托人与第三人缔约”。[①]这两个法律事实之中包括诸多情形与逻辑链条，本条所规定之委托人利用了中介人所提供的交易机会或媒介服务，而绕开中介人订立合同的情形，在逻辑关系上如何认定，也成为学界和实务界重点关注的问题。对此，学理上基本上分持拟制条件成就说与相当因果关系说两种观点。

第一，拟制条件成就说。所谓拟制条件成就说或条件拟制成就说，即委托人为了避免支付报酬，不正当地阻止居间人“促成”合同成立的，应适用或准用附条件的法律行为之规定，视为条件已经成就。[②]在比较法上，无论是德国法，还是我国台湾地区均规定了契约附停止条件者，条件成就时，始得请求居间报酬。在此基础上，邱聪智先生也认为，如委托人为避免报酬支

---

① 参见税兵：《居间合同中的双边道德风险——以“跳单”现象为例》，载《法学》2011年第11期。

② 参见郑玉波：《民法债编各论》（下册），台北三民书局1981年版，第499页。转引自其木提：《论“跳单”之认定标准——最高人民法院指导案例1号评释》，载《交大法学》2016年第4期。

付，故意拒绝订立契约，待其后再由委托人与相对人订约者，本乎诚信原则，仍宜解为居间人得请求报酬。可见，在比较法上，对于委托人“跳单”问题，多采条件构成（即是否恶意阻止条件的成就）来解决。但是，指导案例1号却没有明确采取何种构成。[①]也有观点认为，应根据《民法典》第158条关于附条件合同之规定，在委托人不交或少交佣金而不正当地阻止佣金支付条件成就的，视为条件已成就，委托人应支付佣金。[②]

就拟制条件成就说的基本内容而言，委托人“跳单”与中介报酬支付义务紧密相连，如若其故意拒绝订立契约（恶意阻止条件成就），之后又订立契约，则应承担附条件的民事法律行为中恶意阻止条件成就的法律后果。该说具有一定道理，即在委托人确有恶意且符合相关构成要件之时，如何认定委托人应承担的义务与责任。此种情形也属于一种比较典型的委托人“跳单”情形。实践中，当事人一般会就条件并未成就作为抗辩理由。法院也会审查抗辩理由是否成立，若成立，则另一方主张的事实就不存在；若不成立，则另一方主张的原因就成立。尽管拟制条件成就说具有一定道理，但在适用之时存在一定缺点。在中介活动实践中，实际上是以非独家中介为原则，以独家中介为例外。在此种通行的行业惯例中，如果以拟制条件成就说作为判断委托人“跳单”行为法律后果的适用标准，则可能会在当事人举证等方面适用不畅或者举证成本有所提高，这在一定程度上也反映出指导案例1号为何对委托人“跳单”的构成要件以及附条件的民事法律行为等内容并未提及的原因。综上可见，拟制条件成就说在比较法上比较通行，但是在《合同法》《民法典》之中却并未明确规定与肯认，而留待学说与司法实践中对以拟制条件成就逻辑认定委托人“跳单”的法律责任等问题进一步予以解释。

第二，相当因果关系说。除上述拟制条件成就说外，近年来在认定是否属于委托人“跳单”违约以及是否应支付中介报酬等问题上，相当因果关系说较受认可。在前面几条评注之中，中介人应证明委托人成功缔约与中介活

---

① 参见《第6期金杜明德法治沙龙实录》中解亘教授发言部分，载http: //www.lawinnovation.com/html/xjdt/6822.shtml，最后访问时间2012年5月21日，转引自周江洪：《“上海中原物业顾问有限公司诉陶德华居间合同纠纷案”评释》，载《浙江社会科学》2013年第1期。

② 参见张宁：《房屋买卖居间合同中规避“跳单”条款的效力和“跳单”行为的认定》，载《法律适用》2010年第8期。

动具有因果关系，[①]并依此作为其报酬支付请求权基础。

中介活动以非独家中介为原则，因此中介行为不太可能成为“唯一”或“单一”原因，其原因性认定标准亦被降低为共同原因性。[②]此标准与报告与媒介等情形并不相同，报告中介更强调实质性地促成合同订立，而媒介中介却是中介人必须触发本约当事人的缔约动机。在多人报告中介场合，主要问题集中于先知抗辩，即委托人是否“先知”是一种合理抗辩；而在媒介中介场合，委托人往往可能已知潜在交易方，之所以召入中介人，则旨在促成缔约，关键之处是委托人能否主张因果关系中断。[③]

“共同原因性”也是一个难点问题。例如，多名居间人就同一买卖交易的报价各不相同，德国有州法院判决认定对委托人最有利的报告行为具有完全的原因性。而联邦最高法院却主张各报告居间行为之间仍有竞合原因性存在的可能，易言之，多数居间行为均具有共同原因性。因为价格、标的与当事人等因素对委托人决定缔约都很有意义，本约可能是多方居间人促成的，任何按居间合同约定所作的报告对本约缔结而言都不是完全的而是累积的原因，若本约基于后续报告提供的更有利价格缔结，则这一报告至少具有共同原因性，而其他在先报告的共同原因性也不受否定。[④]基于多个中介行为的共同原因性而促成缔约的，委托人如何承担报酬支付义务也成为一个难题。针对这一问题，按照惯常分析思路，要么就是委托人对每个中介人都承担完全的、百分之百的报酬支付义务；要么就是委托人按照大致的原因性而对每个中介人承担相应比例的报酬支付义务。实际上，根据中介人实际履行义务的情况或者说按照一定的原因性而由委托人承担一定比例的中介报酬的情形，在司

① 参见李骏、张逸：《居间人支付报酬请求的审查与判定——上海徐汇法院判决汇安事务所诉鑫泰公司等居间合同纠纷案》，载《人民法院报》2018年8月2日，第6版。

② Staudinger Kommentar/Reuter, 2003, § §652, 653, Rn117；转引自汤文平：《从“跳单”违约到居间报酬——“指导案例1号”评释》，载《法学家》2012年第6期。

③ BGH WM1971, 1098, 1100；转引自汤文平：《从“跳单”违约到居间报酬——“指导案例1号”评释》，载《法学家》2012年第6期。

④ OLG Köln AIZ 1979, 29; BGH NJW 1980, 123, 124; Knütel, ZHR Bd 144, 1980, 289, 314. 转引自汤文平：《从“跳单”违约到居间报酬——“指导案例1号”评释》，载《法学家》2012年第6期。

法实践中也有先例。[①]因此，根据相当因果关系以及共同原因性标准确定委托人“跳单”情形下的报酬支付义务，亦具有一定理论解释力与司法适用基础。

举证责任

中介人须对委托人是否存在“跳单”的违约行为进行举证，中介人需举证说明，委托人在接受其提供的交易机会或媒介服务或相关关键信息的一定时间内，脱离其服务而获取缔约利益的基本事实存在。委托人主张并未利用中介人所提供的交易机会或媒介服务而订立合同的，应就未实质性接受或利用中介人的信息、机会或服务等进行举证，或者就与促成缔约之关键事实与中介人无关等进行举证；同时亦应证明基于何种原因促成缔约，以排除委托人利用中介人提供的信息或服务的可能性。在多人中介场合，中介人应就已提供实质性促成合同成立之信息或服务进行举证，并就相应原因力等进行举证；委托人应就利用一个或多个中介人之信息或服务进行举证或者未接受与利用相关中介人之信息或服务进行举证，并就相关原因力等进行举证。

其他问题

本条虽然是对委托人“跳单”这一特殊情形的规定，但相应的体系解释不容忽视。尤其是在多人中介情形之中，对于相关中介人实质性提供与促成缔约相关的信息或服务，以及委托人利用这些信息与服务，最终可能促成合同成立也可能未促成合同成立等。其中，对于中介报酬支付请求权应考虑第963条与本条之间的联系与解释；对于中介人未促成合同成立的或者未履行忠实义务的，应考虑第962条、第964条与本条的联系与解释；对于未促成合同成立但约定必要费用支付的，应考虑第964条与本条的联系。尤其是，通过共同原因性理论，在按照原因力比例承担报酬的基础上，也可能涉及必要费用的在先约定以及中介人未履行忠实义务可能对委托人的利益造成损害应承担相应赔偿责任等。对这一系列问题都有必要重视和考虑。

---

① 参见广东省深圳市中级人民法院（2019）粤03民终22397号民事判决书。

第九百六十六条【准用性规定】
本章没有规定的，参照适用委托合同的有关规定。

历史由来

本条为新增条文，《合同法》中对此并无规定。本条在《民法典合同编（草案）》（一审稿）第750条就有所规定："本章没有规定的，适用委托合同的有关规定。"《民法典合同编（草案）》（二审稿）第750条对"一审稿"第750条的规定并无修改。《民法典（草案）》第966条规定对"二审稿"该条规定进行了修改，将其中的"适用委托合同的有关规定"修改为"参照适用委托合同的有关规定"。这一修改虽然仅增加了"参照"二字，却使本条之科学性有所加强，也符合准用性规范之选择适用本意。《民法典》第966条与《民法典（草案）》第966条保持一致。可见，立法者对于增加本条的思路和想法，在编纂《民法典》之时就已确定，因此在"一审稿"之中就进行规定，并在之后的修改中进行完善。

规范目的或功能

本条为中介合同的准用性规定。该规定的规范意旨在于，在当事人之间并未就双方建立中介合同法律关系达成合意之时，就如何确定当事人之间的法律关系提供一定指引。从目前立法说明等公开渠道来看，为何增加此规定，似无更多说明。基本可以推测的是，实践中，当事人之间有的可能未就双方是否建立中介合同法律关系达成合意，从行为表征上来看也难以清晰认定是否属于中介合同法律关系，在无法认定为中介合同法律关系之时，宜参照适用委托合同法律关系。

从体系效应来看，主要从当事人之间的合意以及行为是否属于本章第961条至第965条所规定的情形，尤其考察当事人的行为是否属于第961条关于中介合同的定义中所列中介合同的基本类型。通过此种认定，以判断当事人的行为是否属于中介合同法律关系或者其他法律关系，尤其是在无法认定为中介合同法律关系之时，宜优先参照适用委托合同法律关系的相关规定。

规范内容

本条在“一审稿”之中就有所规定，学界也对此存在一定质疑与讨论。对于是否规定本条，有学者也曾持异见，即从委托法律关系与中介法律关系的规定性上来看，中介人所负义务与委托人所负义务是否具有共同性，以及是否存在双方的任意解除权，都尚有讨论的空间。特别是若中介人不负积极行为义务，则与委托的区别甚大，应谨慎处理。因此建议不将委托合同规则视为兜底规则。[①]另外，对于中介合同与委托合同之区别也比较明显，无论是在法律规定上还是本评注关于第961条的讨论之时都有所提及。在司法实践中，对于相关法律关系的判断，仍然建立在严格区分委托合同和中介合同的基础上，主要考察中介人到底是否仅为“中介角色”以促成缔约为目的，还是以受托人的角色履行委托人的委托事务。[②]可见，为何增加此种规定，其质疑可能远大于其实际所欲实现的目的与作用。

从比较法上来看，《德国民法典》中对此类似条款并无规定；在日本商法上，居间被视为准委任契约，完全适用委任规定。[③]我国台湾地区对此也并无规定，但在学理上，郑玉波先生认为，委任为劳务型契约，居间未规定者，仍得适用委任之规定。[④]稍作推测，大抵我国《民法典》之所以增加此条，在一定程度上可能是参考了日本立法与我国台湾地区的学理解释等。另外，在行纪合同中，《民法典》第960条规定：“本章没有规定的，参照适用委托合同的有关规定。”其中也与本条相同，完善了“参照适用”之表述。因此，关于中介合同章的本条规定，是否在一定程度上也是考虑到与行纪合同之相关规定保持一致性，或存在一定可能性。

尽管比较法上存在立法先例，但就中介合同与委托合同的本质特征而言，

---

① 周江洪：《关于〈民法典合同编〉（草案）（二次审议稿）的若干修改建议》，载《法治研究》2019年第2期。

② 参见天津市塘沽区人民法院（2001）塘民初字第677号民事判决书。

③ 参见史尚宽：《债法各论》，中国政法大学出版社2000年版，第464页。

④ 参见郑玉波：《民法债编各论》（下册），第488页；转引自参见邱聪智：《新订债法各论》（中），中国人民大学出版社2006年版，第227页。

二者的相似之处在一定程度上仅是受托人基于委托人的委托而处理委托事务，中介人基于委托人的委托而从事相应中介活动；其他方面二者还是异多同少，大致包括以下几个方面。

第一，关于受托人的义务与中介人的义务。在委托合同中，受托人处理委托事务的权限较大，其所负义务也是为处理委托事务尽最大忠实勤勉义务。但在中介合同中，中介人主要提供报告或媒介服务，更多的是一种信息服务，而并非为委托人处理委托事务，前已述及，就算中介人不积极履行义务，委托人也不享有相应的履行请求权。因此，受托人的义务与中介人的义务，应为辨别委托合同与中介合同法律关系之关键。

第二，关于报酬与费用。委托合同中，受托人完成委托事务的，委托人应按照约定支付相应报酬；因不可归责于受托人的事由，委托合同解除或者委托事务不能完成的，委托人应当向委托人支付相应报酬。而中介合同中，只有在中介人促成合同成立之时，其得享有报酬支付请求权；未促成合同成立的，不享有相应报酬请求权。

关于费用，委托合同之中，委托人应预付相应费用或事后偿还相应受托人所垫付的相应费用及利息。而中介合同中，中介人促成合同成立的，应自担相应费用；中介人未促成合同成立的，只有在双方约定费用承担情形下，才得请求支付相应必要费用。

第三，关于另行委托的规定。在委托合同中，委托人另行委托受托人之外的第三人处理委托事务的，应取得受托人的同意。而中介合同中，系以非独家中介为原则，独家中介为例外。如若适用委托合同中关于另行委托的规定，则意味着委托人倘若另行委托中介人，需要取得在先中介人的同意，将非独家中介之原则转变为独家中介原则。这不仅是法律适用上的问题，更多的是不符合中介活动与中介行业本身的客观情况与发展规律。

举证责任

对于当事人主张适用中介合同章相关规定的，当事人应就双方系中介合同法律关系，而非其他合同法律关系进行举证，包括但不限于当事人的权利、义务，报酬支付是否附条件，以及该条件是否符合中介合同以促成缔约为报酬支付前提条件等内容，同时还包括必要费用支付等内容。在当事人就所主张事项认为无法适用本章规定的，在主张适用委托合同法律关系之时，应就是否符合委托合同的法律特征、有关当事人之间的权利义务安排、报酬支付以及费用承担等问题进行举证。

三 其他问题

本条虽旨在规定在中介合同章无规定之时，参照适用委托合同的有关规定，但也仍应关注当事人之间的合意与行为是否存在适用行纪合同或其他合同法律关系的空间，如有适用空间，也不宜直接适用委托合同的有关规定。

第二十七章

合伙合同

第九百六十七条【合伙合同的定义】

合伙合同是两个以上合伙人为了共同的事业目的，订立的共享利益、共担风险的协议。

历史由来

本条源自《民法通则》第30条，其规定："个人合伙是指两个以上公民按照协议，各自提供资金、实物、技术等，合伙经营、共同劳动。"1999年《合同法》没有规定合伙合同。1997年制定的《合伙企业法》旨在规范以合伙协议为基础成立的企业，属于企业主体法，在适用范围上受到严格限制。《合伙企业法》之外的合伙在现实中越来越重要，其表现多样，不仅有营利性的，也有公益性的。在《民法典》总则编将《民法通则》关于个人合伙与非个人合伙（联营）予以废除的情况下，将合伙合同纳入《民法典》合同编之中，确立合伙合同的基本规则，就显得十分必要。[①]

《民法典合同编（草案）》（征求意见稿）专章规定了"合伙合同"，其第525条规定："合伙合同是二人以上为了共同的事业目的，订立的共享利益、共担风险的协议。"《民法典合同编（草案）》（一审稿）与《民法典合同编（草案）》（二审稿）条文表述均没有变化。《民法典（草案）》最后将"二审稿"中的"二人"改为"两个以上合伙人"，使其表达更符合现代汉语规范。

本章有关法条来源主要是《民法通则》关于个人合伙的规定。《合伙企业法》虽然也有诸多关于合同的规定，但它与作为典型合同的合伙合同性质、规制重点不同。故而，我们不认为《合伙企业法》的有关规定为本章法条的来源。

规范目的或功能

本条是关于合伙合同的定义规定，其性质是说明性法条，规范意旨在于对合伙合同概念进行法定化，便于裁判者把握合伙合同的内涵与外延。

---

① 朱广新：《民法典之典型合同类型扩增的体系性思考》，载《交大法学》2017年第1期。

根据《民法典》总则编关于“非法人组织”规定和《合伙企业法》，我国同时具有合伙企业与不具有法人资格的专业服务机构。本条及其以下条款对于两人以上成立的非法人组织及类似行为具有“基础结构性”的意义，当没有相应法律规定时，可适用本条及以下有关条款。

规范内容

一、规范含义

根据本条，合伙合同具有以下含义：

（一）合伙合同是两个以上合伙人的多方意思表示一致的合同

合伙合同须有两人以上，当事人被称为合伙人。与一般合同不同，合伙合同是基于多方的意思表示一致而成立，属于第134条第1款“多方的意思表示一致成立”的民事法律行为，即所谓的“共同行为”。[①]

1.作为共同行为的合伙合同

此涉及合伙合同的性质，该问题从其产生以来就争议颇大。有将其视为双务合同的，认为各合伙人的出资义务具有互为对价的关系。《合同法》中关于双务合同的规定，一般要适用于合伙合同。[②]但现代学界越来越多的人认为，其不属于双务合同，而是一种共同行为，因为合伙人订立合伙合同的目的旨在经营某合伙事业，实现某种共同目的，某一合伙人履行出资义务不是为了换取另一方的对待给付，或使另一方履行出资义务，而是为了形成合伙财产，从事合伙经营。[③]因此，合同法总则的规定是关于当事人交换给付场合的规定，而如同合伙这样为了全体当事人共同的目的而统合给付的情形，认为其不适用合同法总则的规定才是合理的。[④]

---

① 这种“共同行为”与共同设立社团的行为是不同的，其不是为了设立一个社团，而是为了共同事业而约定权利义务。

② 邱聪智：《新订债法各论》（下），中国人民大学出版社2006年版，第14页。

③ 王利明：《论民法典对合伙协议与合伙组织体的规范》，载《甘肃社会科学》2019年第3期。

④ 参见［日］我妻荣：《新订民法总则》，于敏译，中国法制出版社2008年版，第226页。

对于这个问题的争议，直接关系到是否及如何适用合同通则有关规定。从意思表示一致角度，合伙合同无疑属于合同，故合同通则部分，如成立与生效、合同的终止等均可以直接适用。从合伙合同意思表示并非对立而一致，即只是为共同目的而一致的角度，其并非双务合同，合伙人之间的权利义务不是一种因对立而产生的关系。合伙人根据合伙合同尽管也有给付义务，但其给付与其他合伙人的给付并不构成“对待给付关系”。[①]所以，合同通则不宜简单适用于合伙合同，即使是合伙合同的成立与终止等，也均具有相应特殊之处。

从本章关于合伙合同的条文表述来看，其试图以传统合同术语表达相关制度，如合伙合同的解除与终止等，但其含义并非双务合同那般。在双务合同中，合同解除的效力涉及互相返还财产的问题；在合伙合同中，合同的解除仅产生合伙的解散与清算后果。双务合同中的终止是指合同权利义务的消灭，合伙合同的终止则是一个程序，即进入清算程序而终止，在许多国家和地区，一般用合伙的解散清算表达相关含义，很少用“终止”这一词语。

不过，总体而言，本章关于合伙合同的有关规定突出的是合伙人的行为意义，即合伙人为共同事业之目的而达成的协议，从而凸显合伙人而非合伙的存在。[②]

2.关于自然人的合伙能力

既为民事法律行为，合伙人必须具备《民法典》第143条所要求的“相应的民事行为能力”。如果合伙人为无民事行为能力人，根据第144条关于“无民事行为能力人实施的民事法律行为无效”的规定，该无民事行为能力人实施的合伙合同行为是无效的。如果合伙人系限制民事行为能力人，则合伙合同的订立应由其法定代理人代理或经其法定代理人的事前允许（第145条）。如未经过法定代理人事前允诺，则该部分并不当然无效，而属于部分效力未定，须得其法定代理人承认始生效力。有疑问的是，如果该限制行为能力人

---

① 李永军：《民事合伙的组织性质疑——兼评〈民法总则〉及〈民法典各分编（草案）〉相关规定》，载《法商研究》2019年第2期。

② 相对而言，一些国家和地区，如《日本民法典》关于合伙的规定突出的是其团体性。

没有法定代理人，能否留待其成为完全民事行为能力者后承认？对此，《民法典》未有规定。从解释角度看，由其成为完全民事行为能力者后承认，符合民事行为能力立法之意旨。

3.关于法人与非法人组织的合伙资格

对于法人和非法人组织的合伙人资格问题，应视合伙的营利性与非营利性而定。

（1）营利性合伙

如果是营利性合伙合同，可以参照适用合伙企业法规定。《合伙企业法》第3条规定："国有独资公司、国有企业、上市公司以及公益性的事业单位、社会团体不得成为普通合伙人。"依此规定：

首先，在公司企业层面，除国有独资公司、国有企业及上市公司外，其他公司和企业，包括国有与民有混合公司，均可成为普通合伙人。

其次，在非公司、企业层面，公益性的事业单位和社会团体不得成为普通合伙人自无疑义，但对于《民法典》总则编所规定的除了事业单位和社会团体之外的基金会、社会服务机构等非营利法人和非法人组织能否成为合伙人，如何解释？依据《民法典》第87条规定，包括事业单位、社会团体、基金会、社会服务机构等在内的法人均为"为公益目的或者其他非营利目的成立"，且"不向出资人、设立人或者会员分配所取得利润的"机构或单位，也就是说，基金会、社会服务机构等均为非营利机构，其成立具有公益性或非营利性，从目的角度解释，《合伙企业法》第3条关于"公益性的事业单位、社会团体不得成为普通合伙人"的规定，显然同时应适用于基金会、社会服务机构等非营利法人，亦即它们也不得成为普通合伙人。

最后，《民法典》第96条还规定了"特别法人"，即机关法人、农村集体经济组织法人、城镇农村的合作经济组织法人、基层群众性自治组织法人。其中机关法人与基层群众性自治组织法人不得成为合伙人也无疑义，但对于农村集体经济组织法人、城镇农村的合作经济组织法人是否可以成为合伙人，则值得探讨。

按照法人理论，农村集体经济组织法人和城镇农村的合作经济组织法人属于中间法人，即位于营利法人与非营利法人之间的一种法人形式，其对外从事经营活动并营利，对内则追求社员的互助共益。[①]从自治与经济的角度，作为中间法人的企业以合伙人身份投资合伙事业，未必不利于其发展。从整体角度，应当允许它们成为合伙人。当然，农村集体经济组织和城镇农村的合作经济组织可视其具体情形作出区分。具体如何，有待于有关农村集体经济组织法和合作社法加以明确规范。

（2）非营利性或公益性合伙

合伙企业法之所以禁止国有独资公司、国有企业、上市公司以及公益性的事业单位、社会团体等成为普通合伙人，原因在于合伙企业风险较大，其营利目的追求使其经营模式多样且管控难度大。但对于公益性或非营利性合伙，不仅其目的有利于社会，且其公益目的使其内部管理容易控制，受到的外部监督与制约也较多。因此，除机关法人与基层群众性自治组织法人外，应解释为可以具有合伙资格，有利于促进整个社会公益目的的实现。

（二）合伙合同系为了共同事业而成立的合同

所谓共同事业，是指该事业为全体合伙人共同利益，即该共同事业之成败，对于任何一个合伙人均有利害关系。此共同事业的经营，则为合伙人之共同目的。

合伙合同必须是为了某一共同事业而成立，否则非属于合伙，仅能称为“共同出资合同”，属于无名合同的性质。例如，甲、乙、丙三人各自出资500万元共同购买土地使用权建筑房屋，各分配三分之一居住。但是，如果三人共同出资购买建设房屋后是为了出售获利，则属于合伙合同性质。[②]

该共同事业既可以是商业性的，也可以是非商业性的。前者为商业合伙，后者为非商业合伙（如俱乐部或健身中心）。同时，该共同事业既可以是长期性的，也可以是临时性的。前者如甲、乙约定3年内一起在某水果市场共同批发零售水果；后者如甲、乙约定仅共同倒卖一次水果分成。该共同事业目的只要不违反法律的禁止性规定和社会公序良俗，均无不可。

正如前述，作为共同事业而成立的合同，其权利义务指向是一致的、共

① ［日］我妻荣：《新订民法总则》，于敏译，中国法制出版社2008年版，第128页。
② 林诚二：《民法债编各论》（下），中国人民大学出版社2007年版，第3—4页。

同的，不存在互负义务问题，即并非对立的关系。在最高人民法院（2019）最高法民申5077号民事裁定书中，最高人民法院指出，关于山东高院认定刘某某与设立中的长城公司发起人构成合伙人问题，首先，根据《民法通则》第30条规定，个人合伙是指两个以上公民按照协议，各自提供资金、实物、技术等，合伙经营、共同劳动。从本案查明的事实来看，王某甲、王某乙、徐某某作为《办证协议》一方当事人，与刘某某作为另一方当事人，双方之间的关系仅仅是签订合同的当事人。根据《办证协议》的约定，双方当事人所负担的义务是明确的，即针对案涉磷矿的开采事宜，王某甲、王某乙、徐某某支付办证费用，由刘某某向有关部门申请办理开采证，待矿权证办理完成后，各自享有相应矿区矿种的权利义务，《办证协议》中不存在合伙经营的内容，合同当事人并不存在符合合伙关系实质要件的约定。亦即，该《办证协议》的当事人之间的权利义务是相互的，而非如合伙关系那样指向一致，不存在共同事业的问题。

（三）合伙合同系合伙人共享利益、共担风险的协议

既为共同事业，就意味着合伙人就该共同事业的得失共进退，利益共享，风险共担。此为合伙合同的本质所在。

在最高人民法院（2017）最高法民再228号民事判决书中，最高人民法院认为，关于《股东协议》的性质问题，首先，从《股东协议》约定的内容分析，三方当事人系就案涉东泥沟煤矿的合作事宜约定共同出资、共同经营，并共享收益。（1）《股东协议》第1条投资项目中的第1项约定了三方共同投资东泥沟煤矿项目的投资种类、总投资额、各自的投资额及占比。（2）《股东协议》第2条、第3条约定了双方各自分工，共同生产、共同经营。（3）《股东协议》第1条第3项约定各方共享收益，即对本案煤炭项目开采地超出1000亩的部分，由各方按成本价共同享受利益。其次，从《股东协议》的履行情况看，三方当事人亦实际共同经营了东泥沟煤矿，并共享了经营收益。无论是陈某某、林某甲与林某乙签订《股东协议》的约定内容，还是该协议的实际履行情况，均体现的是法律规定的合伙合同所具有的共同出资、共同经营、共享利润的特征。所以，本案《股东协议》应认定为合伙合同。

如果合同约定某合伙人仅享有收益而不负担损失，则该约定不认为具有合伙意义。[①]

在最高人民法院（2019）最高法民申5077号民事裁定书中，最高人民法院指出，合同性质的认定不能仅凭合同名称而定，而应根据合同内容所设法律关系，即合同双方当事人所设立的权利义务确定合同性质。案涉《共同投资合伙协议》载明，马某某、王某某、杨某某每年对投资盈利、亏损决算，但不分红，待全部工程完成后进行总决算。马某某不直接参与经营管理，不承担经营风险，只收回投资，即案涉《共同投资合伙协议》排除了双方共担合作风险的情形，其实质在于马某某所得回报与合作结果无关。且在案涉合伙项目盈亏不明的情况下，原审判决认定马某某提前收回全部投资款并要求支付利润的行为与合伙投资共负盈亏的性质不符，有事实依据。依据《国有土地使用权合同解释》第26条关于"合作开发房地产合同约定提供资金的当事人不承担经营风险，只收取固定数额货币的，应当认定为借款合同"的规定以及《民间借贷规定》第1条第1款关于"本规定所称的民间借贷，是指自然人、法人和非法人组织之间进行资金融通的行为"的规定，原审判决认定双方之间为借款关系并无不当。故马某某关于本案应为合伙关系而非借贷关系的再审请求，本院不予支持。

共享利益、共担风险中的利益与风险一般是指经济上的，但也可以是其他利害，且各合伙人之间可以有差异，如合伙人甲的利害为金钱，合伙人乙的利害不妨是精神上的。[②]也就是说，任何一种合法的、不违背公序良俗的目的都可以是合伙的目的，而不考虑其为经济目的抑或是理想的。[③]

另外，合伙的一个重要基础是合伙人须各自提供出资，许多国家和地区民法一般规定，合伙合同须由合伙人共同出资。如《德国民法典》第705条规定："根据合伙合同，合伙人相互有义务以合伙合同所规定的方式促进达到共同目的，特别是提供约定的出资。"《日本民法典》第667条规定："合伙合同，

---

① 仅合伙人一人或数人受利益之分配，在罗马法所谓"狮子合伙"，虽得为赠与或利益分配之担保契约，然非合伙。史尚宽：《债法各论》，中国政法大学出版社2000年版，第686页。

② 史尚宽：《债法各论》，中国政法大学出版社2000年版，第686页。

③ [德]迪特尔·梅迪库斯：《德国债法分论》，杜景林等译，法律出版社2007年版，第386页。

因各当事人约定出资经营共同之事业，而生其效力。出资，得以劳务为其标的。”《意大利民法典》第2247条规定：“合伙契约以分享利润为目的、二人或数人按照约定为共同从事经营活动而提供财产或劳务的契约。”

本条关于合伙合同的定义没有规定合伙人须提供相应的出资，仅规定了合伙合同是“两人以上为了共同的事业目的，订立的共享利益、共担风险的协议”。这主要是出于以下两个原因：一是合伙人共同提供出资，是合伙自身应有之义，且合伙人为共同的事业目的且共享利益、共担风险必然是以共同出资为基础的；二是在本条之下，即第968条接着规定了合伙人的出资，故从立法技术的角度考虑没有在本条加以明确合伙人应当共同出资。

二、规范效力

本条是规范合伙合同内部关系的，仅在合伙合同当事人之间具有法律拘束力。至于合伙合同成立后，其合伙对外所从事的行为无效，不影响合伙合同内部关系的处理，仅产生不能对外从事某种活动的后果而已。

在最高人民法院（2017）最高法民申2193号民事裁定书中，最高人民法院认为，个人合伙的内部关系与对外从事的交易行为应有所区别，不能混同。《项目合作开发协议》及补充协议作为合伙人内部的权利义务约定，对权某某、姜某某、罗某某具有约束力，不存在无效的情形，故在合伙关系内部是合法有效的。至于他们从事房地产开发因借用施工资质而导致施工合同无效，并不影响合伙内部关系的效力。《合同法》第56条规定：“无效的合同或者被撤销的合同自始没有法律约束力。合同部分无效，不影响其他部分效力的，其他部分仍然有效。”根据该条规定，即使合伙人约定借用资质从事房地产开发，违反《国有土地使用权合同解释》的效力性强制性规定而无效，但合伙人关于分配合伙财产的条款约定不存在违反法律法规效力性强制性规定的情形，合伙协议也属于部分无效、部分有效的合同。合伙人也有权依据约定的分配比例，参与合伙积累财产的分配。

举证责任

对于是否成立合伙关系，采举证责任一般规则。

在江西省高级人民法院（2019）赣民申863号民事裁定书中，再审法院经审查认为，2012年9月6日，某公司作为甲方，肖某某作为乙方，双方签订《合作经营合同书》，约定双方共同出资经营某公司承租的330亩木瓜种植土地，同时约定双方按照330亩土地经营所需的成本各自出资50%，各占50%的股份，何某作为某公司的法定代表人在协议上签字。上述协议可以证明肖某某与某公司之间成立合伙关系。郑某称与肖某某达成口头合作协议，约定风险共担，利益共享，各占25%股份，并在一审期间提交了投资流水账、肖某某向何某、郑某的分红流水账、关于保护农民承租经营木瓜地合法权利和被损坏青苗支付补偿款的请求、木瓜发货单、证明信、出纳日记账证等证据，但上述证据不能证明郑某与肖某某、某公司（或何某）之间形成合伙关系，只能证明郑某在肖某某50%股份中享有投资份额，且现有证据不能证明某公司或何某认可肖某某收取郑某出资入伙的行为并同意和承认郑某参与合伙。根据《民法通则意见》第51条"在合伙经营过程中增加合伙人，书面协议有约定的，按照协议处理；书面协议未约定的，须经全体合伙人同意；未经全体合伙人同意的，应当认定入伙无效"的规定，郑某并未提供证据证明其出资入伙的行为经过全体合伙人的同意，故原判认定现有证据不足以证明郑某与肖某某、某公司之间成立合伙关系，并无不当。

其他问题

一、合伙与合伙合同

许多国家和地区的民商法在规定作为企业的合伙（商事合伙）同时，也在一般私法的民法典债编中规定了作为合同的合伙（民事合伙）。[①]前者强调合伙的商主体价值，后者强调合伙人之间的个人意思联合。二者之间规范的意义是有明显差异的。

在日本，民事合伙尽管也被视为团体的一种，但其团体组织乃是由合伙

① 关于民事合伙与商事合伙的区分，在采民商分立的国家和地区是有意义的。对于采民商合一的我国而言，没有实际的区分价值与意义。

人相互之间的权利义务构成，从而在某种意义上带有契约的色彩而与社团相对立。也就是说，在社会关系中，社团作为统一体而出现，作为其构成分子的个人已完全丧失其重要性。与此相反，作为合伙构成分子的个人仍然有其独立的存在，只不过是为了达成共同目的而在必要的限度内被统一起来，并于此处取得其团体性。[①]

在德国，其民法上的合伙作为联合体，本身不具有权利能力，而是严格建立在人的基础上，其没有“团体章程”，仅需要一个不拘形式的合同，每个合伙人对联合都有很重要的意义。但对于商法典中的无限公司而言，尽管其与民法上的合伙一样不能成为法人，但无限公司本身的权利范围与其成员权利范围相分离的程度比民法上的合伙大得多，其更多地接近于一个法人。[②]

总体而言，作为民事合伙的合伙合同具有以下三个基本特点：

一是其规定合伙组成及运营的基本规范，并没有取得独立于合伙人的意思而客观存在的地位，直到最后该规范都是由全体合伙人意思的一致（合伙合同）来决定，且由其变更。另外，合伙的组织，作为该意思一致的效果，则通过各合伙人对其他合伙人拥有要求其履行出资义务及其他团体运营所需要的合作的权利而形成，此处就体现了合伙的合同性质。

二是各合伙人对其他合伙人所享有的请求合作权，并不是以各自利益的交换给付为目的，而是以全体合伙人利益的统合给付为目的。亦即，在形成该请求权的根据，即合伙合同中各合伙人一致的意思表示对各当事人来说具有同样的意义。而且，合伙合同所定事项的实施以及合伙合同所定各合伙人义务的履行，全都具有作为全体合伙人共同事项的意义，而不再是各合伙人的个人事项。在这些方面，存在着合伙的团体性以及合伙合同的共同行为性。[③]

三是合伙财产关系上，合伙财产尽管为合伙共同共有关系下的财产，但这些财产并未完全脱离合伙人个人，甚至很多合伙人的出资完全可以属于合伙人

---

① ［日］我妻荣：《债权各论》（中卷二），周江洪译，中国法制出版社2008年版，第222—223页。

② ［德］卡尔·拉伦茨：《德国民法通论》（上册），王晓晔等译，法律出版社2003年版，第187页、第188页。

③ ［日］我妻荣：《债权各论》（中卷二），周江洪译，中国法制出版社2008年版，第224页。

个人，而仅归合伙为合伙目的而使用。但不论如何，合伙存续期间，至少在内部关系上，合伙财产具有独立性，应当有别于合伙人个人的非出资财产。

从简单商品经济社会的罗马法以来，合伙就被视为商品经济社会中唯一的联合形式，从而成为一种与自然人个人相提并论的联合体。随着商品经济社会的不断发展，则从一般的联合体——合伙合同中逐步发展出具有团体和社团意义的合伙企业，直至现代意义的企业法人——公司制度。

二、《民法典》关于合伙合同的定位

在我国，无论是《民法通则》规定的个人合伙，还是《合伙企业法》所规定的合伙企业，抑或是《民法典》所规定的合伙式非法人组织，均是从主体角度规范所谓“合伙”的。在《民法典》总则编中，包括个人独资企业、合伙企业、不具有法人资格的专业服务机构等非法人组织，只是不具有法人资格，但都是能够依法以自己的名义从事民事活动的组织（第102条），其除在责任承担上有较大区别外，有关规定可以参照适用关于法人的一般规定（第108条）。

也就是说，在我国，作为非法人组织的合伙企业及其他合伙组织尽管不属于法人，但仍然属于有权利能力者并具有相应行为能力。[①]它们属于自然人、法人之外的另类民商事主体。既为主体，其与合伙人之间是有一定独立性的。如依《合伙企业法》第19条第2款和第3款规定，修改或者补充合伙协议，可以不经全体合伙人一致同意；合伙协议约定不明事项，可以按照法律、行政法规规定处理。再如依《合伙企业法》第30条第1款规定，合伙人对合伙企业有关事项作出决议，按照合伙协议约定的表决办法办理。合伙协议未约定或者约定不明确的，实行合伙人一人一票并经全体合伙人过半数通过的表决办法。其中“不经全体合伙人一致同意”与“过半数通过的表决方法”在很大程度上意味着“是合伙而非合伙人决定着合伙”，从而使得合伙企业如同法人那样在一定意义上独立于合伙人个人。

本条及以下法条所规定的合伙合同，其属性为有名合同之一种，仅具有一定的团体性，该团体性是一种因合伙人通过合同而达成的“联合”，是合伙

---

① 陈甦主编：《民法总则评注》（上册），法律出版社2017年版，第717页。

人而非合伙决定着这种联合的成立及发展。无论是较为长期性的，还是临时性的，作为联合的合伙都强调合伙人之间及合伙人与作为联合的合伙之间的“共同事业”性，作为联合的合伙仅是所有合伙人共同戴着的帽子而已。换言之，其实质是合伙人之间的合同。

从《民法典》关于合伙合同的规定上看，有关法条充分体现了合伙合同与作为非法人组织的合伙的不同，甚至是刻意突出其区别。

具体而言：第一，合伙合同尽管系共同法律行为，但合同编关于双务合同的通则性规定并非不能适用于合伙合同，甚至某些主要适用于双务合同的制度，如同时履行抗辩权也可以适用于合伙合同（第968条）。第二，在合伙的财产关系上，没有明确合伙财产的性质，仅强调其“属于合伙财产”（第969条第1款），其意义不是为了明确合伙财产的所有权，而是强调这些财产系为合伙使用而拥有，亦即，物权编中的共同共有规定不能简单地套用于因出资而形成的合伙财产，其不强调归属的意义。第三，在合伙事务的执行上，除合伙合同另有约定外，合伙人就合伙事务作出决定应当经全体合伙人一致同意（第970条），合伙合同形成的合伙没有代表机关，合伙人之间为代理关系。第四，合伙人对合伙债务承担连带无限责任。根据《民法典》第102条规定，合伙企业是具有权利能力的民事主体，其采补充的连带责任，以突出其在一定程度上具有区别于合伙人的主体性价值。但合伙合同则是一种合伙人的联合而已，其更多的是突出合伙人个人在其中的意义与价值，作为联合的合伙没有权利能力，自然不能作为独立的债务主体。第五，有关规定的词语表达完全是合同法用语，而非团体法用语。这主要体现在《民法典》第976条规定的合伙人对定期合伙可以随时提出解除权，以及第977条规定的因合伙人死亡、丧失民事行为能力或者终止而使合伙合同终止上。第六，除以上主要表现外，《民法典》关于现代合伙常见的退伙与入伙均未规定，而这两个问题完全是体现合伙的团体性价值的制度。尽管可以从解释学角度合理地解释实践中出现的退伙与入伙，但从立法意义上，《民法典》对此未作规定，可以视为其更多地希望突出合伙合同的合同价值，而非团体性。

当然，作为合伙人的联合，《民法典》合伙合同章的有关规定也比较明显地体现了一定的团体性价值：第一，合伙合同终止前，合伙人不得请求分割合伙财产（第969条第2款）。第二，除合伙合同另有约定外，合伙人向合伙人以外的人转让其全部或者部分财产份额的，须经其他合伙人一致同意（第974条）。第三，合伙人的债权人不得代位行使合伙人依照本章规定和合伙合同享有的权利，但是合伙人享有的利益分配请求权除外（第975条）。第四，合伙合同终止后，合伙财产应先支付因终止而产生的费用以及清偿合伙债务（第978条）。

不过，《民法典》关于合伙合同的团体性规定，也仅是合伙合同的共同行为性质的必要要求与表现而已，并非认为基于合伙合同形成的合伙为某种团体或组织，从而使其具有了所谓团体或组织的属性。

三、关于隐名合伙

所谓隐名合伙是指当事人约定，一方当事人出资于某一事业之中，而分享该事业所生之利益，并以出资为限承受事业所受损失。在该事业中，出资人对外并不显名，且不参与事业之管理。唯出名当事人对外显示其系出资人，并参与事业管理。

隐名合伙起源于中世纪意大利港口所奉行的"康曼达"（Commenda）契约，其中一方合伙人被称为stans，只提供资金但不参与管理；另一方合伙人被称为tractator，从事航行。航行归来，出资方与从事航行的一方按3∶1的比例分配利润。其完全是为解决航行方资金困难而产生的一种契约形式，后成为两合公司与隐名合同的源头。

我国立法并无隐名合伙的规定，但实践中甚多。

隐名合伙之所以称为合伙，完全系因隐名出资人与显名出资人之间的关系而来，但其与合伙有极大的差别：（1）隐名合伙完全是一种合同关系，没有任何团体性意义。故隐名合伙存在合同的解除问题，合伙则有合伙的解散问题。（2）隐名合伙一般由隐名合伙人出资，显名合伙人常常不出资，当然也可以出资。换言之，显名合伙人是否出资，并非隐名合伙的成立要件。但作为经营共同事业的合伙，则需要所有合伙人均为出资，这是合伙的成立要求。（3）隐名合伙的财产属于显名出资人所有或共有，不属于隐名合伙人，后者仅有依合同产生的出资义务和享有利益之权利。但合伙的财产属于全体合伙人共有，并因之享有权利，承担义务。（4）隐名合伙人没有所谓合伙事务管理权，但一般合伙中所有合伙人原则上都有管理权。（5）隐名合伙人仅以出资为限并隐藏地对合伙债务承担责任。当然，如果隐名合伙人参与合伙事务，使第三人相信其是普通合伙人的，他须对该第三人承担一般合伙人的责任。

从这个意义而言，隐名合伙并非本章所规定的合伙合同，仅是隐名出资人与显名出资人之间可以称为“合伙”的关系，但对于第三人而言，其既无合伙财产，也没有合伙代表，亦即没有本条所称的合伙意义，它与本条及以下规定的合伙之间存在着根本的差异。[①]合伙合同不仅有合伙人之间的相对关系，还有合伙人与第三人之间的关系，即最后须为合伙债务对外承担连带无限责任。

尽管如此，实践中对于隐名合伙纠纷，可以参照适用本章关于合伙合同的规定，因为合伙合同主要是关于合伙内部关系的，而隐名合伙是一种典型的内部合伙。

四、本章“合伙合同”规定与合伙企业法之间的关系

《合伙企业法》是关于合伙组织的法律，其规范对象是依法成立的合伙企业，属于主体法与组织法范畴。本章“合伙合同”则是关于合伙人成立合伙并经营合伙的规定，其规范对象是合伙合同，属于行为法与个人法范畴。

在法律适用上，《民法典》为一般法，《合伙企业法》为特别法，故特别法优先于一般法。但如果《合伙企业法》没有规定或规定不明的，则适用于《民法典》关于合伙合同的规定。

《合伙企业法》的合伙是一种较为紧密和正式的合伙，故其严格依法成立方具有主体资格；合伙合同则是一种较为松散和非正式的合伙，只是合伙人之间为共同事业目的的一种联合，其关系主要依赖于合伙合同，主要在对外关系上的连带无限责任具有严格的法定性。从这个角度，《合伙企业法》与《民法典》合伙合同章是分别规范不同合伙类型的。也正是如此，本章关于合伙合同的规定在许多方面是不同于《合伙企业法》的，《合伙企业法》的有关规定不宜简单套用在合伙合同关系之中。

从立法意旨上，《民法典》所规定的合伙合同主要是为了规范非依《合伙

---

① 参见［日］我妻荣：《债权各论》（中卷二），周江洪译，中国法制出版社2008年版，第218页。

企业法》成立的以合同形式出现的合伙事业，但其规定也同时起到了关于所有合伙事业的基础结构性意义。

当然，尽管《合伙企业法》规定的合伙是一种具有正式建制要求的合伙企业，但是其规定在许多方面可以同时参考适用于实践中以合伙合同方式出现的松散合伙关系，二者的本质都是一样的。特别是那些较为长期性的合伙合同，如其已形成较为正式的管理制度，则完全可以运用《合伙企业法》有关规定，但应灵活处理。本条以下有关评注中会引用《合伙企业法》规定，并以《合伙企业法》案件评述相关问题。

第九百六十八条【合伙人的出资义务】

合伙人应当按照约定的出资方式、数额和缴付期限，履行出资义务。

历史由来

本条系新增条款。合伙的一个重要特征是合伙人须共同出资，共同出资构成合伙的成立要件，并成为判断合伙人权利义务的基本标准。《民法典合同编（草案）》（征求意见稿）第526条规定："合伙人应当按照合伙合同约定的出资方式、数额和缴付期限，履行出资义务。"《民法典合同编（草案）》（一审稿）和《民法典合同编（草案）》（二审稿）第752条第1款把"征求意见稿"第526条的表述修改为"合伙人应当按照约定的出资方式、数额和缴付期限，履行出资义务"。之所以删除"征求意见稿"中"合伙合同"字样，是避免重复；同时，增加了第2款，即"一个或者数个合伙人不履行出资义务的，其他合伙人不能因此拒绝出资"。至《民法典（草案）》交付全国人民代表大会审议时，上述第2款规定被删除。

规范目的或功能

本条是关于合伙人出资义务的规定，其规范意旨在于明确合伙人的出资义务，便于法院判断合伙人资格及合伙人权利义务的分配。

规范内容

一、规范含义

（一）出资为合伙人的主要义务

前已述及，合伙合同系合伙人为共同事业而订立的共享利益、共担风险的协议。为此共同事业，合伙人均应积极推动，其表现就是合伙人的出资。在一定意义上，共同出资系合伙合同成立的要件。如果当事人中存在着不负出资义务的人，就不能谓之其与其他出资合伙人为共同事业，亦即其不构成一个合伙合同。[①]

从古罗马法开始，共同出资就构成合伙人的主要义务，它要求合伙人将其财产和服务投入到合伙中，这是合伙合同的根本。[②]尽管合伙未必一定要求有财产，但合伙人均有义务推动合伙事业目的的实现，此义务首先就是依约向合伙出资，这种出资可以是劳务，即通过劳务的共同共有形成合伙的共同收益。因此，所谓合伙人出资义务的实质是合伙人有义务推动合伙，合伙人相互间有义务以由合同指定的方式促进共同事业目的的实现，特别是缴纳约定的出资。个别合伙人之出资义务，尤其是以资本形式出资的义务，可以被排除，但其推动合伙目的的义务具有不可更易性。[③]也就是说，这里的“出资”，其含义为达成合伙目的的经济手段，[④]而非如公司法规定的资本缴纳。后者要求的出资形式必须是能够评估作价的物权性或债权性资本，并确定地通过出资而归属于公司所有。

---

① 参见［日］我妻荣：《债权各论》（中卷二），周江洪译，中国法制出版社2008年版，第239页。

② 《学说汇纂》（第17卷·委任与合伙），李飞译，［意］腊兰校，中国政法大学出版社2014年版本，“序言”第13页。

③ 杜景林、卢谌：《德国民法典——全条文注释》（上册），中国政法大学出版社2015年版，第617页。

④ ［日］我妻荣：《债权各论》（中卷二），周江洪译，中国法制出版社2008年版，第239页。

（二）各合伙人应按照合伙合同的约定履行出资义务

共同出资构成所有合伙人的主要义务，但具体如何出资及出资多少、出资期限如何，均由合伙合同或通过全体合伙人决议予以明确。

不过，各合伙人也仅按照合伙合同的约定出资，超出明确约定，不构成合伙人的义务，当事人可以拒绝。此被称为禁止增加负担原则，以保护合伙人免于承受无法预见的风险。在重庆市第三中级人民法院（2019）渝03民终404号民事判决书中，法院认为，根据《合伙企业法》第34条规定，合伙人按照合伙协议的约定或者经全体合伙人的决定，可以增加或减少对合伙企业的出资。双方在《驾校合伙协议》约定陈某有权与某驾校共同决定合伙重大事项。虽然2015年11月28日，某驾校的法定代表人宋某某与陈某签订的《驾校承包经营协议补充协议》第6条约定，若某驾校增加车辆，由甲乙双方共同承担费用，但2016年某驾校新增10台教练车，共用去费用约80万元，应属合伙期间的重大事项，某驾校在增加企业出资时没有证据证明已征得陈某的同意，且双方在《驾校合伙协议》第8条约定，未经合伙人同意，禁止任何合伙人私自以合伙名义进行业务活动，如其业务获得利益归全体合伙人，造成的损失由该合伙人个人全额进行赔偿。某驾校未按合伙协议的约定增加合伙企业出资的部分，应由某驾校自行承担，故对某驾校要求陈某支付新增教练车发生费用的意见，不予采纳。

但该禁止增加负担原则仅限于合伙存续期间。在合伙合同解除或终止清算的情形，合伙人负有连带无限责任，亦即，该原则在与合伙债权人的外部关系上不具有意义。①

合伙人须按照合伙合同约定履行其出资义务，否则合伙不成立或未出资者不成为合伙人。在江苏省徐州市中级人民法院（2018）苏03民终3634号民事判决书中，法院认为，房某某、陈某某尽管签订了《协议书》，但房某某没有参与合伙事务的经营管理，亦未履行作为合伙人的出资义务，该《协议书》

---

① 《德国民法典》第707条明确规定："对于约定之出资的增加或者对于因亏损而减少之出资的补充，合伙人不负有义务。"参见杜景林、卢谌：《德国民法典——全条文注释》（上册），中国政法大学出版社2015年版，第617页。

没有实际履行，故双方不完全具备个人合伙的成立要件。因此对房某某主张确认双方成立个人合伙承建工程关系，个人合伙的利润分成及利息的诉讼请求，不予支持。

需要注意的是，合伙人依约履行出资的义务，其履行对象是合伙。从这个意义上，合伙合同具有一定的团体性。

具体来说，如果未委派执行合伙人，则其他合伙人可以共同要求履行出资义务。如果合伙委派了合伙执行人，则任一合伙执行人均有权代表合伙行使履行出资请求权，合伙人向任一执行合伙人履行了出资义务，也均视为向合伙履行了出资义务。如果是两人合伙的情形，则另一合伙人有权行使出资请求权。

（三）合伙合同应就各合伙人的出资方式、数额和缴付期限作出明确规定

作为合伙人为共同事业订立的合伙合同，一般应明确各合伙人的出资方式、数额和缴付期限，以此作为共同事业之支撑。

其中出资方式既可以包括现金，也可以包括能予以评估的实物、土地使用权、农村土地承包经营权、债权、股权、知识产权等，还可以是那些尽管不能评估，但全体合伙人认为对于合伙而言十分需要的劳务、信用，甚至当事人的某种关系能力等，均无不可。依《合伙企业法》第16条，合伙人可以用货币、实物、知识产权、土地使用权或者其他财产权利出资，也可以用劳务出资，并未包括诸如信用在内的出资，但从合伙合同本身性质而言，出资方式应当是非常宽泛的。其认定并不以第三人为视角，而是以合伙人为视角，即作为合伙的当事人认可其存在价值即可。当然，基本前提是不违反法律的禁止性规定，不违背公序良俗。而且，合伙人出资可以是一次性的，也可以是分期或定期的。

在江西省吉安市中级人民法院（2019）赣08民终177号民事判决书中，2014年11月10日，喻某某独资注册成立某公司。11月11日，吴某甲、吴某乙作为甲方，喻某某、邓某某作为乙方，订立了《关于合伙购销陶唐园内鹅仔岭石场碎砾石的协议》，协议约定：陶唐园内鹅仔岭石场由吴某甲、吴某乙负责管理生产，生产3—5以上的碎砾石，价格为每吨21元，石粉（0—3

规格）价格暂定为每吨13元，以上价格含管理费。运费价格为32元/吨，含税费，由邓某某负责。喻某某负责销售及合同管理结算，财务由吴某甲开户管理。山场租金3.2万元/月，由甲乙双方共同承担。投资款按实际比例各投50%。销售利润由甲乙双方平分。后双方发生纠纷，诉至法院。法院经审理认为，该协议对合伙双方的出资比例、分工负责及利润分配进行了约定，当事人亦按照协议约定履行各自的义务，由吴某甲、吴某乙负责生产管理，喻某某负责销售结算，邓某某负责运输，吴某甲负责财务管理。双方签订协议后依约分工协作、共同经营、共担风险、共享收益，符合个人合伙中各自提供资金、实物、技术等，合伙经营、共同劳动的条件，故吴某甲、吴某乙与喻某某、邓某某形成合伙关系。喻某某主张其与吴某甲之间是买卖合同关系而非合伙关系，与事实不符，本院不予支持。

以上出资方式，除了现金以外，均应在合伙合同中估定其价额，以确定日后合伙人之间具体的权利义务关系。如果合伙合同对此没有估定，则我国台湾地区相关规定可资借鉴，即金钱之外之出资，应估定价额为其出资额。未经估定者，以他合伙人之平均视为其出资额。

一般情形，合伙合同应就出资方式、数额和缴付期限作出明确规定，以确定合伙人相关权利义务。如果合伙合同未就出资作出明确规定，应推定为均等出资。实际出资的期限，并不限于合伙合同成立之时，可推定为合伙人可依合伙事业发展而随时出资。①

另外，合同上未作出约定的合伙人为合伙利益所支出的费用，仅在合伙人事后有此种约定时，始构成出资。②

二、规范效力

共同出资是所有合伙人的义务，如果合伙合同签订后，其中一个或多个合伙人没有按照合同约定出资，其他出资人能否依合同通则关于同时履行抗

① ［日］我妻荣：《债权各论》（中卷二），周江洪译，中国法制出版社2008年版，第239页。

② 杜景林、卢谌：《德国民法典——全条文注释》（上册），中国政法大学出版社2015年版，第617页。

辩权的规定拒绝履行。

从契约性上，合伙人均应依合同约定负有出资义务。在一定意义上，此等义务可以视为合伙人相互之间的对价。

这是否意味着合伙合同为双务契约，学界有不同认识。有将其视为双务合同的，也有不认为其为双务合同的。前者认为，合伙人各负出资的义务，其义务在于相互为对价的关系，故其为双务合同。合伙的出资虽然不是相互为交换，但既为对价而给付，故不妨为双务契约，从而为有偿契约。进而，合同编中有关买卖等的规定，得准用于合伙合同、双务契约的规定，自然也可以适用于合伙合同。[①]后者认为，合伙合同尽管不是无偿合同，但也并不直接为双务合同，特别是在有两个以上合伙人的情形，故有关买卖合同的有关规定并不直接适用于合伙合同。[②]

对于合伙合同是否属于双务合同，关键看是否构成双务合同之要件。关于买卖、租赁等通常的双务合同，其要求有二：一是双方当事人之间的对待给付具有牵连关系，即在对方当事人为给付时起，自己也须为给付；二是具有相互之间交换给付并使其归属于自己的利益关系，即因对方给付而使自己获益，如买卖即非常典型。

合伙合同中，在一定意义上其具有对待给付的牵连性质，却完全不存在上述双务合同的第二层要求。这是因为，合伙人的出资义务系对合伙而言的，而非针对某个合伙人，即合伙人的出资义务是为了全体合伙人的共同利益而为之的。[③]所以，合伙合同尽管虽非无偿合同，但也不是双务合同，而是一种具有团体色彩的合伙关系，即一种为了合伙人共同利害的合作协议。[④]既非双务合同，则合同编通则中关于双务合同的有关规定一般并不能简单直接地适用于合伙合同。即使是认为合伙合同为双务合同的学者也认为，尽管合伙合同为双务契约，有关双务契约的规定得适用之，但因其具有团体性，适用须

---

① 史尚宽：《债法各论》，中国政法大学出版社2000年版，第684页。

② 参见［德］迪特尔·梅迪库斯：《德国债法分论》，法律出版社2007年版，第386页。

③ 参见［日］我妻荣：《债权各论》（中卷二），周江洪译，中国法制出版社2008年版，第226页。

④ 在合同编所规定的19种有名合同中，仅合伙合同中用了“协议”二字，其他有名合同均被定义为某某合同。

受到限制。①

因此，一个或者数个合伙人不履行出资义务的，一般情形下，其他合伙人不能因此依合同编通则中关于同时履行抗辩权的规定（第525条）拒绝出资。其解决办法是，对于那些不履行出资义务的，可以由合伙执行人以执行人名义要求出资，或由其他合伙人以监督检查人名义督促履行，其实质是以合伙团体的名义为之。在合伙的业务执行人提出请求时，即使是该执行合伙人自己尚未履行出资义务，被请求的合伙人也不能以此提出同时履行抗辩权。对于未履行出资义务的执行合伙人，也应当通过合伙人的监督检查权予以解决。

当然，在合伙没有确定业务执行人、各合伙人保留业务执行权的场合，请求出资的合伙人尚未履行时，应当理解为可就此也仅可以就此提出同时履行抗辩权。这是因为，在这种情形下，请求人虽然不是为了自己的利益，而是为了全体合伙人的利益而请求，但由于被请求的合伙人也可以基于其业务执行权限，向请求人提出内容完全一样的请求。于此，基于公平原则，可以类推适用同时履行抗辩权的规定。②

除此之外，尚需注意两种情况：一是如果合伙仅有两个合伙人，则当一方不出资时，另一方可以拒绝履行。因为这种场合，其实质是一方对另一方的行为，一方利益的实现有赖于另一方出资的行为，故可适用同时履行抗辩权的规定。显然，此情形下合伙的团体性很弱，更多的是一种合同关系。二是如果未出资一方直接关系合伙成败或意义重大，如某合伙人的劳务出资，在该合伙人未出资或显然不能履行劳务出资义务时，则其他合伙人可以拒绝出资，因为其他合伙人的出资将无意义。

对于合伙人能否行使同时履行抗辩权，《民法典合同编（草案）》（一审稿）和《民法典合同编（草案）》（二审稿）均作了规定，不允许其行使同时履行抗辩权，但最后删除了该规定。该删除有两层含义：一是合伙人未必不能行使同时履行抗辩权；二是并不意味着其他合伙人可以简单地按照合同通则部分行使同时履行抗辩权，而需要由法院依具体情况进行具体分析与判断。

---

① 林诚二：《民法债编各论》（下），中国人民大学出版社2007年版，第6页。

② ［日］我妻荣：《债权各论》（中卷二），周江洪译，中国法制出版社2008年版，第227—228页。

可以看出，在这一点上，《民法典》关于合伙合同的规定力图凸显其合同价值，淡化其团体色彩。

举证责任

关于合伙人因出资产生纠纷的，采举证责任一般规则。

在最高人民法院公报案例“张建中诉杨照春股权确认纠纷一审案”[1]中，法院认为，原告张建中、被告杨照春之间的合作出资协议、补充协议和被告出具的确认书、承诺书，系当事人真实意思表示，无《合同法》第52条规定的情形，因此，原、被告的合作出资协议、补充协议等合法有效。根据原、被告的约定，被告代原告持有绿洲公司股权的期限至2009年2月底，现已逾代为持有的期限，原告有权依约主张自己的权利，故应确认争议股权为原告所有。关于被告杨照春否认收到原告张建中160余万元出资一事，原告有银行转账凭证和被告出具的确认书确认，被告并无证据佐证，应确认被告收到原告全部出资款。因此，被告的辩称缺乏事实与法律依据，不予支持。

其他问题

一、合同编通则对于合伙合同的适用

关于合伙合同的性质，因合伙人均负出资义务而被多数学者主张为双务、有偿合同，故合同编关于合同的一般规定也应适用于合伙合同。但随着对合伙合同认识的深入，学界发现合伙合同尽管为合同，但非双务合同理论与规则所能概括。

作为共同行为说的合伙合同，尽管具有合同的色彩，但这种合同是当事人为共同事业而为之的“共同”协议，即基于两个或两个以上共同的意思表示而成立的法律行为，其不以当事人对应或对立的意思表示为要素。进言之，作为共同行为的合伙合同，其非对立双方对立的指向，而是具有共同利益的双方

---

① 《中华人民共和国最高人民法院公报》2011年第5期。

或多方的共同指向，亦即合伙合同是一种联合，从而使合伙合同具有了团体意义，特别是在多方合伙人的情形下，更是如此。古典法上的合伙合同（societas）就强调其是两人或者多人的联合，旨在通过共同手段实现共同目的。①

那么，作为联合的合伙，并非一方对一方，而是一方加一方而实现共同利益的。由是，以买卖、租赁等双务合同为模板制定的合同通用规则不宜简单地适用于合伙合同。尽管如此，合伙合同作为有名合同之一种，合同通则的有关规定基本上是可以直接适用的。②

二、危险负担规则对于合伙合同的适用

所谓危险负担，是指因不可归责于债权人及债务人的事由，而发生毁损、灭失者，该项损失如何负担。也就是说，危险负担规则是为了解决利益相对方（债权人与债务人）因不可归责原因而导致的损失由谁来承担的问题，故该规则仅适用于双务合同之中。《民法典》合同编通则部分没有规定风险负担规则，仅在作为典型合同的买卖合同部分第604条之下规定了买卖合同的风险负担。

对于合伙合同，合伙人出资也会出现履行不能的情形，由此导致是否适用危险负担规则问题。

在较为强调合伙团体色彩的国家和地区，如日本和我国台湾地区，认为合伙合同是一种共同行为，非属双务合同，故危险负担规则不适用于合伙合同。如甲、乙、丙三人合伙，甲因不可归责于己的事由而免除其出资义务时，乙、丙并不因甲被免除出资义务而免除出资义务，二人须继续按照合伙合同约定履行出资义务。因为甲的出资义务被免除并不影响合伙作为团体的继续，甲仅因不出资而退伙即可。当然，如果甲之出资对于合伙之成立与存续不可欠缺，则合伙因失去合伙基础而不成立或解散。如某合伙仅由甲、乙二人共同成立，甲因不可归责于己的事由而免除其出资义务时，因乙一个人无法成

---

① ［德］马克斯·卡泽尔、罗尔夫·克努特尔：《罗马私法》，田士永译，法律出版社2018年版，第479页。

② 在日本，由于其民法典关于合伙合同的规定有较多的团体性色彩，日本学者认为，合同编通则的规定是关于当事人交换给付的规定，而合伙合同是为了全体当事人共同的目的而统合给付的情形，故其一般不适用合同编通则部分。参见［日］我妻荣：《债权各论》（中卷二），周江洪译，中国法制出版社2008年版，第226页。

立所谓合伙，仅产生合伙不成立或解散问题，也不存在危险负担规则的适用问题。[①]

从我国合伙法体系来说，《民法典》关于合伙合同的定位在于那些不依《合伙企业法》和其他单行法而简单地通过合同形式成立的合伙关系，其无须登记备案，没有正式建制，甚至没有名号，仅是通过一纸合同或共同行为而为之。也就是说，合伙合同仅是全体合伙人的共同行为而已，既为共同行为，则其中一合伙人（甲）因不可归责于己的事由，而发生毁损、灭失等无法出资情形，除非另以他物代替出资，否则就意味着其不能按照合伙合同约定出资，不能成为合伙人，从而使得包括甲在内的合伙关系不复存在，其他合伙人（乙、丙）如果继续按照原合伙合同约定出资，仅构成一个不包括甲的新的合伙关系而已，不能认为危险负担规则可以或不可以适用于合伙合同。

综上所述，由合伙合同的共同行为性决定，不存在危险负担规则是否适用于合伙合同的问题。

第九百六十九条【合伙财产】

合伙人的出资、因合伙事务依法取得的收益和其他财产，属于合伙财产。

合伙合同终止前，合伙人不得请求分割合伙财产。

历史由来

本条第1款源自《民法通则》第32条，其规定：“合伙人投入的财产，由合伙人统一管理和使用。合伙经营积累的财产，归合伙人共有。”第2款系新增条款。在立法过程中，《民法典合同编（草案）》（征求意见稿）第527条规定：“合伙人的出资、合伙经营取得的收益和合伙依法取得的其他财产，属于

---

① 对于这个问题，我国台湾地区学者林诚二教授认为，因合伙合同为双务合同，故危险负担规则适用于合伙合同。但同时认为，如果为三人以上合伙，则不适用危险负担规则。参见林诚二：《民法债编各论》（下），中国人民大学出版社2007年版，第6页。

合伙财产。合伙合同终止前，合伙人不得请求分割合伙财产，但本章另有规定的除外。”至《民法典合同编（草案）》（一审稿）时，鉴于本章关于合伙合同的规定较为简单，没有其他更多的规定，故将第2款规定中的“但本章另有规定的除外”删除，《民法典合同编（草案）》（二审稿）及之后形成的《民法典（草案）》未再作修改。

规范目的或功能

本条第1款是说明性条款，目的在于界定合伙财产的范围。第2款的目的在于维持合伙财产的共同共有，禁止合伙人随意要求分割合伙财产。在一定意义上，本条第1款从正面界定了合伙财产所包含的范围，第2款从合伙财产的持续时间即“合伙合同终止前，合伙人不得请求分割合伙财产”方面补充说明了合伙财产的“合伙”属性。

规范内容

一、合伙财产的范围

财产并非合伙的必要条件，但作为合伙人为共同事业的联合，合伙都会因合伙的成立及运营产生一定的财产，从而构成所谓“合伙财产”。

根据本条第1款规定，合伙财产的构成如下：

（一）合伙人的出资

如前条所述，在我国，除现金和实物外，合伙人还可以土地使用权、土地承包经营权、债权、股权、知识产权、劳务、信用等形式进行出资，从而构成合伙财产。

由合伙的性质决定，除了现金，合伙人提供的出资并不要求其权利的转移，只要能够提供给合伙支配使用即可，在合伙存续期间，其相应的支配使用权归属于合伙。

有疑问的是，合伙人按照合伙协议应提供出资但尚未履行的，合伙对该合伙人享有出资请求权，该请求权是否构成合伙财产？普遍认为，所谓出资，包括已履行的出资及尚未履行的出资。尚未履行的出资，为合伙团体的出资请求权，均属于合伙财产范围。[①]

其中，作为金钱的出资，如果合伙人怠于出资时，不仅须向合伙支付利息，也须赔偿合伙损失。以金钱之外的物或其他财产出资的，合伙人怠于履行的，应依债务不履行的一般规则承担责任。对于劳务出资，则合伙享有请求给付劳务的债权。总之，合伙人应依约定的方式、期限提供出资，否则应对合伙承担违约和损害赔偿责任。

（二）因合伙事务依法取得的收益和其他财产

因合伙事务依法取得的收益是指合伙成立后，通过实施合伙事务而依法取得的各种收益，如因经营获得的利润等。

其他财产指因合伙事务依法取得的收益之外的所得财产，如合伙人出资产生的孳息、获得的赠与、政府的奖励、因第三人侵害得到的损害赔偿等。

需要指出的是，本条所规定的合伙财产为积极财产，不包括合伙债务。从广义上而言，合伙财产尚含合伙债务，即消极财产。

二、合伙财产的认定

合伙财产为具有一定团体性意义的共有，但对于大多数合伙而言，合伙合同的松散性与个人性决定，合伙人的出资及收益等合伙财产常常在某个或某些合伙人名下。在这种情况下，就需要区分合伙人个人财产与合伙财产。

依本条规定，合伙财产的认定标准是看这些财产是否属于合伙人的出资及因合伙事务依法取得的收益和其他财产。司法实践中，合同有约定的，依约定；无约定的，依相应财产是否为共同事业目的而使用，以及是否因共同事业目的而生来认定。

在最高人民法院（2015）民抗字第27号民事裁定书中，涉及凌某甲与凌某乙、凌某丙合伙期间，凌某甲及其丈夫杨某甲在银行存入的2350900元是否为合伙期间共同财产的问题。最高人民法院认为，根据本案查明的

---

① 林诚二：《民法债编各论》（下），中国人民大学出版社2007年版，第15页。

事实，在合伙经营期间，先后由凌某甲的公公杨某乙和丈夫杨某甲承担合伙记账工作，且合伙的资金均存入凌某甲、杨某甲或杨某乙名下的银行账户中，故原判认定凌某甲及其丈夫杨某甲在银行的存款2350900元为合伙期间共同财产，符合案件事实，并无不当。

可以说，合伙财产的认定，实质大于形式，即不管财产形式或名义上如何，只要其是因合伙事业而生，则均为合伙财产。在最高人民法院（2015）民二终字第56号民事判决书中，最高人民法院认为，设立中的山西某公司取得的主要财产为《采矿许可证》载明的采矿权，在山西某公司成立前，该采矿权虽然登记在山西某公司名下，但其实质属于各出资人的合伙财产，各出资人应按实际出资比例享有相应的财产权益。

三、合伙财产的性质

（一）合伙财产的共同共有

从以上可知，合伙财产是指在合伙关系存续期间，为共同事业目的需要而由合伙人出资、获得的收益及其他财产的总和。亦即，合伙财产是一个集合概念，是不同财产的集合体。

那么，这种集合性的财产性质如何，直接关系合伙财产的支配和使用。

对合伙财产的性质，一些国家法律直接作出了相应规定。《日本民法典》第668条规定："各合伙人之出资及其他合伙财产，属于全体合伙人共有。"《德国民法典》第719条也作出了同样的规定。

但依本条第1款关于合伙财产的规定来看，我国《民法典》并没有明确合伙财产的性质，仅强调其"属于合伙财产"。

对此，我国学界主流观点认为其为共同共有。[①] 这是因为，《民法典》上的合伙合同本质仍为合同之一种，强调的是合伙人的自愿组合，相应的

---

① 对于合伙企业的财产，由于合伙企业本身的主体性价值，使得其财产具有很强的独立性，即属于合伙企业所有，因此，有学者不认为其财产具有共有属性。但对于合伙合同关系中的合伙财产，基于《民法通则》第32条规定，认为其财产为合伙人共有，但这种共有更多的是一种按份共有，而非共同共有。参见戴孟勇：《论共同共有的类型及其纯化》，载《中德私法研究：共同共有》（第14辑），北京大学出版社2014年版，第44页。

出资及因合伙形成的其他财产显然应属于共有性质的财产；同时，合伙合同毕竟是为了合伙共同事业之目的，具有一定团体性，故这种共有是一种共同共有。

将合伙财产视为合伙人共同共有，既符合合伙合同的契约性质，也符合合伙合同一定的团体性特征。在一定意义上，合伙财产的共同共有性质奠定了合伙合同的团体性价值，由此才使作为联合的合伙能够实现共同事业。如果将合伙财产视为按份共有，不符合合伙合同的团体性，合伙合同的共同事业目的将难以实现。所以，我国学者建议稿均明确规定合伙财产为合伙的共同共有财产。[①]

合伙财产的共同共有意味着，共同共有人对于合伙财产中的具体财物和权利不享有处分权，而只对合伙财产享有股份性质的权利。换言之，只有所有的共有人才可以作为权利人共同处分合伙财产中的具体财物和其他权利，从而使合伙财产至少在实质的管理处分上，具有有别于各合伙人财产的相当独立性价值。

在最高人民法院（2015）民申字第158号民事裁定书中，最高人民法院指出，案涉船舶虽为钟某甲以其个人名义出资购买，但投入合伙经营后，应为合伙人共同共有。合伙财产的显著特点就是相对独立和完整性。合伙财产由于合伙经营过程中经营管理不善而灭失，应当由合伙人承担责任。鉴于合伙财产的相对独立性特点，在未查清合伙财务账目、盈亏尚未确定的情况下，合伙财产不宜做分割。本案中用于合伙经营的船舶已经灭失，由于双方当事人对合伙财产的处理没有书面协议，权益分配比例无法确定，钟某甲在没有请求解除合伙关系、对合伙财产进行清算的情况下要求其合伙人钟某乙对此承担赔偿责任，法律依据不足。

（二）合伙财产共同共有的特殊性

共同共有本为物权法上的概念，按照《民法典》第299条规定，“共同

---

① 参见陈甦主编：《中国社会科学院民法典分则草案建议稿》，法律出版社2019年版，第265页；王利明主编：《中国民法典学者建议稿及立法理由：债法总则编·合同编》，法律出版社2005年版，第664页。

共有人对共有的不动产或动产共同享有所有权”，即这种权利是一种关于物的归属和支配权利。那么，能否将合伙财产的共同共有视为物权法上的共同共有？

如前所述，我国合伙人可以出资的财产既有物权法上的物，包括动产、不动产以及法律规定可以作为物权客体的权利，也有不属于物权法上的物的范畴的财产，包括知识产权、债权、股权，同时还有具有很强人身属性的劳务、信誉及其他能力。合伙人可以出资的财产是一个宽泛意义上的概念，远非物权法上的物所能概括和涵盖。

因此，合伙财产的共同共有非物权法上的共同共有，内涵更为丰富。

首先，现代合伙财产主要是一个运用的问题，而非所有的问题，亦即为了合伙事业而发挥这些财产的作用。合伙人的出资既包括转移所有权的出资，也包括非转移所有权的出资。凡能够为合伙事业所用的财产，无论是现金、实物、知识产权，还是人力与信用，均可以成为合伙出资标的而成为合伙财产。

其次，合伙财产的意义主要在于合伙内部，而非外部。合伙尽管会涉及第三人，但对于合伙合同而言，其意义主要在于合伙内部，即合伙人之间如何通过不同性质的财产组合而发挥“合伙”作为团体的合力价值。对于合伙的第三人而言，合伙人的信用而非合伙财产本身更具有意义与价值。

最后，合伙财产是与合伙人身份有关的财产。包括现金、实物在内的合伙人出资的财产，尽管其出资后可以归属于合伙整体，但合伙共同事业的实现有赖于各个合伙人的共同出资与管理。合伙尽管在一定程度上是体现作为团体的存在的一种复合体，但仍然是以认可成员作为个人的对外地位为前提的，那么，作为该复合体反映的合伙财产，既有作为统一整体的一面存在，也有作为各个个体的一面存在。这使得各合伙人共有合伙财产中的各物或其他财产的同时，也拥有概括性财产上的份额。合伙人所享有的这种合伙财产上的份额，作为合伙人之间主体性结合的反映的当然结果，不允许与合伙人的地位相分离而处分。[①]

---

① 参见［日］我妻荣：《债权各论》（中卷二），周江洪译，中国法制出版社2008年版，第279页。

合伙财产的共有，其意义在于为合伙共同事业的、以发挥其动态功能为目的的财产结合。合伙财产是通过合伙合同统合在一起的财产结合，财产的使用和处分是基于合伙合同，并为了合伙共同事业目的进行的。从这个意义上，合伙财产的共同共有非物权法上的共同共有所能简单涵盖。

《民法通则》第32条第1款规定“合伙人投入的财产，由合伙人统一管理和使用”，就是从该角度理解和认识合伙财产的共有意义的。应该说，该规定超越了传统民法关于财产共有的一般认识，将传统的所有支配上升到利用支配高度，符合现代经济社会的动态财产观。

正是合伙财产的特殊性，本条没有明确规定合伙财产的属性，其意义应该不是为了由合伙占有而所有，而是为了合伙使用而拥有。

所以，合伙财产的共有特殊性在于，凡合伙人的出资，不论表现样态如何，也不论是否转移权利，均由合伙整体支配，只要这些财产能够发挥应有的合伙价值即可。亦即，其着眼于为合伙共同事业而在合伙内部发挥不同合伙出资的财产价值，必须是由合伙人专门为合伙的目的而经管和使用。①由此决定，物权法上的共同共有规定不能简单地套用于因出资而形成的合伙财产，其不强调归属的意义。

但对于金钱出资和明确约定由合伙完全支配的出资，以及因合伙事务依法取得的收益和其他财产，则具有归属的意义，并因而具有使用支配的价值。故尽管合伙财产的共同共有在很大程度上不同于物权法上的共同共有，但物权法上的共同共有的基本原理仍然可以适用于合伙财产的共有。②如果没有本条及本条以下的有关规定，《民法典》关于共同共有的规定，可参考适用于合伙财产。

---

① ［英］戴维·M.沃克：《牛津法律大辞典》，北京社会与科技发展研究所组织编译，光明日报出版社1988年版，第675页。

② 我国学界对于合伙财产的性质争议，最大的问题是不能跳出物权意义上的共同共有理论与规定，由此导致在合伙人不转移出资所有权的情形或劳务、信用出资情形下的共有争议。现代合伙财产的问题并非为了解决归属，而是为了所谓合伙共同事业之目的的不同出资（力量）的组合，其共有的实质是由合伙予以支配和使用。关于合伙财产性质的争议，可以参见滕威：《合伙法理论研究》，人民法院出版社2013年版，第169页。

四、合伙财产分割的禁止

合伙合同是合伙人为了共同目的结合在一起，本身就反映了合伙财产的整体关系与意义，亦即，合伙财产是作为一个整体构成的标的的财产，是一种物和权利的集合，合伙人在此基础上仅拥有类似于公司股东的概括性的份额，而权利是不可分割的。[①]而且，从共同目的角度，合伙财产也是不能被随意分割的。否则，合伙的团体性将被随时打破而使其失去“合伙”的意义。

因此，在本条第1款明确规定合伙财产的范围后，第2款规定“合伙合同终止前，合伙人不得请求分割合伙财产”。依本款，合伙财产分割的禁止是指在合伙合同终止前，合伙人均不得请求分割。

需要注意的是：第一，本款中的“合伙人”是指单个或多个合伙人，并非指全体合伙人。如果全体合伙人一致同意分割合伙财产，则构成合伙对其财产的处分，直至散伙。第二，本款中的“不得请求分割的合伙财产”主要是指，归合伙所有的财产和那些能够为合伙支配的财产，即属于合伙财产的物或是物权性权利以及知识产权。那些具有人身性的劳务和信用出资，则不存在分割的问题，而是退伙或散伙的范畴。

在一定意义上，本条第2款补充说明了合伙财产不同于普通共同共有的特殊性。在普通共同共有关系下，共有人是可以请求分割共有财产的（第303条、第304条）。

举证责任

一般情形，对于因本条合伙财产的构成及分割产生纠纷的，采举证责任的一般规则。

在最高人民法院（2017）最高法民申3374号民事裁定书中，最高人民法院认为，原审庭审中出庭证人的证言以及金某某提供的其他相关证据，均证

---

① 参见杜景林、卢谌：《德国民法典——全条文注释》（上册），中国政法大学出版社2015年版，第622页。

明案涉砂场是盈利的。虽然本案没有直接证据证明砂场的实际经营所得和现存资产情况，但无法查明该情况是因何某拒不提交相关财务资料所致。何某虽在上诉时主张定安两个砂场未能经营，双方全部投资款已经亏损，但未提供充分证据证实。二审法院对各方当事人所提供的证据质证后，依据在案证据认定何某主张定安澄迈砂场和定安鸿豪砂场存在亏损的事实不能成立，并无不当。二审法院认定何某应对资料不足导致鉴定不能承担法律责任，并承担不能证明金某某的投资款在经营中亏损的后果，亦无不当。原判决以没有证据证明亏损或盈利为由，判定全额返还金某某投资款，符合公平原则。

其他问题

一、合伙财产的处分

合伙财产属于合伙，当以合伙的名义为合伙事业目的处分，合伙人不得擅自处分，否则无效。

对于这个问题，《民法典》没有明确规定，但依本章第970条规定，可以视其为合伙共同事务的决定，除合伙合同另有规定外，合伙财产的处分应由全体合伙人共同处理，否则无效。另外，依照《民法典》物权编第八章关于“共有”中第301条规定，处分共同共有的不动产或动产的，除另有约定外，须经全体共有人一致同意。如果合伙人擅自处分合伙财产，造成合伙损失的，其他合伙人可以合伙名义请求损害赔偿。但对于第三人而言，如为善意，则可依《民法典》第311条的规定因善意而取得相应财产。

对于该问题，《合伙企业法》第21条第2款作出了规定，即“合伙人在合伙企业清算前私自转移或者处分合伙企业财产的，合伙企业不得以此对抗善意第三人”。《民法通则意见》第89条也曾明确规定：“共同共有人对共有财产享有共同的权利，承担共同的义务。在共同共有关系存续期间，部分共有人擅自处分共有财产的，一般认定无效。但第三人善意、有偿取得该项财产的，应当维护第三人的合法权益；对其他共有人的损失，由擅自处分共有财产的人赔偿。”

在最高人民法院（2016）最高法民再319号民事判决书中，最高人民法院认为：首先，曲某某与胡某甲等四人签订的“协议书”载明：“甲方（胡某甲等四人）与胡某乙于2004年3月合伙通过转让方式取得鄂托克旗碱柜四矿二采区采矿权和设备资产后，一直合伙经营。2006年整合在蒙西公司名下，名义上成为某公司的股东。该矿需追加投资，全体合伙人无力追加投资，决定将该矿的采矿权和设备整体转让，但经多次转让未成。后合伙人胡某乙因犯罪入狱，甲方为了全体合伙人的利益继续寻找买家。经与乙方多次协商，达成协议，甲方将全部合伙财产碱柜四矿二采区采矿权和全部设备资产转让给乙方……”曲某某在该协议上签字，证明其知悉并认可“协议书”载明的事实，而“协议书”的内容已清楚地表明，被转让的财产系胡某乙与胡某甲等四人的合伙财产，而转让人为胡某甲等四人，未包括胡某乙本人。其次，某公司在胡某甲等四人与曲某某于2008年7月12日签订转让协议后，于7月14日出具了“确认书”，亦载明“胡某乙及代理人胡某甲系我公司原碱柜四矿二采区矿权所有人”。2008年7月15日，某公司向曲某某发出“通知”，要求曲某某交纳原“碱柜四矿二采区”矿权人胡某乙所欠的资源价款等款项。“通知”亦明确提到胡某乙是“碱柜四矿二采区”所有人，上述事实证明曲某某对胡某乙在煤矿享有的权利是明知的，同时也证明曲某某在与胡某甲等四人签订转让协议时，对该煤矿系胡某乙与胡某甲等四人合伙经营、胡某乙为对外负责人以及四人转让合伙财产时未征得胡某乙同意是知情的，故申诉人曲某某主张其与胡某甲等四人签订转让协议时，对被申诉人胡某甲等四人无权处分并不知情，应构成善意取得的理由不能成立。

二、合伙财产的对外意义

合伙财产的意义主要在于合伙关系内部，合伙是否具有财产及表现如何，均不影响合伙的债权人。尽管本章没有规定合伙财产为合伙债权人的第一担保，但一般来说，合伙财产常常是用来首先偿还合伙债务，仅在其不足偿还之际，方由全体合伙人承担连带无限责任。

不过，尽管事实上合伙财产常常作为合伙债权人的首要担保，但这种担保的意义也主要是对于合伙及合伙人而言的，而非针对合伙的债权人。在很大程度上，是合伙人而非合伙财产，决定着合伙的债权人的债权实现与保障。也正是如此，“一审稿”和“二审稿”第757条原规定了“合伙人对合伙财产不足以清偿的合伙债务，承担连带责任”，但在最后直接强调“合伙人对合伙债务承担连带责任”（第973条），即由补充的连带责任改为连带的补充责任。

第九百七十条【合伙事务的决定与执行】

合伙人就合伙事务作出决定的，除合伙合同另有约定外，应当经全体合伙人一致同意。

合伙事务由全体合伙人共同执行。按照合伙合同的约定或者全体合伙人的决定，可以委托一个或者数个合伙人执行合伙事务；其他合伙人不再执行合伙事务，但是有权监督执行情况。

合伙人分别执行合伙事务的，执行事务合伙人可以对其他合伙人执行的事务提出异议；提出异议后，其他合伙人应当暂停该项事务的执行。

历史由来

本条源自《民法通则》第34条，即“个人合伙的经营活动，由合伙人共同决定，合伙人有执行和监督的权利。合伙人可以推举负责人。合伙负责人和其他人员的经营活动，由全体合伙人承担民事责任”。在《民法典》编纂过程中，《民法典合同编（草案）》（征求意见稿）第528条规定：“合伙事务由全体合伙人共同执行。按照合伙合同，可以委托一个或者数个合伙人执行合伙事务。依照前款规定委托一个或者数个合伙人执行合伙事务的，其他合伙人不再执行，但有权监督执行情况。”《民法典合同编（草案）》（一审稿）和《民法典合同编（草案）》（二审稿）对上述规定作了较大调整，第754条规定：“合伙事务由全体合伙人共同执行。合伙人对合伙事务作出决定，除合伙合同另有约定外，应当经全体合伙人一致同意。按照合伙合同的约定或者全体合伙人的决定，可以委托一个或者数个合伙人执行合伙事务；其他合伙人不再执行，但是有权监督执行情况。合伙人分别执行合伙事务的，执行事务合伙人可以对其他合伙人执行的事务提出异议；提出异议后，其他合伙人应当暂停该项事务的执行。”2020年5月提交全国人大代表审议时第970条将本条第1款中的第一句话，即“合伙事务由全体合伙人共同执行”移到第2款第一句。

此种技术安排的变化，使得本条与“一审稿”“二审稿”的表达含义相比发生重大改变，即将合伙事务的决定与执行作出了区分。

规范目的或功能

本条是为了规范合伙事务的决定与执行，其中第1款首先明确规定了合伙事务的决定由全体合伙人一致决定，除非合伙合同另有约定；第2款规定了合伙的共同执行与委托执行及委托执行下的其他合伙人的监督权；第3款规定了在合伙人享有分别执行权的情况下，执行合伙人之间的相互制约权。

规范内容

一、关于合伙事务的决定

合伙系为共同事业之目的而成立，为此共同事业，须决定相关事务，如相应业务、财务、稽核等。在这些合伙事务中，有对内方面的事务，也有对外方面的事务。本条主要规范合伙的内部事务。

由合伙的共同事业目的性决定，除合伙合同另有约定外，合伙事务应由全体合伙人共同决定并一致同意，故本条第1款作出如此规定。

首先，合伙事务的决定以由全体合伙人一致同意的方式进行。

此“一致同意的方式”既包括事前通过会议上的一致书面同意，也包括事前通过非会议方式的一致书面或电子方式的同意；同时，也可以是事后通过书面同意或行为认可（如知悉而不明确反对甚至积极推进）。其形式多样，以合伙人真意为原则。

其次，合伙合同可以对合伙事务的决定方式另行规定，即合伙合同作出例外规定不采一致决而采一般多数决或大多数一致决。[①]

该例外要求，除“合伙合同另有约定”外，尚包括尽管合伙合同中没有

---

① 本条第1款与《合伙企业法》规定不同，其第30条第1款规定：“合伙人对合伙企业有关事项作出决议，按照合伙协议约定的表决办法办理。合伙协议未约定或者约定不明确的，实行合伙人一人一票并经全体合伙人过半数通过的表决办法。”

另外约定，但全体合伙人通过决议一致同意之情形。同时，所有合伙人一致同意方可决定并执行的相关事务，并不排除紧急情况下，为合伙利益而由某个或某些合伙人先执行某合伙事务。①

本款规定的全体合伙人对合伙事务的决定其实是要求对于合伙事务的全体一致决，同时也允许通过合伙合同规定多数决。在通过合伙合同规定多数决情形下，如发生分歧，以合伙人的数目计算多数，以免以出资的额度或者其他“资本”的视角为立足点。②

前已述及，在“一审稿”和“二审稿”中，该条第1款第1句首先明确了“合伙事务由全体合伙人共同执行”，第2句话才是本款规定的内容。按照此逻辑，合伙事务的决定是合伙事务共同执行中的问题，亦即，仅在全体合伙人共同执行合伙事务情形下，才会产生“合伙事务应由全体合伙人共同决定并一致同意”的状况。其他如委托执行情形，则不存在应由全体合伙人共同决定合伙事务的问题。显然，“一审稿”和“二审稿”的逻辑安排是不符合合伙事务应由全体合伙人共同决定的本质要求的。

严格来讲，合伙事务的决定与执行是两个不同的法律问题，前者是关于合伙事务的决定，即合伙意思的表达，后者是关于合伙事务被决定后或无须由全体合伙人决定的日常事务被决定后的具体实施问题。前者是行为的决定，后者是决定的执行，二者的含义是完全不同的。无论是合伙事务的共同执行，还是委托执行，均是对合伙事务决定的执行。凡涉合伙事务的决定，不论是共同执行还是委托执行情形，均须先行由全体合伙人共同决定，然后才是如何执行的问题。故本条第1款修正了“一审稿”和“二审稿”的表述，校正为“合伙人就合伙事务作出决定的，除合伙合同另有约定外，应当经全体合伙人一致同意”。

二、合伙事务的共同执行与委托执行

合伙事务由全体合伙人共同执行，是由合伙的团体性决定的。同时，基

---

① 《德国民法典》第744条第2款规定：“任何一名共有人均有权不经其他共有人同意采取为维持共有物而有必要采取的措施；该共有人可以请求其他共有人事先对此措施予以允许。”

② ［德］迪特尔·梅迪库斯：《德国债法分论》，杜景林、卢谌译，法律出版社2007年版，第391页。

于合同自由，当事人也可以通过事先约定将合伙事务的执行权予以委托。

本条第2款就是关于合伙事务的执行作出的规定：

（一）合伙事务的共同执行

合伙事务的共同执行是指全体合伙人就有关事务作出决定后，由全体合伙人共同执行，即一起执行有关合伙事务。

（二）合伙事务的委托执行

1.合伙事务可以合伙合同事先约定或全体合伙人决定的方式予以委托执行

首先，合伙合同可以事先约定合伙事务的委托，即合伙人在签订合同时将相关内容加以明确规定。

其次，如果合伙合同没有事先约定或约定不明确，全体合伙人可以决议的方式委托。这时，全体合伙人的决议必须是一致决议，而不能是多数决。

2.可以委托一个或者数个合伙人执行合伙事务

第一，受托人须为合伙人。由合伙的共同事业目的性决定，合伙事务的执行权是与合伙人的身份结合在一起的，具有合伙人身份者方具有执行权。因此在委托情形下，只能委托合伙人执行合伙事务。

第二，受托合伙人的合伙事务执行权源自内部委托契约，而非法定，即并非具有合伙人身份就必然具有合伙事务执行权。具有合伙人身份者须与其他全体合伙人一起方具有法定意义上的合伙事务执行权（即本款第1句所规定的共同执行），单独或某些合伙人并不因其具有合伙人身份而必然具有合伙事务执行权。如果要有相应合伙事务执行权，须合伙合同约定或全体合伙人一致决定。

第三，如果委托其他一个或数个合伙人执行合伙事务，则仅受托合伙人单个或共同享有合伙事务执行权，其他合伙人对合伙事务就不再具有执行权限。当然，这种委托既可以是合伙事务的全部委托，也可以是部分委托。如是部分委托，则受托人仅就受托部分享有执行权。同时，委托仅为合伙事务执行的委托，非合伙事务执行的事项不能进行委托，如合伙合同的变更、合伙的加入与退出、合伙的解散等。

第四，受托人可以是一个合伙人，也可以是数个合伙人。在委托一个合伙人的情形，该受托合伙人得单独执行合伙事务。在委托数个合伙人的情形，既可以是该数个受托合伙人共同执行合伙事务，也可以是该数个受托合伙人分别执行合伙事务。

第五，委托后，其他合伙人就不再具有相应事务执行权，但对受托合伙人的执行情况有监督权。这种监督权源于合伙事业的共同性及财产的共有性，包括监督合伙事务及检查合伙财产、账务的权利。不论其出资种类如何及出资多少，非执行事务合伙人均有监督权，而且，这种监督权可以单独行使，无须与其他合伙人一起。合伙人的监督权是法定的，不能为合伙合同或决议排除或限制，否则为无效约定或决定。

3.受托合伙人应当在授权范围内执行合伙事务

作为受托人，执行合伙人应当在授权范围内执行合伙事务，不得超越该授权，否则应对合伙承担损害赔偿责任。如果授权不明，则解释为全部委托执行，即委托事项及于所有合伙事务。

在江苏省南京市中级人民法院（2017）苏01民终10177号民事判决书中，法院认为，本案中，戴某某与甲公司签订的合伙合同中亦约定，执行事务合伙人违反合伙企业文件的规定处理合伙事务，致使合伙财产遭受损失的，由执行事务合伙人以其自有财产赔偿。甲公司作为普通合伙人及执行事务合伙人，负有按约执行合伙事务之义务。根据甲公司发布的乙合伙企业月报显示，自2015年8月起，乙合伙企业每月的期末净值均低于0.8，属于合伙合同约定的触及0.8预警线情形，甲公司按约应通知全体合伙人，召集合伙人大会，由合伙人大会决定是否继续或者终止操作。但甲公司并未遵守合同约定，而是在触及预警线0.8之后擅自决定继续操作，直到2016年7月18日按照净值0.43048的比例向包括戴某某在内的多名有限合伙人退还出资款。甲公司违反合同约定对须经合伙人大会同意方可执行的事务擅自处理，给其他合伙人造成损失，依法应承担赔偿责任。

另外，需要注意，依据本条委托后，其他合伙人就不再具有相应事务执行权的要求，仅在合伙内部具有效力。这是因为，按照合伙合同方式进行的合伙，其一般不按照《合伙企业法》进行登记，不具有公示性。如果非受委托的合伙人对外以合伙名义进行活动，其行为对合伙具有效力，除非第三人知道或应当知道该合伙人不是合伙执行人。

三、合伙人分别执行合伙事务时，其他执行事务合伙人的异议权

通过合伙合同约定或全体合伙人一致决定，可以由合伙的每个合伙人分别执行合伙事务，也可以委托合伙的某几个合伙人分别执行合伙事务，此即合伙人分别执行合伙事务情形。

在合伙人分别执行合伙事务时，受托合伙人均可以单独执行合伙事务，无须征得其他合伙人同意，但为维护合伙共同事业之利益，其他受托合伙人，即其他执行事务合伙人有权对其他合伙人执行的事务提出异议，即所谓异议权。此种异议权仅在合伙人分别执行合伙事务之情形下产生，且仅其他执行事务合伙人享有。不具有执行事务权的合伙人，是没有权利对其他合伙人执行的事务提出异议的，但可以通过行使监督权的方法进行。①

在其他执行事务合伙人提出异议后，该执行事务合伙人应当暂停该项事务的执行，否则因此所导致的损害，应由该分别执行合伙事务者承担责任。反之，如果提出异议不当，应由异议的合伙人承担损害赔偿责任。如果提出异议者为数个执行合伙人，则在异议不当而致合伙损害时，由该数个合伙人承担连带责任。不过，除明示为连带责任外，该连带责任为不真正连带责任。②

依本条第3款规定，执行事务合伙人提出异议后，其他合伙人应当暂停该项事务的执行。但暂停之后如何，法律未作明示。如从字义上分析，分别执行合伙事务者既然有单独事务决定权，则是否及如何执行某个合伙事务，自属于其受托权限范围，最终决定权仍在该事务执行合伙人本人，故其依照本条本款规定暂停之后如何处理，应属于被异议者权限，而非简单地停止。不过，其须承担不利后果，如赔偿损失，甚至被开除。但这种分析的问题在于，本款规定的其他执行事务合伙人的异议权将没有价值，事后的补救（由被异议执行事务合伙人承担损害赔偿等）仅具亡羊补牢的意义。

对此，应从本款规定的功能及合伙合同性质来看，本款的目的在于通过

---

① 依1997年《合伙企业法》第29条规定，不具有执行权的合伙人也有权对此提出异议，但2006年《合伙企业法》对该条作了修改，规定仅具有执行权的合伙人方具有异议权。那么，不具有执行权的合伙人只能通过行使监督权处理相关问题，即可以通过要求召开合伙人会议的方式进行监督。参见李飞主编：《中华人民共和国合伙企业法释义》，法律出版社2006年版，第44页。

② 林诚二：《民法债编各论》（下），中国人民大学出版社2007年版，第25页。

赋予其他执行事务合伙人异议权以防止分别执行事务的合伙人的不当行为，从而维护合伙共同事业目的性，故在提出异议后，应由该异议者与包括被异议者在内的所有合伙执行人共同商议并决定。合伙人的分别执行权并非由合伙人单独不受限制地执行合伙事务，而在于提高合伙事业之效率。当分别执行合伙人的执行行为被其他执行合伙人提出异议时，不仅意味着该行为不为其他受托执行事务合伙人所认可，也同时意味着合伙的异议。任何一个分别执行事务合伙人在一定意义上都代表着“合伙”。所以，在执行事务合伙人提出异议而暂停后，应由所有执行事务合伙人共同决定执行相应事务。[①]共同决定时，除合伙合同另有规定外，应采一致决原则。[②]

四、三种合伙事务执行方法之间的关系

由本条规定可知，合伙事务之执行的方法有三，即全体合伙人共同执行、委托一个合伙人单独执行或某些合伙人共同执行，以及全体合伙人的分别执行和部分受托合伙人的分别执行。

如前所述，全体合伙人共同执行是由合伙的性质决定的，单个或某些合伙人均不得在未授权下单独或合谋为之。于这种情形，如合伙人较多，所有合伙事务不分大小均由全体合伙人共同执行，显然效率低下。这种方法一般应限于较重大的合伙事务的执行，或合伙人较少的情形。在全体合伙人共同执行情况下，不妨通过一致决议由每个合伙人分别执行。

对于委托一个合伙人单独执行，因委托就意味着其他合伙人不再执行合伙事务，故常常委托该单个合伙人执行较为具体的合伙事务。对于较为重大的合伙事务，则一般仍由全体合伙人共同为之。所谓较为具体的合伙事务是指日常的例行事务，如合伙经营商店的日常开支以及制作年度决算等。

对于分别执行，此等分别执行的合伙事务一般也是指较为具体的合伙事务，甚至是某个特定的事项。相较于委托一个合伙人单独执行，分别执行中

---

① 日本学者认为，在其他业务执行人提出异议后，就不能单独处理了。参见［日］我妻荣：《债权各论》(中卷二)，周江洪译，中国法制出版社2008年版，第248页。

② 在这一点上，也与《合伙企业法》第29条第1款不同，其规定：“合伙人分别执行合伙事务的，执行事务合伙人可以对其他合伙人执行的事务提出异议。提出异议时，应当暂停该项事务的执行。如果发生争议，依照本法第三十条规定作出决定。”

其他执行合伙人有异议权，具有一定的监督制约作用。

原则上，除日常合伙事务外，所有合伙事务均应由全体合伙人共同决定。这种共同决定既可以全体一致决，也可通过合伙合同约定采多数决。对于日常事务及合伙决定的执行，可以委托一个合伙人单独为之，也可以委托某些合伙人执行。一旦委托，则未被委托的合伙人就不再具有相应合伙事务的执行权，但有权监督执行情况。当然，基于私法自治，合伙通过什么样的方式进行管理，完全是合伙内部的事务，法律应予尊重。

除以上三种方式外，合伙也可以将合伙事务完全委托给合伙人之外的第三人。但这种委托为一种纯粹的委托关系，不适用本条关于合伙事务的执行规定，其权利和义务适用于《民法典》关于委托合同的规定。

举证责任

对因合伙事务的执行发生纠纷，采举证责任一般原则，即主张权利者举证。

在浙江省绍兴市中级人民法院（2011）浙绍商终字第477号民事判决书中，法院认为，关于被告陈某某是否要对甲会所承担共同清偿责任的问题。依据《合伙企业法》的规定，合伙人对执行合伙事务享有同等的权利。按照合伙协议的约定或者经全体合伙人决定，可以委托一个或者数个合伙人对外代表合伙企业，执行合伙事务。由一个或者数个合伙人执行合伙事务的，执行事务合伙人应当定期向其他合伙人报告事务执行情况以及合伙企业的经营和财务状况，其执行合伙事务所产生的收益归合伙企业，所产生的费用和亏损由合伙企业承担。陈某某系由会所合伙人决定委托执行甲会所事务的合伙事务执行人，其执行合伙事务产生的利润由全体合伙人按比例分配，如产生费用或其他民事责任，亦应由全体合伙人承担。原告虽认为陈某某不当控制会所，既不依法设立合规的企业财务制度，又滥支成本，肆意侵占会所资产，但原告对此未能提供相应的证据予以证实，且审计意见及补充意见中亦没有相关的事实予以佐证，会所的财务制度不完善，并不能完全归责于合伙事务执行人，甲会所的每个合伙人均有权利和义务了解会所的财务状况，督促会所建立完善的财务制度。故原告要求被告陈某某对会所应分配原告的利润承担共同清偿责任的依据不足，该院依法不予支持。两被告认为陈某某无需与会所共同承担责任的辩解该院予以采信。

其他问题

一、合伙事务执行的对外问题

合伙事务的执行，既包括对内的执行，也包括对外的执行。前者已如前述，解决的是作为团体的合伙事务的内部处理问题；后者解决的是作为团体的合伙对外关系问题。一般情况下，在处理合伙内部事务时，也会涉及对外的问题，故二者常常是一个问题的两个方面。

在我国，作为法人的公司的代表机关与执行机关均为法定，且在很大程度上是分开的。但作为非法人组织的合伙，特别是更为松散的合同型的合伙，其没有法定的代表机关和执行机关，只有通过合伙这个合同组织起来的松散联合体的执行人制度。

首先，原则上，每个合伙人均是执行人，亦即每个合伙人原则上都可以代表合伙。[①]其次，全体合伙人可以委托一个或几个合伙人为执行人，由这些被委托合伙人作为合伙的代表。也就是说，具有执行人地位的合伙人都可以代表合伙，从而使其行为成为合伙的行为而具有对外的效力。

不过，这里所谓的“代表”并非公司法人意义上的“法定代表人”的代表。合伙尽管具有一定的团体性，本质仍是合伙人个人之间的联合，个人在其中仍具有主体的意义与价值，故合伙代表的实质是执行合伙人是其他合伙人的代理人。具言之，在每个合伙人均具有执行权情况下，合伙人互为代理人；在委托执行情况下，执行合伙人代理其他执行合伙人与非执行合伙人。之所以将其称之为代表，实为立法及实践便宜之需要，有利于作为团体的合伙对外交往。[②]

---

① 在合伙内部，每个合伙人须与其他全体合伙人一起执行合伙事务，即所谓的共同执行；但对于合伙外部，每个合伙人原则上均是执行人，可以代表合伙。这是由合伙合同的内部共同性与外部一体性决定的。

② 《民法典》第105条关于“非法人组织可以确定一人或者数人代表该组织从事民事活动”的规定即是此意。

根据本条规定，具有合伙代表权的合伙人有两种情形，即如合伙合同未作规定，且全体合伙人也未就此作出决议，则所有合伙人均有代表权；相反，由合伙合同约定或决议委托的执行合伙人具有代表权，未被授权者，则不具有代表权，不得代表合伙对外从事相应活动。从这个意义上，合伙事务执行人与代表权人是合而为一的，但在性质上不同。而且，在概念关系上，可以认为代表权系衍自事务执行而当然取得，只要该合伙人为事务执行人，其代表权即属存在，无需另行授予代表权。[①]

在最高人民法院（2018）最高法民终15号民事判决书中，最高人民法院指出，《合伙企业法》第26条规定，合伙人对执行合伙事务享有同等的权利。按照合伙协议的约定或者经全体合伙人决定，可以委托一个或者数个合伙人对外代表合伙企业，执行合伙事务。周某某已经工商登记为盛源煤矿的执行事务合伙人，其有权对外代表盛源煤矿执行合伙事务。

也正是如此，合伙人的代表权范围限于执行合伙事务的范围，即除合伙合同另有规定或全体合伙人决议委托限制外，应及于经营合伙事务所必要的一切行为，诸如为合伙租赁、借贷、偿债等。但对于涉及合伙基础性或结构性事务，如处分合伙财产、除名等非属于营业范围之事项，不在其代表权范围。

合伙合同或合伙决议可以限制执行合伙人的代表权限，但该限制不得对抗善意第三人。对此，《合伙企业法》第37条作了专门规定："合伙企业对合伙人执行合伙事务以及对外代表合伙企业权利的限制，不得对抗善意第三人。"

在浙江省高级人民法院（2007）浙民二终字第302号民事判决书中，法院认为，上诉人上诉称原判认定本案讼争法律关系错误的理由无相应的事实依据，不能成立。根据《合伙企业法》"合伙企业对合伙人执行合伙事务以及对外代表合伙企业权利的限制，不得对抗善意第三人"的规定，作为全体合伙人推举的合伙事务执行人的叶某某，代表合伙企业与苏甲和苏乙签订《股权转让协议》，其行为所产生的后果应由合伙企业和全体合伙人承受。

---

① 邱聪智：《新订债法各论》（下），中国人民大学出版社2006年版，第60页。

二、执行合伙事务合伙人的辞职与解任

（一）执行合伙事务合伙人的辞职

相对而言，公司的管理人既可以是股东，也可以是不具有股东身份之人；而且，不论是具有股东身份之人，还是不具有股东身份者被选举为管理者，其地位均具有超然性，即在一定意义上超越于其个人身份，而成为公司法人的化身。

而合伙的执行合伙事务者系基于合伙人身份而被全体合伙人委托，作为受托人，其同时也是代表自己，其地位并不具有超然性。因此，对于执行合伙事务的合伙人，非有正当理由，不得辞职，这也与委托合同规定不同。依《民法典》第933条规定，受托人可随时解除委托关系。

（二）执行合伙事务合伙人的解任

除非有正当事由，执行合伙事务合伙人不得随意被解任，这一点也与委托合同规定不同。依《民法典》第933条规定，委托人可随时解除委托关系，而不问事由。

所谓正当事由，应依具体情形而定，但一般地，如《德国民法典》第712条之规定，执行合伙事务合伙人违反其重大义务，或丧失合伙事务的正常处理能力等均是。

解任执行合伙事务合伙人的执行资格，须由其他合伙人一致同意。如果合伙仅有两个合伙人，其中不具合伙事务执行权的合伙人可以其单独意思解任，但也须具备正当事由。

第九百七十一条【执行合伙事务报酬】

合伙人不得因执行合伙事务而请求支付报酬，但是合伙合同另有约定的除外。

历史由来

本条系新增条款。《民法典合同编（草案）》（征求意见稿）第530条规定：

“合伙人不得因执行合伙事务而请求支付报酬，但是合伙合同另有约定的除外。”该规定之后没有发生任何变化。

规范目的或功能

本条对合伙人执行合伙事务是否具有报酬请求权作出了规定，便于裁判者把握合伙人报酬的基本准则。

规范内容

一、规范含义

（一）合伙人不得因执行合伙事务而要求支付报酬

合伙人执行合伙事务，是为了全体合伙人之利益，也是为了自己的利益。同时，合伙人执行合伙事务，也是合伙人的基本义务与责任。特别是在合伙人以劳务出资情形，其必须在合伙期间以其劳动执行合伙事务，故合伙人不得因执行合伙事务而要求所谓报酬。

合伙是所有合伙人的联合，尽管具有一定团体性，但合伙人的个人主体性并未因合伙的成立而消减，合伙人个人须与其他合伙人一起共同努力以实现联合的价值，最终实现单独个人不能达到的目的。可以这样认为，合伙等同于合伙人个人，执行合伙事务就等同于为本人做事。而且，作为合伙人的联合，合伙未必必须有一定财产，但必须有合伙人的共同努力，亦即，从法律角度，执行事务的义务构成执行合伙事务合伙人的主给付义务。[①]

（二）合伙合同可以约定支付报酬

合伙人不得因执行合伙事务而要求支付报酬是基本规则，但法律也尊重合伙合同作出的约定。

至于报酬给付标准、支付期限、支付方法等，基于契约自由原则，皆可

---

① 林诚二：《民法债编各论》（下），中国人民大学出版社2007年版，第26页。

由合伙合同确定。一旦合伙合同有约定，合伙人可就其执行合伙事务而要求支付报酬。

本条关于合伙人报酬的规定，与《民法典》第928条关于委托合同中受托人的报酬规定类似。依第928条规定，在委托合同约定的情形下，委托人应向受托人支付报酬，如无约定，则一般认为没有报酬。不过，执行合伙事务的合伙人尽管是受托执行合伙事务，该受托是基于合伙人身份，即其有自己委托自己之意，应当如此而为之；委托合同中的委托则是平等主体之间的委托，受托人不必然具有受托义务。因此，合伙合同中合伙事务执行的委托与一般意义上委托合同中的委托，有很大差别。在一般委托合同下，即使合同没有约定报酬事项，但基于交易习惯与事务性质，仍然可以认定有相应报酬。对于合伙，除本条所定合伙合同明确约定外，合伙人是不能依所谓习惯与事务性质要求支付报酬的。

当然，基于私法自治，合伙合同没有约定或约定不清楚的，全体合伙人可以一致决的形式事后补充，确定执行合伙事务的合伙人的报酬。

（三）执行合伙人为合伙执行事务支出相应费用的，可以要求预先支付或事后偿还

本条规范目的在于明确作为执行合伙事务的合伙人，除了合伙合同另有约定，不得要求就其所谓劳动支付报酬。但为执行合伙事务，常常需要支出相应费用，这时，执行合伙人可以要求合伙预先支付，或者在其完成相应事务后，要求合伙偿还其为合伙所支出的费用。尽管本条没有规定，但无疑是本条应有之义。

在最高人民法院（2013）民申字第852号民事裁定书中，涉及入伙前支付租房费用问题，最高人民法院认为，根据颜某某与肖某某签订的《内部协议书》和《退股协议书》，颜某某退出合伙事务后，合伙事务的所有权利义务均由肖某某概括继受；颜某某投入到合伙组织的全部资金均由肖某某返还；颜某某不再享受合伙组织的收益及红利，也不承担任何风险；合伙组织的对外债务，如果颜某某已实际清偿，颜某某则在清偿范围内对肖某某具有追偿权。对于颜某某入伙前支付给旧房主的租房费用17.616万元，根据2012年2月10日的一审庭审笔录记载，双方签订《内部协议书》时未商讨租房费用相

关事宜，而旧房改建过程中向老房主支付租房费用是市场交易惯例，肖某某无证据证明其与颜某某进行的旧房改建工程不负担老房主的租房费用。虽然《内部协议书》中约定“凡前段颜某某的工资材料及各种费用一次性了结，前段任何费用与肖某某无关”，但就遗漏租房费用双方并没有能够达成一致意见。根据《退股协议书》的处理原则，颜某某所支付的该部分费用属于投入合伙事务中的资金，在颜某某退伙后应由肖某某负责返还。同时，根据颜某某与旧房改造项目中老房主之一康某于2007年12月10日签订的《旧房改建协议》中关于延期交房每套每月增加补偿100元的约定，以及颜某某提供的康某收取房屋租金的收条，能够证明颜某某实际向康某支付了房屋租金。肖某某主张租房费用为颜某某退伙后虚假列支，缺乏证据支持。因此，二审判决认定颜某某在肖某某入伙前支付老房主租房费用17.616万元，具有事实和合同依据。

二、规范效力

本条系任意性规定，一般情形下，合伙人不得因执行合伙事务而请求支付报酬，如果其基于执行合伙人身份便利直接从合伙利得中扣划所谓报酬，则构成侵权，须对合伙负损害赔偿责任。但本条允许合伙人通过合伙合同或决议给予执行合伙人相应报酬。

需要注意的是，合伙分红与报酬是两个不同的概念，但实践中常常出现将二者混淆的情形。前者是基于合伙人身份及出资份额而在合伙决算之际或年度终了之际对合伙利润的分配，后者是基于执行合伙事务的劳动而产生（如通过合伙合同约定）。

举证责任

执行合伙事务的合伙人如果要求合伙支付相应报酬，则须依举证一般规则举证证明合伙合同有约定，或者全体合伙人事后一致决议，否则须承担举证不力的后果。

其他问题

第970条和本条的核心是规范执行合伙事务的合伙人与合伙之间的关系。关于二者之间的关系，除该两条基本规定外，尚有一些其他基本要求。

一、执行合伙事务合伙人的义务

执行合伙事务的合伙人名为受到全体合伙人的委托而为之，实质仍是处理自己之事情，合伙事业之成败直接关系到每个合伙人的利益。我国台湾地区规定，合伙人执行合伙之事务，应与处理自己事务为同一注意。其受有报酬者，应以善良管理人之注意为之。《民法典》尽管对此没有明确规定，但显然其义务也应等同于此。

具体来说，执行合伙事务的合伙人的义务有：

（一）亲自执行事务的义务

执行合伙事务的合伙人的执行权尽管来自全体合伙人的共同委托，但这种委托非一般意义上的委托，其身份性决定了须亲自执行事务，而不得如一般委托那样再委托。

（二）注意义务

即应如处理自己事务那样认真负责。如受有报酬，则负有更高的注意义务，应以善良管理人之注意为之。亦即，执行合伙事务合伙人没有报酬是原则，在此情形下，如果其执行事务不当造成合伙损失，原则上负具体轻过失责任。但在有报酬的情形，则应负抽象过失责任。[①]

（三）其他义务

即应为合伙利益而将执行事务的情况报告于合伙，将合伙所得及时交付给合伙（不论是以合伙名义还是以自己个人名义），包括利息支付与损害赔偿

---

① 邱聪智：《新订债法各论》（下），中国人民大学出版社2006年版，第52页。

等，否则应对其他合伙人承担损害赔偿责任。

在湖南省高级人民法院（2018）湘民再151号民事判决书中，法院认为，本案中，申请人投资后，其投资权益由登记合伙人或执行合伙事务的合伙人代为行使。被申请人在政策性关闭时，得到了政府500万元补偿金，但登记合伙人在未予清算的情况下即对包括补偿金在内的款项及资产进行了处置，并没有依法在相关债权人及投资人中公平分配，其行为明显损害了申请人的合法权益。

二、执行合伙事务的合伙人的权利

除了前述费用预付及偿还请求权外，还包括：

（一）负债清偿请求权

即合伙人因执行合伙事务而负担的必要债务，应由合伙负担，由合伙清偿。

（二）损害赔偿请求权

即合伙人在执行合伙事务中，因不可归责于自己的事由而受有损害的，可以向合伙请求赔偿。

第九百七十二条【合伙的利润分配与亏损分担】

合伙的利润分配和亏损分担，按照合伙合同的约定办理；合伙合同没有约定或者约定不明确的，由合伙人协商决定；协商不成的，由合伙人按照实缴出资比例分配、分担；无法确定出资比例的，由合伙人平均分配、分担。

历史由来

本条系新增条款。《民法典合同编（草案）》（征求意见稿）第531条规定："合伙的利润分配和亏损分担，按照合伙合同的约定办理；合伙合同没有约定或者约定不明确的，由合伙人协商决定；协商不成的，由合伙人平均分配、分担。”《民法典合同编（草案）》（一审稿）第756条增补规定“协商不成的，由合伙人按照实缴出资比例分配、分担”的内容。

规范目的或功能

本条是关于合伙损益分配标准的规定，规范意旨在于对合伙损益分配标准明确化，便于裁判者把握合伙损益分配的基本准则。

规范内容

一、规范含义

合伙的利润分配与亏损分担，简称合伙的损益分配，即合伙就其合伙共同事业之经营所产生的利益与亏损如何分配的问题。

本条所称“利润”，应作广义解释，包括合伙因经营所得利润在内的一切利得，如合伙财产所生利息，合伙期间所得赠与等均是。凡合伙财产多于合伙债务及出资的总额部分，均为合伙利益，可予以分配。其中“亏损”是指合伙财产少于合伙债务及出资总额的部分，即所谓的损失。[①]

无论是以营利为目的，还是不以营利为目的，合伙均存在因经营所生损益分配问题。特别是在以营利为目的的合伙，如何分配合伙的损益，直接关系到所有合伙人切身利益。合伙损益的分配，既可以是在年度决算进行，也可在合伙人退伙及合伙解散之时进行。合伙的损益分配，对于合伙人利益给付请求权、出资返还请求权、剩余财产请求权，以至连带责任的内部分担而言，均具有基础性意义与价值。因为损益分配的规则，直接关系到这些请求权的比例。[②]

根据本条，合伙损益分配规则如下：

（一）按照合伙合同的约定办理或由合伙人协商决定

作为共同事业之目的的合伙，其最大特点就是各方面均由合伙人自由确

---

① 参见邱聪智：《新订债法各论》（下），中国人民大学出版社2006年版，第34页。

② 参见邱聪智：《新订债法各论》（下），中国人民大学出版社2006年版，第35页。

定，法律所做的就是提供一个缺省规则。在合伙合同有明确约定情形下，如何分配合伙损益，完全依合伙合同约定处理。这时，确定合伙损益分配，以合同约定为准，至于合伙人各自出资多少、以什么方式出资，则在所不问。也就是说，合伙人的出资比例并非损益分配比例的基础，而且，合伙利益分配比例与合伙损失分配比例也可以不一致，即可以分别规定。

如果合伙合同约定某个合伙人仅分配利益，而不承担损失，是否允许？依照《民法典》第967条关于“合伙合同的定义”之规定，合伙合同是一种共享利益、共担风险的合同。再查《合伙企业法》第33条第2款规定：“合伙协议不得约定将全部利润分配给部分合伙人或者由部分合伙人承担全部亏损。”学界建议稿也有类似规定。依此，合伙合同似乎不能规定某个合伙人仅分配利益，而不承担损失。

对于这个问题，应作进一步分析。

《民法典》第967条关于合伙合同系“共担风险”的规定，并非简单地要求所有合伙人均要分担合伙之损益，而是一种更为宽泛意义上的风险共担。“风险共担”既可以直接体现在损益的共担上，也可以间接体现在广义的共同事业的目的没有实现上，如尽管合伙人投入了时间、精力与金钱，但最后没有达到合伙的目的。所以，现代各国和地区关于合伙的定义并不强调共担风险，仅要求共同投入以实现共同事业，如《德国民法典》第705条规定：“通过合伙合同，合伙人相互间有义务以由合同指定的方式促进共同目的的实现，特别是缴纳约定的出资。”《日本民法典》第667条第1款规定：“合伙合同，因各当事人约定出资经营共同事业，而生其效力。”也就是说，对于合伙来说，所有合伙人均须出资是其基本要求，或者成立要件，但分担损失并非合伙的本质要求。作为共同事业的合伙，损失的分担不是其必然的内容。[①]

《民法典》第967条规定合伙合同系共享利益、共担风险的合同，其目的在于强调合伙合同的“伙”，即因“合”而“共同”，以促进合伙人共同努力以实现共同事业，相应风险自然由全体合伙人共担。至于该风险，并非一定表现为损益的分担。

所以，本条仅规定了合伙损益的分配规则，而没有进一步规定不得仅一方

---

① 参见［日］我妻荣：《新订民法总则》，于敏译，中国法制出版社2008年版，第287页。

获利。相对于《合伙企业法》第33条的规定，本条更符合合伙的本质与要求。

但对于利益分配，除非以营利为目的的合伙外，不允许通过合伙合同约定某个或某些合伙人不分配合伙利益。这是因为，在合伙以营利为主要目的时，利益的分配就成为合伙共同事业所不可分的内容。亦即，作为合伙合同的共同事业之目的的利益分配，自然是合伙的必然内容。如果合同约定某些合伙人不分配利益，则该合同非合伙合同，相应关系非合伙关系。[①]即使在古典法时期，“狮子合伙”也是不允许的，因为它为某个合伙人提供“狮子份额”，其他合伙人只分担损失而不分享收益。[②]格老秀斯谈到，合伙的当事人可以约定“只拿不赔”，但合伙人不可被排除收益权——因为合伙合同之缔结就是为了有所收益。[③]《瑞士债务法》第532条和第533条分别规定了利益分享与损益分配。依该法第532条规定，合伙利益应由各合伙人与其他合伙人分享，亦即，不得存在某一合伙人不能分享之情形。依该法第533条规定，合伙人可通过合同约定如何分配其损益，但不要求必须由每一个合伙人都承担损失。[④]

当然，合伙合同没有约定或约定不明的，可以由合伙人协商决定损益分配。合伙人协商决定要求，一是须由全体合伙人共同协商；二是须采协商一致规则，除非合伙合同另有明确规定。

（二）协商不成的，按照实缴出资比例分配和分担

依本条，如果合伙合同没有约定或协商不成的，按照合伙人的实缴出资比例予以分配和分担。

---

① 参见［日］我妻荣：《新订民法总则》，于敏译，中国法制出版社2008年版，第287页。我国台湾学者也认为，如合伙事业之成果归由合伙人中之一人或数人享有或负担者，虽可基于契约自由原则而认为有效，但其并非合伙，仅系无名契约而已。见邱聪智：《新订债法各论》（下），中国人民大学出版社2006年版，第12页。

② ［德］马克斯·卡泽尔、罗尔夫·克努特尔：《罗马私法》，田士永译，法律出版社2018年版，第482页。

③ ［荷］胡果·格老秀斯：《私法导论》，张淞纶译，法律出版社2015年版，第300页。

④ 《瑞士债务法》第532条规定：“依性质应属于合伙的利益，各合伙人应与其他合伙人分享。”第533条规定：“除另有约定外，各合伙人不论其出资种类及数量，其损益分配之成数，一律均等。仅就利益或仅就损失而规定的分配成数，视为损益共通的分配成数。合伙契约对于为共同目的而以劳务作为出资的合伙人，约定仅受利益而不受损失之分配者，其约定有效。”

依约共同出资，系每个合伙人的基本义务，并为合伙成立的条件。问题有两个：一是合伙人依约出资的时间并不完全相同，有早有晚；二是合伙人出资方式有可量化的，也有不可量化的（如劳务与信用），即使可量化的出资，也存在转移所有权的出资和不转移所有权的出资。由此导致如何判断合伙人是否已经实际缴纳出资的问题。

对于第一个问题，如果合伙人应当出资而未出资或未完全出资，则按实际缴纳部分确定合伙人的损益分配。如果合伙合同约定甲先出资，乙在合伙经营需要时再出资（即后出资），则不能因为乙后出资而认为其没有实际缴纳出资。在这种情形，应认为不存在合伙损益分配的条件而不应分配，甲不能因此认为应当分配而将合伙获得的利润仅归属于自己。

对于第二个问题，对于可量化的出资，不论是转移所有权的出资，还是不转移所有权的出资，只要该出资按照合伙合同的约定为合伙所用，则应认为合伙人已经实际缴纳出资。对于不可量化的出资，如合伙人的劳务，凡该合伙人已经按照合伙合同约定为合伙提供了劳务，则认为提供劳务的合伙人已经实际缴纳出资。

在合伙合同仅约定利益分配而未约定损失分担，或者相反情形下，则推定二者相同。这不仅符合通常情形下当事人的意思，且符合公平原则。[①]

在最高人民法院（2015）民申字第78号民事裁定书中，最高人民法院认为，谢某、胡某与姜某甲、姜某乙、王某某口头达成的合伙协议以及于2011年5月30日书面签订的《乌鲁木齐甲钢铁有限公司廉政自律条例》未对出资时间、出资金额作出具体约定，谢某、胡某一方的投资与姜某甲、姜某乙、王某某一方的投资均不是一次到位，且在本案诉讼发生之前双方未对合伙利润进行过分配，一审、二审法院按照分配利润时双方实际到位的出资比例进行利润分配，符合本案实际情况，并无不当。甲公司申请再审主张应按谢某、胡某每笔投资款实际到位时间分段计算合伙利润，但其未提供具体的计算方式，再加之姜某甲、姜某乙、王某某的出资也不是一次到位，仅对谢某、胡某的利润分配按投资款到位时间分段计算，将使双方的利润分配标准不统一，有失公平。因此，甲公司关于利润分配标准及二审法院多分配利润60多万元

---

① ［日］我妻荣：《新订民法总则》，于敏译，中国法制出版社2008年版，第288页。

给谢某、胡某的申请再审主张不成立。

但需要注意的是，作为利益分配规则，本条强调协商不成按照实缴出资比例分配和分担，其本意是为了促使合伙人均须按照合伙合同实际履行其出资义务，以利于合伙共同事业目的的实现。但在实践中，由于合伙出资形式多样，关系较为复杂，其与公司法所确定的按照实际出资比例的法理并非一致，其分配的规则完全是两个不同的概念。相比而言，公司是典型资合性的，是资本的联合；合伙则是典型人合性的，是人的联合。公司股东对外以出资为限承担责任，合伙人对外则不分出资多少及形式而承担连带的无限责任。大多数国家和地区民法典关于合伙合同的规定，几无规定协商不成时应按照实际出资比例确定分红和承担亏损的。因此，在实践中，当须具体分析，不宜简单地套用本规定。

对于现金和其他物权性出资，应给付而未给付的情形下，可通过除名等方式使该合伙人退出合伙，如因此造成合伙损失的，不免除其损害赔偿责任。在应给付而仅部分给付时，可按照实际出资比例分配利润，但在损失承担上，则应以应缴部分的全部比例承担责任。在对外责任上，仍须承担合伙人的连带责任。

对于劳务和信用出资，则提供者的义务系积极为合伙事业进行活动。如提供者不积极提供或消极为之，则均视为没有对合伙出资而可以由合伙除名或要求其退出，因此造成合伙损失者，不免除其损害赔偿责任，同时对外也须承担连带责任。

对于以专利或其他知识产权出资的，如该知识产权尚需提供者的技术秘密或其他积极作为方发挥其出资能力，则提供者必须同时积极为之，促使专利等顺利转化为实际产品或服务。如果其提供的专利等无法实际应用，则视为未履行出资义务而可以除名，并承担损害赔偿责任与连带责任。

（三）无法确定出资比例的，由合伙人平均分配、分担

依本条，如果无法确定出资比例的，则由合伙人平均分配和分担。

如果合伙出资约定不明导致无法确定出资比例的，依本条规定，由合伙人平均分配和分担。在合伙中，尽管存在合伙人出资表现及数额不同之情形，但作为共同事业目的的合伙结果是每个合伙人均须为合伙债务承担连带责任，

不存在依每个合伙人出资形式及数额而决定其责任问题，故如出现合伙出资约定不明，无法确定出资比例的情况，其损益之享有与承担由每个合伙人平均分担是符合合伙秩序的。这也符合《民法典》第302条关于共同共有负担的规定，即："共有人对共有物的管理费用以及其他负担，有约定的，按照其约定；没有约定或者约定不明确的，按份共有人按照其份额负担，共同共有人共同负担。"

在江西省高级人民法院（2014）赣民提字第11号民事判决书中，再审法院认为，纵观熊某某、徐某在本案历次审理中的陈述，二人对于投入涉案项目的出资数额、来源情况的说明均未能保持一贯性，存在不一致的地方，二人均不能提供出资的凭证，且互相均不认可对方的主张，根据现有的证据材料，熊某某、徐某在涉案项目中的实际出资额无法确认。但从熊某某、徐某工资确定情况看，二人额度是相同的，结合本案查明的二人在合伙体中的地位和作用分析，可以推定熊某某、徐某在合伙中的出资额是相等的。

进一步的问题是，如何判断提供劳务和信用的合伙人的出资份额。对此，合伙合同有约定的，依约定；无约定的，一般按照合伙人出资的平均数额来定。

不过，对于劳务提供者是否必须承担合伙损失，《瑞士债务法》第533条第3款规定："合伙契约对于为共同目的而以劳务作为出资的合伙人，约定仅受利益而不受损失之分配者，其约定有效。"即以分配损失为原则，合同另有约定为例外。我国台湾地区规定，以劳务为出资之合伙人，除契约另有订定外，不受损失之分配。即劳务出资的合伙人以不受损失分配为原则，合同另有约定为例外。但是，对于该问题，基于共享共担原则，大多数国家和地区（如德国和日本）并不强调劳务出资者不承受损失，而一般规定凡合伙人均须依合同约定或法定进行损益分配。

《民法典》对于劳务提供者的合伙人没有作出特殊规定，故认为劳务提供者也须依约或依法律规定承担相应损失。

二、规范效力

本条为任意性规定，合伙的利润分配与亏损分担有约定的，依约定；无约定的，由本条补充适用。

举证责任

关于合伙的利润分配与亏损分担，发生争议时，采一般举证责任规则。

在最高人民法院（2016）最高法民再138号民事判决书中，最高人民法院指出，当事人对自己提出的诉讼请求所依据的事实或者反驳对方诉讼请求所依据的事实，负有提供证据加以证明的责任。根据前述分析，曹某某应向卢某某支付2009年8月至2010年7月的利润。结合当事人的诉讼请求，卢某某向法院起诉请求曹某某向其支付合伙经营收入10904992.3元。诉讼中，卢某某举证证明2009年8月至2010年7月株洲客运分公司和长南分公司退回的营收返还款共计33891090元，根据双方已分配利润的比例，卢某某估算出此期间其应得的合伙利润为1010万元。卢某某对其主张的诉讼请求虽未提供直接的财务凭证等证据，但结合其他证据，卢某某已对其诉讼请求提供了相应的证据加以证明。且从本案的情况看，曹某某在此期间一直负责线路的经营并保管着有关的财务凭证。对卢某某主张的合伙利润情况，曹某某可基于其经营线路的实际情况提供直接的证据加以反驳，但在一审法院发出书面限期举证通知书后，其并未提交相关证据。此外，针对合伙期间的利润问题，卢某某在诉讼中亦申请法院进行司法鉴定，但因曹某某一方拒不提供财务凭证而无法进行，无法对该合伙期间的利润查明客观情况。在此情况下，再审判决根据举证责任的分配规则，认定2009年8月至2010年7月利润的计算以卢某某所主张的1010万元并无不当。曹某某虽对此不予认可，但并未提供相反证据予以推翻，本院对再审判决认定的合伙经营期间利润数额予以维持。

其他问题

一、合伙损益分配的时间

对于可以在什么时候进行损益分配，《民法典》未明确规定。一般情形，如果是临时性合伙，则应于合伙事务终了之时予以结算清理，进行损益分配。如果是长期性合伙，则有约定依约定（季度、半年、年度均可）；无约定，则应在年度结束后进行，即每年办理决算及分配损益一次，但无论如何，均须在事务年度终为之。此年度终，依我国《会计法》规定，通常为历年年度终了之时。

在最高人民法院（2017）最高法民申896号民事裁定书中，最高人民法院对古某某诉请分配利润条件是否成就、是否有事实依据的问题作出了解答。依据古某某、李某某、王某甲、王某乙签订的《投资协议》的约定，各方共同出资、共享利润、共担风险，古某某、李某某、王某甲、王某乙存在合伙的法律关系。古某某作为合伙人有权依据《投资协议》的约定分配合伙利润。王某甲、王某乙、甲公司在再审中认为，依据协议第5项“各方决定‘丽城佳苑’商住楼项目竣工验收至销售完毕清算后，按照纯利润进行比例分配”的约定，分配纯利润的条件尚不成就。但由于上述条款对分配利润时间到底是一个时间段还是时间节点表述不清，导致各方当事人理解有歧义，未能形成一致意见。在这种情况下，结合2014年4月王某甲曾召集古某某、李某某对合伙清算进行商谈，并表示可分配利润为1900万元的事实，考虑到未销售的房产在整个项目中只占很小比例，而整个合伙项目由王某甲、王某乙单独经营，古某某并没有参与经营，无法对房屋销售起到作用的客观情况，一、二审认定合伙关系已经具备清算基础及条件并无不当。至于少量未销售房产的问题可以在合伙项目利润鉴定过程中通过合理的专业方法予以处理，并不足以否定整个合伙项目利润分配的条件和基础，且鉴定部门是在征求王某甲同意后对于未销售部分经营利润进行了审计。因此王某甲、王某乙、甲公司以项目未销售完毕为由认为合伙利润分配条件尚未成就的理由不能成立。

需注意的是，年度决算既包括利益的计算，也包括损失的计算。如损失大于所得，则不存在利益分配问题。

在有损失的情况下，合伙应就该损失进行分配，但这并非意味着合伙人负有对合伙损失的补充填补的义务。合伙人仅在合伙合同有约定或全体合伙人一致同意的情形下，方对合伙损失负有填补义务。由合伙性质决定，合伙的亏损，不影响合伙债权人的利益。

二、合伙损益分配的方法

合伙分配损益时，一般以金钱为之。也可以增加每个合伙人合伙份额的办法进行，即不予直接分配于个人，而是将每个合伙人应得利益加入合伙财产之中，以增加各合伙人在合伙中的合伙份额，等于合伙人增加投资。如果合伙决定直接分配给个人，则个人享有对合伙的利益分配请求权。

第九百七十三条【合伙人的连带责任及追偿权】

合伙人对合伙债务承担连带责任。清偿合伙债务超过自己应当承担份额的合伙人，有权向其他合伙人追偿。

历史由来

本条源于《民法通则》第35条第2款，其规定："合伙人对合伙的债务承担连带责任，法律另有规定的除外。偿还合伙债务超过自己应当承担数额的合伙人，有权向其他合伙人追偿。"在《民法典》编纂过程中，《民法典合同编（草案）》（征求意见稿）第532条规定："合伙的债务应当先以全部合伙财产进行清偿。合伙人对合伙财产不足以清偿的合伙债务，承担无限连带责任。清偿合伙债务超过自己应当承担数额的合伙人，有权向其他合伙人追偿。"

《民法典合同编（草案）》（一审稿）第757条则作了较大调整，其规定："合伙人对合伙财产不足以清偿的合伙债务，承担连带责任。清偿合伙债务超过自己应当承担份额的合伙人，有权向其他合伙人追偿。"该调整更为精练，用语更为科学。《民法典合同编（草案）》（二审稿）保留了与"一审稿"相同的表达方式。至《民法典（草案）》时，则将"一审稿""二审稿"规定中的第一句"合伙人对合伙财产不足以清偿的合伙债务，承担连带责任"简化为"合伙人对合伙债务承担连带责任"。该表达不仅语言简洁，且含义发生了重大变化，由之前的补充的连带主义改为并存的连带主义。

规范目的或功能

本条是关于合伙人对合伙债务的责任规定，规范意旨在于明确合伙人对合伙债务并存的连带责任及内部的按份责任，便于裁判者把握合伙人对于合伙债务承担的基本准则及因此产生的内部追偿规则。

规范内容

一、规范含义

（一）合伙人对合伙债务承担连带责任

对于合伙人对合伙债务的责任，在立法体例上，有两种做法：一是连带责任，即合伙人对合伙债务，除以合伙财产承担外，尚须同时以合伙人个人财产来承担。二是分割责任，即合伙人仅就其应当分担部分予以承担责任。

世界上大多数国家和地区采连带责任做法，采分割责任的很少。后者主要是日本，《日本民法典》第675条规定："合伙之债权人，得就合伙财产，行使其权利。合伙之债权人，得依其选择，对各合伙人按损失分担比例或相等比例行使其权利。但合伙之债权人于其债权发生时已知各合伙人之损失分担比例时，依其比例。"

同时，对于采连带责任的做法，还有并存的连带责任与补充的连带责任之分，前者是指当发生合伙债务时，债权人可同时就合伙财产与合伙人个人财产要求连带清偿，而不管这些财产属于合伙共有还是合伙人个人所有。后者是指当发生合伙债务时，债权人应先就合伙财产要求清偿，当合伙财产不足以清偿时，方可以就合伙人个人财产要求连带清偿，亦即，后者合伙人个人单独所有的财产，仅是补充合伙财产的不足。这时，合伙人的连带责任属于第二次担保，仅就不足之额予以补充。[①]在这两种做法中，采并存的连带责任做法的国家和地区较多，后者的代表主要是我国台湾地区，其相关规定，合伙财产不足清偿合伙之债务时，各合伙人对于不足之额，连带负其责任。

《民法典合同编（草案）》（征求意见稿）第532条和"一审稿""二审稿"

① 林诚二：《民法债编各论》（下），中国人民大学出版社2007年版，第35页。

第757条原本借鉴了《合伙企业法》第39条，采补充的连带责任做法，[①]但到了"终审稿"，将其改为并存的连带责任主义。其原因主要在于：一是并存的连带责任主义是世界上大多数国家和地区的普遍做法；二是我国司法实践中对于合伙债务的诉讼，基本上采并存的连带责任，而不先由合伙财产清偿，再由合伙人个人财产清偿，因为实践中实在无法由合伙的债权人举证证明合伙财产不足。

当然，我国《民法典》采并存的连带责任做法的法理在于，合伙合同与合伙企业完全系两个不同性质的法律制度。根据《民法典》第102条规定，合伙企业是具有权利能力的民事主体，其采补充的连带责任，以突出其在一定程度上具有有别于合伙人的主体性价值。但合伙合同则是合伙人的联合，更多突出的是合伙人个人在其中的根本意义与价值，作为联合的合伙合同没有权利能力，自然不能作为独立的债务主体。

本条所规定的合伙人对合伙债务的连带责任是并存的连带责任，其不能为合伙合同内部约定所排除，但如果全体合伙人或合伙与合伙的债权人之间通过合同事先约定排除，而采按份主义或分割主义，则是允许的。

---

① 在最高人民法院公报案例"南通双盈贸易有限公司诉镇江市丹徒区联达机械厂、魏恒聂等六人买卖合同纠纷案"中，法院认为，原审被告联达厂虽在工商行政管理部门登记为个人独资企业，但实质系上诉人卞跃、原审被告魏恒聂、蒋振伟、祝永兵、尹宏祥、洪彬合伙经营的企业。联达厂欠被上诉人双盈公司的121378595元货款发生于合伙期间，属于合伙企业的债务。对合伙债务如何承担，《民法通则》、《民法通则意见》以及《合伙企业法》均有相关规定。《合伙企业法》第39条规定："合伙企业不能清偿到期债务的，合伙人承担无限连带责任。"第40条规定："合伙人由于承担无限连带责任，清偿数额超过本法第三十三条第一款规定的其亏损分担比例的，有权向其他合伙人追偿。"据此，合伙企业债务的承担分为两个层次：第一顺序的债务承担人是合伙企业，第二顺序的债务承担人是全体合伙人。由于债权人的交易对象是合伙企业而非合伙人，合伙企业作为与债权人有直接法律关系的主体，应先以其全部财产进行清偿。因合伙企业不具备法人资格，普通合伙人不享受有限责任的保护，合伙企业的财产不足清偿债务的，全体普通合伙人应对合伙企业未能清偿的债务部分承担无限连带清偿责任。因而，《合伙企业法》第39条所谓的"连带"责任，是指合伙人在第二顺序的责任承担中相互之间所负的连带责任，而非合伙人与合伙企业之间的连带责任。本案中，对于联达厂欠双盈公司的货款，联达厂应先以其全部财产进行清偿。联达厂的财产不足以清偿该债务的，卞跃等合伙人对不能清偿的部分承担无限连带清偿责任。参见《中华人民共和国最高人民法院公报》2011年第7期。

（二）清偿合伙债务的合伙人的追偿权

并存的连带责任，意味着合伙债权人既可以向合伙提出请求，也可以向任何一个或几个合伙人提出请求，当然也可以同时向所有合伙人提出请求。被请求者都有义务及时偿还合伙债务，不论合伙自身是否尚有财产，还是某个合伙人享有更多合伙份额，被请求者均须先以自身财产偿还合伙债务。

在某个或某些合伙人以自己的财产偿还合伙债务后，如果偿还的债务数额超过自己应当承担份额的，依据本条，则该合伙人有权向其他合伙人追偿，亦即使得合伙债务的承担从对外关系转变为对内关系。

在对外关系上，合伙作为合伙人的共同事业，使得每一个合伙人均负有连带责任；在对内关系上，合伙作为合伙人共同事业的联合，则使得每一个合伙人均应就合伙债务按照各自拥有份额予以分担。因此，本条规定，清偿合伙债务超过自己应当承担份额的合伙人，有权向其他合伙人追偿，此即合伙人的内部追偿权。

合伙人的内部追偿权是法定的，应依法行使。需注意的是，《民法典》无论是关于所有权共有的规定（第307条），还是本章关于合伙损益分配的规定（第972条），均不排斥共有人通过内部约定或合伙合同约定一方或某些共有人仅享有利益而不承担损失。也就是说，合伙人的内部追偿权应依合伙合同关于合伙损益分配的规定进行，合伙合同没有事先规定的，则依法定规则进行（第972条）。

首先，如果某合伙由甲、乙、丙三人共同成立，合伙合同约定合伙人乙仅获利益，而不承担损失，则清偿合伙债务的合伙人甲不得向合伙人乙行使追偿权，而只能向合伙人丙追偿。其次，如果合伙仅甲、乙两个合伙人，合伙合同约定甲、乙共同分红，但同时约定乙不承担损失，则如甲偿还合伙债务后，也存在不得向乙行使追偿权的问题；如果是乙偿还了合伙债务，则乙有权向甲行使追偿权。当然，正如前述，如果合同约定相应一方仅获益，而不承担损失，这是允许的。

另外，如果合伙的债权人绕过合伙而直接向某个或某些合伙人要求清偿，则清偿合伙债务超过自己应当承担份额的合伙人，也可以直接向合伙而非其他合伙人行使追偿权。此时，合伙的执行人有义务代表合伙向该合伙人予以清偿。

二、规范效力

（一）本条关于合伙人对外连带的无限责任规定系一般性要求

合伙人对外承担连带的无限责任规定系一般性的要求，合伙人可以在具体个案中事先通过与合伙债权人签订个别协议的方式予以排除。[①]也就是说，本条关于合伙人对外的连带责任在没有事先安排下，所有合伙人对外均负有直接的连带无限责任，合伙人不能以合伙内部协议的有关约定对抗债权人。而且，合伙的债权人可以任意起诉其中一个或某些或全部合伙人作为被告，亦即具有选择权，法院也无须要求所有合伙人都必须参加诉讼。

在江苏省苏州市中级人民法院（2015）苏中民终字第00124号民事判决书中，法院指出，合伙共同债务形成之后，合伙人之间承担连带责任的债务，此属直接连带责任，即每个连带责任人均有清偿全部债务的责任；同时本案纠纷属合伙人对外偿债纠纷，不涉及合伙人内部关系、利益分配、债务分担、入伙和退伙等纠纷，本案无需按照固有必要共同诉讼进行处理。

（二）合伙内部的追偿

如果某个或某些合伙人已就合伙债务对债权人进行了清偿，该清偿超过合伙人自己应当承担份额的，可以向其他合伙人追偿。

在最高人民法院（2017）最高法民申4434号民事裁定书中，最高人民法院指出，根据原审查明的事实，樊某甲、樊某乙对总结算单的真实性无异议，其中明确记载案涉船舶的租赁“应付徐某某租金2236000元”，另案生效判决亦已认定了樊某甲代表合伙体租赁案涉船舶，因此原判决将上述租金计入合伙费用支出，认定徐某某有权向合伙事务执行人樊某甲主张清偿责任，有相应证据予以证明，并且符合《民法通则》第35条第2款关于“合伙人对合伙的债务承担连带责任，法律另有规定的除外。偿还合伙债务超过自己应当承担数额的合伙人，

---

① 在德国，在民事合伙的经营目的为非营业性，或者存在其他明显表明责任范围以合伙财产为限的情况下，合伙人是不承担连带无限责任的。参见［德］彼得·乌尔默：《共有制合伙——一种至今未明的组织形式？》，张怀岭译，载《中德私法研究：共同共有》（第14辑），北京大学出版社2016年版，第136页。

有权向其他合伙人追偿”的规定。樊某甲、樊某乙关于徐某某不是本案适格当事人的理由不能成立，本案不存在认定基本事实缺乏证据证明的应予再审情形。

举证责任

首先是关于合伙人的连带责任，采举证责任的一般规则。合伙的债权人要求合伙人承担连带责任，仅须举证证明合伙债权的存在及被告合伙人的身份，其不需要证明合伙本身是否还有合伙财产及其他。

在最高人民法院（2017）最高法民申3158号民事裁定书中，最高人民法院认为，本案中，尽管甲公司与朱某某没有按照相关合伙企业法律的规定设立合伙企业，但其与甲公司之间具备了合伙法律关系特征，原审判决朱某某对案涉其与甲公司合伙建设的工程对外欠付的工程款承担连带责任，适用法律并无不当。朱某某以其为“隐名合伙人”的身份主张不承担还款责任，缺乏法律依据。（2014）庆商初字第59号案件系朱某某与甲公司之间合伙利润分配争议，属于合伙内部关系，与本案王某某等五人基于案涉工程欠付的工程款诉请合伙人承担责任，属于两个不同的法律关系，两案并不存在适用法律不统一及本案判决结果对朱某某不公平的情形。因甲公司应给付王某某等五人的工程款及利息均属于合伙债务，原审判决朱某某承担连带给付责任，并无不当。朱某某主张其不应对本案欠款及利息承担连带给付责任，缺乏法律依据，理由不成立。

其次是关于合伙人内部的追偿权，也采举证责任的一般规则。合伙人要求其他合伙人按照其份额分担合伙债务，仅须举证证明其已经偿还了合伙债务及被告的合伙人身份即可。

其他问题

合伙人对合伙债务承担连带责任，既是合伙人对合伙的责任，也是合伙人之间因合伙而产生的相互责任。亦即，凡合伙人均须承担相应责任。而合伙人既包括在伙合伙人（含新入伙合伙人），也包括尽管已退伙，但相应事务引起的责任系其退伙之前所产生的合伙人。所以，本条所指合伙人可以是广义上的合伙人。

一、在伙合伙人的责任

在伙合伙人包括两种情形，一是正常在伙合伙人，也称一般合伙人；二是新入伙合伙人。

对于正常在伙合伙人，相应合伙事务之产生均是为了包括所有合伙人在内的合伙利益或共同事业目的，因此所有正常在伙合伙人均须为合伙债务承担连带责任。

对于新入伙合伙人，其是在合伙经营期间而中途加入合伙者，本与其加入前合伙债务无关。但从法理上而言，新入伙合伙人一旦加入合伙而成为既有合伙的合伙人，其就成为团体的合伙成员，尽管其在合伙中具有较为强烈的个人性，但合伙的团体性使得其个人性在一定程度上受到遮蔽。特别是对于合伙的债权人而言，其首先面对的是合伙这个团体或共同体，其次才是作为合伙这个联合体成员的合伙人。也就是说，对于合伙的债权人而言，既为合伙债务，则其直接行使请求权的对象是合伙，合伙人仅因其法定的连带责任而成为合伙债权人行使合伙债权请求权的连带者，而并非合伙人个人直接对合伙的债权人负有债务。所以，现代各国民法均要求新入伙者对于其入伙前的债务承担连带责任。

新入伙人对于加入前债务的承担，“合伙合同”章没有规定，可参考适用《合伙企业法》有关规定，其第44条规定：“入伙的新合伙人与原合伙人享有同等权利，承担同等责任。入伙协议另有约定的，从其约定。新合伙人对入伙前合伙企业的债务承担无限连带责任。”

一般情形，新入伙者加入合伙时，应与其他所有合伙人签订合伙合同，合伙的执行人应将合伙经营状况及负债等如实告知（《合伙企业法》第43条）。即使合伙执行人没有如实告知，新入伙者仍须对合伙债务承担连带责任。新入伙人除了可以行使追偿权外，同时可基于不实告知而要求其他所有合伙人承担违约责任，赔偿自己因此所受的损失。

二、退伙人的责任

一般情形，退伙人一旦退伙，则因其退伙而不具有合伙人资格，自然也不会再对合伙事务负责。但从法理而言，合伙是合伙人的联合，合伙的团体性尽管在一定程度上遮蔽了合伙人的个人性，但这种联合并不否定合伙人个人性在合伙中的存在。亦即，合伙仍然是认可成员作为个人的对外地位的。进言之，合伙的债务就是合伙人个人的债务，只不过是通过合伙形成的合伙人联合的个人债务而已。因此，某个合伙人虽然已经退伙，但如其退伙前的合伙债务仍然存在的话，则其个人债务仍然存在，故其仍须对合伙债务承担连带责任。现代各国民法均要求退伙人对于其退伙前的债务，仍要承担连带责任。

《民法典》“合伙合同”章中没有规定退伙人的责任，但《合伙企业法》第53条作了明确规定，即“退伙人对基于其退伙前的原因发生的合伙企业债务，承担无限连带责任”，对此可予以参考适用。

从上面关于新入伙人及退伙人对合伙债务承担的法理分析来看，似乎完全是一种自相矛盾的逻辑，前者强调合伙的团体性而认为新入伙人应对入伙前合伙债务承担连带责任；后者强调合伙的合伙人的个人性而认为退伙人应对退伙前合伙债务承担连带责任。

那么，合伙到底以何种样态而存在？该问题的实质并非合伙内部关系，而是合伙外部关系，即如何更好地保护合伙的债权人。古典的合伙（societas）只是一种内部合伙，仅在合伙人之间产生权利和义务，而不对外产生代理权，它不形成任何团体性集合。各合伙人对外部人员以及外部人员对各合伙人所为的法律上的行为，只能对该合伙人发生效力，而不能对合伙人整体发生效力。[①]但近现代的合伙则完全不同，其存在并不仅针对合伙人之间的各种关系，而是第三方也不能忽视的客观事实。一位合伙人代表“合伙”进行的各类商业交易对全体合伙人具有同样的效力，[②]由此导致（原古典合伙中）以个人身份出现的合伙人与以个人名义但实质上为全体合伙人联合的对方，即债权人之间的两方法律关系，转变为合伙人—合伙—合伙债权人之间较为复杂的三方法律关系。在这种较为复杂的法律关系中，合伙一方面具有一定的团体性，另一方面又不具有独立性，其结果只能是为保护第三人而使因合伙产生的债务由全体合伙人

---

① ［德］马克斯·卡泽尔、罗尔夫·克努特尔：《罗马私法》，田士永译，法律出版社2018年版，第481页。

② ［德］马克斯·韦伯：《中世纪商业合伙史》，陶永新译，东方出版中心2010年版，第7页。

承担连带责任。在理论上，连带本身是作为人的联合的自然意义，在公司法人产生以后，成员个人的存在才为公司法人所湮灭。因为公司法人的团体价值因其独立人格而使成员人格仅在公司内部具有意义，对外则为公司人格所隔离。

因此，新入伙人及退伙人对合伙债务承担的法理并不矛盾，均因合伙的性质而汇聚于合伙债权人的保护之上。现代民法实为加强对债权人的保护，而作如此规定。

需要注意的是，对于纯为内部的合伙，如典型的仅一合伙人为出名合伙人，而其他合伙人均为隐名的情形下，是不存在连带责任之说的，但会引起出名合伙人依照合伙合同约定向隐名合伙人的追偿问题。

第九百七十四条【合伙人转让其财产份额】

除合伙合同另有约定外，合伙人向合伙人以外的人转让其全部或者部分财产份额的，须经其他合伙人一致同意。

历史由来

本条系新增条款。在立法过程中，《民法典合同编（草案）》（征求意见稿）第533条规定："除合伙合同另有约定外，合伙人向合伙人以外的人转让其全部或者部分财产份额时，须经其他合伙人一致同意。合伙人向合伙人以外的人转让其财产份额的，其他合伙人享有以同等条件优先购买的权利，但合伙合同另有约定的除外。"《民法典合同编（草案）》（一审稿）作了较大调整，删除了"征求意见稿"中第2款的规定，并于第758条规定："除合伙合同另有约定外，合伙人向合伙人以外的人转让其全部或者部分财产份额时，须经其他合伙人一致同意。"《民法典合同编（草案）》（二审稿）对个别字词略作调整，《民法典（草案）》未再修改。

规范目的或功能

本条是关于合伙份额转让的规定，意在规范合伙人向合伙人之外的第三人转让其在合伙中拥有的份额，便于裁判者把握合伙份额转让的准则。

规范内容

本条系完全法条，即如果合伙人向合伙人之外的第三人转让其合伙份额，须经其他合伙人一致同意，否则不产生合伙份额转让的效力。

一、规范含义

（一）关于合伙人的财产份额

合伙人的财产份额是指各个合伙人对于合伙财产的应有部分，即合伙人在合伙财产中的所持份额，类似于公司法上股东在公司所占的股份份额。除合伙合同另有规定外，合伙人的合伙份额是按照各合伙人的出资比例而定的；对于劳务和信用出资的份额，有约定依约定，无约定依合伙人平均出资额而定。

合伙是认可合伙人作为个人的对外地位的同时，仍然在一定程度上体现其作为团体的存在的一种复合体。作为该复合体反映的合伙财产在作为各个个体存在的同时，也有着作为统一整体存在的一面。故各合伙人在拥有共有合伙财产中的各物的同时，也拥有概括性财产上份额。[①]

如公司股份那般，合伙份额反映了作为出资人的合伙人与合伙之间的权利义务关系。但与公司股份不同的是，合伙份额是与合伙人的地位紧紧联系在一起的，是作为合伙人之间主体性结合的必然结果，本质上仅系各合伙人对合伙财产隐存的计算比例，一般不允许与合伙人的地位相分离加以处分，[②]亦即，合伙份额所体现的合伙人权利与义务主要是针对其他合伙人的，并因合伙的性质而使合伙人连带地对合伙债权人承担责任。公司股份尽管与股东的地位相连，但其是股东与公司之间关系的反映，非股东与股东之间关系的体现，股东是在公司依法成立之后并因公司这个主体产生相互之间的股东关

---

① ［日］我妻荣：《新订民法总则》，于敏译，中国法制出版社2008年版，第128页。

② 在特定情况下方可产生分离状态，如合伙人的债权人扣押合伙人的份额，并使其退伙从而通过退还请求权而受清偿时。［日］我妻荣：《新订民法总则》，于敏译，中国法制出版社2008年版，第128页。

系。亦即，股份所体现的股东权利与义务是针对公司的，其不因公司的债务而对公司债权人负责。

（二）合伙份额的处分

关于合伙份额能否自由处分，有不同的立法例。罗马法的合伙是一种内部合伙，采按份共有制，可自由处分。近代以后，合伙突破了内部合伙的意义，更多的具有对外意义，即其不仅是合伙内部的问题，还是合伙外部的关系，从而使得合伙既关系到合伙整体性（共同共有），也关系到作为联合的合伙的债权人之利益。因此，许多国家和地区的立法禁止自由处分。一种做法是完全禁止处分，如《德国民法典》第719条第1款规定："合伙人不得处分自己对合伙财产和对属于此种范畴之各个物的应有部分；合伙人无权请求分割。"另一种做法是除非合伙合同另有约定，合伙人对外转让份额须经其他所有合伙人一致同意，对内则可自由为之，如我国台湾地区规定，合伙人非经他合伙人全体之同意，不得将自己之股份转让于第三人。但转让于他合伙人者，不在此限。

本条规定即采后面的一种做法，具体包含以下内容：

1. 合伙人向第三人转让其财产份额的，须经其他合伙人一致同意

首先，合伙人在经其他全体合伙人一致同意的情形下，是可以向第三人转让其财产份额的。亦即，尽管可以转让，但转让要求甚高，必须经其他全体合伙人一致同意。其法理不仅在于合伙通常被认为系典型的人合性组合，合伙人之间具有强烈的人身信任关系，不宜轻易由第三人成为合伙人，而且在于合伙份额体现的是合伙人对合伙财产的应有份额，即"潜在应有部分"，依其性质原应不得处分，[①]但为鼓励投资，亦为投资人提供更多投资退出渠道，同时为其他投资人通过受让而进行投资提供方便，本条规定可以在其他合伙人全体一致同意下而转让和受让合伙份额。

其次，合伙人转让的财产份额，既可以是全部份额，也可以是部分份额，但均须由其他合伙人一致同意。

---

① 吴志正：《债编各论逐条释义》（修订六版），台北元照出版有限公司2019年版，第375页。

2.合伙合同可以对合伙人向第三人转让其财产份额另行作出规定

合伙人向第三人转让其财产份额的，须经其他合伙人一致同意的前提是合伙合同没有规定。如果合伙合同对此另有规定的，从其规定。

首先，合伙合同可以规定禁止转让合伙份额于第三人，但如果事后其他全体合伙人一致同意转让的，则可以转让。

其次，合伙合同能否规定合伙份额转让于第三人仅需多数决（包括资本多数决和人头多数决）？前已述及，合伙及合伙份额性质决定，合伙份额原不能转让，在其他合伙人全体一致同意的情形下方可转让。此规定表明，合伙份额转让于第三人，只能是其他合伙人全体一致同意，故合伙合同不能规定合伙份额转让仅需多数决，否则为无效规定。

3.合伙人向其他合伙人转让合伙份额的，无需其他合伙人全体一致同意

本条仅就合伙人向第三人转让合伙份额作出了要求，未就合伙份额的内部转让作出规定。

从法理上，合伙系典型的人的联合，维系其存在的基础是合伙人之间应有的信赖，故合伙人不得就其份额自由转让于第三人，但就合伙内部而言，合伙份额的转让不会破坏合伙人之间应有的信赖关系，因为合伙人之间早已有信任。[①]同时，尽管合伙份额具有“潜在”特质，但合伙人之间的转让不会影响这种“潜在”的状态，故一般国家和地区均允许合伙份额在合伙内部自由转让。

《合伙企业法》第22条第2款对此作出了规定，允许合伙人之间的自由转让，但需通知其他合伙人。

本条没有就此作出规定，但从法理及本条应有逻辑上，合伙人内部转让无须遵守本条关于对外转让的要求，可自由为之，但须通知其他合伙人。当然，如果合伙合同有特别要求的，则依合伙合同规定。

在最高人民法院（2012）民抗字第23号民事判决书中，最高人民法院认为，依据《合伙企业法》第22条规定，合伙人转让合伙份额，依其是向外转

---

① 我国台湾地区相关立法理由称，谨按合伙人非经他合伙人之全体之同意，不得将自己之股份转让于第三人，此亦当然之理。盖以合伙契约，因合伙人彼此信任而成立，第三人非其他合伙人全体之所信任，自不应许其阑入也。然若合伙人以其自己之股份，转让于其他合伙人者，则因受让之其他合伙人，早为合伙人全体之所信任，自不在禁止转让之列。参见邱聪智：《新订债法各论》（下），中国人民大学出版社2006年版，第28页、第29页下注。

让还是向内转让，适用不同的法律规则。合伙人向合伙人以外的人转让合伙份额时，须经其他合伙人一致同意。合伙人之间转让合伙份额的，无须其他合伙人同意，只须通知其他合伙人即可。本案相对于团结煤矿而言，不管是原新立山下煤矿的合伙人，还是原塘梅冲的合伙人，他们都属于团结煤矿内部的合伙人。他们之间合伙份额的转让，属于合伙人之间的转让，而不属于合伙人向合伙人以外的人转让合伙份额。依照上述法律规定，只须通知其他合伙人即可，而无须其他合伙人同意。王某某与李某甲、李某乙等16人签订合伙人份额内部转让协议时，依法通知了渣林村委会，渣林村委会虽未明确表示同意，但不影响该转让协议的效力。

二、规范效力

（一）违反本条的效力

本条为强行规定，违反该规定者，其效力如何，主要有两种不同的观点：一是无效说，认为法律关于合伙份额转让于第三人的规定为强行规定，违反之则违反了合伙的本质要求，故属于无效；[①]二是效力待定说，认为此时应属于效力待定，于事后得其他全体合伙人同意时始生效力。[②]

其中效力待定说为我国台湾地区大多学者所主张，[③]也为我国大陆学界所赞同。[④]但从法律关系上来看，效力待定说混淆了不同的法律关系。

首先，其所谓“于事后得其他全体合伙人同意时始生效力”是指，转让人已启动转让程序，如与受让人签订了转让合同，但未到“其他全体合伙人同意”之地步。如到此地步，同意则有效；不同意则无效，万万不存在不到“其他全体合伙人同意”之地步时本条所规定的转让问题，故不存在所谓本条所规定的合伙份额转让效力待定问题。其次，如果说存在效力待定问题，则是指转

---

① 参见吴志正：《债编各论逐条释义》（修订六版），台北元照出版有限公司2019年版，第374页。

② 林诚二：《民法债编各论》（下），中国人民大学出版社2007年版，第19页。

③ 参见邱聪智：《新订债法各论》（下），中国人民大学出版社2006年版，第29页；史尚宽：《债法各论》，中国政法大学出版社2000年版，第699页。

④ 梁慧星主编：《中国民法典草案建议稿附理由：合同编》（下册），法律出版社2013年版，第1124页。

让人与受让人之间先行签订了合伙份额转让合同，仅该转让合同存在效力待定。但从合同相对性及区分法理来看，转让人与受让人之间的转让合同，仅在当事人之间产生效力，而不受“其他全体合伙人同意”之影响。也就是说，转让人与受让人之间的转让合同是一独立法律关系，合伙人转让其份额须得到“其他全体合伙人同意”是另一独立法律关系，二者是完全不同的法律关系。

所以，对于合伙人不经其他全体合伙人一致同意而处分合伙份额，在处分行为的当事人之间产生债权性效力，[①]但对于合伙与合伙第三人不生效力。《日本民法典》第676条第1款规定：“合伙人就合伙财产处分其份额时，不得以其处分对抗合伙及与合伙作出交易之第三人。”

总之，本条作为强行规定，其所规范的对象是转让人与合伙之间的关系，并非直接规范转让人与受让人之间的关系。如违反该强行规定，其行为对于合伙和其他合伙人是无效的，不产生合伙份额转让的效力，没有转让合同的效力待定问题，但转让人与受让人之间的处分行为可以是有效的，在当事人之间产生相应债权效力。

在最高人民法院（2014）民抗字第17号民事判决书中，最高人民法院认为，曲某某等六人向赵某某出售其在合伙企业中的财产份额，并未经过王某甲、王某乙的同意，违反了《合伙企业法》第22条“除合伙协议另有约定外，合伙人向合伙人以外的人转让其在合伙企业的全部或者部分财产份额时，须经其他合伙人一致同意”的规定，不能向赵某某转让其在合伙企业中的财产份额。

需要强调的是，合伙份额转让是一个过程和程序，而非一个简单的转让时点。在这个过程和程序中，不仅要有转让人与受让人之间的合伙份额的买卖行为，还需要由转让人将转让意愿通知其他全体合伙人，并由其他全体合伙人一致同意。也就是说，合伙份额的转让完成需要三个连续的民事行为，且该三个连续的民事行为缺一不可。只有在该三个连续的行为全部完成时，才能判断本条所规定的合伙份额转让是否完成。效力待定说的最大问题是将其中第一个行为，即仅将转让人与受让人之间就合伙份额转让达成协议视为合伙份额的转让，亦即，其将转让人与受让人之间的合意当成了本条所规定的份额转让问题。

---

① 参见［日］我妻荣：《债权各论》（中卷二），周江洪译，中国法制出版社2008年版，第270页。

单就转让人与受让人之间的转让合同而言，如果未得到其他全体合伙人一致同意，其结果有三种情形：（1）双方事先在合同中约定以其他全体合伙人一致同意为成就条件下，基于条件不成就而导致合同不生效；（2）如果双方事先没有在合同中约定条件（1）的，则属于转让人履行不能而须承担违约责任；（3）双方可以在合同中约定，受让人支付对价款，在其他全体合伙人同意之前，受让人没有合伙人身份但享有合伙份额中的权益，双方关系完全由合同加以约束。但此时双方之间的关系与合伙无关，转让人仍为合伙人，依合伙合同与本章规定享有合伙权利并承担合伙责任。

总体而言，在未得到其他全体合伙人一致同意情况下，转让人与受让人之间的关系，完全受合同编关于买卖的规定规范，其效力依合同编关于合同效力的规定予以处理，而与是否受到其他全体合伙人一致同意无关。亦即，一般情形，除了转让合同另有约定，非依本条获得其他全体合伙人一致同意情形，该转让合同有效，不产生本条所说合伙份额转让的效力。

对于其他全体合伙人一致同意的时间、方式，本条没有规定。与公司股份不同，合伙份额从其性质上不宜转让，本条规定的意旨并非鼓励转让，仅在于为合伙人提供一个退出通道，故作了十分严格的限制规定，即“非经其他全体合伙人一致同意”，不得转让。无论是在时间上，还是方式上，均由其他合伙人自由确定。如果其中一个合伙人对此不作明确答复，或者明确不同意，均产生不能转让的效果，不存在如《公司法》第71条关于股权对外转让被通知股东逾期不答复视为同意转让等的问题，[①]法律对此无须进一步规定。当然，实践中也会出现这样的情形，即转让未经其他合伙人明确同意，但在受让人以合伙人身份出现并持续参与管理而其他合伙人未明确反对，可以视为同意转让。

需要注意的是，本条规范的对象是合伙份额转让导致合伙人身份的变化，故需要其他全体合伙人一致同意。如果是合伙份额所产生的利益分配请求权、

---

① 《公司法》第71条第2款规定：“股东向股东以外的人转让股权，应当经其他股东过半数同意。股东应就其股权转让事项书面通知其他股东征求同意，其他股东自接到书面通知之日起满三十日未答复的，视为同意转让。其他股东半数以上不同意转让的，不同意的股东应当购买该转让的股权；不购买的，视为同意转让。”

清算后剩余财产的分配请求权，均无专属性，不受本条的限制与约束，可以自由转让。

（二）符合本条规定转让的效力

符合本条规定情形下，事实上形成转让人退出合伙，受让人加入合伙的后果，故在性质上属于合伙中人的变动问题。

1.转让人退出合伙

合伙份额转让一经其他全体合伙人一致同意，转让合伙人就退出合伙，不再成为合伙人。与一般退伙不同的是，转让人系通过概括转让将其作为合伙人地位的权利义务转移至受让人，无需进行合伙财产的清算，不会发生合伙财产整体的减少。

2.受让人加入合伙

在转让人退出合伙的同时，受让人加入合伙而成为合伙人。与一般入伙不同的是，其是通过受让合伙份额而概括承受转让人的合伙人地位的，受让人无需再与其他全体合伙人签订合伙协议，也不会发生合伙财产整体的增加。受让人是因受让合伙人地位而获得转让人原合伙人的权利与义务的。从这个角度可以看出，合伙份额的转让实质是合伙人地位的让与，而非简单的财产让与。当然，作为转让人的原合伙人如果在合伙中被委任为执行合伙人，则受让人尽管成为合伙人，但并不因此自然成为合伙执行人，仍须通过合伙合同或全体合伙人一致委托。

3.合伙债权人的地位不因合伙份额的转让与受让而受影响

合伙份额依本条转让与受让后，退伙的转让人与入伙的受让人须分别对退伙前或入伙前的合伙债务承担相应责任。

首先，退伙的转让人须对其转让前形成的合伙债务承担连带责任。合伙份额的转让系债权债务的概括转移，转让人即使通过转让合同约定由受让人承受转让前所产生的一切合伙债务，但该约定仅在转让人与受让人之间产生效力。依照《民法典》第551条第1款关于“债务人将债务的全部或者部分转移给第三人的，应当经债权人同意”之规定，未经合伙债权人同意的，退伙的转让人仍然需要对退伙前所产生的合伙债务承担连带责任。在这种情况下，转让人只能要求受让人及时偿还合伙债务，或在本人偿还后依照转让合同约定向受让人行使偿还请求权。

其次，入伙的受让人须对受让后形成的合伙债务承担连带责任。同时参照《合伙企业法》第44条第2款规定，对受让前形成的合伙债务，其也要承担连带责任。

4.如果合伙为二人组成，合伙份额的内部转让将导致合伙的解散。

举证责任

因合伙份额转让效力及后果发生争议时，采一般举证责任规则。

在最高人民法院（2019）最高法民申3575号民事裁定书中，最高人民法院认为，根据现有证据，赵某某欠陈某某900万元合伙份额转让款，该债务已于2011年12月31日到期。赵某某称其在受让合伙份额后代陈某某偿还了陈某某担任合伙事务执行人期间的债务10435368.5元，应冲抵本案900万元合伙份额转让款。虽然双方《合伙人股份转让合同》第5条约定在转让合同签订前，陈某某有任何因合伙份额产生的债权债务由其自行承担，但赵某某主张的代付债务并未明确债务人系陈某某，赵某某也未提供证据证明该笔债务系以其财产予以清偿，赵某某主张抵销并无事实依据。赵某某未按约定支付合伙份额转让款，应承担违约责任。

其他问题

在经过其他全体合伙人一致同意的情形下，合伙人可以向合伙之外的第三人转让合伙份额，但本条没有进一步规定同意转让时的其他合伙人在同等条件下的优先受让权。

显然，基于同样法理，作为人的联合，基于维持合伙之间紧密关系之需要，其他合伙人在同等条件下具有优先受让权。对此，可参照适用《合伙企业法》第23条规定："合伙人向合伙人以外的人转让其在合伙企业中的财产份额的，在同等条件下，其他合伙人有优先购买权；但是，合伙协议另有约定的除外。"

在最高人民法院（2014）民抗字第17号民事判决书中，最高人民法院认为，合伙企业的部分合伙人向合伙人之外的人出售其财产份额，在双方确定了转让价格等交易条件后，根据《合伙企业法》第23条的规定，合伙企业的其他合伙人即享有了对被转让财产份额的优先购买权。在优先购买权人依法向出售财产份额的合伙人作出行使优先购买权意思表示时，便在其与出售人之间形成了以同样价格买卖财产份额的合同关系。法律规定合伙人享有优先购买权的目的在于，当非合伙人与部分合伙人都向出售财产份额的合伙人表示愿意购买该部分财产份额时，保护优先购买权人在同等交易条件下与出售人之间的合同优先于非合伙人与出售人之间的合同得到履行。在本案中，曲某某等六人以175万元的价格向非合伙人赵某某转让合伙财产份额，交易条件已经确定。王某甲、王某乙依法行使优先购买权，向曲某某等六人作出以同样价格购买其合伙财产份额的意思表示后，即在王某甲、王某乙与曲某某等六人之间形成了买卖合伙财产份额的合同关系，转让价格为曲某某等六人与赵某某之间约定的对价数额。出售合伙财产份额的决定和转让价格的确定均体现了曲某某等六人的真实意思，并不违背当事人意思自治原则。此时曲某某等六人不再出售其合伙财产份额的意思表示，系对其与王某甲、王某乙之间财产份额买卖合同的反悔，属于拒不履行合同义务的行为，缺乏法律依据，本院不予支持。

第九百七十五条【合伙人债权人的代位权行使限制】

合伙人的债权人不得代位行使合伙人依照本章规定和合伙合同享有的权利，但是合伙人享有的利益分配请求权除外。

历史由来

本条系新增条款。在立法过程中，《民法典合同编（草案）》（征求意见稿）第534条分两款规定："合伙人负担与合伙事务无关的债务的，债权人不得以其债权抵销其对合伙的债务。合伙人的债权人不得代位行使合伙人依照本章和合伙合同享有的权利，但合伙人享有的利益分配请求权除外。"《民法典合同编（草案）》（一审稿）第759条和《民法典合同编（草案）》（二审稿）第759条皆延续了"征求意见稿"的规定。《民法典（草案）》则将第1款删除，仅规定了债权人代位权行使的限制。

规范目的或功能

本条是关于合伙人个人债权人对于合伙人享有的合伙权益能否代位行使的规定，规范意旨在于明确合伙人个人非因合伙关系产生的个人债务，其债权人不能代位行使合伙人对合伙的权利，便于裁判者把握合伙人个人债务与合伙债务区分的不同法律关系基本准则。

规范内容

一、规范含义

（一）合伙人对合伙享有的权利具有专有性，合伙人个人债权人不得因合伙人个人债务代位行使这些权利

合伙合同尽管仍然承认合伙人作为个人的对外存在地位，但其内容是基于各合伙人之间相互承担权利义务，进而着眼于合伙合同当事人相互信赖而组织起来的联合意义。亦即，合伙人之间因为相互之间的信赖而经营共同事业，因此形成的合伙关系具有强烈的人身属性，合伙人因其合伙人身份而享有合伙权利，其行使合伙权利是不能与其合伙人身份相分离的。《民法典》第535条关于债权人的代位权明确规定，权利专属于债务人自身的，不得代位行使。

（二）合伙人享有的利益分配请求权可以代位行使

合伙人对于合伙享有的权利，如表决权、受托执行合伙事务权等，均属于专有性的人身权利，故不得由合伙人个人债权人代位行使。但对于合伙人享有的利益分配请求权，则完全为财产性利益，与人身属性无关。一旦合伙决定分配合伙利润，则合伙人因此享有的利益分配请求权就成为一种独立的财产权利，可以与合伙人身份脱离，而且与合伙人之间的信任也不再具有关系。故本条在规定“合伙人的债权人不得代位行使合伙人依照本章规定和合伙合同享有的权利”之后，通过但书方式对此作了除外规定。

二、规范效力

（一）违反本条规定的，其行为无效

本条系关于合伙性质及合伙基本秩序问题，为《民法典》第153条所规定的效力性规定，违反该规定的，其行为无效。即使其他全体合伙人一致同意合伙人的债权人代位行使合伙权利，也是无效的。[①]

不过，如果合伙人与其债权人同意以合伙份额抵充其所欠债务，其本人退出合伙，债权人进入合伙，且其他全体合伙人同意，可发生《民法典》第974条规定的合伙份额转让的法律效果。

需要注意的是，如果第三人丁对于甲合伙的乙合伙人享有债权，同时又对甲合伙负有债务，则不允许丁基于对乙合伙人的债权而抵销对甲合伙的债务。究其原因，一是这种情况不符合《民法典》第568条关于债务抵销须“互负债务”的规定，即债权人与债务人是相互的，且互相负有债务，而本例则完全是在不同的债权债务关系主体下发生的，不存在“互负债务”问题。二是更为重要的是，如果允许这样抵销，不仅将使合伙财产的独立性不复存在，还会严重侵害其他全体合伙人的共有财产利益。

因此，各国和地区民法一般都明确规定不得因此抵销，《民法典合同编（草案）》（征求意见稿）第534条第1款也曾对此作出明确规定。不过，在我国可参考适用《合伙企业法》第41条禁止抵销的规定。

在湖南省湘潭市中级人民法院（2014）潭中民一终字第48号民事判决书中，法院认为，刘某某向潘某某所借700000元款项是否可以在本案中冲抵工程款。刘某某出具的两张借条，借贷双方均为刘某某个人和潘某某个人，两笔借款都约定了借款期限，有一张还约定了利息。两张借条上虽均载明到期不还冲抵工程款，但从证据形式与内容分析，该两笔借款系刘某某个人向潘某某所借，与刘某某、朱某某合伙承包的工程无关。因两上诉人应付工程款为刘某某、朱某某共同所有，刘某某的借款是个人债务，参照《合伙企业法》第41条之规定，合伙人发生与合伙企业无关的债务，相

---

① 在其他全体合伙人同意代位行使情形下，该合伙人个人的债权人的身份将发生变化，即事实上已经成为合伙人，将须依合伙合同章节规定承担相应义务，特别是对外的连带责任。

关债权人不得以其债权抵销其对合伙企业的债务，也不得代位行使合伙人在合伙企业中的权利。潘某某不能以其个人对刘某某的债权冲抵其对刘某某、朱某某两人的共同债务。

（二）本条所规定“合伙人的债权人不得代位行使合伙人依照本章规定和合伙合同享有的权利”之效力及于合伙存续期间

本条系规范合伙人与其个人债权人之间的债权债务能否直接导致债权人代位行使合伙人的权利的，故其效力及于合伙存续期间，直至合伙解散与清算终止之日。

（三）合伙人利益分配请求权的代位行使

须符合《民法典》第535条关于代位权行使的规定：

1.因作为债务人的合伙人怠于行使其对于合伙的利益分配请求权，影响债权人的到期债权实现。这里的“利益分配请求权”须是合伙已决定分配的利益，如合伙未对合伙损益作出分配决定，则不存在合伙人的利益分配请求权，也不存在代位权的行使问题。

2.代位权的行使范围以债权人的到期债权为限。

3.合伙可以向债权人主张其对于合伙人的抗辩。

举证责任

对于代位行使合伙利益分配请求权，采一般举证责任规则。

债权人须证明：（1）债权已到期；（2）合伙人怠于行使其对于合伙的利益分配请求权，其中首先须证明合伙已就合伙利益决定进行分配，其次是作为债务人的合伙人应及时行使而未及时行使利益分配请求权。对于后者，债权人仅须简单地证明即可，即合伙已经决定分配合伙利益，不需要进一步证明合伙人如何没有及时行使分配请求权。

合伙如果进行抗辩，须证明：（1）合伙没有就合伙利益进行分配的决定；（2）合伙已就合伙利益进行了分配，即已向合伙人进行了相应给付；（3）合伙已决定分配利益但未就分配给付于合伙人，系因合伙人与合伙之间的其他抗辩事由存在。

三 其他问题

本条系解决合伙人个人的债权人与合伙之间关系的，其实质是如何处理合伙人因成为合伙人而导致的合伙共有关系及合伙人与其个人行为引起的债权债务关系。

如前所述，作为合伙人联合的合伙，一方面，因这种联合而使合伙在某种程度上脱离了合伙人个人，具有了有别于合伙人个人的团体性品格；另一方面，这种联合仅是合伙人因共同事业目的的组合，着眼于当事人相互承担权利与义务，作为团体成员的合伙人在其中具有主体性意义与价值，亦即，合伙的团体性品格并不掩盖合伙人的个人人格。可以说，合伙的团体性品格是为了全体合伙人共同事业目的的实现，并非为成立一个所谓的团体而合伙，团体只是一个手段。[①]

为维护合伙的团体性，法律须明确合伙一旦成立，其行为为合伙的行为，而非合伙人的行为；合伙财产为合伙人共同共有财产，但不能按照物权法上的财产共有可以由共有人自由分割与处分，必须依全体合伙人一致同意进行处分。亦即，合伙的财产属于“合伙”，而不属于合伙人个人，合伙人个人是以合伙的成员身份享有合伙财产份额的，而非直接支配合伙财产。

为维护合伙人在合伙中的个人意义，法律一般明确合伙成立后，合伙人均有合伙事务执行权。在委托某个或某些合伙人执行合伙事务后，未被委托的合伙人不可执行合伙事务，但仍有合伙事务全面的监督权。同时，合伙人

---

① 相对而言，股东成立公司尽管也是为了营利，但该营利目的并非股东的目的，而是公司的目的，股东是通过公司的营利性来实现个人投资目的的。也正是如此，传统公司被表述为“以营利为目的的社团法人”。对于合伙而言，合伙本身没有以营利或非营利为目的问题，仅是合伙人的目的如何。在这个意义上，合伙人成立合伙而联合是一种实现个人目的的手段，股东成立公司而联合则是一种目的，即通过公司的营利目的实现股东的投资目的。从合伙合同到合伙企业再到公司，其演进是一个从财产联合到人的联合又到资本的联合的转变，其中公司的资本联合是对合伙合同财产联合的质的突破。以现代公司发展观察，人力资本的勃兴和不再简单地按照出资比例决定公司事务的双重股权制度的兴起，似乎又是一个否定之否定的过程，即再次回到了形式上的人的联合。

仅原则上不可自由处分合伙份额，但对于非专属性的财产权利，可以自由处分。并且，法律允许在一定条件下退出合伙或要求解散合伙。

所以，在合伙具有团体品格之下，合伙人的个人人格是在合伙人之间相互合作中得以体现的。那么，在面对个人债权人时，合伙人仅以个人名义且以个人财产负责，包括合伙份额中的财产性权利。合伙人的债权人也只能以合伙人财产份额中的财产性权利作为债权实现的保证，除非依第974条规定进行合伙份额的转让。

那么，除本条规定的代位权行使的限制外，合伙人的债权人对于合伙份额的质押也应有严格限制。

对于该问题，《民法典》没有作出规定，可准用《合伙企业法》规定。依《合伙企业法》第42条规定："合伙人的自有财产不足清偿其与合伙企业无关的债务的，该合伙人可以以其从合伙企业中分取的收益用于清偿；债权人也可以依法请求人民法院强制执行该合伙人在合伙企业中的财产份额用于清偿。人民法院强制执行合伙人的财产份额时，应当通知全体合伙人，其他合伙人有优先购买权；其他合伙人未购买，又不同意将该财产份额转让给他人的，依照本法第五十一条的规定为该合伙人办理退伙结算，或者办理削减该合伙人相应财产份额的结算。"

第九百七十六条【合伙期限】

合伙人对合伙期限没有约定或者约定不明确，依据本法第五百一十条的规定仍不能确定的，视为不定期合伙。

合伙期限届满，合伙人继续执行合伙事务，其他合伙人没有提出异议的，原合伙合同继续有效，但是合伙期限为不定期。

合伙人可以随时解除不定期合伙合同，但是应当在合理期限之前通知其他合伙人。

历史由来

本条为新增条款。在立法过程中，《民法典合同编（草案）》（征求意见稿）对合伙的期限及合伙合同的解除没有规定。鉴于合伙期限对于合伙意义重大，《民法典合同编（草案）》（一审稿）第760条规定："合伙人对合伙期限没有约定或者约定不明确，依照本法第三百零一条的规定仍不能确定的，视为不定期合伙。合伙期限届满，合伙人继续执行合伙事务，其他合伙人没有提出异议的，原合伙合同继续有效，但是合伙期限为不定期。当事人可以随时解除不定期合伙合同，但是应当在合理期限之前通知其他合伙人。"该规定在之后的草案文本中仅将第3款"当事人"修改为"合伙人"，未作其他调整。

规范目的或功能

本条是关于合伙期限及合伙合同的解除的规定，规范意旨在于确定合伙期限，以及在合伙为不定期情况下的合伙人的解除权，便于裁判者把握合伙期限纠纷处理的基本准则。

规范内容

一、合伙合同的期限

（一）关于定期合伙

所谓定期合伙是指有确定存续期间的合伙。

依照本条第1款，定期合伙有两种情况：

一是合伙合同直接明确约定或全体合伙人事后通过补充协议明确或采一致同意决方式决定存续期间的合伙。

二是尽管合伙合同没有直接明确约定存续期间，但依合伙本身可以判断为具有存续期间，包括：（1）约定完成某特定合伙事务的合伙，以该特定合伙事务的完成为限。（2）限制存续的默示期间，相当于明示期间，如甲乙二人开设旅店成立合伙，并以5年为期租赁某房屋，如果未对合伙期间进行确定，应认为仅以5年为存续期间。[①]

---

① 参见《最新阿根廷共和国民法典》，徐涤宇译注，法律出版社2007年版，第391页。

关于前述通过事后补充协议或以全体一致同意确定合伙期间，显然构成本条第1款所谓“依据本法第五百一十条的规定”中第510条的前一句话，即“合同生效后，当事人就质量、价款或者报酬、履行地点等内容没有约定或者约定不明确的，可以协议补充”的情形。

唯存疑问的是，前述第二种“依合伙本身可以判断为具有存续期间”的情况是否构成本条第1款“依据本法第五百一十条的规定”中第510条的后一句话，即“不能达成补充协议的，按照合同相关条款或者交易习惯确定”的情形。

《民法典》第510条关于“合同约定不明的补救”条款，是对没有约定或约定不明的合同非必要条款的补救规则，以鼓励交易。依其规定，补救合同内容的前提是要么没有约定，要么约定不明确（狭义的约定不明）。但无论如何，其规定的目的最终是通过补救而明确相关内容以使有关当事人依其履行合同，否则构成违约。所以，该条被置放于合同编“合同的履行”章中。也就是说，该第510条规定的目的是判断当事人是否正确地履行了合同，从而决定责任的承担。

在第510条中，如果涉及合同期限约定不明，根据第511条，则是指“履行期限”问题，指债务人依约或依法必须履行其债务的时间。在非继续性合同场合，履行期仅为一个时间点，而非一段时间；在继续性合同场合，某些债务（如承租人交付租金的义务）的履行期仅为一个时间点，而另一些债务（如房屋出租人移转租赁物使用权的义务）的履行期则为一段时间。[①]债务人在履行期限内不履行的，就构成履行迟延。

但对于本条所谓合伙期限而言，并非指合伙人之间履行各自义务的期间，而是指合伙的存续期间，在此期间，合伙关系存续，否则合伙关系消灭。也就是说，尽管在合伙合同中，也可以视为合伙人之间产生一种类似于债权人与债务人的关系，但这种类似的债权人与债务人关系也仅指针对合伙人之间的，如甲、乙二人成立合伙，甲应依约出资，乙有权要求甲按照合伙合同约定的出资期限出资；没有约定出资期限的，则推定乙可随时要求出资。在甲、乙、丙三人以上成立合伙的情形，如甲未依约出资，则其面对的是其他全体合伙人或执行合伙人，亦即合伙而非某个合伙人作为债权人要求甲对合伙履

---

① 崔建远：《合同法总论》（中卷）（第二版），中国人民大学出版社2016年版，第68页。

行其出资义务。

正如雇佣合同的雇佣期间不等同于履行期，租赁合同租赁期限不等同于履行期一样，[①]作为合伙关系存续的合伙期限，不是合伙人之间的债权债务履行问题，其不能等同于合同履行期。合同的存续期间与合同履行期完全是两个不同的概念。以第510条关于"合同约定不明的补救"中的条款中的履行期不明来解释合伙期限约定不明，是非常勉强的。

而且，更重要的是，对于以共同事业为目的的合伙合同的存续期限，关系到所有合伙人切身利益，其期限如何，完全应由合伙合同明确或由全体合伙人以一致决形式予以决定，不宜由法官通过自己的解释确定。因为合伙期限不仅直接决定合伙人的权利，也直接关系到合伙人的义务。"合同的存续期限，在继续性合同中最有价值，合同的存续期限越长，继续性合同项下的权利义务在量的方面就越增加"，如果是"在对价一定的前提下，当事人应当力争约定较长的存续期限"，[②]但合伙合同的对价不是合伙人之间的对价，而是合伙运行中对于所有合伙人的可能的收益与风险，即该对价（如果能够将其视为对价的话）具有很强的不确定性。在这种不确定性之下，合伙期限的确定应当交由当事人予以选择，如果没有明确的选择，则视为不定期。通过这种非此即彼的划定，就可以相应法律规则的设计，最大限度降低合伙人权利义务的不确定性。

有关国家和地区民法关于合伙合同的规定，几乎没有合伙期限约定不明时的补救规则，仅明确什么情形下为定期合伙，什么情形下为不定期合伙，并通过设计两种不同情况下合伙人对合伙的终止或解除权规则，以在保护合伙人和维系合伙的存续之间寻求利益平衡。[③]

① 参见崔建远：《合同法总论》（中卷）（第二版），中国人民大学出版社2016年版，第69页。

② 崔建远：《合同法总论》（中卷）（第二版），中国人民大学出版社2016年版，第74页。

③《德国民法典》第723条规定："合伙非为一定期间缔结的，任何一名合伙人均可以随时终止合伙。指定期间的，在有重大事由时，准许在期间届满之前终止。重大事由特别是指：……终止不得在不适当的时间进行，但有在不适当时间终止之重大事由的，不在此限。一名合伙人无此种事由而在不适当的时间终止的，其应当向其他合伙人赔偿由此发生的损害。以协议排除终止权或者违反此种规定对此种终止权加以限制的，协议为无效。"《瑞士债务法》第545条和第546条也有相应规定。

《民法典》最初提出的“征求意见稿”并没有关于本条的规定，学者建议稿也均无相关提法，主要原因就在于合伙期限不存在约定不明的问题，如约定不明，则视为不定期合伙，而不能用第510条关于“合同约定不明的补救”条款来解释这个问题。第510条的规定实质是赋予法官对于合伙期限的定夺，即由法官决定合伙人的收益与风险，显然，这是不合适的。

本条在“一审稿”后增加进去，应当是我国立法者对于“合同约定不明的补救”规则的习惯性运用，即认为凡合同约定不明的，均可以通过事后的补充协议确定；不能通过补充协议的，则依合同有关条款、合同性质、合同目的或者交易习惯确定。

事实上，第510条所规定的事后补充协议本身属于协议的一部分，当事人事后通过补充协议明确相关事项是合同应有之义，无须法律明确其存在意义。

所谓依“合同有关条款、合同性质、合同目的或者交易习惯确定”则属于合同解释问题，即当事人对合同条款的含义或行为的理解出现不同意见时，通过解释以最大限度探求当事人真意，维护交易安全。

那么，前述“合伙合同没有约定存续期间，但依合伙本身可以判断为具有存续期间”的两种情形，即完成特定合伙事务和限制存续的默示期间，均视为定期合伙，并非依合同性质或合同目的而推断出其应为定期合伙，而是这两种情形下，其逻辑结论必然是定期合伙，亦即，这两种情形本身就是定期合伙。因为此时合同的约定是非常明确的。合同的明确约定不能简单地理解为必须是该合同中明确无误且直接地表明某个意思，而常常可以是通过其他词汇加以表达的。否则法律自身的逻辑就不存在了。

除完成特定合伙事务和限制存续的默示期间视为定期合伙外，其他情形如出现争议，是不能通过所谓解释确定其存续期间的，只能被视为不定期合同。

所以，本条第1款试图以第510条关于合同履行期不明的规则解释合伙期间不明状况，是不合适的。当然，从广义上来看，也可以认为本条规定可以解释相应情况，只是有些太勉强。

总之，合伙期限的明确与否，要么是明确的，要么是不明确的。在不明确的情况下，应视为不定期合伙，而不能由法官自由裁量，法官所做的仅是确定合伙人能否及应当在什么时候行使合伙终止权及相应责任的承担。

（二）关于不定期合伙

所谓不定期合伙是指没有或不能确定合伙存续期间的合伙。

依照本条第1款，不定期合伙也有两种情况：一是合伙合同明确约定为不定期的合伙；二是合伙合同对此合伙期限没有约定或约定不明，且通过《民法典》第510条无法确定是否有存续期限的合伙，后者被“视为不定期合伙”。

有两种情况需要注意：一是合伙合同约定以某一个合伙人的生命期间为合伙存续期间；二是根据《民法典》第158条规定附解除条件的合伙，以条件的成就为存续期间。

从文字表述来看，似乎可以认为该两种情况能够视为定期合伙，因为它们都规定了一个所谓期间，即以某合伙人的生命结束或到附解除条件的成就为止的期间。但从实质上来看，这两种情况均不构成定期合伙，因为它们实质上均将无法确定的期间当成了确定。无论是人的生命周期还是附解除条件的成就，均是无法确定的。因此，没有一个国家和地区将其视为定期合同，而是作为不定期合同对待。如《日本民法典》第678条规定：“合伙合同未约定合伙存续期间时，或约定合伙应于其合伙人终身期间存续时，各合伙人得随时退伙。”

二、合伙期限届满后的继续合伙

定期合伙届满后，如果合伙人仍然愿意继续合伙，基于私法自治，则可以继续合伙。

继续合伙包括两种情况：

1.全体合伙人以一致同意的决议方式，决定继续合伙。既可以是再次约定合伙期限，也可以决定采不定期。

2.合伙期限届满后，合伙人没有以一致同意的决议决定是否延期，但合伙人继续执行合伙事务，其他合伙人没有提出异议。这时，原合伙合同继续有效，但是合伙期限为不定期。此即本条第2款所规定情形。

上述第一种情形为明示延期，既可以是定期，也可以为不定期，完全由全体合伙人明确的自愿。第二种情形为默示延期，即以合伙人继续执行合伙且其他合伙人没有提出异议为判断标准，系根据合伙人的行为而断定为继续合伙，但因未明示，故此继续合伙视为不定期合伙关系。[①]

一般情况下，合伙期限届满，如全体合伙人不明示继续合伙，原则上合伙应解散进行清算。但实践中有大量合伙期限届满后，尽管全体合伙人没有明示决议继续合伙，但合伙人以其继续合伙事务的行为表示他们愿意继续合伙关系。对此，法律有必要承认这种情形，以促进合伙共同事业的发展。因此，本条第2款规定了这种因合伙人的行为而视为继续合伙，在理论上，此被称为合伙合同的拟制更新。[②]

在最高人民法院（2016）最高法民再138号民事判决书中，最高人民法院认为，合伙可因法定原因或当事人约定的原因而终止。合伙协议约定的期限届满后，当事人的合伙关系并不必然终止。合伙人仍从事合伙经营事务，并分配合伙盈余，体现了个人合伙的实质内涵，应视为合伙关系继续存在，仅是合伙的期限为不固定期限。本案中，针对合伙经营期限，曹某某与卢某某虽对此并未予以明确约定，但基于双方合伙经营的前提为曹某某所取得的案涉线路的经营权，故应以曹某某与长南分公司、株洲客运公司签订合同中所约定的期限为依据加以认定。案涉长株客运专线的合伙经营期限为5年，案涉株长客运专线的合伙经营期限为8年。根据法院已查明的事实，合伙期限届满后，曹某某仍在实际经营，双方也在一直分配合伙利润。由此，曹某某与卢某某的合伙法律关系在曹某某与长南分公司、株洲客运公司签订合同中所约定的期限届满后仍继续存在。

三、不定期合伙合同合伙人的随时解除权

将合伙合同区分为定期与不定期合伙，其法律意义在于，不同情形下合伙人的合伙终止权或退伙权的规则是不同的。

对于定期合伙，因其期限明确，一般应以合伙期限届满为止而解散或终止。在一定意义上，这是所有合伙人的共同意愿。因此，在合伙期限届满之

---

① 我国台湾地区规定，合伙所定期限届满后，合伙人仍继续其事务者，视为以不定期限继续合伙契约。

② 参见林诚二：《民法债编各论》（下），中国人民大学出版社2007年版，第48页。

前，合伙人不宜随时提出解散或退伙之要求。否则，应对其他合伙人的损失负赔偿责任。

对于不定期合伙，因其期限并不明确，合伙人面对的风险具有更大的不确定性，为维护合伙人的利益，合伙人可以随时退伙或要求解除（终止）合伙。合伙合同不得限制合伙人的随时退出权，否则无效。

本条第3款规定了不定期合伙合同下合伙人的解除权，该规定有两层含义：一是合伙人可以随时解除不定期合伙合同，亦即，随时解除合伙合同是不定期合伙合同下合伙人的权利，“无须特别的理由”。[①]二是合伙人应当履行通知义务，即在合理期限之前通知其他合伙人。如何判断该“合理期限”，应根据个案具体分析。

合伙人随时行使解除权对其他合伙人影响重大，故除应在合理期限之前通知其他合伙人外，尚须符合诚信原则，除有不得已的事由，不得在不利于合伙的时间行使解除权，否则不生解除效力。

所谓不得已的事由，主要是指合伙人本人的客观情况，如自己需要长期在国外而无法顾及合伙事务；同时合伙事业经营不善而目的迟迟不能实现、合伙人之间缺乏必要信任等，也可以视为不得已的事由。

所谓于合伙不利的时期，需要从合伙的事业目的、事业经营状况，甚至整个社会的经济形势等各种情况予以分析判断，如提出解除合伙合同的合伙人在该时期要求解除合伙是一种损人不利己的行为；或者其提出解除合伙有利于自己，而不利于其他合伙人等情形。[②]

在四川省隆昌县人民法院（2015）隆昌民初字第716号民事判决书中，法院认为，按照《隆昌—成都客运班车滚动发班联合经营合同书》第1条的约定“实施时间2012年6月1日——2013年5月31日，暂试运营一年，如滚动发班联合经营效果明显，经济效益良好，征得大家同意后，可继续

---

① ［日］我妻荣：《新订民法总则》，于敏译，中国法制出版社2008年版，第291页。

② 在古罗马，合伙是诚信契约，如果合伙人退伙的动机不纯，企图独占合伙应得利益或逃避分担的损失，在罗马法均被视为欺诈行为。合伙人也不得在不利于合伙事业的情形下退伙，如某合伙人被委任负责酿酒的技术性工作，则在酿酒工作未结束或未找到适当的人替代时突然退出合伙，显将使合伙蒙受损失。故不得为之。于其他合伙人远离时退伙，也是不允许的。参见周枏：《罗马法原论》（下册），商务印书馆2014年版，第809页。

联合经营”，本案各当事人合伙经营期间在2013年5月31日即已到期，在到期后，各合伙人仍然按照该合伙协议继续履行，各方仍然为合伙经营合同关系，但因没有续签合伙合同，也没有约定合伙经营期间，故各方当事人为不定期合伙经营合同关系。因合伙人发生矛盾，导致合伙难以为继，部分合伙人不愿继续合伙经营，有权提出退伙，实际上各合伙人也已经在2013年9月25日后重新各自组织成立滚协，原合伙组织的滚协已经自动散伙。故合伙人不是在合同约定的合伙期间内退伙，而是在合伙合同约定的合伙期间届满后因难以继续合伙经营而自动散伙，不存在违约退伙的情形。

本条没有规定定期合伙的解除规则，从反面解释，可以认为定期合伙人不能随时解除合伙合同，否则应对其他合伙人负损害赔偿责任。但定期合伙下的合伙人不能随时解除合同并非意味着没有解除权，如有正当理由或者不得已的情形，其仍有权解除合同。①

无论是不定期合伙的合伙人的解除权，还是定期合伙的合伙人的解除权，均系合伙人作为合伙人的固有权，不得以合同或决议方式限制，更不得剥夺，否则无效。②

三 举证责任

对于因合伙合同期限及解除合伙合同而产生的纠纷，采一般举证责任规则。

主张合伙合同为定期且到期应解散者，须举证证明合伙合同或补充协议、合伙人一致决议对此作出过规定或决议；主张合伙合同未到期者，须举证证

---

① 如《西班牙民法典》第1707条规定：“定有存续期限的合伙，非因合同约定或合伙目的无法成就，非有正当理由，合伙人中之一人不得在其期限届满前请求解散。所谓正当理由，例如其他合伙人不履行义务，或不能胜任合伙事业，或其他相类似的事由，并由审判员对理由斟酌。”《日本民法典》第678条第2款规定：“约定合伙存续期间之情形，各合伙人有不得已之事由时，亦得退伙。”

② 《奥地利普通民法典》第1209条关于“合伙人通知终止合伙”中第2款规定：“排除终止权的约定、加重终止权行使困难的约定，无效，但适当延长通知期限的约定，不在此限。”

明合伙期限尚未到期。

对于不定期合伙，主张解除合伙合同者，仅须举证证明合伙为不定期合伙即可，无须进一步证明其他；不主张解除合伙合同者，则须举证证明此时解除合同不利于合伙，如合伙或合伙执行人已代表合伙与第三人签订有利于合伙的协议等。

对于定期合伙，主张解除合伙者，须举证证明其不得已之证据，否则应对其他合伙人负损害赔偿责任。

第九百七十七条【合伙合同终止】

合伙人死亡、丧失民事行为能力或者终止的，合伙合同终止；但是，合伙合同另有约定或者根据合伙事务的性质不宜终止的除外。

历史由来

本条系新增条款。在立法过程中，《民法典合同编（草案）》（征求意见稿）没有对合伙合同在什么时间终止的问题作出规定。鉴于该问题直接涉及实践中常见的合伙合同终止时间的判断，《民法典合同编（草案）》（一审稿）第761条规定："合伙人死亡、终止的，合伙合同的权利义务终止。"其中"合伙人终止"是指作为法人或其他组织的终止。显然，该规定过于简单。《民法典合同编（草案）》（二审稿）第761条接受了"一审稿"的规定。《民法典（草案）》第977条对此作了更为细化的规定，即"合伙人死亡、丧失民事行为能力或者终止的，合伙合同终止；但是，合伙合同另有约定或者根据合伙事务的性质不宜终止的除外"。

规范目的或功能

本条是关于合伙合同终止的规定，规范意旨在于明确合伙可以在什么时间终止，以及什么情况下不能终止，便于裁判者把握合伙合同终止时间的判定标准。

规范内容

一、规范含义

（一）合伙的终止、解除与解散

合同的终止与解除均为债务关系的消灭方式，其既可以基于法律行为（合同）产生，也可以基于法律的规定产生，各为形成权之一种。从效力来看，合同的终止仅向将来发生效力，而解除（包括撤回）既对将来发生效力，也对过去发生效力，即对已经所为的给付发生返还效果。所以，终止最为重要的适用情形是继续性合同。

合伙合同属于典型的继续性合同，其关系的消灭主要是终止。无论是定期合伙，还是不定期合伙，当事人欲使合伙关系消灭，只能通过行使终止权，之后通过清算消灭合伙关系。一般情形，合伙合同不存在因解除而消灭，但在合伙刚刚成立且未开展业务之际，如合伙系由甲、乙二人成立，其中任何一方均可以提出合伙合同解除之要求，因为这时的合伙还没有“进行”。

在山东省青岛市中级人民法院（2019）鲁02民终10021号民事判决书中，法院认为，依法成立的合同应当受到法律保护。周某与常某及案外人俞某某签订的《合伙经营协议书》系当事人真实意思的表示，依法成立并生效，三方均应依诚信履行。协议约定，合伙事业完成或不能完成时，合伙人有权终止合伙协议。周某与常某提供的证据可以证明，周某、常某均已按合同约定履行了以现金及人力技术入股的合同义务，合同已开始履行。因市北区云上轻食餐厅于2018年2月10日停业，营业执照也被工商行政管理部门依法注销，合伙事业不能继续进行，因此，周某、常某均有权依合同约定终止合伙协议，而不是解除合伙协议。根据合伙协议约定，合伙协议终止后，三方共同进行清算，对债权债务及投资进行清偿，在未经清算的情况下，周某要求解除合伙协议返还投资及利息的诉讼请求，不符合合同约定，欠缺事实及法律依据，不应予以支持。

因此，对于合伙合同而言，一般仅存在终止的问题，不存在解除的可能。

在大多国家和地区，对于不定期合伙，要么“终止”合伙关系，要么“退出”合伙。[①]不同之处在于，“退出”仅意味着退伙，而非合伙关系的消灭。

《民法典》第976条第3款规定了不定期合伙的解除，本条则规定了合伙的终止，似乎将两种情形作了区分。但从规定上看，第976条第3款规定的“解除”应作广义解释，其等同于合伙合同的终止。显然，一般情况下，合伙合同被解除后，是不能发生对过去的效力的。在词语表述上，第976条第3款规定的解除权，主要着眼于合伙人的主动性或主观性；而本条规定的终止，主要着眼于一种客观情况的产生。

“解散”一词仅适用于团体法范畴，是指团体合作出现解散事宜而以法定程序终结团体关系，对于合伙来说，就是通俗意义上的“散伙”，属于广义上的合伙终止。具体而言，合伙的解散乃是合伙停止为了执行其目的事业而为的积极活动，并进入清理合伙财产的状态。

《民法典》第976条第3款规定的合伙合同的解除与本条规定的合伙的终止均为合伙解散事由。但对于合伙的解散，囿于《民法典》重点在于合同关系，未作规定，可以参照适用《合伙企业法》有关规定。

（二）合伙终止的法定情形

依据本条，合伙终止的法定情形为合伙人死亡、丧失民事行为能力或者终止的两种情形，其中合伙人终止主要是指法人和其他非法人组织作为合伙人的终止。

合伙具有强烈的人身信任价值，是一种因合伙人之间的信任产生的联合。在一定意义上，如果合伙人死亡或丧失民事行为能力，合伙的基础就不复存在，故在古罗马法，合伙人死亡或人格减等，将引起合伙的解散。随着社会的发展，商业合伙的勃兴使得合伙并不因合伙人死亡或丧失民事行为能力而终止更有现实意义与价值。即使是非商业合伙，采合伙人退出而非终止合伙

---

① 《瑞士债务法》第546条第1款规定：“合伙未定存续期间或明定以合伙人中一人之终身为其存续期间者，各合伙人得以六个月为预告期间，通知终止合伙。”《日本民法典》第678条第1款规定：“合伙合同未约定合伙存续期间时，或约定合伙应于其合伙人终身期间存续时，各合伙人得随时退伙。但除有不得已之事由，不得于不利于合伙之时期退伙。”

的方式也更符合社会需求。近现代各国和地区一般不通过规定因合伙人死亡或丧失民事行为能力而必然终止合伙的制度。

对此，主要有两种做法：一是如德国和瑞士那样，[①]规定因合伙人死亡的，合伙解散，但合伙协议另有约定除外；二是如日本和我国台湾地区那样，规定合伙人死亡仅构成退伙之事由，且允许协议排除。相对而言，第一种做法比较接近古典合伙法的规定。

不过，这两种做法的实践效果并非差别很大。依第一种做法，尽管合伙人死亡构成当然散伙，但实践中合伙人可以通过合伙协议或事后决议方式作出不同的约定或决定，如规定合伙人死亡的，其继承人可以继承合伙人资格；或规定合伙人死亡的，其继承人仅继承相应份额并通过清算而退出合伙等。依第二种做法，尽管合伙人死亡构成当然退伙，但实践中合伙人可以事先或事后全体决定，合伙人死亡的，合伙终止；或者合伙人死亡的，其继承人可以继承合伙人资格等。无论是第一种做法，还是第二种做法，法律仅是提供一个模板，或者说缺省性规定而已。

对于因合伙人丧失行为能力导致合伙终止或退出的，大多国家和地区也作出了规定。[②]原因主要在于，合伙人为自然人者，一旦丧失行为能力，不仅无法从事合伙共同事业，且“无行为能力者无表见责任”，其行为不能成为其他合伙人的代理行为。同时，其法定代理人也无从代理事实行为。[③]

本条规定了作为法人或非法人组织的合伙人终止即消灭，也将产生当然散伙。其终止之事由为破产、决议解散或其他原因，均在所不问。

（三）合伙终止的例外

一般情形，发生合伙人死亡、丧失民事行为能力或者终止事由的，就会导致合伙合同终止；但基于私法自治，合伙合同另有约定的，应尊重其约定；或者有些时候，合伙事务的性质可能使得合伙合同不宜因此终止。

---

① 《德国民法典》第727条；《瑞士债务法》第545条。

② 《西班牙民法典》第1700条；《日本民法典》第679条等。

③ 吴志正：《债编各论逐条释义》（修订六版），台北元照出版有限公司2019年版，第387页。

1.合伙合同另有约定

这里的“合伙合同另有约定”既包括初始合伙合同的约定，也包括合伙人死亡或终止、丧失民事行为能力后，其他全体合伙人以决议、协议作出的规定或以行为表现出来的意愿。

在最高人民法院（2017）最高法民申3543号民事裁定书中，最高人民法院认为，2005年9月2日刘某甲、胡某某、梁某某、刘某乙共同签订《开发新圩镇市场及步行街项目部章程》，约定共同出资开发新圩镇市场及步行街项目，风险、利润均按持股比例承担和享受。从法律关系而言，四人之间成立合伙合同关系。该项目于2007年开工建设，2010年左右竣工。由于合伙人之一刘某甲于2008年1月去世，此时尚处于合伙经营期间。参照《合伙企业法》第50条第1款关于“合伙人死亡或者被依法宣告死亡的，对该合伙人在合伙企业中的财产份额享有合法继承权的继承人，按照合伙协议的约定或者经全体合伙人一致同意，从继承开始之日起，取得该合伙企业的合伙人资格”的规定，结合《开发新圩镇市场及步行街项目部章程》第6条约定的“股东入股后，任何股东不准退股。如有股东自愿放弃，出现亏损时，除没收全部股金外还应负担亏损额的分摊数”，刘某甲去世后其他合伙人并未将刘某甲财产份额退还给其继承人，且于2009年12月24日将剩余未销售房产按照梁某某、胡某某一边，刘某乙、刘某甲一边对半予以了分配，段某某作为刘某甲的妻子销售房产共计677970元等事实，可以认定刘某甲去世后其他合伙人同意由其继承人段某某、刘某丙、刘某丁继受取得刘某甲合伙人的资格。亦即，本案中，尽管合伙人死亡，但基于合伙以后发展事实，可以认定合伙并未因此终止，且由死亡合伙人继承了合伙份额及资格。

当然，无论是哪一种方式，在合伙终止情形下，对于死亡或终止的合伙人，均不影响继承人或继受者的合伙财产份额的继承或继受。当然也不影响丧失民事行为能力人的退出及利益返还。

2.根据合伙事务的性质不宜终止

“根据合伙事务的性质不宜终止”是指一些合伙的事务正在进行，如因合伙人死亡等而终止合伙，将严重影响其他合伙人的利益；或者合伙事务涉及公益，合伙事务停止将影响公益等不宜终止合伙的情形，而应退出合伙或待合伙事务进行完毕后再予以终止。

二、规范效力

依本条，除了例外情形，一旦出现作为自然人的合伙人死亡或丧失民事行为能力，或作为法人、非法人组织的合伙人终止之事项，合伙当然终止，引致合伙的解散清算。

关于本条的规范效力，需注意以下问题：

（一）合伙人死亡

自然人的死亡有自然死亡与宣告死亡。依照法律，该两种情形的死亡时间都比较容易判断。前者以医院或有关部门出具的死亡证明为准（第15条），后者则依法院宣告死亡的判决作出之日为准（第48条）。

需要进一步思考的问题在于，一是在自然人长期处于植物人状态之下，其尚未死亡，但事实上已经不能参与合伙事务，合伙事务的进展已经不能为其了解和控制，其能否仍然视为合伙人，或者能否依本条规定终止合伙？二是在宣告死亡情形，依《民法典》第46条关于宣告死亡条件的规定，被宣告死亡者至下落不明满4年或因意外事故下落不明满2年才能被宣告死亡。亦即，在其下落不明至宣告死亡期间，有相当长的时间持续，从而也存在与第一种情形同样的问题。

对于处于植物人状态的合伙人，可以按照丧失民事行为能力予以处理。对于下落不明后到宣告死亡期间的当事人，因其生死状态不明，可依合伙合同性质及运行实际情况个案处理。如该合伙人系以劳务出资，则因其下落不明而不能履行其出资义务，可以退伙或除名方式处理；如该合伙人是整个合伙事务的关键，则合伙可以终止。

（二）合伙人丧失民事行为能力

合伙人丧失民事行为能力，可依法终止合伙合同。依《民法典》第24条第1款规定，自然人丧失民事行为能力须依法由法院认定。在法院依法作出裁决之日，该自然人方为无民事行为能力人。当事人是否丧失民事行为能力，直接关系到当事人切身利益，不允许由其他人自行断定而行事。

依本条，只有在合伙人丧失民事行为能力情况下，方可依法终止合伙合同。如果合伙人仅部分丧失民事行为能力，即成为限制民事行为能力人（第22条），则不在本条调整之列，不能成为终止合伙合同的法定事由。

（三）作为法人与非法人组织的终止

一般而言，作为法人与非法人组织的终止，是指其被依法注销而丧失民事主体资格。但法人与非法人组织的终止常常是一个过程，在破产情形，一旦宣告破产，则该合伙人的出资返还请求权与利益分配请求权已属于破产财产；在自愿解散清算情形下，一旦进入解散清算程序，则该合伙人的出资返还请求权与利益分配请求权就属于清算财产。也就是说，作为合伙人的法人与非法人组织的终止应当是指进入破产程序或解散清算程序之后。①

本条关于合伙终止的法定情形并未包括合伙存续期限届满、合伙人全体同意解散、合伙的共同事业目的已经完成或不能完成等，后者的解散清算也同样准用于《合伙企业法》有关规定。

（四）合伙合同终止的例外

在本条所规定的合伙合同终止的例外中，无论是合伙合同另有约定情形，还是根据合伙事务的性质不宜终止的情形，均须就合伙财产及债务进行一个结算，按合伙人死亡或终止、丧失民事行为能力时的合伙财产状况作出，以此决定继承者或退出者的应继承份额或退出份额。一般不问其出资种类，以金钱退还；如果退伙时尚有未完成的事项，可以在该事项完成后进行结算。

三 举证责任

对于本条，采一般举证责任规则。认为合伙合同应依本条终止者，须举证证明合伙人死亡、丧失民事行为能力或终止。认为合伙合同不应终止者，则须举证证明合伙合同另有约定或依合伙事务性质不宜终止。

对于非本条所规定的其他法定终止事由出现而导致诉讼时，也采同样规则。

---

① 各个国家和地区民法典一般规定，在合伙人受到破产宣告，就成为合伙终止或退出合伙的法定事由，如《日本民法典》第679条等。

其他问题

合伙的终止其实就是合伙的解散并清算的问题。本条仅规定了因合伙人死亡或丧失民事行为能力而终止的情形，但除了本规定之外，尚有其他原因引起的解散情形。

从法理上而言，合伙解散的事由有约定解散与法定解散之分，前者包括合伙合同约定的解散和合伙人全体同意的解散；后者包括合伙期限届满、合伙的目的事业已经完成或不能完成，以及本条所规定的法定解散情形。

合伙解散事由出现并不直接导致合伙的消灭，尚须经过清算阶段。但尽管如此，对于合伙合同而言，合伙因解散而终止，合伙共同事业的经营因此停止。合伙的清算仅是合伙合同终止后的后合同义务而已。[①]

关于合伙的解散，可以参照适用《合伙企业法》第四章的有关规定。

第九百七十八条【合伙剩余财产分配顺序】

合伙合同终止后，合伙财产在支付因终止而产生的费用以及清偿合伙债务后有剩余的，依据本法第九百七十二条的规定进行分配。

历史由来

本条系新增条款。在立法过程中，《民法典合同编（草案）》（征求意见稿）第536条规定："合伙合同终止后，合伙财产在支付因终止而产生的费用及清偿合伙债务后有剩余的，应当返还合伙人的出资；不足以返还全部合伙人的出资的，按照各合伙人实际出资的比例返还。"《民法典合同编（草案）》（一审稿）第762条和《民法典合同编（草案）》（二审稿）第762条皆规定："合伙合同的权利义务终止后，合伙财产在支付因终止而产生的费用以及清偿合伙债务后有剩余的，依照本法第七百五十六条的规定进行分配。"该规定在"征求意见稿"基础上作了两处改动：一是增加了"权利义务"这一表述；二

---

① 参见邱聪智：《新订债法各论》（下），中国人民大学出版社2006年版，第101页。

是为避免重复，将如何分配调整为“依照本法第七百五十六条的规定进行分配”。对于这两种修改，后者更为科学与合理。故而，《民法典（草案）》第978条删除了“权利义务”这一表述。

规范目的或功能

本条是关于合伙合同终止后合伙财产的分配规定，规范意旨在于明确合伙终止后合伙财产的分配顺序，便于裁判者把握合伙财产分配顺序的判定标准。

规范内容

一、规范含义

（一）合伙合同终止后的财产清算

合伙合同终止后，当须进行财产清算，以了结合伙既存的内部及对外一切事务及相关法律关系，从而消灭合伙。合伙非经解散后清算完结，其合伙关系，尚不能称为完全消灭。[①]

对于合伙的解散清算，《民法典》“合伙合同”章未作规定，除本条规定外，可参照适用《合伙企业法》第四章关于“合伙企业解散、清算”中第86条、第87条的规定，以及第90条关于合伙人在清算报告共同签字盖章要求的规定。但由于《合伙企业法》系关于企业组织的规定，其比较正式的制度要求不宜简单套用于合伙合同的解散清算中，后者可以更为简单明了。

在上海市第一中级人民法院（2015）沪一中民四（商）终字第1604号民事判决书中，法院认为，《三方战略合作协议》约定的合作经营期限是6个月，现三方当事人在期限届满的情况下，因意见分歧无法达成一致而结束合作经营。《合伙企业法》第86条第1款规定：“合伙企业解散，应当由清算人进行清算。”第89条规定：“合伙企业财产在支付清算费用和职工工资、社会保险费用、法定补偿金以及缴纳所欠税款、清偿债务后的剩余财产，依照本法第

① 邱聪智：《新订债法各论》（下），中国人民大学出版社2006年版，第101页。

三十三条第一款的规定进行分配。”也就是说，合伙非经解散后清算完结，其合伙关系不能说已经完全消灭。合伙人要求返还出资的，须合伙于清偿债务以及划出必需清偿的数额之后，仍有剩余财产的，为其要件。

一般地，合伙合同终止后，应由全体合伙人共同进行清算，也可以由合伙执行人单独或共同为之（第970条）。如果是由合伙人选定或委托清算的，相应清算人为选定清算人；如未委托，而由全体合伙人共同为之的，则称为法定清算人。但不论是选定的清算人，还是法定的清算人，均须为具有合伙人身份者。

清算人的权利义务准用于《民法典》“委托合同”章关于受托人的规定，即第921条关于“费用返还请求权”、第923条关于“亲自处理义务”、第924条关于“报告义务”、第927条关于“财产交付义务”、第928条关于“约定报酬请求权”、第929条关于“损害赔偿义务”、第930条关于“损害赔偿请求权”、第932条关于多个受托人的“连带责任”等。

在清算过程中，清算人有如一般合伙状态有权代表合伙，这种权利是一种概括性权利，且主要限于清算事务。超出该等范围，应经其他全体合伙人同意，否则造成合伙损失的，负有损害赔偿义务。该权利限制，不得对抗善意第三人。所谓清算事务，一般包括清偿债务、返还出资及分配剩余财产。如果第三人对于合伙尚有债务，则清算人有权利和义务收取该项债权归于合伙财产。其他合伙未了事务，需要了结的，也属于合伙的清算事务范围。

对于清算事务，如果全体合伙人均为清算人，则就清算事务进行决议的，全体合伙人过半数即可通过，无需采一致决方式。因为关于清算的事务决议是关于清算中的具体程序与细节问题，并不涉及合伙人根本利益，如采全体合伙人一致决的方式，将会使得清算事务无法顺利了结。在数合伙人（非全体合伙人）受托作为清算人时，亦同。

对于合伙清算中的日常事务，由清算人中之一人实施即可，无需全体同意或采决议方式。

（二）合伙财产应先支付因终止而产生的费用及清偿合伙债务

依据本条，合伙清算，合伙财产应先支付因终止而产生的费用及清偿合伙债务。

其中因终止而产生的费用是指因清算合伙债权债务产生的必要费用，包括因此产生的差旅费用、聘请人员的报酬等。

合伙债务是指因合伙事务产生的债务，这时，不问债权人为第三人，还是合伙人。后者如为合伙事务垫付的经营费用，以及合伙人以前年度已决议分配而未分配的利益等。

对于合伙债务，如未到期，其处理可以参考我国台湾地区的相关规定，其债务未至清偿期，或在诉讼中者，应将其清偿所必需之数额，由合伙财产中划出保留之。至于清偿的方法，凡能够清偿而消灭债务者，如金钱支付、代物清偿、提存、抵销等均无不可。

（三）合伙财产支付或清偿合伙债务后有剩余的，可依第972条的规定进行分配

任何团体，凡因终止或解散而清算的，均须先行偿付团体存续期间所欠债务，此为团体法基本法理。此后如有剩余，方存在团体内部成员分配问题。

依本条，合伙内部分配规则的依据是《民法典》第972条关于“利润分配与亏损承担”的规定，依此，合伙财产内部分配规则为：（1）合伙合同有约定依约定，该合伙合同包括事后全体合伙人的补充协议。（2）合伙合同没有约定或约定不明，由全体合伙人协商，协商的实质是一致决议。（3）如果仍然协商不成的，则依照合伙人实际缴纳的出资比例分配；不能确定实际缴纳的出资比例的，则由全体合伙人平均分配。

二、规范效力

（一）本条系关于合伙合同终止后合伙财产的分配顺序规定，在合伙内部具有效力

首先，依据本条，清算人应当按照先就必要的清算费用和合伙债务分配合伙财产，后分配于合伙人的顺序进行。清算人不得混淆该顺序，否则，须赔偿其他合伙人因此所遭受的损失。

其次，在清算费用与合伙债务之间，应先行支付清算费用，然后偿还合伙债务。尽管清算费用与合伙债务均属于广义上的合伙债务，但从本条专门

提出“因终止而产生的费用”且在“合伙债务”之前予以表述来看，解释上应优先于所有债权而清偿。[①]其他合伙人不能要求先偿还合伙债务，再支付合伙清算费用。同时，清算人也有义务依此处理，否则也会产生损害赔偿责任。

再次，合伙人依《民法典》第972条规定行使分配请求权的前提是，合伙财产优先支付清算费用与清偿合伙债务后有剩余财产。合伙人违反该规定而要求清算人先行分配合伙财产的，清算人有权拒绝。合伙人未经清算人同意而擅自分配或取走合伙财产的，构成侵权，应赔偿其他合伙人因此遭受的损失。

最后，合伙终止后，合伙人仍然对尚未清偿的合伙债务负有无限连带责任。不论是合伙终止清算时故意为之，还是无意漏之，合伙人均须负责。[②]因为本条关于合伙合同终止后合伙财产的分配顺序规定，是约束合伙人和清算人的，仅在合伙内部产生拘束力。

同时需要注意的是，本条要求合伙终止应先行清算，再予以分配，也只是一般原则，其不妨碍个案情况下可以先行分配财产。

在最高人民法院（2019）最高法民申3369号民事裁定书中，最高人民法院指出，关于案涉合伙财产能否先行分配的问题。高某某、刘某某与陈某甲、陈某乙于1994年5月15日签订《协议书》，约定合作承接建设工程，共同投资，共同经营，并对投资份额、利润分配比例进行了约定。后因各合伙人对合伙财产的分割发生争议，引发本案诉讼。陈某甲、陈某乙诉请高某某分割其占有的合伙财产，因合伙财务账册缺失，一审法院曾组织各方当事人对账，各方对对方提供的账目凭据不予认可，存在较大分歧，无法达成共识。一审法院亦曾委托会计师事务所进行审计，但因财务资料不全致无法审计，无法进行合伙清算。高某某负责合伙财务工作，未能妥善保管财务资料，且长期占有合伙财产，其以合伙财产未经清算不得分割为由阻止对合伙财产的分割，二审判决基于公平原则，在扣除相应费用支出后，对合伙现有财产进行分配，并无不当。

---

① 邱聪智：《新订债法各论》（下），中国人民大学出版社2006年版，第108页。

② 《葡萄牙民法典》第1020条规定：“清算完结及合伙消灭后，原合伙人如同没有清算般仍须对尚未支付予第三人之债务负责。”

（二）合伙财产有剩余的，合伙人可依第972条规定行使分配请求权

首先，已如前述，该分配权的行使前提是合伙财产支付清算费用与清偿合伙债务后还有剩余可分配。

其次，从第972条规定来看，其确定的分配规则有先后之分，即约定优先，法定在后。其中，如果既有合伙合同的约定，也有事后的补充协议，同时又有全体合伙人的协商决定，在二者或三者之间有矛盾时，以后者为准。

需要注意的是，本条关于合伙财产有剩余后的分配，原则是以金钱分配为主的。如果涉及实物、知识产权或其他财产权的，则须以合伙终止时的评估价格为基础，考虑有关因素，作出合理判断。

在最高人民法院（2010）最高法民申976号民事裁定书中，最高人民法院认为，商标的价值主要体现在商标的知名度及其承载的商誉上，而知名度和商誉主要源于对商标的持续使用、宣传和培育。本案中，周某和汤某某通过受让共同获得涉案商标，但是共同经营时间不长。周某于2001年8月5日离开加工场后，涉案商标一直由汤某某使用和培育。因此二审判决在确定作价补偿时，以周某离开加工场时涉案商标的评估价格41万元为基础，考虑到其他一些因素，酌定作价补偿周某42万元是公平合理的，已经充分体现了对周某共有权益的保护。周某要求以涉案商标2004年甚至现在的评估价为基础进行分割补偿，没有依据。

实践中，合伙人的出资既可以是金钱，也可以是实物、知识产权或其他财产权，甚至是个人劳务和信用等。这些财产一经出资，均构成合伙财产。但构成合伙财产并非意味着完全由合伙支配，仅那些转移于合伙的财产，如金钱、实物和其他财产权的财产，才是可以由合伙完全支配的。有些合伙出资，其性质决定无法转移给合伙，而仅能由合伙加以使用的财产，如劳务和信用；有些合伙出资，尽管可以转移给合伙，但合伙人约定仅提供使用，而不转移所有权，如房屋所有权、土地使用权、农村土地承包经营权等。

在这种情况下，如果合伙合同有约定或合伙人对此已协商一致，则较为容易解决分配问题。如果合伙合同没有约定，合伙人也无法协商一致，简单

地照搬第972条的法定规则，即如果仍然协商不成的，则依照合伙人实际缴纳的出资比例分配；不能确定实际缴纳的出资比例的，则由全体合伙人平均分配，显然是不现实的。

对此，除合伙合同另有约定或协商一致外，可作如下处理：

第一，以金钱出资的合伙人，可依第972条行使分配请求权。

第二，以实物或其他财产权出资的合伙人，以出资时的实物或其他财产权的价值为准，确定其实际缴纳的出资比例，依第972条行使分配请求权，即补偿其在出资时具有的价值。如出资时已进行评估的，则以当时评估价为准。

第三，以物或其他财产权的使用权出资时，应当返还该物或其他财产权予合伙人，但如果合伙期间因意外而灭失或减损的物，不得请求赔偿。[①]如返还将造成其他合伙人财产分配的不公平后果，可以出资时确定的比例由受返还者以金钱适当补偿。当时没有确定缴纳的出资比例的，则以平均分配方式予以补偿。

第四，以劳务或信用作为出资的，因不能确定其实际缴纳的出资比例，性质上也不存在返还问题，故可以全体合伙人的平均份额为标准进行返还。

当然，以上分配规则尚须具体情况具体分析。在最高人民法院公报案例“黄亚君诉上海维纳斯婚纱摄影有限公司返还技术指导费、商标使用费纠纷案”[②]中，法院指出，依照《民法通则》第30条的规定，由原告黄亚君和案外人沈成林作为乙方，以拟成立的成林婚纱摄影公司名义与作为甲方的被告摄影公司签订协议书，虽然成林婚纱摄影公司还未正式成立，但是黄亚君和沈成林之间就此形成了个人合伙的法律关系。黄亚君在合伙关系存续期间接受了摄影公司的技术指导，属于合伙的行为，费用应当由合伙负责。合伙终止时，此费用也应当依照《民法通则》第31条的规定，由合伙人按照出资比例分担。但是鉴于黄亚君接受的技术指导属于知识产权，是无形财产；黄亚君接受此项无形财产后尚未用于合伙事业时合伙即已终止，合伙人沈成林并未

---

① 《德国民法典》第732条规定：“一名合伙人向合伙交付使用的物，应当返还给该合伙人。对于因意外而灭失或者减损的物，其不得请求赔偿。”

② 《中华人民共和国最高人民法院公报》2000年第1期。

实际分享到该知识产权产生的经济效益，因此由黄亚君一人承担接受知识产权应当付出的费用，符合本案实际。

举证责任

对于本条，采一般举证责任规则。

首先，认为合伙财产应分配于合伙人者，应举证证明合伙财产已经支付了清算费用并清偿了合伙债务，即经过了清算。主张返还财产者，则应证明合伙合同有约定等。

在上海市第一中级人民法院（2015）沪一中民四（商）终字第1604号民事判决书中，法院认为，合伙法律关系不同于借款法律关系。在后者中出借人可以直接要求借款人归还借款本金，但合伙人在合伙解散未经清算时无权直接要求返还投资款。因此，是否经过清算才是合伙人要求返还财产的前提条件，而非作为合伙人之一的张某能否举证证明亏损。现三方当事人就清算事宜从未达成一致，清算的实施自然无从谈起。而且，施某在本案诉讼中也并未要求进行清算，施某要求返还投资款的前提条件并不具备。

其次，合伙合同终止后，合伙人要求分配利润的，也采一般举证责任规则，但法院可依据具体情况就举证责任再分配。

在最高人民法院（2017）最高法民申2112号民事裁定书中，最高人民法院认为，周某某与郭某某签订《合作协议书》，依法形成合伙关系。周某某作为合伙人，起诉请求解除与郭某某的合伙关系并分配合伙利润，但双方之前并未对合伙财产进行清算，且因其未实际参与管理合伙事务，无法提供合伙期间的相关资料，导致鉴定机构对本案合伙财产的盈亏无法鉴定，依据《民事诉讼证据规定》第2条的规定，应由周某某承担不利后果。即便周某某确实与郭某某就一方单独经营管理合伙事务有约定，周某某也未提交证据证明其起诉时双方合伙经营项目资产的具体状况。至于2011年3月21日的5万元与郭某某300万元贷款的性质，周某某并未提交充分证据证明属于合伙债务，更无法证明周某某与郭某某合伙经营项目的盈亏状况。原审法院对于其该诉讼请求不予支持，并无不当。一审法院判决郭某某返还周某某10万元并支付相应利息，依据的是郭某某在本案第一次审理中的自认，原审法院的该项判决虽超出了周某某一审的诉讼请求，但对周某某的权益没有损害，郭某某也并未就此提起上诉，二审法院未予调整，并无不当。周某某虽认为本案符合《民事诉讼法》第200条第1项、第4项、第13项规定的情形，但未就此提出具体理由，本院对此不予审查。

三 其他问题

合伙人请求终止清算并分配财产的，其对象只能是合伙（全体合伙人）而非某个合伙人。

在最高人民法院（2018）最高法民终539号民事判决书中，最高人民法院指出，关于甲公司、乙合伙企业和丙公司是否需要共同向丁公司返还出资并承担相应的损失的问题，合伙人的出资对象是合伙而非其他合伙人，因此丁公司的出资对象是乙合伙企业而非另一合伙人甲公司。根据《合伙企业法》第20条“合伙人的出资、以合伙企业名义取得的收益和依法取得的其他财产，均为合伙企业的财产”的规定，丁公司的出资构成乙合伙企业的财产，甲公司并未取得丁公司的出资款。尽管甲公司作为普通合伙人曾实际占有并控制合伙企业的财产，但从性质上看其是以合伙事务执行人的身份代表合伙企业占有和控制合伙资产的，而且甲公司作为合伙事务的执行人已将丁公司的出资款根据《合伙协议》的安排通过委托贷款借给了丙公司，甲公司并未取得合伙财产的所有权。因此，丁公司要求甲公司向其返还出资款及利息的请求没有事实和法律依据。

对于《民法典》所规范的合伙合同，鉴于其并没有形成如《合伙企业法》那般的正式合伙企业，仅是以合同形式出现的联合，故在诉讼中可以不同意终止清算的其他合伙人为被告，或者以合伙执行人为被告。

第二十八章

无因管理

第九百七十九条【适法无因管理的要件与法效果】

管理人没有法定的或者约定的义务，为避免他人利益受损失而管理他人事务的，可以请求受益人偿还因管理事务而支出的必要费用；管理人因管理事务受到损失的，可以请求受益人给予适当补偿。

管理事务不符合受益人真实意思的，管理人不享有前款规定的权利；但是，受益人的真实意思违反法律或者违背公序良俗的除外。

历史由来

本条内容为适法无因管理的要件与特有法效果（费用偿还与损失补偿），承继自《民法通则》第93条、《民法总则》第121条。上述两条均未规定“适法事由”，且受益人之“损害补偿义务”原仅见于司法解释。[①]《民法典合同编（草案）》（征求意见稿）第538条规定适法事由，即“符合其知道或者应当知道的受益人的真实意思”（以下简称“事由1”）与“为了履行受益人的法定扶养义务或者维护公序良俗”（以下简称“事由2”）。《民法典合同编（草案）》（一审稿）第763条第2款将事由2简化为“为维护公序良俗”。《民法典合同编（草案）》（二审稿）第763条第1款将事由1简化为“符合受益人真实意思”，删除“其知道或者应当知道”的表述。《民法典（草案）》第979条维持关于事由1的表述（“符合受益人真实意思”），将事由2改为“受益人的真实意思违背公序良俗”。《民法典》最终将事由2的表述改为“受益人的真实意思违反法律或者违背公序良俗”。适法事由之表述，虽经反复修正，但似未实质上改变规范语义。

规范目的或功能

本条为完全法条，规定适法无因管理（亦称“正当无因管理”[②]）之要件及

① 《民法通则意见》第132条规定：“民法通则第九十三条规定的管理人或者服务人可以要求受益人偿付的必要费用，包括在管理或者服务活动中直接支出的费用，以及在该活动中受到的实际损失。”

② 适法无因管理与不适法无因管理，迻译自德文“berechtigte Geschäftsführung ohne Auftrag”与“unberechtigte Geschäftsführung ohne Auftrag”，亦译正当无因管理与不当无因管理。就其翻译，参见王泽鉴：《债法原理》（第二版），北京大学出版社2013年版，第313页。

其特有法效果，即管理人对受益人（下文亦称“本人”）的费用偿还与损失补偿请求权。赋予管理人费用偿还与损失补偿请求权，旨在避免其反因助人而损及自身利益，最终实现无因管理鼓励人类互助精神之功能。

其中，适法事由是适法无因管理的特有要件，其他要件则是真正无因管理的共通要件；至于真正无因管理的共通法效果，则规定于《民法典》第981条至第983条。

规范内容

一、适法无因管理的要件

（一）管理他人事务

1.管理之事务范围

事务，指一切足以满足吾人生活需要且能成为债务标的之事项，[①]范围甚广。通常认为，专属性事务、不作为、违法悖俗事务、宗教道德等事务（如为病患祈祷、代他人社交应酬），不得为无因管理之事务。[②]亦有主张情谊行为，不得无因管理。[③]专属事务，因法律规定（如决定遗嘱内容、结婚）或物理法则（饮食便溺）而无法由他人管理；违法悖俗事务，若可为无因管理，则管理人或依《民法典》第981条第1句负妥善管理违法悖俗事务之义务，恐有评价矛盾。但将宗教道德等事务及情谊行为排除于无因管理外，似无坚实理由，故属可议。不作为，非事务之形态，系管理行为之形态；若甲负有于某时不作为之义务，乙若阻止其作为，所管理事务是避免甲违反债务，而非

---

① 参见崔建远：《债法总论》，法律出版社2013年版，第322页；杨巍：《债法总论》，武汉大学出版社2017年版，第383页；柳经纬主编：《债法总论》，北京师范大学出版社2017年版，第60页；刘凯湘：《债法总论》，北京大学出版社2011年版，第38页；史尚宽：《债法总论》，中国政法大学出版社2000年版，第59页。

② 参见叶知年：《无因管理制度研究》，法律出版社2015年版，第60页；崔建远：《债法总论》，法律出版社2013年版，第322页；刘凯湘：《债法总论》，北京大学出版社2011年版，第38页；杨立新：《债法总论》，高等教育出版社2009年版，第67页。

③ Vgl. Dirk Looschelders, Schuldrecht Besonderer Teil, 14. Aufl., München 2019, §43, Rn.2.

所谓不作为事务。

依本条，管理人须“为避免他人利益受损失”而管理他人事务。就此可作多解：若解为本条将无因管理之事务限于避免他人利益受损失的事务，不包括增进他人利益的事务，则有失周延，因特定情形中积极增进他人利益，亦可构成无因管理（如某些“主观的他人事务”，详见下文），故其应属于无因管理之事务范围。[①]“为避免他人利益受损失”宜解为仅指“管理意思”要件。

2. 管理行为

所管理之事务与具体管理行为，应予区分。同一事务，得以不同行为管理之。如加固他人院墙之事务，管理人可自为，亦可请人代劳。

按所属法律事实之形态，管理行为，得为法律行为（如招工修房）、准法律行为（如催告、瑕疵通知）、事实行为（如加工、先占），亦得为非属法律事实之事实上行为（如收留迷途儿童、打扫卫生）。[②]以法律行为管理他人事务时，得为自己行为或代理行为。[③]

管理行为，得为持续或一时、财产性或非财产性，[④]得为作为（如为免撞到他人而打方向盘），亦得为不作为（如为避免撞到他人，本应打方向盘而不打）。

3. 他人事务

本条明定，无因管理之事务，须为“他人事务”。他人事务可分为三类。（1）若事务依外部可识别标准，即属本人利益范围，则为客观他人事务（如照管他人之物、营救他人、清偿他人债务）。[⑤]（2）反之，若依外部可识别

---

① 参见杨立新：《债法总论》，高等教育出版社2009年版，第69页；张广兴：《债法总论》，法律出版社1997年版，第71页；杨巍：《债法总论》，武汉大学出版社2017年版，第383页。

② 参见杨立新：《债法总论》，高等教育出版社2009年版，第66页；赵廉慧：《债法总论要义》，中国法制出版社2009年版，第300页；张广兴：《债法总论》，法律出版社1997年版，第70—71页。

③ 参见史尚宽：《债法总论》，中国政法大学出版社2000年版，第59页。

④ 参见［日］我妻荣：《债权各论》（下卷一），冷罗生、陶芸、江涛译，中国法制出版社2008年版，第10页；史尚宽：《债法总论》，中国政法大学出版社2000年版，第59页；孙森焱：《民法债编总论》（上册），法律出版社2006年版，第98页、第99页。

⑤ 参见叶知年：《无因管理制度研究》，法律出版社2015年版，第61页；王利明：《债法总则研究》（第二版），中国人民大学出版社2018年版，第356页；王泽鉴：《债法原理》（第二版），北京大学出版社2013年版，第320页；杨立新：《债法总论》，高等教育出版社2009年版，第67页；赵廉慧：《债法总论要义》，中国法制出版社2009年版，第300页。

标准，难断事务归属何人（如购买邮票），则为中性事务，须管理人有管理意思，方为他人事务（主观的他人事务）。[①]（3）混合事务，则兼涉管理人与本人利益。[②]

“他人事务”及其类型，主要对认定管理意思时之举证责任有意义（详见下文），故有观点否定“他人事务”要件之独立必要。[③]但在假想管理（即误以自己事务为他人事务而管理），管理人虽有管理意思，因无“他人事务”，仍非无因管理。[④]故“他人事务”要件似仍有意义。

（二）管理意思（“为避免他人利益受损失”）

依本条第1款，管理人须“为避免他人利益受损失”而管理他人事务，由此可解释出“为他人管理事务之意思”（简称“管理意思”）要件。管理意思，指管理人知其管理涉及他人利益（认识因素），且愿使管理利益归于本人（意愿因素）；[⑤]其中，后者乃其核心，前者只是形成后者之基础。身体反射行为（如紧急避让行为），有无管理意思，不无争议；[⑥]此系出于本能之利他行为，“良知良能”，应予鼓励滋养，故似应肯认之。另外，管理人无须认识本人为

---

① 叶知年：《无因管理制度研究》，法律出版社2015年版，第61页；崔建远：《债法总论》，法律出版社2013年版，第322页；杨立新：《债法总论》，高等教育出版社2009年版，第67页；王泽鉴：《债法原理》（第二版），北京大学出版社2013年版，第315页；史尚宽：《债法总论》，中国政法大学出版社2000年版，第62页；孙森焱：《民法债编总论》（上册），法律出版社2006年版，第99页；[日]我妻荣：《债权各论》（下卷一），冷罗生、陶芸、江涛译，中国法制出版社2008年版，第13页。

② 参见王利明：《债法总则研究》（第二版），中国人民大学出版社2018年版，第356页。

③ Vgl. Hans Brox/Wolf-Dietrich Walker, Besonderes Schuldrecht, 43. Aufl., München 2019, §36, Rn.2.

④ 参见叶知年：《无因管理制度研究》，法律出版社2015年版，第61页；杨立新：《债法总论》，高等教育出版社2009年版，第69页；王泽鉴：《债法原理》（第二版），北京大学出版社2013年版，第315页。

⑤ 参见叶知年：《无因管理制度研究》，法律出版社2015年版，第65页；张广兴：《债法总论》，法律出版社1997年版，第71页；王利明：《债法总则研究》（第二版），中国人民大学出版社2018年版，第357页。Vgl. Hans Brox/Wolf-Dietrich Walker, Besonderes Schuldrecht, 43 Aufl., München 2019, §36, Rn.3.

⑥ 有观点认为此时亦有管理意思。Vgl. Hans Brox/Wolf-Dietrich Walker, Besonderes Schuldrecht, 43 Aufl., München 2019, §36, Rn.4.

谁，仅愿为他人管理事务即足。[①]

通说主张，管理意思之判定，应区别事务类型。在客观他人事务，推定管理人有管理意思。[②]在中性事务，管理人应举证自己有管理意思（如代受益人购买其欲购之邮票）。[③]但客观他人事务情形之推定是否合理，尚属可议；如无权处分他人之物，径推定有管理意思，未必妥适。笔者以为，二者均应由管理人负举证责任，只是在客观他人事务，若已有客观上维护他人利益之行为，管理意思自易据此认定，中性事务则无此便利。

有争议者，为混合事务（即依客观标准兼涉本人及管理人利益范围）情形（如扑灭邻居火灾，兼为避免自身受损），应否认定（乃至推定）有管理意思？通常认为，管理事务，亦可兼为自己利益，故管理混合事务者，仍可有管理意思。[④]

但应注意管理人意思之主次（侧重），若其主要旨在实现自身利益，仅附带涉及他人利益，则不宜认定其有管理意思。[⑤]故管理人履行其特别公法义

---

① 参见崔建远：《债法总论》，法律出版社2013年版，第323页；杨立新：《债法总论》，高等教育出版社2009年版，第67页；王利明：《债法总则研究》（第二版），中国人民大学出版社2018年版，第355页；张广兴：《债法总论》，法律出版社1997年版，第72页；杨巍：《债法总论》，武汉大学出版社2017年版，第383—384页；侯德斌、于海斌编著：《债法总论》，吉林大学出版社2012年版，第23页；陈华彬：《债法分论》，中国政法大学出版社2018年版，第244页。

② 参见崔建远：《债法总论》，法律出版社2013年版，第323页；张广兴：《债法总论》，法律出版社1997年版，第71—72页。Vgl. Dirk Looschelders, Schuldrecht Besonderer Teil, 14. Aufl., München 2019, §43, Rn.8; Hans Brox/Wolf-Dietrich Walker, Besonderes Schuldrecht, 43 Aufl., München 2019, §36, Rn.6.

③ 参见崔建远：《债法总论》，法律出版社2013年版，第323页；张广兴：《债法总论》，法律出版社1997年版，第71页、第72页。

④ 参见湖南省郴州市中级人民法院（2018）湘10民终2390号民事判决书（"为他人谋利益的管理意思只是无因管理的构成要件之一，并不排除为自己谋利益，即为他人管理的意思与为自己管理的意思可以并存"）；浙江省宁波市中级人民法院（2009）浙甬商终字第1054号民事判决书（"管理人同时为自己利益和本人利益管理同样符合无因管理的主观要件"）。参见赵廉慧：《债法总论要义》，中国法制出版社2009年版，第301页；张广兴：《债法总论》，法律出版社1997年版，第73页；杨巍：《债法总论》，武汉大学出版社2017年版，第383页；陈华彬：《债法分论》，中国政法大学出版社2018年版，第244页；叶知年：《无因管理制度研究》，法律出版社2015年版，第67页。

⑤ 参见王利明：《债法总则研究》（第二版），中国人民大学出版社2018年版，第359页；刘凯湘：《债法总论》，北京大学出版社2011年版，第38—39页。

务（如消防队灭火），通常无管理意思，因其仅欲尽公职（且通常无服从本人之意）；[①]管理人履行其合同义务，无论合同成立有效与否，其均无管理债权人（或利他合同中受益人）事务之意思，因其主要旨在履约；数债务人之一向债权人清偿，纵客观上影响其他债务人（如连带债务中使其对外免责），亦无管理其事务之意思，因其仅欲履行自身义务。[②]在所谓"道路交通自我牺牲"案型，司机为避让受益人而自损，通常认为，倘司机纵不避让，亦不必负责，可认其主要旨在保护受益人，有管理意思，反之，则应认其主要旨在避免自己负责；[③]如前所述，笔者则以为应一律肯认管理意思。

（三）无法定或约定之义务

依本条第1款反推，管理人若负法定或约定义务，则不构成无因管理。首须说明，若管理人负义务，则其常无管理意思（但亦非必然，详见上文混合事务）；但若管理人实负义务，却误信无义务而"为本人"管理，则其仍非无因管理。[④]可见该要件仍有独立意义。

比较法及学说亦有以"无权利"为无因管理之要件。[⑤]以此，认为法人机

---

① 相反，若管理人仅履行所谓"一般公法义务"［例如《德国刑法典》第323c条规定"不为救助罪"（unterlassene Hilfeleistung），即确定一般公众有救助义务，我国尚无类似规定］，则其管理行为，多为道德感所驱使（而非主要旨在履行法定义务），故宜认其有管理意思。

② 参见王泽鉴：《债法原理》（第二版），北京大学出版社2013年版，第317页。Vgl. Dirk Looschelders, Schuldrecht Besonderer Teil, 14. Aufl., München 2019, §43, Rn.11 ff.; Hans Brox/Wolf-Dietrich Walker, Besonderes Schuldrecht, 43 Aufl., München 2019, §36, Rn.9 ff.

③ 参见叶知年：《无因管理制度研究》，法律出版社2015年版，第71页；王泽鉴：《债法原理》（第二版），北京大学出版社2013年版，第317—318页。

④ 参见陈华彬：《债法分论》，中国政法大学出版社2018年版，第242页；侯德斌、于海斌编著：《债法总论》，吉林大学出版社2012年版，第22页；杨立新：《债法总论》，高等教育出版社2009年版，第68页；刘凯湘：《债法总论》，北京大学出版社2011年版，第39页。

⑤ 参见王利明：《债法总则研究》（第二版），中国人民大学出版社2018年版，第355页；杨立新：《债法总论》，高等教育出版社2009年版，第67页。相关立法例如《德国民法典》第677条（"未受委任或未因其他事由而对他人有管理其事务之权利"）。有观点更强调，应侧重以有无"权利"，判断无因管理之构成。参见［日］我妻荣：《债权各论》（下卷一），冷罗生、陶芸、江涛译，中国法制出版社2008年版，第2页。但以有无"权利"为判断无因管理构成与否之标准，难谓妥适。例如，在"无基础关系之代理权"（即所谓"孤立代理权"），代理人虽有"权"，但无行使该权之义务，如符合其他要件，仍可构成无因管理。

关对法人、父母对子女不构成无因管理，因其各有事务管理权。[①]

无因管理仅具补充性（subsidiär），仅在当事人间法律关系，未受（意定或法定）特别规定规制时，方可适用。[②]故该要件本质不在有无“义务”或“权利”，而在有无排他规制当事人间法律关系之法定或意定特别规则。管理人纵负约定义务，涉案合同若未排他规制其与受益人之关系，则仍有构成无因管理之余地。例如，甲、乙之地均有受泥石流侵袭之虞，甲以己名义委托丙兴建挡土墙（乙之地亦受益），但言明仅愿就自己土地付酬，则丙虽负约定义务，但若符合其他要件（如管理意思），其仍可对乙构成无因管理，盖甲乙间的合同未排他规制乙丙之关系。[③]再如，管理人履行特殊公法义务时（如消防队救火），纵认其确有管理意思，仍不构成无因管理。盖消防队灭火，可否向受益人求偿，已由相关公法[④]排他规定，不应借无因管理制度规避。

（四）具备适法事由

依学理，上述三者，仅为真正无因管理之一般要件。欲构成适法无因管理，尚须有适法事由。

1.承担与管理的区分：适法与否，仅视乎承担

首须说明，传统上区分事务管理之“承担”与管理本身（即无因管理之“实施”）。适法无因管理，有诸多法效果，例如，本人负不以结果而论的费用偿还义务（承担费用支出失败之风险）；管理行为纵侵入本人权利领域，亦不具违法性。若适法与否，系于事后整体判断（即一旦嗣后管理不当，即不适法），则对管理人未免过苛，无法实现无因管理鼓励互助之旨。故适法事由之有无，仅就“承担”而言。承担时有适法事由，即为适法无因管理。至于管

---

① Vgl. Dirk Looschelders, Schuldrecht Besonderer Teil, 14. Aufl., München 2019, §43, Rn.17.

② Vgl. Dieter Medicus/Stephan Lorenz, Schuldrecht II Besonderer Teil, 17. Aufl., München 2014, Rn.1114.

③ 参见黄茂荣：《债法通则之四：无因管理与不当得利》，厦门大学出版社2014年版，第6页；叶知年：《无因管理制度研究》，法律出版社2015年版，第71页；张广兴：《债法总论》，法律出版社1997年版，第73页、第74页。另请参见安徽省芜湖市镜湖区人民法院（2017）皖0202民初4778号民事判决书（“超过义务范围而为事务的管理，就超过义务部分亦可成立无因管理”）。

④ 例如《消防法》第49条第1款规定：“国家综合性消防救援队、专职消防队扑救火灾、应急救援，不得收取任何费用。”明定不得求偿。

理人“实施”管理不当（如违反《民法典》第981条所定义务），则仅依债务不履行处理，无碍其仍属适法管理。[①]

由此可知，承担之时点至为重要。但何谓“承担”？抽象而言，其指依管理意思“开始”实施管理。[②]但“开始”实施管理仍须定义。有主张，依管理意思影响本人权益领域（如为收留迷途儿童而接触之，又如为救助邻居破门而入），即构成承担。[③]另有主张，管理人依管理意思实施必要准备或辅助措施，即属承担（如为救伤者而前往事发地，此时客观虽未触及本人权益领域，但已属承担；为助本人拖车而致电拖车企业，亦同）。[④]鉴于双方自“管理之承担”起发生法定之债，[⑤]故至少在客观他人事务，宜以“管理人依管理意思影响本人权益范围”为判断承担之准据时点。主观他人事务之承担，则可以“管理人基于管理意思为必要准备时”为准（如管理人基于管理意思，为本人购买邮票，因此开展磋商，即属管理之承担）。

2.适法事由一：合乎受益人“真实意思”

依本条第2款前半句，若“管理事务不符合受益人真实意思的”，则不发生适法无因管理效果，由此反推可知，适法事由之一为“合乎受益人真实意思”。

此“真实意思”并非指“内心真意”，而是包括两种情形。

其一，指受益人实际表达于外的意思，例如本人曾表示欲修其危楼。[⑥]其

---

① 参见崔建远：《债法总论》，法律出版社2013年版，第320页；赵廉慧：《债法总论要义》，中国法制出版社2009年版，第302页；叶知年：《无因管理制度研究》，法律出版社2015年版，第50页；王泽鉴：《债法原理》（第二版），北京大学出版社2013年版，第311—312页。

② Vgl. Karl Larenz, Lehrbuch des Schuldrechts, Band II: Besonderer Teil, 1. Halbband, 13. Aufl., München 1986, §57 II a, S. 443.但另有观点认为，若管理之“计划”与“实施”时间间隔较大，则管理人决意管理且内心已有计划之管理方式，即属承担，此时承担或早于实施之开始。Vgl. Benjamin Schmidt, Die berechtigte Geschäftsführung ohne Auftrag: Eine Untersuchung der Voraussetzungen des gesetzlichen Schuldverhältnisses der §§677 ff. BGB, Berlin 2008, S. 141.

③ 参见陈华彬：《债法分论》，中国政法大学出版社2018年版，第246页。但该书反对此说。

④ Vgl. Münchener Kommentar zum BGB/Schäfer, 8. Aufl., 2020, §677, Rn.24.

⑤ 依下文，纵为不适法管理，双方间亦生法定之债，例如，不适法管理人亦负妥善管理等义务（第981—983条）。

⑥ 参见崔建远：《债法总论》，法律出版社2013年版，第324页；叶知年：《无因管理制度研究》，法律出版社2015年版，第73页；杨巍：《债法总论》，武汉大学出版社2017年版，第385页；郑玉波：《民法债编总论》（修订二版），中国政法大学出版社2004年版，第79页；孙森焱：《民法债编总论》（上册），法律出版社2006年版，第106页。

是否为本人“内心真意”，在所不问，故本人为戏谑而呼救时，营救仍符合其“真实意思”。[①]故其含义与意思瑕疵情形之“真实意思”（指内心真意）有异。但此实际表达于外的意思，亦非意思表示，更不以为到达为要件，故管理人是否知悉本人表达于外之意思，非其所问。[②]上例中，纵营救者未闻呼救，其救助亦属适法。此外，若本人行为能力不完全，依行为能力制度之本旨，此处“真实意思”，应依其法定代理人为断。[③]

其二，若无法查明受益人实际表达之意思，则适法与否，应依受益人可推知意思为断。[④]可推知意思，应依个案情事认定，即假定本人有表达意思之机会，其是否会同意管理之承担，例如路人晕倒，则送医符合其可推知意思。[⑤]探究可推知意思时，本人客观利益为重要参考。[⑥]比较法上经常强调的“合乎受益人的利益”（如《德国民法典》第683条第1句），即常与“可推知意思”功能重合。[⑦]但客观利益，仅辅助认定本人可推知意

① Vgl. Hans Brox/Wolf-Dietrich Walker, Besonderes Schuldrecht, 43 Aufl., München 2019, §36, Rn.26.

② 参见王泽鉴：《债法原理》（第二版），北京大学出版社2013年版，第320页。Vgl. Dirk Looschelders, Schuldrecht Besonderer Teil, 14. Aufl., München 2019, §43, Rn.21; Hans Brox/Wolf-Dietrich Walker, Besonderes Schuldrecht, 43 Aufl., München 2019, §36, Rn.26.

③ Vgl. Hans Brox/Wolf-Dietrich Walker, Besonderes Schuldrecht, 43 Aufl., München 2019, §36, Rn.38; Vgl. Dirk Looschelders, Schuldrecht Besonderer Teil, 14. Aufl., München 2019, §43, Rn.22.

④ 参见杨立新：《债法总论》，高等教育出版社2009年版，第71页。Vgl. Hans Brox/Wolf-Dietrich Walker, Besonderes Schuldrecht, 43 Aufl., München 2019, §36, Rn.27.

⑤ 参见叶知年：《无因管理制度研究》，法律出版社2015年版，第73页；崔建远：《债法总论》，法律出版社2013年版，第325页；杨巍：《债法总论》，武汉大学出版社2017年版，第385页。

⑥ 参见叶知年：《无因管理制度研究》，法律出版社2015年版，第74页；柳经纬主编：《债法总论》，北京师范大学出版社2017年版，第61页；陈林林、姚春芳：《无因管理中的损害赔偿问题探讨——兼及见义勇为行为的“法律救助”》，载《浙江学刊》2004年第5期；史尚宽：《债法总论》，中国政法大学出版社2000年版，第66页；黄茂荣：《债法通则之四：无因管理与不当得利》，厦门大学出版社2014年版，第20页；孙森焱：《民法债编总论》（上册），法律出版社2006年版，第110页。

⑦ Vgl. Dirk Looschelders, Schuldrecht Besonderer Teil, 14. Aufl., München 2019, §43, Rn.21; Hans Brox/Wolf-Dietrich Walker, Besonderes Schuldrecht, 43 Aufl., München 2019, §36, Rn.27.

思，故本人实际表达之意思与其客观利益冲突时，应以前者为准，以维护其意思自治。[①]

须注意，在探究受益人可推知意思时，应强调“须有管理之必要”，也即，本人不能自行管理，亦无法征求本人意见。若情况非属紧急，管理人尚可与本人联系，则管理人应通知本人，候其指示，而不得径依所谓“可推知意思”管理，否则其管理或属不适法。[②]但须注意，管理人于承担前预先通知本人，纵本人赞同其承担管理，管理人仍不负“承担管理之义务”。[③]此处之通知与听候指示，不应与《民法典》第982条混淆，其非指管理人依无因管理法定之债所负义务，而是直接影响无因管理之适法性。

3.适法事由二：所违背的受益人意思违反法律或者违背公序良俗

依本条第2款但书，事务管理之承担，虽违反受益人实际表达的意思（即本条第2款但书之“受益人的真实意思”），但若该意思违反法律或违背公序良俗，则承担仍有适法性。该条规定之表述，似参照《瑞士债务法》。[④]依彼邦学说，所谓本人意思悖俗或违法，主要涉及拯救自杀者、代履行本人私法（如亲属法上扶养义务或安全保障义务）或公法上之义务等，[⑤]可见其所谓本人意思“违法”，实质上涉及其他立法例所称“代为履行公益义

---

① 参见孙森焱：《民法债编总论》（上册），法律出版社2006年版，第110页。Vgl. Dirk Looschelders, Schuldrecht Besonderer Teil, 14. Aufl., München 2019, §43, Rn.22; Hans Brox/Wolf-Dietrich Walker, Besonderes Schuldrecht, 43 Aufl., München 2019, §36, Rn.28. 反对意见认为，个案中，管理事务之承担虽符合本人意思，但不符合其客观利益（例如，好挥霍者，愿以其全部财产以不当高价集邮），或属不适法。Vgl. Karl Larenz, Lehrbuch des Schuldrechts, Band II: Besonderer Teil, 1. Halbband, 13. Aufl., München 1986, §57 I a, S. 444.

② 参见王利明：《债法总则研究》（第二版），中国人民大学出版社2018年版，第359页；孙晋晋：《浅谈无因管理的“因”与“管”》，载《产业与科技论坛》2017年第6期。

③ Vgl. Münchener Kommentar zum BGB/Schäfer, 8. Aufl., 2020, §681, Rn 6.

④ 《瑞士债务法》第420条第3款规定：“如管理人违反本人明示或以其他方式可辨知之意思，承担管理，且本人之禁止既非悖俗亦不违法，则管理人亦对事变负责，但管理人证明，其纵不介入，事变仍不免发生者，不在此限。”依学说，该款兼涉无因管理之适法事由，即若管理之承担违背本人意思，则其原则上不适法，但若本人意思违法或悖俗，则该意思无须受尊重，故管理之承担仍属适法。Vgl. Jörg Schmid/Hubert Stöckli/Frédéric Krauskopf, Schweizerisches Obligationsrecht, Besonderer Teil, 2. Aufl., Zürich [u.a.] 2016, Rn.2015.

⑤ Vgl. Basler Kommentar Obligationenrecht I/Rolf H. Weber, Art 420 OR, Rn.8.

务或法定扶养义务”之情形（如《德国民法典》第679条）。我国可作相同解释。

依管理人本质上有无管理意思，其又可分为两种类型。

其一，管理行为合乎本人客观利益型（本人实际意思有悖于其客观利益）。典型者，如拯救自杀者。比较法上就此问题颇有争议。有立法例认为，仅以本人反对意思悖俗为由，尚不足以认定承担适法，仅在本人欠缺完全行为能力时，方无须尊重其意思。[①]本条则明定，本人之反对意思悖俗时，无须尊重。而我国学说通常认为，自杀通常悖俗，故营救自杀者仍属适法。[②]须注意，此类案型，仍可归入无因管理，因管理意思至少可指向被救者。

其二，管理行为不合乎本人客观利益，但有利于促进公共利益型（本人实际意思有悖于公共利益）。典型者，如代为履行受益人公益上义务、[③]法定扶养义务，[④]本人反对履行此等义务，或属违法或属悖俗，故其意思无须尊重。须注意此所谓公益，乃指强化之公益，否则，代他人履行一切法律义务，均有利于公益，若据此即认其适法，显非妥适。[⑤]私法义务之履行，利于公益者，

---

① Vgl. Hans Brox/Wolf-Dietrich Walker, Besonderes Schuldrecht, 43 Aufl., München 2019, §36, Rn.35.

② 参见陈华彬：《债法分论》，中国政法大学出版社2018年版，第247页；赵廉慧：《债法总论要义》，中国法制出版社2009年版，第302页注释1；柳经纬主编：《债法总论》，北京师范大学出版社2017年版，第61页；王泽鉴：《债法原理》（第二版），北京大学出版社2013年版，第327页；史尚宽：《债法总论》，中国政法大学出版社2000年版，第65页。

③ 参见王利明：《债法总则研究》（第二版），中国人民大学出版社2018年版，第361页；柳经纬主编：《债法总论》，北京师范大学出版社2017年版，第61页。

④ 参见福建省高级人民法院（2014）闽民申字第1019号民事裁定书（“省妇幼保健院作为医疗机构没有抚养纪某某的法定义务，其基于法律上的无因管理代垫了抚养费用，有权依法提起本案诉讼主张权利”）。另请参见柳经纬主编：《债法总论》，北京师范大学出版社2017年版，第61页；叶知年：《无因管理制度研究》，法律出版社2015年版，第74页；王泽鉴：《债法原理》（第二版），北京大学出版社2013年版，第322页；史尚宽：《债法总论》，中国政法大学出版社2000年版，第65页；孙森焱：《民法债编总论》（上册），法律出版社2006年版，第107页。

⑤ Vgl. Hans Brox/Wolf-Dietrich Walker, Besonderes Schuldrecht, 43 Aufl., München 2019, §36, Rn.32.

如安全保障义务（如修缮危楼）、[①]支付工资义务（或须以旨在维稳为前提），[②]公法义务之履行，利于公益者，如丧葬义务、代缴税款等。[③]须注意，他人代履行，亦应有助于公益或规范目的之实现，故若本人应付“罚金”，则其亲付方合公益或规范目的，他人代付，则悖其旨。[④]最后须注意，该案型本质上非属无因管理，盖管理人一定程度上乃为权利人（如扶养请求权人）或公益行事，并无管理本人事务之意思。[⑤]

二、法效果

（一）必要费用偿还请求权

1.补充特有要件：须有必要费用

该请求权之发生，除须符合前述适法无因管理要件外，自须管理人支出

---

① 参见四川省成都市新都区人民法院（2014）新都民初字第1119号民事判决书（“该管理事务的承担不仅有利于张某某本人，而且符合当时相关业主的公共安全利益，故张某某提出的未经其同意的抗辩，不影响本案无因管理的适法成立”）；广东省东莞市中级人民法院（2013）东中法民一终字第1131号民事判决书（“该回填工程避免了案涉工程因原已存在的安全隐患产生事故，客观上亦使甲公司受益或避免受损……原审法院对乙街道办以无因管理法律关系提出的本案诉请予以支持并无不当，本院予以维持”）。参见叶知年：《无因管理制度研究》，法律出版社2015年版，第74页。

② 参见广东省东莞市第二人民法院（2014）东二法厚民一初字第631号民事判决书（“原告出于维护社会公共利益，安定工人的情绪，防止发生群体性事件的考虑，而为被告垫付工人工资……已构成无因管理”）；广东省东莞市中级人民法院（2012）东中法民一终字第1433号民事判决书。

③ 参见云南省昆明市中级人民法院（2014）昆民二终字第1120号民事判决书（“上诉人为避免国家利益受损，主动向税务机关缴纳了被上诉人应缴纳的个人所得税，一审法院依据《中华人民共和国民法通则》的相关规定认定上诉人的行为符合无因管理的构成要件，因此被上诉人应当向上诉人偿付该笔债务”）；浙江省宁波市中级人民法院（2009）浙甬商终字第1054号民事判决书（“即便郑某某该行为违反了甲公司的真实意思，由于缴纳税款、滞纳金、罚款系公法上的义务，也不能影响该行为的合法性。综上，郑某某代甲公司缴纳税款、滞纳金、罚款的行为构成无因管理”）。参见叶知年：《无因管理制度研究》，法律出版社2015年版，第74页；史尚宽：《债法总论》，中国政法大学出版社2000年版，第65页；王泽鉴：《债法原理》（第二版），北京大学出版社2013年版，第321页、第322页；孙森焱：《民法债编总论》（上册），法律出版社2006年版，第107页。

④ 参见叶知年：《无因管理制度研究》，法律出版社2015年版，第74页。

⑤ Vgl. Staudinger/Andreas Bergmann, BGB, Neubearbeitung 2015, §679, Rn.1 ff.

必要费用。但费用支出是否达其结果，在所不问，故本人负费用支出失败之风险。[①]其原理在于，管理事务既属适法，则其或合乎本人实际或可推知的意思，或属本人依法律与公序良俗本应为者，故本人之利益状况，不应较其亲为（或委托他人）管理时更优。若本人亲为（或委托他人）管理，支出必要费用，则其亦负管理失败之风险。故于适法管理，此种风险不应由管理人负担。[②]

2.必要费用的界定

费用是否必要，以支出时为准。[③]“必要性”之有无，有主张以“客观”标准为断，须事实上为必要，仅管理人信为必要，尚非已足。[④]另有主张，管理人得合理信赖为必要之费用，即可求偿，纵其客观上非属必要，亦然。[⑤]为鼓励利他，而免适法管理人后顾之忧，似以后说为当。

管理人因管理事务所负债务（如为修缮本人房屋而购置材料，因此负付款债务）[⑥]，亦属费用。以其必要[⑦]为限，管理人对本人有债务消除（Befreiung）请求权。[⑧]本人消除债务之方法各异，如可代管理人向其债权人履行（第三人

---

① 参见叶知年:《无因管理制度研究》，法律出版社2015年版，第98页；王泽鉴:《债法原理》（第二版），北京大学出版社2013年版，第326页。

② 故有观点指出，此项请求权，一定程度上亦可自“费用型不当得利”视角解读，即管理人不过代本人支出其本会支出之费用，本人因“节省费用”而得利。Vgl. Staudinger/Andreas Bergmann, BGB, Neubearbeitung 2015, Vorbemerkungen zu §677, Rn.58.

③ 参见王利明:《债法总则研究》，中国人民大学出版社2015年版，第38页；王泽鉴:《债法原理》（第二版），北京大学出版社2013年版，第325页；史尚宽:《债法总论》，中国政法大学出版社2000年版，第67页。

④ 参见王利明:《债法总则研究》，中国人民大学出版社2015年版，第38页；叶知年:《无因管理制度研究》，法律出版社2015年版，第97页；史尚宽:《债法总论》，中国政法大学出版社2000年版，第67页；王泽鉴:《债法原理》（第二版），北京大学出版社2013年版，第325页。

⑤ Vgl. Dirk Looschelders, Schuldrecht Besonderer Teil, 14. Aufl., München 2019, §43, Rn.31, §39 Rn.12; Hans Brox/Wolf-Dietrich Walker, Besonderes Schuldrecht, 43 Aufl., München 2019, §36, Rn.53, §29 Rn.28.

⑥ 参见王利明:《债法总则研究》，中国人民大学出版社2015年版，第371页；王泽鉴:《债法原理》（第二版），北京大学出版社2013年版，第325页。

⑦ 若认为费用偿还亦扩及“合理有益”之费用，则管理人得请求本人消除之债务，亦包括合理有益者。

⑧ 参见王利明:《债法总则研究》，中国人民大学出版社2015年版，第371页；杨立新:《债法总论》，高等教育出版社2009年版，第73页；王泽鉴:《债法原理》（第二版），北京大学出版社2013年版，第325页。

清偿），[①]亦得以“免责之债务承担”，使管理人免负债务，[②]不一而足。此外，若管理人以本人名义缔约，则本人得追认该无权代理行为，使管理人免负债务；若本人不追认，则管理人可请求消除其因无权代理应负之责任。[③]

比较法上，管理人亦可请求偿还（合理之）有益费用（如《瑞士债务法》第422条、《日本民法典》第702条）。依本条文义，管理人仅得请求偿还“必要”费用（《民法通则》第93条、《民法通则意见》第132条亦同）。但我国向有主张，管理人求偿权，亦可扩及有益费用（如收留迷路儿童后为其支出一定教育费用）。[④]

管理人可否请求支付劳务报酬，亦有争议。原则上应采反对说，否则将迫使本人接受变相有偿合同（违背意思自治），[⑤]且有违无因管理制度宗旨（鼓励利他道德）。[⑥]但有观点借鉴比较法指出，若管理事务，属管理人职业范围（如医生救助“昏迷”之路人），则宜肯认其报酬请求权。[⑦]盖管理人通常仅以

---

① 王利明：《债法总则研究》，中国人民大学出版社2015年版，第371页。相同观点，参见孙森焱：《民法债编总论》（上册），法律出版社2006年版，第110页。

② 王利明：《债法总则研究》，中国人民大学出版社2015年版，第371页。

③ 参见王泽鉴：《债法原理》（第二版），北京大学出版社2013年版，第325页。另须注意，适法无因管理当然不意味着，管理人有权有效处分本人权利（处分权）或使其对第三人负义务（代理权）。Vgl. Karl Larenz, Lehrbuch des Schuldrechts, Band II: Besonderer Teil, 1. Halbhand, 13. Aufl., München 1986, §57 I b, S. 448.

④ 参见王利明：《债法总则研究》（第二版），中国人民大学出版社2018年版，第370—371页；杨立新：《债法总论》，高等教育出版社2009年版，第73页；张民安、李婉丽主编：《债法总论》（第三版），中山大学出版社2008年版，第90页。另请参见安徽省芜湖市镜湖区人民法院（2017）皖0202民初4778号民事判决书（“管理人为本人支出的必要或者有益费用，可以请求本人偿还”）。

⑤ 参见王利明：《债法总则研究》（第二版），中国人民大学出版社2018年版，第373页；赵廉慧：《债法总论要义》，中国法制出版社2009年版，第305页；张民安、李婉丽主编：《债法总论》（第三版），中山大学出版社2008年版，第90页；柳经纬主编：《债法总论》，北京师范大学出版社2017年版，第64页；王泽鉴：《债法原理》（第二版），北京大学出版社2013年版，第325页。

⑥ 参见叶知年：《无因管理制度研究》，法律出版社2015年版，第111页；王利明：《债法总则研究》（第二版），中国人民大学出版社2018年版，第373页；杨立新：《债法总论》，高等教育出版社2009年版，第70页；侯德斌、于海斌编著：《债法总论》，中国政法大学出版社2018年版，第26页。

⑦ 参见赵廉慧：《债法总论要义》，中国法制出版社2009年版，第305页；张民安、李婉丽主编：《债法总论》（第三版），中山大学出版社2008年版，第90页；柳经纬主编：《债法总论》，北京师范大学出版社2017年版，第64页；张广兴：《债法总论》，法律出版社1997年版，第80页。

有偿为前提服此劳务，故令本人负付酬义务，未违背本人预期。[①]

此外尚须讨论，管理人可否请求就费用支付利息？我国多采肯定说，认为若允许就费用请求付息，则可鼓励管理行为。[②]《瑞士债务法》第422条、我国台湾地区亦明定管理人可请求付息，可资参照。

3. 请求权之排除或限制

管理行为，须以使本人负（费用偿还）债务为目的（causa obligandi），如其仅出于赠与目的（causa donandi），则管理人无费用偿还请求权。[③]此在比较法上有明文规定（如《德国民法典》第685条第1款）。我国学理上亦肯认之。[④]

此外，若管理人自己对事务管理亦有利益（即“混合事务”情形），则其

---

① Vgl. Hans Brox/Wolf-Dietrich Walker, Besonderes Schuldrecht, 43 Aufl., München 2019, §36, Rn.54.（德国在法律适用上系类推《德国民法典》第1835条监护人的报酬请求权，因管理人之行为，类似监护人之行为，最终乃为公益）此外，比较法上尚有经济效率视角之辅助论据，略志如下：（1）如事务管理属于管理人职业范畴，则其管理事务之“机会成本”高于一般人，此时仅有利他之道德感，或不足以驱使其提供救助；（2）职业范畴内，付酬标准通常明晰（常有市场价），故不至增加司法之负累（倘一般人皆可请求付酬，或将增加判定付酬金额之司法成本）。See Anthony T. Kronman & Richard A. Posner, *The Economics of Contract Law*, Boston and Toronto: Little, Brown and Company, 1977, pp.61–62.

② 参见广东省东莞市第二人民法院（2013）东二法民一初字第138号民事判决书（“原告该垫资行为并非基于法定或约定义务，而被告实际上确有因原告的垫资行为受益，因此原告垫付工资构成无因管理，被告应当向原告返还垫付工资2852255元并支付相应利息，利息应按中国人民银行规定的同期限流动资金贷款基准利率”）；广东省东莞市中级人民法院（2013）东中法民一终字第1131号民事判决书（“乙街道办有权向甲公司主张上述费用，对乙街道办要求甲公司支付基坑回填工程费用2613273.38元以及相应利息的诉讼请求，原审法院予以支持……本院予以维持”）。参见王利明：《债法总则研究》（第二版），中国人民大学出版社2018年版，第371页；崔建远：《债法总论》，法律出版社2013年版，第329页；陈华彬：《债法分论》，中国政法大学出版社2018年版，第254页；杨立新：《债法总论》，高等教育出版社2009年版，第73页；张民安、李婉丽主编：《债法总论》（第三版），中山大学出版社2008年版，第90页；张广兴：《债法总论》，法律出版社1997年版，第80页。

③ Vgl. Hans Brox/Wolf-Dietrich Walker, Besonderes Schuldrecht, 43 Aufl., München 2019, §36, Rn.59; Dirk Looschelders, Schuldrecht Besonderer Teil, 14. Aufl., München 2019, §43, Rn.32; Hans Josef Wieling, Bereicherungsrecht, 4. Aufl., Berlin [u.a.] 2007, §6 I 2 a, S. 16 f. 参见［日］我妻荣：《债权各论》（下卷一），冷罗生、陶芸、江涛译，中国法制出版社2008年版，第14页、第15页。

④ 参见王利明：《债法总则研究》（第二版），中国人民大学出版社2018年版，第371页。

仅得按比例请求偿还费用。[①]

（二）损失补偿请求权

本条第1款后半句明定，管理人因管理事务受到损失的，可以请求受益人给予适当补偿。《民法典》第183条[②]就见义勇为情形亦设适当补偿规定，可认系无因管理之特别规定。本条损失补偿请求权之性质，或有争议。有观点认为，其实质上近似费用偿还请求权。[③]此说尤见诸未规定损失补偿之立法例（如德国）。其说略谓，费用系自愿的财产牺牲；就损害言，管理人虽非自愿牺牲财产，但自愿承担因管理事务所生之特别受损"风险"，若该风险现实化为损害，则近于费用，故可类推费用之规定。[④]我国就二者分设明文，自不必采此说。更重要者，在于费用与损失之区分确有意义：首先，费用乃"自愿之支出"，故于自愿范围内必然发生之财产减损，均属费用，如适法管理人之误工费，即非损失，而属费用。[⑤]反之，损失乃非自愿之财产减损，故唯于承担时尚不能确定其发生与否者，始足当之。易言之，二者虽均为财产之减损，但一为必然，二为盖然，判然有别；区分二者，有助于概念体系之清晰。其次，费用之请求范围，以必要或合理者为限（详上），而损失之请求范围，

---

① Vgl. Hans Brox/Wolf-Dietrich Walker, Besonderes Schuldrecht, 43 Aufl., München 2019, §36, Rn.59.

② 《民法典》第183条规定："因保护他人民事权益使自己受到损害的，由侵权人承担民事责任，受益人可以给予适当补偿。没有侵权人、侵权人逃逸或者无力承担民事责任，受害人请求补偿的，受益人应当给予适当补偿。"

③ 《民法通则意见》第132条规定："民法通则第九十三条规定的管理人或者服务人可以要求受益人偿付的必要费用，包括在管理或者服务活动中直接支出的费用，以及在该活动中受到的实际损失。"可见，该条亦以损害为费用之类型。

④ 相关观点介绍，参见Karl Larenz, Lehrbuch des Schuldrechts, Band II: Besonderer Teil, 1. Halbband, 13. Aufl., München 1986, §56 III, S. 417 f.

⑤ 有观点主张，依后述"典型危险说"，管理人因管理事务未能从事其职业活动，而受经济损失（即误工费）时，若该损害亦为事务管理可识别之典型危险所致，则管理人得请求损害补偿。此说似以误工费为损害。Vgl. Hans Brox/Wolf-Dietrich Walker, Besonderes Schuldrecht, 43 Aufl., München 2019, §36, Rn.58. 但若管理人自愿在其工作时间管理他人事务，则必有误工费之损失，故此项财产减损亦属其自愿范畴，不妨直接认其为费用；类似观点，参见Staudinger/Andreas Bergmann, BGB, Neubearbeitung 2015, §683, Rn.55.

则适用“典型危险标准”（详下）；费用之必要或合理，采主观标准，管理人行为时有理由认为必要或合理，即为已足，以保护其合理信赖；典型危险之判断，却无涉管理人当时的认识状况：其误认管理事务有危险，但实无此典型危险时，既未因此假想危险而受不利，便无保护其“信赖”之必要；反之，纵依其行为时之情事，管理人无法辨知管理事务之典型危险，只要其因该危险实现而受损害，仍可求偿——上述学说以损害类比费用，即无法解释此种（管理人不知受损风险，故未自愿接受该风险）情形。[①]可见，二者请求范围之判断标准与思路，大有不同，确有区分实益。故损失补偿仍具独立于费用偿还之意义，属损害填补之范畴，体现某种“风险归责”的思想。[②]

1.损失之补偿范围：“适当补偿”

此所谓适当，应作何解，尚有争议。有主张，适当补偿，乃指管理人仅得获部分赔偿。其限定方法各异，有谓适当补偿通常以积极利益（现存财产之减少：所受损失）为限，消极损害（应得利益之未获得：所失利益）则不属之，以免变相承认无因管理人得请求报酬。[③]但依前述，管理人符合一定要件时，亦得请求付酬，故概以避免获酬为由限定赔偿范围，难谓妥适。除此限定方法外，《人身损害赔偿解释》第15条就见义勇为情形，曾规定适当补偿以“本人受益范围”为限。但《侵权责任法》第23条、《民法典》第183条不再采此表述，可认为已放弃此种限定。

---

① Vgl. Karl Larenz, Lehrbuch des Schuldrechts, Band II: Besonderer Teil, 1. Halbband, 13. Aufl., München 1986, §56 III, S. 417 f. 当然，仅就管理人认识典型危险之情形而言，以损害类比费用之思想，对损害补偿之“典型危险”标准，仍有一定解释力：损害补偿之范围，之所以限于典型危险所致者，乃因管理人自愿接受者，亦仅该典型危险。

② 在学说上，此种损害补偿请求权与委托合同中受托人的损害赔偿请求权原理类似，其内在理由是：“使他人从事一定事务，获取利益者，应负担与此事务相结合之危险。事务本身即具有危险性，则为图自己利益，使他人从事此项事务，倘他人因此遭受损害，依情依理，应负赔偿责任。此项原则亦应适用于无因管理，不因管理人管理事务系出于自愿而不同，因为管理事务利于本人也。从而受任人或无因管理人不仅得请求偿还支出费用，亦可请求赔偿从事处理事务所受之损害。”参见［德］Karl Larenz：《德国法上损害赔偿之归责原则》，王泽鉴译，载王泽鉴：《民法学说与判例研究》（第五册），北京大学出版社2009年版，第184页以下、第189页。

③ 参见邱聪智：《新订民法债编通则》（上），中国人民大学出版社2003年版，第63页、第64页；叶知年：《无因管理制度研究》，法律出版社2015年版，第100页；崔建远：《债法总论》，法律出版社2013年版，第330页；杨立新：《债法总论》，高等教育出版社2009年版，第73页。

预先限定赔偿范围难免僵硬，故另有观点主张，适当补偿之范围，应视情况而定，非必限于部分，若赔偿全部为适当，则亦许管理人就全部损失求偿。《瑞士债务法》第422条即规定，赔偿范围由法院自由裁量。有观点认为我国接近瑞士模式。[①]

视情况判定赔偿范围，虽较灵活，但难免模糊。故有观点主张，“适当”乃指符合可补偿损失的判定标准。详言之，可补偿损失之标准有二。一说认为，管理人所受损害与其管理行为有相当因果关系时，得请求本人赔偿。例如为救溺水者或灭火，管理人污损其衣。[②]依德国学说，若管理人因事务管理可识别之典型危险（die typische und erkennbare Gefahrenlage der Geschäftsbesorgung）而受损害，则可求偿。[③]依此说，管理人因管理事务而未能从事其职业活动，而受经济损失（即误工费）时，若该损害亦为事务管理可识别之典型危险所致，则管理人亦可求偿。[④]

2.请求权之缩减

若管理人就其所受损失，已获社会保险赔付，则其对本人之损失补偿请求权，究应缩减（故社会保险人不得代位向本人求偿），抑或应以赔付数额为限，依法移转于社会保险人（保险人进而可向本人求偿）？依德国学说，管理人之损害补偿请求权系依风险归责（而非依侵权行为）所生之请求权，其应于社保赔付范围内缩减，故社会保险人终局负担此损害。[⑤]此

---

① 参见李中原：《论无因管理的偿还请求权——基于解释论的视角》，载《法学》2017年第12期。

② 参见史尚宽：《债法总论》，中国政法大学出版社2000年版，第68页；王泽鉴：《债法原理》（第二版），北京大学出版社2013年版，第325页；邱聪智：《新订民法债编通则》（上），中国人民大学出版社2003年版，第63页；刘凯湘：《债法总论》，北京大学出版社2011年版，第41页；叶知年：《无因管理制度研究》，法律出版社2015年版，第99页；张广兴：《债法总论》，法律出版社1997年版，第80页；赵廉慧：《债法总论要义》，中国法制出版社2009年版，第304页。

③ Vgl. Hans Brox/Wolf-Dietrich Walker, Besonderes Schuldrecht, 43 Aufl., München 2019, §36, Rn.56; Dirk Looschelders, Schuldrecht Besonderer Teil, 14. Aufl., München 2019, §43, Rn.31.

④ 参见杨巍：《债法总论》，武汉大学出版社2017年版，第387页。Vgl. Hans Brox/Wolf-Dietrich Walker, Besonderes Schuldrecht, 43 Aufl., München 2019, §36, Rn.58.

⑤ Vgl. Hans Brox/Wolf-Dietrich Walker, Besonderes Schuldrecht, 43 Aufl., München 2019, §36, Rn.57; Karl Larenz, Lehrbuch des Schuldrechts, Band II: Besonderer Teil, 1. Halbband, 13. Aufl., München 1986, §57 I b, S. 450.

说或可参考。

若管理人就受损与有过失，则其适当补偿请求权或应缩减。[1]但在紧急救助情形，衡诸《民法典》第184条之立法目的，管理人责任应予减轻，故应认为，仅在其有重大过失时，方适用与有过失。[2]

此外，在前述“道路交通自我牺牲”案型，依德国判例学说，管理人之适当补偿请求权，亦应缩减。详言之，依通说，若司机本无须对交通事故负责，则其或有管理意思，可构成适法无因管理，但其仍不得请求赔偿其因避让所受全部损害。因司机驾车本身亦为危险之原因，且（个案中）其避让亦旨在避免自身受损，属混合事务，故其损害补偿请求权应缩减。[3]若依前述笔者观点，无论司机原本是否须对事故负责，皆可认其有管理意思（可构成适法管理），则在其本应负责之情形，自应肯认其补偿请求权之缩减。

3.精神损害赔偿之准用

依德国、瑞士学说，管理人亦得请求赔偿精神损害（如管理人助本人救火而严重受伤，遭受重大精神痛苦）。[4]本条之“适当补偿”可否准用于精神

---

① 参见张广兴：《债法总论》，法律出版社1997年版，第80页；叶知年：《无因管理制度研究》，法律出版社2015年版，第103页、第104页。Vgl. Hans Brox/Wolf-Dietrich Walker, Besonderes Schuldrecht, 43 Aufl., München 2019, §36, Rn.60; Dirk Looschelders, Schuldrecht Besonderer Teil, 14. Aufl., München 2019, §43, Rn.31.

② 紧急救助场合应减轻管理人责任，此种基本思想可参见崔建远：《债法总论》，法律出版社2013年版，第330页；刘凯湘：《债法总论》，北京大学出版社2011年版，第41页。Vgl. Hans Brox/Wolf-Dietrich Walker, Besonderes Schuldrecht, 43 Aufl., München 2019, §36, Rn.60; Dirk Looschelders, Schuldrecht Besonderer Teil, 14. Aufl., München 2019, §43, Rn.31. 另外，依《民法典》第184条文义，救助人似对一切过错（含重大过失）均不负责。就此似宜作目的性限缩，认定其至少应对重大过失负责（详见下文）。

③ Vgl. BGHZ 38, 270; Hans Brox/Wolf-Dietrich Walker, Besonderes Schuldrecht, 43 Aufl., München 2019, §36, Rn.61; Karl Larenz, Lehrbuch des Schuldrechts, Band II: Besonderer Teil, 1. Halbband, 13. Aufl., München 1986, §57 I b, S. 451.

④ Vgl. Dirk Looschelders, Schuldrecht Besonderer Teil, 14. Aufl., München 2019, §43, Rn.31; Jörg Schmid/Hubert Stöckli/Frédéric Krauskopf, Schweizerisches Obligationsrecht, Besonderer Teil, 2. Aufl., Zürich [u.a.] 2016, Rn.2017; Jörg Schmid, Die Geschäftsführung ohne Auftrag, 1992, Rn.529.

损害赔偿，尚值讨论。[①]为鼓励义举，尤于紧急救助情形，笔者认为应持肯定见解。

举证责任

管理人应证明适法无因管理之全部要件，以及其费用偿还请求权、损失补偿请求权之补充要件（如有必要费用、损失为管理事务可识别之典型风险所致等）。在客观他人事务，有观点认为，可推定管理人有管理意思。但如前所述，客观他人事务中的管理意思，亦应由管理人负举证责任。

其他问题

一、适法无因管理与其他请求权之关系

此外尚须探讨适法无因管理与其他请求权之关系。

（一）排除性质上不相容的请求权

以下讨论性质上与无因管理不相容之请求权。

1.契约请求权排除无因管理请求权

若管理人依合同而管理事务，则其或依合同有费用偿还、损失补偿等请求权。其通常无管理意思（主要欲履约），且不符合“无义务”要件，故不构成无因管理。

---

① 实践中有判决以“无因管理排斥侵权行为”为据，否定管理人可请求精神损害赔偿，参见广东省中山市中级人民法院（2003）中中法民一终字第948号民事判决书（“因无因管理排斥侵权行为，故对唐某要求甲公司付精神损失费，于法不符，本院不予支持”）。此说似有未恰，因此处讨论者，恰非侵权行为损害赔偿责任，而是无因管理制度本身的损害补偿义务。另有判决原则上肯认管理人可主张精神损害赔偿，参见湖北省咸宁市中级人民法院（2015）鄂咸宁中民终字第468号民事判决书（但该案中，因“上诉人龚某某所受损害并不严重，受害人在本案中亦有一定过失”，故法院最终未判决管理人得请求赔偿精神损害，但法院至少未否定无因管理人请求精神损害赔偿之可能）。

2.适法无因管理排除侵权与不当得利请求权

适法无因管理，可排除管理承担之违法性，[①]且构成本人受利益之法律原因，[②]故依性质排除侵权与不当得利请求权。

但须注意，此所谓阻却违法，仅涉管理之承担。若管理之承担，本身必致本人法益受侵害，则在管理人对本人关系中，适法无因管理阻却违法。例如，邻居房屋失火，为救邻居破门而入。管理之承担本身必侵害本人所有权，此时其无违法性。[③]但若管理之承担，本身未侵害本人法益，但管理人于实施管理时，因未尽妥善管理义务而侵害本人法益，则其债务不履行责任，仍可与侵权责任竞合。但为免评价矛盾，《民法典》第184条之责任减轻应类推适用于侵权责任。[④]

（二）遗失物拾得排除适法无因管理之规定

遗失物拾得人，若无侵占意图，则适用遗失物拾得之规定，此时可认其为适法无因管理之特别规定。[⑤]拾得人之返还、通知、妥善保管等义务（及义务违反之归责标准）与必要费用偿还请求权等，依《民法典》第314条以下处理。若拾得人有侵占意图，则依《民法典》第317条第3款之特别规定，其丧失费用偿还等请求权。此外可补充适用《民法典》第459条以下所有人与占有人关系的特别规定。

---

① 参见叶知年：《无因管理制度研究》，法律出版社2015年版，第12—13页；赵廉慧：《债法总论要义》，中国法制出版社2009年版，第303页；崔建远：《债法总论》，法律出版社2013年版，第316页；王泽鉴：《债法原理》（第二版），北京大学出版社2013年版，第322页。

② 参见崔建远：《债法总论》，法律出版社2013年版，第319页；王泽鉴：《债法原理》（第二版），北京大学出版社2013年版，第322页、第323页；黄茂荣：《债法通则之四：无因管理与不当得利》，厦门大学出版社2014年版，第34页。

③ 参见王泽鉴：《债法原理》（第二版），北京大学出版社2013年版，第322页。Vgl. Dirk Looschelders, Schuldrecht Besonderer Teil, 13. Aufl., München 2018, §43, Rn.27.

④ 参见王泽鉴：《债法原理》（第二版），北京大学出版社2013年版，第322页。Vgl. Dirk Looschelders, Schuldrecht Besonderer Teil, 13. Aufl., München 2018, §43, Rn.28.

⑤ 瑞士法上亦规定遗失物拾得为无因管理之特殊情形，但指出无因管理规则可补充适用。Vgl. Schmid/Stöckli/Krauskopf, Schweizerisches Obligationsrecht, Besonderer Teil, 2. Aufl., 2016, Rn.2029.

（三）适法无因管理原则上排除所有人与占有人关系之规定

适法管理人占有本人之物，若认为适法无因管理不产生占有权，[①]则其通常为恶意占有（其既有管理意思，常应知自己无权占有他人之物）。但依《民法典》第459条以下，恶意占有人之地位颇为不利，如其依第460条文义，无任何费用偿还请求权；此外，其依第459条、第461条文义，应对占有物之毁损灭失负无过错责任。[②]若使适法无因管理人适用此等规则，则不符合无因管理鼓励助人之规范意旨，故宜认为，适法无因管理，原则上排除第459条以下所有人与占有人关系之特别规定。

二、本人的请求权

本条仅规定适法无因管理中管理人之请求权，而未规定本人之请求权（管理人之义务）。本人之请求权，应适用《民法典》第981条至第983条，其多为真正无因管理之共通效果，亦适用于不适法管理。

第九百八十条【不适法管理与不法管理之特别法效果】

管理人管理事务不属于前条规定的情形，但是受益人享有管理利益的，受益人应当在其获得的利益范围内向管理人承担前条第一款规定的义务。

历史由来

本条为新增法条。《民法通则》与《民法总则》对此未作规定。《民法典合同编（草案）》（征求意见稿）第541条第2款规定："无因管理人的管理行为不符合本编第五百三十九条规定或者未采取有利于受益人方法，但受益人

① 有观点认为，适法无因管理人，在本人请求返还前，为有权占有。Vgl. Marina Wellenhofer, Sachenrecht, 32. Aufl., München 2017, §21, Rn.25.

② 当然，我国所有人与占有人关系规则之缺陷，或可以解释论克服。就此可参见张双根：《"占有人与回复请求人关系"规则的基本问题——以〈物权法〉规定为中心》，载张双根：《物权法释论》，北京大学出版社2018年版，第212页以下，尤请参阅第238—241页。

在客观上已享有管理利益的，受益人应当在所得利益范围内向管理人承担前款规定的责任。”《民法典合同编（草案）》（一审稿）第764条作如下修改，适用前提改为“无因管理人的行为不符合前条规定”，删去“未采取有利于受益人方法”；“受益人在客观上享有管理利益的”改为“受益人主张享有管理利益的”；“在所得利益范围内”改为“在其获得的利益范围内”；责任内容也精确到“承担前条第一款规定的责任”。《民法典合同编（草案）》（二审稿）第764条仅修改部分用语（如“无因管理人”改为“管理人”），未实质改动规范内容。后《民法典（草案）》第980条又将管理人请求权之要件恢复为“受益人享有管理利益的”，最终形成本条。

规范目的或功能

不适法与不法管理时，受益人对管理人享有管理利益移交（或称管理利益剥夺）请求权；若受益人主张此种请求权，管理人即对受益人享有费用偿还请求权，但以受益人得利为限。

规范内容

一、要件：管理事务不属于《民法典》第979条规定的情形

本条所称“管理事务不属于前条规定的情形”，文义范围甚广。前条（第979条）规定“适法无因管理”，故不属于前条规定者，包括“不真正管理”（即误信管理与不法管理[①]）及“真正管理”中的“不适法管理”。衡诸移交或

---

① 我国台湾地区学说上将“幻想管理”（或称“假想管理”，即误以自己事务为他人事务而为管理）亦归入“不真正无因管理”，参见史尚宽：《债法总论》，中国政法大学出版社2000年版，第66页；郑玉波：《民法债编总论》（修订二版），中国政法大学出版社2004年版，第86页。假想管理人有管理意思，但欠缺“他人事务”，形式上不构成“真正无因管理”，似可归入“不真正无因管理”。但若将其归入“不真正无因管理”，则将掩盖“真正无因管理”制度之结构性特征（欠缺管理意思）。“误信管理”与“不法管理”因有共性（欠缺管理意思），故适合一并研究，以上位概念“不真正无因管理”称之，自无不妥。将全然异质之“幻想管理”纳入不真正无因管理，实无裨益，于真正无因管理之要件（“他人事务”）下处理即足。

剥夺管理利益之正当理据，应依目的性限缩，使本条仅适用于“不适法管理”与“不法管理”，理由如下。

（一）不适法管理

管理人不具适法事由（违反本人实际或可推知之意思，且本人实际意思非违法悖俗），自无《民法典》第979条之请求权（费用偿还、损害补偿等）。但不适法管理人究有管理意思，愿为他人利益行事，自愿承担类似受托人之地位，无意将管理利益据为己有。故本人选择请求其移交管理所得，未违背管理人之利他意思。[①]故第980条之管理利益移交请求权，适用于不适法管理人，乃属正当。

（二）不法管理

不真正管理人，并无管理意思，故前述理由不足以证成其管理利益移交义务。但不真正管理中的不法管理，仍可适用本条。不法管理，指明知为他人事务，仍作为自己事务而管理，本质为侵权。不法管理人既为“明知”，则剥夺其管理所得，可有惩罚、震慑故意侵权之效，[②]故本条之适用有正当性。另须说明，比较法上，德国与我国台湾地区之不法管理，均以“明知”为要件（《德国民法典》第687条第2款），但《瑞士债务法》第423条第1款所规定之不法管理，似不限于“明知”。[③]但管理人非属明知，仍剥夺其获利，法政策上似有未恰。故我国解释上宜从前者，不法管理以明知为必要。

---

① 类似见解，参见赵廉慧：《债法总论要义》，中国法制出版社2009年版，第307页。

② 参见王泽鉴：《债法原理》（第二版），北京大学出版社2013年版，第333页；崔建远：《债法总论》，法律出版社2013年版，第320页；王利明：《债法总则研究》（第二版），中国人民大学出版社2018年版，第378—379页。

③ 瑞士多用“恶意管理人”之概念，但其所谓“恶意”，依学理不以“明知”为必要。参见王泽鉴：《人格权法：法释义学、比较法、案例研究》，北京大学出版社2013年版，第476页。Vgl. Schmidt/Stöckli/Krauskopf, Schweizerisches Obligationenrecht Besonderer Teil, 2. Aufl., 2016, §20, Rn.2038.

二、法效果

（一）受益人对管理人：管理利益移交请求权

本条虽仅称“受益人享有管理利益”，但依立法目的应将“享有”解释为“主张享有”，[①]否则尚未享有管理利益之受益人，竟无权请求管理人移交，恐非妥适。故本条实际上规定受益人之管理利益移交请求权，为独立请求权基础。

此外，将“享有”解释为“主张享有”亦在于表明，于不适法管理及不真正管理，只有受益人请求移交管理利益，管理人方负此义务，否则有强迫本人之虞，故应使本人可作选择。[②]仅在适法管理，管理人之管理利益移交义务，方不以本人主张为要件。

1.体系性质

管理利益移交请求权之体系定位，尚有争议。不法管理中的管理利益剥夺请求权，有认为其属侵权，[③]有认为应归入恶意不当得利人之加重责任，[④]还

---

① 我国台湾地区理论上亦将之理解为“主张享有”，参见王泽鉴：《无因管理制度基本体系之再构成》，载《民法学说与判例研究》（重排合订本），北京大学出版社2015年版，第1040页。

② 参见赵廉慧：《债法总论要义》，中国法制出版社2009年版，第307页；王泽鉴：《债法原理》（第二版），北京大学出版社2013年版，第329—330页。

③ 参见王利明：《债法总则研究》（第二版），中国人民大学出版社2018年版，第378页，值得注意的是，王利明教授并未提及不法管理与权益侵害不当得利间的关系。瑞士学者虽认为不法管理体系上属于侵权，但主张获利剥夺请求权仍具独立性。Vgl. Schmidt/Stöckli/Krauskopf, Schweizerisches Obligationenrecht Besonderer Teil, 2. Aufl., 2016, §20, Rn.2038., Rn.2040. 德国立法时，第一委员会即认为不宜规定不法管理之获利剥夺请求权，不法管理即侵权行为，加重构成不法管理型侵权人之责任，法政策上欠缺充分理据；第二委员会认为应赋予本人获利剥夺请求权，最终为《德国民法典》所采。Vgl. Manfred Wenckstern, Die Geschäftsanmaßung als Delikt, AcP 200 (2000), 240 (244ff.).; Staudinger/Andreas Bergmann, BGB, Neubearbeitung 2015, §687, Rn.11. 我国台湾地区学理上有认为：“不法之管理如其结果系不利于本人时，即构成侵权行为；如其结果系有利于本人，即在管理人明知为他人之事务，以自己利益之意思而管理之情形，本人如亦得主张无因管理而享有其利益，对于本人最为有利。”参见孙森焱：《民法债编总论》（上册），法律出版社2006年版，第113页。

④ Vgl. Ingo Reichard, Negotium alienum und ungerechtfertigte Bereicherung, AcP 193 (1993), 567 (597ff.). 该文认为《德国民法典》第687条属多余规定。

有认为其兼具侵权行为及不当得利性质。[①]鉴于其惩罚功能，或宜将其归入侵权。至于不适法管理情形的管理利益移交请求权，体系上非属侵权法，乃真正无因管理上特有之请求权。唯此请求权之内容，不因其涉不适法管理抑或不法管理而有异，故以下一并论述。

2.作为独立请求权基础之重要意义

本条作为独立请求权基础，不同于侵权损害赔偿、不当得利请求权，故有其重要意义。

（1）与侵权损害赔偿请求权之区别

损害赔偿制度旨在填补损害，原则上无涉加害人之获利，加害人过错程度，亦不影响赔偿范围。[②]惩罚功能，通常亦非损害赔偿法之任。[③]故本条请求权范围，得大于一般侵权损害赔偿请求权。如《民法典》第1184条规定："侵害他人财产的，财产损失按照损失发生时的市场价格或者其他合理方式计算。"权利人可得请求赔偿者，为"市场价格"。而依本条得请求移交者，不以市场价格为限，可及于管理人所得之全部利益（含超出市价部分）。[④]

但须指出，依《民法典》第1182条，侵害人格财产利益之损害赔偿，亦可依"侵权人因此获得的利益"计算。[⑤]我国知识产权法领域亦有类似规定，即实际损失难以确定时，权利人得依侵权人所获利益计算赔偿数额。[⑥]但须注意，

---

① 参见崔建远：《债法总论》，法律出版社2013年版，第320页。

② 参见王泽鉴：《损害赔偿》，北京大学出版社2017年版，第25页以下。

③ 自法律史角度言，损害赔偿法有"去惩罚化"之势。Vgl. HKK/*Nils Jansen*, 2007, §249–253, 255, Rn.17.; Jan Dirk Harke, Allgemeiner Teil des Schuldrechts, Berlin [Heidelberg] 2010, §11, Rn.301.

④ 参见王泽鉴：《债法原理》（第二版），北京大学出版社2013年版，第332页。

⑤ 《民法典》第1182条规定："侵害他人人身权益造成财产损失的，按照被侵权人因此受到的损失或者侵权人因此获得的利益赔偿；被侵权人因此受到的损失以及侵权人因此获得的利益难以确定，被侵权人和侵权人就赔偿数额协商不一致，向人民法院提起诉讼的，由人民法院根据实际情况确定赔偿数额。"

⑥ 《专利法》第71条第1款前段规定，侵犯专利权的赔偿数额按照权利人因被侵权所受到的实际损失或者侵权人因侵权所获得的利益确定。

上述规定中，侵权人获得之利益，似指“净得利”，即已扣除成本。[①]但本条所称“管理利益”，不限于净得利，而指与管理有因果关系之全部营收额。理由在于，依本条最后半句，受益人应于其获得的利益范围内，承担前条规定之义务（包括费用偿还义务）。可见管理人之成本，非从“管理利益”中扣除，仅可作为“费用”而请求本人偿还；而可偿还之费用，受有多重限制，如通常不包括劳务报酬，且以本人得利为限。故依本条，纵扣除管理人得请求之费用，受益人之实际所得，或大于上述依“侵权人因此获得的利益”计算之赔偿额。

（2）与不当得利请求权之区别

构成要件方面，管理利益剥夺请求权不以“财产直接变动”为要件。权益侵害不当得利则以财产直接变动为要件，“直接性”要件之作用在于确定不当得利债务人。[②]如甲擅自使用乙之肖像，为其产品做广告，则其所得收益，非直接源于乙之财产，故非不当得利之客体。甲之得利客体，仅为肖像之使用，因其依性质无法返还，故乙仅得请求甲偿还其价额（其数额通常为节省的合理许可费用）。就甲之所得，乙仅得诉诸本条。[③]

法律效果方面，两者返还范围不同，此处之管理利益，可大于不当得利中的得利额。如甲无权出租乙之房屋，收取高额租金，构成不适法或不法管理。若甲依《民法典》第987条向乙返还“其取得的利益”，此项得利，等于

---

① 此点在知识产权领域尤为明显，依相关司法解释，计算侵权获利时，计算因子之一为“利润”，即已扣除成本。参见《最高人民法院关于审理专利纠纷案件适用法律问题的若干规定》第20条第2款规定：“专利法第六十五条规定的侵权人因侵权所获得的利益可以根据该侵权产品在市场上销售的总数乘以每件侵权产品的合理利润所得之积计算。侵权人因侵权所获得的利益一般按照侵权人的营业利润计算，对于完全以侵权为业的侵权人，可以按照销售利润计算。”《最高人民法院关于审理商标民事纠纷案件适用法律若干问题的解释》第15条规定：“商标法第五十六条第一款规定的因被侵权所受到的损失，可以根据权利人因侵权所造成商品销售减少量或者侵权商品销售量与该注册商标商品的单位利润乘积计算。”

② Vgl. Larenz/Canaris, Lehrbuch des Schuldrechts II, 13. Aufl., München 1994, S. 178.; Dirk Looschelders, Besondere Teil des Schuldrechts, 14. Aufl., München 2019, §55, Rn.12.；直接性具有三种功能：确定不当得利的客体；确定不当得利之债的当事人；避免借不当得利请求所谓的反射利益（如渔夫利用灯塔夜航）。参见王泽鉴：《不当得利》（第二版），北京大学出版社2015年版，第143页。

③ 就无权处分，对价说虽主张所得对价为得利客体，但公认此系对“财产变动直接性”之突破，故其合理性不无争议。参见周晔：《试论无权处分之不当得利的客体及返还内容》，华东政法大学2019年硕士论文。

出租该房屋之通常租金（市场价值）。[①]但依本条，乙更得请求甲移交其全部所得，包括因其经商才干（或因巧运）所获利润（超出通常租金之部分）。[②]无权使用他人之物时（如无权使用他人外墙悬挂广告），依不当得利应返还者，亦仅为使用利益之客观价值（约为通常租金），[③]但依本条，则可请求移交全部所得。无权处分他人之物案型，略有特殊；比较法上，有对此设不当得利特别规定者（如《德国民法典》第816条第1款第1句），就其返还范围（是否不限于物之客观价值，而及于交易对价），亦常有争议；[④]若认为此时不当得利之返还范围仍限于客观价值，则本条仍有独立意义。

同理，侵害他人人格财产利益（如擅以他人肖像为广告宣传）或知识产权（如无权实施他人专利发明）时，权利人依不当得利仅得请求偿还合理许可费（即得利），而本条之管理利益可大于此得利。[⑤]

另须注意，依德国通说，不当得利债权人或可依“代偿请求权”（《德国民法典》第285条）剥夺恶意得利人超出得利客观价值之收益（Übererlös）。[⑥]

---

① 即采所谓“客观说”，参见王泽鉴：《不当得利》（第二版），北京大学出版社2015年版，第249页以下；刘昭辰：《不当得利》（修订二版），台北五南图书出版股份有限公司2018年版，第178页。

② Vgl. Dieter Medicus/Jens Petersen, Bürgerliches Recht: Eine nach Anspruchsgrundlagen geordnete Darstellung zur Examensvorbereitung, 24. Aufl., München 2013, Rn.418.

③ 无权占有情形，或应优先适用《民法典》第459条以下“所有人与占有人关系”之规定。但其恰未规定“使用利益”。解释上或可将第460条前半句之“孳息”，解释为包含“使用利益”（或类推适用）（提及类似方案者，参见张双根：《“占有人与回复请求人关系”规则的基本问题——以〈物权法〉规定为中心》，载张双根：《物权法释论》，北京大学出版社2018年版，第212页以下，尤请参阅第239—240页）。但占有人应补偿者，究仅为使用利益之客观价值。

④ 其争议简况，可参见Dieter Medicus/Jens Petersen, Bürgerliches Recht: Eine nach Anspruchsgrundlagen geordnete Darstellung zur Examensvorbereitung, 24. Aufl., München 2013, Rn.720 ff.

⑤ 当然，如前所述，我国在人格权及知识产权领域就损害赔偿之计算有特别规定，权利人得依侵权人获利计算其赔偿额。

⑥ Vgl. Karl Larenz/Claus-Whihelm Canaris, Lehrbuch des Schuldrechts, Band II: Besonderer Teil, Halbband 2, 13. Aufl., 1994, §73 II 3 b, S. 315.; Dirk Looschelders, Schuldrecht Besonderer Teil, 14. Aufl., München 2019, §56, Rn.24. 在我国台湾地区，恶意不当得利人之加重责任并未援引至一般规定，是否得适用代偿请求权尚无定论，有学者认为不当得利之返还范围不应及于获利，获利剥夺应交由不法管理解决（亦为我国台湾地区通说）。参见王泽鉴：《不当得利》（第二版），北京大学出版社2015年版，第254—255页；有学者持相反见解，认为恶意得利人负加重责任，采德国处理模式，依一般规定负责，故权利人可主张代偿请求权。参见刘昭辰：《不当得利》（修订二版），台北五南图书出版股份有限公司2018年版，第203页。

但我国未设代偿请求权，故本条仍有重要作用。

综上，权利人依本条主张管理利益，通常较不当得利规则更为有利，由此足见本条之独立意义。

最后须说明，本条请求权虽有独立于上述请求权之意义，但仍可与之发生真正竞合。[①]

（二）管理人对受益人：费用偿还与损失补偿请求权

依本条，若受益人主张管理利益，则应依前条负责（即偿还费用与补偿损失）。管理人对受益人之请求权，以受益人请求移交管理利益为前提。但此非谓管理人负先给付义务，相反，其仍得以费用偿还请求权主张抵销或同时履行。[②]

例言之，甲无权出租乙之房屋（构成不适法或不法管理），收取高额租金。乙请求甲返还管理利益（租金）。但甲以自己材料修缮乙之房屋，乙受有得利，其得利客体为甲之劳务及因添附（材料附合于房屋）所受利益。[③]故依本条，乙以此得利为限，向甲负费用偿还义务，甲得由应移交之租金中扣除其金额。[④]

适法管理之受益人承担费用支出失败之风险，无论事务管理结果如何（受益人是否得利），其均应偿还必要费用。而本条所定管理人之请求权，则有所不同，其一定程度上以“管理结果”为前提，因该请求权，以受益人有现存得利为限（“获得的利益范围内”）。故若受益人并无得利，则其不负费用偿还义务。须指出，该结论适用于不法管理人，有合理性（惩罚故意侵权）；但其若适用于不适法管理人（至少有管理意思，仅欠缺适法事由），

---

① Vgl. Schmid/Stöckli/Krauskopf, Schweizerisches Obligationsrecht, Besonderer Teil, 2. Aufl., 2016, Rn.2041 ff.

② Vgl. Staudinger/Andreas Bergmann, BGB, Neubearbeitung 2015, §687, Rn.51.

③ 房屋所有权人乙因附合所受利益，通常表述为乙因附合而“取得材料所有权”（如王泽鉴：《民法物权》（第二版），北京大学出版社2010年版，第44页、第207页）。但严格而论，材料已因成为房屋之重要成分，故材料不再为所有权之客体。乙之得利，表现为其房屋所有权之客体（房屋）成分增加，价值提高。

④ 参见王泽鉴：《债法原理》（第二版），北京大学出版社2013年版，第330页。另需说明，本例中，甲系对无权占有之物支出费用，其费用偿还请求权，形式上应适用所有人与占有人关系规则（《民法典》第460条），其与无因管理规则之适用关系，参见下文。

则受益人虽获管理利益，其义务却轻于适法管理情形，故是否仍属合理，尚待研究。此外，依本条文义，管理人之损失补偿请求权，亦以受益人得利为限。

管理人之费用偿还与损失补偿请求权，自须符合前条（《民法典》第979条）规定之特别要件，故受诸多限制，如管理人须支出必要费用[①]（劳务通常非属费用），其得请求补偿之损害，须为“因事务管理可识别之典型危险所致”等。

最后，若不适法或不法管理人无权占有受益人之物，则其形式上亦属《民法典》第459条以下“所有人与占有人关系”规定之适用范围。但依《民法典》第460条，仅善意占有人有必要费用偿还请求权，恶意占有人依其文义无任何费用偿还请求权。不适法或不法管理人常明知其无权占有，故为恶意，若径依第460条，则其无任何费用偿还请求权。故宜认为，受益人主张管理利益时，关于费用偿还，本条应优先于所有人与占有人关系之规定，以免偏惠受益人。

举证责任

受益人主张管理利益移交请求权，须证明管理人构成不适法管理或不法管理。在不适法管理，受益人无须证明“欠缺适法性”。管理人就其适法性负举证责任。若其证明管理适法，则适用《民法典》第979条之规定。若管理人未证明适法，则适用本条。在不法管理，受益人应证明管理人“明知”非自己事务。

管理人主张费用偿还及损害补偿请求权，依《民法典》第979条之举证规则，应证明其特别要件（如支出必要费用等）。受益人就其未得利负举证责任。

---

① 当然，若解释上认为，《民法典》第979条第1款之费用偿还，亦可扩及至有益费用，则管理人依本条亦得主张之。

第九百八十一条【真正无因管理人之妥善管理义务与继续管理义务】

管理人管理他人事务，应当采取有利于受益人的方法。中断管理对受益人不利的，无正当理由不得中断。

历史由来

本条为新增规定，《民法通则》与《民法总则》对此未作规定。《民法典合同编（草案）》（征求意见稿）第539条第1款的表述为："无因管理人管理他人事务，应当采取有利于受益人的方法，中断管理对受益人更为不利时，无正当理由不得中断管理。"《民法典合同编（草案）》（一审稿）第765条第1款、《民法典合同编（草案）》（二审稿）第765条第1款、《民法典（草案）》第981条及最终的《民法典》第981条均延续该表述，用语虽略有改动，但未影响规范文义，或可认为，本条规定之形成，在立法过程中几无争议。

规范目的或功能

本条规定真正无因管理人（包括不适法管理人）的主给付义务（妥善管理及继续管理义务），为不完全法条，管理人应符合《民法典》第979条真正无因管理的构成要件。另外，本条未涉及所谓"承担过错"问题。

规范内容

一、适用范围：适法及不适法管理人

本条（管理人的妥善管理及继续管理义务）是否亦适用于不适法管理人，亦即，不适法管理人与本人间是否发生无因管理法定之债，尚有争议。有观点认为，不适法管理不发生无因管理之债，管理人不负妥善管理等义务，双方关

系仅依侵权与不当得利规定处理。[①]尤其是，管理之承担，既无适法性（通常即不合本人意思或利益），则管理人自应“停止”管理，而非负妥善管理等义务。[②]但反对说指出，不适法管理倘不生无因管理之债，或不当偏惠不适法管理人（例如，若其仅依侵权法负责，则本人应举证证明其有过错，但若肯认其负妥善管理义务，则可依债务不履行一般原理，推定其有可归责性）。[③]故宜认为，本条关于管理人义务之规定，亦适用于不适法管理，为真正无因管理之共通规定。[④]

二、妥善管理义务及继续管理义务

（一）义务内容

1.妥善管理义务

管理人应依有利于本人之方法管理事务，此系其主给付义务。依本条文义，妥善管理之方法，似无需参酌本人意思（实际表达或可推知之意思）。但依通说，与“承担”管理时相同，管理之实施，亦应顾及本人意思。[⑤]

唯本人利益与意思之关系，尚属可议。有观点认为，于管理“实施”阶

---

① 参见赵廉慧：《债法总论要义》，中国法制出版社2009年版，第307页；杨立新：《债法总论》，高等教育出版社2009年版，第74页；李洁：《论我国民法上的无因管理制度》，载《山西大学学报》（哲学社会科学版）2005年第3期。

② 参见王泽鉴：《债法原理》（第二版），北京大学出版社2013年版，第329页；黄立：《民法债编总论》，台北元照出版有限公司2006年版，第191页。Vgl. Karl Larenz, Lehrbuch des Schuldrechts, Band II: Besonderer Teil, 1. Halbband, 13. Aufl., München 1986, §57 II a, S. 451.

③ 参见叶知年：《无因管理制度研究》，法律出版社2015年版，第114页；孙森焱：《民法债编总论》（上册），法律出版社2006年版，第103页（孙森焱先生之论述，亦体现“不应偏惠不适法管理人”之思想；但其最终结论似为废弃“不适法无因管理”之概念，似属可议，于此不赘）。Vgl. Dirk Looschelders, Schuldrecht Besonderer Teil, 13. Aufl., München 2018, §44, Rn.6; Hans Brox/Wolf-Dietrich Walker, Besonderes Schuldrecht, 43. Aufl., München 2019, §37, Rn.2. 须注意，比较法上，不适法管理人若对管理之“承担”有过错（所谓“承担过错”），即应对因承担所生一切损害负无过错责任（参见《德国民法典》第678条）。不适法管理人固因此负更重责任，但倘其无“承担过错”，则不适用此种无过错责任，此时其所负义务，若轻于适法管理人，则有轻重失衡之嫌，故仍应使其负妥善管理等义务。

④ 该推论，亦适于《民法典》第981—983条大部分内容（第983条第2句为其例外）（详见下文）。

⑤ Dirk Looschelders, Schuldrecht Besonderer Teil, 13. Aufl., München 2018, §43, Rn.25; Karl Larenz, Lehrbuch des Schuldrechts, Band II: Besonderer Teil, 1. Halbband, 13. Aufl., München 1986, §57 I a, S. 447.

段，本人利益优于其意思，以使管理人有较大自由空间。[①]但笔者以为，若管理人确知，其管理方法，客观上虽利于本人，但不符本人意思，则其原则上应服从本人意思；若管理人不愿服从，则应中断管理（除非中断对本人不利）。[②]此外，《民法典》第982条规定，管理人通常负通知与听候指示义务，此亦表明，管理实施之方法，宜优先以本人意思为准。[③]

当然，在本人意思违法或悖俗情形，管理人实施管理之方法，无须以其意思为准。[④]

2.继续管理义务

管理人有无继续管理义务，立法例不一。有规定管理人原则上应继续管理，仅在继续管理显悖本人意思或利益时，方应停止（如《日本民法典》第700条）；还有主张管理人原则上不负继续管理义务，仅在个案中，管理人方应依诚信原则继续管理（如个案中，拾得他人身份证者，应妥善保管，采取必要措施设法归还）（如德国）。[⑤]依本条第2句文义，管理人原则上无须继续管理，仅在中断管理对本人不利时，方禁止管理人随意中断，可见其似偏向第二种立法例。衡诸规范目的，宜认为，此所谓因中断管理所生“不利”，应属管理所致者（倘不承担管理，本人即不因其中断而受不利）。[⑥]例如，为他人修房，已揭屋顶，若不继续，恐对本人不利，故须继续管理，此“不利”恰因“揭屋顶”所致。[⑦]另须指出，依德国学说，纵个案中有此继续管理义务，其仍不可诉请履行，仅生债务不履行之损害赔偿责任。[⑧]此说是否妥适，尚待

---

① Dirk Looschelders, Schuldrecht Besonderer Teil, 13. Aufl., München 2018, §43, Rn.25.

② Vgl. Karl Larenz, Lehrbuch des Schuldrechts, Band II: Besonderer Teil, 1. Halbband, 13. Aufl., München 1986, §57 I a, S. 448.

③ Dieter Medicus/Jens Petersen, Bürgerliches Recht: Eine nach Anspruchsgrundlagen geordnete Darstellung zur Examensvorbereitung, 24. Aufl., München 2013, Rn.426.

④ 参见崔建远：《债法总论》，法律出版社2013年版，第326页。

⑤ Vgl. Hans Brox/Wolf-Dietrich Walker, Besonderes Schuldrecht, 43. Aufl., München 2019, §36, Rn.43.

⑥ 参见王泽鉴：《债法原理》（第二版），北京大学出版社2013年版，第324页。Vgl. Staudinger/Andreas Bergmann, BGB, Neubearbeitung 2015, §677, Rn.22; Erman/Dornis, BGB, Aufl., 14 2014, §677, Rn.49.

⑦ 参见赵廉慧：《债法总论要义》，中国法制出版社2009年版，第304页。

⑧ Vgl. Staudinger/Andreas Bergmann, BGB, Neubearbeitung 2015, §677, Rn.24.

考究（例如，若参照前举“揭屋顶”之例，似不宜否定其可诉请履行性[①]）。

（二）违反之后果：债务不履行责任

1.归责事由

本条仅规定管理人之义务，未规定其违反之后果。通说认为，如管理人因可归责于己之事由违反妥善管理或继续管理义务，则应负债务不履行之损害赔偿责任。[②]有争议者为其归责事由。通说认为，管理人应对抽象轻过失负责（即应尽善良管理人之注意）。[③]另有主张，管理人仅对具体轻过失负责（即仅须尽与处理自己事务为同一之注意），以鼓励无因管理。[④]权衡双方利益，应以前者为当，以免放纵管理人，不当侵害本人利益。[⑤]法律适用上，则可类推适用《民法典》第929条第1款第1句[⑥]有偿受托人债务不履行责任之归责标准。

---

① 此类行为债务，或可适用《民法典》第581条（“当事人一方不履行债务或者履行债务不符合约定，根据债务的性质不得强制履行的，对方可以请求其负担由第三人替代履行的费用”）。

② 参见魏振瀛：《民法》（第七版），北京大学出版社2017年版，第582页；杨巍：《债法总论》，武汉大学出版社2017年版，第385页；柳经纬主编：《债法总论》，北京师范大学出版社2017年版，第62页；王利明：《债法总则研究》（第二版），中国人民大学出版社2018年版，第370页；王泽鉴：《债法原理》（第二版），北京大学出版社2013年版，第324页。

③ 参见吉林省延边朝鲜族自治州中级人民法院（2016）吉24民终1842号民事判决书（“甲大学作为无因管理人并无法定或约定的义务，其为乙公司无偿管理供用电事务期间，该事务本身有利于本人，并不违反乙公司本人之意思，已尽到善良管理人之注意义务，并无任何过错”）；四川省成都市中级人民法院（2018）川01民终11100号民事判决书（“而在无因管理中，管理人本应当以合理的方式承担善良管理人的注意义务，但甲公司人员疏忽大意，在扶银杏树的同时砍伐樱桃树枝，该行为在客观上大大增加了李某某受伤的概率，实属不当”）；河北省承德市中级人民法院（2018）冀08民终919号民事判决书（“同时原告以有利于本人的方法对被告水泥硬化路面工程进行了管理，履行了善良管理人的注意义务，为被告挽回了损失”）。参见王利明：《债法总则研究》（第二版），中国人民大学出版社2018年版，第366页、第367页；杨巍：《债法总论》，武汉大学出版社2017年版，第385页、第386页；柳经纬主编：《债法总论》，北京师范大学出版社2017年版，第62页。

④ 参见魏振瀛：《民法》（第七版），北京大学出版社2017年版，第582页；刘凯湘：《债法总论》，北京大学出版社2011年版，第40页。

⑤ 参见崔建远：《债法总论》，法律出版社2013年版，第326页；叶知年：《无因管理制度研究》，法律出版社2015年版，第89页。

⑥ 《民法典》第929条第1款第1句规定：“有偿的委托合同，因受托人的过错造成委托人损失的，委托人可以请求赔偿损失。”

2. 责任之减轻或限制

须注意，依《民法典》第184条，因自愿实施紧急救助行为造成受助人损害的，救助人不承担民事责任。紧急救助，指避免本人（或其亲属）所面临之紧迫危险（如救人性命等）。救助人之责任应予减轻（如协助救火时，因轻过失毁损本人之物），因紧急情况下难为审慎权衡，故不宜使救助者对轻过失负责。[①]但依该条文义，救助者似绝对免责，纵其有故意或重大过失亦然。解释上至少可认为，若管理人故意加害本人，则无管理本人事务之意，不构成真正无因管理，遑论第184条之“救助”，故无免责余地，而应负侵权责任。另外，学说上多有认为，纵于紧急救助，管理人至少仍须对重大过失负责。[②]故解释上宜以目的性限缩，对救助者之免责，增加“无重大过失”之要件。

若管理人行为能力不完全，则应否限制或减轻其责任？比较法上有规定（如《德国民法典》第682条），管理人行为能力不完全者，仅依侵权行为与不当得利规定负责，故不适用无因管理上之债务不履行责任（如不适用过错推定等）。[③]我国无类似规定。有主张应借鉴上述比较法规定，[④]亦有主张，衡诸行为能力制度之旨，至少应降低不完全行为能力管理人的注意义务。[⑤]

三、举证责任

举证责任适用一般原理，本人以管理人违反妥善管理与继续管理义务为由请求赔偿损害，应证明无因管理之基本要件及债务不履行之事实。但依债务不履行责任之一般原理，管理人之可归责性，应受推定（管理人须反证自

---

① 参见叶知年：《无因管理制度研究》，法律出版社2015年版，第89页。Vgl. Dirk Looschelders, Schuldrecht Besonderer Teil, 13. Aufl., München 2018, §43, Rn.26.

② 参见王利明：《债法总则研究》（第二版），中国人民大学出版社2018年版，第367页、第368页；杨立新：《债法总论》，高等教育出版社2009年版，第71页；杨巍：《债法总论》，武汉大学出版社2017年版，第386页；陈华彬：《债法分论》，中国政法大学出版社2018年版，第251页。

③ 参见叶知年：《无因管理制度研究》，法律出版社2015年版，第94页。Vgl. Dirk Looschelders, Schuldrecht Besonderer Teil, 13. Aufl., München 2018, §43, Rn.29.

④ 参见张广兴：《债法总论》，法律出版社1997年版，第79页。

⑤ 参见王利明：《债法总则研究》（第二版），中国人民大学出版社2018年版，第367页。

己无可归责事由）。[①]

三 其他问题

本条仅规定管理人“实施”管理时之义务，未涉所谓“承担过错”问题。比较法上有规定，管理人对“事务承担之不适法”若有过错（明知或应知承担管理不适法），即应赔偿因承担管理所生之一切损害，纵其实施管理时无过错亦然（如《德国民法典》第678条[②]）。例如，甲明知乙不许他人投喂其宠物，仍暗中喂食（无涉紧急状况），但非因过错而投喂不当饲料，致其死亡。依此立法例，甲有所谓“承担过错”，纵对管理之实施无过错，仍应赔偿乙所受损害。[③]该赔偿责任之构成，仅以“损害后果”与“不适法之承担”有条件因果关系为已足，不要求其间有相当因果关系，故较侵权责任在损害归因上亦对本人更有利。[④]

此种规定背后原理，说者不一。有谓其体现侵权法上规则（即因过错自陷不法状态者，应对一切后果负责，纵其对此后果无过错亦然）。[⑤]亦有认为

---

① 例如，在德国，管理人违反妥善管理义务所负责任，须同时适用《德国民法典》第280条第1款之债务不履行责任一般规定，该款第2句即推定债务人有可归责性。Vgl. Dirk Looschelders, Schuldrecht Besonderer Teil, 13. Aufl., München 2018, §43, Rn.26.

② 《瑞士债务法》第420条第3款、《奥地利普通民法典》第1040条有类似规定。我国台湾地区亦有类似规定，文义上虽有差异，但解释上与《德国民法典》第678条相同，参见王泽鉴：《债法原理》（第二版），北京大学出版社2013年版，第329页；史尚宽：《债法总论》，中国政法大学出版社2000年版，第65页。但《共同参考框架草案》（DCFR）无相应规定。

③ Vgl. Dirk Looschelders, Schuldrecht Besonderer Teil, 13. Aufl., München 2018, §44, Rn.2.

④ 故若甲明知不适法，仍出租乙之房（对承担之不适法有过错）。后该房因承租人之子玩火柴而焚毁，则纵甲无监督之过失（对实施无过错），亦应向乙赔偿。纵“火灾”与“擅自出租（不适法之承担）”无相当因果关系，亦然。但若房屋乃因雷击灭失，则甲不负责，盖因其与“承担”无条件因果关系。Vgl. Dieter Medicus/Jens Petersen, Bürgerliches Recht: Eine nach Anspruchsgrundlagen geordnete Darstellung zur Examensvorbereitung, 24. Aufl., München 2013, Rn.417.

⑤ 参见叶知年：《无因管理制度研究》，法律出版社2015年版，第114页。Vgl. Dieter Medicus/Jens Petersen, Bürgerliches Recht: Eine nach Anspruchsgrundlagen geordnete Darstellung zur Examensvorbereitung, 24. Aufl., München 2013, Rn.432; Karl Ludwig Batsch, Aufwendungsersatzanspruch und Schadensersatzpflicht des Geschäftsführers im Falle berechtigter und unberechtigter Geschäftsführung ohne Auftrag, AcP 171 (1971), 218, 229 ff.

其内容上更近似积极违约或缔约过失责任。[①]此种规定之后果，自法政策上，是否对管理人过苛，我国法律解释上是否应全盘借鉴，均有待研究。[②]

最后，若我国法律解释上亦承认此种“承担过错”责任，则在紧急救助（《民法典》第184条[③]）时，应减轻管理人之“注意义务”。若其非因重大过失而不知事务管理之承担，有悖于本人真实意思，则其虽仍构成不适法管理，但无承担过错。[④]

第九百八十二条【真正无因管理人之通知义务、听候指示义务】

管理人管理他人事务，能够通知受益人的，应当及时通知受益人。管理的事务不需要紧急处理的，应当等待受益人的指示。

历史由来

本条为新增规定，《民法通则》及《合同法》对此未作规定。《民法典合同编（草案）》（征求意见稿）第539条第2款的表述为：“无因管理人管理他人事务时，能够通知受益人的，应当及时通知受益人，管理的事务不需要紧急处理的，应当等待受益人的指示。”《民法典合同编（草案）》（一审稿）第765条第2款、《民法典合同编（草案）》（二审稿）第765条第2款基本延续其表述。《民法典（草案）》第982条将其单列为一条，规定：“管理人管理他人事务时，能够通知受益人的，应当及时通知受益人。管理

---

① Vgl. Karl Larenz, Lehrbuch des Schuldrechts, Band II: Besonderer Teil, 1. Halbband, 13. Aufl., München 1986, §57 II a, S. 451–452, Fn. 58.循此思路，或可认为，不适法管理人责任之所以加重，乃因其进入法定债务关系，其义务强度更大。

② 例如，有观点认为《德国民法典》第678条规定对管理人过于严苛，并主张“中国民法既然立足于鼓励人们进行无因管理，就应当坚持过错责任原则，管理人有过错才承担责任”。参见崔建远：《债法总论》，法律出版社2013年版，第327页。

③ 《民法典》第184条规定：“因自愿实施紧急救助行为造成受助人损害的，救助人不承担民事责任。”

④ 类似见解，参见Dirk Looschelders, Schuldrecht Besonderer Teil, 14. Aufl., München 2019, §43, Rn.21, §44, Rn.3 ff.; Dieter Medicus/Stephan Lorenz, Schuldrecht II Besonderer Teil, 17. Aufl., München 2014, Rn.1116.

的事务不需要紧急处理的，应当等待受益人的指示。”《民法典》第982条最终将“管理人管理他人事务时”改为“管理人管理他人事务”（即删去“时”）。

规范目的或功能

本条规定真正无因管理人（包括不适法管理人）实施管理时的通知与听候指示义务，但未涉及承担管理时的通知与听候指示问题。管理人之通知，可辅助证明管理人之管理意思，[①]此外，通知及等候指示，亦可充分尊重本人意思。[②]

规范内容

一、适用范围：适法及不适法管理人

类似妥善管理义务，若不适法管理人不负通知与等候义务，则其或受不当偏惠[③]，故本条亦应适用于不适法管理。

二、通知义务及听候指示义务

（一）义务内容

1.通知义务

依本条第1句，管理人之通知义务，以可能为要件，如不能通知（如不知本人身份或住址，或交通断绝等），则无通知义务；如本人已知管理之承担，

---

① 参见史尚宽：《债法总论》，中国政法大学出版社2000年版，第64页。

② 参见孙森焱：《民法债编总论》（上册），法律出版社2006年版，第108页。

③ 参见叶知年：《无因管理制度研究》，法律出版社2015年版，第114页；孙森焱：《民法债编总论》（上册），法律出版社2006年版，第103页。如前所述，孙森焱先生最终的观点否定“不适法管理”之概念，仍属可议。Vgl. Dirk Looschelders, Schuldrecht Besonderer Teil, 13. Aufl., München 2018, §44, Rn.6 f.; Hans Brox/Wolf-Dietrich Walker, Besonderes Schuldrecht, 43. Aufl., München 2019, §37, Rn.2.

则不必通知。[①]

2. 等候指示义务

若管理人因不能而不负通知义务，其自亦不负听候通知义务。[②]如情况紧急，则管理人可不待指示，按有利于本人之方法继续管理事务。例如，管理人帮助本人保管鲜鱼，若情况紧急，本人久不答复，则管理人应及时变卖该鲜鱼。[③]听候指示义务本身蕴含服从指示义务，故纵本人指示与其客观利益不符，管理人亦应无条件服从。[④]由此再度表明，管理"实施"之方法，亦应优先以本人意思为准。

（二）违反之后果

管理人因可归责于己之事由，违反通知或等候指示义务，应赔偿本人因此所受损害。[⑤]但实施管理阶段违反通知义务，不影响管理之承担仍属适法。[⑥]

此外，若本人接到通知后，禁止管理人继续管理事务（且其禁止之意思非违法悖俗[⑦]），管理人之继续管理，便不再适法。[⑧]

---

① 杨立新：《债法总论》，高等教育出版社2009年版，第72页；崔建远：《债法总论》，法律出版社2013年版，第326页；郑玉波：《民法债编总论》（修订二版），中国政法大学出版社2004年版，第81页；史尚宽：《债法总论》，中国政法大学出版社2000年版，第64页；孙森焱：《民法债编总论》（上册），法律出版社2006年版，第109页。

② Vgl. Münchener Kommentar zum BGB/Schäfer, 8. Aufl., 2020, §681, Rn 9.

③ 参见王利明：《债法总则研究》（第二版），中国人民大学出版社2018年版，第370页。

④ Vgl. Staudinger/Andreas Bergmann, BGB, Neubearbeitung 2015, §681, Rn.7.

⑤ 参见四川省泸州市中级人民法院（2016）川05民终1021号民事判决书（"到期后殡仪馆没有负责保管张某某遗体的合同义务，此时起殡仪馆为了四上诉人的利益继续保管张某某遗体，构成无因管理。殡仪馆未尽到及时通知义务，应承担相应的民事责任，法院综合全案认定其承担50%的责任，即殡仪馆因冷冻张某某遗体支出的必要费用中，由其自行承担50%的责任。"）。参见杨立新：《债法总论》，高等教育出版社2009年版，第72页；崔建远：《债法总论》，法律出版社2013年版，第326页；刘凯湘：《债法总论》，北京大学出版社2011年版，第40页。

⑥ 参见杨立新：《债法总论》，高等教育出版社2009年版，第72页；侯德斌、于海斌编著：《债法总论》，吉林大学出版社2012年版，第24页、第25页。

⑦ 参见崔建远：《债法总论》，法律出版社2013年版，第326页。

⑧ 参见王利明：《债法总则研究》（第二版），中国人民大学出版社2018年版，第369页、第370页；杨巍：《债法总论》，武汉大学出版社2017年版，第386页。Vgl. Karl Larenz, Lehrbuch des Schuldrechts, Band II: Besonderer Teil, 1. Halbband, 13. Aufl., München 1986, §57 I a, S. 448.

举证责任

本人以管理人违反通知或等候指示义务为由，请求其赔偿损害的，应举证其能通知而未及时通知或未等候指示。依债务不履行一般原理，管理人之可归责性受推定。此外，管理人就事务“需要紧急处理”负举证责任。

其他问题

本条规定仅涉及管理人“实施”管理时所负义务，即管理人已“承担”管理。但为尊重本人意思，管理人在着手承担管理前，若非情况紧急，亦应通知本人，并听候其指示，此系适法性判定问题（详见上文第979条适法事由一）。

第九百八十三条【真正无因管理人之报告义务；适法管理人之管理利益移交义务】

管理结束后，管理人应当向受益人报告管理事务的情况。管理人管理事务取得的财产，应当及时转交给受益人。

历史由来

本条为新增规定。《民法典合同编（草案）》（征求意见稿）第540条、《民法典合同编（草案）》（一审稿）第766条、《民法典合同编（草案）》（二审稿）第766条、《民法典（草案）》第983条及最终的《民法典》第983条，表述基本一致，语词上虽略有改动，但未影响规范语义，可见其于立法过程中，或无争议。

规范目的或功能

本条规定真正无因管理人（包括不适法管理人）的报告义务与适法无因管理人的管理利益移交义务。报告义务系从给付义务，旨在使本人可获悉管理事务之情况，便于其了解自己应偿还之费用、得请求移交之管理利益等事项。管理利益移交义务，旨在令本人可取得管理利益，系管理人之主给付义务。

规范内容

本条规定管理人的两项义务。

一、报告义务

（一）适用范围

类似妥善管理义务，若不适法管理人不负报告义务，则其或受不当偏惠，故本条第1句亦应适用于不适法管理。

（二）义务内容

依本条第1句，管理结束后，管理人应当向本人报告管理事务之情况。报告之内容，或因本人要求而有异，一般应包括获利情况、支出费用等。[①]

本条所称管理“结束”后，依解释至少亦可包括管理人未“完成”管理，而提前“中断”之情形。[②]但其未规定，管理过程中管理人应向本人提供信息。学说上自不否认此种义务，[③]法律适用上或可类推本条或第924条

① 参见王利明：《债法总则研究》（第二版），中国人民大学出版社2018年版，第369页；王泽鉴：《债法原理》（第二版），北京大学出版社2013年版，第324页；崔建远：《债法总论》，法律出版社2013年版，第327页；孙森焱：《民法债编总论》（上册），法律出版社2006年版，第95页；郑玉波：《民法债编总论》（修订二版），中国政法大学出版社2004年版，第82页；陈华彬：《债法分论》，中国政法大学出版社2018年版，第252页；［日］我妻荣：《债权各论》（下卷一），冷罗生、陶芸、江涛译，中国法制出版社2008年版，第26页。

② 参见王利明：《债法总则研究》（第二版），中国人民大学出版社2018年版，第369页。

③ 参见崔建远：《债法总论》，法律出版社2013年版，第327页；郑玉波：《民法债编总论》（修订二版），中国政法大学出版社2004年版，第82页；叶知年：《无因管理制度研究》，法律出版社2015年版，第86页；柳经纬主编：《债法总论》，北京师范大学出版社2017年版，第63页；刘凯湘：《债法总论》，北京大学出版社2011年版，第41页；张民安、李婉丽主编：《债法总论》（第三版），中山大学出版社2008年版，第89页；杨巍：《债法总论》，武汉大学出版社2017年版，第386页；张广兴：《债法总论》，法律出版社1997年版，第78页。

第1句，[①]承认管理人在管理结束前，亦应随时依本人要求，报告事务处理情况。

（三）违反之后果

管理人因可归责于己之事由违反报告义务，致本人受损害的，应负债务不履行责任。[②]

二、管理利益移交义务

（一）适用范围

本条所称管理移交义务，不以本人主张为要件，故仅适用于适法管理，有别于第980条以本人主张为要件之管理移交义务（详见上文第980条评注）。

（二）义务内容

管理人因管理事务所取得财产，包括金钱、物品（含从物、孳息）等。[③]其以自己名义取得者，亦应返还[④]（如主观他人事务中，以自己名义为本人所购邮票）。其范围及于管理人所得全部利益，不限于“净利润”（管理人为此支出费用，则可依第979条第1款前半句求偿），至于本人自身原本可否获此利益（如管理人凭其经商才干，高于市价出卖本人生鲜，所获对价，应尽数返还），在所不问，故其范围或大于一般不当得利。[⑤]

---

① 《民法典》第924条第1句规定：“受托人应当按照委托人的要求，报告委托事务的处理情况。”

② 参见杨巍：《债法总论》，武汉大学出版社2017年版，第387页；侯德斌、于海斌编著：《债法总论》，吉林大学出版社2012年版，第24—25页；张广兴：《债法总论》，法律出版社1997年版，第78页；王泽鉴：《债法原理》（第二版），北京大学出版社2013年版，第324页。

③ 参见王利明：《债法总则研究》（第二版），中国人民大学出版社2018年版，第370页；郑玉波：《民法债编总论》（修订二版），中国政法大学出版社2004年版，第73页；崔建远：《债法总论》，法律出版社2013年版，第327页；叶知年：《无因管理制度研究》，法律出版社2015年版，第86页。

④ 参见陈华彬：《债法分论》，中国政法大学出版社2018年版，第256页；赵廉慧：《债法总论要义》，中国法制出版社2009年版，第305页。

⑤ Vgl. Münchener Kommentar zum BGB/Schäfer, 8. Aufl., 2020, §681, Rn 17.

（三）违反之后果

管理人因可归责于己事由，不履行移交管理所得之义务，应负债务不履行损害赔偿责任，自不待言。[①]

举证责任

举证责任适用一般原理，本人以管理人不履行报告义务与移交管理利益义务为由，请求赔偿损害，应证明无因管理之基本要件及债务不履行之事实。依债务不履行一般原理，管理人之可归责性受推定。

第九百八十四条【追认及其效力】

管理人管理事务经受益人事后追认的，从管理事务开始时起，适用委托合同的有关规定，但是管理人另有意思表示的除外。

历史由来

本条为新增法条，《民法通则》及《合同法》对此未作规定。《民法典合同编（草案）》（征求意见稿）第542条的表述为："无因管理人管理事务经受益人事后追认的，从管理事务开始时起，适用委托合同的规定。"在此基础上，《民法典合同编（草案）》（一审稿）第767条增加但书，修改为："无因管理人管理事务经受益人事后追认的，从管理事务开始时起，适用委托合同的规定，但是无因管理人另有意思表示的除外。"《民法典合同编（草案）》（二审稿）第767条、《民法典（草案）》第984条及最终的《民法典》第984条基本延续其表述，略有语词变动。

---

① 参见张广兴：《债法总论》，法律出版社1997年版，第79页；杨巍：《债法总论》，武汉大学出版社2017年版，第387页；史尚宽：《债法总论》，中国政法大学出版社2000年版，第63页；叶知年：《无因管理制度研究》，法律出版社2015年版，第80页。

规范目的或功能

本条规定无因管理中受益人之追认[①]及法效果，旨在使经追认的真正无因管理，适用委托之规定。本条为援引性法条，规定“构成要件”和“法律效果”两部分，其构成要件为“管理人管理事务经受益人事后追认”，其法律效果为“从管理事务开始时起，适用委托合同的有关规定”。该条但书规定“管理人另有意思表示的除外”，此系限制溯及力之规定，但以另有意思表示者为“管理人”，系规定错误，应为“受益人”。

规范内容

一、构成要件

（一）可追认之对象：真正无因管理（适法、不适法均可）

本条规定，管理人管理事务，经受益人追认后，适用委托合同规定。此可追认之对象范围如何，是否及于不真正无因管理，有待明确。

首须说明，无因管理之追认及其效果，主要有两种立法例。依一种立法例，追认仅为适法事由之一，不适法管理经追认，即为适法管理（如《德国民法典》第684条第2句）。依另一种立法例，追认之效果，系适用委托合同规定（如《瑞士债务法》第424条）。[②]我国采后一模式，故瑞士之学说，可资参照。

《瑞士债务法》第424条所定追认，依其文义与体系，似亦适用于不真正无因管理，但学说认为，其仅适用于真正无因管理，故仅为自己利益管理他人事务者，受益人不得追认。[③]委托之特征即在于为他人行事，不真正管理人

① 我国台湾地区称本人“追认”为“承认”，本书统称“追认”。

② 采此两种立法例的其他国家，可参考Christian von Bar and Eric Clive (ed.), Principles, Definitions and Model Rules of European Private Law, Volume 3, European Law Publishers, 2009, pp.2940–2947.

③ Vgl. Jörg Schmid, Die Geschäftsführung ohne Auftrag, Universitätsverlag Freiburg Schweiz, 1992, Rn.687.

仅为自己利益，与此有别，应不许追认。[①]

我国台湾地区通说亦认为不真正无因管理不得追认，[②]追认之规定亦不得类推适用于不真正管理。[③]少数说则认为，不法管理可准用不适法管理之规定，进而亦可准用其追认规定。[④]此说似偏于形式，或可商榷。

借鉴上述比较法，应认为可追认之对象为真正无因管理（即适法与不适法无因管理）。不真正无因管理人无管理意思，不愿承担受托人地位，若因追认而适用委托规定，则将无管理意思之管理人视同受托人处理，有悖于事理，亦不合于意思自治。

（二）追　认

1.追认之性质

受益人之追认，系单方行为（形成权之行使）。[⑤]追认系有相对人之意思表示，相对人为管理人。

依私法自治，受益人于其权利范围内，得自决其事务。若他人出于管理意思管理其事务，其固可追认管理人之行为，但受益人无追认义务，纵于适法无因管理，亦然。[⑥]

2.追认之认定

追认可为明示，理论上亦可采默示，此外，其非要式。[⑦]是否构成默示追

---

① Vgl. Basler Kommentar Obligationenrecht I/Rolf H. Weber, Art 424 OR, Rn.3.参见苏永钦：《无因管理中本人之承认》，载苏永钦：《私法自治中的经济理性》，中国人民大学出版社2004年版，第59页。

② 参见叶知年：《无因管理制度研究》，法律出版社2015年版，第120—121页。

③ 参见王泽鉴：《债法原理》（第二版），北京大学出版社2013年版，第334页。

④ 参见黄茂荣：《债法通则之四：无因管理与不当得利》，厦门大学出版社2014年版，第2页。

⑤ 参见王泽鉴：《债法原理》（第二版），北京大学出版社2013年版，第335页；史尚宽：《债法总论》，中国政法大学出版社2000年版，第70页；苏永钦：《无因管理中本人之承认》，载《私法自治中的经济理性》，中国人民大学出版社2004年版，第58页。本人须具有行为能力，自不待言。

⑥ Vgl. Jörg Schmid, Die Geschäftsführung ohne Auftrag, Universitätsverlag Freiburg Schweiz, 1992, Rn.685.

⑦ 参见王泽鉴：《债法原理》（第二版），北京大学出版社2013年版，第335页。

认，应依默示意思表示之一般标准定之。[①]但须注意，真正无因管理人本即负妥善管理与继续管理义务（第981条）、通知与听候指示义务（第982条）以及报告义务（第983条第1句）。故受益人纵请求管理人履行上述义务，仍不足以认其为默示追认（进而适用委托之规定）。

受益人请求管理人移交管理利益，是否构成默示追认？适法管理人依第983条第2句本即负此义务，故受益人向适法管理人为此请求，难谓默示追认。在不适法管理，受益人本即有权依第980条请求管理人移交管理利益，故亦非追认。[②]

综上，默示追认于我国几无适用余地，何种情形可认定默示追认，尚待判例学说发展。

3.时点或期间限制

受益人原则上不负追认义务，其为追认之时点几无限制，但笔者以为，至少应于双方清算（如费用与损害求偿、获利移交）结束前为之。

二、法效果

（一）适用委托合同的有关规定

1.性质：非成立委托合同，仅使当事人间可适用委托规定

本条所称“适用委托合同的有关规定”，所指为何？有认为其非指成立委托合同，仅指适用委托之部分规定，即仅具“拟制”效力。[③]亦有认为，无因

---

① Vgl. Jörg Schmid, Die Geschäftsführung ohne Auftrag, Universitätsverlag Freiburg Schweiz, 1992, Rn.691.

② 假设认为《民法典》第980条仅适用于“不真正管理”，则“不适法管理人”既非依第983条第2句（其仅适用于适法管理，详见第983条评注），亦非依第980条负管理利益移交义务。若然，受益人请求管理人移交管理利益，别无他据，仅得诉诸委托之规定（即先依第984条追认无因管理，再准用第927条有关受托人移交管理利益之规定）。故于此情形，受益人请求不适法管理人移交管理利益，或可解为默示追认。但依前述（详见第980条评注），第980条亦可适用于“不适法管理”，故受益人默示追认，罕有其例。

③ 参见叶知年：《无因管理制度研究》，法律出版社2015年版，第122页；苏永钦：《无因管理中本人之承认》，载《私法自治中的经济理性》，中国人民大学出版社2004年版，第59页；王泽鉴：《债法原理》（第二版），北京大学出版社2013年版，第334页；史尚宽：《债法总论》，中国政法大学出版社2000年版，第70页。

管理一经追认，即得变为委任关系，而适用委任之规定。[①]应以前说为宜。“盖契约须经双方当事人互相表示一致始能成立，不能仅依当事人一方之意思表示，使无因管理此项事实行为，转变成为契约。”[②]

另需说明，除管理人确有缔结委任合同之意思外，不得将其承担管理解释为委任之要约，受益人之追认亦不得解释为承诺。

2. 委托规定之适用

追认后可适用者，非委托规定之全部（故可谓“不完全拟制”[③]）。故须探讨委托规定中何者可准用。

首需说明，追认（单独行为）不应使无因管理人因此受不利，此系判断之原则。[④]

受益人追认后，适法无因管理与不适法无因管理均得适用委托合同规定。不适法无因管理，因追认而溯及适用委托合同规定，故自始具备法律上原因且阻却违法，排除不当得利与侵权。

适法管理人费用偿还请求权（含利息）之规范依据，转换为《民法典》第921条第2句[⑤]。须注意，其文义与《民法典》第979条第1款类似，均仅包括“必要费用”。若认为第979条第1款所称必要费用，可扩及有益费用，则委托合同之规定对管理人不利，不宜准用。[⑥]故费用偿还之请求权基础是否转换，系于

---

① 参见郑玉波：《民法债编总论》（修订二版），中国政法大学出版社2004年版，第86页；崔建远：《债法总论》，法律出版社2013年版，第330—331页；王利明：《债法总则研究》（第二版），中国人民大学出版社2018年版，第375页。

② 参见王泽鉴：《债法原理》（第二版），北京大学出版社2013年版，第334页。

③ 参见 Josef Hofstetter, Die Geschäftsführung ohne Auftrag, in Frank Vischer (Hrsg.), Schweizerisches Privatrecht, VII/2, Basel/Stuttgart, 1978, S. 192. 转引自苏永钦：《无因管理中本人之承认》，载《私法自治中的经济理性》，中国人民大学出版社2004年版，第60页。

④ 参见苏永钦：《无因管理中本人之承认》，载《私法自治中的经济理性》，中国人民大学出版社2004年版，第60页；史尚宽：《债法总论》，中国政法大学出版社2000年版，第70页；郑玉波：《民法债编总论》（修订二版），中国政法大学出版社2004年版，第86页；王泽鉴：《债法原理》（第二版），北京大学出版社2013年版，第335页。

⑤ 《民法典》第921条规定：“委托人应当预付处理事务的费用。受托人为处理委托事务垫付的必要费用，委托人应当偿还该费用并支付利息。”

⑥ 参见苏永钦：《无因管理中本人之承认》，载《私法自治中的经济理性》，中国人民大学出版社2004年版，第61页。反对说认为，必要费用仍可适用该条，而有益费用仍依无因管理之规定解决。参见王泽鉴：《债法原理》（第二版），北京大学出版社2013年版，第335页。

判例学说如何解释第979条第1款费用偿还之范围。[①]另须说明，以赠与目的而为无因管理，不因受益人追认而受影响，故管理人仍无费用偿还请求权。[②]

追认后，适法管理人得否请求报酬，仍应依无因管理规定为断。原则上仍应肯定无因管理之无偿性。[③]依《民法典》第928条第1款，[④]报酬须以约定为前提，追认本身自无法替代双方之约定。

适法管理人损害补偿请求权之依据，是否转换为《民法典》第930条，尚属可议。《民法典》第930条规定："受托人处理委托事务时，因不可归责于自己的事由受到损失的，可以向委托人请求赔偿损失。"学说上，受托人之损害赔偿请求权与适法管理人之适当补偿请求权（第979条第1款），范围一致。[⑤]故二者就此或无优劣。但依第930条文义，若损害可归责于受托人，其似不得请求委托人赔偿。但第979条第1款之损害补偿，非以"不可归责于管理人"为要件，而仅适用与有过失规则而缩减。[⑥]就此而论，若适用第930条，适法管理人似受不利，故其损害补偿请求权似不宜准用第930条，仍应以第979条第1款为据。[⑦]但应注意，追认后，不适法管理人与适法管理人，其地位应一

---

① 当然，若《民法典》第921条规定之费用偿还，亦可扩及有益费用，则无此问题。

② 参见史尚宽：《债法总论》，中国政法大学出版社2000年版，第70页。

③ Vgl. Jörg Schmid, Die Geschäftsführung ohne Auftrag, Universitätsverlag Freiburg Schweiz, 1992, Rn.716.我国台湾地区有学者认为，管理人报酬请求权亦可适用委托之规定，参见苏永钦：《无因管理中本人之承认》，载《私法自治中的经济理性》，中国人民大学出版社2004年版，第61页；王泽鉴：《债法原理》（第二版），北京大学出版社2013年版，第336页。

④ 《民法典》第928条第1款规定："受托人完成委托事务的，委托人应当按照约定向其支付报酬。"

⑤ Vgl. Hans Brox/Wolf-Dietrich Walker, Besonderes Schuldrecht, 43 Aufl., München 2019, §36, Rn.56; Dirk Looschelders, Schuldrecht Besonderer Teil, 14. Aufl., München 2019, §43, Rn.31.

⑥ 参见张广兴：《债法总论》，法律出版社1997年版，第80页；叶知年：《无因管理制度研究》，法律出版社2015年版，第103页、第104页。Vgl. Hans Brox/Wolf-Dietrich Walker, Besonderes Schuldrecht, 43 Aufl., München 2019, §36, Rn.60; Dirk Looschelders, Schuldrecht Besonderer Teil, 14. Aufl., München 2019, §43, Rn.31.

⑦ 《瑞士债务法》第402条第2款规定："委托人未能证明，损害非其过错所致者，以此为限，其就受托人因委托而生之损害负责。"可见受托人之损害赔偿请求权以"委托人有过错"为要件，较无因管理规则，对管理人更为不利。故学说主张该规定不可准用。Vgl. Jörg Schmid, Die Geschäftsführung ohne Auftrag, 1992, Rn.715.其具体规定虽与我国不同，但其在判断如何准用委托规定之思路，仍可借鉴。

致。第930条既不宜准用，或可认为第921条第2句（委托合同项下之必要费用偿还）可扩及损害补偿，以使受追认之不适法管理人亦得请求适当的损害补偿。[①]

《民法典》第981条至第983条所定无因管理人之诸义务，与委托之规定多无差异。追认后，管理人原则上可随时中断管理（解除委托合同），但中断时间不当，或须负赔偿责任（第933条）；例外情形，其依第935条负继续管理义务。听候指示义务之依据，转换为第922条；报告义务之依据则为第924条第2句；管理利益移交义务则适用第927条。关于妥善管理义务，依第929条第1款第2句，无偿受托人注意义务减轻（仅对重大过失负责），该规定似亦可准用。

此外，委托规定中可适用者，尚有第921条（即委托人应预付处理委托事务的费用）、第923条（复委任之规定）等。

（二）溯及力及其限制

本条规定“从管理事务开始时起，适用委托合同的有关规定”，即管理行为经追认后，从管理事务开始时而非追认时起适用委托合同之有关规定。

但书仅限制溯及力，而非不适用委托合同的规定。本条规定有误，另有意思表示者应为受益人而非管理人。[②]受益人追认时得限制追认之溯及力，使追认前之法律关系仍依无因管理规则处理。[③]真正无因管理人既具管理意思，自始处于受托人地位，本其所愿，故不得于嗣后以意思表示反对之。

三、举证责任

受益人是否追认，应由管理人负举证责任。如前所述，无因管理因追认

---

① 瑞士法上之处理或有不同，有观点认为，不适法管理纵经追认，仍无优待管理人之理，故不适法管理人之损害补偿请求权以受益人具可归责性为要件（换言之，应适用《瑞士债务法》第402条第2款）。Vgl. Jörg Schmid, Die Geschäftsführung ohne Auftrag, Universitätsverlag Freiburg Schweiz, 1992, Rn.719. 我国法并无此问题。

② 参见孙森焱：《民法债编总论》（上册），法律出版社2006年版，第117页。

③ 参见孙森焱：《民法债编总论》（上册），法律出版社2006年版，第117页。

而适用委托规定，不得使管理人反受不利。故委托规定因追认而可准用者，或不改变管理人利益状况，或对其更为有利。故通常欲主张无因管理已受追认者，为管理人而非受益人，宜由管理人负举证责任。

三 其他问题

一、追认是否及于管理之实施

追认之范围（仅涉管理之承担，抑或兼及其实施方式），应依个案情事为断。追认得兼涉管理之承担及其实施方式。依瑞士学说，若受益人于获悉全部情事后追认，则应认定为“全面追认”（即同时追认管理之承担及其实施方式）。此时，纵管理人实施管理时未尽善良管理人注意，受益人仍无损害赔偿请求权。[①]但若受益人追认时，尚不知其损害，则除非有相反表示，受益人未放弃损害赔偿请求权。[②]但若受益人追认时已知其损害，则推定其为全面追认。[③]此种推定规则或有违受益人真意，依其意思，受益人仅欲适用委托合同规定，不欲放弃其损害赔偿请求权。故宜认为，受益人追认管理之实施方式，应有更明确证据。

二、追认是否及于无权代理或无权处分

本条所称追认，是否亦包含对无权代理或无权处分的追认，观点不一。法国法承袭罗马法传统，肯定无因管理成立后，管理人即取得法定代理权，故无因管理之追认，同时产生代理权补正之效果。[④]泰国法将无因管理与无权代理混同，认为追认当然产生代理权补正之效果。[⑤]瑞士法上，事务管理法上之追认也伴随着代理法上的追认，有疑义时，应推定存在对代理权之追

① Vgl. Jörg Schmid, Die Geschäftsführung ohne Auftrag, 1992, Rn.705.

② Vgl. Jörg Schmid, Die Geschäftsführung ohne Auftrag, 1992, Rn.705.

③ Vgl. Jörg Schmid, Die Geschäftsführung ohne Auftrag, 1992, Rn.706.

④ 参见苏永钦：《无因管理中本人之承认》，载《私法自治中的经济理性》，中国人民大学出版社2004年版，第62页。

⑤ 参见苏永钦：《无因管理中本人之承认》，载《私法自治中的经济理性》，中国人民大学出版社2004年版，第62页。

认，[①]因为《瑞士债务法》第396条第2款推定，订立委托合同时委托人亦授予必要之代理权。[②]我国台湾地区有观点认为，受益人对管理事务之追认通常可认为系对无权代理或无权处分之追认，"惟受益人仅对管理人的无权代理或无权处分为追认时，不得即认为系对管理事务之追认"。[③]

---

① 通说认为本人无须再向第三人作追认之表示。Vgl. Jörg Schmid, Die Geschäftsführung ohne Auftrag, Universitätsverlag Freiburg Schweiz, 1992, Rn.709.

② Vgl. Schmidt/Stöckli/Krauskopf, Schweizerisches Obligationenrecht Besonderer Teil, 2. Aufl., 2016, §20, Rn.1901.

③ 参见王泽鉴：《债法原理》（第二版），北京大学出版社2013年版，第336页。

第二十九章

不当得利

第九百八十五条【不当得利返还的一般规定】

得利人没有法律根据取得不当利益的，受损失的人可以请求得利人返还取得的利益，但是有下列情形之一的除外：

（一）为履行道德义务进行的给付；

（二）债务到期之前的清偿；

（三）明知无给付义务而进行的债务清偿。

历史由来

本条是对旧法的补充。《民法总则》第122条规定："因他人没有法律根据，取得不当利益，受损失的人有权请求其返还不当利益。"本条在此基础上调整了相关文字表述，并参照比较法[①]增加三项请求权排除事由。

就本条内容，《民法典合同编（草案）》（征求意见稿）第543条第1款规定："没有法律根据，取得不当利益，造成他人损失的，得利人应当将获得的不当利益返还受损失的人。"《民法典合同编（草案）》（一审稿）将"没有法律根据，取得不当利益"修改为"得利人没有法律根据取得不当利益的"，并删除"造成他人损失"，将后半句修改为"受损失的人可以请求得利人返还获得的利益"。最终文本将后半句"返还获得的利益"改为"返还取得的利益"。"损失"要件表述方式的变化，或与立法者对于损失概念的理解发生变化有关。此外，在学者建议稿中，对本条的设置存在两种意见：一种观点建议区分不当得利的类型，就给付不当得利与非给付不当得利分别设置一般条款；[②]另一种观点则建议仅概括设置不当得利的一般条款。[③]本条最终选择后一方案。

---

① 规定"为履行道德义务进行的给付"为不当得利排除事由的，如《德国民法典》第814条；《瑞士债务法》第63条第2款规定"债务到期之前的清偿"为不当得利排除事由的，如《德国民法典》第813条第2款；《日本民法典》第706条规定"明知无给付义务而进行的债务清偿"为不当得利排除事由的，如《德国民法典》第814条、《瑞士债务法》第63条第1款、《日本民法典》第705条。

② 参见王利明主编：《中国民法典学者建议稿及立法理由：债法总则编·合同编》，法律出版社2005年版，第38页、第39页。

③ 参见梁慧星主编：《中国民法典草案建议稿附理由：债权总则编》，法律出版社2013年版，第18页。

就本条但书，编纂过程中，多有学者[①]参考比较法[②]的规定，建议将“不法原因之给付”亦作为不当得利的排除事由，但各草案文本均未予采纳。本条但书部分各项之文义，在各审议稿中并无变化。

规范目的或功能

依通说，不当得利法之规范目的，乃在去除“受益人”无法律上原因所受的利益。[③]其具有两个基本功能：一是“矫正缺乏法律关系的财货移转”，二是“保护财货的归属”。[④]前者如买卖合同无效时，买受人请求出卖人返还已付价金。后者如乙擅自出卖其保管的甲之玉石，丙善意取得，甲向乙主张玉石的价额偿还。

至于本条但书第1项、第3项，系指不当得利请求权的积极构成要件虽得满足，但请求得利返还可能违反诚实信用原则（本条但书第3项），或违背一般道德理念（本条但书第1项）。至于本条但书第2项，系为避免给付之徒劳往复，特别提示即使期前清偿，债权人受领利益（含提前受偿之期限利益）仍视为有法律上之原因。

在法律规范体系上，本条系不当得利制度的一般规定，与合同（如本法第157条以及第566条[⑤]）、无因管理（如本法第979条、第980条）、物权（如本法第235条、第459条、第460条、第461条）、侵权责任（如本法第1165条）等各个领域均有密切联系。在对本条进行解释适用时，需要特别注意本条的解释适用与各相关规定的协调。

---

① 参见王利明主编：《中国民法典学者建议稿及立法理由：债法总则编·合同编》，法律出版社2005年版，第56页；参见梁慧星主编：《中国民法典草案建议稿附理由：债权总则编》，法律出版社2013年版，第37页；周江洪：《关于〈民法典合同编〉（草案）（二次审议稿）的若干修改建议》，载《法治研究》2019年第2期；崔建远：《不当得利规则的细化及其解释》，载《现代法学》2020年第3期。

② 如《德国民法典》第817条；《瑞士债务法》第66条；《日本民法典》第708条。

③ 王泽鉴：《不当得利》（第二版），北京大学出版社2015年版，第3页。

④ 参见王泽鉴：《不当得利》（第二版），北京大学出版社2015年版，第3页。

⑤ 依主流学说，合同解除之返还并非不当得利。但鉴于我国解除规则较为简略，有学者主张，至少就法效果中的价额偿还，本法第563条之解释或可参照不当得利返还的规则。参见赵文杰：《论不当得利与法定解除中的价值偿还》，载《中外法学》2015年第5期。

规范内容

本条为完全法条，其法律效果为“受损失的人可以请求得利人返还取得的利益”（不当得利请求权），要件包括积极要件和消极要件。其积极构成要件为“得利人没有法律根据取得不当利益”，[①]消极构成要件为得利且无但书所列三种事由。

就本条构成要件及法律效果中涉及的解释论问题，分述如下：

一、积极要件一：得利人受有利益

判断得利是否存在，不以整体财产为断，理由在于：若以得利人整体财产为基础，考察得利人是否“受有利益”，则在乙虽受有利益，但其本身财产亦因此而有减损时，即得就相应部分主张并未“受有利益”，易致生不合理之结果。如乙向甲购买图书，支出价款若干，其后发现合同无效；乙此时虽受领图书，但也支出价款若干，自其整体财产而论并无得利，若据此认为甲乙均无不当得利返还义务，显然违背事理。[②]

得利人是否“受有利益”，需具体考察得利人获得何种利益，[③]即须有具体得利客体。得利客体，包括：（1）各种财产权：物权、债权及其他财产权（如各种知识产权、股权）。（2）消极财产之减少，如债务或负担之消灭。（3）物之占有或登记法律地位，盖依主流学说，得利不必是受法律所保护的“法益”。[④]

---

① 就本条积极构成要件，存在诸多争议。如就得利是否来自于“受损失之人”的判断，即存在不同见解。有观点认为，“二者间所谓的因果关系，应是指财产损益变动的直接关系”，参见王利明主编：《中国民法典学者建议稿及立法理由：债法总则编·合同编》，法律出版社2005年版，第38页。另有观点则认为，“若社会观念认为二者之间有因果牵连关系，即可认为存在因果关系”。参见梁慧星主编：《中国民法典草案建议稿附理由：债权总则编》，法律出版社2013年版，第20页。此外，就法律上原因，存在统一说与非统一说的著名争论，参见下文。另参见王泽鉴：《不当得利》（第二版），北京大学出版社2015年版，第29页以下。

② 王泽鉴：《不当得利》（第二版），北京大学出版社2015年版，第54页。

③ 王泽鉴：《不当得利》（第二版），北京大学出版社2015年版，第54页。

④ 参见刘昭辰：《不当得利》（修订二版），台北五南图书出版股份有限公司2018年版，第28页、第29页。

（4）物之使用利益或劳务之享用。（5）物之消费，仅指事实上消费物之消费，不包括法律上消费物（如金钱）之消费；盖前者乃因消费而灭失，得利人从未取得其所有权，仅因享用而令其消灭而已，故得利人消费时若未先行占有，即应单列其得利客体为“物之消费”（如擅以皮管接邻居花园之水龙头，浇灌自家花园）；后者乃因消费而移转，消费前已以所有权或占有等为得利客体，乃因消费致原得利客体返还不能，进而引发价额偿还义务（详见下文），故非以“物之消费”为得利客体。其中，作为得利客体的权利、占有或登记，其所指向的物，不必有经济价值，道歉书[①]、情书等均无不可。

在“强迫得利”情形，得利之有无及价值，应以得利人主观价值为断。[②]但若得利人嗣后有“变现”得利之情事，即得认为其主观价值当初认定有误，应以现主观价值为准；或认为其主观价值嗣后发生变化，而应以新的主观价值为准。

二、积极要件二：没有法律根据（无法律上原因）

（一）统一说与非统一说

就本条积极构成要件，有统一说和非统一说之争；其重要分歧即在于如何理解“没有法律根据”之要件。依统一说，无法律上原因（没有法律根据）应作统一说明；下有“公平”“正义”“权利”“债权”等四种子学说。[③]依非统一说，应区分给付型和非给付型不当得利，就其法律上原因作分别观察；就前者，若给付目的未能实现，得利即无法律根据；就后者，视乎有无权益变动之正当依据，具体应各依其具体事由，分别判断之。[④]

---

① 参见王泽鉴：《不当得利》（第二版），北京大学出版社2015年版，第52页。

② 参见王泽鉴：《不当得利》（第二版），北京大学出版社2015年版，第256页、第257页；杨芳贤：《不当得利》，台北三民书局2009年版，第132页。有学说认为，强迫得利问题之解决，可类推适用“得利灭失之抗辩”（vgl. Dirk Looschelders, Schuldrecht Besonderer Teil, 14. Aufl., München 2019, §56, Rn.10；参见刘昭辰：《不当得利》（修订二版），台北五南图书出版股份有限公司2018年版，第180页）。但笔者以为，恶意得利人亦不应受“强迫得利”，而得利灭失抗辩唯善意得利人可主张，于恶意代理人即不适用，故宜采用得利人主观价值标准。

③ 参见王泽鉴：《不当得利》（第二版），北京大学出版社2015年版，第30页、第31页。详见姚志明：《无因管理与不当得利》（修订二版），台北元照出版有限公司2016年版，第111页、第112页。

④ 参见王泽鉴：《不当得利》（第二版），北京大学出版社2015年版，第37页、第41页。

统一说在理论上存在缺陷。[①]具体而言，“公平说”“正义说”过于空泛。“债权说”主张，“受利益无其所依据之债权者，即为无法律上原因”。[②]然并非所有的得利均以债权为保有原因，如第三人善意取得所有权，不必向原所有权人作不当得利返还，盖为保护交易安全，善意取得即有令受让人终局保有其所取得之效力。[③]统一说中较有说服力的是“权利说”。依据该说，“受利益而无保持该利益之权利者，即为无法律上原因”。[④]我国亦有学者认为，不妨在采纳“权利说”的前提下，区分“给付不当得利”与“非给付不当得利”，以求“无法律上原因”要件之准确判断。[⑤]此项见解尚值商榷。统一说的优势在于，就“没有法律根据”要件，可作统一说明，而非统一说之遭攻讦，也正因其需“依不同情形而为说明，失诸琐碎”。[⑥]于统一说下，复区分给付型与非给付型不当得利而分别考量其要件，已非统一说之初衷。此外，“权利说”本身解释力亦属有限，如添附情形，得利人显有“权利”保有得利客体本身，但依本法第322条，[⑦]仍负不当得利返还义务，显然，使其保有得利客体的“权利”，并未成为其在不当得利法上之“法律根据”。[⑧]

相反，采非统一说，具有如下实益：[⑨]（1）就各不当得利类型，分别明确

---

① 参见姚志明：《无因管理与不当得利》（修订二版），台北元照出版有限公司2016年版，第112页。

② 参见姚志明：《无因管理与不当得利》（修订二版），台北元照出版有限公司2016年版，第112页。

③ 参见王泽鉴：《不当得利》（第二版），北京大学出版社2015年版，第188页。

④ 参见姚志明：《无因管理与不当得利》（修订二版），台北元照出版有限公司2016年版，第112页。

⑤ 参见王利明主编：《中国民法典学者建议稿及立法理由：债法总则编·合同编》，法律出版社2005年版，第40页。

⑥ 参见王泽鉴：《不当得利》（第二版），北京大学出版社2015年版，第35页、第36页。

⑦ 《民法典》第322条规定：“因加工、附合、混合而产生的物的归属，有约定的，按照约定；没有约定或者约定不明确的，依照法律规定；法律没有规定的，按照充分发挥物的效用以及保护无过错当事人的原则确定。因一方当事人的过错或者确定物的归属造成另一方当事人损害的，应当给予赔偿或者补偿。”

⑧ 有学者主张，在解释不当得利发生根据的统一性时，“权利说”之所以存在困难，乃因德国法系采纳物权行为无因性；我国既不采物权行为无因性，“无法律上原因”即得统一理解为“无保有所受利益的权利”。参见王利明主编：《中国民法典学者建议稿及立法理由：债法总则编·合同编》，法律出版社2005年版，第40页。但笔者以为，无论如何，“权利说”仍无法统摄上述添附情形。

⑨ 类似见解，参见姚志明：《无因管理与不当得利》（修订二版），台北元照出版有限公司2016年版，第119页、第120页。

其法律上原因，便于清晰、准确判定法律上原因之有无，且就此适用不同的举证责任规则（详见下文）。（2）就不当得利债权人之判定，区分各类型而适用不同标准，更为清晰准确（详见下文"'受损失的人'之界定"）。（3）有助于明确各种请求权排除事由之适用范围。本条但书所称排除事由仅适用于给付型不当得利，甚至仅适用于部分给付型不当得利（详见下文消极要件部分）。（4）学说上有主张"非给付型不当得利的补充性原则"。[①]若然，准确区分给付与非给付不当得利，即尤为重要。

故有学者认为，我国通说目前采非统一说。[②]本书亦赞同非统一说，下文即就各类型不当得利，分述法律上根据有无之判定标准。

（二）给付不当得利

给付不当得利之无法律上根据，系指给付目的未能实现。给付目的之认定，应准用意思表示解释之规则，适用客观相对人标准。[③]

1.给付系出于清偿目的时（清偿型不当得利），无法律根据系指：

其一，因无给付义务或给付时请求权受永久抗辩权限制而未发生清偿效果：（1）给付时无给付义务（如负担行为不成立、无效）；（2）给付时请求权受有永久抗辩权，如恶意抗辩权（第7条诚信原则之具体化，包括不当得利抗辩权、侵权抗辩权[④]）。于此情形，依法律上评价，在债务人不知而给付时，[⑤]债权人就所受给付不具保有正当性，故属无法律上原因，而非"自然

---

① 所谓"非给付型不当得利的补充性原则"，即"如果受益人所得利益时经由他人的给付行为而来，则受益人仅须对该给付人负给付型不当得利责任，而不须再负任何非给付型不当得利责任"。相关介绍，参见刘昭辰：《不当得利》（修订二版），台北五南图书出版股份有限公司2018年版，第106页以下。

② 参见赵文杰：《给付不当得利返还之客观原因说批判——以德国的理论与实践为借鉴》，载《私法研究》（第18卷），陈小君主编，法律出版社2015年版，第261页。

③ Vgl. Dirk Looschelders, Schuldrecht Besonderer Teil, 14. Aufl., München 2019, §54, Rn.9. 另见王泽鉴：《不当得利》（第二版），北京大学出版社2015年版，第56页。

④ 参见《德国民法典》第821条、第853条。

⑤ 但在债务人明知永久抗辩权而仍给付时，或可构成抗辩权之抛弃，此时债权人自具保有正当性；若依其情形，不构成抗辩权之抛弃，债权人虽无保有正当性，但债务人之不当得利返还请求权或因矛盾行为而排除（本条第3项，详见下文）。

债务”。消灭时效抗辩权虽属永久抗辩权，却系此处例外（第192条第2款），说明立法者认为，消灭时效届满后，债务人纵因不知而自愿给付，债权人保有所受给付仍属正当；此外，有学者认为，若债务人仍得请求债权人返还，反有悖于消灭时效制度之目的。[①]某些立法例上，就遗产债务超过积极遗产之部分，继承人享有限制继承抗辩权，若不知而给付，属无法律上原因；[②]即此，我国法上之架构，系采自动消灭或继承人享有限制继承抗辩权，继承人不知而履行时，是否得请求返还，尚有待于判决与学说之发展（第1161条第1款、第1163条）。（3）给付后义务消灭，如各种撤销权之行使。在附解除条件与终期情形，条件成就或期限届至后，行为效力之消灭，若无特别约定，不具溯及力，故仅就向将来消灭的义务发生返还，已收取之用益则不必返还；若因特别约定而具有溯及力，则已收取之用益亦须返还；无论何种返还，均得以本条为请求权基础。在协议解除与单方解除，则不论是否发生溯及力，若无特别约定，应适用法定解除权之返还规则（第566条第1款）。

其二，虽有给付义务且未受抗辩权限制，但因其他事由而未发生清偿效果，如给付受领人无受领权限情形。

2.给付系追求清偿外之其他给付目的时（非清偿型），无法律上根据系指其所追求之其他给付目的不达（给付目的不达型不当得利）。如甲为挽回其情侣乙之情感，向乙给付财产，但后乙仍与之分手。此处所称其他给付目的，亦须为给付受领人可得而知。

（三）非给付不当得利

无法律根据（无法律上原因），在权益侵害不当得利，乃指权益变动无约定或无法定正当事由。在费用不当得利，乃指无为他人之物支出费用之义务。在求偿不当得利，乃指无为他人清偿债务之义务。

三、“受损失的人”：不当得利债权人之确定

“受损失的人”并非独立要件，其意义在于确定不当得利债权人。

---

① Vgl. Dirk Looschelders, Schuldrecht Besonderer Teil, 14. Aufl., München 2019, §54, Rn.20.

② 参见《德国民法典》第1973条、第1975条。

传统的不当得利四要件理论认为，“受损失的人”之界定，需借助于“损失”以及“损失和得利的因果关系”两个要件。此种见解，实非妥适，分述如下：

（一）“损失”要件

通说认为，此处所称“损失”，非损害赔偿中之“损失”，实乃要求得利系以他人利益为代价。[①]“受损失的人”纵无损害，甚或反有获利，只要他人自其财产权益范围受有得利，其仍可作为“受损失的人”而主张权益侵害不当得利。[②]即此而言，“损失”一词，纯系误解，且易生混淆。更重要的是，依非统一说，此要件之功能（即不当得利债权人之确定），已全然为如下判定标准所替代：（1）在给付不当得利，即为给付人。（2）在权益侵害不当得利，乃权益原本归属之人。（3）在费用不当得利，系为他人之物支出费用之人。（4）在求偿不当得利，即为他人清偿债务之人。

（二）“因果关系”要件

就此要件之认定，有直接因果关系和非直接因果关系两种学说。直接因果关系说（权益直接变动说）认为，得利人所受利益须直接来自受损人之财产，而非间接经由第三人之财产；但直接因果关系的判断，不能机械以同一法律事实为断。[③]此说在多人关系下，常生困难：如甲欠乙100元，乙欠丙100元，丙欠丁100元。丙指示乙直接向丁付款，乙故而指令甲向丁付款，甲按指示行事。

---

① 参见李宇：《民法典分则草案修改建议》，载《法治研究》2019年第4期。

② 如管风琴制造商B未经作曲家C同意，将其乐谱用于制造管风琴，获利甚丰。但C因B管风琴的制造及贩售，知名度大增，购买其乐谱的顾客日增，财产反有增加。此时，C仍可向B主张权益侵害不当得利，请求乐谱使用利益之价额偿还（许可使用费）。此案件事实参见刘昭辰：《不当得利》（修订二版），台北五南图书出版股份有限公司2018年版，第20页。

③ 参见姚志明：《无因管理与不当得利》（修订二版），台北元照出版有限公司2016年版，第139—140页。除此说外，直接因果关系说下尚有同一原因事实说。该说主张，受益之原因事实与受损之原因事实应为同一。如甲窃取乙之肥料，撒在丙之土地上。根据“同一原因事实说”，甲窃取乙之肥料为一原因事实。而甲将该肥料撒在丙之土地上，丙依据添附取得该肥料之所有权，乃为另一原因事实。学说介绍参见姚志明：《无因管理与不当得利》（修订二版），台北元照出版有限公司2016年版，第138—139页。此项见解受到主流学者的反对。盖“所谓直接损益变动关系，应采指其受利益须直接自受损人的财产，而非间接经由第三人的财产，此不能机械地以个别事实作为判断标准”。王泽鉴：《不当得利》（第二版），北京大学出版社2015年版，第62页。

后发现，甲与乙、丙与丁间法律关系均无效。此时，丁受有金钱之得利，乙受有债务消灭之得利，按直接因果关系说，难以判定何人得向何人主张不当得利返还。若认为金钱之权益变动发生在甲、丁之间，应由甲向丁主张返还，则会使丁无法主张其对丙的抗辩，且使甲承担非合同相对人丁的破产风险，显有不妥。[①]非直接因果关系说则主张，只要依据社会观念可认为“受益”和“受损”之间有牵连关系，即可认定存在因果关系。[②]其判断标准过于模糊，将使不当得利“衡平化”，影响法律适用的安定。[③]同样，按非统一说的如上判定标准，“因果关系”的考察对于确定“受损失的人”已无必要。[④]但在权益侵害不当得利，权益变动之直接性，仍具界定得利客体的功能：如甲擅以乙之肖像作商业广告，获利若干，此时甲之得利客体乃乙肖像之使用，其获利则不具直接性，故非得利客体；于此，直接性要件乃就各种所得，比较其与他人权益关联之远近，若有更直接之得利客体，其他所得即可排除在得利客体之外。[⑤]

四、法律效果

满足本条构成要件的，受损失的人可请求得利人返还取得的利益。

（一）得利人需要返还的利益

1.原得利客体之用益

用益，包括原得利客体的孳息（天然孳息及法定孳息）及使用利益。[⑥]主

---

① 参见刘昭辰：《不当得利》（修订二版），台北五南图书出版股份有限公司2018年版，第14页以下。于我国台湾地区，另一核心理由在于若非如此，“明显违反物权行为无因性理论及其所欲代表的实质价值判断”。参见刘昭辰：《不当得利》（修订二版），台北五南图书出版股份有限公司2018年版，第15页。然笔者认为，即使不采物权行为无因性，在多人关系不当得利返还问题上，仍应尽可能维持各方当事人之间的抗辩及公平分配破产风险。

② 参见梁慧星主编：《中国民法典草案建议稿附理由：债权总则编》，法律出版社2013年版，第21页。

③ 参见王泽鉴：《不当得利》（第二版），北京大学出版社2015年版，第63页。

④ 参见王泽鉴：《不当得利》（第二版），北京大学出版社2015年版，第65页。

⑤ 类似见解，参见王泽鉴：《不当得利》（第二版），北京大学出版社2015年版，第143页。除确定得利客体之功能，王泽鉴先生认为，权益变动的直接性尚具两项功能：一是确定不当得利之当事人，二是避免借不当得利而请求返还所谓的反射利益（如渔夫利用灯塔夜航）。笔者以为，此二者均得以权益归属理论解决，故不采之。

⑥ 参见王泽鉴：《不当得利》（第二版），北京大学出版社2015年版，第247页。

流学说认为，返还范围限于实际收取的用益，[①]未实际收取的用益，则不在其列，盖非如此，得利人之财产状况将劣于得利前，难免逾越不当得利法取除得利之基本宗旨与界限。但就未实际收取之用益，若得利人非善意，受损失的人可依本法第987条之援引，“依法”（即依可适用之请求权基础，如第1165条第1款）请求赔偿损失。[②]用益中之使用利益，依其性质不能返还，故仅得主张价额偿还（详见下文）。此外，原得利客体之用益，不同于原得利客体为用益（如租赁合同无效时，得利客体即为物之使用利益）之情形，就后者，有观点认为，不论是否实际收取，均负返还义务。[③]

2.原得利客体及用益之代位利益

此处代位利益，包括基于权利之所得、原得利客体（及其用益）之代位物及代偿利益。基于权利之所得，指得利客体为权利时，得利人因行使该权利所得之财产利益，如原得利客体为债权时，就此债权所受之清偿，原得利客体为彩票时，彩票中奖所得之奖金。[④]原得利客体之代位物，指得利客体为物时，原物毁损、灭失或变形后所得之新物（如房屋倒塌后废墟上之土木砖瓦）；若

---

① 参见姚志明：《无因管理与不当得利》（修订二版），台北元照出版有限公司2016年版，第251页；另请参见刘昭辰：《不当得利》（修订二版），台北五南图书出版股份有限公司2018年版，第167页。

② 类似见解，参见刘昭辰：《不当得利》（修订二版），台北五南图书出版股份有限公司2018年版，第167页。

③ Hans Josef Wieling, Bereicherungsrecht, 4. Aufl., Berlin [u.a.] 2007, S. 12; Ulrich Loewenheim, Bereicherungsrecht, 3. Aufl., München 2007, S. 136. 相反观点则认为，得利人仅对实际收取的用益负返还义务，即使原得利客体为用益，亦无不同。得利人对所谓用益可能性（Nutzungsmöglichkeit）的客观价值，无偿还义务。Vgl. Hans Brox/Wolf-Dietrich Walker, Besonderes Schuldrecht, 43. Aufl., München 2019, §43, Rn.2; Münchener Kommentar zum BGB/Schwab, 7. Aufl., 2017, §818, Rn.33. 笔者以为，即此须区分不当得利的类型进行讨论：第一，在非给付型不当得利中，使用可能性并非原得利客体，仅实际收取的用益方应返还；盖即使得利人主观为恶意，亦无“使用”义务，停止使用得利客体，并无不当，此时不应令其就未收取的用益作价额偿还；得利人若为善意，就未实际收取之用益，自得主张得利丧失抗辩。第二，在给付型不当得利中，则取决于何人应承担未能使用之风险，此涉及合同原定使用风险负担规则在不当得利返还中是否应予维持的问题，就此尚有进一步研究余地。

④ 参见姚志明：《无因管理与不当得利》（修订二版），台北元照出版有限公司2016年版，第252页。但此种对价，在价额偿还中尚有两项功能：一是说明得利人尚有现存利益，故不得主张得利全部灭失；二是构成现存利益之上限，即若对价大于客观价值，应偿还客观价值，若客观价值大于对价，即以对价为限偿还价额。

原物部分毁损或消耗，余下部分并非新物的（如100斤大米食用后余下50斤），则仍属原得利客体，而非代位物；原物因添附而转化为共有份额时，亦属代位物，但若原物因添附而转化为不当得利请求权时（如木材经第三人加工而成雕像，第三人取得所有权），则属代偿利益。原得利客体之代偿利益，系因原得利客体毁损、灭失，自第三人处取得的损害赔偿、保险金、不当得利补偿请求权等。依通说，法律行为上之对价（commodum ex negotiatione）非属原得利客体之代偿利益，[①]故非得利返还范围，此时，仅得按原得利客体返还不能，令得利人负价额偿还义务。[②]最后，原得利客体之用益若有上述代位利益，亦应返还。

（二）返还方法

1.原样返还

上述需返还的利益，若尚可原样返还，得利人自应予以返还。其中，原得利客体及其所收取之用益虽返还不能，但若有代位利益且可原样返还，仍应原样返还，而非径转化为价额偿还义务。

至于返还方法，得利客体为权利时，各依该权利的移转方法为之。已消灭的债务则应以债务承认等方式回复之。就物的占有，依交付为之。错误的登记名义，得请求涂销之。得利之返还，亦得以不作为方式为之，如出卖人（合法）出售商业机密予买受人，而后发现买卖契约无效，即可依不当得利请求买受人不得使用该批商业机密。[③]

2.价额偿还

原得利客体、所收取之用益返还不能，且无代位利益，或二者虽有代位利益但亦返还不能时，其返还义务即转化为价额偿还义务。此虽非本条明文规定，但依第157条第1句，合同无效、被撤销或确定不发生效力而发生给付型不当得利时，“不能返还或者没有必要返还的，应当折价补偿”。据此，其他给付型不

---

① 参见姚志明：《无因管理与不当得利》（修订二版），台北元照出版有限公司2016年版，第253页、第254页；另请参见王泽鉴：《不当得利》（第二版），北京大学出版社2015年版，第247页。

② 参见姚志明：《无因管理与不当得利》（修订二版），台北元照出版有限公司2016年版，第254页。

③ 参见刘昭辰：《不当得利》（修订二版），台北五南图书出版股份有限公司2018年版，第158页。

当得利，以及非给付不当得利，似无区别对待之充分理由，应作同一处理。故可认为，本条所称之“返还取得的利益”，亦包含返还不能时之价额偿还。

此处所称返还不能，包括两种情形。其一，原得利客体依其性质无法返还。如原得利客体为使用利益、劳务，或原得利客体为物之消费时。其二，原得利客体因其他事由不能返还。包括以下情形：①（1）原得利客体灭失，或因添附而消灭。（2）原得利客体归属之移转。如将受领之物让与他人（转卖、互易、赠与等），原得利客体为法律上消费物（如金钱）时，将其用于消费等。（3）原得利客体遗失或失窃。（4）因法律之禁止而无法返还。如原得利客体为因添附而成为物之成分时，依《民法典》第322条，为充分发挥物之效用，可认为得利人不负返还原得利客体之义务。②

此外，就善意得利人而言，价额偿还义务之发生或其范围，尚以现存利益为限（详见《民法典》第986条评注）。若无代位利益，且善意得利人并无费用之节省，即已无现存利益，亦不发生价额偿还义务。

依主流学说，返还价额的计算采客观说，依客观交易价值定之。③价额计算之时点，系价额偿还义务成立之时。④

五、本条消极要件

本条规定不当得利请求权之三项排除事由，分别为“为履行道德义务进

---

① 参见王泽鉴：《不当得利》（第二版），北京大学出版社2015年版，第248页；姚志明：《无因管理与不当得利》（修订二版），台北元照出版有限公司2016年版，第255页以下。

② 原得利客体因添附而灭失，与原得利客体为添附所得的物之成分（因添附始生不当得利），两者应予区分。后者如乙误将其木材添附于甲之房屋，甲所受之原得利客体，即转化为其房屋之成分的木材（或其所致房屋增值），此时，乙对甲乃因添附而始有不当得利请求权，只是原得利客体因法律规定而返还不能，该请求权直接以价额偿还为内容（第322条）。前者如甲将原得利客体木材（所有权或占有在所不论），用于装修自家房屋，此时，乃原得利客体因添附（确切言之，乃因成为物之重要成分）而返还不能，转为价额偿还义务；只是在原得利客体仅为木材之占有时，乙对甲尚有添附不当得利请求权，与上述价额偿还义务竞合（其竞合必要性，在甲将木材添附于第三人丙之房屋时，尤为明显）。

③ 主观说则认为，价额应就受益人的财产加以计算，其在财产总额上有所增加时，皆应返还。参见王泽鉴：《不当得利》（第二版），北京大学出版社2015年版，第249页、第250页。

④ 另有观点认为，应以不当得利请求权成立时为准据时点，或应以法院事实辩论终结时为准据时点。参见王泽鉴：《不当得利》（第二版），北京大学出版社2015年版，第251页。

行的给付”“债务到期之前的清偿”“明知无给付义务而进行的债务清偿”，存在其中任一项事由，不当得利请求权即受排除。就三个排除事由所涉及的解释论问题分述如下：

（一）为履行道德义务进行的给付

通说认为，为履行道德义务所作给付之所以不得请求返还，乃为“调和法律与道德，使法律规定符合一般道德观念”。[①]适用本项排除事由，应注意以下几点。

1.给付须合乎道德义务

所谓“为履行道德义务”，有两种可能的理解：一是理解为本项所称“给付”之给付目的；若然，此处给付乃追求清偿外之给付目的，故本项须排除误认有法律义务而清偿的情形（盖其给付目的乃在清偿所谓法律义务，而非“履行道德义务”）；而在明知无法律义务情形，因其给付，道德义务已然履行，故其给付目的必然实现，系有法律上原因，乃积极要件之不具备，而非请求权之排除事由。二是偏离文义，理解为给付“合乎道德义务”；若然，此处给付须另有给付目的，可容纳因误认而以清偿为目的之给付；本项给付亦未必有法律上原因，本项仍属请求权排除事由。两相权衡，参酌立法目的，并结合比较法上经验，[②]显以第二种理解为妥。

故本项之适用，须给付人负有相应道德义务。道德义务之有无，应依社会观念加以认定。[③]典型情形，如误以为对无扶养义务的亲属有扶养义务而予以扶养。[④]至于误认女友所生之子女为自己亲生而加以抚养，[⑤]误认他人为生父而为赡养，[⑥]依社会观念，给付人并无相应道德义务，遑论其给付合乎道德义务，故无本项适用余地。

---

① 参见王泽鉴：《不当得利》（第二版），北京大学出版社2015年版，第109页。

② 参见《德国民法典》第814条第二种情形。

③ 参见王泽鉴：《不当得利》（第二版），北京大学出版社2015年版，第110页。

④ 参见王泽鉴：《不当得利》（第二版），北京大学出版社2015年版，第110页。

⑤ 参见刘昭辰：《不当得利》（修订二版），台北五南图书出版股份有限公司2018年版，第53页。

⑥ 参见王泽鉴：《不当得利》（第二版），北京大学出版社2015年版，第110页。

此外，本项之适用范围，似得扩及于其他合于礼俗或礼节考量之给付。[①]如在国外饮食误以为有给付小费之义务而为给付，[②]婚礼送红包后发现对方于自己结婚时并未送礼，[③]误以为对于救助其生命的无因管理人有报酬给付义务而给付报酬[④]等情形，均得适用本项。

2.须给付人不知无给付义务（误认有给付义务）[⑤]

若明知无给付义务，仍自愿为“给付”，则应（类推）适用第3项排除事由。[⑥]若作此解，本项所称给付，其给付目的乃在于清偿误认而实不存在之债务。据此，本项排除事由仅适用于给付型不当得利请求权，[⑦]确切言之，仅适用于清偿型中自始无给付义务之情形。[⑧]

3.本项仅适用于给付人与道德义务“相对人”间之关系

首先，本项仅得排除针对道德义务“相对人”之不当得利请求权，不能用于排除针对第三人之请求权。然实务中似有误用者。[⑨]

其次，本项所称给付，其给付目的（清偿意思）应指向给付人道德义务

---

① 参见刘昭辰：《不当得利》（修订二版），台北五南图书出版股份有限公司2018年版，第53页。

② 参见刘昭辰：《不当得利》（修订二版），台北五南图书出版股份有限公司2018年版，第53页。

③ 参见王泽鉴：《不当得利》（第二版），北京大学出版社2015年版，第109页。

④ 参见王泽鉴：《不当得利》（第二版），北京大学出版社2015年版，第110页。

⑤ 参见姚志明：《无因管理与不当得利》（修订二版），台北元照出版有限公司2016年版，第151页；杨芳贤：《不当得利》，台北三民书局2009年版，第103页。

⑥ 此处之所以不能构成给付，乃因并无给付目的，履行道德义务非属给付目的已如上述。故第3项乃类推适用，而非直接适用，详见下文。

⑦ 参见姚志明：《无因管理与不当得利》（修订二版），台北元照出版有限公司2016年版，第120页。

⑧ 另一种架构的可能是：本条之立法目的，在于避免借助于法律手段破坏已然合乎道德之状态，即此而言，是否明知无法律义务，并无不同；故纵明知无法律义务，仍得适用本项而排除之。若按此种理解，本项所称给付，在误认有法律义务时，其给付目的乃清偿；在明知无法律义务时，其给付目的乃道德义务之“履行”（“为履行道德义务”），只能认为是追求其他给付目的之给付，本项适用范围即不限于清偿型给付不当得利。

⑨ 该案中，张某甲、张某乙在其子去世后，抚养孙女张某丙、张某丁，其后向张某丙、张某丁生母谢某某主张抚养费的返还。法院最终驳回其诉请，判决理由如下：“张某甲、张某乙基于亲情和道德义务对其孙女进行抚养而为给付，符合社会道德观念，不得请求返还。”参见江苏省连云港市中级人民法院（2015）连民终字第01964号民事判决书。

之“相对人”，若系基于为第三人无因管理或为第三人清偿之意思，即无本项之适用。设甲久不向寡母乙支付赡养费，致乙生活陷于困窘。（1）舅丙见此，误认对甲负垫付之法律义务，遂以第三人代为清偿之意思，向乙垫付生活费若干。此时，丙之求偿，应依第三人清偿之基础关系，丙系出于履行自身债务之意思，对甲并无管理意思，故不发生无因管理上费用偿还请求权，仅得向甲主张不当得利返还，甲非道德义务之“相对人”，故不得以本项为请求权排除事由。（2）舅丙若误认自己对乙负法定扶养义务，其对乙之不当得利请求权，即得以本项排除；其对甲无管理意思，故不发生无因管理上请求权，其行为亦未令甲之扶养义务消灭，故亦不发生不当得利上请求权。[①]（3）舅丙若明知自己对甲、乙均不负义务，对甲有管理意思，似可构成适法无因管理（第979条第2款），得向甲主张费用偿还请求权（第979条第1款）；此时，丙向甲所为给付，系履行无因管理上义务，对乙自无不当得利请求权，故不必适用本项。

4. 与赠与合同撤销权之关系

依主流学说，赠与合同纵具道德义务性质，受赠人若有第663条、第664条所称情形，赠与人仍得撤销赠与合同，并向受赠人主张不当得利返还，此时无本项之适用余地。[②]有学者则表示反对。[③]笔者以为，法秩序既已允许赠与人撤销此类合同，自亦允许赠与人据此主张不当得利返还，否则撤销权之赋予即无意义，故应将之作为本项之例外情形。

---

① 前引江苏省连云港市中级人民法院（2015）连民终字第01964号民事判决书中，似仅于此种情形，方得否定原告对被告之请求权。

② 参见王泽鉴：《不当得利》（第二版），北京大学出版社2015年版，第111页。类似见解，参见杨芳贤：《不当得利》，台北三民书局2009年版，第103—104页。另一种立法例则规定，道德义务性质或合乎礼节的赠与，不适用上述撤销权（参见《德国民法典》第534条）。

③ 此说认为，本项规定相对于赠与合同（第665条）而言是特别规定。“民法本身对道德上或礼节上之赠与，有特别的价值判断，而认为此种赠与符合社会善良美行认知，虽无法律上之原因，亦不可请求返还，以求该善良美行结果的保持，而此一善良美行的价值判断不会、也不应该受到其他无关事件之影响，例如因事后当事人关系恶化，溯及并否定原先道德上或礼节上赠与，成为不是一件善良美行，例如同事争吵而相互殴打成伤，亦不可以主张撤销并请求之前双方基于结婚所送礼金的偿还，或是父亲殴打成年子女，子女不可请求返还之前的养老赠与。”参见刘昭辰：《不当得利》（修订二版），台北五南图书出版股份有限公司2018年版，第53页、第54页。

（二）债务到期之前的清偿

依通说，设置本项之理由，在于“期前清偿，债务并非不存在，债权人受领给付，不能谓无法律上的原因”。[①]据此，本项仅具提示功能。[②]亦有观点认为，其立法目的，在于避免给付之徒劳往复。[③]笔者以为，本条之实际功能，在于明确因期前清偿而令对方所受之期限利益，纵无他种正当事由，即无主张不当得利返还之余地；故本项实乃即此期限利益特设之请求权排除事由，难谓仅具提示功能。[④]但本条之所以如此规定，真正理由却在于保护债权人对清偿效力之信赖，避免债权人因返还所受给付而反受不利（详见下文）。

1.可适用本项之不当得利类型

依文义可知，本项仅适用于清偿型给付不当得利。

2.须期前清偿发生效力

本项之适用，以期前清偿具备清偿之各项要件、发生清偿效力为要件。盖若期前清偿已生清偿效力，即须保护债权人之信赖，如双务合同中，负后履行义务之债权人得据此信赖而向债务人为给付，若嗣后仍须向债务人返还所受给付，则其预设的抗辩权之保护即告落空；债权人纵未因信赖而作处置，亦得受有其他不利，如其担保权亦因债务消灭而消灭，若须向债务人再作返还，其债权即沦为无担保之债权；此外，债务人若有权期前清偿，债权人即负受领之义务或不真正义务，为免发生受领迟延等不利后果，自须受领，即使债务人之自愿给付系出于误认，相较之下，债权人仍更值保护。此乃本项排除事由之真正理据所在。正因如此，本项所称债务，须已发生、未届期。盖债务若未发生，即无清偿效力（债权债务消灭），所受给付本身即无法律上

---

① 王泽鉴：《不当得利》（第二版），北京大学出版社2015年版，第111页。

② Jauernig/Stadler, 17. Aufl., München 2017, §813, Rn.8.

③ Hans Brox/Wolf-Dietrich Walker, Besonderes Schuldrecht, 43. Aufl., München 2019, §40, Rn.25; Münchener Kommentar zum BGB/Schwab, 7. Aufl., 2017, §813, Rn.15.

④ 另有一种可能的观点认为，本项乃即此期限利益的独特保有原因之规定，可据以否定“无法律上根据”之积极要件，性质上应属不当得利之积极要件问题，而非请求权排除事项。但笔者以为，遍寻之下，亦无法找出此处有何种保有原因，再结合债权人保护之立法目的，可知本项实乃就无法律上原因所得之期限利益，为债权人保护之目的而排除不当得利返还请求权，属请求权排除事项为妥。

原因，自不能以本项排除其返还。故如附停止条件[①]（如悬赏债务）或始期（如下一期租金）之债务，若为始期届至或停止条件成就前而为给付，不能以本项为请求权排除事由。

3.给付人之主观状态

给付人若误认债务届期而提前清偿，自得适用本项。给付人若明知债务未届期而提前清偿，应适用第3项抑或本项排除请求权，不无疑问；于此情形，不当得利请求权之排除，似亦得基于第3项相同之法思想（禁止矛盾行为），类推第3项之规定。但笔者以为，本项既有独立之排除理据，且此情形即本项文义所及，故仍应直接适用本项。

4.对给付人行为能力之要求

另有学者借鉴比较法见解，认为本项之适用，仅限给付人具行为能力之情形；[②]此说是否可采，尚应作进一步观察。

5.中间利息的返还

提前清偿时，依本项固不得请求返还所为给付，但能否请求返还中间利息（即清偿时点至履行期届满时点之利息），尚有争议。有学者认为，应区分债务人给付时是否明知期前清偿；若明知，可视为期限利益的抛弃，不得要求返还中间利息；若系误认届期而给付，则仍得依不当得利请求债权人返还中间利息。[③]不同观点则认为，为避免法律关系趋于复杂，不得请求返还中间利息。[④]笔者赞成后一观点，盖提前清偿之债务人若在无特别约定时，得请求返还中间利息，不啻于得单方缩减（变更）原给付之内容（数量），有悖于债权人之意思自治。若提前受偿者系无息债务（如无息借款），允许请求返还中间利息，尚令无偿给予人反须向受益人支付金钱，显然有悖事理。

---

① 参见姚志明：《无因管理与不当得利》（修订二版），台北元照出版有限公司2016年版，第153页。

② 参见姚志明：《无因管理与不当得利》（修订二版），台北元照出版有限公司2016年版，第153页。

③ 参见王利明主编：《中国民法典学者建议稿及立法理由：债法总则编·合同编》，法律出版社2005年版，第55页；相同见解另请参见梁慧星主编：《中国民法典草案建议稿附理由：债权总则编》，法律出版社2013年版，第31页。

④ 参见王泽鉴：《不当得利》（第二版），北京大学出版社2015年版，第111—112页。另参见崔建远：《不当得利规则的细化及其解释》，载《现代法学》2020年第3期。

6.优先于本项适用的特别规定

此外，若期前清偿发生于债务人破产前一年内，《企业破产法》第31条第4项立法意旨的实现，仍应当优先于本项之适用。[①]

（三）明知无给付义务而进行的债务清偿

依据主流学说，本项排除事由的立法意旨在于矛盾行为之禁止："明知无给付义务而为给付，再请求返还，前后矛盾，有违诚信原则，故不许之。"[②]适用本项排除事由，尚需注意以下几点：

1.本项仅适用于自始无给付义务之清偿型不当得利

首先，依其文义，本项仅适用于清偿型给付不当得利。给付目的不达型不当得利，以给付时无义务为类型特征，若得适用本项，其请求权即永受排除，故本项于其无适用余地。[③]故若给付人虽明知无给付义务或永久抗辩权，但追求其他目的，诸如期待对方仍愿提供对待给付，即不适用本项。[④]于要式瑕疵情形，给付人出于补正之意思而履行时，亦同。

其次，清偿型不当得利中，在给付义务于给付后消灭之情形，若系因终期届至，则给付人于给付时虽明知终期将至，仍须依债务内容而履行，否则即负债务不履行责任；若系解除条件成就，给付义务之消灭与否，于给付时尚不确定，难谓明知无给付义务；若系因撤销，给付人享有撤销权时，其明知而给付得构成可撤销法律行为之认许（撤销权之默示抛弃，参见第152条第1款第3项"以自己的行为表明放弃撤销权"），债权人享有撤销权时，给付人虽明知撤销事由，但不知债权人是否会行使撤销权，一来给付时义务尚在、

① 相似见解，参见梁慧星主编：《中国民法典草案建议稿附理由：债权总则编》，法律出版社2013年版，第31页。

② 参见王泽鉴：《不当得利》（第二版），北京大学出版社2015年版，第112页。

③ 持相同结论者，参见刘昭辰：《不当得利》（修订二版），台北五南图书出版股份有限公司2018年版，第55页。但其理由有所不同，其认为，给付目的不达型不当得利之所以不适用本项排除事由，系因给付人尚期待某特定给付结果的发生，故非"明知"非债清偿。笔者以为，在给付目的不达之情形，给付人于给付时"明知"无给付义务并无疑义，唯其既另有给付目的，难谓矛盾行为，故无本项之适用。

④ Vgl. Münchener Kommentar zum BGB/Schwab, 7. Aufl., 2017, §814, Rn.4.

必须履行，二来难谓明知无给付义务。[①]故本项于给付义务嗣后消灭之清偿不当得利，亦无适用余地。

尤须指出，于第三人清偿情形，给付人当然明知自身对债权人不负给付义务，其向债务人之求偿，自不应而受影响；给付人若明知自身对债务人不负给付义务，且对债务人构成求偿不当得利，[②]亦不得适用本项，盖给付人基于管理意思而行事，难谓矛盾行为。

此外，按其文义，本项亦不适用于非给付不当得利，但能否类推适用于某些类型的非给付不当得利，颇值考量。（1）给付人为第三人清偿时，若系明知"债务人"实无给付义务，即不能发生清偿效果，"债务人"并无得利，对其自无求偿余地，仅对受领给付之"债权人"，仍得满足非给付不当得利之要件，此时，基于禁止矛盾行为之评价要点，似得考虑类推本项而排除其请求权。（2）明知无给付义务，而有意识增益他人财产，却因无给付目的而不构成给付者（如上述为道德义务而作给付），若请求返还，似亦构成矛盾行为，故可考虑类推本项。同理，举凡不当得利债权人明知无义务，而故意造成他人得利，似均可考虑类推本项排除其请求权，唯于此处，除禁止矛盾行为外，尚以避免变相强制缔约效果为理据。

2.给付人须明知无给付义务或享有永久抗辩权

若非明知，给付人之行为，难谓矛盾行为。明知须针对无给付义务或享有永久抗辩权本身，仅明知合同不成立、无效或致生永久抗辩权之事由，尚非已足，纵因重大过失之法律错误而不知无给付义务或发生永久抗辩权，仍不能适用本项。[③]给付人明知合同效力待定，仍向对方为给付时，因对方仍有追认之可能，亦非矛盾行为，不适用本项。此外，义务人明知享有永久抗辩权而为给

---

① 有学说主张，明知撤销事由而为给付者，不得行使不当得利请求权；参见王泽鉴：《不当得利》（第二版），北京大学出版社2015年版，第113页；杨芳贤：《不当得利》，台北三民书局2009年版，第105页。不同观点认为，若撤销权在给付人处，其清偿债务后又主张撤销法律行为，行为存在前后矛盾，自无保护之必要；但若撤销权在相对人处，则给付人给付后相对人撤销合同，此时债务人应受保护，盖债务人当初的给付是在履行法律上之义务，并无矛盾行为存在。参见刘昭辰：《不当得利》（修订二版），台北五南图书出版股份有限公司2018年版，第55页、第56页。

② 仅指第三人之清偿，属不适法无因管理的情形，盖若构成适法管理，即属有法律上原因，不复满足不当得利之要件。

③ Dirk Looschelders, Schuldrecht Besonderer Teil, 14. Aufl., München 2019, §54, Rn.21.

付，得构成永久抗辩权之默示抛弃，唯于此之外，方有适用本项之余地。

3.给付人须自愿给付且无保留

若债务人给付时并非自愿，纵许其主张不当得利返还，亦不构成“矛盾行为”，本项即无适用之理据。准此而言，债务人被迫为给付时，如“为避免强制执行等不得已的事由而为给付”[①]“给付赎金于歹徒”，[②]因不符合“自愿给付”要件，无适用本项之余地。

给付人虽明知无给付义务或享有永久抗辩权，若基于“保留返还请求权”之表示而为给付，即非矛盾行为，不适用本项。[③]

三 举证责任

本项积极构成要件，除“没有法律根据”要件外，应由不当得利债权人负举证责任，即此似无争议。

就“没有法律根据”这一要件的举证责任，则有较大争议。主流观点认为，应区分不当得利之类型。在权益侵害不当得利，“没有法律根据”的举证责任，由债务人承担。[④]在给付型不当得利，则由不当得利债权人承担。[⑤]在支出费用型及求偿型不当得利，由不当得利债权人承担。[⑥]

---

① 参见王泽鉴：《不当得利》（第二版），北京大学出版社2015年版，第113页。

② 参见刘昭辰：《不当得利》（修订二版），台北五南图书出版股份有限公司2018年版，第55页。

③ Vgl. Dirk Looschelders, Schuldrecht Besonderer Teil, 14. Aufl., München 2019, §54, Rn.22; Vgl. Dieter Medicus/Stephan Lorenz, Schuldrecht II Besonderer Teil, 17. Aufl., München 2014, Rn.1148.

④ 参见王泽鉴：《不当得利》（第二版），北京大学出版社2015年版，第144页；张心恬、王文军、陈蔚如：《不当得利“没有合法根据”要件的证明责任分配》，载《政治与法律》2011年第6期；肖祥君、李顺前：《不当得利纠纷中证明责任的分配》，载《人民司法》2011年第12期。

⑤ 参见王泽鉴：《不当得利》（第二版），北京大学出版社2015年版，第74页；张心恬、王文军、陈蔚如：《不当得利“没有合法根据”要件的证明责任分配》，载《政治与法律》2011年第6期；袁士增：《不当得利在给付行为中的认定》，载《人民司法》2009年第6期。

⑥ 参见杨芳贤：《不当得利》，台北三民书局2009年版，第188页；张心恬、王文军、陈蔚如：《不当得利“没有合法根据”要件的证明责任分配》，载《政治与法律》2011年第6期。

在给付型不当得利，就“没有法律根据”这一消极事实，之所以例外令债权人负举证责任，[①]核心理由有二：其一，“给付不当得利请求权人乃使财产发生变动的主体，控制财产资源的变动由其承担举证责任困难的危险，实属合理”。[②]其二，令给付不当得利请求权人承担此消极事实的举证责任，有助于减少滥诉。[③]在支出费用型不当得利以及求偿型不当得利，理由大致相同。在权益侵害不当得利，债务人既已侵入他人受法律保护之财产领域，通常即可认为无法律上原因，保有因反属例外情形，故应令其负举证责任；[④]反之，就债权人而言，权益侵害型不当得利中，财产之变动通常非其行为所致，无法律上原因系消极事实，举证具极大困难。[⑤]

最后，在消极要件中，“给付系履行道德上的义务”及“给付人明知无给付义务而仍进行债务清偿”两项，应由不当得利债务人负举证责任。[⑥]于期前清偿情形，若给付人仅以期前清偿为由要求先予返还，受领人即得以本条直接对抗之，而不必证明任何事项；若给付人非以期前清偿为由，则无本项适

---

① 兹举一例说明：甲公司错误汇款给曾具有业务往来的乙公司。此时，甲公司可举证证明，甲乙间先前债权债务关系已结清，此次错汇款项，乃因乙公司与正确汇款对象丙公司名称存在相似性，由此完成举证责任。详见张心恬、王文军、陈蔚如：《不当得利“没有合法根据”要件的证明责任分配》，载《政治与法律》2011年第6期。此外，有观点认为，在给付型不当得利，不当得利债务人存在一种“真实陈述义务”，即先由被告提出某原因事实作为保有给付的法律上原因，其后由原告举证证明被告所抗辩之原因事实为不实。以减轻原告对消极事实的举证责任。参见王泽鉴：《不当得利》（第二版），北京大学出版社2015年版，第77页。

② 张心恬、王文军、陈蔚如：《不当得利“没有合法根据”要件的证明责任分配》，载《政治与法律》2011年第6期。

③ 例如，在蔡某诉高某不当得利案中，原告蔡某向被告高某的银行账户内分别存入20万元和10万元。2个月后，蔡某就该30万元款项，以民间借贷纠纷为由，诉至杭州市萧山区人民法院，要求高某立即归还30万元借款。法院以原告的证据不足以证明借贷关系存在为由，判决驳回其诉请。其后，蔡某再次以不当得利为由提起诉讼，称高某虽否认借款关系，但并未否认收取30万元的事实，因而负有不当得利返还义务。参见周全林、任子飞、茹华丽：《以不当得利为由二次起诉案件的处理》，载《人民司法》2011年第8期。本案中，若令被告高某承担“没有法律根据”的举证责任，显会使原告得以转嫁举证风险。

④ Münchener Kommentar zum BGB/Schwab, 7. Aufl., 2017, §812, Rn.444.

⑤ 详见肖祥君、李顺前：《不当得利纠纷中证明责任的分配》，载《人民司法》2011年第12期。

⑥ Vgl. Beck'sche Online-Kommentare zum BGB/Hau/Poseck, 54. Aufl., 2020, §812, Rn.284. 另请参见王泽鉴：《不当得利》（第二版），北京大学出版社2015年版，第109页。

用余地；故就第2项排除事由，并不存在其特有的举证责任问题。

第九百八十六条【善意得利人的得利丧失抗辩】

得利人不知道且不应当知道取得的利益没有法律根据，取得的利益已经不存在的，不承担返还该利益的义务。

历史由来

本条为新增条文。在民法典编纂过程中，本条规范内容未发生实质性的变化。文字表述变化如下：《民法典合同编（草案）》（征求意见稿）第544条规定："得利人不知道或者不应当知道获得利益没有法律根据，所得利益已不存在的，不承担返还利益的责任。"《民法典合同编（草案）》（一审稿）第769条在构成要件部分，将"得利人不知道或者不应当知道"修改为"得利人不知道并且不应当知道"，把"获得利益没有法律根据"修改为"获得的利益没有法律根据"，并把"所得利益已不存在的"修改为"获得的利益已不存在的"；在法律效果部分，将"不承担返还利益的责任"修改为"不承担返还该利益的责任"。《民法典合同编（草案）》（二审稿）第769条进一步将"获得的利益已不存在的"修改为"获得的利益已经不存在的"。《民法典（草案）》第980条将"不承担返还该利益的责任"修改为"不承担返还该利益的义务"。最终表决通过的《民法典》则作出了将"获得"替换为"取得"的修改。

《民法典》之前，就得利返还范围，法律未区分得利人的善意、恶意而作不同规定。《民法通则意见》第131条第1句仅规定"返还的不当利益，应当包括原物和原物所生的孳息"。在得利客体及其转化形态已不存在，或得利客体或转化形态虽存在但得利人整体财产有所损失时，得利人是否仍负相应得利返还义务，并无明文规定。但司法实践中，最高人民法院已尝试类推适用物权法中所有人与占有人关系的规则，填补法律漏洞，并明确指出，"不当得利的善意受领人无现存利益的，不负返还责任"。[①]本条肯定司法实践之此种价值判断。

① 参见最高人民法院（2017）最高法民再287号民事判决书。

在《民法典》草案修订过程中，就善意的判定标准存在不同的意见。一种意见认为，善意既包括得利人无过失而不知，亦包括得利人因过失而不知得利无法律上原因。[①]另有学者主张，得利人应知所获利益没有法律根据的，应当与恶意得利人作相同处理。[②]此外尚有观点主张，得利人因重大过失而不知，不能主张得利丧失抗辩；若仅因轻过失而不知，则仍视为善意得利人；如此方与《民法典》第459条、第461条占有人赔偿责任相协调。[③]草案最终规定“得利人不知道并且不应当知道”，方可主张得利丧失抗辩。

二 规范目的或功能

不当得利法之功能，在于去除得利人无法律上原因之得利。若得利不复存在，善意得利人即应免返还义务，否则其反受财产上不利，显与规范目的不合。本条规定得利人不知且不应知得利无法律根据时，可主张得利灭失抗辩，即旨在使善意得利人的财产状态，不致因得利而反受不利影响，[④]明文承认“禁止善意得利人反受不利原则”。[⑤]其乃不当得利制度“去除得利”功能之体现，为整个不当得利法的核心规范。[⑥]

与本条适用密切相关的条文有《民法典》第157条、第459条以及第461条：

《民法典》第157条规定法律行为无效、撤销或确定不生效力后的法律后果，构成给付型不当得利返还之特别规定。[⑦]若不当得利请求权因法律行为

---

① 参见梁慧星主编：《中国民法典草案建议稿附理由：债权总则编》，法律出版社2013年版，第23页；王利明主编：《中国民法典学者建议稿及立法理由：债法总则编·合同编》，法律出版社2005年版，第43页。

② 参见李宇：《民法典分则草案修改建议》，载《法治研究》2019年第4期。

③ 参见陈吉栋：《论〈民法总则〉不当得利一般条款的设置模式》，载《上海交通大学学报》（哲学社会科学版）2017年第5期。

④ 参见王泽鉴：《不当得利》（第二版），北京大学出版社2015年版，第257页。

⑤ 参见赵文杰：《论不当得利与法定解除中的价值偿还》，载《中外法学》2015年第5期。

⑥ 参见刘昭辰：《不当得利》（修订二版），台北五南图书出版股份有限公司2018年版，第185—186页。

⑦ 不同见解，参见崔建远：《不当得利规则的细化及其解释》，载《现代法学》2020年第3期。

无效、撤销或确定不生效力而发生，应优先适用第157条。需注意，第157条第1句规定行为人不能返还取得的财产时，负折价补偿义务，而未规定得利人是否可在特定情形主张得利丧失抗辩，文义范围过宽。在非属双务合同情形，无涉对待给付的返还，应允许得利人适用本条主张得利灭失抗辩。即使在双务合同，依据通说，得利人在一定情形仍可主张得利灭失抗辩（详见下文）。

《民法典》第459条及第461条规定无权占有人之责任。依其文义，恶意占有人应就物之毁损、灭失，承担无过错的赔偿责任。[①]依其反面推论，善意占有人一律不负赔偿责任。就此应注意两点：其一，第459条及第461条是本条的特别规定。其二，第459条及第461条中占有人之善恶意，和本条得利人善恶意之认定标准或有不同。占有人若“不知且非因重大过失不知自己为无权占有”，[②]则为善意；而本条中得利人之善意，指“不应当知道”得利无法律原因，自文义观之，须无“轻过失”，但其是否妥适，尚有待判例学说检验。

规范内容

本条为完全法条。其构成要件为“得利人不知道且不应当知道取得的利益没有法律根据”且“取得的利益已经不存在”，其法律效果为“不承担返还该利益的义务”。就本条构成要件及法律效果中涉及的解释论问题，分述如下：

一、要件一：取得的利益已经不存在

援引本条得利丧失之抗辩，须得利人“取得的利益已不存在”。取得的利益是否尚存，与得利人是否“受有利益”（第985条），判断标准不同，此处需以得利人的整体财产状况为断。只要得利人的财产尚因得利而有所增加，即

---

① 恶意占有人纵明知无占有权，就占有物毁损灭失，未必有过错；若无过错，仍须承担赔偿责任，评价上似有失当。

② 全国人民代表大会常务委员会法制工作委员会编：《中华人民共和国物权法释义》，法律出版社2007年版，第518页。

不得主张无现存利益。[①]判断得利是否尚存，应以得利人明知或应知负有得利返还义务之时点为准。[②]依主流学说，可主张得利丧失抗辩的情形如下：其一，原得利客体（及其用益，下同不赘）不复存在，且无转化利益；其二，原得利客体存在或虽不复存在而有转化利益，但得利人另有可扣减之财产减损。

（一）原得利客体不复存在，且无转化利益

1.原得利客体不复存在之情形

原得利客体不复存在，包括原得利客体依其性质无法返还，或因其他事由不能返还（详见第985条评注）。

2.无转化利益之判定

此外，得利人主张本条之抗辩，尚需不存在原得利客体之转化利益。原得利客体的转化利益，有如下可能的形态：

其一，代位利益，包括基于权利之所得、原得利客体（及其用益）之代位物及代偿利益（详见第985条评注）。

其二，费用之节省。原得利客体虽不复存在，但得利人有费用之节省，即不得主张本条之抗辩，仍负价额偿还义务。如丙订购食材，配送员误送至邻宅甲处，甲误认此系其夫乙所购，遂烹食之，待丙询问，甲始知实情。若错送之食材合乎甲平日购买习惯，则食材虽已消费，甲却有费用之节省，故于此限度内，不得向丙主张本条得利丧失之抗辩。[③]又如甲赠与乙玉石一块，

---

① 此为通说。参见杨芳贤：《不当得利》，台北三民书局2009年版，第155页。Hans Brox/Wolf-Dietrich Walker, Besonderes Schuldrecht, 43. Aufl., München 2019, §43, Rn.7.

② 得利人明知或应知负有得利返还义务时，不得再主张得利丧失抗辩，以此作为准据时，可以确定得利返还范围。主流学说认为，应以得利人受返还请求之时为准据时。参见王泽鉴：《不当得利》（第二版），北京大学出版社2015年版，第260页。然而一方面，即使得利人受返还请求，若其仍有正当理由信赖可保有得利，则其后仍可继续主张得利丧失抗辩。另一方面，在得利人受返还请求之前，若得利人之主观状态已非为善意，此时应以其明知或应知须返还所受利益之时点为准据时，始能准确界定嗣后恶意得利人之返还范围。

③ 若错送之食材颇为高级，甲平时不会采购，且甲原已准备当天晚餐所需食材，则可认为甲消费错送之食材，属所谓奢侈性支出，故无费用之节省，可援引本条得利丧失之抗辩。当然，得利人就其无支出此项费用之计划或习惯，负举证责任，依举证责任分配之基本原理，应推定其有费用之节省。关于奢侈性支出，参见姚志明：《无因管理与不当得利》（修订二版），台北元照出版有限公司2016年版，第282页。

乙制成玉雕，转赠予老友丙为生日礼物，后发现甲乙间赠与合同无效，乙可因加工取得玉雕所有权；若乙本即有赠与丙生日礼物之计划，即有费用之节省，于此范围内，不得依本条主张所得利益已不存在。[①]

其三，法律行为之对价。依主流学说，基于法律行为所获对价（如出售笔记本电脑所得价款）非属代位利益，非不当得利返还客体。[②]于此情形，就法律行为之对价，得利人不负返还的义务，而仅须因原得利客体之返还不能而作价额偿还。交易对价高于原得利客体之客观价值（如市价），得利人仅须返还原得利客体的客观价值。交易对价低于原得利客体之价值，得利人可就二者差额部分，主张得利灭失之抗辩（仅需以对价金额为限负返还义务）。可见，二者中，以数额较低者，为现存利益之范围。

此外，因法律行为所获对价并非金钱时，是否应径以此对价为返还客体，尚有争议。如乙无法律原因而取得50万元，后以此购车一辆，若该车价值45万元，乙仍须另筹45万元以作价额偿还，若该车价值60万元，乙亦须另筹50万元以作价额偿还，加重其财务负担，似有悖于“禁止善意得利人反受不利”之宗旨；故有学者主张，此时应直接以该车为不当得利返还之客体（现存利益），乙返还该车即得免于义务。[③]依笔者之见，该车仍非代位利益，并非不当得利债务之返还客体，得利人所负者，仍为价额偿还义务。但若得利人善意，为免增加其财务负担，应例外令其享有代物清偿之权利（任意之债中的替代权），可单方决定以该车清偿其价额偿还义务。

其四，存在其他转化形态。例如，原得利客体为木材之所有权，后因添附（如与不动产附合）而消灭，则其转化为物上成分，得利人整体财产仍有增加，故其不得主张得利丧失抗辩。于此，得利人为善意时，为免增加其财务负担，亦应例外允许其仅返还添附所生新物，以履行其价额偿还义务（详

---

① 类似见解，参见姚志明：《无因管理与不当得利》（修订二版），台北元照出版有限公司2016年版，第283页。本例中，费用节省之金额，按乙原本拟赠生日礼物之价额；玉雕价额若大于此价额，超出部分金额仍属奢侈性支出，乙不负返还义务，但甲得依第988条请求丙返还其无偿所受此部分金额。

② 参见王泽鉴：《不当得利》（第二版），北京大学出版社2015年版，第247页。

③ 参见刘昭辰：《不当得利》（修订二版），台北五南图书出版股份有限公司2018年版，第172页。

见上文)。例如，原得利客体为牛肉，后加工为牛肉丸，善意得利人可返还牛肉丸，以清偿其价额偿还义务。

(二)得利人另有可扣减之财产减损

1.概述

原得利客体存在或虽不复存在但有转化利益(得利未完全丧失)，但得利人另有可扣减之财产减损的，亦得主张得利丧失抗辩。我国主流学说认为，为保护善意受领人之信赖，因信赖所受利益具有法律依据而遭受的财产减损，得主张扣除。①但需注意，返还义务非以“金钱给付”(如价额偿还)为内容时，财产减损之“扣除”，或有困难。例如，得利人应返还物时，其财产减损即无法直接由物中扣除。故有观点主张，此时得利人可依本条主张“同时履行”。②其教义学构造如何(是否意味着得利人有独立请求权③)，尚待研究。

2.可得扣除之财产减损

可得扣除之财产减损，包括:(1)得利人因信赖所得利益无需返还，而

① 参见王泽鉴:《不当得利》(第二版)，北京大学出版社2015年版，第262页；刘昭辰:《不当得利》(修订二版)，台北五南图书出版股份有限公司2018年版，第187页。不同见解参见赵文杰:《论不当得利与法定解除中的价值偿还——以〈合同法〉第58条和第97条后段为中心》，载《中外法学》2015年第5期。其主张系源自弗卢梅的“财产上决定说”，以解决不利的扣除问题。

② Vgl. Karl Larenz/Claus-Wilhelm Canaris, Lehrbuch des Schuldrechts Band II: Besonderer Teil, 2. Halbband, 13. Aufl., München 1994, §73 I 4, S. 301 f.

③ 依德国学说，《德国民法典》第818条第3款(其功能相当于本条)仅规定抗辩，而非独立请求权基础。但若得利人返还原物时表示保留费用求偿权(unter Vorbehalt des Aufwendungsersates)，且债权人受领之，则债权人类推《德国民法典》第1001条第3句负费用偿还义务。Vgl. Karl Larenz/Claus-Wilhelm Canaris, Lehrbuch des Schuldrechts Band II: Besonderer Teil, 2. Halbband, 13. Aufl., München 1994, §73 I 4 b, S. 302.《瑞士债务法》第65条第1款(“受领人得请求偿还必要费用与有益费用，但就后者，若其受领时非善意，则仅得以返还时尚存之增值额为限求偿”)就得利人支出费用，虽不采“扣减”模式，而规定得利人有独立请求权，但依学说，此请求权仅为“自然”请求权(相应义务为自然债务)，仅受留置权(Rententionsrecht)担保，若得利人返还原物，则该请求权消灭，得利人无法再实现其请求权。Vgl. Alfred Koller, Schweizerisches Obligationsrecht, Allgemeiner Teil, 3. Aufl., Bern 2009, §30 Rn.74.

将自己的财产转让给他人。[①]如不知无法律上原因而取得激光唱机，故将自己原有的激光唱机捐赠孤儿院。[②]（2）依主流学说，对原得利客体所支出的必要费用及有益费用均可扣除。[③]（3）依主流学说，为取得原得利客体所支出的运费、关税等缔约过程中发生的费用，均在可扣除之列。[④]

3.不得扣除之财产减损

若财产减损非因信赖得利无须返还（取得之终局性）而发生，则不得请求扣减，包括：（1）向第三人支付的价金。如甲之玉石为乙所窃，乙将其出卖于善意之丙，丙向乙支付合同价金后，将其雕刻成玉雕。依主流学说，甲向丙主张不当得利返还时，丙不得主张扣减其向乙支付的合同价金。[⑤]《民法典》第312条第2句后半句（“受让人通过拍卖或者向具有经营资格的经营者购得该遗失物的，权利人请求返还原物时应当支付受让人所付的费用”），为其例外，但此已非去除现存利益之考量，而是物权法特有价值判断之体现。[⑥]（2）原得利客体对得利人的身体或其他财产造成损害。依据主流学说，此等损害不得主张扣减。[⑦]理由在于，此种损害并非信赖取

① 王泽鉴：《不当得利》（第二版），北京大学出版社2015年版，第262页；刘昭辰：《不当得利》（修订二版），台北五南图书出版股份有限公司2018年版，第193页；姚志明：《无因管理与不当得利》（修订二版），台北元照出版有限公司2016年版，第287页、第288页；杨芳贤：《不当得利》，台北三民书局2009年版，第162页。

② 王泽鉴：《不当得利》（第二版），北京大学出版社2015年版，第262页。

③ 参见王泽鉴：《不当得利》（第二版），北京大学出版社2015年版，第262页；刘昭辰：《不当得利》（修订二版），台北五南图书出版股份有限公司2018年版，第191页；姚志明：《无因管理与不当得利》（修订二版），台北元照出版有限公司2016年版，第287页；杨芳贤：《不当得利》，台北三民书局2009年版，第161页。

④ 参见王泽鉴：《不当得利》（第二版），北京大学出版社2015年版，第262页；刘昭辰：《不当得利》（修订二版），台北五南图书出版股份有限公司2018年版，第191页；姚志明：《无因管理与不当得利》（修订二版），台北元照出版有限公司2016年版，第286页、第287页；杨芳贤：《不当得利》，台北三民书局2009年版，第161页。

⑤ 参见杨芳贤：《不当得利》，台北三民书局2009年版，第162页；另请参见王泽鉴：《不当得利》（第二版），北京大学出版社2015年版，第262页；刘昭辰：《不当得利》（修订二版），台北五南图书出版股份有限公司2018年版，第192页。

⑥ 参见刘昭辰：《不当得利》（修订二版），台北五南图书出版股份有限公司2018年版，第193页。

⑦ 参见王泽鉴：《不当得利》（第二版），北京大学出版社2015年版，第263页。

得终局性而发生。[①]

至于对物支出的落空费用，是否得依据本条主张扣减，颇有争议，尚待进一步研究。[②]

（三）得利丧失抗辩在双务合同得利返还下适用之限制

双务合同无效、被撤销或者确定不生效力时，亦有不当得利返还问题。通说认为，与一般不当得利不同，双务合同情形涉及对待给付的返还。当双方所受利益仍存在于其整体财产，或利益虽有减少但该方当事人为恶意得利人时，依不当得利返还一般规则处理，尚可谓符合公平正义。但若一方所受利益已经不存于其整体财产，另一方所受利益却仍存在，则会发生问题（依“双重不当得利请求权对立说”，可能出现仅一方负返还义务，他方可免责之局面，似有违双务合同牵连性之本质，详见下文），故通说主张此时应对本条的适用进行目的性限缩，得利人在其所为对待给付范围内，不得主张得利丧失抗辩：[③]

如甲以5000元将其笔记本电脑出卖给乙，乙受领电脑并支付价金，后发现买卖合同无效（被撤销或确定不生效力），在甲向乙请求返还电脑前，电脑已因意外灭失。此时，若依“双重不当得利请求权对立说”，允许善意的乙依据本条主张得利丧失抗辩，其即不必向甲偿还价额，但乙仍可请求甲返还5000元价金。该结果与合同有效时的风险负担规则截然相反，[④]且在价值衡量上亦严重失衡。为解决“双重不当得利请求权对立说”带来的此种弊端，学界提出了“差额说”“对待给付返还说”“财产上决定说”等各种学说以限制

---

① 王泽鉴：《不当得利》（第二版），北京大学出版社2015年版，第263页。

② 相关学说争议，参见Karl Larenz/Claus-Wilhelm Canaris, Lehrbuch des Schuldrechts Band II: Besonderer Teil, 2. Halbband, 13. Aufl., München 1994, §73 I 2, S. 298, 299; Münchener Kommentar zum BGB/Schwab, 7. Aufl., 2017, §818, Rn.159; Staudinger/Lorenz, Berlin 2007, §818, Rn.37; Flume, Studien zur Lehre von der ungerechtfertigten Bereicherung, 1. Aufl., Tübingen 2003, S. 147. 刘昭辰：《不当得利》（修订二版），台北五南图书出版股份有限公司2018年版，第191页；赵文杰：《论不当得利与法定解除中的价值偿还：以〈合同法〉第58条和第97条后段为中心》，载《中外法学》2015年第5期。

③ 注意在双务合同的不当得利返还情形，《民法典》第157条的优先使用。本部分仅围绕本条的适用作相应评注。

④ 《民法典》第604条规定：“标的物毁损、灭失的风险，在标的物交付之前由出卖人承担，交付之后由买受人承担，但是法律另有规定或者当事人另有约定的除外。”

本条在双务合同情形之适用。[①]上述学说均强调，在双务合同情形，一方获得利益，系以放弃自己所为对待给付为代价，故得利人于其所为对待给付范围内，不得主张本条之得利丧失抗辩。[②]故上例中，假设灭失之电脑价值为6000元，则乙不得在其所付价金（5000元）范围内主张本条抗辩，以此为限仍负返还义务（须偿还价额5000元）。乙仅得就得利超出价金之部分（即1000元）主张得利灭失。此外，依学说，即使得利灭失不可归责于乙（如因意外风险导致），乙仍不得主张本条之得利丧失抗辩。[③]

另需注意，主流学说提出，在以下情形，即使涉及双务合同，仍可适用本条：（1）得利受领人欠缺行为能力。此时其仍可主张得利丧失抗辩，价值判断上的理由在于，“以符合民法对欠缺行为能力人的保护，否则……等同无行为能力之人必须对其有效的法律行为负责，而受事实上的法律行为效力约束”。[④]（2）不当得利债权人一方恶意欺诈或胁迫。此时得利人仍可主张得利丧失抗辩，似无疑义。但得利灭失与恶意欺诈、胁迫之间是否须有因果关系，则有分歧。有学者认为，即使得利灭失系因得利人过失所致，得利人仍可主张得利丧失抗辩。[⑤]反对见解则认为，仅当得利灭失与诈欺、胁迫存在因果关系时，得利人方可援引得利丧失抗辩。[⑥]如甲出卖事故车（本身无安全隐患）

---

① 各种学说的理论基础以及存在的不足，我国学者已有详细分析，参见赵文杰：《论不当得利与法定解除中的价值偿还》，载《中外法学》2015年第5期。

② 唯其理由各异，在差额说，乃因“双务合同义务之间的牵连性在合同无效后仍然发挥作用，即所谓‘事实上的牵连性’”；在对待给付返还说，系因“作为一个理性人，双务合同中的取得人（如买卖合同中的买受人）应清楚地意识到自己之所以能够任意处置受领的标的物，是因为其愿意终局地放弃自己所为对待给付的返还”；在财产上决定说，则因“合同缔结就意味着当事人作出了一般财产上决定，其内容为愿意放弃自己的对待给付以保有受领的对方给付”。详见赵文杰：《论不当得利与法定解除中的价值偿还》，载《中外法学》2015年第5期。

③ 但在得利灭失的原因由不当得利债权人引起时，似有不同。参见赵文杰：《论不当得利与法定解除中的价值偿还》，载《中外法学》2015年第5期；另请参见王泽鉴：《不当得利》（第二版），北京大学出版社2015年版，第268页。

④ 参见刘昭辰：《不当得利》（修订二版），台北五南图书出版股份有限公司2018年版，第211页。

⑤ 参见王泽鉴：《不当得利》（第二版），北京大学出版社2015年版，第265页。

⑥ 参见杨芳贤：《不当得利》，台北三民书局2009年版，第169页；相似见解，参见赵文杰：《论不当得利与法定解除中的价值偿还》，载《中外法学》2015年第5期。

予乙，谎称其非事故车。后乙因过失肇事，该车全损。依前说，乙可单方索回价金（或免负付款义务），自己则无须偿还该车价额（事故风险转嫁于欺诈人）。依后说，因得利灭失（事故）与欺诈（该车是否曾发生事故）无因果关系，故乙不得主张本条抗辩。反之，若欺诈事项涉及该车刹车瑕疵，乙不知此安全隐患仍驾驶该车，因刹车失灵而遇事故，该车全损，则依二说，乙均可主张得利灭失抗辩。衡诸欺诈、胁迫等规范之保护目的，宜以后说为当。[①]

除上述两种常见情形外，在合同有其他瑕疵（例如，错误或存在违背善良风俗之情形），以及不当得利债权人破产时，亦有观点主张应允许得利人主张本条之得利丧失抗辩。[②]

二、要件二：得利人不知道且不应当知道取得的利益没有法律根据

得利人须为善意（“不知道且不应当知道取得的利益没有法律根据”），方可主张本条之得利丧失抗辩。若其为恶意，则应适用第987条负加重责任。故知此处善意、恶意，实乃一枚硬币之两面，一者界定清楚，另一者自明。下文即从恶意出发，探讨何为明知或者应知得利无法律根据。

（一）明知或应知之对象：扩及于“得利无法律原因之可能性”

依本条及第987条，得利人明知或应知的对象（何种事项），为“取得的利益没有法律根据”。例如，得利人明知给付之基础关系不存在、权益变动无正当根据等。但严依文义，或有不当。依本条规范意旨，似宜解为，得利人明知或应知之对象，尚可扩及“得利无法律原因之可能性”。因此，得利人虽非明知或应知得利“没有”法律根据，但明知或应知得利“可能没有”法律根据（即自己有可能依不当得利负返还义务），则其为恶意，不适用本条，而应依第987条负加重责任。例如：（1）得利人明知或应知法律根据可能嗣后消

---

① Vgl. Karl Larenz/Claus-Wilhelm Canaris, Lehrbuch des Schuldrechts Band II: Besonderer Teil, 2. Halbband, 13. Aufl., München 1994, §73 III 5 b, S. 330.

② 详细参见赵文杰：《论不当得利与法定解除中的价值偿还》，载《中外法学》2015年第5期。

灭。例如，买受人明知或应知买卖合同有撤销事由，即明知或应知买卖合同可能因撤销而无效，故非善意。再如，附解除条件之情形，得利人明知解除条件有成就之可能（致合同效力消灭），故亦非善意。（2）给付目的不达型不当得利中，得利人应知给付目的有可能不达时，亦非善意。例如，甲为挽回其情侣乙之情感，向乙给付财产，得利人乙应知双方有感情破裂（给付目的不达）之可能，故非善意。[①]

（二）明知或应知之判定

依学说，得利人依其事实认识及法律判断，知其欠缺保有所受利益的正当依据等事项时，即为明知，不以确实了解整个法律关系为必须。[②]另需指出，比较法上有认为，得利人自诉讼系属（诉状送达）起应负加重责任。[③]得利人既受起诉，自应预见自己有败诉（负返还义务）之可能，故属"明知"返还义务存在之可能性。

较为困难的是"应知"的判断。《欧洲私法的原则、定义与示范规则：欧洲示范民法典草案》"不当得利卷"之评注所作界定，值得参考。根据该评注，得利人须如理性人般行事，负担依显见事实进行调查之义务。若一切事实皆指向其不可能负返还义务，或虽有可疑处，但通过恰当调查，可确认其不可能负担返还义务，则可认定得利人已如理性人般行事，构成善意得利人；反之，则为恶意得利人。[④]

（三）明知或应知之主体的特殊问题

1.代理人之知情归并

若得利由代理人受领或得利之返还由代理人负责，则代理人对于得利无法律根据的明知或应知，应归并于本人。[⑤]

---

① 就此可参考《德国民法典》第820条。

② 参见王泽鉴：《不当得利》（第二版），北京大学出版社2015年版，第269页。

③ 就此可参考《德国民法典》第818条第4款。

④ 参见《欧洲私法的原则定义与示范规则：欧洲示范民法典草案》（全译本）（第5—7卷），法律出版社2014年版，第1056—1057页。

⑤ 参见王泽鉴：《不当得利》（第二版），北京大学出版社2015年版，第269页。

2.行为能力欠缺者善恶意之判定

具有较大争议的是，如何认定无民事行为能力人、限制民事行为能力人[①]对得利是否存在法律根据的知与不知。主流学说认为，无民事行为能力人、限制民事行为能力人是否知无法律根据，应基于法定代理人的主观状态加以判断；少数说则区分给付不当得利和非给付不当得利两种情形，前者赞同主流学说的观点，后者则主张无民事行为能力人、限制民事行为能力人是否知无法律根据，因就其自身加以判断。若其无识别能力，则不产生“知”或“不知”的问题，也不必负加重责任。[②]

两种观点在涉及给付不当得利时无争议，均认为应当基于法定代理人的主观状态判断行为能力欠缺者的善恶意。之所以不以行为能力欠缺者的主观状态为准，其核心理由在于，行为能力欠缺者智虑不周，若以其主观状态判断无法律上原因的知或不知（并在其非为善意时否定其主张得利丧失抗辩之可能），无异于要求其承担法律行为之后果，显然违反行为能力之制度目的。[③]以法定代理人的主观状态为断，有利于法定代理人更好地履行对行为能力欠缺者财产的管理义务。[④]至于在非给付不当得利的情形，究竟采主流学说还是少数说，仍有研究余地。[⑤]

三、法律效果

取得的利益已不存在，且得利人主观状态为善意的，得利人不承担返还该利益的义务，亦无须就该利益作价额偿还。

---

① 在此排除限制行为能力人进行与其年龄、智力以及精神健康状况相适应的民事法律行为的情形。

② 相关学说争议，参见刘昭辰：《不当得利》（修订二版），台北五南图书出版股份有限公司2018年版，第200页。

③ 相似见解，参见杨芳贤：《不当得利》，台北三民书局2009年版，第159页。

④ 王泽鉴先生似采此见解。相关论述参见王泽鉴：《不当得利》（第二版），北京大学出版社2015年版，第270页、第271页。

⑤ 主流学说认为在非给付不当得利的情形采少数说不妥。理由在于不当得利与侵权行为的构成要件及功能，实有不同，宜否类推适用侵权法关于识别能力之规定，使具有识别能力之未成年人负加重的返还责任，存在疑问。相关论述参见王泽鉴：《不当得利》（第二版），北京大学出版社2015年版，第270页。但笔者认为，此理由仅能说明在不当得利之情形不可任意类推侵权行为的规定，并未直接说明在非给付不当得利，尤其是权益侵害不当得利，以识别能力而非行为能力作为考察行为能力欠缺者对无法律上原因的知或不知的基础，究竟有何不妥。

举证责任

依据通说，不当得利受领人于受有利益时是否为善意，由利益受损失的人承担证明责任[①]，而“取得的利益已经不存在”之举证责任，则由得利人承担。[②]

其他问题

一、本条与债务不履行责任的关系

依债务不履行一般原理，若给付不能可归责于债务人（通常即有过错），则债权人有权请求损害赔偿。但得利人若非应知得利无法律原因，即可信赖得利之终局性，无论如何处置得利客体，均难谓有过错（可归责性）。故本条依性质排除债务不履行责任。

二、原得利客体为金钱[③]时，所得利益已不存在之认定

有观点认为，“因金钱具有高度可替代性及普遍使用性，只要移入受领人的财产，即难以识别，原则上无法判断其不存在”。[④]司法实践中，有判决认为，原得利客体为金钱时，仍可能得利不复存在；如一则案例中，最高法院认为，不当得利人为善意，因其在收到600万元的次日即将该款项转出，所受利益已不存在，故无须返还。[⑤]亦有判决倾向于认为，受领利益为金钱时，不得主张得利不复存在；如另一则案例中，得利人为水电站承包人，因电量计算错误而多收41万元。其抗辩称，其系依发电量发放工资，因此已多发放20万元工资，因而仅就21万元现存利益负返还责任。但二审法院最终认为，其支付工人工资属于公司内部经营管理范畴，不属

---

① 参见杨芳贤：《不当得利》，台北三民书局2009年版，第174页。

② 参见王泽鉴：《不当得利》（第二版），北京大学出版社2015年版，第260页。

③ 存入银行后形成对银行的债权，亦同。

④ 王泽鉴：《不当得利》（第二版），北京大学出版社2015年版，第261页。

⑤ 参见最高人民法院（2017）最高法民再287号民事判决书。

于现存利益认定范畴，且其多收取的金钱是种类物而非特定物，故其抗辩不能成立。[①]

笔者以为，一方面，金钱移入受领人财产，并非必然难以识别。金钱单独保存（如存入单独银行卡），或金额巨大（如受领人卡中本仅有几百元，而错误转入的金钱高达百万元）时，显具“可识别性”。此时，若发生银行卡盗刷事件或奢侈性支出，仍应允许善意得利人主张得利灭失抗辩。另一方面，金钱作为高度可替代的种类物，一旦移入受领人财产，确可能因混合而丧失可识别性。但于此时，仍应考虑金钱之价值是否仍留存于其整体财产上（如有无费用节省）。若否，则得利人可主张得利灭失抗辩。

第九百八十七条【恶意得利人的加重责任】

得利人知道或者应当知道取得的利益没有法律根据的，受损失的人可以请求得利人返还其取得的利益并依法赔偿损失。

历史由来

本条为新增条文。在《民法典》编纂过程中，本条内容基本保持一致。值得注意的变化，有以下几处：《民法典合同编（草案）》（征求意见稿）第545条规定：“得利人知道或者应当知道获得利益没有法律根据的，受损失的人有权请求得利人返还其获得的利益并赔偿损失。”《民法典合同编（草案）》（一审稿）第770条将前半句中“获得利益”修改为“获得的利益”。《民法典合同编（草案）》（二审稿）第770条则在“赔偿损失”之前添加“依法”二字。《民法典（草案）》第987条未再作修改。最终表决通过的《民法典》则将“获得”修改为“取得”。

如上条所述，此前法律并未区分得利人之善恶意，作不同规定。但实务中已有案例，在得利人恶意时科以加重责任。[②]本条即规定恶意不当得利人的加重责任，以回应学说与司法实践之需求。

---

① 参见福建省龙岩市中级人民法院（2017）闽08民终710号民事判决书。

② 参见四川省成都市中级人民法院（2014）成民终字第2909号民事判决书。

规范目的或功能

不当得利法之制度目的，仅在去除得利人无法律根据而取得之利益，而非对利益受损之人进行损害赔偿。[①]若所得利益已不存在，得利人本即不应再负得利返还义务。本条规定恶意得利人不能主张得利不复存在，仍负价额偿还义务，实乃要求恶意得利人纵已无财产增加，亦负得利返还责任。此外，本条亦规定，恶意得利人尚须依法负损害赔偿责任。据此，本条实已超越不当得利法去除得利之制度功能。[②]

本条是对不当得利返还范围的规定。与第986条相呼应，本条规定恶意得利人的加重责任。一般认为，利益受损之人依本条请求得利的返还，其请求权的性质仍为不当得利。利益受损之人依本条向得利人主张损害赔偿，其请求权的性质则存在争议。[③]

规范内容

本条为完全法条。其构成要件为“得利人知道或者应当知道取得的利益没有法律根据”，其法律效果为“受损失的人可以请求得利人返还其取得的利益并依法赔偿损失”。以下就本条所涉重要解释论问题，依构成要件、法律效果分而述之。

一、构成要件

得利人知道或者应当知道取得的利益没有法律根据。何为明知或应知无

---

① 参见王泽鉴：《不当得利》（第二版），北京大学出版社2015年版，第3页。

② 相似见解，参见刘昭辰：《不当得利》（修订二版），台北五南图书出版股份有限公司2018年版，第199页。

③ 有学者认为“此项损害赔偿请求权系不当得利法上的制度”，参见王泽鉴：《不当得利》（第二版），北京大学出版社2015年版，第272页。而有学者则认为，“其法律性质已经不再是不当得利，而是真正的损害赔偿性质”。参见刘昭辰：《不当得利》（修订二版），台北五南图书出版股份有限公司2018年版，第205页。

法律根据，详见本法第986条评注，于此不赘。

二、法律效果

（一）得利人的义务

1.返还得利客体

所受领之原得利客体，就原得利客体实际收取之用益、原得利客体及其用益转化所得之代位利益未发生返还不能的，各依该客体的移转方法返还之。

2.无条件的价额偿还义务

若原样返还不能，则恶意得利人负无条件的价额偿还义务。此所谓“无条件”，表现如下：

首先，结合本法第986条及第987条可知，得利人知道或应知得利无法律根据时，不得主张得利不复存在。据此，得利纵不复存在于得利人之整体财产，得利人仍须作价额偿还。此种价额偿还义务，于得利客体非为物时，尤具实践意义。①如甲逃票偷乘乙之飞机（甲为恶意得利人），其得利客体为“客运服务”；若甲主张原本会选用其他低价出行方式（或本无出行计划），即可减免得利返还义务，不啻于强迫乙以低价（乃至免费）缔结客运合同。②故宜使恶意不当得利人，负无条件的价额偿还义务。

其次，通说认为，该价额偿还义务亦不要求恶意得利人有过错，得利灭失纵不可归责于恶意得利人，其仍负价额偿还义务。③但在得利客体为物（或

---

① Vgl. Münchener Kommentar zum BGB/Schwab BGB §818, 6. Aufl., 2013, Rn.288.

② 此涉及著名的“飞机旅行案”。Vgl. Karl Larenz/Claus–Wilhelm Canaris, Lehrbuch des Schuldrechts II. Band: Besonderer Teil, 2. Halbband, 13. Aufl., München 1994, §71 II 2 c, S. 259 f., §73 II 5 a, S. 320; Manfred Wandt, Gesetzliche Schuldverhältnisse, Deliktsrecht–Schadensrecht–Bereicherungsrecht–GoA, 7. Aufl., 2015, §12, Rn.58 f.另需说明，仅就此例而言，甲若为“明知”，则其一面主张本无此类出行计划，一面又利用乙之劳务，亦有“矛盾行为”之嫌。Vgl. Josef Esser/Hans–Leo Weyers, Schuldrecht Band II: Besonderer Teil, 2. Teilband, 8. Aufl., Heidelberg 2000, §51 III 2 c, S. 121.

③ Vgl. Dirk Looschelders, Schuldrecht Besonderer Teil, 14. Aufl., München 2019, §56, Rn.20.参见王泽鉴：《不当得利》（第二版），北京大学出版社2015年版，第273页。当然，在强迫得利，恶意得利人仍可主张得利对自己（自始）无价值，而例外免负价额偿还义务。

其他需妥善保存之客体）时，此种无条件价额偿还义务，或属过苛。如受赠人偶然获悉赠与合同无效后（故属恶意得利人），愿返还，且在返还前已尽妥善管理义务，但受领之物仍因不可抗力灭失，此时令其负无条件价额偿还义务（近似于担保责任），似有不妥（有谓“不能把得利人视作应予返还资财的保险人”[①]）。故有观点主张，恶意得利人依法定之债负妥善保管义务，仅依债务不履行一般规定负过错（推定）责任，若其就得利客体之灭失无过错，则无须偿还价额。[②]故恶意得利人是否在一切情形均负无条件价额偿还责任，尚待研究。

3.“依法”赔偿损失

本条后半句规定，受损失的人除可向得利人请求返还其取得的利益外，尚可请求得利人“依法赔偿损失”。此处所谓赔偿损失，有学说认为“系不当得利法上的制度，非属侵权行为的损害赔偿，不以受损人对损害的发生具有故意或过失为要件”。[③]亦有认为，该规定“不是独立的请求权基础，而仅是指示不当得利债权人可以根据一般民法规定，向恶意得利人请求损害赔偿的准用规定而已，而且是‘构成要件准用’规定”。[④]

本书倾向于采后说，即本条“依法赔偿损失”为援引性规定。理由如下：依第986条及本条后半句前段（结合通说），得利人不得主张第986条之得利灭失抗辩，即使得利已不存在于其整体财产中，仍负价额返还义务，如此业已实现不当得利法体系内的“损失赔偿”。故本条后半句后段“依法赔偿损失”，应专指价额偿还义务以外的损害赔偿责任。此外，在草案修订过程中，《民法典合同编（草案）》（二审稿）在“赔偿损失”前特意加上“依法”二字，

---

① 参见《欧洲私法的原则定义与示范规则：欧洲示范民法典草案》（全译本）（第5—7卷），法律出版社2014年版，第1096页。

② Vgl. Dieter Medicus/Stephan Lorenz, Schuldrecht II Besonderer Teil, 17. Aufl., 2014, Rn.1180.参见刘昭辰：《不当得利》（修订二版），台北五南图书出版股份有限公司2018年版，第205页、第206页；参见姚志明：《无因管理与不当得利》（修订二版），台北元照出版有限公司2016年版，第298页以下。

③ 王泽鉴：《不当得利》（第二版），北京大学出版社2015年版，第272页；相似论述参见杨芳贤：《不当得利》，台北三民书局2009年版，第176页。

④ 刘昭辰：《不当得利》（修订二版），台北五南图书出版股份有限公司2018年版，第206页；李宇：《民法典分则草案修改建议》，载《法治研究》2019年第4期。

似可认为是支持此说的证明。详言之，可资适用的规定如下：

其一，得利客体为物时，或可适用所有人与占有人关系中关于损害赔偿的规定。通常认为，恶意占有人损害赔偿责任，尚可及于所失利益与其他结果损害，不限于物本身之价值，[①]故其范围得大于前述无条件的价额偿还责任。尤需指出，因我国通说不采物权行为无因性，恶意得利人即常兼为恶意占有人，[②]于此情形，自可适用《民法典》第459条与第461条关于恶意占有人损害赔偿责任之规定。唯依此两条被引规定，恶意得利人或恶意占有人之损害赔偿责任均不以过错为要件，似有不妥，是否应作目的性限缩，尚待进一步研究。

其二，法律行为无效、撤销或确定不生效力情形损害赔偿之规定。依《民法典》第157条，因法律行为无效、撤销或确定不生效力而发生得利返还义务时，有过错的一方应当赔偿对方由此所遭受的损失；各方都有过错的，应当各自承担相应的责任。

其三，债务不履行的一般规定。恶意得利人与债权人居于法定债务关系，故其返还义务可适用债务不履行的一般规定。例如，得利人在房价大涨前出卖应返还之房屋，违反返还义务（给付不能），使债权人受利润损失，则债权人得依债务不履行一般原理，准用《民法典》第577条、第584条请求得利人赔偿所失利益（故其范围或大于前述无条件的价额偿还责任）。有疑问者，乃此种债务不履行责任之归责标准。我国无债法总则，违约损害赔偿责任依通说似采"无过错"责任，[③]不宜依《民法典》第468条准用于法定之债。故宜依传统学理，认定恶意得利人就债务不履行负过错推定责任。[④]另需注意，若恶意得利人陷于迟延，则应类推《民法典》第590条第2款对不可抗

---

① Vgl. Marina Wellenhofer, Sachenrecht, 32. Aufl., München 2017, §22, Rn.29.

② 但恶意得利人与恶意占有人之"恶意"，含义或有不同。无权占有人之恶意，指因"重大过失"而不知无占有权者，参见全国人民代表大会常务委员会法制工作委员会编：《中华人民共和国物权法释义》，法律出版社2007年版，第518页。本条所称恶意得利人之"应当知道"，文义上包括因"轻过失"而不知，但是否妥适，尚待研究（详见第986条评注）。

③ 我国违约责任归责原则之争议简况，可参韩世远：《合同法总论》（第四版），法律出版社2018年版，第745页以下。另有观点主张以所谓"合同构成"解决违约责任归责事由问题，参见解亘：《我国合同拘束力理论的重构》，载《法学研究》2011年第2期。而此种解释模式显然无法应用于法定之债。

④ 就此可参考《德国民法典》第276条第1款第1句与第280条第1款。

力负责；若认为恶意得利人就得利客体灭失不负无条件的价额偿还义务，则此种不可抗力责任尤具实益。若债权人受领迟延，则应依学理减轻恶意得利人之注意义务。

其四，侵权损害赔偿。仍以上述房屋出卖案为例，若所有权已复归债权人，则得利人可直接构成侵权，债权人可依《民法典》第1165条请求侵权损害赔偿。

（二）不当得利债权人的义务

恶意得利人虽不得主张得利灭失抗辩，但若就得利客体（如受领之物）支出费用，则仍得请求偿还（或扣除）。比较法上，有立法例准用恶意占有人之规定，据此，恶意得利人可准用无因管理之法律效果（不要求符合其要件，尤其是“管理意思”），请求偿还必要费用；[①]恶意得利人若支出有益费用，有观点主张其得以债权人得利为限求偿。[②]另有立法例直接规定恶意得利人的费用偿还请求权，即恶意得利人恒可请求必要费用，但有益费用仅以债权人尚有得利为限方得求偿。[③]

我国不当得利制度中未直接规定得利人的费用偿还请求权，故宜参照第一种立法例，允许恶意得利人依一般规定求偿。理论上其亦可准用恶意占有人之规定（《民法典》第460条[④]），但需注意，若严依第460条，则恶意得利

① 《德国民法典》第818条第4款规定，受领人自诉讼系属起，依“一般规定”负责。其所称“一般规定”，包括恶意占有人费用偿还之规定，即第994条第2款（“若占有人于发生诉讼系属后或于第990条所定责任开始后支出必要费用，则所有权人之赔偿义务，依无因管理规定决之”）（Vgl. Dirk Looschelders, Schuldrecht Besonderer Teil, 14. Aufl., München 2019, §56, Rn.23）。我国台湾地区亦有观点主张，恶意得利人可类推恶意占有人（“恶意占有人，因保存占有物所支出之必要费用，对于回复请求人，得依关于无因管理之规定，请求偿还”）请求偿还必要费用。参见刘昭辰：《不当得利》（修订二版），台北五南图书出版股份有限公司2018年版，第202页。

② 德国与我国台湾地区均规定，恶意占有人仅有必要费用偿还请求权。但学说常主张恶意占有人就有益费用可主张不当得利请求权。简要介绍，参见王泽鉴：《民法物权》（第二版），北京大学出版社2010年版，第529页。此种思想，亦可移用于恶意得利人，参见王泽鉴：《不当得利》（第二版），北京大学出版社2015年版，第272页。

③ 参见《瑞士债务法》第65条第1款。

④ 《民法典》第460条规定：“不动产或者动产被占有人占有的，权利人可以请求返还原物及其孳息；但是，应当支付善意占有人因维护该不动产或者动产支出的必要费用。”若严依其文义，则恶意占有人无任何费用偿还请求权。

人无任何费用偿还请求权，[①]显属不当。故似应认为，恶意得利人得依无因管理与不当得利之一般规定，请求债权人偿还费用。简言之，若恶意得利人支出费用构成适法无因管理，则其可依《民法典》第979条第1款请求偿还必要费用；[②]若认为该款亦扩及有益费用，则恶意得利人亦可就此求偿。若恶意得利人支出费用未构成适法无因管理，则可依费用型不当得利求偿，即以债权人因费用仍有得利为限，得请求其偿还。

举证责任

不当得利受领人于受有利益时是否非为善意，由利益受损失的人承担证明责任。[③]

第九百八十八条【第三人之返还义务】

得利人已经将取得的利益无偿转让给第三人的，受损失的人可以请求第三人在相应范围内承担返还义务。

历史由来

本条为新增条文。在《民法典》编纂过程中，该条内容及文字表述无实质变化。《民法典合同编（草案）》（征求意见稿）第546条规定："得利人已经将所获利益无偿转让给第三人的，第三人应当在相应范围内承担返还责

---

① 我国民法中恶意占有人是否有费用偿还请求权，争议颇多。支持恶意占有人可要求必要费用的观点，参见冉克平：《论〈物权法〉上的占有恢复关系》，载《法学》2015年第1期。至于有益费用，多数学者采取否定说，认为恶意占有人对于占有物所支付的有益费用，不得要求返还。从司法实践来看，虽然有法院支持恶意占有人要求物权人偿还有益费用，但是更多法院以"于法无据"为由而持否定态度。参见冉克平：《论〈物权法〉上的占有恢复关系》，载《法学》2015年第1期。另需说明，因我国通说不采物权行为无因性，故恶意得利人常为恶意占有人，可直接适用《民法典》第460条。

② 恶意得利人之"恶意"仅指其明知或应知得利无法律根据（或自己可能负返还义务），无碍其仍有"管理意思"。

③ 相似见解参见杨芳贤：《不当得利》，台北三民书局2009年版，第174页。

任。”《民法典合同编（草案）》（一审稿）第771条则以请求权基础规范的思维方法将“第三人应当在相应范围内承担返还责任”修改为“受损失的人可以请求第三人在相应范围内承担返还责任”。《民法典合同编（草案）》（二审稿）第771条未再作修改。《民法典（草案）》第988条则将“承担返还责任”修改为“承担返还义务”。最终表决通过的《民法典》作出了把“获得”替换为“取得”的修改。

在立法过程中，有学者主张不必设置本条，理由在于，本条规定之功能，一方面在于弥补因直接因果关系说（同一原因事实说）造成的保护不足；[①]另一方面在于矫正物权行为无因性之不利影响，若不采物权行为无因性，只需就因果关系之认定，改采“财产损益变动的直接关系”（即权益直接变动说），即不必作“第三人返还责任”之规定。[②]反对意见则正确指出，纵就因果关系的判断采权益直接变动说，“同债权人有直接权益变动关系而受有利益的人”，亦不能包括因另一法律事实而受让得利客体之第三人；故须设本条，在第三人无偿取得利益时，扩大不当得利之效力，以救济债权人。[③]

比较法上，我国台湾地区、[④]《德国民法典》第822条[⑤]以及《意大利民法典》第2038条[⑥]的规定与本条相近。

---

① 即债权人受损与第三人得利，非基于同一事实，故依此说，债权人对第三人无请求权。

② 参见王利明主编：《中国民法典学者建议稿及立法理由：债法总则编·合同编》，法律出版社2005年版，第45页。

③ “不当得利之债的债务人，以同债权人有直接权益变动关系而受有利益的人及其利益继受人为限，不包括因一定法律事实而受让不当得利之第三人。但法律为在个别情形救济债权人，将不当得利之债的效力扩及于无偿受让不当得利的第三人，使得该第三人对债权人承担返还义务。”梁慧星主编：《中国民法典草案建议稿附理由：债权总则编》，法律出版社2013年版，第26页。

④ 我国台湾地区规定，不当得利之受领人，以其所受者，无偿让与第三人，而受领人因此免返还义务者，第三人于其所免返还义务之限度内，负返还责任。

⑤ 《德国民法典》第822条规定：“若受领人以其所受者无偿给予第三人，则以受领人因此免负返还得利义务为限，第三人如同自己无法律原因而由债权人受此给予，负返还义务。”

⑥ 《意大利民法典》第2038条规定：“善意受让人（受领人）将资财无偿转让给第三人的，第三人于其得利范围内对最初的失利人（给付人）负返还义务。恶意受领人将资财无偿转让给第三人的，仅在最初的失利人（给付人）对恶意受领人主张权利未果的情况下，方（于其得利范围内）对失利人负返还义务。”参见《欧洲私法的原则定义与示范规则：欧洲示范民法典草案》（全译本）（第5—7卷），法律出版社2014年版，第1032页。

规范目的或功能

不当得利请求权之产生需符合具体构成要件，并非一切不合公平正义之得利，均可以不当得利制度去除。[①]得利人将得利客体无偿转让给第三人，第三人之取得若有法律上原因，得利人与债权人对之均无不当得利请求权。但于此情形，得利人善意时，常可主张得利灭失之抗辩，不当得利债权人之请求权即告消灭。此时若允许第三人无偿保有得利，价值判断似有失衡，故特设本条，突破构成要件之限制，令债权人得向第三人请求返还无偿得利。

体系上，本条属例外规定，是对《民法典》第985条不当得利一般规定的补充。规范体系上，需注意本条与《民法典》第235条[②]及第311条[③]的关系。（1）与第235条的关系：若债权人对第三人享有第235条的原物返还请求权，即无本条之适用余地。尤其是我国通说否认物权行为无因性，故负担行为无效、撤销或不生效力时，物权即尚在债权人处，第三人若未善意取得，债权人即得向第三人主张原物返还请求权，而不适用本条。（2）与第311条的关系：得利人向第三人所为无偿处分，若系物之无权处分，依第311条通常不能善意取得，此时债权人对第三人有原物返还请求权，即无适用本条直索之必要。得利人向第三人所为无偿处分，系物之有权处分时，第三人可取得物权，债权人即有必要依本条向第三人直索。

规范内容

本条为完全法条。本条的构成要件为得利人对债权人原负不当得利返还义务，因将得利无偿转让予第三人，而可主张得利灭失抗辩。法律效果为“受损失的人可以请求第三人在相应范围内承担返还义务”。详述如下：

---

① 类似见解，参见王泽鉴：《不当得利》（第二版），北京大学出版社2015年版，第26页。

② 《民法典》第235条规定：“无权占有不动产或者动产的，权利人可以请求返还原物。”

③ 《民法典》第311条第1款第2项明定善意取得以“以合理的价格转让”为要件。

一、构成要件

（一）本条之适用，须得利人之返还义务在相应范围内消灭

依本条文义，第三人之返还义务，并不要求“得利人对债权人的返还义务在相应范围内消灭”；若然，就同一利益，债权人可同时诉诸得利人和第三人。但依笔者之见，适用本条仍须以“得利人之返还义务在相应范围内消灭”为前提。理由如下：

1.以此为前提，系本条立法意旨之内在要求

本条为《民法典》第985条的例外规定，以牺牲第三人利益为代价，保护不当得利债权人，以矫正不当得利债权人与无偿得利第三人之间的利益失衡。若债权人对得利人之返还请求权尚存，牺牲第三人之利益以济债权人，即无充分理由。

2.不以此为前提，将违反不当得利法之基本原理

依主流学说，不当得利之债原则上不以连带形式出现。[①]允许不当得利债权人就同一利益同时诉诸得利人和第三人，违反此基本原理。

3.不以此为前提，将与《民法典》第538条发生体系冲突

依据《民法典》第538条，债务人无偿转让财产时，债权人行使撤销权以无偿转让行为“影响债权人的债权实现”为前提，[②]质言之，若债务人仍具清偿能力，债权人即不得撤销而影响第三人的权利。据此，得利人仍负返还义务时，只要仍具清偿能力，亦不应允许债权人依本条直接诉诸第三人，否则即与第538条发生评价矛盾。

此外，参照第538条之价值判断，即使得利人因无偿转让得利，清偿能力受有影响（如资不抵债），只要返还义务未在相应范围内消灭，债权人仍不能依本条向第三人直索。[③]因在此情形，若依撤销权制度，债权人虽可撤销无偿

---

① 当事人对此有特别约定的除外。参见王泽鉴：《不当得利》（第二版），北京大学出版社2015年版，第279页。

② 《民法典》第538条规定：“债务人以放弃其债权、放弃债权担保、无偿转让财产等方式无偿处分财产权益，或者恶意延长其到期债权的履行期限，影响债权人的债权实现的，债权人可以请求人民法院撤销债务人的行为。”

③ 相似见解，参见刘昭辰：《不当得利》（修订二版），台北五南图书出版股份有限公司2018年版，第143页。

转让行为，但只能要求第三人将所得返还于债务人，由债务人之其他债权人共享。若许其依本条直索，债权人竟可独享第三人返还之得利，有悖第538条之价值判断。

综上，本条之适用，应以“得利人返还义务在相应范围内消灭”为要件，方法论上，属目的性限缩。

（二）得利人须为善意

得利人为善意，方可能主张得利灭失抗辩，以符合前述要件，于此不赘。

（三）须因无偿转让，得利人已无现存利益

1.第三人须无偿取得

其一，无偿之判定。（1）第三人无偿取得利益的情形，典型如赠与、遗赠等。夫妻间赠与，虽非真正之赠与，仍属本条所称无偿取得。混合赠与，就赠与部分，仍得请求第三人返还。[①]（2）得利人将得利无偿交与第三人用益（如得利人以所得金钱无息贷予第三人，或将所得之物无偿出借于第三人）时，有一定特殊性。就第三人所得之用益，[②]得利人从未收取，本即不负返还义务，并非因无偿转让而免除相应返还义务。但于此情形，第三人仍为无偿取得利益，故可准用本条。[③]（3）担保物权之取得，仅就担保合同而言，并无对价，但获得担保，是第三人愿向债务人授信（如放贷）的主要原因，若允许债权人适用或类推本条向第三人直索，第三人于得利返还之外，尚反受其害。故应认为，第三人取得担保物权虽未支付对价，仍非属本条之无偿取得人。（4）第三人取得利益虽非无偿，但无法律上原因时，有观点认为，在得

---

① 得利客体仅为动产占有时，若直接与第三人不动产附合，固亦属无偿，但此时债权人（所有权人）得对第三人直接主张添附不当得利，无本条之适用余地。得利客体为动产所有权时，若直接与第三人不动产附合，得利人对第三人享有不当得利请求权，属有现存利益，故亦无本条之适用。

② 在将利益无偿交与第三人使用之情形，就第三人自得利人处取得之得利本身，因得利人仍对第三人享有返还请求权，故得利人仍有现存得利，而无适用本条之余地。

③ 有观点认为，在无息借贷、无偿借用之情形，得直接适用本条。Vgl. Jauernig/Stadler, 17. Aufl., München 2018, §822, Rn.5.

利人与第三人之间不存在抗辩关系时，第三人之利益状况与无偿时类似，可视同其“无偿”取得利益处理。[①]反对观点则认为，应严格界定无偿之概念，此时并非无偿。[②]笔者赞成后说。第三人之取得既无法律上原因，其对原得利人即负不当得利返还义务，原得利人难谓无现存利益，仍须对债权人负不当得利返还义务，故此种情形不符合本条适用要件，至为显然。若将“无法律原因”视同“无偿”而准用本条，将使得利之返还不再经过得利人，不仅可能使得利人受有不利（其无法再向债权人主张抗辩），亦不当害及得利人之其他债权人（尤其在得利人清偿能力不足时）。

其二，第三人可无偿取得利益之情形。本条之适用（及类推适用），以第三人无偿而成功取得权属为前提。

若得利人之无偿行为系无权处分，第三人原则上无取得之可能：就所有权及用益物权而言，善意取得须以“以合理的价格转让”（第311条），故无偿第三人无取得物权之可能。就担保物权而言，虽属无偿，仍可发生善意取得，但其得利本质为有偿而非无偿，亦不适用本条，已如上述。就物权外其他财产权利而言，股权之无权处分因参考物权善意取得之规定，无偿得利之第三人亦不能。[③]就票据权利之无权处分，无偿第三人亦不能善意取得票据权利。[④]

若得利人之无偿行为系有权处分，第三人可取得利益，自不待言。唯因我国通说不承认物权行为之无因性，故得利人就得利客体属有权处分之情形，甚为有限，包括以下几种情形：（1）得利人基于添附而享有得利客体之权属，例如因木材附合于房屋、所收金钱发生混合、所得玉石加工成

① 参见姚明斌：《善意取得之合同效力要件再检视——基于〈物权法解释（一）〉第21条展开》，载《法学》2017年第5期。

② “而即使是根据无效的契约所得，也是一有偿取得，而非无偿取得。”参见刘昭辰：《不当得利》（修订二版），台北五南图书出版股份有限公司2018年版，第137页。

③ 《最高人民法院关于适用〈中华人民共和国公司法〉若干问题的规定（三）》第7条第1款规定：“出资人以不享有处分权的财产出资，当事人之间对于出资行为效力产生争议的，人民法院可以参照物权法第一百零六条的规定予以认定。”

④ 《票据法》第11条规定，因税收、继承、赠与可以依法无偿取得票据的，不受给付对价的限制。但是，所享有的票据权利不得优于其前手的权利。准此而言，因无权处分人未取得票据权利，无偿得利的第三人亦无取得票据权利之可能。

玉雕。（2）因原得利客体返还不能，得利人取得代位利益之权属。例如，得利人所受领之物毁损灭失，因此取得代位物或代偿利益等。（3）得利人基于无因性取得得利客体。例如，得利人因他人的错误转账而取得对银行的债权（基于银行的抽象债务允诺），又如，买卖合同无效，出卖人基于有效的背书行为取得票据权利等。

2.第三人之取得须有法律上原因

第三人之取得若无法律上之原因，得利人对第三人享有返还请求权，此系得利人之现存利益，其返还义务未相应消灭，故无本条适用余地。

例如，在一则案例中，王某某将其本应依不当得利返还给原告的151000元，错误汇入第三人陈某某的账户。在原告请求王某某返还不当得利时，王某某主张所得利益已不存在，主张应由陈某某向原告承担不当得利返还责任。[①]法院最终判决王某某仍应向原告承担不当得利返还责任，结论上值得肯定。[②]在该案，王某某虽将得利151000元移转给第三人陈某某，但就此款项仍对陈某某享有不当得利返还请求权，其对原告的返还义务因此亦未消灭，故不得主张本条之适用。若王某某无过失而不知其事，仅需将其对陈某某的不当得利请求权移转给原告。若王某某有过失，则原告可请求其返还151000元（所受款项的价额偿还）。从价值判断而言，在王某某仍对陈某某享有不当得利返还请求权时，不允许原告依本条向陈某某直索，亦有正当性；否则，陈某某将丧失其本可向王某某主张之抵销可能性，王某某和陈某某间的清算关系亦将受到影响。

---

① 案情概要：王某某与任某某和陈某某订有买卖合同，负有支付价款151000元的义务。因银行系统的失误，王某某原本转给任某某的151000元价款误汇入原告账户中，原告对王某某负有不当得利返还债务。为此，原告向王某某账户打款151000元以履行不当得利债务，王某某在收款同时即向陈某某转账151000元以支付合同价款。但原告因失误，连续两次向王某某账户各打款151000元，于两次打款时间相近（不到半小时），王某某误以为网络延迟而未加留意，也连续向陈某某的账户转账，因而陈某某实际多收151000元。详见山西省晋城市中级人民法院（2017）晋05民终376号民事判决书。

② 但其在裁判理由中指出："我国现行法律对第三人的返还义务没有明确的规定，应当坚持直接因果关系说确定，不能轻易扩大不当得利返还义务主体的范围，以维持社会法律关系的稳定性。"似认为若存在第三人返还制度，即可允许原告直索，似有不妥。参见山西省晋城市中级人民法院（2017）晋05民终376号民事判决书。

二、法律效果

若符合本条构成要件，第三人在相应范围内向债权人负不当得利返还义务。

所谓相应范围，系指第三人因无偿行为所受之利益，但以得利人因无偿行为而可主张得利灭失抗辩之范围为限。第三人所受利益之范围，并不等于得利人可主张得利灭失抗辩之范围；仅在得利人因无偿行为而可主张得利灭失抗辩之范围内，第三人方负返还义务；得利人之得利灭失抗辩，若系因得利客体毁损灭失或对物支出费用等事由，自非第三人之返还范围。兹举一例说明：善意不当得利人甲就两个得利客体（各价值1000元）支出必要费用（100元），复将其中之一赠与乙作为生日礼物，若无得利甲本拟购买价值300元的生日礼物，此时乙所受利益价值为1000元，甲可主张得利灭失抗辩的范围为800元（1000元-节省费用300元+必要费用100元），但其因无偿行为而可主张得利灭失抗辩的范围仅为700元，此时债权人丙仅得请求乙返还700元；若另一客体又因不可抗力灭失，甲可主张得利灭失抗辩的范围为1800元，但其因无偿行为而可主张得利灭失抗辩的范围仍为700元。

若第三人善意，依第986条仅需返还现存利益。如其非为善意，依第987条须在所受利益之范围内负返还义务。此外，第三人于相应范围内返还得利，若可原样返还，自应原样返还；若返还不能，亦得为价额偿还。

三 举证责任

利益受损之人请求第三人在相应范围内承担返还义务，需就下列事实负举证责任：（1）利益受损之人对得利人原有不当得利请求权；（2）得利人因无偿转让之事实而在相应范围内免负返还义务；（3）第三人无偿取得利益。

图书在版编目（CIP）数据

民法典评注．合同编．典型合同与准合同 / 谢鸿飞，朱广新主编．—北京：中国法制出版社，2020

ISBN 978-7-5216-1109-0

Ⅰ．①民…　Ⅱ．①谢…　②朱…　Ⅲ．①合同法—研究—中国　Ⅳ．①D923.04

中国版本图书馆 CIP 数据核字（2020）第 080201 号

策划编辑：马　颖　王　彧

责任编辑：黄丹丹　汪洁琼　耿旭冉　刘海龙　潘环环　成知博　　封面设计：李　宁

民法典评注．合同编．典型合同与准合同

MINFADIAN PINGZHU. HETONG BIAN. DIANXING HETONG YU ZHUN HETONG

主编 / 谢鸿飞　朱广新

经销 / 新华书店

印刷 / 三河市紫恒印装有限公司

开本 / 710 毫米 ×1000 毫米　16 开　　（全四册）总印张 / 148.75　字数 / 2560 千

版次 / 2020 年 10 月第 1 版　　2020 年 10 月第 1 次印刷

中国法制出版社出版

书号 ISBN 978-7-5216-1109-0　　（全四册）总定价：519.00 元

北京西单横二条 2 号　邮政编码 100031　　传真：010-66031119

网址：http://www.zgfzs.com　　**编辑部电话：010-66010678**

市场营销部电话：010-66033393　　**邮购部电话：010-66033288**

（如有印装质量问题，请与本社印务部联系调换。电话：010-66032926）